imaginist

想象另一种可能

理
想
国

imaginist

杨奎松著作集

革命

壹

“中间地带”的革命

——国际大背景下看中共成功之道

广西师范大学出版社

·桂林·

总序：直面中国的革命

在这套集子中辑录的四种专著，围绕的都是一个核心问题，即二十世纪前半期发生的中国革命。《“中间地带”的革命》和《毛泽东与莫斯科的恩恩怨怨》，着重讨论的是中共革命的国际背景，尤其是受到俄国革命，亦即受到强邻苏联等外部因素的影响问题。前者侧重于宏观线索的梳理与解读，后者侧重于说明毛泽东个人在其中的经历与作用。《国民党的“联共”与“反共”》和《西安事变新探》，着重讨论的是中国近代两大革命党，即国民党与共产党在大陆近三十年分分合合及胜负较量的问题。前者侧重于国民党与共产党关系总体变化的解读，后者侧重于国共关系史中影响重大的事件说明。

正如刘再复所言：“影响二十世纪中国命运和决定其整体面貌的最重要的事件就是革命。”只不过，从历史主义的角度看问题，这种革命，无论是指以群众暴力等急剧方式推翻专制统治或腐败政府的造反行动，还是以武装反抗的形式改变本民族屈辱地位的激烈行为，都不是近代中国独有的现象，也不是二十世纪这一百年的特殊产物。注意到进入二十一世纪之后类似的情况在许多国家依然持续出现，不仅很少受到谴责，甚至还会占据国际政治道德舆论的制高点，我们就更是不能不承认，任何从后见之明的角度来讨论革命必要与必然与否的问题，其意义本身就大可质疑。

革命之所以会引起争议，关键在于其暴力形式造成的人身财产伤害，以及以暴易暴的严重危险。但是，专制与反抗，同样暴力，同样血腥，同样会造成巨大的伤害，两害相权，孰能证明哪种破坏更大，为害更深？何况，当局者的感受又如何能够达到旁观者希望的水平？年轻的毛泽东当年参加中共时讲过他的一个理由，就颇能反映历史中人的思维逻辑。他说："无产阶级比有产阶级实在要多若干倍，假定无产者占2/3，则十五万万人类中有十万万无产者（恐怕还不只此数）。这一百年中，任其为1/3之资本家鱼肉，其何能忍？"

从历史的角度考察中国革命，不是要探讨其应否的问题，而是要还原其史实真相，考察其变化逻辑，揭示其内在的种种因果关系。本辑各书虽已分别就各主题所涉及的史实与问题多有研究，但对中国革命这一中心问题并未能有总体的讨论。为避免读者分别阅读后对作者的"革命史观"难于把握，甚至产生歧义，以下特就作者对二十世纪上半期中国革命发生、发展的背景、原因与内在逻辑，做一扼要论说，以供读者参考。

现代革命的暴力与血腥

人类社会在从中世纪专制社会走向民主社会的过程中，曾经发生过一系列重要的革命，如英国革命、法国革命等。这些革命激烈程度不同，暴力形式各异，但它们在破除旧秩序、建立新秩序的过程中，都不能不沾染血腥。这当然不是现代革命本身所特有的问题，欧洲中世纪本来就是一个野蛮的时代，上千年的历史，其暴力、血腥、黑暗，对人类社会进步，乃至人身财产的伤害，无疑远甚于英国革命，哪怕是法国革命所造成的破坏。革命能不能不流血或少些暴力？历史地看问题，至少在最初要想摆脱那个黑暗时代的英、法等国是难以做到的。即使是被后人称赞相对温和的英国的所谓“光荣革命”，从大宪章到权利法案，前前后后也花了几百年，死了很多人，流了不少血，才成就了君主立宪。与英国自上而下的革命比起来，自下而上的法国革命就更要惨烈得多。它在革命的很短一段时间里，就以革命的名义处决了至少1.7万人，这也是后人认定由下至上的革命会以暴易暴，造成更多伤害的一个最好的例证。

欧洲的这种革命浪潮进入十九世纪后仍旧表现得汹涌澎湃，但就像彼得·卡尔佛特指出的，这些频发于十九世纪欧洲国家的革命，从任何角度来看，都没有可以与十七、十八世纪的英、法革命相比拟的。十九世纪以德国为代表的一系列欧洲国家迈向工业化的社会变革虽然也有很重大的意义，但它们多半都在当政者的主导之下，以较少暴力、流血，较少引发社会剧烈震荡的情况下，只通过渐进的演变就实现了。

以建立资本主义新秩序为职任的现代革命的发生，根本上是受到资本主义生产方式及其生活方式在全世界迅速扩张的推动与刺激而成的。这种制度的变革具体会采取什么形式，除了与环境的挤压和主政者的觉悟有关外，往往还要取决于不同民族、国家的历史条件、文化传统与发展水平。尽管资本主义最大限度地把人从专制和等级的桎梏中解放了出来，但颇为吊诡的是，以“自由”、“平等”为号召的资本主义，在全面挑战和摧毁专制帝国的同时，也把自己推到了社会平等与民族平等的审判席上。

资本主义刚刚诞生即成为新一轮革命的目标，是生产力急速发展刺激资本对利润狂热追逐的一种结果。残酷的生产扩张和资源掠夺带来了大量的社会财富，同时也摧毁了一切传统的生产关系与分工形式，把大批小私有者变成了雇佣劳动者；它用坚船利炮把它的廉价商品及其制度文化强行推广到世界的各个角落，摧枯拉朽般地消灭了一切还笼罩着道德和情感光环的封建的、宗法的和田园诗般的民族关系、社会关系及家庭关系，也制造了更加赤裸裸的新的社会不平等。但是，资本主义在制造新的不自由和不平等的时候，也把由它所产生的自由、平等的观念传播到全世界的几乎各个角落，从而帮助一切感受到不自由、不平等的人生成了反对资本主义的革命意识。

十九世纪资本主义最遭人诟病的，就是贫者愈贫，富者愈富，而在自由竞争原则下生产的无政府，却不时地会因为生产过剩导致整个经济陷入周期性的严重危机之中。正是这种极度不合理的现象和坚信人生而平等的观念，使得革命的马克思主义应运而生。

马克思、恩格斯认定资本主义已无可救药，完全可以采用一种合理的制度取而代之，从而消除贫富差异乃至于分工的局限，实现真正意义上的自由与平等。而他们当时能够想到的办法，也是革命，而且是暴力的革命。他们相信，运用阶级暴力与阶级专政的手段，推动产业无产阶级起来革命，就可以从根本上废除资本主义的私有制，建立起人类历史上最先进、也是最公平的社会主义和共产主义的理想社会。

从马克思主义盛极一时的重要背景中，汉娜·阿伦特发现，构成现代革命的一个重要原因，就是由贫富差别造成的社会问题。她指出：“只有在现代，而不是在现代之前，社会问题才开始扮演革命性的角色。”比较英、法革命惨烈程度的不同可以看出，越是有那些意图打破贫富壁垒的理想家或穷人直接卷入的革命，越是容易充满暴力和血腥。

与自下而上的法国革命相比，几乎发生在同时，且具有同样历史地位的美国革命，应该比法国革命更具可比性。这个更加理性、更少暴力的美国革命，也是最多被后来的思想家、理论家拿来做例证的。托克威尔相信，美国革命之所以优于法国革命，根本上在于美国没有像法国那样形成一种盲目一致的观念；苏珊·邓恩则相信，美国革命的领袖们面对的原本就是与法国不同的社会，那里的人们主要关注的不是民族国家问题，而是每一个个体的自由与权利。

不论我们如何看待美国革命的理性程度，作为一个由欧洲各国不同族群的移民小社会合并而成的新国家，它当时的革命诉求的确与法国人完全不同。它的革命没有引发大规模的暴力，归根到底还是和它不存在法国那样严重的社会问题密切相关。然而，即使没有发生法国那样的底层革命，也并不意味着就不会使用暴力。美国革命首先是建立在反对英国和西班牙殖民统治的基础上的，不为独立而战也就轮不到美国人按照他们的意志来制定各种法案。同样的情况，进一步奠定了美国特有的现代制度和理念的另一场战争，即十九世纪中叶美国政府发动的争取黑奴解放的内战，就更是要诉诸暴力了。这场战争更是流了不少血，死了很多人。

落后国家革命的多重使命

十九世纪末的最后几年，因反抗满人统治和改革清廷政治遭遇失败的孙中山与康有为、梁启超，都辗转逃出中国，先后流亡到了欧美日本。几年之后，他们几乎是不约而同地开始对他们曾经寄予希望的欧美资本主义抱以某种怀疑和批判的观点。梁启超是第一个公开扬言“社会主义必将磅礴于二十世纪”的中国人，他的老师康有为则是中国第一个致力于撰述人类共产主义远景的思想家。孙中山更是兼具理想家与实行家的双重特质，他在1905年筹建了中国第一个公开以推翻“满清”统治为目标的革命组织，并且宣布了一个综合现代各种革命任务的政治纲领，合称为“三民主义”。

“三民主义”，即民族主义、民权主义、民生主义。孙中山相信，这是中国必须要解决的顺应世界现代潮流的三大革命目标。故实行三民主义，就是要进行民族革命、民权革命和民生革命。所谓民族革命，就是要推翻中国的异族统治，即要“驱除鞑虏，恢复中华”；所谓民权革命，就是要实现民主共和，“创立合众政府”；所谓民生革命，就是要照美国经济学家亨利·乔治的主张，“节制资本，平均地权”，使社会分配公平，避免和消除资本主义弊病。孙中山又时常强调，他主张的三民主义，就是以达成美国总统林肯“民有、民治、民享”的理想为历史使命的。

不难看出，孙中山的三民主义多半是以美国革命的目标为其蓝本的。与此同时，注意到欧美资本主义阶级分化、贫富悬殊、社会动荡的弊病，孙中山也特别注意汲取社会主义、共产主义及其各种有助于校正资本主义弊病的思想观点。他显然相信，社会主义是优于资本主义的一种制度选择。孙中山对找到一条超越资本主义的道路雄心之大，在他 1905 年开始全力推进中国革命之初，就表现得淋漓尽致。他当年专门去到欧洲社会党国际总部去告诉其领导人说：中国革命成功之日，也将会是世界上第一个社会主义国家开始建立之时。

孙中山等革命党人的努力，一度使落后的中国得以成就了二十世纪初世界各国中看上去最为成功的一场革命。1911 年，革命党人不仅追随法国革命，推翻了帝制，创立了共和，而且实现了美国式的民族自决，达成了原定民族革命的目标。最为重要的一点是，由于满族统治者极端孤立，多数汉族官员都站到了革命阵营一边，这场革命几乎没有流血。然而，也正是因为满族统治及其帝制只具有形式上的意义，因此，这场革命没能解决中国任何一个实质上的问题。随着汉族权贵与革命党人关系破裂，没有了中央集权的帝制，中国近两千年来的大一统格局几近土崩瓦解，不仅边缘区域或先或后地脱离了中央政权的控制，就连内陆十八省事实上也四分五裂。革命党追求民族自决、国家独立、社会改良未成，反而又多出一个非用强力不能达成的统一国家的紧迫任务来了。

在二十世纪前二十年，东方落后国家中最具典型意义的革命，发生在欧洲最东部，也是最落后的两个国家。先是俄国，后是土耳其，它们都通过战争和暴力成就了革命党人所追求的革命事业。土耳其军事将领凯末尔（又译为基马尔）以民族独立为号召，依靠社会中上阶层，不仅成功挫败了协约国的殖民企图，成就了民族革命，而且推倒了君主制，创立了共和国，推进了社会改革的进程。列宁及布尔什维克走的则是典型的由下至上的法国式的革命道路，它也推翻了帝制，建立了共和国，确保了民族独立。但是它更进了一步，即按照马克思所主张的阶级斗争和阶级专政的办法，用强力创造了世界上第一个号称社会主义的新国家。

不难看出，二十世纪落后国家大都面临着三重革命选择，即民族独立、共和民主，以及社会改造。有些落后国家的革命者会选择走土耳其那样的革命道路，以民族独立为最高追求，辅之以共和政体和社会改良的目标；有些落后国家的革命者则希望学俄国革命的榜样，一步到位地走到社会主义或共产主义。

然而，就像联合国前秘书长安南所讲过的那样，二十世纪本身就是一个充满了血腥的世纪。作为二十世纪最早揭旗革命的落后国家，无论是土耳其，还是俄国，它们的革命不仅会诉诸暴力，而且没有哪一个选择了欧美的政治理念和民主模式。依靠军事力量或靠暴动夺权的土、俄两国，虽然所走道路并不相同，但两者靠强力达成政治与国家意志统一的目的毫无二致。因此，它们表面上实行的是共和制，实际上却都选择了一党专政的统治办法。两者的最大区别仅仅在于，革命后的土耳其虽也用强力压制反对派，并展开种种社会改良，它始终还延续着传统社会的固有秩序；革命后的俄国却彻底破旧布新，另创新的阶级统治关系。因此，同是一党专政，俄国革命的暴烈程度就远比土耳其革命要高得多。

土耳其模式在中国的夭折

1920年代，东方落后国家的两大革命趋向在中国有了鲜明的表现。继孙中山领导的中国国民党之后，中国有了一个新的革命党，即受到毗邻的苏俄共产党扶助的中国共产党。地理上与革命的俄国毗邻并不意味着中国的共产革命就会成功。土耳其同样毗邻俄国，土耳其共产党和中国共产党一样，也是在俄共的帮助下组织起来的，它比中共还早诞生了将近一年时间。但是，由于凯末尔手握军权，其民族独立的斗争具有极大的号召力，他不用过多地求助于苏俄的援助，可以对土共采取严厉的压制措施。直到凯末尔去世之后很长时间，虽然有苏俄及其共产国际的支持，在土耳其，共产党始终都没能发展起来。

中国的情况不同于土耳其的关键之点，在于孙中山不是一位有显赫声望的军事将领，国民党也没有一支自己的军事武装。久困难纾的孙中山国民党，最终只能求助于苏俄，以便获得革命必须具有的这一切条件。为此，孙中山也就不得不付出相应的代价，即允许中国共产党人加入国民党，同意他们以国民党的名义开展工作。

不过，孙中山固然不是军事将领，他却具有中国凯末尔的高度政治威望，他和凯末尔一样强势独裁，也像凯末尔那样坚决反对中国走俄国革命的路。孙中山敢于联俄容共，就在于他有足够的政治权威和国内国际的政治影响力，他对于共产党借助国民党壮大自己力量的可能性并不那么担心。客观上，共产党人也很少可能挑战孙中山的个人威权地位。换言之，只要孙中山活着，中国革命多半也只有一种发展可能，即与土耳其革命的模式和前途相近，断难走到俄国革命的路上去。然而，1925 年 3 月 12 日，国民党在政治上、军事上初见起色，孙中山却因肝癌病发突然离世，中国革命随之会发生道路之争也就难以避免了。

1925 年以前的中国已经处于军阀割据的混乱之中，1925 年以后的中国依然还是一个强人林立、群雄纷争的局面。继孙中山之后挑起国民党大梁的蒋介石表面上更像中国的凯末尔。因为蒋也是一介军人，在孙在世时已做到国民党第一所军官学校——黄埔军校的校长，培养出一批年轻军官，因而得以成为国民党新建成的军事力量的最高领导人。但是，蒋介石却全无凯末尔那样的威望。无论在国民党内，还是在国内外，其资历、影响，以及知识和经验，既不能和孙中山相提并论，也难望凯末尔之项背。

蒋介石之能够被孙中山看中，任命为黄埔军校校长，甚至不是因为蒋有出色的军事才能和丰富的作战指挥经验，而是因为国民党内鲜有军事人才。蒋作为孙几乎唯一信得过的军事参谋，又足够忠诚、勇敢，且具有相当的政治意识。但是，蒋为孙中山工作总共不过八九年时间，在国民党内根基甚浅。在孙中山去世后，蒋能够迅速蹿起，靠的还是苏联顾问的大力提携与帮助。即使如此，蒋能够用以支撑起自身实力者，也只有黄埔生指挥的少数武装；他实际所能控制的地域，在很长一段时间里也仅限于中央政府所在地周边的地区。如此浅的资历和有限的实力，使蒋介石必须一方面自诩正统，极力排斥异己，巩固自身地位，占据革命道德和权力的制高点；一方面又不能不用机会主义的手法，纵横捭阖，以应对各种矛盾冲突，伺机削弱各派力量，蚕食地方势力，以求逐渐达成一统权力之目的。

靠纵横捭阖之策，并施以胡萝卜加大棒的政治手腕，的确增强了蒋介石在党内和国内的权力地位，但太过机会主义的对内对外政策，也因备受争议有损于蒋个人道德形象与威权地位的建立。由此导致的结果显而易见，国民党军队内部并没有因为蒋的权力逐渐增强、中央地位日臻巩固，而使蒋拥有孙中山那样一言九鼎的地位，或像凯末尔那样拥有国父般的崇高威望。因为无力彻底改变军事指挥、组织、后勤及兵员补给系统，越来越多的军阀武装变成国民革命军甚或并入中央军的结果，不仅使国民革命军，而且使蒋系中央军内部也日渐发生分化。无论内战外战，这支名义上的“党军”，一旦遭遇强敌，经常会有内讧和被分化的危险。

蒋介石人生事业最显辉煌的时候，应该是在1930年代中期。当时的蒋年富力强，一一挫败党内对手，并征服了各种反蒋的军事联盟，还把共产党在城里的组织消灭殆尽，把共产党在农村的根据地几乎全部铲平，把剩下的中共武装赶至西南、西北偏远荒蛮之地。1936年10月底，蒋介石正值知天命之时，各地贺电频频，甚至献机祝寿，也显示威望隆升。而中共这时全部军队又集中到生存条件极端恶劣的甘肃北部，更是给蒋介石提供了在军事上彻底解决共产党问题，最后成就全国大一统的极佳机遇。

然而，表面辉煌的背后依旧是重重隐患与危机。仅仅一个月之后，蒋介石携众多军政高官齐集西安，踌躇满志地准备一举完成“剿共”军事。不意其副手——“西北剿总”代司令张学良，联合西北地方实力派将领杨虎城等人，于12月12日突然发动兵变，一举破碎了蒋介石的统一大梦。国民党历史上唯一一次武力消灭共产党的机会，就此失去。必须先行解决西北反叛武装问题的蒋介石，反而不得不委曲求全地给红军提供粮饷，并与共产党商谈“改制”、“改编”的条件。等到西北张、杨两部问题解决后，中日战争竟然打响，“兄弟阋于墙，外御其侮”，蒋连严苛条件都难以坚持。国民党至此再无可能解决所谓共产党问题了。

俄国革命模式在中国的挫败

中国之成不了土耳其，就一定能成苏俄吗？也未必。

中国多数期盼变革的知识精英，对俄国革命从来都是羡慕与恐惧交加。俄国人建成第一个平民政府，创立世界上第一个社会主义国家，战胜十四国武装干涉，集举国之力实现工业化……凡此种种，都让国人羡慕不已。但是，俄国的暴力革命、一党独裁、阶级压迫、政治清洗……也让众多国人触目惊心。因此，在中国，就连成立共产党，也不是一件容易的事情。尤其是五四时期的知识分子，凡加入共产党者，无不需要挑战自己刚刚在人性解放思潮洗礼中形成的人道主义关怀。

1920 年 12 月毛泽东决心加入共产党。在认定只能走俄国人的路时，他曾对自己的选择做过具体的说明。他说，用渐进改良的和平办法改造社会一直是他的志向，但实践的结果证明，要想渐进改良，只能从教育入手，教育的办法至少需要经过几代人之久，我们能否忍受得了资本家鱼肉如此之久？且教育一要有钱，二要有人，三要有机关，而现在世界，这一切都掌握在资本家手里，人是欲望的动物，历史上专制主义、帝国主义，决没有自己肯收场的，资本家又如何能回心向善？资本家有议会以制定法律，有政府执行法律，有军队与警察保障其利益，有学校和报馆帮助其进行宣传教育，在资本家统治下如何能施行反资本家的教育？他的结论是：“俄国式的革命是无可如何的山穷水尽诸路皆走不通的一个变计，并不是有更好的方法弃而不采，单要采取这个恐怖的方法。”

毛泽东一年前还公开反对暴力、流血，两个月前还在积极推动渐进改良，这时思想转变，当然没有那样彻底，内心亦承认俄式革命确是恐怖的方法，只是不得已而为之。但同情俄国革命，进而接受俄国布尔什维克的阶级斗争和阶级专政的观点，不消几年，他就已经自觉地依据阶级分析的方法开始认识中国与世界，认定“无论哪一个国内，天造地设，都有三等人：上等、中等、下等。详细点分析则有五等：大资产阶级、中产阶级、小资产阶级、半无产阶级、无产阶级。”一切有产阶级分子，不是敌人也离敌人不远，只有无产阶级和半无产阶级才是革命的力量。

但是，简单地运用这种俄国式阶级斗争的思维逻辑，并没有把共产党人引向胜利。

阶级的存在，是一个客观现实。但现代社会条件下阶级的差别，更多的是经济方面的差异决定的。由于经济利益的不同，不同阶级的人会有不同的政治考量。但人毕竟是社会的人，种种环境的影响下，同一阶级的人未必会有同一想法或追求。尤其是在现实政治中，经济状况相近的张三、李四常常看法不同、立场不同，参加的党派团体不同。这就迫使共产党人判断敌友往往只能着眼于政治态度，顺我者赤，逆我者黑。

早期制定对国民党的统战政策时，共产党人的判断是，其政治上反列强、反军阀，和中共部分主张接近，因而可为盟友。但国民党内围绕着联苏容共问题又意见分歧，因而共产党人认定国民党内含有不同阶级。其中，反对联苏容共政策的分子，就是资产阶级右翼，定为右派；态度中立犹疑者，应属资产阶级左翼，定为中派；支持联苏容共者，可视同小资产阶级，定为左派。于是，总体政策上对国民党是统战，要团结，以对付共同的敌人；内部掌握上却要贯彻阶级分析和阶级斗争原则，要把国民党看成是竞争对手，或是分化对象，发展左派，中立中派，打击右派。如此统战，结果如何实不难想象。

孙中山去世后，群龙无首的国民党很快分裂。1925 年分裂出去的国民党人，被共产党人定性为大资产阶级的代表，视为政治上的敌人。1926 年初蒋介石又与苏联顾问和共产党人发生激烈冲突，因而被共产党人定性为民族资产阶级代表，视为新右派，要又斗争又团结。斗争的结果，是 1927 年 4 月蒋干脆发动了反共政变，并与得到苏联和共产党支持的武汉国民党人翻了脸，基于这一情况，共产党断定整个资产阶级已经背叛革命。不料仅仅三个月后，武汉的国民党人也废止了联苏容共政策，从阶级分析的角度，共产党人认定小资产阶级也退出了革命阵营。不得已，共产党人公开举起了俄式革命的“苏维埃”旗号，废止了统一战线政策，宣布中国革命进入更高程度的“工农革命”了。

上述这种政治认识的逻辑和政策变动，实际上都是基于俄国革命的经验，由中共上级指导机关，即在莫斯科的共产国际推动形成的。依照俄国革命模式，凡落后国家，都要经历这种从联合战线式的多阶级革命，到革命阵营不断缩小，敌对阵营不断扩大的过程。革命最后一定会分化到只剩下一个阶级，即无产阶级单独革命的程度。问题是，俄国革命从二十世纪初开始，最终走到一个阶级革命和专政，至少经历了十几年时间，即使是1917年十月革命，也还是与小资产阶级联合斗争实现的。它到1921年才最后把一切小资产阶级政党赶出了政府，实现了一党独裁。而中共革命从1923年实施统战开始，到1925年就部分地赶走了资产阶级，到1927年更是接连把资产阶级、小资产阶级全都推到自己的对立面去了。前后才用了不过四年时间。而它不仅没有政权，连军队都没有，结果无异于自我放逐。

一切从阶级眼光看问题，非黑即白，你死我活，不可避免地会导致另一个同样致命的后果，就是“阶级斗争扩大化”。

所谓“阶级斗争扩大化”，其实就是看不见具体的人，只看到阶级的人。从阶级斗争你死我活的角度，认定凡是敌对阶级的人，一定都是坏的、恶的、反动的，必须仇恨、防范甚至消灭。尤其是在军事斗争条件下，稍有疏忽就可能导致惨重失败，因而，高度戒备，大胆怀疑，宁错勿纵，就成了政治信条。在苏维埃革命期间，这种思维方式而造成的自我戕害，实在不胜枚举。

两个各具典型意义的例子：一是1927年秋冬，因国共关系破裂，认定小资产阶级已经反动，进而得出“不要顾惜小资产阶级”的认识，影响到各地一度肆行烧杀，凡有房屋财产者即难逃厄运。因为不相信任何小资产阶级分子，就连广东大批还在党内的青年学生和知识分子也不能信任，大部分被遣去当兵，死伤殆尽。一是从1930年年底开始，因党和军队内部出现意见分歧，指导机关上纲上线，怀疑地主富农作祟和有阶级敌人渗透，中共各苏区先后发起肃反斗争，导致数以万计的共产党人和军官惨死于自己人之手。

1927年共产党人举起工农苏维埃革命的旗帜，就已经陷入到自我孤立的境地。他们曾经试图坚持城市中心，不过三四年时间，就丧失了在工人中间的影响，被迫退去农村。利用1927—1930年间国民党北伐和南京中央与各地方实力派持续混战的机会，共产党人曾经在几省交界、交通不便的地区创立过一些根据地，发展起自己的武装力量，1931年11月还利用日本发动“九一八事变”，进占东北三省的机会，在江西瑞金一带宣告成立了一个“中华苏维埃共和国”。但是，一旦南京国民党逐渐取得了对各地方实力派的优势地位，暂时稳定住中日关系，可以集中力量来对付共产党之后，苏维埃革命的失败就不可避免了。

1933—1934年南方各农村苏维埃根据地接连失败，红军被迫退往西南、西北，并不是偶然的。毛泽东曾将这一失败的原因直接归结为阶级政策上的“关门主义”，并把共产党当时自我孤立的做法，形象地比喻为“为丛驱雀，为渊驱鱼”的“孤家寡人政策”。可以肯定的是，这种极端政策哪怕再延续一年时间，当1936年年底中共红军陷于险境时，是断不会有张学良、杨虎城来冒死伸出援手的。那样的话，在国共两党的较量中，最后失败的，也就不会是蒋介石国民党了。

中国现代革命的戏剧性转折

国共两党历史命运的逆转，形式上可以归因于1936年的西安事变，实质上却决定于1935年共产国际新政策的提出与在中国的实施。不仅西安事变乃由此而成，整个抗战八年，中共由两三万军队和党员，一举发展到战争结束时的 110 万军队和 120 万党员，靠的也是这一新政策。

这一新政策之所以能发挥巨大威力的原因何在呢？胡绳生前有过一种总结，他的看法是 :“国民党的人只是一小撮，我们的人也很少，实际上是第三种人占大多数。”“革命能胜利，是因为我们党把中间势力拉过来了。”

胡绳的这一说法中包含着深刻的历史认识。但是，这毕竟是半个多世纪后少数共产党人才可能得出的认识。对于“百分之百”地按照俄国革命的模式和经验来思维的共产党人，当年哪怕是这样想一下，都是不能被容忍的。如果没有 1935—1936 年间一连串看似偶然的情况凑在了一起，戏剧性地改变了中国革命的进程，中共革命未必能够走上一条不同的发展道路。

1935—1936 年发生的对中共革命最具决定意义的偶然事件，就是共产国际政策的意外改变。

说它意外，是因为这一政策转变，甚至也不是共产国际自己决定的，更不必说，中共对此完全是一无所知了。

共产国际被要求转变政策的基本动因，是苏联的外交安全考量。1931 年日本发动“九一八事变”，占领了中国的东北三省，对苏联的远东构成了威胁，但最初苏联并没有要求共产国际改变支持中共反对国民党中央政府的政策。1933 年 1 月，因为德国法西斯上台，进而与意大利法西斯政权沆瀣一气，公开反苏反共，苏联政府才意识到安全可虑，被迫改变它自身的外交政策，开始向国联，特别是向欧洲各国提议缔结所谓“集体安全条约”，力图联合各国政府共同对付德国。在这种情况下，莫斯科才下决心改变共产国际过去的关门主义政策，要求各国党改行统一战线政策，联合各国社会民主党，一同来推动欧洲各国政府赞同苏联的提议。由于这一政策转变异常重大，共产国际花了一年多时间才于 1935 年夏通过召开第七次代表大会的方式，宣告改行新的统一战线的政策。

共产国际改取新政策，并不就能导致中共很快改变政策。这是因为，中共这时在城市中已经毫无力量，且丧失了几乎所有的农村根据地。剩下的几万红军和中共中央，正处于国民党军队的围追堵截下，退至没有任何现代交通工具可以达到的边远的川西地区。共产国际与中共中央之间已没有任何联系沟通的条件了。

恰恰在这个时候，中共中央与统率四方面军的张国焘围绕着应该北上还是应该南下的问题，发生了严重的意见分歧。张国焘四方面军枪多人多，中共中央并不能说服张同意北上到中苏边境地区去。如果迁就了张国焘的意见，中共中央及全部红军就将进一步南下转去更偏僻的川康地区，不仅更加联系不到共产国际，无从改行新的政策，就是自行改变政策，也接触不到一年后能够用武力停止蒋介石“剿共”计划的张学良和杨虎城，完全没有条件及时间对他们开展统战工作。

巧就巧在一方面共产国际制定了新的统战政策，允许中共实行统战；一方面，中共中央里面有个毛泽东，几个月前又刚好取得了中央常委的资格，可以参与核心决策。正是由于毛泽东在北上问题上的坚持和劝说，中共中央主要负责人才敢于冒着分裂红军的罪名，只率一部中央红军乘夜出逃，脱离了四方面军的左右，不顾一切开向中苏（蒙）边境，力图接通苏联，取得援助。

毛泽东的这一选择其实具有极大的冒险性。一年后四方面军北上，以相当于 1935 年中央红军北上三倍的兵力组成西路军，试图接通苏联，最终仍全军覆没。中共中央及所率红军总共只有六七千人，还带有大批非战斗人员，包括妇女。在既无后方根据地，又完全不熟悉地形民情的情况下，贸然北上硬闯人迹罕见的戈壁滩，其后果可想而知。巧的是，中共中央原本径直向北挺进，无意在进入甘南之后，读到报纸，得知在北上路线附近的陕北，还有一部红军和一块根据地。中共中央因而改变了原定计划，转去陕北落了脚。

更巧的是，共产国际因知道陕北根据地的存在，还在召开七大期间就专门派联络员从外蒙潜来陕北，试图接通中共，传达新政策的要求。就在中共中央到达陕北苏区不到一个月的时候，共产国际联络员张浩历经数月，也辗转抵达了那里。结果，中共中央也就顺利地在共产国际新政策提出四个月后便得到了指示，从而全面改变了过去排斥一切中间势力的极端政策。

光有一个统战政策还不够，没有合适的统战对象，仍旧解决不了中共和红军的生存发展前途问题。再巧不过的是，蒋介石恰在这个时候把张学良及其东北军调到陕甘地区来了。张学良被任命为“西北剿总”代总司令，负责统率包括杨虎城在内的四五部西北其他力量更不大的地方武装，共同“围剿”红军。但张及东北军官兵、家属合共二三十万人，背井离乡已四年之久，四处漂泊，苦不堪言，一心只想能回东北，根本不想打内战。和土生土长，生怕红军抢夺其地盘的西北其他力量更不大的地方武装不同，张学良和东北军恰恰是中共实施新的统战工作的最佳对象。而只要成功争取了张学良东北军，西北地方武装，包括杨虎城等部的工作，就容易做通了。一旦分化了张、杨与蒋介石中央政府的关系，红军就在陕甘两省获得了相当的生存空间。万一蒋介石中央军非要“剿共”不可，弄出西安事变之类的兵变来，也是情理中的事情了。

争取到张、杨，引发了西安事变，打乱了蒋介石国民党的“剿共”计划，一时间缓和了中共和红军所受到的严重威胁，是不是意味着中共就转危为安了？也不是。西安事变之初，中共中央仍旧把蒋介石看成是反动头子，顽固不化，因而设想只有除掉蒋介石才能解决问题。然而，除蒋的结果，中国必定会陷于混乱和内战。就西安事变发生后，张、杨在国内外陷于极端孤立的情势，以及当时东北军、十七路军战力薄弱的情况看，可知发生战乱未必就会对中共有利。

同样巧得很，莫斯科并不喜欢张学良，从推动中国抗日的角度，它反而认定中国统一抗日非靠蒋介石不可。因此，事变发生后，苏联很快即出面干预，中共因此改唱红脸，最后的结果是张、杨虽然做出重大牺牲，却避免了内乱，并拯救了中共和红军。中共中央随后宣布承认蒋介石国民党主导的中央政府地位，接受“改制”、“改编”，转而实行温和的改良政策，促成了国内和平。表面上前面的革命失败了，实际上中共却因祸得福，使自己的政策适合了广大中间势力和时代的需要。随着日本入侵，抗战爆发，中共代表及其军队得以走出陕北一隅之地，前所未有地在全国范围内得到了广大的活动空间和政治舞台，为十年后战胜国民党赢得了一个极其有利的物质基础。

中共革命的成功与必然

相比较而言，蒋介石国民党掌握着全国政权和各种资源，它用来争取中间势力的条件要优于中共不知多少倍。读蒋介石日记亦可知，南京政府初建不久，他就意识到这方面的问题，因此不断提醒自己："怀柔敌党，收罗人才，当亟图之。"光是为笼络中间知识分子和社会名流，蒋就做了许多努力。不仅极力网罗有意从政者担任各种行政职务，而且礼贤下士，聘请知名教授单独授课或面谈，还为事业上有困难者慷慨提供经费援助或其他帮助。"九一八事变"后，国民政府更是不断组织各种全国性会议，主动问策于名流学者。抗战一爆发，它还特别成立了具有定期咨询和议政性质的国民参政会，不分左、右，将众多社会精英人士聘为可以领取较丰厚薪水的参政员。

但奇怪的是，抗战开始四年后，刚刚从山沟里走出来，能够在大后方公开活动的人手极其有限，鲜有资源可加运用的中共，却成功地与各主要中间党派和不少地方实力派建立了密切的联系，并成为各派力量与国民党政府抗争的重要支持者。到抗战结束前夕，中共事实上已经成了中间党派向国民党提出强硬政治诉求的主要代言人。战后不久，当国共两党关系再度面临破裂时，多数中间党派则公开选择站到了共产党一边。内战打响，两军决战之际，多数过去还游移在两党之间的中间派人士和大批知识分子，转而响应中共组建联合政府的号召，干脆集体投奔了共产党，抛弃了国民党。

1936年以前长期排斥中间派，抗战期间也很少有条件对全国范围的各种中间势力做工作的共产党，靠什么"把中间势力拉过来"，控制着中央政府的国民党又是因为什么越来越多地丧失了中间势力的同情的呢？

所谓中间势力，按照胡绳的观点，其实是包括社会上大多数游离于国共两党之间的人，既有深感对社会和国家负有责任的知识名流和青年学生，也有那些对政治毫不关心，却厌恶权贵、痛恨不公的芸芸众生。蒋介石国民党之所以会从唐德刚所说的“如日中天”的声望中跌落下来，越来越多地受到社会的批评，根本上还是军人出身的蒋介石执政理念、统治手法问题多多，导致党政军内部钩心斗角，矛盾重重；官僚阶层专横腐败，与社会基层严重隔膜。

国民党的悲剧命运在抗战后期就已显露无遗了。战争最后两年里，政府、军队中丑闻恶行已层出不穷，战后接收时中央政府巧取豪夺，接收大员“五子登科”，更是把自己推到了社会舆论的对立面。而面对知识分子和青年学生的激烈批评与要求开放政权的强烈呼声，控制在军人和党部人员手中的地方政权，动辄便施以武力镇压，包括公开殴打，甚至不惜杀害教授和学生。国民党政治形象早已是一落千丈，身居统帅之位的蒋介石毫无自知之明，反而坚持要诉诸武力来击败共产党。殊不知八年抗战后，国家早已是百孔千疮，战争只能进一步恶化形势，造成严重的经济危机，把民生推到水深火热的地步。民不聊生的结果，不仅会使民怨沸腾，而且会直接撼动原本就厌战的军人的意志。国民党之走到众叛亲离的地步，动辄便被共产党所离间，被多数中间势力所遗弃，说到底还是身为独裁领袖的蒋介石长期以来统治无方的结果。

正如胡绳所说，所谓中间势力，绝大多数既不倾向国民党，也不倾向共产党。不仅如此，中间势力中的大多数精英分子，多半都是受英美政治文化熏陶教育成长起来，无论政治上、观念上，还是历史上，他们照理都更接近国民党，而不是共产党。

《观察》杂志主编储安平直到 1947 年 3 月国共两党全面开打后，还在告诫国人：“我们现在争取自由，在国民党统治下，这个‘自由’还是一个‘多’‘少’的问题，假如共产党执政了，这个‘自由’就变成一个‘有’‘无’的问题了。”他们实际上非常清楚，在国民党统治下至少比在共产党下会更多些自由的可能。

然而，就是这个储安平，一年多之后，却响应中共号召，北上参加新政协，站到共产党一边去了。把储安平这样的知识分子逼走的原因可想而知，国民党已经发展到无所不用其极的地步了。接连不断地查封党派团体和报纸杂志，使储安平这种人不仅没有了言论的空间，而且完全没有了安全感。

与此形成鲜明对照的是，从来主张专政的共产党，却一直尖锐抨击国民党的独裁与专制，力倡民主政治，甚至公开提议各党派共同协商，合组联合政府。

一方面是国民党越走越极端，一方面是共产党展现出高度民主的姿态，大批热切希望另起炉灶的中间人士和知识分子，又如何会不对共产党寄予厚望呢。

共产党所以能够吸引到中间势力，也并不仅仅在于共产党打出了民主的旗帜。储安平看得很清楚："在今日中国的政争中，共产党高喊'民主'，无非要鼓励大家起来反对国民党的'党主'，但就共产党的真精神而言，共产党所主张的也是'党主'而绝非'民主'。"既然清楚地了解这种情况，储安平们为何还会倒向共产党呢？这即是因为，中国的多数知识精英除了对自由的追求以外，他们像苏珊·邓恩所说的法国革命中的那些知识精英们一样，往往把国家民族的前途，看得比捍卫自由的原则要重得多。他们对辛亥以来长期战乱、分裂，早已哀怨丛生；好不容易盼到国民党北伐统一，想不到又来了一个十年内战和八年外战；总算熬到抗战胜利，只因蒋介石有术无谋，不仅大战四起，而且社会经济还被拖到了崩溃的边缘。他们如何还会寄希望于国民党呢。

他们寄希望于共产党人，一个重要原因在于共产党人身上当时有一种让他们极其看重的朝气。共产党原本就是一个穷人党，不仅意识形态上强调"向穷就好"，党员干部也基本是穷苦人出身。战争条件下，久居农村的共产党干部普遍艰苦朴素，作风廉洁，官民平等，且纪律严明，这些中国社会久违了的积极清廉之气，正是众多中间人士寄希望于共产党会推动社会进步的一个重要原因。

多数中间派人士寄希望于共产党人的另一个原因，是他们对社会主义均平观念与提升国力作用的强烈好奇与向往。中国多数知识精英都信奉“不患寡而患不均”的古训，他们对资本主义在财富分配上的弊病心知肚明。他们害怕社会主义，纯粹是因为苏联社会主义在政治上的独裁与专制。然而，自从苏联政府利用社会主义集权体制，调动举国资源，一举将一个落后的俄国，建设成了一个工业化的强国之后，中国知识阶层中相当多数的人就已经对社会主义刮目相看了。三四十年代中国的知识精英，多半成了政治上希望学英美，经济上希望学苏联的折中派。很显然，如果共产党能够使中国迅速强大起来，为什么不可以牺牲一点自由，来和它一起创造这个奇迹呢？

在中国现代革命中，究竟有没有人心向背的问题呢？当然有。只是，人心向背所反映的，只是战后中国两个左右中国政治的大党中哪一个更让人失望，哪一个更让人希望的一种社会现象，它并不能决定两者之间的成败。导致人心向背发生变化的原因，才是国共两种革命力量较量胜负的所在。如果统治的国民党无可救药，革命的共产党看起来比国民党清廉得多，能干得多，还民主得多，共产党自身又不再犯过去那样极端的错误，它又如何会不胜利呢？

所谓败者自败，成者天成，理也，势也，命也。

杨奎松

2012年6月14日于山东济南

前　言

共产党所领导的中国革命是一次成功的革命，这是历史已经证明了的。但是，通向成功的道路又是如何向前伸延的呢？如果我们没有忘记，中国最初并不是共产主义思想的故乡，如果我们还记得1920年代初组织起来的中共党组织开始只有几十个人，如果我们注意到共产党在二十八年的漫长革命生涯中几乎始终处于强大敌人的压迫之下，我们就应当想到，这样一种革命并不是中国自身发展的必然产物，它的成功也不可能一帆风顺，它必定经历了许许多多的曲折与牺牲。也正是在这许许多多的曲折与牺牲中，中国共产党人，特别是毛泽东，才逐渐摸索出了一条通向成功的道路。

中国革命的成功，正如它所经历过的种种失败一样，有着各种各样的具体原因。多少年来，人们多方探讨过它的内部原因，分析说明过国内社会、阶级、党派集团以及各种经济、政治、文化条件对于中国革命的影响和作用。但是，作为一个专门的课题，我们对于外部世界作为一个整体对于中国革命的影响和作用，似乎还缺少系统和深入的讨论。事实上，我们都知道，无论是共产主义思想在中国的传播，还是共产主义事业在中国的生长和发展，都是一定的国际环境的产物。离开了特定的国际环境和条件，基于共产主义意识形态的任何一种革命的成功和失败都是不可想象的。

比如，我们可以试问：为什么五四爱国运动之后，极少数知识分子和青年学生会把共产主义，即革命的社会主义这种外来文化，看成是救国的不二法门？为什么中国共产主义者最初要按照俄国共产党的模式建立中国共产党并确立自己的奋斗目标？为什么中国革命者会主动要求接受来自外国共产党人的帮助、指导，乃至于经费援助？为什么第一次国共合作的政策是出自一个外国人的主张，而整个合作的进程很大程度上也是由外国的顾问或外国的代表人物来规划和设计？为什么中国革命会一度提出一个连中国革命者自己都不能弄得很清楚的“苏维埃”革命的口号？为什么无数中共革命者为之奋斗几达十年之久的“苏维埃”的革命形式竟会被永远地放弃？为什么扭转中共和红军命运的西安事变，其发生和解决都与苏联密切相关？为什么毛泽东要争取独立自主，又坚持以莫斯科为世界革命的“总司令”？为什么中共在太平洋战争爆发前一度会把美国参战视为中国革命的最大威胁，太平洋战争爆发后又把美国看成是自己实现阶级革命目标的一种助力？为什么毛泽东战后一直反感斯大林“不许革命”，最终却还是走上了向苏联“一边倒”的道路？

与此相关联，我们似乎更应当试问：把中国的革命和解放建立在与外部影响因素互动的基础上，这种情况在不同的时候，在不同的条件下，对于中国革命发生了怎样的影响？中共的政策策略、路线方针，乃至于组织建设、人事安排，受其制约的程度究竟有多大？1940年代中共与共产国际及其国际无产阶级领导中心苏联关系之若即若离，是否意味着中共的意识形态及其思想观念发生了重大改变？中共抗战后期对美国人做出的种种表示，是否影响到了他们的革命目标和政策？中共战时和战后的道路选择，无论左右，其最终的取向是否始终不曾离开过俄国式革命的理想？总而言之，中国革命的战略和策略，不论是成功的还是失败的，它们究竟在多大程度上是受国际环境支配的？而国际环境的变化，又在多大程度上影响了中国革命的进程？

我们都知道毛泽东讲过的这样一个观点，即内因是根据，外因是条件，外因是通过内因起作用的。但是，历史的辩证法还告诉我们：任何事物至少都存在两个方面，它们往往也互为因果，即不管什么样的内因，总要通过外因才能发生作用。比如没有适当的温度，鸡蛋也不能孵出小鸡来，而鸡蛋距离热源的远近，热源本身的变化，以及整个气候条件对于热源温度的作用等，都可能对鸡蛋的孵化过程产生直接的影响。具体到20世纪共产革命的问题，一个十分简单的事实是：距离苏联较近的国家，形成社会主义国家的较多，而距离苏联较远的国家，形成社会主义国家的较少；同样，在革命和战争时期，社会主义国家出现较多，而在和平发展时期，社会主义国家出现较少。这种情况清楚地告诉我们，外部原因不仅在发生作用，而且有时可能还有决定性的意义。

中国之所以会不断发生革命，这无疑是由中国社会的内部原因决定的。但中国革命究竟将要达到何种目的，这又是与整个外部世界的形势和条件密不可分的。中国的共产革命之所以会从1920年代开始，而不是从1905年开始或1911年开始，显然是与俄国1917年十月革命的成功和1919年第三国际成立，布尔什维克开始对外输出革命的情况密不可分。毛泽东所谓“十月革命一声炮响，给我们送来了马克思列宁主义”，就高度形象地概括了这种关系的本质。它告诉我们：中共所领导的这场革命，就其基本内容和方向而言，都是得益于俄国革命性质的影响和规定的。恰恰是由于中共与苏联和共产国际之间存在着这种特殊关系，由于来自苏联和共产国际的理论、政策和策略的指导，由于后者对于前者的援助乃至干预，中国革命才走上了今天我们所看到的这条通向社会主义的艰难曲折的漫长道路。

当然，我们不是外因决定论者。何况，中国革命的成功归根结底还是由中国人实现的，因此它不同于东欧社会主义国家的建立，不完全取决于包括苏联在内的外国干预。正如毛泽东所说，中国的事情必须由中国人自己来办，而不能由共产国际那些管中国问题的外国人来办。事实证明，完全依照苏联人的方式来处理中国问题和解决中国革命所面临的种种复杂关系，多半都是不能成功的。在中国革命最初的十几年里，共产党人所经历的种种挫折无疑都与太过依赖于莫斯科的做事方式有密切关联。但结果，不论苏联在中国革命身上投入了多少钱财和心血，中共都无法完全按照苏联人的意志去发展自己，因此也无法真正实现莫斯科所制定的革命目标。

中国共产革命，从完全背靠莫斯科，坚持世界革命，公开主张保卫苏联，争取百分之百的“布尔什维克化”，到逐渐相信必须把“马克思主义中国化”，相信中国居于美苏之间，完全可以特立独行，曲折地走出了比较适合自己的发展道路。然而，尽管如此，抗战中它还是不能不受制于盟国政治和军事发展变化的左右，抗战后它一样无法摆脱美苏冷战格局形成所带来的影响，外因仍旧在起作用，而且其作用丝毫不比内因的作用来得小。因此，无论是从意识形态，还是从历史联系来看，在整个国际大气候、大环境中，中国革命和中国共产党人与外部世界的联系越紧密，它考虑和制定中国革命策略的因素就越复杂，其成功与失败的机会也会同时存在。通向成功的道路注定了充满荆棘。

从中国革命与外部世界的联系来考察中国革命的发展过程及其策略变化，是本书写作的目的。如果我的这种研究能够使读者加深对中国革命曲折性和复杂性的了解，并注意到中国革命产生和发展背后的国际政治背景，和它们之间存在的种种因果关系，那么，我的目的就达到了。

杨奎松

1998年12月12日于翠微园

目录

第一章

“以俄为师”

寄希望于威尔逊大总统的中国人，被中国在巴黎和会上所遭受的屈辱强烈地刺激了。对西方资本主义列强主持正义的幻灭，导致大批中国知识分子把目光投向了社会主义。俄国十月革命的成功，诞生了世界上第一个号称劳动平民当政的政权。中国的知识分子并非喜欢暴力，但是，毗邻的俄国革命一举摆脱列强压迫的榜样作用，还是让不少人热血沸腾。在俄国人的直接推动下，中国共产革命的小船摇摇摆摆地起航了。

一、山雨欲来风满楼

第一次世界大战，日本霸占胶州半岛，中国面临生存危机

1914—1918年，帝国主义列强之间爆发了一场空前规模和空前残酷的世界大战。这场战争极大地改变了世界政治的格局，老牌殖民帝国英国和法国的强有力的竞争对手德国被打败了，但战争也使这两个拥有世界上最多殖民地的胜利的资本主义大国，成为新兴的资本主义大国美国的主要债务国。[1]

在欧洲进行的这场战争，使欧洲国家备受损害，整个欧洲经济在以后长达八年的时间里几乎处于停滞状态，而远在太平洋的两大资本主义强国美国和日本，却受到这场大规模战争的刺激，加速了经济发展的步伐。[2]

---

[1] 据统计，到1922年11月，欧洲各国所欠美国的债务，包括未付利息在内，总数达116亿美元，其中英国为47亿美元，法国为38亿美元。

[2] 在战后的1920年，所有资本主义国家的制造业的生产能力都低于战前1913年的水平，只有美国和日本是呈发展的趋势。不仅如此，如果以1913年为100的话，美国1920年制造业生产的年度指数达122.2，日本更高达176。

美国和日本的崛起，不仅对它们相互之间的利益，而且对英、法两大殖民帝国，特别是对英国在远东及太平洋地区的利益，都明显地形成了威胁，从而使帝国主义国家之间的矛盾形式和利益关系迅速发生了新的变化。对于这一情况，战后各国政府都有清醒的认识，他们不能不千方百计力图防止自己的利益受到损害。问题是，在欧洲进行的这场战争留下了太多的后遗症，这不可避免地牵制了英、法等国政府的极大精力，而且把它们最大的债权国美国拖累了进去。一连几年，欧洲各国的政治家们在家门口总是争吵不休，对远东事端却力求调和。不仅如此，战争的结果无论从哪一方面都促使各大国的政治家们从各自利益的角度来寻求建立一种相互牵制和妥协的基础。这导致了1919—1922年一系列国际会议的召开，以及国际联盟和国际法庭这一类前所未有的国际协调和国际制裁性质的国际组织的产生。在这种情况下，日本帝国主义对远东，特别是对中国的野心，具有极为严重的意义。

中国是远东最大的，也是最后一个尚未被瓜分和被一个列强独霸的落后国家。帝国主义之所以未能吞并中国，显然是同它的过于庞大有关。1840—1900年间，列强兵力最多的不过100万（俄国），最少的仅几万人（美国），世界头号殖民帝国英国的兵力也不过50余万人，后起的日本也只有20余万人。要把这样少的兵力单独投入到有数百万平方公里和有4亿人口的偌大的中国来，同时还要保护他们自己的国家和诸多殖民地，无论如何是办不到的。自1840年英国第一次对中国动武之后，几乎每一次动武，殖民地较多的欧美列强都会联合行动，其原因也就在于此。这也是1899—1900年，列强各国一致接受了美国提出的“门户开放”、“利益均沾”的原则的重要历史背景。尽管各国政府各自难免还会抱有自私的目的，争吵和冲突依旧不断发生，但是，中国作为独立国家的资格至少在形式上保全了下来。直到第一次世界大战爆发，情况才再度发生了某种变化。后起的日本，鉴于世界版图已被瓜分完毕，又不甘心自己的殖民地过少[1]，故公开试图乘机改变这种状况。中国胶东半岛问题的争执，即由此而生。

1914 年 8 月第一次世界大战在欧洲打响时，一边是由英、法、俄、美等组成的协约国，一边是由德、意、奥、土等国组成的同盟国。协约各国为防止远东祸起，力劝日本加入协约国，日本遂乘机要挟，迫使英、法、俄等同意日本可在与协约国权利无关之中国各地“自由行动，不加干涉”，并接收德国在中国山东的一切权益。[2] 随后，日本即对德发出最后通牒，诡称胶州租借地应交付日本“以备将来交还中国”。紧接着，日本对德宣战，并借口军事需要强行霸占了德国修建的胶济铁路。11 月 7 日，日军攻取青岛，对德作战结束，但它突然向北京袁世凯政府强硬地提出了所谓“二十一条”的要求，进而还发出了最后通牒，最终于 1915 年 5 月 25 日迫使中国政府与之签订了《关于山东之条约》、《关于南满洲及东部内蒙古之条约》，并互换照会 13 件，史称“民四条约”。根据这些条约，日本不仅继承了德国在山东的一切权益，同时得以在南满、东蒙以及福建等地，取得了一系列特权。[3]

日本在中国的横行霸道，不能不引起欧美各列强的不满。但是英国也好，法国也好，要让他们把有限的兵力投入到中国来同日本一争高下，不仅战争中不可想象，即使在战后也绝无可能。

在这时的大国中间，唯一有条件对日本的扩张进行干预的，只有美国。美国毕竟不能无视与其有着直接地理联系的远东地区发生这种问题，更无法回避日本的挑战。日本的行动无疑严重破坏了美国所强调的“门户开放”的原则。但是，要让陆军兵力总数还不及日本 2/5，海军军舰总吨位只多出日本 1/5 的美国用武力阻止日本的行动，也是办不到的。何况，在这个时

[1] 日本这时只有朝鲜和台湾两块殖民地。

[2] 参见王芸生编著：《六十年来中国与日本》，第 6 卷，三联书店 1980 年版，第 41 页；《顾维钧回忆录》，第 1 卷，中华书局 1983 年版，第 160、197 页。

[3] 见中国社会科学院近代史研究所：《日本侵华七十年史》，中国社会科学出版社 1992 年版，第 156—162 页。

期，美国既受到欧洲债务的牵制，国内又盛行孤立主义，即使是日本侵犯了美国的部分经济利益和势力范围，深受国会和政党分权化牵制的美国政府，也绝难反应强烈。

1917 年 4 月 6 日，美国参加欧洲战争，正式对德宣战之后，其对日本的妥协更是不可避免了。11 月 2 日，双方终于签订了《兰辛 — 石井协定》，美国以承认日本在山东、南满和蒙古等地区的“特殊利益”为条件，换取了日本对在中国维持“门户开放”主义和机会均等原则的承诺。[1]

巴黎和会，充满期待的中国人再次发现自己被出卖了

美国是一个从殖民主义压迫下解放出来的国家，它的外交政策及观念，到底有其自身的特点。美国国内反对帝国主义和殖民主义的倾向不仅较其他殖民大国为强，而且对其政府的外交政策，不能不有所影响。这使得美国的外交政策表现出极其复杂的多面性。美国在光绪年间主动退还中国庚子赔款近 2900 万美元，用于中国教育事业[2]，在很大程度上得到了中国舆论界的赞扬。

同样，美国也是最早提出和始终主张维护中国独立和领土完整的大国，尽管其归根结底仍旧会为自身的政治经济权益着想，并且多次参与侵犯中国主权和独立的行动，但在“弱国无外交”的强权政治时代，美国的对外政策还是常常会有助于落后国家的民族主义觉醒。

1918 年 1 月 8 日，即大战即将结束，协约各国拟召开和平会议解决战争遗留问题之际，美国总统威尔逊宣布了“十四点和平纲领”，明确主张公开外交，反对秘密外交，主张取消关税壁垒，削减和全面限制军备，绝对公平地调整一切殖民地，并建立国际联合组织，以保证国家不论大小均享

[1] 全文见王芸生编著：《六十年来中国与日本》，第 7 卷，第 104—105 页。

[2] 见王树槐：《庚子赔款》，台北“中研院”近代史研究所 1974 年版，第 287 页。

有政治独立和领土完整。威尔逊明确反对以往那种由少数列强用秘密外交的方式来决定弱小国家和民族的命运的做法，力主民族自决。他宣称：“和平会议之际，必自始至终，公开于世界，秘密授受之政策，使不再见于今日。”“故凡悖逆正义之行为，吾人必尽其所能以反对之”，必“使国无强弱，共享均等之自由，与生命之安全”。[1] 毫无疑问，美国总统的这一主张，再度为美国在各弱小国家和民族中，特别是在中国，赢得了声誉。

正是因为有威尔逊总统的上述主张，中国在战后获得了参加巴黎和会的权利，第一次得以与各国列强共同参加重大国际会议，讨论和决定国际事务。这种变化进一步使中国各界人士感到振奋，他们不仅为此再次向美国欢呼，而且开始相信，和会将会名副其实地实现威尔逊的“十四点和平纲领”，切实尊重中国政府和中国人民的正当权益，特别是恢复大战中被日本强占的中国对山东的主权。[2] 人们甚至指望，通过和会，中国能够一体解决取消领事裁判权，归还租借地和租界，撤退外国驻军，取消外国在华设立的邮电机构以及恢复中国关税自主等各项问题。[3] 于是，“公理战胜强权”的信念因此广为传播，不仅当时的北京政府立即组团前往巴黎正式出席会议，中国各界著名人士，甚至与北京政府对立的南方军政府方面，也纷纷组团前往巴黎，准备迎接这大快人心的时刻。

中国人太单纯了。他们不了解美国国内同样存在着相当强大的帝国主义和殖民主义的政治势力，因而没有注意到美国国会对威尔逊总统在殖民地以及宗主权等问题上的开明立场所表示出的某种不信任态度。他们也忘记了历史，甚至忘记了威尔逊发表“十四点和平纲领”时，那个墨迹未干的侵犯中国主权的《兰辛一石井协定》。美国既然能够默认日本“二十一条”要求的得逞，既然能够为了某种利益而与横暴的日本苟合妥协，它为什么不能再三、再四地重复这一过程呢？何况美国总统并没有支配世界的权力，

---

[1] 转见《现代国际关系史参考资料（1917—1932）》，高等教育出版社1958年版，第186—189页。

[2] 李大钊：《庶民的胜利》，《新青年》第5卷第5号，1918年11月15日，等。

[3] 参见《顾维钧回忆录》第1卷，第170—171页；《东方杂志》第16卷第2号（1919年2月）。

而和会的其他参加者仍旧抱定了殖民主义和强权政治的立场呢！

弱小民族似乎都有这种过于单纯的特点。并未得到参加和会邀请的朝鲜人同样对威尔逊和即将成立的国联抱有热切的期望，因此他们竟秘密派遣代表前来巴黎向和会控诉日本的强暴统治和奴役。然而，这位有幸出现在巴黎的朝鲜人却被拒于门外。同样的命运很快也落在了中国人头上。幻想取得国际平等地位的中国人，一开始就发现自己被邀出席和会，却被列为第三类国家，日本作为五大国之一，有代表 5 席，中国却只分得 2 席。参加会议的 27 个国家，70 位代表几乎没有多少开会的机会，一切相关决定都是美、英、法、意四国首脑所组成的“四人会”在极秘密的情况下讨论做出，各国外长只能在旁边屋子里听候咨询。[1]

事实上，即使是作为大会主席的威尔逊总统，无论是在美国国内，还是在巴黎和会上，都陷于孤立无援的可怜境地。他率先提倡的国际联盟得不到自己国会的认可，在和会上他又不能不自食其言地牺牲弱小国家的利益，以换取列强之间的团结。结果，许多对巴黎和会充满期待的中国人再次强烈地感到自己被出卖了。不仅恢复国家主权和领土完整、废除不平等条约的要求无人理睬，甚至连争取山东主权的恢复也成了泡影。日本强硬地坚持占有德国在山东的各项权益，威尔逊想出的唯一解救办法就是暂时实行五国共管以后交还中国，然而即便这种妥协的办法也难以行得通。

1919 年 4 月 30 日，列强终于还是依照日本的愿望达成了巴黎和约关于山东问题的条款，规定包括胶济铁路在内的德国在山东的一切权利，统统交予日本。[2]

1914 年日本攻占青岛时，中国是中立国，此后中国政府加入到协约国一边，成为参战国。无论作为中立国还是作为参战国，中国都不是战败国，战败的明明是德国，何以中国要向日本割让土地呢？威尔逊高唱“自由平

---

[1] 参见《日本侵华七十年史》，第 184—185 页。

[2] 全文见王芸生编著：《六十年来中国与日本》，第 7 卷，第 318—319 页。

等”、“民族自决”，人们指望和平会议和国际联盟从此会主持公道，其结果竟如此悲惨，如此荒唐，这不能不令人愤慨。

而更让人愤慨不已的是，人们一夜之间发觉腐败的北京政府为了维持自己的统治，在几年时间里竟与日本主动签订了众多丧权辱国的协定。[1] 人们对此不能不无比愤怒。

五四运动："只要有干涉政治的决心，不怕政府不顺从民意"

1919 年，是远东地区政治动荡、危机四伏的一年，同时也是各弱小民族开始觉醒和开始掀起斗争浪潮的一年。1919 年 3 月，在日本奴役下的几十万朝鲜人在全朝鲜发动了广泛的起义斗争。[2] 这场斗争强烈地触动了亿万中国人。列强的欺凌和朝鲜人民的起义，终于从两方面极大地刺激了中国人，不再仅仅是学生们感到愤慨了。中国人对国家主权和独立不受侵犯的愿望，从来没有如此强烈；对外人的欺凌和领土的丧失，从来没有如此痛心；对日本帝国主义的飞扬跋扈和狂妄野心，也从来没有如此敏感和仇恨。显然，第一次世界大战后期兴起的“公理战胜强权”与“民族自决”的宣传，在广大知识界、进步舆论界，特别是青年学生当中，激起了改变国家屈辱地位的强烈愿望，使他们对各国政府能够受威尔逊影响在和会上主持正义寄予了过多的希望。而结束大战以后日本在中国大肆扩张的情形，更成为广大爱国的中国知识分子最强烈的要求。面对和会中美、英、法各大国在中国问题上重演对日妥协丑剧，眼看日本霸占中国山东主权即将成为惨痛事实之际，人们的失望和愤慨是可想而知的。

---

[1] 如《中日陆军共同防敌军事协定》、《中日海军共同防敌军事协定》等。梁启超等亦称于和会期间始知 1918 年中日换文密约等事，颇感不满。见《申报》1919 年 3 月 24 日。

[2] 因怀疑被日本废黜的朝鲜国王李熙 1 月 22 日突然死亡是被日人加害，朝鲜民众群情激愤，并于 3 月 1 日在汉城爆发了数十万人抗议游行。在宗教界人士起草的《独立宣言书》的号召下，这场运动迅速波及了整个朝鲜半岛，但最终被日本军队武力镇压。

1919年4月下旬，外交失败的消息从巴黎和会陆续传来。至5月初，中国代表交涉失败已成定局。终于，全国各界爱国人士之激愤达到极点，以青年学生为先锋，爆发了轰轰烈烈的五四爱国运动，其斗争锋芒直指日本帝国主义和在对日交涉中曾直接充当“卖国贼”角色的曹汝霖、陆宗舆、章宗祥等人。

轰轰烈烈的五四运动，波及全国各大中城市，学生、商人纷纷罢课、罢市，抵制日货，甚至一些大城市的工人和市民也在各种宣传甚至是传言的刺激下自发地投入到反日运动之中。这一空前浩大的爱国群众运动，严重冲击了北京政府的统治地位，迫使它罢免了曹、陆、章，并最终放弃了在和约上签字的企图。[1] 然而，罢免也好，拒签也好，以至游行集会、罢课罢市罢工，都不能使山东及青岛主权回归中国，也不能促使各国政府采取真正同情中国的行动，甚至并不能防止类似的事件今后继续发生。现实的沉重压力迫使人们开始探寻解决问题的根本方法。

此时的中国政治，派系林立，四分五裂。不仅军阀之间你争我夺，战争不断，而且南北对立，各执一端，互不相让，你死我活。甚至各派内部和南北政府自身，也是钩心斗角，争权夺利，时时有倒戈和内讧发生。对此，广大进步知识分子无不痛心疾首，倍生厌恶，以致长期以来视政治为畏途，唯恐避之不及。

外交失败，山东主权无端被日本侵害，使国人之民族危机感和屈辱感陡然增至极点，人们迅速意识到：“真正的解放，不是央求人家网开一面，把我们解放出来……不是仰赖那权威的恩典，给我们把头上的铁锁打开，是要靠自己的努力，把它打破，从黑暗的牢狱中，打出一道光明来。”[2] 国与国的关系，既然依旧是强力和利益的关系，央求和哀号自然无用，救国的办法，只能改造和强大自己的国家。为此，人们明显地开始试图干预国家的政治。

第一次世界大战给中国进步舆论界所带来的最深刻的影响之一，就是

[1] 《顾维钧回忆录》，第1卷，第209页。

[2] 《每周评论》第30号，1919年7月13日。

民主主义的深入人心。人们无一例外地把协约国的胜利，看成是世界人类新精神的胜利，看成是民主主义（当时又称为“德莫克拉西”、“民本主义”、“民治主义”、“平权主义”、“庶民主义”、“平民主义”……）对专制独裁制度和对帝国主义、军国主义的胜利，并确信这是人类历史发展的大趋势，“数千年横陈于专制坑内惰眠”的中国，也概莫能外。人们憎恨恃武力以专制的军阀政权，同样也是因为相信它有违民主主义的历史进步潮流。甚至有人直截了当地认为南北政府中“无一可恃之人，无一非巧取豪夺，日与吾人为仇为敌，其思想、其行事，无一能与平民政治相容”[1]。由他们来主持国家，“国事如何能不腐败？外交如何能不失败？国家如何能不灭亡呢”？[2]

显然，中国人第一次如此广泛地谈论民主，第一次把政治的黑暗、外交的失败与人民甚至是“平民”、“庶民”的政治无权联系起来。他们尖锐地指出：中国政治上黑暗的根本原因，就在于少数人专政，而人民却无权。一旦人民像欧美国家人民那样，有了“创制权”、“复决权”、“罢官权”，“还怕有拥兵的军人吗？还怕有卖国的阴谋的盗贼吗？还怕有政治不澄清那一天吗？”[3] 五四运动，“平民”奋起救国，迫使北京政府罢免曹、陆、章，拒签巴黎和约，甚至不能不释放有严重“越轨”行动的爱国学生，自然使人们更深感民众运动和民众力量的重要。许多人甚至公开主张推翻不顺民意的政府，宣称：“只要有干涉政治的决心，不怕政府不顺从民意。”[4] 显而易见，第一次世界大战以及五四运动，不仅使中国广大进步知识分子和爱国民众深深陷入民族危机感之中，而且使他们日益清醒地意识到自己的力量和责任，迫使他们开始尝试着发挥自己的政治作用，以便能够改变中国的现状，解民族于倒悬，并使国民成为国家的真正主人。

---

[1] 学训投稿：《对于国人之大警告》，《时事新报》1919年5月11日，并见廖仲恺：《三大民权》，《星期评论》第6号，1919年7月13日。

[2] 东荪：《青年政府》，《时事新报》1919年5月17日。

[3] 廖仲恺：《三大民权》，《星期评论》第6号，1919年7月13日。

[4] 《干涉政治》，《南开日刊》第36号。

应当指出，五四运动期间中国进步舆论界的政治观，尽管深受欧美日本民主主义或民本主义的思想影响，但它同欧美一般意义上的民主政治观念仍是有相当距离的。其所谓民主主义、民治主义、平民主义、庶民政治等，世俗的形式的理解，要比伦理的内容的理解多得多。人们注重的往往还不是这种政治制度的特定内涵及其本质，而是它的表面意义和实用价值。进而言之，人们往往是从传统的集体主义和平均主义的文化积淀出发，把民主政治同西方的社会主义乃至无政府主义的平等观念混合在一起。大多数人实际上仍旧鄙薄现实的政治生活，其所谓民主政治云云，多半只是陈独秀所谓“由多数的平民——学界、商会、农民团体、劳工团体”的一致行动，是李大钊所谓“没有康格雷（国会），没有巴力门（议会），没有大总统，没有总理，没有内阁，没有立法部，没有统治者”，只有脑力劳动者和体力劳动者的联合会议。只要多少熟悉一些社会主义思想史，就可以看出，这时中国许多进步知识分子头脑中的民主政治观念，还只是一个大杂烩，更确切地说，他们的民主观念，其实已经被一种空想社会主义和无政府主义的观念所侵蚀了。

李大钊：社会的变革，应“由人民自己一小部分一小部分创造”

第一次世界大战造成了两股强劲的政治潮流，一股是民主主义的潮流，一股则是社会主义的潮流。前者以德、奥、俄三大专制帝国的垮台和远东中、日等专制国家国内民主主义情绪的高涨为标志，后者则伴随着布尔什维克领导的俄国十月革命的爆发、苏俄劳农政府的出现和欧美、日本等资本主义国家内工人运动乃至社会革命运动的勃发，形成了大战后一时间澎湃于整个欧亚大陆的社会主义思潮。由于19世纪末20世纪初以来产生于国内新学校和由欧美日本学校培养出来的一大批新型知识分子，这时先后登上中国政治、文化、社会舆论的各个舞台，从而形成了一个由众多知识分子和大批在校学生构成的，对欧美、日本新学说、新思想极为敏感的社会群体，因而使得中国思想舆论不可避免地成为世界民主主义和社会主义思潮的冲击对象。人们很快就意识到，这两大思潮正是中国对抗专制统治和列强欺凌的强大武器。不仅如此，面对战后各国社会革命和工人运动的强大浪潮，人们迅速把民主主义纳入社会主义的概念之中，确信二者或者相辅相成，或者亦步亦趋，而社会主义将是人类社会发展的终极目的。

社会主义，作为资本主义的一种对立物，从来就是同“集体”和“平等”的概念联系在一起的。虽然在19世纪40年代以后，随着马克思主义逐渐形成，出现了强调阶级斗争并以共产主义为目标的科学社会主义思想体系，但广义上的社会主义，仍旧是一切反对资本主义不平等的人们的包罗万象的思想武器。中国多数知识分子显然也早就从西方这种社会主义思想中汲取到养分。自从梁启超主办的《清议报》1900年首次引入“社会主义”这一名词以来[1]，许多趋新的中国人就开始介绍和宣传社会主义了。

当然，就中国多数知识分子而言，其在五四运动之前所谈论的社会主义，多半还不是那种以阶级斗争为内容，以社会革命为手段的革命的社会主义。恰恰相反，长期苦于专制和武力之害，渴望和平与平等的大批中国知识分子，对于暴力、专政等，往往有着一种本能的反感。这就决定了多数中国知识分子对社会主义有着一种特定的倾向性。也正因为如此，当世界上第一个社会主义政权在毗邻的俄国诞生之后，中国舆论界竟在相当长的一段时间里感到难于接受和理解。

中国多数知识分子对于俄国社会主义最难于接受的，无疑也是其最重要的东西，即暴力革命和无产阶级专政。受欧美资产阶级宣传舆论的影响，人们这时普遍相信，这种社会主义不仅过于残酷，而且过于专制。而这恰恰是一向主张平等调和并反感专制压迫的广大中国知识分子所深恶痛绝的。

但是，在探索根本改造中国社会道路的五四运动时期，面对来自俄国和欧洲社会如火如荼的工人运动和社会革命浪潮，要想拒绝社会主义主张

[1] 见《清议报》第52期，1900年7月26日。

是不可能的。与此相反，俄国革命和德、匈、意、美等国社会革命的兴起和工人运动的浪潮，更深深地刺激了中国的广大知识分子和青年学生，使他们从内心里认同社会主义已经成了一种不可抗拒的世界潮流。于是，在五四爱国运动之后，大批知识分子和青年学生，迅速掀起了一个规模空前的社会主义思想传播的热潮，力图从各种不同的社会主义主张中，找到一条适合中国的，足以救国救民的理想出路。而随着社会主义思想传播的日益广泛和深入，人们的救国主张也日趋分化。

以陈独秀为代表的一批激进知识分子，是最先把矛头指向试图利用军阀、政客，甚或未来资本家来实现改造中国梦想的孙中山、梁启超们的。但是，他们在思想观念上彻底同以孙中山及梁启超为代表的大批在社会主义问题上主张渐进改良的知识分子分道扬镳，则经历了一个缓慢的过程。直至1920年上半年，陈独秀、李大钊等一样明显地“不情愿阶级争斗发生”，“渴望纯粹资本作用——离开劳力的资本作用——渐渐消灭，不至于造成阶级争斗”[1]；强调自己作为无产阶级的脑力劳动者，有必要提携无产无识的体力劳动者，“令资本家要把劳动者当作同类的‘人’看待”[2]。陈独秀甚至苦口婆心地劝说资本家应实行什么“Co-operative Society底一部分制度”，承认工人有得红利的权利，并以此“作为股本，填给股票”，使“工人都可以渐渐变到资本家地位”。[3]

陈独秀们这时虽然已经倾向于社会主义，并希望能够在社会所有、平均分配的基础上发展实业，但他们显然“觉得‘社会生活向上’是我们的目的，政治、道德、经济的进步，不过是达到这目的的各种工具”。[4] 因此，他们这时无疑还不承认世界上可以无限崇拜的“万世师表的圣人、推诸万世

[1] 陈独秀：《实行民治的基础》，《新青年》第7卷第1号，1919年12月1日。
[2] 陈独秀：《新文化运动是什么？》，《新青年》第7卷第5号，1920年4月1日。
[3] 陈独秀：《实行民治的基础》，《新青年》第7卷第1号，1919年12月1日。
[4] 同上。

而皆准的制度和包医百病的学说这三件东西”[1]。陈独秀、李大钊等这时改造社会的方案，也不外由下至上，由小至大，即所谓“从自己个人起，要造成完全公正廉洁的人格，再由自己个人延长渐渐造成公正廉洁的社会”[2]。他们相信，社会的变革，只应“由人民自己一小部分一小部分创造”“地方自治和同业联合”的组织，逐步造成民治主义的政治和经济基础，以此来使国民直接成为国家主人，[3]从而达到“打破阶级制度”,“实行共同劳工”和“公有主义”的目的。[4]正因为如此，他们在这一时期几乎都对各种实验道德新生活的工读互助团或新村主义之类的尝试，表现出了极为浓厚的兴趣和热情。他们显然幻想着这种平和改良的实验，会有助于他们理想的实现。

但是，有这种想法的知识分子和青年学生毕竟太少了，能在他们推动下勇于去实践新生活的人更少，而社会制度及其社会环境本身也注定了他们关注的这些实验是不能持久的。即便个别实验在一定条件下和一段时间里能取得某种成功，要影响亿万中国人又有多少可行性呢？前后不过一年左右的时间，那些立志要摸索出一套渐进改良方法，进而影响并改造全社会，推行社会主义新生活的思想家或实践者，便纷纷败下阵来。在痛感社会黑暗、环境恶劣之余，一些人终止了自己的探索，重回原来的生活轨道；一些人怀疑中国恐怕最终还得顺着资本主义的道路循序渐进，演成一个大乱，现在只不过可以做些社会主义的预备工作；一些人还不死心，决心研究别的改良平和的办法。

[1] 陈独秀：《马尔塞斯人口论与中国人口问题》，《新青年》第7卷第4号，1920年3月1日。

[2] 陈独秀：《段派、曹陆、安福俱乐部》，《新青年》第7卷第1号，1919年12月1日；李大钊：《“少年中国”的“少年运动”》，《少年中国》第1卷第3号，1919年9月15日。

[3] 陈独秀：《实行民治的基础》，《新青年》第7卷第1号，1919年12月1日。

[4] 《陈独秀在鄂之演说》，《晨报》1920年2月11日。

毛泽东：俄国革命，是山穷水尽诸路皆走不通了的一个变计

但是，有一些人对种种改良平和的主张感到绝望，他们渐渐开始转向了革命的社会主义。典型地代表着这种倾向的毛泽东这时就得出结论说："绝对的自由主义、无政府主义，以及德莫克拉西主义，依我现在之看法，都只认为理论上说得好听，事实上是做不到的。"历史上凡是专制主义者，或帝国主义者，或军国主义者，非等到人家来推倒，绝没有自己肯收场的。因此，"我看俄国式的革命，是无可如何的山穷水尽诸路皆走不通了的一个变计，并不是有更好的方法弃而不采，单要采这个恐怖的方法"。[1] 不难看出，即使在一些最激进的知识分子眼里，俄国革命也仍旧不免有些恐怖和残酷，但人们已多少觉察到，这或是"无可如何的山穷水尽诸路皆走不通了的一个变计"。且此非其目的，乃其手段，加上"他们初此仓忙去办"，"四周空气都是腐败的，既要治内，又要对外"，也怪他们不得。

吸引中国一部分激进的知识分子和青年学生逐渐倾向于俄国式的革命社会主义的原因有四：一是俄国革命毕竟是依据社会主义的理想目标进行的，而社会主义已经被人们看成是人类社会历史进化的一种必然趋势；二是俄国革命毕竟是依据马克思列宁的革命社会主义理论取得了胜利的，这使得在各种各样的社会主义的主张中，革命的社会主义成为唯一提供了成功榜样的社会主义；三是随着 1920 年列宁领导的苏维埃劳农政府挫败了帝国主义各国的联合干涉，各国政府被迫在事实上承认了苏维埃政权的存在，新闻封锁逐渐取消，其各种崭新的以劳动平民当家做主为目的的各种制度、法令、政策等，引起了同情劳动群众的中国激进知识分子的浓厚兴趣；四是 1920 年苏俄政府公开通告中国政府，宣布放弃俄国在华特权的行动，在相当程度上证明了社会主义确是人们理想中的"公理"和"正义"的化身，

---

[1] 《毛泽东给肖旭东蔡林彬并在法诸会友信》(1921 年 12 月)，见中国革命博物馆等编：《新民学会通信集》，人民出版社 1980 年版，第 148—149 页。

它充分满足了人们对民族解放前途的向往。

难怪这时的青年学生在接到苏俄政府的通告后，激动地大声疾呼：“俄国人民呵！我们当速联合全世界的被掠夺者，为全世界为全人类而战，为正义人道而战，为自由平等互助而战，日本英法美和其他诸国的资本家政阀军阀，都是我们的大敌，我们当芟除之。”[1] 显然，在这种情况下，各地俄罗斯研究会、社会主义研究会、马克思学说研究会纷纷涌现出来，就不足为怪了；而革命的社会主义思想会在中国传播开来，也是一种必然的趋势了。

可以肯定，在1920年，尽管仍有一些倾向于无政府主义的知识分子坚决反对布尔什维克的革命的社会主义的理论和方法[2]，大多数人一般也不同意在中国照搬俄国的做法，但整个舆论界在对苏俄的问题上，已迅速“由盲目的反对态度，而渐趋惊奇的疑信态度”了。这自然更加有利于革命的社会主义思想影响的扩大，和早期共产主义者集团在中国的形成。实际上，这时已很快有人公开欢呼起俄国革命来了。他们明确要求那些“怀疑革命的，何不看看俄国”[3]？公然主张在中国也应该实行那“有人类以来第一次轰轰烈烈的大革命”，去“革政府的命”，“革阶级的命”，革种种落后风俗、制度和不道德的心理和行为的命。[4]

革命的社会主义思想的广泛传播，对于有着相当数量的急切地希望拯救民族于水深火热之中的激进知识分子的中国，将会产生什么样的历史影响，是可想而知的。在毗邻的俄国发生推倒封建阶级及资本阶级压迫统治的十月革命，和出现一个打败帝国主义联合干涉的劳农政府之后，中国出现革命的社会主义、共产主义分子及其团体，充其量只是个时间问题。

1920年年初，一个号称“中国社会党”的团体宣告成立，并立即向欧

---

[1] 参见《浙江学生联合会答俄国劳农政府书》，《钱江评论》第9期，1920年5月2日；浦泉：《我国确立对俄方针之必要》，《晨报》1920年3月26日；季陶：《俄国劳农政府通告的真意义》，《星期评论》第45号，1920年4月11日，等等。

[2] A. D.：《我们反对“布尔什维克”》，《奋斗》第2期，1920年2月24日。

[3] 两极：《红年大熟》，《闽星》第2卷第6号，1920年2月19日。

[4] 真风：《流血》，《闽星》第3卷第1号，1920年3月1日。

美及苏俄各国社会主义政党发出呼吁，请求他们给予同情和援助，乘“社会主义在中国播种之时机已熟”，助其“在一短时期内”使社会主义“遍于中国”。[1] 3月12日，一个更为激进的模仿俄国布尔什维克的“共产党”，则在四川重庆诞生。他们声称主张共产主义，主张与苏俄联合，推翻中国军阀和资本家的政治统治，使生产资料归工人和农民所有，直接在中国实行共产主义。[2]

很难判断这两个标榜社会主义和共产主义的组织具有怎样的价值，至少，它们并不是后来典型意义上的那种共产党，其组织的存在和实际的革命程度也颇让人怀疑。尤为重要的是，在一个有着200万产业工人和近4亿农民的国度里，推进社会主义和共产主义事业，仅仅靠这样一些默默无闻、人数可怜的小组织，要在一个短时期见诸成效，是无论如何也不可能的。尽人皆知，欧洲社会主义者为了引导组织工人群众，至少已经艰苦工作了将近一百年，就是俄国社会主义者，为此也已经进行了二十年的奋斗才取得了重大成绩。在落后的中国,究竟怎样才能迅速地集合起大批同情十月革命、倾向共产主义的革命分子，把他们组织成像俄国布尔什维克那样的战斗集体，迅速开始在中国的政治舞台上发挥作用，以满足他们急切的救国救民愿望呢？如果我们注意到在辛亥革命期间中国最早出现的中国社会党、中华工党骤生骤灭的历史，注意到诸如国民党、研究系之类的政党组织在中国政坛大起大落十多年却一无成效的事实，就不难得出结论；中国的革命、中国社会主义事业的发生、发展和壮大，需要某些特殊的条件、特殊的环境和特殊的帮助。而在五四运动之后，这样的历史机遇终于出现了。

中国历史发展的趋向由此渐渐明朗了。尽管那个不久之后开创了中国共产主义事业的陈独秀，这时还缺乏革命社会主义的信仰和以激烈手段改

[1] 见（上海）《民国日报》1920年2月5日。
[2] 见《关于四川省重庆市共产主义组织的报告》（1921年）。

造中国的思想准备。[1] 但是，重要的在于，立志于改造中国的一批激进的知识分子和青年学生，大多已经认定了社会主义，而毗邻的苏俄则已经开始尝试着向东方国家输出革命了。随着后者的不断巩固和强大，这种影响将不可避免地由间接而直接，由精神而物质，这对于力图在中国实现人类美好憧憬的陈独秀们，无疑是有重大意义的。

[1] 陈独秀在 1920 年年初尚公开表示不同意“卤莽灭裂随意妄动”，主张社会改造应首先树立“平等”和“劳动”的信仰，经过“工读互助以身作则为改造的预备”。

二、西方不亮东方亮

列宁：要么是资本主义国家立刻爆发革命，要么是我们灭亡

运用暴力手段加速资本主义的灭亡，这是马克思曾经强调过的革命主张。作为革命家的马克思，十分重视阶级斗争的作用，他早就把19世纪资本主义社会内在矛盾看成是资本主义开始走向灭亡的征兆，并相信越是发达的资本主义国家，其社会内部的阶级分化就越加两极化，即一方是掌握着几乎全部社会生产资料的资产阶级，一方是被卷入到大机器工业中无数一无所有的产业无产阶级。随着资本主义全球化，使得越来越多的社会阶级发生分化，无产阶级和资产阶级之间的矛盾冲突也必然会愈演愈烈，最终将导致彻底埋葬资本主义的世界范围的阶级战争。无产阶级在各国夺取政权虽有先后，但“共产主义革命将不是一个国家的革命，而是将在一切文明国家里，至少在英国、美国、法国、德国同时发生的革命”。这场革命一旦爆发，已经全球化的资本主义将像多米诺骨牌那样轰然倒塌。[1]

---

[1] 《马克思恩格斯选集》，第1卷，人民出版社1966年版，第210—211页；第2卷，第443页。

马克思、恩格斯在19世纪中后期的这一论断，激励着以后大批马克思主义者对迅速摧毁资本主义充满了高昂的战斗热忱。列宁主义的诞生说明了这种情况。他正是在马克思预言的基础上明确断言：20世纪初资本主义已经进入了它的最高阶段，开始走向衰败，进而根据俄国社会矛盾日益激化和欧美各资本主义强国统治力量相对稳固的特点，提出了社会主义革命将在帝国主义薄弱环节首先胜利这一有别于马克思的看法。[1] 与此同时，鉴于俄国的专制特点，他进一步突出强调了马克思暴力革命和无产阶级专政的观点，并相应地提出了建立由职业革命家组织的政党，实行集中制原则和秘密工作等一系列组织和加速革命进程的方法。毋庸置疑，俄国十月革命的胜利正是得益于列宁和他所领导的布尔什维克的上述认识和努力，这不能不更加促使列宁及布尔什维克等坚定其以暴力方式改造整个世界的决心和信心。

需要指出的是，作为一个马克思主义者，列宁并没有设想过以政治强制力的形式来伴随新社会成长，也不相信社会主义可以在一国建成。列宁对马克思在《哥达纲领批判》中的论断坚信不疑，即暴力和专政，只是由新社会的助产婆和旧社会过渡到新社会的一种方式；无产阶级革命的胜利注定了只能与资本主义在世界范围内的灭亡相辅相成，并且必然会创造出一个没有剥削、压迫、战争和政治暴力的人类理想社会。[2] 故在列宁看来，一国社会主义革命首先胜利，就意味着世界范围社会主义革命的胜利即将到来。帝国主义统治的链条从俄国这一薄弱环节破裂之后，处于垂死和腐朽阶段的资本主义将会迅速开始崩溃，欧洲各国的无产阶级革命将会接连爆发，整个资本主义世界将很快变为灰烬。

紧接着俄国1917年十月革命在欧洲爆发的德国革命和匈牙利革命，以及在欧洲多数国家出现的工人罢工浪潮，在很大程度上让列宁得出了“国

[1] 《列宁选集》，第2卷，人民出版社1972年版，第709页。
[2] 《列宁选集》，第3卷，第244—249页。

际革命越来越逼近，甚至可以视为日内就要发生的事件”的论断。[1] 但是，大规模的连锁式欧洲革命却并没有像预期的那样迅速出现。这种情况显然让列宁和俄国布尔什维克感到失望。他们相信，问题的关键在于长期以来欧洲社会党国际局（又称第二国际）所奉行的修正主义和机会主义的政策主张，消磨了欧洲各国无产阶级的革命斗志。如今“欧洲最大的不幸和危险就是没有革命的政党”[2]，不能利用这种革命的形势。因此，列宁提出，俄国革命当前“最大的历史课题就是：必须解决国际任务，必须唤起国际革命，必须从我们仅仅一国的革命转变成世界革命”[3]。“要么是资本主义比较发达的其他国家立刻爆发革命，要么是我们灭亡。”[4] 因为，“我们单靠自己的力量是不能在一个国家内全部完成社会主义革命的”，“从全世界历史范围来看，如果我们革命始终孤立无援，如果其他国家不发生革命运动，那么毫无疑问，我国革命的最后胜利是没有希望的……能把我们从所有这些困难中拯救出来的，是全欧洲的革命”。[5]

1919 年年初，即第一次世界大战结束不久，列宁就联合欧洲各国左派革命党人，开始发起成立名为“共产国际”的世界共产党组织。共产国际成立于 1919 年 3 月，在它的第一次代表大会上通过的《共产国际行动纲领》和《共产国际宣言》等文件中，鲜明地反映了俄国革命和列宁主义的色彩。与会者一致认为：“国际世界革命在全世界已经开始并加强起来了”，“现在只是必须找出一种能使无产阶级实现自己的统治的实际形式”。[6] 这种形式就是不顾一切实行暴力革命和无产阶级专政，以创建“世界苏维埃”。为此，必须全力组建和扩大各国共产党，并使他们按照集中制的原则，附属于共产国际的统一领导下，以便能够作为一个统一的战斗组织，根据俄国的经

[1] 《列宁全集》，第 35 卷，人民出版社 1955—1963 年版，第 361—362 页。
[2] 《列宁全集》，第 28 卷，第 96 页。
[3] 《列宁全集》，第 34 卷，第 6 页。
[4] 《列宁全集》，第 42 卷，第 40 页。
[5] 《列宁全集》，第 34 卷，第 8—9、357 页。
[6] 《列宁选集》，第 3 卷，第 715 页。

验来发动和领导世界革命。

俄国布尔什维克通过共产国际，倾其所能，全力帮助欧洲各国革命派建立共产党并推动革命，一度起到了重要的作用。德、匈革命和欧洲各国工人运动一时间风起云涌，反过来也深深鼓舞了世界各国的共产主义者。但实际上，在欧洲绝大多数国家，产业工人人数所占人口比例并不大，即使在那些工业发达的国家，由于长期以来形成的广泛的民主传统和人道主义的社会空气，也不存在暴力革命的广泛群众基础。激进的革命派和共产党人只是在一小部分工人和青年学生中间，才有一些影响。而热衷于和平改良和社会民主主义的社会民主党，却在工人群众和中间阶级中形成了自己的势力。在这种情况下，尽管“一战”结束后各国工人运动日益高涨，许多西方工人也同情苏俄劳农政府，但那些旨在模仿十月革命创建苏维埃政权的努力，无一例外地遭到了失败。苏俄红军在抗击得到协约国支持的波兰军队的进攻时，一度进展顺利，重新占领了过去割让出去的乌克兰和白俄罗斯，甚至攻到华沙城下，列宁对用这种军事进攻的形式解放领土和推动欧洲革命爆发曾充满幻想。然而，红军最终还是力有未逮，攻势被民族主义情绪高涨的波兰军队所败，以致列宁不得不下令妥协，承认了波兰的独立和西乌克兰、西白俄罗斯为波兰所有。这种种情况清楚地意味着，欧洲国家的政治现实正在向俄国的革命方式提出挑战。

对于这些情况，列宁最初并不特别悲观，他一再强调，“欧洲的运动的比较迟缓不会使我们感到惊奇，因为那里必须克服沙文主义和帝国主义的较大的压力”[1]，“国际资本无疑地还比我们强”[2]。

然而，承认国际资本的力量比国际无产阶级的力量强大，承认“革命的发展在较先进的国家里要缓慢得多、困难得多、复杂得多”[3]，以至承认世

[1] 《列宁全集》，第 30 卷，第 116 页。
[2] 同上，第 123 页。
[3] 同上，第 178 页。

界革命不是料想的“欧洲马上爆发起义”[1]，而要“继续很多年”[2]，这都意味着俄国革命不仅在理论上，而且在实践上，已经陷入一种颇为尴尬和困难的境地。因为，自认为敲响了国际资本主义丧钟的俄国布尔什维克，这个时候从没有考虑要与他们的死敌国际资本主义体系和平共处，他们也无法想象自己能够在汪洋大海一样的资本主义世界里讨生活。

但是，即使他们在全力推动欧洲无产阶级革命的时候，也不能不运用外交的手法，在俄国最薄弱的远东地区尽可能地与列强的威胁虚与周旋。因此，高唱阶级斗争的苏俄政府，在远东很早就开始玩弄两面策略了。它一方面秘密地通过党的组织，支持和鼓励东方一些国家内部的革命运动，一方面又不得不基于苏俄对远东地区控制权薄弱的现实，极力争取远东地区周边国家政府的外交承认，谋求维持一种稳固的双边关系；它一方面迫于生存的压力在领土和主权方面向某些列强做出妥协和让步，一方面却又出于自身安全的考量，以支持弱国民族自决和民族独立之名，不惜以武力侵害周边落后国家的领土主权；它一方面出于理想主义和政治宣传的考量，宣布放弃沙皇俄国所掠取的在他国的特权，一方面却又基于自身安全的考量，对沙俄在他国夺占的某些权益恋恋不舍。苏俄对远东，特别是对中国的政策，就清楚地反映出了这种情况。

十月革命之后，苏俄面临的最严重的问题就是协约国的武装干涉。协约国借口要援救在西伯利亚受到武装的德奥战俘威胁的“捷克军团”，组成干涉军，大批侵入了苏俄的远东和西伯利亚地区。一时间，在西伯利亚竟接连出现了几个反布尔什维克的“政府”。但是，由于各国干涉目的不一，矛盾重重，反布尔什维克的白卫军过于脱离下层劳动群众，以致民心倒向布尔什维克一边，终于使这种干涉徒劳无功。1919 年年底，红军迅速挺进到东西伯利亚，迫使英国首先宣布撤出自己的军队，其他各国也被迫先后

[1] 《列宁全集》，第 30 卷，第 148 页。
[2] 同上，第 138 页。

宣布撤军，唯独日本借口俄国远东局势威胁朝鲜和满洲的普遍和平，而拒不撤军。[1]

日本独霸远东和中国的野心，早就由于俄国的混乱而受到鼓舞。当英美各国商定各国所派干涉军最多不得超出 7000 人之际，日本派往中国东北和西伯利亚的军队竟达 72400 人之多。[2] 它不仅丝毫不理会美国的抗议，甚至在各国宣布撤军之后，仍旧试图得到俄国远东的领土和资源。不仅如此，它还通过对中国北京政府的控制，促使中国军队参加到对苏武装干涉的行列中，鼓励中国政府对苏俄采取敌视态度，千方百计地使苏俄在远东陷于孤立无援的境地，试图借机把日本的势力范围扩张到苏俄远东地区。由于俄国远东地区人烟稀少，苏俄政府鞭长莫及，它不得不一面假借名义在远东成立了一个奉行议会民主制的所谓共和国，用以减少日本和列强敌视攻击的口实，一面不遗余力地对美国特别是对中国开展外交活动，以便牵制日本。

苏俄早自 1918 年 1 月起，即试图与中国建立外交关系。与此同时，苏俄多次表示过愿放弃在华之领事裁判权、租界以及其他特权，并允许中国在付清建造中东铁路资本的情况下，收回中东铁路。[3] 至 1919 年 7 月，苏俄红军越过乌拉尔山，进入西伯利亚地区，劳农政府又公开发出对华宣言，呼吁“中国人民通过自己的政府”立即与苏俄建立正式关系，并派遣代表与苏军会晤，同时再度公开声明愿意放弃在华一切特权和交还中东铁路。[4]

1919 年苏俄对华宣言反映了列宁及其俄共多数领导人在民族及国家关系上的理想主义情绪，但是，这一立场从一开始就受到了俄共党内潜在的民族主义情绪的牵制。一个最明显的表现就是，苏方宣言关于无偿归还中

---

[1] U.S. Department, *Papers Relating to the Foreign Relations of the United States* (*FRUS*), U.S.Government Printing House, 1919, Vol.3, p.505.

[2] FRUS, 1918, Vol.2, pp.433-434.

[3] 参见台北“中研院”近代史研究所编印：《中俄关系史料，甲编（1917—1919）》（俄政变与一般交涉），1960 年版，第 267—271 页；《消息报》1918 年 7 月 5 日。

[4] 转见王聿均：《中苏外交的序幕》，台北“中研院”近代史研究所 1963 年版，第 52—55 页。

东铁路和其他租让财产的表示，在苏俄报刊正式发表时被删去了；宣言承认满洲及蒙古等地区是沙皇“从中国攫取的”，却主张“这些地区的人民愿意隶属于哪一国家，愿意自己的国家建立哪种形式的政体，全由他们自己决定”，实际上已经为苏俄意图控制蒙古和支持蒙古独立埋下了伏笔。[1]

共产国际二大：给殖民地革命开辟一条达到解放的新道路

值得注意的是，这个时候还在从世界革命前途和阶级利益角度考虑问题，一心想着如何尽快摧毁世界资本主义体系，创造一个共产主义世界的列宁和俄共多数领导人，未必是所谓民族主义者。在他们的观念里，保卫苏俄就是捍卫社会主义事业，就是维护世界无产阶级的根本利益。列宁对于这一点讲得很清楚，即：“世界政治已经把无产阶级专政提到了日程上，所以世界政治中的一切事变都必然围绕着一个中心点，即全世界资产阶级反对俄罗斯苏维埃共和国的斗争。”“无论是文明国家的共产党，还是落后国家的共产党，都只有从这种观点出发，才能正确地提出和解决各种政治问题。”[2]

列宁及俄国共产党人显然是有资格讲这种话的。在第一次世界大战期间，列宁及布尔什维克就坚决反对民族主义和民族沙文主义，反对任何形式的“保卫祖国”的宣传。他们主张使本国在战争中失败，最终也确实达到了让俄国在战争中失败的目的。布尔什维克乘机夺取政权后，列宁不顾党内的反对意见，坚持与德国签订了《布列斯特和约》，通过放弃立陶宛、波兰、库尔兰、利夫兰和爱沙尼亚以及白俄罗斯的一部分领土，承认乌克兰、

[1] 苏维埃政府1919年8月发表对蒙古人民和政府的声明，宣称“蒙古此后已是一自由的国家”。

[2] 列宁：《关于民族和殖民地问题的提纲》（1920年6月5日），见中国社会科学院近代史所翻译室编译：《共产国际有关中国革命的文献资料》（1），中国社会科学出版社1981年版，第50页。

芬兰独立，把外高加索一部分划归土耳其等具有屈辱性的妥协[1]，达到了彻底停战和集中国力援助欧洲各国革命的目的。而为了推动各国革命，苏俄新政权甚至不顾历经战乱的俄国民众仍在严重饥馑之中的困难局面，倾尽国力，甚至不惜秘密变卖沙皇及俄国贵族的各种金银财宝，以筹集援助他国革命党人的巨额经费。

马克思、恩格斯在《共产党宣言》中曾深入讨论了“工人没有祖国”的问题[2]。在马克思、列宁看来，世界各国的无产阶级有着共同的阶级利益，这种利益是超越了民族或国家的，他们的解放也必须要靠消灭国家才能实现。因此，他们只讲国际主义，不会也不应讲所谓民族主义。这不仅因为资本主义已经全球化，资产阶级在世界各国对无产阶级的压迫与剥削都是一样的；还因为只要站到民族的立场上，就会损害各国无产阶级利益的一致性，从而会使一国的无产阶级成为代表国家的占统治地位资产阶级的附属物，直至为了某个民族国家的统治阶级的利益需要，而与不同民族国家的无产阶级相互仇恨或仇杀。

由此不难看出，列宁主义对民族和国家问题的看法绝非民族主义的。列宁也讲民族自决，但他并不真的认为民族自决能实现民族平等。他指出：“不战胜资本主义，就不能消灭民族压迫和不平等现象。”因为“要求平等的真正意义只能是要求消灭阶级”。要消灭阶级，就只能奉行国际主义。承认民族平等，同时又保留民族利己主义的不可侵犯性，绝不是国际主义，而只能是小资产阶级的民族主义。而任何一种民族主义，本质上都是资产阶级或小资产阶级的。要想在资本主义制度下实现民族平等与和平共处，根本上就只是一种“市侩民族幻想”。换言之，一切被压迫民族的解放，除了与革命的无产阶级联合起来，除了苏维埃政权战胜世界帝国主义之外，

[1] 被割让的地区总面积达125万平方英里土地，有6200万人口，有占俄国当时探明铁矿和煤矿3/4的储量，并有当时俄国一半的工厂和1/3产粮区。

[2] 《马克思恩格斯选集》，第4卷，第257页。

将别无出路。[1]

关于国际主义，列宁有很清楚的说明，就是：“第一，一个国家的无产阶级斗争的利益应当服从全世界无产阶级斗争的利益；第二，正在战胜资产阶级的民族，有能力和决心去为推翻国际资本而承担最大的民族牺牲。”[2]

可以认为，列宁和俄共当年确是有此决心和努力这样去做的。这是他们的意识形态决定的，因为不如此，他们一国的胜利在资本主义列强的围攻和敌视下，当时也看不到任何生存下来的希望和可能。而另一方面，他们把俄国革命的胜利看成是全世界无产阶级斗争的利益所在和进一步胜利的出发点、大本营，因此，他们也就自然而然地会认为，其他国家的无产阶级为保卫苏俄而战，同样是应尽的国际主义义务。所以随着1919年德、匈等国革命相继失败，苏俄愈加孤立之后，共产国际迅速开始提出“保卫苏俄”的口号，要求各国共产党必须以此为斗争的最重要的目标之一。

德、匈等欧洲国家的革命浪潮在1919年就逐渐趋于平息了。列宁很快就承认：关于世界革命将“简单、迅速、直接地实现”的预言已经失败了，“在全世界社会主义革命延迟爆发的情况下”，如何使“无产阶级政权和苏维埃共和国也能够存在下去”，[3] 成了摆在共产国际面前最现实，也是最严峻的问题。就在欧洲革命停滞的几乎同时，列宁敏锐地发现亚洲的革命浪潮却在蓬勃兴起。1919年朝鲜的三一运动和中国的五四运动等等，都反映出东方殖民地和落后国家中民族主义运动正在殖民地宗主国和帝国主义列强的后院造成剧烈动荡的局面。这种情况燃起了列宁新的希望。

在1916年上半年，列宁曾深入地研究过帝国主义形成及其命运问题。他当时就特别注意到马克思过去不大注意的帝国主义与殖民地之间的关系问题，并相信处于历史最高阶段的欧洲资本主义，很大程度上就是靠剥夺

[1] 共产国际二大：《关于民族与殖民地问题的决议》（1920年8月），中国社会科学院近代史所编译：《共产国际有关中国革命资料选辑》（1），中国社会科学出版社1981年版，第40—46页。

[2] 同上。

[3] 《列宁全集》，第31卷，第372页。

压榨殖民地和半殖民地为生的。他甚至认为，资本主义各国工人运动的发展程度之所以比不上俄国，欧洲的社会主义政党及其第二国际之所以会被机会主义或修正主义者主导，根源也正是因为欧洲的资产阶级用剥削掠夺殖民地的额外利润培养了大量工人贵族。[1]

显然，欧洲各国没有能够紧接着俄国十月革命后迅速爆发革命，正好印证了列宁的上述推断。而东方殖民地和落后国家的民族解放运动，则进一步促使列宁注意到殖民地对帝国主义各国维持其统治的重大意义。这种情况让列宁想到，既然欧洲各主要资本主义国家因为相当部分工人贵族化而失去了阶级的意识和革命的动力，那么，有没有可能通过推动殖民地和落后国家的民族解放运动来根本动摇帝国主义赖以存在的物质基础，进而根本动摇欧洲资本主义制度，加速欧洲发达国家无产阶级的觉悟和无产阶级革命的爆发呢？

1920 年 7 月，即共产国际一大召开一年多后，在列宁的主导下，共产国际召开了第二次代表大会。和第一次代表大会的代表基本上都是欧洲国家共产党组织的代表不同，共产国际二大特别注意了邀请东方国家革命组织的代表人物。列宁拟就了会议的中心文件，即民族与殖民地问题决议草案，提交大会讨论。列宁在发言中开宗明义地解释说：“我们的提纲中最重要最基本的思想是什么呢？就是被压迫民族和压迫民族之间的区别。”“帝国主义的特点就是现在全世界已经划分成两部分，一部分是人数众多的被压迫民族，另一部分是人数甚少的、拥有巨量财富和强大军事实力的压迫民族。”当前形势下，整个世界的命运，取决于少数帝国主义国家和以苏维埃俄国为首的各苏维埃国家的斗争。由于苏维埃革命必须要推翻整个资本主义统治才能达成最后的胜利，而任何国家的民族解放运动除了战胜世界帝国主

[1] 英国工人阶级贵族化的问题，最早是恩格斯注意到并提出来的。列宁：《帝国主义是资本主义的最高阶段》（1916 年），见《列宁选集》，第 2 卷，第 736—737、801—802、824—826 页。

义之外无法获得成功，因此，两者理当结成联盟。[1]

要联合殖民地和落后国家的民族解放运动，就出现了“共产国际和共产党应该支持落后国家的资产阶级民主运动”的问题。列宁显然主张把过去用在欧洲支持无产阶级革命的人力、物力和财力，在相当程度上转移到支持落后国家的资产阶级民主运动上来。列宁的提议明显地引起了与会者的一些质疑和争论。最主要的问题在于两点，第一，被压迫国家的资产阶级往往既支持民族解放斗争，又反对一切革命运动和革命阶级，并且同帝国主义国家的资产阶级政府妥协。第二，在这些前资本主义国家里，资产阶级民主运动的成功，难免会造成资本主义的前途而与无产阶级苏维埃革命的目标背道而驰。对此，列宁的意见是，共产国际和各国共产党理当首先帮助落后国家里的工人，只有“当一切落后国家中未来的无产阶级政党（不仅名义上是共产党）的分子组织起来并受到教育，认识到同本国资产阶级民主运动做斗争这些特别任务的时候”，且“只有在殖民地国家的资产阶级解放运动真正具有革命性的时候，在这种运动的代表人物不阻碍我们用革命精神去教育、组织农民和广大被剥削群众的时候，我们共产党人才应当支持并且一定支持这种运动”。[2]

列宁到底始终生活在欧洲的环境中，他对东方落后国家的看法多半只是来自于书本和道听途说。而书本上的知识，包括马克思主义的理论常识告诉他，这些处于前资本主义生产方式条件下的民族和国家是不可能有真正意义上的大工业生产的，因而那里自然也就不可能存在像欧洲发达资本主义国家那样明显的阶级分化，不可能存在大量的产业无产阶级，当然也就不可能产生真正意义上的共产党的组织。由此也就出现了列宁再三表示“坚决反对把落后国家内的非真正共产主义的革命解放思潮涂上共产主义色彩”，强调那里的无产阶级政党只能是“未来的”等说法。

[1] 《列宁在讨论民族与殖民地问题时的发言》（1920 年 7 月 26 日），见《共产国际有关中国革命资料选辑》（1），第 19—24 页。

[2] 《共产国际有关中国革命资料选辑》（1），第 20—21、44—45、52—53 页。

对此，来自东方国家的共产党人，如印度人罗易和长期活动于荷属印度的荷兰人马林，则明确地提出了不同的看法。马林以亲身经历告诉与会者说，由于欧洲人大量涌入爪哇岛，发展大工业，那里仅大糖厂就有两百家，厂里有大量的无产者，整个爪哇目前至少就有“上百万无产者”，那里“已经完全具备了进行革命宣传的基础”。而那里的民族运动从“一开始就带有革命性质”，而具有工农联盟性质的伊斯兰教同盟领导的民族解放运动，不仅拥有一百五十万会员，而且既反对政府，又反对当地贵族，还把同罪恶的资本主义做斗争列入纲领。他们的主要成员目前虽然还不是自觉的社会主义者，但他们足以成为对抗资本主义的真实力量。事实上，在整个远东地区，这样的力量到处都是。如果能够让他们到“东方的新麦加”——莫斯科和彼得格勒来接受理论教育，我们就不难“使远东成为共产国际的一个积极成员”。[1]

罗易甚至在列宁的民族与殖民地问题决议草案的基础上，提出了一个补充提纲，并且得到了与会者，包括列宁的认可与支持。按照罗易的补充提纲，东方殖民地和落后国家中印度、中国、埃及与荷属印度等，实际上早已不是列宁所说的那种前资本主义的生产方式了。罗易声称，那些国家的资本主义发展非常迅速，产业无产阶级的人数急剧增加，并已出现了具有革命性的群众罢工浪潮，“给共产国际开辟了新的活动天地”。因此，他的提法是：在大部分殖民地中已经存在着作为无产阶级先锋队组织的革命政党，共产国际“应当通过这些政党或团体与殖民地里的革命运动发生接触”。固然，“殖民地革命的第一步应当是推翻外国资本主义。但最主要的和必要的任务则是建立农民和工人的共产主义组织，以便能够领导他们走向革命和创立苏维埃共和国”。为此目的，殖民地革命从开始之日起，就必须要由共产主义先锋队领导，绝不能把运动的领导权放在资产阶级民主派手中。只有这样，

[1] 《马林在讨论民族与殖民地问题时的发言》（1920年7月28日），见《共产国际有关中国革命资料选辑》（1），第38—40页。

才能确保革命会走上“正确道路”。[1]

正是基于上述认识和方针，苏俄不可避免地开始了针对远东中国、日本、朝鲜的革命输出的工作安排。对中国的工作，最初则是通过俄共中央远东局来进行的。

输出革命，俄共代表的作用和中共早期组织产生的背景

和罗易描述的情况有很大差异的是，在当时的中国其实还没有出现像他所说的那种“无产阶级的先锋队”组织。但是，即使在俄国，共产党也向来是由知识分子创造出来的，因此，对于这个时候知识分子占多数的众多俄国共产党人来说，中国究竟有多少大工业或产业无产阶级，实际上并不那么重要。

1919年夏，俄共（布）中央政治局任命威连斯基为外交人民委员部远东事务全权代表，加蓬为副全权代表，并明确指示他们的任务：(1) 尽一切可能加剧日本、美国和中国的利益冲突；(2) 努力唤醒中国、蒙古、朝鲜各民族广大群众，推动其反对外国资本压迫的解放运动；(3) 支持这些国家的革命运动，加强宣传鼓动工作，并同日本、中国和朝鲜的革命组织建立牢固的联系；(4) 援助中国和朝鲜的游击队组织。威连斯基随即从莫斯科来到俄国远东的伊尔库茨克俄共（布）中央西伯利亚局，之后又于1920年2月前往符拉迪沃斯托克（即海参崴）俄共（布）中央远东局，并在远东局下面设立了一个外国处，任命阿布拉姆松为负责人，并在4月经由外国处选派熟悉地下工作并通晓英语的外国处工作人员维经斯基[2]，以设立华俄通讯社的名义，带领一行人进入中国，针对中国、日本、朝鲜有计划地

[1] 《罗易在讨论民族与殖民地问题时的发言》（1920年7月26日）；《关于民族与殖民地问题的补充提纲》（1920年8月7日），见《共产国际有关中国革命资料选辑》(1)，第27—29、31—32页。

[2] 又译为魏金斯基，中文名吴廷康。

进行组织宣传工作。[1]

维经斯基一行在北京和上海分别会见了李大钊和陈独秀等激进知识分子，并通过他们与中国赞成革命性变革的众多知识分子建立了联系。维经斯基很快使这些知识分子和青年学生了解了俄国革命的情况，并使他们迅速了解了列宁关于运用暴力革命和无产阶级专政的手段来改造社会的思想逻辑与实际效力。长期以来苦于找不到一种救国救民的根本办法，对社会主义只有向往却无系统知识的陈独秀，在很短的时间里，就被列宁的理论折服了。经由维经斯基等人预先制定议程和决议后，陈独秀积极出面邀请各地热心社会主义和无政府主义的激进分子，准备召开中国社会主义者会议。[2]

与此同时，共产国际在上海组建起“共产国际东亚书记处”，下设中国部、日本部和朝鲜部，书记处设临时执行局，由威连斯基任主席。根据威连斯基的要求，东亚书记处在中国的主要工作是：(1) 组织共产党，力争在大学生以及沿海工人的组织中发展共产主义支部；(2) 在中国军队中进行共产主义宣传；(3) 对中国工会施加影响；(4) 在中国组织出版事业。7 月 5 日，他还亲自从符拉迪沃斯托克（海参崴）赶来中国北京，参加了包括维经斯基、鲍立维、斯托扬诺维奇等十余名在华俄共党员的工作会议。会议着重讨论了“即将召开的中国共产党组织的代表会议和中国共产党的成立”问题。与会者一致认为：“在最近期间召开代表大会，彻底完成建立中国共产党的工作”，是完全可能的。[3]

1920 年 7 月 19 日，中国社会主义者会议在上海召开，在这个有朝鲜和日本代表参加的会议上，与会者根据维经斯基等人的提议，专门讨论了要不要组织共产党的问题。由于围绕着使用“社会党”，还是“共产党”

[1] 见中共中央党史研究室第一研究部编译：《共产国际、联共（布）与中国革命档案资料丛书》(1)，北京图书馆出版社 1997 年版，第 38—39、50—51 页。

[2] 见《共产国际、联共（布）与中国革命档案资料丛书》(1)，第 28 页。

[3] 同上，第 41—42 页。

的名义没有得出一致的结论[1]，会议最后一致同意组织一个更能够体现兼容并蓄特点的“社会主义者同盟”。维经斯基被推举为五人领导核心的成员之一，同盟的领导机构定名为“革命局”。在“革命局”之下，根据维经斯基的建议，设立了三个部，即出版部、宣传报道部和组织部，负责整个同盟的日常运作。[2]

在上海社会主义者同盟会议的推动，甚至是在华的俄共党员的亲自参与下[3]，中国激进的社会主义者与无政府主义者于1920年8月之后陆续在上海、北京、广州、武汉以及日本等地建立起一些联合的小组织。[4]维经斯基并且向同盟提供了重要的经费帮助，从而先后出版了包括《共产党宣言》中译本在内的各种宣传小册子，创办了《劳动界》、《劳动声》、《劳动者》等重要宣传刊物，成立了外国语学社，开始组织激进青年前往苏俄进行学习。包括于8月17日在北京召开的几个城市的大学生代表会议，成立了社会主义青年团组织。[5]

对于维经斯基和陈独秀等人来说，革命局的成立实际上也就意味着组建了中国共产党。但如果为了维护社会主义同盟这一统一战线的组织，无法揭出自己的旗帜，中国共产党就无法建成。为了揭出自己的旗帜，他们在1920年11月发布了《中国共产党宣言》，并发行了《共产党》月刊，正式表明了自己的政治主张。[6]

陈独秀等人旗帜鲜明地主张暴力革命和无产阶级专政，宣布自己意在建立与俄共一样的共产党组织，不可避免地引起了社会主义者同盟内部其他不赞同这一主张的人的分化与离异。社会主义者同盟迅速瓦解，并不复存在了。

---

[1] 陈独秀9月发表《对于时局的我见》一文，公开使用“社会党”自诩，理当是为适合多数人意愿的一种需要。见《共产主义小组》（上），中共党史资料出版社1987年版，第102页。

[2] 见《共产国际、联共（布）与中国革命档案资料丛书》（1），第31—32页。

[3] 已知斯托扬诺维奇和佩斯林前往广州参与了广州小组的组织工作，马迈耶夫参与了武汉小组的组织工作，鲍立维参与了北京小组的组织工作。

[4] 这些小组即后来所说的“早期共产主义小组”，只是它们最初是包含有无政府主义者在内的。

[5] 见《共产国际、联共（布）与中国革命档案资料丛书》（1），第51—52页。

[6] 见中央档案馆编：《中共中央文件选集》，第1册，中共中央党校出版社1989年版，第547—551页。

原来赞同共产主义的大批无政府主义者，也逐渐对陈独秀等力主的无产阶级专政的观点感到不满，双方的关系在各地小组织中迅速对立起来。

为了“建立革命无产阶级的统一政党——共产党”，俄共（布）中央西伯利亚局东方民族处提出了一项旨在“与一切冒险组织划清界限”的指导意见提纲。根据这一提纲的思想，赞同陈独秀观点的各地小组织的代表于1921年3月共同举行了一次代表会议，表明了与无政府主义分子划清界限的态度，“肃清（了）无政府党”。[1]

7月23—31日，各地小组中真正信仰列宁式共产主义的分子派代表在上海（最后一天移至浙江嘉兴南湖）再度举行全国代表大会，通过列宁主义的党纲，从而正式宣告了中国共产党的成立。

由上不难了解，五四之后中国共产党在中国的建立，无疑是特定的国际政治环境造成的，是俄国十月革命和列宁主义对中国社会中一部分激进分子发生直接影响的结果。

依靠外援的结果：维经斯基回国，中共上海小组几陷瘫痪

关于来自俄国影响的重要性，通过下面的情况可以看得更清楚。

先从组织存续的情况看。1920—1922年间，中国至少出现过七个自称是共产主义的组织或政党。如1920年3月12日在重庆成立的共产党，五四期间曾任全国学联领导人的姚作宾在1921年前后成立的“中国共产党”[2]，黄凌霜、陈德荣等在北京组织的“无政府共产主义党”，1922年2月16日由北京马克思学说研究会及《今日》杂志撰稿人组织的一个号称有11007名成员的“中国共产主义协会”，在这一年由吴玉章等人在四川成都建立的“中

[1] 瞿秋白：《中国共产党历史概论》，中央档案馆编：《中共党史报告选编》，中共中央党校出版社1982年版，第161页。

[2] 姚作宾在1921年向共产国际提供的报告中称他的组织为“中国共产党”。王觉源在《中国党派史》（台北正中书局1983年版）一书中称姚之组织为“大同党”，发起人还有黄介民。

国青年共产党”[1]，以及 1920 年在俄国境内由俄共帮助组建的“中华共产党”，和 1920 年 8 月以后由俄共帮助在中国上海等地建立的中国共产党。

所有这些所谓的共产主义组织，除了无政府共产主义党以外，都是在俄国革命影响下，想要学习俄国共产党的榜样而成立的。与此同时，它们的生存与发展，又都必须要得到俄国共产党和共产国际的承认和支持才有可能。最具效力的，就是经费的帮助。在中共创立之初，中共成员半数为学生，半数为教授、编辑和小学教师，前者全无生活来源，后者尚在兼任社会工作，赚取薪金，但多数资历较浅，收入有限。按照列宁建党理论，共产党理当是职业革命家组织，再加上组织初创，各种宣传组织工作正多，多数成员渐无固定薪金收入。因此，维经斯基从一开始就不得不向陈独秀等提供经费，帮助中共开展各项活动。不难想象，要是没有俄国共产党的支持和援助，仅靠中共早期参加者自己拿钱来大量发行刊物，印制革命书籍和宣传品，组织各种活动，如集会、结社，组织外国语学社及工人夜校等，几乎是不可能实现的任务。因此，维经斯基和陈独秀离开上海后，1921 年，中共早期组织一时间因经费无着几告瘫痪。当时留在上海负责的李汉俊告诉包惠僧说：“人都走了，经费也没了，没办法干了。”包惠僧想买张车票去广州找陈独秀，一时都找不到钱，后来还是靠朋友赞助，才走成的。[2]

据中共二大、三大前后中共中央书记陈独秀的相关报告，也可以了解到中共初创时对共产国际经费上的依赖程度有多大。陈独秀在报告里讲，自 1921 年 10 月至 1922 年 6 月和 1923 年上半年，从共产国际得到关于党的活动经费一项，就分别是 16655 元和 15000 元，而中共自己除 1921 年前后自筹到 1000 余元外，再无其他款项入账。[3]

---

[1] 目前可知其正式名称叫“中国 YC 团”，具体代表何意尚不详。

[2] 包惠僧：《我所知道的陈独秀》，人民出版社编：《“一大”前后》（二），人民出版社 1980 年版，第 383 页。

[3] 《中共中央执行委员会书记陈独秀给共产国际的报告》（1922 年 6 月 30 日）、《陈独秀在中国共产党第三次全国代表大会上的报告》（1923 年 6 月），见《中共中央文件选集》，第 1 册，第 47、68 页。

只要了解到这一点就不难明白，何以在上述多个所谓共产主义组织中间，最终只有俄国共产党直接帮助成立起来的以陈独秀为首的中国共产党能够生存下来，其他各种小组织或者被并入前者，或者渐自消亡，再无踪迹。[1]

再从中共最初的理论内容和其特性看。在1920年下半年，以陈独秀、李大钊为代表的激进知识分子已明确倾向于以公有制为标志的社会主义，开始具有某些共产主义的思想基础。他们先后表示应树立一种“大家共同信守的‘主义’”，以便“有所指望”，“知所趋赴”[2]，但他们对社会主义、马克思主义的了解还十分肤浅，大多只知其一，不知其二。对改造中国的“准备”和“方法”，也尚在讨论和探索之中。但人们多半认为：社会主义“因各地、各时之情形不同，务求其适合者行之，遂发生共性与特性结合的一种新制度”，故中国将来实行社会主义，“必与英、德、俄……有异”[3]。也就是说，他们中大多数这时还并不主张“以一个主义支配世界”[4]，对未来社会的具体形式和实现方法，也众说不一，更未曾设想过要以俄国的布尔什维主义来指导中国进行革命。

维经斯基到上海并帮助组建了最初的中国共产党之后，陈独秀最先于1920年9月发表了推崇布尔什维主义的《谈政治》一文，公开表明了自己试图追随俄国布尔什维克，在中国推行以“阶级战争”和“劳动专政”为核心的俄国式社会革命的决心。[5]

紧接着，在维经斯基协助下，陈独秀起草了《中国共产党宣言》，更进一步体现了这种来自俄国的布尔什维主义的深刻影响。这个宣言首次试图

[1] 1922年以后，“中华共产党”成员或转入俄共，或转入中共；“中国青年共产党”成员大部加入中共；“中国共产主义协会”部分成员转入中国社会主义青年团，余均不知下落。

[2] 《毛泽东给罗璈阶》（1920年11月25日），见中国革命博物馆、湖南博物馆编：《新民学会资料》，人民出版社1980年版，第97页。

[3] 李大钊：《社会主义与社会运动》（1920年），见《李大钊文集》下卷，人民出版社1984年版，第376页。

[4] 施存统：《我们底大敌究竟是谁？》，《民国日报》副刊1920年9月28日。

[5] 陈独秀：《谈政治》（1920年9月1日），见三联书店编：《陈独秀文章选编》（中），三联书店1984年版，第7—10页。

在中国共产党的参加者和信仰者中树立统一的共产主义概念，并明确主张：必须把全世界“视为一个资本家的机关”，把所有国家都看成“是资本主义式的”，因此，宣言要求中国共产主义者确信：“俄罗斯历史发展的特征，也是全世界历史发展的特征”，俄国革命所经历的阶级争斗和无产阶级专政，也是“世界上任何国家都得要经过的”。[1]

来自苏俄的影响是如此明显，以致中国共产党刚刚成立之初，就不能不立即向俄国共产党和共产国际的死敌——“马格斯修正派”和“社会党”宣战，尽管“中国此时还够不上说真有这派人”。[2] 中国共产主义者在宣传手法上也全盘接受了俄国共产党人传授的革命方法，即相信要首先向“工人、农人、兵士、水手和学生宣传”，进而“组织一些大的产业组合，并联合成一个产业组合的总联合会”，由共产党指导，“用大罢工的方法，不断的扰乱资本家的国家，使劳动群众的敌人日趋软弱”。时机一到，即由共产党号召，“宣布总同盟罢工”，如此即可“给资本制度一个致命的打击”，把政权“转移于革命的无产阶级之手”，实行无产阶级专政。[3] 只是，参加起草宣言的上海共产主义者，显然相信中国的工人运动还远达不到那样的程度。在陈独秀看来，“中国工人但能结起团体来要求得到外国工人已经得到的各样好处，那便算是大大快意的事了。再说得可怜一点，眼前只求得着‘星期日休息’、‘每天只做八点钟工’、‘每月工钱加上三元五元’这三样好处，也可使工人们牛马似苦恼减轻一点”[4]，“所以我们现在不必谈什么改革政治和经济，也并不必谈什么社会主义”[5]。

[1] 见《中共中央文件选集》，第 1 册，第 548—550 页。
[2] 陈独秀：《谈政治》（1920 年 9 月 1 日），见《陈独秀文章选编》（中），第 7 页。
[3] 《中国共产党宣言》（1920 年 11 月），见《中共中央文件选集》，第 1 册，第 549 页。
[4] 陈独秀：《中国劳动者可怜的要求》，《劳动界》第 11 期，1920 年 10 月 23 日。
[5] 陈独秀：《此时中国劳动运动底意思》，《劳动界》第 4 期，1920 年 9 月 5 日。

陈独秀：中国革命“必与俄国打成一片，一切均借俄助”

社会主义和共产主义的事业，在理论上是依靠产业工人，即工业无产阶级的组织和斗争来实现的；而共产党，在理论上也应该是植根于工业无产阶级群众之中，并且应该是由其先进分子所组成。但是，中国早期的共产主义者们这时却多半并不是这样认识问题。他们中很多人显然还不了解马克思主义的阶级和阶级斗争学说，他们更多的只是以为，社会革命不过是因为生活所迫以致造成阶级对抗而引发的，这种情况在任何地方都是存在的。而中国的生活问题因为与俄国革命前夕也不相上下，所以革命是必然的现象。至于阶级，如《中国共产党宣言》所说，他们大多相信所谓无产阶级，就是指缺吃少穿的穷人，因此中国的劳苦群众就等于欧洲的无产阶级，就理当是摧毁资本制度的力量。他们并把中国资本主义不发达，工人和资本家的斗争不激烈的情况，归结为国际资本的压迫，相信“中国的资本阶级，是国际的”，中国的阶级对立，主要“是国际资本阶级和中国劳动阶级的对立”。[1] 故中国的劳动群众，包括“凡被雇的月薪劳动者”，如工人、店员、车夫，乃至佃户，在他们看来，统统已“变为世界的无产阶级”。[2] 这样，中国早期的共产主义者们很自然地把自己攻击的矛头除指向中国所固有的“武人”、“官僚”、“财主”或“资本家”以外，更明确地指向国际资本主义。他们确信，只有推倒国际资本制度，才有可能真正使中国获得独立，人民获得解放。

毫无疑问，这些知识分子和青年学生是渴望尽早实现社会革命的，但他们并不相信中国“无自觉、无训练、无组织”的“无产阶级”能够很快担负起这种使命。因此，他们一方面根据书面的认识，相信“共产党底基

[1] 江春：《社会革命底商榷》，《共产党》月刊第 2 号，1920 年 12 月 7 日。

[2] 陈独秀：《〈夥友〉发刊词》，《夥友》创刊号，1920 年 10 月 10 日；李大钊：《由经济上解释中国近代思想变动的原因》，《新青年》第 7 卷第 2 号，1920 年 1 月 1 日。

础建筑在无产阶级上面”[1]，因而大力对工人群众进行宣传；但另一方面却不能不认为领导革命和组织群众的，只能是少数知识分子，并确信俄国革命的要素和原动力就是知识阶级，因而主张中国也只能以少数人的牺牲和革命来谋取多数人的幸福。[2] 他们一方面受俄国革命宣传的影响，相信社会革命绝不是搞“抛炸弹放手枪”的军事冒险行动[3]，而应当是一种群众性的“直接行动”；另一方面又不得不承认在中国靠“总同盟罢工”，“决不能成就社会革命”。[4] 于是，他们的结论是：“中国底改造与存在，大部分都要靠国际社会主义的运动帮助”，也就是说，“必与俄国打成一片，一切均借俄助”。[5]

“一切均借俄助”，这句话突出地反映了中国早期共产主义者的心理和中国革命的初期特点。历史本身并没有为中国提供足够的实行社会主义运动的阶级条件和理论条件，但是，时代和环境客观上促使中国激进知识分子和青年学生选择社会主义作为未来国家的出路。在这种情况下，俄国共产党在远东各国推动共产主义运动的努力，以及中国少数激进知识分子急于尽快根本改造社会的愿望，就不可避免地结合起来了。来自俄国的理论、经验和援助，显然大大满足了中国早期共产主义者在精神和物质方面的需要，使他们能够运用主观的力量来扩大自身的影响和组织。

然而，“一切均借俄助”也是一种缺陷。它迫使中国早期共产主义者一开始就卷入俄国共产党以及共产国际同所谓“马格斯修正派”的斗争之中，以致不能不严格按照俄国人的方式来理解马克思主义，一度失去了广泛研究、比较、批判、鉴别，最终形成自己完整的社会主义观的可能性。与此同时，自身条件以及理论、经验和物质基础的缺乏，也自然而然地加强了人们“孔步亦步，孔趋亦趋”地“以俄为师”的心理，并不可避免地削弱了他们的

[1] 陈独秀：《政治改造与政党改造》，《新青年》第 9 卷第 3 号，1921 年 7 月 1 日。

[2] 李大钊：《俄罗斯革命的过去及现在》，《新青年》第 9 卷第 3 号，1921 年 7 月 1 日。

[3] 吉生：《告劳兵农》，《共产党》月刊，第 4 号，1921 年 4 月 7 日。

[4] 江春：《社会革命底商榷》，《共产党》月刊，第 2 号，1920 年 12 月 7 日。

[5] 见陈独秀：《社会主义批评》，《广东群报》1921 年 1 月 19 日；《蔡和森给毛泽东信》，1920 年 8 月 13 日，见《新民学会资料》，第 132 页。

自主性和自信心。而由此带来的结果必然是：中国共产党成立伊始，就成为共产国际的下级支部之一。中国共产主义运动和中国革命最初将不能不在一定程度上失去其独立性，其方向、道路、革命方法以及革命动力，势必要由俄国共产党和共产国际来帮助选择和提供。

然而，要指望俄国共产党和共产国际来帮助只有少数几个激进知识分子组成的共产党在中国实现社会主义革命，这只能是一种幻想。尽管俄共远东组织成功地在中国促成了中国共产党的创立，但俄国共产党和共产国际领导人这时其实并不了解中国的情况[1]，他们也并没有给来华的维经斯基或其他俄国共产党人帮助中国建立共产主义组织的任务。列宁在起草《民族和殖民地问题提纲初稿》时，甚至并不认为这些落后的东方国家存在任何共产党。尽管他后来承认在个别落后国家中可能已经有共产党，但他更多的也只是把它看作一种“名义上”的共产党。[2]

可以肯定，不论列宁怎样强调共产党的主观作用，他始终未曾改变党必须以无产阶级即产业工人为基础，并由其先进分子所组成的观念。当然，列宁并不反对落后国家中“未来的无产阶级政党（不仅名义上是共产党）的分子组织起来”，并坚决主张支持这种运动。但列宁认为，落后国家中第一位的任务，不是共产主义，而是争取民族解放和民主自由。共产国际的任务，就是帮助并促进这一资产阶级民族解放运动革命化，引导它们“同苏维埃俄国建立最密切的联盟”，实行彻底反帝的政策，并设法实现“劳动者苏维埃”，使它们能够同西方无产阶级一起，推翻帝国主义在世界的统治，最终在西方无产阶级领导和帮助下，直接过渡到社会主义。[3]

---

[1] 在 1920 年 7 月共产国际第二次代表大会召开的过程中，人们对中国的看法是混乱的。在列宁起草的《民族和殖民地问题提纲初稿》以及列宁的发言中，他显然把中国看作“封建关系”或“宗法农民关系”占优势的比较落后的国家，或“半殖民地国家”，而大会最终却否定了列宁的这一看法。大会通过的罗易的《补充提纲》里宣称：中国是“资本主义制度占统治地位的国家”。参见《共产国际、联共（布）与中国革命档案资料丛书》(2)，第 117、123、144 页。

[2] 《列宁全集》，第 31 卷，第 129 页；贝拉·库恩编：《共产国际文件汇编》，第 1 册，三联书店 1965 年版，第 186 页。

[3] 《列宁全集》，第 31 卷，第 126—130 页。

列宁确信：“目前的世界政治形势把无产阶级专政提上了日程，世界政治中的一切事变都必然围绕着一个中心点，这个中心点就是世界资产阶级反对俄罗斯苏维埃共和国的斗争。”而无论为了巩固自身，还是为了推进世界革命，苏俄都“必然要一方面团结各国先进工人的苏维埃运动，另一方面团结殖民地和被压迫民族的一切民族解放运动”。[1]

不难看出，列宁在缺少有关东方落后国家的具体知识的情况下，不能不主要从抽象理论的角度去认识和解决问题。尽管由于落后国家代表罗易等人的激进态度使这种情况发生了一些重要的改变，甚至使共产国际对落后国家的策略变得有些模糊和混乱，但列宁和共产国际领导人显然仍旧坚持认为，东方国家的任何一种革命运动和解放运动，都应该也必须在国际无产阶级政党即共产国际的领导下，并作为世界革命的一部分而服从于国际无产阶级的根本利益。这意味着，无论是出于何种目的，俄国共产党和共产国际都必然要在东方落后国家寻找真正有力量的、能够切实推动反帝革命运动的政治势力，以便能够尽快在东方掀起广泛的反抗帝国主义列强和外国资本主义压迫的群众运动，动摇欧洲资产阶级的统治，以此来促进过于迟缓的欧洲无产阶级革命的爆发，或至少根本遏制帝国主义对苏俄的进攻和干涉。在这种情况下，在俄国共产党人具体帮助下刚刚开始萌芽的中国共产主义运动，自然也要跟着改变自己的策略。

[1] 《共产国际、联共（布）与中国革命档案资料丛书》（2），第114—115页。

三、最佳的利益选择与结合

中共第一次代表大会召开，宣布以推翻资本家阶级为目标

用实力的观点来看待1920年代初的中国共产主义运动，是注定要失望的。在1920—1921年，中国共产党总共只有56名党员，几乎全部是知识分子和青年学生，且处于秘密状态，在社会上乃至在工人中间没有任何势力和影响。当1920年12月陈独秀与维经斯基离开上海前往广州之后，这个组织更是一度陷入停顿之中[1]，直到共产国际派遣的正式代表马林于1921年6月3日来到上海后，中共才又开始恢复了活力。

如前所述，马林在荷属印度有过实际工作经验，并且作为共产国际第二次代表大会民族和殖民地问题委员会秘书，他充分了解共产国际对东方落后国家的策略，甚至还撰文和在讨论中陈述过在殖民地半殖民地落后国家中建立联合战线的可能性与重要性问题。共产国际选中他来中国工作，也表明了它对马林经验的重视。但很奇怪的是，马林来华后没有马上向陈

[1] 中国社会科学院马列所等编译：《马林在中国的有关资料》，人民出版社1980年版，第12页。

独秀等人转达共产国际二大所通过的民族和殖民地问题决议精神，结果在他来华后一个月才举行的中国共产党第一次全国代表大会，通过的所有决议及其他文件，丝毫没有反映共产国际二大新的政策精神。中共一大的党纲竟然完全没有顾及中国的现实，仅仅是口号似的写上了几条干巴巴的革命原则，空谈什么“推翻资本家阶级的政权”，“消灭资本家所有制”，“承认无产阶级专政，直到阶级斗争结束”[1]之类的斗争目标，与中国的实际情况毫不相关。与会者甚至在决议中宣称：在今后的政治斗争中，将“永远站在完全独立的立场上，只维护无产阶级的利益，不同其他党派建立任何相互关系”[2]。这些无疑都与共产国际二大的精神格格不入。

十分明显，设法把中国共产党建立在一种高度统一、纯而又纯的基础上的努力，一开始就是俄共远东组织发起的，中共一大也是在俄共远东组织和 1921 年年初成立的共产国际执委会远东书记处预先确定的总方针下召开的。但这并不意味着他们对列宁和共产国际对东方落后国家的策略有不同看法。实际上，负责处理苏俄远东事务的俄共中央远东局的领导人，对于在中国寻求同盟者的工作的重视程度，并不亚于其帮助中国人组织共产党。从远东共和国派来与北京政府谈判的优林使团开始，几乎所有苏俄来华人员都负有对中国各派政治势力及其政治倾向和政治作用进行实地调查的任务。值得注意的是，他们最初对中国各派政治势力的认识和分析各不相同，其政策也不时地受到苏俄外交工作和中国政局变动的影响。这时他们在中国问题上唯一一致的观点就是：苏俄的远东政策必须有利于反对和孤立日本帝国主义，恢复其远东地区的和平和主权，在这方面，那个纯粹由极少数激进知识分子组成的“中国共产党”明显地不被重视。

在 1920 年 7 月直皖大战爆发以前，苏俄内部对华策略没有太多选择。由于当时的北京政府由亲日的皖系把持，苏俄在倾向上自然是同情当时中

[1] 《中国共产党第一个纲领》(1921 年 7 月)，见《中共中央文件选集》，第 1 册，第 3 页。
[2] 《中国共产党的第一个决议》(1921 年 7 月)，见《中共中央文件选集》，第 1 册，第 8 页。

国南方以孙中山和陈炯明为代表的革命势力。至直皖大战结束，亲英、美的直系控制了北京政府之后，鉴于直系军阀吴佩孚赞同与苏俄改善关系，苏俄即迅速开始对吴佩孚表示好感，试图推动吴采取亲俄反日的政策。[1] 同时，苏俄对孙中山在陈炯明帮助下回到广州，准备北伐，颇感不悦，而对陈炯明与孙中山的分歧十分重视。可是，1921 年 6 月，苏俄公开照会北京政府出兵蒙古，并无视中国方面抗议于 7 月攻占库伦后，苏俄与北京政府关系一度转恶，苏俄又开始抨击吴佩孚的摇摆政策而对孙中山表示好感。[2] 而这种情况随着直系与亲日的奉系矛盾加剧又再度改变，因为孙中山试图联奉倒直，敌视亲日的奉系的苏俄，又转而再度开始同情吴佩孚了。

不难看出，苏俄对华政策的不断改变，根本上是受其对日政策的需要牵制的。苏俄急于想要解除日本对苏俄远东地区的压迫与威胁，以至于急功近利和不择手段，千方百计试图利用中国反日的实力派领袖，并与之结盟，至于这些中国军阀或政治家的政治色彩反在其次。苏俄亲吴疏孙，很大程度仅仅取决于他们的对日态度和实力大小。由于孙中山总是奉行违拗其心愿的政策，且实力不足，故苏俄虽仍旧与孙保持联络，并肯定其政治倾向，但出于自身的利益考量，不能不对吴佩孚寄予希望。

当然，信奉阶级斗争学说的俄国共产党人，也不会过分迷信其外交策略的功用。特别是面对多变的中国政局和吴佩孚对苏并无太多好感的情况，熟悉民众鼓动工作，并且有着成功经验的俄国共产党人自然会双管齐下。这也就是他们一面派出外交使团游说北京政府，一面却又派出维经斯基等人到中国知识分子和青年学生当中广泛宣传俄国革命，并宣示苏俄友好政策的原因所在。很显然，他们力图通过在中国激进党派和劳动群众中开展工作，推动中国民众的反日运动，并鼓动中国知识界对政府施压，改变敌视苏俄的政策。因此，依据共产国际二大的相关决议，经过一段时间的准

[1] 参见《民国日报》1920 年 8 月 11 日；(苏)《消息报》1920 年 10 月 9 日。
[2] (苏)《消息报》1921 年 11 月 16 日。

备之后，他们便和共产国际一起开始着手召集远东各国共产党及民族革命团体的代表大会（对外又称为“远东各国劳动者代表大会”），试图以此来推动远东各国的反帝特别是反日运动的兴起。

远东大会推动反帝，毛泽东认定：“欲拯救中国唯有靠俄国的干涉”

正在共产国际积极筹备远东各国共产党及民族革命团体代表大会之际，1921年夏传来美国准备就太平洋及远东问题在华盛顿召集国际会议的消息。美、日、英、法重新坐在一起讨论远东问题，这使俄国共产党和共产国际深感其在远东离间和利用帝国主义各国之间矛盾的策略遭到挫折，因而极度担心帝国主义各国会重新勾结起来反对和干涉苏俄。

为了同华盛顿会议相对抗，原定于苏俄西伯利亚伊尔库茨克召开的大会，1922年1月被移到苏俄的首都莫斯科召开了。在开会之前，几乎各个与会代表团都在主办方的授意下，发表了反对华盛顿会议的公开声明。而共产国际主席季诺维也夫，在开会伊始，就把会议引向了反对帝国主义、拥护苏俄和掀起苏维埃革命的方向。他宣称：战后这个时期的主要特点是亚洲和远东问题正在“成为世界政治的中心点”，帝国主义正在加强它们在远东的竞争，“当今最强大的政府，四个最暴虐、最反动的帝国主义政府，即英国、法国、日本和美国在华盛顿缔结了一个条约”，“人类历史上最黑暗的日子”来到了。按照季诺维也夫的说法，远东各国人民的政治选择将会成为世界政治“天平上举足轻重的法（砝）码”，而“真正解决远东问题的唯一一件事就是：打败日本资产阶级”。[1]

显而易见，鼓动远东各国人民掀起反帝特别是反日的群众斗争浪潮，是这次大会的主要目的。尽管某些俄国共产党和共产国际的领导人或多或

[1] 见《远东各国劳动者代表大会速记录》中季诺维也夫在第1、2、4次会议上的发言，复印件由已故石克强（舍维廖夫）教授提供。

少仍旧抱着世界革命的幻想，一心指望这次会议能够使远东的民族解放运动达到加速世界革命的程度。但会议毕竟使中国共产党人明确了他们所面临的首要任务。这就是：“把中国从外国压迫下解放出来，实现土地国有，推翻督军统治”，为此应该首先支持和联合资产阶级民主派进行斗争。[1]

远东各国劳动者代表大会没有达到预期的效果，共产国际向各国散发的反对华盛顿会议的各种宣传品也没能激起中国人的兴趣。马林在他给共产国际执委会的工作报告中谈到这方面的情况时，不无遗憾地表示：华盛顿会议“无论在什么地方都没有激起像当年凡尔赛会议所激起的那种政治愤慨……没有直接反对华盛顿会议的普遍性的运动”[2]。

美国推动召开华盛顿会议的中心目的，是弥补巴黎和会的不足，并解决列强各国，特别是美、英、日三国在太平洋和远东地区的相互关系及其地位问题。它固然同巴黎和会一样，包含着重新划分势力范围的内容，但更重要的是要使三大强国在这一地区承担明确的和平义务，消除相互关系中的不稳定因素，在太平洋地区确立国际新秩序，以及抑制日本在中国的单方面扩张行动。在这方面，三大强国之间的矛盾主要集中在英日同盟、海军军备竞争以及太平洋和中国的势力范围上。会议成功地以关于太平洋区域岛屿属地和领地的《四国条约》取代了英日同盟，以限制海军军备的《海军条约》规定了各国海军战列舰的吨位比例和航空母舰总吨位的限额；并以《九国公约》的形式，肯定了在“门户开放”、“机会均等”的原则下，“尊重中国之主权与独立，及领土与行政之完整”，保证在现有条件下不再扩张势力范围或谋取特权。[3]

一般说来，华盛顿会议的结果并无助于真正缓和帝国主义国家之间的

---

[1] 见《远东各国劳动者代表大会速记录》中萨发罗夫在第 8、10 次会议上的发言。

[2] 《马林给共产国际执委会的报告》（1922 年 7 月 11 日），见中国社会科学院马列所、近代史所编译：《马林与第一次国共合作》，光明日报出版社 1991 年版，第 64 页。

[3] 见复旦大学历史系中国近代史教研组编：《中国近代对外关系史资料选辑》第一分册（下），上海人民出版社 1977 年版，第 57—58 页。

明争暗斗，但在华盛顿会议上，美国毕竟为换回在巴黎和会上失去的信誉和抑制日本在华扩张的野心取得了成功。会议迫使日本不仅在《九国公约》上签字承认反对独占中国和进一步扩张势力范围，而且迫使日本同意交还其强行霸占的山东胶州德国租借地及其财产，撤退沿胶济铁路及其支线的全部驻军。在这次会议上，中国方面乘机提出的废除不平等条约及收回主权的诸多要求，大多不了了之。但会议决议恢复中国在山东的主权，声明肯定中国主权和领土完整，反对任何独霸中国及扩张势力范围的企图，毕竟对面临日本威胁和对巴黎和会怀有痛苦记忆的中国各界爱国人士，是一种精神上的慰藉。不论共产国际多么激烈地批评帝国主义列强虚伪、阴险，主张中国人民应争取彻底实现民族独立和民族平等，绝大多数中国人显然对此不抱幻想。中国既然仍旧处于分裂和落后的现状中，那么，大多数中国人就很难不对某些列强的理智和友好寄予期望。

很少人不知道中国陷于任人宰割的境地，根本上是自身落后、分裂的结果。要想改变这种情况，就必须争取实现统一与和平，进而才有可能发展实业，使国家臻于强盛。但多年来，知识界皓首穷经，献言献策，中国军阀割据，南北对立，兵连祸结的局面依然如故。陈独秀等之所以会明知俄国革命的办法可能带来梁启超等人再三警告的“攘夺变乱之患”与血流成河的危险，仍执意前行，根本上就在于他们相信，资本主义条件下这种惨祸一直在阶级压迫中发生着，而且按照资本主义竞争的规律，列强为争夺殖民地而发动的世界大战根本就无可避免，与革命不革命无关。蔡和森所谓：一旦资本家的大战再起，“伏尸流血又不知几千百万，而战死与破产及生活昂贵的大祸，都是无产阶级受了”，何况“第二次资本家的大战战场必在中国”，将来流血恐怖恐比革命更甚；毛泽东所谓“用和平方法去达共产目的，要何日才能成功？假如要一百年，这一百年中宛转呻吟的无产阶级，我们对之如何处置……任其为三分之一资本家所鱼肉，其何能忍”，讲的都是这样的道理。[1]

---

[1] 《新民学会资料》，第149—150、161—162页。

但想要运用俄国革命的方法，根本解决，一劳永逸，彻底是彻底，中国哪来俄国那么多可以一举夺取政权的有觉悟的革命工人与士兵呢？因此，模仿俄国布尔什维克的共产党是成立了，革命的实行办法却只是停留在纸面上。从1920年到1921年，中共经过一年时间，只征集到了56名成员；从1921年到1922年，从56人只扩大到了197人，这种组织发展速度相对于他们急切想要成就的革命目标，其力量相差不知多少。这也是为什么毛泽东在党内公开宣称：“欲拯救中国唯有靠俄国的干涉。”这时中共成员的想法大概都差不多，那就是“一切均借俄助”。要在中国开展推翻现存政权的革命运动，“唯有靠俄国的积极支持（外交和军事上的支持）”[1]。

指望俄国干预来推进中国革命，这多半也是把革命目标设定在中共一大纲领基础上的一种合乎逻辑的结果。因为那样一种目标的设定，几乎把除了产业工人以外的社会力量都排除在了革命的力量之外。但是，这样一种目标的设定，很快就被莫斯科否定了。1922年5月下旬，中共出席远东劳动者代表大会的代表回到国内，带来了共产国际二大关于殖民地和民族问题的相关决议，以及远东劳动者代表大会通过的关于共产党与民主革命分子合作问题的决议，这些决议从根本上改变了中共一大所规定的革命目标与革命方法。

共产国际：应利用国民党来“为强大的群众性的共产党准备基础”

1922年6月，中共中央发表了《中共中央第一次对时局的主张》和其他中共领导人的署名文章，肯定了中国目前最大的敌人不是资本家，而是国际帝国主义和国内封建军阀。[2]

7月，中共召开第二次代表大会，提出了中国革命两步走的方案。会议

[1] 见《马林与第一次国共合作》，第213—214、231页。

[2] 陈独秀：《对于现在中国政治问题的我见》，《东方杂志》第19卷第15号，1922年6月。

按照共产国际二大《关于民族与殖民地问题的补充提纲》的提法，认为中国已经迈入资本主义社会了，但世界的帝国主义为了各自在中国的特殊利益，竞相扶助封建军阀，阻碍中国的资本主义发展，中国的资产阶级不能不与封建军阀做斗争。“在中国的政治经济现状之下，在中国的无产阶级现状之下，我们认定民主的革命固然是资产阶级的利益，而于无产阶级也是有利益的。因此我们共产党应该出来联合全国革新党派，组织民主的联合战线，以扫清封建军阀推翻帝国主义的压迫，建设真正民主政治的独立国家为职志。”当然，决议根据共产国际二大关于民族与殖民地问题决议的精神，也特别强调：民主革命只是中国革命的第一步，无产阶级并不因此获得解放，且资产阶级一旦革命成功，必定会迅速与无产阶级处于对抗地位。故无产阶级在民主革命时就应当集合在共产党的旗帜下独立做自己阶级的运动，并准备对付资产阶级。一方面通过援助民主主义革命运动养成真正实力，一方面为“与贫苦农民联合的无产阶级专政”而斗争。“如果无产阶级的组织力和战斗力强固”，中国的社会主义革命很可能像俄国一样，会“跟着民主主义革命胜利以后即刻成功”。[1]

把无产阶级专政说成是“与贫苦农民联合”的一种结果，反映出中共领导人在理解共产国际二大所通过的《关于民族与殖民地问题的补充提纲》中的“工农苏维埃”的概念时，与无产阶级专政的概念发生了混淆。但是，类似的情况，即因为理论和知识上的欠缺，对俄国革命的主义、经验及其历史一知半解，只是照猫画虎，“孔步亦步，孔趋亦趋”，囫囵吞枣的情况，这种时候其实可以说是比比皆是。

像中共二大正式宣布加入共产国际，承诺“以全力拥护苏维埃共和国”，全部都是照搬共产国际二大、三大所提出的理由。即是说，因为“苏维埃俄罗斯是世界上第一个工人和农人的国家，是无产阶级的祖国，是劳苦群众的

[1] 指像俄国1917年革命那样，可能会先来一个推翻沙皇统治的“二月革命”，几个月后即成就了布尔什维克的“十月革命”。见《中共中央文件选集》，第1册，第61—63、64—66、114—115页。

祖国，也是全世界工人和农人与世界帝国主义的国家对抗的壁垒”，中国共产党必须“要召集中国工人们加入世界工人的联合战线，保护无产阶级的祖国——苏维埃俄罗斯——抵御资本主义的进攻，并要邀集中国的被压迫群众也来保护苏维埃俄罗斯，因为苏维埃俄罗斯也是解放被压迫民族的先锋”。[1]

而在这方面表现得最为典型的，还有中共二大及其之后对蒙古等边疆民族问题的看法与变化的情况。在中共二大的各种决议中，他们已经明显地接受了列宁关于民族自决的观念，试图以此来解决诸如蒙古等边疆民族的归属问题。他们解释自己赞同边疆民族应当实行民族自决的理由是：“现在中国本部做不到和疆部统一，因为这些地方的经济情形，和本部不同，他们互相也有差异”。因为中国本部的经济生活，已由小农业手工业渐进于资本主义生产制的幼稚时代，而蒙古、西藏、新疆等处则还处在游牧的原始状态之中，以这些不同的经济生活的异种民族而强其统一于中国本部还不能统一的武人政治之下，结果只有扩大军阀的地盘，阻碍蒙古等民族自决自治的进步，并且于本部人民没有丝毫利益。因此，为免除军阀势力的膨胀，尊重边疆人民的自主，我们应“促成蒙古、西藏、回疆三自治邦，再联合成为中华联邦共和国，才是真正民主主义的统一”。[2]

但是，用这种态度来谈论事实上一年前就在苏军的扶持下再度宣告独立的外蒙古[3]，明显地不符合苏俄方面的愿望。因此，不过四个月后，中共中央局书记陈独秀就在赴莫斯科参加共产国际四大之际，再度发表言论，

[1] 《关于“世界大势与中国共产党”的议决案》（1922 年 7 月）、《中国共产党加入第三国际决议案》（1922 年 7 月）、《第三国际的加入条件》（1920 年 8 月），见《中共中央文件选集》，第 1 册，第 59—60、67—72 页。

[2] 《中国共产党第二次全国大会宣言》（1922 年 7 月），见《中共中央文件选集》，第 1 册，第 62、111 页。

[3] 1911 年辛亥革命后中国各省均一度宣告独立，蒙古地区 240 旗中位于外蒙古地区的 108 旗也乘机宣告独立，实际上成为沙俄的保护国。后经北京政府与沙俄政府反复交涉，沙俄做出让步，承认中国对外蒙古的主权，中国政府承认外蒙古实行自治。俄国十月革命爆发后，北京政府一度以武力逼迫外蒙古取消了自治。但北京政府的军队很快又被退入外蒙古的沙俄恩琴反布尔什维克武装赶出外蒙古首府库伦。随后，受到苏俄援助的乔巴山等成立蒙古人民党，并组成军队将北京政府的军队赶出了外蒙古。人民党随后邀请苏俄红军进入外蒙古驱逐了恩琴武装，夺取了库伦。1921 年 7 月，蒙古人民党宣告成立蒙古人民革命政府，再次宣布独立，并建立了蒙古国。

一改此前的说法，主张外蒙古独立了。他写道：“在国内组织之原则上，凡经济状况不同民族历史不同言语不同的人民，至多也只能采用自由联邦制，很难适用单一国之政制。在中国政象之事实上，我们更应该尊重民族自决的精神，不应该强制经济状况不同民族历史不同言语不同之人民和我们同受帝国主义侵略及军阀统治的痛苦。因此我们不但应该消极地承认蒙古独立，并且应该积极的帮助他们推倒王公及上级喇嘛之特权，创造他们经济的及文化的基础，达到蒙古人民真正独立自治之客观的可能。”[1]

很难认为陈独秀等中共领导人没有民族主义心理。中共二大召开于蒙古国宣告成立整整一年后，北京政府和国内舆论之反响一度甚嚣尘上，中国共产党人当然心知肚明。他们并没有马上对苏俄的做法随声附和，仍旧抱期望于在高度自治基础上使外蒙古回归中华联邦，可见内心中仍存相当幻想。但是第一，正式加入共产国际，成为其下属支部之一，承诺遵守共产国际“铁的纪律”和“中央集权”的组织原则之后，中共中央必须与苏俄严格保持一致，在民族政策上亦无选择余地。第二，身为共产党人，追求自身的民族解放，按照列宁关于民族自决的思想，理论上也应当赞同中国境内少数民族谋求自身的解放，这也是一种必然的逻辑。

共产国际远东各国劳动者代表大会的决议，在一定程度上扭转了以知识分子为主体的共产党人中所存在的脱离实际的倾向。据陈独秀报告称，中国共产党人“开始更多地注意到中国社会当前形势，并参加了当前的运动”[2]。但是，只能秘密活动，人数不足两百人的组织状况，不可避免地严重局限着陈独秀等人的想象力。一方面，中共二大根据共产国际的提议，明确提出应当联合国民党等民主派共同推动中国的民族民主革命；另一方面，陈独秀亦深知孙中山的国民党根本不可能与中共小组织成立“联合战线”，故要指望国民党能按照共产党人的愿望，“觉悟改造”并“和我们携手”，“希

[1] 《中国共产党对于目前实际问题之计划》(1922年11月)，见《中共中央文件选集》，第1册，第122页。

[2] 《陈独秀同志代表中共中央向第三次党代表会议的报告》，1922年8月18日。

望很少”。[1]

实际上，许多俄共领导人原本就没有对像中国这种新近建立起来的落后国家的共产党寄予多少期望。1921年至1922年，俄共及共产国际代表关于中国政治现状的报告都反映出了这种情况。几乎所有的报告人都认为，在中国当前政治斗争中有可能发挥重要作用的，只能是国民党，而不会是共产党。不仅国民党十多万党员与共产党不足两百名党员的强烈对比给他们留下了深刻印象，而且国民党与“只占中国人口总数中的一个很小的部分”的产业工人之间所建立的紧密联系，也出乎他们的意料，并使他们十分兴奋。他们因而相信：在中国，“国民党几乎是唯一强大的政党”，“还没有其他更革命、更有组织的力量”像国民党那样，“无论是在劳动群众当中，还是在小资产阶级当中”，“都深受爱戴”。[2] 毫无疑问，在他们看来，在这个“几乎谈不上工人运动，也谈不到什么工业”[3]，无产阶级运动明显处于萌芽状态的国家，共产国际只能依照列宁的提纲，去支持国民党所领导的革命运动，同时注意保护那个处于萌芽状态的中国共产党。

党内合作：共产党加入国民党，监督、改造，并争取取而代之

不过，即使由共产国际出面来与国民党结盟，也并不是一件容易的事。在这方面，他们一开始就遇到了麻烦。因为以中国当然领袖自居的孙中山，只愿意和苏俄政府谈合作。而且，他对苏俄抱以好感，同时也求助于任何一个愿意给他提供帮助的列强。因此，孙中山对苏俄的态度常常被其政治衰荣的环境所左右。下台时往往急于与苏俄建立联系，上台后则惧于列强

---

[1] 《陈独秀给维经斯基的信》（1922年6月30日），见《“二大”和“三大”》，中国社会科学出版社1985年版，第55页。

[2] 参见索科洛夫 · 斯特拉霍夫：《关于广州政府的报告》（1921年4月21日）、《马林给共产国际执委会的报告》（1922年7月11日），见《马林与第一次国共合作》，第70—75页。

[3] 参见（俄）《真理报》1922年7月30日，安徽大学苏联问题研究所等编译：《1919—1927苏联〈真理报〉有关中国革命的文献资料选编》，四川省社会科学院出版社1985年版，第22页。

干涉，总是有意与苏俄保持适当距离。[1] 加上孙中山政治地位不稳固，国民党又组织涣散，难以在政治上形成大气候，俄共和共产国际仅靠外力不仅不能左右其政治倾向，而且难以使其组织成为一种统一而强固的政治力量。

中国共产党人的作用因此被发现了。1922 年 1 月在远东各国劳动者代表大会期间，列宁率先考虑到用共产党与国民党合作的办法，来促进其革命化。之后，共产国际代表马林把这一设想具体了。鉴于孙中山不可能把这个小组织放在眼里，他提出，可以用共产党员加入国民党的办法，通过这种办法让共产党人在国民党内发挥作用，来实现推动国民党革命化的目的。马林提出的这种所谓“党内合作”的办法因为贬低了中共的地位，一经提出就遭到了陈独秀等人的激烈反对。1922 年 4 月 6 日，陈独秀给维经斯基去函，明确地提出了六条“反对的理由”，包括宗旨不同，政策主义不相容，国民党形象太差，其内部矛盾甚多且“对新加入之分子，绝对不能容纳其意见及假以权柄”等[2]，但是，对于俄共和共产国际领导人来说，这却是一个绝妙的攻心之策。因为，如果真能实现“党内合作”，那显然要比共产党站在党外对国民党指手画脚更有利于影响国民党的政治方向。

毋庸置疑，共产国际的最终目标还是要在中国建成一个强大的共产党。关于这一点，只要注意一下 1922 年 8 月和 1923 年 1 月共产国际执委会就国共合作问题发出的具体指示，就可以看得很清楚。在这两个指示中，共产国际执委会都特别强调了通过党内合作，利用国民党的组织，来“为强大的群众性的共产党准备基础”的意图[3]。但这显然还只是下一步的革命目标，当务之急是要利用这种合作形式，使共产党人能够有效地影响国民党的各

[1] 孙中山 1920 年寓居上海时，对来访的波波夫及维经斯基均表示急于想与苏俄建立密切的联系，但在 1921 年年底 1922 年年初准备北伐的过程中见到马林时，却拒绝了马林提出来的联俄办法，称由于英国等关系，只能与苏俄“作道义上之联络”。参见《真理报》1925 年 3 月 14 日；《革命文献》，第九辑，（台北）中国国民党中央委员会党史史料编纂委员会 1955 年编印，第 1410—1411 页。

[2] 《陈独秀致吴廷康的信》（1922 年 4 月 6 日），见《中共中央文件选集》，第 1 册，第 31—32 页。

[3] 《共产国际执行委员会关于中国共产党与国民党的关系问题的决议》（1923 年 1 月 12 日），见《共产国际有关中国革命的文献资料》（1），第 77 页。

种政策，包括独立进行反对帝国主义的组织和宣传。[1]

共产国际这时最关心的，是用什么办法尽快左右国民党的对外政策。因此，它虽然也提醒中共要“避免同民族革命运动发生冲突”，并希望中共能够在国民党的旗帜下得到顺利发展，但它却十分强硬地要求中共必须用一切办法“反对国民党同资本主义列强及其代理人——敌视无产阶级俄国的中国督军们的任何勾搭行为”，使国民党能够切实联合苏俄，反对一切帝国主义。[2] 这里所谓“敌视无产阶级俄国的中国督军们”，其实指的就是张作霖，因为孙中山从 1921 年年底开始，就与得到日本支持的张作霖公开合作反对吴佩孚。而苏俄最痛恨的就是日本，最担心的也就是中国亲日势力上台并勾结日本反对苏俄。尽管列宁的外交策略承认适当妥协的必要性，但出于自身利益的考虑和对中国资产阶级民主派的不信任，他们绝对不能听任孙中山为了自身的利益对日妥协。这种情况在很大程度上造成了共产国际在国共关系问题上策略的极大矛盾性，即既要求中共贯彻与国民党“党内合作”的方针，避免与国民党发生冲突，又坚持中共必须不惜一切代价，坚持组织和宣传反帝主张，坚决引导国民党站到拥护苏俄的阵线上来，反对国民党与敌视苏俄的军阀进行勾结。

要让弱小的中共去推动和引导历来主张对列强适当进行妥协的国民党走上彻底反帝的革命道路，也只能采取这种孙悟空钻进铁扇公主肚子的办法了。在俄共和共产国际只能指望由国民党来掀起中国反帝的民族解放革命运动的情况下，作为共产国际支部之一的弱小的中国共产党，是难以通过站在国民党之外摇旗呐喊来影响其政策的。客观上，除了进入其内部之外，共产党没有任何办法来有效地和迅速地贯彻共产国际的意图。然而，把党内合作的形式当成是促使对方向有利于己方转化的一种方式，这无疑使合作的概念本身发生了异化。事实上，共产国际从一开始就没有把国民党看

---

[1] 《共产国际执行委员会给其派驻中国南方代表的指令》(1922 年 8 月)，见《马林与第一次国共合作》，第 80—81 页。

[2] 《共产国际有关中国革命的文献资料》(1)，第 77 页。

成是一个严格意义上的政党，而是或多或少地把它看成一个由不同阶级组成的相对松散的政治联盟。因此，它不仅要求中共加入其中，而且要求中共在国民党内“组成从属自己的团体”，进而“组成核心”，为国民党必然的分裂做好准备。它甚至明确地提出了领导权问题，强调中国民族革命的“领导权应当归于工人阶级的政党”。[1]

不难了解，共产国际从一开始就在督促中共在与国民党的“党内合作”关系中，保持一种进攻的态势，要求前者必须担当起监督和指导后者，最终取代后者的角色。当然，在1923年上半年以前，由于种种原因，这多半还只是一种愿望和设想。真正构成了这种可能性的条件的，还是苏俄和共产国际与孙中山国民党关系的发展。

孙越宣言：“共产组织，甚至苏维埃制度，事实均不能引用于中国”

孙中山下决心与苏俄结盟，再度发生在新的政治挫折之后。这次新的挫折发生在1922年7月间，当孙中山正集结军队准备北伐之际，陈炯明部在广州发动叛乱，致使孙一年多的北伐准备再度付诸东流，并且被迫又一次离开广东回到上海。同以往一样，孙中山在失败的时候再次想到了同苏俄建立直接联系的必要性。

这时，因日本已表示出将从苏俄远东地区的滨海省全部撤兵的意向，故苏俄对迅速解决它和中国及日本的关系十分重视。苏俄选派曾负责《布列斯特和约》谈判的颇负盛名的外交家越飞来华，说明了这种情况。但苏俄对日本仍疑心重重，对日本在中国的影响，特别是在中国东北地区的影响极为担心，因而对孙中山与张作霖结盟极不满意。越飞于8月12日到北京后，即致函孙中山，质疑孙联合张作霖的做法，并主张孙无论如何应同

---

[1] 《共产国际执行委员会给中国共产党第三次代表大会的指示》（1923年5月），见《共产国际、联共（布）与中国革命档案资料丛书》（2），第456—458页。

北京政府的外交部保持接触，以促进中苏外交关系的建立。不用说，孙中山对此是有自己的想法的。他明确认为:“现在的政府是某些列强的代理人”，而张作霖靠近日本则是由于英、美对吴的支持和苏俄对张的敌视，很难说他在一定的条件下不会反对日本。孙中山直率地表示：为了完成统一中国的头等大事，他过去和今后一样，“准备同任何一位接受我条件的领袖进行合作”。而中苏两个国家的完全谅解，只有在他建立起一个“将中国的重要利益置于各个列强之上的中国政府”之后，才能达成。与此同时，孙中山向越飞传达了这样的信息：他决不赞成苏俄牺牲中国的利益与日本取得谅解或达成协议，但他不赞同直系北京政府的态度，他愿意看到苏俄暂时保有它目前在中东铁路的权益和在蒙古的军队。[1]

孙中山对这时中苏外交谈判中的两大症结——中东铁路和蒙古问题的表示，包括孙中山对帝国主义的不满情绪和决心统一中国的强烈意志，赢得了越飞的好感。而孙中山进一步的要求更让越飞受到了震动。孙坚决反对苏俄承认直系北京政府，他宣称：苏俄这个创立了伟大制度的国家同得到帝国主义“国际承认”的反动的北京政府谈判，只能表示自己“是同资本主义列强站在一起，通过国际承认等，为它树立威信”。这只会助长那种反对在中国“采用可以称之为苏俄革命或激变这种方法”的“资本家的论点”。他劝告越飞采取“一项创造性的政策，即以我本人作为我国受压迫同胞的代表，同你们的政府实行合作”。由苏俄政府向他提供武器、军火、技术和专家等帮助，而他将指挥四川的军队经甘肃接通蒙古，以得到这些援助。[2]

孙中山的这一提议，其实很能反映出这一阶段他日渐感到“处境艰危”，“经济久困”，以至“音问梗塞，无从一为纾解”的困境[3]，但孙的态度明显地触动了越飞和马林。他们迅速起草了《我们在殖民地国家特别是在中国

[1] 《孙中山致越飞函》（1922 年 8 月 27 日），见郝盛潮编：《孙中山集外集补编》，上海人民出版社 1994 年版，第 299—302 页。

[2] 《孙中山致越飞函》（1922 年 12 月 20 日），《孙中山集外集补编》，第 304—306 页。

[3] 见《孙中山全集》，第六卷，中华书局 1986 年版，第 655—663 页。

工作的有关问题（提纲）》，决定由马林带回，向共产国际陈述他们对当前中国问题的看法。提纲明确认为：“在殖民地和半殖民地国家中，要开展纯粹是共产国际的工作，是根本不可能的。在这些国家里，阶级分化尚未充分进行，不适合开展纯粹的共产党的活动。”因此，党的活动必须无条件地与民族解放运动相结合，共产国际的工作也必须与苏俄外交政策相协调。提纲指出：在中国，北京政府只是帝国主义的傀儡，苏俄和共产国际只能通过帮助国民党统一中国来实现自己的目的。[1] 与此同时，越飞接连两次向苏俄政府寄回书面报告，认为与北京政府谈判实欠妥当，今日中国唯有孙中山与国民党对革命具有无比重要的意义。孙中山不仅是中国革命的象征，而且可以对张作霖施加影响。因此，他要求苏俄政府批准他南下与孙中山进行谈判。

越飞和马林报告的基点，是建立在共产国际二大通过的列宁起草的《关于民族和殖民地问题的补充提纲》基础之上的。它明显地区别于这一年来共产国际指示的显著特点，就是公开主张不应对中国共产党和中国无产阶级化的前景抱有幻想，而应切实地把中国革命的目标和任务，限定在资产阶级民族民主革命的范围内，使它能够作为反帝及反日运动的重要部分，为苏联外交和安全提供保障。

1923 年 1 月中旬，越飞得到苏联政府指示[2]，前往上海，于 1 月 22 日开始与孙中山开始谈判。1 月 26 日，双方达成一致意见，形成了著名的《孙文越飞联合宣言》。孙中山公开承认中东铁路暂时只能由中苏两国共管，进驻外蒙古的苏联红军不必立时撤退，从而使越飞在同北京政府谈判中所难以解决的两大难题，得到了孙中山国民党的谅解。而越飞则根据孙中山的

---

[1] 《我们在殖民地国家特别是在中国工作的有关问题（提纲）》（1922 年 12 月），见《马林与第一次国共合作》，第 99—100 页。

[2] 1922 年 12 月 30 日，“俄罗斯苏维埃联邦社会主义共和国”（苏俄）宣布与东乌克兰、东白俄罗斯、外高加索联邦另外三个苏维埃社会主义共和国一起，正式成立“苏维埃社会主义共和国联盟”，以下简称“苏联”。苏联共产党（布尔什维克），即联共（布），为方便起见，以下也简称“苏共”。

要求，公开承认：“共产组织，甚至苏维埃制度，事实均不能引用于中国”，“中国最要最急之问题，乃在民国的统一之成功，与完全国家的独立之获得”。越飞并明确表示：孙中山“可以俄国援助为依赖也”。[1]

孙越宣言的发表，充分表明了苏联和共产国际联合孙中山和国民党的决心。尽管越飞关于共产组织和苏维埃制度不适合中国的声明明显偏离了共产国际乃至列宁的一贯主张，但比较在中国找到一个真正的同盟者来说，这对莫斯科而言，明显不是那么重要的问题。总之，苏联报纸在转载这一宣言时，仅仅把这句话抹掉了事，并没有做出任何反应。而三个月之后，经过对孙中山求援呼吁的反复讨论，苏联政府正式通知孙中山，他将在一年之内分四次得到 200 万卢布的援助，同时还将向国民党派出政治和军事顾问，并提供军事物资，以此来帮助国民党逐步加强其统一中国的实力。[2] 事情很明显，苏联自信它已经找到了真正能够在中国造成反帝的民族民主革命运动，从而适合苏联远东利益需要和世界革命潮流的同盟者了。

孙越宣言的发表，同样符合孙中山的愿望。自陈炯明叛变后，孙更加深感扩张党的组织和获得稳定外援之重要。故他一面接受了马林的建议，同意吸收中共党员入党，修订党章党纲，以扩大党的组织；一面则积极通过自己的重要助手廖仲恺与越飞及其代表进行联络，寻求援助。但孙中山毕竟是一典型的革命功利主义者，他深知为达到自己的革命目标应采取怎样的策略手腕。就像其 1915 年为阻止日本与袁世凯签订“二十一条”，1918 年为得到日本财阀的军事援助，而不惜允诺出让满蒙权益一样，他下决心用承认中东铁路共管和苏联在外蒙古驻军的办法，来促成与苏俄结盟，接受其军事援助，也是一种策略手段。唯一与以前有所区别的只是，苏联是列强各国政府极为敌视的革命国家，因此，向来小心翼翼地注意保持与列强友好关系的孙中山，这次等于采取了一个他曾认为是过于冒险的自我孤

[1] 《孙文越飞联合宣言》(1923 年 1 月 26 日)，见《孙中山全集》，第七卷，第 52 页。
[2] 《马林与第一次国共合作》，第 170—171 页。

立的策略。但对于一贯相信“中国统一必借外力”[1]的孙中山来说，这也是逼上梁山之举。因为在经历了外交和军事上、政治上一系列挫折之后，孙中山对列强的“不予支持”、“反对”和“压制”已深有体会。他明确讲:“我们已丧失了从美、英、法等列强国家获得援助的希望……唯一对我们南方政府表示援助的，是俄国的苏维埃政府。”[2]

孙中山对俄国革命是抱以好感的，对其政治模式也不乏赞美之词，这些无疑也是孙决心公开与苏联结盟的一些重要原因。但孙到底不是共产主义者，他对苏联的苏维埃制度和激进的经济政策不感兴趣，也是十分明显的。因此，孙中山与苏联的关系，本质上仍旧是一种利害关系，其最初相互利用的成分明显要大于其观念上的一致性。故孙中山从 1922 年 8 月返回上海至 12 月之间，虽积极与苏俄人员接触，却一直态度犹疑。他再三讲过：双方关系“根本之办法，必在吾人稍有凭借，乃能有所措施”。否则，只能“如吾国之青年共产党与彼主义完全相同矣，亦奚能为”[3]？尤其是 1923 年 1 月 16 日广州收复之后，他的心态已渐次恢复常态，在中东铁路与蒙古问题上的让步有限[4]，而其要求苏联方面承认中国不应推行共产组织与苏维埃制度，则颇为坚定。甚至，他又开始频频同英国以及港英当局接触，谋求支持。[5]由此可见，在与苏联结盟问题上，孙中山根本上还是基于一种谋略的考虑。

---

[1] 《与东方通讯社记者的谈话》（1923 年 2 月 22 日），见《孙中山全集》，第七卷，第 131 页。

[2] 《孙中山集外集补编》，第 304—306 页。

[3] 《致蒋中正函》（1922 年 11 月 21 日），见《孙中山全集》，第六卷，第 616 页。

[4] 关于中铁东路，孙中山要求越飞重申了“俄国政府准备且愿意根据俄国抛弃帝政时代中俄条约（连同中东铁路等合同在内）之基础，另行开始中俄交涉”，故仅同意“现在只能维持现况”；关于外蒙古，孙中山亦迫使越飞承认：“俄国现政府决无亦从无意思与目的，在外蒙古实施帝国主义之政策，或使其与中国分立”，故亦仅同意“俄国军队不必立时由外蒙撤退”。

[5] 孙中山寻求英国及港英当局帮助的努力从 1923 年 1 月一直持续到 5 月，直至广州财政陷于极度困境，港英方面仍旧置之不理，才被迫放弃了这种努力。参见陈福霖：《国共合作以外：孙中山与香港》，《现代亚洲研究》第 13 卷第 1 期。

结 语

中国之所以会产生共产党，不能不归因于第一次世界大战和俄国的十月革命。正是因为有了第一次世界大战，中国人才第一次理直气壮地认定自己应该可以和列强各国平起平坐，并会对公理和正义不能惠临中国而表现出强烈的民族情绪。正是因为俄国十月革命的成功，诞生了一个前所未有的平民政权，中国众多激进的小知识分子才意外地发现，原来国家和民族的命运并非只有那些官僚政客才能左右，社会的改造其实更需要从下层做起，即使是青年学生，也能够组织起来，动员民众起来革命。第一次世界大战，典型地表现出了资本主义的没落，而俄国十月革命的胜利，却代表着社会主义的升起。很少有人会愿意中国重蹈没落的资本主义道路，但很多人愿意把中国未来的希望放在正冉冉上升的社会主义探索上。孙中山其实也就是中国革命者有着类似理想的一位代表。

不论孙中山与苏联结盟得失利弊如何，就中国现代历史本身而言，它们之间的结合，无疑都导致了国民党和共产党的迅速发展壮大，导致了轰轰烈烈的国民大革命，进而为顺序演出 1920 年代至 1940 年代一幕又一幕重大历史剧，提供并规定了主要角色，甚至决定了其中心内容和基本线索。这意味着，完整意义上的中国革命，其实是从这时才真正开始的。而就国际政治的演进而言，俄国人影响和介入中国革命的过程，恰恰是列宁主义逐渐从西方移向东方，在最适宜其生长的条件下生根、开花、结果的过程。尽管在不同的民族土壤的条件下，它不可避免地要发生变异，但无论如何，俄国人强烈的介入意识和得天独厚的介入条件及其实力，在新的时代条件下，势必要在中国和远东刻下恐怕永远都难以磨灭的深刻烙印。

第二章

“向左还是向右”

像蹒跚学步的童稚，中共呱呱坠地之后，在中国最初的站立和迈步，几乎完全是在俄国人的搀扶下实现的。因为计划、方案和具体的行动步骤都是俄国人帮助设计和负责指导的，就连活动经费都是俄国人提供的，因此，幼年的中共之缺少独立性是显而易见的。作为中共最年长资深和桀骜不驯者，陈独秀未必没有真知灼见或标新立异之处。但无论对错，他都不能不服从莫斯科的指令，包括承担本应由莫斯科来承担的革命失败的责任。

一、排斥外力的外力作用

孙中山："外交纯恃内政，内政要是好，外交简直不成问题"

华盛顿会议以后的远东政治局势，明显开始趋于缓和。英日同盟和美日《兰辛—石井协定》废除了，美日之间围绕太平洋地区岛屿的争端解决了，各国海军军备受到了相当的限制，在中国问题上"门户开放"主义得到了重申，进一步攫取特权、扩张势力范围和损害中国领土主权完整的行为，在一定程度上得到了抑制。作为远东主要祸源的日本，在华盛顿会议之后迅速减少海军预算一亿日元以上，并准备裁减 4—6 个陆军师团。同时，它也于 1922 年 10 月全部撤退了其在西伯利亚的干涉军，于当年 12 月将胶州(青岛）交还给了中国。而欧洲各主要国家，包括日本，也先后开始承认苏联，与之谈判建交和发展贸易。这种趋势表明，战后以及华盛顿会议之后，远东国家关系正在发生着某些重要的变化，中国面临着一个重要的发展机会。

华盛顿会议未能通过中国代表提出的废除各种不平等条约的事实说明，帝国主义各大国不会轻易放弃它们在中国的既得利益。但会议通过的《九国公约》则从一个侧面反映出，这种情况并不是没有改变的机会与可能。对于公约中所写明的尊重中国主权与领土及行政权完整，和不再谋求特权与新的势力范围等内容，如果我们仅仅把它看成是一种维护“门户开放”主义的冠冕堂皇的漂亮措辞，而意识不到它对此后中国革命可能产生的实际影响，无疑是不全面的。事实上，列强各国强调这一立场并主张在中国维持一个有力和巩固之政府的愿望，与战前日本等国力图利用中国政治分裂和混乱来左右中国政府，以便扩张其权力的做法，是有明显区别的。它不仅说明，主张使中国保持统一和稳定的倾向开始在列强中占了上风，而且预示着，当一个统一、有力和巩固之政府出现后，中国与列强之间的不平等关系将可能会逐步发生某些实质性的改变。在这方面，暹罗（泰国）为许多进步的中国人树立了表率。

暹罗在 19 世纪末作为半殖民国家开始通过内政改革谋求独立，这种努力于大战之后因德、奥、匈战败和美国主动放弃领事裁判权及关税限制而得到了部分的成功。在此之后，它通过坚持不懈的努力和谈判，亦终于使英、法、荷、意、日等列强效法美国，承认了它的独立自主。经此种方式而成功，使不少中国人颇生感触，孙中山即以暹罗为例，多次鼓励党人称：“外交纯恃内政，内政要是好，外交简直不成问题”。[1]

在第一次世界大战之后，为更多的激进的中国革命者树立了榜样的，还有半殖民地的阿富汗、伊朗和土耳其。从 1919 年到 1923 年，它们先后通过武装斗争取得了国家的独立。

华盛顿会议在中国问题上表现出来的倾向，和“一战”后东方落后国家出现的一系列走向独立自主，摆脱列强控制和奴役的情况，突出地反映了一种新的历史趋向。它说明，战后帝国主义与殖民地半殖民地国家和民族的关系，正在发生某些重要的变化。不是列强各国政府不愿意继续保持对落后国家的控制和榨取，而是争夺和控制殖民地半殖民地的战争所带来的政治上和经济上的损害，越来越超出了它们所获得的利益。至少，只有

[1] 《在广州全国学生评议会上的演说》（1923 年 8 月 15 日），见《孙中山全集》，第 8 卷，第 116 页。

少数殖民地的美国同殖民大国英、法在经济消长方面的巨大差异已表现出，殖民地多少并不能成为影响经济发展和利润的主要因素。相反，过多地占有殖民地反而会背上许多沉重的包袱。

事实上，资本主义对经济利益的追求固然会造成垄断的趋势，会促使资本主义国家去建立自己的殖民体系，但这毕竟只能是一个短时期的现象。当世界开始被瓜分之际，帝国主义国家之间的矛盾和竞争，就会产生抑制这种发展势头的种种机制。这是因为，资本主义经济毕竟是以自由竞争和等价交换为原则的，没有自由竞争，就没有资本主义；而没有等价交换，也就不存在自由竞争的可能。以政治强力来建立和维系的殖民体系，造成区域性的经济封锁和垄断，不仅破坏了世界性的市场开放和统一，而且使各国经济竞争的条件、环境严重地不平等，这自然违反了自由竞争和等价交换的原则，威胁到了资本主义体系生存发展的基础。

值得注意的是，当大多数帝国主义国家还热衷于建立自己的殖民体系之际，美国就率先提出了“门户开放”和“机会均等”的要求。尽管这一要求最初还仅适用于中国，但它已经鲜明地反映出，在帝国主义瓜分世界的过程中，始终存在着抑制其恶性膨胀的某些因素。而“门户开放”和“机会均等”的要求，恰恰是维护世界资本主义经济体系自由竞争和等价交换原则的一种需要。大战后半殖民地国家陆续出现获得独立自主者，一方面同这些国家中强大的民族主义运动有关，另一方面也正是列强各国被迫开始适应资本主义世界市场发展需要而改变策略的反映。它既不是某一落后国家民族力量同压迫它的一个或几个帝国主义国家的力量相比已占优势的结果，也不是帝国主义政府开始变得格外仁慈的表现，它纯粹是资本主义发展本身所造成的一种不依帝国主义者意志为转移的新的历史趋势。

孙中山全面效法俄共，欲造“党民”、“党军”和“党国”

在1920年代，要清楚地看清这种趋势及其背景，还存在许多困难。但暹罗和土耳其等国的独立，毕竟向包括中国在内的东方各落后国家革命者发出了重要的讯号，使许多人确信，自己的国家也有摆脱帝国主义控制和压迫，真正走上独立自主的道路的机遇和可能。在这种情况下，苏联和共产国际对落后国家民族解放运动在政治上的推动、外交上的联合和物质上的援助，无疑是加速其壮大和发展的一种极为重要的外界动力。尽管它们对邻近国家的政治介入，注定会使这些国家的革命鼓动和革命运动或多或少地染上俄国的色彩。

1923 年 9 月底 10 月初，苏联政治顾问鲍罗廷一行到达广州，他们几乎是轻而易举便使孙中山下决心要向俄国革命学习了。

鲍罗廷 10 月 6 日到达广州，三天后孙中山即公开承认国民党“缺乏组织”，精神涣散，无真正之党军，称“此后欲以党治国，应效法俄人”。再过五天，孙又一反其过去只注重军事和谋略的态度，开始强调“人心就是立国的大根本”，用主义感化人心比军事奋斗更加重要。随后，他任命鲍罗廷为“国民党组织训练员”，明确认为国民党“组织未备，训练未周”，应“以苏俄为模范”，请鲍罗廷亲任指导，帮助改组国民党。[1]

孙中山这时的“以苏俄为模范”，当然与中国共产党人的理念不同。他相信“自欧战而后，世界大势已为之一变”，“发生一种新世界势力也”，亚洲民族已“感此世界潮流”，抵抗欧洲强权。“今之突厥（即土耳其——引者），其先导也；波斯（即伊朗——引者）、柯富汗（即阿富汗——引者），其继步也”。“强盛如英，加以战胜之余威，尚不得不退而许爱尔兰之自由，允埃及之独立，容印度之解放”，此大势所趋也。一旦得“济弱扶倾、仗义执言”之强国帮助，亚洲各族及中国人民亦必可乘此潮流和时机而遂其所愿。正是基于这样一种形势判断，孙中山在与鲍罗廷多次长谈后认定，同样靠革命取得成功的

[1] 《在广州国民党党议会议的讲话》（1923 年 10 月 10 日）、《在广州中国国民党恳亲大会的演说》（1923 年 10 月 15 日）、《在中国国民党广州全体党员大会上的训词》（1923 年 11 月 11 日）、《在广州大本营对国民党员的演说》（1923 年 12 月 9 日），见《孙中山全集》，第八卷，第 267—268、283—284、390、429、501 页。

苏联，不仅是“欧洲受屈人民之救主而强权者之大敌”，并且是使亚洲伊朗、阿富汗获得独立之重要助力。因此，孙中山不仅愿借助苏援以成就事业，而且对苏之信任大增，颇愿借鉴其革命经验以步后尘。[1]

苏联的经验对于落后的东方国家革命者所具有的吸引力，远比对欧洲民主制度较发达的国家的革命者强烈得多，这在很大程度上是经济发展程度及其相应的社会制度造成的。在军队日益与政治相分离，国家机关的社会管理职能渐渐突出，政治决策过程相对公开和人民自由化程度较高的西方国家，要运用俄国式的革命方法和统治方式，明显要困难得多。但在东方，在各种专制制度之下，集中制的政党、秘密的群众工作、军事的或暴力的革命、军党合一、以党治国或专政，这些具有鲜明专制色彩的经验却如鱼得水，具有极大的市场。一向相信人分“先知先觉”、“后知后觉”与“不知不觉”，主张知行不必统一，认为革命终为少数人之事，不必与民意求同的孙中山[2]，在了解俄国革命的方式后，自然很快就对鲍罗廷传授的俄国经验发生了兴趣。

孙中山理解的俄国革命的经验，概括起来可以表述为六个字，即：党民、党军、党国。

所谓党民，照孙中山的说法，就是要改过去“以兵力战斗而成功”的办法，为“以党员奋斗而成功”；改过去少数人革命的做法，为“以主义征服”。为此，应努力“使广东三千万同胞，以至于全中国四万万同胞，有过半数变成革命党”，如此即可像俄国革命，“拿主义来感化全国”，“没有打什么仗，便把政府根本改造”。[3]

所谓党军，照孙中山的说法，就是国民党要想革命成功，“首要任务是按照苏联式样建立一支军队”，使“军队全属党人”，且人人明白革命主义。

---

[1] 《致犬养毅书》（1923 年 11 月 16 日），见《孙中山全集》，第八卷，第 402—403 页。

[2] 《建国方略》，见《孙中山全集》，第六卷，第 203 页；《在广州全国学生评议会上的演说》（1923 年 8 月 15 日），见《孙中山全集》，第八卷，第 114 页。

[3] 《在广州大本营对国民党员的演说》（1923 年 11 月 25 日）、《在广州欢宴各军将领会上的演说》（1923 年 12 月 2 日），见《孙中山全集》，第八卷，第 431—432、436、477 页。

他说，苏联士兵之所以“不徒打走沙皇，并且打败英国、美国、法国、日本诸联军”，全系于此。故他相信，“设无此庞大之党军，苏俄之势力必无今日之盛”；中国设无此党军，亦绝难革命成功。[1]

所谓党国，在孙中山看来，就是国民党自今日起即应像苏联一样，完全“以党建国”，“以党治国”，“用独裁政治，诸事均一切不顾，只求革命成功”，使政府为国民党政府，国家为国民党国家，因为苏联“其能成功，即因其将党放在国上”。中国革命要最后成功，也非照此办理不可。[2]

鲍罗廷所讲述的俄国革命的情况，对孙最有吸引力的大概就是党在各方面的作用了。尤其是它同民众、军队和国家的关系，更是给了孙中山以十分重要的启发，它正是孙中山求之不得的。因此，在鲍罗廷等来到广州后，孙中山对苏联的印象在日益亲近。他甚至经常不断地把俄国革命和中国革命相提并论，视苏联为中国革命的唯一支持者，甚至开始断言，苏联社会正是自己“要造成的新世界”[3]，公开宣称必须向苏联学习。然而，孙中山也并不因此而更加激进，以至变成了共产党。他只是为中国没有能早早运用俄国的方法而遗憾。在他看来，中国革命本早于俄国，只因方法不当、宣传不够，使俄国革命先行成功。实际上，两国革命理想主义并无差别，不同者只是方法而已。中国革命只要得其方法并有其援助，也必定可以成功。

鲍罗廷就近指导，国民党全盘俄化，三民主义转趋激进

国民党此时“注名党籍之党员，为数二十余万”，“然按之实际，则除在册籍上载有姓名外，实不知党员在于何所”。[4] 且其有组织之部分，多为

[1] 《在广州国民党党务会议的讲话》(1923 年 10 月 10 日)、《在广州欢宴各军将领会上的演说》(1923 年 12 月 2 日)，见《孙中山全集》，第八卷，第 268、477—478 页，第 9、82 页。

[2] 《关于组织国民政府案之说明》(1924 年 1 月 20 日)，见《孙中山全集》，第九卷，第 103—104 页。

[3] 《对驻广州湘军的演说》(1924 年 2 月 23 日)，见《孙中山全集》，第九卷，第 506 页。

[4] 《通告党员释本党改组容共意义书》,《国父全集》,第二册,(台北) 近代中国出版社 1989 年版,第 7 页。

海外华侨，国内除广东、上海及四川有少数在上层活动的骨干外，几乎没有任何有形之组织。不仅如此，国民党从未开过代表会议，也从未形成过什么决议，就连党纲也不过就是简单几条。在这种情况下，不要说实现“党民”、“党军”、“党国”有多么困难，就是迅速扩大其组织，使其“有组织、有系统、有纪律”，也绝非易事。既然下决心以俄为师，孙中山不能不全权委托鲍罗廷，照猫画虎地搬来俄国党的组织方式和议事程序，并授权鲍罗廷为国民党重新起草宣言、党章等指导性文件。

不难想象在这种形势下，鲍罗廷将会发生怎样重要的作用。国民党的党章，除了总理一职保留了传统形式外，各方面规定都受到苏共党章的影响。从党员资格、各级党部之设置、上下级间金字塔式的组织形式、民主集中制的组织原则及纪律处分的方式、党团组织的规定，到中央执行委员会、监察委员会等中央机构的设置和议事程序，统统是苏共党章的翻版。甚至为改组国民党而召开的全国代表大会，也几乎全面照搬了苏联的模式。[1] 国民党第一次开会设立了主席团，形成了各方面的工作报告和议案，选举了自己日常的执行及监察机构。[2]

对于苏联方面来说，帮助国民党进行组织建设，强化其实体，根本目的在于促进其革命化。因此，鲍罗廷从一开始就注意把工作的重点放在影响和左右孙中山国民党的政治倾向上。在这方面，根据 1923 年 11 月 28 日共产国际发出的《关于中国民族解放运动和国民党问题的决议》，鲍罗廷以及中共代表的重要使命，就是使国民党能够按照共产国际的方式重新解释孙中山的三民主义，以作为改组后的国民党的政治宗旨。显然，苏联驻华大使加拉罕对这一工作非常满意。他在给苏联外交人民委员契切林的信中不无得意地宣称：国民党一大的所有文件，从党的宣言、纲领到章程等，

[1] 《中国国民党总章》（1924 年 1 月 28 日），转见荣孟源主编：《中国国民党历次代表大会暨中央全会资料》（上），光明日报出版社 1985 年版，第 154—167 页。

[2] 参见《第一次全国代表大会议事简明表》（1924 年 1 月），《中国国民党历次代表大会暨中央全会资料》（上），第 42—51 页。

几乎都是按照我们的意见形成的。党的宣言是以共产国际的决议为依据的；党的章程是模仿我们的党章制定的；还没有其他任何国家的党会像国民党这样，“如此驯服地接受我们的指导和共产国际的决议”。[1]

孙中山之民族主义，原仅限于推翻清朝满洲贵族的封建统治和实现民族平等。至1923年年初虽受世界风潮影响，增加民族自决和民族独立之意，但向无反帝倾向和内容。其民权主义，原仅限于反对阶级政治，谋求直接民权的实现形式，虽有军政、训政、宪政三步之说和按参加革命先后划分国民权利之议，但并无根据政治分野剥夺部分国民政治权利的主张。其民生主义，原仅限于通过定地价照价抽税来平均地权，和将交通、水利、矿山、森林等归国家所有，以防止大地主和大资本家垄断，虽渐有改善工农生活之议，但并无以工农为依靠，把外国企业和民族工业国有化，及消灭封建土地占有制度的计划。[2] 由鲍罗廷草拟，经国共相关人员讨论，并由孙中山最后审定的国民党一大宣言及政纲，对三民主义的解释明显与此不同了。它几乎全面套用了共产国际1923年11月28日决议的主要内容，因而在某些方面大大发挥了孙中山的思想。

宣言所谈之民族主义，中心内容变成了“反帝国主义”，强调“民族主义对于任何阶级，其意义皆不外免除帝国主义之侵略”；“民族解放之斗争，对于多数之民众，其目标皆不外于反帝国主义而已”。非反对帝国主义，不能推倒“依附帝国主义而生存之军阀及国内外之资本家”。

宣言所谈民权主义，虽重申了孙中山的直接民权说，但明确表示了否定“天赋人权”的人人平等自由说，强调“凡真正反对帝国主义之个人及团体，均得享有一切自由及权利；而凡卖国罔民以效忠于帝国主义及军阀者，无论其为团体及个人，皆不得享有此等自由及权利”。

宣言所谈民生主义，虽仍重申了平均地权的办法，但同时亦提出了将

[1] 《加拉罕给契切林的信》（1924年2月9日），见《共产国际、联共（布）与中国革命档案资料丛书》（1），第410—414页。

[2] 分别见《孙中山全集》，第六卷，第185—196页，第7卷，第1—4、60—61页。

一切有独占性质或规模过大之中外企业收归国有，节制资本，为贫苦农民分配土地，制定劳工及劳工团体保护法，反抗帝国主义与军阀，反抗不利于农夫、工人之特殊阶级，以谋农夫、工人之解放等较为激进的主张。[1]

很难认为国民党主要领导人都能真正了解和接受这种来自苏联的对三民主义的新解释。在这里，旧的三民主义只保留了它的基本特征和某些具体形式，基本精神和中心内容已发生了很大改变。苏联人无疑正在把反帝、反军阀，乃至反对压迫工农之特殊阶级的激进革命思想，注入国民党的血液中。当然，鲍罗廷原本想要让国民党接受的比这些还要多。从鲍罗廷于国民党一大之后向苏共及共产国际提交的关于国民党一大宣言讨论情况的报告可以看出，鲍罗廷曾力图使国民党在反帝问题及依靠工农问题上更加激进。

比如，他主张国民党应当宣布它将废除一切不平等条约，收回一切租界，拒绝偿还北京政府之外债，同时将一切外国企业收归国有。

又比如，他提议国民党不仅应当宣布反对一切资本家，而且应当肯定工人和农民是革命的阶级，“他们应当在革命中起主导作用”，表示它将支持工人和农民的组织，并希望工人和农民组织支持国民党。

在宣言的“政纲”部分，国民党人确实写上了对维护民族权利将毫不妥协的字样；在宣言的“主义”部分，国民党也写上了将为工农而奋斗并将以工农为依靠的意思。但是，孙中山最终并没有同意写上以工农为革命主导的字样，甚至没有接受共产国际决议所要求的实行全面国有化和消灭封建地主土地所有制的内容。[2] 孙中山更不同意写上与苏联结成统一战线的字样，事实上几乎所有国民党领导人都反对作类似的表示，以至于当鲍罗廷颇费周折地说服了宣言审查委员会的委员们同意写上：国民党“认为必须同其他被压迫国家的国民革命运动，同那种与我们有共同目标、为解放

[1] 《中国共产党第一次全国代表大会宣言》，见《孙中山全集》，第九卷，第118—122页。

[2] 据鲍罗廷说，孙中山在农民问题上，只答应推行二五减租和设立农会，不赞成没收地主土地。参见《鲍罗廷的札记和通报》（1924年），《共产国际、联共（布）与中国革命档案资料丛书》(1)，第450—453页。

殖民地和半殖民国家而斗争的世界革命运动，组成共同的阵线以反对帝国主义及其在中国的影响”的主张之后，也被孙中山毫不客气地取消了。鲍罗廷向莫斯科报告说：“孙认为这一条是不能接受的，他说，在目前形势下提出这一条，等于直接向英国和法国宣战”。“照他的意见，这一条的含义是：国民党应当帮助朝鲜、印度和安南等等”，而“英国，即使是英国的所谓真正的民主派，即工人阶级，任何时候也不会容忍国民党的行动纲领中有这种会直接打击印度的条文。法国，包括法国所有的激进分子，也会因为这种针对安南的条文而起来反对国民党”。[1]

孙中山的担心并非没有道理。作为一个被压迫国家的革命者，孙已饱尝了列强政府的冷遇和歧视，更深悉外交之艰难，他一向不主张自己在自己谋求独立解放的道路上设置障碍。即使他明知他得不到列强的同情，但至少他还渴望通过外交的运用，使列强不把他看成是一个咄咄逼人的危险敌人。事实上，强烈主张孙中山进行反帝革命的俄国人，也并非总是表现出一副与帝国主义国家势不两立的姿态。1918 年布尔什维克为了自身政权的巩固，不仅以割让土地来寻求与德国的妥协和平，而且也曾不顾一切地寻求过美、英、法等列强的支援。[2]

孙中山欲扣“关余”解困不成，国民党得到苏援成功崛起

对于任何一个国家的革命来说，外交及适当的妥协，都是他们为谋取胜利必定会采用的手段，这毫不足怪。但是，接受了苏联的援助，并且相信了莫斯科反帝国主义宣传的孙中山，要在苏联顾问的监督下继续玩弄这

[1] 参见亚·伊·切列潘诺夫著，中国社会科学院近代史研究所翻译室译：《中国国民革命军的北伐——一个驻华军事顾问的札记》，中国社会科学出版社 1981 年版，第 62—64 页。

[2] 苏俄政府在与德国签订的割让土地的《布列斯特和约》正式生效前，也曾试图取得美国等国的援助，与德对抗，但未成功。见 William S. Graves, *America's Siberian Adventure, 1918-1920*, New York: 1931, pp.22-23。

种手腕，就不那么容易了。他虽然仍旧坚持“革命主义为一事，革命进行方法又为一事”，革命主义当“始终尽力以求贯彻”，革命方法则当“因应环境以求适宜”[1]，但客观上，他已经在自己的旗帜上写上了反对帝国主义的激烈口号；主观上，他也确实感受到帝国主义的压迫与排挤，再加上苏联顾问成群结队地出入于广州国民党的党部和机关，他想要否认自己与苏联结盟都不可能了。不论孙中山内心如何想，他注定了要成为某些帝国主义分子怀疑和仇视的对象。而这种情况，也注定了会把孙中山一步步推向更加反帝和亲苏的立场。

1923年孙中山第三次重建广东政权，财政极端困难。孙为解决财政危机，不得不以“粤财粤用”的名义，打起了“关余”的主意[2]。由于海关关税收入及关税分配权实际上掌握在北京各国公使团手中，他不得不与之交涉截留关税余款问题。双方因此发生严重分歧，英、法、美、日等国竟多次联合出动军舰压境广州进行武力恫吓，孙中山为此极感愤慨。他首次公开发表了反帝宣言，号召国民“以剧烈态度”“为中国正义而奋斗”，制止帝国主义之武装挑衅。他因此甚至在紧接着召开的国民党第一次代表大会上宣布：“以后应当把妥协调和的手段一概打消。”[3] 与列强政府撕破脸的结果，促使孙中山一改不愿公开承认与苏联联合的态度，明确宣告：“俄国与中国，今为对等之国家。彼对于不平等条约，（与我）有共同之目的，诚为中国之友邦，其援助中国也，乃当然之事。中国之与提携也，亦不能不谓当然。”[4] 他并且指出：本党与苏俄精神合于一处，不只谋中国民族之独立，“乃在同为被压迫民族奋斗”，联合各弱小民族，共同去打破帝国主义。[5]

---

[1] 《告广东民众书》（1924年9月10日），见《孙中山全集》，第十一卷，第35页。

[2] “关余”，指全国海关税税收余款。海关税收这时由任海关总税务司的英国人安格联负责掌管，每年主要收入用于支付外债本息及庚子赔款，剩余的款项则拨付中国政府使用。

[3] 《关于建立反帝联合战线宣言》（1924年1月6日）、《对于中国国民党宣言旨趣之说明》（1924年1月23日），《孙中山全集》，第九卷，第23、126页。

[4] 《与日人某君的谈话》（1924年2月），见《孙中山全集》，第九卷，第531页。

[5] 《关于建立反帝联合战线宣言》（1924年1月6日）、《对于中国国民党宣言旨趣之说明》（1924年1月23日）；见《孙中山全集》，第九卷，第23、126页。

孙中山在反帝及联苏问题上态度之转变，既有欧洲大国已陆续承认苏联的背景，更有其日益对帝国主义失去幻想的原因，但更重要的恐怕还是现实使然。1924 年以后，广州政府联合苏联的事实已无可隐晦，与其否认，不如拉大旗做虎皮，借以威吓列强为好。孙中山 1924 年 2 月与日本人的一段谈话，就反映了他的这种心态。他声称：“俄国以赤化英国为目的，其计划在先对于印度及其殖民地为赤化运动。其援助广东也，在强行赤化运动于广东之敌之香港，然后再赤化印度及缅甸方面也”，故“以广东为根据地之俄国赤化运动，非以中国国内为目的，系以香港及印度为目标。我辈之不阻止俄国之赤化运动者，在已知此种实情故也”。当然，孙中山并没有忘记说明，中国与俄国国情不同，不仅将来政治制度不会相同，而且其三民主义也非“列宁之糟粕”，中国人也不是“俄国的走狗”，中国将不会有被赤化的可能。[1]

一方面宣称苏联援助国民党，目的在赤化英国及其殖民地，一方面却又劝告外人相信中国并无被赤化之可能，孙中山力图转移矛盾的复杂心态可见一斑。但是，采用这样一种解释方法，丝毫不能缓和他和帝国主义之间的矛盾。事情非常清楚，即使苏联的矛头针对英国，它也只能通过援助国民党来实现这种目的。或者它援助国民党取得中国革命的胜利，然后借以向外扩展影响和势力，或者它和国民党什么也干不成，二者必居其一。事实上，1924 年之后，国民党开始每月从苏联得到相当数额的经费援助[2]，

[1] 《与日人某君的谈话》(1924 年 2 月)，见《孙中山全集》，第九卷，第 531 页。

[2] 关于苏联 1924 年援助国民党经费的具体数目，目前未见精确统计。据目前所见 1923 年 3 月 8 日和 1924 年 3 月 24 日联共（布）中央政治局会议记录，这两次会议先后决定提供给孙中山 200 万墨西哥元（接近 3 万中国元）和 50 万卢布（与墨西哥元基本相等），另加 1 万支步枪和一定数量的火炮。又据冯自由 1924 年 8 月 8 日答《顺天时报》记者问，称苏联月助国民党 25000，军官学校 25000，已交 25 万云云。又据赫鲁尼琪所著《鲍罗廷与中国革命，1923—1925》一书介绍，鲍罗廷这时每月津贴国民党中央党部为 3 万墨西哥银元，黄埔军校为 10 万粤币。另据中共 1924 年有关报告，国民党地方党部月费各数千元，包括设在广州、上海及香港的国民党报纸杂志和上海大学等，鲍罗廷每月亦分别要提供数百元至数千元不等。故据陈独秀在一次会议上说，仅 1924 年苏联即向国民党提供了 200 万元的经费援助。另外，广州政府中央财政计划、国民运动预算，特别是设立中央银行的准备金，都得到了苏联的大力支持，甚至连国民党中央各部职员的工资，亦是由鲍罗廷支付的。参见《共产国际、联共（布）与中国革命档案资料丛书》(1)，第 226、488 页。

苏联军事顾问亦大批抵达广州，黄埔陆军军官学校在苏联方面提供的270万元的资助下创办起来，国民党甚至得到苏联提供的1000万元的准备金借款创建了自己的中央银行。[1] 特别是由海参崴至广州的海上定期运输线由苏联建立起来之后，不仅运来了飞机、大炮、机枪、步枪及各种弹药和石油等大批军事装备与物资，帮助国民党建立起强有力的军事力量，而且由于苏联轮船公开在广州大批进出口各种货物，使广州日益摆脱了对香港的依赖，使港英方面每天几乎损失25万英镑的收入，其进出口贸易亦减少了约60%。[2] 加上孙中山和广东政府对英国及其他帝国主义国家采取了强硬态度，双方的矛盾自然迅速加剧起来。

1924年7月，因法国安南总督在广州沙面租界里被炸，以英国为首的沙面租界工部局决定颁布新警律，严格在沙面生活和工作的华人的出入手续。[3] 由于制造爆炸案的本为安南革命者，而新警律又只对华人而定，致使在沙面工作的中国人深感受到歧视，遂于7月15日宣告罢工。此一罢工得到了孙中山和国民党的支持。当英国驻广州领事请其出面劝说停止罢工之际，孙中山则明确表示：“贵领此次毅然颁布此苛律，其中侮辱国体、人民之处实多。沙面为中国领土之一，外人以居留资格，实无取缔华人权。”故除非英国觉悟，而罢工绝不能取消。[4] 由于政府和各界的支持，八百余名在沙面工作的中国人坚持罢工几近一月，终于获得成功，迫使工部局取消了歧视华人的有关条文。[5] 这一事件显然使港英当局及在广州的英国殖民主义者深感愤懑。

---

[1] 参见 C. Martin Wilbur, *Sun Yat-sen : Frustated Patriot*, New York : Columbia University Press, 1976, pp. 148-209；《在广州中央银行成立典礼的演说》（1924年8月15日），见《孙中山全集》，第十卷，第539页，等。

[2] 维什尼亚科娃·阿吉莫娃著，王福曾译：《中国大革命的见闻（1925—1927）》，中国社会科学出版社1985年版，第168—169页。

[3] 1924年6月，越南青年爱国组织心心社成员范鸿泰在黄埔军校一期生武鸿英等人的帮助下，去沙面刺杀法国驻印度支那（即安南）法国总督麦尔林，未能成功，范为此牺牲。由于心心社的活动基地设在广州，成员多以华人身份活动，范即以华人身份潜入沙面，故沙面工部局颁布了此一针对华人之警律。

[4] 《与英国驻广州领事的谈话》（1924年7月19日），见《孙中山全集》，第十卷，第423页。

[5] 见（广州）《民国日报》1924年7月16日—8月15日。

紧接着发生的商团事件，使港英当局找到了一个借机报复的机会。

广州商团私购枪支入境，孙中山先软后硬，武力粉碎商人反抗

广州商团是广州和佛山地区商人借口保护商界利益和安全，而组成的一个武装团体，成员1000余人，其总头子是英国香港汇丰银行广州分行的买办陈廉伯，背后有港英当局和陈炯明等部分地方军阀撑腰。自广东革命政府成立以来，因维持政府及各种军费开支，特别是孙中山为北伐筹集军费，被迫向商界大量摊派各类捐税，极大地加重了商界的负担，引起了商人的不满。加上广东政府与港英当局矛盾日深，对工人运动比较宽容，商人们恰恰与香港英人有着密切的贸易联系，对工人运动颇为反感，以致在一些英国殖民主义者和陈廉伯等人的调唆下，渐生武力反抗的企图。陈廉伯遂以集资扩充商团武力为由，筹措了大批款项，从丹麦偷运出境枪支将近万杆。因事泄被路透社披露，引起国民党警惕。陈廉伯亦被迫向政府补办申请，要求批准购枪入境，但同时声称将在三个月左右启运。实际上，广东政府原有规定，凡购枪入境者均须事先报明购用理由，批准后方能订购，输运到口又须申请护照，陈显已违反规定。故军政部虽于8月4日核发护照，四天后运送枪支的丹麦货船即秘密抵港，沙面亲广东政府之内线密告后，孙中山当即下令扣留。由此引发了所谓商团事件。[1]

商团一千余人，购枪近万，而商团公所自购者仅5000，不仅其余4000余支枪可能为军阀所用，而且在反直系各派相互联络呼应，孙中山已决心北伐，军队开始向韶关集中的情况下，对政府不满的商团一下子扩充为数千人的武装团体，同样对广州政府的安全构成了严重威胁，并极大地妨碍了北伐计划。故当商团为要挟发还枪支而宣布罢市之后，孙中山遂强硬表示：若经再三劝告仍不复业，必派军队拆毁其西关老巢；若有抵抗则不惜炮轰

[1] 见（广州）《民国日报》1924年8月15日，等。

西关，使之变为粉末。[1] 不料，商人此举因有港英当局为之撑腰，竟对孙中山的警告置之不理。不仅如此，就在孙发出警告的第三天，英国领事还向广州政府送来紧急公文，“抗议对一个无防御城市开火的野蛮行动”，并威胁说：香港海军司令已下令，如果中国当局向城内开火，则所有可动用的英国海军部队将立即采取行动来对付他们。

英国人的干涉和威胁使孙中山大为恼火，态度愈加坚决。他甚至表示：“帝国主义不仅是中国达到民族独立的主要障碍，同时又是反革命势力最强大的部分”[2]，而“现在已经是在中国与世界帝国主义公开斗争的时候了”[3]。

这时，陈炯明的军队仍旧威胁着广州，广州商人又结伙反抗。广州政府虽辖有桂、湘、滇、粤、豫多支地方系部队和少量警察武装，却各打各的算盘。身为广东省省长的廖仲恺 8 月 20 日刚刚下令以“私运军械”、“煽动罢市”、“图谋内乱”之名通缉陈廉伯等，滇军军长范石生等就公开出面调停，帮着商团索还被扣枪支。在这种情况下，要想不顾一切与英国炮舰相抗衡，无疑是凶多吉少。对此，孙中山十分清楚，故其态度强硬归强硬，随后还是不得不迁就了滇军将领的要求，同意在商团保证枪支仅用于自卫和为北伐筹款一定数额的条件下，可以归还大部分枪械。为尽可能消除商人对市政及苛捐杂税的严重不满，他还公开发表宣言，同意改组市政厅，称拟“以广东付之广东人民，实行自治”，“市长付之民选，以为全省自治之先导”；决定“现在一切苛杂捐税悉数蠲除，由民选官吏另订税则”，以期广东人能“热诚扶助革命政府”，便利北伐计划迅速实行。[4]

9 月 18 日，国民党正式发出北伐宣言，孙中山亦离开广州北上韶关。留在广州代理大元帅职务的胡汉民与商团达成一项解决办法：发还枪支

[1] 《给许崇智的训令》（1925 年 2 月 2 日），见《孙中山全集》，第十一卷，第 578 页。

[2] 《与广州商团事件对外宣言》（1924 年 9 月 1 日）、《致麦克唐纳电》（1924 年 9 月 1 日）、《与外国记者的谈话》（1924 年 9 月上旬）、《致蒋中正函》（1924 年 9 月 12 日），见《孙中山全集》，第十一卷，第 1—2、3、40、46 页。

[3] 同上。

[4] 《告广东民众书》（1924 年 9 月 10 日），见《孙中山全集》，第十一卷，第 36 页，并参见 169 页。

4000，各商店立即开设并缴足 20 万元和捐出一个月房租给政府做北伐之军费。然而，商团方面迟迟没有全面实现承诺，而且有消息称，商人还秘密赞助陈炯明 150 万元，“约定罢市、反攻同时并举”。[1]

鲍罗廷早就警告过孙中山，一旦反动商团得到这批武器，广州就将陷入反革命的恐怖之中。孙中山原本也只是想以妥协为权宜之计，以求得多年计划的北伐之实现，摆脱广州乱局。如此一来，孙中山终于被逼上梁山，破釜沉舟，横下一条心要将商团武装完全取缔，即使港英当局联合陈炯明部进行干涉，导致多年营造的革命基地广州易手，亦在所不惜。[2]

1924 年 10 月 9 日，即在双方商定政府发还部分枪支的头一天，广州商团因估计政府不会轻易屈服，故再度发出威胁，声称若次日不能索还枪械，将再行罢市。眼见双方均难妥协，形势紧张，在鲍罗廷的鼓动下，孙中山下令成立了“革命委员会”，自任会长，任鲍罗廷为顾问，汪精卫负责政治部，以谭平山为助手；蒋介石负责军事部，由廖仲恺协助。委员会决定“用种种方法打消商团罢市，并立即设法收回关余”。[3] 结果，10 月 10 日，商团果然与庆祝“双十节”的民众发生了冲突，新成立的革命委员会与广州商团之间的对抗顿时达到了不可调和的程度。依附于广州政府的各地方派系将领在陈炯明可能重返广州再掌政权的利害权衡下，也很快转而采取支持革命委员会的强硬态度。

10 月 14 日，蒋介石成功地率领黄埔军校学员、云南讲武堂学员、广州政府军校学员近 2000 人，和装甲车队、工兵及其他在广州市内的军队近 7000 人，于次日凌晨起对商团集结的西关地区发动了进攻，仅半天时间

[1] 《告广东民众书》（1924 年 9 月 10 日），见《孙中山全集》，第十一卷，第 36、169 页。

[2] 《复蒋中正函》（1924 年 9 月 9 日）、《与东方通讯社记者的谈话》（1924 年 9 月 13 日），见《孙中山全集》，第十一卷，第 32、56—57 页。

[3] 《给革命委员会委员的命令》（1924 年 10 月 11 日），见《孙中山全集》，第十一卷，第 172 页。

就捣毁了商团的所有据点。[1] 整个行动过程中和结束后，英国炮舰也并没有像它所扬言的那样进行武装干涉，国民党方面自然也没有采取夺取“关余”的行动。

孙中山表示，取消不平等条约，还只是动员的口号

就在广州国民党成功平息商团事变，孙中山重新开始推动北伐之际，冯玉祥等于10月23日，趁直奉大战之机，在北京发动政变，一举推翻直系政权。至此，孙中山联合张作霖、段祺瑞、冯玉祥、卢永祥各派，倒直计划大功告成。鉴于冯随即电邀孙中山北上共商国是，孙立即暂停北伐，决定北上响应。

必须指出，孙中山并非相信这种政变可使其革命主张得以实现，他深知北京政权“还是在一般官僚军人之手”，革命必不可“以时变而稍缓进行”，革命之胜利终“须靠兵力而定”。[2] 但是，基于对俄国革命经验的理解，特别是镇压商团叛乱的实践，孙中山深感“努力宣传，扩张党势”，以补国民党力量不足之必要。而所谓宣传，很大程度上就是要以反帝的民族主义来壮大国民党的力量。

孙中山这时非常重视国人民族主义的情绪，他开始像共产国际和中国共产党人一样，把中国的落后、黑暗和反革命势力猖獗等种种罪恶，统统归因于帝国主义。他断言：中国“反革命之恶势所以存在，实由帝国主义卵翼之使然”；“由来中国迭起纷乱，统一不能实现之根本原因不在内政问题，而在外交问题”；说中国要想推倒军阀，实现统一与独立，必须推倒军阀所

---

[1] 据谭平山在1924年12月中共中央联席会议上报告称，当天政府方面死伤约200人，因抢劫而被惩处（含枪决）者200人，商团方面被打死一百余人，逃散一千余人。另有2000多家店铺被捣毁，700多家被焚烧。

[2] 《批巴达维亚同志电》（1924年11月1日）、《在黄埔军官学校的告别演说》（1924年11月3日），见《孙中山全集》，第十一卷，第263、265页。

赖以生存之帝国主义。[1] 为此，他高度重视反帝宣传，说要“直到农村最后一个农民和最后一名人力车工人都能懂得:洋人是敌人,我们应当摆脱他们”。以此来“把我们的力量联合起来，结成统一战线”，“把所有帝国主义者从我国赶出去”,废除帝国主义加诸中国人头上的种种不平等条约。[2] 他甚至扬言，对帝国主义，“只用仁义去感化他们”，“那就像与虎谋皮，一定是做不到的。我们要完全收回我们的权利，便要诉诸武力”。如果亚洲各国，特别是日本和中国能够联合起来，用武力“去和欧洲人讲武——一定有胜无败的”[3]！

自商团事件以来，孙中山开始到处宣传反帝。从广州到上海，到日本，到天津，在他北上的过程中，几乎一路把号召人民反帝和废除不平等条约作为自己对外宣传的唯一话题。毫无疑问，激烈反帝的孙中山注定会更加坚定以俄国革命为榜样的态度。他这时就明确表示 :“我党今后之革命，非以俄为师，断无成就。”[4] 但是，孙中山是不是真的变成了一个鲍罗廷他们所期望的反帝革命的斗士了呢？未必。一方面，他深知“欲排除外力，仅中国一国国民之力现尚有所不能”[5]，因而，他依旧相信必须联合亚洲各国，特别是日本，共同努力。这种心情在他在日本的讲演中表现得非常明显。他基于“大亚细亚主义”的信念，再三强调只要日本站到深受帝国主义之害的中国一边，做“东方王道的干城”，这场斗争就一定能够胜利。另一方面，作为政治家，孙中山其实很清楚反帝宣传和现实外交之间的区别所在。因此，他在私下里明确告诉他的日本友人说 :取消租界和不平等条约主要还只是一种宣传口号，不如此就不能把国民党有效地联合起来。但他还没有准备

[1] 《中国国民党北伐宣言》(1924 年 9 月 18 日)、《与〈申报〉记者报道的谈话》(1924 年 11 月 17 日)、《与日本记者的谈话》(1924 年 11 月 22 日)，见《孙中山全集》，第十一卷，第 76、321、361 页。

[2] 见《孙逸仙致荷属东印度、菲律宾和太平洋地区的国民党党部信》(1924 年)，《孙中山全集》，第十一卷，第 76、321、361 页。

[3] 《对神户商业会议所等团体的演说》(1924 年 11 月 28 日)，见《孙中山全集》，第十一卷，第 408 页。

[4] 《孙中山全集》，第十一卷，第 337、361、408 页。

[5] 《与日本记者的谈话》(1924 年 11 月 22 日)，见《孙中山全集》，第十一卷，第 361 页。

把这种宣传变成行动，他知道那样做还不现实。[1]

无论孙中山激进的反帝表现具有怎样的复杂的背景，可以肯定的一点是，国民党绝大多数领导人既不会那样仇恨帝国主义，也不相信必须要把反帝工作放到国民党的头等工作上来。孙中山说的是一回事，国民党多数领导人内心想的是另一回事。即使是对孙中山这时所主张的“以俄为师”，孙中山向所倚重的胡汉民、汪精卫等人，就与孙貌合神离。孙甚至说：“汉民已失此信仰”,“精卫本亦非俄派之革命”[2],对二人一度颇有成见。身为黄埔军校校长的蒋介石这时虽对孙中山的这一主张表面赞同，与苏联顾问也走得最近，内心里却也不无疑惧。他在 1924 年 3 月 24 日给廖仲恺的信中就曾讲过这样的话，即：对联俄问题，“应有事实与主义之别，吾人不能因其主义之可信，而乃置事实于不顾。以弟观察，俄党殊无诚意可言”。“俄党对中国之唯一方针，乃在造成中国共产党为其正统，决不信吾党可与之始终合作，以互策成功者也。至其对中国之政策，在满蒙回藏诸部皆为其苏维埃之一，而对中国本部未始无染指之意”。“彼之所谓国际主义与世界革命者，皆不外恺撒之帝国主义，不过改易名称，使人迷惑于其间而已。所谓俄与英法美日者，以弟视之，其利于本国而损害他国之心，则五十步与百步之分耳”，可惜“国人程度卑贱，自居如此，而欲他人替天行道，奉如神明，天下宁有是理”。[3]

不难看出，相当一部分国民党领导人在联俄反帝问题上，已日渐与孙中山产生隔膜。他们多半并非缺少民族自尊感，但他们或者出于策略考虑反对过多地与列强为敌，或者对目前这种依靠外力排除外力的做法有所怀疑。蒋介石的情绪尤其能反映出国民党内存在着一种对苏联影响渗透国民党机体的强烈反感，以及对苏联政治意图的深刻怀疑。对于众多长期受到英、

---

[1] R.Macleay to Austen Chamberlain, December 29, 1924, the British Foreign Office Confidential (BFOC), no.12881,1925, pp.73-75, F.592/194/10.

[2] 《致蒋中正函》(1924 年 10 月 9 日)，见《孙中山全集》，第十一卷，第 145 页。

[3] 《革命文献》，第九辑，第 1276—1277 页。

美或日本影响的国民党精英来说，他们对俄国人的不信任可以说根深蒂固。在这方面，不仅政治的，而且各种社会的、历史的因素都在潜移默化地发生着作用。就这一点而言，苏联人从一开始就注定会成为失败者。对于这个在意识形态上与西方资本主义的联系远较与东方苏联社会主义的联系要多得多的国民党来说，苏联人的作用终究是有限的。这不仅在于，国民党并不就是孙中山；而且在于，受外力影响的孙中山乃至国民党在某一方面的暂时的激进，也并不足以根本改变国民党自身的性质。相反，苏联渗透和推动的力量越大，国民党内的反作用力及其抗体就会越强，其结果当可想而知。

二、谁主沉浮？

孙中山自信方向不错：不能因疑陈独秀，而连及俄国

推动中国走上反帝革命的道路，这既符合共产国际世界革命的宗旨和对落后国家的策略，也符合苏联自身的外交利益。但是，要真正促使中国走上这条道路，并坚持下去，仅仅靠影响国民党和孙中山是不行的。为此，共产国际和苏联领导人从一开始就希望中共能够在这方面发挥作用。特别是在国民党上层几乎只有孙中山等极少数人能够接受反帝革命影响的情况下，让共产党人成为国民党内孙中山等人的支持者，尤其具有特别重要的意义。中共在这方面也确实不负厚望。

共产党人首先成功地成为国民党内一支重要的组织力量，并进入到其领导机关的最高层。国民党一大时，中共党员及共青团员的人数虽仅占国民党在册党员人数的大约3%，出席一大的人数却已占到大会代表总人数的10%左右了。在大会产生的中央执行委员会委员中，中共党员所占人数达到了全体委员的大约25%。而在大会后产生的国民党权力机关中央党部的七个部中，中共党员又占据了两个部长和三个秘书（相当于副部长）的席

位,并且在中央执委会常委中占据了1/3的发言权。加上鲍罗廷的顾问身份,共产党方面在国民党决策层中,自然就成为举足轻重的力量。

特别重要的是,由于共产党人控制了国民党中央组织部,全国许多重要地区国民党地方党部的组建工作先后入于共产党人手中,从而使直隶、湖南、湖北、浙江、江西、山西等地的地方党部,均为共产党人或亲共左翼人士所掌握。[1] 就连北京、广州、上海等地,亦有部分国民党支部为共产党人所左右。

如何利用国民党内的共产党势力对国民党上层决策发生作用,这是一个极为复杂的问题。可以肯定,共产国际领导人对此是寄予了厚望的。他们甚至“相信”,就连国民党也会“为了加强全国的解放运动,将放手发动工人阶级的力量,全力支持它的经济组织及其阶级的政治组织——中国共产党”。[2] 似乎孙中山国民党也会理解,中国革命的胜利最终还是要靠共产党。

共产国际对国民党的这种认识,很大程度是建立在它对国民党社会成分的机械的阶级分析之上的。由于相信国民党包容了资产阶级、小资产阶级、工人、士兵、学生等各个阶级和阶层,共产国际显然不相信它会是一个完整意义上的阶级政党。共产国际更多的只是把国民党看成是一个带有某种阶级倾向性的松散的政治联盟,相信它并不具有高度集中的和排他的特性,因而认为这也正好便于弱小的共产党在其内部发挥作用。共产国际的这种认识,显然也影响了这时的中共中央。在中共中央这时通过的决议案中,这种表面化的看法也成为他们认识两党关系的依据。他们确信:“国民党依它的社会成分(阶级分子)及历史上的关系看来,客观上不能有严格的集中主义及明显的组织形式。”[3] 因此,他们明确提出:我们应在国民党内组成中共党团,

[1] 根据1924年3月6日国民党中执委第三次会议通过的组织部所提各省临时委员会筹备员名单可知,中共负责并控制着的有直隶、山西、热河、湖北、湖南、江苏、浙江、福建、江西等地。

[2] 《共产国际执行委员会给中国共产党第三次代表大会的指示》(1923年5月),见《共产国际有关中国革命的文献资料》(1),第83页。

[3] 见《中共中央文件选集》,第1册,第231页。

以便“努力站在国民党中心地位”，即“尽力争取国民党内的领导权”。[1]

说国民党没有“严格的集中主义及明显的组织形式”，如同说国民党没有鲜明的政治倾向一样，是一种不那么确切的说法。从表面上看，国民党的确十分松散，缺乏严密的组织和严格的纪律。但并不是所有政党都必须像共产党那样高度集中和组织严密才算政党，世界上许多政党只是一种政治信仰甚或政治倾向的结合体，它们并不刻意要求所有党员都遵守同一戒律并保持同样的献身精神。对大多数政党来说，有一个具有高度政治能力和献身精神的组织中心，就足够了。国民党在很大程度上正是这样的政党。它的组织和行动中心，是由孙中山和一批效忠于孙中山的追随者组成的，党的一切重要主张和决策，几乎全都是由孙中山一个人说了算。但是，如果以为孙中山个人因此可以随意改变党的政治方向，也是不正确的。同其他许多政党一样，党的组织核心的基本倾向构成了这个党的政治倾向，它既不受基本群众的复杂成分所左右，甚至也不受领袖个人一时的激进态度所摆布。人们拥护和追随孙中山，仅仅是因为他们相信，只有孙中山才能正确地反映和实现他们的愿望。毫无疑问，要在这样一个政党中形成新的中心和争取领导权，是一件极其困难的事情。在这方面，中国共产党人看来比共产国际领导人有更多的思想准备。这是因为，要把国民党拉到共产国际所指定的轨道上来，共产党人还深感自己缺乏足够的力量。为此，他们不能不极其小心谨慎地行事，一方面主张争取领导权，一方面又告诫党员“做法要自然，不要暴露自己的用意”，“事实上不可能时，断不宜强行之”；[2]一方面主张在国民党内组织中共党团，统一行动，一方面又担心中共代表集中活动，容易“引人注目”，“可能产生消极的后果”，故不得不秘密集会。然而，这丝毫无助于解决问题。况且，在当时共产党内部尚有意见分歧并鱼龙混杂的情况下，秘密也是保守不住的。

---

[1] 见《中共中央文件选集》，第1册，第201页。
[2] 同上，第147页。

1923年年底，国民党改组事宜刚刚开始进行，共产党内即有人将鲍罗廷等秘密与广州共产党人讨论议定国民党党章政纲的情况透露给了国民党人，顿时激起国民党内一些人的强烈不满。直接受命参与负责改组事宜的国民党临时中央委员、大本营参议邓文仪等11人，闻讯后立即上书孙中山。并称：共产党陈独秀等不仅“欲借国民党之躯壳，注入共产党之灵魂”，而且借鲍罗廷“替我党立言”，大唱“打倒帝国主义”、“打倒军阀”的高调，企图“使国中实力派因此而与我党决裂”，置我党“于孤立无援之地”，并“永无获得国际上同情之一日”。[1] 此举仅因孙中山不愿“因疑陈独秀而连及俄国”[2]，使国民党联俄和改组计划受到影响，才未能发生作用。

自1924年年初起，至同年8月孙中山不得不同意召开中央全会专门讨论与共产党关系为止，国民党一大正式开始实行容共政策之后不过半年左右时间，国民党内发生的指控共产党人的案件就有二十件之多，连署党员几达两千人之众。[3] 其中不仅有大批国民党老党员，而且有许多国民党一般党员；不仅有各地干部，而且有包括孙中山之子孙科及中央监察委员会的主要成员在内的国民党众多要员。在孙中山的作用下，所有这些案件几乎都不了了之。

孙中山不重视国民党各地以及各级党员对共产党的检举和指控，一方面是这些指控大都缺少足够根据，另一方面则在于，孙中山认为，国民党大多数党员已丧失斗志，难以指望。他曾愤然痛斥一批告共产党状的国民党员，说：“十三年来，民国绝无起色，党务并不进步，皆由尔等不肯奋斗之过。彼共产党成立未久，已有青年同志200万人，可见彼等奋斗之成绩。尔等自不奋斗而妒他人之奋斗，殊属可耻。”[4] 不难看出，孙中山看重共产党人，并把组织发展等重任交诸共产党人，本身就是试图利用共产党人的奋斗精神，来推动国民党的组织发展。

---

[1] 邓泽如：《中国国民党二十年史迹》，上海正中书局1948年版，第301页。
[2] 《批邓泽如等的上书》，1923年11月29日，见《孙中山全集》，第八卷，第459页。
[3] 谢信尧：《国父联俄容共政策研究》，（台北）帕米尔书店1981年版，第306—311页。
[4] 《与石克士等的谈话》，1924年11月21日，见《孙中山全集》，第十一卷，第357页。

孙中山显然意识到，在共产党难以公开活动的情况下，容纳共产党于国民党有诸多好处。首先，容共可以促使苏联更加重视并全力援助国民党。孙中山告诫那些反对容共政策的国民党人，说：共产党人“初欲包揽俄国交际，并欲阻止俄国不与吾党往来，而彼得以独得俄助，而自树一帜，与吾党争衡也”。由于“资本国家断无表同情于吾党。所望为同情者，只有俄国”，故必须与之联合。实际上，“俄国欲与中国合作者，只有与吾党合作，何有于陈独秀”？但“若我因疑陈独秀，而连及俄国”，岂不“正中陈独秀之计，而助之得助矣”。[1] 可见，把共产党容纳在国民党之中，在孙中山看来，正可避免共产党包揽与苏联的关系，并促使苏联对国民党愈加重视。

其次，容共可以促使共产党人大量为国民党工作，利用其宣传和组织的特长。孙中山曾答复那些担心共产党打着国民党牌子“招摇撞骗”的国民党人说：“某党不敢公然独行乃假冒本党之名者，足见本党牌子之老而能受人信仰……我意惟恐其不假冒，君不见今日市上老牌子之巨肆乎？假冒愈多，则彼牌子愈响，如此不花钱之宣传，吾等又何乐而不为哉！”[2] 在孙中山看来，容共政策恰可迫使共产党借国民党名义活动，为国民党宣传，助国民党发展，而避免其独树一帜或另谋他途。

最后，容共可以促进国民党人的奋斗精神。鲍罗廷曾公开宣称：“国民党已死，国民党已不成党”，“加入新分子，如共产党者，组织党团，可引起旧党员之竞争心，则党可复活”。[3] 鲍罗廷的这种说法，在某种程度上亦可看成是孙中山的认识。对于一个已缺少生气的党，加入一些急进分子未必是一件坏事。孙中山曾公开承认：“国民党内分急进派与稳健派，亦不得已之举”，“时虽有意见之冲突、反目、抗争之状态”，只要有“我及汪精卫、

[1] 《批邓泽如等的上书》（1923 年 11 月 29 日），见《孙中山全集》，第八卷，第 459 页。

[2] 《与青年党员某君的谈话》（1924 年 11 月 20 日），见《孙中山全集》，第十一卷，第 350 页。

[3] 中国社会科学院近代史研究所现代史研究室编：《鲍罗廷在中国的有关资料》，中国社会科学出版社 1983 年版，第 12 页。

胡汉民等可称为综合派”者居中调和掌握,“定可支配大局无疑矣”。[1] 显然,容共政策对于国民党来说,不失为一种输血政策。

凡此种种,在孙中山看来,恰如鲍罗廷所说:“今日两者本互相利用”,“惟两相利用之结果,国民党更多得利益”。[2]

可是,作为久经沧桑的一位大政治家,孙中山无疑有着兼容和排他的两面性。孙中山希望用其三民主义来包容共产主义,渐次使中国的“共产派”统统化为三民主义者;同时,他亦绝不允许任何人试图毁坏其为实现三民主义而创立的国民党。为此,他一方面提议相当一批共产党人担任国民党中央执行委员,另一方面却安排相当一批对共产党人持疑惧甚至反对态度的国民党人担任中央监察委员;一方面批评公开反对容共政策的国民党人,另一方面又责难共产党人试图吸引国民党人加入共产党,并且破坏国民党在共产国际面前的威信。因此,在这种情况下,不仅国民党内不满共产党的情绪难以平息,愈演愈烈,甚至在国民党内已有相当势力和地位的共产党人,也颇多怨言,并苦恼万分。

共产党因组织和人数有限,加入国民党以后首先遇到的问题就是共产党自身的组织发展受到严重影响。由于共产党一开始即按鲍罗廷所要求,把“扩大国民党之组织”、“将所有的人送进国民党”视为其“首要任务”[3],它的主要成员很快就陷入国民党的大量事务工作之中,难以自顾。仅以广州为例,1923年年底,全广州共有国民党区委9个,支部64个,党员7780人,共产党干部党员仅30余人,却全力主持其9个区委中的5个和64个支部中的13个,完全没有时间和精力再去从事工人群众的宣传组织工作和共产党的自身发展。至于其他尚未建立和正在筹建国民党组织的地方,一方面共产党人数量亦少,另一方面工作任务更为庞杂,其影响所及自然不能不使共产党逐渐“失去同工人群众的某种直接联系”,而变得近乎纯为国民党的发展服务了。

---

[1] 《与日人某君的谈话》(1924年2月),见《孙中山全集》,第九卷,第536页。
[2] 《鲍罗廷在中国的有关资料》,第12—13页。
[3] 参见《关于国民运动及国民党问题的议决案》,《中共中央文件选集》,第1册,第146—148页。

不仅如此，从共产党员加入国民党开始，共产党就立即陷入到一系列严重的矛盾冲突之中。

其一，国民党内大批党员乃至领导人，都极端怀疑共产党人加入国民党的真正用意，许多人甚至从一开始就接连不断地向共产党人发难，必欲把共产党人赶出去。而共产党人为求此种合作形式之保持，却不得不尽力隐蔽党团活动，甚至放弃为取得核心地位和领导权而进行的斗争，公开表示愿意遵守国民党的章程及纪律。[1]

其二，国民党与共产党在许多问题上存在重要意见分歧。根据共产国际的要求，共产党有责任且必须以矫正国民党的政治观念，推进其革命化为己任。但根据国民党章程和“一大”《纪律决议案》所规定的“民主集权制度之组织及纪律”[2]，作为国民党员的共产党人却不得批评国民党中央的任何决定。由于共产党人难以放弃其批评的权利，因此它不能不经常违反国民党的章程和纪律，造成国民党人不满和指控的种种口实。

其三，作为国民党人，共产党各地组织及人员必须极力扩大国民党，但作为共产党人，他们首先应该合力使共产党成为群众性的政党；按照国民党的愿望，国民党应该包容一切阶级、阶层和群众，吸收所有的人，但按照共产党的愿望，国民党只应当吸收社会上革命的分子和民众，把右翼分子排除出去，并把工人运动和工人群众交给共产党。事实上，共产党左右为难，动辄得咎。按照自己的意愿行事，国民党必然反感；遵守国民党的规定，则共产党势必要放弃列宁所强调的独立性。

共产党力求独立自主，国共摩擦加剧，孙中山左右为难

对于国共党内合作形式所产生的这种种矛盾，共产党人在国民党改组

[1] 《北京代表李大钊意见书》（1924年1月），见《李大钊文集》下卷，第706页。

[2] 《中国国民党历次代表大会暨中央全会资料》（上），第31—32、38页。

之前就已经觉察到了。几乎很少有人把共产国际有关指示和中共中央决议中关于争取领导权以及变共产党为群众性政党的要求，看成是必须立即实行的任务，但他们也决不愿意把自己变成一个名副其实的国民党员。然而，苏联和共产国际的部分领导人不是这样认识问题。他们确信：一切必须服从于反帝斗争的需要[1]，因此首先必须改造和发展国民党，只有如此才能巩固和扩大共产党。鲍罗廷甚至宣布说：他在报纸上谈国民党，归根结底就是“扩大共产党的影响力”和“巩固共产党”。[2] 因此，他们极力强调严守纪律，不使用任何左的共产主义言辞的重要意义，明确主张共产党人应约束自己，不要“引起麻烦”[3]。这不可避免地导致中共中央在国民党一大后立即通过了一个妥协和调和的决定，劝告党员不要引起国民党人的任何反感，不要“徒然使革命势力内部发生不必要的分歧”，包括国民党内“左右之分歧”，而且应当使一切工作都“用国民党名义，归为国民党的工作”，只有“国民党不愿用其名义活动的，仍作为本党独立的活动”。甚至发展组织，亦应“十分慎重”，以免“国民党误会我们有意去拉他们的党员”。[4] 为此，谭平山、林伯渠等甚至辞去了中执委常委和农民部部长等职，让与国民党人，以示诚意。但是，用这种态度来处理国共关系，很快就证明是行不通的。

两个月之后，中共中央在共产国际代表维经斯基的指导下，召开了中央执委会第一次扩大会议。这次会议对中共过于服从于国民党的需要，卷起自己的旗帜进行了批评，维经斯基明显地不赞同在国共合作中牺牲中共自身的利益与发展。因此，会议做出了与前不同的决定，明确肯定：

1. 国民党就其性质而言，是资产阶级或小资产阶级的政党[5]，其必然“趋

[1] 索伯列夫著，吴道弘等译：《共产国际史纲》，人民出版社 1985 年版，第 192 页。

[2] 京师警察厅编译会编：《苏联阴谋文证汇编》（二），1928 年版。

[3] 《加拉罕给契切林的信》（1924 年 2 月 9 日），见《共产国际、联共（布）与中国革命档案文献资料丛书》（1），第 412 页。

[4] 见《中共中央文件选集》，第 1 册，第 182—184 页。

[5] 关于这次扩大会议对国民党性质的看法，似肯定其为“资产阶级性的民族主义和民主主义的政党”，见《党内组织及宣传教育问题议决案》；但蔡和森在《中国共产党史的发展（提纲）》第二部分关于此次会议的介绍中说，会议“谓国民党是小资产阶级的政党”。

于妥协”，而不能奋斗到底，故左派对右派的斗争是不可避免的。

2. 为“巩固国民党左翼和减杀右翼势力”，必须避免盲目扩大国民党的组织，并设法改变国民党一大后过于集中和强调一致的缺点，应宣传“国民党依他的社会成分（阶级分子）及历史上的关系看来，客观上不能有严格的集中主义及明显的组织形式”，从而便于共产党在各种场合开展对右派政策的公开斗争和进行反帝革命的广泛宣传。

3. 必须把产业无产阶级统统掌握在自己手中，同时为贫苦佃农谋利益。不仅如此，只有“在大产业的工人里扩大我们的党”，并把阶级斗争引入国民党，才能“防止资产阶级的妥协性，民族解放才能彻底”。[1]

不难看出，这是一次旨在加强火药味的会议。然而，强调独立性，强调派别斗争和反对一切妥协倾向，在国民党内部不满共产党的情绪已经十分严重的情况下，国共之间的矛盾必将进一步激化。

1924 年春天，国共两党围绕着是否赞同苏联政府与反动的北京政府签约建交，以及是否赞同外蒙古进行民族自决的问题，发生了尖锐的矛盾。他们之间的争论迅速白热化起来。[2] 国民党内检控共产党违纪，以至于反对共产党“跨党”的投诉，日趋增多。1924 年 6 月 18 日，国民党中央监委更牵头正式提出弹劾共产党案。7 月，孙中山不得不签发“党务宣言”，并决定正式开会讨论这一弹劾案。国共之间的矛盾至此完全公开化了。

两个性质不同、思维方式及考虑问题的出发点也有极大差异的政党之间，发生意见分歧，乃至批评、指责，是在所难免的。但是，在一个政党之中，保持组织不同、思维方式不同的两种党员，并允许各自独立和批评自由，则是十分困难的。1924 年以后国共两党之间的关系，实际上就陷入后一种十

[1] 参见《中共中央文件选集》，第 1 册，第 186—196、202 页；《中共党史报告选编》，第 52—54 页。

[2] 参见 1924 年 3—4 月间《民国日报》副刊《觉悟》所刊施存统：《论反对中国现在政府收回外蒙主权之主张》、李春蕃：《崇拜帝国主义与压迫蒙古》、沈玄庐：《蒙古独立问题》等文章，并见《顾维钧回忆录》，第 1 卷，第 339—340 页，以及李云汉：《从容共到清党》，（台北）中国学术著作奖助委员会 1973 年版，第 300—301 页。

分困难的境地。由于共产党人已全部成为国民党员，国民党又不存在由下至上的民主的议事和决策程序；即便存在，以共产党人在国民党内所占人数的比例，也不可能左右国民党的各项政策和决定。因此，共产党人要想左右或影响其政策，就只能采取上层渗透、组织分化和舆论批评等办法，以便争取多数并保持自身的独立性。通过左右中央权力核心，并使国民党受到下层群众及舆论的压力，保持左倾。但是，此举又必然要引起种种纠纷。

1924年5月，为迫使国民党承认批评自由，使其不致过多以纪律问题约束共产党人，中共中央决定使派别斗争公开化，为此特向鲍罗廷征求意见。[1] 6月，鲍罗廷明确表示同意，并很快在与国民党中央监委谢持、张继的谈话中使用了这种策略。当谢、张等就中共党团问题质问鲍罗廷时，他公开宣称：“党中分派，是不能免”，国民党内反对苏联与北京政府建交的，可视为右派，“共产党则为左派”。由于许多右派分子夹杂于中央执委会中，执委会“实际上不能作党之中心”，“共产党乃不得不组织党团”。此举虽属不得已，但他“希望右派左派相争，发生一中央派，作党之中心”。[2]

鲍罗廷所谓“希望右派左派相争，发生一中央派，作党之中心”，其实只是一种托词。他未必希望孙中山不做左派而为中派。事实上，在此之前，共产国际和中共中央都始终未意识到国民党内尚有中间派存在。直到众多事实表明国民党领导人与共产党在许多问题上有重大分歧之后，中共中央才开始相信：国民党的一些领导人“只是中派，而不是左派”。他们断言：在国民党内，“如果说还有一些左派的话，他们都是我们的同志”，而国民党右派“控制了国民党的全部机构”。[3] 为此，中共中央第一次开始怀疑共产国际对国民党的政策。陈独秀写信给维经斯基，特别对国民党中央要开会讨论所谓共产党问题，表示不满。他指出：国民党的国内政策有“许多反劳工的东西”，其“对外政策中则有许多反俄的东西”，如果听任这种

[1] 《瞿秋白致鲍罗廷的信》(1924年6月)。

[2] 中国社会科学院近代史研究所现代史研究室编：《鲍罗廷在中国的有关资料》，第12—13页。

[3] 《陈独秀致维经斯基的信》(1924年8月13日)。

情况继续发展并且无限制地给予支持，“这将对远东革命产生巨大的影响”。他强烈要求共产国际能够根据真实情况“制定新的政策”，再“不应当毫无条件地或无限制地支持国民党”了。[1]

1924 年 7 月 21 日，中共中央发布了开展《对国民党右派的斗争》的通告，明确认为："自吾党扩大执行会后，国民党大部分党员对我们或明或暗的攻击、排挤日甚一日，意在排除我们急进分子，以和缓列强及军阀对于国民党的压迫。”对此，中共中央决定采取针锋相对的策略：(1) 公开谴责右派，并在国民党内形成派别斗争；(2) 今后凡非表示左倾的分子，不应介绍加入国民党，同时努力争取“指挥工人农民学生市民各团体的实权”，以巩固和加强共产党人之力量，削弱右派势力；(3) 准备迅速组织“国民对外协会”，使其成为社会运动一种独立团体，以便必要时取代旧国民党而做“未来的新国民党之结合”。[2]

中共中央上书共产国际，控告鲍罗廷偏袒国民党

8 月 21 日，国民党中央执行委员会召开一届二中全会，专门讨论了国民党中监委提出的弹劾共产党案，并形成了相应决议。该决议虽再度肯定了孙中山的容共政策，但亦明确表示对中共秘密党团作用严重不安，要求共产党应将自身之活动，尤其与国民革命和国民党有关者，全部公开通报于国民党。为此，会议决定设立国际联络委员会，以便直接负责了解和协商共产党的有关活动。[3]

对于这种结果，直接参加了这次会议的鲍罗廷显然抱着一种乐观的看法，他确信这将最终流于形式。但是，对于正在强调独立性和斗争性的中共中央来说，允许国民党人干预自己内部事务，哪怕仅仅是形式上的，也

[1] 《陈独秀致维经斯基的信》(1924 年 8 月 13 日)。
[2] 《中央通告第十五号》，见《中共中央文件选集》，第 1 册，第 282—284 页。
[3] 《中国国民党历次代表大会暨中央全会资料》(上)，第 72—75 页。

是不可容忍的。何况，中共中央事先并不了解鲍罗廷将代表他们接受怎样一种决定。

8月27日，中共中央在获悉上述消息后，立即做出如下决定：(1) 禁止在国民党会议上进行任何有关共产党的辩论，并对此辩论不予承认；(2) 中共中央拒绝承认国民党下属为解决两党间问题而设立的国际联络委员会；(3) 责成我们的同志在国民党中央执委会上对反革命分子采取进攻态势。[1] 紧接着，陈独秀向维经斯基通报了这一情况，称：这次会议“给了我们很大的打击”，孙中山等人虽不能开除我们的同志，但也不敢冒犯右派，他们实际在利用右派“来压制我们，使共产党处于国民党的领导之下，或者至少是公开倒向它。对于这一点，我们无论如何要反对。但是，鲍罗廷同志不但不反对，反而向他们建议在国民党政治委员会下面成立一个所谓的‘国际联络委员会’，并且拥有全权来解决两党的问题”。[2]

9月中旬，中共中央发出通告，开始强硬地主张不妥协，要求共产党员我行我素，贯彻党的激进方针，坚定地站在工农阶级的立场上，不受国民党的任何约束，必要时甚至可以退出那些妨碍其坚持独立性的国民党中央部门。与此同时，它通过的另外一些决议则公开批评鲍罗廷回避矛盾的做法，认为用支持中派欺骗右派的手法来谋求团结，是绝对不可能的。进而，他们开始全面公开与国民党的政治分歧，直截了当地主张国民党必须立即完全放弃广州政府并停止军事行动，“下全党动员令‘到民间去’”[3]。他们甚至要求共产国际以此为标准来重新考虑对国民党的援助问题。[4]

中共中央的这一方针无疑同鲍罗廷的策略主张发生了某些显而易见的矛盾，一些共产党领导人尖锐地主张以中共中央名义向共产国际控告鲍罗

[1] 《中共中央致鲍罗廷、瞿秋白电》（1924年8月27日）。
[2] 《陈独秀致维经斯基的信》（1924年9月9日）。
[3] 《陈独秀文章选编》（中），第589—591页。
[4] 《瞿秋白致鲍罗廷的信》(1924年9月)，并见《中共中央关于国民革命策略的决议》(1924年9月)，《中共中央关于国民党中央全会的决议》（1924年9月）。

廷错误的“政治路线”，而大多数人至少认为有必要让鲍罗廷乃至共产国际清楚地了解中共中央的强硬立场。为此，中共中央不仅派遣高尚德作为中央代表前往广州坐镇，而且干脆电“召鲍罗廷同志前来上海进行政治磋商”。不料，这时鲍罗廷在江浙战争和广州印厂工人罢工问题上又再度采取妥协态度，致使双方矛盾进一步尖锐起来。

江浙战争是北洋直系军阀与江浙军阀之间争夺江浙控制权的一场内战，但由于江浙军阀卢永祥已秘密与奉系军阀张作霖及国民党孙中山取得联络，孙中山对联合卢、张讨伐直系控制下的北京政府极为热心，因而对于这一战争急欲响应。面对这种情况，中共中央接连发出指示公开反对，并深恐国民党再度与军阀势力相混合。[1] 而鲍罗廷在国民党政治委员会讨论决定北伐问题时，仅仅要求国民党在政治上应表明自己与其他军阀之间的区别了事。[2]

在广州印厂工人为要求改善生活条件及争取自身权益而举行的罢工问题上，鲍罗廷虽肯定了工人的要求是完全正当的，但对于工人在孙中山正计划开始北伐，以响应江浙战争之际采取行动，却颇不赞赏，当国民党工人部部长廖仲恺为此强硬地要求工人复工之后，鲍罗廷不顾共产党人的反感，以孙中山已许诺实行改革并应服从大局为由，硬是劝告广东地区共产党领导人说服工人停止了自己的罢工斗争。

9月中下旬，中共中央对江浙战争及对国民党压迫工农的态度等问题的强硬文件，先后到达广州共产党人手里，同时中共中央代表高尚德也来到广州，中国共产党人同鲍罗廷之间的分歧立即公开化了。在10月初召开的广东地区委员会的专门会议上，双方进行了激烈的争论。在江浙战争问题上，以及印厂工人罢工问题上，双方始终各持己见。整个争论的核心，实际上还是如何处理与国民党的关系，即如何保持中国共产党的独立性，并真正

[1] 《中央通告第十七号》（1924年9月10日），见《中共中央文件选集》，第1册，第285—286页。

[2] 鲍罗廷当时提出了国民党人介入江浙战争的三种办法：(1) 公开宣言反对江浙战争的参战双方，强调战争必然导致革命党的胜利；(2) 公开自己的政纲，批评卢永祥和张作霖，军事上独立作战，不与结盟；(3) 共同反对直系，但保持自己的政治目标和政治纲领。会议大致接受了后一种办法。

推进国民革命的问题。

这时的广州正处在商团事件爆发的前夜，不仅商界，甚至广大市民对广东政府为维持庞大的军政开支而征收的各种捐税，均苦不堪言。加上港英当局的挑拨和地方军阀从中作梗，国民党的威信急剧下跌，政权统治极不稳定。孙中山进行的市长民选等项改革，也遭到党内权势的全面抵制，一无所成。鉴于这种情况，在孙中山决心北伐后，国民党领导人几乎丧失了在广东坚持下去的信心，他们一心只想尽快北上，再也不想为广东民众徒费心力了。在这种情况下，当国民党人获悉印刷工人为要求提高工资打算再度罢工时，他们竟对中共广东工运负责人冯菊坡声称:如果再发生罢工，他们将被迫动用警察强迫工人上工。而对中共广东地区委员会为表明自己立场起草的宣言，国民党中央不仅禁止广东各报刊载，而且干脆以此宣言有碍国民党工作为由，要求共产党将其收回。类似的情况不一而足，如共产党人前脚帮助农民成立了农民协会，国民党区党部后脚就强行予以解散；共产党刚刚召集了民众大会，就有国民党军队前来抓人。由于共产党人始终以国民党干部的身份出面做群众工作，国民党人的破坏很快就使民众产生了恐惧和困惑，进而使共产党人的工作几乎难以开展，陷入了困境。

面对这种情况，广东的共产党人忍不住了，他们开始尖锐地主张：“我们应该退出国民党中央委员会，我们应该拒绝在工人部和农民部中工作”，至少应该退出严重妨碍共产党人独立工作的工人部和农民部，以便独立地出面争取和保护工农的利益。但鲍罗廷声言：“只要退出一个部，那也就意味着暗中退出国民党”,“意味着同国民党决裂”[1]。而目前的问题并没有这么尖锐。他注意到的更多的是共产党人所取得的成绩，比如他相信共产党人至少已经占据了包括黄埔军校在内的“八个阵地”，有了巩固的势力。[2]

谭平山当即表示了不同看法。他指出，鲍罗廷的说法并不可靠，他甚

[1] 《中共广东地区委员会会议记录》(1924 年 10 月)。
[2] 同上。

至不知道黄埔军校支部局以及军事教官中有多少中共党员。鲍罗廷所说的那些所谓的“阵地”，可以说没有一个共产党人真正取得了支配的地位。更主要的是，由于实际权力都掌握在孙中山和中派领袖的手里，所有共产党人有影响的地方随时都可能发生变化。他认为，目前即使还没有到退出国民党的时候，我们也只有两条路好走，“要么消灭反革命的右派，根据党的纪律把他们开除出国民党；要么建立一个新的国民革命党”。谭平山断言：“如果我们不选定这两条出路中的一条，那么，反动势力即国民党右派不仅不会消灭，反而会日益发展。这就会拖着国民革命向后退。即使它得到成功的话，那也会出现土耳其那样的局面，那里的民族革命是顺利地实现了，可是共产党也垮台了。”[1]

鲍罗廷：你们必须做出选择，要许崇智，还是陈廉伯？

10月初的会议未能有效地解决鲍罗廷与共产党人之间的意见分歧。尽管鲍罗廷被迫趋向强硬，共产党人也放弃了退出国民党中央的激烈主张，但双方在对国民党的认识上，以及在形势估计和相应对策等问题的看法上，仍旧相去甚远。在中共广东地区委员会会议结束后不久，陈独秀即正式致函共产国际远东书记处，再度重申了对鲍罗廷的强烈不满，要求“共产国际对他提出警告”[2]。

不过，10月初的会议还是多少贯彻了中共中央的意图。会议成功地通过了两个决定：(1) 鲍罗廷无权领导广东地区党组织的工作，有关地区性的问题，鲍罗廷只能参加由谭平山、冯菊坡、周恩来等组成的一个委员会并以党员身份进行工作，涉及全国及全党性的问题，鲍罗廷则必须与中共中央代表协商并报中共中央同意；(2) 鲍罗廷和谭平山目前应设法说服孙

---

[1] 《中共广东地区委员会会议记录》(1924年10月)。

[2] 《陈独秀致共产国际远东书记处的信》(1924年10月10日)。

中山，成立一个特殊的革命委员会，以便应付目前的紧张局势，把政权从右派势力所掌握的广州政府和市党部那里夺过来，同时实行反对军阀、居民自治、工农自卫、政治自由和取消苛捐杂税等项措施，设法把一切服从共产党的力量联合起来。[1]

关于劝说孙中山成立革命委员会的决定，几乎是在商团事件爆发的前一天，即10月9日的一次专门会议上才最终确定下来的。而第二天商团与民众间的冲突，立刻就把广东共产党人内部持续的争论打断了。由于商团已公开反对广州政府，一直在广州附近虎视眈眈的陈炯明部很可能乘乱而兴，广东的共产党立即被迫重新进行政治选择：究竟是支持他们一向认为控制在右派手里并依附于军阀势力的广州政府，还是支持有港英当局背景的商团政府？面对这样一种情况，人们别无选择。鲍罗廷的看法是有充分的说服力的："许崇智比陈廉伯更有好处。""在许崇智支持的现政府下面，我们仍可以继续进行我们既定的必要的大量合法的工作。陈廉伯上了台，工会就将被消灭，我们的组织就将被消灭，我们自己也得转入地下。"因此，宁肯暂时放弃反对军阀的宣传和其他改革的口号，也必须设法保证不使军阀们转到商团一边。

广州商团事件，给了一直不看好广州政府的中共中央一个表明共产党人看法的重要时机。鉴于商人因不堪重荷竟至勾结港英当局谋反，而广州政府为维护政权不能不向军阀求助的事实，中共中央更加印证了国民党军事革命的危害性。蔡和森撰文尖锐地指出：坚持军事行动和广州政权，只能进一步造成"战争、苛税、杂捐、开赌、拉夫……等恶政"。"此时毅然决然宣布停止北伐，收缩一切军事行动与抛弃广州政权，即使民众感情一时迷于反革命而不易转移，然将来必有翻然觉悟倾向革命之一日。"他宣称："一个革命党只有积极促成全国革命形势的成熟才能夺得全国的政权，只有夺得全国的政权才能实施其政纲以系民众的信任。""所以革命党不拿政

[1] 《中共广东地区委员会会议记录》(1924年10月)。

权则已，要拿便要拿一个全的，部分的政权不仅于革命党无益，而且有害，前前后后的广州革命政府便是铁证。”[1]

中共中央的这种态度，一方面是出于对国民党现状的严重不满，苦于无力扭转其政治倾向；另一方面则是受到俄国十月革命方式的影响，拘泥于俄国布尔什维克通过群众工作然后一哄而起夺取政权的经验，他们并不了解中国革命自身的特点所在。

鲍罗廷没有类似的幻想。在经历了商团事件之后，他甚至对是否还要实行此前决定的种种改革措施，也开始表示怀疑。他注意到，左派在同中派斗争时，缺乏足够的群众基础和讨价还价的筹码。在这种情况下，唯一的策略就是应当利用中派领导人之间的矛盾，同时加紧把包括广大工人、农民、学生、商人在内的基层民众组织在自己的周围。为此，他再度想到了土地革命的问题。他提出，要巩固广东革命根据地，促成国民党领袖左倾，关键还在于消灭现存的土地关系，把农民从地主的压迫下解放出来，使他们投身于革命。他甚至建议共产党人立即改变以往的宣传鼓动的方法，迅速和武装力量一起到农村去，以武力解除地主武装，然后用收缴的武器把农民武装起来，把大地主的土地分给无地少地的农民。他相信，以孙中山为首的一批国民党人将会在“原则上同意进行土地革命”[2]。

共产党人能够找到可供自己支配的武装吗？孙中山真的会“原则上同意”共产党人的土地革命主张吗？好在历史没有给鲍罗廷提供这种尝试的机会，紧接着于10月23日发生的“北京政变”再度打乱了共产党人的预想和部署。

北京政变的成功，使孙中山联合张作霖、卢永祥讨伐吴佩孚的北伐计划不战而胜。孙中山当即决定停止北伐计划，准备应段祺瑞、张作霖、冯玉祥之邀前往北京共商国是。对此，中共中央与共产国际代表鲍罗廷再次

---

[1] 蔡和森：《商团击败后广州政府的地位》，《向导》第88期，1924年10月24日。

[2] 《中共广东地区委员会会议记录》（1924年10月）。

发生分歧。蔡和森等公开认为：“继曹吴而起的北方政情，仍然为北洋军阀三派余孽争夺宰割的局面”，因此，“北京发生的一切实质并无特别意义，那不过是美国决定抛弃吴佩孚，代之以冯玉祥”，孙中山不应到北京去和军阀们搞在一起。但鲍罗廷的看法却完全不同。他在给共产国际的报告中说：“我们认为，十月廿三日政变及后来的发展为国民党踏上国民革命斗争的广阔舞台并成为举足轻重的政党，创造了极好的机会。”“以孙中山为首的国民党代表团应该北上，以便到处去公开捍卫自己的立场和口号。”同时，鲍罗廷主张对冯玉祥的国民军，“给予它切实的援助”，以便在北方“建立一个国民党的根据地”。他确信，“一旦时机成熟，他们定能回过头来收拾张作霖”。[1]

鲍罗廷的意见毫无疑问更能让孙中山等人接受，他甚至说服了国民党中央执行委员会中的一些持异议者。“鉴于以孙中山为首的国民党代表团业已出发，中共中央继续坚持原议已毫无意义，所以他们也随之改变了态度”，他们迅速接受了孙中山提出的召开“国民会议”的主张，反对由少数军阀政客操纵所谓“善后会议”和“国民代表会议”来决定一切。[2] 中共中央并通知各地党组织，立即建立筹备国民会议的委员会，设法造成广泛的群众运动，促进其召开并成为号令全国的“临时国民政府”。[3]

中共中央在孙中山北上问题上的态度转变，并不等于他们相信鲍罗廷的意见是正确的。相反，这进一步加深了他们对鲍罗廷独断专行的不满。在紧接着于上海召开的中共中央、团中央与共产国际代表的联席会议上，蔡和森、陈独秀等公开指责鲍罗廷“从来不同我们讨论问题”，“在许多场合下，

[1] 《鲍罗廷给共产国际执委会的报告》(1924 年 1 月 24 日)，见《共产国际、联共（布）与中国革命档案资料丛书》(1)，第 565—567 页。

[2] 《共产国际、联共（布）与中国革命档案资料丛书》(1)，第 567 页；并见《陈独秀致共产国际远东书记处的信》(1924 年 11 月 15 日)；但一：《为国民会议奋斗》，《中国青年》第 55 期，1924 年 11 月；《中央通告第二十一号》(1924 年 11 月 6 日）附言，见《中共中央文件选集》，第 1 册，第 300 页。

[3] 《中国共产党对于时局之主张》(1924 年 11 月)，见《中共中央文件选集》，第 1 册，第 305 页。

在许多重要问题上，从来不和党打招呼”，他甚至不向共产党人控制的国民党地方党部提供必需的工作发展经费，就连一些答应提供的用于党的工会活动的经费，“也是通过孙博士给的”。[1]

他们认为，鲍罗廷过分注重孙中山、国民党及其军事工作，一方面是由于他把过多的注意力放在了他对“苏维埃俄国”的责任上，另一方面也反映出共产国际对中共的不重视。陈独秀尖锐地指出：数月来中共只得到鲍罗廷通过孙中山付给的1000元来进行全部工作，“而香港一家微不足道的报纸每月得到两千元来写文章反对我们”，这一事实足以说明一切。[2]

斯大林：应当争取把国民党改造成工农政党

要解决中国共产党人在国共关系问题上同鲍罗廷之间所发生的严重矛盾，无论如何是难以办到的。这种矛盾具体发生的原因是多种多样的，但症结显然在苏联、共产国际和中共与国民党错综复杂的结盟形式上，和它们之间既一致又不一致的利害关系上。特别是，要想让同时作为共产国际下属支部成员、国民党党员、苏联“国家经费”开销人，以及中国共产主义事业承担者的弱小的中国共产党人，同时兼顾各方面的利益和愿望，根本就是不可能的。这一点，就连共产国际代表维经斯基也看得很清楚。他在试图解释这一系列矛盾时，明确承认“国民革命运动、一切军事工作、外交工作等，都不是由共产国际而是由苏维埃俄国进行的”，因此，“对中国共产党和国民党的态度，当然有时取决于苏维埃俄国和共产国际驻中国的代表”鲍罗廷，有时又不取决于他。作为共产国际的工作人员，他显然对这种情况也十分无奈。他固然不主张“为此而谴责鲍罗廷”，但他又认为

[1] 《中共中央、共青团中央和共产国际代表联席会议记录》(1924年12月4—9日)。

[2] 1924年全年，共产国际根据中共预算和追加预算总共提供了35000元以上的活动经费，但在夏天之后曾中断过几个月的时间，致使中共在这几个月里不得不靠此前结余和鲍罗廷通过孙中山提供的1000元进行活动。陈独秀所称即指这一情况。

“如果鲍罗廷做得不对，共产党应该同他进行斗争”。因为鲍罗廷也无权“不听党的意见”。他明确反对像鲍罗廷那样过分依赖国民党，强调中共“必须更多地以共产党员的身份，以共产党的身份进行活动”，“必须自己实行自己的路线”，必须更加猛烈地向右派进攻，以便“把我们同国民党区别开来”。他并且告诫共产党人，那种“认为我们的最低纲领与国民党的纲领没有特殊的差别”的想法，“是不对的”。[1]

继半年前中共中央执委会扩大会议之后，维经斯基再度成为中共中央加强自身独立性和斗争性的直接推动者。在紧接着于 1925 年 1 月 14—21 日召开的中共第四次代表大会上，中共通过了一系列旨在重申和强化 1924 年 5 月执委会扩大会议方针的决议。这些决议突出反映了中国共产党人的内心愿望。它包括：

1、坚持彻底的反帝、反军阀、反对侵犯工农群众基本利益的立场；

2、对国民党实行扩大左派，争取中派，反对右派的策略；

3、建立独立的工农组织，特别是把产业工人掌握在自己手里，为此，中共党员及其领导下的产业工人，今后一般不再加入国民党。[2]

会议甚至还尖锐地提出了实现无产阶级在国民革命中的领导地位的主张。[3]

中共四大在中共历史上的作用和影响是显而易见的。从中共一大至二大，党员人数从 56 人增加到 197 人；从中共二大到三大，党员人数从 197 人增加到 423 人；从中共三大至四大，历时一年零七个月，党员由 423 人增加到 900 人。而从 1925 年 1 月的中共四大到这一年 10 月召开中央执委会扩大会议，前后不过九个月时间，党员人数却增加约两倍，达到了 2428 人。[4]这一点足以说明，四大对中共发展起到了极大的推动作用。

---

[1] 《中共中央，共青团中央和共产国际代表联席会议记录》（1924 年 12 月）。

[2] 见《中共中央文件选集》，第 1 册，第 271—297 页。

[3] 同上。

[4] 《陈独秀在中共中央扩大会议上的工作报告》（1925 年 10 月）。

实际上，1924年12月的联席会议及随后的中共四大，成功地改变了中共党内自国共党内合作以来一直存在的激烈的愤懑情绪，以及要求国民党放弃广东根据地、放弃军事斗争，甚至要求从国民党中央乃至整个国民党中退出来的强烈愿望。中共中央开始从被动消极的防御态势，转入到积极进取的进攻态势。维经斯基使中国共产党人相信，他们完全应该并且可以通过国民党来对中国现阶段革命发号施令，并通过国民党内部左右派的斗争和势力消长来实现自己的阶段性奋斗目标。[1]

既不能指望国民党变成共产党，又不能指望共产党取代国民党，共产国际和苏联这时自然会对运用谋略和手腕感兴趣。只要能够使中共继续留在国民党内，通过制造和利用其内部的派别斗争来扩大共产党的势力和影响，一切似乎都是可能的。鲍罗廷在这方面最有心得。他这时对鼓励中共在国民党内推动派别斗争形成了一些大胆的想法。他在给莫斯科的报告中称：国民党自身的分裂已经不可避免，“党只会从这种分裂中得到好处”。问题在于，如何使右派分裂出去，同时“使中派核心团结起来”，并且“保持党作为国民革命运动的有组织的、团结的领导”。[2]

鲍罗廷的预言很快得到了某种印证。8月8日，国民党右派在北京成立了“国民党同志俱乐部”，旨在掀起把共产党员清除出国民党的运动。但3月10日，在鲍罗廷的作用下，国民党召开了中央执委会扩大会议，轻而易举地将一批右派开除出党。进而，由于3月12日孙中山突然逝世，长期集权于孙中山一人的国民党出现了一种群龙无首的局面，鲍罗廷更得以利用其政治顾问的地位和苏联援助的巨大效力，来施加影响了。

4月4日，中共中央发出通告，要求全党注意借孙中山逝世之机为国民党“征求党员”，不惜改变四大关于在产业工人中一般不发展国民党员的决定，因为它发现，若能乘此机会“扩大国民党左派的宣传和组织”，就可以

[1] 参见维经斯基：《执行委员会扩大全会上的殖民地问题》，《共产国际》第4期，1925年4月。
[2] 《鲍罗廷给共产国际执委会的报告》（1925年2月14日），见《共产国际、联共（布）与中国革命档案资料丛书》(1)，第575—576页。

便利我们“在该党第二次全国代表大会中和右派中派竞争”。[1] 同样，鲍罗廷也毫不懈怠。他看准了在国民党内毫无势力，只能依靠苏联力量的汪精卫，扶助汪取得了最高政治领袖的地位，进而又借助廖仲恺被刺一案在广州国民党领导层进行了一次巧妙的“政变”，“流放”了政治态度中间偏右的国民党政治领袖人物胡汉民和军事领袖人物许崇智，扶助地位不高但与苏联顾问过从甚密的蒋介石成为国民党最高军事领导人，从而一举改造了国民党的上层结构。

短短几个月时间，形势发生了奇迹般的变化。几乎所有的人都相信：“广州这次政变后上台执政的完全是国民党左翼”[2]，他们“都实实在在在那里代表中国民族的利益和英帝国主义奋斗，代表中国人民的利益和反动的军阀奋斗”[3]。鉴于这种情况，这时负责指导中国事务的联共（布）中央总书记斯大林干脆主张：中共不应再以建立反对帝国主义的民族统一战线为目的了，而“应当从民族统一战线的政策进到工人与小资产阶级革命联盟的政策”，争取把国民党改造成“工农政党的形式”了。[4] 言外之意，资产阶级已经退出革命的阵营，而转为反动了。

毫无疑问，孙中山逝世后的形势变化，使共产党人在政治形势的判断上发生了极大的混乱。他们突然间发现过去那个以孙中山为首的左右着国民党方向的中间势力消失了。从中央到地方，一切权力都在向左倾斜。人们在对容共政策的看法上，日益鲜明地分成两派。中间派迅速分化了，而那些走向右派的国民党人同右派一样，几乎都是以放弃权力为代价的。这种趋势太诱人了，就连一向保守的鲍罗廷也沉不住气了，他已经开始设想在即将召开的国民党代表大会上，把国民党完全控制在左派和共产党人手中，使之日渐成为“工农政党”的问题了。

---

[1] 见《中共中央文件选集》，第 1 册，第 328、332 页。

[2] 《维经斯基关于中共中央全会给共产国际的报告》（1925 年 10 月 7 日）。

[3] 独秀：《今年双十节中之广州政府》，《向导》第 133 期，1925 年 10 月 12 日。

[4] 张仲实等译：《列宁斯大林论中国》，解放社 1950 年版，第 120 页。

国民党二大召开，中共如鱼得水，反客为主，取得党权

这回轮到维经斯基保持冷静了。刚刚把共产党人的独立精神和斗争热情鼓动起来的维经斯基，很快发觉人们走得太快了。把权力集中在左翼手里未必是件好事，“这就党、就整个国民党说来多少缩小了政府的基地”，它无异于壮大敌对势力。[1] 国民党中派的重要理论家戴季陶这时公开站出来宣传“共信不立，互信不生”，提出国民党必须“造纪律”、“集权制”、“排拒性”等主张[2]，清楚地说明了这种危险的存在。

1925年10月，中共中央召开扩大执行委员会会议。维经斯基在会上告诫共产党人：无论群众目前多么左倾，事情“还没有严重到在下一次代表大会上不可避免地要发生分裂的程度”。“现在不应该混淆两种现象：一是极右的国民党分子已经把自己置身于党外，同他们已无法搞统一战线了；另一种现象是一部分国民党元老担心群众走得太远了。”对于前者,应该“使他们在群众心目中威信扫地”，以便开除他们，但对于后者，即“以戴季陶为代表的重要的中派”，“则需要协商，以保持国民党的统一”。因为，他们毕竟同老右派有所区别。[3]

维经斯基等人对“新右派”的分析几乎立刻就得到了证实。11月，国民党大批元老，即“老右派”们，在北京西山孙中山灵柩停放处召开了中执监委一届四中全会，通过了开除共产党籍党员和解除鲍罗廷顾问职务的决议。还在预备会期间，戴季陶等竟因主张“对共产党之同志，宜邀守常等为切实之协商而勿使为片面分裂之行动”[4]，遭到极右分子的绑架和殴打，结果戴季陶、吴稚晖等虽参与筹备却未参加会议。对此，维经斯基等立即

---

[1] 《维经斯基关于中共中央全会给共产国际的报告》（1925年10月7日）。

[2] 戴季陶：《国民革命与中国国民党》（1925年8月）。

[3] 见《陈独秀同志在中共中央扩大执行委员会会议上关于统一战线问题的报告》（1925年10月）。

[4] 《戴季陶致蒋中正函》（1925年12月12日），见《戴季陶先生文存》，（台北）中国国民党中央党史委员会1986年编印，第979—986页。

抓紧时机，分别在北京和上海对这些所谓“新右派”进行了苦口婆心的争取说服工作，甚至私下承诺可以“把担任国民党中央委员的共产党员人数限制到最低限度”，如1/3以下，等等。维经斯基进而还主张，对参加西山会议的右派也“不要实行打掉牙齿的政策，而要实行更加谨慎的策略”，如“要揭露、批评，但不要把他们当反革命看待”。[1]

1926年1月在广州召开的国民党第二次全国代表大会，国共双方显然是按照上述妥协分配中央权力的。尽管在这次代表大会上，所谓左派和共产党人占了出席代表的一半以上，会议从议程到决议内容都在共产党人的影响之下，但在中央执行委员会、监察委员会及其常务委员会等中央权力机构中，中共党员所占比例都严格遵守了1/3以下的承诺。[2] 对于西山会议的右派参加者，除其头子邹鲁、谢持予以开除党籍的处分外，其余多仅予以警告，戴季陶还被特意推选为中央执行委员。[3] 不过，即便如此，同一大相比，共产党人在国民党中央所获得的权力，仍旧大大超出了可能的限度。特别是在中央党部的8部1处中，中共人员竟占据了77%左右的领导职位，从而控制了国民党的几乎全部实际工作。[4] 更为重要的是，这时共产党人在广东已掌握了约十万工人和六十万农民，工人纠察队和农民自卫军已分别达到两千余人和三万余人；在国民革命军中，中共党员已达百人，其第一、二、三、四、六军的政治部主任，蒋介石第一军三个师中两个师的党代表，

[1] 见《维经斯基同志关于与北京国民党（执行部）委员会谈的报告》（1925年12月4日）。

[2] 《中国国民党历次代表大会暨中央全会资料》（上），第151—154页；中国第二历史档案馆编：《中国国民党第一、二次全国代表大会会议史料》（上），江苏古籍出版社1985年版，第283—294页。

[3] 《中国国民党历次代表大会暨中央全会资料》（上），第210—211页。

[4] 国民党一大时，中央执行委员会及监察委员会委员和候补委员共52名，中共党员占10名，不足1/5，二大时，中央执行委员会及监察委员会委员和候补委员共80名，中共党员占19名，约占1/4。一大后在中央党部中，中共党员仅5人，不足1/4；二大后中共党员占到17人，约占77%。

九个团中七个团的党代表，都是共产党人。[1] 而苏联顾问团也满有把握地宣称：苏联顾问事实上是这里所有军事部门的头领，国民党的所有计划、章程、工作都是在我们的政治指导下，按照俄国共产党的标准制定的。[2]

事情的发展太令人兴奋了。共产国际执委会破天荒地第一次专门讨论了中国问题，高度评价了中国共产党的工作和国民党“近期的革命发展趋势”。它甚至断言：“共产党参加国民党及其领导核心，是在历史发展的特定时期摆在中国民族解放运动面前的独特的社会政治任务的完全合乎规律的结果，是无产阶级和农民联盟的特殊形式。”为此，它要求共产党人“不惜一切地保持中国共产党与国民党的战斗联盟”，并“一如既往地参加国民党及其领导机构”，帮助国民党开展政治工作和组织工作。[3] 毫无疑问，在共产国际看来，进一步把国民党变为“人民革命政党”，即“工农政党”，多半只是个时间问题了。

[1] 转见杨天石：《“中山舰事件”之谜》，载《历史研究》1988 年第 2 期。（杨文中关于当时在国民革命军中“有一千余名共产党员”之说似可存疑，因当时最有实力也是中共影响最多的第一军只有五十余名中共党员，整个中共也只有不足三千名党员，其中 1/3 为军人显然不可能。根据第一军中中共党员人数推算，“一千余名”或为一百余名之误。）

[2] 转见杨天石：《“中山舰事件”之谜》，《历史研究》1988 年第 2 期。

[3] 《共产国际执委会第六次扩大全会关于中国问题的提纲》（1926 年 3 月 2 日）。

三、意料之外，情理之中

中共难解的困惑：这么少的工人，如何发动阶级革命？

念念不忘世界革命，念念不忘革命的彻底性，这是早期中共革命的一个重要特点。在 1925 年年初中共四大通过的有关决议中，这一思想得到了充分的阐述。决议明确认为，东方殖民地半殖民地国家的民族革命与欧美资本主义国家的社会革命一样，都是世界革命的一部分，都是为了“推翻资本帝国主义”，两者缺一不可。因此，决议提出了坚持民族革命的“世界性与阶级性”的问题，主张中国革命应当以“推翻全世界资本帝国主义之压迫”，包括“反对本国的资本主义，并且要由民族革命引导到无产阶级的世界革命”为目的。

为此，决议强调，在反对帝国主义的民族革命过程中，共产党不仅必须“以自己阶级独立的地位与目的参加”，反对反革命和不革命的资产阶级的一切妥协行为，而且必须设法使无产阶级“取得领导的地位”，并“依靠无产阶级及农民等一切劳动群众之努力”，准备“进行自己阶级的革命”。尽管决议的作者不能不注意到中国的无产阶级在客观上的力量“还幼稚”

的事实，然而，他们相信“越是上层阶级越富于妥协性”，因此，就不能不对无产阶级“革命的要求及决战的心理，在最近中国民族运动中，已站在最前进的地位”的现象，寄予极大的期望[1]，仿佛这种主观的战斗精神将有助于弥补其力量上的“还幼稚”的不足，有助于坚持反帝斗争的彻底性而毫不妥协，甚至有助于把民族革命引向世界革命和阶级革命一样。

阶级的力量通常由物质的和精神的两方面所构成，物质的力量一般反映在组织上，精神的力量则通过心理或所谓觉悟来表现，二者又往往是相辅相成的。中国工人群众由于身受外国资本家中世纪式的超经济强制性掠夺和剥削，通常对压迫者容易仇恨，并将此种不满演化为反抗和斗争。但在人口众多，破产农民大批拥入城市，劳动力远远供大于求，以至工人中行帮观念盛行，文化水平日渐低下的中国，要把工人组织成为一个具有独立要求的阶级，并不是一件容易的事情。而在缺乏有效组织的情况下，要把工人中弥漫着的反抗心理变成真正具有威胁的斗争，更是极为困难。这是因为，工人所面临的，是外国资本家、中国军阀政府、封建行帮、黄色工会，以及饥饿的失业大军与破产农民等各个方面的沉重压力。不仅无组织的工人无力与其抗争，就是把占全国人口 2% 左右，占大工业区域人口总数 10% 左右的工人全部组织起来，也难以独立地与其抗争。

在 1924 年年底至 1925 年初，共产党人在中国最大的工业区上海，仅仅掌握了八个工会和 2227 名会员；在革命根据地广东，也仅仅掌握了九个工会和 29500 名会员，并间接影响了国民党所控制的五个工会和 14000 多工人，尚不足国民党控制数的一半。加上湖南 26400 名会员、湖北约 3 万名会员、山东 4300 名会员、大连 2300 名会员和天津的 20 名会员，共产党总共只组织了大约十万名工人。加上其中理发工、人力车夫等非产业性工人占相当比例，实际上全国二百多万产业工人中，共产党所控制的仅占 1/30 左右。而在工人最集中的上海，共产党所组织起来的工人则仅占全上海产业

[1] 见《中共中央文件选集》，第 1 册，第 271—275 页。

工人总数的大约1%。不难看出，除非出现奇迹，否则，不论工人中“革命的要求及决战的心理”多么强烈，要想依靠这极少数工人来取得革命的“领导的地位”，并坚持“阶级独立的地位与目的”，实现其革命的“世界性与阶级性”，几乎是难以想象的。

然而，奇迹出现了。

1925年2月，由于一些日本纱厂推行野蛮的“养成工”制度，以大批男女童工顶替和淘汰成年男工，并且接连发生殴打和逮捕不满工人的事件，以致发生了以“反对东洋人打人”为主要斗争口号的日本纱厂罢工风潮。共产党人乘机加以组织和引导，从而使上海纱厂工会的势力迅速膨胀，工人群众的斗争热情日渐高昂。共产党人领导下的工会会员很快由两千多人猛增到近万人。[1]

斗争断断续续延续到5月15日，因一纱厂日方职员无理关闭工厂，并枪杀工人顾正红,致使罢工风潮立即蔓延到全上海约二十家日本纱厂。同时，中共领导的上海学生联合会的抗议活动也大规模爆发。

更令人吃惊的是，5月30日，租界的英国捕头公然命令老闸捕房巡捕向手无寸铁的抗议群众开枪，并调集海军陆战队登陆，宣布租界戒严，从而造成了震惊中外的“五卅惨案”。这一事件，几乎在瞬间点燃了全上海以至全中国各界人民的仇恨怒火，一场轰轰烈烈的反帝革命浪潮由此兴起了。

五卅反帝运动，共产党人痛感：“资产阶级不革命”

用群众革命的方法来打击帝国主义在中国的势力，这无疑是共产党人的目的所在。尽管对帝国主义的反抗这时还只能表现为罢工、罢课以至罢市的文明斗争形式，但这已经足以激发起民众的民族主义情绪，并把激进

[1] 参见《陈独秀给共产国际执委会的第2号报告》，1925年3月20日，《共产国际、联共（布）与中国革命档案资料丛书》（1），第591—592页；张国焘：《我的回忆》，第2册，现代史料编刊社1980年版，第17页;《党史研究资料》，第1辑，四川人民出版社1980年版，第305—306页。

的下层群众团结在自己的周围了。中共中央成功地抓住了这个机会，在自己的领导下成立了上海总工会，并利用它所控制的上海总工会和上海学联，通过在它影响之下的具有运动总的领导机构性质的“工商学联合会”所提出的五卅惨案解决方案“十七条”，使这场运动一开始就超出了地方的局部性质，具有鲜明的反帝革命色彩。

上海工商学联合会的“十七条”分为“先决条件”和“正式条件”两项。“先决条件”为“取消戒严令”，“撤退海军陆战队，并解除商团及巡捕之武装”，“被捕华人，一律送回”等；“正式条件”则为“惩凶”、“赔偿”、“道歉”，“优待工人”并承认“工人有组织工会及罢工之自由”，“华人在租界有言论、集会、出版之绝对自由”，撤销新增之“印刷附律、码头捐、交易所领照案”，华人充任捕头及巡捕之半数和收回会审公廨，取消领事裁判权，永远撤退驻沪之英日海陆军，租界工部局董事会及纳税人代表会“由华人共同组织”，并享有与外国人平等之投票权等。[1]

“十七条”并没有，也不可能完全反映共产党人的愿望。[2]

但是，提出解除巡捕之武装、取消领事裁判权、永远撤退驻沪之英日海陆军及允许工人结社和罢工等条件，已经足够了，因为共产党人重要的目的在于宣传和教育群众，而不在于指望北京政府或靠简单的罢工、罢市来解决问题。陈独秀说得好：这次事件，不能“仅以惩凶赔偿了事”，不能“缩小战线对英、日或专对英国”，“只有废除一切不平等条约，推翻帝国主义在中国的一切特权才能解决”，绝“无调和之余地”。因此，他们推动运动广泛开展的目的，根本上是要使民众团结起来，“走上革命的道路”，并“以实力赞

[1] 《上海工商学联合会宣言》（1925 年 6 月 7 日），见上海市档案馆编：《五卅运动史料》，第 2 卷，上海人民出版社 1986 年版，第 280—282 页。

[2] 陈独秀 6 月 6 日在《向导》第 117 期撰文称，“目前在此次运动中最低限度的要求”应该是：“（一）惩办凶手赔偿损失；（二）撤换驻上海英、美、日本领事；（三）取消各国领事裁判权；（四）收回全国租界；（五）撤退驻在中国境内的外国陆海军，禁止外国陆海军在中国境内自由登岸。”瞿秋白在 6 月 22 日的《向导》第 119 期，更进一步主张：应当“一、废除一切不平等条约；二、收回一切租界及租借地；三、收回海关及盐政管理权；四、收回领事裁判权；五、永久撤退驻华的一切外人的武装势力”等。

助国民党和国民军”，推翻北方军阀统治，建立统一的革命政府。[1]

五卅运动在全国范围的兴起，不可避免地要冲击各地的租界和外国工厂。结果，6 月 11 日和 23 日，又接连在汉口和广州发生了两起惨案。11 日，在汉口发生英国水兵刺伤中国工人的事件，因五卅惨案而激愤起来的汉口民众群起攻之，英租界当局先后出动义勇队和英国海军陆战队阻断交通，最终引发双方冲击，英人开枪，使群众大批受伤并有人死亡。紧接着，抗议英国暴徒的香港及广州沙面租界罢工工人与广州民众在沙面对岸之沙基长堤举行抗议游行时，英国水兵和巡捕又隔岸开枪，致使数十人死亡，上百人受伤。

不到一个月时间，在中国南方地区接连发生三起英人野蛮射杀徒手示威群众的暴行，这更进一步强烈刺激了中国各地民众的反帝民族情绪。而这一系列惨案也清楚地证实了共产党人的告诫，即长期以来依仗武力并凭借不平等条约骑在中国人民头上作威作福的外国殖民主义者，对于中国人民日益高涨的民族主义情绪和民族革命运动，已经仇恨到了何等程度，而要指望他们立即自动放弃武力，适应时代的潮流，又是何等困难。

野蛮的屠杀理所当然会激起极端强烈的反抗心理。但是，在当时的条件下，能不能立起革命呢？可以肯定，即使是共产党人这时大多也不抱如此幻想。[2] 不过，他们至少还是指望这次事件能够掀起全国性反帝斗争的浪潮，并形成一系列反帝革命的组织，诸如“全国工商学兵代表大会”等等，从而为进一步的民族革命运动做好准备。

然而，这样的条件仍旧没有具备。在当时中国的现实条件下，工人不可能无限期罢工，商人更不可能长时间罢市，“十七条”中涉及不平等条约

[1] 独秀：《此次争斗的性质和我们应取的方法》，《向导》第 118 期，1925 年 6 月 20 日；参见《中共中央文件选集》，第 2 册，第 351—352、361 页。

[2] 这并不等于说当时共产党人都能保持冷静，上海总工会领导人李立三就明确主张领导工人发动武装起义，反对妥协退让。但被中共中央所否决。关于这一情况，邓中夏和陈独秀均有说明。见邓中夏：《中国职工运动简史》，人民出版社 1979 年版，第 181 页，并见《向导》第 126 期。

之诸条既然不能指望通过群众罢工、罢市乃至抵货等方式得以解决，那么不论出于何种考虑，斗争的条件都必须加以改变。为此，上海的部分国民党人和梁启超、江亢虎等共同开始主张“缩短战线”、“单独对英”，而上海代表了大资本家利益的总商会，则力图折冲樽俎，以“简单易办”为原则，反对形成僵局。妥协和调和的倾向出现了，这自然会引起共产党人的强烈不满。

瞿秋白随即撰文对此痛加斥责，称：“妥协派的主张：一、是撇开大多数民众的要求牺牲平民的自由；二、是缩短战线，不敢反对帝国主义的统治制度；三、是缩小范围，只求就地解决”，以便“使五卅大屠杀案早日了结”，“使反帝国主义运动不能继长增高起来”，“实际上简直是卖国背叛民族利益”。[1] 可是，徒唤奈何，在工人的斗争还离不开资产阶级经济上的援助和支持的情况下，妥协是不可避免的。

1926 年 6 月 12 日，上海总商会修改了上海工商学联合会提出的“十七条”，取消了其中较强硬的条款，如废除领事裁判权和解散商团武装等，缩减为“十三条”，即仅要求取消戒严，放人，惩凶，道歉，赔偿，优待工人，制止越界筑路，华人在租界有言论、集会、出版自由，撤换工部局总书记鲁和，并交还会审公廨等，提交北京政府与外国公使团正式交涉。[2] 此一修改与“十七条”本质上并无太大差别，因而“获得了广泛的拥护”，总工会事实上亦不能不听之任之。[3] 共产党人虽公开批评总商会的“十三条”是阶级妥协性的反映，但此后仍在各方面进行了协调和联合行动，甚至在 7 月 10 日还成立了包括总商会在内的、由工商学八团体组成的检查出货委员会。在 7 月 23 日淞沪戒严司令部查封了工商学联合会、海员工会、洋务工会后，也交由总商会奔走调解，得以启封。而关于工人救济费及复工等事，总工会也仍旧时常与总商会交涉，由总商会负责的工人救济费也从未中断过。

由于租界当局仍无法接受总商会的“十三条”，双方交涉再告失败。罢

---

[1] 秋白：《帝国主义之五卅屠杀与中国的国民革命》，《向导》第 119 期，1925 年 6 月 22 日。

[2] 见《五卅运动史料》，第 2 卷，第 252—253 页。

[3] 见《陈独秀关于中共中央七月扩大执委会情况的报告》（1926 年 7 月 21 日）。

市的大小商人因自身利益关系，被迫在许诺继续“援助工人坚持罢工”和“抵制英日货物”的条件下，于6月23日重新开业。面对这种情况，总工会亦不得不逐渐改变“坚持继续排货及罢工运动，非达到废除一切不平等条约不已”的强硬态度，转而缩小斗争范围为单独对英，而且把斗争目标限定到最小程度。[1]

经过一步步的退让妥协，上海这场以反帝反不平等条约和要求惩凶赔偿、中外平等管理租界的政治性罢工斗争，竟在几乎是纯经济的条件下结束了。各厂罢工工人先后于八九月间复工，英、日各厂商政治上的唯一让步就是“外国职员平时在厂内不带武器”和“各厂如无正当理由，不得开除工人”。[2] 人人都清楚，上海的罢工斗争远没有达到人们最初希望的斗争目标。

不过，以上海工人罢工为起点的这场反帝斗争所产生的影响仍是十分突出的。它几乎波及了全中国所有大中城市，使五卅运动一开始就演变成一场全民族性质的反帝革命运动，民众第一次如此强烈地感受到帝国主义奴役的危害和耻辱，第一次如此广泛地响应共产党人提出的“打倒帝国主义”和“废除一切不平等条约”的革命性口号。短短几个月里，共产党人以其惯有的激烈的不妥协的坚定的斗争精神，吸引了成千上万渴望革命的工人和学生。仅在上海，共产党的组织在五卅运动开始后的三个月里就扩大了两倍多，其中86%是工人。五卅运动之初，上海只有中共党员290余人，至9月，发展至1080人，增加约800人。此后至1926年4月，又增加一倍，达2500人。可见五卅后中共影响之迅速扩大。而共产党领导的上海总工会，则成了上海几乎一切工会组织理所当然的领导机构，这无疑是共产党人的一种重大胜利。

但不容否认的是，无论是上海的中共中央，还是中共领导下的上海总工会，在上海的这场运动中事实上都没有能够成为名副其实的领导者。在上海，

[1] 见《中共中央、青年团中央为坚持罢工告工人兵士学生》（1925年8月10日）；独秀：《我们如何继续反帝国主义的争斗？》，《向导》第126期，1925年8月23日。

[2] 邓中夏：《中国职工运动简史》，第182—185页。

运动一开始就不能不始终处于上海大资产阶级团体——上海总商会的影响下。总工会 8 月 10 日为结束罢工所提之最低条件“九条”，即“无条件交回会审公廨”，“租界内出版、言论、集会、结社之自由”，“租界华人须与外人有同等参政权利”，“承认工人有自由组织工会之权”，“发给罢工期内工资百分之五十”，“增加工资百分之十五”，“改善女工、童工工作条件”，“赔偿死伤学生、工人”等[1]，作为调停人的总商会也未能坚持，最后所实现者，仅“工人一体复工，不得因此次罢工开除工人”，和“工资一律发给大洋”两条。

在共产党人看来，上海工人的罢工，客观上似乎成了上海资产阶级争取自身利益和地位的一种辅助的威胁手段。从 1925 年 10 月 1 日外国公使团就五卅惨案解决办法所提出的方案和以后的结果看，上海资产阶级最为反感的印刷附律、加征码头捐、交易所领照案等，均得到了解决，越界筑路与华人加入公共租界董事会的问题，则承认协商，与普通人民关系密切的只有交还会审公廨一项取得了成功[2]，而激进的工人、学生和一般市民所强烈要求的惩凶、赔偿、道歉、华人在租界有言论集会出版之自由，工人有组织工会之权利，以及废除领事裁判权等，事实上都未得到解决。就连公使团答应交还的会审公廨，也仍旧保留了必须由外国领事派员“观审”的不平等条款[3]，这说明，五卅惨案的解决，仅仅是中国上海资产阶级和北京政府与列强各国妥协的结果，而共产党人和它所领导下的工会，还没有力量来阻止这种妥协，并引导运动真正向着自己所期望的目标发展。这种情况不能不引起许多共产党人对资产阶级的愤懑。陈独秀公开发表文章指出：“‘殖民地半殖民地的资产阶级不革命’这一公例”，已经“证实了”。[4]

资产阶级既然不能领导革命，共产党人究竟在什么条件下才能真正成

---

[1] 见《五卅运动史料》，第 2 卷，第 638—639 页。

[2] 见程道德等编：《中华民国外交史资料选编（1919—1931）》，北京大学出版社 1985 年版，第 236—237 页。

[3] 同上，第 263—264 页。

[4] 独秀：《中国民族运动中之资产阶级》，《向导》第 136 期，1925 年 11 月 21 日。

为这种反帝的民族革命运动的领导核心呢？紧接着五卅运动之后发生的省港大罢工，为他们提供了难得的经验。

邓中夏：省港罢工不取得国民党的帮助，几天就会倒台

省港大罢工起于上海五卅惨案和汉口六一一惨案之后的6月19日，经6月23日沙基惨案后迅速扩大，香港及沙面租界参加罢工的工人先后达25万人之多，罢工时间长达一年零四个月。通过罢工委员会纠察队对香港的封锁和排斥英货，使香港进出口及地价、房租等年损失50%左右，港英当局一天即损失700万元。加上数千家商店倒闭，肉蛋菜蔬等副食品供应奇缺，其经济上、生活上所受打击空前沉重。港英当局及外国公使团最后不得不同意罢工委员会提出的在关税上附加二五税来收束罢工的办法，从而使四年前华盛顿会议所签订的《九国间关于中国关税税则之条约及附件》中有关附加税的规定，最先开始在广州政府的管辖区内实施，其税金并被用于资助那些正在为使中国进一步摆脱列强控制的罢工工人。[1]

省港大罢工同上海五卅运动一样，并没有取得预期的效果。省港罢工工人最初提出的口号是“拥护上海工商学联合会之十七条”，要求香港政府实行“政治自由”、“法律平等”、“普通选举”、“劳动立法”、“减少房租”以及“居住自由”。此后，10月初，省港罢工委员会又提出了《香港罢工工人恢复工作草案》十五条，把条件具体到香港地区，除重申“政治自由”等项以外，又具体就罢工工人的经济赔偿及工作保证等提出了要求。[2] 但至最终解决，上述要求几乎全都没有实现，港英方面仅同意以二五附加税税金资助罢工工人复业以前的生活了事。而所谓二五附加税的征收问题，实际早已于1922年2月16日有华盛顿有关条约认可，并于1925年8月5日开始生效。

---

[1] 邓中夏在《中国职工运动简史》中，把二五附加税的实施看成是省港罢工的一个胜利，并称之为“中国革命史中的新纪录”。见该书，第216页。

[2] 见邓中夏：《一年来省港罢工的经过》，《省港罢工概观》，广州，1926年8月出版。

只因此九国协定之二五附加税，不过是恢复中国关税自主前的一种过渡办法，北京政府已于同年 10 月 24 日提出新的临时附加税办法和取消关税限制的要求，为此正在召开关税特别会议进行讨论解决，故尚未实际征收。[1] 可见，二五附加税的征收，也并不是多大的胜利。

其实，省港大罢工与上海五卅运动一样，就其最初目的和最终结果的关系而言，都是不成功的。这一点苏联人早就预见到了。他们告诫说：“罢工开始时提出的，在十七点要求中得到体现的民族运动的目的，通过任何一种罢工，即使是最有力最持久的罢工，也是无法达到的”，它“只有通过全中国范围的武装斗争，通过胜利的战争才能做到”。[2] 因此，他们早就主张在“不放弃争取全民族解放的口号，以之作为进一步开展全民族斗争的战斗号召”的条件下，有步骤地从过高的要求上退下来，缩短战线并限定要求的范围，以至把惨案本身的解决交给南北政府去办理，进而迫使帝国主义做出某些让步。在他们看来，“在中国目前条件下，当工业无产阶级愈益成为国内政治生活的因素的时候，帝国主义者的些微让步，也必然会使解放运动提高到更高的水平”。[3] 所以，尽管共产党人的要求最初十分激烈，但无论上海还是广州，当罢工已经造成了必要的声势以后，他们都不能不从原来的要求上大踏步地退了下来。问题仅仅在于，在上海，虽然罢工仅仅持续了两个多月，共产党人却已经深感力不从心，而不得不借助于上海总商会了；而在广州，罢工坚持了一年零四个月，并且，人们丝毫不为最后的结果感到沮丧。

---

[1] 关税特别会议于 1925 年 10 月 26 日在北京召开，北京政府提出：(1) 1929 年 1 月 1 日即应实行关税自主，由中国自定关税率；(2) 此前海关税应在值百抽五以外，普通品加征 5%的临时附加税，烟酒加征 30%的临时附加税，其余奢侈品加征 20%的临时附加税。此一方案较华盛顿会议所定一般物品加征 2%，奢侈品加征 5%临时附加税，有较大不同。

[2] 赫列尔：《上海的罢工》，《真理报》1925 年 8 月 29 日，见《1919—1927 苏联〈真理报〉有关中国革命的文献资料选编》，第 117—122 页。

[3] 维经斯基：《上海事件震撼着全中国》，《真理报》1925 年 6 月 14 日，见中国社会科学院近代史研究所现代史研究室编：《维经斯基在中国的有关资料》，中国社会科学出版社 1982 年版，第 123—126 页。

不错，广州的运动和上海的运动之间有许多不同，如所处地区不同，斗争方式不完全一致，甚至罢工、排货对各阶层居民所产生的影响也不一样，等等。但最大的不同，显然在于参加省港大罢工的工人背后，有一个同情并支持他们的革命政府，而上海却没有。比较汉口、上海、广州三地的运动情况可以看出，邓中夏的下述看法是有道理的，即“当时不取得国民党帮助，的确罢工不到一个星期便要倒台”。汉口、上海、广州同样发生了英人枪杀中国民众的血案，但因湖北省地方军阀竭力压制，汉口群众未能形成更大风潮；而上海因政府一度失去控制，抗议浪潮汹涌一时，随着奉军入沪，成立戒严司令部，并于9月中旬封闭上海总工会，整个运动即被扼杀了。与此相反，省港大罢工自始至终都得到了广东政府的赞同和帮助，它不仅在实际上承认了共产党人对罢工工人的影响和领导，而且对省港罢工委员会和纠察队作为一种特殊的权力机构和执法机关，予以了最大限度的容忍，对罢工工人封锁香港和抵制英货，从各方面给予了积极的配合和有力的支持。特别是它对五卅惨案和沙基惨案的态度，从一开始就公开表现出强烈的民族主义倾向，明确认为：“救治之道，不当仅注意道歉、惩办、抚恤等枝节问题，尤当从废除不平等条约、收回租界着手，以谋根本解决”[1]，“非废除不平等条约，则类此之惨杀事件，终无由绝迹于中国以内也”[2]。尽管它每月援助省港罢工委员会不过一万元，其部分领导人对对抗英国也持疑惧态度，但其多数领导人反英意志颇为坚定，有人甚至强硬主张“对英宣战，交还广州（租界）”。就连蒋介石也跃跃欲试，提议“除以和平方法与英国人奋斗外（如抵制英货等事），并应一方面实行武力之预备，于半年内准备了结，一方面与英国人为极长时之奋斗（或须至三年五年之久）”。[3] 不难看出，

[1] 《广州陆海军大元帅大本营关于上海五卅惨案宣言》（1925年6月7日），《中华民国外交史资料选编》，北京大学出版社1985年版，第311页。

[2] 《中国国民党胡汉民等为废除不平等条约事给北京段芝泉先生等的通电》（1925年7月），《中华民国外交史资料选编》，第324页。

[3] 参见《中国共产党简明历史》，1926年秋；《蒋介石为军事问题致加伦函》（1925年6月26日），见《苏联阴谋文证汇编》（二）。

省港大罢工不仅得到了广东政府的大力支持，而且还激励了国民党人的民族主义情绪。

共产党人终于认识到：能代表人民的政府在革命中是何等重要

毫无疑问，省港大罢工是取得了重要成果的，但它的胜利并不表现在其直接的结果上。这是因为，不仅罢工，就是倾广东军民之力来反抗英国人，也不可能使之屈服，更不可能很快改变列强各国政府，特别是在中国诸多既得利益者的殖民主义态度。省港大罢工的成功，根本上表现在它动员群众充分，策略运用得当，统一战线巩固，斗争持久而且影响效果显著。特别是在统一战线问题上，省港大罢工成功地避免了在上海五卅运动中出现的内部纷争，共产党和省港罢工委员会能够对国民党和工商资产阶级的利益予以高度重视和保护，不过分坚持难以达到的过高目标和口号，从而使后者能够始终同自己站在一起。其实，省港罢工同上海五卅运动一样，开始都是强调“反对一切帝国主义”，主张与列强经济绝交并全面抵制外货的，结果，省港罢工的领导者很快就认识到，“这种封锁不只封锁了香港，而且封锁了我们自己”[1]。封锁不仅使广州的日用工业品、粮食、燃料等方面的供应日益紧张，而且造成广东和内地的农副产品与土特产品也因无法外销以致积压、霉烂。如此不仅广东的工商业大受损失，农民利益亦严重受损，就连广州市民的生活也深受影响。在这种情况下，广州的共产党人很快变换了策略，接受了国民党人和工商资产阶级提出的“缩短战线”、“单独对英”的主张，确定了“凡不是英国货，不是英国船及不经过香港及澳门的，均可自由起卸”的原则[2]，同时积极加强工商联合，组织工商验货处及农工商学联合会等，使工商资产阶级享有相当的政治权力和政治地位，从而密切

[1] 邓中夏：《中国职工运动简史》，第 202 页。
[2] 中国第二历史档案馆编：《五卅运动和省港罢工》，江苏古籍出版社 1985 年版，第 297 页。

了统一战线的内部关系，维护和照顾了各方面的经济利益，保证了罢工运动的持续进行。

事实上，上海的绝大多数工商资产阶级同广州的工商资产阶级一样，都是富有爱国心和民族感情的，他们要求独立发展民族经济的强烈愿望，同共产党人的反帝革命主张是有共同点的。上海的工商资产阶级之所以难于长时间坚持罢市、支持罢工和联合抵货，除了得不到政府的有力支持外，一个很重要的原因还在于他们缺乏广州那样的有利条件。广州抵货运动得益于能够另开口岸通商，广东政府与商人因此两相获利，政府月收入增加 4—5 倍，进口商品量也增加 1—2 倍。而上海华商却不可能如广州一样另开港口码头，其抵货运动虽使英日厂商暂时受损，但因粮、煤、电均受控于洋人，加之铁路阻塞，罢工工人需费颇多，不要说长期罢市没有可能，就是坚持长斯罢工和抵货，也必将对上海民族经济的生存造成严重的威胁。仅工部局故意停供华厂电力一项，就导致 13 家华商纱厂被迫停工，6 万多工人失业，两个月即损失 326 万元以上。[1] 在没有政府的支持下，长期坚持罢工、罢市及和平抵货，最终不仅可能得不偿失，而且也不可能达到目的。

一样的罢工，一样的目的，甚至一样有共产党在鼓动、宣传并领导，其实际效果和最终的心理感受却如此不同。这充分说明，面对强大的外部敌人，确立阶段性目标，保持策略灵活并注意必要妥协，不失为一种有效的斗争手段。同时，它也说明，即使在群众性的反帝斗争中，政权的作用也具有关键性的意义。正如时任省港罢工委员会部门负责人的共产党员蓝裕业所说：“真正能代表人民的政府在国民革命中是如何的需要，不但省港罢工因国民政府之保护，不致如上海之被军阀一样摧残，就是在每一次交涉中，因为有了国民政府能为人民利益抗争，帝国主义乃如芒刺背，感觉不安，屡次勾结叛军来攻击国民政府，务欲剷去然后快。”[2]

---

[1] 《申报》1925 年 9 月 22 日。

[2] 蓝裕业：《省港罢工交涉之经过及其现状》，《广州评论》第 2—3 合期，1925 年 10 月。

实际上，不论人们最初是否愿意把反帝斗争看成外交问题，最终都不能不承认必须要由政府出面与肇事国及公使团谈判解决问题，甚至不能不承认涉及全国性的废除不平等条约问题，当时只能由得到国际承认的北京政府来进行。[1]事情很明显，所谓不平等条约以及上海、汉口与广州的流血惨案，既是一个民族压迫问题，也是一个外交问题，被压迫和受欺凌的民众有权以各种方式表达对压迫者的愤慨和反对，但涉及国与国间关系，问题最终仍须由权威政府通过外交方式予以解决。然而，这时唯一得到国际社会承认而具有解决问题权威的北京政府，却是一个在列强卵翼下生存而在国内已丧失权威的政府，不仅它自身没有解决这些问题的强烈愿望，即便有，各国政府也不可能相信它具有这种能力。显然，在大多数列强看来，把自己国家侨民的生命财产安全以及各种经济利益，交给一个连国家都不能统一，地方军队都不能约束，社会治安都难以维持的徒有虚名的政府来保护，放弃自己已经取得的哪怕是不平等的单方面的权利，无论如何是不可能的。

这里必须指出的是，根据华盛顿会议的协议以及20世纪国际政治发展的趋势，多数列强国家的政府这时已明显地不能不日益重视中国人对民族独立和国家主权的强烈要求了。1925年10月关税特别会议的召开，和各国代表对1929年以后恢复中国关税自主的许诺，以及1926年1月法权会议的召开以及随后上海会审公廨的交还，都突出地反映了这种情况。[2]一些上层资产阶级和部分知识分子开始对这种进程抱以希望，是很自然的。但有谁能保证在中国继续分裂和混乱的情况下，各国政府会冒险放弃它们的特权呢？

问题在这里明显地呈现出一种吊诡的情况，即列强各国政府需要看到一个统一、有力和能够实现法治的中国中央政府，非如此不能轻易交还他们所握有的在中国的特权；但中国的分裂与混乱，以及中央政府的无力和

[1] 《中国国民党胡汉民等为废除不平等条约事给北京段芝泉先生等的通电》（1925年7月），《中华民国外交史资料选编》，第323—324页。

[2] 参见《中华民国外交史资料选编》，第247—265页；并见马士·宓亨利著，姚曾廙译：《远东国际关系史》下册，商务印书馆1975年版，第677—680页。

虚弱，很大程度上又恰恰是因为少数列强坚持维护它们在中国的势力范围造成的。只要列强各国继续保有它们各自在中国的势力范围，由此产生的外国人需要特殊保护的理由也就难以消失。不难断言，这里的出路只有一个，至少在广东国民党人和大多数有强烈爱国心的中国人看来是如此。那就是，应该毫不迟疑地在中国建立一个真正统一的、有争取民族独立和恢复国家主权强烈愿望与实际能力的革命政府。这一点，应该说是五卅运动和省港罢工造成的最重要的宣传效果了。

中共中央正式决定，最近将来的首要工作，就是推动北伐战争

为了成就孙中山统一中国的梦想，1925 年 7 月 1 日，国民党雄心勃勃地在广州成立了“中华民国国民政府”，并将其所辖各军统一改称为“国民革命军”。与此同时，国民党军事委员会决定迅速出兵征讨异己之军阀，统一广东广西根据地，进而实行北伐。蒋介石声称：“帝国主义者与军阀原属一体，吾人必先绝其根株”，“若竟听其祸国而无革命军与彼宣战，国家前途宁复有望？”[1] 而在几个月之前还在批评国民党人“想占一隅之地，养数万军队”，来反帝反军阀是“此路不通”，主张“停止军事行动及放弃广州政府”的陈独秀[2]，这时也顿开茅塞，大声宣告：应“立起国内战争”，“武装学生、工人、商人、农民”，“甚至于联合同情于民族运动的军人”，以打倒统治北京政府的奉天军阀，“建立平民的革命统一政权”。因为，“反帝国主义的争斗，没有平民的革命政权，不但不能得着胜利”，“并且连争斗的

[1] 参见《苏联驻华大使馆武随员罗嘎乔夫及广东军事顾问鲍罗廷等参与广东军事之会议录》（1925 年 7 月 18 日、7 月 26 日），《苏联阴谋文证汇编》（二）。

[2] 独秀：《国民党的一个根本问题》，《向导》第 85 期，1924 年 10 月 11 日；独秀：《国民党的政治态度》，《向导》第 91 期，1925 年 11 月 12 日。

力量都不容易集中”。[1]

1925年秋，统一广东广西根据地的作战大功告成，广东国民党人可以北伐了。而在此前后，以奉系军阀为支柱的段祺瑞政府开始全面镇压各地的反帝革命运动。先是上海总工会被查封，接着山东张宗昌制造青岛惨案，封闭胶济路总工会，枪杀工会职员及同情工人的《公民报》记者；同时，天津李景林协助日本厂主捕杀日本裕大纱厂罢工工人，并派兵至唐山赵各庄与英国矿主合谋弹压罢工，迫使工人复工；张作霖在东北强令不准抵制日货；段祺瑞在北京下令：“倘有故酿风潮蔑视政令……必依法从事，决不姑贷。”[2] 借此天怒人怨之际，浙江军阀孙传芳与受奉系军阀排斥的冯玉祥的国民军南北呼应，于10月16日挑起了浙奉战争，出其不意，一举夺取了上海等大城市，11月又与国民军联合，轻而易举地攻占了徐州。

这个时候，苏联正在以大力援助冯玉祥的国民军。在苏联驻华大使加拉罕的秘密作用下，冯玉祥还秘密地与对峙中的奉军前线将领郭松龄达成了反奉密约。[3]11月23日，郭松龄就在滦州前线公开倒戈，宣布回师东北，讨伐张作霖。冯玉祥25日通电响应，并指挥国民军乘势攻下热河，并猛攻已成孤军的奉系李景林，于12月24日力克天津。

一时间，反奉倒段呼声一浪高过一浪，张作霖和段祺瑞的统治摇摇欲坠。如此形势自然对广东政府极为有利。共产党人也不失时机，多次组织反奉反段示威，并建立了以赵世炎、陈乔年等为核心的国共合作的“行动委员会”，宣称“革命的民众，由实际革命奋斗中由统治阶级手里夺取”政权的时机已经到来了。[4]

11月27日，共产党人会同国民党北京执行部决定于次日发动大规模驱

---

[1] 见独秀：《此次争斗的性质和我们应取的方法》，《向导》第118期，1925年6月20日；独秀：《我们如何应付此次运动的新局面》，《向导》第120期，1925年7月2日；独秀：《我们如何继续反帝国主义的争斗？》，《向导》第126期，1925年8月23日。

[2] 李世军：《三·一八惨案纪实》，《文史资料选辑》第66辑，第27页。

[3] 转见蒋廷黻：《鲍罗廷时代之苏俄远东政策》，《独立评论》第6号，1932年6月26日。

[4] 士炎：《政治近状与国民革命运动》，《政治生活》第59期，1925年11月25日。

段运动，并联络国民军鹿钟麟部，得到赞同。不料，冯玉祥担心倒段后不能独力支撑新政府并取信于国际，决心暂维段政府，鹿钟麟亦转而被迫对28日的群众驱段运动进行拦阻[1]，致使此一运动未能达到倒段和驱段的预想。紧接着，深恐郭松龄取胜对日本不利的日本军方，在获得了张作霖关于“日本国民在辽东半岛有居住权、租借工商业的权利”的承诺，公然出兵助张作战，以致形势迅速逆转。

12月下旬，郭松龄兵败身亡。1926年1月，向来互为仇敌的奉直两派军阀公开联合南北夹击国民军，原国民军占据的开封、郑州、洛阳及马厂等地先后被吴佩孚的直系军队所攻占。冯玉祥为转移奉直攻击的目标，被迫通电宣布辞职，将部队交给张之江、鹿钟麟等指挥，自己出走包头，准备赴苏考察。

不久，奉系张作霖率部再进山海关，进攻热河、滦州，李景林、张宗昌组成的直鲁联军反攻天津，直系吴佩孚部兵进河北石家庄，山西晋军阎锡山也出兵娘子关，北攻保定，国民军形势危殆。在此过程中，奉系渤海舰队出现在大沽口，国民军被迫安置水雷，限制船只航行，试图拦阻奉军舰只的行动，遭到以日本为首的外国公使团的严重抗议。明里暗里支持着奉系的日本政府，这时联合北京公使团以《辛丑条约》规定北京至大沽口岸须保持“自由交通”为由，公开逼迫冯玉祥全面开放大沽口航道。日本军舰甚至强行驶入大沽口水域，进行武装威吓，并炮击国民军守卫的大沽口炮台，酿成“大沽口事件”。事后，日本纠集《辛丑条约》签字国公使于3月16日发出最后通牒，强硬要求国民军拆除大沽口军事工事，开通北京至出海口所有航道。[2]17日，各国军舰云集大沽口，进行武力威胁。

面对这种情况，在北京的国民党人和共产党人接连组织了反日侵略大会，强烈要求北京政府严词驳复公使团的通牒，并下令驱逐各国公使离京。

[1] 见《中国国民党第一、二次全国代表大会会议史料》（上），第201—202页。

[2] 见《中华民国外交史资料选编》，第266—270页。

3 月 18 日，在国共两党推动下，北京各学校及各社会团体集会天安门，抗议列强威胁，声援政府外交，督促国民军为驱逐帝国主义而战。游行队伍请愿至铁狮子胡同国务院门前时，段祺瑞的卫队竟向游行队伍开枪射击，并冲击游行队伍，致使 47 人死亡，200 余人受伤，大批游行民众惨遭殴打。事后，段祺瑞政府还颠倒黑白，谎称此惨案系“李大钊等假借共产学说，啸聚群众，屡肇事端”，致“率领暴徒数百名，手持枪棍，闯袭国务院，泼火油、抛炸弹，手枪木棍袭击军警，各军警因正当防御，致互有死伤”。[1]

北方革命形势的出现和国民军的作用，使共产党人进一步认识到军队和政权的作用，并急切地期望革命的成功。因此，中共中央于 1925 年年底第一次建立了军事委员会，开始在各地组织小规模的群众武装，并于 1926 年 2 月第一次决定暂时把军事目的放在一切工作的首位，主张党在“最近将来政治上的第一责任，是从各方面准备广东政府的北伐”[2]，试图全力推动广东国民党人利用北方形势迅速出兵，推倒或动摇北方军阀的统治。然而，到 1926 年 4 月中旬，国民军已经难以抵御联军五十多万大军的进攻，被迫撤出了北京，退至怀柔、延庆、蔚县、多伦、怀来、涿鹿等地，主力退守南口，并陷于苦战之中。坚守三个月后，终于不得不分兵向西突围，大部溃散，仅少部到达绥远得以保留。

三二〇事变发生，布勃诺夫主导妥协，中共中央自我检讨

随着北方形势的改变，莫斯科对中国革命局势的估计发生了根本性的改变，影响到中共中央的这种热情也开始降温。中共从反对军事斗争，到主张军事斗争；从怀疑保持局部性的广州政权的必要性，到转而坚信必须巩固广州革命政权，甚至相信必须要通过军事革命把革命政权扩展到全国

[1] 转见杨善南：《北京惨案真相》，《青运史资料与研究》1985 年第 4—5 期，第 62 页。

[2] 中央特别会议：《国民党工作问题》（1926 年 2 月），见《中共中央文件选集》，第 2 册，第 60 页；并见《中国国民革命军的北伐》，第 379—380 页。

去的观念转变，已经完成。尽管共产国际代表并不同意由共产党人去设法控制军队，甚至怀疑在广州政府军队中发展“青年军人联合会”这一类带有明显激进色彩的军人组织的必要性，担心会引起不必要的猜疑，使本来就不团结的军人进一步分裂，但是，中共中央注重军队工作的方针业已确定。1925 年年底，他们已开始尝试在北方的国民军和南方的国民革命军中建立共产党的秘密基层组织，并“打入一切政治部及其他部门”，以便“更好地掌握政治工作”，“使军队不致为国民党右派夺走”。[1]

要让刚刚开始熟悉工人工作并正在设法深入到农民中去的年轻的共产党人，去摆弄连孙中山都感到头痛的中国军人，无论如何都是困难的。那些对于不识字和无组织的工人、农民看起来颇具鼓动性的宣传，对于国民军和国民革命军的军官以及将军们往往显得过于刺耳。尽管普通士兵们对于那些充任政治工作的激进知识分子未必没有好感，但素来把军队看作私有财产的将军们对此提心吊胆。不论这些将军革命与否，他们多半都无法容忍在自己的军队中出现诸如左右派之类的派别斗争或阶级斗争。因此，冯玉祥甚至连三民主义的宣传也要加以严格的监督与限制。[2] 经历了讨伐陈炯明的东征作战之后，蒋介石无疑对他军队中的“跨党分子”，即共产党人的能力和牺牲精神印象深刻，因而多次给予高度评价。正因为如此，他自然也最怕这些优秀的年轻人不能成为自己的忠实部下。三二〇事变的爆发充分说明了这一点。当时正在广州的苏共中央委员、苏联红军总政治部主任布勃诺夫就注意到，问题的关键就在于苏联顾问和中国共产党人都太过忽视了这些将军们极强的封建心理。

三二〇事变的直接原因，是苏联新来的军事总顾问季山嘉态度傲慢地反对蒋介石的北伐计划，并且蓄意挖走蒋所指挥的第一军中的第二师，引起了蒋介石强烈的逆反心理，最终因疑心大发，怀疑季山嘉和汪精卫合谋

[1] 《维经斯基关于霍米列夫同志军事工作报告的发言》，1925 年底。
[2] 《中国国民党第一、二次全国代表大会会议史料》（上），第 200—201 页。

要将他绑架上船送去苏联。他在1926年3月20日发动了一场军事政变，一度将苏联顾问全部软禁起来，并把第一军中的中共党员全部清除了出去。事变的直接后果，是当时在广州的布勃诺夫主导让步，免除了季山嘉等人的顾问职务，导致国民党政治领袖汪精卫愤而出走法国，蒋介石一举掌握了党政军大权。蒋于5月中旬召开国民党二届二中全会，决议禁止苏联顾问出任国民政府的任何实职，并通过了一个《整理党务案》，明文规定：中共应将国民党内之共产党员名册及对国民党内共产党员的一切训令，交给国民党中央；共产党员不得担任国民党中央机关各部长，出任中央执委的人数不得超过三分之一；凡跨党者且均不得怀疑或批评三民主义，等等。[1]

三二〇事变从一个侧面清楚地说明，苏联顾问以及中共对国民党军事工作的干预是完全失败的。一向被视为革命依靠力量的、以黄埔军校学生为基础、并以苏式装备武装起来的国民革命军第一军，轻而易举地就被蒋介石用来进行政变的事实表明，军队掌握在具有浓厚封建色彩的将军们手中，对共产党人具有极大的危险性。

可以肯定，事变发生之初，有些共产党人极为愤怒，曾经主张过实施反击，想要强行建立起一套能够抑制住这些将军的机制。但是，没有人敢于去冒这种巨大的政治风险。当时条件下，受中共领导的工人纠察队总共只有200支枪[2]，而且政变开始就被蒋介石的军队缴了械。要反抗国民革命军中强大的第一军，必须要串联另外几支由地方派系军阀武装改编而成的军队，没有谁能担保这些平常还远不如蒋介石左倾的将军，会比蒋介石更驯服。何况，“蒋介石的兵力最多”，“第二军第三军再加第四军，其兵力才抵得上第一军”。第二军军长谭延闿和第三军军长朱培德虽稍左倾并对蒋不满，但他们的部队并无与第一军抗衡的战斗力。第四军军长李济深、第五军军长李福林、第七军军长李宗仁、第八军军长唐生智等，又都是政治上

[1] 《中国国民党第一、二次全国代表大会会议史料》（下），第712—716页。

[2] 邓中夏：《一年来省港罢工的经过》（1926年8月）。

右倾的“保定派”[1]，他们一旦上台，难免会“比蒋介石还要坏”[2]。

在莫斯科看来，由于国民军的失败，奉系将完全控制北京，“国民党人、共产党、苏联以及一切革命分子受到很大压制”，“所有反动的势力四面八方向我们进攻的危机，已迫在我们的眼前”。在这个时候，广州发生内讧，势必“对帝国主义最为有利”。[3] 而对这一事变，无论共产国际代表还是中共中央都相信，蒋并没有帝国主义的背景，却可能为帝国主义所利用。因此，尽管中共中央3月底才收到广东党组织关于三二〇事变的报告，妥协退让的方案早已由布勃诺夫做出，但这未必违反中共中央的初衷。因为很显然，陈独秀最初得知事变的消息时，第一个反应就是以为发生了误会，故他的主张也要“拯救”危局，保持合作。[4] 因为远在上海的中共领导人很长时间以来都以为，蒋介石是国民党内最坚定的左派领袖人物，他们完全想象不出，如果不是误会，怎么会出这种事情。

4月伊始，中共中央开始检讨五卅以来工作上的失策，认识到自己此前太过幼稚，如往往“不注意当地的群众日常生活的要求，而只有全国政治运动的总口号和全国的普泛的政治煽动”，“开口便是打倒帝国主义打倒军阀等老套头”，“不顾群众的心理，把口号提得过高，完全不懂斗争的战术”，还“自己以为很革命”，“在各方面几乎要把C. P.的招牌挂在脸上”；对统一战线组织也往往喜欢“占据机关及多占职员”，包办一切，“强要各派都向我们投降”；不懂得在统一战线中我们应当争取“事实上的政治领导”，并且不仅要使别人让步，“我们也不得不让步”，等等。鉴于内部外部危机重重，北京政府甚至敢于受“英日主谋驱逐（苏联驻华大使）加拉罕离华”，中共

[1] 保定派，指毕业于保定陆军军官学校者。

[2] 《中共中央委员会关于广东军事形势及策略的指示信》（1926年6月9日）。

[3] 参见《张万和关于广州事变真实情况的报告》（1926年3月29日），《中共中央致共产国际执委会东方部电》（1926年4月28日）。《我们今后怎样工作》（1926年4月15日），见《中共中央文件选集》，第2册，第109—110页。

[4] 独秀：《中国革命势力统一政策与广州事变》；执中：《广州事变之研究》，《向导》第148期，1926年4月3日。

中央不得不重新强调争取群众和巩固统一战线的工作。[1]不仅如此，根据苏联方面对中国政治军事形势的分析说明，结合广州所发生的一系列变化，他们这时也一反此前力主北伐的调子，开始主张："现在的实际问题，不是怎样北伐，乃是怎样防御"的问题，确信"革命的北伐时期尚未成熟"。[2]

陈独秀：对蒋介石的策略，既不能推翻，也不能拥护

如果说三二〇事变之后最初共产党人还曾以为蒋介石是"民族革命运动中的一个柱石"，决心"全力拯救他，将他从陷入的深渊中拔出来"[3]，那么，这种印象在国民党二届二中全会以后显然很快消失了。在《整理党务案》通过以后，共产党人在广东支持蒋介石保持其地位的原因，更多的已经是出于利益的考虑，而不包含对蒋介石的信任在内了。蒋不再被看作左派，而是被直截了当地看作中派乃至"新右派"了。这意味着，三二〇事变，特别是《整理党务案》通过后，共产党人确信，国民党乃至广东革命的领导权"在某种程度上已经落到民族资产阶级手中去了"。[4]

国民党二届二中全会后，蒋介石接连攫取了国民党中央执委会军事委员会主席、组织部部长、国民革命军总司令、国民政府委员、中央党部军人部部长、中央执委会常务委员会主席等一系列重要职务，并撤销了过去被鲍罗廷用来发挥直接作用的政治委员会，逼走了国民党继孙中山以后公认的最高政治领袖汪精卫，集党政军大权于一身，日渐有了军事独裁的色彩。这种情况不能不让中共中央深感不安。问题在于，蒋介石既限制共产党，

---

[1] 参见《我们今后怎样工作》（1926 年 4 月 15 日）、《中共中央通告第九十七号》（1926 年 4 月 26 日）、《中共中央通告第一百零一号》（1926 年 5 月 7 日），见《中共中央文件选集》，第 2 册，第 104—105、108—116、118—130 页。

[2] 参见《中共中央通告第一百零一号》（1926 年 5 月 7 日），《中共中央文件选集》，第 2 册，第 118—130 页。独秀：《论国民政府之北伐》，《向导》第 161 期，1926 年 7 月 7 日。

[3] 独秀：《中国革命势力统一政策与广州事变》，《向导》第 148 期，1926 年 4 月 3 日；《张万和关于广州政变真实情况的报告》，1926 年 3 月 29 日。

[4] 《陈独秀关于中共中央七月扩大执委会情况的报告》（1926 年 7 月 21 日）。

又公开反对国民党右派，因此对蒋充其量只能当作中派或“新右派”看待；由于中派一般的只能被看作同“买办阶级”有区别的“资产阶级”的代表，按照民主革命的性质，只能又斗争又联合。对于一个理论上的阶级或者可以又斗争又联合，对于现实中的军事独裁统治如何又斗争又联合呢？

在国民党日渐成为军人手中的玩物的情况下，陈独秀等人不能不设法利用军队间矛盾或另组武装以与之抗衡，而共产国际代表仍旧寄希望于运用谋略取胜。[1]于是，结果只能是这样：“‘推翻蒋介石’是左倾口号，‘拥护蒋介石独裁’则是右倾机会主义”。为了不左不右，共产党人只好一方面将“争取中国国民运动领导权的斗争问题提上日程”，力图排除蒋介石“民族资产阶级对国民党的领导”，一方面则为避免再度与之直接冲突，决心团结群众，扶植左派，让左派国民党人而不是自己出面与之斗争。[2]

不过，在1926年5月《整理党务案》通过以后，再来考虑利用军队间矛盾或扶植左派出面的策略，都已为时过晚。按照中共中央描述的情况，“五月十五日的中央会议，直接限制C. P.之活动，同时取消了左派领袖汪精卫在党中的领袖地位，而易以中派之张静江为中央主席。七月四日的中央会议，蒋又直接取消了张静江而自做主席。于是党权政权军权皆集中于总司令一身，蒋所在地，就是国民党中央所在地，国民政府所在地；蒋就是国民党，蒋就是国民政府，威福之甚，过于中山为大元帅时”。[3]不仅如此，尚未完全巩固阵脚的蒋介石6月已决定发动北伐战争了，利用战争状态来巩固和强化军事统治更是再方便不过的了。它既能够使军人们摆脱那些碍手碍脚的国民党左派人物，特别是鲍罗廷和共产党人的影响和包围，完全听命于作为北伐军总司令的蒋介石，又能借军事状态对种种威胁其权力的现象便

[1] 陈独秀：《告全党同志书》（1929年10月），见《中共党史参考资料》，第5册，国防大学出版社1989年版，第393—402页。

[2] 参见《陈独秀关于中共中央七月扩大执委会情况的报告》（1926年7月21日）。《中国共产党与国民党关系问题议决案》（1926年7月），见《中共中央文件选集》，第2册，第174—178页。

[3] 《中央局报告（九月份）》（1926年9月20日），见《中共中央文件选集》，第2册，第341—342页。

宜行事，这种情况太让共产党人担心了。

中共中央领导人这时已经开始意识到，既然党和政府统统成为一班军事领袖“达到个人某种目的之工具”，那么，即便北伐胜利，也将“是革命的破产”。问题是，谁都清楚，权力已经落到军人手中，又进入战争状态，再想“以党来支配一切”，“是非常艰难的”。“问题不在党员群众，而全在军事领袖自身”，他们“必须与民众合作，必须受民众的和党的制裁，才能够免除形成军事独裁走到反民众利益那边去的危险”，问题恰恰就在于，他们能不能“真正站在革命的见地去牺牲一切”呢？能不能“放弃军事独裁的野心”，接受民众和党的“制裁”呢？中共中央不能不由衷地表示怀疑。[1]

在三二〇事变，特别是在国民党通过《整理党务案》之后，即使是鲍罗廷，这时也失去了左右国民党决策的资本。苏联的军事顾问只能被迫全力为蒋介石的战争目的制订全套作战计划，却不能去过问其政治意义如何。这时，摆在莫斯科面前最主要的任务很清楚，就是打倒依附于日本的奉系北京政府。为推倒奉系政权，抑制日本在华势力的扩张，它不得不在中国北方援助冯玉祥的国民军，在南方援助国民党。只是，他们相信“其战斗力甲于全中国军队”的国民军[2]，却并未显示出其强大。国民军1926年春的失利，使莫斯科迅速放弃了原来对国民党北伐的支持。而阻止广东政府北伐竟又弄出一个三二〇事变，这更是让莫斯科大感意外。它之所以必须坚持用和平的办法解决事件，并坚持用退让的态度来确保苏联、共产国际和中共与广东国民党政权的合作关系，也实在是无可如何之策。而鲍罗廷等在国民党通过《整理党务案》的情况下，之所以还敢于继续运用谋略来对付蒋介石正在形成

[1] 参见述之：《我们的北伐观》，《向导》第170期，1926年9月8日；独秀：《革命与武力》，《向导》第179期，1926年11月25日。

[2] 共产党方面曾经认为，国民军的兵力（13万—15万）较广东政府当时的兵力（9万—10万）还要多出近1/3。见《中央通告第一百零一号》（1926年5月7日），《中共中央文件选集》，第2册，第119—122页。

的军事独裁统治，根本上只是因为他们坚信，蒋介石的背后还没有帝国主义的身影，他还必须要依靠苏联。因此，事情未必没有转机。他们显然忘记了，正是他们一直在告诫人们：帝国主义是无孔不入的。

列强对北伐态度不一，美国人最早注意到另一种可能

帝国主义已经在行动了。7月9日，北伐正式开始，国民革命军西路军很快夺取了长沙，并迅速向武汉挺进。9月初，西路军各部队已包围了武昌城。眼看半壁江山即将落入有布尔什维克背景的国民党人手中，英国政府有些沉不住气了。英国炮舰开始在武汉长江一带向国民革命军鸣炮示威，与此同时，它们先后在9月4日和5日分别在广州和武汉长江上游的四川万县制造了两起武力干涉事件，向国民政府施加压力。在广州，英国西江舰队有预谋地占领了省港码头，扣留了省港罢工委员会的船只，试图胁迫广州政府禁止排货运动。在万县，英舰借口川军扣留英国轮船，悍然向万县县城滥加炮击，造成上千名中国平民伤亡与数百家商店和民房被毁，以此来警告那些“不负责任”的“武装挑衅”者。[1] 而英国一些人士更大力鼓吹联合美、日等国，实行“支北压南”政策[2]，孙传芳、吴佩孚及北京政府也看准时机，频频遣人出入英国驻华领使馆，极力恳求英国政府予以合作直至进行军事介入。[3] 而美国与日本则采取了另外一种手法。

9月9日和13日，美国和日本针对中国局势及英国政府的态度，分别措辞温和地发表了“不介入”中国事务的声明。美国并拒绝了英国关于共同派舰拘押和摧毁广州工人纠察船，以威胁广州政府的提议。[4]10月，它更进一步通知英国政府：它主张“随时准备与任何表现出有能力代表中国履

---

[1] BFOC, 405/252A, p.240.

[2] U.S. Department of State Archives（Microfilm）, 893.00/7532.

[3] BFOC, 405/252A, pp.218, 458.

[4] FRUS, 1926, Vol.1, pp.723, 726.

行其所负义务的政府建立关系并进行谈判”。[1]

美国人这样做，一个很重要的原因，就是许多美国人早就注意到了敢于“发动反俄国人的政变”的蒋介石，已经取得了“越来越多的权力”。[2] 他们相信蒋能够“逐渐驱逐俄国人和中国共产主义势力”[3]，并预见到以蒋介石为“独裁者”的广州政权有可能控制中国大部分地区。因此，他们极力主张对蒋介石应“稍加鼓励”，甚至“伴以多少慷慨一点的财政和军火援助”[4]，反对像英国那样不分青红皂白地用武力，把打算走日本、泰国式改良道路的国民党“温和派”，推向“激进的广州赤党领导人”一边。[5] 美国出席中国关税特别会议的代表史朝恩这时就明确告诫国务卿凯洛格：“武力干涉将破坏中美贸易，而且得不到美国人民的支持。”参议院外交委员会主席波拉也公开宣称：像上海五卅那样“开枪把人打倒，看着一个民族像挨了鞭子的奴隶那样屈服，这样的时代已经一去不复返了”。[6] 尽管这种看法并不代表美国所有官员的意见，美国军人同英国军人一样傲慢地在武汉、宜昌、九江等长江口岸炫耀武力，但是，美国政府毕竟注意到了事情的另外一种可能。

这种可能性很快就露头了。在北伐开始之际一再申言“北伐的最大目标是打倒帝国主义”的蒋介石[7]，8 月 20 日在长沙却发表了一个模棱两可的《对外宣言》。他声称：“革命之成功，即友邦之利益”，“其扶持正义赞助我国民军者，中正爱之敬之”，恳求“友邦谅解”。[8] 如果说这篇宣言不过是一种策略上的手段，那么，紧接着国民政府湖南交涉员向英国驻长沙领事透露的蒋介石的私下谈话，就具有另外一种性质了。该交涉员声称：蒋曾私下亲口对他说，他不是布尔什维克，“他目前正在利用俄国人为其服务，这

[1] FRUS, 1926, Vol.1, p. 855.

[2] U.S. Department of State Archives（Microfilm）, 899.00/7412.

[3] 同上，893.00/7473.

[4] 同上，893.00/7539.

[5] FRUS, 1926, Vol.1, pp. 999-1000.

[6] *New York Times*, November 17, 1926.

[7] 蒋介石 1926 年 7 月 9 日就职训令、26 日谈话，见毛思诚：《民国十五年以前之蒋介石先生》。

[8] 见《国闻周报》第 3 卷，第 35 期。

符合他目前需要，并且某些布尔什维克主义宣扬的纲领，诸如反帝、改善民生，也同样是国民党的纲领。但他不赞成共产主义，因为共产主义与中国百姓内心最深处的天性是不相容的”。[1] 甚至北京还传出风言，说是蒋介石已经向外国记者表示，将决心清除苏联顾问。

所谓无风不起浪。但是，说蒋介石这个时候就已经在与列强暗自勾结，恐怕也未必准确。国民党为北伐出师宣言已清楚指出，中国今日之苦难与分裂，“皆帝国主义之侵略及卖国军阀之窃权之所致”。“中国目前唯一之需要在建设统一政府”，“而过去数年间之经验，已证明帝国主义者及卖国军阀之势力不被推翻……统一政府之建设永无希望”。[2] 作为革命党人，又向无政治外交经验，蒋介石不可能不担心北伐会遭到列强各国出面破坏，甚至是武装干涉。因此，他这时有种种外交示意，其本意在于想要麻痹列强当可无疑。何况北伐伊始,蒋介石还不能不指望那些“载着武器弹药”的“俄国船”和忙里忙外的苏联军事顾问[3]，帮助他把军队向北推进。要知道，无论苏联对这时发动北伐有什么样的看法，整个国民党的北伐战争，都是建立在苏联政府大力援助的基础上的。

取舍难决：离不开的苏联援助，离不开的蒋总司令

国民党原本并无自己的军队，黄埔军官学校就是在苏联 270 万卢布的帮助下建立起来的。而黄埔军校的主要教官，也都是苏联派的。最早的军事顾问 1923 年 10 月就与鲍罗廷一起来到广州，第二批顾问于 1924 年 1 月到了广州。军事总顾问巴甫洛夫来到广州后，即组成了苏联军事顾问团。1924 年上半年来到广州的军事顾问团的成员就已达到 25 人，包括步兵、航空、

[1] BFOC, 405/252A, p.459.

[2] 《中国国民党历次代表大会暨中央全会资料》（上），第 251—254 页。

[3] U.S. Department of State Archives（Microfilm）, 893.00/7465。

炮兵、机枪、工程、侦察、海军方面的专家。[1] 下半年，在巴甫洛夫不幸遇难，加伦（布柳赫尔）将军继任军事总顾问后，苏联军事顾问团成员很快扩展了将近一倍。正是在加伦将军和苏联军事顾问团的策划和组织下，国民党利用黄埔军校组成了它最早的一支军队，即黄埔学生军，并成功地进行了讨伐陈炯明的东征作战，镇压了商团事变以及滇军将领刘震寰、杨希闵部的叛乱，迅速成长为一支模仿苏联红军方式编成的极具战斗力的正规军。以它为核心组成的国民革命军第一军，自然也就成了北伐军的主力。

为了国民党的北伐作战，加伦将军还在 1925 年就帮助蒋介石拟就了军事作战计划[2]，帮助把广东各军阀武装与黄埔学生军统编为国民革命军第一军至第八军，并由苏联顾问分任从总司令部到各军的军事顾问。国民党决定北伐后，苏联军事顾问全力配合，随军北上直接参与参谋和指挥，甚至亲率部队冲锋陷阵。加伦身为总顾问，既负责制订作战部署与计划，还多次亲自飞赴敌方防地上空侦察情况。[3] 同样，国民党能在东征、北伐作战中形成明显的军事优势，很大程度上是与苏联的军事援助分不开的。据各种资料粗略统计，已知从 1924 年 10 月到 1926 年 7 月北伐作战开始前后，苏联援助国民党的武器装备，就有各式步枪近 4 万支，机枪 190 挺，大炮 24 门，掷弹筒 50 支，飞机 15 架，子弹 3600 万发，炮弹 4000 发，军刀 1000 把，以及刺刀数千把等。[4]

北伐战争的顺利，还因为苏联援助的冯玉祥国民军东山再起，并且同样展现了军事上的强大优势。这除了苏联也和帮助国民党一样向国民军派

---

[1] 他们是：П.А. 巴甫洛夫，И.Г. 格尔曼，В.Я. 波利亚克，Н.А. 杰列沙托夫，А.И. 契列潘诺夫，斯莫连采夫，Д. 乌格尔，М. 萨赫诺夫斯卡娅，Т.А. 别斯恰斯诺夫，Е.А. 雅科夫列夫，Г.И. 基列夫，格米拉，И.Я 杰涅克，帕洛，И. 齐利别利特，科楚别耶夫，Ф.Г. 马采利克，В.П. 罗加乔夫，В.А. 斯杰潘诺夫，以及 П.И. 斯密尔诺夫，沙尔菲耶夫，艾蒂金，Н.А. 舍瓦尔金，等。

[2] 见卡尔图诺娃：《加伦在中国》，中国社会科学出版社 1983 年，第 222—224 页。

[3] A. B. 勃拉戈达托夫著，李辉译：《中国革命纪事（一九二五——一九二七）》，三联书店 1983 年版，第 219—2227 页。

[4] 参见《马林与第一次国共合作》，第 170—171 页；《黄埔季刊》第 1 卷第 3 期，1939 年；《苏联阴谋文证汇编》（二）；《共产国际、联共（布）与中国革命档案资料丛书》（1），第 488、611 页，等。

出了大批军事顾问以外，还由于陆路运输比海路运输更便利，莫斯科给国民军的武器装备数量更大。已知从1925年3月到1926年10月，莫斯科在短短一年半的时间里就向国民军提供了各式步枪59357支，机枪230挺，各种大炮60门，迫击炮18门，飞机3架，手榴弹1万枚，步枪子弹6970万发，军刀4000把，火焰喷射器10支等大量武器装备和弹药。[1] 这使得国民军在1925年年底到1926年8月与奉直晋联军几十万大军的持续作战中，一直保持着较强的作战力。苏联的持续援助，也使得冯玉祥能够在1926年8月结束在苏联的考察后，得以于9月17日在绥远五原一呼百应，顺利地通过誓师典礼，重新集结起国民军联军，并迅速发展壮大起来。

不难看出，苏联的援助对国民党来说，在这个时候还是不可替代的。因此，蒋介石这时依旧不能不尽力同苏联军事总顾问加伦等搞好关系。他这时对苏联顾问和中共中央的态度还是很诚恳的，甚至还违心地向加伦承认自己犯了一些错误。[2] 但是，为了把失去的对国民党的影响力重新夺回来，鲍罗廷和中国共产党人并不会因为蒋的示弱就停止削弱蒋的独裁权力的行动。

随着北伐的进行，蒋介石军事重心离开广州北去，而因北伐胜利群众中的“左派空气日益高涨”，再度让鲍罗廷等看到了“恢复左派在党及政府之指导权”的重要机会与“历史的必要”。而他们的策略，就是全力推动国民党内掀起迎汪运动。中共中央对此一策略考虑的解释是：为使蒋不能做政治中心，我们要“赞助左派在广东在全国取得政治上的指导”。但在战争正在进行，且蒋介石紧握权柄的情况下，无论是鲍罗廷，还是中共中央，都很清楚此一行动蕴涵着极大的危险性。因此，共产党人的态度明显地表现出犹豫不决的特征。对于国民党突然提出召开中委及各地省部联席会议，

[1] 参见维·马·普里马科夫著，曾宪权等译：《冯玉祥与国民军——一个志愿兵的札记》，中国社会科学出版社1982年版，第10页；《苏联阴谋文证汇编》（二）；《共产国际、联共（布）与中国革命档案资料丛书》（1），第696—701、717页，等。

[2] 《中共中央军事特派员一飞报告》（1926年10月23日），见余沈阳编：《王一飞传略·文存》，中共党史资料出版社1988年版，第81—84页。

讨论中央政府北迁和汪精卫复职问题的主张，中共中央明显地左右为难。他们全力推动自己的及左派的代表出席会议，同时又反复告诫党的干部：“迎汪绝不是就要倒蒋”，而是“促成汪蒋合作”，故“如果蒋能执行左派政纲成为左派，我们亦可不坚持要汪回来”，亦可保证“决不推翻整理党务案”。当注意到蒋介石派人至上海请维经斯基与中共中央“勿赞成汪回”，以“维持他总司令的地位”，明显有示弱表示后，陈独秀等又不愿放弃逼蒋就范的机会。于是一面承诺不倒蒋，不推翻《整理党务案》，一面下决心要逼蒋“1. 将党权、政权速交与汪；2. 清洗军中反动分子”。主张迎汪的宣传自然“听其充分的做”，迫蒋“执行左派政纲成为左派领袖”的设想，“不可提起”，说是“事实所难能”。一时间，似乎不是中共无力倒蒋，倒是蒋面临“众叛亲离的形势”，非中共“无法维持其不倒”。但不几天后，发现“前敌战况不佳”，陈独秀等又赶忙告诉广东方面，“不顾蒋之意硬迎汪回殊太危险”，主张“汪暂不回，以广东省政府权交给左派”作为妥协。因为如果前敌无胜利消息，确信蒋又不同意汪复职，则这个时候“不能决定迎汪，此问题只好推到第三次全国大会”。[1]

一方面试图削弱蒋介石的权力，恢复失去的阵地，一方面又没有足以遏制蒋不因此而发生反动的能力；一方面提出了逼蒋的口号，再三想要达到目的，一方面又疑虑重重，缩手缩脚不敢实施，内心总是希望蒋自己能够“执行左派政纲成为左派领袖”，或“觉悟他把军权、政权、党权集于总司令一人身上之危险”，自觉放弃党权、政权。在 1926 年 9—10 月间，中共中央策略方针左右摇摆幅度之大，是再明显不过的了。[2]

共产党人尽管心里没底，以至反反复复，朝令夕改，终究还是推动了迎汪运动。10 月 17 日，国民党中央各省联席会议一致议决通过了《请汪精卫

---

[1] 《中央通告第十七号》(1926 年 9 月 16 日)、《中央致粤区的信》(1926 年 9 月 17 日)、《中央给粤区信》(1926 年 10 月 3 日)，见《中共中央文件选集》，第 2 册，第 311—312、314—318、371 页。

[2] 《中央对于国民党十月一日扩大会的意见》、《中央给广东信》(1926 年 9 月 22 日)、《中央给粤区信》(1926 年 10 月 3 日)，见《中共中央文件选集》，第 2 册，第 319—321、325—326、371 页。

销假案》[1]，广东迅速开始出现“迎汪倒蒋运动”。蒋介石与中共之间的冲突就此立即表面化了。蒋介石得到消息后“大发脾气”[2]，并且亲自写信给汪精卫，劝汪勿归。与此同时，他开始三令五申地要求中央党部、国民政府或中央执委会“速迁武昌”，以便就近操控，“使其失所凭借”。[3] 当迁都开始，蒋发觉此举可能会便利鲍罗廷和共产党利用唐生智等“保定派”将领控制两湖地区的既成事实，压迫自己就范，因此又立改初衷，强令政府及党部迁至他所控制之南昌，不顾一切地挑起纷争，准备“生出一种冲突破裂出来”。[4]

汉浔事件，英国颜面扫地，列强开始把目光投向蒋介石

1926 年底至 1927 年初，北伐军已经先后占领了湖南、湖北、江西、福建等省绝大部分地区。鲍罗廷明确主张继续沿京汉路北上，迅速与进入陕西省的冯玉祥国民军会合，直捣北京，然后再回过头来向东进占中国最大的工业和经济中心，也是帝国主义列强在中国的大本营上海。显然，鲍罗廷担心过早地威胁帝国主义侵华的这个主要基地，会迫使帝国主义很快出面干预，从而给自己造成被动。但鲍罗廷没有料到的是，英美各国会迅速改变自己的策略。刚刚在 1926 年 9 月还在对广州政府施以武力威胁手段的英国政府，10 月中旬即一改此前强硬态度，宣布要与广州方面“捐弃前嫌”，并声明决不干预中国内政。[5] 12 月 9 日，英国新任公使兰普森亲赴汉口，与国民政府外交部长陈友仁接触。18 日，英国政府更抛出《英国对华新政策备忘录》，表示同意立即征收二五附加税，待中国新税法颁布，即允许中国关税自由；同时说明，在中国有权力谈判之中央政府出现后，即愿意与之

[1] 见《中国国民党历次代表大会及中央全会资料》（上），第 277 页。
[2] 见《王一飞传略 · 文存》第 86 页。
[3] 见《国闻周报》第 4 卷，第 18 期，1927 年 5 月 15 日。
[4] 同上，第 16 期，1927 年 5 月 1 日。
[5] BFOC, 405/252A, p.277.

开谈修约问题。[1] 对此，日本及美国等也一唱一和，信誓旦旦地表示将“尊重保全中国的主权和领土，对于中国内争严守绝对不干涉主义”[2]，也表示愿意尽早放弃“关税控制和治外法权”[3]，等等。

与美、日相比，英国人在对华外交上明显感觉迟钝，而且行事刻板，即使在美、日报刊公开宣传国共之间的矛盾和蒋介石的反苏反共态度[4]，日本方面派员频频开始与南昌方面接触之后，他们仍旧对蒋不抱奢望[5]。但是，美、日和僵化的英国政府公开转取怀柔政策，对国民党人所产生的政治和心理的影响，却是共同的。它带给那些本来就担心会与列强发生严重冲突的国民党人的信息再清晰不过了，即列强各国并不坚持与国民党人为敌，只要双方能够达成必要的妥协。这一信息对于正受到苏联顾问和共产党人所掀起的“迎汪倒蒋运动”威胁的蒋介石来说，是再重要没有的了。上海及江浙地区原本就是蒋介石成长发迹之地，更是中国金融经济和国际贸易中心，“二五新税、鸦片特税、地方杂税及关税，每月可收入 1000 万元以上”[6]，如果能够取得这一地区，同时得到列强各国政府的谅解与承认，蒋介石就再也不必依附于苏联，更用不着看共产党的脸色行事了。在这种情况下，蒋介石迅速开始准备右转，甚至不惜放弃反帝口号，自然难以避免。

1926 年 10 月，武汉三镇被北伐军占领后，革命气氛急剧高涨，武汉工人、学生反帝热情高涨，不断地与英、日租界警察及义勇队发生纠葛，双方敌对情绪与日俱增。不久，因天津英租界应张作霖之请逮捕并引渡国民党员，上海公共租界应孙传芳之请封闭上海《民国日报》，武汉群众随即把仇恨指向了英国，掀起了轰轰烈烈的反英运动。而这时在鲍罗廷指导下的国民党

[1] BFOC, 405/252A, p.691.

[2] 日本外务省编纂：《日本外交年表并主要文书》下卷，日本联合国协会 1957 年版，第 91 页。

[3] 《中美关系资料汇编》，第 1 辑，世界知识出版社 1957 年编印，第 86 页。

[4] 转见（上海）《民国日报》，1926 年 11 月 24 日。

[5] BFOC, 405/252A, pp.707-708.

[6] 《孙鹤皋呈蒋中正函》（1927 年 2 月 16 日），（台北）“国史馆”藏档，蒋中正档案，特交档案·一般资料，第 19 册，第 160282 号。

武汉中央党政联席会议也火上浇油，于12月22日认定：“租界已成为反革命大本营”，“此后收回租界应为革命运动之事实问题”。[1]26日，武昌、汉口各界民众十余万人举行反英集会，强烈“要求政府立即收回妨害革命工作的租界”。[2]

由于各界接连响应共产党和国民党左派人士的号召，又组织了大批学生上街演讲，鼓吹反英，民众情绪更加激愤难抑。1927年1月3日，愤怒的民众开始聚集在英租界周围举行示威集会，租界当局急忙调集水兵登陆，试图驱散愤怒的民众，导致多名中国民众被刺伤，从而引起了一场混战。一些英方的警察、水兵和陆战队员也被狂怒的民众用石块和棍棒击伤。直到当天傍晚时分，国民党当局派来士兵，并迫使英国人后退一个街区，民众的围攻才得以平息。次日，为避免发生更大规模的冲突，英国领事下令撤退了租界里的水兵和义勇队，汉口民众立即蜂拥而出，冲进租界拆除沙袋及电网等街障，并且占领了租界工部局，封闭了英人商店。而几乎与此同时，国民党军占领的江西九江，民众也和英国租界方面发生了激烈冲突。在国民党政府的帮助下，最终把租界巡捕和英国水兵赶到了英国军舰上，一举占领了英租界。国民革命军和当地工人纠察队随即接管了租界的治安警戒，并由国民政府官员组成了“英租界临时管理委员会”，接管了租界的市政管理事务。[3]

汉口、九江英租界被中国民众占领，英国政府最终放弃了武力干涉的企图，通过与国民政府的谈判，于2月19日、20日两日签署了同意中方收回两处租界的协定。

汉浔事件对英国以及列强各国政府的打击极为沉重。一向惯于借口保护

[1] 《武汉临时中央党政联席会议第四次会议记录》（1926年12月22日），转见刘继增等：《武汉国民政府史》，湖北人民出版社1986年版，第152页。

[2] （广州）《民国日报》1927年1月10日。

[3] 参见A.B.巴库林著，郑厚安等译：《中国大革命武汉时期见闻录》，中国社会科学出版社1985年版，第39—48页。

其侨民而动用武力的不可一世的英国人，这次居然惧于有北伐军和国民政府为后盾的中国民众，为保护其侨民而忍气吞声不敢重演五卅、沙基及万县惨案，其威风扫地可见一斑。但这并不等于列强可以对此听之任之，容忍这种情况继续发展。汉口及九江英租界内外侨不过数百名，而上海、天津等地，仅“英人男女老幼”就有 1600 人，投资总额约一亿英镑。[1] 汉浔事件风潮若随北伐军挺进而蔓延全国，则英国在华利益将面临毁灭性的灾难，甚至可能在香港、新加坡以及印度发生连锁反应，导致英国在远东殖民体系的全面崩溃，这对英国政府乃至美、日、法等国政府，都不能不是一幅可怕的图画。

为此，英、美、日、法纷纷开始向上海调兵遣将，“公开做好使用武力”保护上海侨民的一切准备。[2] 这意味着，各国政府已开始对能否同武汉国民党人建立值得信任的关系，感到怀疑了。

蒋介石：苏俄一旦不平等待我，我们一样的要反对他们

这个时候，蒋介石刚刚在迁都的问题上输给了鲍罗廷，国民党党政主要领导人都同意迁都武汉，蒋介石委曲求全前往武汉，又被鲍罗廷在宴会席上当众批评，蒋前脚离开武汉，共产党人后脚就开始大张旗鼓地发起“恢复党权运动”。种种情况都进一步促使蒋介石非另辟出路不可了。他立即做出了自己的选择。一方面，蒋亲率主力分兵东进江浙皖地区，暗中与江浙资本家取得妥协；另一方面，他开始秘密与列强各国代表私下里进行接触和交涉。所有的一切，都是为了占据中国这一块最富庶和最具影响力的地区，创造足以摆脱苏联的基本物质条件。

1 月下旬，蒋介石通过王正廷密告美国驻沪总领事：北伐军可以不在上

---

[1] BFOC, 405/252A, pp.161—162；《申报》1927 年 1 月 28 日。

[2] FRUS, 1927, Vol.2, p.47；日本外务省亚洲局：《最近中国诸问题概要》，1927 年，卷 2。

海驻军，进而并亲自接见日本驻九江领事，表示将尊重现有条约并保护外国人的利益。[1] 随后，当美国政府马上将要求维护上海租界中立的照会故意递交给并无对外交涉权力的蒋介石时[2]，蒋又故作矜持，既不理睬武汉方面的抗议，也不正面答复美国的提议，而是秘密通过中间人去讨价还价，要求列强代替苏联向他提供武器弹药，以换取他“同鲍罗廷决裂，制止其反帝国主义反资本主义的暴力活动”[3]。与此同时，蒋介石在军务繁忙中，还特意安排时间与日本官方代表佐分利贞男、小室敬二郎、铃木贞一、山本太郎及松冈洋右等会面，表示他既不打算马上废除不平等条约，也不打算用武力收回上海租界的态度，并保证“苏俄（制度）不可能在中国再现”[4]。

1927 年 2 月，得知鲍罗廷等不顾自己的强烈反对，坚持要召开国民党二届三中全会剥夺自己掌握的党政大权之后，蒋介石下决心与鲍罗廷彻底撕破脸了。他公开告诫鲍罗廷等人说：“倘使有人要妨碍我的革命，反对我的革命，那我就要革他的命！”[5] 紧接着，蒋开始公开声称：“若苏俄一旦不以平等待我，像个别帝国主义国家一样压迫我们的时候，我们也是像反对帝国主义一样的反对他们”，同样，列强若能以平等待我，我亦同样可以与之联合。[6]

不过，列强各国政府毕竟还没有人真正与受过苏联人影响的国民党领导人打过交道，因此，要相信蒋介石也不是一件轻而易举的事情。对于各国列强来说，它们需要的“是行动而不是辞令”，正如美国驻华公使馆参赞麦耶在 1 月 20 日所表明的，“国民党人，在我们眼中恢复名誉的唯一办法是

[1] FRUS, 1927, Vol.2, pp.60—61；日本外务省亚洲局：《最近中国诸问题概要》，1927 年，卷 2。

[2] 1926 年 10 月，国民党中央各省区联席会议曾通过决议，除国民政府外交部外，任何机构和党员个人均不得办理外交事务。见《中国国民党历次代表大会及中央全会资料》（上），第 295 页。

[3] U.S. Department of State Archives（Microfilm）, 2893.00/8502.

[4] BFOC, F2664/2110.

[5] 《总司令部特别党部成立大会演讲词》（1927 年 2 月 21 日），见《蒋介石言论集》，第四集，第 124—125 页。

[6] 转见《向导》第 192 期，1927 年 3 月 18 日。

采取具体行动证明他们愿意并能够在其控制区内保护美国人的生命财产”[1]。在这方面，蒋介石的能力不能不受到怀疑。

3 月 24 日，北伐军之“江右军”攻克南京，由于部队未能及时控制局势，被打败的直鲁联军的散兵游勇以及刚刚“易帜”的原孙传芳军阀部队的官兵发生了哄抢外侨住宅和英美日领事馆的情况，造成外国人 6 人死亡，6 人受伤。英美炮舰为此向南京城猛烈炮击，造成上百名中国人伤亡。值得注意的是，列强各国并没有把这次意外事件看成是蒋介石无力控制局面的表现，相反，恰恰把它当成了对蒋介石能力和意向的一种考验。各国“总司令一致同意，尽可能避免采取进一步的激烈行动，直至蒋介石将军有机会履行他为所有外国人提供充分保护的诺言”[2]。

蒋介石马上抓住了这一表现的机会。他第二天即从安徽芜湖驻地赶到南京，公开支持了下属关于这次事件是“军队内部不良分子和南京共产党支部成员共同策划蓄意制造”的说法。随后，蒋介石赶往北伐军已占领的上海，宣布“决不用武力改变租界的现状”，并“将镇压一切不规则举动”。[3]进而，他开始紧锣密鼓地加紧准备与共产党人及武汉左派国民党人分裂。

蒋介石这时还不完全具备与共产党人、左派国民党人以及苏联顾问公开对抗的条件，在蒋介石的外交代表黄郛与日本驻沪总领事矢田七太郎的多次秘密会商中，黄郛曾明确表示过蒋介石对“断然采取行动”的“实施能力”和来自“汉口共产党的攻击”的担心。[4]不过，蒋介石不顾鲍罗廷的反对和苏联顾问的阻挠，挥兵东进夺取江浙及上海的行动，已经为其采取断然措施创造了基本的物质前提。况且，他也没有什么选择的余地了。在 3 月 10 日召开的由左派国民党人和共产党人控制的国民党二届三中全会，实际上剥夺了蒋介石的国民党中执委会常委主席、中央组织部部长、中央军

---

[1] U.S. Department of State Archives（Microfilm），893.00/8339.

[2] FRUS, 1927, Vol. 2, p.147.

[3] （上海）《民国日报》1927 年 4 月 1 日。

[4] 日本外务省档案，PVM27。

委主席、军人部长，以及中央军校校长等职，并严格规定了他在外交和财政方面的权限。[1] 如果不是因为战争关系，多疑的蒋介石显然相信那些人一定会连同他的总司令头衔一并摘去。

这个时候，南京事件的发生导致民众激进情绪与日俱增，一旦各国政府也采取强硬立场，势必会使蒋介石陷于进退两难的困境。3 月 30 日，矢田将列强将采取强硬态度交涉南京事件的信息直接通报给了蒋介石。[2]4 月 1 日夜，矢田又将币原外相要求蒋介石“深刻反省”，立即“管束共产党的跋扈”，以“赢得内外信赖”，“平定时局”的警告，通过黄郛转达给了蒋介石。[3]

蒋介石不得不孤注一掷了。他通过黄郛秘密告诉矢田，他已决心在“四五天之内”采取行动，只是希望各国军舰能在这时向汉口集结以施加“某种军事威胁”。[4]

无独有偶，就在蒋介石希望列强能够对武汉方面有所威胁的时候，日本水兵 4 月 3 日在汉口租界内殴打并刺伤中国一人力车夫，引起民众围攻，致多名日本水兵被扭送至省总工会。日本领事随即召集大批日本水兵登岸，与中国抗议民众冲突，竟至开枪，打死打伤中国民众多人，挑起了严重事端。[5] 日、英、美、法、意等国共 27 艘军舰迅速集结到武汉长江江面，开始对武汉政府进行军事威胁和经济封锁。

用不着再小心翼翼了。维系他同苏联关系的最后那点儿纽带，由于同江浙财阀和列强关系的建立而彻底断裂了。不管共产党人怎样去看待他的阶级背景，作为中国一个典型的军事领袖，他显然更热衷于为巩固和扩大自己的军事统治地位，保护自己的军事集团利益而斗争。因此，不论他曾

[1] 见《中国国民党历次代表大会暨中央全会资料》（上），第 316—326 页。

[2] 日本外务省档案，PVM27。

[3] 同上。

[4] 同上。

[5] 尚无资料证明汉口“四三”惨案是日本官方为支持蒋介石政变而故意制造的。在此之前，日人与中国群众发生纠纷在汉口虽时有所闻，但日方从未在武汉政府辖地因此种纠纷杀人或下令军队开枪，日领事也多次表示不准备因汉口租界问题与中方发生冲突。对照之下，“四三”惨案的发生会使人怀疑。

经有过，或实际上思想上仍然有着怎样革命的愿望或理想，面对可能根本危害到自身利益的时候，他终究还是会同那些可能带给他最大利益的力量走在一起去的。

四、妥协与冒险的代价

向左，向左，再向左，把国民革命引向工农民主专政

国民党人中的右倾倾向越来越明显了，这已经成为一种趋势，而且一发不可收拾。从“西山会议派”揭竿而起，到廖仲恺被暗杀，到“左派”领袖蒋介石发动三二〇事变，炮制《整理党务案》，直至走上军事独裁，急剧右转，再到国民党大批党政军领导人追随蒋介石，公开排斥、打击苏联顾问和共产党人，国共关系迅速进入了前所未有的危急关头。按照中共中央的说法，目前的形势“较之三月二十日之事尤为严重数倍”[1]。

十分明显，国民党领袖摆脱苏联顾问和共产党人的影响，乃至反目成仇的可悲结局已经隐隐浮出水面了，但是，并不是所有的人都能够清醒地意识到这一点。相反，国民党北伐在军事上的胜利，使苏共中央和共产国际领导人一直沉浸在一种极度的兴奋之中，仿佛这一胜利足以改变一切，甚至会使已经开始右倾的国民党大踏步地向左跃进。

---

[1] 《中央委员会关于政治问题之报告》（1927 年 1 月 26 日），转见《苏联阴谋文证汇编》（一）。

几个月来，苏共中央机关报《真理报》一直在连篇累牍地为国民党的军队大唱赞歌，不仅相信“它在组织方面和士兵群众的政治觉悟方面与中国军阀的武装截然不同”[1]，而且干脆称赞它是“一支优秀的、在群众中享有很高威望的”、“真正的人民军队”[2]。斯大林则进一步宣称：欧洲式的人民起义和暴动，在中国已经不适用了，中国革命将靠军队取胜。因为，“在中国，和旧政府的军队对抗的，不是没有武装的人民，而是以革命军队为代表的武装的人民。在中国，是武装的革命反对武装的反革命。这是中国革命的特点之一和优点之一”。[3]

能够“透过现象看本质”，这说明斯大林的确有远见卓识。但是，尽管他发表上述至理名言之前曾留意过中共代表谭平山的报告，他显然对报告中关于蒋介石已经实行了军事独裁这一点没有任何深刻的印象。很难猜测斯大林是否真的不了解国民党军队的情况，或者同中共中央的担心相反，他这时也认为北伐为蒋介石在三二〇事变中“所纠集的力量的解体创造了条件”[4]，而不是助长了其加快独裁步伐的野心。无论如何，在这时斯大林的谈话中和共产国际执委会第七次扩大全会的文件中，几乎看不出有对中国革命危险感到担心的任何迹象。不仅如此，由于党内托洛茨基派正与斯大林派明争暗斗，托派尖锐批评斯大林的中国政策右倾，导致斯大林只好对中国正在发生的一切危险闭目塞听，反而公开散布乐观估计，称由于共产党和左派国民党掌握着十分之九的地方组织和绝大部分党员群众，“国民党中间派的社会基础很薄弱，每一分钟都有被左翼推翻的危险”，因此，他们

---

[1] 《真理报》1927 年 1 月 16 日，见《1919—1927 苏联〈真理报〉有关中国革命的文献资料选编》，第 1 辑，第 256—259 页。

[2] 《真理报》1926 年 12 月 5 日，见《1919—1927 苏联〈真理报〉有关中国革命的文献资料选编》，第 1 辑，第 247—251 页。

[3] 《斯大林论中国革命的前途》(1926 年 11 月 30 日)，见《共产国际有关中国革命的文献资料》(1)，第 266—267 页。

[4] 巴库林：《中国大革命武汉时期见闻录》，第 2 页。

只能同左派及共产党人“一起工作，互相利用”，而不能有所作为。[1]这意味着，随着军事上的顺利进展，理当进一步采取进攻的而不是防守的态度，使中国革命和国民党更加向左转。

正是在这样一种莫名的兴奋之中，在莫斯科召开的共产国际执委会第七次扩大全会向中国共产党提出了更加激进的斗争任务。这就是：

1、“中国革命发生在资本主义没落时期，它是推翻资本主义和建立社会主义共同斗争的一部分。”“中国共产党应该竭尽全力争取最终实现过渡到非资本主义发展轨道的这种革命前途”，建立“无产阶级、农民和其他被剥削阶级的民主主义专政”和“向非资本主义（社会主义）发展的过渡时期的反帝革命政府”。

2、因此，阶级力量将重新组合。“现阶段中国革命的动力是无产阶级、农民和小资产阶级的革命联盟”，大部分大资产阶级将被“排除在外”，工业资产阶级在革命向前发展时，“要么脱离运动，要么企图阴谋破坏”，而“不能独立行动”的小资产阶级，则只能接受无产阶级的革命影响。“无产阶级是这一联盟的领导成分”。

3、在目前阶段，只有吸引农民参加革命斗争，才能巩固无产阶级对民族解放运动的领导权，推动反帝斗争的高涨和革命的深入发展。为此，共产党应该支持农民“消灭农村土豪和官僚专权”，夺取农村政权，同时，实施以“减少地租”及“捐税负担”，没收军阀、地主、土豪、买办以及寺庙、教堂的土地“收归国有”，确保佃农“永佃权”，和建立农会及农民武装为主要内容的土地革命纲领。

4、为保证土地革命的顺利进行，并使中国革命“越出资产阶级民主的界限”，“共产党人应该参加广州政府，以便支持革命左翼反对右翼软弱和动摇政策的斗争”，保证土地革命和土地国有化，以及废除不平等条约、撤

[1] 《谭平山提出的关于中国问题的书面报告》，见《共产国际有关中国革命的文献资料》（1），第183—184页。

除外国租界和“没收具有外国租让性质的大企业、矿山、银行”等革命化措施的实施，从而“进到向革命专政过渡的阶段”。[1]

要把中国革命继续推向左倾，以至民主革命的措施还不够，还要“越出资产阶级民主的界限”，让中国革命特别是国民党染上社会革命的色彩，这在当时的中共中央看来，恐怕无异于天方夜谭。

就在共产国际执委会第七次扩大全会召开前不久，中共中央与共产国际代表维经斯基和鲍罗廷等，刚刚在汉口举行了一次“特别会议”。会议明确认为革命面临严重危险，而“各种危险倾向中最主要的严重倾向是一方面民众运动勃起之日渐向左，一方面军事政权对于民众运动之勃起而恐怖而日渐向右”。[2] 也就是说，由于掌握着实权的仍旧是蒋介石集团，随着北伐胜利而日渐风起云涌的民众运动显然在进一步加剧蒋介石等国民党实力派与共产党人之间的严重矛盾。这种形势继续发展，必致“破裂联合战线，而危及整个的国民革命运动”[3]。为此，会议决定再度提出“武力与民众结合”的口号，劝告军事领袖支持或同情民众，且“扶助国民党左派领袖获得在政府及党的领导地位，以推动国民党的军事政权向左，至少也要不继续更向右”；同时决定“在工农群众实际争斗中勿存幻想（如手工业工人过高要求，工人纠察队执行一部分政权，实行耕地农有等），以防止我们过于向左，如此才能够停止左右倾之距离日远的危险”。[4]

于是，在共产国际和中共中央之间，毋宁说在欧洲莫斯科指挥中心和远东汉口的前线指挥官之间，产生了一些明显的政策分歧。当斯大林在克里姆林宫安德列也夫大厅里大声告诫人们不要试图阻止工人罢工，不要试图妨碍在农村掀起革命，不要害怕资产阶级从统一战线中跑掉的时候[5]，中共

[1] 《共产国际有关中国革命的文献资料》(1)，第278—284页。
[2] 《政治报告议决案》，见《中共中央文件选集》，第2册，第569—570页。
[3] 同上。
[4] 《中共中央文件选集》，第2卷，第56—57页。
[5] 《共产国际有关中国革命的文献资料》(1)，第270—272页。

中央恰恰在为此而提心吊胆。他们再三告诫人们：“中、小商人素来受帝国主义者、军阀及大商人三层剥削”，故各地手工业工人及店员“不便向厂主店东提出他们经济力限制以上的过高要求，更不可轻取罢工手段”，以避免使其濒于破产或投向大商买办一边；工人罢工亦不应“自由封闭生产”或“破坏秩序”，工人纠察队更不应“随便捉人”或“再有胁迫及侮辱商人之事发生”，致“侵及政府之司法权及警察权”；而农民也只应以“减租减息，组织自由，武装自卫，反抗土豪劣绅，反抗苛捐杂税”为“迫切要求”，不宜马上就试图解决土地问题。[1]

然而，提倡也罢，劝阻也罢，共产党毕竟只能依靠工农运动的浩荡声势来加强自己的阵地和阻遏国民党的右倾，他们只能而且必须给群众以利益。就连试图制止蒋介石独裁趋势的左派国民党人也开始寻求工农群众的支持，他们在国民党中央及各省联席会议上破天荒地提出了一个异常激进的“最近政纲”，公开许诺要给工人和农民种种好处。[2] 这样一来，随着旧有统治秩序的瓦解，北伐军所过之处，到处都充满了浓烈的革命气氛。处于社会最底层的被压迫和受歧视的人们，迅速组织起来，向历来压迫和歧视他们的上等社会宣战了。在新秩序还没有建立起来，共产党人因缺少人手、经验，乃至意见不一而难于进行有效控制和引导的情况下，要想使这种革命激情始终保持理智和秩序，几乎是不可能的。因此，各地的工农运动实际上都日渐陷入严重失控的境地。

占领武汉后，很快就陷入一种无政府状态。工会组织如雨后春笋般生长出来，许多工人、店员开始为所欲为，以至工会强迫资方加薪减时，不仅出现了“工资加到骇人的程度；自动缩短工时每日四小时以下”，而且工会“随便逮捕人；组织法庭监狱；随便断绝交通；没收工厂店铺等”。[3] 在不过两三个月的时间里，武汉就发生罢工一百五十余起，各行各业的劳动

---

[1] 《中共中央文件选集》，第 2 册，第 384—391、402、404 页。

[2] 《中国国民党历次代表大会暨中央全会资料》（上），第 286—288 页。

[3] 刘少奇：《关于大革命历史教训中的一个问题》，《党史研究资料》1980 年第 5 期。

者都急于摆脱贫困，提高生活待遇。一些罢工人员甚至公然要求外企老板“一律发给中山服一套（外加大衣一件，皮鞋一双，等）”；“每年休假四十天（不包括路程和病假），亲属婚丧喜事给假一个月，工资照发”，并“应得补助200元”；“最低工资67两（元）”外加“膳费15元，房租20元”，家眷亦补20元，同时“每年加薪一次，加薪金额不得少于10两（元）”，且半年“得一个月工资的慰劳金”，一年得整个经营生产“纯利百分之三”；另外“加班两小时，按整日计酬”，退休“领养老金”，由百分之三十到全薪不等，“免费提供医药”，工作一年以上离职，领三个月以上工资的退职金及全部旅费，等等。[1]

湖南、湖北的农村中也出现了同样的情况。许多农会动辄捉人游街，戴高帽、吃大户，随便勒索钱财，甚至捉人杀人，禁养猪鸭，阻运谷米牲畜，抗捐抗税，乃至捣毁税局厘局，擅自截扣军粮，视各级政府如无物，对前线军事供给更是不闻不问。一些农会还擅自截留、没收士兵寄回养家的钱款，对前方军人刺激之大不难想象。

湖南、湖北两省位居内地，周边受到敌对势力包围，再加上战争和动荡本身对生产和贸易造成严重冲击，外国企业停工，银行被迫歇业，各大商业公司纷纷倒闭，中国厂家因工人频繁罢工和原材料严重短缺而无法维持生产，工农民众再片面追求自身生活的改善，两湖地区自然迅速陷入生产瘫痪、市场萎缩、经济停滞、物价飞涨和军心动摇的严重困境之中。仅武汉一地，工人失业人数很快就突破了10万大关。武汉政府控制之鄂、湘、赣三省，财政收入较革命前均减少2/3以上。仅湖南一省，月收入就由革命前的360万锐减为70万。[2] 其中，仅盐税30余万，厘金20余万，杂税数万；原应征收之大宗赋税，如田赋、米捐、特税及烟酒、印花、屠宰税等，

---

[1] P. 埃斯顿：《中国真相》，伦敦1927年版，第229—231页；并见巴库林：《中国大革命武汉时期见闻录》，第65—66页。

[2] 蒋永敬：《鲍罗廷与武汉政权》，（台北）传记文学社1972年版，第228—229页。

均因工人特别是农民抗税抗捐，而无法征收。[1] 政府无力解决自身财政经济困难，前线作战部队的军饷，乃至粮食供给自然都大成问题。仅至1926年12月，国民革命军第八军一个军，就欠饷二百万元以上。[2] 在此情况下，不要说战争难以继续，即使是武汉政府本身的维系也大成问题。于是，共产党和国民党左派再激进，也不能不开始设法控制工农运动，力图使其遵守“纪律”及“秩序”了。

苏联，蒋介石国民党独裁专制体制的制造者

首先开始限制工农运动的，是这时主政广东的国民革命军总司令部后方留守主任并广东省省长李济深。1926年12月，李济深首先在广州采取行动，“禁止工会擅自捕人”，“严禁工人封锁工厂或店铺”，“禁止工人抢劫工厂和店铺的一切财物”，“未经政府许可不得成立任何工会”及罢工纠察队和自卫队[3]，试图把广州纳入“安定”和“秩序”的轨道。

李济深的做法虽然一度为共产党人和武汉政府所不满，但进入1927年初，武汉政府和共产党人也困于现实，不得不采取类似的做法了。它们相继开始劝告工人、农民“应当恪守秩序”，“遵守工厂之正当规则”，“不许可自由行动”，“不得擅自争打暴动”。[4]

实际上，就连共产国际也有指示称：必须对农民加以约束，并“用一切方法使工人的斗争具有组织性，以免发生过火行为和冒进现象”，特别是必须竭力把城市中的斗争引向反对大资产阶级，首先是反对帝国主义者，使中国的中小资产阶级尽可能地留在反对共同敌人的统一战线范围内。[5]

---

[1] 见《湖南民报》1927年5月14日。

[2] 见李维汉：《湖南革命的出路》，《战士》周报第41期，1927年4月17日。

[3] 见巴库林：《中国大革命武汉时期见闻录》，第27页。

[4] 同上，第72页；并见刘少奇：《在省市两党部招待全省工人代表会上的讲话》，(汉口)《民国日报》1927年1月16日。

[5] 见《中共党史参考资料》，第4册，第554页；《列宁斯大林论中国》，第297页。

但是，能不能认为中共中央和共产国际这时已经预见到迅猛发展的工农运动同国民党军事集团以及其基本利益之间的危险冲突，而决心限制工农运动了呢？当然不能。中共中央这时其实还是担心敌对势力远大于革命势力，害怕“民众运动发展之速度，远不及军事的发展”，认为“这种状况若继续下去，很容易使军事势力右倾，甚至于离开民众，形成新的军事独裁政治”。[1] 故他们一方面设法防止工农运动中之过激现象，另一方面仍全力推动工农运动之发展，并呼吁国民党左派不要“因民众势力之高涨而怀疑，而动摇，而有一点反对工农民众”[2]。宣称“工农本是最受压迫的民众，现在虽然稍稍动了一动，并未曾翻过身来，更说不上抬起头来”，哪来什么“工农运动太过火”！若说什么“工农运动开罪于资本家、地主，我们的财政因此陷于困难”，“外交陷于困难”，“这都是反革命的倾向”。[3]

斯大林那里惧于托洛茨基派的攻击，也不能不尽力把中国革命引向深入，因此同样坚决反对“在城市中退却并收缩工人争取改善其地位的斗争”，故坚持认为“发布反对罢工自由、反对工人集会自由等法令是绝对不能容许的”。[4] 在这种情况下，共产党方面防止工农运动“过火行为和冒进现象”的种种措施，实际上均不起作用。各地如火如荼的工农运动迅速使日趋恶化的国共关系陷入更严重的危机中。

从 1927 年 3 月武汉方面不顾蒋介石的反对，召开二届三中全会剥夺蒋介石的党权、政权前后开始，蒋介石就在他所控制的地区针对武汉国民党左派和共产党领导的势力，展开了压制和打击的步骤，导致那些地方的工农运动接连受到严重摧残。在两湖地区，虽因武汉政府及军事领袖碍于同苏联及中共的合作关系，不得不实行保护工农的政策，但部队由于欠饷而开小差以至哗变的情况已时有发生，再加上工农运动侵害军官家

[1] 独秀：《革命与武力》，《向导》第 179 期，1926 年 11 月 25 日。

[2] 《中国共产党对于时局宣言》，1927 年 1 月 28 日，见《中共中央文件选集》，第 3 册，第 18 页。

[3] 独秀：《革命与民众》，《向导》第 186 期，1927 年 1 月 31 日。

[4] 见《中共党史参考资料》，第 4 册，第 554 页。

属的事件频频发生，切身利益受到损害也导致两湖地区部队中的军官日趋转向反共。[1]

时局进入到如此危急的关头，如何准确估价军队及武装在革命中的作用，对于处于危机中的共产党人来说至关重要。斯大林无疑是最早注意到军队和武装在中国革命中的重要地位的。他不仅注意到在中国革命的主要方式是武装夺取政权，而不是暴动，甚至还注意到中国的土地革命也只有“通过军队来帮助农民反对地主”的方式才容易实现。[2] 出于对中国实际情况的隔膜，和对苏俄当年改造旧军队经验的固执，他竟然相信在国民党那些由旧军队改编而成的部队里派上几名共产党的政治宣传人员之后，就可以把它们变成一支革命军队了。显然，斯大林依旧夸大了苏联顾问和共产党人对武汉国民党政权的控制作用，误以为政权掌握在自己的手中，因此，只要共产党人能够在军队中担任某些领导职务，就不难保证军队转向革命，却完全没有考虑到国民党军队的现状会给共产党人带来多大的危险。他甚至相信，现在就可以“通过军队实行正确的农民政策”。[3]

多半也只有在莫斯科的克里姆林宫里，才能产生出可以利用蒋介石或唐生智的军队“来帮助农民反对地主”之类的念头。在中国，无论是中国共产党人，还是共产国际代表或苏联顾问，都断然不会把革命的希望寄托在国民党军队的身上。自从袁世凯利用军队攫取了大总统的宝座，并使其手下的军官同时成为地方军政首脑以来，中国的将军们就已经结成一个特殊的权力阶层。有枪就有权，就有地盘，就有一切。这种政治生存逻辑一旦形成，历来受政治权力支配并为之服务的军人，便开始利用枪杆子主动追求政治权力，使之为个人或派系集团的利益服务。枪杆子第一次如此紧密地与个人的和集团的利益结合起来，非有枪杆子不能占有地盘，

---

[1] 在当时忠于武汉政府的部队中，有五个军（第 2、8、11、35、36 军）和几个独立师、旅，大都是湘籍，其军官多为地主出身或与城乡富绅有亲戚关系。

[2] 《斯大林论中国革命的前途》，《共产国际有关中国革命的文献资料》(1)，第 267 页。

[3] 同上，第 271 页。

攫取权力，不能有个人或集团的特殊利益，结果是不仅有军必阀，而且无军即无政，政治本身也日渐成为军事权力的附属物。国民党及其军队本身也毫不例外。

实际上，恰恰是俄国人自己在中国埋下了独裁专制的种子。自近代以来，中国中央权力已日渐削弱，地方军阀割据现象的出现愈益加剧了传统中央集权体制的瓦解。地方实力派之间的你争我夺虽然造成了空前混乱的战国局面，但中央政府的弱势与大大小小地方实力派相互抑制的权力关系，也不可避免地催生着民主政治格局的萌芽。辛亥革命后，尤其是袁世凯死后，中央政府换来换去，国会及政党政治异常活跃，思想舆论环境格外宽松，新文化运动乃至五四运动风起云涌，都是与这一政治背景密切相关的。

鲍罗廷为国民党人引进的苏联党军一体的中央集权体制，显然是与此背道而驰的。但是，它却在某种程度上适应了相当多的国人厌乱求治的心理，尤其是适应了孙中山试图重建中央高度集权，实现一统中国的政治需要。而以党治国、以党领军和以党统政的办法，最能满足孙中山以党魁身份“总理”一切，再通过党治这种专制形式来实现高度集权的强烈愿望。但孙中山能够以党魁身份“总理”一切，更多的是凭其个人不可替代的威望，党只是起着传递其意志和形成组织的网络的功用。孙中山一死，再没有人有如此威望之后，新权威的树立就必须要靠军事强力了。蒋介石以一介军校校长和国民党的后起之辈，能够一朝崛起，直至成为党的最高领袖，鲍罗廷的信任与提拔固然提供了重要的契机，根本上还是因为蒋掌握着国民党赖以生存和发展的最重要的法宝——军队。只是，如此一来，也就难免会形成军党一体、党赖军存、有军才有政的近乎军事独裁的政治格局。

国民党即使落到军人执政，它也不同于普通军阀组织。蒋介石夺权后，必欲同时掌握党权和政权，除了在现代政治中他必须要借助政党政治取得权力的合法性以外，也是因为他必须要利用党的意识形态旗帜，以自居于政治道德和政治正确的制高点，并利用党、政组织网络来达到聚合各种军事政治力量的目的。事实也清楚地表明了这种情况，正是因为蒋介石不是作为一介军事将领，而是作为高擎政治道义大旗的国民党和国民革命军的领袖进行北伐，无数大小军阀权衡利弊后才会纷纷选择加入到国民革命军的行列中来。尽管他们的投靠更多的只是基于一种利害关系而已，未必存在多少政治取向问题，但国民党的革命党形象，以及它“打倒列强除军阀”的政治号召，具有相当的政治道德力量是显而易见的。

一方面，蒋介石的势力如滚雪球般地不断膨胀，越来越严重地威胁到武汉政府和共产党人的生存；另一方面，共产党人受命还要把革命更加推向左倾，这就不可避免地使共产国际代表和中共中央的策略很快陷入混乱之中。

激进的意识形态规定会怎样限制共产党人策略手法的灵活性，这个时候已表现得再明显不过了。从鲍罗廷在迁都问题上巧妙地争取到多数国民党领导人的支持，使国民党中央及其政府摆脱了蒋介石的控制，进而自己重新成为国民党中央的幕后操手这一经过来看，他依旧能够通过施展政治手腕来达成莫斯科的某些政治目标。但是，因为已经把蒋介石视为民族资产阶级的代表，并认定民族资产阶级正在与共产党争夺对国民党的领导权，因此，要想再争取蒋介石就成为不可能的事情了。鲍罗廷这时的策略是利用湖南军阀唐生智来对抗蒋介石，但他并不真的了解唐生智，何况他也并不清楚在战争期间制造军事将领中间的对立，可能带来怎样的一种后果。这也就是为什么当他公开站出来支持军队中的反蒋倾向后，他几乎立即“感到后怕”、“不知道做得对不对”[1]的原因所在。

---

[1] 见纳佐诺夫、弗基内、阿尔布雷希特：《上海来信》（1927年3月17日），见托洛茨基著、王凡西译：《中国革命问题》，春燕出版社1947年版，第407页。

斯大林挤柠檬汁策略失败，蒋介石发动事变，中共丢掉上海

情况完全不同了。如果说1924—1925年推动国民党左右派斗争，分裂出去一些国民党人还没有什么可怕的话，那是因为那些国民党人不过是一些手无寸铁的国民党元老而已。如今的风险就太大了，因为蒋介石完全不能与那些“西山会议派”的国民党老朽同日而语；他甚至也不是许崇智，因为再没有人能够像当年对付许崇智那样，把蒋介石武装押送出境。战争还在继续，蒋介石是整个北伐军的总司令，不仅投鼠忌器，即使下手，蒋手握军事大权，一旦有闪失，势必造成国民革命军全面分裂，使北伐革命半途而废。况且，和三二〇事变时的情况一样，有谁能担保刚刚投向国民政府不过一年时间的唐生智会比蒋介石更革命呢？两害相权取其轻，但究竟何者为重，何者为轻呢？鲍罗廷和中共中央也一直难有定论。然而，局面已不可改变，尤其在汉口租界事件爆发之后，人们的革命热情已到达极点，不仅鲍罗廷不能不屈服于革命舆论的压力，站出来反蒋，就连一直有些提心吊胆的中共中央，也不能不在共产国际执委会第七次扩大全会决议和上海工人武装起义的革命气氛激励下，迅速左转。而鲍罗廷一旦迈出与蒋介石争夺党政权力的一步，国民党自身的冲突和分裂就无法避免了。

中共中央是在1927年2月底3月初得到共产国际执委会第七次扩大会议关于中国问题的决议案的。对蒋介石和对工农运动要不要采取更激进政策？这一点一直令中共领导人犹豫不决，所以，当他们面对这个决议案时，变得手足无措了。他们当即通过了一个决议，不得不承认“在今日以前，我们有一个根本错误……即是在我们自己头脑中，把国民革命和无产阶级革命之间划了很大的‘天然的不可以人力逾越的’一道鸿沟，以为今天只能做国民革命……仿佛多做一点便违反了革命铁律”。为改变这一错误，中共中央表示当会依照国际决议，“超过资产阶级的民主革命”，不仅要努力争得无产阶级的实际领导，而且要争取实现“工人农民及其他被压迫阶级的民主独裁制，集中铁路、航业、矿山、大工业于国家机关支配之下，以

行向社会主义”。[1]

依据这样一种指导方针，中共中央对形势的看法发生了重大变化。它开始相信“中国革命是为我们意料不到的局势”，“中国民族革命已到稳固时期，无产阶级已到夺取领导权的时期”，“中国工人确有力量，确可革命”，“可以担负世界革命的责任”，中国革命必须“一气呵成”，而上海工人暴动成功，就是中国无产阶级革命的开始。[2] 当然，陈独秀清楚地知道，“中国革命如不把代表资产阶级的武装打倒，中国就不要想革命；同时只有把此武装打倒，资产阶级就〔才〕可以服从革命的力量”。目前，工人群众还未必有这个力量。但他仍旧主张共产党“要马上动作”，要准备一个抵抗，在上海工人起义胜利，蒋介石右派军队试图解除工人纠察队武装之际，坚决“与之决斗”。“此决斗或许胜利，即失败则蒋介石的政治生命〔也〕完全断绝”。[3]

3月下旬，随着工人武装起义成功和北伐军开入，在上海的共产党人开始“准备一个很大的防御的流血的牺牲”，“严阵以待”，决心保持手中的武装，并建立由共产党和左派国民党人控制的临时市政府，争取把上海掌握在自己的手里。[4]

不难断言，这是中共中央第一次真正尝试独立地掌握武装和政权，和与国民党军队抗衡的问题。所有人都已经开始懂得，必须有自己独立的武装，否则在军队右倾的情况下，不可能有共产党人说话的地位。3月初，江西赣州总工会委员长陈赞贤惨遭杀害，南昌、九江由国民党左派和共产党人主持的市党部遭暴徒捣毁的情况，无疑向共产党人敲响了警钟。事实上，就连对中国革命和国民党内部形势十分乐观的苏共中央，这时也在悄悄地告

[1] 《中央政治局对于〈共产国际执行委员会第七次扩大全体会议关于中国问题决议案〉的解释》（1927年年初），见《中共中央文件选集》，第3册，第19—23页。

[2] 《中共上海区委召开活动分子大会记录》（1927年3月19日），《特委会议记录》（1927年3月24—25日），见上海市档案馆编：《上海工人三次武装起义》，上海人民出版社1983年版，第337—345、385—390页。

[3] 《特委会议记录》（1927年3月25日），《上海工人三次武装起义》，第388—389页。

[4] 《中共上海区委会议记录》（1927年3月26日），《上海工人三次武装起义》，第391—392页。

诫中国共产党：必须加紧发展群众运动，“必须把我们的方针指向武装工农，把各省农民委员会改造成为有自卫武装的、名副其实的权力机关”，还必须“驱逐国民党右派分子，使他们在政治上名誉扫地，撤销他们的领导职务”。[1]

占领中国最大和最重要的工业和商业中心上海，在共产国际和苏共中央看来，实在是具有世界意义的大事。特别是中国共产党人居然领导上海工人成功地尝试了欧洲式的武装起义的革命方式，这似乎可以说明上海工人已经在发挥当年彼得堡工人在俄国发挥过的同样的作用了。如果上海能够控制在共产党人的手中，哪怕是与国民党左派合组联合政府的形式，那也将相当于在东方亚洲国家创造了另一次伟大的十月革命。这种美好的前景不能不让各国共产党人感到人心振奋。他们有理由相信，中国革命的胜利指日可待了，而“中国最重要的工业支柱上海的光复，无疑是推动中国革命向左转的因素”。[2]

苏联的和各国的共产党人，以及工人代表，这时都纷纷涌到中国的武汉、广州、上海以及其他一些“光复”的城市中来了。他们都想亲眼目睹这场轰轰烈烈的大革命的伟大进展，都想亲身体验一下这里如火如荼的革命气氛，都想为加速这场革命的胜利提供自己的意见，或为共产国际的指导总结一些经验。与此同时，几年来几成定式的指导及信息渠道，即由鲍罗廷到加拉罕到克里姆林宫，由维经斯基到共产国际到克里姆林宫的程序也被打乱了。几乎所有的人都在发表意见，几乎都有不满。赤色职工国际代表团团长洛佐夫斯基简直不能理解：“这算什么革命，每个将领想怎么干就怎么干！”[3] 而纳佐诺夫等则斥责说：维经斯基和鲍罗廷等共产国际代表纯粹像个小资产阶

[1] 转见艾亨瓦尔德：《论共产国际在中国的策略方针》，《真理报》1927 年 5 月 11 日，《1919—1927 苏联〈真理报〉有关中国革命的文献资料选编》，第 1 辑，第 430 页。

[2] 《真理报》1927 年 3 月 22 日，见《1919—1927 苏联〈真理报〉有关中国革命的文献资料选编》，第 309—311 页。

[3] 转见尤里耶夫：《1925—1927 年的中国革命》。

级革命家，已经丧失了原则立场，而总是处于摇摆与妥协之中。[1]

不过，无论如何，共产国际和苏共中央总算从大量观点各异的报告中发现，中国的情况并不像过去了解的那么乐观。不仅蒋介石具有极大危险性，其他各处的将军们也不十分可靠，整个中国革命形势还处在混沌的甚至危险的环境中，不可须臾大意。

鉴于此，从3月下旬起，苏共中央和共产国际执委会开始向中国共产党人的革命热情泼冷水，力图使其头脑冷静。他们接连提出：(1)不要用武力冲入租界，避免在上海发生类似汉口的租界事件，给帝国主义军队联合干涉制造口实，应当把斗争矛头只指向英帝国主义，以便集中火力并使之陷于孤立；(2)注意利用国民党左右派之间的冲突，在力量对比上处于非常不利地位的情况下，共产党不要仓促出面进行公开斗争，更不要放弃军队工作，与之对立，甚至目前在表面上应缓和反蒋主张，工会亦应少谈政治，以隐蔽发展并保护自己；(3)应实际准备武装组织，绝对不要将武器交出去，必要时则隐藏起来。[2]

4月6日，斯大林公开发表谈话，改变了此前发出的应当把右派驱逐出国民党的说法，主张仍旧需要利用右派的才干和经验，说要“像柠檬汁那样，挤干以后再把它扔掉”。[3] 而共产国际则告诫中共中央：共产党人必须立即通过发展工农运动、参加政府和谋取军中要职的办法来加速革命阵营中阶级关系的变动，全力控制国民党，“以保障国民党的重心左移”。[4]

中共中央当然是按照共产国际和苏共中央的意图去行动的。4月5日，陈独秀在向刚刚回国的汪精卫介绍了共产国际关于巩固国共统一战线，加

[1] 纳佐诺夫、弗基内、阿尔布雷希特：《上海来信》(1927年3月17日)，见托洛茨基：《中国革命问题》，第407页。

[2] 参见《中共上海区委主席团会议记录》(1927年3月28日)、《特委会议记录》(1927年3月30日)，见《上海工人三次武装起义》，第428、438页；《真理报》1927年7月16日，《1919—1927苏联〈真理报〉有关中国革命的文献资料选编》，第515—526页等。

[3] 转见《共产国际第八次全会上的中国问题》，第123—124页。

[4] 见《共产国际》第14期，1927年4月5日。

速国民党左倾的有关指示之后，同汪精卫联合发表了一个宣言，准备通过委曲求全的方式来显示国共两党的精诚合作之意图，并试图以此来压迫蒋介石及在上海的国民党右翼人士，使其多少收敛一下反共和反工农的行径。

与此同时，中共中央秘密指示上海及广州等面临严重威胁的地区的中共党组织，加紧武装工农，“准备动作”，城市中因敌我力量悬殊，以准备秘密组织为宜，而农村中则应当暴动。中共中央已经清楚地意识到，与蒋介石等右派军队的冲突是“不能免的”了，双方“争斗的中心问题”，就是工人纠察队的武装问题，也就是工人在政治上的地位问题，这场斗争一旦失败，“我们所提的民主独裁制的政治将完全无望”。因此，他们不同意将武装暂时收藏起来，认为“这是自杀的政策”，他们下决心一方面极力避免冲突，另一方面准备做出“大的流血与牺牲”，甚至不惜暴动。[1]

蒋介石等人确实在紧锣密鼓地布置“护党救国”的“清党”行动。他秘密召集了两广及长江下游各路将领到沪磋商，以中共阴谋离间军队，篡夺国民党和自成武装，有冲入租界，造成外交冲突，破坏北伐之虞为借口，决定立即采取非常措施。[2] 而公共租界总董和法国租界总巡也以借路的方式，为蒋介石的部下提供方便[3]，使其容易收拾工人纠察队。

4 月 8 日，蒋介石组织了上海临时政治委员会，进而颁布了《战时戒严条例》，并解散了受到共产党人影响的国民革命军总政治部。

4 月 11 日晚，由上海青、红帮头子杜月笙和第二十六军第二师师长分别骗走了上海总工会委员长汪寿华等人。公共租界畅开通向工人纠察队驻地的主要路口，让青、红帮流氓武装向纠察队发动攻击。紧接着，二十六军按计划火速赶到出事地点，以“武装工友，大肆械斗”，“妨碍地方安宁

---

[1] 《上海区委召开活动分子会议记录》(1927 年 4 月 6 日)，《上海工人三次武装起义》，第 444—452 页；并见《共产国际执委会第八次全会关于中国问题决议案》(1927 年 5 月)，《共产国际有关中国革命的文献资料》(1)，第 325—326 页。

[2] 黄绍竑：《四 · 一二政变前的反共秘密会议》，《文史资料选辑》第 45 辑，第 9—15 页。

[3] John B. Powell, *My Twenty-Five Years in China*, New York, pp.158-159.

秩序”为名[1]，解除了冲突双方的武装，从而轻而易举地达到了预定的目的。

4月13日，共产党人重新开始集结力量，准备“誓死奋斗”，要求发还被扣枪支和惩办破坏工会者。被组织进行请愿示威的工人群众行进到距离第二十六军第二师师部附近时，竟然遭到了严阵以待的军队的射杀，以致造成大批示威者死伤。

4月15日，蒋介石公开发布了针对共产党和左派国民党人的《清党布告》，明令通缉共产党员和左派国民党领袖一百九十余人。

4月18日，蒋介石在南京正式宣告成立国民政府和国民党中央，扯起了与武汉方面分庭抗礼的大旗。

与一年前在广州的那次近乎盲目的小小的政变相比，蒋介石这回做得再彻底没有了。他再也用不着像上次那样，心里把俄国人恨得要死，嘴上还得毕恭毕敬故作虔诚地宣誓忠于共产国际。[2]

不容否认，上海共产党人的失败与极度缺乏经验有关，他们只注意抵抗军队的强行缴械，却未曾料到蒋介石会采取如此手段。共产党人如此容易地失败，而未采取他们曾决心付诸实施的“大的流血与牺牲”的暴动行动，也与共产国际有关。因为共产国际明确认为，面对蒋介石和帝国主义的强大武装，“实行暴动的策略，十分谬误”，它只会使“中国无产阶级的鲜血，在一个毫无胜利之望的战争中，便会平白洒尽”。[3]因此，从上海到广州，乃至南京、宁波、杭州、福州、厦门、汕头等地，凡是国民党右派军人举起屠刀的地方，共产党领导的工人运动、工人武装和国民党基层组织，都很快被打入地下了。共产党在与蒋介石的较量中失败，归根结底还是与自身没有同样强大有力的军事力量有关。就是在工人最集中、工人武装曾经最强大的上海和广州，共产党人的反抗至多也只能是罢工罢课而已，对

---

[1] 见《申报》1927年4月12日。

[2] 蒋介石:《军校纪念日演讲辞》(1926年6月7日),《蒋中正演讲录》,1926年11月版,第77—90页。

[3] 《共产国际执委会第八次全会关于中国问题决议案》(1927年5月)，见《共产国际有关中国革命的文献资料》(1)，第332—333页。

1914年第一次世界大战爆发，日本趁机出兵占领了中国的胶东半岛，俘虏了三千多名德国士兵。图为抵达日本本岛战俘收容所的德军战俘

1917年，趁着沙皇俄国参加第一次世界大战，造成国内经济恐慌，民怨沸腾，布尔什维克领导发动了十月革命，建立了世界上第一个共产党国家。图为列宁在对群众演讲

1917年11月2日，美国国务卿罗伯特·兰辛和日本特别代表团团长石井菊次郎签订《兰辛—石井协定》，美国承认日本在中国的“特殊利益”，日本则宣布尊重“门户开放”和“机会均等”原则

1918年1月8日，美国总统伍德罗·威尔逊在国会演说，提出“十四点原则”作为建立世界和平的纲领，其中突出强调了民族自决的原则。图为威尔逊1919年抵达法国巴黎，出席巴黎和会

巴黎和会曾经引起中国知识界和舆论界的极大期待，但是，和会仍旧是由少数几个大国操纵，中国等落后国家的代表只能在别的屋子里等待咨询。最终，德国租借胶东半岛的权益被日本取得

巴黎和会的消息传来，中国人由失望转而愤慨，引发了五四爱国运动。图为天安门前集会的北京学生

五四运动因为得到国内广大舆论界和各界民众的同情与支持，因此被政府逮捕的示威学生很快都被释放了。图为北京高师学生被军警释放后庆贺斗争胜利

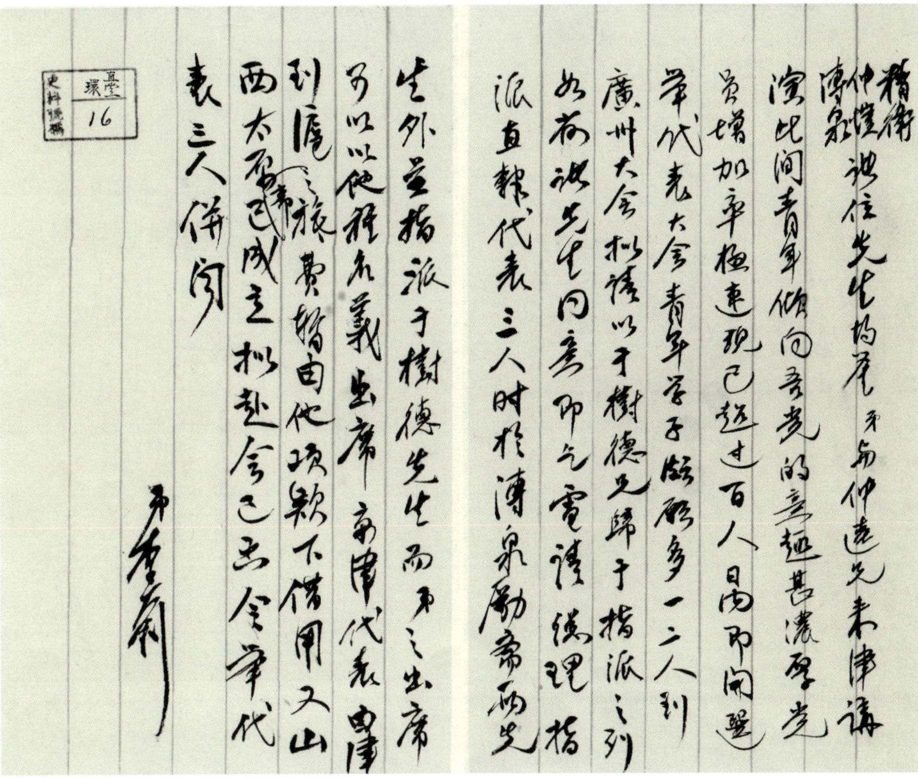

共产党第三次代表大会决定了与国民党实行“党内合作”的政策。图为国民党“一大”前李大钊就增加党员代表一事致国民党领导人汪精卫、廖仲恺和张继的信函

国民党广东省部委员：黎樾廷（前排左一）、何香凝（前排左三）、彭湃（前排左四）、刘尔崧（后排左一）、陈公博（后排左二）、杨匏安（前排左五）

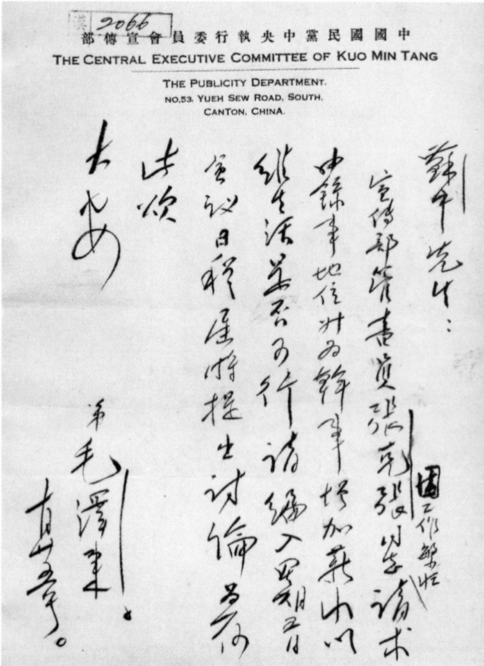

中國國民黨中央執行委員會宣傳部

THE CENTRAL EXECUTIVE COMMITTEE OF KUO MIN TANG

THE PUBLICITY DEPARTMENT.
NO.53, YUEH SEW ROAD, SOUTH.
CANTON, CHINA.

弟 毛澤東

1925年10月25日，毛泽东担任国民党代理宣传部长时为下属提干加薪的公函

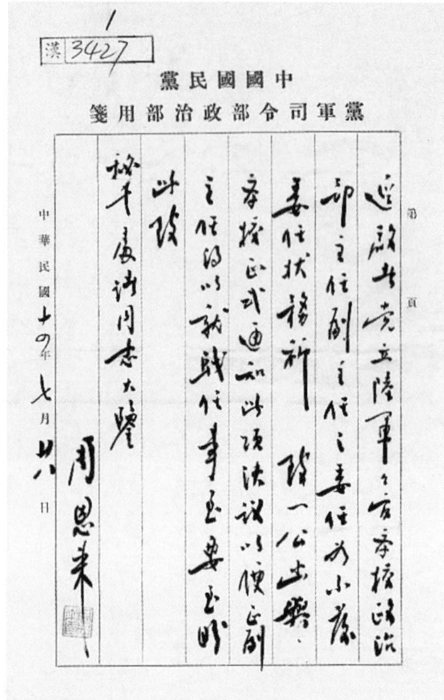

中國國民黨
黨軍司令部政治部用箋

周恩來

中華民國十四年七月廿八日

1925年7月28日，周恩来出任黄埔军校政治部主任后，向国民党中央要求发聘请通知的信函

1922年5月，安源路矿工人俱乐部成立。图为俱乐部筹备委员会合影，中排右五为俱乐部主任、中共党员李立三

1925年6月，为声援上海五卅运动，国共两党领导发动了省港大罢工。图为工人游行示威时的情景

省港罢工委员会部分成员，左五为苏兆征，左六为邓中夏

中共早期从事工人运动的领导人邓中夏

北伐战争期间领导了上海三次工人起义的中共领导人周恩来

中共最早的劳动组合书记部主任张国焘

1927年，北伐军抵达上海前，上海工人在周恩来、罗亦农、赵世炎等领导下，举行第三次武装起义。图为上海总工会的工人纠察队

1927年，共产国际代表团团长罗易与湖南省国共两党领导人合影

北伐战争中国民革命军政治部主任邓演达和苏联顾问铁罗尼在武昌城下督战

北伐战争开始时国民革命军第四军军长李济深和苏联军事顾问加伦（布柳赫尔）合影

1927年4月18日，蒋介石在南京成立国民政府，与武汉国民政府分庭抗礼

1927年4月南京国民党人发动“四一二”事变。图为奉系军阀同时在天津枪杀革命人士

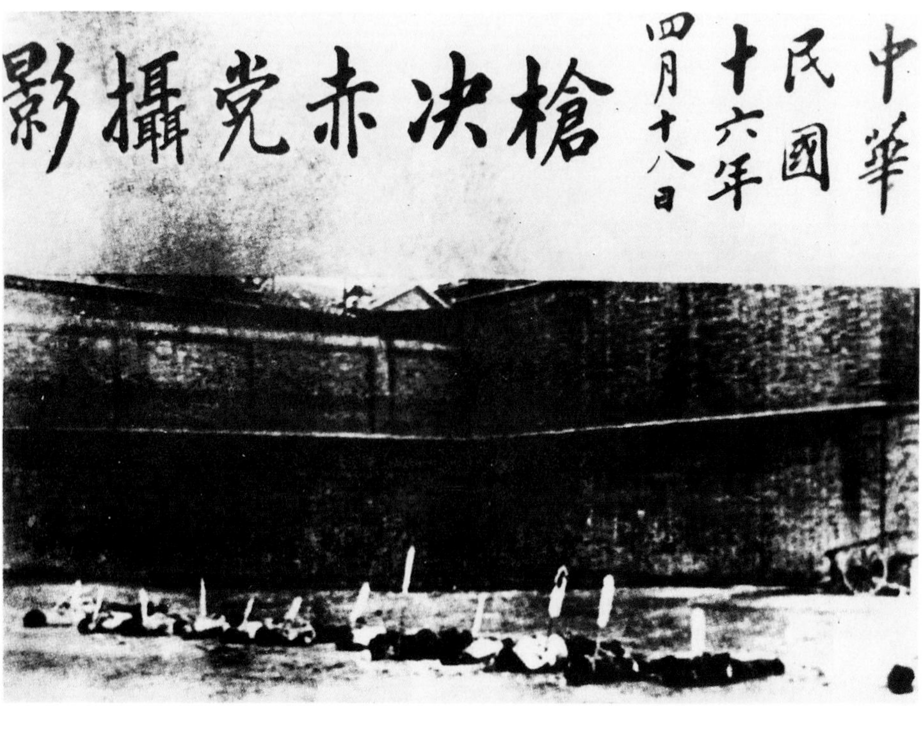

1927年12月1日，广东海丰县民众举行苏维埃政府成立大会

1927年8月1日，朱德、贺龙等人领导了南昌起义。图为起义总指挥部旧址，原江西大旅社

1927年12月11日，张太雷、叶挺、叶剑英等人领导发起了广州起义。图为起义后的街头

广州起义后被焚毁的汽车。据车牌显示，此车为张发奎第四军的军车

朱毛占據時之井崗山（一）

國民革命軍陸軍第十二師參謀處贈

1928年4月，毛泽东领导的秋收起义军和朱德、陈毅领导的南昌起义余部在井冈山会师，成立了中国工农革命第四军。图为事后《东方杂志》刊登的井冈山照片

1928年6月，日军以护侨为名，进入济南城，架设防卫工事，攻击进入济南的北伐军，杀害中国外交人员，制造了济南惨案

1929年，张学良打算以武力赶走苏联人，收回中东铁路的全部权益，引发了一阵反苏浪潮。图为中东铁路事件后，北平市民举行反苏游行

1930年7月底，红三军团一度乘虚占领了长沙，图为红军在街头张贴的标语和文告

1931年3月，鄂豫皖的红四军在双桥镇战斗中全歼国民党三十四师，活捉师长岳维峻，粉碎第一次“围剿”。图为当时墙上的宣传画

1931年11月，中国共产党苏区第一次代表大会在瑞金召开，并宣告建立中华苏维埃共和国。图为大会主席台，中坐者为被推举为中华苏维埃和国中央执行委员会和人民委员会主席的毛泽东

第五次反“围剿”失败，中央被迫长征再遭惨重损失，中共中央不得不在贵州遵义召开政治局扩大会议，改组了中共中央最高权力机关。图为遵义会议旧址

于全副武装的军队来说，这种反抗显然是毫无意义的。

扩大还是深入？罗易力主深入革命，鲍罗廷但求维持联合

要抵抗军队的反动，当然应当依靠军队，但共产党人有什么军队可以指望呢？4月16日，上海党的领导人联名致电中共中央，要求武汉政府迅速出兵讨蒋，以免蒋巩固政权与军队，反使左派灰心，革命失败。[1] 事实上，东讨之说几乎难以成立。还在四一二事变发生的第二天，鲍罗廷就明确表示：“我们用现有兵力不可能东进”，东进不仅将使蒋介石与帝国主义乃至北方军阀公开结盟，而且“我们将会被打败和被消灭”。[2]

这时，严格地说，真正支持武汉政府的，只有叶挺领导的新编第二师一个师，其他部队之所以仍旧聚集在武汉政府的周围，或者是因为需要靠武汉政府发饷，或者因为是在唐生智的率领下并像唐生智那样和蒋介石有矛盾。总之，没有哪一位将军真心支持武汉政府的政策。相反，蒋介石的反共政策倒很快在这些将军和军队中引起了共鸣。毫无疑问，在这个时候，几乎没有哪一个在武汉的共产国际代表和中共中央领导人认真地考虑过讨蒋问题，在四一二事变发生后接连召开的中共中央与共产国际代表团的联席会议上，只有一个问题，那就是：如何使革命从危机中走出来？而危机的关键则在于：当蒋介石的部队叛变之后，如何才能防止剩下的军队也走上同样的道路？所有的与会者都看得很清楚：在目前形势下，武汉政府中将军们同共产党人和工农运动翻脸，几乎只是个时间问题了。

能不能设法拉住将军们，使他们为革命出力呢？这显然是一个难题。已经深谙此中利害的鲍罗廷相信，可能使将军们保持驯服的唯一方案，就

[1] 《特委会议记录》（1927年4月16日），《上海工人三次武装起义》，第457—460页。《李立三等六人的报告——主张迅速出兵讨蒋》（1927年4月16日），见《四·一二反革命政变资料选编》，人民出版社1987年版，第178页。

[2] 《鲍罗廷在中共中央局与共产国际代表团会谈时的发言》（1927年4月13日）。

是设法继续驱使他们进行战争，而不让他们停下来往回看，使他们远离自己家乡轰轰烈烈的工农运动，并且没有办法腾出手来打击共产党人。同时，只要能与冯玉祥的国民军会合，打到北京、天津以至张家口，就可能接通外蒙和苏联，从而像过去在广州那样，通过供应武器弹药使将军们获得甜头，再返回头来收拾蒋介石。不难看出，鲍罗廷仍旧是在玩弄政治手腕，而这一套如同过去一样，很难保证其众多环节中的某一个环节不会由于主观的和客观的原因而发生意想不到的变故。但鲍罗廷看不出还能有别的什么办法，用陈独秀的话来说，就是“革命不能在武汉等死”[1]。鲍罗廷坚信：如果我们不采取过于激烈的工农政策，“如果我们不在湖南实行一种由我们控制政权的政策，如果我们不制造像（查抄）佛教协会这类事件，我相信我们可以在这里工作很长时间”，但这一切都已经发生了，并且还将继续发生。[2]

作为苏联共产党员和共产国际委派的工作人员，鲍罗廷没有勇气批评苏共中央和共产国际制定的政策，他甚至一直竭力按照这一政策把中国革命向左推进。但是，这时透过他发言的字里行间，可以看出他开始对这一政策的正确性或多或少地发生了怀疑。他曾经试图说服国民党在广东推行土地革命政策，但如今他否认这一政策的可能性。他声称：不仅“在广东进行土地革命是非常困难的”，而且只要“同现在的国民党在一起”，我们就“不可能进行这种土地革命”。他曾经力主发动工农并依靠工农运动，但如今他把广州工人说成是“尘土”，把上海工人看作“软棉花”，相信工农运动不应该过分地刺激军事领袖。当然，他清楚地知道，他不能因此而主张革命向后倒退。不仅如此，在共产国际执委会第七次扩大全会之后，革命还将进一步左倾和激进。那么，由此而产生的矛盾将不可避免地导致更大的事变爆发，与其看着将军们就地恼羞成怒，反目为仇，大打出手，何不冒险继续北伐，既可以接通冯玉祥、阎锡山以及苏援为诱饵，又可使其

[1] 转见《革命的基础和社会力量》（1927 年 4 月 13—15 日），罗伯特 · 诺思等著，王琪等译：《罗易赴华使命》，中国人民大学出版社 1981 年版，第 170 页。

[2] 《鲍罗廷在中共中央局与共产国际代表团会谈时的发言》（1927 年 4 月 14 日）。

忙于北方战争，给两湖工农更多的安全保障呢！况且，这也是武汉政府主要领导人的主张。[1]

对鲍罗廷的建议，中共中央领导人的意见多半只是停留在现实需要的基础上，如怀疑北伐是否会削弱武汉及两湖地区的防卫力量，是否会同前一阶段一样，再次造成对资产阶级军事力量有利的局面，能不能先在占领区干一番革命事业，为人民做些好事再北进，等等。刚刚从莫斯科转经广州、长沙等地来到汉口的共产国际代表团团长罗易，却极为敏感地意识到鲍罗廷主张背后的“小资产阶级情绪”。

不可否认，鲍罗廷建议的主旨，是力图避免日益白热化的阶级斗争，尤其是怀疑或者说不相信工农群众目前有战胜地主资产阶级及其武装的可能，而这是与共产国际历来的主张，特别是和第七次扩大会议决议精神相违背的。罗易尖锐地指出：鲍罗廷主张的实质，就是想“一走了之”。它“不是把动员广大群众（他们代表真正的革命民主力量）放在首位”，而是“把在军队间施展策略放在首位”；不是面向工人阶级，而是“把拉拢利用军官放在最重要的地位”。

在罗易看来，如果从无产阶级革命的立场出发，目前“摆在武汉小资产阶级政府面前所需要做的事情，就是执行一项真正革命的政策，完成土地革命”。因为，“革命前途的唯一保证就是建立一个革命民主的基础，而在中国，革命民主力量的核心就是农民”。只有彻底解决了土地问题，才能把农民充分动员起来，投身革命。“但是，在必须立即北伐的借口下”，小资产阶级的武汉政府“正在回避这项工作”，而鲍罗廷竟也在某些军事领导人的压力下跟着小资产阶级“转身逃跑，抛弃群众”，放弃全力开展土地革命的努力，“这无异于帮助小资产阶级背叛革命”。

罗易认为，根本的办法在于：“(1) 通过土地革命和实现无产阶级的最

---

[1] 其实这主要是汪精卫的意见，并且是与南京方面李宗仁等秘密约定的结果。参见《李宗仁回忆录》下册，广西人民出版社 1980 年版，第 469 页。

低要求以动员民主力量；(2) 在农村由农民夺取政权；(3) 革命军队的改编和集中领导。”同时，他主张通过忠于武汉政府的军队的起义和工农的行动来恢复广东等省国民政府的权力。总之，在罗易看来，绝不应再指望诸如唐生智或冯玉祥等将军们，“这些人很可能又变成新的蒋介石”，北伐势必要同这些随时准备背叛革命的反动分子实行合作，以至“跳出油锅又跌入火坑”。革命必须靠工农自己，而“动员革命民主力量——无产阶级、农民和城市小资产阶级，建立一个民主专政，是中国革命胜利的唯一保证”。[1]

罗易的主张鲜明地反映出共产国际历来理论的本质特点，即：(1) 必须把发动和组织工农群众的程度当作衡量革命成败的根本标准，(2) 必须把革命深入及彻底与否当作衡量发动和组织工农群众程度的根本标准。尽管罗易也注意到军队的重要性，强调“我们需要军事力量保卫和巩固基地”，需要靠忠于国民政府的军队来恢复国民政府在邻省的权力，主张武装工农，改编军队等等，但是他显然没有意识到，革命深入和组织工农本身也需要军队的拱卫。他只看到“没有共产党的支持，没有劳动群众热情的、自觉的支持，武汉的左翼政权连一天也不能存在”，故而主张不再做国民党的尾巴，要让武汉政府按照共产党的意图行事。但是他却没有看出，无论工农运动，还是武汉政权，这时都还是建立在军事力量的基础上，没有那些“随时准备背叛革命”的将军的支持，不仅武汉政权，连工农运动也一天都难以存在。[2] 因此，要么独树一帜，不顾一切地深入革命、发动工农，准备流血牺牲；要么只好委曲求全，见机行事，为维持统一战线的局面暂时使自己的言行保持在国民党，特别是将军们所允许的范围内。

为了和资产阶级、小资产阶级，以及自私自利的将军们保持某种统一战线，而委曲求全，乃至妥协退让，哪怕是暂时的，也是大多数共产党人所难以接受的。这颇不合共产党人彻底革命的性格。为什么不能独树一帜

---

[1] 《革命的基础和社会力量》(1927 年 4 月 13—15 日)，见《罗易在华使命》，第 162—175 页。
[2] 同上。

呢？以托洛茨基、季诺维也夫、拉狄克等为代表的激进的“反对派”，率先在苏共中央和共产国际内部提出了这样的主张。他们认为，今天的国民党及其政府“乃是将军们手中的一个工具”，它最终势必要像土耳其革命的领袖凯末尔那样，走上反对工农运动和共产党人的道路。因此，他们主张，在“军队底首领们利用每一个机会镇压共产党员”的情况下，绝不应再做“国民党底一个附属品”，更不要死守着“推进国民革命军到完全胜利，即中国统一”，然后再“开始将共产党从国民党分裂出来”的“彻头彻尾的门雪维克观念”。[1] 相反，共产党应当挺身而出，彻底进行土地革命，真正发动和武装工农，“制止资产阶级的专政之企图”。[2] 为此，有必要使中国革命脱离国民党的阶段，公开提出苏维埃的口号。他们声称：“只有苏维埃能够摧毁旧的资产阶级的统治机关，开始造成新的（政权）。”[3] 他们说：“中国资产阶级民主革命，如不将在苏维埃形式中前进而胜利，则将完全失败。”[4] 被国民党以及地主资产阶级将军们捆住手脚的共产党，是绝不可能把中国革命真正引上土地革命和武装工农的道路的。

反对派的主张，无疑充满了一厢情愿的俄国色彩，但其对国共关系的看法，却并非毫无根据。上海、广州的反共事件刚刚发生，武汉政府领导人就一面宣布“开除”蒋介石党籍，“并免去本兼各职”，“依法惩治”[5]，一面直截了当地向共产党人发出警告，要求共产党人设法约束工农运动，并务必不要垄断工农运动的指导权，以免妨碍国民政府同各国政府及军官们之间的关系。而鲍罗廷及陈独秀只能被迫表示让步，公开主张“暂时采取

---

[1] 季诺维也夫：《中国革命提纲》（1927 年 4 月 15 日），见托洛茨基：《中国革命问题》附录，第 99—128 页。

[2] 《中国革命中的苏维埃问题》；《中国革命与史大林同志底提纲》，见托洛茨基：《中国革命问题》，第 40 页。

[3] 季诺维也夫：《中国革命提纲》（1927 年 4 月 15 日），见托洛茨基：《中国革命问题》附录，第 99—128 页。

[4] 托洛茨基：《关于中国革命的第二次演讲》；《觉悟与矫正的时期到了》等，见《中国革命问题》，第 77—79 页。

[5] 见《中国国民党第一、二次全国代表大会会议史料》（下），第 980 页。

战略上退却的办法”，约束工人和农民。不仅要把工农运动统统置于武汉政府之行政与司法之权力管辖之下，“外国银行商店中工人不得自由罢工”，两湖农民不得擅自“由下造起，去摧翻反动的势力”，而且要“组织裁判所，审判并处罚违犯革命纪律的工人”[1]，同意国民党与共产党共同指导工农。鲍罗廷甚至亲自参与起草武汉政府及国民党中央制定和发布劳资纠纷处理条例，禁止工人及店员提出过度要求及干涉厂店之管理，不许工会及纠察队有任何恐吓罚款及压迫惩办厂主和店主的行为，并极端严厉地主张对那些有意无意触犯政府规定之组织和个人，从重予以处分。[2] 不难看出，为维持国共两党的统战关系，避免武汉国民党人右转，共产党人不能不开始出面阻止工农运动继续发展了。

形势异常紧急，中共主张退让，莫斯科指示异想天开

保持国共合作和统一战线，这是长期制约着鲍罗廷和中共中央的一个行动准则。不仅在共产党只有几百人的时候是如此，就是在这时，共产党已经有了 5.8 万名党员和上百万、上千万有组织的工人、农民支持的时候，他们仍旧不敢怀疑这个准则的必要性。可以肯定，他们丝毫没有因为工农数量的增多而相信自己已经强大到可以独树一帜的程度。这不仅仅是因为他们手中没有军队，而且也因为共产国际的理论和政策都是这样规定着的。甚至在四一二事变之后，斯大林还进一步要求中国共产党人必须保持同国民党的合作。他明确认为：“没有这种合作则革命的胜利是不可能的。”与前不同的只是，他宣称中国革命的第一个阶段是包括资产阶级、小资产阶级、工人和农民四个阶级在内的“全民族联合战线底革命”，而随着以蒋介石为代表的资产阶级的叛变，革命已经进入没有资产阶级的第二个阶段。它意味着，

[1] 鲍罗廷：《在中国国民党中央执委会政治委员会第十四次会议上的发言》（1927 年 4 月 20 日），《怎样解决土地问题》（1927 年 4 月 26 日），见《鲍罗廷在中国的有关资料》，第 203—207 页。

[2] 参见《中国国民党第一、二次全国代表大会会议史料》（下），第 1164—1169、1175—1176 页。

“国民党洗去了污点，把国民党的核心向左推移”，“进入其发展的更高阶段即土地运动阶段”。在这种情况下，不仅不能“把中国一切旗帜最受欢迎的国民党旗帜交给国民党右派”，而且有必要把武汉政府进一步改造成工农民主专政的机关，“把国家全部政权集中于革命的国民党”。[1]

按照斯大林的逻辑，资产阶级已经叛变，统一战线只剩下工、农、小资产阶级，革命自然左倾，还有谁能够阻挡工人和农民提出更为激进的革命要求呢？还有谁能够妨碍人们把武汉政权改造成为由无产阶级领导的，并得到农民和城市小资产阶级支持的工农民主专政机关呢？毫无疑问，至少在理论上，缺少独立性的小资产阶级是无能为力的。但是，在实际生活中，小资产阶级却并非毫无独立性。恰恰相反，它们已经开始在向共产党提出过去国民党右派和蒋介石提出过的同样的问题了。

难道领导武汉政府和左派国民党的仍旧是资产阶级？在1927年4月底召开的中共第五次全国代表大会的报告中，陈独秀对此含糊其词。他声称“我们不能确切地肯定说，是否整个资产阶级都脱离了革命”，但他却肯定地说：“到目前为止，只有无产阶级、小资产阶级和农民还没有武装。”[2] 那么，武汉政权的武装是哪个阶级的呢？这似乎有点儿不言而喻。不过，他并没有加以说明。七年来，关于理论及政策上的阶级分化组合之类的问题，大都是莫斯科那些权威人士讨论的事情，中共的任务只是对决定的东西加以理解、消化、阐发和执行。但是，至少这次他清楚地知道，罗易所谓在地主资产阶级已经站到反革命一边去之后，再也“没有理由担心加强农村的阶级斗争会导致统一战线的分裂”的说法[3]，是再荒唐没有的。汪精卫、唐生智之流，并不是毫无主见和独立性可言的三流货。这种情况很快就反映出来了。

---

[1] 见《斯大林全集》，第9卷，人民出版社1956年版，第201—206、231—234页。

[2] 《陈独秀在中国共产党第五次全国代表大会上的报告》，《中共党史资料》，1982年第3辑。

[3] 《罗易在中国共产党第五次全国代表大会上的讲话》（1927年4月30日），《罗易赴华使命》，第191页。

在罗易的努力下，中共五大通过了两个比较符合共产国际执委会第七次扩大会议决议精神的工农运动的决议案。在关于《土地问题议决案》里，中共明确提出了“耕地农有，平均耕地”的口号，主张没收除属于小地主及革命军人以外的一切土地，并建立农民的乡村自治政府，组织农民自卫军。[1] 在关于《职工运动议决案》里，中共不仅肯定了工人群众为争取改善生活和劳动条件的经济斗争，而且明确主张“极力从政治上经济上向资产阶级勇猛的进攻”，以争取实现八小时工作制，最低限度工资，及没收一切银行、矿山、铁路、轮船、大企业、大工厂等，收归国有，并参加生产管理等目的。[2] 结果，上述主张统统被国民党中央以这种或那种形式否决了，不仅没有一条能够实行，武汉政府反而还发布了一系列法令对工农运动加以限制。特别是在5月中下旬四川杨森向武汉政府发动进攻，而湖北的夏斗寅部和湖南的许克祥部又接连叛变，严重威胁到武汉并占领了长沙之后，武汉国民党领袖的右倾就更加明显了。

罗易终于明白陈独秀的看法是对的了。5月24日，罗易在中共中央与共产国际代表团的联席会议上坦率地承认，他此前关于“封建资产阶级分子都已脱离革命，国民党已成为以工农小资产阶级为基础的革命民主政党，因此，预料一切事情都会顺利进行”的看法，“是不正确的”。事实上，“封建地主和资产阶级作为阶级已转向反对革命，但它们的代理人依然留在国民党内，并继续担任领导职务”。然而，罗易并未能摆脱旧的观念的束缚，他又重弹起国民党上层领袖“并不代表、也不能代表其广大党员和拥护它的群众”的老调，相信仍有可能通过帮助国民党左派“在党的地方组织中占优势”，进而“同群众建立反对反动领导人的统一战线”的办法，自下而上地“除掉反动的领导人”。[3]

---

[1] 《中共中央文件选集》，第3册，第70页。

[2] 同上，第74页。

[3] 《中国共产党同国民党的关系和中国共产党的独立性》（1927年5月24日），见《罗易赴华使命》，第283—290页。

对于中共领导人来说，这个办法实在是太熟悉了。他们有充分的理由相信，这个从前就从未真正成功过的办法，这次也不会成功。况且，局势已经恶化到了极点，要么分裂，要么让步，没有别的选择。夏斗寅和许克祥叛变的事实已经说明，国共冲突的中心就是农民问题。因此，如何对待农运，成了能否保持统一战线的关键。此时，国民党否定了中共五大提出的土地纲领，其将军们更举出了农协随便捕人、罚款、游街、毁庙、侮辱军人家属以及没收土地和士兵汇款等种种“过火”行为，要求根本制止。而事实上，湖南农运中也确实存在一些诸如毛泽东所说，平分富农土地，侵犯军人家属，乃至分配士兵寄回家去的钱，一些农会为哥老会把持，完全不懂政策的情况。[1] 对此，鲍罗廷和陈独秀等主张，对幼稚行动和过火行为要坚决制止，而在土地问题上应适当让步，通过暂时的让步来避免当前的危险，“使我们能够为了未来而生存下去”，“把我们的力量集中起来，有朝一日把他们打倒”。而罗易却声称“在目前情况下，共产党人应当鼓励和发展这些‘过火’行为，而不是去‘纠正’它们”。因为被国民党指责为“过火”和被陈独秀谴责为幼稚行动的，“是工人阶级和农民群众的革命行动”。因此，他坚决主张不管国民党的规定和限制，毅然“组织和领导农民群众自己起来没收土地”，以此来对国民党左派进行“考验”。[2]

难道还有必要进行“考验”吗？对于鲍罗廷来说，国民党左派领导人为了避免自己被军阀势力所推翻，“实行退却是正确的”，“应当支持”；对于陈独秀来说，同这些左派领导人的关系充其量只是相互利用，在目前自己还没有力量单独进行革命的条件下，这种“考验”只能使自己被军人打败。无论如何，每个共产党人这时都清楚，“我们迟早必须退出国民党”，他们其实只是渴望能够胜利地退出，而不是失败地退出。因此，他们仍旧决心

[1] 参见《毛泽东在土地委员会及军事委员会上的发言》，《湖南农民运动资料选编》，人民出版社1988年版，第689页；《中国国民党第一、二次全国代表大会会议史料》，(下)，第1232—1233页。

[2] 《中国共产党同国民党的关系和中国共产党的独立性》(1927年5月24日、6月9日)，见《罗易赴华使命》第289—290页。

采取让步策略。

5月25日，中共中央政治局会议接连通过了两个决议，明令限制工会和农会的司法权，并提出没收土地必须在确保军官中立等条件下进行，否则即应停留在宣传阶段，以首先建立乡村政权为“现时农民革命运动之主要点”。[1]

从土地革命的立场上后退，这在托洛茨基反对派看来完全是不能容忍的。处于苏共党内斗争风口浪尖的斯大林，也不能在这种问题上后退。不论这种后退是不是暂时的，它毕竟违反了共产国际，特别是斯大林所描绘的中国革命发展阶段的理论。而且承认它，势必会为一直在激烈谴责斯大林等人在中国革命问题上妥协退让的反对派提供炮弹。

因此，当共产国际获悉谭平山在担任国民政府农政部部长的就职演说里居然没有提到没收土地问题，而且还同意用和平方式“查办”长沙许克祥叛变问题时，他们就迫不及待地致电共产国际驻中共中央代表，要求立即予以纠正。他们在后来被称为“五月指示”的信中指示说：“没收土地的口号对于被猛烈的土地运动所席卷的省份，如湖南、广东等省，是十分及时的。”“没有土地革命，就不可能胜利。没有土地革命，国民党中央委员会就会变成不可靠的将军们的可怜的玩物。”信中认为：只有通过土地革命，才能把农民充分发动起来，以至“建立一支反对帝国主义及其走狗的广泛而强大的政治和军事大军”，这正是“革命和国民党成功的基础”。因此，他们明确表示赞同罗易“从下面实际夺取土地”和“从下面吸收更多的新的工农领袖到国民党中央委员会里去”的主张，反对用和平的方式来对待诸如许克祥之类的反动军官。而为了避免继续依赖于不可靠的将军们，他们更是明确提议：“动员两万左右的共产党员，加上湖南、湖北约五万的革命工农，编成几个新军，用军官学校的学生来充当指挥人员。”并且要组织

[1] 中共中央政治局：《对于湖南工农运动的态度》（1927年5月25日），见《中共中央文件选集》，第3册，第136—137页。

军事法庭，惩办反动军官。电报特别注明：这样做“目前还不迟”！[1]

罗易 vs 鲍罗廷：防御还是进攻？中共中央准备后事

这样做已经太迟了。自蒋介石叛变，鲍罗廷就已经意识到，共产党在军事发展上犯了严重的错误。中共五大即明确决定要发展自己的武装，此后并确实大力动员工农加入军队，试图用这种办法改变军队的社会关系，使之革命化。与此同时，共产党人还设法控制了在武汉的联合军校，并积极发展工农自卫武装。但是，要武装，必须有枪弹；要军队，必须有军官。而枪弹、军官统统控制在国民党人手里。湖南工农组织武器最多，亦不过千余支枪。[2] 而中共可信赖的指挥官，这时也只有叶挺等几个人。不仅如此，由于长期以来军队都是雇佣军性质的，采取的是募兵制，一般有生活来源者绝不当兵，动员工农参军十分困难。而且即便参军，因缺少军官及避免国民党及将军们无端怀疑，只能往现有军队中送，结果依旧是为他人做嫁衣裳，根本变不成自己的军队。加上组织军队，即须训练，当时训练至少要三个月时间，否则根本没有战斗力。联合军校的学生就因训练不足，在配合叶挺部队抵抗夏斗寅部的战斗中，临阵慌乱，打伤自己指挥官多人，被叶挺下令连毙几人才压住阵脚，但仍不能作战。[3] 此事足以说明适当训练之必要与重要。因此，鲍罗廷及中共中央对共产国际指示立即组建几万军队一点，都颇不能解。军队、武装既不能建，其他改造国民党中央，组织“革命军事法庭”，“从下面实际夺取土地”等，自然都是纸上谈兵。

6 月 4 日，罗易在中共中央常务会议上宣读了共产国际的来电，并提

---

[1] 《共产国际执行委员会给中共中央的信》（1927 年 5 月），见《共产国际、联共（布）与中国革命档案资料丛书》（5），第 446—447 页。

[2] 参见《党史研究资料》，第 1 辑，第 368—370 页。另据 1927 年彭公达报告，湖南各团体请愿代表之报告和 1929 年潘心源报告，可知当时长沙工有枪不满四百支，浏阳约六百支，衡阳约一百支，株洲一百六十支，水口山二百支，郴州一百支，岳州一百支，余均甚少。

[3] 参见《中国国民党第一、二次全国代表大会会议史料》（下），第 1186—1187 页。

议组织特别委员会准备湖南暴动。同时，中共中央遵照共产国际来电精神，发出了致国民党书和告全国农民书，强烈要求国民政府明令宣布许克祥之流为“反革命”，并火速派兵予以讨伐，呼吁农民夺取大地主、反动豪绅以及庙宇祠堂的土地，但对于小地主、革命军人、士兵的家属和土地财产，绝对不能侵害。[1] 随后，中共中央派毛泽东、周以粟去湖南组织临时省委，共产国际代表团则派两名苏联代表前往湖南实地考察组织暴动的可能性。

中共中央重新呼吁夺取大地主的土地，并不表明它已完全屈服于共产国际的压力，这仅仅是一种形式上的东西。同时下发的《中央通告农字第五号》，更明确重申了此前主张的时限，即“对于大地主田地之没收，应当等到本党对于中小地主的态度完全解释，乡村自治政权，已经开始建立，然后才能实行”[2]。

6月上旬，江西朱培德公开分共。同时，因北伐部队与冯玉祥部已会合于原定之作战目标郑州，唐生智等不愿再往北去，故武汉政府决定回师武汉，整理再战。实际上，因冯玉祥与蒋介石勾勾搭搭，唐生智北伐得不偿失，无论鲍罗廷和加伦等怎样鼓动东征讨蒋，国民党人也不接受。相反，原先武汉方面最寄予希望的冯玉祥，这时也有了联蒋的迹象。特别是唐生智数万湘军开回武汉，势必使军事反动更加加剧。不仅如此，此时武汉的物价上涨已经到了天文数字，武汉政府发行的各种币券，其信用更是一落千丈，政府每月收入不过150万元，支出竟达1300万元，全市失业人口及家属已超过总人数的1/3，加上各省来汉的革命者、避难者，以及几次战役的伤兵数以万计，整个武汉政府已经到了“四面楚歌、满城风雨、叠卵可危的时候”[3]。

而在此之前，蒋介石已于4月18日在南京正式建立起对抗的国民政府，开始公开否认武汉政府，进而于28日发出布告，声明将与列强一起对武汉

[1] 《中国共产党致中国国民党书》（1927年6月4日），《中国共产党就长沙政变告全国农民群众》（1927年6月4日），见《罗易赴华使命》，第303—307页。

[2] 见《中共中央文件选集》，第3册，第158页。

[3] 《商民运动周刊》第9期，1927年6月。

实行经济封锁，并且基本上接受了英、美、日等五国就南京事件提出的全部要求[1]，开始与各国积极谋求发展双边关系。

这个时候，与武汉政府交好的苏联政府却接连遭受沉重打击。4 月 6 日，在北京各国外交使团的支持下，北京奉系军阀的军警袭击了苏联大使馆，随后公布了查抄的大批秘密文件，暴露出苏联大力援助国民党和冯玉祥的大量事实。紧接着，天津法租界的苏联商行和上海苏联领事馆等，同时遭到搜查或包围。5 月 12 日，英国警察亦对苏联驻英商务代表团大楼和英苏贸易公司进行了同样的袭击。[2] 十天之后，英国政府以苏联人员从事了间谍活动和反英宣传的名义，同苏联断绝了外交关系。一时间，法国要求苏联召回大使，美国外交人员呼吁对苏联发动十字军远征[3]，就连日本驻上海总领事，也跑到武汉去游说国民党领袖，拐弯抹角地提醒他们认清时势，放弃联苏联共政策。面对这种内外交困的局面和国际国内反苏反共浪潮的强大压力，武汉政府终于下决心解除了鲍罗廷等苏联顾问的职务。

解除鲍罗廷等苏联顾问的决定，是武汉国民党人可能会与苏联及共产党关系破裂的一个再明显不过的信号。一切形势都告诉共产党人，他们必须再次选择：要么防御，要么进攻。在罗易看来，防御就是退让，退让就意味着投降国民党并任其摆布。因此，在他看来，“只有一条道路：我们必须进攻”，否则，不仅国民革命将会失败，而且共产党人“可能在全世界被打败，第一个社会主义国家的存在也将受到威胁”。因为，“帝国主义国家正在准备进攻苏联”，“如果帝国主义成功地在中国重新树立其地位，则包围苏联的计划就将完成”。罗易宣称：“在这种时刻，同小资产阶级联盟的问题已经失去其政治意义”，“共产党必须站出来领导土地革命”，且不惜与国民党破裂。

---

[1] 即所谓《宁案通牒》，1927 年 4 月 11 日提出，全文见《中华民国外交史资料选编》，第 398—399 页。

[2] C. Ю. 维戈兹基等编，大连外语学院俄语系翻译组译：《外交史》，第三卷（下），三联书店 1982 年版，第 664—666 页。

[3] 同上，第 672—673 页。

据此，他提议，在唐生智军队回师之际举行总罢工，并召集群众大会，要求国民党公开表态，开放工农运动，惩治反革命，免去朱培德的职务，同时派五十名党员去江西鼓励和组织农民暴动。进而，瓦解国民革命军，鼓动士兵反抗军官，转而进攻广东，夺取长沙，武装工农并改组国民党。[1]

罗易第一次真正注意到，共产党在同国民党关系上所犯的根本错误，就是没有建立一支真正的革命军队。他并且第一次提出：共产党绝不应再同目前的国民党进行合作，国民党必须改组。

但是，恰恰在这两个最关键的问题上，罗易提不出行之有效的具体办法。他一面宣布“国民革命军已成为反革命的工具”，“必须瓦解他们”；一面又表示要依靠广东籍的第四军和第十一军打回广东去。他声明，如果不建立一支真正的革命军队，“我们党就将灭亡”，但又不说明怎样才能在短期内建立起这样一支军队和广泛地武装工农。他号召揭露和驱逐国民党中央委员会的头头们，只同改组后的国民党合作，却又主张在基层组织工作没有准备完成，拥护共产党的工人和农民没有源源输入国民党地方组织之前，不要提出推翻国民党中央的口号。他说，“大概需要三个月时间”，就可以召开代表大会，“推翻国民党现中央”了。[2] 可是，不论是否按照罗易所说的去做，留给共产党的时间绝没有三个月了。

6月15日，国共双方开始举行联席会议，这无疑是双方领导人为改善两党关系所作的最后一次尝试。但罗易再度提议向国民党发出一件类似最后通牒式的《中国国共两党国民革命纲领草案》，要求国民党必须同意考虑和解决诸如“立即恢复广东”、“消灭湖南的反革命”、“没收土地”、“八小时工作日”等问题，否则就没有必要与国民党合作。[3] 这一提议甚至在某种程度上得到了蔡和森和瞿秋白的同意。

---

[1] 《反革命活动还是共产党策略——防御还是进攻？》(1927年6月9日)，见《罗易赴华使命》，第312—320页。

[2] 《罗易在中共中央政治局会议上的发言》(1927年6月9日)，见《罗易赴华使命》，第316—318页。

[3] 《国民革命纲领》(1927年6月15日)，见《罗易赴华使命》，第330—332、332—337页。

显而易见，共产党人早就对两党关系这种无休止的混乱和冲突的状况感到不能忍耐了，但没有哪个领导人敢于下决心立即与国民党决裂。因为对中共中央来说，这毕竟是莫斯科才能决定的事情。而莫斯科这时却说“只有在农村进行土地革命，在城市满足工人的经济和政治要求，才能吸引群众参加斗争”；只有“建立由革命工农组成的绝对可靠的部队，输送共产党员和坚定的国民党左派加入军队，清洗军队中的反革命分子，并建立工人自卫军”，革命才能进一步发展，但是，“我们还来不及聚集力量”，“也来不及达到能够打败敌人的地步”，因此，中共现在不仅不能退出国民党，而且必须制止过火行动，“必须在对待小资产阶级，也包括中等资产阶级的态度上相机行事”，以“保证小资产阶级的财产完全不受侵犯”，经济生活不致完全瘫痪。[1]

因此，就连强烈地主张与国民党摊牌的罗易，也不能不一面再三扬言，国民党不革命，就应当抛弃它，一面却又表示，即使国民党人目前不接受他的条件，也不能轻易退出国民党，因为“这是为了清除反革命领导人”[2]。但这纯属书生气。鲍罗廷明确地警告说：我们如果不能在“政治行动”、“控制群众运动”和“工商业政策”三方面与国民党迅速达成和解，“在未来几天之内马上就不可避免地要同国民党决裂”。[3]

不过，在短时期内，不要说进攻或退让都已经无济于事，甚至共产党人连任何一种进攻或退让的策略都难以推行。人们从来没有做过应付这种非常情况的哪怕任何一种精神上的或者物质上的准备工作。陈独秀几乎是以无可奈何的口吻电告共产国际：他们所提出的主张统统都是正确的，但在短时期内统统都行不通。“在最近的将来，继续留在国民党内在客观上大

[1] 参见布哈林：《共产国际执行委员会全体会议情况介绍》，《真理报》1927 年 6 月 18 日；《共产国际执委会第八次全会关于中国问题的决议》（1927 年 5 月），《共产国际有关中国革命的文献资料》（1），第 325、332—333 页等。

[2] 《罗易在中共中央政治局会议上的发言》（1927 年 6 月 15 日）《罗易赴华使命》（第 332—338 页）亦收有罗易当天的谈话稿（即《国民革命纲领》），但内容略有差异，这里谨据会议记录。

[3] 《鲍罗廷在中共中央政治局会议上的发言》（1927 年 6 月 15 日）。

概是不可能的”了，但马上破裂更加不利，似还以暂时让步，纠正“过火”，准备武装，等待时机为宜。[1]

当然，中共中央并非还抱有幻想。7月初，陈独秀、蔡和森、毛泽东等人已经在考虑如何把可能掌握的军事力量保存下来的问题了。[2]

问计无方，共产国际下令退出武汉政府，国共关系彻底破裂

6月17日，国民党人正式通知鲍罗廷等已被解除顾问职务。

6月21日，冯玉祥提议送鲍罗廷等回国，共产党人下野，武汉、南京两政府合并迁宁。[3] 同时，唐生智及所属湘籍国民革命军部队明显趋向反共。

6月22日，中共中央决定在武昌、汉口分别设立秘密办公地点，以防不测。随后并开始秘密布置撤退党员和保存实力的工作。但发展独立武装的工作实在颇伤脑筋，因无独立武装，一旦全面破裂，后果实难设想。为此，陈独秀、蔡和森等再度求助于群众运动，决定致信上海区委，以“抗议帝国主义军队开往华北”为理由，在上海通过冲击租界，设法掀起第二次五卅运动，并诱使帝国主义对蒋介石占领区进行干涉和占领。在他们看来，“如果是帝国主义占领，我们就可以发动一场新的反帝战争。这场战争将直接导致武装工农和没收土地的必要性”。[4]

陈独秀等人显然已经走投无路了，他们相信既然事已至此，与其“光荣的灭亡”，倒不如破釜沉舟，在上海制造一场轰轰烈烈的反帝事件。这种驾轻就熟的反帝运动，不仅足以调动亿万民众，而且可以让蒋介石陷入被动，从而改变武汉方面的危机局面。

---

[1] 《陈独秀致共产国际执委会电》（1927年6月15日），见《罗易赴华使命》，第324—325页。

[2] 毛泽东在会上明确提出了让农民武装“上山”的问题，并强调“不保存武力则将来一到事变，我们即无办法”。《中共中央政治局会议记录》（1927年7月4日）。

[3] 徐州特别会议，1927年6月21日上午12时（第二次），中国革命博物馆藏档，2/327号。

[4] 《中共中央致上海区委的信》（1927年6月23日），见《罗易赴华使命》，第344—347页。

陈独秀等人的主张遭到了罗易的强烈反对，他坚信这种没有充分准备就“将工人投入反对帝国主义军队的斗争”，“是一种冒险”。与此同时，他却极力提倡另外一种冒险。他提议，不论还有多少日子留在武汉合法地进行工作，“我们必须要有自由，并且建立一支我们自己的军队和一个左派集团”。他相信，汪精卫在冯玉祥与蒋介石联合举行徐州会议后正处于孤立和恐慌中，应该把他“争取回来”。由于这时得到了莫斯科关于可以向汪精卫的武汉政府提供数百万金卢布的电报，罗易显然相信他可以把汪精卫争取回来。为此，他决定“不要耍外交手腕”，直截了当地“将共产党的决定告诉他”，使他知道“我们为什么支持他们，他们能指望从我们这里得到什么”。争取以他为中心改组国民党中央，并请他指派邓演达担任一个军的军长，这样才能使我们有合法的机会建立一个军，才可能进一步去说服左派全面实行我们的政策，说服他们去占领广东作为推行我们计划的根据地。他声称，目前只有采取这种“决定性的步骤”才可能改变危险局面。[1]

把共产党的决定乃至共产国际要求改组国民党中央、组建以共产党员为骨干的工农军队的指示和盘托出，甚至还直截了当地要汪精卫为共产党建立自己的军队开绿灯，这无异于要汪精卫放弃国民党，或者变国民党为共产党。这更是冒险，而且是不折不扣、毫无希望的冒险。

但这既不是第一次，也不是最后一次冒险。自从汪精卫被蒋介石赶走，苏联人就对汪精卫有一种特殊的好感。为争取汪精卫反蒋并支持共产国际的中国政策，苏共领导人不仅特地安排汪过境苏联回国，而且许诺为汪精卫提供 1000 万金卢布的援助。共产国际和苏共中央的指示也经常被透露给他。[2] 罗易的行动不过是为了更直接地让汪精卫体会到整个共产国际和中

[1] 《罗易在中共中央政治局会议上的发言》(1927 年 6 月 23 日)。

[2] 从 1927 年 4 月 6 日中共上海区委活动分子会议记录中罗亦农的报告可知，汪精卫一到上海，就得知了共产国际关于必须武装工农以及必须开展土地革命，使中国革命超越民主革命，走上非资本主义道路的有关指示，并表示“绝对赞同第三国际给我们（按：指中共）的训令”。《上海工人三次武装起义》，第 447—448 页。

共对他的信任，以及寄予的重大期望。与此同时，莫斯科竟也致电汪精卫，希望他“在目前危急的形势之下”，认识到“解救的办法就是同农民合作”，“实行土地革命”，并且更多地同共产党联合起来，“从工人和农民中培养新的领导人”，而不是在左右之间摇摆不停，以至采取反对工农的立场。[1]

这简直不可思议！当鲍罗廷和中共中央了解到莫斯科发给汪精卫的电报内容之后，显然感到无法理解。明知武汉政府反对土地革命，却硬要它接受“没收土地”的口号；明知汪精卫等不过是将军们手中的玩物，却硬要共产党人去求助于他审判反动军官；明知事态危急，军事反动一触即发，却不顾一切地要求国民党允许武装工农，甚至要求其自动改换上层领袖使之工农化。

6月26日，中共中央与共产国际代表团再度召开联席会议，并通过决议，给共产国际去电表示不能接受其指示。陈独秀明确讲：只有允许退出国民党，共产党在政治上才可能做到独立自主。否则，向右或向左“我们都将垮台”，继续目前的状况也是不可能的。只好再去寻找第四条出路。事已至此，还有没有第四条道路呢？[2]

6月20日，探悉何键将挑起事端在武汉演出反共事变，中共中央因尚无国际复电和决裂准备，遂不得不亟亟下令湖北省总工会发出布告，要纠察队交出武器，试图避免何在武汉像蒋介石和许克祥那样，以此为借口大开杀戒。[3]

7月3日，中共中央又急忙通过了瞿秋白6月30日起草的一个准备正式宣布退让范围和条件的维持国共关系的决议案。[4]但是，这一切已经不起任何作用了。

其实，还在6月23日，苏共中央就已经一改其五天前的主张，宣布武

---

[1] 《共产国际执委会主席团给汪精卫的电报》(1927年6月25日)，转见《中共中央政治局会议记录》，1927年6月26日。

[2] 《中共中央政治局会议记录》(1927年6月26日)。

[3] 《湖北全省总工会解散纠察队布告》(1927年6月29日)，转见《中共中央文件选集》，第3册，第621页。

[4] 此决议由瞿秋白提议并于6月30日起草，但于7月3日讨论及决定。

汉国民党的“小资产阶级的领袖们”可能“发生新的叛离”了。[1] 尽管他们始终信息不灵，反应迟钝，不得不在各种各样不同性质的报告中摇来摆去，以至有时朝令夕改，但这时他们不再怀疑自己的判断了。

7 月 8 日，共产国际执委会致电中共中央，明确认为武汉政府已经转入反革命营垒，“共产党员不能再留在政府里”，“必须退出政府以示抗议”。同时，他们要求中共继续坚持留在国民党基层组织中和群众中，为争取“在真正民主选举的基础上召开代表大会”，以改变国民政府的政策和国民党领导机构而斗争。自然，具有丰富斗争经验的共产国际领导人，没有忘记提醒中国共产党人：为了“纠正党的领导的根本错误”，共产党人“最好是秘密”召集一次“紧急代表会议”，并准备转入地下。[2]

一切都结束了。在与蒋介石的关系破裂之后，苦心孤诣地经营了近四年的国共合作的局面，终于落下帷幕了。中共中央还没来得及将他们根据共产国际指示起草的谴责武汉国民党领袖的宣言散发出去，共产党人在南昌组织的武装起义，已经把它与武汉政府的关系彻底撕裂了。武汉政府领导人几乎是气急败坏地于 8 月 14 日夜决定了分共的步骤和措施，国共关系走到了尽头。

结 语

自 1923 年 1 月《孙文越飞宣言》发表，4 月苏联正式决定援助孙中山国民党，10 月鲍罗廷一行到达广州，到 1924 年 1 月国民党第一次代表大会召开，形成一个全新的革命的国民党，掀动起轰轰烈烈的国民革命运动。国民党从改组前在国内只有广州、湖南设有分支部，党员不足 5 万人的一个偏处海外的狭隘组织，一举发展成为在国内拥有上万分部，近百万党员的一个全国性

---

[1] 《真理报》，1927 年 6 月 23 日，《1919—1927 苏联〈真理报〉有关中国革命的文献资料选编》，第 471—474 页。

[2] 《共产国际执委会给中国共产党中央委员会的电报》（1927 年 7 月 8 日），见《共产国际、联共（布）与中国革命档案资料丛书》（4），第 397—398 页。

大党；从过去从未有过军队，必须借助地方军阀的势力，一举发展到拥有兵力 40 万，成为国内最大的一支武装力量，因而得以成功北伐，并开始问鼎中央政权。所有这一切，在在得益于苏联所提供的方方面面的帮助与援助。

同样的情况，中共从 1923 年一个还只有 400 人左右的小组织，以个人名义加入国民党，不足四年时间，一举发展到将近 58000 人，同样离不开从马林，到维经斯基，到鲍罗廷等共产国际代表的指导和帮助。其能够日渐活跃于国民党内，进而成为五卅、省港、两湖等工农运动的主导力量，甚至一度几乎左右了国民党的政治发展方向，更是离不开在它背后的苏联的作用。除了鲍罗廷背靠苏联的纵横捭阖创造的种种条件外，仅苏共经过共产国际在 1927 年一年里给予中共的财政援助，总数就不少于 100 万卢布。而事实上，中共几乎所有组织、宣传和人员生活的费用，一直以来都要靠共产国际按月拨款。没有苏联如此力度的各种援助和帮助，很难想象中共会有如此迅速的发展与壮大。

但是，相比较而言，苏联人带给中国革命和国共两党的失败，似乎更容易让人印象深刻。正是因为有了苏联人的直接介入，国民党在由弱到强的发展过程中，接连遭遇内部的冲突与分裂。把共产党人安排进国民党内的结果，固然使双方的组织都获得了迅猛发展，同时也因为刻意要用共产党来改造国民党，从而不可避免地造成了两党人员之间的日渐戒备与敌视，直至引发了一系列严重事变，造成两党关系的全面破裂。

很难说苏联在中国这一阶段的种种努力，究竟在多大程度上有益于苏联自己。刚刚脱离了长期的战争、动荡与革命的苏联，这时正处在一个艰难的经济恢复的过程中，其反资本主义的政权性质，使它很长时间无法得到资本主义国家的外交承认，以致连正常的贸易都不易展开。为了援助中国等各国革命力量，推动各国革命运动，它甚至不得不把没收得来的沙皇和贵族的各种金银财宝偷偷运到欧洲市场上去换回货币，然后再交由共产国际去安排和分配。显然，仅仅为了自身的安全和权力，他们大可不必这样做。列宁主义的革命意识形态在这里起着十分明显的作用。不仅列宁相信，而且托洛茨基，甚至是斯大林都相信，俄国革命只有与世界革命结合起来，才能得到彻底的胜利。正是这样一些意识形态的观念、自身的革命经验和在此基础上形成的形势判断，促成了他们输出革命的热情与意志。但也正是这些看似成熟于俄国革命的革命观念和革命经验，使他们不可避免地会严重脱离中国社会的实际。他们帮助中国革命的热情能够大大推动中国革命的进程，但他们的种种努力注定了会使他们距离想要达成的目标越来越远。而且，观念、经验一旦意识形态化，人们还很难发现问题，并吸取教训。随着指责斯大林政策错误的托洛茨基一派人被扫地出门，斯大林愈加坚定地认定了自身政策的正确。于是，即使是为了证明自己政策的正确性，中国革命也一定要继续下去。

第三章

从“彻底”到“不彻底”

1927年秋冬，中共公开打出了“苏维埃”革命旗号，它也因此走上全盘苏化的道路。一切都由莫斯科说了算的结果，使中共党内教条主义盛行，最后弄到孤家寡人，满盘皆输。但是，如果没有俄国人力推以暴易暴，也就没有中共的暴动政策；没有暴动政策，也就没有工农武装割据的发生，也就没有毛泽东的崛起和莫斯科对毛泽东的重视与肯定。历史的吊诡就在于，莫斯科既制造了失败，也孕育了成功……

一、为“苏维埃”而战

斯大林：不要多长时间，中国革命就可以重新回到大街上来了

1927 年 7 月，在经过长时间的冲突和摩擦之后，中国革命向左发展的势头终于被国民党人遏止了。共产党人控制并以为依靠的上千万有组织的农民、成百万有组织的工人，以及大量国民党基层党部，转瞬就被反动武装压垮了。不论是南京政府，还是武汉政府，表面上都没有放弃反帝反军阀这种带有明显苏联色彩的革命口号和行动，但国民党人领导下的反帝反军阀运动的主体及其实际内容，已经发生了根本性的变化。它不仅失去了此前的革命内容，离开了世界革命和阶级革命的轨道，转而成为典型的资产阶级争取民族独立和国家统一的运动，而且日渐失去群众运动的特点，逐渐成为国民党政府乃至上层领袖推行其外交及内政方针的宣传口号。随着国共斗争告一段落，国民党及其政府统一问题重新提上日程，各派人物迅速依据军事实力展开了权力上的公开勾结或争夺，反帝反军阀的目标干脆被置诸脑后。共产党人几年来辛苦经营的结果，在国民党内只剩下形式上的激烈和下层党部的某些激进情绪而已。以蒋介石为代表的国民党上层

领袖，更是公然开始以取缔反帝运动为交换，来秘密谋求列强对自己的支持了。[1] 这说明，国民党上层领袖已经不惜抛去这层形式上的革命外衣，并不惜和下层群众的革命情绪相对立。

国民党人的这种变化，当然是仍旧主张坚持反帝反军阀的彻底革命立场的少数国民党左派和共产党人都已预料到的。但是，在国共关系破裂后，中国革命的道路究竟应当怎么走呢？对形势的不同估计和对俄国革命理论及经验的不同理解，迅速导致了不同的结论。因此，当国民党上层各派开始围绕究竟应当以谁为中心来统一国民党，以及在统一政权之后应该如何进行权力再分配的问题上钩心斗角，以至大打出手的时候，作为坚持彻底革命一方的共产党人、左派国民党人以及共产国际和苏共中央内部，也发生了严重纷争以至对立。整个中国迅速陷于混乱和动荡之中。

最早意识到革命失败，国民党已无可指望，试图寻求新的出路的是国民党左派领导人邓演达。这位黄埔军校前教育长，后任国民革命军总政治部主任、武汉行营主任、联合军校校长、湖北省政务委员会主任等职的国民党人，在 1927 年 5 月左右，就已经在探求新的革命出路了。[2] 而当中共中央和罗易等人讨论是否应当向汪精卫推荐他来组织一个军的时候，他已决心离开武汉，秘密前往苏联，力图取得共产国际和苏联的支持，重振国民党，以“形成新的力量，寻找新的革命道路”去了。[3]

邓演达和随后到达莫斯科的宋庆龄及陈友仁虽有再兴国民党的宏大志向，但在莫斯科一事无成。他们恰好赶上了苏共党内以斯大林、布哈林为代表的中央派与以托洛茨基、季诺维也夫为代表的左翼反对派，进行最后

[1] 1927 年 9 月底至 11 月初，蒋介石曾亲赴日本要求其首相给予支持，声称一旦他“完成革命”，“排日运动当可绝迹”。见佐藤安之助在蒋介石与田中义一首相会谈时所作记录，译文见《近代史资料》总第 45 号，第 218—224 页。

[2] 这时的邓演达曾打算第二次改组国民党，并解散共产党，统一革命的领导权，见施存统：《第三党问题》，载蓝玉光编：《第三党讨论集》，1928 年版，第 28 页。

[3] 《第三党的面面观》，中国国民党河北省党务指导委员会宣传部编：《机会主义的第三党》，1928 年版，第 75 页。

较量的时刻。斯大林和布哈林领导下的共产国际由于在中国革命问题上的失败，遭到了反对派的猛烈攻击。就连莫斯科东方共产主义劳动大学和中山大学的中国学生，也大量受到反对派观点的影响，而对反对派表示同情。在这种情况下，力图依靠苏联，白手起家，重新使已为多数共产党人所反感的国民党成为中国革命的中心，自然不会受到苏联人的欢迎。事情很明显，不论在哪一派苏联领导人看来，中国革命都绝不应当停留在国民党阶段了。

不可否认，由于共产党的力量不足，斯大林曾一度试图继续利用国民党这面旗帜。因为，按照俄国革命的经验和托洛茨基一派人的观点，中国革命早已发展到需要打出工农苏维埃的旗帜的时候了。斯大林对此提不出不同的看法，他只是坚持，中国革命刚刚遭到了暂时的失败，革命高潮还没有到来，共产党人“不要太跑在前面，不要现在就成立苏维埃”。[1] 在他看来，只要革命的形势再度出现，比如“在最近的将来”，“新的革命高涨成为事实，那么成立工农代表苏维埃的问题，就可以作为当前口号、作为与资产阶级政府的对抗而提到日程上来了”。[2] 到那时，国民党的旗号就可以抛弃了。

对国民党的态度问题，毫无疑问是同共产党人对中国革命当前形势、性质、内容及其动力和对象的考虑密切联系在一起的。几乎所有人都承认革命遭到了失败，但是，斯大林和共产国际的主要领导人对形势的估计远比看起来激进的托洛茨基派要乐观得多。他们相信，中国革命如今的失败不过就是“类似于布尔什维克在一九一七年七月所遭受的失败”，很快就会迎来一个同样伟大的十月革命。至多也就是要经过比俄国革命的七月到十月更长一点的时间，革命就可以“重新走到大街上”去扫除一切反革命了。[3] 很显然，即使在共产党人内部，相当多的人也不同意斯大林他们的看法。

人们此时的认识，大致走向了两种极端。

---

[1] 《列宁斯大林论中国》，第 282—283 页。

[2] 同上。

[3] 同上，第 281 页。

在右的一边，最悲观的莫若施存统等人，他们似乎把革命的这种失败看成了一种观念的毁灭，以至成千上万地脱离了共产党。而更多的人则把革命的失败类比于俄国的1905年，而非是1917年7月。他们相信，革命力量的重新积聚和爆发，需要的不仅仅是“半年”或“一年”，而是一个相当长的过程。[1]

在左的一边，最激进的莫过于中共地方党的一些领导人。他们明确认为：“中国客观上早已到了1917年，但以前总以为这是在1905年，这是以前极大的错误”[2]，故他们强烈主张马上抛弃国民党的旗号，立即建立苏维埃政权，“且迅速的取得全国的胜利”[3]。在他们的眼睛里，革命的暂时失利完全不值得重视。

暴动、暴动、暴动，中国革命已经进入到全国总暴动的局面了

国共关系破裂后，莫斯科马上就派来罗明纳兹接替了鲍罗廷的工作，于1927年8月7日改组了中共中央领导机构，成立了临时中央政治局。就罗明纳兹和临时中共中央政治局而言，它们虽深知斯大林的类比仅系“就其程度讲来”[4]，并非指其性质，知道中国革命“仍然还在民权革命第二阶段”[5]，但同样认为失败并不十分严重。强调不仅革命力量本身“还没有大破坏”，而且由于国内局势更加动荡、恶化，毫无出路，革命必将迅速“重新高涨”起来[6]，会很快进到“工农民众暴动的时期”。[7]

---

[1] 持这种认识的有谭平山以及托洛茨基、季诺维也夫反对派等。

[2] 《湖南致中央函》（1927年8月20日），见《中共中央文件选集》，第3册，第354—356页。

[3] 湖南省委当时明确认为“中国的革命现在已经到俄国的1917年10月”，见彭公达：《关于湖南秋收暴动的报告》（1927年10月8日），见《中共党史参考资料》，第5册，第173—181页。

[4] 《列宁斯大林论中国》，第281页。

[5] 《中央复湖南省委函》（1927年8月23日），见《中共中央文件选集》，第3册，第350—353页。

[6] 《中国共产党的政治任务与策略的议决案》（1927年8月21日），见《中共中央文件选集》，第3册，第327—342页。

[7] 《中央通告第十三号》（1927年10月24日），见《中共中央文件选集》，第3册，第394—404页。

实际上，中共中央一分钟也没有等待这个“必将”和“进到”的过程，它从来就没有想到过革命已不在“高涨”之中。故从武汉分共之日开始，它与其说在“准备”迎接“革命斗争之不可免的重新高涨”和“工农民众暴动”的到来，不如说在全力以赴地按照革命高涨的形势，组织发动各省的武装暴动。从八一南昌暴动，到湘鄂粤赣四省秋收暴动计划，从两湖暴动计划，到“九·九”鄂南及湘赣边农民暴动，再到“十一·一”海陆丰的农民暴动，这一系列暴动计划和暴动行动清楚地反映了这种心态。

不仅如此，尽管各地暴动先后失败，中共中央仍从各地暴动起义的星星之火中感受到了强烈的革命冲动，干脆断言：“革命的潮流普遍的高涨”了，准备暴动的方针已经不行了，武汉反动以后，中国革命已经进到工农民众暴动的新时期，客观条件上已经可以“汇合而为全国总暴动的局面”，夺取全国政权了。[1]

暴动是一种突发式的群众武装夺取政权的革命形式，其主要特点在于它的突发性和群众性。因此，它对敌我力量的对比和群众的革命情绪及其物质的准备，都有较高的要求。由于暴动是以夺取政权为目的的，因此它显然较为适合那些工业比较发达，城市能够在支配国家政治经济生活方面和行政统一方面起到决定性作用的欧洲国家的革命党人。俄国的十月革命，就是通过这种暴动获胜的。仿照俄国革命的理论经验建立起来的中国共产党，自然从一开始就把这种群众性的突发式的夺取政权的方式，当成了自己未来革命成功的唯一可靠的途径。他们为此一直怀疑和反对孙中山的军事革命方式，坚信凡革命就必须要从群众运动开始，到群众暴动结束，不可保持部分的政权、部分的军队，否则就必然妥协堕落而不能彻底革命。这种观念其后虽有改变，但亦只是在国民革命和阶级革命之间画了条线，他们还是相信，真正的革命只有靠群众暴动来取得才能算是成功。

由此可知，一旦由共产党人自己来发动革命，它自然而然地要选择群

[1] 《中央通告第十五号》（1927 年 11 月 1 日），见《中共中央文件选集》，第 3 册，第 433—441 页。

众暴动的形式。但是，在城市化和工业化水平很低[1]，政治及行政尚不能统一，敌人军事力量十分强大，而群众运动刚刚遭到严重失败，尚无足够的精神准备和物质准备的中国，强行推行暴动政策谈何容易。

其实，即使中共中央自身，对武装暴动也是缺乏准备的。武汉国民党7月15日决定分共后，一度尚未公开。加伦随即提出建议，应该马上争取控制粤系将领张发奎及其部队。据此，中共中央马上开始利用中共在张发奎部队上层军官中的影响，试图促使张脱离武汉政府，返回广东老家，到广东后独树一帜，掀起土地革命运动。后发现张亦有驱共意图，且共产党和共青团已公开发表声明，斥责武汉政府叛变，国共分裂已完全公开，于是不得不下决心摆脱张发奎，独立策动张部可影响之军队举行起义。不难了解，在这种情况下发生的八一南昌起义，在共产党人的观念里，还只是一种单纯的军事阴谋，或军事政变。它有力地表明了共产党人试图独自掌握武装力量，以反抗武汉政府的叛变行径的决心，但它还不是那种典型意义上，即共产党人所希望看到的，真正能够将革命引向胜利前途的群众性的武装暴动。

对于南昌起义，中共中央从一开始就认为存在这样一种严重缺陷，故马上就“训令湘粤赣鄂四省立即进行”“秋收暴动计划”，“给南昌政变以有力的响应”。它试图通过这种方法来“把南昌政变与秋收暴动汇合起来，一致向前发展”。[2]

八七紧急会议召开后，新的临时政治局更进一步说明，南昌事变的目的，是“在以军事力量帮助四省暴动的实现和成功”，“如把四省暴动当作响应南昌暴动的军事势力，那便是本末倒置”。[3]

但无论是以秋收暴动响应南昌事变，还是以南昌事变帮助秋收暴动，

---

[1] 还在1913年，俄国城市人口已占全国总人口的18%，10万人口以上的城市已有100多座，50万人口以上的城市亦有20座之多。而中国此时城市人口数尚不足全国总人口数的10%。

[2] 《中央致前委信》（1927年8月1日），见《中共中央文件选集》，第3册，第238页。《中共中央致湖南省委信》（1927年8月5日）。

[3] 《中央致湖南省委信》（1927年8月9日），见《中共中央文件选集》，第3册，第307—309页。

结果都没有做到。中共中央虽三令五申督促各地，并缩小暴动范围，集全力鼓动两湖，“在时间上已经是失败”。[1] 两湖省委不顾一切于 9 月 9 日前后将暴动在湘赣边和鄂南发动起来，还是很快就被敌人压了下去，也未能实现中共中央的暴动计划和胜利预想。不久，中共刚刚掌握到的南昌起义部队，在孤军南下福建、广东过程中，亦为强敌所灭。

共产国际与苏共中央最初对中国革命形势的乐观程度，事实上与中共中央并无太大差别。从这时共产国际的有关文件和苏共中央《真理报》的有关文章可以清楚地看出，他们对于“革命的暂时失败将在较短时间内为革命的新高潮所取代”的前景，充满了信心。[2] 他们甚至在进入 8 月份之后，就已经在主张“把苏维埃的宣传口号变成直接斗争的口号”了。当然，条件是“如果革命趋向高潮”的话。[3] 而他们出于常理，并不认为在革命失败后的几天之内就会出现新的高潮。因此，他们最初并没有鼓励中国共产党人立即组织武装反抗，并且对新派去的共产国际代表罗明纳兹和加伦与中共中央策划的南昌起义，抱着一种将信将疑的态度，声称：“如毫无胜利的机会，则可不举行南昌暴动”。应将张发奎军队中的党员尽数退出，派往农民中工作。[4] 但是，在“这一拼死的尝试”变成现实之后，注意到中共在广东、江苏、湖南、湖北、河北、河南、陕西等省遍地开花，到处暴动的情况，他们立即开始相信中国正在再现俄国十月革命前的情景，因而毫不犹豫地断言：中国的“这场运动并没有被完全扼杀，革命群众也没有被吓倒，组

---

[1] 《两湖暴动计划决议案》（1927 年 8 月 29 日），见《中共中央文件选集》，第 3 册，第 363—368 页。

[2] 《国民党左派的危机》（社论），《真理报》1927 年 7 月 26 日，见《1919—1927 苏联〈真理报〉有关中国革命的文献资料选编》，第 526—529 页。

[3] 《联共（布）中央委员会和中央监察委员会全体联席会议关于布哈林同志报告的决议》，《真理报》1927 年 8 月 10 日。

[4] 转见《张国焘致临时中央政治局并扩大会议的信》（1927 年 11 月 8 日）、《中共中央复张国焘的信》（1927 年 11 月 30 日），南昌八一纪念馆编：《南昌起义》，中共党史资料出版社 1987 年版，第 67、68—75 页。

织武装起义的任务是不言而喻的”[1]，“建立一个更加符合自身要求的新国家的日子已经为期不远了”[2]。

于是，尽管各地发生的几乎所有暴动都是仓促举事，全靠各地党员骨干抛头洒血来点起那些瞬间即逝的火花，人员、组织、资财的损失难以数计；尽管莫斯科仍旧在告诫说，“我们正处于积聚力量的阶段”，阶级力量对比还“十分不利”，出现革命浪潮迅速高涨的前景还只是“极有可能”，但是，几乎没有人不相信，应该把中国革命推到一个新的更激进的台阶上去了。因此，在中国实行苏维埃的方针和办法的问题马上就被提上了议事日程，莫斯科也公开声称：在中国，“直接的革命形势依然存在”。[3]

何谓“直接的革命形势依然存在”？翻译成通俗的语言，就是说中共全面夺取政权的形势依然存在。

9月中旬，根据共产国际的指示，罗明纳兹起草了《关于“左派国民党”及苏维埃口号问题决议案》。明确宣告：鉴于国民党的旗帜已经成为“资产阶级地主及反革命的象征”，“彻底的民权革命——扫除封建制度的土地革命，已经不用国民党做自己的旗帜”，共产党现在不仅应该宣传苏维埃的思想，并且在革命斗争新的高潮中应成立苏维埃。当然，“为着不要失掉苏维埃政权的真意”，决议强调苏维埃的组织应当在“我们有决定的巩固的胜利的时候”，建立“在那些中心的地方如广州长沙等”城市，而绝不应首先在小县城里组织苏维埃。[4]

值得注意的是，在该决议经中共中央政治局修改通过后的9月下旬，正是两湖暴动先后失利和南昌起义军在广东陷于困境，生死不明之际。不

[1] 马马耶夫：《南下大进军》，《真理报》1927年9月27日，见《1927—1937苏联〈真理报〉有关中国革命的文献资料选编》第2辑，第87—89页。

[2] A. 伊文：《中国农民起义的浪潮席卷北方各省》，《真理报》1927年10月14日，见《1927—1937苏联〈真理报〉有关中国革命的文献资料选编》，第2辑，第90—92页。

[3] 《真理报》1927年9月27日，11月29日，见《1927—1937苏联〈真理报〉有关中国革命的文献资料选编》，第2辑，第87—89、93—104页。

[4] 《中共中央文件选集》，第3册，第369—371页。

仅中共中央，就连罗明纳兹等国际代表，亦对胜利前景不再乐观。就在中共中央宣布开始进行苏维埃革命的同时，却被迫离开“中国土地革命的中心区域”，秘密迁到白色恐怖的上海去了。它并且承认，从前于短时期间暴动夺取广大政权的希望，暂时已经不可能了，现在的策略虽仍是继续暴动，但大城市的暴动计划应暂时停止，两湖农民暴动的形势，也只是“某几县的农民可握得某几县的政权”[1]，而不存在夺取中心城市的条件。

俄国人指挥中国革命的结果：“苏维埃”成为中共特有名词与象征

“苏维埃”，俄语为 Совёt（Soviet），其实只是“会议”的意思。它成为特有名词，完全是俄国革命本身的产物。它是在俄国 1905 年革命高潮中出现的工人代表会议的一种简称，最初只是作为罢工委员会组织起来，很快则变成具有工人起义机关和工人自治政府性质的一种权力机构。到 1917 年，这种劳动群众自治政府性质的政治机构再度出现，并且渐成为和上层立宪会议相抗衡，乃至与政府相并立的一种事实上的政府。布尔什维克进而利用它在苏维埃中逐渐取得的优势地位，把苏维埃变成了反政府的革命起义机关，并在革命胜利后以苏维埃作为苏联权力机构的形式和名称。

作为一种权力机构，苏维埃的特点在于：(1) 它不是按区域，而是以生产单位为基础来选举代表，从而保证了代表同工业生产劳动者间的密切联系；(2) 它废除了三权分立，使代表会议本身成为具有立法、行政和司法等各种权力高度集中的高效率的独裁机关；(3) 它完全剥夺了资产阶级以及一切剥削阶级在政治上的发言权，从而使共产党人找到了实现阶级专政的组织形式。因此，列宁对它十分推崇，并极力推而广之。

不过，由于苏维埃有着作为起义机关和政权机构的两种形式，因此人们

---

[1] 《中央对于长江局的任务决议案》（1927 年 10 月 1 日），见《中共中央文件选集》，第 3 册，第 376—377 页。

对于苏维埃的认识也颇为矛盾。尽管斯大林断言它既是“起义机关”，又是“政权机关”[1]，事实上，二者之间仍有区别。其一，作为起义机关，苏维埃是适应俄国工人斗争需要自发产生并发展起来的，而作为一种国家政权机关的组织形式，它则是布尔什维克根据阶级斗争的目的而进行的一种创造。其二，作为自发的起义机关，苏维埃是充分民主的和具有广泛代表性的，事实上它是一种包容布尔什维克、孟什维克、社会革命党等各种革命党派代表在内的工人阶级的统一战线组织；而作为布尔什维克用来掌权的权力机关，它则是以阶级专政乃至一党专政为特点的，十月革命成功不久，布尔什维克就排斥了非布尔什维克的一切党派团体的代表在其中发挥作用。不难看出，要把二者同时推广到中国来是相当困难的。

实际上，不论斯大林怎样强调苏维埃的二重性，作为具有自发性和工人阶级统一战线性质等重要特点的群众斗争组织的苏维埃，在群众组织程度较低，白色恐怖又相当严重的中国，显然缺乏客观的生长条件。因此，苏维埃从它被引入中国之日起，就变成了苏式革命的权力机关的代名词。只不过鉴于中国阶级分化不够充分，以及农民占国民绝大多数的情况，共产国际根据列宁 1905 年的提法，认为它只能叫“工农苏维埃”而已。

所谓“工农苏维埃”，纯粹是列宁在 1905 年俄国革命前后的一种别出心裁的创造。因为当时的俄国工业发展还处在初级阶段，工人人数占人口比例较低，按照马克思主义的观点，俄国革命充其量只能是一种以推翻沙皇专制，创造资本主义大工业发展条件为目标的民主革命。“民主革命是资产阶级革命”，但列宁既不认为俄国的资产阶级可以引导这场革命获胜，也不希望看到这种结果。他坚信革命的领导权必须掌握在无产阶级（亦即社会民主工党[2]）手中。而要实现这一目标，他就必须借助于俄国农民的帮助。这也就是为什么列宁会提出创造“无产阶级和农民的革命民主专政”，即“工

[1] 见《列宁斯大林论中国》，第 205 页。
[2] 即社会民主工党多数派布尔什维克的前身。

农专政”，或“工农苏维埃”的关键所在。[1]

比照俄国革命当年的情况，斯大林等显然认为，“工农苏维埃”是最适合于中国现阶段社会发展程度的一种革命政权形式。因为，中国资本主义的发展还很薄弱，现代工业的发展只在沿海少数城市中比较明显，绝大多数地区都还是属于自然经济状态，社会政治经济的发展严重不平衡，因此要指望共产党领导城市中少量的产业工人来进行一场全国范围内的大革命，几乎是不可能的事情，农民必须要在中国革命中扮演十分重要的角色。既然如此，根据列宁的观点和俄国 1905 年革命的经验，中国革命当然只能是资产阶级民主革命，革命的目标也只能是创立“工农苏维埃”。由此不难看出，尽管共产党人一度寄希望于在中国马上实现俄国十月革命的胜利前景，但斯大林明确规定了中国革命的革命阶段、革命形式和革命内容只能保持在一种不尽相同的水平上。

中国究竟处在怎样的一种革命阶段呢？根据斯大林在国共分裂后针对中国革命问题所发表的一系列文章和演说可知，他认为中国革命应该是按照三个阶段一级一级地向上发展的。这三个阶段就是所谓“广州时期”、“武汉时期”和“苏维埃时期”。第一个阶段“是全民族联合战线的革命”，斗争的中心任务是反帝，革命阵营包括工人、农民、城市贫民、小资产阶级和民族资产阶级。它近似于俄国的 1905 年革命。到第二个阶段，革命开始以土地革命为中心，成为典型意义上的资产阶级民主革命，民族资产阶级“转到了反革命营垒”，革命阵营内只剩下了工人、农民、城市贫民和小资产阶级知识分子。它近似于俄国 1917 年的二月革命。到第三个阶段，即土地革命深入发展，开始超越资产阶级民主革命，把社会引向非资本主义发展道路的苏维埃革命阶段，“不大可靠和动摇的”小资产阶级知识分子也已出于“对日益增长的土地革命的恐惧和封建主对武汉政府的压迫”，而“脱离革命”，革命阵营就只剩下了工人、农民和城市贫民了。它近似于俄国 1917

[1]　列宁：《社会民主党在民主革命中的两种策略》（1905 年），《列宁选集》，第 1 卷，第 600—602 页。

年的十月革命，只是依据中国社会经济的发展程度，它并不就是社会革命，而仍旧只能是民主革命，或曰土地革命。[1]

按照斯大林所勾勒的这幅革命发展趋向图，可以很清楚地看出，他在理论上明显地相信中国革命必定会和俄国革命一样，会按部就班、循序渐进地按照几乎同样的历史发展线索和阶段演进，不断地走向深入和彻底。其基本的逻辑就是，革命最初可以是几个阶级联合组成革命阵营，随着革命深入，革命阵营就会一步步发生分化，并不断走向分裂，革命的力量就会越来越小但越来越单纯，革命的对象就会越来越多，革命的表现形式自然也就会越来越激烈。唯有如此，革命才能走向彻底和达成最终胜利的目标。

革命：“杀尽一切土豪劣绅大中地主工贼农贼国民党右派贪官污吏”

并不是所有人都能理解斯大林所论述的这一系列关于中国革命形式和革命阶段论的内在理论关系。自国共分裂以来，中共领导层内部在新形势面前始终存在着严重的思想和理论的混乱，对眼前发生的巨大变动难以适应。到了1927年11月中共中央紧急扩大会议前后，这种认识上的混乱更加突出，以致出现了组织上分裂的严重迹象。

首先是关于革命的阶段和策略问题。中国革命现阶段是不是到了俄国革命的1917年？革命是不是应该采取苏维埃的暴动方针？最激进的如共青团中央扩大会议中的一些与会者，干脆认为中国革命实际上已经进入了社会主义革命阶段，已经达到俄国1917年十月革命的程度。其他如湘南特委书记毛泽东等，对中国革命的阶段和性质的认识也大体相同。罗明纳兹和中共中央虽坚持中国革命仍处在资产阶级民主阶段的看法，但在把握共产国际执委会第七次扩大全会决议关于中国革命必须“越出资产阶级民主的

[1] 参见斯大林：《中国革命问题》，《时事问题简评》（1927年7月28日），《斯大林全集》，第9卷，第199—207、291—324页；《国际形势与保卫苏联》（1927年8月1日）、《中国问题》（1927年8月5日），《斯大林全集》，第10卷，第5—55页。

界限”，以便直接导向非资本主义（社会主义）发展前途的论断时[1]，实际上也陷入思想混乱的状态。因为他们其实并不认为有区分所谓民主革命与社会革命的界限的必要性，不仅提出由民主革命到社会革命必须是“无间断革命”的观点，而且主张“现在”就“必须要超越民权主义的范围而急遽的进展”，“彻底解决民权主义任务而急转直下的进于社会主义的道路”。[2]

显然，多数基层党部和普通党员却看不出这种前景。他们“大半消极并离开党，不赞成新方针，以为 CP 没有出路”[3]。而另外一些从苏联回国，受到苏共反对派观点影响的党员，虽然相信中国革命必须将民主革命的任务与社会主义革命的任务毕其功于一役，反对工农专政的口号，主张现在就应当提出无产阶级专政的口号，但他们同时反对把中国革命现阶段看成是俄国的 1917 年，认为中国革命充其量只能以俄国革命的 1905 年为参照。[4]

其次是对待小资产阶级的态度问题。早在罗明纳兹来华之际，他就曾明确地转达过斯大林的意见：不要顾惜小资产阶级。但是，这种主张在强调中国远未达到俄国 1917 年的人看来，颇难接受。有些人甚至对暴动起来要杀人放火很反感，他们说：“我们要革命原本是对的，但是我们革命为什么要听俄国人的指挥？为什么要杀人放火做土匪一般的行为呢？”

从理论上，中共中央及多数中高层领导干部对此是能够解释的，他们专门散发了相关教材，告诫下级：“无产阶级是没有国界的，全世界的无产阶级利害完全一致，世界革命成功了，大家都有好处，所以我们也帮助外国的革命，外国工友也帮助中国的革命。这个世界革命的总机关就叫作第三国际，也叫共产国际。这里面做事的各国人统统有，不过俄国无产阶级是革命的老资格，能干的人多些，所以在里面办事的人也多些。现在中国

---

[1] 《共产国际有关中国革命的文献资料》(1)，第 274、284 页。

[2] 《中共中央文件选集》，第 3 册，第 370 页。

[3] 同上。

[4] 在广州暴动失败之后，托洛茨基更明确认为中国工农群众革命已经失败，暴动及苏维埃政策应当停止，共产党应仿照俄国 1905 年革命之后的策略，争取通过合法运动，提出国民会议口号，引导群众重新走入政治生活。

共产党就是第三国际一个支部，所以必须受第三国际指挥，并不是受俄国的指挥。”“至于杀人放火，这是阶级斗争到你死我活的时候，必须用的手段，这是不能避免也不应避免的。中国革命到了现在，你不杀他，他就杀你；你不烧他，他就烧你。我们看一看各地豪绅地主资本家军阀的白色恐怖就可相信这句话了，我们还怕杀了敌人以后没有人吃饭吗？我们还怕烧了狗窝以后便造不出洋楼吗？”[1]

道理归道理，即使是在中共中央的一些领导人的头脑中，对该杀什么人，该烧什么房，认识也还是十分模糊。在他们看来，资产阶级出走，这或许不值得特别重视。因为共产党人历来只是习惯于把资产阶级看成自己潜在的敌人，并视之为软弱无力的依附者。但放走小资产阶级，就大不相同了。因为几乎谁都知道，中国是一个小资产阶级的汪洋大海，一旦让整个小资产阶级站到革命的反面，革命队伍势将陷于孤立。

当然，和国民党关系破裂后，不会有人敢于重蹈鲍罗廷和陈独秀的覆辙。况且此前经验已经证明，土地革命稍一彻底，就将吓跑小资产阶级。因此，中共中央领导人也不能不同意，只要坚持彻底的土地革命，就很难顾惜小资产阶级。但是，在土地革命过程中伤害一部分拥有少量土地的小地主、小商人是一回事，整个地把一切拥有财产房屋者统统当成打击的对象，剥夺之、杀害之，又是另一回事。因此，对富农当如何，对中农当如何，对城市小商人、店主以及手工业主又当如何呢？实际上自八七会议之后，中共中央早就清楚地意识到，这是当前政策的“中心问题”。在苏维埃革命的方针提出之前，这个问题还不紧迫，因为当时的政策还是继续要利用国民党的旗号，团结争取小资产阶级是理所当然的。[2] 而苏维埃革命的方针一经提出，这个问题就变得异常严重了。中共一些领导人尽管还多少有些犹豫，

---

[1] 《中共江苏省委改造组织问题的报告材料》（1928 年 2 月 11 日），美国斯坦福大学胡佛图书馆藏，石叟文库，XIX—9/23。

[2] 《中国共产党的政治任务与策略的议决案》（1927 年 8 月 21 日），《中央通告第十三号》（1927 年 10 月 24 日），见《中共中央文件选集》，第 3 册，第 336—337、404 页。

对小资产阶级的群众，仍旧希望“吸引他们参加革命”，对小商人、小店主等，也不主张没收财产，但苏维埃革命发动后的现实是，既然连那些“革命的暂时的同道者”都必须排斥，那么，对小资产阶级从整体上要予以压制和打击，就是理所当然的了。

革命的暴动政策从一开始就照搬了俄国革命红色恐怖的经验[1]，提出了“杀尽一切土豪劣绅大中地主工贼农贼国民党右派贪官污吏”，“大杀大灭豪绅资产阶级的权势与势力”的激烈口号。[2] 因为要求“必须极严厉的实行歼灭政策”，故不仅要尽量杀戮，还要摧毁包括官府、银行、工厂、店铺和房屋在内的一切“反革命工具”。如此恐怖手段，自然也就注定了“小资产阶级是要动摇甚至反动的”，当然不能迁就和顾惜。[3]

这一政策推行的结果，是多数地方暴动后都“大烧大杀”。

湘南暴动“不但烧衙门机关、土豪劣绅的房子，而且连县城的整条街道和商店，甚至衡阳至坪石公路两侧十五华里的所有村庄都烧掉”。[4]

湖南平江暴动后，“杀戮豪劣和反动分子，计在数千，而同志和革命民众殉难的，亦不下数千人”，以至“数十里或百数十里，几无一栋完善的房屋，无一处尽青的山，共计全县被烧的房子，总在十之四五”。[5]

广西左右江暴动的农民赤卫军“攻下豪绅地主的寨子，凡寨子里面的人，不论男女老幼都杀一个精光”。[6]

---

[1] 安东尼拉·萨洛莫尼著，卡佳等译：《列宁与俄国革命》，三联书店 2006 年版，第 93—94 页。

[2] 参见《中央复湖南省委函》（1927 年 8 月 23 日）、《中央常委关于两湖暴动计划决议案》（1927 年 8 月 29 日）、《中央通告第十三号》（1927 年 10 月 24 日）、《中央致两湖省委信》（1927 年 11 月 15 日），见《中共中央文件选集》，第 3 册，第 351、366—367、399、523 页。《河南目前政治与暴动工作大纲决议案》（1927 年 9 月 29 日），见中央档案馆、河南省档案馆编：《河南革命历史文件汇集》（甲 2），1984 年版，第 113 页。

[3] 《中央通告第十三号》（1927 年 10 月 24 日），见《中共中央文件选集》，第 3 册，第 403—404 页。

[4] 《黄克诚自述》，人民出版社 1994 年版，第 36 页。

[5] 《滕代远向湖南省委的报告》（1929 年 1 月 12 日），湘鄂赣革命根据地文献资料选编组编：《湘鄂赣革命根据地文献资料》，第 1 册，人民出版社 1985 年版，第 43—45 页。

[6] 雷经天：《广西的苏维埃运动——广西党与苏维埃红军运动简史》，中共中央宣传部党史资料室 1954 年，第 30 页。

广东海陆丰地区暴动，农民“对任何反动分子都毫不客气地就地杀戮”，“剖腹割头”，“财产一概没收，房屋一律焚毁”。两县地主早已逃之夭夭，却还是杀了2400多人，其中许多自然是些“不能顾惜”的小资产阶级，甚或穷人了。[1]

第三是革命的方式问题。在国共分裂之后，共产党人在采取何种革命方式的问题上几乎没有选择的余地。共产国际的指令很清楚，即“可以在国民党旗帜下来组织暴动”。尽管共产国际也强调了发动暴动的必备条件，但除此之外是否还有比暴动更适合中国条件的革命方式呢？当然，共产党人所理解的暴动是有特定的形式的。八一南昌暴动严格说来称不上是真正意义上的暴动，这也就是为什么中共中央几乎马上就制订了一个湘、鄂、粤、赣四省农民秋收暴动计划，把革命胜利的希望寄托在群众暴动的方式上[2]，而把武装部队，如南昌起义部队仅仅看成是一种辅助的力量，生怕过分看重军事的准备而堕入所谓军事投机的泥坑。因此，尽管毛泽东早就提出过建立和保存自己的武装的建议，并提出“政权是由枪杆子中取得的”[3]，却丝毫没有引起共产国际代表和中共中央的足够重视。

苏维埃革命任务的提出，更进一步加剧了这种以民众暴动为唯一革命方式的倾向。熟知俄国苏维埃革命历史的共产国际代表和中共领导人，只能变得更加墨守成规了。如果不是共产国际劝告他们注意把握暴动的条件和时机，条件不成熟时应采用游击式的战争和小面积的农村割据，很难设想中共中央会把这种极不规范的语言写在自己的决议上。[4] 只要看一看11月

[1] 汕尾市革命老根据地建设委员会办公室等编：《海陆丰革命根据地》，中共党史出版社1991年版，第42、58、65、157、208页。

[2] 中央档案馆等编：《八七会议》，中共党史资料出版社1986年版，第102—103页。

[3] 《毛泽东在中央政治局常委扩大会上的发言》（1927年7月4日），《毛泽东在中央紧急会议上的发言》（1927年8月7日），见《八七会议》，第58页。

[4] 在中共中央临时政治局1927年11月举行的扩大会议上通过的决议案中，第一次写上了允许暴动采取游击式的战争和在农村组织苏维埃组织的意见。而在9月中旬，这些还都是不能被允许的。《关于“左派同民党”及苏维埃口号问题决议案》（1927年9月19日）、《中国现状与党的任务决议案》，见《中共中央文件选集》，第3册，第370—371、455—456、459—461页。

扩大会议对在秋收暴动中没有按照中央既定的暴动方针行事的毛泽东给予的严厉处分，就可以清楚地看出中共领导人当时思想僵化的程度。[1]

事实上，虽然接连不断的暴动失败多少使中共中央悟出中国“革命不能有夺取首都，一击而中的发展形势”，因而相信中国有建立工农革命军甚或革命根据地的某种需要[2]，但他们显然对这种找不到先例的“游击式斗争及农民割据”方式的革命办法还是感到怀疑。在11月扩大会议不久之后的一次专门会议上，瞿秋白就明确要求赴莫斯科的代表告诉共产国际：中共中央虽然接受了国际的意见，但许多同志认为“这样干不会成功，因而悲观”。[3]

城市苏维埃乍现广州，数千赤卫军牺牲，苏方人员暴尸街头

这时，摆在共产党人面前的形势相当严峻。无论是理论上，还是实践上，人们都明显地感到不知所措。武汉的党员，7月武汉分共前夕有8000人，8月初就骤然减至3000人，8月中旬更减至2000人，到9月就只剩1000人左右了[4]，这种势头似乎无法控制。到11月底，中共中央实际可以掌握的党员人数，已经从五大时的5.8万人锐减到1万余人，减少了4/5还多。这种情况不能不使中共中央感到严重焦虑。

更让中共中央深感不安的，是关于中国社会的发展前途问题。人们十分担心，革命的失败是否会为中国的资本主义发展开辟道路。尽管斯大林和布哈林都断然否定中国有走上凯末尔道路的可能性，但罗明纳兹告诉中共中央，“中国长期资本主义的发展是可能的”，要想阻止这种情况发生，关

[1] 关于给毛泽东处分的理由是，毛身为八七紧急会议后中央派赴湖南改组省委执行中央秋收暴动政策的特派员，却没有制止湖南省委“把暴动看作是一种单纯的军事行动，只与土匪和杂色军队接头，不引起极大农民群众起来暴动，以致暴动开始除安源的工人很勇敢的参加斗争外，各地农民群众实在没有一点行动”。毛因此被“开除中央临时政治局候补委员”的职务。《政治纪律决议案》（1927年12月14日），见《中共中央文件选集》，第3册，第481、483—484页。

[2] 瞿秋白：《武装暴动的问题》，《布尔塞维克》第1卷第10期，1927年12月10日。

[3] 《瞿秋白在中央政治局会议上的发言》（1927年11月27日）。

[4] 《罗亦农关于湖北工作的报告》（1927年9月10日）。

键在于要能够使工农革命潮流迅速高涨起来，并使国民党人始终处于动摇和危机之中。实际上，中共领导人未必都认同罗明纳兹的看法。因为，这个时候的国民党仍旧处于内讧之中，中国的情况并没有因为共产党退出了国民党而发生怎样的改变，许多地方的民众仍旧处于严重的贫困、动荡和不安之中，共产党仍旧可以组织起一些暴动。这应该可以证明，国民党很少成功的可能。而这个时候广东国民党之间的内讧，似乎更加证明了这一点。利用李济深和张发奎两派国民党军队在广东公开冲突之际，以彭湃为首的广东共产党人成功地组织了海陆丰农民暴动，创立了中国第一个苏维埃政权。随后，共产党人更乘虚成功发动了广州暴动，这些都不可避免地强化中共领导人对形势的判断。

此前中共中央领导的各地民众暴动，几乎清一色都是农民暴动。客观上，因组织农民远比在城市组织工人暴动要容易得多，中共中央虽一直不愿承认，心里却都很清楚，真正有条件取得成功的，目前还只能是农民暴动和农民苏维埃。但在理论上和俄国苏维埃革命的历史上，城市工人的暴动才是革命胜利和巩固的“先决条件”，没有城市工人暴动作为农民暴动的“中心及指导者”，“单纯的农民暴动是不能获得最终胜利的”。[1] 因此，无论是共产国际还是中共中央，其实都一直寄希望于城市工人的发动。广州暴动的成功，显然在很大程度上满足了人们的这种渴望。

广州因国共合作和省港罢工等原因，共产党人在部分工人群众中确有一定基础。国共关系破裂后，中共中央就一直试图在广州大举暴动，均因国民党驻军兵力强大，又无军队内应及群众配合，都只做成一些小规模的骚动。此次，张发奎勾结汪精卫于 11 月 17 日发动广州事变，赶走了主政广州的桂系势力，引发与桂系联手的粤军将领李济深部与张发奎部之间的激烈冲突，战火再度在广东北部燃起。张被迫调兵北上堵截，造成广州空虚。

[1] 中共中央临时政治局扩大会议：《中国现状与党的任务决议案》（1927 年 11 月 10 日），见《中共中央文件选集》，第 3 册，第 456—457 页。

11 月 26 日晚，中共广东省委一致决定了乘机暴动，夺占广州的方针[1]，并根据共产国际代表的提议，准备于 12 月 13 日发动暴动。

12 月 10 日，共产国际代表获悉汪精卫 9 日密电，知道汪已风闻中共的暴动计划，密谋要解决中共控制下的第四军教导团，并准备搜查全市共产党人及苏联驻广州领事馆，因此立即电告了上海中共中央，并转告广东省委，要求后者立即提前举行暴动。

对于广州暴动，上海共产国际代表的意见是明确的，即暴动应当建立在广州四郊及附近各县农民暴动和国民党兵变的基础上，并且应当尽早公布各种革命口号及法令条例，组织集会、罢工和工农赤卫军，以便发动群众。广东省委突然被迫提前暴动计划，使原计划的各种准备及配合工作无法完成，这使暴动的领导人在暴动一开始，就意识到这次暴动未必能取得成功。但是，广州毕竟是人们熟悉的革命“圣地”，有着相当的群众基础，如今又有一定的军事力量可以借助，城市又如此空虚，共产国际还派有德籍巷战专家纽曼作为军事顾问前来协助指挥……眼见有如此多的有利条件，共产党人怎能不感到振奋？几个月来总是在幻想俄国十月革命重现于中国的诸多共产党人，自然会惊愕地发现，他们盼望已久的那个惊天动地的时刻似乎即将降临了。

12 月 11 日，中共控制下的广东工代会领导的数千赤卫军和起义的教导团、警卫团等少量军队一起，在共产国际军事代表纽曼、苏联驻广州领事馆领事和张太雷、叶挺的共同指挥下，举行了大规模的武装暴动。连同自发响应或主动上街的，佩戴红巾的暴动人员几近两万人。他们当天即占领了广州主要城区，次日召开了有数百人参加的群众大会[2]，宣告组成了苏维

[1] 《中共广东省委给中央信》（1927 年 11 月 29 日），见中共中央党史资料征集委员会等编：《广州起义》，中共党史资料出版社 1988 年版，第 94—95 页。

[2] 12 月 11 日暴动当天曾计划开会，因观音山在国民党军占领下，居高威胁着原定开会的第一公园，会议没有开成。第二天换址另开大会，只到群众三四百人。会后张太雷与纽曼乘车前往观音山附近，张不意被乱枪打中身亡，纽曼及司机侥幸逃生。见《广州起义》，第 225、237 页。

埃政府和红军。

广州暴动仅仅一天，情况就逆转了。纽曼与张太雷、叶挺等第二天就得知国民党军队已大举调兵赶回，这时广州观音山及河南都还在李福林部的占据下，苦战不下。张发奎、黄琪翔大军赶回，暴力武装寡不敌众，故很快即决定退出广州。不意暴动者遍布全城，仅教导团和主要干部等成功退出，赤卫军竟未及通知。13日，张发奎、李福林等部发动攻城，当天下午就占据了广州全城。国民党军及其影响下的广州机器工会等工人上千人对大街小巷逐一搜查，数以千计的赤卫军惨死于抵抗或报复性的血腥屠杀之中，苏联领事馆人员多人竟也被国民党人杀害，暴尸街头。[1]

事实再次证明，共产党还不是国民党的对手。还在敌军重新回到广州街头之际，中共中央却在上海认真地研究如何立即在广东全省、两湖及江西，以至在全中国开始“大暴动”。与会者甚至相信：“广州市政权能否长久维持不大重要，而主要的是要扩大暴动”，立即向周围放射，因为“广州可说是全国大暴动的开始”。为此，中共中央公开发表告全国工农民众书，号召工友、农友、士兵弟兄统统暴动起来，并宣称“这次广州暴动是广东总暴动的开始，是全国各地工农暴动的信号”，只要四处发动，必可得“最后的胜利”。[2]

苏共中央和共产国际这时同样充满了幻想。在此之前，苏联刚刚同英国以及中国北京当局发生过一系列外交冲突，斯大林特意在联共（布）中央委员会和中央监察委员会上向全世界无产阶级政党发出了“保卫苏联”

[1] 广东省委1928年1月初决议认定暴动中“同志死者200余人，赤卫队、红军兵士死者2000余人”；1928年1月提交给中华全国总工会的报告称：“工人死者约4000，伤者约600，军队死者约600，伤者约100，农民不知”，暴动期间“杀反革命约300人”；广州工人代表大会特别委员会杨殷1928年回忆12月13日后很短时间里，暴动工友被杀3000余人；中共中央机关刊物《布尔塞维克》1928年1月宣称：12月13日至19日的五六天时间里，李福林、张发奎等军阀武装在广州共杀死了5700多人。《广州起义》，第245、252、272、357、396、412页。

[2] 《中国共产党为广东工农兵暴动建立苏维埃告民众》（1927年12月14日），见《中共中央文件选集》，第3册，第562—568页。《中共中央致广东省委信》（1927年12月18日），见《广州起义》，第221—222页。

的号召。[1] 接连召开的莫斯科东方民族兄弟大会、国际苏联兄弟大会，以及柏林世界反帝国主义大同盟董事会扩大会，也都被明确要求提出了“保护苏联”的方针。[2] 在这种情况下，苏联外交人员本应格外小心谨慎。但是，当广州暴动发动后，驻广州的苏联领事馆官员不顾一切地同中国共产党人一道投入到暴动中去。广州苏联领事馆副领事哈西斯等公开充当了起义军队的军事顾问，领事馆的汽车更是插着暴动者的红旗招摇过市，仿佛胜利已成定局。[3] 甚至远在千里之遥的斯大林，也对如何指导这次暴动格外感兴趣。[4] 显而易见，共产国际以及苏共中央对这次暴动都曾寄予了极大期望。

广州暴动失败了，但这并不能使共产党人的头脑完全冷静下来。尽管共产国际代表在获悉广州苏联领事馆副领事等五人同大批共产党人及暴动工人被杀害之后，已深知“现在立即总暴动，将必败于残酷的反动之手”，故明确表示“不能做如此的盲目争斗”，应重新“继续做农民游击战争”和“建设我们秘密的组织”的工作[5]，制止了中共中央进一步扩大暴动和发动全国总暴动的盲动措施。[6] 可是，人们基本的思维方式和思想倾向仍未有所改变。

广州暴动失败给中共中央最突出的启示，就是使他们再度明确意识到中国不可能同俄国一样，通过一两个或更多的中心城市的暴动，一下子取得全国的政权。在此之前，中共中央虽然承认“农民激进工人落后”的现实，被迫赞同在农村首先进行小范围的农村割据，但却从未放弃过通过城市暴动一举夺取全国政权的幻想。如今，他们认识到：由于“工人与农民革命

---

[1] 《斯大林全集》，第 10 卷，第 47 页。

[2] 参见向忠发：《中国工农代表团来苏联经过报告》（1928 年 9 月 14 日）。

[3] 参见《晨报》1927 年 12 月 13 日；《聂荣臻回忆录》上册，解放军出版社 1982 年版，第 82 页；黄平：《往事回忆》，人民出版社 1981 年版，第 48 页。

[4] 据说广州暴动前夕，斯大林还曾亲自打电报给纽曼予以指示。转见《党史研究丛刊》1982 年第 2 辑。

[5] 《中国共产党为广州暴动再告全国民众》（1927 年 12 月 17 日），此文件系由共产国际代表起草后，于 12 月 16 日得到中共中央同意，并作了文字上的加工后发表的。见《中共中央文件选集》，第 3 册，第 574—582 页。

[6] 参见《中央告湖北同志书》（1928 年 1 月 1 日），《中央告江苏省委同志书》（1928 年 1 月 1 日），《中央致陕西省委信》，（928 年 1 月 2 日），《中央致浙江省委信》（1928 年 1 月 18 日）。《中央致罗迈同志信》（1928 年 1 月 20 日），见《中共中央文件选集》，第 4 册，第 71—75 页。

运动发展程度的不平衡”，“地域上革命运动发展程度的不平衡”，且“在中国条件之下，实际上没有中央政府，经济生活是许多半独立的区域”，各地“豪绅资产阶级军阀的统治”也有强有弱，因此，马上夺取全国政权是困难的，但“开始于一省或几省夺取政权是可能的”。[1]

毫无疑问，中共中央仍旧对革命形势充满了幻想。这时，基于前一阶段的暴动指令，各地仍不断有暴动的消息和要求传来。这里，确有存在较好的暴动割据条件的地区，如湖南某些农村，农民协会势力之大，使地主乡绅乃至当地少量驻军也无可奈何，不敢公开与之对抗。但也有许多地区，只是少量激进分子组织起来，采取红色恐怖的手段，在那里逼迫群众进行罢工和反抗。甚至南洋新加坡少数共产党人拿了几支手枪几颗手榴弹去袭击了一次新加坡各界欢迎国民党要人的集会，也立即送来报告宣布南洋已开始暴动了。[2] 这种情况不能不使原本就渴望看到革命高潮的中共中央在认识上发生混乱。他们固然也批评那种毫无群众基础和割据希望的“无动不暴”的盲动倾向，但还是相信“中国直接革命的形势更加明显，武装暴动的问题更加成了实际的问题”[3]。广州暴动的发生更加强化了他们的这种幻想。中共中央断言，广州暴动使“城市中的苏维埃政权第一次出现于中国及整个殖民地的亚洲”，“在殖民地国家内进行苏维埃革命的任务已经第一次见诸实行了”。它意味着“工农革命的热烈的高潮与高度的成熟已经明显的固定”，“预示国际无产阶级革命之胜利，领导暴动的中国工人阶级是国际无产阶级先锋队的一部分”了。[4] 换言之，广州暴动的失败不是说明中共领导的革命遭受了严重的挫折，而是说明中国已进入更高的革命阶段，苏维埃革命胜利的前

[1] 《秋白给国际的报告》(1928 年 2 月 10 日)，见中央档案馆编：《中共中央政治报告选辑(一九二七——一九三三)》，中共中央党校出版社 1983 年版，第 23—36 页。

[2] 《中央致南洋临时改组委员会信》(1928 年 3 月 3 日) 及《南洋改委 2 月 9 日信》，转见《中央通讯》第 23 号。

[3] 《中央通告第二十八号》(1928 年 1 月 12 日)，见《中共中央文件选集》，第 4 册，第 56—66 页。

[4] 《广州暴动之意义与教训——中共中央临时政治局会议通过的决议案》(1928 年 1 月 3 日)，见《广州起义》，第 254—286 页。

景更加迫近了。

值得注意的是，在广州暴动之前虽然有海陆丰苏维埃政权的产生，但是很少引起国人的注意，就连中共中央都不曾宣传过。广州暴动可以说是中共第一次在中国公开打出“苏维埃”的旗号，在中共中央看来，苏维埃革命理当从此开始在中国轰轰烈烈地展开了。然而，到底这个“苏维埃”意味着什么，就连中共领导人自己都还搞不清楚。“苏维埃”的宣传和表示，纯粹还只是一种决心仿照苏联模式进行彻底革命的标语口号。

在 1928 年 1 月的一次中央政治局会议上，与会者讨论到苏维埃革命的性质、革命的动力、政权的成分、要不要统一战线，以及是先有苏维埃还是先有暴动，暴动是否必须先经过总同盟罢工等许多问题时，明显说法各异。在党的机关刊物《布尔塞维克》上，也表现出对这一观念理解上的极度混乱。它一面宣布“苏维埃政权是最彻底的民主政权（德谟克拉西）”，一面又断言“苏维埃政权是无产阶级专政的国家形式”。[1] 很快，有人发现这种提法本身存在矛盾，编辑出来纠正时，仍旧坚持争辩说，在苏维埃革命的旗帜下，中国革命“已经不是简单的资产阶级民权主义的国民革命了”，而是“中国工农民主独裁制的政权”和工农群众的革命，即是超出资产阶级民主主义范围的一种革命。[2]

临时中央主张：“要坚决的赶紧的大批吸收‘暴徒分子’”

要按照俄国革命特定的模式来具体规划中国革命每一个行动步骤，这当然是不可能的。没有任何人，包括苏共，会公然主张中国革命必须亦步亦趋地模仿俄国革命。但是，当这种特定的革命模式被纳入到一种特定的阶级理论的观念中去之后，它就在事实上变成了一种宗教教义，必定要束缚

[1]　（社论）《苏维埃政权万岁！》，《布尔塞维克》第 11 期，1927 年 12 月 26 日。
[2]　（社论）《中国的苏维埃政权与社会主义》，《布尔塞维克》第 14 期，1928 年 1 月 16 日。

信奉者的思想和行动了。因为,当实际的革命步骤需要发生某种变化的时候,人们不仅要计算它取得成功的现实可能性,尤其要考虑它是否完全符合那个既定的理论观念和成功经验,而后者甚至比前者更重要。因为行动失败,观念正确,仅仅是计划不周的技术性问题;如果偏离了既定的观念和模式,无论行动成功与否,都可能被指为离经叛道,而成为严重的政治方向性问题。

在中国,更容易发生这种情况。因为,中国本来就不存在多少所谓的产业无产阶级,即使是共产党本身,也一直是主要由知识分子、青年学生和各种有着小资产阶级出身或成分的人们所组成,工人的人数向来有限。[1]因此中共从一大到五大历届代表大会发布的党纲党章,从不标榜自己的阶级成分,且不限制参加者的阶级成分,始终只是规定“凡承认本党宣言及章程并愿忠实为本党服务者,均得为本党党员”[2],并强调党是“为无产阶级之利益而奋斗的政党,(是)为无产阶级做革命运动的急先锋”[3]。

按照列宁主义的观点,共产党应当是工人阶级“先进觉悟阶层”和“先锋队”,因而它由什么人领导,执行怎样的政策,以及是否由工人组成,都是确定这个党是不是“真正无产阶级的政党”的重要条件。[4]一个号称为无产阶级奋斗,且为无产阶级做急先锋的党,却主要由大批小资产阶级知识分子、青年学生等构成,这的确有点名不正,言不顺。显然,陈独秀当政时期,对这一点严格说来并不十分在意。他们当然明白这是一个问题,因而也总

[1] 中共一大时有党员 50 余名,确数说法不一,能落实的工人成分党员尚未发现。中共二大时有党员 195(又说 123)名,工人党员 21 名(又说 19),占 10.7%。中共三大时有党员 423(又说 420)名,工人党员 164(又说 105)名,占 38.7%(又说 25%)。中共四大时有党员 994 名,工人党员占 20%。中共五大时有党员 57967 名,工人党员占 50.8%。中共六大时有党员 130194 名,工人党员 13100 名,占 10.9%。参见赵朴:《中国共产党组织史资料》(一)(二)(三)(四)(五)(六),《党史研究》1981 年第 2、3、4 期;1982 年第 1、4 期;1983 年第 2 期;赵朴:《第六次全国代表大会》(三),1984 年第 3 期;王健英:《中国共产党组织史资料汇编》,红旗出版社 1983 年版,第 30、60、97 页。

[2] 这一要求在几次修订的党章中只有个别文字的调整,如三大时将“宣言”二字修改为“党纲”二字,五大时添加了“参加在党的一定组织中工作并缴纳党费”的要求。见《中共中央文件选集》,第 1 册,第 93、158、383 页;第 3 卷,第 142 页。

[3] 《关于共产党的组织章程决议案》(1922 年 7 月),见《中共中央文件选集》,第 1 册,第 90 页。

[4] 《列宁全集》,第 24 卷,第 38 页;第 39 卷,第 246 页。

是想方设法地督促各级组织大力发展工人党员。即使在中共五大前后工人党员人数一度空前绝后地达到了党员总数的50%的情况下，陈独秀等人也并不真的信任工人出身的党员，故委派担任各级主要领导干部的，仍是那些识文断字，并有一定理论知识的知识分子出身的党员，中央领导机关中的工人党员人数更少。一直到1927年五大召开前，中央局的负责人中一个工人党员也没有过。五大推举的中央委员，连同候补中央委员，总共45人，工人党员只有5人。而中央政治局委员及候补委员10人中，则只有1人，均只占10%左右。[1]

不难看出，这个党始终是由一些知识分子领导着。这种情况一直发展到1927年夏，中共惨遭失败转入地下，陈独秀黯然辞职，共产国际严厉指责中共中央犯了机会主义错误之后，才根本改变。大批知识分子出身的党员干部因难脱干系，大多背上了原罪。在国共关系破裂后召开的八七紧急会议上，中共领导人几乎人人都诚恳检讨自己的阶级成分问题，承认革命失败的关键，就是因为党自成立以来，一直是些小资产阶级在领导，认定必须要让工人党员来领导这个党才有希望。[2] 会议发布的告全党党员书即尖锐批评“党的指导机关里极大多数是智识分子及小资产阶级的代表”。为促进暴动政策的实行，更是直截了当地要求各地党部：不仅要大量吸收工农领袖，而且“要坚决的赶紧的大批吸收‘暴徒分子’入党”，“赶紧的坚决的提拔……表现积极的‘暴徒分子’到各工会领导机关做领袖”。[3] 暴动政策屡屡受挫，中共中央借十一月临时政治局扩大会议决议案干脆宣布说：一切问题的主要原因之一，“便是党的指导干部是非无产阶级的成分”。为此，

---

[1] 中共一大、二大的中央执行委员中均无工人党员。三大、四大表面看上去工人成分多，如三大中央执行委员及候补委员14名，工人党员占5名，达35%；四大中央执行委员及候补委员14名，工人党员占4名，为28.5%。但实际上主持日常领导工作的中央局中，均无工人党员，故五大推举的政治局中有一名工人党员，已是突破了。参见《党史研究》1981年第2期，1982年第1期，1983年第2期。

[2] 《中央“八七”紧急会议记录》，《中央档案馆丛刊》1987年第2期。

[3] 《中央致湖南省委信》（1927年8月9日），见《中共中央文件选集》，第3册，第308页。

它“命令各级党部立刻用最坚决的方法，使指导干部工人化”。[1] 许多地方组织因此把很多有经验的知识分子干部撤职，大量提拔“流氓工人”到各级领导机关。广东省委公开指责广州暴动失败是因为“最高指导机关完全是知识分子”，缺乏能力、畏缩、动摇和投机。李立三并声称：知识分子的革命作用已完，除非本人已经布尔什维克化，否则“只有让他们滚蛋”。影响到广东海陆丰根据地，彭湃把数百名知识分子和青年学生全都放到教导师里去当兵，最后牺牲殆尽。[2]

但是，要在原本就没有多少大工业的中国找出大批列宁所强调的那种“无产阶级”，即产业工人，谈何容易。纵使一些大中城市有一定数量的产业工人，要主要由知识分子和青年学生组成的中共组织深入到他们之中去影响争取他们，又谈何容易。中共成立较晚，开始做工人运动时，许多城市的工人已经被国民党或无政府主义者组织起来了，造成“大部分产业工人无法去接近”。[3]

上海：中共从来认为“上海为中国第一个大产业区域，为无产阶级的势力最雄厚最集中的地方，应当是本党在无产阶级群众中第一个最重要的根据地，党在上海的工作第一重要的便是职工运动”。但是，即使经过了五卅运动和三次工人武装起义，中共与上海各行业工会组织的关系始终不好，且纠纷不断，因此国共关系破裂后，中共完全无法在上海建立起具有群众性的秘密工会组织。有赤色工会的，人数也少得可怜。且不是“工会即党，

[1] 《中国共产党中央执行委员会告全党党员书》（1927 年 8 月 7 日），《中国现状与党的任务决议案》（1927 年 11 月 9—10 日），见《中共中央文件选集》，第 3 册，第 265、466 页。

[2] 参见《中共广东省委关于广州暴动问题决议案》（1928 年 1 月 1—5 日）、《中共广东省委常委扩大会议记录》（1928 年 2 月 9 日），见《广州起义》，第 249、309—310、323 页。周恩来：《关于党的“六大”的研究》（1944 年 11 月 3 月 3—4 日），见中共中央文献研究室编：《周恩来选集》（上），人民出版社 1983 年版，第 180—181 页。

[3] 《中共苏州市委十月份工作报告》（1927 年 12 月 22 日）；《中共江苏省委致常州县委的信》（1927 年 12 月 22 日），美国斯坦福大学胡佛图书馆藏，石叟文库，XIX—9/10，12。

党即工会”，就是党与工会人员之间关系紧张。[1]

广州：在国共合作时就有机器工会、总工会和工人代表会三家工会组织，产业工人的机器工会完全控制在国民党人的手中，中共领导的工代会底下多半只是些人力车夫和手工工人,与列宁所说的“无产阶级”并不沾边。广州暴动期间，机器工会的工人就帮助国民党大肆屠杀中共组织起来的手工业工人。因此，1927年做过上海总工会委员长的李立三就明确认为：中国革命不能照欧洲国家革命的办法，经过激烈的阶级斗争，由罢工而暴动。因为中国根本就没有多少产业工人，不可能出现这种情况，更不可能依靠产业工人来革命。只能“先发动暴动，然后群众才跟着起来”，即要靠少数人暴动起来，刺激底层民众跟着起来造反。[2]

十分明显，即使最初开始照搬俄国苏维埃革命的模式，中共也只能学得几分形似而已。广州暴动算是最接近俄国模式的一次起义了，但它的发动仍然是靠军队，上万名参加者都只是些手工工人和贫民。而广州暴动失败后，中共中央发现，要想在其他城市继续广州暴动的这种形式，一时间想要找到这样大的一支力量都做不到了。相对于工人运动普遍停滞的情况，工农运动及城乡发展不平衡的情况表现得非常明显，因为农民运动显然仍十分活跃。至少，把城市暴动失败的武装保存到农村和山上去，不无可能。湘南秋收暴动的军队就被毛泽东带到江西的井冈山，并存活下来。广州暴动失败的武装也迅速退往海陆丰,暂时站稳了脚跟。中共武装在农村的存在，不可避免地推动了农民运动，便利了武装割据，农民党员眼见增加。只是，这样一来，中共的发展方向难免要引起许多人的担心和怀疑。有人公开讲：“党好像变成了农民党”了。曾任武汉工人领袖，1927年秋天被中共中央派往苏联的中国工农代表团负责人向忠发，就上书共产国际领导人，声称这是小资产阶级知识分子在党中央占主要地位的必然结果，主张“鞭笞这样

[1] 《中共中央关于党与工会关系问题给江苏省委的信》（1928年1月18日）。美国斯坦福大学胡佛图书馆藏，石叟文库，XIX—9/15。

[2] 《广州起义》，第320—321页。

的党”，以便根本改变忽视城市工人运动的情况。[1]

斯大林以及布哈林等显然也相信中共革命屡屡受挫，和党的成分，尤其是和党的领导层中工人成分不足有关。于是，苏共和共产国际直接插手了中共的中央委员会改组。它通过在莫斯科召开中共六大，先是严格规定了代表中工人代表的比例[2]，然后通过事先指定，“选举”出中央委员23名，其中工人成分者12名，占52%以上；候补委员13名，工人成分者5名，占38%强。再通过中央委员会“选举”出政治局委员和候补委员各7名，工人成分者各3名；中央政治局常委5名，工人成分者3名；候补常委3名，工人成分者2名。最后，再推定工人党员向忠发为中央政治局兼中央常务委员会主席。[3] 如此改造之后，中共终于脱胎换骨，真正变成了一个主要由工人来领导的党了。[4]

共产国际否认中国有直接革命形势，中共中央坚持革命潮仍在高涨中

1928年1—2月，鉴于党内认识分歧，中共中央接连召开政治谈话会，讨论形势及策略问题。会上明显存在两种截然不同的意见。一种坚持认为“革命潮流是高涨的”，“一省与几省夺取政权的目标仍然是要有的”；另一种意见则不同意简单说革命潮流是高涨的，认为革命正处于历史转变的时期，统治阶级内部的动摇不一定表明马上就要崩溃，广州暴动的失败，证明资产阶级已经得到了暂时的胜利，革命潮流已经低落了，继续要求全国暴动或一省几省马上夺取政权，是不可能的。他们批评中央对自己的力量估计

[1] 《斯大林、布哈林与向忠发谈话记录》（1928年2月21日）。

[2] 正式代表84名，工人代表达到44人，占51%多。见赵朴：《第六次全国代表大会》（一），《党史研究》1986年第1期。

[3] 赵朴：《第六次全国代表大会》（四），《党史研究》1986年第4期。

[4] 周恩来1943年整风期间对六大如此改造有过总结，但数字略有出入。他说：六大代表暴徒一大堆，工人金字招牌，在75个代表中占了41个。36个正式和候补中委，工人占了22个，17个根本不够格，后来14人成了叛徒。

过大，看不到党的力量非常之弱，并且不是很短的时间内可以恢复和建立起来的，只知道一个劲儿向前走，以为不暴动就是不革命，不了解在目前情况下应设法恢复组织，准备力量，暂时采取退守的策略。[1]

对形势的估计问题，直接与党的策略方针相联系。在理论上和俄国实践上，苏维埃应该只是革命潮流极端高涨，需要夺取政权时的产物。没有革命高潮和直接革命形势，自然也就没有苏维埃这个组织起义的机关，更谈不到建立苏维埃政权。问题是苏维埃革命的方针是莫斯科提出来的，怀疑暴动政策不能继续，就有怀疑苏维埃革命方针的嫌疑，因此，中共中央主要领导人还是不敢苟同那种认为革命潮流已经低落的意见。甚至说中国革命不用机械地模仿俄国革命，那也只能是斯大林、布哈林以及共产国际驻中国代表才有资格谈论的话题，中共中央领导人也绝无这样的自信。

即使是怀疑革命潮流是否高涨，在中共中央的一些领导人看来，也是怀疑暴动政策，乃至怀疑苏维埃革命的政治方向性问题，是绝对不应该的。因此，中共中央专门发出通告，坚持肯定革命形势是高涨的，说“武装暴动夺取政权的总策略不但仍旧是目前的问题，而且夺取一省或几省政权的问题更加紧迫起来”。当然，他们也意识到，工农运动发展的不平衡，对整个苏维埃运动以及人们的心理构成了严重的威胁，并造成了“工人阶级有不能领导农民争斗，城市有不能成为农民暴动中心的危险”，这可能使整个苏维埃革命背离俄国革命的轨道。为了避免这种情况发生，他们不得不坚持认为“革命和反革命已开始互争政权中心之大城市”，之所以还未能夺取城市，“主要原因还是由于各地党部没有争城市的决心，而主观地放弃了城市工人运动”。换言之，在中共中央看来，和否定革命高涨的观点一样，这都是“机会主义余毒”在作怪。为此，它再度宣布要对党“彻底改造”，办法还是要“提拔工农的指导人才，刷除机会主义的成分”。[2]

---

[1]　参见克鲁：《目前几个主要策略问题的讨论》，《布尔塞维克》第 19 期，1928 年 2 月 27 日。

[2]　《中央通告第三十六号附文》(1928 年 3 月 6 日)，见《中共中央文件选集》，第 4 册，第 134—148 页。

让瞿秋白等中共中央领导人意想不到的是，正当他们再度准备把武装暴动的政策引向中心城市的时候，最先指导他们实行暴动政策的那个共产国际代表罗明纳兹，已经在莫斯科被迫放弃了自己的激进观点。

在1927年12月联共（布）第十五次代表大会上，罗明纳兹还明确认为，广州暴动之后，中国革命已经进入了“新高潮”，共产党人有必要运用持续不断的武装暴动的政策，越过资本主义的发展阶段，直接把中国推进到社会主义。[1] 但两个月后，即1928年2月召开的共产国际执委会第九次扩大会议就通过了一个完全不同于罗明纳兹看法的《关于中国问题的议决案》，明确批评了罗明纳兹的观点。决议声称：中国“现在还没有全国范围的新的群众革命运动之强有力的高潮”，工农革命“正在走向这种新的高潮”，但革命本身在各省以及在城乡之间“发展是不平衡的”，因此，党的中心工作还不是立即暴动，而应当是争取群众，准备城市与乡村相配合、相适应的广泛范围之内的发动。那种“要想跳过资产阶级民权革命阶段同时认革命为‘不断革命’之倾向”，是“大为有害”的。[2]

4月下旬，中共中央收到了上述决议案，同时于4月26日收到了布哈林以个人名义拍来的电报。电报明确主张，中国共产党人在决心积聚力量进行武装暴动时必须格外谨慎，尤其是夺取重要城市的政权的斗争，必须到自己的力量超过敌人很多时才可以进行。这意味着，中共中央不仅必须改变自己对形势的估计，而且必须全面修正自己的暴动政策了。要向全党下“罪己诏”，承认自己指导错误，这难免会让年轻的中共中央领导人有些愤愤不平。他们坚持中共中央从来没有怀疑过中国革命现阶段的民主主义性质，说“无间断革命”只是指出中国的“资产阶级民权革命”“有确定的生长而成社会主义革命的趋势与前途”而已。他们声称共产国际对形势的估计缺少了积极的一面，对盲动主义的批评有些“过分”，认为“如不很好

[1] 见《国际新闻通讯》第8卷第1期，1928年1月5日。

[2] 《共产国际关于中国问题的议决案》（1928年2月25日），见《中共中央文件选集》，第4册，第757—763页。

的解释是可以使机会主义分子投机的”。他们坚持应“肯定的承认革命潮是高涨的”,只是没有达到“最高潮”而已。他们并且做出了五条“秘密决议”,准备向共产国际质疑。而他们发出的关于共产国际决议问题的通告，不仅没有做任何自我批评，而且认为“自己过去的工作，正是一面与机会主义余毒奋斗，一面即尽自己的力量指正党内各地所表现出来的盲动主义”，毫无不妥之处。[1]

中共六大上，布哈林循循善诱：“生活不是一个赤裸裸的圆球”

为了根本改造和从政治上、思想上全面武装中国共产党的领导机关，共产国际从 1928 年 5 月初起，陆续把中共中央主要成员及各地党的代表先后秘密接运过境，送到了莫斯科，准备在那里召开中国共产党的第六次代表大会，全面解决党所面临的一系列重大问题。

6 月初，中国共产党的代表基本抵达莫斯科后，就迫不及待地向共产国际领导人发出了一连串质询。从瞿秋白汇集的大量问题可以看出，代表们不仅对许多重大理论问题和政策问题感到困惑不解，而且对共产国际的指导也颇有怨言。

比如，代表们提出：列宁曾说过，唯有社会主义革命才能完成资产阶级民主革命，共产国际七次扩大执委会决议也明确讲中国革命必须超出资产阶级民主革命的阶段，必须进一步转变为社会主义革命，为什么现在又否认它具有不间断的性质？究竟在何时，何种条件下，中国革命才应转变为社会主义革命？

代表们提出：中国究竟有些什么样的资产阶级？它们有几个阶层？各自代表什么势力并起何种作用？所谓民族资产阶级的定义是什么？中国的民族资产阶级是否还能同帝国主义和封建制度做斗争？

[1] 《中央通告第四十四号》(1928 年 4 月 30 日)，见《中共中央文件选集》，第 4 册，第 174—177 页。

代表们提出：共产党人究竟应当如何对待小资产阶级？共产国际第七次扩大执委会决议关于工农小资产阶级联合的主张，现在是否仍然有效？

代表们提出：革命潮流高涨和革命高潮有无区别？能不能说中国现在正经历着暂时的高涨？国际革命运动形势如何？在世界革命低落的情况下，中国革命能否靠自己的力量取得胜利？如果中国革命不在高潮之中，策略上只能准备全国总起义，某个地方有夺取政权的可能性时，党应采取什么策略？

代表们甚至直截了当地提出：为什么大革命时共产国际总是右倾，总是不能预防国民党的反动和纠正党的错误，共产国际派来中国的代表为什么总是摇摆不定？为什么共产国际当时大力帮助国民党军阀武装起来，却不帮助共产党武装工农，以致国民党最后得以用苏联无产阶级的子弹枪杀中国工农，而共产党人却不能利用这些武器来推翻国民党军阀？如此等等。[1]

6月上中旬，瞿秋白等先后同布哈林和斯大林就有关问题进行了接触，斯大林明确告诉瞿秋白，中国革命目前还不是高潮，只有当革命发展到已有胜利可能时，才可以说达到了高潮。

6月14—15日，在布哈林的提议下，中共部分领导人与布哈林等共产国际领导人举行了政治谈话会，具体讨论关于当前形势的估计以及过去的经验教训问题。会上，代表们仍旧意见分歧。瞿秋白依旧不承认自己对形势判断有误。他明确表示，他不理解斯大林对高潮问题的解释。鉴于列宁在俄国1905年革命失败之后也一度主张不参加议会，以为革命会迅速高涨的情况，他确信中共中央此前在原则上并无错误。在紧接着召开的第六次代表大会上，他还进一步坚持说：“革命的客观形势仍是向前去，是向上涨的，走向高潮，简单说高涨这两个字或许引起误会，但真正的意思是不错的。”因此必须肯定地说，“革命客观上是走向高潮，是向上涨而非低落，亦非停滞”，虽可不说高潮，“但是许多高潮将到的象征已经可见”。当然，考虑到

[1] 《中国同志向布哈林同志提出的十八个要求解答的问题》（1928年6月）。

中国经济政治发展不平衡，且革命发展不平衡的特点，准备总暴动的方针不宜说“即是直接暴动”,但“同样也不是说既不是直接暴动,就一动也不动”,否则必使党员的意志变得消沉。[1]

在这种时候，而且是在莫斯科，对共产国际固执己见，无论如何不是明智之举。尽管解除瞿秋白的最高领导职务的决定早已内定，但他的这种书生气还是给共产国际领导人留下了不良的印象。实际上，当共产国际领导人说明了他们的主张之后，除了对苏共理论及历史较为熟悉的瞿秋白还在引经据典地试图为自己辩白外，中共中央的其他成员，包括与会代表，马上就转变了态度，并且还转而对瞿秋白的辩白异口同声地进行了批评。在对于革命形势发展的估量上，代表们一致认为布哈林的说法最完满也最科学，因为他既实事求是地指出了中国革命尚未出现“高潮”的情况，又没有断然使用那个始终让中共中央感到有取消主义味道的“低落”两个字，而是十分巧妙地用“波谷”现象来解释了这一切。布哈林的说法是，中国革命正处在从旧的革命浪潮向新的革命浪潮过渡的那个中间阶段，看起来是低落，实际上却是在走向高涨的过程中。尽管大家对中国革命究竟是处于谷底，还是已经在上涨中，还有不同意见，但他们毕竟已经意识到，目前尚不存在直接革命的形势，此前以武装暴动作为直接行动口号，把夺取一省数省政权看成马上可以实现的斗争任务,是一种盲动主义的错误。不过，当布哈林解释暴动政策是无产阶级夺取全国政权的最后斗争形式时，又有人得出了连“割据”观念也应取消的看法。他们以为，中央此前关于一省数省首先胜利的观念，以及瞿秋白提出的一县数县首先胜利的观点，都是革命的阶级性所不相容的“农民割据”观念。这种观念，是以农村及农民游击战争包围大城市，进而夺取大城市的旧式农民革命的思想，来指导今天的中国革命。这种办法势必使革命失去城市工人的领导，并且使暴动政策失去自身的实际价值。

---

[1] 《瞿秋白在中国共产党第六次全国代表大会上的政治报告》(1928年6月20日)。

先有成套来自俄国的系统理论和观念，后有中国共产党的生长与革命，这在中国共产党人身上打下了深深的烙印。瞿秋白固执地坚持革命形势依然高涨的观点，再明显不过地表现出了这种情况。由于语言文化、知识结构、理论素养等种种差异，以及研究时间、研究资料的极度匮乏，再加上两国社会结构、历史传统和革命内容的极大不同，使得按照俄国革命的理论和观念行事的中国共产党人，往往只习惯于机械地依照“苏维埃 = 革命高潮”之类的教条进行思维，以至于既不能灵活应对变局，又无法很快适应莫斯科政策的改变。在一些重要的历史事变关头常常会自陷于某种困境，最终不得不靠共产国际指导，直至以命令行之。

其实，以纯粹俄国式的“苏维埃”作为自己的革命旗帜和革命目标之后，中共领导人就始终在革命的性质、阶段、形势、任务、对象、动力等概念上纠缠不清，因为中国的一切情况似乎都与俄国有所差别，却又必须要尽可能严格地把它们捏合在一起。这自然容易发生争论与分歧。但这似乎又不能全怪中国人。因为当中共六大召开前有代表仅仅出于通俗的目的，提议放弃“苏维埃”政权的提法，直接称之为“人民”政权时，共产国际领导人对此几乎不屑一顾。布哈林宁愿花上“十倍的时间”，去向在他看来有时简直像“在街上散步的中国小姑娘们”一样幼稚的中国共产党人，通俗地解释“生活不是一个赤裸裸的圆球”，也不愿意去考虑如何使俄国革命的模式套上一件中国自己的外衣。这是因为，“苏维埃”对共产党人并不是一个简单的俄国特有名词，在共产国际的辞典里，它已经是一种包含着具体革命内容，标志着具体革命阶段和革命形式，并具有鲜明的政治倾向性和成功范例的革命模式。没有人敢怀疑它放之四海而皆准的普遍意义，更没有人能够质疑是否应当以它作为一切国家乃至世界革命的斗争形式和根本目标。

布哈林在中共六大的会议上使中国代表们多少理解了“不间断革命”说的“左”倾盲动本质，纠正了中共中央一味进攻，不考虑力量对比的“蠢汉”做法，提出了争取群众、扩大苏区，建立红军的任务，甚至还预见了中国的以工农民主专政为特征的反资产阶级的新式民主主义革命将不同于俄国，会持续“一个整个的时期整个的阶段”，并不会立即转入社会主义。但是，他所有的经验显然还不足以让他真正了解中国革命的特点和特色所在，仍然还得在那个纯粹是俄国特有的模式里兜圈子。他并未真正理解诸如中国革命的不平衡性、农村武装割据、工农红军等这些与俄国苏维埃革命模式完全不同的东西所具有的特殊意义。他承认在“非常巨大”、有着许多不同省份和不同情况的中国，千百万群众不会“在一两天之间”突然起来全面暴动夺取政权，暴动可能会从一些省份开始，然后蔓延到其他省份，割据的苏区可能作为革命的中心存在，红军可能成为决定新的革命高潮的主要动力之一。但是，他坚决反对“将中国革命胜利的问题与几个地区苏维埃存在的问题混同起来”。他坚信，还是要靠群众暴动解决问题，说“到了群众真正起来的时候”，“我们放一个号炮，便可以进行总攻击”。可是，他甚至完全没有提到，在工业极不发达，共产党人完全转入地下的中国，应当到哪里去组织无产阶级，应当如何最广泛地团结和动员群众。他看不出在中国代表所提的关于中国资产阶级的问题里，包含着某些值得重视的思考，反而依据俄国的经验，断然宣称：中国的民族资产阶级“是我们最无情最残酷的敌人”。他注意到中国的小资产阶级占人口比例极大，社会影响更甚，承认对小资产阶级的关系有“非常大的政治意义”，但在阶级观念的困扰下，他反对公开抑制中国店员和工人以及农民中自武汉时期就充分表现出来的强烈的平均主义倾向，认为这种情况的发生就意味着工农革命已经深入，因此必须毫不犹豫地牺牲与小资产阶级的关系，不惜侵犯和剥夺小资产阶级。[1]

基于布哈林这样一种认识，在共产国际帮助下由中共六大所通过的决议中，否定了不顾力量对比和不考虑群众发动状况的一味进攻的盲动主义倾向，同时却仍旧继续着此前的苏维埃革命方针及其模式。按照它的说法，

[1] 《国际代表在中国共产党第六次全国代表大会上关于政治报告的结论》（1928 年 6 月 29 日）。

党的根本任务依旧是准备和实行武装暴动；革命的直接目标，依旧是力争建立苏维埃政权；而革命的动力，依旧“只是中国底无产阶级和农民”[1]；革命的对象，则不仅有帝国主义、地主豪绅、资产阶级及其军阀，而且还有“最危险的敌人之一”，即“民族资产阶级”和“城市底上层小资产阶级”，甚至其他小资产阶级。[2]

---

[1] 实际上，决议里的“农民”并不都是革命的动力，它特别说明，“基本力量是贫农”，中农只是“同盟者”，富农则属于“剥削者阶级”，虽暂时不必加紧反对，但仍是农村阶级斗争对象之一。见中共六大：《政治议决案》（1928 年 7 月 9 日）、《土地问题议决案》（1928 年 7 月 9 日），《中共中央文件选集》，第 4 册，第 298—300、316、344—346 页。

[2] 《政治决议案》中把中国资产阶级区分为“豪绅地主资产阶级”与“民族资产阶级”，统统看作革命对象；把“城市上层小资产阶级”直接列为反动派，把有雇工行为的城市店东等类小资产阶级列为可能的斗争对象，但相信贫民小资产阶级有参加反帝运动及反军阀斗争的可能，不过并未将其视为革命动力。见《中共中央文件选集》，第 4 册，第 301—304 页。

二、世界革命万岁

留守中央再试统一战线，共产国际严厉批评，斥为“新的右倾”

1928年5月，正当中共中央和各地方组织的代表秘密前往莫斯科召开中共六大之际，国民党为完成统一中国的事业，发动了二次北伐。日本为阻挠国民革命军对张作霖政府的进攻，在北伐军经过的山东济南制造了骇人听闻的“五三”惨案。仅据济南惨案外交后援会代表团极不完整的调查，在此案中被日本军人杀害的中国军民达到3608人，南京政府之战地政委会外交部主任暨山东特派交涉员蔡公时等十余人被杀，蔡公时甚至在交涉员公署内被剜鼻割耳后残杀致死。[1] 此一事件，在中国再度掀起了强烈的反日浪潮。

自实行暴动政策以来，中国共产党的反帝工作几告停顿。这不仅是因为共产党人全力以赴地从事暴动夺权的各项工作，完全无暇顾及于此，而且还因为它处于地下状态，不便公开活动，同时又放弃了统一战线的政策，完全无法与资产阶级、小资产阶级的反帝团体进行合作。“五三”惨案的发

[1] 见《中华民国外交史资料选编》，第443—450页。

生以及群众性反日运动的兴起，促使这个时候留守在国内的中共中央开始意识到此前的工作存在不足，他们决心不顾有“回复旧的联合战线而蒙蔽阶级意识”的嫌疑，参加到“小资产阶级的反帝运动”中去，同时争取把反帝运动“做的含有很浓厚的反国民党意义”。当然，因为国民党从中央到地方各级党部也在激烈抗议，谴责日军暴行，他们自然会担心，不如此“简直是替我们的敌人豪绅资产阶级国民党摇旗呐喊”了。[1] 他们所起草的“有国民党无反日运动，有反日运动无国民党”的《告民众书》，虽印了5000份，结果不论是在反日，还是在反国民党的问题上，对民众都没有产生任何影响。

5月18日，留守中央发出通告，承认“这一反帝运动，确实被国民党领导了”，共产党完全“没有能够领导”。鉴于这种情况，他们决心改变此前策略，“加入国民党所组织的反日团体”，以便“运用城市群众的统一战线揭破反动领袖的假面具而取得其群众，也就是取得公开的地位以便到群众中去活动”。同时，他们在策略上主张用“检查日货焚烧日货阻运日货……激烈的动作，以惹起许多小的冲突”，使国民党暴露其妥协投降立场，并借此来恢复自己的城市工作。[2] 这一策略迅速发生了效力，“五卅”、“六二”两天，在中共参加的反日大同盟以及工人反日后援会等组织鼓动下，上海有上千群众举行了示威活动，相当一批工人进行了反日罢工，群众反日斗争开始突破国民党的限制。尽管这还仅仅是在上海，但策略手法上的成功，还是促使留守中央进一步重视起日常的口号和斗争来了。

中国共产党人的基本分析工具都是源自列宁主义的，列宁关于帝国主义本质的理论观点和共产国际对国际事务的分析套路，一贯是他们认识一切国际政治问题的基本出发点和基本模式。故留守中央这时断定，日本制造济南惨案，应该是开始以武力占领山东、满蒙、华北及全中国的最初步骤，而日本的侵略将严重危害其他帝国主义国家，特别是美国在远东及太平洋地区的

[1] 《中央通告第四十五号》（1928年5月9日），见《中共中央文件选集》，第4册，第194—199页。
[2] 《中央通告第四十八号》（1928年5月11日），见《中共中央文件选集》，第4册，第209—216页。

利益，由此必然引发第二次世界大战，因此，此一惨案至少“是太平洋战争的信号”[1]。为了反对这一战争危险，他们一方面与日本共产党人联合发表宣言，呼吁反对日本侵略和帝国主义战争的危险[2]，另一方面已经开始未雨绸缪，想要加紧鼓动群众倾向于革命，以便按照俄国布尔什维克的榜样，在战争到来之际，能“转变帝国主义战争为国内战争”[3]。

为加紧鼓动群众走向革命，留守中央明确主张“把反帝运动和民权运动汇合起来并且联系到工农小资产阶级本身的利益以发动城市广大的群众”。他们为此提议向群众提出“要求公开外交”、“恢复民众运动”、“实行民众政权”、“召集国民会议选举全国政府”、“自动的废除一切不平等条约”及“收回山东满洲的主权”等斗争口号，并“使之成为目前民众的要求，在这种要求之下起而斗争”。毫无疑问，这些口号明显地延续了此前联合战线的政策，与苏维埃革命排斥资产阶级、小资产阶级的方针不合。他们因此不能不特别加以说明，声称这只是一种斗争手段，“不能算作我们的政纲”[4]，但他们在实际上已经多少意识到，在城市工作中，尤其是对广大的小资产阶级，还不能直接提出苏维埃政权的口号，而需要适应民众的反帝心理，迂回前进。

然而，这种另辟蹊径的做法在高度集权的共产党体制内是很难被允许的。留守中央的这一策略很快遭到了共产国际的批评。共产国际“六大”主席团及国际东方部于8月上旬致电留守中央，明确批评要求恢复民主运动及国民会议、民主政权等口号有使民众对国民党产生幻想之嫌。瞿秋白这时更是根据共产国际的意见上纲上线，把留守中央的这种做法称为中共党内“机会主义重新抬头”，即“新的右倾”，说提出这些口号就“意味着否定和取消苏维埃的口号”。[5]

---

[1] 超麟：《太平洋战争的信号已经发出来了》，《布尔塞维克》第21期，1928年6月15日。

[2] 《中日两国共产党联合宣言反对日本侵略中国》，《布尔塞维克》第21期，1928年6月15日。

[3] 超麟：《太平洋战争的信号已经发出来了》，《布尔塞维克》第21期，1928年6月15日。

[4] 《中央通告第五十四号》（1928年6月21日），见《中共中央文件选集》，第4册，第266—277页。

[5] 《共产国际有关中国革命的文献资料》（1），第383—384页。

国际来信：任何以为中国可能走上资本主义道路的看法都是危险的

9月初，中共六大新组成的中共中央回到国内，开始工作，留守中央不复存在。新中央理所当然地重新回到彻底革命的立场上来，连策略手法也一概加以否定，认为那是“迁就落后群众的”。在新中央看来，要真正把群众从国民党资产阶级改良主义的影响下争取过来，就必须坚决地提出最鲜明而且最彻底的阶级斗争与民族斗争的战斗口号，丝毫也不要拐弯抹角，尤其“不应采取‘统一战线’的口号”，不应反日不反其他帝国主义和假反帝的国民党及各种改良主义派别，因为那样等于“跟着资产阶级于不知不觉中做了美帝国主义在华发展的工具”，“使革命的反帝运动变成了反革命的作用”。[1]

1928年年底，国民党二次北伐已经胜利完成，奉系军队战败退出关外。因日本军人制造皇姑屯事件，暗杀了张作霖，其子张学良毅然宣布易帜，归顺了南京国民政府。中国在历经二十余年四分五裂、南北对抗之后，第一次再度达成了统一的局面。但是，国民党在征服各地军阀时所采取的主要是分化收买、封官加爵的办法，因此只有直系、皖系和江浙系军阀等不复存在，其他割据各省或特定地区的各大军事集团，如张学良之奉系、冯玉祥之西北军、阎锡山之晋军、李宗仁之桂系，包括西南各省军阀盘踞的局面等，实际上依然如故，有的力量还因为大量并吞地方小军阀而更加膨胀。故国民党形式上统一了中国，实际上内部仍是派系林立，互不相下。1929年，南京政府以理财整军名义想要对各实力派所属军队进行编遣，即因利益分配不均，再度引发军事冲突。

中国政治的这种混乱局面，恰恰被中共视之为革命高潮必然要迅速到来和豪绅资产阶级军阀必然无法稳固其统治的一种证明。在他们看来，这

[1] 《中央通告第三号》（1928年9月18日）、《中央通告第二十号》（1928年11月30日），见《中共中央文件选集》，第4册，第590—603、723—746页。

一切都是帝国主义争夺中国的必然结果，而且是不可改变的。他们相信，中国问题之所以会如此，就是因为帝国主义各国加紧了对中国的争夺。特别是英、美、日三大国之间的争夺，已经达到“只能靠战争来解决”的程度。就世界范围而言，英美矛盾已成为“全世界冲突的中心”；而就远东及太平洋地区而言，则日美冲突已“表现出他是太平洋未来大战的根源”和“各帝国主义在中国问题中矛盾的中心”。中国目前的反日运动，实际上就是英、美为阻止日本的急剧扩张企图而推动的。英国同时也担心美国利用中国资产阶级以其强大的财政资本垄断中国，故它又不能不与日本暗中勾结，共同扶助中国南北之买办豪绅地主阶级“共同对美”。因此，他们认为“桂系军阀买办豪绅西山会议派”，是“在英帝国主义的怀抱中”；奉系张学良以及冯玉祥、阎锡山两军阀，正在日本帝国主义“挟制”之中；中国资产阶级蒋系军阀的背后，则是美帝国主义。他们断言，英、美、日帝国主义目前还处于相持的局面，一旦这一相持局面被打破，则不仅国民党各派要爆发战争，帝国主义也“终必出于武力之一途”，“靠着战争来解决问题”。只要战争爆发，就是共产党人“一个发展革命最好的环境”。[1]

把帝国主义及其一切反革命的势力由于争斗和内讧而引起的一切战争，看成革命高潮到来的重要证明和暴动夺权的关键时机，这是自俄国十月革命以后几乎所有共产党人都确信不移的一种观念。而1928年7月至9月召开的共产国际第六次代表大会，更进一步从理论上强化了人们的这种认识。大会通过的文件明确提出了“资本主义总危机”的问题，认为第一次世界大战之后,资本主义已经经过了“严重危机”的“第一时期”和“局部稳定”的“第二时期”，开始进入“导致资本主义稳定的进一步瓦解和资本主义总危机的急剧尖锐化”的“第三时期”。说这个时期必然是充满“帝国主义国家之间的帝国主义战争、帝国主义国家的反苏战争、反对帝国主义和帝国主义者武装干涉的民族解放战争和大规模的阶级搏斗的时期”，从而也必定

[1] 《中央通告第二十号》(1928年11月30日)，见《中共中央文件选集》，第4册，第723—746页。

会成为“战争和革命的时代”，最终“把一切国际革命力量推动起来，从而不可避免地导致资本主义崩溃”的到来。[1]

根据这样一种推断，共产国际六大向中国共产党人提出的任务也很明确，即党应该在革命高潮到来之际，“准备并实行武装起义，以之作为完成资产阶级民主革命和推翻帝国主义、地主及民族资产阶级政权即国民党政权的唯一手段”[2]。当然，它也并没有马上改变此前对中国形势的估计，还是强调了“积蓄群众力量”的问题。[3] 而既要准备并实行武装起义，又要着重积蓄力量，这种两面的要求只能让中共中央更加相信暴动的时机正在到来，关键只是在于赶快让工农士兵群众在无产阶级正确政策坚强的领导之下，“广大的斗争起来”。[4] 但是，中共中央所面临的具体形势，似乎还并不能印证这一点。

自 1927—1928 年国民党南京政府事实上取得了统治地位之后，尽管国民党及军阀内部仍旧争吵不休，但国家至少在形式上统一起来了，这使得社会上大批中间群众迅速对国家的和平和统一寄予了强烈的期望，因而也越来越多地寄希望于通过和平改良与合法斗争的方式，来求得国家政治的稳定与民族经济的复兴。国内民众中的革命情绪迅速退潮了。

一方面，按照共产国际六大的观点，世界上“战争与革命的时期”随时可能降临；另一方面，中国政治形势的发展似乎正在为中国民族资产阶级开辟道路。这种情况对于一心指望乘国内动乱以武装暴动迅速取得胜利的共产党人来说，显然不是一件值得庆幸的好事情。而中共中央最担心的是，南京国民党人“与我们理论上差不多，但政纲则不同”，这很容易在群众中造成严重的混淆，并使中共的宣传失去效力。因此，它不能不再三告诫说，

[1] 《国际形势与共产国际任务的提纲》(1928 年 8 月 29 日)、《共产国际纲领》(1928 年 9 月 1 日)，见《共产国际、联共（布）与中国革命档案资料丛书》(11)，中央文献出版社 2002 年版，第 445—457 页。

[2] 《关于殖民地和半殖民地国家革命运动的提纲》(1928 年 9 月 1 日)，见《共产国际、联共（布）与中国革命档案资料丛书》(11)，第 458—469 页。

[3] 《共产国际有关中国革命的文献资料》(1)，第 573 页。

[4] 《中央通告第二十号》(1928 年 11 月 30 日)，见《中共中央文件选集》，第 4 册，第 732—733 页。

南京国民党及其所代表的民族资产阶级，是“我们目前争夺广大群众最严重的敌人”[1]。时任中共中央宣传部部长的李立三还发表文章宣称：“我们对于资产阶级势力的增长”，以及欧战以来“一贯”“帮助中国资产阶级的发展”的“美帝国主义势力的增长，尤其是他的民族改良主义的影响的扩大，必须予以严重的注意”！因为“新的革命高潮到来的快慢，完全看我们能否很快的克服这个改良主义的影响来决定”。[2]

当然，此时群众中和平改良情绪的增长，也使中共中央深感革命主观力量的薄弱，因而对敌我力量的对比及形势的估计颇不乐观。以至当国民党内部的派系之争重新演化为一轮新的内战之初，中共中央不仅没有发出进攻的讯号，而且还明确告诫全党：“军阀战争的本身，并不就是革命的高潮”，“他只是造成革命高潮的客观上可能条件（统治阶级的破裂与工农的痛苦加深）之一”。“革命高潮是要依靠着群众的组织力量，觉悟力量与斗争的勇气，尤其是我们党在广大群众中的领导力量”。“群众自己没有组织与斗争的力量，即使发生战争……对于革命运动仍然失却了客观上帮助的意义，反而更增加民众的痛苦与压迫”。[3]

但是，相信南京国民党的统治地位将日渐巩固，全面战争和动乱的时机未必能很快到来，这不仅意味着革命高潮暂时还没有到来的可能，而且难免会使相当一部分革命者逐渐对革命的前途发生动摇。有人甚至得出这样的认识，说既然“蒋桂系的战争是资产阶级反对买办地主阶级的战争”，那么当然“也就是民主势力反封建势力的战争，并且还有反帝国主义的性质，因之这次战争在客观上是有革命的意义”。[4] 虽然这样看问题的人还只是极少数，但过多地强调民族资产阶级的发展趋势，强调它对国家统一、和平

[1] 《中央通告第三十号》（1929 年 2 月 8 日），见《中共中央文件选集》，第 5 册，第 44—53 页。

[2] 李立三：《目前政治形势的分析与我们的中心任务》（1929 年 3 月 1 日），见《中共中央文件选集》，第 5 册，第 657、665 页。

[3] 《中央通告第三十三号》（1929 年 3 月 15 日），见《中共中央文件选集》，第 5 册，第 71—77 页。

[4] 《中央通告第三十四号》（1929 年 4 月 10 日），见《中共中央文件选集》，第 5 册，第 110—125 页。

改良、经济发展的重视和作用，过多地强调帝国主义对中国政策的区别，客观上势必要使越来越多的人会这样去认识问题。

显而易见，在国民党基本完成统一中国的战争之后，共产党人之间围绕着形势估计问题不可避免地开始出现了种种不同的看法，甚至是极大的困惑。因为事情很简单，如果中国真的在南京国民党人的领导下能够逐步走上普鲁士式的，或土耳其式的资本主义和平发展道路，那么，在相当长的一段时间里，共产党就没有暴动夺权的任何可能性了。面对这种情况，斯大林不能不直接出面加以纠正了。因为在斯大林和布哈林等苏共最高领导人看来，承认资本主义有恢复和发展的可能的倾向存在，对于一个必须要领导群众进行夺权斗争的革命党来说，本身就是一种危险的倾向。

1929年2月8日，共产国际就“中国革命现势、前途和目前任务”发出了致中共中央的指示信。该信至3月下旬才送交到中共中央。[1] 信中明确提出，那种“以为在中国，已经开始资本主义‘健全’底纪元，已经开辟政治经济和平发展底道路”的右倾危险，“特别严重”。这是“因为国民党的统治阶级用尽一切方法来扩大他在小资产阶级以及在工人阶级中的影响”。如“公布一些社会改良的条例（部分的减少工作时间，分配红利等）”，同时资产阶级各派一直“在社会上造成一种幻想的空气，以为国民党的左派领袖还希望反对封建地主与军阀以及保持民族自由而反对帝国主义”。

来信断言：“中国资产阶级和国民党政府，不但没有解决中国资产阶级民主革命底基本问题，并且也不能解决这些基本问题。一切关于中国有基玛尔（凯末尔）式的发展之可能的说法，都是毫无根据的空谈。”它们充其量只是“用表面上反对帝国主义的态度来遮盖着它对于帝国主义的忠诚孝顺，替帝国主义开辟道路，来使中国遭受殖民地地位的束缚”。中国民族资产阶级也好，各派军阀也好，他们统统不过是帝国主义“内部斗争的现成

[1] 中共中央六届二中全会《中央政治局工作报告纲要》称此信“于四月才收到”，但实际上中央政治局3月26日已开会讨论，因此收到时间应为3月下旬。

工具”，夸大中国民族资产阶级在统一中国和打击豪绅地主买办阶级方面的作用，是完全错误的。同样，帝国主义的政策也是一样的，包括美国在内，它们都是要加紧“对中国的殖民制度的束缚”，所区别的只是侵略方法罢了。因此，“统一中国与推翻帝国主义在华统治”，“是和土地革命及消灭一切封建残余密切联系着，分割不开的”三大革命任务，“只有革命高潮中涌出来的工农专政政府”，才能根本解决这些问题。[1]

托派隐现党内，中共中央警告，凡小组织活动必予制裁

共产国际在批评中共“左”倾盲动主义的同时，又特别来信批评中共党内的右倾危险，是和这个时候苏共广泛开展反对托洛茨基派的斗争有关的。按照托洛茨基派的观点，中国目前实际上已经进入了俄国 1905 年革命失败后的阶段，已经没有了革命形势，统治阶级在政治上势将逐渐趋于稳定，经济生产也必然日趋复兴，若“没有意外因素来干涉，革命、暴动、苏维埃是谈不上的”。因此，他们主张，在中国，共产党人应当模仿俄国党 1905 年革命失败后的策略，提出“国民会议”的口号，动员和组织群众来参加争取民主自由的斗争。在革命形势降临之际，像俄国十月革命一样，直接把革命引上社会主义道路，在社会主义革命中顺带完成民主革命的任务。[2]

不难看出，过分强调中国民族资本发展的可能性，过分重视中国资产阶级与封建地主买办阶级之间的矛盾，以及它对某些帝国主义的反对态度，包括认定南京政府已经并且可能会稳固地占据统治地位，还难免会得出与托洛茨基一样的观点。这无疑也是莫斯科这时极为担心的一个问题。

1929 年，托洛茨基的观点通过回国的留苏学生，已经对部分中国共产党人发生了重要的影响。在中共内部，托派小组织迅速产生，甚至党的前

---

[1] 《共产国际执委给中共中央关于中国革命现势、前途和目前任务的信》(1929 年 2 月 8 日)，见《中共中央文件选集》，第 5 册，第 605—623 页。

[2] 《郑超麟回忆录》，现代史料编刊社 1986 年版，第 224—225 页。

总书记陈独秀及政治局委员彭述之等，也逐渐接受并开始赞同起托洛茨基的观点了。

7月中旬，陈独秀即给中共中央去信，明确表示不同意共产国际来信指示的精神，并且批评中共中央接受国际训令的通告“是帮助蒋介石的宣言”。

8月5日，他系统提出了类似于托洛茨基的看法，宣称中共中央有一条“系统的在政治工作上组织上一贯的错误路线”。其关键就在于，中共中央至今“不了解统治阶级即国民党政权的阶级性”。“把国民党看作是一种各阶级的政治联盟”，不知道大革命失败后，“已开始了中国历史上一大转变时期”，资产阶级“在政治上对各阶级取得了优越地位”，形成了以自己为中心为领导的国民党南京政府，不仅帝国主义施以“让步与帮助”，而且封建残余也“受了最后打击”，“势不得不努力资本主义化”。因此，他认为，当前国民党内部之军事的政治的冲突，“都是资产阶级新政权之内部冲突，而和国民党从前对北方封建军阀战争有不同的性质”，决不存在什么资产阶级反对豪绅地主买办阶级的战争。不论他们之间“哪个是纯资产阶级的，哪个是带封建性的”，都毫无进步性可言，“站在革命的无产阶级立脚点上，对于他们之间已经不能有不同的战略”。[1]

对于党内反对派的活动，中共中央直到6月中旬左右才开始发现。这时，已有十几名党员组成“中国列宁主义布尔什维克反对派”的小组织，秘密出版了四期《我们的话》，专门翻译介绍托洛茨基的文章和著作。他们多半确信，中国当前的主要任务已经不是民主革命的问题，而是社会主义革命和推翻资产阶级政权的问题了。因此，他们力主应该改组中共中央以便改变党的整个路线。陈独秀这时并不完全赞同反对派的主张，甚至明确表示反对在党内组织小组织，强调党内不同意见应以民主的方式在党报公开讨论，“以便形成多数意见之一致”。[2]

---

[1] 《陈独秀关于中国革命问题致中共中央信》(1929年8月5日)，见《中共党史参考资料》，第5册，第376—385页。

[2] 同上，第383—385页。

严格地说，在俄国革命的过程中，在当时社会民主工党党内，存在这样的争论并不是一件奇怪的事情，列宁就是在不断的辩论与批判中形成自己的力量的。然而，这种情况在俄国革命胜利以后，特别是列宁去世以后，已经逐渐变成了不可思议的事情。托洛茨基等人被整肃，更是宣告了党内一言堂制度的正式形成。要围绕着党的方针政策展开内部的讨论，即使在中国，无疑也是不可能的了。

早在1927年11月14日，托洛茨基反对派骨干成员已被苏共中央开除出党。[1] 苏联当局并且于1928年1月17日把托洛茨基强行逮捕，按照俄国沙皇时代的惩罚办法，把他押送到靠近中国边境的阿拉木图进行政治流放。到1929年2月，托洛茨基干脆被宣布为“犯有组织非法的反苏维埃的党派、策划反革命活动的罪行”，“准备武装暴动”，意图“颠覆苏维埃政权”，被苏联政府驱逐到土耳其的君士坦丁堡去了。[2]

作为共产国际的下级支部，中共中央当然要执行共产国际六大通过的“号召其他各国党从思想上和组织上反对在它们队伍中建立托洛茨基、反对派的任何企图”的决议[3]。而且，基于必须高度集权，因而要将党内一切可能的派别倾向都消灭在萌芽之中的考虑，还在1928年8月13日，它实际上就已经发出了警告，要求全体党员必须“遵照共产国际的决议与无产阶级的最高原则，坚决地消灭反对派在党内的任何活动”。它声称：任何同志“在其理论之某一部分与托洛茨基主义相似”，则“必须公开承认托洛茨基反对派的整个纲领与活动是错误的，是做成了反革命的工具”；任何同志“有反对派的思想宣传”及“小组织的秘密活动”，均须“自觉地向党声明退出这一组织，并承认其错误”，否则“必须予以严重的制裁以至开除出党”。[4]

---

[1] 《苏联共产党代表大会代表会议和中央全会决议汇编》，第三分册，人民出版社1956年版，第419—420页。

[2] 托洛茨基：《我的生平》（上），华东师范大学出版社1980年版，第7页。

[3] 《共产国际文件汇编》，第3册，第138页。

[4] 《中央通告第四十四号》（1929年8月13日），见《中共中央文件选集》，第5册，第405—411页。

其实，对托洛茨基反对派的这种强硬态度，也并不意味着中共中央开始试图禁止任何独立见解。从 1929 年 6 月召开的中共中央六届二中全会所通过的文件可以看出，他们甚至也没有完全放弃他们此前关于当前国民党内部冲突具有资产阶级反对豪绅地主阶级性质，以及美帝国主义在中国问题上与英、日帝国主义有不同策略，它必然要支持中国民族资产阶级争夺领导权的看法。[1] 因为这种情况，他们甚至同共产国际派驻上海负责协助中共中央工作的远东局负责人，发生了意见分歧。只是，中东铁路事件的发生将这一争论拖延了下来。

李立三：朱毛红军应占领一座城市以反对国民党进攻中东铁路

1929 年春，随着南京政府开始推行“革命外交”政策，分别与各列强政府谈判修订不平等条约，以最大限度改变中国在对外关系问题上的不平等地位。这种情况直接刺激了张学良和东北当局的一些负责的官员。因为中国东北三省，特别是北满地区，根据 1924 年 5 月 31 日北京政府与苏联政府签订的《中俄解决悬案大纲协定》和 9 月 24 日张作霖与苏联政府签订的《中华民国东三省自治政府与苏维埃社会主义联邦政府之协定》，沙俄当年出资修建的用于接通西伯利亚铁路的从满洲里延伸到中国东北境内的中东铁路，所有权益中苏各半，并共同管理。由于双方隔阂甚深，冲突不断，东北方面早就有利用苏联在国际上的孤立地位，强行收回中东铁路主权的想法。因此，南京政府“革命外交”政策推行起来以后，张学良也很快策划了夺取中东铁路的一系列行动。

5 月 27 日，张学良的军队对哈尔滨、齐齐哈尔等地的苏联领事馆进行了突然袭击，并在强行搜查后逮捕了数十名苏联侨民，声称这些人正在密

[1] 《(中共六届二中全会）政治决议案》(1929 年 6 月)，见《中共中央文件选集》，第 5 册，第 179—212 页。

谋鼓动满洲革命，说起获了大量犯罪文件。6月初，他们又逮捕了苏联领事馆的官员和中东铁路的苏联董事。[1] 7月10日，他们更进一步全面夺取了中东铁路的电报、电话系统，封闭了苏联的各种经营管理机关，逮捕了200余名苏方铁路员工，强行接管了铁路。同时，东北当局还强行把苏联方面的铁路局长及副局长等驱逐出境。[2] 这一事件，不可避免地引起了中苏两国在外交和军事上的激烈冲突。

战乱尚未停止，内部矛盾重重的国民党政府，敢于公然向苏联挑衅，这只能被苏共和共产国际看成是其背后帝国主义调唆的结果。苏联方面迅速开始做出反应，甚至征调当时还在苏联学习军事的中共学生及干部前往中苏边境苏联一侧，准备参与针对张学良东北军的军事行动。

7月21日，共产国际远东局代表向中共中央代表通报了这一事件的发生情况，明确认为这是整个帝国主义进攻苏联计划的一部分。说它不仅直接损害海参崴的战略地位，影响外蒙古的安定，而且也威胁了苏联远东的安全。尽管由于各国革命运动的发展和帝国主义内部瓜分苏联的计划尚未商妥，使帝国主义发动反苏战争还面临严重困难，但战争的爆发“是决不可避免的，而且一天天地迫近”。为此，他要求中共根据共产国际六大提出的武装保卫苏联的任务和当前局势，立即开展“拥护苏联”和反对帝国主义走狗国民党的宣传，特别要在八一反帝日掀起反对国民党和拥护苏联的大示威。

把第一次世界大战爆发的8月1日，当成共产国际动员各国群众拥护苏联，反对帝国主义战争，检阅自己力量的示威日，这是共产国际六大以后才决定下来的。而在苏联利益遭受威胁情况下各国共产党应采取的立场，六大也有了明文规定。这就是，对苏联构成战争威胁的国家的无产阶级，应毫不犹豫地“促使本国政府在这一战争中失败”，“不要让资产阶级以叛

---

[1] 《远东国际关系史》，下册，第726页。

[2] 《外交史》，第三卷（下），第718页，并见秦孝仪主编：《中华民国重要史料初编——对日抗战时期》绪编（二），（台北）中国国民党中央委员会党史委员会1981年版，第208—211、213—214页。

国罪名把自己吓唬住”，因为只有苏联才是无产阶级的真正祖国。[1] 毫无疑问，这同样也是中国共产党人的立场。

7月22日，中共中央召开政治局会议，决定全面动员，开动一切宣传机器并组织“八一”示威。尽管共产国际代表否定了李立三提出的命令朱毛红军占领一座重要城市，举行大示威发宣言的建议，但与会者仍旧决定公开提出“武装保护苏联”的口号，并在一系列通告、宣言、告同志书中，公开号召变反苏联的战争为拥护苏联的战争。[2] 中共中央并且断言：帝国主义对苏联战争开始之日，就是世界革命爆发之时，它必然“更可促成全国革命高潮更快的到来”[3]。

还在7月15日，中共中央就在上海组织了总行动委员会（简称总行委），并由罗登贤、李立三、李维汉三人组成了主席团。22日，中共中央又进一步联合反帝、青年反帝及东方反帝三个同盟共30多个进步团体，组成反帝大同盟，召开了代表会议，力图通过它来领导八一大示威，并发动上海工人总罢工。同时，它还决定26日先在“反对帝国主义国民党进攻苏联”的口号下进行一次大演习。但是，26日当天，中共中央总行委只组织了数百人的游行，而国党民29日却组织了上万人的反苏大会。到8月1日，中共组织起来的示威群众总共也不过一两千人，由于没有集中行动，各区受影响围观集会者虽有近万人，但亦未形成大的声势，罢工的发动则更是完全失败。

对于中共中央的行动，共产国际是比较满意的，但中共党内明显存在不同意见。陈独秀首先于7月28日致信中共中央，率直地批评中共中央“只是拿世界革命做出发点，拿‘反对进攻苏联’、‘拥护苏联’做动员群众的中心口号”，不了解国民党在“拥护中国”、“拥护民族利益”的口号下宣传

[1] 贝拉·库恩：《共产国际文件汇编》，第3册，第54—58页。

[2] 《中国共产党为八一国际赤色日宣言》（1929年7月24日），见《中共中央文件选集》，第5册，第385—388页。

[3] 《中央通告第四十二号》（1929年7月24日）。

收回中东路问题，“不但小资产阶级的群众，甚至许多劳动群众也受了欺骗”，“这种情形不用说是于我们不利的”。要真正争取群众，宣传口号上必须讲求策略。[1]

不用说，中共中央激烈反驳了陈独秀的来信，指责陈的主张是“降低我们的口号，跟着群众的落后意识跑”，是试图“如社会民主党一样以欺骗的方法来取得群众”。[2] 对此，陈独秀也毫不妥协，愤然责备中共中央“只是拿几个原则机械的死板的用命令主义蛮干”，完全不懂得对于阶级斗争中“夹杂的民族问题”，必须“予以特别的戒心和注意”，盲目以为“广大群众都认识苏联是中国解放的朋友”，以至“老是拿夸大的言词欺骗同志”，把群众发动不起来的原因完全归之于客观，这仍旧“是你们简单化和纯任主观不看事实”，即“素来‘以主观为客观’的盲动主义精神之表现”。[3]

不论陈独秀此时关于中东路问题的意见是否更加合理，都已经毫无意义了。中共中央几乎不可能接受一个被共产国际戴上了右倾机会主义帽子的前总书记的质疑。更何况，陈独秀 8 月 5 日致中共中央的信，明显反映出托洛茨基的主要观点，提出了中央的路线问题，已经不可避免地被中共中央视为党内反对派的代言人了。中共中央为此尖锐地批评陈独秀是“以托洛茨基主义来掩饰机会主义的错误，完全离开中共六次大会以至国际的路线，并以许多挑拨的言辞来制造党内的纠纷”。它甚至开始怀疑陈独秀已有小组织的活动和分裂党的阴谋了。

9 月底，共产国际远东局代表约见陈独秀，指出陈独秀作为党员应当遵守六大决议，只有在革命失败后、大会召开前，或中央违反了阶级利益时，才能讨论原则问题。同时，他严厉批评了陈独秀把给中共中央不同意见的信件在同志中传看的做法，是无组织无纪律的行为。远东局随后召开会议，

---

[1] 《陈独秀一九二九年七月二十八日给中共中央的信》，见《中共党史参考资料》，第 5 册，第 374—376 页。

[2] 《中央答复撒翁的信》（1929 年 8 月 3 日），见《中共中央文件选集》，第 5 册，第 389—393 页。

[3] 《陈独秀一九二九年八月十一日给中共中央的信》，见《中共党史参考资料》，第 5 册，第 386—390 页。

建议中共中央就陈独秀的来信形成决议，连同来信下发支部讨论，告诫陈停止小组织活动，并强行分配其工作。

10 月初，中共中央决定接受远东局的建议，随后于 15 日做出了要求“独秀同志必须立即服从中央的决议接受中央的警告在党的路线之下工作，停止一切反党的宣传与活动”的决议。[1] 仅仅几天之后，因为接到共产国际执委会第十次全会关于反右倾反调和的新决议，中共中央对陈独秀的态度突然变得异常严厉了。因为中共党内相当多中央领导人都曾经是陈独秀的学生或下属，面对共产国际要求坚决反右倾、反调和的新方针后，几乎所有人都相信，右倾如陈独秀者，无论如何不应进一步迁就调和。于是，中共中央 20 日做出决定，将陈独秀开除出党。紧接着，江苏省委于 21 日首先通过开除彭述之等四人的决议。[2] 11 月 15 日，中共中央通过决议批准江苏省委决定，并公开了开除陈独秀党籍的决议。[3] 在发给下级支部的有关文件中，中共中央严厉谴责陈独秀关于中东路及政治问题的信件“是党内一些动摇的机会主义分子的立场的最露骨的表现”和“一小撮托洛茨基反对派立场的大暴露”。[4]

中共中央：坚决与远东局一贯的右倾路线“斗争到底”

中东路问题，因苏联坚持强硬态度，不接受张学良和东北当局的单方面措施，双方于 7 月底开始陷入紧张的军事对峙状态。随着苏方调集的部队陆续抵达中苏、中蒙边境苏联一侧，苏军接连几度深入中国东北境内，对

[1] 《中共中央政治局关于反对党内机会主义与托洛茨基主义反对派的决议》（1929 年 10 月 15 日），《中共党史参考资料》，第 5 册，第 370—374 页。

[2] 《江苏省委为开除彭述之汪泽凯马玉夫蔡振德及反对党内机会主义与托洛茨基反对派的决议》，《红旗》第 52 期，1929 年 10 月 21 日。

[3] 《中共中央政治局关于开除陈独秀党籍并批准江苏省委开除彭述之、汪泽凯、马玉夫、蔡振德四人决议案》（1929 年 11 月 15 日），见《中共党史参考资料》，第 5 册，第 391—393 页。

[4] 《评陈独秀的信件》（1929 年 11 月 18 日）。

张学良的东北军实施打击。到 11 月底，东北满洲里、海拉尔等重镇相继失陷，东北军上万人被歼。张学良无力再与苏联对抗，最终不得不示弱求和，主动表示愿意遵守中苏 1924 年协定，恢复中东路原状，双方就此开始谈判。

中东路事件开始降温，但中共中央在共产国际执委会第十次全会决议反右倾、反调和、反取消派指示精神的压力下，反而进一步推进了“武装保卫苏联”的宣传和行动。它宣称“只有取消主义者陈独秀们”，“才认为苏联与奉天的和平交涉，已经减轻了甚至没有了进攻苏联的危险”，才看不出现在新的革命浪潮“要更快的成熟为世界的高潮走向直接革命的形势”。[1]在它看来，“最近几日形势的发展”，不是显示国民党方面已经无力挑战苏联了，反而是说明帝国主义“进攻苏联战争马上就要爆发了”；说明“武装保卫苏联已经不单是宣传时期，而且要进到动员群众马上要执行这一任务的时期”；说明“它与党之争取群众反对军阀战争准备武装暴动的任务，已成为不可分离的路线，而且更加重了准备武装暴动的工作”。[2] 因此，它并且为此发指示给毛泽东领导下的红四军，声称：党必须“更要加紧发动群众斗争走上武装斗争，会合工农一切武装斗争的实际行动，来执行武装拥护苏联与反军阀战争的任务，而走向全国范围的总暴动”。[3]

严格地说，共产国际执委第十次全会并没有对整个形势的发展做出较此前更为脱离实际的分析，特别是在对中国革命形势及策略任务的估计上，它仍旧在继续中共六大及共产国际六大的认识。共产国际新的领导人莫洛托夫和米夫这时都认为“目前谈论在中国出现新的革命高潮问题，还为时过早”。[4] 但是，因为这次执委会是旨在解除共产国际主席布哈林的职务，并清除他的所谓右倾机会主义影响的，因此才有了要求各国党坚决反对一

[1]《中国共产党接受共产国际第十次全体会议决议的决议》(1929 年 12 月 20 日)，见《中共中央文件选集》，第 5 册，第 593—602 页。

[2]《中央通告第六十号》(1929 年 12 月 8 日)，见《中共中央文件选集》，第 5 册，第 561—575 页。

[3]《中央给红四军前委的指示信》(1929 年 12 月 10 日)。

[4]《共产国际有关中国革命的文献资料》(2)，第 42、51 页。

切“右倾观点”、“取消派分子”、“调和派分子”，以至所谓“目前时期最大的危险是各国共产党落后于群众革命运动发展速度的危险（尾巴主义）”的宣传。[1] 这时的中共中央刚好就是在布哈林具体指导下刚刚成立起来的，工作了才不过一年多时间，因此它对这次会议的要求不免会表现得格外敏感，极力想要划清与布哈林的关系。从开除陈独秀到在中东路问题上的宣传升温，都反映出这样一种复杂的心理。

中共中央生怕被指责为右倾，而极力向左，也有此前种种认识偏差方面的原因。检查起来，都可能被扣上右倾、调和，甚至是取消主义的大帽子。

如1928年年底至1929年年初，中共中央对中国民族资产阶级与帝国主义及豪绅地主买办阶级矛盾的看法，和对美帝国主义作用及政策的看法，和共产国际的观点相比，就存在着右倾的倾向。共产国际2月8日来信，就曾明确提出过批评。

同样，六大之后，根据1928年六大关于“不要故意加紧反对富农”的主张，中共中央曾着重强调富农的资本主义性质和“受军阀豪绅地主的压迫”的情况，决定“吸引富农到革命战线之内来”。[2] 不料，进入1929年，苏联和共产国际对这一问题的看法变化了，它们对中国富农的看法也变得很极端，认定中国的富农多半“都是小地主”，批评中共中央在富农政策上犯了错误。[3] 对此，中共中央甚至一度还没有根本转变态度。在8月中旬中共中央政治局委员李立三、周恩来就富农问题与远东局代表谈话时，他们仍旧认为反对富农而不顾其中带资本主义性质的富农愿意参加革命与否，“是要发生毛病的”。

与此同时，在黄色工会与赤色工会的关系问题上，中共中央过去始终认为“要以赤色工会在黄色工会中起党团作用则是不可能的”，说“黄色工

[1] 《共产国际文件汇编》，第3册，第157—158、160、192页。

[2] 《中央通告第二十八号》（1929年2月3日），见《中共中央文件选集》，第5册，第17—22页。

[3] 《共产国际执委给中共中央关于农民问题的信》（1929年6月7日），见《中共中央文件选集》，第5册，第688—699页。

会是有群众有下层组织的，不好再有秘密工会的组织”。而且对于黄色工会，也只应当全力去夺取，而不应当另立工会，以免造成工人群众的分裂、对立，或出现统一战线问题。这种态度也遭到过共产国际的激烈批评[1]，从而迫使中共中央不得不承认自己犯了在客观上“取消赤色工会组织发展”的“不可否认的错误”。[2]

不难了解，这些接二连三的带有某种右倾倾向的“错误”，同共产国际十次全会反右倾、反调和、反取消派的决议结合在一起，将在这些中共领导人内心造成怎样一种心理压力。它们会直接推动中共中央进一步向左转，毫不奇怪。

1929 年 12 月初，远东局就接受共产国际执委会第十次全会决议问题通过的一个决议，并将该决议的副本送交给了中共中央。该决议除谈到远东局对全会决议的态度外，还特别指出中共中央在三个问题上犯有右倾错误，即富农问题、赤色工会问题，同国民党广西省主席俞作柏的关系问题。[3] 在九个月之久的共同工作中[4]，远东局与中共中央固然在一些问题上发生过争论和分歧，但远东局从未私下或公开指出过中共中央犯有右倾错误。如今远东局竟在共产国际执委会第十次全会突出强调反右倾、反调和倾向的时刻，向共产国际指控中共中央犯有右倾错误，这不能不使中共中央领导人深受震动。联系到中共中央正极力想要与布哈林划清界限，并担心此前所犯的各种“错误”发酵，可想而知它会做出怎样激烈的反应。

12 月 6 日，中共中央政治局召开专门会议讨论远东局决议。与会者一

[1] 见《共产国际有关中国革命的文献资料》(2)，第 36—38、59—60、66—67、70—74 页；《共产国际执委政治秘书处关于中共在职工会里工作问题的决议》(1929 年 8 月 30 日)，见《中共中央文件选集》，第 5 册，第 744—748 页。

[2] 《中央通告第六十二号》(1929 年 12 月 14 日)，见《中共中央文件选集》，第 5 册，第 576—592 页。

[3] 由于俞作柏、李明瑞等与蒋介石等存在尖锐矛盾，并同情共产党，中共广西特委曾试图与其结盟，李立三甚至曾经考虑吸收俞作柏入党，由于共产国际视俞作柏为国民党改组派左翼，故对此表示反对。后中共中央改变态度，要求广西特委反对改组派及俞作柏，广西党代会亦就此通过了决议。

[4] 远东局受命作为代表团来中国上海帮助工作，是 1929 年 2 月底。

致认为，远东局避开中共中央始终坚持反右倾的正确立场和工作方针不谈，抓住个别道听途说或早已纠正，并且有历史原因的枝节问题夸大其词，上告共产国际，不仅徒增纠纷，而且可能严重损害中共中央的威信和工作，便利取消派的攻击。与会者明确要求远东局立即修改决议，否则，他们宣称，中共中央有必要派人到共产国际去进行争论。他们并且反戈一击，指责远东局恰恰有一条“一贯的右倾路线”。他们一条条举证指出，远东局曾经不同意说中共党内目前最严重的是右倾危险，曾经试图取消游击战争；曾经认为英、美有相互勾结以稳定南京政府的可能，曾经怀疑陈独秀是否有变为反对派的危险，甚至决议中最后还对陈独秀能否回到党的路线上来的问题抱有幻想，说这些都清楚地证明了远东局的右倾倾向才是严重的。

12 月 10 日—17 日，双方接连召开了三次联席会议，围绕着相互之间的指责展开了激烈的争论。但争论没有取得任何积极的结果，相反，双方关系中的一些弱点充分暴露了出来。远东局代表奥斯丁颇有些傲慢地教训中共中央领导人对共产国际代表应当“规矩一点儿”，罗伯特斯则断言中共中央只是在他们的“领导下”才“进行了反对右倾危险的斗争”，在其他问题上“是很糊涂的”。这意味着远东局不仅不打算修改自己的决议，而且根本就看不起中共中央的领导能力。然而，由于共产国际规定远东局同中共中央的关系并不是领导与被领导的上下级关系，而是帮助工作和代表共产国际具体指导的关系，因此，中共中央领导人也颇不客气，一再指责远东局“是一贯的右倾路线”，并扬言要“坚决的与之斗争到底”。[1]

李立三：“如果明天有几万人上街，就可说是革命高潮到了”

1929 年 12 月 3 日，张学良在苏联的军事压力下，被迫派代表在双城子与苏联签订了和平草约。22 日，由南京国民政府任命的代表与苏联代表在

---

[1] 《共产国际、联共（布）与中国革命档案资料丛书》(8)，第 249—267、294—305 页。

伯力签订了有关中东路等问题的议定书，全部接受了苏联方面提出的条件，基本恢复了中东铁路原来的情形。至此，由中东路事件引起的中苏冲突告一段落。中共中央关于反苏战争“马上就要爆发”的估计，自然也无从实现了。可是，这并不意味着中共中央对国内革命形势的估计以及加速罢工、兵变、暴动等工作的布置，会因此变得实事求是一些。恰恰相反，由于受到共产国际执委会第十次全会决议反右倾的压力，再加上远东局的指责，中共中央的政策方针反而变得愈加激进了。

12 月下旬，中共中央又接到共产国际关于国民党改组派和中共任务问题的来信。来信详细地分析了包括改组派在内的国民党各派的反动本质，尖锐批评“中国共产党的右派”，亦即陈独秀的“取消派”，把从国民党内部分裂出来的某些派别与武汉政府时期的政治派别进行比拟，是“机会主义的公开的露骨的表现”。要求“党应当执行无情的斗争，反对陈独秀的取消主义的政纲”，因为它否认正在生长的革命浪潮，甚至否认使革命高潮不可避免的客观上的前提。[1]

中共中央于 1929 年年底和 1930 年 1 月两度讨论了国际来信，并通过决议表示接受。它明显对来信所称“全国危机和革命高涨”，“已经可以开始而且应当开始准备群众去用革命方法推翻地主资产阶级联盟底政权，去建立苏维埃形式的工农专政”的形势判断表示拥护。因为这使他们更加相信，加紧进行暴动工作的部署是完全正确的。而这也成为中共中央用来“证明远东局的错误”的一个重要理由，因为他们认为，共产国际对自己的总的路线和总的部署，实际上是同意的，并没有丝毫的否定和批评。

坦率地说，共产国际 1929 年 12 月底的这次来信，还不能看作是莫斯科大幅度政治升温的标志。事实上，来信所强调的依然还是“准备群众”的方针。与前不同的只是，它注意到中共在五卅、八一等斗争日里，已经能够发动成千的工人群众进行“革命的游行示威和罢工”了，从而相信中国的工人

[1] 《中共中央文件选集》，第 5 册，第 791—799 页。

运动开始“复兴”，说中国革命高潮的发展有了“最可靠、最主要的征候”，可以把“准备群众”的方针向前推进一步了。但是，像它历来的做法一样，它同时也仍旧告诫说：“共产党在思想上和政治上的影响，以及工人阶级的组织程度，依然落后于不断增长的群众的不满情绪、积聚的革命热情和自发的运动”。“党没有解决争取工人阶级的多数的任务”，“对工人群众的影响软弱无力”，这不能不成为革命斗争进一步发展的“最主要的危险”。[1] 考虑到共产国际对城市工人运动的重视程度，这种警告其实还是值得注意的。

1929年年底至1930年年初的中国工人运动，特别是上海工人运动，的确给人以某种复兴的感觉。工人斗争十分踊跃，罢工怠工此起彼伏，斗争内容及形式也多种多样，共产党人在上海已能够深入到各个主要工厂中，并分别组织起大约2000人的赤色工会会员或纠察队队员，能够发动起上千人的政治性的示威游行。但是，在其他城市或工矿企业，几乎没有赤色工会的组织。中共中央对此也很清楚，知道“现在的赤色工会薄弱到极点”，人数最多的赤色工会也不过百人左右，中共领导的上海电车工会人数较多，总共也只有30多人，其他赤色工会最少的只有几个人。相比之下，国民党领导的各种“黄色工会”下面却有大批群众。因此，在1929年年底讨论国际来信时，他们还不能不承认“赤色工会数量微弱，黄色工会的影响还大”，“目前主观力量跟不上客观发展”。[2] 而为了避免引起党内同志对来信中的形势估计发生误解，他们甚至决定将来信中“高潮”一词译为“浪潮”，避免下级组织发生过分的估计。

然而，上述情况丝毫不会改变中共中央对形势的乐观估计。在它看来，客观的革命形势实际上已经接近成熟了，关键仅仅在于主观力量还准备不足。问题在于，一旦客观的革命高潮迅速到来，难道可以等待主观力量成

[1] 《共产国际执委给中共中央关于国民党改组派和中共任务问题的信》（1929年10月26日），中共中央实际收到来信已到12月底，见《中共中央文件选集》，第5册，第791—799页。

[2] 参见《接受国际一九二九年十月二十六日指示信的决议》（1930年1月11日），见《中共中央文件选集》，第6册，第1—13页。

熟而听任直接革命的形势从眼前白白溜掉吗?

1930年2月，蒋冯阎中原大战逐渐揭开帷幕，国民党改组派汪精卫以及桂系李宗仁、粤军张发奎等，公开与冯玉祥、阎锡山携手，发动反蒋战争。一场大规模的军阀混战转瞬就在全国展开了。

战争，历来是共产党人借以判断革命形势成熟与否和加剧革命步骤，乃至夺取政权的重要条件。在已经认为客观革命形势接近成熟的情况下，国民党自身大混战的爆发，自然会促使中共中央领导人对于形势做出更加激进的判断。

2月17日，李立三在中央政治局会议上做了一个颇为偏激的政治报告，开始把形势估计引向极端。他声称："现在全国大混战又要爆发了"，它必较此前之内战更大更持久，从而使得经济破产，群众痛苦不堪，以至"现在某一时期某一问题上都有可能爆发革命高潮"。他认为："在今天在全国范围内固无直接革命形势，然而它的到来并非很远。"因为各方面革命势力已"发展平衡"，不仅"工农兵平衡发展，在全国区域上，亦是比较平衡发展"。因此，必须准备"组织全国总的暴动"。目前，鉴于湖北可能成为混战之地，"武汉的经济恐慌比任何地方都严重"，其四周苏区红军"特别发展"，故以湖北为中心的暴动方针"在今天就应有坚决决定"。同时，在顺直、广东、江苏积极准备发动，以江苏为"主要领导力量"，以湖南、江西、山东、满洲及广西为相应之配合。[1]

李立三的报告，显然得到了中共中央其他领导人的全面赞同。人们一致认为：国民党的统治"已到了崩溃的剧烈程度"，而全党却陷于右倾，其实，"在军阀战争形势下，造成直接革命形势并非难事"。因此，会议提出了"组织政治罢工"、"组织地方暴动"、"组织兵变"、"集中红军攻坚"的"四大口号"，以此作为"我们目前的中心策略"，决心"以主观力量，造成直接

[1] 《柏山在中共中央政治局会议上的政治报告》(1930年2月17日)。

革命形势，夺取政权”，并以湖北暴动作为“全国暴动的开始”。[1] 由此，暴动的各项实际准备和发动的工作迅速开始进行。

3月，中共中央决定红军主力立即分别向武汉、南昌及广州等中心城市推进，同时又召集军委、农委、总工会以及地方党的各种会议，开始具体部署中心城市的暴动与红军进攻的配合问题。李立三明确认为：中国的红军与苏联的不同，它不是为保卫政权而产生，而是为夺取政权而产生的，“是工农革命的军队”。红军一旦能打下武汉，并不一定非要机械地等待武汉工人的总同盟罢工。但目前红军的力量还不够，工人的力量也不够，因此，必须把各种革命力量会合起来，才能真正夺取中心城市。而红军向中心城市的推进，则必然会促使城市工人起来进行广泛的斗争。

对于力量对比的估计，是这时人们普遍关切的一个问题。考虑到各中心城市，特别是像武汉这样的中心城市，党所领导的工人力量还十分弱小，包括李立三等在内，几乎所有共产党人都深知革命的主观力量和党所规定的暴动夺权任务还不相适应。因此，共产党人内部对于形势和任务的看法并不完全一致。有人怀疑在主观力量如此弱小的情况下，革命高潮会有很快到来的可能性，他们主张对革命高潮的判断不应仅仅根据客观条件的发展，还必须联系主观力量的情况。另外一些人则怀疑由于城市工人力量弱小，革命不能决定于工人暴动及总同盟罢工，将会导致过分突出以农民为主体的红军的力量，从而使革命失去无产阶级的领导。李立三与中共中央则一致认为，革命条件的成熟与革命高潮的到来，并不完全取决于主观条件，而主要取决于客观条件。“在当前存在着白色恐怖和迫害的条件下，把几十万名工人组织到红色工会中去是完全不可能的。”因此，绝不能幻想“把组织政治总罢工的任务推迟到几十万或几百万工人加入了我们的组织的时候”才进行。实际上，“在五卅运动时，我们只有一个大约三四千名会员的群众性组织，著名的省港大罢工只是依靠一些政治口号发动起来的”，一切

[1] 参见《中央通告第七十号》(1930年2月26日)，见《中共中央文件选集》，第6册，第25—35页。

取决于客观形势。何况，党的工人党员已增加到25%，红军的力量已达到5万人，而九个省区都已建立了革命政权，加上各国因经济形势恶化，阶级斗争日趋尖锐，帝国主义的灭亡和世界无产阶级的胜利正在加速到来，立即以加倍的努力争取中国革命的胜利，是理所当然的。[1]

3月5日，上海党组织指挥祥昌纱厂罢工工人冲厂，与工头及巡捕发生冲突，一名工人被巡捕开枪打死，数人受伤。此事迅速激起上海工人和学生的普遍愤怒。在中共组织下，3月8日，近2000名工人和学生拥上南京路，并引起上万群众的响应，10余辆电车被砸，群众和警察及巡捕再度发生冲突。[2]

紧接着，南京和记蛋厂因资本家雇用流氓打伤工人，又引起南京学生及工人不满。[3]4月5日，因资本家请日本水兵登岸镇压罢工工人，大批学生赶往声援，与警察发生冲突。[4]上海部分工人、学生也迅速起来予以响应，四处讲演、集会，开展抗议斗争。

这种情况不能不进一步使中共中央感受到革命情绪的强烈冲击。有人明确提出：现在形势下再说革命形势正在复兴已经不够了，“如果明天有几万人上街，就可说是革命高潮到了”。

但是，能不能有“几万人上街”的情况呢？李立三对此并不抱多大幻想。他指出：“现在离高潮不远了，但不是说今天就是革命高潮”，目前的关键是要跟上形势发展，采取新的策略。

城市中心论：乡村是统治阶级的四肢，城市才是它的头脑

1930年4月7日，李立三正式提出了他关于中国革命胜利的一系列设想。

---

[1] 李立三：《关于（中国）政治形势的报告》（1930年4月）。
[2] 《申报》1930年3月6日、9日、10日，4月5日、6日。
[3] 同上。
[4] 同上。

首先是一省数省首先胜利的问题。他确信：(1) 没有一省数省在革命高潮之中，而其他省份不在革命高潮中的情况，革命高潮是在全国平衡发展的；(2) 各省统治的情形程度虽不同，其日趋崩溃则为共同的前途；(3) 一省数省的胜利，必然引起全国反革命势力的联合反扑，造成空前残酷的战争，不存在一省数省革命政权单独存在的可能。

其次是中国革命与世界革命的关系问题。李立三认为：中国是帝国主义矛盾最尖锐的地方，同时也是帝国主义统治相对薄弱的地方。由于其统治相对薄弱，其内部矛盾又极端尖锐，中国必然是世界革命首先爆发的地区。由于中国革命的任何胜利，都会带来国内的残酷战争，而这种战争又必然受到帝国主义的支持，从而势必引起全世界的阶级战争，即西方无产阶级革命与东方殖民地革命的大爆发。因此，中国革命乃至一省数省的首先胜利，就是世界革命的开始。而中国革命能否取得决定性的胜利，必须取决于世界革命能否取得胜利。

再次是革命的转变问题。李立三相信，目前阶级关系的转变实际上已经基本完成了，只是由于民主革命的任务还没有完成，因此目前阶段的革命性质还不能改变。在革命政权建立后，为了保证稳固广大的小资产阶级群众，也还不能立即宣布没收一切私有财产和宣布社会主义政纲。由于革命政权建立以后，阶级战争必然愈加残酷，需要建立最集中的无产阶级专政的政权，形势也必然要求没收一切中外资本家的财产，因此，“建立革命政权的开始，就是转变的开始”，这里不但没有两个阶段，而且也没有任何间隔，革命的转变必然是很快的。

最后是政权形式问题。李立三认为，中国与俄国不同，革命将首先从一省数省开始，同时也没有苏维埃的组织，因此，中国革命还不能马上提出一切权力归苏维埃的口号，而必须首先建立公开领导暴动的机关——革命委员会，并在胜利后充当临时政权机关。苏维埃只能成立于革命委员会的使命完成之后，作为正式的政权机关而出现。[1]

可是，尽管李立三雄心勃勃地提出了关于中国革命乃至与世界革命关系的一整套令人眼花缭乱的观点，他这时却并不是在“左”倾道路上走得最远的人。在湖北省党代会上，他明确批评了那种以为现在就是革命高潮，应该马上组织暴动的观点。在给杭州市委的信中，他同样批评了杭州济难会机械地理解中央关于坚决“向中心城市进攻”的要求，反对提出“半个月内围攻杭州”的盲动计划。[2] 同时，他几次提出防止“左”倾危险的问题，甚至认为中央内部有些领导人的思想有时会发生“左”倾的危险，“这是一个很应注意的问题”。他甚至在 4 月下旬又开始重提城乡革命势力发展不平衡的问题，以告诫人们注意在工人群众还没有掀起具有全国影响的政治大罢工的情况下，目前暴动夺权的口号仍旧在宣传准备阶段，还不到行动的时期。

李立三对形势的估量，明显基于两点：第一，“乡村是统治阶级的四肢，城市才是他的头脑与心腹，单只斩断了他的四肢，还不能制他的最后的死命”，而斩断其头脑，炸裂其心腹，主要是靠城市工人阶级最后的激烈斗争——武装暴动。[3] 第二，“革命高潮的到来，即是暴动形势的到来”，也就是直接革命形势的到来。因此，革命高潮就是直接革命形势，二者不应分开。一旦高潮出现，准备暴动的口号自然必须立即转变为行动口号。而从这两点出发，李立三明确认为，由于工人的政治斗争还没有形成全国性的影响，在上海 80 万工人中工人党员只有 700 余人，赤色工会会员仍不过两千人左右，远不足以担负伟大的历史任务[4]，因此，还不能认为革命高潮已经到来，自然也不能认为马上就可以在武汉、上海等中心城市部署暴动工作了。

---

[1] 参见《新的革命高潮前面的诸问题》（1930 年 5 月 15 日）、《中共湖北省代表会议政治决议案》（1930 年 4 月）。

[2] 见《中央给杭州市委的信》（1930 年 5 月 16 日）。

[3] 柏山：《准备建立革命政权与无产阶级的领导》，《红旗》第 88 期，1930 年 3 月 29 日。

[4] 《中央关于发展工人党员问题致上海总行委的信》（1930 年 5 月 7 日）。

不过，5月以来在中共中央所在地上海，工人斗争的形势确实十分突出。电汽车工人罢工坚持三周，取得了胜利。5月1日、25日、30日，共产党人接连三次成功地举行了大规模的示威斗争，每次均有上千以至数千工人参加。而党员一个月内就增加约240人，仅产业支部即增加了17个。这种斗争局势不能不进一步加剧了中共中央内部的“左”倾倾向。

6月9日，李立三在中央政治局就其起草的《目前政治任务的决议》做了专门的说明。他特别强调了“目前形势的估量问题”。他提出：由于统治阶级动摇崩溃，他们不得不放弃乡村，积全力来保守城市，以至造成城乡革命势力发展的不平衡，“乡村已经是革命高潮了”，但“城市还未到革命高潮的时候”。在这种情况下，不能认为革命高潮已经到来。[1]

然而，李立三的这种认识立即在中共中央引起了争论。说城乡革命势力的发展依旧不平衡，甚至承认农村斗争已经是革命高潮，城市工人斗争尚不在高潮之中，这不能不使重视形式的其他一些领导人发生怀疑。全面的暴动准备和部署，都是根据革命势力发展已基本平衡的估计来的，否认平衡，岂不是等于说整个策略都错了？承认农村斗争的发展远远超过城市斗争的发展，工人运动还落后于农民运动，岂不是说农村领导城市，农民运动领导了工人运动？或者城市无产阶级不能领导农民斗争？对于长时间工作在上海的中共中央来说，多数人对上海工人运动的发展有深刻印象，他们不能不怀疑李立三关于必须以城市工人掀起广大的政治罢工为革命高潮之标志的意见，是否太机械了？他们认为，革命高潮是工农兵斗争全面发展和高涨的一种综合表现，在目前情况下，即使承认不平衡，也只是一种表面现象，客观上已经可以看见革命高潮了。他们甚至提出，着重以武汉为中心的暴动布置，也是不妥当的。因为包括上海在内的所有中心省份，都存在着争取首先胜利的种种可能，因此必须向各地做平行的布置，以避免消极的等待。

[1] 《伯山同志在中央政治局会议上关于目前政治任务决议草案内容的报告》(1930年6月9日)。

6月11日，中共中央内部在主要观点上显然达成了基本的一致。在会议通过的《目前政治任务的决议》里，人们明确表示同意李立三关于中国革命与世界革命关系、一省数省首先胜利以及革命转变的观点。与此同时，会议显然同意使用农村斗争“已经进到极广泛的高潮”，而“城市和乡村发展尚未平衡”的提法，承认工人斗争、农民暴动、士兵暴动与红军的发展都“还表现着不够”，进而承认就全国范围而言，今天还不是革命高潮，暴动夺权还不是行动口号。但是，会议同时认为，这种发展上的不平衡只是“表面的形势”，目前“只要在产业区域或政治中心爆发了一个伟大的工人斗争，便马上可以形成革命高潮——直接革命的形势”，它必然是统治阶级无力镇压革命斗争，无法进行统治的时候，因而必然是武装暴动的客观条件成熟的时候。在这种情况下，一省数省的首先胜利自然是全国胜利的开始。因此，不仅以武汉为中心的附近省区要争取首先胜利，“任何一个省区都必须积极准备争取一省胜利的暴动”。

因为与会者没有人不清楚中国革命的主观条件并不充分，因此，决议还特别提出了一个观点，这就是：“决定革命胜利，以及革命转变的另一重要条件，就是已经胜利的苏联无产阶级有力的帮助，特别是资本主义国家无产阶级革命的兴起。”因为，“依据中国半殖民地的条件，中国革命的社会主义的胜利与世界革命的胜利，将是不可分离。中国革命对帝国主义的空前猛烈的争斗，必然要掀起世界革命的高潮，同时没有世界无产阶级革命的高潮，也很难保障中国革命胜利的持续”。[1]

中共中央：为对革命负责，对国际负责，不能接受远东局的提议

6月11日决议显而易见是符合李立三思想发展的轨迹的。所不同的是，

[1] 《中共中央政治局关于目前政治任务的决议——新的革命高潮与一省或几省的首先胜利》（1930年6月11日），见《中共中央文件选集》，第6册，第115—135页。

自 4 月以来，他在同各地来人的接触中，对各方面的形势发展有些深入的了解，在形势估量上多少有些慎重，但中共中央多数领导人在形势认识上明显在升温，以至使决议本身变得有些自相矛盾。这种矛盾立即被远东局注意到了。

6 月 12 日，中共中央根据 11 日决议精神起草了一份给共产国际主席团的电报，内称：中国革命猛烈发展，已接近直接革命形势，中央决定极力争取一省与几省的首先胜利，要求在共产国际对中国问题的决议案上确定这一路线。电报同时声称："中央不同意建立苏维埃根据地等类的割据观念"[1]。这恰恰是远东局代表感到不可理解的：一省数省首先胜利，不正是同建立苏维埃根据地相联系的吗？反对建立任何形式的根据地，实际上不是否定了一省数省首先胜利的观点吗？

紧接着，远东局在中共中央 6 月 11 日决议中进一步发现了严重的问题，即决议中关于中国革命必须要掀动世界革命和得到苏联援助的观点。

可以肯定，李立三与中共中央关于中国革命必须要得到苏联的援助和世界革命的配合的观点，并非不符合列宁主义。如前所述，俄国十月革命后，列宁实际上也一直是这样看待俄国革命的胜利前景的。直到 1922 年，列宁的观点仍很明确，即“要取得社会主义的胜利，必须有几个先进国家的工人的共同努力”[2]。尽管列宁在这里讲的是社会主义的最终胜利，但弱小的中国共产党相信在众多帝国主义争夺下的中国争取革命的胜利，需要得到各国无产阶级的援助，甚至是各国革命的响应，理论上也未必错误。

但是，对列宁主义的这种理解，在这个时候已变得极不相宜了。这是因为，在列宁 1924 年去世后，斯大林就已经逐渐改变了列宁的观点。最初，斯大林仍坚持马克思和列宁的观点，即“为了推翻资产阶级，一个国家的努力就够了”，“为了获得社会主义的最终胜利，为了组织社会主义生产，

[1] 《中共中央致共产国际主席团信》(1930 年 6 月 12 日)，见《中共中央文件选集》，第 6 册，第 136 页。
[2] 《列宁全集》，第 42 卷，第 450 页。

单靠一个国家的努力，特别是像俄国这样一个农民国家的努力就不够了——为了达到这个目的，就必须有几个先进国家中无产者的共同努力”。[1] 但几个月之后，随着与托洛茨基等人发生权力之争，双方围绕着苏联发展的方针政策也展开了争论。为了迎合党内大多数干部希望长治久安的心理，机敏务实的斯大林提出了全然不同于列宁的寄希望于世界革命的观点，提出："在其他国家（即使这些国家的资本主义比较发达）还保存着资本主义的情况下，社会主义在一个国家（即使这个国家的资本主义不太发达）内胜利是完全可能的"。[2] 这一观点迅速得到了俄共(布)第十四次代表大会的认可。到 1926 年，斯大林更明确提出，我们不能无限期地等待西方革命的胜利而让俄国开空车，也不能把自己的阵地拱手让给俄国资产阶级。“即使西方不能及时发生胜利的革命而给我们以援助，工人阶级和劳动农民结成联盟也能彻底打败我国资本家，也能建成社会主义社会。”[3] 用他的话来说：“在苏联建成社会主义的问题是战胜本‘民族的’资产阶级的问题，而社会主义的最终胜利问题是战胜世界资产阶级的问题。”[4]1928 年，共产国际六大还把这一说法写入了《共产国际纲领》。

显而易见，当斯大林把苏联变成了一个正在建设社会主义美好事业的正常国家之后，它就再也不是那个“有能力和决心去为推翻国际资本而承担最大的民族牺牲”的阶级革命的大本营了。苏联在事实上已经成为一个在民族领袖领导下的民族国家，它自身的国家利益理所当然地产生出来了。即使是基于世界无产阶级祖国的立场，它也不可能像列宁时代的苏俄政权那样，不惜一切代价去援助其他国家的革命运动了。因为各国党都已被灌输了这样一种思想，那就是，苏联的存在才是各国无产阶级革命事业成功的保障。由此不难想象，李立三和中共中央 6 月 11 日决议，是多么的离经

[1] 《斯大林全集》，第 8 卷，第 60—64 页。
[2] 同上，第 92 页。
[3] 同上，第 92—94 页。
[4] 《斯大林选集》，上卷，人民出版社 1979 年版，第 435 页。

叛道。因此，远东局不仅扣发了中共中央的电报，要求中共中央立即停发这一决议，并且声明，在这种重大方针及策略原则问题上，必须有共产国际的正式文件为依据，随便成立这一决议，一旦发生问题，后果将十分严重。[1]

远东局对中共中央决定的断然干预，不能不再度引发了中共中央与远东局之间的对立情绪。人们再度对远东局无原则的吹毛求疵感到强烈不满。李立三当场表示，中共中央不但要对共产国际负责，同时也要对中国革命负责，目前形势间不容发，决议完全为适应形势及工作要求而提出，这并非违反组织原则。作为一种妥协，李同意先将远东局意见交政治局讨论。但讨论结果，中共中央仍旧决定下发这一决议。[2]

6 月 20 日，远东局致函中共中央，再度强烈要求中共中央停发 6 月 11 日决议，信中明确批评决议忽视中国革命发展不平衡的特点，夸大全国革命形势，盲目主张“任何一个省区都必须积极准备争取一省胜利的暴动”和立即夺取全国胜利的观点。[3]

对此，中共中央于 21 日复函明确提出“抗议”，指责远东局出尔反尔和“破坏共产国际对中国党的信任”。回信声称 ：“要争取巩固一省或几省的胜利，必须全力促成全国革命高潮的到来”，“如果我们现在只准备局部夺取政权，那就是右倾方针，就是对革命形势估计不足”。“我们认为，目前革命形势的急剧发展要求为领导这一工作做出这样坚定不移的决议。搁置发表这一决议意味着把对革命的领导置于不顾。”中央为对革命负责、对无产阶级负责、对共产国际负责，已经决定即刻发出这一决议，它不能接受远东局停止发出的提议。中共中央还针对远东局代表罗伯特斯一再与中共中央发生争论，在信中斥责罗伯特斯“一贯执行右倾方针”，“妨碍了中国党对革命

[1] 《中共中央临时政治局会议记录》（1930 年 6 月 19 日）。
[2] 同上。
[3] 《共产国际执行委员会远东局给中共中央政治局的信》（1930 年 6 月 20 日），见《共产国际、联共（布）与中国革命档案资料丛书》（9），第 177—182 页。

的领导工作”，要求远东局立即解除罗伯特斯的工作。[1]

罗伯特斯是远东局负责与中共中央进行联系和具体指导的主要代表，他曾参加了1929年12月远东局同中共中央的初次争执，这次又是他首先提出反对意见，挑起争论，自然成为中共中央指斥的对象。但是，这边中共中央去信莫斯科提出控告，那边罗伯特斯也去信共产国际痛斥李立三恶劣的“政客手腕”。[2] 最终，共产国际在6月底复电，否决了中共中央的指控，这预示着中共中央在这场争论中势将陷于困境。

7月，中共中央全国组织会议的统计资料表明，党员的数量从2月的71119人已增加到193422人，净增12万余人。[3] 尽管产业工人仅占党员总数1.2%，但也增加了一倍左右。赤色工会会员从无到有，已有6万人的规模，其中中心城市已达到大约2万人。在上海，共产党人已经在总共130多家工厂中的30多家中取得了重要影响。在不足5个月里，党的力量成倍的增长，自然使中共中央对形势的发展更感振奋。

7月10日，中共中央接获国际来电，来电共分五点，即：(1) 党在目前第一等重要的任务，就是组织苏维埃中央政府，以号召工农群众为苏维埃而斗争；(2) 必须尽量谨慎地选择政府工作人员，同时在苏区成立中央一级的党的机构，巩固地发展红军；(3) 在苏区里应没收一切地主、教堂寺院以及其他大私有主的土地，并尽可能扩大到没收富农土地，防止对富农的右倾，将土地平均分配给贫农和中农；(4) 组织雇农工会和贫农委员会；(5) 不要禁止土地买卖及实行集中供给，应该容许贸易自由。[4]

共产国际的这一指示，实际上是其6月即已在起草的《关于中国问题

---

[1] 《中共中央政治局给共产国际执行委员会远东局的信》(1930年6月21日)，见《共产国际、联共（布）与中国革命档案资料丛书》(9)，第183—185页。

[2] 《埃斯勒给共产国际执行委员会东方书记处的信》(1930年6月23—25日)，见《共产国际、联共（布）与中国革命档案资料丛书》(9)，第188—194页。

[3] 《党的组织任务报告》，1930年7月；并见《向忠发给周恩来的信》(1930年6月25日)，见《共产国际、联共（布）与中国革命档案资料丛书》(9)，第202页。

[4] 《共产国际执行委员会给中共中央的电报》(1930年7月初)，见《共产国际、联共（布）与中国革命档案资料丛书》(9)，第216—217页。

的决议案》中的一部分。在决议里，共产国际明确否定了中共中央对于当前形势的种种估计，肯定了革命发展的不平衡性。决议指出：中国目前“新革命高涨底增长过程，带着特殊形式”，它“是在个别区域成熟起来”，“后来才渐渐地扩展到其他区域”。因此，在目前阶段，不仅“进行斗争的群众不能够立刻抓得工业中心”，而且“工人运动和农民运动底浪潮，还没有汇合起来”。就是综合起来看，这些运动也还不能够保证必须要的力量，去袭击帝国主义及国民党的统治。也就是说，“此刻还没有全中国的客观革命形势”。而“最近将来”革命形势发展如何，关键在于中共能否实行正确的策略。这包括：(1) 组织并巩固苏维埃中央政府，以此作为号召群众和与国民党政权相对抗的一面旗帜；(2) 使红军强大到在将来依照军事政治的环境，而能够占领一个或几个工业的行政的中心城市；(3) 把无产阶级领导的农民斗争浪潮扩大到新的区域去；(4) 加紧组织和推动城市工人的大规模政治斗争。同时，决议还委婉地批评了李立三关于革命转变的设想，明确认为：由于中国是落后国家，其通向社会主义的道路不可能是无间隔和无阶段的，它绝“不会剥夺资本主义发展的可能”，恰恰相反，它应当允许资本主义“表现向前增长的趋势”，同时，利用独裁的政治及经济地位，逐渐造成一些“前提和优势”，“经过许多中间阶段而逐渐地和一贯到底地”“发展非资本主义(社会主义) 形式的生产”，最终“过渡到社会主义”。[1]

需要指出的是，共产国际上述决议的主要精神，实际上是根据斯大林等苏共领导人的意见作出的。还在 1930 年 5 月，在斯大林与周恩来等人的谈话中，他就突出强调了中国革命发展不平衡的特点和意义。他明确指出，由于中国是一落后国家，政治经济发展不平衡，因此，中国的情况与西欧不同，德国工人在柏林暴动即可夺取全国，而中国却只能争取一省数省的首先胜利，不存在一举夺取全国政权的可能性。据此，斯大林强调，中国

[1] 《共产国际执委政治秘书处关于中国问题的议决案》(1930 年 7 月 23 日)，见《共产国际、联共(布)与中国革命档案资料丛书》(12)，第 209—220 页。

革命只能从敌人统治最薄弱而党的工作最发达的地域发展起，首先发动广泛的群众斗争，进而创立和扩大红军，巩固党的领导，并逐渐开辟和扩张革命根据地，一步一步有力地向外发展，争取中心城市。他甚至一再突出强调红军的作用，确信红军是中国革命希望所在，应视为中心问题，并以吴佩孚为例，称吴还能在四川存在，共产党总不会不如吴，有四川这样大的一块地方就有办法。对于夺取中心城市，他不反对红军攻城的办法，声称：如果红军确有强大力量，工人即使还没有起来，红军进攻时也自然会起而响应。在此，斯大林突出地强调了红军、根据地和苏维埃政权问题。[1]

然而，共产国际 7 月初的电报并没有全面地反映斯大林的上述意见，甚至没有提到共产国际 7 月决议案中所强调的形势估计和转变问题，以致整个情况进一步复杂化了。中共中央显然对来电精神作了错误的理解，以至于相信：共产国际指示与此前中共中央夺取全国政权的暴动布置，没有什么不同。它关于建立苏维埃中央政权的提议，恰恰是要求共产党加速夺取一省数省的首先胜利。[2]

中共中央：“苏联必须积极准备战争”，蒙古应出兵中国北方

实际上，关于苏维埃政权问题，早就是中共中央与远东局争执不下的一个重要问题了。

还在 1930 年 1 月中旬，远东局就提出召集中国各区苏维埃代表大会的问题，主张应该在一个最强大的苏区举行这一会议，“万不得已才可以在非苏区举行”，以便加强各苏区之间的联系，从组织上统一各个苏区。[3] 对于这一工作，共产国际亦十分重视，不仅组织了专门委员会进行研究，而

[1] 《中共中央临时政治局会议记录》（1930 年 8 月 22 日）。

[2] 《中共中央政治局会议记录》（1930 年 7 月 11 日）。

[3] 转见《共产国际执行委员会远东局给共产国际执行委员会东方书记处的信》（1930 年 1 月 30 日），见《共产国际、联共（布）与中国革命档案资料丛书》（9），第 40 页。

且在其各种机关报上大力进行公开宣传。可是，中共中央对此却不甚重视。他们以为，在农村根据地而不是在中心城市组织全国性的苏维埃政权，哪怕是召开全国性的苏维埃代表大会，不仅是毫无意义的，而且会助长党内的割据保守倾向。因此，他们一开始就主张在上海开会，只派代表去苏区参观，甚至并未计划先开准备会。

2 月，中共中央先后发出召集“全国苏维埃区域代表大会”的宣言和通告。[1] 3 月 20 日，它才又根据远东局要求改为召开“中华工农兵会议（苏维埃）第一次全国代表大会准备委员会”会议。[2]

5 月 19 日，在所到正式代表仅几个人，多为非正式代表的情况下，中共中央为避免会议无限期拖延，干脆把准备会开成了正式的大会，会议名称又改回为“苏维埃区域代表大会”。[3] 不难看出，中共中央因不赞成在全国革命尚未成功之前就开具有全国政权性质的全国苏维埃代表大会，并在忙于暴动布置的情况下，对于此次会议仍未十分重视。对此，远东局自然十分恼火。

6 月初，远东局对中共中央擅自决定改变会议名称及形式表示异议，明确认为这“不仅是一个政治损失，而且是一个政治错误”。由于远东局最初并未明确提出苏维埃代表大会与政权问题的联系，更多地指出的只是宣传效果问题，因此中共中央丝毫不觉得自己的做法有什么不妥。直至 6 月中旬，远东局提出苏代会与建立苏维埃政权的关系问题，中共中央才同意以后再开苏维埃代表大会作为补救。但是，这样一来，由于中共中央历来反对割据观念和强调城市的中心作用，召开苏代会以及建立苏维埃政权问题，立即成为中共中央暴动部署的新的助推器。李立三明确认为：苏代会一定要在一省几省胜利的地方开。因此，当共产国际 7 月来电提出建立苏维埃中

[1] 分别见《红旗》第 75 期，1930 年 2 月 4 日；第 79 期，1930 年 2 月 15 日。

[2] 见《红旗日报》第 37 号，1930 年 3 月 20 日。

[3] 苏维埃区域代表大会于 5 月 20 日正式召开，历时四天，23 日结束。并见《向忠发给周恩来的信》（1930 年 6 月 25 日），见《共产国际、联共（布）与中国革命档案资料丛书》（9），第 202—203 页。

央政府的问题后，李立三更加确信不疑：苏维埃必须在对全国有很大意义的区域来建立，即使一省数省胜利较迟，也必须夺取一重要城市，如湖北之沙市、宜昌，使之建立于重要城市中，并很快地移到中心城市武汉去。[1]

严格地说，共产国际对究竟在什么时候在什么地方宣告成立具有中央政府性质的苏维埃政权的问题，也一直犹豫不决。

6 月 16 日，共产国际执委会东方书记处在给中共中央的电报中，还提出：“我们认为在目前条件下成立苏区中央（临时）革命政府为时过早，因为苏维埃政权尚未扩展到任何一个大工业中心城市和行政中心城市”。现在的关键是要最大限度地保证党对红军的领导，并进一步扩大苏区，尤其是要扩大到工业中心城市去。[2]

三天后，共产国际就改变了看法。它再度来电说明：“我们认为，只要保证我们在苏区中央（临时）革命政府内的影响，就可以成立这样的政府。”但它依旧强调：“苏维埃政权要扩展到一个大工业中心城市和行政中心城市，这样的城市应该成为运动进一步开展的基地，同时也是我们在政府中领导作用最可靠的保证。根据军事政治形势的发展，必须将注意力和力量集中在夺取这样一个据点上。”[3]

必须要夺取至少一个中心城市，来建立全国苏维埃政权，这一点显然是符合中共中央的想法的。由此也不难看出，何以中共中央对组织全国总暴动，夺取全国政权的问题始终如此坚持，毫不妥协。

这时，中共江苏特委提出了组织南京士兵暴动，打击国民党统治的计划，引起了中共中央的高度重视，甚至连远东局也怀疑中共中央“企图在江苏建立中央苏维埃改权”。事实上，中共中央完全了解自己在江苏的实力，它

[1] 《中共中央政治局会议记录》（1930 年 6 月 17 日）。

[2] 《共产国际执行委员会东方书记处给中共中央的电报稿》（1930 年 6 月 16 日），见《共产国际、联共（布）与中国革命档案资料丛书》（9），第 173—174 页。

[3] 《共产国际执行委员会东方书记处给中共中央的电报稿》（1930 年 6 月 19 日），见《共产国际、联共（布）与中国革命档案资料丛书》（9），第 175 页。

虽迅速提出了南京兵暴与上海总同盟罢工“同时并进”的行动计划，但其目的显然在以此为配合而全力夺取武汉。[1]

7月16日中共中央致共产国际主席团的电报中，中共中央明确提出，由于“现时革命突飞猛进发展的形势”，“有很大可能实现”南京兵暴、上海总同盟罢工及“力争武汉武装暴动首先胜利，建立全国苏维埃政权”的暴动部署，要求苏共及共产国际立即从人力物力各方面予以支援。[2]

如果说此前的中共中央，包括其6月11日决议，还没有断然肯定全国革命高潮已经降临，暴动部署应当立即由动员准备转入实际行动的话，那么，这时的态度完全不同了。尽管共产国际执委会马上就发来电报，明确表示“反对在目前条件下在南京、武昌举行暴动以及在上海举行总罢工”[3]，李立三及中共中央也承认还不能断言革命高潮已经到来，因此没有立即提出武装暴动的口号，但他们无疑已经把这一切看成是日内就要发生的事情了。

果然，几天后，夺取中心城市的机会似乎已经降临了。7月27日，红军三军团乘虚攻下长沙，并宣布建立了苏维埃政府，引起了国内外极大的震动。红军的力量已经强大到可以一举攻占像长沙这样重要的中心城市的程度，这不能不使中共中央对形势的估计进一步走向极端。

7月30日，远东局接到共产国际来电，并于次日通知了中共中央。来电明确认为共产党的组织过于薄弱，缺乏广泛的工人基础，没有争取到工人群众的大多数，只靠少数先锋队绝不能领导工人群众的武装暴动，因此党目前的暴动路线是盲动的和脱离实际的。

8月1日，中共中央政治局召开专门会议讨论国际来电，承认自己在组织上没有能够夺取工人阶级的大多数，目前也还没有广大的政治罢工，因

---

[1] 《柏山同志在临时中央政治局会议上关于南京问题与全国工作布置的报告》（1930年7月13日）。

[2] 《中共中央给共产国际执行委员会的电报》（1930年7月16日，俄国档案注为18日），见《共产国际、联共（布）与中国革命档案资料丛书》（9），第219页。

[3] 《共产国际执行委员会给中共中央的电报》（1930年7月23日），见《共产国际、联共（布）与中国革命档案资料丛书》（9），第225页。

此表现为革命高潮还没有到来。但根据几个月的形势发展和工作成效，他们确信自己在政治上已经夺取了工人群众的大多数，在一两个月内，仅上海党就可以发展3000—5000工人党员，革命高潮到来时，就是发展2万到3万名工人党员也有可能。因此，一旦重大事变发生，党在几天之内或数周之内,就完全可以组织起数十万乃至数百万的工人群众组织。他们甚至认为，在这种情况下，下层统一战线的策略是完全不必要的，而且在两个政权对立的方针下来成立苏维埃号召群众，也是不必要的，共产国际完全不了解中国革命的发展速度。据此，他们决定继续此前之暴动方针，并决定立即成立中央总行动委员会，以统一指挥暴动准备工作。[1]

中共中央的这一态度，显然是同他们对中国革命的形势估计过高有密切关系的，同时也反映了他们力图坚持真理的独立个性。他们认为：如果机械地执行共产国际的指示，表面上是忠实于共产国际的来电，实际上是无视现在革命正处在紧急关头；不抓住这一历史关键时刻，便是不忠实于革命，不忠实于革命，就是不忠实于共产国际，因为共产国际的总路线是对的，不过对现在形势的发展，尚未详细知道。

但是，把忠实于共产国际与忠实于中国革命等同起来，甚至以忠实于中国革命作为是否忠实于共产国际的衡量标准，这无论如何不符合共产国际和苏共的思维方式，而且多半会导致另一种极端:既然世界革命爆发在即，中苏两党同属于共产国际，有着共同的目标和利益，中共可以为保卫苏联而战，苏共为什么不可以为争取中国革命胜利而战呢?

8月3日，为了保证以武汉为中心的争取一省数省首先胜利的暴动计划，能够迅速导致全国范围的胜利，中共中央决定把暴动部署进一步推进到北京、天津、郑州、开封、唐山以至满洲去，并开始相信“北方的客观形势……绝对与南方形势一样”。尽管北方的暴动，特别是满洲的暴动，可

---

[1]　参见《目前政治形势与当前任务》,《红旗日报》1930年8月3日；《中共中央政治局会议记录》(1930年8月1日)。

能引起日本“很剧激地向苏联进攻”，成为“国际战争的序幕”，但李立三认为，这正是“掀动国际无产阶级对帝国主义决战”的“战略”，“正是国际路线，并没有错误的”。恰恰相反，“长沙事件，帝国主义不知打了多少电报给它在中国的代表，但国际一直到了现在，还没有一个字打给中国的代表，这是国际太轻视了这一事变，并且是对中国革命的估量的不足”。为此，必须“求得国际的了解”，“国际在目前形势”“必须采取积极进攻路线”，首先是“苏联必须积极准备战争”，中国暴动一起，蒙古就应出兵中国北方，苏联则应在满洲与日本作战，只有这样，才“可以得到更快的成功”。李立三扬言：必须据此“与国际力争”。[1]

紧接着，中共中央于 8 月 5 日正式致电共产国际主席团，宣称：现在红军在全国已有“二十二军计 30 余万人”，“有组织的武装农民有 500 万，有组织的群众 3000 余万”，10 余万国民党伤兵及镇江、汉口驻军的大部分在我们影响之下，长沙、大冶、沙市已攻占，南昌、九江指日可下，京汉路已切断，广大工人“都要求武装，要求暴动”，因此，请共产国际务必“批准中央的决定”。[2]

中共成立暴动总行委并电告共产国际：“你们不了解具体形势”

按照惯例，中共中央政治局 8 月 1 日和 3 日的会议记录很快被送到远东局，远东局立即对此做出了强烈的反应。李立三及中共领导人的倨傲态度让罗伯特斯异常惊讶。

8 月 5 日，罗伯特斯致电共产国际执委会，称：李立三在中共中央政治局会议上提议，中共中央决议通过，要求苏联红军积极支援中共在武汉、天津、哈尔滨等地组织的暴动。中共中央对共产国际的路线提出了强烈的

[1] 《中央政治局继续讨论目前政治形势及全国工作布置》（1930 年 8 月 3 日）。
[2] 《中共中央政治局给共产国际主席团的报告》（1930 年 8 月 5 日），见《中共中央文件选集》，第 6 册，第 220—222 页。

抗议，批评共产国际不理解中国的革命形势。[1]

当天，罗伯特斯还致信中共中央，宣称以李立三为代表的中共中央正在“冒险”“卷入反对共产国际的斗争”，因为李立三公然扬言忠实于共产国际决议和忠实于中国革命是两回事，公然以“共产国际和联共（布）不很了解情况”为借口，把共产国际反对“盲目冒险”的指示看成“是中国革命的障碍”，执意命令全国“准备过左行动”和“没有群众参加的暴动”，调动红军和“着手发动世界战争”，甚至“怂恿政治局做出关于苏军出兵和苏联对世界帝国主义宣战的决议”。[2]

远东局的信在引述李立三谈论共产国际指示的发言时，并不十分准确。但是，李立三及中共领导人用不容置疑的甚至是指导的口吻来对待共产国际和苏共，包括认为中国革命理当得到苏联及世界各国无产阶级流血牺牲以响应，这无论如何都是破天荒的和让从来都是在指导他人的共产国际无法接受的。不过，远东局并不希望事态扩大化，他们竭力把攻击的矛头指向李立三个人，指责李立三动员全党反对共产国际，认为自己是中国的列宁，号召共产国际转入进攻和宣布世界革命……因而要求“立即召李立三到莫斯科去”[3]，他们对中共中央总的政治路线还是表示了肯定。

可是，在8月6日举行的中共中央政治局与共产国际执委会远东局的联席会议上，中共中央政治局成员集体表示出来的强烈的反应表明，这件事绝不是给李立三一个人扣上反对共产国际的大帽子就能够解决的。中共中央总书记向忠发不仅态度严厉地断然拒绝远东局关于李立三“反国际”的指责，而且强硬声称：除非共产国际解散政治局和中共中央，否则中共中

[1] 《共产国际执行委员会远东局给共产国际执行委员会的电报》（1930年8月4—7日），见《共产国际、联共（布）与中国革命档案资料丛书》（9），第255—256页。

[2] 《共产国际执委会远东局给中共中央委员和中国共产党中央委员会政治局委员的信》（1930年8月5日），见《共产国际、联共（布）与中国革命档案资料丛书》（12），第221—226页。

[3] 《共产国际、联共（布）与中国革命档案资料丛书》（9），第256、260—261页。

央将继续此前之一切工作布置而决不中止。[1]

激进的情绪和僵化的观念会从根本上扭曲共产党人的神经系统，以至造成人们自我感觉上的极度紊乱，在这时中共中央的形势判断和决策过程中表现得再明显不过了。

8 月 6 日，中共中央正式成立中央总行委。李立三在成立会上就共产国际关于党的组织薄弱和城市工人的争取及准备严重不足的看法，做了全面的辩解。李立三这时固然仍旧主张中心城市的工人总罢工和武装暴动，但他已自觉或不自觉地把农民革命的作用和红军的作用，摆在了具有决定意义的位置上了，确信即使工人还没有起来，党的组织力量还十分薄弱，一旦红军开始进攻，他们也自然会“暴动起来，响应红军”的。[2] 这种认识上的变化，客观上无疑是一种进步，但以此来作为抵御共产国际批评和坚持全面暴动方针的依据，未免过于软弱无力。这不仅因为共产国际的批评多少依旧是从城市中心论的角度出发，强调中心城市工人斗争的决定性地位和作用的，而且因为事实上国民党的统治还没有动摇到已经迅速崩溃，以至其军队一见红军就会潮水般地投降的程度，红军和农民革命也远没有强大到“已经直接动摇了整个统治阶级的基础”，可以攻占或已经攻占武汉周围重要城市的程度。

刚一得到消息，共产国际远东局马上就致信中共中央政治局，同时致信共产国际，发出严重警报。

在给中共中央的信中，远东局指责中共中央“不去领导革命，却搞冒险，进行反对共产国际的斗争”[3]。

在给共产国际执委会东方书记处的信中，远东局警告说：中共领导人

[1] 《中共中央政治局和共产国际执行委员会远东局联席会议记录》(1930 年 8 月 6 日)，见《共产国际、联共（布）与中国革命档案资料丛书》(9)，第 264—268 页。

[2] 《中共中央政治局紧急临时会议记录》(1930 年 8 月 7 日)。

[3] 转见《中共中央政治局给共产国际执行委员会远东局的信》(1930 年 8 月 7 日)，见《共产国际、联共（布）与中国革命档案资料丛书》(9)，第 271 页。

已宣布要开始夺取全国政权的斗争，并把党的各级组织“匆匆忙忙地改组成某种军事组织”，以总行委名义指挥，他们为此甚至解散了共青团中央，说是要统一行动。目前中共中央正在与军事专家讨论行动方案的问题。远东局称，我们不能再等待你们的指示，已经派罗伯特斯前往武汉研究当地形势，并向中共中央和共青团发出了激烈反对李立三的宣言，要求中共中央政治局“绝对服从共产国际的决议”；“在收到共产国际执委会对政治局建议的答复前在武汉和南京不举行任何暴动”。如果事态发展迅猛，必须要迅速做出决定，则应与远东局共同做出。[1]

对远东局的来信，李立三等依旧以“抗议”回绝，指责远东局对李立三在 8 月 1 日和 3 日会议上讲话的指责“完全不符合实际情况，不是远东局歪曲这一讲话的意思，就是记录员和翻译出了大错”。他们提交了一份经过修正的文本，要求远东局退回原记录的英译文和德译文本，让中共中央修改后再交他们转报莫斯科。[2] 但他们同意与远东局联名致电共产国际，要求国际“重新讨论”中共中央关于武汉南京暴动及上海总同盟罢工的计划，也同意远东局派人去武汉实地考察，李立三相信这或可以使远东局进一步改变认识。

8 月 8 日，共产国际执委会发来了给中共中央政治局的电报。电报谈到了七个方面的问题，但着重是组建“铁”的红军的问题。要求这支红军必须是“坚强的、组织严密的、政治上坚定的、有充分供应保障的”，为此必须实行中央委员或中央代表直接领导，并组织集中的党的政治教育工作体系；还必须有相当数量的工人核心，尽量少吸收从前的土匪参加红军；人数不要太多，目前有 2.5 万人至 4 万人即可；可以建成两团建制的旅，以便作战时两团能联合行动；地点最好在赣南、闽南和粤东，并可以湘鄂川边

---

[1] 《共产国际执行委员会远东局致共产国际执行委员会东方书记处的信》(1930 年 8 月 7 日)，见《共产国际、联共（布）与中国革命档案资料丛书》(9)，第 273—277 页。

[2] 《中共中央政治局给共产国际执行委员会远东局的信》(1930 年 8 月 7 日)，见《共产国际、联共(布)与中国革命档案资料丛书》(9)，第 271 页。

地区为后备的根据地。[1]

在如此关键的时刻，莫斯科发来这样一封不着边际的电报，原因其实非常简单，那就是，双方之间的距离实在太远了，中共又处于秘密状态，讯息传递即使有苏联在上海的领事馆作中转，中间秘密传送、翻译等，也要耽搁不少时间，再加上电报送到共产国际，那里还要按照官僚程序作公文旅行，并分送苏共中央和苏联军事部门等，光公文签批就要相当时日。如此一番传送，等最后形成回复时，常常已经时过境迁。这封谈红军的电报，就真实地反映出了这种情况。其9日发出的专门针对红军占领长沙城一事的电报，也是一样。电报详细说明了中共占领长沙后应当如何在“考虑到力量的现实对比”来“反对帝国主义者”的问题。[2] 这显然又是一个马后炮。

因为莫斯科的电报完全不得要领，8月8日当天，向忠发以中共中央主席的身份直接致函斯大林，要求支持。电报宣称：现在武汉、南京工人都迫切地要求暴动，极广泛的农民群众都猛烈地兴起，与军阀决战，向着武汉进攻，红军第二、六两军已占领沙市，第八军占领大冶，第一军占领孝感、花园，都已逼近武汉。特别是武汉、南京的军阀军队异常动摇，在武汉的主要驻军大部分在我们影响之下，南京驻军几乎全部都倾向我们，组织上能领导的都占大多数，而且异常迫切地要求暴动。信中断言：“现在的形势无疑证明举行暴动所需的条件业已成熟，现在的问题是哪一天和哪一刻举行暴动”。[3]

中共中央随后也去电共产国际，说明红军已攻下长沙，长沙几百万农民正在斗争，不久将攻克九江，所有红军都在向武昌方向挺进，已组织了500万武装农民，3000万有组织的群众，工人群众要求武装暴动，农民要求

[1] 《共产国际执行委员会给中共中央政治局的信》（1930年8月8日），见《共产国际、联共（布）与中国革命档案资料丛书》（9），第278—280页。

[2] 《共产国际执行委员会政治书记处政治委员会给中共中央的信》（1930年8月9日），见《共产国际、联共（布）与中国革命档案资料丛书》（9），第288页。

[3] 《向忠发给斯大林的信》（1930年8月8日），见《共产国际、联共（布）与中国革命档案资料丛书》（9），第281—284页。

夺取中心城市，南京的主要部队在我们的影响之下，汉口也是如此，“你们不理解具体形势”，“请同意我们的决定，请动员各国，请保证给予最大的支持”。[1]

向忠发和中共中央电报中所描述的大好“形势”，明显是与实际情况不符的。不仅红军并未攻占其电报上所说的这许多城市，且长沙也是乘湖南军阀何键的部队参加中原大战，城内空虚夺占了，几天后就因为何键回援而放弃了。而城市暴动最需要的工人武装和军队工作，这时也并无多少基础。中共在武汉国民党军队中并无工作，在南京也仅有几个支部在驻军中活动，甚至中共中央宣称暴动形势最为成熟的武汉，也“仅有同志四十人”。[2]

很难说中共中央领导人完全不了解这些情况，至少在8月10日前他们已经得知了武汉和长沙的情况。[3] 但这丝毫不能阻止他们继续作出极端盲目的部署。

8月14日，中共总行委发出时局宣言，公开宣称“革命的国内战争已经开始了”，故而号召人民群众“准备全中国的武装暴动”。同时，它还明确指示红五军“反攻长沙”，“扑灭何键”，“迅占岳州，向武汉进迫”；红二、六军进攻沙市、宜昌，必要时可直取汉阳；红一军则“切断京汉线，进攻武汉”；红三、四军拿下南昌并九江后，亦会合红八军进逼武汉。命令武汉党组织应“猛烈的扩大组织”，“十倍努力扩大”工人运动，准备“敌人忙于应战时，武汉举行伟大的暴动”。[4]

---

[1] 《中共中央政治局给共产国际执行委员会的电报》（1930年8月8日），见《共产国际、联共（布）与中国革命档案资料丛书》（9），第285—286页。

[2] 《中央给长江局的指示》（1930年8月10日），见《中共中央文件选集》，第6册，第247—249页。

[3] 同上。

[4] 《中国共产党对目前时局宣言》（1930年8月14日），见《中共中央文件选集》，第6册，第250—265页。

斯大林：“在当前形势下，在中国举行总暴动，简直是胡闹”

从今天可以看到的文献可知，还在 1930 年 8 月 9 日，共产国际执委会政治书记处就曾有过一份电报，明令中共中央政治局“必须无条件执行共产国际执委会下达的指示：进一步开展群众性战斗，从组织上加强党，千方百计巩固苏区，为红军创建一个或几个据点”等。从电报内容可知，共产国际这时还不十分清楚中共中央“对形势的估计及其对共产国际执委会指示的考虑”，不清楚中共中央目前的“确切决定及其理由”。[1]

12 日，远东局的罗伯特斯从武汉发来报告，因为电讯条件局限，电报内容十分简略。粗略可以了解的只是：武汉地区形势不稳，但没有发生任何大规模的罢工和群众性示威游行，目前情况下不存在暴动条件。工人群众中虽有战斗情绪，但中共尚未加以领导。当地中共的领导人认为只有暴动，才可能促成群众运动的形成。因此，远东局仍旧无法说服中共中央，他们仍旧坚持要举行暴动，并要求莫斯科迅速做出决定。[2]

直到 13 日，我们才看到斯大林对中共中央的要求做出了明确的反应。他在给莫洛托夫的电报中愤怒地写道：“中国人的倾向是荒诞的和危险的。在当前形势下，在中国举行总暴动，简直是胡闹。建立苏维埃政府就是实行暴动的方针，但不是在全中国，而是在有可能成功的地方。中国人急于攻占长沙，已经干了蠢事。现在他们想在全中国干蠢事，决不能容许这样做。”[3]

又过了 12 天，即 8 月 25 日，共产国际执委会才形成了正式的电报答复稿，并得到了苏共中央政治局的批准。共产国际这次的电报才明确无误地

[1] 《共产国际执行委员会政治书记处政治委员会给中共中央的信》(1930 年 8 月 9 日)，见《共产国际、联共（布）与中国革命档案资料丛书》(9)，第 289 页。

[2] 《共产国际执行委员会远东局给共产国际执行委员会的电报》(1930 年 8 月 12 日)，见《共产国际、联共（布）与中国革命档案资料丛书》(9)，第 299 页。

[3] 《斯大林给莫洛托夫的电报》(1930 年 8 月 9 日)，见《共产国际、联共（布）与中国革命档案资料丛书》(9)，第 300 页。

做出了最后的决定。

电报称：“在苏维埃地区还没有真正的苏维埃政府，还没有真正的红军，而在中国其他地方还没有工业中心城市无产阶级的群众性发动，在农村还没有千百万群众的强烈骚动。所有这一切只有在共产党实行正确政策的情况下才会出现，但是现在还没有出现。然而，帝国主义者目前光在汉口一个地方就有相当于10个师的兵力，在上海也不少。”“在这种情况下还没有占领大城市的重大机会。现在号召工人在汉口、上海、北京、奉天等大城市举行武装暴动（就像李立三所希望的那样）是最有害的冒险主义。”为此，共产国际要求中共中央“立即恢复党、工会和共青团的正常领导机构”，并要李立三尽快到莫斯科去。[1]

由于共产国际决议形成得太晚，此前已经奉派回国传达共产国际各种政策精神的周恩来显然并不了解莫斯科态度的新的变化。他在8月20日回到上海，带回了共产国际研究通过的十个有关决议。周恩来所转达的斯大林、莫洛托夫、库西宁等苏共和共产国际领导人的谈话，表现出莫斯科对中共中央在革命转变、与远东局关系，特别是暴动政策等问题上持批评态度。因此，李立三等也做了自我批评，承认在对革命发展不平衡问题上以及形势估计上，确有“模糊不清之处”，表示不应该“把国际对于某些策略上的适时的指导，当成了整个路线及原则的改变，因而发生了怀疑”。没有重视和执行共产国际关于“必须有根据地的向前发展”，以及“不应在今天便实行武装暴动”的一系列指示，也“确有缺点”。[2] 但是，由于莫斯科方面没有指责中共中央犯有路线方针上的错误，故周恩来显然也同意中共中央关于“国际的路线与中央路线毫无二致”的政治估计。结果，周恩来的到来并没有完全改变中共中央在形势估计和暴动等问题上固有的看法。中共中央甚至认为，共产国际并不反对我们武汉、南京的暴动，只不过“要我们

[1] 《联共（布）中央政治局会议第5号记录》（1930年8月25日），见《共产国际、联共（布）与中国革命档案资料丛书》（9），第330—332页。

[2] 《中央致长江局的信》（1930年8月26日）。

巩固的建立根据地，更加紧全国工作的实际布置与配合，更加紧准备武汉南京的暴动，以及全国各地的暴动”。因此，在工作部署上，中共中央为了贯彻共产国际关于必须迅速召开苏维埃代表大会并成立临时中央政府的指示，还进一步要求迅速“争取长沙南昌等中心城市胜利”，“使巩固苏维埃区域与向着中心城市发展密切联系起来”。[1] 如此一来，中共中央的总暴动计划不仅没有停止，而且进一步强化了对红军进攻的要求。它再度发布命令，要求红军将湖南国民党军队“完全予以消灭”，切断武长（武汉—长沙）铁路，牵制常德，重夺长沙，并攻占岳州，然后击溃江西主要敌军，占领南昌九江，进而“向武汉中心前进”。中共中央明确指示说：一旦再度占领长沙，即可宣告成立“中华苏维埃共和国中央工农革命委员会”。[2]

9 月初，南京中共地下党组织遭到严重挫折，红军第二次进攻长沙亦告失利。与此同时，9 月 4 日中共中央也收到了共产国际执委会 8 月 25 日的政治指示电。至此，中共中央才完全停止了脱离实际的全面暴动计划，并重新恢复原有的党团工会组织。[3]

9 月 24 日至 28 日，中共中央召开了六届三中全会，承认“中央的策略与工作布置犯了冒险倾向的错误”[4]，如对中国革命不平衡性的估计发生动摇，对时局有过分的估量，把建立苏维埃根据地当成“割据保守”的农民意识来加以反对，等等。但会议依旧认为：中央的基本路线“和国际的指示无丝毫的不同”，“只是因为对目前的革命发展形势在程度与速度上有了过分估量，遂致造成中央个别的策略上的错误”。[5] 会议根据共产国际的指示，决定“当前第一等重要的任务是——建立巩固的阵地，就是建立集中统一的

[1] 《中央关于再度占领长沙的战略与策略给长江局并转湘省委、湘鄂赣前委、行委的信》（1930 年 8 月 29 日），《中央致长江局的信》（1930 年 8 月 20 日）。

[2] 同上。

[3] 《中共中央政治局给共产国际执行委员会的电报》（1930 年 9 月上旬），见《共产国际、联共（布）与中国革命档案资料丛书》（9），第 346 页。

[4] 特生：《中央政治局工作报告》（1930 年 9 月），见《中共中央文件选集》，第 6 册，第 351—358 页。

[5] 恩来：《关于传达国际决议的报告》（1930 年 9 月 24 日），见《中共中央文件选集》，第 6 册，第 359—388 页。

真正和工农群众密切联系的苏维埃临时中央政府，在最有保障的地域——苏维埃的根据地，创造并且巩固真正坚强的、政治上军事上有充分无产阶级领导的红军，以便依照军事政治的环境，进而占领一个或几个工业政治中心”。[1]

六届三中全会后，中共中央第一次开始真正重视苏区、红军及其政权工作了。他们不仅立即组成了苏区中央局，分别向各苏区派遣重要领导干部，而且下决心要在湘鄂赣边建立统一的中央苏区根据地，以此为依托来向外扩展，并决心首先把红军“发展成为真正能够担任大规模的国内战争的任务”，和“争取全国革命总的胜利”的强大武装力量。[2]

临时小组：“党中央领导已经垮台”，必须把机会主义者清除出去

一个高度集权的党，注定是要靠“铁的纪律”来贯彻党的领导意志的。党内任何对党的领导意志怀疑、妨碍或怠工的现象，都必定会受到严厉的打压与惩罚。中共中央在1930年开始贯彻其总暴动方针以来，一直遭遇到党内不同意见的质疑，也因此严厉地惩罚了相当一批党员和干部。如今莫斯科做出裁判，判定中共中央犯了路线性的错误，但是，中共中央在组织上依旧如故，因此，没有哪个领导人会愿意为过去怀疑或反对过中共中央错误路线而受到批判、处罚的党员干部申冤和平反。李立三等甚至对那些要求撤销处罚的党内干部仍旧严加斥责和威胁，这不可避免地会进一步激化双方之间的矛盾。在反对李立三一派党员干部方面，此前遭到处罚的王明（当时称陈绍禹）、何孟雄等人则最具代表性。

王明1925年赴苏留学，曾长期在米夫担任校长的中山大学担任学生干部，深得米夫的信任。他在1929年3月被安排回国工作后，米夫已成了共

[1] 特生：《中央政治局工作报告》（1930年9月），见《中共中央文件选集》，第6册，第351—358页。

[2] 周恩来：《目前红军的中心任务及其几个根本问题》（1930年9月30日），《中央通告第九十一号》（1930年10月12日），见《中共中央文件选集》，第6册，第414—427页。

产国际东方部的主要负责人之一，然而王却未如其所愿地得到重用。一年多时间，先后做过区委的宣传干事、中共中央机关报的编辑、总工会宣传干事和中宣部秘书等一般性工作。1930 年 7 月，因质疑李立三对形势的估计和政策，被以组织小组活动之名，免除了秘书的工作，调去江苏省做干事工作，同时被处以留党察看六个月的处分。李立三的政策被莫斯科否定后，王明自然跃跃欲试，希望能够彻底改造中共中央。然而，周恩来回国并没有带来他希望看到的变化。因此，还在 10 月 17 日，他就致信米夫，明确表示对周恩来极度失望，认为对于这个政治理论水平落后，长期实行家长制统治，动辄辱骂、惩罚、撤职、警告、迫害，甚至搞相互盯梢的中共中央，必须要从组织上动大手术才行。[1]

10 月间，共产国际陆续接到远东局提交的自 7 月底之后与中共中央争论的有关报告，以及中共中央 8 月 1 日、3 日等历次会议的记录。同远东局的最初反应一样，他们迅速被中共中央在这些报告和记录中所表现出来的那种凌驾于共产国际指示和苏联利益之上的态度所激怒。对中共中央错误的批评，立即被拔到整个路线错误的高度上来了。

在随后给中国共产党的新的指示当中，李立三被直截了当地点名批判，并明确认为其错误“并不只是个别的错误，而是造成了整个错误系统的，定下了反马克思列宁主义的立场”，其行为更是敌视布尔什维主义和敌视共产国际的。这一指示更突出地强调了中国经济政治发展不平衡和中国革命运动发展不平衡的突出特点，甚至据此得出结论，否定了传统的通过中心城市暴动夺权的观点，主张要以农村包围城市，最后里应外合夺取城市。指示信宣称：“正是在那些最重要的工业中心点，也就是无产阶级的中心点，不但是处在帝国主义武装干涉底直接打击之下，而且帝国主义把这些最重要的工商业的行政的中心点，完全拿在自己的直接的经常的军事政

---

[1] 《陈绍禹给米夫和马耶尔的信》（1930 年 10 月 17 日），见《共产国际、联共（布）与中国革命档案资料丛书》（9），第 378—381 页。

治监督之下”，因此不仅工人还没有力量通过暴动夺取城市，红军也还没有力量去攻占城市。中国革命“必须在暂时还不是苏区的地方，发展农民运动，发展游击战争，用农民风潮底铁围来包围当地的城市，以及大城市和最大的城市，在军阀军队里组织我们自己的力量，十倍加强我们在这些军队里的工作，就是说，瓦解国民党的政权，到处动摇国民党的政权。只有这样，才可以准备大工业中心城市的武装起义，才可以准备由武装起义工人和红军来占领这些城市”。[1]

共产国际的这一指示，立即在各个方面引起了强烈反响，并通过各种渠道直接影响到国内。萨发罗夫率先召集正准备回国工作的四名共青团干部，要求他们回去后应当坚决地与立三路线做斗争。随后，青年共产国际亦根据上述精神致信中国共青团中央。至 11 月 10 日前后，团干部四人及青年共产国际信已先后到达国内。于是，一直受到严厉压制的不同意见立即公开化了，并且很快就异常强烈地表现出来。中国共产党迅速陷入一场内部组织的严重危机中。

11 月 13 日，王明和同为留苏学生的博古（时称秦邦宪）联名致信中共中央政治局，公开批评三中全会“在某种程度某种意义上”仍旧继续“立三路线”。[2]

16 日，留苏学生沈泽民等在宣传工作会议上，就三中全会提出的形势分析等问题向中央发难。

17 日，王明和博古进一步致信政治局，对李立三在三中全会的发言中继续斥责别人为“右倾机会主义”表示强烈不满，宣称“立三同志代表的路线是托洛茨基主义、陈独秀主义和布朗基主义等的混合物”，要求中央立即“正式公布立三路线的错误实质”及“我们与立三同志争论的真相，撤消我们的

[1] 《共产国际执委关于立三路线问题给中共中央的信》（1930 年 10 月），见《中共中央文件选集》，第 6 册，第 644—655 页。

[2] 《秦邦宪陈韶玉给中央政治局信》（1930 年 11 月 13 日）。

处罚”，同时“禁止任何同志在任何会议上继续对我们的污蔑和造谣”。[1]

11月16日，中共中央接到共产国际10月指示信，随后接连两次进行讨论，于11月25日通过决议，正式接受了共产国际的批评，承认了三中全会不彻底的问题。[2]

12月1日，周恩来代表中共中央在中央机关工作人员会议上公开承认王明等过去与李立三的争论，“在不平衡革命高潮等问题上是对的”。但基于维护中共中央权威的考虑，他仍坚持王明在形势估计以及革命转变问题上与李立三“同样错误”，故不仅没有接受王明等人的要求，而且还命令王明等人要正视自己的问题，停止“超组织的活动”。[3]

对此，王明等人当然不会接受。几天前，他已经与博古和与他同时回国的留苏学生陈原道等，组成了抵制中共中央错误领导的“临时小组”，并正式形成决定提交给了共产国际。“临时小组”明确认为：政治局11月25日决议只是要外交手腕，“党中央领导已经垮台，他们不能保证执行共产国际的路线”。为此，“我们应该把坚决支持李立三路线的不肯悔改的机会主义分子驱逐出（中央、各局、省委）领导机关”；“应该在党的报刊上向中央过去的路线（李立三路线）开火……加强两条战线的斗争”；“应该把那些在与李立三路线和其他错误倾向的斗争中表现坚定的同志推举和吸收到领导机关中来”。[4]

12月3日，共产国际执委会政治书记处通过决定，明确表示对中共三中全会不满。随后，共产国际执委会决心改组中共中央领导机关，并派米夫秘密潜来上海主持这一工作。王明、博古、沈泽民、陈昌浩等多数从莫

[1] 《陈绍玉秦邦宪同志给中央政治局的信》（1930年11月17日）。11月20日何孟雄也致信中央，提出了类似的要求，见《何孟雄致中央政治局的信》（1930年11月20日）。

[2] 《中央政治局关于最近国际来信的决议》（1930年11月25日），见《中共中央文件选集》，第6册，第500—502页。

[3] 《周恩来在中央机关工作人员会议上的报告》（1930年12月1日）。

[4] 《临时小组的决定》（1930年11月27日），见《共产国际、联共（布）与中国革命档案资料丛书》（9），第468—470页。

斯科回国的干部，这一下更是全都挺直了腰杆，公开与中共中央分庭抗礼。很快，从中央直属机关支部、军委、交通系统工作人员，到江苏省委、全总党团，以至部分苏区干部，都开始纷纷决议、写信，谴责三中全会对立三路线的包庇与纵容了。

米夫：王明等留苏学生才是“最出色和最有才华的领导人”

12 月 9 日，中共中央政治局被迫再次做出决议，公开承认三中全会的路线“不正确”，并且是犯了调和主义的错误的，决定一周内召集在上海的政治局委员、中央委员及共青团中央委员，举行一紧急会议，重新成立一个正确的政治决议。[1] 同时决定分配陈绍禹去苏区，秦邦宪去全总，何孟雄根据承认错误与否重新决定是否保留其江苏省委委员一职。[2]

12 月 16 日，根据远东局的建议和与各方面谈话的结果，中共中央进一步承认，在纠正立三路线问题上不宜拖泥带水，尤其对何孟雄等，不宜在其对的中间找错处，对王明等坚持不同意见的行为，也不宜定性为小组织活动。据此，政治局通过了有关对何孟雄以及王明等人取消处罚的决议[3]，并委任王明为中央组织部指导员兼党校校长[4]，博古为共青团中央委员，沈泽民为宣传部部长，康生（赵容）为组织部部长，王稼祥为《实话》主编，夏曦任江苏省委常委委员。王明并参加紧急会议决议的起草工作。

至此，从莫斯科回国的学生干部相继得到重用。紧接着，中共中央于 12 月 23 日发出第九十六号通告，进一步做自我批评，称自己 12 月 9 日的

---

[1] 参见《中央政治局关于召集中央紧急会议的决议》（1930 年 12 月 9 日），见《中共中央文件选集》，第 6 册，第 503—504 页。

[2] 江苏省委已通过决议开除了何孟雄省委候补委员一职，但中央尚未有正式决议承认和批准，故仍有此议。

[3] 《关于何孟雄同志问题的决议》（1930 年 12 月 16 日），《关于取消陈韶玉、秦邦宪、王稼祥、何子述四同志处分问题的决议》（1930 年 12 月 16 日）。

[4] 后因江苏省委改组，王明又接替李维汉（时称罗迈）代理江苏省委书记。

决议仍旧存在着“不能斩断调和主义尾巴之不可容许的错误”之后[1]，王明、沈泽民、康生、王稼祥、博古等更是一步登天，连中央委员都不是，却开始直接参加中共中央政治局的工作了，从原来的一般干部一跃而进入了最高决策层中。

对留苏学生的高度重视，无疑是共产国际在六大选用工人干部感觉失策后的一种组织政策上的大调整。很显然，向忠发以及中共中央领导层中大量的工人成分，丝毫不足以保证共产国际的路线能够得以成功贯彻，甚至不足以保证中共中央对共产国际保持谦恭和忠诚的态度。在这种情况下，共产国际不能不转而重视能够“为国际路线而斗争”的“莫斯科回国的新干部”了。在得知“李立三和现在中央同志对于莫斯科，对于共产国际领导，对共产国际那种‘毒狠’的态度”后，共产国际显然开始把中共中央对莫斯科的态度问题，看成是“最可警心”和“最紧张的问题”了。尤其是与留苏学生，如与王明等极为熟悉的米夫等人，更是相信，由莫斯科回国的“知道列宁主义布尔什维克的理论和实际的”那些“很好的同志”，才是“挽救党于危机之中的唯一动力”。因此，务必要为他们成为党的领导核心创造条件，断不能“妨碍他们加入领导机关”。[2] 很显然，共产国际相信，在周恩来之后奉派回国的瞿秋白是清楚地了解莫斯科的意见的，但是，有周恩来和瞿秋白参加并主持的中共三中全会不仅丝毫没有触及李立三和中共中央对共产国际及苏联的态度问题，而且“秋白或者立三”不要王明等人“做党的工作”，还继续抑制和打击他们，这就无论如何难以理解了。在共产国际领导人看来，三中全会丝毫没有能够解决立三路线的问题，除非直接插手改组整个中共中央领导成分，否则中共中央一年来所形成的严重

[1] 《中央紧急通告（中央通告第九十六号）》（1930 年 12 月 23 日），见《中共中央文件选集》，第 6 册，第 546—550 页。

[2] 《共产国际执委主席团关于立三路线的讨论》，《布尔塞维克》第 4 卷第 3 期，1931 年 5 月。

错误，就无法得到纠正。[1] 共产国际所以冒险派米夫亲自出马赶往中国上海，其原因也就在此。

米夫大约是在 12 月下旬抵达上海的。他此行的目的很明确，就是要改组中共中央政治局，清除立三路线及其调和路线的主要责任人，包括扶植王明等由莫斯科回国的“好同志”进入中央领导岗位，以确保中共中央对共产国际的忠诚。为此，米夫夫妇一到中国，就采取了避开中共中央进行活动的做法。米夫最初是把工作重点放在反对派代表人物王明、上海区委书记何孟雄、全国总工会和海员总工会系统徐锡根、陈郁、王克全、罗章龙等人身上的。他通过远东局的代表分别找了他们进行谈话。谈话的结果使米夫等人发觉，真正能够听话的，其实还是留苏学生和原中共中央领导人，如周恩来等人。

何孟雄在谈话中明确表示，现在的中共已没有任何威信，必须根本推翻，重新选过。举行新的中央全会进行改组，结果只是换汤不换药，因为六大选举的中央委员基本上不了解群众在想什么和做什么。江苏省委所属各区及上海各行业支部的会议，都已通过决议，要求开除周恩来、瞿秋白、李立三等人的领导职务，并把他们开除出党，并应把向忠发、关向应、项英、李维汉、贺昌等人清除出中央委员会。对于共青团书记任弼时，何认为只是一个缺乏实际经验的大学生。对王明等人，何认为“只会写点东西，而且常常写一些连他们自己也不明白的东西”。何建议要找实际工作中的工人积极分子进入中央及中央政治局，以便贯彻执行正确的路线。[2]

与徐锡根、陈郁、王克全等各工会领导人的谈话，也得出了基本相同的看法。他们告诫说，六大中央已经没有希望了，基层党组织几乎一致反对中央，同时也不信任回来的大学生，“对他们存在着强烈的反感情绪”。他们会写，没有任何实践经验，王明在上海工作过，但是他只会进行无原

[1] 《国际东方部关于中国党三中全会与立三同志的错误的报告》，《布尔塞维克》第 4 卷第 3 期，1931 年 5 月。

[2] 《共产国际执行委员会远东局成员与何孟雄和温裕成的谈话记录》（1930 年 12 月 29 日），见《共产国际、联共（布）与中国革命档案资料丛书》（9），第 565—568 页。

则的斗争。在他们看来，要想改组中央，开中央全会绝对不行，必须要召开紧急会议或代表会议，把那些犯过错误的人排除在会议之外。[1]

显而易见的是，掌握着党的基层组织，特别是工会系统的何孟雄等人，在党内极其强势，不仅看不起王明等毫无实际工作经验的“留苏学生”，而且按照米夫等人的看法，他们更具领袖欲，不驯服，更难驾驭。要根本推翻中共六大中央，彻底切断自陈独秀以来中共中央与共产国际之间的人脉联系，按照他们所推荐的名单另立新人，不仅米夫没有这样的权力，就是共产国际也不敢如此尝试。何况，根本推翻原有中央，召集紧急会议，在秘密环境之下，基层推举的代表必多为受何孟雄、罗章龙等人影响的干部，要把留苏学生王明等人引进中央，更不可能。鉴于这种情况，米夫不得不放弃了原来设想大规模改组中央政治局的计划，转而把王明等留苏学生同原来的中共中央政治局嫁接在一起，只作个别人选的变动了。

12 月底，王明主持的江苏省委和秦邦宪主持的团中央，根据米夫的旨意，分别通过了反对《中央通告第九十六号》的决议。与稍后不几天的全总党团的相同决议相比较，可以清楚地看出二者已经根本对立。前者只是吹毛求疵，其目的实际上不过是要宣布中央的继续存在，以及向反中央的“右倾分子”施加压力。[2] 而后者却断然主张：“立即停止中央政治局的职权”，“速即召集紧急会议”，“坚决的实行引进工人同志及群众组织能干的干部到领导机关参加工作”。[3]

1931 年 1 月 7 日，扩大的四中全会以突然袭击的方式在上海东方旅社内召开了，不少与会代表直至会议宣布开始前仍不知道会议的性质。尽管会议邀请了何孟雄、罗章龙等一批持不同意见的代表，但由于会议的内容、议程、改组后政治局委员、候补委员及补选的中央委员名单早已内定，特

[1] 《埃斯勒同徐锡根谈话记录》（1930 年 12 月 30 日），见《共产国际、联共（布）与中国革命档案资料丛书》（9），第 569—572 页。

[2] 转见《党史研究》1981 年第 2 期。

[3] 《全总党团关于对中央九六号紧急通告的异议及意见》（1931 年 1 月 1 日）。

别是远东局和中央政治局有选择地指定了出席会议的代表，从而使得反对派一开始就处于少数地位。远东局代表艾伯特主持了会议，并且以极其强硬的态度压制了罗章龙等人挑起的争论。最后，罗章龙等人甚至不得不以放弃表决权表示抗议，个别人干脆大吵大闹退出了会场。会议虽然开得极为紧张，却还是达到了米夫等人所希望达到的目的。向忠发、周恩来等人继续得以保留原来的地位，李立三、瞿秋白离开了领导岗位，王明、沈泽民、夏曦等被补选为中央委员，王明并被指定为政治局委员。

应当指出，王明等并没有一下子升到顶峰，他很长一段时间甚至并没能进入政治局常委之中。[1] 但这只不过是个时间问题。因为六届四中全会后，米夫和远东局即迅速把他最信任的几个学生安排到比较重要的领导岗位上去了。王明被指派负责江苏省委，沈泽民被指派代宣传部部长，博古被指派去领导团中央宣传部做部长，李竹声被派到组织部任秘书。所以，米夫后来公开宣布说：“陈绍禹”，以及“秦邦宪、王稼祥、何子述、沈泽民”等他所信任的这些留苏学生，都是“中国共产主义运动中最出色和最有才华的领导人”。[2]

[1] 中共四中全会后，1931 年 1 月 28 日政治局会议工作分工决定：向忠发负责日常工作，并出席共青团会议；周恩来负责军委及苏区工作；张国焘负责党报及工会党团工作；康生负责济难总会和妇委工作；沈泽民负责文化党团和反帝工作；罗登贤负责海总工作。王明的具体工作只是负责领导江苏省委。

[2] 米夫：《英雄的中国共产党十五年史》，莫斯科外国工人出版社 1936 年版。

三、失败的战争

党内反对派："中央的领导在政治上组织上早已完全破产"

无论对于中国共产党，还是对于中国革命，1931年一开始就明显地充满了危险和灾难。当共产国际东方部负责人米夫和远东局代表玩弄政治手段，拉一派打一派，强行把一个他们自己认为信得过的中央塞给中国共产党，并且不择手段地把他们培养的学生一个个提拔到领导岗位上来之后，中国党的上级领导机关，特别是上海和工会系统各种党的领导机关，就立即被强烈的不满情绪笼罩了。

1月8日，即四中全会第二天，何孟雄、林育南、李求实、张金保等18人就立即发出"告同志书"，抗议远东局和中共中央强行召开四中全会和取消紧急会议。[1]

随后，全总党团、海总党团、上海外县委员会、上海工联党团等相继做出决议，反对四中全会。政治局内徐锡根、王克全等也公开出来反对四

[1] 见《何孟雄文集》，人民出版社1986年版，第241页。

中全会。很快，反对派公开联合起来，罗章龙、徐锡根、王克全等不断召开会议，研究对抗办法并上书共产国际。

1月17日，全总在静安寺一所花园洋房召开党团会议，在远东局代表出席并再三解释的情况下，与会代表竟群起抗议，谴责四中全会是米夫与王明玩弄的政治把戏。会议赞同四中全会的只有三票，十八票反对。远东局代表不得已退出了会议。在会议通过的决议里，全总党团不仅要求撤销多数执行立三路线调和主义的中共中央领导人，反对“引进同样犯有坚决执行立三路线、调和主义、丝毫无实际工作经验的陈韶玉（按：即陈绍禹）等负政治局领导重责”，而且抗议国际代表“对于多数同志们提出的政治意见，不采用党内正确的思想斗争的方式，而实行一种无原则的谩骂、挑拨、诬蔑同志的宣传和煽动，并且一再强迫同志通过其无理由的决议”，“要求国际撤换负四中全会主要错误责任的代表，另派真正能够执行国际路线的代表来领导中国革命”。[1]

同日，江苏省委开会，王明根据中共中央政治局的决定，准备宣布新的省委成员名单时，遭到王克全当场阻止。王克全宣称闸北区委已经分裂了，王凤飞已另立区委，通过决议反对四中全会，要求中央停止工作。他也表示不能承认四中全会选举的中央，反对由四中全会选举的中央委派的省委。他并号召与会的其他领导人与他一起退席，结果有3人跟他离开了会场。而留在会场内的15人，最后投票赞成四中全会的也只有8人，反对的达到7人之多。

也在同一天，以林育南、何孟雄为首的包括全总、上总、左联、江苏省委、反帝大同盟党团等十余名重要负责干部、左翼作家，在秘密举行反对四中全会集会的东方旅社和中山旅社分别被捕，之后又牵扯出另外十余人在不同地点被捕。被捕的34人中，除两人因证据不足被开释外，其余均被移送江苏省高等法院第二分院审判，其中24人被判处死刑，随即遭到杀害。这

[1] 《全总党团对于四中全会扩大会议决议案》（1931年1月17日）。

一事件使中共党内反对四中全会的力量受到一次很大的打击。[1]

但是，由于被捕者在这时上海反对四中全会的干部还只是极少数，因此，中共党内反对四中全会的活动并未停止，而且还迅速演变成具有组织分裂性质的行动。王克全公开了反对四中全会的态度，并另组了中共临时江苏省委，还支持下级区委反对省委指派干部的分裂行动。上海闸北、沪东、沪中区委及外县工作委员会，均出现了第二区委。同样，全总党团因掌握在罗章龙等人手中，满洲、顺直、山东、广东省的部分工会党团组织也公开响应全总党团的呼吁，开始抗拒四中全会选举的中共中央的指挥调遣。

1931年1月21日和25日，中共中央接连两度通告党内，点名斥责罗章龙、王克全等，利用反立三路线与调和主义之名，“作分裂党捣乱党的活动”，“公开的组织江苏第二省委和各区区委，公开的散布右派纲领的小册子与明目张胆的在全总党团会上决定反对四中全会反对国际代表”。通知警告说：王克全、王凤飞等要再不立刻停止他们第二省委第二区委之分裂党的行动，罗章龙要再不立刻停止他领导全总党团进行小组织的活动，“则他们便要自绝于布尔什维克队伍之外”了。[2]

就在中共中央公开要求所有反对四中全会的党员干部“回头”之际，罗章龙等又公开散发了他们秘密印制的《力争紧急会议反对四中全会报告大纲》的小册子，宣称“中央的领导在政治上组织上早已完全破产”，必须“根

[1] 1931年2月7日，被国民党淞沪警备司令部枪杀于上海市郊龙华的二十四人是：林育南（全总负责人之一）、龙大道、欧阳立安、阿刚、彭砚耕（以上均为上海总工会负责人），何孟雄、费达夫、蔡博真、伍仲文（以上均为上海区委负责干部），李求实、柔石、胡也频、殷夫、冯铿（以上均为左联作家），王青士（山东省委负责人之一）、恽雨棠（南京市委书记）、李文（恽雨棠妻，机要工作者），汤士伦、汤士佺（以上为红十四军干部），罗石冰（青岛市委负责人之一）、刘争、贺治平（以上为华德路小学支部委员），李云卿（中共党员），刘贞（身份不详）。被捕者中李初梨、陈铁如、黄理文、孙玉法、沈佩英等被判监禁。

[2] 《中央通知第二〇四号》（1931年1月21日），《中国共产党中央委员会为肃清李立三主义反对右派罗章龙告全体党员和青年团员书》（1931年1月25日），见《中共中央文件选集》，第7册，第55—56、57—63页。

本上废除他”，号召举行紧急会议以挽救党所面临的严重危机。[1]

事至于此，在远东局的支持下，中共中央政治局于1月27日开会通过了开除罗章龙中央委员及党籍的决议，宣布开除罗章龙的中央委员及其党籍。同日，中共中央还同时开除了王克全的政治局委员及中央委员，并对其他有类似分裂行为者施加同样严厉的处罚。[2]

显而易见，中共组织上的分裂未能避免。在中共中央通过开除罗章龙等人的决议后，罗章龙、史文彬、韩连会、袁乃祥、张金保等就在1931年1月31日成立了“中国共产党非常委员会”，推举史文彬为总书记，在狱中的林育南为秘书长，罗章龙为组织部部长。尽管他们专门去信莫斯科，要求纠正米夫的错误决定，寄希望于共产国际能够予以理解和支持[3]，但结果注定是不可能的。而他们的别树异帜，分庭抗礼，也因失去了莫斯科的经费帮助和其他各种物质基础，而断难延续与发展。

但这一分裂行动对共产党，特别是对党在工人中的工作的打击，仍旧是惨重的。各地及各工会中参加分裂的非常委员会活动的党员干部人数相当多，因此不得不杀鸡儆猴，在各地、各党团都先后开除了众多进行分裂活动的骨干党员干部。如河北省就有张金刃、韩连会等一批干部积极参与非常委员会的活动，并组织了河北省紧急会议筹备处。2月6日，新成立的中共河北临时省委通过决议，解散分裂党的筹备处组织，要求河北全党反对张金刃、韩连会等人的分裂活动。18日，鉴于张、韩等宣布立即筹备河北省紧急会议，意图成立第二省委，河北省委不得不做出决议，开除张、韩等人党籍。后分裂的筹备处停止活动，是因为被国民党破获，十余名主

---

[1] 《力争紧急会议反对四中全会报告大纲》（1931年1月），见《中共中央文件选集》，第7册，第69—79页。

[2] 《关于开除罗章龙中央委员及党籍的决议案》（1931年1月27日），见《中共中央文件选集》，第7册，第64—68页；《关于开除王克全中央政治局委员和中央委员王凤飞同志中央委员等问题决议案》（1931年1月27日）；见《共产国际、联共（布）与中国革命档案资料丛书》（12），第496—498页。

[3] 《中国共产党非常委员会致共产国际的信》（1931年3月4日）。

要干部被捕所致。[1]

这时候，陈独秀等人也在托洛茨基的支持下，集合起中共党内赞同托洛茨基主张的四个小组织，宣告成立了“中国共产党左派反对派”。在5月初召开的代表会议上，陈独秀、彭述之、郑超麟、王文元等被推举为中央常委，整个托派组织有党员三四百人。他们中绝大多数虽然都被中共开除出党，但多半仍旧自视为中共党员，只是他们自认是中国共产党内的一个反对派——“左派反对派”。这个组织同样在上海、北平等地中共党、团及工会系统中有着不小的影响与作用。而它同样是被国民党的特务及警察机关消灭的。中国托派党组织刚刚统一不久，就被国民党接连三度破获。1932年10月15日，陈独秀、彭述之等也被捕入狱。

除了组织上的干部损失以外，因为众多基层干部站到了反对派一边，所以极大削弱了中共在各大中城市中的基层工作力量。仅上海一地，据2月底的统计，赤色工会会员数就已经从1930年的大约2000人，骤减到只有513人了。随之而来的思想混乱，工作情绪低落，更使相当一批干部感到苦恼和无出路，于是自首叛变之风平地而起。4月25日，多年负责中共中央保卫及特务工作的政治局委员顾顺章被捕后叛变，迫使中共中央将近一个月的时间无法从事正常工作。6月20日，中共党的总书记向忠发居然也被捕变节，以致中共中央又有将近五个月时间几乎陷于半瘫痪状态，所有在上海活动年限稍长的中央负责干部，最后都不得不全部撤离或转移。

共产国际：必须把60%的党务人才统统派到苏区和红军中去

四中全会后中共中央略有成就的，只有农村根据地和红军的工作。

1930年以前，由于中共中央一直把建立根据地的工作看成是“割据保守”

[1] 《中共河北临时省委关于开除张金刃、韩连会、曹策、叶善之等党籍的决定》（1931年2月18日）；并见刘道华编：《民主革命时期中共顺直省委与河北省委纪事》，天津市委党校印行，第95页。

观念，对红军亦因其农民军队性质而不甚重视。它先是根据中共六大精神，想要红军尽量分散，后又出于夺取一省数省首先胜利的需要，要求红军集中攻坚。因此，中共中央始终未能真正有意识地去建立巩固的根据地。

在三中全会以后，中共中央逐渐根据共产国际关于大力发展红军、巩固地扩展根据地和建立苏维埃政权的指示，加紧了对红军及苏区工作的指导。四中全会后，共产国际在 1931 年 1 月即接连数电，督促中共中央务必加紧选派得力干部到各主要苏区去组成以集体领导的方式进行工作的中央局，同时务必成批输送军事人员及工人到苏区去加强其军队战斗力，并改造其各级领导成分。它还再三要求尽快召集苏维埃代表大会，成立苏维埃中央政府。[1] 因此，中共中央于 2 月以后便不能不陆续选派大批干部，分赴赣西南、赣东北、湘鄂西、鄂东北、鄂豫皖等各个根据地，并按照共产国际指示，把 60% 的党务人才统统派遣到中央苏区去了。

把党的大批各级干部及城市工人骨干派遣到苏区去，无疑对城市工人运动及地下工作的开展进一步带来了冲击。但共产国际这时显然更寄希望于苏区红军的发展，而把城市工人运动的发展看成是一个相对长久的工作。

从 1931 年 4 月份的统计数字可知，这时全国党员总数除苏区外，仅有不足 11500 人，城市中党员仅 4000 人左右，其中工人党员不足一半，受共产党领导的有组织的工人，除满洲外，尚不足 1000 人。[2] 而且这个数字还在不断减少。上海赤色工会会员数从 2 月至 4 月不足两个月，就进一步减少了 200 余人，即从 513 人减少到只有 300 人左右。这样一来，由于工作的停顿、组织的分裂、干部的减少，以及惧于对“立三路线”及“调和路线”的批判，思想方式更加僵化等种种复杂原因，共产党所领导的城市工人斗争规模迅速萎缩，群众基础越来越小，以至党的工会组织渐渐成为空架子，不得不在远东局的督促和资助下，通过在工厂周围开办茶馆、夜校等消极方式，

[1] 《共产国际执委会致共产国际执委会远东局电》（1930 年 1 月 15 日），等。
[2] 《李竹声关于四中全会后全国组织状况的报告》（1931 年 4 月）。

重新去接近和影响工人群众。

与此相对照的是，国民党这时仅在上海就已建立起120多个大小工会组织。他们通过支持各工厂工人的经济斗争以及反帝斗争，要求八小时工作制、劳动立法等，动辄就可以发动起数千工人的示威游行。而一向以做群众工作为拿手好戏的共产党人，在城市中渐渐失去了组织大规模群众斗争的各种条件，以致它最后只能通过强迫命令的方式，要求下级党员干部及群众骨干冒险举行各种飞行集会来显示自己的存在了。

1931年，共产党在红军、苏区及其政权建设方面取得的进展，几乎是同它在城市工作方面影响力的缩小一样明显。

自1930年12月下旬至1931年9月中旬，红军在江西根据地连续进行大规模的运动战，接连粉碎了国民党军发动的三次“围剿”，歼敌数以万计，将赣西南与闽西根据地连成一片，形成了以瑞金为中心，包括四个县区，拥有数十万人口和5万主力红军的相对稳定的中央根据地。[1]与此同时，闽浙赣、湘赣、湘鄂赣、鄂豫皖及湘西根据地也得到了相应的发展，全国红军已达10万人以上，其所控制的区域已有数万平方公里。

苏区的发展，无疑是以红军的不断巩固和壮大为前提的，而红军的巩固和壮大，也离不开苏区的发展，特别是离不开苏区有效的政权建设和正确的政策实施。没有苏区为依托，红军势将疲于奔命，难于长久支撑；没有苏区的发展扩大，及其有效的政权管理和正确的政策，在战争日益频繁，规模愈来愈大的情况下，红军也绝难应付日渐加剧的物资需求和人员损耗。

仅以江西根据地三次反“围剿”战役为例，第一次红军伤亡约2000人，

[1] 通常史书均认为，至红军第三次反“围剿”胜利后，江西中央苏区已扩大至21县，拥有250万人口（见戴向青等：《中央革命根据地史稿》，上海人民出版社1986年版，第354页，等），但查苏区中央局第三次反“围剿”战争后于10月3日给中共中央的电报可知，此时“除瑞金全县赤化外，石汀雩会四县大部尚是白色”。至于人们通常所称之21县之其他如会昌、寻邬、安远、信丰、宁化、清流、归化等，还全在国民党手中。电报称：对这些地区“须用一长时间去争取他”。结合欧阳钦9月1日报告，似可断定，此时除瑞金外，周围各县多数尚处于拉锯状态中，一时还未能成为真正的根据地。

第二次即增至4000人，第三次更达1.6万人，总计2.2万人，其中死亡约2000人，残废约1000人，并牺牲军长一人，师长二人，中下级干部伤亡数目尤甚。

第一次战役时，士兵尚有每天0.15元的伙食标准，月发生活费平均不足1元，加上医院费用，开支总计可达25万元。此役之后，伤病大增，兵员亦急需扩充，而筹款及物资却日渐困难，以至士兵每天的伙食标准降至0.1元乃至0.08元，生活费完全停发，月耗总计已不足18万元。即便如此，情况仍旧十分困难。加上地方政府及赤卫队经费亦须补助，“兵兴之后，宣告免收土地税”，“红色区域无款可筹”，苏区政权及武装月需约30万元，全部要靠红军在敌人“围剿”间隙之际，向外扩张或到白区去打土豪才能获得。然而，打土豪毕竟范围有限，数量有限，不足持久；而扩张越多，政权、武装等各种消耗和负担越大。因此，红军及苏区最终还要靠自身条件来解决主要问题。

正是由于这种原因，共产国际过去曾反对红军集中，主张红军应该分散在许多区域，对建立和保持农村根据地不抱任何幻想。因为他们当时“觉得在一个农民区域中，若集聚了那么多不生产的群众，红军，虽然他们再红些，再数倍的红，但他们终是些活的人，需要饮食的”。因此，他们必然“是农民之一个很大的负担”，最终难免要和农民“发生相当的误会”。所以，共产国际领导人当时认为必须将红军分散到各个地方，“经相当的时间再转一个地方，到这个地方住一些时[候]，杀一杀土豪劣绅，吃一吃饭，喝一喝鸡汤，再到另外一个地方”，“照样的杀土豪，吃鸡，过了相当时间之后再前进”。[1]

然而，随着斯大林对中国红军的作用逐渐重视，以及人们对中国革命特点的逐渐了解，共产国际在1930年以后明显改变了此前的看法，开始确信在中国有必要也有可能通过建立农村根据地和集中红军一步一步向外扩

[1] 《布哈林在中共六大上关于政治报告的结论》(1928年6月29日)。

张的方法，来推进革命，直至“以农村暴动包围城市（包括较大的和最大的城市）”，最后“由起义工人和红军去夺取这些城市”。[1] 这样一来，在根据地大致建立起来之后，政权建设及经济建设的问题，自然应当得到格外的重视。

军事顾问：现阶段革命的中心任务，是创立整片的苏维埃区域

可以肯定，共产国际这时对于根据地的政权建设及经济建设、军事工作等，都是极为关切的。自 1930 年 10 月共产国际明确提出应当把苏维埃政权立即建立到有红军拱卫的农村根据地去。[2] 之后，它就一直在不断地催促中共中央尽快召集各地苏区代表会议推举代表，以便尽快召开全国苏维埃代表大会，产生全国苏维埃临时中央政府。1931 年年初，它甚至亲自为中国苏维埃起草了《土地法令草案》、《劳动法草案》、《关于经济政策草案》、《关于红军问题决议草案》，以及有关苏维埃组织建设等问题的一系列重要文件。[3] 同时，它还专门为中共中央军委派来了军事顾问，以便可以就近指导中国红军应付大规模的战争。不过，共产国际显然并没有从它过去曾经担心过的那个角度考虑问题，在它看来，此时重要的似乎已经不再是什么生存条件问题，而是如何巩固地发展，即如何进攻的问题，特别是如何使之正规化，以达到足以同国民党政权相对抗，足以号召中国劳苦群众的程度。因此，共产国际急于为中国苏维埃起草一系列法令法规，却很少为之考虑应当如何有效地组织生产、保障供给和建立必需的税收财政制度等重要问题。

其实，急于立即建立全国性的苏维埃政权，这在某种程度是反映出共产国际对中国革命形势的乐观估计。在他们看来，红军和根据地的发展，

[1] 《共产国际执委会关于立三路线给中共中央的信》（1930 年 10 月），见《共产国际、联共（布）与中国革命档案资料丛书》（12），第 351—361 页。

[2] 同上。

[3] 上列文件分别可见于 1931 年 3 月 9 日和 9 月 7 日的《红旗周报》第 1 期和第 15 期，等。

已经可以达到很快地将分散的军事行动和零散的根据地统一集中起来的程度了。只有如此，共产党人才能形成强大的军事力量和政治势力，形成巨大的政治号召力，进而准备同国民党政权和帝国主义“进行决战”。因此，共产国际的军事顾问一到上海，就立即支持中共中央提出以“建立湘鄂赣整片的苏维埃区域”为“现在阶段中革命的中心任务”。[1]

当然，在1930年年底国民党开始连续发动大规模军事“围剿”之后，共产国际及其在中国的代表们也一度感觉到形势的严重。因而，他们在提出红军“应最高限度的坚决的去执行”击溃敌人实力，以实现建立湘鄂赣整片苏区的中心任务的同时，一再叮嘱红军务必采取灵活的战略。如“当着敌人力量尚未集中的时候，我们必须利用优势击溃敌人的主力。当着敌人大举包围，我们必须利用敌人的弱点，击溃敌人的一方。如能诱敌深入，聚而歼灭他，这也是可采用的战略”。“我们要红军主力军打破游击主义的传统，但我们决不是主张放弃游击战术的运用”[2]，“如无胜利的把握时，即不应采取决死的战斗，并且随时要注意到在必要时有退却的可能”。“总之不应执著一端，而固守某一办法成为不可改变的定理”，尤其不应忘记：“为着保全红军实力（基本力量），遇必要时可以抛弃旧的与组织新的苏维埃区域”。据此，他们甚至预先就为主力红军放弃现有根据地安排好了退却的方向和地域。[3] 这说明，共产国际开始时对形势的估计，还是比较现实的。

中国革命根据地和中国红军能够在华中、华南几省交界的偏远地区存在，有着极其特殊的政治的和地理的背景。这首先是由于中国地域广阔，而经济和政治的发展又极不平衡，多数地区特别是远离中心城市的偏远农

---

[1] 建立湘鄂赣整片苏区的设想，最早是中共三中全会提出的。但把它作为现阶段“中心任务”，是共产国际军事顾问在起草《中央给中国红军及各级党部训令》时明确下来的。

[2] 《中央对苏区指示信》（1931年8月30日）。

[3] 分别见由共产国际军事顾问起草的《中央给中国红军及各级党部训令》（1931年2月），《中央给一、三集团军总前委，第二集团军前委，各军前委，各特区军委，各集团军与各军的军长政治委员的公函》（1931年3月2日）。

村和山区，不仅交通阻隔，而且始终处于自给自足的自然经济的状态之中，便利于造成割据的局面。自近代以来，中国长期处于军阀割据的分裂状态，南京国民党政府建立以后，这种情况仍未有根本改变，各种政治军事势力或致力于争夺中央政权，或致力于防卫其交通要道及城市，很难有更多的实力把其统治深入到其所占地域的偏远角落，这就更进一步为共产党人进行武装割据提供了有利的条件。

但是，在闽赣湘鄂几省交界地区建立根据地，仍有诸多不利因素。

首先，根据地虽处于几省偏远地区，但仍属中国心脏地区，对国民党之统治及其国家整个交通大动脉和主要中心城市，均构成严重威胁，因此其中央政府一旦获得机会，势必要以大力加以“清剿”，这自然使根据地和红军不能不经常处于战争之中。

其次，由于敌人志在必得，战争越打越大，红军势必不断扩充，而根据地亦须不断扩大才能满足红军在人员及物资等方面的基本需求；但根据地越扩大，必然越接近交通干线及主要中心城市，从而越加剧国民党的恐惧，使战争愈发扩大和残酷。如此则必然形成恶性循环，迅速造成总决战的局面，使既无足够物质准备，又无必要的回旋余地的红军很快陷于困境之中。

在这种情况下，使红军保持机动灵活的战略战术，并以“保全红军实力”为原则，而不以死守一地为原则，确有重大意义。事实上，过去红军正是在这样一些军事思想的指导下成功地生存和发展起来的。然而，自从共产国际三番五次地主张把建立全国苏维埃政权的问题付诸实施之后，继续着重从军事角度考虑问题，很快就变得不那么现实了。

所谓建立全国苏维埃政权问题，实际上就是建立苏维埃共和国的问题；而所谓苏区、根据地等，实际上也就成了苏维埃共和国现有的区域和领土。这样一来，人们显然很难再单纯从军事角度考虑问题，一切都政治化了。红军的进退胜败，将不再是军事问题或实力消长及存否问题，而将成为整个国家的命运问题。也就是说，全国苏维埃政权问题的提出，不可避免地会使红军和苏区，特别是中央红军和中央苏区，渐渐失去灵活和流动的可能性，而被一种政治的和地理的抽象概念牢牢地束缚住。

不仅如此，政权和国家概念的提出必然会激起人们进攻和决战的强烈心理，从而再度诱发人们内心深处的激进情绪，以至日渐对形势发展、敌我力量对比，以及阶级关系的状况等，发生过“左”的估计。

临时中央：任何保守和等待，都是对苏维埃运动的犯罪

1931年6月16日，中共中央责令“江西中央苏区必须在八一以前开成全国苏维埃代表大会，成立中华苏维埃共和国临时中央政府”，同时，明显开始主张改变此前军事上的灵活策略。它明确要求红军必须“日益向外发展，日益扩大他的领域而威胁着中心城市”，必须致力于“击破敌人主力以至完全消灭他们”，“即使红军在某些根据地受了一些挫折，或者敌人以极大部队压迫较小集团的红军，红军也不能远离根据地去躲避”，而必须以坚壁清野和群众游击战争的办法去困扰敌人，抽调出红军主力“来给敌人以不及预料的反攻”。[1]

8月30日，当中共中央了解到“中央苏区至今还没有建立巩固的根据地”“苏维埃临时中央政府也还没建立”，红军“困于长期的内线作战，很困难的向外发展”时，依旧主张“红军在冲破三次‘围剿’后，必须向外发展，必须占领一个两个顶大的城市”。它还特别强调说：“愈因敌人进攻的激烈，愈显示出两个政权（苏维埃政权与国民党政权）对抗意义的重大”，“必须有一群众的苏维埃政府来领导这一推翻帝国主义国民党统治的国内战争与发展土地革命”。而其解决军事危机的办法，却是什么“努力发展苏区内部的阶级斗争”；“组织群众的团结力量”；“尽量扩大和加强群众的自卫能力”。在他们看来，只有愈加紧苏区内部阶级斗争，“群众的发动力和团结力才愈

[1] 《中央给苏区各级党部及红军的训令》（1931年6月16日），见《中共中央文件选集》，第7册，第291—308页。

能加强”，从而“使他们自动的去发展游击战争，阻碍敌人的前进”；只要群众都自觉地投身于革命战争，就不愁打不败敌人。[1]

9月中旬，当国民党广东广西军队联合发动讨蒋战争，日本关东军又悍然攻占东北沈阳等地，蒋介石第三次“围剿”被迫中止之际，中共中央竟再度开始高度乐观地谈论起革命的形势来了。他们又一次声称：目前中国千百万劳苦群众的革命怒潮突飞猛进，正在使革命发展的不平衡“逐渐走向平衡”，“中国政治形势的中心的中心，是反革命与革命的决死的斗争”，“在这革命与反革命的决死斗争中，不论帝国主义与国民党的任何卑鄙行为与恶辣手段，都挽救不了他们已经注定了的死运”。为此，他们要求红军立即“尽可能的把零碎的分散的苏区打成一片”，并“在政治军事顺利的条件，取得一两个中心的或次要的城市”。[2]

基于这样一种形势，中共中央迅速指导苏区中央局于1931年11月7日在中央苏区瑞金召开了全国苏维埃代表大会，正式宣告建立了“中华苏维埃共和国”，并同时宣布产生了中华苏维埃共和国临时中央政府。

既然建立了自己的全新的国家和全新的政府，中共中央不可避免地提出了全面进攻，以逐步夺取国民党统治区，根本推翻国民党政权的战略部署。它在1931年12月4日给各苏区分局、各省委及红军各军政治委员专门发布了训令，宣称：目前客观形势“极端顺利”，因此争取一省数省的首先胜利必须是“今天行动的总方针”。在此总任务之下，大江以南之中央苏区必须与湘赣边苏区“完成一片”，“然后与湘鄂赣、赣东北两苏区密切的联系起来，造成包围南浔线以争取江西省首先胜利的形势”。“另一方面，在大江以北应以鄂豫皖苏区为中心，使皖西北与鄂东苏区与鄂豫皖中心区完全打成一片，并与鄂北鄂西密切联系起来，造成包围京汉路南段与威胁长江的整个

[1] 《中央给苏区中央局并红军总前委的指示信》(1931年8月30日)，见《中共中央文件选集》，第7册，第355—375页。

[2] 《由于工农红军冲破第三次“围剿”及革命危机逐渐成熟而产生的党的紧急任务》(1931年9月20日)，见《中共中央文件选集》，第7册，第401—415页。

局面。”总之，它严令各地“必须最坚决的毫不畏惧的对于我们的敌人采取积极进攻的策略”，威胁说“任何放弃现有根据地的企图应受到严厉的打击”，但任何保守和等待，也“是苏维埃运动前进的罪人”。[1]

1931年6月以后，由于向忠发和共产国际远东局重要成员接连在上海被捕[2]，中共中央主要领导成员已纷纷隐蔽起来，中央工作仅由各部联席会议维持。至8月，远东局建议中央主要领导人周恩来、王明等前往中央苏区[3]，另组临时中央以便正常进行工作。经王明推荐，年仅24岁，一年以前刚刚回国参加实际工作，连中央委员也不是的博古，竟得以牵头组成临时中央政治局。其成员除卢福坦、陈云、康生资历稍深，卢、陈、康具有中央委员或候补中央委员资格外，博古、李竹声、王云程和随后也进入政治局的张闻天，都是缺少实际工作经验，刚回国不久，不具备中央委员资格的留苏学生。[4]

此番中央权力的交接和新的中央权力机构的组成，严重违背了中共相关的章程规定，也不符合党内约定成俗的做法。尤其是既不让政治局委员卢福坦出来负责，也不让中央委员陈云，或这时负责中央组织部工作的康生出来负责，反而叫毫无经验和资历，刚刚主持了几个月团中央宣传部工

[1] 《中央给各苏区中央分局、省委及红军各军政治委员的训令》（1931年12月4日）、《中央委员会为目前时局告同志书》（1931年12月11日），见《中共中央文件选集》，第8册，第535—543、544—549页。

[2] 除向忠发外，据报载，6月15日被捕的还有远东局重要成员牛兰夫妇（即一般认为赤色职工国际太平洋会议办事处负责人，实际为远东局交通系统的负责人），另8月9日还有所谓“第三国际在沪最高机关领袖米雷被捕”（见《国闻周报》第8卷第32期，1931年8月17日）。其人情况不详。

[3] 据周恩来回忆，8月远东局要他们都到中央苏区，王明不愿意，要到共产国际，后得到批准。另据共产国际执委会政治书记处政治委员会会议记录可知，因顾顺章被捕叛变，中共中央政治局就已经决定让周恩来去中央苏区，1931年5月17日共产国际亦表示批准周去6—12个月时间。因6月向忠发被捕，共产国际再度讨论过周恩来的安全问题，建议周或去中央苏区，留在苏区中央局，或让周到莫斯科来待一段时间。见《共产国际、联共（布）与中国革命档案资料丛书》(10)，第312、340页。

[4] 关于临时中央政治局成员，目前所见说法不一。一般认为开始时为博古、卢福坦、陈云、张闻天(时称洛甫)、康生、李竹声、王云程等7人，后增加黄平和刘少奇，达到9人。

作的王明的同学博古来负责，明显存在着“私相授受”的嫌疑，这不可避免地会在日后引起极大的争议。更为重要的是，24 岁的博古竟能够把这个中央权力机构正常地运转起来，且长达几年之久。即使后来搬到中央苏区，周恩来等众多元老级中央政治局委员或中央委员，也一样心甘情愿地受其指挥，这就不能不令人称奇了。很显然，它反映出党的高度集权体制已经形成了一套特殊的运行机制，任何人只要得到了莫斯科或它的代表批准认可，党的各级干部和组织都会自觉地承认其权威与地位。[1]

当然，与其说是由政治局内年龄最小、资历最浅的博古来统率中央和指挥全党，倒不如说是共产国际，特别是负责远东事务的米夫假博古之名来遥控一切。比如，博古中央在批判立三路线之后不久，就转而又全面鼓吹更为激进的所谓进攻路线，严格说来与博古等留苏学生自己的认识未必有多少关系，因为它们纯粹都是来自莫斯科的指示。

1931 年 11 月 20 日，博古刚刚开始担任中共最高领导人之际，米夫就给斯大林去信提出 :“在我们关于中国苏维埃运动问题的以往指示中，我们曾建议中国红军在开始时期不要占领大城市。当时我们是出于这样的考虑 :当我们还势单力薄时，与敌人进行规模巨大的战斗是不合适的，过早与它进行决战也是不合适的。”而“现在形势有所不同”了。红军已经击退了国民党的三次围剿，苏区也扩大了，特别是中央苏维埃政府的成立，更要求我们要把苏维埃运动扩大到中心城市去。因此，“中国共产党人不应把过去关于中国红军不宜过早夺取大城市的方针看作是教条”，相反，苏维埃运动的进一步发展已经把夺取中心城市的任务提上了日程，“只要有可能保住它们，至少能保住比较长的时间，那么夺取中心城市就是适宜的”。[2]

米夫的这一建议很快得到了批复。博古得此消息后，马上就在他所主持的第三次只有三人参加的中央常委会上做了一个“关于争取一省数省首

---

[1] 共产国际执委会政治书记处政治委员会于 11 月 3 日的会议通过了批准中共临时中央局组成人员的提议。见《共产国际、联共（布）与中国革命档案资料丛书》(13)，第 65 页。

[2] 见《共产国际、联共（布）与中国革命档案资料丛书》(13)，第 78—81 页。

先胜利的问题”的报告，用了一个多小时的时间长篇大论地解释必须改变过去不要进攻中心城市的政策，改取新的进攻政策，即积极争取夺取几个中心城市和把根据地连成一片的种种理由。中常会从来就是处理事务性工作的会议，在这种会议上花上一两个小时做理论和形势分析报告，无疑是很罕见的情况。很显然，博古的用心其实更多的是想要借此机会，充分展示一下自己在理论及形势分析上的特长。但是，具体到如何计划及实现夺取中心城市和把根据地连成一片的问题，就不是博古所能置喙的了。以博古中央名义发出的《中央给各苏区分局、各省委及红军各军政治委员的训令》，实际上却是由共产国际远东局拟就的。它有针对性地就各地红军如何协同作战，如何将各个苏区打成一片等，做出了十分具体的规划和指示。

由此不难看出，博古们越是年轻，越是缺少资历和经验，也就越是会亦步亦趋地全力去贯彻共产国际的各种指示，这多半也正是米夫坚持要挑选他们来出任中共中央最高领导人的原因所在。问题是，莫斯科的领导机关过去就犯过很多错误，他们仅仅是因为处在权力的顶峰，轻而易举地就可以找到替罪羊罢了。而他们注定了还会继续出错，因此博古们注定还会成为他们新的错误的又一批替罪羊。

具体到博古等人，既缺乏实际的经验，又缺少对中国社会政治实际的深入了解与体验，从书本到书本的结果，最终其实也只能是同李立三一样，照样会被共产国际和自己制造出来的种种虚幻的景象所蒙蔽。无论是简单套用莫斯科的思路也好，还是简单地重复莫斯科的看法也好，纸上谈兵和形而上学的思想方法，只能把原本极其复杂并且充满矛盾的中国的政治社会现象简单化和片面化。在他们的眼睛里，往往很少会注意那些不利的甚至是相反的证据。他们总是在千方百计地寻找那些他们想要看到的情况，一经发现，就会用各种逻辑分析的办法把它们整合在一起，然后论证出帝国主义和国民党何以又要接近死亡了。

苏维埃政府：与帝国主义国家绝不能有任何调和的余地

这时，最使临时中央政治局感到振奋的因素有二：其一，是世界资本主义的严重经济危机。“1929年美国的债券价格指数约为200—210，1932年已下跌到8—40。同时期商品价格一般下跌了百分之三十至四十”；“世界上主要工业制造业国家的生产，各种制造品都缩减了百分之三十到五十；而1932年的世界贸易值只及三年前的三分之一”。[1] 这一空前的经济危机的爆发，看起来不仅从一个侧面验证了共产国际六大所提出的关于资本主义总危机的预言和革命进入“第三时期”的理论，而且似乎到处推进着革命高潮，使“深刻的革命危机”在中国这样的落后国家“迅速成熟”。[2]

其二，是日本帝国主义军队悍然发动了夺取东北三省的九一八事变后，全国各界民众掀起的空前强烈的反日运动。这场以罢工、罢课、抵制日货、进京请愿、组织反日团体和广泛宣传抗日主张为主要斗争形式的反日运动，由于与蒋介石南京政府“暂取逆来顺受态度，以待国联的公理判决”的解决办法相矛盾，因此不断与南京政府发生冲突，甚至出现了捣毁国民党南京市党部和殴伤国民政府外交部部长王正廷等重要官员的情况，许多重要城市一时间都陷于混乱[3]，就连蒋介石也因此而被迫辞职下台。

在临时中央政治局看来，这种情况毫无疑问证明群众斗争已经“走上了直接反国民党的冲突”，“统治阶级的崩溃和革命危机的成熟”正在到来。[4]

由于世界资本主义经济危机的全面爆发和苏联第一个五年计划建设事业的顺利进行形成了鲜明对比，社会主义运动及其共产党人面临着大好的

---

[1] 见L. 罗宾斯：《1929—1934年的大萧条》，纽约麦克米伦出版社1972年版，转引自米歇尔·博德著，吴艾美等译：《资本主义史（1500—1980）》，东方出版社1986年版，第197页。

[2] 见《共产国际文件汇编》，第3册，第255—256页，并见《博古关于争取一省数省首先胜利的问题的报告》（1931年12月18日）。

[3] 见《申报》1931年9月27、28、29、30日，12月10日，并见《顾维钧回忆录》，第1卷，第423页。

[4] 《中央关于职工运动决议案》（1931年11月15日），《博古关于争取一省数省首先胜利的问题的报告》，（1931年12月18日）。

宣传时机；而由于日本入侵中国东北三省，群众激昂的民族主义情绪和国民党政府的“不抵抗政策”形成尖锐对立，确也存在着引导群众走上反国民党的革命道路的某种可能性。然而，共产党人从一开始就注定了不能有效地去把握这种机遇。

早在大革命之前，许多中国共产党人就已经渐渐习惯于按照共产国际那种机械的黑是黑、白是白的阶级分析方法，去看待复杂的国际关系；习惯于从社会主义苏联与资本主义世界根本对立的角度，把一切资本帝国主义国家统统看成是自己的敌人。

大革命失败之后，特别是斯大林以及共产国际六大公开向各国共产党人提出“保卫苏联”的历史使命之后，中国共产党人更是一度直接把中国革命的胜利同根本摧毁帝国主义统治的世界革命联系起来，确信“中国革命高潮到来，革命在一省与几省首先胜利，将立刻引起一切帝国主义直接的武装进攻”，因此，“苏维埃政府的外交政策，绝不有任何‘敦睦邦交’或‘亲善邻国’的意义”，甚至绝不能运用苏俄《布列斯特和约》的经验，与某一帝国主义达成暂时的妥协与和平。因为苏维埃政府的存在，将“决定整个帝国主义制度的生死关头”，二者不是你死，就是我活，“绝不能有任何调和的余地”。[1]

即使在这种过分极端的观点被共产国际否定之后，人们也仍旧看不出有太多改变自己的必要。他们依旧鄙视，或者说害怕任何一种形式的妥协与调和。他们虽然也承认反抗斗争，或者进攻时，应该考虑到自己的实力，在力量还不够强大时，可以采取拘捕一些外国资本家和其他侵略者作为人质，迫使其军舰等退出革命的地域，同帝国主义玩一玩手段。但是，一旦有了极大的群众力量，则绝不应该再采用什么外交手段，就一定要坚决地反抗和进攻了。[2]

---

[1] 《中共中央对于政治形势的一般估量》（1930年），《中央关于反帝国主义运动的策略与路线》（1930年）。

[2] 《中央关于反帝国主义运动的策略与路线》（1930年）。

事实上，正如共产国际所再三说明的那样，共产党人始终确信：“最妨碍苏维埃运动继续扩张到中国最重要部分去的因素，就是国际帝国主义底力量，国际帝国主义结成统一战线来反对中国人民底民族解放运动。愈往下去，外国帝国主义者将愈成为与中国劳动群众革命运动做斗争的基本力量。”而国民党、地主资产阶级等，都不过是帝国主义进攻中国和镇压革命的一些御用工具。[1] 在这里，帝国主义是毫无区别可言的，它们统统都是中国革命的死敌。因此，对于九一八事变的发生，共产党人依旧会从这样一些观点出发来思考问题。

九一八事变发生后的第三天，临时中央政治局就公开发布宣言认为，这一事变的发生，根本原因在于“苏联无产阶级专政日益巩固，社会主义建设得到空前的胜利，五年计划立刻就要完成，这对于帝国主义非常不利，而且含着极大的危险。各帝国主义都拼命计划想消灭苏联，以图挽救他们垂死的命运”。“现在日本帝国主义实行占领中国东三省，不过帝国主义进攻苏联计划之更进一步的实现。”同时，“外国帝国主义看着中国国民党军阀已经不能消灭中国革命，看着他在中国的走狗军阀国民党等已经不能随心所欲的替它保护并扩张对华掠夺的利益，因此便直接占领中国领土。满洲事变便是最明显的表现”。[2]

一句话，在临时中央政治局看来，日本侵占东北，第一是为了进攻苏联，第二是为了镇压中国革命。尽管他们并不是没有注意到帝国主义之间仍旧存在着巨大的冲突与矛盾，并不是没有看出“这事变给予中国的地主资产阶级的统治以新的重大的打击”[3]，但他们并不认为有可能或有必要充分利用这里面的种种矛盾。他们依旧坚持最彻底的革命方针，坚信帝国主义都是

---

[1] 《共产国际执委主席团关于中国共产党任务的决议》（1931 年 8 月 26 日），见《共产国际有关中国革命资料选辑》（2），第 145—165 页。

[2] 《中国共产党为日本帝国主义强暴占领东三省事件宣言》（1931 年 9 月 20 日），见《中共中央文件选集》，第 7 册，第 396—400 页。

[3] 《中央关于日本帝国主义强占满洲事变的决议》（1931 年 9 月 22 日），见《中共中央文件选集》，第 7 册，第 416—424 页。

一丘之貉，利用帝国主义之间的矛盾或企图劝说国际联盟来干预日本的侵略，无异于“与虎谋皮”和“引狼入室”。[1]

同样，他们依旧坚信“中国各派国民党及各派军阀根本都是帝国主义的走狗”[2]，并据此得出结论：“要求投降帝国主义的国民党起来反对帝国主义，无异向国民党引颈就戮”；“只有国民党的拥护者，才会对于国民党有任何幻想”。他们公开号召广大民众起来革命，称：“我们的唯一出路，就是扩大和继续罢工，罢课与罢操，组织我们自己的力量，武装我们自己，坚决的起来打倒帝国主义国民党在中国的统治！建立工农兵以及劳苦群众自己的政府——苏维埃政府。”说“只有苏维埃政府能够领导全中国的革命民众，对帝国主义宣战，而取得中国民族的自由与独立”！[3]

《大公报》：今日“左倾右倾，皆成废话，资本劳工，同受牺牲”

九一八事变，其实是日本帝国主义政策发展的必然结果，特别是其军国主义者长期以来必欲独霸中国满蒙的侵略野心膨胀的必然结果。尽管对于这种以武力夺取满蒙的方式，日本此时政界及军界内部还有不同意见，事变的发生就日本自身而言，具有极为复杂的政治的和社会的背景[4]，但在张学良易帜，国民党的势力和影响逐渐深入东北的情况下，坚持把满蒙看成日本生命线，大肆渲染满蒙的重要性，不惜为控制满蒙动用武力的受到军

[1] 《中国共产党为日帝国主义强占东三省第二次宣言》(1931年9月30日)，见《中共中央文件选集》，第7册，第425—430页。

[2] 《中国共产党为日本帝国主义强暴占领东三省事件宣言》(1931年9月20日)，见《中共中央文件选集》，第7册，第396—400页。

[3] 见《中国共产党为日帝国主义强占东三省第二次宣言》(1931年9月30日)、《中国共产党为反抗帝国主义、国民党一致压迫与屠杀中国革命民众宣言》(1931年10月12日)，见《中共中央文件选集》，第7册，第425—430、431—434页。

[4] 有关日本统治集团上层人物之间关于以武力夺取满蒙问题的分歧，及九一八事变前后日本关东军少壮派军官密谋发动事变和日本上层对策变化情况，可参见《日本军国主义侵华史料长编》(上)，四川人民出版社1987年版；重光葵：《日本侵华内幕》，解放军出版社1987年版。

国主义影响的众多日本军人，走向这一事变至多只是一个时间早晚的问题。

在这里可以肯定的一点是，狂热的日本军国主义者和殖民主义者，并不是以国际帝国主义及中国地主资产阶级国民党之间“共同的阶级利益”为出发点的，因此，它并不是像临时中共中央政治局所反复告诫人们的那样，是以进攻苏联和进攻中国革命为根本目的的。恰恰相反，发动这一事变的日本少壮派军人，纯粹是以阻碍国民党统一中国，防止英、美势力进入满蒙地区，意图牢固控制和占有中国大陆满蒙地区为目的的。换言之，日本军人的这一行动，不仅很难得到各国列强的认可，而且必然会与力图保持各国在华势力均衡的《九国公约》的其他主要签约国，特别是会和正在致力于统一中国的国民党政权，发生严重的利害冲突。

蒋介石及其南京政府显然是不甘心作帝国主义的“御用工具”，或充当日本帝国主义的傀儡的。从蒋介石九一八事变后手书“期于十年之内，湔雪今日无穷之耻辱”看[1]，他并非不打算抗日。问题在于，他始终确信“未有国不统一而能取胜于外者”。[2]他也一直在讲：“救国之道，在和平统一；御侮之要，在守法奋斗”，只有全国上下“共同一致，努力于和平统一守法自强二语”，才能实现“救国御侮之目的”。[3]而这个时候，蒋介石也好，南京中央政府也好，其实还处在四面楚歌之中，不仅危机四伏，而且是内外交困，举步维艰。仅以九一八事变前夕来看，一方面是共产党在其权力范围的中心区域闽、浙、赣、湘、皖、鄂、豫几省交界处进行武装割据，还不断扩张，以至威胁到各省中心城市及交通要道；一方面是因蒋介石与胡汉民的矛盾而引发的宁粤之争，已白热化，广东方面已另立国民政府，并有举兵北伐之意，双方剑拔弩张，大有再起武装冲突之虞。同时，长江流域暴发百年一遇的大洪水，千万灾民流离失所，政府财政拮据，疲于应付，社会压力极大。东北地区又接连发生万宝山事件和中村事件，日本态度强硬，

[1] 见《先总统蒋公思想言论总集》，第37卷，（台北）中国国民党中央党史委员会1984年版。
[2] 见《蒋总统集》，第1卷，（台北）“国防研究院”1963年版，第577页。
[3] 《先总统蒋公思想言论总集》，第37卷，第33页。

威逼恫吓，无所不用其极，稍有不慎，就可能激成严重事变，便利日本大举用兵，进一步扩张其势力范围。因此，蒋介石早就在强调安内攘外之必要与重要。[1]

当然，相对于各种威胁来说，在蒋介石看来，对南京政府最具威胁的心腹之患，还是背后有强敌苏联支持的，正在不断扩张，直接包围并威胁着南京地区的共产党。因此，蒋介石这时不可避免地会把共产党人看作是不共戴天的仇敌。

但国共两党毕竟同是中国人，理当同样有抗日的要求和愿望，这在国人眼里自然就构成了某种相互妥协与合作的基础。如果说在九一八事变之前，还并不存在国共两党相互接近的任何一种现实条件，那么九一八事变之后，情况就变得不同了。然而，相互的敌视和必欲置对方于死地的敌对心理，使双方几乎都毫无例外地把对方看成是自己走向抗日的最大障碍。蒋介石的国策是“攘外必先安内，统一方能御侮”[2]；中共中央的方针是“只有推翻地主资产阶级的国民党政府，才能真正地进行革命的民族战争”[3]。特别是距九一八事变不足两个月，中共就在11月7日正式宣告建立起中华苏维埃共和国和临时中央政府，这就更进一步使两党之间的斗争走到了两个政权、两个国家和两种命运的决战阶段，抗日的问题更明显让位于两党之间的政治搏杀了。

通过阶级斗争达到民族解放的目的，以及利用民族斗争达到阶级胜利的目的，或许都不失为一种政治斗争的有效方法。问题在于，这时的共产党人其实是处于绝对劣势。在这种情况下，通过某些灵活的策略手段，并且适当地为自己规定一些阶段性目标，就具有格外重要的意义。九一八事变的发生，特别是蒋介石南京政府采取“不抵抗政策”，继续坚持通过内战

---

[1] 《先总统蒋公思想言论总集》，第30卷，第152页。

[2] 同上，第482页。

[3] 《中央关于日本帝国主义强占满洲事变的决议》（1931年9月22日），见《中共中央文件选集》，第7册，第422页。

的方法来实现国家统一的做法，显然为共产党人改变自身的地位，扩大自己的正面影响，削弱蒋介石的统治，提供了一个绝好的机会。

据 1932 年 2 月中共上海党组织统计，此前上海有党员 700 余人；至 4 月统计，已达 1200 人左右；至 10 月统计，竟增加到 2726 人。可见这一阶段，革命的影响在急剧地扩大。与此同时，自 1927 年以来，一向怀疑和恐惧共产党的各界民众和社会舆论，渐渐明显开始改变。对于他们来说，“四万万中国民族，已到生死主奴之最后关头”，因此“所有阶级利害，党派感情，思想派别，个人爱憎，事实上完全一扫。盖整个民族将被摧毁，受蹂躏，左倾右倾，皆成废话，资本劳工，同受牺牲”。[1] 多数舆论这时都主张：“皮之不存，毛将焉附”？“今日无论何党何派，新旧左右，皆当集中目标，齐赴国难”。一些舆论甚至还直接向国共两党发出了呼吁，认为“共产党亦要国家，需舞台，此时应停止破坏工作，一致对日”！[2] 国民党亦当立即“取消一党专政”，“化除杜绝合作之党治”，容许共产党等各种党派合法存在，“以厚集国力”，共同对敌。[3]

面对日本帝国主义肆无忌惮的武装侵略，多数国人也开始在相当程度上寄希望于“国际公理之判断”[4]。但事实很快证明，这种希望是不可能实现的。直接受到日本侵略中国东北威胁的苏联，明显地奉行严格的不干涉政策以图自我保护[5]；对日本在远东地区大肆扩张其势力范围深感不安的美国，最多也只能采取“不承认主义”，而不愿过分刺激日本[6]；以英法为主的国际联盟，虽两次决议限期日本撤兵，但不想采取任何实际措施对日本施加压力，其随后所派之李顿调查团，干脆提出“国际共管”使东北“自治”的办法

[1] 《全国同胞只有一条路》，《大公报》1932 年 2 月 2 日。
[2] 《覆巢下之各党派》，《大公报》1932 年 2 月 20 日。
[3] 《申报》1931 年 12 月 20 日、1932 年 4 月 6 日。
[4] 转见李云汉：《“九一八”事变史料》，第 322 页。
[5] 转见林三郎：《关东军和苏联远东军》，吉林人民出版社 1979 年版，第 26 页；《国闻周报》第 9 卷第 37 期。
[6] 参见王桂厚：《三十年代美国的“中立”政策》，解放军出版社 1987 年版，第 13—25 页。

来解决矛盾[1]，其结果只能使日本更加无所顾忌。这种情况越发促使多数国人转而把根本遏制日本侵略的希望，放在了中国自己身上。“停止内战，一致对外”的口号，由此迅速成为整个社会的一致呼声了。

1932年5月25日，全国商会联合会、上海市商会、银行公会、钱业公会等公开呼吁成立“中国废止内战大同盟”，明确认为：“外侮纷来，源于内乱，内乱靡已、由于内战”，故“集合全国人民为废止内战运动”，要求国内各派“停止内战，一致对外”。[2] 许多重要报刊和著名人士甚至开始公开批评南京政府的“剿共”政策，称共产党是“有严密之组织，有共信之主义，有实行之政纲，而又有国际背景”的政党，“不能目为匪”，更不是“剿所可灭”的。[3] 在他们看来，“中国五千年不闻共产党，而亡国数度，是足知剿共纵奏凯歌，亦未必免予亡”。[4] 丁文江还公开要求南京政府“正式承认共产党不是匪，是政敌”，停止“剿共”战争。[5] 胡适甚至也公开断言：“共产党是贪污苛暴的政府造成的，是日日年年苛捐重税而不行一丝一毫善政的政府造成的，是内乱造成的，是政府军队‘赍寇兵，资盗粮’造成的”，因此是消灭不了的，应该“停止一切武力剿匪的计划和行动，用全力整顿江浙皖鄂赣五省的政治”，彻底裁遣其不良军队，惩治一切贪官污吏。[6]

在这种情况下，各界民众渐渐意识到，只有“对内有所不为，而后对外可以有所为”[7]。因为“对外是中国人与日本人的生存竞争，对内是中国人与中国人的主义竞争”，“与其被外族征服，毋宁在同族中表示让步”。[8] 因此，他们主张南京政府应允许中间人士“躬赴江西，径访共党首领，问其能否

[1] 《中国近代对外关系史资料选辑》，第一分册，第220—227页。
[2] 《申报》1932年5月25日。
[3] 《申报》1932年4月12日，季廉：《宪政能救中国吗？》；《国闻周报》第9卷第18期，1932年5月9日。
[4] 《剿匪要义》，《大公报》1932年6月19日。
[5] 见丁文江：《所谓剿匪问题》，《独立评论》第6期，1932年5月26日。
[6] 同上。
[7] 《申报》1933年4月30日。
[8] 《“清共以前绝不言抗日”》，天津《益世报》1933年4月12日。

废战，及如何方能废战，彼共党亦同胞，且多知识分子，对于此代表多数民意之使者，势不能无条件拒绝”，“倘能发见一致之点，则和平之途径启矣”[1]，国民党亦可“公开的大胆的与共党负责领袖，谋有条件的政治妥协”[2]。总之，他们相信：“民族的独立与生存，既为今日惟一之需要，凡足以达此目的之方法，无不可用”。[3]

临时中央：要救中国、要抗日，必须要先推翻国民党

面对全国各界的强烈要求，蒋介石南京政府却绝不相信与受到苏联支持的共产党有妥协调和的可能。不仅如此，蒋介石还公开扬言“抗日必先剿匪”，“在匪未清前，绝对不言抗日”。[4] 这种情况逐渐促使一批国民党人开始与蒋离心离德，原本就与蒋隔阂甚深的冯玉祥等甚至秘密与中共联络，一些不满蒋介石所作所为的国民党高级将领也开始密谋发动以联共抗日反蒋为目的的兵变，这些都使苦于应付国民党强大军事压力的共产党人面临着某种转机。

但是，共产国际和临时中央政治局对此并不感兴趣。共产国际明确指示中共中央：“共产党人在任何情况下都不同蒋介石进行谈判。”[5] 它们并且既不准备利用各种反蒋势力来达到自己的目的，也不屑于接受中间阶层的“停止内战”的口号，来打击蒋介石南京政府，争取和团结广大民众。它们依旧坚持认为：“一切国民党的派别，都是投降帝国主义，出卖民族利益，压迫与屠杀民众的能手”。[6] 而所有中间阶层以及在野派别，都是革命“最

[1] 《如何结束共乱？》，《大公报》1933年4月3日，《再论废战运动》，《大公报》1932年7月22日。
[2] 《“清共以前绝不言抗日”》，天津《益世报》1933年4月12日。
[3] 《如何结束共乱？》，《大公报》1933年4月3日；《再论废战运动》，《大公报》1932年7月22日。
[4] 天津《益世报》1933年4月11日。
[5] 《共产国际执行委员会政治书记处政治委员会会议第185号记录》（1931年10月3日），见《共产国际、联共（布）与中国革命档案资料丛书》（13），第41页。
[6] 《中国共产党对于时局的主张》（1932年1月1日），见《中共中央文件选集》，第8册，第1—13页。

危险的敌人”，“应该以主要的力量来打击这些妥协的反革命派”。[1]

不难看出，受共产国际在欧洲反对社会民主党斗争的影响，在共产党人的头脑中久已形成了这样一种观念，即任何中间派、妥协派，或改良、右倾的倾向，都比公开的反革命还要可恶和危险，因为它们很容易欺骗群众。既如此，他们不仅不敢有任何附和及联合中间派的主张，而且唯恐避之不及，为表现自己在政治上与共产国际保持一致，不能不极力打击所有中间、妥协、改良和右倾的派别及其主张，来证明自己的革命性。临时中央政治局这个时候所以特别强调彻底的不妥协的“进攻的路线”，其实也就是基于这样一种考虑。

对于临时中央政治局九一八事变以后所采取的策略，共产国际显而易见是支持的。从其 1931 年年底给中国共产党的有关指示可以看出，这时的共产国际同样对形势做出了脱离实际的判断，并向中国共产党人提出了同样不切实际的斗争目标。它明确主张，应当以“武装民众进行民族的革命战争，反对日本帝国主义，反对一切帝国主义，争取中国民族的解放与独立，统一中国”为“中心口号”，并以此为号召“推翻出卖民族污辱民族的国民党政府”，因为“民众革命推翻国民党是反帝国主义民族革命战争胜利的先决条件”。同时应当告诉群众，“只有苏维埃中国与中国红军才能够保证民族独立与解放及统一中国”。[2]

在日本帝国主义侵占了东北三省，并开始向热河推进之际，告诉人民必须首先推翻南京政府，开展国内革命战争，由正在某些偏僻乡村割据的苏维埃政府来统一中国和实行民族革命战争，其结果不难想象。然而，共产国际认真地以为，群众一定会在两种政权之间做出选择，并会在苏维埃的号召下投身到反国民党的战争中来：因为中国的工农群众一定会同俄国革命中的工人士兵一样，认识到民族革命的胜利只有在首先取得了阶级革

---

[1] 《中央关于争取革命在一省与数省首先胜利的决议》(1932 年 1 月 9 日)，见《中共中央文件选集》，第 8 册，第 34—47 页。

[2] 《共产国际政治秘书处关于反帝问题给中共中央的信》(1931 年 12 月)。

命的胜利之后才能取得。正是由于过多地习惯于进行这种类比，以至于当1932年1月28日上海事变发生时，共产国际竟头脑发热地以为，十月革命的情景开始在中国出现了，从而把外国入侵当成共产党人推翻国民党政权，实现自己革命目标的大好时机。

由于东北被占，民情激愤，影响到部分有日侨的城市中民众反日情绪高涨。1932年1月中旬以来，上海就接连发生中日民众之间的街头冲突，双方均有死伤，上海日侨强烈要求日本政府出面干涉。日本总领事即于21日向上海市长提出道歉、惩凶、赔偿和解散上海抗日团体的四项要求。次日，日本驻上海第一遣外舰队司令也发表威吓性声明，并下令军舰驶入黄浦江。鉴于双方民众间冲突不止，上海市政府并无干涉之意，日本总领事遂发出最后通牒，强硬表示24小时不见满意答复，即采取自由行动。次日晚，日军海军陆战队开始与中国闸北守军交火，战争打响。[1] 驻守上海的十九路军及奉命增援的中央军第五军奋起抵抗，并得到了上海市民的热烈支持。该两军约五师兵力以伤亡1.4万余人的代价，顽强抵抗了一个多月的时间，毙伤日军3000余人。

以当时中国军队装备之落后，准备之不足，加上南京军政当局的犹疑态度，能取得如此战绩已实属不易。可是，这种情况却没有得到中共临时中央的同情。原因很简单，他们无论如何不会相信，国民党和那些地主资产阶级出身的反动军官会抗日。上海淞沪抗战刚一打响，中共中央和中华苏维埃政府就公开发表宣言声明：“国民党各派军阀及中国资产阶级都是日本帝国主义走狗”，他们只会“以血的屠杀镇压反日运动来献媚日本帝国主义，以‘不抵抗’‘退让’来将千百万劳苦群众供日军屠杀污辱，以缴械枪杀来抵抗（打击）英勇抵抗日本帝国主义进攻的士兵群众”。他们的“抗日”

[1] 见复旦大学历史系日本史组编译：《日本帝国主义对外侵略史料选编》，上海人民出版社1975年版，第49—64页；中央档案馆、第二历史档案馆和吉林省社会科学院编：《日本帝国主义侵华档案资料选编·九一八事变》，中华书局1991年版，第538—596页。

充其量不过是在“玩弄各种各样的把戏来愚弄劳苦群众”罢了。[1]

值得注意的是，共产国际对“一·二八”事变的反应同样十分激进，但至少并没有下令组织瓦解国民党抗日军队的行动。他们在刚一得到事变的消息后就致电上海的临时中央政治局，对中共应该怎样参与抗日斗争提出了具体的建议。他们的主要建议是在共产党领导下，以工人为核心组成工人学生队伍，吸收不顾不抵抗命令而同日本人进行作战的士兵，同时充满揭露国民党分子、中国政府和所有帝国主义者。最好能组织上海工人总罢工，但“会给反击入侵者造成困难的那些生产部门要除外”。[2]

在进一步的指示电中，共产国际表现出了同样不相信国民党及其将领会抗日的心态，要求中共利用士兵群众不再服从投降的军官的形势，用一切力量打入军队，去争取士兵群众，努力在已有军事力量的地方，首先在上海的闸北、吴淞和南京创立革命军事委员会，以作为领导革命斗争的政权机关。在可能的地方，应该逮捕国民党军队的投降的高级军官及卖国贼，用一切力量来武装工人和组织义勇军，在战区中并应发展游击战争和武装农民。[3]

在这方面，临时中央政治局的反应明显比莫斯科还要兴奋和激进。事变一爆发，它就极力号召劳苦群众立起革命战争，要求革命民众要“把子弹向着帝国主义国民党开放”；号召士兵“杀掉你们的长官”；号召近郊农民“武装起来”，夺取土地，“进行游击战争”。[4] 他们公开宣称：“要救中国，要救上海，没有别的办法，只有劳苦群众在无产阶级领导之下，推翻国民

[1] 《中国共产党中央为上海事变第二次宣言》（1932 年 1 月 31 日）、《中华苏维埃临时政府为上海事变宣言》（1932 年 1 月 31 日），见《中共中央文件选集》，第 8 册，第 96—99 页。

[2] 《共产国际执行委员会政治书记处政治委员会给中共中央的电报》（1932 年 1 月 31 日），见《共产国际、联共（布）与中国革命档案资料丛书》（13），第 108 页。

[3] 《共产国际执行委员会政治书记处给中共中央的电报》（1932 年 2 月上旬），见《共产国际、联共（布）与中国革命档案资料丛书》（13）第 113—114 页。

[4] 《中央关于上海事件的斗争纲领》（1932 年 2 月 2 日），见《中共中央文件选集》，第 8 册，第 100—102 页。

党统治，建立民众自己的政权。”[1]

在淞沪抗战全面开战，国民党军队官兵奋勇抵抗、流血牺牲之际，中共临时中央依旧如此号召，这即使在当时条件下，在中共党内也颇难得到贯彻实行。上海部分地方干部就对此表示消极，他们明确认为：在十九路军作革命战争时，各区不应发动斗争，否则将成为捣乱后方。接到共产国际电报指示后，注意到共产国际没有提出建立苏维埃的方针，临时中央领导人一时也有些动摇疑惑。电询的结果，共产国际明确表示这只是一种策略手法，“全国革命委员会的任务是推翻南京政府”，只是“为了吸引更广泛的群众，暂时不要宣布它是中央苏维埃政府的一部分”而已。[2] 于是，临时中央政治局便不顾一切，打算放手一搏。

临时中央显然是把上海事变看成是类似俄国十月革命一样的重要历史机遇。当年俄国就处在对德战争中，正是利用对外战争的乱局，布尔什维克乘乱主导革命成功。因此，临时中央领导人面对这样千载一时之机，也倍感兴奋，极力推动士兵工作，并很快组织起“革命军事委员会”，也计划要组织工人夺取在上海中国管界内业已关闭的日本企业，计划要尽快促成武装暴动，成立苏维埃政权。[3] 可是，到头来一无所成。据事后统计，上海事变期间，中共共组织义勇军约 700 人，有长短枪不足 100 支，送入十九路军约 100 人，但多仅从事于运输工作，党员及宣传很少能接近前线和士兵。革命军事委员会也不过徒有虚名；提出义勇军去闸北和南市去抢夺武器，开展游击战争，纯粹是纸上谈兵。

十分明显，即使身处淞沪抗战前线，临时中央领导人首先想到的，也还是阶级斗争，是如何推翻国民党的统治。他们的阶级斗争思维模式使他

[1] 《中国共产党中央为上海事变第二次宣言》（1932 年 1 月 31 日）、《中华苏维埃临时政府为上海事变宣言》（1932 年 1 月 31 日），见《中共中央文件选集》，第 8 卷，第 96—99 页。

[2] 《共产国际执行委员会政治书记处给黄平的电报》（1932 年 2 月 20 日），见《共产国际、联共（布）与中国革命档案资料丛书》（13），第 121 页。

[3] 转见《共产国际执行委员会政治书记处政治委员会给黄平的电报》（1932 年 2 月 27 日），见《共产国际、联共（布）与中国革命档案资料丛书》（13），第 123 页。

们认定天下乌鸦一般黑，反动阶级中没好人，认为十九路军将领的抵抗，不过是为了欺骗士兵和民众。他们甚至断言，十九路军将领蒋光鼐、蔡廷锴等人根本上是沽名钓誉，是图利谋财，是想“造成马占山那样的‘民族英雄’的美名，来侵吞民众的捐款，来向帝国主义投降出卖”[1]。硬说十九路军将领“丝毫不想把帝国主义的海陆空军，至少是日本的海陆空军驱逐出境，他们丝毫不想乘胜追击日本的军队到租界上，根本消灭日军在陆地上的根据〔地〕”，说这些将领“有意把士兵放在日本军队猛烈的炮火之下，不给士兵以有力的援助，好让士兵失败之后自动退却”。[2]

3月2日，因日军从太仓浏河登陆，十九路军腹背受敌，不得不全面后撤。临时中央见此情况，更认定自己的判断正确，公开宣称这是国民党和日本人表演的双簧。尽管共产国际2月29日有电报提醒中共临时中央目前不要“提出反对蔡廷锴与这些‘抗日军官’的个人的口号”[3]，临时中央领导人基于新的形势判断，还是借苏维埃中央政府的名义，发出了公开斥责十九路军将领的宣言，称：“国民党及十九路军的长官是帝国主义的清道夫”、“国民党任何时候、任何地方、任何派别、任何军阀，都是帝国主义的奴隶，南京政府、广东政府、马占山、蔡廷锴，都是一样的东西”。正是这些反动将领“想尽一切办法，要十九路军的兵士撤退”，“去攻苏区，压迫民众的反帝运动”，同时“要日本军事用到满洲去进攻苏联”。尽管临时中央这时根本没有条件去做士兵工作，他们却仍旧坚持要党员去四处散发传单，呼吁士兵们“反抗国民党军阀的撤兵命令，枪毙反动的长官，持枪到闸北、吴淞、南市去，与民众一起继续与帝国主义决战到底”。[4]

由于日本方面此时尚无全面发动对华战争的计划和准备，在十九路军被

[1] 马占山，原东北军第三旅旅长，九一八事变后被任命为黑龙江省代主席兼黑龙江省军队总指挥，最先率军在嫩江桥抵抗日军，受到全国各界的欢呼。

[2] 《请看！！！反日战争如何能够胜利？》（1932年2月26日），见《中共中央文件选集》，第8册，第142—145页。

[3] 《共产国际对于上海事变的指示》（1932年2月29日），见《中共中央文件选集》，第8册，第609页。

[4] 《中华苏维埃共和国临时政府告上海民众书》（1932年3月5日）。

迫后撤后，上海的战争很快就停止了。这样，共产国际和临时中央政治局所希望发生的种种革命性突变，自然也失去了凭借。然而，依照他们的逻辑判断，他们自然会相信，这些反动派之间的停战，一定是想集中力量去进攻革命。比如，日本会因此加紧“反苏战争”的步骤，会同列强“占领上海，及广州、汕头、汉口”，以便“包围及封锁中国苏维埃”。欧美各国共产党还为此专门发表声明，呼吁各国工人劳动者共同保卫中国革命和苏联。[1]

蒋介石：必须统一长江流域作为民族复兴的根据地

还在淞沪抗战期间，共产国际就批准了王明的下述方针，即：

我们应该利用一切机会来开展对国民党的进攻，以便扩大我们的红军及其根据地，同时向中国人民表明，在中国有真正同帝国主义斗争到底的苏维埃政府、苏维埃共和国。如果战争在我们的领导下，在我们红军周围爆发，那么我们真的能够战胜国民党，战胜帝国主义。因此，我们绝不能认为，我们的苏维埃运动和红军目前应该停止进攻，国民党将停止反对我们的运动。……我们必须尽一切力量把土地革命与反帝斗争联系起来，把上海的民族斗争与江西、湖南和湖北等地的苏维埃运动联系起来。如果我们能把中国革命的两股洪流——反帝革命和土地革命结合起来，到那时我们就能战胜帝国主义了。[2]

显而易见的是，淞沪抗战的爆发，尽管并不在蒋介石的计划之内，但是他却不得不从“剿共”前线调回中央军主力以策应不时之需。而这也意味着，红军因此获得了重要的发展机遇。江西中央苏区在1931年11月苏维埃共和国宣告成立之时，总共不过控制着瑞金、石城、长汀、雩都、会昌

[1] 《德法英美捷波六国共产党中央委员会为保卫中国革命及苏联告工人劳动群众书》，《红旗周报》第34期，1932年4月1日。

[2] 《王明在共产国际执行委员会政治书记处会议上的讲话》，见《共产国际、联共（布）与中国革命档案资料丛书》(13)，第130—131页。

五个县的范围，“除瑞金全县赤化外，石汀雩会四县大部尚是白色”[1]。而到1932年4月之际，江西中央苏区的面积已经跨有18个县，完全占有了7个全县及县城。仅江西苏区的面积已达约7万平方公里，控制人口约240万左右。加上闽西苏区近10县，总共已有面积近10万平方公里，控制人口300余万。[2]鄂豫皖苏区、湘鄂西苏区和闽浙赣苏区，也都有了很大的发展。

当然，红军和苏区的发展仍然不能让共产国际感到满意。它在这一年3月初的指示中就曾非常明确地要求，红军必须要注意夺取诸如南昌之类的大城市，以便（1）使革命进到更高阶段，（2）使敌人失去进攻苏区的基础，（3）使城市与农村经济流通。而临时中央政治局也开始大批特批所谓“对于国民党统治过分的估计，与对于革命的力量估计不足的右倾机会主义”，宣称那些“以为中国工人运动落后于农民运动的观点是机会主义、托洛茨基主义”，断言中国革命实际已不存在革命发展不平衡，之所以存在着“有些区域已经有了苏维埃与红军，而有些区域还没有”的不平衡现象，纯粹“是由于我们党的主观力量薄弱与机会主义的错误”。因此，他们断言：“目前中国革命危机中革命与反革命在决死斗争的过程中的中心特点”，就是“必须绝对不调和的同一切这些机会主义的倾向作斗争”，同时“拿革命的进攻，去回答帝国主义与国民党以及一切反革命派别对于革命的进攻”。[3]

1932年4月15日，中华苏维埃共和国临时中央政府公开对日宣战，其目的是要以此号召群众，“积极进行革命战争，夺取中心城市，来摧毁国民党的统治”[4]。临时中央政治局明确认为：“现在全国力量的对比，是已经与三次战争时不同了的，是更有利于红军的发展，有利于革命的。目前应该

[1] 《苏区中央局致中央电》（1931年10月3日，实际拍发是在10月18—24日）。

[2] 见《江西苏区省委工作总结报告》（1932年5月）。内称已占有瑞金、兴国、雩都、寻邬、会昌、石城、宁都、广昌等县和县城，并部分占领了赣县、吉安、泰和、吉水、永丰，乐安、安远、南丰、宜黄等县。

[3] 洛甫：《在争取中国革命在一省与数省的首先胜利中中国共产党内机会主义的动摇》，《红旗周报》第37—38期，1932年4月25日。

[4] 《中华苏维埃共和国临时中央政府宣布对日战争宣言》（1932年4月15日），见《中共中央文件选集》，第8册，第636—638页。

采取积极的进攻策略，消灭敌人的武力，扩大苏区，夺取一二中心城市，来发展革命的一省数省的胜利。”[1] 这种指示到了苏区中央局，也就进一步变成了“坚决进行胜利的进攻，争取苏区的扩大，争取闽赣湘鄂苏区打成一片，争取中心城市——赣州、吉安、抚州、南昌与江西及其邻近省区的首先胜利”的具体设想了。[2]

此时的红军曾一度打进过福建重镇漳州，把自己的势力伸到了沿海地区。但是，苏区中央局内部，领导人之间围绕着共产国际和临时中央政治局的进攻路线，却存在着明显的分歧。江西苏区红军的主要领导人，这时也是苏区中央局书记的毛泽东，明显地对进攻大城市的可能性抱怀疑态度，他主张应向赣东北扩展苏区，争取在 10 个月内在福建、江西、浙江和安徽边界建立起大片的根据地。从苏联回国的留学生王稼祥和共青团书记任弼时，却力主严格按照共产国际和临时中央的指示办事，要夺取大城市。身为中共中央政治局常委的周恩来，和红军司令员朱德，也站在他们一边，“决定同毛泽东的错误进行斗争”。[3]

围绕着究竟是进攻还是防御的争论，一直持续到这一年的秋天。事实上，1932 年的 9 月前后，苏区和红军的发展既不表明红军已有夺取中心城市的能力，也不表明国共双方的力量对比已经开始向有利于共产党的方向转变的事实，就已经显露得非常清楚了。然而，必欲按照共产国际和临时中央进攻路线行事的苏区中央局多数领导人，仍旧取消了毛泽东的军事指挥权。而王明等人甚至还睁着眼睛公开胡吹中国革命的力量如何之大，如说什么“目前我们已拥有 26 个军，15 个独立师及一些其他部队，根据地的面积扩

[1] 《中央给苏区中央局的指示电》（1932 年 5 月 20 日），见《中共中央文件选集》，第 8 册，第 220—222 页。

[2] 《中共苏区中央局关于领导与参加反对帝国主义进攻苏联瓜分中国与扩大民族革命战争运动周的决议》（1932 年 5 月 11 日）、《苏区中央局关于争取和完成江西及其邻近省区革命首先胜利的决议》（1932 年 6 月 27 日），《中共中央文件选集》，第 8 册，第 209—219、240—261 页。

[3] 转见《周恩来、王稼祥、任弼时和朱德给中共中央的电报》（1932 年 5 月 3 日），见《共产国际、联共（布）与中国革命档案资料丛书》（13），第 146 页。

大了许多倍，在军事技术方面，如果不计空军和重炮部队，可以说我军与国民党军队相差无几了”。说什么中共已经在华北保定地区建立了一些稳固的苏区，红四方面军已经粉碎了国民党军的围攻，胜利地推进到陕西省和四川省。中央红军已有15万兵力，占领了许多城市，夺回了洪湖地区的苏区。甚至有宣传声称，中国的苏区已经占据了中国1/6的土地和五六千万人口。[1]在这种形势估计下，进攻自然是一种必然的选择。临时中央政治局甚至还再度专门讨论过如何夺取汉口的问题。

在九一八事变后，由于国民党宁粤双方重新和解，国民党的力量已变得更加强大，红军和苏区的发展，在很大程度上是同国民党人这时疲于应付日本军队的入侵分不开的。[2]1932年5月5日上海淞沪停战协定刚一签字，蒋介石便立即调集大军，重新开始策划第四次“围剿”。蒋介石于5月21日亲自就任鄂豫皖“剿共总司令”，并亲往庐山部署“围剿”计划。就在王明向共产国际领导机关报告红军如何如何强大，敌人如何如何动摇的几乎同一时间，鄂豫皖及湘鄂西苏区均先后被国民党军队攻陷，两部红军在遭到严重损失后都被迫离开了湘鄂豫皖这一要害地区，分别退往了偏远的川黔一带。[3]江西中央苏区没有陷落，除了中共在军事指挥上采取了较为灵活的战术外，一个很重要的原因其实是因为蒋介石刚刚结束了对鄂豫皖、湘鄂西苏区的“围剿”，准备发动对中共江西中央苏区的第四次“围剿”作战时，又赶上了日军攻陷热河并试图大举攻入长城。蒋分身乏术，无法两头兼顾，在部队初战受挫后，即不得不调兵北上抗日，致使此次进攻半途而止。

在鄂豫皖及湘鄂西苏区被敌各个击破之后，不要说继续坚持进攻策略和夺取中心城市，就是继续保持中央苏区的存在，在军事上的可能性也很

---

[1] 转见《布劳恩关于中央苏区军事形势的书面报告》（1933年3月5日），见《共产国际、联共（布）与中国革命档案资料丛书》（13），第331—332页。

[2] 参见《中华民国重要史料初编》绪编（二），第280—282页。

[3] 王明在共产国际执行委员会第十二次全会上报告的时间，和两苏区被击破的时间，恰好都是在1932年9月间。

小了。这是因为，无论从蒋介石“攘外必先安内”的所谓国策出发，还是从南京政府巩固自身，统一中国，以及建立“自强的空间”的战略设想出发，国民党都必须要把共产党赶出中国南方腹心之地。还在1932年12月，蒋介石就已经认定：“强国之国防，重边陲，取攻势；弱国之国防，重核心，取守势”。中国必须“以长江以南与平汉线以西为主要线，以洛阳、襄樊、荆宜、常德为最后之线，而以川、黔、陕三省为核心，甘滇为后方”。如今则首先必须统一长江流域，以作为“民族复兴根据地”。而苏区所在之处，恰是“中心的区域”和“中国的中枢”，故“剿除长江流域之赤匪，整理政治，为余之工作中心，如至不得已时，亦必肃清赣匪，乃得牺牲个人以解决东北”。因此，蒋介石仍旧是以共产党为“最大而且最近的一个敌人”，且志在必得。[1]

正是基于这样一种考虑，蒋介石始终坚持先安内而后攘外。即便日军进犯华北，只要有可能求得暂时妥协，他也势必会集全力对中共江西苏区作全力的打击，以期完成其建立所谓“自强的空间”和统一长江流域，进而统一川、黔、滇、陕、甘，以为战略大后方之计划。特别是在第四次“围剿”之后，不仅中央苏区已失其犄角之鄂豫皖和湘鄂西两大苏区，更形孤立，而且中央苏区本身也已缩小了一半，只剩下了吉水、峡江、兴国、乐安、宁都、石城、雩都、会昌、黎川、建宁、宁化、连城及瑞金等县，而且多被严重分割。在国民党军力更加集中和强大的情况下，蒋介石又开始实施“三分军事，七分政治”的所谓“总体战”策略，这无疑将会对中央苏区构成致命的打击。

罗明：就是列宁来对群众演说三天三夜，也不能转变群众情绪

实际上，一方面是持续不断的战争，一方面是自己不断地加剧自身内部的阶级斗争，这两方面的高度紧张和冲突，就已经注定了这个苏维埃共

---

[1] 转见蒋介石：《剿匪的成效如何是国家生死存亡的关键》（1932年6月22日）。张其昀：《党史概要》，第2册，（台北）“中央”文物供应社1955年版，第676、708、747页。古屋奎二:《蒋总统秘录》，第9册，（台北）“中央日报”社1967年版，第21页。

和国的命运。

苏维埃革命在中国又是土地革命，因此苏区建立之初，就实行“打土豪分田地”[1]。但最初学习俄国革命的结果，是“一切土地归苏维埃公有”，分配给能耕种的人耕种。[2]到中共六大，按照苏联专家制定的新的政策，才开始实行“耕地归农”的政策[3]，但具体是“赞助平分”。虽然苏联人制定的土地问题决议特别强调了在中农占多数的地方不能强行施行平分政策[4]，但对中共基层干部而言，唯有平分的办法最易掌握和实行。因此，多数苏区在中共六大之后均不管当地实际情况如何，一概采用的是“厉行赤色恐怖，毫不顾惜地杀戮地主豪绅及其走狗，用赤色恐怖手段威胁富农”，然后“没收一切土地”，按人口平均分配的办法。[5]尽管这个时候的江西范围内的苏区（这里指赣西南、湘赣边、闽西几块）多为丘陵和山地，人均耕地面积很少，农户人均有田 6—10 担谷才仅勉强够吃用[6]，但因为土地占有不均，苏维埃政府认定 85% 以上的土地掌握在地主阶级手中，因此平分政策对无地少地的贫苦农民无疑是有好处的。也因为苏区分田分地，穷人能得实惠，当时甚至一度有部分国民党统治区内的贫苦农民往苏区里跑。

但是，中共阶级革命的一个重要特点是“草鞋没样，边打边相”。在苏维埃革命阶段，因为处处要学俄国革命，又要适合中国的情况，在莫斯科负责领导中共的苏共内又不断地发生路线斗争，政策变来变去，中共中央领导层也因为内部和外部问题换来换去，影响到新政策层出不穷，一年一

[1] 但各根据地 1927—1928 年主要还是着眼于打土豪，烧田契，分浮财，土地没收分配的工作较少做。

[2] 《中央通告第三十七号》（1928 年 3 月 10 日），见《中共中央文件选集》，第 4 册，第 152 页。

[3] 中共六大：《政治议决案》（1928 年 7 月 9 日），见《中共中央文件选集》，第 4 册，第 300 页。

[4] 中共六大：《农民运动议决案》（1928 年 7 月 90 日），见《中共中央文件选集》，第 4 册，第 357 页。

[5] 《中共湘赣边界各县党第二次代表大会决议案》（1928 年 10 月 5 日），杨克敏：《关于湘赣边苏区情况的综合报告》（1929 年 2 月 25 日），见《第二次国内革命战争时期土地革命文献选编（一九二七—一九三七）》，中共中央党校出版社 1987 年版，第 78、91 页。

[6] 三四担约合一亩，产谷约一百斤。

个样，苏区内部的阶级斗争政策及方法，也就必然不断更新。[1] 仅从 1929 年到 1931 年苏维埃共和国宣告成立前，江西范围内苏区分田运动多半就至少搞了两三次之多。1929 年是不管成分如何，没收一切土地平均分配，1930 年是划阶级定成分重新分配土地。第二次重分过程中，因为一些地方只注意了形式上的“平”，没有“抽肥补瘦”[2]，结果夏天搞了一次，秋天又第二次再分。1931 年 3 月新的土地法草案出台，明文规定“地主不分田，富农分坏田”[3]，结果又引起新一轮更为激烈的重新分配土地的斗争，大批被定性为地主的农户因此被强迫劳役，或驱逐去国民党统治区，许多被定性为富农的农户因为无法生存也开始外逃。湘赣苏区上犹县一个区因肃反、分地等原因，“就逃跑了 3000 余群众到白区去”[4]。

在经历了如此频繁的“翻饼”之后，只因为 1931 年 11 月苏维埃共和国成立，又颁布了新的土地法令，各苏区于是又开始修改过去的土地分配法，并依据新法令陆续又查田分田了。重新分配的理由多半都是一样的，即或是“因为过去分配土地不是阶级的分配”，或是“受了右倾机会主义及 AB 团路线的领导”，或是“许多地方还受旧的地方亲戚的关系影响，对富农妥协”，或是没有充分发动群众的阶级斗争，限制三五天就要把土地分好，敷衍了事，等等。这回“要使土地革命的利益完全落在中农、贫农、雇农、苦力手里，所以再来一个重新分配”。当然，他们对这样的“翻饼”的负面效果也并非毫无了解，因此每每还是要保证说：“自此后的土地，农民有买卖、

[1] 像对富农的政策就经历了几度变化，先是在 1927 年 8 月以后规定不分地富一并打击，到 1928 年中共六大以后又规定要中立富农，反对打击富农，到 1929 年以后根据苏联集体化运动的政策变化，转而又规定必须加紧反对富农，把富农从农民组织，特别是党组织及政权内驱逐出去，富农只能分坏田。

[2] 即好田坏田搭配分配。

[3] 《土地法草案》（1932 年 3 月 9 日），见《第二次国内革命战争时期土地革命文献选编》，第 382—383 页。

[4] 《红军三军团政治部关于崇犹两苏区路线和红军情况的报告电》（1932 年 5 月 15 日），江西省档案馆编：《湘赣革命根据地史料选编》（上），江西人民出版社 1984 年版，第 406—416 页。

租佃之权，不举行分配了”。[1]

但这一轮重新分配土地的斗争1932年年底前后刚刚结束，1933年年初临时中央迁来江西中央苏区，否定了过去“抽肥补瘦”的办法，并怀疑地主豪绅残余和富农有假装革命混入党苏维埃机关的情况，因此很快又发动了新一轮的查田运动。因为这一次强调要弄成“一个剧烈与残酷的阶级斗争”，为保证有“明确的阶级路线”，故又重订标准，再查阶级和成分，以揪出暗藏的阶级敌人。[2] 结果，此番斗争更显激烈。仅在1933年7—9月三个月里，中央苏区就查出地主6988家，富农6638家，收回土地317539担。全苏区有10%的人口成了地富分子。[3] 查出隐瞒地富，往往不是编入劳役队，就是消灭，因此查田运动造成大量农民“反水”。仅据当时的报道，许多被新订为地富的农户或者“乘夜逃上山，实行土匪生活”，或者“乘天雨水涨，星座乘船顺水而逃”；有的逃往赣州，有的逃到白区。“塘上区有群众约6000人，逃跑的在2000人以上（一说2300人，县委报告是1800人），而且大部分是男子。”一些早就组织起来的游击队，也纷纷“反水”，如“武西的二三游击大队逃跑的有2/3”。甚至一些干部领导群众逃跑，如乐安、万太、广昌、代英、门岭、公略各县都发生过这种现象。[4]

对于中央苏区出现的这种极端危险的情况，并不是没有共产党人看出来。张闻天后来就讲过，对于没收地主富农兼商人的店铺与商品，甚至把工人也当地主来打的错误，“没一个人敢起来纠正，甚至负责的机关也听其自然不去干涉，因为大家怕这种干涉会遭到右倾机会主义头衔与同地主资本家妥协的罪名”。“赤色恐怖变成了乱捉乱杀……更是没有人敢讲话，因

---

[1] 《中共湘赣省委关于重新彻底平均分配土地条例》（1932年1月9日）、《土地问题决议案》（1932年1月12日）、《福建省苏维埃第一次工农兵代表大会关于土地问题决议》（1932年3月17日）、《江西省工农兵第一次代表大会土地问题决议案》（1932年6月3日），见《第二次国内革命战争时期土地革命文献选编》，第529—536、548—553、572—576页。

[2] 《苏区中央局关于查田运动的决议》（1933年6月2日），见《中共中央文件选集》，第9册，第206—210页。

[3] 《公略查田运动的检阅》，《红色中华》第125期，1933年11月14日。

[4] 《红色中华》第94、96、124、168期，1933年7月14日、7月26日、11月11日，1934年3月29日。

为恐怕批评这种倾向时，人家会把他当作反革命的同道者看待，而性命难保。”[1] 中共福建省委代理书记罗明更是极感悲观。他不仅对接连不断的群众斗争感到不安，而且对接连不断的战争也感到难以忍受了。他公开说：“边区群众一时上山，一时下山，一时太平，一时又大恐慌”，“被敌人进攻几次，就弄得这样苦了，上级还要说准备长期战争，这样下去怎样得了呢？”广东军和十九路军 [2] 的欺骗宣传怎么会不发生效力呢？这种情况就是“到苏联去请斯大林同志或请列宁复活”，“对群众大演说三天三夜，加强政治宣传，我想也不能彻底转变群众的情绪”。[3]

莫斯科以中共中央名义宣布愿意联合抗日的“三条件”

莫斯科的领导人自然不可能了解中国江西苏区群众的生存状况和心理，他们早就习惯了站在理论的高度和凭借逻辑思维去考虑问题。但即便如此，鄂豫皖苏区和湘鄂西苏区的失败，也还是使他们开始注意到，红军确实还不具备向城市进攻的实力，而且在军事力量对比上也还只能处于守势。为了便于在军事方面指导缺乏军事理论和大规模作战经验的中国共产党人，苏共中央还根据共产国际的提议，由红军总参谋部情报局选派了战略情报官奥匈混血儿弗雷德（曼弗雷德·施特恩）作为共产国际执委会的军事代表于 1932 年 11 月来华担任中共中央军事总顾问，并选派了同样做过长期情报工作，这时刚从莫斯科伏龙芝军事学校毕业不久的德国人李德（即奥托·布劳恩）来中国，准备进入中央苏区，担任中共中央的军事顾问，协助贯彻弗雷德的指示。

目前可以清楚地了解的是，还在 1932 年 11 月底，共产国际就开始直接

[1] 张闻天：《反对小资产阶级的极左主义》，《斗争》第 67 期，1934 年 7 月 10 日。
[2] 十九路军 1932 年 5 月下旬即被调往福建“剿共”前线。
[3] 转见《中央局关于粤赣省委的决定》（1933 年 2 月 15 日），《工农红军第一方面军师以上党团员积极分子会议》，《斗争》第 8 期，1933 年 2 月 12 日，等。

接手指挥中共中央苏区的军事行动了。[1] 在鄂豫皖和湘鄂西苏区沦陷后，弗雷德就已经清楚地注意到中共领导人过分夸大苏区和红军的发展所造成的军事恶果了。他明确认为，红军总的兵力最多不过 8 万人，可能只有不足 6 万人之数，中央红军也只有 3 万人左右。红军所占领的地区，充其量只有国民党控制区域的 1/24，人口只有国民党控制区域的 1/40。较巩固的地区实际上只有江西中央苏区和鄂豫皖苏区红军新近在川北所建立的新苏区两块，人口加起来不足 500 万，其他都处于拉锯状态。而双方的武器装备更是相差极大，红军只有步枪和很有限的机枪，弹药数量也很少，每支步枪子弹很少超过十几发的。和国民党的装备相比，“红军不得不依然使用冷兵器与敌人作战”。因此，鄂豫皖和湘鄂西苏区的失利几乎是难以避免的。[2]

除了上述比较冷静的军事形势分析外，中共所领导的革命正在陷入严重危机的情况也清楚地反映在其重要组织的严重破坏方面。1932 年，仅在上海一地，就有大约 250 名中共地下工作者被国民党当局逮捕，其中“大部分是领导人员”，刚刚进入到 1933 年，就又有 80 人被捕，总共有超过 100 个秘密接头地点被破获。共产国际远东局的代表已经强烈地意识到局势的危急，他们不仅加紧送走了临时中央政治局的几乎所有成员，而且“建议”：“在预期国民党很快就要发动大规模进攻的时候，在三四月份期间，我军不要包围和强攻敌人设防森严的城市（除非国民党军队发生了相当大的分化等），而要利用我军主力在野战中战胜敌军”。但是，仅仅因为此前共产国际指示过要注意夺取城市，远东局的这一建议马上就受到了全部由刚回国不久的留苏学生组成的中共上海中央局的集体反对，他们认为“这是放弃党的‘进攻路线’”。为此，共产国际远东局也不能不做出妥协，同意“我们的任务仍然是夺取敌人设防的城市”，强调要避免因临时的战术改变而被

[1] 《共产国际执行委员会远东局给中共苏区中央局第一号军事指令》（1932 年 11 月 29 日），见《共产国际、联共（布）与中国革命档案资料丛书》（13），第 251—252 页。

[2] 《布劳恩关于中央苏区军事形势的书面报告》（1933 年 3 月 5 日），见《共产国际、联共（布）与中国革命档案资料丛书》（13），第 330—341 页。

毛泽东等人的错误路线所利用，因而仍旧下达了夺取一些城市的具体任务。[1]

显而易见，受到高度集权僵化体制的束缚，面对这种严重危机的局面，共产党人的各级组织几乎都难有作为，就连客观地认识形势的可能性都很小。只有位于金字塔顶端的党的最高指挥机关，才有可能做出政策或策略方针上的某种调整。共产国际就是在注意到中共所面临的不利形势之后，在 1933 年 3 月间告诫中共中央说：“不要过分估计你们在最近战略上的成功”，“我们还不能十分有力地进攻驻扎的敌人”，“在保卫苏区时，对于中央苏区来说特别重要的是要保持红军的机动性，不要以巨大损失的代价把红军束缚在领土上。应该事先制定好可以退却的路线，做好准备”。共产国际主张：“应避免与敌大量兵力发生不利遭遇，要采取诱敌深入、各个击破、涣散敌人军心和使敌人疲惫的战术，还要最大限度地运用游击斗争方法”。因此，他们批评了中共中央及苏区中央局这时提出的进攻南昌等大城市的总战略，指出现在只应“力争从内部去攻克那些残存在苏区，已成为反动堡垒的城市中心”。说“对于大城市，在有足够兵力和可能性的情况下要采取包围战术”，但目的也仅限于“瓦解敌人并将其赶出苏区”。因为他们确信，依照目前的力量，红军首要的任务只能是设法“巩固现有的一些根据地”，而不是向外进攻。他们甚至委婉地对鄂豫皖苏区红四方面军放弃原有根据地，主动转入四川的行动表示赞赏，鼓励红军在必要时向西退却，声称“在四川、陕南，以及尽可能在新疆方向开辟苏维埃根据地具有很大意义”。[2]

可以进一步证明共产国际更为灵活一些的，是它在 1933 年 1 月还破天荒地提出了具有统一战线意义的关于“抗日救国”的一些策略主张。这包

---

[1] 《埃韦特给皮亚尼茨基的第 4 号报告》(1933 年 3 月 11 日)，见《共产国际、联共（布）与中国革命档案资料丛书》(13)，第 332—349 页；并见《中央给鄂豫皖苏区党省委的信》(1933 年 3 月 15 日)，见《中共中央文件选集》，第 9 册，第 138—159 页。

[2] 《共产国际执行委员会政治书记处给中共中央的电报》(1933 年 3 月 19—22 日)，见《共产国际、联共（布）与中国革命档案资料丛书》(13)，第 353—354 页。

括《中华苏维埃共和国临时中央政府工农红军革命委员会为反对日本帝国主义侵入华北愿在三条件下与全国各军队共同抗日宣言》，《中央给满洲各级党部及全体党员的信》，以及《中央致各级党部及全体同志的信》等。在这些以中共中央或苏维埃临时中央政府名义起草的文件中，共产国际以及中共驻共产国际代表团依旧在重复着关于帝国主义和国民党都是一丘之貉的说法。[1] 与此同时，它又明确提出了可以尝试运用统战策略的观点，即所谓“一面尽可能造成全民族的（计算到特殊的环境）反帝统一战线，来聚集和联合一切可能的、虽然是不可靠的动摇的力量，共同的与共同敌人——日本帝国主义及其走狗斗争；另一方面准备进一步的阶级分化及统一战线内阶级斗争的基础，准备满洲苏维埃革命胜利的前途”[2]。它们并且公开宣称要建立“反帝统一战线”，声称只要对方接受（1）立即停止进攻苏维埃区域；（2）立即保证民众的民主权利；（3）立即武装民众创立武装的义勇军三项条件，“中国工农红军准备与任何武装部队订立作战协定，来反对日本帝国主义侵略”。[3]

需要了解的是，共产国际的某些政策调整或转变，其实与它指导下的某国革命的实际进程和现实需要并没有直接的因果关系，它们往往只是为了适应苏联内外政策的某些调整和转变。像前述1928年布哈林担任共产国际主席时主张“不要加紧反对富农”，就因1929年苏联国内对富农转而采取打击和剥夺政策，布哈林与斯大林在农业集体化等问题上意见分歧而下台，共产国际即随之要求中国党等一律也要实行反对和剥夺富农政策。不过，这也并不等于说，共产国际基于苏联自身政治和外交需要要求各国党相应进行的政策或策略调整，就一定会给其他国家共产党带来损害。像这次的

---

[1] 《中央给满洲各级党部及全体党员的信》（1933年1月26日），见《中共中央文件选集》，第9册，第21—45页。

[2] 同上。

[3] 《中华苏维埃共和国临时中央政府工农红军革命委员会为反对日本帝国主义侵入华北愿在三条件下与全国各军队共同抗日宣言》（1933年1月17日），见《中共中央文件选集》，第9册，第457—458页。

策略调整就是这种情况。

首先，上述共产国际针对中国东北地区所展开的一系列策略手法变化的背后，无疑是苏联远东安全战略的现实需要和策略调整在起作用。因为日本占领中国东北对苏联远东安全构成了巨大的威胁与压力，苏联出于远东安全的考虑，需要在东北造成强有力的抵抗运动，以便最大限度地牵制住日本人。在这方面，苏联曾经指望过中共。它在九一八事变之后实际上通过共产国际将中共在东北的地下组织全面接管了过来，直接提供经费，培训干部，协助组织抗日武装并制订发展计划。但是，由于中共在东北实在没有多少力量，一年多的努力一直难以达成预期的目标。而东北除了中共以外，还存在着相当数量的分散的各种反日力量，如果能够把这些不可靠的，但人数众多的反日武装联合起来，使之受到中共的影响，就有可能满足苏联的需要。因此，在左右权衡并反复研究之后，苏共最终下决心在中国东北采取不同于中国关内的策略。很显然，共产国际之所以会在这个时候一改排斥一切中间势力的极端政策，重新拾起了统一战线这一早已被摈弃的策略武器，正是适应苏联远东政策调整的需要的结果。

同样的情况，上述公开针对国民党提出的所谓“愿在三条件下与全国各军队共同抗日宣言”，也是与苏联这时在对华政策上策略手法的变化联系在一起的。一年之前，中共刚刚在苏共的提议和支持下创立了中华苏维埃共和国，并正式成立了中央政府。这个苏维埃政府显然只能寄希望于得到苏联的承认，并与之结盟。但是，苏联基于外交上的种种考量，并没有敢公开承认这个在事实上分裂的国家和政府。不仅如此，一年之后，即1932年12月22日，苏联政府竟与国民党的南京政府在断交五年后宣布复交。事情很明显，中共的力量还太过弱小，为了对付两国共同的敌人日本，无论是基于在国际政治场合中合作的需要，还是出于影响中国国内舆论与大众的考虑，苏联政府都不得不与中国的中央政府打交道。苏共之所以会推动共产国际代拟“三条件”宣言，表示中共愿意联合抗日，也正是为了要让中国各界民众了解，苏联也好，中共也好，他们都是愿意为了中国的抗日做出让步和妥协的。但就政治倾向而言，却丝毫也不意味着苏联在国共两党之间重新有所选择。

也正因为如此，这个时候的共产党人没有谁真的相信在所谓“三条件”下可以与国民党握手言和，共同对付日本人。即使是假借中共中央名义发表这个所谓“三条件”宣言的共产国际，对此也不抱任何幻想。共产国际负责远东事务的米夫就公开解释过，说发表这个宣言只是为了揭破国民党“攘外必先安内”的“武断宣传”而已。[1]

但是，即使仅仅是基于一种策略手法的角度，注意到共产党这时所面临的阶级革命与民族革命的两难困境，意识到只有重新提出统一战线问题，才有可能使共产党人适应中国目前形势发展的需要，对这时处在严重危机之中的中国共产党其实仍旧是具有重大现实意义的。因为他们在此之前基本上采取的是一种孤家寡人的政策，反对与任何可能的同盟者结成暂时的同盟来反对共同的敌人。这一宣言的发表，尤其是他们在给满洲各级党部的指示中能够重提统战的策略方针，至少表明共产国际此前僵化、机械的思维模式有了那么一点儿改变。

事实上，九一八事变之后中国广大群众和社会舆论逐渐产生出“停止内战，一致抗日”的呼声，就已经说明，无论是蒋介石的“攘外必先安内”，还是共产党的“民众革命推翻国民党是反帝国主义民族革命战争胜利的先决条件”，都同样难以发生宣传效力。从抗日救亡的角度，自然是大家一起走向“停止内战，一致抗日”为好。即使是基于策略上争取盟友，改善环境，战胜对手的角度考虑，接过这一口号，让坚持反共和“剿共”政策的蒋介石国民党成为众矢之的，也不失为一种谋略。何况，中共苏区和红军正处于国民党的军事重重“围剿”之中，形势已不乐观。故即使仅仅是从牵制蒋介石南京政府的角度，共产国际的这一策略变动，对于中共苏区和红军应该说也是有积极意义的。特别是“三条件”宣言，若能广为宣传并分别针

[1] 米夫：《中国革命危机发展中的新现象》，《共产国际》第4卷第4—5期，1933年5月31日。

对不同军队及其各个党派团体付诸实施，未必不会在国民党内造成分化的效果。不论这在实质上是否有利于抗日，至少有助于中共和红军减轻眼前的军事压力。然而，由于苏联以及共产国际这时在事实上都还并没有就此前的反统一战线的政策做出根本性的调整，即使它们不再排斥统一战线的口号，有了“三条件”宣言和给满洲各级组织的指示信，共产国际和中共中央的基本政策和做法实际上却并无任何改变。

远东局：我们与反蒋派将领周旋，根本目的是争取他们的士兵

还在1932年11月初，因团中央机关被破获，张闻天暴露，必须转移。12月，共产国际电令临时中央政治局全部搬去中央苏区。[1] 很快，博古等人便开始分别动身到中央苏区去了，完全依靠莫斯科按月提供经费维持下来的中共在国民党统治区的党的各项工作，也不可避免地陷入一种极其困难的境地中。[2]

离开了上海的中共中央，自然失去了指导全党的可能性。新设立的上海中央局负起了同远东局联系的使命，而对白区工作的指导，乃至对除了东北地区以外整个共产党的指导工作[3]，实际上都由远东局承担起来了。尽管此前的中共中央未必有多少独立性，它的许多文件指示甚至都只是在转述莫斯科的旨意，甚至干脆就是在莫斯科的苏联人帮助起草的，但至少在形式上还是中共中央在发号施令，中共中央的领导人有时还敢于提出一些不同意见。

[1] 已知这一提议是由王明在共产国际提出的。见《共产国际执行委员会政治书记处政治委员会会议第284号记录》(1932年12月3日)，见《共产国际、联共(布)与中国革命档案资料丛书》(13)，第253页。

[2] 1931年共产国际每月提供给中共中央的党的工作经费，约为1.5万美金，相当于五六万元中国元。1932年每月大约为7万元。参见王健民：《向忠发供词》(1931年6月22日)，《中国共产党史稿》第二编，(台北)正中书局1965年版，第159—164页；《前共党青年团中央局书记王云程报告》(1933年2月24日)，见中国国民党中央组织部调查科编：《中国共产党之透视》，(台北)中文供应社，1974，第354页。

[3] 东北地区的中共党组织由共产国际派专人负责联络、帮助和指导。

如今，共产国际显然认为有没有这种形式已无关紧要了。问题是，由共产国际代表直接来指挥中国革命，却并不比博古中央在上海时好多少，甚至可能更为糟糕。因为中央苏区乃至苏维埃革命最后的一线转机，就葬送在它们的手里。

1933年年初，一向与蒋介石不和的冯玉祥，因不满南京政府的内外政策，试图以抗日为号召重新聚集旧部，开创局面，与南京分庭抗礼。他为此与中共北方特科取得了联系，并愿意和中共秘密结盟。他随后在中共北方党组织的帮助下，很快就组成了作为共同领导机构的工作委员会。基于大革命时期的成功经验，冯玉祥其实是迫切希望通过中共推动苏联从外蒙接通他在绥远的旧部，再施援手，以帮助他重整军队。因此，他对中共人员的帮助和意见极为重视，甚至表示愿意“由我们党来主张一切的办法，他绝对服从”[1]。3月初，冯玉祥正式接受了中共北方特科提出的《抗日同盟军纲领草案》。[2] 经过中共人员的具体帮助，冯玉祥在5月26日正式在张家口树起了“察哈尔抗日同盟军”的旗号，冯亲任总司令。

按照中共这时的基本方针，中共北方党组织最初的策略自然还是想要争取创立北方的苏维埃和红军。其协助组织抗日同盟军的真正目的，也不脱此一意图。但按照“三条件”宣言和给满洲各级组织信的指示精神，他们也意识到，既然与冯的合作是建立在抗日的旗号下，当然要以抗日为号召，又必须要借“抗日”宣传来推进反对国民党的斗争。即要把一切可能反蒋的国民党军人联合到抗日同盟军中来，通过“严重打击蒋和张[3]的军队”，来达到削弱国民党和创立北方苏维埃的革命目标。[4] 不论这一策略构想在实际上是否现实，但它提出的联合反蒋派“推翻蒋介石”的策略思想，至少对分裂国民党、打击蒋介石，缓解中央苏区所面临的第五次“围剿”的军

[1] 《马同志关于张家口事变的经过报告》（1934年1月30日）。
[2] 《关于抗日同盟军纲领等问题的报告》（1933年3月10日）。
[3] 指张学良，时任北平军分会代委员长，实为华北最高军政负责人。
[4] 《关于抗日同盟军纲领等问题的报告》（1933年3月10日）。

事压力应该是有利的。

令人难以置信的是，就连这样一种试图利用敌人内部矛盾的统战策略，在共产国际远东局那里也未能通过。尤其当抗日同盟军在冯玉祥、方振武、吉鸿昌等人领导下，公开违抗南京政府的命令挥师北上，恢复了察哈尔的几块失地后，远东局竟以中共中央的名义对北方党的工作接二连三地提出了尖锐的批评。它明确提出：

第一，组织抗日同盟军必须以“在华北创造新苏区”为目的，故军事上只能向南移动，“不能与日本军队作战”，以便提出攻打南京政府的口号，使其与南京政府的军队进行战争。[1] 指示断言：“不去推翻国民党的统治，则我们反对日本和其他一切帝国主义的战斗是不能胜利的。”[2]

第二，不论冯玉祥、方振武或吉鸿昌对抗日或革命有何种忠诚的表现，他们的社会地位注定了他们只能“是我们的敌人”，至多只是“比较有远见的敌人”。[3] 他们之抗日，既是同蒋介石在帝国主义面前争宠，更是借此来发动“争夺北方领导权的新军阀的战争”。[4] 因此，对这些上层领袖不能有任何信任，应把工作重心放到下层士兵群众中去，发动士兵群众进行“反冯及其他反动军阀的斗争”，孤立冯并打击冯，甚至举行以兵变为中心的暴动，“逮捕冯和他的要人”。[5]

基于大革命时期与冯玉祥合作所得的教训，苏联方面从一开始就对冯玉祥的行动持不信任的态度。它不仅不肯给予援助，而且还公开斥责冯玉祥在张家口地区揭旗抗日，实际上是有意想要挑起苏、日之间的冲突。[6] 共产国际也在6月下旬明确指示远东局说：对冯玉祥“要加倍小心”，“最好

[1] 《中央给河北省委的秘密指示信》（1933年6月13日）。

[2] 《中央给北方代表田夫的信》（1933年7月3日）。

[3] 《中央给北方代表田夫的信》（1933年7月17日），见《中共中央北方局——土地革命战争时期》（上），中共党史出版社2000年版，第546—547页。

[4] 《中央宣传部关于“八一”宣传大纲》（1933年7月5日），等。

[5] 《中央八月份第一号指示信》（1933年8月3日），《中央八月份第二号指示信》（1933年8月9日）。

[6] 哈马丹：《中国军阀屈膝投降》，《真理报》1933年6月4日，见《1927—1937苏联〈真理报〉有关中国革命的文献资料选编》第2辑，第407—410页。

不要与他有任何联系”，因为他很可能“与日本人有联系”。[1] 已经处在日蒋夹击之下的冯玉祥，又遭遇中共的孤立和打击，走投无路，终于在8月初被迫重新宣布下野了。就在冯离去的几乎同时，共产国际也明令远东局立即下令停止任何将抗日同盟军通过起义变成红军的行动，因为它担心这可能会把蒙古卷入到战争之中，会给日本人提供占领张家口和转向内蒙古的借口。[2] 抗日同盟军随后即告分崩离析，共产党人最终虽鼓动其中一部离开张家口南下进攻北平，打出“讨逆联军”的旗号，但结果只能是一败涂地。

就在抗日同盟军举事不久，秘密准备与中共及红军联合一致“抗日反蒋”，和同样希望可以从海路得到苏联援助的十九路军将领也遇到了同样的命运。共产国际刚一得知十九路军派人赴上海寻找中共中央的消息后，几乎马上就告诫中共“不应当与十九路军司令进行任何谈判”，只有“当他真正开始与国民党和日本人进行斗争时，才有可能建立统一战线”。[3] 因此，在明知十九路军有联共意图的情况下，远东局和中共中央下令组成了东方军，乘蒋介石为应付抗日同盟军尚无力南下进剿，广东方面亦因与蒋矛盾重重，不会主动进攻的时机，转而向十九路军控制的福建地区发动了攻势[4]，恢复了闽西苏区对上杭、新泉、连城各县的控制，并开拓了宁化、清流、归化等县，以及将乐、顺昌两县的部分地区。

9月下旬，北方的抗日同盟军陷于失败，蒋介石聚集兵力开始向中央苏

---

[1] 《共产国际执行委员会政治书记处政治委员会给埃韦特的电报》(1933年6月24日)，见《共产国际、联共（布）与中国革命档案资料丛书》(13)，第445页。

[2] 《共产国际执行委员会政治书记处政治委员会给埃韦特的电报》(1933年8月9日)，见《共产国际、联共（布）与中国革命档案资料丛书》(13)，第473页。

[3] 《共产国际执行委员会政治书记处政治委员会给埃韦特的电报》(1933年6月24日)，见《共产国际、联共（布）与中国革命档案资料丛书》(13)，第445页。

[4] 《布劳恩向共产国际执行委员会提交的关于福建事变的调查材料》(1939年9月21日)，见《共产国际、联共（布）与中国革命档案资料丛书》(15)，第338页。《苏区中央局转发中央关于今后作战计划的指示电》(1933年6月13日)，《苏区中央局转发中央对方面军改变原作战计划的意见》(1933年7月)。

区发动第五次“围剿”。他首先就利用红军组成东方军进入福建的机会，乘虚夺占了赣东北苏区首府黎川城，切断了中央苏区与赣东北苏区的联系，也割断了东方军与中央红军的联系。眼看国民党的大规模“围剿”来势汹汹，威胁太大，远东局才在弗雷德的建议下转而同意红军可以与十九路军达成停战协议，并为避免东方军被蒋军与十九路军夹击，明确认为应乘国民党军兵力调整，立足未稳之际，马上回师夺回黎川城，然后越过赣江，向蒋介石进攻部队的后方南昌方向运动。[1] 基于这样一种战术，它才特别提出：对与十九路军谈判，宁可“给以小的让步”，也“不能失去时机”。[2]

10月26日，在远东局的直接指导下，中共中央和红军与十九路军签订了《反日反蒋的初步协定》，规定双方立即停止军事行动，恢复贸易，在十九路军控制的福建境内允许革命组织之活动，以及另定反日反蒋具体作战协定等。[3] 然而，远东局同意签订这个协定的目的，纯粹是一种政治谋略，因此，它从一开始就不相信十九路军将领会诚实地遵守这个协定。远东局明确主张，一旦达成协议，即应集中东方军夺回黎川城。为了这一目标，对十九路军应“利用各种手段迷惑它，同时作出努力从内部瓦解它”，只放一些游击队加以牵制，无论如何不能同它作战，应“推迟与十九路军算账的时间”。[4]

1933年11月20日，十九路军将领蒋光鼐、蔡廷锴等联合国民党内反蒋派李济深、陈友仁以及第三党黄琪翔等，公开在福州召开了中国人民临时代表大会，发表了《人民权利宣言》，号召全国革命大众共同起来打倒蒋介石御用的国民党南京政府，建立人民民主政权。当晚，大会主席团决定

[1] 《布劳恩给共产国际执行委员会的书面报告》（1939年9月22日），见《共产国际、联共（布）与中国革命档案资料丛书》（15），第347页。

[2] 《中央关于同十九路军谈判的指示电》（1933年9月27日），《中央关于迅速与十九路军订立休战协定的指示》（1933年10月），参见《共产国际、联共（布）与中国革命档案资料丛书》（13），第506—507页。

[3] 转见《红色中华》第149期，1934年2月14日。

[4] 《共产国际执行委员会远东局给中央苏区的电报》（1933年9月29日），见《共产国际、联共（布）与中国革命档案资料丛书》（13），第512—515页。

成立中华共和国，首都设在福州。次日，李济深、陈友仁、蒋光鼐、蔡廷锴等通电脱离国民党，联合第三党及神州国光社成员等发起成立了生产人民党，以陈铭枢为总书记。22日，中华共和国和人民革命政府宣告正式成立，以李济深为政府主席。其成立宣言说明，人民革命政府的使命是：(1)救中华民族之解放，形成真正独立自由之国家；(2)消灭反革命之南京政府，建立生产人民之政权；(3)实现国内各民族之平等权利；(4)保障一切生产人民之绝对自由平等权；(5)排除帝国主义在中国之势力，打倒军阀，铲除封建制度，发展国民经济，解放劳工劳苦群众。

福建事变爆发，蒋介石迅速停止“剿共”作战，亲任“讨逆军”总司令，调集“围剿”中央苏区的大批兵力，前往福建镇压“叛逆者”。这种情况无疑大大减轻了初战不利的红军的军事压力，同时也给红军提供了一线可能改变被动战局的机会。但是，无论是远东局，还是中共中央，都因为对福建事变领导者的不信任，没有有意地去把握这种机会。不仅如此，远东局和中共中央内心里依旧是把这些决心公开反蒋的将军们看成自己的敌人。他们明确认为，“这些‘左’的民族改良主义政党之力量之任何增加，是在中国革命的进步上放了新的而非常可怕的障碍物”，其目的都是“为了要将群众把持在地主资产阶级的营垒之中，为了要拦阻群众走向他们的先锋队所指示的革命道路”。[1] 对十九路军的工作原则，就是要用一切办法把十九路军的士兵“吸引他们到我们方面来”。[2] 因此，他们不仅不对与十九路军的合作抱以希望，而且极力主张用阶级分化和阶级斗争的方法来对付福建事变的领导者及其将军们。

当十九路军开始受到蒋介石南京政府军队的进攻后，红军虽然也采取了一些战术行动骚扰入闽国民党军，但只是受命“假装帮助十九路军”，主张“让十九路军替我们去打该敌”，“不应费去大的损失”来与国民党入闽军作战。

---

[1] 《中央给福建党的书记的信》(1933年11月18日)，见《中共中央文件选集》，第9册，第397页。

[2] 《军委对十九路军进行政治工作的原则》(1933年12月27日)，见《江西党史资料——中央苏区第五次反“围剿”(上)》第21辑，第130页。

当十九路军内部哗变，开始崩溃之际，红军不是助其破敌，反而还被要求“堵住十九路军入粤去路”，以便最大限度地获取其武器，争取其起义。[1]

到1934年1月中旬，十九路军已陷于内外交困之际，共产国际及其远东局和临时中央政治局，更是直截了当地提出，我们“不去帮助十九路军维持其独立因素”，而且“应该为蒋介石军队和十九路军提供在邵武地区发生冲突的机会”，让它们互相打。当然，需要“延长其实际与南京军队作战过程”，以便争取时间，“使我争取其最大部分群众和武装”。[2] 为此，在十九路军军事危机的关键时刻，共产国际远东局不是基于合作协议的立场主动出兵援助，而是主张发表宣言和口号，“使十九路军哗变”，甚至提议“用暗杀的方法，瞒着十九路军指挥者，解除不可靠的部队的武装”，把受共产党影响的部队拉过来。[3]

然而，共产国际远东局及中共中央不仅没有从十九路军的失败中捞取到任何的益处，相反，随着十九路军及福建人民革命政府迅速瓦解，整个中央苏区更是完全暴露在南京政府国民党军队的攻击之下，失去了粉碎蒋介石第五次“围剿”的最后一线希望。

莫斯科：有无可能通过十九路军向中央苏区运送武器弹药？

当然，红军及中央苏区之失败，并不仅仅取决于上述政治谋略严重失误之一点。实际上，这时中共的苏维埃政策及军事指导方针等各个方面都存在严重问题。但从根本上看，红军及中央苏区之失败，其实还在于共产国

[1] 《军委关于方面军动作的训令》(1933年11月25日)。《中央局关于今后任务的指示》(1934年1月8日)，见《江西党史资料——中央苏区第五次反“围剿”(上)》第21辑，第123页。

[2] 《关于争取十九路军方针的意见》(1931年1月20日)。《共产国际执行委员会政治书记处政治委员会给中共中央的电报》(1934年1月2日)、《中央局关于抵御福建军阀战争形势与我们的任务和策略》(1934年1月20日)，见《共产国际、联共(布)与中国革命档案资料丛书》(14)，第7—8页。

[3] 《中央局转发国际对福建局势估计与策略的意见》(1934年1月26日)，见《江西党史资料——中央苏区第五次反“围剿”(上)》第21辑，第140—141页。

际和中共机械的阶级关系分析法，以及基于政治理念的主观盲目性。因为他们总是机械地把政治上的分野归结为阶级上的对立，盲目追求革命的彻底性而把任何一种妥协和退让都视为阶级立场上的示弱，甚或投降，以至往往会极端主观地相信，敌我力量的对比主要不是军事力量的对比，而是阶级力量的对比，以为阶级革命、阶级斗争以及一切革命的政治工作，都具有鼓动和吸引广大劳苦民众为自己的苏维埃政权而奋斗的神奇效力，因此常常会迷信“为保卫苏维埃共和国而战斗”之类的革命口号，能够成为中国工农劳动阶级与地主资产阶级实行决战的最高动员令。

可以肯定的是，共产党高度集权的政治体制对于助长这种主观盲目性起了非常重要的作用。土生土长的毛泽东之所以始终不赞成“进攻路线”，反对盲目攻打中心城市，一个根本原因就在于他是从基层工作中成长起来的，并且一直在农村根据地和红军队伍里与普通干部战士摸爬滚打。像前述罗明的不满一样，他也非常清楚国共两军在军事实力上究竟有多大差距，以及红军与苏区能够割据存在的必备条件是什么。相反，高高在上的中共中央领导人，不仅基本脱离实际生活，对基层状况不熟悉，而且长时间从书本上和报告中了解一切，其身份地位，乃至于现实的利益需要，又都要求他们始终必须保持高度的亢奋和乐观，他们总是夸大革命的力量和革命的形势，几乎是不可避免的。事实上，对于王明、博古等人无限夸大中国红军和苏区的力量问题，就连远东局代表和共产国际派来的军事顾问，都已经再三表示难以理解了。

越是身居高位，就越是容易基于主观需要脱离实际地提出种种极端的革命目标。比如，在中央苏区已经开始陷于危机，实际面积和人口数锐减的情况下，他们竟然还会雄心勃勃地提出“创造一百万铁的红军同帝国主义直接作战”的口号[1]，逼迫各级组织通过大搞“残酷激烈的阶级斗争”[2]，

[1] 《中央局关于扩大红军的决议案》（1933 年 6 月 6 日）。

[2] 毛泽东：《查田运动的第一步——组织上的大规模动员》（1933 年 6 月 18 日）。

一再打乱阶级划分，以明确所谓阶级路线等办法，来进行大规模的社会“动员”。同时，明明中央苏区军事力量和各种经济资源都十分有限，中共中央在军事上却依旧提出了“保卫苏区的每寸领土”和“不让敌人侵占苏区寸土”之类的画地为牢的纯粹防御战略，雄心勃勃地摆出了一副一战“决定苏维埃政权与国民党政权的生死的斗争”的架势，自信“民众的革命力量是帝国主义国民党的飞机大炮与一切现代武装所不能战胜的力量”。[1] 然而，1934年4月一个广昌保卫战，红军主力一、三、五军团4万余人，就损失了约5000人，占参战兵力的1/8，国民党进攻部队仅伤亡2400余人；至8月高虎垴、高兴圩一战，一、三军团又损失约2000人，敌伤亡不过千人。

中共中央的雄心很大程度上也是建立在苏联和共产国际支持的基础上的。不仅自1933年11月以来，中央苏区的保卫战就是由莫斯科派来的军事顾问就近指挥的，而且，共产国际和苏联方面也一直在设法帮助红军解决部分武器装备、药品、防毒面具，包括飞机和重炮等项需要，以改善红军与国民党军作战的条件。他们甚至考虑过借助于红军与十九路军的协定，从苏联经海路运来，经由十九路军福建防地送进苏区，或是在南方找一港口“建立一个为苏区采购和运输武器、弹药和药品的不大而有效的机构”，或是偷偷用外国商船经长江通过可能的口岸进行武器交接，或是由莫斯科出钱，从有关系的国民党军队那里大批购买武器弹药。他们并且为此向中央苏区提供了相当数量的款项用于解决购买武器弹药的问题。[2] 但是，这样的援助始终未能实现。而控制着福建沿海地区的十九路军迅速失败，更使得最具现实可能性的这种机遇不复存在了。

与此同时，远东局的代表未经中共中央和十九路军同意，擅自以中共中央的名义接受外国记者采访，有意透露了红军与十九路军达成协议的情

---

[1] 见《第一方面军对北面军分区的密令》（1933年8月12日）、《第二次全国苏维埃代表大会宣言》（1934年2月1日），见《中共中央文件选集》，第10册，第659—663页。

[2] 参见《共产国际、联共（布）与中国革命档案资料丛书》（13），第545、559、575、579、581、585、617、623页；（14），第171、206、234页。

况，以及弗雷德坚持中共中央要按照他的计划采取军事行动的做法，这时都受到了共产国际的尖锐批评，共产国际明确要求，中共中央把来自共产国际的所有关于作战问题的电报，都“只应看作是建议”，说因为“无论是从这里（按：指莫斯科）还是从上海，都不能像你们那样清楚地了解战场上的形势。因此与战场上的形势有关的所有问题，都应由中央和革命军事委员会研究决定”。[1]

然而，高度集权的体制本身并没有留给博古多少集思广益的空间。他要么放弃实际的最高权力地位，要么就只能依靠共产国际军事顾问李德和来自上海的弗雷德的电报，独断专行。因为资历太浅，太年轻，又没有中央委员和政治局委员的合法身份，要驾驭有太多政治局委员和中央委员的中共中央，博古只能选择后者。自进入苏区后，博古完全是凭借既成的事实继续坐在最高领导人的权位上的。周恩来等大批中央政治局成员和中央委员们之所以没有对此质疑，也纯粹是因为他们已经习惯于以共产国际的安排为法理和程序，且电台掌握在博古的手里，也没有可能就此向共产国际提出质疑。也正因为如此，博古坐在最高领导人位置上也无法心安理得，他显然得倍加小心地看管着自己的权柄。他独揽与共产国际和远东局之间电报接收之权，甚至经常不经政治局讨论，而用他个人的名义给共产国际去电[2]，包括拒绝集体讨论，坚持只按照李德一个人的意见来指挥军事等[3]，再清楚不过地显示出了他对自己权力地位的心虚。

越是这样，博古也就越要依赖于那些外国人。在苏区军事指挥上，他不得不依赖于李德，弗雷德不断发来的军事电报自然仍旧是博古和李德进

[1] 参见《共产国际、联共（布）与中国革命档案资料丛书》（14），第6、7页。

[2] 在上海期间，中共中央给共产国际的电报，一向用的都是“中共中央”的名义，到江西苏区后，情况明显改变了，只有极个别的电报是用中共中央名义发出的，多数电报都变成是博古个人署名（“秦邦宪”）了。参见《共产国际、联共（布）与中国革命档案资料丛书》（13），第500、504、555页；“丛书”（14），第1、74、236、251、252页。

[3] 李德在回到莫斯科后，在给共产国际的检讨书中讲述了他在进入中央苏区后博古依靠他在军事上独断独行的情况。《布劳恩给共产国际执行委员会的书面报告》（1939年9月22日），见《共产国际、联共（布）与中国革命档案资料丛书》（15），第344—346页。

行作战指挥最重要的依据之一。问题是，不论弗雷德如何努力，江西苏区战场是“共和国”领土的事实，显然捆住了弗雷德的手脚。他不仅产生了外线作战的大胆计划，甚至还极力抗拒共产国际关于“诱敌深入”的战术指导。早在 1933 年 3 月，共产国际就明确指示中共中央要保持红军的机动性，不要以重大损失为代价来保卫自己的领土，应避免与敌重兵发生正面冲突，强调要采取诱敌深入、各个击破的战法。但弗雷德等几度对此表示异议，坚持“我们不能采取诱敌深入到苏区然后将其消灭的战术”，说是“因为……苏区太小了。如果我们失败，当地老百姓就会对我们失望，我们就会丧失补充红军队伍的可靠来源”。据此，他们还明确指示中共中央不要按照共产国际执行委员会政治书记处的意见修改过去的战略战术。[1] 面对占有压倒优势的强大国民党军，坚持内线作战，坚持御敌于国门之外的阵地战，红军在战场上的形势只能日渐恶化。到 1934 年 2 月中旬，连远东局代表都已经看出来“前景不妙”了。[2]

共产国际 ：“我们同意你们将主力调往湖南的计划”

1934 年 4 月 28 日，广昌战役失利，中央苏区门户洞开。博古等人这时才开始真正了解到敌人的强大，远不是靠共产国际及其军事顾问的神奇之力所能化解的。但是，他们依旧只能依照共产国际的指示行事。

6 月初，博古和李德已经无计可施了。在博古给远东局的电报中，他要求共产国际批准他的建议，即或者化整为零，继续在江西苏区坚持，以游击战作为主要的斗争方法 ；或者在再无坚守可能时，主力转移到中国的西

[1] 《共产国际执行委员会政治书记处给中共中央的电报》（1933 年 3 月 19—22 日）、《共产国际执行委员会远东局给中央苏区的电报》（1933 年 3 月 28 日）、《共产国际执行委员会远东局给共产国际执行委员会政治书记处政治委员会的电报》（1933 年 4 月 3 日），见《共产国际、联共（布）与中国革命档案资料丛书》（13），第 353—354、357—358、374—375 页。

[2] 《埃韦特给皮亚尼茨基的信》（1934 年 2 月 13 日），见《共产国际、联共（布）与中国革命档案资料丛书》（14），第 81 页。

南方向去，争取与那里的红军建立联系。[1] 16 日，共产国际分电远东局和中共中央，明确表示赞成红军主力做撤出中央苏区的准备，并要求以红军一部经福建向东北方向发起战役，“威胁蒋介石的主要基地和交通线”，以“便于其余部队向湖南方向撤离”。[2] 据此，博古和李德迅速指令红七军团以“北上抗日先遣队”的名义，向东经福州北上赣东北，到皖南创立小块苏区，并会合红十军组成红十军团，在浙皖赣边开辟新苏区。[3]

几乎在所谓“北上抗日先遣队”牵制作战行动开始的同时，中央苏区已被压缩到很小的范围，博古中央实际上已经在做全面撤出苏区的准备了。而为了便利中央红军向西突围，博古和李德又命令在湘赣边的红六军团先行向西探路，争取在湘南地区建立一块根据地或游击区，以此来为中央红军西去和接通川陕根据地时创造临时落脚的条件。

因为习惯于少数人独断专行，面临如此危急的时刻，博古和李德等为保证突围的高度机密与安全，变得愈加谨慎小心起来。他们不仅向外界，而且向党内，甚至对中央政治局也严密封锁消息。所有的决定都只产生在博古、李德和周恩来三人之间，有时甚至只是博古和李德两人的决定。而且基于政治上的可靠程度，他们还把干部分为几类，除需要带走的和必须要留在根据地坚持作战的外，有些信不过，实际上并不适合留下来打游击的干部，如瞿秋白等，还是硬被留了下来。对他们怀疑可能成为隐患者，特别是被俘人员和阶级异己分子，则干脆下令处决。相当一批红军学校的教员、被俘军官，甚至是起义人员和被认为不可靠的中共高级干部，如 1931 年 12 月与参谋长赵博生、七十旅旅长董振堂一起，率领国民党第二十六军 1.7 万人起义的七十四旅旅长季振同、团长黄中岳及红军学校总教官张少宜，湘赣

[1] 《埃韦特给皮亚尼茨基的报告》(1934 年 6 月 2 日)，见《共产国际、联共（布）与中国革命档案资料丛书》(14)，第 128—129 页。

[2] 《共产国际执行委员会政治书记处政治委员会给埃韦特和中共中央的电报》(1934 年 6 月 16 日)，见《共产国际、联共（布）与中国革命档案资料丛书》(14)，第 143—144 页。

[3] 1934 年 11 月编成的红十军团，共计 1 万余人，在国民党军围追堵截下，饥寒冻馁，仅存在了两个月即全军覆没，仅 400 余人脱险。

省首任苏维埃政府主席袁德生，湘赣省军区政治部主任于兆龙，红八军政委邓乾元，闽西十二军代军长李中佛等，都被秘密处决了。

与此同时，博古等在各种公开场合，包括在军事干部会议上，却仍旧摆出一副准备死拼到底的架势，要求部队按计划与敌决战，要求地方务必再送 8 万名新战士上前线。[1] 他们即使到了这种时候却还是不了解，整个苏区实际上已经再无“动员”的可能了。与此相反，形势愈是紧迫，博古中央的激进做法就愈是变本加厉。

自 5 月以后，中共苏维埃当局不仅极力加剧对地主富农及其家属的拘捕押禁，没收征罚，而且对一般民众也一再大举公债谷票，借粮征兵，甚至以退公债谷票，滥发纸币的办法来变相克扣，以应战争之需。据不完全统计，自 1933 年年底至 1934 年 9 月，中央苏区共征新兵十余万 [2]，发行公债 300 多万 [3]，动员群众退还到期公债券约 100 万 [4]，除正常征收外，还硬性“借谷”两次共 84 万担 [5]。特别是强迫“扩红”和“查阶级”，在群众中更造成严重影响。至 1933 年 11 月，中央苏区农村中占人口总数平均 25%的男劳力（16—55 岁左右），仅当兵、作挑夫及出外工作者，即已占去全部男劳力总数的 80%上下。[6] 若以 200 万农民计，苏区男劳力实际只有 50 万左右，也就是说，至 1933 年 11 月，出外当红军及工作者，至少已达 30 万以上，再强迫“扩红”10 万，势必将农村中男劳力大部抽空。[7]

实际上，这种一面竭泽而渔，一面又极力加剧内在矛盾的做法，是苏

[1] 《中革军委为扩大红军的紧急动员的号令》（1934 年 9 月 3 日）。

[2] 见陈潭秋：《秋收粮食动员的总结》，《斗争》第 73 期，1934 年 9 月 30 日。

[3] 《中华苏维埃中央执行委员会关于发行经济建设公债的决议》（1933 年 7 月 22 日），等。

[4] 见《财政人民委员林伯渠关于二期公债的谈话》，《红色中华》1934 年 5 月 24 日。

[5] 《红色中华》1934 年 7 月 5 日、8 月 8 日、5 月 3 日。

[6] 根据毛泽东《长冈乡调查》及《才溪乡调查》，可知苏区农村中男劳动力所占人口比例约为 25%左右（长冈乡 407 ： 11785；上才溪 554 ： 2318；下才溪 765 ： 2610），外出工作及当红军者已占 70%—88%。

[7] 关于 1933 年底至 1934 年 9 月中央苏区人口总数，很难有确切统计，初时或有 200 万到 300 万人口，广昌失守后实已大大少于 200 万，即以 200 万为平均数，青壮年男子也只有 50 万左右，故若以农村男劳力外出 80%之数计，可知再征兵 10 万，从城乡两方面人口数看，也已无法承担了。

维埃革命以来中共在根据地发展中几乎不可避免的一种政治举措。在此前的中央苏区查田查阶级运动中，因“只讲成分，不讲工作”，“不问表现如何”，大批干部党员就已经受到清洗，许多早已划定的成分还被重新改划。仅胜利县一县，20 天内即在 1512 家里查出翻案地富 890 家，并新查出地富 83 家。[1] 所有地主富农及所谓阶级异己分子，均被强行编入永久劳役队，或“驱逐出境”，或“就地枪决”，他们的一切财产均遭没收。而大批中农被划为富农或小地主，更是造成“人人怕上升为富农、小地主，拼命吃穿，不想扩大生产”，以至连田也宁肯荒掉的恐慌情绪。[2]

1932 年 7 月 1 日，天津《大公报》曾有社论这样说：“共党占地，首重分粮分田，故贫民趋之，然战斗无已；生产不兴，粮尽后则如何？此事实问题也。是以共党之飘忽不定，不久守城邑者，非特军事上之避冲，实因根本不可久守。故中国现在之经济环境下，共党苟非久占一富源雄厚区域，外无战事，内有建设，则其势力不足久支，久则穷矣。”[3]

这种看法虽过于简单武断，但其说确实抓住了红军及苏区生存的两大基本条件。即：第一，土地政策；第二，游击战争。前者使自己在贫苦农民中得以立稳脚跟，获得兵源及政治上、物力上的种种支持；后者则可借灵活机动的战略战术避免强敌所击，同时通过打土豪及四处筹款的办法来维持战争所需，不致过分挤压农民。固守一地，不论所在富庶与否，在敌我两方面实力相距甚远，而战争不断的情况下，终必造成竭泽而渔，诛求无已，生产不兴，人心背离的局面。

当然，苏区和红军之所以能够在国民党的强大力量压迫下仍能长期存在，一个很重要的原因，还是因为中国有着极为特殊的政治社会环境，尤其是存在着军阀割据的现象，再加上国土广阔，经济不发达，交通条件落

[1] 《红色中华》1934 年 7 月 5 日，8 月 8 日，5 月 8 日。
[2] 李六如：《各苏区土地问题——1944 年 3 月在延安杨家岭学习会上的报告》，1944 年 6 月，油印件（无出版社和出版时间）。
[3] 《大公报》1932 年 7 月 1 日。

后，远离中心城市和交通要道的几省交界处，往往也是几省军阀势力鞭长莫及之处。正是因为存在着这样一些特殊的条件，中共再借助于战术的机动与统战策略的运用，通过纵横捭阖的策略手腕来不断扩展自己的阵线，时而内线时而外线地游击作战，就不难保证自己有足以和对方长期抗衡的资源与条件。然而，苏维埃革命机械僵化的阶级政策，外拒友邻，内毁长城，为丛驱雀，为渊驱鱼；又加上苏维埃共和国的建立，进一步使共产党人画地为牢，全无机动灵活之可言，难免要走到捉襟见肘，内囊掏尽，弱不抵强，失土亡国的地步。

到了1934年夏秋之交，中央苏区除了强制性征罚来的粮食暂时尚可支撑外，从武器弹药到食盐、服装等各种物资供应早已陷入绝境，民心也已严重动摇，群众反水和士兵逃亡的现象自1933年夏秋以后就已持续发生。[1]到1934年，已不断出现区委书记、区苏主席、副主席、少共区书记和组织科长等领着群众，成批地带着鸟枪、梭镖等武器反水的情况。[2]8月、9月两个月，弃械逃归的士兵竟至发展到数千以至上万人之多。[3]显而易见，中央苏区已经再无存在的可能了。

1934年9月17日，博古电告共产国际执行委员会：我们的撤退计划将于10月1日以前全部完成，之后即将集中主力在江西的西南部对广东的国民党军队“实施进攻战役”，然后向湖南南部和湘桂两省的边境地区撤退。[4]

---

[1] 由《中共中央局关于扩大红军突击运动给各突击队长和各省委县委指示信》(1933年12月15日)即可了解,当年逃兵规模之大。信称:“有许多地方,逃兵是整批开小差回来的”,仅“瑞金十天中,在合龙、河东、下肖、黄柏等区就发现成批逃兵反抗我们的归队运动”。为此，各级党和政府的组织已不得不通过“残酷的阶级斗争”的办法，来展开反逃兵运动和归队运动。

[2] 见《红色中华》第176期，1934年4月17日，等等。

[3] 参见原中央革命军事委员会所属军委总参谋部第五局局长及军委动员武装部长杨岳彬叛变后所写文章，《申报》1934年10月13日；另据王健民《中国共产党史稿》第二编第154—158页所列表格可知：1931—1933年秋，中共自首者共276人。而1933年秋—1934年9月，除被捕4505人外，自首达到4213人，可见全国范围内中共本身动摇者之多。

[4] 《秦邦宪给共产国际执行委员会的电报》(1934年9月17日)，《共产国际、联共（布）与中国革命档案资料丛书》(14)，第251页。

由于与广东陈济棠部的谈判已在进行中，共产国际方面对此前与十九路军合作的教训已有检讨，因此博古电报中准备对广东国民党军队“实施进攻战役”一句引起共产国际的极大关注。共产国际执委会明确认为，对广东国民党人不仅不能进攻，而且不能提出过高的谈判条件，还应该利用与广东国民党人之间的协议，取得运送援助红军军事装备及弹药等物资的便利，莫斯科将可以在交货地点或上海支付货款。王明等人更是电告中共中央称：“我们不明白，你们为什么准备以主力对广州部队实施打击。”广州人目前还没有对我们实施积极作战的准备，为什么要激怒他们而不去利用宁粤之间的矛盾？[1]

共产国际执委会显然对中共如此迅速地放弃江西苏区深感不安，因为退入湖南之后，共产国际一直在尝试的从海上或从长江口岸秘密为红军输送武器装备的努力将再难实现。因此，一直拖到9月30日，政治书记处才正式电告中共中央：“我们同意你们将主力调往湖南的计划。”但它还是强调，中共中央应当在江西苏区留置有力部队，将第七、十等军合组成东方军在闽赣皖浙四省交界处建立一根据地，并应将在福建汀州、连城一带的部队留在福建组成南方军，既负责牵制蒋介石的军队，又可以保留在南方的一些战略据点。[2]

目前还不清楚中共中央是否收到了共产国际9月底以后发来的各种电报，以及是否正式通知了共产国际自己退出江西苏区的时间与路线。可以了解到的只是，10月初，上海中央局负责中央苏区联络的电台就被国民党人破获了。莫斯科从此再也无法联络到中共中央，并因此很长时间没有了中国红军的确切消息。

---

[1] 《共产国际执行委员会政治书记处政治委员会给中共中央的电报》（1934年9月23日）、《王明和康生给中共中央的电报》（1934年9月28日），《共产国际、联共（布）与中国革命档案资料丛书》（14），第253、255页。

[2] 《共产国际执行委员会政治书记处政治委员会给中共中央的电报》（1934年2月13日），《共产国际、联共（布）与中国革命档案资料丛书》（14），第256—257页。

1934年10月10日夜，8.7万名红军及苏区党政工作人员与挑夫等，从瑞金、古城，及其附近那些村镇和尚未被炮火摧毁的堑壕中、掩体中纷纷拥了出来，极其秘密地向西南潜去。随着这些曾经掌握着数百万人命运的政治家，以及挑在担子上，驮在马背上的银行、医院、印厂等渐渐远去，“中华苏维埃共和国”从地图上彻底消失了。

“中华苏维埃共和国”在人类历史上实际只存在了1070天。但是，为了这个“工人和农民的民主专政国家”的存在而进行的斗争，已经历时七年。七年的暴动、战争和流血牺牲，以数十万、上百万人的生命所换取的成果，至此毁于一旦，这当然是一种悲剧。然而，更大的悲剧却在于，这些匆匆离去的共产党人，其主要领导人其实还并不知道失败的原因所在，他们仍旧相信：政治分野和阶级利益高于一切。他们没有也很难了解，中国革命固然是他们追求未来社会平等的重要手段，但革命手段与革命目标之间并非总是画着等号。特别是当日本帝国主义入侵东北以后，继续机械地坚持彻底的毫不妥协的苏维埃革命立场，只能使自己日益陷于孤立，并最终走向失败。

四、塞翁失马，安知非福？

莫斯科重提列宁的策略：要利用敌人之间的一切裂痕和利害冲突

坚持一切从革命利益出发来考虑问题，这是中国共产党人的重要思想特点，它始终支配着中国共产党人的各种方针、政策和策略。但是，在不同的历史时期，他们对革命的含义还有不同的理解，因此，不同时期共产党人的立足点事实上还有区别。对于1930年代初期那些有幸登上党的最高领导地位的留苏学生来说，他们显然更习惯于从苏联政治的角度来理解革命。在他们看来，作为“世界革命的领导者与组织者”的苏联的存在，已经造成了社会主义与资本主义“两个世界对立”的局面，苏联因此不仅成为“动摇世界资本主义制度与推进世界革命的最有力因素”，而且不可避免地成为帝国主义极端恐惧，必欲置于死地的敌人。[1] 在这种情况下，尽管中国革命也已经成为“世界政治的决定性因素之一”[2]，但同决定着世界共产主义整体

[1] 洛甫：《在争取中国革命在一省与数省的首先胜利中中国共产党内机会主义的动摇》（1932年4月4日），见《红旗周报》第37—38期。

[2] 转见《共产国际有关中国革命的文献资料》（2），第202页。

利益和根本利益的苏联的事业比较起来，它仍旧只是一种革命的局部利益，中国共产党人仍旧必须时时准备以局部利益来服从于根本利益和整体利益。这包含着，中共每时每刻都要把帝国主义进攻苏联的危险，看成自己“最主要的危险”。要“十倍、百倍地加强反对一切帝国主义、国民党、‘满洲国’的反苏联企图与挑衅，开展广大的群众的保护无产阶级祖国（苏联）的运动”[1]，要努力“变进攻苏联的战争为反帝国主义的革命战争”[2]，要随时随地根据苏联利益的需要，来变换自己的策略方针，直至做出某些必要的牺牲。用共产国际比较形象的话来说，就是要准备“用你们的身体造成一条环绕苏联——社会主义胜利的国家的活的、不可摇撼的壁垒！”[3]。

要想了解这些这时还习惯于按照苏联教科书进行思想的年轻留苏学生的思维方式，其实并不困难，因为他们的几乎所有言论都可以在苏联现成的理论和历史的课本中，以及共产国际的决议中找到根据。他们尤其了解“工人没有祖国”这一“社会主义的基本原理”。[4] 他们更清楚地知道，列宁是怎样论述“变现代帝国主义战争为国内战争”这一“唯一正确的无产阶级口号”[5]，以及如何在实际行动中促使本国政府“在军事上接二连三地失利和失败”[6]，来实现这种转变并发动革命成功的。

毫无疑问，自信是无产阶级先锋队的共产党人是很容易接受“工人没有祖国”这一社会主义的基本观念的，而苏联这一无产阶级祖国的诞生和它对各国共产党的领导与援助，更能够使正在与本国政府斗争的共产党人容易理解列宁关于变国际战争为国内战争的策略，更容易接受“拥护苏联”乃至“武装保卫苏联”之类的革命口号。共产党人固然清楚地知道他们“本

[1] 《中央关于红五月运动的决议》（1932 年 3 月 25 日），见《中共中央文件选集》，第 8 册，第 177—181 页；《革命危机的增长与北方党的任务》（1932 年 6 月 24 日）。
[2] 王明：《中国目前的政治形势与中共当前的主要任务》（1932 年 3 月 31 日）。
[3] 转见《红旗周报》1932 年第 43 期，《实话》1932 年第 3、4 期，等。
[4] 见《马克思恩格斯选集》，第 1 卷，第 270 页；《列宁全集》，第 21 卷，第 14 页。
[5] 参见《列宁全集》，第 21 卷，第 16、23、256 页，等。
[6] 同上。

身暂时还是民族的”，并且必须首先在国家和民族的范围内活动，但正如马克思所说，他们确信：“这里所说的‘民族的’一词和资产阶级所理解的完全不同。”[1] 甚至完全有义务保卫“涉及千百万人的、资产阶级进步的民族解放运动”的半殖民地中国的共产党人[2]，也只能时时处处高举着“武装保卫苏联”的大旗，即使在日本入侵中国的情况下也毫不例外。这是因为，如同他们相信世界早已被划分为两大壁垒一样，中国也已然成为两个世界对立的缩影。作为社会主义苏联一方的“苏维埃中国”，同作为帝国主义一方的“国民党中国”，二者间只能是你死我活的关系，没有任何形式能将它们沟通。按照这样一种理解，民族的概念自然变得既不确定，也缺少正面意义，让人难以把握，而共产党人必须首先从阶级的和革命的角度来考虑民族问题，也就成为一种必然。阶级和民族，谁亲谁疏，更是一目了然。

然而，苏联是否如此刻板呢？从日本入侵中国东北之后苏联外交上的一系列行动，可以清楚地看出，苏联并不是完全依照书本行事。

在九一八事变以后，尽管共产国际一再告诫各国共产党人，反苏战争的危险已迫在眉睫，但苏联的宣传机器却试图告诉全世界，日本的行动是帝国主义为“彻底瓜分中国”和“重新瓜分世界而准备新的帝国主义战争的一个重大阶段”。[3] 在11月7日中华苏维埃共和国宣告成立之际，苏联一方面宣布国民党政府“是一个卖国政府，是一个不知民族耻辱的政府”，只有苏维埃中国才能“结束帝国主义者对中国劳动者的强暴行为”，“才能赢得并捍卫真正的、不折不扣的经济和政治独立”，“保障国家的真正统一”[4]，一方面却公开派人拜访国民党中国的代表，要求恢复同南京政府之间的外

[1] 见《马克思恩格斯选集》，第1卷，第270页。

[2] 《列宁全集》，第21卷，第419—420页。

[3] 《满洲分赃的斗争》（社论），《真理报》1931年10月18日；并见《消息报》1931年9月21日，见《1927—1937年苏联〈真理报〉有关中国革命的文献资料选编》，第345—349页。

[4] 米夫：《中国的革命斗争》，《真理报》1931年11月13日，见《1927—1937苏联〈真理报〉有关中国革命的文献资料选编》，第374—380页。

交关系。[1] 而在日军占领中东铁路及沿线地区之后，苏联则直接同帝国主义的日本政府谋求缓和，明确提议在社会主义的苏联和帝国主义的日本之间缔结互不侵犯条约。[2]1932 年 2 月，日本扶助的傀儡伪满洲国宣告成立，苏联方面更是率先予以默认，不仅公开承认“满洲国”任命的一切人事和机构，而且声明“确认满洲政府对于中东路之主权”[3]，进而直截了当地与“满洲国”代表团接洽和谈判让售中东路的权益问题。[4] 与此同时，苏联政府积极同国民党南京政府进行复交谈判，并很快于 1932 年 12 月 12 日正式恢复了双边关系。

当“苏维埃中国”正在与“国民党中国”作殊死战斗，向日本公开宣战，并发动东北民众向日伪展开游击战之际，苏联却极力向“苏维埃中国”的敌人谋求妥协与和平，这当然不是中国共产党人所希望的。但是，还有什么能够比维护社会主义苏联的利益和安全更重要的呢？对于那些早已习惯于把苏联看作“世界革命的中心”的共产党人来说，苏联的做法总是必要的，毋庸置疑的。1933 年 1 月德国法西斯上台之后的情况就更是如此了。苏联因为深切地感受到来自德国和日本东西两面的严重威胁，因而迅速调整了自己此前的外交策略。它不仅开始更加主动地和那些它一向认为是同样抱有反苏野心的欧美各国资产阶级政府接触，提议和谈判缔结互不侵犯条约以及互助条约之类的和平协定，而且破天荒地向那些仍旧被共产国际和各国共产党看作仇敌的帝国主义国家，呼吁建立什么“集体安全体系”，仿佛一夜之间魔鬼也可以变成朋友。

苏联的所作所为同中国共产党人的所作所为，明显地存在着极大的反差。但是，能不能由此得出结论，说苏联实际上已经结束了其作为世界革

[1] 参见《消息报》1931 年 11 月 15 日。

[2] 《外交史》，第三卷（下），第 752 页。

[3] 见《苏俄评论》第 3 卷第 1 期，1932 年 10 月 1 日。

[4] 该项谈判自 1933 年 6 月 1 日起，于 1935 年 3 月 12 日结束。苏联开始提出让售价为 2.5 万金卢布，最后实际让售价仅 14000 万日元，约合 3500 万金卢布。参见莫尔著，曹未风节译：《苏联的远东关系》，商务印书馆 1950 年版，第 17—20 页。

命中心的作用，而重又成为纯粹意义上的大俄罗斯民族国家了呢？这当然不能。作为共产党的苏联，不论其出于何种现实的自我保护的考虑，采取怎样一种外交策略，都不可能根本改变其基于意识形态而为自己规定的标准和目的。忽略了这一点，就如同忘记了这时的苏联和共产国际有着同一位领袖斯大林一样，是不可思议的。实际上，这时真正能够比较真实地反映苏联共产党领导人的思想的，仍旧是共产国际。也就是说，尽管苏联此时极力向各国资产阶级政府推销和平，但其内心深处依旧相信：魔鬼终究是魔鬼，绝不可能成为真正的朋友。因此，它虽然注意到欧美各国中有许多“由于某种动机不愿意破坏和平而愿意和苏联这样一个有信用的主顾发展贸易的国家”[1]，可资利用，但它充其量仍不过把它们看作是些“暂时的、动摇的、不稳定的、靠不住的、有条件的”同盟者，其出发点也仅仅是在“极精细、极留心、极谨慎、极巧妙地”“利用敌人之间的一切裂痕”和“一切利害冲突”而已。[2]

王明：今日中国，谁能解决抗日救国问题，谁就能得到民众

不过，利用矛盾总比故步自封，坚持关门主义，为渊驱鱼，为丛驱雀的极端政策强得多。1932 年年底 1933 年年初，随着苏联策略灵活性的加强，共产国际和中共驻共产国际代表团也都重新注意到这种利用矛盾的灵活策略的积极意义。在他们以中共中央名义写给满洲各级党部及全体党员的信中，也明确出现了“联合一切可能的、虽然是不可靠的、动摇的力量，共同的与共同的敌人——日本帝国主义及其走狗斗争”的相对灵活的策略主张。只不过，他们在这个时候的转变仍旧不可能是彻底的。他们依旧在提醒满洲的党组织说：“整个国民党的各个派别，一贯的继续对各帝国主义的

[1] 《斯大林全集》，第 13 卷，第 263—266 页。
[2] 《列宁全集》，第 31 卷，第 52 页。

基本政策——投降政策”，因此，即使“无产阶级在一定的场合和条件之下，与民族资产阶级的某一部分实行统一战线”，也“必须牢记着下层统一战线必须是我们活动的基础，任何的上层统一战线，都只有在我们能够抓紧巩固的下层统一战线和上层处于下层革命情绪的威胁下的时候，才可能和有用”，并且，这种统一战线必须“准备进一步的阶级分化及统一战线内阶级斗争的基础，准备满洲苏维埃革命胜利的前途”。[1]

强调下层统一战线的意义，是1933年共产国际行动主张的重要内容。当德国法西斯上台并轻而易举地摧毁了欧洲最大的德国共产党和德国社会民主党之后，社会党国际率先呼吁社会民主党与共产党结成反法西斯的统一战线，这使一向把社会民主党看作帝国主义和资产阶级罪恶帮凶的共产国际一度深感被动，以至出此下策，试图排除其上层影响，掌握欧洲工人阶级统一战线的领导权。值得注意的是，继续坚持这种纯粹脱离实际的割裂上层和下层的机械做法，已经不大符合追求策略灵活性以便利用矛盾的苏联国际政策的变化趋势了。

1933年10月，中共代表团在给中共中央政治局的信中，就开始从此前打击中间势力的传统做法中摆脱出来，注意强调斗争口号的民族色彩，而不再突出强调其阶级性了。他们指出：目前中国民众最中心最重要的问题是“抗日救国”，“谁能在实际上证明他能解决这个政治问题，谁就能取得广大民众的拥护，谁就能成为政治斗争的胜利者。关于这点不仅我们懂得，我们的敌人也懂得”。因此，目前“非常迫切地需要广大的非常灵活的具体运用这一民族革命战争的策略”，“必须给广大民众一个共同的非常具体的非常简单的、明了的对日作战行动纲领”，“以便在实际的群众斗争上来揭穿国民党卖国的真相，在事实上将反日斗争和反国民党的斗争联系起来”。尽管在这里他们仍旧把国民党视为自己的敌人，并且尚未试图利用国民党

[1] 《中共中央给满洲各级党部及全体党员的信》(1933年1月26日)，见《中共中央文件选集》，第9册，第21—44页。

内部的矛盾，但他们显然已经不再把那些介乎国共之间的社会名流及中间分子统统看作“最危险的敌人”,并试图利用这些“名流学者”,甚至提出“要尽可能地找到灰色的甚至平时是反动的”中间知名人士，来赞助他们提出的丝毫不带阶级色彩的“中国人民对日作战基本纲领”了。[1]

几个月之后，当苏联共产党确信可以全面推行其集体安全体系的设想之后，为适应苏联外交政策的需要，共产国际也开始全面改变以往的僵化政策了。他们不再重复那种“或者是资本主义，或者是社会主义，或者是无产阶级专政，或者是资产阶级专政”[2]的非黑即白的激进口号，第一次公开主张放弃以无产阶级专政和社会主义作为直接的斗争目标，改以争取扩大民主自由，反对法西斯为具体的斗争纲领。共产国际从此全面改变了此前的下层统一战线的策略，明确提出：“必须抛弃那种认为统一战线只能在下面实行的观点，同时必须不再把向社会民主党领导发出的一切呼吁看成是机会主义”,“共产党不要对统一战线机构采取凡事包办的制度，不要装腔作势地谈论共产党的领导权，而要在实际上实现共产党的领导”。新任共产国际领导人季米特洛夫甚至直截了当地主张，应该彻底改变过去那种“极大地妨碍了我们吸引广大工人劳动群众在我们领导下投入革命斗争”的僵化领导模式，主张今后只“在基本的政策和策略问题上给予各国共产党以指导”，以抛弃“那些不顾各国、各党和各个组织的特点”的千篇一律的革命纲领和口号。[3]

1934 年 7 月，随着共产国际统一战线政策的转变，中共代表团也开始在统战策略上变得更加灵活起来。7 月 19 日，王明第一次明确提出了应当把民族革命任务与国际革命任务统一起来的思想，主张在宣传“只有苏维

---

[1] 该信提出的“中国人民对日作战基本纲领”包含以下六点：(1) 全体海陆空军总动员对日作战；(2) 全体人民总动员；(3) 全体人民总武装；(4) 立刻设法解决抗日经费；(5) 成立于农兵学商代表选举出来的全中国民族武装自卫委员会；(6) 联合一切日本帝国主义的敌人。见《王明康生二同志给中央政治局的信》(1933 年 10 月 27 日)。

[2] 《真理报》1933 年 10 月 8 日。

[3] 参见《季米特洛夫就代表大会第二项日程给委员会的信》(1934 年 7 月 1 日)、《季米特洛夫在委员会关于代表大会第二项日程的会议上的讲话》(1934 年 7 月 2 日)，见《共产国际有关中国革命的文献资料》(2)，第 333—336 页。

埃能够救中国”的同时，还应该指出“神圣的民族战争是救中国的唯一出路”。[1] 不论这种提法在多大程度上只是一种策略考虑，把民族问题提高到与阶级革命问题平等的地位上来切实加以强调，这毕竟是一种很大的变化。

8月8日，中共代表团第一次不再简单地把国民党内的各种派别统统看成是反动的一帮，而提出了利用其内部矛盾，以便集中反对蒋介石集团的策略思想。在9月16日康生和王明二人联名写给中央政治局的信中，他们更进一步主张：“利用一切可能反蒋的力量，即是军阀国民党内一切反蒋的力量，我们都必须尽量利用”，同时，在反蒋运动中“不要像过去只等人家来找我们，而要我们去成为反蒋运动的发起人和领导者”，“到处去抬出我们党的招牌”，应当更注重实际工作的效果。[2]

很显然，中国共产党人并非完全没有策略头脑，即使典型的靠啃苏联书本成才的王明等人，也并非完全不懂得利用矛盾这个道理。王明等人说得很清楚：“我们党在原则上是反对一切帝国主义和一切地主资产阶级的派别的”，但是，在具体做法上，应当“根据目前国际和中国形势，根据敌我力量的对比，根据广大群众的迫切需要，根据利用敌人内部矛盾的策略原则”，来制定反对目前革命最主要敌人的策略。[3]

1934年11月，当中共中央和中央红军被迫放弃中央根据地，向西突围之际，中共代表团开始明确地批评临时中央政治局以及共产国际远东局代表在抗日同盟军和福建人民革命政府问题上的错误做法。王明认为，如果1933—1934年能够积极地配合抗日同盟军和十九路军的反蒋行动，“那么，北方反蒋势力和十九路军都或许会得到另样的结果……不仅蒋介石对红军六次‘围剿’早已完全破产了，而且全中国的政治情况在今天有可能早已是另外一种局面”了。因此，他明确主张，今后党的工作必须实行反日反蒋统一战线的“新策略”。一定要了解：“第一，无论军阀派别之间存在和发生某种

[1] 王明：《为共产国际第七次代表大会准备的报告提纲》（1934年7月19日）。
[2] 《康生、王明二同志给中央政治局的信》（1934年9月16日）。
[3] 《王明、康生给中央政治局诸同志的信》（1934年8月3日）。

矛盾和冲突，我们党都要尽量使之发展并特别使之有利于红军的武装斗争；第二，必须估计到这一件事实，就是在中国目前条件之下，蒋介石是中国人民及其红军底最主要敌人，蒋介石对任何反蒋派别底每一个胜利，都会加强蒋介石反对中国人民和红军的力量；同时，蒋介石对红军底每一个任何胜利，也同样会增加蒋介石反对中国人民和一切反蒋派别底势力”。因此，红军必须与一切反蒋派别实行联合。第三，由于“在中国现在条件之下，每一个真正的严重的反日武装行动，早迟不免转变为反蒋武装斗争（如十九路军行动），同时，每一个大的反蒋武装行动，也有可能变成与日本帝国主义底公开战争（如吉、方、冯等在北方行动），因此，我们的党不应当对反蒋派别底反蒋军事行动采取旁观态度”，而“应当在一定战线上实行最积极的军事行动”去支持这种战争，进而“把这些反蒋军事行动转变成为中国人民反对日本强盗和本国卖国贼底一般民族解放斗争之某种组成部分”。[1]

从利用矛盾的角度出发，把抗日反蒋的统一战线策略看成是“有利于反帝革命和土地革命发展”的一种外交手段，把同反蒋派别的关系看成是同“暂时的、动摇的和不坚决的”“军阀派别”及“敌人军队”的相互利用关系[2]，这反映了共产党人在观念上仍旧没有摆脱阶级立场和政治分野的出发点，既然确定了以日本帝国主义和蒋介石为头号敌人的方针和建立抗日反蒋的统一战线为具体斗争目标，势必会导致对此前一系列方针政策之策略的变动，并将不可避免地要对整个苏维埃革命的方针发生重要影响。

共产国际：只有中国苏维埃才能是反日反蒋斗争的统一中心

苏维埃革命的方针是彻底革命的方针，即是旨在反对帝国主义和地主资产阶级的一切派别集团，采用武装斗争和暴力革命的方法，通过工农专

[1] 王明：《新条件与新策略》（1934 年 11 月），见《王明选集》，第 3 卷，日本汲古书院 1973 年版，第 365—372、382—384 页；《中共代表团致中共中央政治局的信》（1934 年 11 月 14 日）。

[2] 见《王明选集》，第 3 卷，第 375—376 页；《中共代表团致中共中央政治局的信》（1934 年 11 月 14 日）。

政的形式和阶段，在半殖民地中国直接过渡到无产阶级专政和社会主义的方针。它所标明的革命性质，固然仍属于资产阶级民主革命的范畴，革命任务亦包含资产阶级民族解放和打破封建及半封建专制统治，争取自由平等内容，但它在事实上排除了作为资产阶级革命主体的资产阶级，甚至把它当成了革命的主要对象之一，革命的目的就是要争取无产阶级及半无产阶级的统治权，完全不是以争取资产阶级和小资产阶级的自由解放为目标，因而它早就在各方面脱出了资产阶级革命的范畴，成为直接走向无产阶级专政和社会主义的一种过渡形式的革命。

依据这样一种方针，共产党人在阶级关系上回旋的余地无疑是十分狭窄的。从《中华苏维埃共和国宪法大纲》的规定就可以看出，共产党人只承认“工人、农民、红军士兵及一切劳苦民众和他们的家属”可以享有政治上的自由权利，对一切“军阀、官僚、地主、豪绅、资本家、富农、僧侣及一切剥削人的人和反革命分子”，统统是要实行专政的，就连广大小资产阶级及其知识分子，在宪法中也毫无地位可言。[1] 在这种情况下，要想真正贯彻以抗日反蒋为中心的新的统一战线策略，几乎是不可能的。

1935 年，共产国际和中共代表团开始试图扩大以往相对狭隘的阶级界限。6 月 3 日，在王明、康生给东北地方党组织的指示信中，出现了“实行全民的反日统一战线，与各种反日队伍建立上层下层统一战线”的提法，同时明确主张宣传“中国人不打中国人”的非阶级的政治口号。[2] “全民的反日统一战线”和“中国人不打中国人”的口号，显而易见是同此前只承认工农劳苦民众的政治地位和革命作用的政策规定大不相同的。虽然，这还仅仅是针对东北沦陷区党的工作提出的具体的工作方针，但共产党人这个时候毕竟开始对整个中国的敌友关系作了新的划分。他们提出，“团结一切反日反蒋的民众”，建立“人民统一战线”，“站在一条战线上来打倒我们

---

[1] 《中华苏维埃共和国宪法大纲》(1931 年 11 月 7 日)。

[2] 《王（明）、康（生）给吉东负责同志的秘密信》(1935 年 6 月 3 日)。

共同的敌人——日本帝国主义、蒋介石卖国贼、兰衣社匪徒！”[1] 这里，“人民”的概念固然与“全民”的概念还有明显区别，显然已不是过去所强调的工农阶级概念了。

紧接着，在1935年7—8月召开的决定共产国际新政策的第七次代表大会上，中共代表团代表中国共产党正式提出了实行“反帝人民统一战线”的策略主张。它准备包括中国“一切政党、派别，军队、群众团体以及一切政治家和社会名流”，即“一切不愿作亡国奴的同胞，一切已经用武器保国卫民的军官和士兵兄弟们，一切愿意参加神圣的民族解放斗争的党派和团体们，国民党和蓝衣社中一切真正爱国爱民的热血青年们，一切关心祖国的侨胞们，中国境内一切受帝国主义者及其走狗中国军阀们压迫的民族”。中共代表团甚至公开提出，中国共产党和中华苏维埃政府愿意和一切反日反蒋的党派团体，共同“组织全中国统一的人民国防政府”。[2]

在殚精竭虑地为实现工农民主专政的苏维埃政权浴血奋战了八年之后，突然宣称愿意同它一向视为敌人的各种中间的和敌对的党派团体一起组织一个统一的“人民国防政府”，这明显反映出，在中央苏区丧失之后，共产党人对继续高举苏维埃革命的大旗来推倒国民党政权这件事情，至少已经没有了以往的那种热情。从共产国际七大热烈欢呼中国苏维埃革命的进展，以及明确希望强大的红军“在反对本国资产阶级和日本侵略者的斗争中，把苏维埃革命扩展到全中国”的声明看[3]，可以了解，无论共产国际还是中国共产党人，这时都还没有想过要放弃苏维埃革命的方针问题。但是，改变无疑是明显的，此前的“工农”转而由“人民”所取代，统一战线的范围再也不是仅仅局限于下层的工农劳苦民众了，甚至还有了在苏维埃政府和国民党南京政府之外，另外建立一个反日反蒋的统一战线的国防政府的设想，这一切词语上的转变都意味着，共产党人开始比较现实地估计自己

[1] 《为反对日本并吞华北和蒋介石卖国宣言》（1935年6月15日）。

[2] 见《国际新闻通讯》第15卷第60期，第1488—1491页。

[3] 《共产国际有关中国革命的文献资料》（2），第363—364页。

的实力，而不再一味自信苏维埃革命的号召力了。

当然，这一切也仅仅是一种迹象而已。由于“抗日反蒋”统一战线策略的提出而带来的种种变化，这时多半还停留在策略上。共产党人，尤其是那些在莫斯科观察和指挥中国革命的苏联人和中国人，在中断了与中共中央的电讯联系之后，根据各种报纸透露出来的点滴信息，甚至计算出中央红军有七八万人，川陕红军已发展到 10 万之众，因而断言 ：“已经拥有在党中央和革命军事委员会统一直接领导下的 20 万人的武装力量，可以不担心与任何一个敌军的单独集团进行决战。只要江西红军进入新的地区”，“尽快熟悉新的根据地，充分发挥土地革命的力量，建立苏维埃政权机关系统，用苏维埃方式改革财产关系、土地关系和社会关系”，“党中央就能真正实现自己的口号，在最近的历史时期内拥有百万红军”。[1] 因此，纵使共产国际提出了“人民”的新概念和统战策略思想，它却依旧在强调，红军必须同时“反对本国资产阶级”；“必须把扩大苏维埃运动和加强红军的战斗力，与在全中国开展人民反帝运动结合起来”[2]；要求中国共产党人必须牢记自身所肩负的苏维埃革命责任，并坚持说 ：“只有中国苏维埃才能是反对帝国主义奴役瓜分中国的斗争中的统一中心，只有中国苏维埃才能统一和团结一切反帝势力，来进行中国人民底民族解放斗争”。[3] 这就是说，共产国际这时的“抗日反蒋”方针，其实也就是想要在以苏维埃为统一和团结的中心的前提下，把坚持苏维埃革命与人民反帝运动结合起来，把阶级革命同民族革命结合起来。

坚持人民反帝运动必须与苏维埃革命相结合，并必须以苏维埃为统一中心，这只能是远离中国革命实际的莫斯科人一厢情愿的幻想。

---

[1] 《共产国际执行委员会东方书记处关于中国军事形势的通报材料》(1935 年 2 月 11 日、3 月 18 日)，见《共产国际、联共（布）与中国革命档案资料丛书》(14)，第 373—376 页。

[2] 《共产国际有关中国革命的文献资料》(2)，第 119、363—364 页。

[3] 《季米特洛夫文集》，解放社 1953 年编印，第 136 页。

毛泽东：白区损失了百分之百，苏区损失了百分之九十

自1933年以来，中共在城市里的工作已经完全塌台了。1933年秋至1934年秋，数以千计的党员干部被捕，绝大部分自首变节，相继引发的几乎是毁灭性的打击接踵而来。

1934年3月，江苏省委组织部被破获；

6月，中共上海中央局及新建起来的江苏省委组织部等机关被破获，中央局书记李竹声等十七人被捕；

7月间，中共领导的海员工会海外委员会被破获；

8月间，中华总工会及上海工会领导机关被破获，将近10人被捕；

9月间，中共中央特科几度被破获，多名重要成员被捕；当月中央组织部再遭破获，机构全毁；

10月初，上海临时中央局被破获，代理书记盛忠亮等十余名重要电讯及联络人员被捕，多部电台被起获，上万美金及大量现金和外币被抄，江西中央苏区与上海中央局及与莫斯科的联系全面中断；

10月底，中共共青团中央被破获，全部领导人被捕；

11月初，中共共青团江苏省委被破获，几乎全部领导人被捕；

11月底，刚刚重建起来的中共中央组织部被破获，徐宝铎等被捕，整个组织系统再度全面瘫痪；

1935年1月，新组建的江苏省委再遭破获，工作瘫痪；

2月中旬，新组建的上海中央局、宣传部、组织部及中华全国总工会再遭破获，中共上海中央局代书记黄文杰等三十多名重要干部被捕……[1]

毫无疑问，上海中共中央各机关被破获，直接导致了中共在各大城市的地下党组织也相继成批地遭到破获。进入1935年春天之后，中共在城市

[1] 参见《共产国际、联共（布）与中国革命档案资料丛书》(14)，第151—153、154—156、273—276、295—305、318—323、324—346、386—389、405、408—415页。

的所有工作几乎都已瘫痪，整个国民党统治区域内唯一继续保持着一定活力和组织系统的，只有中共华北特科和平津的部分党组织了。

除白区组织基本上被破坏以外，中共在各地创立的苏区这时也几乎损失殆尽了。和国民党统治区内中共组织多半毁于国民党特务警察之手不同，中共苏区和红军在相当程度上是毁在自己人的手里的。除了苏维埃革命排斥一切中间力量的极端阶级政策以外，导致中共苏区和红军接连遭受到严重损失的，不能不提到在各个根据地里发生的所谓“肃反”斗争。

早期最严重的一次“肃反”斗争就发生在1930年的江西中央苏区，这是苏联发动的反富农斗争在中共苏区所引起的一次特殊的反应。当时，各苏区中外来干部与本地干部隔阂较深，常常会引发冲突和斗争。党的集权体制和阶级斗争观念明显成为外来干部斗争本地干部的重要武器。这时红一方面军总前委就是由外来干部组成，而赣西南省行委则主要由本地干部组成，双方本来就存在隔阂，而本地干部有相当一部分又出身较富裕家庭，1930年中共中央贯彻共产国际开展反富农斗争的指示，正好为外来干部怀疑本地干部阶级队伍不纯提供了重要的政策依据。他们因此认定“地主富农充塞党的各级地方指导机关”，很快发动起“彻底肃清党内机会主义取消主义，开除党内地主富农”的斗争。[1] 在这场斗争中，因有人“发现”有所谓反共秘密组织AB团分子做中共基层支部书记的情况，马上就引起了相关领导人的高度警觉，反AB团斗争迅即展开。

6月25日，赣西南特委下属的西路行委发布宣传大纲，要求各地实行“赤色清乡”、“赤色恐怖”，凡干部中“表现不好”，或“出身不好”，或其亲友中有“行动不对者”，都要交“苏维埃拿办”。[2] 而破获所谓AB团的办法，则是靠刑讯逼供。据赣西南特委发布的通告明确宣称：“AB团非常阴险狡

[1] 《赣西南特委通告列字第一号》（1930年4月9日），见江西省档案馆等编：《中央革命根据地史料选编》（中），江西人民出版社1983年版，第188页。

[2] 《反改组派AB团宣传大纲》（1930年6月25日），见《中央革命根据地史料选编》（下），第631—634页。

猾奸诈强硬，非用最残酷拷打，决不肯供招出来，必须要用软硬兼施的办法，去继续不断地严形（刑）审问忖度其说话的来源，找出线索，跟迹追问。”只要发现同志间有可疑行动，即应“严刑追问”。凡首领、富农小资产阶级以上和流氓地痞及工农分子加入 AB 团有历史地位或能力较强者，均应“杀无赦”。[1] 到当年 10 月，在赣西南三万多党员中，就开除所谓地主富农分子 1000 余人，并处理了一千多所谓 AB 团分子。[2]

1930 年 10 月 26 日，红一方面军总前委及江西省委召开联席会议，注意到赣西南特委上报的所谓从赣西南苏维埃政府中清查出 AB 团分子占到全部人员 1/4 的情况，当即通过决议，要求改造苏区所有党政军组织，“不使有一个富农反革命分子（AB 团）留在党内团内”。[3] 随后，11 月间，因发现红军内有人散布对总前委不满的流言，总前委马上宣布整军，同时成立了各级肃反委员会，在军队中清查 AB 团分子。仅红四军一个军 7000 多人，一个月左右时间就在严刑逼供下清查出来一千三四百个所谓 AB 团分子，占该军总人数的 1/5。在整个红一方面军，则打出来 4000 多名 AB 团分子。[4]

用严刑逼供和滥打滥杀来肃清 AB 团，不可避免地造成被打者乱咬一气。由于严刑下有人咬出省行委常委兼团特委书记段良弼等为 AB 团头子，毛泽东于 1930 年 12 月初立即派红一方面军总政治部秘书长兼肃反委员会主席李韶九等前往省行委所在地江西省吉安县富田村实施抓捕。李抓到段等即“加以地雷公线香火等毒刑拷打”以逼供，一个个“打得手指折断，满身烧烂，行动不得”。咬出一批，再抓一批，无论男女，都是严刑逼供，无所不用其极。五天时间里，共在省行委和省苏维埃两机关及政治保卫队中抓出了 120 余名

---

[1] 《赣西南特委紧急通告第二十号》（1930 年 9 月 24 日），见《中央革命根据地史料选编》（下），第 639—651 页。

[2] 《（中共江西省赣西南特委）赣西南会议记录——组织问题》（1930 年 10 月 13 日），见《中央革命根据地史料选编》（上），第 626、631 页。

[3] 《目前政治形势与一方面军及江西党的任务》（1930 年 10 月 26 日），见《中央革命根据地史料选编》（中），第 251—266 页。

[4] 《红军一方面军总前委发布八个大胜利的条件》（1930 年 12 月）。

所谓的AB团分子，先后处决了40余人。此事最终激起红二十军干部的反抗。他们率领部队将被抓起来的军政治部主任谢汉昌以及段良弼等数十人营救了出来，史称富田事变。

事变发生后，省行委及红二十军干部再三向中共中央报告了事情的详情，段良弼还专程赴上海向中共中央汇报经过。总前委则将事变定性为反革命暴动。以项英为代理书记的苏区中央局随后采取了调和态度，解散了省行委，宣布开除段良弼等人的党籍，同时也将滥捕滥杀的李韶九开除党籍，并否认参加富田事变者都是AB团分子。但是，六届四中全会后新成立的中共中央，却支持了总前委的“进攻的路线”，免去了项英代理书记的职务，改以毛泽东为代理书记。代表中共中央前往苏区解决富田事变的中央代表团，将应邀前来参加会议的省行委及红二十军领导人一网打尽。随后又取消了红二十军的番号，全部编入红七军，但却将所有副排长以上数以百计的军官全部处决了。短短几年时间里，因所谓AB团问题遇害者，就有7.6万人之多。[1]

富田事变惨剧的发生，远早于苏联发动大规模肃反运动的时间。[2] 不过，发生在中国苏区的这一惨剧仍旧是与苏联的影响密不可分的。

这里首先是阶级斗争观念的作用。因为把人划分成阶级，相信阶级斗争你死我活，阶级革命必然造成阶级斗争越来越尖锐[3]，各种叛徒、内奸、反革命将无孔不入。鉴于苏俄建国后即开始以政治罪（特别是“反革命罪”）

---

[1] 戴向青、罗惠兰：《AB团与富田事变始末》，河南人民出版社1994年版，第81—112页；景玉川：《富田事变平反的前前后后》，《百年潮》2000年第1期。

[2] 苏联的肃反运动的导火索是1934年12月苏共中央政治局委员、中央书记、列宁格勒州委第一书记基洛夫被暗杀事件。大规模肃反运动开始于1936年，持续了将近三年时间。苏共党内所有持不同意见者，包括大批只是被“逼、供、信”咬出来的，或因为各种原因受到怀疑的数以千计的中高层领导干部，几乎全都惨遭杀害。经过这场大清洗，苏共十七大代表中56.6%被逮捕，十七大中央委员中76.5%被逮捕和处决，苏联团长以上军官50%多遭到了清洗。

[3] 《斯大林全集》，第13卷，第190页；《斯大林文选》，人民出版社1962年版，第129页。

入人以罪[1]，1920年代斯大林又把苏共内不同意见者在事实上都当作“反革命”看待，这些做法应用到高度紧张的赤白对立的战争形势下来，自然会出现杯弓蛇影、草木皆兵，以至把有“动摇、害怕、消极、灰心”嫌疑的干部，也视为“实际上不能为党工作，或做了反革命国民党改组派藏在党内的暗探”[2]，动辄加以清洗甚至杀害的情况。

与此同时，照搬自苏联的各级党的最高领导人的首长负责制，以及直属于最高领导人垂直指挥的政治保卫制度[3]，也在肃反斗争中发挥了极大的作用。在高度集权的体制下，首长负责实际上往往会变成个人或少数人专权；而政治保卫制度及其超越一切行政司法无所不能的权力，必然会大大强化地方党最高领导人的个人权力，并使法律与程序的种种规定形同虚设。[4]两相结合，一旦最高领导人在政治上发现风吹草动之际，“肃反的组织——肃反委员会与地方政治保卫处（局）”，难免不会成为人人恐惧的“超过党超过政权的独裁机关”[5]，并制造出种种冤案。

闽西苏区1931年仅因无知的青年军人喊错了口号，就立即全面展开了追查所谓“社会民主党”分子的肃反斗争。闽西苏维埃政府中半数的执行委员因此被杀，共青团30多个区委几乎全部瓦解，闽西红十二军因此大量减员，一些地方接连发生武力反抗事件，全苏区党员人数由8000人锐减至

---

[1] 1917年俄国革命成功后即宣布成立革命法庭，以与反革命势力做斗争。1919年颁布《革命军事法庭条例》更具体列出了反革命罪罪名表。1922年颁布《苏俄刑法典》正式将“反革命”入罪，列为“国事罪”中一类，并细分为16条罪名。1927年颁布《国事罪条例》，对“反革命罪”进一步做了更为详尽的规定。

[2] 《干部问题提纲》，《党的建设》第10期，1931年11月。

[3] 俄国十月革命以后就成立了专门的肃反委员会，即所谓“契卡”；1922年变成了国家政治保卫局，即所谓格伯乌（KBU）。

[4] 如《赣西南特委紧急通告第二十号》（1930年9月24日）和《中共中央执行委员会第二十一号训令》（1933年3月15日）等各种文件均明文规定，不仅要大胆怀疑同志，而且对可疑者必须用酷刑来逼出口供，“凡属罪恶昭著证据确实的分子”，即“应速即执行死刑，然后报告上级裁判部备案”。

[5] 《苏区中央局关于苏区肃反工作决议案》（1932年1月7日），见《中共中央文件选集》，第8册，第18—38页。

3000余人。全苏区被扣上“社会民主党”分子而遭杀害者达到6352人。[1]

鄂豫皖苏区也在1931年由中央局书记张国焘主导展开肃反运动，方法也是通过张个人指挥的政治保卫局，用严刑拷打来逼出口供，根据酷刑下咬出来的证据，捕杀了红十二师师长许继慎、红十二师政委庞永俊、继任政委吴荆赤、红十二师副师长肖方、红十二师参谋长魏孟贤、红十一师师长周维炯、红十一师政治部主任熊受暄、红十师副师长程绍山、参谋主任范沱、政治部主任关叔衣、红三十三师政委姜镜堂、军政治部主任王培吾、军委参谋主任李荣桂，以及团营级干部一大批人。随后，全苏区展开整肃，仅据当年11月公布的统计结果，就消灭了所谓“改组派”1000人，富农及不好的分子一千五六百人。据徐向前回忆，在三个月左右的肃反斗争中，“就肃掉了2500名以上的红军指战员，十分之六七的团以上干部被逮捕、杀害”，“被肃掉的大都是有能力、有战斗经验，和群众有密切联系的领导骨干”。苏区中六安、霍丘、英山等县委，几乎全体干部都被杀害了。红安独立师一个晚上就杀了200多人，六安独立团也被杀害200余人，红山警卫团第八连100余人被全部杀光。甚至红军被迫离开鄂豫皖，退入四川之后，这种肃反仍在继续。不仅继续杀害大批军政干部，而且杀害四川省委和原川东游击队的干部，就连200多名前来参加工作的知识分子，最后也被杀得只剩下五六人了。[2]

湘鄂西苏区从1932年开始，为清查所谓的“改组派”分子，在苏区中央局书记夏曦一个人主导下就连续进行了四次肃反，数以千计的人，从苏区及红军创建人，到省委委员、特委书记、中央分局巡视员，以及红三军参谋长、政治部主任等等，均被杀害。各个根据地总共肃出3万多所谓的“改组派”分子，其中2万多人惨遭杀害。原来有2万多人的红三军，最后只剩下了三四千人。整个苏区和红军党的组织，最后只剩下了四五名所谓信得

[1] 参见《闽西“肃社会民主党”历史冤案已平反昭雪》，《党史通讯》1986年第5期；蒋伯英：《闽西苏区的“肃清社会民主党”冤案》，《中共党史研究》1989年第4期。

[2] 参见《徐向前元帅回忆录》，解放军出版社2005年版，第108—109页；张国焘：《给中央政治局的报告》（1931年11月25日），等等。

过的党员。[1]

湘赣苏区肃反运动中，红七军因为是广西旧军队起义过来的，其领导人无端被怀疑为“改组派”，以致团以上干部几乎全部被捕、被杀，毅然投身革命的总指挥李明瑞也因此死于非命。粤东北苏区的红四十九团 1932 年只因误听敌特谣言，就在不过两三千人的队伍中杀害了千余人，几乎把整个部队搞垮了。

由上不难了解，1934 年前后中共苏维埃革命所遭受的种种惨重失败，即毛泽东所说的白区损失了百分之百，苏区损失了百分之九十[2]，可以说是不可避免的。它既来自于国共两党力量对比的悬殊，更来自于中共自身政策的过多错误。

《八一宣言》，从“工农苏维埃”到“人民苏维埃”的转变

在 1934 年秋之后，随着中央红军开始向西撤退并被迫进行长征，蒋介石南京政府也乘机把自己的势力扩展到了一向处于半割据状态的云、贵、川、康等西南各省。一方面红军越走越远，并又接连放弃了川陕及湘鄂川黔两大根据地，被迫折向西北，远离了国民党的战略要地；另一方面蒋介石乘机扫除异己，并“将一向不统一的川滇黔三省统一起来”了[3]。如此一来，国民党既去了所谓“心腹之患”，又极大地扩展了其势力范围，奠定了所谓“民族复兴的根据地”[4]，蒋介石的地位及势力也随之愈益巩固和增强，其“安内”及“统一”的目的也明显接近于实现。

---

[1]　参见《湘鄂西中央分局报告》（1934 年 9 月 15 日）；《土地革命战争时期根据地反“改组派”斗争考析》，《湖北行政学院学报》2004 年第 5 期；景玉川：《富田事变平反的前前后后》，《百年潮》2000 年第 1 期。

[2]　毛泽东：《关于人的认识问题》，见中共中央文献研究室编：《毛泽东文集》，第 8 卷，人民出版社 1996 年版，第 393 页。

[3]　蒋介石：《政府与人民共同救国之要道》（1936 年 1 月 16 日），见李云汉：《抗战前华北政局史料》，（台北）正中书局 1982 年版，第 709 页。

[4]　《党史概要》第 2 册，第 747 页。

在这种情况下，蒋介石的安内攘外政策也开始有了某些变化。1934年夏，当第五次“围剿”的军事形势已完全明朗之后，他就已经开始认真考虑对苏交涉问题了，甚至开始考虑与苏联签订秘密军事协定或互助条约的可能性。而其军事部署上,也似乎有了由所谓“剿匪”转为“以抗倭为中心”的倾向。[1] 蒋介石于1935年秘密调集大批部队构筑由苏州、常熟、嘉兴、江阴等地，向长江两岸及黄河流域逐次推进的以南京为中心的大型防御体系。同年,蒋并下令成立“陆军整理处”,准备4年内整理陆军60个师。不仅如此，当日军进一步威胁平津华北地区时，蒋竟以演习为名，先后向平汉路南段沿线及京沪线南段沿线调集了20余万中央军，开始把非嫡系的地方军队调去应付残存在南方等地的共产党小股武装了。这种情况都表明，蒋介石似乎越来越开始把来自日本的威胁放在了更重要的地位，对共产党的威胁则不那么担心了。

当然，至少在1935年间，国民党内部的分化情形还是很明显的，蒋介石中央势力的迅速增长，对地方实力派造成了很大的威胁，因此反蒋的情绪和力量还是存在的。在这种情况下，以抗日为号召来组织反蒋统一战线还是有些号召力的。在这一年的7、8月，共产国际召开了第七次代表大会，制定了新的统一战线政策，方便了中共调整转变自己的政策和策略，出于现实政策需要的考量，中共驻共产国际代表团开始部分地改变了对苏维埃革命的宣传手法。还在这一年3月间，原福建人民革命政府的一些反蒋头面人物，在宣布赞同共产党人的最高纲领和决心以共产党为“唯一的真正的同盟”之际，就明确表示过希望中共能够放弃还不适宜作为直接斗争目标的苏维埃革命的方针。[2] 尽管王明等人最初对此还难以接受，但在共产国际七大召开之后不久，他们还是从七大那些关于必须以苏维埃为中心之类的空洞口号上退了下来。特别是在了解到红军全部主力都已退去西南和西北

[1] 转见《中华民国重要史料初编》绪编（一），第742页。

[2] 《胡秋原给王明和康生的信——中国人民革命委员会给中共驻共产国际执行委员会代表团的信》(1935年3月10日),见《共产国际、联共（布）与中国革命档案资料丛书》(14),第366—372页。

地区之后，他们显然已经意识到，依据目前的局势和红军现有的力量，仅仅作出某些策略手法上的变化是远远不够的。即使不是苏维埃革命方针应当改变的话，对苏维埃政策进行一些调整无论如何都是必需的。否则，共产党人就绝不可能与各个反蒋派别建立起统一战线来。

9月，中共代表团举行会议，决定发表《为抗日救国告全体同胞书》（即《八一宣言》），明确肯定要以反日为号召，同一切反日的力量实行联合。10月1日，中共代表团在自己的机关报《救国时报》上，以苏维埃中央政府和中共中央名义发表了《为抗日救国告全体同胞书》，呼吁全国各党各派各界各军以“兄弟阋于墙，外御其侮”的真诚觉悟，“停止内战”，组织全中国统一的国防政府和抗日联军，“有钱的出钱，有枪的出枪，有粮的出粮，有力的出力，有专门技能的贡献专门技能”，“集中一切国力”，“为祖国生命而战！”“为民族生存而战！”“为国家独立而战！”“为领土完整而战！”“为人权自由而战！”[1]

“兄弟阋于墙，外御其侮”，讲的是外争高于内争，民族矛盾高于阶级矛盾。公开把各种反日反蒋势力，“不管什么阶级”、“不管什么党”[2]，统统看作“兄弟”或“同胞”，并且提出为“民族”、“国家”、“领土”乃至“人权自由”而战的带有明显的资产阶级色彩的政治口号，这标志着共产党人正在从早先“彻底革命”的立场上大踏步后退，甚至在从共产国际七大的立场上在后退了。

可以了解的是，中共代表团已经渐渐注意到，必须改变过去那种只承认共产党和工农劳苦大众的革命性，将其他党派和阶级统统视为反革命的狭隘观念。为此，首先就必须在苏维埃政权之下给予工农劳苦大众以外的阶级，即“所有城市小资产阶级分子以及一切真正参加抗日救国的武装斗争的人”

[1] 《中国苏维埃政府、中国共产党中央为抗日救国告全体同胞书》（1935年8月1日），见《中共中央文件选集》，第10册，第518—525页。

[2] 《中央为目前反日讨蒋的秘密指示信》（1935年10月），见《中共中央文件选集》，第10册，第561—571页。

以公民权，使“不反对苏维埃政权而反对帝国主义者及其走狗底非共产主义的党派、社会团体和群众组织，能够享有民主权利和自由”，而他们的代表，包括资产阶级出身的专门人才，则应允许参加苏维埃政权及其机关工作。同时，应当停止剥夺富农和商人的政策，停止侵犯小土地所有者和私人工商业，等等，以便“使我们的政策，具有明确的人民性质和深刻的民族性质”。只有这样，才能使苏维埃本身适应目前策略变动的需要。[1]

以往的工农苏维埃自此失去存在的可能了，“人民苏维埃”的口号被提了出来。尽管“苏维埃”的形式及旗帜依旧保持着，但从“工农”到“人民”这一阶级范畴的大幅度变动，明显地改变了此前苏维埃革命的内容与目标，从而就在根本上动摇了以彻底性为其最重要特征的苏维埃革命的方针和政策。由此一来，渐渐地，苏维埃作为一种革命形式，只不过是共产党人用以保持与蒋介石南京政权对立的一种革命标志罢了。策略上的转变导致政策方针的根本性变化，这是人们最初始料所不及，又是不可避免的。

毛泽东：打到苏联边界去，保存这数百干部和若干千战士

中共中央和中央红军浩浩荡荡退出江西苏区后，在国民党中央军的追击下，一路不断减员，渡湘江时更遭遇何键等部的拦截，辗转过江后只剩下3万多人，大部分辎重，特别是各种人挑马驮的设备和资料，全部散失。原想落脚湘西，也只得放弃，经过湘桂边境时，又遭到桂系军队的堵截，不得不转入贵州，有意在川黔边落脚，建立一块根据地，不料中央军也追入贵州，只得又转向川滇黔边。但在中央军和川军的夹击下，红军仍不能落

[1] 分别见王明：《中共的新政策》，《布尔什维克》1935年第20期；《为争取反帝统一战线而斗争和中国共产党的当前任务》，《共产国际》1935年第33—34期；《答反帝统一战线底反对者》，《救国报》1935年11月7日；《中国共产党的新策略》，《国际新闻通讯》第15卷第70期，1935年12月21日；《中国共产党新策略的基础》，《国际新闻通讯》第15卷第71期，1935年12月27日；《全面转变我们的工作》，《国际新闻通讯》第16卷第8期，1936年2月8日。

脚，只好转入滇东北。因在滇东北发现可以过金沙江，进入川西以争取与红四方面军会合，故又几经辗转进入川西。恰好红四方面军也退出川陕苏区，八九万人浩浩荡荡南下川西相迎，两军终于在中央红军艰苦跋涉8个月之后，于1935年6月12日在四川夹金山脚下的懋功（今四川省阿坝藏族羌族自治州小金县达维镇）会师了。

但是，两军会师后双方却很快发生了隔阂与摩擦。这里面最主要的原因，一是因为双方无论兵力、装备、供给、军容都相差甚远，中央红军这时只有1万多兵力，而四方面军的兵力则是中央红军的六七倍之多，这不能不在双方指战员，包括在双方最高领导人心理上，形成一种强烈的反差。二是中共中央与共产国际已经失去联系多时，而就在几个月前，即1935年1月15—17日，中共中央领导人曾在贵州遵义召开了一次政治局扩大会议，在没有得到共产国际指示的情况下，自行改组了中共中央政治局及政治局常委会。会议明确认为，由李德、博古和周恩来组成的“三人团”必须要对中央苏区作战失败负责，李德和博古“要负主要责任”。会议增补毛泽东为政治局常委，会后常委分工“决定以洛甫（即张闻天）同志代替博古同志负总的责任”，“恩来同志是党内委托的对于指挥军事上下最后决心的负责者”，“泽东同志为恩来同志的军事指挥上的帮助者”。[1] 这次会议虽然仍旧推举了留苏学生张闻天代替博古“负总的责任”，但这毕竟已经不是经由莫斯科认可的那个中共中央了。这一改变无疑使张国焘等四方面军最高领导人对中共中央的权威性发生了动摇。

正是在这种情况下，双方很快就围绕着究竟是南下还是北上，以及四方面军领导人在中共中央政治局中的权位问题，发生了分歧。尽管中共中央基于四方面军人多枪多的现实，尽量迁就张国焘等。周恩来让出了军事指挥上负责者的地位，四方面军领导人并得以补入政治局，但是，双方最终

[1] 陈云：《遵义政治局扩大会议传达提纲》（1935年2—3月），见中央档案馆编：《遵义会议文献》，人民出版社1985年版，第42页。

还是在南下还是北上这一关系到红军发展方向的关键性问题上，出现了严重的意见对立。张国焘最后以党内军事指挥上负责者的地位，下令部队南下。毛泽东则力劝中共中央领导人迅速脱离张国焘的控制，改以中共中央名义，要求各部队听命北上。1935 年 9 月 10 日，中共中央和中央红军一、三军团在毛泽东的主导下，半夜悄然出走，脱离了四方面军。两部红军因此分裂，张国焘随后公开否认了中共中央的合法性，另立了中共中央、中央革命军事委员会、苏维埃中央政府，并宣布解除毛泽东、周恩来、张闻天等人的中央职务，开除党籍等。

张国焘坚持反对北上，主要原因一是因为苏联方面此前曾多次表示过希望红军向四川等地发展，不愿意红军太过靠近中苏中蒙边境地区，担心会给日本进攻苏联和外蒙古造成口实；二是因为他们认为北方有国民党中央军堵截，兵力及防备均强过四川地方军阀，同时自然条件较南方差，解决过冬被服更为不便等。但毛泽东等人的看法恰恰相反，在 8 月 6 日中共中央政治局沙窝会议上，张闻天就明确提出了争取西北地区，背靠苏联的战略设想。毛泽东更直言：我们基本上靠自己，但也应得到国际的援助。北上“地理上靠近苏联，政治上物质上能得到帮助，军事上飞机大炮，对我国内战争有很大意义”[1]。9 月 12 日，即两军分裂后，中共中央只剩下 6 个团的战斗部队，加起来不过五六千人，要想实现原定在川陕甘边或甘南建立巩固根据地的计划已无可能。因此，毛泽东明确主张：“打到苏联边界去”，“经过游击战争，打通国际联系，得到国际的指导与帮助，整顿休养兵力，扩大队伍”，得到援助，然后“更大规模更大力量打过（回）来”。他的观点很清楚，现在的关键是要“保持（存）数百干部、若干千战士”。只要能达成这一目的，“就是很大的胜利”。[2]

可以肯定的是，几乎全部是由南方人组成的中共中央，这时并不清楚

[1] 《毛泽东在中央政治局会议上的发言》（1935 年 8 月 6 日）。
[2] 《毛泽东在中央政治局会议上的发言》（1935 年 9 月 12 日）。

他们面前究竟存在着怎样的艰难险阻。中共中央反对南下的一个重要理由，就是因为中央红军在八九个月的长途转战过程中，已经清楚地了解了与少数民族打交道究竟有多难。但是，他们不清楚，要想打到苏蒙边界地区去，横在他们面前的，除了他们已经估计到的国民党十倍以上的兵力拦阻以外，还会有许多险恶的自然条件和可能更加危险的少数民族区域。事实上，正像毛泽东所说的，我们很可能被打败，甚至被打散，但是别无他途，必须做此努力。几天后，红军在突破甘肃腊子口国民党鲁大昌部的防线时，五六千人的兵力伤亡就达到上千人。由此可知红军北上前途之危险。

让中共中央绝处逢生的是，红军进入甘肃境后，在哈达铺意外地看到了一张报纸，上面报道了陕北地区不仅存在着两支红军，而且还存在着一块根据地。这一消息立即引起了毛泽东和中共领导人的高度重视，他们当即决定，停止北上苏蒙边界的计划，立即转向陕北。

1935 年 10 月，中共中央和中央红军抵达陕北苏区。这支一年前从中央苏区撤出时总计约 8.7 万人的庞大队伍，这时连同伤病和干部也只有不足 6000 人了。中央红军这个时候和陕北红军会合起来，总兵力也只有 1 万余人。而陕北地贫人稀，苏区面积又极为有限，红军的生存和发展，实际上依旧处于严重的困难之中。

十分幸运的是，这里到底靠近苏蒙边境。苏联和共产国际一年来一直在想方设法恢复与中共和红军的联系，它们派来几批联络人，包括携带大功率电台的联络小组，都曾试图与陕北这里的红军接头。[1] 而这一年 7 月，共产国际再派中共中央驻共产国际代表团的工作人员之一张浩（亦即林育英），穿越蒙古与绥远交界的沙漠地带，再度秘密潜来陕北。11 月中旬末，即就在中共中央刚刚到达陕北不过一个月左右的时间，他就成功地成为莫斯科派来抵达陕北苏区的第一人。在与共产国际中断联系长达一年多之后，中共中央又再度接通了与共产国际的关系。和这时远在西康地区自称“中央”

[1]　已知几批人或者没有到达，或者在途中被土匪武装杀害了。

的张国焘等人相比，中共中央实在再幸运不过了。就因为共产国际派来的代表和他们在一起，中共中央的合法性自然也就名正言顺了，张国焘的那个“中央”再没有出头之日了。

斯大林：主力红军可向西北及北方发展，并不反对接近苏联

张浩的到来，对于中共中央，远不止是可以帮助它重塑合法形象这一种好处。更为重要的是，他还带来了共产国际七大实行统战新政策的最为重要的政治信息。张浩转达的共产国际的口头指示包括如下四项：(1) 实行“抗日反蒋”的统一战线的策略方针，(2) 以建立国防政府与抗日联军为统一战线的最高表现形式，(3) 改工农苏维埃为人民苏维埃，(4) 富农政策及相关政策亦加以改变。同时，他还告诉中共中央，斯大林明确表示过对红军发展方向的看法，即他同意主力红军可向西北和北方发展，并不反对接近苏蒙边境。[1] 就中国共产党人这时所面临的严峻形势来说，共产国际关于策略转变的这一指示和斯大林关于红军发展方向的意见，其重要性实在是无以复加了。十分明显，即使中共中央大胆地改组了自身的最高权力机构，它也绝不可能突破共产国际此前所规定的种种政治方针与基本政策。新的中共中央即使真的取得了共产国际的承认，如果在接下来为生存而展开的种种斗争中仍像过去那样僵化、机械和激进，它也绝对不可能在陕北生存下来。好在共产国际的统一战线政策进行了及时的调整，中共中央恰好得到了这一信息，不仅避免了在陕北重蹈江西失败的覆辙，而且还为其纵横捭阖，扭转危局，创造了极为重要的先决条件。

12 月 25 日，中共中央于陕北瓦窑堡通过决议，决定将苏维埃工农共和国“改变为苏维埃人民共和国”，同时改变自己的各项政策。这包括：给予

[1] 《林育英、张闻天二同志致四方面军电》(1936 年 2 月 14 日)，见《第四方面军战史资料选编——长征时期》，解放军出版社 1992 年版，第 371 页。

一切革命的小资产阶级及其知识分子以选举权与被选举权，切实保护小资本工商业；欢迎民族工商业资本家和华侨资本家来苏区投资设厂；停止没收富农的土地及财产；允许有产阶级代表参加苏区政权管理工作；不再以社会出身来限制党和红军的发展工作，等等。[1]

毫无疑问，在共产国际统一战线策略转变之后，中共中央开始对国内外形势以及阶级关系有了新的估计。他们相信，随着日本帝国主义公然“并吞中国本部”，挑起华北事变，全中国人民已陷入“亡国灭种大祸临头的危险形势”，从而“重新推醒了全中国人民”，不仅过去脱离革命乃至一度倒向反革命的“广大的小资产阶级群众与知识分子，现在又转入了革命”，就是反革命营垒中的“一部分民族资产阶级，许多的乡村富农与小地主，甚至一部分军阀，对于目前开始的新的民族运动”，也“是有采取同情中立以至参加的可能的”。[2] 当“中国革命的现时力量还有严重弱点”的时候，这种情况显然有利于共产党人“用纵横捭阖的手段对付反革命队伍”。而统一战线的策略，就是要从敌人队伍中“多拉一些人出来”，以便于孤立和打击敌人。[3] 不难想见，这一策略思想的提出，对于正处于绝对劣势之下，却又必须坚持以苏维埃政权形式与蒋介石南京政权对立的中国共产党人，将具有何等重大的意义。

很快，中共中央就与负责陕甘地区“剿共”行动的国民党将领张学良、杨虎城结成了秘密的统战关系。不过万人左右的红军，竟与十余万东北军和 3 万十七路军和平共处起来，进而在陕北站稳了脚跟。中共中央甚至说动了张学良，与之秘密结盟，承诺帮助张实现联苏抗日。为此，双方甚至在 1936 年的四五月间，就开始密谋和准备在“抗日反蒋”的旗帜下建立西

---

[1] 《中央关于目前政治形势与党的任务决议》(1935 年 12 月 25 日)，见《中共中央文件选集》，第 10 册，第 598—628 页。

[2] 同上。

[3] 毛泽东：《论反对日本帝国主义的策略》，《毛泽东选集》（合订本），人民出版社 1964 年版，第 150、152 页。

北国防政府，组织西北抗日联军，共同“打通苏联”，与苏联及外蒙订立抗日互助条约，以西北为中心来发动全国的抗日战争。据此，中共中央明确电告共产国际称，我们已经成功地对东北军和张学良进行了统战工作，并能够劝说杨虎城、邓宝珊等加入到西北抗日反蒋的国防政府当中来。我们拟按照实力原则推举张学良为未来西北抗日联军总司令，并打算吸收张学良加入中国共产党。但因为东北军和十七路军一旦加入抗日联军，薪饷无法靠地方税收来解决，故可否请共产国际“每月给我们300万元的援助”。同时还“希望得到飞机、重炮、弹药、步枪、高射炮、浮桥……”援助，请询问苏联能够提供多大程度的援助。[1]

从给予小资产阶级及其知识分子以公民权，到允许有产阶级代表参加苏区政权管理工作，从取消入党参军的严格的出身成分限制，到准备吸收中国最著名的大军阀之一张学良入党，这些都鲜明地反映了新一任中共中央领导人张闻天、毛泽东等人的务实精神。尽管在共产国际关于坚持以苏维埃为中心和以“抗日反蒋”为方针的具体指示下，他们还难以在全国范围内以更加灵活务实的精神来分析形势和从事统战工作，但他们显然力图更多地从实际需要而不是从抽象的原则出发来处理问题。

1936年4月13日，受中共中央指派到平津地区领导中共北方局工作的刘少奇，就公开向全国各界宣告：在抗日的前提下，共产党人将不仅进一步停止没收地主的土地与财产，而且还将停止一切反对国民党的宣传和行动，直至“援助南京”抗日。[2]

随后，在中共北方局与国民党方面秘密接触中所提出的谈判协定草案里，它更明确提出：一旦国共双方停止敌对行动，组成国防政府和抗日联军，中共将同意国民党在国防政府和抗日联军中占指导地位；而依据将来抗日

[1] 中共中央在1936年6月16日首次利用自己新建的电台，从陕北向共产国际发出了第一份电报。并见《洛甫致王、康电》(1936年7月2日)、《季米特洛夫给斯大林的信》(1936年7月初)，见《共产国际、联共（布）与中国革命档案资料丛书》(15)，第223—229页。

[2] 陶尚行（即刘少奇）：《关于共产党的一封信》，《自由评论》第22期，1936年5月2日。

战争的需要，中共或将更进一步赞成全中国真正的民主统一。[1]

十分明显，所谓“赞成全中国真正的民主统一”云云，表明中共一些领导人中已经开始意识到在一定阶段有放弃苏维埃及红军形式的必要性了。

以彻底的阶级革命为内容和特征的苏维埃革命，作为一种革命运动和特定的革命模式，自从共产国际转变其在中国的统战策略及其有关政策以来，就已经渐渐失去它的存在意义了。这是因为，统战策略的转变，直接导致了共产党人对阶级关系认识的改变和阶级政策的大幅度调整。而重新把小资产阶级乃至民族资产阶级的一部分看成是革命动力[2]，把富农乃至抗日的地主看成是革命的同盟者[3]，甚至重新向自己最大的敌人国民党呼吁和平与合作，乃至准备依据实力原则承认后者的指导地位，这些无疑都使中共的政策又重新回复到国民革命的阶段去了。所谓苏维埃革命，已是名存而实亡了。

当然，要立即放弃这一共产党人为之浴血奋斗已近十年的革命旗帜，还不是一件轻而易举的事情。“苏维埃”，作为一种特定的革命模式，或许适用于俄国，却并不适用于中国，尤其不适用于九一八事变以后的中国，这个时候，大概还没有几个共产党人会这样考虑问题。包括主导了新政策出台的共产国际，在这一点上也没有任何思想准备。

共产国际：把蒋介石与日寇等量齐观，在政治上是错误的

1936年8月15日，共产国际执委会书记处给中共中央书记处的一封电报，清楚地反映了苏共中央及共产国际领导人对以往革命形式所怀有的那种眷恋之情。

来电称：“建立抗日民族统一战线的方针根本不要求削弱苏维埃，不要

[1]　《周小舟给中共中央的报告》（1936年8月29日）。

[2]　参见毛泽东：《论反对日本帝国主义的策略》。

[3]　参见陶尚行：《关于共产党的一封信》。

求将红军溶入抗日大军和将共产党溶入中国某种总的政治联盟。”具体说来：“在政治方面，抗日民族统一战线应该是中国共产党、国民党和其他组织在完全保持它们在政治上组织上的独立性的情况下，在共同的抗日立场上的协调一致。在军事方面，抗日统一战线应该是红军和其他武装力量在组织抗日联军问题上的协调一致，而这些力量当中的每一支力量都保持自己的独立性，都对自己的作战地段负责，在完成共同的作战计划任务时都服从统一的指挥。”因此，来电尖锐批评中共中央领导人做出的“关于一切愿意入党的人，不论其社会出身如何，均可接收入党和党不怕某些投机分子钻进党内的决定”，“打算接收张学良入党的通知”，“不加选择地接收学生和其他军队的旧军官加入红军队伍的做法”，以及“允许有产阶级代表参加苏区政权管理工作”的规定等等，认为这统统有损于党和红军及苏维埃政权的阶级纯洁性，不利于革命队伍的统一和团结。[1]

没有理由认为共产国际的权威地位已经受到了来自中共中央领导层的挑战，共产国际的上述批评几乎是毫无例外地受到了中国共产党人的一致拥护。这是因为，无论中共中央如何努力地尝试着灵活应对现实的政治需要，他们到底还是共产党人，还必须服从于共产国际作为上级领导机关的指导与教正，尤其是还必须坚持意识形态的正统性。很显然，共产国际政治指示中突出强调的党的队伍的阶级纯洁性问题和保持党在统一战线中的阶级独立性问题，是共产党的阶级规定性所必须要坚守的原则性问题，也是中共作为共产党的政治合法性的所在，对此，中共中央只有接受和检讨而已。

在8月、9月两个月里，从中共代表团到中共中央，都不得不忙于起草各种指示和开展自我批评，以便根据共产国际的指示精神全面修正自己此前的政策和策略[2]，中共中央并且于1936年9月22日发出了自我批评的通知。

---

[1] 《共产国际执委会书记处致中共中央书记处电》（1936年8月15日），见《共产国际、联共（布）与中国革命档案资料丛书》（15），第241—244页。

[2] 中共代表团于8月21日和25日，中共中央于9月15—17日，都相继召开专门会议，根据共产国际的指示展开自我批评，同时拟定了一系列的文件。

当然，共产国际的批评并非仅仅是教条式地重申关于阶级纯洁性和坚持苏维埃的方针，让中国共产党人能够感受到其前瞻性的，甚至并不在这一点，而是在于它及时地注意到，继续实行“抗日反蒋”的策略方针，“把蒋介石和日寇等量齐观是不对的”，“政治上是错误的”，“因为中国人民的主要敌人是日本帝国主义，在现阶段，一切都应该服从抗日”。据此，共产国际建议：“中国共产党人发表声明，主张建立统一的中华全国民主共和国，主张在普选基础上召开中华全国议会和成立中华全国国防政府”，而苏区将愿意“纳入这一统一的中华全国民主共和国，将参加中华全国议会，并在自己的区域内实行为整个中国确定的民主制度”。[1]

承认自己过去“把日本帝国主义与蒋介石同等看待是错误的，‘抗日反蒋’的口号，也是不适当的”[2]，并不是一件特别困难的事情。真正困难的其实还是把苏维埃共和国的口号改变成为“民主共和国”的口号。因为再明显不过的一点就是，共产国际虽然提议宣传民主共和国的口号，而它实际上还没有认真设想过在中国放弃苏维埃革命形式及苏维埃共和国的问题。至少，在此时直接负责中国事务的共产国际领导人季米特洛夫那里，还不存在这种明确的意识。季米特洛夫不仅公开要求中国共产党要“继续巩固苏维埃”，声称“苏维埃在现时是国内的唯一的民主政权机关和中国人民反对日本帝国主义斗争的最可靠的支柱”，而且主张有必要“提出建立苏维埃作为中华全国共和国民主机构的问题”，以便据此加强自己的地位，并促使群众“有组织地为建立苏维埃政权而进行斗争”。[3] 在他们看来，民主共和国、全国议会、国防政府等等，固然可以视为“目前条件下联合中国人民

---

[1] 《共产国际执委会书记处致中共中央书记处的电报》(1936 年 8 月 15 日)，见《共产国际、联共(布)与中国革命档案资料丛书》(15)，第 241—244 页。

[2] 《中央关于逼蒋抗日问题的指示》(1936 年 9 月 1 日)，见《中共中央文件选集》，第 11 册，第 89—91 页。

[3] 参见季米特洛夫：《中国共产党十五周年纪念》，《救国时报》1936 年 9 月 18 日；《季米特洛夫在共产国际执行委员会书记处会议上关于中国问题的发言》(1936 年 7 月 23 日)，见《共产国际、联共（布）与中国革命档案资料丛书》(15)，第 230—234 页。

一切民主力量保卫祖国抵御日寇的最好手段”[1]，但真正的民主还是必须靠苏维埃革命和苏维埃政权来实现，因此，坚持苏维埃的政权形式依旧是必要的，哪怕只是作为一个区域性的政权形式保存下来。[2]

然而，在民主共和国和联蒋抗日的策略思想提出以后，还有没有继续保存一个苏维埃共和国或苏维埃政府的可能性呢？处于斗争最前线的中共中央对此显然没有那样乐观。

改变对蒋策略，在中国共产党方面并不是一个十分陌生的问题。早在1935年11月，中共代表团就曾经尝试着做出过类似的表示。[3]它还不止一次地声明过，中共主张“抗日反蒋”，但“不包含说我们不准蒋来抗日”。“倘蒋能真正抗日，中国苏维埃政府当然可以在抗日战线上和他携手”。[4]

同样，中共中央自1936年初以来，也一直秘密地同国民党南京政府的代表保持着政治上的接触，寻找着双方接近的可能性，并在公开宣传上逐渐放弃了直接号召反蒋的做法。[5]现实力量的悬殊对比，以及排除南京政府和蒋介石国民党无法真正实现抗日等种种考虑，事实上也已经使得中共中央不能不对“抗日反蒋”的策略方针渐渐发生动摇。因此，从策略上调整对蒋方针，并不是一个十分困难的问题。

---

[1] 《共产国际执委会书记处致中共中央书记处电》(1936年8月15日)，见《共产国际、联共（布）与中国革命档案资料丛书》(15)，第241—244页。

[2] 参见季米特洛夫：《中国共产党十五周年纪念》，《救国时报》1936年9月18日；《季米特洛夫在共产国际执行委员会书记处会议上关于中国问题的发言》(1936年7月23日)，见《共产国际、联共（布）与中国革命档案资料丛书》(15)，第230—234页。

[3] 王明：《驳反帝统一战线底反对者》，《救国时报》1935年11月7日。

[4] (通信)《关于抗日讨蒋》，《救国时报》1935年12月14日，《中国苏维埃政府主席毛泽东和外交人民委员王稼祥最近谈话》，《救国时报》1936年1月29日。

[5] 这一转变可以通过毛泽东对张闻天等1936年4月5日发出《为反对卖国贼蒋介石阎锡山拦阻中国人民红军抗日先锋军东渡抗日捣乱抗日后方宣言》提出异议，中共中央改变策略的过程中看出来。毛4月9日电明确提出：“目前不应发讨蒋令，而应发布告人民书与通电……在停止内战旗帜下实行一致抗日，在讨日令旗帜下实行讨蒋。”中共中央因此于5月5日再发《停战议和一致抗日通电》，放弃了“卖国贼蒋介石阎锡山”的提法，改称为“蒋介石、阎锡山氏”。参见中央档案馆编：《中共中央抗日民族统一战线文件选编》(中)，档案出版社1985年版，第118—120、140—141页。

问题在于苏维埃。依照共产国际的指示，中共中央这时在公开场合也继续坚持着“巩固苏维埃”的口号，但是，他们已经看出，如果想要与南京国民党达成妥协，根据目前双方的实力对比，在这种妥协下，双方的政治地位是绝对不可能平等的。因此，要想在政权与军队形式上与国民党讨价还价，几乎是不可能的。对于中共中央来说，目前的关键仅仅在于要“求得在实行抗日与保存苏区红军等基本条件下成立双方之统一战线”[1]，其他一切形式上的东西都是次要的。正因为如此，中共中央刚一得到共产国际8月15日电报指示，就立即发布了“表示希望和欢迎蒋及南京政府参加和领导抗日战争”的指示。[2] 而在紧接着起草的《关于国共两党抗日救国协定草案》里，它更是明确表示：中共愿意停止武力推翻国民政府的言论与行动，红军则准备在“不变更共产党人员在红军中的组织与领导之条件下”，同全国军队一同“实行统一的指挥与统一的编制”，红军代表并愿意参加由国民党人“占主要领导的地位”的“统一全国的军事指挥机关”。[3] 随后，中共中央还进一步开始考虑如何承认目前“最有力量的”国民党在未来统一战线组织中的实力领导地位，并据此在红军名称、苏区政权形式、没收地主土地及有关政策方面实行改变等一系列重大问题。[4]

张、毛、博、周：除非得到苏联援助，否则内战不可避免

这时，由于林育英站在中共中央一边，以共产国际代表身份居间调处，张国焘明显处境尴尬，左右为难。毛泽东等因掌握了与共产国际的联络渠

---

[1] 《洛、毛关于应迅速争取开始国共主要代表谈判问题致朱、张等电》（1936年10月8日）。

[2] 《总政治部关于召开白军工作会议规定今后工作方针的建议给彭德怀等电》（1936年8月20日）。

[3] 《关于国共两党抗日救国协定草案》（1936年9月22日），转见《中共中央抗日民族统一战线文件选编》（中），第287—290页。

[4] 分别见《关于国共两党抗日救国协定草案》（1936年9月22日），转见《中共中央抗日民族统一战线文件选编》（中），第287—290页；《毛泽东与美国记者斯诺关于联合战线问题的谈话》（1936年9月22日），《救国时报》1936年12月20日。

道，开始时态度上十分强硬。他曾明确电告张国焘等：“我处不但与北方局、上海局已发生联系，对国际也已发生联系。兄处发展方针须随时报告中央，得到批准。即对党内过去争论，可待国际及七大解决。但组织上决不可逾越轨道，致自弃于党。”[1] 张国焘成立第二中央生米已经煮成熟饭，自然也不甘示弱。双方一度为此唇枪舌剑，互不相下。最后，林育英亲自出面致电四方面军，告诉张国焘等说：“共产国际派我来解决一、四方面军的问题”，“兄如有电交国际，弟可代转”。他并特别说明，中共中央北上方针是正确的，因为“斯大林同志同意，主力红军可向西北及北方发展，并不反对接近苏联”。[2] 张国焘不敢冒冲撞共产国际的风险，最终不能不表示妥协，不再以“中央”自居。而张闻天等为了能将四方面军重新拉回来，也给了张国焘一个台阶，提出“弟等所争持者为政治路线与组织路线之最高原则，好在国际联络已成，尽可从容解决。（兄）既愿放弃第二党，则他事更好商量”，“兄处组织仿东北局例，成立西南局直属国际代表团，暂与此间发生横的关系”。[3] 其实，这时中共中央还并没有与共产国际恢复电讯联络，双方仍旧音讯不通，林育英也不负有解决一、四方面军的使命，但中共中央知道，要想解决这一问题，非打共产国际的旗号不可。

1934 年 10 月 24 日，由贺龙、关向应领导的当初从湘鄂西退出来的红二军团（即红三军），与由任弼时、萧克、王震领导的依照中共中央指令西进湘西，为中央红军探路和牵制国民党军的红六军团，在黔东印江县木黄镇会合在一起。两支部队征战湘、黔两省一年多，终于在 1935 年 9 月与张国焘的四方面军建立了电讯联系，进而在 1936 年 6 月底 7 月初成功会师于四川甘孜。随即，红二、六军团改编为红二方面军，于 7 月按照中共中央

[1] 《毛泽东关于目前形势致朱德同志电》（1936 年 1 月 1 日），转见中央文献研究室编：《毛泽东年谱》（上），人民出版社 1993 年版，第 502 页。

[2] 《林育英、张闻天致朱德、张国焘电》（1936 年 2 月 14 日），见《第四方面军战史资料选编——长征时期》，第 371 页。

[3] 《张闻天致朱德同志电》（1936 年 1 月 24 日）、《林育英致国焘、朱德同志电》（1936 年 1 月 24 日），见《第四方面军战史资料选编——长征时期》，第 238—239 页。

的建议，与四方面军一起开始北上。

红四方面军和红二方面军因西南地区无法立足，不得不响应中共中央的号召北上陕甘北部，与红一方面军会合，形式上会使红军的力量变得强大起来，实际上却使中国共产党人在军事上和经济上陷入更加严峻的危机之中。这是因为，过去蒋介石国民党是分兵“追剿”在西南、西北各地的红军武装，特别是国民党中央军用于“剿共”的主力，多半都在对付人多枪多的红四方面军。如今红军将近十万之众开始集中起来，国民党的兵力自然也能够集中使用了。其优势兵力一旦集中起来发动进攻和“围剿”作战，集中起来的红军的处境反而会变得更加危险。

与此同时，和南方山高林密、物产丰富，以及西南边远地区地广人稀，盛产牛羊的自然经济环境不同，中央红军所处的陕北及甘北地区，“山多、沟深、林稀、水缺、土质松、人户少、交通运输不便”[1]，是粮食奇缺之地。中央红军连同陕北红军组成的十五军团这时共有约两万人，粮食被服尚且严重匮乏，不得不向张学良求助，三四倍于中央红军的大队人马再来到这里，如何维持这许多人的生存，更会成为一个空前严重的问题。

很显然，中共中央这时所以会希望全国的红军都集中到陕甘北部这片贫瘠的土地上来，根本上还是因为想要借助这里靠近苏蒙边境的自然地理位置，实现“打通国际路线”，接取苏联援助，与张学良东北军等创立抗日反蒋的“西北大联合”的理想计划。

中共中央虽在北上苏蒙边界途中意外落脚陕北，但它从来没有放弃过要打通国际路线，获取苏联援助的想法。特别是得到林育英转达的斯大林的意见后，毛泽东就特别明确地提出了“争取开辟苏区到晋陕甘绥宁五个省份去，完成与外蒙及苏联打成一片的任务”[2]。1935年年底，在陕北瓦窑堡举行的中

[1] 《洛博周毛致王明电》(1936年8月25日)，并见《毛周彭关于陕甘各苏区情况致宋张任电》(1936年9月14日)。

[2] 毛泽东：《直罗战役同目前的形势与任务》(1935年11月30日)，见中央文献研究室等编：《毛泽东军事文集》第1卷，军事科学出版社、中央文献出版社1993年版，第401—405页。

共中央政治局扩大会议除接受共产国际指示，在政治上改行统一战线策略以外，一个最重要的内容就是在军事上继续部署实施此前计划中的打通国际路线的方针。毛泽东在军事报告中明确提出：“打通苏联是中心口号，（但要）与巩固和扩大苏区联系起来”。会议据此决定从1936年初起，分三步实现这一计划：第一步，巩固苏区，准备东征山西；第二步，进攻山西西部，扩大红军，实现与苏联的通讯联络；第三步，由山西转进绥远，靠近外蒙，接通苏联。[1]

显然，1936年2月陕北红军东征山西作战，就是基于这样一种军事战略目标来展开的。由于最初作战较为顺利，1936年4月初，毛泽东仍旧计划先在山西站稳脚跟，建立根据地，然后“将此根据地与外蒙古连接与苏联打通”。他们并据此派代表前往苏联，要求苏联方面答复“两军委通信联络问题”，“我军向绥远行动并在绥远创立局面问题”，“人员帮助问题，担任特种技术教育者数人，担任作用者数人”，“技术帮助问题。能否接济步枪、步枪弹、轻重机关枪、高射机关枪、步兵炮、新式架桥设备、无线电器材等”。并表示：苏方“如能接济，我军在秋天全部开赴绥远接运一次至两次”。[2]

中共中央这时与张学良东北军建立“抗日反蒋”的西北国防政府，和组织西北抗日联军，夺取陕、甘、青、宁、绥数省，实现“西北大联合”的计划，无疑正是在这样一种基础上建立起来的。张学良想要联合苏联抗日，打回东北老家，中共中央则承诺代为疏通，并保证苏联能够大力提供援助。1936年3月，苏联与外蒙古宣布订立互助条约，也被中共中央看成是一种信号，即如毛泽东所说：我们可以在西北发动，并和新疆、外蒙联系起来。“三月间订立的苏蒙条约，就是告诉中国革命者，你们可以如此做，我们可以同你们联盟。”“这是重要的事！”[3] 因此，注意到国民党中央军进入山西，从

[1] 《毛泽东关于军事问题的报告》（1936年12月23日）、《中央关于军事战略问题的决议》（1935年12月23日），见《中共中央文件选集》，第10册，第589—597页。

[2] 参见《毛泽东年谱》（上），第536页。

[3] 《毛泽东关于目前形势与今后战略方针的报告》（1936年5月8日）。

山西转进绥远不成，红军退回陕北后，中共中央马上就拟订了西征作战计划，决定组织西北野战军活动于陕、甘、宁广大区域，以接近外蒙和苏联为目的。[1]

按照毛泽东的设想，“打通苏联，解决技术条件，是全军今年必须完成的任务”。而“红军接近苏联的道路有二，一是宁夏及绥远西这一条路。这条路距离较近，人口经济条件较好，缺点是恐怕不易造成根据地。……二是甘、凉、肃三州。这一条路能够造成巩固根据地，缺点是距离较远，某些区域人口稀少，行军宿营恐怕有些妨碍”。在他看来，两条路都要渡过黄河，因此出动时机，要么夏秋，要么等冬天黄河结冰。而以中央红军加上陕北红军之力，又要保卫苏区，又要长途跋涉、搬运大批军事装备与物资，还要对付宁夏马鸿逵等部，实难达成任务。因此，无论毛泽东，还是前线军事领导人彭德怀，都不能不寄希望于或“外蒙能出兵策应并解送军械”，或共产国际能够动员新疆亲苏的盛世才出兵，“夺取甘、肃、凉三州”，“援助我们”。毛泽东明确讲，非达到这一层，我们即使达到了宁夏或甘肃的甘、凉、肃，也是没有用的，因为我们不能向新疆、蒙古去搬东西。[2]

然而，进入8月份，当从莫斯科回国来到陕北的潘汉年进一步带来共产国际盼望红军在西北大发展的信息后，中共中央打通苏联、成立“西北大联合”局面，已成欲罢不能之势。它在8月12日给正在北上途中的二、四方面军的电报中指出：红军三个方面军必须配合东北军打通苏联，出兵绥远，接取苏联援助，建立西北国防政府。此一任务须在较短时间内实现。为此，二、四方面军应与东北军配合，努力控制兰州为战略枢纽，并夺取甘、凉、肃三州。然后红军三个方面军应会合于甘北，准备于10月到11月间进攻宁夏。以一个方面军保卫陕甘宁苏区并策应东北军，应付蒋介石之进攻，“以两个方面

---

[1] 《西征作战计划》（1936年5月18日），见《文献和研究》1985年第5期。

[2] 《毛泽东关于红军接近苏联的道路和时机问题给彭德怀电》（1936年6月29日）、《毛泽东关于今后战略方针和任务给彭德怀电》（1936年7月1日），见《毛泽东军事文集》，第1卷，第551—552、553—554页。

军乘结冰渡河，消灭马鸿逵，完成打通苏联任务”。[1]

而就在中共中央紧锣密鼓地准备实行打通苏联计划和成立西北大联合局面的关键时刻，它却突然收到了共产国际 8 月 15 日来电，不仅否定了“抗日反蒋”的策略方针并反对吸收张学良入党，而且明确要求中共要与蒋介石南京国民党中央谈判妥协。这意味着西北大联合的设想已无从实现了。在既不能策动西北几省独立，又无法在短时间内与蒋介石国民党取得妥协的情况下，整个形势转瞬间就变得极其不利于中共中央和红军三个方面军了。

中共中央未必不希望按照共产国际的意图行事。但是，正是为了确保自身的生存，它不能不提出一种所谓“逼蒋抗日”的方针。这一方针旨在一方面向南京国民党“提议与要求建立抗日的统一战线”，另一方面又“并不放弃同各派反蒋军阀进行抗日的联合”，继续宣布要使自己成为“全国各党、各派（蒋介石国民党也在内）抗日统一战线的组织者与领导者”。[2]

与此同时，中共中央坚持，即使只能靠红军自己，也必须要继续实施打通苏联计划。张闻天、毛泽东、博古、周恩来因此于 8 月 25 日联名致电王明，请其转告共产国际领导人：“因陕北甘北苏区人口稀少粮食十分困难，非多兵久驻之地”，“红军之财政粮食已达十分困难程度”，二、四方面军一旦加入，经济上将更加无法负担。而“为着避免与南京冲突，便利同国民党成立反日，为着靠近苏联，反对日本截断中苏关系的企图，为着保全现有根据地，红军主力必须占领甘肃西部宁夏绥远一带”。因此，中共中央“除在九月以下三个月中加紧与蒋介石进行谈判，求得在一般基础上要求他承认划出红军所希望的防地外”，还需立即占领宁夏，进而向青海及甘西推进，以解决粮食问题，并取得苏联之“技术兵种”“飞机大炮”的军事援助。否则，红军“将被迫放弃现有陕甘宁苏区”，向着“不是抗日方向而是内战方

[1] 《洛、育、恩、博、稼、怀、凯、泽致朱、张、任同志电》（1936 年 8 月 12 日），《文献和研究》1986 年第 5 期。

[2] 《中央关于逼蒋抗日问题的指示》（1936 年 9 月 1 日），见《中共中央文件选集》，第 11 册，第 89—91 页。

向"的甘南、陕南、川北、豫西及鄂西地区进攻。这样做的结果可想而知，即红军将"无法避免与南京在军事行动上发生冲突"。[1]

显而易见，中共中央"逼蒋抗日"的中心盘子正在于此，红军生存发展的关键也正在于此。在他们看来，一旦有了苏联军事技术特别是飞机大炮的援助，不仅中共和红军的生存发展问题迎刃而解，南京以外反蒋各派亦将趋之若骛。最终，蒋介石集团多半也不得不放弃其苛刻条件，按照共产党人的意愿来达成双方间的妥协和平。

张学良：请速告"国际对西安一二一二革命"之看法

中共中央的这种考虑显然也是共产国际和苏共中央久已酝酿讨论过的问题。9月8日，苏共中央书记卡冈诺维奇和莫洛托夫联名致电斯大林，提议同意中共中央占领宁夏地区和甘肃西部的计划，同时准备给予中国红军大约1.5万—2万支步枪、8门加农炮、10门迫击炮和相应数量的外国型号弹药的援助。可通过一家外国公司，经过蒙古南部边境，用运输工具把它们运到宁夏。[2] 斯大林次日批复"同意"。随后，共产国际执委会书记处于9月11日正式复电，批准了中共中央夺取宁夏、打通国际路线、接取苏联军事物资援助的作战计划。它告诉中共中央称：在红军夺取宁夏后，苏联将通过外蒙向宁夏之定远营运送两百吨左右的军事物资。[3]

9月中旬，按照原定计划和苏联援助的承诺，红军一、二、四三个方面军单独进行的打通国际路线的宁夏战役全面展开。但是，尾随二、四方面军而来的国民党中央军胡宗南部，以及占领了陕北大部分苏区的国民党中央军汤恩伯部从东面和南面的大规模"围剿"行动随之展开。由于中央

---

[1] 《洛、博、周、毛关于红军的行动方针给王明电》(1936年8月25日)。

[2] 《卡冈诺维奇和莫洛托夫给斯大林的电报》(1936年9月8日)，见《共产国际、联共(布)与中国革命档案资料丛书》(15)，第251—252页。

[3] 《共产国际执委会书记处致中共中央书记处电》(1936年9月11日)。

军的到来，东北军几乎无法与红军保持停战状态，战局很快就变得对红军不利了。就在 10 月下旬红军三个方面军在甘北会师之后，红军西渡黄河的作战就严重受挫。红四方面军在渡河过程中被胡宗南的军队占据了渡河点，近 5 万人的四方面军有 2.1 万人的主力部队被隔在黄河以西。黄河以东的三个方面军，由于只有 1 万余人的二方面军伤病过大，几乎丧失了战斗力，四方面军剩余部队战力不强，仅靠一方面军节节抗击，不仅整个宁夏战役完全失败，而且黄河以东的红军部队也很快被逼入甘北定边、盐池一带的狭小地带，作战回旋余地过小，一时间，形势变得极其严重，部队的衣食都成了严重问题。[1]

为求红军生存计，中共中央这时急令在上海的潘汉年与国民党人陈立夫谈判寻找妥协办法，但因无法接受蒋介石提出的收编办法，不得不下决心再行新的长征，准备分路突围转战内地，经山西、河南、陕南，一年以后再打回到陕北或甘北来。[2] 不过，有过 1934—1935 年长征军队损失 90% 以上的惨痛教训，中共中央领导人没有人不了解，这次如果再做一年之久的长途征战，不仅抗日和联蒋均成泡影，而且红军和大批干部能否保持下来，都将成为问题。特别是，一年多前的长征，到底还是主要行进在远离国民党统治中心区域的西南、西北边远地区，要对付的主要敌人大都是国民党地方派系的军队。如今要行进的路线，几乎全都在国民党中央军的势力范围之内，此行的危险与作战的惨烈，可想而知。

就在中共和红军即将陷入灭顶之灾的重要关头，中共中央此前的统战工作意外地发生了效力。先是东北军六十七军军长王以哲与红军前线总指挥彭德怀配合，使红一方面军得以找到机会一举歼灭了胡宗南部紧随其后的一个旅，暂时缓解了被“追剿”的压力。随后张学良得知中共中央准备

[1] 张闻天 11 月 4 日即急电王明等称：“请你们迅速地确实地将帮助我们的经费从天津、上海两处交款”，“不论五万十万都要快”，否则，“你们多推迟一天，则红军的冻死饿毙即多增加一人，此非革命之福”。见《中央书记处致王、康、陈电》（1936 年 11 月 8 日、9 日）。

[2] 《中共中央书记处致共产国际执委会书记处电》（1936 年 11 月 8 日）。

战略转移的消息后，明确要求红军“熬过一二个月”，等待时局变化。[1]

1936年12月4日，蒋介石率领大批军政高级官员来到西安，亲自督阵，试图对红军实行毁灭性的大规模军事“围剿”。在力劝无效的情况下，早已暗中与共产党人秘密结盟的张学良、杨虎城于万般无奈之中，在12月12日凌晨发动了震惊中外的西安事变，一举扣留了蒋介石及其全部随行官员。于是，整个局势又发生了戏剧性的改变。试图最后置共产党人于死地的蒋介石，反而成为共产党人的俎上肉了。

毋庸置疑，对蒋介石直接握有生杀大权的，当然是张学良和杨虎城。但是，共产党人对张、杨决定的作用，同样是至关重要的。这是因为，张学良等与共产党人秘密结盟及筹划实行“抗日反蒋”的“西北大联合”等，其最重要的目的，就是想要通过这种办法取得苏联的同情与援助，以便实现其抗日救亡，收复东北失地的夙愿。张学良深知，这时唯一能够给予中国抗日以强有力援助的国家，只有苏联。而蒋介石的“剿共”内战政策和对日妥协的做法，也必为苏联所不满。尽管张学良因1929年中东路事件深深结怨于苏联，但在中共中央代表反复说明后，张已深信，只要与中共同一步调，不难取得苏联的谅解。虽然共产国际改变“抗日反蒋”策略方针，使“西北大联合”计划一时被迫搁置，张却并没有放弃联合苏联的强烈愿望。注意到苏联确有大规模援助红军的意图和计划，红军仅因作战失利而未能取得援助，更相信苏联不会置红军的安危于不顾。眼看“剿共”大战在即，红军或将突围而去，或将被国民党军消灭，从此再无与苏联联络之可能，深知靠蒋介石南京政府收复东北无望的张学良，只有下此破釜沉舟之决心，以求其联共联苏共同抗日之计划，有最后一线实现之可能。

不难看出，张学良之发动西安事变，至少有两层目的和考虑：其一，自然是以兵谏的形式逼迫蒋介石停止内战，转而抗日；其二，则是在蒋介石坚不让步的情况下，以此来取得苏联的谅解与同情，公开联共联苏，号召

[1] 《毛、周、朱、张致彭、任电》（1936年12月1日），参见《毛泽东年谱》（上），第617页。

全国以西北为中心，率先发动抗日。可以肯定的是，依蒋之地位、威望及性格，张学良绝不会过高估计蒋介石在武力胁迫下妥协让步的可能性。因此，他的整个的计划和措施，实际上只能是向着其第二层考虑布置和准备的。事变之初，张学良、杨虎城即迅速以“西北抗日援绥联军”的名义，与红军结成了“三位一体”的军事联盟。同时，他们更把中共代表周恩来等公开接到西安，让中共代表直接参与和蒋介石等人的谈判工作，明确表示出愿与中共同进退的姿态。随后，张学良更进一步主张与共产党人组织事实上的西北政权组织——西北军政委员会，也是想要使处于第三者地位的共产党人能够完全与其站在一起。

张学良的上述做法表明，他尽管不顾一切地发动了兵变，但他对最终的结果显然没有太多的把握。他并非不知蒋介石当时的影响和威望有多大，为此他不能不再三公开申明：“我们这种举动对蒋委员长是绝对无损的。”[1]同时，他又对中共中央提出的在西安被攻时应不惜对蒋采取最后手段的主张，逐渐从不置可否到表示赞同。[2]他虽有逼蒋劝蒋之心，但他又深知此种局面对蒋羞辱之深，故不能不以全力做应战之准备，并在极大程度上把成败荣辱之希望，一度放在中共和红军的身上。事实上，张之寄希望于中共和红军，极力要求与之公开联合，根本目的仍在试图影响苏联和共产国际。这也就难怪，张学良、杨虎城从事变一开始，就把这次所谓的“兵谏”行动，在内部明确称为“革命”，不仅愿知中共方面意见，“尤愿知国际意见”[3]，并再三要求中共中央通报“国际对西安一二一二革命”之看法[4]。很显然，在看不到蒋介石妥协可能的情况下，对于张学良、杨虎城而言，只有不仅得到中共和红军的全力支持，特别是得到中共背后的共产国际和苏联的大力

---

[1] 见西安《解放日报》1936年12月16日。

[2] 参见《周恩来致中央书记处电》（1936年12月17日），参见中央文献研究室编：《周恩来军事活动纪事》，中央文献出版社2000年版，第362—363页。

[3] 参见《周恩来致中央书记处电》（1936年12月17、18日），见《周恩来军事活动纪事》，第362—363页。

[4] 《李毅致毛泽东电》（1936年12月17日）。

援助与同情，这次“革命”才会有最终成功的可能。

但是，张学良观察问题过于表面化了。他不仅忽略了苏联制定对华政策的复杂背景，而且忽略了中共与苏联和共产国际之间关系的实际性质。其实，苏联这时考虑对华政策的出发点，多半并不是从个人好恶出发，而是从如何便于推动中国走向抗日和避免把自己拖入战争的角度来考虑问题的。同样，出于意识形态的，特别是与中国关系的长远利益的考量，苏共必须千方百计地帮助和扶持中国共产党。但这并不意味着苏联和共产国际会迁就中共及其盟友的现实需要,而决定或改变自己的行动原则。恰恰相反，因为苏联的利益高于一切，中共中央反而必须依据苏联和共产国际的需要，及时地修正自己的决定，甚至是牺牲自身的利益。

在1935年中国发生了日本越出“满洲国”的范围，步步蚕食中国华北的严重事件的情况下，苏联当局不能不对日本制造华北事变的目的保持高度的戒备和防范的心理。由于担心日本围绕着苏联和蒙古边界不断拓展其势力范围有可能是针对自己而来，当蒋介石在华北事变期间秘密提议与苏联签订军事互助协定的时候，苏联方面就曾经有所考虑。苏联对华政策的原则很清楚，那就是，谁能够实行抗日政策并有能力举一国之力来抵抗日本，从而有效地帮助苏联牵制住日本人，苏联就会支持他。苏联过去信不过蒋介石及其南京政府，是因为它不相信蒋介石国民党会抗日。但华北事变之后，苏联的看法显然发生了某种改变。这也是它推动共产国际放弃“抗日反蒋”策略方针的一个重要原因。

进入1936年春天以后，苏联方面对华政策的抉择已经是再清楚不过的了。那就是要争取蒋介石及南京政府抗日。在这种情况下，中共中央只得在共产国际的要求下转变对蒋的态度。因此，共产国际绝不会赞同任何可能危害蒋介石性命的军事政变，它更不会同意中共中央与张学良密谋来挟持蒋介石。事实上，西安事变刚一爆发，莫斯科就公开发表言论，对张学良及西安事变进行了尖锐的指责。紧接着，共产国际也明确指示中共中央要全力促成事件的“和平解决”。[1] 由此不难想象，中共对事变在公开场合必须随之保持第三者的立场，而且必须全力推动和平解决问题。这种情况对张学良不可能毫无刺激。除了莫斯科公开表态斥责的刺激以外，另一个再明显不过的刺激就是，张学良一直希望中共能公开站在自己一边。直到12月22日，他还给中共中央去电，要求后者同意公开成立显示红军、东北军和十七路军三位一体的西北军政委员会，这也足以见他这时尚无“负荆请罪”之想。然而，中共中央于23日讨论之后，仍旧委婉地表示了拒绝的态度。这件事很难说对张没有影响。至少,无论蒋介石态度如何,张学良“革命”的期望是无从实现了。

不论苏联和中共的态度是否促成了张学良最后贸然送蒋回京和自请处分之举，事变之后西北三位一体之难于持久，张学良、杨虎城及其东北军和十七路军势将为此付出代价，似可想见。[2] 这是因为，事变的经过表明，中共中央最终只能按照苏联和共产国际的希望，去努力与蒋介石和南京政府求得妥协，以便促使蒋停止“剿共”战争，并逐步走向抗日。它对各反蒋派及地方实力派，再难采取公开支持和鼓励的态度了。

当然，对于中国共产党人来说，西安事变到底还是促成了一次完全意想不到的重大的历史转机。顽强抵抗了将近十天的蒋介石，在宋美龄飞到西安，叙说了南京方面“戏中有戏”的情况后，终于开始不那么强硬了。他很快通过宋子文和宋美龄与张、杨及周恩来达成了某种和平统一、共同抗日的政治默契。[3] 这就不仅使西安事变得以和平解决，而且使十年来势不两立的国共两党终于化干戈为玉帛，重新找到了相互接近的立脚点，从而为全国和解，走向抗日和统一，创造了基本的政治前提。

---

[1] 参见《季米特洛夫给斯大林的信》（1936年12月14日）、《共产国际执行委员会书记处给中共中央委员会电》（1936年12月16日），见《共产国际、联共（布）与中国革命档案资料丛书》（15），第263—264、265—266页。

[2] 事变结束后，张学良被长期监禁，杨虎城被放逐出洋，东北军和十七路军被调散。

[3] 关于蒋介石或受蒋委托进行谈判的宋子文、宋美龄对张学良、杨虎城等承诺的条件，有种种不同的版本，但蒋介石曾经有所承诺，如今已成世人的共识。

共产国际：党、红军和群众对于这种彻底转变是否有了思想准备？

1937年1月20日，共产国际致电中共中央，第一次明确提出了放弃苏维埃制度，放弃普遍没收地主土地的做法，将苏维埃政府改为人民革命政府，将红军改为人民革命军的重要主张。[1] 这种情况表明，在经过了一系列重大政治尝试，特别是经过了西安事变这一重大政治风波之后，共产国际终于认识到，苏维埃革命的方针和运动，是不适应中国当前建立全国范围抗日民族统一战线的形势要求的。而中国共产党人也只有在放弃以武装斗争和暴力革命为主要内容的种种革命方针之后，才有可能与蒋介石国民党达成真正的谅解与妥协。在目前的力量对比和形势要求下，承认以蒋介石为中心的国民党南京政府的实际领导地位，并据此做出某些重大的原则性让步和改变，是不可避免的。

从千方百计地试图“继续巩固苏维埃”，到最终不得不表示应当放弃苏维埃，这在共产国际领导人那里，无疑是十分不情愿的。为此，他们甚至在电报中明确要求中共在中心城市保留根本不存在的“作为群众组织的苏维埃”，仍旧恋恋不舍地寄希望于未来的中国革命政权将会像俄国一样从那里产生。[2] 中共中央根据共产国际来电，起草了致国民党三中全会通电，准备公开保证“(1) 在全国范围内停止推翻国民政府之武装暴动方针；(2) 苏维埃政府改名为中华民国特区政府，红军改名为国民革命军，直接受南京中央政府与军事委员会之指挥；(3) 在特区政府区域内，实施普选的彻底的民主制度；(4) 停止没收地主土地之政策，坚决执行抗日民族统一战线之共同纲领”[3] 之后，共产国际一时竟感到难于理解。

---

[1] 《共产国际执委会书记处致中共中央的电报》(1937年1月20日)，见《共产国际、联共（布）与中国革命档案资料丛书》(15)，第274页。

[2] 同上。

[3] 《中国共产党中央给中国国民党三中全会电》(1937年2月10日)，见《中共中央文件选集》，第10册，第157—158页。

1937年2月5日，共产国际执委会书记处得到中共中央准备发出的给国民党五届三中全会的电文时，吃惊地提出疑问：党、红军和群众对于你们这种彻底转变政策的办法，是否已经有了思想准备呢？事实上，共产国际本身就缺乏足够的思想准备，甚至怀疑这种让步的必要性。他们认为，目前只要声明共产党和红军支持国民党和南京政府的各种旨在停止内战和联合中国人民的一切力量进行抗日的措施，准备与之协商民主改组苏区政权，并在承认南京政府是全国政权的基础上调整二者关系就足够了。关于苏区政策根本变化的问题，还“需要仔细加以讨论”[1]。

很难相信，在1月20日电报指示之后，共产国际竟会对中共中央依据其指示提出的四项保证提出如此多的疑问。这种情况其实已经清楚地告诉人们，同以往一样，在这一新的政策转变背后起作用的，又是苏共中央的领导人。毫无疑问，随着日本对中国侵略日益加深和红军对国民党的战争接连遭受严重挫折，苏共中央已经清楚地意识到蒋介石统治地位的巩固和日蒋矛盾的不可避免了。为此，他们早就开始试图促使国共之间政治和解和公开反对一切反蒋内战。尽管他们最初未必找到了解决问题的适当方法，并且同样对放弃苏维埃问题犹豫不决，但是，当德、意、日三个法西斯侵略国家开始在反共反苏的基础上公开联合之后[2]，苏共中央领导人再也没有其他选择了。苏联政府激烈地反对西安事变，包括共产国际很快下令放弃苏维埃革命形式等，都是苏联方面为适应这一形势发展而做出的决定。不管共产国际是否认为“需要仔细加以讨论”，事情已经不容改变了。就在共产国际对中共中央关于给国民党三中全会电提出疑问的当天，另外一份电报显示了这种情况。在这封仍旧是以“共产国际执行委员会书记处”的名义发出的电报中，共产国际又明确地表示赞同中共中央所做出的种种保证，

[1] 《共产国际执委会书记处致中共中央电》（1937年2月5日）。

[2] 在1936年10月26日，德、意两国外长达成了秘密协定；11月25日，德、日又缔结了《日、德关于共产国际的协定》。

1935年中央红军抵达陕北后，根据共产国际的指示，实行了统一战线政策。1936年又准备放弃苏维埃共和国，提出为建立民主共和国而斗争。图为当时红军干部的会议室

1936年陕北苏区村庄墙壁上共产党宣传民主用的各种标语

1937年7月7日，日军炮轰宛平城，挑起了大规模侵华战争

卢沟桥事变爆发后，蒋介石决心抵抗。图为蒋介石召开记者会，宣布政治主张

抗日战争爆发后，八路军奔赴敌后

1940年秋，为打破八路军“游而不击”的传言，彭德怀等发动了“百团大战”，用破袭战的方法袭击日军据点、厂矿和交通线。右图为在前线的彭德怀副总司令

1937年9月，平型关大战中的八路军机枪阵地

抗战时期中共政治宣传画：攻城

抗战时期中共政治宣传画：豆选

1941年6月22日，德国撕毁《苏德互不侵犯条约》，以强大的军事力量突袭苏联，苏联开始了“伟大的卫国战争”

1941年8月，英美签订《大西洋宪章》，成立反法西斯联盟。遭到德国突然袭击，被迫卷入战争的苏联也宣布认同宪章的基本原则，美、英、苏战时同盟由此形成

1939年8月23日，苏联为避免被英法利用，采取祸水西引策略，和德国签订了互不侵犯条约。此一策略根本改变了共产国际实行的统战政策，英法美诸国又被当成是更危险的敌人

1939年9月1日，德国突袭波兰；9月3日，英、法对德宣战，第二次世界大战正式爆发

1941年12月7日，日军突然偷袭美国珍珠港海军基地，美国被迫卷入第二次世界大战

1943年11月，美、英、中三国召开开罗会议，制订对日作战计划，并解决远东问题。中国也借此跻身世界强国之列

1944年6月，毛泽东在延安与中外记者西北参观团合影

1944年10月，毛泽东、周恩来、朱德、叶剑英与美军观察组成员约翰·戴维斯在延安合影

1945年2月，英、美、苏三国举行雅尔塔会议，三国协议对战后世界局势的发展产生了巨大影响

1945年5月2日，苏军历时近四年时间，终于打败了德国法西斯。图为苏联红军占领德国首都柏林

1945年8月14日，苏联外长莫洛托夫和中国外长王世杰正式签订了《中苏友好同盟条约》，中国被迫同意外蒙古独立，并接受苏军租借旅顺港30年等不平等要求。图为条约签订现场。右二起：中国驻苏大使傅秉常、中国外长王世杰、斯大林、莫洛托夫、宋子文

1945年9月2日，美军代表（麦克阿瑟）和日本代表（首相重光葵、参谋总长梅津美治郎）在密苏里号战舰上准备签署日本投降书，太平洋战争以及中日战争以日本战败而告终

1945年8月28日，美国大使赫尔利和国民党代表张治中前来延安迎接毛泽东赴重庆谈判。图为赫尔利（右四）、张治中（右二）临出发前与毛泽东、朱德、周恩来合影

1945年8月28日，毛泽东、周恩来抵达重庆。图为两人在机场接受记者拍照

1945年9月，按照中共中央和东北苏军商定的计划，新四军第三师大举由华北向东北进发

1946年5月四平争夺战结束后，国民党军大举开入四平街

1946年3月5日，丘吉尔在美国发表铁幕演说，这一演说成为美苏冷战时代开始的前奏

1946年，宋美龄、蒋经国代表蒋介石抵达长春，驻东北苏军元帅马林诺夫斯基（右一）到机场迎接

1946年1月，美国总统特使马歇尔到中国调处国共冲突，图为谈判期间的马歇尔与中共代表周恩来

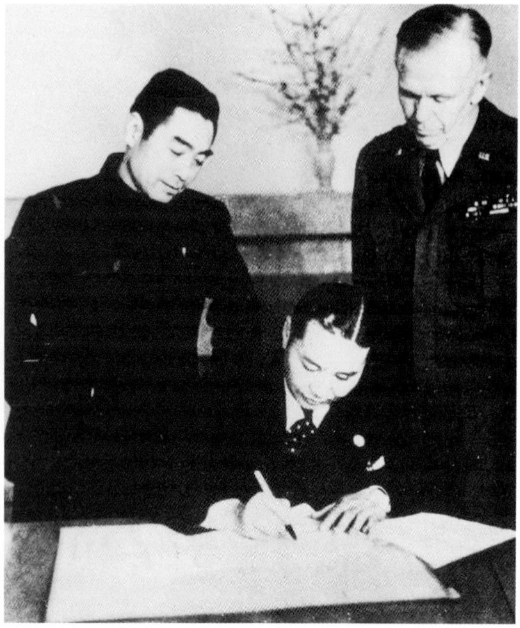

1946年1月10日，中共代表周恩来与国民党代表张群签署了《关于停止国内冲突的命令和声明》

1946年1月10日，蒋介石在政治协商会议开幕式上致辞

1948年11月底，东北野战军主力在占领了全东北之后，经过山海关进入关内作战

1949年4月国民党军队全面溃败，美国驻华大使司徒雷登选择留在南京驻华使馆内，试图对中共政权做最后的摸底和争取工作

1949年2月，国共之间的实力差距已极为明显。图为已经和平解放的北平街头，市民们在东长安街三座城门观看新政权绘制的形势宣传挂图

并支持其据此采取行动。[1]

2月10日，中共中央公开发出了致国民党五届三中全会电，在要求国民党“停止一切内战，集中国力，一致对外”，并“保障言论、集会、结社之自由，释放一切政治犯”等条件下，明确做出了“四项保证”[2]。这“四项保证”满足了国民党一年多来始终坚持的，必须以南京政府为中心统一全国的军事和政治，共产党必须放弃苏维埃革命主张，政权和军队必须改制、改编的基本条件。尽管随后召开的国民党三中全会十分强硬地通过了所谓解决共产党问题的“最低限度之办法”，即（1）彻底取消其所谓“红军”，以及其他假借名义之武力；（2）彻底取消其所谓“苏维埃政府”及其一切破坏统一之组织；（3）根本停止其赤化宣传；（4）根本停止其阶级斗争。[3]但明眼人一望便知，双方的条件已经相距不远了。国共两党重新合作，充其量只是个时间问题了。

结 语

至此，国共两党长达十年的内战结束了。那种充满了血与火、死亡和期望的革命与反革命的大厮杀也告一段落了，全民族联合抗日、救国救亡的局面即将来临。但是，随着苏区和红军将被迫改制改编，服从于国民党南京政府的领导，随着共产党人将被迫放弃自己的苏维埃及其革命标志，把蒋介石看成民族领袖，并穿上过去敌人的服装，这不能不让共产党内“所有有思想的同志和左派人士表示〔感到〕有种说不出的烦闷”[4]。

但是，共产党人是绝不会承认自己失败的。他们也并不会因新的统战

[1] 《共产国际执委会书记处致中共中央电》，1937年2月5日。

[2] 《中国共产党中央给中国国民党三中全会电》（1937年2月10日），见《中共中央文件选集》，第10册，第157—158页。

[3] 国民党五届三中全会：《关于根绝赤祸之决议案》（1937年2月21日），《中国国民党历届代表大会暨中央全会资料》（下），第433—436页。

[4] 刘少奇：《关于建议解答有关国共合作的各种理论问题的一封信》（1937年3月26日）。

形式的建立和与“地主资产阶级”的国民党重新握手言和、共同对日，就模糊了自己的阶级意识和革命目标。中共中央在国民党五届三中全会结束后不久，就鲜明地提出了和国民党争夺群众和争夺领导权的问题。它明确认为：“本党所有让步与妥协，不但不是束缚与削弱本党的发展，正是为了要使本党取得全国范围公开活动的机会，千百倍的去扩大党的政治影响与组织力量，以增强党在民族革命运动中的领导作用”[1]，直至“成为民族革命领导的核心”[2]。而他们迅速抓住了“抗日的民主运动的发展”，作为自己“工作的中心的一环”，以便自己能够“在彻底实现民主政治的口号下联合一切其他派别，团结与组织全国的左派及非蒋派”，抵制和削弱国民党蒋介石的独裁统治。[3]

与此同时，他们鲜明地告诫全党：“使无产阶级跟随资产阶级呢，还是使资产阶级跟随无产阶级呢？这个中国革命的领导责任问题，乃是革命成败的关键。”而“从资产阶级占优势到无产阶级占优势，这是一个斗争的长过程，争取领导权的过程”。每个共产党员必须牢记：“我们是为着社会主义而斗争，这是和任何革命的三民主义者不相同的。现在的努力是朝着将来的大目标的，失掉这个大目标，就不是共产党员了。”[4]

被迫放弃苏维埃，这对于中国共产党人来说，未必不是一种空前惨重的挫折与失败。但“塞翁失马，安知非福”？擅长宣传鼓动和做群众工作的共产党人，与其在国民党白色恐怖下真枪真刀地与国民党抢夺地盘，不如在和平统一和民族战争的环境下与国民党争夺民心来得容易。大革命的失败显然在于共产党人没有掌握政权和武装，苏维埃革命的失败多半又因为共产党人不能有效地影响和争取民众。而新形势下的国共合作，则不仅

[1] 《中央委员会告全党同志书》（1937年4月15日），见《中共中央文件选集》，第10册，第193—204页。

[2] 《关于统一战线区域内党的工作的基本原则草案》（1937年春）。

[3] 刘少奇：《关于建议解答有关国共合作的各种理论问题的一封信》（1937年3月26日）。

[4] 毛泽东：《中国共产党在抗日时期的任务》（1937年5月3日）；《为争取千百万群众进入抗日民族统一战线而斗争》（1937年5月17日），见《毛泽东选集》（合订本），第253、266页。

使共产党人得以保存了自己的政权和武装，而且使他们获得了大力进行宣传鼓动和开展群众工作的广阔天地。这样一来，顽固的传统的统治方式，高高在上、脱离民众的蒋介石国民党的独裁政权，未免要相形见绌了。

第四章

韬光养晦与东山再起

日本入侵，国共合作，苏联援助，美国参战……所有这些，都极大地便利了中共从以往失败的阴影中逐步成长壮大，并且日益迈向成功之路。八年抗战，毫无疑问是毛泽东尽显其聪明才智的八年。但是，如果莫斯科听任他与国民党翻脸，如果他去了华盛顿……中国是否就会发生不同于人们后来看到的历史了呢？未必。延安整风、“干部必读”，一切都显示，在毛泽东的领导下，中共必将走上革命和夺权之路。

一、“兄弟阋于墙”

张闻天：今天联合资产阶级，是为了明天反对资产阶级

作为阶级革命和民族革命双重使命的承担者，共产党人的敌人是多方面的。然而实际上，在九一八事变以前，直接对共产党人的革命目标构成障碍和威胁的实际敌人只有一个，那就是国民党。尽管共产党人坚信国民党充其量不过是国际帝国主义的走狗之一，自己对国民党的战争最终势必要演化为对帝国主义干涉中国革命的直接反抗，但共产党人终究无缘与帝国主义国家的政府和军队直接交锋。而且，仅仅一个国民党，就已经使共产党人发展受到抑制，并且使其越来越远离国家权力的中心了。

九一八事变以后，共产党的环境不可避免地更加恶化了。远比国民党要强大的日本帝国主义对中国的入侵，使中国共产党人在推翻国民党统治的同时，必须准备面对一个更为强大的对手。不管中国共产党人及其上级指挥机关——共产国际最初是否意识到这一情况的严重性，客观的力量对比导致人们最终改变自己的斗争策略，这几乎是不依人的意志为转移的一种必然的历史选择。特别是1935年华北事变发生，日本军国主义者必欲吞并中国大陆的野心昭然若揭之后，身处陕北靠近华北前线的共产党人更是

别无他途，他们只能以“兄弟阋于墙”的方式，暂时与同样受到日本帝国主义侵略威胁，不得不走向抗日的国民党人重新握手言和。即使没有苏联的作用，就逻辑的发展而言，这多半也会是一种客观的趋势。

但是，“兄弟阋于墙”，并不是放弃各自的主张，甚至并不是真正停止双方的争斗和对抗，它只不过改变了争斗和对抗的形式。用毛泽东的话来说，就是“国内阶级间的矛盾和政治集团间的矛盾本身依然存在着，并没有减少或消灭”，只不过“变为次要的和服从的东西”，“因为鹬蚌相持，渔人获利，如果我们仍要与国民党打，便是对帝国主义有利的”。[1] 因此，国共之间的重新妥协合作，实际上只是在抵抗外国入侵这一点上达成了暂时一致，而双方在其他政治、思想、军事等方面的重大分歧、矛盾和对抗，丝毫也没有减少或被湮灭，它们不可避免地将以新的摩擦、竞争，乃至激烈的对抗和冲突的形式再度反映出来。虽然共产党的政权和军队因其弱小，而最初不得不在表面上“臣服”于国民党的中央政府，但建立一个什么样的国家的问题，以及最终由谁来领导和统一这个国家的问题，在共产党人看来还远没有解决。

事实上，习惯于阶级分析和阶级斗争思维的共产党人，甚至根本不相信蒋介石国民党能够领导中国抗战成功。因此，他们从国共谈判开始就明确提出政治领导的责任问题。在他们看来，“目前最中心的问题，就是要实现我们的领导”，“孤立民族资产阶级”，“把群众抓在我们手里”，以此造成“决定中国革命胜负的关键”。但其所提争取政治领导权的方法，却不外乎如下两种：

（1）“把党的影响占优势的区域变为彻底的抗日模范区”，“创造活的样本来教育全国人民站到我们方面来”，同时“根据历史发展行程提出基本的政治口号，和为了实现这种口号而提出关于每一发展阶段和每一重大事变中的动员口号”，并使共产党“成为实现这些具体目标的模范”。[2]

（2）通过要求民主自由的方式，掀起一个广泛的民主运动，迫使国民党

[1] 毛泽东：《中国共产党在抗日时期的任务》，《毛泽东选集》（合订本），第245页。

[2] 同上，第252—255页。

承认各党各派和全国人民的言论、集会、结社等等自由权利，改革政治制度，“一直到制定真正的民主宪法，召集真正的民主国会，选举真正的民主政府，执行真正的民主政策为止”。[1]

不难看出，共产党人这时对新形势下两党矛盾斗争的估计，更多的还是从理论的和道德的范畴出发，相信这不过是一种理应基于平等原则的党派之间的政治竞争。他们中许多人甚至认为，这种竞争将不会以传统的军事对抗和地方割据的形式表现出来，即所谓“只有以抗日民主与蒋比进步，才能生存发展，如以军阀政策与蒋比前后，则只有失败”。[2]

“模范”和“民主”，这是共产党人用来向国民党人进攻的拿手好戏。立足于下层，善于做群众工作的共产党人，对于立足于上层，习惯于传统统治方式的国民党人，在争取群众问题上有着先天的优势。毫无疑问，在共产党人看来，统一战线、国共合作等等，只是一种革命的策略，是用于达到一定阶段的革命目标的一种权宜之计，它不能也不应该妨碍革命最高目标的实现。恰恰相反，它应当成为实现革命最高目标的“必经的桥梁”。[3]

十年内战的曲折经历，使相当多的共产党人有了足够的经验教训，他们已不再幻想那种“纯粹又纯粹”、“笔直又笔直”的革命方向和革命道路[4]，而开始格外重视策略的运用。这样的转变当然不可能是一蹴而就的。有干部公开扬言：“要取下这一星的帽子，老子便不干了”；有人写信给中央威胁说：如果真有放下红旗这一天，他就要有所表示。毛泽东、张闻天以及曾被视为国际代表的林育英等都做了许多解释的工作。

1937 年 5 月，中共专门召开了“全国代表会议”，张闻天对此做了深入的说明。他指出，根本的问题是我们不能同时面对太多的敌人，必须掌握

[1] 毛泽东：《中国共产党在抗日时期的任务》，《毛泽东选集》（合订本），第 248 页。
[2] 《毛、朱、周关于以抗日民主与蒋比进步等问题给张云逸的指示》（1937 年 6 月 24 日）。
[3] 参见毛泽东：《为争取千百万群众进入抗日民族统一战线而斗争》，《毛泽东选集》（合订本），第 264—267 页。
[4] 毛泽东：《论反对日本帝国主义的策略》，《毛泽东选集》（合订本），第 149 页。

轻重缓急。为此就要了解，“天下的乌鸦不是一般黑的，理由就是其黑的程度颇不一致”。既然如此，“利用统治阶级中的矛盾，纵横捭阖的联合这一派去反对那一派，这一着还是要学的”。最不应该的就是两个拳头去打人，要知道，“打倒一切是小孩子的幻想，结果是被一切打倒”。“只有懂得在适当时机集中主要力气打击最坏的敌人”，才能使革命不断走向胜利。他对统战策略的精髓解释得很透彻，那就是：“现在的努力是朝着将来的大目标”，今天联合资产阶级，是为着明天反对资产阶级。[1]

毛泽东则着重强调了不能怀疑党的策略的正确性的问题。他说：“苏维埃口号过去是否错了呢？……我们答复说苏维埃口号是不错的。因为那时资产阶级国民党反革命了，剩下的仅是农民、工人、小资产阶级、共产党来干革命。这种情形下，革命落到工农身上，领导责任落在共产党身上。这时只有提出苏维埃工农民主专政的口号。”而且当时叫苏维埃，但“实行的是民主革命的任务，并不是社会主义”。今天提出民主共和国的口号，是因为形势变了，中日矛盾成了主要矛盾了。阶级矛盾虽然仍旧不可避免，“但是在现在情形下，这种矛盾在主观客观方面都应服从于中日矛盾”。毛泽东认为：我们妥协让步，放弃暴力夺权和土地革命的办法，并不改变我们革命的目标和政权的性质，而且决不放弃我们的政治领导责任。过去为取得领导地位和领导权，我们是用暴动、罢工、苏维埃等，如今的方法变了，但与资产阶级斗争、要克服资产阶级动摇性的任务并没有改变。因为，他指出，我们所要实现的民主共和国，是资产阶级、工人、农民、小资产阶级各阶级的民主联盟，与外国德莫克拉西的资产阶级国家是不同的，它的前途是要走向社会主义的。因此，它也非由无产阶级政党来领导不可。[2]

---

[1] 《洛甫在中国共产党全国代表会议上的讲话》（1937 年 5 月）。

[2] 有关毛泽东这篇报告的文字至少有三种不同版本。即 1951 年《毛泽东选集》第一卷收入的版本，1940 年代各根据地编《毛泽东选集》收入的版本，和 1937 年代表大会开会后最早公布的版本。这里引述的是最早的版本的文字。毛泽东：《中国民族统一战线在目前阶段的任务》（1937 年 5 月 3 日），油印件。

对这一策略转变的原因、内幕和意义解释得更直白不过的，还是张浩。他在延安公开报告称：因为我们党与苏维埃红军与反革命苦战十年，1935年共产国际七大提出新的统战策略时，就“是很踌躇的，也是很难出口的，费了很多的思索才提出”。因为“提出与反革命合作，真是难过万分，尤其是对于反革命头子蒋介石，更是誓不两立的”。但是，我们“共产党是国际的党，它的战略与策略及一举一动，是不能脱离国际的。因帝国主义进攻苏联的战线，被法西斯蒂的威胁而冲淡了……目前全世界的敌人是法西斯蒂，中国打日本，不独是打中国的敌人，亦是打世界的敌人”。而且1935年中国革命已处于低潮，日本加紧进攻中国，蒋介石加紧进攻红军，我们必须要找到一个办法，能够把国内战争停止下来，使红军得到休养生息。因此想到了民主共和国和停止内战一致抗日的口号。

张浩指出：民主共和国是我们的战略口号，因为这是各党各派都愿意要的，联合了各党各派就能够孤立国民党，还能够抵制国民党的一党专政，我们党还可以争取公开或半公开地进行活动，“以无孔不入的手段来组织群众影响群众及争取群众，以扩大强壮有产阶级革命的军队和后备军，以待必要时，实行无产阶级的专政，以到社会主义社会之实现”。而停止内战一致抗日，则是我们的策略口号。因为日本侵略，民众要求抗日救亡，“以抗日救亡的策略口号来号召全国，是那（哪）一个人都不能反对的”。只有内战停止了，才能停止蒋介石的进攻，“能得到一天的停止进攻，我们就有一天的收获”，“苏维埃红军才能得到休息、整理、补充及扩大”。

张浩说：有人看到不实行土地革命了，放弃阶级斗争了，取消苏维埃政权并且改红军为国民革命军，感情上很苦闷，他们无法接受“与我们最仇恨的敌人蒋介石妥协”，说这等于让牺牲的同志白白牺牲了。他解释说，“说这样话的人是错的”。革命总有高潮和低潮，今天是革命的低落期，我们现在让步，就是要给革命以休养的时间，使之能积蓄实力，并且掩护我们的群众工作和秘密工作之发展。苏维埃暂时取消，红军改名，共产党领导的实质以及将来实现无产阶级专政和社会主义的目标都没有变。只要看一下西安事变后党、政府和红军的状况是强了，还是弱了，就清楚了。我们与国民党合作了，“物质得到了，经济得到了，弹药得到了，精神上得到了，兵员增多了，共产党的影响亦扩大了”。“这一切究竟是对我们有利呢，抑是对敌人有利呢？”他强调：共产党是靠阶级斗争革命的，与国民党合作并不放弃阶级斗争，甚至不放弃土地革命，只是先后顺序变化一下罢了。现在是革命低落期，我们“要争取全民性的同情和拥护”，要渗透到从国民党到青、红帮到保甲及各种各样的组织和团体中去，争取民众。因此现在只能以抗日为主，土地革命次之；但抗日是在明处，土地革命仍可在暗处进行。一旦“见到革命到了高涨的时候，我们的策略马上就要改变”。那时我们就可以将土地革命和阶级革命又放在明处，放到前面来，并再行阶级革命的手段了。[1]

基于这样一种认识，中共中央还在国共合作之初，就明确提出了对国民党既要“联合”又要“孤立”的双重方针。这即是说，共产党人必须要联合国民党，以推动它向抗日和民主的道路上走，同时又必须要注意孤立国民党，以便争取领导权和牢牢地把群众掌握在自己手中，最终选择一种最便宜的形式来实现革命的转变。[2] 值得注意的是，毛泽东这时对未来的革命转变甚至还有着不同于俄国革命经验的设想。他说：“民主革命到社会革命可走两条路：一是打仗，像十月革命那样；一是不打仗，将来大家开个会，讨论讨论，到底要不要社会主义社会？表决一下，通不过，慢慢再来。”[3] 在他看来，如果共产党人掌握了群众和领导权，那么就完全可能不打仗不流血，比较容易地和平转变到社会主义去了。[4]

[1] 张浩:《中国共产党的策略路线》(1937 年初)，中国人民大学图书馆藏，竖排铅印，无出版信息，第 1—41 页。

[2] 毛泽东：《中国共产党在抗日时期的任务》，《毛泽东选集》(合订本)，第 246—255 页，等。

[3] 毛泽东：《两党合作问题》(1938 年 4 月 5 日)。

[4] 《毛泽东：为争取千百万群众进入抗日民族统一战线而斗争》，《毛泽东选集》(合订本)，第 266—267 页，等。

彭德怀："我们不能完全独立自主"；毛泽东："防人之心不可无"

同样的情况，蒋介石国民党对再度接纳共产党，也充满了不安、狐疑和严重的担心。

还在1937年年初，国共两党刚刚开始就合作问题进行谈判，蒋介石就声言，中国共产党"其性质无异土匪，不过阴谋依附外力与国际组织，以谋危害国家而已"！"故须彻底取消其所谓红军"，"根本停止其赤化宣传"，"停止其阶级斗争"，同时"须与第三国际断绝关系"。他甚至暗下决心，称："共党非人伦、不道德的生活，与无国家、反民族的主义，必须根绝净尽。"[1]蒋介石解决共产党问题的基本策略是很清楚的，就是想要"编共而不容共"[2]。因此，自恃掌握着全国政权和军队的国民党，自两党谈判之初就抱定了一种"招安"的架势，对共产党人百般刁难，力图把其政权和军队搞掉，进而把共产党全部"消融于三民主义之下"[3]。

经过旷日持久的谈判，眼看中共中央已经被迫准备接受由国民政府指派边区政府主席、由军委会指派改编后的红军政治部主任及参谋人员，包括整个中共军队直接归蒋介石指挥，不设军部等条件。[4]恰在这时，七七事变爆发，随后日军又开始大举进攻上海，蒋介石下决心全面抵抗。中共中央乘机提高了要价，坚持红军必须设立独立的军部，自任政治主任和自己任命边区政府主席等。迫于当时的形势，蒋介石终于做出了让步，从而在事实上承认了共产党的存在，并放弃了全面控制共产党军队和政权的预谋。

但是，这并不等于说，国民党从此就改变了他们对共产党问题的看法，开始承认共产党的合法地位了。恰恰相反，正如毛泽东在抗战开始后不久

---

[1]　《困勉记》卷四十一，1937年2月18日条，台北"国史馆"藏，蒋中正档案。

[2]　见《蒋总统秘录》，第10册，第192页。

[3]　《蒋总统集》，第1卷，第1038页。

[4]　参见《中共中央关于周恩来同蒋介石第二次谈判情况给共产国际执行委员会书记处的报告》（1937年6月17日），《共产国际、联共（布）与中国革命档案资料丛书》（15），第310—312页。

所深切感觉到的那样:“国民党自大主义依然十足”,“统制政策不变”[1],对共产党及其军队、政权“限制”、“破坏”一日不停,对各种群众组织和团体更是全面控制,严防共产党人插手其间。很显然,国民党对共产党依旧抱着高度的戒备心理,担心共产党“乘对外战争之机会,发动其阴谋”,故而全力以赴地“设法防制之”。[2]

一方面要争取民主,掌握群众,打掉国民党的独裁和统治政策,一方面则必欲限制和削弱共产党,维护并完善其一党统治,这不能不使国共两党的关系从抗战开始就充满了种种的矛盾和危机。在共产党人看来,他们既肩负着引导抗战胜利的重大使命,又肩负着最终引导中国建立民主共和国,直至走向社会主义道路的历史重任,因此,他们更加相信保护和壮大自己,以及对国民党保持同样戒备心理的极端必要性。

眼看战争打响,平津迅速失守,华北地区国民党军队被日本军队打得落花流水,纷纷后撤,蒋介石国民党却再三催促红军出兵华北前线,毛泽东明显地怀疑蒋有借刀杀人之意。七七事变爆发之初,中共中央一度准备迅速出动主力,集中作战,同国民党正面守军一起担任一线防卫。[3] 7月28日,中共中央还明确提出:(1)红军主力三个师于8月15日编好,20日全部出动;(2)主力出动后集中作战不得分割;(3)拟担任绥远方面一线防卫。[4]但28日和30日,平津先后失陷。得此消息,毛泽东和张闻天等当即改变前议,于8月1日发出指示,称对外宣传推动与实际行动之间应有区别,“部队东移不必开得太快”,“宜缓不宜急”,红军在整个战略方针下应执行“独立自主的分散作战的游击战争,而不是阵地战,也不是集中作战,因此不能在战役战术上受束缚”,至红军主力出动也以出动1/3为宜,“其余兵力

[1] 《毛泽东电报批注》(1937年11月11日)。

[2] 《蒋总统秘录》,第10册,第112页。

[3] 《毛、朱、彭关于拥蒋抗日问题致叶剑英电》(1937年7月14日)。

[4] 《洛、毛关于提交国民党之红军改编原则问题给周、博、林电》(1937年7月28日),《毛泽东军事文集》,第2卷,第18页。

依战争发展，逐渐使用之”。[1]

毛泽东这时再三电告各级领导人，提出红军对日作战必须有一定条件下之保障，否则“有损无益”，而且提出“出动的路线，出动的兵力，作战的方法，都不应请求蒋介石决定颁布”，如此“方不吃亏”。他做出此种改变的前提很清楚，即“须估计战争的长时间性与残酷性，应估计蒋之军阀割据（红军全部开去是蒋之要求），又须估计陕甘是我们唯一可靠后方（蒋在陕甘尚有十个师，以便把我们全部用去，他则稳占此后方）等等问题”。[2]简而言之，毛泽东担心把红军主力统统投入对日作战，不仅会为强敌所伤，而且可能正中了蒋介石的“渔翁之计”。

出于对蒋介石国民党根深蒂固的戒备和对中共自身利益的关切，毛泽东的此种担心并非毫无道理。红军是共产党及其政权和根据地得以存在的唯一支柱，不管毛泽东这时对国共合作关系寄以多少期望，他都清楚地懂得一个道理，那就是:“在中国，离开了武装斗争，就没有无产阶级和共产党的地位，就不能完成任何的革命任务。”而革命的中心任务和最高形式，就是“武装夺取政权，是战争解决问题”。因此，“有军则有权，战争解决一切”，“谁想夺取政权，并想保持它，谁就应有强大的军队”。因为“只有用枪杆子的力量才能战胜武装的资产阶级和地主”，“整个世界只有用枪杆子才能改造”。[3]

毛泽东之所以格外担心红军出战的安全问题，是因为红军较完整的主力这个时候总共只有两三万人，而国民党在其根据地附近的兵力就有 10 万之多，全国的兵力则达到 170 万以上。毛泽东没有料到的是，国民党几十万装备远远优于红军的军队，竟至在对日作战不数日就损兵折将，一败涂地，这清楚地显示了日本军队确有很强的作战能力。如果几十万国民党军队都

---

[1] 《洛、毛关于红军作战原则给周、博、林的指示》（1937 年 8 月 1 日），见《中共中央文件选集》，第 10 册，第 299 页。

[2] 《洛、毛关于红军的作战任务与兵力使用原则给朱、周、博、林、彭、任电》（1937 年 8 月 5 日），《毛泽东军事文集》，第 2 卷，第 25—26 页。

[3] 毛泽东 :《统一战线中的独立自主问题》，《毛泽东选集》（合订本），第 525—535 页。

不是日本人的对手，那么，即使红军倾巢而出，对于整个华北前线来说，也不过是杯水车薪。其或能阻敌于一时一地，但鉴于这场战争的“长时间性和残酷性”，考虑到红军存在的根本目的并不是为挽救华北局部领土丧失于一时，而是要在未来的阶级战争中夺取全国政权，毛泽东当然不赞同让红军在此时付出致命的代价，致使整个共产党及其革命事业从此失去实力的依托。

在大敌当前，抗战初起，举国上下同仇敌忾，不惜与日寇玉石俱焚的政治氛围中，不要说外人无法理解毛泽东的苦心与远虑，就是中共中央高层军政负责人，绝大多数也很难接受毛泽东这时的看法。8 月 20 日，红军正式改编为国民革命军第八路军，蒋介石、阎锡山等又紧急催促部队出动开赴前线，部队内乃至共产党内要求与日军作战的情绪也十分强烈。但毛泽东依据其在党内分工负责军事问题的权力地位，仍旧坚持“红军受命出动后即变为蒋之属下，彼可以命令行之。彼时党的问题与边区问题，由彼解决，甚至将不许发表宣言并取消苏区”，“此事关系重大”。故必须让国民党同意：(1) 红军充任战略的游击支队；(2) 在总的战略方针下执行独立自主的游击战争，发挥红军特长；(3) 为适应游击战原则，须依情况出兵与使用兵力；(4) 不得分割使用红军。且红军必须“有发动群众创造根据地组织义勇军之自由，地方政权与邻近友军不得干涉。如不弄清这一点，必将发生无穷纠葛，而红军之伟大作用决不能发挥”。[1]

毛泽东甚至明确告诉军政领导人：“蒋阎保定决战、晋北固守的方针……完全处在被动的挨打的姿势下”，必须有一支奇兵袭入敌后，建立敌后游击根据地。因此，目前要“暂时把我军兵力一概隐蔽，并养精蓄锐”，不要打阵地战、运动战，甚至不要集中打仗，因为“集中打仗在目前是毫无结果之可言的”。他的意见是，八路军应立即分散兵力，“出至敌后”，通

[1] 《中央书记处关于与国民党谈判的条件给朱德、周恩来、叶剑英的训令》(1937 年 8 月 18 日)、《毛泽东关于坚持独立自主的山地游击战原则致彭德怀电》(1937 年 9 月 12 日)，见《毛泽东军事文集》，第 2 卷，第 32、44 页。

过没收大地主政策发动群众，创造敌后根据地，同时配合以“独立自主的山地游击战争”。[1]

为了统一全党思想，在毛泽东的坚持下，中共中央于8月22—25日在陕北洛川专门召集了一次会议。会上，毛泽东突出强调了党的阶级意识的问题。他声称：“党的阶级的独立性问题应提起全体党员注意！防人之心不可无，（国共两党）在阶级上根本是敌人！”自两党合作以来，“国民党丝丝入扣”，闽粤边红军游击队在改编过程中被缴械就是一个严重的教训，要求我们必须加强阶级的独立性和警觉性。必须了解，“国民党的方针是一方面限制我们，一方面破坏我们”。对于朱德、彭德怀、周恩来、博古等强调“我们不能完全独立自主”，“说国民党集中力量专打我们的主意是不对的”，以及相信红军是可以打大仗的，说对日作战完全“有可能打垮一些，捉一些”，主张红军主力“还是以全部出动为宜”，因为“人民对红军出动是热切盼望的”，出动太迟会造成不良影响等，毛泽东和张闻天毫不动摇。张闻天明确表示：“红军影响并不靠出得快慢来决定，我们也不能完全听群众的话，不要为群众的热情所支配。要看清革命的基本利益！”重要的问题是“要能打胜仗，发动群众，建立根据地，做出模范，这才能提高信仰”。毛泽东也坚持认为：“我们方针最基本的是持久战，不是速决战”，因此，不要被目前的形势牵着走。“目前最亟需的是要把国共两党区别清楚”，一定要了解国共两党代表着“两种政策、两个前途”，我们的任务“是争取共产党和红军成为抗战的核心，一切工作准备过渡到工农资产阶级联盟的民主共和国”！红军必须要在保存自己的基础上争取消灭敌人，故作战原则只能是“分散发动群众，集中消灭敌人，打得赢就打，打不赢就跑”。[2] 会议最终形成

[1] 《坚持独立自主的山地游击战原则》（1937年9月21日）、《整个华北工作应以游击战争为唯一方向》（1937年9月25日）、《关于华北作战的战略意见》（1937年9月25日），见《毛泽东军事文集》，第2卷，第53—54、57、60—61页。

[2] 《毛泽东关于军事和外交问题的报告》（1937年8月22日），《张闻天在中央政治局会议上的补充报告》（1937年8月24日）。

的决议明显地反映了毛泽东和张闻天的意见。[1]

从阶级革命的长远眼光看问题，是毛泽东异于常人之处

洛川会议实际上并不能根本解决党内认识上的分歧。尤其是随着蒋介石做出让步，在事实上承认共产党的地位，八路军主力陆续出动，大多数干部以及前方将领显然亟欲打几场大仗以扬军威。因此，八路军一一五师刚一抵达山西前线，就积极配合国民党军队进行诸如平型关战役这样较大的作战行动。

平型关战役是八路军参加政府方面对日作战的第一次正规军事行动。这一仗，八路军一一五师以不足三个团，4000左右的兵力，实际上只是担负着截击日军侧后退路的伏击任务。由于9月25日这一天国民党正面平型关口的守军并未出击，因此，一一五师只伏击到了关前日军进攻部队，即日军第五师团第二十一联队第三大队派回去接运援兵的汽车队，和前来运送衣被粮草的一支辎重部队。在这场不过几个小时的作战中，一一五师成功地歼灭了日军一个汽车中队和一支辎重队这两支非战斗部队加两个护卫小队，并以一部阻击了日本第二十一联队第三大队增援部队，总计打死打伤日军应在四五百人左右，一一五师则伤亡了400余人，同时摧毁敌汽车70余辆、炮1门、炮弹2000余发，缴获了大量被服辎重等物品。

这场伏击战显然极大地提高了八路军的士气，扩大了共产党的影响。[2]但它同时也从一个侧面证明了毛泽东的担心不是没有根据的。因为以400余

---

[1] 《中央关于目前形势与党的任务的决定》（1937年8月25日），《中共中央文件选集》，第11册，第324—326页。

[2] 当天一一五师师长林彪估报的毙伤日军的数字是“一千余人”，“无一生俘”；八路军总部给南京的报告是打死“约四五百”，“俘虏三百余”；毛泽东当天对外发出的捷报是“将敌万余击溃，击毙甚多”。分见《林、聂关于一一五师平型关战斗缴获和伤亡致毛、朱、彭电》（1937年9月26日），《朱、彭关于平型关大捷致南京大元帅蒋电》（1937年9月26日），《毛泽东致朱、彭、任并告林、聂电》（1937年9月26日），《八路军参谋处致南京军委会、军政部、中央日报社捷报》（1937年9月26日）。

人的伤亡，而且大量是团、营、连、排干部和部队骨干的伤亡，来换取歼灭日军两支非战斗部队，缴获上百支枪，一个俘虏都没有捉到的胜利，对于这个时候只有3万余人的八路军来说，仍是相当沉重的代价。

从平型关战役后八路军缴获的敌第五师团（即板垣师团）的部队清册可以了解到，日军正规部队装备之优越，是远远出乎中共军事领导人的想象的。该师团这时总人数为2.2万人，步枪手只有5200人，余系炮兵、坦克兵及其他自动火器手。而其每个步兵连队，除步枪手外，就有6挺轻机枪和6个掷弹筒。[1] 相比之下，八路军主力8月底出动抗日时，总兵力3.4万人，步枪仅1万余支，机枪极少，其他自动火器及火炮根本没有。到12月，部队人数虽发展到9.2万人，步枪却只增加了一倍，全军大部均为徒手，以致平型关战斗后按照中共中央的方针坚持只打游击战和打了就跑的伏击战，部队仍旧伤亡了4000余人。[2]

不难想象，在这种情况下，如果按照最初中共多数领导人的愿望，把八路军如数投入对日正面作战，对共产党将会造成一种怎样严重的损失。实际上，即使几年之后，在八路军的装备有所改善的情况下，要想成建制地歼灭日军的一支作战部队，也都是难以想象的。在战争开始之初，日军相对集中，作战力较后来更强的情况下，要从容地集中部队对日军进行歼灭性的战斗，把自己的伤亡控制在较低的水平上，更是不可能的。鉴于这一情况，各部队很快即接受了毛泽东的意见，转而分散去做群众工作，征兵扩军了。仅仅三个月的时间，八路军就增加了近两倍。[3]

从阶级革命的长远眼光看问题，这可以说得上是毛泽东的一种深谋远

[1] 《朱、彭、任关于目前形势的估计与我之战略方针给中央军委、恩来并林、聂、贺、肖、关、刘、徐、张的电报》（1937年12月）。

[2] 参见《任弼时关于八路军情况的报告》（1938年2月18日）。

[3] 当然，主力部队分散做群众工作也并不全是成绩。因为分散后政治工作一时跟不上，有的部队经受不住考验，“普遍发生了贪污、腐化、浪费等不良现象”，尤其是“嫖女子”现象严重。因此，到12月下旬，八路军总部将主力部队重新集结整理，情况才转好。见《任弼时关于八路军情况的报告》（1938年2月18日）。

虑。这也是他在战争一开始就再三强调这场战争的“长时间性和残酷性”的一个原因。毛泽东思想的最大特点，就是认准了“枪杆子里面出政权”，“枪杆子里面出一切东西”。[1] 因此，从1927年领导秋收起义时不惜放弃进攻长沙的计划，率部上山，到江西苏区时期发明“打得赢就打，打不赢就跑”和“敌进我退，敌驻我扰，敌疲我打，敌退我追”的游击战术，坚决反对“进攻路线”，一直到抗日战争不顾多数领导人的意愿，坚持一切要先从保存武装实力出发，反对与日军打阵地战、运动战，主张只打山地游击战，甚至不同意集中作战，要求部队分散做群众工作等等，其实都是因为在毛泽东看来，敌我力量对比悬殊，必须时时注意把自己的武装保存下来。正如他在《论持久战》一文中所讨论的，战争的本质和目的，就是“保存自己消灭敌人”。在敌我力量相当的情况下，消灭敌人就是保存自己。但在敌我力量悬殊的情况下，“保存自己”就是基本的前提，不能保存自己，也就谈不到消灭敌人。[2]

比较中日两国的现代化水平及其强弱程度，毛泽东早在抗战爆发前就已经有了持久战的观点。但是，对于日本军队的作战能力，他其实也是在平津失守后才意识到的。然而，即使注意到日军第五师团的装备火力情况和机械化程度，中共军事领导人看到的也是日军的行军力不强，一遇山地即无办法等弱点，而毛泽东看到的却是日军火力强且机动性强等优点。因此，多数军事领导人开始时总还是寄希望于能够集中全国的军力打一些胜仗，在毛泽东看来，中日战争初期，中国军队的失败和领土的丧失是必然的、不可避免的，这不是哪一支军队或哪一次战役所能改变的。1938年上半年，在了解到越来越多的与日军作战的情况后，毛泽东还明确提出了日本军队民族教育异常深刻，士兵受到武断的欺骗宣传，作战顽强，宁死不降，武器装备又十分先进精良，在战场上占有极大优势的看法，这就更加坚定了毛泽东关于力量弱小、装备落后的八路军不能够也不应该与敌人进行大规

[1] 毛泽东：《战争和战略问题》（1938年11月6日），见《毛泽东选集》（合订本），第535页。
[2] 《毛泽东选集》（合订本），第449—504页。

模的军事较量的认识。[1] 用毛泽东的话来说，中共在战争开始的过程中，首先应该全力使自己“由壮气军的地位到实力领导的地位”，进而使“党从现在地位到实力领导地位”，抗日战争的最后胜利必须要等到中共军力壮大起来，并在实际上成为抗战的主力军以后。[2]

毛泽东的上述认识，是共产党人革命功利主义立场的突出表现。它最典型地反映了共产党人时时处处把阶级革命的大目标放在第一位，和以党的利益为一切政策及策略根本出发点的政治特性。毛泽东几年后对此曾有过非常明确的说明。他宣称：人都是功利的，共产党人同样是功利主义者。“世界上没有什么超功利主义，在阶级社会里，不是这一阶级的功利主义，就是那一阶级的功利主义。我们是无产阶级的革命的功利主义者”，“我们是以最广和最远为目标的革命的功利主义者，而不是只看到局部和目前的狭隘的功利主义者”。[3] 毛泽东这里讲的，其实就是这样一种道理。具体到如何抗日，如果只顾局部的和眼前的抵抗而牺牲掉革命长远的利益，那就是狭隘的功利主义；处处着眼于共产党的发展和革命最终的胜利，就是代表无产阶级根本利益的革命的功利主义了。

但是，面对日军大举入侵，全民族同仇敌忾、浴血抗战之际，并不是所有的共产党领导人都能够始终把党和阶级的长远利益放在第一位的。在那样一种时刻，尤其是在日军节节推进，国土大片沦丧，许多人都把寄希望于共产党八路军能够发挥榜样作用的那样一种政治氛围中，要让所有中共领导人都能够时时处处想到要确保党的长远利益，而不受舆论、情感和来自各方面的压力的干扰，无论如何都是困难的。毛泽东这时在保存壮大自己武装实力的问题上不受任何干扰的坚定立场，再清楚不过地展现出了他异于常人之处。

---

[1] 《毛泽东关于华北工作问题的发言》（1938 年 3 月 23 日）。

[2] 毛泽东：《中国共产党在抗日时期的任务》（1937 年 5 月 3 日），见《毛泽东选集》（合订本），第 252—255 页。

[3] 毛泽东：《在延安文艺座谈会上的讲话》（1942 年 5 月），《毛泽东选集》（合订本），第 866 页。

毛泽东的想法其实很简单。基于阶级分析的观点和中俄革命的历史经验，他不相信蒋介石国民党及其所代表的地主资产阶级能够领导国人赢得这场战争。既不能指望国民党，更不能相信与日本有深刻矛盾，但同为资产阶级的英、美等国政府会为中国人火中取栗，也就只能把希望放在自己力量的保存和发展上。虽然只有彻底挫败日本帝国主义的侵略，共产党才有实现自己革命目标的可能性，但是，以两三万装备落后的八路军去正面抗击上百万国民党军都抵挡不住的日本军队，只能是以卵击石，自取灭亡。他相信中共的力量一定能够壮大，也一定能够战胜日本，问题是必须要先把本钱和火种保存下来，并通过艰苦的群众工作使之发展壮大起来。如此，才能最终战胜日本，并取国民党而代之。

当然，高度重视群众工作的毛泽东，也非常清楚八路军对日作战的巨大号召力和形象感染力。平型关战斗当天，在前方只报“数百”，具体歼敌数还不明的情况下，毛泽东就对外宣布“将敌万余击溃，击毙甚多”，其目的也即在此。受此影响，抗战开始后不久，各部队就一律采取了数字加倍上报和加倍发表战果的做法。此一策略虽然在客观上存在很大的负面影响，但也显示了相当的宣传效力。[1]

苏联援助的作用越大，中共政策受苏联政策的影响也越大

当然，相信统一战线策略效力的毛泽东，不会不懂得国际统一战线的价值与意义。他很清楚，苏联为避免德、意和日本东西两面的威胁，向英、法、美等欧美资本主义国家示好，提出所谓集体安全条约，本身其实是两害相权取其轻的一种谋略。但这种谋略如果运用得当，却未必不会产生出对苏联有利的效果来。同样的情况，毛泽东也乐于看到有英、美等不同于

[1] 1944 年春，即抗战结束一年前，中共中央才开始指出这一做法存在多方面的不良影响，因而电示各部队改变“我军战报多年沿用加倍数目发表的办法”，要求“以后我军公布战线的数字一律不准扩大”。《中央关于改变加倍数目发表战果的作法的指示》（1944 年 3 月 21 日）。

法西斯主义的德、意、日的资本主义国家，与日本展开一场“大狗小狗饱狗饿狗之间的一点特别有趣的争斗”，因为“这点争斗，这个缺口，这种矛盾，对于革命的人民却是有用的”，列宁早就教导过共产党人，“要把敌人营垒中间的一切争斗、缺口、矛盾，统统收集起来，作为反对当前主要敌人之用”。[1]

因此，还在1936年，毛泽东就同样作过向英、美等资本主义国家政府示好的宣传。他在同美国记者斯诺的谈话中就曾表示，中共愿意把那些“不愿参加一场新的世界大战”，“不愿看到日本占领中国”的列强，看作自己的朋友。中共愿意和苏联以及所有反日反侵略的国家一起，“组成一个反侵略、反战、反法西斯的世界联盟”。[2] 到1937年5月，在中共全国代表会议上，张闻天等中共主要负责人也明确告诫那些历来习惯于把帝国主义看成是一丘之貉的共产党人说：目前绝不是和帝国主义算总账的时候，必须注意帝国主义之间的矛盾并善于利用它们，以便为自己的目的服务。尽管英、美帝国主义各国不过是为了它们自己的利益，“暂时的赞助中国的统一与和平”，共产党人仍应努力促使这些国家与中国共同反对日本。他们相信：列强各国，特别是英、美等帝国主义国家的态度，从来都是中国资产阶级国民党制定内外政策的依据。国民党抗日与否及其抗日的程度如何，多半也会取决于英、美等国政府对日本究竟采取何种政策。因此，国际反日及国际和平的统一战线能否形成和巩固，也一定会影响到中国资产阶级国民党对国内抗日民族统一战线及对共产党的态度好坏。

在日本侵略和中共力量还十分弱小的条件下，抗日民族统一战线和国共合作关系对于中共的生存发展有着至关重要的意义，因此，努力促进国际统一战线的形成和巩固，也就不能不成为中共阶级革命与民族革命政策的一个重要的组成部分。在这种情况下，中共一旦有条件独立自主地面对资本主义世界，他们事实上也就在某种程度上开始独立地走上世界政治的大

[1] 毛泽东：《论反对日本帝国主义的策略》（1935年12月27日），《毛泽东选集》（合订本），第143—145页。

[2] 《毛泽东1936年同斯诺的谈话》，人民出版社1979年版，第126—127页。

舞台了。

这时的中共自然还不具备引起国际舆论和各国政府重视的条件。尤其重要的是，日本1937年对中国的大举入侵，事实上也并没有立即引起远东国际关系发生根本性的变化。英、美等国虽然感受到相当的威胁，并不时地做出某种姿态，发出一些有气无力的警告，但它们并不真的打算要改变以往建立在《华盛顿条约》基础上的，以对日关系作为维持远东均势的主要环节和战略重心的基本政策取向。因此，它们一方面试图遏制日本扩张的势头，另一方面却又不能不以维持对日关系作为其远东政策的基本出发点，尽力避免对日关系破裂。在这种情况下，牺牲中国的某些利益，把中日战争限制在局部冲突的范围内，就成了这些资本主义大国最愿意做的一种尝试。

由于英、美政府在日本侵华问题上的暧昧态度，全力主张建立集体安全体系，一直以来积极向中国和美国提议缔结太平洋和平条约，甚至有意与中国政府签订中苏互助条约的苏联，也无法在援助中国的问题上走得太远。很显然，苏联很愿意把英、美都拖到共同援助中国、牵制日本的国际条约行动中来，因为这是能够确保苏联远东安全的最理想的一种方式。但英、美的态度，最终阻碍了这种可能性。不论中国各界，尤其是国民党当局如何热切地寄希望于苏联能够出兵援助中国，七七事变之后，苏联政府却只是同中国政府缔结了一个互不侵犯条约，只承诺当中国作为缔约国中的一方受到第三国日本侵犯时，作为缔约国的另一方面，苏联绝不会给予第三国日本以任何形式的支持和帮助。[1] 斯大林此后曾明确表示，苏联参战必须在英、美参加反日阵营，至少英、美明确表示赞同，或当日本进攻苏联时，才是可能的。[2]

当然，苏联毕竟不能眼看着落后的中国很容易地被日本占领，或是轻易

[1] 《中国近代对外关系史资料选辑》下卷，第二册，第17—18页。

[2] 转见《周恩来关于统一战线问题的补充报告》(1938年2月27日)。

地向日本投降。因此，为了加强中国政府的军事抵抗力量，苏联不顾日本政府的抗议，坚持向中国提供了大量实质性的援助。仅从战争之初至1939年9月，苏联就向中国提供了约值2.5亿美元的贷款（实际到位1.7亿），并派出了上千名军事技术人员和志愿飞行人员，协助中国军队对日作战。仅在1938年武汉战役期间，苏联援华的军事专家就达到3665人，军事顾问200多人，多为苏联高级将领。1937年11月到1941年在中国服务的苏联总人数，含志愿飞行人员，大约5000千人上下。苏联空军志愿队参加了保卫南京、武汉、重庆、成都、兰州等城市的空战，包括苏联空军志愿队大队长在内的200多名苏联飞行员在空战中牺牲。经苏联顾问直接训练或教授的中国军人有9万人之多，由苏联教练员训练的中国飞行员有1045人、领航员81人、射手兼无线电报员198人、各种航空技术人员8354人。苏联向中国总共提供了各种飞机924架、坦克82辆、牵引车602辆、汽车1516辆、大炮1140门、轻重机枪9720挺、步枪5万支，以及其他大量弹药等军事物资。[1]

尽管国民党寄希望于苏联正式出兵援华的情况没有出现，但是，在抗战初期中国孤立无援的情况下，苏联对中国的大力援助，仍旧极大地加强了中国在对日战争中的抵抗能力。它同时也极大地提高了中共在国内政治中的地位和对于国内外政策的发言权，自然也使中共中央更加坚信，苏联的帮助和社会主义的影响，对于中国抗战的胜利和中国革命的前途，必将发生决定性的重大作用。

当然，苏联的作用越大，中共政策本身受到苏联外交方针的影响和制约，也就会越直接。这是因为，从苏联的利益考虑，它需要中国保持稳固的抗日民族统一战线，以便把日本牢牢地拖在对中国战争的泥沼中，使之无法腾出手来向苏联进攻。中共的一切政策和策略，当然要无条件地服从这一

[1] 《外交史》，第三卷（下），第898页；李嘉谷：《评苏联著作中有关苏联援华抗日军火物资的统计》，《抗日战争研究》1994年第2期；李嘉谷：《抗日时期苏联对华贷款与军火物资援助》，《近代史研究》1988年第4期；刘志青：《旧档解密：抗战期间在华苏联军事顾问》，《党史博览》2005年第8期；《国外近代史研究》第11辑，等。

目的。而这种情况，也就不可避免地促成了中共党内高层的一场权力斗争。

王明带来了共产国际的指示，毛泽东坚持洛川会议方针没有错

1937年11月29日，王明等人带着苏联和共产国际的这一意图来到中共中央所在地延安。他们被要求回国贯彻“抗日高于一切”和“一切经过统一战线”、“一切服从统一战线”的行动原则和斗争口号。在大敌当前，民族矛盾远较阶级矛盾要尖锐得多的情况下，没有人能够反对“抗日高于一切”的原则。但真要具体按照“抗日高于一切”的原则来行事，同毛泽东等此前所强调的党和阶级的根本利益高于一切的原则是矛盾的。共产党人能够为了抗日的目的，而不惜使党和军队的力量受到严重损失吗？他们能够为了维护统一战线而迁就资产阶级的国民党，不与之进行针锋相对的斗争吗？按照王明所表述的共产国际指示精神，这种可能性是存在的。不仅如此，还理当争取实现“国共两党共同领导，共同负责”的局面。很显然，王明以共产国际代表的身份在1937年12月举行的政治局会议上所传达的共产国际的上述意见，让8月下旬在洛川会议上对毛泽东的主张有不同意见的诸多党的领导人，找到了改变党的政策方针的重要依据。

但是，毛泽东并不服气。在这次政治局会议上，他委婉却坚定地表示了某种程度的怀疑。他坚持认为：“抗日战争总的战略方针是持久战”，“在持久战中领土与军队什么最重要，当然是军队最重要，军队失败，领土不能保”。因此“保存军队是最基本的”，红军就是采用这个原则生存下来，发展起来的，就是国民党也应有如此方针。他对一些领导人批评洛川会议方针错了，说中央是失败主义，认为红军出动太迟，过分强调独立自主不利于团结国民党等，明确地表示了不同意见。他说：“我们所谓独立自主是对日本作战的独立自主，战役战术的独立自主。山地战、游击战，是我们的特长，是保存我们实力的最好的战略。”要最后赶走日寇，当然要运动战、阵地战，但那是以后的事情，将来红军还需要机械化。他表示可以修改过

去关于“独立自主的山地游击战”方针的提法，改为“独立自主的山地游击，在有利条件下打运动战，集中优势兵力消灭敌人一部”。但他坚持认为：“洛川会议的战略方针是对的。”[1]

毛泽东相信，问题的关键还是要不要重视阶级斗争的问题。他指出，统一战线中的和与争是对立的统一，国民党和共产党谁吸引谁的问题是客观存在。我们“不是要将国民党吸引到共产党，而是要国民党接受共产党的政治影响”。“如果没有共产党的独立性，便会使共产党降低到国民党方面去”，这是绝对不可以的。然而，既然承认民族矛盾高于阶级矛盾，毛泽东也不能不承认“和为贵”是必要的，他也不能不同意对国民党应当“光明磊落，大公无私，委曲求全，仁至义尽”，同意凡事应注意经过国民党，但他更愿意看到打破目前国民党一党独裁的真正意义上的统一战线组织的出现。因此，他赞成共产国际关于要争取“国共共同负责，共同领导”的意见，认为这将“使国共合作大家有利”。[2]

共产国际的意见，自然得到了中共中央绝大多数人的赞同与肯定。张闻天会后即公开发表文章，肯定了“抗日高于一切”和国共两党“共同负责，共同领导”的口号。他甚至断言：那种准备“在国共合作的过程中同国民党争取领导权”的观点，“显然同共产党抗日民族统一战线的基本政策完全不相符合”，说“目前蒋介石先生所领导的国民党已经处在领导的地位，这是谁也不能否认的事实”。[3]

然而，共产国际这一次的遥控指挥并不那样容易见效了。这是因为，抱着“编共而不容共”的心态，蒋介石和国民党原本就没有把共产党放在

---

[1] 有关游击战问题的争论，直到延安整风运动时，毛泽东的观点才最终为全党所接受。刘少奇1943年对此有过十分明确的解释。他说：经过六年来的实践，证明游击战是中共在抗战中所能采取的最主要和最基本的斗争方式。这是因为我们组织好了的队伍不很多，进行正规战，不可能获得任何重要的结果，还可能在一个或几个战斗中即基本上被消耗或受到极大的削弱。而我们被消耗了，人家是不补充我们的。刘少奇：《六年敌后工作经验的报告》（1943年），油印件。

[2] 《毛泽东在中央政治局会议上的发言》（1936年12月10、12日）。

[3] 洛甫：《巩固国共合作，争取抗战胜利》，《解放》第28期，1937年12月21日。

平等的地位上，就连共产党的合法地位都没有承认，又如何能够同意与中共组成平等的统一战线组织，“共同领导、共同负责”？严格地说，蒋介石在“剿共”战争即将成功的最后关头决定与中共妥协，是张学良、杨虎城发动的西安事变逼的。事变发生后，宋美龄、宋子文力主妥协，蒋介石顺坡下驴，对两宋有所承诺，不易反悔。而事变后要解决东北军、十七路军，更是颇费周章，还必须要借助中共在其中调处，因此再想兴兵剿共已无可能。但是，蒋介石有心与中共妥协，根本上还是因为中共和红军已经被打败，不可能再对国民党构成威胁了。相反，如果能够像成功地收编其他军阀武装那样成功收编红军，他还能早日放手与苏联合作，以便早日对付日本的入侵。这也是为什么早在1935年秋冬，他就已经开始想方设法派人到莫斯科去找中共代表团，以及在国内与中共代表进行接触与谈判了。[1] 这是因为，随着日本侵略步骤的加紧，蒋介石一直希望能够得到苏联在军事上的援助，包括与苏联缔结一项秘密的军事互助协定。[2] 但由于国内共产党问题没有彻底解决，他的联苏计划才不得不一推再推。西安事变期间，中共代表周恩来明确表态，接受蒋介石苏维埃改制、红军改编的政治解决条件，这一问题才算得到了解决，而蒋也开始放心地寻求苏联的援助了。

季米特洛夫：中共应该在毛泽东的领导下解决党内团结问题

这时候，苏联的大规模军事援助已经开始，但由于中国军队不断丧城失地，节节败退，国民党方面迫切希望苏联能够直接出兵参战。正是在这种情况下，蒋介石在得知王明回国后，马上就来电欢迎王明前往武汉晤谈，

[1] 参见《王明与邓文仪谈话记录》(1936年1月17、22、23日)、《王明给毛泽东、朱德和王稼祥的信》(1936年1月23日)，《共产国际、联共（布）与中国革命档案资料丛书》(15)，第89—111页。

[2] 1935年10月华北事变发生过程中，蒋介石就曾对苏联驻华大使委婉地提出过缔结秘密军事互助协定的建议。参见《鲍格洛莫夫致苏联外交人员委员部的电报》(1935年7月4日、10月19日、12月19日)，《近代史资料》第79辑，第218—221、224—225页。

并同意组成国共两党的所谓“两党委员会”，实际目的都是想要了解苏联高层动态和推动苏联向中国出兵。王明清楚地知道苏联没有可能出兵助战，也无法承诺向苏联方面做劝说工作，因此，他虽然满怀热忱去了武汉，见了蒋介石，却丝毫没有得到他所期望的统战效果。

不仅如此，鉴于中共方面毫无可能推动苏联出兵，在国民党人看来，中共的作用就主要不是正面的，而是负面的了。他们很快就在武汉发起了“一个领袖”、“一个主义”、“一个政党”和“一个军队”的宣传攻势，要求共产党放弃武装割据、自行其是的那一套，学桂系的样子，把军队交给中央指挥，全面贯彻中央的军令政令。王明到底也是共产党的领导人，当然知道保持党的独立性的重要意义。这种情况很快就使包括王明在内的中共多数领导人认识到，和国民党的关系确实存在一个斗争的问题。不打消国民党人的独裁心态，共产党、八路军就没有独立性可言。[1]

这样一来，不过两三个月的时间，中共中央领导人对国共关系的看法，就开始发生了明显的转变。在 1938 年 2 月底举行的政治局会议上，王明坚持认为“前次政治局会议的方针是正确的”，仍旧强调要加强统一战线政策的教育，强调要让国民党允许党派活动，边区先要开放党禁，“成为民主政治的模范区域”。但他也不能不承认，“过去的宣言在词句上是太让步了”，国民党现在用各种宣传来打击共产党，共产党必须要针锋相对地表明自己的立场。[2]

一度否认争取领导权说法的张闻天，这时再度强调起争取领导权的问题来了。他明确提出：“国共两党间是存在着争取领导权的问题的。中国资产阶级是有经验的，目前需要两党合作，但又怕我们发展；今天要利用共产党与人民的力量，但又怕共产党与民众的力量。目前阶级斗争的形势更

---

[1] 王明为此专门以毛泽东的名义在中共主办的《新华日报》上发表了一篇长篇谈话，公开批评国民党“一个政党”、“一个领袖”、“一个主义”和“一个军队”的宣传。《与新中华报记者其光先生的谈话》，《新华日报》1938 年 2 月 9 日。

[2] 《王明在中共中央政治局会议上的报告》（1938 年 2 月 27 日）。

复杂了，我们要看到与国民党有些摩擦是不奇怪的。”“我们无论何时不要忘记要与国民党合作，但也必须时时有戒心……在巩固国共两党合作原则下求得共党力量的巩固与扩大。”他甚至委婉地批评了王明、周恩来、博古、凯丰等多数中央领导人都跑到武汉去做统战工作的做法，说“与国民党谈判不要许多负责同志去”，“统一战线只是与国民党谈判是不够的”。相反，他认为，党“必须用更大的力量放在民运工作上去”，因为党要发展就要发展民运，民运要发展又必须要党投入较大的力量才行。[1]

不管苏联和共产国际是否真的希望中国共产党在“抗日高于一切”的原则下，不惜迁就国民党以维护统一战线，国共之间的矛盾斗争无论如何也是不可避免的。不管中国共产党人多么希望迅速争取到“实力领导地位”，取代国民党并推进革命向更高阶段发展，国共两党力量对比的现状也不是很快可以改变的。这种情况决定了中共在抗战初期的统一战线策略方针，不能不是在坚持“和为贵”前提下，实行又斗争又团结的做法。

根据2月底政治局会议的决定，中共中央很快派出任弼时前往莫斯科汇报自抗战开始以来的工作情况。在依据张闻天、毛泽东等人意见向共产国际提交的政治报告中，中共中央一方面明确表示同意共产国际“抗日高于一切”，“一切服从抗日”的原则，主张国共两党在统一战线中应该“互相帮助，互相发展，共同领导，共同负责，不应有谁投降谁，谁推翻谁的企图”，另一方面则明确提出了共产党的领导作用问题，主张“以最大努力”“巩固共产党在抗日战争中的领导力量”，“使着党和八路军在抗日战争中，军事上能够起得更大的推动和领导作用”，坚持必要的批评与斗争，以推动并帮助国民党进步。[2] 对此，共产国际领导人明确表示认可，认为“中国共产党的政治路线是正确的”。

[1] 《张闻天在中共中央政治局会议上的发言》（1938年2月27日）。

[2] 《任弼时代表中共中央向共产国际报告大纲——中国抗日战争的形势与中国共产党的工作和任务》（1938年4月14日），《文献和研究》1985年第4期；中共中央文献研究室编：《任弼时选集》，人民出版社1987年版，第164—207页。

可以肯定，出于共同的阶级利益的考虑，至少在共产国际领导人那里，“抗日高于一切”的原则也是打了某些折扣的，它绝不能有损于共产党人的生存和发展。因此，尽管共产国际要求中共要注重统一战线，“友谊的说服国民党的领导者”“在军事环境之下实行进一步的民主的政策”，但它显然对国民党坚持一党独裁和削弱共产党的做法一样深感不安，因而明确主张共产党在诚心诚意地实行三民主义和诚恳地拥护蒋介石的基础上，必须坚持在政治上及组织上的“独立性”，“要特别注意克服一切孤立八路军及新四军的企图”。[1] 这意味着，共产国际本质上并不主张无条件地迁就国民党人，其统一战线的策略方针与此时中共中央毛泽东等人的看法，存在着某些共同的立足点。

共产国际与毛泽东在思想倾向上的这种沟通，迅速促成了毛泽东党内地位的崛起。自 1934 年中央苏区反“围剿”战争失败前后，共产国际即已开始高度重视这位土生土长但具有“丰富经验”和突出能力的中共领导人。在共产国际七大上，毛泽东已经被共产国际看作是中国苏维埃革命的“旗手”和“象征”，并享有和共产国际七大主席季米特洛夫、七大名誉主席台尔曼等少数国际共产主义运动领导人一样的殊荣和赞誉。尽管 1935 年中共中央在遵义召开的政治局扩大会议把张闻天推举为新的中共中央最高负责人，但在双方失去联络的特殊情况下，这并不是共产国际的选择。且共产国际对于张闻天主持中共中央期间的工作并不十分满意，而这也是他们 1937 年决定派王明等“新生力量”回国的重要原因。[2] 但是，第一，共产国际在王明回国时讲得很清楚，王明回国后，中共中央应该实行集体领导；第二，由于王明在共产国际和苏共党内强有力的扶持者、原共产国际东方部领导人米夫 1938 年在肃反中被整肃，共产国际对王明自然也失去了信任。这意

[1] 《共产国际执行委员会主席团关于中共代表报告的决议案》（1938 年 6 月 11 日），《文献和研究》1985 年第 4 期；《共产国际执委会主席团的决定》，《新华日报》1938 年 9 月 8 日。

[2] 参见《季米特洛夫在共产国际执委会秘书处会议上就中国问题的发言》（1937 年 8 月 10 日），《共产国际与中国革命教学参考资料》（下），中国人民大学中共党史系 1986 年编印，第 678—681 页。

味着，王明并非是共产国际选定的中共中央最高领导人，并且也不再可能受到共产国际的重用了。

任弼时到莫斯科后起到的一个非常重要的作用，就是向共产国际领导人汇报了王明主持的中共长江局与张闻天、毛泽东等人留守在延安的中央之间，出现了明显的权力斗争的情况。这是因为，中共中央的多数成员这时都到了武汉，延安中央只剩下少数人，因此，王明认为中央应放到武汉来，并经常以中央的名义发指示，不赞成张、毛继续行使中央的权力，甚至要求把中共中央的机关报等都搬到武汉去办，在延安开政治局会议都是王明打电报通知延安会议日程。这一争论不可避免地影响了中共中央自身的团结和指示的权威性。

对此，季米特洛夫的态度很明确。他告诉任弼时和即将回国的王稼祥：应该“在毛泽东为首的领导下解决”“党内团结问题”。季米特洛夫的表态，清楚地表明了共产国际公开支持毛泽东为中国党的最高领袖的态度。[1]

共产国际支持毛泽东为领袖，毛泽东提出马克思主义要中国化

这是共产国际最关键的一次，也是它最后一次从组织上直接干预中国共产党的内部事务了。他们注意到了毛泽东与共产国际基本一致的“政治路线”，但他们忽略了一点，毛泽东是那种更加重视自己国家革命事业的土生土长的共产党领导人。与由苏联培养出来的王明以及多数中共领导人不同，毛泽东有着极强的个性和宏大的政治抱负，除了他所信奉的关于阶级斗争的整套意识形态和为了他赖以实现理想的党的利益以外，他不会轻易地听命于任何人或组织，即使是对苏联和共产国际也一样。他的一切政策、策略的出发点，都是为了中共所领导的革命事业。1938 年 9—11 月间为贯彻共产国际指示而召开的中共六届六中全会，就开始反映出这种情况了。

[1] 王稼祥:《国际指示报告》(1938 年 9 月),见《王稼祥选集》,人民出版社 1989 年版,第 138—142 页。

六中全会显然是全面贯彻共产国际意图的一次重要会议。它不仅确认了毛泽东在中国共产党内的领袖地位，而且突出强调了“长期抗战，长期合作”，“抗日高于一切”的思想。会议公开宣称：“在现时条件下解放中国人民的唯一道路，就是巩固和扩大抗日民族统一战线——尤其是建立国共两党的长期合作。”[1] 毛泽东更是充分表示了对共产国际指示的尊重。他甚至公开宣布：“抗日战争的进行与抗日民族统一战线的组成中，国民党居于领导与基干的地位”，“我们是坚决拥护蒋委员长及其领导下之国民政府与国民党的，并号召全国一致拥护”。为了表明这一诚意，他还特别提出了“所有各统一战线中的党派，互不在对方内部招收党员，组织支部，进行秘密活动”的建议，主张将“国民党变为民族联盟，各党派加入国民党而又保存其独立性”，承诺共产党可以“将加入党员之名单提交国民党的领导机关”，既“不组织秘密党团”，也“不招收任何国民党员加入共产党”。他认为，这种“大家相安，有利无害”的办法，可以为“长期合作”、“互助互让”的两党关系奠定基础。[2]

与此同时，在党的内部，多数领导人都开始对国共关系和继续贯彻“一切经过统一战线，一切服从统一战线”的方针，提出了异议。

张闻天明确讲：国共合作是不平等的，国民党表面上承认共产党，但他自大主义十足，处处欺负人，“他是不愿与你平等合作的”。因此，中国和法国不一样，没有平等的统一战线。他认为，坚持长期合作的方针，必须“采取从上而下的协商、诚恳的说服与诚意的批评使国民党进步”。既要“用一切办法争取更多的同情者，争取更多的朋友”，又要“对顽固分子实行分化，集中力量打击少数分子……冲破蒋介石对我们的限制”。[3]

毛泽东也重申了过去的观点，即：国共两党今天的合作是勉强性的不自由的婚姻，共产党实力不大，一时还不能与国民党取得平等地位。我们的目的，是要“由不平等到平等，使共产党将来成为战争的决定因素”，要

---

[1] 见《解放》第 57 期，1938 年 11 月 6 日。

[2] 毛泽东：《论新阶段》，见《解放》第 57 期，1938 年 11 月 6 日。

[3] 《张闻天关于组织工作的报告》（1938 年 9 月 22 日）。

变国民党为“工农小资产阶级资产阶级的革命联盟”。“现在要自由要独立，将来要社会主义。”因此，按照共产国际的要求，他主张，我们固然要千方百计维护统一战线，“亲近国民党”，但“任何时候任何地方都不能忘记统一的同时，不能不辅之以斗争的原则，因为斗争正是为了统一，没有斗争就不能发展与巩固统一战线”。他明确表示同意刘少奇关于“一切经过统一战线”不等于一切要经过国民党与蒋介石的说法，说“一切经过统一战线”的口号，原则上是对的，但目前缺乏实际意义，因为现在没有统一战线的组织形式，“一切经过统一战线，等于经过蒋介石、阎锡山。这是片面的服从，并不是统一战线”。国民党是当权的党，要求各党服从它。我们如果一切都要经过它，就是把自己的手脚捆起来。他的意见是，在还没有平等的统一战线组织形式的情况下，有些事情应请国民党同意，比如派部队进河南，叫先奏后斩；有些事情则要先造成事实，再告诉它，叫先斩后奏；还有一些事情可斩而不奏。[1]

怀疑共产国际的某些具体指示和口号，这在中共中央并不是破天荒之举。但中共领导人这时却已经把问题提到了一个新的高度，即应当如何正确地“把马列主义的方法运用到中国的具体情况中间”来。为此，他们甚至提出了应该要把马列主义“中国化和民族化”的问题。尽管这样的口号最早提出来可以追溯到30年代早期，但中共中央无疑直到这时才真正意识到这一问题的极端重要性。

正是从这样一种新的思想高度出发，中共中央头一次在中央全会上开始对共产国际的个别指示进行了具体的分析，乃至提出了大胆的怀疑，并且开始努力尝试着独立自主地分析和认识问题了。毛泽东据此提出了“远水近火”的观点，主张中国抗日战争的胜利，应当立足于长期抗战和未来的国际变化上，认为短时期内胜利是不可能的，目前也不能指望国际范围

[1] 《毛泽东关于统一战线工作的报告》(1938年9月24日),《毛泽东在六届六中全会上的结论》(1938年11月5日)。

内反法西斯统一战线的建立和大规模的援助，强调现时抗战的方针只能是“自力更生，力求外援”，准备持久抗战。相对于国内统一战线和国共关系的现状，他们相信，国民党内亲日反共顽固势力依然存在，共产党力量相对弱小，共产党人应当以“有所不为可以有所为”的办法来求得统一战线的巩固和共产党力量的壮大，争取改造国民党并取得实力领导地位。毛泽东坚信，抗战的真正胜利必须基于两个条件，其一是中国共产党将来成为战争的决定因素；其二是未来国际关系发生重大变化，民主国家如英、法、美等同苏联一道对法西斯的德、意、日进行战争。在他看来，这一切迟早是要发生的，它自然也是共产党人必须努力争取的胜利前途。

正是由于党的领导人多少开始破除了对共产国际的迷信，王明的形象也不免开始受到一些领导人的质疑了。在共产国际以毛泽东为核心来解决全党团结问题的指示尚未传达之前，有的领导人就已经在直言批评王明了，说王明做报告的方式是向全世界的人讲话的方式，不知道党内会议上的报告是要满足党内同志的要求的，认为王太过脱离实际。但一些领导人还是对王明怀有敬意，甚至提出：“王明同志要回到中央工作，以加强中央的领导，掌握住中国革命的舵。”

共产国际的指示传达后，特别是经过长达一个月的时间反复开会和讨论后，几乎所有人都转变了态度，并纷纷对王明脱离中国实际的倾向进行了批评，明确表态拥护毛泽东。如一直认为王明的观点与自己接近的彭德怀，在全会结束前就公开表示，很高兴党有了群众信仰的领导。他说：“在我知道的十年当中，毛泽东同志基本上是正确的。”他并且认为，毛泽东之成为领袖，不是共产国际委任的结果，而是“长期斗争经验的总结，是长期斗争中产生的”。[1]

最后还是毛泽东在做会议结论时出来替王明打圆场，说王明的发言及报告与其他同志的发言和报告基本上是一致的，虽然有些不足，在发言中

[1] 《彭德怀在六中全会上的发言》（1938 年 10 月 24 日）。

总是难免的。重要的是，“王明同志在党的历史上有大功，对统一战线的提出有大的努力，工作甚积极，是主要的负责同志之一，我们应该原谅之”。[1]

不难看出，几乎在毛泽东开始成为中共最高领袖的同时，中国共产党已经明显开始与苏联和共产国际拉开距离了。

[1] 《毛泽东在六届六中全会上的结论》（1938 年 11 月 5 日）。

二、来而不往非礼也

斯大林否认苏联输出革命，但相信阶级革命在各国一定会发生

对于中国的抗战，甚至对于自1930年代以来德、意、日法西斯国家赤裸裸的侵略扩张行径，苏联同英、法、美等西方大国的政策始终是有明显区别的。这种区别的突出表现，就是苏联极力鼓吹集体安全政策，而英、法、美，特别是英、法两国却严格奉行“不干涉政策”，甚或采取“绥靖主义”的做法。面对1931年日本大举入侵中国东北三省、1935年意大利公然侵占埃塞俄比亚，以及德国国家社会主义工人党（简称纳粹）上台后单方面宣布废除《凡尔赛和约》中有关条款，重新武装德国，苏联政府曾三番五次地呼吁有关各国缔结一项集体安全条约，以便威慑和制裁敢于发动侵略战争的国家，确保世界的稳定与和平。为此，它不仅抛弃了政治上的孤立政策，加入了它曾经长时间抱以反感的国际联盟（简称国联），而且开始公开认为整个世界的和平应该是一个不以意识形态和政治制度来划分的整体。

然而，这样一种认识最初难以让英、法等国的政治家们接受。不仅英、法，而且受到英、法影响的国际联盟，在这一系列国际冲突和法西斯侵略面前，

几乎也都无一例外地采取了妥协的立场。它们不仅害怕苏联的共产主义扩张，而且也极力避免卷入到战争的旋涡中，尤其不愿意与共产党的苏联一起承担集体安全的义务。

1936 年 7 月，西班牙内战爆发，德、意两国公开介入，用武力支持叛乱的佛朗哥军人政权反对合法的共和政府。作为抑制法西斯主义泛滥和鼓励集体安全的一种尝试，苏联一开始就站在共和政府一边，向其提供了军事援助和顾问人员。但是，对于在自己家门口所发生的这一切，英、法两国政府坚持采取不干涉政策，甚至通过封锁沿海的方法来阻止苏联提供帮助。这不可避免地导致共和政府在叛军及德、意军队的优势压力下逐渐瓦解。[1]

1937 年 7—8 月，由于日本军队大举入侵中国华北和华东地区，中国爆发了抗日战争。为了支持落后的中国把反对日本入侵的战争坚持下去，苏联又开始向中国提供物资和人员的帮助。然而，在远东有切身利益的英、美两国，不仅以“中立”和“不干涉”等种种理由拒绝为中国提供任何帮助，而且仍旧无限制地大量满足日本对于军用物资的需求，甚至想要促成中国与日本之间的相互妥协。

1938 年 5 月，德国一举吞并了奥地利之后，又公开准备割裂英、法的盟国之一捷克斯洛伐克，夺取其苏台德地区。面对这一更加严重的局面，苏联再度积极呼吁国际干预，并在其西部边界陈兵 38 个步兵师，有意向捷克斯洛伐克政府提供直接的军事援助。可是，英、法两国步步退让，并不接受苏联的忠告，甚至于同年 9 月 29 日与德、意两国在慕尼黑签订了《慕尼黑协定》，承认了德国肢解捷克斯洛伐克的要求。

英、法、美等国采取姑息乃至纵容德、意、日侵略扩张行径的“绥靖政策”，不仅仅是因为这些国家的政府恐惧战争，很大程度上还有意识形态的考虑在作怪。西方各国的政治家们同苏联的领导人一样，多半都习惯于把对方

[1] 参见威廉·兰格主编，高望之等译：《世界史编年手册（现代部分）》，三联书店 1978 年版，第 91 页。

的思想和制度看成是一种洪水猛兽，担心其侵略性。共产主义制度以及共产党人所主张的世界范围的阶级革命，在欧洲资本主义国家曾经产生过广泛的影响，并且在俄国十月革命后形成过大规模的冲击浪潮。因此，几乎所有欧洲资本主义国家的政府都把苏联视为危险的敌人。而由于德、意法西斯主义崛起得较晚，它们又公开把攻击的矛头指向苏联和共产国际，因此多数欧洲资本主义国家最初并不比割据苏联更害怕德、意两国。两害相权，它们甚至更乐于把祸水东引，让这两个专制制度的国家相互去伤害。正是基于这样一种心理，英、法两国政府宁愿对德、意妥协退让，也不愿让共产主义制度随着苏联红军迈出苏联的国界，对整个西方世界构成威胁。正如这时捷克总统贝奈斯所言：即使捷克为了欧洲和平要做出重大牺牲，它也绝不会违反英、法等国的意愿去寻求苏联的帮助，因为那将是“极端自杀的手段”[1]。它们显然相信：苏联的“任何成功都可能导致布尔什维克主义在欧洲的扩散”[2]，而这与法西斯主义的扩张相比，可能更为致命。这就是为什么只要还有一线微小的可能性，它们就宁愿把灾难局限在自己的范围内，不让苏联染指其间的原因所在。

设想共产党人可能利用战争的环境来推进其共产主义事业，这未必不在情理之中。战争，历来是被共产党人视为爆发革命危机的一种客观条件。何况，苏联还组织和管理着那样一个以世界革命为使命、有着强大的支配力、随时可以下令各国共产党在本国点燃阶级革命的火焰的共产国际。不难想象，对此心知肚明的斯大林在很长一段时间以为，只要他让共产国际在政策上做出改变，就可以在很大程度上消除欧洲民主国家资产阶级的这种恐惧了。他没有想到的是，不管是苏联政府在1933年以后对外政策的调整，还是1935年共产国际七大对欧洲民主国家资产阶级政策的调整，甚至是斯大林自己亲自出来否认苏联有任何“世界革命的计划和意图”，告诉资本主

[1] 德波林编著，上海外国语学院西俄语系译：《第二次世界大战史，1939—1945》，第2卷，上海译文出版社1981年版，第156页。

[2] 特尔福德·泰勒著，石益仁译：《慕尼黑——和平的代价》，新华出版社1984年版，第1304、1493页。

义各国“没有任何根据”担心“苏联人要亲自甚至用暴力去改变周围国家的面貌”[1]，都还是无法让英、法等国政府相信苏联是欧洲资本主义各国的建设性邻居。

事实上，这个时候的斯大林，虽然已经因为实施一国建设社会主义的计划而日益脱离了世界革命的轨道，堕入到俄罗斯民族主义和国家主义的泥沼之中，但是，斯大林也好，多数苏联共产党人也好，其头脑中阶级斗争的意识形态和思想方法依旧根深蒂固。他们认识世界的方法，还是阶级分析的方法；他们解决问题的方法，也仍旧脱不开阶级斗争。把世界和平置于阶级斗争和阶级革命之上，在他们都还只是出于眼前利益的一种策略需要。因此，斯大林一方面努力寻求集体安全体系的建立，一方面还是公开预言第二次帝国主义战争由于资本主义自身的原因而不可避免。他一方面否认苏联会输出革命，声称“输出革命，这是胡说”，说凡是认为苏联共产党有推进世界革命的计划和意图的，都是“出于误会”；一方面却又公开承认：“苏联当然愿意周围国家的面貌能够改变”，相信革命不论苏联干预与否，“在其他国家也要产生”。[2]

类似的情况，其实同样也会发生在中国共产党人当中。

蒋介石拒绝中共合作提议，毛泽东倡言“人要犯我，我必犯人”

中国是一个落后国家，中国革命眼前的任务是寻求民族解放和民主政治。因此，中国共产党人理所当然地可以以革命的民族主义作为自己的旗帜，并且宣称自己的主张与国民党的三民主义本质上没有多少区别。事实上，即使是信奉列宁主义、主张阶级斗争、拥护世界革命的主张，相当多数的共产党人仍旧是因为受到某种民族主义情感的驱动而投身到革命中来

[1] 《斯大林文选》，第 73 页。
[2] 《斯大林文选》，第 72—73 页。

的。因此，不少中国共产党人，特别是像毛泽东这样个性十足的中共领导人，会特别重视自身的中国色彩，并不足怪。

但是，像斯大林一样，毛泽东头脑中的阶级斗争的意识形态也已经根深蒂固。他们观察世界和改造世界的思路与方法，也如出一辙。因此，对于世界政治格局的一切变动和中国政治的未来走向，以及中共在世界政治格局与民族革命战争中的基本政策、策略，毛泽东都注定了只能以阶级分析和阶级斗争的模式来看问题。

面对纷繁复杂、诡谲多变的世界政治格局，毛泽东这时就明确地按照苏联和共产国际的观点，把它划分成了三个部分，即社会主义国家和资本主义国家，并在资本主义国家中再划分出“侵略国家”和“民主国家”。基于苏联的外交策略，他也一样相信民主国家应该同苏联一道建立集体安全体系，援助中国等被侵略国家，制裁德、意、日侵略者等。但是，相对于中国革命自身的特点，即要从民族民主革命进到社会主义革命的进程来说，他用来观察世界政治的标准又略有不同。那就是，在他看来：“第一，不可忘记资本主义国家与社会主义国家的区别；第二，不可忘记资本主义国家之政府与资本主义国家之人民的区别；第三，更加不可忘记现在与未来的区别。”因为，他断定：“在资本主义各国方面，由于经济的总危机，资本主义已经走到毫无出路的地步”，“在社会主义国家方面，则一切都是光明的，进步的，强盛的。在这两种相反的对比之下，全世界大多数人类逐渐地找到了如何保卫自己与解放自己的方向”。如中国，就只能依靠社会主义苏联，依靠各国人民的团结和支持，依靠未来历史的发展，而决不可对现时的资本主义国家及其政府寄予过多的期望。[1]

英、法、美等列强对于德、意、日法西斯扩张主义的态度，从一个侧面也印证了共产党人的上述判断。在欧洲慕尼黑会议之后，中共中央除了估计“欧洲政局有暂时逆转的可能”外，尤其担心这种情况会被“搬用到

---

[1]　毛泽东：《论新阶段》，《毛泽东军事文选》，人民出版社 1981 年版，第 190—195 页。

东方”来，以致造成中国抗战的困难局面。因此，在1938年六届六中全会之后，中国共产党人加强了关于“自力更生为主同时不放松争取外援的方针”的宣传，同时更突出强调了社会主义苏联在支持中国抗战问题上的重要地位。但中共中央也了解，苏联外交的重心在欧洲，世界政治的重心也在欧洲，苏联不可能把太多的注意力放到远东和中国来，中国抗战还必须要努力寻求美、英等资本主义国家的援助和支持，至少要利用它们同日本帝国主义的矛盾。故毛泽东也相信："东方问题与西方问题在当前具体情况上有某种程度上的区别"，不仅英国同日本根本妥协是困难的，而且随着日本的不断扩张，美国同日本的矛盾也必然要加深。在这种情况下，求得美、英的支持和同情，从而巩固国内抗日统一战线并不是不可能的。[1]

1938年12月，英、美两国政府相继开始向中国提供大笔贷款。与此同时，又出现了国民党内亲日派首领汪精卫出逃投日，而蒋介石公开拒绝日本首相关于中日重新调整关系的声明的情况。这一切似乎都证明，毛泽东的上述看法是有一定根据的。但是，用阶级分析的方法来观察国际、国内政治之间的关系，简单地把国际和国内的资产阶级政策联系起来，无论是国际政治，还是国内政治的风吹草动，都不免会造成共产党人认识上的混乱。

1938年12月10日，张君劢发表了《致毛泽东先生的一封公开信》，呼吁中共放弃对军队、政权的控制和割据，完全统一于国民党的中央政府。[2] 紧接着，对于中共六届六中全会提出的在组织上更进一步密切国共两党合作的建议，蒋介石表示了断然拒绝的态度，他并且强硬宣称：将共产党合并于国民党，“此事乃我生死问题，此目的如不达到，我死了心也不安，抗战胜利了也没有什么意义”。在这方面，共产党作多少让步也不行。而这一根本问题不解决，要解决两党摩擦问题也是不可能的。[3] 紧接着蒋介石就下

[1] 毛泽东：《论新阶段》，见《毛泽东军事文选》，第190—195页。

[2] 参见《中央日报》1938年12月25日。

[3] 《陈绍禹等关于一个大党问题与蒋介石谈判情况向中央的报告》（1938年12月13日），见《中共中央文件选集》，第12册，第5—6页。

令各战区部队未奉军委会命令不得擅自开往其他战区，否则将“即行解散缴械”，意在禁止隶属二战区的八路军在进到河北、山东之后，再进入到华中和西北地区。蒋新任命不久的第一战区副司令兼河北省政府主席鹿钟麟，也明确要求八路军退出河北，归还第二战区序列，撤销自立的冀中、冀南行政公署和晋察冀政委会，停止就地筹款征粮。[1] 随后，1939 年 1 月下旬召开的国民党五届五中全会更通过了相关文件，要求各地各部会研究“防共”、“限共”的办法。国民党方面的这些做法，不可避免地使国共两党间的摩擦和冲突日益白热化。

1939 年 1 月初，中共对国民党的认识还处在一种摇摆之中。事实明摆着，汪精卫逃跑了，投降了，蒋介石却依旧坚持在抗日；蒋介石固然处心积虑地想取消共产党，但他也公开拒绝了呼吁“共同防共”的“近卫声明”；蒋介石固然决心要采取“防共”、“限共”措施，但他毕竟也没有公开与中共为敌。因此，基于统一战线的政策，中共中央这时也仍旧不得不肯定国民党在总的发展方向上还“是在进步”。毛泽东在 1 月 5 日的报告中也还是在讲，蒋介石的政策现在是联共又反共，但联共还是主要的。因此，我党目前的方针还是拥蒋反汪，对国民党仍然“要亲爱，要团结”。[2]

但是，在接连不断传来国民党“限共”、“驱共”的消息刺激之下，毛泽东的言论中也越来越多地充满了火药味。

1 月 12 日，毛泽东明确讲：对于国民党的摩擦，我们必须坚持“人不犯我，我不犯人；人要犯我，我必犯人”。说白了就是，“人家打我们，我们必须予以回击，否则就是投降”。

28 日，毛泽东在公开演讲中更公开强调：我们今天在统一战线的原则中必须要加上“反摩擦这一条”，“人不犯我，我不犯人”，“人若犯我，我必犯人”。他要求共产党人要敢于做到“他占我一个村子，我们占他两个”，“他

---

[1] 《朱德、尚昆、左权、傅钟关于国民党加紧对我党我军限制政策致中央书记处电》（1939 年 1 月 19 日）。

[2] 《毛泽东关于对汪精卫叛变事件的报告》（1939 年 1 月 5 日）。

捉我二个，我们捉他四个，他关我们三天，我们就关他六天”，用加倍的惩罚打击那些反共顽固派，用发展进步势力的办法来造成“压服”退步逆流的实力条件。“他要摩擦，我们就反摩擦。”用毛泽东的话来说，这就叫作“来而不往非礼也”。[1]

2月8日，毛泽东进一步告诫党的领导人说：“现在我党内仍存在危险，许多党员对于国共两党的区别不清楚，误以为都是抗日。许多党员观念模糊，不懂得只有我党力量增加才能巩固统一战线。”[2] 就连一直主张“和为贵”的王明也开始承认，当今的抗战营垒中确实存在着两条战线的斗争。因此他提出，对国民党的进攻必须也采取进攻的战术，要公开说明共产主义与三民主义的区别；要抓住团结的旗帜，指责国民党顽固分子制造摩擦破坏团结；要公开要求撤换专搞摩擦的鹿钟麟，由八路军来实行军政统一。根据王明提议发出的关于河北摩擦问题的指示，就明确指示八路军总部以统一指挥及统一行政为由，坚决要求撤换鹿钟麟，改以朱德为冀察战区总司令兼河北省主席；以保卫山西和发展游击战争为名，要求在保持山西八路军现有兵力数量的同时，允许八路军分兵前往冀、察、鲁三省开辟更多的根据地，建立更多新的行政区。[3]

国共摩擦加剧，毛泽东怀疑“最近的摩擦，都与英美的政策有关”

1939年年初，中共内部对国共两党关系本质的认识已大致趋于统一，强调独立、斗争和加强戒备的倾向，由于国民党“防共”、“限共”活动的加强已日渐突出。

还在国民党五届五中全会开会期间，中共中央就已经通过决定：“以我

[1] 毛泽东：《关于目前战争局面和政治形势》（1939年1月28日），《毛泽东文集》，第2卷，第152页。

[2] 《毛泽东在中央书记处会议上关于摩擦问题的发言》（1939年2月8日）。

[3] 《中央关于华北各地摩擦问题的指示》（1939年2月10日），见《中共中央文件选集》，第12册，第23—25页。

们之知识、力量、干部及经验来帮助国民党及其军队工作"，"必须是有条件的、有限度的、有进展程度的"，否则，"披诚相见，实际上是自己搬石头砸自己的脚"。[1]

国民党五中全会刚一结束，中共中央就秘密指示改变六届六中全会关于不在国民党内发展党员、组织党团和支部的决定，提出必须根据国共两党的现有关系及各地具体情况，以不损害党的实际利益为前提灵活掌握。"凡被逼或被拉入国民党与中央军的秘密党员，应一律加入"；"凡是过去已经加入国民党与中央的秘密党员，应继续秘密的留下"。这些共产党员应该依照党的总方针参加适合自己身份的革命工作，"以埋头苦干的艰苦工作，取得信任与地位，团结进步力量，一般的暂时可不继续在里面发展党的秘密组织，但不应拒绝必要时个别的发展"。[2]

与此同时，中共中央还明确指示中共南方局：因为五中全会"对民主民生问题一无表示，对我党态度仍不甚好，且发指令各地对我党及八路军、新四军、陕甘宁边区、晋察冀边区采取进攻方针，并增加摩擦对立"，故中共代表将拒绝出席即将召开的国民参政会，"以促蒋及国民党反省"。[3]

中共中央对蒋介石国民党的观感日渐转恶，除了国民党大举采取"限共"措施，加紧在各地制造摩擦以外，还有一个很重要的原因，就是它注意到蒋介石可能有与日本妥协的迹象。

在1939年1月举行的五届五中全会上，蒋介石有所谓以恢复卢沟桥事变前的状态作为"抗日到底"的标志的说法。同时，中共中央也了解到国民党有借助于英、美的压力，促成召开太平洋会议讨论中国问题的意图。共产党一直是重视阶级分析的。他们原本就基于阶级分析，认定中外资产阶级是一丘之貉。如今，英、法等国刚刚在欧洲通过《慕尼黑协定》出卖

[1] 《中央关于帮助国民党及其军队工作原则的决定》(1939年1月26日)，见《中共中央文件选集》，第12册，第20页。

[2] 《中央关于不在国民党及其军队中发展组织问题的指示》(1939年2月8日)。

[3] 《中共中央书记处关于不出席此次参政会问题给南方局并伯渠电》(1939年2月6日)。

弱小国家的利益，将战争的祸水引向社会主义苏联，中国的地主资产阶级及其国民党就马上紧跟其步伐，想要通过英、美与日本妥协，再制造一个“东方慕尼黑”阴谋，并非没有可能性。

从1938年10月前后中共召开六届六中全会，提出一系列团结国民党的新政策，到1938年12月汪精卫叛逃，国民党突然加剧“防共”、“限共”措施，到处制造反共摩擦，前后不足两个月时间的这种形势变化，明显让毛泽东感到困惑。而联系国际环境的变动和国民党准备有条件与日本妥协的情况，这一问题似乎就找到了合理的解释。因为，依据阶级本性的分析判断，半殖民地国家的资产阶级本来就不可能有自己独立的政策，它们多半都是依赖于某些帝国主义国家的政府来决定自己的政策的。由此推论，国民党突然加紧反共，未必没有国际背景的作用。

1939年春天，毛泽东开始做出判断称：“蒋的政策很大的成分是依靠英美”，“最近的摩擦，都与英美的政策有关”。他的分析是，这一切都是因为英、法等国的妥协政策打破了苏联建立集体安全体系的努力，使得建立世界性的统一的和平战线失去了可能性。影响到东方，日寇的进攻将可能更加猖狂，国民党内妥协的倾向自然更加严重。而为了顺利地实现对日妥协，就一定要扫除掉在中国反对和威胁到他们妥协前景的最大的政治障碍，也就是必定会对此做出强烈反应的共产党。如此得出的结论很显然，那就是，国民党加紧反共，其实就是那些顽固分子在为他们以后对日妥协创造条件。毛泽东因此得出结论称：“将来有可能蒋要造成东方慕尼黑会议”，依靠英法，“把日本迫到芦（卢）沟桥去”，并以割让东北、内蒙为交换，来和平解决中日关系问题。[1]

既然认定蒋介石国民党从阶级本性上就不可能抗战到底，还注定会为了妥协而反共，那么，中共对国民党的政策自然也注定会发生改变。

毛泽东这时其实已经开始就正确解决国共两党间摩擦问题，得出总结

[1] 《毛泽东在中央政治局会议上的发言》（1939年5月7日）。

性的看法了。这就是，在统一战线中，斗争与合作是两个方面，“没有斗争就没有合作”，“长期合作就需要长期斗争来保证”。他相信，就国共关系而言，斗争是合作的条件，因为只有坚持斗争，才能抑制摩擦，制止分裂，使合作存在下去；而退让妥协，不敢反抗，结果必定会导致自己被国民党取消或溶化掉，结果也就失去了与国民党合作的任何资本。毛泽东自问自答：大革命为什么失败？“就是因为无产阶级没有政治警惕性，在政治上军事上都没有准备起来。”“人家来一个‘马日事变’初试一下，共产党不反抗，他们就大搞起来。”他对此形象地比喻说：“天下的鱼本来没有人敢捉的，有人去捉一两条试试看，因为鱼没有反抗，你捉我捉，大家都捉起鱼来，因此天下之鱼可捉也。”所以，毛泽东的结论依旧是，要想让国民党顽固派不敢实施其“限共”、“溶共”阴谋，唯有我行我素，针锋相对，寸步不让，坚持斗争。[1]

苏联改变对英、法政策，中共中央认定资产阶级必然叛变

1939年春季之前，中共中央对国内外形势的分析和看法，固然注意到了可能出现的不利局面，但总体上还是比较乐观的。特别是共产国际和欧洲各国共产党在慕尼黑会议之后，仍旧坚持“为联合而努力”的口号，主张“世界一切人民团结在法、英、美及苏联四个最大的民主国家周围”[2]，这表明包括苏联在内的各国共产党人这时对建立全世界范围的统一的和平阵线和反法西斯的集体安全体系，还没有完全丧失信心。在这种情况下，中共中央对于整个局势的看法自然也不会发生根本性的改变。

1939年3月21日，持续了三年之久的西班牙内战由于佛朗哥的军队占领了马德里，推翻了共和政权而宣告结束。与此同时，捷克斯洛伐克和阿

[1] 毛泽东：《后方军事工作的政治方向》（1939年5月5日）。
[2] 参见《解放》第66期，1939年3月20日。

尔巴尼亚先后被德、意两国吞并和侵占。眼见德、意法西斯并没有像他们所宣称的那样，把战争的矛头指向共产党国家，而是不断地在欧洲扩张和侵略，英、法两国政府不得不开始放弃不干涉政策，整军备战，甚至主动与苏联进行有关集体安全问题的谈判了。注意到这种情况，中共中央一度颇受鼓舞。因为他们确信，反侵略阵线“现在有其前途了”，并断言“这是慕尼黑协定以来国际形势由逆流到好转”的重要标志。[1]

然而，他们很快就发现，情况完全不像他们想象的那样。

1939 年 3 月 10 日，斯大林在联共（布）党的第十八次代表大会上，出人意料地换了一副口吻来谈论整个国际局势和苏联的外交政策。他断言：“新的帝国主义战争已经成为事实了。”换言之，第一次世界大战那样一种局面又出现了。这意味着，各国共产党人又应当回到列宁当年所采取的那种失败主义的立场上去了，再也不需要什么“集体安全”了。这是因为，所谓“帝国主义战争”，就是非正义的和掠夺性的帝国主义国家之间的分赃战争，战争的双方将不存在什么“民主国家”和法西斯国家的区别。不仅如此，他还揭露说：“非侵略的民主国家”之所以竭力采取“不干涉政策”，纵容侵略，其关键就在于它们内心深处都包藏着一种祸心，即企图使祸水东流，促使德、意发动对苏战争，从而将这些侵略国家和资本主义的敌人苏联统统“都深陷到战争的漩涡中去”，“让它们相互削弱，相互消耗，然后，当它们相当疲惫时，自己就以充沛的力量出台活动……迫使那些精疲力尽的交战国接受自己的条件”。基于这样一种全新的看法，苏联不仅不再需要“集体安全体系”，而且还会谨防“民主国家”政府的黑手，“不让那些惯于从中渔利的战争挑拨者把我国卷入到冲突中去”。[2]

由此可以看出，苏联事实上已经开始放弃过去那种以争取和英、法、美等主张世界和平的民主国家结成同盟，以威慑和制裁法西斯侵略国家的

---

[1] 《英法苏协定问题》，《解放》第 70 期，1939 年 5 月 1 日。

[2] 《斯大林文选》，第 215—220 页。

集体安全政策，转而试图去利用帝国主义国家之间的矛盾冲突，努力置身于所谓帝国主义战争之外，并且把防备英、法等“民主国家”的渔人政策的阴谋当作头等重要的外交目的了。

事情骤然间颠倒了过来。过去努力争取的联合对象，一下子又变成了最危险的必须加以防备的敌人。即使这个时候英、法两国政府真心想要谋求与苏联结盟，也不再能引起苏联人的足够兴趣了。因为，如果战争的性质已经改变，帝国主义各国之间自己互相残杀，原本就不属于这个资本主义世界的苏联，有什么必要为了某些帝国主义的利益而去冒与另外一些帝国主义发生冲突的危险呢？何况，在苏联共产党人看来，“需要他国予以援助公约的国家，并不是苏联”。如果德、意法西斯的侵略已经矛头直指英、法等国，苏联又有什么必要去为英、法帝国主义火中取栗呢？苏联政治制度的优越性在这时似乎充分表现出它的魅力来了，因为它完全可以置身于这场帝国主义战争之外，当帝国主义两大集团两败俱伤之后，强大的苏联将更“能够以它的决定的力量伸足于世界的天秤（平）之中”，左右世界政治的未来走向。那岂不是更加符合“全世界人民的利益”吗？[1]

斯大林报告的译文是在4月中下旬陆续摘要登载在中国的部分报刊上的。至于如何具体了解和领会斯大林报告中的新精神，因为迟迟没有看到全部的译文，所以中共中央还多费了一些周折。但无论如何，中共中央都不可能怀疑斯大林的无比正确性。即使没有看到全文，它也一样率先表示了热烈拥护和信仰的态度。中共中央机关刊物《解放》甚至使用了十分阿谀的话语来称颂斯大林的英明伟大。其文称：斯大林同志的这一报告，“以其深刻无比的科学天才，发挥马克思列宁主义的锐利武器，描写了目前错综万端的世界时局，以及伟大而美满的新社会之发展”。[2]

斯大林报告的全部译文是6月25日才登载于《解放》杂志第74期上的。

---

[1] 《联共（布）第十八次代表大会与国际工人阶级》，《共产国际》，1939年第4期（社论）。

[2] 《关于斯大林同志和莫洛托夫同志在联共全会上的报告》，《解放》第70期，1939年5月1日。

但是，在此之前，即1939年5月30日，共产国际就已经参照斯大林新的形势分析，开始要求中共要小心英、美等国在远东制造新的慕尼黑阴谋了。

共产国际的指示主要包含三点内容，即：(一) 目前最大的危险，就是国民党妥协投降的可能性，这种情况是英、美、法在远东极力推行妥协政策，试图造成新的东方慕尼黑协定的一种必然反映，其中可能包含重大阴谋；(二) 中共应当全力开展反对妥协投降的斗争，要准备舆论，准备群众，以应付可能出现的反共阴谋，因为反共就是国民党妥协投降的必要准备；(三) 共产党的基本任务，仍是巩固与扩大抗日统一战线，在开展反对妥协投降、揭穿反共即投降准备的同时，应当注意不给统一战线的破裂造成任何借口。[1]

共产国际发出反对远东慕尼黑阴谋和反对国民党反共投降斗争的指示，很大程度上也是对英国驻华大使卡尔自4月以来的“调停”活动以及国民党突然加紧“防共”、“限共”活动的一种反应。由此得出英、美策划远东慕尼黑和国民党准备投降的结论，显然同斯大林对于整个国际形势的新判断有着直接的因果关系。这是因为，同样习惯于把国民党同英、美资产阶级联系在一起的共产国际，在相信了英、美、法等正在力图把战争祸水引向苏联，而使自己处于“渔人”地位之后，自然也会对英国在远东的类似举动和国民党的一反常态产生同样的怀疑。

1939年5月31日，中共中央讨论了共产国际的指示。这一指示显然从国际大背景，亦即从国际范围阶级斗争的角度对国民党突然加紧“防共”、“限共”活动的情况，做出了有力的解释。它不仅极大地支持了毛泽东此前的种种判断和做法，而且还使中共中央不必太多地顾虑对国民党的统战政策，可以大幅调整对当前形势的认识和对国民党的策略了。这不能不让毛泽东更加倍感自豪和自信。他随后即热情洋溢地撰文歌颂苏联和斯大林，最清楚不过地反映出了他此时的心情。[2]

---

[1] 《共产国际执委会书记处致中共中央书记处电》(1939年5月30日)。

[2] 毛泽东后来曾明确讲过这样的话，说他一生写过三篇颂扬斯大林的文章，唯有1939年这篇是真正发自内心的。参见《毛泽东选集》(合订本)，第583—591、651—652页。

从此，中共中央对于国际形势的乐观估计改变了，开始突出强调国际国内的妥协投降危险了；他们对于英、美等民主国家及其正在发生的战争性质的看法改变了，开始左右开弓地痛斥英、美和德、意帝国主义的反苏反共本性了；六中全会确定的“诚心诚意地拥护蒋委员长，拥护国民政府”，宣传国民党有“光明前途”的方针也改变了，他们开始强调“资产阶级叛变的必然性”，认定“目前最大的危险就是国民党投降的可能”，主张“要指出国民党的坏处，多加批评”，对蒋“不要诚心诚意”，“也不要无条件的拥护”，要准备应付国民党的妥协投降，准备出现“一个混乱局面”。[1]

经过几个月时间的反摩擦斗争，无论是在河北、在晋西北，还是在陕甘宁边区，中共的强硬态度和果断的打击行动，都获得了极大的成功。就连王明都承认：“我们最近的经验表明，采取强硬态度，我们能取得胜利。”[2]毛泽东满怀信心地宣布说：国民党投降日本也绝不会全部投降，那时反而可能“形成真正的抗日民族统一战线，可能建立真正的国防政府和抗日联军”。[3]

几年来共产党在政治上、军事上的极大发展，使毛泽东明显增强了通过独立自主、自力更生、艰苦奋斗来战胜国民党的信心和决心。他公开告诉各级共产党人：“我们中国，如果再在这些混账王八蛋手里搞下去，中国一定要亡。如果这些人再不改进，不进步，中国一定要亡。”但要改造“那些混账王八蛋”，只能靠共产党。因为“从周公孔子以来”，从没有如共产党这样“又民主，又能艰苦奋斗，又能帮助老百姓”的干部和军队。他断言：国民党的干部和军队只会贪污，刮地皮，压迫老百姓，打麻将，抽鸦片，娶小老婆。国民党的县长一个月 180 元还不干好事，共产党的县长一个月 2 元却能廉洁奉公。这样的党，这样的干部，哪有不受欢迎的道理？[4]故在毛

[1] 《中央关于反对投降危险的指示》（1939 年 6 月 7 日），见《中共中央文件选集》，第 12 册，第 80—81 页；毛泽东：《反对投降提纲》（1939 年 6 月 10 日），见《毛泽东文集》，第 2 卷，第 196—237 页。

[2] 《王明在中央书记处会议上的发言》（1939 年 5 月 4 日）。

[3] 《毛泽东关于保卫边区问题的报告》（1939 年 6 月 8 日）。

[4] 毛泽东：《在边区县长联席会议上的报告》（1939 年 7 月 12 日）。

泽东看来，没有什么是办不成的，“精神一到，何事不成”！只要能长期坚持这样做下去，共产党必会成功。[1]

怀疑国民党会突然投降和反共，中共中央紧急疏散和转移

当然，真的注意到国民党可能投降时，毛泽东反而变得冷静了许多。他很清楚单靠共产党的力量这时远不足以同时应付两个强大的敌人，因此，当6月初日军开始攻占陕甘宁边区河防对岸的地区，直接威胁到中共中央所在地的安全时，毛泽东就明确提出，除了每个省要准备一块到几块根据地以防万一外，我们过去的自卫立场“现在要和缓一下”，“我们要努力争取友军，以免孤立”。因此，毛泽东讲反对投降，不怕投降，同时也仍在强调：要“统一不忘斗争，斗争不忘统一，二者不可偏废，但以统一为主，‘磨而不裂’”。[2]

但是，由于战争的持续进行，国民党丧城失地越来越多，八路军却利用日军大踏步推进、后方空虚，尤其是对山区与广大农村鞭长莫及的情况，紧随日军之后，从山西发展到了河北和察哈尔，进到河南和安徽，这时又大举开进了山东。新四军也从皖南进到苏南，并渡过长江，进到了苏北。不过两年左右时间，共产党的军队就已经从三四万人的武装，扩展到有20余万兵力，同时建立大批敌后根据地和地方政权。这种“国民党失地，日本与共产党分地之局面”，使国民党惶惶不安，深感其“统治之土地，将一失而不易复得”[3]，因而不得不加紧抑制，以免战后天下成了共产党的。国民党为战后的统治地位着想，必欲限制共产党；共产党相信抗战和革命都不能指望国民党，必须自己成为抗日的主力。双方各有各的利益所在，已成水火关系，而共产党方

[1] 毛泽东：《为蒋灿题词》（1939年7月），等。

[2] 《毛泽东关于保卫边区问题的报告》（1939年6月8日）、《反对投降提纲》（1939年6月10日），见《毛泽东文集》，第2卷，第196—237页。

[3] 《第八路军在华北陕北之自由行动应如何处置》（1939年），转见《中共党史参考资料》，第8册，第325—327页。

面相信国民党可能投降，这就使他们对形势的判断变得更加紧张。

1939年6月初，日军全线推进至位于陕甘宁边区从佳县到延川对岸的黄河边，侦察并修筑工事，有大举渡河进攻陕甘宁边区的迹象。结合共产国际的指示，这时在安定、延川、定边和盐城大量任命县长、专员，组织保安队，与中共地方政府冲突的情况，中共中央明显怀疑国民党与日本有勾结的可能。在6月7日的书记处会议上，领导人的看法非常一致。

王稼祥认为："此次敌人之进攻，政治意义比军事意义大，有可能是汪精卫进行投降的方法，首先要打击边区做投降的准备。"

张闻天表示相信：日寇可能"企图进攻我们，对国民党实行诱降"，而国民党则可能以此为借口进兵边区。

王明也担心情况可能恶化，说：日本企图消灭中共根据地的目的与国民党的意图不谋而合，此次不是日本进攻，就是国民党进攻。"目前的紧急问题还是要有新的根据地，共产党不能没有根据地。"

毛泽东显然同意上述分析。面对日军可能进攻的严重威胁，他实际上考虑的却是如何应付国共破裂的问题了。他提出：此次"有国共破裂的可能。如有这种危险，经费问题是一个大问题。后方共48000人，对河防必须坚守，延安机关学校必须打破现状，实行必要的军事布置"。

随后，为应付突然事变，中共中央专门开会讨论了相关机构合并和搬家的问题，决定延安女大、工校、陕公、青训等各留百余人，其余各校学生5000余人合并成立华北联合大学，由成仿吾任校长，与抗大5000人一同转移去华北敌后晋察冀边区。另党政、中央机关，连同边区政府和军事机关精简出3/5，约5500，也转移到华北各根据地去，以降低国民党突然停止接济和发动军事进攻所带来的困难局面。

为加强河防，中共中央这时还做出决定，将这时在晋东北的八路军一二〇师三五九旅调回陕北。一方面加强河防，另一方面也用于驱赶国民党委派的绥德地区行政督察专员何绍南及其各县政府与武装，一举改变了陕北地区各县存在的国共双重政权的情况，以巩固内部。

严格说来，这一次由日军向黄河边推进所引起的紧张局势并非国民党高层进攻陕甘宁边区的阴谋和计划的一部分，但是中共中央却非常紧张，6月上旬、中旬接连开会分析形势、研究原因，讨论应对办法。与会者几乎都同意，党内要“大大的进行阶级教育”，但围绕着国共关系与阶级关系的问题，还是存在一些不同意见。如刘少奇就强调：“要说明国共的长期合作，不等于资产阶级与无产阶级的长期合作，也不等于与蒋介石的长期合作。”而王明则认为：“国共合作不等于无产阶级与资产阶级的合作，同时国共分裂了也不等于无产阶级与资产阶级的分裂。”因为资产阶级中也有一部分人是要抗战的，国民党内也并不都是资产阶级，它只是一个“以资产阶级为骨干的民族的党”，即使国民党大部分叛变了，还会有许多派别会抗战的。

毛泽东据此提出了自己的看法，即：第一，“国民党投降的可能已成为最大的危险，而其反共活动则是准备投降的步骤”，因为“共产党是投降的最大障碍物，不反共则不能投降”。第二，造成这种情况的原因是抗战进入了低潮，日本改取诱降政策，英、美加紧策动远东慕尼黑的阴谋。第三，中国资产阶级在经济上、政治上的软弱性决定了其“叛变的必然性”。“国民党是以资产阶级为骨干的党，是在资产阶级指导之下的”，其“政府中党部中很多人是主和的，军队中也有这种人”。第四，地主资产阶级叛变不等于亡国，其叛变必定是逐渐的，而且是部分的，留下来的各种力量还是会抗战的，因此国共合作和统一战线仍是需要的。第五，为了尽量阻止和放缓其投降的危险，策略上我们“对外不说‘国民党投降’，应说‘地主资产阶级投降’”；只要蒋介石仍在抗战，我们就要继续坚持“拥护蒋委员长的口号”。

当然，毛泽东相信，国民党投降或叛变再严重，也不会损害到共产党人的革命事业。他断言：“那时，共产党将成为全国人民的救星，全国人民望共如望岁；那时，中国人民对苏联希望必增加；那时，国际必是一个战争与革命局面。”[1]

---

[1] 毛泽东：《反对投降提纲》（1939年6月10日），见《毛泽东文集》，第2卷，第196—237页。

苏联与德国妥协，毛泽东相信“大变化大革命的时代已经到来了”

斯大林一旦认定欧洲正在爆发一场新的帝国主义狗咬狗的战争，苏联对英、法等国资产阶级政府就再也不会寄予任何期望了。1939 年 8 月 23 日，出于利用帝国主义矛盾和祸水西引的目的，苏联政府与它一向最为担心的战争贩子——法西斯德国，订立了互不侵犯协定。由于相信列宁关于帝国主义战争的理论，和两个阶级、两种制度生死斗争的观点，斯大林自然也不会受到任何道德的困扰。他一方面鼓励德国把战争矛头指向英、法帝国主义；一方面则与德国达成秘密协定，利用德国大举进占波兰的同时，乘机把自己的西部边界推延到过去曾经在沙皇俄国统治下，这时则是在波兰资产阶级政府统治下的西乌克兰和西白俄罗斯地区。随后，苏联又吞并了 1918 年从俄国独立出来的波罗的海三国。[1] 进而出于自身安全的考虑，它又乘机向 1917 年俄国十月革命后才获得独立的芬兰提出了领土要求，并不惜冒着被国联褫夺会籍、驱逐出会的代价，发动了一场大规模的侵略战争。[2] 苏联突然间采取的这一系列重大的政治步骤，无疑使得中国共产党人对于形势的认识更加复杂化了。

德苏协定签订之后，中共中央很快就召开会议，毫不迟疑地肯定了其重大的积极意义。尽管与会者此时对苏联此举是否最终摆脱了战争的威胁尚有不同的看法，对于日本将会亲英、美还是会亲德、意，还多少有些把握不定，但他们异口同声地肯定苏联的看法，即英、法和德、意之间必然要爆发一场新的帝国主义战争，而英、法、美不仅对于苏联，而且对于抗

---

[1] 即拉脱维亚、爱沙尼亚和立陶宛。

[2] 因为芬兰边境距离俄国第一大城市列宁格勒（圣彼得堡）只有不足 40 公里，它在芬兰湾上的几个小岛更对列宁格勒海上防卫极其重要，故苏方要求芬兰割让列宁格勒以北及摩尔曼斯克以西的卡累利阿地区给苏联，并将芬兰湾入口处的汉科半岛和芬兰湾内的一些岛屿租借给苏联做军事基地。苏联表示可以将东卡累利阿约 4000 平方公里的土地割让给芬兰作为补偿。遭到拒绝后，苏联方面以近百万人伤亡的代价最后夺取了芬兰的卡累利阿地峡、萨拉地区和芬兰湾的大部分岛屿，并得以租借汉科半岛 30 年。

战的中国，都可能是远比德、意更加危险的敌人。

在9月初德国根据与苏联签订的秘密协定对波兰发动军事进攻之后，中共中央很快于10日收到了共产国际就德波战争和英、法对德宣战问题的指示电。它使得中共进一步明确了自己的立场，即“全部的完全的拥护”苏联！[1]不仅如此，中共中央还更加明确地提出：“过去关于法西斯国家与民主国家的划分，已经失掉了意义。”“现在世界上最反动的国家，已经转到英国方面”去了，“争取同所谓民主国家的资产阶级及其政府……建立统一战线的时期，已经过去，这种可能性现在已经没有了”。现在需要宣传的是，“变帝国主义战争为革命的国内战争，建立反帝国主义战争的人民统一战线”。“其目的，就是推翻世界反动营垒，用革命战争打倒帝国主义战争，打倒战争祸首，推翻资产阶级。”这是因为“资本主义经济已经走到尽头了，大变化大革命的时代已经到来了”。[2]

当然，对西方资本主义末日的再度预言和“推翻资产阶级”口号的再度提出，并不意味着中共这时又要重新开始回到过去苏维埃革命的激进政策上去了，或像共产国际对西方国家共产党所要求的那样，转而去对战争采取失败主义的策略，把斗争矛头重新指向本国的资产阶级政府。按照共产国际指示的要求，中共和其他殖民地半殖民地被侵略国家的共产党人，仍旧应当坚持统一战线的政策和与本国资产阶级的联合方式。[3]

但是，苏德协定的签订和双方联手吞并波兰的事实，也不可避免地提出了一个问题，那就是：苏联难道不会与日本签订同样的互不侵犯协定，因而妨害中国的抗战吗？对此，毛泽东也不能完全否定。但他解释说：“苏联是社会主义国家，是共产党当权的国家”，它一方面肯定不会参加“非正

[1] 《中共中央关于同意共产国际对第二次帝国主义战争和共产党的政治路线问题的指示致王明、博古、凯丰电》（1939年9月11日）。

[2] 毛泽东：《第二次帝国主义战争讲演提纲》，《解放》第85期，1939年9月14日。

[3] 《共产国际关于第二次帝国主义战争和共产党的政治路线问题致中共中央电》（1939年9月10日）。

义的掠夺的帝国主义战争”，另一方面它一定会“积极援助正义的非掠夺的谋解放的战争”。“即使日苏互不侵犯条约有签订的可能，苏联也决不会在条约中限制自己援助中国的行动。”因为“苏联的利益与中国民族解放的利益决不会互相冲突，而将是永久互相一致。这一点，我认为绝对没有疑义”。[1]

不论苏联下一步可能采取怎样的行动，1939 年 9 月欧洲战争爆发和帝国主义战争论断所带来的革命影响，对中国共产党仍旧是十分明显的。因为无论是列宁主义的理论，还是世界革命的常识都告诉共产党人，在紧接着新的世界性帝国主义战争之后，必然是新的社会革命和社会主义的诞生，难道中国能舍此而独异吗？尽管中国尚属落后国家，革命的性质仍旧是资产阶级民主革命，但在国际资本主义和资产阶级已经走入穷途末路的今天，难道中国还会步英、美资产阶级民主政治的后尘，在世界革命的大潮之外，独树一帜地建立起一个资产阶级民主共和国吗？

毛泽东对于这一点几乎是马上就做出了反应。1939 年 9 月 24 日，他在与美国记者斯诺的谈话中就已公开申明：“我们永远是社会革命论者，永远不是改良主义者。中国革命有两篇文章，上篇和下篇。无产阶级和资产阶级一道进行民族民主革命，这是文章的上篇，我们现在正在做这一篇文章，并且一定要做好这一篇文章。但是，文章还有一篇，就是它的下篇，就是无产阶级领导农民，进行社会主义革命。这一篇文章，我们也是一定要做的，并且也一定要做好的。目前是民族民主革命，发展到一定的阶段，就会转变为社会主义革命。这种可能性是会变为现实性的。”[2]

[1] 毛泽东：《苏联利益与人类利益的一致》，《解放》第 86 期，1939 年 9 月 28 日。

[2] 《同美国记者斯诺先生的谈话》（1939 年 9 月 24 日），见《毛泽东文集》，第 2 卷，第 243—244 页。

“新民主主义论”：中共吹响了与国民党争夺领导权的号角

事实上，毛泽东早已注意到，在共产党与国民党之间，始终存在着一个把中国引上何种发展道路的问题。不是资产阶级的国民党把中国引入资本主义，就是无产阶级的共产党把中国引向社会主义，二者之间绝无调和的余地。而决定胜负的关键，只能取决于整个国际政治环境的变化和双方实力的对比。这时的国际局势所出现的有利于革命的变化，以及共产党力量的成倍增长，无疑使得毛泽东开始相信，争取中国革命向着社会主义前途变化的条件已经出现了。

从 1939 年秋天开始，毛泽东公开地对国民党资产阶级的“动摇性”进行抨击，断言它们不仅“不愿和不能彻底推翻帝国主义，更加不愿和更加不能彻底推翻封建势力”[1]，而且必然要“把无产阶级及其政党在思想上政治上组织上的发展，看作是不利于它们，而要加以限制，而要采取欺骗、诱惑、溶解与打击等等破坏政策，并即拿这个政策作为它们投降敌人与分裂统一战线的准备”[2]。因此，它们固然一个时期可以参加革命，成为革命的动力之一，“在另一时期，就要叛变革命，并转过来压迫革命”，成为革命的敌人。毛泽东宣称：“在中国的事情非常明白，谁能领导人民推翻帝国主义和封建势力，谁就是人民的救星。中国资产阶级如能尽此责任，那是谁也不能不佩服它的，而如果不能，这个责任主要的就不得不落在无产阶级的肩上了。”[3]

其实，毛泽东已经确信，不论资产阶级国民党实际上属于何种地位，“在五四运动之后，中国资产阶级民主革命的政治指导者，主要的已经不是属于中国资产阶级一个阶级，而有中国无产阶级参加进去了”。在今天，“在

---

[1] 毛泽东：《新民主主义的政治与新民主主义的文化》，《中国文化》第 1 期，1940 年 2 月 15 日。（这里所引者均为当时毛泽东所发表的文字，而后来选入《毛泽东选集》时，这些文章中的一些观点，已经在不同程度上被修改过了，它们包括《新民主主义论》、《〈共产党人〉发刊词》等。）

[2] 毛泽东：《〈共产党人〉发刊词》，《共产党人》第 1 期，1939 年月 4 日。

[3] 毛泽东：《新民主主义的政治与新民主主义的文化》，《中国文化》第 1 期，1940 年 2 月 15 日。

由于资本主义的经济危机与政治危机已经一天一天把世界拖进第二次帝国主义大战的时候"；"在苏联已经到了由社会主义到共产主义过渡时期，而有能力领导与援助全世界无产阶级被压迫民族与一切革命人民反抗帝国主义战争打倒资本主义的时候"；"在各资本主义国家的无产阶级正在准备打倒资本主义反动的时候"；"在中国共产党、中国无产阶级、农民阶级、知识分子与小资产阶级在中国共产党领导之下，已经形成了一个伟大的独立的政治力量的时候"，即使无产阶级还不能独立地承担起革命的领导责任，它也必然是主要的领导者之一，并且必将对国家的未来发展发生决定性的作用。[1]

据此，毛泽东第一次提出了关于"新民主主义"的未来设想。

毛泽东关于"新民主主义"的命题，是"根据斯大林的理论"，并受其启发而提出的。斯大林宣称："十月革命把民族问题从反对民族压迫的局部问题，变为各被压迫民族、各殖民地及半殖民地从帝国主义下解放的一个整个问题"，并给"这一解放开辟了广大的可能性和真正的道路，从而大大促进了西方和东方被压迫民族的解放事业，把它们吸收到胜利的反帝国主义的共同轨道上来"，使得西方无产阶级得以经过俄国革命，与东方被压迫民族联合成"一条新的反对世界帝国主义的革命战线"。这样，在十月革命之后，落后国家的民族解放运动实际上已经"从资产阶级民主主义革命的一部分，变为无产阶级社会主义革命的一部分"了。[2]

根据斯大林的这一说法，中国革命当然也只能是"无产阶级社会主义革命的一部分"，而不应当是"资产阶级民主主义革命的一部分"。基于这种认识，毛泽东确信：在今天世界已经被截然划分成社会主义和帝国主义两大阵营，而世界资本主义战线已充分显露其腐朽性而日渐崩溃之际，不仅国际资产阶级及其政权没有前途，就是中国的资产阶级及其建立资产阶

[1] 毛泽东：《新民主主义的政治与新民主主义的文化》，《中国文化》第1期，1940年2月15日。
[2] 同上。

级民主共和国的方案，也绝对没有前途。这是因为，“处在 20 世纪 40 与 50 年代的国际环境中，殖民地半殖民地的任何英雄好汉们，要就是站在帝国主义战线，变为世界反革命的一部分；要就是站在反帝国主义战线一边，变为世界革命的一部分，二都必居其一”。而事实上，在资产阶级已经失去其前途的情况下，中国的发展方向最终也只能是站在社会主义的反帝国主义战线一边。结果，中国革命必然会走上非资本主义的道路，建立起新的“各个革命阶级联合专政”的国家，它将既不同于已经过时了的旧的欧美式的资产阶级民主共和国，也不同于最新式的苏联式社会主义共和国，它只能是“几个反对帝国主义的阶级联合起来共同专政的新民主主义的国家”，是殖民地半殖民地国家完成民主革命任务，走向社会主义的“过渡形式”。因此，决定今天整个国家命运和今后新民主主义共和国基本构成的，绝不可能是一心指望实现资产阶级专政的中国资产阶级的国民党，而只能是在中国共产党领导下的“中国无产阶级、农民、知识分子与其他小资产阶级”。[1]

毛泽东新民主主义政权思想的提出，实际上吹响了抗战中的中国共产党开始公开与国民党争夺领导权、排斥资产阶级的影响和作用、全力引导中国迈向社会主义前途的重要号角。

中共当然不是这时才第一次注意到革命的领导权问题的。早在 1937 年国共合作正式开始之前，毛泽东就反复提出过争取民族革命的“政治领导责任”和争取群众运动领导权的问题。[2] 但是，基于现实的力量对比和建立国共统一战线的需要，中共不能不一直表示承认在抗日战争和抗日民族统一战线中，“国民党居于领导的与基干的地位”[3]。直到 1939 年 8 月召开的中共中央政治局会议上，与会者仍旧同意“承认国民党在全国军队政权中的领导地位”[4]。

---

[1] 毛泽东：《新民主主义的政治与新民主主义的文化》，《中国文化》第 1 期，1940 年 2 月 15 日。
[2] 《毛泽东选集》（合订本），第 253 页。
[3] 毛泽东：《论新阶段》，《解放》第 57 期，1938 年 11 月 6 日。
[4] 《周恩来在中央政治局会议上的报告提纲》（1939 年 8 月 4 日）。

毛泽东提出新民主主义的政权思想，意味着这种情况将要开始发生重要变化。这是因为，所谓“新民主主义”思想的实质，归结到一点，就是主张在新的世界历史条件下，殖民地半殖民地，特别是中国，必须由无产阶级的共产党，而不是资产阶级的国民党，来领导革命和争取走向社会主义。它不仅排除了资产阶级领导革命和建立资产阶级民主共和国的可能性，而且事实上也排除了任何以资产阶级的国民党作为主体的和基干的领导力量，建立一种既不标明社会主义也不纯粹是资本主义的中性政权的可能性。尽管这时国共两党的力量对比仍旧妨碍着毛泽东断然提出无产阶级的独立领导地位，使他不能不在“无产阶级领导”的后面特意加上“或参加领导”的字样，但他显然相信，共产党已然领导中国无产阶级、农民阶级、知识分子和其他小资产阶级，“形成了一个伟大的独立的政治力量”，他们必然要成为“决定国家命运的基本势力”，“必然要成为中华民主共和国的国家构成和政权构成的基本部分”。[1] 资产阶级国民党如果不是逐渐退出历史政治舞台的话，它也必将从目前的“实力领导地位”上退下去，从而失去对中国革命和中国未来命运的发言权。

对资产阶级的区别政策，使中共得以把蒋介石集团排除在统战之外

那么，中国的资产阶级及其国民党，是否像欧洲国家的资产阶级及其政党一样，就此失去了革命作用，转而开始成为共产党人的敌人了呢？显而易见，得出这样的结论必将导致国共两党合作局面和统一战线的根本破裂，而这是不符合共产党人的基本利益的。

对此，毛泽东特别解释说：中国的“资产阶级有买办阶级和民族资产阶级的区别，买办阶级是直接为帝国主义的外国资本家服务并为它们所豢养的阶级，它们和农村中半封建势力有着千丝万缕的联系。因此买办阶级

[1] 毛泽东：《新民主主义的政治与新民主主义的文化》，《中国文化》第 1 期，1940 年 2 月 15 日。

绝不是中国革命的动力，而是中国革命的对象”。至于民族资产阶级，则本来就是具有两重性的阶级，其既有“同帝国主义与封建残余有矛盾”而成为革命动力的一面，也有“依赖帝国主义与封建残余”反对革命的一面。作为“中产阶级尤其是中等民族工业资本家”的民族资产阶级，“则是比较多带革命性的一部分”，而作为“大资产阶级”的民族资产阶级，则“是妥协性很大的很不可靠的部分”。[1] 因此，中共中央一方面不赞同把共产党领导的敌后政权解释成“工农小资产阶级的政权”，主张肯定资产阶级（包括民族资产阶级和买办阶级）乃至地主阶级在反对日本帝国主义的问题上仍然具有某些革命的作用；但另一方面，它又开始把国民党政权解释成“大资产阶级与地主联合的政权”，强调敌后政权必须区别于国民党政权以工农小资产阶级为主，同时“应当吸收进步的中产阶级分子及进步士绅加入”，争取中间阶层，孤立顽固势力。说这既有利于争取多数，又有“利于我们去麻痹地主资产阶级”，而“这种麻痹是绝对必要的”。[2]

中共中央和毛泽东的这种认识，反映了共产党人这时在策略运用上的灵活态度。他们虽然开始相信资产阶级国民党的革命性“在完全使用枯竭之时”，必将“只剩下反动的可能性”，从而成为自己的敌人；同时也注意到目前麻痹和利用资产阶级国民党，以便利全民族全面抗战事业顺利发展的必要性。其策略的主旨，仍旧表现出对国民党及其所代表的民族资产阶级“革命可能性”的某种肯定，并以此为基础，继续谋求巩固两党合作关系。

值得注意的是，中共中央和毛泽东仍旧把国民党主要看成是具有两重性的民族资产阶级的代表，而肯定以蒋介石为首的国民党政权是由民族资产阶级中“妥协性很大的很不可靠的”大资产阶级与“没有丝毫进步作用可言的”地主阶级的联合政权，强调资产阶级不论买办阶级还是民族资产阶级，其革命可能性终将消失而成为敌人，这就意味着共产党与蒋介石为

---

[1] 毛泽东：《中国革命与中国共产党》，《共产党人》第5期，1949年4月25日。

[2] 《中共中央关于抗日民主政权阶级实质问题的指示》（1940年2月1日）。

首的国民党之间“长期合作”、“共同建国”的可能性将不复存在。因此，毛泽东很快即公开表示出对与国民党长期合作的怀疑态度。他在1940年2月就明确说：除非国民党将来能够“实施我们的纲领”，否则继续合作“就有困难”。“无论如何，这个问题在现在还谈不到。”[1] 事实上，至少经验已经告诉共产党人，如果革命最终变成由自己来领导，要国民党接受自己的纲领，那是绝对不可能的。

至此，在国民党与共产党之间，谁战胜谁的问题重新摆在人们的面前。在共产党人看来，这既是未来中国命运前途之争，也是能否制止投降与反共，争取时局好转，争取抗战胜利之争。因此，中共中央不能不开始进一步扩张自己的实力。它明令各部：“集中一切力量为发展武装建立根据地而斗争”，“扫除一切投降派顽固派的进攻，将整个华北直至皖南江南打成一片，化为民主的抗日根据地，置于共产党进步势力管理之下”。在一切我占优势的地方采取攻势，“不能避免有理又有利的摩擦”。一年之内须发展30万正规军和300万自卫军。中共中央清楚地知道，“争取这样的军队、自卫军，与政权是一个严重的斗争过程”，但他们确信：“没有伟大的武装与伟大的革命根据地，抗日胜利是不可能的”，靠国民党是不行的。[2] 因此，只有不断地加强共产党的力量，才能最终完成战胜资产阶级国民党的一切投降反共企图，引导抗日战争和中国革命走向胜利的历史使命。

1940年3月，毛泽东开始系统地提出了“发展进步势力，争取中间势力，孤立反对顽固势力”的策略手段，以及建立“三三制”政权的设想。所谓“发展进步势力，争取中间势力，孤立和反对顽固势力”，以及把共产党的一党执政的边区和敌后政权，改变成为共产党员只占1/3，小资产阶级左派进步势力占1/3，中等资产阶级和开明士绅等中间派占1/3的统一战线政权形式，这充分表明了共产党人对策略运用的高度重视。不过，孤立和反对以蒋介石

[1] 《毛泽东同马丁的谈话》（1940年2月）。

[2] 《中央、军委关于目前形势和任务的指示》（1940年2月10日），见《中共中央文件选集》，第12册，第283—287页。

为代表的大资产阶级顽固势力，争取中间势力，特别是团结争取中等资产阶级策略的提出，意味着中共中央和毛泽东事实上将很难再把它们都笼统地看成是具有革命与反动的二重性的“民族资产阶级”了。

长期以来，由于大革命时期中国资产阶级明显分裂为附属于北洋军阀和外国资本与附属于广州国民党政权的两部分，共产党人一直相应地把中国的资产阶级划分为“买办资产阶级”和“民族资产阶级”两部分。由此出发，他们相信前者反动而后者尚有革命性。随着国民党的公然反共，他们也因此相信“民族资产阶级”统统投降了帝国主义，丧失了革命性。但鉴于国民党政权同资产阶级之间并非没有矛盾这一明显事实，共产党人也不能不逐步地对所谓“民族资产阶级”又作了进一步的划分，即肯定其中还有“中等资产阶级”和“大资产阶级”之别，认为国民党政权在很大程度上只是代表“大资产阶级”的利益。直至抗战爆发，统一战线形成，中共中央仍旧坚持此种认识，因此相信包括“大资产阶级”当权派在内的“民族资产阶级”重新具有了革命性。

然而，随着国共两党摩擦日益加剧，特别是欧洲战争爆发后共产国际政策的转变，他们的这种认识不能不受到强烈的冲击。毛泽东新民主主义思想的提出和对中国资产阶级领导作用的否定，标志着毛泽东等人已经对蒋介石及其所代表的所谓“大资产阶级”失去一切幻想，而争取中间势力，特别是争取“中等资产阶级”策略的提出，则更进一步说明他们正在“大资产阶级”和“中等资产阶级”之间划出一条有本质性区别的界限。

1940 年 7 月，毛泽东终于想通了这个问题。他首先肯定说 :“国民党政权是地主资产阶级政权，要转变为民主政权，没有大的分裂是不可能的。”故国共关系,“在大地主大资产阶级当政之时,不能有彻底的好转”。但与“大资产阶级”不同，“目前民族资产阶级还是同盟军”，还必须争取和团结。[1]

[1] 毛泽东 :《目前时局与政策》(1940 年 7 月 13 日)，见《中共中央文件选集》，第 12 册，第 289—290 页。

紧接着，9月6日，毛泽东更明确地提出了“将大资产阶级和民族资产阶级加以区别”的观点，改变了此前所提出的将“买办阶级”与“民族资产阶级”相区别,而将“大资产阶级”包括在“民族资产阶级”概念之中的观点。他第一次明确认为：在中国“大资产阶级是带买办性的”，“他们是现时主要当权者”；“民族资产阶级是受大资产阶级统治，与外国资本联系少，现时基本上没有政权”的部分，即我们过去所说的“中等资产阶级”。这也就是说，毛泽东等人对于中国资产阶级的划分和认识，已经发生了重要的变化，他们已经明确地把“大资产阶级”与他们过去一向视为革命对象的“买办阶级”完全视为一体了。由此出发,他们对于“大资产阶级”势力的代表——当权的蒋介石国民党的估计和对策自然也就与之前有所区别了。[1]

毛泽东准备发展二百万军队，国民党突然发出最后通牒

共产党人从来都是用阶级分析的方法认识问题的。对中国资产阶级的重新认识与划分，不可避免地要导致其政策和策略的相应变动。在把蒋介石国民党当权派视为大地主大资产阶级的代表，并且把大资产阶级等同于买办阶级之后，中共中央不但否定了其革命的可能性，而且不能不将蒋之政策动向与国际帝国主义和政治动向更加密切地联系起来。

1940年6月中旬，即法国贝当政府在对德战争中宣告投降之前，毛泽东和中共中央已经开始判断蒋介石国民党将要发动的“反共高潮”，并认为这是“英美法最恶毒的反苏反共指令”的结果，称其目的在于试图“对日妥协”，“以便在太平洋方面组织‘英美法日华五国的反苏反共集团’”。[2] 法国战败之后，考虑到英、美已失去干预东方事务的可能性，他又判断“发动反苏暗流与反共高潮的中国大地主大资产阶级，将要被迫着重新考虑其

[1] 毛泽东：《关于调查地主资产阶级和国民党军官的通知》（1940年9月6日），见《中共中央文件选集》，第12卷，第298—299页。

[2] 毛泽东：《第二次帝国主义战争的发展》（1940年6月）。

政策”，它们中的一部分虽“决不能彻底好转”，但有可能“在不妨碍其阶级利益即政权的范围内，延长合作抗日时间”。

从1939年底到1940年上半年，是中共在与国民党摩擦冲突中取得空前发展的时期。还在3月下旬，毛泽东就已经报告称，陕甘宁边区，国民党已被迫承认18县，我们实际上占据着24个县，要力争23个整县，同时要继续占据关中淳化、栒邑、宁县各一部；在山西，通过晋西事变，阎锡山新旧军斗争，我们失去11个县，但得到了晋西北和山西新军几乎全部，最后还迫使阎锡山保持中立，也有很大成功；整个河北经过反摩擦作战，消灭了高树勋、庞炳勋、朱怀冰等七八个顽固派势力，丁树本等已转向，敌后完全控制在我们手里，是一大胜利；山东我们也已经取得40个县，发展势头很好。目前只有华中是一个重要又危险的区域，需要增援，同时要尽量争取和平，以便共同对付汪精卫。1940年1月，中共军队人数还只有22万，6月下旬已经发展到将近50万，党员已达到了60万。因此，毛泽东一方面表示“现在我党的力量可以起半决定作用”了，为了避免太过刺激国民党，他提出：现在应努力争取中间派，“不要磨得太凶”，“骂得太过”，“要采用和缓些的政策”，暂时做“战略休战”了。[1] 而另一方面，他则明确告诫军队领导人：“如何争取军队是我们应苦心思索的问题”，今年各地一定要“继续扩大军队卅万”，而我们的“中心点是200万军队”。[2]

在毛泽东看来，蒋介石是国民党内欧美派的代表，法国的投降，英国的惨败，“使中国国民党欧美派失去依赖英法的可能性，因此使国民党欧美派的主体（蒋介石）趋向好转的可能性增加了”，“最近摩擦也减少”，说明东方慕尼黑的危险“已经不存在了”，蒋介石如果要抗日就必须要靠苏联，“蒋介石有变为亲苏派的可能”。再加上“大资产阶级现在还不统一不强大”，国民党内中等资产阶级即民族资产阶级也对蒋不满，他相信，蒋介石等当

[1] 毛泽东：《关于采取和平攻势策略问题的谈话》（1940年3月21日）。
[2] 《毛泽东关于如何争取军队问题给彭德怀的电报》（1940年4月11日）。

权派这个时候势必会“被迫初步让步”。当然，毛泽东相信：“大地主大资产阶级彻底好转是不可能的”，蒋即使转向亲苏，也照样还会反共，因为他们害怕共产党力量的发展。故他的考虑是，为减少国民党的恐惧情绪，争取抗战时间的延长，中共要“争取划界，我们不超出界外，避免同国民党引起大的冲突”。[1] 为显示中共方面的诚意，中共中央又一次通过决定，要求仍要根据六中全会决议，切实执行在一切友军中均“不发展党的组织的政策，原有党员一律停止组织生活，以便……争取200万友军继续抗战”[2]。毛泽东也专门为《新中华报》写了文章，就题为《团结到底》，公开表示愿意和国民党精诚合作。[3]

让中共中央没有想到的是，国民党似乎并没有受到英、法在欧洲失败的影响，蒋介石等人的态度依然十分强硬。

1940年7月16日，国民党方面以中央政府的名义，强硬提出《中央提示案》，规定八路军、新四军必须在一个月之内扫数开赴旧黄河以北，并限定其兵力不得超过八路军三军六师六个补充团和新四军二师，此外不得再有任何名义的武装团体。[4]

周恩来携《中央提示案》回延安讨论，中共中央原则同意划区，但不仅要求蒋承认八路军、新四军有足够的战区（华北五省），有足够的补给条件与发展条件（扩军），而且要求取得冀、察两省的行政领导权（省主席）及其他游击区之行政权。[5]

经讨论后由周恩来9月回重庆后提交的书面回复意见，简化为三条，即“一、扩大第二战区至山东全省及绥远一部；二、按照十八集团军及各地游

[1] 毛泽东：《目前形势与我们的政策》（1940年6月25日）。

[2] 《中央关于目前形势与党的政策的决定》（1940年7月7日）、《中央关于不在友军中发展党的组织的指示》（1940年8月19日），见《中共中央文件选集》，第12册，第422、463—465页。

[3] 毛泽东：《团结到底》（1940年7月5日）。

[4] 见《中央提示案》（1940年7月16日），《中华民国重要史料初编——对日抗战时期》第五编（三），中国国民党中央委员会党史委员会1985年编印，第506—509页。

[5] 参见《中央关于国共谈判情况致彭德怀等同志电》（1940年8月12日）。

击部队全部发饷；三、各游击部队留在各战区，划定作战界限，分头击敌”[1]。不料，蒋介石国民党对此不加理会，依旧强硬地坚持原案。

10月19日，何应钦、白崇禧联名发出皓电，以最后通牒的形式，限令八路军、新四军必须依照《中央提示案》要求，于一个月之内“扫数”开赴指定的冀察地区。[2] 这种情况显然让毛泽东深感意外。

毛泽东：最黑暗莫过于美国把国民党从财政上军事上武装起来

毛泽东这时已经习惯于把蒋介石国民党等同于买办性的大资产阶级，并相信中国的大资产阶级的一举一动都要看其外国东家的眼色。他无论如何也不明白，明明是欧美派的蒋介石，为什么在英、法战败，美国尚动摇而未参战的情况下，会突然间又强硬了起来？瞬息万变的国际局势的确让中国共产党人眼花缭乱，常常感到难以适应。唯一不变的一点，就是他们始终坚信苏联的一切做法都是正确的。从斯大林宣布欧洲进入新的帝国主义战争阶段，到苏德条约的签订，苏联与德国共同瓜分波兰，吞并波罗的海三国，夺取芬兰领土……毛泽东几乎一直在公开表态坚决维护苏联的观点，并论证苏联行动的必要性。但苏联置身于欧洲战争之外，同时又明显与德、日更为接近的情况，逻辑上可能导致的结果，却让他难以做出合理的判断。比如，法国刚一投降，中共党内就有人推测，因为日、美冲突不可避免，日、苏交涉正在紧张进行，在这种情况下，苏联很可能会与日本达成协定，日本全力对美又必须要与中国停战，三国最终会不会订立和平协定共同反对英、美集团呢？毛泽东对此就明确表示不能做出判断。他只是表示相信：“关于中日苏订立和平协定以共同反对英美法的前途，不是完全没有可能，但

---

[1] 《周恩来关于调整游击区域及游击部队的三项办法之建议》（1940年9月1日），《中华民国重要史料初编》第五编（二），第508—509页。

[2] 《何应钦白崇禧致朱彭总副司令叶挺军长的皓代电》（1940年10月19日），《中华民国重要史料初编》第五编（二），第504—505页。

目前可能性甚少。”[1]

如今，国民党人突然加紧“限共”部署，到底是受到了怎样的一种国际力量的吸引呢？注意到德、意、日三国9月27日正式宣告结成军事同盟，这会不会是蒋介石有加入德、意、日帝国主义集团的打算了呢？何、白发出皓电的次日，中宣部的“政治情报”则提出，这多半是英、美拖中国加入其战争集团的结果，因为英、美现在确实在积极做蒋介石的工作，包括提供大笔借款和开放运输物资的口岸与交通等，都显示英、美急于利用中国来牵制日本。蒋介石又趋反共，“是国民党英美派放弃独立战争，加入英美同盟的具体准备步骤”。[2]

但毛泽东对此也无从做出判断。他估计了几种可能性，唯独认为蒋介石加入英、美集团对中国革命的危害最大。因为中共既反对英、美的旧秩序，也反对德、意、日的新秩序，“我们要建立中华民族革命的革命秩序”。蒋介石一旦参加英、美集团，势必会使国内“大多数中间派跟蒋介石跑”，日本必不是美国对手，“日本投降美国，日本陆军退出中国，美国把中国英美派从财政上军事上武装起来，中国由日本殖民地变为美国殖民地”，国共两党必由合作变为大规模内战，国民党将占尽优势，故“最黑暗莫过如此”。[3]

对于何、白皓电，中共中央一直保持沉默，不做答复。其原因就在于毛泽东等领导人摸不清蒋介石葫芦里到底卖的是什么药，一切全靠观察国际局势来分析。分析来分析去，最终注意到日军有大举南进的迹象，美国似乎还没有做好全面战争的准备，“日美战争不能迅速爆发”，英国今冬明春可能会被德国打得落花流水，毛泽东又估计蒋介石“目前的反苏反共是放弃独立战争加入英美同盟的准备，但尤其是放弃抗日战争加入德意日同盟的准备”，因为现在加入英、美集团对蒋并无利益，故蒋加入德、意、日

[1] 毛泽东：《目前形势与我们的政策》（1940年6月25日）。
[2] 《中宣部政治情报第六号》(1940年10月20日)，见《中共中央文件选集》，第12册，第521—523页。
[3] 《毛泽东关于国际国内形势的估计和对策的指示》（1940年10月25日），见中央档案馆编：《皖南事变—资料选辑（一)》，中共中央党校出版社1982年版，第34页。

集团的“可能性最大”。[1]

想到这种可能性，毛泽东骤然间悟出蒋介石突然让出旧黄河以北不怀好意，怀疑蒋如此做很可能有重大阴谋，如“驱我军于黄河以北，然后沿河封锁，置我军于日蒋夹击中而消灭之”。[2] 想到这种可能，毛泽东再度横下一条心，准备不惜“闹得天翻地覆”，以至“和大资产阶级永久决裂”。[3] 随后，中共中央拟就“炸弹宣言”，并设想了与蒋介石等大资产阶级公开决裂后的一切可能。

在这段时间，中共中央接连开会讨论时局和对策问题，虽一致肯定“中国的大势是由国际形势规定的”，但不论对于国际形势还是中国大势，在判断上都深感困难，特别担心“处理不慎，则影响前途甚大，故宣言与指示拟好又停”，估计一变再变，生怕“此时错一着将遗无穷之患”。[4]

至 11 月初，中共中央的基本估计显然已经得出，即相信“目前反共高潮是直接投降的准备，所谓联合英美抗日，只是蒋介石的烟幕弹”[5]。为此，中共中央决定改变此前之公开的强硬态度，一方面以朱、彭、叶、项名义复电何白表示缓和，一方面“对皖南方面，决定让步，答应北移”，极力争取延缓反共战争爆发时间。[6] 与此同时，考虑到与蒋绝无全面妥协可能，期限一到，蒋必大举进攻，“第一步将我军驱逐于陇海路线以北，构筑重层封锁线（边区周围的封锁线是五道），第二步配合日寇实行夹击，消灭我军”。[7]

为了不致被迫“退往华北三省让其过黄河构筑新的万里长城致被封死、

---

[1] 《毛泽东关于目前时局问题致恩来、德怀、胡服、项英电》（1940 年 10 月 29 日）。

[2] 《毛、朱、王关于击破蒋介石反共降日的战略部署致胡服电》（1940 年 11 月 3 日）。

[3] 《中共中央书记处关于加紧准备对付蒋之严重进攻给周、秦、何、叶的指示电》（1940 年 11 月 1 日）。

[4] 《毛泽东关于蒋介石反共形势的分析及我之部署致恩来电》（1940 年 11 月 3 日），见《皖南事变（资料选辑）》，第 75—76 页。

[5] 《毛、王关于对付日蒋联合反共的策略考虑致德怀电》（1940 年 11 月 3 日），见《皖南事变（资料选辑）》，第 76 页。

[6] 《毛、朱、王关于对皖南方面决定让步问题致叶、项电》（1940 年 11 月 3 日），见《皖南事变（资料选辑）》，第 78 页。

[7] 《毛、王关于对付日蒋联合反共的策略考虑致德怀电》（1940 年 11 月 3 日），见《皖南事变（资料选辑）》，第 77 页。

被夹击、被消灭，而让蒋介石安然投降”，中共中央于反复讨论后，下决心采取重大军事步骤，准备以15万精兵先发制人，首先打到国民党“进剿”军的后方河南与甘肃等地去，以期粉碎蒋之可能的进攻和封锁。[1] 毛泽东确信：“蒋介石最怕是内乱，是苏联，故我们可以这点欺负他，他要剿共，我们一定要反剿共”,“抄到他后方去,打几个大胜仗,提出请求撤惩何应钦（清君侧），撤退剿共军”等等，“恐怕中国的真正好转要在那时也说不定”。[2]

不过,毛泽东和中共中央清楚地知道,这种行动的结果在军事上固然“可制机先”,政治上却“是不利的”。它势必要闹到“蒋介石与我们最后大破裂”,从而势必对整个统一战线、抗日战争、中国革命，乃至国际政治关系造成巨大的影响。有鉴于此，为避免“处置不当”，“遗将来无穷之祸”，毛泽东不得不于11月4日亲自写信给共产国际领导人请求指示。[3]

皖南事变：“蒋介石领导的国民党由革命走到反革命的转折点”

苏联和共产国际的看法，明显与中共中央不同。

苏联并不怕冒资本主义天下之大不韪。1939年11月30日苏芬战争爆发,苏军大举突入芬兰境内。第二天，芬兰共产党总书记、共产国际东方部部长库西宁就按照苏联的部署，宣布建立“芬兰民主共和国”，并亲任政府总理兼外长。12月2日，苏联政府就宣布与这个芬兰民主政府建立外交关系，并签订了“兄弟般友谊和相互帮助”的友好互助条约。虽然由于入侵行动受挫，并未完成将芬兰整个并入苏联的目标，但是在苏芬和约签订之后，苏联还是将夺来的芬兰领土与俄罗斯联邦的卡累利阿苏维埃社会主义自治共和国合并，后改称为“卡累利阿—芬兰加盟共和国”，由库西宁任共和国

[1] 《毛泽东给季米特洛夫、曼努伊斯基的信》（1940年11月4日）；《毛、王关于对付日蒋联合反共的策略考虑致德怀电》（1940年11月3日），见《皖南事变（资料选辑）》，第77页。

[2] 《毛泽东关于准备对付黑暗局面是全党的中心任务致周恩来电》（1940年11月3日）。

[3] 《毛泽东给季米特洛夫、曼努伊斯基的信》（1940年11月4日）。

最高苏维埃主席团主席。

但是，苏联也并非基于阶级观点，就完全不讲资本主义社会条件下的所谓“公理”和“正义”了。其实，周旋在现行国际秩序之中的斯大林，也有他的“公理”和“正义”观，只是他依据的是沙皇俄国传统的帝国政治观念。即整个乌克兰、白俄罗斯、波罗的海三国，乃至芬兰，历史上曾长期属于俄国，今天自然也应当回归到苏联的领土版图之内。何况，它们对苏联今天的安全意义十分重大。

中国的情况却完全不同。除了中国东北、外蒙等边疆与苏联接壤的部分地区之外，中国与苏联没有任何历史上的隶属关系。中国固然对苏联东部的安全具有十分重要的意义，但对于苏联来说，它不仅太大，而且它贫弱分裂的状况也不会对苏联构成任何威胁。斯大林其实很高兴中国今天有一个统一的并且能够抵抗日本侵略的政府，他支持中共仅仅是因为他仍旧是一个阶级论者，他并不相信蒋介石国民党会永远站在苏联一边，苏联需要中共在中国发挥政治的导向作用，并愿意看到有朝一日中共能够取代蒋介石国民党。而今天这个时候，他显然更需要笼络住蒋介石，最怕蒋介石会走上与德、意、日相勾结的道路，希望国民党能够把抗日战争继续打下去。因此，莫斯科显然不会赞同毛泽东的意见。斯大林这时明确告诉苏联驻华军事总顾问说：中国共产党在实力上“还显得太孱弱”，其“在国内的政治地位还不巩固，蒋介石可以轻而易举地联合日本人来反对共产党”。现在把枪口对准国民党，必然使自己“处于走投无路的境地”。而把蒋介石逼到日本一边去，不论对于中国革命还是对于苏联，都是一种严重的“危险”。[1]

分析这个时候纷乱的国际国内形势，可以做出各种解读。对国际问题还缺乏研究的毛泽东，自然也无法断定自己对蒋介石政治态度的推断是否正确。因此，莫斯科最高当局的意见对于他还是极为重要的。11 月 6 日，

[1] 瓦·伊·崔可夫著，万成才译：《在华使命——一个军事顾问的笔记》，中国社会科学出版社 1981 年版，第 33、35—36 页。

在接到共产国际的电报指示后，尽管毛泽东对共产国际的估计和策略实际上还有所怀疑，认为“好转前途甚少”，为此仍旧致电共产国际说明局势之严重[1]，但他也不能不承认：“无论从哪一方面来说，目前蒋介石向我大举进攻都是不可能的。”[2] 中共中央和毛泽东随即调整了此前的估计和策略。根据共产国际的解释，毛泽东开始明确提出，“我们再不要强调反对加入英美集团了”，“目前不但共产党、中国人民、苏联这三大势力应该团结，而且应与英美作外交联络，以期制止投降，打击亲日亲德派活动”。只要我们“奔走呼号，痛切陈词，说明剿共则亡党亡国，投降则日寇必使蒋崩溃”，“表示爱护蒋爱护抗战与团结”的态度，“好转可能性还是有的”。[3]

11 月 30 日，日本正式宣布承认汪精卫南京政权，并与之签订了相互关系的条约。毛泽东更加相信莫斯科的判断是正确的，蒋介石已无投降可能。他甚至得出结论，称“这次反共高潮快要完结”了[4]。再度让毛泽东没有想到的是，仅仅过了一个月，皖南新四军总部近万人只因逾期和没有遵命直接渡江北上皖东，坚持秘密转去苏南，就被国民党第三战区的部队大部围歼了。几天之后，即 1941 年 1 月 17 日，蒋介石更发布命令，宣布新四军为“叛军”，撤销了新四军的番号，并扬言要将新四军军长叶挺“送交军法审判”。[5]

再没有比这种打击更沉重的了。1 月 13—14 日，在皖南事变尚未结束之际，大怒不已的毛泽东已经一面发电抗议，谋求谈判，一面电告周恩来质问力主国共合作的苏联军事总顾问：“叶、项被俘，全军覆没，蒋介石无法无天，至此请问崔可夫如何办？”[6] 毛泽东力主要“在政治上军事上迅即准备全面大举反攻”，在华中围歼韩德勤部，在山东围歼沈鸿烈部，逼迫蒋

[1] 参见《季米特洛夫给毛泽东的电报》（1941 年 1 月 4 日），《中共党史研究》1988 年第 3 期。

[2] 《毛泽东关于广泛宣传我给何白皓电问题致董老电》（1941 年 11 月 29 日）。

[3] 见《毛泽东关于加强国内外联络以制止投降分裂致周恩来电》（1940 年 11 月 6 日），见《皖南事变（资料选辑）》，第 81 页。

[4] 《毛泽东关于利用日汪合流的时机准备政治新攻势给周、叶电》（1940 年 11 月 30 日）。

[5] 见《中央日报》1941 年 1 月 18 日。

[6] 《毛泽东关于新四军事件应告崔可夫致周、叶电》（1941 年 1 月 15 日）。

介石撤围。

15日，得到皖南新四军失败、叶挺被俘的消息；18日，又进一步得到蒋介石宣布撤销新四军番号的命令，毛泽东忍无可忍了。他断言：“国民党干出这件大事，定有帝国主义指使，这或者是英美，或者是德义（意）。”他估计现在国民党准备大举进攻华中部队，一网打尽，大捕共产党，捕杀各办事处人员，因此必须马上开始准备自卫和撤退。他相信：“现在世界革命快到了”，中共也应该有与蒋介石撕破脸的决心。

20日，中共中央决定以毛泽东、朱德、彭德怀、周恩来、王稼祥五人组成的革命军事委员会主席团，一切决策权集中于军委，执行军令。毛泽东提出：“目前时局的发展，我们要从根本上考虑了。”蒋介石“宣布新四军为叛军后，我们是否还能承认国民党为上司？！”“实际上蒋已准备得罪我们，得罪苏联，已准备全面破裂。”问题是现在部队还没有做好全面破裂的准备，一时也得不到苏联的援助，“缺乏重武器及使用武器的技术人员”，又不能迅速夺取兰州及甘、凉、肃三州和四川，以确保陕甘宁之安全。再加上共产国际的政策与自己“相左”，几个月来“几经往复，尚未解决”，故我们“军事上暂时还只能取守势”。[1]

23日，毛泽东在政治局会议上报告称：目前的国共关系对我们已经没有任何好处，“这种合作已无存在之可能”，我党的政策要根本改变。现在最主要的危险，是日蒋两军夹击中共，我们只有华北可退。“我们要准备损失，避免更大的损失。”他同时电告彭德怀等称：现在再也不是打退反共高潮的问题，“而是根本破裂问题”，“是如何推翻蒋介石统治问题”，一切好转的可能性“已经没有了”。[2] 毛泽东同日还要求周恩来告诉驻重庆的苏联大使和苏联军事总顾问，说：“蒋介石一月十七日命令是中国全国性突然事变的开始，是全面投降全面破裂的开始，要他们停止接济，准备后事”，“公

[1] 《毛泽东关于蒋介石发布一一七命令后国共关系的变化及我之对策致周、彭、刘等电》（1941年1月20日），见《皖南事变（资料选辑）》，第183—184页。

[2] 《毛泽东关于考虑与蒋介石根本破裂问题致德怀电》（1941年1月23日）。

开援助我们”，“不然要上当的”。[1]

至此，中共中央对于以蒋介石为首的国民党，即对所谓大地主大资产阶级的政策，已经根本改变了。中共中央政治局于 1 月 29 日正式通过了毛泽东起草的《中共中央关于时局的决定》，通告全党称：皖南事变“是蒋介石领导的国民党由革命走到反革命的转折点或分水岭”，“蒋介石所代表的大地主大资产阶级已经日益反动，毫无希望了”。因此，“对于以蒋介石为首的反动了的大地主大资产阶级，我们过去的一面斗争一面联合的政策，现在已经不适用了，对于他们，我们现在已不得不放弃联合政策，采取单一的斗争政策”。“我们的努力方向，是动员全国人民，孤立与克服大地主大资产阶级及其首领蒋介石的反动，使一切主张抗日与民主的各阶层的人民代表去代替反动了的大地主大资产阶级，组织抗日民主的国际政府，执行抗日救国的革命政策，进行胜利的抗日战争，驱逐日本帝国主义，建立独立自由的中华民国”。[2]

把推倒蒋介石及其大地主大资产阶级的统治当作自己的重要斗争目标之一，自新民主主义思想提出以后，已经成为一种必然的发展趋势了。至于何时明确提出这一斗争目标，以何种方式提出，其实只是一个时间问题，即共产党对国民党力量对比的变化以及国际条件的成熟问题。这是因为，不论是在如何看待两党关系问题上，还是在如何进行抗日战争的问题上，直至在建立何种政权和国家的问题上，在共产党和国民党之间已经不再存在多少调和的余地了。为了实现共产党领导的政治目标，它也绝难允许所谓大资产阶级的国民党长久地保持自己的统治了。

当然，由于抗战仍在继续，两党间的力量对比还没有发生有利于共产党的真正变化，国际政治条件也还没有成熟，共产国际和苏联也还不赞成中共采取激烈的反击措施，再加上 2 月间日本军队重新在河南对国民党发

[1] 《毛泽东关于蒋介石一月十七日命令是全国性突然事变的开始致周、叶、董电》（1941 年 1 月 23 日）。

[2] 《中共中央关于时局的决定》（1941 年 1 月 29 日），见《皖南事变（资料选辑）》，第 197—200 页。

动了猛烈进攻，这些都不能不使中共中央再度改变了此前对蒋介石已准备投降日本的种种估计，重新看到了国共两党“妥协的基础”。毛泽东转而又发出指示称：蒋之“剿共计划已根本打破”，“内战已可避免”，“利用日蒋矛盾仍是我们的政策中心”。[1]

但是，国共两党关系在1940—1941年之后，毕竟发生了实质性的重大改变。毛泽东认为：“国民党的权力，今天是掌握在大地主大资产阶级、金融资本家的手里，主要的权力是在蒋、孔、宋的集团”手里，他们固然还要抗战，“但是国内民主是不要的，对于共产党是坚决反对、限制的，有机会就打”的。因此，出于抗战的需要，对国民党固然还要“一打一拉”，以拉为主，以打为辅，可是，幻想国民党放弃反共反民主的本质，按照共产党的愿望改造，从而与之“长期合作”、“共同建国”，是不正确的。在他看来，今后更须对国民党的反共本质时时保持高度警惕，毫不让步，坚决反对，直至根本取消其地位，把中国的命运真正掌握在自己的手里。[2]

---

[1] 《毛泽东关于对蒋介石政治动向的估计给周恩来的通报》（1941年2月7日）、《毛泽东关于国共关系僵局中对国民党的策略致周恩来电》（1941年2月14日），见《皖南事变（资料选辑）》，第205—206、207—208页。

[2] 《毛泽东关于目前时局问题的报告》（1941年4月2日）。

三、在策略变动的背后

中共中央：苏日条约没有限制苏联援助中国进行对日抗战

1941年国际形势的走向，远比1940年要容易判断得多。从这一年的春天开始，苏联正式批准军队动员计划，并征召预备役人员入伍，准备对付可能到来的德国侵略。为此，苏联很快于4月13日与其在远东最危险的敌人日本签订了《苏日中立条约》。条约规定：苏日双方均有义务维护两国间的“和平友好关系”，互不侵犯，如两国中任何一方成为一个或几个其他国家的战争对象时，缔约国之另一方将严守中立。而为取得日本对于苏联远东安全及其外蒙古边界安全的保证，苏联甚至不得不以公开宣布“保证尊重满洲国的领土完整和不可侵犯”作为交换条件。[1]

《苏日中立条约》的签订，是苏联冒着恶化苏中关系风险的一个重大外交步骤。因为按照条约规定，苏联不仅成为世界上公开承认日本强加给中国的伪“满洲国”的极少数几个国家之一，而且还应严守中立，停止对中

[1] 《国际条约集，1934—1944》，世界知识出版社1961年版，第303—304页。

国的援助。因此，国民政府与国内各界马上就发表声明和各种文字，表示不满。[1] 但苏联再度采取了两面派的手法。在签订条约后不久，苏联外交人员委员莫洛托夫就约见了中国大使邵力子，说明“苏联将毫无变更地继续援助中国”[2]。不难看出，苏联与日本签约的真正目的，只是力图通过某种绥靖的办法来满足日本的愿望，以最大限度地实现日苏之间的和平，为全力应付可能来自西部边界的战争做准备。

与苏联上述步骤形成对照的，是美国和日本的交涉。这年的 3 月 11 日，美国正式通过了《租借法案》，授权美国总统可以以租借或贷款形式，向那些对美国安全具有重大意义的国家提供各种军事的和经济的援助。随即美国政府开始把其主要注意力移向大西洋，大力支持英国对德国的抵抗，并着手对美国方面来往于英、美之间的援助船只进行护航。为了避免在发生对德战争时陷入两线作战的困境，美国也同样开始秘密地通过民间渠道与日本进行谈判，力求达成美、日之间的妥协。就在《苏日中立条约》签订三天后，美、日双方代表也达成了一个有损中国权益的《日美谅解方案》。[3] 但是，美国政府没有批准此方案并做出任何正式承诺。相反，美国国务卿还明确提出了一个“四项原则”作为双方协定的基础。该原则包括：尊重所有国家的领土完整和主权，不干涉别国内政，贸易平等，不以武力改变太平洋的现状等。[4] 因此，美国除了出于策略的考虑在尝试谋求对日妥协外，并没有与日本签订任何实质性的关系到中国利益的条约与协定。

对于苏日可能签订条约一事，中共中央早就注意到了。但中共领导人

[1] 《外交部关于苏日共同宣言的声明》（1941 年 4 月 14 日），见中国第二历史档案馆编：《中华民国史档案资料汇编》第五辑第二编（外交），江苏古籍出版社 1997 年版，第 219 页；《论苏日协定》，《中央日报》1941 年 4 月 15 日；《苏日中立条约》，《大公报》（重庆）1941 年 4 月 15 日；《对苏日协定，李济深发表谈话》，《大公报》（香港）1941 年 4 月 23 日，等。

[2] 转见《蒋介石关于苏联签订苏日中立条约之用意致各战区将领及各省党部省政府密电》，1941 年 4 月 24 日，见《中华民国史档案资料汇编》第五辑第二编（外交），第 221 页；邵力子：《出使苏联的回忆》，见傅学文编：《邵力子文集》（下），中华书局 1985 年版，第 1150 页。

[3] FRUS, Japan, 1931-1941, Vol.2, pp.389-402.

[4] FRUS, Japan, 1931-1941, Vol.2, p.407.

一直有些将信将疑。直到日苏条约签订一个月前，中共中央已经注意到，由于苏德之间的关系出现新的紧张动向，苏联明显又在拉拢美、英了。因此，毛泽东就明确表示，对于中国参加英、美集团或与英属缅甸订立联防协定之类的事情，不必像过去那样进行反对了，因为今天“要把宣传与政策加以分别。我们并不放弃反对帝国主义战争的态度，但对英美援华与中缅联防则不应反对，可表示听任态度。因此事可使蒋介石难于投降与难于反共，我们必须尽量利用两派帝国主义间的矛盾”。因此，就在苏日条约签订两天前，他们还相信“苏联政府是帮助蒋介石，拖住日本，并经过蒋与美英拉拢”，“苏联今天不会与日本订立日苏协定”。[1]

对于苏联与德国签订互不侵犯条约、吞并波罗的海三国、武力“收回”西乌克兰和西白俄罗斯领土，以及武装入侵芬兰等做法，中共中央始终都是站在阶级立场和保卫苏联的角度予以充分理解的。毛泽东甚至称赞说，这是“无产阶级利用资产阶级的冲突来争取革命的胜利”的成功范例。[2] 因为相信苏联壮大自身力量和保障自身安全的任何做法都有其合理性和必要性，相信苏日协定使蒋介石国民党的作用降低，更有利于帮助中共，因此，即使苏日签订条约，中共中央也并无意外之感。

毛泽东在得到消息的当天就电告周恩来，高度评价条约的意义称：“苏日条约使苏联彻底解除被攻威胁，对国际对中国发言权增高，使英、美利用三国同盟为反苏工具之幻想最后破产，对制止中国投降与反共危险有积极作用。”[3]

两天后，中共中央政治局会议通过了毛泽东起草的《中国共产党对苏日中立条约发表意见》的表态性文件，坚持宣称：“苏日条约没有限制苏联援助中国进行独立的正义的对日抗战。”毛泽东并且认为：“蒋介石历来认

---

[1] 《王稼祥关于时局问题的报告》（1941 年 3 月 12 日）。

[2] 《毛泽东关于目前国际形势问题的报告》（1939 年 11 月）。

[3] 《毛泽东关于苏日中立条约签订问题致周恩来电》（1941 年 4 月 14 日），参见《毛泽东年谱》（中），第 287—288 页。

为苏联依靠他抗日，他乃敢于放手反共，日苏条约对蒋给了一个严重打击”，“对英对美对蒋都将了一军”，“使他们哭笑不得”。[1] 至于条约对中国东北和外蒙主权的侵害，中共方面显然并不认为是什么问题。中共中央从未主张收复东北，不论苏联出于自身安全在外交上作怎样的表示，它都认定，对苏联有利的事，最终就一定会对未来的中国革命有利。即使是对外蒙，它同样相信，苏联保证外蒙不受侵犯，“也就是保证了我国一部分领土的安全，所以对于全中国争取民族解放也是有利的”。[2]

苏联与日本的接近，再度反映出它与英、美的疏离，也使中共中央在中国要不要英美援助问题上的态度进一步受到冲击。5月8日，依据苏联报纸，毛泽东明确讲，美国很快将加入战争，英、美企图集中力量对德，迅速结束大战，集中力量“来镇压世界革命与对付苏联”[3]。

十天后，毛泽东亲自为《解放日报》撰写社论，再次断言：英、美帝国主义的一切文章，都想做到苏联身上去。在欧洲，他们的总方针是“不让希特勒向西，不让苏联置身事外，又来一个欧洲慕尼黑”；“在远东，则利用三国同盟的内部矛盾，拆散东京柏林轴心，贿买日本，把日本拉到自己怀里来，再一次施行远东慕尼黑，利用中日矛盾与苏日矛盾，迫日向西向北，以配合其迫德向东的西方政策”。毛泽东估计，英、美的目的在于集中对德，故“只要日本不发动太平洋战争，他们是愿意给予日本很多东西的，橡皮呀，油呀，棉花呀，机器呀，应有尽有，还在其次，甚至牺牲中国与荷印，也是放在罗斯福邱吉尔之锦囊里面的”。因此，“远东慕尼黑的新危险，绝不是完全不可能的神经过敏之谈”。[4]

相信“远东慕尼黑”危险加剧，不能不再度引起中共中央对于国民党

---

[1] 《中国共产党对苏日中立条约发表意见》（1941年4月16日）、《毛泽东关于我党对苏日条约发表声明致周恩来电》（1941年4月17日），见《中共中央文件选集》，第13册，第75—77、79页。

[2] 《苏日中立条约与满蒙问题》，《新中华报》1941年5月11日。

[3] 《毛泽东关于目前时局问题的报告》（1941年5月8日）。

[4] 《解放日报》1941年5月18日。

蒋介石投降危险的进一步担心。5 月 18 日，苏联《真理报》发表专文揭露日、美妥协。一周后，中共中央决定把宣传重心转到揭破与反对反共、反苏的东方慕尼黑新阴谋上来。中共中央为此发出了一系列重要指示和社论文章，并公开质问国民党：对于正在进行的日、美妥协，你们究竟抱何种态度呢？！它们公开劝告重庆政府称："美国是靠不住的"，"目前惟有国共团结并在蒋委员长领导之下实行亲苏外交，坚持抗日到底，方能挽救危亡"。因为为了避免两线作战的险恶局面，为了拆散三国同盟，美国帝国主义显然正在阴谋"复活'绥靖'远东的'妙计'"，"这是已经轰动了全世界的问题，何以你们还一声不响呢"？[1]

共产党对于国民党的策略，这时已由坚决对抗的政治攻势转到拉蒋抗日的以拉为主的手法上来了。中共中央宣布："我们所希望于国民党的只是（甲）坚持抗日；（乙）民主政治；（丙）改善国共关系这样三点而已。关于改善国共关系又分三点，即（甲）对新四军问题予以解决；（乙）对八路军饷弹予以发给；（丙）对反共言论与反共行动予以停止。除此以外，并无其他要求。"[2]

国民党呼吁援助中条山，毛泽东主张不为其激将法所动

这个时候，皖南事变刚过不久，国共两党围绕着新四军问题、释放叶挺问题以及恢复停发的饷弹等问题，一直交涉，未得结果。中共方面提出的解决条件已经降到发饷、放人两条，国民党却一直不能答应。直到中条山战役发生，国民党军事当局才又急着找中共代表周恩来，要求八路军予以军事上的配合，并承诺此次合作成功，两党关系必能转圜。蒋介石也接见周恩来，提出："只要你们用游击战争的办法，切断同蒲路、正太路、平

[1] 《解放日报》1941 年 5 月 30 日。
[2] 《毛泽东、朱德致彭、左转洛阳袁处长转陈卫长官电》（1941 年 5 月 26 日）。

汉路等，敌人一恐慌，一定会恢复原状。”“你们如配合行动，我决不会亏待你们，饷弹有了成绩后自然发给”，“各地反共捉人，要使他们安心，我一定命他们放人”。就连苏联军事总顾问崔可夫这时也认为八路军应当给予配合，以便争取民心，并向蒋要饷。[1]

中条山位于晋南，横亘黄河北岸，东连太行山，西接吕梁山，俯瞰豫北、晋西，是洛阳和潼关的天然屏障，国民党卫立煌部三个集团军 20 万人以此为根据地，曾十几次挫败了日军的进攻。不久前，孙蔚如的第四集团军被调离，卫立煌也去了四川。没想到，这次日军从日本和朝鲜调来了三个师团，连同从热河增援来的一个师团，总共集中了六个师团 10 万大军，而守军只剩下 15 万人左右，且连续作战已相当疲惫，战斗力较前已有很大削弱。因此，蒋介石以及苏联军事顾问团都感到相当压力。蒋虽“严令晋南各军团结一致，死中求生”，内心里却做好了“晋南失守”和守军被日军“歼灭”的最坏打算。[2]这也是他们会强烈要求临近的八路军采取牵制行动的主要原因之一。[3]

5 月 7 日，日军开始发动进攻。次日，毛泽东接到周恩来报来的国民党要求的消息，当即答复称 ：“对于国民党要求我们配合作战，须告以当然如此，不成问题。”但我们要求（甲）速解决新四军问题；（乙）速发饷弹；（丙）停止反共 ；（丁）派机送周回延开会。[4]

5 月 9 日，周再电汇报与国民党代表谈话情况，称对方声称如八路军未与日军在华北妥协，就应发动攻势，牵制日敌云云。[5] 毛泽东对此不屑一顾，

[1] 《周恩来关于蒋介石要求华北我军配合作战等问题给中央的请示电》（1941 年 5 月 10 日），《周恩来关于与蒋谈判情况致中央电》（1941 年 5 月 11 日）。

[2] 《蒋介石日记手稿》1941 年 5 月 2、6 日条，原件存美国斯坦福大学胡佛研究中心。

[3] 1941 年 5 月 5 日蒋介石即委托刘为章面询周恩来，当兹敌将大举攻我晋豫之际，十八集团军能否击敌？ 8 日，“下午党政军联席会报，刘为章再提议发动各机关各社团呈请中共部队协助国军打击敌军在晋南之蠢动，如果中共部队不策应作战，显然违反抗战立场背离民众意旨”。见《徐永昌日记》第六册，（台北）中研院近史所 1991 年编印，第 101 页 ；公安部档案馆编注 ：《在蒋介石身边八年——侍从室高级幕僚唐纵日记》，群众出版社 1991 年版，第 206—207 页。

[4] 《毛泽东关于向国民党提出的要求事项致周恩来电》（1941 年 5 月 8 日）。

[5] 转见《徐永昌日记》第六册，第 103 页。

复电称："国民党现已大慌，却仍想用激将法使我为他拼命，所谓中共与日妥协一类鬼话可置之不理，对配合作战，可满口答应，请其速发饷弹等。"[1]中共中央同时电告前线将领："国民党要求我军配合作战，惟仍想用激将法，谓中共如不与日妥协，便应在华北发动攻势，制止敌进。""我们方针，决不被其激将法所动，仍按我军现在姿态，巩固各根据地，耐心发展敌伪奸三种工作（这是极重要的），按当地情况许可，拔取敌伪某些深入我区的据点。"[2]

5月10日，针对彭德怀报卫立煌要求八路军配合作战的消息，毛泽东答复称："请拟一部署计划电告，此计划中在太南太岳两线者战事发生时虽不是猛打，但应准备施行之，在其他区域者只做样子，不应实施。计划拟好后不急于告卫，但先复卫一电告以自当配合作战之意以鼓励之，仅在其催促时再以计划告他。另以一电给卫，请其转陈重庆速发饷弹。"[3]

5月11日，周恩来电告与蒋谈话情况以及苏联军事总顾问的意见。毛泽东接电后颇为不快，两天后他措辞严厉地指示周恩来转告崔可夫：两年半来，国民党打日本打得很少，前年冬季攻势以来就没有打什么仗，而"我党对日是无日不战"，"要告诉总顾问，要他不要随便乱说。国民党至今还说我军游而不击，甚至说我对日妥协等鬼话……我们决不为这些鬼话所动"。[4]当天，他亦电告彭德怀称："在日寇此次打击下，国民党不能不向我讨好。国共地位将发生根本变化，我党在抗战中将日益占据领导地位。因此，我们的基本方针是团结对敌，是配合作战，但决不为国民党激将法所冲动，而是周密考虑情况，给以有计划的配合。"[5]

而为了应付这时沸沸扬扬的舆论批评，毛泽东则电告八路军驻西安和

---

[1] 《毛泽东关于国民党对日寇进攻惊慌失措致周恩来电》（1941年5月9日）。

[2] 《毛、朱、王、叶关于对日寇进攻形势的分析与我们的方针致彭、左等电》（1941年5月9日）。

[3] 《毛泽东关于配合卫立煌作战问题致彭左电》（1941年5月10日）。

[4] 《毛泽东关于要总顾问不要随便乱说致周恩来电》（1941年5月14日）。

[5] 《毛泽东关于团结对敌配合作战致彭德怀电》（1941年5月14日），《毛泽东军事文集》第2卷，第641页。

洛阳办事处负责人称：“向各方表示，八路军新四军均在敌后猛击敌人，与正面友军配合作战，决不计较国民党的反共仇恨。惟饷弹两缺，希望政府接济。”[1]

毛泽东在中条山战役配合问题上的态度以及对苏联顾问的不满，很大程度上与八路军1940年秋发动百团大战后的情况有关[2]。因为发动百团大战，部队减员极大，仅一二九师就减员上万人，多数参战部队的损失都在半数兵力以上。而且，因为过去处于隐蔽状态的八路军这次集中进行了大规模作战，暴露了自己的实力，引起了日军的高度重视，因而很快就实施了报复作战，对晋东南根据地“实行了毁灭性的扫荡”，烧杀毁灭，“鸡犬不留”。在平原地带，日军则增加了据点，弄得几乎遍地皆是，敌后根据地因此收缩得非常严重。特别是在作战中八路军再度暴露出在装备、火力及战术上与日军的巨大差距。据报，彭德怀、左权在山西武乡县蟠龙镇关家垴1940年10月底亲自指挥一二九师三个旅的兵力围攻日军一部300余人，苦战一整天，仍有五六十名日军逃走，而一二九师则损失了500余人，是日军的两倍还多。[3]

很显然，对八路军前总发动百团大战的必要性，在中共中央内部本来就有不同的看法。百团大战又给部队和根据地带来如此惨重的损失，更让毛泽东感到不安。他已在政治局会议上表示了对用这种方式去与日军硬拼的战法不满，就连八路军前总领导人也因此改变了过去对毛泽东游击战主

[1] 《毛泽东关于八路军新四军均在敌后猛击敌人给伍云甫、袁晓轩两处长电》(1941年6月9日)，《毛泽东军事文集》第2卷，第643页。

[2] 所谓“百团大战”，用彭德怀的话来说，“就是廿二个团加一个炮兵团的破袭战”。

[3] 《杨尚昆关于华北工作的报告》(1941年2月19日)。另据潘泽庆在《关家垴战斗：百团大战中极具争议的一战》(《党史博览》2007年第6期)一文中称：当天被围歼的是日本第三十六师团的冈崎歉受大队，总共约500人，被歼灭400多人，突围逃走60余人，八路军伤亡600余人。但据“铁血社会”网友“装甲师101”考证，认为冈崎大队当天在关家垴作战的兵力应为560名，军官16名，有2挺重机枪、18挺轻机枪和18具掷弹筒，被歼400余人，八路军则伤亡2000余人。转见 http://group.tiexue.net/soc/post_3522845.html.

张的看法。[1] 苏联顾问在这个时候站出来帮蒋介石讲话，硬要八路军出来牵制日军，毛泽东自然更难接受。

实际上，中条山战役进行仅几天时间，国民党守军的防线即被攻破。到5月中旬，守军已被敌分割，全面溃散，再未形成成建制的有效抵抗，日军已进入篦梳扫荡阶段，蒋介石下令部队撤离中条山。但八路军的配合作战部署还未完成。

5月18日，彭德怀终于送来了拟好的作战部署，计划用小部兵力配合作战，对外宣传则说大部，实际主力集中整训。毛泽东与朱德、王稼祥等联名致电彭德怀，表示同意，同时也叮嘱说："目前方针是必须打日本，但又决不可打得太凶。不打则国民党不能谅解，中间派亦会说话，但如打得太凶，则有相反危险，日本将转向我们报复，国民党坐收渔利，并将进攻边区。"当然，出于宣传的目的，他们也提出：可"在一部分地方打得大些，而在其他地区则打得小些，使国民党觉得我们真在打就好了"。电报还附去了周转报的苏联顾问的意见，但指出："恩来电是转给你作参考的。他电反映国民党及外国人的压力，我们不可不听，又不可尽听。望按此总方针调节我们的行动。"[2]

同时要应付两个敌人，这已经是共产党人策略考虑的基本内容了。在皖南事变后，不论在理论上对国民党与对日本还应当有多少具体的区别，但中共中央对于蒋介石、国民党已经再没有任何信任可言了，他们不能不时时处处把国民党看成是自己的第二号敌人。这不仅仅是因为他们确信蒋介石集团所代表的买办性大资产阶级随时有妥协投降的可能，以及战胜日本之后蒋介石国民党必定是自己最强大的敌人，而且是因为两年来国民党到

[1] 朱德在1943年9月延安整风期间说，自百团大战后才得到教训，认为运动战是错误的，因而认识到毛主席独立自主的山地游击战思想是正确的。1945年中共七大时，彭德怀也承认，"四〇年我转入退却时有两个方式：一个是用廿二个团打破袭战，一个是用武工队的方式。现在证明后一种（武工队）是对的"。

[2] 《毛泽东、朱德、王稼祥关于目前方针问题致彭德怀电》（1941年5月18日）。

处搞摩擦、捉人、停饷、制造皖南事变和取消新四军番号等所作所为，让中共多数领导人经常回忆起十年内战时的情形。因此，当毛泽东再度注意到在日、国、共三方力量对比中还处于绝对劣势这一事实时，他明显又回到了小心谨慎的军事策略上去了。

国民党因为在中条山战役中被聚歼十余万人，迁怒于八路军的不配合。《大公报》也一度在蒋介石的授意下，刊出社论及短评尖锐地批评中共。国民政府军委会也以发言人的名义公开发表谈话，暗示“八路军坐视不动”[1]。

中共中央对此置之不理。6月9日，中共中央还进一步发出指示，要求部队注意“善于隐蔽自己保存实力，处处为民众着想，要保护民众使民众不致吃亏”。因为保护民众也就是保护自己，因此，应避免“单纯的军事斗争”和“表面上的尖锐对立政策”，反对“一切只着眼到一时的痛快拼命斗争，而不知转弯的办法”，因为这“将引起敌人残酷的镇压，其结果恰恰是造成群众的恐惧使敌寇得逞其阴谋”。[2]

中共中央进而指示一切游击区域而非巩固的根据地的领导人，都应“多采两面派政策，加强伪组织伪军工作，多交朋友”，“对于民众中某些被迫应付敌人的行为，不仅不应尖锐的反对（这不是右倾退缩），反而应该因势利导，成为带有计划性的应付敌人的办法，甚至成为策略”，以达到“保存自己，团结人民，孤立日寇”，长久坚持的目的。而随着日军对华北各根据地展开大规模的“扫荡”行动，中共中央更加明确地规定了今后一阶段总的军事方针，这就是：“熬时间的长期斗争，分散的游击战争，采取一切斗争方式（从最激烈的武装斗争方式到最和平的革命两面派的方式）与敌人周旋，节省与保存自己的实力（武装实力与民众实力），以待有利的时机。”[3]

---

[1] 参见（重庆）《大公报》1941年5月21、29、30日。

[2] 《毛、朱、王、叶对河北平原反蚕食斗争的政策的指示》（1941年6月9日），见《毛泽东军事文集》，第2卷，第648—649页。

[3] 《中央革命军事委员会关于抗日根据地军事建设的指示》（1941年11月7日），见《中共中央文件选集》，第13册，第212—220页。

苏德战争爆发，苏联要求八路军全力作战牵制日军

中条山战役考验的还是共产党与国民党的关系，国共两党本来就是政治上的敌人或对手，中共中央无论采取怎样的做法，都有理由。紧接着发生的事情，就让许多共产党人自己都难于理解了。

1941 年 6 月 22 日，也就是在《苏日中立条约》签订两月之后，德国就突然发动了对苏联的大举进攻。由于苏德战争爆发，苏联自顾不暇，通过加强中苏关系和接受苏联援助的方式来达到坚持抗战的目的，变得不大可能了。苏联从中国主要支持者的地位上退下来，已经成为一个不容否认的事实。而共产党人对于整个国际形势的认识以及对所谓帝国主义阵营的看法，也不可避免地又发生了变化。尽管他们仍旧坚持认为苏德战争爆发以前的欧洲战争“基本上还只是两个帝国主义国家争夺霸权、争夺殖民地和市场的战争”，但苏德战争爆发后则已经不能再用这样一种观点来看待欧洲交战各方的关系了。

中共中央在苏德战争爆发之初发表的公开言论中，就确信因“德国军队的全部主力已集中于对苏战场”，欧洲战争的性质已经发生了根本性的改变。中共中央因此告诉全党称：“在目前条件下，不管是否帝国主义国家，或是否资产阶级，凡属反法西斯德意日援助苏联与中国者，都是好的，有益的，正义的；凡属援助德意日法西斯反对苏联与中国者，都是坏的，有害的，非正义的。在此标准下，对于英国的对德战争，美国的援苏、援华、援英行动及可能的美国反日反德战争，都不是帝国主义性质的，而是正义的，我们均应表示欢迎，均应联合一致，反对共同敌人。对于中国各党派各阶层的态度亦以此为标准，对于一切抗日反德意与援助苏联者均欢迎之，对亲日亲德意及反苏分子均反对之。”[1]

[1] 《解放日报》1941 年 6 月 26 日；《中共中央关于凡是反对法西斯德意日者均应联合的指示》（1941 年 7 月 12 日），见《中共中央文件选集》，第 13 册，第 164—165 页。

既然如此，对蒋介石国民党的态度自然也要发生改变。中共中央开始明确要求各地领导人停止一切刺激国民党人的做法，指出："蒋介石还在抗战，蒋在全国军队中，在中产阶级及小资产阶级中还有很大信仰，目前抗战还少不了他，他也还没有破裂统一战线，他还是两面政策，说他比内战时还要坏是不适当的"，对之采取尖锐对立的做法也是不适当的，特别是“在苏德战争爆发后，我党对国民党态度尤须慎重，不可大意”。[1]

苏德战争爆发后，中共中央已充分意识到中国及苏联与英、美两国联合一致反对德、意、日法西斯的需要。但出于对苏联的信仰和共同的意识形态等原因，他们还是希望苏联能迅速转败为胜，称“全局取决于苏联打胜仗”。说如苏联列宁格勒和莫斯科两城不守，日必攻苏，苏联陷于长期战争，蒋介石“乘机取利”，对中共自然不利。但是，随着 7 月 12 日英、苏两国在莫斯科签订关于对德作战联合行动的协定，毛泽东马上得出判断：即使苏联西线战败，日本攻苏，苏联也至多只是陷入长期战争中。而“英苏协定已奠定最后胜利基础”，因为“美德美日冲突均不可免，大局仍不利于法西斯”。[2]

7 月 24 日，日本出兵法属印度支那南部，开始南进作战。两天后，美国冻结了日本在美国的全部资产，并对日实行包括石油在内的贸易禁运。毛泽东的判断得到了初步的验证。

8 月 14 日，英、美两国发表了《两国国策中某些共同原则》的联合宣言，史称《大西洋宪章》，公开承诺不寻求领土扩张，并反对任何不符合民族愿望的扩张、侵略与战争威胁。[3]

9 月 24 日，苏联声明赞同《大西洋宪章》。随后，苏、美、英三国召开莫斯科会议，讨论了三国在政治、经济、军事等领域的合作问题。苏、美、

[1] 《毛泽东关于苏德战争爆发后对国民党政策尤须慎重致彭雪枫电》（1941 年 6 月 28 日）。

[2] 《毛泽东关于八路军新四军应取长期斗争方针致刘少奇电》（1941 年 7 月 18 日），见《毛泽东军事文集》，第 2 卷，第 654 页。

[3] 见《反法西斯战争文献》，世界知识出版社 1955 年版，第 14 页。

英三国反法西斯联盟宣告形成，整个大形势重新变得对中共有利了。

对于这一新形势的出现，特别是《大西洋宪章》所追求的国际政治新原则，中共中央马上予以了肯定。它并得出结论称：自英德战争及苏德战争以来，从没有这么好的宣言。这一宣言证明美国决心参加反侵略战争，因而必然成为苏联反法西斯战争胜利的重要因素。不仅如此，它还称赞《大西洋宪章》"不但是英、美、苏三国人民从法西斯威胁下获得解放的国际基础，而且是全世界人民获得解放的国际基础，而且是我们中国人民获得解放的国际基础"。说这一宣言的发表是"具有世界历史意义的重大事件，从此开辟了世界历史的新阶段"。[1]

对不久前还被视为帝国主义的英、美政府发布的《大西洋宪章》给予如此之高的评价，反映了中共中央的务实态度。更能够反映出中共中央已变得格外务实的，其实还是它在保卫苏联问题上前所未有的消极态度。

6 月 22 日德军大举突破苏联西部边界之后，苏联方面在疲于应付来自西线的严重局面的同时，最为担心的就是同时受到与德、意结为军事同盟的日本军队从东面发动进攻。鉴于有情报声称日本在靠近苏蒙边境的中国一侧有军事调动的迹象，高度紧张的苏联军方当即要求中共中央立即以最为有效的方法即采取大规模军事行动来牵制日军可能的进攻。

在苏联人看来，这种要求几乎是理所当然的。因为正如共产国际在其决议中所表明的那样："保证苏联取得胜利，是各国人民争得自由的前提。"何况社会主义苏联是世界无产阶级的唯一祖国，"保卫苏联"原本就是各国共产党人义不容辞的责任。

[1] 《中共中央关于最近国际事件的声明》（1941 年 8 月 19 日），见《中共中央文件选集》，第 13 册，第 193—197 页。

毛泽东告诉苏联顾问：我军条件弱，大动伤元气，于我于苏均不利

然而，来自苏联的各种指示并没有得到中共中央的积极响应。

6 月 30 日，中共中央得到苏联方面的要求后，即电告彭德怀称：“当日寇举行反苏战争之危险时，情报与破路二事甚为重要。”“望即准备一个计划，目的在拖住敌人。”[1]

因为“拖住敌人”容易被理解为要作战的意思，故中共中央 7 月 2 日再电彭德怀，特意叮嘱说：“日苏战争有爆发可能，如日攻苏，我须准备配合苏军作战。但此种配合是战略上的配合，长期的配合，不可妄动。”[2]

7 月初，崔可夫再度转达苏联军方的情报，催促八路军加紧行动。毛泽东 6 日回电，对此一情报颇表怀疑，称：“苏联战局有渐趋稳定形势，日本似不是攻苏而是牵制英美。”[3] 中共中央政治局并开会研究了配合作战的问题，仍决定只限于在情报与破路两件事上予以配合。会议决定直接向共产国际提出：“某些在华苏联友人希望我军目前即发动向日寇的进攻，而不认真注意积蓄与保存在将来日攻苏时与苏配合作战的力量，这是有害的见解。”[4]

很显然，在这个问题上，毛泽东的顾虑其实和在中条山战役配合国民党作战问题的顾虑是一样的。那就是，对八路军现状的担心。这时，中共中央“敌后抗战的总方针”业已确定，那就是“熬时间，储力量”。在武器装备等技术条件没有改变之前，尽量不用积极的军事行动刺激敌人。[5]

7 月 15 日，毛泽东在给周恩来的电报中详细地说明了他的考虑。他说：“自苏德战争起，我们即加紧侦察和准备破坏交通，借以牵制敌人。我们决

[1] 《毛、朱、王、叶关于情报与破路事致彭德怀电》（1941 年 6 月 30 日）。

[2] 《毛、朱、王关于准备在战略上配合苏军作战致彭德怀电》（1941 年 7 月 2 日），《毛泽东军事文集》第 2 卷，第 650 页。

[3] 《毛泽东关于日本似不是攻苏而是牵制英美致周恩来电》（1941 年 7 月 6 日）。

[4] 《中共中央政治局关于讨论共产国际关于苏德战争与各国共产党任务指示的决议》（1941 年 7 月 13 日）。

[5] 《中央关于敌伪军伪组织的工作决定》（1941 年 8 月 4 日），见《中共中央文件选集》，第 13 册，第 182—186 页。

心在现在条件下以最大可能帮助苏联红军的胜利。但由于日寇在华北已占据了四年，对大城市、铁路、矿山等已建筑坚固工整，且敌我军事技术装备悬殊太远，我人力、物力、地区、弹药日益困难"，"我们每枪平均只有二十发，机关枪极少，炮则更少，爆炸的黄色火药亦得不到"。因此，"假若日本进攻苏联时，我们在军事上的配合作用恐不很大。假若不顾一切牺牲来动作，有使我们被打坍，不能长期坚持根据地的可能，这不管从哪一方面都是不利的。因此我们采取巩固敌后根据地，实行广泛的游击战争，与日寇熬时间的长期斗争的方针，而不采取孤注一掷的方针"。[1]

在这里，毛泽东对配合苏联作战问题已经讲得十分清楚了。那就是，不论日军攻苏与否，中共都不可能在军事上采取作战行动予以牵制。毛泽东明确指示各地领导人说："如日冒险攻苏，我之方针并无变更，政治上仍是反法西斯统一战线，军事上在武器装备未改变前仍是与敌无时间的不冒险亦不消极的长时期的游击战争。"因目前情况下，"八路（军）新四（军）大规模动作仍不适宜，还是熬时间的长期斗争的方针，原因是我军各种条件均弱，大动伤元气，于我于苏均不利"。[2]

在这里，毛泽东和以往历任中共中央领导人的区别之明显，一目了然。他显然没有把苏联的存在看成是中国革命存在和成功的前提，更不认为苏联才是自己唯一的祖国。

毛泽东并非不关心苏联的死活。毗邻的苏联的存在对于中共革命意义之大，没有哪个共产党人不清楚。仅仅在皖南事变发生后，中共中央就一次性地得到了莫斯科提供的 100 万美元的援款。[3] 这种无偿的、每次需要申

[1] 《毛泽东关于我们决心在现有条件下最大可能帮助苏联致周恩来电》(1941 年 7 月 15 日)，见《毛泽东军事文集》，第 2 卷，第 651—653 页。

[2] 《毛泽东关于八路军新四军仍应坚持长期斗争的方针致刘少奇电》（1941 年 7 月 18 日）、《毛泽东关于自卫方针应准备长期坚持下去致黄克诚、刘少奇电》（1941 年 7 月 30 日），见《毛泽东军事文集》，第 2 卷，第 654、656 页。

[3] 就已知莫斯科自 1936 年底至 1945 年抗战结束的档案文献记载，在此期间莫斯科提供给中共的无偿援款应不少于 500 万美元。转见杨奎松：《共产国际为中共提供财政援助情况之考察》，《党史研究资料》2004 年第 1—2 期。

请的临时性的援款，虽然不及苏联政府给国民党政府的贷款的数量大，也不像过去按预算逐月提供经费那样解决问题，但是，它的象征性意义十分重大。因为这清楚地表明，苏联无论多么需要蒋介石领导中国进行抗日，但它终究还是无法相信蒋介石，而必须支持和寄希望于中共。毛泽东当然很清楚这一点，也深信中共革命本身的发动和任何一种进展都离不开苏联的援助。但问题在于，在他看来，无论苏联多么重要，和中共自身的利益相比，苏联的安危都是第二位的。一方面，苏联即使在对德战争中会遭遇到失败，相对于苏联深厚的国力和广阔的领土，再加上英苏结盟和美国参战，最坏也不过就是“变为长期战争”，“大局仍不利于法西斯”[1]；另一方面，面对国民党和日本两个强大的对手，弱小的中共如果遭遇失败，那就注定会是一场灭顶之灾。

然而，如果苏联都要靠英、美的帮助才能摆脱困境，那么它还有多大可能来顾及中国呢？事情是再清楚没有了。

博古揭发，是共产国际远东局明令不能让毛泽东进入书记处

随着1940年秋天以后同共产国际发生意见分歧，经过皖南事变仍未解决，再到苏德战争爆发，为了援苏问题与苏联发生矛盾，这迫使毛泽东下决心解决党内路线问题，以调整中共中央同共产国际和苏共之间的关系。

早在1936年9月，毛泽东就曾经在政治局会议上提出过，应当对1931年以后党内“左”倾路线问题进行讨论，以分清是非。但因为种种原因，这一讨论一直未能进行。1938年六届六中全会上，毛泽东提出了马克思主义的中国作风、中国气派和学习要理论联系实际的问题，但未能引起多数领导人的足够重视。到1940年12月4日，毛泽东在政治局会议上再度明确

[1] 《毛泽东关于八路军新四军应取长期斗争方针致刘少奇电》（1941年7月18日），见《毛泽东军事文集》，第2册，第654页。

提出了苏维埃末期的路线错误，认为当时打倒一切和两条道路决战的“左”倾政策使军队损失9/10，苏区所剩的只有陕北。因此，他认为遵义会议决议必须有所修改。因为遵义会议决议只说是军事上的错误，“实际上是路线上的错误”。这个时候，党内多数领导人已经能够接受毛泽东的这一观点了。博古就明确讲：毛主席指出苏维埃末期的许多错误，我是同意的。但在当时遵义会议时我是不了解的，经过几年来我是清楚了的。这些我要直接负责。今后有机会还可以说。[1]

皖南事变之后，毛泽东趁热打铁，先是做了《改造我们的学习》的报告，针对留苏学生抽象地学习和研究马克思列宁主义理论，却自以为老子天下第一，动辄摆出“钦差大臣”的架势唬人，斥之为“头重脚轻根底浅”，“嘴尖皮厚腹中空”，是党性不纯，害人害己。[2]

接着，苏德战争爆发，毛泽东于7月中旬又起草了《中央关于调查研究的决定》，直言“二十年来由于主观主义与形式主义，由于幼稚无知识，使革命工作遭受损失的严重性，尚未被全党领导机关及一切同志所彻底认识”。提出要全面加强调查研究，树立起“实事求是，理论与实际密切联系”的优良党风。[3]

7月21日，中共中央政治局会议通过了毛泽东起草的决定。8月28、29日，中共中央政治局进一步决定成立以毛泽东为组长的“中央同志思想方法学习小组”，和以毛泽东为主任、任弼时为副主任的“中央调查研究局”。调研局下设政治研究室和情报部，研究室内分中国经济组、中国政治组、国际问题组、敌伪研究组、党务研究室、根据地组、大后方组、敌占区组和海外组。同时，根据毛泽东提议，为“彻底打破目前党内教学方法与思想方法上的主观主义与形式主义”，决定由张闻天、王稼祥、邓发、凯丰、康生、

---

[1] 参见毛泽东：《目前时局问题》（1940年12月4日），《毛泽东选集》（合订本），第759—760页。

[2] 毛泽东：《改造我们的学习》（1941年5月），《毛泽东选集》（合订本），第800页。

[3] 《中共中央关于调查研究的决定》（1941年8月1日），见《毛泽东文集》，第2卷，第360—363页。

陈云、李维汉等组织委员会，讨论改造学习办法。[1]

9月10日，中共中央政治局召开会议，开始思想方法学习。毛泽东做了《反对主观主义和宗派主义》的报告。他上来就说：“过去我们的党很长时期为主观主义所统治，立三路线和苏维埃运动后期的‘左’倾机会主义，都是主观主义。苏维埃运动后期的主观主义表现更严重，它的形态更完备，统治时间更长久，结果更悲惨。这是因为这些主观主义者自称为‘国际路线’，穿上马列主义的外衣，是假马克思主义。”遵义会议固然在实际上变更了一条政治路线，六中全会也对主观主义做了斗争，但学风上的主观主义和党风上的宗派主义依然存在。他引用斯大林关于脱离实际的理论是空洞的理论的说法，断言“空洞的理论是荒谬绝伦的理论”，主张对于理论脱离实际的人，要取消他的理论家的资格，“只有用马克思主义观点来研究实际问题、能解决实际问题的，才算实际的理论家”。主张要“分清创造性的马克思主义和教条式的马克思主义”，“宣传创造性的马克思主义”。他提出，今后的理论学习要“把过去的一套彻底打碎”，要以研究两条路线斗争的《联共（布）党史简明教程》为中心，着重学习马、恩、列、斯的思想方法论，多看反对主观主义的言论。他并且提议，在延安开一个动员大会，“中央政治局同志全体出马，大家都上台讲话，集中力量反对主观主义和宗派主义”[2]。

毛泽东的这些看法，得到了与会者的认同。张闻天当场表示，毛主席的报告是对党的路线的彻底转变，有极大意义。主观主义的最大错误就是脱离实际，过去共产国际把我们一批没有做过实际工作的干部提到中央机关来，这是一个很大的损失。过去没有做过实际工作的，现在要补课；过去的老账，今天要还。博古也表态“完全同意毛主席的报告”，坦言1932—1935年的错误，他是主要负责的人。他和一些同志都只是些学生，只学了一些理论，拿了一套公式教条和欧洲党的经验到中国来，过去党的许多决

[1] 《中共中央关于中央机关组织与编制问题的决议》（1941年8月29日）。

[2] 《反对主观主义和宗派主义》（1941年9月10日），见《毛泽东文集》，第2卷，第372—375页。

议其实都是照抄国际的指示，完全脱离中国的实际。

王明的态度与其他留苏学生有明显区别。他虽然也承认自己学了一些洋教条，但同时言谈话语中则反复强调回国后做了一些实际工作、群众工作，思想上、作风上有了一些转变。因此，即使后来回到共产国际做领导工作，还是能够看出博古、张闻天等在对毛主席的态度以及路线政策方面的许多错误。他并且在批评李维汉发言的同时，特别强调说不能说博古等人的错误与共产国际或与共产国际代表有关系，强调他进入中央的六届"四中全会的政治路线也是正确的"；说四中全会以后的"左"主要是博古、张闻天、周恩来、李维汉陆续进苏区以后，接连夺了毛泽东的军、党、政各项领导职务，这与共产国际没有关系。王明还突然表示要"揭穿一个问题"，说1931年他与周恩来离开上海时，博古、张闻天、陈云等组织了上海临时政治局，说明将来到政治局委员多的地方要交出来，博古等人事实上没有这样做。因此，他说他不仅对李维汉的检讨不满意，对博古、张闻天的检讨也都认为"不彻底、不诚恳"。[1]

王明与博古曾经是最为接近的留苏同学，他这时突然反戈一击，不能不引起博古的强烈不满。博古坚决不承认所有错误都是自己的责任。他明确讲：错误怪不得别人，但共产国际与中共代表团当时也曾助长了这种错误。如共产国际执委会第十一、十二、十三次全会关于中国问题的决议和中共代表团的报告等，都批准了中国党的路线。到中央苏区后排斥毛泽东，也是因为远东局负责人两度叮嘱他，中央书记处是工作机关，不是吵嘴的俱乐部，应该吸收毛参加工作，但必须执行国际路线，并且不得让毛参加领导核心。[2]

与此同时，与会者几乎一致对王明的检查及其态度产生了反感。他们一面不能不承认王明在一些问题上有功劳，一面却一致认为王明也应该对博古临时中央的错误负有一定的责任，特别是与会者几乎不约而同地提出

---

[1] Russian Center for the Preservation and Study of Documents on Modern History（RPSDMH），514/20/324.

[2] 同上。

了王明应当检讨 1937 年底回国后“目无中央”的问题。

毋庸置疑，王明在理论上的擅长，以及在共产国际多年担任过领导工作、深受苏共领导人重视的经历，使其在党内有着极为特殊的地位。要解决党内脱离实际的主观主义和宗派主义倾向，王明如不能心悦诚服地做出深刻的检讨，毛泽东所发动的这场斗争就不可能达到目的。因此，9 月底政治局会议讨论告一段落后，毛泽东即亲自找王明谈话，希望他就抗战初期与中央关系及右倾倾向做出检查。王明不仅不愿按照毛泽东的意见检查，而且还进一步提出了他与共产国际在与国民党关系上的分歧，认为他的做法不妥。

10 月 7 日晚，毛泽东、任弼时、王稼祥还与王明就季米特洛夫发来的电报进行了讨论。季米特洛夫在电文中一连提出了 15 个问题，质问中共中央究竟打算如何改善国共关系以便共同打击主要敌人？如果中共与蒋介石分裂，它还能与哪些力量继续合作？并质问中共准备采取何种措施在中国战场上积极打击日本，以使德国的盟国日本无法进攻苏联？王明明确表示赞同季米特洛夫的观点。

在第二天召开的中央书记处会议上，王明更详尽地解释了他赞同共产国际而不同意毛泽东的几点基本看法。在政策上，他认为中共应当按照共产国际的要求，搞好与国民党的关系，共同对日。在理论上，他认为毛泽东的新民主主义论有缺点，一是将反帝与反封建相提并论，含混并举是不妥的；二是只讲联合中产阶级，不讲今天还联合大资产阶级抗日，甚至主张不要大地主、大资产阶级，这是缺点。在实践上，他认为过去的一些做法“左”了，有些斗争可以避免，没有避免。而对于在抗战初期向中央“闹独立性”问题和重视妥协、忽视斗争问题，他则再三解释，认为自己并未违反斯大林和共产国际的政策，虽然 1937 年十二月政治局会议上讲斗争讲得不够，但自己在处理国民党关系的问题上始终是坚持斗争的。[1]

[1] 见 RPSDMH, 514/20/327。

王明的傲气，一个很重要的原因是自恃共产国际和苏共看重他，他显然没有想到，从莫斯科回来的王稼祥和任弼时竟带来了对他十分不利的季米特洛夫的指示。特别是任弼时刚从莫斯科回来，他专门介绍说，季米特洛夫在莫斯科与他和周恩来谈话时，特别谈了对王明一些缺点的担心，如王习惯于把自己的意见当成是中央的意见，喜欢拉帮结派，有些滑头，虚荣心过强，喜欢自吹自擂等。任说，季米特洛夫特地要他们把这些情况告诉毛泽东，帮助王明改正。因此，他们回国后就向毛泽东说过了，因为感觉不好对王明讲，一直没有告诉王明本人。鉴于王明不接受批评的态度，他不得不把共产国际领导人对王明的批评公开讲出来了，因为“根据共产国际说的这些话和王明回国后的情形，王明同志确有钦差大臣的味道。王明同志的主要问题，便是突出个人，自以为是，对国共关系问题有原则上的错误”[1]。

因为太过于看重自己在共产国际和苏共领导人心目中的形象，王明对任弼时等人转达的这些内容毫无思想准备，以致精神大受刺激，当晚即因胃出血而躺倒了。[2]

对于毛泽东来说，在党的领导人一致批判王明的情况下，王明这时是否能够继续参加会议并按他的要求做出检查，已经不是那么重要了。会议在10月13日已宣布中央历史问题的讨论告一段落，毛泽东所作的结论是：苏维埃后期错误的主要负责者是博古，李维汉也有很严重的错误，张闻天

---

[1] 见 RPSDMH, 514/20/328。

[2] 据10月13日会议内容看，王明关于8日病倒、9日还被毛揪到会上去的说法明显不实（王明：《中共五十年》，现代史料编刊社1981年版，第38—39页）。实际上，8日会上历史问题的讨论已告一段落，原准备继续讨论的是王明提出的有关当前政策的一些原则性问题。因为王明病倒，这一讨论被搁置。12日毛派任弼时去王住处探视，询问病况，王表示同意毛泽东10月8日会上对他在抗战期间的问题所做的结论，即“王明在武汉时期政治上、组织上都有原则的错误，但不是路线的错误”。因为是胃出血，主要靠养，故他表示愿意继续参加政治局会议，只是不能参加书记处的工作会议。13日白天医生会诊，也建议王静养三个月。见 RPSDMH, 514/20/324；中央档案馆党史资料研究室：《延安整风中的王明——兼驳王明的〈中共五十年〉》，《党史通讯》1984年第7期。关于王明此后因神经性心脏病入院及为解决便秘使用清泄药物甘汞制剂不当以致中毒事，可参见丁晓平：《尘封66年“王明中毒事件”调查材料惊现民间》，《党史博览》2009年第12期。

算犯第二等错误，王明在四中全会中形式上纠正了立三路线，在后来的实际工作中仍未克服立三路线。其他同志的错误都是不自觉的。历史问题的讨论主要是要从错误中得到教训。[1]

太平洋战争爆发，蒋介石地位稳固，中共担心爆发反共高潮

1941 年 12 月 8 日，日本军队对珍珠港美国海军基地发动了突然袭击，太平洋战争爆发了。美国等二十多个国家从此正式加入到反法西斯战争的行列中，蒋介石领导的中国国民政府也正式对已经侵略中国四年之久的日本宣战。紧接着，德、意、日三国于 12 月 11 日签订了《联合作战协定》，美、英、苏、中等 26 个国家也于当月在华盛顿召开会议，并于 1942 年 1 月 1 日签署了《联合国家宣言》，保证相互合作，不战胜法西斯侵略不止。这标志着，全世界已经形成法西斯与反法西斯两大阵线，美、英、苏、中等国已经结为战时同盟，他们之间的任何分歧和矛盾在这时已经无足轻重了。

太平洋战争的爆发和美国的正式参战，未必在中共的期望之中。这是因为，就在一年之前，毛泽东就曾明确指出过：抗战“最黑暗”莫过于蒋介石加入英、美集团，使国内“大多数中间派跟蒋介石跑”，并把中国“变为美国殖民地”，使国民党占尽优势。[2] 但是这时的形势已经发生了极大变化，即苏联已经成为世界反法西斯统一战线中的主力之一。因此，毛泽东这时明显没有表现出一年以前那样的强烈担心。

恰恰相反，在日军袭击珍珠港的消息传到延安的当天，毛泽东就明确指示周恩来等：“日英、美战争爆发后，我对英美方之政策，应当是建立与展开中共与英美政府的广泛的真诚的反日反德的统一战线，不应作不真诚与狭隘的表示。”同时，毛泽东判断：“在半年内英美均非日本之敌”，且

[1] 见 RPSDMH, 514/20/328。
[2] 《毛泽东关于国际国内形势的估计和对策的指示》（1940 年 10 月 25 日），《皖南事变（资料选辑）》，第 34 页。

“英美的总方针可能是对日取守，而对德取攻，先集合英美苏力量解决德国，然后集合英美苏中力量解决日本”。“如若在数月后欧洲出现第二条战线，便可较快解决德国，这是真正有利的方针，但不知惰性甚深的英美军政人员有此毅力否？”

不难看出，毛泽东已经意识到，战争的最初阶段不会对反法西斯统一战线有利，而且作为反法西斯战线的核心力量的美、英两国是否会把自己的主力迅速投入解放欧洲的战争也是一个问题。但他始终坚信的是，有美、英、苏参加反法西斯斗争，最后的胜利仅仅是个时间问题。更为重要的是，中共中央明显感到，太平洋战争的爆发对于中共和苏联都是有利的，“第一，华北华中的敌军势将逐渐减弱，即是说无大举增兵之可能了；第二，国民党进攻边区的可能性会减少；第三，给亲日亲德两派一个致命打击，我们使国民党不能投降又不能剿共的可能性更大了；第四，中国民主政治的前途也更大了；第五，苏联可从东方抽调一部兵力向西；第六，欧洲有迅速造成第二条战线之可能”。因为德国在东线对苏进攻一旦被迫处于守势，必将对南线和西线进攻，从而自己造成第二条战线，迫使英、美集中主力打德。这样一来，由于敌人将忙于太平洋战争，国共摩擦也将减少，中共军队正可按照此前部署，“节省与保存自己的实力，以待有利时机”。故中共中央于12月18日下达了《一九四二年的中心工作任务》的指示，要求各部“应乘1942年敌人忙于太平洋对中国采取守势之际”，“积蓄力量，恢复元气，巩固内部，巩固党政军民。对敌伪以政治攻势为主，以游击战争为辅。对国民党以疏通团结为主，以防制其反共为辅”。[1]

但是，1942年的形势并不像中共中央上述估计那样值得乐观。日本军队对于华北、华中敌后根据地实行的大规模“扫荡”行动还在继续，对中共形成了极大压力，以致毛泽东认为：华北、华中“要熬过今明两年须费极大牺牲，两年后如能保存现有军队（57万）的一半，全国则保存现有党

[1]《一九四二年的中心工作任务》（1941年12月18日），《毛泽东文集》，第2卷，第385—386页。

员（80 万）的一半便是胜利”[1]。

与此同时，从 3 月份起，国民党对中共再度发动了政治和军事摩擦，这种事件仅一个多月就达到 100 余起，南方地下党组织接连遭到破坏，这不能不使中共中央再度怀疑国民党怀有不可告人的意图。周恩来估计，这种情况的出现，是由于蒋介石看到美、英、苏均陷于困难局面，美、英参战并不能很快扭转被动局面，战争将旷日持久，而日本也不能以主力对中国取攻势，反以政治攻势拉蒋，因此蒋介石“认定他已成为世界骄子，在目前天下莫敢予毒的良机下，正好放手反共”。鉴于 4 月伊始，日本进攻苏联的消息不胫而走，周恩来明确认为：“目前形势，日苏战争如果爆发，第三次反共高潮必不可免，且必然走上高峰。”[2] 周恩来的这一看法，看来也是毛泽东的看法。

还在 4 月 21 日，毛泽东即估计日苏战争将于夏季爆发，苏联将面临更大的困难，国民党必然会乘此时机对共产党发动政治的和军事的进攻。[3] 为此，中共中央秘密发布了准备应付第三次反共高潮的通知，并开始在边区组织联防司令部，统一指挥陕甘宁晋绥各地的中共军队，以防不虞。

苏、美、英合作，国共关系解冻，毛泽东承诺今后不再扩军

到 5 月下旬，德国并没有对苏发动进一步的攻势，日本也没有进攻苏联，国民党方面的摩擦行动也没有进一步加剧。不仅如此，5 月 26 日，英、苏两国还签订了一个以 20 年为期的战时同盟及战后合作互助条约。该条约规定，不仅战时，而且战后，苏联与英国都将长时间进行合作与互助。6 月 11 日，美、苏两国也签订了一项战时互助协定。这两项协定表明，美、英同苏联之间不仅加强了相互间的团结，而且将在战后继续这种合作关系。

苏、美、英进一步加强合作，并且明确宣布战后亦将合作，这不能不

[1] 《毛泽东关于熬过今明两年须费极大牺牲致周恩来电》（1942 年 6 月 13 日）。
[2] 《周恩来关于目前形势估计致毛主席并中央书记处电》（1942 年 4 月 18 日）。
[3] 《毛泽东关于准备应付反共高潮致周恩来电》（1942 年 4 月 21 日）。

极大地影响到中共中央对形势的判断和对战后国共关系的估计。

由于相信《大西洋宪章》所宣布的自由、民主、和平的信条，在很大程度上改变了帝国主义列强各国的政策，中共中央开始断言帝国主义乃至资本主义制度已经进入“风烛残年”，战后将不会出现第一次世界大战结束后那种“武装的革命反对武装的反革命”的斗争形势。他们甚至认为现时的“英美不是帝国主义”，说至少美、英开辟第二条战线，“援助社会主义，这不能说是帝国主义”。这使得中共领导人有理由改变此前对于美、英政府的敌视或怀疑的态度，也促使他们相信：“资本主义已不是一个可怕的东西，已经起了变化”，共产党人可以“与英、美好好合作，对中国的资本主义也可以合作，因为资本主义已不是一个可怕的东西，已经起了变化”。毛泽东明确讲：天下大势，资产阶级与无产阶级都很疲倦，无产阶级的觉悟还未达到世界革命的程度，而现在“争取与大多数人一道是我们策略的出发点”。战后中国是否会发生内战，现在不必从反面来解释。“武装的人民反对武装反革命，现在是适用的。战后如何则不说，如果反革命还有，仍然是武装反武装。”[1]

因为估计战后帝国主义制度将会倒台，各殖民地国家将会独立，中国也只能走和平民主合作的道路，因此中共中央相信战后的中国只能是走独立、统一、和平、民主的与各党派合作和经过人民普选的民主共和的道路，它既不是少数人专政的半封建的中国，也不是苏维埃的或社会主义的中国。考虑到这种情况，毛泽东明确认为：我们现在就“须估计日本战败从中国撤退时，新四军及黄河以南部队须集中到华北去，甚或整个八路军、新四军须集中到东三省去，方能取得国共继续合作的条件”问题。[2]

7 月 4 日，中共中央公开发表了《为纪念抗战五周年宣言》，声明：“中国共产党承认，蒋委员长不仅是抗战的领导者，而且是战后中国建设的领导者”。中共“愿尽自己的能力来与国民党当局商讨争取抗战最后胜利及建

---

[1] 《毛泽东关于“七七”宣言的指示》（1942 年 7 月 29 日）。

[2] 参见《解放日报》1941 年 7 月 5 日；《毛泽东关于山东根据地实为战略转移的枢纽致刘少奇电》（1942 年 7 月 9 日），见《毛泽东军事文集》，第 2 卷，第 681—682 页。

设战后新中国的一切有关问题”[1]。同时,毛泽东接连电告各地领导人力避与国民党发生冲突。

8月中旬，蒋介石突然约见周恩来，表示愿意亲自见毛泽东商谈国共关系问题。这更加证实了毛泽东的判断,他马上表示深感兴趣，准备亲去见蒋，以求“将国共根本关系加以改善”[2]。但是,由于党内领导人多担心蒋介石可能包藏祸心,反复劝阻,中共中央最后还是利用国民党重视苏联态度的心理，先派从苏联回国的林彪直接从苏联经兰州、西安，转去重庆谒蒋商谈。

1942年11月27日，国民党在五届十次中央全会上通过了关于《今后对共产党政策之研究结果案》。[3] 尽管内中措辞强硬，但它表明了愿意政治解决共产党问题的态度，因而仍旧引起正极力试图缓和与国民党关系的共产党人的重视。

毛泽东得到消息后，马上召集会议对此一决议案进行了讨论。与会者认为决议案宣布之所谓“六不主义”（即不违反法令，不扰乱社会秩序，不组织军队，不分裂地方，不妨碍抗战，不破坏统一)，与中共1937年四项诺言“在基本精神上没有互相分歧之处”，甚至就是“今后不允许我们再组织军队”，我们也“可以这样做”。[4]

对于这一重大让步，毛泽东的解释是：第一，“国内关系总是随国际关系为转移”，当英、美、苏未订具体同盟条约及滇缅路未断以前，蒋介石的亲苏和共决心是未下的；但在1942年5月滇缅路被日军切断之后，蒋是下了这个决心的。“只要两三星期内斯大林格勒守住，日寇不攻苏，则整个大局好转，便可确定。”第二，“在德意日打倒之后，国际国内形势均会发生根本变化”。由于苏、美、英战后仍将合作，且“蒋在抗战中有功劳，同时

[1] 《解放日报》1941年7月5日。

[2] 《周恩来关于蒋欲约见毛在陕晤谈事致毛泽东电》(1942年8月14日),《毛泽东关于见蒋事致周恩来电》(1942年8月19日、9月3日)，等。

[3] 《中国国民党历次代表大会暨中央全会资料》(下)，第793—794页。

[4] 《中共中央关于国民党十中全会问题的指示》(1942年11月29日)。

人民心理厌恶内战，故我们应争取在抗战后与国民党建立和平局面，在民主民生上做文章”。第三，既然战后中国的前途只能随国际大势而转移，一时不会出现武装夺权的可能，我们也就无须大量扩充我们的军队。“我们既不准备打内战，无须多兵，兵少又可减轻国民党的畏惧心理，求得和平，以待全国人民的觉悟。”当然，毛泽东也说：我们手里还有几十万军队，不怕国民党翻脸。战后“如果人家要打，我们也有恃无恐”[1]。

1942年12月24日，依据中共中央新的指示精神，周恩来与林彪正式向国民党代表张治中提出了四项条件，希望能够作为双方谈判的基础。这四项条件是：

一、党的问题：在抗战建国纲领下取得合法地位，并实行三民主义，中央亦可在中共地区办党办报；

二、军队问题：希望编四军十二师，请按中央军队待遇；

三、陕北边区：照原地区改为行政区，其他各地区另行改组，实行中央法令；

四、作战区域：原则上接受中央开往黄河以北之规定，但现只能做准备布置，战事完毕保证立即实施，如战时情况可能(如总反攻时)，亦可商承移动。[2]

不难看出，中共中央基于对战后国际国内政治合作趋势的形势判断，对解决国共关系问题的方针又有了十分重大的转变。国民党如果真想求得国共关系的改善和国内政治的统一，这无疑是一次重要的历史时机。

蒋介石发表《中国之命运》，共产国际解散，国共关系再度恶化

对于中共中央态度的再度转变，蒋介石国民党不仅不看重，而且把中共的这次让步看成是迫于自身困难的一次“廉价大出卖”。他们因此反而产生

---

[1] 《毛泽东关于德意日打倒后国际国内局势问题致彭德怀电》(1943年1月25日)。

[2] 《中华民国重要史料初编》第五编（四），第248页。

幻想，想要进一步施压，以争取逼迫中共最终能够交出军队和政权。故当国民党中央了解到中共并没有放弃军队和政权的可能时，他们马上就认为时机未到，放弃了推动这次谈判的努力，转而又开始在军事上向中共施压了。

1943年初,中共中央一直估计“国际国内的政治形势日趋好转”,主张“不放松每一机会和每一小的事件，主动地加强局部统战工作，改善关系，以求更加促进国内整个形势的好转”。因此严令各地“如有摩擦事件，必须先经报告批准,不许自由行动”时[1],苏北韩德勤部遭日军大举扫荡,损失惨重,全线渡过运河，退入新四军淮海区，与新四军部队发生冲突，韩德勤等被俘，毛泽东亦迅即电示陈毅等将韩“混在俘虏中释放”[2]。

1943年初春，国共两党军事摩擦再度加剧起来；蒋介石3月又发表《中国之命运》一书，对中共大加鞭挞，斥之为“变相军阀”、“新式封建”、“诈欺虚伪，违法乱行”[3]；延安整风运动进入审干阶段，这时意外“发现”大批特务，毛泽东异常紧张，紧急部署除奸[4]；再加上因为苏联急于要推动英、美在欧洲开辟第二战场，共产国际5月间突然宣布解散[5]，国民党随即政治军事双管齐下，意图乘机攻延。这些都极大地刺激了中共中央，对形势的估计自然又一次发生重大改变。

共产国际在这个时候宣告解散，对于刚刚经历了整风运动，开始强调独立自主的思想路线的中国共产党来说，未必是一件让他们感到沮丧的事情。只有那些完全不了解中共与共产国际关系的变化，盲目以为中共只有

---

[1] 《中共中央关于促进国内整个形势好转给各战略区的指示》(1943年2月7日)。

[2] 见《毛泽东、刘少奇关于同意将韩德勤混在俘虏中释放致陈、饶电》(1943年3月19日),《毛、刘关于新四军与韩德勤部最近关系致周、林电》(1943年3月19日)，并参见《中华民国重要史料初编》第五编（二)，第434—439页。

[3] 蒋介石：《中国之命运》，正中书局1943年版，第127页。

[4] 此事亦影响到中共在国统区的党组织，毛泽东于4月30日甚至密电周恩来，称：“从大后方来延干部及七大代表的审查中，证明很多是特务，证明大后方党组织多数或大多数是特务组织”，故“请你及孔原立即暂时断绝大后方党一切党组织的往来”。

[5] 中共中央5月21日收到季米特洛夫来电，征询意见，事实上当天苏报已公开发表，解散已成既成事实。6月10日共产国际执委会主席团召开了最后一次会议，正式宣布了解散的决定。

依靠苏联和共产国际才能生存的国民党人，才会幻想共产国际的解散必然会使中共受到致命的打击。事实上，自 1941 年以来，共产国际的存在除了方便向莫斯科申请援款以外，对于中共已经不具有任何特别的意义了。相反，它的解散还对中共具有很大的利益。

在向党内解释共产国际解散问题的报告会上，毛泽东就明确指出：由于各国内部与各国之间的情况比之过去更为复杂了，变化亦更为迅速，远离各国实际斗争的共产国际已“无法适应这种非常复杂而且迅速变化的情况”。因此，解散共产国际的决定是一个“英明的措施”。他实际上相信：作为各国革命统一指挥中心的共产国际的存在完全不必要，因为历史已经证明，各国的革命只能由各国共产党自己来做，且各国共产党也必须要独立自主地根据本国革命斗争的需要，“更加民族化”，才能找到适合自己民族特点和具体条件的革命道路。[1]

共产国际宣布解散的消息发出后，毛泽东对国内形势的判断已有改变。他在 6 月 1 日就声称：“国民党对敌、对外（英美）、对共、对民、对党（中央与地方、西西与复兴）五方面均无妥善办法，危机日渐增长。彼方对东条扶汪倒蒋新政策毫无对策，投降者增多，战力大损。英美仍是集中对德，援华甚少，口惠实不至，彼方无丝毫办法。对我疑忌甚大，不愿解决问题，天天宣传我党罪状，打击我党威信，厉行特务政策，图从内部破坏我党，此外亦无办法。甘黔川陕民变四起，规模甚大，除镇压外，无他办法。党内纠纷不绝，有增长趋势。凡此均使抗战局势处于日益困难地位，抗战还须准备三年……我党应在此三年中力求巩固，屹立不败。”但由于国民党这时尚未采取激烈行动，故毛泽东的策略仍然是“对国民党应极力避免大的军事冲突”。[2]

---

[1] 参见毛泽东：《在延安干部大会上关于共产国际解散的报告》，《解放日报》1943 年 5 月 28 日；《中国共产党中央委员会关于共产国际执行委员会主席团提议解散共产国际的决定》（1943 年 5 月 26 日），见《共产国际有关中国革命的文献资料》（3），第 55—58 页。

[2] 《毛泽东关于国民党的现状和我党今后任务的指示电》（1943 年 6 月 1 日），见《毛泽东军事文集》，第 2 卷，第 698—699 页。

7 月初，有秘密情报说明，5 月 23 日胡宗南已向蒋呈报对陕甘宁边区的作战计划，得蒋批复后，胡于 6 月 28 日密赴洛川召集军官会议具体部署，并于 7 月 2 日电令各部于 8 日前完成一切准备行动，待命进攻。毛泽东得讯后一面急电周恩来等向国民党方面交涉，“避免战事”，一面由朱德出面致电蒋介石、胡宗南提出抗议，召集群众大会公开动员抵抗，同时毛泽东并亲自撰写社论“质问国民党”[1]，一时间，引起国内外舆论及英、美、苏各国外交官的高度关注，蒋介石不得不于 10 日下令停止行动，并公开复电朱德表示并无进攻之意。

国共内战的危险虽然化解了，但中共中央对国民党的看法也全面改变了。刘少奇在 7 月 23 日代表中央给陈毅、饶漱石的电报中重新宣称：“争取国民党顽固派好转的希望现在也证明是不可能的了”，今后必须“对国民党顽固派进行尖锐的不怕刺激的批评，应在人民中、在我党我军内部的人员中，扫除国民党及蒋介石的影响，并极力宣传只有中国共产党才能挽救中华民族于危亡，以打破人民中甚至党内某些干部中对蒋介石的幻想”。[2]

值得注意的是，通过这次对国共内战危机的处理，毛泽东也进一步印证了他关于共产国际解散后苏共作为世界共产主义运动领导中心的地位毫无改变的判断。因为，由于共同的意识形态所带来的共同利益，苏共几乎还是会本能地在中国选择同情和赞助中国共产党。刚一得知国民党借共产国际解散而掀起的反共鼓噪和秘密准备的军事行动，苏联方面马上就做出了前所未有的强烈反响。苏联驻华外交人员接连通过美国方面表达了他们的严重不安。紧接着，苏联报刊也开始以明确的语言指责中国正在出现针对共产党八路军的内战危险，并含沙射影地把攻击矛头对准国民党中的某种顽固分子。[3]

所以，毛泽东虽然高度重视中共的自身利益和前途，坚决反对一切服从

[1] 有关胡宗南进攻计划方案见《中央军委关于蒋介石进攻边区准备问题致八路军新四军电》（1943 年 7 月 4 日），《中央书记处关于发动宣传反击问题致各中央局、中央分局电》（1943 年 7 月 8 日）。

[2] 《刘少奇关于争取国民党顽固派好转的希望已不可能致陈饶电》（1943 年 7 月 23 日）。

[3] 转见《解放日报》1943 年 9 月 11 日。

于苏联利益，但却依旧高度重视苏联正统意识形态的指导作用和注意要与苏共保持密切关系。因此，尽管毛泽东一面发动整风运动，肃清教条主义“理论派”王明等人的影响；一面却明确指定要以斯大林、季米特洛夫的著作来作为整风学习的经典文件。他一面反对无条件地服从苏联或共产国际的意志和利益；一面却又高度重视来自苏联的意见，并不惜委曲求全地改变自己的某些意见，以示尊重来自莫斯科的指责和批评。[1] 表面上，这和新的国际政治形势有关。因为这时世界政治走向大国政治轨道的迹象日益明显，苏、美、英三强的合作使得革命的前景变得极为复杂，中共与蒋介石国民党的斗争非取得苏联的支持将很难取得成功。但毛泽东更为重视的显然是，身为共产党人，无论是中共的政治合法性，还是他在全党的权威指导地位的政治合法性，包括其革命意识形态正统地位的合法性，其实都还离不开莫斯科的承认与支持。

毛泽东：王明说整风是整留苏学生，是整莫斯科的，这是一个真理

1943 年，在党的历史上，是具有标志性的年份。这一年 3 月 20 日，中共中央破天荒地通过了一项决定，推举毛泽东为政治局主席、书记处主席，规定政治局有权决定一切重大问题，书记处由毛泽东、刘少奇和任弼时三人组成，会期不固定，随时由主席召集，根据政治局决定的方针处理日常性质的一切工作，毛泽东有最后决定权。[2]

3 月 20 日的这一《决定》，在组织上奠定了毛泽东至高无上的权力地位，而随后党的领导人接二连三地拥护毛泽东领导地位和毛泽东思想的表态文章，更是神化了起来。但就在这一《决定》形成两周之后，中共中央在毛

[1] 参见《弗拉基米洛夫转毛泽东给季米特洛夫的电报》（1944 年 1 月 3 日、7 日），RPSDMH, 495/74/342。

[2] 《中央机构调整及精简决定》（1943 年 3 月 20 日），中国人民解放军国防大学党史党建政工教研室编：《中共党史教学参考资料》第 17 册，国防大学出版社 1989 年版，第 344—346 页。

泽东的主持下，出台了另一个导致一年多以后毛泽东不得不出面向大批延安干部脱帽“道歉”的《决定》。[1] 这就是《中共中央关于继续开展整风运动的决定》。这一决定断言自抗战以来，日本和国民党两方面有大批内奸分子打入党的各级机关，整风的目标是在纠正干部中非无产阶级思想的同时，肃清党内暗藏的反革命分子。[2] 原本普遍的思想教育和思想整风运动，由此迅速全面转向组织清党，即审干运动阶段，在延安的数千名青年学生和国统区来的党员干部都在群众性的大会控诉、小会揭发和个别谈话的政治压力下，甚至是在严重的“逼供信”的情况下，被打成了“特务分子”。[3]

与此同时，本来是着眼于总结历史教训的谈话会，这时也变成了检讨党内路线斗争的会议。毛泽东多次讲：“过去王明说，整风是整王明、洛甫，是整莫斯科的。这是一个真理，但它不完全，还要整全党。”他解释说，现在的中央还是四中全会、五中全会选出来的，只有他和刘少奇是挨过他们整的，因此 1937 年苏区党代会，乃至六中全会时，因为很多人都不了解过去的问题，所以一直不能改造这个中央。包括在 1937 年十二月政治局会议上，他都只能妥协，不能进行尖锐的斗争，原因也就在此。但是，因此也就造成过去的延安“八百诸侯”和边区“一国三公”的复杂局面。因为有 1941 年九月会议把问题摊开来，他才能在中央党校做报告，才能出农村调查等书。但九月会议还是没有说王明是路线错误，因为大多数人还是不觉悟，当时不能丧失大多数。因此，九月会议也只是清算了内战时期的错误，实际上武汉时期也是一个危机期，中央领导在延安只有五位，武汉则有七

[1] 毛泽东：《关于时局问题及其他》（1945 年 2 月 15 日），见《毛泽东文集》，第 4 卷，第 260—264 页。

[2] 《中央关于继续开展整风的决定》（1943 年 4 月 3 日），见《中共中央文件选集》，第 14 册，第 28—33 页。

[3] 据毛泽东 1943 年 10 月 14 日报告称，仅陕甘宁边区肃出来的特务就有 7000 人，加上还可能挖出来的，“恐怕有 1 万人”，连同各根据地肃出来的特务，估计能“有 10 万”。另据《胡乔木回忆毛主席》（人民出版社 1994 年版，第 280 页），则认为当时边区清查出的所谓特务达到 15000 人。毛泽东 1945 年 2 月公开承认在延安搞错了的“有几千件”。但他强调：拿件数来算不能否定这个运动的性质。毛泽东：《关于时局问题及其他》（1945 年 2 月 15 日），见《毛泽东文集》，第 4 卷，第 261—262 页。

位，当时王明是要篡夺中央的权力的，多亏王稼祥从莫斯科回来，“得到了国际的帮助”。现在可以肯定地讲，王明路线“曾危害过党，差不多可说全党各地都受了影响”，甚至朱德、周恩来、彭德怀等，都自觉不自觉地在思想上被俘虏过，“直到六中全会才在政治上克服了”。

这个时候党的领导层内，明显出现了无限上纲的倾向。如陈伯达在发言中就宣称：王明与共产党是“两条心”，他“对共产党是仇恨的，有许多反共言论，实际上是叛徒的理论”。康生也危言耸听，说他读了王明《使中共更加布尔什维克化》的小册子，“发现了中共党史上的一个大骗局”。说王明不是要使共产党更加布尔什维克，而是要使党变成孟什维克。这段历史不彻底清算，就不会懂得王明投降主义及反中央的根源。

这时回到延安的周恩来也按照毛泽东的思路，认真检讨理当代表正确路线的共产国际为何在中国问题上会犯那么多错误。他的结论是，共产国际里混进了太多的“坏人”。周在报告中把共产国际分成了“真假国际”，认为除了斯大林、莫洛托夫、曼努伊斯基和季米特洛夫等几个主要领导人确实英明，鲍罗廷、维经斯基等是好人之外，共产国际管中国革命的宣传、组织及交通等部门都有不少坏人，派来的代表、顾问多有问题。

毛泽东对这类揭发批判明显十分欣赏，他特别表示赞同康生等人的意见，不仅肯定王明路线的实质是“阶级投降主义”，而且上纲上线称它“实质上是国民党在共产党内的代表，是大地主大资产阶级在无产阶级队伍中的反映”。他甚至提出：任何继续站在王明一边的人，都注定是政治上不坚定的，抱着大地主大资产阶级思想的人。对于这样的人，“如果说而不服，就只有将他孤立起来，使他不能起破坏作用”。[1]

1943年12月28日，中共中央基本上结束了对党史上路线问题的讨论，并特别就统一战线中的机会主义错误路线问题发出指示给各中央局，电称：“我党七次大会时，即将总结我党二十二年的经验”，“也将批判我党过去某

[1] 《毛泽东在西北局高干会上的报告》（1943年10月14日），油印件。

些历史时期中曾经严重的危害过党与革命的反布尔什维克主义的‘左’倾及右倾的机会主义”。包括“王明、博古宗派及其机会主义的路线的形成，四中全会的篡党，五中全会的达到顶点，以及遵义会议的开始克服，但在1937年12月会议至1938年9月六中全会期间这个宗派又利用长江局进行其反党活动，并且王明本人长期地坚持其错误路线，反而说中央路线是错误的，是违背共产国际方针的”。实际上，共产国际的指导原则“完全与王、博路线的机会主义相反，而对于我党中央的布尔塞维克路线则是完全符合的”。[1]

显而易见的是，要证明王明的路线，尤其是抗战期间的路线，是违背共产国际方针的，自己的路线是符合共产国际指导原则的，无论如何都是极其困难的。就在中共中央按照毛泽东的意见就王明、博古问题做出了上述决议之后，季米特洛夫突然来信，明确表示反对对王明及周恩来等进行所谓路线斗争，他甚至质疑在康生主持下的审干运动和整风，导致中共部分干部对苏联及共产国际在态度上出现了变化。[2] 季米特洛夫的来信显然使毛泽东更加难以依据所谓共产国际的指导原则将王明路线入罪了。

碍于同苏共的关系，尤其是碍于分清抗战期间王明路线与共产国际指导原则两者关系的难度，在随后为中共七大所准备的《关于若干历史问题的决议》稿中，中共中央最终竟然没有能够就毛泽东高度重视的自抗战以来王明右倾投降主义路线问题进行总结和批判。这个决议只是着重讨论了1927—1937年十年内战时期，“尤其是六届四中全会至遵义会议期间中央的领导路线问题”[3]。这对毛泽东所发动的整风运动来说，不能不是一个重大的遗憾，也充分揭示了在毛泽东领导下的中共与苏联关系的复杂状况。

---

[1] 《中央关于反对统一战线中的机会主义一文的指示》（1943年12月28日）。

[2] 《季米特洛夫致毛泽东的信》（1943年12月22日），RPSDMH, 495/74/342。

[3] 《关于若干历史问题的决议》（1945年4月20日），见《毛泽东选集》（合订本），第955—999页。

四、“我们一定要把中国拿下来！”

“中国共产主义的圣徒和先知们住在黄土坡上挖出的窑洞里……”

自从苏德战争爆发，苏联从中国撤走了最后一批军事顾问人员后，中国的抗日战争就只能指望来自美国的援助了。理论上，只有苏联的援助才会对共产党人和中国革命有利，但事实上，当中共中央开始同美国援华人员接触后，他们很快就注意到，美国人未必不能援助中共。苏、美、英关系的密切发展，为中共中央开展对美外交扫除了意识形态方面的障碍；而美国政府在1942年底1943年初主动与中国政府签订废除不平等条约和放弃在华特权等行动，也进一步使中共中央对在战时和战后与美国积极合作逐渐抱以越来越大的期望。考虑到战后必须要面对的国共关系问题，中共中央更是必须要争取与美国建立起积极的合作关系。因此，在1943年之后，努力加强与美方人员的联系并积极对其施加政治影响，就自然成为共产党人的一项极为重要的工作。

要说服美国资产阶级同情和支持中国无产阶级的共产党，这初看起来似乎完全不可想象。但在1943年，特别是1944年，似乎是一个不成问题的问题了。这是因为，这个时候确实有不少来到中国的美国官员对共产党人抱以好感，包括时任中印缅战区美国总司令的美国将军史迪威。他的日记中这时甚至会有许多称赞中共的文字，他甚至认为“中国老百姓在欢迎共产党”，为了能够“从压死人的捐税、虐待人的军队、戴笠特务（的恐怖）底下解放出来”，他们“把共产党看作是中国人民唯一的明确的希望”。而蒋介石则为了保持一党专政和特务统治，不仅憎恨共产党，企图消灭共产党，而且保存了一切供给他的武器，以便在日军撤退时好用来占领中共在敌后的根据地。[1]

史迪威以及绝大多数美国人这时其实与中国共产党人从未有过任何接触，然而他们对国共两党的看法却表现得爱憎分明。在这里，中共的舆论宣传工作的确做出了力所能及的努力。像 1941 年皖南事变之后，周恩来受命在重庆广泛开展的外交活动，导致蒋介石政府在国际舆论面前受到极大压力，不得不收敛了对中共的打压行动。1943 年因共产国际解散而出现国民党进攻边区的威胁时，中共中央又再度四处宣传并派人在重庆广为游说，致使苏、美、英三国大使高度重视，相继采取了行动。注意到这一宣传效力，中共中央还进一步开始进行国共两党抗战成绩比较的宣传，抨击国民党抗战不力，要求重庆的中共代表将此类文件“秘密地交给外国人”，争取“使外国人能将此项文件传至美国”，以便影响美国舆论和政府对国共两党的态度。[2] 他们同时也注意到美国人与英国人明显不同，并针对这种不同制定了相应的策略。如中共中央就明确告诉重庆代表团称，英国人狡猾，与其交换情报易受欺；美国人较诚实，故可与美国之进步人士交换情报，但须机密，“如史迪威总部愿建立电台联络延安，我们可派人至其台上工作，并用他们的密码”[3]。这些情况说明，中共中央几年来确实是有意识地在争取美国舆论和政府的同情。

---

[1] 史迪威著，骆伯鸿译：《史迪威日记》，海光出版社 1948 年版，第 154—155 页。

[2] 《毛泽东关于国共两党抗战成绩比较文件发表时机致董必武电》（1943 年 8 月 15 日）。

[3] 《中央关于和英美人士往来问题给董必武的指示》（1944 年 1 月 9 日）。

但是，多数美国人对中共的好感，严格地说并不是中共进行广泛外交或宣传活动的结果。所谓“无心插柳柳成荫”，美国舆论对于中共的同情，其实是那些普通记者和外交官们对中国国共两党进行实际考察和对比之后自发形成的印象。

这里面最值得一提的是1936年首先深入到陕北苏区去的美国记者埃德加·斯诺。他于1938年在美国发表了他对中共红军的采访录，即《西行漫记》。该书公开出版之后，许多国家的人从中受到刺激和鼓舞。加拿大外科医生白求恩、印度加尔各答医疗队的柯棣华、巴苏华、爱德华医生、美国的马海德、爱罗色医生、德国的米勃医生、奥地利的罗森塔尔医生、美国海军陆战队军官、美国驻华大使馆参赞埃文斯·卡尔逊，以及像贝特兰、爱泼斯坦、福尔曼、斯特朗、贝尔登、白劳德、斯坦因、贾菲、斯蒂尔等众多外国记者，之所以会不辞艰辛到中共的抗日根据地去，都是受到了斯诺这本书的感染和影响。在这本书里，中共和红军被描述成像早年开发美国西部的那些充满活力和幻想的清贫而艰苦的拓荒者一样，极容易打动富有冒险精神的美国人。这种印象也几乎烙进了每一个在斯诺之后到过陕甘宁边区和中共其他根据地以及与中共成员进行过密切接触的美国人的大脑里。

这里面还不能不提到的一点是，美国也曾经是殖民地，在美国成长的历史中，一直伴随着争取自由、解放、民主和权利平等的斗争。对专制、独裁的天然反感，以及基督教崇尚的俭朴的生活方式，不可避免地使众多美国人天然地反感蒋介石的统治方式和众多国民党高官纸醉金迷的生活方式。面对充满了贪污腐化，同时独裁专制的国民党，中共的政治清廉、民主选举、经济自由和深得农民拥护的情况，不能不使他们中的许多人对中共另眼相看，且充满期待。[1] 美国年轻外交官对延安共产党人的描述就是这方面的典型记录。他写道：“中国共产主义的圣徒和先知们住在黄土坡上挖出的窑洞里，过着俭朴的生活，幻想着奇怪的阶级妥协和政党联合之神降临，面带羞涩

[1] FRUS, 1944, Vol.6, pp.258-266.

地拜倒在外国投资的金辂之下，并且渴望自己能按世界标准受到尊重。”[1]

很显然，如果这一判断正确的话，那么，在他们眼里中共理当不同于同样独裁专制的苏联共产党，它注定应该更能代表中国的未来，也因而会更加符合美国人对战后中国未来发展的期望。这时来到中国的一批美国年轻外交官，如戴维斯、谢伟思等人，尤其看好中共未来的发展，并极力想要把中共引上不同于苏联的发展之道。

在国民党还统治着中国，并拥有比中共强大得多的实力的情况下，没有人能够改变美国现实的对华政策。但是第一，国共之间的不断摩擦和冲突，以及国民党将其相当部分主力集中陕甘，封锁中共边区，力求保存实力，以便战后用来消灭共产党的情况，无疑使美国军政当局深感不安。他们越来越相信，国共之间的对抗与摩擦，是导致国民党难以将全力用于抗日的重要原因之一。而在敌后有着强大影响力的中共之所以也不能积极对日作战，很大程度上也是因为它必须同时应付国民党人的军事压迫。第二，国共两党的内战危险直接影响着战后中国政治的发展，对于相信美国战后注定要与苏联发生对抗的众多美国外交官来说，他们无论如何不能听任美国被蒋介石拖入到中国内战的泥沼中去。

既要承认国民党执政的现实，又要想办法让中共能够在中国政治中发挥一定的积极作用，美国人想到的最为理想的办法，就是组织一个联合政府。这样一来，既可以保持国民党的现有地位，又能够把共产党塞入政府；既能够消弭战祸，又可以迫使国民党在政治上做出改革，可谓一举多得。于是，1943 年 12 月，在美、英、中三国首脑举行的开罗会议期间，罗斯福总统就向蒋介石表达了希望国民党与共产党能够组织一个联合政府的愿望。[2]

但是，要国民党与共产党分享统治中国的政治权力，这对蒋介石来说实不啻晴天霹雳，但对共产党则恰似春雷贯耳。因为，共产党人得知这一

[1] FRUS, 1944, Vol.6, pp.667-671.

[2] 伊里奥·罗斯福：《罗斯福见闻秘录》，春光新闻社 1947 年版，第 154—155 页。

消息的时候，正是中共中央开始下决心要打破蒋介石国民党独裁统治的重要时机。

国民党军事溃败，毛泽东相信中共可能成为美国援助的对象

还在1943年秋开罗会议召开之前，为了设法造成国内缓和的政治局面，以便于与美、英讨价还价，蒋介石曾指示国民党在军事上和政治上分别采取缓和措施，与共产党重开谈判。鉴于1944年1月开罗会议举行，其宣言宣布美、英、中三国在远东战后将共同遵守《大西洋宪章》的原则，毛泽东也再度注意到这一新的形势对国民党巩固战后地位有利，因而“国共有协调之必要与可能”。他因而提出，“协调之时机，当在下半年或明年上半年，但今年上半年我们应做些工作”。故他决定“除延安报纸力避刺激国民党，并通令各根据地采取谨慎步骤，力避由我起衅外，拟先派林伯渠于春夏之交赴渝一行，恩来则准备于下半年赴渝”。[1] 在此背景下，中共中央又一度公开表示了“拥蒋抗战与拥蒋建国两项方针，始终不变”的态度[2]，并于4月29日派林伯渠前去谈判。

然而，经过了几次政策反复和交涉失败之后，这个时候不论是共产党还是国民党，对于此次谈判都不抱任何希望了。但是，相对而言，由于此次谈判的背景是蒋介石有《开罗宣言》和因开罗会谈提升起来的大国领导人地位，因此中共的应对明显处于被动状态。故中共中央最初的决策还是预定向着“协调”的方向发展，并不主张谈判破裂。毛泽东1月间甚至明确告诉国民党联络参谋称：谈判可以1940年何、白皓电，即所谓《中央提示案》的要求为基础，西北问题可通过反攻时胡宗南部与中共边区部队按比例开赴前方来解决。[3] 林伯渠本着这一精神4月29日离开延安经西安，赴

[1] 《毛泽东关于国共有协调之必要与可能致董必武电》（1944年2月4日）。

[2] 《周恩来关于中共拥蒋抗战与建国的方针始终不变致董必武电》（1944年2月4日）。

[3] 《毛泽东关于国共有协调之必要与可能致董必武电》（1944年2月4日）。

重庆谈判，自然也是向着和平的方向努力的。

意想不到的是，谈判还没有开始，4 月 20 日日军就发动了豫湘桂战役，首先攻击了国民党在河南黄河一线的守军。不数日，国民党数十万大军丧城失地，丢盔弃甲，溃不成军，使得国民党在国际国内舆论面前顿时威信扫地。毛泽东对国共两党实际力量对比和对当前的国际国内政治形势的看法也立即发生了变化。

5 月 11 日，中共中央书记处还电告华中局不要乘河南失守派军进入，称："国民党在敌人进攻及国内国外各种压力之下，最近又向我党表示好感，林伯渠、王若飞同志已应国民党之邀请前赴重庆进行谈判。目前我们在各方面应避免刺激国民党，因此八路军新四军各部目前决不应向河南推进，以免引起国民党方面的摩擦，妨碍大局。"[1]

四天之后，毛泽东已改变了谈判的策略，全面废弃了林彪一年前的条件和林伯渠带去的条件，洋洋洒洒提出了关于全国政治者三条，即："（一）请政府实行民主政治与言论、出版、集会、结社及人身之自由；（二）请政府开放党禁，承认中共及各爱国党派的合法地位，释放爱国政治犯；（三）请政府允许实行名副其实的人民地方自治。"并提出关于两党悬案者十七条，要求给予中共军队五军十六个师的番号；承认陕甘宁边区及中共在华北、华中、华南各敌后根据地政府及其各项设施；恢复接济粮饷弹药；公平获得盟国援助之武器装备；通令取消各种侮辱和污蔑中共及军队的称号；停止特务人员对中共的各种破坏活动；释放所有中共被俘和被捕人员；禁止发表造谣文字；允许中共在各地办党办报；恢复中共在重庆和西安办事处的电台，等。[2]

同一天，毛泽东还电告董必武和林伯渠称：为避免刺激彼方，我方条件已作了很大让步，恢复新四军番号等均未提出。我 47 万兵力，理当编

[1] 《中央书记处关于敌进攻河南情况下的工作方针的指示》（1944 年 5 月 11 日），见《中共中央文件选集》，第 14 册，第 231—232 页。

[2] 《毛泽东关于向国民党提出解决目前急切问题二十条意见致林伯渠电》（1944 年 5 月 15 日），见《毛泽东文集》，第 3 卷，第 130—134 页。

十六军四十七师，让至五军十六师已是顾全彼方面子。有些事情，如边区及敌后根据地发行地方纸币等，都不能变更。[1]

不难看出，毛泽东并不想再和国民党谈出什么结果来。用国民党代表的话来说，二十条“全文是宣布罪状精神，完全没有实践诺言和拥蒋表示”[2]。毛泽东宣称，我们除了要大力巩固根据地外，八路军、新四军还要准备夺取城市。只要我们有实力，有地盘，拿不下全国，我们也可以搞联邦的办法来解决与国民党的关系问题。而实际上，依据河南发生的情况，事实上很可能我们的力量要强过国民党。如果反攻非用我们不可，罗斯福很可能会选择共产党，直接援助我们，那样我们就会变成铁托，“解放中国的责任就要我们担负起来了”，“我们要争取变铁托”。[3]

1944 年 6 月，国共谈判走入了死胡同，双方各执一端，绝无调和余地。但在公开场合，共产党的态度尚属温和。借国民党开放封锁，允许少数中外记者进入中共区域进行采访之机，中共中央表现得心平气和。毛泽东亲自为《解放日报》撰写纪念联合国日的社论，说明成功坚持抗日的原因。他声称：共产党成功的关键在于“实行民主，依靠人民”。而国民党却“毫无反省与择善的意图，没有团结与民主方针，反而天天诬蔑共产党为‘奸党’，诬蔑八路军新四军为‘奸军’，诬蔑抗日民主地区为‘奸区’，自大骄傲，不可一世。只知道伸手向同盟国要东西，满心依赖同盟国打日本，很少自力更生的意图与计划。以此而求胜敌，岂非缘木求鱼”？毛泽东公开表示，希望正在来华访问的美国华莱士副总统等能够“起促进的作用，帮助中国人民解决团结与民主的问题，借以克服中国正面战场存在的危机”。[4]

公开表示对于华莱士的希望，这是中共中央对欧美外交政策在观念上发生重要变化的一个标志。正如中共中央宣传部此后不久在一份指示中所

---

[1] 《毛泽东关于同国民党谈判的指示》（1944 年 5 月 11 日）。

[2] 《林伯渠关于国民党代表张治中王世杰拒绝接受我党二十条致毛主席电》（1944 年 5 月 23 日）。

[3] 《毛泽东在六届七中全会上的报告》（1944 年 5 月 21 日、6 月 5 日）。

[4] 《解放日报》1944 年 6 月 14 日。

说明的，在今天这种“阶级力量的分合变化极其复杂，有时并极其迅速而巨大”的情况下，“套用战略策略的简单公式已往往不能解决问题”。因为尽管“还在抗日的中国大资产阶级”“其革命性不大”，但英美资产阶级“如美国罗斯福、华莱士一派”，由于比较着重于联苏与民主，则革命性却较大。在这里，一切都应以联苏与民主为基本标准，是根据各阶级对革命的具体态度，本着“利用矛盾，争取多数，反对少数，对最反动分子各个击破的总方针”进行工作。[1]

中共中央这时的策略手法已经运用得十分娴熟，它的一切政策都是建立在是否有利于自身利益的基础上，完全不受意识形态的束缚。它认定，凡符合中国共产党所领导的中国革命利益或适应其要求者，都是好的；凡不符合这一利益或不合乎这一要求者，都是不好的。由于美、英与苏联的联合，以及美国政府外交人员所表现出的对于中国民主进程的关注和对国民党军事以及政治状况的严重不满，中共中央深感自己有可能像欧洲得到英国援助的南斯拉夫共产党人那样，也能够取得美、英政府的承认和援助。既然存在着这样一种可观的前景，他们当然会不顾一切地努力去争取。

美军观察组进驻延安，毛泽东宣称中共欢迎民主的美国的影响

这时候，国民党在军事上的严重失败和政治上的极度腐败，已经直接影响到美国政府的对华政策。华莱士访华期间，即公开表露出极欲干预国共关系，并与中共发生直接关系的态度。在与蒋介石的会谈中，华莱士针对蒋为河南战役失败所作的辩解尖锐地指出：“目前中国境内之国军，枪械不良，训练不足者固多，但装备犀利，训练有素，控制未用者，亦复不少。如西北方面现有武器精良，战力充沛之师甚众，中国政府不以抗日，而以

[1] 《中共中央宣传部关于对中国大资产阶级及英美资产阶级政策问题致晋察冀分局电》（1944 年 7 月 13 日）。

监视共军。延安受封锁威胁，亦以其武力不用于抗战，而以对付国军，同室操戈，相互牵制之兵力过数十万人，曷胜惋惜！”华莱士确信：中共之目的，不外改革政治，“设中央采纳其若干建议，并准其参加政府，共同致力于抵抗侵略，革新政治，则延安当会改变其反中央之态度，而与政府团结合作”。至于蒋所称，允许中共参加政府必将便利苏俄“夺取政权，赤化中国”之阴谋一说，华莱士同样当场予以反对。他指出，蒋并无证据说明中共至今仍受苏联指使，主观“认定中共为苏俄在华之支部，中共之行动，系实现苏俄赤化中国之阴谋，中共之言论，系绝无信义之谎言，并基此以处理中共问题”，两党关系问题自然无由解决。“设中国政府对中共问题，改变此种基本主观，而以中共一切与苏俄无关，视中共之行动在求政治刷新，国家进步，中共之言论，出于衷诚表现，平心静气，考虑其建议……则所有问题可以迎刃而解矣。”随即，他转达罗斯福的话称：“国共两党，不宜延续内争，务须促其团结，一致抗日，倘两党不能直接商谈合作，则可邀一友人从旁促成，吾人愿任此一友人。”[1]

华莱士的话当然不足以改变蒋介石对中国共产党的看法，甚至罗斯福企图介入国共谈判的提议也被蒋介石的软钉子挡了回去。但是，蒋介石到底还要依靠美国，他由于军事上的失败已经感受到极大的压力，关于国民党政治独裁的宣传对蒋介石也发生了不可抗拒的作用力，就像他开始同意允许少数记者进入中共区域采访一样，他也不能不试图继续做出某种政治开明的姿态，以缓和国际舆论的压力。在这种情况下，蒋介石最终停止了继续反对美国出于军事目的与中共建立某种直接联系的努力。于是，1944 年 7 月 22 日，美国第一个正式的官方性质的机构——美国军事观察组来到了中共中央的所在地延安。这意味着，中共争取美国承认和援助的工作取得了初步的成功。

对于美国来说，同中共的关系当然不会像中共中央所期望的那样发展得

---

[1] 转见张九如：《美国介入国共和谈的第一步——蒋主席与美国副总统华莱士三次会谈记录》，台北《传记文学》第 31 卷第 1 期，1977 年 1 月。

那么快。不仅如此，中共同苏联的关系也的确是美国政府关注的焦点。不论美国人多少次得出了中共与苏联没有那种想象中的秘密关系的结论，几乎每一个新到延安的美国人还是会身不由己地要去寻找这种关系的蛛丝马迹。说到底，中共与苏联的关系仍旧是美国人的一块心病。可以肯定，要切实争取美国政府的承认与援助，必须根本打消美国人的这种顾虑才是可能的。这一点共产党人很快就注意到了。

事情很清楚，美国出于其在远东的战略利益以及意识形态的考虑，绝不会支持一个完全按照苏联教义行事的共产党在中国取得成功。要想得到其支持，就必须突出强调自身的独立性和现实政策的民主性，因为“外面问得最多的，是我党今天所实行的各种政策”。比如，“英美人士很注意我们对苏联的关系，我们政治上是否独立？物资上是否得到接济”？“有些同情中共现实政策的英美人士也向他们本国抱有成见的人民说，中共不同于其他国家的共产党，他的政纲实际上是一个代表农民利益的急进民主党”，并“劝告我们若能改变名称，必能够得到美国广大人民的赞助”，而这些都“需要我们对于马列主义中国化及中共独立领导的新民主主义革命，作更多的解释，并需要注意宣传上的民族形式、中国气派、中国作风”。[1]

设法取得美国的正式承认与援助，无疑已经成为中国共产党人这时整个外交工作的中心。关于这一点，只要注意到中共中央对于美军观察组的重视程度,就不难得出结论。在毛泽东亲自起草的欢迎美军观察组的社论中，他甚至把美军观察组来到延安称作“中国抗战以来最令人兴奋的一件大事”。很显然，毛泽东相信：美军观察组的到来为美国正式承认中共打下了良好的基础，他由衷地希望这将导致美国政府在承认中国的铁托问题上迈出具有决定性的一步。而“这是关系到四万万五千万中国人反抗日寇解放中国的问题，这是关系到中国两种主张、两条路线谁是谁非的问题，这是关系

[1] 《中共南方局同志对外交的意见及对中央的建议》(1944年8月16日)。

同盟各国战胜共同敌人建立永久和平的问题”[1]。归根结底，这是关系到国民党和共产党最终谁战胜谁的问题。

为了取得美国人的信任，中共中央这时对于外交工作给予了前所未有的高度重视。在中共中央8月18日发布的关于外交工作的指示中，它明确认为：“美军人员来我边区及敌后根据地的理由，为有对敌侦察及救护行动之需要，准此可争取其逐渐扩张到对敌作战方面的合作和援助，有了军事合作的基础，随后文化合作、随后政治与经济合作就有可能实现”，如此，如同过去国内统战政策曾经给我们以极大发展一样，“今后国际统战政策，将给我们以更大的发展。而且如果国际统战改策能够做到成功，则中国革命的胜利，将必增加许多便利，这是可断言的”。[2]

一切为着中国革命的成功，这是中国共产党思想和行动的基本出发点。而由于取得美国的承认和援助能够有效地壮大自己并削弱国民党蒋介石，共产党人当然会为此而努力。为了消除美国人对自己与苏联关系的担心，他们利用各种机会说明自己“并不期望苏联的帮助”，而苏联既没有条件也不会深入到中国的事务中来，因为在国民党极力反对苏联介入的情况下，这样“只会造成中国局势的进一步恶化”。为了减少双方在意识形态方面的距离，他们更是致力于说明自己的新民主主义政策，毛泽东告诉美国外交官谢伟思：“即使最保守的美国实业家也不能从我们的纲领中找到可反对的东西”，因为中共的土地政策只是逐步实现减租减息，其工业政策是要“通过自由企业和在外国资本的帮助下”实现工业化，他宣称：“美国会发现我们比国民党更加容易合作。我们并不害怕民主的美国影响，我们欢迎它。”“中国和美国的利益是相同和互相关联的，他们可以在经济上和政治上互相配合，我们可以而且必须合作。”[3]

---

[1] 《解放日报》1944年8月15日。

[2] 《中共中央关于外交工作指示》（1944年8月18日），见《中共中央文件选集》，第14册，第314—318页。

[3] 转见《党史通讯》1983年第20—21期，1983年11月5日。

当然，这并不真的意味着他们不期望来自苏联的帮助，苏联毕竟还是他们用来衡量一切国际关系的标准。这也并不真的意味着他们不准备实行社会主义和共产主义的制度，这毕竟是他们革命的最高目标。问题的关键在于，苏联距离他们还十分遥远。而南斯拉夫共产党成功取得英国援助的经验已经告诉他们，他们同样可以利用这些资本主义大国的武器弹药，来成就他们革命的目标。而目前自己这种孤立无援的状况和公开主张的最低纲领，恰恰是最能够让美国人接受和感兴趣的一种优势条件。

中共中央发出威胁：要么成立联合政府，要么中共另组解放委员会

不论美国政府对于来自美国较低一级的年轻外交官反映中共上述观点的报告是否真正重视，深入到延安的美军观察组的军官们和作为观察人员之一的年轻外交官谢伟思，对共产党人的印象如同其他来到延安的美国记者一样，是再好也没有了。他们不仅接二连三地通过重庆的美国大使向华盛顿强调中共的军事和政治价值，而且日益意识到改变美国的对蒋政策的重要意义。为此，谢伟思在第二次见到毛泽东时，即向毛通报了美国政府给其驻华大使高斯关于促成中国的联合政府的训令的情况，这种情况无疑使毛泽东感到鼓舞。

这时，欧洲大陆接连出现了由共产党人领导的南斯拉夫民族解放委员会和波兰民族解放委员会，它们成为这些国家事实上的政权机关，从而预示着这些国家将要走上崭新的人民国家的道路。它极大地激励了中国共产党人要把中国革命的命运也掌握在自己手中的决心。在8月23日毛泽东同谢伟思的谈话中，他明确表示赞同美国政府关于在中国组织联合政府的提议，并直截了当地开始谴责蒋介石政府是一个“没有经过任何法律确认其合法地位”的政府，“国民党现在已经失去了中国民众的信任和支持”。必须立即召集由全国各党派、各群众团体代表参加的临时性全国代表大会，并使之成为临时性的最高权力机关。而在紧接着举行的中共中央会议上，与会

者更进一步围绕着组织联合政府与组织解放委员会问题进行了深入的讨论，会议甚至还讨论到要不要改党名的问题。他们显然对于美国与中共建立关系和提供帮助的前景充满了自信，并且相信美国支持蒋介石国民党是有限度的，必要时有可能抛弃蒋。因此，蒋介石国民党在美国的这种压力下不变也得变，组织联合政府并非完全没有可能。会议最终决定，立即提出建立联合政府的主张，争取蒋介石转变政策以避免内战爆发，如此不能解决，则明年即组织解放委员会。[1]

9月4日，中共中央正式电示正在重庆的中共代表林伯渠等："目前我党向国民党及国内外提出改组政府主张时机已经成熟。其方案为要求国民政府立即召集各党、各派、各地方政府、各民众团体代表，开国事会议，改组中央政府，废除一党统治，然后，由新政府召开国民大会，实施宪政，贯彻抗战国策，实行反攻。估计此种主张，国民党目前绝难接受，但各小党派、地方实力派、国内外进步人士，甚至盟邦政府中开明人士会加赞成。因此，这一主张应成为今后中国人民中的政治斗争目标，以反对国民党一党统治及其所欲包办的伪国民大会和伪宪。"[2]

而后，中共中央更进一步明确提出要求公平分配美国援华军事物资问题，主张"根据我军历年抗敌的战绩，今后抗击敌伪的比例（5/6），我军所处的战略地位（敌后沿海及大城市附近交通要道两侧），我军的实力（50万正规军，200万以上民兵），和我军配合盟国军队作战的各种可能，以及国民党连战皆败和衰弱无能……第十八集团军和新四军应占全中国军队所接收之全部援助数量的1/2的比例，至少应得1/3的比例。如最近所传美国政府愿依租借法案武装中国军队成为近代化的60个师，则我军要求应被装备20个到30个师"[3]。

[1]《毛泽东在六届七中全会主席团会议上的报告》（1944年9月1日）。

[2]《中共中央提出改组国民政府的主张及其实施方案给林伯渠、董必武、王若飞的指示》（1944年9月4日），见《中共中央文件选集》，第14册，第323—324页。

[3]《中共中央关于我党与美军合作的方针问题给张云逸等指示电》（1944年9月10日）。

与此同时，中共中央通知各地："放手与美军合作，处处表示诚恳欢迎，是我党既定方针"，如此不仅可打破国民党反宣传，争取美方赞助，制止国民党将来内战企图，而且可争取到军火援助，"此点可能性很大"。

9月15日，中共代表林伯渠利用在参政会报告国共两党谈判情况的机会，代表中共中央公开提出了立即改组国民政府，代之以由各党派参加的联合政府的政治主张。要求"国民党立即结束一党统治的局面，由国民政府召开各党各派、各抗日部队、各地方政府、各人民团体的代表，开国事会议，组织各抗日党派联合政府"[1]。

鉴于国民党竟然阻止重庆各报刊载中共代表报告中关于改组政府的文字，并单方面公布了国共谈判的来往文件，中共中央一方面相信有必要重新指名道姓地抨击蒋介石国民党，"非如此不足以杀彼流氓气焰"；一方面更进一步发表文章，针对蒋介石在参政会上大谈军令政令统一问题，斥责蒋介石的政令"是引导国家走向法西斯暴政的政令"，其军令"是致使抗战失败的军令"，"为任何中国的爱国者和民主战士所决不能服从"。[2]

不仅如此，中共中央还公开宣称，依照目前国内两个战场的情况看，国民党正面战场已经陷入了空前严重的危机之中，如不"立即召集各党各派各界各军各人民团体各地方抗日力量的紧急国事会议，立即废除国民党的寡头统治，彻底改组国民政府及统帅部，立即将一切卖国贼、投降派、失败主义者、专制主义者与法西斯分子全部驱逐出去，并交付人民惩办，由代表抗战利益与人民意志的人们去掌握政令军令"，就绝不能制止危机。中共甚至提出：盟国援助物资应该照国共两党抗击敌伪实际数目分配，即"共产党应得盟国援助品的5/6以上，国民党最多只能得1/6。而且不能由国民党分配，因为它已无资格做这些事了。如果政府与统帅部不改组，则1/6的物资交给国民党亦应考虑，因为国民党应负丧城失地与阻碍同盟国胜利之

[1] 《林伯渠在国民参政会上关于国共谈判的报告》（1944年9月15日），转见《中共中央抗日民族统一战线文件选编》（下），第748页。

[2] 《解放日报》1944年9月19日。

责，把任何一件武器交给它，适以资敌”。[1]

国民党拒绝联合政府主张，中共宣布力量对比已走向共强国弱

中共中央对国民党的态度之所以日趋强硬，除了被国民党的顽固立场激怒外，一个重要原因就是它相信国共两党的实际力量对比已经开始发生根本性的变化，而美国为了打败日本必须要在中国登陆作战，因此必须要承认和援助共产党。可是，由于美国这时在太平洋取得了可以直接进攻日本的战略基地，进而迅速取消了在中国大规模登陆作战计划，这种条件显然已经改变了。就在中共中央公开提出改组改府的主张之后不久，与蒋介石在军事指挥权问题以及利用中共军队的必要性问题上始终充满激烈矛盾的中印缅战区美军司令史迪威将军，被罗斯福解除了职务，中印缅战区也随之取消，这标志着美国对中国在对日战争中的军事作用已经不予重视，其对华政策不能不渐渐以战后对苏关系和意识形态的斗争为基本的出发点。如此一来，美国在国共关系问题上的倾向性自然日趋明显。

中共此时对自身的力量充满了自信，但这并不等于说他们已经相信自己有足够的力量同国民党进行全面的抗衡。何况在缺少苏联支持的情况下，一旦美国完全倒向国民党，全部兵力只占国民党不足1/4且装备相当落后、力量分散的共产党军队，要应付国民党可能发动的内战，无疑将是十分困难的。因此，还在9月初，中共中央就不能不为应付可能发生的内战而决定派遣部队南下江南，以加强自己在南方的力量，形成战略上的两翼，准备内战爆发时“筑长江之堤，抵蒋之水”，确保自己对华北主要地区的控制。同时，中共中央不能不设法取得美国的支持，以便遏制蒋发动内战的企图，并通过美国的作用迫使蒋承认中共的地位与实力。出于这种极为复杂的考虑，中共中央对于美国的态度自然十分重视。它不仅为美国方面支持在中

[1] 《解放日报》1944年9月23日。

国建立联合政府而感到振奋，同样也因美国在自己正式提出联合政府主张后毫无反应而感到不安。

在10月初，中共领导人开始频频向美方人员询问美国对国民党和共产党的政策究竟如何，希望美国能够公开表明其态度。他们明确表示，他们对美国对国民党采取强硬立场将感到高兴，并一再提到南斯拉夫，说明中国的情况与南斯拉夫基本相同，蒋介石国民党与南斯拉夫的保皇势力米哈伊洛维奇没有什么两样。言外之意，他们还是对美国能够单独支持共产党抱以某种期望。当然，在内部，他们这时也不能不估计到，由于美、英的态度，“对蒋，我们不是不要，事实上非要不可”，即使联合政府的主张恐怕最终也要与国民党进行妥协才行。

10月12日，在国民党的要求下，美国总统特使赫尔利开始介入国共两党谈判进行调处工作。他首先提出了一个“改造中国”的“十点建议”，其中最主要之点就是主张改善中苏关系以巩固国民政府之地位，同时在蒋领导下统一军队，并在民主的基础上实现政治的统一。[1]

由于赫尔利在来华之前曾经访问过苏联，得到过苏联外交人民委员莫洛托夫关于苏联与中共没有任何关系的保证，因此他对于严重困扰着蒋介石的所谓“国际共党之阴谋”深感释然。他一来到中国，就首先向蒋通报了这一重要情况，并且因此对于巩固蒋及国民政府的地位和解决共产党问题颇有信心。国民党固然未必相信这种保证，但也对赫尔利维护蒋及其国民政府的这种立足点表示满意，因而要求赫尔利参与调处国共谈判，以便通过他向中共“陈述美国和苏联政府对于中国共产党的态度，并强调共产党立即与中国政府达成协议的必要性”[2]。

由美国特使直接介入国共两党谈判，这对于期望美国对蒋施加压力，迫蒋接受联合政府主张的共产党，当然是一件具有重要意义的大事。10月17日，

[1] FRUS, 1944, Vol.6, pp.650-651.

[2] FRUS, 1944, Vol.6, p.259.

当赫尔利向中共代表表明了美国仍旧希望国共两党应当加强团结的态度之后，毛泽东当即批示："骂蒋可考虑略作间歇，以观其后。"18日，当赫尔利进一步说明蒋对共产党态度已经改变时，毛泽东则估计：蒋"对美国软，对我方亦随着软些"，"蒋最怕指名批评他，美国亦怕我们不要蒋，故在许蒋存在条件下，可以做出一些有利于我们的交易来"。换言之，中共这时已经清楚地意识到美国不能接受中国南斯拉夫化的事实，中共为此还必须和蒋介石合作。由于美国害怕中共不要蒋，故中共可以这点来讨价还价。

11月7日，赫尔利带着一个由他亲自起草并经过国民党方面修改认可的国共两党关系协定草案飞到延安，与中共中央领导人进行正式会谈。这个协定草案的中心内容在于以政府承认中共合法地位为条件，要求中共交出自己的军队。[1] 这当然是共产党所不能接受的。毛泽东尖锐地批评有关中共军队接受国民党政府整编的条款，称："这一条主要的恐怕是蒋先生自己写的。我以为应当改组的是丧失战斗力、不听命令、腐败不堪、一打就散的军队，如汤恩伯、胡宗南的军队，而不是英勇善战的八路军新四军。"同时，毛泽东再度重申了中共关于必须改组国民政府的理由。

作为一个根深蒂固地受到美国民主政治空气熏陶的美国将军，同其他对国民党的独裁政治怀有不满的美国人一样，赫尔利也深知蒋介石的政府极不民主，并且相信使中国政治多元化，至少让共产党参加政府不会对蒋介石的领袖地位造成损害，恰恰相反，继续保持这种政治分裂的局面，只能妨碍中国军队的统一。因此，尽管他对中共领导人对国民党的严厉批评难以接受，但却相信同意中共关于改组政府的主张并无不妥，这多半是促使中共交出军队的唯一办法，并适足促成中国军队的国家化。他进而放言"蒋委员长已同意改组军队，已同意改组他的政府，他并说他希望共产党帮助他实行孙中山的三民主义，使民主程序的发展成为可能"[2]。

[1] FRUS, 1944, Vol.6, p.666.

[2] 《毛泽东、朱德、周恩来与赫尔利少将谈话记录》(1944年11月8日)。

用不着怀疑，赫尔利并不是国民党人的成功说客。他既不了解国民党蒋介石的心理，更不了解共产党人的情况。他甚至主观到用美国式的民主政治的观念去自作主张地代表蒋介石许诺。于是，本来是代表着蒋介石利益的赫尔利，却兴高采烈地接受了一个反映了共产党人要求的新的协定草案。该草案内容如下：

一、中国政府、中国国民党与中国共产党应共同工作，统一中国一切军事力量，以便迅速击败日本，重建中国。

二、现在的国民政府应改组为包含所有抗日党派和无党派政治人物的代表的联合政府，并颁布及实行用以改革军事政治经济文化的新民主政策。同时，军事委员会应改组为由所有抗日军队代表所组成的联合军事委员会。

三、联合国民政府应拥护孙中山先生在中国建立民有、民治、民享之政治原则，联合国民政府应实行用以促进进步与民主的政策，并确立正义、思想自由、出版自由、言论自由、集会结社自由、向政府请愿平反冤抑的权利、人身自由与居住自由。联合国民政府亦应立即实现下列两项权利，即免除威胁的自由与免除贫困的自由之各项权利。

四、所有抗日军队应遵守与执行联合国民政府及其联合军事委员会的命令，并应为这个政府及其军事委员会所承认，由联合国得来的物资应被公平分配。

五、中国联合国民政府承认中国国民党、中国共产党及所有抗日党派的合法地位。[1]

在中共中央看来，美国的政策既然是以保全蒋的地位为中心，那么，中共当然只能在不破坏解放区与不损害民主原则下与蒋妥协。毛泽东告诉党内同志：我们应当看到，国民党还有着200万军队，并且得到国际与国内各种力量的承认，我们还只有60万军队，且地区分散，因此必须妥协。虽然我们极大的让步是同极腐败的政府再合作，但这一协定一旦成立，还是

[1] 《中华民国重要史料初编》，第五编（四），第293页。

对蒋不利而对我有利的。因为协定首次肯定了国共两党具有平等地位，肯定了中共关于改组国民党政府的主张，从而否定了其政权的合法性，协定并且丝毫没有损害中共的解放区和军事力量，而且承认一个联合的国民政府并不妨碍我们将来组织解放区联合政府。[1]

不难想象，这样一个协定在蒋介石国民党看来将会是一种什么样的感受。蒋介石明确告诉赫尔利：承认这一协定，将意味着他和他的党完全失败，并不可避免地会导致共产党控制政府。[2] 情况同赫尔利来之前并没有什么两样，国民党还是不想承认共产党的平等地位，更不能接受共产党关于改组政府的主张，并且必欲全力保持自己对于政权和军权的全面垄断。那个在赫尔利看来"基本原则几乎全是我们的""延安协定草案"只好束之高阁了，因为赫尔利的"我们"里并没有能够包含国民党。蒋介石依旧自行其是地按照既定的原则重提谈判条件，只是他到底同意了赫尔利提出的让中共派人到军事委员会里做官的主张，条件是中共必须同时交出自己的军队。[3]

于是，事情转了一圈又回到原点上去了，一切照旧。赫尔利坚持要共产党先接受国民党派人去做官的条件，说是先伸进一只脚进去，然后再逐步把身子挤进去。中共中央对此当然毫无兴趣。毛泽东还是老办法：你可联即联，否则再"发动一个尖锐批评，又吓得他不亦乐乎"。只是，由于国共力量对比和过去大不同了，因此，中共领导人对这次反复的心态也大不一样了。他们几乎一致主张，学欧洲希腊、南斯拉夫等国共产党的样子，自己组织解放委员会和解放军。

1944 年 12 月 9 日，中共中央正式决定成立"解放委员会筹备会"。但这个时候公开与国民政府分庭抗礼究竟利弊如何，人们多少有些意见不一。毛泽东的看法，是坚持四个目的，即"组织沦陷区，加强解放区，帮助大后方，促进联合政府"，同时欢迎国民党和各党派加入，应该不致引起大问题。但

---

[1] 《毛泽东关于国共两党协定的报告》（1944 年 11 月 9 日）。

[2] FRUS, 1944, Vol.6, pp.180-181.

[3] 《中华民国重要史料初编》，第五编（四），第 294 页。

他也不能不担心，“美国不帮助，蒋介石取消八路军，中间派不赞成，如何办？是否孤立”？结果，筹备委员会虽然成立了，毛泽东却做出结论说：“成立解放委员会是否将犯政治错误，还可考虑”，因为解放委员会事实上毕竟是有中央政府性质的，还是“看看风色再说”。[1]

几天后，考虑到手里没有大城市，舆论还没有造起来等等问题，毛泽东做出决定：“解放委员会暂缓。”但是，中共中央领导人的看法已经完全一致了，那就是“蒋介石的一切布置是搞垮我们，我们的一切布置是搞垮蒋介石”。毛泽东明确提出：“这次抗战，我们一定要把中国拿下来。”[2]

12月25日，中共中央根据毛泽东的意见向全党发出了一个雄心勃勃的指示。宣称：国共力量对比已经发生根本性改变，现在两党力量已成平衡之势，“正在走向共强国弱的地位。我党现在已确实成了抗日救国的决定因素”。“如果在数年之后，我们能达到100万至150万有纪律有训练的军队……而不感到勉强与竭蹶，中国的命运就可由我们掌握了。”[3]

中共放弃对美幻想，认定战后美国必反苏，蒋介石必反共

“我们一定要把中国拿下来！”这是中国共产党人自开始革命以来始终不渝的坚定目标。但是，在以前的历史中，他们从未有过实现这一目标的任何现实条件。如今，这样的条件终于开始出现了，以致他们是如此迫不及待地提出了这一此时看起来还近乎幻想的斗争任务。事实上，即使是毛泽东本人，也清楚地知道要直接提出这一目标至少还要准备两三年。[4] 这不仅因为日本还占领着中国，国民党还过于强大，而且因为美国政府这时已

[1] 《毛泽东关于解放委员会问题的报告》（1944年12月9日）。

[2] 《毛泽东在董必武大后方工作报告上的批示》（1944年12月20日）。

[3] 《中央关于目前形势的分析与任务的指示》（1944年12月25日），见《中共中央文件选集》，第14册，第431—434页。

[4] 《毛泽东关于我们至少还需要两年时间进行各方面准备致太岳区党委电》（1945年1月5日）。

经很明显地公开倒向了蒋介石国民党一边。在这个时候，共产党人不仅不能打倒蒋介石，而且还必须继续与蒋介石进行周旋。然而，共产党人还是大胆地提出这样一种内定的斗争任务，它仍旧具有现实意义，即它表明了一种决心，这就是：中共已经在向着夺取全国政权的目标行进了。这也意味着，与蒋介石进行的任何谈判都不再有实际意义了。

对于美国方面一方面表示民主意愿，一方面又渐渐表现出必欲扶助蒋介石政府的复杂情况，中共中央这时明显地感到疑惑。毛泽东对美国外交人员公开表示："我们不理解为什么美国的政策在有了一个良好开端之后，现在似乎摇摆起来？"中共中央清楚地知道，"如果美国不施加影响，要赢得真正的统一和民主还得经历长期而艰苦的斗争"，因此，现在还不能采取公开的反对立场来与仍然受到美国支持的蒋介石政权对立。毛泽东甚至还期望使美国人相信，共产党至少在一个相当长的时期并不准备实行美国人所害怕的"社会主义"，相反，它将代表农民的利益实行最起码的土地改革，并且争取建立自由资本主义企业。[1]

1945 年 1 月 25 日，为了不和赫尔利闹僵和出于进行宣传攻势的需要，周恩来再度受命回到重庆与国民党谈判。然而，他一到重庆就明确声明："目前全国人民所期于国民政府的，实为立即废除一党专政，成立民主的联合政府和联合统帅部；承认一切抗日党派的合法地位；取消一切镇压人民自由的法令；废除一切特务机关，停止一切特务活动；释放政治犯；撤退包围陕甘宁边区和进攻八路军、新四军的军队；承认中国人民解放区一切抗日军队及民选政府的合法地位等等。""至于其他一切头痛医头脚痛医脚的敷衍办法，不管其形式如何，决然无补于事。"[2]

紧接着，苏联红军在欧洲胜利反攻，大军逼近德国首都柏林，欧洲战争结束指日可待。美国新闻处甚至广播了美洲十家华侨报纸赞同废止国民

[1] 转见《党史通讯》，1983 年第 20—21 期，1983 年 11 月 5 日。
[2] 转见《中共中央抗日民族统一战线文件选编》（下），第 788 页。

党一党专政，在中国成立联合政府的消息，中共中央因而估计：“苏联参与东方事件可能性增长”，外国多数舆论拥护我联合政府主张，“美蒋均急于和我们求得政治妥协”，“美国政府扶蒋主张可能被迫放弃”。在这种情况下，其态度自然更加强硬。毛泽东强调，我们有可能也必须设法攻掉美国政府的扶蒋政策。为此应“断然拒绝赫尔利”提出的由美国统一指挥国、共、美三方军队的方案[1]，坚持周恩来声明的要求，“不怕他们生气，不怕他们大骂”。“否则将助长独裁之志气，灭民主之威风”，这与苏、美、英三国此时所确定的战后方针是不相符的。[2]

1945 年 2 月 4—11 日，苏、美、英三国首脑召开雅尔塔会议，讨论商定了欧战结束后在远东共同打败日本的问题。毛泽东对此十分关注，一再要周恩来“探明苏联对远东战争及对中国政治的态度”[3]。但从公开报道中，中共中央还是注意到，战后国际政治格局和政治形势已得到更进一步的确定，这就是：“1. 英美苏三大国间虽有过并仍将有某些重要争执，但团结终究是统治一切的，这将保证战后的持久和平；2. 三大国在解放欧洲之后，将立即增强解放亚洲的可能性，而太平洋问题，没有苏联参加，也绝不会得到彻底解决；3. 三大国在欧洲不仅要彻底胜利，消灭法西斯主义最后残余，而且要保证所有解放区都能实现民主制度，这一决定将来可以运用于亚洲和中国。”[4]

注意到苏、美、英三国间的矛盾，这对于中国共产党是十分重要的。随着欧洲战争不断胜利，在苏联周边国家中出现了越来越多的共产党的政权组织，这使中共中央更加确信苏联不会不支持中国革命。因此，它再度开始重视国际社会中意识形态和社会制度间的区别，重新开始日益加强其外交斗争策略中的阶级观念了。

3 月下旬，毛泽东在中共六届七中全会上向党的高级干部明确说明了

[1] 《毛泽东关于将我党军队隶属于外国人我们绝对不能同意致周恩来电》（1945 年 1 月 28 日）。
[2] 《毛泽东关于苏联参与东方事件可能性增长致周恩来电》（1945 年 2 月 3 日）。
[3] 《毛泽东关于探明苏联态度事致周恩来电》（1945 年 2 月 12 日）。
[4] 《中央关于目前国际国内形势给各中央局、中央分局并转各区党委的指示》（1945 年 3 月 15 日）。

在外交政策上这种区别的意义。他明确讲，对外国主要是联合苏联，对美、英及其他反法西斯国家固然要以联合为主，但应不放松警戒。他并且指出，许多人想要我党改名字，“我看共产党的名字很好，不能改，索性强调一下共产主义的无限美妙”。因为形势已今非昔比了，现在许多人，包括国民党将领都看出来，“天下是我们的”。因此，“我们是准备胜利的”。只要把军队发展到 150 万人以上，人口发展到 1.5 亿以上，那时蒋介石就再“无联合可能”了，就要“以我们为中心”来建立联合政府了。“这是中国政治发展的基本趋势和规律，我们要建设的国家就是这样一个国家。”[1]

4 月初，赫尔利在华盛顿公开指责中共是中国统一的障碍，美国政府对华政策更加明朗化。几乎与此同时，苏联政府正式宣布废除《苏日中立条约》，中共中央自然更加坚定了依靠苏联的立场。毛泽东估计，苏、美、英三国的团结大局是定了的，但作为资本主义大本营的美国，拒苏反共，力图独霸东方，是不可避免的。因此，中国大资产阶级的蒋介石，反共也是必然的。希腊出现英军司令斯科比指挥英军直接干涉参与镇压共产党领导的人民解放军的严重事件，就是战后意识形态对立的信号，也是中国必然出现斯科比危险的重要证明。在这时举行的中共第七次代表大会上，毛泽东公开做了《论联合政府》的报告，但他所论述的所谓“联合政府”实际上已经指向了他在《新民主主义论》中所提出的那个由共产党领导的新民主主义的“联合政府”了。因此，他提出，中共与美国的关系将要完结，大骂的阶段恐怕快到了，美国不到山穷水尽，绝不会和我们合作。它目前只是害怕苏联参战助我而不愿放弃对我关系，并企图借此侦察我之对外关系。他进而开始重新依据斯大林的理论对世界政治的矛盾进行具体区分，并且提出警告说：“中国将要成为美国的半殖民地，这是一个新的变化，高级干部要注意研究美国的情况，要准备吃亏。”[2]

---

[1] 《对〈论联合政府〉的口头说明》（1945 年 3 月 31 日），《毛泽东文集》，第 3 卷，第 272—277 页。
[2] 见毛泽东：《第七届中央委员会的选举方针》（1945 年 5 月 24 日），油印件。

4月18日，毛泽东批转晋察冀分局电。该电提出：“苏联废除苏日中立条约，表示苏联将要参加远东战争，估计苏日战争爆发时期不远，远东问题将发生大的变化，今后我们的任务在配合苏、英、美三大盟国……作战中，主要是配合苏联。必须使干部了解，英、美虽在抗日中帮助了中国，但其政策目前还是偏重扶蒋。除中国外，只有苏联才是最先抗日和中国人民最先的主要支援。”[1]

随后，中共中央开始改变对美政策，通知各地对美方人员加强防范，并决定立即开始准备应付内战。他们断言：“蒋的内战方针是确定了的，除非我有力量胜过他，才能制止之。”因此，他们决定：立即扩大武装，扩大解放区，并进一步派兵到南方建立战略根据地，同时在国民党统治区立即着重农村武装斗争之积极准备及国民党军队中的工作。[2]

苏联出兵东北，中苏条约签订，毛泽东仍对苏援寄予期望

1945年6月，欧洲的反法西斯战争取得了胜利，中国的抗日战争也正在走向最后的胜利。但是，人们关心的政治焦点却开始发生明显变化。中共中央重新提出了打倒帝国主义和封建主义的问题，而其矛头所指是如此明确，以至于在中共七大上，毛泽东又重新热情地称颂起苏共的领导地位和苏联的援助问题来了。他宣告说：俄国党——联共党是全世界的模范，全世界的总司令。共产国际没有了，但总司令依然存在。[3] 同样，苏联之所以

[1] 《毛泽东批转晋察冀分局关于积极进行配合苏联作战的准备工作的指示》（1945年4月18日）。

[2] 《中共中央关于对付美蒋发动反共内战的方针》（1945年6月17日）。

[3] 毛泽东对此十分强调，甚至讲道：“他（指斯大林）的话，全世界无产阶级，全世界共产党都听着，都非常注意，都看着他……那（哪）一国的共产党不注意苏联广播？……[我们]七次代表大会有几百个代表，有没有一个说：‘我对苏联塔斯社的广播马马虎虎，我不听他，还是听别的吧！’没有一个。斯大林是不是领导革命？当然领导……实际上正像季米特洛夫在国际七次代表大会上所讲的，[我们的]领袖是谁？是斯大林，有没有第二个人？没有了……我们中国共产党，中国共产党的每一个人，都是斯大林的学生。”见毛泽东：《第七届中央委员会的选举方针》（1945年5月24日），油印件。注：在《毛泽东在七大的报告和讲话集》（中央文献出版社1995年版）中也有同题报告，但收入该书的讲话中显然漏记或者说是删除了相当多这方面的内容。

长期不援助我们，只是因为他们还没有来得及，“不是不援助，而是情况不允许”。换言之，他相信，只要情况允许，苏联必定会援助中共。而在战后，“国际援助一定要来”，这是必然的，不可避免的。他甚至做出这样的保证，说：“如果不来，杀我脑袋。”[1] 因此，中共中央决定，从适应战后的斗争形势和依靠苏联并争取苏援的角度出发，要准备出动 15 到 20 个旅，到背靠苏联的东北去建立中国革命最为巩固的根据地。

中共中央的上述估计是建立在苏联出兵东北的基础之上，以及苏联一定会援助自己的基础上的。但是，随着中共中央了解到国民党派宋子文前往苏联，从出兵中国的角度，苏联政府一定会与国民党政府签订某种条约，他们也清楚地意识到此举可能带来十分复杂的局面。只是毛泽东还判断苏联不会因此束缚手脚，应该对中共没有害处，不会妨碍苏联对中共进行必要的援助。况且，苏联的参战必然会改变中国的形势，结果必然会使美国独占中国和蒋介石进行独裁变得格外困难，虽然这“可能形成以重庆为主的联合政府，即独裁加若干民主，然后再变为真正的民主联合政府”的情况，却也未必就不是一件好事。[2]

坦率地说，苏联这时与国民政府的谈判丝毫没有考虑到中共的利益和未来帮助中共的问题。[3] 恰恰相反，两国政府之间的谈判从一开始就明显带有政治交易的性质。这是因为，由于雅尔塔会议规定了远东战后国际关系的政治格局，苏联既不能否认美国在远东地区的主导地位，也不能否认国民党政府在中国政治中的统治地位。在这种情况下，苏联当然不会愿意支持中共去与国民党打内战，从而造成苏联与美国之间的摩擦与冲突。

对于解决战后苏联在远东的战略安全问题，斯大林用的还是他与英、

---

[1] 《毛泽东在中国共产党第七次全国代表大会上的结论》（1945 年 5 月 31 日），《毛泽东在七大的报告和讲话集》，中央文献出版社 1995 年版，第 192—199 页。

[2] 《毛泽东关于筹备解放区人民代表会议的报告》（1945 年 6 月 19 日）。

[3] 据美国驻华大使赫尔利声称，在 1945 年春天的两度谈话当中，斯大林甚至当着他的面作过这样的表示，即一方面称赞蒋介石是“无私的”、“爱国的”，一方面表示中共并不是真正的共产党人，苏联从来没有，今后也不会帮助中国共产党。FRUS，1945，China, pp.338-340.

美之前在欧洲的解决办法，即通过签订相关协议划定双方的势力范围。1944年10月，斯大林与英国首相丘吉尔就签订了一个在欧洲划分势力范围的“百分比”协定。通过这个协定，苏联如愿以偿地取得了对苏联周边东欧国家的实际控制权。交换的条件，则是把西欧、北欧和南欧巴尔干半岛的部分地区统统让给英、美来控制。尽管当时法国、意大利以及希腊等国家的共产党力量十分强大，却因为被划在英、美的势力范围之内，因此都被苏共要求交出自己的武装，与得到英、美支持的流亡政府建立了以资产阶级为主的所谓“联合政府”。与南斯拉夫等共产党当政的国家毗邻的希腊共产党人不甘于此，坚持想要取得政权，结果遭到了英国占领军的镇压，而苏联对此却听之任之，坚持东欧如东德、波兰、保加利亚、罗马尼亚、匈牙利、捷克斯洛伐克、阿尔巴尼亚和南斯拉夫等国属于苏联的势力范围，英、美不得干涉，苏联也绝不在英、美势力范围内制造麻烦。

斯大林把同样的思路也沿用到了远东地区，他通过雅尔塔会议，取得了英、美首脑对苏联在外蒙、中国东北和北部朝鲜的特殊权益的承认，而他相信由此也就取得了苏、美之间的利益交换，即苏联以中国长城以外（包括朝鲜半岛38度线以北）的中国东北、外蒙和朝鲜为自己的势力范围，而长城以内（包括朝鲜半岛38度线以南）则为美国的势力范围，苏联承认并支持蒋介石政府为中国的唯一合法政府。

由此可知，苏联政府与国民政府谈判时，所争者不过是实现他们认为自己在雅尔塔协定中已经得到的那些承诺和利益。也就是说，苏联政府与国民政府谈判的目的，就是要把外蒙和中国东北的部分地区通过一纸协定牢牢控制在自己手里，以此在其远东边界之外造成一道安全防波堤，并实现沙皇俄国占有早就一直想要得到却一度得到又丢掉了的中国东北的旅顺港的目的。因为，那是一个可以让俄国海军自由出入太平洋的不冻的出海口。

中苏谈判从7月初开始，到8月14日终止，历时一个半月。双方经过激烈的讨价还价，终于达成了《中苏友好同盟条约》及其一系列附属议定书。苏联因此实现了它控制外蒙和中国东北地区铁路及港口，并在东北占有优势地位的目的。国民党也因此得到了苏联支持它实现军令政令统一的保证。中苏条约的第一条即明确规定："苏联政府同意予中国以道义上与军需品及其他物质之援助，此项援助当完全供给中国中央政府即国民政府"[1]。条约并明文规定，国民政府有权接收中国东北地区，和在东北收复区"设立行政机构"及"树立中国军队"。[2]

中共中央这时对这一情况显然缺乏了解。8月9日，从广播中听到苏军出兵中国东北的消息后，中共中央兴奋至极，明确认为与苏军配合作战并得到苏联援助的时机来到了。在当天下午召开的会议上，毛泽东讲：原来以为反攻要与美国配合作战，那是麻烦。现在是同苏联红军配合作战，甚是痛快。虽然具体如何配合还说不上，但我们现在就要"配备干部，发展攻势，准备几十个旅打仗"，要搞一个计划，要对日本人放手进攻了。他估计因为苏军出兵，内战一时打不起来，日本投降，交防给蒋介石难于阻止，因此在蒋力量不及的地方争夺地盘至为关键。他相信美国"靠蒋是一定的，故我与美蒋是一个长期的麻烦"。内战危险随日本垮台的程度而增加是必然的，非尽量扩大军队、夺取城市，才有条件在下一阶段回过头来对付蒋介石。当然，他指出，也要准备在苏美协定与中苏协定的基础上，重新与国民党坐下来谈判建立联合政府问题的可能。[3]

据此，中共中央发出反攻命令，要求各部队对敌伪发动广泛进攻，并迅速壮大力量，准备在日军投降时能够立即夺取各大中城市和交通要道。它并且命令各部队："如遇顽军妨碍我们进占城镇和要道时，应以各种方法阻止以至打击消灭之。"为了乘此有利时机创造一个有利于中国革命胜利的基础，毛泽东明确告诉前线指挥人员：中共的行动不应受任何约束，相反，应当"无法无天"，只"向人民负责"。[4]

---

[1] 《中国近代对外关系资料选辑》，第二分册（下），第264页。

[2] 同上。

[3] 《毛泽东关于苏联参战的报告》（1945年8月9日）。

[4] 《中央关于苏联参战后准备进占城市及交通要道的指示》（1945年8月10日）。

斯大林逼毛泽东赴重庆谈判，中共坚持不交出一枪一弹

8月14日，日本宣布无条件投降。战争如此突然地结束是中共中央所没有预料到的。而进一步让中共深感意外的，是蒋介石当天即打电报邀请毛泽东赴重庆谈判。与此同时，美国总统杜鲁门于15日发布了接受日军投降的“一号命令”，命令规定除中国东北的日军应当向苏联军队投降外，其他所有在中国的日军都“应向蒋介石委员长投降”。[1] 毫无疑问，国际形势正在变得更加复杂化。

日本突然投降的情况，在中共中央看来显然加大了中国爆发大规模内战的可能性。而蒋介石国民党的趾高气扬，也从一个侧面证实了中共中央的这种估计。为此，中共中央断然拒绝了国民政府紧接着发出的不准中共军队参加受降的命令，朱德公开通电国民党，坚决要求国民党“立即废止一党专政，召开各党派会议，成立民主的联合政府”[2]。朱德同时致函美、英、苏三国政府，声明国民党的一党政府绝不能代表中国“一切真正抗日的人民武装力量”，中共军队不仅有权接受日军投降，而且有权“派遣自己的代表参加处理日本的国际和平会议与联合国会议”。[3] 中共中央相信，在这种情况下蒋介石邀请毛泽东赴重庆谈判，实际上“全系欺骗”，它只能是为了便利于国民党发动全面反共战争而做的舆论准备。因此，中共中央并没有予以理睬。

但是，保持中国战后和平局面，不把美国军队引入到中国来，是苏联出于自身安全考虑而制定的对华政策的一种需要。因此，鉴于毛泽东拒绝前往重庆谈判，国共有爆发内战的可能，斯大林基于雅尔塔协定与中苏条约的精神，以及在欧洲与英、美合作的经验，很快就致电毛泽东，要求他务必前往重庆谈判，以寻求维持和平的办法，使中国能够走上和平发展的

---

[1] FRUS, 1945, Vol.7, pp.501.
[2] 《解放日报》1945年8月17日。
[3] 《解放日报》1945年8月16日。

道路。[1] 对此，毛泽东虽十分不满，但亦不能不根本改变原来对于形势的估计，并准备前往重庆。

22日，中共中央发出指示，向全党解释了这一策略调整的背景，称："苏联为中、苏条约所限制及为维持远东和平，不可能援助我们。蒋介石利用其合法地位，接受敌军投降，敌伪只能将城市及交通要道交给蒋介石。在此种形势下，我军应改变方针，除个别地点仍可占领外，一般应以相当兵力威胁大城市及广大乡村，扩大并巩固解放区，发动群众斗争，并注意训练军队，准备应付新局面，作持久打算。"由于美、苏均不赞成中国打内战，因此中共只能在和平、民主、团结三大口号下准备与国民党谈判，以争取有利于人民的条件。[2]

显而易见，中共中央改变策略的根本原因在于以下两点，即：(一) 苏联因为国际和平和中苏条约的限制，不可能也不适合帮助中共；(二) 蒋介石利用合法地位使日本军队完全投降于国民党，中共没有合法地位，要得到大城市和交通要道只能使用武力强攻，而中共军队的武器只是步枪，没有外援不能攻坚克敌，苏联又不能提供援助。

在这种情况下，原计划中的夺取上海、南京、天津、太原等众多大城市的计划都只能取消了，原定组织12个团（每团1500人）的兵力抢先进入东北，"乘红军占领东北期间和国民党争夺东北"的计划也只能暂停实行。[3] 毛泽东前往重庆与蒋介石谈判和平，不可避免。

---

[1] 参见《毛泽东选集》，第5卷，人民出版社1977年版，第286页；师哲回忆，李海文整理：《在历史巨人的身边》，中央文献出版社1991年版，第308页；刘中海等编：《回忆胡乔木》，当代中国出版社1994年版，第401页；《季米特洛夫日记》，广西师范大学出版社1997年版，第351页。

[2] 《中央、军委关于改变战略方针夺取小城市及广大乡村的指示》（1945年8月22日），见《中共中央文件选集》，第15册，第243—244页。

[3] 《中央军委关于抽九个团赴东北致山东分局、平原分局、冀鲁豫分局并告冀察晋分局电》（1945年8月20日）、《中央关于发动京沪杭农民起义策应上海起义致华中局电》（1945年8月20日）、《中央关于批准上海起义致华中局电》（1945年8月20日）、《中央关于立即布置平津唐保石起义致冀察晋分局并告山东分局、晋绥分局、平原分局等电》（1945年8月20日）等，并参见《毛泽东文集》，第4卷，第5—45页。

当然，仔细考虑了苏联所面临的国际环境之后，中共中央对于苏联的做法也是能够理解的。毛泽东说，在现在的国际形势下，苏联与美、英等国家之间明显存在着严重的矛盾和分歧，但大战之后，“不能再有第三次世界大战是肯定的”。“苏联如助我,美必助蒋,大战即爆发,和平不能取得。”苏、美、英之间的势力范围是确定了的，“在欧洲苏联助保加利亚不及希腊，因希是英所必争，中国亦然”。“所以我们要这样看，苏联不帮助我们比帮助我们对中国人民更有利，虽然这可能引起我们有些同志失望。”“这叫无可奈何，我们只能承认这个事实。”因为苏、美、英都要求和平，不赞成中国内战，蒋介石国民党也不能公然发动大规模内战,这种情况也未必就对我们不利。“我们现在在全国范围内大体上要走法国的路，即资产阶级领导的，而有无产阶级参加的政府”，这主要是因为美国的势力在起作用。我们也正可以借此逼迫国民党在政治上让步，要求他们承认解放区、解放军和建立联合政府。[1]

按照斯大林的要求与蒋介石谈判和平，也不会改变中共中央要乘苏军占领东北期间与国民党争夺东北的原定方案。就在确定毛泽东亲赴重庆谈判几天后，延安就组成了1200人的干部团外加一个团的兵力，出发前往热河边境，创建热河根据地，并相机进入东北工作。中共中央同时发布党内指示说明：“由于红军顾虑远东和平（这是完全对的）及蒋介石垄断受降权利这两点,一般的大城要道暂时（一个阶段内）不能属于我们。但华北方面，我们还要力争，凡能争得者应用全力争之。两星期来，我军收复大小59个城市和广大乡村，连以前所有，共有城市175个，获得了伟大的胜利……造成了我党的有利地位。今后一时期内仍应继续攻势,以期尽可能夺取平绥线、同蒲北段、正太路、德石路、白晋路、道清路，切断北宁、平汉、津浦、胶济、陇海、沪宁各路，凡能控制者均控制之，哪怕暂时也好……再有一时期攻势，我党可能控制江北、淮北、山东、河北、山西、绥远的绝大部分，热察两

[1] 《毛泽东关于与国民党谈判问题的报告》（1945年8月23日），参见《毛泽东文集》，第4卷，第4—8页。

个全省和辽宁一部。”“至于东北三省为中苏条约规定的范围，行政权在国民党手里，我党是否能派军队进去活动，现在还不能断定。但是派干部去工作是没有问题的，中央决定派千余干部由林枫同志率领去东北。万毅同志所率军队仍须进至热河边境待命，可去则去，不可去则在热河发展，造成强大的热河根据地（热察两省不在中苏条约范围内）。”[1]

8 月 28 日，毛泽东与周恩来等根据中共中央决定，飞赴重庆与蒋介石进行和平谈判。中共中央对于这次谈判的根本目的是很清楚的，即“在和平、民主、团结三大口号下准备和国民党谈判，争取有利于我党及人民的条件”。具体说来，就是准备以让出江南八个零散的小块根据地，来换取国民党承认共产党在整个陇海路以北，即整个华北和东北地区占据优势地位，即通过划区割据但建立联合政府的办法，来达成和平局面。[2]

为此，中共中央一方面派毛泽东等前往重庆谈判，一方面则加紧利用占据华北、华中敌后的便利条件，开始全力以赴地夺取西北、华北、华中及华东的一切可能夺取的敌伪控制区及一切交通要道。

同样的情况，国民党西北地区的军队也在大举向敌伪占领区推进，国民党军主力则在美国海空军的帮助下，开始紧急从西南地区运送部队到华北、华中和华东地区，接收敌伪占领的各大城市和交通要道。

不难了解，国共双方这时已经因为抢占沦陷区的问题，先后开始在各个地区发生了直接的军事冲突。蒋介石设计与中共公开和谈，一则是要为自己运兵争取时间，一则是想在美、苏的帮助和压力下，通过谈判来确立其正统地位，争取迫使中共在谈判桌上承认军令政令的统一。因此，蒋介石绝不可能接受中共要割据一方和成立联合政府的要求。结果可想而知，国共两党在重庆的和平谈判实际上绝不会谈出任何和平的成果。

10 月 10 日，国共双方历经一个多月的交涉，勉强签订了一个《双十

---

[1] 《中央关于同国民党进行和平谈判的通知》（1945 年 8 月 26 日），参见《毛泽东选集》（合订本），第 1151—1154 页。注：《毛选》中所录电文作了较多删改。

[2] 参见《毛泽东年谱（1893~1949 年）》（下），第 9 页。

会谈纪要》，原则规定两党将共同遵循团结建国、避免内战的方针，并承诺召开有各党派代表参加的政治协商会议，但涉及军队、政权等实质性问题，一个也没有谈拢。因此，“双十协定”的墨迹未干，内战的烽烟就四处燃烧起来。蒋介石必欲实现其军事和政治的“统一”，不惜使用武力来达到目的；共产党则“针锋相对，寸土必争”，必欲保存革命的一枪一弹和他们所占据的每一寸土地。结果，双方仍旧只能是靠枪杆子来进行一番较量了。

结 语

中共在抗战中所经历的一切，再清楚不过地印证了外力介入的作用。只不过仅仅有外力的作用还不够，没有当权的国民党始终坚持抵抗，只靠两三万地处穷乡僻壤，缺吃少穿、枪弹奇缺的中共军队，要想在战争期间顺利恢复、发展和准备自己的力量，同样是不可能的。

同样的道理，没有毛泽东这样精明且决断力极强的领导人，共产党也一样达不到自己的目的。一个最基本的事实就是，如果按照 1937 年抗战爆发后中共中央多数领导人的意愿，以及共产国际“抗日高于一切”的方针，把中共军队投入到作战中去，而不是按照他坚持的那样，把军队分散到敌后农村中去，最终的结果亦可想而知。

当然，毛泽东的精明并不仅仅表现在其必欲维护自身利益的谨慎和执著上，同时也表现在他对敌、我、友的力量对比和对下一步目标的精确算计上。尽管毛也会激愤冒险，但每当此时，他仍会重视莫斯科的意见，这同样是抗战期间中共的万分幸运之处。

第五章

走向新中国

毛泽东早就计划好利用日本战败就近夺取华北、华东，与国民党夺天下，没想到苏联却与美国商定：长城以内归美国；毛泽东早就瞄准东北，准备战后全力夺取东北，没想到苏联却公开承诺，战后东北及苏联的一切援助都将只给国民党。眼看战后中国只能走进“和平民主新阶段”了，中共中央甚至已经准备交出军队，搬到江苏淮阴，到南京中央政府“上班”去了。机会意外地出现了——美苏之间风云突起，毛泽东毫不犹豫地抓住了这一机会……

一、先到为君，后到为臣

美苏关系紧绷，斯大林被迫实行两面策略，八路军潜入东北

随着 1945 年世界反对法西斯主义的战争开始走向最后的胜利，苏、美、英三大强国之间围绕战后欧洲的势力范围，乃至世界其他有关地区的政治走向，明显开始发生日益严重的冲突和斗争。这种情况受到中共中央的高度重视。但是，问题在于，苏、美、英之间的这种斗争在形式上似乎并没有表现得那么尖锐，相反，三强在雅尔塔和波茨坦就战后世界政治基本格局所达成的默契却令人印象深刻。因此，战后中共中央对远东国际关系的考虑，最初自然不能不受其影响，而把苏、美继续合作作为自己的基本估计。1945 年 8 月，斯大林强硬地要求毛泽东前往重庆与蒋介石进行和平谈判的电报，更清楚不过地显示出苏联准备在远东和在中国采取的立场。

在即将出现的足以影响中国未来命运的关键时刻，接到这样一封要求自己放弃争取支配中国未来权力的斗争的电报，它所引起的反感是可想而知的。但是，严格地说，中共 1944 年仅有不足 60 万兵力，到 1945 年 8 月日本投降时也只突击发展到了 100 万人。按照毛泽东在 1945 年 1 月关于至

少还需要两年时间的准备，以及 3 月他关于部队必须要发展到 150 万人，控制的人口必须要达到 1.5 亿，才能另立中央政府的估计，1945 年 8 月的时候中共其实还远未做好夺取全国政权的准备。因此，认为斯大林 8 月 20 日前后要求毛泽东去重庆谈判的电报干扰了毛泽东战后的夺权步骤，恐怕多少有点言过其实。[1] 事实上，如果说毛泽东当时确有不满，多半也仅仅是因为这和他 1944 年以来的正在形成夺权步骤以及对苏联援助的希望有所冲突罢了。稍加冷静之后，毛泽东其实也就清楚地意识到，即使没有斯大林的这封电报，因为日本过早宣布投降，以中共军队这时的兵力和装备，一时间也无法达成一举“把中国拿下来”的宏愿。何况，毛泽东也很清楚，国共两党之间的斗争并不是中国自身的问题，它从来就受制于既定的国际关系和世界政治的大格局。

毛泽东对这种情况不仅熟悉，而且对内中的道理也很明白。在中共七大等会议上，他就一直在向党内干部解释这个道理，即：苏、美、英三国的团结大局战后一个时期内虽然还不会改变，作为资本主义大本营的美国，拒苏反共，力图独霸远东，想变中国为美国的半殖民地，却是必然的。因此，战后意识形态的对立，苏、美、英之间的斗争，是不可避免的。中国大资产阶级的蒋介石集团加入反共反苏阵营，中共站在反美反帝的苏联一边，都是无可选择的。因为苏联及其东欧新解放的各国力主和平，极力避免爆发第三次世界大战，中共中央自然责无旁贷地也要奉行和平民主政策。“问题是国共反映美苏”，“蒋介石是共产党的敌人，但我们又不得不和他搭伙。因为问题决定在美国，倒不决定于蒋介石。同时共产党后面也站着一个苏联。城下之盟可以设想，同时又不可以设想。因为我们作了城下之盟，就是苏联作了城下之盟”。[2]

[1] 作出这样批评的无疑首先是毛泽东，在斯大林去世后，他多次强烈地表示了对这封电报的不满，说斯大林当年发这样的电报是“不许革命”。

[2] 《赴重庆谈判前在政治局会议上的讲话》（1945 年 8 月 26 日），参见《毛泽东文集》，第 4 卷，第 15—16 页。

但是，一贯相信“枪杆子里面出政权”、“枪杆子里面出一切东西”的毛泽东，无论如何也不会接受斯大林的安排，即交出武装、加入资产阶级主导的联合政府、走法国式的道路。正是基于这样一种认识，毛泽东只能采取两手策略，一方面接受斯大林的劝告，参加谈判，在政治上、军事上适当让步，以示“和平、民主、团结”的愿望；另一方面则千方百计地通过各种手段来保存和壮大自己的力量，为下一步武装夺取政权做准备。而这种策略，当然不可能带来斯大林所希望看到的和平局面。问题是，斯大林在算计战后远东的国际政治格局时，明显没有估计到罗斯福死后，继任者杜鲁门不仅不让苏军参与对日本的占领，甚至不认同斯大林对雅尔塔秘密协定的解释，坚持苏联无权把中国东北纳入苏联的势力范围，独享特权，东北必须对各国一视同仁，实行“门户开放”政策。[1] 日本投降不过一个月时间，美国海军陆战队就已经在中国天津一带登陆，名为协助遣返日本军队，实则帮助国民党军接收华北和向东北进军。

面对美国人可能进入东北的严重威胁，斯大林明显进退两难。他既不能故意违反中苏协定，因为该协定是建立在雅尔塔协定基础上的，而苏联对远东南库页岛和日本千岛群岛的占领，都是通过雅尔塔协定取得了美、英的认可而具有合法性的。不遵守中苏协定，就可能使雅尔塔协定的合法性受到动摇，从而直接威胁到苏联对南库页岛和千岛群岛占领的合法性基础。但是，如果严守中苏协定的规定，苏军按约定时间撤出东北后，苏联在东北的特殊权益，就势必会受到在美国支持下的蒋介石政府的挑战。一旦蒋介石把美国人引入东北，苏联的远东地区乃至西伯利亚和外蒙的安全，都难免会受到美国势力的威胁。苏联通过雅尔塔协定和中苏协定所取得的对中东铁路的管理权和对旅顺军港的租用权，也都可能因此而变得毫无价值。

最终，苏联方面决定采取含混的两面策略，即表面上坚持遵守中苏协定，

---

[1] 1945年8月9、12、27日，美驻苏大使哈里曼曾三次向苏联政府转达美国政府希望苏联公开承诺在东北问题上遵守“门户开放原则”的意见。见《中美关系资料汇编》，第1辑，第179—182页。

只向国民党移交东北主权，实际上暗中利用中共军队，在东北造成第三方势力的假象，用以协助苏军占领东北和牵制美蒋。在这种情况下，毛泽东拒绝交枪，而且尽力壮大自身力量的做法，就自然而然地适应了苏联战后在中国的利益需要。

根据先期自行进入东北的小股部队得到的情况，中共中央8月下旬已经发现，东北苏军中下层人员出于对共产党人本能的信任和对中国革命的同情，对中共军队进入东北事实上抱不干涉甚或欢迎的态度。如张北地区苏蒙联军拒绝与八路军部队具体交涉，但不反对八路军占领张家口；山东八路军侦察部队在渡海与大连苏军接触后，苏军明确表示将不干涉中共在乡村中的军事活动和在城市中的群众工作。因此，刘少奇主持的中共中央书记处几乎马上就明令山东分局派干部经海路前往东北开辟工作，同时电告各分局：一、苏方为维持远东和平与受中苏条约限制，须将东北交还国民党政府，我党我军进入后，苏军必不肯与我作正式接洽或给我们以帮助。二、但苏方不干涉中国内政，我在东北活动只要不直接影响苏方在外交条约上之义务，苏联将取放任态度。我有机会争取东三省和热察。三、去东北之部队与干部，应即出发，可用东北义勇军名义非正式进入，不声张不登报，走小路，控制苏军未驻之城市、乡村，不能去的城市亦须派干部与红军作非正式接洽。派去的部队一律不公开党在其中的领导，形式上也不求统一，一般应“避开红军驻扎的城镇大道，分散在外县乡村活动”，“应做长期打算，组织群众，发展力量，以待将来”。[1] 自此，中共与苏联的关系开始进入了一个新的时期。

8月30日，晋察冀根据地冀热辽军区下辖之曾克林部第十二团在山海关外绥中县与苏军会师。之后，该部两团与苏军首次配合作战，于31日下午攻占了山海关。[2] 当地苏军并允许八路军接防绥中、山海关等地，同意八

[1] 《中央关于去东北工作应注意事项的指示》（1945年8月29日）、《中央关于迅速进入东北控制广大乡村的指示》（1945年8月29日）、《中央关于去东北部队应做长期打算致重庆代表团电》（1945年8月31日），见《中共中央文件选集》，第15卷，第256、257—258页。

[2] 《聂、肖、刘转李运昌关于苏军及山海关情况的报告》（1945年9月10日）。

路军接收当地伪政权及建立卫戍司令部。9 月 7 日，冀察军区司令员李运昌率部开进山海关时，苏联红军还专门派车迎接，并于 11 日与八路军召开了盛大的联欢会，“表示援助我们”[1]。已经和苏军建立起互信关系的曾克林部，更得到了驻沈阳苏联外贝加尔方面军下辖的苏近卫军第六集团军司令部的邀请，由苏军用火车将该部运抵沈阳，改称保安队负责城市治安，将司令部设于原伪市政府大楼，政治部设于原日本宪兵司令部。[2] 苏军指挥官并且告诉曾克林，中共军队完全可以利用大量的日本关东军的武器来武装自己。[3]

从随后新成立的东北局领导人发来的电报中可以了解到，进入 9 月后，中共进入东北的军队从最初的 2000 人已经发展到 4.6 万人，发动群众和接收政权均不成问题，苏军“从上至下，对我军都很亲热，但对我军之信任心并不高”，因现有部队十分不巩固，维持秩序尚感困难，干部力量极弱，故“大批的帮助须上边决定，小批的零星的已实际给了一点”，如已得到各种炮 80 余门，迫击炮 100 门左右。苏军领导人明确表示：“东西交给你们，也管不了。”东北局领导人亦承认，在目前情况下，“这是事实”。[4]

苏军态度摇来摆去，中共中央急调十万大军赶赴东北

刚一得知苏军默许八路军进入东北的消息，毛泽东就马上从重庆电告

---

[1] 《聂、肖、程转李运昌关于苏军表示援助电》（1945 年 9 月 11 日）。

[2] 曾克林回忆称，当时部队根据苏军建议改称“东北人民自治军”，并在沈阳成立了“东北人民自治军卫戍司令部”，但李运昌等给中共中央的电报则显示当时进沈阳的曾克林部改称“保安队”。查 1945 年 9 月 21 日中央致重庆代表团电可知，曾部最初进入沈阳、锦州等城市时确称改为“保安队”，“因东北人民痛恨保安队至极，维持秩序人民不听保安队”的，故东北局提议“是否可组织东北人民自治军或某某省自治军、省防军等”。此后中共部队才正式冠以“东北人民自治军”的称号。

[3] 曾克林回忆，部队进驻沈阳后，苏军一度把日本关东军最大的苏家屯仓库交给他们看守，他曾组织部队拉炮拉武器，“先后拉了三天三夜，拉出步枪两万支，轻重机关枪 1000 挺，还有 156 门各种口径的迫击炮、野炮和山炮”。见《曾克林将军自述》，辽宁人民出版社 1997 年版，第 100—101 页。

[4] 《东北局关于东北情况及其建议致中央电》（1945 年 9 月 23 日）。

延安的刘少奇等：“除原定五个团，最好能再从山东、冀鲁豫及晋察冀三处抽出一千五百人到二千人的十个团，经冀东、热河分散开入东北活动。”热河、察哈尔两省也是“我所必争，及时增驻重兵十分必须”。另“干部除了延安派去之一千二百人外，还应由其他各区及辖区外县抽调东北干部继续调回东北”。[1] 刘少奇认为一两万人还不够，当即电令山东分局集中四个师十二个团二万五千到三万人经海路分散进入东北。[2] 而为了“推迟蒋军深入华北、东北，争取全部占领察、热，争取东北优势”，中共中央开始在华北各省部署察绥、长治等重要战役，打击可能威胁热、察之蒋军，并令李运昌部率五个团进驻由承德、山海关至赤峰、朝阳、锦州及沈阳一线，确保对进入东北陆路之控制，力图以此来压迫蒋介石承认自己在华北及东北的优势地位，从而在谈判桌上做出让步。[3]

对中共的军事实力，苏共中央这时并无太多了解，但它显然相信中共没有同蒋介石政权抗衡的能力。苏军清楚它在东北只能信任中共，也必须引入中共武装，以牵制美蒋力量，却又不能露出痕迹，给美蒋以口实。因此，在确定方针之后，苏联远东军外贝加尔方面军司令马利诺夫斯基元帅特派其代表贝鲁诺索夫中校，由已在负责沈阳卫戍任务的原八路军冀热辽军区第十六军分区司令员曾克林陪同，乘苏机由沈阳飞抵延安，向朱德总司令转达了苏军统帅部正式的口头通知。通知要求八路军在红军撤出东北之前，不要公开进入，个别进入东北大城市者，请即下令退出。至红军撤退后，“中国军队如何进入满洲应由中国自行解决”，苏联“不干涉中国内政”。至于以地方武装名义在东北活动问题，苏方代表在非正式谈话中表示支持，并希望中共能派负责人前往东北，以便就近交涉，协调行动。贝鲁诺索夫并

[1] 《重庆代表团关于立即再抽调一万五千到两万人到东北致中央电》（1945 年 9 月 11 日）。
[2] 《中央关于调四个师的部队去东北开辟工作给山东分局的指示》（1945 年 9 月 11 日）。
[3] 《军委关于目前军事行动的部署》（1945 年 9 月 11 日），《中央关于东北情况给重庆代表团的通报》（1945 年 9 月 11 日）。

承诺将山海关到锦州一线交八路军接收。[1]

16日，外贝加尔方面军苏蒙联军代表也通过八路军晋绥军区部队电台转告中共中央："坚决要求八路军主力火速北开"，接收其所占领之内蒙古及东北各地，"确保北面及内蒙地区，以便同外蒙苏联经常保持联系"，苏军可接济部分武器，万不得已时可退到外蒙去，"但不可向南移"，"不要再让敌人隔断双方联系"。[2] 而苏联大使也私下告诉中共领导人，务必"确保张家口、古北口、山海关线，防蒋进攻"，以力争东北。[3]

苏军代表的态度，使中共中央受到极大鼓舞。9月15日，中共中央决定成立以彭真为首的中共东北局，立即随苏机赶赴东北指挥一切。同时，它下令各中央局："目前我党对东北的任务就是要迅速的坚决的争取东北，在东北发展我党强大的力量。"为此，"华中、华北应派遣一百个团的干部迅速陆续起身前去"东北，"各自寻找最迅速到达的路线前进"。指示明确认为："东北为我势所必争，热、察两省必须完全控制"，现在是"千载一时之机"。[4]

占领东北的战略意义，毛泽东早在中共七大时就再三讲过。他甚至表示：东北不仅有大工业，而且背靠苏联与外蒙，"只要我们有了东北，那么中国革命就有了巩固的基础"。因此，"从我们党，从中国革命的最近将来的前途看，东北是特别重要的"。[5] 中共中央这时对夺取东北也充满信心。它相信东北三面都是苏联的势力，南面旅大又是苏联军事管制地带，我如能控制住热、察及冀东，在东北沿海再配置数万兵力，甚至可以阻止蒋军进入东北。"取得东北，则华北华中即有了依靠，我党地位将为之一变"，故此为"决定的一环"。为此，它提出："其他区域暂时稍受损失，亦应在所不惜。"据此，以刘少奇为首的延安中央于9月17日明确提出了"向北发展，向南

---

[1] 参见《中央关于东北情况及与苏军代表谈判问题的通报》(1945年9月14日)；伍修权回忆录之二：《到东北》，《中共党史资料》，1982年第2辑。

[2] 《中央关于张、杨与苏军代表交谈情况给重庆代表团的通报》(1945年9月17日)。

[3] 《重庆代表团关于应确保张家口、古北、山海关之线防蒋进攻致中央电》(1945年9月20日)。

[4] 《中央关于配备一百个团的干部进入东北的指示》(1945年9月15日)。

[5] 《毛泽东在七大的报告和讲话集》，第218—219页。

防御”的总方针，主张江南武装撤返江北，华东新四军调八万兵力分赴山东和冀东，山东主力及大部干部则迅速向冀东及东北出动，全力夺取东北及热察和冀东于我手中。[1] 它甚至要求华北、华中组织一百个团的干部各自寻找最迅速到达的路线，“从班长、付（副）班长、排、连、营、团长及事务人员、政治工作人员均配齐，不带武器，穿便衣，作为劳工到满洲找东北局再行发展和装备”[2]。

其实，自9月中旬以来，苏军曾一再要求身份已经公开的中共军队，如李运昌等部撤出沈阳等大城市。以彭真为书记的中共东北局到达东北后甚至发现，苏军“对银行工厂仓库一律派兵看守，现金现钞提尽，我分文未有。工厂仓库的机器物资运走，火车、汽车、汽油、广播全部绝对控制，我无权调动车辆。我用各种方法得枪万余支，无法运走。我们现在仅属客军性质……弄到我所发现之仓库，只要被某方看到立刻派兵看守，作为他们的”。“前曾克林说有步枪60万枝，大炮数千门，查不确，现只搜得山炮80门，迫炮百余门，子弹稍多，兵工厂仍为友军控制。”[3]

然而，仅仅几天过后，苏军的态度就发生了180度的大转变。这是因为，9月底苏方已获知美军不仅帮助运送大批国民党军队来华北及东北，而且美国海军陆战队还直接在天津登陆，助蒋占据平津等地。国民政府明显希望苏军早日撤退，并有把美国资本引入中国东北的企图[4]，鉴于此，苏联方面对于中共夺取东北的计划马上就开始变得积极起来了。

10月1日，苏联大使正式通知国民党政府，说明苏军准备开始撤退。[5]

---

[1] 《刘少奇等关于确定向北推进向南防御的战略方针问题致毛泽东等电》（1945年9月17日）、《中央关于如能控制热察冀东即能控制东北致重庆代表团电》（1945年9月18日）、《中央关于目前任务和战略部署的指示》（1945年9月19日），见《中共中央文件选集》，第15册，第278—280页。

[2] 《中央关于配备一百个团的干部进入东北的指示》（1945年9月15日）。

[3] 《东北局关于与苏军关系问题致中央电》（1945年9月30日）；《中央关于军事形势致重庆代表团电》（1945年10月1日），参见《彭真年谱》，中央文献出版社2003年版，第289页。

[4] FRUS，1945，Vol.7，pp.973-974, 979-980, 981.

[5] 《日本投降与我国对日态度及对苏交涉》，（台北）“中华民国外交问题研究会”1966年编印，第127、129页。

两天后，即10月3日，东北局领导人就受到了苏军将领的接见，他明确告东北局称，中共中央关于“向南防御，向北发展”，争取控制全东北的战略方针十分正确。他建议中共抽调主力25万至30万人分别部署在山海关一带及沈阳附近，把住东北大门，不让国民党军队进入东北。东北局4日高兴地电告中共中央说，苏军“已下最后决心大开前门，此间家务全部交我，因我力量微小，现只能接受一部分，允许在一月内替我保存”，并决定向中共提供步枪30万支、机枪100挺、大炮15门。他们甚至转述斯大林的话，称赞“中国共产党是勇敢的、聪明的、成熟了的，我们很有信心”，给彭真他们打气。[1]

还在得知美蒋军队即将进抵平津的消息后，毛泽东就急电延安中央，告诫说：务必要“组织3万至5万有力部队，迅速开至冀东热南，以制先机，否则将失机”[2]。但是，直至10月初，中共方面“控制冀热辽，堵塞蒋军从陆路进入东北计划，虽已开始行动，但离实现程度还远”[3]。受命前往冀热辽之黄永胜、倪志亮、曹里怀、邱创成及太行军区等部，尚在途中；山东决定派往东北、冀东之五个师，冀鲁豫、冀中、太行等派出的部队和延安炮校等，均刚刚开始出动；承德至山海关一线总共只有万余人。而全东北中共军队人数虽已有近8万人之多，但因扩充过快，干部奇缺，缺少训练，“除少数部队外全无战斗力”。鉴于这种情况，中共中央不得不调整策略，一面批评各部队行动过于迟缓，一面主张“我军进入东北的部署，应将重心首先放在背靠苏联、外蒙、朝鲜、热河有依托的有重点的城市和乡村，建立持久斗争的基点，再进而争取与控制南满沿线各大城市”。[4]

苏军得知中共中央准备将军队部署到背靠苏联、外蒙和朝鲜等有依托之地区后，大为不满，批评中共仍是游击作风，力主中共应以全力夺取东北。

---

[1] 《东北局关于与苏军交涉经过给中共中央的报告》（1945年10月4日、8日）。

[2] 《重庆代表团关于迅速组织三五万有力部队置于冀东热南致中央电》（1945年9月23日）。

[3] 《军委关于争夺东北的战略方针与具体部署的指示》（1945年9月28日），见《中共中央文件选集》，第15册，第299—230页。

[4] 同上。

毛泽东得讯后马上电告中共中央，表示“彼方既下决心，我方自有办法，但卅万办不到，一个月内能有10万到达冀东及东北，即是好事。除此10万外，请下决心从山东调主力5万争取去”。同时，应开始在平绥、平汉、同蒲、津浦各路“与蒋军大冲突”，迟滞其陆路北进。[1]10月11日重庆谈判告一段落，毛泽东等回到延安，他更是主张按照苏军建议，“集中主力于锦州、营口、沈阳之线，次要力量于庄河、安东之线，坚决拒止蒋军登陆及歼灭其一切可能的进攻。首先保卫辽宁、安东，然后掌握全东北，改变过去分散的方针”。据此，他提出：“我正源源进入东北，希友方坚持两个月，我可完成一切准备。”[2]

要苏方从张家口方面提供必要的军火援助，这对苏军来说并非难事，但要其延缓撤军，在苏联方面已经正式宣布之后，就远不是那么容易的了。

苏军打开大门，开始转交日军武器装备，国共争夺战打响

10月12日，国民党之东北行营主任熊式辉等到达长春，与苏方正式接洽接防事宜。因国民党方面已清楚地了解到中共武装在东北集结的情况，并向苏方提出，苏军的态度再度发生了变化。

据东北局报告称，原苏军主动让中共接收抚顺、安东等城市，10月中旬末忽又不让接收了。甚至已经进入东丰、西丰、海龙、西安等城市的中共军队，还被赶了出来。[3] 本来极力反对美舰运送国民党军队从海路进入东北的苏军将领，这时又接到命令，表示同意让国民党军队从营口、葫芦岛

[1] 《重庆代表团关于彼方既下决心我方自有办法致中央电》（1945年10月5日），《中央关于抽调十万大军进入东北等问题给东北局的指示》（1945年10月6日）。

[2] 《中央关于集中主力拒止蒋军登陆给东北局的指示》（1945年10月19日），见《中共中央文件选集》，第15册，第364页；《中央关于目前形势致重庆代表团电》（1945年10月21日）。

[3] 见《彭程关于东北情况致毛主席电》（1945年10月21日）。

登陆了。[1]

10 月 25 日，国民政府正式通知苏联大使，政府军将于 29 日起自营口、葫芦岛登陆。[2] 此举如果实现，中共对山海关和锦州一带的控制和在陆路封堵的计划，就变得毫无意义了。然而，正当东北局对此一筹莫展之际，苏军的态度又变了回来。10 月 13 日，国民党第十三、五十二两个军已经在秦皇岛登陆，继而在美军帮助下向周围扩展，美国海军陆战队不仅帮助国民党军抢修被中共破坏的秦皇岛到山海关的铁路线，而且还武装执行护路任务。这一消息再度激怒了苏方。

也是在 25 日这一天，苏军代表通知东北局称："如果说过去需要谨慎些，现在应该以主人自居，放手些干。"同意全面开始向中共进行交接政权工作，并表示：11 月 15 日前"如顽固进攻，苏将协同我打击"。[3] 与此同时，苏军很快就将营口、葫芦岛等地交给了李运昌的部队，明摆着是让中共武装拒止美蒋的登陆行动。

到 10 月底，中共军队除原有的李运昌等部外，最大限度只能再到 35000 人和干部 6000 人。如果能拖到 11 月，即可到正规军 6 万人、干部 2 万人。故得知苏军这一态度后，中共中央的决心很大，有意照苏军建议，一边武装拒止美蒋军队在东北登陆，一边努力组成几十万野战军，进行大规模作战，争取"控制东北，保卫华北、华中"[4]。

10 月 27 日，美舰先头运输梯队抵达葫芦岛海面，遭到李运昌部三十一团驻防部队的抵抗，被迫折回。此后，国民党方面虽极力交涉，苏方却以"十八集团军与中央军之纠纷，乃内政问题，不便干涉"为由，拒绝为其登陆提

[1] 《中华民国重要史料初编》第七编（四），台北中国国民党中央委员会党史委员会 1981 年版，第 121、125 页。

[2] 同上。

[3] 《东北局关于苏方态度积极致中央电》（1945 年 10 月 25 日）。

[4] 《中央关于全力控制东北拒止蒋军登陆着陆给东北局的指示》（1945 年 10 月 28 日），见《中共中央文件选集》，第 15 册，第 388—389 页。

供任何安全保证。[1]

不仅如此，苏军为防止国民党突然空运长春，这时还允许中共军队在长春机场附近设防，并公开指责东北国民党部秘密组织10万武装破坏交通，袭击苏军。[2] 借撤退在即，他们这时先后开始向中共军队提供了一些坦克和汽车，并移交了在南满地区的部分日军武器弹药仓库和兵工厂。照苏军代表向东北局所谈，除苏军已经搬走的约占整个日本在东北重工业工厂1/5的设备外，其余都会交给中共。这里面“弹药只抚顺即有300万发炮弹，飞机亦可交我处置（现我已有一个日本航空大队之全部队员可以使用……）”。东北局并报告称，苏军指挥官“劝我一面练炮兵，一面搜集炮兵资材，一面生产炮，要积极些”，说他已答应将兵工厂交我。但苏军主张各种装备要分散出去一些，以免被炸。[3]

据11月2、5、6日东北局再报，他们已接受沈阳兵工厂全部设备，并控制了大批物资，并将从苏军处得到的一批武器，大约1.2万支步枪和600挺机枪、800万发子弹、十五万枚手榴弹、两万件大衣、3万双皮鞋运往急需武器的热河地区，以装备那里新到的徒手部队。而在沈阳一线，连同此前已得之武器在内，共取得步枪十一二万支、机枪约4000挺、各种口径炮一批。阜新一带还有武器，但数目不详，沈阳苏军已同意代为接洽。另取得通讯器材一大批，小型运输机6架，火车两列。在哈尔滨，则得到2.4万支步枪、数百机枪及部分炮。12月初，苏军还从旅顺和朝鲜向中共提供了“近万步枪，百挺机枪”。同时，因为苏军提供了40余架飞机，中共东北局已决定要成立航空学校。[4]

这个时候，形势明显地向有利于中共的方面发展。中共军队已开始大

---

[1] 《中华民国重要史料初编》，第七编（一），第138页。

[2] 同上，第143—144页。

[3] 《东北局关于苏军交涉情况致中央电》（1945年10月25日）。

[4] 《东北局关于苏军交涉情况致中央电》（1945年11月5、6日）、《陈云关于哈尔滨情况致林、彭电》（1945年11月7日）、《东北局关于建立空军问题致中央电》（1945年12月17日）、《东北物资供应问题致各兵团电》（1945年12月29日），见《彭真年谱》，第310、312—313页。

批进驻东北各大中城市。华北地区平绥、平汉、同蒲及津浦各路均被中共军队切断，仅上党、邯郸战役，国民党军即有两个师起义，近20个师被歼，国民党军通往东北的海、陆、空通道全部被堵死。毛泽东自然信心百倍，他明确提出了“竭尽全力，霸占东北”的方针，主张“东北由东北人民自治军保护治安，中央军不得开入”，“华北、东北各设政治委员会统一管理各省，中央政府不得违背自治原则派遣官吏，已派者须取消”，即华北国民党军亦应退出。[1]

就在毛泽东下决心独占东北的同一天，即11月3日，国民党中央军对中共军队驻守的山海关发动了大规模进攻。国共两党争夺东北的战争就此打响。

此时，国民党陆续运抵关外准备进入东北的兵力，只有第十三、五十二、九十四军3个军约8万人，而中共赶到锦州至山海关和承德一带的兵力已达到10万人以上。尽管部队有些昼夜兼程，十分疲劳，许多新扩充之部队既缺枪弹，又无训练，难以马上投入作战，但中共中央仍坚决主张“坚持半个月”，拒敌北进[2]。它相信：“本月内我可集中10万兵力于东北”，即可“靠此兵力及当地新力量作战”，两个月后更有“9万生力军可陆续增加上去”，敌纵使派出5个军15万人也不足为惧，即使“苏联不帮助我们，我们也不怕”。[3]

然而，事情并没有中共中央想象的那样顺利。11月10日，莫斯科突然又改变了主意。苏军代表当天即告诉中共东北局领导人称：苏方已允许在苏军撤退前五天中，让国民党部队空运到各大城市，并且不准中共武装在

---

[1] 《中央关于目前形势下我方目的问题致周恩来等电》(1945年11月3日)，见《毛泽东文集》，第4卷，第57—58页。

[2] 《中央关于把发动群众创造战场当作东北当前紧急战略任务致东北局电》(1945年11月10日)，见《中共中央文件选集》，第15册，第419—420页。

[3] 《中央关于增调兵力控制东北的指示》(1945年11月4日)，见《中共中央文件选集》，第15册，第401—402页。《中央关于李富春等速去沈阳致高、洛电》(1945年11月14日)，见《毛泽东文集》，第4卷，第73—78页。

此五天中与国民党空运部队冲突。苏方代表声称：“此系根据新的协定，是莫斯科的信仰，并声明此种事件之决定，东北苏军全体人员无权力变动。”他“一再提出，莫斯科的利益应该是全世界共产主义者最高的利益”，因此要求中共务必服从。[1]

苏军态度的突然改变，使新到东北的部队陷入十分尴尬的状态。[2] 林彪和彭真一面紧急下令将取得的各种机器设备及军用物资全部西运，一面不得不为此专门写信给苏联侦察总局图马尼扬中将，恳求他从旅顺或其他任何地方调拨出 1 万支步枪、600 挺机枪和 900 挺重机枪，给已经集中在辽阳的部队。[3]

苏军态度的突然改变，与苏联领导人对中共实力的看法有密切关系。就连苏军将领都认为，以中共目前在东北及热河的兵力，远不足以阻挡有美国帮助和装备的源源而来的国民党军队。他们一直主张中共应不顾华中乃至华北，把全部主力，至少 50 万人调到东北来，说“满洲工业发达，东西北三面国防安全，完全可以独立，有了满洲，即可进取全中国”。最终，中共只调来了 10 万兵力。他们对此十分不满，认为“先机已失”。对毛泽东提出的“霸占东北”的方针，苏方代表自然不认为能够做到，故明确劝告说：“在东北只能做，不能说，绝不要提东北自治与不准国民党派兵事，给美蒋借口，使苏联处于困难地位。”苏联大使非常怀疑毛泽东所提“全华北归我受降，及华北六省全部民选”，国民党势力“退出平津青”等主张，“在目前是否有实际意义”。[4]

---

[1] 《东北局关于东北苏军决定让国民党部队空运到各大城市致中央电》（1945 年 11 月 11 日），《彭真年谱》，第 315—316 页。

[2] 参见黄克诚：《黄克诚自传》，解放军出版社 1994 年版，第 196 页。

[3] 转见陈晖：《马歇尔使华与苏联对华政策》，《历史研究》2008 年第 6 期。

[4] 《重庆代表团关于与友人谈话内容致中央电》（1945 年 11 月 5 日）。

蒋介石坚持向美国一边倒，斯大林无奈重新帮助中共

11 月 15 日，鉴于国共争夺东北的战争已经打响，中共东北局认为有必要发表一份公开宣言，说明此一冲突的由来。其宣言稿写道："东北已获得人民解放，而民主解放刚刚开始，国民党反动派企图勾结汉奸国特在东北建立新的奴役与独裁，东北人民要起来反对国民党敌伪顽合流政策……武装起来实行自卫。"[1]

此一宣言尚未得到中共中央批准，国民党政府当天就照会苏联大使，宣称由于接收工作"遭遇诸种阻碍"，无法进行，决定于 17 日起将东北行营"迁移至山海关"。[2] 随后，蒋介石并致电美国总统杜鲁门，声称苏联政府"故意蔑视""中苏协定之条文与精神"，蓄意"阻挠"其正常接收，"支援"中共军队抢占东北，"实已构成东亚和平与秩序之重大威胁"，故请美国给予"积极的与协调的动作，以防止其继续恶化"。[3]

国民党的这一举动，不仅使苏军已经开始的撤退工作无法继续，而且使东北问题有可能进一步成为国际问题而引起美国的干预。苏联当局对此显然缺乏准备，因而不得不急忙改变对策。

11 月 17 日，熊式辉及国民党东北行营人员乘飞机南撤，苏军已经撤出长春的部队一天之后又奉命开了回来，并命令中共的军队全部退出城外。同日，苏联大使照会国民党政府，声称"苏军司令部对于东三省之中国共产党部队未曾予以任何帮助"，今"中国政府军队能无阻碍的在长春及沈阳降落"，且将受到苏军"协助"。而为有利接收，苏军之撤退可"延缓一个月至两个月"。之后，苏联政府与国民党政府商定，苏军撤离东北日期可推延至 1946 年 2 月 1 日。[4]

---

[1] 《中共东北局关于实行东北人民自治的宣言》（1945 年 11 月 15 日）。

[2] 《中华民国重要史料初编》第七编（一），第 147 页。

[3] 同上，第 148—149、153、168—171 页。

[4] 同上。

11 月 20 日，苏军正式通知中共东北局，长春路沿线及城市全部交蒋，有红军之处不准与顽作战，不准有共产党军队存在，中共军队应一律撤至 50 公里以外驻扎。对此，中共中央的态度很明确：“国民党现在是抓住中苏条约使苏联不能在满洲现在的情况之下脱身，这是一个严重的世界斗争”，东北“现在的方针仍应在顾及苏联国际信用的条件下力争大城市”，“彼方既如此决定，我们只有服从，长春路沿线及大城市让给蒋军”，“但希望能不让锦州、葫芦岛及北宁路之一段”，以便于我延缓蒋军之推进。[1]

苏军赶走中共军队自然并非出其本意。因此，当美机、美舰接连出现在旅顺、大连附近海面后，苏联一方面力图以让蒋接收东北为缓和之计，另一方面又大批向沈阳、旅大之线增兵，并重新在营口地区布防，加强防备。[2] 因为苏中两党几乎面对同一个危险的敌人，因此对于中共，苏军在内部仍保持着友好的态度。一方面，他们再三解释苦衷；另一方面，他们也深知要与美蒋在东北问题上周旋，就必须加强对中共的支持，而不能使其削弱。因此，他们很快就同意中共军队可以仅退至长春铁路沿线二十公里以外，中共东北局及其各种政治宣传机关等不必撤退，并支持由中共召集的“东北人民代表会议”于 11 月 22 日在长春举行，还专门提供了电台给东北局以保持双方间的密切联络。从这个时候开始，苏军还从旅顺及驻朝鲜苏军处进一步向中共提供了必要的军火帮助，甚至同意中共军队不让出北宁路以拦截蒋军北上。对于国民政府方面，苏联官方照会则称：因为营口、葫芦岛以及沈阳以南区域的苏军已经撤退，故不能予以协助。[3]

不过，中共军队这时尚无城市攻防战的经验和能力。11 月 16 日，山海

---

[1] 《中央关于东北的工作方针等给东北局的指示》（1945 年 11 月 19 日）、《中央关于让出大城市及长春铁路线后开展东满、北满工作给东北局的指示》（1945 年 11 月 20 日），见《中共中央文件选集》，第 15 册，第 429—430、431—432 页。

[2] 1945 年 11 月中旬以后，苏联接连向旅顺空运了 1 个师的兵力，并向沈阳增兵至 5 万人以上，包括 4 个坦克旅及 1 个炮兵师。

[3] 《中华民国重要史料初编》第七编（二），第 155—156 页。

关即被国民党军队攻破。注意到国民党出关军队中有大批美国军事顾问[1]，中共中央也意识到“独占东北，无此可能”，必须实行“让开大路，占领两厢”的计划，“力争我在东北之一定地位”。因此，它修改了此前的决定，指示今后主要争取“控制长春路以外之中小城市、次要铁路及广大乡村”。[2]

11 月 25 日，中共军队把守的进入东北的门户锦州亦告失守，阻止国民党军队进入东北已没有任何可能性了。在这种情况下，为了防止美国势力随着蒋军进入东北，并使苏联能够合法地在东北确立优势地位，苏联政府又开始提出中苏在东北“经济合作”的提议，力图以将东北工矿企业交给蒋介石，由中苏共同经营为要求，来迫使国民党同意不让美、英等国势力进入中国东北。

苏联提出共同经营的理由，是因为东北工矿企业多半为日本所创办和经营，几乎所有重工业均为日本股份。依照雅尔塔及波茨坦协定对德国之规定及先例，存在赔偿问题。[3] 在中苏条约谈判中，蒋介石就试图使苏联承认“东北原有各种工业及其机器”，应“为倭寇对我偿还战债之一部分”，但斯大林仅承认“凡属于日人私人之财产，可同意赔偿中国战时损失，凡属于公司组织者，应视作战利品”。[4] 因属于公司组织者占东北工矿企业绝大多数，故苏军占领东北后，很快就将其作为战利品或接管，或拆迁搬运至苏联。至 11 月底已搬运之机器，即已占总量之 1/5 多。由于东北重工业仍具有极大潜力，苏联方面最初甚愿共产党人能全部占有，不让美蒋染指。鉴于此举不成，苏联就开始劝诱国民党同意“其财产应由双方平均分配”，“组织中苏合办之公司”，共同经营东北工矿企业[5]，试图以此为诱饵把国民党的

[1] 中共中央 11 月 23 日电称，已证实国民党出关军队中每团有 20 名美军军官。

[2] 《中央关于东北撤出大城市后的中心任务给东北局的指示》（1945 年 11 月 20 日）、《中央关于对美蒋斗争策略的指示》（1945 年 11 月 28 日），见《中共中央文件选集》，第 15 册，第 433—434、455—456 页。

[3] 参见萨纳科耶夫等编，北京外国语学院 1971 届工农兵学员译：《德黑兰、雅尔塔、波茨坦会议文件集》，三联书店 1978 年版，第 512—514 页。

[4] 《中华民国重要史料初编》第七编（一），第 241、371 页。

[5] 同上，第 374—402 页。

手脚捆起来。

但是，蒋介石坚决不承认苏方关于战利品的说法，国民党方面为阻止苏联把这一点强加给中国，还很快将苏方的这一企图透露给了美国。因为美国的抗议与反对，苏联“合法”控制中国东北的努力也很快就流产了。自11月以来，美、苏两国就不断在原子弹、德国、朝鲜等众多问题上发生分歧。在太平洋及远东地区，美军已经将苏军列为主要假想敌，这种情况自然更加刺激了苏联方面。斯大林这时明确告诫国民党人：“不能让美国有一个兵到中国来，只要美国有一个兵到中国来，东北问题就很难解决了。”[1]

自苏联1945年11月被迫对国民党让步之后，它实际上已经强烈地认识到蒋介石国民党与美国是一丘之貉，因而是自己在远东极其危险的敌人了。由于在东北的苏联军官及士兵接连遭到有国民党背景的武装集团的袭击，甚至是暗杀，苏军已开始向官兵进行警惕和仇恨国民党的教育。鉴于按照原定计划，苏军在1946年2月即应全部撤出东北，因此，它很快就又重新与中共合作。1月初，苏军就再度将辽阳、鞍山、本溪等东北重要工业区移交给共产党人，并通知中共东北局，准备在其撤退时大量接收各地政权和厂矿企业。凡未北运的各种军事物资及仓库等，也将留给中共方面。[2]

---

[1] 参见FRUS, 1945, China, pp.848-850；蒋经国：《风雨中的宁静》，（台北）幼狮书店1973年版，第15页。

[2] 《彭真关于接收辽阳鞍山本溪三处致中央电》（1946年1月1日）。

二、和与战的抉择

苏联拒绝参与调处国共关系，中共接受停战令留下后患

1945 年底，中国的局势异常复杂。自“双十协定”签订后，蒋介石即大举进攻中共的解放区，并迅速运兵以控制华北，接收东北。而共产党则利用自己在华北的优势地位，切断了华北各主要交通线，并全力开进东北，控制了部分战略要地和交通线，甚至阻止了国民党军队由海路进入东北的企图，使国民党接收东北的计划一度难以推进。蒋介石由于无力迅速调派更多军队赶赴华北和东北，要想在华北和东北对中共展开全面攻击，明显力不从心。但是，中共的优势同样极其有限。特别是它在东北新组建起来的部队，不仅缺少训练，而且装备不齐，要想阻止有着大批美式装备和在缅甸与日军作战经验的国民党军队向前推进，显然可能性很小。在这种情况下，美国总统特使马歇尔将军受命前来调处国共冲突，无疑成为这种复杂局面的一种转机。

对于马歇尔使华，国共两党的态度最初截然不同。蒋介石多次函电以示欢迎，并积极准备材料和方案，力图影响马歇尔和美国政策，以争取更

多的援助。同时，他也希望能够利用美国的压力，争取得到他这时因兵力所限在战场上一时还得不到的东西。

中共方面这时对马歇尔来华调处，却抱以高度的戒心。这是因为，同样曾经作为总统特使的赫尔利，就执行的是一套扶蒋反共的政策。而美国总统杜鲁门此时发表的对华政策声明[1]，也显露出很鲜明的扶蒋态度。因此，中共中央这时在党内就明确指出，杜鲁门声明的实质仍旧是“扶蒋防苏压共”。毛泽东在 1946 年 1 月 7 日给斯大林的信中，也特别表示了对于美国调处可能带来的危险的强烈担忧。[2]

杜鲁门声明和其他一系列文件，构成了马歇尔赴华使命的主要点。它确实包含着扶蒋、防苏、压共的重要内容。杜鲁门等认为，支持蒋介石政府以防止苏联控制满洲以至中国，是美国对华政策的核心。而要实现这一目标，无疑必须设法制止中国的内战和混乱，迫使共产党交出军队，完成中国在蒋介石领导下的完整统一。[3]

但是，作为一种妥协和美国民主政治观念的产物，马歇尔使命也包含着某些共产党人最初所不了解的内容。这就是，必须设法取消国民党的所谓一党“训政”制度，在现有政府的基础上，举行有各党派代表参加的国民会议，使他们得以参加政府，从而建立起广泛代议制政府。美国清楚地知道，做出这种妥协和进行必要改革的关键在于蒋介石，但它深信有足够的办法迫使蒋介石做出让步。[4]

在这一点上，美国甚至成功地取得了苏联的谅解，在莫斯科三国外长会议关于中国问题的协议中，双方不仅相互承认了对方在中国目前所负有的责任，而且同意共同促进中国停止内战和实施民主政治。[5] 这种情况不仅

[1] 《中美关系资料汇编》第 1 辑，第 628—629 页。

[2] 转见陈晖：《马歇尔使华与苏联对华政策》，《历史研究》2008 年第 6 期。

[3] 参见 FRUS, 1945,Vol.7, pp.745-746, 747-749, 768, 770；《中美关系资料汇编》第 1 辑，第 628—629 页。

[4] 参见《中华民国重要史料初编》第七编（三），第 42 页。

[5] 《新华日报》1946 年 1 月 11 日。

极大地提高了马歇尔的地位，而且也不能不迅速影响了共产党人的看法。

12月20日，马歇尔飞抵上海，与各方接谈。30日，国民党方面提议由马歇尔参加，会同国共代表各一人组成三人军事小组，调处停战等问题。因为认定“国共反映美苏”，为了在谈判中增加自己与美、蒋抗衡的资本和力量，中共中央最初明确主张苏联也派代表参加到谈判中来。但是，由于苏联不愿卷入美国势力范围内的事务当中来，也不愿由此为美国介入苏联势力范围内提供口实，因此，苏方明确拒绝了。

这时，对于根本解决国共冲突的办法，国共双方的公开立场非常明确：蒋介石要求取消共产党的军队，中共则要求取消国民党的一党政府，双方主张南辕北辙。[1] 但马歇尔似乎胸有成竹。调处工作一开始，他就一面提出实施停战和恢复交通的建议和办法，一面催开政治协商会议，准备通过停战、政治民主化和统编军队三个步骤来完成他的使命。

关于停战的建议和办法，马歇尔提出一份停战令草案和一项建立军事调处执行部的具体计划。停战令的中心内容是全国停战及军队停止调动和恢复交通。[2] 对于关内停战，中共中央并不特别担心，因为已经占据的地点多半有着较为稳固的基础。最为棘手的还是东北。国民党军队已经大举进入东北，又有中苏条约为法律依据，中共虽陆续接管了大片地区，却既无合法地位，也无足够军力可以阻止国民党军强行夺占。而如果没有苏联在谈判中提供帮助，中共要想通过谈判解决自身在东北合法存在的问题，自然也可能性很小。但是，苏联的态度很简单，“满洲问题完全除外，如要运兵及防止冲突，可向苏联交涉”[3]。

依照苏方建议，中共中央指示负责与马歇尔和国民党代表谈判的周恩来在三方会谈中提出“满洲问题除外”。周随即在1946年1月5日向马歇尔及国民党代表提出了这一要求，并说明：中共承认中国政府有权接收东北，

[1] 参见 FRUS, 1945, Vol.7, pp.794-804。

[2] 《中华民国重要史料初编》第七编（三），第64页。

[3] 《重庆代表团关于苏、英参加谈判事致中共中央电》（1946年1月3日）。

中国军队需要通过各种运输方式运送军队去东北，因此，不应在停战协定里不加区别地写明所有军队在停战令下达后都不得移动，而应把这一规定限定在关内，即应允许东北的军队有调动的必要。[1] 当然，周恩来要求在停战令中写明，东北军队的调动要经过协商。国民党代表则提出接收东北主权的军队，以及接收热河、赤峰和察哈尔、多伦地区的军队调动不应受停战令的限制。[2]

实际上，把东北除外，对中共确立在东北的合法地位存在着诸多麻烦。中共中央虽然批准了“满洲问题除外”的谈判方针，但很快就意识到这样做的种种不利。特别是国民党坚持曾与苏军订有协议，因而必须接收赤峰、多伦及其以南地区。此举实际上是试图阻断中共进入东北的陆路通道。中共中央因此清楚地意识到，满洲问题除外，东北仍将大战不止，于己不利。

8 日，中共中央电告周恩来等，说明:“关于停战运兵，就我们方面来说，满洲一起解决不除外为好。但以美人领导之三人委员会及三人司令部即借此插入满洲，对苏不利，因而即对我不利。但若满洲除外，国民党即要求热察除外，并可能在将来拒绝和我谈判满洲停战与运兵问题，如此则满洲问题可能久延不决，对我不利。”因此，它请周向苏联大使询问 ：他们能否很快设法使我们与国民党谈判解决满洲问题？如果不能，我们可否在此次谈判中规定满洲也必须纳入到停战令的范围之内？[3]

9 日，眼看停战谈判即将告一段落，中共中央明显地沉不住气了。它再电周恩来等，直截了当地要求“通知苏联大使，征求苏联意见 ：（一）由于中共与国民党关于满洲问题尚无任何协议，此时蒋军之进入满洲，不可避免地要发生严重冲突，蒋军现正在接收赤峰、多伦主权的借口之下，向热河、察哈尔我军进攻。为此已使国共双方关于停战的协议不能实施。（二）不独在中国本部，而且在满洲及热河察哈尔，中共方面均要求立即停战，关于

[1] FRUS, 1946, Vol.9, pp.20-25.

[2] FRUS, 1946, Vol.9, pp.59-75.

[3] 《中央关于满洲问题除外于我不利致重庆代表团电》（1946 年 1 月 8 日）。

这种停战协议，由于马歇尔的参加已获有初步结果，关于国民党进兵满洲及在满洲境内国共双方如何避免冲突的办法，我们希望苏联能够按照马歇尔参加国共谈判先例，立即发起谈判，并由苏联代表及国共双方代表组织三人委员会来解决满洲问题。（三）如果苏联暂时不好出面发起谈判及组织三人委员会，我们意见，满洲问题即在目前马歇尔参加的国共停战谈判及三人委员会中一并解决，而不使满洲问题除外。但在讨论与满洲有关问题时，均请苏联大使参加。因为我们估计到，国民党是不愿和中共讨论满洲问题的，并力图使目前的停战协议不适用于满与热察。而如果满洲问题除外，不在这次全国停战谈判中一并解决，国民党可能在将来拒绝和我谈判满洲问题，并可能将华北的蒋军调入满洲和我作战，这对我是不利的。而没有苏联或美国的参加，不论现在及将来，国共双方要在满洲避免军事冲突，都是不可能的”[1]。

但就在9日当天，国民党谈判代表已经开始做出让步，表示愿意将赤峰、多伦以南地区的接收延后，目前只派有限军队去接收赤、多两城。周恩来仍表示反对，并明告马歇尔称："不论中苏有无协定，均不能据此要求我们让出赤峰、多伦。因接收系受降问题，而受降为军事冲突的起因，故解决受降权只能就地办理，否则国民党可据此要求占领热察及我已受降之一切地区。"[2]

当晚，马歇尔向蒋施压，蒋介石同意国民党再作让步。次日，国民党代表表示在此次停战令中可以不提赤、多的接收问题。面对这种情况，周恩来已不再可能推翻自己原先坚持的"满洲问题除外"的要求，不得不接受了马歇尔修改过的停战令。[3] 但周恩来要求在谈判记录上写明：（1）在东

---

[1] 《中央关于向苏方征求不将满洲问题除外的意见致重庆代表团电》（1946年1月9日）。

[2] FRUS, 1946, Vol.9, pp.98-104；《重庆代表团关于谈判情况致中央电》（1946年1月10日）。注：赤峰、多伦这时事实上还在苏军占领下，故停战令发布后中共中央急电彭真、聂荣臻、程子华等："即向友方提出，要求赤峰、多伦及热察地区所有红军、外蒙军占领地区立即移交我军接防，行政由我方立即派人去接收，不得延误。"

[3] FRUS, 1946, Vol.9, pp.104-116, 119-125.

北不得驻兵过多；(2) 政府军进入东北只要经过华北中共占领区，须经过协商；(3) 进入东北各地的政府军调动，必须按时报告北平执行部。[1]

1月10日，国共双方就关内全面停战达成协议。规定停止一切战斗；除另有规定者，停止一切在中国境内的军队调动。中共中央亦宣布接受这一协议，并以毛主席的名义公开发布了停战命令，要求“凡在共产党领导之下，一切部队，包括正规军、民兵、非正规军、游击队以及解放区各级政府、共产党各级委员会，均须切实严格遵行，不得有误”[2]。

政协和平决议达成，中共中央认为是全国民主运动的大胜利

就在停战令发布的同一天，政治协商会议也正式召开了。国民党、共产党以及全国各党派和无党派人士代表齐集一堂，讨论和商定国家大政方针。中共中央在以毛泽东名义发表的声明中，甚至发出了这样的声音：“全中国人民在战胜日本侵略者之后，为建立国内和平局面所作之努力，已获得重要之结果。中国和平民主新阶段将从此开始。”[3]

中共对停战协定的签订和政协会议召开的这种态度，并不纯粹是出于宣传的目的。由于这时苏联方面一再表示“东北绝不能打”，故中共中央相信“苏联不会助我内战，但可助我与国民党获得妥协”。考虑到自己已经在东北及华北地区取得了立足点和部分军事优势，中共中央赞成在现有基础上争取和平与妥协。因此，中共在美国单方面调处国共冲突和停战协定问题上所作的种种让步，其目的无疑是为了在现有条件下取得有利于自身利益的和平局面。当然，中共中央也特别告诫各地领导人，独裁还没有完全打破，蒋介石也不会真的变成民主派，“在武装斗争基本结束以后，政治斗

---

[1] 《中央关于停战后我党对满洲的政策问题给东北局的指示》（1946年1月11日），见《中共中央文件选集》，第16册，第20—21页。

[2] 《新华日报》1946年1月12日。

[3] 同上。

争与秘密的特务斗争必将更加激烈。我们必须学会这些为我们所不很熟悉的斗争形式，否则我们就会失败”[1]。

果然，国民党继续坚持独裁统治和一党专政的企图很快就暴露出来了。1月14日，国民党代表在政协会议上就改组政府问题，明确主张：(1) 必须在现有之国民政府基础上增加人选；(2) 增加人选应由蒋介石指定并“提经国民党中央执行委员会通过”；(3) 国府委员会的权力只限于讨论和决定立法原则、施政方针、军政大计、财政计划及预算，以及蒋介石交议和1/3委员建议事项，蒋并有相对否决权和紧急处置权；(4) 国民政府委员中，国民党必须占“特定程度多数”，以便“履行领导的责任”。[2]

蒋介石的这一态度立即引起各方面的强烈反感。1月16日，中共代表团提出《和平建国纲领草案》，公开主张必须扩大和改组现政府，“改组后的政府，应脱离国民党的直接领导”，国民党在政府主要职位中所占的名额，“不得超过1/3”。[3] 中共中央亦明确指示代表团：“必须坚持破坏独裁”，“改组政府必须坚持不低于杜鲁门声明与三国公报的水平（一切民主分子参加一切机构，公平有效的代表权）”，“非有广泛代议制政府则军队无法统一”。[4]

国民党的顽固态度也引起了马歇尔的不安。在停战协定签字以后，马歇尔认为，必须促使国民党在政治上做出重要让步，放弃“一党政府”的形式，尽量实现政治民主，如此才可能说服共产党交出军队，最终实现中国的和平统一。鉴于国民党的态度，马歇尔不得不放弃不干预中国发展道

[1] 《中共中央宣传部关于停战后的宣传方针给各战略区的指示》（1946年1月13日），见《中共中央文件选集》，第16册，第24页。

[2] 《中央日报》1946年1月15日。

[3] 《新华日报》1946年1月17日。

[4] 《中共中央关于我在政协斗争中之方针原则的指示》（1946年1月16日）。

路具体形式的许诺[1]，亲自出面向国民党施加压力。

他于1月22日悄悄拜会蒋介石，说明自己的立场，并提交一份亲手拟定的《中华民国临时政府组织法》（草案），建议撤销最高国防委员会，代之以临时国府委员会，由蒋指定20人组成，其中9人为国民党、6人为共产党、1人为民盟、1人为青年党、3人为无党派。不少于15人则构成开会必需的法定人数，否则不可采取任何行动。委员会通过的议案，蒋应在十天内批准或否决。被否决的议案如委员会三分之二通过，则立即生效。蒋可以指定各院院长、各部部长，包括军事委员会委员等，但50%应为国民党人，30%应为共产党人，20%由其他党派及无党派人士充任。各省主席及各特别市市长，蒋须由国共两党组成的特别委员会提出的人选中指定。国府委员会还应成立专门委员会，监督和报告一切违反人民权利的事项及起草宪法草案，准备提交5月5日召开的国民大会。[2]马歇尔明确告诉蒋介石，美军不可能长时间留在中国，目前中国的局面很容易受到俄国从下层进行的渗透的侵害，造成共产制度的基础。因此，非在政治上采取变通办法不可。成立这样一种委员会，将使蒋确实取得全中国的总统地位，而非如现在的一党领袖，并能够确保中国不致共产化。[3]

马歇尔的干预显然产生了影响。蒋介石虽极端反感马歇尔的方案，甚至视其“为共党所不敢提者”[4]，但他考虑了一个晚上，第二天下午又同马歇尔讨论了两个小时，最后还是惧于杜鲁门声明的威胁及马歇尔掌握着运兵和援助的大权，不得不虚与委蛇，表示“目前可如此去做”[5]。因此，国民党

[1] 杜鲁门在对华政策声明中曾明确表示：“关于中国的团结的详细的必要步骤，必须由中国人民自己拟定出来；任何外国对这些事情的干涉，都是不适当的。”马歇尔来华后也多次表示，中国民主的形式应由中国人自己选择。

[2] FRUS, 1946, Vol.9, pp.139-141.

[3] 同上。

[4] 《中华民国重要史料初编》第七编（三），第71页。

[5] FRUS, 1946, Vol.9, pp.142-143.

代表逐渐在政协会上做出了让步：承认应以国民政府委员会为国家最高国务机关；委员选任无须经过国民党中执会通过，国民党人不超过半数；蒋没有紧急处置权，且蒋否决之决议如复议时有 2/5 以上委员坚持，则否决无效；凡重要决议均须有 2/3 以上出席委员赞成始可通过。[1]

不仅如此，国民党还表示同意充分肯定人民权利和自由，愿意在协议上写上共产党所提出的“凡收复区有争执之地方政府，暂维现状”的字样[2]。鉴于国民党做出重要让步，共产党方面也在国民党在政府中所占比例、国民大会代表资格以及整编军队原则等一些重要问题上做出了让步。

1 月 28 日，在政协会议基本达成协议的情况下，王若飞代表中共中央前往苏联大使馆向苏联大使说明了会议的初步成果。苏联大使提醒说：美国现在在远东的一切布置都是想使中国成为将来反苏的战场。包括国民政府的改组，美国也一定会加强控制，并想办法使之更加亲美。但他还是明确地表示祝贺，称赞“这是大胜利，是蒋介石的大让步”，认为目前“没有可怕的危险”。他并且表示赞同中共中央在东北与国民党和平合作的方针，宣称不管怎样，国民党最终都是要承认中共在东北的地位的。[3]

在几乎与此同时召开的中共中央会议上，赶回延安汇报的周恩来十分兴奋地介绍了政协会议所取得的成绩。刘少奇则代表中共中央明确肯定了重庆代表团的工作，认为虽然同意军队国家化，包括取消军队中党的工作，是很大的让步，但大危险是没有的，因为这一让步换来了全国范围内的民主运动的胜利。他表示：党内“今天主要的问题是左倾，是不相信和平，不相信政协的方法可能达到比军事斗争更大的结果。这是十八年残酷斗争所造成的影响”。应该说，国民党的独裁已经开始被破坏了，还会继续被破坏。

---

[1] 见《中央日报》1946 年 1 月 15 日。
[2] 见《中央日报》1946 年 1 月 20 日。
[3] 《重庆代表团关于与友人谈话情况致中央电》（1946 年 1 月 28 日）。

“武装斗争是必须的，非此没有今日。但继续武装斗争则必然在政治上失败。我们的军队以后要成为群众的工具，不用子弹而用纪律，用群众工作来打仗，使之誉声载道。”据此，他强调说：“我们这个和平方针与苏联的方针一样，他们要了解我们这一点。”[1]

中共中央通过了决议，赞同政协决议的决定。会议并且考虑了党的领导人参加政府的人选。会议按照周恩来的提议，主张以毛泽东、林伯渠、董必武、吴玉章、周恩来、刘少奇、范明枢（或彭真）、张闻天为中共方面参加国民政府的具体人选，以周恩来、董必武、林伯渠、王若飞为行政院副院长和两部部长及不管部部长的人选。[2] 中共中央并决定与国民党方面具体协商国府委员中各党派具体比例数字及否决权问题，以便于下一步参加政府工作。

在得到中共中央正式批准之后，周恩来等由延安又返回了重庆。政协决议草案也得到了包括国民党在内的其他党派的批准。由此，政协会议终于就政府组织、和平建国纲领、军队国家化及国民大会和宪法草案等五个问题达成了正式的决议案。

在政治民主化方面，决议案规定：成立由各党派及无党派人士组成的国民政府委员会和行政院，以国府委员会为政府之最高国务机关，讨论并决定立法原则、施政方针、军政大计及财政计划等，国府主席对于国府委员会的决议，只有复议权，没有否决权，复议时如有 3/5 以上委员主张维持原案时，该案应予执行。同时，建立立法院作为国家最高立法机关，由选民直接选举产生，总统、省长等实行民选。目前，总统须由县级省级及中央议会各级选举机关选举或罢免，而省可为地方自治之最高单位，并与中央均权。

在人民权利方面，决议案突出强调了人民在身体、思想、宗教、信仰、

[1] 《刘少奇在中央会议上的结论》（1946 年 1 月 28 日）。
[2] 《中央关于国府委员人选问题给重庆代表团的指示》（1946 年 2 月 6 日）。

言论、出版、集会、结社、居住、迁徙、通讯方面之自由，严禁司法及警察以外任何机关有拘捕、审讯及处罚人民之行为，要求修改或废止一切与此相抵触的现行法律法规，明文规定任何涉及人民自由的法律规定，都必须出于保障自由之精神，不得以限制为目的。

在军事国家化方面，决议案规定：实行军党分立，军民分治，军队内禁止一切公开的和秘密的党派活动，军人不得兼任行政官吏，军队不得干涉政治，国共两党军队尽速完成整编，最终实现全国军队统一整编为50至60个师的计划。[1]

毛泽东反对学法国，主张“美蒋要以统一来消灭我们，我们要逃脱”

政协决议的达成，明显激起了中共领导人中的政治幻想。毛泽东讲，这是党和人民的“很大胜利”，“全国和平民主方向业已确定”[2]，这未必是他的真实想法。但许多领导人显然真心相信和平民主新阶段已经降临，不可逆转了。

对于多数领导人来说，他们显然相信苏联方面战后一直在向中共中央介绍的“法国式道路”，也将是中国下一步发展的方向。还在1945年8月下旬斯大林来电要求毛泽东与蒋介石谈判和平统一的时候，毛泽东就已经提到过这一前景，说：“我们现在在全国范围内大体上要走法国的路，即资产阶级领导的，而有无产阶级参加的政府。”苏联大使此后不止一次地向周恩来介绍过法国党在这方面的经验。1946年1月28日苏联大使在与王若飞谈话时，又特别强调了这一点，声称中共应学习法国的经验，今后要把主要任务放到争取群众方面来。[3] 因此，周恩来在这一天向中共中央汇报政协会

[1] 《中央日报》1946年2月1日。

[2] 《毛泽东对美联社记者谈话》，见《新华日报》1946年2月13日。

[3] 《重庆代表团关于与友人谈话情况致中央电》（1946年1月28日）。

议情况时，也用赞赏的口吻，专门讲到了法国军队国家化的经验问题，说：“法国当时有几十万美英军队，如内战必失败，政治资本也要失去。故承认编入国防军，结果军事地位并未损失，政治地位极大提高。”[1]

正是基于对法国式道路的经验高度肯定的心理，中共中央在注意到政协会议所取得的和平民主成果之后，马上就相信“民主革命的胜利可能不需要再经过内战”了。由此也就催生了在中国共产党历史上空前绝后的关于和平民主新阶段问题的党内指示的出台。

显然，在和蒋介石国民党斗争了许多年之后，中共第一次看到蒋介石在政治民主化问题上做出了实质性的妥协，第一次看到“用政治斗争的方法可能达到比军事斗争更大的结果”。联系到战后整个国际大势和法国党的经验，他们终于得出结论称：“中国革命的主要斗争形式，目前已由武装斗争转变到非武装的群众的与议会的斗争”，中国“已走上了和平民主建设的新阶段”，“党的全部工作，必须适应这一新形势”。

据此，中共中央于2月1日发出党内指示，说明：“重庆政治协商会议经激烈争论之后，已获重大结果，决定改组政府，并通过施政纲领、宪草原则，又决定召开立宪国民大会，整编全国军队，实行军党分立，军民分治，以政治军及议会制、内阁制、地方自治、民选省长等项原则。由于这些决议的成立及其实施，国民党一党独裁制度即开始破坏，在全国范围开始了国家民主化。这就将巩固国内和平，使我们党及我党所创立的军队和解放区走上合法化。这是中国民主革命一次伟大的胜利。”根据政协决议的精神，“我党即将参加政府，各党派亦将到解放区进行各种社会活动，以至参加解放区政权，我们的军队即将整编为正式国军及地方保安队、自卫队等。在整编后的军队中，政治委员、党的支部、党务委员会等即将取消，党将停止对军队的直接领导（在几个月之后开始实行），不再向军队发出直接的命令”。它断言：“我党创立的军队，在今天只有采取这种形式才能取得合法地位，

[1] 《周恩来关于政治协商会议的报告》（1946年1月28日）。

被国内各党派及各国政府所承认而保存起来，并且换得党在全国的合法地位与国家的民主化，换得国民党军队脱离国民党所有、个人私有与派系所有。因此，这种退让是适合全国人民利益的，它丝毫不改变我们军队作为人民军队的本质。”[1]

但是，放弃非法的武装斗争，去走合法的议会道路，在中国这样的道路是否走得通呢？至少，毛泽东对此是持有疑问的。一直相信“枪杆子里面出政权”，相信“革命的中心任务和最高形式是武装夺取政权，是战争解决问题”的毛泽东[2]，自战后以来就一直在反复思考着这一问题。正如他在前往重庆谈判前夕所言：“问题是国共反映美苏”，因此，“城下之盟可以设想，同时又不可以设想。因为我们作了城下之盟，就是苏联作了城下之盟”。[3]所谓“可以设想，又不可以设想”，其实就最典型地反映了他的这种矛盾心理。他本不愿相信这种可能性，但由于受限于美、苏，因此只能勉强地按照它们的意志行事。一旦轮到可以由他做主的时候，他的态度马上就会发生改变，变得“不可设想”了。所以，当他在重庆谈判过程中注意到蒋介石其实并不能做到政治民主化，不过假借名义来诱骗中共放弃武装的时候，他就已经下定决心，坚持“人民的武装，一支枪，一粒子弹，都要保存，不能交出去”[4]。

这一次的情况也颇为相似。由于美、苏均表现出了想要把国共两党统在一个政府里的强烈愿望，再加上政协会议反映出了中国社会精英和民众的共同期盼，因此，毛泽东形式上也不能不表示赞同和欢迎。一旦具体涉及军队问题的时候，毛泽东的政治警觉性就又迅速提升起来了。实际上，还在2月8日，即中共中央开始考虑具体实行政协关于军事整编问题的决议的

[1] 《中央关于目前形势与任务的指示》（1946年2月1日），见《中共中央文件选集》，第16册，第62—67页。

[2] 毛泽东：《战争和战略问题》，见《毛泽东选集》（合订本），第529、535页。

[3] 毛泽东：《赴重庆谈判前在政治局会议上的讲话》（1945年8月26日），见《毛泽东文集》，第4卷，第15—16页。

[4] 毛泽东：《关于重庆谈判》，见《毛泽东选集》（合订本），第1159页。

时候，共产党人的敏感神经就已经被触动了。中共中央明确指示说：“马歇尔所提办法，对于破坏国民党及地方系军队的原来系统是彻底的，但应看到有许多仅是马的理想，事实上有些（如真正合理的征兵制）是今天行不通的。军队中的派系亦将长期存在，但我们在今天不要指出马的那些意见行不通，而应在原则上赞成他的意见，同时提出现在只决定第一期整编计划，第二期整编计划待第一期整编完毕时再行决定。因为到那时我可取得一些经验，并可看清美国的意图及按当前形势来决定我们对军队的政策。”而现在，我们第一是绝不能答应把我们的军队与国民党的军队合编起来；第二是驻地仍应坚持在我们自己的地区；第三是要争取为中共在东北的部队增编几个师；第四是要将我之主力大部保存在地方武装之中。因“美蒋目的仍是在政治上让步，军事取攻势（即最后夺取我之军队），此种阴谋必须严重注意”[1]。

自1945年11月至1946年2月中旬前，毛泽东事实上因重庆谈判期间过于劳累，回延安后多半时间处于休养之中，并未直接参与中共中央的各种具体会议和工作。但政协会议决议通过，并开始具体讨论到整军方案的时候，他显然因为不甚放心，重新开始参加中共中央的日常工作会议。

2月12日，在中央书记处讨论军队问题的会议上，毛泽东虽还在休息中，却亲自参加了会议，并且发了言。他的意见很明确：“美蒋要以统一来消灭我们，我们要逃脱，要统一而不被消灭。军党分立还不是最危险的，合编分驻才是最危险的。”“原则上只好赞成，实际步骤要看具体情况。”他说，不能什么都学法国，因为“我们国内国际条件与法国不同”。王稼祥也支持毛泽东的看法，认为马歇尔的手法非常漂亮，第一阶段整编计划看起来我并不吃亏，但第二步就要吃亏了。因为马歇尔认定中国绝不能有两个军队，否则就成了两个国家，是中国和平与远东和平的威胁。因此，他在军队国家化的口号下，提出军党分离、军政分离、补给与训练分离。这样，我们

[1] 《中央关于与国民党谈判军队整编的方针的指示》（1946年2月8日）。

的军队就要离开民政，离开财政与征兵权，而训练权均操在美国之手。照此计划，美国即可完全控制全中国之军队，以后再经过交通、货币的统一与经济的压力，控制全中国之政治，那时我如反对，在政治上就必然要陷于孤立了。

不难想象，毛泽东的态度会具有怎样的作用。刘少奇也改变了此前的看法。他开始承认："以军队国家化换取国家民主化的思想有危险，这种思想要在我们同志中去掉。"分散合编两项应从缓，"我们的理由是要保护自己的军队，因为现在民主化的前途还不知道"。一旦交出军队的控制权，蒋对我们军队恐怕要比对其他杂牌军还要不客气，对我们党也要比对民主同盟还要不客气。那时候，蒋要怎样便怎样，民主化反而没有希望了。

据此，中共中央很快就做出决定，拒绝交出中共军队的战斗序列。其理由是：(一) 国民党军队仍在继续侮辱共产党为奸党，共产军为奸军为匪军；(二) 国民党许多军队违反停战协定，私自调动军队，进攻共产军，挑起冲突，如对我广东东江纵队及对我中原李先念部队的进攻；(三) 国民党不承认共产党领导的义勇军，不承认东北问题和平谈判与政治解决，继续实行武力进攻；(四) 华北、苏北的伪军均未解除武装，反而被委以国军名义。这些情况都表明国民党并无与我合作之意。

同时，"为准备将来国民党内的反动派对我举行突然袭击时我仍能有效的组织自卫斗争起见"，中共中央决定"除将1/2主力部队编为保安部队外，再保留一部分（大约1/3）好的军事政治干部，在各解放区隐蔽起来，不要去请国民党加委，以免受军事法规的束缚及国民党的破坏，保持活动的自由……以便在一旦受人袭击时他们能自由活动"。[1]

马歇尔的整军计划刚刚开始提上议事日程，实际上就已经受到中共的抵制了。

[1] 《中央关于各地须从事整编军队的准备工作的指示》（1946年2月24日），《中央关于拒绝交出我军战斗序列的理由给叶剑英、饶漱石并周恩来电》（1946年2月28日）。

国民党拒不承认中共在东北地位，中共被迫选择战争

自停战谈判开始以来，东北问题就一直在困扰着马歇尔。“满洲问题除外”，便利了国民党大规模向东北派兵，结果造成了关内停战而关外大打的复杂局面。由于蒋介石完全不把中共抢先进到东北的军队放在眼里，因此，他明显对从中共手中夺占东北的难度缺少足够的估计。[1] 实际上，以国民党四五个军的兵力，要想完全控制住东北，不给中共以生存之地，也是无法实现的目标。何况，在中共的背后，还有苏联在暗中支持着。

中共中央这时在东北问题上的目标十分明确，就是要求国民党承认其在东北的地位。1 月 21 日，中共中央专门要求周恩来在与国民党谈判时，依据下列四点提出东北问题，即：“（一）政府接收东北主权时各党派及东北民主人士及民众团体均须有代表参加，要求取消行营，改为东北行政委员会，包括各党派代表为委员，释放张学良并参加接收工作。（二）承认在东北的八路军及东北人民组成的自卫武装，并编为地方自治政府的保安队及民警。（三）由乡到省政府实行民选，并承认现在各地已经民选地方政府的合法地位。（四）派进东北的政府军队数额不得超过 10 至 15 万，分驻东北各地军队之数额和运进路线须加协商。”[2]

鉴于东北局领导人对于听任国民党进占东北心有不甘，中共中央亦特别要求他们了解：“美国必须助蒋进占东北，苏联亦必须将东北交蒋接收，我方亦不能不承认蒋军进入东北接收主权，我在东北虽有实力，但尚无任何合法地位，因此苏军不能公开向我方任何交待。现全国停战业已实现……东北亦必须停战。整个国际国内形势不能允许东北单独长期进行内战。”“如

---

[1] 据重庆代表团给中共中央的电报称，参与接收东北的莫德惠告诉周恩来称，东北现有中共军队及杂色军队不下 60 万人，中央绝不可能单靠军事手段来解决东北问题。但蒋介石现在蒙蔽于杜聿明的片面报告，把问题看得太容易。而熊式辉又不敢对蒋明言前进困难，结果是蒋完全不明真相。《重庆代表团关于东北问题致中央电》（1946 年 1 月 25 日）。

[2] 《中央关于关于解决东北问题的方针给重庆代表团的指示》（1946 年 1 月 21 日）。

果我们对国民党采取内战政策，我们必归失败。”为此，中共中央要求东北局“在友方不坚决反对，我在完全防御有理条件下（退避三舍之后），给进攻之顽敌以坚决彻底歼灭之打击”。一战决定东北今后大局。[1]

1946 年 1 月底，苏军已将辽阳、本溪、鞍山、海城、彰武、新民、通辽等地相继交予中共军队接收。这样，从苏家屯以南至营口、安东，至通化，有着上千万人口的这一重工业区就已经落到共产党人的手中。随后，苏军相继从抚顺和沈阳撤走，不仅不向国民党军办交接，而且明确表示苏军撤走地区，中共可自由破坏。

2 月中旬，国共双方已在东北开打。国民党军队占据了几座县城，中共军队则在彰武以北歼灭了国民党军 5 个营。这个时候，不仅国民党不愿让三人小组出来调处东北问题，就是中共东北局也建议重庆代表团暂时不要找美蒋谈东北停战问题。它并报告说：苏军已明确表示，将全力支持我们确立在东北的主人地位，因此将尽可能满足我们在武器方面的要求。有关细节及组建炮兵、坦克部队、设立训练基地的问题，可作进一步的研究和磋商。3 月上中旬，苏军即从朝鲜“给枪 3 万（余）支”[2]。

眼见东北问题趋于严重，马歇尔于 3 月 9 日晚再度找到蒋介石，说服蒋同意派军事调处部执行小组前往东北。双方达成的条件是：甲、执行小组只管军事不管政治；乙、执行小组随政府各军行动，与共军保持联络，协商停战；丙、政府军队有权接收中苏条约规定的长春路，沿途铁路 30 华里境内中共军应撤退；丁、政府军队有权进驻矿区；戊、凡政府军接收主权时，中共军队不得阻拦并应撤退。[3] 对此，中共中央明确复电表示：“蒋所提五条，

[1] 《中央对目前东北的方针问题给东北局的指示》（1946 年 1 月 26 日），《中央关于打一大仗决定东北大局问题给东北局的指示》（1946 年 1 月 27 日）。

[2] 《东北局关于暂时不找美蒋谈东北停战问题致中央电》（1946 年 2 月 15 日），《东北局转报周保中处消息致中央电》（1946 年 3 月 16 日）。

[3] 《重庆代表团关于东北问题的对策致中央电》（1946 年 3 月 10 日），见《周恩来一九四六年谈判文选》，中央文献出版社 1996 年版，第 131—132 页。

我们决不能接受。”[1]

3 月 11 日，中共重庆代表团致电中共中央，主张：“应承认政府军有权进驻长春路及苏军撤退区，而以同时解决政治问题并协商进兵为交换条件。”称“如得此协商，便可派出执行小组，而三人会议亦可去沈阳，东北方面便可以现有阵地一步一步讲条件，逐步求得有利的解决，并取得我在东北被承认之地位”了。[2] 周恩来相信，不接受这一条件，就“只有准备破裂，停战小组及三人会议均不可能去东北”，并且还会“影响国内全局”。[3]

这时，毛泽东已重新主持中央工作了。他明显倾向于东北局的意见。他电告周恩来：“东北让出地方问题关系重大，必须慎重处理并征求东北意见。”“东北同志的想法和你们及我们都有很大距离，他们雄心很大，不了解为什么要让出许多地方给国民党。东北全党全军都是这种心理，东北局诸同志不过是反映这种意见。”他同时指出：“你们切不可一般承认国军有权进驻全部长春路及苏军撤退区，因中东路大部、南满路南段应力争由我接管。至于两路以外之苏军驻扎区，大部已交我接管，一部即将交我，其中除抚顺、本溪准备让出外，其余均不能让。如你们答应国民党有权接收苏军撤退区，则安东、通化、延吉、海龙、合江、佳木斯、黑龙江、洮南、辽源等地及其他广大地区均到过苏军，而我决不能让，将来不好收口。”

因此，他建议重庆代表团在谈判中说明，在停战条件下，国军可以接收自沈阳至哈尔滨之长春路上各城市（路两旁不在内）。“至于政府军以后再要进驻哪些地区和我军必须从哪些地区撤退，须待政治问题解决及我军驻防地区确定并须到东北和我军负责人商讨后，才能具体解决。”“我们的中心盘子，长春路的主要部分（即沈阳到哈尔滨）及抚顺、鞍山、本溪、营口、辽阳等数地，是要让给国民党的。但此种让步，须有交换条件”，因“我

---

[1] 《中央关于决不接受蒋提五条给重庆代表团的指示》（1946 年 3 月 12 日）。
[2] 《重庆代表团关于东北问题仍以求得解决为前提致中央电》（1946 年 3 月 11 日）。
[3] 《周恩来关于东北问题解决不好或将影响全局致中央电》（1946 年 3 月 11 日）。

们并想以让出长春路主要部分及抚顺、本溪交换国方从热河撤兵”。[1]

按照中共中央和东北局的观点去争，周恩来深感为难。其电称：我们“深感在谈判及宣传上，我们如反对政府军队在东北接收主权，具体地如反对政府军队接收长春两路及苏军撤退区，很难自圆其说。因从来我们不反对政府接收东北主权，且在停战协定上承认了政府军队有开入及在东北调动之权”的。[2]

3月15日，中共中央开会讨论了这一意见分歧，但并未能找到解决办法。随后起草的中共中央指示决定：不接受三人小组讨论的条件，听任东北军事冲突继续一个时期。[3] 毛泽东并且告诉周恩来：东北局意见，哈尔滨绝不能让国民党驻兵，抚顺和营口也要力争双方不驻兵。停战协定并未规定让国民党接收全路及全部撤退区，“若无政治上军事上地盘上之交换条件，并同时解决，我决不能让出地方”。故对国民党的其他要求，也不要答应，冷淡若干天为有利。考虑到东北苏军态度强硬，他明确告诫周称：“友方态度极强硬，将有重大发展。重庆友人态度过于软弱，他们的话不要全听。”[4]

刘少奇这时也表示出了强硬态度，同时他还间接地表示了对停战协定将东北除外的不满。他电告周恩来说：“为了妥协，我方现承认政府军进驻沈阳至长春，而政府军则承认实行停战，并保证讨论东北政治问题。以后政府军与中共军的驻地再详细规定。如此，我在宣传上及外交上是很能讲得过去的，不是不能自圆其说的。因彼方在宣传上、外交上不承认我军任何地位，不解决东北任何政治问题，我自绝不能再签订一个完全于彼方有利，完全于我方不利的条约。事实上，如彼方不实行停战，沈阳以北之长春路，我亦须进驻，使他不能接收，以逼使彼方停战。”[5]

---

[1] 《中央关于东北问题的谈判方针给东北局和中共赴渝谈判代表团的指示》（1946年3月13日），见《中共中央文件选集》，第16册，第89—91页。

[2] 《周恩来关于东北停战问题致毛主席并中央电》（1946年3月14日）。

[3] 《中共中央关于目前时局及对策的指示》（1946年3月15日）。

[4] 《中央关于对国民党冷淡若干天为有利致重庆代表团电》（1946年3月15日）。

[5] 《中央关于绝不能再签订一个于我不利的条约给重庆代表团的指示》（1946年3月16日）。

周恩来随即按中央意见，促使国民党代表同意三点修正，即：(1) 在政府“有权派兵进入苏军撤退之地区”一条中增加了“现时”二字以为限制，并指明“即苏军现时撤退之沈阳、长春间铁路线及其两侧各 30 华里在内”。(2)“凡现时中共部队驻在地区，政府军如须进驻，须经过执行小组商讨行之。如小组未能取得协议，则应由较高机构解决之。”(3)“将来一切军队在东北之驻防事宜，依整军方案另订之。”[1]

接得周恩来的电报，毛泽东马上断定又有了新的机遇。他当即批示：务请东北局与苏军接洽，“将整个中东路（包括哈市）让我充兵永远占住，不让国民党进驻一兵一卒”。他因此批准了东北局夺取沈阳以北所在地区的计划，并要求他们马上进占各战略要点，“愈快愈好”。[2]

苏军抱怨：你们为什么对美国如此客气？决战四平，虽败犹胜

1946 年是世界经历历史性转折的一年。刚刚经历了从战争向和平过渡的美、苏两大强国，在莫斯科会议刚一结束，很快就开始从战时的盟友变成了和平时期的敌人。随着 1946 年初苏联与美国在伊朗和土耳其等问题上发生尖锐的矛盾和冲突，苏美关系骤然间恶化起来。由于苏联力图取得对伊朗和土耳其的控制权而不可得，反而使得美国迅速把它的势力范围伸展到东地中海地区。苏联一直计划把中国东北置于自己的势力范围之下，也不断地受到美国的指责和反对，就连想用“经济合作”来要挟国民党，都因美国的干预而告失败。可想而知，苏联很难不认为自己正在落入美国的战略包围之中。

2 月 11 日，美、英政府公布了雅尔塔秘密协定，苏联因为通过秘密协定索取在中国东北的特殊权益而不可避免地在外交上和舆论上受到冲击。

[1] FRUS, 1946, Vol.9, pp.564-565.

[2] 《毛泽东在周恩来与张治中谈判东北问题报告上的批示》（1946 年 3 月 17 日），《中央关于同意派兵进驻沈阳以北长春路沿线苏撤区给彭林的指示》（1946 年 3 月 17 日）。

与此同时，蒋介石又突然旧态复萌，先是在国府委员党派比例问题上表示反悔，后又以自己“事前未能详阅条文”为借口，根本否定政协通过的宪法草案决议。[1] 国民党内 CC 派原本就不满政协决议，因而趁着重庆各界举行庆祝政协圆满成功大会之机，在重庆市党部的秘密组织下大打出手，演出了震惊国人的“校场口惨案”。紧接着，国民党为转移民众视线，马上又利用雅尔塔密约公开，发动了全国范围的反苏大游行，还乘机捣毁了重庆《新华日报》的报馆。

所有这些情况无疑都强烈地刺激了苏联人，苏联红军在东北再也不顾中苏条约的约束，把苏军占领地区全部交给中共，并且要求中共放手大打，明显是想要让中共在东北站住脚。在东北停战谈判迁延不决之际，苏军代表甚至明显表示不耐烦。他们一再质问中共东北局领导人：你们为什么对美国如此客气？为什么容许国民党派 5 个军来东北？他们强调：凡苏军撤退之地，包括沈阳、四平街，中共都可以放手大打，并认为“打得越大越好”[2]。

3 月 18 日，周恩来与国民党代表商定的东北停战条件被蒋介石否决，谈判再度陷入僵局。刚刚回到华盛顿的马歇尔对此倍感焦虑，再三催促。21 日，周恩来受命回延。中共中央研究后通知东北局称：“我们已答应让出沈阳至长春之铁路线及其两侧各卅华里给国民党驻兵（山海关至沈阳铁路亦由国民党驻兵），其他地方暂时不让。如国民党及美国答应在这种条件下与我停战，我即不能不和国美成立协议，让停战小组进入东北。我们想这对于苏联亦无不利之处。”但它仍旧希望苏联能够加入调处，因而要求东北局立告苏军并询问他们意见，“是否愿意公开出面参加调解冲突，成为国共美苏四方面组织停战小组”？毛泽东特别指示称：马歇尔将要回到中国，“可能在数日内成立协议”，“你们应立即动手大破北宁路及沈阳附近之长春路，愈迅速愈广泛愈好，迟则无用”；“歼灭国民党进攻军队愈多愈好，不惜重

[1] 《先总统蒋公思想言论总集》第 37 卷，第 333—335 页。
[2] 《中央关于与国民党谈判策略致重庆代表团电》（1946 年 3 月 18 日）。

大伤亡（例如 1 万至 2 万人），求得大胜，以利谈判与将来”。[1]

3 月 23 日，周恩来通知中共中央，苏军准备 4 月底以前全部撤退完毕。次日，毛泽东拟电告诉东北局称：“美苏中苏关系业已改善，苏军四月撤完，已照会王世杰。判断蒋介石必由沈阳出兵向北和我争夺长春、哈尔滨。”“我党方针是全力控制长哈两市及中东路全线，不惜任何牺牲。”[2]

为了尽可能实现这一作战目标，毛泽东还进一步要求东北局与苏军交涉，请他们速让我军进占长、哈两市及中东路全线，“另请他们加拨枪炮若干（例如步枪 10 万，机关枪 1 万，大炮 500 门，弹药称是），以便广泛武装东满北满民众及我军”，“力争我党占领长春，以长春为我们的首都”。[3]

3 月 24 日，国民党军队大举北上，开始进攻中共占据的抚顺、辽阳等地。中共中央估计停战协定达成及停战小组派出还要相当时间，因此明告东北局“至少还须经一二个星期，也许更长时间的恶战，才能实际达到停战”。

27 日，三人小组最终达成关于派遣停战小组前往东北执行停战命令的训令，规定小组之任务只为调处军事案件，并只应前往政府军与中共军冲突地点或接近地点，以制止冲突及进行必要与合理的调处。[4] 但是，美国代表吉伦另有打算。他甚至密令派赴东北停战小组中的美方人员要协助“政府军”：(1) 占领所有村镇、城市及交通线上之要点；(2) 单独管理所有公路、铁路、水运、空运交通，包括上述交通设备和两侧 30 公里之地区；(3) 占领并管理所有工厂、煤矿、电厂及其他设备之地区。[5] 因此，停战小组虽到达沈阳，却并未实现制止冲突的目的。蒋介石这时也有恃无恐地在国民党参政员会上公开扬言，对于中共在东北的所谓“民主联军”和所谓“民

---

[1] 《中央关于美国急欲解决东北国共冲突致东北局电》（1946 年 3 月 23 日）。

[2] 《中央关于控制长春哈尔滨及中东路保卫北满给东北局的指示》（1946 年 3 月 24 日），见《中共中央文件选集》，第 16 册，第 100—101 页。

[3] 《中央关于苏军撤退前力争占领长春致东北局电》（1946 年 3 月 25 日）。

[4] 《解放日报》1946 年 3 月 28 日。

[5] 《中华民国重要史料初编》第七编（三），第 94 页。

选政府”，“决不能承认”[1]，从而完全堵死了和平解决东北问题的道路。

在连续作战两周时间后，林彪所部节节抵抗，终于在四平街西南兴隆岭和泉头车站与国民党新一军形成了对峙，但部队伤亡已达1700余人，而国民党的增援部队还源源不断而来。林彪明确认为：“在此种情形下及在蒋介石继续增兵东北的情况下，我固守四平和夺取长春的可能性，和东北和平迅速实现的可能性均不大。”他建议，“停止对长春之攻击”和对四平的死守，部队作战应以消灭敌人为主，而不以保卫城市为目的。以免既不能保卫城市，又损失了力量，造成以后虽遇有利条件亦不能歼灭敌人的情况。[2]

4月12日，毛泽东复电表示同意林彪的建议。两天后，苏军突然从长春撤离，再加上林彪部成功歼灭了国民党七十一军的一个师，毛泽东对东北作战的形势又马上乐观了起来，因而再度批准了东北局夺取长春的意见。19日，长春完全占领。毛泽东电告周恩来称：“长春已得。已令彭林周陈高夺取哈齐，并发动群众整顿军队，为保卫长春而战，同时增强四平兵力，歼灭进攻之敌，坚决保卫整个北满至西南南满。我军已打出经验，寸土必争，决不退让。”[3]他并指示东北局，要“做长期保持计划”，还应“考虑于短期内召集东北人民代表会议，成立东北自治政府问题”。[4]

4月20日，在哈尔滨的高岗电告东北局和中共中央：苏军已确定25日撤完，今送两辆装甲车及一部武器。“交涉送10万步枪、1万轻重机枪，1千门炮，他答应我们进哈市后即会得到东西。”[5]几天后，哈尔滨、齐齐哈尔等相继取得，毛泽东电告林彪：“东北战争中外瞩目。蒋介石已拒绝马歇尔、民盟和我党三方同意之停战方案，坚持要打到长春。因此我们必须在四平本溪两处坚持奋战，将两处顽军打得精疲力竭，消耗其兵力，挫折其锐气，

[1] 《中华民国重要史料初编》第七编（三），第74—78页。
[2] 《林彪关于我军应以消灭敌人为主致东北局及中央电》（1946年4月8日）。
[3] 《毛泽东关于如国美要求我让出长春请断然拒绝致重庆代表团电》（1946年4月19日）。
[4] 《中央关于东北局应迁长春给东北局的指示》（1946年4月19日）。
[5] 《高岗关于与苏军交涉情况致东北局并中央电》（1946年4月20日）。

使其以六个月时间调集的兵力、武器、弹药，受到最大消耗，来不及补充。而我则因取得长、哈，兵力资财可以源源补充，那时，便可能求得有利于我之和平。”[1]

尽管中共中央下决心“死守”四平、长春[2]，但它实际上认识到，目前第一位的任务已经是“力求迅速停战”了[3]。故周恩来很快即向国民党代表提出：东北已无接收主权问题，我只要和平与民主，政治上只要1/3，军事上只提重定比例，并非想独霸东北，要求国民党正视现实，开始谈判。[4] 然而，仍旧握有重兵的蒋介石，是绝不肯在这种条件下来同共产党谈判的。以中共此时新组建的部队的战力，要顶住新一军等美式装备，并参加过印缅战争的精锐之师，守住四平、本溪，其实也是很难想象的。

从4月上旬到5月中旬，共产党约6个旅在四平一线阻击蒋军达一个多月，顶住了近10个师的轮番进攻，伤亡近两万人，且兵力全部投入战斗，极为疲惫。不得已，中共中央决定必要时“应主动的放弃四平”，同时要求中共代表团根据马歇尔的提议，经民盟提出了“长春双方不驻兵”，组织“三三制民主政府”，市长由中间人士担任的建议。[5]

但是，5月18日中共军队被迫撤出四平，22日长春被国民党新六军进占，蒋介石气焰大盛，此议遂不了了之。不仅如此，蒋介石还进一步挥师北进，迅速拿下了吉林，攻占了辽源、伊通、西丰、西安，只是没有力量追过松花江，进占北满了。

恰恰因为国民党一时无力进占北满，退据北满的林彪部队反而得到了充分休整补充和更换装备的时机与条件。不过半年之后，退入北满的十几万部

---

[1] 《毛泽东关于在四平本溪坚持奋战争取有利于我之和平致林彪电》（1946年5月1日），见《毛泽东军事文集》，第3卷，第195页。

[2] 《中央关于死守四平挫敌锐气致林彪电》（1946年4月21日），《毛泽东关于长春应布置守城致彭、林电》（1946年20日）。

[3] 《中央关于同意马歇尔停战方案意见问题给重庆代表团的指示》（1946年4月26日）。

[4] FRUS, 1946, Vol.9, pp.811-812.

[5] 《中央关于东北停战问题致重庆代表团电》（1946年5月15日）。

队，就发展到46万余人。到1947年夏天，达到了73万余人。1948年年底，更是发展到了105万人，编成了12个纵队、14个独立师、3个骑兵师、1个炮兵纵队、1个铁道纵队、1个坦克团。[1] 国民党军反而因为防守的战线过长，兵力上更加捉襟见肘，很快就不是林彪的对手了。

苏联倾力援助，中共在东北转危为安，马歇尔调停失败

中共在东北军力的迅速发展，自然离不开苏军的帮助。还在四平保卫战的过程中，苏军就给予了高度重视，并从朝鲜苏军处调拨弹药应急，还特别询问东北局所缺武器情况。四平弃守后，苏军代表明确提出，中共是否有能力在关内另辟战场，称如此可减轻东北压力，陷美蒋于被动。如果中共有此能力，他们愿意帮助中共组织船只从海上经山东转运武器弹药。东北局电告中共中央说，苏军代表表示："在朝鲜有相当数量武器弹药可以用来帮助我们。只要我们有办法，要多少有多少。"[2]

坦率地说，四平之战的结果大大出乎毛泽东的预料。在长春弃守，国民党军长驱北上之际，毛泽东对东北战局的进一步发展也毫无把握。他虽然仍旧要求部队力争"保持北满东满某些大中城市，作为长期坚持东北斗争的有利的战略基础"[3]，但东北局明确表示反对。因这次作战失利，东北局领导人头一次深感形势的严峻与危急，在5月26日的报告中表示，现在不要说守城，就是对追敌进行抵抗，都很困难。电称："部队伤亡减员甚大"，"主力甚为疲惫"，"各地土匪乘虚弥起"，"敌向我党前进，我甚难作有力抵抗"。[4] 因此，东北局强烈要求做弃守哈尔滨和齐齐哈尔的准备，避免再与国民党

[1] 《何长工回忆录》，解放军出版社1987年版，第413—414页。

[2] 《东北局关于在关内另辟战场问题致中央电》（1946年5月20日）。（注：在四平保卫战中，由朝鲜运来的成百车皮的军火，曾在四平附近的火车站被国民党空军炸毁。）

[3] 《中央军委关于保持某些大中城市作为长期坚持东北斗争的有利战略基地致东北局电》（1946年5月26日）。

[4] 《东北局关于今后作战方针问题致中央电》（1946年5月26日）。

军做拼死之战。6月3日，中共中央最终批准了东北局“做放弃哈尔滨之准备，采取运动战与游击战方针”，提出今后应“为在中小城市及广大乡村建立根据地而斗争”。[1]

然而，毛泽东对在有苏军配合的情况下竟然不能在东北取得几个大城市从而背靠苏联建立强固的战略基地，无论如何都不甘心。因此，他几乎马上就接受了苏方的建议，不顾关内已实施了停战令的情况，命令山东的部队发起“报复作战”。他在电令中讲得很清楚，即“国民党占我长春、吉林，正向哈尔滨进攻，在关内各地进攻不停，其中包括攻我豫东，辰三十（即5月——引者）起北平蒋军大举攻我冀东。因此，我必须采取报复手段”[2]，以便牵制蒋介石不能继续向东北增兵，并还国民党军以颜色。

与此同时，鉴于马歇尔坚持必须让国民党进占哈尔滨、齐齐哈尔、满洲里、佳木斯、牡丹江等北满大中城市和中苏边境各战略要点，毛泽东极为恼怒。为尽可能保住哈尔滨等城市，他一面电告周恩来坚决反对，一面在万般无奈之下，破天荒地要求东北局向苏军求援，说明我军甚为疲劳，除非苏军“能立即出动实力，到哈尔滨等处协助我军，打击国民党，我方才可以拒绝国美上述苛刻条件”[3]。

不难想象的是，苏军断难出兵帮助中共抗击国民党的进攻。好在毛泽东强烈担心的国民党军渡江北进的情况没有发生。苏军还是给了中共最直接的帮助，这就是将日本关东军留在北满的一部分武器弹药和重型装备留给了林彪的部队，使之很快能够扩编一倍，并大大增强了部队的作战力。不仅如此，苏方还按照他们5月间允诺的那样，由驻朝鲜苏军经中共南满辽东军区，向山东的中共部队提供了大批武器装备和弹药器材等。

---

[1] 《中央关于为在中小城市及广大乡村建立根据地而斗争给东北局的指示》（1946年6月3日）。

[2] 《中央关于立即攻取长垣考城永年聊城致刘邓薄并告贺李聂刘电》（1946年6月2日）；《中央军委关于攻取泰安大汶口张店周村德州枣庄等地致陈舒电》（1946年6月5日）；《中央关于我愈取坚决有力之报复行动美蒋对我愈有所顾忌致重庆代表团并东北局电》（1946年6月12日）。

[3] 《中央关于争取拒绝国美苛刻条件致东北局电》（1946年6月5日）。

据5月下旬辽东军区司令员肖华电告，第一批运送去东北的，有重机枪83挺、轻机枪32挺、子弹43万发、炸药1万箱，还包括一批电气材料、广播电台、印刷材料和摄影机等，均秘密由安东通过海路运去山东烟台，送交给了陈毅的部队。6月，朝鲜苏军又进一步接连向山东的中共部队提供了两批武器弹药，其中第三批就有步枪5000支、子弹300万发、高射机枪20挺、重机枪30挺，并有其他资材一批。[1] 这种大批量的武器弹药输送一直分期分批进行到8月份，仅7月15日到8月7日，就运送了12145支步枪、182挺重机枪、506挺轻机枪、167个掷弹筒、7门炮、11164把刺刀、1000余万发子弹、43588发炮弹、6700发掷弹筒弹、22万斤炸药以及500箱填装炮弹的火药等武器弹药到山东。[2]

由于8月中旬负责东北局后勤工作的萧劲光向朝鲜苏军要求开始向东满转运武器弹药，向山东运送军事物资的工作一度暂停。中共中央得知消息后，马上进行了干预，指示东北局："华北战事激烈，弹药极缺。肖华前计划运送子弹2000万发，炮弹数万，步枪机枪及炮若干，极为重要。"请务必指令有关同志交涉速运，必须于烟台、威海尚在我手时完成运送。[3]

据此，肖华又得以很快组织南运了炮弹火药3500箱，并从辽东军区炮兵团的炮弹中抽出2000发山炮炮弹和50万发七九子弹运去山东。苏军得知关内战事弹药极缺的消息后，也马上从图们转交给中共100多节火车皮的弹药，紧急援助中共。到9月，朝鲜北部所存日军各种子弹、炮弹、炸药和各种枪炮等已全部运抵安东，其数量之大，已非过去海船运量所能承受。故根据辽东军区的要求，中共中央明令胶东军区："派得力干部迅即集中所有轮船至安东，运输物资，愈快愈好"，并要求详细报告何人负责、何日出动及每次运量多少。中共胶东区委很快组织了数十只较大型的汽船前往安东往返

[1] 《肖华致陈、黎、舒并报东北局、中央电》（1946年5月28日、6月15日、6月23日）。
[2] 《肖华致陈、黎、舒并报东北局、中央电》（1946年8月9日）。
[3] 《中央关于华北弹药极缺必须速运弹药致东北局电》（1946年8月24日）。

运输，所运物资除少部转运到晋冀鲁豫根据地外，大部均运往临沂集中。[1]

在此之后，在北满的中共军队还成功地取得了苏军1946年撤退前从沈阳、长春一带运到满洲里贮存起来的一大批日式武器装备，大部分都是重武器，包括坦克、大炮之类。在东北局军工部部长何长工的指挥下，用火车拉了几天才拉完。[2] 据林彪电称，这批武器装备了30个步兵团加两个山炮营。林彪为此还进一步向斯大林提出了再帮助20万支步枪、1.5万挺轻机枪、7000挺重机枪、700门团营迫击炮、1000门连迫击炮、100门高射炮、200门山野炮以及大量弹药和20个师用的通信器材的要求。苏联随后从朝鲜方面向林彪提供了2000车皮装运的武器弹药。

而苏联以租借名义占据的旅大地区，事实上也成了中共支援前方作战的重要军需物资供应基地。除了铁路和港口直接由苏方管理外，地方政权和主要经济部门均交由中共控制。因此，旅大的军工生产企业也为中共前线供应了相当数量的军用物资。[3]

从1946年12月开始，苏联政府以及苏联武装力量部和后来的军事部，还通过贸易机构直接向中共提供物资。仅在1947年里，苏联就向中共华北和东北根据地提供了价值15100万卢布的各种武器、设备、战略材料和工业。1948年间，更达到33540万卢布。1949年，又增长为42060万卢布。[4]

---

[1] 中共此后仍旧继续从朝鲜方面得到弹药的帮助，但多半都是花钱从北朝鲜自己的炸药厂购买的。

[2] 《何长工回忆录》，第427—428页。

[3] 据时任大连市委书记的韩光介绍，从中共进入旅大至1949年，旅大为前线提供了1200门迫击炮、450吨无烟火药、50余万发炮弹、80余万枚引信、30万套军服和其他大量军需用品。中共吉林省委党史研究室、吉林省东北抗日联军研究基金会编：《韩光党史工作文集》，中央文献出版社1997年版，第33—39、133—139页。

[4] 有关这项援助的数字，现有两种不同说法：沈志华引用的数字是，1947年9300万卢布，1948年15100万卢布，1949年20500万卢布；陈晖引用的数字是1946年12月至1947年1月15100万卢布，1948年33540卢布，1949年42060卢布。因沈志华所引数据是1977年苏联出版物中的数据，而陈晖引用的数据是2005年列多夫斯基补充提供的，故这里以陈晖所引数字为准。唯笔者对1946年12月至1947年1月仅两月即提供15100万卢布这一数据存疑，注意到其随后的数据均以年为统计单位，故推测陈晖这里的1947年1月当为1947年12月之误。参见沈志华：《苏联专家在中国（1948—1960）》，中国广播电视出版社2005年版，第32页；陈晖：《马歇尔使华与苏联对华政策》，《历史研究》2008年第6期。

苏方军事帮助的意义，东北局的感受最直接。部队进入北满后与苏军三个多月的密切合作，使东北局明显又增强了信心。他们告诉中共中央称：抗战结束后，我党的最大胜利就是我军进入东北。如今，只要我军能够再取得几个月的休战时间，就能利用已经得到的成批的大炮，建成自己的炮兵部队，进而初步创立起一个广大的根据地。只要能够建立起这块背靠苏联的根据地，就能在苏联的帮助下，"建设数十万现代化的人民军队"[1]。又过了一个月之后，形势变得更加明朗，东北局更进一步向中共中央提出：我们现在已经有了充分的武器装备的技术条件，完全可以"依国际联系建立优越武器装备的军队"，现在的问题是需要大批营、连、排干部来扩编军队，尤其是急需一大批人"来学飞机坦克大炮"。他们强烈要求中共中央分令各区再抽调人员尽快经大连转送到北满来。[2]

同样，中共中央这时也对关内作战的效果感到满意。从 6 月下旬国共双方在关内再度开打，由于得到了关外源源不断地输送武器弹药，几个月时间中共在华北地区就已成功歼灭国民党军二三十个旅。这时，直接参与军事指挥的彭德怀最感到兴奋的，就是部队在"技术上提高了，装备加强了，炮兵增多了"，因而"士气高涨了"。与此相反，中共作战并不感到弹药紧张，蒋介石的家当却越打越少，"美日武器弹药用掉了大部"。在这种情况下，中共中央不仅对与国民党再谈停战不感兴趣，就是对美国的调处也不再需要了。毛泽东几度指示重庆代表团不要再提停战问题。中共中央并且已经得出结论，宣布说："此次战争实际上敌人是美蒋……我们在现阶段的基本政策，是对付美蒋两个结合一体的敌人，既是反美国帝国主义又反蒋介石封建买办集团。"[3]

1946 年 10 月 11 日，国民党军不顾中共代表的强烈反对，夺取了中共

[1] 《东北局关于华北战场与东北战场等问题的报告》（1946 年 9 月 9 日）。
[2] 《林彭高陈对目前形势与今后任务的意见》（1946 年 10 月 19 日）。
[3] 《中央宣传部关于现阶段革命性质及基本政策问题给冯白驹等的复示》（1946 年 11 月 10 日），见《中共中央文件选集》，第 16 册，第 332—333 页。

控制的张家口。国共关系事实上已经破裂了。

11 月 15 日，国民党不顾中共和民主同盟等中间党派的反对，单方面召开不符合政协决议程序的只有国民党和两个小党派的代表参加的国民大会。四天后，中共谈判代表周恩来等一行人毅然返回了延安。

12 月 18 日，美国总统杜鲁门发表声明，表示将继续支持受到中共和民盟等中间派反对的蒋介石的国民政府。这表明，美国已经被迫公开表示站在蒋介石国民党一边，马歇尔在中国的调停工作自然失去意义了。

1947 年 1 月 8 日，一直以为能够在中国做出一番成就的马歇尔黯然离开了中国。而中共中央在 2 月 1 日的政治局扩大会议上，仔细盘点了几个月来的战绩和国内外政治形势，明确认为：“我军如能于今后数月内再歼其 40 至 50 个旅……则军事形势必将发生重大变化”，中国人民反美反蒋的人民大革命毫无疑问地将要到来了。[1]

[1] 《中央关于目前形势与任务的指示》，参见《毛泽东选集》（合订本），第 1210 页。

三、“中间地带”的革命？

毛泽东相信，美、苏妥协并不要求各国人民随之实行国内的妥协

自抗战结束以来，始终困扰着中国共产党人的一个重要问题，就是“和”与“战”的问题。毫无疑问，没有人会希望战争，特别是在经历了八年抗战，国际国内充斥着要求和平的空气的情况下，准备和平的思想自然会在中共党内占据着主导地位。毛泽东大概是在所有中共领导人中，最坚定地相信战后必定要与国民党展开一场可能会决定两党命运的争夺战的。即使是一直在要求全党做好战争准备的他，也没有预料到战后会面临美、苏直接干预中国事务的局面，一切预想“似乎都变了”[1]，好像中国真的要走上和平民主发展的新阶段了。

走和平发展的道路，这对中共来说并不是一件新奇的想法。无论在1920年代中期、1930年代中期，还是1940年代初期，凡是在国共两党关系处于发展和稳定的时期，都可以从中共中央的文件中看到类似的设想。但是，

[1] 《毛泽东和刘少奇、周恩来的谈话》（1946年11月21日）。

在经历了两次国共合作的反复，特别是中共的力量前所未有地空前强大之后，要想让毛泽东再相信共产党与国民党应该或能够和平共处、共同建国，几乎是不可能的了。但问题在于，“国共反映美苏”，“因为苏美英需要和平”，在很长一段时间里，似乎根本就由不得国共两党自己来选择如何安排战后中国的发展道路问题。因此，毛泽东也一度设想过卧榻国民党之旁的可能性，相信“内战是可以避免与必须避免的”，因而准备在保持自己一定武装、政权和地盘的条件下与国民党实现和平共处。然而，蒋介石太过自信和自大了，常常膨胀得连中共“在保存一块地方的条件下订城下之盟”的机会也不给，用毛泽东的话来说，叫作“蒋的方针是一无自由，二要消灭”[1]。因此，战后中国内战之不可避免，显然并不纯粹是因为毛泽东想要推翻国民党和夺取政权。

中国共产党人是不怕战争的，他们的理念就是“战争解决问题，武装夺取政权”。他们也一直是从暴力和战争的经历中走过来的。但是，在第二次世界大战之后，继续在中国全面内战，不论对中国的前途和中国人民的根本利益影响如何，它是否符合世界大势，是否符合苏、美、英三强就远东问题所达成的一系列妥协呢？十分明显，和过去相比，中国革命与世界的联系变得更加息息相关了，以至于中共所设想的中国革命的进程，既不取决于中国社会内部矛盾发展的程度，也不取决于国共两党力量对比的强弱，而是取决于国际政治环境，特别是取决于苏联和美国的态度。因此，不管毛泽东如何告诫说：“蒋介石想消灭共产党的方针没有改变，也不会改变”，一直强调战争不可避免，但是“打不打”的问题总是难于决定，对和平民主的幻想也始终难以清除。

中共中央这时对内战的担心主要有二，一是它会不会给苏联造成困难，二是会不会引发第三次世界大战。从抗战胜利后斯大林要求毛泽东前往重庆谈判的电报，到苏联赞成马歇尔调处中国内战，以及苏军在中国东北问

[1] 《毛泽东和刘少奇、周恩来的谈话》(1946年11月21日)。

题上态度的反反复复，他们不难了解苏联力求战后妥协和平的复杂心态。中共中央战后之所以一再强调“和平是能取得的”，并且不止一次地表示准备走法国式的道路，都是受到苏联态度的影响和担心妨碍了苏联。

这种情况直到1946年3月以后才开始发生改变。苏联在东北问题上越来越强硬的立场，以及它积极支持中共夺取东北及搅浑水的情况，说明苏联不仅不再反对中共对国民党进行战争，而且相信这种战争在一定程度上还会对苏联有利了。于是，问题只剩下一个，那就是：国共战争是否会引起第三次世界大战？的确，“不能有第三次世界大战是肯定的”，不仅苏联人这样想，毛泽东也这样想。但是，中国的内战真的会引发第三次世界大战吗？在经过了几个月的仔细观察以后，个性上永远都不愿意被别人牵着鼻子走的毛泽东，明显对此发生了怀疑。

实际上，毛泽东已经注意到自2月份以来苏联和美、英之间矛盾日益加深的情况，特别是英国前首相丘吉尔在美国富尔敦的威斯敏斯特学院发表的反苏演说[1]；斯大林措辞严厉地针对丘吉尔演说的谈话等[2]。这些情况，包括美、苏在伊朗问题上发生的冲突，表明美、英与苏联之间的矛盾冲突，不论中国事态如何发展，其实都是不可避免的。与此同时，毛泽东也注意到第二次世界大战给各国造成的严重损害和各大国为了维护世界和平而签订的各种条约；注意到美、苏在欧洲与亚洲几个月来又斗争又妥协的情况；注意到斯大林一方面坚持意识形态的对立，一方面又高度注重和平的态度[3]，以及欧洲各国左派势力处于上升趋势等现象。因此，他又判断，以苏联为代表的世界和平民主力量实际上已经超过以美国为代表的世界反动力量，美国不大可能为了局部范围的争执而对苏联公然诉诸武力。

既然相信国共之间的战争不仅不会对苏联不利，而且一般也不会引起

---

[1] Arthur M. Schlesinger, Jr. *The Dynamics of World Power, A Documentary History of U.S. Foreign Policy,* Vol.2, New York, 1973, pp.211-217.

[2] 《斯大林文选》，第462—468、469—470页。

[3] 同上。

第三次世界大战，那么，面对1946年2月以来要在苏军默许下抢占东北，就难免要考虑到关内停战协议、政协和平协定、国内和平民主前途，以至于对苏联影响和与世界整个战后和平局面是否协调的问题。很显然，所有这些问题都极大地束缚着中共领导人制定夺取东北和处理与国民党关系问题的决心。毛泽东显然希望他的想法是合乎实情，也是合乎逻辑的。但是，1946年春天这个时候的他，其实也没有太大的把握。为此，他于4月间就他所想到的在中国继续坚持革命立场和革命政策并不会影响苏联和导致第三次世界大战的理由，草拟了几点意见，在书记处几位领导人之间传阅，听取身边其他领导人的看法。

毛泽东草拟的几条理由很简单：第一，以美国为首的世界反动力量和以苏联为首的世界人民民主力量之间存在着战争的危险，但是，由于世界人民的民主力量超过了世界反动力量，必须也必能克服此种危险，美、英、法只能通过妥协的办法来解决它们与苏联之间的问题。第二，美、英、法与苏联之间进行妥协，并不要求各国人民随之实行国内的妥协，而且需要各国人民按照不同情况对各国的反动力量进行不同的斗争。因为，美、英、法对苏联的妥协，其实恰恰“是全世界一切民主力量向美、英、法反动力量做了坚决的和有效的斗争的结果”[1]。

毛泽东这里的意思很清楚，那就是，新的世界大战不会发生，美、苏必然会通过妥协来解决它们之间的问题。而且，只有不断地增强世界民主力量，不断地缩小各国反动力量，发生新的世界战争的可能性才会越小。因此，对于中共来说，坚持对国民党反动力量的斗争，不仅不会引起第三次世界大战，而且会有助于世界民主力量的强大，进而避免世界大战的发生。何况，绝对不应当忘记的是，“反动势力对于人民的民主势力的原则，是能够消灭者一定消灭之，暂时不能消灭者准备将来消灭之”。对于国民党反动

[1] 《关于目前国际形势的几点估计》(1946年4月)，见《毛泽东选集》(合订本)，第1181—1182页。

力量，也必须照此办理，“采取同样的方针”。[1]

显而易见，毛泽东在发动东北四平街保卫战和决心夺取长春，不让国民党军接收沈阳以北的时候，他实际上就已经想通了这个问题，放开了手脚，解决了“敢不敢打”的思想顾虑，重新开始树立起争取夺取全国政权的大目标了。

毛泽东提出“纸老虎”和“中间地带”的观点，宣传必胜主张

在1946年5月以后，大概再也不会有什么力量可以阻止中共推进中国革命的进程了。国民党不顾一切打下长春，极大地刺激了毛泽东，不仅引发了中共在关内实施“报复作战”，而且开始尝试着重新实施推翻国民党统治的革命政策了。毛泽东很快就断言：国共两党全面破裂在即。他甚至已经开始考虑把战争全面引向国民党统治区，为此，他曾明令山东、太行晋冀鲁豫与晋察冀各军区乘蒋军全力向北之际，猛扑其后背，通过运动战大举歼灭敌人。[2]

与此同时，毛泽东接连不断地写文章、发文件和打电报，为全党和全军鼓气。他公开宣称：共产党的“社会基础从来没有这样广大”，而“国民党则从来没有这样丧失人心”。[3] 说“蒋介石虽有美国援助，但是人心不顺，士气不高，经济困难。我们虽无外国援助，但是人心归顺，士气高涨，经济亦有办法。因此，我们是能够战胜蒋介石的。全党对此应当有充分的信心”。[4]

---

[1] 《关于目前国际形势的几点估计》（1946年4月），见《毛泽东选集》（合订本），第1181—1182页。

[2] 《中央关于全面破裂后作战方案给刘伯承等的指示》（1946年6月22日），见《中共中央文件选集》，第16册，第210—212页；《关于国民党大打后晋察冀军区的基本任务》（1946年6月28日），见《毛泽东军事文集》，第3卷，第305—306页。

[3] 《中央关于国民党危机空前扩大问题给郑李王的电报》（1946年6月21日），《中央关于目前形势和方针问题的指示》（1946年6月28日）。

[4] 毛泽东：《以自卫战争粉碎蒋介石的进攻》（1946年7月20日），见《毛泽东选集》（合订本），第1183页。

不过，对于大多数共产党人来说，要在 1946 年里树立起战胜蒋介石的信心，远不是一件容易的事情。问题很明白，这时美国的调处仍在继续，和平的大门尚未关死，而军事形势总体上却很不乐观。中共在东北、热河、察哈尔、山东、湖北等许多地方都还明显处于守势，甚至丧城失地，得到美国大力援助的国民党军队看上去则要强大得多。在这种情况下，尽管毛泽东不断地为党内同志鼓气，党内的和平空气仍旧很浓，该不该打，尤其是打起来能不能胜的问题，还严重地困扰着许多人。因此，即使是毛泽东，这时也还是不能不做和平与妥协的思想准备。

一切还是老样子，即共产党之所以不能不准备妥协，是“因为问题决定在美国，倒不决定于蒋介石”。1945 年 8 月 26 日毛泽东去重庆谈判前，在政治局会议上说过的这句话，如今依旧适用。但是，认定了夺权目标的毛泽东内心十分清楚，共产党人已经被逼上梁山，别无选择了。因为无论是接受马歇尔调处，还是与国民党大打，马歇尔变成斯科比，结果都没有什么不同。接受马歇尔的办法，中共必须要交出武装，基于“枪杆子里面出政权”和“反动势力对于人民的民主势力的原则，是能够消灭者一定消灭之，暂时不能消灭者准备将来消灭之”的观点，其实就是失败。与国民党大打，引来美国干涉，也可能遭遇希腊共产党一样的失败。但是，这后一种失败与前一种失败不同：第一，它有保存力量、东山再起的机会；第二，它也存在着美国不来干涉，中共最终取得胜利的可能。以毛泽东的性格，与其不战而拱手让出军队，像法国共产党那样派几个代表到蒋介石的政府里去做官，当然不如与国民党拼个鱼死网破。

但是，要让众多已经多少看到和平民主前途的共产党人和共产党的同情者，相信后一种办法比前一种办法好，却不是一朝一夕的事情。1946 年 6 月 28 日，东北民主联军西满军区司令员黄克诚和政委李富春为此致电中共中央，明确提出：因为第二次世界大战中苏联严重受损，需要休息与巩固，美国却因战争而强大了，因此以美国为中心的帝国主义和以苏联为中心的人民势力之间的矛盾冲突更加尖锐了，而苏联则不能不采取防御的态势，这种情况可能还要持续三五年之久。这种情况影响到中国，蒋介石反动派得到美国的全面援助，力量也有所增强，人民革命的力量暂时还得不到苏联的实力援助，自身也还没有形成有力的战略根据地。面对这种形势，他们显然认为战争求胜的把握不大。[1]

对此，毛泽东坚持己见。他明确电告李、黄称："你们分析中许多观点是合乎实际的，是好的，但缺点是对美帝国主义及蒋介石的困难条件估计不足，同时对国际国内人民民主力量所具备的顺利条件也估计不足。第二次大战后，各国革命力量所处的地位是比第一次大战后要好得多，而不是要差些。对美蒋的压力与要求，我们应当有所让步，但主要的政策不是让步则是斗争……如无坚决斗争精神，则结果将极坏。"[2]

然而，毛泽东这时还必须要解决另一个问题，即在美、苏摩擦冲突越来越激烈的情况下，中国的内战会不会导致美、苏战争？如果中共党内这方面的疑虑不解决，领导人的思想顾虑还是难以消除。

1946 年 8 月，毛泽东与美国记者安娜·路易斯·斯特朗进行了一次谈话。他在谈话中直截了当地提出了一个观点，即"一切反动派都是纸老虎"。因此，在他看来，美蒋也没有什么可怕，因为"蒋介石和他的支持者美国反动派也都是纸老虎"。毛泽东的理由很简单，那就是，美国等反动派今天看起来确实很强大，但是"从长远的观点看问题，真正强大的力量不是属于反动派，而是属于人民"，因为"反动派代表反动，而我们代表进步"。[3]

在度过了四平、长春作战失利后最为危险的几个月，并且得到了苏联实质性的军事援助之后，毛泽东再度表现得充满信心。他明确指出，美国现在确实在做反苏战争的准备。但是，从一年来美、苏之间的对抗和冲突

[1] 转见《胡乔木回忆毛泽东》，人民出版社 1994 年版，第 435—436 页。

[2] 《毛泽东关于对付美蒋的主要政策不是让步而是斗争致李、黄电》（1946 年 7 月 6 日），见《毛泽东文集》，第 4 卷，第 146 页。

[3] 毛泽东：《和美国记者安娜·路易斯·斯特朗的谈话》（1946 年 8 月），见《毛泽东选集》（合订本），第 1191—1193 页。

全都发生在美、苏以外国家和地区的情况可以看出，美国在发动反苏战争之前，首先要对付的并不是苏联，而是在美、苏之间的那些国家和人民。也就是说，美国要想进攻苏联，它就必须先征服美国人民和美、苏之间广大的中间地带。既然如此，那么要想避免美苏战争和第三次世界大战，一切受到美国侵略威胁的国家和人民就应当团结起来共同斗争。他的结论依然如故，那就是：“一切反动的东西，你不打，他就不倒”，只有经过斗争，压倒了国际反动势力，才不会发生反苏战争；也只有打败美蒋反动派，才能有中国共产党的出头之日。[1]

严格地说，这是毛泽东鼓动宣传手法上的一种技巧。他这时明确告诉党内领导人，分析时局必须要考虑到对象和目的。注意到事实是好的，但具体到斗争需要的层面，就不能仅仅着眼于客观地说明现实，而必须要从客观现实中重点找出对革命斗争有利的因素，并强化其意义和作用。比如，这时当然需要看到美蒋的强大和国际形势中反动力量与民主力量激烈斗争的情况，更重要的是要看到美蒋的困难条件和国际国内人民民主力量所具备的顺利条件。[2]

因此，从毛泽东上面的谈话当中，可以清楚地看出他的意图所在。简单地说，他这里是在通过一个看起来亘古不变的“真理”，即“邪不压正”，来为许许多多对美国的强大感到恐惧和担心的革命者打气，让他们知道，美国也好，蒋介石也好，其实都不那么可怕，真正有力量的是人民，从而帮助人们树立起敢于斗争、敢于胜利的信心和决心。与此同时，毛泽东的谈话中还有更值得注意的一点，那就是，他再度表露出他对自己所领导的中国革命历史重要性的高度重视。他不仅再次强调，中国革命不必受美、苏关系的束缚，美国根本不可能直接发动对苏联的战争；而且相信，以中

[1] 毛泽东：《和美国记者安娜·路易斯·斯特朗的谈话》（1946 年 8 月），见《毛泽东选集》（合订本），第 1191—1193 页。

[2] 《毛泽东关于对付美蒋的主要政策不是让步而是斗争给李、黄电》（1946 年 7 月 6 日），见《毛泽东文集》，第 4 卷，第 146 页。

国革命为代表的中间地带的革命，其实是直接影响着美、苏双方的力量对比，甚至影响到美、苏关系的未来走向。

如前所述，远在抗日战争结束前，毛泽东就已经在考虑夺取全国政权的可能性了。但是，抗战结束以来，毛泽东始终未能如愿以偿。中共的战略策略几乎总是不能不随着美、苏关系的变动而变动，并以美、苏之争作为整个世界各种矛盾的中心，以维护苏联的战略利益作为自己战略策略的重要出发点，以至于往往把自己与国民党的斗争也看成是美、苏斗争的一部分，因而无法真正确立独立自主的战略策略。也正是因为这种情况，中共党内乃至同情中共的社会力量内部，都不可避免地形成了过分看重美、苏妥协，以至于过分害怕刺激美国，导致大规模干涉战争的心理。

如今，毛泽东终于在观念上突破了中共几乎是与生俱来的这种思想束缚，因而也首次开始在思想上突破了战后大国体系的羁绊，确立独立自主的对美战略，并且不再把对苏联态度及其利益的考虑放在重要位置上了。中共中央甚至这样告诉党内干部说："对苏战争危机目前已不存在"，"苏美矛盾在世界制度上虽是基本的，但不是实际政治的主要矛盾"。[1] 言外之意，对苏、美关系的考虑今后不再应当成为左右中共战略策略的重要依据，一切政策和策略的制定，都应当从中国人民反对美蒋反动派斗争的基本需要出发。

美苏走向冷战，中共对蒋介石从"洗脸"转向"割头"

1946 年 10 月以后，随着国民党公然进攻中共解放区政治军事中心之一的张家口，并单方面宣布召开国民大会，最困难的"打不打"的问题终于在蒋介石的"帮助"下彻底解决了，剩下的问题就是"胜不胜"了。既然全党都已经明白了非打不可，那么，在毛泽东看来，剩下的胜利前途问题，

[1] 《周恩来、陆定一关于国际形势的宣传等问题给方方、林平的指示》（1947 年 1 月 20 日）。

只要用简单的加减法就可以使全党明白胜利的必然性了。

他明确告诉全党：蒋介石能够参战的只有180多个旅，其中半数必须守备,能野战的不足100个旅。在过去三个月中,这100个旅已经被歼灭了25个,今后一时期再歼灭25个，就足以停止其进攻了。如果再歼灭其25个，“国共军力对比，必起重大变化”[1]。

既然如此，中共中央自然也就不打算管美国人说什么或做什么了，他们下决心要用蚂蚁啃骨头的办法，通过战争一点一点地来解决中国的问题。毛泽东在1946年冬就大胆地提出:“经过半年到一年消灭他七八十个旅”,“把他（注：指蒋介石）在美国援助下七八年的积蓄在一年内打破，达到两党平衡”，然后“超过”他。当然，毛泽东也并非不重视美国对中国革命的威胁会有多大，他也承认，和美国的“麻烦仍是长期的”。如果美国放弃援蒋政策，撤退驻华美军，那么，三年或者五年就可能解决问题。否则，“就有变为长期战争的可能”，或者可能要打十年到十五年，以至“打得一个县城都没有”，或者打到一定程度，美国又会出来要求国共谈判，“我们亦不能拒绝”[2]，等等。

不过，对美国的顾虑也就如此了，深信苏联巨大牵制作用的毛泽东，很少认真地考虑过美国出兵中国的可能性。国民党在军事上的无能，使中共中央在1947年以后几乎总是得不断地调整自己的胜利时间表。1947年2月1日召开的中共中央政治局会议上，人们还一度考虑过万一再度出现美、苏妥协，蒋介石需要休整兵力，国共又不得不停战的可能性。仅仅几个月之后，这种可能性已经根本不存在了。

1947年3月12日，美国总统杜鲁门发表了著名的“冷战宣言”。[3] 6月5日，刚刚出任美国国务卿的马歇尔，提出了旨在帮助欧美阵营增强与苏联

[1] 《毛泽东选集》(合订本)，第1190—1193页。

[2] 《毛泽东和刘少奇、周恩来的谈话》(1946年11月21日)。

[3] Arthur M. Schlesinger, Jr. The Dynamics of World Power, A Documentary History of U.S. Foreign Policy, Vol.2, pp.309-313.

集团对抗能力的“欧洲复兴计划”，使整个欧洲资本主义国家中的反共势力空前增长起来。而为了对抗美国的冷战计划，以苏联为首的欧洲各国共产党宣布成立欧洲工人党和共产党情报局，并召开共同会议，公开宣告：世界已经形成了两个阵营，即以苏联为首的民主反帝的革命阵营和以美国为首的帝国主义的反民主的反动阵营。提出各国共产党当前的主要任务，就是要高举民族独立和维护国家主权的旗帜，团结起来，共同奋斗，反对帝国主义的奴役和侵略。[1]

这种情况的出现，立即使国际政治格局和战后美、苏妥协的情况发生了根本性的改变。两大阵营的形成和苏、美在欧洲尖锐对抗的局面，进一步限制了美国干预中国内部事务的能力，也相应地使得中共得以完全放手地反对美国和提出“打倒蒋介石”的战略目标。

过去，对于是否应该公开提出这样的目标和口号，中共中央始终有些犹豫，多数领导人担心公开反美容易给美国的军事卷入制造口实。现在，这样的担心不复存在了。正如毛泽东所指出的：现在德黑兰、波茨坦式的大国合作来解决问题的路线发生了动摇，世界已经划分成以美国反动派为首的各国反革命统一战线与以苏联为首的各国革命统一战线的全面对立。在这种情况下，“美国直接出兵帮助蒋介石打内战的可能性很小”。当然，“也不能说完全没有”。问题是，“美国人只是怕苏联也出兵，否则对我们来个不宣而战他们是不在乎的”。[2]

1947 年 10 月初，鉴于内战爆发以来，中共已经歼灭国民党 97 个半旅，78 万人，占国民党正规军总兵力的 1/3，毛泽东信心百倍地起草了《中国人民解放军宣言》，并于 10 日公开发表。在这一宣言中，中共首次明确提出了“打

---

[1]　《共产党情报局会议文件集》，人民出版社 1954 年版，第 5 页。

[2]　《毛泽东关于军事形势的报告》(1947 年 7 月 21 日)、《在杨家沟中共中央扩大会议上的讲话》(1947 年 12 月 25 日)，见《毛泽东文集》，第 4 卷，第 329 页。

倒蒋介石，解放全中国”的口号。[1]

“打倒蒋介石，解放全中国”的口号的提出，标志着中共彻底放弃了给蒋介石国民党的“洗脸政策”，转向“割头政策”了。按照毛泽东的说法就是，我们之所以还会和蒋介石谈判，就是因为我们实行的还是请他“洗脸政策”，而不是要割他的头。提出打倒蒋介石，就意味着谈判的希望“是一丝一毫也没有”了。[2]

时至于此，一切形势都明朗化了。毛泽东把他在1946年4月给书记处几人传阅的文字也向全党公开了。他并且在中共中央扩大会议上作了更加明确的解释。他告诉与会者说：北伐时期，革命曾经有过短暂的发展期，随后国民党的压迫就来了。苏维埃革命时期生存的空间很小，党内纠纷很多，长征以后情况更加困难。抗战期间，共产党的力量发展起来了。但是日本投降后，共产党还是担心。因为日本人走了，又来了一个美国，支持蒋介石。要知道，共产党同蒋介石的力量对比问题，直到今年2月1日中央开政治局会议和宣布中国革命已经进入到新的人民大革命前夜时还没有解决。[3] 当时还是准备退出延安，并且后来确实也退出了。直到现在，“二十年来没有解决的力量对比的优势问题，今天解决了”。再有四五年的时间，胜利就是我们的了。“美、苏迟早要妥协”，“它的妥协可能会对中国、法国、意大利等国人民的斗争产生一定的影响，但绝不是大国之间妥协了，其他各国人民也都要随之实行国内的妥协。各国人民的方针应当是按照不同情况进行不同的斗争”。[4]

---

[1] 毛泽东：《解放战争第二年的战略方针》(1947年9月1日)、《中国人民解放军宣言》(1947年10月)，《毛泽东选集》(合订本)，第1229—1230、1235—1240页。

[2] 毛泽东在中共七大报告时的原话是，对蒋介石，“直到今天，我们还是请他洗脸，不割他的头”，“如果有一天他变成大花脸，发动内战，那时我们党就要号召全国人民起来打倒蒋介石”，即要“割他的头”了。《毛泽东在七大的报告和讲话集》，第116、221—222页。

[3] 毛泽东：《迎接中国革命的新高潮》(1947年2月1日)，见《毛泽东选集》(合订本)，第1209页。

[4] 《毛泽东在杨家沟中共中央扩大会议上的讲话》(1947年12月25日)，见《毛泽东文集》，第4卷，第333页。

毛泽东认为没有必要采取迂回手段，主张“将革命进行到底”

“割头政策”一旦确定，对于中共来说，就非推翻国民党的统治不可了。中共中央因此要求全党树立“必须将革命进行到底”的坚定信心，并尖锐批判资产阶级中间派试图在国民党的统治和共产党的统治之外找到第三条道路，即试图建立欧美式民主政治的幻想。它明确指出：“在中国现状下，要就是大地主大资产阶级领导的半封建半殖民地的独裁政权，要就是无产阶级领导的新民主政权”，“凡是不愿与共产党合作并受共产党领导的，结果必然是维持大地主大资产阶级专政”。对于一部分中间派人士既想抛弃蒋介石国民党，同时又想脱离共产党统一战线的倾向，中共中央高度警觉。它很快就发出警告说，必须对“开明士绅、中等资产阶级、上层小资产阶级分子及乡村富农”的“君主立宪派或旧民主派”本质提高警惕；“必须在政治上打击他们，使他们从群众中孤立起来”，“一步一步地抛弃他们”。[1]

同样，对于来自外国的任何尝试推动国共和谈的企图，他们也是毫不含糊地加以拒绝[2]，坚决反对给蒋介石国民党任何喘息之机。特别是对于这段时间来自苏联的这方面的任何暗示或劝告，尤其容易刺激到对抗战结束时被迫去重庆谈判的经历耿耿于怀的毛泽东的神经。事实上，在这段时间里，苏联大使罗申也确实几度从外交的角度尝试过提议进行国共谈判。[3] 而 1949 年 1 月当苏共中央来电转述国民党政府请求苏联政府帮助调停国共内战的要求，征询中共中央答复意见时，一度引起了毛泽东的极大不满。

苏共中央当时在电报里询问说，苏联可否这样答复：“苏联政府一向坚持现在也仍然坚持在中国停止战争建立和平。不过，在答应同意居中调停之前，我政府想知道，另一方即中国共产党方面是否接受苏联的调停？”

---

[1] 《中央关于必须将革命战争进行到底坚持我党的领导权反对刘航琛一类反动计划的指示》（1947 年 10 月 27 日），见《中共中央文件选集》，第 16 册，第 572—579 页。

[2] 《中央关于与英国大使商谈方针给方方、乔木、之光的指示》（1948 年 9 月 25 日），等。

[3] FRUS, 1948, Vol.7, pp.112, 117-118, 133-136.

而中共是否可以这样表示，即 :“中国共产党主张与国民党进行谈判，但是不能让那些发动中国内战的战犯参加。中国共产党赞成同国民党直接谈判，不需要任何外国人居间调停？”[1]

毛泽东十分不满地答复苏方的询问说 :“现在，我们认为应该义正词严地否定国民党的和谈骗局，因为眼下中国阶级力量的对比已经发生了根本变化，国际舆论也同样不利于南京政府，而中国人民解放军今年夏季就能过江，直捣南京。”“我们似乎不需要再次采取什么迂回的政治手段。在当前形势下，再采取这样的迂回手段利少弊多。”因此，苏联政府最好明确告诉南京政府 :“通过什么样的道路达到中国的和平、民主与统一——这是中国人民自己的事。苏联政府根据不干涉别国内政的原则，认为在中国内战交战双方之间调停是不可取的”。[2]

斯大林马上对此做了解释，说明苏共中央和中共中央的意见并无不同，同样不希望和谈。但直言不讳、不加任何掩饰地拒绝南京方面的和平建议，意味着把和平这面旗帜交到了国民党手中，而把自己变成了不想要和平的一方，甚至可能为美国的军事干涉提供口实。而告诉世界，中共赞成和谈，但是不要外国介入，不允许蒋介石等战犯参加，一方面没有人能够指责是中共坚持战争，另一方面国民党也因不能接受中共的条件而被世人看成是破坏和谈的罪魁祸首，“你们则可以继续胜利的解放战争”了。[3]

尽管如此，尽管毛泽东也理解了苏联方面的意图，并马上就提出了让国民党无法接受的八项条件，表示愿意和谈，事实上最后也确实是按照斯大林的办法，通过提出国民党不能接受的条件，把这次和谈失败的罪责加在了国民党人的头上，但毛泽东还是一直对这件事耿耿于怀。他特别在中共中央这时发出的关于外交问题的指示电中加写了一段话，即 :“最后，也是最重要的一项，不允许任何外国及联合国干涉中国内政。因为中国是独

[1] 转见 A.M. 列多夫斯基著，陈春华译 :《斯大林与中国》，新华出版社 2001 年版，第 62 页。
[2] 《斯大林与中国》，第 63 页。
[3] 同上，第 63—64 页。

立国家，中国境内之事，应由中国人民及人民的政府自己解决。如有外国人提到外国政府调解中国内战等事，应完全拒绝之。”[1]

因为他相信，一直担心美国会武装干涉，因而一直在公开场合想尽办法撇清与中共的关系，为此一直不惜主动推动国共和谈的斯大林，其实是想让中共在长江以北停下来，在中国搞一个“南北朝”，以此来避免美国干涉的。当然，毛泽东很自豪，他后来说：“我没有听他们的。我们过了长江，美国并没有出兵。”[2]

[1] 《中央关于外交工作的指示》(1949 年 1 月 19 日)，见《中共中央文件选集》，第 18 册，第 48 页。

[2] 1957 年毛泽东对这件事的说法是：直到 1949 年，我们眼看就要过长江的时候，还有人阻止，据说千万不能过长江，过了，就会引起美国出兵，中国就可能出现南北朝的局面。我没有听他们的。我们过了长江，美国并没有出兵，中国也没有出现南北朝。转见王方名：《要实事求是，独立思考——回忆毛主席一九五七年的一次亲切谈话》，《人民日报》1979 年 1 月 2 日。

四、“一边倒”的必然

毛泽东称斯大林为“大老板”，说中国革命的每一步都离不开苏联

值得注意的是，中国革命进行到这种时刻，毛泽东绝对不容他人置喙，但中共并非不再需要莫斯科的承认与支持了。

从 1947 年 3 月延安被国民党占领之后，毛泽东就一边在陕北指挥部队与国民党军周旋，一边与苏共中央进行电讯联络，想要前往莫斯科进行秘密访问。双方围绕着毛泽东何时去及如何前往的问题，反反复复协商了长达一年多的时间，从来只穿布鞋和粗布衣的他，甚至还为此准备好了皮鞋和厚呢子大衣。很显然，毛泽东依旧相信斯大林是共产党人的“大老板”，鉴于中国革命即将胜利，为了创立一个类似苏联那样的革命政权，他必须就一系列问题向“大老板”汇报和请示[1]，以便得到这位共产主义运动最高领袖的认可和指导。

[1] 毛泽东在这时的电报中明确讲：我们“必须就一系列问题当面向苏联共产党（布）和大老板亲自汇报”。《斯大林与中国》，第 57 页。

毛泽东这次计划中的访苏，因为种种原因，一直未能成行。但是，斯大林对中国革命的进展，表现出了高度重视的态度。还在1947年开始安排毛泽东访苏计划的时候，斯大林就接连批准向中共东北根据地提供两批物资援助，包括3400辆运输用的汽车、2000台军用整流器、3200台不同用途的电话、1500多台发动机、5万米电缆、1万米棉布、1500吨航空汽油、23800吨车用汽油，以及相当数量的电台、收发报机、药品和医疗设备等。[1]

斯大林这时已经意识到自己过去严重低估了中共的能力。1948年2月，他甚至当着外国党的领导人的面坦率地承认了自己的这一错误，说："在对日战争结束后，我们曾邀请中国同志们来就如何同蒋介石订立一项暂时性条约问题达成了协议。他们在口头上同意我们的意见，但实际上，他们回去后却自行其是，他们集中兵力发动进攻。事实证明他们是对的，我们不对。"[2]

由于斯大林高度重视中共革命的进展，因此，从1948年开始，苏联对中共的支持事实上已经半公开化了。这一年4月25日，苏联驻哈尔滨新任总领事马里宁代表苏联方面，明确建议中共应该立即成立全解放区的政府，以便苏联和其他民主国家可以进行外交承认和提供援助。5月，根据中共方面的请求，斯大林明确指示苏联交通部派出得力工程技术人员前往中共东北根据地，帮助修复铁路等重要交通设施。以交通部副部长科瓦廖夫为首的这批专家小组总共有50名工程师、52名技师和220名技术工人和熟练工人，带着大批重型机械和设备仪器等，帮助修复了东北1800公里的铁路线和62座大中型桥梁，并且协助中共建立了第一支技术兵种——拥有4个旅，3万人规模的铁道兵部队，帮助中共制订了1949年修复关内长江以北3000公里铁路的计划和建立交通部、铁路管理局及站段机关的机构设置与编制的方案。苏联方面随后还提供了2500节货运车厢和136台机车，并利用大

[1]　转见沈志华：《求之不易的会面》，《华东师范大学学报》2009年第1期。
[2]　密洛凡·德热拉斯著，司徒协译：《同斯大林的谈话》，世界知识出版社1963年版，第131页。

连机车车辆修理厂帮助建造了1000节货运车厢。斯大林明确告诉科瓦廖夫说：“我们当然要给予新中国一切可能的援助。如果社会主义在中国胜利，我们的一些国家也将走上这一条道路，那就可以认为社会主义在全世界的胜利有了保障，我们就不会受到任何偶然事件的威胁。因此，为了援助中国共产党人，我们不能吝惜力量和金钱。”[1]

苏联人对中共东北根据地的慷慨援助和对中共革命的积极参与，自然更加强化了其对中共政策的发言权。1948年11月中共占领沈阳后采取的没收外国领事馆电台及用断水、断电和限制行动“挤走”美、英、法领事馆的方针，就明显是在苏联方面的建议下实行的。[2] 毛泽东在得知苏联方面的考虑之后，也很明确地表示说：“关于东北以及全国的外交政策，我们一定和苏联协商处理，以求一致。”[3]

毛泽东之所以在必欲按照自己的方式进行革命的同时，仍旧坚持尊奉斯大林为“大老板”，积极争取苏联的承认、帮助，和站在苏联一边，除了中国革命现实利益本身的需要以外，一个极为重要的原因，就是因为他始终相信自己是共产党，始终相信自己革命的理论、观念、经验和方法根本都是源于苏联。

从毛泽东1946年4月22日开始读列宁的《国家与革命》的情况，就足以看出他在准备与国民党开打之前，为了支撑自己“武装夺取政权”、“战争解决问题”的观点，反对当时和平民主新阶段的思想潮流，是如何从列宁的书中来汲取理论力量的。在“阶级社会与国家”一章，他几乎在列宁的每句话旁边都画上了杠杠。对讲暴力革命的地方，他画的杠杠尤其引人注目。例如，对革命才能消灭资产阶级国家这一句，关于暴力革命的观点是“马克思恩格斯全部学说的基础”这一段，他杠杠画得最粗，圈圈画得最多。

---

[1] 沈志华：《苏联专家在中国》，第31、38—41页。

[2] 参见《高岗关于马里宁来电致毛主席电》（1948年11月16日），科瓦廖夫、冈察洛夫：《斯大林与毛泽东的对话》，《远东问题》1992年1—3期合刊。

[3] 《毛泽东给高岗的电报》（1948年11月17日）。

在“革命”、“消灭”、“全部学说的基础”这些词和同组的旁边，他甚至画了两条粗杠。同样的情况，1948 年 4 月 21 日，鉴于胜利即将来临，各地部队在进城的问题上开始面临严重考验，为加强统一指挥和统一纪律，毛泽东再度请出他已经读了多少遍的列宁的《共产主义运动中的“左派”幼稚病》一书，在书封上专门作了批示，称：“请同志们看此书的第二章（注：即‘布尔什维克成功的基本条件之一’），使同志们懂得，必须消灭现在我们工作中的某些严重的无纪律状态或无政府状态。”中宣部马上就发出指示，要求全党学习列宁此书第二章。[1]

由于从思想，到语言，到基本的认识问题和分析问题的方法，乃至于基本的思维逻辑，毛泽东与斯大林几乎没有多少差别——毛泽东所信奉的意识形态完全是从苏联来的，因此，他和苏联之间即使在涉及中国革命的具体问题存在再大的意见分歧，他也仍旧会把两者间的关系看成是同志加兄弟的关系，甚至看成是父亲与儿子的关系。兄弟或父子之间也难免会有这样或那样的摩擦与冲突，但“兄弟阋于墙，外御其侮”，在面对意识形态上或政治制度上的共同敌人的时候，他们到底还是容易捐弃前嫌，重新走到一起来。

为防止美帝与资产阶级里应外合，毛泽东力主暂时不与美、英建交

这个时候，苏联作为世界上第一个成功地成为共产党理想中的社会主义国家，其建国理论和经验，对中共不可能不具有极大的吸引力。为了在中国创立一个和苏联一样的革命国家，毛泽东这时明显一直在努力学习、摸索和模仿中。而最让毛泽东难以适应的就是，无论是在列宁的著作中，还是苏联建国的实践中，都从没有出现过与资产阶级合作建国的问题。而

[1] 《中共中央宣传部关于重印〈左派幼稚病〉第二章前言》(1948 年 6 月 1 日)，见《中共中央文件选集》，第 17 册，第 189—194 页；龚育之、逄先知、石仲泉：《毛泽东的读书生活》，三联书店 1986 年版，第 9—11 页。

按照自抗战以来成功地帮助了中共的统一战线政策的经验，这个新的国家需要以共产党和其他资产阶级、小资产阶级中间党派组成“民主联合政府”的形式来出现。在毛泽东手拟的《中国人民解放军宣言》中，对此也作了明确的表述。[1] 这样一种情况，就现实的策略需要不难理解，但具体到未来政权组织和政治运作上，给中共出了一道难题。这里面的原因很简单，一向坚持以阶级斗争为纲的毛泽东，按照阶级分析的观点，始终相信，资产阶级在本质上只能是共产党人的敌人。和资产阶级组成联合政府，自然必须要随时警惕资产阶级的叛变和捣乱。

因此，就在中共公开发表《中国人民解放军宣言》之后不久，中共中央就专门就与资产阶级的关系问题发出指示，明确强调在与资产阶级的关系当中必须要牢牢掌握住领导权。指示一方面说明在反对蒋介石国民党的斗争中，必须要团结利用民族资产阶级，避免采取过“左”的反对一切资产阶级的政策；另一方面，则要注意资产阶级的阶级本性，要清楚资产阶级根本上还是敌人。因此，“今天要孤立一切对美蒋尚有幻想的阶级、党派及其领袖，到明天就连反对杜鲁门之美、亲华莱士之美、反对蒋介石之国、亲李济深之国的阶级、党派及其领袖，也要将他们孤立起来”。毛泽东还特别补充说明：这是一个不间断的斗争过程。尽管我们并不是把这些自由资产阶级分子当作地主阶级和大资产阶级一样立即打倒，成立联合政府时还将有他们的代表参加政府，但我们必须清楚地认识到，“自由资产阶级，尤其是其右翼，政治倾向是反对我们的，所以我们也必须在政治上打击他们”，“使群众从经验中认识他们的反动性”，把他们孤立起来，然后“一步一步地抛弃他们”。[2]

恰恰就在中共中央发出上述指示的同一天，即10月27日，国民党政府内政部发言人公开宣布取缔中国最大的中间党派——民主同盟。11月6日，民盟迫于压力，宣告解散。毛泽东随即意识到，这正好是解决与民族资产

[1] 《毛泽东选集》（合订本），第1237页。

[2] 《中央关于必须将革命战争进行到底坚持我党领导权反对刘航琛一类反动计划的指示》（1947年10月27日），《中共中央文件选集》，第16册，第572—579页。

阶级关系问题的一个极好的条件。

11 月 30 日，他专门去电给苏共中央，称："在中国革命最后胜利的时期，按苏联和南斯拉夫之例，除中国共产党之外，所有政党就都应该退出政治舞台了，这将加强中国革命的势力。"他解释说，这是因为，中国的中小资产阶级及其政党，过去几年始终试图找到一种既区别于国民党又不同于共产党的第三条道路。他们中的许多人，与蒋介石处于对立的地位，甚至同情共产党。但是，他们中大多数人是动摇分子，并且与美国人有着密切的联系，将来很容易被美国人利用来做有利于美国和蒋介石的事情。因此，我们对他们从不抱太大的期望，更不指望利用他们来帮助中国革命。他在随后的中央会议上，对他的这一想法说得更明确。他说：民盟解散了，中间派没有了，今后国民党也没有了，新中国自然应该实行一党制。不过，他并不打算就此取消统一战线和联合政府的提法。他的意见是：一党制并不取消统一战线，也不否认联合政府，因为党与非党联盟也可以说是联合政府。[1]

但是，1948 年 1 月 5 日，民盟在香港举行了一届三中全会，宣布重新恢复民盟组织。毛泽东不得不又放弃了建立一党制政府的设想，重新准备与"各民主党派"合组联合政府。中共中央一方面发出声明和邀请，宣布召集各民主党派、各人民团体、各社会贤达代表参加的政治协商会议，讨论并实现召集人民代表大会，成立民主联合政府的时机亦已成熟[2]；一方面在 1948 年 9 月的政治局会议上则明确提出："只要全国政权到手，民主革命阶段就已经结束了，与帝国主义、封建主义的矛盾即不存在，主要矛盾就会是无产阶级与资产阶级的矛盾了。"我们和资产阶级的斗争如果失败了，政权就会丢掉，那就还会再来一次流血革命。因此，我们从现在开始就要警惕，与资产阶级暂时合作之日起，即要注意它叛变革命的危险。毛泽东在最后总结时，还特别强调了这一点，说："现在点明一句话，资产阶级民

[1] 转见马贵凡：《毛泽东致斯大林电之我见》，《中共党史研究》1999 年第 6 期。
[2] 《毛泽东致李济深、沈钧儒的信》（1948 年 5 月 1 日），见《毛泽东文集》，第 5 卷，第 90—91 页。

主革命完成之后，中国内部的主要矛盾就是无产阶级和资产阶级之间的矛盾，外部就是同帝国主义的矛盾。”[1] 不难看出，在刚刚开始迈向全国胜利的第一步时，毛泽东和中共中央就已经开始依据阶级斗争的思维逻辑，把下一阶段的斗争任务明确规定下来了。

国共两党这时在军事上的优劣短长，已经表现得再明显不过了。

如中共能够顺利地就地消化国民党的俘虏兵为我所用，而国民党就不敢用共产党的俘虏兵。结果是共产党部队越打越多，国民党部队越打越少。最典型的如淮海战役中，华东野战军一个连编满才 120 人，最后报伤亡时却报出了 220 人，就是因为不断伤亡不断补充俘虏造成的。

如中共可以不在乎一城一地的得失，蒋介石却往往做不到。1948 年粟裕所部避实就虚奔袭河南省会开封得手，正在南京开国大选总统的河南代表痛哭流涕地哀求蒋介石。身为国家统帅的蒋介石自然丢不起那个人，不得不急调已部署好的邱清泉第五军去收复开封。开封很容易就收复了，粟裕却趁机绕到邱清泉部背后，把区寿年兵团歼灭了。

又如，国民党高级将领往往并不听蒋的号令和主张。还在这一年年初，蒋介石就预感东北守不住，让卫立煌把东北的精锐部队全部撤到关内，卫立煌拒不执行。眼看东北守不住后，蒋又力劝傅作义放弃北平、天津，把华北的几十万主力撤到长江以南，而傅作义也不接受。

蒋介石唯一能够实现的战略部署，就是把上海银行里的黄金、白银、银元和南京故宫博物院的国宝转移到了台湾，同时还修好了舟山机场，为下一步把国民党的大批官员、难民撤到台湾做好了准备。[2]

就在中共中央九月政治局会议结束前的一天，即 1948 年 9 月 12 日，中共东北野战军已发起了规模宏大的辽沈战役。24 日，中共华东野战军首先攻克了山东济南，拿下了关内第一个省会城市，全歼守敌 10 万。一个多月

[1] 《在中共中央政治局会议上的报告和结论》，见《毛泽东文集》，第 5 卷，第 145—146 页。

[2] 参见刘统：《中国的 1948 年 —— 两种命运的决战》，三联书店 2006 年版，第 135—136、292—298、532—533 页，等。

后，即 11 月 2 日，中共东北野战军攻占沈阳，胜利结束了辽沈战役，先后夺取了锦州、长春、沈阳、营口，占领了东北全境，歼灭国民党 4 个兵团、11 个军部、36 个整师，连同地方部队总共 47 万余人，仅俘获国民党少将以上军官就有 186 名。11 月 11 日，毛泽东电告各方面负责同志称："9 月上旬（济南战役前）中央政治局会议时所作的五年左右建军 500 万，歼敌 500 个正规师，根本上打倒国民党的估计及任务，因为九十两月的伟大胜利，显然已经显得是落后了。这一任务的完成，大概只需要再有一年左右的时间即可达到。"[1]

全国胜利时间的迅速提前，使得中共中央对如何建立一个稳固的新政权的问题变得更加关注和重视。11 月 21 日，中共东北局安全部门在苏方的配合下，成功破获了一个与美国驻沈阳领事馆有着密切联系的重大间谍案件。这一消息马上引起了毛泽东等人的高度警觉。

12 月 3 日，毛泽东明确提出："我们不应允许资本主义国家记者留在解放区发新闻。"[2]

12 月 4 日，中共香港新华分社报告，美国《芝加哥日报》记者雷文和声称，美国国务院目前之中心工作在于如何在中国新的联合政府中造成一有效的反对派，以抵抗中共的力量。为此，美国务院的办法是：保留所有美国在中国之经营机关及人员，而不撤退；在某种方式下，承认新的联合政府；恢复与新中国的贸易和鼓励对新中国的投资，以及支持联合政府中非共产分子等。报告称：雷在香港频繁与民盟及其他中间人士接触，多方考察各民主人士与我关系，并且着重强调组成有效反动派之重要。毛泽东阅后极为愤怒，当即批给书记处全体成员传阅。他写道："此种阴谋必须立即开始注意，不要使美帝阴谋在新政协及联合政府中得逞。"[3]

---

[1] 《毛泽东关于再有一年左右即可根本上推翻国民党统治的指示》（1948 年 11 月 11 日），见《中共中央文件选集》，第 17 册，第 473—474 页。

[2] 《毛泽东对外籍记者提出问题七点的批语》（1948 年 12 月 3 日）。

[3] 《毛泽东对雷文和谈话摘要的批语》（1948 年 12 月 4 日）。

据此，中共中央很快发出了关于对待资本主义国家外交及新闻人员的态度的指示。指示称：“现时帝国主义外交人员及冒险分子都在寻找机会企图钻进解放区来，进行挑拨和破坏民主阵营的工作，我应严正地注视这一发展，并在适当时机用适当方式，揭露其阴谋，打破其幻想。”故对美、英、法等资本主义国家中要求进入解放区的外交人员、记者等，一概拒绝；各种问题，一律不予答复。对于坚持留在我解放区，包括今后留在平津、上海、南京、武汉等地区的外交人员，只当外国侨民看待；对于留在这些地区的美国武官（连同原美国驻延安观察组组长包瑞德在内），因美国军官正在助蒋作战，故应以武装监视；对于留下来的外国记者，因其均为反共报纸或通讯社的记者，故亦不承认其为记者，不给以任何采访和发电之权，军管期间还应监视其行动，发现其有破坏行为，即予惩办直至驱逐出境。[1]

在这种情况下，始终对新政权可能遭受到的内外夹攻忧心忡忡的中共中央，不可避免地会变得更加警觉和敌视以美国为首的资本主义世界。在1949年1月8日举行的中共中央政治局会议上，毛泽东指出：美帝国主义的对华政策，已由单纯地支持国民党武装反共，转变为两面性的政策。他们开始“派遣其走狗混入革命阵营，组织所谓反对派从内部来破坏革命。在人民解放军接近于全国胜利时，甚至不惜用承认人民共和国的方法，以求取得合法地位，实施这一‘内部破坏’的政策。对于这一帝国主义的阴谋计划，我们必须提高警惕性，并坚决地将其击破”。为此，“不忙与美英帝国主义建立关系，不论是我们承认他们，还是他们承认我们”。[2]

批判民族主义，接受斯大林指导，中共与苏联越走越近

一方面是苏联大力援助中共，一方面是美国千方百计地想要在新政权

[1] 《中央关于战争期间拒绝一切外国记者采访解放区的指示》（1948年12月23日）。
[2] 《毛泽东在中央政治局会议上的报告》（1949年1月8日），参见《毛泽东文集》，第5卷，第231页。

内部安插反对派，不让中共在新政权内实现一党控制。中共中央的情感和利益的天平会向哪一边倾斜，显而易见。

当欧洲共产党和工人党的九国情报局宣告成立，苏联共产党通过日丹诺夫在华沙九国共产党会议上公开宣布世界已经划分成两大阵营之后，毛泽东就马上告诉苏联方面："我们对于欧洲九国共产党成立情报局，认为[是]必要的，对于日丹诺夫的报告，认为是正确的。"[1]

当苏联于1948年意外地展开对南斯拉夫铁托集团的批判，中共中央虽然一时间还弄不清楚"民族主义"的错误是怎么回事[2]，照样毫不犹豫地马上公开表态，站在苏联的一边。中共中央专门通过决议，谴责以铁托为首的南斯拉夫共产党领导集团在内外政策上"犯了背叛性的""错误"，高度肯定"苏联是世界反帝的和平民主阵线中的主力军和领导者"。[3]

为了表明自己坚定地拥护苏联的立场，中共中央在基本上弄清楚了南斯拉夫错误的理论说法之后，还专门以刘少奇的名义，公开发表了《论国际主义与民族主义》的长文，尖锐批判了南斯拉夫共产党的资产阶级民族主义立场，高度颂扬了无产阶级国际主义与爱国主义相结合的重大意义，着重说明了民族问题与阶级问题相联系，民族问题本质上就是阶级问题，只有根本解决了阶级压迫和阶级剥削的问题，才能最终解决民族问题，因而任何国家的无产阶级共产党，都必须积极履行国际主义义务，帮助被压迫民族革命的列宁主义的理论观点。[4]

在苏、美对抗和世界已经被划分成为两大阵营的情况下，再没有比这个占世界人口1/7的亚洲大国转入到社会主义民主阵营更为让人振奋的了。

---

[1] 《毛泽东致东北局电》(1947年11月21日)。

[2] 毛泽东在1948年9月的政治局会上特别表示了对所谓民族主义错误问题的不理解。他说："又说民族主义，又说民族独立；又说南斯拉夫是反动的民族主义，过去我们也讲过三民主义，其中就有民族主义，这些问题怎样解释？"

[3] 《中共中央关于南斯拉夫共产党问题的决议》(1948年7月10日)、《中央批转东北局关于学习南共问题决议的指示》(1948年8月4日)。

[4] 《人民日报》1948年11月7日。

它无疑是对美国在亚洲霸权的一个最沉重的打击。因此，斯大林也同样高度重视加强与中共的关系。为了弥补毛泽东一直未能赴苏向斯大林汇报中国革命情况的遗憾，斯大林专门派苏共中央政治局委员米高扬秘密飞到中国，辗转来到中国河北的农村，与中共最高领导人商讨建立新中国的一系列问题，同时也是为了近距离了解完全没有他们所熟悉的留苏学生的中共中央领导集体。

米高扬于1949年1月30日抵达河北平山县西柏坡村，2月8日离开，从石家庄乘飞机飞往旅顺，然后返回苏联。米高扬与毛泽东等中共中央最高领导人在中共中央所在的这个小村庄里，进行了长达一周时间的长谈。毛泽东很详细地介绍了中国革命的过去和现在。毛泽东再三再四地强调自己是斯大林同志的学生，并且奉行亲苏的方针。说他是按照斯大林同志对中国革命的论述，和斯大林同志关于中国革命是世界革命的一部分，以及对南斯拉夫民族主义的批评，来认识和分析中国革命的问题的。他并且解释说，中国因为远远落后于俄国，因此在革命中犯了很多错误。中共用马克思主义教育干部，全部学习的都是马克思、列宁和斯大林的著作，没有一本是中共领导人的著作。这是因为他对马克思列宁主义没有任何创新，不能与马克思、恩格斯、列宁、斯大林相提并论。对此，米高扬代表苏共中央表示了不同意见。他一再强调，“作为水平不高的马克思主义者，不可能在中国领导二十年的内战并取得胜利”。中国革命有中国自己的特点，把马列主义与中国具体的实际相结合，本身就丰富了马克思主义，并且对亚洲国家革命运动具有重要的理论意义。[1]

显然，毛泽东对这次与米高扬的谈话十分满意。在1949年3月5日召开的中共七届二中全会上，他很自豪地告诉与会代表：“马克思主义在中国是完全的法则，必须遵行，不能作任何修正。因为它完全适用，这是原则性；而我们所添的是枝叶，不是根本，这是灵活性。要有原则性，又要有灵活性，

[1] 《斯大林与中国》，第69—72页。

否则走不通。关于我们的策略、政策和办法，和某些苏联同志谈了，他们说我们做得很对。”

因此，毛泽东也进一步确定了未来新中国的对外政策。他指出：“我们的革命，主要的带反帝国主义的性质，帝国主义恨死了我们的革命。”美帝国主义在中国失掉了威信，它当然不会甘心。帝国主义是很想承认我们的，这样他们就能够钻到我们内部来同我们做斗争了。我们要防止孙行者钻进牛魔王的肚子，孙行者即美帝是也。因此，我们应当相当长的一段时间之内不给他们这种机会。我们要等到中国全部解放了，学会了管理城市，站稳了脚跟，把帝国主义在中国的影响和基础统统搞掉，“再说承认的话”。用他这时形象的说法，叫作“打扫干净房子再请客”。[1]

当然，为了避免可能会出现的美国干涉的危险，中共中央也并非就坚决拒绝和美国、英国发生关系。1949 年 4 月，斯大林为答复中共的询问给毛泽东发来一封长电，再度提出了对美国干涉的防范问题。他明确认为，由于中国人民解放军很快将会出现在中国南部边境地区，威胁到英、法过去的殖民地，美、英、法未必不会采取从经济封锁到武力干涉的做法。为了防范美、英军队在中国人民解放军后方登陆的危险，解放军进军南方时务必要抽出精锐部队调往各口岸，加强沿海的守备。而为了麻痹美、英等国，如果它们放弃了在军事、经济和政治方面对蒋介石国民党政府的支持的话，中国民主政府不要拒绝同这些资本主义国家（包括美国在内）建立正式外交关系，更不要拒绝和这些国家进行贸易往来。[2]

据此，中共中央很快做出决定：“如果美国（及英国）能断绝和国民党的关系，我们可以考虑和它们建立外交关系的问题。”[3] 4 月 30 日，毛泽东还亲自以中国人民解放军总部发言人的名义，公开发表声明，宣布：“中国

[1] 《毛泽东在中共七届二中全会上的报告》（1949 年 3 月 8 日）。
[2] 科瓦廖夫、冈察洛夫：《斯大林与毛泽东的对话》，《远东问题》1992 年 1—3 期合刊。
[3] 《毛泽东关于稳住汤恩伯及外交政策问题致总前委电》（1949 年 4 月 28 日），《毛泽东文集》，第 5 卷，第 285 页。

人民革命军事委员会和人民政府愿意考虑同各外国建立外交关系”，但“外国政府如果愿意考虑同我们建立外交关系，它就必须断绝同国民党残余力量的关系，并且把它在中国的武装力量撤回去”。[1]

1949 年 4 月 23 日，解放军占领了南京。以美国大使司徒雷登为首，多数资本主义国家的使节都留在南京没有动。为了设法了解美国对自己及对国民党的政策动向，并便利与司徒雷登的接触，中共中央专门调派原燕京大学的学生黄华前往南京担任军管会外事处处长。而司徒雷登一个多月以来，也一直在设法与中共最高层进行某种方式的联络。因此，双方很快就进行了一段时间秘密的外交接触与对话。只是，这些接触和对话，丝毫也没有拉近双方原本敌对的关系。

为了一个不存在的机会，中共代表与美国大使进行了两个月的接触

1949 年 5 月上旬，黄华与司徒雷登的秘书开始了最初的接触。13 日，黄华第一次与司徒雷登进行了会晤。双方的谈话明显南辕北辙。中共中央重视的是：“美国停止援助国民党，割断和国民党残余力量的联系”，而司徒雷登强调：必须旧政府倒了，新政府成立，要求建立外交关系，才有承认的可能。中共中央要求的是：美国“永远不要干涉中国内政”，而司徒雷登却暗示，美国的承认要视新中国政府是否能够广泛吸收“民主分子”参加。[2]

6 月 6 日，黄华再度受命会见了司徒雷登。司徒雷登仍旧坚持，今天在中国没有一个新政府，不存在外交承认的条件。况且如今国共各占一部分地区，按照国际法，美国在这种情况下也不能与尚有存在条件的旧政权断绝外交关系。他突出强调的仍然是，未来中国的政府里是否能够尽量吸收一切民主开明的人士参加，并说明承认问题将视此而转移。因为要了解美

[1] 毛泽东：《中国人民解放军总部发言人为英国军舰暴行发表的声明》（1949 年 4 月 30 日），见《毛泽东选集》（合订本），第 1464 页。

[2] 《中共南京市委关于黄华访司徒雷登接谈要点致中央并报华东局电》（1949 年 5 月 17 日）。

国政策，一句话就够了，那就是，美国害怕共产主义，害怕世界革命可能引起第三次世界大战。因此，在美国人眼里，中国的问题不是一个简单的对华政策的问题，而是关系世界和平的大问题。如果中国能够实现民主自由，那么，美国与苏联的关系也就好解决了。[1]

事实上，这个时候中共代表黄华与美国大使司徒雷登的整个接触情况，几乎都是在斯大林的密切关注下进行的，毛泽东不断地向斯大林详细通报着这一接触的最新结果。因此，司徒雷登离间中共与苏联关系的尝试，可想而知不会发生任何效果。不仅如此，毛泽东从这一接触中更深切地感受到美国对中国新政权严重的威胁。

即使撇开意识形态的因素不谈，中共这时对美国政策的怀疑和敌视之深，本身就是无法改变的。就历史因素而言，中共领导人多半都对近百年来帝国主义军事侵略、政治干涉和经济压迫有着惨痛的记忆，他们看不出帝国主义有可能自动地放弃它们在中国的特权和利益，看不出除了根本驱逐帝国主义出中国以外，还有什么办法能够使中国人真正独立自主、扬眉吐气。就现实因素而言，他们从美国顽固地坚持武装援助国民党来消灭共产党的战争中，从美国处心积虑地利用外交官作掩护，在苏联东欧各民主国家，包括在自己的解放区，从事间谍活动，以及从雷文和与司徒雷登等人赤裸裸地扬言要在新政府中支持反对力量抵抗共产党的政治统治的谈话中，都能够切身感受到来自美国的威胁。他们显然看不出美国有自动放弃干涉中国内政，放弃反对和颠覆共产党政权的帝国主义阴谋的可能；看不出他们除了把这个世界上最强大的帝国主义国家当成是自己的头号敌人，时刻保持高度警惕，并且针锋相对地进行斗争以外，还有什么办法能够避免它对自己的统治造成危害。

再没有任何值得犹豫和隐瞒的了，无论是对潜在的国内对手，是对骑在家门口的虎视眈眈的美国，还是对国内广大民众。事实上，还在 1949 年

[1] 《中共南京市委关于黄华与司徒雷登谈话内容致中央并报华东局电》（1949 年 6 月 7 日）。

初的两次中央会议上，毛泽东就已经对党内明确宣告过：

第一，“现在应当在全中国全世界很好地宣传马、恩、列、斯关于唯物主义、关于党和国家的学说，宣传他们的政治经济学等等”。马恩列斯是先生，中国共产党人是学生。如同没有俄国的十月革命，中国革命的胜利是不可能的一样。“在帝国主义制度存在的时代，没有国际援助，任何国家的革命都不可能取得胜利。”“中国革命的胜利以后的巩固也是一样，帝国主义是要消灭我们的，没有各国无产阶级，首先是苏联的援助，(中国新政权的)巩固是不可能的。自然，我们受人帮助，也要时刻准备帮助别人，这就是国际主义。中苏关系是密切的兄弟关系，我们和苏联应该站在一条战线上，是盟友。只要一有机会就要公开发表文告说明这一点。”[1]

第二，“关于帝国主义对我国的承认问题，不但现在不应急于去解决，而且就是在全国胜利以后的一个相当时期内也不必急于去解决。我们是愿意按照平等原则同一切国家建立外交关系的，但是从来敌视中国人民的帝国主义，决不能很快地就以平等的态度对待我们，只要一天它们不改变敌视的态度，我们就一天不给帝国主义在中国以合法的地位。”[2]

第三，我们是阶级斗争论者，一切政策策略都要从阶级斗争的立场出发，进城以后尤其必须坚持这一条，包括“写文章、写新闻，都要以阶级立场为主体，时刻不要忘记。凡一切写到阶级问题的文章，都是深刻的；凡没有讲清楚这个问题的，都叫作浮浅”。

第四，自抗战以来我们一直高举民主大旗，反对国民党的独裁专制。但是，我们同时也是专政论者。“国民党说我们是‘赤色独裁’，这是对的。因为我不能和他一道独裁。这就叫‘即以其人之道，还治其人之身’。”在新政权下，“对内里民主，对敌人当然是独裁。对一切反革命分子是独裁、专政、专制，关于这点一定要说清楚。这样我们就主动了”。

---

[1] 《毛泽东在七届二中全会上的总结》(1949 年 3 月 8 日)，见《毛泽东文集》，第 5 卷，第 264—266 页。

[2] 《在中国共产党第七届中央委员会第二次全体会议上的报告》(1949 年 3 月 5 日)，《毛泽东选集》(合订本)，第 1436 页。

第五，“李济深说我们不大方，这是逼我们就范。傅作义失掉了12个师，较规矩了，也打过自己的嘴巴。给他开出6条，他安然了，但又说我们不伟大”。“决不可以认为反革命力量顺从我们了，他们就成了革命党了，他们的反革命思想和反革命企图就不存在了。绝不是这样。他们中的许多人将被改造，他们中的一部分将被淘汰，某些坚决反革命分子将受到镇压。”

第六，“在拿枪的敌人被消灭以后，不拿枪的敌人依然存在，他们必然地要和我们做拼死的斗争，我们绝不可以轻视这些敌人。如果我们现在不是这样地提出问题和认识问题，我们就要犯极大的错误”。因此，我们应将人民对我们的感谢与资产阶级对我们的捧场，加以区别。对待民主人士是一个严重的问题。他们看不起我们，说我们“不行”、“文化低”，“怀疑我们的建设能力”，认为“他们的高等文化好”，对此我们不要妄自菲薄。“我们要谨慎地争取他们”，要经得起他们用糖衣裹着的炮弹的攻击。对他们的高等文化，我们不稀罕。现在是我们请客，不是他们，“那些写不出（对人民有用的）东西的，不能为人民服务的，我们当然不请”。[1]

其实，只要注意到上面的情况，就不难得出结论，中共与美国之间这场断断续续持续了两个月之久的秘密接触，其实多半只是一种战略试探。对双方的关系来说，丝毫不存在任何改善的可能性。

尘埃落定：毛泽东发表《论人民民主专政》，革命终结正果

1949年7月1日，即在中共召集的产生联合政府的政治协商会议筹备会正式召开后，毛泽东公开发表了题为《论人民民主专政》的文章，以胜利者的姿态公开宣告了中共革命的历史道路、基本经验和执政原则。这就是：

（一）马克思列宁主义是放之四海而皆准的普遍真理，中国人找到马列

[1] 《毛泽东中央政治局会议上的结论》（1949年1月8日），《毛泽东在中共七届二中全会上的报告和结论》（1949年3月5、13日）。（注：上述引文有的不见于《毛泽东选集》（合订本）和《毛泽东文集》第5卷收入的同题报告中，而引自同题之油印件。）

主义，是经过俄国人介绍的。“十月革命的一声炮响，给我们送来了马克思列宁主义。”“走俄国人的路——这就是结论。”

（二）“一边倒，是孙中山的四十年经验和共产党的二十八年经验教给我们的，深知欲达到胜利和巩固胜利，必须一边倒。”在当今世界，任何一个民族，“或者联合苏联，或是联合帝国主义，二者必居其一。这是爱国与卖国的界限，这是革命与反革命的界限，这是世界上不论哪一个民族是走向进步或是走向倒退的界限”。“中国人不是倒向帝国主义一边，就是倒向社会主义一边，绝无例外。骑墙是不行的，第三条道路是没有的”，因为“我们在国际上是属于以苏联为首的反帝国主义战线一方面的”。

（三）“军队、警察、法庭等项国家机器，是阶级压迫阶级的工具。对于敌对的阶级，它是压迫的工具，它是暴力，并不是什么‘仁慈’的东西。”“我们对于反动派和反动阶级的反动行为，决不施仁政。”“中国人民在几十年中积累起来的一切经验，都叫我们实行人民民主专政，或曰人民民主独裁，总之是一样，就是剥夺反动派的发言权”，“只许他们规规矩矩，不许他们乱说乱动”。“对于反动阶级和反动派的人们，在他们的政权被推翻以后，只要他们不造反，不破坏，不捣乱，也给土地，给工作，让他们活下去，让他们在劳动中改造自己，成为新人。他们如果不愿意劳动，人民的国家就要强迫他们劳动。”“这件工作做好，中国的主要的剥削阶级——地主阶级和官僚资产阶级即垄断资产阶级，就最后地消灭了。”

（四）“人民民主专政的基础是工人阶级、农民阶级和城市小资产阶级的联盟，而主要是工人和农民的联盟，因为这两个阶级占了中国人口的百分之八十到九十。”“民族资产阶级在现阶段上，有其很大的重要性。”但是，作为剥削阶级之一，中国“民族资产阶级不能充当革命的领导者，也不应当在国家政权中占主要的地位”。不仅如此，对于民族资产阶级还必须实行教育和改造的政策，还要准备在将来实行社会主义的时候，剥夺他们所掌握的生产资料的所有权。“人民手里有强大的国家机器，不怕民族资产阶级造反。”

（五）“总结我们的经验，集中到一点，就是工人阶级（经过共产党）领导的以工农联盟为基础的人民民主专政。这个专政必须和国际革命力量团结一致。这就是我们的公式，这就是我们的主要经验，这就是我们的主要纲领。”[1]

自1936年首次提出以普选、议会和人民普遍自由权利为基础的“民主共和国”的口号以来，中共始终高擎着民主的旗帜，实行“三三制”、基层普选、官兵平等，并成功地保持着干部的勤政廉洁，因而成为中国国内反对国民党独裁专制和特务统治最有力的旗手和象征，也因此赢得了广大中间派的支持与拥护，甚至让包括司徒雷登这样虔诚的基督徒和美国外交官也对中共极具好感,且颇多幻想。现在用不着遮遮掩掩了,可以突出强调“人民民主专政”了。

毛泽东的这篇文章，无疑使许多人跌破了眼镜，以至惊讶不已。在这里，受刺激最深的，大概就是率领西方国家外交官集体拒绝跟随国民党政府南迁，坚持留在南京“迎接”中共的美国大使司徒雷登了。

一直幻想着能够使中共新政权保持在他所理解的西方民主政治范围内，进而推动美国政府承认新中国的这位美国大使，显然受到很大的刺激。他在反复研读了毛泽东的这篇文章之后，给美国国务卿写了一份详细的分析报告，其沮丧、绝望和愤怒之情溢于言表。

司徒雷登在他的报告中写道：“我们应该对毛泽东的文章《论人民民主专政》拍手称快，因为它空前明确地表明了中共最高领导人所持的立场。文章以清楚和尖锐的措辞谈到如何将‘马列主义科学’应用于中国社会，还以马克思主义观点对中国过去二十八年的历史作了精辟的论述。”与他此前的著作相比，它最主要的不过是补充了决心要与苏联团结一致的观点，并第一次表露了对“警察权力专政及其合理化的”态度。

司徒雷登写道：“文章显示了斯大林主义的政治理论对指导中共行动的

[1]《毛泽东选集》（合订本），第1475—1485页。

巨大影响。”“文章的主要基调是毫不动摇地忠诚于依靠暴力进行世界革命的教规；效忠作为革命力量中心的苏联；对所有反对力量刻骨仇恨；信仰专制主义以及与其他任何政治或社会理论不可调和的共产主义。令人恐怖的流血斗争，对毛和他的同志来说只不过是改变中国政体的外科手术。”而新政权则将会在“人民”的名义下，使共产党的权威能够“置于形成俄国式专制的同样基础之上”。

司徒雷登宣称：“除了没有无条件承诺在任何战争中与苏联站在一起（中共的宣言迄今避而不谈）之外，文章使中共与苏联的关系变得不能再紧密了。与此相反，它对西方民主国家的敌视无以复加。”“他确信与西方不可妥协。”他清楚地意识到在中国有一大批人，特别是知识分子，不相信共产主义，不愿意与西方为敌。因此，文章用了大量篇幅驳斥亲西方的中国自由主义分子信奉的一些观点，并宣布：“持这种观点的人将被认为是‘外国帝国主义的走狗’，要适当加以制裁。”[1]

“毛现在不会被收买。”——司徒雷登半是沮丧半是痛苦地写下的这句话，其实也正是毛泽东想要看到的和他二十余年来苦心奋争所想要得到的一种结果。它既是要证明给莫斯科看的，也是用以报答所有死去的和活着的共产党人的：中共革命达成了它最初的目标。

结　语

战后的中国政治充满了玄机。美苏冷战的出现与两个阵营的形成，既极大地推进了中共革命的迅速进展，同时也极大地干扰着毛泽东独立迈向夺取政权的脚步。毫无疑问，如果没有美国不断地刺激和挑战苏联在远东的安全感，如果没有蒋介石顽固地坚持不承认中共的地位，无视中共的实力，

[1] 肯尼斯·雷、约翰·布鲁尔编，尤存、牛军译：《被遗忘的大使——司徒雷登驻华报告（1946—1949）》，江苏人民出版社 1990 年版，第 308—310 页。

一而再、再而三地试图用他并不强大的军事力量来“剿灭”中共，中共多半也无从获得武力夺权的机会。

但是，无论存在着怎样的机会和机遇，如果没有毛泽东，几乎可以肯定地认为，中国共产党也不可能走到它的1949年。非常重要的是，同样是共产党人，同样备受意识形态和苏联因素的困扰，毛泽东总是能够别出心裁地为自己不一样的道路选择找到突破的逻辑支点。抗战期间，毛泽东想出一个“新民主主义”的理论观点，摆脱了抗日民族统一战线政策的束缚，成功地为中共的发展壮大在理论上找到了合法性的依据；战后的和战关头，毛泽东又提出了一个“中间地带”的理论观点，消解了共产党内对第三次世界大战危险的担心和苏联安全战略设置的种种限制，成功地把中共引上了战争与革命的胜利之路。

严格说来，所谓“中间地带”的观点，未必具有多少理论上的意义。只要注意一下毛泽东提出这一观点的时间是在1946年春夏，就可以了解，当1947年美苏进入冷战状态，形成日益严重的全面对抗和冲突之后，就连他自己也未必相信他此前关于美苏妥协不可避免、美国不会对苏联发动战争、人民力量大过反动力量、第三次世界大战不可能爆发的判断。[1]

但是，毛泽东关于“中间地带”的观点，还是具有十分重要的政治象征意义的。这是因为，把中国放在美苏之间，强调其独立于两个大国的特殊地位和特殊作用，这其实恰恰最好地表现出毛泽东革命功利主义的认识特性。可以肯定，强调内因也好，提出“中间地带”观点也好，根本上都不过是表现出他的一种心理，即一心想要为自己所开创的事业寻找到一种自主运作、发挥和创意的空间，取得特殊的地位和发言权。然而，至少在这个时候，作为落后国家革命的领导人，他不仅无法拒绝大国政治对各国

---

[1] 1948年九月政治局会议上，毛泽东就注意到美苏在柏林问题上的激烈冲突与对抗，并且意识到美苏爆发战争的可能性。他强调：战争不爆发，对中国革命更有利。如果万一不能避免，“我们还不是要干”。他用了“天要下雨，娘要嫁人，有什么办法？”的说法，来表示对国际上的事情无可奈何的态度。《毛泽东选集》（合订本），第1475—1485页。

国内政治的影响与作用，而且还必须要善于纵横捭阖地利用大国之间的矛盾冲突，“以夷制夷”。尤其是革命与反革命阵线分明，非依靠苏联不能战胜得到美国支持的国民党的情况下，他的选择余地非常有限。

毛泽东的成功之处在于，他一直毫不动摇地为中共革命夺权的成功着想，对苏联的意见始终坚持有利则顺势发挥，不利则巧为应付，绝不跟着莫斯科的指挥棒转。从战后毛泽东夺权策略反复变动的经过，再清楚不过地展现出他为了实现武装夺权的目标，极力周旋于美、苏政策的缝隙间，独立自主地推进革命的过程。

1949 年，中共革命大功告成，毛泽东也转而选择了向苏联“一边倒”。表面上，“中间地带”的观点不复存在了，在中共的眼里，世界重新变成了两个截然对立的部分，“中间地带”“或者联合苏联，或是联合帝国主义，二者必居其一”。中国革命的特殊地位和特殊作用似乎也不存在了。

实际上，中共做出这一选择本身，依旧是基于革命的功利主义。因为，正如毛泽东所判断的，“帝国主义恨死了我们的革命”，它们一定会想尽办法来“同我们做斗争”。中共创立的新政权，如果想要在美苏对抗的国际政治大格局中生存下来，并继续保持其革命和专政的取向，除了向苏联“一边倒”，根本没有其他选择的可能。

但是，正因为如此，以毛泽东为代表的中共领导人，其实仍旧保持着独立自主的心态和特性。他们不仅相信自己的革命具有特殊性，而且在潜意识中其实仍旧把自己摆在一个具有特殊作用和地位的“中间地带”。

参考文献暨征引书目

一、档案馆

British Foreign Office Confidential

Russian Center for the Preservation and Study of Documents on Modern History

U.S. Department of State Archives

Hoover Institution at Standford University

日本外务省档案馆

（台北）“国史馆”

（台北）中国国民党党史馆

二、文献史料

Papers Relating to the Foreign Relations of the United States, U.S. Department, U.S.Government Printing House, 1918-1949

The Dynamics of World Power, A Documentary History of U.S. Foreign Policy, Vol. 2, Arthur M. Schlesinger, Jr., New York, 1973

《苏联〈真理报〉有关中国革命的文献资料选编》第 1、2、3 辑，安徽大学苏联问题研究

所等编译，中国社会科学出版社 1985、1986、1988 年版
《八七会议》，中央档案馆等编，中共党史资料出版社 1986 年版
《鲍罗廷在中国的有关资料》，中国社会科学院近代史研究所现代史研究室编，中国社会科学出版社 1983 年版
《被遗忘的大使——司徒雷登驻华报告（1946—1949）》，肯尼斯·雷、约翰·布鲁尔编，尤存、牛军译，江苏人民出版社 1990 年版
《陈独秀文章选编》（上、中、下），三联书店编，三联书店 1984 年版
《戴季陶先生文存》，（台北）中国国民党中央党史委员会 1986 年编印
《党史概要》第 1—2 册，张其昀，（台北）"中央"文物供应社 1955 年版
《党史研究资料》第 1 辑，四川人民出版社 1980 年版
《德黑兰、雅尔塔、波茨坦会议文件集》，萨纳科耶夫等编，北京外国语学院 1971 届工农兵学员译，三联书店 1978 年版
《第二次国内革命战争时期土地革命文献选编（一九二七——一九三七）》，中共中央党校出版社 1987 年版
《第三党讨论集》，蓝玉光编，1928 年版
《第四方面军战史资料选编——长征时期》，解放军出版社 1992 年版
《"二大"和"三大"》，人民出版社编，中国社会科学出版社 1985 年版
《反法西斯战争文献》，世界知识出版社 1955 年版
《革命文献》第九辑，（台北）中国国民党中央委员会党史史料编纂委员会 1955 年编印
《共产党情报局会议文件集》，人民出版社 1954 年版
《共产国际、联共（布）与中国革命档案资料丛书》（1—17），中共中央党史研究室第一研究部编译，北京图书馆出版社 1997 年版，中央文献出版社 2002 年版，中央党史出版社 2007 年版
《共产国际文件汇编》第 1—3 册，贝拉·库恩编，三联书店 1965 年版
《共产国际有关中国革命的文献资料》，中国社会科学院近代史所翻译室编译，中国社会科学出版社 1981 年版
《共产国际有关中国革命资料选辑》（1、2、3），中国社会科学院近代史所编译，中国社会科学出版社 1981、1982、1990 年版
《共产国际与中国革命教学参考资料》（上、下），中国人民大学中共党史系 1986 年编印
《共产主义小组》（上、下），中共党史资料出版社 1987 年版
《国父全集》第一、二册，（台北）近代中国出版社 1989 年版
《国际条约集，1934—1944》，世界知识出版社 1961 年版

《广州起义》，中共中央党史资料征集委员会等编，中共党史资料出版社 1988 年版
《海陆丰革命根据地》，汕尾市革命老根据地建设委员会办公室等编，中共党史出版社 1991 年版
《韩光党史工作文集》，中共吉林省委党史研究室、吉林省东北抗日联军研究基金会编，中央文献出版社 1997 年版
《向孟雄文集》，人民出版社 1986 年版
《湖南农民运动资料选编》，人民出版社 1988 年版
《机会主义的第三党》，中国国民党河北省党务指导委员会宣传部编，1928 年版
《季米特洛夫日记》，广西师范大学出版社 1997 年版
《季米特洛夫文集》，解放社 1953 年编印
《蒋介石言论集》第一至四集，中华书局 1965 年内部印刷
《蒋中正演讲录》，编印者不详，1926 年 11 月版
《蒋总统集》，第 1 卷，（台北）"国防研究院"等 1968 年版
《抗战前华北政局史料》，李云汉，（台北）正中书局 1982 年版
《列宁全集》，第 1—39 卷，人民出版社 1955—1963 年版
《列宁选集》，第 1—4 卷，人民出版社 1972 年版
《列宁斯大林论中国》，张仲实等译，解放社 1950 年版
《李大钊文集》（上、下），人民出版社 1984 年版
《罗易赴华使命》，罗伯特 · 诺思等著，王琪等译，中国人民大学出版社 1981 年版
《马克思恩格斯选集》，第 1—4 卷，人民出版社 1966 年版
《马林在中国的有关资料》，中国社会科学院马列所等编译，人民出版社 1980 年版
《毛泽东军事文集》，第 1—6 卷，中共中央文献研究室等编，军事科学出版社、中央文献出版社 1993 年版
《毛泽东军事文选》，人民出版社 1981 年版
《毛泽东年谱》（上、中、下），中共中央文献研究室编，人民出版社 1993 年版
《毛泽东文集》，第 1—6 卷，中央文献研究室编，人民出版社 1996 年版
《毛泽东选集》（合订本），人民出版社 1964 年版
《毛泽东选集》，第 5 卷，人民出版社 1977 年版
《毛泽东在七大的报告和讲话集》，中央文献出版社 1995 年版
《南昌起义》，南昌八一纪念馆编，中共党史资料出版社 1987 年版
《彭真年谱》，中央文献出版社 2003 年版
《任弼时选集》，中共中央文献研究室编，人民出版社 1987 年版

《日本帝国主义对外侵略史料选编》，复旦大学历史系日本史组编译，上海人民出版社 1975 年版
《日本帝国主义侵华档案资料选编 · 九一八事变》，中央档案馆、第二历史档案馆和吉林省社会科学院编，中华书局 1991 年版
《日本投降与我国对日态度及对苏交涉》，（台北）“中华民国外交问题研究会”1966 年编印
《日本外交年表并主要文书》，下卷，日本外务省编纂，日本联合国协会 1957 年版
《上海工人三次武装起义》，上海市档案馆编，上海人民出版社 1983 年版
《邵力子文集》（下），傅学文编，中华书局 1985 年版
《史迪威日记》，史迪威著，骆伯鸿译，海光出版社 1948 年版
《世界史编年手册（现代部分）》，威廉 · 兰格主编，高望之等译，三联书店 1978 年版
《斯大林全集》，第 1—13 卷，人民出版社 1956 年版
《斯大林文选》，人民出版社 1962 年版
《斯大林选集》上卷，人民出版社 1979 年版
《斯大林与中国》，A.M. 列多夫斯基著，陈春华译，新华出版社 2001 年版
《四 · 一二反革命政变资料选编》，人民出版社 1987 年版
《苏联阴谋文证汇编》（1—4），京师警察厅编译会编，1928 年版
《孙中山集外集补编》，郝盛潮主编，上海人民出版社 1994 年版
《孙中山全集》，第 1—11 卷，中华书局 1986 年版
《皖南事变（资料选辑）》，中央档案馆编，中共中央党校出版社 1982 年版
《王稼祥选集》，徐则浩等编，人民出版社 1989 年版
《王明选集》，第 1—4 卷，日本汲古书院 1973 年版
《王一飞传略 · 文存》，余沈阳编，中共党史资料出版社 1988 年版
《维经斯基在中国的有关资料》，中国社会科学院近代史研究所现代史研究室编，中国社会科学出版社 1982 年版
《五卅运动和省港罢工》，中国第二历史档案馆编，江苏古籍出版社 1985 年版
《五卅运动史料》，第 1—2 卷，上海市档案馆编，上海人民出版社 1986 年版
《“一大”前后》（一、二），人民出版社编，人民出版社 1980 年版
《先总统蒋公思想言论总集》，第 1—39 卷，秦孝仪主编，（台北）中国国民党中央党史委员会 1984 年版
《现代国际关系史参考资料（1917—1932）》，高等教育出版社 1958 年版
《湘鄂赣革命根据地文献资料》，第 1—4 册，湘鄂赣革命根据地文献资料选编组编，人民出版社 1985 年版

《湘赣革命根据地史料选编》（上、下），江西省档案馆编，江西人民出版社 1984 年版
《新民学会通信集》，中国革命博物馆等编，人民出版社 1980 年版
《徐永昌日记》第三至九册，（台北）中研院近史所 1991 年编印
《在蒋介石身边八年——侍从室高级幕僚唐纵日记》，公安部档案馆编注，群众出版社 1991 年版
《中俄关系史料，甲编（1917—1919）》（俄政变与一般交涉），（台北）中研院近史所编印，1960 年版
《中共党史报告选编》，中央档案馆编，中共中央党校出版社 1982 年版
《中共党史参考资料》，第 1—11 册，中国人民解放军政治学院党史教研室编，国防大学出版社 1987 年版
《中共党史教学参考资料》，第 12—20 册，中国人民解放军国防大学党史党建政工教研室编，国防大学出版社 1989 年版
《中共中央北方局——土地革命战争时期》（上），中共党史出版社，2000 年版
《中共中央抗日民族统一战线文件选编》（上、中、下），中央档案馆编，档案出版社 1985 年版
《中共中央文件选集》，第 1—18 册，中央档案馆编，中共中央党校出版社 1989—1991 年版
《中共中央政治局报告选辑（一九二七——九三七）》，中央档案馆编，中共中央党校出版社 1983 年版
《中国革命问题》，托洛茨基著，王凡西译，春燕出版社 1947 年版
《中国共产党的策略路线》，1937 年初，张浩，无出版信息，中国人民大学图书馆藏
《中国共产党史稿》，王健民，第二编，（台北）正中书局 1965 年版
《中国共产党组织史资料汇编》，王健英，红旗出版社 1983 年版
《中国国民党第一、二次全国代表大会会议史料》（上、下），中国第二历史档案馆编，江苏古籍出版社 1985 年版
《中国国民党历次代表大会暨中央全会资料》（上、下），荣孟源主编，光明日报出版社 1985 年版
《中国近代对外关系史资料选辑》第一、二分册（上、下卷），复旦大学历史系中国近代史教研组编，上海人民出版社 1977 年版
《中国之命运》，蒋介石，正中书局 1943 年版
《中华民国史档案资料汇编》第五辑第二编（外交），中国第二历史档案馆编，江苏古籍出版社 1997 年版
《中华民国外交史资料选编（1919—1931）》，程道德等编，北京出版社 1985 年版
《中华民国重要史料初编——对日抗战时期》绪编（一至三），秦孝仪主编，（台北）中国

国民党中央委员会党史委员会 1981 年版
《中华民国重要史料初编——对日抗战时期》第五编（一至四），秦孝仪主编，（台北）中国国民党中央委员会党史委员会 1985 年版
《中华民国重要史料初编——对日抗战时期》第七编（一至四），秦孝仪主编，（台北）中国国民党中央委员会党史委员会 1981 年版
《中美关系资料汇编》，第 1 辑，世界知识出版社 1957 年编印
《中央革命根据地史稿》，戴向青等，上海人民出版社 1957 年编印
《中央革命根据地史料选编》（上、中、下），江西省档案馆等编，江西人民出版社 1983 年版
《周恩来军事活动纪事》，中共中央文献研究室编，中央文献出版社 2000 年版
《周恩来选集》（上、下），中共中央文献研究室编，人民出版社 1983 年版
《周恩来一九四六年谈判文选》，中央文献出版社，1996 年版
《遵义会议文献》，中央档案馆编，人民出版社 1985 年版

三、回忆口述

《冯玉祥与国民军——一个志愿兵的札记》，维 · 马 · 普里马科夫著，曾宪权等译，中国社会科学出版社 1982 年版
《风雨中的宁静》，蒋经国著，（台北）幼狮书店 1973 年版
《黄克诚自述》，人民出版社 1994 年版
《何长工回忆录》，解放军出版社 1987 年版
《胡乔木回忆毛泽东》，人民出版社 1994 年版
《回忆胡乔木》，刘中海等编，当代中国出版社 1994 年版
《顾维钧回忆录》，第 1—11 卷，中华书局 1983 年版
《李宗仁回忆录》（上、下），广西人民出版社 1980 年版
《罗斯福见闻秘录》，伊里奥 · 罗斯福著，春光新闻社 1947 年版
《聂荣臻回忆录》（上、下），解放军出版社 1982 年版
《同斯大林的谈话》，密洛凡 · 德热拉斯著，司徒协译，世界知识出版社 1963 年版
《我的回忆》，第 2 册，张国焘著，现代史料编刊社 1980 年版
《我的生平》（上），托洛茨基著，华东师范大学出版社 1980 年版
《往事回忆》，黄平著，人民出版社 1981 年版
《徐向前元帅回忆录》，解放军出版社 2005 年版

《在华使命——一个军事顾问的笔记》，瓦·伊·崔可夫著，万成才译，中国社会科学出版社 1981 年版
《在历史巨人的身边》，师哲回忆，李海文整理，中央文献出版社 1991 年版
《曾克林将军自述》，辽宁人民出版社 1997 年版
《郑超麟回忆录》，现代史料编刊社 1986 年版
《中国大革命的见闻（1925—1927）》，维什尼亚科娃·阿吉莫娃著，王福曾译，中国社会科学出版社 1985 年版
《中国大革命武汉时期见闻录》，A. B. 巴库林著，郑厚安等译，中国社会科学出版社 1985 年版
《中国革命纪事（一九二五——一九二七）》，A.B. 勃拉戈达托夫著，李辉译，三联书店 1983 年版
《中国国民革命军的北伐——一个驻华军事顾问的札记》，亚·伊·切列潘诺夫著，中国社会科学院近代史研究所翻译室译，中国社会科学出版社 1981 年版

四、著述

America's Siberian Adventure, 1918-1920, William S. Graves, New York: 1931
Sun Yat-sen: Frustrated Patriot, C.Martin Wilbur, New York: Columbia University Press, 1976
《AB 团与富田事变始末》，戴向青、罗惠兰著，河南人民出版社 1994 年版
《鲍罗廷与武汉政权》，蒋永敬著，（台北）传记文学社 1972 年版
《从容共到清党》，李云汉著，（台北）中国学术著作奖助委员会 1973 年版
《第二次世界大战史，1939—1945》（1—2），德波林编著，上海外国语学院西俄语系译，上海译文出版社 1981 年版
《庚子赔款》，王树槐著，（台北）中研院近代史研究所 1974 年版
《共产国际史纲》，索伯列夫等著，吴道弘等译，人民出版社 1985 年版
《国父联俄容共政策研究》，谢信尧著，（台北）帕米尔书店 1981 年版
《关东军和苏联远东军》，林三郎著，吉林人民出版社 1979 年版
《广西的苏维埃运动——广西党与苏维埃红军运动简史》，雷经天著，中共中央宣传部党史资料室 1954 年版
《加伦在中国》，卡尔图诺娃著，中国社会出版社 1983 年版
《蒋总统秘录》，第 9、10 册，古屋奎二著，（台北）“中央日报”社 1967 年版

《列宁与俄国革命》，安东尼拉·萨洛莫尼著，卡佳等译，三联书店 2006 年版
《六十年来中国与日本》，第 1—8 卷，王芸生编著，三联书店 1980 年版
《毛泽东的读书生活》，龚育之、逄先知、石仲泉著，三联书店 1986 年版
《慕尼黑——和平的代价》，特尔福德·泰勒著，石益仁译，新华出版社 1984 年版
《日本侵华七十年史》，中国社会科学院近代史研究所编写，中国社会科学出版社 1992 年版
《三十年代美国的“中立”政策》，王桂厚著，解放军出版社 1987 年版
《省港罢工概观》，广州，出版时间不详
《苏联专家在中国（1948—1960）》，沈志华著，中国广播电视出版社 2005 年
《苏联的远东关系》，莫尔著，曹未风节译，商务印书馆 1950 年版
《外交史》，第三卷（上、下），C.IO. 维戈兹基等编著，大连外语学院俄语系翻译组译，三联书店 1982 年版
《武汉国民政府史》，刘继增等著，湖北人民出版社 1986 年版
《英雄的中国——中国共产党十五年史》，米夫著，莫斯科外国工人出版社 1936 年版
《远东国际关系史》（上、下），马士·宓亨利著，姚曾廙译，商务印书馆 1975 年版
《中共五十年》，王明著，现代史料编刊社 1981 年版
《中国党派史》，王觉源著，（台北）正中书局 1983 年版
《中国 1948——两种命运的决战》，刘统著，生活·读书·新知三联书店 2006 年版
《中国国民党二十年史迹》，邓泽如著，上海正中书局 1948 年版
《中国真相》，P. 埃斯顿著，伦敦 1927 年版
《中国职工运动简史》，邓中夏著，人民出版社 1979 年版，
《资本主义史（1500—1980）》，米歇尔·博德著，吴艾美等译，东方出版社 1986 年版

五、报刊资料

《百年潮》
《布尔塞维克》
《晨报》
《大公报》（天津）
《党的建设》
《党史博览》
《党史通讯》

《党史研究》
《党史研究丛刊》
《党史研究资料》
《东方杂志》
《斗争》
《独立评论》
《奋斗》
《湖南民报》
《黄埔季刊》
《共产党》
《共产党人》
《共产国际》
《国际新闻通讯》
《国外近代史研究》
《国闻周报》
《广东群报》
《广州评论》
《红旗》
《红旗周报》
《红旗周刊》
《红旗日报》
《红色中华》
《红色中华》报
《湖北行政学院学报》
《华东师范大学学报》
《夥友》
《解放》
《解放日报》
《近代史研究》
《近代史资料》
《江西党史资料》
《救国报》

《救国时报》
《抗日战争研究》
《劳动界》
《历史研究》
《每周评论》
《闽星》
《民国日报》（广州）
《民国日报》（上海）
《民国日报》（汉口）
《南开日刊》
《钱江评论》
《青运史资料与研究》
《清议报》
《人民日报》
《少年中国》
《商民运动周刊》
《申报》
《实话》
《时事新报》
《苏俄评论》
《文史资料选辑》
《文献和研究》
《新华日报》
《新青年》
《新中华报》
《现代亚洲研究》
《向导》
《星期评论》
《益世报》
《远东问题》
《战士》
《政治生活》

《中共党史研究》
《中国青年》
《中共党史资料》
《中国文化》
《中央档案馆丛刊》
《中央日报》
《中央通讯》
《传记文学》
《自由评论》

跋

说起来，这是一本旧书，尽管读过旧书的读者可能会觉得它已面目一新。

本书断断续续写作于1988—1989年那个特殊的年代，出版于1991年那个更为特殊的时期。起因是1987年秋我从中共中央党校调到中国人民大学中共党史系，人在中外关系教研室，要给研究生上课，又因为实在感觉到传统的中共党史离开了国际背景讲成功，太不真实，想要给研究生们讲授一点新的东西，于是就想到了这样一个题目。但讲稿只写了个大概，1988年春季的课也没有讲完，人就因为去成都开会，到松潘等红军长征路上考察，染上了急性肝炎，一病好几个月。等到体力渐渐恢复起来，就赶上了那场风波。结果，这门课在人大再没有上过了。因为随后的一两年里在人大已经没有可能自由开课了，我也知趣地马上闪人，去了中国社会科学院近代史研究所。

重新开始把讲稿的草稿变成书稿，是1989年底。我利用不用上课的条件，买了一台PC机，一边啃DOS，学五笔，一边开始写这本书。记得当时还没有硬盘的概念，电脑的内存只有256M，所有的内容都要存在一张5英寸的软盘里。但这本书大体成形时，我的录入速度和修理电脑的能力，至少在当时的老师们中间，也算得上是一流的了。因为那个时候，绝大多数大学老师都还没有用过电脑，更不要说每半年为电脑升一次级了。就连出版社都还不接受电子书稿，非要你打印出来不可。

能够在1991年,也就是邓小平发表“南方谈话”一年前把这本书印出来，也还是沾了中央党校的光。因为我在党校工作了五年时间，又和出版社的朋友比较熟，再加上党校当年的地位不同一般，党校许多教员，包括学校的领导层，思想反而比人大这种学校要开放与活跃得多。因此，即使是在那个政治氛围仍旧相对紧张的时候，我的书稿一经提交，还是很快就通过了相应的审查，并在很短的时间就正式出书了。

不过，这本书当年的发行却很不顺利。半年多后编辑告诉我，他们印了2000册，发出去的只有一半，其他都压在库里了。我因此把剩下的书全都拉到家里去了，傍晚时分搬到三楼的楼道里暂时堆起来，准备第二天把屋子收拾一下再把书搬进屋里去，没承想第二天一早却发现头天下午在楼道里堆得像小山一样的书，一包不剩地全部消失得无影无踪了。想来是被那些专门在深夜里做“废品收购”的人打劫了。

一方面书很少发出去，一方面随着越来越多的学者、学生和读者知道这本书后向我了解哪里有卖，自然就勾起了我想要再版的念头。而需要再版的一个更重要的原因，还是因为当年出版的机会来得太偶然，因此赶得太急，注释做得很不规范，最后一章也是草草收尾，再加上编辑校对的工作做得也很粗糙，书中存在的各种问题和错误实在很多。何况那以后历史研究的条件、形势，包括学术的标准，都有了很大的进步，要求远比那个时候严格得多了，因此再版修订几乎是必须的。

我之所以坚持要再版此书，一个最重要的原因，是因为虽然时间已经过了这么多年，历史资料和史实有了更多的研究和发现，因此可以补充的细节很多，但我当年写这本书时的基本看法和基本观点却并无改变，因此，我还是把这本书看成是我最主要的代表作之一，希望它能够在技术上和细节上得到完善。

本书修订中最大的问题是注释引文的查找。当年研究中共史的条件较差，特别是许多档案资料没有开放和出版。在中央党校工作多年的好处，是有近水楼台之便，只要有心，就能够发现很多在其他单位工作看不到的文献史料。但那个年头，中共党史研究有一条不成文的规矩，即大家发表文章或出版著作，利用到这类史料，都只能转述，不能直接引用。记得我在《党史研究》杂志做编辑时，我们已经发现这样发表的文章，在国际学术界引起的歧义很多，甚至有不少学者直言批评。因此，我们逐渐开始要求作者注意学术研究的通行做法，尽可能使引文注释规范化，在一定程度上改变了大多数党史研究的文章没有注释或很少注释的情况。但是，有一点还是很难改变，就是因为中共党史学者看到的文献史料多半来自于“内部”，无论是档案馆的，还是单位藏的印刷品，总之都有一定的密级限制，个人没有直接标注出处的权力和可能。我们后来最大的突破，就是尽可能标注出文件标题和日期，使读者知道作者确有所凭，但读者想要知道作者所引来自何处,就爱莫能助了。这也是我当年写作这本书时的一个重要背景。

由于已经过了20多年，当年许多不能注明出处的文献史料今天已经公开发表，或可以在相关的档案馆看到，并可以引注出处了。但也因为过了20多年，而且因为还是有一些文献史料不能注明出处，而自己又早就离开了中央党校，故今天要想找到当年引用的全部资料引文的出处并加以核对，就成了一件超级困难的事情了。此书修订的时间远远超出了我原来的想象，一个最主要的原因就在于此。好在，除了极个别的引文没有查到出处，做了删除或改写以外，其他引文基本上都找到并做过了核对。

修订中另一个麻烦的问题是史实的核对和补充。由于原书写于20年前，当时我对有些历史情况还并不是很清楚。这些年来资料开放的程度远较当时高得多，而且海外获得资料的余地也大得多，因此现在要弄清楚过去弄不大清楚的许多历史细节，相对比过去就容易得多了。因此，即使是旧书修订，也需要把这些新的资料和新的研究进展尽可能地反映进去。多少值得欣慰的是，原书在基本史实的研究叙述上至今还是站得住脚的，因此，史实的补充进行得还比较顺利。

修订中另一项自找麻烦的工作，是我为原书过长的段落增加了一些小标题和为每章增加了一个小结。这主要是因为，原书讨论的中心内容是中共究竟是怎样走到它的1949年来的？而要讲清楚这个问题，就必须要回答中共早年为什么一次又一次地走向失败，为什么内部纷争不断，为什么每次失败都和莫斯科的指导失误有关，而每次崛起也都离不开莫斯科的扶持和帮助？明明暗助中共，莫斯科又为什么忽而重视国民党，忽而重视共产党？中共为什么明知莫斯科的一些指示或做法对自己未必有利，却还是一味拥护执行？如果说莫斯科纯粹是从自身利益出发在利用中共，它为什么又一直从政治、组织、军事、经费、特工及干部培养训练等方方面面，大力指导和扶助弱小的中共，几度出手挽救中共于险境，并且不惜冒着与中国政府乃至和列强冲突对抗的风险，公开或暗中站在中共一边？同样，即使是毛泽东执掌权力，用延安整风清除了党内的教条风气，他为什么依然高度重视用莫斯科的“本本”来教育训练党的各级干部，为什么依旧衷情于世界革命，为什么始终相信苏联援助“一定会来”？要想回答清楚这些问题，都不能不考察说明莫斯科和中共，包括中共这一派人和那一派人到底在想什么，以及他们为什么会这样想或那样想？因而也就不能不对共产党人的意识形态及其话语逻辑等等，依照具体史实，加以具体的解读与说明。因此，这本书不同于我其他着重研究事件或人物的具体史实的书，对包括苏联共产党和中共在内的共产党人的理论、思想、言论，及其政策策略内容的说明明显较多，一般读者读起来有时可能会感觉有点沉闷。多加一些小标题，就是为了让不习惯这类阅读的读者读起来会相对容易一些，也便于读者依照小标题的提示有选择地阅读他们感兴趣的内容。

这本书的最大阅读价值，就在于它是到目前为止国内外唯一一本系统讲述影响中共革命成败的外部条件的书。它说明，中共革命的成功和新中国的由来，与朝鲜、越南，以及许许多多落后国家和民族在第二次世界大战之后独立解放的经过，有着很大的共同点。那就是，它们其实在很大程度上都是得益于整个世界大环境和战后国际关系的改变。内因当然是一个最基本的条件，但是，离开了适合的外部条件，再好、再有利的内因也产生不了革命家们理想的结果。

具体到中国，除了战后世界大环境和国际政治关系转变的影响外，还离不开日本入侵的影响，否则的话，接连遭遇了1927年和1934年惨重失败的中共，何以能由极度弱小而一步步壮大；原本足够强大并且统一了中国的国民党，何以会一步步削弱瓦解，以至于无法适应抗战后的新形势、新条件，最终竟被中共所推翻？

中共能够走到它的1949年，既有赖于外部苏联的作用，又有赖于内部毛泽东的作用，两者缺一不可。如果和中国毗邻的不是苏联，而是美国，毛泽东再机敏睿智长袖善舞，也绝不可能实现1949年的成功。同样，即使有苏联毗邻，如果没有毛泽东，中共领袖不论是陈独秀，还是王明，不论是张闻天，还是刘少奇，我们也都很难设想它能够顺利地走到它的1949年。1948年2月和1949年7月，斯大林两度直截了当地承认苏共错估了中共的实力，曾经误以为中共革命不会成功，反对中共与国民党打内战，因此干扰了中共革命。这清楚地说明，如果没有毛泽东力持己见，独立自主，中共很可能和战后法共、意共一样，早就被引导到与国民党妥协的道路上去，成为执政的国民党的附庸了。但同样不可否认的是，如果没有苏联就近的指导和援助，中共能否在1921年成立起来，成立起来后能否制定出有益的政策，成功地把自己变成一个群众性的党，都颇成问题。即使是在毛泽东领导下，如果没有莫斯科再三干预和劝阻，完全按照毛泽东的想法行事，国共两党的合作关系怕是在抗战中期就结束了。中共在日、蒋两大敌人的夹击之下，能否顺利发展起来，也颇成问题。

如此一来，有一个问题也就产生了。这就是，中共革命的成功，究竟是毗邻的苏联的作用更大些呢，还是毛泽东个人的作用更大些呢？要就这个问题找到一个简单的答案几乎是不可能的。我们很清楚，既然斯大林都承认他在中共革命的问题上犯了错误，说苏联的作用最大，当然是不准确的。

但同样不容置疑的是，如果没有苏联这个近邻——无论为了什么目的——一直在许多关键的时候扶助中共的成长，包括阻止中共采取一些明显错误的行动，和在国际上牵制美国……中国再有几个毛泽东，大概也解决不了问题。

一句话，历史的演进实在太过复杂了，少了任何一种因素恐怕都构不成为我们今天所看到的历史。有时，我们必须承认，马克思在《法兰西内战》一文中关于历史偶然性的说法是完全正确的，即在任何一个革命时代，偶然性永远都会起着戏剧性的作用，并因此成为总的历史发展过程中的关键因素。“如果‘偶然性’不起任何作用的话，那么世界历史就会带有非常神秘的性质”而无法理解了。[1]

这本书讲述的一切可以让读者了解，历史上的那些成功者实在是太过幸运了。在那样长的历史进程当中，一步踏错，或某一个事件没有发生，或发生得太早或太晚，历史可能都是另外一种结局了。如果作为后来者的政治家们不能清醒地认识到这一点，以为过去的一切成功都纯粹是因为某个伟大的人物坚持了某种至高无上的理念或原则，那就大错特错，并且可能会酿成历史的悲剧了。

杨奎松

2010 年 1 月 19 日于上海虹桥怡景园

[1] 参见《马恩列斯论巴黎公社》，第 217 页。

图书在版编目(CIP)数据

杨奎松著作集：革命 / 杨奎松著 .
—桂林：广西师范大学出版社，2012.7（2025.3 重印）
ISBN 978-7-5495-2320-7
Ⅰ.①杨… Ⅱ.①杨… Ⅲ.①中国历史－现代史－文集
Ⅳ.① K260.7-53
中国版本图书馆 CIP 数据核字 (2012) 第 144753 号

广西师范大学出版社出版发行
广西桂林市五里店路9号　邮政编码：541004
网址：www.bbtpress.com

出 版 人：黄轩庄
出 品 人：刘瑞琳
责任编辑：吴晓斌　马希哲　孟凡礼　罗丹妮
装帧设计：陆智昌
内文制作：马志方　杨　雷　陈基胜　韩　凝

全国新华书店经销
发行热线：010-64284815
山东临沂新华印刷物流集团有限责任公司
临沂高新技术产业开发区新华路　邮政编码：276017

开本：670mm×960mm　1/16
印张：165.25　字数：2265千字　插图：258幅
2012年7月第1版　2025年3月第16次印刷
定价：480.00元

imaginist

想象另一种可能

理
想
国

imaginist

杨奎松著作集

革命

贰

毛泽东与莫斯科的恩恩怨怨

广西师范大学出版社
· 桂林 ·

前　言

如今在国内国外，写毛泽东的书，已是汗牛充栋、多得不可胜数了。但专门谈论毛泽东与莫斯科关系的书，迄今为止，国内的出版物中还只有个别当事人的片断回忆[1]，和根据这些片断回忆大胆想象、浓墨重彩地铺陈出来的几本纪实文学作品[2]，称得上专门研究的著作几乎没有。[3]

---

[1] 毛泽东早年的俄文翻译师哲的回忆录：《在历史巨人身边》（中央文献出版社 1991 年版），大概是少数几本与这个问题有关的回忆录中比较好的一种，因为它的整理者李海文在尽可能的条件下利用了保存在中共中央文献研究室中的重要档案资料，对师哲的回忆加以核实与补充。当然，凡资料欠缺之处，本书仍有不少错误之处。同时，作者在毛身边工作过的日子有限，不少问题还未涉及。毛泽东 50 年代另一位俄文翻译李越然的《外交舞台上的新中国领袖》（解放军出版社 1989 年版），与其说是回忆录，不如说更像纪实文学。这是因为他的整理者是纪实文学作者权延赤。他在整理过程中完全没有利用档案文献对回忆者的回忆加以核实与补充的条件，相反，他更多地发挥了他的文学想象的天赋，为本书增加了许多具体的细节。另外涉及这个问题的回忆录还有前新华社社长并兼任过《人民日报》总编辑的吴冷西的回忆：《忆毛主席——我亲自经历的若干重大历史事件片断》（新华出版社 1995 年版），以及赫鲁晓夫的回忆录：《赫鲁晓夫回忆录》（东方出版社 1988 年版）和《最后的遗言》（东方出版社 1988 年版）。

[2] 如闽力等的《毛泽东斯大林莫斯科会晤前后》（四川文艺出版社 1989 年版）、三豆村与曹志为的《毛泽东两次苏联之行》（浙江人民出版社 1993 年版）、刘杰诚的《毛泽东与斯大林》（中共中央党校出版社 1993 年版）、权延赤的《毛泽东与赫鲁晓夫》（内蒙古人民出版社 1998 年版）。

[3] 周文琪著《谁主沉浮——毛泽东与共产国际》是唯一可以称得上是与本问题有关的一本研究著作，不过严格地说，它其实还是共产国际与中国革命关系史的缩写，并非真的是讨论毛泽东与莫斯科的关系，其内容也过于简略。

是这个问题不重要吗？毛泽东，在近现代中国，称得上一代“豪杰”了。他至少影响，甚至是左右了中国几十年的历史命运。不要说他的那些历史功过，就连他的喜怒哀乐、生活趣闻，都成了文人墨客笔下生花的重要题材，被一遍遍地写进书里，更何况极大地影响着毛泽东一生的他与莫斯科之间的关系呢！

为什么写毛泽东与莫斯科关系的著作少？除了长期以来政治上的禁忌以外，一个重要的原因也是因为文献史料欠缺。因为资料欠缺，以反映历史真实为己任的历史学家敢于大胆涉足这一课题者自然少。也因此，改革开放后，这方面的话题也就成了那些稍有文采又喜欢演义的文学爱好者纵横驰骋的天地。只可惜，那些绘声绘色地描写毛泽东如何与斯大林、赫鲁晓夫斗智斗勇的纪实文学作品，造成了一个让所有历史学家都深感头痛的问题，即这些一遍遍重复着那几本原来就不是十分可靠的当事人的片断回忆，并加上自己大量主观想象的纪实文学作品，使得本来就有些扑朔迷离的历史事实本身变得更加面目不清，给历史学家澄清历史、说明真相增加了更多的困扰。

近年来，历史档案的解密成了一股不大不小的潮流。自 1980 年代中后期以来，国内的有关机构先后公布和发表了相当一批十分重要的历史档案资料，其中就有大量涉及毛泽东与莫斯科关系问题的电报、指示和谈话录等。进入 1990 年代，俄国相关档案的大批公开，更使研究中苏关系问题在国内外历史学界当中渐渐变成一门“显”学，开始有越来越多的学者加入到这个行列当中来了。对毛泽东与莫斯科关系的研究，竟开始成为许多国外学者关心的课题之一。

从国外近年来接连出版的几本谈论毛泽东与斯大林关系的专著来看，国外学者积极利用新披露的资料，深入研究这一课题的趋势已经很明显。[1]

[1] 在这类著作中比较引人注目的有：Sergei N. Goncharov, John W. Lewis, and Xue Litai, *Uncertain Partners, Stalin, Mao, and the Korean War*, Stanford University Press, 1993; Micheal M. Sheng, *Battling Western Imperialism, Mao, Stalin, and the United States*, Princeton University Press, 1997。

在这方面，中国学者显然已经落在了后面。充分掌握这些新的资料，对毛泽东与莫斯科的关系做出我们自己的实事求是的研究和说明，无疑也应当是中国学者的重要使命之一。

当然，研究毛泽东不是一件容易的事情，更何况是前人研究较少的毛泽东与莫斯科的关系问题。虽然这是一个比较新的课题，许多情况还没有搞得太清楚，但是，作为一代极具争议的政治领袖人物，对其一生，无论官方，还是民间，大家实际上早已盖棺论定。包括对他的几乎所有政治活动，不论正确与错误，肯定或否定，无论哪一方面，似乎都有了比较明确的说法。是故题目再新，真要想写出新意，同时又让读者能够相信你讲的确有根据、确有道理，很难。

目前涉及毛泽东与莫斯科关系的新资料虽多，却还是存在着不少盲点，故即使在现有条件下，要想清楚连贯地按照编年体的方式讲清楚毛泽东一生中与莫斯科发生关系的全部情况，还有相当的难度。但是，能不能等到一切条件全都具备，等到所有档案资料全部公开以后再来写这段历史呢？我以为不能。

考虑到种种困难，本书的叙述虽然严格按照历史的顺序，但却主要是以那些最重要的历史事件作为研究的重点。因为，正是围绕着这些历史上分歧最多也是读者最关心的事件，各方面公布的档案资料最多，研究和叙述起来比较容易做到言之有据。

探讨那些直接关系到毛泽东与莫斯科之间历史恩怨的重要事件，不可避免地要涉及毛泽东自己的一些说法。中国共产党与莫斯科有过长达四十年的密切关系，这种密切关系既在相当程度上帮助了中国共产党和中国革命，也在很长一段时间内束缚了中国共产党人的手脚。可以肯定，如果没有毛泽东，只是按照莫斯科的计划、经验和需要来进行中国革命的话，共产党人大概绝不会有 1949 年的胜利了。这也就是毛泽东在革命胜利后经常抱怨莫斯科的重要原因所在。但这是否意味着，我们今天认识毛泽东与莫斯科关系的历史，就只能依据他自己的那些充满感情色彩的回忆和解释呢？

毛泽东对他与莫斯科关系历史的说法，长期以来被我们当作金科玉律，并据此来说明当年发生过的许多重要事件的来龙去脉。毕竟，对于毛泽东自己亲身经历过的事情，他自己的说法理应是最具权威性的。但是，任何一个历史学工作者都清楚，对于当事人的回忆，必须抱着十分审慎的态度，而不能简单地依据它们来描述历史，就是对毛泽东本人的回忆也不能例外。

可以肯定，在这个问题上，即使是官方的中共中央文献研究室也必须要依据史实，而不会简单地依据毛泽东自己的回忆来书写有关他的历史。一个简单的例子就是，毛泽东 1936 年向美国记者埃德加·斯诺口述自己的历史，其中谈到 1920 年他在北京期间读了三本书，正是这三本书给他留下了深刻的印象，促使他成为了马克思列宁主义者。这三本书是：陈望道译的《共产党宣言》、考茨基著的《阶级斗争》，以及柯卡普著的《社会主义史》。[1] 许多年来，谈论毛泽东早年经历的书籍都无一例外地照此说明。可是，1980 年代后期，人们已经发现，毛泽东谈到的这三本书，当时其实并未出版。很显然，毛泽东的记忆并不十分准确。也正因为如此，后来中共中央文献研究室在编写《毛泽东传》时，就没有按照毛泽东的这段回忆来说明当时的历史。

每个人的记忆力都是有限的，每个人即使对亲身经历的事件的了解和认识也必定是片面的。人类之所以需要历史学家，一个重要原因就是要他们利用他们的专业知识，从多方面入手，利用一切可能搜集到的历史资料，对过去发生过的历史事件进行全方位的分析研究，以便能够对当年究竟发生过什么，为什么会发生，事情发生的时间、经过及其结果，做出尽可能少带个人主观色彩的实事求是的说明。

为了能够在一定程度上抵消那些可能会“误人子弟”的纪实文学作品的影响，本书在写法上尽量做到通俗易通。这样做的结果，必定会削弱本书的学术性和严谨性，包括议论会较多、注释引文会较少等。但不可否认，

---

[1] 《毛泽东自述》，人民出版社 1993 年版，第 39 页。

本书仍是一本带有学术研究性的著作，它仍未脱开史学研究的基本方法。也因此，它对毛泽东与莫斯科关系的解释，也只是一家之言。笔者的最大愿望，只是通过对大量新披露的资料的分析和研究，使我们今天人的认识能够比较地接近于历史真实。

本书的部分内容自 1997 年下半年以来陆续在《百年潮》杂志上以青石的笔名公开发表并连载，引起了许多读者的热烈反响，并被一些报刊摘登或转载。但不少读者都表示过某种程度的遗憾，因为限于篇幅，在《百年潮》杂志刊载的内容，没有能够将文中引述的重要论据的资料出处一一标注出来。他们担心这会影响文章的说服力。比如，不止一个读者曾经提出过这样的疑问：你提出的这些新的说法，是否掌握了足够的证据？你是否只是片面地使用了俄国的档案而没有利用到我们自己的资料？本书的出版无疑将弥补这方面的缺憾，回答读者的这些疑问，并且也能够在一定程度上满足那些格外关心这个问题的读者进一步推敲和研究的愿望。

细心的读者应该可以发现，与已经连载过的内容相比，本书在某些章节中做了一些增删和修改。这一方面是得益于那些热心读者的意见的启发，另一方面则是得益于中共中央文献研究室副主任金冲及教授的指点。金教授为了给本书写序，在百忙中逐字逐句地反复审读拙稿，订正了原稿中一些明显的失误，并且提出了不少宝贵的意见。在本书定稿过程中，我已尽可能地采纳了他的意见。

在本书成稿过程中，承蒙《百年潮》杂志社长郑惠先生、主编杨天石教授、副主编郑海天先生，或审读原稿，或提出宝贵意见；另外，《百年潮》杂志徐庆全亦主动承担了为本书（江西人民出版社版）配图的工作，在此特一并致谢。

一些读者曾经提出，是不是可以考虑不用“毛泽东与莫斯科的恩恩怨怨”这样的书名，担心它可能会使人误以为本书讨论的只是毛泽东与莫斯科之间的个人感情问题。其实，只要读过本书之后，相信大多数读者都能了解，尽管领导人个人之间的感情好恶对党和国家关系确实存在着重要影响，但我在本书中通常是在党和国家关系这个更大的范围内谈论它们之间的“恩恩怨怨”的，我丝毫没有把中苏两党两国之间的一切问题都简单地归结为领导人个人感情纠葛的意思。考虑到这个标题已经为相当多的读者所接受，我在此只好请那些对此有过建议的读者谅解了。

杨奎松

2005 年 1 月 30 日于香港大学

目 录

第三章　如果季米特洛夫不支持毛泽东……／ 053

第四章　毛泽东的“十五万精兵”计划／ 085

第五章　延安整风的台前幕后／ 117

第一章

共产国际始终压制毛泽东吗?

毛泽东三十岁首次入选中央局，得益于共产国际代表马林的“赏识”；1927年毛泽东一篇《湖南农民运动考察报告》，受到共产国际主席布哈林的高度赞扬；朱毛红军旌旗猎猎，莫斯科称赞毛泽东是经验丰富的领袖人物；共产国际为毛泽东印制精美著作选，世界各国共产党代表齐集克里姆林宫向国际共产主义运动的“伟大旗手”季米特洛夫、台尔曼和毛泽东欢呼致敬……

许多读者可能都知道，斯大林六十岁生日的时候，毛泽东写过一篇热情洋溢的文章，颂扬这位“中国人民解放事业的忠实朋友”[1]。他那时对斯大林的热爱，可以说是溢于言表。而十年之后，当斯大林过七十岁生日，毛泽东第一次有机会去莫斯科，握到他这位“忠实朋友”厚实的双手时，脱口而出的第一句话却是一种充满了怨气的宣泄。他对斯大林说：“我是长期受打击排挤的人，有话无处说……”[2]

毛泽东之所以会有抑制不住的委屈要向斯大林倾诉，当然是与俄国人有关。斯大林逝世后，有关莫斯科长期以来不信任他，甚至直接或间接地排挤他、打击他的经历，是毛泽东一度经常挂在嘴边的一个话题。于是我们过去和今天几乎所有的书和文章都重复着同样的说法。但是，如果我们不仅仅局限于个别人的回忆，以及依据这些回忆编写的各种宣传读物，而是深入到历史事实当中来了解毛泽东与莫斯科关系的历史的话，那么，简单地把毛泽东与莫斯科的关系，看成是莫斯科对毛泽东压制和毛泽东与莫斯科斗争的历史，就未免太过片面了。即使我们把时间界定在毛泽东从参加革命到成为党的最重要领导人，也就是从 1920—1935 年遵义会议前后的这个阶段，我们恐怕也很难简单地同意那些缺乏深入考证和研究的说法，即所谓共产国际始终在压制和打击毛泽东。

一、毛泽东受到共产国际代表的“赏识”，“三大”即入选中央局

与我们今天许多读者了解的多少有些神化了的毛泽东不同，早年的毛泽东其实与相当一批年轻的共产党人一样，他们接触并且转向共产主义的时间很短促，投身于中国革命的各项准备都不是很充分。因此，他们不仅对俄国革命经验充满了迷信，渴望着来自俄国的直接的援助与干涉，而且

---

[1] 毛泽东：《斯大林是中国人民的朋友》，《毛泽东选集》（合订本），北京：人民出版社 1964 年竖排版，第 652 页。

[2] 师哲：《在历史巨人的身边》，北京：中央文献出版社 1991 年版，第 435 页。

开始时对来自莫斯科的指示都确实是像他们自己所说的那样，“孔步亦步，孔趋亦趋”，毫无保留地去理解、去执行。

具体到毛泽东来说，他恐怕也并不是我们过去一些书本上所说的那样，早早地就成了一个我们今天所理解的那种革命者，早早就开始创立共产党了。他几乎到 1920 年，即中国有共产主义小组之日，都还是崇尚“呼声革命”“无血革命”，主张一点一滴、一小部分一小部分地去改造社会的。像五四时期多数青年人一样，他那个时候的思想还是一个自由主义、改良主义、无政府主义乃至新村主义的大杂烩，他崇尚过康有为、梁启超，崇尚过华盛顿，崇尚过克鲁泡特金，羡慕过武者小路实笃……就是没有崇尚过马克思。在这里值得一提的一个最明显的例子，就是 1919 年 7 月毛泽东创办的《湘江评论》和他那篇有名的发刊词。他在其中特别比较了马克思和克鲁泡特金的主张。他显然认为马克思的主张太过激烈，说马克思的主张是“以其人之道，还治其人之身”，主张“拼命地捣蛋”；而克鲁泡特金是温和的，并不想急于见效，且从平民的了解入手，主张人人要有点互助的道德和工作的自愿，这一派人的意思更广、更深远。他明确认为中国应当学克鲁泡特金的办法，“不主张起大扰乱，行那没有效果的‘炸弹革命’‘有血革命’”。[1]

在五四爱国运动发生的 1919 年，毛泽东是一个典型的改良主义者。他不仅反对流血，而且身体力行地追随日本武者小路实笃，尝试创造中国式的“新村”生活。他邀集几个朋友，计划在岳麓山建设一个新村，设工读同志会，从事半耕半读，“以新家庭、新学校及旁的新社会连成一块为根本理想”。他断言:“真欲使家庭社会进步者，不可徒言‘改良其旧’，必以‘创造其新’为志而后有济也。”要创造其新，首先要“以创造新生活为主体”。创造新生活，又非先创造新家庭不可。“合若干之新家庭，即可创造一种新社会。”为了创造新家庭、新学校、新生活，毛泽东还力撰长文详加规划与

[1] 毛泽东：《〈湘江评论〉创刊宣言》，《湘江评论》创刊号，1919 年 7 月 14 日。

解说。随着俄国革命成就的影响在中国越来越大，毛泽东也很称赞俄国人的努力。但是，直到1920年，他距离共产主义还相当遥远。他这时的志向很清楚，就是要从事那种由小变大的渐进的改良工作，而不是什么革命运动。[1]

1920年，毛泽东绝大多数时间都在为驱逐当时的湖南督军张敬尧，实行“湖南自治”，而呕心沥血、奔走呼号。只要读一读他这时写的大量文章，就知道他是真心指望通过这种改良方式的驱张运动，促成一个新湖南的诞生。毛泽东思想的转变，也就是他对俄国的看好，很大程度上得益于他这一年春夏的北京、上海之行。因为这个时候，恰好是苏俄共产党的代表维经斯基在北京、上海积极活动的时期，两地的部分激进知识分子正在受到俄国革命思想的熏染，开始倾向于革命，毛泽东和这些激进的知识分子走得很近，自然会受到影响。但是，促使他的思想根本发生转变，开始倾向于早期共产主义者的思想的，严格说来还是驱张运动的失败。因为，他费尽九牛二虎之力，虽然成功地赶走了张敬尧，结果又来了一个新督军赵恒惕，湖南一切照旧，这自然使性情本来就很急的毛泽东对这种换汤不换药的改良办法彻底失望。从1920年年底以后，他终于放弃了改良的幻想，慨然长叹曰“看透了”，进而断言：“政治改良一途，可谓绝无希望。”在这种情况下，再加上他在法国的好友蔡和森接连来信讲述有关俄国革命方式的种种益处，陈独秀的《新青年》以及《共产党》月刊也开始根据维经斯基等俄国人提供的材料，宣传引导俄国革命成功的列宁主义，这才促使他迅速地转向了革命。但显而易见的是，毛泽东毕竟刚刚从主张“无血革命”“呼声革命”的改良思想上转变过来，他在谈到俄国革命的暴力手段时，还远不像后来那样表现得理所当然和理直气壮。他在这一年的12月写道：“俄国式的革命，是无可奈何的山穷水尽诸路皆走不通了的一个变计，并不是有更好的方法

[1] 参见毛泽东：《学生之工作》（1919年12月1日），《毛泽东早期文稿》，长沙：湖南人民出版社1990年版，第449—455页。

弃而不采，单要采这个恐怖的方法。”[1]

毛泽东后来有一句众所周知的名言，叫作“十月革命的一声炮响，给我们送来了马克思列宁主义”。显然，毛泽东转向列宁主义，就是从他放弃政治改良一途，转而接受“这个恐怖的方法”开始的。到1921年初的时候，他已经不仅放弃了改良主张，而且根本放弃了无政府主义的观点。他当时写信告诉蔡和森说：你关于“无产阶级获得政权来改造社会”的说法，“见地极当，我没有一个字不赞成”，“试问政权不在手，怎样去改造社会？”事实上，“非得政权不能发动革命不能保护革命不能完成革命”。[2] 毛泽东对政权的高度重视，多半即源于此。

1921年以后，毛泽东逐步信仰了列宁主义，并很快就成为中国共产党最早的少数成员之一。一旦成为共产党人，他就不得不开始为组织民众和发动革命奔波操劳，而他从《共产党宣言》等少数几本书本上了解到的浅显知识，显然还远不足以用来指导他的革命实践。因此，同当时多数年轻的共产党人一样，毛泽东渴望着来自莫斯科的指导与提携，相信：中国的改造“大部分都要靠国际社会主义运动帮助”，特别是“必与俄国打成一片，一切均借俄助”。毕竟，这个时候的共产党只有那么几十个人，而且几乎是清一色的知识分子，要成就俄国式的革命谈何容易？况且，俄国式的革命讲的是要靠千千万万觉悟的工人和士兵，特别是大工业中的产业无产阶级，中国这时有多少可以用来从事阶级革命的“产业无产阶级”呢？如果要把那些“无自觉、无训练、无组织”，分属这个“帮”、那个“帮”的工人群众都组织起来才能革命，中国何时才会有真正的革命发生？[3] 因此，当1922年共产国际提出中国革命应当分两步走，先搞国共合作，发动广大民众首先反帝反军阀时，毛泽东立即举双手拥护。

---

[1] 《毛泽东给肖旭东、蔡林彬并在法诸友信》（1920年12月1日），《新民学会资料》，北京：人民出版社1980年版，第148页。

[2] 《毛泽东给蔡和森信》（1921年1月21日），《新民学会资料》，第163页。

[3] 无懈：《夺取政权》，《共产党》月刊（1921年）。

要搞国共合作，就要有一个为主为次的问题了。中国共产党从成立之日起，就坚信自己是中国唯一真正革命的政党，并且一度坚决反对自己的党员与其他党派发生关系，原因就是担心自己的党员会与其他党派同流合污，从而降低了自己的标准。[1] 1922年中共“二大”之后，虽然按照莫斯科的要求放弃了一步实现社会革命的纲领，改成先搞民主革命、后搞社会革命的“两步走”的策略，准备实行联合战线，亦即统一战线政策，但它最初依然希望能够在这种联合的行动中居于主导的地位。[2] 而少数从事工人运动的共产党人，甚至根本就怀疑共产国际的这种主张，不相信有与国民党合作的必要。

不过，1922年的中国共产党不仅年幼，而且只有区区二百人。即使这二百人左右的小组织，也还需要在共产国际的资助下才能正常开展工作。故它宣告成立的1921年虽然没有加入共产国际，1922年就不能不正式加入到这个世界共产党当中去了，亦即成了共产国际下面的一个支部。既然是共产国际下属的一个组织，且尚处于年幼阶段，它的重要方针政策自然也大都是由莫斯科管中国事务的俄国人来制定的。不仅如此，莫斯科还派出一些有革命经验的外国共产党人，来中国为党的中央做具体的指导和帮助工作。

这个时候共产国际派到中国来的代表是一个中文名字叫马林的荷兰共产党人，他有过在东方国家工作的经验。在与孙中山讨论之后，他不仅认为共产党必须与国民党合作才有存在的价值和发展的条件，而且相信这种合作只能采用共产党人以个人身份加入国民党的这种特殊的方式，才有可能得到孙中山及其国民党人的赞同。他的意见迅速得到了莫斯科的赞同。[3]

让共产党员以个人名义加入国民党，在国民党中进行工作，国共两党

[1] 《中国共产党第一个决议》（1921年7月），《中共中央文件选集》第1册，北京：中共中央党校出版社1989年版，第8页。

[2] 中共“二大”：《关于“民主的联合战线”的议决案》（1922年7月），《中共中央文件选集》第1册，第65—66页。

[3] 《共产国际给中国共产党中央委员会的命令》（1922年7月18日），《共产国际和红色工会国际发给其派驻中国南方代表的委任书》（1922年7月），《共产国际执行委员会给其派驻中国南方代表的指令》（1922年8月），中国社会科学院马列所、近代史研究所编译：《马林与第一次国共合作》（资料集），北京：光明日报出版社1991年版，第77—80页。

谁主谁次，一望即明。这自然要让党内的许多人感到不满。围绕着两党合作的问题，中共党内很快就出现了不同意见的争论。

毛泽东是中国共产党内较早投身于实际工作中的一个，他从一开始就属于党内比较务实的一群。在当时的党内争论中，毛泽东显然是支持共产国际代表马林的观点的。而这场争论，一直到 1923 年中共“三大”召开前夕，乃至于会议期间，都一直在持续着。从马林记述当时争论内容的笔记看，毛泽东对马林的观点颇多赞同。在发言中，他根据一年多来从事湖南、江西工运工作的切身体会，态度鲜明地指出：目前中国工人一是人数少、力量小，二是斗争的水平低，最高目标不过是谋求改善生活条件，要把工人的斗争迅速引上政治轨道目前还有相当的困难。与此相反，目前中国小资产阶级政治上比较活跃，小资产阶级控制的国民党有发展前途，也可能领导目前的运动，因此，他明确主张：“我们不应该害怕加入国民党。”[1] 不仅如此，毛泽东在这时还公开发表文章，帮助当时党的领导人陈独秀来宣传革命要分步进行的观点。他明确讲：现阶段的革命，应当由国民党来担负起最重要的革命责任。他呼吁中国资产阶级和小资产阶级的商人团结起来，强调商人越团结，“领袖”国民的力量越大，“革命的成功也就越快”[2]。

话虽这样讲，事实上毛泽东从切身的体会出发，不仅不看好中国的工人运动，而且也并不真的十分看好国民党以及中国的资产阶级和小资产阶级的作用。毛泽东很清楚国民党在国内向来没有多少基础，虽有些拥护者，也多是一盘散沙，且无一兵一卒。由于他很看重政权的作用，因此，他对武装实力看得很重，绝不相信像孙中山那样在军阀中间纵横捭阖就能够取得革命的成功。基于无产阶级革命本质是一场世界革命的观念，毛泽东这个时候内心里其实更期望来自俄国的武装援助。他不止一次地表示：单纯依靠中国自己的努力，要想成就革命十分困难，必须得到俄国的直接帮助。

[1] 《中国共产党第三次代表大会关国共关系的讨论》（1923 年 6 月 12—20 日），《马林与第一次国共合作》（资料集），第 231、236 页。

[2] 毛泽东：《北京政变与商人》，《向导》第 31—32 期合刊（1923 年 7 月 11 日）。

用他的话来说就是："欲拯救中国唯有靠俄国的干涉"；"要帮助中国开展运动，唯有靠俄国的积极支持（外交和军事上的支持）"。[1]

在当时党内的激烈争论中，作为中共中央主要负责人之一的张国焘代表着比较激进的一方，而作为中共湖南区委负责人的毛泽东则代表着比较务实的一方。斗争的结果是显而易见的。在马林指导下召开的中共"三大"最终免去了张国焘在中央的职务，提名毛泽东为中央执行委员，毛因此得以进入作为党的领导核心的中央局。我们今天有些书上说，毛泽东这次之所以能够进入党的领导核心，是陈独秀对毛泽东"赏识"的结果，注意到我们上面所说的情况，注意到马林频频引用毛泽东的话来批评当时党内激进派言论的情况，也许说毛泽东当时受到共产国际这位代表的"赏识"才更准确一些。事实上，当时在党内，甚至在来自莫斯科的俄国人中间，有些人确实也是把毛泽东视为"马林的人"[2]。

二、毛泽东回忆说：那时年轻，"素以为领袖同志的意见是对的"

马林，这位共产国际的早期代表，不论在中国，还是在俄国，都是一个有争议的人物。甚至我们今天的一些书和文章，每每还在那里历数马林当年"贬低"中国共产党的种种"右倾"言行。说毛泽东是马林的人，似乎不是什么值得让人炫耀的事情。即使在当年，这种说法里面其实也暗含着一种批评的意味，因为共产国际领导机关当时就认为马林低估了中国共产党的作用。因而这一次毛泽东进入中央领导核心，未必与共产国际的看法有多少关系。

在中共"三大"之后不久，马林就因为不被共产国际所信任而被召走了。这边马林走了，那边莫斯科又派来一个一心只想推进国共合作的鲍罗廷来做广州国民党的政治顾问，并兼顾广东地区共产党的问题。因此，可以说

---

[1] 《关于京汉铁路工人运动的调查记录》（1923 年 6 月初），《马林与第一次国共合作》（资料集），第 213—214、231 页。

[2] 达林：《中国回忆录》，北京：中国社会科学出版社 1981 年版，第 156 页。

直到1924年上半年，中共中央的政策都没有发生重要变化，毛泽东也仍旧是中共党内最主张务实的一个。这和他后来在农民问题上的激进立场形成了相当大的反差。

关于毛泽东当时的务实态度，在前苏共中央党务档案馆保存的有关档案中有明确的记载。从1924年1月鲍罗廷召集的讨论国民党“一大”宣言等文件的中共党团会议记录看，当会议讨论到要不要提出反对大地主的口号时，毛泽东很明确地讲：我们的组织还不够强大，影响还到不了群众，恐怕还不适宜马上提出“反对大地主”的口号。经验告诉我们，一旦提出这样的口号，立即就会遭到官员和商人们的反对，我们必然会失败。可以肯定，目前中国农村的阶级分化还远未到开始为土地而斗争的这一步，这种口号现在吸引不了农民群众。在3月社会主义青年团中央全会上，作为中央代表的毛泽东也表达了类似的看法。他在那里不仅不同意提出“土地革命”的口号，而且强调应当让国民党加入共产国际，以致我们在莫斯科的档案里可以看到当时青年国际代表达林3月30日写给共产国际代表维经斯基的一封措辞严厉的信。信中直截了当地断定毛泽东“一定是马林的人”，称毛在全会上关于国民党作用以及农民问题的发言“让人瞠目结舌”。达林说毛居然主张“在农民问题上应该放弃阶级路线”，认为“在贫苦农民中间不会有什么作为”，应该加强对官员和乡绅的工作。鉴于这种情况，他“已经写信给党中央，请求指派新的代表”来指导团的工作。[1]

应当说明的是，这个时候的莫斯科有着各种不同的声音。斯大林强调，共产国际代表眼下在中国的任务绝不是为了共产主义的目标，一切要服从于反对帝国主义的需要。而共产国际领导人却相信，共产党必须领导民族运动，以便最终把民族革命引上阶级革命的轨道。当年的马林虽然是共产国际的代表，因为他同时接受苏联外交代表越飞的指派，兼做外交工作，

[1] Russian Center for the Preservation and Study of Documents on Modern History（RPSDMH），514/1/81/18-20.

因而其观点难免更符合苏联外交部的方针，与共产国际指导机关的路线不那么一致。年轻的中国共产党之所以内部意见分歧，很大程度上也有这方面的原因。

比如，当时主持工人运动的张国焘反对国共合作，就不完全是他更接近工人的结果。“三大”召开时，张国焘之所以敢于公开同马林唱对台戏，一个重要原因是因为他刚刚从莫斯科共产国际总部回来，知道共产国际不仅不赞成无条件支持国民党，而且毫不含糊地提出了组建强大的群众性政党、实现工人阶级政党的领导权的问题，提出了“实行土地革命”“没收地主土地”的主张[1]。可是，作为共产国际代表的马林，在主持中共“三大”时还没有收到莫斯科发出的这一政治指示。多少与这种情况有关，导致马林把张国焘排斥在了新的中央领导核心之外，而且继续在那里强调“一切工作归国民党”的重要性。

陈独秀就中共“三大”的决议给莫斯科的报告，清楚地反映了大会决议与共产国际上述指示精神存在着明显的分歧。陈独秀讲：目前要组织革命力量，必须在国民党的旗帜之下，因为只有国民党才能领导国民革命运动，共产党的根本发展只有在国民革命成功、阶级分化明显之时才是可能的。显然，毛泽东在很长时间里是按照中共“三大”的上述方针去认识问题的。即使在马林被调离中国之后，因为接替马林到广州去的鲍罗廷同样是斯大林的人，执行苏联外交部的使命，与马林的说法并无太大区别。因此，毛泽东也没有意识到自己的看法与共产国际有什么不同。他后来曾经谈起过当时自己的心态，那就是，因为在很多问题上既少理论又少经验，故“素以为领袖同志的意见是对的”。而这个时候在毛泽东心目中，革命的最高领袖自然是莫斯科，是它的代表。他哪里知道，莫斯科里面也是各唱各的调呢？结果，那些本来就对马林的观点持不同立场的党内同志，包括新来的共产

[1] 《共产国际执行委员会给中国共产党第三次代表大会的指示》（1923 年 5 月），转见《共产国际、联共（布）与中国革命档案资料丛书（1917—1925）》（2），北京：北京图书馆出版社 1996 年版，第 456—458 页。

国际代表在内，难免会对毛泽东尖锐地表示异议。

1924年12月底，终于发生了一件令人吃惊的事情：毛泽东不顾半个月后即将召开中共“四大”，举家迁回湖南老家韶山冲去“休养”！要知道，毛泽东这时不仅是中共中央仅有的九个执行委员之一，而且是中央局唯一负责文书和会议的秘书，甚至还是刚刚组成不久的负责全党组织及干部工作的组织部部长，其地位之重要，职责之重大，与即将召开的党的代表大会关系之密切，可以说一望即知。他如何会在此关键时刻为了这一未必需要的“休养”而一走了之？迄今为止，只有施拉姆等少数外国学者就此提出过他们的疑问，国内的有关著作对此多半缄口不言，或者只是借用毛泽东当年对斯诺的说法：“那年冬天我回到湖南去休养——我在上海生了病。”[1]

毛泽东1924年春夏之交在上海有过一张照片，照片上的他英姿勃发，看得出他当时固然身兼国共两党诸多重要职务，工作繁重，但精神和身体都相当不错。比较早就患上严重气喘病却仍旧不分白天黑夜地拼命工作的蔡和森，说毛泽东仅数月即“积劳成疾”至完全无法工作，自然不可信。并且，毛既然能够举家坐车乘船从上海长途跋涉前往湖南老家农村，说他病重到了根本不能出席在上海举行的中共“四大”的程度，无论如何也说不通。

其实，只要注意一下当时的党内通讯，看一看中共“四大”的选举结果，就不难判断毛泽东为什么会在对他政治生涯具有重要意义的“四大”召开前夕断然离开上海。

还在1924年5月，共产国际代表维经斯基就来到中国，主持召开了中共中央扩大的执行委员会会议，开始扭转中共“三大”过于强调国民党作用的倾向。从此，中共中央的整个方针开始左转，陈独秀甚至开始提出：莫斯科“不应当无条件地或无限制地支持国民党”[2]。此后不久，即发生国民党内少数人公然提出弹劾共产党案，而孙中山竟然赞同于8月召开讨论这一

[1] 转见《毛泽东自述》，北京：人民出版社1993年版，第43页。

[2] 《陈独秀致维经斯基信》（1924年7月13日），《共产国际、联共（布）与中国革命档案资料丛书》（1），第507页。

提案的国民党二中全会，陈独秀自然反应强烈，转而推动全党“由防御转入进攻”，甚至提议退出国民党。[1] 正因为如此，早就不满于根据马林建议实行的这种党内合作形式，特别是不满意中共“三大”过分看重国民党的方针的众多党内同志，迅速反弹。12 月初，共产国际代表维经斯基再度来到上海召开会议，又进一步鼓励中共中央坚持阶级路线，马林那种“一切工作归国民党”的方针遭到彻底否定，已是大势所趋。在这种情况下，毛泽东也不可避免地受到了冲击。

有资料表明，毛泽东在 1924 年间对国民党中央上海执行部的工作投注了极大的热情，颇得国民党领导人的好感。而维经斯基来后，却含蓄地批评了国民党上海执行部中“我们同志”的工作，身为上海执行部中中共最高负责人的毛泽东自然难辞其咎。联系到当时党内有人把过于热心上海执行部工作的毛泽东戏称为“胡汉民的秘书”，有人撰文直截了当地批评毛泽东的观点，不难想象毛泽东当时可能受到何种压力。由此造成的结果是显然易见的：在成为中共政策左转标志的“四大”上，当年激烈反对马林主张的张国焘重新回到中央领导核心中来了，而当年支持马林的毛泽东被免去了在中央的一切职务。也许我们不必再去详细考证毛泽东当年出走的具体经过了，因为我们无论如何没有理由说，毛泽东在“四大”落选是因为维经斯基和与会的其他中共代表要照顾他“休养”。

三、毛泽东欢呼农运“好得很”，共产国际称赞毛的报告出色

毛泽东重新回到工作岗位上来，已是 1925 年 9 月了。当时，曾在上海执行部与毛泽东一同工作过的国民党领导人汪精卫等仍对毛抱以相当好感。因此，毛泽东来到广州不几天，已经身为国民党政治领袖的汪精卫就出面

[1] 《陈独秀致维经斯基信》（1924 年 9 月 9 日），《共产国际、联共（布）与中国革命档案资料丛书》（1），第 529 页。

推荐毛来代理由他兼任的国民党中央宣传部部长。而汪精卫不了解的是，此番的毛泽东与一年前的毛泽东已经大不相同了。

这次回家，毛泽东更多的是同农民而不是同工人在一起。在乡下住着的时候，他组织发动了当地农民的斗争，并取得了意想不到的收获。这种情况使毛泽东意识到，在中国，农民的革命作用可能远比工人的革命作用更直接、更可靠。在中国的亿万农民当中蕴藏着巨大的革命潜力。从韶山老家回来，他显然已经开始感觉到中国革命力量之所在了。因此，他很坚决地支持了共产国际关于农民问题是中国革命的中心问题的主张，并公开发表文章提出：若无农民从乡村中奋起，帝国主义和军阀的势力永远不会被根本打倒。因此，“农民问题乃是国民革命的中心问题，农民不起来参加并拥护国民革命，国民革命不会成功”[1]。

在国民党“二大”召开后，毛泽东受国民党中央农民运动委员会的委派主持广州农民运动讲习所。这一经历更使他对农民问题情有独钟。而随着1926年秋两湖农民运动如火如荼地迅速兴起，中共中央也再度注意到并重新起用了毛泽东。他被任命为中央农民运动委员会书记，重又回到了上海。作为领导农运的中央农委书记，眼看盼望已久的农民革命如今竟真的变为现实，毛泽东怎么能不为这翻天覆地的农民造反而激动而叫好呢？1927年初，毛泽东的一份报告一举改变了他过去在共产国际代表心目中的印象。

1927年1月，毛泽东去湖南实地考察农民运动，深为农民自发的造反行动所鼓舞。他到长沙后的第一件事，就是明确反对一切限制农民造反的做法，强调“非如此不足以推翻现在乡村之封建政治”。到国民政府所在地武汉后，他抑制不住内心的激动，洋洋洒洒地写下了《湖南农民运动考察报告》，大声疾呼：“革命不是请客吃饭，不是做文章，不是绘画绣花，不能那样雅致，那样从容不迫，文质彬彬，那样温良恭俭让。革命是暴动，是一个阶级推

[1] 毛泽东：《国民革命与农民运动》（1926年3月18日），《毛泽东文集》第1卷，北京：人民出版社1993年版，第37页。

翻一个阶级的暴烈的行动。”“矫枉必须过正，不过正不能矫枉。”[1]

《报告》3月刊出后，迅速引起了正在推动中国土地革命的共产国际代表的重视，并被译成俄文送往莫斯科。于是，莫斯科的领导机关第一次注意到了“毛泽东”这个名字。这时，共产国际执委第七次扩大全会刚刚通过将中国革命引上非资本主义道路的激进决议，苏共中央和共产国际对掀起工农运动、推进中国革命正充满幻想。恰好毛泽东写了这篇为农民造反和土地革命大声叫好的《湖南农民运动考察报告》，共产国际立即大加赞许，并从5月开始陆续在共产国际机关刊物《共产国际》的俄文版、英文版和中文版以及《革命东方》等杂志上,广为译载介绍。在共产国际机关刊物上，特别是在其俄文版，能够享受如此殊荣的，毛泽东可算得上是中国第一人了。甚至，他还荣幸地被当时的共产国际主席布哈林列入他在共产国际执委会第八次全体会议的政治报告当中。布哈林在说明中国的农民运动时，十分赞赏地引用了毛泽东在《湖南农民运动考察报告》中的说法，几乎是赞不绝口，认为毛的“报告写得极为出色，很有意思，而且反映了生活”，“其描写极为生动”，“提到的农村中的各种口号也令人很感兴趣”。[2]

也许，在5月份召开的中共“五大”上毛泽东当选为中央候补执行委员与共产国际的上述好评还扯不上多少关系。毕竟这两个会几乎是在同一时间召开的。但毛泽东重新入选中央候补执行委员这件事，至少标志着他已经重新得到由莫斯科派来的共产国际代表的信任。而几个月后，从莫斯科新来的共产国际代表罗明那兹显然就十分清楚共产国际领导机关对毛泽东的这一评价了。在他8月上旬主持的为应付大革命失败而召开的中共中央紧急会议（即所谓“八七”会议）上，毛泽东继中共“三大”之后再度被提名进入了中央领导核心，成了中共中央政治局的候补委员。不难看出，这一次莫斯科确实对毛泽东有了好印象。

---

[1] 毛泽东:《湖南农民运动考察报告》(1927年3月),转见《毛泽东选集》(竖排合订本),第18—19页。

[2] 见《布哈林在共产国际执委会扩大的第八次全会上关于中国问题的报告》(1927年5月)。

四、共产国际注意到毛泽东“史诗般的英雄行动”，对其另眼相看

毛泽东再度成为苏联报刊上的新闻人物，按照苏共中央机关报《真理报》的说法，又是“正确地贯彻了”共产国际路线的结果。不过，与上一次为农民造反助威不同，这一次毛泽东作为中央特派员亲自参加了暴动，只是当他看到形势不利，自作主张带着一队武装径直上了江西的井冈山，去当了“山大王”。而当时恐怕没有人相信他这样做是一种有远见的行动。最明显的例子就是，仍旧是在罗明那兹的指导之下，在 1927 年 11 月召开的中共中央紧急会议上，已经在井冈山落下脚来的毛泽东不仅没有受到表扬，反而受到严厉的处分，不仅被点名批评，而且被免去了政治局候补委员的职务。

可以肯定，如果这一次换了别的人，多半是不会像毛泽东这样去做的。如果这样，毛泽东未必会被撤去政治局候补委员的职务，但显然也不会有后来那支创造了中共军事史之最的井冈山红军。毛泽东之所以能够冒险做出如此选择，他的农民出身、从事农民运动的经验以及熟读《三国演义》和《水浒传》的经历，显然起了很重要的作用。他这时已经非常明显地显露出高度重视力量对比和善于依照力量对比灵活地决定政策策略的决策特点来了。他关于必要时应当“上山”的观点，还在国共关系全面破裂的最后关头，即 1927 年 7 月 4 日召开的一次中央会议上，就已经初步形成了。当时，蔡和森就提出了农民自卫军应当“上山”的建议，极其看重军事的毛泽东当即附和，强调：面对国共破裂的严重局面，也只有“上山可造成军事势力的基础”[1]。要造成军事势力并设法保存它，这是毛泽东这时期考虑的中心问题。在“八七”紧急会议上，毛泽东也很清楚地表明了他的这一想法，特别是提出了非掌握“枪杆子”不能夺取政权的观点。[2]“上山”就是在形势不利的情况下他用来建立和保存革命的“枪杆子”，以便日后夺取政权的一

[1] 《中共中央常委会记录》（1927 年 7 月 4 日）。
[2] 《中共中央“八七”会议记录》（1927 年 8 月 7 日）。

种不得已的办法。然而，也正是因为他上了山，创立了根据地，中国从此也才像苏联一样，有了一支共产党领导下的武装力量——“红军”。

从俄国和欧洲革命的经验出发，城市和乡村的关系，就类似于头颅、心脏和四肢的关系，刺中手臂，并不能置人于死地，相反，刺中心脏或砍下头颅，四肢再健壮也无济于事。因此，共产国际最初也并不相信毛泽东所创立的这种与“落草为寇”并无二致的所谓“红军”，在远离大城市的穷乡僻壤里究竟能有多大作为。但中国红军的产生与存在，毕竟是中国革命的一种新生事物，即使1928年在莫斯科召开的中共“六大”上，共产国际主席布哈林虽然怀疑红军的生存能力，却也还是花了相当的时间与中共代表讨论了保存这一工农武装的必要性。只不过，他的办法在今天的人听起来似乎有点好笑。因为他说：你们不要老待在一个地方不动，那样会把那里的老母鸡吃光的。我建议你们化整为零，不断地游动，今天到这个地方住一些时候，杀一杀土豪劣绅，吃一吃饭，喝一喝鸡汤，明天到另外一个地方杀一杀土豪劣绅，吃饭喝鸡汤。等到有一天民众都起来了，放一个号炮，就可以杀出来参加夺取中心城市的总暴动了。[1]

在欧洲国家那样小的范围内和那样发达的交通条件下，布哈林弄不清楚中国红军有什么必要以及如何能够在偏僻的乡村和山沟里生存发展，这是很自然的。但是，从南昌，到两湖，到广州，擅长城市暴动和街垒战的一批俄国人、德国人被派来亲自组织中国人暴动，却没有一次得到了像他们所期望的那种成功。特别是在1927年12月的广州暴动中，不仅共产国际代表、德国暴动专家，甚至苏联驻广州领事馆的外交官都开着插着胜利标志的红旗的汽车，在广州街头为暴动的工农奔前跑后，结果是只坚持了不到两天就惨遭失败。当苏联外交官同无数暴动工农一同横尸广州街头之后，莫斯科的领导人这才终于开始意识到，这种以夺取个别中心城市，从而一哄而夺取全国政权的暴动策略，在中国也许未必合适。在这种情况下，他

[1]　见《布哈林在中共六大上关于政治报告的结论》（1928年6月29日）。

们不能不重新重视起毛泽东所创造的，尽管是生长在他们几乎在地图上都找不到名字的偏僻乡村里的红军游击队来了。在那种白色恐怖的严酷时刻，唯有这些远离城市的红军游击队仍旧显露着它的生命力。这也许是苏共中央又开始对毛泽东另眼相看的一个重要的原因。

1928 年年底，共产国际执委会东方部从一份中共中央政治局的报告中了解到，中国各地的工作都处于严重困难之中，问题成堆，唯独毛泽东所在的湘赣边境数县形势甚好，不仅“逐渐纠正了下级盲动主义”，而且“土地革命确实深入了群众”。从此之后，莫斯科又开始明显地重视起毛泽东的名字来了。

据不完全统计，在从 1929 年年初开始至 1936 年年初这段时间里，“毛泽东”这个名字在苏共中央机关报《真理报》的各种重要文章当中，就出现了近六十次之多。令人感兴趣的是，在最开始的报道中，俄国人的说法飘忽不定。一会儿声称毛泽东他们有一万人，拥有现代化的武器装备，一会儿又说那些数字可能有些夸大。一些说法一望即知并非来自中共方面的报告，而是选自上海的中国报纸。这些都反映出共产国际这些刊物的编者充满革命幻想，其实对毛泽东和红军既不了解，也并不那么有信心。但注意到并且公开宣传这一新生事物的本身，毕竟显示莫斯科已经在开始重视毛泽东和他的红军了。

苏共中央机关报《真理报》提到毛泽东和红军要略晚些。但值得注意的是，它一发现这一新事物，就立即给予了高度评价。它声称：“其史诗般的英雄行动是十分引人注目和具有重大意义的。”它并且宣布说：“现在恐怕谁也否定不了朱德和毛泽东的红军已取得重大胜利，有了很大的发展。这支军队无疑地已成为中国游击运动中出现的最为重要的现象”，以至“几个月前何键宣布，悬赏五千大洋捉拿朱德和毛泽东”。多半正是由于《真理报》的重视，到了 1929 年，毛泽东的名字至少在莫斯科上层领导机关当中，已经耳熟能详了。据这一年 7 月的《真理报》介绍说：任何“稍微注意一点有关中国事态的报道的人”，已经都很熟悉毛泽东和朱德这两位“中国游击运动”的领导人了。因为，这是两位“极为出色的领袖的名字”。[1]

还在 1928 年 6—7 月召开于莫斯科的中共“六大”上，毛泽东就由“五大”的候补中央委员晋升为正式的中央委员了。尽管在政治局具有重要地位的张国焘当时相当尖锐地抨击了农村武装割据的方针，但很明显，这丝毫没有影响共产国际对毛泽东抱有新的好感。当然，直到 1929 年，毛泽东多半还只是被俄国人视为“中国游击运动”的一名极为出色的领袖人物，而“游击运动”更多地还被看成是中共夺取政权的一种辅助手段。因此，俄国人多数情况下谈论毛泽东时更多地还是依照苏联红军一长制的传统，把军事领导人朱德放在毛泽东的前面，并称为“朱德和毛泽东”。而莫斯科的多数领导人也未必完全放弃了在中国搞中心城市暴动的想法。但是，进入到 1930 年之后，情况明显地有所不同了。

1930 年 4 月，在共产国际执委会的会议上，人们开始强调毛泽东作为党的前委书记对部队的掌握和领导。[2] 紧接着，在 5 月以后的一段时间里，斯大林不止一次地与中共代表或与共产国际的领导人谈到中国革命的方法问题。他显然已经意识到，很难简单地把俄国的一切照搬到中国去，中国很可能要走武装革命的道路，而不是俄国或欧洲的一哄而起的夺取中心城市的道路，也就是要依靠农村中的红军和根据地的发展，而非靠单纯地做工人和士兵的宣传鼓动工作，来创造夺取政权的条件。因此，红军在政治上的地位和作用必须被提升起来。斯大林明确表示肯定一直被许多共产党人怀疑的“工农武装割据”的做法，他向当时正在莫斯科的周恩来提出：既然中国的军阀都能够搞武装割据，你们为什么不能建立大一些的武装根

---

[1] 《中国统一的假象》(社论)(1929 年 7 月 2 日)，A. 伊文:《彭德怀》(1929 年 7 月 24 日)，转见《苏联〈真理报〉有关中国革命的文献资料选编》第 2 辑，成都:四川社会科学院出版社 1986 年版，第 140、141 页。

[2] 《马马耶夫在共产国际执行委员会东方书记处处务委员会扩大会议上的报告》(1930 年 4 月 15 日)，《联共(布)、共产国际与中国苏维埃运动(1927—1931)》(10)，北京：中央文献出版社 2002 年版，第 114—115 页。

据地。如果有四川那样大的一块地方，中国革命就好办了。[1] 斯大林的话清楚地显示出，毛泽东当年的路走对了。

根据斯大林的意见，共产国际开始公开肯定毛泽东的革命方式。共产国际执委会远东局则直截了当地建议中共中央任命毛泽东为军事委员会主席，并加入中央苏区中央局。[2] 尽管当时在上海的中共中央领导人一时还转不过这个弯儿来，莫斯科却态度鲜明地要求中共迅速把它的主要干部和整个工作的重心都转移到农村根据地当中去。《真理报》第一次公开宣布说，中国的红军已经有 13 个军，6 万余人，并且拥有大量的游击队、赤卫队和少年团及其他农民武装的支持，活跃在 10 个省份的 773 个县中，至少“有一百二十七个县处于红军的掌握之中”，18 个地区已经建立了苏维埃政权。因此，“红军的各军在中国共产党的政治领导下正在变成为土地和政权而斗争的劳动农民群众的武装力量”,“成为中国革命新高潮的重要因素之一”。[3] 这种情况毫无疑问进一步提高了毛泽东的声誉。当 1930 年秋天中共中央第六届三中全会召开时，从莫斯科回到中国来的周恩来传达了斯大林的有关指示，而毛泽东顺理成章地再度得到提升，被补入了政治局，又一次成了政治局的候补委员。

1931 年六届四中全会后，根据莫斯科的指示，中共中央开始酝酿在全国最大的苏区根据地成立中华苏维埃共和国临时中央政府。最初,依照惯例，中共中央总书记向忠发自然成为未来中央政府主席的唯一候选人，而 1930 年红军攻入长沙时，公开宣布的苏维埃中央政府主席也是向忠发。但考虑到向忠发仍处于秘密状态中，不大可能前往苏区，因此这位显然并不十分了解莫斯科方针和做法的老工人出身的党的总书记主动提议，应当由创立了这块根据地并身为根据地党政军最高负责人的毛泽东来任政府主席。此

[1] 《中共中央临时政治局会议记录》(1930 年 8 月 22 日)。

[2] 转见《联共（布）、共产国际与中国苏维埃运动（1927—1931)》(10)，前言，第 23 页。

[3] 《中华苏维埃第一次代表大会》(1930 年 5 月 31 日)，前引《苏联〈真理报〉有关中国革命的文献资料选编》第 2 辑，第 232—235 页。

一提议先报到共产国际远东局，继而又转报到莫斯科，很快即得到莫斯科的认可。[1] 而按照莫斯科拟定的模仿苏联的政权体制，毛泽东当即被内定为中央执行委员会主席兼人民委员会主席。

1931 年 11 月 7 日，中华苏维埃共和国临时中央政府宣告成立，毛泽东一跃成为苏维埃中国的最高政治领袖。不管这个时候党内的一些当权者怎样看待毛泽东的地位，至少在注重形式的莫斯科看来，毛泽东的地位已是举足轻重的了。

五、临时中央夺去毛泽东的军政权力，却不得不要他加入政治局

1932 年以后的几年里，长期坚持中心城市的中共临时中央一方面在上海待不下去了，一方面也是根据莫斯科的要求，陆续搬到江西中央苏区。区区一个瑞金县城一下子涌进来这么多党的高级负责人，只有政治局候补委员头衔的毛泽东的日子很快就变得不那么好过了。按照毛泽东后来的说法就是，先是“钦差大臣满天飞”，而后就是“残酷斗争，无情打击”。那些喝了一肚子俄国墨水，做惯了机关工作，习惯于发号施令的中央领导人，当然不会把靠钻山沟、打游击出来的毛泽东放在眼里，他们不仅听不进他的那些经验之谈，更看不惯他固执己见、轻易不肯妥协的个性。于是，本来在根据地握有实权的毛泽东，党、军、政三权依次被削，逐渐成了“光杆司令”。甚至，毛泽东再度称病告假，年轻的留苏学生、新任临时中央最高领导人博古等还是不甘心，试图借机将毛泽东这块“土生土长”的绊脚石搬开，把他送到苏联去“休养”。想不到的是，俄国人对毛泽东却情有独钟。

其实，在此之前，俄国人对毛泽东的这种态度就已经表现得很明显了。1932 年，身为中华苏维埃共和国临时中央政府主席的毛泽东仍兼任着红军总政委，坚持随军行动，并更多地把注意力放在指挥军队作战方面。由于

[1] 转见《联共（布）、共产国际与中国苏维埃运动（1927—1931）》（10），第 23 页。

这时中共苏区中央局相当一部分领导人均来自上海，习惯于根据莫斯科的原则指示，按照政治教条看待军事作战的方针问题，因此很快就与毛泽东避敌锋芒的游击防御战术思想发生了意见分歧。这一年的秋天，双方围绕着是否应当在国民党大举“围剿”期间采取“进攻路线”的问题在宁都展开了激烈的争论。由于毛泽东坚持已见，中央局多数人一致提议并通过取消毛泽东的军权，由周恩来接任了总政委一职。想不到，这一消息报给上海的共产国际代表，又报给莫斯科后，结果不论是上海的共产国际代表，还是莫斯科的共产国际领导机关，都无一例外地对中央局的处理表示反对。

1932 年 11 月，驻莫斯科的中共代表王明将此一争论专门上报苏共中央，请求给予指示。苏共中央军事委员会详细研究了中共苏区中央局所面临的形势之后，明确认为，尽管批评毛泽东的“纯粹防御路线”是正确的，但这并不等于说应该将毛泽东从前线召回，并取消其军权。莫斯科随后发给上海转往苏区中央局的电报明确提出：毛泽东在指挥作战上有丰富经验，召回毛泽东不仅可能会“造成我们队伍的分裂”，而且会直接影响反“围剿”战争的有效指挥。莫斯科这时的态度很明确，与其指望那些几乎从未实际指挥过红军作战，更多只是凭借豪情壮志来打仗的中央政治领导人，不如更加倚重已经成功地发展了红军和根据地的毛泽东。因此，他们特别建议，中央局应当设法劝说帮助毛泽东赞成“进攻路线”，不能把他排除在军事指挥之外。[1]

等莫斯科发来的裁决电报千里迢迢送达中共苏区中央局时，足足晚了几个月的时间，事情早就木已成舟了。而这个时候，恰好又发生了毛泽东称病离开前线以及刚刚进入苏区的临时中央提议把毛泽东送来俄国“休养”的事情，莫斯科方面的态度自然十分明确。它先后致电临时中央，告诫他们对毛泽东必须团结：第一，要派专门的负责同志联络毛泽东；第二，“对毛泽东必须采取尽量忍让的态度和运用同志式的影响，使他完全有可能在

[1] 《上海中央局转发共产国际致中共中央的电报》（1932 年 11 月），并见《共产国际执委会书记处关于与毛泽东关系问题的电报》（1933 年 3 月 19 日）。

党中央或中央局领导下做负责工作”；第三，绝不同意将毛泽东送到苏联来养病，因为这样做不仅极端危险，而且也不利于苏区内部的团结。[1] 莫斯科对毛泽东的重视由此可见一斑。

莫斯科对毛泽东的重视基于两点考虑：其一，毛泽东是中国红军和革命根据地的创始人，特别是在中央苏区具有很高的威信并已扎下很深的根基，轻率地处理毛泽东将不利于党和红军的团结；其二，毛泽东与临时中央的争论充其量只是军事策略的争论，而已经有多年成功指挥经验的毛泽东，无论如何要比那些只是有过纸上谈兵经历的领导人强。把毛泽东排除在外，对苏区军事斗争未必有利。因此，当临时中央明显地表现出排斥毛泽东态度的同时，莫斯科却再度出面肯定毛泽东的政治地位和指挥经验。

反对打击排挤毛泽东的最明显的暗示，突出地反映在 1933 年年底关于中共中央第六届五中全会改组政治局人事问题的酝酿上。当时，中共中央六届五中全会和全国苏维埃代表大会第二次全体会议均在酝酿之中，临时中央领导人显然想把毛泽东最后一个有着实权地位的职务，即苏维埃人民委员会主席，亦即中央政府主席这一职务拿掉。但是，考虑到这样做可能带来的问题和莫斯科可能的态度，毛泽东的政治局候补委员的职务不仅不能拿掉，临时中央领导人还不得不提议把毛泽东提升成为政治局的正式委员。结果，在 1934 年 1 月出现了一连串让人莫名其妙的现象：博古等不通知毛泽东参加 1 月中旬召开的中共中央第六届五中全会，却又不能不把毛“选”为政治局仅有的九名正式委员之一；中华苏维埃第二届全国代表大会尚未召开，五中全会上关于苏维埃运动的报告者就变成了张闻天；几天前毛泽东在五中全会上才刚刚得到提升，几天后在中华苏维埃第二届全国代表大会上却被免去了政府主席的职务，只剩下了一个中央执行委员会主席的虚职。[2] 几乎就在瑞金这边博古等人把毛泽东的政府主席职务取掉的同时，

---

[1] 《共产国际执委会书记处关于反对送毛泽东来苏联治病的电报》（1934 年 4 月 4 日）。

[2] 关于博古中央以张闻天取代毛泽东的中华苏维埃共和国主席的职务没有经过莫斯科批准的情况，亦可参见《联共（布）、共产国际与中国苏维埃运动（1927—1931）》（10），前言，第 23—24 页。

不了解这一变动情况的莫斯科那边王明却在苏共第十七次代表大会上公开宣布:在“以毛泽东同志任主席”的“中央执行委员会和苏维埃人民委员会”的统一领导下，我们现在已经在几百个县建立了巩固的苏维埃政权。

目前还没有资料说明临时中央领导人为何一定要免去毛泽东的政府主席职务，但可以肯定的是，他在改选政府名单时是擅作了主张。因为直到这一年很晚的时候，莫斯科方面都不了解毛泽东被中共中央从政府主席的位置上一笔勾销的情况。在始终得不到苏维埃政府改选消息的情况下，王明在1934年8月根据共产国际领导人的意见，专门给中共中央政治局写信，询问苏维埃的选举结果。信称：“关于选举名单，我们还没有得到……此地同志都感觉到关于苏维埃政府的选举和改组这类重大问题，事先没有能够通知此地，作意见的交换，事后许久不能得到确切的消息，不能不是工作当中一个大的缺陷。”后来，当得知中共中央擅自以张闻天取代了毛泽东的地位，担任苏维埃人民委员会主席这一消息之后,王明明确讲:莫斯科“很不满意”。

在这段历史过去了许多年之后，我们很容易理解一手缔造了红军和根据地的毛泽东，对那些颐指气使的“钦差大臣”施加于他的种种不公平待遇会怀有怎样的怨气。他由不满这些来自莫斯科的“钦差大臣”，进而怨及莫斯科，当不难想象。

那么，博古等人的做法是否根源于莫斯科的意志呢？时至今日，许多人恐怕并不了解我们上面谈到的情况。因此，很多谈到毛泽东这段经历的书都把打击压制毛泽东的情况归结为莫斯科的旨意。但是，如果我们细心一些，是不难看出这里面的问题的。因为，事情非常清楚，如果莫斯科真的存在这样一种意志,为什么那些习惯于“上纲上线”“残酷斗争,无情打击”的当权的先生，竟没有对毛泽东大批特批，剥夺其一切权力，反而还要提升他在党内的地位呢?

事实上，在红军和根据地日益成为中共生存发展和战胜国民党的首要条件之后，不论临时中央（甚至包括共产国际远东局的个别代表）对毛泽东的强烈个性有怎样的抱怨，莫斯科对毛泽东的重视却有增无减。它曾不止一次地提醒中共中央：中国需要像毛泽东这样的人才。他们也必须像毛泽东那样，必须学习毛泽东和朱德的经验，把军事工作放到党的第一等重要的地位上来，甚至直接到军队中去工作。这种情况从一个侧面反映出，临时中央压制毛泽东的做法，并没有得到莫斯科的赞同。恰恰相反，莫斯科对毛泽东仍旧保持着特殊的兴趣与好感，并希望能够进一步利用其经验并发挥其作用。

六、遵义会议推举张闻天为党的领袖，共产国际大力宣传毛泽东

莫斯科对毛泽东的好感在第二次全国苏维埃代表大会召开之后，表现得更加明显了。这不仅仅是因为它不满博古中央对毛泽东的态度，在很大程度上也是由于它发现，随着临时中央进入苏区并排挤了毛泽东之后，中国南方苏区的军事形势正在日益恶化。到了这一年的5—6月，中央苏区已经无法继续坚持下去，以致不能不提出撤出苏区并向西转移的问题了。面对这一严重的军事形势，莫斯科的领导人再度想到了毛泽东。事情再明显不过了，如今的结局很可能是一年多以前排挤毛泽东的后果。如果中共中央能够严格按照莫斯科的指示办事，即使只是保持毛泽东在军事指挥上的辅助领导地位，中央红军和中央苏区也未必会落到今天这步田地。

由于交通不便和通讯困难等原因，关于中央苏区召开的第二次全国苏维埃代表大会的资料，莫斯科几个月之后才只收到有关大会开幕典礼的记载，以及毛泽东以上一届人民委员会主席名义所做的报告和结论两个小册子。很显然，即使出于宣传中国苏维埃运动的目的，毛泽东的这个报告和结论也未必需要过于渲染，毕竟莫斯科清楚地知道中共中央这时对毛泽东是怎样一种态度。但是，在见到毛泽东的这两个讲话之后，无论共产国际还是苏共中央领导人，都一致给予了高度评价，并当即指示有关部门要将其迅速印成各种文本的小册子广为散发。王明8月3日给中共中央政治局的密信就曾颇为兴奋地通知中共中央说：

“毛泽东同志的报告和结论，除了个别地方有和五中全会决议同样的措

辞的缺点外，是一个很有意义的历史文件！我们与国际的同志都一致地认为，这个报告明显地反映出中国苏维埃的成绩和中国共产党的进步。同时认为，这个报告的内容也充分反映出毛泽东同志在中国苏维埃运动中丰富的经验。这个报告的中文单行本不日即将出版（其中欠妥的词句已稍加编辑上的修正），其他俄、德、英、法、日本、高丽、蒙古、西班牙、波兰、印度等十几个国家的译本也正在进行译印。中文本印刷得极漂亮。”[1]

如果读者从上面的信中还不清楚莫斯科这样做究竟是为了宣传中国苏维埃还是想要更多地宣传毛泽东的话，那么，看了一个月之后王明的另一封信的内容，恐怕就不会再有疑问了。王明在9月16日的这封信里进一步通知中共中央说：莫斯科不仅印制了毛泽东同志的报告，而且还为毛泽东同志出版了著作单行本。他不无骄傲地说：

“毛泽东同志的报告，中文已经出版，绸制封面，金字标题，道林纸，非常美观，任何中国的书局，没有这样美观的书。与这报告同时出版的，是搜集了毛泽东同志的文章（我们这里只有他三篇文章）出了一个小小的文集，题名为《经济建设与查田运动》，装潢与报告是一样的。这些书籍，对于宣传中国的苏维埃运动，有极大的作用。”[2]

明知中共中央在压制毛泽东，莫斯科却不仅坚持要让毛泽东进政治局，而且特别提醒中共中央：毛泽东才是中国苏维埃运动中有“丰富的经验”的领导人，坚持要用毛泽东的名义向全世界出版宣传中国苏维埃运动的单行本，并且别出心裁地为毛泽东印制精美的文集，莫斯科想要对中共中央说什么，难道还不清楚吗？

值得注意的是，这个时候博古等人已是大权在握，不仅从上海来的众多留苏学生把持了苏区的各种权力，而且他们还自觉不自觉地正在把自己摆在党政军最高的领导地位上。依据当时报纸以及从中共领导人后来的揭发

[1] 《康生、王明二同志给中央政治局的信》（1934年9月16日）。

[2] 《中共驻共产国际代表团来信摘要》（1934年11月14日）。

中都不难看出，博古在第二次全国苏维埃代表大会公布中央执行委员会的选举名单时，曾经特意把他自己排在第一位，将王明（陈绍禹）排在第二位，而将身为中央执行委员会主席的毛泽东排在后面。莫斯科后来当然了解到了这些情况。但即便如此，莫斯科这时既不去宣传博古，也不去宣传王明，更不去宣传刚刚取代了毛泽东政府主席职务的张闻天，却刻意宣传毛泽东，其中的意图也许不难明了。

1934 年 10 月，红军终因抵挡不住国民党的大举“围剿”，被迫撤出了江西苏区。这时，共产国际正在为召开第七次代表大会做准备工作。从涉及中国问题的有关材料上看，莫斯科对毛泽东的作用又有了新的提法。先是在为“七大”准备的相关文件里，继而是在苏联公开出版的报刊当中，莫斯科都开始把毛泽东称为“年轻的中华苏维埃共和国中富有才干和自我牺牲精神的战士、伟大的政治家和军事家”[1]。考虑到莫斯科向来注重统一宣传口径，可知这是有特殊含义的。

果然，在 1935 年 7 月共产国际第七次代表大会召开时，尽管当时在莫斯科还没有谁知道中共中央长征途中在贵州遵义召开了一次政治局会议，毛泽东被补入政治局常委，开始进入党的领导核心，但毛泽东的名字却被破天荒地排在了共产国际总书记季米特洛夫、共产国际名誉主席台尔曼的后面，成为与这两位当时国际共产主义运动中最杰出的领导人并列的唯一一位中共领导人。应邀在大会上第一个致贺词的来自中国苏区的代表滕代远，按照中共代表团拟就并得到共产国际批准的发言稿公开宣告：“我们对共产国际中有像季米特洛夫、台尔曼、毛泽东、拉科西和市川正一这样的英勇旗手而感到骄傲，他们在一切情况下都高举共产主义的伟大旗帜，并且保护和捍卫它，在列宁斯大林所创建的共产国际的旗帜下，领导群众走向胜利。”中共代表团团长王明在发言中，也同样赞扬毛是“出色的党内领袖和

---

[1] 《共产国际第七次代表大会前的情况·（乙）关于共产国际各支部活动情况的资料》（1934 年），《共产国际有关中国革命的文献资料（1929—1936）》第 2 辑，北京：中国社会科学出版社 1982 年版，第 311 页。

国家人才”。苏共中央正式批准共产国际在这一世界共产主义运动的盛会上给予毛泽东以如此殊荣，其意义自然不可低估。[1]

共产国际“七大”之后，莫斯科的舆论对毛泽东的评价进一步跟着提升。共产国际机关刊物以及苏共中央《真理报》等，均开始以专门的篇幅撰文介绍这位“中国人民传奇式的领袖”。《真理报》的一篇长文对毛泽东颂扬备至，不仅称赞毛“是最早认识到陈独秀投降主义政策必败并公开揭露其错误立场的人之一”，说他亲手“创建了屡战屡胜、威名大振的中国红军”，“创建了江西省的第一个苏维埃地区”，作为红军第一位党代表，参加了红军各次重大战役，培育了各级指挥骨干，具有丰富的军事经验；而且赞扬他作为“苏维埃国家的首脑”，来自人民，懂得百姓的心理，制定了苏维埃共和国宪法大纲和新国家的许多基本法令，“充分显示了他作为国务活动家的非凡才能”，“十分出色地贯彻了党和共产国际的各项决议”。文章在结论部分的评价充分显示了莫斯科对毛泽东的器重和期望。其结语称：“钢铁般的意志，布尔什维克的顽强，令人吃惊的大无畏精神，出色的革命统帅和国务活动家的天才——这就是中国人民的领袖毛泽东同志具有的高贵品质。”[2]

如今我们所能看到的许多著作仍旧有意无意地把遵义会议上毛泽东被推举进入中共中央政治局常委一事，同中共中央与共产国际失去联络相提并论，说是正因为这种情况，博古中央才得以被推翻，毛泽东才得以进入领导核心。注意到上述情况，这种说法显然容易让人生疑。尽管历史很难去假设，但是，从莫斯科几乎从未宣传过博古和张闻天，而它这时正全力宣传毛泽东的情况看，如果这个时候莫斯科有机会指导中共中央并选择其总负责人，它是否会像遵义会议那样把张闻天推出来负总责，怕是要打一个问号的。

---

[1] 《共产国际第七次代表大会开幕式 · 周和生同志致贺词》（1935 年 7 月 25 日），《共产国际第七次代表大会讨论共产国际执委会的工作报告》（1935 年 7 月 29、30 日），《共产国际第七次代表大会讨论季米特洛夫报告》（1935 年 8 月 7 日），《共产国际有关中国革命的文献资料（1929—1936)》第 2 辑，第 349、367、377、411 页。

[2] 哈马丹：《中国人民的领袖——毛泽东》，载《真理报》1935 年 12 月 13 日；赫鲁晓夫：《勤劳的中国人的领袖毛泽东》，《共产国际》1935 年第 33—34 期。

第二章

毛泽东扳倒“左”倾中央

毛泽东回忆说："洋房子先生"来了，我被扔到茅坑里去了；政治局主要领导人之一的张闻天到苏区一年半竟然从没想过要了解一下毛泽东有什么本领；毛泽东愤愤然：那时候真的"是叫我们预备后事的，像阿Q在画过圆圈绑赴刑场的光景一样……说时迟，那时快，午时三刻，喝一声'到'，砍了！"……

毛泽东对当年挨整有强烈的印象，却体会不到莫斯科对他的器重，是有原因的。这里面最重要的原因，当然就是整他的大都是从苏联回来的人，或者打着"共产国际"旗号的人。

为什么莫斯科器重他，而那些从莫斯科回来的人却反对他？这看起来矛盾的现象其实也不奇怪。

"文革"结束以后，由于长期神化领袖，党内出现过所谓的"凡是"派，主张"凡是毛主席作出的决策，我们都坚决维护；凡是毛主席的指示，我们都始终不渝地遵循"。无独有偶，当年人们也讲过"凡是"，只是当时神化的是莫斯科，主张凡是共产国际的政策、凡是来自莫斯科的指示都要百分之百地遵行。那些曾经自诩为"百分之百的布尔什维克"的留苏学生，其实就是历史上的"凡是"派。

但是，"凡是"派充其量只是起着一种传声筒的作用罢了，他们永远只能自以为代表权威者说话，却未必能够真正反映权威者的意志。实际上，当年在克里姆林宫里决定中国革命政策的俄国人也还是效果决定论者。他固然喜欢人们把他的指示奉为教条，不折不扣地去执行，但这并不妨碍当他发现自己的政策指示效果不佳时，改变以往那些看似神圣不可更改的决定，并起用一向只是坚持从实际出发的毛泽东这样的领导人。

当然，这并不是说莫斯科对毛泽东当年受压制受打击没有责任。事实上，权威与教条通常都是相互需要的。只要存在着莫斯科神化自己的需要，只要存在着类似宗教裁判所那样的无上权威，就不可避免地会存在那种以"百分之百的布尔什维克"自诩的教条主义者，也就必然会存在维护和反对实事求是原则的斗争，因此主张一切从实际出发的毛泽东受到压制和打击并不奇怪。

值得庆幸的是，毛泽东挨整的时候正是那种不是你死就是我活的严峻的战争年代，人在刀口下生活，很容易从强弱胜负的变化中判断出真理究竟在谁一边，并且为了生存的需要而毫不留情地纠正错误。战争年代的教条主义者之所以总是在扮演悲剧的角色，其原因多半也在于此。

一、博古，一个只有二十四岁的学生党员，一跃成了“总书记”

毛泽东之所以会对莫斯科有满腹的抱怨，说到底最初还是因为1931年成立起来的那个“临时中央”。正是这个“左”倾的临时中央，夺了他手中的权，把他亲手创立的根据地和红军差不多都搞垮了。

这个临时中央，主要是由那个在1931年1月在六届四中全会上被共产国际东方部副部长米夫力推而成为中共政治局主要成员的留苏学生王明推荐组织起来的。它的主要负责人选自然的也是刚回国不久的留苏学生，而且比王明还要年轻许多。这就是博古。1931年秋冬博古上台时，才只有二十四岁。而那一年，毛泽东已经三十八岁了。

陈独秀最初成为党的负责人时，已经是四十二岁。做过一年临时负责人的瞿秋白上台时，也有二十八岁了。随后是向忠发，他当总书记时已经四十八岁了。继博古之后，毛泽东之前，中国党最后一位党的主要负责人是张闻天，又叫洛甫，他上任时也已经三十五岁了。二十四岁当上中国共产党的最高负责人，可称得上是空前绝后了。

当然，最让人惊奇的还不是岁数，而是资格。根据历届代表大会通过的党章规定或惯例，党的最高负责人，或者须由中央委员会在其委员中“选举”产生，至少也应由中央委员会选举产生的政治局在其委员中“互推”产生。但博古1931年接手中央时，不仅不是中央政治局委员，而且连中央委员也不是。作为一名普通党员，毛泽东后来称之为“新党员”，竟一跃而直接成为党的最高负责人，这在中共党史上更是绝无仅有。

博古，原名秦邦宪，1907年出生，1925年10月入党，1926年底赴苏联莫斯科中山大学留学，留苏三年半即回国，回国仅一年多时间就接手中央成为最高领导人。这也就是说，博古1931年接手中央时才只有六年党龄。其入党以后的实际工作锻炼充其量只有两年左右的时间，一段是临去留苏之前有半年左右时间担任过宣传干事，一段是留苏回国后有一年多时间从宣传干事一跃而到团中央书记。只有两年工作经历，博古当然谈不上有什么工作业绩。

既然党龄又短，又无明显业绩，博古如何能够一步登"天"呢？一句话，得益于留苏。但留苏的人很多，为什么偏偏选上博古？概括言之，这又是因为：一是在历次"路线"斗争中站队站得好，二是教条主义学得好，三是他赶上了两个难得的机遇。

什么叫"站队"？就是在所谓的"路线"斗争中究竟站在哪一边。"路线"斗争，多半是斯大林发明的。博古在苏联学习期间，恰值苏共党内"路线"斗争风起云涌之时。从1927年反托洛茨基、季诺维也夫联盟的斗争到1929年反布哈林右倾机会主义的斗争，以及随后的"清党"运动，苏共党内打压反对派的政治斗争一个接着一个。影响到中山大学，从"肃（清）托（派）"，到清查所谓"江浙同乡会"[1]，到反对所谓"第二条路线"，到与所谓"先锋主义"做斗争，再到反对所谓"工人反对派"，一直到"清党"，在博古在莫斯科的三年时间里种种"路线"斗争几乎就没有消停过。在这些斗争中，稍有不慎，哪怕是讲错一句话，都有可能在政治上被打入"另册"。

刚入中大时，博古因为一心想学好俄文，又是江苏无锡人，因此与校内俞秀松、周达文、董亦湘等俄文较好的江浙同乡比较接近，结果所谓"江浙同乡会"的问题出来后，许多同学政治上都受到打击，博古差一点也被牵连进去。幸好博古赶上了一个为向忠发率领的中国工农代表团做生活翻译的差事，才躲过了这一劫。这件事不能不给博古很深的教训，他从此积极靠近学校的支部局和俄国负责人，无条件地拥护"领导同志"，才再未出过问题。

所谓"教条主义学得好"，其实也不是指马列书本读得特别多。博古去莫斯科，主要是学革命理论的。从1927年年初到当年9月这段时间，博古凭着他的聪明好学，主要下功夫突击了俄文。接着，他就因为俄文好，从

[1] 有关"江浙同乡会"事件的情况，可参见杨奎松：《"江浙同乡会"事件始末》，《近代史研究》1994年第3—5期。

这一年的10月到1928年2月承担了为中国工农代表团当生活翻译的工作，一干就是四五个月。刚从代表团的翻译工作中解脱出来，又被借去苏联格伯乌（国家保卫局）帮助审讯所谓“华侨反革命案”，一干就是差不多一个月。直到1928年春天他才得以回校，开始全身心地投入到理论学习当中。到1929年夏天毕业，转入中国问题研究院，几个月后即1930年初准备回国，博古实际用于学理论的时间前后只有一年多。再加上回校后，他还担任了少共支部局的实际负责人（名义上的负责人是俄国人），并且进了翻译班，兼做工人班指导员，参与一系列政治斗争。到中国问题研究院之后，他还兼做中山大学的翻译。博古在莫斯科大约三年时间里，系统学习马列书本的时间显然并不很多。

不过，博古天资聪颖，接受力强，领悟快，时间不多，书本上的理论知识也掌握了不少。但由于时间短促，再加上俄国人的教学方法，用博古自己的话来说，就是“在学习理论的口号下使学生去啃完全脱离实际的教科书”，难免使博古等人严重地脱离实际，只会用从这些教科书上寻章摘句得来的马列著作中的只言片语和俄国编写者根据政治需要归纳出来的生硬教条来判断一切，他们并不清楚中国的实际状况和需要是怎么一回事。一波接一波的政治斗争和政治运动又时时提醒他们要站稳立场，理解和把握“领导同志”的言论意图成为决定的关键，二十岁出头的博古自然沾染了一套唯书唯上的教条主义倾向。

怎么说是两个难得的机遇呢？博古在莫斯科政治表现再好，充其量也就是个学生党员。人人都说同样翻译出身的王明是共产国际东方部米夫的“大红人”，但王明1929年回国后也不过就给了一个区委的宣传干事，一年之后最多也只做到宣传部的秘书罢了。因此，与米夫没有什么关系的博古，回国后当了全总的宣传干事，应当说也是很自然的事情。要想从个普通宣传干事升入中央一层做领导人，在当时人才济济的中共党内又谈何容易。因此，博古的迅速升迁，必然有其特殊的机遇。

博古赶上的第一个难得的机遇，是“立三路线”的形成。博古刚回来，就赶上党的主要负责人之一的李立三头脑发热，要搞全国范围的总暴动，并且明确认为暴动一开始就绝无局部胜利之可能，必然形成全国乃至全世界范围革命与反革命的大决战，就是苏联和全世界的无产阶级都必须立即做决战的准备。这个观点，既不符合斯大林一心想要在苏联建成社会主义的想法，也不符合共产国际关于中国应当争取一省数省首先胜利的观点，自然引起了政治理论上比较敏感的王明的怀疑。

王明深受共产国际东方部米夫的信任，雄心勃勃，回国后却得不到中共中央的重视。于是，他抓住这个机会，拉上对当时中央的做法同样有意见的博古，向李立三发难。结果，王明、博古几个人因此受了严厉的处分。但很快共产国际就直接进行了干预，米夫甚至亲临上海指导改组中央。经过一个六届四中全会，王明、博古等留苏学生成了反“立三路线”的功臣，都得到了升迁。王明被补入中央委员会，并得以进入政治局；博古成了团中央的宣传部部长。

博古赶上的第二个难得的机遇，是大批中央领导干部的外派和上海中央的连遭破坏。1931 年 3 月下旬，因原团中央书记违反秘密工作纪律，博古接手团的工作，并开始列席政治局会议。但即便如此，中央领导核心中还有向忠发、周恩来等许多资深干部，并且还有王明、沈泽民、王稼祥这些地位资格都在他之上的高他一届的留苏学生，也还轮不上博古。恰好这时接连出现特殊情况。一是按照共产国际的要求，中央百分之六十以上的干部被安排去加强江西苏区，沈泽民等人相继离开上海；二是政治局负责秘密工作的成员顾顺章 4 月被捕叛变，“总书记”（正式的名称应当是政治局主席）向忠发 6 月被捕变节，在上海及江苏各级组织中露面较多的中央领导人均被迫躲藏起来，中央工作迅速陷于瘫痪。鉴于莫斯科再三强调把工作重心放到农村去，共产国际明令当时主要负责中央政治局工作的王明和周恩来转去苏区。然而，为了躲避去艰苦的苏区，王明想尽办法争取到了去莫斯科当中共中央驻共产国际代表的职位，周恩来则不得不转往苏区工作。如此，上海中央将不复存在。

考虑到在上海还必须有一个临时性的机构，以便负责联络在上海的共产国际远东局，并协调各地党的组织，王、周撤走前与远东局秘密商定，主要由新近回国不久、顾顺章等人不大认得的留苏学生组成一个“临时中央”维持工作。为此，王明推举博古和刚刚从莫斯科回来的张闻天等来组成这个“临时中央”。博古之所以连中央委员都不是就跃入中央，并接手中央工作，这个机遇是再关键不过的了。

那么，为什么是博古，而不是其他留苏学生成了临时中央的负责人呢？这个问题至今在中共党史上也还是个不大不小的谜。最早冒出来说是要“揭发”这个问题的是王明。那是在1941年9月的一次政治局会上，他说临时中央的成立是他和周恩来撤离上海时与远东局商定的。以后博古、张闻天、周恩来等诸多当事人均证实，1931年向忠发被捕后，中共中央基本停止活动，后来有过各部联席会议暂时维持，又曾设立过一个上海中央局协助周恩来、王明工作，最后还是远东局提议另组上海临时中央，报请共产国际批准，故9月初王明和周恩来提议卢福坦、博古、张闻天、康生、陈云、李竹声等人组织临时中央政治局。经请示共产国际批准后，在讨论九一八事变决议的会议上即正式宣布，旋即开始工作。当时，老工人出身的卢福坦想当总书记，在工人出身的顾顺章、向忠发接连叛变变节之后，周恩来对此颇不以为然，故在征得远东局同意后特别出面解释说：临时中央政治局不设总书记。至于后来怎么就让博古负起总责来了，至今也未见有资料解释清楚。只有博古自己说，当时周恩来、王明曾在强调集体领导分工负责时说过，博古可多管些一般工作。[1] 这个说法应属可信。何况王明对博古在政治上也最信任呢？

不论这究竟是怎么一回事，反正在临时中央政治局里岁数最小而且连中央委员也不是的博古事实上已经成了“总书记”。“临时中央”里，卢福坦大他约十五岁，刘少奇、康生大他九岁，张闻天大他七岁，黄平大他六岁，

[1] 《王明在中央书记处会议上的发言》（1941年9月11日）。

只有李竹声和陈云大他不多。由一名二十四岁初出茅庐的学生党员指挥全党的历史，就这样开始了。

二、毛泽东不满地说：“我那个时候被扔到茅坑里去了，搞得很臭”

毛泽东是一个有着强烈个性的领导人。他很看重他靠枪杆子打下来的一切，并且很相信自己的计算与经验。对于那些“下车伊始，哗哩哇啦”，动不动就搬出些书本教条来教训人的党的领导人，毛泽东从来不大买账。偏偏六届四中全会前后，共产国际一面高度重视留苏学生，一面明令中共中央要把工作重点从城市转到苏区来。结果大批留苏学生陆续回国，对国内工作情况尚未熟悉，就纷纷被委以重任，派入苏区。这批学生，大多数经历都与博古类似，与毛泽东这些土生土长的干部比较起来，因为喝过洋墨水，懂得许多教条，因而自视很高以外，还深受苏共党内“路线”斗争的熏陶，学会了凡事上纲上线，搞“无情斗争，残酷打击”那一套。因此，他们到中央苏区来，不可避免地要与毛泽东发生激烈冲突。

还在六届四中全会之后不久，中共中央就派了一个代表团到中央苏区来传达贯彻四中全会精神。他们来后因基本肯定了毛泽东当时主持的反“AB团”的斗争，毛泽东也接受了他们关于在军事上必须集中兵力实行“进攻路线”的意见，因此两方面相处一度还算融洽。但即使这样，他们中一些刚刚从莫斯科回来的学生，仍旧在一些具体问题上与毛泽东发生了矛盾。毛泽东批评他们动辄引经据典、上纲上线、搞“本本主义”，他们说毛泽东是“狭隘经验论”，甚至声称“山沟里出不了马克思主义”。因此，毛泽东在背后给这些从城里来的“钦差大臣”起了一个绰号，叫作“洋房子先生”。

当第二批“洋房子先生”于1932年浩浩荡荡地来到苏区后，在苏区中央局中的力量对比就明显地不利于毛泽东了。当毛泽东根据当时的军事形势强调生存第一时，从博古中央到中央局的大多数人都极力鼓吹攻打大城市的“进攻路线”，指责毛是“等待主义”和“纯粹防御路线”。刚一得知

10月初中央局在宁都召开会议与毛泽东发生争论，博古、张闻天等就明确主张取消毛泽东的军权，并对周恩来曲折地替毛辩护表示不满，认为周是调和派。临时中央反对毛泽东的斗争由此开端。

当然，反对毛泽东的斗争从一开始就不同于博古他们在莫斯科所经历的那些运动。博古到底还不是那种喜欢整人的人，看问题也颇多书生气。苏区争论的消息传来，他一面表示：对毛“应该做坚决的斗争”，一面仍强调：“要估计到泽东在苏区红军中的威信”。远东局代表虽然对毛泽东总爱固执己见极为不满，但在同意中央局关于把毛泽东召回后方专门主持苏维埃政府工作和公开批评毛的同时，也还是不能不强调“应该说服教育，并继续吸收他参加领导机关的工作”[1]。

最有意思的是，远东局的电报发出不过一周时间，莫斯科就来电严厉禁止对毛泽东采取任何组织措施。为此，远东局不能不接连致电苏区中央局更正自己的说法，称：周恩来的意见是对的，一部分同志责备恩来为调和派是不正确的。路线斗争固然必要，“同时必须估计到保证领导一致在目前的重要意义”。“关于与泽东同志的态度，我们重复说：甲、以说服的态度，设法争取他赞成积极斗争的路线……乙、我们反对现在将他召回，如果他服从党的纪律，在目前采取这一步骤，将给红军与政府以极严重的影响。”[2]

博古中央是1932年10月下旬得到莫斯科关于迁往中央苏区的电令的。几个月后，即1933年初，上海最后一批“洋房子先生”都先后搬到苏区来了。奇怪的是，来到这集中了大批政治局委员和中央委员的中央苏区，博古等人竟没有谁想到过应当“交权”[3]。唯一了解情况的周恩来又一向不喜欢多事，共产国际既未提出，他亦不便提起此事。其他原中共中央领导人，包

[1] 《中央致苏区中央局电》（1932年11月10日）。

[2] 《中央关于军事路线的指示》（1933年1月）。

[3] 关于“交权”问题，博古在1941年9月的政治局会议上承认，因与远东局代表商量过中央书记处的组成名单，故认为是得到共产国际的正式任命，没有临时的观念，进苏区后“并未声明是临时政治局”。随后，博更进一步说明，自己确实“始终没有临时中央及交出的观念”。

括毛泽东在内，或不清楚上海权力移交时的情况，或以为此即共产国际意图，因此，临时中央到苏区后，除了增加原来的政治局委员外，博古等人依旧继续坐在先前的职位上。甚至，原来还说是临时中央集体领导，分工负责，博古可多管一些一般工作，到苏区后第一次会议上讨论分工时，大家干脆一致推举年纪最轻的博古“把总”。博古虽然推让了一下，架不住多数与会者异口同声。结果，就出现了一个名正言顺的“博古中央”[1]。

博古中央到中央苏区后，自然要想办法具体掌握中央苏区的军政权力，这就难免要过毛泽东这一关，因为苏区这时省县一级的领导人，大都还是毛泽东任上任命的有实际工作经验的干部。一方面只会照本宣科的博古等人看不惯凭经验办事的大多数土生土长的干部，另一方面这些地方干部对那些“下车伊始，哜哩哇啦”的“钦差大臣”式的新领导人，也总有些格格不入。因此，在苏联学到的那一套路线斗争的法宝就派上了用场。所谓反“罗明路线”的斗争，即因此而起。

罗明，当时是中共福建省委代理书记。因其主管的闽西区地处苏区边缘，实为游击区，形势复杂多变，群众工作困难，因此坚持必须采取区别于中心区的灵活政策，结果被中央组织局主任李维汉揪住狠批。博古见状，也就毫不客气地指责罗明是中央苏区“右倾机会主义路线”的代表，从而导致了一场反“罗明路线”的斗争。在中共早期的历史上，公开祭出“路线斗争”的旗号，大规模地打击持不同意见的干部，这算得上是一个典型的例子。

这次所谓“路线”斗争，从闽西区斗到粤赣边区，再斗到江西区，进而又斗到闽赣边，最后甚至斗到红军高层，整整斗了一年时间，把整个中央苏区打了一个遍。连批带斗，连撤带关，轻而易举地把所有流露不满情绪的原苏区干部统统打了下去，所有重要位置被大批到来的留苏学生和博

[1] Russian Center for the Preservation and Study of Documents on Modern History (RPSDMH), 495/74/333.

古他们信得过的人尽行占去。毛泽东虽因受到莫斯科和上海方面点名保护，未遭厄运，到底也还是成了间接斗争的对象。他之所以被夺去政府主席的职务，只给了一个中华苏维埃政府中央执行委员会主席的虚名，这是一个重要的原因。

毛泽东见到此种情形，只好借养病为名，生闷气、躲清闲，很长一段时间除了跑到农村去搞搞调查，在病床上看看书，几乎无所事事。但也正是因为这样，毛泽东躲过了随时可能被划入打击对象的1933年，很长一段时间里在党内不再引人注目。同为留苏学生，又是政治局重要负责人的张闻天，1933年2月来到瑞金以后，长达一年半的时间对毛泽东毫不了解，就是这种情况的写照。张闻天回忆说，到苏区一年半，毛泽东“究竟他是个什么人，他有些什么主张与本领，我是不了解，也并没有想去了解过的”，当时确实“不重视毛泽东同志”。[1]

张闻天何许人？他先后去过日本和美国留学，虽然都是半途而返，但五四时期已开始发表并翻译文学作品，小有一些名气。1925年加入中共后不久即被派赴苏联留学，在中山大学毕业后成为少数升入莫斯科红色教授学院的中国学生之一，在苏联整整留学五年。论学历、党龄以及理论训练，他都明显高于博古。不仅如此，1931年博古还只是团中央书记时，他就先于博古一步被米夫点名推荐进了中央，接替去苏区的沈泽民，连中央委员都不是就直接当了中央宣传部部长。以张闻天这样举足轻重，又自视颇高的政治局常委，全面负责理论宣传工作，竟丝毫不了解，也不想了解毛泽东，不难想象毛这时“韬晦”之深。

其实，毛泽东这时也未必就是存心韬晦。毛泽东自宁都会议上因防御与进攻、分散与集中的军事路线问题与“洋房子先生”们争论失败，被解除军职后，对周恩来接替指挥一度并不看好。他曾专门留下话来，说明如

[1] 参见中共中央党史资料征集委员会、中央档案馆编：《遵义会议文献》，北京：人民出版社1985年版，第79页。

前方需要，他还可以回来。言外之意，你不行了，就来找我。

自从上井冈山以来，毛泽东多数时间是当书记，大半在做党的工作，实际上他是以党治军，大部分时间是花在军事问题上的，是在指挥作战中度过的。因此，正如周恩来所评价的，他的兴趣和特长多在军事方面[1]。多年来军事斗争的成功，根据地的扩大，不断地增强着他指挥军事的信心。学历只及中专，既没有系统地研读过理论，又没有喝过洋墨水的毛泽东，不论如何不服气，这个时候在马列理论方面也只能下狠心找些有关的书籍报纸去学习，断不至于拿他对列宁主义理论的那些知识去和满嘴“马列”的留苏学生比个高低。可是在军事方面，毛泽东却相当自信。因为，在他看来，那些从未指挥过打仗，特别是不熟悉农民游击战争特点的“洋房子先生”，怕是只会拿着一些教条和口号在纸上谈兵而已。

然而，周恩来到底也不是留苏学生，他 1924 年就开始在黄埔军校担任政治部主任了，并且参加过学生军东征，后来更是直接负责指挥过上海的工人武装起义。他在军队中工作和接触武装斗争的时间都比毛泽东要更早。因此，接掌军权后，他虽然基本上按照远东局的指示，执行了所谓的“进攻路线”，一度仍旧取得了较好的战绩。1933 年 2 月至 3 月，周恩来和朱德指挥部队在黄陂和草台冈一连击溃国民党三个师，创下了一个月内连俘三名师长的记录。临时中央来后，毛泽东一度也曾想过重提宁都会议的争论问题，但博古当即拿出这一反第四次“围剿”的战绩来，毛自然也就不便再争论什么了。事实上，毛泽东自己也承认：这是国民党发动对江西苏区“围剿”以来“败得最惨的一次”[2]。

到了 1933 年 9 月，莫斯科又通过上海方面送来一个中文名字叫李德的在苏联专门学过军事的德国人，俨然一副国际代表的架势，派头极大，说是派来做军事顾问的，而他上面还有一个叫佛雷德的共产国际高级军事代

[1]　《周恩来报告宁都会议简情》（1932 年 11 月 12 日）。

[2]　毛泽东：《中国革命战争的战略问题》（1936 年 12 月），《毛泽东选集》（竖排合订本），第 214 页。

表在上海遥控指挥。至此，毛泽东在军事上就更加没有插嘴的机会了。因此，不论他服气与否，他一年多时间安于养病，搞农村调查，做点一般性的政府工作，如领导什么查田运动之类，也是无可奈何的事。

三、毛泽东说："马克思主义这种东西，是少了不行，多了也不行的"

不管博古资历如何、经验如何，依照共产党人严格遵守纪律的特性，只要他已经做到那个位置上，且与人为善，实事求是，政绩斐然，很难想象能够有人向他提出挑战。问题是，博古领导的中央抱定了一个方针，就是"宁'左'勿右"，死守着几个教条不放，以不变应万变，碰得头破血流也不回头，终于惹得天怒人怨。

博古等人死守着哪几个教条呢？毛泽东在1942—1943年曾经洋洋洒洒地写过几篇笔记，虽语言尖刻，连讽刺带挖苦，极具情绪化，但可称得上是批"左"檄文，内容就是批判博古等人这时的错误的。

其一，是说博古等人坚持彻底革命，死抱着所谓"进攻路线"不放，不惜超越革命阶段，四面出击，并且搬来斯大林的所谓"中间派别"最危险的论断，否定一切同盟者。对此，毛泽东辛辣地讽刺说：先是把敌人说成铁板一块，大的小的一齐打倒，而后干脆拿主要力量来专打小的，因为据说这些小的最危险。在苏区要"明确阶级路线"，搞什么"地主不分田，富农分坏田"，"迫着他们去当绿色游击队，手执武器向苏维埃拼命"；对国民党则集中力量打击想要和我们结盟的察绥抗日同盟军、十九路军，"于是小的被我们打得不亦乐乎，成群地跑到大的那里去，我们却孤零零地遭受大的小的双管齐下，把我们打得要死。正是'周郎妙计安天下，赔了夫人又折兵'"。"这种革命，要对付全世界的帝国主义与整个中国地主资产阶级政府，又把'十九路军一切官长'也当作敌人，真是世界革命史上唯一无二或者至少是稀罕的杰作！""所谓'打倒一切'的学说，就是这批老爷们在中国共产主义运动史中的杰出的'创造'。"

其二，是说博古等人不顾现实条件与群众觉悟，不仅坚持革命队伍要纯粹又纯粹，革命道路要笔直又笔直，而且“任何人不许说一句真话，如像‘困难’之类，是一个字也提不得的，提了就要挨打”。结果是到处唱高调，“轻敌盲动，驱使群众（其实是几个先锋队）如驱羊，闭着眼睛天天叫他们斗、斗、斗，结果斗个精光”。而对那些希望实事求是的同志，则大搞“无情斗争，残酷打击”，到处扣“右倾”帽子。毛泽东满怀怨怼地形容说，这个“最坚决最残酷的斗争”，“是叫我们预备后事的，像阿Q在画过圆圈绑赴刑场的光景一样……说时迟，那时快，午时三刻，喝一声‘到’，砍了！从此‘机会主义’的领导者们威信扫地，永世不得翻身。而‘完全正确’的‘中央路线’呢？就高唱凯旋，长命富贵了！”

其三，是说博古等人崇尚空谈，张口“马列”，闭口“马列”，“自封为‘马克思主义理论家’”，唯我独“左”，“自卖自夸，只此一家，别无分店”，但“我们老爷的‘马克思主义与列宁主义’是不顾时间、地点与条件的”，“其特点是夸夸其谈，从心所欲，无的放矢，不顾实际”。“谁要是在时间、地点与条件上面提出问题，谁就是‘机会主义’”，而他们却“只知牛头不对马嘴地搬运马克思、列宁、斯大林，搬运共产国际，欺负我党与中国人民对于马克思主义的认识水平与对于中国革命实践的认识水平的暂时落后而加以剥削”。毛泽东因此慨叹道：“我常觉得，马克思主义这种东西，是少了不行，多了也不行的。中国自从有那么一批专门贩卖马克思的先生们出现以来，把个共产党闹得乌烟瘴气，白区的共产党为之闹光，苏区与红军为之闹掉百分之九十以上……都是吃了马克思主义太多的亏。”[1]

很难说上面的这些错误做法，都是博古中央的创造，共产国际特别是力荐博古“把总”的王明的作用肯定不可低估。但在当时那种条件下，直接刺激着毛泽东的，却是博古中央的“左”所造成的危害，这是不言而喻的。

---

[1] 毛泽东：《驳第三次左倾路线——关于一九三一年九月至一九三五年一月期间中央路线的批判》（1943年）。

据不完全统计，自博古中央进入苏区以后，中央苏区“左”的做法可谓变本加厉。当时不仅加剧对地主富农及其家属的拘捕押禁与没收惩罚，而且对一般民众也大举公债谷票，借粮征兵，甚至以退公债谷票、滥发纸币的办法变相克扣农民。光是 1933 年年底到 1934 年 9 月这段时间，强征新兵即达 10 万，发行公债 300 多万，“动员”群众退还到期公债券支援“国家”约 100 万，除正常征收外，还硬性“借谷”两次共 84 万担。[1] 这里面尤其引人注目的是强迫“扩红”和“查阶级”。到 1933 年 11 月，中央苏区农村中占人口总数平均 25% 的男劳力（16—55 岁），仅当兵、作挑夫及外出工作者，即已占去全部男劳力总数的 80% 上下。以当时苏区所有农民 200 万计，苏区男劳力实际只有 50 万左右，也就是说，到 1933 年 11 月，出外当红军及工作者，至少已达 30 万以上，再强迫“扩红”10 万，势必将农村中男劳力大部抽空。这种情况自然弄得民心动摇，仅 1934 年 8、9 两个月，弃械逃归的士兵，就有数千人之多。

博古中央一面竭泽而渔，一面又极力加剧内部矛盾。在查田查阶级的运动中，他们坚持奉行“只讲成分，不讲工作”“不问表现如何”的方针，大批干部党员受到清洗，许多早已划定的成分被重新改划。仅胜利县一县，二十天内即在 1512 家查出所谓“翻案地富”890 家，并新查出地富 83 家。所有地主富农及所谓阶级异己分子，多被强迫编入永久劳役队，其他的一部“驱逐出境”，一部“就地枪决”，所有财产全部充公。由于沾“富”就有生命危险，大批中农人人自危，“拼命吃穿，不想扩大生产”，许多人干脆连田也不种，以免受累不说还要遭罪。[2] 越讲阶级、查阶级，就越能够得到下面送上来的说明阶级斗争严重的材料，博古中央也就越紧张。准备大举突围时，他不仅对外界，而且对党内，包括对政治局大多数人也封锁消息。暗中更把党的干部也分为几类，有信得过的，有信不过的，还有有各种嫌

[1] 《红色中华》1934 年 7 月 5 日、8 月 8 日、5 月 3 日。

[2] 同上引注，并见李六如：《各苏区土地问题》（1934 年 6 月）。

疑的，最后决定把信不过和不喜欢的，即使他们中一些人的健康状况和自身条件都不适合在当地坚持斗争，如过去在莫斯科与博古等人有矛盾的瞿秋白等人，都强行留下，等于让他们白白牺牲掉；对怀疑可能成为隐患的，则干脆下令杀掉，像过去几年被俘留下已经成为红军学校教员的一批原国民党军官和其他一些被怀疑有问题者，就被秘密处决了。

很难了解毛泽东当时对博古等人的这些做法究竟有多少认识。虽然毛泽东当时没有可能直接参与中央决策，但他至少是部分地参与了领导查田运动。从他当时发表的关于查田运动问题的文章当中，也可以看出他对博古等人当时一些做法也并不都是持不同意见的。事实上，我们从上面引述的毛泽东在1942—1943年对博古等人批判的三个方面内容中，也可以在一定程度上印证这一点。将近十年之后，毛泽东依旧认为，博古等人的“左”，主要是表现在对待中间势力以及在党内斗争这两个方面。他并没有很清醒地意识到，正像他自己1928年给中央的报告中所讲过的那样，苏区和红军在江西等中国心脏地区生存下来，是有特定条件的。随着苏区和红军的不断扩展膨胀，它们早已大大超出了南京国民党所能容忍的程度。即使博古等人在对待中间势力和党内斗争这方面表现得不那样极端，能够抓住一两次机会，中央苏区和红军也还是很难在江西长期坚持下去。当然，如果换了毛泽东，至少中共在军事上可能不会输得那样惨。

1934年，蒋介石吸取了前几次轻敌冒进的教训，接受了德国军事顾问的建议，稳扎稳打，层层筑堡，用绝对优势的五十万兵力，对中央苏区发起了第五次“围剿”。面对敌军稳步推进，中共的军事顾问李德，因肩负保卫“中华苏维埃共和国”领土完整的重任，故而不顾国民党进攻军队的装备、兵力和供给占据极大优势的情况，竟采取了“御敌于国门之外”的方针，分兵把守，到处设防，搞所谓“短促突击”，扬言“积小胜为大胜”，甚至不自量力地仅凭其一年当兵、三年军校的经历，就以“野战司令”自诩，在广昌和高虎垴先后指挥数万红军，摆开架势，说是要与国民党军“决战”。李德对付不了蒋介石的碉堡政策，节节后退之后，幻想以死拼来保住红色“首都”不失，结果反而加速了红军的失利。仅这两仗打下来，就使红军主力损失近万人。

眼见中央苏区再难坚守下去，生怕遭受更大损失的博古和李德慌忙通过上海远东局上报莫斯科，请求实行战略转移。但博、李二人再度犯了兵家大忌，竟然把这一在强敌围攻下的战略性转移搞成了一个八万余人的集体大搬家。苏区的各个机关，乃至于银行、工厂等，把所有值钱的东西几乎都挑在了担子上。这支拥有近两万非战斗成员和两万多新兵的庞大行军队伍，刚刚走到湘江，就遭到了战斗力较强的国民党广西军队和湖南军队的沉重打击，一战损失兵力和人员过半数之多，数以千担从瑞金搬出的设备、辎重和文件散失殆尽。从此，“战略转移”迅速变成了寻找落脚点的、目标变幻不定的“长征”。如此蹩脚的军事指挥，直接关系到整个部队和中共中央的生死安危，毛泽东终于忍无可忍了。

四、毛泽东讲：遵义会议成功，最重要是张闻天、王稼祥能分化出来

这时负责指挥一切的是所谓的中央“三人团”，它是由博古、李德和周恩来三人组成的，事实上周恩来主要在前方负责军事，应该负责的自然是博古和李德两人。由“三人团”来取代中共中央政治局，是基于李德所说的要高度保密的理由，但同时也是因为这位德国人看出，政治局内部日益发生分歧，行使权力极为不便。

还在 1934 年年初中共中央六届五中全会之后不久，李德就发现领导人之间存在明显不和。他感到不解的是，这种不和为什么竟会发生在留苏学生出身的干部们之间？他曾特别告诫博古，并要他转告政治局其他从苏联回来的领导人，说：“这里的事情，还是依靠于莫斯科回来的同志。”言外之意，留苏回来的人本来就不多，现在都身居要职，千万不要闹摩擦。[1] 但

[1] 前引《遵义会议文献》，第 78 页。

这种警告毫无用处。

博古太年轻，资历太浅，留苏时间和学历都短，其总书记的工作又纯粹是因为一种偶然的机遇临时受命而来，但是毛泽东等土生土长的干部，原本就自惭形秽，再加上有党的纪律约束，再有不满，也往往安守本分，不会公开表示抗拒。然而，同是留苏学生的其他人，却不仅很难做到心服口服，而且往往容易表现出来。特别是那些已经进入中共中央的与博古先后回国的留苏学生，或者岁数大、资历深，或者留苏时间长、学历高，博古要想在他们中间取得威信，必须要做出显著政绩来才行。然而，博古在位三年，不仅政绩方面乏善可陈，而且苏区越打越小，形势越搞越困难，这就很自然地授人以柄，自己必然会陷于被动了。

广昌战役之后，书记处召开紧急会议，早对博古有所不满的张闻天就公开发难了。张闻天这时在党内的地位，相当于第二把手。但博古因为不信任张，因此利用与李德的关系和战争条件下凡事均可便宜行事或独断专行的条件，关键的事情多半都不让张闻天与闻其间。甚至，像1934年年初让张闻天去做苏维埃政府主席一事，博古事先也未曾与张通过气。这自然让张怀疑博古是不怀好意，既夺了毛泽东在政府中的权，同时又把张推到最不喜欢的事务堆里去，从而名正言顺地把他排挤出中央决策圈。因此，张闻天抓住广昌战役失败的问题，尖锐批评博古、李德指挥错误，认为如此之大的损失是不必要的。博古则反唇相讥，讽刺张闻天在扮演反对革命的机会主义头子普列汉诺夫的角色，因为普列汉诺夫当年就批评俄国1905年革命得不偿失。双方当场发生激烈争吵，弄得不欢而散。事后，博古干脆把张闻天派去闽赣边“巡视”工作。张走后，博古又在会上批评张领导的苏维埃政府工作，这就进一步引起张闻天的不快与疑惑。等到张回瑞金后，“三人团”已经大权独揽，政治局也好，苏维埃政府也好，都只有听差的份儿了。对此，张闻天虽无可奈何，但自然“心里很不满意”[1]。

[1]　前引《遵义会议文献》，第77—78页。

多半是因为同病相怜，本来与毛泽东话都很少说过的张闻天，竟开始向他并不了解的毛泽东靠拢了。张闻天回忆说："在出发前有一天，泽东同志同我闲谈，我把这些不满意完全向他坦白了。从此，我同泽东同志接近起来。他要我同他和王稼祥同志住在一起——这样就形成了以毛泽东同志为首的反对李德、博古领导的'中央队'三人集团。"[1]

由于一直处于旁观者的地位，毛泽东无疑是最早意识到博古和李德军事指挥错误的人。但在刚刚召开过得到共产国际批准的六届五中全会、重新确认了党的领导核心之后，要想自下而上地改变既定的领导格局，几乎是不可能的。显然，说毛泽东在离开瑞金之初就已经在设想把博古拉下来，恐怕不合逻辑。但是，毛泽东劝说张闻天和王稼祥一路走这件事本身，至少反映出他这时已在做"分化"工作，争取同盟者。颇为有趣的是，本来博古早已和组织局主任李维汉商量好，把随军西征的党政高级领导人分散到各军团里去，而毛泽东竟亲自去找了一趟博古，并说服他改变了原来的决定，同意中央主要领导人编入中央纵队统一行动。显然，博古在这一点上还帮了毛泽东的忙。

争取张闻天和王稼祥可以说至为关键。随中央红军一同行动的政治局委员，这时共有十人。其中六名正式委员和四名候补委员。这就是博古、张闻天、周恩来、陈云、毛泽东、王稼祥、朱德、凯丰、刘少奇与邓发。十人中，留过苏的将近半数，不过刘少奇和此时负责领导另一支红军的任弼时是1921年就去莫斯科的早期留苏学生，1923年已经回国，不仅与博古等人毫不搭界，而且博古等人还一直认为他们有机会主义倾向。陈云和邓发均为工人出身，与处处显示高人一等、刚愎自用的博古等人，应该说关系一般。担任军事工作的朱德和周恩来，对博古、李德肯定会有意见。因为博古来后，听任李德控制军权，结果才有了苏区的丧失和红军的被迫大转移，

[1] 前引《遵义会议文献》，第78页；哈里森·索尔兹伯里著，过家鼎等译：《长征——闻所未闻的故事》，北京：解放军出版社1986年版，第80页。

列宁:俄国革命的领导者，也是世界革命的推动者和世界共产党的制造者

斯大林：社会主义苏联的缔造者，也是中共革命成功的主要推手兼麻烦制造者

越飞：第一个成功地推动苏俄援助中国国民党因而成就了国民党壮大的苏俄外交代表

马林：第一个推动中国共产党人加入到国民党中因而成就了中共壮大机遇的共产国际代表

鲍罗廷：一个成功的鼓动家和失败的谋略家，他成功地推动孙中山改组了国民党，却被自己扶上台去的蒋介石赶出了中国

米夫：一个在中国一事无成的共产国际东方部领导人，他推上台去的学生最终都没有能够在权力舞台上站住脚跟

季米特洛夫：一个对中共革命和毛泽东有恩的共产国际总书记，因为他，中共和毛泽东才避免了很多失败

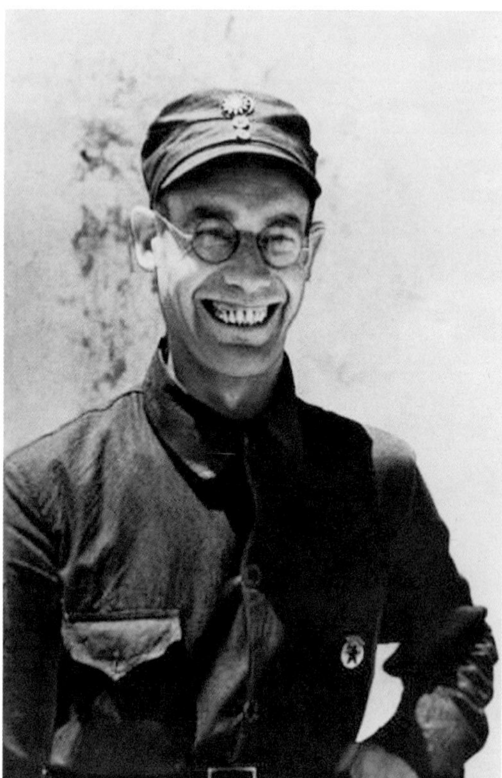

李德：一个原本没有任何权力，却被赋予了过多的责任，对中央苏区失败和长征的错误注定要负责的外国人

陈独秀：中共五届总书记，是最早拥抱苏俄，也是最早看出苏俄问题并和莫斯科闹翻的共产党人

李大钊：最早在中国欢呼十月革命的共产党人，也是最早因和苏联人走得太近而牺牲生命的共产党人

瞿秋白：中共党内最出色的文学家，但鲍罗廷的信任使他做了他最不该做的位置——总书记

王明（陈绍禹）：一个绝顶聪明但被米夫捧坏了的学生，一个中共党内最国际主义的领导人

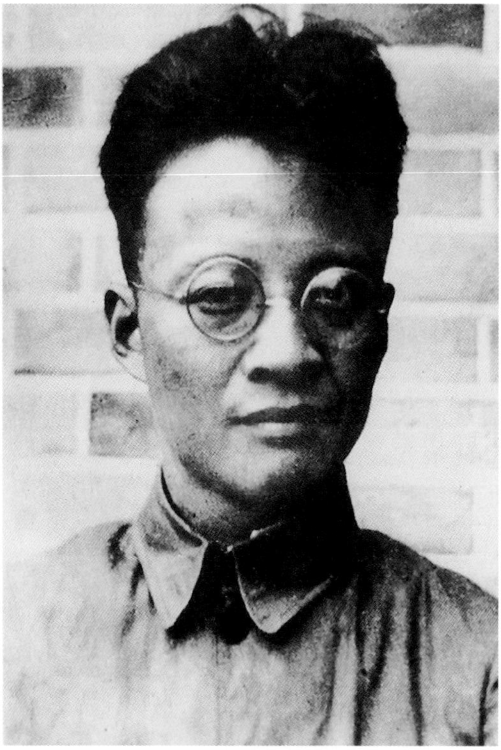
博古（秦邦宪）：因为特殊原因，年仅二十四岁，连中央委员都不是，便一跃成为了代总书记

洛甫（张闻天）：在中共党内学历最高的人，也是因为太具学者气质而毫不恋权的总书记

张浩（林育英）：共产国际派回中国传达政策指示的联络员，其历史作用却超过许多重要人物

王稼祥：同为留苏学生，因带回季米特洛夫要拥戴毛泽东的指示，党内地位变得不同一般

下面的将领早就牢骚满腹了。但即便如此，由于凯丰跟博古较近，李德又参加会议，如果张闻天、王稼祥站在博古一边，考虑到多数政治局委员无意介入纷争，很难设想毛泽东能够成功地造成批评博古和李德的气氛。相反，如果能够把张闻天和王稼祥两人争取过来，借重二人在政治局和书记处中举足轻重的地位，就很可能影响到多数政治局委员发表不同意见。这也正是为什么毛泽东后来不止一次地为张、王二人表过功。他说：遵义会议上之所以能够成功地战胜博古等人的“‘左’倾路线”，最重要的是张闻天、王稼祥两人能够分化出来。[1]

争取到张闻天和王稼祥的支持与理解之后，毛泽东的自信心空前高涨。十分明显，事实已经证明，博古中央的“进攻路线”遭到了完全的失败。这也就从一个侧面证明了毛泽东过去的军事思想要正确得多。因此，毛泽东又重新开始积极地就军事问题发表意见、公开争论了。

五、毛泽东升为常委，但分工只是“恩来同志军事指挥上的帮助者”

红军刚刚进入湖南，毛泽东就主张沿湘江北上，在湖南地区开辟根据地。会议上争论来争论去，他的意见没有被通过，李德等人坚持要经潇水及湘江打广西，结果有了湘江之惨败。湘江之战更加证明毛的看法具有远见，政治局中多数人也因此完全丧失了对李德军事指挥能力的最后一点迷信。在随后与张闻天、王稼祥的交谈中，毛泽东已经能够毫不掩饰地开始尖锐批评博古和李德，并且具体“解释反五次‘围剿’中中央过去在军事领导上的错误”了。由于苏区和红军的失败根本上都是博古、李德等人军事指挥和军事思想的错误产物，一方面极端不满博古、李德，一方面在军事问题上又完全是门外汉的张闻天和王稼祥，自然对毛泽东从军事角度头

[1] 毛泽东：《关于第七届补选中央委员选举问题》（1945 年 6 月 10 日），《毛泽东在七大的报告和讲话集》，北京：中央文献出版社 1995 年版，第 230—231 页。

头是道的解释和分析心服口服。张闻天后来明确讲：这是他“从毛泽东同志那里第一次领受了关于领导中国革命战争的规律性的教育”[1]。

在长征期间，军事问题具有决定性的意义。战争胜负乃至红军存亡均系于此。湘江遭受惨重损失之后，党内军内一片怨言，矛头直指“三人团”。因此，部队刚刚开到湘桂黔交界的通道县城，毛、张、王就公开批评起博、李的军事路线来了。而后是老山界会议，接着又是黎平会议，一路开会争论。尤其是在黎平，双方的争论达到白热化的程度。李德力主部队应当转向贵州东部，而毛却坚持要去川黔边建立根据地；李德继续强调前方必须绝对服从中央统一指挥，毛则激烈反对，声称中央对前方只能指出大方向，不能干预太多，必须给前方以机动执行命令的权力。由于张闻天、王稼祥等都支持毛的意见，周恩来也以会议主席的身份表示赞同毛的观点，特别是作为当时党内最高军事指挥者周恩来的表态，可谓至关重要。因为这表明“三人团”彻底瓦解，李德已开始成为孤家寡人。果然，就连博古也看出李德的话不能再听，勉强附和了多数的看法。这弄得李德大发脾气，但亦无可奈何。其权威地位从此尽失。[2]

否定了李德的军事主张，并争取周恩来转向自己，这是毛、张、王联盟向“三人团”挑战的重大胜利。这一胜利极大地鼓舞了他们。在黎平会议上，王稼祥就力主召开政治局扩大会议来“检阅在反对五次‘围剿’中与西征中军事指挥上的经验与教训”的提议得到通过。1935 年 1 月 7 日红军攻入遵义县城后不久，鉴于事实上中共中央与莫斯科及上海已完全失掉联系，再听任博古、李德等人领导指挥已没有可能，长此争论不休也不是办法，因此，王稼祥明确主张：把博古和李德“轰”下来。张闻天也予以响应，并直截了当地提出：博古不行，一定要变换领导人。毛泽东对此当然赞成。[3]

---

[1] 前引毛泽东：《驳第三次左倾路线》。

[2] 参见程中原：《张闻天传》，北京：当代中国出版社 1993 年版，第 196—197 页。

[3] 转见《聂荣臻回忆录》（上），北京：解放军出版社 1986 年版，第 243、246 页。

为了找到足够的理论根据来否定博古、李德的军事路线，他们查阅了博古、李德保存的共产国际有关来电，欣喜地发现莫斯科的不少指示其实是同毛泽东的想法不谋而合的。如反对打阵地战和强攻堡垒，反对分兵把守和单纯防御，强调机动灵活与保存有生力量，主张集中兵力打运动战等，明显与博古、李德的军事路线不一致。有了军事指挥上的严重失败，又有了莫斯科的指示为依据，根本否定博古与李德的领导由此成了定局。

否定了博古的领导地位，是不是大家就“理所当然”地会一致推举毛泽东来做中共的领袖呢？有关遵义会议前后中共中央多数领导人一致推举毛来做中共领袖的说法，十分流行，其实却有些让人生疑。毕竟，毛泽东此前并非中共中央领导核心中人，五中全会上刚刚升为政治局正式委员，既非政治局常委，也非书记处书记，要一步登上“总书记”的地位，名不正言不顺。

从张闻天将近十年后在延安整风运动时的回忆中可以清楚地看出，当时政治局多数人是推举张来代替博的，而张对此也是欣然接受的。他说：“当时政治局许多同志推举我当书记”，“我不但没有推辞，而且还有高兴之意”。种种情况说明，不仅张，而且政治局多数领导人，都注意到排序问题。毕竟，从莫斯科那里开始，共产党历来就是注重排序的。而这时依国内政治局委员的排序，张闻天毫无疑问是紧接着博古之后的第二号人物。想必毛泽东对此也有清醒的认识。他之所以在准备遵义会议时积极支持由张闻天来做会议的“反报告”，清楚地反映出他这时对由张闻天来接替博古的必然性是很清楚的。所谓大家一致推举毛泽东，毛主动推辞，并表示应该让张闻天“锻炼”一下的说法，怕是以讹传讹了。

下面这个情况也显示出当时党的多数领导人确实还没有把毛泽东推上领袖地位的想法。

毛泽东是遵义会议的幕后策划者，甚至也可以视为幕后的指导者。因为会议所讨论的根本上只是一个军事路线问题。而站在攻势一方的毛、张、王三人中，其实只有毛泽东在军事问题上才有发言权。如果没有毛泽东，仅靠张闻天、王稼祥二人的军事知识，无论如何不能驳倒博、李等人的辩护报告与发言。但是，颇为令人惊奇的是，在毛泽东因此被张、王提名担任政治局常委之后，人们却发现在中央的工作中找不到一个适当的位置给他。由于周恩来在会议上主动与博、李划清界限，支持毛、张、王，以往又长期主持中央最高军事领导工作，在作战指挥上又有成绩，与军队领导人也配合较好，会议相信周恩来理所当然地应当继续其中央军委书记的工作。而周既然是常委兼军委书记，自然应当执掌军事大权。结果，在会后的常委分工时，毛泽东的工作竟成了一个问题。最后，同样是常委，毛泽东只得到了做另一个常委“恩来同志军事指挥上的帮助者”的任命，而周则被确定为“党内委托的对于指挥军事上下最后决心的负责者”[1]。这种情况不难使人想起1932年10月宁都会议时周恩来的那个大致相同的建议，当时周恩来取代了毛泽东的军事领导地位之后，也是建议留下毛在前方做他的“助理”。“助理”者，“帮助者”之谓也。

当然，名分问题其实并不重要。会议决定是一回事，事实却是另一回事。因为周恩来随军行动，而毛泽东随中央行动，周恩来凡有军事意图必报中央审核批准，中央又只有毛泽东能够提出恰当意见，结果，“帮助者”实际上很快成了众所周知的“下最后决心的负责者”。何况长征中军事行动很长一段时间里几乎是中共中央工作的唯一内容，不久后张闻天干脆建议毛泽东与周恩来、王稼祥组成中央三人军事小组指挥军事。因此，人们后来说，从遵义会议开始，毛泽东的领导地位得到了确立，如果从这样的角度看，应该也不是妄说。

---

[1]　陈云：《遵义政治局扩大会议（传达提纲）》（1935年），《中共党史资料》第6辑，第8页。

第三章

如果季米特洛夫不支持毛泽东……

中共中央表示要放弃苏维埃政策，共产国际大吃一惊；季米特洛夫派王明等人回国，本意是防右而非防“左”；王明推举毛泽东做“主席”，自己弄了个“书记”，想来个一山二虎；毛泽东表态：“同意王明意见，国共共同负责共同领导”，“和为贵”；几年后，毛泽东承认：我们当时犯了错误……

说共产国际在1920—1935年间未必刻意压制过毛泽东，主要是就其主观动机而言。至于客观效果上，正如我们所看到的，由于共产国际当时过“左”的路线和政策，注重中国实际的毛泽东确实受到过那些自称“百分之百的布尔什维克”、代表着共产国际“左”倾政策的领导人的排挤和打击。当毛泽东向斯大林发出他的抱怨时，这段经历无疑在他内心深处隐隐作痛。

在斯大林逝世、苏共“二十大”召开、可以公开批评斯大林之后，毛泽东在一段时间里不止一次地提到这件事，说：第三国际给我们带来的最大的损害，就是这段时间以驻共产国际代表团团长王明为代表的“左”倾机会主义路线，也就是斯大林路线。为什么说王明路线就是斯大林路线呢？他解释说，因为王明听共产国际东方部的，东方部听斯大林的。[1]

毛泽东对共产国际对中国革命总的作用，有过一个总体的评价，叫作“两头好，中间差”。“两头好”指什么？照毛的说法就是：“列宁在世的时候好，后来季米特洛夫负责的时候也较好。”[2] 列宁在世的时候是1924年以前，季米特洛夫负责的时候是1934—1943年这段时间。换句话说，从1925年直到1934年这十年时间，共产国际没起多少好作用。

毛泽东的这个评价，显然不是一个很严格的历史结论。周恩来为此还专门做过一个解释：叫作两头好，也不是没有问题；中间差，也不是一无是处。[3] 但不论如何看待毛的这个说法，显而易见的是，他对季米特洛夫主持下，即从1935年共产国际第七次代表大会以后直到1943年共产国际解散这段时间共产国际的工作还是比较满意的。

据不完全统计，毛泽东本人仅在1950年代公开称赞季米特洛夫就有五六次之多。说他比较谨慎，是个好同志，帮了我们很大的忙，如此等等。与对同一时期斯大林的评价截然两样。甚至，即使是对第二次王明路线，

[1] 《毛泽东与意大利共产党代表团的谈话》（1956年9月22日）。

[2] 《毛泽东接见南斯拉夫共产主义者联盟代表团的谈话》（1956年9月29日）。

[3] 周恩来：《共产国际和中国共产党》（1960年7月14、15日），《周恩来选集》（下），北京：人民出版社1984年版，第300页。

即从1937年12月政治局会议到1938年六届六中全会这段时间发生的右倾错误，毛泽东也把它归结为斯大林的问题。明明是共产国际派王明回来，毛坚持说，是“斯大林派他回来”，说是“‘左’也是斯大林，右也是斯大林”[1]。

由此可见，毛泽东对他经常批评的那些在莫斯科管中国问题的外国人，也并不是一概而论，还是有亲有疏的。谁对他和中国党好，谁为他和中国党办了好事，毛泽东心里是有杆秤的。

一、季米特洛夫在统战政策和援助红军的问题上，功不可没

季米特洛夫，原本是保加利亚人，早年当过印刷工人，后来成为保加利亚乃至巴尔干共产党联盟的领导人。1933年1月，德国希特勒法西斯势力上台，制造所谓“国会纵火案”，打击共产党。季米特洛夫被诬参与纵火案遭到逮捕并受审。这位身材高大，有着一双炯炯有神的深棕色眼睛的共产党人，通过无懈可击的答辩和极具煽动力的讲演，竟迫使法庭宣布其无罪。在苏联政府的营救下，季米特洛夫于1934年2月得以出狱转往莫斯科。两个月之后，他成了共产国际主要领导人。1935年“七大”召开，季米特洛夫正式成为共产国际执行委员会总书记。从这以后，他才开始与中国党打交道。直到共产国际解散之后，他还在相当一段时间里负责协调莫斯科与毛泽东和中共中央的关系。

对于季米特洛夫这一阶段的工作，目前的中共党史书上评价不一。有些著作怀疑，季米特洛夫领导下的共产国际，这时如果不是想要共产党把自己的军队和政权“让”给国民党，也是要它“放弃无产阶级领导权”。但很明显的是，毛泽东多半没有得出这种印象。实际上，季米特洛夫一上任，就为中国革命办了两件好事：一件是推动了中共抗日民族统一战线政策的形成，一件是大力组织了对中国红军的援助。

---

[1] 《毛泽东接见拉丁美洲十一国兄弟党代表团的谈话》(1956年9月25日)。

改变以往过“左”的方针，实行相对广泛的统一战线政策，是共产国际“七大”的决定。但具体到中国问题上，统一战线的实现形式仍旧是一个比较复杂的问题。“七大”批准通过的中共代表团的《八一宣言》，号召的是建立广泛的抗日民族统一战线，它所提议的统一战线的实现形式却是排斥蒋介石南京政府的，从而在客观上将国民党最主要的部分排除在抗日统一战线之外。当然，这样一种策略较之以往那种打倒一切、唯我独“革”的做法还是一种很大的进步，而且适合于当时国内的战争形势。因此，当1935年11月中共代表团成员林育英带回共产国际的有关指示，在陕北的中共中央很快于12月下旬就在瓦窑堡召开政治局扩大会议，确定了最大限度地孤立蒋介石等“卖国贼”的“抗日反蒋”方针。[1]

瓦窑堡会议的决议清楚地说明了“抗日反蒋”策略方针的实质，这就是：“把国内战争同民族战争结合起来。”但是，红军处于绝对劣势，短期内根本没有推翻蒋介石国民党政权的可能，而民族危亡又迫在眉睫，把蒋介石国民党与日本帝国主义相提并论，是否有利呢？季米特洛夫很快就对这一点抱有疑问了。

共产国际“七大”之后，特别是季米特洛夫开始主持中国问题之后，他就几次从侧面提出过这样的疑问。1936年4月，他终于正式表明了他的看法，主张废止公开反蒋的口号，以南京政府而不要以各地的反蒋派作为党的主要统战对象。

7月，莫斯科与陕北的中共中央自1934年江西中央苏区沦陷后，首次恢复电讯联系，共产国际得到了中共中央半年前在瓦窑堡通过的政治局会议决议。针对决议中突出强调的“抗日反蒋”方针，季米特洛夫立即召集执委会书记处会议，随后更进一步会同中共代表团起草了给中共中央的政治指示，明确表示了不同意见。这一意见迅速为中共中央所接受，中国共

[1] 《中央关于目前政治形势与党的任务决议》（1935年12月25日），《中共中央文件选集》第10册，第275页。

产党争取南京国民党的统战工作由此全面展开，党的统一战线的策略方针和口号有了更为广泛的群众基础。

在民族危机深重，“停止内战一致对外”已经成为整个民族生存的必然要求的情况下，变反蒋为联蒋，无疑是一种明智的选择。实际上，中共中央对此也早有了解和改变。但一方面是因为共产国际有指示在前，另一方面蒋介石国民党又始终不放弃消灭共产党的企图与行动，策略变换难免颇多掣肘。

这时国共两党关系的关键，其实主要是个实力对比的问题。由于红军的力量处于绝对劣势，陕北甘北的自然条件又极端恶劣，即使改变对蒋态度，蒋介石也未必会真的愿意坐到谈判桌前来。因此，除非不想保存红军，否则，巩固并壮大红军的力量就是当务之急。对此，无论中共中央还是季米特洛夫，都十分清楚。

1936 年 8 月下旬，毛泽东正式向苏联求援，季米特洛夫当即会同苏联有关方面研究确定了通过中国西北边境援助红军的具体办法。[1] 尽管此举意味着红军与蒋介石国民党军队的战争一时将无法停止，甚至可能给苏联外交带来困扰，但季米特洛夫显然相信这是不得已之举。他随后一面尽心竭力地为中国红军组织援助物资和筹集援款，另一方面则多次电示中共中央：与国民党的谈判，要保持高度警惕，对方不停止进攻如何显示有诚意？他强调，有关红军问题的谈判，“关键在于保证我们的绝对领导、组织系统和军官成分，并且绝对不允许国民党干涉红军内部的任何事情。（与国民党的关系）只是在对日武装斗争的条件下，可以同意成立统一的、以蒋介石为总司令的指挥部。红军服从其指挥，但亦只是在一定战线上为完成总的对日作战计划这个范围内服从统一指挥”[2]。

围绕着苏联援助的问题，季米特洛夫在 1936 年秋冬亲自主持了与中共

---

[1] 《洛甫、恩来、博古、泽东关于红军行动方针给王明同志电》（1936 年 8 月 25 日）；《共产国际执委会书记处致泽东、洛甫、恩来、博古电》（1936 年 9 月 11 日）；季米特洛夫著，马细谱等译：《季米特洛夫日记选编》，桂林：广西师范大学出版社 2002 年版，第 46 页。

[2] 《共产国际执委会书记处致中共中央书记处电》（1936 年 11 月 20 日）。

中央的电讯联络工作，双方电报来往不断。由于红军西渡黄河作战失利，接运援助的战略行动被迫中断。得知只有两万西路军踏上西征道路，季米特洛夫仍高度重视，一面积极组织接应，一面经常来电询问部队位置和行动部署。西路军兵败河西走廊，季米特洛夫非常遗憾。但即便如此，他还是花了不少精力来组织接应被打散的西路军干部战士，并积极与苏联军方联系，安排他们学习现代化的军事技术，为中共贮备军事技术人才。与此同时，在直接的军事援助失去可能之后，他立即开始与苏共领导人协商，为红军募集到了更多的援款，通过秘密管道陆续输送给中共中央，以解红军燃眉之急。[1]

注意到这些情况，我们似乎没有理由怀疑季米特洛夫或者他领导下的共产国际这时有过不利于中国革命的企图。即使是谈到抗日民族统一战线实现形式的问题，即“抗日反蒋”还是“联蒋抗日”的问题，我们也看不出季米特洛夫有要中共中央放弃自身利益的想法。

事实上，无论是在统一战线策略转变的问题上，还是在援助红军的问题上，这时直接负责党的统战和军事工作的毛泽东对共产国际的帮助，大都抱以积极肯定的态度。这从毛泽东当年的众多谈话中可以看得很清楚。他在 1937 年迎接王明等人回国时发表的那段有名的题为“饮水思源”的谈话，实质上也包含着对季米特洛夫指导下共产国际统一战线政策转变工作的积极肯定。只不过中共中央领导人当时还不熟悉刚刚上台不久的这位新的总书记罢了。他们通常只是说，共产国际在统一战线问题上“是帮助了中国党的”。

二、中共放弃苏维埃政策，共产国际担心：这是不是太急了

谈到季米特洛夫与毛泽东的关系时，不能不提到共产国际派王明等人回国“帮助”中共中央这件事。曾经有过一种说法，认为这个时候共产国

[1]　《季米特洛夫日记选编》，第 48 页。

际派王明回来，是想要夺毛泽东的权。理由是，自从西安事变以来，共产国际就与以毛泽东为首的中共中央发生了尖锐的矛盾。毛泽东坚持要独立自主，而共产国际却要求中国共产党人不惜放弃政权与军队，一切服从于蒋介石国民党。

西安事变的发生，严格说来不仅出乎共产国际的意外，也出乎中共中央的意外。由于事态紧急，形势严峻，如何处置，关系重大。事变发生后，中共中央几乎是一天几封电报给莫斯科，说明事变的经过和意义，急于求得共产国际的明确意见和指示。[1] 对此，共产国际和苏共中央似乎也颇伤脑筋，季米特洛夫的电报指示直到 12 月 16 日，也就是事变发生后第四天才发出来。电报第一句话就是："张学良的发动，无论其意图如何，客观上只会有害于中国人民的各种力量结成抗日统一战线，只会助长日本对中国的侵略。"[2] 这个评价与毛泽东当时的评价确有很大不同。

在事变发生次日的政治局会议上，毛泽东的第一个感觉就是：张学良"把我们从牢狱的情况下解放出来，因而西安事变是革命的，是历史事业，是应该拥护的"。这种估计，只有亲身处在当时那种严重困境之中的中共领导人才能体会得出来。不过，毛泽东这一天对形势的估计似乎太过乐观了一些。他提出了争取"以西安为中心，来领导全国，控制南京"的斗争目标，和从政治上"把蒋除掉，无论在哪方面都有好处"的估计。其策略的核心，是寄希望于迫使南京接受一个不包括蒋介石在内的，最好是以西北为中心的统一战线的政府。[3]

值得注意的是，季米特洛夫除了多半不赞成排除蒋介石以外，在解决办法上与毛泽东和中共中央的想法却颇有共通之处。他在电报里明确提出："应在下列条件下坚决主张和平解决这一冲突：（甲）用吸收几个反日运动

[1] 转见杨奎松：《西安事变新探——张学良与中共关系之研究》，台北：东大图书公司 1995 年版，第 344 页。

[2] 《共产国际执委会书记处致中共中央书记处电》（1936 年 12 月 16 日）。

[3] 转见张培森等：《张闻天与西安事变》，《党的文献》1988 年第 3 期。

的代表，即赞成中国统一和独立的分子参加政府的方法来改组政府；（乙）保障人民的民主权利；（丙）停止消灭红军的政策，并与红军联合抗日。”正因为如此，当 19 日政治局会议放弃了“要求罢免蒋介石，交付人民审判”的公开主张，改变了对蒋介石的态度之后，毛泽东明确认为：“国际的指示，与我们意见大致相同。”[1]

新的一轮分歧仍旧是围绕西安事变展开的。由于在西安事变中中共中央一度动摇过联蒋立场，当西安事变和平解决，莫斯科从电报中发现中共中央坚持造成西北半独立局面，并公布蒋介石承诺条件之后，颇感不满。共产国际书记处为此于 1937 年 1 月 19 日发出一封措辞严厉的电报，批评中国共产党仍未完全摆脱过去反蒋的错误方针，同蒋介石达成的协议被视为蒋介石的投降，同张、杨军队的合作搞成了反对南京的联盟，弄不好会葬送好不容易才得来的和平局面。[2]

共产国际的批评显然有言过其实的成分。受命回国来传达共产国际指示的林育英明确讲：抗日反蒋的指示是我带来的，是国际通过了的，并且是斯大林同志看过了的。况且我们对这个口号的局限性早在 1936 年 2 月以后就渐渐注意到，并开始有所转变。后来提出逼蒋抗日，与国际指示也是一致的，只不过国际主张用群众逼，而我们根据中国的具体情况还主张用张学良、杨虎城这些地方实力派来逼，“所以，与国际路线并没有什么不同”[3]。

反观毛泽东本人在这个问题上的反应，反而要平和得多。他明确讲，如果单纯从争取和平的角度，我们过去是有若干错误的。这主要是瓦窑堡会议时就应该看出并放弃反蒋，实际上我们直到 1936 年 5 月间才渐渐在变，彻底的转变则是到共产国际 8 月 15 日指示以后了。实行逼蒋抗日后，利用

---

[1] 前引《张闻天与西安事变》。当时的《红色中华报》及《红军将领关于西安事变致国民党国民政府电》（1936 年 12 月 15 日），其中也明确提出了“罢免蒋氏，交付国人裁判”的主张。见《中共中央抗日民族统一战线文件选编》（中），北京：档案出版社 1986 年版，第 319—320 页。

[2] 《共产国际执委会书记处致中共中央电》（1937 年 1 月 19 日），《中共党史研究》1988 年第 3 期。

[3] 《毛泽东在中共中央政治局常委会上的发言》（1937 年 1 月 24 日）。

军阀矛盾的原则没有错，我们总的是抛弃反蒋策略，要张学良去与蒋说和，可是蒋不干，硬要派兵来消灭我们，抵抗是不得已的。但西安事变后，提出把蒋介石交付人民审判是不对的。放蒋之后，认为他近乎投降，公开宣布其承诺的条件更是幼稚的。[1]

肯定共产国际的批评有其积极的成分，对于中共中央迅速摆正自己在与国民党谈判中的位置，提出适当的方针和政策，不能说毫无意义。因为，如果坚持要蒋介石妥协，坚持西北红军、东北军和十七路军对南京政府的半独立局面，很难设想中共中央会很快向国民党三中全会公开发电，主动提出“四项保证”。

1937 年 1 月 20 日，也就是共产国际书记处发出尖锐批评中共中央那封电报的第二天，它又发出一封电报，试探性地提出：“鉴于中国国内形势和国际形势，特别是在日本侵略影响下所发生的巨大变化，你们是否认为在你们的地区从苏维埃制度过渡到人民革命民主管理制度是适宜和适时的？”[2]

在 1 月 24 日的政治局会议上，中共中央无条件地肯定了国际书记处的提议。考虑到国民党即将筹备召开五届三中全会，为昭示共产党真心抗日、团结御侮的决心，坚定蒋介石和共意图，毛泽东力主致电国民党三中全会，说明共产党准备实行苏区改制、红军改编，并准备根本放弃苏维埃革命政策。

随即，中共中央将他们起草的致国民党三中全会的电报草案电告了共产国际书记处。这回轮到季米特洛夫吃惊了。

共产国际书记处 1 月 20 日电的提议显然还仅仅是一种初步的设想，他们的提议甚至不想完全放弃苏维埃的形式。然而，中共中央的电报却准备公开保证说：(一) 在全国范围内停止推翻国民政府之武装暴动方针；(二) 工农政府改名为中华民国特区政府，红军改名为国民革命军，直接受南京中央政府与军事委员会之指导；(三) 在特区政府区域内，实施普选的彻底

[1] 《林育英在中共中央政治局常委会上的发言》(1937 年 1 月 24 日)。
[2] 《共产国际执委会书记处致中共中央电》(1937 年 1 月 20 日)，《中共党史研究》1988 年第 3 期。

民主制度；（四）停止没收地主土地之政策，坚决执行抗日民族统一战线之共同纲领。[1]

季米特洛夫无论如何也没有想到中共中央准备做出的政策变动竟是如此之大。由他亲拟的书记处 2 月 5 日复电称："我们建议，暂时不发表关于我们苏区政策根本变化的具体声明。这个问题需要仔细加以讨论，并需要各个党派、接近我们的人士和人民群众对我们政策的这种急剧变化做认真的准备。"[2]

但是，第二天，当斯大林了解到中共中央建议的内容之后，季米特洛夫不得不急忙又发出一封不同于前一天的电报，通知中共中央说：我们认为你们给国民党三中全会电是基本上可以采纳的。当然，季米特洛夫仍旧有些不放心。他在电报中特别问道：党、红军和群众对于你们来电所提出的这类彻底转变政策的办法，是否已经有了准备了呢？请你们回答这个问题。[3]

三、抗战爆发后季米特洛夫安排王明回国是夺毛泽东的权吗？

从以上的情况不难看出，季米特洛夫与中共中央之间固然出现过分歧，但这并不等于说他和共产国际始终是右倾的发源地。实际上，他们有时是站在左的一边提出批评，有时则是站在右的一边提出批评。回顾一下 1936 年 8 月 15 日的政治指示，我们就可以看出，当时季米特洛夫实际上就是左右开弓，而更多的其实还是站在左边担心中共会向右转。他一面批评中共中央不该继续实行反蒋方针，一面也在突出强调在统一战线中"保持共产党政治上组织上的独立性"问题，批评中共中央不应该放松自己的阶级警

---

[1] 《中共中央给中国国民党三中全会电》（1937 年 2 月 10 日），《中共中央文件选集》第 11 册，北京：中共中央党校出版社 1990 年版，第 157—158 页。

[2] 《共产国际执委会书记处致中共中央书记处电》（1937 年 2 月 5 日）。

[3] 《共产国际执委会书记处致中共中央书记处电》（1937 年 2 月 6 日）。

党性。季米特洛夫在指示中明确讲，他们对中共中央瓦窑堡会议决议在维护自己阶级队伍纯洁性问题上所做出的让步“特别感到不安”。他强烈反对决议中关于一切愿意入党的人，不论其社会出身如何，均可接收入党和党不怕某些野心家钻进党内的决定；反对不加选择地接收学生和其他军队的旧军官加入红军队伍的做法；反对允许有产阶级的代表参加苏区政权管理工作的规定，如此等等。[1]1937年年初季米特洛夫对中共中央政策的担忧，多半也是这种情况。说他把在莫斯科中共代表团中的几位政治局领导人送回国去，打算要王明他们来夺毛泽东的权，完全不能成立。

其实，读了前面内容的读者大概都能感觉到，这种说法首先在逻辑上就有些不通。因为遵义会议并没有推举毛泽东来取代博古，会议拥立的新的总负责人是张闻天。会后不久，陈云和潘汉年就离开红军，转经上海去了莫斯科，他们甚至不了解以后军事三人小组成立的情况。因此，季米特洛夫等共产国际领导人虽然从陈云他们那里了解到中共最高领导层发生了变动，却只会知道中共中央新的总负责人是张闻天，而不是毛泽东。既如此，假如共产国际真的是派人回来“夺权”的，那么也一定主要是冲着张闻天去的，而不会是冲着毛泽东去的。更何况，上面谈到的情况也清楚地表明，季米特洛夫所担心的，也不尽然都是中共中央会不会“左”倾的问题。甚至在很大程度上，他这时更加担心的，还是中共中央会不会右倾的问题。用他自己的话来说就是：国内的中共领导人会不会在新形势下被“蒋介石的阴谋诡计”所欺骗，以致解除了自己的思想武装呢？[2]

谈到派王明回国，不能不谈一谈季米特洛夫1937年8月10日在共产国际执委会书记处会议上的那次发言。过去一些谈到这个问题的党史书都引述过季米特洛夫的这个发言，令人有些遗憾的是，大多数的引述都只注意到发言中关于需要派国外的干部回去帮助党的提议，然后就简单地把它同

---

[1] 《共产国际执委会书记处致中共中央书记处电》（1936年8月15日），《中共党史研究》1988年第2期。

[2] 《季米特洛夫在共产国际执委会书记处讨论中国问题会议上的发言》（1937年8月10日）。

反对毛泽东的倾向联系起来了。有的甚至干脆说，这是要中共改变以往的政治立场，放弃军队，并在组织上与国民党合并。其实，只要稍微仔细点儿读一遍这个发言，就应当能够看出，那里面既没有不满意毛泽东的内容，也没有让中共听任国民党摆布的意思。

季米特洛夫是怎样提出派人回国来“帮助党”的这一动议的呢？

季米特洛夫指出，中国共产党曾经成功地进行了苏维埃革命，并在同南京国民党的斗争中培养了大批干部和政治活动家。但现在，党的政策和策略需要进行一百八十度的大转弯，要从反对蒋介石国民党转变到同国民党谈判，将苏区改为特区，红军改为国民革命军。还是这些人，还是这些干部，他们能不能很好地完成这种转变呢？他担心：“对于我们中国同志和中国党来说，由此可能产生一些很大的困难和危险，我指的是蒋介石的阴谋诡计和他的包围。”

为什么会有这种担心呢？他表示，中国党大多数干部是农村游击战争中培养锻炼出来的，长期脱离中心城市的工人阶级。面对如此之大的政策变动，在蒋介石的阴谋诡计和包围之下，难免存在着“使党和党的干部堕落即解除其思想武装的危险性”。很显然，季米特洛夫在这里所担心的，并不是中共会拒绝统一战线，恰恰是害怕主要由农民组成的中共阶级立场不稳，会因为与国民党合作而失去了自己的政治方向。正是在这样一种担心的基础上，他才感觉到需要能够辨明方向的同志去帮助中共中央，去利用新的形势加强在工人中的影响，从而使党真正建立在工人阶级的基础之上。而他认为，“国外有这样的干部，他们可以帮助党”[1]。

可以肯定，季米特洛夫的谈话不仅不是冲着毛泽东去的，而且也不含有任何想把中国党引向右倾的痕迹。作为欧洲国家党的领导人，承继俄国革命的经验，季米特洛夫和几乎所有苏联党的领导人一样，对中国党长期脱离中心城市的工人阶级忧心忡忡。也正因为如此，季米特洛夫相信，必

---

[1] 《季米特洛夫在共产国际执委会书记处讨论中国问题会议上的发言》（1937 年 8 月 10 日）。

须选派熟悉莫斯科意图，懂得依靠工人阶级重要性的干部回去监督党、帮助党，把握政治方向。在这里丝毫也看不出季米特洛夫有重国民党轻共产党的倾向，恰恰相反，我们可以看出，他对蒋介石国民党保持着高度的戒备。

10 月 10 日，在确定了王明等人回国的问题之后，共产国际通过了一个专门的决议，进一步规定了他们在这方面的使命。决议对中国党提出了八点要求，加强统一战线问题只占八分之一，其余各点大都是告诫中国党要依靠工人阶级，扩大影响，巩固战斗力的。决议特别强调，务必设法保持红军的战斗力、保持它的团结和它对中国人民解放事业的绝对忠诚，要设法扩充军队，并且“必须最大限度地提高革命警惕性”，使敌人不能通过瓦解、挑拨和特务活动等手段来破坏党和红军的组织。[1] 季米特洛夫这时究竟担心什么，他希望王明等人回国能够从哪方面帮助中国党，从这一决议中也可以看得很清楚。

四、王明推举毛泽东做“主席”，自己做“书记”

1937 年 11 月 29 日，王明以及康生、陈云等乘苏联飞机抵达陕北延安中共中央所在地。对于王明等人的到来，毛泽东发表了热情洋溢的讲话，说这“是一件大喜事”，是“喜从天降”，甚至把王明他们比喻为是从昆仑山上下来的“神仙”[2]。据当时在延安的人回忆，在随后举行的欢迎大会上，毛泽东也“讲得很热烈、很兴奋”。相信毛这时所表现出来的激动心情，应该不是装出来的。因为，在这个时候，作为世界革命中心的莫斯科，在中共领导人的心目中还是很神圣的。而且中共刚刚从长征的千难万险中解脱出来，共产国际和苏联方面在政治上的帮助和在物质上的援助，更是让中共领导人心怀感激。在这种情况下，感谢共产国际派回来的王明等人，其

[1] 《共产国际执委会书处记关于中国问题的决议》（1937 年 10 月 10 日），《共产国际有关中国革命的文献资料》第 3 辑，北京：中国社会科学出版社 1990 年版，第 26—27 页。

[2] 《新中华报》1937 年 11 月 29 日。

实也就是利用这种机会向共产国际表示敬意。但是，仅仅十天之后，毛泽东与王明之间就开始出现了一些意见分歧。按照有的书上的写法，十天以后，毛泽东就开始“抵制”王明的右倾错误路线了。

既然季米特洛夫派王明等回国，很大程度上是想要王明帮助国内中央加强党的政治敏锐性；既然共产国际并无向毛泽东“夺权”的意图，何以王明一回来就要同毛闹别扭呢？谈到这一点，不能不稍微追溯一下王明的发家史。

首先要说明的是，王明并不是季米特洛夫的人。正如前面提到过的那样，他其实是共产国际东方部副部长米夫一手扶植起来的。说他是米夫扶植起来的，是因为与中共党内其他通过实际斗争成长起来的领导人相比，他的提升并不是因为在中国革命中有过什么较为突出的业绩，而是因为米夫过去是王明所在的莫斯科中山大学的校长，对王明聪明机敏和领会力强颇有好感，一直大力提携。

也正是由于王明在莫斯科的经历远不同于一般中国留学生，他不仅早就做了米夫的翻译，在中山大学风云一时，而且 1927 年武汉政府期间还作为苏共宣传代表团的随员到过国内，1928 年更是做过向忠发的秘书，并在中共“六大”上因为所谓“江浙同乡会”的问题出过好一阵风头，因此，当他 1929 年被派遣回国工作后，很长一段时间只做到宣传部干事的职务，难免会在内心有些不平衡。1930 年，王明还因为被捕后泄密受到了处分，被下放到全总宣传部《劳动报》当编辑。这自然也就更让他耿耿于怀了。王明能够在不过半年多时间里，一跃而成为中共中央政治局委员，不久更成为最主要的常委之一，俨然成了中共中央的主要领导人，纯粹又是由于一向机敏的他看出了李立三等中共领导人对共产国际不敬的倾向，大胆地起来反对，结果再度赢得了米夫的信任，于是被破格任用。

李立三是向忠发做总书记时的中央宣传部部长。由于他提出了一套以中国革命来掀动世界革命的激进革命的理论，并不顾共产国际反对而全力推行之，被共产国际冠之以“立三路线”的头衔。王明、博古等留苏学生，受苏联教育多年，清楚地知道只有中国革命服从于苏联利益的道理，绝没有苏联利益服从于中国革命的道理。因此，他们原本就看不上从未在苏联学习的李立三的理论素养，这时就更是认为李立三的做法是对共产国际的大不敬，因而公开向李立三的权威进行了挑战。二人虽然一度受到压制，但由于共产国际很快就发现了李立三的问题，并迅速加以干预，二人不仅没有受到太大的打击，反而还因祸得福地都进了中央最高权力机关。

王明之能够从一个一般干部，一跃而成为党的最高领导人，显然也是得益于中共这时的人事体制。中共自成立之日起，就实行的是集权制。这种集权的体制，对实行秘密工作和暴力革命自然有其便利之处。但其人才的推举和选拔，却极大地受到各种人事关系和权力格局的影响。最高权力机关，乃至于最直接的权力负责人，往往可以轻易地影响和决定党的人事任免。王明等人在党内的发迹，就是一个非常典型的例子。米夫受命纠正所谓的“立三路线”来到中国上海，坐镇改组中共中央，由于人事权完全掌握在他个人手中，而他这时在中共党内唯一熟悉和真正能够信任的，又只有王明和其他几个他过去的学生。结果，尽管王明等人几乎没有在中国真正做过多少实际工作，又仅为一般干部，仅仅因为政治上可靠，米夫就独断专行地把王明等人扶上了台。很快，由于中共中央政治局两位主要领导人相继被捕叛变和变节，王明等政治局成员无法继续留在上海。王明又利用米夫的关系坚持要去莫斯科，又是在米夫的直接要求下，共产国际特批王明为中共中央驻共产国际的代表去了莫斯科。在此之后，很自然地王明就成了中国党在共产国际舞台上的代言人，因而很快荣升共产国际执行委员会委员，开始进入共产国际领导机构，最得意时甚至还分工负责拉丁美洲国家党的工作。

由于王明在莫斯科和中共中央之间的这种特殊地位，使他很容易两面讨巧。对中共中央，他俨然是莫斯科的代表，可以居高临下，发号施令；对莫斯科，他俨然又是中国革命的化身，因而各种光环纷纷落到他的身上，使他身价百倍。正是这种多少有些扭曲的地位，造成了王明多少有些扭曲的心态。当然，“跟”风跟得紧，亦即政治上比较乖巧，也是王明这种人容易讨上级喜欢的重要资本。但这也注定了王明其实并没有特别执著的观点和坚定的个人意志，像毛泽东说的，斯大林刮“左”风，他就向“左”倒；斯大林刮右风，他就向右倒。因此，“左”也是他，右也是他。[1]

见风使舵是不是都错呢？也未必。1934 年下半年，共产国际开始放弃过“左”倾政策，改取统一战线的方针，王明也跟着做了不少宣传政策转变的工作。这是王明一生中最值得称道的一段经历，也是毛泽东将他比喻为“神仙”的重要原因之一。因为，中共中央早就知道，对国内抗日民族统一战线的形成产生过积极影响的《八一宣言》，就是王明按照共产国际新政策的精神起草的。对于抗日民族统一战线的政策策略问题，王明的一些文章还曾经是中共中央研究参照的重要文件。毛泽东等国内领导人不太清楚的是，王明的转变也不是一帆风顺的，像在“抗日反蒋”的问题上，王明一直到 1936 年 7 月初还在代表团的机关报《救国时报》上公开发表同情国内反蒋派的文章。[2] 只不过，受到季米特洛夫的批评后，他就在 7 月 22 日讨论中国问题的共产国际执委会书记处会议上，转而批评起中共中央那个主张“抗日反蒋”的瓦窑堡决议来了。[3]

王明的为人和作风，看来也未必是季米特洛夫喜欢的。当王明在 22 日发言中严厉批评中共中央的决议时，季米特洛夫就有些不以为然地表示说：“我认为，王明同志在书记处面前对政治局决议的批评，很大程度上也是适用于王明同志本人的。”[4] 在决定派王明回国时，他也没有忘记提醒这个差不多是在莫斯科成长起来的小个子的领导人，不要有太多非分之想。他早就听说，米夫曾不止一次地在向他人介绍王明时，有意无意地把王明说成是中共中央“总书记”。因此，季米特洛夫当着中共代表团其他成员的面，专

[1] 《毛泽东同艾地谈话纪要》(1956 年 3 月 29 日)。

[2] 《救国时报》1936 年 7 月 4 日。

[3] 《共产国际执行委员会书记处会议记录》(1936 年 7 月 22 日)。

[4] 同上引注。

门就这个问题提醒王明说："你回中国去要与中国同志把关系弄好，你与国内同志不熟悉，就是他们要推你担任总书记，你也不要担任。"[1] 季米特洛夫这段话的意思，再清楚不过地表明，共产国际并不认为王明适合做中共的领袖。师哲当年曾经在莫斯科，后来做过毛泽东的俄文翻译。他在回忆中对这件事讲得更加直截了当。他说：季米特洛夫讲过，他曾提醒王明说：你回去并不代表国际，而且你长期离开中国，脱离中国革命实际，所以回去以后要以谦逊的态度，尊重党的领导同志，中国党的领袖是毛泽东，不是你，你不要自封领袖。[2]

师哲的这段回忆并不十分准确，至少季米特洛夫这时知道中共党的主要负责人是张闻天，而非毛泽东。尽管季米特洛夫应该对毛泽东有更深刻的印象，但依照他行事的个性以及一般的惯例，他也很难马上就提出更换中国党最高领导人的意见。这也是为什么当王明回国时，他就中共中央的组织问题所提出的最重要的一项建议是，中共中央今后应当发挥集体领导的作用。当然，师哲的回忆有一点大致是不会错的，那就是，莫斯科这个时候不打算让王明担任党的领袖。关于这一点，从王明回国后举行的第一次中共中央政治局扩大会议通过的一项重要决定中，也可以看出来。这是一项关于准备召集中共第七次全国代表大会的决议。这次大会的最重要议题之一，就是要"改造党的中央领导机关"。如果依照中共遵义会议安排的负责人选，在这项工作中首推负责者无疑应当是张闻天；如果共产国际真的想要推举王明来做"七大"以后的中共领袖，那么负其责者显然应当是王明。但是，非常引人注目的是，按照王明转达的季米特洛夫的建议，政治局为召开这次大会决定成立的准备委员会，主席既非张闻天，也非王明，却是毛泽东。[3]

由于将近九年时间没有召开过中共全国代表大会，季米特洛夫等人对

[1] 《任弼时在中央书记处会议上的发言》（1941 年 9 月 12 日）。
[2] 师哲：《在历史巨人的身边》，北京：中央文献出版社 1991 年版，第 142 页。
[3] 《中共中央政治局会议记录》（1937 年 12 月 14 日）。

这次大会格外重视，曾专门和中共代表团负责人具体谈过尽快召集“七大”的问题。以毛泽东为准备委员会主席的提议，自然不可能是王明别出心裁的谦让结果。它明显地反映了莫斯科在未来中共领袖问题上的倾向性。只不过，值得注意的是，由于材料的缺乏，不知是出于对这位来自昆仑山的“神仙”的尊敬，还是王明在这个问题上有过怎样的暗示，总之，与会者还是推举王明充任“七大”准备委员会的“书记”。实在不知道一个准备委员会，在“主席”之外如何出来一个不伦不类的“书记”职务？不知道是不是王明不想要那个“副”字而想出来的办法？不管怎样，王明推举毛做“主席”，自己又弄个“书记”做，这种一山二虎的架势，很符合王明的作风，显示了他不甘寂寞的心态。而尤其会让人要猜疑到王明头上的一个重要的情况是，在这个文件上，参加会议的政治局全体成员还破天荒地被要求依次签名以示赞成。[1] 这在中共历史上大概也是绝无仅有的一次。

五、毛泽东表示:“同意王明意见,国共共同负责共同领导”,“和为贵”

总想把自己凌驾在中共中央之上，有时甚至还会颐指气使，这在做惯了莫斯科代言人的王明来说,这时实在是一件很难避免的事情。他在回来后，即 1937 年 12 月第一次召开的中央政治局会议上一上来就批评说 :“有同志对统一战线不了解，是要破坏统一战线的。”他说 : 蒋介石是中国人民有组织的力量，如果不联合蒋介石，客观上等于帮助日本。在全国政权与军事力量上要承认国民党是领导的优势的力量。我们不能提出要国民党提高共产党的地位，共产党也不能投降国民党，两党谁也不能投降谁。现在不能空喊资产阶级领导无产阶级或无产阶级领导资产阶级的问题，这是将来力量的问题，没有力量空喊领导是不行的。空喊只能吓走同盟军。西班牙现在实际上已经是无产阶级领导，但没有喊无产阶级领导。因为欧洲资产阶

[1] 《中共中央政治局会议记录》(1937 年 12 月 14 日)。

级知道无产阶级领导就是无产阶级专政的萌芽，高喊无产阶级领导会吓退资产阶级。“今天的中心问题是一切为了抗日”，从抗日的角度出发，我们要拥护统一指挥，八路军也要统一受蒋指挥。我们不怕统一纪律、统一作战计划、统一给养，不过要注意不要受到无谓的牺牲。[1]

有季米特洛夫 8 月 10 日的谈话，有共产国际执行委员会书记处 10 月 10 日的决议，王明为什么突出谈论的却是统一战线和国共关系问题呢？这与王明等人回国前斯大林与他们的谈话不无关系。

在这次谈话当中，斯大林特别强调了统一战线的作用，明确主张，共产党人不要害怕会被淹没在民族解放斗争的汪洋大海里。季米特洛夫也谈到，可以参照西班牙和法国的经验，提出一切经过统一战线、一切服从统一战线的口号，争取国共两党共同负责、共同领导、共同发展。[2] 不过，王明毕竟是共产党的领导人，他也清楚斯大林不会把未来新中国的希望寄托在国民党的身上去。简单地认定王明这时的主张是想取消共产党、八路军的独立性，投降国民党，也是不准确的。

对于王明十二月政治局会议上的发言，后来的人们通常只注意到他讲：红军的改编，不仅名义改变了，而且内容也改变了。却没有注意到他紧接着所说的：因此，现在尤其要注意保存红军的独立性。这第一是要保障党的领导；第二是要保障自己干部的领导；第三是要建立自己的教育与政治工作；第四是要使之成为打胜仗的模范，我们要将我们的军队扩大到三十万，当然方式上不要使人害怕。人们通常只是注意到他说：我们不应当说谁领导谁，而应当提国共共同负责、共同领导。却很少注意到他紧接着强调的在政治局以外不能说的话：即“对于革命前途问题，我们对外说中国抗战胜利是民主共和国，而我们自己要明白，中国将来是由民族阵线转到人民阵线最后到社会主义的胜利”。“今天的中心问题是一切为了抗日，一切经过

---

[1] 《王明在中共中央政治局会议上的报告》（1937 年 12 月 9 日）。

[2] 参见周文琪等编：《特殊而复杂的课题——共产国际、苏联和中国共产党关系编年史》，武汉：湖北人民出版社 1993 年版，第 333 页。

统一战线，一切服从抗日”，但“我们应认识到，我们是中国的主人，中国是我们的，国民党是过渡的”。将来要争取不是国共关系破裂，而是革命与反革命完全分裂，使国民党内革命的分子到我们领导下来，“使右派最后滚出去”。[1]

不能否认王明在谈论统战策略手法时表现出相当的灵活性，这给了包括毛泽东在内的中共中央领导人相当深的印象。自从 1937 年政治局在洛川召开会议之日起，毛泽东就担心蒋介石搞阴谋诡计，因而从国共两党“在阶级上根本是敌人”故“防人之心不可无”的角度，提出了一系列防范国民党的策略主张。[2] 毛泽东在这些方面表现出了高度的阶级警觉性，这恰恰是善于纸上谈兵的王明所欠缺的。但如何能够在不影响抗日大局和国共统一战线的情况下，确保自身利益和便利革命前途，严格地说，就是毛泽东也还缺少经验。因此，他尽管对王明谈到的一些具体问题还有疑问，但对王明谈话的基本精神他还是接受的。他明确讲：过去党在实际工作中确有狭隘和不够策略的地方。“我同意王明意见，国共共同负责共同领导，使国共合作大家有利。”对于统一战线，“目前是和为贵”，我们在政治上要有号召，但做的时候要经过国民党。[3]

注意到这种情况，我们怕是很难同意那样一种说法，即说毛泽东在十二月政治局会议上成功地“抵制”了王明的右倾主张。其实，近年出版的中共党史著作已经多少改变了这种说法，它们引用毛泽东自己的话说：十二月会议时“我是孤立的。当时，我别的都承认，只是持久战、游击战、统战原则下的独立自主等原则问题，我是坚持到底的”[4]。

之所以感到“孤立”，是因为他过去那些防范国民党的策略主张，在这次会议上很多都被否定了。多数领导人都检讨了过去不够策略的做法，甚

[1] 《王明在中共中央政治局会议上的发言》（1937 年 12 月 12 日）。

[2] 《毛泽东在中央政治局扩大会议上关于军事问题的报告》（1937 年 8 月 22 日）。

[3] 《毛泽东在中共中央政治局会议上的发言》（1937 年 12 月 9 日）。

[4] 《毛泽东传（1893—1949）》（下），北京：中央文献出版社 1993 年版，第 508—509 页。

至提出过去“把独立自主提得太高”，“夸大了对右倾的危险”，认为“王明对许多问题的提法很好”。张闻天甚至承认说：这些错误，我与毛是要负责的。只有毛泽东从战争的持久性和保存部队实力的角度，强调了接受蒋介石统一指挥的相对性问题和坚持独立自主的山地游击战的必要性问题。

不难看出，王明与毛泽东这个时候的分歧，主要还只是发生在如何兼顾党的利益和统一战线的需要这个具体的策略问题上。人对一件新事物的认识总是要经过反复的实践才可能形成一套稳定的观点的。第一次面对这种以四万红军与国民党将近二百万军队“合作”，共同反对强大民族敌人的新局面，采取何种策略方能利国利己，很难说毛泽东抗战伊始就有了十分成熟的意见。因此，当得知王明带来的是受人尊敬的莫斯科方面的意见后，毛泽东自然不会采取“抵制”的态度。更何况，与国民党的合作，当初就是以承认国民党在全国的领导地位为前提的，如果真能像季米特洛夫所建议的那样，实现国共两党共同领导、共同负责、共同发展，对于力量弱小的共产党又何尝不是件好事呢？

正因为如此，十二月会议最后决定：“决议：王明起草。”[1] 会后，毛泽东也立即发指示、写文章，要求所属各部门切实贯彻会议精神，“检查与纠正我们某些‘左’的急性病与幼稚，甚至违反路线的行为”[2]。这也就是说，十二月会议已经基本上达成了一致，毛泽东即使对个别问题尚有保留，但也按照会议的精神，承认过去有些观点不尽妥当，因而开始按照会议的要求重新审定对国民党的统战策略了。毛泽东后来在中共“七大”上说：“我们曾经设想过国民党可能改造，我们曾经要改造国民党，这件事，我们似曾犯过错误”[3]，指的就是从十二月会议到六届六中全会前后，中共中央依照王明转

[1] 《中共中央政治局会议记录》（1937年12月14日）。

[2] 参见《毛泽东致朱、彭、任并告林、聂、贺、肖、关、刘、徐、张、小平、子华、雪枫电》（1937年12月17日），《毛泽东、肖劲光、谭政致边区各军政首长电》（1937年12月24日），等等。

[3] 参见《毛泽东在中国共产党第七次代表大会上的政治报告》（1945年4月24日），《毛泽东在七大的报告和讲话集》，第113页。

达的莫斯科的指示精神进行工作的一段历史。尽管按照后来两党关系发展变化的情况，毛泽东发觉还是他最初的看法更正确，但这并不能改变他在王明回国后一度赞同过共产国际意见而改变过自己最初的看法的事实。

六、王明否认中央权威，毛说“十二月会议后中央已名存实亡”

说 1937 年 12 月中央政治局会议的影响，一直持续到 1938 年 10 月召开六届六中全会前后，在今天也许会引起一些异议。十二月会议后，王明率中共代表团前往武汉，发表了一个热情洋溢的对时局宣言，极力向蒋介石表示合作诚意，却遭到蒋介石国民党的冷遇。毛泽东曾经形象地描述说，王明这是“梳妆打扮，送上门去”，蒋介石是“一个耳光，赶出大门”。[1] 面对这种情况，特别是国共两党之间在许多问题上格格不入的情况，中共党的各级领导人自然不能不渐渐地放弃了曾经有过的亲密合作的幻想。

其实，到 1938 年 2 月底再度召开政治局会议时，王明自己也承认：“现在蒋介石等国民党不承认国共合作，不许《新华日报》登国共合作，不许登共产主义、共产党等（字眼儿），即陈立夫也认为只有共产党投降国民党。国民党认为军令统一，只有服从国民党军委会的命令，所谓军政统一，便是人事的统一，八路军干部要由他们调动。”从这一形势看，王明也坦率承认：“确实过去的宣言在词句上是太让步了”，弄得蒋介石以为可以取消共产党，在《扫荡报》上向我们进攻，说一个军队、一个政府、一个党等，想用民族统一的口号制服我们，迫使我们不得不以毛泽东的名义发表谈话进行反击。王明这里所提到的不得不以毛泽东的名义发表的谈话，指的是 1938 年 2 月 9 日发表在武汉《新华日报》上的一篇谈话记录稿。在这篇谈话当中，王明以毛泽东的口吻告诫国民党人，不要幻想可以在政治上取消共产党，

[1] 《毛泽东接见南斯拉夫共产主义者联盟代表团的谈话》（1956 年 9 月 29 日）。

共产党人决不会放弃自己的组织和主张。[1]

可以看出，对国民党开始抱有较多幻想的王明在武汉待了几个月之后，也已经或多或少地感觉到，简单地摆出一副推心置腹的架势，远不足以让蒋介石放弃根本取消共产党的政治企图和尝试。不过，这并不等于说，毛泽东后来谈到的那个自十二月会议以来，想要改造国民党的"错误"到这个时候就告一段落了。从十二月会议关于国共共同负责、共同领导、共同发展的方针出发，中共中央领导人仍旧相信两党关系还有进一步改善与合作的可能。毛泽东在坚持独立自主地发展自己力量的同时，也对团结改造国民党的可能性抱有极大的热情。在这次政治局会议上他就特别强调：我们要看到国民党在开始改革，并且在酝酿改组，国民党必须也可能通过改革清除腐败。大革命以前国民党就是通过改组,增加新的成分才壮大起来的。今天，有蒋在，改革就有可能，"我们便要利用蒋进行顺利的改组"[2]。

任弼时根据会议精神起草的中共中央给共产国际的报告大纲里，也清楚地写着："十二月会议，王明同志等带回季米特洛夫同志关于巩固发展中国民族统一战线的指示后，对于统一战线问题有着更详细的讨论，认定……统一战线的基本条件是抗日，'抗日高于一切'，'一切服从抗日'"，过去"我党对国民党和两党合作长期性认识不充分，过分强调独立自主、民主，与改善民生的要求，此外一些工作方式也有严重缺点"。大家认识到，"在民族统一战线当中，各党派在共同纲领下，是互相帮助、互相发展、共同领导、共同负责，不应有谁投降谁，谁推翻谁的企图"。根据这一认识，"我们认为国民党内开始产生改进自己组织的要求和趋势，而对国民党的改进与复兴采取赞助的方针，使国民党内能增加新的进步的成分"。不仅要共同抗日，还要争取共同建国。[3]

值得注意的是，尽管季米特洛夫仍旧强调"共同领导、共同负责、共

[1] 《(毛泽东）与〈新中华报〉记者其光先生的谈话》，见《新华日报》1938年2月9日二版。
[2] 《毛泽东在中共中央政治局会议上的军事报告》(1938年2月27日)。
[3] 《任弼时代表中共中央向共产国际的报告大纲》(1938年4月17日)。

同发展”，主张在“抗日高于一切”的条件下“继续拥护蒋，拥护国民政府”，但当他得知蒋介石否认国共合作，竭力取消共产党的种种企图之后，也突出强调共产党的独立性问题，强调拥蒋并不等于不反对国民党内的亲日派。他十分欣赏毛泽东和中共中央能够在国民党在政治上不断挤压和日本人在军事上大举进攻这种“复杂环境和困难条件下真正运用了马列主义”。共产国际执委会主席团的决议则特别告诫中共中央，不仅要努力开展游击战争，建立敌后根据地，大力发展自己的军队，而且可以适当地提出民主的要求。[1]

但无论如何，一直到1938年9月政治局会议和随后召开的六届六中全会上，自十二月会议以来过高地估计国民党改造的可能性的倾向没有被根本消除。毛泽东相信：“现在国民党在抗战中可能由内部发生变化，要找新的力量，执行新的政策，因其阶级基础变化等，国民党有变成民族革命联盟的可能。”因此，他不仅公开承认“抗日战争的进行与抗日民族统一战线的组成中，国民党居于领导与基干的地位”，宣布“我们是坚决拥护蒋委员长及其领导下之国民政府与国民党的，并号召全国一致拥护”，而且提议“将国民党本身变为民族联盟，各党派加入国民党而又保存其独立性”，承诺共产党必定会“将加入党员之名单提交国民党的领导机关”，绝不组织让国民党害怕的“秘密党团”，绝不招收任何国民党员加入共产党。[2] 对于毛泽东这时在党内和公开场合的这一表态，我们似乎不能简单地将其视为一种用来应付莫斯科的策略和做给国民党看的宣传手腕。

这样一种期望，这样一种态度，毫无疑问仍旧是属于被毛泽东后来否定了的那种“错误”。只不过，在中共“七大”上，毛泽东很坦率地承认：“这件事，我们似曾犯过错误。”而后来，人们渐渐淡忘了毛泽东所说的“我们”两个字，简单地从政治正确的角度，把这笔账都记到王明一个人的头上去了。

那么，既然这段时间里，大家对统一战线问题的认识都还处于一种摸

[1] 《共产国际执委会主席团关于中共代表报告的决议》（1938年6月11日）。
[2] 参见毛泽东：《论新阶段》（1938年10月12—14日），《解放》第57期（1938年11月6日）。

索的过程中，毛泽东本人也对改造国民党抱有幻想，为什么他与王明之间还会发生尖锐的矛盾呢？

关于这一点，我们似乎有必要提到王明在1941年10月的一次谈话。王明当时这样解释他在抗战开始初期这段时间与毛分歧的原因。据他说，这个问题的造成，是因为他“过去在国外单独发表文件做惯了”，遇事总是自作主张，想不到请示中央。

这个解释，多少有点轻描淡写的味道。但从1937年12月王明、周恩来、博古、项英赴武汉（以后又增加凯丰）工作，与延安中共中央书记处之间屡次发生矛盾的情形，可以得出这样一个结论。那就是：第一，这个时候由王明引起来的矛盾，并不仅仅是与毛泽东个人之间的矛盾，它更多地表现为武汉与延安，即王明与中共中央书记处的矛盾；第二，武汉与延安之间的这种矛盾，很大程度上也不仅仅在于双方对统一战线方针和策略问题的看法不同，毛在六中全会之前曾总结说：现在党内没有大的原则的分歧，对于国共合作、发展统一战线等原则都是一致的，只有工作上的不同意见。至少，在王明1941年在政治路线上明确提出不同意见之前，毛还是这样认为的。

既然如此，这种矛盾主要是什么呢？概括言之，它就是周恩来、博古后来所说的：王明“目无中央”，甚或有另立“第二中央”之嫌。这突出地表现在：

第一，不经过延安同意，就以中共中央的名义发表各种宣言、声明及擅自以毛泽东个人名义发表谈话。如王明刚到武汉就以中共中央名义于1937年12月25日发表《中国共产党对时局宣言》；1938年2月9日不经毛泽东同意就以毛个人名义发表对《新中华报》记者的公开谈话；3月24日以中共中央名义起草并递送《对国民党临时全国代表大会的提议》，而把延安中央书记处发来的《中共中央致国民党临时全国代表大会电》弃如敝屣。与此同时，王明等还不经延安同意，公开发表声明，宣布张浩（即林育英）在延安关于统战策略的讲演纯属伪造，并不顾毛泽东的反对，拒绝了国民党中央执委会恢复毛泽东等中共党员国民党党籍的决定，如此等等。

第二，直接或间接地与延安的中共中央书记处分庭抗礼，竟至发展到公然否认延安中共中央书记处权威性的地步。比如，王明不同意毛泽东关于抗战阶段的划分，故而拒绝在武汉发表毛泽东的《论持久战》；不同意延安先斩后奏在华北成立晋察冀边区政府，不是采取协商的态度，而是居高临下地对书记处加以批评；公然提议停止中共中央机关刊物《解放》在延安的刊行，主张改在武汉印刷制版；不经延安同意即公开发表声明否认张闻天是中共中央总书记，并不和任何人打招呼，就以个人名义为 1938 年 2 月底的政治局会议做总结，并且公开发表；以陈（即王明）、周、博（后加凯）的名义直接向各地及八路军“前总”发布指示性的意见；反对毛泽东关于应当赞助国民党组织三青团，争取各党派共同加入的主张；等等。特别让中共中央书记处的领导人难以容忍的是，在张国焘叛逃，朱德、彭德怀及项英又经常去武汉，王稼祥、任弼时在莫斯科，武汉的政治局委员数经常超过延安的情况下，王明居然提出延安中央书记处不具合法性的问题，指责张、毛等不应以中央书记处的名义发布指示和文件。[1]

早在十二月政治局会议时，毛泽东就已经对王明必欲在中共“七大”准备委员会中设一个“书记”的职务感到疑惑。王明此后的种种作为，或者打着“使（毛）威信更大”[2]的幌子，或者强调工作上的必要，更是不可避免地要让毛泽东和在延安的书记处的其他领导人深感不满了。毛泽东后来干脆说：“十二月会议后中央已名存实亡。”

七、季米特洛夫表态：中共中央应该在毛泽东领导下工作

王明的所作所为，确实与他在莫斯科形成的工作作风有相当关系。但不可否认，心理多少有些扭曲的这位前共产国际执行委员在政治上未必没

[1]　转见《两条路线斗争》（油印本），第 11—19 页。
[2]　《陈、周、博、董、叶致书记处电》（1938 年 2 月 9 日）。

有某种野心。像他一面表示希望“使（毛）威信更大”，一面暗中请在武汉的苏联人把他对毛泽东《论持久战》的批评意见转达到莫斯科去，就足以说明他内心其实并不真心尊重毛的领袖地位。

好在因王明引起的中共党内矛盾，很快就被反映到莫斯科去了。1938年3月，还是根据王明的提议，延安的中共中央书记处决定派任弼时前往莫斯科汇报中共的工作。如果注意到任弼时在中央苏区时曾受过打击，背过处分，这时又一直在延安的情况，很容易想象他对王明与延安中央之间的分歧会有一种什么样的看法。

不过，据任弼时后来介绍，当他在莫斯科报告党内情况时，关于王明的问题并非是由他首先提起的，倒是共产国际领导人主动向他询问的。

据他说，他在汇报中共工作时，首先是曼努伊斯基向他提了有关王明的三个问题：第一是问王明是否有企图把自己的意见当作中央意见的倾向？第二是问王明是否总是习惯于拉拢一部分人在自己的周围？第三是问王明与毛泽东是否处不好关系？

在这种情况下，任弼时自然不能不介绍了王明向延安中央争权力及闹意见分歧的种种表现。据任弼时回忆说，季米特洛夫听了介绍之后明确讲，他对王明的印象一直不好，说“这个人总有些滑头的样子”。说根据共产国际干部部反映，王明在一些地方不很诚实，在苏联时就总是好出风头，喜欢别人把他说成是中共领袖。季米特洛夫早在派王明回国前就告诫过王明：他缺乏实际工作的经验，应该向国内的同志很好地学习，不要去争当领袖。

季米特洛夫等人这时对王明表现得如此反感，还有一个十分微妙的背景。那就是，前共产国际东方部负责人，那个扶植王明上台的俄国人米夫，因为自己的犹太血统，在斯大林发起的“肃反”运动中被怀疑为反革命，这时已遭到整肃。米夫的倒台和被怀疑有敌对背景，不仅使王明失去了一张强有力的保护伞，而且也促使莫斯科的领导人对米夫一手扶植起来的干部表示出严重的不信任态度。此后中共领导人到莫斯科时，季米特洛夫和曼努伊斯基又曾几次谈到王明的问题，除了对王明表示不信任以外，都特别提出过王明与米夫之间的关系值得怀疑的问题。

鉴于任弼时汇报中谈及的王明与延安中央书记处之间的分歧，莫斯科不能不就中共领袖的人选问题发表明确的意见。在这一年的 7 月，王稼祥回国前夕，季米特洛夫特地召见了他。就中共领导核心的团结以及中共领袖的人选问题谈了几点意见。其中特别提到：今天中共在全国取得公开存在的条件，在群众中能够产生巨大的影响，但“要中共团结才能建立信仰”，要“靠党的一致与领导者的团结”，才能巩固发展统一战线。而“在领导机关中要在毛泽东为首的领导下”，造成“亲密团结的空气”。据季米特洛夫讲，斯大林也主张要宣传各国党自己的领袖，并树立他们的权威。[1]

1938 年 9 月中下旬，中共中央召开政治局会议，由王稼祥传达了季米特洛夫的这一指示。紧接着，在 10 月份举行的中共六届六中全会上，毛泽东第一次在党中央的会议上代表中共中央做政治报告。会议上，康生、陈云等明确提议应当推举毛泽东为中共中央总书记。彭德怀等军事领导人也在会上发言，称赞毛十年来“基本上是正确的”，肯定毛是中国共产党当然的领袖，并且说：“领袖的培养是在坚决斗争中锻炼出来的，是由正确的领导取得的，领袖不能委任，领袖也不是拾来的，领袖是长期斗争经验的总结，是长期斗争中产生的。”在这次全会上，中共领导人中已迅速形成推举毛泽东为党的正式领袖的热烈气氛。就连王明也意识到自己大势已去，不得不急忙再使顺风舵，在会上信誓旦旦地表示：自己今后要像众星拱月那样拱卫在毛泽东同志的周围。[2]

就形式而言，中共六届六中全会其实还并没有能够根本解决毛泽东的领袖名义问题。由于共产国际指示中没有明确提到应当由毛泽东担任总书记的问题，仍在名义上负总责的张闻天多少还有些“恋栈”，对这个问题的反应显得有些犹豫不决。据他后来回忆，他当时曾经向毛泽东提过这个问题，

[1] 王稼祥：《国际指示报告》(1938 年 9 月)，《文献和研究》1986 年第 4 期。参见徐则浩主编：《王稼祥年谱（1906—1974)》，北京：中央文献出版社 2001 年版，第 190 页。

[2] 王明：《目前抗战形势与如何坚持持久战争取得最后胜利》（1938 年 10 月 20 日）。

在毛表示推辞后，自己也就没有再提了。出现这种犹豫态度的原因，是因为那时自己“还没有感觉到有变动的必要”，“还不了解使毛泽东同志负起领导的全责，发挥他的全部的指导力量……对于党的全部工作的彻底转变，有何等伟大的意义”。因此当时“没有表示坚决让位的态度，而把这件事轻轻放过去了”。

不过，从莫斯科很快转载毛泽东在中共六届六中全会上的政治报告，并再度专文发表介绍毛泽东生平的传记等情况来看，共产国际和苏共领导人支持毛泽东的态度是很明确的。

在六中全会以后，张闻天也逐渐意识到自己应当让位了。据他回忆说，自己到了 1939 年春就“把政治局会议地点，移到杨家岭毛泽东同志的住处开，我只在形式上当主席，一切重大问题均由毛主席决定”了。进入到 1940 年，他更明确承认毛泽东应当是党的领袖，故几次提出让位的问题，并且在实际上把“总书记”的各项权力统统交给毛泽东了。[1]

当然，不能不提到的是，到了六中全会，包括毛泽东在内的中共中央相当多的领导人已经开始对国共关系问题有了一些不同于十二月会议的认识了。毛泽东虽然仍旧寄希望于国民党的改革，主张“长期合作，共同建国”，但他很清楚：国共两党“这种合作是带勉强性的（不自由的婚姻）”，我们的实力不大，一时还不能与国民党取得平等地位，要实现真正的合作，必须要争取实力对比上的变化，从不平等走到平等。只有到共产党成为战争的决定性因素，才能有抗日战争的最后胜利。既然发展实力，就难免要有摩擦和斗争。没有斗争，就不能发展统一战线。统一和斗争是对立统一、相辅相成的。[2]

基于这样一种理解，“一切经过统一战线”的口号被放弃了。因为正如张闻天和刘少奇这时所讲的，在中国不存在法国那样的统一战线，“一切经

---

[1] 参见张培森主编：《张闻天在一九三五至一九三八（年谱）》，北京：中共党史出版社 1997 年版，第 319 页注 2。

[2] 毛泽东：《论新阶段》（口头报告）（1938 年 10 月 12—14 日）。

过统一战线”在中国就等于一切要经过蒋介石，这在事实上是行不通的。[1]

同样，基于这样一种理解，发展自己的力量成为中共中央下一步工作的重心。而国民党加剧其反共、限共的倾向，引发了更激烈的斗争。随着这种斗争的加剧，毛泽东和中共中央也就越来越清楚地认识到想改造国民党其实是一个“错误”。

所有这一切都与季米特洛夫对毛泽东的支持分不开的。很难设想，如果季米特洛夫不支持毛泽东，而是支持王明的话，那对中国共产党将会是一种什么样的后果。所以，毛泽东后来不止一次地讲：“季米特洛夫同志是个好同志，他帮过我们很多的忙。抗日战争中他帮助我们抵抗了右倾机会主义。这个右倾机会主义的领导就是过去‘左’倾机会主义的领导人王明。”[2]

---

[1] 《刘少奇在中共六届六中全会上的讲话》（1938 年 11 月 12 日）。
[2] 《毛泽东同艾地谈话纪要》（1956 年 3 月 29 日）。

第四章

毛泽东的“十五万精兵”计划

国际形势急转直下，斯大林确信英美是主要敌人；共产国际一纸电报，毛泽东强调“资产阶级叛变的必然性”；新民主主义的提出，毛泽东相信无产阶级必须取得实力领导地位，抗日和革命是一回事；英法战败，为何作为英美派的蒋介石反而气焰嚣张？国民党人蠢蠢欲动，蒋介石是否有与日本联手消灭共产党的阴谋计划？毛泽东提出“十五万精兵”计划，又担心“此时错一着将遗尔后无穷之患”；莫斯科坚持抗日高于一切，蒋介石却突然袭击，搞出一个震惊中外的皖南事变……

按照一些中共党史著作中的说法，毛泽东自从1935年在遵义会议上开始成为党的领袖以后，中国共产党就走上了独立自主的道路。什么是“独立自主”？如果我们把它理解为中共从此就开始特立独行，对莫斯科敬而远之，显然不太准确。我们已经看到，遵义会议以后的毛泽东，对莫斯科依旧尊敬有加，不仅没有摆脱共产国际领导的迹象，而且在涉及中共命运和政策的重大问题上，对来自莫斯科的意见通常都是言听计从的。哪怕是莫斯科的意见和自己的想法不尽一致，比如像国共合作开始时，对国民党究竟是应该强调阶级界限，防范为上，还是应该在抗日高于一切的原则下，以坦诚相待，毛泽东就毫不犹豫地修正了自己最初的想法，尝试着接受了共产国际的意见。也正因为如此，共产国际才会对毛泽东信任有加，在发现王明有问鼎最高领袖的企图之后，迅速出面表明了支持毛泽东为中共领袖的意见。

那么，毛泽东究竟是从什么时候开始与莫斯科貌合神离的呢？确切地说，应该是在1940—1941年这段时间。在此之前，毛泽东一直是积极贯彻共产国际的指示的。当共产国际力主国共合作时，他曾努力巩固和坚持统一战线；而当共产国际强调国民党反共倾向时，他则积极设法排斥蒋介石集团，为未来的革命转变早做准备。但是，当共产国际的政策随着苏联外交政策的需要，一变再变，重新又转回到强调统一战线，并且要求中共不惜暂时损失自身发展的机遇，也要服从于国共合作的大局之后，毛泽东由困惑渐至走向抗命了。

一、蒋介石扬言，把共产党合并到国民党中来乃其生死问题

1938年9月29日，中国共产党六届六中全会开幕。但是，会议刚刚召开，周恩来就奉命带着毛泽东和王明的亲笔信离开延安，于10月1日赶回武汉，去会见蒋介石。

周恩来此行的目的，就是想向蒋介石转达经过季米特洛夫批准过的毛

泽东的提议，即恢复大革命时期党内合作的形式或组织民族革命联盟，同时保证不在国民党及其军队内发展组织，以此表明中共中央愿意与国民党长期合作的诚意。

10 月 4 日，蒋介石单独接见了周恩来。周首先递交了毛泽东和王明给蒋介石的亲笔信，然后详细介绍了刚刚举行过的政治局会议对坚持抗战和发展统一战线问题的看法。在听到周恩来谈抗战问题时，蒋显得有些不以为然，只是讲：坚持抗战，这没有问题。但听到周恩来介绍会议关于共产党员公开自己的身份，加入国民党和三青团的设想时，蒋介石听得聚精会神。特别是对中共中央关于今后将不在国民党及其军队内发展组织的决定，蒋不住地点头，觉得很入耳。他当即提出，请周恩来尽快把这些意见写成一个材料，他好研究一下。

8 日，周恩来写好书面意见，递交给蒋介石。蒋当天就召集陈立夫、朱家骅、康泽、贺衷寒等，通知了他们这一新的情况，要他们研究后提出意见。14 日，蒋再约周恩来谈话，告诉他说，关于共产党员加入国民党和三青团的问题，怕是还需要国民党中央常委会讨论才行，他的意见是，三青团章程修改一下共产党同志就可加入，他要周立即与三青团的干部商谈这个问题。

这段时间，恰值武汉、广州失陷前后，形势严峻。因此，蒋介石对周恩来显得很亲热，并且还见了朱德总司令，谈了八路军在敌后发展的问题，蒋还鼓励周恩来与叶剑英协助举办游击干部训练班，愿意听取中共方面关于军事工作的意见。国共两党长期合作的前景似乎真的出现了。周恩来电告中央：蒋介石对我们态度相当转好，机密事也渐不回避，限制与束缚虽未放松，但可徐图冲破。[1]

然而，随着在此之后日军攻势渐渐停顿下来，国民党内部那种对共产党的疑虑和恐惧竟陡然加剧起来了。

12 月 6 日晚，周恩来再见蒋。尽管他已经听到不少国民党高层人士反

[1] 《周恩来致中央书记处电》（1938 年 11 月 4 日）。

对中共六中全会“跨党”主张的议论，但蒋介石的说法还是让他有些吃惊。

蒋介石说：跨党的办法大家不赞成，共产党既信三民主义，最好与国民党成为一个组织，这样力量可加倍发展。如果这个办法可以讨论，他愿意约毛泽东面谈。

周当即解释说：共产党信三民主义，不仅因为它是抗日出路，而且因为它是达到社会主义的必由之路；国民党员则不必都如此认识，故国共两党终究还是两个党；跨党的目的是为了取得互信。

蒋掉转话题，提到当年合作破裂的情况，称还是合并好，因为大家都怕共产党的革命转变。

周见谈不拢，表示：合作方式问题不必强求，如认为时机未到，也可考虑其他办法。

蒋提出：如果全体加入国民党做不到，可不可以一部分党员转入到国民党中来，而不跨党呢?

周表示：加入国民党而退出共产党，这怕是不可能的，而且也行不通。少数人退出共产党而加入国民党，这种既失气节又失信仰的人，对国民党也是有害而无益的。[1]

12 日，已到重庆准备出席国民参政会的王明，会同周恩来等再度与蒋谈组织合作问题。这次谈得更糟。蒋的态度更趋极端。他断然表示：“共产党员退出共产党加入国民党，或共产党取消名义将整个加入国民党，我都欢迎。或共产党仍然保存自己的党，我也赞成。但跨党办法是绝对办不到。我的责任是将共产党合并国民党成一个组织……此事乃我生死问题。此目的如达不到，我死了心也不安，抗战胜利了也没有什么意义。所以，我的这个意见至死也不变的。共产党不在国民党内发展也不行，因为民众也是国民党的，如果共产党在民众中发展，冲突也是不可免。”[2]

---

[1] 《周致中央书记处电》(1938 年 12 月 6 日)。

[2] 《陈绍禹等关于一个大党问题与蒋介石谈判情况给中共中央的报告》(1938 年 12 月 13 日)，《中共中央抗日民族统一战线文件选集》(下)，第 183—184 页。

蒋介石国民党对共产党的恐惧，根本上是由于自身在战争中的削弱和共产党在战争中的壮大这种强烈的反差引起来的。抗战开始时，共产党只有三四万军队，地盘仅陕北一隅之地。如今，国民党丧城失地，一发而不可收，共产党却利用敌后空虚全力发展，迅速从陕北而山西而河北而山东，扩展到华北大部分地区，军队人数也由三四万扩充到近二十万人之众。此时距抗战开始才不过一年多时间，共产党的力量和地盘已经数倍增长，并开始要求重新划分华北战区，这不能不让众多国民党人深感其“统治之土地，将一失而不易复得”[1]。

1939年1月下旬，国民党召开五届五中全会。根据蒋介石的谈话和大会代表们的要求，国民党中央执行委员会秘书处很快起草拟订了《防制异党活动办法》，并于会议甫一结束即迅速下发执行。[2]《办法》开宗明义即提出：“共产党在本党权力所及之区，犹能猖獗活动，长足发展，考其原因，虽非一端，而本党组织工作之不健全，而予人以可乘之机，实为主要因素。”本党唯有采取以组织对付组织的办法，方能有效对付异党之扩张。为此，《办法》提出了“积极”和“消极”两种办法。“积极”办法就是要调动各地党政机关，全面加强对学生、民众及其群众团体的引导和控制，对异党活动最烈的地区，更“应实行联保连坐法，使人民不敢与异党分子接近而受其利用”。至于“消极”办法，就是要求各地党部及军政机关，对于异党活动要严格防制，如“任何假借共产党或八路军与新四军等名义擅自组织武装队伍者，当地驻军得随时派兵解散，不得有误”；“对内容反动及违反抗战建国纲领之各种宣传刊物，如图书、杂志、报纸、小册子、壁报等，应随时查禁，若经一再查禁而仍秘密发行者，应从严制裁，以儆刁顽”。《办法》并明确提示称：“纵因此而发生摩擦，设非出于本党之过分与不是，亦应无所避忌。”[3]

[1] 参见中国人民解放军政治学院党史教研室编：《中共党史参考资料》第8册，北京：国防大学出版社1981年版，第318—333页。

[2] 《院长孔祥熙令》（1939年3月3日），台北中国国民党党史馆藏档，特005/25.13。

[3] 《防制异党活动办法》（1939年2月），南京第二历史档案馆馆藏国民政府社会部档案，（京）53。

国民党中央既然有令在先，国民党各部门以及各地区自然纷纷开始制定各种“防共”“限共”的秘密文件于后。结果，自1939年年初开始，国共两党之间的矛盾和冲突迅速白热化起来。先是在陕甘宁边区，然后是湖南平江，接着是河南确山竹沟，两党之间以往就有的摩擦和冲突这时迅速升级。特别是随着蒋介石开始向过去丢掉的敌后大批派遣正规军和军政官员，国民党人的防共措施已明显地由一般性的查没报刊、封闭社团、逮捕人员，急剧地走到了大规模的军事冲突和武装驱逐对方军政人员的地步，由此而造成的中共方面的人员伤亡明显增多。

二、共产国际一纸电报，毛泽东开始断言“资产阶级叛变的必然性”

明明中国这时在军事上已处于严重困境，蒋介石为什么还要搞这种可能进一步危害整个抗日大局的“防共”“限共”行动呢？毛泽东显然无法理解蒋介石和国民党人的想法。在百思不得其解之后，共产党人久已习惯地把国内阶级斗争的动向与国际阶级斗争的动向联系起来分析问题的方法，促使毛泽东不能不开始怀疑蒋介石如此动作的背后是否存在着一个国际性的妥协阴谋。

1938年9月29日，英、法与法西斯德国签订了臭名昭著的《慕尼黑协定》，以牺牲捷克斯洛伐克为代价来换取法西斯德国停止向西欧扩张的保证。英法单独与法西斯德国达成的这种妥协，意味着共产党人前此为应付德国和日本的侵略扩张而提出的建立国际反法西斯统一战线的设想很可能落空。《慕尼黑协定》再度使共产党人想起列宁对资产阶级妥协本质的论断，在他们看来，不论是英、法、美等国政府，还是蒋介石国民党，自然都不出列宁论断的范围。

1939年春，在一次讨论国民党反共摩擦问题的政治局会上，与会者列举了许多可能的原因，而毛泽东的看法很明确，那就是：“蒋的政策很大的成分是依赖英美”的，因此，“最近的摩擦，都与英美的政策有关”。[1]

为什么这么说呢？这是因为，毛泽东得到的情报说，在国民党五届五中全会上蒋介石明确提出，只要日本同意恢复卢沟桥事变以前的状态，战争即可停止。而英美也在积极促成召开太平洋会议，讨论中国问题。按照毛泽东的估计，这意味着，蒋想造成“东方慕尼黑会议”，“依赖英法”，“把日本迫到卢沟桥去”，并以割让东北和内蒙作为交换。既然如此，主张抗战反对妥协的共产党自然就成了他妥协的最大障碍，他当然要加紧反共了。

国民党要“限制共产党”，共产党怎么办？注意到这时国民党第二号人物汪精卫叛变投降，蒋介石坚决反对，毛泽东一时还没有改变对国民党进步趋势的肯定态度。在他这时的谈话当中，对国民党还经常强调“要亲爱，要团结”的方针。[2]

不过，与此前有所区别的是，毛泽东开始特别强调“反摩擦这一条”了，主张：“人不犯我，我不犯人，人若犯我，我必犯人”；“他占我一个村子，我们占他两个”，“他捉我二个，我们捉他四个”，用加倍的惩罚来打击那些国民党反共势力。他的逻辑很简单：“天下的鱼本来没有人敢捉的，有人去捉一两条试试看，因为鱼没有反抗，你捉我捉，大家都捉起鱼来，因此天下之鱼可捉也。”换言之，对国民党“没有斗争就没有合作”，“长期合作就需要长期斗争来保证”。[3]

既然国共摩擦的背后是资产阶级妥协本质所决定的，两党之间真的还有“长期合作”的可能吗？

1939年3月10日，斯大林在联共（布）第十八次代表大会上指责英法等国搞“渔人政策”，第一次公开把原来视为和平力量和联合对象的英法等

---

[1] 《毛泽东在中共中央政治局会议上的发言》（1939年5月7日）。

[2] 毛泽东：《对十八集团军延安总兵站检查工作总结会议时之演词》（1939年1月28日），毛泽东：《后方军事工作的政治方向》（1939年5月5日）。

[3] 毛泽东：《后方军事工作的政治方向》（1939年5月5日）。

国列为最危险的敌人。[1] 从这个时候开始，共产国际自“七大”以来实行的国际统一战线政策也明显地开始转向。这种情况不可避免地影响了中共中央对形势的判断。

毛泽东和中共中央只是在斯大林讲话很长一段时间之后才了解到其讲话的具体内容的。但是，5 月 30 日，共产国际的一份指示电促使中共中央开始按斯大林的新思路考虑问题。指示电明确认为：目前中国党所面临的最大危险，是国民党妥协投降的可能性，这种情况是英美法在远东极力推行妥协政策，试图造成一种新的《慕尼黑协定》的必然反映，其中包含着重大阴谋，因为反共很可能是国民党投降的准备。

还在 1937 年 8 月洛川会议前后，毛泽东就强调过资产阶级的本性问题，断言“防人之心不可无”。王明回来强调抗日和团结以后，情况发生了某些变化，给人的感觉似乎在抗日这个大局上，蒋介石与共产党之间不再有根本性的区别了。然而，如果蒋介石国民党真的决心抗战到底，他们又怎么会突然加紧反共了呢？这个问题如今终于得到了一个合理的解释，即反共多半就是准备投降的前奏。

6 月以后，毛泽东的一系列估计都开始发生变化了。他以前对国际形势的乐观估计改变了，开始全力强调国际国内的妥协投降危险；他对英美等民主国家的估计及其对正在发生的战争性质的看法改变了，开始直截了当地谴责其帝国主义的反共反苏的阶级本性；他在六届六中全会提出的“诚心诚意的拥护蒋委员长，拥护国民政府”，强调国民党“光明前途”的方针改变了，开始明确肯定“资产阶级叛变的必然性”，主张要指出国民党的坏处，多加批评，对蒋“不要诚心诚意”，“也不要无条件的拥护”，要准备应付国民党的妥协投降，准备出现“一个混乱局面”，说“那时，共产党将成为全国人民的救星，全国人民望共如望岁；那时，中国人民对苏联希望必增加；

[1] 《斯大林在党的第十八次代表大会上关于联共（布）工作的总结报告》（1939 年 3 月 10 日），参见《斯大林文选（1934—1952）》，北京：人民出版社 1978 年版，第 241—246 页。

那时，国际必是一个战争与革命局面”。[1]

三、毛泽东称：蒋介石当政之时，国共关系不可能有根本好转

共产国际的指示使毛泽东看到了即将到来的“战争与革命”的局面，看到了中国革命走向胜利，共产党成为“全国人民的救星”，人民“望共如望岁”的激动人心的远景。但是，什么时候才可能出现“战争与革命”的局面呢？

1939 年 8 月 23 日，苏联在对英法等国政府完全失去信任的情况下，与它一向视为“战争贩子”的法西斯德国签订了《互不侵犯条约》，鼓励德国把战争矛头指向英法两国。紧接着，德国入侵波兰，英法被迫对德宣战，新的世界大战爆发了。

战争历来与革命联系在一起。第一次世界大战令人遗憾地没有能够最终结束资本主义在全世界的统治，但它毕竟诞生了一个社会主义的苏联，并促成了包括中国在内的许多国家的革命浪潮。那么，第二次世界大战呢？列宁关于战争引起革命的观点是几乎所有共产党人都铭记在心的，毛泽东自然也不例外。大战刚一开始，莫斯科就明确肯定这是一场帝国主义集团之间的非正义战争。毛泽东也毫不含糊地声称：应当“变帝国主义战争为革命的国内战争，建立反帝国主义战争的人民统一战线”，“推翻世界反动营垒，用革命战争打倒帝国主义战争，打倒战争祸首，推翻资产阶级”。他断言：“资本主义经济已经走到尽头了，大变化大革命的时代已经到来了。”[2]

世界革命的前景已经隐隐浮现，中国怎么办？

六届六中全会规定的建立一个资产阶级的三民主义共和国的目标显然不相适宜了。如果说一年之前提出那样的目标，是因为“在抗日战争的进行与抗日民族统一战线的组成中，国民党居于领导与基干的地位”，那么现

[1] 毛泽东：《反投降提纲》（1939 年 6 月 10 日），《毛泽东文集》第 2 卷，第 206 页。
[2] 毛泽东：《第二次帝国主义战争讲演提纲》（1939 年 9 月 14 日）。

在的情况已经发生了重大的变化。不仅国民党抗日与否的问题正在成为疑问，就是它的“领导与基干的地位”也由于中国共产党领导的抗日力量的迅速壮大而正在发生着改变。

根据中共 1939 年秋对外公开宣传的说法，它的军事力量，仅八路军一部就已经发展到二十二万人。半年之后，据不公开的统计，它的军队总数已经达到五十万之众，已相当于国民党军队总数的四分之一多。而且，这数十万军队主要集中在华北以及华中的部分地区，尤其在华北敌后，国民党军队即使还有少部分存在的话，事实上也已失去与八路军抗衡的能力。

从 1939 年秋天起，毛泽东开始公开抨击以国民党为代表的中国资产阶级的“动摇性”，断言国民党及资产阶级在一个时期固然可以参加革命，成为革命的动力之一，“在另一个时期，就要叛变革命，并转过来压迫革命”，成为革命的敌人。这其实也就是说，毛泽东已经认为，共产党与国民党之间不可能“长期合作，共同建国”，抗日战争的主要领导责任也可能将“不得不落在无产阶级的肩上了”。既然如此，今后的中国当然不会是“国民党居于领导与基干的地位”的三民主义共和国，而只能是“变为世界革命一部分”的、在中国共产党领导下的、“中国无产阶级、农民、知识分子与其他小资产阶级”“各个革命阶级联合专政”的“新民主主义共和国”。[1]

当然，笼统地反对资产阶级及其国民党的领导地位，不等于否定统一战线的政策。面对强大的民族敌人日本，抗日仍然高于一切，再加上国共力量的对比毕竟还比较悬殊，简单地提出“资产阶级叛变的必然性”，难免会重犯内战时期“打倒一切”的“左”倾错误。何况，毛泽东清楚地知道，同为国民党，无论在抗日问题上，还是在对共产党的态度问题上，冯玉祥不同于蒋介石，续范亭也不同于鹿钟麟。

因此，毛泽东在提出新民主主义革命目标的同时，一直在考虑如何从理论上和实际上使这个“资产阶级”能够有所区别，以便使在资产阶级这

[1]　毛泽东：《新民主主义的政治与新民主主义的文化》，《中国文化》第 1 期（1940 年 2 月 15 日）。

个范畴内的那些并不反共的力量能够继续成为统一战线的对象。最初，毛泽东沿袭以往的说法，提出中国的“资产阶级有买办阶级和民族资产阶级的区别”，买办阶级是“中国革命的对象”，而民族资产阶级则是具有两面性的阶级。但按照这种区分的办法，蒋介石及其领导集团算什么呢？显而易见，既不能将其归入应当联合的“民族资产阶级”，又不能不顾实际地将其纳入到应当反对的“买办阶级”之中。

毛泽东自己说，他是在 1940 年 7 月以后“才正确认识清楚”如何区分大资产阶级与民族资产阶级的问题的。[1] 事实也确是如此。

1940 年 3 月，毛泽东从现实的需要出发，开始提出“发展进步势力，争取中间势力，反对和孤立顽固势力”的策略主张。毫无疑问，蒋介石集团应当属于必须“反对和孤立”的那个“顽固势力”。何谓“顽固势力”？按照毛泽东的解释，就是指“大地主大资产阶级”。

7 月 13 日，他在延安高级干部会上明确表示，他确信：“国民党政权是地主资产阶级政权，要转变为民主政权，没有大分裂是不可能的。”而国共关系，“在大地主大资产阶级当政之时，不能有彻底的好转”。[2]

既然肯定国民党现政权是地主资产阶级政权，蒋介石代表大地主大资产阶级，那么，区别资产阶级的问题就变得相对容易多了。

9 月 6 日，毛泽东写信给正在重庆的周恩来等，第一次明确提出了“将大资产阶级和民族资产阶级加以区别”的重要观点，指出：“大资产阶级是带买办性的，与外国资本有联系，大银行、大商业及与外国资本有联系的大工业属之，他们是现时主要当权者，如蒋介石、孔祥熙、宋子文、虞洽卿等即是”，而“民族资产阶级是受大资产阶级统制，与外国资本联系少，

---

[1] 毛泽东在 1940 年 12 月曾两三次谈到他解决大资产阶级与民族资产资产阶级区别的问题，最初曾提到在写《中国革命与中国共产党》和起草《中央关于目前形势与党政策的决定》时才认识清楚，后来又谈到写《中国革命与中国共产党》时还没有搞清楚。对照最初发表的《中国革命与中国共产党》原文，可以看出毛泽东后来的说法是准确的。

[2] 毛泽东：《在延安高级干部会上讨论目前时局问题的结论》(1940 年 7 月 13 日)。

现时基本上没有政权，主张团结抗战的，如陈光甫、穆藕初、康心如、范旭东等即是”。[1]

四、毛泽东警告:“蒋介石正在与日本讲妥协并可能在两三个月内成功”

强调以蒋介石为代表的大资产阶级与外国资本有联系，不是没有来由的。

第二次世界大战开始后，在欧洲战场上德、意很快就占尽上风。按道理，一向指望英、美支持的蒋介石国民党应当收敛自己的反共行动了。但事实上，正是在欧洲战争爆发之后不久，国民党在华北和西北的摩擦行动也随之大规模展开了，两党之间的这种冲突甚至发展到陕甘宁边区周围来了。这一度让毛泽东很难理解。

进入到1940年2月，八路军在华北的反摩擦斗争中取得了决定性的胜利，中共中央已经开始毫不客气地向蒋介石提出委任朱德为鲁察冀热四省战区司令长官兼河北省主席，委任彭德怀为第二战区副司令长官的要求，并明确主张下一步要“将整个华北直至皖南江南打成一片，化为民主的抗日根据地，置于共产党进步势力管理之下”，八路军、新四军在五十万的基础上要扩军三十万，争取尽快达到一百万。[2] 让毛泽东不解的是，尽管蒋这次在军事上遭到了惨重的失败，华北敌后控制权大部丧失，他的态度却仍旧非常强硬。

蒋介石为什么还会如此强硬呢？毛泽东不能不怀疑英、法、美仍旧有干预东方事务的相当能力。他估计：蒋介石一定是在执行“英美法最恶毒的反苏反共指令”，目的多半还是要“对日妥协”，“以便在太平洋方面组织英美法日华五国的反苏反共集团”。[3]

---

[1] 《毛泽东关于对地主资产阶级军官进行调查致恩来电》（1940年9月6日）。

[2] 《中央及中央军委关于目前形势和任务的指示》（1940年2月10日）。

[3] 毛泽东：《第二次帝国主义战争的发展》（1940年6月）。

不过，莫斯科之所以会在欧洲采取废弃统一战线的策略，转而向德国示好，根本原因还是因为来自法西斯的威胁太大，而英法等国通过《慕尼黑条约》把祸水西引，促使斯大林以其人之道还治其人之身。但在东方，却并不存在类似的情况。相反，日本依然是苏联在远东的最大战争威胁。因此，莫斯科改变了在欧洲的统战策略，却并没有根本改变在东亚的统战策略。1940 年 5 月，周恩来从莫斯科回国，就带来季米特洛夫希望继续努力保持国共合作局面的意见。在这种情况下，随着 6 月法国战败，英国本土开始受到进攻，英、法失去了干预东方事务的可能性，毛泽东也转而估计蒋介石将“被迫让步”，“在不妨碍其阶级利益即政权的范围内，延长合作抗日时间”。他随即亦同意为减少军事摩擦，与国民党进行划界谈判。毛泽东明确表示：“争取划界，我们不超出界外，避免同国民党引起大的冲突，以减少国民党的恐惧情绪，争取抗战时间的延长。”[1]

相信以蒋介石为代表的中国带买办性的大资产阶级是靠英法等帝国主义的支持而存在的，这是毛泽东在英法两国失去东顾能力之后判断蒋介石必定要向共产党妥协的基本依据。然而，7 月 16 日，国民党提出所谓《中央提示案》，明确规定八路军、新四军必须在一个月之内全部开赴旧黄河以北冀察两省，并只允许中共编八路军六个师，新四军编两个师，其余数十万部队一律遣散，[2] 这不能不让毛泽东再度深感困惑。

8 月 16 日，中共中央召开会议分析国际局势，会上已经开始提到蒋介石有没有转向日本寻求和平可能的问题，但也仅仅是推测而已，并没有什么可靠的凭证。因此，毛泽东固然同意划界，但强调必须以新黄河为线，并且新四军实际上不能向北集中。殊不料，条件提出后，国民党毫无商量余地。此时华北敌后已经基本上为中共所占有，国共争夺的中心已经移至华中地区来了。新四军原在苏南的部队挺进苏北，决心在长江以北的敌后地

---

[1] 毛泽东：《目前形势的特点和党的政策》（1940 年 7 月 6 日）。

[2] 见秦孝仪主编：《中华民国重要史料初编》第五编（四），台北：黎明文化事业有限公司 1987 年版，第 227—230 页。

区建立根据地，受到国民党方面任命的江苏省主席韩德勤及其所部八十九军的坚决抵制和压迫，终至发生黄桥之役，新四军江北部队一举消灭国民党三旅之众。国民党方面恼羞成怒，于10月19日以“何（应钦）、白（崇禧）皓电”的形式，发出最后通牒，限令中共军队于一个月内按《中央提示案》要求全部开赴旧黄河以北的指定地区。[1]

在共产党已经强大到有五十万军队、六十万党员、控制着华北敌后的大部分地区和华中小部分地区的情况下，蒋介石到底有什么资本能够向共产党下最后通牒呢？难道国民党准备与共产党破裂关系？注意到9月27日德、意、日三国正式宣告结成军事同盟，毛泽东不能不怀疑蒋介石有步汪精卫后尘的危险。但是，共产党一向都很清楚，蒋介石历来都是倾向英美的，他真的会轻易地离开英美集团去加入德意日集团吗？

10月中旬，中共中央相继得到消息，美国已经提供给蒋介石一笔两千五百万美元的贷款，英国也开放了一度因受日本压迫而关闭的滇缅公路，以便于向中国运送抗战物资。周恩来亦多次来电强调蒋介石国民党加入英美集团的可能，并判断，如英美集团战胜，则国内形势将更形逆转。南方局20日发回的政治情报也断定：蒋介石还是英美派，其加紧反共反苏，是“放弃独立战争，加入英美同盟的具体准备步骤”[2]。对此，毛泽东亦表示赞同。他并且在10月12日就强调过这一点，即“蒋在英美策动下可能加入英美战线”[3]。但到25日，他已估计大资产阶级未必会加入英美集团了，因为“德不攻英伦，必向非洲、印度，英国快到手忙脚乱之时。日本将取先占南洋，后扫中国政策，香港、新加坡、仰光、荷属四地一旦落入日本之手，中国英美派又将手忙脚乱”。美国准备未周，不一定很快作战。只要日美战争迟迟不爆发，大资产阶级就只能动摇于英美路线与法国投降派贝当路线之间。当然，它们既处于动摇中，就“仍不敢过于得罪苏联，全面反共的决心也

[1] 见中央档案馆编：《皖南事变（资料选辑）》，北京：中共中央党校出版社1982年版，第87—88页。
[2] 《中共南方局当前政治情报电》（1940年10月20日）。
[3] 《毛泽东关于蒋介石可能加入英美集团致周恩来电》（1940年10月12日）。

不容易下”[1]。

不过，反复研究陆续得到的各种外电，毛泽东当天又发出电报，估计：“德国仍在准备攻英伦，即使不攻英伦，但有埃及、土耳其、阿拉伯、伊拉克必落入德军之手，日本必攻香港、新加坡、仰光及荷印，总之英国倒霉时期快到了，不论美国是否迅速参战，英国倒霉是定了的，美国迅速参战也无救于英国倒霉，因此中国英美派也是要倒霉的。”据此，他判断：“国民党现在发动的反苏反共新高潮，一方面是放弃独立战争参加英美同盟的准备步骤，其目的在为参加英美同盟肃清道路，好把民族资产阶级、上层小资产阶级拉过去；一方面也有向日本示意的作用，国民党愿意替日本担负镇压中国民族革命的责任，以求交换日本对国民党的让步，同时又将加入英美同盟吓日本，以求日本的让步。”[2]

自10月19日何白皓电之后，国共关系高度紧张。共产党既然不能答应国民党关于一个月内将全部军队撤过旧黄河以北的“最后通牒”，就必须迅速准备对付国民党可能的大举进攻。因此，正确判断国民党的进攻计划及其背景，显得异常重要。为此，毛泽东一连许多天夜以继日地分析局势，判断动向，深感关系重大，拿不定主意。

29日，毛泽东终于初步认定：“美国现在军事上尚未准备好，目前还不可能立即打败日本”，而“如果日美战争不能迅速爆发（这个可能多），或虽爆发美无胜利把握（两年内是无把握的），如果英国在（被）德意日三国在今冬明春打得落花流水（一定的），如果日本能退出武汉等地，仅占沿海与华北并声明主权仍属中国，由蒋介石派人管理（可能性很大），如果参加德意日同盟反对英美能使中国资产阶级发洋财，他是愿做贝当的”，“故蒋介石走这条路的可能性最大”。他告诉周恩来等：“我们不要被蒋介石的宣

[1] 《毛泽东关于国际国内形势的估计和对策的指示》（1940年10月25日），中央档案馆编：《皖南事变（资料选辑）》，第34页。

[2] 《毛泽东关于在目前国际形势下准备应付任何黑暗局面致周恩来电》（1940年10月25日），前引书，第35—36页。

传所迷惑，他是在干手挥五弦目送飞鸿的勾当。”“但无论哪一种局面，国共间的严重斗争是不可避免的。蒋介石为要做戴高乐，或做贝当，均将给我党以大的打击，驱逐新四军八路军于老黄河以北而封锁之，这一计划是有了决心的。”[1]

据此，他明确指示，蒋已准备局部讨伐，直至取消新四军番号，而我们决不能退到旧黄河以北，非在华中或华西划出几个较大的省区给我们是没有其他道路可走的。“而要达此目的，我们同蒋介石之间必然是一场严重斗争，甚至闹到天翻地覆也难说。”[2]

如果说毛泽东29日还在犹豫蒋是否最后下定了投降决心的话，那么两天后，即31日，毛已不再相信蒋有当戴高乐的任何可能了。根据苏联大使的秘密通报，他声称：“据我们判断，蒋介石正在与日本讲妥协并可能在两三个月内成功，时局将急转直下。”[3]

11月1日凌晨，周恩来等从重庆发来电报，一面表示同意毛泽东的形势估计，一面仍强调蒋举棋未定，毛泽东明确表示反对，称：“你们电报中似乎表示与中央有分歧，当此严重时机是不相宜的。”“目前时局很显然是直接准备投降，抄贝当老路，所谓联合英美抗日，只是蒋的烟幕弹，日本已准备了对蒋让步与日蒋联合剿共计划，我们应做此种判断。”[4]

为什么判断蒋介石会“直接准备投降”？这里面一个重要的原因，是因为毛泽东严重怀疑蒋介石要中共军队退至旧黄河以北的命令实际上是一个阴谋，是要使中共军队全部集中在河北和察哈尔这两个不大的地区内，以便于被日军消灭。在此之前，他一直把目光集中在国共冲突这时比较严重而国民党势力相对较强的华中特别是皖南地区，估计蒋若加入英美集团，蒋会取缔新四军，整个南方将陷入黑暗局面。但显而易见的是，蒋介石这样做不可能

---

[1] 《毛泽东关于目前时局问题致恩来、德怀、胡服、项英电》（1940年10月29日）。
[2] 同上引注。
[3] 《毛泽东关于蒋介石动向致恩来电》（1940年10月31日）。
[4] 《中央书记处关于加紧准备对付蒋介石的严重进攻给周、秦、何、叶的指示》（1940年11月1日）。

取得多少收获。以华中现有的兵力以及与华北敌后的联系，新四军江北部队现在就可以战胜国民党军队，一旦按照预定方案将新四军江南部队撤至江北，其结果如何更是可想而知。蒋指望谁来帮助他实现那个命令呢？总不会愚蠢到指望英美会马上帮助他反共吧？因此，毛泽东不能不渐渐怀疑蒋介石有一个更大的阴谋——一个与日本合谋消灭共产党的阴谋。

故在 11 月 1 日，毛泽东已明确提出："应估计日蒋夹击消灭我军是日蒋双方的计划。"

五、毛泽东致电季米特洛夫，寻求莫斯科支持他的先发制人

毛泽东对形势做出如此严重的估计，不是没有理由的。自 1939 年国民党五届五中全会以来，其反共、限共的态度日趋明朗化，两党摩擦日趋白热化，地方性的军事冲突更是司空见惯。国民党以政府名义提出《中央提示案》，甚至发出最后通牒式的通电，任何人都会猜测蒋介石心存根本破裂两党关系的想法。联系到这时白崇禧等人的战争言辞，和军令部拟就逾期即不遵"剿击"中共军队的军事部署以及蒋介石早有中共军队"夹在敌我之间，更易为力"的观点，可知整个形势确实存在很大的危险性。[1]

注意到八路军、新四军有受"日蒋联合夹击的严重危害"，使中共中央异常紧张。

从 10 月 20 日起，在延安的中共中央书记处成员接连在毛泽东的窑洞里开会，分析局势。因为情况仍不完全明朗，会议始终得不出确定的结果。31 日以后，毛泽东判断已下，马上就面临着一个采取何种对策的问题。既然

[1] 据中共中央书记处 11 月 1 日致关向应、贺龙、聂荣臻、彭德怀等人的电报称，白崇禧这时公开扬言："此次对于军事已有把握，不至再败。"根据蒋中正档案亦可知，作为参谋副总长的白崇禧也是极力主张就势歼灭中共军队的主战者之一。另据徐永昌 1939 年 11 月的日记，南京政府军事委员会总参谋部 18 日已"以委员长名义命令"各部准备"对该作战地境外之共军予以剿击"。《徐永昌日记》，台北：中研院近代史研究所 1991 年版，第 469 页。

断定蒋“直接准备投降”，就不可避免要提出一个要不要准备与以蒋介石为代表的大资产阶级决裂的问题。周恩来提议表面上服从并做某些实际的让步，比如新四军退出皖南，以求减少损失并拖延内战，而毛泽东首先考虑到的却是“根本问题”，不是要不要做表面文章和局部让步的策略问题，而是如何应付这一被迫的决裂而不受大的损失的问题，因为他估计：“此次决裂即有和大资产阶级永久决裂之可能。”[1]

要下此决裂的决心，正如毛泽东指出的：“政治上措辞容易，军事部署困难。”延安的领导人反复研究后，确信当前只有两种方案可供选择：一是政治进攻，军事防御；一是政治与军事同时进攻。按照前者，在毛泽东看来，“军事上危险是很大的”，因为“军事上不但不能用实力制止投降，而且必被彼方数十万军队将我军驱至陇海路以北构筑纵深封锁线（边区的封锁线是五道），我将来出不去而受日蒋两军严重夹击”。按照后者，“即从五十万人中至少调精兵二十万分路打入彼后方，如采此方案，则政治上不利（人民不了解），但军事上能制机先，不被封死，且有用实力制止投降之可能”[2]。很明显，毛泽东的内心深处是倾向于先发制人的。

这时距国民党最后通牒所宣告的最后的时间表，即11月20日，只有不足三周的时间了。国民党二十天后随时都可能对华中地区的共产党军队发起进攻。时间紧迫，而对策难产令中共中央领导人极感焦虑。

鉴于周恩来对形势估计略有不同，毛泽东明确去电批评周恩来等与中央不应有所分歧。但第二天，即11月2日，书记处开会，大家意见也还是不能一致。因为这项决策关系重大，毛泽东自己其实也深感犹豫，不得不慎重行事。他当天会毕电告周恩来说：“中央几次会议都觉此次反共与上次不同，如处理不慎，则影响前途甚大。故宣言与指示拟好又停。今日开会

---

[1] 《毛泽东关于目前根本问题致恩来电》（1940年10月30日）。

[2] 《毛泽东关于时局问题的报告》（1940年10月30日），《毛泽东关于目前时局问题致恩来、德怀、胡服、项英电》（1940年10月29日），《中央书记处关于加紧准备对付蒋介石的严重进攻给周、秦、何、叶的指示》（1940年11月1日）。

讨论你东日（即1日——引者）来电，仍主表面缓和，实际抵抗，宣言决定暂时不发，只发一简要的对内指示及答复何白皓电。”“关于华中华北的军事布置，小的不日开始调动，大的（准备调十五万）正在与老彭协商，亦宜慢慢办，不甚性急。此次蒋介石如果投降，必然是四分五裂，我们有五十万军队，有全国人心，虽有无穷困难，能打得开局面的。”与此同时，他同意了周恩来的意见，电示皖南新四军叶挺、项英：对皖南方面，决定让步，答应北移。[1]

当然，毛泽东坚持他对形势的估计。2日周恩来转达苏联大使潘友新的意见，指出目前尚不能断定蒋已决心与日本妥协，蒋实际仍在三岔路口。毛当即要周恩来转告大使称：“潘友新的意见是对的，我们亦判断蒋目前还处在三角交叉点上，对德日谈判，目前还在讨价还价中。唯目前是一回事，将来又是一回事。依客观估计，蒋将来靠英美的可能性小，靠德日的可能性大，因德日的压力与引力都是很大的。”“只有共产党、中国人民……再加上苏联的压力，才能制止蒋集团的投降。”蒋最怕的是内乱，是苏联，故我们可以这点欺负他。他要“剿共”，我们一定要反“剿共”。如果我们在反对内战口号下不怕内战，待他的“剿共军”前进时出十五万精兵抄到他的后方，打几个大胜仗，那时苏联再出来调解一番，好转也不是不可能的。自然，打起来后，蒋介石也有当贝当的可能，“但彼既组织‘剿共军’，我当然不能坐以待毙，当然不能让他筑好十道八道西起宁夏东至滨海的纵深重层封锁线（新的万里长城），让他把我们放在日蒋夹击消灭中而毫不动手动脚”[2]。

既然要充分做好对付蒋介石“剿共”的准备，先发制人还是后发制人的问题还是不能不极大地困扰着毛泽东。3日，他分别致电彭德怀和刘少奇，强调：“蒋介石准备投降，决心驱我军于黄河以北，然后沿河封锁，置我于

[1] 《毛泽东关于蒋介石反共形势的分析及我之部署致周恩来电》（1940年11月2日）。

[2] 《毛泽东关于准备对付黑暗局面是全党中心任务致周恩来电》（1940年11月3日），前引《皖南事变》，第38—39页。

日蒋夹击中而消灭之，其计至毒。我们当然不能听其处死，至时机成熟时决从左右翼打出去，转变局势争取好转。”他提议，将八路军编为三个纵队，各选五万精锐，准备出鄂豫陕边和陕甘川边。将新四军精锐组织一支两万人左右的挺进军，乘反共军封锁未成，从其间隙打到他后方去，然后以一小部（三千左右）配多数地方工作干部，在大别山地域创造游击根据地，准备独立支持半年以上，以待华北主力之到达。[1]

计划已至如此具体，可以想见毛泽东又倾向于先发制人的方案了。只不过，正如毛泽东所说，因为这“是一个历史的转变时机，是一个中国革命带突变性的时机，是一个大资产阶级从政权中退出还是保留的时机”，“此时错一着将遗尔后无穷之患”，因此他还不能不万分谨慎小心，用他的话说，是“鲁莽不得，错误不得”。[2]

11 月 3 日，毛泽东事实上看法已定。他一方面以朱、彭、叶、项名义起草答复何白皓电，表示皖南新四军军部准备北移，争取延缓国民党“剿共”行动的时间；一方面断定蒋介石期限一到，必以大军“进剿”，“第一步将我军驱逐于陇海路线以北，构筑重层封锁线”，“第二步配合日寇实行夹击，消灭我军”。为不致被迫“退往华北三省让其过黄河构筑新的万里长城致被封死，被夹击，被消灭，而让蒋介石安然投降”，在取得其他中共领导人的同意后，毛泽东决定采取重大军事步骤，当国民党“‘剿共军’前进时”，即以十五万精兵分几路首先打到国民党后方河南及甘肃等地去，以粉碎其“剿共”阴谋和封锁计划。同时，毛泽东拟就“炸弹宣言”，并通知重庆办事处等中共在国民党区域的机关“即刻开始作紧急布置”，一切已引弦待发。[3] 但面对这一孤注一掷的重大步骤，他深知仍缺少决胜的把握。因此，他不能不致电季米特洛夫，“请求”莫斯科给予“指示”。

11 月 4 日，毛泽东起草了给共产国际领导人季米特洛夫和曼努伊斯基

---

[1] 《毛泽东关于击破蒋介石反共降日的战略部署致胡服电》（1940 年 11 月 3 日）。

[2] 《毛泽东关于准备对付黑暗局面是全党中心任务问题致周恩来电》。

[3] 《中央书记处关于行动布置致恩来同志电》（1940 年 11 月 3 日），前引《皖南事变》，第 78 页。

的电报，详细说明了采取这一重大行动步骤的必要性。

他说：蒋介石现在正压迫我们在华中与山东的三十万人退往旧黄河以北的华北三省，而那里我们已有五十万人，敌人扫荡异常激烈，根据地日益缩小，给养十分困难。“蒋介石计划是驱逐我们至华北，修筑重层纵深封锁线（正在大规模修筑）置我们于日蒋夹击中而消灭之。”在这种情况下，我们决不能就范，准备举行自卫的反攻。为此在军事上拟以大部军队（约三十五万）坚持各抗日根据地，而以一部精锐（约十五万）打到国民党后方的河南与甘肃等地去，以期粉碎这一进攻。但此举必被蒋指责我们破坏抗日，并“有可能闹到蒋介石与我们最后大破裂，故在政治上是不利的”，“如处置不当，可遗将来无穷之祸”。故毛泽东表示：我们“最后决心还没有下”，“请求你们给以指示”。[1]

应当指出的是，毛泽东这时的基本思想并不是想要主动破裂与国民党的关系。无论是国际环境，还是两党力量对比，事实上也都没有达到这样做的条件。采取这一重大步骤完全是国民党的军事威胁所迫。但问题是，只要有破裂国共关系以至于影响到中国对日抗战的任何可能，就是共产国际和苏联所不愿意见到的。

就在毛泽东准备寻求莫斯科支持的时候，斯大林正在派遣新的军事总顾问崔可夫到中国来帮助国民党。在与崔可夫的最后谈话当中，斯大林明确讲到对中共力量的看法，不同意采取与蒋介石为敌的做法。他说：中共“还显得太孱弱”，其“在国内的地位还不巩固，蒋介石可以轻而易举地联合日本人来反对共产党”。因此，把枪口对准国民党，必然使自己“处于走投无路的境地”。如果因此把蒋介石逼到日本一边去了，那不论对中国革命还是对苏联的安全，都是一种严重的“危险”。[2]

季米特洛夫对这时国共之间的严重局势也深感担忧。在与毛泽东的往

[1] 《毛泽东给季米特洛夫、曼努伊斯基的信》（1940 年 11 月 4 日）。
[2] 崔可夫：《崔可夫赴华使命》，北京：中国社会科学出版社 1980 年版，第 33、35—36 页。

来电报中，不止一次地表明了必欲维护国共合作局面的立场。他强调认为：蒋介石的主要危险，还只是有被亲日派牵入圈套而由反共走向投降的可能性，还看不出有全面剿共和降日的决心。而亲日派的目的，正是要设法挑起国共战争，逼蒋降日，共产党切不可中此诡计，故在政治上应把矛头对准亲日派，军事上只应做防御的自卫战的准备，党的决定无论如何“不该将破裂作为出发点”。[1]

六、毛泽东接受莫斯科的意见，估计蒋不过是大吹小打而已

毛泽东并不赞同莫斯科的意见，但没有莫斯科的支持，先发制人即不能实行，这一点很明显。况且，他也确实没有足够的证据证明自己的判断，因此，他不能不设法采取其他办法来缓和目前的严重危机。

6日，他读到周恩来发来的“重要情报”，了解到英美正极力设法控制中国，国民党内高层亦强调“蒋本人受英美影响大过德日”，力主发动英美反对亲日派逼蒋投降阴谋，制止“剿共”战争。蒋本人也在3日下午将各地请求“剿共”的电文改为“缓发”，说是需要再作考虑。他当即一改前此方针，致电周，主张：“我们再不要强调反对加入英美集团了，虽然我们也不应该提倡（因为它是帝国主义战争集团）。目前不但共产党、中国人民、苏联这三大势力应该团结，而且应与英美作外交联络，以期制止投降，打击亲日亲德派活动。”

当天，他致电南方各地党的领导人，强调务必“利用时机向国民党各方奔走呼号，痛切陈词”，动员党与非党的多数人员四出活动，“不要骂蒋骂国民党，只骂亲日派”，“表示爱护蒋爱护抗战与团结”的态度，力求缓和。[2]

11月7日，中央据此发出指示，要求全党把“过去对于顽固派斗争的火力，

---

[1] 转见《季米特洛夫致斯大林电》，1941年2月6日，转见 Chinese Law and Goverment，Vol.30，No.1—2（1—2，3—4，1997）。

[2] 《毛泽东关于加强国内外联络以制止投降分裂致恩来电》（1940年11月6日）。

现在主要的要转到亲日派与内战挑拨者身上”来，一方面“严防突然事变的袭击”，一方面全党动员，挽救时局危机。指示强调：“目前制止投降与内战，还是可能的，还来得及，还有这种时间。”[1]

距离蒋介石规定的最后时限越来越近了，毛泽东内心深处对这样做的效果如何自然多少还有些怀疑。他一面肯定新的对策已为蒋留有余地，一面却仍不时地表示担心，称“恐蒋不争气耳”，相信国共关系“好转前途很少”。但新方针既然确定，各种情报也证明“彼方目前尚无投降与全面‘剿共’之决心”，毛泽东也一再表示相信：“我方反投降反内战之活动如果有力，制止投降内战尚有可能。”[2]

注意到蒋介石对有关八路军调动的谣传十分恐慌，毛泽东开始大打心理战，要求各地放出消息，“如彼方大举进攻新四军时，八路军决难坐视，以恐吓之”，称“这种空气如放得适当，可能停止或延缓其进攻”。

与此同时，他要求各地不得擅自开衅。刘少奇来电，说明国民党两师进攻皖东新四军，新四军决心报复，消灭苏北韩德勤部，毛泽东明令目前只能准备，不能动手。彭德怀来电提议调派主力援助华中新四军，先发制人，毛同样复电说明：“对于国民党在华中举行的军事进攻，决采取自卫的防御战”，华北各部暂不调动。[3]

11 月 15 日，为劝阻党内军内急于转入攻势的强烈要求，毛亲拟电文指示各地，全面解释蒋介石目前进攻还有种种困难，与日本人也没有真正讲好条件，“如我各方面做得好，这次反共是可能打退的”[4]。

但 15 日以朱德、彭德怀、叶挺、项英名义发出的答复何白皓电的佳电公开发表后，毛泽东得到各方面的反映，判断“大局有变动可能”，形势估

---

[1] 《中央关于目前时局的指示》（1940 年 11 月 7 日）。

[2] 《毛泽东关于动员党内外一切力量制止蒋介石剿共降日致克农项英董老并告恩来并转告各方电》（1940 年 11 月 6 日），《毛泽东关于加强国内外联络以制止投降分裂致恩来电》（1940 年 11 月 6 日），《中央关于目前时局问题的指示》（1940 年 11 月 7 日），前引《皖南事变》，第 80—81、40—43 页。

[3] 《毛泽东关于在华中决采取自卫的措施致彭德怀电》（1940 年 11 月 14 日）。

[4] 《中央关于这次反共是可能打退的给各分局的指示》（1940 年 11 月 15 日）。

计上又显得多少有些过于乐观了。

21 日，他开始断言：“只要蒋未与日本妥协，大举剿共是不可能的，他的一切做法都是吓我让步……除吓以外，还有一个法宝即封锁，此外再无其他可靠办法。”而我们是不吃这一套的，即使皖南“一点点让步”，我“现偏要再拖一两个月”。如果他敢叫胡宗南在边区挑衅，“我们即在苏北发动一个局部战斗以报复之”，“突然攻占淮阴宝应间一块地方”，“只有软硬兼施，双管齐下，才能打破蒋介石的诡计”。[1]

据此，毛指示叶挺、项英：皖南新四军北移“可以拖一个月至两个月”，并批准了苏北新四军部发起曹甸战役，即攻占淮阴、宝应两县间凤谷村、车桥、平桥、阳念、黄浦、安丰等地的局部战斗计划，以打通皖东与苏北的联系。[2]

24 日，日军开始向鄂西、鄂北发动进攻。30 日，日本同盟社消息，日本政府已正式承认以汪精卫为主席的南京伪国民政府。与此同时，美国政府反其道行之，宣布将向中国提供一亿美元巨额贷款，英国政府随后也宣布将向中国提供五千万美元的巨额贷款。甚至斯大林这时也宣布将进一步支持中国抗战。这种情况清楚地显示出，关于蒋介石投降的估计已经不能成立了。

注意到这种情况，毛泽东很快得出结论：“日蒋决裂，日汪拉拢，大局从此有转机，蒋对我更无办法”，“这次反共高潮快要完结”。他确信：“此次反共规模，不会比上次大，只会比上次小，因为我更强了，彼更弱了。”[3]在 12 月 4 日的政治局会议上，他甚至明确承认，过去一段对英美的政策是不妥当的。

---

[1] 《毛泽东关于打破蒋介石诡计致胡服、德怀电》(1940 年 11 月 21 日)。

[2] 毛泽东估计：“苏北动作不碍大局”，认为“顾、韩会要叫几声的”，皖南新四军被问到“敷衍一下就完了”，至少“蒋、顾是不会为难你们的，现在开始分批移动，12 月底移完不算太迟”。见《皖南事变》，第 105 页。

[3] 《毛泽东关于粉碎蒋介石反共阴谋致周恩来等电》(1940 年 11 月 21 日)。

这时，不是没有不同的声音。比如，苏联大使就特别告诫说，从目前国民党方面的态度看，新四军不退出华中蒋是不会罢手的。冯玉祥也特别提醒中共说，蒋对苏北问题十分恼火，蒋惹急了是会撕破脸皮乱打的。对此，毛都表示不可信。他告诉周恩来说：这种估计是不正确的，“蒋是精于计算的人，他的流氓只用以吓人，并不用以决定政策”[1]。

毫无疑问，毛泽东没有估计到这个时候在国民党方面最为敏感的苏北方面再度主动发起作战可能带来的后果。曹甸战役不仅没有取得成功，而且战役刚一打响，何应钦就于12月3日向蒋提议，原定皖南新四军经苏南转苏北的北移路线应废止，“只准由江南原地北渡，或另予规定路线，以免该部直接参加对韩德勤部之攻击”[2]。蒋随即批准了何的提议，并转令顾祝同要叶挺遵命原地北渡或由顾另择路线。与此同时，蒋介石秘密批准了军令部关于《剿灭黄河以北匪军作战计划》，并于9日下达手令限令新四军皖南部队必须于12月31日移至长江以北，一个月后移至黄河以北。此举显示，蒋已忍无可忍，决心要实施肃清江南乃至黄河以南新四军的作战部署了。

显然，毛泽东低估了蒋介石和国民党人这时与共产党争夺华中地区的决心，对皖南部队所处的危险形势这时也还有些估计不足。毛泽东确信，日汪条约签订后，“此次严重的投降危险已被制止，故不应如十月十一月那样的强调反投降了”。“国民党反共必然继续，进攻华中不会停止，但大规模内战与国共分裂目前是不会的。”他反复讲：“在蒋介石没有真正投降以前，向我大举进攻是不可能的，因为他没有便利的战场。”“只要蒋不投降，大举进军是不可能的，始终不过大吹小打而已。”[3]

眼见最后期限将至，12月26日，蒋介石再度约见了周恩来。他话里有话地说：“你们一定要照那个办法，开到河北，不然我无法命令部下。苏北

[1] 《毛泽东关于对蒋策略致恩来电》（1940年12月4日）。

[2] 同前引《何应钦关于解决江南新四军呈蒋委员长》（1940年12月3日）。

[3] 《毛泽东关于粉碎蒋介石反共阴谋致周恩来等电》（1940年11月21日），《毛泽东关于蒋介石及其军队中各派系情况致恩来电》（1940年12月25日），前引《皖南事变》第111—112页。

事情太闹大了，现在谁听说了都反对你们，他们很愤慨，我的话他们都不听了。”“如果非留在江北免调不可，大家都是革命的，冲突绝难避免。我敢断言，你们必失败。”周恩来已经听出蒋介石的某些话外音，估计蒋是“半打半拖”，打的可能仍然存在。考虑到这时的敌我态势，他相信，最危险的是皖南，顾祝同固然未必有先动手之意，但“蒋介石、何应钦、白崇禧恐均有此意。其目的在企图消灭我新四军一部，以逼我北上”。当然，他也认为：“整个破裂尚不至于。”[1]

蒋介石真的会对皖南下手吗？一直怀疑国民党会把局部进攻重点放在华中的毛泽东，这时多少还有些怀疑。直到12月31日，他还估计：“蒋及国民党虽然气势汹汹的举行进攻，实则他们很怕内战，很怕根本破裂国共合作，故其决心仍有动摇之可能”。不过，他还是接连去电提醒项英：“应估计在移动中可能遇到特别困难，可能受袭击，可能遭损失，要把情况特别看严重些。”由于实在无法确定蒋介石究竟打算怎么做，他甚至干脆表示：“他们要反共，让他们去反，‘剿共’也让他们来‘剿’，反得全国天怒人怨，那时我再表示态度。”

七、皖南事变爆发，毛泽东与莫斯科政策分歧，双方关系起变化

项英不是没有估计到新四军军部北移“可能受袭击，可能遭损失”，他所以选择了后来引起极大争议的南下茂林，然后兜一个大圈子去苏北的道路，很大程度上也是因为北上的道路或者被国民党拒绝了（走苏南转苏北），或者是军事上风险太大（直接由云岭北上渡江通过日军封锁线进入皖北桂系地盘），不得不下决心先南下再东进，绕过横阻在其东去苏南路上的国民党两个正规师，乘其不备，转进苏南，再渡苏北。结果，这支部队正好闯

[1] 《周恩来关于和蒋介石谈话情况给毛泽东并中央书记处的报告》（1940年12月26日），前引《皖南事变》，第121—122页。

入按照蒋令正在南面陆续集结起来，准备期限一到即压向云岭，逼迫新四军军部渡江的国民党第三战区部署的封锁线。这支近万人的队伍，一下子就损失了七八千人。这就是当时震惊中外的皖南事变。

再也没有比这种打击来得更沉重的了。毛泽东不是没有看破蒋介石国民党动辄就要动武的本性，甚至不是没有预见到这种可能到来的反共战争，他甚至也提醒过新四军领导人要准备应付突然袭击。因此，他显然认为他是在蒋介石大规模进攻即将到来的一瞬间相信了共产国际！由于太过于听信共产国际，如今蒋介石的进攻已经开始，共产党却还没有做好必要的准备。他为此愤然致电周恩来，要他质问刚刚上任的苏联军事总顾问崔可夫："叶项被俘，全军覆没，蒋介石无法无天至此，请问崔可夫如何办？"[1]

同前此的情况一样，毛泽东绝不会把蒋介石的这种进攻仅仅看成是一个孤立的事件。进攻刚一发生，他立刻就做出反应：应当马上"在政治上军事上迅即准备作全面大举反攻"。1941 年 1 月 14 日，国民党在皖南的军事行动刚一结束，蒋介石就于 17 日发布了一道取缔新四军的命令。毛泽东当即指出：蒋介石"有与我党破裂决心"，蒋干出这件大事，"定有帝国主义的指使，这或者是英美，或者是德意"，但"背景似以日德为多"，其"计划是各个击破我军，先打新四（军）后打八路（军）"。[2]

进而，根据各方面的情报，毛泽东认定："蒋介石已把我们推到和他完全对立的地位，一切已无话可说"，因此，现在再也不是打退反共高潮问题，"而是根本破裂问题"，"是如何推翻蒋介石统治问题"。他明确告诫全党：一切好转的可能性"已经没有了"。对此，"我们决不能再取游移态度，我们决不能再容忍，我们决不能怕破裂，否则我们就要犯严重错误"。[3]

---

[1] 《毛泽东关于将皖南事变告崔可夫并征询意见致周、叶电》（1941 年 1 月 15 日），前引《皖南事变》，第 147 页。

[2] 《毛、朱、王关于我在政治军事组织上采取的步骤致彭德怀并告胡服电》（1941 年 1 月 19 日）。

[3] 《毛泽东关于蒋介石发布"一·一七"命令后国共关系的变化及我之对策致周恩来、彭德怀、刘少奇电》（1941 年 1 月 20 日）。

苏联大使以及苏联军事总顾问这时也急忙出面，一面向蒋表明不满的态度，一面则劝告中共中央不要采取破裂步骤。对此，毛泽东毫不客气地致电周恩来，要他告诉这些苏联人：“蒋介石一月十七日命令是中国全国性突然事变的开始，是全面投降全面破裂的开始”，苏联应当立即“停止接济，准备后事，不然要上当的”。[1]

然而，中共这时有没有在政治上特别是在军事上立即转入全面进攻的可能呢？在接连举行的中央政治局会议上，中共领导人一致同意必须加强政治上的全面反攻，必须准备全面破裂，但人们显然注意到军事上大举反攻目前未必适宜。华中新四军直接暴露在国民党和日本军队的两面夹击之下，陕甘宁边区也必须立即调集兵力才能确保安全，要实行战略性的反攻还需要“争取时间长些过到更有利的时机”。

毛泽东对这些情况也不是不了解。他指出：“如立即取攻势，即须调动华北兵力，而一经调动即须有决心打到四川去（非打到四川不能夺取陕甘），即须有决心同蒋介石打到底”，如此重大的战略行动，无论如何都不能轻率采取，并须与苏联和共产国际取得一致。他因此对莫斯科十分不满，但又无可奈何，说：“问题是远方的政策与我们所想的相左，三个月来几经往复，尚未解决。故目前我们在政治上取猛烈攻势，而在军事上暂时还只能取守势，唯须做攻势的积极准备，以便在四个月或六个月后能够有力地转入攻势。”[2]

1941 年 1 月 25 日，毛泽东再度收到季米特洛夫发来的紧急电报，电报突出强调了继续利用日蒋矛盾的重要性，要求中共集中火力打击国民党亲日派，不可另起炉灶，不要主动破裂与国民党关系，以免上亲日派的当。[3]不论毛泽东对共产国际的政策有多少不满，来自莫斯科的意见这时对中共的政策仍旧具有重要的制约作用。特别是国共两党面临破裂的边缘，它明显地需要来自苏联和共产国际的帮助。

---

[1] 《毛泽东关于蒋介石一月十七日命令是全国性突然事变的开始致周、董、叶电》(1941 年 1 月 23 日)。

[2] 《毛、朱、王关于我军政治军事组织上采取的步骤致彭德怀并告胡服电》。

[3] 《季米特洛夫致毛泽东电》(1941 年 1 月 25 日)。

毛泽东告诉叶剑英说，仅军事一项，由于“我们缺乏重武器及使用武器的技术人员”，就无法实现夺取西南西北几个重要省份的战略目的。因此，毛泽东这时强烈地要求苏联停止“接济重庆武器”，立即准备“公开援助我们”，特别是设法“援助我们夺取兰州”，以便通过兰州连通与苏联的通道，接取援助。他明确表示：八路军“没有飞机及攻城部队夺取兰州及甘凉肃三州是不可能的”。[1]

毛泽东没有能够说服莫斯科。季米特洛夫反复来电要求毛泽东考虑日蒋矛盾问题。终于，在蒋介石多少有些示弱，而日本军队又向国民党的正面防线发起进攻之后，毛泽东发现蒋介石其实并没有勾结日本准备投降的企图，他的怒气也逐渐地平息了一些。他开始强调：“从破裂开始到全面破裂尚可能有一个过渡时期”，日蒋矛盾“仍须尽量利用之”，国共合作还可以延长时间，共产党有必要“利用这个过程使破裂于我有利”。而根本上的问题在于，军事上未来进攻的主动性，必须“要待国际条件成熟时才能完全到我手中”。这里所说的国际条件，仍旧是指苏联。因此，他仍旧希望莫斯科能够明白：“蒋介石反革命是定了的。”[2]

自毛泽东提出新民主主义的策略思想之后，同已经被定义为“大地主大资产阶级”代表的蒋介石集团争夺实力领导地位，已经成为中共中央一种必然的选择了。至于何时明白地向全党提出这个问题，以及以何种方式来提出它，其实只是一个时机的问题。如今，这样的时机似乎出现了。

1 月 29 日，根据毛泽东的提议，中共中央政治局正式通过了《关于目前时局的决定》，明确指出：皖南事变“是蒋介石领导的国民党由革命到反革命的转折点或分水岭”。在这种情况下，我们过去采取的一面斗争、一面联合的政策，现在已经不适用了。“对于他们，我们现在已不得不放弃联合政策，采取单一的斗争政策。”尽管，按照目前的国际国内条件，“由开始

[1] 《毛泽东关于询问崔可夫公开援助事宜致周电》(1941 年 1 月 30 日)。

[2] 同上引注，并见《毛泽东关于处理两党关系必须坚持十二条致周电》(1941 年 1 月 30 日)。

破裂到完全破裂，可能还有一个相当长的过程，其时间的快慢，由国际国内各种复杂条件来决定。但蒋介石实行全面破裂的前途是确定了的，因为蒋介石所代表的大地主大资产阶级已经日益反动，毫无希望了”。今后，“我们努力的方向是，动员全国人民，孤立与克服大地主大资产阶级及其首领蒋介石的反动，使一切主张抗日与民主的各阶层的人民代表去代替反动了的大地主大资产阶级，组织抗日民主的国防政府，执行抗日救国的革命政策，进行胜利的抗日战争，驱逐日本帝国主义，建立独立自由的中华民国”。[1]

从 1939 年国民党开始具体策划和实施其“防共”“限共”的方针起，到 1941 年皖南事变结束止，毛泽东以及中国共产党对蒋介石国民党的策略转变在一系列极其复杂的过程中终于完成了。尽管由于总体上国共两党实力对比的限制，由于莫斯科的不理解，特别是由于事实证明蒋介石仍在抗日等原因，中共中央不久之后又逐渐恢复了合作的政策，但是，放弃对国民党领导地位的承认，放弃与国民党“长期合作，共同建国”的幻想，提出“孤立与克服大地主大资产阶级及其首领蒋介石的反动，使一切主张抗日与民主各阶层的人民代表去代替反动了的大地主大资产阶级”的策略，这无疑是决定着中国未来命运的一种重大的认识变动与策略变动，是抗战中的共产党迈向它的 1949 年的关键性步骤。

面对这样一种重大的认识变动与策略变动，毛泽东与莫斯科之间的分歧之大，是显而易见的。1941 年 2 月 6 日，季米特洛夫特别就此致信斯大林，断言：从毛泽东同志的一系列电报中，可以看出中国同志相信同国民党的分裂是不可避免的，并且正在不假思索地走向分裂。在征得了斯大林的同意之后，季米特洛夫给毛泽东发出了一封措辞严厉的电报，称：我们认为同蒋介石分裂并不是不可避免的。您不应当坚持分裂的方针。恰恰相反，您应当依靠抗日统一战线的广大群众，共产党应当尽一切可能避免分裂与内战。请您清楚地考虑局势，重新研究您现在的立场，并通知我们您的意

[1] 《中共中央关于目前时局的决定》（1941 年 1 月 29 日）。

见和建议。[1]

事实上，中共中央这时已经再度调整了自己的对策。但无论如何，由于各自关心的利益有所不同，这个时候毛泽东与莫斯科之间已经产生了十分明显的分歧。正是基于这样一种近乎公开的意见分歧乃至政策冲突，毛泽东清楚地意识到迅速改变与共产国际之间上下级关系的严重必要性。毛泽东与莫斯科、中共与苏联及共产国际之间的关系，不可避免地要发生变化了。

[1] 见 RCPSMH，495/74/317/75。

第五章

延安整风的台前幕后

匪夷所思：毛泽东不敢去中央党校做报告？宣传部只把毛泽东的著作当作临时的策略教育和时事教育文件？毛泽东批评延安宣传教育工作的讲话措辞尖刻、态度激烈，张闻天坐卧不安；王明一时兴起，揭穿一个“秘密”，引火烧身；毛泽东由王实味想到张实味、李实味，思想清洗走向组织清洗，毛泽东发现“特务如麻，到处皆有”；共产国际突然解散，王明问题上纲上线；毛泽东断言：康生是一个值得信赖的人……

1940年秋冬，因为在判断蒋介石有无联合日本夹击八路军的阴谋的问题上，毛泽东与莫斯科之间发生了意见分歧。几经往复，毛泽东最终放弃了先发制人，集中十五万精兵进入甘肃与河南，打破日蒋夹击的军事行动计划。紧接着，皖南事变发生，新四军总部近万人被歼，蒋介石公开宣布新四军为叛军，取消了新四军的番号，毛泽东再度提出政治上和军事上同时采取攻势的策略，并多次告诫莫斯科不要再向蒋介石国民党提供援助。如果说过去双方之间的历次冲突，都是莫斯科立于主动地位的话，那么，这一次它就不能不处于下风了。这不仅仅是因为这时的毛泽东已经取得了党的领袖地位，而且因为这个党已不再是过去那个必须要依靠莫斯科的援助才能生存和发展的小组织。它有着相当庞大的组织系统，有几乎独立的军队和政权，并且得到极为广泛的敌后农民群众的拥护和支持，因此也就具有了足以支撑其生存和发展的物质的和人力的资源。有这样的党做基础，再加上毛泽东的强烈个性和勃勃雄心，他自然不会听任莫斯科的摆布。由于这个时候的中共在组织系统上仍旧是共产国际的下级支部，中共党内还有相当多的干部，包括相当一部分主要领导人，都曾经留学苏联，对共产国际言听计从，莫斯科完全有可能通过组织的手段，颠覆毛泽东尚不十分稳固的领袖地位。因此，毛泽东不能不考虑根本改变中共与共产国际之间的关系。著名的延安整风运动，就是由此而发生的。

一、毛泽东批评“言必称希腊”，主张对俄国人的话“不可尽听”

自从1938年六届六中全会前共产国际肯定了毛泽东的领袖地位以来，军队和根据地取得了长足的发展，理论上又形成了足以对国共关系乃至中国革命起指导作用的新民主主义思想，毛泽东工作得可谓得心应手。但皖南事变的发生，尤其是在此前后与莫斯科之间的激烈争论，不能不给毛泽东敲了一个警钟：双方的争论与其说是一时的政策分歧，不如说是考虑问题的出发点相差甚远。既然如此，究竟能不能与莫斯科始终保持一致呢？

如果不能，后果又将如何？

国共合作三年多的实践表明，国共两党可谓格格不入，共产党的生存与发展，不采取独立自主的斗争策略不能取得。因此，毛泽东已渐渐在怀疑，十二月政治局会议王明传达的共产国际那些关于“抗日高于一切”的统战指示是否正确？为什么八路军在华北敌后能够取得支配地位，为什么新四军在华中地区能够发展壮大，而项英领导的部队在皖南竟会全军覆没？在他看来，根本原因就在于，华北和华中方面坚决实行了独立自主的斗争策略，而皖南项英等人却继续拘泥于十二月会议的精神，作茧自缚，畏首畏尾，犯了右倾错误。

依据这一观点于事变后起草的《中央关于项（英）袁（国平）错误的决定》，明确肯定，新四军的失败首先就在于，项英“对统一战线的了解，是犯了右倾机会主义错误的”，“他对于国民党的反共政策从来就没有领导过斗争，精神上早已作了国民党的俘虏”。[1]

项英的错误是怎么来的？还在1月15日讨论皖南新四军失败问题的政治局会议上，毛泽东就明确讲过，这是抗战以来一部分领导同志“只知片面的联合而不要斗争、不要独立自主的政策”造成的。问题的根源在于有些同志没有把普遍真理的马列主义与中国革命的具体实际联系起来，甚至不了解中国革命的实际，不了解经过十年反共的蒋介石。他情绪激动地讲这句话时不知是不是话里有话，但在座的王明听着肯定不会顺耳。

强调理论必须联系实际，这当然不是无的放矢。还在六届六中全会召开之际，毛泽东刚刚得知自己被共产国际确定为党的领袖，他就已经在倡导“把马克思主义在中国具体化”了。而所谓“具体化”，就是强调：“洋八股必须废止，空洞抽象的调头必须少唱，教条主义必须休息”，主张作为

[1] 《中央关于项袁错误的决定》（1941年1月），《中共中央文件选集》第13册，北京：中共中央党校出版社1991年版，第31页。

中国人，一定要有“中国作风、中国气派”。[1] 其矛头所向，自然是党内那些赴过苏、留过洋，擅长引经据典的领导人。

毛泽东的顾虑不是多余的。自六届四中全会以后，大批留苏学生被提拔到中共中央的领导岗位上来了。留苏学生一多，弥补了过去党内理论基础薄弱的欠缺，但同时也带来了教条主义盛行的问题。而让毛泽东尤其感到不安的是，尽管在中共中央领导层当中留苏学生不占多数，但对于一个视自己的意识形态为生命的党来说，这些熟悉理论教条的留苏学生在党内的能量和影响却非常之大。1944 年整风运动临近尾声之际，康生曾经公开讲过这样一个鲜为人知的情况。他说，如果不是搞了整风运动，毛泽东几乎不敢来中央党校做报告！[2] 这件事听起来似乎有点匪夷所思，但却是千真万确的事实。它表明，在延安整风之前，对于一般党员干部来说，王明等留苏学生出身的中央领导人确实有一点理论权威的架势，即使是像毛泽东这样，经过一段时间的“恶补”，这时已经有了一些理论成就的党的领袖，也不能不对他们敬而远之，尽可能不去涉足他们的“专业领地”。

没有上过大学，甚至连国门也没有跨出去过，这显然是一个弱点。正因为如此，当大批留苏学生开始在江西苏区指手画脚之际，毛泽东就已经痛感自己在理论方面的不足了。这也就是他自觉必须“恶补”的原因。所谓“恶补”，就是后来人们所看到并经常提到的，在江西时的他已是“望得书报如饥如渴”，“到延安后就发愤读书”。[3]

问题是，发愤读书，乃至发愤写书，也并不能让那些留苏学生从内心里改变唯书唯上的思考习惯。这里讲的“书”指的是俄国版的理论著作，“上”指的来自莫斯科和共产国际的指示。至于毛泽东的书和毛泽东的指示，是

---

[1] 毛泽东：《中国共产党在民族战争中的地位》（1938 年 10 月），《毛泽东选集》（竖排合订本），第 522—523 页。

[2] 见《康生在中央党校的报告》（1944 年），中共中央党校党史教研室资料室藏油印本。

[3] 参见《毛泽东致中央信》（1929 年 11 月 28 日），《毛泽东书信选集》，北京：人民出版社 1983 年版，第 26—27 页；郭化若：《毛主席抗战初期光辉的哲学活动》，《中国哲学》第 1 辑。

不在其中的。

抗战开始前后，毛泽东已接连写了《实践论》、《抗日游击战争的战略问题》、《论持久战》以及《新民主主义论》等一系列重要的理论文章和小册子，并没有得到负责理论报刊宣传工作的领导人的足够重视。《新华日报》竟拒绝发表他的《论持久战》。《新民主主义论》出来后，负责中央宣传部工作的同志也“只把毛泽东同志的著作，列入临时的策略教育与时事教育之内，只当作中央的一般政策文件看待”。在相当长的一段时间里，延安的理论宣传和教育工作引经据典已靡然成风。皖南事变几个月后，毛泽东就公开批评这种现象说：有些人把马列主义当成死的教条，“对于研究今天的中国和昨天的中国一概无兴趣，只把兴趣放在脱离实际的空洞‘理论’研究上”，“言必称希腊”，“自以为是，老子天下第一，‘钦差大臣’满天飞”，专门唬那些不懂理论的工农干部和青年学生。[1] 这自然是有所指的。

在这个时候的延安，谁会“言必称希腊”？什么人会把自己当成“钦差大臣”？这大概是不言而喻的。这里所说的“希腊”，无疑是指苏联；而能够成为对党指手画脚的“钦差大臣”的，自然也只有来自莫斯科的人。反对引经据典，这不仅仅是因为毛泽东没有留过学，又忙于革命工作，读马列的书大大少于那些留苏学生，而且也是因为他土生土长，从斗争实践中成长起来，一贯重实践轻教条。特别是发愤读书几年之后，毛泽东更加意识到，他与留苏学生之间围绕着马列书本知识上的差距，很大程度上也并不是一个读书多少的问题。书读多了，不见得有用。博古的马列著作肯定读得比他多，犯错误不是更多？

博古犯错误，乃至项英犯错误，在毛泽东看来都是一个问题，那就是理论不能联系实际。理论不联系实际，说到底就是不能依照中国革命的利益和需要来考虑问题，一味地照莫斯科的指示或苏联的模式去做。皖南事变前后莫斯科与中共中央之间在形势估计及统战策略问题上所发生的意见

[1] 毛泽东：《改造我们的学习》（1941 年 5 月），《毛泽东选集》，第 797—802 页。

分歧，其实也就包含着要不要一切为中国共产党的实际利益着想的问题。外国人如此也就罢了，如果中国党内部一些人也不从中国革命的实际和中国革命的具体利益出发来考虑问题、决定政策，而是“言必称希腊”，习惯于唯莫斯科是从，一旦有个风吹草动，即使共产国际不干涉，党内也势必出现严重问题。

当然，类似的问题，毛泽东不是第一天看出来的。问题是，在与共产国际关系还相当好的时候，在中共的力量还相当弱小的时候，毛泽东还不能不小心翼翼地注意不去捅破这层窗户纸，以免惹动莫斯科胡思乱想。而皖南事变之后，在与莫斯科发生明显争执以后，考虑到中国党与共产国际之间微妙的上下级关系以及中国党已经相当壮大的现实，依照毛泽东的性格，继续容忍党内这种唯莫斯科是从的风气发展下去，是绝对不可能的。毛泽东 5 月 14 日给周恩来的一封批评苏联军事总顾问崔可夫的电报，很能够反映出他这时的心态。毛在电报中直截了当地要周恩来转告崔可夫：中共怎么做自有中共的道理，要崔可夫“不要随便乱说”。毛同时告诫周等一定要明白：对俄国人的话，“不可不听，又不可尽听”。[1]

几天后，即 1941 年 5 月 19 日，毛泽东就在延安宣传干部会议上公开做了题为“改造我们的学习”的讲演，大谈“很多留学生”对自己的历史一点不懂，对中国的问题无兴趣、对自己党的指示不重视，“只知生吞活剥地谈外国”，到处照搬万古不变的教条。[2] 很明显，毛泽东这时已经是有感而发了。

二、毛泽东“打通”博古、张闻天的“思想病”，路线错误基本确定

这个时候，有一个十分令人感兴趣的问题是，如果没有发生苏德战争，毛泽东会不会发动消除那些自认为“老子天下第一”的“钦差大臣”的影

---

[1] 《毛泽东关于团结对敌问题给周恩来的指示》（1941 年 5 月 14 日）。

[2] 毛泽东：《改造我们的学习》。

响的运动？无论如何，就在毛泽东还在担心是否存在莫斯科干预中国党内部事务的危险性的时候，法西斯德国向苏联发动了突然袭击。由于准备不足，苏联的形势一时间变得十分严峻。自顾尚且不暇，它又怎么会有多余的精力再来干预中国党的内部事务呢？这确是一个绝好的机会。

苏德战争刚好爆发于毛泽东发表《改造我们的学习》讲演一个月后。战争刚刚爆发，苏军情报机关就侦察到在华日军有向外蒙古边界集结的迹象。由于德日是结盟关系，莫斯科急忙致电它在延安和重庆的代表，要求中共中央指示华北地区的八路军迅速采取牵制行动。对此，与过去历届中共领导人不同的是，毛泽东并没有给予格外的重视。他考虑问题首先考虑的是自己的情况和条件。而这时八路军刚刚发动过一个所谓的“百团大战”，伤亡超过两万人，不仅在军事上没有特别明显的效果，而且因为暴露了自己的军事实力，引来了华北日军的大规模报复作战，八路军和敌后根据地都开始面临巨大的压力。因此，毛泽东明确告诉莫斯科：我军之配合只能限于情报和破路两个方面，因“敌我军事技术装备悬殊太远，我人力、物力、地区、弹药日益困难”，“我们在军事上的配合作用恐不很大。假若不顾一切牺牲来动作，有使我们被打坍，不能长期坚持根据地的可能，这不管在哪一方面都是不利的”。[1]

在以往苏联受到帝国主义威胁的时候，中国共产党一向坚持以“保卫苏联”，甚至是“武装保卫苏联”为号召。如今，当社会主义苏联真的受到帝国主义侵略的时候，当苏联真的需要中共“武装保卫”的时候，毛泽东却毫不犹豫地做出了让俄国人愕然的反应。他们显然感到不可思议。[2]

毛泽东敢于这样答复莫斯科的要求，清楚地反映出他此时对掌控党内局势已然成竹在胸。利用苏联自顾不暇的机会，毛泽东下决心要把共产党变个样了。他的目标，就是要改造那些习惯于口含天宪，按照他的说法是“四

[1] 《毛泽东关于军事行动问题致周恩来电》（1941 年 7 月 15 日），并见 RPSDMH，495/74/317。

[2] 参见彼得·弗拉基米洛夫：《延安日记》，北京：中国现代史资料编刊社 1981 年版，第 31、38 页。

中全会选举的、五中全会选举的”，“自称为‘国际路线’，穿上马克思主义的外衣”唬人的领导人，肃清党内对莫斯科的盲目迷信心理。[1] 至于改造的方法，就是拿事实说话，以江西苏区从成功到失败的事实为例，来证明谁对谁错，从而彻底扭转党内唯莫斯科马首是瞻的传统和习惯。

江西挨整的经历，毛泽东始终耿耿于怀。江西的红军和根据地是自己和大批地方干部千辛万苦地创立起来的，一批自称代表“国际路线”的留苏学生来了，一个“残酷斗争，无情打击”，清除了大部分原来的领导人；再一个“为渊驱鱼，为丛驱雀”的极“左”政策，又把红军和根据地弄得精光。经过长征之后，红军在陕甘立足未稳，毛泽东就在 1936 年 9 月的中央政治局会议上激动地提出：对于当年用来打击苏区领导人的所谓“罗明路线”的问题，至今都还没有给予平反，这是说不过去的。罗明的问题只是工作上的问题，不是路线问题。相反，过去中央整个干部政策都是错误的，完全是立三路线宗派主义的残余，是要不得的。博古同志来到苏区后，对中央苏区原来的领导人统统加以拒绝，被排斥在外的竟有二十四个领导人之多，这完全是一种宗派主义的行为。遵义会议只纠正了博古的其他错误，没有指出其宗派主义、冒险主义的问题是路线上的错误，这是不够的。[2]

那个时候，刚刚开过遵义会议不久，博古已经下马，多数领导人都存有一种不愿再落井下石的心理，因此，当博古部分地接受了毛泽东的批评，张闻天又主动出来承担责任之后，毛泽东也无法继续把这个话题进行下去。但毛泽东在内心深处显然认为，这个问题并没有解决。

皖南事变之前，他又再度开始试图提出总结和清算博古等人在江西时期所犯错误的问题。为此，他在 1940 年下半年多次与在延安的中央领导人谈论江西时期的问题。这得到了包括王明在内的多数政治局领导人的响应。因此，博古 11 月从重庆回到延安之后，王明很快向博古转达了毛泽东对他

---

[1] 参见毛泽东：《第七届中央委员会的选举方针》（1945 年 5 月 24 日），《毛泽东在七大的报告和讲话集》，第 162 页。

[2] 《毛泽东在中央政治局会议上的发言》（1936 年 9 月 15—16 日）。

不愿意坦率承认过去全部错误的不满态度，这促使博古不能不正视自己过去问题的严重性。经过一段时间的工作，多数领导人显然都同意就江西时期的领导责任问题进行一次历史性的总结和讨论，在中共第七次代表大会前给全党一个交代。1940 年 12 月 4 日，政治局开会，毛泽东已经开始把江西时期的“左”倾错误问题提到了一个相当的高度。他指出：“这种‘左’的政策使军队损失十分之九，苏区所剩下的只有陕北苏区，实际上比立三路线时的损失还大。”“遵义会议决议只说是军事上的错误，没有说是路线上的错误，实际上是路线上的错误。”“所以遵义会议决议须有些修改。”[1]

听了毛泽东的发言后，博古坦然表示愿意对当时的错误负责，希望有机会时能够作出检讨。与会者几乎也都一致赞同毛的说法，并希望就这个问题进行历史的总结。当然，会上也有不同意见。同为留苏学生，并且还是党的主要负责人之一的张闻天就表示说：在苏维埃后期虽然因反立三路线不彻底又犯了“左”的错误，但当时还是进行了艰苦的斗争的，还是为马列主义而奋斗的，路线上并没有错。由此可知，要解决江西时期的问题，仅仅批评一个博古显然是不够的。

经过皖南事变之后，即 1941 年春，毛泽东已经开始把矛头转向了张闻天。他不止一次地批评了张闻天主持的宣传教育工作。5 月 19 日他在延安宣传干部会议上的公开讲演，尖刻批评当前延安的宣传和教育“理论和实际分离”，“只知背马克思、恩格斯、列宁、斯大林著作中的若干词句”，“无实事求是之意，有哗众取宠之心”，“谬种流传，误人不浅”。[2] 其矛头所向，显而易见。以致博古听了讲演之后，心理压力都减轻了许多。因为遵义会议之后，教条主义这顶帽子通常都是戴在他的头上的。他听得很清楚，毛泽东的批评矛头是冲着张闻天去的，至少也是对着多数留苏学生出身的领导干部的。

[1] 参见《胡乔木回忆毛泽东》，北京：人民出版社 1994 年版，第 190—192 页。

[2] 毛泽东：《改造我们的学习》。

毛泽东的这个报告，措辞尖刻，态度激烈，不可避免地在党的领导人中引起了震动。胡乔木回忆说："毛主席讲话用语之辛辣，讽刺之深刻，情绪之激动，都是许多同志在此以前从未感受过的。"[1] 因此，不难想象张闻天听了报告之后，会如何坐卧不安。本来，江西时期"左"倾错误应该由博古负责，抗战初期的右倾错误应该由王明负责，毛泽东应该去批评他们，想不到毛却转而公开把矛头指向了他。而他却一直自认为在反对博古和王明的问题上，他一直都是支持毛的。为此，熟悉苏联党内斗争历史的张闻天自然相当紧张，且颇不理解。他几度私下里向政治局其他领导人发牢骚，认为毛泽东看人有些走极端，一件事办得不好就什么都看不上了。经过其他人的劝说后，张闻天才终于下决心与毛泽东当面交换意见。

第一次谈话时，事先没有约好，毛泽东对张闻天当面交换意见看来还没有足够的思想准备。因此，他对张的态度很温和，只是做些具体的解释说明，几乎没有对张进行批评。但几天之后，毛泽东和任弼时、康生、陈云等就张闻天的问题具体交换了意见，得到了众人的一致认同。然后，他约好这几位领导人一同找到张闻天谈话。这一次，毛泽东历数张闻天过去在政治上不能坚定地站在自己一边、态度摇摆的情况，进而严厉批评张缺乏自我批评精神，听不进不同意见，对中国的事情一窍不通，却自视极高，热衷于空谈。

尽管毛泽东这次的批评依旧相当尖锐，但他能够出以信任的态度，把自己的意见当面讲清楚，这毕竟让一直感到委屈的张闻天吃了一颗定心丸。除了对毛泽东所说的个别与事实有出入的地方稍加辩解以外，他相当痛快地接受了毛的批评。事后，张在行动上也确有改进。这种情况显然也使毛泽东对根本上"打通"党内这几位"犯思想病最顽固的"领导人的思想，开始有了相当的信心。

[1] 《胡乔木回忆毛泽东》，第 192 页。

三、王明一时兴起，揭穿一个秘密，毛泽东决定澄清党史问题

7月1日，鉴于即将展开党内斗争，为避免受到触及的干部互相串联，在毛泽东的推动下，政治局通过了一个《关于增强党性的决定》，以约束全党特别是党的高级干部。《决定》明确提出：全体党员和党的各级组织，都必须“统一意志、统一行动和统一纪律”，反对任何阳奉阴违的两面派行为，坚决杜绝任何小组织和派别活动。[1]

紧接着，中共中央又根据毛的建议，进一步通过《关于调查研究的决定》，以“反对将学习马列主义原理原则与了解中国社会情况、解决中国革命问题互相脱节的恶劣现象”为名，要求全党树立立足中国革命和一切从实际出发的观点。[2]

与此同时，毛泽东为系统考察江西时期错误路线的根源，开始收集中共“六大”以来的中央文件。从已经搜集到的大批临时中央制定的“左”倾文件中，他更加认定这批留苏学生的错误是有系统的，是盲目的教条主义和主观主义的问题，既有思想方法上的问题，也有政治路线上的问题。据此，根据毛泽东提议成立的中央政治局思想方法学习小组于9月10日开始举行党风学习的专题会议，讨论反对主观主义与宗派主义的问题。

毛泽东首先在这次会议上做了关于反对主观主义和宗派主义的报告。他开宗明义地宣布：过去我们的党很长时期为主观主义所统治，立三路线和苏维埃后期的“左倾”机会主义，都是主观主义。在苏维埃后期的主观主义表现更严重，它的形态更完备，时期更长久，结果更悲惨。这是因为他们自称为“国际路线”，穿上马列主义的外衣，是假马克思主义。遵义会议实际上变更了一条政治路线，但在思想上主观主义的遗毒仍然存在，现在延安的学风就是主观主义的，党风则是宗派主义的。粉碎主观主义和宗派

[1] 《中共中央关于增强党性的决定》（1941年7月1日），《中共中央文件选集》第14册，第144页。
[2] 《中共中央关于调查研究的决定》（1941年8月1日），同上引注，第176页。

主义的方法，首先要认清其严重性，分清真假马克思主义，其次必须把理论与实际相结合，一面提倡把中国丰富的革命实践经验马克思主义化，一面提倡创造性地把马克思主义中国化。他提议，取消过去的所谓“理论家”头衔，今后能解决实际问题的，真正能使马克思主义中国化的人，才算得上是理论家。[1]

毛泽东报告后，张闻天和博古都紧接着表了态。张主动承认：过去的错误，我是最主要的负责者之一。共产国际把我们这些没有做过实际工作的干部提拔到中央机关来，这给党带来很大的损失。过去没有做过实际工作，现在一定要补课。博古也表示，他应当对 1932 年到 1935 年之间的错误负责。他说，其实我和一些同志当年都还是些学生，只学了一些理论，拿了一套公式和教条就回国了。当时我们完全没有实际工作经验，在四中全会上和王明等一道反对立三路线的教条主义，也只是站在更“左”的观点上，用洋教条来反对土教条罢了。因此，过去党的许多决议，不过是照抄照搬国际的指示而已，完全没有结合中国的实际。[2]

唯一让人有点儿不可理解的是王明。毛泽东在此之前已经不止一次地提到十二月政治局会议犯有右倾错误的问题，他竟无动于衷。相反，他自信江西时期博古中央的错误他不仅没有沾边儿，而且还有批评纠正的功劳，因为毛在六中全会上也承认，他对中国党提出抗日民族统一战线政策功不可没。至于毛提到的抗战初期的所谓“右倾”，他自信也与他无涉。那毕竟是共产国际的主张，要他承认错误，岂不等于说共产国际犯了错误？因此，在邓发检讨之后，王明当天只做了一个自我表白式的自我批评。他肯定反主观主义和教条主义对他有很大的好处，承认自己在莫斯科学的都是些洋教条，但强调自己回国比博古、张闻天等人都早，因此参加实际工作时间长些，工作作风已有些转变。以后回到莫斯科，能够看出博古和张闻天在

[1] 参见《毛泽东年谱》（中），北京：中央文献出版社 1993 年版，第 324—326 页；《胡乔木回忆毛泽东》，第 193—194 页。

[2] 参见《胡乔木回忆毛泽东》，第 195—196 页。

中央苏区工作中存在问题，特别是不同意他们对毛主席的态度，反对他们在五中全会提出两条道路决战的观点，并且较早地提出了实行统一战线反对日本帝国主义的全套办法。只是当时对中国的实际情况研究还不够，对国内各派人物的情况还不甚清楚。以后一直忙于共产国际和中共中央的各种领导工作，弄得既没有理论又没有实际。好在 1939 年后开始实际问题的研究，最近又参加边区管理工作，应当能够学习实际工作，纠正思想中的主观主义。[1]

这次会议从 10 日起接连开了三天，直到 12 日告一段落。本来，这次会议并无深入讨论党的历史的任务，讨论内容只是要求与会者对照毛的报告，对照自己的问题，就反对主观主义和宗派主义明确表态。会后，毛泽东准备在延安召开一个全党动员大会，中央政治局委员全体出席并人人表态讲话，在全党造成打倒主观主义和宗派主义的政治空气，从而使党的领导人都心悦诚服地承认自己的政治正确性，就足以扭转党内的空气了。[2] 因此，与会者大都主动地检讨了自己过去工作中的主观主义错误倾向，但对过去的历史问题以及所犯错误的经过很少具体涉及。毛泽东也并未因此提出进一步的检讨计划。

想不到，因为没有人把矛头指向王明，王明自我感觉太好了，9 月 12 日这天，他忽然一时兴起，揭发批判起他自己的那些同学来了。

他在这天下午发言时，先是批评李维汉，说李自我批评的态度不诚恳，想马虎过去，然后义正词严地批评起博古、张闻天等人来了。说博古、张闻天他们到中央苏区去，先是夺了毛主席的党权，转而又夺了毛主席的军权，到第二次苏维埃代表大会时竟连毛主席在政府中的权力也给夺走了，说他早在莫斯科时就对这件事深感不满了。发言到最后，他突然又一本正经地提出，他还要揭穿一个“秘密”。

[1] 参见《胡乔木回忆毛泽东》，第 199 页。
[2] 同上引注，第 194 页。

王明要揭穿一个什么样的“秘密”呢？据他说，博古、张闻天当年领导的中央其实是不合法的。因为当年，即1931年秋，他与周恩来离开上海时，虽然推荐博古、张闻天等组织上海临时中央政治局，但当时已经说明，由于博古他们既不是中央委员，更不是政治局委员，将来到政治局委员多的地方要将权力交出来。没想到，博古、张闻天他们到中央苏区后却不提此事，竟领导起那些真正的政治局委员来了。[1]

这个“秘密”顿时在不明真相的部分政治局领导人中间引起震动，并且也极大地刺激了毛泽东本人。毛泽东本来就对江西时期被夺权、冷落，并被影射批判的遭遇耿耿于怀，如今得知博古这些年轻学生当年所以凌驾于自己之上，竟是假传圣旨的结果，其内心之感触更是可想而知。而王明本来就是留苏学生的领袖人物，其在莫斯科又有特殊身份，回国后明明对国民党采取了错误的政策却拒不认错，如今反而摇身一变，俨然也成了正确路线的化身，这种结果显然也不是毛泽东所期望的。

几天后，原定的全党动员的计划和研究自“六大”以来党的决议的提议被暂时取消了。毛泽东决定：成立高级学习组，先花半年时间，“研究马、恩、列、斯的思想方法论与我党二十年历史两个题目”[2]。一场触及灵魂的党史问题大讨论在中共中央高级领导人内部迅速展开了。

四、王明断言，他和季米特洛夫有同样看法，毛泽东的政策太“左”

1941年9月29日，中央学习组开始深入检讨江西时期党的历史问题。博古、张闻天、李维汉、邓发等人均先后发言，具体说明自己当年所犯错误的情况。但多数发言者显然对王明前此的表现颇多不满，开始拉王明下水。

博古明确讲：自己所犯的错误确是政治路线的错误，而临时中央政治

[1] 参见RCPSMH，495/74/333。
[2] 《毛泽东年谱》（中），第329页。

局进入苏区后不做说明，也确有篡位之嫌。犯这些错误怪不得别人，但国际和中央驻国际代表团当时是助长了这种错误的。

张闻天也承认：当时路线的确错误，临时中央到苏区后也确有篡位问题，但王明当时在国际不打电报来纠正也是不对的。况且，五中全会的名单也是国际批准的，这些事情王明当时为什么不起作用？

邓发表示：对于当时的错误，博古的确要负第一位的责任，李维汉、张闻天其次，但这些错误政策莫斯科是否也批准了呢？在夸大红军力量、断言党的路线正确等问题上，王明不是也同意了吗？

就连当时同在代表团负责的康生也批评王明说，王明在莫斯科其实与当时国内博古中央也犯着差不多同样的错误，他在个别策略上有对的地方，但基本思想与博古相一致，这是应该承认的。康生还特别提到王明在抗战初期的错误问题，称王明从莫斯科回延安后，不听劝告留在延安，非驻武汉不可，以及在武汉时期所犯的错误，都是主观主义和宗派主义的表现。[1]

在9月会议召开前，确实看不出毛泽东有把矛头指向王明的意思，至少毛还没有在政治上搞臭谁的想法。7月31日政治局会议决定让王明接替任弼时负责西北中央局和边区工作，8月27日政治局会议决定由毛泽东、任弼时、王稼祥、王明、张闻天、陈云、凯丰七人组成中央书记处，每周开会两次。[2] 这些都反映出毛当时对王明尚无打击排斥的倾向。包括对张闻天和博古，毛泽东的态度也很明白。那就是，“打倒两个主义，把人留下来”。像8月27日会议决定由张闻天负责组成委员会，研究改造干部教育、学校教育的办法，彻底打破目前党内主观主义和教条主义的教学方法和思想方法[3]，也显示出他这时反对主观主义和教条主义，尚无惩罚个人的想法。

王明并非不知道毛泽东对他抗战初期的表现不满，因此一直小心翼翼，甚至在张闻天、博古等人还没有意识到应该突出宣传毛泽东的情况下，他

[1] RCPSMH，495/74/333.

[2] 《任弼时年谱》，北京：中央文献出版社1996年版，第404—405页。

[3] 《毛泽东年谱》（中），第324页。

就相当机灵地在中共领导人当中带头公开作了“学习毛泽东”的演讲。号召全党要“始终追随毛泽东为毛泽东事业而奋斗”，肯定“以毛泽东同志为首的中共中央的方针是唯一正确政治方针”。[1] 在张闻天受到批评，博古也面临冲击之时，他却被指派接替毛泽东最信任的任弼时，负责地位重要的西北中央局和整个边区的工作，这或许也是原因之一。但也正是这种情况，使得王明多少有些飘飘然起来。王在12日会议上幸灾乐祸，落井下石，明显地是想进一步表白自己，以争取毛的信任。然而众怒难犯，这次他做得太过头了，终于引火烧身了。

在留苏学生出身的中央领导人当中，最主要的张闻天和博古等人都已承认了自己的错误，现在唯一没有认错的就剩下王明了。眼看大家已经把矛头转向了他，毛泽东也期待着王明能够有所表现。

9月中旬至10月初，毛泽东两度找王明谈话。第一次谈话是王明自己9月12日的发言引起的，毛泽东很想要具体了解王明所说的那个所谓“篡位问题”的来龙去脉。在谈话当中，毛泽东也顺便委婉地提到了希望王明能够正视他在抗战初期所犯错误的问题。

第二次谈话是在9月29日会议之后，毛泽东约了任弼时等人一起，正式向王明提出，他在武汉工作时期犯有四个方面的错误，并具体提到了王明当时对独立自主原则的态度问题；王明当时拒绝发表毛《论持久战》的问题；王明在武汉会战期间的形势估计问题；王明领导的长江局与中共中央的不正常关系问题。[2] 虽然毛泽东两次谈话的态度仍是商量的，但过去在莫斯科整惯了人的王明却神经高度紧张，深感毛的态度已经改变，谈话的背后定有文章。和博古、张闻天不同的是，由于王明在莫斯科有过显赫的经历，又有很强的政治欲望，故其内心无论如何不愿向毛认错。

还在9月会议之前，王明就曾不止一次地在背后告诫博古：毛是那种睚

---

[1] 王明：《学习毛泽东》（1940年5月4日），《中国青年》第2卷第9期（1940年7月5日）。

[2] 中央档案馆党史研究室：《延安整风中的王明》，《党史通讯》1984年第4期。

眦必报的人。因此，他深信这回毛泽东肯定是要借着这个机会和他算总账了。恰在这时，季米特洛夫于10月初发来一封措辞严厉的质询电，一连提了十五个问题。季米特洛夫的来电是针对皖南事变以来毛泽东对蒋介石的不妥协立场，和苏德战争爆发后毛泽东对苏联求援的冷漠态度而发的。在电报中，季米特洛夫明确要求中共中央回答：面对日本在华北地区加强进攻，中共准备如何改善国共关系？如果中共因为其尖锐对立的态度而破裂了与蒋介石的合作关系，它还能与哪些人继续合作抗日？在苏联受到德国入侵的严重关头，中共准备采取什么实际行动来援助社会主义苏联？如此等等。

得知这封电报之后，王明好像抓到了一根救命的稻草。10月7日晚，当毛泽东找到任弼时、王稼祥和王明几个与共产国际较熟悉的领导人商量回电办法时，王明竟借着共产国际批评中共中央的机会，按捺不住地对毛泽东发起了反击。他断言，他早就与季米特洛夫有同样的看法，即中共中央目前的政策太“左”，是自我孤立。[1]

据王明事后悄悄对博古说，他之所以这样做，是因为“那边的方式我是知道的，先提问题，后来就有文章的”。

毛泽东原本就是为了彻底改变党内唯莫斯科马首是瞻的习惯，和防止莫斯科利用留苏学生在组织上进行夺权，才发动这一次党史大讨论的。如今王明竟逆向而动，借机发难，这不能不让毛泽东大为震怒。经过一夜的紧张准备，在次日举行的中共中央书记处会议上，毛泽东向王明摊了牌。他一上来就介绍了头天晚上与王明谈话的情况，并要王明首先亮出自己的观点。王明自知情况不妙，但为了争取与会者的支持，还是明确地发表了他的看法。

他说：最近国际来电要我们考虑如何改善国共关系，我认为目前国际提出这个问题要我们考虑是有原因的。我们与国民党关系弄得更好些是有

[1] 参见《延安整风中的王明》；周国全等：《王明评传》，合肥：安徽人民出版社1990年版，第388—390页；《胡乔木回忆毛泽东》，第199—200页。

必要，而且有可能的。为什么呢？因为国民党固然反对我们，是中国革命的阶级敌人，但它也反对日本，即反对中国革命的民族敌人，我们可以而且应该与他们共同反对日本帝国主义。毕竟，在中国革命的现阶段，民族敌人是主要敌人。因此，即使在国共摩擦的情况下，我们仍然是能够执行统战政策的，仍然是应当拥护蒋介石的。而我们现在军事摩擦中对地方实力派消灭得过分了，对地主的政策搞得太“左”了，并且毛泽东在《新民主主义论》一文中还把中国革命的民族革命任务，即把反帝任务与反封建任务相提并论，主张新民主主义的政权只能是工农小资产阶级和民族资产阶级的联合政权，不要大地主大资产阶级。这无疑是一种两面作战的路线，是要同时反对日本帝国主义与蒋介石国民党及其代表着大地主阶级利益的地方实力派的。这不能不认为是一种自我孤立的政策。

对于毛泽东批评他在武汉时期的四大错误，即对国共关系没有坚持独立性与斗争性、军事战略上助长了反对洛川会议的独立自主的游击战争方针、形势估计上过于乐观和组织上常用个人名义发带指示性的电报给中央与前总等问题，他则辩解称：这里的许多问题，都是国际提出来的，他只是转达而已。他特别强调说：十二月政治局会议与六中全会的政治路线是一致的，他看不出他的路线哪里错了；如果有错，也只是个别问题上有缺点错误罢了。如他确有对国民党强调斗争性不够的地方，但在武汉工作中他不仅坚持了独立性，而且进行了很多斗争；如他对片面强调游击战是有看法，但部分军事领导人反对洛川会议的精神与他并无关系；如对《论持久战》中的个别观点他确有不同意见，但并不是他不让在《新华日报》上发表这篇文章的；至于在武汉时期确有许多事情未向中央请示，但具体原因很复杂，多数与他无关，他主观上并没闹独立的想法，多半是因为过去在国外单独发表文件惯了，客观上使长江局形成了半独立的局面。[1]

由于自信有共产国际指示为依据，因此王明的发言很有点破釜沉舟，

[1]　参见《胡乔木回忆毛泽东》，第200—202页。

背水一战的架势。但王明没有想到，这回不论是季米特洛夫，还是斯大林，都帮不了他的忙了。

五、任弼时、王稼祥转达季米特洛夫的批评，王明从此一病不起

王明的说法当即就引起了与会者的一致反对。王明讲话期间，不时有人插话。他发言刚一结束，凯丰、陈云等人就明确表示不能同意王明推卸责任的态度，指出许多问题的发生并非与王明无关，尤其是与中央的关系问题，是各种错误的根源，王明并没有实事求是地加以说明。而王稼祥和任弼时当场转述的关于共产国际领导人尖锐批评王明的谈话，完全出乎王明的预料之外，本来还决心仗着共产国际的电报与毛泽东一搏的王明，一下子被打懵了。

据王稼祥和任弼时介绍说，王明关于斯大林、季米特洛夫的谈话的说法，有许多不准确，有些关键部分没有谈到。如斯大林明确主张用军队创造自己的政权，主张搞游击战争；季米特洛夫强调现在不要谈领导权问题，当面告诫王明要与国内同志弄好关系，不论谁推举，也不要当总书记等。另外，季米特洛夫委托周恩来、任弼时告诉毛泽东，对王明要进行帮助，因为季米特洛夫和曼努伊斯基都明确讲，王明有一些明显的个人缺点，如总是企图把自己的意见当作中央的意见，一向喜欢拉帮结派，比较滑头，不够诚实，缺乏工作经验等。

毛泽东显然已经和书记处的主要成员交换过意见，与会者众口一词地批评王明，反而使毛自己的心态变得相当平和了。他当然知道对王明问题的处理，乃至于批评的程度，都涉及与莫斯科的关系问题，不能草率从事，因而，他只简单地说明了“我们”同王明之间的分歧。强调王明同志在武汉时期有许多错误，虽然还不是路线上的错误，但政治上和组织上都有许多原则性错误。我们等了他许久，等他慢慢地了解，直到现在还没有向国际报告过。他说，最近我和王明同志谈过几次，但还没有谈通。目前双方

分歧的症结就在于："王明认为我们过去的方针是错误的，认为我们太'左'了。恰恰相反，我们认为王明的观点太右了，对大资产阶级的让步太多，只是让步是弄不好的。"毛泽东主张，鉴于王明所提出的问题涉及中央的政治路线问题，目前不能不迅速改变此前的计划，暂时停止关于苏维埃运动后期错误问题的讨论，立即召开政治局会议，请王明说明他对六中全会以前即武汉时期的错误和对目前政治问题的意见，供政治局会议检查讨论。[1]

以王明过去违心地颂扬毛泽东的新民主主义主张，如今转而指责毛的新民主主义太"左"的情况来看，可以了解他在政治上并不是一个坚持原则的人。他之所以会在整个形势一边倒的情况下破釜沉舟，不顾一切反过来批评毛泽东，很大程度上还是因为错估了形势。当他意外地得知莫斯科的意见在党的领导人当中已经没有权威性，且共产国际领导人还在背后对他有如此多的批评之后，发现自己既得罪了毛，又不能取悦于莫斯科，不免内心变得异常紧张，并深受刺激。惶惶不安了一天之后，他终于因过于紧张使心脏承受不住而突发休克病倒了，原定 12 日举行的政治局会议因此也只好被迫延期。

13 日上午，中央书记处派中央副秘书长李富春去医院参加医生会诊。医生们提出，王明目前的情况，至少应当卧床休息三个月。王明亦托李富春转告政治局，请求休养期间不参加书记处工作会议，只参加政治局会议。毛泽东听说后，马上又派任弼时去医院看望。王明见到任弼时时，已经没有了 8 日会议上的那股勇气了。他明确表示，他接受毛泽东在 8 日会议上对他在武汉期间错误问题所作的结论，即在政治上组织上有原则性错误，但不是路线错误。他很抱歉暂时不能出席政治局会议了，但关于对目前时局的意见，仍可请政治局同志到他房间去谈，然后由政治局讨论，他病好之后再看记录。与此同时，他最关心的还是莫斯科对他的看法，故拐弯抹角

[1]　参见《胡乔木回忆毛泽东》，第 200—202 页。

地向任弼时打听，季米特洛夫到底还说了他一些什么。[1]

13日下午，政治局召开临时会议，听取任弼时汇报王明生病的情况，同时由毛泽东宣布停止关于原定的讨论武汉时期王明错误的日程安排，并对前一段中央学习组讨论江西时期问题作一小结。毛泽东说明，王明错误问题，暂以10月8日书记处会议的意见作为定论，即肯定他在武汉时期的错误是个别的，工作路线是对的；至于苏维埃后期的错误，则定性为“左倾机会主义错误”，博古应负主要责任，李维汉次之，张闻天又次之，王明在四中全会中形式上纠正了立三路线，但在后来的实际工作中仍未克服立三路线。至于其他领导人这一时期的错误，则属于不自觉的。毛泽东最后的结论是：我们要从这次检查过去的讨论中得到经验和教训，要治病救人，使犯错误的人能客观地看问题，逐渐纠正过去的错误。他再度强调，现在我们党最缺乏的是对中国问题的实际的调查和研究，今后我们务必要加强这方面的工作，努力把马克思主义的普遍真理与中国革命的具体实践统一起来。会议同时决定成立两个委员会：一个是清算过去的历史委员会，由毛泽东牵头，成员为王稼祥、任弼时、康生、彭真；另一个是审查过去被打击干部的审查委员会，由陈云牵头，成员为高岗、谭政、陈正人、彭真。[2]

本来，为了准备同王明在政治局会议上进行辩论，毛泽东在会前专门准备了讲话大纲，逐项批驳王明的错误。王明的缺席与示弱，使他不必再为王明的反抗而费心，10月22日政治局会议进一步讨论通过了此前中央学习组有关过去历史的基本结论之后，毛泽东当即开始起草《关于四中全会以来中央领导路线问题结论草案》。草案长约两万字。它在肯定四中全会以后中央政治路线基本正确的情况下，明确认为自1931年九一八事变至1935年遵义会议之间，中央在思想上、政治上、军事上、组织上各方面都犯了严重的原则错误，形成了一条形态最完备、时间最长久、危害最严重的错

[1] 参见中央档案馆党史研究室：《关于王明治病和出国的材料》，《中央档案馆丛刊》1986年第3期。
[2] 参见《胡乔木回忆毛泽东》，第222—223页。

误路线。这条路线的思想特点是主观主义和形式主义的，其突出表现就是博古等中央领导人对中国的实际了解太少，“他们的唯一本领是引证马、恩、列、斯，作出夸夸其谈的长篇大论，写得出成堆的决议指示，其实连半点马、恩、列、斯也没有嗅到”。这条路线的组织特点则是极端恶劣的宗派主义，它表现在1931年未经任何法定机关的选举，仅依两个政治局委员指派临时中央的领导人，且故意压抑刘少奇同志(他是很好的与很老的群众领袖，又是政治局委员)，而提拔了两个新党员(博古、洛甫)，来掌握全党最高实权；表现在1933年临时中央迁住苏区后，打击一切上层、中层老干部，以及多少提出了不同意见的其他干部，实行“钦差大臣制度”；表现在把中央领导变为三人团，变为外国顾问一人专政，剥夺政治局委员与闻军国大计的权利，甚至根本停止政治局的工作。其所作所为，是过去任何路线错误时期所从未见过的。鉴于政治局多数已经就此达成一致意见，毛泽东这时明显地准备速战速决，于随后的政治局会议上通过这一决议草案，结束有关苏维埃后期历史问题的讨论。据《胡乔木回忆毛泽东》一书介绍，在10月22日政治局会议后毛泽东起草的决议草案结尾处，当时曾特别注明“1941年11月×日中央政治局会议通过”的字样。[1]

从毛泽东此时就王明问题所作的结论，和他起草的这一决议草案的定性都可以看出，他对王明的问题及反抗虽有诸多不满，但至少在这段时间里仍相当顾及与莫斯科的关系，故抱与人为善之心，对王明在武汉时期的问题只提到个别的原则性错误的高度，对其在苏维埃后期的表现只提出反立三路线不够彻底。即使是对王稼祥、任弼时在书记处会议上介绍的共产国际领导人对王明个人品质方面的种种批评，毛泽东也明确提议不要扩散，包括在政治局会议上也不必再讲。这显示毛泽东这时已不感觉王明对他的领导地位存在任何威胁，仍准备王明病好之后重回政治局和书记处工作，没有借机上纲上线把王明搞臭的想法。

---

[1] 《胡乔木回忆毛泽东》，第224—231页。

六、先放后收，整风运动变成组织清理，思想问题成敌我嫌疑

11月1日，毛泽东指示各地高级学习组着重学习理论材料，共开出一部《联共(布)简明党史教程》、一部《季米特洛夫文选》、一部列宁《论共产主义运动中的“左派”幼稚病》、两部哲学著作、三篇与学习《联共(布)简明党史教程》有关的苏共决议和文章，强调先从理论学起，包括要研究思想方法论。[1] 在反对唯书唯上、反对唯莫斯科马首是瞻的同时，却又提倡仍要以来自莫斯科的文章和著作作为思想武器和理论依据，这既反映出毛泽东仍在小心翼翼地维持同共产国际的关系，也反映出他并非不承认列宁、斯大林以及季米特洛夫等的著作在方法论方面更具权威性。他的目的很清楚，就是要在前段讨论党史问题的基础上，使党的高级干部认识到自己过去思想方法上所存在的错误，从而了解马克思主义的正统不是在王明等人手里，而是在那些善于把马克思主义中国化的共产党人手里。因此，12日，毛泽东在再发有关学习内容的指示时，其侧重点已经开始变化，决定中央学习组及各地高级学习组第一步均以列宁主义的政治理论与我党“六大”以来的政治实践为范围，要求理论材料只学习季米特洛夫在国际“七大”的报告与列宁《论共产主义运动中的“左派”幼稚病》，其他着重于通读“六大”以来的八十三个文件，准备明春对“六大”以来的历史进行“深入研究”，“关于思想方法论的研究暂不进行”。[2]

12月中旬以后，毛泽东更明确决定要着重研究中共党史，强调各地应“先从讨论‘六大’以来的文件入手”[3]。但差不多在整个1942年，毛泽东都没有决定把整个斗争矛头指向王明。他在这一年的2月下旬曾有一封电报，明确表示他仍然保持1941年10月会议期间的观点。他当时写道：“政治局在去年十月间曾详尽检讨了过去路线问题，一致认为四中全会至‘九一八’

[1] 《毛泽东、王稼祥致各地高级学习组副组长电》(1941年11月1日)。

[2] 《毛泽东、王稼祥致各地高级学习组副组长电》(1941年11月12日)。

[3] 《毛、王致恩来电》(1941年12月30日)。

中央路线基本是正确的，但有好几个严重原则错误。'九一八'至遵义会议（共三年又四个月）中央路线是错误的，遵义会议以后中央路线是正确的。结论已写好，尚待'七大'前周（恩来）及少奇、德怀回来方能讨论通过决定。"[1]在这里，毛泽东明确认为，对中国革命危害最大、最需要清算的那段"左"倾错误，还应该从博古中央成立之日，即1931年"九一八"以后算起。

在1942年出现的一个重大事态，是毛泽东开始了在全党肃清教条主义倾向的尝试。

年初，张闻天说，"为了不阻碍毛主席整风方针的贯彻"，也为了实践自己在十月会议中表明的愿意到实际工作中去锻炼的决心，他主动申请率团去陕北和晋西北农村做调查研究工作去了。中宣部长改由凯丰代理。于是，毛泽东对中宣部的工作重新加以部署，很快亲自起草了以反对主观主义和宗派主义为中心内容的《中宣部宣传要点》，宣称对"主观主义宗派主义的思想与行动，如不来一个彻底的认真的深刻的斗争，便不能加以克服，非有一个全党的动员是不会有多大效力的"[2]。这以后，他接连发表了《整顿学风党风文风》和《反对党八股》的讲话，掀起了在党的历史上具有重要意义的延安整风运动。

坦率地说，整个1942年延安整风运动的进行，是挟战胜王明等头号教条主义代表之余勇，一鼓作气将中下级干部统统纳入其思想轨道的努力，目的在于肃清教条主义的余毒和小资产阶级自由主义的风气，在他领导下造成真正思想统一、行动统一的党。他反复讲："这一次整顿三风的斗争，他的性质是什么样的呢？就是一个无产阶级的思想同小资产阶级思想的斗争。"因为过去的思想方法、教育方法是主观主义、教条主义的，结果弄到现在党内思想庞杂，思想不统一，行动不统一，这个人这样想问题，那个人那样想问题，这个人这样看马列主义，那个人那样看马列主义，一件事

[1] 《毛泽东致周恩来电》（1942年2月21日）。
[2] 《中宣部宣传要点》（1942年1月26日）。

情，这个人说是黑的，那个人则说是白的，一人一说，十人十说，百人百说，各人有各人的说法、看法。差不多在延安就是这样，自由主义思想相当浓厚，有许多违反马列主义的东西，如果打起仗来，把延安搞掉，就要哇哇叫，鸡飞狗走，那时候，诸子百家就都会出来的，不仅将来不会有光明的前途，搞不好张家也要独立，王家也要独立，那就不得了。[1]

可见，就整风运动的最初目的而言，毛泽东既不是针对已经躺倒的王明去的，也不是针对一般党员群众来的，他的基本目标是那些手中有权的领导干部。

毛泽东一向主张“相信群众，依靠群众”，爱搞群众运动，原因就在于他相信可以通过群众运动来监督各级干部，暴露问题。也正因为如此，1942年发动的这次整风，同十五年后他发动的另一次整风运动也颇有某些相似之处。开始的时候，他显然是主张让群众“大鸣大放”的。结果很快引出来几个热衷于冷嘲热讽的墙报，最有名的莫过于中央青年工作委员会部分年轻知识分子干部创办的墙报《轻骑队》和中央研究院年轻干部创办的《矢与的》了。由此又引出来丁玲主持的《解放日报》第四版上一些尖锐批评老干部弃旧娶新、生活待遇搞等级制等问题的杂文，诸如王实味的《野百合花》之类，矛头所向，大都也是冲着各级领导和老干部的。这虽然多少符合毛泽东的初衷，却不免在一些领导人当中，包括在一些军队领导人当中造成了严重反感。

注意到这种情况，毛泽东不能不亲自出面在各种场合批评绝对平均主义的倾向和在批评中冷嘲热讽的态度，并同意由党性较强的艾思奇接替丁玲来主持《解放日报》第四版。但是，毛泽东最初并不反对这种“大鸣大放”的自下而上的斗争形式。他对王实味等人的作用是看重的。他甚至委托自己的秘书胡乔木找王谈话，还托胡一再写信给王，要其注意提意见的立场和方法，

[1] 《毛主席关于整顿三风的讲话》(1942年4月20日)。

不要走偏，颇有爱护保护之意。[1] 这自然不能迅速刹住“大鸣大放”的势头。

在4月2日的政治局会议上，康生提出，《轻骑队》以及王实味、丁玲两人文章风气不正，并且有极端民主化的倾向，主张对青年要注意引导，提倡积极的批评，不符合党的政策的文章最好不登。对此，领导人之间看法不一，一些人认为暴露暴露有好处，只有乱起来，才便于有目标地开展斗争和教育新干部；另一些人则认为放得太过，搞不好会出现莫斯科当年清党斗争的情况，为托派所利用，闹成分裂，难于收场。毛泽东的态度明显趋中。他一面强调不能放任自流，肯定新干部发生毛病是必然的；一面仍主张要“放”，强调对工作人员的不平之气，要让他们发泄，肯定各单位墙报的积极作用，相信除个别坏分子外，大多数都是好的，不是反领导的，只要领导得好，先纵后收，揭露问题，不会闹出大乱子的。

会后，中宣部发布了《关于在延安讨论中央决定及毛泽东同志整顿三风报告的决定》，即《四三决定》，反映了毛泽东的意见。它一面肯定墙报的作用，提倡讨论，并主张“在规定检查期间内，不管是正确的或错误的意见，都得自由发表，不得加以抑制”，强调“在讨论中要发展争论”，反对“明哲保身，有话不说”；一面要求各机关领导切实负起领导责任，引导讨论方向，反对避开自己专攻别人，和“一切冷嘲热讽、诬蔑谩骂、捕风捉影、夸夸其谈”。[2] 很明显，毛泽东相信，这种办法有利于对领导干部实行民主监督，有利于揭露问题。

4月上旬，在听到中央研究院领导人对院内墙报的一些激烈批评意见之后，毛泽东专门去中央研究院等单位看过墙报。但直至5月底，毛泽东仍没有把问题看得很严重。相反，他相信形势是好的，并试图缓和新老干部中正在白热化的矛盾，要求老干部注意爱护新干部。他为此明确告诉党的高级干部称，你们所说到的“所有发生问题的作品，我们说都没有什么大

---

[1] 参见李维汉：《回忆与思考》（下），北京：中共党史资料出版社1986年版，第491页。

[2] 《中共中央宣传部关于在延安讨论中央决定及毛泽东同志整顿三风报告的决定》（1942年4月3日），《中共中央文件选集》第13册，第364—366页。

问题……因为那些同志根本都是革命的，都是从外面或根据地来的，他们在外面城市也是做革命工作的，有许多，时间还很长，现在也是做革命工作的，某些时候或某次说话写文章没有弄好，这是部分的性质，这样的问题可以解决，都不是什么严重问题”。

当然，毛泽东这时也不能不承认王实味确实比较过分一些，称“个别比较严重的就是王实味这个同志，他的思想是比较成系统的，似乎坏的东西比较更深一些”。但也仅此而已。他这时即使在政治局内部也不过就是把王实味称作“落后分子”罢了，不仅还是称其为“同志”，而且特别提醒政治局同人，不要轻易对过分批评者上纲上线，强调落后的不都是反革命，甚至提出“要争取落后分子”[1]。这也就是说，一直到5月下旬，毛泽东还多少认为，不能因为王实味的问题严重些，就把他推到反革命一边去。

不过，从5月份开始，毛泽东毕竟已经开始对王实味的问题用“坏”字来概括了。这反映出他对王实味问题的认识已在变化中。当然，影响到毛态度变化的背景还有两个因素。

其一是这时毛泽东深信苏联和中共都处于最困难时期，而情报显示蒋介石正乘机而动，准备军事进攻与内部破坏同时并举，搞垮中共，这使他对敌情估计渐趋严重。中共中央为此接连两度发出“准备应付第三次反共高潮”，不得已时不惜投鼠弃器的通知，同时全力部署破获“国特”，以绝内患。故5月初毛泽东已经开始提出“在检查工作与审查干部中发现反革命分子，加以扫除，以巩固组织”的考虑。

其二是自5月以来，陆续得到消息说国民党的舆论对王实味及《轻骑队》等颇多呼应和与赞赏，这明显引起政治局领导人的普遍关注，并不断加以强调，表示不满。“凡是敌人拥护的，我们就要反对”，面对这种情况，毛泽东也自然也开始高度警觉起来。他开始把过去从积极方面来理解的许多言论，重新加以考察，并决心制止之。作为这种考虑的一种直接反映，就是决定将

[1] 《毛泽东在高级学习组的报告》(1942年5月28日)。

王实味的文章印发各单位讨论，不仅要组织反驳，而且要在各单位联系实际。这个决定毛泽东是在 5 月下旬做出的。尽管他这时还不认为王实味就是反革命，但在党内诸多高层干部憋了一肚子气和敌情反映严重的情况下，把目无领导、锋芒毕露的王实味现象打击一下，已经成为一种必然的选择了。

只是，把王实味的文章作为反面教材提供给干部群众去批驳，并且要求联系各单位的实际，不可避免地会在那些新干部跳得较高的单位造成反动，促使本来受到冲击的部分单位领导和老干部，转而组织中间群众向那些曾经激烈地进攻过他们的年轻干部算后账，上纲上线。再加上毛泽东这时还要求社会部、组织部和宣传部联系检查坏分子，把考察思想问题与组织问题结合起来了，这就使得事情更加趋于复杂和严重。

这个情况同 1957 年由整风而反右所出现的情况颇有相似之处。毛泽东最初设定的延安整风的对象逐渐开始发生转移。他本来是想要借助群众的力量来揭发党的中上层干部的问题，烧一烧这些人，达到打通思想、肃清这些人当中根深蒂固的教条主义和宗派主义倾向的目的。现在，虽然毛泽东仍旧继续强调：这次整风“主要与首先的对象是高中两级干部，特别是高级干部”[1]，而事实上，运动却在明显地开始以下层党员干部群众自身的小资产阶级思想作风为对象了。

据这时被指定参加政治局会议的《解放日报》总编辑陆定一解释说，这样做的原因，就是因为全党“八十万党员中有百分之九十是新党员，而这些新党员中又有差不多百分之九十是小资产阶级或半无产阶级（知识分子、中农、贫农）出身，这些同志们都是愿意为共产主义而奋斗的，但免不了带着颇长的小资产阶级自由思想甚至封建思想的尾巴，这些东西在我们党内也是不能容许的，如不改正，也将造成主观主义、宗派主义与党八股的毒害”[2]。

---

[1] 《毛泽东致聂荣臻同志电》（1942 年 7 月 4 日）。

[2] 陆定一：《为什么整顿三风是党的思想革命》（1942 年 5 月 23 日），《陆定一选集》，北京：人民出版社 1992 年版，第 312—313 页。

有组织地批评王实味，并且把思想考察和组织考察结合起来，立即使自运动开始以来一直处于被动挨打之中的各级领导人获得了斗争的主动权。

从 5 月底开始，到 6 月上旬，中央研究院正式召开批判王实味的大会。结果，王实味早已向组织交代过的过去曾与“托派”分子密切往来的历史被当作新问题“揭发”出来，其问题的性质立即转变。6 月 15 日至 18 日，延安文艺界举行座谈会并形成决议，一致认定：王实味在政治上是敌人。[1]

对王实味的定性，实在是再容易没有了。受苏共的影响，“托派”在共产党人眼里，一直是最危险的敌人。王实味的问题由此得到了最简单的答案。就在延安文艺界通过决议后的第二天，即 6 月 19 日，毛泽东在中央的一次会议上明确表示了赞同的意见。他同时指出，现在看来，王实味的有系统不是偶然的，这个人多半是有组织地进行托派活动，抓住时机，利用矛盾，进行托派活动，向党进攻。

对王实味一时看走了眼，使毛泽东脑子里阶级斗争的弦更加绷紧了起来。言论＝立场＝敌我关系，王实味现象不可避免地会使共产党人要把三者联系起来。整风以来，有许多人表现出对延安的不满，谁能保证其中没有张实味、李实味？毛泽东对此表现出格外的担心。他开始强调，那些一触即跳的不可怕，可怕是的那些表面服从而实际上不服从，“故意站在拥护党的方面，实际上暗中进行反党活动”的人。他估计：“医大、中研院、民族学院、延大、科学院、鲁艺、西北局、边区政府，都有可能暗藏着坏人。”据此，他明确提出，对“过去参加过派别活动的老的坏分子也要加以考查，对于意识不好的分子也要加以注意”，因为这些人一旦时机适合，常常站在反党的方面；特别要注意那些故意站在拥护党的方面，实际上暗中进行反党活动的人。[2]

---

[1] 转见陈晋：《文人毛泽东》，上海：上海人民出版社 1997 年版，第 221 页。
[2] 参见《毛泽东年谱》（中），第 388 页。

七、共产国际解散，俄国联络员报告说，毛泽东大大松了一口气

整风的目的，在于求得思想统一；而思想统一的目的，自然是为了求得真正实现组织上的统一。

抗战开始以后，党内军内的形势相当复杂，这不仅在于延安存在着像王明这样的领导人，而且在于根据地散布外地，各自为政，用毛泽东的话来说就是存在着大大小小的“山头”。中央不统一，下面更难统一；即使中央统一了，地方也未必就能统一起来。因此，毛泽东发动整风本身，不可避免地包含着从政治、思想、组织上实现一元化领导的重要意图。而正是基于这种考虑，从 1942 年 8 月起，中共中央就陆续制定了《关于抗日根据地党政军民学关系问题的决定》《关于统一抗日根据地党的领导及调整各组织间关系的决定》《关于加强统一领导与精兵简政工作的指示》等一系列重要文件，一步步提出了规范上下级关系和全党服从中央的具体模式，力图解决各根据地“机关庞大，系统分立，单位太多，指挥不便”的问题[1]。与此同时，毛泽东也提出目前的书记处办事方式不够精练，作为政治局日常办事机构，书记处也应大大精简，并有权随时处置决定日常工作。[2]只是，在刘少奇到达延安以前，这个问题一时还不能提上日程。

1942 年 12 月 30 日，刘少奇从华中辗转山东、晋北等根据地回到延安。刘是中共最早的成员之一，1921 年 5 月曾与任弼时等一同前往莫斯科东方大学留学，一年后即归国，以后一直从事工运领导工作。同毛泽东一样，刘也喜欢独立思考，常常与中央的意见不尽相同，因而直到六届四中全会才得以补选为中央委员。但刘少奇一度进入临时中央工作，至五中全会又入选政治局候补委员，仍旧不免屡屡被“左”倾中央批评为“右倾”。

---

[1] 《中央关于统一抗日根据地党的领导及调整各组织关系的决定》(1942 年 9 月 1 日)，《中央关于加强统一领导与精兵简政工作的指示》(1942 年 12 月 1 日)，见《中共中央文件选集》第 13 册，第 426—436、465—467 页。

[2] 《任弼时年谱》，第 440 页。

在遵义会议以后，刘少奇得以成为政治局正式委员，到陕北后即被派往天津领导华北地下党的秘密工作，其独立思考的特点逐渐显露优势。尤其是抗战开始之后，刘力倡独立自主和开展华北游击战争，与毛遥相呼应。调其主持华中局工作后，一度受到王明和项英影响的新四军工作亦开展得有声有色，因而备受毛泽东的欣赏。

到 1941 年九月会议时，刘少奇已俨然被党内众多领导干部视为毛泽东以外中共党内唯一的一位正确路线的代表。陈云力赞“刘是代表了过去十年来的白区工作的正确路线的”。王稼祥也明确讲：过去中央毛主席代表了唯物辩证法，在白区刘少奇同志是代表了唯物辩证法。任弼时、康生也都将刘与毛相提并论，认为当年如果临时中央由刘少奇负责，白区的情况将会完全不同。因此，在当时的会议上，与会者已经一致认为，“刘少奇同志将来的地位要提高”。会议结束不久，毛在起草《决议草案》时，也特别点了刘的名字，称赞其在白区工作时的贡献。10 月份，毛泽东更两度电召刘来延安工作。[1] 只是因为刘一行通过日军封锁线颇费周折，再加上山东根据地领导人之间出现矛盾，毛泽东令其暂留山东帮助解决，所以才耽搁下来。但毛泽东隔三差五不断去电询问行止，其关切之殷令人瞩目。

毛泽东对调刘少奇来中央之热心与关注，反映出他对根本解决党的正确路线的一元化领导问题的重视。事实上，毛泽东这时在中共中央早已是一言九鼎。问题是自中共六届六中全会以来，张闻天虽自觉退位，毛泽东作为党的领袖始终尚无正式的手续和名分。况且原先书记处的七位书记，即毛、王、张、博、周、陈、康，一半以上不是在外，就是犯有严重的路线错误，这时实际负责或公认应当负责的刘少奇、任弼时等反倒不在其位。因此，既然绝大多数中央领导人早已一致肯定毛泽东为最高领袖，刘少奇和任弼时事实上已受命掌管全局工作，借着建立一元化领导机构的机会，授予毛以正式的领袖名义，委刘、任以书记职务，自然成为顺理成章的事。

[1] 《毛泽东致刘少奇电》(1941 年 10 月 3、11 日)。

在刘少奇回到延安两个月后，张闻天亦被召回中央，政治局很快进行了三次讨论，由任弼时拟订机构精简调整方案，刘少奇提议以毛为主席，大家一致拥护，遂于1942年3月20日正式通过了《中央机构调整及精简决定》，决定：

> 在两次中央全会之间，中央政治局担负领导整个党工作的责任，有权决定一切重大问题。政治局推定毛泽东同志为主席。政治局每月应举行例会两次，必要时可召开临时会议。凡重大的思想、政治、军事、政策和组织问题，必须在政治局会议上讨论通过。
>
> 书记处是根据政治局所决定的方针处理日常工作的办事机关，它在组织上服从政治局，但在政治局方针下有权处理和决定一切日常性质的问题。它的经常事务是：准备政治局会议的日程所应讨论问题的材料（或通知各部委准备）；负责组织政治局会议决议之执行并检查其执行的程度；在政治局的方针之下负责办理和决定日常工作问题。中央各部委局厅社的工作，由书记处直接管理，或经过宣委组委管理之。书记处必须将自己的工作向政治局作报告。
>
> 书记处重新决定由毛泽东、刘少奇、任弼时三同志组成之，泽东同志为主席。会期不固定，随时由主席召集之，会议中所讨论的问题，主席有最后决定之权。
>
> 与此同时，政治局决定在中央政治局及书记处之下，设立宣传委员会与组织委员会，作为政治局书记处的助理机关。前者由毛泽东、王稼祥、博古、凯丰四同志组成之，以毛为书记，王为副书记，负责管理中央宣传部、解放日报社、中央党校、文化委员会、出版局等宣传文化部门。后者由刘少奇、王稼祥、康生、陈云、张闻天、邓发、杨尚昆、任弼时八同志组成之，以刘为书记，负责管理中央组织部、中央党务委员会、统一战线部、民运工作委员会、中央研究局等组织及

政策部门。原先设立的各类党的部门，一律归口合并或撤销。[1]

3月20日的《决定》，使毛泽东名正言顺地确立了他在中共党内的一元化领导权威。而以刘少奇作为自己的得力副手，更分担了前两年时间里必须花费大量时间来处理的日常事务性工作，毛泽东更有如虎添翼之感，觉得现在“气象一新，各事均好办了”[2]。

让毛泽东无论如何想不到的是，就在中共中央刚刚形成了新的领导核心，一切工作都感到得心应手之后，季米特洛夫竟发来电报，通知他：“共产国际主席团将于五月二十二日向各支部公布关于解散国际工人运动领导中心——共产国际的提议。该提议的主要原因在于，这种国际联合的集中的组织形式，已经不能适应各个国家共产党进一步发展成为本国（本民族）的工人政党的需要，并且还成为其障碍。”[3]

几年来，毛泽东无疑是第一次如此迅速地召集政治局会议讨论共产国际的来电。据莫斯科驻延安的联络员报告说，毛泽东在会上明确指出共产国际的存在太久了，它不能理解中国革命的条件和需要，因此是该解散了。他还特别批评了党内那些不听中央的话只听共产国际执委会的话的人。据说是王明告诉俄国人说：“毛和他的拥护者大大地松了一口气。他的双手被解放了，道德上的责任感也不会有了。尤其能够说明这一点的，是毛泽东在政治局会议上说过的话：现在可以举行党的代表大会了。”预计在对待“国际派”那些人的问题上毛的态度不会有任何改变，这些人“甚至可能被开除出党”[4]。

长期以来，共产国际始终在扮演着“父亲”的角色，尽管中共在毛泽

[1] 《中央机构调整及精简决定》（1943年3月20日），见中国人民解放军国防大学党史党建政工教研室编：《中共党史教学参考资料》第17册，第344—346页。

[2] 《毛泽东年谱》（中），第426页。

[3] 《季米特洛夫致毛泽东电》（1943年5月21日）。

[4] RCPSMH，495/74/333.

东领导下已经日益长大成熟起来，经常违拗其意志，但作为其下级支部之一，中共中央仍旧无法摆脱其权威和复杂的亲缘隶属关系。不管俄国人这时的报告是否完全准确，双方的关系经常使毛泽东倍感束缚与不快，甚至还不能不为自己搞坏与王明等人的关系而感到担心，应当是事实。共产国际的解散，对毛泽东来说，确实可以看成是一次政治上和组织上的大解放。深为自己领导下的中共发展壮大而自豪的毛泽东，迅速流露出对莫斯科过去遥控指挥方式的不满。他公开宣称："革命运动是不能输出也不能输入的"，每个国家的革命都有其自己的特点，中国共产党已经经历过三次革命运动，中国革命"甚至比俄国革命还更复杂"，远离各国革命斗争实际的共产国际，当然"无法适应这种非常复杂而且迅速变化的情况"。中共今天之所以能够成为全国政治生活的重大因素，照《解放日报》社论的说法，就是因为我们能够"在毛泽东同志领导下，独立地创造性地，依据中国的具体情况和客观条件正确地决定自己的政治方针、政策和行动"[1]。

八、毛泽东说，对错已经清楚，再不认错，就有走向敌人的危险

既然共产国际已不复存在，毛泽东再也用不着担心对王明的严厉批评会在莫斯科引起什么样的反应了。用毛泽东后来的话来说，"共产国际解散后我们比较自由些，我们就开始批评机会主义，展开整风运动，批判王明路线"了[2]。由此可见，毛泽东此前对王明的宽容，在一定程度上不能不说是与对莫斯科的顾虑有关。只不过，对王明批判的升级，很大程度上也是与王明自己破罐破摔、见人说人话、见鬼说鬼话的做法密切相关的。

王明是于 1941 年 10 月 13 日躺进中央医院的，以后陆续有中共领导人前去探望。对毛泽东、任弼时等，王明总是做足表面文章，表示愿意接受批评，

[1] 《论共产国际底解散》，《解放日报》1943 年 5 月 28 日。

[2] 《毛泽东接见南斯拉夫共产主义者联盟代表团维塞林诺夫等人的谈话》（1956 年 9 月 29 日）。

诚心检讨。而对王稼祥、周恩来、博古、张闻天等人，或刚从外地回来的刘少奇等人，王明则每每大吐苦水，甚或宣传他的两面战争打不得，互相牵制如何集中力量打日本援苏联那一套。特别是对在延安的俄国人，他更是一有机会就要表明自己对莫斯科忠心耿耿的态度，打探莫斯科有无进一步指示到来。

比如，他见王稼祥时说：毛这个人太厉害，睚眦必报，现在整我们，你过去也反对过他，你也跑不了的。见周恩来说：现在整风不过刚刚开始，你我错误一样的，一定会整到你头上去的。见博古说：这次是整你我的，但不用担心，那边的方式我是知道的，先提问题，后来就有文章的。见张闻天说：这次主要是整从莫斯科回来的同志的，尤其是整你的，因为曼努伊斯基说你是我党的理论家，毛听了这话大发脾气，所以就开始反对你，你的教条比我多，我自己不过是因为太不懂人情世故了，什么话都随便说，所以遭了毛主席的忌，如此等等。[1]

王明的两面手法，毛泽东初时尚不十分了解。但随着 1943 年年初王明重新开始在背地里密谋串联的情况为毛所知后，不能不使他大为不满，从而逐渐认定王明是党内主观主义、教条主义和宗派主义的罪魁祸首。不把王明搞臭，教条主义和宗派主义还可能死灰复燃。

早在 1941 年九月会议之后，毛泽东就已经开始研究苏维埃后期九份有典型错误的文件，并陆续对这九份文件写出过文字批判的笔记。只不过，在当时他的矛头还是指向博古的，情绪还较为平和。这时，毛泽东显然带着极大的愤怒重读了这些文件，因而大大修改了原先的笔记，不仅加上了王明，而且转而把王明视为那条“左”倾路线的头号罪人了。

这份修改过的笔记，第一篇就是评论王明起草的 1931 年 9 月 20 日以中共中央名义发布的《由于工农红军冲破第三次“围剿”及革命危机逐渐成

[1] 参见《王明评传》，第 408—409 页；吴黎平：《坚持真理修正错误的模范》，《中共六十周年纪念文选》，北京：中共中央党校出版社 1981 年版，第 442 页；等等。

熟而产生的党的紧急任务》的文件。毛泽东这时一改1942年上半年的估计，一上来就根本否定了六届四中全会，并肯定王明是这个时期“左”倾路线的始作俑者。笔记写道：

> 这个决议是中国共产党第六届全党代表大会第四次中央全会以后王明同志（即陈绍禹）为首的中央发出的，“左”倾机会主义路线从此形成，并由博古（即秦邦宪）、洛甫（即张闻天）继续发展，到后来成了一条比立三路线还更完备的极端反马列主义的路线。对于这条路线，王明是创始与支持者，博、洛等人则是发展者与执行者。
>
> 当时的四中全会是以批判三中全会的所谓对于立三路线的“调和主义”为目标的。这种批判是错误的，因为在三中全会上已经基本将立三路线从基本上批判过了……王明等人重新挑起这个问题来批判，是别有用心的，其证据就是在其后出现的王明路线比立三路线更“左”，比立三时期的结果更坏……因此四中全会是完全错了，从此种了以后的恶果。

按照胡乔木的话来说，毛泽东的这个笔记是“嬉、笑、怒、骂跃然纸上，情绪化色彩甚浓”，纯粹是“激愤之作，也是过去长期被压抑的郁闷情绪的大宣泄”。下列笔记中使用的语句，颇能反映出毛这时对王明的痛愤以及因这种痛愤的心情所导致的对王明等人当年所作所为的深恶痛绝：

> 王明反对立三路线夺取中央权力以来还不到九个月，就又恢复了立三路线，可见他反对立三路线是假的，不过借着反立三路线之名，行夺取党权之实。至其思想，完全和立三一模一样，都是反马列主义的小资产阶级野心家……
>
> 王明诸人不但没有起码的马克思主义知识，就连一个普通老百姓的知识也都没有，所以他们写起文章来，就特别显得幼稚可笑。可是

世上偏有这一类人。真是天地之大，无奇不有，连共产党内也不能免……如果他们掌了权就会要做出许多坏事来。这一点应当引起一切革命者的警戒……

我常觉得，马克思主义这种东西，是少了不行，多了也不行的。中国自从有那么一批专门贩卖马克思的先生们出现以来，把个共产党闹得乌烟瘴气，白区的共产党为之闹光，苏区与红军为之闹掉百分之九十以上……全都是吃了马克思主义太多的亏。这批人自封为“马克思主义理论家”，家里有成堆的马克思主义出卖，装潢美丽，自卖自夸，只此一家，并无分店，如有假冒，概不承认……直到被人戳穿西洋镜，才发现其宝号里面尽是些假马克思，或死马克思，或臭马克思，连半个真马克思、活马克思、香马克思也没有，可是受骗的人已不知有几千几万，其亦可谓惨也已矣！……

我们老爷是一条最可怜的小虫，任何世事一窍不通，只知牛头不对马嘴地搬运马克思、列宁、斯大林，搬运共产国际，欺负我党与中国人民对于马克思主义的认识水平与对于中国革命实践的认识水平的暂时落后而加以剥削，而对于许多聪明的勇敢的同志，例如所有白区、苏区、红军的主要负责人，则加以流氓式的武断与威胁，把他们放在托洛茨基及陈独秀取消派的范畴内，这真是所谓不识人间有羞耻事！……

“左”倾机会主义路线的中央与地方的领导者们，当他们实行篡党、篡军、篡政之时，照例都是有这一手的。为了建设他们的威信就一定要把原有的领导者们的威信下死劲地给以破坏，而且破坏得异常彻底，使用的手段是异常毒辣的。任何地方都有这一手，不独中央苏区为然。我党在这一时期领导方面所犯的错误，以事业说，党、政、民、学，以地域说，东、西、南、北、中，无往而不被其荼毒，实属我党的空前大劫，全党均应引为鉴戒，再不要重复此类错误。[1]

毛泽东在这个时候写下如此激烈的批判王明的笔记，除了发泄其内心的激愤和郁闷之气以外，当然还有别的目的。他需要政治局主要成员在他发动批判王明问题上给予理解和支持。因此，他特地将这篇笔记送给新成立的书记处的另外两位书记刘少奇和任弼时去看。然后，毛泽东越来越激烈地把斗争矛头对准了王明。

首先，毛泽东因极端厌恶王明在背后的小动作，再次强调必须把肃清“小广播”作为整风的一项重要任务加以重视。其次，针对共产国际来电坚持把国民党视为民族联盟，与王明的观点遥相呼应，毛泽东公开主张加强阶级教育，打破对国民党的幻想，由上而下地对全党进行对国民党本质认识的教育。[2] 据此，从 1943 年 7 月开始，他结合蒋介石发表《中国之命运》一书和国民党乘共产国际解散之机，调集大军围迫陕甘宁边区的情况，公开批评王明等人自抗战以来即对今天的国民党、三民主义、蒋介石及中国的抗日民族统一战线有许多不正确的了解，犯了许多错误，至今尚未彻底解决问题。

这是毛泽东第一次把王明在抗战初期的错误上纲到“右倾机会主义”和“投降主义”的高度上来批判。他在 7 月 13 日政治局会议上的发言异常尖刻。他认定：抗战以来，我党内部有部分同志没有阶级立场，对大地主大资产

---

[1] 毛泽东：《驳第三次左倾路线——关于一九三一年九月至一九三五年一月期间中央路线的批判》。此文写作时间，毛泽东后来回忆为 1940 年或 1941 年上半年，胡乔木判断应在 1941 年九月会议以后。鉴于毛只是在九月会议期间才得知四中全会后临时中央产生的细节，而文中既提到九月会议，又提到临时中央产生的情况，可知胡的判断是对的。但从文章题目不包含对四中全会的批判，而毛直到 1943 年才开始全面批判王明，并将四中全会定为第三次左倾路线之起源，故可以判断此文从最初形成到最后改定有过一个过程。毛回忆他这个东西写定后，只给刘少奇、任弼时看过，而刘 1943 年年初才回到延安，刘、任作为他的副手也是 1943 年的事情，故可以肯定目前看到的这篇文章应当是在 1943 年写成的。

[2] 《中央总学委关于肃清延安“小广播”的通知》(1942 年 12 月 6 日)，《中共中央文件选集》第 13 册，第 468—470 页。

阶级的国民党对我进攻、对我大后方党员的屠杀等没有表示义愤，这是右倾机会主义思想。国民党打共、捉共、杀共、骂共、钻共，我们不表示坚决反抗，还不是投降主义？代表人物就是王明同志。他的思想是大地主大资产阶级在党内的应声虫。他曾认为中央路线是错误的，认为对国民党要团结不要斗争，认为他是马列主义，实际上王明是假马列主义。[1]

毛泽东进而情绪激动地提出：谁对谁错现在已经很清楚了，而我们党内现在还有人坚持错误观点，还有人搞不清过去的历史，我们今天必须把这些搞清楚，过去党中央的两条路线也必须弄清楚，把党内无产阶级与非无产阶级弄清楚，对党外也要把革命与反革命弄清楚。机会主义者不改正思想上的错误，就有走向当敌人的危险，如张国焘。[2]

九、中央决议："王明的投降主义，实质上是国民党在共产党内的代表"

王明问题政治化，除了共产国际不复存在和王明自己搞小动作以外，整风运动本身逐渐政治化，也是原因之一。

由于整风运动发生在对敌斗争异常尖锐复杂的背景之下，毛泽东从1942年下半年就逐渐开始把整顿思想作风的问题，同阶级斗争、组织清洗联系起来了，从而使整风运动迅速阶级斗争化，延安的政治空气也渐趋紧张。胡乔木对整风运动的回忆明确讲过这种情况。他说，当时一方面很民主，一方面很紧张，"因为整风很紧张，所以才会一下子转到审干"，"如果没有那个气候、土壤，不可能一下子转入审干"[3]。在这种空气之下，毛泽东逐渐改变对王明的宽容态度，也是一种必然的现象。因为，随着1942年下半年提出思想清理与组织清洗相结合之后，毛泽东对敌情估计越来越严重。

---

[1] 《毛泽东在中共中央政治局会议上的发言》（1942年7月13日）。

[2] 参见《毛泽东致德怀电》（1943年6月6日）；《中央总学委关于进行一次国民党的本质及对待国民党的正确政策的教育问题的通知》（1943年8月5日）；《胡乔木回忆毛泽东》，第283—284页。

[3] 《胡乔木回忆毛泽东》，第70页。

1942 年 6 月，习惯于用阶级斗争的观点来观察一切的毛泽东已经认为，延安到处都有“暗藏的坏人”。当时由康生领导的审查机关更是怀疑一切，甚至唯恐找出的坏人不够多。在这种情况下，由思想清理走到组织清洗不可避免，而“逼供信”之类的办法也很自然地被派上了用场。当真的逼迫一个叫张克勤的年轻人供出来一个所谓“红旗党”之后，找出一批所谓国民党特务是再容易不过的事情了。再加上苏联方面也有情报告诫中共内部确有奸细在帮助国民党，毛泽东对反革命“内奸”的担心自然更加严重。[1]

1943 年 3 月 16 日，毛泽东明确提出，要一边整小资产阶级思想，一边整反革命。4 月 3 日，根据毛泽东的意见，中共中央发布了《关于继续开展整风运动的决定》，即著名的第二个《四三决定》。《决定》公开提出：自抗战以来，日本和国民党两方面有大批内奸分子打入党的各级机关，整风的目标是在纠正干部中非无产阶级思想的同时，肃清党内暗藏的反革命分子。[2]随后，中共中央专门成立了以刘少奇为首的反内奸斗争委员会，整风也由和风细雨的思想教育和思想革命迅速转入急风暴雨的组织清党，即审查干部阶段了。

4 月中旬，中共中央召开万人大会，传达贯彻《四三决定》，并以张克勤为现身说法，号召所有“失足分子”自动自首坦白。不出三个月，经过大会控诉，小会揭发，个别谈话，康生宣布已经有四百五十人“坦白”了他们是“国特”或“日特”。

随着“坦白”人数不断增加，进入到 8 月份时，毛泽东也不能不相信延安确实是“特务如麻，到处皆有”了。总不能把这么多的干部统统清理掉吧，于是，审干一夜之间变成了“抢救失足者运动”。在这场骇人听闻的“抢救运动”当中，延安除了那些中央领导以外，几乎人人都被卷入到大揭发、大检举、大坦白的热潮之中，光是一个两千五百人的中央党校，据毛泽东 8

[1]　《鲍尔沙科夫致季米特洛夫》（1943 年 2 月 6 日），RCPSMH，495/74/333；李逸民：《参加延安“抢救运动”的回忆》，《革命史资料》第 3 辑，北京：文史资料出版社 1981 年版，第 33—35 页。

[2]　《中央关于继续开展整风运动的决定》（1943 年 4 月 3 日）。

月8日报告称，就挖出来二百五十个特务，并且毛估计还不止这个数字，“恐怕是二百五十到三百五十的数目”。而行政学院，据毛泽东报告说，“除了一个人以外，教员、职员全部是特务”，“学生中很多是特务，恐怕是过半数”。[1]

这样一种紧张形势，这样一种严重估计，直接影响到中共中央其他领导人也都迅速开始从阶级斗争和路线斗争的高度来看待王明的错误问题。据俄国人报告说，康生在一次相当规模的会议上甚至直截了当地宣告说，延安存在着一个右倾机会主义集团，专门散布对蒋介石的幻想来破坏党，王明、博古、张闻天和周恩来等都是其中的成员，中央不久就将讨论他们所犯的错误，这些人对新四军的失败和国民党特务大批渗入到延安来有着不可推卸的责任。当然，苏联联络员已经注意到，康生提到的中央成员，多数已经改变了他们的态度，尽管“有些很慢，另一些很快”[2]。

从9月7日起，中共中央接连召开政治局会议，再度讨论历史问题。

从会议一开始，所有人的批判矛头一齐指向了王明。毛泽东在会议上第一次坦率地说出了他多年来对王明不满的两大原因：第一是他的正确意见长期被压抑，党的工作不断受到不应有的巨大损失；第二是无论在江西，还是在延安，王明宗派到处篡党夺权，即使在六中全会以后，延安实际上仍是诸侯割据，一国三公的局面。时至今日，王明一面养病，一面还做破坏活动，向一些同志讲怪话，批评中央不对，党仍存在发生破裂的可能。因为，现在的中央并不是“六大”选举的，而是四中全会、五中全会选举的，“六大”选出的中央委员只剩下六个人，其中只有毛和刘两人是受“左”倾路线排挤打击的，其余多是拥护王明宗派的。也就是说，王明宗派长期控制了中央码头，并且打着“国际”旗号，用“马列”的招牌，欺骗了党十多年。要清算他们的罪恶，需要一个相当困难的过程。当然，毛泽东表示，即使在内战时期，错误路线的代表也是王明，博古、张闻天是执行者和发挥者。

[1] 《毛主席在中央党校第二部开学典礼大会上的讲话》（1943年8月8日）。

[2] RCPSMH，495/74/333.

作为王明“宗派”的最主要领袖之一，博古在会议上明确表态赞同毛泽东关于抗战初期存在两条路线斗争的提法，肯定一条是毛主席为首的党的正确路线，一条是王明为首的武汉时期的错误路线，并断言，这条错误路线经过长江局统治了东南局，影响了华北和边区，是孟什维克的新陈独秀主义，完全抹杀大地主大资产阶级的反动性，完全是叛变无产阶级革命的。

在毛泽东表明内战时期的错误路线创造者也是王明的意见之后，一些发言者更是跟着上纲上线，说王明是身在毛营心在蒋。陈伯达也说，王明的心始终都是放在国民党身上，而不是放在共产党身上的，他实际上可以说与共产党是两条心，对共产党是仇恨的，有许多反共言论，他的理论根本就是叛徒的理论。康生的发言同样尖锐，他指责王明的投降主义是有系统的，说他的投降主义在政治上、思想上、组织上有一套与毛主席对立的路线，他根本上已经成了买办封建法西斯的代言人。[1]

在断断续续两个多月的政治局会议上，最主要的检讨者是博古、张闻天和从重庆回来不久的周恩来。其中，周恩来的发言最长，从11月27日开始，中间29和30两天没讲，一直讲到12月3日，整整讲了五天时间。

11月29日，鉴于政治局会议已经基本上就王明错误的性质达成了一致的意见，中央书记处指示李富春找仍在休养中的王明谈话，要求他主动检讨自己的教条主义和宗派主义的错误，以供会议讨论。由于共产国际已经解散，毛泽东的地位已经巩固，王明看出大势已去，只好让孟庆树代笔，表示全盘放弃自己过去提出的与毛泽东相反的意见，“一切问题都以党的领袖毛主席和中央大多数同志的意见为决定”。他声称：“我愿意尽我力之所能，对自己过去的思想言行加以深刻的检讨，在毛主席和中央各位同志的领导与教育之下，我愿意做一个毛主席的小学生，重新学起，改造自己的思想意识，纠正自己的教条宗派主义错误，克服自己的弱点。”[2]

---

[1] 参见《胡乔木回忆毛泽东》，第290—297页；《毛泽东年谱》（中），第469—470页。

[2] 《王明给毛主席并中央政治局诸同志的信》（1943年12月1日）。

王明这时尚不知道会议讨论的具体情况。当12月下旬中共中央政治局就王明错误形成正式决议之后，王一时颇难接受。而尤其值得注意的是，中共中央这时除了继续给王明路线上纲上线，痛加批判以外，还特别发表了集合前共产国际领导人季米特洛夫、曼努伊斯基等人反对统一战线中的机会主义有关论述的专题文章，要求全党学习并遵循。中共中央就此下发的有关指示称：王明、博古宗派及其机会主义路线，自四中全会篡党开始，至五中全会达到顶点，使白区损失十分之十，苏区及红军损失十分之九。此一错误路线虽经遵义会议开始克服，"但在一九三七年十二月会议至一九三八年九月六中全会期间，这个宗派又利用长江局进行其反党活动，并且王明本人长期地坚持其错误路线，反而说中央路线是错误的，是违背共产国际方针的。现在共产国际虽已解散，但共产国际领导者们的指导原则依然适用，这些原则，完全与王博路线的机会主义相反，而对于我党中央的布尔什维克路线则完全符合的"。

在这时的中共中央文件当中，对王明问题定性最重的，是下面这段话，即"王明的投降主义，实质上是国民党在共产党内的代表，是大地主大资产阶级在无产阶级队伍中的反映"，是帮助国民党、瓦解共产党的腐蚀剂。当然，文件的核心未必在此。它明确指出：目前在一般干部中虽暂时不必传达上述指示，但应研究共产国际领导者们的这些指导原则，"要使干部及党员明白，自遵义会议以来，九年之中以毛泽东同志为首的中央的领导路线是完全正确的，一切对于这个路线的诬蔑都是错误的，现在除了王明博古以外，一切领导同志都是团结一致的。现在我们党已成了中国民族解放战争的核心力量，全党同志均应团结在以毛泽东同志为首的中央的周围，为中央的路线而奋斗"[1]。

---

[1] 《中央关于"反对统一战线中机会主义"一文的指示》(1943年12月28日)，《中央书记处关于研究王明、博古宗派机会主义路线错误的指示》(1943年12月28日)。毛泽东此前已经将博古与王明加以区分，这时为何又将二人相提并论，并强调"除了王明博古以外"一切领导同志均团结一致，尚不十分清楚。

1944 年 2 月 26 日，周恩来就会议中讨论的有关问题与王明进行了一次谈话。这时王明刚刚了解到中共中央的结论，他感到颇难理解。事后他写信给周恩来，对为什么要根本否定四中全会以及为什么把他算成是苏维埃后期“左”倾路线的代表问题表示疑问。但这件事对于毛泽东或中共中央来说，已经不很重要了。因为不久之后，王明就已经明确表示，他对中共中央“对这次‘左’倾路线在政治上、组织上、思想上所犯严重的错误的内容实质与其重大的危害，以及产生此种错误的社会的和历史的根源的分析和估计，完全同意和拥护”，并且愿意“以一个第三次左倾路线开始形成的主要代表的地位，站在思想政治观点的立场上”，用中共中央的指示“作为今天自己改正政治、组织、思想各方面严重错误的指南”。[1]

不管王明这时的态度是否真心，从 1943 年 7 月开始，几乎所有中央政治局的重要成员，包括刘少奇、周恩来、任弼时、博古、张闻天、王稼祥、凯丰等，都公开发表文章或讲话，真诚地表示了对毛泽东的敬服。在中共六届七中全会以及 1945 年召开的中国共产党第七次代表大会上，所有的中共领导人更是进一步一致高声颂扬毛泽东和毛泽东思想，一致拥护以马克思列宁主义的理论与中国革命实践之统一的思想——毛泽东思想作为中国共产党的指导思想。[2] 这意味着，毛泽东的绝对领导地位已经牢不可破，甚至接近于神圣化了。他再也不必担心来自党内的或莫斯科的任何挑战和威胁了。

十、毛泽东向季米特洛夫保证：斯大林在延安仍然受到普遍爱戴

在这里需要强调的是，中共中央这时一面把斗争矛头尖锐地指向莫斯科实际利益的代理人王明，不顾莫斯科愿意与否大树毛泽东思想的绝对权威，

---

[1] 参见《王明评传》，第 408、419—420 页。此书关于周恩来与王明谈话时间误记为 1942 年 2 月 26 日，实际上周当时还在重庆，1943 年 7 月才返回延安。

[2] 参见 1943 年 7 月 6 日、7 月 8 日、7 月 13 日、7 月 16 日、8 月 3 日等日期《解放日报》所载中央政治局领导人拥护毛泽东的重要文章。

一面仍旧继续表现出高度尊崇莫斯科的态度，极力在王明与共产国际之间寻找不同点，一切整风学习的理论材料和指导原则大部仍旧源自莫斯科。

包括毛泽东在内的中共领导人对莫斯科的尊重态度，在周恩来的自我检查里尤其看得清楚。尽管共产国际已经解散，它的错误也受到批评，但周恩来仍旧花了大量篇幅来讨论所谓“真假国际”，详细介绍每一位与中国共产党历史有关的莫斯科领导人和共产国际的代表，并把绝大多数错误都归结为个人行为。根据他的说法，共产国际所以在中国革命中犯了许多错误，关键在于那些曾经亲自指导过中国革命的共产国际领导人和共产国际代表，包括东方大学、中山大学培养出来的学生，除了季米特洛夫等少数人以外，大部分都在苏共肃反运动中或在中国革命中被证明是“坏人”。而斯大林、莫洛托夫、季米特洛夫、曼努伊斯基等人则是始终代表着共产国际的正确路线，他们的主张基本上是符合中国革命实际的，如肯定中国党已经成为中国革命重要的政治因素，强调国民党的动向以帝国主义的态度为出发点，指出中共的任务在于武装人民、瓦解敌军、组织农民，反对危害边区和削弱八路军，揭露王明与米夫的关系不正常，批评王明有政治野心和不该反对毛主席，等等。他的这番讲话，就连对莫斯科内部的情况不甚了了的毛泽东听后也得出结论说：“列宁主义及国际无产阶级影响中国党的产生，但国际中的坏蛋也影响中国革命的失败。”[1]

当然，毛泽东的这种认识也并非简单地是受了周恩来介绍的影响。即使他这时与莫斯科在一些问题上存在着利害冲突，与莫斯科翻脸，也非其所想。

应当看到的是，在与莫斯科的关系当中，毛泽东所反感的，其实主要是过去共产国际与中共那种父子党的关系。而从根本上来说，作为一位典型的列宁主义者，毛泽东仍旧相信，中国共产党与共产国际和苏联共产党在阶级利益以及意识形态方面还是一致的，中共与苏共之间还存在着某种

[1] 参见《胡乔木回忆毛泽东》，第 296 页。

师生的关系。在整风运动中，毛泽东之所以始终把《联共(布)党史简明教程》，以及斯大林和季米特洛夫的有关指示奉为经典，反复讲解，要求各级干部认真学习贯彻，就是因为他深信，同马、恩、列、斯、季等比较起来，自己还只是学生，自己思想的"体系还没有成熟"。正如张闻天在中共"七大"上公开宣讲的那样，无论中共领导人，还是毛本人，都不否认毛是马、恩、列、斯的学生，他们"不但不以此为耻辱，而且以此为光荣"[1]。

正因为如此，毛泽东相信，共产国际的基本理论及其基本路线，仍旧是正确的。即使在他极其情绪化地批判王明、博古"左"倾路线期间的九份文件时，他也没有忘记要将真假国际路线相区别。他明白写道：

> "左"倾路线随时都把自己的路线冒称为国际路线，许多文件上都可见到。这是不对的……我们不说共产国际在这个时期内对中国革命的指导上没有错误，这是有过的，并且是严重的；但共产国际指导中国革命的基本路线就是纠正李立三冒险主义的那个路线，就是反对先锋队不顾主客观条件、脱离群众、冒险急进的"左"倾机会主义，同时又反对不顾主客观条件、脱离群众、畏缩不前的右倾机会主义的那种路线。王明、博古、洛甫的路线并不是共产国际的路线，共产国际并没有叫我们举行上海暴动，又没有叫我们号召罢操、抢劫军粮与举行飞行集会，又没有叫我们强迫示威与强迫罢工，又没有叫我们率领灾民在武汉、九江、芜湖、江北成立苏维埃，又没有叫我们否认革命不平衡，又没有叫我们在华北建立苏维埃，又没有叫我们在广东、江苏、山东组织义勇军，又没有叫我们指挥红军打大城市，又没有叫我们成天地说什么帝国主义全体一致地进攻苏联，又没有叫我们成天地说什么国民经济总崩溃或国民党统治总崩溃，又没有叫我们成天地说什么兵变潮流普及全国，又没有叫我们不顾实际地实行那些错误的脱

[1]　张闻天：《在中国共产党第七次代表大会上的发言》(1945年5月2日)。

离群众的土地政策、劳动政策、肃反政策与文化政策，又没有叫我们指定几个毫无经验的新党员成立临时中央这样一件大事也不告诉大多数政治局委员与中央委员一声就大摇大摆地垄断一切与命令一切……又没有叫我们幼稚得像个三岁小孩子，蠢笨得像个陕北的驴狗子，滑稽得像个鲁迅的阿Q，与狂妄得像个塞万提斯的堂·吉诃德。一切这些，共产国际都并没有叫我们做过，都是我们这批坚决执行“左”倾机会主义的老爷们自造自卖的道地货色，这一点是断乎不可以不辩的。[1]

这就是我们所见到的，这个时候的在与王明和莫斯科的较量中大获全胜的那个真实的毛泽东。他后来曾解释说，当时的“整风实际上是整苏联的风，是批判斯大林和第三国际的错误，但是关于斯大林和第三国际我们是一字未提”[2]。因为，我们不愿在我们和苏联的关系中引起不愉快。然而，如果从我们上面谈到的情况看，当时的情况，包括毛泽东本人当时的认识，大概都远比他后来的这种解释复杂得多。

下面这件事在一定程度上反映了毛泽东当时对莫斯科的那种复杂心态。

1943年12月底，前共产国际总书记季米特洛夫根据从重庆和延安的俄国人那里得来的情报，心情焦虑地以个人的名义致电毛泽东，请他不要减少对日军事行动；不要放弃与国民党的合作政策；不要指控周恩来和王明执行了共产国际建议的统一战线政策并开展对他们的斗争，主张把他们留在党内并尽量利用他们为党工作；不要在党的干部中造成对苏联的不信任情绪；尤其不要相信康生，因为康生所实行的清除党内敌对分子的办法正在帮助敌人从内部瓦解共产党，为国民党效劳。[3]

1944年1月2日，毛泽东从苏联红军情报总局驻延安联络员弗拉基米洛夫那里看到了这封来电。他对来电显然不以为然，当即挥笔写了一个复

[1] 毛泽东：《驳第三次“左”倾路线》。
[2] 《毛泽东接见南斯拉夫共产主义联盟代表团维塞林诺夫等人的谈话》。
[3] 《季米特洛夫致毛泽东电》（1943年12月22日），RCPSMH，495/74/342。

电稿，要弗拉基米洛夫译好后发回去。复电直言不讳，称：

> （一）我们并没有削弱对日斗争。相反，在1943年八路军在十处地方实行了积极的对日作战。因此，在1940年和1942年失去的一些地区又夺回来了。八路军现在的人数达到了五十万。1943年的对日斗争是在坚决的指挥之下的。
>
> （二）我们与国民党合作的方针没有任何变化，1943年7月出现了紧张和危险的局面。国民党准备对边区发动进攻。由于我们采取了有效措施，避免了冲突的发生。1944年还可能发生同样的紧张局势，但我们会用我们的政策来努力避免军事冲突。
>
> （三）我们与周恩来的关系是好的，我们毫无把他开除出党的打算。周已经取得了相当大的进步。
>
> （四）王明一直在从事各种反党活动。对此，所有高级干部都已经得到了通报，但我们没有告诉一般党员，更没有通知非党群众。在党的高级干部中讨论王明错误后，大家更加团结一致。
>
> （五）我向您保证并且可以担保，中国共产党热爱并且深深地尊敬斯大林同志和苏联。我们对在这里的所有苏联同志，如弗拉基米洛夫、阿洛夫、雷玛、尤金和塞洛夫等，都有很好的印象。
>
> （六）在我看来，王明是不可靠的。他以前在上海被捕过。几个人都谈起，他在监狱中承认了自己的党员身份，后来才被释放的。也有一些同志谈到了他与米夫的可疑关系。王明进行了很多反党活动。
>
> 康生是一个值得信赖的人。他的部门并不负责审查干部。他们只调查证据确凿的特务。我们审查干部的工作是全面的和慎重的。[1]

这封电报清楚地反映出毛泽东读到来自季米特洛夫的电报时的心态和

[1] 《弗拉基米洛夫转毛泽东给季米特洛夫的电报》（1944年1月3日），RCPSMH，495/74/342。

他对季米特洛夫提到的各项问题的真实看法。最引人注目的显然是他对康生和王明截然相反的态度。在他随后的谈话中尤其能够显示出他对康生的信任程度。他明确告诉弗拉基米洛夫，这封电报只能你知我知，包括康生他也不准备告诉。当弗拉基米洛夫提到一些党的领导人对康生有看法时，毛泽东毫不客气地批评了这些人的说法。

不过，就在 1 月 2 日电报发出以后的第二天，毛泽东又急忙找到弗拉基米洛夫，有些不安地询问弗拉基米洛夫，那封回电是否发出去了。他告诉弗拉基米洛夫说，他对季老的电报想了很多，前面的复电可能不十分妥当。他最担心会引起不满的显然是上封电报中他在国共关系和对王明态度问题上的说法。因此，他特别解释了他对国民党的策略，强调他不是不要合作，他只是认为对国民党必须保持一只有力的拳头，否则不足以威慑国民党进攻边区的企图。谈到党内王明的问题时，他虽然仍旧强调王明的错误，但没有再提到王明的“反党”和政治上可疑的问题。

4 日晚，毛泽东特别宴请了在延安的军事领导人和苏联红军驻延安的联络小组成员，与会者全都十分热情地向苏方人员表示他们对苏联对德战争进展的关切和祝愿。晚宴后，大家都来到苏方联络小组的驻地，关切地问这问那。

5 日，毛泽东再度找到弗拉基米洛夫，再度谈到季米特洛夫的电报问题。显然，毛泽东一直在考虑要不要再给季米特洛夫发一封电报以挽回 1 月 2 日电报可能造成的负面影响。

7 日上午 9 点，毛泽东又一次来到弗拉基米洛夫的窑洞，告诉弗拉基米洛夫说，他同意设法改善国共关系，并感谢季老在中国问题上所给予的关注。他当着弗拉基米洛夫的面又起草了一封电报，要后者转给季米特洛夫。他在电报中说：

作为对 1 月 2 日电报中我所表明的观点的补充，今天我愿意再一次向您报告如下：我真诚地感谢您给予我的指示。我将深入地研究它、

> 高度地重视它，并据此采取措施。
>
> 关于同国民党的关系，我们正在实行合作的政策。我保证，对国民党的情况将会在1944年得到改善。
>
> 关于党内问题，我们的方针旨在团结。这一方针也同样适用于王明。由于在1943年下半年针对党内形势做了工作，党的团结相当地改善了。
>
> 我请求您冷静下来。所有您的想法，所有您的感情，都深深地打动了我，因为我的想法和感情实际上是一样的。[1]

在这之后，毛泽东确实在上述两方面做了适当的努力。他很快约见了国民党联络参谋郭仲容，表示愿意重开与国民党的谈判。与此同时，他开始亲自主持对被审查人员的"甄别"工作，并且很快就王明问题在组织上做出明确结论：王明、博古的错误，"应视为党内问题"。临时中央"篡党"问题也被取消，指出因有国际承认，"应承认是合法的"。[2] 当然，在季米特洛夫特别强调的康生的问题上，毛泽东没有妥协的表示。他终其一生都相信康生是他最可信赖的同志。

---

[1] 《弗拉基米洛夫转毛泽东给季米特洛夫电及情况说明》（1944年1月7日），RCPSMH，495 / 74/342。

[2] 《毛泽东年谱》（中），第493、496页。

第六章

毛泽东想做亚洲的铁托？

毛泽东对斯诺无话不谈，对俄国人却很少信任，他真的喜欢美国吗？第二次世界大战爆发，毛泽东担心美国把中国变成殖民地；苏美意外结成盟国，毛泽东不再说美国是帝国主义；理直气壮地与蒋介石争夺美援，想不到半路杀出一个赫尔利；毛泽东想去华盛顿让罗斯福评理……

很少有人不知道毛泽东曾经被人称为“亚洲的铁托”。最早把毛泽东视为“亚洲的铁托”的，大概是俄国人。1948 年 6 月，以苏联为首的九国共产党情报局宣布南斯拉夫共产党及其领导人铁托已经走上反苏联的道路。在此之后到莫斯科和到东欧去参加会议的中国人，就已经明显地感觉到俄国人在把毛泽东与铁托相提并论，并且亲耳听说过所谓毛泽东是“半个铁托”的说法。[1] 1949 年 4 月，毛泽东的美国朋友埃德加 · 斯诺公开发表《中国会成为莫斯科的卫星国吗？》一文，更是给俄国人提供了一个怀疑毛泽东的口实。因为他直截了当地把毛泽东比作铁托，并断言：在毛泽东的领导下，“中国将成为第一个共产党治理下、不跟莫斯科指挥棒转的大国”[2]。但毛泽东真的想做铁托吗？

仔细地考察历史，我们发现，毛泽东的确曾经想到过要学铁托，但那不过是在斯大林与铁托闹翻之前的事情。当他了解到苏南冲突的情况后，他也就再也没有过想做“亚洲铁托”的想法了。

一、毛泽东与斯诺一见如故，却很少对俄国同志表现热情

注意到毛泽东与苏联和美国的关系时，细心的读者会发现一个很有趣的现象，即毛泽东好像很少有俄国朋友，但却比较喜欢结交美国人。这的确是一个事实。

最早深入到中国共产党人当中来的，是俄国人；与中国共产党人交往最多的，也是俄国人。但是，从早期前来帮助组建中国共产党的那个维经斯基，到背靠苏联与中共直接参与策划了几乎整个国民革命进程的俄国顾问鲍罗廷；从打着商人名义藏在上海租界里暗中扶助中共和红军的大批共产国际代表，到住在延安与毛泽东往来甚多的苏方联络员弗拉基米洛夫；

[1]　林利：《我对中苏关系的几点回忆》（1981 年 7 月）。
[2]　埃德加 · 斯诺：《中国会成为莫斯科的卫星国吗？》（油印本），1949 年。

从斯大林派到毛泽东身边来的私人代表科瓦廖夫，到毛泽东亲自邀请来帮助他字斟句酌地修改自己的选集，随后又当了几年驻华大使的尤金，他们中有哪一个成了毛泽东，或者是其他当政的中共领导人——当然不包括王明之类的留苏学生——的私交好友？包括斯大林和赫鲁晓夫在内，尽管毛泽东很长时间都公开表示说，他们是最好的"朋友"，事实上毛与他们之间始终也没有建立起真正信任的关系。结果，不要说中苏交恶之后在俄国出版的诸如弗拉基米洛夫等人的那些满是怨言的亲历记[1]，就是在中俄两国恢复友好关系之后，我们所能看到的几乎所有中国方面回忆或者描述毛泽东等中共领导人与这些俄国人关系的文章书籍，也仍旧很少能看到他们对俄国人表示好感的内容。[2]

与此形成鲜明对照的，是毛泽东他们对美国人的态度。美国记者斯诺1936年才到陕北苏区，他是第一个直接接触到中共领导人的美国人。他描述这头一次的经历颇有戏剧性：

> 那个国民党官员在我们坐汽车出来的尘土飞扬的路上一直坐在那里没有说话，这时向我走了过来，卸下墨镜，摘掉白帽……他把脸凑近我，露出笑容，锐利的眼光紧紧地盯着我，把我的两条胳膊紧紧地握在他的那双铁爪子中，然后摇摇脑袋，滑稽地噘起了嘴，向我眨着眼！"瞧瞧我！"他低声说,好像一个有什么秘密的孩子一样高兴。"瞧瞧我！瞧瞧我！你认出我来了吗？"在斯诺抱歉地摇摇头之后，"他从我的胳膊上松开一只手，用手指指他的胸膛。'我以为你可能在什么地方见过我的照片。'他说。'我是邓发，'他告诉我说，'邓发！'他的脑袋向后一仰，看着我对这个炸弹的反应。""邓发泄露了他的身份以后高兴得跳了起来。他压抑不住自己，对目前这种情况感到好玩：他，

[1] 比较著名的有弗拉基米洛夫的《延安日记》、李德的《中国纪事》、潘友新的《中国回忆录》以及王明的《中共五十年》等。

[2] 埃德加·斯诺著，董乐山译：《西行漫记》，北京：战士出版社1979年版，第22—23页。

这个大名鼎鼎的‘共匪’，就生活在敌营中心，不把到处追缉他的特务放在眼里。他看到我，一个自告奋勇到‘匪’区去的美国人感到高兴——不断地拥抱我。他什么都愿意给我。我要他的马吗？啊，他的马好极了，红色中国最好的马！我要他的照片吗？他收集得不少，都可以给我。我要他的日记吗？他会带信给仍在苏区的妻子，把这一切，还有别的东西都给我。他后来真的没有食言。”

斯诺的这段描述，生动地再现了中共领导人对这位美国记者一见如故的情景。没有人见过这个美国人，甚至也没有人真正了解这个美国人，正如周恩来所说，他们只是得到报告说，这个美国记者可以信任并会如实报道。[1] 除此之外，他们对这个美国人可以说一无所知。但是，斯诺很快就成功地取得了当时在陕北的几乎所有中共和红军的领导人的信任。毛泽东本人尤其重视和信任斯诺。他花了差不多二十多个晚上（毛习惯于晚上工作）来向这位美国记者介绍他的党和他的军队，这在毛泽东一生中是绝无仅有的；而其生平中唯一一份详尽的自述，也是这时讲给这位美国人听的。[2] 当这位美国人将要离开陕北时，他更是关心备至，一连几天几乎天天都要询问接运斯诺的车辆安排。斯诺去后五个月，好不容易得到一个捎信的机会，他即去信表示：“自你别去后，时时念到你。”[3] 可见，毛泽东已经把斯诺当成了一个可以信任的朋友。随后在1939、1960、1965、1970年，毛泽东又四次与斯诺长谈，差不多每次都是在他最需要向外界说明自己政策意图的时候，把这位他最信得过的美国记者招来，通过谈话的方式把消息发出去，

[1] 前引《西行漫记》，第42页。

[2] 同上引书，第103—157页。

[3] 已知1936年9月29日李克农致电中共派驻西安的联络员刘鼎，告知美记者斯诺要回西安事，请立即派车往接。随后，自10月初起，毛4、5、7、10、11日连续数日亲电刘称，斯诺亟须出来，望来车接，并催问车辆安排。另，1937年3月10日，毛亲函斯诺称：“自你别去后，时时念到你。”见埃德加·斯诺著，奚博全译：《红色中华散记》，南京：江苏人民出版社1992年版，第298—299页。

其中甚至包括他想与美国缓和关系这样重大的外交信息。因此，有人评价说，斯诺是毛泽东唯一能够向之敞开心扉的外国人。

除了斯诺之外，曾经得到过毛泽东某种信任的外国人，至少还有两三位，他们都是美国人。比如美国女记者安娜·路易斯·斯特朗。她是一个早就受到莫斯科非议的人物，毛泽东对她却有不错的印象。他关于一切帝国主义都是纸老虎的著名论述，就是通过与她的谈话公布出来的。她还第一个写书宣传毛泽东创造了中国式的马克思主义。因此，1948 年，毛泽东甚至通过秘书邀请斯特朗经苏联去解放区帮助他编辑英文版的《毛泽东选集》。想不到苏联人得知后，竟以美国间谍的罪名将其扣押并驱逐出境，不允许斯特朗到中国来。[1] 而事过之后，毛泽东还是让斯特朗到中国来了，并且欢迎她到中国定居。

与斯特朗有着类似经历的还有另一位记者，那就是史沫特莱。当她第一次到陕北来的时候，莫斯科就专门提醒过中共中央，宣称她有破坏嫌疑，要中共中央将其扣留，直到没有危险再放她出来。但毛泽东显然没有按照莫斯科的要求行事，史沫特莱进入苏区不足两月就出来了。毛泽东很热心地接待了她，并通过与她的长篇谈话向外界宣传中共的抗日政策。[2] 不仅如此，红军总司令朱德还与史沫特莱建立了深厚的友情。像毛泽东一样，朱德向史沫特莱讲述了他曲折的经历，史沫特莱据此写成了《伟大的道路——朱德的生平和时代》一书[3]。在中共著名领袖当中，只有毛泽东和朱德两人，曾经向外界详细地讲述过他们自己的生平事迹。而他们讲述的对象，又都是美国人。

另外还可以提到的是前面提到过的那个前美国外交官谢伟思。除了斯诺以外，谢伟思可以说是那个时期与毛泽东谈话最多的另一位美国人了。他

[1] 《安娜·路易斯·斯特朗给毛泽东主席的信》（1949 年 11 月 5 日）。

[2] 《中日问题与西安事变——毛泽东与史沫特莱的谈话》（1937 年 3 月 1 日），《毛泽东文集》第 1 卷，第 479—492 页。

[3] 艾格妮丝·史沫特莱著，梅念译：《伟大的道路——朱德的生平和时代》，北京：三联书店 1979 年版。

所记述下来与毛泽东的长篇谈话，就有六次之多。从一些内部谈话看，毛泽东对这个谢伟思不仅比较重视，而且也颇有好感。

二、基于阶级理念，中共中央再度放弃建立国际统一战线思想

一位共产党的领袖，一贯强调意识形态和阶级立场，却不能同具有同样意识形态和阶级立场的苏联人建立真正的友谊，反而与意识形态不同、阶级立场肯定也不同的美国人推心置腹，这有点儿匪夷所思。于是，有人怀疑，毛泽东并不是真正意义上的马克思列宁主义者，他本质上只是一个民族主义者。的确，任何人要是像毛泽东这样在某些美国人与苏联人之间厚此薄彼，都不可避免地会被人视为具有某种亲美倾向。但是，这似乎不能成为一个完全合理的解释。

首先，我们有必要注意到毛泽东同这些美国人建立友好关系的时间。不论是斯诺、史沫特莱，还是斯特朗、谢伟思，毛泽东同他们发生关系的年代，都是在抗日战争前后那十年左右的时间里，而那时正是中国共产党需要广泛宣传和介绍他们自己，最重视和强调国内国际统一战线的时期。换了另外任何一个时期，毛泽东是否能够同这些美国人推心置腹，都是大可怀疑的。曾经在“阶级斗争为纲”的年代里生活过的中国人都能记得，那时候，不要说有一个美国朋友，就是自己的家庭成员中有一点“海外关系”，几乎都是罪过。同样的情况，在阶级斗争盛行的苏维埃时代，也就是在“中华苏维埃共和国”三番五次地“查阶级”，并且把一切中间势力视为最危险敌人的 1930 年代前半期，即使毛泽东还是中央政府主席，他要想像后来那样接待斯诺，并同这位美国人建立私人之间的友谊，恐怕也难以想象。

其次，毛泽东是用阶级分析的方法来看人、看事的，他比较容易与斯诺这些美国人交往，很大程度上与他的个性有关，但这并不违反他的阶级理念。也就是说，他亲近普通的美国人，并不等于他喜欢资本主义的、更不要说是帝国主义的美国。正像他晚年常常提到的“寄希望于美国人民”

一样，那是把美国政府排除在外的。

可以证明毛泽东在某些美国人和苏联人之间的厚此薄彼，丝毫不影响他亲苏反美态度的一个典型事例，是他在 1939 年第二次世界大战爆发后的一系列言论。

从 1936 年起，毛泽东就是公开主张美、苏、中联合反对日本的。但到了第二次世界大战爆发前后，即斯大林断定这场战争与第一次世界大战一样，同为帝国主义战争之后，毛泽东的态度也随之改变。本来，法西斯德、意、日早已结成军事同盟，处在日本入侵之下的中国理应与对德、意宣战的英、法等国相互联合，而毛泽东却马上毫不犹豫地跟着斯大林的步调，也放弃了刚刚实行了不过两三年的联合美、英等国反对日本的国际统一战线方针，公开宣布说：交战双方都是帝国主义战争集团，并且断言："资本主义经济已经走到尽头了，大变化大革命的时代已经到来了。"今后世界无产阶级的任务，"就是推翻世界反动营垒，用革命战争打倒帝国主义战争，打倒战争祸首，推翻资产阶级"[1]。他对美国的态度自然也根本改变。他再不提美、苏、中联合的问题了，甚至就是在这时对斯诺的谈话中，他也毫不掩饰地把美国视同帝国主义。[2]

毛泽东这个时候之不信任，甚至敌视美国，突出地表现在 1940 年 10 月 25 日的一封电报当中。他分析当时的国际形势，深知美国有能力成为资本主义世界的头号强国，因而对美国的威胁表现得格外担心。尤为引人注目的是，他这时甚至已经预见到了五年后的情景。他认为，即使蒋介石国民党放弃抵抗，投降日本，也不如美国参战，打败日本更可怕。他在电报中写道："最黑暗的情况还是日本对新加坡久攻不下，美海军控制新加坡，德攻英伦不下，中国英美派放弃独立战争，加入英美同盟的危险就加大了，大多数中间不 [派？] 跟蒋介石跑的危险也更大了。还须假定这种情况，即美国海

[1] 毛泽东：《第二次帝国主义战争提纲》，延安：解放社 1939 年单行本，第 21 页。
[2] 《毛泽东一九三九年与斯诺的谈话》(1939 年 9 月 26 日)，《毛泽东自述》，第 150 页。

军集中力量，打败日本海军，日本投降美国，日本陆军退出中国，美国把中国英美派从财政上军事上武装起来，中国由日本殖民地变为美国殖民地，国共合作变为大规模内战，最黑暗莫过如此。”[1] 显而易见，抗日战争结束后，按照中共的观点，中国不正是变成了毛泽东所预言的那种情况了吗？

这个时候，中国共产党还是共产国际的一个支部，二战爆发后共产国际政策的转变自然对毛泽东的形势估计有所影响。但把美国的威胁看得如此严重，却与莫斯科没有直接的关系，甚至苏联大使也不赞同这样的说法。影响毛泽东形势判断的关键因素是他的阶级观和革命观。他这时讲得很明白："这个世界上，所有帝国主义都是我们的敌人。"他尤其担心的是美国将会帮助蒋介石，那样共产党在中国的胜利将可能变得遥遥无期。这也正是他为什么并不喜欢苏联人，但却高度重视与莫斯科的关系的一个极其重要的原因吧。他明确强调说：对中国共产党以及对中国人民来说，"决不能离开社会主义国家和国际无产阶级的援助"。毛泽东后来那个"一边倒"政策，严格说来这个时候就已经阐明了。他宣称："处在今天的国际环境中，殖民地半殖民地的任何英雄好汉们，要就是站在帝国主义战线方面，变为世界反革命力量的一部分；要就是站在反帝国主义战线方面，变为世界革命力量的一部分。二者必居其一，其他的道路是没有的。"[2]

三、苏德战争爆发，美英大力援苏，中共重提与美英合作主张

重新回到"纵横捭阖"的策略上来，大约在1940年年底。当时毛泽东一面强调不要忘记"苏联和资本主义各国的区别"，一面提出了对帝国主义要"利用矛盾，争取多数，反对少数，各个击破"的方针。[3] 而到了1941

[1] 《毛泽东关于国内国际形势的估计和对策的指示》(1940年10月25日)，前引《皖南事变》，第34页。

[2] 毛泽东：《斯大林是中国人民的朋友》(1939年12月20日)，《毛泽东选集》(竖排合订本)，第651—652、674页。

[3] 毛泽东：《论政策》(1940年12月25日)，《毛泽东选集》(竖排合订本)，第762页。

年 6 月，苏德战争突然爆发，国际形势发生了翻天覆地的变化，毛泽东也不能不跟着进一步修正他的看法了。

新形势带来的最大难题，就是让几乎所有国家的共产党都面临着不知如何按照传统的阶级斗争观点来解释国际政治的变化问题。一直标榜置身于帝国主义战争之外的社会主义苏联竟然被拖下了水，继续按照要就是“帝国主义战线”，要就是“反帝国主义战线”这一简单的阶级斗争模式来划分世界，行不通了。就是以前所谓“两大帝国主义战争集团”的说法，也不能成立了。因为苏联已经成为战争之一方，并且很快就与美、英这些“帝国主义”结为盟国了。在毫无思想准备的情况下，中共中央宣布 ：“今天战争的本质已经是一方革命、正义，他方反革命、非正义 ；一方保卫自由、保卫人类，他方绞杀自由、奴役人类的你死我活的决斗。”但对于习惯了用阶级斗争观念来解释世界的共产党人来说，简单地用“不管是否帝国主义国家，或是否资产阶级，凡属反法西斯德意日援助苏联与中国者，都是好的、有益的、正义的”这种说法来解释正在发生的一切，无论如何不合乎列宁主义理论思维的要求。[1]

1940 年，毛泽东刚刚根据斯大林的观点，提出了新民主主义的政治构想。新民主主义论的一个基本依据，就是确信，由于俄国的十月革命和社会主义苏联的出现，世界已经划分成帝国主义战线和世界社会主义革命战线，进入到“革命和战争的新时代，是资本主义决然死灭和社会主义决然兴盛的时代”[2]。这一观点的成立，很大程度上是建立在资本主义列强与苏联之间的对立关系的基础上的。而美、英与苏联成为同一战壕的战友，无疑对这一观点提出了挑战。特别是 1941 年 8 月 14 日，美、英两国领导人罗斯福、丘吉尔联合发表了得到苏联同意的《大西洋宪章》，公开宣布两国将不再追求领土和其他方面的扩张，赞同国家不论大小均应享受平等权利，各民族

[1] 《中共中央关于凡是反对德意日法西斯者均应联合的指示》（1941 年 7 月 12 日），《中共中央文件选集》第 12 册，第 164—165 页。

[2] 毛泽东 ：《新民主主义论》（1940 年 2 月），《毛泽东选集》（竖排合订本），第 673 页。

有权自由选择自己国家的政府形式等，[1] 使人即使在本质上也难以继续按照列宁的理论观点把它们继续视为帝国主义。1942 年 5 月 26 日，英国又进一步与苏联签订了为期二十年的《苏英同盟合作互助条约》，规定即使到了战后，这两个不同社会制度的国家也要长期合作，相互援助。这样一来，哪怕是想要像过去那样强调现时政策与将来政策的区别，都变得极为困难了。

如何认识国际关系的这种巨大变化？英苏协定发表后，毛泽东多次与在延安的有关人士探讨对战后形势的估计问题。但是，苏联陷入严重困难，需要美国大力援助的现实，似乎并没有让毛泽东动摇他关于“资本主义决然死灭和社会主义决然兴盛”的基本理念。相反，6 月间，他得出的结论是，本次大战结束，帝国主义制度将会倒台。现在只有德、意、日、美、英五大帝国主义国家了，战后随着德意日法西斯倒台，《大西洋宪章》不能不实行，帝国主义将不可能继续存在了。

然而，说美、英目前还是帝国主义是否合理呢？7 月间，在与日本共产党领导人野坂参三的谈话当中，毛泽东已进一步提出，即使现在恐怕也不能再把美、英看作是帝国主义了。他解释说，帝国主义是不会援助社会主义的，美、英两国援助苏联的行动，以及《大西洋宪章》的表示，都不是帝国主义所能做的。从斯大林的谈话当中也可以看出，他并不把美、英看作帝国主义。当然，毛泽东并不否认美、英还是资本主义国家，只是在他看来，唯一危险的只有美国，因为它是个“大家伙”，战后那些法西斯战败国都会依赖它，因此它“可能支配世界”。但他认为，英苏协定显示，英国将来一定会亲苏，而包括中国在内的大多数国家战后也会迅速发展起来，那时候美国很可能会孤立，不可能出现新的帝国主义营垒。他据此断言：“就时代说，资本主义时代是根本过去了。”

了解到毛泽东 1942 年对美国看法上的这种巨大变化，我们就不难想象，那种关于美国曾经有过机会与中共建立友好关系的说法不是毫无根据的。

[1]　转见颜声毅等编著：《现代国际关系史》，北京：知识出版社 1984 年版，第 532—533 页。

所有谈到这种机会的著作，显然都注意到1944年有一个短时期发生在中共领导人与美国外交官以及美军观察组之间的那种异乎寻常的交往。问题只是，它们没有能够回答——如果不是简单地拿民族主义来解释的话——中共这时为什么会如此热情？

谈论美、英政府的性质，与随后出现的那段中共与美国关系的昙花一现的蜜月有没有什么关系呢？对此，我们只要注意到毛泽东在中央开会讨论这些理论问题时的一段发言，就可以清楚地看出它们之间确实是有联系的。毛泽东当时肯定地讲：这种讨论的实际意义，“就是要与英美好好合作”。因为，资本主义已经不是一个可怕的东西，已经起了变化。

考虑到毛泽东发言时特别强调了那个“大家伙”在战后的危险作用，我们恐怕不能简单地认为，毛泽东在谈论那个“起了变化”的资本主义美国时，真的就不再担心它在战后干涉的可能了。事实上，毛泽东随后实行的对美外交明显地是带有功利主义的目的的。只不过，他最初的目的应该说更多地还是防御性的：一方面是争取美国援助，壮大自己的力量；另一方面是争取美国承认，借助美国政府来遏制蒋介石国民党的反共企图。只是到了1944年春天以后，他的对美外交才开始带有某种进攻性了。

四、毛泽东相信，应学铁托那样，拿英美的钱，干自己的事业

1944年春夏两季，国民党在豫湘桂战役中遭到惨败。再加上来自重庆的报告和外国记者的评论，毛泽东深信重庆政府在政治、经济和军事上已陷入严重危机，正在失去统治的实力。6月初，中共中央召开会议，毛泽东估计，随着日本进攻的延续，国民党将面临四种可能的前途：一是实力大大削弱，但得到美国援助渐渐恢复起来；二是削弱后得不到援助，但也不投降；三是引起内部分裂，一部投降，一部抗战；四是全面投降。他强调，我们的方针要放在第一种可能性的基础上，要争取抢在国民党和罗斯福前面夺取城市，谁夺取了中心城市，谁就取得了中国的统治地位。用刘少奇的话来说，就是

“先到为君，后到为臣”。值得注意的是，与会者明显地比毛泽东更乐观。他们认为，国民党这次垮下去不容易起来了，美国派兵到中国来直接干涉也是困难的；过去认为国民党是老大哥，今后我们是老大哥了；国民党力量太弱，到时候美国非援助我们不可。

从毛泽东上面的谈话当中，我们不难看出他对美国的那种根深蒂固的警戒。尽管，他确信要与美国好好合作，并估计美国最终可能不能不援助自己，但在内心深处他依旧担心罗斯福最终仍可能站在蒋介石一边来对付共产党。因此，他仍旧强调要准备美国援助国民党，与中共争夺大城市。

正因为如此，当毛泽东得知罗斯福已经迫使蒋介石同意让美军观察组进驻延安之后，他也没有表现出特别的兴奋。7 月 13 日，毛泽东在给季米特洛夫的电报中通报了美军观察组即将来延的消息，并且表示：中共中央将利用国民党的进一步失败，推动美国向它施加更大压力，以解决国共关系问题。[1] 但电报丝毫没有流露出满意的心情。

7 月 22 日，美军观察组第一批人员到达延安。毛泽东仍然不动声色。他只是在不卑不亢的接触中对美方人员进行审慎的观察。谢伟思就是作为第一批观察组的成员于这时到延安来的。作为美军印缅战区司令部的一名政治顾问和美国驻华大使馆的一名官员，谢伟思的身份在美军观察组中显得颇为特殊。在周恩来介绍说谢“一直是中共驻重庆代表团的友人”之后，毛泽东也只是利用欢迎的晚宴，在饭桌上同谢伟思很有分寸地“认识认识”了事。但是，在他似乎不经意地提出“国务院有否可能在延安建立一个领事馆”这个问题之后[2]，我们可以很容易地看出，他其实是很想要得到美国的承认的。

毛泽东争取美国的热情极大可能是受到乐观的谢伟思的鼓舞。这不仅

[1] RPSDMH，495/74/342.

[2] 《和毛泽东主席谈话备忘录》（1944 年 7 月 27 日），约瑟夫 · W. 埃谢里克编著，罗清等译：《在中国失掉的机会——美国前外交官约翰 · S. 谢伟思第二次世界大战时期的报告》，北京：国际文化出版公司 1989 年版，第 243 页。

仅在于谢伟思同斯诺一样，对中共印象极佳，而且在于他明确地向毛泽东表达了他赞同中共取得美援乃至改组政府的想法。很明显，由于谢伟思抱定了国民党不可救药的想法，他所表现出来的坦率就格外能够引起毛泽东的好感。而特别重要的是，作为一位外交官，谢伟思的谈话似乎在有意无意地透露着美国政府的种种意图。毛泽东很容易得出一种印象：美国政府坚持向延安派出观察组，是有深远的政治外交目的的。尤其是，当他得知，美国有训令给高思大使，要促成中国的联合政府之后，[1] 他自然会更受鼓舞。

8 月 15 日，差不多是在美军观察组来延安将近一个月后，毛泽东开始做出热烈的反应。他亲笔写了一篇热情洋溢的文章，发表在中共中央机关报《解放日报》上，"欢迎美军观察组的战友们！"文章称美军观察组来到延安"是中国抗战以来最令人兴奋的一件大事"，称罗斯福总统是"英明的领导者"，美国是中国人民"最亲密的朋友"。[2] 两天后，中共中央发出有史以来第一件"关于外交工作指示"。指示虽然也像以往的外交指示一样，提到区别问题，但并非是从阶级分析的角度，而是强调要区别"进步中间顽固三种势力"。而且指示强调的重点在于："凡愿与我们来往的英美人士及其军事人员，顽固保守分子总还占少数，且其顽固又常常是只反对其国内共产党，而不反对我们者。"中共中央相信，只要准其到我根据地来，争取逐渐实现军事合作，随后文化合作、政治合作与经济合作就有可能实现。"如果国际统战政策能够做到成功，则中国革命的胜利，将必增加许多便利。"[3]

毛泽东一向是性情中人，《解放日报》文章所表现出来的兴奋心情，自然不是装出来的。由于取得美国的承认与援助看起来希望很大，中共内部这时甚至在某种程度上谈论过改变名称的问题。

---

[1] 关于谢伟思告诉毛泽东美国政府有训令给高思大使要促成中国的联合政府一事的确切时间，目前尚不十分清楚，我们只是从 1944 年 9 月 1 日毛泽东在六届七中全会主席团会议的发言中得知这一情况的。

[2] 《解放日报》1944 年 8 月 15 日。

[3] 《中央关于外交工作指示》（1944 年 8 月 18 日），《中共中央文件选集》第 14 册，第 315—316 页。

8 月中旬，美联社记者在重庆与董必武等谈话，明确表示中共前途广大，只是要争取国际社会的广泛同情与支持，最好能够改变“共产党”这个名称。南方局为此致电中共中央，谈到两个重要情况，一是说有些同情中共现实政策的英美人士“劝告我们若能改变名称，能够得到美国广大人民的赞助”；二是说英美人士很注意我们对苏联的关系，我们政治上是否独立，物资上是否得到接济。8 月 23 日，谢伟思在与毛泽东的谈话当中也提到改名的必要性问题，毛对此没有做出明确的答复，只是说他也“曾经想到改变名称”，但如果大家都了解中共的主张，就没有必要害怕。而对同苏联的关系问题，他却主动表示说：“我们需要美国的援助”，却“不指望得到俄国人的帮助”。他的理由是：“中国和美国的利益，是互相关联和相似的。它们在经济和政治上交织在一起。”而“国民党由于其反共顽症，是反对俄国人的”，我们“寻求俄国援助只会使中国局势更糟”。[1]

如此议论中共与苏联的关系，这在毛泽东还是第一次。如果我们注意到中共中央前此在内部发布的“关于外交工作指示”，我们似乎很难简单地把上面的议论看成是一种专门针对美国人的纯粹的宣传。在上述党内指示中，中共中央破天荒地把美、苏、英相提并论，宣称：“美苏英与中国关系最大，而在目前美英与中国共同抗日，尤以美为最密”，尽管三国外交重心均放在国民党方面，但相对而言，美国较英国对我要好。

中共中央态度上有此变化并非偶然。这时中共中央在内部讨论中一直弄不清苏联将来会否出兵中国；即使出兵，他们也很清楚，苏联关心的地区只会是东北地区，因此，战后美国在中国的倾向性将会对国共斗争的格局产生决定性影响的。既然如此，长期不满莫斯科重视国民党甚于重视共产党的毛泽东，这时在美国人面前强调中共“需要美国的援助”，而“不指望俄国人的帮助”，也是很自然的。

不过，看重美国的作用，未必可以从毛泽东的民族主义情绪方面来获

[1] 《1944 年 8 月 23 日和毛泽东的会见》，《在中国失掉的机会》，第 259—260 页。

得合理的解释。任何相信美国曾经有机会争取毛泽东在战后转向西方的说法，都忽略了一个基本的事实，那就是，毛泽东始终坚信他是一个共产主义者，而非民族主义者。具体到改变党的名称的问题，就可以看出他对共产党所代表的阶级斗争的目标是很在意的。在 9 月 1 日召开的六届七中全会主席团会议上，毛泽东明确提到了改名问题，并表示了怀疑的态度。他说，大概每一国资产阶级都恨死本国共产党了，但真的要改党名却值得考虑。很显然，毛泽东的目的其实只是想像铁托那样，拿英美的援助，打共产党的天下。他在随后召开的中共“七大”上进一步解释这个问题时又说：随便你起一个什么名字，只要它所做的还是那样，那是不会改变实际的。“你叫保守党也好，什么党也好，他们还是叫你红党。”[1]

五、毛泽东断定赫尔利在捣鬼，他希望去华盛顿与罗斯福交涉

铁托，是南斯拉夫共产党游击队领导人。在抗击德国法西斯的战争中，他很大程度上依靠了英国的援助，发展了自己的力量——人民解放军。这个时候南斯拉夫人民解放军刚好胜利地实现了与苏联红军的会师，南共并在南斯拉夫人民解放委员会的基础上，组织了一个具有全国政权性质的南斯拉夫全国解放委员会。铁托的胜利明显地影响了毛泽东。中共中央开会时多次提到过南斯拉夫和铁托的胜利。毛泽东甚至仿照铁托的办法，提出了在中国组建解放委员会乃至解放军的设想。他对争取美国承认和援助的重视，以及对美国援助的高度乐观，很显然都来自铁托的成功经验。

强调美国援助，一个重要的前提是，毛泽东这时确实一度相信美国会援助自己。在整个 1944 年的 9 月间，包括毛泽东在内的中共领导人，对同美国建立军事合作的前景可以说充满了希望。他们这时甚至连向美国要什

[1] 《毛泽东在中国共产党第七次全国代表大会上的口头政治报告》（1945 年 4 月 24 日），见《毛泽东在七大的报告和讲话集》，第 127—128 页。

么样的武器装备都谈得很具体了。这是因为，他们一致相信，美国要打败日本必须借助中国沿海地区，因此必须和那里的共产党部队进行合作。因此，多数领导人都认定：美国打日本需要用我们，是确定了的；与我们发生关系并给以有限度的援助，是确定了的。然而，就在毛泽东充满信心地宣布说：我们"要美国帮助的政策确定了"的时候，来自美国的风突然转向了。

10月22日，美军观察组的顶头上司，对中共抱以好感的中印缅战区参谋长史迪威将军被召回。毛泽东在28日给莫斯科的电报中通报了这一不幸的消息。他写道："与特区有着良好关系的史迪威将军被美国政府解除了职务。美军观察组人员对此都表示了极度的不满。"这时，他并不知道美国政府已经确定了不在中国沿海登陆的作战部署，更不知道史迪威正是依照罗斯福的特使赫尔利的建议被撤换掉的。他对罗斯福还颇多幻想，因而对赫尔利的话也十分相信。他告诉莫斯科说：在重庆的罗斯福的代表赫尔利正在考虑我们的建议，他非常不满意蒋介石反对特区的计划，已经拒绝了蒋介石提出的两个方案。[1]

但是，不久之后，毛泽东就发现事情满不是那么回事儿。11月8日，赫尔利来到延安，与毛泽东进行了一整天的谈判，在双方一致同意改组联合政府和联合统帅部的基础上，弄出了一个双方基本认可的《五条协定草案》，毛泽东甚至还在那上面郑重地签了字。然而，赫尔利把协定草案带回去后，当即就被国民党根本推翻，赫尔利转脸一面表示对国民党不满，一面又劝说共产党接受国民党的条件，说是只要插进一只脚去就有办法。

这一反复，惹得毛泽东大为不满。本来，早就想学铁托抵制流亡政府的毛泽东，对同意与蒋介石"再合作"已感觉很不舒服，他说这是"极大的让步"。如今赫尔利干脆站在蒋介石一边要共产党交出军队，派几个人到政府里去做官，闭口不提改组联合政府和联合统帅部的前提条件，这让毛泽东颇有受到愚弄的感觉。不过，由于太过相信谢伟思的乐观说法，毛泽

[1] RPSDMH, 495/74/342.

东怀疑罗斯福总统对所发生的事情毫不知情。因此，眼看可以到手的军事援助可能化为乌有，在反复交涉无效之后，他采取了一个日后引起众多猜测的最后挽救局面的重大步骤。

1945 年 1 月 9 日，周恩来受命向美军观察组代理组长克罗姆利少校转达了毛泽东的愿望，说如果罗斯福总统愿意在白宫接待中共领导人，毛泽东和周恩来愿意一同或单独一人立即前往华盛顿，与罗斯福总统讨论美国感兴趣的中国当前形势和问题。周恩来特别提醒说，此事应切实保密，绝对不能让赫尔利知道。因为他们怀疑整个问题的症结可能就出在赫尔利身上。可是，已经被任命为驻华大使的赫尔利还是迅速得知了这件事，在他大发雷霆之后，一切很快都变得不可挽回了：美军观察组组长被撤换了；包括谢伟思在内的所有同情中共的美国外交官都被调离或召回；2 月 15 日，接替史迪威的驻华美军司令魏德迈宣布：我的任务是全力支持中央政府，我们美国军官、美国军事人员，将不给中国战区的任何个人、任何行动、任何组织以任何援助。[1] 这大概是毛泽东此生中唯一一次想去华盛顿访问，但没能实现。而毛泽东做亚洲的铁托的可能性也因此不复存在了。

两个月后，中国共产党召开第七次代表大会。毛泽东对美国的态度明显地开始改变。当然，注意一下会议期间随着形势的变化毛泽东反美口径的细微变化，对我们理解毛泽东当时的心态变化和政策变动仍旧是有益的。

会前，毛泽东显然还没有完全堵死对美外交的可能性。在起草书面政治报告时，他显然有意没有加上公开批评美国的内容。因此，我们在 3 月 31 日毛泽东就《论联合政府》这一书面报告的说明中，以及发到代表们手上的正式报告中，几乎都看不到任何直接对美国表示的不满。但是，在 4 月 24 日做大会口头报告时，他已经开始提醒与会代表，与美国可能有一场麻烦。这是因为，英国在希腊利用驻军司令斯科比压迫希共领导的人民解放军的

[1] 有关美军观察组组长鲍瑞德被撤，谢伟思等被调离或召回的情节，可参见陶文钊、杨奎松、王建朗著：《抗日战争时期中国对外关系》，北京：中共党史出版社 1995 年版，第 454—462 页；Foreign Relations of the United States（FRUS），1945 Vol.7, p.233。

消息陆续传来，他估计美国很可能也会帮助蒋介石如此做。因此，他提出，如果美国要在中国推出斯科比，那就不行，我们就“要斗一下”。

随后，赫尔利 4 月 2 日在华盛顿公开发表反对中共演说[1]的消息传来，毛泽东对美国的反感进一步加剧。他重新给美国戴上了帝国主义的帽子。他在 5 月 31 日做大会结论时说：“有人提出中国可能变成美国的半殖民地，我看这个提法很对。”战后国民党削弱了，不得不依赖美国，“中国就可能变成以美国一个帝国主义国家为主统治的半殖民地。以美国为主控制国民党，英国可能插进一只小脚。这一变化将是一个长期的麻烦，我们共产党要好好准备，以应付这个变化”。

紧接着，谢伟思等人 6 月 6 日因《美亚》杂志事件被捕的消息传来，毛泽东更是确信美国政府是共产党的敌人了。他在大会结束之际开始重提区别问题，除了继续强调“要把美国人民和他们的政府相区别”之外，还特别加上了一条：“要把美国政府中决定政策的人们和下面的普通工作人员相区别。”他提出，现在应该重新按照斯大林的理论去认识世界，不要怕美国反动派，要看到世界有三大矛盾，“第一个是帝国主义国家中无产阶级和资产阶级的矛盾，第二个是帝国主义国家之间的矛盾，第三个是殖民地半殖民地国家和帝国主义宗主国之间的矛盾。这三种矛盾不但依然存在，而且发展得更尖锐了，更扩大了”。正是在这种情况下，毛泽东又开始大谈斯大林伟大，联共党是全世界的总司令，并且断言“国际援助一定要来”[2]。

显而易见，毛泽东对美国的认识不论怎样变化，有一点是不曾改变也不会改变的。那就是，他追求共产党最终胜利的目标。即使在那个来谈论争取美国承认与援助问题的《中央关于外交工作指示》中，它所强调的也

[1] FRUS, 1945, Vol.7, pp.317-322.

[2] 《毛泽东在中国共产党第七次全国代表大会上的口头政治报告》（1945 年 4 月 24 日），《毛泽东在中国共产党第七次全国代表大会上的结论》（1945 年 5 月 31 日），《毛泽东在中国共产党第七次全国代表大会上的闭幕词》（1945 年 6 月 10 日），《毛泽东在七大的报告和讲话集》，第 122—123、192、235—236 页。

仍旧是：“如果国际统战政策能够做到成功，则中国革命的胜利，将必增加许多便利。”这无疑也是毛泽东这一时期对美政策的主要出发点。考虑到这一点，美国的亚洲政策毫无疑问是不可能适应于毛泽东的。因此，毛泽东事实上绝对做不成亚洲的铁托。受此影响，毛泽东显然也不会想做那个被九国情报局开除的铁托，因为那同样不符合中国共产党所追求的目标。

第七章

斯大林“不许革命”！？

曾经四次“整我们”的斯大林，也曾经慷慨相助；毛泽东曾衷心称赞斯大林“拿我们当弟兄看待”；毛泽东在“七大”主席台上问台下的代表：你们有谁对苏联塔斯社的广播马马虎虎的？他用手比画着，信誓旦旦地保证说：“国际援助一定会来，如果不来，杀我脑袋！”……

在毛泽东对莫斯科的诸多抱怨当中，最引人注目，也是最能看出他愤懑情绪的，其实还是1945年斯大林“不许革命”的这一段。毛泽东一生中提到中共同莫斯科关系问题最多的时候，是在苏共“二十大”批评斯大林之后的几年时间里，而他这时谈论得最多的一个话题，又是“不许革命”这件事情。

何谓“不许革命”？按照他的解释，就是“一九四五年当我们正在准备推翻蒋介石、夺取政权的时候，斯大林用他们中央委员会的名义，打了一个电报给我们，指示我们不要反对蒋介石，说如果打内战，民族就有毁灭的危险”[1]。

对于“革命”二字，大凡经历过“文革”的人，都能背诵毛泽东关于它的一段有名的解说，即：“革命不是请客吃饭，不是做文章，不是绘画绣花，不能那样雅致，那样从容不迫，文质彬彬，那样温良恭俭让。革命是暴动，是一个阶级推翻一个阶级的暴烈的行动。”[2]只不过，当年人们背诵这段“毛主席语录”的主要目的，通常是为自己不要“文斗”要“武斗”找借口，而事实上毛泽东这段话的核心却是在讲：“革命是暴动，是一个阶级推翻一个阶级的暴烈的行动。”说白了，就是用暴力夺取政权。

革命就是夺权的意思，毛泽东其实在别的地方也有过直白的说明。比如，1938年中共六届六中全会期间，毛泽东在做会议结论时就说过：“革命的中心任务和最高形式是武装夺取政权，是战争解决问题。这个马克思列宁主义的革命原则是普遍地对的，不论在中国在外国，一概都是对的。”[3]这篇讲话后来收入《毛泽东选集》，题为“战争和战略问题”。十分有趣的是，为了这段话，十几年后，中国共产党人与英国共产党人之间还弄出一段公案来，争论的核心真的是“文斗”还是“武斗”的问题。当时英共特意将《毛选》译成英文，唯独对这段话，英共中央因担心会引起不赞成暴力革命的多数

[1]　《毛泽东接见意大利共产党代表团的谈话》（1956年9月22日）。
[2]　毛泽东：《湖南农民运动考察报告》（1927年3月），《毛泽东选集》（竖排合订本），第18页。
[3]　毛泽东：《战争和战略问题》（1938年11月6日），同上引注，第529页。

英国民众对共产党的反感，主张删去，告之中共中央，毛泽东坚持不能删。事后，英共还是删去了这段话。毛对此十分不满，几度表示这是个原则问题，批评英共被和平过渡的幻想冲昏了头脑。[1]

不难看出，毛泽东对“革命”这个字眼儿所包含的内容有他特定的理解。在他看来，暴力与夺权二者相辅相成，无夺权不成革命，非暴力不能夺权。从这个意义上来理解毛泽东所说的“中国革命”，其实就是说要通过暴力的或曰武装的方式来夺取政权。夺谁的权？当然是夺国民党夺蒋介石的权。因此，毛泽东所说的这个“不许革命”，自然也就是指斯大林不许毛泽东用武装的方式去夺蒋介石国民党的权。尽管后来斯大林道了歉，毛泽东对这件事始终还是耿耿于怀，不吐不快。一有机会，他就会拿来说明当年斯大林是如何“整我们”的。

一、曾经四次“整我们”的斯大林也曾经对中国共产党慷慨解囊

斯大林为什么不许毛泽东夺蒋介石国民党的权呢？斯大林反对武装夺取政权这种方式，抑或斯大林喜欢国民党甚于喜欢共产党？从毛泽东总结斯大林“整我们”的四次情况看，这似乎都不成其为原因。至少，毛泽东不是这么讲的。

毛泽东讲得比较多的一个原因，是斯大林“不相信中国革命的力量”。但是，毛泽东讲过斯大林四次“整我们”的情况，一次是支持王明搞“左”倾；一次是支持王明搞右倾；一次是“不许革命”；最后是中国革命眼看就要成功了，又怀疑毛是“半个铁托”。[2] 从他讲的这四次“整我们”的情况看，似乎泛泛地说斯大林“不相信中国革命的力量”也难成立。因为，照毛泽东所说，斯大林第一次“整我们”，就不是因为“不相信中国革命的力量”，

---

[1] 《毛泽东关于不同意英译本〈毛泽东选集〉第二卷作删节的批评》（1954 年 8 月 13 日），参见《建国以来毛泽东文稿》第 4 册，第 530—532 页。

[2] 《毛泽东接见南斯拉夫共产主义者联盟代表团的谈话》（1956 年 9 月 29 日）。

倒是不适当地夸大了中国革命的力量，过分迷信武装进攻和打倒一切的革命路线，而铸成了大错。

那么，能不能说，因为这一次失败了，所以斯大林就转而相信国民党甚于相信共产党了呢？甚至有这样一种说法，说是在整个抗战期间，斯大林就是因为不相信中国共产党，因此把武器都给了国民党，只给了共产党一些马列书籍和少量药品，即所谓“武器给了资产阶级，书籍给了无产阶级”。

关于苏联援助的问题，过去研究和说明得太少，而它对于人们了解中国革命的历史又确实太重要太重要。以至于，当研究这个问题不再是禁区时，有人得些零碎资料和传说，就可以诌成一个骇世惊俗的说法来。近来比较引人注目的是 1997 年香港《开放》杂志 3 月号所刊《毛泽东夺取政权的秘密》一文，作者仅凭借几条不大可靠的消息，就大谈毛泽东得斯大林金钱和武器如何多过近代以来中国所有全国的和地方的统治者，并据此得出结论说：“关于毛泽东的制胜之道，过去的表述是‘依靠农村包围城市’，今后更准确的表述应是‘依靠农村等待苏援’。”因为，“要不是斯大林在金钱和武器上给予毛泽东大量援助，毛泽东是不可能成功的”。

把中国革命的成功与否同中共从苏联人那里得钱多少简单地联系在一起，即使在逻辑上也无法使人信服。一个简单的事实是，中共发展最成功的一个时期就是抗日战争时期，同其他时期相比，恰恰这个时期是莫斯科对中共财政援助最少的时候。

显然，过分夸大莫斯科物质援助的作用，很大程度上是同我们过去过分讳言中共当年曾得到莫斯科援助的情况密切关联着的。凡事捂得越严，猜测和谬说越多。其实，讳言苏联的援助，把中国革命的胜利简单地归结为毛泽东如何不听莫斯科的话，如何独立自主，未必真能使人信服。毕竟，苏联的援助并不仅仅表现在物质上或经济上，它更多地还表现在政治上、组织上乃至许多具体政策和策略上面。从中国共产党的成立、第一次国共合作的形成、各种干部人才的培训以及中共转入地下以后秘密工作的建立和组织、抗日民族统一战线政策的最初提出和第二次国共合作的初步设想……几乎在中国革命的许多重要关头，我们都可以看到俄国人积极活动的影子。同直接的物质上的援助相比，莫斯科在这些方面的工作，不论成败得失，有时更有决定意义。

当然，这并不是说物质上的援助不重要。我们只要稍举例子就可以说明这一点。

我们知道，早期中国的共产主义小组织从开始成立之日起，就从苏联共产党代表维经斯基那里得到了来自莫斯科的资助。在那个时候，要想在较短的时间内建立一个全国性的党，宣传、组织等费用光是靠陈独秀等少数几个知识分子教书、写文章挣来的钱是远远不够的。1920 年下半年，维经斯基在中国，成立共产党的各种预备工作搞得红红火火，像《共产党》月刊这样的宣传刊物就办了几个。但是，1921 年 1 月，维经斯基回国，中共上海发起组立即“经费无着”，许多宣传书刊的出版被迫中断，计划中的对工人进行启蒙教育的工作也“不得不停止”，就连其机关报《共产党》月刊也停办了。据后来参加过“一大”的包惠僧回忆，那时一度连派人南下向当时在广州的陈独秀汇报工作的区区十余元路费也拿不出来了。[1]

出现这种情况并不奇怪。任何熟悉中共党史的读者都了解，当年参加建党的人员，大多是青年，只有极少几个人，如李大钊等，有稍好些的收入。多数年轻人，或无固定收入，或靠稿费维持，或还是学生，没有收入来源。再加上中共成立后，绝大多数参加者都很快变成了职业革命家，不仅收入全无，还要靠组织上开支养家。而当时情况下，开会、办杂志、出宣传品、搞工运、办外国语学校或工人补习学校等，没有哪一样不要钱。从中共“一大”召开以后陈独秀给共产国际的报告可以清楚地看出：“自一九二一年十月起至一九二二年六月止，由中央机关支出一万七千六百五十五元，收入

---

[1] 《马林给共产国际执委会的报告》（1921 年 7 月 11 日），《“一大”前后》（一），北京：人民出版社 1980 年版，第 421 页；包惠僧：《我所知道的陈独秀》（1979 年 5 月），《“一大”前后》（二），第 384 页。

国际协款一万六千六百五十五元，自行募捐一千元。”[1] 这也就是说，中共成立之后，有账可查的从共产国际那里来的钱，平均每月大约就有 1850 元，自已筹来的钱每月还不足 100 元。到 1923 年中共“三大”召开时，党员大部分职业化，连这 100 元也筹不到了。陈独秀在大会上公开承认：“党的经费，几乎完全是从共产国际领来的”，仅 1923 年头八个月，中共中央就“从共产国际领到经费约一万五千”。[2] 平均每月得款约 1875 元。而这个时候，像工人运动的经费莫斯科通常还是单独支付的，每月大约在 1500 元。这还不包括其他的一些开销，比如，在当时的共产国际驻中国代表马林 1923 年 5 月的笔记里就记着这样几条：“今天北京转来 2000.78 英镑，其中三分之二用于组织中国的工人运动和劳动大会”；“1000 美金，救济中国政府迫害的同志”；“1500（美金），中国共产党 3—5 月份的预算”，“额外给 1000 金币帮助中国共产党”。[3]

此后莫斯科提供的经费数量大致上也有账可查。1924 年实际得“经常费”（即党的日常活动经费）约 36000 元，中共中央平均每月得款约 3000 元。1925 年预算每月领 2250 元，从 4 月起增至 3650 元，平均每月得经常费约为 3300 元。1926 年以后，不仅工运费，团费、农运费、兵运费、济难费、反帝费、特别费等也与党的经常费用分开提供，数量大增，实际收入与预算相差甚远，中共中央每月得经常费当不少于万元。1927 年的经常费原定 1.5 万元，实际上中共中央每月平均已收到 3 万元以上的经常费。1928 年至 1932 年每月预算更是在 5 万元左右。而需要强调的是，自 1927 年以后，每年仅用于特别事件的“特别费”一项，中共得到的就在几十万元上下。具体如 1927 年，为组织上海三次工人武装起义得援款约 3 万元；为开办党校得 5 万元另月开支 1.5 万元；7—8 月为解决湖南农运问题得援款近 5 万元；9 月为准备秋收

[1] 《陈独秀给共产国际的报告》（1922 年 6 月 30 日），《中共中央文件选集》第 1 册，第 47 页。

[2] 《陈独秀在中国共产党第三次代表大会上的报告》（1923 年 7 月），前引书第 1 卷，第 168 页。

[3] 参见前引《马林与第一次国共合作》，第 169 页。注意，这里的有些数字有误，应对照 Tony Saich, *The Origins of the First United Front in China*, Netherlands,1991。

起义得援款 1 万元；12 月为广州起义及善后得援款近 10 万元。1928 年的数字目前公开得还不很具体，但看起来不会少于 1927 年，因为这一年年底中共中央向莫斯科提出 1929 年的预算时，仅特别费一项就明确要求得到 100 万元。当然，莫斯科批准的数字还未见到，可能不会这么多。[1]

近年俄国出版并已陆续译成中文的共产国际、联共（布）与中国革命关系档案资料披露了莫斯科高层决策的一些会议记录。这些记录显示，在对中国革命的问题上，莫斯科的领导人并不经常是态度一致的，他们中不少人，比如斯大林，更多地倾向于把俄国的利益放在高于一切的位置上。但即便如此，1924 年以后的大多数援助无疑也是斯大林所赞同的。足以证明斯大林并不反对援助中国共产党，并且寄很大希望于中国革命的一个明显的事实是，在 1927 年斯大林扳倒了联共（布）中央内部的反对派托洛茨基、季诺维也夫等人，牢牢地掌握了联共中央和共产国际的大权以后，莫斯科丝毫没有减少对处于地下状态的中共的援助。不仅如此，斯大林甚至曾经赞助共产国际花费相当人力、物力和财力，冒险把中共几乎所有重要干部统统秘密召集到莫斯科去开代表大会，为中共中央拟定各种政策性文件。此后，一直到中共中央撤入江西苏区为止，已知 1929 年党费每月约为 4 万元，1930 年每月约 5 万元，1931 年“每月一万五千美金，中国（元）五六万元”。这也就是说，仅党费一项莫斯科每年就援助中共中央大约 60 万元，这还不算其他费用，比如已知 1930 年中共得济难费 11.4 万元，团费约 7 万元，等等。[2]可见，斯大林主持共产国际以后，莫斯科的经费援助不仅没有减少，而且还有所增加。

---

[1] 参见《联共（布）中央政治局会议第 119 号（特字第 97 号）记录》（1927 年 8 月 11 日），《联共（布）中央政治局会议第 120 号（特字第 98 号）记录》（1927 年 8 月 18 日），《联共（布）中央政治局会议第 124 号（特字第 102 号）记录》（1927 年 9 月 15 日），《阿布拉莫夫给诺罗夫的电报》（1927 年 9 月 6 日），《皮亚特尼茨基给阿尔布列赫特的信》（1928 年 4 月 3 日），《联共（布）、共产国际与中国革命档案资料丛书》（1927—1931）（7），第 16—19、20、71、35、396 页；《中央常委会速记录》（1927 年 5 月 26 日、9 月 6 日），《中央常委会速记录》（1928 年 1 月 16 日），《中央常委会速记录》（1927 年 5 月 26 日、9 月 15 日）；等等。

[2] 转见王健民：《中国共产党史稿》第二编，台北：正中书局 1965 年版，第 159—164 页。

当然，这个时期算起来可以说是斯大林第一次“整我们”的那个时期，是过高估计中国革命力量的时期，援助多些，可以想象。问题是，在此之后，斯大林也并没有停止对中国革命的援助。

二、斯大林1936年秋冬计划向中国红军提供上千吨军事物资的援助

从目前已经披露的资料当中，我们看不出中共中央撤入江西苏区以后，直到红军长征到陕北这段时间，莫斯科是否继续为中共提供过什么物质方面的帮助。但是，至少在1935—1937年，有许多档案资料显示，莫斯科是积极准备并且是为中共中央提供了重要的物质帮助的。

讲到季米特洛夫同毛泽东的关系时，我们曾经提到过，在这段时间里，鉴于中国红军遭受重创，退入西北，共产国际曾经有过一个大举援助中国红军的计划。这个计划就是斯大林批准的。还在1935年8月共产国际“七大”召开之际，得知中共代表团要派林育英回国联络红军，传达贯彻“七大”精神，斯大林特别叮嘱，一定要让中共中央知道：“红军主力可向西北及北方发展，并不反对靠近苏联。”[1]

鉴于当年国民党依靠苏联援助，创建军队，大举北伐，一举夺得中央政权的历史，中国共产党如果能够在与苏联接壤的边界地区建立根据地，背靠苏联，取得援助，必定要比在国民党大军层层包围的南方几省交界处建立根据地会有更直接的效果。但考虑到苏联的外交利益，莫斯科一向不赞成中国红军与苏联接通。最早如1927年苏联顾问鲍罗廷提出的向中国西北发展的所谓“西北路线”，就曾被指责为“逃跑路线”。以后如1933年中共策动的察绥抗日同盟军秘密与外蒙接通的尝试，也同样受到莫斯科的反对。最莫名其妙的是，这后一回，明明是冯玉祥不满南京对日妥协态度，决心暗通苏蒙，揭旗抗日，中共地下人员为此前往外蒙秘密联络，莫斯科

[1] 《育英、闻天致朱德、国焘同志电》（1936年2月14日）。

方面不仅将他们拒之门外，而且还发表消息，暗示冯玉祥别有所图，把他说成是“日本的代理人”。

正是由于受到莫斯科这一态度的影响，1934年红军被迫撤出江西中央苏区后，很长时间不能提出向西北发展的战略；1935年红军一、四方面军围绕着南下北上问题发生的争论乃至分裂，也与此不无关联。当时人多枪多的四方面军领导人还感觉不到向苏联求援的迫切性，他们不同意北上，强调“我们共党应把责任放在自己身上”，不应把取得苏联援助当成目的，这从一个侧面也反映出他们受苏联态度影响很深。四方面军那么多人，那么多干部，后来之所以一度跟张国焘走，而没有跟中共中央走，这是一个不可忽视的原因。

当然，事实证明中共中央的决定是正确的。斯大林关于“红军主力可向西北及北方发展，并不反对靠近苏联”的指示，不仅肯定了中共中央北上的决定，认可了中共中央“打通国际路线”的计划，而且显示苏联和共产国际有意通过中国的西北边界向红军提供直接的帮助。

关于莫斯科的援助计划和中国红军“打通国际路线”的艰辛尝试，需要一篇专门的文章才能详细交代清楚。[1] 但在这里简单地举出几件最直接的文献资料使读者有所印象还是可能的。根据已经披露的档案文献，莫斯科早在1935年就开始考虑通过中国的西北边境向中国红军提供军事援助的问题，并为此进行了一系列的调查工作和前期准备。它接通与中共中央的电讯联络则较晚，已经到了1936年6月中旬，此后到7—8月才逐渐详知中共中央“打通国际路线”的战略意图。9月11日，莫斯科即发出同意经过中国的西北边界直接援助红军的电报。这通明显地是得到斯大林首肯的电报指示是这样说的：“同意你们占领宁夏地区和甘肃西部的计划，同时，坚决

---

[1] 想要具体了解这一情况的读者，可以看杨奎松：《中国红军打通国际战略方针的演变》，《中共党史研究》1988年增刊；《苏联大规模援助中国红军的一次重要尝试》，《近代史研究》1995年第1期。

地指出，不能允许红军再向新疆方面前进，以免红军脱离中国主要区域。”[1]

电报的中心意思有二：第一是批准红军发动夺取宁夏的战役，以便进一步向北转进绥远、接通外蒙和向西控制河西走廊，必要时可接通新疆；第二是强调红军不宜马上经河西走廊去新疆，因为这可能便利国民党利用黄河天险将红军同中国主要区域隔离开来，不便于中共今后的发展。

关于莫斯科援助的方式和数量，在9月27日的电报和10月18日的电报中有较具体的说明。9月27日的电报明确告诉中共中央，苏联只能从外蒙古提供援助，红军必须夺取绥远的定远营，然后前伸至外蒙边境去接取物资。10月2日，当中共中央提出具体的援助要求和物资清单后，莫斯科方面在18日的电报中进一步说明：这一援助将用一百五十辆汽车来回两次将五百五十吨至六百吨的军用物资送到红军指定的边境交接地点，“你们必须派遣足够数量的武装部队到外蒙边境来接收货物和担负沿途保护的责任”[2]。

令人遗憾的是，红军10月间发动的宁夏战役未能取得成功，接取苏联武器援助的计划功败垂成。11月3日，鉴于日伪和国民党军在绥远地区开始发生军事冲突，苏联方面进一步发来电报：一方面强调必须改变提供援助的方向，以避开绥远；一方面表示“正在研究经过新疆提供援助的方法”，并可将提供的物资增加到一千吨左右，由他们派车运送到新疆哈密，再由西去的红军前去接运。[3]只可惜，已经渡过黄河西去的红军西路军由于种种原因，最终没能到达新疆，尽管莫斯科后来一再来电催问西路军的行止，并表示可以将援助物资的数量再增加一倍，红军还是无缘得到这批援助。

众所周知的是，当斯大林批准并且关注着这一援助计划时，他并非不了解到红军当时的际遇，即这时是中共革命史上遭受挫折最严重的时刻。用毛泽东的话来说，这时根据地几乎全都丢光了，红军也损失了百分之九十

[1] 《共产国际执委会书记处致中共中央书记处电》（1936年9月11日）。
[2] 《共产国际执委会书记处致中共中央书记处电》（1936年9月27日、10月2日）。
[3] 《共产国际执委会书记处致中共中央书记处电》（1936年11月3日）。

以上，白区工作则损失了百分之百。但恰恰在这个时候，各种史料显示，斯大林不仅没有因此“不相信中国革命的力量”，他还在积极想办法大力援助红军。尽管，这时军事上的援助未能成功，但我们不能因此否认莫斯科曾经设法提供援助的事实。而且，军事装备上的大规模援助虽然没有实现，莫斯科在财政方面也还是进行了积极的援助的。这种援助也是不可不提的。

宁夏战役失利后，五万红军被围困在甘北一隅之地，形势十分严峻。不仅作战回旋余地太小，武器弹药奇缺，最直接、最严重的困难还有粮食和冬装的匮乏。当时已进入 11 月，二、四方面军干部战士几乎还都是单衣单裤，再加上甘北人烟稀少，数万大军粮食无处可觅，故当时负责中央的张闻天不能不在给莫斯科的电报中大声疾呼尽快寄送援款，称“不论五万十万都要快”，“你们多推迟一天，则红军的冻死饿毙即多增加一人，此非革命之福”[1]！

实际上，还在准备军事援助的同时，斯大林就已经明确赞同共产国际同时通过经济的办法向中共中央提供巨额援款。共产国际 11 月 12 日已电告中共中央说，他们已准备好援助的款项。很快，莫斯科通过美国的银行寄出援款十五万美元，12 月又续寄五万美元。1937 年 1 月斯大林又进一步批准一次性向中共中央提供八十万美元的援款，并表示还可以再提供一笔相当数量的援款。[2] 加起来，这个时候莫斯科至少已经同意向中共中央提供的援款数额就在二百万美元左右。

共产国际和斯大林做出这一决定的时候，距离国共合作形成尚有很长一段时间，距离周恩来与南京代表达成秘密妥协，南京方面同意先期提供部分粮饷也还有几个月的时间。因此，这一决定对于生存条件极端恶劣的中共和红军来说，称得上是雪中送炭之举。如果斯大林这时真的像我们一些书中所说的，已经是只看重蒋介石国民党，甚至想要取消红军，那么，这些援助计划大概是不会有的。

---

[1] 《中央书记处致王、康、陈电》(1936 年 11 月 9 日)。

[2] RCPSDMH，495/74/285.

三、抗战中苏联是“武器给了资产阶级，书籍给了无产阶级”吗？

斯大林援助力量弱小的红军，当然不纯粹是从阶级观点出发的。直到1941年苏德战争爆发，苏联在世界上始终是一个很孤立的国家。斯大林决心大力援助中国红军的时候，苏联正面对来自东西两个方向的战争威胁。西线欧洲是气焰嚣张的法西斯德国，东线亚洲远东则是虎视眈眈的日本。为了牵制德日，他这时还只能借助各国共产党的力量。在欧洲，苏联这时下大力支持西班牙共产党进行反法西斯的内战；在远东，斯大林无疑对中国红军有所指望，其不惜冒外交风险大力援助红军，与此亦不无关系。

然而，1937年夏天，中国的抗日战争打响了，蒋介石国民党领导的南京政府及其军队轰轰烈烈地投入到抗击日本侵略者的战争中去了。从苏联的切身利益考虑，斯大林自然而然地开始看重国民党。事情很明显，如果他全力支持蒋介石，国民党就可能抵抗下去，拖住日本；如果他半心半意，或放弃援助，或干脆转而援助共产党，国民党很可能会迅速垮台甚或投降，日本人就可以轻易征服中国大陆，紧接着就会以中国为基地扑向苏联。而要苏联指望在国内尚无足够影响且军事上装备及训练都极为落后的几万红军来拖住日本，是不可能的。

1940年，也就是在毛泽东对自己军事力量的扩展已经相当满意的时候，斯大林在与即将来华赴任的苏联军事总顾问崔可夫谈话时，仍旧持这样一种看法。他说：“照理，中国共产党人要比蒋介石对我们来说更亲近些。照理，主要援助应该给予他们。”但是，“中国共产党和中国工人阶级要成为反侵略斗争的领导者，还显得太孱弱。要把群众争取过来需要时间。到底需要多长时间，很难说。此外，帝国主义大国也未必容忍中国共产党取代蒋介石”。“蒋介石有美国和英国的援助。毛泽东是永远得不到这些大国的支持的。”既然如此，对于苏联来说最重要的就是：“由于有我国的援助和英美盟国的援助，蒋介石即使不能打退日本的侵略，也能长期拖住它。”[1]

列宁有云：“要极精细、极留心、极谨慎、极巧妙地一方面利用敌人之间的一切裂痕，哪怕是最小的‘裂痕’，并且利用各国资产阶级之间以及本国资产阶级各集团或各派别之间的一切利害冲突；另一方面要利用一切机会，哪怕是极小的机会，来获得大量的同盟者，尽管这些同盟者是暂时的、动摇的、不稳定的、靠不住的、有条件的。”如果我们忘掉了列宁这条早就是斯大林“座右铭”的重要遗训，我们大概永远也无法理解斯大林所表现出来的这种两面性，甚至可能在留意斯大林上述谈话的时候，只注意到他关于中共“太孱弱”的评价，而忽略了斯大林谈话中的那两个中共“更亲近些”，“主要援助该给予他们”的“照理”。

其实，在国与国的交往中，外交利益优先往往是不言而喻的。不要说毛泽东时代之后，即使在五六十年代毛泽东热衷于援助亚非拉人民革命时，他对周边资产阶级当政的国家的共产党，通常也要视外交关系如何来决定要不要采取直接援助的办法。但这并不等于毛泽东认为这些国家的资产阶级领导人更亲近些，也不等于他不曾通过其他方法给予这些国家的共产党人以适当的帮助。当年斯大林所面对的也是大致相同的情况。换句话说，苏联当年的“主要援助”没有给中共，不等于“武器给了资产阶级，书籍给了无产阶级”这么简单。斯大林毕竟是那个时代的共产党领导人，不仅知道“照理，中国共产党人要比蒋介石对我们来说更亲近些”，蒋介石不足靠时还要指望中国共产党；而且相信，如果有莫斯科的帮助，中共将来未必不能发展到夺取政权的程度。因此，秘密地给中共以帮助，在他来说也是理所当然的事情。

有关抗战期间莫斯科在物质上援助中共的详细资料目前公布得还不多。但从可以了解到的零星资料当中，我们也不难看出，莫斯科这个时候对中共，并不像一些党史书中所描写的那样吝啬。

1937 年 9 月，潘汉年致信王明，转达毛泽东和张闻天要求共产国际再

[1] 崔可夫：《赴华使命》，第 33、35—36 页。

度按月提供经费的请求。他在信中写道：中共中央急需钱，因为有许多战士牺牲在前线，而南京只提供了很少一点薪金。而且要把工作扩展到全国范围去，也需要一笔数目适当的资金。因此，中共中央要求你们能够继续按月拨给经费。[1] 而后，在 1938 年 2 月初，中共中央书记处又通过任弼时和王稼祥电告共产国际书记处，提出党在财政上的困难极端严重，国民党每月只发饷五十万中国元，合美元约十六万，连前线部队开销都不够。因为没有钱，缺少武器，扩军困难不说，部队挨饿受冻十分普遍。他们要求莫斯科迅速提供经费上的援助，“最好是派飞机送来”[2]。这时在武汉的王明、周恩来等也通过延安转电莫斯科，要求尽快得到财政上的援助，以便为部队购买紧缺的各种枪支和弹药。对此，季米特洛夫给予了高度重视，紧急同苏共政治局领导人进行了磋商。在 2 月 17 日的日记中，他就记下了他与斯大林、莫洛托夫谈话后的结果：“援助中国共产党五十万美元。”[3]

两个月后中共中央重新又提出了援助请求。这一回是前往莫斯科汇报工作的中共中央政治局委员任弼时向共产国际提交了新的求援信。信称，目前有三批人员急需救助：一是从国民党监狱释放出来的近四千名政治犯，他们受尽折磨，健康状况极差，要回到党的队伍中来重新工作需要治疗和营养；二是数千名因伤致残的红军人员；三是大批被国民党杀害的烈士的遗属，当年留在苏区失去了生存条件的红军亲属，以及现在在党、政、军工作的六千名家属。任弼时写道，目前党只能保证各机关工作人员的简单温饱，抗战后原定每人发一元至五元不等的补助金，也因经费匮乏经常发不出来，缺医少药更是家常便饭，毛泽东和朱德也不例外。因此，中国党急需在物质上和医疗上得到苏联的帮助。

任弼时的求援信没有列出要求援助的细节，只说明“随后我们会向您

[1] Wang Ming's Note to Moskvin and Pan Hanniaan's Letter to Wang Ming, September 1937, Chinese Law and Government, vol.30, no.2, March-April 1997, pp.10-11.

[2] Russian Center for the Preservation and Study of Documents on Modern History, RPSDMH, 495/74/291.

[3] 《季米特洛夫日记》，第 64 页。

提供具体的数字和资料”。莫斯科批准的援助数字还不得而知。但联系到7月份回国的中共代表王稼祥带去三十万美元的援款，可以想象它或许会与这一情况有关。当然，对此也有另外一种解释。那就是，因为任弼时这时还向季米特洛夫提出了请苏联向八路军提供一些武器的要求，季米特洛夫对此的态度是：“给八路军武器援助，这要苏联政府决定，不过照他的看法，假若援助了，这可能不是帮助了你们，而是害了你们。”因为这会恶化国共关系并为国民党孤立和封锁延安提供口实。最后，“共产国际从它的外汇中拨出三十万美元送给中国共产党”[1]。

能够看到的1938年中共中央另外一份要求援助的文件是12月30日的，那上面列举了大量用于印刷的机器和其他各种用品的名称。中共中央强调，这些物资对于八路军在居民当中和在部队里开展文化宣传工作是极端必要的。据当年在延安工作的同志回忆，经过国民党的同意后，苏联人确实把一批印刷机械送到了延安来。

在此之后的一份重要文献是1940年2月23日的。这个时候周恩来正在莫斯科医治臂伤并汇报工作，他显然再度详尽地汇报了中共财政上所面临的严重困难。季米特洛夫为此一面要求周恩来告诉中共中央，尽量动员所有国内的资源以解决困难；一面致信斯大林，附上周恩来提交的预算表，说明他赞同周恩来的说法，强调周恩来提出的预算是可信的，每个月党的经费的缺口为58280美元，军队的缺口为30万美元，他“认为可以在1940年向中国党提供35万美元的援助”。据此，他要求斯大林“向有关部门下达拨款指示”[2]。

1941年1月发生了震惊中外的皖南事变，莫斯科与毛泽东之间围绕着如何对待蒋介石国民党的问题发生了争执。但是，应中共中央的要求，斯大林还是批准向中共提供了数目不详的援款。据7月16日季米特洛夫给莫洛托夫的电报可知，这笔援款数额不小，用途甚急，而由于国共关系恶化，

[1] 徐则浩：《王稼祥传》，北京：当代中国出版社1996年版，第296—297页。
[2] RCPSMH，495/74/317.

蒋介石拒绝苏联飞机飞往延安，以致援款不能及时送到。季米特洛夫为此通知莫洛托夫说：“由于使中国同志尽快获得至少是一半的援助非常重要，我们认为有必要采取非法手段用飞机经过蒙古发送经费。以前第五局的同志曾这样成功地做过。请求您指示潘菲洛夫用这种方式组织这次行动。”[1]

来自莫斯科的经费援助和各种物资帮助，可以说从 1937 年断断续续一直持续到抗战结束。1944 年 1 月 12 日的一封信显示，季米特洛夫仍在与苏共政治局领导人莫洛托夫和马林科夫讨论向中共提供经费援助的问题。

从已经披露的资料中，多半可以推断，莫斯科已经不再像过去那样根据中共的预算定期提供经费了，大多数援助都是临时申请临时拨款的，数额似乎也不是特别大。如果同苏联向国民党提供的上亿美元的贷款数和中共日益庞大的组织相比较，我们多半能够理解毛泽东后来为什么会那么强烈地批评莫斯科“不相信中国革命的力量”。本来，如果斯大林也能够像毛泽东那样早些看出中国革命成功在即，多冒几次险，从蒙古直接送些武器来，共产党夺取中国的日子可能还会早些。但具体到当时的历史环境和历史条件中去，这却只是一厢情愿的想法。

四、毛泽东说：“我们中国共产党的每一个人，都是斯大林的学生”

人们对许多事情的感受往往是此一时也，彼一时也。毛泽东 1950 年代对斯大林的那些批评，能不能代表抗战时期毛泽东的心态，有时候还要做点分析。

毛泽东一生曾经三次写文章称颂斯大林，一次是 1939 年庆祝斯大林六十岁生日，一次是 1949 年庆祝斯大林七十岁生日，最后一次则是在斯大林逝世之时，即 1953 年。毛泽东自己说，这三次公开歌颂斯大林，只有第一次，即抗战中写的那篇《斯大林是中国人民的朋友》一文是真实感情的

[1] RCPSMH，495/74/317.

流露，后来两篇都不过是敷衍应景之作。[1] 如果毛泽东的这个说法是可信的，那么很显然，抗战中的毛泽东未必完全不理解斯大林当时的处境和做法，至少在 1940 年以前他对斯大林并无多少怨气。尽管那个时候也存在着苏联援助多少的问题，甚至存在着对莫斯科支持王明搞右倾的怀疑，毛泽东似乎也并没有把账都算到斯大林的头上，仍旧发自内心地表示：世界上只有斯大林和苏联“是拿真正的同情给我们”并“把我们当弟兄看待的”，因此，我们“对于斯大林的敬爱，对于苏联的友谊，是完全出于诚意的”[2]。

是后来斯大林减少了援助，还是后来斯大林有什么新的情况深深地刺激了毛泽东，以至严重破坏了他对斯大林的这种“敬爱”之情呢？

从 1940 年到 1949 年，围绕着中共与莫斯科的关系发生过很多事情，有些事情我们已经大致有过介绍，像皖南事变前后双方在对国民党问题上争论的情况；像苏德战争爆发后双方为出动八路军牵制日军保卫苏联而产生的分歧；像基于肃清王明教条宗派目的而发动的延安整风运动；像双方对共产国际解散的不同反响……但是，在所有这些事件当中，唯一使毛泽东发过脾气，对斯大林大为光火、耿耿于怀以至念念不忘的，主要只有一件事，那就是 1945 年的“不许革命”。

应当承认，发生在皖南事变之后的一系列事件，严格说来都对毛泽东同莫斯科的关系有破坏性的影响，都程度不同地加剧了毛泽东对斯大林这位世界共产主义运动领袖的疑惑与不满。但是，一直到整风运动中党的高级干部纷纷起来揭露教条主义危害，乃至批评共产国际错误的时候，没有任何人曾试图把矛头指向斯大林和苏联共产党。整风的各种理论学习文件是毛泽东亲自选定的，最主要的著作都是斯大林、季米特洛夫等人的。毛泽东在谈到对整风目的以及对党的干部的要求的时候，每每也是用斯大林的话来作为标准。多半也正因为如此，当 1944 年季米特洛夫根据王明背后

---

[1] 《毛泽东接见南斯拉夫共产主义者联盟代表团的谈话》。

[2] 毛泽东：《斯大林是中国人民的朋友》（1939 年 12 月 20 日），《毛泽东选集》（竖排合订本），第 652 页。

的小报告提醒毛泽东注意党内对苏联的不健康情绪时，毛泽东表现得是那样惴惴不安。他不仅郑重致电季米特洛夫，以个人名义“担保：中国共产党热爱并深深地尊敬斯大林同志和苏联”，并且一连几天专门到苏联联络员的住处去做解释工作，深恐引起不必要的误会。

事实上，如果说1939年那篇《斯大林是中国人民的朋友》一文显示了毛泽东对斯大林的“敬爱”的话，那么，1945年中共第七次代表大会上毛泽东表现出的对斯大林的“敬爱”，恐怕也不出其右。

就党的“七大”上，毛泽东书面和口头的报告和讲话至少有九篇，几乎回回都要提到苏联和斯大林。不仅提到，而且大讲特讲，充满敬重与期望之情。尤其是在内部讲话中，他讲得直截了当，说：“苏联，毫无问题是朋友，是中国人民最好的朋友。”联合外国，主要就是联合苏联。世界和平靠美、英、法、中、苏五大国，而“五大国中苏联为首”。具体到中国共产党人来说，则一定要明白：“(共产）国际对中国总之是功大过小，犹之玉皇大帝经常下雨，三年不下雨，就要批评，搞得好，万岁；搞不好，减少岁把子，总之还是功大过小。没有共产国际的成立和帮助，中国无产阶级的党是不能有今日的。”如今，共产国际解散了，“联共党是全世界的模范，全世界的总司令”，“他的话，全世界无产阶级，全世界共产党都听着，都非常注意，都看着他”。毛泽东面对台下数百名代表自问自答地说：你们有没有一个说“我对苏联塔斯社的广播马马虎虎”的？“没有一个。”“斯大林是不是领导着世界革命？当然领导。”我们现在不公开讲这一点，只是“为着避免反动派的攻击”，“但实际上正像季米特洛夫同志在国际七次代表大会上所讲的，领袖是谁？是斯大林。有没有第二个人？没有了”。“我们中国共产党，中国共产党的每一个人，都是斯大林的学生。马、恩、列、斯，三个死了，一个活着，就是斯大林，他是我们的先生。”[1]

---

[1] 《毛泽东在中国共产党第七次全国代表大会上的口头政治报告》（1945年4月24日），《毛泽东在中国共产党第七次全国代表大会上的结论》（1945年5月31日），参见《毛泽东在七大的报告和讲话集》，第123、184、187、189、197、199页。

遍查1949年以前毛泽东的所有文章和讲话，毛泽东比较集中地讲斯大林和苏联伟业的，主要只有两次，一次是在1939—1940年，那是散见于《斯大林是中国人民的朋友》和《新民主主义论》等几篇文章和讲话中，并且没有直接提到党的关系；另一次就是1945年的中共“七大”。而讲得最集中、最多、最透彻，评价也是最高的，则非这一次莫属。如果说1939年毛泽东写《斯大林是中国人民的朋友》那篇文章时，表露的是真情实感，我们很难相信1945年中共“七大”上毛泽东这些热情洋溢的话语是他违心讲出来应景的。事实上，整风已过，权威已立，又在内部讲话，也没有那个必要。

毛泽东为什么这个时候热情讴歌斯大林？据毛泽东自己说，是因为斯大林是列宁的学生，而列宁的话太“灵”了。列宁说，资本主义一定要打世界大战，打的时候，社会主义革命可能在一个国家单独胜利。结果，“第一次世界大战，打出个十月革命，整个世界历史发生了新变化，开辟了世界历史的新时代”。列宁说，如果苏联能够在十年二十年内巩固住自己的胜利，它就能够在世界范围内取得胜利。结果，二十年后尽管苏联受到了严重的入侵，战争的结果，半个欧洲解放了，殖民地半殖民地国家的革命起来了，苏联成了全世界人民的领袖。因此，列宁伟大，领导苏联胜利的斯大林当然也伟大。[1]

但是，如果细细地品味，我们不难发觉，毛泽东称颂斯大林和苏联还有更深一层的目的，那就是，寄希望于中国革命，寄希望于苏联将会大力援助中国革命。

五、毛泽东许诺：“国际援助一定会来，如果不来，杀我脑袋”

抗战中毛泽东只有两度比较集中地谈到中国革命的胜利问题。一次也是在1939—1940年，另一次就是1945年中共“七大”前后。头一次谈到胜

[1] 前引《毛泽东在七大的报告和讲话集》。

利问题，是因为第二次世界大战爆发，英法与德意开战，照苏联的说法是帝国主义战争开始了。既然是帝国主义战争，毛泽东自然寄希望出现如同第一次世界大战那样的另一次“大变化大革命的时代”，特别是希望中国出现“一个混乱局面”，说“那时，共产党将成为全国人民的救星，全国人民望共如望岁”。[1]

头一次所以谈到胜利问题，一个重要原因是毛泽东前所未有地拥兵近五十万，比较抗战开始时的三四万人已是天上地下。一面是曾经不可一世的国民党统治范围越来越小，人心渐失；一面是共产党的力量和根据地越来越大，蒸蒸日上。这种强烈的反差促使毛泽东提出了新民主主义的主张，开始考虑以无产阶级领导来取代资产阶级领导的可能性。当然，那个时候距离共产党的胜利事实上还比较遥远，不仅国民党还相当强大，而且还有一个更加强大的敌人日本需要应付。因此，毛泽东虽然极端不满国民党人贪污腐化、刮地皮、打麻将、抽鸦片、娶小老婆，一个县长每月拿百十来块钱还不干好事，断言“再在这些混账王八蛋手里搞下去，中国一定要亡”，最后他也还是不得不表示要“忍一口气”，说：“在他打日本的时候，我们也是忍一口气，不提打倒蒋介石。”[2]

1945年“七大”再提胜利问题，情况就与上一次有很大不同了。毛泽东很自豪：一方面，我们已经有九十一万军队，一百二十多万党员，一亿人口，更强大了；另一方面，1944年一个豫湘桂战役，国民党几十万大军丢盔弃甲，丧师失地，溃不成军，日本人从河南一气打到广西、贵州，差一点就抄到四川陪都重庆去了。不仅毛泽东，社会各界，甚至包括一些美国人都看出国民党没希望了。美军观察组进驻延安，之所以被毛泽东称为“中国抗战以来最令人兴奋的一件大事”，根本上就在于它标志着中共作为一种引人注目的政治力量已经开始在中国乃至世界的舞台上崭露头角。而无论是中国

---

[1] 毛泽东：《反投降提纲》（1939年6月10日），《毛泽东文集》第2卷，第196—199页。

[2] 毛泽东：《后方军事工作的政治方针》（1939年5月5日）。

人，还是外国人，都开始议论一个话题：战后中国究竟是谁人之天下？

还在 1944 年 12 月 20 日，毛泽东就曾经在一份报告上随手写下这样一行铿锵有力的批语："这次抗战，我们一定要把中国拿下来。"[1] 这自然不是一时的心血来潮。它恰恰是毛泽东自抗战以来日思夜想、孜孜以求，如今确信已步步贴近了的奋斗目标。

正因为如此，在写"七大"政治报告时，毛泽东虽然也考虑到力量对比的种种不利之处，强调暂时不公开说"天下是我们的"这样的话，但他明确讲：现在连美国记者和国民党地方实力派"这些人都说天下是我们的"，"报告中我们没有说这样的话"，却要"有这股神气"。未来三种可能："一种是坏的我们不希望的可能性，即要我们交出军队去做官"；"第二种可能性，也是以蒋介石为首，形式是民主，承认解放区，实质仍是蒋介石的独裁政府"，"第三种可能性，是以我们为中心，在我们有一百五十万军队，一亿五千万人民时，在蒋介石的力量更加缩小、削弱，无联合可能时，就要如此做，这是中国政治发展的基本趋势和规律"。我们现在就要做第三种可能性的积极准备，"要准备迎接胜利"。[2]

既然要胜利，当然要"力争外援"，"特别是伟大的苏联援助我们"。毛泽东"七大"讲话中的一个重要内容，就是希望全党了解，"中国革命必须有全世界无产阶级的帮助"，也能够得到这样的帮助。恰在"七大"期间，美国大使赫尔利在华盛顿大肆发表诋毁中共的言论，同情中共的美国友好人士受到迫害，美国政府实行扶蒋反共政策已成定局，联苏抗美自然成为毛泽东战略考虑的一个重点。

有人说，这时已经成为世界"三巨头"之一的斯大林根本不会把毛泽东放在眼里。并举出例子，说明斯大林、莫洛托夫这时都对美国人讲过不信任中国共产党，包括认为中共不过是"人造黄油的共产主义者"之类的

---

[1] 《毛泽东在董必武十月关于大后方工作的报告上的批示》（1944 年 12 月 20 日）。

[2] 《毛泽东对〈论联合政府〉的说明》（1945 年 3 月 31 日），《毛泽东在七大的报告和讲话集》，第 101、103 页。

话。[1] 这些也许不假。1941 年苏德战争爆发后毛泽东拒绝动用自己的军队牵制日军，很难不让莫斯科怀疑中共是否真是共产主义者。但莫斯科的共产党领导人对美国人讲的话，是不是就一定真实可靠呢？恐怕未必。而更重要的是，如果我们只是因为俄国人当时讲过不信任中共的话，就得出结论说毛泽东不会寄希望于苏联，那就未免失之偏颇了。研究历史，一定要具体问题具体分析，重视具体的时间、地点、谈话对象等这些特定的环境背景，不要被历史人物释放的烟幕所迷惑。同时，我们尤其要避免用“事后诸葛亮”来代替当时的诸葛亮。毛泽东当年的决策严格说来也不取决于斯大林当时曾经怎样看怎样讲，只取决于他自己当时能接受到怎样的信息，以及事实上他当时怎样认识问题。

从已知的档案中，我们可以肯定，毛泽东当时并不了解斯大林或莫洛托夫对美国官员的那些谈话。恰恰相反，在“七大”主席团的会议上他明确讲过：战后趋势，美国一定反苏，蒋介石必定反共。我们需要苏联，苏联也需要我们。而他这时所注意到的，也不是苏联如何更亲近国民党，恰好是获胜的苏联不仅解放了东欧，而且正在帮助那里的共产党获得政权；是苏联的报纸加强了对蒋介石国民党的批评和对中共的称赞。他与朱德联名祝贺苏联红军胜利的电报，又破天荒地在“七大”召开前夕收到了斯大林亲自署名的回电。这些都足以让毛泽东相信，随着中共力量的壮大，斯大林开始重视中国革命了。既然斯大林肯于帮助东欧国家共产党取得胜利，他会眼睁睁地看着美国把战后的中国置于自己的势力范围之下吗？何况，中国比东欧要大得多，中国共产党比东欧国家的大多数党也要强大得多。

“谁枪多谁就势大”，“枪杆子里面出政权”，“枪杆子里面出一切东西”，

---

[1] 最早见之于赫伯特 · 菲思的《中国的纠葛》（美国普林斯顿大学出版社 1953 年版）一书，中文可见林海等译本（北京：北京大学出版社 1989 年版），第 159 页。以后被中外学者广泛引用，如费南德 · 克劳丁：《共产主义运动——从共产国际到共产党情报局》第二卷，福州：福建人民出版社 1983 年版，第 286 页；向青等：《苏联与中国革命》，北京：北京大学出版社 1994 年版，第 484—485 页。

“有枪就有权，战争决定一切”，这早已是毛泽东的经验之谈。抗战初期斯大林主要援助蒋介石国民党，确实是因为自己实力太弱，用毛泽东的话来说，“那时我们只剩下两万人了”，当然不能太多指望。然而现在呢？中共力量已空前强大，不久就会有问鼎全国的可能，在毛泽东看来，无论从哪方面考虑，斯大林这回都不会不援助了。事实上，从1944年豫湘桂战役暴露出国民党不堪一击的惨状之后，他就接连不断地亲自致电莫斯科，详细说明国民党如何腐败无能，如何丧尽人心，共产党的力量和声望如何日渐强大，国共矛盾如何难以调和，明确要求苏联不要宣布不介入中国内部事务的政策，声称“这将便利蒋介石实现他对特区的反动计划”[1]。其目的，很大程度上就在于让斯大林了解中国目前力量对比变化的情况，推动斯大林重视和准备援助中国共产党。

因此，到中共“七大”时，毛泽东虽然也说，要做好最坏的准备，要准备“各国无产阶级未起来，苏联情况不允许”，“他们还没有来得及援助我们，我们困难来了，远水不救近火”。但从逻辑上，从感情上，他都相信：苏联一定会援助我们。毛泽东满怀信心地说：“你们信不信？反正我信。”他并且用手比画着自己的脖子，对台下几百名代表信誓旦旦地许诺说：“国际援助一定会来，如果不来，杀我脑袋。”[2]

六、毛泽东因斯大林来电大发雷霆后，讲了四个字：“无可奈何”

1945年毛泽东对斯大林的感情为什么突然逆转，到这个时候应该可以看得比较清楚了。

仔细研究中共“七大”召开前后，特别是从年初到年中这段时间里毛泽东的谈话内容，可以看到一种微妙的变化。前期，他谈论力量对比的变

[1] RCPSMH，495/74/342.

[2] 《毛泽东在中国共产党第七次代表大会上的结论》（1945年5月31日），油印件。注：此段引文不尽相同于《毛泽东在七大的报告和讲话集》第199页上的相关文字。

化和要准备胜利较多；后期，他谈论中国成为美国殖民地的危险和“准备内战”较多。引起毛泽东高度警觉的事件，一个是希腊共产党领导的“人民解放军”在登陆英军司令斯科比的压迫下于中共“七大”召开前夕被迫缴械的情况；一个就是美国扶蒋反共政策的明朗化。在军事上居于优势地位，完全有力量夺取政权的希腊共产党游击队，仅仅因为英国的干涉，就迅速归于瓦解，这不能不让中共中央领导人立即联想到美国对华干涉的严重危险。这个时候，恰恰也是美军在延安的人员一再表示他们要在中国沿海登陆的时候。显然，一旦美军登陆，力量对比将明显不利于共产党人，那时最重要的问题首先将不是能不能胜利的问题，而是能不能避免失败的问题。

为此，毛泽东在“七大”期间的几次会议上都讲：同希腊共产党一样，我本钱不大，不能阻止美国登陆。但美国现在是联蒋抗日拒苏反共，全面独霸东方，绝不退让。这是美国现在定下的方针。它以长城为界拒苏的可能性很大。让其方针得逞，美国就可能成为新的斯科比，变中国为希腊。对付的办法：第一，“将来如果形势不好，蒋介石、斯科比两面夹攻，到处打枪”，我们不仅不能交枪，而且还要坚决自卫，蒋反我亦反，“要坚决、彻底、干净、全部消灭之”；第二，为了防止美蒋沿长城进行封锁，遮断苏联，我们应该现在就开始集中二三十个旅，准备将来开到满洲去，背靠苏联，“得到技术条件”。毛泽东甚至明确认为：“从我们党，从中国革命最近将来的前途看，东北是特别重要的。如果我们把现有的一切根据地都丢了，只要我们有了东北，那么中国革命就有了巩固的基础。”[1]

“七大”后，中共中央对于战后形势的估计多半是严峻的，那就是：“蒋的内战方针是确定了的，除非我们有力量胜过他，才能制止之。”要胜过蒋介石，必须设法背靠苏联，取得援助，因为蒋介石的背后是美国。可是，人们不能不担心，如果美国硬要在中国充当斯科比，苏联会不会也像对希腊那样，袖手旁观？

---

[1] 《毛泽东同志在党的七次代表大会上的结论》（1945 年 5 月 31 日）。

大会闭幕前夕，毛泽东已经得到国民党派宋子文前往莫斯科与苏联签订互助协定的消息。这无疑是毛泽东不愿意看到的局面。但苏联与美国尚在合作之中，出兵中国前与中央政府签约也在情理之中。毛泽东唯一希望的是，苏联的签约还能够包含有防止日本再起，打破美国独占中国，便于日后在中国插手的目的，那样的话——毛泽东说——苏联同意签约，对我也并无害处，“因为并不限制苏联对我们的援助”。当然，毛泽东对此也未必十分放心。他在谈到不派代表出席参政会的问题，以及准备成立解放区联合委员会的问题时，特别提到，这样做也是要向苏联发出“暗示”，即中共不会容忍国民党继续其一党统治。

8 月 9 日，一个中国共产党人盼望已久的消息传来了：苏联对日宣战，出兵东北了。当天下午，毛泽东一面与朱德联名致电祝贺，一面召集全体中央委员在杨家岭开会。他高兴地宣布：苏联参战了，这就使抗日战争进入到最后阶段了。与苏联红军配合作战，这太痛快了。原来以为要与美国配合，那才是麻烦呢。我们的任务是：配合作战，制止内战，集中统一，国共谈判。在美苏合作、中苏协定的基础上，国共谈判不可避免。他指出：美国“靠蒋是一定的，故我与美蒋是一个长期的麻烦，内战危险随日本垮台的程度而增加”。但蒋介石恐怕不会很快就宣布全面内战，因此我们目前第一位的还是打日伪。[1]

毛泽东原来估计，打败日本至少还要一年左右的时间。即使苏联出兵，他也没有想到日本人会在几天后就宣告投降。原来计划中的敌后大反攻几乎还没有全面展开，战争就结束了。尤为引人注目的是，朱德于苏军出兵第二天开始对各解放区发布反攻命令，蒋介石竟于次日下令中共军队只能“就原地驻防待命”，“不得擅自行动”。8 月 14 日，日本宣布投降。15 日，美国总统杜鲁门也发布受降日本的第一号总命令，公开支持蒋介石反对中

[1] 《毛泽东在中共中央工作会议上的讲话》（1945 年 8 月 9 日），《毛泽东在七大的报告和讲话集》，第 195、232—233 页。

共参加任何接收和受降工作的立场，并且特别批准了“利用日本人阻挡共产党的行动”。[1]

怎么办？打了八年仗，死了那么多人，国际国内的舆论都呼吁和平，坚持向日伪进攻和受降，就不可避免地要与蒋介石的“中央政府”武力相抗，结果内战将爆发，并且很可能得不到大多数渴望和平的人民的理解。如何处置，这对毛泽东和中国共产党来说确是重大考验。

8月14日，蒋介石在美国人的提醒下，不失时机地摇起了橄榄枝。他致电毛泽东，邀请毛前往重庆共商国是。毛泽东即以朱德名义去电要求蒋取消前令，蒋随即冠冕堂皇地打出盟军做挡箭牌，电毛称：“查此次受降办法，系由盟军总部所规定。”“未便以朱总司令之一电破坏我对盟军共同之信守。”[2]

显而易见，对蒋介石没有什么道理好讲。对此，毛泽东也是坚持以眼还眼以牙还牙。还在蒋介石来电前一天，他就在延安公开宣称：“人民得到的权利，绝不允许轻易丧失，必须用战斗来保卫。”而抗战胜利的果实，也不能轻易听任国民党抢了去，要“力争”。他宣布说：我们现在有一亿人民、一百万军队、二百多万民兵，取得察哈尔、热河、河北、山西大部及山东和江苏北部地区完全可能，但我们要争取控制整个华北和华中部分地区。蒋介石来电第二天，他又特别命令绥远、太行、冀察各区的八路军迅速夺取靠近张家口地区的大同、太原及北平，迎接苏军，争取背靠苏军控制河北、察哈尔、热河、绥远与山西。[3] 在这种情况下，毛泽东当然不会同意去重庆与蒋介石谈判。中共中央为此专门通告党内：蒋介石一面骂我们是人民公敌，一面请毛往渝，“完全是欺骗”。[4]

---

[1] 转见邹谠著，王宁等译：《美国在中国的失败》，上海：上海人民出版社1997年版，第270页。

[2] 《蒋介石致毛泽东电》（1945年8月14日），《蒋介石致毛泽东电》（1945年8月20日），等等。

[3] 《毛泽东关于配合苏联红军夺取张家口、平津等地给程、耿的指示》（1945年8月20日）。

[4] 毛泽东：《抗日战争胜利后的时局和我们的方针》（1945年8月13日），《毛泽东选集》（竖排合订本），第1126—1127页；《中央关于积极进行反内战反独裁宣传给徐冰等同志的指示》（1945年8月16日）。

与蒋介石对抗，就是同美国对抗。毛泽东经常讲："国共反映美苏。"那意思很清楚，自己同国民党的斗争，实际上也是反映着苏联同美国的斗争。而他相信，中国共产党输了，也等于苏联的失败。因此，他这个时候仍旧十分看重同苏军的合作和苏联的援助。8月20日，根据苏军进展情况，他亲自做出决定，从华北各根据地抽调九个团，连同已在热河边境的几个团，配备相当数量的地方工作干部，限期开赴东北，并明确宣布部队的任务是："乘红军占领东北期间和国民党争夺东北。"[1]

毛泽东此时不惜得罪美国的决心，从他当天的另一项人们后来很少提及的重要决策中可以看得很清楚。当时，美国正在调派大批飞机、军舰为国民党运送军队抢占各大城市。上海、南京、北平、天津是其首要的目标之一。然而，毛泽东这一天却批准了华中局从日伪手中夺取上海的起义计划，并提议组织各大城市武装起义。毛泽东当天接连数电华中局，要求他们坚决彻底地执行起义方针，除发动南京、上海、杭州三角区内数百万农民武装起义策应以外，还应迅速调派新四军有力部队入城援助。他并且电示华北各区局，要他们效仿华中局的做法，对于北平、天津、唐山、保定、石家庄，也"迅速布置城内人民的武装起义，以便不失时机配合攻城我军实行起义，夺取这些城市，主要是平津"[2]。

让毛泽东意想不到的是，几乎就在他发布上述命令的当天，他收到了来自莫斯科的一封电报，电报落款很奇怪地使用的是"俄共（布）中央委员会"的名义。当然，谁都清楚这是来自莫斯科最高决策者的电报。电报明确要求毛泽东接受蒋介石的邀请，去重庆谈判。说是如果发生内战的话，中华民族将有毁灭的危险。[3] 尤其是后面这句话，整整让毛泽东耿耿于怀了十多年。

关于斯大林当年发出这封电报时的真实想法，目前还找不到直接的历

[1] 《中央军委关于与国民党争夺东北的指示》（1945年8月20日）。

[2] 《中央关于批准上海武装起义给华中局的指示》（1945年8月20日），等等。

[3] 有关这封电报，虽经中俄两国学者反复查找，目前仍未见到原文，且有当时斯大林曾两电毛泽东之说。

史文献能够说明。但联系到 1948 年年初斯大林承认他在这件事上犯了错误，和 1949 年初斯大林再度劝毛与国民党谈判时极力强调斗争策略的情景，说斯大林就是想要中共交出军队和政权，到蒋介石的政府里去做官，可能也有点简单化。但不论斯大林如何考虑问题，毛泽东相信斯大林是要中共走法国式的议会道路的。在一再宣布苏联一定援助中国革命之后，得到这种几乎是要共产党向蒋介石交枪的命令，毛泽东内心会激起怎样一种感情波澜，是很容易想象到的。

有关这封电报引起的直接反应，毛泽东当年的翻译师哲的回忆是“引起了毛主席的极大不快，甚至是很生气”。而另一位当事人的回忆则描述了毛泽东的“极大不快”是怎么回事，那就是“大发雷霆”。当然，毛泽东不满归不满，最后还是委曲求全地接受了莫斯科的劝告。

从 21 日开始，中共中央决定改变原来的战略方针。上海等大城市武装起义的计划被停止了，中共中央并明确指示各地，除个别地点外，一般应去占领小城市和广大乡村，而不是去夺取中心城市与交通要道。毛泽东亦致电重庆，表示将派周恩来先行前往重庆谈判。已经开始赶往东北的部队，也得到毛泽东的命令，说是必须暂时“开至热河边境探明情况后再行决定”，因“军队是否能去辽吉黑三省现在尚不知道”。[1]

8 月 23 日，毛泽东召集政治局会议，详细说明了他考虑到的苏联坚持不允许同国民党发生对抗的原因：一是苏联为了国际和平以及受到中苏条约的限制，不可能也不适于帮助我们；二是苏联如助我，美必助蒋，结果大战将爆发，和平即不能取得。他并且举希腊的例子说，在欧洲，苏联助保加利亚不及希腊，就是因为希腊是英国所必争。中国亦然，主要是因为美国的势力太大。国民党与中共，也如同希腊流亡政府与抵抗阵线，前者有权，而后者无权，这叫无可奈何。“我们只能承认这个现实。”要准备在全国范围内“走法国的路，即资产阶级领导的，而有无产阶级参加的政府”。

---

[1] 《中央关于将派周恩来前去谈判给重庆代表团电》（1945 年 8 月 21 日）。

不过，他还是想要安抚领导人中间的失望情绪。他强调说：这并不等于苏联不帮助我们。事实上，苏联现在也是在干涉中国，虽然并不直接帮助我们，甚至不多讲话，“但还是真心援助我们的”。当然，法共是解散了武装去资产阶级政府里做官的，而毛泽东是认定了“枪杆子里面出政权”的。因此，他特别强调指出：蒋介石注定是不会改变消灭共产党的方针的，和平注定是暂时的，谈判不可怕，“只要把军队拿在手里就有办法”[1]。

两天后，基于莫斯科的建议，毛泽东最终还是决定同周恩来一道去重庆与蒋介石谈判了。这次谈判成为中国现代史上一个格外引人注目的重大事件。然而，谈判恰如毛泽东所料想到的，并没有解决任何问题，只是使他对这段被强加给他的经历始终愤愤不平和耿耿于怀。以至于他总是把它同要不要革命的问题联系起来，断言斯大林这样做，其实就是“不许革命”。

十年以后，毛泽东多次不满地谈到过这件事，认为这不过是因为斯大林、罗斯福和丘吉尔在雅尔塔开了一个会，决定把中国全部交给美国，交给蒋介石，所以，抗战刚一结束，中共中央就“收到了一封莫明其妙的署名‘俄共（布）’的秘密电报，坚持要毛泽东到重庆去同蒋介石谈判”，“要中共同蒋介石分子罢战言和”。那是什么时候？毛泽东反复提到：那是中国革命迅速发展的时候。想不到，“苏共中央直接打了一个电报给中共中央，不准我们打。他说只能和蒋介石和，不能和蒋介石打。如果要打就会引起全民族的毁灭”。那个时候，我是不想去的。因为斯大林执意要求，我还是去了。但去是去了，对他的“不许革命”，“我们置之不理，打了三年半仗，便取得了革命的胜利”[2]。

[1] 《毛泽东在中央政治局会议上的讲话》（1945 年 8 月 23 日）。

[2] 《毛泽东同艾地谈话纪要》（1956 年 3 月 29 日）。

第八章

和战关头的考验

一道让人奇怪的命令：凡是需要与苏军接洽的部队，务必注意自己的着装;山海关来电:“辰兄”与我开盛大联欢会,并允许我一部进入东北;苏中央军事委员接见彭真，表示可以将东北全部日军装备交给中共；毛泽东主张:华北以我为主,东北由我控制,不让国民党插进一兵一卒;由于在重庆谈判中紧张和劳累过度，毛泽东住进了医院……

谈到毛泽东与莫斯科的恩恩怨怨，不能不谈战后东北问题。毛泽东有再多怨言，从没有在东北问题上抱怨过斯大林。为什么？因为，如果说过去俄国人的主要援助都给了国民党，那么，在这时，在东北问题上，就不能这么说了。这个时候苏联红军不仅暗中协助中共在东北建立根据地，而且为进入东北的以及在华北的中共军队先后提供了足够装备几十万人的武器弹药，[1] 从而使这支过去因为装备落后、弹药缺乏，主要靠游击战取胜的部队，迅速成长起来，从而极大地缩短了中共中央原先预计的彻底战胜国民党的时间表。

战后共产党能够一举打败国民党，有种种原因，政策对头，民众拥护，指挥得当……但中共军队立足东北，获得大量较现代的武器装备，是一个不可忽视的重要因素。同样是在毛泽东的领导之下，同样还是那些将军，十年前，鏖战甘肃黄河两岸时是何等艰辛惨烈，两万红军将儿竟会全军覆灭于与土匪无异的“马家军”骑兵手下！十年后，他们宛如蛟龙出海，由东北而华北而华中而华南而西南，横扫全副美式装备的数百万国民党军，摧枯拉朽，锐不可当，更遑论一个区区“马家军”！这里面武器装备之重要，一目了然。对此，当年兵败甘肃河西走廊的徐向前元帅就曾深为感慨。他说，

---

[1] 按照苏联单方面公布的统计数据，战后苏联远东军向中共东北武装提供的日本关东军武器数量，有步枪约为 70 万支，机枪约为 12000—14000 挺，各种炮约 4000 门，坦克约 600 辆，汽车约 2000 多辆，另有弹药库 679 座，800 余架飞机和炮艇若干。此说目前尚无可靠文献史料与史实考订予以印证，但从相关史料仍可看到如下一些情况，如从 1945 年年底到 1947 年年初，苏军提供的步枪数量在 30 万支以上。又如 1948 年前后苏军曾向东北的中共军队提供过一定数量的苏联制造的和捷克制造的武器装备。据毛泽东与米高扬 1949 年 2 月初的谈话，为了宣传的目的，东北野战军 1948 年 11 月入关前将苏制武器均留在了关外。参见 1971 年 8 月 26 日莫斯科华语广播谈话：《苏军粉碎日本侵略军是中国革命取得最终胜利的保障》；K. P. Ageenko, P. N. Bobylev, T. S. Manenkov, I. F. Yakushin, and R. A. Savshkin, *Military Aid of U. S. S. R in the Chinese People's Liberation Struggle*, Moscow, 1975, p.100；Archive of Presidential, Russian Federation（APRF）, fond1, Opis 16, Delo 39, Listy, pp.3-4；Sergei Goncharenko, *The Military Dimension of the Sino-Soviet Split, For the International Conference of "the Cold War in Asia"*, 1996；A. 列多夫斯基编著，李玉贞译：《米高扬的赴华秘密使命（1949 年 1—2 月）》，《党的文献》1996 年第 3 期。有关苏军战后援助中共武器装备最新研究进展，可参见杨奎松：《战后初期中共现代军事装备何处来——答刘统关于解放战争中东北野战军武器来源探讨》，《读史求实》，杭州：浙江大学出版社 2011 年版，第 243—268 页；杨奎松：《中间地带的革命——从国际大背景看中共成功之道》第五章第二节。

假如那时西路军渡河后，抓住战机，乘虚而进，照直往西打，取得苏联准备好的大批武器弹药，背靠苏蒙，如虎添翼，再来收拾“马家军”，还不是一样易如反掌。[1]

“十年河东，十年河西。”我们很难推测，如果1936年红军得到了苏联的武器援助，是不是就一定能够从根本上改写中国革命的历史。但是，无论十年前，还是十年后，毛泽东都深知获得先进武器装备之重要，并且深信他必须从苏联得到这种援助。

1935年，当长征中的中共中央被迫提出接通苏联的问题时，就是毛泽东提议：“地理上靠近苏联，政治上物质上能得到帮助，军事上飞机大炮，对我国内战争有很大意义。”如果能够打到苏联边界去，背靠苏联创造一块根据地，我们就能够更大规模、更大力量地打回来。[2]

1945年，又是毛泽东在中共“七大”上提出：我们要“准备廿、三十个旅，十五万人到廿万人脱离军区，将来开到满洲去”，“得到技术条件”，即先进的武器装备。“从我们党，从中国革命的最近将来的前途看，东北是特别重要的。如果我们把现有的一切根据地都丢了，只要我们有了东北，那么中国革命就有了巩固的基础。”因为东北不仅有大工业，而且背靠苏联与外蒙。[3]

十年前与中共擦肩而过的机遇，十年后终于被毛泽东抓住了。中国革命因此在1949年取得了胜利。尽管毛泽东后来没有提到过这段历史，但不是因为它不存在，仅仅是因为他有更深层次的策略考虑，即用“小米加步枪”的故事来鼓士气、壮军威。用毛泽东1949年2月初在西柏坡会见苏共中央政治局委员米高扬时的话来说，就是：“中国共产党想以此证明，是蒋介石用美国的技术装备了中国人民解放军。”

---

[1] 徐向前：《历史的回顾》（中），北京：解放军出版社1985年版，第556页。

[2] 《毛泽东关于目前行动方针的报告与结论》（1935年9月12日），转见丁之：《中央红军北上方针的演变过程》，《文献和研究》1985年第5期。

[3] 《毛泽东在中国共产党第七次代表大会上的结论》（1945年5月31日），参见前引《毛泽东在七大的报告和讲话集》，第218—219页。

一、毛泽东说：计算精确，不难实现华北以我为主东北由我控制

1945 年 8 月 15 日，从外蒙古大举向中国察哈尔地区推进的苏联远东军外贝加尔方面军苏蒙联军的先头部队占领了多伦及张北。刚一得到消息，毛泽东就下令绥远、太行、冀察地区的八路军乘机夺取靠近张家口地区的大同、太原与北平，并不惜与试图占领这些城市的国民党傅作义部和阎锡山部作战，争取造成背靠苏军控制冀、察、晋、绥、热数省大部地区的有利形势。

17 日，晋察冀边区冀察军区郭天民、刘道生部所辖十二分区部队，兴冲冲地派出一队骑兵赶往张北，准备与苏蒙军建立联系，以便配合作战。不料，这支骑兵甚至还没有来得及通报家门，就被大批呼啸而来的苏军摩托兵围住并缴械。带队的干部徒费口舌地解释了半天，对方一句也听不懂。最后连比带画折腾了半天才大约弄清楚是怎么一回事。苏军一位上校参谋解释说，他们实在想象不出这些着装五花八门、武器长短不一的人怎么会是八路军！

八路军与苏联红军初次接触所产生的这段小小的插曲，足以折射出双方当时关系的微妙特点。都是共产党的部队，却互不了解，且两军之间的差距实在是太大了。但中共中央却深感庆幸，因为这一经历证明，苏军至少不反对与八路军接触。为了不给苏军留下不良印象，晋察冀军区司令员聂荣臻专门发布了一道指示，要求所有需要与苏军接触的部队，一定要注意自己的着装。

这段时间要根据一两条消息来判断局势，几乎是不可能的。一方面，延安得到确切情报，苏联已经在与重庆政府缔结的中苏条约中正式承诺，要将中国东北交予国民党人接收；另一方面，来自前线的报告显示，苏军对八路军态度尚可，并愿意八路军担任其进攻的破路行动。毛泽东显然相信，莫斯科有些做法只是为了应付外交的一种需要。因此，既然苏军态度友好，八路军能够抢在蒋介石的前面进入东北，就一定有机会插进一只脚进去。故他一

得到消息，即当即指示以晋察冀军区主力“配合红军夺取张家口、平津、保定、石家庄、沧州、唐山、山海关、锦州、朝阳、承德、沽源、大同”[1]，同时紧急从各区调遣近十个团的兵力及一个干部团开赴热河及东北，准备“乘红军占领东北期间和国民党争夺东北”[2]。当然，斯大林随后的一封要毛泽东去重庆与蒋介石谈判的电报，使他不能不又对斯大林的态度发生了怀疑。

不过，毛泽东不是那种容易气馁的人。他很快调整了原先过于雄心勃勃的夺取大中城市的计划，但并没有放弃夺取东北的决心。他在讨论去重庆谈判的具体策略时说：原定派遣进入东北的部队暂时留在关内，在热河发展待机，干部可到苏军占领区去建立党组织、地方政权和武装，在苏军允许的范围内工作。他相信，这样同样大有可为。[3] 而他内心里的中心盘子仍然是：“陇海路以北以迄外蒙一定要我们占优势”，即华北以我为主，东北由我控制，国民党只派行政大员象征性接收。他明确提出，在这个条件下，蒋介石同意就谈，不同意就“准备坐班房”。他这时确实是做好了谈不成的准备的。他在政治局会议上讲：在我们党的历史上，除了“何鸣危险”[4] 以外，还没有过随便交枪的事。达不到目的，决不轻易妥协。[5]

在前往重庆谈判之前，毛泽东已经了解到中苏协定的条文中有苏联承诺不向中共提供任何援助的文字。如果苏联真的照此办理，再加上美国在动用各种现代化手段为蒋介石加紧向华北和东北调运军队，中国共产党人究竟有多少机会和时间来争取东北呢？为什么毛泽东还是信心十足？他在政治局会上就此解释说：不要只看表面，“中苏条约是有利于中国人民的”，因为允许苏军占据东北三省，这对我们就有很大

---

[1] 《毛泽东关于配合苏联红军夺取张家口、平津等地给程、耿的指示》（1945 年 8 月 20 日）。

[2] 《中央军委关于抽九个团赴东北的指示》（1945 年 8 月 20 日），《毛泽东军事文集》第 3 卷，北京：军事科学出版社、中央文献出版社 1996 年版，第 45 页。

[3] 《中央关于到苏联红军占领区建立地方政权和武装的指示》（1945 年 8 月 22 日）。

[4] 1937 年 7 月，中共南方游击队福建何鸣部因过于轻信国民党人的许诺，致使全部被国民党地方武装缴械，是为“何鸣事件”。

[5] 《毛泽东在中共中央政治局会议上的发言》（1945 年 8 月 26 日）。

抗战时期的延安，是中共获得重生的宝地，图为延安的标志：延河和宝塔山

1942年发动的延安整风运动树立起了毛泽东和毛泽东思想的权威地位。图为1942年5月毛泽东与文艺座谈会代表合影

1945年春天召开的中共第七次代表大会最终确定了毛泽东对全党至高无上的领导地位。图为中共“七大”主席台

1945年，毛泽东在中共“七大”上做报告

1945年8月9日，苏联红军出兵中国东北。图为攻占哈尔滨的苏联红军在火车站前留影

1945年11月7日，占领长春的苏联红军举行庆祝十月革命二十八周年的仪式

为了具体了解中国共产党的情况，苏共中央1949年初秘密派遣政治局委员米高扬经由苏联远东和苏联租借的旅顺，飞来河北石家庄，以便前往中共中央所在地河北平山县西柏坡村会见毛泽东等中共领导人。图为朱德和翻译师哲在石家庄机场迎接米高扬一行

影响和利益。他强调：外交是外交，党的关系是党的关系。只要不影响苏联公开的外交义务，他们实际上还是会支持我们的。正是根据这样一种估计，毛泽东相信中共仍有机会争取东北。只是，他强调，在目前复杂的外交形势下，要善于运用谋略。用他的话来说，就是："要加上计算。"[1]

二、苏军态度不明，中央主张慎行，毛泽东坚持至少派三十个团

"计算"的重要性，在这时显而易见。在动身赴重庆谈判前夕，毛泽东与负责主持延安中央书记处的刘少奇等专门商量了争取东北的办法。鉴于这时的外交形势是苏军不入关，美国不登陆，美苏两国都以此为界限小心地不介入到中国内部事务中来，毛泽东估计苏联方面在东北问题上也会同样谨慎。但谨慎归谨慎，从张家口地区苏军不反对与八路军合作的情况看，未必不可以采取大一些的动作。毕竟，如果不去军队，光派干部去东北，要想抢在蒋介石前面控制东北，实在很少可能。

8 月 28 日，毛泽东、周恩来等离开延安赴重庆。第二天，根据商定的方针，中央书记处发布了一项关于迅速进入东北的重要指示。指示主张：去东北的部队与干部应立即出发，可用东北义勇军名义非正式进入，不声张不登报，走小路，控制苏军未驻之城市、乡村，部队不能去的城市，派干部去与苏军作非正式接洽。指示强调："苏方不干涉中国内政，我在东北活动只要不直接影响苏方在外交条约上之义务，苏联将取放任态度，我有机会争取东三省和热察。"[2]

毛泽东到重庆后，很快就了解到，由于中苏条约已有明文规定，东北问题不可能列入国共谈判的内容。对东北，除非抢占先机，造成既成事实，否

[1]《毛泽东在中共中央政治局会议上的发言》（1945 年 8 月 26 日）。
[2]《中央关于迅速进入东北控制广大乡村的指示》（1945 年 8 月 29 日）。

则只好交给国民党。而他分析所得消息，认定争夺东北仍有机会。特别是获知美国海军陆战队有在中国沿海登陆意图后，他深信此举必会对东北苏军形成刺激，结果一定对中共进入东北有利。因此，他当即电告延安称：国民党去东北的三个军全靠海运，尚不知何日可到，苏军撤兵时间势必延长。且已知苏军只驻交通要道，我部队活动空隙甚大。他主张，部队及干部应加紧行动，乘苏军未撤前，分散开入，并做长期打算，发动群众，组织力量，以利将来。

这时，种种迹象显示，苏军囿于外交条约的限制，对八路军的态度并不十分友好。继十二分区部队一度被缴械后，十四分区北进支队又因便衣装扮被苏军当成土匪，不分青红皂白全部缴械。在这种情况下，部队能否顺利进入东北，刘少奇似乎没有毛泽东那样的信心。9 月 7 日，他明确提出：去东北部队只保持原定的五个团，"因情况不明，暂时决定不派更多部队去"。毛泽东当即表示不同意，复电称：热、察两省为我所必争，及时增驻重兵十分必须，除去东北者外，仅控制热察两省，就应有二十个团的兵力。而去东北的部队，除原定的五个团外，至少应再从山东、冀鲁豫及晋察晋三处抽出一千五百人到两千人的团十个团，经冀东、热河分散开入东北活动。[1]不难看出，毛泽东对东北是志在必得。

毛泽东的雄心，几乎立即就被证明是有根据的。

9 月 9 日，延安方面接冀热辽军区电，得知十六分区曾克林部已于 8 月 31 日在绥中县山海关外与苏军"会师"。据随后冀热辽军区司令员兼政委李运昌说，苏军态度很好，他们主动要求曾克林部配合他们攻占山海关。山海关占领后，苏军即任由中共建立政权和维持治安。李运昌抵达山海关时，苏军指挥员专程前往迎接，表现出前所未有的热情。随后，两军还在山海关召开了一次盛大联欢会，并联合举行了入城仪式。苏军并允许曾克林部乘火车前往锦州及沈阳，和接收沿途的部分地区。同时，胶东区也报告说，吕易率一个排经海路去大连与苏军联络成功，苏军一位少将专门接见了吕

[1] 《中共代表团致中共中央书记处电》（1945 年 9 月 7、10 日）。

易等，明确表示：中共在乡村活动，苏军不加干涉，并同意中共在大城市中组织非武装群众团体。比较此前在张家口地区那种若即若离的关系，可以看出，在得知美军登陆的消息后，苏军对八路军的态度有了明显转变。

日本占领东北十五年，无论国民党还是共产党在那里都已很少影响。日本统治一垮台，东北不可避免地形成一片权力真空，国共两党谁进去早，谁就容易在那里发展自己的力量。曾克林部以及吕易部进入东北后都迅速发觉，那里的农村和城市相当混乱，但民众热情很高，极易组织，且伪军收编甚易，动辄即可收编数千人，开展条件极为有利。[1]

于是，中央书记处不再犹豫了。9 月 11 日，书记处决定：由“山东抽调四个师十二个团共二万五千至三万人由肖华率领即日分散进入东北，并电华北各地去东北干部即日集中起程”，由延安等地再抽调数千干部去，以便“进驻乡村、小城市及红军尚未占领之中等城市和交通线，发动群众，壮大力量，建立地方政权，改编伪军，组织地方武装”，迅速在东北占据优势地位。[2]

为了推迟国民党军队进入华北、东北，争取全部占领热察，造成东北优势，他们还开始在华北部署察绥、长治等重要战役，打击可能威胁热察的国民党军，并命令李运昌部率五个团进驻由承德、山海关至赤峰、朝阳、锦州和沈阳一线，切实控制进入东北的陆上交通，中共中央夺取东北的决心至此确定无疑了。

三、苏方鼓动争夺热察，刘少奇积极响应，毛泽东信心十足

就在中共中央下决心夺取东北的几乎同时，一个具有象征意义的事件发生了。那就是曾克林部不仅开进沈阳，而且应苏军之请，在沈阳建立了

[1] 《程、耿致军委电》（1945 年 9 月 9 日），《胶东区党委给罗荣桓黎玉并中央电》（1945 年 9 月 10 日），《聂、肖、程、刘致叶剑英电》（1945 年 9 月 10、11 日），等等。

[2] 《中央关于抽调四个师去东北开辟工作给山东分局的指示》（1945 年 9 月 11 日），《中共中央文件选集》第 15 册，第 274 页。

东北人民自治军卫戍司令部，和苏军沈阳城防司令部一同负起了警卫沈阳的责任。

让中国共产党的部队参加警卫整个东北的中心城市沈阳，允许他们大量收缴沈阳、锦州、抚顺、辽阳、本溪、鞍山乃至营口等地的敌伪武装，接收各地的兵工厂、印刷厂、被服厂、电台、医院和军火库、军需库等，这典型地反映出苏军在中国问题上本能的倾向性。实际上，尽管先前苏军碍于外交对八路军颇多限制，最初甚至不让曾克林的部队在沈阳下火车，但凡与苏军接触者都了解，苏军是同情中共而反感国民党的。曾克林部入驻沈阳，就是经过莫斯科最高当局批准的。据曾克林回忆，最初驻守沈阳的苏联后贝加尔方面军近卫军第六集团军司令部对八路军进入沈阳一事不知所措，致电上峰请示办法，“斯大林、莫洛托夫来电报”后才同意八路军以东北人民自治军的名义留下来。苏军允许曾克林部收缴和接收日伪装备、器材、工厂，并把沈阳附近最大的军火库一度交给八路军，显然也是受到莫斯科这种态度影响的结果。[1]因为，苏军官兵明显地同情中共，厌恶国民党。当时来自东北的不少报告都提到，苏军下级官兵军纪松弛，酗酒，搞女人，纵容贫民哄抢日人财物，虽枪毙亦难约束。然而，苏军官兵政治意识深入骨髓，普遍尊重共产党员，重视工人，知道中国有阶级敌人，提到毛泽东、朱德的名字，许多人竖大拇指。如果能够让他们选择的话，他们肯定愿意把东北交给共产党，而不愿意交给国民党。

不过，让中共军队公开进入沈阳并到处接收政权，苏军无疑是在冒严重的外交风险。从曾克林的回忆，以及后来的各种报告中可以看出，苏军公开允许中共军队进入沈阳等东北重要城市，除了上面谈到原因以外，还有一个重要原因是利用中共军队来恢复当地的正常秩序。由于苏军人生地不熟，语言不通，军纪不好，再加上其兵力也不足以彻底收缴日伪军的武器装备，当时仅沈阳城里，就有相当数量的日伪军、警察和宪兵保留着武器，

[1] 曾克林：《戎马生涯的回忆》，北京：解放军出版社 1992 年版，第 209—225 页。

同时打着国民党地下军旗号的武装就号称有四十个团之多，整天开枪开炮，烧杀抢掠，破坏治安，苏军官兵经常遭到杀害。曾克林部入驻沈阳后，这种情况迅速得到了改观。[1]不过，无论如何，这种做法在当时的外交条件下对苏联来说却绝非明智之举。莫斯科也很快意识到了这一点。

9月14日，显然是依据莫斯科的指示，苏联远东军后贝加尔方面军司令马利诺夫斯基元帅派其代表贝鲁诺索夫中校，在曾克林的陪同下，乘专机飞抵延安，委婉地向中共中央转达了苏方对中共军队进入东北问题的正式意见。这就是，在苏军撤退之前，国民党军和八路军原则上都不应进入东北。已经进入沈阳、大连等地的八路军，请朱总司令命令它们退出苏军已占领之地区。

在非正式的谈话里，贝鲁诺索夫同意，只要不用八路军的名义，并且不与苏军接触，苏军将不加干涉。他同时还代表马利诺夫斯基元帅提出，希望中共能派负责人前往东北，以便就近交涉，协调行动。

如果我们完全不顾及苏联当时在外交上的处境，似乎有理由对苏方的这种冠冕堂皇的表态，特别是随后将曾克林等部硬性“请”出苏军占领区的做法表示不满。但当时的中共中央和毛泽东并不这样理解问题。他们得知苏联方面的这种态度后，深受鼓舞。

与苏军代表谈话当天，中共中央就迅速通报了在重庆的毛泽东，同时马上组成了中共东北局，第二天即随苏军代表的飞机飞往沈阳，协调一切。根据曾克林及这时胶东过海部队的报告，中共中央进一步得知东北日军遗留武器弹药甚多，苏军对八路军利用这些武器持放任态度，出关部队及新建部队已发展到两万余人，均已顺利取得新式装备。仅沈阳由曾克林部看管的军火库就“有枪支十万支，大炮数千门及弹药、布匹、粮食无数”[2]。据此，书记处当即下令华中、华北派遣一百个团的干部，从班、排、连、营、

[1] 前引《戎马生涯的回忆》，第219—221页。
[2] 《中央致各中央局电》（1945年9月15日），转见曾克林前引书，第235—236页。

团连同事务、政治工作人员配备齐全，不带武器，身着便衣，迅速动身开往东北，并决定在延安再动员数千干部前往，“各自寻找最迅速到达的路线前进”[1]。毛泽东得讯后也深表赞同，并明显地倾向于赞成整个战略中心依次北移的意见，提议：新四军江南各部也应准备将来适当时机渡江北上。

毛泽东和中共中央的做法，再次被证明是有预见性的。

16 日，苏蒙联军代表克尼德涅夫中将要求八路军晋绥军区转告延安：由于国民政府依据中苏条约的规定，反对苏军进入东北三省以外的地区，他们必须退出目前占领的察绥地区。他们坚决要求八路军主力火速北开前往接收，包括他们不久后将要撤出的东北地区。他强调，这样做的目的是为了确保中共同苏联和外蒙之间的交通，以免将来国民党军队占领这些地区会再度切断了双方的联系。克尼德涅夫将军表示，八路军务必全力控制这些地区，战略重心千万不要南移。如果八路军需要，他们可以秘密地提供武器方面的帮助；即使将来八路军在抵抗国民党军队进攻时受挫，也可以靠近外蒙边界，甚至撤到外蒙去。[2]

克尼德涅夫将军的意见显然是来自莫斯科的。因为，几乎与此同时，重庆的苏联大使也直接向毛泽东和周恩来提出，根据莫斯科的意见，中共应当“确保张家口、古北口、山海关线，防蒋进攻”。

苏方态度如此明朗，战略重心整个北移已经是势在必行了。刘少奇当即指出：现在是夺取东北的“千载一时之机”，机不可失，时不再来，应该立即调整整个战略部署。

17 日，刘少奇代表书记处致电毛泽东等人，提出：“东北为我所必争，热、察两省必须完全控制。红军在东北现已开始撤退，据说在十二月初将撤完，内蒙红军即将撤退，已三次要求我接防德王府、百灵庙一线……在此情况下，

[1] 《中央关于配备一百个团的干部进入东北的指示》（1945 年 9 月 17 日）。
[2] 《中央致重庆代表团电》（1945 年 9 月 17 日）。

我之战略部署须立即加以考虑。”[1]

中共军事史上那个十分著名的“向南防御向北发展”的战略方针就这样提出来了。这一方针的核心，就是不惜放弃部分南方根据地，将部队依次北移，以便集中十余万主力控制热察，争取东北。刘少奇的解释是：“满洲四周连接苏联势力，南面旅大又系苏联军事管制地带，故我如能控制热察及冀东，在满洲沿海又配置数万兵力，即可阻止蒋军进入满洲，控制东北。此着关系极大。”[2]

应当说，此着也已在毛泽东的考虑之中。他和周恩来复电称：如能将东北及热河、察哈尔控制在手，全党团结一致，就什么也不怕了。

四、苏军宣布提供全部日军装备，要中共以主人自居，放手干

苏军支持中共态度日益明朗化，明显地与美军 9 月 13 日在青岛登陆有关。严格地说，当时斯大林真正关心的，是把中国东北真正纳入苏联的势力范围，不许美国或其他第三国势力染指。在 1945 年年初的雅尔塔会议上，他虽然促使美英领导人承认了苏联在中国东北的特殊利益，并在与国民政府的条约上规定了苏联在东北的特殊权益，但毕竟无法明文限制美国人进入东北。他最怕的就是美国人染指中国东北，因为在他看来，一旦美国的势力进入东北，苏联的远东将从此不得安宁。[3] 因此，美军公然在毗邻东北的华北沿海登陆，不可避免地对莫斯科形成了强烈的刺激。美军原本就在

[1] 《中央关于确定向北推进向南防御的战略方针致重庆代表团电》（1945 年 9 月 17 日），《中共中央文件选集》第 15 册，第 278—279 页。

[2] 前引《中央关于确定向北推进向南防御的战略方针致重庆代表团电》，并见《中央关于阻止蒋军进入东北问题致重庆代表团电》（1945 年 9 月 18 日）。

[3] 更不要说斯大林这时还多少有一种成就彼得大帝伟业的满足感。据称此前斯大林曾用烟斗指着一幅特制的、标有苏联新国界的地图，得意地对他的部下说，俄国东边的情况非常好，“千岛群岛现在已归我们了，萨哈林岛完全属于我们所有了，你们看吧，这有多么好！旅顺港是我们的，大连也是我们的”，“中东铁路也是我们的，中国、蒙古——这都没问题”。见费·丘耶夫著，王枝南等译：《同莫洛托夫的 140 次谈话》，北京：新华出版社 1992 年版，第 15—16 页。

帮助运送国民党军赶去东北，如今美军更进一步自己登陆华北，不仅成为国民党进入东北部队的强有力后盾，而且势必会便利其在中国东北问题上实践所谓“门户开放”的政策。这种情况自然让斯大林放心不下。苏军这时急切地希望中共能够占据张家口、古北口、山海关之线，与此不无关系。

可是，这时八路军北上部队的集中速度和开进速度，还远不足以实现苏军的期望，就是距离毛泽东的设想也相差甚多。

八路军开赴热察和东北的行动自8月底就开始了，但总数上不过几个团的兵力。除李运昌部以外，原定万毅部从海上运东北，直至9月底因种种原因只有一个连到达东北。大批部队9月下旬才分别开始从山东、晋冀鲁豫等地，或陆路，或水路，或武装，或徒手，陆续动身踏上赶往热察和东北的道路。中共中央书记处很快就发现，最快也要一个月的时间才能在冀东地区集中起八万到十万人。待布置妥当，两个月左右才有把握进行作战，“更快则不可能”。比较之下，蒋介石运兵至东北可能较中共更快，就是自己先机控制了冀热辽和辽东半岛，蒋军也仍有可能深入东北。因此，书记处提出，军队进入东北的部署应做长期打算，将重心首先放在背靠苏联、朝鲜、外蒙、热河有依托、有重点的城市和乡村，建立持久斗争的基点。[1]

对于中共面临的困难，苏联方面自然很少了解。9月30日，美军进一步北上天津登陆。10月1日，美军更北上秦皇岛登陆。眼看美军节节逼近东北，苏方迅速做出决定，利用中共武装阻挠美蒋势力在东北立足。

10月3日，一位未透露姓名的苏共中央军委委员，在后贝加尔方面军近卫军第六集团军克拉夫钦科大将、图马尼扬中将等将领的陪同下，专门出面招待了中共东北局的负责人。他特地转达了斯大林的话，称赞“中国共产党是勇敢的、聪明的、成熟了的，我们很有信心”。在得知中共中央准备夺取全东北时，他高度赞赏地说：“你们气魄很大。”但他不同意中共关于让开南满，争取背靠苏蒙朝鲜的东西北满的军事部署，说这表明你们还

[1] 《军委关于争取东北的战略方针与具体部署的指示》（1945年9月28日）。

没有脱离游击战争的观念，应该在山海关方面部署十五万主力部队，在沈阳周围地区部署十万兵力，阻止国民党军进占东北。他说："你把南边，特别是山海关方向抓住（长春路是商办，谁若运兵须要交涉），北面自然是你们的。东三省人力财富主要在南边，又是门户，把这里掌握了，北面还有什么要紧。"[1]

东北局领导人表示：八路军还有很多不足，武器落后，特别是没有炮……这位军委委员当即笑着说：现在就有了，可以多给一些。第二天，即10月4日，苏方更进一步通知东北局，他们愿意把缴获的所有保存在沈阳、本溪、四平街、吉林、长春、安东、哈尔滨和齐齐哈尔的全部日本关东军的武器弹药和军事装备转交给中共接收，说是主要的武器库在北面，至少可以装备几十万人。当东北局领导人说明以中共目前在东北的力量还无力全部接收时，苏军领导人表现得很痛快，说一个月内他可代为保存。

苏方变得这样慷慨，使东北局领导人大为兴奋，他们立即电告延安，称苏军"前门已开"，会谈后一次即得到步枪三万支，机枪一百挺，大炮十五门，这里的武器"数量极大"，全部交给我们"确系远方决定"，机不可失。故东北局建议："下最大决心，立即从各区抽调三十万主力，于一个月内赶到，用尽一切方法控制此间。这是决定全局的一环，为了争取这一环，宁肯牺牲其他地区，即使化为游击区，即使是暂时的丧失都值得。"[2]

这时关内战争已四处打响，因此书记处颇觉犹豫，答复说："三十万办不到，一个月可有十万到达冀东和东北，本月底可再出动五万到八万。现因国民党有将近五十万大军从平绥、同蒲、平汉、津浦向平津、东北前进，我冀鲁豫、太行、五台等区部队均不能抽调，必须阻止顽军北进，并消灭其一部，才能掩护我出动三十万到达目的地。"为此，他们甚至提出，是否请苏军从张家口、绥远方面给中共以必要的援助。[3]

---

[1]《东北局致中央电》（1945年10月3日）。

[2]《东北局致中央电》（1945年10月8日）。

[3]《中央给东北局的电报》（1945年10月9日）。

10 月 11 日，毛泽东回到延安。他一了解到这一情况，马上表示了不同的意见。他提出，我冀鲁豫、太行、山东、五台等区虽一时不能抽调，但在平汉、津浦等八条铁路线上全面阻击国民党军队，迟滞并牵制其推进，并非不可能。目前情况下，既然苏方态度已明，集中部队拒止蒋军已是关键一环。确保山海关一线暂时做不到，至少可以按照苏方建议，在南满实施防堵。据此，他在中共中央书记处给东北局的指示中专门加上了这样一段话，即："我党方针是集中主力于锦州、营口、沈阳之线，次要力量于庄河、安东之线，坚决拒止蒋军登陆及歼灭其一切可能的进攻，首先保卫辽宁、安东，然后掌握全东北，改变过去分散的方针。"[1]

10月中下旬，美军企图运送国民党军队从大连登陆遭到苏联明确拒绝。[2]美军开始协助蒋军强行抢修被八路军破坏了的从秦皇岛通往山海关的铁路交通，并公然武装执行护路任务，这更让苏军大为恼火。苏军开始给国民党脸色看。

10 月 24 日，苏军首先突然搜查了国民党刚刚建立起来的吉林省党部等机关，并封锁了其东北行营，中断了同国民党的交涉。25 日，苏军代表通知中共东北局："如果说过去需要谨慎些，现在应该以主人自居，放手干。"他宣称，所有兵工厂、武器弹药和工业中心将统统交给中共，并要求中共准备抵抗国民党军队的进攻，包括封锁所有机场，防止其空降。他并且表示，如果在 11 月 15 日苏军正式撤退之前国民党方面发动进攻的话，"苏将协同我打击"国民党。据东北局报告，苏方已将抚顺一处军火库中三百万发炮弹交给了东北局，要他们加紧组织训练炮兵部队，同时还将一个日本航空大队及全部人员交给了他们。[3]

苏军如此积极，毛泽东颇为振奋。他爽快地表示，我军正在组成

[1] 《中央关于目前东北发展方针给东北局的指示》（1945 年 10 月 19 日），《中共中央文件选集》第 15 册，第 364 页。

[2] 见《中华民国重要史料初编》第七编，《战后中国（一）》，第 119 页。

[3] 《东北局致中央电》（1945 年 10 月 25 日）。

五十五万至六十万野战军，尚有七十万至一百万地方军，只要“友人”能够给以有力援助，完全有把握取得华北和东北的优势地位。他只是希望，苏军能尽可能推延撤退时间，因为集中这么多的部队进入东北时间上确有一定困难。

10 月 27 日，按照国民政府东北行营与苏方代表商定的地点，两艘美国军舰运送国民党军抵达葫芦岛，准备登陆[1]，遭到同样得到苏方协助、预先占据了葫芦岛的八路军李运昌部三十一团的武装抵抗，被迫退回秦皇岛。中共军队武装拒止美蒋进入东北的行动由此开端。

但真的打起来了，苏方的态度又开始有些退缩。莫斯科的态度毕竟不像东北苏军那样无所顾忌，他们不希望直接与美国人发生冲突。因此，苏军代表于 28 日又赶紧通知中共东北局称，莫斯科指示，苏军不能同美军发生直接冲突，一旦美军与国民党军队联合登陆，苏军奉命采取退让方针。不过，中共如果抵抗，苏军不加干涉。苏军并且希望中共对敢于强行进入东北的国民党军队进行打击和歼灭。考虑到营口、葫芦岛两处均为国民党准备实施登陆的地点，苏军指挥部已经指示当地苏军撤出原防，全部设施交中共。同时，苏方通知国民政府称，该两处已经没有苏军，对那里出现的任何冲突概不负责。[2]

11 月初，中共在平汉战役等阻截国民党军进兵东北的战斗中相继取得胜利，国民党军两个师起义，约二十个师被歼，华北各主要铁路均被切断，国民党从陆路进入东北的计划严重受阻。而这时东北各个登口岸又多被八路军占领，长春等重要城市的机场也在苏军的允许下由八路军设防，国民党军队通往东北的各种通道几乎都被堵死。加上已经进入和即将进入东北的中共部队总计达到十五万人左右，沈阳地区的大批军火，包括大量轻重

[1] 国民政府军事委员会委员长东北行营主任熊式辉 10 月 12 日与马利诺夫斯基商谈时曾提出在营口、葫芦岛、安东三处港口登陆的建议，马利诺夫斯基表示不反对，称苏方并可派部分车辆协助国民党部队陆路之运输。前引《中华民国重要史料初编》第七编，《战后中国（一）》，第 121 页。

[2] 前引《中华民国重要史料初编》第七编，《战后中国（一）》，第 138 页。

机枪和步兵炮，亦开始陆续输送关内作战部队，整个军事形势明显变得对中共有利。[1]

毛泽东盼的就是这一天。他为此致电重庆，开始雄心勃勃地主张："华北、东北、苏北、皖北及边区全部归人民自治（孙中山主张），仅平、津、青三地可暂时驻一小部分中央军，将来亦须退出。其他各地中央军已到者须退出，未到者停止前进。阎锡山、傅作义须免职，民选各省省政府；华北、东北各设政治委员会统一管理各省，中央政府不得违背自治原则派遣官吏，已派者须取消……东北由东北人民自治军保护，中央军不得开入，否则引起内战由彼负责。"[2]

五、俄国人弄巧成拙，陷入被动，毛泽东劳累过度，住进医院

1945年11月3日，由美军运送至秦皇岛的国民党第十三、五十二两个军，通过美海军陆战队抢修的秦皇岛至山海关的铁路线，向据守山海关的八路军发起了进攻。国共两党争夺东北的战争打响了。

这个时候，国民党陆续运抵关外准备进入东北的兵力，已有三个军约八万人，全副美式装备，战斗力较强。毛泽东一面部署山海关前线部队"坚持半个月"；一面紧急催促正在北上的部队火速赶往南满，并成立以林彪为首的"东北人民自治军"司令部，在锦州一线布置战场。鉴于"战争重心将转入东北，必有一场恶战"，他同时还决定再调十万兵力赶往东北，要求各部"万分加速，目前只争半个月时间"，"千万要快"。

但是，在了解到中共大部分主力仍在路上，非苏军协助缓撤一两个月

[1] 关于向关内运送武器弹药的情况，在曾克林前引书第257—258页亦曾提到，称曾用火车先后运送数批军火给鞍山、营口、安东等地新到之内地部队，并利用葫芦岛、营口、庄河等港口，用船向山东龙口送去一批武器弹药，其中有五百万发子弹、炮弹，支援山东部队。这时中共中央与东北局来往电报中也几度提到向内地调运武器弹药的情况。但从东北苏军和朝鲜苏军那里得到武器弹药、大批经山东转送华北各根据地的情况，更多地还是发生在1946年间。

[2] 《中央关于目前形势下我方条件致周恩来等电》（1945年11月3日）。

不能有效拒止美蒋进入东北之后，苏方首先泄了气。

苏军代表当面告诉东北局领导人：你们在战略上犯了错误，既然有五十万以上的主力部队，当初就应早下决心调五十万主力来确保满洲。这里工业发达，东西北三面国防安全，完全可以独立。有了满洲，即可进取全中国。而今先机已失，现在，苏军所能做的，只有提供武器弹药方面的帮助，缓撤在外交上完全不可行。因此，在他们看来，中共要想独霸东北已经不可能了。[1]

随后，中共东北局又得到了六架运输机、五十辆坦克、上百门各种炮，接收了沈阳兵工厂的设备，以及南满日军武器库中可以装备十几万人的枪支弹药。但苏联大使告诫中共代表说："在东北只能做，不能说，绝不要提东北自治与不准国党派兵事，给美蒋借口，使苏联处于困难地位。"他开始怀疑毛泽东关于华北和东北全部由中共控制的主张是否火药味太浓。大使解释说，应当估计到，国民党军本月内一定会进入东北，并取得部分行政权，独占东北不可能。这是因为美国人的目的就是要剥夺中共的力量，并将苏联的势力从中国赶出去。中共制订计划时一定要考虑到美国的现实政策。[2]

毛泽东关于华北及东北自治，不让蒋军进入的要求是否过高，这一点在党内其实也有不同看法。周恩来与苏联大使谈话后，就明确提出：请考虑华北各地日伪受降全部归我、国民党全部退出平、津、青等要求，在目前是否有实际意义。

11 月 7 日，毛泽东同意，宣传与谈判可以有些不同，谈判时可以不提华北和东北全盘自治的要求，采取哀兵政策。但他仍旧强调："如我能在本月内歼灭其首先进攻的两三个师，取得集结兵力、整训后备的时间（需要两个月），并在尔后能根本歼灭其进攻力量，则东北可能归我所有。"故提谈判条件时不宜过分束缚自己手脚，使将来不好说话。

---

[1] 《东北局致毛泽东电》（1945 年 10 月 31 日）。

[2] 《重庆代表团致中央电》（1945 年 11 月 4 日）。

然而，就在毛泽东决心通过战争胜负来解决东北归属问题的几乎同时，苏联方面又退缩了。

11 月 10 日，苏军代表通知中共东北局，在苏军撤退五天前将允许国民党军队空运东北各大城市，原定监视各机场的中共部队不得与国民党空运部队发生冲突。仅仅几天前，东北局领导人刚就此事与苏军商定，苏军撤退前不允许蒋军进入东北，现在苏方突然变卦，这不能不让他们深感气恼。但争论再三，不解决问题。苏军代表坚持，此事关系到莫斯科的信誉，而“莫斯科的利益应该是全世界共产主义者最高的利益”，不仅东北苏军全体人员无权变动，中共军队亦须遵行。

令人意外的是，俄国人这回却弄巧成拙了。

这时，来长春不久的东北行营特派员蒋经国一直不大了解在长春周围有大批中共军队。11 月 12 日，根据苏军命令，长春城内和部署在长春机场周围的数以千计的中共军队被迫集结并撤退，引起社会各方关注，也不可避免地惹动蒋经国的注意。事实上，他们并不清楚中共军队是进驻还是撤出，他们只是吃惊地通知国民政府，赶快停止部队空运长春的计划，以免遭到预先部署好的中共军队的袭击。

结果可想而知。15 日，国民党正式通知苏联驻重庆大使馆，并电告美国政府，称，苏方千方百计阻挠中国政府接收工作，如今公然于 11 月 12 日将中共军队引入长春，东北行营以及参与接收的行政人员 17 日起将全部撤离长春，迁往山海关，接收工作无法实行。[1]

苏联一直担心的外交事件终于发生了。国民党一甩手，准备好的撤军行动自然无法进行。军撤不了，还弄了一个“理”亏。美国军舰开始接连在苏军驻扎的大连附近海面示威，苏方高度紧张，战斗机频频起飞，炮兵也数次开炮示警。不仅撤不了军，莫斯科还不得不向大连紧急空投一个师

[1] 《外交部为迁移东北行营事致苏联驻华大使馆照会》(1945 年 11 月 15 日)，《蒋主席致杜鲁门总统电》(1945 年 11 月 17 日)，《中华民国重要史料初编》第七编，《战后中国（一)》，第 147—149 页。

的兵力，向沈阳增兵至四个坦克旅和一个炮兵师，并且把部队又开回营口，重新布防。东北问题一下子成了一个烫手的山芋，俄国人一肚子那个气就别提了。

显而易见，莫斯科只好回过来找中共的麻烦了。苏军代表通知中共东北局，凡长春路及沿线城市的中共军队必须全部撤出；凡有苏军之处，中共军队不得与国民党作战，并且不许有中共军队存在。

实际上，当时的形势已经开始发生变化了。11 月 16 日，国民党军已经攻破山海关防线。由于中共在热河及东北的部队多数是新部队，没有训练，老部队也是系统各异，不仅长途跋涉，疲惫不堪，而且指挥机构尚未健全，补充给养均成问题，要有效地完成拒止蒋军出关的作战任务，也很少可能。

但形势变化之突然，仍旧颇令毛泽东感到不快。独占东北计划受挫，加上自抗战胜利及赴重庆谈判以来过度劳累，毛泽东一下子病倒了。

19 日，由刘少奇主持的中共中央致电东北局，一面表示理解苏方所面临的外交困难；一面仍继续坚持毛泽东原定的方针，强调东北大局未定，仍应集中主力于南满，阻止蒋军登陆，力争大城市，努力掌握全东北。[1] 到次日，刘已改变方针，决定放弃独霸东北计划，“让开大路，占领两厢”，但仍寄希望苏军能够允许部队在锦州、葫芦岛及北宁路一段组织战场，打击北上蒋军。而一周后，东北门户锦州失守，拒止蒋军进入东北已无可能，刘少奇不能不根本改变原来的设想，要求部队去占领东、南、西、北满的广大乡村和中小城市。

当然，这并不是说，这时在内部被共产党人称之为“辰兄”的苏军，被称之为“友人”的苏联大使，以及长期以来被称为“远方”的莫斯科，真的满足于看到这样的一种格局。实际上，正像斯大林反复讲过的那样，他的最大心病就是美国人。他这之后当着蒋经国的面讲过：“不能让美国有一个兵到中国来，只要美国有一个兵到中国来，东北问题就很难解决了。”苏

[1] 《中央关于应在顾及苏联国际信用条件下力争大城市给东北局的指示》（1945 年 11 月 19 日）。

联大使在得知山海关失守后也一再问过周恩来：美国人是否与国民党军队一起进了东北？但是，他们并非不清楚，只要国民党进了东北，美国人到东北去充其量只是个时间问题。因此，东北问题不可能告一段落。

六、毛泽东阻断“和平民主新阶段”：走“法国道路”过于危险

在毛泽东生病期间，发生了一件几乎扭转了整个中国命运的大事件。这就是有美国总统特使马歇尔将军参加调处的国共两党的停战谈判。

由于国民党军大批北上，又有美军撑腰，华北和东北的军事形势都相当严峻。为了缓和华北的军事压力，并利用自己在东北占据的军事上的先机，迫使国民党承认自己在东北的地位，中共中央对举行停战谈判是赞成的。

但是，停战谈判顺利地举行了，华北和东北地区的停战也实施了，中共在东北的地位问题却丝毫没有涉及。不仅如此，在 1946 年 1 月 10 日达成的《关于停止国内军事冲突及恢复交通的命令》中，中共方面还明确同意“国民政府军队为恢复中国主权而开入东北九省，或在东北九省境内调动，并不受影响”[1]。结果，正如东北局事后所说：由于“国民党仍可向东北运兵，仍拒绝与我谈判东北问题，不承认我在东北之任何地位，他对东北我军仍未放弃武力解决的方针，因此国民党军队进入东北后要向我进攻是不可避免的”[2]。这样一来，中共本来想乘谈判全国停战之机政治解决中共在东北的地位问题，如今反倒南辕北辙，越走离目标越远了。

1946 年 1 月 10 日，按照国共两党发布的公开命令，全国范围的停战开始了。但至少在东北及其相关地区，没有谁相信这个命令会真正起作用。就在停战令下达一周之后，国共两党的军队就在营口发生冲突。中共中央要求停战小组出面调停，试图迫使国民党承认东北存在共产党力量的事实，

---

[1] 《新华日报》1946 年 1 月 11 日。
[2] 《中央关于要求苏联出面发起东北问题谈判事给中共代表团的指示》（1946 年 1 月 9 日）。

蒋介石却坚决拒绝，根本不承认在东北有中共军队存在。

紧接着，在第十三军和第五十二军已经进入东北的情况下，国民党新六军和新一军又先后进入东北，开始抢占长春路以外中共占领区。要想保持根据地，中共已非打不可。只是，刘少奇相信，和平已是大势所趋，“现全国停战业已实现，东北亦必须停战，整个国际国内形势不能允许东北单独长期进行内战。我党目前对东北的方针，应该是力求和平解决，力求国民党承认我党在东北一定合法地位的条件下与国民党合作，实行民主改革，和平建设东北”。因此，“此为历史新阶段中之最后一战”。[1]

所谓“历史新阶段”，即是我们所熟悉的“和平民主新阶段”。当时的形势，和平的呼声和压力确实很大。特别是政协通过了关于《和平建国纲领》等一系列决议案之后，连苏联大使都认为“没有可怕的危险”了，相信中共“应学习法国的经验，今后主要任务是争取群众”。[2]

所谓“法国的经验”，说到底就是“军队国家化”。而当时人们对于法国共产党将军队交出去，使之“国家化”的最终结果，应该说了解得也不是很清楚。周恩来在介绍“法国共产党军队国家化的经验”时，就曾特别讲过：法共当时如内战必然失败，政治资本也会失去，同意将军队编入国防军后，不仅军事地位并未损失，政治地位也绝大提高。

因此，1946 年 2 月 1 日，中共中央经过多次讨论后，正式发出指示，宣布：“从此中国即走上了和平民主建设的新阶段”，“我党即将参加政府”，“我们的军队即将改编为国军及地方保安队、自卫队等。在整编后的军队中，政治委员、党的支部、党务委员会等即将取消，党将停止对军队的直接领导（在几个月之后开始实行），不再向军队发出直接的命令”[3]。

几个月后就把枪交出去，到中央政府里去做官，搞议会斗争那一套，

[1] 《中央对目前东北的方针问题的指示》（1946 年 1 月 26 日），《中共中央文件选集》第 16 册，第 57—60 页。

[2] 《重庆代表团致中央电》（1946 年 2 月 4 日）。

[3] 《中央关于和平民主新阶段问题的指示》（1946 年 2 月 1 日）。

这是毛泽东的本意吗？

自从1945年11月中旬末病倒以来，毛泽东始终没有出席过中央会议，没有参与中央决策。尽管在这个时候，即1946年1月底，毛泽东已经大致恢复了健康，据说上述指示也曾经过他的“修改审定”[1]，但根据毛泽东的一贯思想，即“枪杆子里面出政权”的思想，似乎很难设想他会真心赞成这种“法国的经验”。毕竟，这种以所谓“政治民主化”和“军队国家化”为标志的“和平民主新阶段”，很大程度上还是以承认蒋介石的统治地位为前提的。在蒋介石国民党继续占据统治地位的条件下，共产党即使能够得到几个部长席位，也不等于能够实现“政治民主化”，甚至也未必能够实现“军队国家化”。

2月12日，中共中央召开了一天的会议，这是毛泽东病后出席的第一个中央会议。他虽然只参加了上午半天会，但表达了一个明确的观点，那就是：“我们国内国际条件与法国不同”，“美蒋要以统一来消灭我们，我们要逃脱”。毛泽东的发言，使与会者明显地改变了认识，意识到走法国道路的危险性，蚀本的生意不能干。刘少奇也开始表示：在政治民主化的前途还不清楚的情况下，不能把军队交出去，否则的话，“蒋对我们军队要比对其他杂牌军还要不客气，对我们党也要比对民主同盟还要不客气。蒋要怎样便怎样，民主化反而没有希望”。

不能不承认毛泽东更精于“计算”。

自1月10日停战协定签字，至2月1日中共中央关于“和平民主新阶段”指示的发布，毛泽东并非不清楚党的整个政策的倾向性。但是，直到2月10日上午发生国民党人捣毁重庆各党派庆祝政协成功大会，殴伤李公朴、郭沫若、施复亮等众多民主人士的较场口事件之后，毛泽东才确信到了可以表明自己想法的时候了。在他看来，蒋介石对共产党只有两手：一是全部消灭之；二是一时不能消灭，则暂时保留，以便将来消灭之。因此，坚决反对反共反苏的蒋介石，是我们的方针，历来如此。可惜，蒋介石稍微

[1] 见《毛泽东年谱（1893—1949）》（下），第55页。

放一下长线，大家就觉得天下太平，四方无事了，用他的话来说：直到较场口事件发生才又清醒了些，这实在危险得很。[1]

七、苏军要中共放手大打，毛泽东力争以长春为自己的首都

再度确定了“人民的武装，一支枪，一粒子弹，都要保存，不能交出去”的方针之后，中共中央自然不再幻想在东北一仗解决问题了。

2月13日，改称“民主联军”的东北中共军队对进占秀水河的国民党军队发起了攻击，一举歼灭对方五个营。国民党更是恼羞成怒，公开宣布军事调处不包括东北在内。这样一来，战争自然不可避免地要继续下去。

回过头去总结过去谈判的教训，刘少奇坦率地承认，允许国民党进东北而未解决东北问题，“是一失着”。眼看国民党不断向东北增兵，而自己却不能增兵，中共方面深感被动。

正在这个时候，美英两国单方面公布了苏美英三方于1945年2月4日在雅尔塔达成的关于远东问题的秘密协定，国民党借机在关内发动大规模的反苏运动，这使苏方极为愤怒。因此，苏军代表的态度再度强硬起来。他们明确告诉中共东北局，过去苏方十分顾虑世界和平，在态度上比较软，其实第三次世界大战打不起来，完全可以强硬些。他们强烈要求中共调集更多的主力到东北来，以便乘苏军撤退之机与国民党争夺东北。

3月8日，苏军突然开始从抚顺、吉林撤退，将政权交给中共接收。9日，苏军代表通知中共东北局：沈阳红军将于13日撤退，希望中共占领，并且沈阳以南苏军将不再向国民党办交接，一切苏军撤走地区，中共可以自由破坏。[2]

东北局提议，乘苏军突然撤退，国民党不敢冒进，迅速控制长春路沿

[1] 《毛泽东在中央工作会议上的发言》（1946年2月12日）。
[2] 《东北局致中央电》（1946年3月9日）。

线城市，以阻止国民党军北进，并将后者吸引在长春路沿线。但是，在重庆负责谈判的周恩来认为：目前局势美苏趋向于解决问题，故东北问题也应争取得到解决。他建议，继续承认政府军有权进驻长春路及苏军撤退区，但同时要求对方承认我在东北之地位，并不得随便增兵。这时仍在负责中央工作的刘少奇也倾向于争取东北和平前途，故明确指示东北局：苏军退出沈阳后，我军不要去进攻沈阳城。不仅沈阳不必去占，即沈阳至哈尔滨沿途地区苏军撤退时我们都不要去占领，让国军去接收。只是，不能一般性地承认国军有权进驻全部长春路及苏撤区，因苏军已经交我接收的安东、通化、延吉、海龙、合江、佳木斯、黑龙江、兆南、通辽、辽源等地，我不能让。[1]

东北问题至此又面临一次重大抉择。苏军方面得知中共中央的意见后，首先就持反对态度。苏军代表声称，目前不是主动让步的时候。他们一再询问：你们中央为什么对美国如此客气？为什么会容许国民党派五个军到东北来？他们强调：凡苏军撤退之地，“包括沈阳、四平街，我可放手大打，并希望我放手大打”，而长春以北，如哈尔滨等地，则应坚决控制，不让国民党进兵。甚至抚顺、营口等地，也应力争双方不驻兵。[2]

毛泽东毫无疑问是倾向于东北局的意见的。注意到局势的复杂，他不顾医生劝告，停止了休养，又开始参加到中央关于东北问题的决策中来了。

3 月 15 日，毛泽东亲自致电周恩来：哈尔滨绝不能让国民党驻兵，抚顺及营口要力争双方不驻兵。不要答应国民党其他条件，苏军态度极强硬，将有重大发展。[3]

16 日，毛泽东在转发东北局给中央的电报时，再度提醒周恩来在东北问题上要强硬，称：停战协定并未规定让国民党接收长春路全部及苏军全

[1] 《中央关于不要进攻沈阳问题给东北局的指示》（1946 年 3 月 12 日），《中央关于东北谈判中心盘子给周恩来的指示》（1946 年 3 月 13 日），《中共中央文件选集》第 16 册，第 89—90 页。

[2] 《彭真致中央电》（1946 年 3 月 16 日）。

[3] 《中央致重庆代表团电》（1946 年 3 月 15 日）。

部撤退区。具体问题必须协商解决，一切让他们到东北去与我前方将领商谈。[1]

17 日，毛泽东批转周恩来发来的东北停战协定草案时批示：请东北局速与苏军接洽，“将整个中东路（包括哈市）让我驻兵，永远占住，不让国民党进驻一兵一卒”，并明确要求东北局根据苏方建议，立即进驻沈阳以北长春路沿线所有苏军撤退区。[2]

21 日，鉴于蒋介石坚持不同意在条约中限制国民党接收范围，毛泽东明令周恩来：“我们不签含有重大危险之协定”，“宁可战而失地，不可在谈判中失地”[3]。

至此，和平解决东北问题已全无可能。毛泽东明确主张：立即动手大破北宁路及沈阳附近之长春路，立刻动员全军乘敌立足未稳之时“坚决彻底歼灭国民党进攻军队，愈多愈好，不惜重大伤亡（例如一万至二万人）”。[4]毛泽东此时决心之大，可以想见。

3 月 22 日晚，苏联大使奉命通知国民政府，苏军将于 4 月底前全部撤退完毕。与此同时，苏军以瘟疫、交通不便等各种借口拖延国民党军队沿长春路北进，以配合中共破坏北宁路及沈阳附近的长春路，便利中共军队迅速接防苏军撤退的各个城市及战略要点。毛泽东为此要求东北局：“全力控制长哈两市及中东全线，不惜任何牺牲，反对蒋军进占长哈及中东路，而以南满西满为辅助发展方向。”[5]毛泽东甚至考虑：“力争我党占领长春，以长春为我们的首都”，在取得苏军的同意后，东北局亦应准备迁往长春。

3 月 27 日，在马歇尔的催促下，国共之间达成了一项关于派遣停战小组到东北调停的训令。但它对国共两党实际上都没有约束性，形同一纸空文。

---

[1] 《中央致重庆代表团电》（1946 年 3 月 16 日）。

[2] 《中央致东北局电》（1946 年 3 月 17 日）。

[3] 《毛泽东致周恩来电》（1946 年 3 月 21 日）。

[4] 《中央致东北局电》（1946 年 3 月 23 日）。

[5] 《中央关于全力控制长哈两市及中东路全线致东北局电》（1946 年 3 月 24 日），《毛泽东军事文集》第 3 卷，第 153 页；并见《中共中央文件选集》第 16 册，第 100 页。

29日，苏军通知中共东北局，苏军同意尽速撤退长春驻军，以便中共军队占领。4月上旬，苏军开始向中共转交北满的日军武器库，其中仅轻重机枪就在万挺之上，各种炮上千门。苏军要求中共派主力分别控制于长、哈、齐等城郊，并派少数部队先入城，以便苏军撤出时可顺利夺取三市。他们明确表示，莫斯科希望中共坚持东北，使东北问题悬而不决，让国、美双方都不能达到目的。

4月14日，苏军撤出长春，中共军队迅速向城里的国民党军队发动攻势。中共第一次使用了包括坦克和大炮在内的重型武器，于19日将该城完全占领。毛泽东得讯后非常高兴，当即通电嘉奖有功部队，并电告东北局："长春占领，对东北及全国大局有极大影响"，望"用全力夺取哈齐二市"，同时抽调大批干部加强长、哈中心地区的工作，确保四平、海龙以北在我控制之下，"做长期保持计划"，并考虑迅速召开东北人民代表会议，成立东北自治政府问题。[1]

八、毛泽东极机密地要求苏军援助，苏建议在关内另辟战场

要想实现控制长、哈两市及整个中东路的目的，关键在于守住长春路要衢四平街。毛泽东还在长春占领前夕即明确指示林彪等："集中六个旅在四平地区歼灭"，并要求林彪坚决克服党内任何动摇情绪，"以多日反复肉搏战斗，歼敌北进部队的全部或大部，我军即有数千伤亡，亦所不惜"。[2] 长春占领后，毛泽东更是力主"集中绝对优势兵力，于四平南北地区举行数次大的战役决战"，"一切决定于打胜仗"，至少歼敌三四个师，要东北民主联军"全

---

[1] 《中央关于占领长春后东北军政部署的指示》（1946年4月19日），《毛泽东军事文集》第3卷，第171页；《中央关于东北局应迁往长春的指示》（1946年4月19日），《中共中央文件选集》第16册，第132—135页。

[2] 《中央关于争取四平本溪两个胜仗是当前关键的指示》（1946年4月6日），《毛泽东军事文集》第3卷，第159页。

力争取之”。[1]

在最初的作战中，由于得到大量苏军提供的武器弹药，林彪指挥民主联军打得较为顺利，在四平以南先后歼灭国民党军一个多师。根据部队伤亡情况，林彪建议“目前方针似应脱离被动作战，采取主动进攻，对于难夺取与巩固之城市，则不必过分勉强去争取”。而毛泽东计算了一月以来国民党在东北被歼兵力的数量，相信“国方兵力不够，如不增兵，决无力于最近打到长春”。

但事实上，由于这时中共在东北所占面广，兵力分散，再加上新兵较多，而国民党所占点少，兵力相对集中，装备又相当精良，因此，从 4 月 18 日开始，国民党不仅仍旧集中了将近七个较精锐的师猛攻四平，而且使民主联军很快就陷入苦战。

保卫四平，对能否保住在东北已经取得的成果至关重要。毛泽东认为：“东北战争中外瞩目”，“我们必须在四平本溪两处坚持奋战，将两处顽军打得精疲力竭，消耗其兵力，挫折其锐气，使其以六个月时间调集的兵力、武器、弹药，受到最大消耗，来不及补充，而我则因取得长、哈，兵力资材可以源源补充，那时，便可能求得有利于我之和平”。因此，他明确要求林彪“死守四平挫敌锐气，争取战局好转”。[2] 当然，他也不失时机地主张“力求迅速停战”了。周恩来受命在谈判中提出：苏军已撤，东北已无接收主权问题，我政治上只要三分之一，军事上只提重定驻军比例，并非想独占东北，国民党应正视东北现实，首先停战以利谈判。[3]

对四平之战，苏方极为关注，评价甚高，再三建议集中主力死守，并保证满足中共对武器弹药的需要，称可以从北朝鲜急运，那里的苏军有大

[1] 《中央关于集中优势兵力在四平南北地区举行数次大的战役决战的指示》（1946 年 4 月 19 日），《中央关于全力争取四平公主岭地区作战的胜利的指示》（1946 年 4 月 20 日），《毛泽东军事文集》第 3 卷，第 173、175 页。

[2] 《毛泽东关于在四平本溪坚持奋战争取有利于我之和平的指示》（1946 年 5 月 1 日），《毛泽东军事文集》第 3 卷，第 195 页。

[3] FRUS，1946，Vol, 9, pp.811–812.

量军火，“要多少有多少”。对于毛泽东来说，苏方这时最重要的建议，大概莫过于“在关内另辟战场”，以“减轻东北压力”的主张了。

5月上旬，民主联军在四平的抵抗陷入严重被动之中，毛泽东不得不考虑“全局再打下去是否有利”，和要不要“有条件地让出长春，换得其他地区的合法，并取得时间来整补军队”的问题了。5月19日，即占领长春整整一个月后，毛泽东建议林彪于“觉得继续死守四平已不可能时，便应主动地放弃四平”，由阵地战转变为运动战，从而变被动为主动。[1]

放弃四平，自然也就是要放弃长春。问题是，放弃长春，能否确保实现和平？毛泽东为此要求周恩来向美蒋提出，以长春双方不驻兵或有条件让出长春来换取国民党承认中共在东北其他地区的地位。但蒋介石刚刚打出些威风来，他断然拒绝了中共方面的提议，必欲打下长春，夺取全东北。

战局如此，毛泽东断定，国共两党全面破裂在所难免。他愤怒地表示：我让到长春双方不驻兵为止外再不能有任何让步，美蒋要打让他们打去，要占让他们占去，我们决不能在法律上承认他们的打与占为合法。但与此同时，他确实深感形势危急，如果蒋军一气打到哈尔滨，二十万民主联军势将难以立足，背靠苏联建立巩固的东北根据地的计划如何实现？逼不得已，他不得不极机密地要东北局吁请苏方，在蒋军进至北满时，出动部队，到哈尔滨等处协助我军，打击国民党。

在全力抵抗了一个月，伤亡近两万人之后，中共放弃了四平。紧接着，长春、吉林、辽源、伊通、西丰、西安等城市先后落入国民党军队之手。毛泽东毅然决然，乘着蒋介石无暇顾及关内之际，毫不迟疑地把战争引向了关内，于6月上旬开始先后命令山东、太行、晋冀鲁豫及晋察冀各军区，乘蒋军全力向北之际，在关内大打，实施“报复作战”。

这是一着险棋。但事实证明，这是一着极富想象力的妙棋。蒋介石因

[1] 《中央关于坚守四平不可能时应主动放弃的指示》(1946年5月19日),《毛泽东军事文集》第3卷，第224页。

此兵不敷用了。打到长春的国民党军原本就兵力不足，南满和东满还有相当数量的中共军队在牵制作战，又要留下大批部队分守刚刚占据的各战略要点、城市和交通要道，蒋介石这时已无力大举追过松花江了。关内战火再燃，蒋就更是捉襟见肘。结果，毛泽东也用不着请求苏军干预，就在北满建立起了巩固的根据地。由于背靠苏联和驻朝鲜苏军，关外的中共武装迅速强大起来了。而关内的中共部队，特别是投入报复作战的山东军区和晋冀鲁豫军区，自5月起，也从海路陆续得到了苏军提供的军火援助，其战斗力也明显增强。[1]

从此，国民党再不是共产党的对手了。

[1] 已知5月至6月已从东北秘密运送三批军火前往山东。以后每月均有相当数量的军火由东北南运关内，已知7月仅一次就运往山东一百余车皮的弹药。

第九章

米高扬密访西柏坡

苏方联络员密告：毛泽东早已买好了皮鞋和呢子大衣，准备秘密访苏，而苏方却再三拖延，使他深感困惑；苏共政治局委员米高扬密访西柏坡，力劝毛泽东尽快占领上海、南京，建立新政府；毛泽东告诉苏方，所有原来配备苏制和捷克造武器的部队，入关时都改换了美式装备；斯大林怀疑，美国政府拒绝和谈方案是因为中共泄露了苏方意图……

1948年夏天，中共曾经派出过一个青年代表团去波兰华沙参加世界民主青年联盟组织的会议，团长是蒋南翔。当时共产党情报局已经宣布开除南斯拉夫，中共中央专门就此发表了支持情报局的文件。但是，让代表团感到意外的是，几乎所有与会的代表都对中国代表避之唯恐不及，大会上代表们起立欢呼各国共产党的领袖，从斯大林一直到胡志明，唯独不提铁托和毛泽东。代表团在莫斯科停留期间，甚至还受到严密的监视，因为他们害怕中国人的一个喷嚏会把“富农路线”的细菌传播到苏联去。[1]

这个时候，是中国共产党开始大踏步走向全国胜利的时候；如果照南斯拉夫人的说法，也是斯大林刚刚承认他不该干涉中国革命几个月之后。[2]照理说，俄国人这个时候应该对中国人欢迎有加才是。想不到，城门失火，殃及池鱼。由于铁托的不驯服而引起的急风暴雨般的批判和斗争，竟然导致俄国人对与铁托有着极其相似的起家背景的毛泽东也倍生猜疑。关于“半个铁托”的说法，即由此而来。

严格说起来，毛泽东“太岁头上动土”的时间，可能还要早于铁托。毕竟，当年毛泽东婉拒莫斯科援助请求的时候，铁托的游击队还在向苏联求援呢。第二次世界大战结束前夕俄国领导人关于中国共产党是“人造黄油式的共产主义者”的说法，相信与斯大林后来扣给铁托的“民族共产主义者”的帽子相比，没有多大差别。反南共连带着在内部批中共，在俄国人恐怕也是很难避免的一件事情。

问题在于，毛泽东对此始终想不通。当年弄不明白，后来仍然弄不明白：凡事当以成败论英雄。中国革命如此成功，在反南问题上的表现也绝不输于东欧其他国家共产党，斯大林当年对自己为什么还总是不冷不热，疑心重重？

---

[1] 林利：《我对中苏关系的几点回忆》（1981年7月）。

[2] 据德热拉斯回忆，1948年2月斯大林曾当面对南斯拉夫共产党人承认在1945年抗战结束时干涉中国革命是犯了错误。参见周文琪等编：《特殊而复杂的课题》，第454—455页。

一、毛泽东不明白：究竟是中国革命胜利重要，还是苏联收麦子重要

1947年，解放战争全线展开，毛泽东断定蒋介石国民党大势已去，中国革命的胜利已经为期不远。据此，他一面部署人民解放军转入全面进攻；一面开始设想取得苏联方面的理解和支持，计划亲自去一趟莫斯科，既可以当面解释误会，消除隔阂，又需要当面向斯大林“请教”建国经验，并赴东欧国家考察各新建人民民主国家的有关情况。

关于毛泽东最早开始考虑赴苏访问的时间，据毛泽东当年俄文翻译师哲回忆，应在这一年七八月间。当时斯大林因为看到西方通讯社关于国民党军队占领中共中央所在地延安、大批中共将领被俘的消息，曾急忙致电毛泽东，表示可以派专机来陕北地区接毛泽东等中央领导人暂避苏联。毛泽东访苏问题即由此而起。而据来自俄国的档案则显示，还在师哲所说的大约一两个月前，毛泽东就曾经通过当时苏方在中共中央的联络员阿洛夫医生致电斯大林，提出了希望访问莫斯科的明确要求。6月15日，斯大林复电表示同意，说明：“如果毛泽东认为需要这样做，那么我们觉得最好是取道哈尔滨。需要的话，我们将派飞机去接。”与此同时，斯大林强调说：“联共（布）中央认为他来莫斯科最好不做声张。”[1]

毛泽东提出访苏要求之际，正值苏联与美国及西欧关系由战时合作急剧走向对立之时。就在斯大林复电同意毛泽东来访的数天前，美国国务卿马歇尔在哈佛大学发表了一项著名的演说，明确宣布要承担“欧洲复兴”的责任。斯大林同意毛泽东访苏要求后不久，苏联政府派出一个大型代表团前往巴黎，参加英、法、苏三国外长会议，试图以主动参与欧洲经济社会的姿态，来阻止西欧国家因渴望美援而成为美国的附属国。想不到，会议只开了几天，苏联外长莫洛托夫就发现，“马歇尔计划”不仅旨在从政治

[1] 参见转见A. 列多夫斯基编著，彭卓吾译：《米高扬赴华的秘密使命（1949年1—2月）》，《毛泽东与斯大林、赫鲁晓夫交往录》，北京：东方出版社2004年版（本章主要引文凡未注明出处者，均引自此文，不另注）。

上影响各被援助国，而且其目标还瞄向了东欧各国。为避免东欧国家被纳入到“马歇尔计划”之中，苏联代表团不得不宣布退出会议。欧洲国家因此分裂成两个对立的集团。自7月初至8月底，苏联依照“马歇尔计划”的方式，接连同东欧各国签订了一系列贸易协定，以切断东欧各国同美国及西欧各国之间的主要经贸联系。又经过一番紧张的策划和活动，苏联与东欧九国共产党和工人党的代表9月下旬在波兰举行会议，并于10月5日宣布组成“欧洲共产党与工人党情报局”，从而拉开了两大阵营对抗的序幕。在这样一种欧洲政治格局急剧变动的形势下，莫斯科确实很难接待毛泽东。只是，斯大林在得知巴黎外长会议破裂的消息之后发给毛泽东的电报，并没有告诉毛他在欧洲所遇到的严峻局势，只是委婉地表示说：“鉴于目前的战事，鉴于毛泽东离开岗位可能对战事有不利影响，我们认为，暂时还是推迟毛泽东的访问为好。”

几乎是一模一样的情况又发生在1948年4—5月。只不过这一次的情况看起来复杂了许多。本来，由于中共在军事上的一系列胜利和冷战局面的形成，斯大林对中国革命已经开始寄予厚望。这表现在1948年2月，斯大林在与南斯拉夫共产党领导人的谈话中坦率承认自己在中国革命问题上犯过错误。这一年3月，斯大林在政治局特别会议上已明确指出：“寻找两个阵营和解的办法已属枉然”，“冲突不可避免的时期将要来临”。因此，苏联除了应迅速增强国家的军事和经济实力，以准备应付任何不测事件外，同时“应当有力地支持已经走上了民族解放运动道路”的人民，特别是“中国解放运动”的斗争。因为，“中国人民正在建造一个新的反帝、民主的中国”。[1] 而为了便于援助中共，这一年4月，苏联驻哈尔滨新任总领事马里宁专门约见了中共东北局领导人，建议中共应争取成立全解放区的政府，

[1] Brian Murray, *Stalin, the Cold War, and the Division of China: A Multi-Archival Mystery*, Cold War International History Project Working Paper, 1995.

以便于苏联承认和向中共提供援助。[1]不久之后，斯大林还专门召见了即将带领技术人员去东北帮助中共修复铁路的铁道部部长科瓦廖夫，告诉他说：如果社会主义在中国胜利，其他一些国家也将走上这条道路，那样我们就不再会受到任何偶然事件的威胁了。因此，“为了援助中国共产党人，我们不能吝惜力量和金钱”[2]。因此，毛泽东这个时候提出的访苏要求，斯大林理当会表示热情的欢迎态度。双方商定，毛泽东可以在1948年7月访问莫斯科。

但是，随着华北大部以及整个东北正在落入自己手中，毛泽东对去苏联访问的心情变得十分迫切。还在4月中旬，毛泽东就已经与中共中央商定，他要尽快前往莫斯科。4月26日，毛泽东正式通知斯大林说：“我决定提前去苏联，拟5月初从河北阜平县动身，在军队保护下越过京张铁路。”“可能或6月中能抵达哈尔滨，然后从哈尔滨去您那里。”“我将就政治、军事、经济等重要问题向联共（布）中央同志请教。”“此外，如果可能的话，我还想去东欧和东南欧国家，学习人民战线工作和其他工作方式。”为表示自己这次一定要成行的坚定决心，他甚至在电报中写道：“如果您同意拟订的计划，那我们就按此计划行事。如果您不同意，那就只有一条出路：我一个人去。”

三天后，即29日，斯大林打来电报，答复得很痛快，说：“您4月26日的信收悉。您认为需要带谁，带几个人，都可以。两名俄国医生应当陪同您。他们同意把一部电台留在哈尔滨。其他事情，我们面谈。”

可随后接连发生两件事却再度使斯大林对接待毛泽东迟疑不决起来。

一是南斯拉夫共产党人与苏共中央之间发生了激烈的争论，斯大林明确认为铁托的反抗，实际上是农民小资产阶级凌驾于工人阶级之上的一种结果。为此，苏共中央于5月4日写了一封很长的信给南共中央，特别提

---

[1] 《高岗致毛泽东、刘少奇电》（1948年4月25日）。转见沈志华：《历史考察：中苏同盟的经济背景——对中苏经济关系的初步研究（1948—1953）》，香港中文大学中国服务中心2002年版。

[2] И.В.Ковалев，“Диалог Сталинас Мао Цзэдуном，Проблемы Дальнего Востока”，1992 г.No.1–3，л.77，同上引注。

到农民在共产党国家中的地位问题。显然，这个时候在莫斯科招待毛泽东，多少有点不合时宜。因为，铁托问题很容易使包括斯大林在内的许多俄共领导人联想起毛泽东当年拒绝对苏联履行“国际主义”义务的那段历史。他们在内心深处实际上认为，毛泽东与其说代表工人阶级，不如说是像铁托一样代表农民，说得准确点是代表“富农”。正因为如此，当6月底情报局正式宣布开除南斯拉夫共产党的决定之后，蒋南翔率团前往莫斯科与东欧时，不仅备受冷遇，而且吃惊地发现，那里的共产党人竟然把毛泽东同铁托同等看待。

另一件事也同样发生在5月4日。那是美国驻苏联大使向莫洛托夫提出的一项政策声明。据这位大使表示，美国不喜欢欧洲分成两个对立集团的情况，美国也毫无反对苏联的意图，问题是俄国的扩张政策和对“马歇尔计划”毫无理由的反对，造成了两国关系目前这种令人痛心的状况。但对于美国来说，“充分讨论和解决我们之间分歧的大门是永远敞开着的”。很显然，在苏联方面看来，大使的这种主动意味着美国希望开始谋求缓和的双方会谈。于是，莫洛托夫很快于9日同美国大使进行了一次深入的谈话，同意举行谈判。两天后，莫斯科的广播电台干脆广播了莫洛托夫与美国大使两次谈话的内容。其希望缓和的心态昭然若揭。在这种情况下，让正在与美国支持的蒋介石政府一争高下的毛泽东到莫斯科来，似乎也不那么合适。

因此，5月10日，斯大林再度从“关心”毛泽东安全和为中国革命着想的角度找了个冠冕堂皇的借口，要求毛泽东推迟出发时间，说：“鉴于您所在地区可能出现的事态发展，特别是傅作义军队对冯玉祥（原文如此——引者）发动的进攻，也就是对您来我们这里所要经过的三个地区发动的进攻，我们担心，您离开岗位是否会对事态发展进程有影响，以及您经过这三个地区究竟有多大安全保证。考虑到这种情况，您是否应把来访时间推迟一些。”

斯大林大概自己也知道再度使用这样的借口有些牵强，只好在电报结尾处十分勉强地加上了这样一句话：“如果您决定不推迟起程时间，请告知，何时向何处派飞机。”毛泽东当然不好强人所难。他当天就答复斯大林说：“在目前形势下，把我到您那里去的时间还是稍作推迟为好。”

又等了将近两个月，毛泽东再也沉不住气了。他于7月4日打电报给斯大林，提出：“我决定在最近到您那里去。”“希望飞机在本月25日左右飞抵威县（原文如此——引者）。如果您决定通过海路接我们，希望船只在本月底到达指定港口。”“即使海空路线都不行，我们也还是在本月25日左右北上。”

毛泽东这封电报到时，共产党情报局刚刚开除了南斯拉夫，苏联政府又正在为柏林问题与美、英等闹得不可开交，斯大林当然不会认为这是接待毛泽东的适当时机。且七八月也正是苏联夏粮收获和征购的季节，苏联的粮食问题长期紧张，事关经济稳定和国家安全，因此每逢粮食收获季节政治局成员大都必须要分赴各地坐阵监督把粮食收上来。故斯大林不能不告诉毛泽东说：“鉴于粮食征购工作开始，从8月起，领导同志分赴各地，要在地方待到11月，因此联共（布）中央请毛泽东同志把来莫斯科的时间定在11月底，以便能够同所有领导同志见面。”

接到这封电报的当天，负责电台联络的阿洛夫医生就立即把电报当面交给了毛泽东。看过电报内容之后，毛泽东再也按捺不住内心的疑惑了。他一面平静地口述了答复斯大林的电报内容，表示同意把访问时间推迟到10月底11月初，一面毫不掩饰地提出了他的疑问：“难道苏联如此重视粮食征购工作，要党中央领导人全都出动？”

对此，就连苏方联络员阿洛夫也颇感不安。他在回电中专门说明了毛泽东对访苏重视的程度。他写道：“这次莫斯科之行对他本人来说是很需要的。他以很急切的心情等待着答复。毛泽东的箱子已经装好，甚至买了皮鞋（他像这里的所有人一样，穿布鞋），做了呢子大衣。不仅是访问本身问题，而且连访问日期问题，他们都已经定了。只剩下怎么走的问题了。”因为时至于此，无论是安全还是战争，都已经不成问题了。毛泽东怎么也没想到会因为这样的原因被拒绝。他只是“表面上很平静，很礼貌，也很殷勤，纯粹中国式的客气”。其实，他不止一次地提出疑问：苏联领导人怎么会这么重视粮食征购工作？

二、毛泽东急于向斯大林“请教”，斯大林提议派米高扬秘密来华

中共中央直到 7 月下旬才得知共产党情报局开除南斯拉夫共产党的决定。并且，这一消息也并非直接来自莫斯科，而是中共东北局从苏联驻哈尔滨总领事馆那里听说的。当东北局把这个消息转报中央，提议组织学习情报局这一决定之后，中共中央当即表示同意。8 月 4 日，中共中央正式发出文件，要求全党高级干部认真学习情报局的这一决定，批判反动的资产阶级民族主义。

努力与苏联保持一致，这是中共中央在准备成立新中国之前考虑最多的问题，也是毛泽东三番五次提出前往莫斯科访问的核心目的之一。阿洛夫在 8 月 28 日的一封电报中清楚地说明了这一点。阿洛夫向斯大林转告说：毛泽东表示，他所以急于访问莫斯科，是因为解放战争进展迅速，成立新中国的问题已经开始提上议事日程，他有许多问题要与斯大林商量和请教。他着重想谈的问题是：

（一）关于与民主党派及民主人士的关系问题，和召开政治协商会议的问题；

（二）关于东方革命力量的联合问题和东方各国共产党之间的联系问题；

（三）关于同美国及蒋介石做斗争的战略计划问题；

（四）关于恢复和建立中国工业的问题；

（五）关于三千万美元的财政借款问题；

（六）关于同英法建立外交关系的方针问题。

毛泽东强调说：“为使我们的政治方针同苏联完全一致，需要进行协商。”

与苏联取得一致的问题，包含着两个方面的内容：一是未来中国的新政府需要强大苏联的有力支持和援助；一是考虑到未来新中国可能面临的

种种压力和困难，毛泽东亟须参考和汲取苏联以及东欧各国建国的经验。目前所知毛泽东最早的一封向斯大林咨询的电报，就是有关建国方策的问题。那还是 1947 年 11 月 30 日的事。毛泽东这一天打电报给斯大林说：一旦中国革命取得最后胜利，按照苏联和南斯拉夫的经验，除中国共产党之外，所有政党都应该退出政治舞台了，这样将会加强中国革命的势力。

1947 年 10 月 10 日，毛泽东以中国人民解放军总部的名义发布打倒蒋介石的宣言时，还公开宣布，将联合各民主党派和其他爱国分子，组成民族统一战线，成立民主联合政府。[1] 为什么不过一个多月之后，中共的想法就发生了如此之大的变化呢？这也就难怪不少国内中共党史的研究者对此一文件的真实性表示怀疑了。[2] 但是，如果我们了解共产党阶级政策的目标，熟悉其奋斗历程中对资产阶级政策几经反复的经过，就不难理解毛泽东这时的统战政策何以会有如此大的变化。[3]

其实，就在 10 月 27 日，毛泽东就为周恩来起草的一份中央文件加写了一条内容。毛当时写道：“在蒋介石打倒以后，因为自由资产阶级特别是其右翼的政治倾向是反对我们的，所以我们必须在政治上打击他们，使他们在群众中孤立起来，即是使群众从自由资产阶级的影响下解放出来。但这并不是把他们当作地主阶级和大资产阶级一样立即打倒他们，那时，还将有他们的代表参加政府，以便使群众从经验中认识他们特别是右翼的反动性，而一步一步地抛弃他们。”[4] 在继续保持统战关系的情况下，要准备一步一步地抛弃自由资产阶级，特别是其右翼，这其实已经清楚地反映出了毛泽东在相信国民党即将退出历史舞台后，对资产阶级及其政党的高度防范

[1] 毛泽东：《中国人民解放军宣言》（1947 年 10 月 10 日），《毛泽东选集》，第 1235、1237 页。

[2] 见发表米高扬报告的《党的文献》（1996 年第 1 期，第 91 页）的编者在这段引文之后特别加了一个编者注，说明这段文字不符合毛泽东的一贯思想主张，并且与 10 月 10 日《中国人民解放军宣言》、12 月 25 日《关于形势和我们的任务》的报告中所提出的联合政府的主张完全不符。

[3] 关于中共对资产阶级政策几经变动的情况，可参见杨奎松：《中国共产党对中国资产阶级的认识及其策略》，《近代史研究》1993 年第 3 期。

[4] 《中央关于必须将革命进行到底坚持我党领导权的指示》（1947 年 10 月 27 日）。

心理。而就在这一天，国民党政府恰好宣告中国最大的民主党派即民主同盟为非法，随即民盟也迫于压力被迫宣告解散，这自然给毛泽东提供了一个避免与下一阶段革命敌人建立联合政府的重要机会。这也就是毛泽东为什么会在 11 月 30 日向斯大林提出这一想法的基本原因。

毛泽东在电文中实际上也解释了他的这一想法。他说：中国的中小资产阶级及其政党，过去几年始终试图找到一种既区别于国民党，又不同于共产党的第三道路。他们中的许多人，比如在香港的李济深和在美国的冯玉祥，与蒋介石处于对立的地位，甚至同情共产党。但是，他们中大多数人是动摇分子，并且与美国人有着密切的联系，将来很容易被美国人利用来做有利于美国和蒋介石的事情。因此，我们对他们从不抱太大的期望，更不指望利用他们来帮助中国革命。中国最大的中间党派民主同盟的解散，进一步证明了这些中间派的动摇和不可靠。他据此明确提出："中国革命取得彻底胜利之后，应像苏联和南斯拉夫那样，除中共之外，所有政党都离开政治舞台，这样会大大巩固中国革命。"在几天后召开的中央会议上，毛泽东对此一设想讲得更加具体。他说：民盟解散了，中间派没有了，今后国民党也没有了，新中国自然应该考虑像南斯拉夫那样，实行在一党制下的民族统一战线政策。换言之，一党制并不取消统一战线，也不否认联合政府，但统一战线和联合政府并不等于说一定要有许多党派并存。事实上，像南斯拉夫那样，党与非党联盟也是可以说是联合政府。[1]

斯大林有关这个问题的回电，不知为何一直拖到 1948 年的 4 月 20 日。在目前俄国方面公开的这封回电中，斯大林在电报中这样写道：中国各在野政党，代表着中国居民中的中间阶层，并且反对国民党集团，所以应该长期存在，中国共产党将不得不同它们合作，反对中国的反动派和帝国主

[1] 南斯拉夫建国后取缔了所有政党，只有共产党保留着单独的组织（后改名为南斯拉夫共产主义者联盟），但同时保留着一个战前建立的在共产党领导下的包含着原属其他政党又愿意和新政权合作的各种非共产党人的民族解放阵线的组织。参见马贵凡：《毛泽东致斯大林电之我见》，《中共党史研究》1999 年第 6 期。

义列强，同时保持自己的领导权，即保持自己的领导地位。可能还需要这些政党的某些代表参加中国人民民主政府，而政府本身也要宣布为联合政府，从而扩大它在居民中的基础，孤立帝国主义及其国民党代理人。应当考虑到，中国人民解放军胜利后建立的中国政府，就其政策而言，还是民族革命的，即民主政府，而不是共产主义政府。目前还难以预料这将持续多长时间，至少在胜利后会是这样。这也就是说，暂时还不能实现土地国有化和取消土地私有制，不能没收所有大大小小的工商业资产阶级的财产，也不能没收大土地占有者以及依靠雇佣劳动的中、小土地占有者的财产。要等到一定的时候才能进行这些改革。即使是南斯拉夫，除了共产党以外，也还有其他政党参加人民阵线。

斯大林在这里强调了革命的阶段性和争取民众的斗争策略，关于这一点，其实与毛泽东的主张严格说也并无本质的分歧。事实上，随着 1948 年 1 月民盟在香港重新宣告恢复活动，中共中央也立即恢复了原本的统战政策。但是，有一个问题显然并没有解决，那就是，共产党长期以来久已习惯了自己来决定一切，突然要与资产阶级政党建立联合政府，通过协商来决定国家的各项事务，他们还是不能不感到某种担心。这也就是为什么，即使接到斯大林的来电，毛泽东依旧在 8 月 28 日的电报中把与各民主党派及民主人士的关系问题列为到莫斯科需要讨论的第一重要的问题。

共产党人之所以会对民主党派如此担心，根本原因就在于，按照传统的阶级斗争的理论，紧接着民主革命之后，必然会是以资产阶级为斗争对象的社会主义革命。也就是说，当国民党被打倒之后，资产阶级就要成为共产党最主要的敌人了。这一年 9 月召开的中共中央政治局会议上，党的领导人对此都深信不疑。他们明确肯定：一旦全国政权到手，民主革命阶段结束，帝国主义、封建主义的矛盾不复存在，“则主要矛盾就会是无产阶级与资产阶级的矛盾了”。为此，我们与资产阶级的关系要有清醒头脑，暂时合作之日起，即要注意它叛变的可能。[1] 但在什么情况下应当保持这种暂时的合作，什么时候应当抛弃并打倒资产阶级，毛泽东和中国共产党人既缺少全面的理论上的思考，更缺少实践上的经验。他们只是通过对照苏联社会主义革命和建设的时间表，相信这一过程在中国至少应当经过十年到十五年的时间。为了获得更确切的认识，9 月政治局会议后，毛泽东不能不再度致电斯大林，提出访苏的要求，说明他需要亲自就一些问题向联共（布）中央和主要负责同志做出报告，衷心希望得到他们的指示。

按照新约定的时间，毛泽东应当在11月下旬动身前往莫斯科。但10月底，辽沈战役胜利结束，东北全境顺利解放。紧接着淮海战役全面展开，平津战役也在紧张部署之中。11 月 11 日，他宣布：只须一年左右时间即可根本打倒国民党，建立新中国。[2] 鉴于战争进程发展迅速，毛泽东无法按照预定时间动身赴莫。21 日，他致电斯大林，请求把访莫时间推迟到 12 月底。想不到的是，这回斯大林再度婉拒。只是，这回的理由看起来比较合乎情理了。1949 年 1 月 10 日，斯大林回电说：在目前局势下我们认为您应当把您的访问再后延一段时间，因为您现在到莫斯科来，会被敌人利用来指责中国共产党是莫斯科的代理人，这无论对中共还是对苏联都没有好处。14 日，斯大林又再度来电提出："我们还是主张您暂时推迟对莫斯科的访问，因为目前很需要您在中国。如果您愿意，我们可以立即派一位负责的政治局委员到您那里去，到哈尔滨或另一个地方就我们感兴趣的问题举行会谈。"

考虑到国内形势的需要，毛泽东复电表示赞同，并提出，苏共中央的代表最好能够经旅顺飞石家庄，再转往中共中央目前所在地——河北阜平县的西柏坡村。斯大林当即指派苏共中央政治局委员米高扬来中国会晤毛泽东。

不过，就米高扬来华问题，还有一个重要的背景是斯大林在电报中没有说明的。

---

[1] 参见《刘少奇在中共中央政治局会议上的讲话》（1948 年 9 月）。

[2] 毛泽东：《再有一年左右时间即可从根本上打倒国民党》（1948 年 11 月 11 日），《毛泽东文集》第 5 卷，第 193—194 页。

三、斯大林劝毛泽东接过和平旗帜，毛泽东疑心苏有意搞“南北朝”

这个时候的国内形势异常复杂微妙。让毛泽东最不放心的就是国民党的“和平阴谋”。

这时，不光东北，就连华北以及整个黄淮流域都已成共产党囊中之物，蒋介石数百万军队所剩无几，国民党军事上败局已定，南京方面谋和之声陡然高涨，美国人甚至考虑用换马术来改善国民党的政治形象，尽可能使国民政府不致被迅速推翻。

中国革命胜利在即，毛泽东无论如何不愿意看到这样一种“和平”前景。为此，他12月25日公开宣布蒋介石等43名最著名的国民党军政要人为战争罪犯，首先将其置于人民公敌的地位。30日，他进一步发出“将革命进行到底”的公开号召，宣布“中国人民决不怜惜蛇一样的恶人”，决不接受美国和国民党的“和平”，并警告说，凡是试图劝和的人，都“不是人民的朋友，而是敌人的朋友”。1949年1月6—8日，他又专门主持召开了中共中央政治局会议，强调“不容许（革命）半途而废”。“一九四九年必须召集没有反动派代表参加的以完成中国人民革命任务为目标的各民主党派各人民团体的政治协商会议，宣告中华人民民主共和国的成立，组成共和国的中央政府。”[1]

毛泽东没有想到，正当他全力以赴地试图打破美国和国民党的“和平”阴谋之际，斯大林于1949年1月10日发来一封电报，通知他说，南京政府照会苏、美、英、法各国政府调停国共两党之间的战争。“我们想这样答复：苏联政府过去和现在都主张停战和在中国建立和平。但是在它同意进行调解之前，它想知道，另一方即中共是否同意接受苏联的调解。因此，苏联希望另一方即中共能够了解中国政府的和平举动，并征得中共对苏联居中

[1] 毛泽东：《将革命进行到底》（1948年12月30日），《毛泽东选集》，第1382—1384页；毛泽东：《目前形势和党在一九四九年的任务》（1949年1月8日），《毛泽东文集》第5卷，第234页。

调解的同意。”“如果问及您的意见，您大体上可以这样答复：中共一向主张中国和平，因为挑起中国内战的不是它，而是南京政府，南京政府应当对战争的后果负责。中共主张同国民党进行谈判，但不能让那些发动中国内战的战犯参加，并且中共主张在没有任何外国调解人参加的情况下同国民党进行直接的谈判。”[1]

斯大林这封电报让毛泽东大为不满。他对四年前抗战结束时几乎同样的情境刻骨铭心。当时，国民党主力远在边远的西南、西北地区，整个华北、华东、华中以至华南敌后地区，都有八路军、新四军和共产党的游击队。毛泽东早就估计，这是共产党发展壮大自己势力的极好时机，并相信战后苏联必会支持共产党与国民党一争高下。没想到，这边日本宣告投降，那边斯大林一纸电报严厉督促毛泽东去重庆与国民党谈判“和平民主”，说是再打仗必使中华民族陷于万劫不复的痛苦深渊。毛泽东当时气得两天没出门，以后每提起这件事，必定痛责斯大林“不许革命”。斯大林的这封电报，再度让毛泽东想起了那件往事，因而怀疑斯大林是否有搞“南北朝”的想法，让共产党与国民党划江而治。

1949 年的毛泽东已经用不着像 1945 年那样委曲求全了。斯大林电报到时，淮海战役也已结束，解放军已进抵长江北岸，平津之敌也正处于最后解决的过程之中，夺取全国胜利指日可待。因此，毛泽东几乎在得到电报的当天就明确答复斯大林说：好像我们现在已无须采取政治上的迂回策略了。在目前形势下，实行这种策略弊多利少。“如果苏联在对南京政府照会的答复中，采取您 1 月 10 日电报中阐述的立场，美、英、法就可能认为，参加调解工作是应该的，国民党就会得到诬蔑我们的借口，说我们是好战分子。而对国民党不满并希望人民解放军很快取得胜利的广大人民群众就会感到失望。”今天，中国阶级力量对比已经发生根本变化，国际舆论对国

[1] 《斯大林致毛泽东电》（1949 年 1 月 10 日），APRF，45/1/330/95—96，转见 Odd Arne Westad, Rivals and Allies: Stalin, Mao, and the Chinese Civil War, January 1949, *Cold War International History Project Bulletin,* Winter 1995—1996。

民党政府也十分不利，人民解放军今年夏天就可以渡过长江，进攻南京了。[1]

1948 年 2 月，斯大林在对南斯拉夫共产党领导人谈话时，曾经出人意料地提起过自己在抗战结束后干预中国革命那件事，并承认自己当时犯了一个错误。在注意到这种情况之后，很难想象斯大林会重犯过去的那种错误。事实上，斯大林的电报的确可以从两方面来解释。而斯大林自己也很快意识到了这一点。就在 10 日电报发出之后的第二天，他就又连忙发出了一封补充电报。在这封电报中他特别解释说：他起草的那个答复南京政府的意见，目的只是为了破坏南京方面所建议的和平谈判。而国民党也绝不会同意没有外国调停人，特别是没有美国参加的谈判。同样，国民党也不会同意没有蒋介石和其他战犯参加的谈判。因此，他估计，国民党一定会拒绝共产党关于谈判的条件。结果，事情就成了中共同意和平谈判，国民党反而因为拒绝和平谈判受到谴责。这样，国民党和美国的和平阴谋将被挫败，你们就能够继续你们胜利的解放战争了。[2]

还在中共中央和莫斯科之间就如何应付南京政府的和平提议一事交换意见之际，美国大使司徒雷登出人意料地于 13 日向南京转交了美国政府的正式答复，拒绝充当调解人的角色。这一消息无论在南京的苏联大使馆，还是在克里姆林宫，都引起了相当的震动。本来，人们估计南京的和平动议是美国人的主意，如今美国人却如此迅速地做出了消极反应，这让俄国人百思不得其解。

1 月 14 日，斯大林召集了苏共中央政治局会议，专门讨论这一局势。与会者几乎一致认为，一定是中共方面有人泄露了斯大林与毛泽东之间的函电。由于无法判断美国意欲何为，斯大林更加确信，公开拒绝和平谈判是不可取的，必须劝说毛泽东接过和平谈判的旗帜。

斯大林当天发出的电报告诉毛泽东说，他完全清楚我们不能上国民党和

[1] 《毛泽东致斯大林电》（1949 年 1 月 13 日），APRF，45/1/330/100—103，同上。
[2] 《斯大林致毛泽东电》（1949 年 1 月 11 日），APRF，45/1/330/97—99，同上。

平阴谋的当，因为它的如意算盘是想利用停战来恢复其军队的战斗力，加强它在长江南岸的防线，进一步从美国得到装备和援助，然后反过来给人民解放军一个猛扑。对此，我们确实有两种选择，一是直接地公开拒绝南京的建议，宣布继续战争，但这意味着你们把自己的底牌摊在桌面上，拱手送出一个非常重要的武器——和平的旗帜——给国民党，从而便利于美国公开造谣中共反对和平，和组织大国武装干涉。斯大林强调：直接和坦率地回答问题，对于诚实的人们是必要的，但在与政治骗子即与南京国民党这样的人打交道时，这样回答问题就可能具有危险性。

他相信，选择另外一种方式来答复南京才是最有利的。那就是，中共应当声明，他们希望和平解决问题，但谈判只能在没有外国调停者参加的情况下进行，并且国民党只能以一个党派的身份，而不能继续以负有内战责任、早已失去民心的南京政府的名义参加谈判。即使国民党接受了这样的条件，斯大林补充说，那也不要紧，共产党可以在谈判时要求在政治协商会议中占有五分之三，在联合政府中占有三分之二的位子，要求政府主席、国务总理、军队总司令都应由共产党人担任，任何拒绝忠实于这个政府的军队都将被取缔。在他看来，南京政府几乎不可能同意这些办法，结果它将被完全孤立起来，我们就可以在没有南京国民党的情况下建立自己的政府了。

当然，斯大林汲取了以往的教训。他在电报中特别声明，他的意见只提供毛泽东参考，毛泽东丝毫没有义务一定要接受它，这并不影响双方的关系。[1] 而毛泽东这边实际上也认识到斯大林的建议有其宣传的价值，因而于14日当天发出《关于时局的声明》，公开表示，只要南京当局同意惩办战犯、废除伪宪法、改编反动军队、没收官僚资本等八项条件，中共可以与南京进行和平谈判。[2] 随即，毛泽东电告斯大林：在阻挠同国民党的和平谈判，

---

[1] 《斯大林致毛泽东电》(1949年1月14日)，APRF，45/1/330/110—113，同上。
[2] 《毛泽东选集》，第1394页。

将革命战争进行到底这一基本方针上，“我们同您的意见完全一致”[1]。

不过，事情虽然就此得到了解决，但无论是在莫斯科一方，还是在西柏坡一方，双方之间仍旧因为这件事引起了一定的误解。毛泽东确信斯大林最初是有过让战争停下来的想法的。斯大林则怀疑中共中央泄漏了机密。他 14 日电报中所以提出毛泽东应当再度推迟访莫，并决心派政治局委员前往中国，看来这也是原因之一。

在 1 月 14 日的政治局会议上，斯大林声称：让毛泽东现在来莫斯科未必是明智之举。他毕竟还是一位游击队领导人，尽管双方已经商定让毛泽东秘密来访，但目前看他此行绝难不走漏风声。一旦被西方知道，一定会就此大做文章，说他是莫斯科的代理人。这不仅会损害中共的声誉，使中国形势复杂化，而且对苏联也不利。

四、莫斯科主张速占宁沪成立政府，毛强调 4 月过江，拖半年再说

米高扬 1 月 26 日从莫斯科动身，一路飞到旅顺口，再飞到石家庄。1 月 30 日凌晨，他和两位科瓦廖夫，一位是来华帮助修复东北地区铁路桥梁的苏联前交通部长，一位是中文翻译，一同受到朱德和任弼时的欢迎。他们随即乘坐解放军缴获的美式吉普车，赶了将近一百七十公里的路，来到了中共中央这时所在的河北平山县西柏坡。[2]

来到西柏坡的当天，毛泽东就和米高扬举行了第一次会谈。谈话开始后不久，毛泽东就以谦虚的口吻表示：“中国远远落后于俄国，我们是一些水平不高的马克思主义者，犯过很多错误，如果用俄国的标准来衡量我们的工作，那我们就什么都没有了。”[3]

---

[1]　《毛泽东致斯大林电》（1949 年 1 月 14 日），APRF，45/1/330/104—105，同上。

[2]　前引师哲：《在历史巨人的身边》，第 372—373 页。

[3]　以下引述转见列多夫斯基：《米高扬秘密访华（1949 年 1—2 月）》，见陈春华、刘存宽译：《斯大林与中国》，北京：新华出版社 2001 年版，第 49—87 页。不另注。

米高扬急忙回答说："这些话多半只是中共中央领导人的谦虚，但我不能同意。作为水平不高的马克思主义者，是不可能在中国领导二十年的内战并取得胜利的。"

在一番自谦之后，毛泽东随后花了差不多两天时间向米高扬介绍有关中国革命和中国共产党内路线斗争的情况。他详细说明了他是如何同"左"右倾错误路线进行斗争的，受到共产国际支持的王明如何使党、军队和根据地遭受到严重损失的，他以及其他党的领导人是如何遭受打击的。而他成为领袖后，又是如何团结同志，纠正错误的。"您看看，"毛泽东对米高扬说，"就说王明吧，他起过很坏的作用，但是我们还是把他留在了中央委员会里，他仍受到党中央的重视。"因为，我们一贯主张：在党内要宽容，不应该因为有分歧就把人开除出党，更不应该迫害人。

还在来中国之前，苏共中央政治局和斯大林就具体讨论研究过米高扬此行的使命。王明问题早被列为尽量回避讨论的话题之一。当然，双方在其他问题上的讨论仍旧是十分热烈的。从米高扬来到西柏坡之日起，双方就开始了直接交换意见的过程。考虑到斯大林和苏共中央政治局最关心人民解放军下一步军事行动的目标和中共中央目前的政治行动方案。米高扬很快就提出了这方面的问题。

米高扬首先询问毛泽东：人民解放军准备什么时候渡过长江，占领南京和上海？

毛泽东回答说：这大概要到 4 月份以后。因为要确保南京和上海地区的胜利，就需要把林彪的部队从北平派往南方和西南，以遏制那里的国民党军队，使它不能调兵增援南京、上海一带。而目前情况下，北平问题还未最后解决，另外部队还需要解决教育数万俘虏、加强后勤、补充枪炮弹药等问题。毛泽东解释说，一般情况下，我们首先致力于夺取广大的乡村，避免攻占大城市。这是因为中共的基本成分是农民，管理像南京、上海这样的中心城市是一个很大的工程，需要相当多的干部。再加上上海这样的大城市是靠外地的原料和燃料维持的，那里粮食本来就十分紧缺，拿下上海，这方面的问题一旦解决不好，工业就会停滞，失业就会蔓延，人民的境遇就会恶化。因此，我们并不急于占领上海。

米高扬显然不大赞同毛泽东的看法。根据斯大林和苏共中央的意见，占领像上海、南京这样的大城市应当是越快越好。这除了可以剥夺蒋介石的政治资本以外，让莫斯科的领导人最为关心的问题，就是所谓中国共产党的“无产阶级化”的问题。斯大林对中共长期活动在乡村，党员主要是农民这一点，始终耿耿于怀，因此对中共的阶级性质也颇多怀疑。因此，当他得知中共正在取得全国性的军事胜利之后，首先想到的就是有必要推动中共加快占领大城市的步伐。米高扬据此明确表示：占领大城市一事，越快越好。干部也是在斗争中成长起来的。不管怎么样，上海的食品和原料问题总有一天要出现，这些不应当成为我们推迟进攻的理由。而占领上海的好处要多得多。它不仅会严重削弱蒋介石的力量，而且能够给中国共产党人提供一个无产阶级的基础。

与这个问题密切相关的成立革命政府的问题。在莫斯科的领导人看来，中共继续以反叛的游击队形象出现是不策略的。早日拿下南京、上海，早日宣布成立新的革命政府，应当是革命的当务之急。这样做对内对外都有好处，也便利于根本取消蒋介石的政治资本。

但毛泽东不这样看。他确信：没有政府对中共目前要更有利些。因为如果有了政府，就要搞联合，结果中共就必须要为自己的行为向其他党派负责。那样势必使问题复杂化。米高扬争辩说：推迟建立政府，其实只会削弱革命力量。毛泽东则坚持：即使4月份以后打下南京、上海，也不急于成立政府，至少要拖到六七月以后再说。

双方的这段讨论显示，在人民解放军渡过长江、占领南京、上海以及成立新政府的问题上，苏联方面这时似乎比中共中央还急。

2月1日的讨论主要集中在军事援助的问题上，参加会谈的中共中央代表是朱德和周恩来。据周恩来介绍，人民解放军这时只有一百五十门反坦克炮，坦克也不行，大部分都是轻型的，最重的只有十五吨，在徐州战役中缴获了七十辆坦克，大部还被损坏了。同时，在军工生产方面，中共现在缺少军工原料，包括生产炸弹的错弟尔。因此，周恩来明确提出，希望苏联援助反坦克炮、提供生产炸弹的错弟尔、钢材、汽油、近三千辆汽车以及其他武器生产的必要设备，并派一些专家和顾问，帮助中共培训军队，建立军校和组织包括武器工业在内的后勤工作。米高扬当场答复说：他将呈请苏联政府考虑这些要求。原则上苏共中央已经同意帮助中共组织武器生产及派遣专家，具体到提供武器和物资等问题则必须进一步具体研究。

2 月 1 日的会谈中，有一个颇为敏感的问题。这就是：苏联大使为什么要遵从南京政府的建议，随同南京政府迁往广州？这个问题之所以格外引人注目，是因为当 1 月 18 日国民党政府被迫南迁，要求各国使馆同往广州时，即使是像美国等西方国家的大使，都拒绝了这一建议，苏联大使却随之前往，给人印象似乎苏联对国民党政权的继续存在还颇具信心。苏联大使的这一行动不能不让中共中央感到难以理解。当周恩来提出这个问题时，米高扬看来毫无准备，其解释的理由十分牵强。他说："这是理所当然的。因为目前中国只有一个我国派驻使节的政府。这位使节把使馆的一部分留在南京，而本人与中国政府一起迁往广州，是再正常不过的事了。其实，这不仅不会损害我们的共同事业，相反会有助于这项事业的发展。"至于处于同样情况中的美英大使为什么可以不这样做，罗申大使此举怎样有助于中共两党的共同事业，米高扬没有做任何说明。

2 月 2 日的会谈继续讨论苏联在中国军事工业以及其他工业发展中的作用问题。中方参加者为朱德和任弼时。据米高扬当天的电报说："任弼时强调，在制订国民经济计划中，他们尤其重视东北的重要作用，力争把它变成中国的国防基地。东北应该能够生产汽车、飞机、坦克和其他武器。他同时指出，他们希望，苏联帮助东北的工业开发，并列举了提供帮助的以下几种方式：(一) 苏中经济联合体；(二) 苏联贷款；(三) 由苏联办租让企业。任弼时说，开采沈阳、锦州和热河省的稀有矿藏，如铀、镁、钼和铝，需要苏联的帮助。过去日本从中国掠夺了一吨铀矿。如果苏联对这些矿藏感兴趣，可以考虑合作开发或组办专门租让企业。任弼时指出，东北的工业开发需要高水平的专家。在鞍山钢铁公司,他们不得不聘用日本专家。因此,任弼时请求苏联向中国派遣不少于五百名国民经济各领域的专家。”

在2月3日的会谈中,刘少奇再度提到了苏联援助的问题。他明确指出：“如果没有苏联和其他人民民主国家的帮助，解放后中国工业基础的建立是不可想象的。这种帮助将对我们起决定作用。我们相信，它可以采取这样几种形式：(一）传授你们的社会主义经济改革的经验；(二）向我们提供相应的书籍,以及派出各经济部门的专家和技术人员;(三）向我们提供资金。我们认为，苏联、其他人民民主国家和中国应该在经济上互相帮助。在苏联的帮助下，当然，如果我们不犯错误，我们将会更快进入社会主义。我们清楚,如果没有苏联的帮助,我们不可能在东北恢复一个鞍山公司。因此,我们想早一点知道，苏联究竟能给予我们多大规模的帮助，以供我们在制订国民经济计划时考虑。”

刘少奇与米高扬的这次讨论着重于新中国建国以后的若干重大政策性问题，比如如何对待民族资产阶级的问题、如何引导小资产阶级的问题、何时全面实现国有化的问题，等等。刘少奇表示：“中国向何处去——这是我们政策的基本问题。”而党内在这个问题上还存在着右的和“左”的两种倾向。一些人认为，应该尽力发展并依靠资本主义。这是对资本主义因素的让步，向资本主义投降。另有一些人“左”倾、盲动，急于建设社会主义。胃口过大,结果必然损害工农联盟。他说明:“我们将坚决同这些倾向做斗争,同时也请苏联在这方面给我们提出意见。”但他估计：“全面向资本主义发起进攻,要等上十至十五年的时间,那时我们才能着手将工商企业收归国有,从而加速向社会主义发展的进程。”米高扬对此表示赞成。他说明，莫斯科的意见是，目前还谈不上对民族资产阶级的企业实行国有化的问题，最好是彻底了解它，待政权完全巩固之后再来提这个问题。

五、毛泽东否认中共泄密的可能性，斯大林表示愿意及早撤出旅顺

在接下来的谈话中，涉及了更多的与双边关系有关的问题。

3 日当天与刘少奇谈过之后，中共中央书记处成员全体会见了米高扬。在这次会谈中，米高扬小心地提起了莫斯科方面关于中共中央有人泄密的猜测。说本来美、英、法等国同意在国共之间调停，后来不知何故得知了苏联和中共反对外国调停的消息，他们就立刻改变了态度，抢先一步拒绝了调停。“因此我们必须认真抓好保密工作，并注意中共周围的人中，是否有不可靠者会把情况传到美国那里。”

毛对此断然否认。他解释说：类似这样的重大问题，特别是与莫斯科的来往函电，一般只有几位书记处成员和翻译师哲以及苏方联络员阿洛夫几个人知道，这些人都十分可靠，不可能泄密。据他所知，英美人士早在得知中苏两党的态度之前，就公开报道说苏联和中共将会反对调停。

米高扬说：这在当时还仅仅是英美舆论界的一种猜测。而美国等国家的政府则在得到有关我们的确切态度之后，才急着表示拒绝调停的。但毛反复说，不存在中共人士泄密的可能性。

4 日，毛泽东、刘少奇、周恩来和朱德接着头一天的谈话内容继续与米高扬会谈。毛泽东首先表示了对苏联援助的感谢，但他同时表示：“中国革命是世界革命的一部分，因而局部利益应该服从全局利益。我们请求苏联援助的时候，总是考虑到这一点。比如说，假使苏联不能提供什么东西，那我们也不会抱怨。罗荣桓动身赴莫斯科之前问我，他们应如何向苏方提出援助问题。我对他说，不应把你们的处境说得一筹莫展、束手无策。但也要强调，你们希望得到苏联方面对东北适当的援助。”从 1948 年起，林彪就经常向莫斯科询问有关援助的各项事宜。毛泽东说：“我已经指示高岗，苏方给我们的所有东西，我们将来一定付款；某些物资不足，可以从国民党占领区弄，中国同志应该合理利用苏联援助。”

就加强同苏联的联系问题，毛泽东再度强调了苏共经验和指导的重要性。

他特别强调："在分析中国革命性质问题时，他根据的就是斯大林同志 1927 年前的论述和他最近关于中国革命性质的著作。"尤其是斯大林同志关于中国革命是世界革命一部分的指示，和斯大林对南斯拉夫民族主义的批评，对他非常具有启发性。据此，毛泽东提出，必须进一步加强双方之间的联系：一方面中共需要联共（布）各方面的帮助，包括派遣经济和金融方面的顾问；另一方面未来新中国需要考虑向苏联派遣自己的大使。他建议派王稼祥前往莫斯科。周恩来则进一步提出，有一系列重要的问题需要和联共（布）中央进行直接的接触，一些关键性的问题可能需要到莫斯科去解决。

在 4、5 两日的会谈中触及一些极为敏感的问题。米高扬在 4 日晚发往莫斯科的电报中说明："我已转告毛泽东，我们中央委员会建议中国共产党在民族问题上不要过分大度，如让少数民族独立以致在中共执政后缩小中国的版图。应该让少数民族自治，而不是独立。毛泽东很欣赏这项建议。"但 5 日的谈话显示，毛泽东多少有些怀疑中国北部少数民族的独立运动与苏联的支持有关。他提出，新疆伊犁地区正在发生独立运动，在那里搞独立的并不是乌鲁木齐的政府，而是当地的共产党组织。而 1945 年他在重庆同白崇禧见面时，白曾告诉他说，伊犁的地方起义者拥有苏制的高射炮、坦克和飞机。

米高扬马上解释说：苏联不赞同新疆少数民族搞独立运动，苏联对新疆也没有任何领土野心，新疆本来就是，也应该是在中国的版图之内。

那么，我们如何看待内外蒙古的统一呢？毛泽东问。

米高扬回答说：我们不支持内外蒙古的统一，因为这会使中国丧失很大一块领土。

毛泽东说：外蒙古和内蒙古可以统一起来，重新回到中国的版图里来。

米高扬当即表示：这是不可能的。因为蒙古人民共和国早就享有独立权了。它早就体验到独立的好处了，恐怕什么时候也不会自愿放弃独立的。如果有一天外蒙古与内蒙古联合起来，那结果大概只能是建立一个独立统一的蒙古国。

任弼时这时插话说：可是，内蒙古有三百万人，而外蒙古只有一百万人。

得到米高扬电报的斯大林当晚不能不打来电报，明确告诫毛泽东不要设想把外蒙古重新归入中国的版图。电报说："外蒙古的领导人主张中国境内各地蒙古族人和外蒙古联合起来，在独立的旗帜下建立一个统一的蒙古国。苏联政府反对这个计划，因为它虽然并不威胁苏联的利益，但它意味着从中国割出一大块领土。我们认为，即使所有的蒙古人联合为一个自治单位，外蒙古也不会为了在中国政府的版图内实行自治而放弃独立。不言而喻，这件事的决定权属于外蒙古。"

这两天讨论的另一个引起争议的问题是关于苏联与国民党政府签订的中苏条约。据米高扬给莫斯科的电报介绍说，他说明苏联方面对条约中有关旅顺口及中长铁路的协定的基本看法。他解释说：苏联认为苏中关于旅顺口的协定是不平等的，当时签订这个协定是为了阻止国民党同日本和美国勾结反对苏联，也是为了中国的解放运动。事实证明，这个条款给解放战争带来了一定的好处。但是，现在，随着中国共产党的掌权，中国国内形势发生了根本性的变化，苏联政府已经决定，只要同日本罢战言和，就取消这个不平等的协定，并从旅顺港撤出苏联军队。如果中共认为立即撤军是适宜的，那么，苏联现在就可以这么做。至于中长铁路的协定，苏联不认为是不平等的，因为这条铁路主要是由俄罗斯出资建成的。当然，可能在这个协定里，有关平等的原则并未得到充分的体现，对此苏联方面准备与中国同志友好地讨论并解决它。

毛泽东和在座的中共中央书记处成员听了米高扬的话之后，都颇感惊讶。他们纷纷表示，恐怕不能马上从辽东撤出苏联军队和撤销旅顺基地。毛泽东说，撤军问题应该等到中国粉碎了反动势力，把人民动员起来，没收了外国资本，并在苏联的帮助下把国家治理得井然有序时再来考虑。一句话，等我们强大起来时，你们再离开中国，到时候我们要签订类似苏波条约那样的互助条约。

毛泽东并非无意地提出，有一个女资产阶级社会活动家找过他，向他提出:革命政府成立后，苏联再在旅顺保持军事基地就没有意义了。他认为，这位女性不懂政治。她不知道，中国是共产党人的，苏联也是共产党人的，但这并不排除而且完全允许把苏联在旅顺的军事基地暂时保留下来。美帝国主义在中国是为了进行压迫，苏联在旅顺是为了保卫它，防范日本军国主义复活。等到中国强盛了，有能力自己抵御日本侵略了，那时苏联就不需要这块基地了。

注意到毛泽东说明的情况，斯大林在 2 月 5 日给毛泽东的电报中不能不进一步重申了米高扬说过的那些基本观点，即“中国共产党人掌权后，形势已根本改变，苏联政府已经通过了取消这个不平等条约的决议，准备一旦同日本签订和约，苏联就从旅顺撤军，自然美国也将从日本撤军。当然，如果中国共产党认为苏联军队以立即撤出旅顺为好，苏联愿意使中国共产党如愿以偿”。

六、毛泽东高度评价苏联援助，米高扬极力称赞中国革命经验

毛泽东继续主持了最后两天的会谈，即 6 日和 7 日的会谈。会谈又回到了苏联援助的话题。在前一天，毛泽东曾特别提到苏联红军对解放军东北野战军的援助，说明苏方提供的日式武器以及捷克斯洛伐克和苏联制造的武器具有巨大作用。不过，他抱歉地说，可惜苏制武器在入关后不能不下令全部上缴了，让部队换成缴获的美式装备，因为“中国共产党想以此证明，是蒋介石用美国的技术装备了中国人民解放军”。在 6 日的谈话中，他在提到中共需要三亿美元贷款、三千辆汽车以及各种必要的物资、机器、石油产品和造币用的银子等援助时，又再度表示了歉意。他解释说：“迄今为止，我们得到的武器都是无偿的，我们明白，苏联的武器生产中包含着苏联工人的有偿劳动。”而现在，“我们需要三亿美元，我们不知道，你们能否提供这个数目，是少还是多。但是，如果你们不给，我们也不会埋怨什么”。如果苏联方面可以提供这笔贷款，希望能够从 1949 年起在三年内分期提供，

中国会连本带息如数奉还。

关于苏联援助的必要性，毛泽东在最后一天的会谈中有明确的说明。他指出：革命前俄罗斯的工业和经济发展水平就已经很高了，但苏联还是花了十二年的时间才完成了农业的社会主义改造。而在中国这样落后的经济条件下，向社会主义过渡的时期肯定会更长。“我们需要经济援助，就是为了缩短这个过渡时期。而我们知道，只能从苏联和其他新民主主义国家获取这样的援助。”

当然，毛泽东同时表示：仅仅依靠外部的援助是远远不够的。中国共产党还必须采取一系列正确的政策，包括利用私人资本来发展工业。他提出，在现阶段，允许国内市场自由竞争是可能的和必要的。既然中国的经济实力十分薄弱，发展落后，就应该利用私人资本，不能性急。因为工业发展不起来，就不能满足农民的需要，就不能完成农业的社会主义改造，甚至可能失去对农民的领导。而农民是中国居民中的主要成分。离开了农民，中国革命将一事无成。在谈到中国农民的问题时，毛泽东显得格外满意，他告诉米高扬说：“共产党在农村的影响是独一无二的，无人可望其项背。是蒋介石对农民的政策帮了共产党人的忙。”而在共产党的领导下，“中国农民要比所有美国工人和许多英国工人的觉悟高得多”。

米高扬对西柏坡的这次秘密访问给了他很深的印象。他在 7 日晚上给莫斯科的电报中总结说：“必须指出，与我交谈的政治局委员们，在一般政治、党务、农民及整体经济问题上完全是行家，并且都很有自信。”他在与毛泽东的谈话中甚至特别提出：为什么在中共规定的干部必读书中，没有一本中国马克思主义的著作。他不同意毛泽东自谦的说法：毛泽东对马克思列宁主义没有多少创造。他肯定地说：中国共产党人在中国并不机械地搬用马克思主义，而是在充分考虑并结合了中国特点和具体条件的基础上加以运用的。因此，中国革命有自己的道路，有自己的特点，阐述中国党的经验本身就非常重要。它的总结至少对亚洲国家革命运动具有重大理论意义。

米高扬在与中共领导人进行了长达八天的谈话之后，也发觉：“他们对生产业务知识了解不多，对工业、交通、银行的概念比较模糊。”他们的经济设想还比较空泛，甚至对准备接收的作为国家经济支柱部门的大银行、大工业，还没有提出具体的计划。因此，他建议中共领导人向莫斯科提出更具体的资料，说明需要，写明准备从苏联方面获得何种相应的帮助。双方为此商定，过一段时间派一个专门代表团到苏联去，与苏联具体讨论各项重大政策问题以及建国前必然要遇到的其他问题，同时签订贷款协议。

从俄国目前公布的米高扬写给斯大林的报告中可以看出，米高扬的这次访问对于改善两党关系，尤其是减少莫斯科对毛泽东和中国共产党人的疑虑，是起了重要作用的。

2 月 8 日凌晨，米高扬结束了这次访问，又秘密地从原路返回了莫斯科。这次可以说是以毛泽东为首的中共中央第一次直接与苏共中央全面交换意见。米高扬明显地对毛泽东有了不同于以往的进一步的了解，这同样也会对斯大林产生一定的影响。因此，米高扬的这次秘访，对毛泽东和斯大林之间的接近，无疑是有重要作用的。

第十章

莫斯科祝寿风波

毛泽东说，那个时候斯大林不想签订《中苏友好同盟互助条约》，我痛骂了科瓦廖夫，就是要让他去告诉斯大林；而照料毛泽东起居的俄国人当时却报告说，那些天毛泽东的情绪很好，有说有笑；斯大林突然改变主意，毛泽东有些不相信自己的耳朵；围绕着对美国国务卿的声明问题，斯大林和莫洛托夫竟然当面批评毛泽东，毛泽东气愤地回忆说：“我在鼻子里笑他们，一声都不吭”……

毛泽东一生中只出过两次国，一次是去莫斯科，另一次还是去莫斯科。第一次去莫斯科的经历让他终生难忘，1956 年，当可以公开批评斯大林的时候，他马上就想到这件事，告诉苏联大使说，我当时访苏的主要目的就是签订《中苏友好同盟互助条约》，而斯大林却不想签，故意回避我，不见我。我往斯大林家里打电话，那边竟回答说斯大林不在家，让我有事找米高扬。“这样一来，我就生气了，决定不再做任何事情，待在别墅里。后来我同科瓦廖夫和费德林谈话，话不投机，他们建议我到各地去观光。我坚决拒绝，回答说宁愿在别墅里睡大觉。”[1]

1957 年毛泽东第二次访问莫斯科时，赫鲁晓夫告诉他说：当时斯大林还在你的屋子里安了窃听器。毛泽东的火气更大了，他对第一访苏的说法也进一步增加了火药味，说那次与斯大林吵了几架，斯大林火了。有一次打电话时吵了起来，斯大林当时就把电话挂断了。后来科瓦廖夫来，“问我去不去参观，我说没兴趣，我说这次不是专来为斯大林祝寿的，还想做点工作，既然没工作可做，那我的任务就只有三条：一是吃饭，二是睡觉，三是拉屎。我拍了桌子，骂了他王八蛋，我的目的就是请他去告诉斯大林，所以斯大林算恨透了我”。但“他们无可奈何，也不能把我关起来，后来还是在条约上签了字，想转个弯”。他甚至总结出经验来了，说是“跟斯大林这样的人就要斗，不斗他就要把你整下去”[2]。

毛泽东和斯大林究竟怎么了？当时到底是怎么一回事？

一、斯大林在订立新约问题上出尔反尔，毛泽东顿时有了挫折感

毛泽东年轻的时候就渴望到苏联去。1920 年年初，当他的大部分同乡都热衷于留法勤工俭学时，他就明确表示说：我们这辈人都应当过一回“‘出

[1] 尤金记，李玉贞译：《与毛泽东同志谈话记录》（1956 年 3 月 31 日），转见《国际社会与经济》1995 年第 2 期。

[2] 《毛泽东与波兰党代表团的谈话记录》（1957 年 11 月 20 日）。

洋’的瘾”，但“我觉得俄国是世界第一个文明国”，我想以后“组织一留俄队，赴俄勤工俭学”。[1]

由于毛泽东很快参加了中国共产党，他再没有遇到过合适的赴苏机会。以后中共中央虽然也考虑过把他送去苏联学习或养病，却多半并非出自毛泽东的自愿，当然最后也都没有成行。1947 年以后毛泽东认为访苏的时机适宜了，莫斯科方面又推三阻四。联系到毛泽东对苏联和共产国际的种种不满，可知 1949 年这次他虽然总算是可以过那个“‘出洋’的瘾”了，但他是不是还有年轻时那种“朝圣”的真诚愿望，就难说了。他那段“我是长期受打击排挤的人，有话无处说”的开场白，多少反映了他这时的复杂心情。

1949 年 12 月 16 日下午，即毛泽东抵达莫斯科六小时以后，斯大林就在克里姆林宫会见了毛泽东。双方当即开始了第一次正式会谈。在经过一段简短的问答之后，毛泽东开门见山，不是祝寿，而是提出了签订《中苏友好同盟互助条约》的问题。斯大林也很痛快，说：应该讨论和解决这个问题。只是需要弄清楚，究竟是应该保留 1945 年苏联政府与当时的国民党政府签订的那个《中苏友好同盟条约》呢，还是暂时不动它，宣布将来进行修改，抑或我们现在就要对它进行相应的修改呢？

在这里，我们有必要对双方有关这一条约的交涉情况略作回顾。

最初提到条约问题，是在 1949 年 2 月初米高扬访问西柏坡的时候。当时，是苏方自己主动提出，1945 年 8 月与国民党政府签订的那个中苏条约，“是不平等条约”。尽管，米高扬根据斯大林的电报指明了这主要是针对中苏关于旅顺港将由苏军防务的那个具体的协定。他说：“苏联政府已决定，一旦同日本签订和约，就废除这个不平等条约，并把军队撤出旅顺口。”米高扬同时还提到中长铁路条约，说关于中苏联合组织长春铁路公司，共同经营和管理中东铁路与南满铁路的协议，可能没有完全执行平等原则，将来可以讨

[1] 《毛泽东给陶毅信》（1920 年 2 月），《毛泽东给周世钊信》（1920 年 3 月 14 日），《新民学会资料》，第 61、65 页。

论修订，但苏方并不认为这是不平等条约，“因为这条铁路（其实应该是中东铁路——引者）主要是用俄国资金修筑的”[1]。

这个时候，当务之急还是彻底打倒蒋介石，同时完成千头万绪的建国准备，中共中央对重订中苏条约问题尚无考虑，毛泽东的态度很明确：中苏条约对中共是有利的，目前谈不到苏军撤出和修改条约的问题，一切等到我们巩固的时候。那时，“你们撤出中国，我们要签订一个类似于苏波条约的苏中互助条约”[2]。

1949年7月刘少奇访问莫斯科期间，中共中央对重订条约问题仍无全面的考虑和研究，因此，刘少奇就中苏条约问题提出的建议仍旧比较委婉，有些模棱两可。他提出：新中国政府“完全愿意继承”旧条约，但可考虑采取以下三种方式加以处理：即（一）不加任何修改；（二）在原有条约的基础上签订新条约；（三）暂时维持旧条约，准备在适当时机重新加以签订。对此，斯大林没有表示明确的态度，只是建议“等毛泽东到莫斯科后再决定这个问题”。[3]

毛泽东明显倾向于签订新条约的情况，发生在共产党的新政府成立以后。因为新政府成立，中苏正式建交，虽然中共中央为保持中苏旧约问题留有余地，[4]但毛泽东准备实行的是“另起炉灶”，即废除一切旧政府所签订的条约及协定，另定新条约新协定，重新建立外交关系的对外新政策，如果对美国是一个样子，对苏联是另一个样子，于情于理都说不过去。更何况，这个条约还附带着苏联租用旅顺港三十年这种早就备受国人抨击的不平等协定呢？

11月上旬，毛泽东即通过斯大林派在他身边的私人代表科瓦廖夫向斯

[1] 前引《米高扬的秘密赴华使命》。

[2] 同上引注。

[3] 前引《刘少奇给联共（布）中央和斯大林的信》。

[4] 周恩来在1949年4月曾对民主人士谈道：过去的“对外条约有的废除，有的则要加以修改，有的还可以保持”。周恩来：《关于和平谈判问题的报告》（1949年4月17日），《周恩来选集》上卷，北京：人民出版社1980年版，第321页。

大林提出了访问莫斯科的要求。他在谈到访苏目的时明确提出，希望访问三个月，第一个月在苏联，与斯大林会谈，以便签署一个新的中苏条约。然后用一个月的时间去东欧访问，一个月的时间去苏联南方养病。8 日，毛泽东正式致电莫斯科表达了访苏的愿望，并特意再度提到了条约问题。由于米高扬主动地提出过重订条约的问题，刘少奇访苏时斯大林也没有表示过反对，因此，毛泽东显然不认为这是一个困难的问题。当然，出于礼貌，他还是在电报中委婉地提出说，如果要签订条约，周恩来将前往签字。10 日，他又专门委托周恩来会见了苏联大使罗申，一方面进一步请罗申将他想要拜会斯大林的愿望转达给莫斯科，另一方面又强调了此行想要讨论中苏条约的问题。[1]

由于没有得到苏方的及时反应，为了促使斯大林尽快同意签订新的条约，一周以后，作为中共情报部门负责人，并担负着毛泽东与苏联大使联络任务的李克农，并非无意地对苏联外交人员提到，美国有一个“策划中国共产党响应铁托集团的计划”。他解释说，帝国主义者现在正在“攻击 1945 年的中苏条约是一个不平等的帝国主义条约”，说它“导致中国丧失了东北及在满洲的所有工业设备”。[2]

然而，毛泽东一而再再而三地提到另订新约的问题，却始终没有得到斯大林的肯定答复。这显而易见使格外敏感的毛泽东尚未成行就已经在心理上蒙上了一层阴影。关于这一点，我们只要看一看毛作为新中国的最高领袖，又是第一次正式出访苏联，却只带了一个秘书、一个翻译和几个工作人员，没有举行任何隆重的出行仪式，就悄然去了莫斯科，就很足以体会到毛此时内心忐忑的程度了。

斯大林不可能不重视作为东方人口大国和领土大国，同时又与苏联有着

[1] 前引科瓦廖夫口述，冈察洛夫整理：《斯大林与毛泽东的对话》，转见（俄）《远东问题》1994 年第 6 期。

[2] 《李克农和罗申关于美国侦察机关在华活动的谈话》（1949 年 11 月 17 日）。沈志华提供：《苏中关系资料》。

几千公里边界接壤的新中国的诞生以及它的重要性。更何况这个时候美苏正处于高度紧张的形势下，对中国的争夺就更加举足轻重。斯大林不可能不知道他拒绝毛泽东要求签订新约的提议，可能会给两国关系乃至于苏联在远东的安全带来怎样严重的影响。但是，他还是选择了这样一种对毛泽东具有伤害性的做法。有学者推测斯大林一定收到了来自科瓦廖夫或其他渠道的对中共领导人不利的报告,因而使他对重订条约的意义发生了怀疑。[1]但更大的可能是，斯大林这时考虑到了废除旧条约可能给苏联带来的影响问题。从他这时专门请了国际法专家，来研究修订或重订中苏条约的负面影响这一点，应该可以看得出来他对这种影响曾经是何等的担心。事实上，考虑到美苏冷战的严重背景，这些俄国专家几乎都认为，与中共重订条约，美、英不是没有可能要求苏联放弃它从《雅尔塔协定》中所获得的其他利益，比如千岛群岛乃至南库页岛等。有了这样的理由，再加上对毛泽东的不了解与不能完全放心，斯大林希望不要急于重订中苏条约，就不是完全不可理解的了。

在 12 月 16 日当天的谈话当中，斯大林对毛泽东解释说：1945 年的那个条约是根据苏、美、英三国缔结的《雅尔塔协定》签订的，而苏联正是通过《雅尔塔协定》才在远东得到了千岛群岛、南库页岛和旅顺口等。如果改动经过美、英两国同意的中苏条约，“哪怕改动一款，都可能给美国和英国提出修改条约中涉及千岛群岛、南库页岛等条款的问题提供法律上的借口”。因此，我们经过考虑后，“决定暂时不改动这项条约的任何条款”。至于涉及影响中国权利的问题，如旅顺港驻军及中长铁路问题，可以“寻求一种变通的办法，在形式上保留，而在实际上修改现行条约”。比如，“形式上保留苏联在旅顺驻军的权利，但按照中国政府的建议，撤出那里的苏联军队”[2]。

---

[1] 保罗·温哥罗夫著，张卫东译:《毛泽东在莫斯科（1949—1950）:新的档案证据》,《党史研究资料》1998 年第 4 期。

[2] 《斯大林与毛泽东会谈记录》(1949 年 12 月 16 日)，转见《党史研究资料》1998 年第 5 期。

毛泽东显然对斯大林提到这些顾虑缺少心理准备，因而变得进退两难。他坚信他此行有必要带一个前所未有的、足以振奋人心的平等条约回去，但他从没有想到收回自己的利权，会给苏联造成领土上的损失。这显然有违毛泽东的初衷。他承认："在中国讨论条约时，我们没有考虑到美国和英国在《雅尔塔协定》中的立场。我们应该按如何对共同的事业有利来行事。这个问题必须考虑周到。但是，现在已经清楚的是，目前不必修改条约，正如不必匆忙从旅顺撤军一样。"为什么不必马上改变旅顺港的现状问题，毛泽东早在与米高扬谈话的时候就已经讲得很明白了。这是因为新中国还没有自己的海军，面对来自美国和日本的威胁，它还无力接替旅顺口的防务。毛泽东甚至明确讲："中长铁路和旅顺的现有状况符合中国的利益，因为仅靠中国的力量还不足以有效地打击帝国主义的侵略。"[1]

对此，斯大林却表示了不同的看法。在他看来，旧条约改不改目前倒不甚重要，最能反映旧条约不平等的实质性内容的，就是苏联通过租借旅顺港在中国驻军的相关协定。毛泽东此行若能在实际上解决了这个问题，也就真正为共产党获得了声望。他解释说：因为"我们作为共产党人，在别国的领土，尤其是友好国家的领土上驻军，是完全不合适的。这样一来，任何人都可以说，如果苏军可以驻扎在中国领土上，那为什么英国人不能在香港驻军，美国人不能在东京驻军呢？"因此，撤军不仅符合两国关系的平等原则，"苏军的撤出也给中国共产党在处理与民族资产阶级的相互关系方面以重大的帮助。所有的人都将看到，蒋介石做不到的事，共产党人做到了"[2]。

既然毛泽东行前已经明确表示，签订新约是他此行主要目的，可知第一次见斯大林就被迫同意"目前不必修改条约"，毛泽东会多么扫兴。因此，他最后还是心有不甘地提了一句："是否需要周恩来前来莫斯科解决条约问

[1] 前引《斯大林与毛泽东会谈记录》。
[2] 同上引注。

题呢？”看起来，他嘴上同意“目前不必修改条约”，心里却多少仍旧在想，对旧条约是否还有可能做些必要的处理呢？[1]

对此，占尽上风的斯大林当即把毛泽东的话堵了回去。他在强调“这个问题您必须自己决定”的同时，特别订正毛说：“可能周需要来解决其他一些问题。”这意思很清楚，既然您已经同意不必修改条约了，那么周恩来即便来，也不能说是来解决条约问题的。

二、毛泽东真的曾大发脾气，拒不出门，在别墅里睡大觉吗？

不少文章和书都对毛泽东和斯大林的这第一次会谈的结果大为渲染，给人印象，“毛泽东很不满意”。但从接连应酬之后，毛泽东 18 日给刘少奇去的电报中看，情况似乎并不尽然。他这时语气平和，心情愉快，感觉不错。

电报称：(一) 16 日到莫斯科，下午 10 时（北京时间）与斯大林谈两小时，情意恳切。谈了和平的可能性、条约、借款、台湾及毛选出版等问题；(二) 斯大林说，美国人很怕打仗。美国人叫别人打，而别人也怕打。看他这种说法，仗是很难打起来的，和我们的估计一样；(三) 关于条约问题，斯大林说，因《雅尔塔协定》的缘故，目前不宜改变原有中苏条约的合法性，如果改变原有的，重订新约，会牵连到千岛群岛的问题，美国就有理由要拿千岛群岛。因此，旅顺口为苏联租借三十年一点，目前在形式上不能改变，但在实质上苏联实行撤兵，由中国军队进驻。我说，撤得太早也不利。他说，可想办法使苏联撤兵不成为袖手不管，让中国同志独当其冲。他的意见是签一个声明，照上述内容解决旅大问题，如此即可使中共取得政治资本。我说，照顾《雅尔塔协定》合法性是必要的，唯中国社会舆论有一种想法，认为原条约是和国民党订的，国民党既然倒了，原条约就失去了意义。他说，原条约是要修改的，大约两年以后，并且须作相当大的修改；(四) 斯大林说，

[1] 前引《斯大林与毛泽东会谈记录》。

签个声明，外长不必飞来。我说，我考虑一下，想将商务、借款、航空等协定一起签，总理还是去。条约问题如何解决请政治局讨论并提意见。[1]

从电报中，我们看不出毛泽东有任何明显不满的情况。相反，他认为与斯大林谈得很好，“情意恳切”。斯大林所谈各项问题，包括对是否签订新条约的解释，毛泽东也很能理解，特别强调斯大林说两年以后即可做相当大的修改。唯独对周恩来赴莫事，毛还有些不同意见。毛泽东隔了一天之后发出的这封电报，是否反映的是他真实的感受，颇令人生疑。以毛异常敏感的性格，和第一次代表中国党和中国政府出访，就不能达成目的所造成的心理落差，足以想象他与斯大林谈话后内心当不会太好受。如果这一点能够确定，那么同样明显的是，毛泽东在电报中对这次谈话评价如此之好，其意也不过是出于政治上和自身形象上的考虑罢了。也正因为对自身政治形象上的高度重视，他才会特别坚持一定要让周恩来以总理身份前来莫斯科签订一揽子协定，以示隆重。想不到，国内的中共中央政治局领导人对毛泽东的这种心情并未理解，以致想法与毛相差甚远。

21 日，刘少奇等联名致电毛泽东称：今日政治局会议，大家赞成，如果苏联方面并不准备现在签订关于借款、航空、通商诸协定，只准备就旅顺驻兵问题及对一般政治问题发表一个声明，则恩来同志去莫似无必要。政治局请你就此问题加以考虑，并给予指示。[2] 毛泽东的电报明明讲，考虑周还是去，“将商务、借款、航空等协定一起签”，政治局却认定斯大林就是想签个声明，“并不准备现在签订关于借款、航空、通商诸协定”，因此认为周去无益。由此可以看出政治局得到毛泽东电报后的观感较毛要差得多。

好在这一天毛泽东阴郁的心情在斯大林的精心安排下，多少得到了一些慰藉。21 日晚，毛泽东应邀出席了斯大林七十寿辰的庆祝活动。在苏联

[1] 裴坚章主编：《中华人民共和国外交史（1949—1956）》，北京：世界知识出版社 1994 年版，第 17—18 页。

[2] 裴坚章前引书，第 18 页。

国家大剧院举办的为斯大林祝寿的大会上，斯大林特地陪同毛泽东一道步出会场，接受全场群众的热烈欢呼。毛泽东并且被特意安排与斯大林并排就坐在主席台正中央，并被安排为第一个致祝词的国家元首。其规格之高，引人注目。但很显然，这一天的毛泽东，心情仍不是很好。在各种已见报的照片中，他的眉头始终紧锁，未见一丝笑意。

22 日，在苏联政府举行的贺寿宴会上，斯大林等苏联领导人又一次给予毛泽东以特别的礼遇。毛泽东不仅就坐在斯大林的身边，而且当最高苏维埃主席团主席什维尔尼克提议为社会主义国家人民和领导人干杯时，首先就建议“为中国人民，为出现在大厅的中华人民共和国的代表们，为中国人民的领袖毛泽东同志干杯”。毛泽东在莫斯科的活动这时可谓达到了高潮。而这一天毛泽东的面容明显地松弛了许多。这也就难怪他在这一天的活动之后，马上就拍发了电报，专门告诉中共中央说：已经与斯大林约好 23 日或 24 日谈一次，在这次谈话后就可以确定方针电告你们了。他同时特别提道：“庆祝会除苏联各共和国代表讲话外有十三个国家的代表讲话，在这十三个国家中由我代表中国第一个致词，受到盛大欢迎，三次全场起立长时间鼓掌。”他显然十分欣赏苏联塔斯社就此所做出的报道，为此专门要求新华社发消息时要用塔斯社的新闻稿。[1]

12 月 24 日，斯大林与毛泽东举行了第二次会谈。这次会谈的记录至今未见披露，能够看到当时毛泽东与中共中央来往电报的中国外交部研究室，在集体著作《中华人民共和国外交史（1949—1956）》一书中谈到这次会谈的内容时，只有一句话，即“这次主要是谈越南、日本、印度等一些亚洲兄弟党的事情，斯大林根本未提中苏条约的问题”[2]。

不过，毛泽东在 1956 年对苏联大使的谈话时，却持另外一种说法。他说：当时“我旧话重提，并向斯大林展示了中共中央的电报，其中也提出了同

---

[1] 裴坚章前引书，第 18 页；《建国以来毛泽东文稿》第 1 册，北京：中央文献出版社 1991 年版，第 197 页。

[2] 裴坚章前引书，第 18 页。

样的要求。我建议请周恩来前去莫斯科签约，因为周是外交部长。斯大林便趁机利用这个建议，把它当作借口，推说‘这样做不妥当，因为资产阶级报刊会大肆叫嚷中国政府就设在莫斯科’”。[1]

究竟是斯大林根本未提中苏条约问题，还是毛泽东旧话重提被斯大林当场拒绝了呢？在这里，科瓦廖夫保存的一份文献似乎不应该被忽略。科瓦廖夫说，12月22日，毛泽东请科瓦廖夫到他住的地方去进行了谈话。科瓦廖夫随后把谈话整理成记录送给了斯大林。记录中有这样的内容："毛泽东想在12月23—24日有一次依次进行的会见。"毛泽东打算提出两个进一步谈判的方案，由斯大林来做选择。"第一个方案规定要解决以下问题：中苏条约、贷款协定、贸易条约、航空交通协定以及其他一些问题，其中包括缅甸承认中国的问题。根据这个方案，打算把周恩来召到莫斯科来办理签订各种协定的手续。""第二个方案规定要讨论的问题很多与第一个方案中的相同，但是没有要对一些协定办理有关的手续事宜。在这种情况下，现在就没有必要让周恩来到莫斯科来。"[2]

对上述资料加以分析的结果，是毛泽东的说法和《外交史》一书中的说法理当都有一定的根据。鉴于毛泽东事先已经明确地向斯大林提出了想要解决条约和协定的问题，两人这次会谈照理不可能不涉及这一话题。一种可能是斯大林在24日与毛泽东的会谈中，一上来就回绝了毛泽东的第一个方案，两人完全没有能够就此展开讨论，因而毛或因不满，或因无话好讲，在给中共中央的电报里干脆没有提到这件事。但是，毛泽东22日晚已经告诉刘少奇等，他和斯大林23—24日要进一步讨论这一问题，并会有所结果，他在电报中一句不提似乎很少可能性。因此，很可能还存在着我们所不了解的另一次会谈或另一封电报。即毛泽东和斯大林可能正像毛泽东提议的那样，在23—24日依次进行了两次会谈，或《外交史》的作者只看到了毛

[1] 前引《与毛泽东同志谈话记录》。
[2] 前引《斯大林与毛泽东的对话》。

说明24日会谈中讨论兄弟党问题的电报，而没有看到毛的另一封介绍讨论如何处理协定问题的电报，因此才会误认为斯大林这时根本未提及条约或协定的问题。

显而易见的是，毛泽东非常希望周恩来能够到莫斯科来。在通过第一次会谈了解到斯大林的想法之后，毛泽东显然并不指望能够另订新约，但即使在保留旧约的情况下，也还是有一个如何缔结新的贷款、贸易、交通等协定以及如何使新的协定与旧约相协调的问题，他并不认为这是一个容易解决的问题。何况，毛泽东也不愿意自己来处理这些麻烦的事情。如果周恩来能够来莫，并且与苏方达成妥协，最终将条约一一签订下来，毛泽东此行也会显得有成就一些。想不到，看来斯大林连毛泽东的这一点起码的要求都没有能够痛痛快快地接受，难怪会惹得毛泽东后来一直耿耿于怀。用一些文章中的说法是，毛泽东会谈后即大发脾气，闭门不出。

斯大林为什么在16日的会谈中还同意说“可能周需要来解决其他一些问题”，而24日会谈时却对周恩来前来签约一事也没能痛快地答应毛泽东呢？关于这一点，因为我们目前缺少相关的文献，因此也还只能进行某种推测。这里面可能有科瓦廖夫秘密报告影响的作用，但更大可能还是斯大林太不了解中国的传统与习惯。

就前者而言，科瓦廖夫恰好在24日当天向斯大林递交了一个有关中共中央内部情况和政策倾向的报告，明确认为中共中央内部存在着严重的亲美倾向。报告认为中共中央在许多事情上都没有听取斯大林的建议，并且始终对英美两国政府承认中华人民共和国抱有幻想，而为了不激怒美英两国，刘少奇、李立三反对日本、印度等受英美集团支配或从属于英美集团的国家参加亚洲国家工会会议；周恩来反对向集中了美英两国巨大经济利益的上海、天津两大城市派出苏联专家。[1] 一向多疑的斯大林未必不会受到

[1] 《科瓦廖夫1949年12月24日报告》，转见列多夫斯基编，马贵凡译：《斯大林给中共领导提出的十二点建议》，《中共党史研究》2004年第6期。

这个报告中的一些说法的影响，比如对周恩来心存疑虑之类。就后者而言，俄国人显然不了解中国历来的习惯是，像具体谈判签约之类的事情，只能是由掌管事务的官员，而不应该是由最高领导人自己来进行的。最高领导人亲临签字现场，不过是显示隆重而已。何况毛泽东本人一向对这类事情不感兴趣，甚至讨厌。斯大林显然不了解这种情况，他多半是认为这些协定只要苏方起草好，毛泽东自己看看，提出修改意见，最后自己签字即可，周恩来来不来已两可。[1]

无论如何，这一次的会谈肯定是毛泽东的心情再度由晴转阴的一个重要转折点。据他回忆说，他当时决定哪儿也不去，“在别墅里睡大觉”。毛泽东对此至少有过两种解释，一是说科瓦廖夫和费德林找上门来，转达斯大林的邀请，请毛去苏联全国游览，而他拒绝了，宁可“在别墅里睡大觉”；一是说他发觉斯大林有意避而不见，便给斯大林的住所打电话，对方竟答复说斯大林不在家，要他去找米高扬。他说：“这种做法使我很生气，我决定待在别墅里，什么也不干。”[2]

研究历史，当事人的回忆固然重要，但仅凭当事人的回忆是不可靠的。何况多年之后，再加上各种因素的影响，回忆本身难免存在太多主观的东西，甚至这次的回忆与上次的回忆就大相径庭。从目前已知的文献资料分析，毛泽东在莫斯科别墅里“睡大觉”日子，看来并非是他最不高兴的时候。

毛泽东什么时候开始在莫斯科别墅里睡大觉呢？根据已有的文献记载，显然不是24日会谈之后立即发生的事情。也就是说，他并非因为斯大林的拒绝就立即宣告闭门不出。同样，斯大林也并非有意避而不见。

据汪东兴的“日记”记载，24日会谈后的次日，即25日，斯大林还曾来电话问候毛泽东。26日和27日两天里，毛泽东还与其他苏联领导人进行

[1] 师哲也有类似的看法。只是他认为斯大林是部长会议主席，要亲自签字，因此认为有毛泽东签字才算门当户对。

[2] 前引《与毛泽东同志谈话记录》。

过会谈。[1] 这也就是说，如果毛泽东有过在别墅里睡大觉的时候，但绝不是24日会谈一结束的事情。据查，事情应该是发生在28—31日这最后的四天时间里。因为这一段只有这四天时间斯大林和其他苏联领导人没有同毛泽东晤谈。

那么，为什么24日会谈之后毛泽东没有马上闭门不出，反而是几天之后才关起门来睡大觉呢？有书上说，这是斯大林故意不理睬毛泽东，原因是他仍然不信任毛泽东，又得到了科瓦廖夫指责中共领导人亲美的秘密报告，故意拖而不谈，“静观毛泽东所持立场的变化”。但这种解释有些不合情理。既然斯大林在祝寿活动中刻意突出毛泽东，并给了毛以最高的礼遇，24日双方进行了会谈，[2] 且还亲自打电话问候毛泽东，26、27两日苏联领导人还相继同毛晤谈，何以28日起就故意冷落毛，造成毛泽东的恶感？难道是27日与其他苏联领导人的并不十分重要的会谈惹了麻烦？可是我们从来没有听毛泽东提到过类似的情况，他所报抱怨的只是斯大林而已。至于说拖着不谈，可以静观毛泽东立场的变化，更是毫无道理。毛既不知道科瓦廖夫的秘密报告，也没有和斯大林就类似的问题交换过看法，他如何会知道需要变化什么立场？何况拖着不理毛泽东，只会加强毛泽东的逆反心理，又如何能够促使毛泽东的立场变化？

苏联人有文章认为，毛泽东当初说过，他访问的主要目的是休息和治病，因此，斯大林和苏联领导人只是采取了各种措施力求不加重毛泽东的访问计划，给予他休息和治病的机会，并不是有意要冷落他。但是，毛泽东16日抵莫，只在当晚见了一次斯大林，就被放在“坐落于乌索夫的斯大林一个远处的别墅里”“苦熬了好几天”，很难认为没有冷落之嫌。[3] 而且，刚刚

---

[1] 汪东兴：《汪东兴日记》，北京：中国社会科学出版社1993年版，第165—170页。注：汪东兴的这份“日记”固有日记的成分，但因其有颇多讹误或不准确之处，故许多内容恐怕只可作为回忆看待。

[2] 列多夫斯基：《斯大林同毛泽东的谈判》，《毛泽东与斯大林、赫鲁晓夫交往录》，第73页。

[3] 连科瓦廖夫当时都认为这种做法太过冷淡。见科瓦廖夫前引文。

进行过两次会谈，双方连一个像样的东西都没有搞出来，就让毛泽东去休息和治病，也于理不通。毛泽东来莫前就讲得很清楚，即使休养，也是访问的最后一个节目。况且，斯大林就是有理由要求毛泽东早日休养，他也不可能不和毛泽东商量一下，就把毛晾在那里，故意去惹起毛的猜疑。

值得注意的是，同通常所说的毛泽东这时因受冷落而情绪低落、大发脾气的情况不同，目前存在着一些完全相反的记录。比如，我们从《汪东兴日记》中，就看不出毛泽东这几天的情绪有任何异常的现象。[1] 而负责毛泽东生活起居的苏方负责人卡尔斯基 1950 年 1 月 1 日讲得更具体。据他说，毛泽东这几天心情不仅没有变坏，反而是变好了。他告诉苏联驻中国大使罗申说："毛泽东三天以来感觉非常好，他睡眠好，没有吃药，爱开玩笑，很兴奋，很健谈。"[2]

比较上述各种说法与回忆，可以看出毛泽东"睡大觉"这几天反而是心情较好的几天。1950 年 1 月 1 日毛泽东对罗申谈话时也特别谈到这一点。只不过，他所说的不是"三天以来"，而是"最近四天"，说"最近四天，我每天睡八个小时没问题，没有吃安眠药"，感觉很好。这在一直为失眠烦恼，并准备来苏联最后一个月彻底休息、医治失眠的毛泽东来说，当然是件可喜可贺的事情。如果他心情恶劣，烦闷异常，他肯定会加重失眠，绝不会感觉很好，连安眠药都不用吃了。

毛泽东向来不是一个感情隐而不露的人。很难相信他这时所谈所做都是假的，心里不高兴，却故意做出一副高兴的样子来。何况，正如毛泽东自己所说，当时要想让斯大林让步，就得和斯大林斗，比如把斯大林的私人代表骂上一顿之类，而不能采取假意迎和的样子。因此，多半可以推断，毛泽东在别墅里睡大觉的几天，并非是他心情最不好的时候。

---

[1] 前引《汪东兴日记》，第 168—170 页。
[2] 《毛泽东与罗申谈话纪要》（1950 年 1 月 1 日），《党史研究资料》1998 年第 5 期。

三、毛泽东不相信自己的耳朵，又问道：是否以新条约代替旧的

毛泽东在莫斯科期间什么时候心情最不好？

依据目前能够掌握的资料，估计应该是在 24 日之后的几天时间里。只不过，它并没有马上发展成像后来毛泽东自己所说的，破口大骂，闭门不出，“在别墅里睡大觉”。毛泽东后来为什么睡大觉，也并不是因为斯大林故意避而不见，而是毛泽东自我感觉睡眠严重不足，主动提出想要静养几天。这从他 1950 年 1 月 1 日与苏联大使罗申的谈话当中可以看得很清楚。

需要考虑到的是，造成毛泽东睡不着觉的原因是多方面的。毛泽东本来在睡眠上就有严重问题，此其一。向来不曾出过国的毛泽东不可避免地存在着时差问题，到莫斯科之后又一直都在按照当地时间参加活动和进行会谈，使他本来就不正常的睡眠习惯很难适应时差所造成的困扰，此其二。同时，对 24 日的会谈结果，毛泽东无疑也颇感不满。尽管 25 日斯大林仍来电话问候，26、27 日他仍不得不继续与苏联领导人进行会晤，他心情不好应该是肯定的。如果说他曾经有过大发脾气的情况，相信也应该是在这几天里。

不论毛泽东在 1949 年最后一周的感觉如何，到了 1950 年元旦这一天，他的心态已经相当平静。苏联驻华大使罗申见到毛时，发现他态度祥和热情。他首先通报了缅甸和印度愿意承认中华人民共和国，而同属英联邦的其他国家，甚至包括英国，也“有消息”将要在承认中华人民共和国的问题上采取明显步骤的情况。他请罗申告诉斯大林等：他这几天感觉很好，“最近四天，我每天睡八个小时没问题，没有吃安眠药”。只是外出散步时，在冷空气中逗留时间不能长，否则会头晕。因此，他还想静养一个多星期，以便完全恢复正常的睡眠。在这段时间里，除了可以与斯大林讨论工作问题以外，与其他苏联领导人见面只采取礼节式的漫谈方式，不讨论工作问题。谈话中，毛泽东一句也没有提到重订条约的问题，甚至也没有再提到周恩来来莫斯科的问题。这也从一个侧面说明，斯大林在与毛泽东第二次会谈时，

的确没有同意让周恩来来。这也正是为什么毛泽东这时对到公开场合去活动变得毫无兴趣的原因吧。他明确表示："不想参观工厂，不想做报告，也不想发表公开演讲"，并"不想在苏联旅游了"。想提前一个月，即在1月底以前即回到国内去。[1]

但是，就在这一天，出现了一个新的情况，使整个形势发生了戏剧性的变化。

毛泽东在多年后两度讲到：这一天，"我收到了一份由斯大林签署的毛泽东对报界的谈话稿"，"斯大林同志改变观点了。他起草了一个我的谈话稿，他给我当秘书"[2]。在1月2日一早即见报的这篇《答塔斯社记者问》当中，斯大林明确写道："我逗留苏联时间的长短，部分地决定于解决有关中华人民共和国利益的各项问题所需要的时间。""在这些问题当中，首先是现有的中苏友好同盟条约问题，苏联对中华人民共和国贷款问题，贵我两国贸易和贸易协定问题以及其他问题。"[3]上述文字很容易使毛得出这样的印象，斯大林不仅准备同他签订有关贷款、通商等项协定，而且首先就准备讨论中苏条约问题。和斯大林此前的态度相比，这的确很出乎毛泽东意外。

有关这个谈话稿究竟由谁起草的问题，在学者中明显地存在着争论。毛泽东在1956年3月31日与苏联大使尤金和1963年2月23日与苏联大使契尔沃年科的谈话中，两度提到该谈话稿是斯大林起草和签署后给他的。进一步可以印证毛的说法的，是科瓦廖夫1月2日给斯大林的一份与毛泽东前一日谈话的纪要。纪要说明了这份谈话稿是他受斯大林委托交给毛泽东的。毛阅后表示："答记者问的形式和内容都很好；他没有什么需要说明和补充。"[4]不同的说法来自师哲和汪东兴的回忆，他们认为发表这样一个答记

[1] 前引《毛泽东与罗申谈话纪要》。

[2] 前引《与毛泽东同志谈话记录》；《毛泽东与契尔沃年科谈话记录》（1963年2月23日）。

[3] 毛泽东：《答塔斯社记者问》（1950年1月2日），《建国以来毛泽东文稿》第1册，第206页。

[4] 如果此文是毛泽东自己起草，毛自不会讲形式和内容都很好、他没有什么需要说明和补充这类话。迪特·海因茨希著，张文武等译：《中苏走向同盟的艰难历程》，北京：新华出版社2001年版，第504页。

者问，是出于王稼祥的建议。原因是毛泽东一连几天没有出门，因而在公开的报道中不见了踪影，引起了外界的猜测，故王提出了这样一个建议。[1]

从《中华人民共和国外交史》的作者，到一般研究中国外交史，乃至系统地研究中苏关系史的作者，多数看来都相信师哲和汪东兴的说法。因为他们相信这理应是毛泽东计划中的一部分，即用来向斯大林施压或要挟斯大林在签约问题上让步的一种策略手法。但是，笔者宁愿相信毛泽东本人的说法。因为一般说来，与此事的当事人毛泽东和科瓦廖夫的说法相比，作为随从人员的师哲和汪东兴的说法并不具有权威性，而且两人的回忆本身也明显有记忆讹误之处。[2] 更为重要的是，研究历史，不能忽略历史人物的经历、性格和行事风格。和斯大林相比，毛泽东在外交事务上无疑还是一个新手。何况毛泽东本来就是一个极其敏感的人，在另订新约问题上已经几度受挫的情况下，说毛还会再去搞一个文字的东西，声明自己此行首要目的就是要解决中苏条约问题，以此来逼斯大林让步，也不合情理。斯大林已经两三度回绝了毛泽东的试探和要求，毛泽东有什么根据相信再试一次就会起作用？如果斯大林仍不让步，以毛的性格，岂不等于是自找其辱？

那么，斯大林为什么会突然改变态度，并且采取这种方式来表达自己的意图呢？在这个问题上，多数中国学者显然又很相信毛泽东后来的说法了。因为毛说过：多半是“印度和英国帮了中国的忙，他们分别在 1950 年 1 月承认了中华人民共和国，可能是这一点促使了斯大林态度的改变”[3]。但

[1] 《在历史巨人的身边》，第 438—439 页；《汪东兴日记》，第 169—172 页。

[2] 两人的回忆虽大致相同，但两人的表述都明显不准确，师哲宣称毛 1 月 1 日决定发表这个文件，2 日即见报，显然不实，因为毛作为一个外国领导人在莫斯科是无权决定自己在苏联报刊上发表什么的。且师哲最初的回忆录中并无此项内容，是后来在整理者帮助下增加进去的。至于汪东兴的“日记”，原本就有加工之嫌，它又出版在师哲回忆之后，更难作为可靠的依据。其中所谓王稼祥说一个星期未见报道毛的活动的说法就不准确，因为莫斯科的报纸最后一次报道毛泽东与苏联领导人会晤的时间是 1949 年 12 月 28 日，距离 1950 年 1 月 1 日才不过三四天时间，身为大使的王稼祥不可能不知道。而“日记”所记 1 月 1 日晚莫洛托夫和米高扬来访事，对照俄国档案，似也是对 2 日晚两人来访的误记。

[3] 前引《与毛泽东同志的谈话记录》。

是，这种看法似乎还是不大能够成立。一来，连毛泽东本人自己都认为这只是一种“可能”，如何能做根据？二来，如前所述，关于缅甸承认中国的问题，毛泽东还在1949年12月22日与科瓦廖夫谈话时，就已经提到了，它丝毫没有影响到斯大林的态度。说1950年1月1日毛泽东与罗申谈话中进一步提到印度准备承认中国，斯大林会受到很大刺激，显然不合逻辑。当然，我们不能排除毛在这一天向罗申提及印度和英国的外交承认问题存有向斯大林炫耀甚至是示威的意图，因为毛后来怀疑“印度和英国帮了中国的忙”的说法,显示他对此确实看得较重。但毛泽东自己的想法是一回事，斯大林因何转变态度却是另一回事。

说罗申与毛泽东谈话的报告刺激了斯大林，促使斯大林转变态度难以成立的原因之一，是因为罗申与毛泽东的谈话和斯大林转变态度，两者前后至多不过几个小时的时间。罗申是在毛泽东处吃了饭以后回去的，毛的住处距离城里还有一两个小时的车程，回去后还要将谈话整理出来打印成文，经过相关手续报到克里姆林宫，即使斯大林当天下午没有其他安排，他看到罗申的谈话纪要，也要到晚上了。而斯大林派科瓦廖夫去送显示其转变态度的答记者问文稿，却是当天下午到傍晚之前这段时间，即使我们认为科瓦廖夫是在傍晚前赶到毛的住处的，算上车程，科瓦廖夫也要下午从克里姆林宫动身才赶得及。显然，从时间上来说，斯大林是不可能在看了罗申的谈话纪要之后再来做此反应的。何况匆匆忙忙地改变策略，也不合一向小心谨慎的斯大林的行事风格。

原因之二，是说斯大林会因为缅甸、印度以及英国等承认中国的消息而备受刺激，进而急忙改变态度，此说法太低估了苏联获取外交情报的能力。有关英国可能会承认新中国的消息，早在半个多月前的12月16日，即毛泽东到达莫斯科的当天，周恩来就已经在政务院会议上宣布了。两天后周恩来就已复电缅甸政府，同意在缅甸当局与国民党残余力量断绝关系的基础上建立中缅外交关系。[1] 此后英联邦国家内部，乃至于英美之间，有关要不要承认新中国政府的问题已经闹得沸沸扬扬，苏联方面不可能对这种情况一无所知。何况斯大林自 1949 年春天起，就始终主张新中国要主动争取资本主义国家的外交承认和保持与资本主义国家的贸易关系，毛泽东通报缅甸、印度这样的国家承认中华人民共和国，在斯大林不可能是什么重大新闻。即使是英国对华外交政策可能有所调整，说会对斯大林形成较大的刺激，也很难想象。[2]

那么，斯大林到底是因为什么改变了原先的决定呢？比较合乎逻辑的解释是，斯大林这时已经越来越清楚地了解到了毛泽东极度失望的情绪，[3] 并且恰好从中国新闻总署的通报中得知了中国国内一些阶层对毛泽东此行的批评和讥讽。与毛泽东的接触和讨论，显然在某种程度上已经化解了斯大林对这个正在崛起的东方大国的严重猜疑和顾虑，这一点曾经极大地妨碍斯大林下决心与中国结盟。仔细权衡了与新中国另订新约英美反应可能带来的损害和保留旧约使新中国迅速远离苏联两者的利害得失之后，他最终决心改变态度，把中国变成自己的有力盟友。至于他为何会选择通过毛答记者问这种方式来间接表达自己态度变动这一信息？这恰恰反映出斯大林处事之老谋深算。在多次拒绝毛泽东的这一要求之后，斯大林改变态度显然需要找一个台阶，以避免尴尬。代毛泽东起草一个答记者问，既可以平息外界的猜测，又从侧面转达了自己态度转变的信息，这正是斯大林用心巧妙之处。

1 月 2 日晚，莫洛托夫和米高扬一同来到毛泽东的住处，询问毛泽东对中苏条约等问题的意见。毛泽东虽然已估计到斯大林态度有变，但一时

---

[1] 中共中央文献研究室编：《周恩来年谱》（1949—1976）上卷，北京：中央文献出版社 1997 年版，第 18 页。

[2] 斯大林在 1949 年 4 月发给毛泽东的电报中明确讲："我们认为，中国民主政府不应当拒绝同包括美国在内的某些资本主义国家建立官方关系。""你们不应该拒绝在一定条件下向外国借债和同资本主义国家进行贸易。"转见科瓦廖夫前引文。

[3] 在这方面也许不应忽视赫鲁晓夫的说法，即斯大林这时在毛泽东的住所安装了窃听器。

摸不着头脑，反应谨慎。他表示说：最好是“签订新的中苏友好同盟条约。这样做有极大利益。中苏关系在新的条约上固定下来，中国工人、农民、知识分子及民族资产阶级左翼都将感觉兴奋，可以孤立民族资产阶级右翼；在国际上我们可以有更大的政治资本去对付帝国主义国家，去审查过去中国和各帝国主义国家所订的条约”。当然，也可以考虑另外两种办法，一是由两国通讯社发一简单公报，说明两国政府对旧条约及其他问题交换了意见，在一些重大问题上取得了一致意见，即把这个问题拖几年再说；二是签署一个声明，说到两国关系的要点。这样，周恩来即可不来。

据毛泽东当晚兴奋地电告中共中央说：当我详细分析上述三项办法的利害之后，莫洛托夫同志即说，前一种办法好，周可以来。尽管头一天毛泽东就已经从《答塔斯社记者问》的文稿中发现斯大林改变了原来的态度，但这时他还是有点不太敢确定自己的判断。于是，他又追问了一遍：“是否以新条约代替旧条约？”莫洛托夫肯定地回答说：“是的。”然后便自顾自地计算起周恩来来莫及签订条约可能需要的时间了。显而易见，莫洛托夫和米高扬是受斯大林指派，有备而来的。[1]

值得一提的是，斯大林这时还搞了一个一箭双雕的小把戏。他做出一副毫无芥蒂的样子，把科瓦廖夫那个秘密报告当面交给了毛泽东，并且评论说：科瓦廖夫是个搞技术的，根本不懂政治，不该卷入到这种事情当中来。[2] 在这个时候把科瓦廖夫的秘密报告送给毛泽东，一方面固然意在争取毛泽东的信任；另一方面也未必不是在暗示毛泽东，他之所以在另订新约问题上态度犹豫，与科瓦廖夫提到的中共党内存在的问题不无关系。[3]

斯大林虽然最终下决心与毛泽东另订新约，其他苏联领导人当中的顾虑却不会那么快地消除。1 月 6 日，当毛泽东颇有些得意地向来访的苏联外

[1] 毛泽东：《关于周恩来去苏联参加谈判问题给中央的电报》（1950 年 1 月 2、3 日），《建国以来毛泽东文稿》第 1 册，第 211—212 页。

[2] 师哲：《在历史巨人的身边》，第 348 页。

[3] 列多夫斯基也有近似的看法。见前引《斯大林给中共领导提出的十二点建议》。

长维辛斯基解释，为什么需要“对现存条约进行重新审查”并“签订一个新的中苏友好同盟条约”时，维辛斯基的答复很清楚地显示了其他苏联领导人对此其实并不十分认同。他坚持认为：“在我看来，新条约似乎是一件复杂的事情，因为签订新条约，或者审查现存条约，并进行任何修改，都会被美国人和英国人用来作为借口，要求审查和修改条约的其他部分，而这种改变会对苏联和中国的利益造成损害。这是不希望，并且不能允许发生的。”[1]

有了斯大林的承诺，毛泽东对其他苏联领导人的态度自然可以一笑置之。但是，为了向斯大林表明中方坚定的亲苏态度，他还是很快于1月13日批准了中共中央关于征用包括美国在内的外国在华兵营，和接收征用美国经济合作总署留沪物资以及准备将美国所有在华的旧领馆全部挤走的计划。毛泽东随后特意将这一决定通知了苏联方面，说明他的目的就是要“把美国的领事代表驱逐出中国”，并“努力拖延美国承认中国的时间”。[2]

与此同时，得知斯大林高度肯定中国革命的经验，共产党情报局机关刊物为此专门组织文章批评日本共产党和印度共产党“和平革命”和“议会道路”的主张后，毛泽东也积极地加入到批评自己的老朋友、日共领导人野坂参三等人的行列之中。毛泽东专门指示胡乔木在《人民日报》发表社论，参加批判，而后还特意让人将文章译成俄文送给斯大林看。[3]

毛泽东访苏之旅刚刚进入佳境，突然又发生一件让毛泽东倍感不快的事情。多年之后，他甚至演绎出一段斯大林、莫洛托夫等开会批判他“民族共产主义”的故事来。

事情是这样的。1月17日，莫洛托夫、维辛斯基在与毛泽东会谈时，

---

[1]　《毛泽东与维辛斯基谈话纪要》（1950年1月6日），《党史研究资料》1998年第5期。

[2]　毛泽东：《关于向联合国派出我国代表等问题给刘少奇的电报》（1950年1月13日），《建国以来毛泽东文稿》第1册，第235页。

[3]　毛泽东：《关于发表驳斥艾奇逊造谣的谈话的电报》（1950年1月19日），《建国以来毛泽东文稿》第1册，第237、245页。

说到美国国务卿艾奇逊1月12日发表的演说中有挑拨苏中关系的言论，提议最好由中国政府先于苏联外交部就此做出反应。毛泽东表示同意，但提出："这样的声明由新华社来做不是更好吗？"

莫洛托夫答复说：既然事情关系到美国的国务卿就这样一个重要问题的讲话，那么，声明就不应由通迅社来发表，而应由中华人民共和国外交部发表。

毛泽东同意，只是又提出：艾奇逊这个诽谤性声明的真正目的是什么呢？这一讲话是否是美帝国主义企图借此占领台湾的一种烟幕弹？

莫洛托夫认为：艾奇逊声明主要目的是力图借助于欺骗和诽谤，在中苏关系方面造成误解。当然，也不排除他们将利用散布谣言作为某种烟幕，来实现其占领台湾的计划。

毛泽东同意莫洛托夫的看法，表示要坚决驳斥艾奇逊的反苏诽谤，并答应第二天就起草声明草案，将草稿交苏方征求意见后用电报发往北京，让在京的外交部副部长正式公布。[1]

没有迹象表明毛泽东后来按照他说明的过程向苏方送交过声明草稿，至少他没有以他同意的外交部声明的方式来发表声明。他于18日起草的仍旧是一个以新闻总署署长胡乔木名义发表的"谈话稿"，并于19日一早即电告北京刘少奇斟酌发表。[2]

有文章认为，这是毛泽东为表现自己的独立自主，故意做给俄国人看的。但是，在刚刚取得了重要的外交进展，新的条约谈判即将展开之际，毛泽东有什么必要用这种方式去激怒俄国人呢？

一种合乎逻辑的解释是，我行我素惯了的毛泽东，认为用八股式的外交部声明不足以表达他对美国政府的厌恶，斟酌再三还是采用了他更熟悉的嬉笑怒骂的方式。像谈话稿当中那些"艾奇逊低能演说"、"赏了艾奇逊

---

[1] 《莫洛托夫、维辛斯基与毛泽东会谈纪要》（1950年1月17日），《党史研究资料》1998年第5期。

[2] 毛泽东：《关于发表驳斥艾奇逊造谣的谈话的电报》（1950年1月19日），《建国以来毛泽东文稿》第1册，第245页。

一个清脆的耳光”、“国务院老爷们已经感觉自己的赌博快要输光了”以及“不乞灵于最无耻的谣言就不能活下去的最低能的政治骗子”之类的字眼儿，毫无疑问是很难使用在正式的外交声明当中的。[1]

也正因为如此，毛泽东没有想到，他的好心会引起注重形式的斯大林和莫洛托夫的不快，反过来把他批评了一顿，自然惹得他大为窝火。

据毛泽东的俄文翻译师哲回忆，胡乔木的谈话发表后，斯大林和莫洛托夫就把毛泽东找去，说“以个人身份发表声明，怎么说都可以，但那是一文不值的”，并强调说“我们都应该信守诺言，紧密配合，步调一致，这样才会有力量”。[2]

毛泽东也谈到过斯大林召集的一次批评他的会，说是因为斯大林恨透了他，因此搞了一次攻击他的大会，什么民族共产主义，半个铁托。他说：当时“我在鼻子里笑他们，一点也不声辩，什么中国有没有民族共产主义等，我只说了一句话，‘同志们，你们说的不符合事实’。他们无可奈何，也不能把我关起来”。[3] 从已经披露的文献资料和整个日程的情况，以及可以做出的逻辑分析，我们找不出，也想象不出斯大林还有召集会议批评一个他并不十分熟悉的新中国领袖的任何其他理由和机会。毛泽东描述的多半就是这次会议。只不过，依据他的性格，再加上事过多年，他的话里有了一些演绎的成分。但由此也可以看出，毛泽东对此深感屈辱，极端不满，以致耿耿于怀。因此，师哲下面的回忆可能是属实的。

师哲回忆说，由于毛泽东受到指责，憋了一肚子气。在与斯大林同车前往他的别墅时，始终一言不发。为了缓和局面，师哲问斯大林：你不是答应过要到中国代表团的住处去做客吗？斯大林回答说：我是说过，现在也没有放弃这个愿望。敏感的毛泽东当时就猜到了他们谈话的内容，命令

[1] 毛泽东：《关于发表驳斥艾奇逊造谣的谈话的电报》（1950 年 1 月 19 日），《建国以来毛泽东文稿》第 1 册，第 246—247 页。

[2] 师哲前引书，第 456 页。

[3] 前引《毛泽东与波兰党代表团的谈话记录》。

师哲说："你和他谈的什么？不要请他到我们那里去做客。""把话收回来，不请他了。"[1] 这倒是很符合毛泽东的个性。

四、不论毛、周当时如何努力，还是没争取到中苏之间完全平等

1945年的《中苏友好条约》，让中国方面感到最不平等之处有三：第一，是强使中方同意外蒙古独立；第二，是迫使中方同意其在旅顺港驻军；第三，是把在1935年已经卖给日本的中东铁路迫使中方同意在各占百分之五十资产的基础上共同经营与管理，而经常管理权又为苏方所有。但就第一点而言，还在1949年年初中共中央就已经注意到其改变之不可能。对于第三点，新政府自成立之前，即已在实际上控制了大部分的财产和经营，再加上苏联方面一再强调认为该协定并无特别明显的不平等之处，因此中方始终尽量回避不提。双方此前讨论最多的，就是关于旅顺港驻军的协定。由于双方都认为该协定为不平等协定，修订旧约，苏联租用旅顺港协定无疑是必须要触及的。但具体到如何修改这一协定，则又由于新中国尚无海军，面对来自美日可能的威胁，在对日和约尚未签订前，中方也屡屡表示不急。

1950年1月20日，即在毛泽东以胡乔木的名义在北京公开发表了针对艾奇逊谈话的当天，周恩来率领的中国政府代表团抵达了莫斯科。22日，即在苏联政府外交人民委员会正式发表反驳艾奇逊的外交声明的当天，斯大林率马林科夫、莫洛托夫、米高扬、维辛斯基等与毛泽东、周恩来等举行了会谈。从这次会谈的气氛看，双方的态度相当积极，看不出有受到毛泽东自行其是地发表胡乔木谈话稿影响的阴影。

这次会谈的主题自然是讨论新条约的内容。实际上，中方虽然一直在提议另订新约，但由于始终不清楚苏方的真实态度，故一直未做具体的文案工作。相反，从斯大林决定同意另订新约之日起，苏联外交人民委员会

---

[1] 师哲前引书，第457页。

条法司就在积极准备，1 月 5 日已起草出名为“苏中友好合作互助条约”的第一稿草案。到 1 月 16 日止，这个草案文本已是六易其稿了。[1] 到双方开始正式会谈之前，该文本已正式定稿，并得到了苏共中央的批准，名称已确定为“苏中友好同盟互助条约”。而新条约和旧条约相比，主要是在原则上确定了中苏两国同盟互助的关系，关系到双边实际利益的内容仍旧体现在关于中长铁路的协定和有关旅顺口及大连港的协定上。第一稿明确主张：“1945 年 8 月 14 日签订的中长铁路、大连和旅顺口协定继续有效。”至第六稿才改为：“目前在旅顺口和大连港的苏联军队自本条约生效之日起 2—3 年期限内全部撤回苏联境内，撤军将于 1950 年开始。”[2] 俄国人不想根本变动旧协定实质内容的态度，自然与毛泽东关于暂时可以不必变动这两个协定的多次表态有些关系，但很明显，根本上还是因为苏联领导人始终相信，中国东北的中长铁路以及旅顺港，对苏联不仅具有极大的战略价值，而且也具有相当重要的经济价值。因此，他们非常想保留他们在那里的特殊权益。具体到中长铁路和旅顺港、大连港的问题，其最后由苏联部长会议内定的修改部分，除了中长铁路管理层的领导职务采取中苏两国轮换制，旅顺口苏军从 1950 年开始撤退，条约生效后两三年内撤完外，其他与旧条约比几乎没有多少改变。[3]

与毛泽东相比，直接负责政务院的周恩来，因为天天与民主党派在一

---

[1] 有关《苏中友好合作互助条约》初稿的起草情况，中苏双方记载有所不同。前引《周恩来年谱》(1949—1976) 上卷，1950 年 1 月 24 日条称周“拟出新的《中苏友好同盟条约 (草案)》，并在条约名称上增加‘互助’二字。经毛泽东同意后，将所拟的《中苏友好同盟互助条约 (草案)》送交维辛斯基”。裴坚章主编《中华人民共和国外交史 (1949—1956)》第 22 页也记述为：22 日会谈后，“在苏方提议下，由中方周恩来主持起草新条约的文本……苏方同意中方的草案本”。但俄国公布的草案文本第六稿显示，还在周恩来到莫斯科之前，苏联方面就已经将条约草案起草并修改定稿了，标题也已经增加了“互助”二字。从谈判记录看，中方对苏方起草的条约稿也没有提出重要修改意见。周恩来起草的，是新订的有关中长铁路、大连和旅顺口协定。见张木生译、沈志华编：《关于 1950 年中苏条约谈判的部分档案文献》，《中共党史资料》第 67 辑，1998 年 9 月，第 201—207 页。

[2] 前引《关于 1950 年中苏条约谈判的部分档案文献》，第 201—207 页。

[3] 同上，第 208—217 页。

起共事并处理各种内外事件，感受到的民族主义压力要直接得多。[1] 他除了清楚地了解旅顺港驻军问题必须解决外，对有关中长铁路的现状，亦知道国内各界多不能接受，如不加以修改，甚或予以收回，势难取得国人的认同。而解决这一问题之关键，除必须缩短过去协定的有效期外，尤其要使过去由苏方拥有管理权变为由中方拥有管理权。要说服国内各界接受苏联继续在中长铁路问题上保留一定的权益，至少也要将原先各占50%资产的规定，改为中方占51%，苏方占49%，才能体现中方的主权及主导地位。毛泽东显然接受了周恩来的意见，在会谈中就此表达了中方的看法，提出新协定应考虑缩短原来的时限，重新规定双方的资产占有比例，并写明中方在管理中起主要作用。周恩来随即补充说明：中共中央的意见是，新协定应规定成立铁路管理委员会负责经营管理事务，委员会主席和铁路局局长都要由中方担任。双方占有资产比例，也应由过去的各占50%，改为中方占51%，苏方占49%。对此，斯大林当场表示，愿意缩短年限，但坚持只要规定今后双方轮流执行管理的职能，即不存在不平等。如果改变双方资产占有比例，结果反而与双方追求的均等原则相互抵触。对于苏方的解释，毛泽东、周恩来虽表示愿意从保障双方利益的角度，对这个问题再做研究，但双方看法存在分歧显而易见。[2] 而在这个问题上，国内中共中央这时亦有电报，表现相当坚持。

23日，双方正式开始举行会谈。首先由苏方提供了《中苏友好同盟互助条约（草案)》。24日，经过一天紧张的内部讨论，当天午夜，中国驻苏大使馆参赞戈宝权受命将毛泽东和周恩来等修改后的草案交还给苏方。中

---

[1] 最典型的就是新闻总署这时发出的一份通报，其中介绍说："一些人尖刻地讽刺说，毛泽东是去'鞠躬学习'去了。斯大林是主人，是导师，所以自然不一定亲自迎接他了……一些人说，毛泽东亲自去苏联'损害了国家的威信'。武汉商会主席说，通常国家首脑在边境地区会见。现在毛泽东到莫斯科，斯大林不亲自去车站迎接，像是被叫到莫斯科的。中国好像是一个仆从国。类似的讨论在天津工商界和大学生中也有。"中共中央新闻总署通报（№ 50）：《狭隘民族主义思想的表现》（1950年1月1日）。见《苏中关系资料》。

[2] 同上引注。

方对条约内容未做重要的修改。[1] 但在第二次会谈中，周恩来即根据刘少奇关于中长铁路问题的来电精神和与毛泽东讨论的结果，提出了三项重要的意见。一是中长铁路历史上已经过六次波折，[2] 照目前经营的现状和中国民众反映的情况看，苏联可以不要，而这样才对中苏两国的团结更加有利；二是如果对日和约三年尚不能缔结，应规定届时即将旅顺口及中长铁路归还中国；三是大连现时为苏联代管和租借的企业由中国政府接收。这三项要求大大突破了苏方原订的方案，自然引起苏方领导人的极大不安。可是，既然下决心加强中苏关系，注意到周恩来所强调的中国国内舆论与民众的情绪，斯大林不得不重做考量。经过联共（布）政治局紧张讨论之后，斯大林最终表态接受了中方的建议。

但是，1 月 26 日，在斯大林已经明确表示放弃对大连港的所有权利的情况下，苏方代表突然节外生枝地提出了一个关于大连港协定的草案。要求中国政府从大连港内划拨出一些码头和仓库转租给苏联；凡经大连港的苏联进出口货物等均免征关税；大连的行政管理机关虽隶属中国，但港口正、副主任的职务须由中苏两国人员轮换担任；在缔结对日和约前，大连港实行同旅顺海军基地一样的军事管制，等等。[3]

鉴于这种情况，也是考虑到旧协定要修改的内容较多，周恩来显然主张顺势对两个协定做根本性的改订。经过与毛泽东商议后，周恩来花了两天主持起草了一个新的《关于旅顺口、大连和中国长春铁路的协定》的草案。这个草案事实上否定了前此双方商定的关于签署对日和约后再重新审议有关协定的成议。不仅如此，草案明确提出：（一）苏联放弃租用旅顺口作为

[1] 参见《苏中关系资料》；伍修权：《回忆与怀念》，北京：中共中央党校出版社 1991 年版，第 237 页。另据周恩来 2 月 8 日电称："《中苏友好同盟互助条约》是我们起草的。"此一说法与目前已公布之俄国档案明显存在矛盾，注意到俄档保存有完整的过程文件，而中方在谈判过程中明显地对平等及是否自主问题极为敏感，估计周此说实为应付国内，故这里暂依俄档。

[2] 所谓六次波折，主要是指在 1904 年日俄战争、1924 年中俄解决悬案大纲谈判、1929 年中东路事件、1935 年苏联让售日满以及在 1945 年《中苏友好同盟条约》谈判中，中长铁路问题始终成为制肘中苏关系中的一个负面因素。

[3] 前引《关于 1950 年中苏条约谈判的部分俄国档案文献》，第 216—217 页。

海军基地的权利，放弃在大连和中长铁路的一切权利，同时声明将这些权利和义务归还给中国；(二）由苏联临时代管或租用的在大连和旅顺口地区的一切财产，均由中国政府接收；(三）对日和约签订或本协定生效三年后，苏联政府应立即将中长铁路及其所属全部财产无偿地移交给中国。这样一来，除了旅顺撤军的问题外，中方的草案几乎完全推翻了苏方原来的方案。

周恩来的草案让苏方颇感意外，斯大林最初批阅中方的草案时，差不多把中方草案中的内容全都划掉了。但考虑到中方已决定不再延续旧的协定，苏方最终决定做出重要让步，1 月 28 日苏方通过师哲转交给中方的协定修改稿，实际上接受了中方草案的大部分内容，同意“苏联政府将共同管理中国长春铁路的一切权利以及属于该路的全部财产无偿地移交中华人民共和国。此项移交一俟对日和约缔结后立即实现，但不迟于 1952 年末”；“一俟对日和平条约签订后，但不迟于 1952 年末，苏联军队将撤出旅顺口海军基地”；同时不仅肯定“大连的行政完全隶属中国管辖”，而且规定自协定生效后，中苏将具体讨论苏联方面将临时代管或苏联方面租用的在大连的一切财产，交予中华人民共和国接收的问题。[1]

1 月 31 日，在周恩来的主持下，中方针对苏方草案对有关旅顺口、大连和中长铁路的协定及议定书提出了进一步的修正案。从这一天一直到 2 月 2 日，周恩来与米高扬、维辛斯基连续进行了三天会谈。会谈的结果，对条约文本两国代表只做了少量的文字改动，对于各项协定的内容也没有产生原则性的分歧。只是在讨论关于旅顺口、大连和中长铁路议定书的时候，中苏双方首次发生了面对面的争论。

在中苏双方以前谈到中长铁路问题时，为说服苏方同意马上放弃对中长铁路的一切权利，考虑到苏方的利益和旅顺口暂时还要驻军的特殊情况，周恩来曾表示苏联在将中长铁路移交给中国后，可以继续沿这条铁路调运军队。据此，苏方在送交给中方的议定书草案中，正式写下了“苏联军队

[1] 前引《关于 1950 年中苏条约谈判的部分俄国档案文献》，第 218—219 页。

应可以沿满洲里到海参崴这条线路进行调动”的文字。但在审议苏方草案的过程中，周恩来突然提出：第一，这种调动必须以受到战争威胁为条件；第二，议定书中还应加上一条，即中国的军队和军用物资也可以使用苏联境内的铁路从东三省向新疆进行调动，以显示双方权利平等。[1]

增加这样一种对等的条款，在周恩来纯粹是从形式上来考虑的。他明确讲：“如果中国不同时拥有通过苏联领土的运输权，文件中的这种内容将不会……在中国得到理解。”[2] 苏方谈判代表米高扬和维辛斯同意在调动军队一条中增加受到战争威胁这一前提条件，但他们无论如何不能理解：明明是周恩来自己提出苏联可以利用中长铁路调动军队的，“现在，当我们同意将中长铁路交给中国时，中国人的意见又变了”。“作为同盟者，苏联无偿地转让了巨额财产：中长铁路、大连、旅顺口以及在这些地区我们拥有的一切权利，而中国却连苏联在一条铁路上调动军队都不愿意同意。如果连这样的让步中方都不能做出，那我们还算什么同盟者呢？”[3]

争执的结果，苏方决定中方不做让步就不放弃中长铁路的权利。米高扬提出：要么按照苏方建议达成协议，要么就把协定中已经缩短的归还中长铁路的有效期再保留十年。[4] 也就是说，中国收回这条铁路的日期要延期到 1962 年。鉴于这种情况，周恩来在请示了毛泽东之后，不得不放弃了先前的要求，只是坚持苏方须做口头承诺，中国可以在必要的情况下，沿西伯利亚大铁路从东北向新疆调运军队。对此，苏方算是勉强接受了。

由于对上百年来帝国主义强加给中国的种种不平等条约的极端反感，也出于对国内民族主义舆论的担心，周恩来在谈判过程中格外注意中苏条约和协定中所表现的中方主权和平等权利问题。但实际上，不论周恩来如

[1] 《维辛斯基关于与周恩来谈判情况给斯大林的报告》（1950 年 2 月 1 日），《党史研究资料》1998 年第 5 期。

[2] 保罗 · 温哥罗夫前引文。

[3] 《维辛斯基关于与周恩来会谈情况给斯大林的报告》（1950 年 2 月 3 日），《党史研究资料》1998 年第 5 期。

[4] 同上引注。

何努力，中苏两国强弱悬殊，和中国处于受援国地位的现实状况，都不可能争取到真正的平等。

苏联专家以援助中国建设的名义到中国工作，而苏方规定中方付给每个专家的月工资应达到两千至四千卢布（后经周恩来争取减为一千五百至三千卢布），这相当于当时中国最高领导人月收入的三至五倍之多，相当于中国当时一般工作人员月收入十倍以上。

苏联同意向中国提供三亿美元的低息贷款，但却提出了一个附加条件，即从 1950 年到 1963 年的十四年里，中国必须把它所有过剩的工业原料统统卖给苏联，而不得卖给第三国。这显然是一种极不平等的商业垄断行为。

当然，在当时那种条件下，毛泽东并没有对上述不平等的情况做出像他后来那样激烈的反应。双方没有公布那些可能给人以不平等印象的协定。1950 年 2 月 14 日晚 6 时，中苏两国政府最高领导人在克里姆林宫正式签订了《中苏友好同盟互助条约》、《关于中国长春铁路、旅顺口及大连的协定》以及《关于苏联贷款给中华人民共和国的协议》等文件。[1] 此举宣告毛泽东访苏取得了巨大的成功。毕竟，斯大林曾经不想另订新约，曾经不想废除中东铁路以及旅顺港的协定，毛泽东和周恩来迫使斯大林改变了主意。根据新订的条约和协定，苏联截止到 1952 年年末，将交还所有它通过《雅尔塔协定》和 1945 年的《中苏友好同盟条约》在中国东北所取得的权益，并承诺在经济上和军事上对中国进行援助。那时候，所有曾经让斯大林感到满意、让中国人感到耻辱的不平等协定都将废除了。无论是大连、旅顺，还是中长铁路，都将回归中国。这在中国外交史上是一个前所未有的重大成就。其他问题无疑都是次要的了。

[1] 见《中苏友好文献》，北京：人民出版社 1953 年版，第 91—104 页。

五、四个合营公司的协定让毛泽东高兴了一阵子，后悔了好几年

1950年2月16日，毛泽东、周恩来一行动身回国了。此行迫使斯大林同意改订新约，无条件放弃中长铁路和旅顺港，其收获之大，不仅超出毛泽东最初动身时的想象，与毛初到莫斯科时所陷入的困境相比，更是一个巨大的反差。带着这样一种成就感返回北京，他们的心情可想而知。我们在毛、周以及中共中央这时发表的各种谈话和相关社论中，都可以清楚了解到他们对中苏条约及其相关协定的高度肯定态度。[1] 但也正是这种成就感，进一步激发了国人的民族自豪感和自尊心。当中共中央和民主党派的领导人了解到毛泽东在莫斯科大起大落的谈判经过之后，不仅对斯大林最初拒绝毛泽东重订新约的态度感到难以接受，苏联方面坚持要签订一个限制第三国势力进入东北、新疆的补充协定的做法，也逐渐受到一些人的质疑。加上西方一些舆论也借机指责苏联搞“经济帝国主义”[2]，毛泽东此行的成就感竟渐渐地开始打起了折扣。中苏两国之间所签订的协定，是否都做到了完全平等也成了一个疑问。而最让毛泽东疑惑的，一个是补充协定的问题，一个则是合营公司的问题。

根据以往的说法，对苏联提出的补充协定，毛泽东、周恩来得知后即表示异议，只是由于斯大林一再坚持，“为了照顾中苏团结的大局，只好让步”[3]。事实上，苏联这个限制第三国势力进入东北、新疆的提议，在相当程度上也是适合新中国巩固自身安全的现实需要的，特别是适应了中共中央当时对美、英、日等帝国主义高度防范与戒备的心理。尤其是在新疆问题上，由于交通不便，少数民族杂居，周边环境复杂，境外敌对政治势力和民族

---

[1] 参见《毛泽东在中央东北局的讲话》（1950年2月27日），《毛泽东在中央人民政府委员会第六次会议上的讲话》（1950年4月11日），《建国以来毛泽东文稿》第1册，第290—291页；薄一波：《若干重大决策与事件的回顾》（上），北京：中共中央党校出版社1991年版，第42页；等等。

[2] 新华社编：《内部参考》1950年4月1日。

[3] 参见裴坚章：《中华人民共和国外交史（1949—1956）》，第25页；师哲：《在历史巨人的身边》，第446页。

分裂势力在境内十分活跃，苏联如果愿意协助中国有效控制边境地区，禁止第三国势力进入，对新中国政府巩固新疆安全自属有利。对此，当时代表中共中央负责处理新疆事务的邓力群就有很肯定的说法。[1] 也正因为中方有这样的利益需要，再加上苏方又主动加上对等权利的内容，毛、周当时十分痛快地同意了这个协定，只在文字上做了个别的修改。[2] 周恩来随后之所以很快将这一补充协定报告国内，并明确通知苏方准备公开发表所有协定，显然也是因为他和毛泽东都不认为这些协定存在着有损自身利益和形象的内容。否则的话，周恩来也不会告诉苏联领导人说：这些协定“无论是对中苏两国，还是对其他民主国家都是有利的”，“可以更加提高他们在全世界的威信”。[3]

当然，以如此方式划定范围排斥第三国的做法，国内那些本来就不愿意看到新中国向苏联“一边倒”，或抱有强烈的民族主义情绪，力主中国不应受人摆布的民主人士，却很难理解。由此而引发的议论也促使毛对这一协定所带有的形式上平等、实际上不平等的性质有所警觉。因为这种议论很容易让毛泽东联想起自己早先的言论。比如 1946 年年底，他对当时国民政府与美国签订的《中美商约》，就有过类似的批评。当时西方记者对中国共产党人激烈批评形式上双方权利完全平等的《中美商约》感到不解，问毛：共产党为什么反对《中美商约》？毛回答说：因为《中美商约》准许美国人在中国随便购置房屋、地产，建工厂，开商店，美国船只可以到中国内河航行。记者对此表示疑惑，说：英国内河也允许美国船只去，商约同样规定中国人也可以在美国买房屋、开工厂，为什么说《中美商约》不平等？毛的解释是：因为中国还没有资本去外国开工厂、买房屋，还没有船舶到

---

[1] 沈志华对邓力群的访问记录。

[2] 苏方 2 月 10 日提出补充协定草案，毛只是把文中“协议如下”改为“双方达成本补充协定”；将“租让”改为“租让权”。见《维辛斯基关于与周恩来会谈情况给斯大林的报告》(1950 年 2 月 12 日)，《党史研究资料》1998 年第 5 期。

[3] 《周恩来致少奇同志并杨、李、乔木》(1950 年 2 月 13 日)，《维辛斯基与周恩来的会谈纪要》(1950 年 2 月 13 日)，《党史研究资料》1998 年第 5 期。

外国去。言外之意，条约上虽然写上了对等的条件，中国没有实行的可能与必要，就等于是单方面的权利，不能算是真正的平等。[1] 无论后来的人们对这种解释存在着怎样的争议，毛泽东事实上很容易发现补充协定也存在着相似的情况。苏联方面虽然在补充协定上也写上了相应的权利，但中国没有必要，也很少可能去苏联远东及中亚各共和国实行这些权利。何况，依据苏联要求，而非首先根据自身的需要在自己边境地区划定范围禁止第三国人员存在，这对毛泽东所理解的中国自主地位也在情感上形成了某种伤害。可以想见，正是由于受到国内强烈的民族情绪影响，毛泽东才逐渐意识到协定的问题所在，进而改变看法，直至把补充协定等同于苏联在中国要了两块势力范围。

如果说毛泽东对补充协定看法的改变存在着相当复杂的因素，还难以简单地从他们自身民族情感的角度来加以解释的话，那么，对中苏合营公司看法的改变，却在一定程度上反映出这种心态的渐趋高涨了。

中苏合营公司，指的是中苏之间这时"按平权合股原则组成"的中苏民用航空股份公司、中苏新疆石油股份公司、新疆有色及稀有金属股份公司和中苏船舶公司。成立这样一些合营公司的最初建议，实际上是中方提出的，并非是"在斯大林的压力下"[2]。1950 年 1 月 2 日，刘少奇致电毛泽东，说明："此次由彭德怀同志带来苏联与国民党政府议定在新疆设立金属与石油两股份公司协定草案，要求中央人民政府与苏联政府亦议定大体同样的协定草案，以便利用苏联资本，开发新疆富源，发展新疆生产。"刘在具体说明了原草案资本各半、净利平分等内容之后，提出："这就是一种租让的或中苏合办的企业，而中国从中得一半的利益。但期限似乎定得太长（原草案规定公司经营期为四十五年——引者），以定为廿年或廿五年为宜。请你考虑是否即由你向苏联负责方面提出这个问题谈一谈，在原则确定后，具体条

[1]　毛泽东：《同三位西方记者的谈话》（1946 年 12 月 9 日），《毛泽东文集》，第 205 页。
[2]　毛泽东：《同苏联驻华大使尤金的谈话》（1958 年 7 月 22 日）。

文则交外交部与大使馆谈判。又，这种事业可能不只在新疆，不只和苏联和各新民主主义国家，在中国其他地方，也可能合办这种工厂和企业。甚至帝国主义国家内的团体和资本家也可能要求来办这种工厂和企业。但我们如果不主动表示要苏联来办，苏联是不会要求我们办这种事业的。现新疆同志则要求苏联来办，我们是否向苏联作这种要求，请你考虑决定。此间同志认为是可以作这种要求的。”[1]

从刘少奇的电报可以看出，基于建国初始，经济恢复和发展需要资金缺口甚大，中共中央部分领导人对利用外国资本开发富源、发展生产态度积极。而考虑到政权在手，刘等甚至对帝国主义国家内的团体和资本家可能要求来办类似合营工厂和企业也无意反对。接电后，毛、周显然也同意目前最重要的问题是中苏经济合作，恢复和发展国民族经济。周恩来到后，在毛、周与斯大林首次会谈中，毛即明确提出了这一观点。[2]在随后的谈判中，周恩来更进一步提出了双方合组几个合营公司的具体设想。[3]苏方同意后，双方就此一一达成协议，在毛、周回国后陆续完成了签字手续。而中共中央为此也曾专门表示过充分肯定的态度。《人民日报》就此发表的社论还特别叙述了苏联实行租让制的历史和当前经济恢复时期利用外资发展经济的极端必要性，强调这种合作方式是充分尊重我国主权的，在公司内部也是完全平等的，这是苏联方面向我所作的“有利于发展我国生产的重要投资”[4]。但是，《人民日报》专门为此发表社论，并特别强调主权问题，清楚地显示国内对此是有不同看法的。

果然，随着斯大林以后接连建议由苏联出资在中国建罐头厂、建橡胶园，毛泽东逐渐开始怀疑俄国人这是在把中国当成了自己的后花园，因而

---

[1] 刘少奇：《关于中苏两国在新疆设立金属和石油公司问题给毛泽东的电报》(1950 年 1 月 2 日)，《建国以来刘少奇文稿》第 1 册，中央文献出版社 1999 年版，第 219—220 页。

[2] 《斯大林与毛泽东会谈记录》(1950 年 1 月 22 日)。

[3] 《维辛斯基关于与周恩来会谈情况给斯大林的报告》(1950 年 2 月 3 日)。

[4] 《欢迎有利中国经济建设的中苏经济合作》(社论)，《人民日报》1950 年 4 月 5 日。

在不便拒绝的情况下，坚持要搞就必须归中国。[1] 罐头厂和橡胶园的话题意外引起毛的不快，难免会促使他对资本各半的中苏合营企业的属性也产生疑惑。在赶走了所有外国在华资本之后，中国上百年来第一次完全掌握在自己人手中。苏联资本的存在以及苏联方面某些损害中方权益的做法，自然会让有着强烈民族自尊心的毛泽东，越来越觉得有寄人篱下之感。很快，取消这几个合营公司成为不可避免之事。不仅如此，毛泽东从此对以任何方式利用外资都持坚决排斥态度。从几年后毛尖刻批评建立这几家合营公司的谈话当中，我们可以很清楚地看出，他在这个问题上的态度变化，实际上更多地还是其强烈的民族自尊心在起作用。他告诉俄国人说：当年是在斯大林的压力下才搞中苏合营公司的，苏联为什么坚持要搞这四个“合作社”，还不是因为“你们就是不相信中国人，只相信俄国人。俄国人是上等人，中国人是下等人，毛手毛脚的，所以才产生了合营的问题”。但只要搞“合作社”,就涉及所有权问题。为什么要各占百分之五十,还不是要控制，要租借权，除此之外，还有什么理由？[2]

从最初以经济恢复与发展为基点，主动提议、积极支持建立中苏合营公司，到把建立合营公司同民族歧视和侵害主权相提并论，甚至声称是斯大林强迫所致，这再典型不过地折射出建国初期毛泽东等人民族情感发展变化的轨迹。对一个历经帝国主义列强侵略欺凌却拥有数千年灿烂文化的古老民族而言，它的复兴与崛起不可避免地会与民族主义的革命结为一体。而任何引导革命成功的革命党及其领导人，都必然会充满强烈的民族自豪感和自尊心。特别是在国家统一、政权巩固、经济恢复等重要革命指标渐次达到，整个民族完全摆脱被侵略、被欺侮的悲惨地位，开始以崭新的独立自主姿态展现于世界面前之际，人们内心的民族主义情感自然会表现得异常亢奋。但是，上百年的屈辱历史和国家贫弱落后的现状，毕竟是深深

---

[1] 赫鲁晓夫著，上海国际问题研究所等译：《最后的遗言——赫鲁晓夫回忆录续集》，北京：东方出版社 1988 年版，第 376 页；毛泽东：《同苏联驻华大使尤金的谈话》（1958 年 7 月 22 日）。

[2] 毛泽东：《同苏联驻华大使尤金的谈话》（1958 年 7 月 22 日）。

地嵌刻在人们内心深处的一道依然在流血的伤口。越是自尊和自信，其心态上也就越是容易转向敏感，对一些问题做出过度的反应。赫鲁晓夫讲过这样一件事，说的是1954年他在率苏联政府代表团访问北京时，曾提议利用中国多余的劳动力帮助开发苏联的西伯利亚。毛泽东听后立即表示不满，指出赫鲁晓夫的这种提议实际上是在侮辱中国人民，因为西方列强多少年来就把中国看成是一个落后国家，人口过剩，失业普遍，因而是一个廉价的劳动力来源。“如果我们采纳你们的建议，别人就会对苏中两国关系得出错误的看法。他们会认为苏联对中国的看法同资本主义西方是一样的。”[1] 实际上，后来中国方面再三考虑后，还是接受了苏联的建议，派出了数十万民工到西伯利亚去帮助开发，因为这对中国的经济发展有益无损，对国家主权和民族尊严事实上也并无损害。毛之所以会对这样一个提议如此敏感，显然与其越来越强的民族自尊心有关。

[1] 赫鲁晓夫：《最后的遗言——赫鲁晓夫回忆录续集》，第387页。

第十一章

夺取台湾计划搁浅之谜

毛泽东两度向苏联求援，只为借用一些飞行员来打台湾，却被斯大林婉言相拒；毛泽东安排好进攻的时间表，全力准备，不想半路杀出一个朝鲜战争；美国第七舰队开进了台湾海峡，中共中央被迫无限期推迟了夺取台湾岛的时间表；尽管近百年来中国人第一次成功地用军事手段把列强逼到了谈判桌上，但考虑到中国统一大业严重受阻的代价，毛泽东还是怀疑：这场战争恐怕是一个“极大的错误”……

中国革命的胜利，最让毛泽东引以为豪的，就是他们在继承俄国十月革命经验的同时，创造出了一条更适合于落后国家革命的崭新道路。还在1943年整风运动期间，中共领导人就已经开始相信，如果说欧洲国家的革命应当以俄国十月革命为榜样的话，那么，毛泽东所领导的中国革命就是世界上大多数被压迫民族的最好的榜样。[1]随着抗战结束后，共产党再度以“小米加步枪”，战胜了几百万美式装备的国民党军队之后，他们自然更加坚定了这种信念。新中国诞生不过一个多月之后，刘少奇就代表中共中央在世界工人理事会亚洲委员会的会议上宣布：“工人阶级反对帝国主义斗争的基本形式——这就是武装斗争，是人民解放军的战斗行动。”呼吁“亚洲—印度支那国家、缅甸、印度、印度尼西亚、马来西亚等国的工人阶级”学习中国革命的榜样，“在已经存在人民解放军的国家要为巩固这些部队而奋斗，而在没有建立这些军队的国家应当为建立这样的军队而奋斗”[2]。刘少奇的说法随即得到了斯大林的高度肯定，莫斯科甚至很快开始要求日本、印度等亚洲国家共产党放弃“和平革命”的幻想，转而学习中国，开展武装斗争。毛泽东没有想到的是，第一个到中国来要求中共中央支持他们按照中国革命的方式来保卫和解放自己祖国的，却是一直在苏军占领下，理应由莫斯科为之决策的北朝鲜。

金日成的代表到中国来的时候，距离朝鲜战争爆发还有一年零两个月的时间。而这个时候中国人民解放军才刚刚渡过长江，还有半壁江山没有揽入怀中。但是，可以想见，正在为自己的革命经验感到无比自豪的毛泽东，当然愿意看到朝鲜人也能够走上同样的成功之路。他们唯一的想法，只是希望这件事能够在他们完成了中国的统一大业之后再来解决。他们万万没

[1] 参见刘少奇：《清算党内的孟塞维主义思想》，王稼祥：《中国共产党与中国民族解放的道路》，《解放日报》1943年7月6、8、13日，等等。

[2] 参见《谢巴耶夫关于亚洲国家工会和妇女大会事宜与刘少奇的会谈备忘录》(1949年12月26日)，刘少奇在《在亚洲澳洲工会会议上的开幕词》(1949年11月16日)，《建国以来刘少奇文稿》第1册，第130—138页。

有想到的是，当一年以后金日成带着斯大林批准的计划再度来到中国的时候，他们不仅还没有能够最后完成自己的统一事业，而且对隔海相望的台湾岛，连最基本的技术手段都还没有具备。十分明显，斯大林丢给了毛泽东一个烫手的山芋。不同意吧，莫斯科已经批准，自己岂能去扮演当年那个“不许革命”的角色？同意吧，朝鲜战争一旦打响，中国自然备受压力，无法按计划完成进攻台湾的军事行动。毫无疑问，毛泽东是不会去做斯大林当年对中共做过的那种事的。但他显然也没有料到，两个月后战争刚一打响，最直接地就影响了美国对台湾问题的政策。美国政府不仅一改此前的政策，宣布“台湾地位未定”，并且还派出了它的第七舰队进入台湾海峡，阻止中共可能的攻台行动。中共解放台湾的计划由此被迫搁浅，而且一搁就是几十年。

有人怀疑，斯大林在明知毛泽东急于实施进攻台湾的行动之际，率先批准北朝鲜采取统一行动，根本就是不想让毛泽东顺利地完成解放台湾的计划，并且造成中国不得不出兵援朝的结果，以便造成中共与美国之间的对立，使中共更加离不开苏联。这样一种猜测，至少我们目前还找不到任何相关的证据。而且逻辑上斯大林也未必能够准确地判断出美国人一定会拿台湾问题做文章，更不要说他会拿北朝鲜做牺牲，故意让朝鲜遭受失败，诱使中国出兵。斯大林何尝能确定中国就一定能够顶住美国人，他不能不考虑，以中国人的作战条件和能力万一顶不住，丢了朝鲜不说，中国东北也会陷入战火，那岂不把与中国缔结了互助同盟关系的苏联也拖下水去了吗？让美国占领整个朝鲜半岛，这个险斯大林是冒不起的。

但是，斯大林知道当时朝鲜和中国都指望苏联支持他们完成自己国家的统一事业，最终选择了让北朝鲜率先采取行动，这无疑是一个事实。对此，很难认为毛泽东内心里不会有意见。尽管斯大林去世后毛泽东只是在很小的范围多次提到过这件事，表示了批评的态度，但这也足以证明他对斯大林的这一决策其实一直就相当不满。毕竟，正是由于斯大林的这一决定，使台湾问题变成中共一个长期的麻烦。

一、毛泽东保证，一旦中国实现统一，就援助朝鲜的解放事业

1945 年 8 月，苏军解放了北朝鲜。而后，金日成在苏联人的帮助下，在北朝鲜建立了劳动党领导下的政府。由于在美军占领下的南朝鲜也建立了反共的李承晚政权，南北朝鲜之间形成了严重的对立。1948 年年底，为迫使美军撤离，苏军首先撤出了北朝鲜。然而，苏军撤走之后半岛的局势却变得日趋紧张，从 1949 年 1 月 1 日到 4 月 15 日，南朝鲜军队就在三八线挑起军事摩擦达 37 次，并且秘密向三八线附近调集了多达 41000 人的军队。北朝鲜政府压力极大。[1]

出于安全的需要，还在 1948 年 12 月和 1949 年 1 月，金日成就两次向苏联方面要求缔结《朝苏友好互助条约》和提供武器援助。考虑到美国可能会以此为借口攻击苏联有意永久分裂朝鲜，苏联没有同意金日成关于迅速缔结《朝苏友好互助条约》的提议。[2] 但根据苏联驻朝鲜大使史蒂科夫的报告，斯大林批准了由苏联远东军向朝鲜提供军事援助的计划。只不过，这一援助主要还只是些轻型武器。[3]

1949 年 3 月，金日成率朝鲜党政代表团对苏联进行访问期间，与斯大林直接讨论了有关北朝鲜的安全问题。对此，根据苏联大使和在朝鲜的军事人员的报告，斯大林明确表示：加强北朝鲜的军队是必要的，但是，没有必要害怕南朝鲜人。[4]

然而，1949 年 4 月中旬，即金日成回国之后，一份来自苏联情报部门的情报显示，美军准备在 5 月全部撤出南朝鲜，而南朝鲜人已在边界地区

---

[1] 直到 1949 年 4 月 15 日为止，苏联驻北朝鲜大使什特科夫始终认为南朝鲜没有马上进攻北朝鲜的可能。分别见什特科夫 1949 年 1—3 月间致莫洛托夫等的电报；并见《华西列夫斯和什捷缅科给斯大林的报告》，1949 年 4 月 20 日，APRF, fond 3, Opis 65, Delo 839, Listy 3—14 页（以下略写）。

[2] 《什特科夫致维辛斯基电》（1949 年 1 月 19 日），APRF3，245/m/arf/33—35。

[3] 根据比留佐夫将军 1949 年 2 月 4 日给什特科夫的电报，苏联太平洋舰队已运送 250 万发步枪子弹、320 万发轻机枪子弹、15000 发迫击炮弹、1500 支步枪、1200 支冲锋枪、400 挺轻机枪、100 托重机枪和 40 门迫击炮给北朝鲜。

[4] 《斯大林与朝鲜政府代表团的谈话记录》（1949 年 3 月 5 日），APRF，45/1/346/13—23。

集结了数万兵力，准备一旦美军撤出，就于6月对北朝鲜发动一次大规模的进攻，两个月消灭北方军队，结束战斗。[1] 为此，斯大林非常担心，毕竟金日成这时只有三个步兵师，武器装备还十分欠缺，而李承晚则有六个全部经过美军训练的全副武装的师。因此，苏联方面提议，与北京协商，将中国人民解放军中的朝鲜族官兵编入朝鲜人民军部队。据此，金日成一方面向斯大林求援，要求苏联方面于5月底之前帮助朝鲜人民军实现机械化，于9月底以前转让航空技术；一方面向刚刚打过长江的中国共产党请求在兵员上提供帮助。[2]

4月28日，金日成的特使，中央委员兼人民军政治部主任金一离开平壤，秘密访问了中国东北局所在地沈阳和已经成为中共中央所在地的北平。他特别向毛泽东说明了北朝鲜面临的严重局势，突出强调了南北朝鲜难以并存，朝鲜问题只能靠武力解决的情况，要求中共中央同意将中国人民解放军中的朝鲜族师转交给北朝鲜。他同时转交了金日成给毛泽东的求援信。毛泽东显然赞同平壤的看法。他承认，南北朝鲜之间的冲突在所难免，“既可能是闪电战，也可能是持久战。对你们来说，持久战是不利的，因为到时候即使美国不干涉，也会唆使日本向南朝鲜提供援助”。但毛泽东认为，没有必要为此担心，苏联和中国都站在你们一边，一旦情况需要，中国就会派兵与你们并肩作战，“都是黑头发，谁也分不清”。他强调，金日成应当坚定不移地争取实现统一朝鲜的目标，但近期还没有必要采取行动，因为国际形势还不利，而且目前中国共产党还不能有效地和大规模地支援北朝鲜。即使在“美军撤退后，如果日军不进来，也不要进行向南方的进攻”，而是要“等待更好的时机”。而一旦中共完成了统一中国的任务，情况就不同了。[3]

北朝鲜人此行的最大收获就是得到了中共领导人赞同朝鲜半岛的统一

[1] 《维辛斯基致什特科夫电》（1949年4月17日），APRF，245/m/arf/25。

[2] 《什特科夫转金日成致斯大林电》（1949年5月1日），APRF，245/m/arf/37—40。

[3] 《俄罗斯外交部文件》，第7—8页，转见朴明林：《朝鲜战争决定的过程》。

只能用武力的方式来解决的看法，和在北朝鲜受到进攻时将给予实际援助的具体保证。毛泽东还很痛快地承诺，布防在东北地区的两个朝鲜族师可以很快编入北朝鲜的人民军，一旦中国共产党统一中国的战争基本告一段落，人民解放军中的另一个朝鲜族师，也可以编入人民军，以便加强北朝鲜军队的实力。[1]

随着美军将要撤出，韩国李承晚政府对北朝鲜表现出越来越强烈的敌视态度，南北朝鲜之间的关系也越来越紧张，双方之间边界冲突的次数到6月间更加频繁。6月11日，李承晚甚至公开宣布，南朝鲜人正在准备给共产党人一个毁灭性的打击。7月中旬，韩国军队的俘虏供认，南方的军队已做好先发制人的准备，三八线附近的居民已被强迫撤退。8月间，更有消息显示，蒋介石与李承晚进行了会谈，双方都表示了对美苏军事冲突的期待。而且还有消息显示李承晚政府有意要把苏联拖入战争，因为李承晚声称：一旦韩国军队占领了北朝鲜的清津，苏联未必能够继续保持中立。[2]

在这种情况下，平壤的不安情绪更加明显，苏联方面也高度警惕，并开始考虑如何从根本上解决朝鲜问题了。他们一方面坚持平壤应当极力发动和平统一攻势；另一方面则认为，在应付南方进攻的同时，北朝鲜人有必要做反攻的准备。到了这一年的9月份，包括重型武器在内的大批苏联军事装备运抵北朝鲜，人民军也迅速扩展到九万人，北朝鲜领导人第一次开始提出，应当对李承晚政府的挑衅采取进攻行动，比如夺取瓮津半岛以及从瓮津半岛以东到开城附近的部分地区，以缩短防线。据苏联大使向莫斯科的报告说，在金日成看来，如果国际形势允许，“他们能够在两个星期

[1] 《什特科夫转报金日成关于金一在北平谈判情况给维辛斯基电》（1949年5月15日），APRF，245/m/arf/45—48；《科瓦廖夫关于毛泽东通报与金一会谈的内容致菲利波夫电》（1949年5月18日），APRF，45/1/331/59—61。

[2] 《什特科夫给维辛斯基的电报》（1949年7月13日），APRF，245/m/arf/83—85；《顿金代办给莫斯科的电报》（1949年8月29日），APRF，102/1/10/24—25。

之内占领南朝鲜，最多是两个月”。因此，他们希望能够得到莫斯科的支持。[1] 他们不了解的是，还在他们之前两个月，中共中央就已经在请斯大林帮助解放台湾了。

二、毛泽东提出："我们的将领一直建议请苏联帮助夺取台湾"

1949 年 4 月下旬，中国人民解放军势如破竹地跨过长江天险，开始以排山倒海之势横扫企图盘踞中国南部的国民党残余势力。但是，由于解放军既没有空军也没有海军，对国民党控制的沿海诸岛一时还鞭长莫及，无可奈何。蒋介石也正是看准了这一点，早早就把自己的大本营移到了台湾。在这种情况下，共产党要完成统一中国的计划，就不能不考虑进攻台湾的问题了。

中国人民解放军对国民党的巨大军事优势，使毛泽东最初对进攻台湾的艰巨性缺少足够的估计。虽然从常识的角度看，进攻台湾必须跨海作战，没有海军困难极大，但他却相信，进攻台湾，“除陆军外主要靠……空军。二者有一，即可成功”，海军的问题不很关键。即使是空军，虽可考虑选派三四百人去苏联学习六至八个月，同时购买飞机来组成一支攻击部队，但“我军空军要压倒敌人空军，短期内（例如一年）是不可能的”。很显然，由于毛泽东计划在 1950 年即应完成夺取台湾的作战，因此他这时并没有把跨海作战的难度和对海空军事力量的需要放在一个重要的位置上来加以考虑。既然自己依靠“小米加步枪”打败了全副美式装备的国民党，即使没有海军，他靠步兵和渔船也能占领台湾，长江天堑不就是这么渡过来的吗？当然，毛泽东表示，如果到时候自己的空军能够初步形成，有空军掩护陆军并协助攻击，则“把握更大”。[2]

---

[1] 《顿金转报金日成通报给维辛斯基的电报》（1949 年 9 月 3 日），Archive of Foreign Policy of the Russian Federation（AFPRF），059a/5a/4/11/136—138。

[2] 《毛泽东给周恩来的信》（1949 年 7 月 10 日）。

6月下旬，以刘少奇为首的中共代表团准备秘密访苏。出发之前，中共中央政治局讨论过是否向苏联提出协助中共准备进攻台湾的技术手段的问题。7月25日，即在刘少奇一行访苏期间，毛泽东进一步根据政治局关于必须立即开始准备进攻台湾的技术条件的建议，致电刘少奇和斯大林，说明中国共产党准备在1950年进攻台湾。从电报内容可以看出，中共中央领导人至少已经倾向于认为，进攻台湾没有空军是不可能的。据此，毛泽东写道："苏联能否在这方面帮助我们，即在六个月至一年的期限内，在莫斯科为我们培养1000名飞行员和300名机场勤务工作人员。此外，苏联能否卖给我们100—200架歼击机，40—80架轰炸机，这些飞机将用于攻占台湾的军事行动。"并且，毛泽东明确要求刘少奇询问斯大林："如果我们利用苏联的援助（即除了我们请求苏联帮助我们培训飞行员和卖给我们飞机，也许还不得不请求苏联给我们派苏联空军和海军的专家以及飞行员参加军事行动）来攻占台湾，这样会不会给美苏关系带来损害？"[1]

斯大林非常痛快地答应了毛泽东关于提供飞机及培训飞行员的请求，而对于毛泽东关于请苏联在中国军队对台湾的进攻中派遣苏联飞行员参加作战的要求，斯大林明确表示难以赞同，说是这样做的结果，必定会引起美国的介入，从而诱发美苏之间的冲突乃至战争。而苏联人民刚刚遭受过巨大的战争灾难，他们也很难理解为什么要这么做。[2]

毛泽东能够理解斯大林的顾虑，更何况他在与苏联的关系上始终强调"有借有还"的原则，不到万不得已他绝不愿意去求人，因此他从内心里其实并不十分希望靠苏联的援助来解决进攻台湾的问题。但是，由于金门之战的失利，毛泽东很快就不能不重新再向莫斯科求援了。

人民解放军第三野战军第十兵团第二十八军八十二师二四四团、八十四师二五一团和第二十九军八十五师二五三团组成的进攻金门第一梯队，在

[1] 《毛泽东给刘少奇并转交斯大林的电报》（1949年7月25日），《党史研究资料》1998年第2期。
[2] 科瓦廖夫前引文。

10月24晚发动了夺取福建沿海金门岛的作战，因为被胜利冲昏头脑，在没有侦察清楚敌情且不熟悉海洋作战的气候、水文、潮汐等地理条件，甚至船只都未准备充足的情况下，前线指挥官就贸然下令发动了进攻。结果因守岛国民党军队远远超过预估兵力，返航的船只因退潮搁浅，后续部队无法跟进，登岛部队全军覆没，一战损失三个整团共九千多人。紧接着，同为第三野战军第七兵团二十二军六十一师以一八二团全部、一八三团一营为第一梯队，一八三团三营和二营的一个连为预备队，于11月初发动了夺取浙江沿海登步岛的战斗，同样因为不熟悉海洋作战条件，缺乏海空掩护和支援，招致失利，损失亦在千人以上。跨海作战的难度终于使毛泽东了解到准备技术条件的极端必要性。很显然，沿海近岛作战尚且如此，跨海攻击台湾焉能想象？

1949年12月，毛泽东在访问苏联的第一天，即16日见到斯大林的当天，他就当面向斯大林提出："国民党的支持者在台湾建立了一个海空军基地，海军和空军的缺乏，使人民解放军占领这个岛屿更加困难。考虑到这种情况，我们的一些将领一直在提议，请苏联援助，比如可以派志愿飞行人员或秘密军事特遣舰队协助夺取台湾。"[1]

对于中共领导人再度提出的援助请求，斯大林还是坚持先前的态度，即："这样的援助不是没有可能的，本来是应当考虑这样做的，问题是不能给美国一个干涉的借口。"但是，斯大林这次同意可以派出部分军事人事予以协助，说："如果是指挥人员或军事教员，我们随时都可以派给你们，但其他的形式还需要考虑。"[2]

用苏联的飞机和军舰，即使是只用志愿人员和只出动潜艇来帮助中共跨海作战，都难免会被美国人发现，结果是可以想象的。联想到斯大林这时因为担心美、英借机废弃《雅尔塔协定》，甚至连对是否应当根本废除旧

[1] 《斯大林与毛泽东会谈记录》（1949年12月16日）。
[2] 同上引注。

的中苏条约，另定新条约一事都犹豫不决，可知他这时是不可能向毛泽东提供飞机和军舰这种直接的援助的。他建议毛泽东采取更策略些的方式来解放台湾，比如，是否可以先向台湾空投伞兵，组织暴动，然后再去进攻呢？[1]

根据苏联方面可能提供的援助情况和规模，中共中央不得不改变了过去决定的准备在 1950 年发动进攻的设想，决定到 1951 年春天前后，即在中国的空军基本建成之际再来发动夺取台湾的战役。

几乎就在中国方面重新开始考虑进攻台湾的军事准备的同时，1950 年 1 月 5 日和 12 日，美国总统杜鲁门和国务卿艾奇逊分别就美国在太平洋的防御范围发表了声明和讲话。他们声称："美国目前无意在台湾获取特别权利或特权，或建立军事基地。"并且宣称美国的安全线既不包括台湾，也不包括南朝鲜，美国不会为了保护这些地方采取直接的军事行动。[2] 美国政府的这一公开声明无疑出乎斯大林的意料之外。但是，什特科夫关于南朝鲜国务委员会 1 月 6 日会议内容的报告也证实了美国远东政策的改变。报告称，会议明确认为，一旦战争爆发，南朝鲜将不能指望得到美国的援助，并且，美国也不会为防御台湾而帮助蒋介石。[3] 苏军情报部门随后也截获并破译了麦克阿瑟给华盛顿的电报，麦克阿瑟在电报中也明确表示，南北朝鲜发生军事冲突时美国不要进行干涉。[4] 种种消息和情报的证实，不由得斯大林不信了。

鉴于美国自己放弃了《雅尔塔协定》划定的势力范围，把中国和朝鲜划在自己的防御圈之外，斯大林对毛泽东进攻台湾的计划自然也变得相对积极起来。他不仅同意将苏联给中国的三亿美元贷款一半用于购买进攻台湾最需要的海军装备，而且很快批准拥有战斗机一百二十架、雷达十二部、

---

[1] 前引《斯大林与毛泽东会谈记录》。

[2] *Department of States Bulletin*, Vol.22, No.551, pp.111—118；并见《中美关系资料汇编》第二辑（上），北京：世界知识出版社 1960 年版，第 28 页。

[3] 见《什特科夫给维辛斯基的电报》（1950 年 1 月 28 日）。

[4] 转见《毛泽东与苏共中央代表团谈话纪要》（1956 年 9 月 23 日）。

探照灯七十二部的两个驱逐机团、一个混合航空兵团、一个探照灯团和一个雷达营的苏联空军部队进驻中国上海地区，直接参加上海的空防作战。[1]不过，直到最后，斯大林还是小心翼翼地没有同意直接利用苏联的飞机和军舰来进攻台湾。

苏联人能够提供必要的军事装备和军事顾问（包括军事技术人员）协助中国夺取台湾，这在毛泽东看来已经足够了。所以，“解放台湾”的准备工作作为1950年中共军事工作的首要任务，紧锣密鼓地进行了起来。苏联人也加紧协助中国军队进行各种装备的和技术的改进工作，新中国的空军和海军的建设迅速开始提上议事日程了。当然，美国防御政策改变的最直接的后果，并非表现在中国的问题上，而是表现在朝鲜的问题上。只是中国人对此并不十分了解罢了。

三、斯大林赞同金日成统一朝鲜，但他坚持必须得到中国同意

与长期同莫斯科存在隔阂，且从未到过苏联的毛泽东比较起来，金日成和相当一批北朝鲜领导人在苏联远东的军营中度过了相当多的日子，他们与苏联人有相当密切的关系。因此，对比中朝两党领导人，斯大林显然会更加相信北朝鲜人。但是，与在进攻台湾的问题上一样，斯大林对可能把苏联卷入战争的任何军事行动，都会采取格外谨慎的态度，绝不会轻易为任何人拿苏联的安全去冒险。1949年6月，美国军队开始撤出它所占领的三八线以南地区。三个月后，即9月，金日成针对当时南北分界线一带军事形势紧张的情况，明确提出想要发动一场进攻，以占领瓮津半岛，必

[1] 由于蒋介石败退到台湾后，利用其空军对东南沿海城市，特别是对上海的军事和经济目标进行狂轰滥炸，造成了严重人员和财产的损失，尤其是1950年2月6日对上海的空袭重点轰炸了发电厂，造成整个生产停顿，并使百姓死伤千人以上，迫使中共中央转而向苏联求助。斯大林迅速批准派出苏联空军进行援助。王亚志回忆，沈志华、李丹慧整理：《回顾与思考——1950年代中苏军事关系若干问题》，参见网页：http://www.shenzhihua.net。

要时不惜夺取南朝鲜的设想。对此，苏联方面同样表示了拒绝的态度。苏共中央担心的还是美国的介入问题。它明确答复说："美国在中国失败之后，可能会比在中国更直接地干预朝鲜事务。"更何况北方的军队也还没有强大到足以对南方发动一场成功的速决战的程度。战争一旦形成相持局面，"就给美国提供了在各方面干涉朝鲜事务的理由"[1]。

然而，金日成不会放弃统一朝鲜的设想。南北朝鲜的关系一直十分紧张，在金日成看来，要根本消除战争阴云就必须夺取南朝鲜。他不止一次地表示，作为朝鲜共产党人，必须以解放全民族为己任，眼看着毛泽东一举统一了中国，而朝鲜还有半壁江山和一多半人民没有解放，他就焦心如焚。因此，艾奇逊声明刚刚发表了五天，金日成就不失时机地再度向苏联外交官提出了加速统一南北朝鲜的问题。

1 月 17 日，在为北朝鲜驻中国大使李周渊赴任举行的午餐会上，金日成拿着酒杯走到苏联驻朝鲜大使馆顾问的跟前，有些激动地说：目前中国正在完成它的解放事业，下一个问题就是如何完成统一朝鲜的问题了。他宣称：毛泽东已经保证过，当中国统一完成之后，朝鲜统一就是最迫切的任务，中共将支持他完成这一任务。斯大林也曾经亲口答应他，一旦南朝鲜发动进攻，他可以进行反攻，结果，南朝鲜没有进攻，朝鲜的统一问题就这样拖延下来了。金日成说："一想到不应辜负人民的热切希望，我就夜不能寐。"他明确要求再次会晤斯大林，以便说明局势。[2]

斯大林最担心美国干涉。但是，他也无法解释，为什么美国没有干涉毛泽东统一中国？如果连中国大陆都不愿干涉的话，美国会不会去干涉一个小小的朝鲜呢？基于日本与俄国之间几十年的历史恩怨和历史上对苏联

[1] 《莫洛托夫关于答复金日成给什特科夫的电报》(1949 年 9 月 15 日)，APRF，3/65/776/33—38；《苏共中央政治局第 71 次会议关于批准给什特科夫指示的决议》(1949 年 9 月 24 日)，APRF，3/65/776/30—32。

[2] 《什特科夫转报金日成谈话给维辛斯基的电报》(1950 年 1 月 19 日)，AFPRF，059a/5a/3/11/89—91。

远东地区的威胁情况，斯大林战后在远东最希望能够像占领德国那样，也能和美国共同占领日本。为此，苏联在完全可以单独占领朝鲜半岛的情况下，让出了南朝鲜给美军，希望以此交换美国同意苏军进占日本的北海道。不想，美军进占了南朝鲜，却拒绝苏军参加对日本的占领。这件事无疑对斯大林是一个很大的刺激。随着美苏冷战的爆发和美国明显扶植战败国日本的种种举动，苏联不可避免地会担心日本可能重新成为自己在远东的最直接的威胁。为了取得威慑日本的条件，把南部朝鲜掌握在自己的控制之下自然是一种最好不过的选择。在很大程度上，如果能够以南部朝鲜沿海的港口作为军事基地，它甚至比容易遭到海上封锁的中国的旅顺港对苏联更具战略意义。美国政府 1950 年 1 月上中旬关于其在太平洋防御范围不包括朝鲜半岛的政策宣示，显然极大地影响了斯大林对朝鲜问题的战略考量。这在某种程度上或许也正是为什么苏联方面原本不愿意修改旧的有关中条铁路和旅顺港问题的协定，却突然于 1 月 28 日改变了态度的一个重要的原因。

两天之后，即 1 月 30 日，斯大林突然打电报给苏联驻朝鲜大使，明确表示："我理解金日成同志的不满情绪，但他必须懂得，诸如他想要着手解决的关于南朝鲜这样一件大事，需要有周密的准备。事情必须要组织得没有太大的风险。如果他想要与我讨论这件事，那么我将随时准备接见他，并与他进行讨论。把这些转告金日成，并告诉他我准备在这件事上帮助他。"[1]

这封电报清楚地表明，斯大林已经改变了原先的态度，决心要帮助金日成了。一方面同意修改关系到苏联在中国东北权益和战略利益的旧协定，承诺 1952 年以前将中长铁路和旅顺港等全部交还中国政府；一方面准备帮助金日成完成统一朝鲜半岛的计划，这理应不是一种巧合。此后，尽管毛泽东还在莫斯科，中苏双方围绕着新协定进行了长达半个月的紧张交涉，但曾经明确地表示过怀疑中共中央不能严守秘密的斯大林，却没有向毛泽东透露半个字。斯大林只是在向毛泽东说明，中共中央 1950 年按照 1949 年

[1] 《斯大林给什特科夫的电报》（1950 年 1 月 31 日），AFPRF，059a/5a/3/11/92。

4月毛泽东对金日成的承诺，决定把人民解放军中其余一万两千名朝鲜族官兵连同配备的武器全部移交给北朝鲜人民军时，才涉及了朝鲜问题。[1] 不难想象，斯大林是不会拿他将要首先帮助朝鲜统一这样的话题，来刺激一心想要早日夺取台湾的毛泽东的。

根据斯大林的提议，苏联方面很快就与金日成商定，苏联对北朝鲜的军事援助将采取有偿的方式来进行。北朝鲜以九吨黄金、四十吨白银和一万五千吨其他矿石来换取价值一亿三千八百万卢布的足够装备三个师的苏联的武器弹药。根据金日成的要求，苏方还同意，北朝鲜可以提前使用原定要于1951年才提供的七千万卢布的国家贷款来装备自己的军队。[2]

在北朝鲜为统一事业加速装备军队的同时，中国方面也在为解放台湾做积极准备。双方都投入了大量的人力、物力和金钱，只不过，毛泽东不了解，在比较了从地面进攻和跨海进攻的两种风险以及对苏联在远东的战略利益何者更为直接之后，斯大林已经毫不犹豫地把目光投向了金日成。

南北朝鲜之间的关系一直剑拔弩张，李承晚不时地发出战争叫嚣，北朝鲜经常有南朝鲜计划进攻北方的情报。这些情况，无论莫斯科还是北京，都知道得一清二楚。何况，毛泽东就是以武力方式统一中国的。因此，金日成确信毛泽东不会反对他的计划。在他出访莫斯科之前，他通过北朝鲜驻中国大使通知毛泽东说，他希望就统一朝鲜问题对中国进行一次访问，与毛泽东交换意见。对此，毛泽东欣然表示同意。他告诉朝鲜大使说，他欢迎金日成的来访，如果金日成对朝鲜统一已经有了具体计划，这种访问可以是秘密的；如果还没有具体计划，最好进行一次正式的访问。由于这

---

[1] 有关这次移交部队的人数及装备情况，可见刘少奇1950年1月22日给毛泽东电。电称："在四野之朝鲜籍战士和干部共14000余人，金日成已派其作战局长等三人来接受。他们要求将该部队战士编成一个师及其直属部队。要求随带全部武器，数目如下：步枪12000支，轻机枪440挺，重机枪180挺，手枪120支，迫击炮132门，反坦克炮72门，一〇五榴弹炮36门及若干弹药。除告林彪准备酌拨外，可否，请主席复示。"《建国以来刘少奇文稿》第1册，北京：中央文献出版社2005年版，第320页。

[2] 《什特科夫转发朝鲜政府照会给维辛斯基电》（1950年3月9日），AFPRF，059a/5a/3/11/149—150。

时北京在平壤既没有大使，也没有军事观察人员，因此，毛泽东丝毫也不了解北朝鲜统一工作的计划与进程。他一面肯定以武力统一南方的必要性；一面仍旧提醒北朝鲜应当加强警惕，说北朝鲜目前应当首先做好一切军事上的准备工作，加强自身的力量，以应付可能的战争。[1]

3月30日，金日成等人秘密访问了莫斯科。这次访问一直持续到4月25日才结束。在与斯大林的谈话中，金日成介绍说，由于苏联的帮助，朝鲜人民军事实上已经取得了对南朝鲜的优势，再加上南朝鲜共产党、游击队和人民的支持，即使美国有干涉的可能，他也完全可以在美国军队尚未做好干涉准备之前就迅速拿下整个南朝鲜，因此，现在应当说统一朝鲜的时机已经成熟了。[2] 由于苏联情报系统这时得到了麦克阿瑟将军给华盛顿的一份秘密报告，其中主张美国不要干预南北朝鲜之间发生的冲突，因此，斯大林也对形势感到乐观。

斯大林在这次会见中第一次对金日成的统一计划表示了明确的肯定态度，并称，如果说他在一年以前认为金日成的这个计划行不通的话，那么今天这样的计划就是可行的了。因为无论是朝鲜国内还是整个国际的局势都发生了重要的变化，帝国主义目前不会对朝鲜内部的冲突问题进行直接的干涉。当然，他仍旧强调说，统一朝鲜的作战应当建立在对南朝鲜的进攻发动反攻的形式上。他最后还特别提醒金日成说，北朝鲜方面的这一计划必须通报给毛泽东同志，如果毛泽东也同意的话，他不会有反对意见。[3]

斯大林之所以始终向毛泽东封锁消息，直到最后才要求金日成去征求毛泽东的同意，除了他一向谨慎的行事风格外，很大程度上恐怕也是顾虑到中国人可能的反应。毕竟，中共中央早就提出了请苏联帮助解放台湾的

---

[1] 《伊格纳季耶夫转报毛泽东与李周渊会谈内容给维辛斯基电》（1950年4月10日），AFPRF，059a/5a/3/11/113—114。

[2] 苏联外交部：《关于朝鲜战争的背景报告》（1966年8月9日），RCPSDMH，5/58/266/122—131。

[3] Sergei N. Goncharov, John W. Lewis, and Xue Litai, *Uncertain Partners: Stalin, Mao, and the Korean War*, Stanford University Press 1993, pp. 143–145.

要求，毛泽东还亲自向斯大林本人提出过请求，不难想象，在还没有能够与金日成最后确定行动方针之前，过早地拿这件事情去和中国人讨论，难免不会引起中国人的顾虑。如今，在与金日成等人进行了长达二十多天的多方面讨论研究，最后确定了行动方针之后，再由金日成当面去告诉毛泽东，既表示了对中国人的尊重，也避免了直接与中国人发生孰轻孰重之类的争执。更何况，朝鲜半岛的动荡不仅会影响到苏联的安全，它对中国的影响最为直接。一旦发生任何问题，都必须要到得中国方面的谅解和支持才行。鉴于毛泽东早就向金日成就此做过承诺，因此，这件事也非得取得毛泽东的同意不可。

四、毛泽东说："如果帝国主义进行干涉，我们一定会打过去"

5 月 13 日，金日成和朴永宪出现在北京中南海的怀仁堂。在当晚的会谈中，金日成首先通报了他与斯大林会谈的结果。他解释说，南朝鲜的侵略意图已经非常明显，南北朝鲜的紧张关系已经到了非解决不可的地步，南朝鲜人民急切地盼望着祖国的统一。关于这一点，斯大林同志也明确给予了肯定，并认为现在统一朝鲜是可能的。只是，斯大林同志强调，有关这个问题的最后决定，必须取得毛泽东同志的同意。这就是他此行访问的主要目的。

毛泽东此前明确表示欢迎金日成带着他的统一计划到北京来，因此，可以想象他对金日成有一个统一计划不是完全没有准备的。但是，事到临头，他还是对金日成通报的情况深感意外。因为，在斯大林已经明确表示同意中国进行解放台湾的军事准备，解放军进攻台湾的各项先期工作也已经按部就班地迅速展开的情况下，他怎么也想不到斯大林会突然间转而赞成首先统一朝鲜。

毛泽东很委婉地对金日成表示：你们的大使已经几次来同我谈过这个问题，我都告诉他现在还不可以。金日成则解释说，苏联已经帮助我们做了许多准备，斯大林也同意了，只要中国同意，我们不要任何帮助。鉴于此，毛泽东不得不告诉金日成，这是一个很重大的问题，他需要请苏联大使立即向斯大林核实一下。毛泽东随后中止了会谈，紧急约见了苏联驻华大使罗申，要求大使立即给斯大林发电证实金日成的说法。十分明显，毛泽东虽然答应过金日成，将会赞助朝鲜半岛的统一事业，但其前提是中国先要完成自己的统一大业。即使他估计到金日成会带来他的统一计划，他多半也相信他能够劝说金日成在中国很快完成了自己夺取台湾的作战之后，再来着手于朝鲜的统一工作。金日成拿出斯大林的“尚方宝剑”，无疑让毛深感被动。

第二天晚上，苏联大使拿着斯大林的电报来见毛泽东。电报全文如下：

> 毛泽东同志！
>
> 在与朝鲜同志的谈话中，菲利波夫（斯大林使用的化名）和他的朋友们表示了如下意见：由于国际形势已经发生了变化，他们同意朝鲜人着手实现重新统一的建议。但有个附带条件，即问题最终应该由中国同志和朝鲜同志共同来决定。如果中国同志有不同意见，那么对问题的解决就应延迟，直到进行一次新的讨论。会谈中的细节朝鲜同志可能会向您转述。[1]

鉴于斯大林已经明确表态，毛泽东自然无法持反对态度。他对苏联大使说，他已经注意到朝鲜半岛的情况，他完全同意朝鲜同志的估计，即由于美国势力逐渐退出了朝鲜的南方，朝鲜的局势已经发生了很大的改变。不过，他认为，恐怕有必要像中苏条约那样，在中国和朝鲜之间迅速签订一个《友好互助同盟条约》。毛泽东显然对金日成的计划可能带来的后果有些担心，因此相信中国需要为直接援助北朝鲜做好准备。

---

[1] 《菲利波夫致毛泽东电》（1950 年 5 月 14 日），APRF，45/1/331/55。

在与苏联大使会晤后，毛泽东立即在他的办公室召集周恩来等中共政治局在京的重要领导人开了会，讨论这一重要的情况变化。毛泽东显然对斯大林和金日成没有事先与他商量这件事感到不满。几年之后，他在与苏联大使以及与米高扬、赫鲁晓夫等人的谈话中，曾经多次重提了这件事。他认为自己实际上是被蒙在鼓里，直到金日成跑来告诉他说斯大林已经同意了，他才知道有这么一回事。但不论他是不是感到窝火，中共中央这时却再也没有表示异议的权力，只能同意斯大林的意见。这是因为，斯大林1945年以来几度干预中共，“不许革命”曾经引起过毛泽东和中共领导人的强烈不满，事实已经证明这种外来干预是极其错误的。何况这已经是斯大林和金日成商量决定了的事情，毛泽东已经没有可能再去同斯大林进行讨论，必须直接面对金日成，他又怎么能够当面扮演斯大林过去扮演过的那种角色呢？因此，中共中央最终只好决定接受既成事实。

5月15日，毛泽东再度与金日成等会谈。他告诉金日成，原来他考虑的是应当首先解放台湾，在此之后再解决朝鲜问题，那样中国将会更充分地援助北朝鲜。但既然统一朝鲜的问题已经在莫斯科得到批准，他同意首先统一朝鲜。金日成向毛泽东详细介绍了他们的三阶段计划：第一步进一步加强兵力；第二步公开向南方提出和平统一方案；第三步在和平统一方案遭到南朝鲜拒绝后则准备斥诸武力。毛泽东对此表示了肯定的意见。他强调，作战计划要有充分的准备，部队行动要迅速，包围主要城市，但不要为占领城市而延误时间，要集中兵力消灭敌人的有生力量。不过，毛泽东还是对美国驱使日本军队或直接干预的可能性有所担心。他告诉金日成，一旦有两三万日本军队投入战争，整个战争的过程就可能延长。当然，如果美国军队参加战争，他相信中国会派出军队支援北朝鲜，因为到那时，苏联出兵是不方便的，它受到与美国签订的协定的限制，而中国则不受这样的条约约束。

金日成相信，日本军队参战的可能性不大，即使美国人派上两三万日本军队来，也不能改变战局，人民军的士兵将战斗得更加坚决。至于美国参战的可能性，他断言："那几乎不可能。"斯大林已经告诉过他们，帝国主义不会干涉，因而不必加以考虑。但毛泽东还是提出：帝国主义的事，我做不了主，我们不是他们的参谋长，不能知道他们心里想的是什么。不过准备一下总是必要的。我们打算在鸭绿江边摆上三个军，帝国主义如果不干涉，没有妨碍；帝国主义如果干涉，不过三八线，我们也不管；如果过了三八线，我们一定打过去。金日成对此一面表示感谢，一面则婉言谢绝。在5月16日，即毛泽东与金日成会谈的最后一天，毛泽东收到了来自莫斯科的电报，电报表示同意毛泽东所提议的中朝缔结一个《友好互助同盟条约》的建议，只是，电报强调：这不应当在战争发动之前，而应当是在朝鲜已经成功地统一之后。[1]由此也不难看出，莫斯科这时对朝鲜战争的胜利似乎颇有把握。

朝鲜战争的爆发已经箭在弦上，金日成此时的兴奋心情可想而知。相比之下，鉴于台湾问题的解决势必会受到相当大的影响，毛泽东的沮丧也不言而喻。几乎就在金日成访苏之前不久，中共还特别与苏联军事当局就武力统一台湾问题的一些具体的作战设想进行过深入的讨论。而由于中共这时空军和海军的装备正在陆续到达，进攻台湾的技术条件问题正在通过各方面的努力而逐渐得到解决，因此，中共中央已经重新开始有了依靠自己的力量夺取台湾的决心，并初步考虑在1951年条件基本具备后选择适当时机实施作战行动。毛泽东无论如何没有想到朝鲜战争会排在了他夺取台湾行动的前面。他最担心的显然是，朝鲜战争的爆发会不会导致美国政府突然改变对中国内战的政策，从而使他夺取台湾的计划面临巨大的困难？

五、战争爆发，美国介入，毛泽东抱怨这是个"极大的错误"

5月29日，金日成通知苏联大使，他已经收到了斯大林答应提供的武器和装备的主要部分。30日，金日成进一步通知苏联大使，总参谋长和苏

[1] 俄罗斯外交部：《韩战秘密文件》（1994年）。

联军事总顾问瓦西里耶夫中将一起，已经制订出进攻计划，并提议 6 月底开始进攻。6 月 10 日前部队将全部集中到预定的进攻地点。斯大林当即批准了这个计划。[1]

随着按照既定方案北朝鲜提出的和平统一主张在 6 月 11 日遭到南朝鲜当局的拒绝，第三阶段即军事进攻阶段开始进入了倒计时。根据苏联瓦西里耶夫中将和苏军顾问组协助制订的这个“先发制人的进攻作战计划”，人民军应当在 22—27 天内分三个阶段实现解放南朝鲜的作战。[2] 6 月 18 日，作战计划下达到人民军部署在三八线的各个部队。

就在北朝鲜人民军加紧部署的同时，三八线上的军事摩擦依然持续不断。但是，平壤和莫斯科显然都不相信南朝鲜真的做好了进攻的准备。据统计，这时南北朝鲜的军力对比为：军队人数 1∶2，步枪 1∶2，机关枪 1∶7，冲锋枪 1∶13，坦克 1∶6，飞机 1∶6。[3] 力量对比的天平已经明显地倒向北朝鲜一边了。

25 日，受命参加进攻的七个师以反击南方军队武装挑衅的理由，大举越过了三八线。朝鲜战争爆发了。出现在第二天平壤和莫斯科的报纸上的消息是这样说的：6 月 25 日，南朝鲜军队发起进攻，他们成功地迫使边防部队退却，并侵入朝鲜民主主义人民共和国领土 1—2 公里。朝鲜政府立即命令反击侵略者，并粉碎了其主力部队。[4]

面对朝鲜战争的爆发，中共领导人的心可以说提到了嗓子眼儿上。他们焦虑地注视着国际上特别是美国的反应。两天之后，一个最让毛泽东担心的局面随之出现了。美国总统杜鲁门于 6 月 27 日宣布台湾未来地位尚未确定，因此他已命令第七舰队阻止任何对台湾的进攻，确保台湾及台湾海

---

[1] 《什特科夫给莫斯科的电报》（1950 年 5 月 30 日），APRF，45/1/346/94。

[2] 见《朝鲜日报》1992 年 9 月 12 日专题报道《俄国学者公布了金日成针对南韩的先发制人的进攻计划》。

[3] 前引《关于朝鲜战争的背景报告》。

[4] 转见德米特里 · 沃尔科格诺夫：《对此应当惧怕吗？——朝鲜战争内幕》，转见（俄）《星火》第 25—26 期，1993 年 6 月，第 29 页。

峡的中立化，防止战争蔓延。在毛泽东看来，美国的这一行动显然无异于救了国民党的命。

在这里需要说明的一点是，由于对美国高层决策缺乏有力的情报来源，苏、朝、中三国领导人都不知道美国关于太平洋防御范围的战略决策在1950年4月就已经开始发生了改变。美国军方已经调整了年初宣布过的防御范围，把朝鲜半岛和台湾岛又包括在内了。随后，这一计划也得到了美国政府的正式批准。朝鲜战争爆发之际，美国政府新的防御政策也已内定，其宣布介入朝鲜战争，同时宣布派舰队进入台湾海峡，也就是很自然的事情了。

对于美国的行动，毛泽东不得不做出强烈反应，号召"打败美帝国主义的任何挑衅"[1]。但在内部指示中，中共中央则不能不承认：自己没有与美国现代化的海军进行海上较量的可能，"形势的变化给我们打台湾添了麻烦，因为有美国在台湾海峡挡着"，结果只好把"打台湾的时间往后推延"。[2] 与此同时，由于6月27日美国总统也同时宣布美国将出兵南朝鲜，中国东北边防以及可能的增援朝鲜问题日益紧迫，中共中央的战略重点也被迫转向东北地区。至此，进攻台湾的准备工作逐渐停顿下来，以至最终不得不在事实上放弃了这一作战计划。

这是一件让毛泽东感到极其不满的事情。7月2日，周恩来约见苏联大使，在讨论如何应付联合国卷入朝鲜战争的外交问题后，他告诉大使说：早在5月与金日成的会谈中，中共领导人就已经提醒金日成美国可能干涉的问题，而金日成当时不相信。事实证明我们当时的估计是对的。与此同时，通过他们给苏联方面的一份综合反映外国人对朝鲜战争的看法的情报，中共领导人也曲折地表达了他们对苏联选择这个时候支持统一朝鲜行动的疑惑。在报告中，他们写道，一位英国代表对中国领导人说，苏联鼓励朝鲜内战

---

[1] 《建国以来毛泽东文稿》第1册，第423页。

[2] 转见《肖劲光回忆录》（续），北京：解放军出版社1988年版，第26页。

的目的，就是要阻止中华人民共和国夺取台湾。[1]

毛泽东不希望在这个时候进行朝鲜战争，是再明显不过的了。他本来想首先解决台湾问题，然后再寻找适当时机协助金日成解决朝鲜统一问题。但究竟什么时候可以武力统一朝鲜半岛，既需要通盘考虑，也需要合适的机会。而且，他始终认为，在苏联红军帮助下建立起来的朝鲜人民军，实际上还很少经受真正的全过程的战争考验，因而很难在这么短的时间里成熟起来，卓有成效地进行这场统一朝鲜的速决战，更不可能对付可能直接参战的优势的美国军队。因此，从一开始他就对这个计划的可行性有所怀疑。只是，斯大林的支持使他失去了反对的可能。等到 9 月中旬美国军队在仁川登陆，轻而易举地围歼了人民军进攻的主力部队以后，毛泽东更加相信自己的估计是正确的了。但越如此，他也就越是感到遗憾。所以，在斯大林逝世后，毛泽东不止一次地在这个问题上表示过不满。

当然，毛泽东的批评是两方面的。一方面，他强调自身的决策犯了错误。比如，他在内部就讲过：没有抓住最有利的时机攻打台湾“是我党‘七大’后所犯的第一个大的历史错误。当时，蒋介石在台湾立足未稳，美国人也从台湾撤走了第七舰队，本来是解放台湾的最好时机，但是我们丧失了时机。我们只看到胡宗南在西南还有大军，于是二野分兵去了西南，三野又要守备大城市和扫清残敌，所以没有把二野三野集中起来解放台湾，而是以劣势兵力在金门打了败仗……这是一个大的历史错误，是不能挽回的错误”。另一方面，他肯定地说：关于朝鲜战争的决定，是一个“极大的错误”，“是百分之百的错了”。[2] 但毛泽东心里想的多半是，如果当初斯大林不是轻率地支持在朝鲜采取行动，那么不仅不会犯这样大的错误，不会“给朝鲜人民带来那么严重的灾难和痛苦”，而且也不会使台湾问题陷入如此困难的局面。

---

[1] Evgueni Bajanov, *Assessing the Politics of the Korean War, 1949–51*, Cold War International History Project Bulletin, Winter 1995/1996, pp. 88–89.

[2] 参见《毛泽东与苏共中央代表团谈话纪要》（1956 年 9 月 23 日）。

第十二章

中国出兵朝鲜幕后

斯大林估计不足，毛泽东未雨绸缪，强调对朝不能不帮；釜山遇阻，仁川遭难，苏联顾问报告：人民军损失了几乎所有的坦克和大炮；金日成求援，毛泽东拟就出兵电报压下未发，何因？出兵决定刚刚形成，为何斯大林、周恩来又联名提议让金日成撤到东北？毛泽东一纸电报，斯大林心里一块石头落了地……

1950年的朝鲜战争不是毛泽东想要打的，但是，由于这场战争，自抗战以来一直存在着某种猜忌和不信任的中苏两党关系，得到了极大地改善，却是事实。毛泽东后来不止一次谈到过："斯大林是什么时候对我们比较放心了呢？那是在我们派志愿军过鸭绿江，抗美援朝战争开始之后。我们军队过江一打，他放心了，觉得我们不是半个铁托，是国际主义者，是真正的共产党了。苏联决定援助我们141个项目是在抗美援朝战争打起来以后才完全定下来的。我们在莫斯科的时候还没有完全定下来。"[1] 换言之，仅仅几个月前，即1950年2月中苏两国在莫斯科签订同盟互助条约，结为军事同盟之际，在毛泽东看来，斯大林对中国党也还是不放心的。正是因为几个月后，当朝鲜陷于危难，苏联束手无策之时，毛泽东不避艰险，力排众议，力主出兵，才彻底打动了斯大林。毛泽东与斯大林之间的恩恩怨怨，到此算是有了一个新的开始。

一、朝鲜战争爆发，毛泽东未雨绸缪，斯大林许诺提供空中掩护

6月25日，朝鲜战争爆发。当天，美国政府指责北朝鲜对南朝鲜发动武装进攻，并很快开始派遣海、空、陆三军援助南朝鲜。美国总统杜鲁门在27日公开发表声明，宣布美国将从军事上支持南朝鲜军队作战，同时还将派美国第七舰队开赴台湾海峡，以阻止中国大陆对台湾的任何可能的进攻。

美国的激烈反应本在中苏两国领导人的预料之中，但是，无论是斯大林还是毛泽东，都没有想到美国真的会大举介入到朝鲜战争当中来。而更为不利的是，由于太过相信美国不会卷入的情报，斯大林甚至早在几个月前就以联合国继续承认台湾国民党人的代表为由，拒绝继续派代表参与联合国的事务。结果，不仅美国出兵朝鲜，而且联合国也在美国的

---

[1] 吴冷西：《十年论战：1956—1966中苏关系回忆录》（上），北京：新华出版社1999年版，第18页。

推动下，很快通过了谴责北朝鲜的决议案。这不仅使美国的干预变成了联合国的集体干预，而且使北朝鲜处在了十分不利的位置上。

7月2日，在与毛泽东、朱德、刘少奇进行了一个下午的讨论之后，周恩来约见了苏联大使罗申，向他说明了中国政府对于美国和联合国的声明将采取坚定的政策。与此同时，周恩来说，毛泽东在与北朝鲜领导人的几次谈话中，都谈到了美国干涉的可能性，可惜没有引起朝鲜同志的重视。美国的军事干涉看来有进一步扩大的趋势，人民军能否挫败美国的干涉，令人担心。毛泽东希望朝鲜同志能够加强他们在仁川地区的防御线，因为美国人可能会在那里登陆，当然，这种登陆战也可能发生在半岛的其他地方。考虑到种种可能的情况，为防备万一，中国政府准备在中朝边境集中九个师的兵力，美国军队不过三八线则罢，一旦越过了三八线，中国人民解放军便以志愿军的形式入朝协助人民军抗击美国军队。周恩来提出，就这个问题，中国政府希望能够听取斯大林同志的意见，同时希望苏联空军能够对这些部队提供空中掩护。

斯大林对美国干涉可能造成的严重情况，看上去似乎不像中国方面那样担心。还在7月1日，斯大林就非常坚决地要求他在朝鲜的大使转告北朝鲜领导人：不要被美国人的介入吓坏了，不要停止推进，苏联将迅速满足朝鲜人关于供应弹药和其他军需品的要求，我们认为，必须坚决地继续进攻，南朝鲜解放得越快，美国武装干涉的机会就越少。[1] 很显然，尽管出现了意外的情况，斯大林还是硬着头皮要把战争进行到底。因为事情很清楚，如果战争就此停下来，不仅所有的努力都将前功尽弃，而且美国人很可能会乘机打过三八线。即使美国军队不准备向三八线以北发动进攻，也必定会以此为理由重新驻守到朝鲜南部来，这对苏联的远东无疑将构成长期的威胁。因此，斯大林别无选择，只能坚持把战争打下去。在他看来，美国人目前尚未做好准备，如果北朝鲜人民军能够一鼓作气，全速推进，美国政

[1] 《冯西（斯大林化名）致什特科夫电》（1950年7月1日），APRF，45/1/346/104。

府只靠抽调驻守在日本的军队赴朝参战，是无论如何也不够的。朝鲜方面并非没有取胜的机会。只要能乘着美国和其他国家还来不及组织更多的兵力进行增援的时候，迅速占领整个朝鲜半岛，美国人到时候即使调集了足够的兵力，也就无能为力了。

但是，人民军是否能够完成如此艰巨的任务呢？斯大林并非不了解人民军自身的弱点，事实上，在正面战场投入了绝大部分兵力之后，即使是金日成也已经看出“美国人在部队后方或在北朝鲜各港口派陆战队或空降部队登陆的危险性”了，他为此已经在呼吁苏联紧急援建海军陆战队和海岸警备队。毛泽东以及中国方面也有同样的担心。不过，斯大林这时最担心的还是军事指挥和军事组织的决心与效力。他特别关心的是，北朝鲜领导人有没有被美国人的干涉和轰炸吓坏了，还能不能组织起顽强的抵抗和进攻，部队能不能得到充足的兵源的补充等。至于北朝鲜人所提出的各种装备和弹药的需求，他都毫不犹豫地予以满足。

当然，斯大林还是非常希望中国方面能够成为北朝鲜在军事上的后盾的。在得知中国政府主动表示愿意为北朝鲜人民军提供军事保障之后，他很快就要苏联驻中国大使罗申转告周恩来，肯定这种准备的意义。他明确表示：“我们认为，集中九个中国师在中朝边境，以便在敌人越过三八线时，志愿军入朝作战是正确的。”“我们将尽力为这些部队提供空中掩护。”[1] 与此同时，他对中国方面迟迟没有向朝鲜派出自己的代表一事颇感不解，要求罗申转告毛泽东：“应当尽快派出代表，以便于联系和迅速解决问题。”他在电报的最后还不无埋怨地加了一句：“当然，如果毛泽东认为有必要与朝鲜联系的话。”[2] 他显然不了解，在这件事情上，其实是朝鲜方面对中国人可能的介入颇怀戒心，因而态度消极，中国党对此亦颇不理解。

一方面着手做万一的准备；一方面继续坚持要把战争进行到底，这充分

---

[1] 《菲利波夫致苏联大使转告周恩来电》(1950 年 7 月 5 日)，APRF，45/1/331/79。

[2] 《菲利波夫致罗申电》(1950 年 7 月 8 日)，APRF，45/1/331/82。

显示斯大林这个时候对战争形势的估计总体上还是比较乐观的。正因为如此，他这时并不认为有必要采取外交的行动紧急阻止美国扩大干涉的企图。相反，眼看美国代表在推动联合国谴责朝鲜侵略成功之后，进一步积极鼓动联合国组织“联合国军”介入朝鲜战争，斯大林还是没有及时地做出反应，马上派他的代表返回安理会去行使否决权。结果，7 月 7 日，由于苏联代表的缺席，美国代表轻而易举地促使联合国安理会通过了组织“联合国军”的决议，北朝鲜乃至于苏联，在外交上都明显地更加处于不利的地位了。

斯大林所以这个时候坚持不改变既定的方针，除了难以接受停战的后果以外，最主要的显然还是因为朝鲜人民军这时在战场上在处于节节胜利的顺利形势之下，美国以及联合国的军事干涉，一时还难以看到可怕的后果。因此，当英国人通过驻莫斯科大使委婉地向苏联政府提出，希望苏联能够施加影响，促使人民军退回三八线，以便和平解决朝鲜问题时，斯大林很坚决地打电报给中国和北朝鲜政府称：“我们认为英国人的这项要求是无礼的和不能接受的。”[1] 与此同时，他再一次催促中国政府尽快在中朝边境部署九个师的部队。他在通过苏联大使罗申转给周恩来或毛泽东的电报中称：“我们不清楚，您是否已决定部署九个中国师在朝鲜边境。如果您已做出决定，我们准备给您派去一个喷气式歼击机师——一百二十四架飞机，用于掩护这些部队。”他甚至慷慨地表示：一旦中国的飞行人员掌握了这些飞机，这个飞行师以及已经在上海担任防空任务的另外一个飞行师的所有装备，都可以移交给中国方面。[2]

很显然，斯大林不是完全没有担心。但是，他渴望这场战争能够顺利地打下去。

---

[1] 《斯大林关于驳回英国建议给什特科夫电》（1950 年 7 月 1 日），见沈志华编：《朝鲜战争：俄国档案馆的解密文件》（上册），台北：中研院近代史研究所史料丛刊（48），中研院近代史研究所 2003 年版，第 449 页。

[2] 《菲利波夫致苏联大使转告周恩来、毛泽东电》（1950 年 7 月 13 日），APRF，45/1/331/85。

二、毛泽东表示，中国能够成为朝鲜强大后盾，不怕与美军作战

在得到斯大林对立即着手部署九个师的东北边防军以防万一的积极答复之后，受毛泽东的委托，身为中央军委副主席的周恩来在7月7日和10日连续两次召集国防会议加以研究落实。会议通过了《关于保卫东北边防的决定》，决定抽调作为国家战略预备队的第十三兵团及其所辖的第三十八、三十九、四十军和已经在齐齐哈尔地区从事农业生产的第四十二军等部，共二十六万人，组成东北边防军，准备必要时支援朝鲜人民军作战。[1] 会议同时高度重视空军问题，授权空军司令员刘亚楼对改装、训练和接收苏联飞机，迅速组建中国空军问题，提出具体方案。

毛泽东和中共中央对建设空军问题一直十分重视，但空军装备以及空地人员的训练限制着空军组建工作的开展。中国人民解放军这时只有一个空军第四混成旅，组成还不到一个月的时间。考虑到与美国军队作战的可能性，军队领导人都格外重视空中掩护问题。因此，受到斯大林提议的鼓舞，参加国防会议的领导人都一致主张乘机加速空军的建设。因此，周恩来很快两度约见苏联大使罗申，一方面请他向斯大林表示感谢，一方面要求苏联派遣防空和空军专家前来中国担任军事顾问。在一封由毛泽东署名的给斯大林的电报中，中国政府还就苏联飞行师在中国东北的配置问题提出了具体的设想，主张："对于你们用以掩护我军的一个喷气式飞机师，我们拟将其配置在沈阳地区，将其他两个团配置在鞍山，一个团配置在辽阳，这将有助于在我驻安东地区混成航空旅各歼击航空兵团的配合下，完成对我军及沈阳、安东、抚顺工业区进行掩护的任务。"[2] 对于中国方面的所有这些要求，斯大林和苏联武装力量部相当痛快地予以了满足。

---

[1] 毛泽东：《关于志愿军入朝作战的方针和部署给周恩来的电报》（1950年10月14日），见《建国以来毛泽东文稿》第1册，第560—561页。

[2] 《罗申转毛泽东致菲利波夫电》（1950年7月22日），转见《世界史研究》（年刊）总第三期，1997年11月，第261页。

一直到8月中旬为止，朝鲜人民军的作战都还比较顺利。7月底，人民军已经进抵洛东江，整个南朝鲜军队只剩下几万人，连同前来增援的近十万美军，被围困在了朝鲜最南端的釜山港一带狭小的范围里，眼看统一朝鲜的战斗即将进入尾声了。8月中旬，人民军大举突破了由美军第八集团军沿着洛东江建立的坚固防线，金日成公开通过平壤电台发布命令，要求人民军将士务必在8月底之前将美国侵略者赶出朝鲜，完成统一朝鲜的神圣使命。

朝鲜人民军的节节胜利，也使中国领导人深受鼓舞。8月4日，中共中央政治局召开会议，在谈到朝鲜战局时与会者多数表示乐观，特别是注意到人民军能够对美军直接作战并且在向前推进的情况，许多与会者都相信，美国军队的战斗力要弱于当年他们与之作战过的日本军队。不过，美国在国内国外做了如此大规模的战争动员之后，是否会轻易地承认失败、放弃朝鲜，毛泽东等人显然有所怀疑。毛泽东再度强调了美国在朝鲜腹背发动登陆战并扩大战争的可能性。基于这样一种估计，他明确讲，美帝是不会甘心失败的，要准备美帝大举进攻北朝鲜，“我们不能不有所准备”，因为，“如美帝得胜，就会得意，就会威胁我。对朝不能不帮，必须帮”。周恩来也肯定地说：朝鲜战争要取得彻底胜利，“一定要加上中国的因素，中国的因素加上去后，(才) 可能引起国际上的变化。我们不能不有此远大设想”[1]。在这段时间毛泽东、周恩来和刘少奇等人与苏联大使、专家以及军事顾问的谈话中，都不止一次地说明，中国有决心成为北朝鲜的坚强后盾，解放军不怕与美国军队作战。

朝鲜战局的进展，明显地影响着中共中央对援助朝鲜问题紧迫性的估计。8月4日会议召开时，人民军的作战有很快结束的可能，毛泽东估计美军出于报复目的，可能很快转而在人民军侧后发动登陆战。因此，他明确提出，东北边防军“八月内可能没有作战任务，但应准备于九月上旬能作战”，

[1] 薄一波：《若干重大决策与事件的回顾》上卷，第43页。

务“叫各部于本月内完成一切准备工作，待命出动作战”。而8月中旬，得知部队各项准备工作及装备均有不足，人民军夺取釜山港的作战因美军顽强抵抗最早也只能在8月底才能结束，毛泽东相信，釜山战役还要持续一段时间，美国军队一时还难以另外调集新的足够发动登陆战的部队，即使开始新的进攻，也要到9月以后才有可能。因此，他又指示东北边防军：“边防军完成训练及其他准备工作的时间可延长至九月底。”[1] 但无论如何，毛泽东已经看出，照目前的情况拖下去，靠北朝鲜人自己恐怕是赶不走美国人了。

8月底，眼看人民军进攻釜山的作战严重受阻，美军已在釜山地区构筑成坚固的防御线，有可能抽调足够的机动部队来发动对人民军的反击，毛泽东开始感到形势的严峻。为此，他不能不一面提醒苏联人战争即将长期化，一面发布指示，要求军委为应付可能到来的战争，“集中十二个军以便机动”[2]。

将近一个月的时间啃不动釜山这块小骨头，也让斯大林感到事情有点儿不妙。来自朝鲜的种种情报显示，面对从航空母舰上起飞的大队美国攻击机和美国陆军在火力方面的优势，人民军的士气受到明显的影响。当然，斯大林并没有感到绝望，他寄希望于最后五分钟的努力。他8月28日在电报中还在继续给金日成鼓气，说：“苏共中央祝贺金日成同志及其战友在伟大的朝鲜人民解放斗争中，在金日成同志领导下取得辉煌胜利，苏共中央毫不怀疑，外国干涉者将会很快地被赶出朝鲜”；“金日成同志不要因为和外国干涉者的战争没有取得连续的胜利而不安，不要因为推进中进攻受阻，或因某些局部的失败而沮丧。在这样的战争中没有连续的胜利”；要知道，“俄国人在1919年英、法、美武装干涉时期的处境比现在朝鲜同志的处境要坏

---

[1] 毛泽东：《军委关于东北边防军月内完成一切作战准备给高岗的电报》（1950年8月5日）；毛泽东：《关于边防军务必在九月底以前完成一切作战准备给高岗的电报》（1950年8月18日），《建国以来毛泽东文稿》第1册，第454、469页。

[2] 毛泽东：《关于集中十二个军以应付时局问题给彭德怀的电报》（1950年8月27日），《建国以来毛泽东文稿》第1册，第485页。

得多”；“金日成同志不要忘记，他的盟友现在和将来都会支持他”；为了尽可能保护人民军不受敌机的攻击，“我们可以补充提供攻击机和歼击机给朝鲜空军”。[1]

斯大林的鼓励使金日成备受鼓舞，他一面复电斯大林，说“我们被您的关注深深地打动，并对您的热情参与和忠告，向您，我亲爱的导师，表示感谢”，一面下令对釜山的敌人发动最猛烈的攻势，想要不惜一切代价把美国人赶下海去。[2]

据美国人记述，“9 月 1 日，一声爆炸打破了清晨的寂静，北朝鲜人至少向釜山防御圈发动了五次大规模进攻”。这次进攻一波又一波地一连持续了一周时间。美国人“付出了战争中最惨重的代价”。仅 9 月 5 日一天，美国陆军就有 102 名士兵阵亡，420 人受伤，587 人失踪，陆战队阵亡 35 人，伤 91 人，伤亡总数达 1245 人。[3] 但是，美国人顶住了人民军的拼死进攻。进入 9 月中旬，上万名美国陆战队员撤离了釜山前线。只可惜，他们不是被赶下海去的，在釜山港口列队登船的陆战队员们被告知，他们要去从侧后对北朝鲜人民军发动一场登陆战。

三、斯大林建议金日成向中国同志求援，但叮嘱“不要提莫斯科”

朝鲜半岛呈狭长形，长 800—900 公里，拦腰最窄的两处，一处在平壤附近，一处在汉城附近，仅 100 公里左右。人民军由北向南长驱直下，部队大部分集中在最南端，其补给线达 400 多公里，很容易被拦腰切断。麦克阿瑟将军在战争爆发第五天前往朝鲜进行战地视察时，就已经产生了在汉城附近实施两栖登陆，对人民军拦腰一击的想法。7 月 4 日，麦克阿瑟就指示他的参谋人员制订登陆作战计划。10 日，以汉城附近的仁川作为登陆点的“蓝

[1] 《冯西致苏联大使转告金日成电》（1950 年 8 月 28 日），APRF，/45/1/347/10—11。

[2] 《什特科夫转呈金日成致斯大林电》（1950 年 8 月 31 日），APRF，45/1/347/14—15。

[3] 约瑟夫 · 格登著，于滨等译：《朝鲜战争》，北京：解放军出版社 1990 年版，第 198—199 页。

心行动”计划已经出笼。计划提出，美国陆军第一骑兵师应于 7 月 22 日在汉城以西的仁川港发起登陆战。仅仅是由于后勤准备不足和缺少熟悉两栖作战的部队，这一计划被放弃了。但 7 月 23 日，新的名为“铬铁行动”计划再度提出了从仁川登陆的作战方案，只是这一计划的实施时间被推迟到了 9 月中旬。麦克阿瑟坚信，这是“以极少的部队包围并消灭其主力部队”的最好方案。[1]

9 月 15 日，经过周密准备的仁川登陆战果然一举成功。首批 18000 名美军占领了仁川港，不仅汉城受到威胁，而且整个人民军的主力部队，正在半岛南端的第一、二集团军都有可能全军覆灭。莫斯科显然注意到这种危险性。

从美军在仁川登陆的第二天，莫斯科就紧张地注视着事态的发展。当美国陆战队开始推进到汉江南岸，而美国飞机完全控制了朝鲜的制空权之后，斯大林沉不住气了。他一面下令国防部长紧急制订一项出动苏联空军去保卫平壤的计划，一面致电金日成，强调美国人在仁川的登陆具有重大意义，其目的在于切断北朝鲜第一和第二集团军与北朝鲜后方的联系。为确保整个战线的稳固，不使美国人的阴谋得逞，有必要迅速从南方撤出四个师，在汉城以北和以东建立防线。[2]

与此同时，中国政府也非常关注美军在仁川的登陆。对于美军可能会利用朝鲜半岛的地理特点，从人民军侧后实施登陆作战这一点，毛泽东等人也早就有所担心。但是，由于金日成一直不希望中国方面太多介入朝鲜半岛的事务，因此中国方面几乎没有可能就这个问题与金日成交换意见。不仅如此，尽管在斯大林的催促下，中国方面得以向平壤派出了自己的大使，却还是得不到详细的战况情报。因此，美军仁川登陆三天后，周恩来不得不约见苏联大使，要求苏联政府能够迅速提供有关朝鲜战局的更加准确的

[1] 前引《朝鲜战争》，第 200—201 页。

[2] 参见 Alexandre Y. Mansourov, *Stalin, Mao, Kim, and China's Decision to Enter the Korean War*, September 16—October15, 1950: New Evidence from the Russian Archives, Cold War International History Bulletin, Winter 1995—1996, pp. 95—96。

和及时的情报，并且提出建议说：朝鲜人民军应当集中全部预备队消灭仁川登陆之敌，如果缺少这样的部队，务必从南方将主力部队撤下来。

实际上，毛泽东这时已经看出中国非出兵不行了。几乎就在同一天，中共中央军委已经决定要力争向朝鲜派出军事先遣小组，以便勘察地形，做好出兵作战的准备。毛泽东同时更通知东北局负责人高岗说："看来不出兵是不行了，必须抓紧急准备。"[1] 对此，斯大林也看得同样清楚。为了避免中朝之间发生误会，他专门复电为金日成解释说，未能向中国方面提供军事情报，是因为金日成与前线司令部的联系有困难，包括他本人得到的有关情报，也多是来自苏联大使，而不是金日成。他表示，人民军是一支很年轻的部队，指挥系统不完善，干部也不得力，要指望人民军在后方的少数预备队抗击仁川登陆的美军，是不可能的，他同意必须从前线撤出主力部队来建立巩固的防线。[2]

考虑到人民军主力正在对釜山发动新一轮攻势，苏联驻平壤的大使和军事顾问显然寄希望于能够用最后的全力把美国人赶下海去。而更重要的是，即使北朝鲜这时能够很快从南部前线撤下来几个师，要想马上组织起对具有海空优势的美军的有效防线，在时间上也是极其困难的。何况，据苏联军事顾问报告，人民军从上到下部队指挥组织得很差，有线通信被敌机的轰炸所破坏，无线电通信既缺少熟练的报务员，也无法保障燃料的供应，人力通信几乎不采用，斯大林又不允许苏联顾问随军行动，因此，后方对整个前线的情况也只有断断续续的报告，指挥都很困难。[3]

9月25日，即美军实施登陆作战第十天，汉城即告陷落。美军并且占领了尚州、安东，并已向清州方向发展。而人民军围攻釜山的作战也因腹背受敌而告失利，釜山方向的美军已开始大举北进，其狂轰滥炸更是使人

---

[1] 柴成文、赵勇田：《板门店谈判》，北京：解放军出版社1989年版，第79页。

[2] 同前，第148—149页。

[3] 《马特维耶夫（苏联赴朝特别代表团团长）致冯西电》（1950年9月26日），APRF，3/ 65 / 827/103—106。

1949年3月5日至13日，中共中央在西柏坡村召开七届二中全会，具体部署夺取全中国以后的中心工作。图为毛泽东在会上做工作报告

1949年9月30日，即将成立的中华人民共和国中央政府经政治协商会议选出。图为新当选的中央人民政府委员（部分）合影

1949年10月1日下午，毛泽东在中华人民共和国开国典礼上讲话

1950年6月25日，北朝鲜人民军攻克汉城，朝鲜战争爆发

1950年冬，由于北朝鲜对联合国军作战失利，形势危急，中国政府组成志愿军发起抗美援朝战争。图为大批志愿军跨过鸭绿江，进入北朝鲜

北朝鲜统一朝鲜半岛的战争遭到了美国及联合国的武装干涉。图为被任命为联合国军总司令的美军将领麦克阿瑟抵达南朝鲜

1950年年底，杜鲁门为了解朝鲜战况亲赴朝鲜会晤麦克阿瑟。图为杜鲁门与麦克阿瑟合影

志愿军入朝后，第一阶段进展顺利，图为云山战斗中被俘虏的美军官兵

1950 年 12 月 6 日，志愿军帮助北朝鲜夺回了首都平壤

1950 年 12 月中朝军队联合司令部成立。图为彭德怀（右一）、金日成（右二）和两位高级将领

1953 年 7 月 27 日，双方代表举行签字仪式，历时三年的朝鲜战争宣告结束。图为停战协定签订现场

民军处于被动挨打的境地，集中在南方的朝鲜人民军主力面临被围歼的严重危险。苏联顾问这时报告说："人民军部队主要由于敌人空军而遭到巨大损失，损失了几乎所有坦克和许多大炮，正在进行困难的阻击战，部队缺少弹药和燃料，几乎没有补充。"形势异常严峻。带着斯大林的撤退命令刚刚到达朝鲜不久的苏联武装部队副总参谋长，化名马特维耶夫的苏共特别代表团团长明确认为，必须立即向中国人请求帮助，至少应当马上请中国朋友派遣一千五百名以上的司机到朝鲜来，以便帮助运送武器弹药和军队。[1]但是，由于金日成不同意向中国求援，始终寄希望于苏联的帮助，因而朝鲜方面迟迟没有向中国提出求援的请求。

这回是斯大林相信战争不能再打下去了。27日，他召集了苏共中央政治局会议，会上斯大林严厉批评朝鲜人民军各级指挥机关在指挥和战术方面犯了一系列严重错误，并强调苏联军事顾问必须对这些错误负直接责任，特别是拖延了撤退的时间。鉴于战争已经无法进行下去，会议决定指示外交人民委员部责成苏联驻联合国代表马立克，立即寻找机会与美国国务院代表接触，寻求和平解决朝鲜问题的办法，同时要苏联军事顾问全力组织北朝鲜人民军的撤退工作。当然，所有这些工作绝不能让一个在朝鲜的苏联顾问被俘。可以看出，这个时候斯大林还试图从外交上找到阻止美军越过三八线进而缓解这一局势的办法，并没有认真地考虑请中国出兵的问题。他虽然也同意马特维耶夫的提议，但也还只是局限在同意向金日成建议请中国朋友派遣司机到朝鲜来。显然，在苏联军事顾问指导下的这场战争遭遇如此结果，甚至使斯大林对建议金日成向中国党求援一事都颇觉脸上无光。故他特别告诫说：切记让金日成"不要提莫斯科"[2]。

28日，金日成召集了朝鲜劳动党中央政治局紧急会议，讨论应对战局的办法。会议最终认定，由于大部分人民军主力未能撤回来，在汉城陷落

[1] 前引《马特维耶夫致冯西电》。

[2] 《冯西致马特维耶夫和什特科夫电》（1950年9月27日），《常福致马特维耶夫电》（1950年9月30日），APRF，3/65/827/90—93、100—101。

后已无法阻止具有巨大优势的美国军队占据南部朝鲜了。而美军一旦取得战场上的优势，就势必会越过三八线，剩余的人民军是不可能进行有效的抵抗的。因此，政治局领导人一致认为必须向苏联要求直接的军事援助。如果苏联不便援助，至少也要促使曾经许诺帮助自己的中国方面直接予以军事援助。向中国方面提出这种请求固然是令人沮丧的，因此，在起草了求援信之后，金日成于 29 日晚还向苏联大使询问美国是否真的会越过三八线的问题。他表示，他还是想用自己的力量统一国家，但他不清楚敌人会不会越过三八线，因为如果敌人越过三八线，那么这种可能性就不存在了。因为他们无法组织起新的部队，也不可能有效地抗击敌人。[1] 对此，苏联大使当然不能提供任何肯定的意见。

四、两封电报，一个要出兵，一个不要出兵，哪个电报是真的？

10 月 1 日凌晨 2 时 50 分，斯大林收到了苏联大使转来的金日成的正式求援信。信中恳切地请求斯大林给予直接的军事援助，“如果由于某些原因不可能做到这一点时，请帮助我们在中国和其他人民民主国家组织国际志愿部队，给我们的斗争以军事援助”[2]。

斯大林这时已经很清楚，这是挽救北朝鲜的最后一着了。根据档案记录看，斯大林拿到金日成的求援信不过十分钟，就口授了他给苏联驻北京大使的电报，要求他尽快转告毛泽东或周恩来：“朝鲜同志的情况变得令人绝望。”“根据眼下的形势，你们如果认为能用部队给朝鲜人以帮助，那么至少应该将五六个师迅速推进至三八线，以便朝鲜同志能在你们部队的掩护下，在三八线以北组织后备力量。中国师可以以志愿者的身份出现。当然，仍由中国的指挥员统率。”斯大林当然知道把中国人推到前面去抵挡自己捅

[1] 《什特科夫致葛罗米柯电》（1950 年 9 月 30 日），APRF，45/1/347/46—47。

[2] 《什特科夫转呈金日成给斯大林的求援信》（1950 年 9 月 30 日），APRF，45/1/347/41—45。

出来的这个马蜂窝，是一件很难为情的事情。为了不让中国方面感到有任何被强加于己的感觉，他特意在电报的结尾处写道："关于此事，我没有也不打算透露给我们的朝鲜朋友，但我相信，当他们得知这一消息时，无疑会感到高兴。"[1] 言外之意，他不过是因为看到平壤方面陷入生死存亡关头，因而背着平壤请求中国朋友给予帮助罢了。

由于时差及中转等原因，斯大林的电报经过苏联大使罗申送到毛泽东手中时，已经是中午时分了。这个时候，金日成的特使朴一禹也带着求援信到了中南海。在读了斯大林和金日成的来电和来信，听取了朴一禹对朝鲜战况的介绍之后，毛泽东临时召集书记处领导人周恩来、朱德和刘少奇开紧急会议讨论对策。

要援助北朝鲜，这个方针无疑是早就确定了的。不仅一年多以前毛泽东就表示过这种看法，朝鲜战争爆发后中共领导人也不止一次地表示了这种态度。因此，9 月 27 日，即金日成还在犹豫要不要向中国方面请求援助之际，中央军委代总参谋长聂荣臻就已经授命向力图调停的印度政府转达了中国方面的强硬姿态，威胁说："如果帝国主义者果真要发动战争，那么，我们也只有起而抵抗了。"[2] 毛泽东这时的态度也很清楚：这件事要管，不管，美国侵略者将更猖獗，无论对朝鲜，对中国，对整个东方，都是不利的。但是，到了这个地步，谁都清楚，管，就要冒风险，这个风险究竟有多大，这个问题成了会议争论的主要内容。

首先，美军在釜山的有效抵抗、实施仁川登陆大举围歼朝鲜人民军主力以及对北朝鲜的狂轰滥炸，不仅显示出美国军队在装备及火力上拥有巨大优势，而且表明它在指挥和战术上也不可小视。要管，就要能够解决问题，也就是要能够在朝鲜境内歼灭和驱逐美国及其他国家的军队。问题是，几乎全部由苏联装备起来的朝鲜人民军都不是美国人的对手，纯粹靠抗日

[1] 《菲利波夫致苏联大使转告毛泽东、周恩来电》（1950 年 10 月 1 日），APRF，45/1/334/97—98。
[2] 转见柴成文、赵勇田前引书，第 74 页。

战争和解放战争缴获敌人五花八门的各种装备武装起来的中国人民解放军，是否就能够达到歼灭和驱逐美国人的目的呢？根据周恩来列举的数字，可知美国一个军仅 70 毫米以上口径的火炮就有 1000 多门，同时还有坦克近 500 辆，而解放军平均一个军才有这样的火炮 36 门，东北边防军一个军最多也只有 190 门，况且还没有坦克。再加上美军拥有制空权，解放军的第一批空军最快也要到 1951 年 2 月才能有 300 多架飞机可以投入作战。在装备及火力对比如此悬殊的条件下贸然投入对美作战，是否有利呢？

其次，在经过了多年战争之后，人民刚刚得到和平和稳定，国家刚刚开始进入经济的全面恢复和建设时期。出兵朝鲜，对美作战，不能不考虑美国向中国宣战的严重性，因此也就不能不准备美国至少使用其空军轰炸中国许多大城市及工业基地；使用海军，包括鼓动台湾国民党进犯中国沿海地区。如果在朝鲜作战不能很快取得胜利，即使仅仅形成两军相持的局面，美国也必定会变本加厉地实施对中国大陆的空中打击和海上进犯，结果将不可避免地严重破坏中国已经开始的经济建设计划，并引起国内政治的恐慌。

显而易见，同两个月前相比，朝鲜战局的恶化使得中共中央领导内部对出兵条件的估计变得谨慎多了，也顾虑多了。除了毛泽东以外，与会者几乎都对迅速出兵感到没有太多把握。当然，毛泽东仍旧相信，权衡利弊，出兵比不出兵好。关键在于打得怎样。而打得怎么样，说来说去其实只是一个装备和火力上的差距，这个差距很大程度上可以通过苏联的援助来解决。既然斯大林能够大举援助朝鲜人民军，当然也能够帮助中国军队解决目前装备上的不足。从解放战争的胜利可以看得很清楚，我们后方近，兵力多是一个很大的优势，只要苏联的装备能及时运到，空军的掩护问题能够基本解决，就不难打败美国军队，如果在朝鲜打胜了，美国还敢对中国大举进攻吗？与此相反，如果不出兵，让美国人压到鸭绿江边来，直接威胁中国的工业基地东北地区，无论经济建设，还是国家安全，麻烦将会更大。

毛泽东的逻辑虽然没有根本解除与会领导人的思想顾虑，但看起来当天晚上也没有人提出更有力的反对出兵的理由，否则，毛泽东不会在准备第二天继续召开政治局扩大会议讨论出兵问题的情况下，迫不及待地马上起草了准备出兵的电报。

会散之后，毛泽东当即起草了这样两封电报：一封给东北军区司令员兼政治委员的高岗和当时负责东北边防军的第十三集团军司令员邓华，要他们命令东北边防军提前结束准备工作，随时待命出动入朝作战；一封给斯大林，明确说明："我们决定用志愿军名义派一部分军队至朝鲜境内和美国及其走狗李承晚的军队作战，援助朝鲜同志。我们认为这样做是必要的。"而入朝作战最关键的问题是"中国军队能否在朝鲜境内歼灭美国军队，有效地解决朝鲜问题"。如果在朝鲜打胜了，那么，即使美国已向中国公开宣战，这个战争也打不长打不大。而中国军队能否打败美国军队，则取决于苏联装备的情况。毛泽东在列举了美军与解放军在火炮及其他重武器上的差距之后，开列了一个长长的清单，要求苏联迅速提供武器装备，争取使每个军能够有五百至六百门火炮。但是，他并不打算因此就延迟出兵的时间。他说明："在目前的情况下，我们决定将预先调至南满洲的十二个师于十月十五日开始出动，位于北朝鲜的适当地区（不一定到三八线），一面和敢于进攻三八线以北的敌人作战，第一个时期只打防御战，歼灭小股敌人，弄清各方面的情况，一面等候苏联武器到达，并将我军装备起来，然后配合朝鲜同志举行反攻"，争取在实战中，用四倍于敌人的兵力和一倍半至两倍于敌人的火力，"有把握地干净地彻底地歼灭敌人"。[1]

毛泽东所以会在10月2日政治局会议召开之前连夜起草这封给斯大林的电报，一方面显示毛泽东深感事态紧急，另一方面也显示他估计政治局多数领导人不会反对。毕竟在此前举行的几次有关会议上，多数领导人的态度都是积极的。

但是，在这一天下午举行的政治局扩大会议上，他吃惊地发现，几乎所有领导人都对现在出兵朝鲜持怀疑和反对的态度，而最重要的是军队领

[1] 《毛泽东给斯大林的电报》（1950年10月2日），《建国以来毛泽东文稿》第1册，第539—541页。

导人几乎一致对同美军作战表示没有把握。毛泽东最为倚重并准备委以志愿军总司令的林彪，尤其表示悲观。[1]

战则必胜，胜不了还出什么兵？眼见多数同志意见相左，毛泽东不能不放弃了马上通过出兵决定的想法。这时，最主要的军事领导人只有彭德怀还没有到北京。由于彭德怀一向性格豪爽，敢作敢为，因此毛泽东还是希望等彭德怀来，听一听他的意见，再做最后决定。

2 日会后，毛泽东深夜约见了苏联大使罗申，口授了一封电报，[2] 向斯大林说明了当天会议形成的看法。电报称："我们原先曾计划当敌人向三八线以北推进时，派几个师的志愿军到北朝鲜帮助朝鲜同志，但是，经过全面考虑之后,我们现在认为采取这种行动可能会招致极其严重的后果。第一，靠几个师很难解决朝鲜问题（我军装备极差，与美国军队作战没有胜利的把握），敌人可能会迫使我们后退。第二，这样做极可能导致美国与中国的公开冲突，结果苏联也会被拖进战争。这样一来，问题就变得非常严重了。"因此，"中共中央的许多同志认为，对此表示谨慎是必要的……如果我们派去几个师，敌人却迫使我们后退，同时还导致美国与中国的公开冲突，那么，我们整个的和平建设计划就会被彻底破坏，这会引起国内很多人的不满（人民受到的战争创伤尚未恢复，我们需要和平）。因此，目前最好还是耐心一些，不派出军队，积极准备力量，这样做在把握同敌人作战的时机上将比较有利"。当然，毛泽东还没有完全放弃出兵的想法，他在电报的最后表示："关于这个问题尚未做出最后决定，这是我们的初步电报，我们希望与您商量。"[3]

由于 10 月 2 日出现了两封对出兵态度截然不同的电报，中外学者中间曾经出现过尖锐的争论。很显然，没有人会相信同一天毛泽东会给斯大林发出两封态度完全相反的电报，因此，最初的争执不可避免地集中到何

[1] 聂荣臻前引书（下），第 736 页。

[2] 毛泽东此一电文落款日期为 10 月 2 日，莫斯科收到时间为北京时间 10 月 3 日中午 12 时 15 分。

[3] 《罗申致菲利波夫电》（1950 年 10 月 3 日），APRF，45/1/334/105—106。

者为真何者为假的问题上去了。因为中方最初公布电报时没有经过严格的考证，也没有公开原件，只标明“根据中央档案馆保存的毛泽东手稿刊印”[1]字样，结果，在莫斯科总统档案馆取得了第二封电报原件的俄国学者自然有理由怀疑中方公布的是一封伪电报。[2]经过中共中央文献研究室和中共中央档案馆合力调查和考证，最终证明了当初公布这封电报时确有疏忽，未能指出该电报虽有手稿，却并未发出这一事实，以致引起了不必要的误会。

但是，如何解释第二封电报呢？这仍然是一个让不少早已习惯了传统说法的中国学者难以接受的一件事情。很显然，他们多半不相信一向习惯于独断专行的毛泽东，会在出兵问题上发生这样大的犹豫和反复。因此，基于毛泽东与斯大林之间并不和谐的关系，他们宁愿相信第二封电报所以会有那样的说法，“只是毛泽东和中国领导人出于策略上的一种考虑，一方面，是强调中国出兵困难，特别是中国军队武器装备极差，以引起斯大林和苏联领导人的重视，从而为中国出兵援朝提供武器和空中掩护……另一方面，也有探测一旦战争将苏联拖进去时苏联将采取什么态度的意思”。[3]

仅仅为说明自己装备太差，要求武器援助，有必要采取这样一种“策略”吗？如果说真是为了强调中国出兵困难，装备太差，想要争取援助的话，毛泽东 10 月 2 日凌晨的第一封电报转达的信息不是更清楚更明白吗？那封电报不仅说明了装备太差的问题，并且还具体提出了要求援助的类型和数量，如果真是为了要求援助，有什么必要停发第一封电报，反而要发一封语意隐晦而且只能让人产生中国不想出兵的看法的电报呢？

至于说第二封电报有所谓要想“探测”苏联能否参战的意思在内，就更有点让人匪夷所思了。早在与金日成的谈话当中，毛泽东就很明白地告

---

[1] 参见《毛泽东军事文集》第 6 卷，第 108 页。

[2] Mansourov 前引文。有关的辩证文章，可见沈志华：《毛泽东派兵入朝作战的决心——就 10 月 2 日的电报答俄国学者的质疑》，《国外中共党史研究动态》1996 年第 2 期。

[3] 参见齐德学：《关于抗美援朝战争的几个问题——兼谈如何看待和运用俄罗斯已解密的朝鲜战争档案问题》，《中共党史研究》1998 年第 2 期。

诉金日成说，一旦战争打起来，苏联由于受到《雅尔塔协定》的限制，不能也不适于出兵援助北朝鲜。既然早就有此见地，有什么必要现在又来多此一举？而且，如果说中共中央已经决心出兵，它又有什么必要采用这种隐晦的方式再去“探测”苏联的参战意向？如果毛泽东对出兵如此没有信心，他还会坚持出兵吗？

强调中国出兵朝鲜是独立自主做出的决定，这没有错。但因此否认中共中央内部在讨论出兵过程中有过意见不一和难下决心的情况，甚至把明明是表达党内意见不一、决心难下的电报，也要说成是毛泽东工于心计的一种“探测”，这就未免太过牵强了。可以肯定，毛泽东在第一封电报当中已经清楚地说明了中国所面临的困难，特别开列了必须得到的武器清单，他完全没有采取相反的态度来“探测”苏联援助意图的必要。何况此举只能给人以出尔反尔的印象，造成误解，丝毫不能使苏联方面正确理解中方的求援要求。以后发生的实际情况也说明了这一点。

中共中央在做出出兵决定的过程中，出现这样的反复严格地说并不是一件让人难堪的事情。许多亲历者的回忆录其实都回忆到当时党内多数同志对出兵表示怀疑的情况。毛泽东突然改变出兵决定，就是因为多数领导人的犹豫和反对。但即使存在着这样的犹豫和反对，也并不意味着毛泽东的态度有了根本性的变化。对于这种复杂的情况，毛泽东在电报中实际上也很委婉地谈到了，他一方面讲：“中共中央的许多同志认为，对此表示谨慎是必要的。”另一方面也说得很明白：“关于这个问题尚未做出最后的决定，这是我们的初步电报。”

五、毛泽东说服中共中央出兵援朝，斯大林从此改变对中共的看法

苏联人显然不了解中共中央内部究竟发生了什么问题。毛泽东的电报不可避免地造成了苏联人的误解，认为中国人缩回去了。

毛泽东 10 月 2 日的答复首先就让苏联大使罗申深感意外。他在毛泽东

的电文后面向斯大林报告说："毛泽东的复电表明，中国领导人改变了在朝鲜问题上先前的立场。这与毛泽东同尤金、克斯托夫、康诺夫以及刘少奇同我的多次谈话中表示过的态度是矛盾的。"他相信，中国人不仅能够派出军队，而且完全能够派出比几个师更多的有战斗力的军队，唯一的问题只是需要援助他们一些反坦克武器和火炮而已。[1]

毛泽东2日的复电自然也大大出乎斯大林的意料。自从战争爆发以来，斯大林就小心翼翼地避免被美国抓住苏联卷入了这一事件的把柄。不管苏联实际上起了多大的作用，只要不被美国人抓住，这把火就烧不到自己身上来。但是，推动朝鲜战争，说到底是因为它对苏联在远东的安全利益极大。如果因此反而连北朝鲜也丢了，让美国人压到苏联远东边境线上来，那对苏联在远东的利益无疑会是难以弥补的重大损失。所以，即使苏联不能出面支援北朝鲜，斯大林也必须要设法推动中国出兵挡住美军，不能让美军站到苏联和中国的边境上来。何况，中国人当初也是自己主动承诺要援助北朝鲜的。斯大林无论如何也不愿看到中国改变态度。因为，那样不仅整个朝鲜要落入美国人之手，苏联远东今后也再无太平日子可过了。

10月5日，苏共中央政治局又再度讨论了朝鲜问题。所有的与会者都确信，必须不惜一切代价避免苏联直接与美国发生冲突，即使是放弃北朝鲜。但是，真的能够放弃北朝鲜吗？为了最后劝说毛泽东改变主意，斯大林当天又给毛泽东发去了一封电报。他针对毛泽东的担心逐一解释，断言：美国目前不准备打大仗，日本也没有能力援助美国，因此，如果中国参战，美国只好放弃占领朝鲜的计划。如果只是消极等待，不能令人信服地显示中国的力量，中国不仅得不到这些让步，而且也别想指望美国会在台湾问题上做出让步。至于苏联是否会被拖入战争的问题，他用颇具煽动力的语言鼓动说：既然中苏之间签订了互助同盟条约，如果美国对中国宣战，苏联当然会被拖入战争。但是，"这需要惧怕吗？在我看来，我们不需要惧怕。

[1]　前引《罗申致菲利波夫电》（1950年10月3日）。

因为我们联合起来要比美国和英国更强大，而其他欧洲资本主义国家没有德国（目前它不可能给美国提供任何帮助）就不是什么重要的军事力量。如果战争不可避免，那就让它现在就来吧”[1]！

不论毛泽东是何时收到斯大林这封慷慨激昂的电报的，他并没有放弃出兵的努力是显而易见的。对于毛泽东来说，问题关键其实并不在于斯大林的意见如何，仅仅在于军队领导人能不能有信心。

4日，彭德怀赶到北京，参加了政治局会议。在会后与毛泽东的谈话中，针对毛泽东在会上所讲的，“别人处于国家危急时刻，我们站在旁边看，不论怎么说，心里也难过”的话，彭德怀承认：“苏联完全洗手，我们装备差得很远，只好让朝鲜亡国，是很痛心。”但是，在毛泽东提出如果苏联援助得多一些快一些，我们的装备改善得好一些，这场仗是不是能打的问题后，彭德怀反复考虑后肯定地表示：这不是没有可能的，问题在于这种援助能够到什么程度，空军能掩护到什么程度，这个问题解决得好，可以同美国军队较量一下。得到彭德怀这样的回答，毛泽东显然十分满意。他明确提议，有关苏联援助的问题，由周恩来去苏联与斯大林商量解决，出兵的准备继续做，由彭德怀来担任志愿军的司令员兼政委。在5日的政治局会议上，彭德怀站在毛泽东一边表示了积极的态度，会议的气氛有了转变。[2] 据此，毛泽东提议，一方面成立志愿军，做入朝作战的周密准备；一方面派周恩来、林彪前往苏联，说明出兵与不出兵的利弊得失，具体落实空军掩护及武器援助问题，并最后征求斯大林的意见。

根据毛泽东的提议，周恩来于6日主持召开了军委扩大会议，以便统一军队领导人的意见，并集中军方领导人对入朝作战具体困难和所需装备的看法。在取得了军队领导人的一致意见之后，毛泽东在6日晚再度约见了苏联大使罗申，要他转告斯大林，他同意斯大林来电的基本观点，并准

---

[1] 转见《冯西致什特科夫转金日成的信》（1950年10月8日），APRF，45/1/347/65—67。
[2] 参见王焰等著：《彭德怀传》，北京：当代中国出版社1996年版，第402—403页。

备过一些时候派九个师入朝作战，只是中国军队装备实在落后，尤其是没有空中掩护，因此还要派周恩来和林彪前往苏联与斯大林进行详细的讨论。[1]两天后，毛泽东已经正式发布了组成中国人民志愿军的命令，并且当即就同时通知了罗申大使和金日成。[2]

8日，即在毛泽东发布组成志愿军命令的当天，周恩来与林彪飞抵莫斯科，然后于次日转往斯大林在黑海附近的疗养所。中苏领导人很快展开谈判。有关谈判的记录目前尚未发现，可以肯定的只是，根据毛泽东和周恩来等人后来的回忆，周恩来当时带去的事实上还是两种意见，苏联能够迅速提供中方所需的装备，特别是提供空中掩护，就出兵，否则就不出兵。但很显然，由于斯大林此前几度表示过愿意为中国军队提供空中掩护，毛泽东最初认为在这个问题上应该没有太多的疑问，可能产生疑问的多半只是空中掩护和武器援助的满意程度而已。让周恩来感到意外的是，他在谈判中很快发觉，苏方似乎并不打算马上提供空中掩护。

空中掩护是政治局扩大会议讨论最重视的问题，也是军方领导人同意出兵的最重要的前提条件之一。几乎与此同时，志愿军司令员彭德怀就在电询毛泽东："我军出国作战时，军委能派多少战斗机和轰炸机掩护？何时能出动并由何人负责指挥？"志愿军总部领导人多半认为，"三两月内新的装备确有保证（尤其是空军能够出动），则可按原计划进行。否则，推迟出动时间的意见是很值得考虑的"[3]。

基于这样一种情况，如果苏方不能对志愿军提供空中掩护，在周恩来和林彪看来，马上出兵朝鲜几乎不可能。因此，他们的谈话自然比较多地转向了出兵困难的一面，特别是对没有空中掩护出兵朝鲜的可能性明确表示怀疑。斯大林虽再三强调出兵的好处，却无法说服周恩来和林彪。这让

---

[1] 前引《冯西致什特科夫转金日成的信》。

[2] 毛泽东：《关于派遣志愿军入朝作战问题给金日成的电报》（1950年10月8日），《建国以来毛泽东文稿》第1册，第545页。

[3] 王焰等：《彭德怀传》，第404页；杜平：《在志愿军总部》，北京：解放军出版社1989年版，第41页。

斯大林倍感沮丧与不满。他渐渐地变得激动起来，甚至大声说："那么，你们的决定就是不想派军队去朝鲜了，而朝鲜的社会主义很快就会崩溃了。"[1]

10日和11日，周恩来与斯大林进行了将近两天的会谈。斯大林关于空中掩护问题的答复始终不能使周恩来满意。周恩来在发给毛泽东的电报中说明，斯大林虽然最后同意提供十六个志愿空军团进行空中掩护，但仍旧对立即出动空军掩护表示困难，声明苏联远东空军准备不足，至少要两个月到两个半月的时间才有可能给予掩护。因此，斯大林更多的还是主张向中方提供飞机来解决这个问题。周恩来则一再告诉斯大林，这样做是行不通的，不仅中方接运困难，而且也没有飞行人员可以利用，何况还有一个由中方付款的问题，这在财政上会带来很大的问题，必然极大地影响经济的恢复和建设工作。讨论来讨论去，双方最后只好决定准备放弃北朝鲜，让金日成及其政权和军队暂时退到中国的东北地区去。据此，他们分别正式通知了北京和平壤方面。

在斯大林与周恩来的联名电报中，说明："我们交换意见后，弄清了以下情况：（一）计划派出的中国援军没有做好准备，装备差，缺少大炮，没有坦克，执行掩护任务的航空兵至少两个月后才能到位，用于装备和培训上述军队的时间至少需要六个月。（二）如在一个月内不用相当数量的、装备精良的部队提供直接援助，那么由于三八线以北的朝鲜军队无力支撑，朝鲜将被美国人侵占。（三）因此，为朝鲜人提供的像样的援军只能在半年后，即在朝鲜被美国人占领，朝鲜已不再需要援军的时候才能到位。基于上述原因并考虑到周恩来同志报告的因中国参战而给国内带来的不利因素，我们一致决定：（一）尽管国际形势有利，但中国军队因目前尚未做好准备，就不要越过朝鲜边境，以免陷于不利局面；（二）如果部队已经越过边境，也只能在靠近中国边境一带的山区而不应深入；（三）一部分朝鲜军队应在平壤和元山以北的山区组织防御，另一部分军队要转入敌后打游击；

[1] Mansourov 前引文。

（四）把战时应征入伍的朝鲜人中的优秀分子及指挥员分批悄悄地调入满洲，在那里把他们整编成朝鲜师团；（五）要尽快对平壤和北朝鲜山区以南的其他重要据点进行疏散。至于中国同志所需的用于重新装备中国军队的坦克、大炮和飞机，苏联将充分予以满足。”[1]

在接到斯大林和周恩来联名电报的第二天，毛泽东复电表示同意他们的意见，并说明已经命令部队停止执行进入朝鲜的计划。据此，斯大林于13日通过驻朝鲜大使正式电告金日成说："昨天联共（布）中央政治局代表同中共中央代表周恩来和林彪就派中国军队援助朝鲜问题召开了会议。从周恩来的报告中得知，原计划赴朝支援的中国军队尚未做好出兵准备，没有坦克，只有为数不多的几门大炮，对陆军的空中掩护大概至少要两个月之后才能提供，还需要配备坦克和大炮，培训坦克兵和炮手也至少需要六个月时间……会议得出结论：中国军队在装备差和准备不足的情况下，目前不可能在朝鲜取得胜利，相反，会陷入危险境地。鉴于这些情况，由中苏双方的中央代表召开的这次会议建议：立即开始对平壤等重点据点进行疏散，不要惊慌；朝鲜人民军边作战边向北方撤离，牵制敌军，防止它迅速向北方深入；一部分军队在元山和平壤以北的山区集结，在那里构筑坚固的防御阵地，另一部分军队要组成小分队进入敌后打游击；为组建新的后备师而应征入伍的朝鲜人要分批经中国边境进入满洲，在那里组建师团（中国同志对此表示同意）；利用已到货的、朝鲜军队尚未使用的苏联武器来装备在满洲组建的朝鲜师团。”[2] 14日苏联驻北朝鲜大使什特科夫报告说，他已经向金日成转达了斯大林的建议，金日成痛苦地表示他们将照此执行。[3]

然而，毛泽东并没有因为斯大林和周恩来的联名电报就根本改变了想要

---

[1] 转见沈志华：《斯大林、毛泽东与朝鲜战争再议》，http://www.coldwarchina.com/vjyj/cxzz/002360_4.html。

[2] 同上引注。

[3] 参见Mansourov前引文；王亚志：《抗美援朝战争中的彭德怀、聂荣臻》，《军事史林》1994年第1期；APRF，45/1/335/31。

出兵的意图。在收到周恩来关于苏联空军暂时不能出动和决定暂不出兵的通知之后，毛泽东一边下令暂停执行有关部队出动的原定计划，一边电召高岗和彭德怀来京会商。13 日彭德怀、高岗到京后，毛泽东立即召集政治局委员在中南海颐年堂开会，讨论这一新的形势。显然，与会者都对苏联暂时不能给予空军支援感到意外和不满，但让金日成在东北建立流亡政府，把美国人放到边境上来的前景，也不是与会者愿意看到的。在反复讨论了这种情况之后，政治局领导人一致认为，出兵朝鲜仍是最好的选择。因此，毛泽东于会议当天和次日接连三电仍在莫斯科的周恩来，说明"与高岗、彭德怀二同志及其他政治局同志商量结果，一致认为我军还是出动到朝鲜为有利"；"让敌人压至鸭绿江边，国内国际反动气焰增高，则对各方都不利，首先是对东北更不利"。至于作战，在装备较差的情况下，打伪军还是有把握的。可以等到苏联的装备到了，等到我们在空中和地上均占优势时，再取攻势。"总之，我们认为应当参战，必须参战，参战利益极大，不参战损害极大。"故请周恩来留在莫斯科几天继续与斯大林商议：第一，请苏联用租借办法援助中国作战装备；第二，要苏联保证在两个月内至迟不超过两个半月出动志愿空军帮助中国军队在朝鲜作战，同时出动掩护空军到京、津、沈、沪、宁、青等地。[1]

13 日，苏联大使罗申将毛泽东的决定紧急通报给了斯大林。毛泽东告诉罗申说：过去我们的同志所以举棋不定，是因为他们对国际形势、苏联的军事援助、空中掩护等问题还不清楚。现在，所有这些问题已经清楚了。"我们的领导同志认识到，如果美国军队推进到中国边境上来，那么，朝鲜就将成为一个对我们极有危险的地区，东北就将不断地受到威胁。"因此，中国人没有理由不出兵。中国方面的唯一要求只是，"必须有掩护我们的空军，我们希望它尽快到达，无论如何也不应迟于两个月"。有了前面的经验，斯大林对此将信将疑，但他还是立即把这个好消息告诉了金日成，要金日成

---

[1] 毛泽东：《关于我军应当入朝参战给周恩来的电报》(1950 年 10 月 13 日)，《建国以来毛泽东文稿》第 1 册，第 556 页。

暂缓执行他昨天发出的要人民军立即北撤的电报，因为自己“刚收到毛泽东的来电，他通报说，中共中央再度讨论了形势，决定不管中国军队多么缺乏武器装备，还是要给朝鲜同志军事援助”[1]。

14日，斯大林又进一步得到了周恩来的正式通报。这回，斯大林心里的一块石头落了地了。他当即做出决定，以最快速度出动苏联空军掩护中国志愿军入朝作战。这中间又发生了一点小小的波折。周恩来在进一步的谈判中突然发现，斯大林许诺的提供空中掩护是打了折扣的。因为害怕被美军俘获苏联飞行员，暴露苏军参战真相，引起美苏直接冲突，因此，苏方并不打算配合志愿军在朝鲜的地面作战。苏方答应的空中掩护，只是负责掩护志愿军的后方而已。因此，得知这一消息的毛泽东17日再度紧急将彭德怀和高岗召回北京，并推迟了部队入朝时间。当然，事至于此，毛泽东最终还是和彭德怀等达成了一致。次日，毛泽东电告志愿军总部：“按预定计划进入朝北作战。”[2]

志愿军出兵朝鲜，使苏联终于避免了被美国军队陈兵边境的可怕后果。一些年后，陈毅甚至肯定地说，斯大林得知中国志愿军出兵后感动得掉下了眼泪。不管斯大林是否真的被感动得落泪，他显然是十分兴奋地正式通知金日成说：“经过摇摆和作出若干临时性的决定之后，中国同志终于下定出兵援助朝鲜的最后决心。有利于朝鲜的最终决定终于下定了，我为此感到高兴。因此，您知道的关于中苏领导同志会谈情况介绍应予撤销。与中国军队出动有关的具体问题，您需要同中国同志一起来决定。而中国所需要的技术装备将由苏联提供。祝您成功。”[3]

---

[1] 毛泽东：《关于朝鲜情况和我军入朝参战意见给周恩来的电报》（1950年10月14日），毛泽东：《关于志愿军入朝作战的方针和部署给周恩来的电报》（1950年10月14日），《建国以来毛泽东文稿》第1册，第558—560页；《罗申致菲利波夫电》（1950年10月13日），APRF，45/1/335/1—2；《冯西致金日成电》（1950年10月13日），APRF，45/1/347/74—75。

[2] 毛泽东：《关于志愿军先头部队出去时间给彭德怀、高岗等的电报》（1950年10月17日），毛泽东：《关于志愿军按预定计划入朝作战给邓华等的电报》（1950年10月18日），《建国以来毛泽东文稿》第1册，第567、568页。

[3] 《冯西致金日成电》（1950年10月14日），APRF，45/1/347/77。

第十三章

迟到的合作

毛泽东打出了信心，主张一役消灭美军四五个师；联合国高度紧张，提议停战，斯大林支持毛泽东越过三八线；四次战役，全线后退，斯大林紧急驰援；毛泽东赞同停战，斯大林提醒说：害怕打下去的应当是美国人，不是我们。我了解美国人的心理，你们多打死一名美国兵，他们多往国内送回一具棺材，他们国内反对这场战争的压力也就越大，最后要停战的一定是美国人……

我们过去几乎不知道，斯大林与毛泽东是否有过任何可以让他们在感情上相互接近的经历。我们听到的看到的，差不多都是毛泽东对斯大林的不满和怨言。因此，我们曾经很难理解，赫鲁晓夫反对斯大林，为什么得不到毛泽东的赞同。明明斯大林干了许多可怕的事情，为什么毛泽东还坚持要“三七开”，说斯大林功大于过？

俄国档案的公布，在一定程度上帮助我们加深了对毛泽东复杂心态的了解。至少，我们如今知道，毛泽东与斯大林并非从来没有过可以让他们真心感谢对方的合作经历。朝鲜战争，毫无疑问是对那个时候的中苏同盟，也即是对毛泽东和斯大林这两大领袖之间相互信任与合作关系的一次严峻考验。仔细翻阅和研究这些档案，可以很清楚地看到两人在领导作风乃至思维方式上有相当多的共同点，特别是两个人对于革命与战争的理解，确实让人感到是那么相似，配合上自然也就颇为默契。

因此，不论毛泽东过去对斯大林有过多少怨言，通过这场战争，他明显地感觉到了斯大林存在的意义。很可能，他是对斯大林的突然去世唯一深感遗憾与不安的人。

一、斯大林通知：苏联代表准备重返联合国，以便讨论朝鲜问题

1950 年 6 月 25 日朝鲜战争爆发后，斯大林没有及时把苏联代表派回到联合国去，从而使美国得以操纵安理会轻而易举地通过了一系列不利于北朝鲜的决议。随着 7 月 7 日安理会通过组成联合国军司令部指挥各国军队援助南朝鲜，美国出兵干涉朝鲜的战争行动更披上了合法的外衣，在幕后支持北朝鲜进攻的苏联因此在外交上陷入困境。

从最初一个月左右的战争形势看，美国以及联合国军的加入似乎并不足以阻挡人民军的进攻。因此，斯大林最初仍旧全力支持北朝鲜把战争进行下去。但是，美军的介入毕竟使朝鲜战争出现了一个不可知的变数，因此，斯大林一方面明确表示支持中国政府“集中九个中国师在中朝边境”，以便

战争发生意外时可以迅速“入朝作战”[1]；一方面也开始采取积极的外交行动，设法牵制美国，并努力改变不利的国际环境。

7月13日，当印度驻苏联大使提议美、苏、印三国组成朝鲜问题委员会，共同审议和调停朝鲜战争时，苏联副外长葛罗米柯代表苏联政府明确表示了赞同的态度。葛罗米柯最感兴趣的是，印度大使不仅支持恢复中华人民共和国在联合国的代表资格，而且主张一切美国军队要撤出朝鲜，但却没有要求北朝鲜军队撤回到三八线以北去。这恰恰是苏联所希望的。因此，他告诉印度大使说，苏联的建议是：这件事应当在有中国和北朝鲜代表参加的情况下，由五大国代表协商解决。[2] 基于这种情况，斯大林相信有必要让他的代表立刻返回联合国了。他正式通知中国领导人说，苏联代表要利用8月份担任安理会主席的机会，重返联合国，以便根据联合国安理会的议事章程，影响朝鲜问题的讨论，希望你们不要反对。

8月，苏联代表重新回到联合国安理会并出任主席。他明确表示支持讨论朝鲜停战问题的建议，但前提是：第一，必须考虑邀请中华人民共和国代表以及朝鲜人民的代表参加；第二，外国军队应当撤出朝鲜半岛。同时，他要求撤销在苏联代表缺席时安理会就朝鲜问题做出的各项决议。而中国政府这时也对利用苏联代表担任安理会主席的机会很感兴趣。8月18日，周恩来就曾明确向莫斯科建议：可否考虑在苏联代表担任安理会主席期间提出由中华人民共和国代表取代台湾国民党代表的问题？紧接着，周恩来直接致电联合国领导人，要求参加朝鲜问题的讨论，并要求联合国谴责美国侵略中国台湾及袭击其东北地区。[3]

不难想象，在联合国安理会几乎所有成员国已经就朝鲜问题形成了一

[1] APRF，45/1/331/79.

[2] 《葛罗米柯与印度大使拉达克里希南的谈话备忘录》（1950年7月13日），《朝鲜战争：俄国档案馆的解密文件》（上册），第446—448页。

[3] 彼得·卡尔沃科雷西编著，王希荣等译：《国际事务概览，1949—1950》，上海：上海译文出版社1991年版，第641页。

系列正式决议之后，苏联人的这些外交努力是很难奏效的。苏联代表就上述问题所提出的一系列议案，在安理会和9月召开的第五届联合国大会上均遭到了否决。这期间取得的唯一一项外交进展，是安理会在9月29日通过了邀请中华人民共和国代表参加讨论有关美国侵略台湾问题的一项议案。[1] 但是，这个时候，由于美军在仁川成功登陆，朝鲜战场的局势已经全面恶化了。斯大林不得不一面全力劝说中国出兵援助朝鲜；一面秘密指示苏联在安理会的代表马立克，要他设法在提出和平方案的同时，通过私下的接触了解美国政府有无和平解决朝鲜问题的意图。当然，斯大林很清楚，在美国取得了战争的主动权之后，它是不会满足于把它的攻势停止在三八线上的。他并不真的指望美国人会要求停战。因此，苏联政府并没有提出一个能够被联合国安理会接受来作为讨论基础的和平方案。它提出的主张是：朝鲜半岛的交战双方立即停止敌对行动，一切外国军队撤出朝鲜，然后由北朝鲜的最高会议和南朝鲜的国会作为代表组成选举委员会，在联合国的监督下通过选举组成统一的朝鲜政府。而在莫斯科，斯大林明白地告诉周恩来和林彪：现在局势下没有别的办法，或者你们出兵把美国人顶回去，或者你们让金日成的人撤到你们的东北去建立流亡政府，二者必居其一。[2] 结果，事情正如斯大林所预计的，在麦克阿瑟指挥下的联合国军对苏联的劝告置之不理，必欲把战火烧到鸭绿江边上来，中国人被迫出兵援朝。而更让全世界和苏联人感到震惊的是，经过两个月的鏖战，几乎没有得到任何苏联装备，甚至完全没有空中掩护的志愿军，竟然把口口声声地叫嚷着要到鸭绿江边过圣诞节的几乎是不可一世的麦克阿瑟又赶回到三八线上去了。

[1] 《国际事务概览，1949—1950》，第645页。

[2] 师哲前引书，第496—498页。

二、斯大林认为志愿军应趁热打铁，毛泽东下令志愿军打过三八线

从人民军越过三八线，把南朝鲜军队残部连同增援的美军赶到半岛最南端的釜山地区；到美国在三八线附近的仁川实施登陆作战，一举歼灭人民军主力，把金日成的余部赶到鸭绿江边；再到中国人民志愿军渡过鸭绿江，把以美军为主的联合国军重又赶回到三八线上来，朝鲜战争战罢一个回合。这一个回合至少在表面上看来，双方可以说是打了一个平手。因为南北朝鲜军力上的损失已不相上下，站在南朝鲜一边的联合国军与站在北朝鲜一边的志愿军的损失也差不了多少，而战线却回到它最初的起点上来了。显然，朝鲜战争再度进入到一个关键时刻：是要继续打下去，还是乘势把战争停下来？

12 月 5 日，眼看志愿军把美国人打得节节败退，以印度为首的十一个中立国家的政府联名向北京发出了呼吁，要求中国和北朝鲜的军队务必停在三八线上，以便终止这场战争。与此同时，印度以及英国在联合国的代表积极活动，一面与已经来到联合国的中国代表伍修权频频接触，了解中国方面停战的条件；一面提议建立由联合国大会主席等三人组成朝鲜停火委员会，在朝鲜先停火后谈判。要不要举行停战谈判的问题由此提上了议事日程。[1]

事实上，还在得到印度等国停战呼吁之前，中国驻苏联大使王稼祥就已经得到指示，要他向苏联政府探询：在目前形势下，美国有无提出朝鲜停战的可能，应如何应付，志愿军应否越过三八线？这个问题的提出其实在很大程度上并不是因为印度等国的呼吁，而是因为苏联派驻联合国代表维辛斯基的态度。有消息说，维辛斯基也倾向于赞同停止在朝鲜的军事行动。

12 月 5 日，王稼祥在与葛罗米柯的谈话中委婉地提出了这两个问题。葛罗米柯的答复很明确：第一，现在美国方面还没有和平解决朝鲜问题的

[1] 《国际事务概览，1949—1950》，第 670—672 页。

意图；第二，鉴于目前军事上的胜利形势，志愿军当然应当“趁热打铁”。[1]紧接着，苏共中央政治局明确否定了维辛斯基关于应当在朝鲜实现停火的建议。莫斯科的电报指示称：目前的所谓停战提议，多半只是美国为了改变美军在朝鲜战场上的失败局面而采取的缓兵之计。[2]

莫斯科的答复显然符合毛泽东的想法。他是希望把美国人赶出朝鲜去的。志愿军入朝之初，由于一向不曾与这个号称世界上最强大的军队交过手，部队的装备和空军的掩护一时又到不了位，他最初对同美军作战很谨慎。而战斗展开之后，当他发现美国军队装备虽好，其实作战远不像当年日本兵那样顽强时，他已经没有了这种顾虑，歼敌的胃口也越来越大。11 月初，志愿军入朝作战第一次战役刚刚结束，他已开始提出半个月内歼灭美军四五个整师的战役设想来了。到 11 月中旬他给斯大林打电报时，更是信心十足地表示：只要再给敌人一两个较大的打击，我方就能够由防御转入进攻了。[3]当然，毛泽东也设想过“迫使美国和我进行外交谈判之可能”，但现在谈判似乎太早了点儿，因为他所希望的远不止是一个简单的停战问题。

在深入讨论了印度等国关于停火问题的动议和苏联政府对停火问题的态度之后，周恩来于 12 月 7 日凌晨 3 点紧急召见了苏联大使，说明了中国方面对于这个问题的看法。周恩来告诉罗申大使说：近来，联合国秘书长与印度、英国和瑞典的代表不止一次地询问过中华人民共和国的代表伍修权，在什么条件下可以停止在朝鲜的军事行动。中国政府打算答复如下：“在朝鲜的军事行动将在下列条件下停止：

（一）所有外国军队撤出朝鲜；

（二）美国军队撤出台湾海峡和台湾岛；

---

[1] APRF，3/65/371/35–37.

[2] 《联共（布）中央政治局关于停战问题指示的决议》（1950 年 12 月 7 日），《朝鲜战争：俄国档案馆的解密文件》（中册），第 643 页。

[3] 毛泽东：《关于三十八军等部的作战部署给彭德怀、邓华的电报》（1950 年 11 月 2 日），毛泽东：《朝鲜战局是可以转变的》（1950 年 11 月 13 日），《建国以来毛泽东文稿》第 1 册，第 640、658 页。

（三）朝鲜问题应由朝鲜人民自己解决；

（四）中华人民共和国代表参加联合国并从联合国驱逐蒋介石的代表；

（五）召集四大国外长会议准备对日和约。

如上述五项停止军事行动的条件被采纳，五大国（指美、英、苏、法、中）即可派出自己的代表，以召开签订停战条件的会议。”[1]

在这里，中国方面想要进行什么样的谈判，通过这种谈判想要得到些什么，可以说一目了然。

上述条件可以说也是苏联所希望的。斯大林巴不得能够按照中国方面的条件来解决问题。但是，他很清楚，现在恐怕还不是发布这种哀的美敦书的时候。美国人并没有真正被打败，它怎么会接受中国人如此高的要价呢？斯大林在运用策略的问题上显然要老道得多。与其和盘托出自己的愿望，不如策略一些，做出愿意和解的样子，迫使美国暴露其战争罪魁的真相。因此，斯大林在转给周恩来的电报中明确表示：“我们完全同意您提出的在朝鲜停止军事行动的条件。我们认为，不满足这些条件军事行动就不可能停止。”但是，至少“在汉城尚未解放之前，还不到中国亮出自己所有底牌的时候”。因为这很可能被美国利用来打那些与美国有矛盾的中立国家的耳光，并把战争的责任推到中国人身上。为什么不接过和平的旗帜，逼美国出来表态呢？他提议，中国方面应该公开表示赞成结束在朝鲜的军事行动，但要求美国就此提出具体条件，把球踢回去。[2]

12 月 9 日，依照斯大林电报的精神，中国代表伍修权在“联大”对印度代表表示了愿意看到联合国和美国就停战问题提出具体建议的态度。此举使中立国家代表备受鼓舞。经过紧张活动后，印度等国提出的停火案在 14 日的联合国大会上获得通过，随即成立的朝鲜停火三人委员会很快致电中国政府，表示愿意与中国谈判停战问题。

---

[1] APRF，3/65/336/17–19.

[2] AFVRF，059a/5a/3/11/196-197.

但是，要停战，即使只是要表示赞同停战的意向，一个基本的前提就是不要越过三八线。考虑到目前军事上已经出现的困难，这应该不失为一种策略。在8日，即志愿军占领平壤两天之后，彭德怀就曾致电毛泽东，提出过这样的主张。因为第二次战役部队减员甚大，汽车损失严重，兵员及物资补充都极端困难。苏联驻朝大使强烈主张继续南进，而他主张暂时不过三八线，以便充分准备后，来年春天再战。

这个时候，不要说提出以三八线为界，就是像彭德怀那样提出暂时把攻势停在三八线上，都是相当困难的。北朝鲜人不用说了，就是斯大林这时的目标也都是要把美国从朝鲜半岛赶出去。只要停下来，哪怕只是暂时的，都会使自己受到盟友的指责。苏联驻朝鲜大使的态度已经是一个很明显的例子了。更何况三八线本来就是南北朝鲜的分界线，在三八线停下来，难免会加强国际上把三八线视为固定分界线的看法，过了几个月再来突破它，政治上的影响可能更不佳。既然已经打到这一步，在毛泽东看来，即使再困难，也还是先过了三八线的好。

正在这时，毛泽东得知，美国正试图把中国干涉朝鲜案列入联合国大会的议程，意欲把中国推上被告席，这使得本来就对美国没有多少好感的毛泽东，更加怀疑有没有必要用停止进攻来显示自己的和平姿态。恰好这时又有情报称，美国陆军参谋长柯林斯在到日本和朝鲜前线视后，认定美军没有组织长期防御的可能，因而已经向美国参谋长联席会议建议美军做撤退准备，这无疑更激励了他要把美国人赶出朝鲜去的决心。[1] 而斯大林这时发来的电报也坚定了他的信心。在这封电报里，斯大林在尖锐批评苏联大使的意见，支持彭德怀的军事部署的同时，明确肯定了毛泽东看法的正确性，同意说现在越过三八线在政治上更为有利。不仅如此，他还主动提议为志愿军再提供两千辆汽车，以便解除彭德怀的后顾之忧。

---

[1] 《毛泽东关于美军准备从朝鲜撤退的情报给彭德怀等的电报》（1950年12月13日），《建国以来毛泽东文稿》第1册，第719页。

基于上述种种情况，毛泽东下定决心再打一仗，越过三八线。他告诉彭德怀等："目前美英各国正要求我军停止于三八线以北，以利其整军再战。因此，我军必须越过三八线。如到三八线以北即停止，将给政治上以很大的不利。"因为"如不打这一仗，从十二月初起到整个冬季我军都在休整，没有动作，则必引起资本主义各国甚多揣测，民主阵线各国亦必有些人不以为然，发生许多议论"[1]。为了表明自己毫不妥协的决心，毛泽东决定公开昭示自己的斗争目标。12 月 22 日，就在志愿军准备发起第三次战役之际，周恩来受命公开发表声明宣布：中国不会上联合国所谓"停火"方案的当，除非一切外国军队撤出朝鲜半岛，美国武装撤离台湾海峡，中国政府获得它在联合国的合法席位，否则决不停止战斗。[2]

三、联合国通过停火提议，毛泽东决心再打一仗，根本解决问题

第三次战役从 12 月 31 日起，一直打到 1951 年 1 月 8 日。中朝军队不仅占领了美军的补给基地仁川港和南朝鲜首都汉城，而且把战线向前平均推进了一百公里，几乎打到了三七线。这边是斯大林大为兴奋，电贺"这是人民爱国力量对反动力量的伟大胜利"[3]，那边联合国内部停战的呼声再度高涨起来。

还在 1950 年 12 月 29 日，美国参谋长联席会议就通过了一个给麦克阿瑟的秘密指示，要求他准备在一旦战线不守时，务必将部队安全撤出朝鲜。志愿军的第三次战役进攻似乎证实了参谋长联席会议的担心，参谋长联席会议主席布莱德雷后来明确讲，那个时候华盛顿领导人的心"都提到了嗓子眼儿上"。他们不能不一面指示麦克阿瑟做好撤出朝鲜的一切准备，一面被迫表示接受朝鲜停火三人委员会 1 月 11 日突然提出来并且得到英国等国

[1] 前引《建国以来毛泽东文稿》第 1 册，第 722 页。

[2] 《人民日报》1950 年 12 月 22 日。

[3] APRF，3/1/336/88–89.

同意的和平解决朝鲜问题的五步方案。

美国国务卿艾奇逊后来在回忆这段情况时承认，自美国将中国干涉问题列入联合国大会议程以来，它就在不遗余力地试图让联合国通过决议将中国推上“侵略者”的被告席。但军事上的失败和印度等中立国家的停火呼声使得美国政府进退两难。仅仅是出于担心失去联合国多数支持的考虑，国务院煞费苦心地选择了支持三人委员会和平解决朝鲜问题五步方案的做法。然而，“我们热切地希望并且相信，中国人会拒绝这个决议，从而我们的盟国会回到比较清醒的立场，并追随我们把中国人作为侵略者进行谴责”[1]。

1月13日，由于美国投了赞成票，联合国第一委员会顺利通过了朝鲜停火三人委员会关于和平解决朝鲜问题的五步方案，即：(一) 立即实现停火；(二) 举行一次政治会议，以安排恢复和平所应采取的进一步措施；(三) 外国军队分阶段撤出朝鲜，并采取措施以实现联合国关于建立统一政府的决议；(四) 在实现第三条步骤之前，制订出管理朝鲜和确保朝鲜和平与安全的临时性办法；(五) 由美国、英国、苏联和中华人民共和国四国代表举行会议，讨论远东问题，其中包括台湾问题和中国在联合国的代表权问题。

毫无疑问，美国人不可能会接受这个五步方案。但不论艾奇逊事后如何自吹自擂，承诺赞同撤退外国军队，特别是同意把台湾问题与朝鲜问题连在一起来解决，这都只能是美国领导人对朝鲜军事形势感到绝望的结果。

有人认为，既然美国并不想真的停火，就不存在谈判的时机，中国不接受五步方案也就是理所当然的。[2] 但这无疑是说不通的。美国不想谈判，但又不得不接受联合国多数国家的谈判方案，这本身就表明美国在外交上已极端被动。美国国务卿的表白再清楚不过地说明了美国变被动为主动的希望，恰恰就是寄托在中国的拒绝上面的。如果中国方面公开表示接受联

---

[1] 艾奇逊：《艾奇逊回忆录》，上海：上海译文出版社 1969 年版，第 381 页。

[2] 齐德学前引文。

合国的这一提议，即使只是出于策略的目的，那么美国的企图就不能得逞，吃亏的肯定是美国而不是中国，因为美国政府在外交上只会更加被动，它的任何军事进攻的企图都必然造成联合国军内部的尖锐分歧，从而使它从战争初期的一呼百应迅速跌落到严重孤立的境地。这对中国并无坏处。何况，五步方案关于讨论解决中国的台湾问题以及它在联合国的代表席位问题，都是中国政府梦寐以求的，承认它本身在美国就是外交上的极大失败。

与此同时更重要的是，这时入朝的约四十万志愿军作战部队，经过三次战役减员已近十万人，特别是大踏步向南推进后，补给线长达五百公里，有四百公里没有空军掩护，接连三次战役又几乎没有间隙，不仅士兵疲惫不堪，而且粮弹供给早已发生严重困难，极大地影响了部队连续作战的能力。在这种形势下，如果中国方面接受停火提议，美国在它所赞同的联合国决议的压力下，自然不能不暂时停止进攻，这不仅可以把停火线暂时置于汉城以南的三七线附近，而且可以使部队得到一定的休整补充时间，包括让一部分部队用刚刚运到的比较现代化的苏式装备武装起来。因此，联合国的停火提议，对志愿军至少在策略上是一个可利用的机会。然而，中、苏、朝三方没有能够抓住这个机会。

毛泽东未必不清楚此时停火的好处。与国民党打了那么多年，停战也搞了不止一次，打了停，停了打，兵不厌诈嘛。问题是，敌人是不是还有还手之力？注意到第三次战役期间敌军撤退之迅速，他深信此前关于美军即将撤出朝鲜半岛的情报是准确的。在他看来，敌军已无还手之力，其下一步或者是“进行微弱抵抗，然后撤出朝鲜”，或者是“在釜山—大邱地区进行顽抗，一直到确信抵抗徒劳无益为止，此后将撤出南朝鲜”。既然如此，再打一仗，大局可定，是否还有必要与美国人就朝鲜的政治解决讨价还价？何况，在毛泽东看来，联合国的五步方案固然对中国有利，但承认联合国有权依据它所制定的原则在朝鲜建立统一政府以及承认联合国有权暂时管理朝鲜，对北朝鲜却未必有利。联系到几天前因为彭德怀下令部队停止南追，北朝鲜领导人以及苏联大使就与彭德怀争执了几乎一天一夜，最后还是斯大林来电肯定了彭德怀决定的正确，才结束了这场争执的情况，毛泽东很容易想到，一旦中国提出接受联合国停火方案，在中朝之间会出现一种什么样的复杂局面。因此，即使从中朝两党两国关系的角度考虑，他也很难下决心接受这个停火方案。

毛泽东的想法，正符合斯大林的看法。志愿军没有取得苏联装备就获得如此出人意料的胜绩，如今苏联装备陆续运抵中朝边界，斯大林自然会重新燃起把美国人赶出朝鲜的强烈愿望。他理所当然地要赞同毛泽东的意见了。

基于这种情况，周恩来于 1 月 17 日致电联合国大会第一委员会主席，明确拒绝了联合国提出的五步方案。电报称："先停战后谈判的原则，只便利于美国维持侵略和扩大侵略，决不能导致真正的和平，因之中华人民共和国中央人民政府不能予以同意。"电报建议，必须在同意撤退一切外国军队和朝鲜内政由朝鲜人民自己解决的基础上，由有关各国谈判结束朝鲜战争和美国撤出台湾海峡等问题；必须立即在中国召开包括中、苏、英、美、法、印度、埃及七国会议，并确定中华人民共和国在联合国的合法地位。[1]

不论中国政府的主张中是否包括部分承认五步方案的内容，中国方面的拒绝正中美国政府的下怀。尽管印度等中立国家看出周恩来电报所提谈判条件与五步方案仍有某些可接近之处，因而再次提出修正方案，但美国已经不必在这个问题上再行敷衍了。美国代表借机大谈中国的战争狂热，并迅速提出了中国侵略朝鲜案。2 月 1 日，联合国大会通过了美国提出的谴责中国"侵略"的提案。而与此同时，朝鲜美军也转而由退却转入大规模进攻。朝鲜战场的形势开始发生逆转。

[1] 《周恩来年谱》（1949—1976）上卷，第 118—119 页。

四、美军全线反击，志愿军被迫后撤，毛泽东估计战争已长期化

第三次战役是1951年1月上旬结束的，经过彭德怀的极力争取，并得到斯大林和毛泽东的支持，连续作战三个月之久的志愿军终于得到了休整补充的机会。但中国政府刚一拒绝联合国的五步方案，美国军队就于1月25日乘机发动了蓄谋已久的大规模反攻。仅仅两周时间的休整补充，对历经苦战的志愿军来说是远远不够的。因此，彭德怀当即提出：可否根据1951年1月11日联合国朝鲜停火三人委员会的决议，为增加帝国主义内部之间的矛盾，播发中朝两军拥护限期停战，已从乌山、太平里、丹邱里线北撤十五至三十公里的消息？但毛泽东显然不同意。他于第二天电告彭德怀说：“中国和北朝鲜军队向北后撤十五至三十公里及发布关于赞同暂停军事行动的公报，这对我们是不利的，因为敌人恰好希望当我军向北撤至一定距离，以便使他能封锁汉江时才停止军事行动。”“我军必须立即准备发起第四次战役，其目的是消灭二至三万美军和伪军及占领大田—安东一线以北的地区。”毛泽东同时询问了斯大林的意见，斯大林也立即表示了同样的看法，声称“从国际的观点看，不让敌人占领仁川和汉城，以使中朝部队给敌人的进攻部队以重大打击，是完全合适的”[1]。

为反击美军进攻而仓促发动的第四次战役，前前后后打了将近三个月时间。由于敌人这次摸清了志愿军连续作战能力不超过一个礼拜，利用志愿军粮弹耗尽、疲惫不堪、进攻能力几近衰竭之际大举反击，结果使志愿军遭到入朝作战以来的第一次挫折。虽然志愿军各部队打得十分顽强，战役组织上也没有出现大的失误，但这一仗打下来部队不仅损失了五万多人，而且没有能够实现毛泽东和斯大林提出的战役设想，相反，志愿军被迫放弃了刚刚占领不久的仁川和汉城，全线后退了一百多公里，重又撤回到了

[1] 王焰前引书，第446页；《毛泽东致菲利波夫电》（1951年1月28日），APRF，45/1/337/41—43；《菲利波夫致毛泽东电》（1951年1月30日），45/1/337/43—44。

三八线以北。

还在美军突然发动全线反击之后不久，毛泽东就逐渐开始意识到自己前此对朝鲜战局前景的估计有些过于乐观了。1951 年 3 月 1 日，即在彭德怀赶回北京汇报了志愿军兵力及补给等方面所面临的严重困难之后，毛泽东已经开始注意到对美军作战的极端艰难了。鉴于斯大林对志愿军放弃汉城十分不满，他专门去电解释说：由于我在朝鲜境内运输线过长，没有空中掩护，30%—40%的补充物资不能到达前线，再加上在朝鲜的九个军减员十余万人，三个军已无作战能力，在前线作战的六个军也因得不到补充和减员过大而难以抵抗美军进攻，因此，撤退到三八线已不可避免。鉴于美军拥有火力上的强大优势，并能获得大量补充，“朝鲜战争有长期化的可能，至少我应作两年的准备”[1]。

斯大林还在美军进攻开始时，就特别表示希望不要放弃仁川和汉城。但毛泽东提出的困难，很大程度上是与苏联有关的。特别是空中掩护问题，最初斯大林坚持苏联空军不能越过鸭绿江，以后志愿军的战线向前延伸了，苏联空军也把它的掩护范围扩大到了清川江以北的朝鲜境内。可是，清川江以南还是完全没有空中掩护。即使清川江以北，由于苏联人害怕让美国抓住苏联参战的证据，对飞行人员制定了种种清规戒律，空中掩护的效果也不理想。[2] 结果是，因为没有空中掩护，不仅中国军队在前线几乎只能昼伏夜出，而且因为粮食弹药接济不上，作战只能打打停停。开始几仗美国人晕头转向，不习惯志愿军的作战方式，被打得丢盔卸甲，连连败退，几仗过后已经明白过来，掌握了志愿军“礼拜攻势”（士兵身上只能背一个礼拜的粮食弹药）和“月夜攻势”（只能在有月亮的夜晚组织进攻）的规律，并且知道志愿军的武器装备难以压制其强大火力和攻破其装甲防线，因而

---

[1] 毛泽东：《关于朝鲜战局和我军采取轮番作战方针给斯大林的电报》（1951 年 3 月 1 日），《建国以来毛泽东文稿》第 2 册，第 151—153 页；并见 APRF，45/1/337/78—82。

[2] 乔恩 · 哈利迪：《朝鲜空战：苏联方面的故事》，转见齐德学、沈志华、杨奎松编译：《朝鲜战争研究的新材料与新观点》，北京：中国军事科学院战史部 1998 年版，第 210 页。

很快取得了战场的主动权。面对这种情况，彭德怀明确提出，苏联空军应当把它们的机场移到朝鲜境内来，至少能够做到掩护平壤—元山线以北的后方补给线，否则补给问题难以解决。即使中国的空军训练好了，能够参战，因为在朝鲜境内没有空军掩护，机场随时修随时炸，也没有办法飞到前线来协同步兵作战。

斯大林很清楚空中掩护的重要意义。在得到毛泽东的电报之后，他接连就这一问题做出了一系列决定：

（一）同意将原先设在中国东北安东地区的两个苏联歼击机师移到朝鲜境内的机场上去，"以便在前线的战役中运用它们"；

（二）从苏联再调拨一个大型歼击机师到安东地区去，接替原先那两个苏联歼击机师的空防任务；

（三）下令为在朝鲜修建几个机场提供金属跑道、高射炮和其他必需的物资；

（四）为确保苏联歼击机飞行员能够保持充沛的体力进行频繁的空中作战，下令超出战斗师的编制，专门为进入朝鲜作战的每一个歼击飞行员配备10个后备的飞行员；

（五）无偿为中国提供372架最新型的米格—15喷气式歼击机，用以改装6个米格－9歼击机师，从而使在苏联援助下建立起来的10个中国歼击机师全部成为最富有战斗力的空军师。

关于最后一点，斯大林甚至坦率地承认，原先他们估计米格－9歼击机的性能比得过美英最好的喷气式战斗机，但在苏联空军与美国空军在北朝鲜上空交手后，他们发现这种估计是错误的。"如果不纠正这一错误，它会有损于中国的空防。既然造成这一错误的责任完全应由我们——俄国人来负，那么，我们就责无旁贷地要消除我们的错误，用米格－15歼击机来取代米格－9歼击机，其费用应由我们来负担，即无偿向中国提供。"至于已经提供给你们的米格－9歼击机，"由于这些飞机目前对你们的用处要比对我们大得多，因此，我们决定将它们也留给你们……以作为我们对你们所给予的援助的回报”。与此同时，斯大林还同意紧急为中国方面再提供六千辆汽车，以满足志愿军后勤的迫切需要。[1] 由此不难看出，斯大林这时确实对志愿军的作战倾注了相当高的热情。

根据3月1日毛泽东致斯大林电可知，他在谈到朝鲜战争可能长期化的问题时，主要看到的是志愿军运力薄弱、前线兵力不足以及敌人火力上占有优势。而经过自己的努力和在苏联的帮助下，这几个问题看起来还都有迅速改观的可能。比如，由于斯大林下令苏联空军进入北朝鲜作战和进一步提供六千辆汽车，运输补给问题有望得到改善。由于第三、第十九兵团等先后入朝，第二次战役中严重减员的第九兵团业已补充休整完毕，可以替换前线那些过于疲惫的部队，兵力上的不足也有望解决。由于苏联援助的三十七个步兵师的装备和其他重型武器已陆续到达，新开进的部队多已换上较先进的苏式装备，再加上用苏联火炮组建的四个炮兵师和四个高射炮师均开入朝鲜，志愿军各种火炮的数量已增至六千多门，火力上的劣势似乎也不成为太大的问题了。正是基于这种情况，中共中央仍旧抱定根本解决朝鲜问题的方针，并据此方针决心用战争解决问题。甚至，由于注意到各方面条件正在改观，虽然4月初斯大林进一步来电提出愿意为中国追加1951年军事贷款额度和提供更多装备，毛泽东也不那么重视了。毛泽东明显地存在希望一战决定朝鲜战争长短的心理。因此，尽管他已经肯定朝鲜战争有长期化的可能，而中共中央这时的指示却提出，朝鲜战争还是应当“尽量争取短期”。用毛泽东的话来说就是：“能速胜则速胜，不能速胜则缓胜。”结果，他不仅决定要再打第五次战役，而且第五次战役的目标从开始时决定主要在三八线地区打击敌人，到后来又进一步发展到要打回三七线以南去了。

第四次战役的结果已经很不理想，战役4月21日刚刚结束，第五次战役马上就从4月22日开始打响了。战役发动不久，彭德怀就发现战场形势

[1] APRF，45/1/337/118，45/1/338/87、91.

十分不利。不仅敌人掌握了志愿军的作战规律，而且利用其机械化程度高和火力强等优势，协同掩护，节节后撤，使志愿军无法发挥运动战的特长，几乎抓不住敌人。不得已，他急忙改变作战目标，毛泽东虽然没有发现情况异常，但也改以解放战争初期打蒋介石的例子，去电叮嘱彭德怀要积小胜为大胜，对美军每次的作战胃口不要太大，力求歼灭其一个营就够了。对战场的选择，也特别提出，出于歼灭敌人有生力量的目的，仍要设法发挥我军运动战的特长，如果三八线以南敌人防线强固，不妨想办法把敌人引到北面来打，只须不让敌人占了平壤—元山一线就可以了。[1]

不计较一城一地的得失，大踏步进退、穿插、迂回，运动作战，这是典型的毛泽东的战法，也是他打败蒋介石的法宝。但是，有了人民军失败的经历后，北朝鲜人，甚至包括苏联在内的整个社会主义阵营的人民都刚刚从志愿军的胜利中增强了与美国对抗的信心，人们很难接受志愿军后撤的现实。无论它是出于什么样的目的。何况，志愿军再退一步，背后就是北朝鲜的首都平壤。因此，一得知毛泽东的计划，心存疑惧的斯大林也不能不出面干预毛泽东的战术了。他特别提醒毛泽东，切勿拿美军与蒋介石的军队来类比,他们没有蒋介石那样愚蠢。因此你们无论如何不能再向北退。不仅丢了平壤会严重影响北朝鲜人的士气，而且你们在前线后方也没有预先设置强固的防御工事，美国人很容易识破你们的计划，在向北推进时一道道地建立起自己的防线来。一旦出现那样的局面，志愿军转入攻势必要付出巨大的牺牲。[2]

斯大林的意见并非没有道理。考虑到志愿军在前线后方确实没有构筑强固的纵深防御阵地，一旦被敌人强大的装甲部队插入后方将十分危险，毛泽东转而致电彭德怀，要他务必要在守住第五次战役开始时的防线的基础上来打小歼灭战，同时要加紧在这条防线以北另外构筑第二道防御阵地，

[1] 毛泽东：《关于我军同美英军作战的战略战术问题给彭德怀的电报》（1951 年 5 月 26 日），《建国以来毛泽东文稿》第 2 册，第 331—332 页。

[2] APRF，45/1/338/98–99.

以防万一。

但是，志愿军还没有来得及抽调预备队构筑后方的防线，美军就已经开始了大举反击。结果，志愿军全线被迫后撤约 40 公里才勉强阻止住敌人的推进。整个战役明显地再度受挫，且损失严重。志愿军的战线这次未能向前伸延，反而比战役发动时平均后退了十几公里。特别是在战役第二阶段，有两个军的兵力被敌分割包围，险遭覆没。最后多数部队虽然成功逃脱，但还是有一个整师，即第三兵团六十军一八〇师未能归还建制而遭歼灭。仅此一个战役，志愿军就有 17000 人被俘，占了整个朝鲜战争中志愿军被俘人员的 80% 还多。

五、毛泽东赞同停战，斯大林断言，害怕打下去的应当是美国人

第四次特别是第五次战役的失利，再清楚不过地显示出志愿军一时还没有力量把美国军队从朝鲜赶出去，帮助北朝鲜实现它的统一计划。5 月下旬，第五次战役尚未结束，中共中央军委开始讨论前线局势时，就已经注意到，开战时的那些优势已经不复存在。原想靠出奇兵制胜，虽然把美国人赶到了三八线以南，但因装备及火力相差悬殊，没有达到大批歼灭敌人有生力量的目的，而且因为战线拉长，空防欠缺，后勤补给跟不上，使前线作战日益艰难。随后想以多兵取胜，结果一百三十万志愿军进入朝鲜之后，实际作战力量并没有加强，补给更加困难。再加上战场越来越小，道路狭窄，部队多了反而施展不开，到处挤成一团，成了敌人飞机和大炮轰击的靶子，徒然增加伤亡。面对这种情况，与会者已经提出应当力争在三八线上停下来的意见了，因为多数人已经看出，再打下去短时期内不可能解决问题，长期拖下去财政也承受不起了。

6 月 2 日，毛泽东得到通报称，美国前驻苏联大使凯南 5 月 31 日曾以私人身份会见了苏联驻联合国代表马立克，拐弯抹角地表示美国希望在联

合国或是以其他方式与中国方面谈判结束朝鲜战争的办法。[1] 显然，美国人虽然军事上取得了进展，但自身也有困难。面对这种情况，不管美国人此举是否包含阴谋，毛泽东还是不能不予以考虑了。当然，在尚未得知苏联和朝鲜的态度之前，他这时对是否应当在三八线上停下来还有些踌躇。在6月4日给斯大林的电报里，他只字未提是否应当考虑停战的问题。他在说明了第五次战役的不利情况和火力太弱的现状之后，只是委婉地表示，目前形势下已不可能加速朝鲜战争的进程了，怕是必须准备打一场持久的消耗战，志愿军仍准备反击，但只能在三八线附近稳扎稳打。[2]

斯大林不愿意看到中国人失去彻底战胜美国人的信心。他在5日给毛泽东的回电中说："我同您一样认为，不应加快朝鲜战争，因为持久的战争第一能够使中国军队在实战中学习现代战争，第二将会动摇美国杜鲁门政府和打破美英军队的军事神话。"他鼓励毛泽东说，你们目前遇到问题并不十分严重：只要按照目前计划在接近前沿的后方构筑强大的防御工事，加强敌后游击队的活动，进一步装备新的大炮和其他必需的武器，情况就会改善。他感到奇怪的是：您来电抱怨大炮和反坦克武器少，而两个月前我就已经通知您，我们今年可以提供给您新的大炮和其他武器，为什么始终没有收到您的订单？在他看来，目前最大的难题是，由于几度后撤，志愿军的士气已出现问题。"如果不准备和不实行对敌人的重大打击，消灭其三四个师，就不可能消除这些不健康的情绪。"他确信，只有努力再打好一仗才可以提高中朝军队的士气，并为志愿军下一步实行有效的消耗战创造重要的前提条件。[3]

但是，就在斯大林来电的同时，毛泽东与前来北京的金日成举行了会谈。金日成也已得到了有关美国有意谈判的情况通报。经过这两次战役，他已看出短期内再不存在解放南朝鲜的可能性，因而也倾向于赞同停战了。鉴

[1] 参见FRUS，1951，Vol.7, pp.483—486、501—511。

[2] APRF，45/1/339/4–6.

[3] APRF，45/1/339/17–18.

于这种情况，毛泽东终于开始考虑要不要停战的问题了。他在 5 日傍晚发给斯大林的另一封电报中明确提出要派高岗前往莫斯科，就“我们在朝鲜战争过程中遇到的一些严重问题”提出报告，并请求指示。在得到斯大林的同意后，毛泽东第一次在电报中暗示了中共中央想要寻求停战的意向。在 9 日的电报里，他通知斯大林说，高岗此行准备报告我们“关于战争与和平问题”的想法。[1]

6 月 13 日，斯大林在莫斯科听取了高岗和金日成就朝鲜战争问题进行的汇报。他很痛快地答应了中国方面提出的关于补充提供六十个师的武器装备的申请订货单和毛泽东提出的为彭德怀派遣军事顾问的要求，并告诉高岗说，志愿军的装备与敌人相比有很大的差距，必须加强坦克和火炮的数量。然而，当高岗代表中共中央开始提出，是否可以考虑以三八线为界举行停战谈判的问题时，斯大林显得十分不安。他有些激动地表示：你们现在打得很好，为什么要停战？害怕打下去的应当是美国人，不是我们。我了解美国人的心理，你们多打死一名美国兵，他们多往国内送回一具棺材，他们国内反对这场战争的压力也就越大，最后要停战的一定是美国人。在高岗和金日成反复解释了中朝方面面临的困难之后，斯大林最终做了让步，说如果你们一定想停战也可以，那就试一试吧，也许是件好事。在会谈后给毛泽东的电报中，斯大林只简单地提到了一句：“我们认为，现在停战是件好事。”[2]

斯大林的答复，使毛泽东很快下了决心。他一收到电报当天就致电高岗和金日成，要他们与斯大林协商争取停战的办法。毛泽东表示：“现在由我们自己提出这个问题对朝鲜和对中国都是不适宜的，因为在最近两个月内朝鲜军队和中国志愿军都得采取防御态势。”在这种情况下要求停战，很容易被敌人看成是软弱的表现，即使能够谈判，中朝方面也必定处于不利

[1] APRF，45/1/339/23、28–29.

[2] APRF，45/1/339/31–32.

的地位。因此，“最好这样做：(一) 等待敌方提出；(二) 最好由苏联政府根据凯南的声明向美国政府试探停战问题”。[1] 毛泽东显然主张苏联利用这个机会促成谈判。

严格地说，美国确定谋求朝鲜停战的方针要早于中国方面。还在2月2日，美军刚刚在朝鲜展开攻势不久，美国国务院就已经提出，目前已经到了停战的时机，应该由总统发表声明，主张政治解决朝鲜问题，使朝鲜半岛恢复到1950年6月25日以前的状态。[2] 这一主张因军方反对未能通过。但3月中旬，美军重新夺回汉城，推进到三八线附近之后，军方的态度也开始改变。美国参谋长联席会议并且得出结论说：“‘单靠军事行动’，是无法解决朝鲜问题的。”它授权联合国军司令李奇微将地面行动控制在三八线附近，不能过多地越过这条战线。5月17日，杜鲁门总统批准了美国国家安全委员会就此做出的决定：争取结束在朝鲜的敌对行动。5月31日，参谋长联席会议正式下达命令给李奇微，要求他在努力使中朝军队付出重大牺牲的情况下，争取“缔结合理的停战协定，终止敌对行动”[3]。凯南会见马立克就是美国这一政策的具体体现。

6月23日，经过斯大林的批准，马立克利用在联合国发表演说的机会提议：朝鲜“交战双方应谈判停火与休战，并把双方军队撤离三八线”[4]。25日，中美双方都非正式地表示了愿意和平谈判的意向。紧接着，根据苏联方面的建议，朝鲜战争交战双方前线司令官在6月30日和7月1日就直接谈判停战问题交换了意见，正式确定以位于双方军事接触线中朝一侧的开城作为谈判地点。随后，7月10日，朝鲜停战谈判开始了。

[1] AFVRF，059a/5a/5/11/35–37.

[2] FRUS, 1951, Vol.7, pp.188–189.

[3] FRUS, 1951, Vol.7, pp.246–247、251、253–262.

[4] 《中美关系资料汇编》第2辑，第511页。

六、停战谈判受阻，斯大林老谋深算，反对示弱，坚持强硬路线

确定了谈判的方针，具体谈判起来却是一个相当复杂和技巧的问题。提出过高的条件，必使谈判陷入僵局；主动进行退让，又难免给对方造成错觉，从而步步进逼，使自己陷于被动。因此，从一开始，毛泽东就频繁地与斯大林通电，交换对谈判方针和具体对策的看法，甚至明确主张由斯大林“亲自主持谈判”，但斯大林拒绝了，声称：“这是不可想象的和没有必要的。是您，毛泽东同志应该指挥谈判。我们最多可以对某些问题提出建议。”

根据协商，经过斯大林同意，由毛泽东拟定的中朝方面关于停止朝鲜军事行动协议草案，包括以下几点：

（一）双方同时发布命令，停止军事行动；

（二）双方军事力量从三八线各后撤十英里，建立非军事区；

（三）双方停止从外部向朝鲜的一切军事调动；

（四）在停止军事行动后三个月内分批全部交换战俘；

（五）所有外国军队在三个月内分批全部撤离南北朝鲜；

（六）南北朝鲜的难民在四个月内应返回从前居住的地区。[1]

从上述条件可以看出，从谈判一开始，中国方面就不得不放弃了一些过去它最为关心的问题，如台湾问题和中华人民共和国在联合国的合法席位问题等。因为还在凯南与马立克会谈时，他就明确表示了美国反对将这些问题列入谈判内容的立场。而现实的军事形势，也不容许中国为此与美国讨价还价。比较 1951 年 1 月 13 日美国曾经投票赞同过的那个五步方案，这不能不说是一个相当大的让步。

但是，即使是这样一个谈判条件，也还是不足以让美国人接受它。难民问题不用说了，从一开始毛泽东就怀疑美国人和南朝鲜方面是否能够接受。就是被中、朝、苏方面视为“最基本的原则问题”的两条，即限期撤

[1] APRF，45/1/340/19–20.

退一切外国军队和以三八线为界，恢复1950年6月25日以前的状态，美国方面也不答应。不得已，中、朝方面被迫又做出让步。就撤退所有外国军队问题争论一周后，毛泽东即明确提议："不要提出把外国军队撤退问题作为停止军事行动的必要条件。"因为事实上我们目前也没有这个实力。金日成也表示，只要各自军队能够从三八线后撤十英里，可以暂时放弃这一要求。[1]

而后就是以三八线为界的问题了。双方围绕着这个问题整整争论了一个月。由于美国和南朝鲜方面所占三八线以北的面积多于中朝方面所占三八线以南的面积，再加上美国在海上和空中占有绝对优势，因此，美方不仅不肯以三八线为界，甚至还提出什么"海空补偿论"，要求中朝军队从实际军事接触线后撤，来划定军事缓冲区的界限。考虑到"敌方的最终目的是要在当前战线所在地区停止军事行动"，在这方面不可能让步，因此，志愿军副司令员邓华和谈判代表团在双方相持不下一个月后即明确提出，为避免谈判破裂，"最好考虑在当前战线所在地区停止军事行动的问题，不再为三八线而进行斗争"。但斯大林最初对这种让步感到担心，他并且明确反对毛泽东这时提出的关于邀请中立国家代表介入谈判，以制约美国的意见。他再三强调：应该"是美国人更愿意继续谈判"，而不是我们。如果提出这样的建议，"将会被美国人认为是中朝方面更需要尽快签订停战协议"，这是示弱的表现，"没有任何好处"。[2]结果，停战谈判终于在8月23日被迫中断。

双方军队重新在战场上进行了大约两个月的激烈较量之后，美军在整个战线上平均又推进了两公里左右，但付出的代价相当沉重，美国人也意识到没有办法坚持它的所谓"海军补偿论"了。因此，新的一轮谈判于10月25日重又开始，只不过谈判地点按照美国人的要求，移到位于双方实际

[1] APRF，45/1/340/93–94.

[2] APRF，45/1/340/89.

接触线中间的板门店去了。谈判继续围绕军事分界线问题进行争论。但由于美方不再坚持“海空补偿论”，中朝方面不再坚持以三八线为界的要求，主张“以双方实际接触线为军事分界线，并且由此线各后退二公里，以建立非军事区”，谈判开始取得进展。虽然斯大林仍不断地提醒中朝方面要“实行强硬路线，不能有急于结束谈判的表现”，他实际上也转而同意“采取灵活战术”了。[1] 终于，谈判双方在 11 月 27 日就军事分界线问题原则上达成了妥协。[2]

七、斯大林突然去世，毛泽东痛失有力支持，停战结果不尽如人意

随后的谈判意外地卡在战俘问题上了。本来，无论是毛泽东，还是斯大林，都十分乐观地相信：“该问题不难达成一致意见”，认为“敌人很难对此提出异议”。[3] 想不到，中朝方面坚持战俘全部遣返，美国和南朝鲜坚持“自愿遣返”，两方就此相持不下，以致其他问题解决后，朝鲜战争还是长时间不能停战。

战俘问题的关键在于双方俘虏的人数相差悬殊。根据双方公布的数字，美方俘虏朝籍战俘 112000 人，俘虏中国籍战俘 20800 人；而中朝方面因缺乏国际战争的经验，俘虏的战俘，或在战场上放掉以软化对手，或直接用来补充兵源，结果，战争结束时只有美英籍战俘 4417 人，南朝鲜战俘 7142 人，相差有十倍之多。

由于在以往的谈判中，美国方面实际上没有占到多少便宜，因此，它极力想利用战俘问题为自己在朝鲜战场上所受到的挫折捞回一些面子。而李承晚政府和蒋介石政府，也抓住这个机会，千方百计地插手其中，想在反共宣传上或充实军力上为自己捞一些好处。这种情况使谈判复杂化并且

[1] APRF，45/1/342/100.

[2] 《国际事务概览，1952 年》，第 406—407 页。

[3] APRF,45/1/342/16–19,100.

无限期地拖延下去。由于战争没有结束，尽管美军在地面上的进攻屡屡受挫，只好维持僵持局面，其空军却仍旧可以对北朝鲜施行狂轰滥炸，这种情况给了北朝鲜方面以相当大的压力。因此，当谈判拖延到1952年夏天，当7月13日美国把它同意的遣返战俘人数从最初的70000人增加到83000万人之后，中、朝、苏三国之间不可避免地进行了一系列紧张的磋商。

7月14日，金日成给毛泽东发了电报，建议接受美国人的提议，尽快就停战问题达成协议。他明确讲，因为几万名战俘，北朝鲜方面正在经受着巨大的损失，仅7月11日到12日夜，平壤居民就因为敌机的狂轰滥炸死伤了6000多人。但是，毛泽东于第二天告诉他说："对这个问题我们进行了两天的研究，一致认为，正当敌人对我们狂轰滥炸之际，接受其实际上没有任何让步的、具有挑拨性和欺骗性的建议，对我们来说是极不利的。"它"必然会使敌人更加自负傲慢并有损我们的形象"。我们必须迫使敌人让步，或者采取军事行动来寻找改变目前形势的出路。对于朝鲜方面的困难，中国人民将竭尽全力予以帮助，"请您不客气地向我们提出朝鲜局势所要求的迫切解决的各种问题"。[1]

毛泽东与金日成对美国提议的不同看法，有着重要的背景。周恩来8月间在莫斯科与斯大林会谈时谈到了这一点。他解释说，问题出在美国人同意遣返的83000人中，76000人是朝籍战俘，中国战俘只有6400人，这还不到中国被俘战俘的三分之一。他告诉斯大林，中朝之间的分歧在于，毛泽东认为必须坚持遣返全部战俘，金日成认为这样不利，因为每天损失的人数已经超过了未能得到遣返的战俘人数。但毛泽东确信，继续打下去对我们有利，因为这有助于打破美国发动第三次世界大战的企图。[2]

对此，斯大林再度表示了对毛泽东的支持。他指出："毛泽东是对的。这场战争伤了美国的元气。北朝鲜人除了在战争中遭到牺牲以外，并没有

---

[1] APRF，45/1/343/72–75.

[2] APRF，45/1/329/54–72.

输掉任何东西。”他明确讲：“对美国必须强硬。中国同志必须了解，如果美国不输掉这场战争，那么中国永远也收复不了台湾。美国人是一批商人，每个美国兵都是投机商，都做买卖。德国人二十天就占领了法国，美国已经打了两年了，却对付不了小小的朝鲜。这算什么实力？”“当然，”斯大林也强调，“要理解朝鲜人，他们有很大的牺牲。”“对朝鲜必须帮助、支持他们。”“为了朝鲜我们不惜一切。”至于战俘问题的谈判策略，斯大林建议：可以考虑宣布照比例交换战俘，美国人扣留多大比例的战俘，中朝方面也宣布扣留多大比例的战俘；如此不行则可考虑由中立国进行调解，先解决停战问题。[1]

战俘问题在10月份再度陷入僵局，并导致停战谈判长期休会。1953年2月22日，美国方面首先做出姿态，打算恢复谈判。这一天联合国军司令克拉克发表声明，建议根据《日内瓦战俘公约》的有关规定，先行遣返病伤战俘。但对美国人的这种态度，毛泽东并不认为重新谈判的条件已经成熟。他告诉志愿军谈判代表说：“在观看发展后再行决定是否予以答复。”结果，直到1953年3月5日斯大林突然逝世，在苏联政府的态度首先改变之后，中国方面的态度才得以改变。

斯大林逝世不久，莫洛托夫在苏共中央内率先提出了一份关于立即在朝鲜停战问题的备忘录。这一文件认为，朝鲜战争拖延至今，给苏联以及中、朝两国都造成极大的负担。以往曾经有过几次实现停战的机会，但都没有引起足够的重视，这是一个错误。现在已经到了需要立即停止这场战争的时候了。

莫洛托夫的提议迅速得到了苏联部长会议主席团的同意。根据这一文件起草的苏联政府致毛泽东和金日成的信提出：继续执行迄今为止推行的路线“是不正确的”，从中国、朝鲜和苏联三国的利益出发，应当在停止战争方面表现出一种“主动精神”。据此，苏联方面提议：立即由金日成和彭

---

[1] APRF，45/1/329/54–72.

德怀就联合国军司令克拉克2月22日发出的关于交换伤病战俘问题的呼吁，做出积极的回答。然后由周恩来和金日成分别发表声明，说明积极解决战俘问题，保证朝鲜停战和缔结和约的时机已经到来。[1]3月21日，苏共领导人与前往莫斯科参加斯大林葬礼的周恩来就朝鲜停战问题举行了会谈，并正式递交了这一信件。

不难看出，苏联政府对朝鲜战争的态度与斯大林在世时有了极大的不同。既然苏联也持如此态度，毛泽东自然不能单方面坚持遣返全部战俘的立场。很快，中国公开表示有条件地接受美国的所谓“自愿遣返”原则。又经过了一系列的交涉，双方终于就战俘问题于6月8日达成妥协。战俘问题基本解决后，朝鲜停战问题也就很快解决了。到7月27日，交战双方正式签订了朝鲜停战协定。至此，朝鲜战争总算是结束了。

必须看到的是，在这个时候、在这种条件下来结束朝鲜战争，对中国未必是一种最好的选择。正如志愿军1953年7月13日取得金城战役胜利后克拉克所承认的，这个时候志愿军已经极大地改善了它的后勤、空防和火力状况，它能够随时集中起足够的部队，“在它所希望的地点和时间突破我们的防线”。毛泽东甚至确信部队已经具备了重新夺取汉城的能力。他明确讲：“如果再打八个月，我们可以打垮他们的全部阵地。假如在这之后进行和谈，我们可以取得更有利的条件。可是，这个时候斯大林逝世了，苏联同志不要打下去了，因为要解决他们内部的问题。金日成同志也不要打下去了。”几十年后彭德怀也谈到这一点，他颇为惋惜地说：“当时我方战场组织，刚告就绪，未充分利用它给敌人以重大打击，似有一些可惜。”[2]

必须说明的是，毛泽东和彭德怀所表示的这种遗憾，并不是说如果再打下去就可以决出胜负，而是指可以在更有利一些的条件下结束这场战争。因为，整个朝鲜战争中，最让中国人感到遗憾的其实就是战俘问题，这不

[1] APRF，3/65/830/66–71.

[2] 《毛泽东与英共执行委员会主席波立特和总书记高兰的谈话记录》（1957年11月8日）。

仅仅是因为中国最后只得到了7110名战俘，更重要的是，14000名志愿军战俘“拒绝遣返”这件事本身，便利了美蒋的反共宣传，有损于新中国的政治形象。

当然，今天回过头来审视这场战争，对于毛泽东与莫斯科的关系来说，一个最大的收获就是斯大林终于接受了这位长期让他怀疑的盟友。毛泽东后来也不止一次地提到过这件事，说正是因为朝鲜战争，斯大林才最终相信他是国际主义者了。很显然，毛泽东对此颇感欣慰。

第十四章

马、恩、列、斯—毛？

赫鲁晓夫秘密报告披露惊人内幕，斯大林一夜之间威信扫地；毛泽东表示：斯大林是好心犯错误，是认识问题，中国不能摘掉斯大林的画像；毛泽东一度也在吸取斯大林的教训，比如提出中国无产阶级专政的职能只剩下百分之十了；波匈事件发生，毛泽东怀疑事情不那样简单，断定东欧就是没有大张旗鼓地杀反革命，自食其果，烧到自己头上来了；注意到阶级斗争形势严峻，毛泽东说：应该学列宁，你独裁不如我独裁……

从1956年苏共“二十大”开始，在全世界就开始了批判斯大林的政治浪潮。对斯大林草菅人命、残酷镇压的大胆揭露，本来是俄国人自己开始的。但奇怪的是，直到中国实行改革开放之初，围绕着要不要取消天安门广场高高矗立着的斯大林的巨幅画像，最高领导层里还颇多犹豫和争论。结果，在世界共产党国家中，中国是最后一个在公共场合摘掉斯大林画像的，也是最后一个停止公开为斯大林进行辩护的。而当初决定这样做的，竟然都是毛泽东。

与斯大林有过如此多积怨的毛泽东，为什么会在斯大林死后高举斯大林的旗帜，甚至至死不渝地捍卫斯大林？比较一下同样与斯大林有过相当深的积怨，同样是共产党领导人的铁托，在苏共“二十大”后对斯大林的种种严厉批判，毛泽东的态度确实令人有点难以理解。于是，各种猜测纷至沓来。有人估计，毛泽东当时就已经在考虑自己的身后事了，为斯大林辩护不过是想以此来防止自己死后中国会出现同样的局面。而更多的人则相信，毛泽东同情、理解斯大林，很大程度上是因为他的思想体系与斯大林颇多接近，两人在对马克思主义主要观点的理解上，几乎是一脉相承的。

那么，究竟应当怎样理解这个问题呢？

一、苏共“二十大”风波骤起，毛泽东拒绝摘掉斯大林的像

1953年斯大林去世后，苏联几乎是迅速走上了非斯大林化的道路。苏联的非斯大林化之所以来得如此突然：一是斯大林的专制、多疑和由此而生的频繁的政治清洗，在其周围的领导人当中造成了极度的恐惧心理，几乎没有人希望看到突然出现脑溢血的斯大林从昏迷中重新苏醒过来，自然，也没有人希望再出现一个新的斯大林继续这种恐怖政治；[1] 二是斯大林的国

[1] 梅德韦杰夫著，刘力译：《斯大林去世之谜》，原载（俄）《历史问题》2000年第1期，转见《国际冷战史教学参考资料》第1辑，北京大学历史系现代史料研究中心2002年版。

际国内政策无法适应已经变化了的形势，导致战后苏联不仅没有从紧张的状态下解脱出来，反而陷入到新的紧张状态之中，而过度重视重工业和军事工业所造成的社会经济生产的畸形发展，使人民生活水平长期得不到提高，社会上特别是高级干部当中普遍存在着希望变革的心理。斯大林刚刚去世，苏共中央政治局对外马上就要求中朝两党马上结束朝鲜战争，对内则迅速公开平反在斯大林主持下造成的冤假错案，甚至在党内公开检讨斯大林时代的各种问题，包括个人崇拜所造成的恶果，都很实在地反映了这种情况。

斯大林死后发生在苏联党自身的这种政策调整，不可避免地会带有权力斗争的明显痕迹。而在苏联党内争夺权力的这场角力当中，能否取得国际共产主义运动中其他大党的支持，对新一代党的领导人具有相当重要的意义。正因为存在着这样一种十分特殊的背景，再加上毛泽东和中共中央对斯大林过去的一些做法始终耿耿于怀，因此，这种情况不仅没有使中苏两党两国关系变得疏远，反倒是使它们一度变得更加接近起来了。

1954 年 10 月，刚刚在苏共党内权力斗争中占据了优势地位的新领导人赫鲁晓夫，为了取得共产党国家中最大的执政党中国党的认可与支持，做了极大的努力。他不仅亲自率团来华参加新中国五周年国庆纪念，而且不顾党内的反对意见，坚持要向中国提供规模宏大的援建项目，帮助中国从长期落后的经济状况中摆脱出来。[1] 因此，他此行与中国政府签订了一系列增加援助的重要协定，并取消了过去斯大林强加给毛泽东的一些明显不平等的协定。最直接地推动了中国基础工业建设的 156 个项目的援建计划，就是在这次访问期间正式承诺并签署下来的。不难想象，赫鲁晓夫此举给毛泽东留下了较好的印象，双方的关系一度变得相当密切。中苏两国在印度支那战争问题上的密切合作，直接促成了越南停战和柬埔寨、老挝，乃至

[1] 康·伊·科瓦利：《苏联领导人确定对华援助问题的内幕》，原载（苏）《近代史和现代史》1989 年第 5 期。

于东南亚各国共产党人放弃了武装斗争的方针。而毛泽东也参照苏共对斯大林问题的初步检讨，尝试着从许多方面对中国照搬斯大林的经济建设模式进行了研讨，甚至主动提出了不搞个人崇拜的问题。

让中苏两党都没有想到是，不过两年之后，即1956年，由于苏共召开的第二十次代表大会，竟使得他们之间刚刚建立起来的信任关系开始蒙上了一层阴影。

为祝贺苏共“二十大”的召开，中共中央特派朱德率邓小平、谭震林、王稼祥、刘晓等，组成中共中央代表团前往莫斯科。朱德一行是1956年2月4日抵达莫斯科的。14日，他们应邀出席了苏共“二十大”开幕式，听取了赫鲁晓夫所做的报告。让他们感到有些诧异的是，在赫鲁晓夫当天的报告中，不仅一个字也没有提到斯大林，而且不止一次地暗示斯大林破坏了苏维埃的民主与法制。这在多少年来已经习惯于在各种正式场合颂扬斯大林的中国共产党人来看，自然是不同寻常的。因此，朱德在第二天大会上的致辞就显得格外突出，因为他宣读的毛泽东的致辞仍旧继续称颂斯大林是我们共产党人的导师。根据当时与会者的日记，朱德突然引人注目地提到斯大林的名字时，“全场爆发出一阵掌声”[1]。

十天之后，即大会进行到几乎最后一天的时候，人们终于知道苏共中央在大会期间对斯大林的态度为何如此冷漠了。

赫鲁晓夫从24日深夜起一直到25日凌晨，向苏共代表们做了一个极端秘密的报告，并严肃地告诫与会者说：“我们不能把这个问题弄到党外去，尤其不能捅到报刊上去。”但是，会后，同样是根据赫鲁晓夫的主张，苏共中央分别向几个大党的代表团的负责人提交了这一秘密报告的副本。这是一个多少有些致命的决定。

[1] 维托里奥·维达利：《苏共二十大日记》，《当代外国政治书摘》第2辑，北京：东方出版社1986年版，第85页。俄国历史学家梅德韦杰夫在《斯大林死亡之谜》一文对当时斯大林最亲信的马林科夫、贝利亚、赫鲁晓夫和布尔加宁有意拖延抢救时间的情况进行了相当具体的考察。（俄）《历史问题》2000年第1期，转见《国际冷战史教学参考资料》第1辑。

赫鲁晓夫的秘密报告让所有共产党人深感震惊。

秘密报告详细地说明了对斯大林的个人崇拜如何导致了对党的集体领导原则的破坏，如何导致了个人专断独裁，直至产生了完全无视民主与法制的骇人听闻的大规模镇压和恐怖行为。报告暗示，列宁格勒州党委第一书记基洛夫 1934 年被暗杀可能与斯大林有关，而斯大林又利用基洛夫事件，通过刑讯逼供,制造了大批假案错案,并大开杀戒。仅 1934 年参加联共（布）党的第十七次代表大会的 1966 名代表中，就有一半以上的人被指控为“反革命”而被捕，或流放或被杀；这一届代表大会选举产生的 139 名中央委员和候补中央委员，就有 70%因为同样的罪名被逮捕并枪决。仅在 1937—1938 年两年时间里，经斯大林亲手批准捕杀的名单就有 383 份，几乎都是党、政、军、团乃至文艺界的重要干部，人数竟达到 4.5 万人。[1]

自从列宁死后，斯大林早已成了国际共产主义运动的旗帜和象征，成了马克思列宁主义的代言人。突然之间，斯大林变成了一个十恶不赦的独裁者和嗜血成性的暴君，这不可避免地会严重打击共产党人的形象，给西方世界提供最有力的攻击社会主义制度的武器。然而，做事一向容易情绪化的赫鲁晓夫丝毫没有考虑到这种严重的后果。他明明知道“我们不能将武器交给敌人，不能在他们面前暴露我们的脓疮”，但却相信“大会代表们会正确理解和评价这一切措施的”。[2]

如果赫鲁晓夫真的只是在苏联党的代表大会上做这个秘密报告，而不让各国党知道，事情也许会是另外一种结果。至少，秘密可能会保持得更长久一些，它对各国共产党，包括对中苏关系的影响也可能小得多。但是，即使如此严重的报告已经被党代会的代表们所知道了，要想封锁住消息只

---

[1] 《尼·赫鲁晓夫的报告》，转见布兰科·拉齐奇著，夏平译：《赫鲁晓夫秘密报告事件始末》，上海：上海人民出版社 1988 年版，第 53—125 页。4.5 万人的数字见罗·亚·麦德维杰夫著，赵洵等译：《让历史来审判》（上），北京：人民出版社 1981 年版，第 471 页。

[2] 德·沃尔科戈诺夫著，苏群译：《胜利与悲剧——斯大林的政治肖像》，北京：新华出版社 1989 年版，第 670 页。

会在苏共党内乃至整个苏联内部引起无端的猜疑和分歧。因此，会议刚刚结束，赫鲁晓夫的报告文本就被下发到各级党组织，传达到全体党团员和普通工人、职员、集体农庄庄员当中去了。很快，各国党也都知道了这个报告的内容。它自然会造成一连串的震动和风波。

还在大会期间，当发现苏共中央有批评斯大林的意图之后，中共代表团就急忙去电北京，询问应付办法。中共中央当时的答复是：会议照常参加。[1]

28 日，赫鲁晓夫特别约见了中共代表团团长朱德等。他在与朱德的会谈中就秘密报告产生的经过及其揭露斯大林错误的必要性等问题，做了进一步的说明。按照赫鲁晓夫的说法，斯大林的错误还远不止报告所揭露的那些。尤其是在对待农民的问题上，斯大林过分依靠镇压和剥夺的方法，对苏联的农业生产以及工农联盟都造成了相当严重的后果。朱德按照代表团商定的意见，没有表示明确的态度。不过，朱德在私下还是对苏联方面讲过：斯大林是国际共产主义运动的领袖，他不仅属于苏联共产党，也属于各国共产党，你们对他进行如此尖锐的批评，却不同其他党商量，这不合适。[2]

在得到赫鲁晓夫秘密报告的副本之后，邓小平很快就带回北京，并译成中文大字本，分别提交给毛泽东及在京的政治局委员和其他有关方面的负责人。中共中央书记处 3 月 17 日即开会讨论秘密报告，交换看法。毛泽东对赫鲁晓夫敢于揭盖子、破除迷信给予了肯定的评价，同时，与会者也担心赫鲁晓夫此举过于草率，如此不全面地谈论斯大林的功过问题，侧重于强调斯大林专制残暴的一面，一旦消息泄漏就很可能会给资产阶级提供攻击共产党人的口实。此即毛泽东后来所说的，当时他对对赫鲁晓夫的秘

[1]　刘晓：《出使苏联八年》，北京：中共党史资料出版社 1986 年版，第 17 页。

[2]　瓦西里 · 西季赫梅诺夫著，彭卓吾译：《毛泽东同斯大林、赫鲁晓夫的关系》，《党的文献》1993 年第 5 期。

密报告，是“一则以喜，一则以惧”。[1]

毛泽东的“喜”是可想而知的。毛泽东始终认为自己是在抵制了斯大林的错误干预的情况下，引导中国革命走向成功的。因此，他对斯大林不仅早就没有多少敬畏之心，而且并不把斯大林看作是真理的化身。如今赫鲁晓夫自己打碎了笼罩在斯大林头顶上的层层光环，暴露出了其丑陋的一面，这自然会让毛泽东在心理上感到某种满足。但是，毛泽东对赫鲁晓夫的做法却颇感担心。就在中共中央书记处召开会议的几乎同一天，即美国时间的 3 月 16 日，《纽约时报》驻东欧国家的记者就发出报道，披露了赫鲁晓夫在苏共“二十大”做反斯大林秘密报告的消息。18 日，毛泽东刚一得到新华社的通报，就紧急召集书记处成员开会，商量对策。19 日和 24 日，中共中央政治局又接连两次召开会议，讨论赫鲁晓夫的秘密报告，并研究应当如何表态等问题。很显然，无论国内还是国际，赫鲁晓夫的秘密报告，都造成了极大的政治冲击，特别是在共产党国家的党员干部和群众当中，造成了极大的思想混乱。[2]对此，毛泽东看得很清楚。他明确认为，必须针对赫鲁晓夫的秘密报告写文章，进行补救。即要从正面讲清楚，苏共“二十大”揭露斯大林所犯错误是共产党人勇于解剖自己、改正错误的表现；而犯错误总是难免的，故不论斯大林

---

[1] 参见吴冷西：《忆毛主席——我亲自经历的若干重大历史事件片断》（以下简略为吴冷西前引书 2），北京：新华出版社 1995 年版，第 2—5 页。吴冷西的回忆录似有很多不准确的地方。仅 3 月 17 日会议一段，就有数处不实。比如，回忆称《纽约时报》3 月 10 日发表了秘密报告的全文，新华社译出后分送中央负责同志，17 日会即是中央领导人在看过新华社印发的这一资料后召开的，朱总司令也出席了会议，邓小平、毛泽东都特别谈到，现在全世界都在议论这个报告，许多兄弟党已表示了态度，因此我们也要表态，等等，均与当时的事实相差较多。据查，《纽约时报》披露赫鲁晓夫在苏共“二十大”秘密报告的消息已是 3 月 16 日了，且只是一个新闻报道，内容简要，且不准确。纽约的 16 日是北京的 17 日，也就是说中央召开会议的时间正是《纽约时报》报道的当天，新华社自然没有可能编译印发此一消息报道供与会者事先研究参考，世界各国当时也不可能马上有舆论跟出，因此自然也就不存在全世界都在议论的问题。说许多兄弟党这时都已表示了态度，更不可能。实际上，各国党纷纷就此公开表态是美国中央情报局 6 月公布赫鲁晓夫秘密报告全文以后的事情了。至于说朱总司令也出席了会议，更是错误，因为这时朱德还在东欧访问，直到 4 月 2 日才回到北京，这一天根本不可能出席会议。并见《毛泽东在成都会议上的讲话》（1958 年 3 月）。

[2] 据新华社《内部参考》这时报道称，社会各界均对赫鲁晓夫的报告内容感到吃惊和迷惑，普遍要求中共中央予以解释和澄清。

犯过多么严重的错误，也不能否认斯大林是个伟大的马克思列宁主义者。[1]因为否认领导了苏联和世界共产主义运动三十多年的斯大林，事实上就等于否认自己。

基于这样一种态度，毛泽东与刚刚从莫斯科参加完苏共“二十大”回到北京的苏联大使尤金有了一番颇能反映其对赫鲁晓夫报告真实看法的谈话。31 日，在与尤金的寒暄几句之后，毛泽东直截了当地表示，他已经看过了邓小平、王稼祥从莫斯科带回来的报告的副本。他说：在批评斯大林的问题上，中国人不好先说话，因此，问题由苏联党自己揭露出来，是件好事。随后，他花了三个小时的时间讲述了他对斯大林由来已久的不满。按照毛泽东的说法，斯大林从 1926 年起，在中国革命的问题上就犯了不少错误，包括 1926 年过高估计国民党；30 年代不考虑中共的意见，对王明偏听偏信，通过共产国际发出大量不正确的指示；1945 年抗战结束时坚持要中共同蒋介石罢战言和；直到中国革命胜利，仍旧怀疑中共要走南斯拉夫道路，认为毛泽东是中国的铁托；毛泽东访问莫斯科，斯大林甚至拒绝与他签订《中苏友好互助同盟条约》，后来勉强同意签约，仍极不光彩地讨价还价，坚持要了两块势力范围和四个合营公司，如此等等。

毛泽东最后将斯大林的主要错误归纳为七条，即：一、目无法纪的肃反；二、战争前夜缺乏必要的警惕；三、对农民的政策给工农联盟带来重大危害；四、非法迁移某些民族；五、否定集体领导原则，过分听信谄媚；六、独断专行；七、对南斯拉夫等国的外交政策有严重问题。

他特别提到了“逼供信”的问题，并显然记起了他在江西时期的“富田事变”和延安整风期间发生的“抢救运动”。“富田事变”和“抢救运动”与斯大林的目无法纪的肃反几乎如出一辙，也是用“逼供信”的办法取得了大量的假口供，前者造成了红二十军从班长、排长直至军一级领导人几

[1] 参见吴冷西前引书（2），第 5—7 页。这里的回忆中似仍有问题，如提到周恩来参加了这两天的会议，根据《周恩来年谱》的记述，周并未参加这两次会议。

乎全部被杀的惨剧；后者同样使大批党的干部被诬为特务内奸，好在因各方面反应强烈，毛泽东及时觉悟干预，半途刹车，幸未酿成严重惨祸。[1]

从这时起至少有两年多的时间，毛泽东在许多场合下都直截了当地批评斯大林，有时还批评得相当尖锐。许多历史旧账和恩恩怨怨都被提了出来，并且归因于斯大林。但是，即使在毛泽东与苏联大使最初的这次谈话当中，他也没有忘记强调："斯大林是伟大的马克思列宁主义者，是优秀忠诚的革命家"，"斯大林不是在所有问题上，而是在个别问题上犯有错误"。因此，当苏联大使随后通知中共中央说，苏联已决定不再挂斯大林的像，游行时只拿列宁和其他活着的苏联党领导人的像时，毛泽东明确表示："不挂斯大林像不行"，因为"我们人民不满意"。他坚决反对跟"风"转。他在内部明确批评说："苏联过去把斯大林捧到一万丈高的人，现在一下子把他贬到地下九千丈"，我们不能跟着转。中共中央经过讨论最后决定，五一国际劳动节游行时，活着的领导人的像一概不挂不举，包括刘少奇、周恩来、朱德以及其他兄弟党领袖的像统统取消，而斯大林的像则不能摘。用毛泽东的话来说，天安门前的那"五个死人——马、恩、列、斯、孙——的像，和一个活人——他叫毛泽东——的像还挂着。挂就挂吧"。[2]

很显然，毛泽东与莫斯科围绕着对斯大林的评价问题，存在着明显的意见分歧。

二、毛泽东认定斯大林是好心犯错误，是认识上的问题

毛泽东与莫斯科之间围绕着斯大林的评价问题，究竟分歧何在呢？严

---

[1] 前引《与毛泽东谈话记录》。关于江西"富田事变"和延安"抢救运运"的教训，毛泽东在随后与外国党代表团的谈话中也不止一次地提到过。《毛泽东与意大利共产党代表团的谈话》(1956年9月22日)。

[2] 毛泽东：《论十大关系》(1956年4月25日)，《建国以来毛泽东文稿》第6册，第102页；《毛泽东与南斯拉夫共产主义者联盟代表团的谈话》(1956年9月29日)。

格说来，赫鲁晓夫即使在秘密报告当中，也并没有全盘否定斯大林。他开篇即明确肯定了“斯大林在准备和实现社会主义革命中，在国内战争中以及在我国社会主义建设的斗争中所起的作用”[1]。在各国共产党就报告未能对斯大林做出总体的科学评价这一点表示出不满之后，苏共中央更是进一步在文章和决议中肯定斯大林“忠于马克思列宁主义”，强调他是一个理论家和大组织家，领导了党反对各种敌人的斗争，“获得了巨大的威信和声望”[2]。

毛泽东与莫斯科之间围绕着斯大林评价问题的分歧，说到底是因为对斯大林错误性质及其程度的看法有异。赫鲁晓夫秘密报告虽然提到了斯大林的几方面问题，但给人印象最深和引起世人震惊的，是他肆无忌惮地滥杀自己的同志。可是，恰恰在这个问题上，强调阶级斗争、暴力革命和无产阶级专政的毛泽东，并不认为是特别严重的问题。

毛泽东估计，斯大林不过杀了一百万人，其中一定还有不少真的反革命。也就是说，斯大林的错误仅仅是个肃反扩大化问题。从阶级斗争、暴力革命和无产阶级专政的角度，不杀掉那些罪大恶极的“东霸天、西霸天”，人民就抬不起头来。至于肃反扩大化，不仅苏联有，就是中共历史上也有过，它是共产党人为了革命的目的，在认识上和政策上出现失误的结果，不能看成是不可饶恕的罪过。[3]

既然斯大林的错误仅仅是个认识问题，那么，无论是对赫鲁晓夫过分强调斯大林的残暴，还是对他把斯大林的错误归因于个人崇拜，毛泽东都不以为然。从 3 月 31 日与苏联大使的谈话当中，毛泽东一句没有提到个人崇拜的问题，就可以看出，他并不同意莫斯科关于斯大林犯错误的主要原

[1] 前引《尼 · 赫鲁晓夫的报告》。

[2] 《苏联共产党中央委员会关于克服个人崇拜及其后果的决议》，载 1956 年 7 月 2 日苏联《真理报》，转见《批判斯大林问题文集》第 1 辑，北京：人民出版社 1957 年版，第 166 页。

[3] 毛泽东：《论十大关系》（1956 年 4 月 25 日），《毛泽东在八届二中全会上的插话》（1956 年 11 月）；毛泽东：《正确处理人民内部矛盾的问题》（未刊稿）（1957 年 2 月 27 日）。

因是由于个人崇拜的观点。[1]几天后，中共中央政治局开会讨论陈伯达根据毛泽东的意见起草的《人民日报》编辑部文章，与会者显然都同意毛泽东的看法，认为："斯大林的错误不能统统归结为个人崇拜，从根本上说还是主观不符合客观，脱离实际和脱离群众，是思想方法问题。"[2]这也正是为什么，虽然中共中央形式上也强调应当反对个人崇拜，但在悬挂领袖画像的问题上，其他活着的领袖画像都被取掉了，毛泽东却欣然同意自己的画像"挂就挂吧！"

根据这一精神起草，经毛泽东亲笔修改，并由中央政治局成员讨论通过的这篇"《人民日报》编辑部文章"，对莫斯科所强调的个人崇拜问题只是从理论上做了某种分析，整篇文章的重点，放在了毛泽东所再三强调的错误"难免论"上，强调共产党所从事的事业前无古人，不可能不犯错误。说斯大林犯错误，主要是因为"骄傲了，不谨慎了，他的思想里产生了主观主义，产生了片面性"，再加上接受和鼓励个人迷信，实行个人专断，这才"对于某些重大问题做出了错误的决定，造成了严重的不良后果"。但无产阶级专政优越于资产阶级专政的地方，就在于，无产阶级能够自己发现错误和改正错误，而资产阶级的错误"是无法克服的"。据此，毛泽东特别加写了一段充分肯定斯大林的话，称"有些人认为斯大林完全错了，这是严重的误解。斯大林是一个伟大的马克思列宁主义者，但是也是一个犯了几个严重错误而不自觉其为错误的马克思列宁主义者"[3]。

断定斯大林犯错误的主要原因第一是难免，第二是认识偏差，毫无疑问是基于斯大林是马克思列宁主义者这个最基本的判断。按照毛泽东的逻辑，只要斯大林是马克思列宁主义者，那么，不论他犯有多大的错误，也

[1] 从记录看，在谈话中，只有尤金最后强调了一下莫斯科的这种意见，毛泽东多半只是出于客套点了点头，但没有讲话。参见前引《与毛泽东同志的谈话记录》。

[2] 中央文献研究室编：《刘少奇年谱》（下），北京：中央文献出版社 1996 年版，第 364 页。

[3] 《论无产阶级专政的历史经验》(1956 年 4 月 5 日)，转见中共北京市委宣传部编：《学习文件汇编》，北京：北京出版社 1963 年版，第 1—17 页；《建国以来毛泽东文稿》第 6 册，第 60—67 页。

终究不过是些错误而已，并且肯定是在不自觉的情况下为了革命的目的所犯的错误。那么，何以判断犯有如此大错的斯大林仍然是一个马克思列宁主义者呢？在毛泽东看来，问题很明显，因为在斯大林领导下的苏联，仍旧是共产党的天下，仍旧坚持的是社会主义而不是资本主义的制度。这才是评价斯大林问题的最大的是非。

不过，无论是叫斯大林的错误，还是叫斯大林的暴行，这里面最让共产党人感到尴尬和困惑的，也正是这个制度问题。共产党通过革命取得政权，运用阶级独裁的方式巩固政权，本来就备受崇尚所谓“民主与自由”的资本主义各国舆论的攻击。赫鲁晓夫等人极力把斯大林的错误同个人崇拜现象联系起来，一个重要的原因也是生怕人们会由此联想到社会主义制度本身上去，生怕人们会提出质问：如果社会主义比资本主义优越，为什么斯大林在世时，你们不仅不能纠正这些残暴行为，而且人人自危，不得不推波助澜？

秘密报告泄露后，苏联党并未能逃脱来自西方世界的强大的舆论压力，甚至就连多数欧洲国家的共产党人，也不能不批评赫鲁晓夫不应仅仅用个人崇拜和斯大林的性格缺点来解释问题。意大利共产党领袖陶里亚蒂发明了一个词，叫作民主的“退化”，得到欧洲各主要资本主义国家共产党的响应。那意思是说，列宁在世时和苏联建国初期，其党和国家还是比较民主的，斯大林独裁之后，苏联的民主明显地“退化”了。[1]

斯大林的问题究竟是个人崇拜造成的呢，还是因为民主“退化”了呢？根据随后一步步披露出来的材料，斯大林问题的严重性要远远超出赫鲁晓夫秘密报告所谈到的内容。用“退化”这个词未必能确切地说明问题的根源。

据查，基洛夫被害，多半就是与联共（布）党内当时还存在着的某种

[1] 《意大利共产党总书记陶里亚蒂答记者问》（1956 年 6 月 17 日），《法国共产党政治局声明》（1956 年 6 月 19 日），《英国共产党政治委员会的声明》（1956 年 6 月 22 日），《美国共产党关于苏联批评斯大林的声明》（1956 年 6 月 25 日），转见《批判斯大林问题文集》第 1 辑，第 16—17、41、49—50、55 页。

民主形式有关。比如，在党的代表大会上当时代表们可以进行不记名投票，而不是举手表决。比如，基洛夫还可以在一些重要问题上不赞成斯大林的意见。但正因为如此，基洛夫不幸在第十七次代表大会上比斯大林多得了数百票。但这样一点民主并不能阻止斯大林擅改投票结果，更不能阻止对基洛夫的刺杀。参加这次投票的大会代表和新选出来的这一届中央委员，乃至各地党政基层领导人之所以随后大部分均被镇压，原因也显而易见。

经过调查，第十七次代表大会选举出来的139名中央委员和候补中央委员中有98人被害，第十七次代表大会的1225名正式代表中1108人被害。报告没有提到的各加盟共和国的党政负责人以及各级代表大会的代表等，被害的比例甚至更高。俄罗斯联邦州党委和执委成员90%被镇压，多数市、地方和区党委均被摧毁。苏联红军及海军中的高级将领也没能逃出厄运。1941年苏德战争爆发前，苏联五个元帅中的三个，四个一级指挥员中的三个，以及所有的集团军军长、几乎所有的师长和旅长、半数的团长、绝大部分政治委员，多达约五万重要的军事政治干部被杀，更多的干部遭到清洗。战争爆发时，只剩下7%的军官受过高等军事教育，75%的军官担任他们的职务不到半年时间。仅1936—1939年，苏联因为政治原因被清洗和杀害的人数有数百万人之多，远远超过毛泽东估计的100万。[1] 何况，这些人也并不是毛泽东所说的那些社会上的罪大恶极、不杀不足以平民愤的“东霸天、西霸天”，他们绝大多数都是斯大林自己的同志和他们无辜的家属！

---

[1] 有关这一数字目前说法不尽一致。西方学者的数字较高，俄国学者的数字略少，沃尔科戈诺夫估计大约有350万至450万人在1937—1938年遭到镇压，其中60万至80万被判处死刑，其他相当多的人死在劳改营或监狱里。麦德维杰夫估计1936—1939年间受迫害的政治犯不少于四五百万人，至少50万被很快枪决，其余被长期关押。1988年苏联报刊透露，到1953年斯大林逝世前，苏联全国共有7400万人遭受迫害，但未提及死亡数字。俄国政府1990年调查公布的数字称，1930—1953年因反革命罪被判刑的人数在378万左右，其中将近79万人当即被处以极刑。1991年进一步调查后又公布说，1920—1953年约有420万人受到镇压，其中200多万人是在1937—1938年被杀害的，光是现在已经查到的被枪决者的大型集体坟场，就有100多个之多。参见姜长斌等编著：《斯大林政治评传》，北京：中共中央党校出版社1998年版，第544—546页。

已知到1953年斯大林逝世前，苏联内务人民委员部仅被囚禁和被流放的人数，也已超过1000万人，这更是远远超过当时中国关管的200多万人。最为令人震惊的是，所有这些屠杀自己同志的命令，大都是斯大林亲自批准的。据已经公开的档案，1938年8月20日一天斯大林就亲手批准枪决了所谓“人民敌人”及其家属735人；当年12月12日斯大林一次亲手批准枪决的军事干部及其家属更是创记录地达到3167人。尤其令人发指的是，他还大量杀害共产国际领导人和东欧国家共产党领导人，波兰、德国、匈牙利、爱沙尼亚、立陶宛、拉脱维亚、意大利、英国、法国、比利时、西班牙、芬兰、荷兰、土耳其等国共产党在苏联的大批干部，几乎都被杀害。相反，那些被本国政府逮捕关押的共产党人却大都活了下来。斯大林还使用各种暗杀手段到海外去除掉自己的政敌，如暗杀托洛茨基及南斯拉夫共产党领导人铁托等。在斯大林指挥下尤为触目惊心的一次集体屠杀外国人的行动，是已经众所周知的卡廷森林事件。在1941年，继解散波兰共产党，杀害了其在苏联及欧洲的几乎所有党的干部以后，斯大林竟然又一次下令枪杀了两万多名被俘的波兰军官和在押的其他波兰人。[1]

采取这样一种几近病态的野蛮屠杀来对付自己的同志，能够被说成是为了保卫无产阶级专政或其他革命的目的，在认识上出现偏差而犯的“不自觉”的“错误”吗？能够简单地用斯大林个人品质不好或什么个人崇拜之类的理由来加以解释吗？甚至，单纯用民主发生“退化”的说法也不能说得清楚。因为，假定苏联党和国家真的曾经有过比资本主义国家略为完善些的民主体制，很难想象斯大林能够如此容易地取得独裁者的地位和对自己人大开杀戒。

---

[1] 见贝拉迪·拉思洛、克劳斯·塔马沙：《斯大林——历史概述》，（苏）《近代史和现代史》1989年第6期，转见马尔科维奇、塔克等著，李宗禹主编：《国外学者论斯大林模式》，北京：中央编译出版社1995年版，第596—630页。有关斯大林杀害苏联党政军团及文艺、科学界重要人物的情况，可详见麦德维杰夫前引书（上）第五——七章；德·沃尔科戈诺夫著，苏群译：《胜利与悲剧——斯大林的政治肖像》，第五、六章。

应该说，毛泽东这时并非真的不了解斯大林问题存在着另一个方面的教训。用毛泽东政治秘书胡乔木当时的说法就是："苏联揭露出的斯大林的统治，其黑暗不下于历史上任何最专制最暴虐的统治。毛主席日思夜想就想走出一条比苏联好的路子来。"[1]

毛泽东当时曾讲过这样的话，说斯大林如此严重地破坏法制，这在英、法、美这些西方国家就不可能发生。美国发展快，其政治制度必有可学习之处。我们反对它，只是反对它的帝国主义。到底是一个党好，还是几个党好？看来还是几个党好。共产党要万岁，民主党派也要万岁。他并且说过：斯大林晚年把封建主义的精神实质带进了共产主义运动中，他所推行的那种政治方法是以在党内进行间谍活动为基础的，不仅造成了一系列无端的怀疑与不信任，迫使同志们干出许多卑鄙的和恐怖的行为，而且使人民的生命受到严重威胁。然而，他显然是赞同苏共中央关于在革命的条件下，必须对民主进行某种程度限制的说法的。他虽然认识到西方国家的民主制度存在着值得借鉴的可能限制斯大林现象生长的某些长处，却相信自己身上不存在斯大林那样的问题，用不着对自己进行监督和限制。过分的自信，使他明显地不相信任何人，更不可能重视那种建立在严密的法律制度之下的社会监督体制。因此，他坚决反对任何企图在政治制度方面向西方学习的想法。[2]

不知道是因为受到太多传统思维模式的束缚，还是为了共产党的利益不得不尽力维护社会主义的声誉，即使是欧洲国家的共产党当时也没有人公开指责苏联的"社会主义"太过专制。当然，多数欧洲国家的共产党，包括少数党内分歧较大的东欧国家执政党，由于斯大林问题的暴露受到强大的舆论压力，不得不增加关于民主与自由的话题，甚至开始公开主张社

---

[1] 参见李慎之：《毛主席是什么时候决定引蛇出洞的？》，见段跃编：《乌昼啼——1957年"鸣放"期间杂文小品文选》，北京：中国电影出版社1998年版，第14页。

[2] 《邓小平文选（1975—1982)》，北京：人民出版社1983年版，第293页；参见西季赫梅诺夫前引文；李慎之：《关于"大民主"和"小民主"的一段公案》，《百年潮》1997年第5期；并见李慎之前引文。

会主义的不同模式。但对于像苏联这样一些牢牢地掌握着统治权的共产党来说，从自身制度和体制的严重缺陷上来考虑问题的必要性，似乎并不被看得特别紧要。甚至就连“退化”这样的字眼儿，莫斯科听起来也极不舒服。

7月初，苏共中央就专门发表声明，坚持说社会主义制度下的苏维埃民主，是当今世界上最充分的民主。不仅今天如此，就是斯大林时代也是如此，否则就不能解释，何以苏联能够在空前短的时间内建立起强大的社会主义工业，实现农业集体化，并且粉碎了世界上最凶恶的德日两大法西斯战争机器。它坚持认为，绝对不能从制度方面去寻找原因。声明强调，苏维埃被迫对民主做过一些限制，这在资本主义世界包围下是不得已的，它并不能成为产生斯大林残暴行为的一个原因。斯大林的问题，还是因为斯大林性格太过粗暴，因为有贝利亚这样的坏人控制着国家安全机关，特别是由于存在着严重的个人崇拜，才使得任何反对他的行为成为不可能。因为，“在这种情况下，对他的任何反对都会为人民所不理解”[1]。

几方面的意见比较起来，欧洲党认为斯大林问题有民主“退化”的背景，苏共中央强调个人品质和个人崇拜，毛泽东则认定是好心犯错误，属于认识问题，共产党阵营内部已是各唱各的调了。

三、毛泽东说：“对波匈，苏军可以撤出，让它们独立自主嘛”

1956年9月下半月，中国共产党召开了第八次代表大会。在这次大会中，除了毛泽东因为对米高扬在致辞中不提中国共产党人的理论贡献不满，负气没有出席米高扬致辞的那次会议，并在饭桌上狠狠地把斯大林和苏联党挖苦了一番以外，中共中央丝毫也没有表现出与苏共中央之间存在着意见分歧。不仅如此，无论是在刘少奇的政治报告当中，还是在邓小平关于修改党章的报告当中，都对苏共“二十大”做了积极的评价，并特别肯定了“二十

[1]　前引《苏联共产党关于克服个人崇拜及其后果的决议》。

大”反对个人神化的“重要功绩”。只不过，邓小平在报告中特别强调说，我们党其实早就反对突出个人和歌功颂德的做法了，并且长期以来就是由集体而不由个人来决定重大的问题的。[1]

据当年为苏中两国领导人做过翻译的一位俄国人回忆，还在斯大林去世后不久，中共领导人就曾明确地讲过：斯大林去世后，国际革命运动的领袖就属毛泽东了。[2] 不论这种说法是否准确，1956年斯大林问题暴露后，中国共产党人心理上确实出现了某种优越感。他们明显地认为，自己在许多方面，比如理论联系实际、党的领导体制、党群关系以及肃反政策的把握等，都做得比苏联好。既然如此，谁还会去对照检查自己的问题呢？毛泽东早就认定,斯大林有许多错误。但在斯大林还处于一种神话地位的时候，无论是对斯大林，还是对苏联，像毛泽东说过的那样，中国共产党人除了公开崇拜以外，完全没有批评的可能。因此，毛泽东对赫鲁晓夫的秘密报告抱有一种十分复杂的心态，他不满意报告打倒一切的调子，却不止一次地高度评价赫鲁晓夫的做法，说赫鲁晓夫勇敢地揭开了盖子，从而解放了思想。在他看来，斯大林问题的揭露至少证明了他久已存在的看法，即苏联的经验并不都那么令人羡慕。赫鲁晓夫对斯大林问题不顾后果并且是明显偏激的做法，更让毛泽东看不起苏联党新一代领导人的政治能力。这也就是为什么，毛泽东在中共“八大”上对米高扬致辞中没有提到中国共产党人的独特经验与理论贡献这件事会生那么大的气。

如果说这时的斯大林问题曾经给毛泽东带来过一些积极的思考的话，那么，大概最值得一提的，就是如何认识社会主要矛盾这个问题了。毛泽东这时明显地赞同苏共对斯大林关于社会主义愈前进阶级斗争就愈尖锐这一错误公式的批评，这在一向强调阶级斗争和暴力革命的毛泽东来说，几乎可以说是一段很特殊的现象。中共“八大”之所以提出中国社会的主要

---

[1] 邓小平：《关于修改党的章程的报告》（1956年9月16日），《建国以来重要文献选编》第9册，北京：中央文献出版社1994年版，第96、136、143页。

[2] 西季赫梅诺夫前引文。

矛盾已经由疾风暴雨式的大规模的阶级斗争逐渐转变为先进的生产关系与落后的生产力之间的矛盾，与此不无关联。毕竟，这一年里，农民实现了集体化，城市工业和手工业的社会主义改造也正在加速完成中，过去意义上的地主和资产阶级即将不复存在了。按照马克思主义的逻辑，再搞大规模的阶级斗争确实也没有必要了。因此，他不止一次地提到，中国的无产阶级专政已经只剩下百分之十的职能了，就是那百分之十也主要是用于对外的。从这一点出发，当年处于同样情况下的斯大林，确实没有必要通过阶级斗争来解放生产力了。毛泽东明确讲，斯大林那时之所以仍旧到处寻找斗争对象，到处捉人杀人，继续进行阶级斗争，根本上是认识没有跟上形势的发展，不相信群众，所以天天恐慌。当国家只有一个党专政的时候，更应该注意听取反面的意见。比如，民主党派不也是天天骂我们吗？只要不登在报纸上，听听也没有什么不好。[1]

然而，满足于中国现实政治的成功与经验，满足于自己的理念与睿智，并不能使毛泽东从斯大林的悲剧中看到自己的问题和真正吸取教训。随着波匈事件的发生，事情变得更加复杂化了。

由于对斯大林暴行的揭露，从 1956 年春天开始，东欧各国党已经不得不开始为那些因为同样原因而被镇压的共产党人恢复名誉。仅波兰政府 4 月 27 日宣布的，必须恢复名誉的共产党人，就有八万人之多。[2] 6 月 28 日，波兰爆发了有名的波兹南事件，事件最初纯粹是由于经济原因而起的。但波兰当时面临的经济危机和人们对政府的普遍不满，使得一家机械工厂工人的抗议活动引发了对政府机关的冲击，而波兰地方军警的镇压又造成了数十人死亡和数百人受伤，结果发生了严重的政治事件。

波兹南事件发生后，波兰党 7 月 18—28 日召开了中央全会，苏共中央

---

[1] 前引《接见意大利共产党代表团的谈话》（1956 年 9 月 22 日），《建国以来毛泽东文稿》第 6 册，第 298 页；《毛泽东与米高扬的谈话记录》（1956 年 9 月 18 日）。

[2] Geoffrey Barraclough and Rachel F. Wall, *Survey of International Affairs, 1955–56*, Oxford University Press, London, 1960, p. 230.

派代表团参加，企图要波兰党公开承认骚乱是一起有敌对势力挑唆的政治事件，但波兰党坚持把事件限制在局部的和经济的范围之内，坚持认为工人对生活状况的不满是主要原因，并且在随后完全违背苏联人的意愿，宣布将恢复因主张独立自主而被开除出党和遭到关押的前第一书记哥穆尔卡的职务，并有意解除从苏联回来担任政治局委员和国防部长要职的罗科索夫斯基元帅的职务。

波兰出现的情况使莫斯科大为惊慌和恼怒，担心波兰可能脱离华沙条约组织，转向西方。赫鲁晓夫因此下令派兵对华沙取包围态势。与此同时，赫鲁晓夫、莫洛托夫、米高扬等飞往华沙，准备强行干预波兰党10月19日准备召开的党的中央全会的选举结果。在19—20日的会谈中，两党领导人发生了激烈的争吵。但在波兰党领导人再三保证没有脱离华沙条约的意图，并愿意努力使罗索科夫斯基留在政治局内之后，赫鲁晓夫也做了让步，同意不干预哥穆尔卡的当选，并将部队撤回基地。

让赫鲁晓夫更加手足无措的是，波兰这边还未平息，匈牙利那边又发生了连锁反应。在波兰为哥穆尔卡恢复党籍之后，匈牙利舆论强烈要求为一年前被解除部长会议主席职务并被开除党籍的纳吉平反。匈牙利共产党迫于舆论压力，于10月14日宣布为这位因为反对强制实行农业集体化和主张政治上更加宽容的纳吉恢复党籍。哥穆尔卡在赫鲁晓夫代表团飞往华沙干预之后仍然当选第一书记，更进一步激起了匈牙利社会舆论的强烈反响，群众开始大量集会游行，要求纳吉上台、自由选举，甚至高呼撤走苏军的口号。匈牙利共产党领导人格罗没有采取安抚的政策，更不打算让纳吉复职，而是发表了态度强硬的演说，与群众形成了严重的对立。[1]10月23日，示威群众企图冲进广播大厦，保安警察被迫开枪，结果引发了一场骚乱。据当天夜里苏联国防部部长朱可夫报告说，匈牙利首都布达佩斯已陷入混乱，

[1] 毛泽东说格罗是从南斯拉夫访问归来到布达佩斯一路骂群众，结果威信扫地，被迫下台。《毛泽东在省市委书记会议上的插话汇集》（1957年1月），《毛泽东思想万岁》（1967年2月），第180页。

警察无力应付，调入国防军一个营试图恢复秩序，反而被群众缴械，匈牙利国防部长明确表示希望苏军干涉。

还在 10 月 21 日，即哥穆尔卡当选波兰党第一书记的当天，中共中央接到了尤金送来的苏共中央来信，通知中共说波兰情况严重，有脱离社会主义阵营的危险，希望中共中央派代表团到莫斯科去紧急磋商。毛泽东当晚召开会议，确定同意派刘少奇率团去莫斯科，并很快约见了尤金，告知了他这一情况。谈话中，毛泽东明显地认为赫鲁晓夫的秘密报告对引发事件起了不好的作用。他特别强调："斯大林是需要批判的，但是，批判的方式，我们有不同意见。还有若干问题，我们是不同意的。"[1]

第二天，毛泽东通过新华社得知赫鲁晓夫率团前往波兰，并派兵包围华沙的情况。当晚毛泽东再度召集紧急会议，研究对策。毛倾向于反对出动苏军去干涉波兰党内部事务。经过讨论，与会者取得了一致的看法。23 日凌晨，毛泽东、刘少奇、周恩来再度会见尤金，通知他说，中共中央认为波兰问题虽然有反革命分子在其中活动，但有广大群众参加，看来不像马上要脱离社会主义阵营倒向西方。波兰党要改组，是波兰党内部事务，不能用强迫的办法阻止其改组。通过适当的让步和平等的合作，是可能使波兰党继续留在社会主义阵营内的。会见后，刘少奇即率团启程飞往莫斯科。[2]

23 日晚，当刘少奇一行到达莫斯科时，才知道苏军事实上并没有进入华沙，赫鲁晓夫到华沙后已发现原来的怀疑有误，因此，波兰危机的信号

---

[1] 《毛泽东与尤金大使的谈话记录》（1956 年 10 月 22 日）。

[2] 吴冷西回忆将毛泽东召集的讨论波兰局势的第一次会议的时间错记为 1956 年 10 月 20 日。与此同时，吴冷西回忆毛泽东在会上说：儿子不听话，老子打棍子，一个社会主义大国对另一个社会主义邻国武装干涉，违反最起码的国际关系准则，更不用说是违反社会主义国家相互关系的原则了，这是严重的大国沙文主义。并说会议一结束，毛泽东紧急召见了苏联大使尤金，当面告诉他：中共中央政治局一致认为，苏联武装干涉波兰是违反无产阶级国际主义原则的。中共中央坚决反对这样做。如果苏方坚持这样做，中共中央和中国政府将予以公开谴责。这个说法也值得怀疑。因刘少奇 1956 年 11 月 10 日在八届二中全会上介绍当时情况的报告中完全没有类似的内容。从刘报告的说法看，当时中共中央的态度是比较客气和缓和的，讲了两方面的可能性。吴冷西前引书（2），第 11—13 页；《周恩来年谱》中卷，第 630—631 页。

已经基本解除。苏方已不反对波兰改组和哥穆尔卡当第一书记。但就在赫鲁晓夫向刘少奇等通报波兰情况时，他接到苏军元帅朱可夫的电话，得知匈牙利首都布达佩斯出现严重骚乱，匈国防部长要求驻匈苏军开进布达佩斯，帮助恢复那里的秩序。刘少奇随后打电话给毛泽东，毛泽东认为情况不明，不宜表态，但内心明显地是不赞同的。

24 日，刘少奇、邓小平等应邀出席了苏共中央主席团会议，参加讨论波匈事件,得知苏军已经开进布达佩斯。刘少奇在发言中根据毛泽东的意见，明确认为波匈事件的重要原因是苏联过去的大国沙文主义和强加于人的政策在两国积怨过深，造成了群众对苏联的普遍不满。因此，他要求苏方从波匈事件中吸取教训，深刻检讨他们处理国家关系以及党的关系时所犯的错误。

在刘少奇一行留在莫斯科期间，格罗被迫下台，刚刚得到平反的卡达尔担任了匈牙利共产党第一书记，纳吉成为政府总理。对此，苏联方面明确地表示了支持的态度。但是，由于匈牙利军队和警察已经分崩离析，苏军只是帮助首都布达佩斯维持秩序性质，所派军队人数过少，匈牙利国内各地的骚乱迅速漫延，形成严重的无政府局面。再加上西方自由电台极力煽动，边境开放，反苏的民族情绪得到充分释放，各党派拒不加入新政府，致使新政府毫无权威性可言，全国形势更趋混乱。

27 日，纳吉政府宣布在苏军的援助下，已经肃清了反革命暴乱。第二天，为迁就国内因苏军干涉而难以平息的激进情绪，纳吉等在与苏共中央代表米高扬等协商后，又公开宣布，不仅苏军将会尽快撤离布达佩斯，并逐步撤出匈牙利，而且曾经参与过镇压行动的国家保安警察部队也将予以解散。

在苏军开始准备撤离布达佩斯的 29 日，赫鲁晓夫等会见了刘少奇，说明波兰、匈牙利等都提出了要苏联撤退在两国国土上的苏军的要求，他们担心整个华沙条约组织将会因此而崩溃，从而便利帝国主义对社会主义阵营的破坏。刘少奇明确表示苏军最好不要退出，有必要保持华沙条约组织的存在。但毛泽东得到消息后却坚持认为，有必要给予东欧各国以政治上、经济上的平等地位。他在当天的电话中说，苏联对东欧国家应该更开放些，驻军也可以撤离，华沙条约也可以和它们商量，满足它们独立自主的要求。根据毛泽东的意见，刘少奇进一步与赫鲁晓夫进行了会谈，但赫鲁晓夫对此表示怀疑。刘少奇因此问赫鲁晓夫：如果苏方不让步，不撤军，人家退出华沙条约怎么办？比如匈牙利，如果退出华沙条约的政府得到群众的拥护，你们怎么办？反复讨论的结果，赫鲁晓夫也深感问题棘手，同意了中共中央的意见。[1]

30 日上午，苏方将米高扬关于匈牙利全国局势发展的进一步的报告送交给中共代表团看。报告称，匈牙利反苏反共的气氛已难以控制，各地都有不少共产党人被杀，苏军撤离，匈牙利必然倒向西方，因此，必须考虑根本方针问题。中共代表团看后颇感吃惊，讨论了一天，也没有能够得出统一的意见。刘少奇晚上通过电话再度请示毛。毛泽东表示：把撤出和进攻的两种办法都向苏联同志提出来，跟他们商量。他的意见是最好让反革命多暴露一些。[2]

当天晚上，根据中共代表团的建议，中苏双方举行了紧急会议。刘少奇、邓小平等开始力主苏军重新回到原来的位置上去，坚决维护共产党政权。赫鲁晓夫则强调说，现在的形势，已经不是单纯把苏军开回布达佩斯所能解决的了。要出兵，就意味着必须要冒对匈牙利实行全国占领的巨大风险。这很可能会引起西方世界的强烈反应，引发国际干预，必须十分慎重。会议未能就此达成一致意见。[3]

31 日，形势发生重要变化。一是纳吉正式宣布匈牙利准备退出华沙条约组织，这意味着匈牙利政府已经决心脱离社会主义阵营；二是传来英法两国为争夺苏伊士运河的控制权向埃及政府提出了最后通牒，正准备出兵埃及的消息，美国大使秘向苏联寻求协商，西方国家利用苏军出兵匈牙利

[1] 参见师哲：《波匈事件与刘少奇访苏》，《百年潮》1997 年第 2 期。

[2] 《刘少奇在八届二中全会上的报告》（1956 年 11 月 10 日）。

[3] 师哲：《波匈事件与刘少奇访苏》。

共同向苏联发难的可能性当不存在。注意到这种情况，赫鲁晓夫的腰杆儿又硬了起来。苏共中央主席团经过一天的讨论，做出了出兵的决定。

第二天，苏军大举出兵匈牙利，很快平息了那里持续了一周之久的全国性骚乱，重新建立了一个以卡达尔为首的亲苏的匈牙利共产党政府。毛泽东和中共中央对此颇感满意，他们不止一次地提到这件事，说这是我们劝说苏联同志的结果。

四、毛泽东引用列宁的话说："与其让你独裁，不如我独裁好"

从毛泽东随后的历次谈话中可以看出，对波匈事件，他印象最深的大概有两点：

第一是认为东欧一些国家反革命杀得太少了，因此稍有风吹草动，敌人才会有那么大的力量兴风作浪。在 11 月中旬举行的八届二中全会上，毛泽东对此有明确说法。他指出：我们杀了七十多万人，东欧就是没有大张旗鼓地杀人。革命嘛！阶级斗争不搞彻底怎么行。"那么多反革命没有搞掉，没有在阶级斗争中训练无产阶级，分清敌我，分清是非，分清唯心论和唯物论。现在呢，自食其果，烧到自己头上来了。"

第二是开始认定赫鲁晓夫在苏共"二十大"揭批斯大林，就是要全盘否定斯大林。在同一次会上，他讲：我们共产党人只有两把对付敌人的"刀子"，"一把是列宁，一把是斯大林。现在，斯大林这把刀子，俄国人丢了。哥穆尔卡、匈牙利的一些人就拿起这把刀子杀苏联，反斯大林主义。欧洲许多国家的共产党也批评苏联，这个领袖就是陶里亚蒂。帝国主义也拿这把刀子杀人，杜勒斯就拿起来耍了一顿"；"列宁这把刀子现在是不是也被苏联一些领导人丢掉一些呢？我看也丢掉相当多了……苏共二十次代表大会赫鲁晓夫的报告说，可以经过议会道路去取得政权，这就是说，各国可以不学十月革命了。这个门一开，列宁主义就基本丢掉了"；"你有多少资本呢？无非一个列宁，一个斯大林。你把斯大林丢了，把列宁也丢得差不多了……这很危险”。[1]

关于中苏之间围绕着斯大林问题所产生的意见分歧，此前还只是政治局一级的领导人了解。波匈事件后，毛泽东以极度不满的口吻在八届二中全会上，向全体中央委员讲了这番话，事实上是把两党之间的分歧在内部公开化了。毛泽东在讲话中甚至使用了“里通外国”的提法，警告“我们的高级干部、中级干部中，还有个别的人（不多）里通外国”，即“背着中央向外国人通情报”。他告诫他们：“这样的事就不要干了”，并且要求“送过情报的讲出来就完了，不讲，就要查，查出来就给适当的处分”。这里讲的“外国”，指的就是苏联。很显然，毛泽东对苏联的看法，正在发生某种复杂而微妙的变化。

波匈事件还明显地使毛泽东对形势的估计不像以往那么乐观了。一个多月前的那种兴奋和满足感消失了。当时他高兴地告诉苏联同志说：“中国的社会主义改造的工作基本上已经完成了。从前我是睡不着觉的。我曾经跟尤金同志说过，一切都还不上轨道，穷得很，人总是不高兴。去年下半年以来，我开始高兴了，工作比较上轨道了，党内问题也比较上轨道了。”他甚至开始考虑“辞掉主席职务，想干个名誉主席”，“准备后事”[2]了。但如今，他又开始忧心忡忡了。他公开表示，过去说无产阶级专政的职能，百分之九十都已经消亡了，看来问题还不那么简单。社会主义国家出了一个贝利亚，大家就吃了一惊；后来又出了一个高岗，又吃了一惊；现在匈牙利出了那么多反革命，这就教育了我们。也就是说，像我们这样的人，也可能还会犯错误，如果斗不赢，就会被别人推下台去，让哥穆尔卡上台，把饶漱石抬出来，这不是没有可能的，大不了重新回到延安去。[3]把哥穆尔卡上台同

[1] 毛泽东：《在中国共产党第八届中央委员会第二次全体会议上的讲话》（1956年11月15日），《毛泽东选集》第5卷，第321—323页。

[2] 《毛泽东与苏共代表团的谈话记录》（1956年9月23日）。

[3] 毛泽东：《在中国共产党第八届中央委员会第二次全体会议上的讲话》（1956年11月15日），《毛泽东选集》第5卷，第318—319页。

出现贝利亚、高岗、饶漱石相提并论，这反映出毛泽东内心深处对党内斗争导致政权易手的问题，已开始予以高度的重视。

这个时候的毛泽东还没有把赫鲁晓夫与哥穆尔卡相提并论，但他对赫鲁晓夫的印象变得极差。他再三说，赫鲁晓夫这些人不仅不讲马克思列宁主义，而且缺乏革命道德。“你从前那么拥护，现在总要讲一点理由，才能转过这个弯来吧！理由一点不讲，忽然转这么一百八十度，好像老子从来就是不拥护斯大林的，其实从前是很拥护的”，这怎么行？[1]

1957 年 1 月周恩来访问苏联、波兰和匈牙利。在莫斯科同赫鲁晓夫谈话时，根据毛泽东关于这次一定要捅穿一些问题的指示，周直截了当地向赫鲁晓夫等提出，在斯大林问题上，苏共领导人应当主动做自我批评，承担必要的责任，不能把问题都归结到斯大林一个人身上去。在 1 月 17 日中国驻苏联大使馆举行的宴会当中，周恩来又当面逼问赫鲁晓夫：你们二十年来同斯大林一起共事，难道对助长斯大林个人专断、思想僵化、狂妄自大等错误的发展没有责任？如果不怕杀头的话，你们至少也可以少做些助长斯大林错误发展，多做些约束斯大林错误的事情嘛！为什么你们丝毫不做自我批评呢？但米高扬当场表示：当时的情况下，除非像对付贝利亚一样，把斯大林捉起来，否则别无办法。而赫鲁晓夫、布尔加宁则异口同声地说：斯大林独断专行，根本没有可能进言。如果密议捉斯大林，那么被捉的将不是斯大林，一定是我们自己。在还没有庐山会议以及“文革”那样惨痛经历的情况下，周恩来对赫鲁晓夫等人的解释显得很难理解。[2]

可以想象的是，毛泽东这时虽然谈到过“准备后事”的问题，但他显然认为他距离自己的“后事”还远。因此，他这时最关心的，其实还是中

[1] 毛泽东：《在中国共产党第八届中央委员会第二次全体会议上的讲话》（1956 年 11 月 15 日），《毛泽东选集》第 5 卷，第 334 页。

[2] 《毛泽东选集》第 5 卷，第 344 页；《周恩来给中共中央和毛泽东的电报》（1956 年 1 月 24 日）。无独有偶的是，周恩来向苏共领导人提出的这些问题，几年后很快就同样地反映到中共领导人与毛泽东的关系上来了。只要不存在有效的监督机制，没有人能够在领袖个人独断专行的情况下约束其错误发展。

国不要出哥穆尔卡这样的人物。好在他对中共中央的领导人基本上还是信任的，他虽然提到党内有少数动摇分子，形容他们像刮台风前的蚂蚁一样，鼻子灵得很，苏共“二十大”的台风一刮，他们就动摇了。但他这时提到的这种动摇分子，级别最高也就是“几位司局长一级的知识分子干部”，说是他们受了波匈事件的鼓舞，“主张要大民主”，“就是采用西方资产阶级的国会制度、学西方的‘议会民主’、‘新闻自由’、‘言论自由’那一套”。毛泽东形容他们是“墙上一蔸草，风吹两边倒。摇过来不是本心，摇过去才是本心”。最厉害的话是下面这么几句，即“党内党外那些捧波匈事件的人捧得好呀！开口波兹南，闭口匈牙利。这一下就露出头来了，蚂蚁出洞了，乌龟王八都出来了。他们随着哥穆尔卡的棍子转，哥穆尔卡说大民主，他们也说大民主”。[1]

相信阶级斗争出现新动向，这是随着波匈事件的发生，特别是国内个别地区出现少数人闹事后毛泽东产生的新的联想。用他的话来说：“匈牙利事件的一个好处，就是把我们中国的这些蚂蚁引出了洞。”举的例子是石家庄一个学校有部分学生闹事，说是“少数反革命分子乘机进行煽动，组织示威游行，说是要夺取石家庄广播电台，宣布来一个‘匈牙利’”。“北京清华大学，有个学生公开提出：‘总有一天老子要杀几千几万人就是了！’”[2]

根据历次运动的经验，这几个极端例子的具体事实如何，颇值得怀疑。毛泽东随后举过一个“典型的反革命”的例子，说的是一个支部书记公开贴出小字报，反对苏联出兵匈牙利。反对出兵干预一个国家的内部事务就算“反革命”，这即使在当时也显得有些牵强。包括毛泽东所举的那“几位司局长一级的知识分子干部”，其实不过是新华社国际部的一两位干部，所主张也不过是在毛泽东派人征求他们看法时，私下提出来的一些希望党和国家吸取斯大林问题的教训，从制度上加强制约机制，政治上更加民主化

---

[1] 《毛泽东在省市委书记会议上的讲话》（1957 年 1 月 18 日），《毛泽东选集》第 5 卷，北京：人民出版社 1977 年版，第 334 页。

[2] 同上，《毛泽东选集》第 5 卷，第 332—333、338 页。

的建议，本意并非就是要搞西方那一套。对此毛泽东也未必不清楚。[1] 但抓住几个极端的例子，联系阶级成分或出身，进而把问题上纲上线，借机阐发自己的观点，这是毛泽东讲话的一向风格。而他这时想要强调的，就是阶级斗争必然要反映到党内来的观点。讲学生闹事，他说根子在高等院校的学生大多数是地主、富农、资产阶级以及富裕中农的子弟，背后又有那些“老于世故”的地主、富农、资产阶级、民主党派；讲动摇分子，他说背景是因为他们出身地主、富农、资本家家庭；讲到我们相当一部分部长、副部长、司局长和省一级的干部，之所以在农业合作化以及统购统销等问题上表现右倾保守，他还是着眼于阶级出身和阶级成分，认定问题还是出在这些干部出身于地主、富农和富裕中农家庭，那些心怀不满的家里人讲了一些坏话，如此，等等。[2] 结果，所有的意见，不论提出的方式正当不正当，也不论善意恶意，只要在毛泽东看来有问题，就不可避免地被归结为社会上阶级斗争的反映了。

当然，毛泽东这个时候的想法还是矛盾的。社会主义生产资料所有制的改造基本完成，中共“八大”刚刚通过决议肯定阶级斗争不是越来越尖锐，不能看作主要矛盾，他一时还难以从理论上根本改变这一定论。因此，他这时虽然一再强调革命、斗争一万年以后还会有，理智上还没有把一切社会矛盾和党内分歧都看成是阶级斗争的反映。一方面肯定“还有资产阶级，还有地主、富农，还有恶霸和反革命。他们是被剥夺的阶级，现在我们压迫他们，他们心怀仇恨，很多人一有机会就要发作”；一方面又提出要分清两类不同性质的矛盾，比如不同意把所有工人罢工、学生示威都看成是反对共产党，并且明确批评“斯大林在很长时期内把这两类矛盾混淆起来了”，

---

[1] 李慎之前引文。并见毛泽东：《正确处理人民内部矛盾的问题》（未刊稿）（1957 年 2 月 27 日）。当时毛泽东曾提到，我们一些同志和党外朋友主张搞大民主，但他们不清楚，群众性的民主运动都是对付敌对阶级的。

[2] 毛泽东：《在省市自治区党委书记会议上的讲话》（1957 年 1 月 18 日），《毛泽东选集》第 5 卷，第 331—332、333—335、336—337 页。

谁批评政府，批评共产党，就怀疑谁是敌人，就有坐班房甚至杀头的危险。他不是没有注意到波匈事件中有群众严重不满党和政府官僚主义的情绪，因而仍旧主张要允许批评，强调要加紧反对官僚主义，提出党要公开整风。[1] 不过，毛泽东对于批评的界限是很清楚的，那就是，你只能长花，不能长草，“你长草，我就锄”。而这个花和草的界限就在于，凡是在毛泽东看来有利于无产阶级专政的，就是花；凡是在毛泽东看来不利于无产阶级专政的，就是草。[2] 在这里，人治的色彩异常鲜明。因为这个“有利于”与“不利于”，全凭各级领导根据当时的政治气候来判断，完全没有可操作的具体的法律依据。

正因为如此，当毛泽东于 1957 年发动整风运动，意外地发现有太多的“蚂蚁出洞”时，他立刻想起了匈牙利事件，“蚂蚁”在毛泽东的眼里变成了“吃人的鲨鱼”。整风运动迅速转变成反右运动，阶级斗争的法宝又祭起来了。五十多万知识分子被打成了“右派”。

也正因为如此，毛泽东强烈地感觉到笼统地反对个人崇拜有害无益，说正确的权威的作用是无可替代的。否则，偌大一个党，偌大一个国家，包括整个共产主义运动，由谁来判断是非对错？他开始大谈要有正确的个人崇拜，说对马克思、恩格斯、列宁、斯大林正确的东西，我们必须崇拜，永远崇拜，不崇拜不得了。真理在他们手里，为什么不崇拜呢？赫鲁晓夫一棍子打死斯大林，中国党有些人也屈服于这种压力，要打倒个人崇拜。他们不知道，有些人打倒斯大林是有个人目的的，就是为了想让别人崇拜自己。我看还是列宁说得好。有人说列宁独裁，列宁回答得很干脆：与其

---

[1] 《毛泽东在省市委书记会议上的讲话》（1956 年 1 月 27 日），《毛泽东选集》第 5 卷，第 351 页；毛泽东：《正确处理人民内部矛盾的问题》。

[2] 毛泽东：《在省市自治区党委书记会议上的讲话》（1957 年 1 月 18 日），《毛泽东选集》第 5 卷，第 339 页。

让你独裁，不如我独裁好。[1]

其实，毛泽东多少有点过虑了。斯大林问题的暴露，何尝曾经丝毫触动过他在党内一言九鼎的绝对权威地位呢？麻烦的只是国际共产主义运动，在斯大林死后，是否还需要另一个斯大林呢？

[1] 其实，还在1956年12月经过政治局讨论通过的《再论无产阶级专政的历史经验》一文，就已经抹去了正面批评个人崇拜的内容。前引《学习文件汇编》第1辑，第27—37页；《毛泽东在成都会议上的讲话》（1958年3月2日），《毛泽东思想万岁》，第242页。

第十五章

“东风压倒西风”？

毛泽东是第一位住进克里姆林宫的贵宾，赫鲁晓夫迎来送往，殷勤备至，唯恐招待不周；毛泽东强调中国在经济上还只是个小国，政治上要想为首很困难；赫鲁晓夫请毛泽东看“国粹”芭蕾舞，毛泽东看过一幕就拉着赫鲁晓夫回去谈“东风压倒西风”;毛泽东不拿讲稿的讲演，惹得米高扬公然站在主席台上以示不满……

毛泽东一生只出过两次国，并且两次去的都是苏联，都是莫斯科。第一次去，他倍感压抑，心情很不舒服。但这第二次去莫斯科，情况则截然相反。他不仅受到了最高的礼遇，而且心情愉快，意气风发，俨然成为世界舆论，至少是世界共产主义运动关注的中心。

毛泽东第二次赴莫，是在1957年11月。此行主要是去参加世界各国共产党和工人党代表会议。当时到达莫斯科参加这个会议的党多达64个，其中12个是社会主义国家党和政府的最高领导人，并且有一些声望甚高的老的共产主义运动的领导人。但是，赫鲁晓夫对毛泽东的礼遇明显是最高的。所有党的领导人都住在莫斯科的其他旅馆里面，只有毛泽东被安排到克里姆林宫叶卡林娜女皇的皇宫寝室里；所有的领导人讲话都要事先把印好的文稿交到大会主席团去，只有毛泽东破例可以不用讲稿，即席发言；所有的发言者都要站到主席台前的讲台上去讲话，唯独毛泽东可以坐在自己的座位上讲话……

一、毛泽东告诉周恩来：这些人利令智昏，最好是臭骂一顿

1957年的赫鲁晓夫，正在走向其权力的巅峰，但地位还不是很稳固，至少他在内心里还不是很踏实。用他自己后来的话来说，当时他还只能用一条腿站着，随时都还有可能被人推倒。

与从1930年代就开始在斯大林身边工作的其他领导人相比，赫鲁晓夫是在1949年12月被推举为联共（布）莫斯科委员会第一书记和中央委员会书记时，才进入斯大林的“最亲近的圈子”的。因此，在斯大林逝世时，他虽然已经是党的最高权力部门中央委员会主席团的成员之一，但他在党的领导人中排名还比较靠后。在1953年3月5日斯大林去世当天召开的苏共中央全会、苏联部长会议和苏联最高苏维埃主席团联席会议上，权力中心已经从中央委员会主席团转向部长会议。马林科夫接替斯大林成为部长会议主席，贝利亚被推举为部长会议第一副主席兼内务部（国家安全部并

于其中）部长，卡冈诺维奇亦为部长会议副主席，老资格的伏罗希洛夫成为最高苏维埃主席团主席，斯大林过去的最得力的助手莫洛托夫再度出任外交部部长，只有赫鲁晓夫没有在政府中得到职务，只是被任命为斯大林治丧委员会主席，并被建议集中精力从事苏共中央书记处的宣传、组织方面的工作。没有人相信赫鲁晓夫能够觊觎最高权力。[1]

不过，赫鲁晓夫这时的地位，很有点像当年列宁逝世时斯大林所处的情形。斯大林当年的主要权力也是在党内（总书记），他正是靠党的系统扳倒了原来排名在他之前的三大政敌托洛茨基、季诺维也夫、加米涅夫，以及排名在他之后但仍具威胁的另外三名政治局委员布哈林、李可夫和托姆斯基。不管赫鲁晓夫是不是仔细研究过斯大林当年扳倒托洛茨基、季诺维也夫等人的经验，显而易见的是，正是因为他看起来不会对其他争夺权力者构成威胁的这种情况，再加上他负责中央书记处的工作，最终成功地帮助他取得了党的领袖地位。

用苏联学者的说法，赫鲁晓夫走上最高权力地位经历了四个阶段，即"一、贝利亚、马林科夫、赫鲁晓夫的三雄政治时期；二、形式上的马林科夫领导时期 (1953 年 6 月至 1955 年 1 月)；三、赫鲁晓夫争夺个人政权的斗争时期 (1955 年 2 月至 1957 年 6 月)；四、赫鲁晓夫个人领导时期和'年轻的'反对派组织形成时期 (1957 年 6 月至 1964 年 10 月)"[2]。换言之，赫鲁晓夫最初是靠协助马林科夫，于 1953 年 6 月搞掉了党内最具实权的内务部头子贝利亚，因而被马林科夫视为盟友，把他推上了苏共中央第一书记的职位。而后，他利用中央委员会的力量，以马林科夫领导不力、政策错误等理由，发动中央全会在将近两年后的 1955 年 2 月通过决议，解除了马林科夫的部长会议主席和中央委员会主席团会议主席的职务。紧接着，赫鲁晓夫又进

[1] Б.А. 斯塔尔科夫，刘力译：《"卢比扬卡元帅"的一百天》，(俄)《史料》1993 年第 4 期，转见《国际冷战史教学参考资料》第 1 辑。

[2] Е.Ю. 祖布科娃，沈志华摘译：《马林科夫与赫鲁晓夫：斯大林之后领导人政策中的个人因素》，转见同上。

一步发动舆论，以莫洛托夫在南斯拉夫问题上立场僵化为由，解除了莫洛托夫的外交部部长职务。由此，斯大林去世不过三年时间，赫鲁晓夫就在1956年苏共“二十大”上登上了苏共党的“一把手”地位。

但是，赫鲁晓夫的地位这时并不稳固，老资格的马林科夫、莫洛托夫、布尔加宁、卡冈诺维奇以及伏罗希洛夫等人毕竟还都在党的主席团当中。赫鲁晓夫坚持要在苏共“二十大”上做揭露斯大林错误的秘密报告，很明显是冒了风险的。很显然，几乎所有老资格的领导人在被谴责的斯大林的罪行中，都直接或间接地负有责任。但不如此，赫鲁晓夫就无法动摇斯大林留下来的这一套政治遗产，也不大可能真正树立起自己的权威地位。

赫鲁晓夫成功了。当波斯佩洛夫代表调查委员会声音颤抖地向中央委员会主席团汇报了调查出来的骇人听闻的结果之后，几乎所有中央领导成员都惊呆了。没有人敢于公开地反对向党的代表大会就此做出交代。赫鲁晓夫因此成为一个新时代的开拓者和代表。

但是，赫鲁晓夫同时又陷入到严重的困境之中。因为多数苏共党的领导人对赫鲁晓夫的做法和意图心怀不满，而且赫鲁晓夫完全没有考虑到他关于斯大林错误问题的秘密报告可能在国内引起怎样的思想混乱和政治动荡，他更没有想到他对斯大林的这种揭露会在国际上，特别是对共产党国家的政权以及整个共产主义运动带来多么严重的政治后果。可以想象的是，赫鲁晓夫只是在慷慨激昂地发表了他的秘密报告，并且迫不及待地把它传达到全党并分发给各国党的领导人之后，才逐渐发现这个问题的严重性的。

赫鲁晓夫在苏共“二十大”发表秘密报告不过四十天，苏共中央就不得不通过一份决议文件，谴责少数党员和党组织没有正确理解苏共“二十大”的决议。紧接着，它更进一步发出一系列的决议，严厉要求党员对秘密报告的讨论，必须限定在正确肯定党和社会主义制度优越性的范围之内。而与此同时，面对由于秘密报告内容的泄露而在共产主义运动中所引起的思想混乱，欧洲许多国家共产党纷纷与苏联划清界限，波兰、匈牙利接连发生严重反共反苏事件……苏联的国际形象和苏共在国际共产主义运动中的领导地位，都极大地发生了动摇。这些情况不可避免地会彻底抵消赫鲁晓夫在党内权力地位上所取得的成功。

要稳固自己刚刚取得的政治地位，赫鲁晓夫必须要争取国际共产主义运动中第二大党——中国党的同情与支持。

赫鲁晓夫在争取中国党的同情与友谊方面是很下了些功夫的。最明显的例子是1954年赫鲁晓夫刚上台不久到北京来参加中华人民共和国庆祝建国五周年的纪念活动，那也是赫鲁晓夫第一次到中国来。为了表明他与斯大林不同，他不仅准备签署正式移交旅顺港和中长铁路的协议，而且决心要把斯大林在世时签署的但大部分尚未开始付诸实施的经济建设援助协定扩大并具体落实下去。这包括向中国政府提供5.2亿卢布长期贷款，帮助中国再增建15个工业企业并为前已签署的协定中规定的141项企业扩大提供设备的范围，追加提供总价值为4亿多卢布的设备等。当年担任苏联经贸部副部长的科瓦利详细地回忆了赫鲁晓夫当时在苏共中央内部所遇到的阻力。负责谈判的部长会议副主席米高扬和科瓦利都不同意赫鲁晓夫的做法，讨论中米高扬“缄口不语”，科瓦利则“一次又一次地提请第一书记注意本国重型机器制造业潜力的局限性”，苏共中央主席团成员伏罗希洛夫公开声称：“当可怕的法西斯战争过后四处弹痕累累的时候，我国人民还不能胜任在中国的这样一番大事业。”但赫鲁晓夫“几乎重新审理了每个工程项目，并批驳了所有在实施中可能出现的问题或对本国经济造成不良后果的种种论据”。他坚持认为，如果不同意提供这样大规模的援助计划，“我们就将错过同中国建立和巩固友谊的历史时期”[1]。赫鲁晓夫达到了自己的目的，而这也成为他争取毛泽东同情和支持的一个重要的资本。

当然，赫鲁晓夫也很清楚，要取得毛泽东的支持，他也还是必须在斯大林评价的问题上与毛泽东保持大致相同的观点。在这方面，苏联大使汇

[1] 康·伊·科瓦利:《1953年斯大林与周恩来的莫斯科会谈，1954年赫鲁晓夫与毛泽东的北京会谈》，(苏)《远东问题》1989年第3期。

报的毛泽东关于不满斯大林的种种谈话，显然让赫鲁晓夫早有相当的把握。因此，已经发现自己捅了马蜂窝的赫鲁晓夫对中共中央政治局里4月5日发表的《关于无产阶级专政的历史经验》一文不仅丝毫没有反感，而且深感兴趣，批示苏共中央机关报摘要转载。进而，针对国内外因斯大林问题所引发的反共反社会主义的政治浪潮，他也在6月间主持通过了一个用于修正秘密报告基调的《关于克服个人崇拜及其后果的决议》。这个决议在坚持“二十大”秘密报告基本精神的基础上，像中国党一样，也突出肯定了斯大林的功绩，说斯大林“忠于马克思列宁主义”，正确地领导了反对各种敌对势力的斗争，“获得了巨大的威信和声望”，如此等等。到这一年的12月31日，在克里姆林宫的新年宴会上，赫鲁晓夫更是在众目睽睽之下，特意走下主席台，与中国大使刘晓热烈拥抱，并专门把刘请到台上，坐到他和莫洛托夫之间，以示对中国党特别的尊敬。不仅如此，他又开始热情洋溢地大谈斯大林如何如何伟大，声称“其实斯大林主义就是马克思列宁主义”。甚至表示：“敌人说我们是斯大林主义者，是的，我们是斯大林主义者，我们因此而感到骄傲。”[1]

在1956年秋冬之际，赫鲁晓夫需要毛泽东还有一个更直接的目的，那就是在波匈事件发生之后，希望中共中央能够派高级领导人去访问刚刚平定下来的波兰与匈牙利，并顺访苏联。因为对自己作为共产主义运动领导中心的身份缺乏信心，因此赫鲁晓夫这时相信必须利用中国人的支持来提升自己的地位，同时促使波匈两国领导人接受既成事实，不致与苏联离心离德。

毛泽东未必不清楚赫鲁晓夫的想法。但是，出面调解苏联与波匈两国党之间的矛盾，这不仅有助于巩固波匈两国的共产党政权，有助于加强共产党国家之间的团结，而且对进一步提升中国党在国际共产主义运动中的

---

[1] 《刘晓给中共中央的报告》（1957年1月1日），丛进：《曲折发展的岁月》，郑州：河南人民出版社1989年版，第328—329页。

地位有益。因此，毛泽东支持派党的高级领导人出访东欧。周恩来因此担负起了这次出访的使命。当他在1957年1月代表中共中央应邀到达苏联之后，赫鲁晓夫在中国大使馆举行的宴会上，再度说了许多热情洋溢的赞扬斯大林的话，包括说什么"'斯大林主义者'和斯大林本人是同伟大的共产党员的称号不可分割的"；肯定"当斯大林犯错误、破坏法制时，他依然深信自己这样做是为了保卫革命成果和社会主义"的。换言之，赫鲁晓夫这时事实上也在把斯大林的罪行归结为是好心犯错误。[1]

在一棍子把斯大林打死之后，又转过来顺着中共中央的口径称颂斯大林，甚至把自己也说成是"斯大林主义者"，这大概难以改变毛泽东对他的不满。一个明显的迹象是，周恩来去苏联时，毛泽东给了他一个明确的任务，就是让他对苏军当初准备武装干涉波兰的内部事务以及草率揭批斯大林等问题当面向赫鲁晓夫和苏共中央领导人提出批评，并要求后者公开承认错误，承担责任。赫鲁晓夫后来回忆说，周恩来当时是到莫斯科来给他们"上大课"来的。这让当惯了老大，一向唯我独尊的苏共领导人感到非常不舒服。不过有求于毛泽东的赫鲁晓夫，当时硬是忍下了这口气。据说当周恩来在苏共中央政治局会议上做这番评论时，一位苏共中央政治局委员实在听不下去，站起来想要走开以示不满，赫鲁晓夫当即狠狠地瞪了她一眼，硬是迫使她重新坐回到座位上来了。对于周恩来的批评，赫鲁晓夫也只是做了一些委婉的辩解，丝毫没有表现出后来那种一触即跳的坏脾气。

赫鲁晓夫当时明确承认，秘密报告太过情绪化了，考虑不周，特别是没想到会泄露，捅了娄子。对于赫鲁晓夫的做法，国内中共中央讨论时已经得出了明确的看法，周恩来对赫鲁晓夫只用考虑不周几个字来解释，当然不会满意。他在随后给毛泽东的报告中认为：赫鲁晓夫等人实际上并没有虚心接受批评，他们的表态"只是为了一时的需要"，是出于功利主义的目的。据

[1] 前引《苏联共产党中央委员会关于克服个人崇拜及其后果的决议》(1956年6月30日)；转见刘晓：《出使苏联八年》，第21页。

毛泽东后来说，他当时就知道双方在一些问题上未必谈得拢，因此在电话里跟周恩来说："这些人利令智昏，对他们的办法，最好是臭骂一顿。"[1]

毛泽东是否真的会让周恩来把赫鲁晓夫等"臭骂一顿"，令人怀疑，至少另一种版本的回忆是，毛泽东听到周恩来在电话中简单讲述了有关情况后只是说："把我们的想法讲给他们，听不进去就算了，不要再谈了。"[2]

不论以何种版本的回忆为准，周恩来结束访苏，向中共中央提交简要报告之后，毛泽东就在省市自治区党委书记会议上发表了讲话。通过毛泽东的这次讲话，可以清楚地看出，他对赫鲁晓夫的看法不仅丝毫没有好转，反而更加差了。

他声称："在形势的压迫下，苏联那些顽固分子还要搞大国沙文主义那一套，行不通了。"这些人利令智昏，"无非是五千万吨钢，四亿吨煤，八千万吨石油。这算什么？这叫不算数。看见这么一点东西，就居然胀满了一脑壳，这叫什么共产党员、什么马克思主义者！我说再加十倍，加一百倍，也不算数。你无非是在地球上挖了那么一点东西，变成钢材，做成汽车飞机之类，这有什么了不起！可是你把它当作那么大的包袱背在背上，什么革命原则都不顾了，这还不叫利令智昏？！官做大了也可以利令智昏。当了第一书记，也是一种利，也容易使头脑发昏。昏得厉害的时候，就得用一种什么办法去臭骂他一顿"。[3]

二、赫鲁晓夫左右开弓巩固权力，毛泽东力排众议，表示支持

1957年4月底5月初，苏联最高苏维埃主席团主席伏罗希洛夫应邀访

[1] 毛泽东：《在省市自治区党委书记会议上的讲话》（1957年1月18日），《毛泽东选集》第5卷，第344页；并见《周恩来年谱》中卷，第13、15页。

[2] 李越然前引书，第114页。

[3] 毛泽东：《在省市自治区党委书记会议上的讲话》（1957年1月18日），《毛泽东选集》第5卷，第344—345页。

华参加“五一”庆祝活动。伏罗希洛夫算得上是与斯大林同代的领导人了。尽管伏罗希洛夫访华在赫鲁晓夫等人看来，纯粹只是一种礼节上的表示，其代表团成员中甚至没有一位高级领导人作陪，毛泽东还是有意将招待的规格提到最高，远远超出了1954年接待赫鲁晓夫的水平。在国与国之间的交往中，这种礼仪上的差别通常都具有一种特别的含意。而格外突出对当年与斯大林并肩战斗过的苏联老战士的尊敬，事实上就隐含着中国方面对赫鲁晓夫在苏共“二十大”上的做法的不满。

对于伏罗希洛夫接待规格之高，在新中国的外交史上也可以算是空前绝后了。毛泽东不仅亲往机场迎接，举行盛大的欢迎仪式和宴会，而且中共中央的主要领导人几乎是全体出动作陪。在北京是毛泽东陪同，去沈阳是朱总司令陪同，到上海是刘少奇陪同，到杭州是周恩来陪同。不仅如此，伏罗希洛夫所到之处，中国方面还特意组织群众夹道欢迎，载歌载舞，形成了万人空巷的空前盛况。

没有人知道毛泽东对伏罗希洛夫的这种接待是否鼓舞了苏联党内那些斯大林的战友们。总之，伏罗希洛夫回国不久，苏共中央就爆发了一场旨在推倒赫鲁晓夫的党内斗争。事情的直接起因是由于赫鲁晓夫下令逮捕了马林科夫的主要助手并拿走了马林科夫做中央书记时保存的档案，扬言要处理那些当年“对滥杀无辜负有罪责的人”。马林科夫、莫洛托夫、卡冈诺维奇、布尔加宁，别尔乌辛、萨布罗夫以及伏罗希洛夫等人，忍无可忍，决定先发制人。他们以突然袭击的方式，于6月18日召集苏共中央主席团会议，利用主席团11人中7人反对赫鲁晓夫的多数优势，推举党内第二号人物布尔加宁主持会议，发起了对赫鲁晓夫工作作风和过左的经济政策的激烈批评，通过决议解除了其第一书记的职务。由于国防部部长朱可夫与克格勃主席谢罗夫等人带头反击，并紧急调派飞机等交通工具，以最快速度把各地中央委员、中央候补委员和中央检察委员会的委员接到莫斯科来，迫使主席团同意召开中央全会，将针对赫鲁晓夫的这场斗争，变成了反对马林科夫、莫洛托夫、卡冈诺维奇等人“反党集团”的揭发批判。全会从6

月22日一直开到29日，最终通过了《关于马林科夫、卡冈诺维奇和莫洛托夫“反党”集团的决议》，除布尔加宁、伏罗希洛夫被暂时区别对待以外，马林科夫等统统遭到贬斥。[1]

这一场近似政变与反政变的斗争，发生在1957年6月18—29日前后不过十来天的时间里。一下子搞掉这么多位主席团成员，包括曾深受斯大林重用的马林科夫、莫洛托夫这些资深领导人，赫鲁晓夫不能不再度想办法争取毛泽东的同情与支持。

苏共中央6月全会刚一通过宣布马林科夫等人反党集团的决议，赫鲁晓夫就立即要尤金大使向中共中央通报了情况。由于这时毛泽东不在北京，尤金大使通报时，是由刘少奇、王稼祥、彭德怀等听取的。乍一听到这个消息，本来就对赫鲁晓夫有所不满的刘少奇等人，当场就表示了诧异与不解。他们明确地讲，莫洛托夫等人是老革命家了，怎么可能搞反党集团？何况，像王明这样的人我们都还留他当中央委员呢，都什么时候了，你们还搞这一套？刘少奇等人这时的态度很激烈。[2]

得知中共中央的不满之后，赫鲁晓夫迫不及待地急忙派米高扬赶往中国，直奔毛泽东当时所在的杭州，要求接见。7月5日晚上，毛泽东接见了米高扬，听米高扬滔滔不绝地介绍这次党内斗争的来龙去脉，一直到第二天凌晨。

还在同米高扬会晤之前，毛泽东已经同刘少奇等人交换了意见。他对这件事的看法，显得更为理智一些。在他看来，莫洛托夫和赫鲁晓夫比，都是半斤八两，差不多，但总起来说，莫洛托夫更顽固些，喜欢搞紧张局势，还不如赫鲁晓夫。而更为关键的是，毛泽东显然很反感莫洛托夫他们这种突然袭击的罢免第一书记的“政变”形式。他在接见米高扬时，已经说服了中共中央的其他领导人。他告诉米高扬说：这件事在我们党内是有些震

[1] 赵永穆等译：《苏联共产党最后一个“反党”集团》，北京：中国社会出版社1997年版，第14—22页。

[2] 阎明复在1997年10月24日北京冷战与苏关系国际学术研讨会上的发言。转见《当代中国史研究》1998年第2期。

动的，人们不了解内情，不相信他们是反党集团，但我们已经采取了措施。昨晚刘少奇同志已经召开了政治局会议，决定支持你们的决议，并且用电话通知了各省省委。当时的通报主要是讲：马林科夫等人尽管在某些问题上的看法可能有对的地方，但是他们的政治主张及推翻苏共中央主席团最高领导人的做法，总的来说是错误的。[1]

搞掉马林科夫、莫洛托夫等人，并且把布尔加宁、伏罗希洛夫这些老人置于被警告的地位，赫鲁晓夫在苏联党内的最高领导人地位已经得到了极大的巩固。然而，赫鲁晓夫并不认为自己就双脚落地了。他清楚地看出，将军们的作用太大了，他必须取得对军队的实际控制权，否则仍旧不可能高枕无忧。

由于第二次世界大战的关系，苏联红军形成了军事首长负责制，党对军队的领导相对薄弱。而国防部长朱可夫元帅凭借赫赫战功以及在军队和群众中的相当威望，对赫鲁晓夫并不十分顺从。特别是当赫鲁晓夫力图改变军队领导体制时，朱可夫很不以为然。马林科夫、莫洛托夫“反党”集团案的发生，更使赫鲁晓夫对朱可夫的政治能量高度警觉。当苏共中央主席团开始全面批评赫鲁晓夫时，身穿元帅服的朱可夫只站出来讲了几句，那些批评者立刻就像矮了一截。朱可夫轻而易举地调集飞机运送各地中央委员以及随后伊格纳科夫、科涅夫元帅等勇闯主席团会场，吓得布尔加宁等人脸色灰白，不得不同意召开中央全会等情况，都清楚地显示出朱可夫的权力太大，将军们的作用太重要了，从而“引起了对他的警惕”[2]。因此，尽管朱可夫刚刚帮了赫鲁晓夫的大忙，赫鲁晓夫还是非搞掉朱可夫并根本改造军队领导体制不可。

赫鲁晓夫下决心扳倒朱可夫，已经到了十月革命四十周年国庆和世界各国共产党及工人党代表会议召开前夕，各国党的最高领导人都将前来莫

[1] 《毛泽东与米高扬的谈话记录》(1957 年 7 月 5 日)。
[2] 刘晓前引书，第 48 页。

斯科，此举稍有不慎，就可能引起麻烦。赫鲁晓夫特别担心的自然是毛泽东的反应。为了扳倒朱可夫，同时又能让毛泽东如期前来莫斯科，赫鲁晓夫再度想到了向中国提供援助的办法。他当即决定，向中国方面提供原子弹和导弹的生产技术。

关于中国要求苏联援助核技术这件事，中国方面正式提出来是 1954 年赫鲁晓夫访华的时候。当时毛泽东就表示过希望苏联帮助搞核武器，赫鲁晓夫则认为中国还不具备发展核工业的物质条件，应该先集中力量搞经济建设。切实可行的办法，是由苏联帮助搞一个小型的核反应堆，用于科研和培训技术人员，逐步积累条件，以后再说。随后，苏联即决定在 1955—1956 年派遣专家帮助中国设计和建造一座功率为 6500—10000 千瓦的实验性原子反应堆和一个使粒子获得 12.5—25MeV（百万电子伏特）能量的回旋加速器，并无偿提供有关原子反应堆和加速器的科学技术资料，提供能够维持原子反应堆运转的数量充足的核燃料和放射性同位素，培训中国的核物理专家和技术人员。1956 年 8 月 17 日，两国政府还签订了《关于苏联援助中国建设原子能工业的协定》，规定苏联援助中国建设一批原子能工业项目和一批进行核科学技术研究用的实验室。但是，在苏共中央内部，特别是在苏联军方，向中国提供这种高技术的援助，始终是一个引起重大争议的话题，反对的阻力极大。这一点特别反映在直接用于军事目的导弹研制的问题上。中国方面 1956 年正式提出之后，苏联方面就以导弹技术过于复杂和中国目前缺乏干部等理由明确地拒绝了中方的提议。仅仅一年之后，赫鲁晓夫就不顾党内和军内的反对意见，坚持要与中国签订研制和生产导弹及原子弹的具体协定，足以见其对取得毛泽东的支持的重视程度。

1957 年 7 月 18 日，在中共中央军委中分工主管武器装备和国防科技工作，同时担任国务院下属国防部航空工业委员会主任的聂荣臻，报告周恩来，希望与苏联进一步谈判磋商在原子能技术方面的合作事宜。周恩来通过外交部向苏方联系后，几乎是前所未有地马上就得到了积极的答复。8 月 6 日，周恩来正式致函苏联部长会议主席布尔加宁，提议派代表团前往莫斯科就此进行磋商，苏方亦很快答复同意。9 月 7 日，以聂荣臻、宋任穷、陈赓为首包括了 21 名导弹、原子能、飞机和电子等方面专家、教授在内的代表团，抵达莫斯科。双方从 10 日开始商谈，只用了 30 多天的时间，就于 10 月 15 日正式签订了中方盼望已久的《关于生产新式武器和军事技术装备以及在中国建立综合性的原子工业的协定》(即所谓"新技术协定")。根据这一协定，苏联将帮助中国进行原子弹的研究和生产，并提供原子弹的教学模型和图纸资料；将交付给中国两个连的岸对舰导弹装备，帮助海军建立一支导弹部队；将帮助中国进行导弹研制和发射基地的工程设计，在 1961 年年底前提供导弹样品和有关技术资料，并派遣技术专家帮助仿制导弹等。[1]

在完成了这一系列准备之后，10 月 27 日，赫鲁晓夫乘朱可夫元帅在东德访问的机会，解除了他的国防部部长职务，进而撤掉了一批朱可夫手下的元帅。这一次，赫鲁晓夫相信他不必再派米高扬飞到中国去进行解释了。他只是通过米高扬告诉刘晓大使说，朱可夫"居功自傲，目空一切"，反对在军队中建立党的领导，犯了错误。[2]

三、毛泽东说："我们半个卫星都没有抛上去，要为首就很难"

1957 年 11 月 2 日，毛泽东率中国党政代表团如期到达莫斯科，一来参加苏联四十年国庆节的庆祝活动，二来出席各国共产党和工人党代表会议。赫鲁晓夫对毛泽东这次来访格外重视，早早就做出决定，把其他国家和党的领导人安排到列宁山等处，对毛泽东则给以特殊规格的礼遇，不仅要住到克里姆林宫里来，而且要住到最豪华的叶卡捷琳娜女皇的寝宫里去。

毛泽东入住克宫后，赫鲁晓夫更是热情备至。每天早上他都要前来请安，

[1] 参见聂荣臻前引书（下)，第 803—804 页；约翰·W. 刘易斯等著，李丁等译：《中国原子弹的制造》，北京：原子能出版社 1991 年版，第 59—61 页；彭子强：《中国两弹一星揭秘》，北京：军事谊文出版社 1993 年版，第 31—32、37 页。

[2] 刘晓前引书，第 50—51 页。

并且迎来送往，与毛几乎是形影不离。受到苏方盛情接待的感染，毛泽东似乎也对赫鲁晓夫有了一些好感，不仅在内部讲：赫鲁晓夫这个人多灾多难，我们应该帮帮他；当众也对赫鲁晓夫说过：好花还要绿叶扶，你这朵花比我毛泽东好看，我们这次就是来扶助你的。[1]

为什么要“扶助”呢？一个重要的原因就是因为在斯大林逝世，特别是在苏共“二十大”批判了斯大林的个人崇拜后，整个世界共产主义运动出现了多元化的趋势，明显地需要明确一个以谁为首的问题。

关于多元化的观点，首先是意大利共产党领袖陶里亚蒂明确提出来的。亚洲国家共产党人中也有提出应该以中共为首的想法。这些都反映出以赫鲁晓夫为代表的苏共中央的号召力已经面临严重问题。就连赫鲁晓夫也不能不在表面上表示谦让，甚至提出苏中两党轮流担任各国共产党会议召集人的意见。这件事让具有东方集体主义传统的毛泽东反而有些为难了。

既然存在着一个国际共产主义运动，既然大家都是共产党，当然要成为一个整体，要一起行动，自然也就一定要有一个以谁为首的问题。毛泽东不是不想为首。以赫鲁晓夫的鲁莽、片面，以苏共中央在一些关系到革命道路和前途问题上背离列宁主义观点的说法，毛泽东无疑更愿意由自己来充当共产主义运动的领头羊。但中国人向以谦逊为美德，不论毛泽东是否更加相信自己的能力，在苏联在各方面还是“老大哥”的情况下，他不仅不会去争这第一把交椅，而且还会去帮助赫鲁晓夫说话，把赫鲁晓夫扶到“班长”（毛泽东的说法）的位置上来。当然，也许更重要的是，中国确实还不具备那个实力。靠枪杆子得到政权的毛泽东是深知这个“实力领导原则”的。

到莫斯科不久，毛泽东就在与波兰等国家党的领导人谈话时明确讲：我们树矮，苏联树高。中国从人口上说是个大国，从经济上说却是个小国。我们产的钢比比利时还少，只有500万吨，和波兰一样，而苏联是5000万吨。

---

[1] 李越然：《新中国领袖》，北京：解放军出版社1989年版，第162页；李越然在1997年10月24日冷战与中苏关系国际学术研讨会上的发言，《当代中国史研究》1998年第2期。

在 11 月 14 日各国共产党和工人党代表会议上，毛泽东第一次发言也公开地承认了这一点。他说："我们中国是为不了首的，没有这个资本。我们经验少。我们有革命的经验，没有建设的经验。我们在人口上是个大国，在经济上是个小国。我们半个卫星都没有抛上去。这样为首就很困难，召集会议人家不听。" [1]

"为首"，就是"召集会议"的人，而这个会议不是第三国际，也不是共产党情报局，没有指挥各国党的权力，这是毛泽东再三加以强调的。从这个意义上来说，这个"为首"和赫鲁晓夫等苏共领导人期望的那个"为首"，多少还有一些区别。给苏联以负责召集会议的权力，这在毛泽东看来，并不是什么大不了的事情。毕竟，会议召集起来了，这个"班长"就没有太大的作用了，关键就在于指导员了。中国不当"班长"，但不等于不能当指导员。

很明显，当毛泽东说"我们有革命的经验"的时候，话里话外就暗含着一种自豪的味道：我们是革命过来的，你赫鲁晓夫有过这样的经验吗？陪同毛泽东访苏的翻译有一段很生动的回忆，颇能反映出毛泽东对赫鲁晓夫的那种居高临下的心态。他回忆说，有一次毛泽东和赫鲁晓夫一起吃饭，赫鲁晓夫滔滔不绝地讲述起他在卫国战争期间如何勇敢地与斯大林争论西南战线的军事作战指挥问题，斯大林如何歇斯底里，苏军总参谋部的元帅如何胆小如鼠，而他当时的判断如何正确。赫鲁晓夫在那里眉飞色舞、滔滔不绝地讲，毛泽东这边却只是津津有味地埋头吃饭，一句话也不说。等到吃罢了饭，毛泽东抹了抹嘴，往后一靠，这才把脸转向赫鲁晓夫，好像是不经意地问了一句：赫鲁晓夫同志，我的饭已经吃完了，你的那个西南战役的故事还没有讲完吗？ [2]

在整个会议期间，毛泽东表现得十分活跃，广泛接触了各国共产党领

[1] 《毛泽东与哥穆尔卡第二次谈话记录》(1957 年 11 月 15 日)，《毛泽东在莫斯科共产党和工人党代表会议上的讲话》(1957 年 11 月 14、16、18 日)，《建国以来毛泽东文稿》第 6 册，第 626 页；等等。

[2] 参见李越然前引书，第 159—160 页；并见李越然在冷战与中苏关系国际学术研讨会上的发言。

导人。除了经常性地与赫鲁晓夫等苏共领导人交换意见以外，光是与波兰共产党领导人就谈了三次，与英国共产党领导人和印度共产党领导人都分别进行了两次会谈，并且与法国共产党、意大利共产党、瑞典共产党的领导人，乃至同南斯拉夫党的代表团等也都进行了长时间的谈话。毛泽东谈话的主要目的之一，很大程度上就是想要了解西方国家是否真的存在着赫鲁晓夫在苏共“二十大”提出的“和平过渡”的可能性。在毛泽东看来，“和平过渡”的观点是背离列宁主义的国家理论的。因为按照列宁主义的国家理论，国家不过是一个阶级压迫另一个阶级的暴力的工具。无产阶级要夺取政权，是绝不可能通过和平的方式，即通过所谓争取议会中的多数来实现的。谈话的结果，多数党的领导人也并不都认为“和平过渡”一定是可行的。这就使毛泽东更加坚定了自己的“两手”论。

所谓“两手”论，是毛泽东在临行前的10月29日与苏联大使尤金的谈话当中提出来的。他当时明确告诉尤金说，他希望赫鲁晓夫能够修正其在苏共“二十大”上所提出的“和平过渡”的观点。他表示，对苏共“二十大”提出的“和平过渡”的思想，我们是有不同看法的。我们认为，对于夺取政权问题，还是提“两种可能性”，即做两手准备比较好。一是尽量争取和平过渡，二是准备暴力革命。前者是为了便利争取群众，不给资产阶级攻击共产党人的借口，是策略性质的口号；后者则是战略问题，因为到了夺取政权的时候，根据阶级斗争的规律，不能设想资产阶级不使用暴力。[1]

到莫斯科后，毛泽东其实并没有尝试去说服那些西方国家党的领导人不要相信“和平过渡”的可能性。因为他在接触了这些国家党的领导人之后，已经注意到“人民生活比较富裕，他们就不想革命了”这个事实。但是，他显然相信，富裕国家毕竟还是少数，对于大多数国家的党来说，俄国革命的经验、中国革命的经验，仍然是必须记取和学习的。为此，他坚持劝说苏共中央同意列宁主义的暴力革命学说。只是在赫鲁晓夫等再三解

[1] 转见阎明复：《回忆两次莫斯科会议和胡乔木》，《当代中国史研究》1997年第3期。

释，大会通过的宣言应该和苏共“二十大”的提法相衔接，否则他们没法向苏共和国际共产主义运动交代，毛泽东才稍微做了一些让步。

经过中苏双方反复讨论修改后确定的宣言，明确肯定了在“和平过渡”的问题上存在着两种可能性，在谈到资本主义国家共产党应当争取议会中稳定多数的时候，也强调了要开展议会外广泛的群众斗争，摧毁反动势力的反抗的问题。在毛泽东看来，这是一个胜利，标志着中国共产党对国际共产主义运动正在理论上起着正确的指导和导向的作用。[1] 换句话来说，中共中央的指导员地位，已经开始得到了世界上多数国家共产党的认同。

四、毛泽东不拿讲稿引起误解，米高扬示威性地从椅子上站起来

各国共产党和工人党代表会议分为两个阶段。11 月 14—16 日是社会主义国家共产党和工人党代表会议，17—18 日是世界各国共产党和工人党代表会议。在前一个阶段，毛泽东利用各种机会与一些主要国家的共产党领导人交换意见，尤其是着重做赫鲁晓夫和苏联党的工作，基本上处在一种了解情况和交换看法的过程中。在前一阶段会议上，毛泽东已经有过两度发言，但当时和各国发言者一样，态度都比较谨慎，讲得也比较扼要简明，不搞丝毫特殊，故没有引起任何疑问。到了第二阶段，即有 64 个国家党的领导人参加的更大规模的大会上，毛泽东似乎相当地自信了。他在这时的讲话，也就是他在大会期间的最后一次讲话，讲得很长，兴之所至，就像他在国内党的会议上那样，讲得比较随便了，结果意想不到地引起了一些麻烦。

毛泽东赴莫前夕，苏联刚刚成功地发射了世界上第一颗人造地球卫星。发射卫星上天，这在毛泽东看来是一个了不起的成就，正好满足了他要为各国共产党人打气的目的。自从斯大林逝世后，苏共备受各国党的冷眼，

[1] 参见《中共中央关于和平过渡问题的意见提纲》，转见《人民日报》1963 年 9 月 6 日。

波匈事件闹得社会主义国家人心惶惶，资本主义国家的共产党大批党员退党，议员落选，“和平共处”甚至“和平过渡”的主张甚嚣尘上。毛泽东看在眼里，急在心里，决心要利用这次会议给各国党打打气。毛泽东之所以一上来没有急于求成，而是广泛交换意见，是因为初次参加这样大规模的世界各国共产党的会议，要说服人家，还要给大家留下一个充分有理的良好印象，必须使自己的论据有相当事实基础。为此，他进行了广泛的谈话，并亲自向赫鲁晓夫了解苏美实力的对比情况。

据说，那一天赫鲁晓夫专门请毛泽东到大剧院去看苏联的“国粹”芭蕾舞，把毛泽东领到过去专门供沙皇用的豪华包厢里就座。偏偏毛泽东不习惯这种过分的排场，非要坐到群众中去，赫鲁晓夫不得不下令让克格勃立即把剧院前三排的票统统收回来。等到毛泽东真的坐到“群众”中去了，只看了一场，他就说什么都不看了。有人回忆说，这是因为毛泽东实在看不惯台上的那些人用脚尖支着地转来转去。但也许更重要的是，毛泽东突然想要与赫鲁晓夫个别交换意见。于是，赫鲁晓夫不得不中途退场，陪同毛泽东回到克里姆林宫他的办公室里来。

毛泽东坐稳后的第一个问题就是：在力量对比上，究竟是苏联领先些，还是美国领先些？赫鲁晓夫答复说，在高科技领域的某些方面，苏联领先些，而就整个经济方面看，还是美国领先。因为美国的工业相对发达得多，最主要的钢铁一项，苏联的产量才只是美国的二分之一。要赶上美国，苏联还要许多年时间。但苏联有信心在十五年后赶上并超过美国。[1]

赫鲁晓夫的回答还是实事求是的，毛泽东也并非不了解这个差距意味着什么。毛泽东那个我们只有 500 万吨钢为首很困难的讲话，以及随后发动“大跃进”而不惜血本大炼钢铁以赶超美英的做法，都清楚地说明了他对这种差距并非毫不介意。但是，这个时候，他却并没有这样看。他算了一笔账：当年打希特勒的时候，美国和丘吉尔手里有 7000 万吨钢，苏联实际只

[1] 前引阎明复在冷战与中苏关系国际学术研讨会上的发言。

有900万吨钢，美英还不是要来请求苏联帮助他们，并把易北河以东和中国的东北及北朝鲜都划给苏军占领？“这件事很有说服力，说明物质力量多少不完全决定问题，人是主要的，制度是主要的。”并且，历史从来就是“首先由人心向背来做决定的”，“从来就是弱者战胜强者”。[1] 反正毛泽东是认定了当前世界总的形势是社会主义的力量压倒了帝国主义的力量的。

不过，带着这样一种心态在11月18日的会议上进行演讲，难免会使具有不同观点的各国共产党人议论纷纷。

11月18日，在各国共产党和工人党代表会议上，所有发言者都按照预先提交的发言稿进行发言，只有毛泽东例外；所有发言者都走到主席台前站着讲话，也只有毛泽东例外。按照毛泽东讲话的中文记录稿，他当时解释这是因为他“在几年前害过一次脑贫血症”，“站起来讲话还有些不方便”。而站在毛泽东背后的苏联翻译却简单地将这句话翻译成他是因为“头疼”而不便站着讲话，这让与会者中的相当一部分人感到难以理解。南斯拉夫大使在当天的日记中记述了毛泽东讲话中的一段小小的风波，清楚地显示了由于毛泽东没有预先仔细斟酌讲稿并提交俄文译稿所造成的麻烦。大使在日记中是这样记述的：

当毛坐在自己的座位上，通过站在身后的俄语翻译讲话时，苏联代表团中发生了一阵轻微的骚乱，随后米高扬对毛泽东的发言做出了引人注目的示威性动作。毛一度在没有特别准备的情况下谈到，苏联党的领导中发生了“两个不同集团”之间的冲突，“以赫鲁晓夫为首的一派取得了胜利”。翻译就是这样翻他的话的。毛的确切提法到底是什么，大厅里除了中国人外谁也不知道。

毛泽东在讲话中，把莫洛托夫、马林科夫和卡冈诺维奇反党集团同被他称为另一集团的苏联共产党等同起来，而且他是在世界各国共产党会议

[1] 《毛泽东在莫斯科共产党和工人党代表会议上的讲话》（1957年11月18日），《建国以来毛泽东文稿》第6册，第637页。

1950 年，中国地方政府组织民众慰问在旅顺港驻扎的苏军

1950 年 2 月 14 日，中苏两国签订《中苏友好同盟互助条约》。图为毛泽东、斯大林出席签字仪式，周恩来在条约上签字

1950 年代，中苏两国大量互派留学生。图为在莫斯科大学地质系教室里上课的中苏学生们

1953 年，斯大林逝世，毛泽东去苏使馆吊唁

1955 年，苏联帮助中国建设起中国第一座汽车制造厂——长春第一汽车制造厂。图为苏联专家与中国管理人员一起在车间视察

朝鲜战争停战后，中苏两国均力图实现和平外交，为此积极开展国际外交努力。图为 1954 年 4 月中国政府代表周恩来率代表团来到日内瓦，出席讨论解决朝鲜问题和恢复印度支那和平问题的五国外交会议

1955 年 1 月 26 日，周恩来在北京宴请胡志明，感谢越南党做出牺牲，放弃武力统一越南的军事行动，在印度支那实现了和平

1957年11月初，毛泽东率中国党代表团赴莫斯科参加各国共产党和工人党代表大会。图为毛泽东抵达莫斯科机场时检阅苏军仪仗队

1957年11月6日，毛泽东在庆祝苏联十月革命四十周年大会上讲话

1958 年 7 月 30 日，由于苏联大使转达苏方希望在中国沿海合建联合舰队一事惹恼了毛泽东，赫鲁晓夫秘密赶来北京做解释工作。图为 8 月 3 日误会基本解除后毛泽东与赫鲁晓夫在签订协议的仪式上握手言和

中苏关系因 1960 年 7 月苏联不满中国政府向苏联在华人员宣传中方观点，单方面撤走援华专家，出现严重危机。中共中央一度仍试图缓和双方关系。图为 1960 年 12 月刘少奇率代表团前往苏联，在群众大会上讲话后受到欢迎的情形

1969 年 3 月，中苏两国因边界争端爆发了军事冲突。图为冲突期间苏联士兵在苏联一侧保持警戒

由于中苏军事冲突有扩大为核战争的危险，中国方面被迫放弃反帝立场，转而实行对美缓和策略。图为 1970 年毛泽东与来访的美国国家安全顾问基辛格博士在交谈

上的发言中说这番话的，这使得几百人在场的格奥尔基大厅变得死一般的寂静。米高扬示威性地从椅子上站了起来，脸上露出一副绝不是友好的表情，站在那里，把目光投向发言者和对称地坐在苏联代表团对面的中国人。一度，米高扬背转向发言者……俄国人当中谁也没有对他说不要这样做，也没有人请他坐下。整个大厅都看着这一场面。[1]

实际上，毛泽东当时并没有提到“两个不同集团”和“以赫鲁晓夫为首的一派”这样一类字眼儿。他只是提到——尽管这在俄国人听来也未必入耳：“这是个对立面的斗争”，“它是一方排斥一方”，但他毕竟明确地讲了：“这个斗争是两条路线的斗争，一条是错误的路线，一条是比较正确的路线”，并肯定“斯大林死后这四五年，苏联的内政、外交有很大的改善，这就证明赫鲁晓夫同志所代表的路线比较正确，而反对这样的路线是错误的”。[2]问题在于，在口头讲演当中，翻译由于事先没有看到讲稿，中方又没有提供译稿，因此没有能够当场清楚地表达他的意思，引起了苏共领导人的强烈不满。

引起麻烦的还不仅仅是这一件事。

毛泽东在讲话中一上来就讲：“现在世界上有两股风：东风，西风。中国有句成语：不是东风压倒西风，就是西风压倒东风。我认为目前形势的特点是东风压倒西风，也就是说，社会主义的力量对于帝国主义的力量占了压倒的优势。”但这话在敏感的苏联人听起来，却显然变了味。他们首先想到的就是日趋壮大的中国在他们的东面。赫鲁晓夫后来曾经说过，不论毛泽东本意如何，说什么东风压倒西风，从俄国人的习惯上来讲，也是不好的一种形容。对于俄国的地理环境来说，这个成语恰好说反了，因为只有西风才能够带来雨水，东风带来的只是干燥的空气，对农作物不利。说东风压倒西风，难免让人想起成吉思汗所带来的“黄祸”。

---

[1] 韦利科·米丘诺维奇著，达洲等译：《在莫斯科的岁月》，北京：三联书店 1980 年版，第 453—454 页。
[2] 前引《毛泽东在各国共产党和工人党代表会议的讲话》，《建国以来毛泽东文稿》第 6 册，第 643 页。

同样让与会者不满意的是毛泽东引用的另一句中国“俗话”，叫“蛇无头而不行”。毛泽东本来想以此来比喻国际共产主义运动与苏联党的关系，意思是说凡是集体，总要有一个带头的。但是，多数欧洲国家的共产党人认为蛇是不吉利的象征，他们对把国际共产主义运动比喻成蛇，也很不以为然。

最让众多代表们感到不安的，是毛泽东的另一段“极而言之”的话。毛泽东谈到了他颇以为自豪的那段关于“纸老虎”的著名论断，试图让各国党能够鼓起勇气，“从战略上藐视敌人”。他说：一切所有号称强大的反动派统统不过是纸老虎，原因是他们脱离人民。包括美帝国主义和原子弹，也是纸老虎，没有什么好怕的。只要我们在战略上藐视它们，在战术上重视它们，就不难战而胜之。对于毛泽东的这一辩证法思想，包括赫鲁晓夫在内，不少与会的代表颇难接受。正像赫鲁晓夫后来所争辩的，原子弹可不是什么“纸老虎”，不论社会主义、资本主义，原子战争打起来，整个世界也许都要毁灭掉，哪里还有什么人民可靠？但毛泽东不同意。受到老庄思想影响的毛泽东，对生命有着不同于西方人的看法。他在大会上公开表示：有人告诉他说，原子战争打起来，全世界现有的27亿人都会死绝的。他就不信。他估计可能死掉三分之一或者再多一点，“极而言之，死掉一半人，还有一半人，帝国主义打平了，全世界社会主义化了，再过多少年，又会有27亿，一定还要多”。他还是列宁那条原则：只要有帝国主义存在，就一定会有战争。兵来将挡，水来土掩，“横下一条心，打了仗再建设”，即使死一些人，有什么好怕的？[1] 然而，不要说死掉一半人未必能够换取全世界社会主义化，就是能够换取一个全世界社会主义化，这在有着不同文化

[1] 杰柳辛1997年10月24日在冷战与中苏关系学术研讨会上的发言，《当代中国史研究》1998年第2期；前引《毛泽东在各国共产党和工人党代表会议的讲话》，《建国以来毛泽东文稿》第6册，第636、638页。

背景的许多欧洲人听起来，也是一种很难接受的观点。[1]

1957年11月20日，毛泽东一行离开了莫斯科。临行之前，毛泽东还在莫斯科大学神采飞扬地向中国留学生重申了他的这些观点。显然，出于外交上的考虑，苏联方面没有把他们感觉到的不满及时告诉中国人。赫鲁晓夫照样殷勤地举行宴会并送行。可以想象，毛泽东是带着一种完全不同于他第一次访莫时的满意心情回国去的。他不曾想到，第一次赴莫尽管印象不佳，结果两党关系却日趋好转；第二次赴莫尽管心情愉快，紧接着而来的，却是两党两国关系的渐趋恶化。

[1] 《赫鲁晓夫回忆录续集》中回忆了波兰党领导人对毛泽东这一说法的反应，但他显然误记了毛谈到的死人的对象，把全世界人口死掉一半，记成了中国6亿人准备死掉一半。参见赫鲁晓夫前引书，第394页。

第十六章

“联合舰队”事件

周恩来相信，凡是苏联已经定型的东西，包括导弹、原子弹，它都愿意给我们；赫鲁晓夫提议建立联合潜艇舰队，毛泽东大发雷霆，声言：你们就是不相信中国人，认为俄国人是上等人，中国人是下等人；赫鲁晓夫刚开始想和美国搞全面缓和，毛泽东却不宣而战，炮轰金门，让莫斯科倍感尴尬；中印发生边境冲突，苏联政府坚持不偏不倚；毛泽东断言赫鲁晓夫是“右倾机会主义”，赫鲁晓夫说毛泽东是“好斗的公鸡”……

1957年莫斯科会议之后的毛泽东,可以说是豪气干云。还没有回到北京,他就已经开始按照他那“不断革命”的思路,准备发动“大跃进”,赶英超美了。毛泽东自己都没有想到,不过几个月之后,他发现,赶英超美已不在话下,中国就要超过苏联,提前迈进共产主义了……

同样的情况也发生在外交方面,随着国内“大跃进”狂潮汹涌,中国的外交也开始进入到一个风云激荡的革命时代。毛泽东1958年2月撤换周恩来的外长职务时,已经在酝酿革命化外交了。但是他当时大概也没有想到,他积极推行的革命外交会要把一心打算要与美国人全面缓和的苏联推上一种尴尬的境地。1958—1959年围绕着中苏关系出现了一系列的摩擦与冲突,从众所周知的长波电台和联合舰队事件,到炮轰金门,再到中印边境冲突,同志加兄弟的中苏关系竟然出现严重危机。从苏联片面中止《国防新技术协定》,到两国领导人在北京发生激烈争吵,再到赫鲁晓夫口无遮拦地把毛泽东形容成“好斗的公鸡”……“山雨欲来风满楼”,两党关系转瞬间竟走到了破裂的边缘。

一、毛泽东大发脾气:“要么给我,要么拉倒,搞‘合作社’不行”

1958年的头几个月,中苏关系应该说基本上还是在一种平静的气氛中渡过的。毛泽东虽然不大满意周恩来推行的旨在与世界各国和平共处的外交方针,提议用陈毅取代了周恩来的外长职务,但中国整个对外关系,包括对苏关系,总体上还是平和的。特别是在批判南斯拉夫党的问题上,毛泽东还表扬过赫鲁晓夫。

4月初,赫鲁晓夫致信中共中央,提出南斯拉夫共产主义联盟准备召开第七次代表大会,但南共起草的纲领草案竟然不承认当今世界存在着社会主义和资本主义两大阵营的斗争这一基本矛盾,并且批评社会主义国家之间仍然存在着霸权主义和剥削的意图,是可忍孰不可忍!苏共中央决定不派代表团出席南共“七大”。对此，中共中央毫不犹豫地给予了支持。[1]

南共“七大”召开前夕，苏共中央机关刊物《共产党人》发表文章“同志式地”批评了南共即将提交大会讨论的新党纲。毛泽东最初看来对苏共中央文章的这种基调不大满意。5 月 4 日，在南共“七大”召开之后，毛泽东亲自审阅发表了中共中央公开批判南共的《人民日报》社论。社论直截了当地把铁托“领导集团”视为美国帝国主义的应声虫。5 月 9 日，苏共中央再度致信南共中央，对南共“七大”刚刚通过的纲领草案也进行了比较尖锐的批评。对此，毛泽东很高兴，批示道 :“苏共五月九日给南共的信，是一个好文件，和我们的立场完全一致，他们想通了，站起来了”，“苏共政治理论有转机，作风在改，大有希望”，并嘱咐邓小平将苏共中央信印给正在召开的八大二次会议的参加者，同时向苏联大使“表示热忱祝贺”。[2]

1958 年这段时间毛泽东对“苏联同志”印象转好，还可以从几天后毛泽东的另一项批示中看出来。当时，第二机械工业部报告说，“多快好省地建设社会主义总路线”提出后，我方经常在建设方针的问题上与苏联专家发生意见分歧。这是因为苏联专家坚持要建技术新、标准高、设施全的工厂，而我方则力争搞大干快上的中小项目。经过深入解释后，双方已经开始拧成了一股劲儿，工作取得了极大的进展。毛泽东对此批示:这是一个好文件。“苏联专家都是好同志，有理总是讲得通的。”凡有苏联专家的地方，均应照此办理，不许有任何例外。他并进一步将这个道理引申到整个共产主义运动，称 :“就共产主义者队伍说来，四海之内皆兄弟，一定要把苏联同志，看作自己人。”[3]

事实上，受到毛泽东这种情绪的影响，在成都会议上，周恩来也明确表达过高度肯定中苏关系的看法。相信这也是包括毛泽东在内的中共领导

---

[1] 《毛泽东与苏联大使尤金的谈话记录》(1958 年 4 月 5 日)。

[2] 《建国以来毛泽东文稿》第 7 册，第 193、229 页;并见《现代修正主义应该受到谴责》,《人民日报》1958 年 5 月 6 日。

[3] 毛泽东 :《四海之内皆兄弟》(1958 年 5 月 16 日),《建国以来毛泽东文稿》第 7 册，第 231 页。

人这时对中苏关系的基本认识。这就是：“现在世界上只有社会主义国家，像苏联，才能无代价的（除了纸张费以外）把整个蓝图给我们。凡是它一种定型的东西，包括原子弹、导弹这些东西，都愿意给我们。这是最大的信任、最大的互助。”因此，“从莫斯科会议以后，我们应当加强政治团结，加强经济协作，加强文化交流”。[1]

但是，毛泽东的这种喜悦没有能够持续多久。6月7日，毛泽东读到国防部长彭德怀5日提交的一份报告。报告称，苏联国防部长马利诺夫斯基4月18日写信给彭，表示苏联过去援助中国建设的三个长波电台功率太小，不足以指挥其在远洋活动的潜艇，希望双方合作，在中国南方花四年时间建设一座大功率长波电台，投资1亿卢布，苏方出资7000万，中方出资3000万，使用时间双方各占50%。这件事当即遭到中国方面的拒绝。

自建国以来，中共中央始终认为，对外贸易，可以互通有无，也可以贷款或者援助，但不可以让外资介入，无论投资也好，合股也好，只要所有权有一点不在自己手里，都是有损国家主权的行为。为此，新中国政府成立伊始就很快将一切外资公司和企业统统搞掉了，并且对在苏方要求下组建的四个合营公司也想方设法废止了事，对斯大林提议的什么由苏联出资建菠萝罐头加工厂和橡胶种殖园之类的建议也是极端反感，一概拒绝。因此，接到苏方的这一建议，彭德怀当即复函，主张苏方出技术及设备，由中方投资，所有权属中方，建成后双方共同使用。他没有想到，长波电台，当时在苏联还是属于尖端技术一类，苏联军方并不情愿把自己的各种尖端技术都无偿让中方拥有。而且，从苏方的角度，他们也不理解，由他们投资控股，在中国建立这样一个先进的技术装置，由双方共同使用，对中国有什么不好。因此，苏联军方仍坚持对自己的尖端技术要有控制权。

对此，毛泽东显然不能理解。他想到的是，既然你的东西要建在中国，所有权当然必须是我的。他在彭的报告上明确批示：“钱一定由中国出，不

[1] 《周恩来同志在成都会议上关于外交问题的报告》（1958年3月19日）。

能由苏方出。”“如苏方以高压压人，则不要回答，拖一时期再说。”不过，他这时似乎还没有把这件事同赫鲁晓夫中央联系起来，只把它看成是苏联军方的一种意见，因而特别强调，“此事应由两国政府签订协定”。[1]

如果仅仅是一个长波电台的问题，毛泽东也许还不会大发脾气。但紧接着发生的联合舰队问题，使这个时候在主权问题上变得极度敏感的毛泽东马上把两件事联系起来，怀疑赫鲁晓夫又在搞过去斯大林时代的大国沙文主义那一套了。在斯大林问题已经揭露、波匈事件已经发生、中共中央领导人已经多次直截了当地批评过苏联的大国沙文主义错误、毛泽东自信自己已经在各国共产党人中树立起了正确的权威地位之后，苏联人居然又想出这种公然损害中国主权的主意来，这不能不让毛泽东大为恼火。

由联合舰队事件引起的这场风波的具体经过是这样的。

1958 年 6 月 28 日，周恩来根据国防部的建议，致信赫鲁晓夫，希望苏联能够在生产核潜艇和快艇方面为中国提供技术帮助。[2] 核潜艇的制造，又是苏方当时的一项较为尖端的技术。但既然是同志加兄弟，原子弹、导弹的技术都可以提供，在当时的中国方面看来，要苏联提供生产核潜艇的技术也是理所当然的事。殊不知，转让生产导弹、原子弹的技术，如果不是赫鲁晓夫当时处境不妙，极力坚持，本来也是难上加难的。再要求转让核潜艇技术，自然要遇到更大的阻力。由于苏联军方这时正在设想借用中国沿太平洋的海岸线，使载有核弹头的苏联潜艇能够有效地靠近美国，得到周恩来的这封信之后，颇感为难的赫鲁晓夫灵机一动，想出了一个既不用转让技术，又能够满足中苏两国军方愿望的合作建议来。他当即要正在莫斯科述职的苏联大使尤金向中共中央转告他的这一提议。

7 月 21 日，刚刚从莫斯科回到北京的尤金大使向毛泽东、刘少奇、周恩来等中共中央领导人通报了苏共中央主席团会议的有关精神和赫鲁晓夫

---

[1] 毛泽东：《对苏联请求在我国建立特种长波无线电台问题批语》（1958 年 6 月 7 日），《建国以来毛泽东文稿》第 7 册，第 265—266 页。

[2] 参见《周恩来年谱》中卷，第 149 页。

的提议。其中一项就是“中国政府请求苏联帮助加强海军和海岸防御问题”。尤金介绍说，关于海军建设问题，苏方目前的意见比较一致，那就是，大型军舰容易被击中，今后与其大力发展航空母舰，不如多发展原子潜艇舰队。只是，“赫鲁晓夫同志希望中国同志了解：苏联的自然条件使我们不可能充分发挥原子潜艇舰队的作用。我们有黑海，但在战争中，是会被敌人封锁的。波罗的海就更不用提了。在北面由摩尔曼斯克可通到北冰洋，但是那里并不宽阔，不能广泛活动。东面的海面上又临接南朝鲜和日本，不能算安全。另一方面，中国的海岸线很长，条件很好。同时考虑到将来如果打仗的话，我们的共同敌人是美国。因此，赫鲁晓夫同志希望中国同志一起商量一下，建立一支共同潜艇舰队，越南也可以参加”。

根据已经公布的记录，毛泽东听到尤金的介绍，当时就皱起了眉头，“啊”了一声，说：我们想叫你们帮助我们搞，你们却要搞合作社。是不是只能搞合作社你们才干？尤金大概还没有反应过来，仍旧平静地回答说：这一点并没有决定，只是想和中国同志一起商量。

毛泽东这时已经开始明显地不高兴了。他说：首先要明确方针：是我们办，你们帮助；还是只能合办，不合办你们就不给帮助，就是你们强迫我们合办。斯大林在世时，有过四个合作社，后来经赫鲁晓夫同志提议取消了。现在要办，也可以。定个期限，过个几年可以取消。反正各个兵种都要消灭的，那时我们再分废铁。

尤金这时才发觉气氛有点不对了，忙说：这只是一个提议，还要由两国商量后才能决定的。毛泽东不想讨论下去了，说：对合作社问题我们没有想过，要先讨论一下，同意就去人，不同意，你们又不帮助，我们就不搞。[1]

尤金走时已是22日凌晨，毛泽东当即召集有关人员开会，了解情况，得知中方要求始于海军司令部中的苏联顾问的提议，说是应该要求莫斯科帮助提供核潜艇以加强海防力量和海军建设。国防部研究后认为是一个好

[1] 《尤金大使与毛泽东的谈话记录》（1958年7月21日）。

主意，既然苏联已经在帮助中国研制导弹和原子弹，在核潜艇方面提供帮助也是完全可能的。于是就提出报告，请周恩来写信向苏方提了出来。但与会者怎么都弄不明白，赫鲁晓夫不是不知道中方对当年斯大林强加给中国人的那四个合营公司是多么反感，后来斯大林又要搞橡胶园、建菠萝罐头厂等，统统都被毛泽东顶回去了。赫鲁晓夫是知道这些情况的，也是他自己表示那些合营公司不平等，主动废除掉的。为什么今天又提这样的要求呢？

几个小时之后，也就是第二天中午，毛泽东实在睡不着，干脆把尤金召到他在中南海的游泳池旁，措辞尖锐地告诉他说：你们昨天把我气得一宿没有睡觉，也没有吃饭。几年前赫鲁晓夫同志刚刚取消了四个合营公司、撤销了旅顺基地。对于我不同意斯大林在我们这儿搞罐头加工厂，赫鲁晓夫同志还夸奖了我，说我顶得好。为什么现在又要搞海军“合作社”？这使我想到斯大林的东西又回来了。你们建议搞海军“合作社”，怎么向全世界讲话？怎么向中国人民讲话？长波电台也好，海军潜艇也好，都是所有权问题，都是政治问题，没有什么好谈的。就是斯大林活着的时候，我们也不干。什么你们条件不好，“你们从海参崴经库页岛、千岛群岛出大洋，条件很好嘛！”无非是要合营。要合营，一切都合营，陆海空军、工业、农业、文化、教育都合营，可不可以？或者把一万多公里长的海岸线都交给你们，我们只搞游击队。你们只搞了一点原子能，就要控制，就要租借权。此外，还有什么理由！

气愤当中，毛泽东似乎也意识到了尖端技术转让的某些微妙之处。不过，在他看来，共产党人之间还要保密，没有道理，你有的我就应该有，否则还叫什么国际主义？因此，他怀疑苏联人是因为看不起中国人才不愿把技术转让给中国的。他生气地说：你们大概认为，海军核潜艇是一门尖端科学，有秘密，给了我们，可能发生问题。你们就是不相信中国人，只相信俄国人。俄国人是上等人，中国人是下等人，毛手毛脚的，所以才产生了合营的问题吧。你们说欧洲人看不起俄国人，我看俄国人有的也看不起中国人。[1]

二、毛泽东声称：“为了最后的胜利，我们愿承担第一个打击”

接到尤金的报告，一周之后，即7月31日，赫鲁晓夫急急忙忙地从莫斯科飞到北京来了。毛泽东亲自前往机场把他接到迎宾馆。稍事休息后，他就赶往中南海去见毛泽东，解释说事情全让尤金给搞误会了。在批判过斯大林的错误之后，苏共中央绝不会再搞任何形式的“合作社”。赫鲁晓夫坚持说，他的建议其实是要帮助中国在诸如黄河这样的河流旁边，搞一个制造潜水艇的大工厂，大量生产潜水艇。

毛泽东很奇怪，再三强调：这是你们的大使尤金同志不止一次亲口说的，要建联合舰队嘛！赫鲁晓夫做出一副很委屈的样子，也再三表示说：一个舰队由两个国家来指挥，是不可想象的。苏联不可能提出这样的主张，因此他们也很伤心，觉得中国同志不相信他们，对他们的政策作了不正确的了解。他甚至也很不满意地批评毛，说毛泽东“触犯了我们的自尊心”，“粗暴地理解我们的政策”，云云；说毛既然看出尤金所谈的内容离开了共产党的原则，就应该先和他通过电话联系一下，澄清一下，不应该一宿不睡觉。赫鲁晓夫明确提出，中国应该有一支强大的、装备着导弹的潜水艇舰队，装有导弹的鱼雷快艇、驱逐舰。苏联有的东西都可以给中国。对于长波电台，赫鲁晓夫的态度也很爽快，说所有权可以是中国的，由中方投资，苏联只

---

[1] 《毛泽东与苏联大使尤金的谈话》（1958年7月22日），《党的文献》1994年第1期。其实，中国方面也并非真的对苏联就很大方。一个多月之后，国民党空军在福建上空的一次空战中发射了一枚美国“响尾蛇”空对空导弹，未炸坠地。苏联军事顾问得知后马上报告了苏联军方，因中国当时尚不能制造导弹，故苏方几次索要，中方却始终不理。最后推托不过，才说正在研究这枚导弹，不能提供给苏方。这使得赫鲁晓夫非常不满，不仅向中方表示了强烈不满，而且拒绝向中国提供本应交付的研制P–12型中程弹道导弹的资料。最后，中方终于不得不将这枚已经拆卸多次的“响尾蛇”导弹转交给了苏方，但苏方发现，导弹竟然少了一个最关键的部件——红外线弹头传感器。

要在协议的基础上有权使用这个电台来指挥自己的舰队就可以了。[1]

赫鲁晓夫的上述说法究竟在多大程度上是真实的，颇值得怀疑。即使在谈话当中，他也不能自圆其说。赫鲁晓夫在谈话中明确讲到，苏联最近打算加强在阿尔巴尼亚的潜艇舰队和导弹基地。毛泽东特别问道：在那个地方你们得搞合作社吧？赫鲁晓夫回答说：看起来是这样。不论对中国问题如何反应，至少毛泽东相信阿尔巴尼亚是非靠苏联保护不可的，故他对苏联在阿搞合作社并没有提出异议，反而表示说，他同意苏联这样做，说如果真有战争，他也主张中苏搞合作社。赫鲁晓夫必欲在阿尔巴尼亚搞合作社的事实说明，他所谓“共产党的原则”，其实并不存在，关键是一个需要与可能的问题。其实，苏方既然对长波电台提出过合营问题，说自己绝不会就潜艇舰队一事提出合作社问题，逻辑上也难以成立。[2]

当年任苏共中央联络部中国处处长库里克对这件事的解释也许更容易让人了解赫鲁晓夫当时提议的背景。他说：当时苏联没有一种导弹能够从苏联直接打到美国的东海岸，军人们于是就产生了一个想法，想搞一个舰队，通过中国沿海随时进出太平洋，由在中国设立的长波电台指挥，就可以向美国实施有效的导弹袭击了。1962 年发生的古巴导弹危机，就是这种想法的重演。据他说，如果 1958 年搞起了这个舰队，赫鲁晓夫就不需要把导弹运到古巴去了，从中国的沿海就可以打到美国了。问题是当时苏方只想到了如何对付美国，却没有想到中国人对主权的看法。[3]

1958 年夏天的这次争吵，不论对后来的中苏关系留下了多大一片阴影，至少在当时的毛泽东看来，还只是一片乌云掠过。从会议记录看，与赫鲁晓夫第一天会谈后，乌云大致就已经散开了。从 8 月 1 日到 3 日，接连三天

---

[1] 《毛泽东与赫鲁晓夫的谈话记录》（1958 年 7 月 31 日）。

[2] 十几年后，赫鲁晓夫在他的回忆录中曾记述了这段交涉，但对事情的来龙去脉已经记忆不清了。不过他说到苏联军方当时想要使用中国沿海港口停泊其在太平洋的潜艇，应该是合乎情理的。前引《最后的遗言》，第 400 页。

[3] 库里克在 1997 年冷战与中苏关系国际学术研讨会上的发言，《当代中国史研究》1998 年第 2 期。

的会谈是在相当友好和诚挚的气氛中进行的。直接利用了这一记录的《中华人民共和国外交史（1957—1969）》一书，在评价这三天会谈的结果时，也肯定地说，第一天双方“意见基本一致”，第二天和第三天都是“意见完全一致”。毛泽东重新变得谈笑风生，好像什么事情都没有发生过一样。两个月后，赫鲁晓夫来信，明确表示同意就帮助中国制造核潜艇问题开始具体的商谈。[1] 当然，赫鲁晓夫心里还是结了个很大的疙瘩。而最倒霉的则要算是尤金大使了。这件事把他吓得不轻，当时就病倒了，后来不得不被抬回了莫斯科。他的不满更是可想而知。

就在毛、赫会谈后不久，毛泽东再度我行我素，又惹得赫鲁晓夫大为头疼。

原来，还在中苏双方这次争吵之前，即7月14日，中东地区的伊拉克发生军事政变,亲美的国王和王储被打死。第二天,美军在黎巴嫩登陆。随后,英军在约旦登陆。中东局势变得异常紧张。

对于美英的这一公然干涉别国内政的粗暴行径，赫鲁晓夫代表苏联政府明确表示了反对态度。他提议立即召开五大国首脑会议和联大特别会议，讨论美英撤军和恢复中东和平问题。由于苏联的干预和阿拉伯国家的一致反对，美英的态度开始软化，同意了召开联大特别会议。到8月13日，美国总统艾森豪威尔已经开始同意让联合国而不是由美英来维持中东地区的和平了。21日,中东阿拉国家提出一项和平提案,也被紧急会议迅速通过了。

中东局势开始趋于缓和，显示了苏联外交的重要作用。但就在这时，毛泽东突然不宣而“战”，于8月23日下令炮轰金门、马祖两岛，惹得与台湾订有《共同防御条约》的美国急忙从地中海、旧金山、日本和菲律宾等地调集舰队和飞机，集结于台湾海峡，准备配合台湾国民党协防金、马。台湾海峡的局势顿时高度紧张起来。可以肯定，这也是毛泽东革命外交战

[1] 王泰平主编：《中华人民共和国外交史（1957—1969）》，北京：世界知识出版社1998年版，第226—227页。

略的一次具体尝试。

金门、马祖，是中国福建省沿海的两个小岛，由于在国民党军队的占领下，蒋介石这时频频以它们为跳板，对福建沿海进行骚扰和渗透，沿海诸省军政当局早就要求拿下这两个岛屿了。这个时候，美军根据美蒋《共同防御条约》驻守台湾岛，再加上要跨过台湾海峡去进攻台湾，对海空军的要求很高，因此进攻的条件不成熟。但金、马没有美国驻军，又近在咫尺，这个时候通往福建沿海的铁路已经建成，大批炮兵已经调至福建前线，军用机场也已建好，可以就近提供有效的空中支援。故从作战角度，要收复这两个小岛已不成问题，关键只是看美国是否会介入了。

毛泽东想打金、马，根本上还是对美国气不过。1954 年 9 月毛泽东第一次发令炮击金门，就是因为气不过美国坚持不与新中国政府接触的强硬态度。结果，一顿炮击，虽然打出了一个美蒋《共同防御条约》，但最终还是把美国人打到谈判桌前来了，迫使美国同意定期在日内瓦与中国进行大使级会谈。想不到，由于中国坚持要与美国谈台湾问题，而美国坚持拒绝与中国谈判台湾地位问题，双方的会谈始终没有取得过任何实质性的效果，因此，到 1957 年 12 月，美国政府借口该大使调任，转派低层级官员来应付场面，事实上不想继续这种接触了。对此，毛泽东坚持要把美国逼回到谈判桌前来。为此，中国政府外交部从 1958 年 2 月开始，接连三度发表声明，要求美国人重新选派大使继续谈判。最后一次 6 月 30 日的声明，更以最后通牒的形式，限美国方面十五天内予以答复，否则一切后果将由美国政府承担。而为了给美国人以颜色，就有了 7 月 14 日彭德怀主持下召开的准备炮击金门的重要军事会议，并且决定了要在 7 月 27 日实施大规模炮击的具体行动计划。而这个计划制订之日，恰逢中东事件爆发，是为巧合，但也给毛泽东提供了一个声援中东革命的更大的口实。用毛泽东炮击金门当天晚上在政治局常委会上的话来说，就是：“我们的要求是美军从台湾撤退，蒋军从金门、马祖撤退。你不撤我就打。台湾太远打不到，我就打金、马。这肯定会引起国际震动，不仅美国人震动，亚洲人震动，欧洲人也震动。

阿拉伯世界人民会高兴，亚、非广大人民会同情我们。”[1]

但是，打金、马，根本上只是要给美国人以教训，并非是想要引起与美国人之间的直接冲突。而由于美蒋订有《共同防御协定》，对会不会引起美国介入的问题，毛泽东这时并没有十分的把握。因此，当美国国务卿杜勒斯在中国外交部最后通牒规定的最后一天突然回应中方的要求，表示在改变谈判地点的情况下，美国将会考虑另派大使级代表与中国方面重开会谈之后，毛泽东的态度自然也就迅速开始犹豫起来。再加上这时又横插进一个联合潜艇舰队的问题，中苏关系出现麻烦，打金门自然就更不是时候。因此，临到最后就要炮击之际，毛泽东还是指示彭德怀放弃了炮击金门的计划。[2]

不过，毛泽东毕竟不会把眼光仅仅局限在台湾和中国大陆一隅之地，这个时候的他关心的问题要远大得多，也宽广得多。这时中国的“大跃进”正在热火朝天地创造着各种奇迹，令毛泽东万分自豪，深信半年前提出的十五年赶上英国的目标早已落伍，快一点的话七八年就可以赶上美国，甚至可以超过苏联，早早地就跨入共产主义了。正是在这样一种心态下，毛泽东不仅对美国人的傲慢深恶痛绝，对俄国人的态度变得格外敏感，而且也绝不会为了自己一国的利益就轻易地放弃声援和影响世界革命的强烈愿望。因此，当他发现赫鲁晓夫调动军队举行大规模军事演习，向美国示威以援助中东事件时，他也不能不重新考虑炮击金门的必要性了。

8 月 18 日，在中东事件发生一个多月之后，毛泽东重又做出了炮击金门的决定。当然，毛泽东还是力避与美国发生冲突。他指出：“我们不说一定登陆金门，也不说不登陆。我们相机行事，慎之又慎，三思而行。因为登陆金门不是一件小事，而关系重大。问题不在于那里有 95000 蒋军，这个好办，而在于美国政府的态度。美国同国民党订了共同防御条约，防御范围是否包括金门、马祖在内，没有明确规定。美国是否把这两个包袱也背上，

---

[1] 吴冷西：《忆毛主席》，第 74 页。

[2] 毛泽东：《关于把握打金门时机给彭德怀、黄克诚的信》（1958 年 7 月 27 日），《建国以来毛泽东文稿》第 7 册，第 326 页。

还得观察。打炮的主要目的不是要侦察蒋军的防御，而是侦察美国人的决心，考验美国人的决心。”[1]

问题是，不论是要占金、马，还是单纯只是为了侦察美国人有无帮助防御金、马的决心，毛泽东都没有按照结盟国家间应有的规矩，预先知会作为军事盟国的苏联政府。随着 8 月 23 日中国方面开始大举炮击金门，美国政府派遣大批军舰开赴台湾海峡，台海局势骤然紧张，再加上中国方面还大张旗鼓地宣传要“解放台湾”，这自然不能不让赫鲁晓夫深感不满。毕竟，苏联作为与中国订有互助同盟条约的盟国，是要承担由此带来的战争风险啊！

据苏联驻华代办这时报告称：朋友们只是在 8 月 23 日发动了炮击之后才告诉我们，之前丝毫没有透露这一本已在计划中的重大军事政治行动的意图。得到通报后，赫鲁晓夫立即要求苏联大使转告中国方面：中国全面建设社会主义才刚刚开始，经济上和军事上都还比较落后，目前不具备打现代化战争，也不具备对台湾实施登陆作战的条件。包括苏联在内的整个社会主义阵营，也没有必要在现在卷入到这场战争当中来。但毛泽东却不以为然，他说：他不过是想摸摸美国人的底，最多也就是准备把金门、马祖拿下来，并没有立即夺取台湾的打算，不会弄出大乱子。因此，毛泽东通过外交部通知苏联方面说，这些岛屿是中华人民共和国的领土，我们如何解放它们，是我们的内部事务。言外之意，莫斯科管得太宽了。对此，苏联大使馆难以接受，它在报告中明确认为：中国人现在表现出来的倾向是要自己解决亚洲问题，他们并不认为有必要与我们商量他们计划中的行动，尽管当局势失控时他们会指望我们的支持。[2]

9 月 4 日，美国国务卿发表声明，公开宣布金门、马祖也在美台协防的范围之内。注意到夺取金、马可能引起中美直接冲突，同时也注意到苏联方面的焦虑，周恩来受命向苏联驻华代办转达了毛泽东新的考虑，这就是，

---

[1] 吴冷西：《忆毛主席》，第 76 页。

[2] 参见廖心文：《1958 年毛泽东决策炮击金门的历史考察》，《党的文献》1994 年第 1 期；Storage Center for Contemporary Documents of Russia（SCCD），5/49/239/1/208; 5/49/131/1/198。

中国炮轰金、马，并不是就要武力夺取金、马，只是要惩罚国民党军队在福建沿海的挑衅，炮击是有分寸的，不会打出乱子。如果打出乱子，中国也绝不拖苏联下水。除非美国使用大口径的核武器，否则，如果只是使用战术核武器的话，苏联不必参加战争。[1]

自从苏共“二十大”以来，毛泽东与赫鲁晓夫在要不要与资本主义世界“和平共处”的问题上，就一直存在着某种分歧。这种分歧到1957年莫斯科会议时双方直截了当地交换了意见，都做了一些妥协。但是，从1958年2月毛泽东撤换周恩来的外交部长职务，可以清楚地看出他对周恩来此前所坚持的和平外交方针，特别是无法解决美国对中国的歧视问题，已相当不满意，力图用过去对国民党的那套办法，即与美国打打谈谈来迫使美国承认新中国并最终放弃对台湾国民党政权的支持。炮击金门事件，就充分表现出了毛泽东这种强调武力威慑作用的革命外交的特点。毛泽东后来讲，这次炮击金门，就是抓住美军登陆黎巴嫩，一面试探美国人对金、马的态度，一面声援阿拉伯人民。他很清楚这会使刚刚缓和的国际局势又紧张起来，但他就是要搞点紧张局势。因为他认为紧张局势有刺激世界人民觉醒的有利的一面，可以促使许多人清醒起来，下决心同帝国主义斗争，未必不是好事。[2] 因此，毛泽东在炮击金门的问题上不与赫鲁晓夫打招呼，显然不会是没有目的的。

不管赫鲁晓夫对中国方面没有事先通知苏联就用武力向美国进行试探一事如何不满，在美国与中国有可能直接冲突的情况下，作为中国的盟国，赫鲁晓夫还是做出了公开的表态。9月5日，继美国宣布协防金、马之后，苏联政府公开发表声明支持中国政府。10日，赫鲁晓夫并进一步发出了致美国总统艾森豪威尔的公开信。信中强调：“对我国伟大的盟友盟邦和邻国中华人民共和国的侵犯，也就是对苏联的侵犯。”为了更有效地威慑美国，

---

[1] 《周恩来年谱》中卷，第166页；《赫鲁晓夫给毛泽东的信》（1958年9月27日）。

[2] 吴冷西：《忆毛主席》，第75—76页。

赫鲁晓夫这时还特地召见了中国大使刘晓，要求刘晓秘密转告毛泽东，说苏联可以帮助中国加强在台湾海峡沿岸的空军力量，以便威慑美国第七舰队。赫鲁晓夫为此又接连写了两封信给毛泽东，说是可以派携带 C–75 地空导弹的部队到福建来。对此，毛泽东专门复信表示欢迎，只是他强调："为了最后胜利，灭掉帝国主义，我们愿意承担第一个打击，无非是死一大堆人"，要赫鲁晓夫不必担心。但他还是不愿意让外国军队驻到中国的土地上来。他的提议是：最好请苏联政府供应我国一批地空导弹和岸舰导弹，并请苏联政府派来技术专家帮助我国训练使用这些武器的部队。[1] 不难看出，毛泽东不是不想要苏联的援助，导弹和技术都可以运来，只是苏联的部队就不要来了。毛泽东对主权问题的敏感，导致他后来干脆怀疑赫鲁晓夫这个时候提出派导弹部队来恐怕是别有用心。

三、赫鲁晓夫摆出智者的架势，毛泽东以眼还眼，以牙还牙

就在台海危机发生前后，苏联驻华使馆陆续开始得到一些在华专家关于中国进行"大跃进"的报告。报告除了说明中国正在有计划地"向共产主义跃进"以外，还特别提到了毛泽东在一些中央会议上的讲话，包括反对迷信外国、反对物质刺激、三年超过英国、十年赶上美国等说法。不仅如此，中共中央联络部还明确表示希望苏联方面"在报刊上积极评价"中国的"大跃进"和人民公社。

在众多苏联人看来，他们的国家要远比中国发达得多。即便如此，赫鲁晓夫 1957 年提出的目标也还是要在十五年赶上美国，基本达到共产主义。如今经济上落后得多的中国，反而说苏联"在它的社会主义发展阶段上停留得太久了"，打算自己一步跃过苏联，提前进入共产主义，这不能不让苏

[1] 《建国以来毛泽东文稿》第 7 册，第 404—405 页；刘晓前引书，第 62—66 页；《毛泽东给赫鲁晓夫的信》（1958 年 10 月 14 日）。

联方面深感不满。苏联驻华使馆在给莫斯科的报告当中明确批评中国的做法，称：在经济如此落后的条件下搞“大跃进”、人民公社等，只能促使中国民族主义情绪的膨胀，而不会带来任何积极的结果。[1]

毛泽东发动“大跃进”，确实与苏联有关。还在莫斯科得知赫鲁晓夫有十五年赶上美国的想法之后，他就当即表示说，中国可以用十五年的时间赶上英国。还在莫斯科期间，他就审定修改了一篇《人民日报》的社论：《必须坚持多快好省的建设方针》，要求掀起一个全国规模的工农业生产高潮。12 月 2 日，毛泽东回国不到两周时间，刘少奇就在全国总工会的大会上公开宣布了毛泽东提出的这一目标，宣称：“在十五年内，苏联能够在许多重要的工业产品和农业产品上赶上或者超过美国，在同样的时间内，我们应该在钢铁以及其他重要工业产品上赶上或者超过英国。”[2] 眼看赫鲁晓夫在各国共产党领导人中间威望不高，毛泽东憋足了心气要和苏联比一比。而要比，其他已经都不在话下了，关键还是一个经济实力的问题。毛泽东就是不信邪。用他的话来说：“和平时期的经济建设，难道比打败蒋介石的八百万军队还困难吗？我不相信！”[3]

1958 年 1 月，毛泽东进一步明确提出了他那著名的“不断革命”的主张，强调“我们的革命是一个接一个的。从 1949 年在全国范围内夺取政权开始，接着就是反封建的土地改革，土地改革一完成就开始农业合作化，接着又是私营工商业和手工业的社会主义改造。社会主义三大改造，即生产资料所有制方面的社会主义，在 1956 年基本完成，接着又在去年进行政治战线和思想战线上的社会主义革命……现在要来一个技术革命，以便在十五年或者更多一点的时间内赶上和超过英国”[4]。

“上有所好，下必甚焉。”在高度集权的政治体制下，随着毛泽东的头

---

[1] SCCD, 5/49/129/11/191–192；5/49/134/1/41，68.

[2] 《人民日报》1957 年 12 月 12 日，见《新华半月刊》1958 年 1 月号。

[3] 叶子龙口述，温卫东整理：《叶子龙回忆录》，北京：中央文献出版社 2000 年版，第 187、213 页。

[4] 毛泽东：《工作方法六十条（草案）》（1958 年 1 月），《建国以来毛泽东文稿》第 7 册，第 51 页。

脑日渐发热，全党、全国上上下下迅速掀起了“大跃进”的热潮。一时间捷报频传，全国各地到处你追我赶，放“卫星”，造“奇迹”，上面的胃口也就越来越大。1月底还说“以十五年或者更多一点的时间赶上和超过英国”，3月底就变成了“在比十五年更短一些的时间内超过英国”。在成都召开的中央工作会议上，毛泽东已经开始大讲照搬苏联的规章制度害死人了。他断言：只要总路线正确，多、快、好、省，鼓足干劲，力争上游，调动一切力量，我们十三年抵苏联的四十年，完全可能，因为“我们人多，政治条件不同，我们可以比他们快，有客观条件”。因此，到了5月18日中共八大二次会议期间，毛泽东更提出了“七年赶上英国，再加八年或者十年赶上美国”的主张。他并且已经开始认为：“苏联的方法可以建设社会主义，我们也可以有另一个方法”，“我看我们的共产主义，可能比苏联提前到来”。再过了四个月之后，即9月初，毛泽东已经干脆主张：“为五年接近美国，七年超过美国这个目标而奋斗”了[1]。而为了迅速进入共产主义，毛泽东甚至提出了他的改造社会组织的新设想，即“我们的方向，应该逐步地有次序地把‘工（工业）、农（农业）、商（交换）、学（文化教育）、兵（民兵，即全民武装）’组织成为一个大公社，从而构成为我国社会的基本单位”[2]。人民公社由此迅速开始在全国范围的农村中普及开来。当8月29日中共中央通过《关于在农村建立人民公社的决议》时，已经充满自信地认为：“看来，共产主义在我国的实现，已经不是什么遥远将来的事情了，我们应该积极地运用人民公社的形式，摸索出一条过渡到共产主义的具体途径。”[3]

前呼后拥地去了一趟河北的徐水县之后，农民出身的毛泽东竟然被农村干部制造的粮食丰产的假象所欺骗，以为只要组织了人民公社，改变了生产关系，粮食亩产就能不断地“放卫星”，夺高产。他甚至开始为农村

[1] 转见丛进：《曲折发展的岁月》，第121页；《建国以来毛泽东文稿》第7册，第236、368页。
[2] 陈伯达：《毛泽东同志的旗帜下》，《红旗》1958年第7期。
[3] 《中共中央关于在农村建立人民公社的决议》（1958年8月29日），见《建国以来重要文献选编》第11册，第450页。

粮食吃不完、卖不掉而担心了。对自己多少熟悉一些的农业都如此，对自己陌生的工业自然更盲目。他开始公开讲：过去不少人认为工业高不可攀，神秘得很，我就不相信。我同几个管工业的谈过，开始不懂，学过几年，也就懂了。有什么了不起！于是在他的力主下，钢产量从年初计划的 620 万吨，增到 850 万吨，又猛增到 1070 万吨。他的理论是：我国有六亿多人口，再过十几年就是八亿人口，人多热气高，干劲儿大，一干就赶过英国、美国。不要迷信，中国人口多，为什么不应当成为世界第一大国？他说：在延安的时候，林彪同志向我说，将来中国要赶上苏联，当时我还不相信，我想苏联也在进步呀？现在我相信了。我看我们的共产主义可能提前到来，因为我们的方法比苏联的好，速度比苏联的快，再加上有六亿人口和苏联的技术援助，理所当然应当走到前面去。[1]

中国真的要提前进入共产主义吗？“大跃进”运动的狂热和泛滥成灾的浮夸风，这时确实使毛泽东有些飘飘然了。他在 11 月的武昌会议上进一步讲：苏联已经 41 年了，还准备搞 12 年，它已经有 5500 万吨钢，1 亿吨以上的石油，还是那么谨慎，还需要 12 年准备过渡。看来他们有他们的困难，我们有我们的长处。毛泽东总结说：中苏对比，我们快他们慢的关键是，他们资产阶级等级制度根深蒂固，上下级悬殊，猫鼠关系，我们是干部下放劳动，将军当兵。他们缺乏群众路线这一着，即缺少政治，所以搞得比较慢。另外还有几种差别，工农、城乡、脑力体力，没有破除……但是，他主张：不管我们走得多快，还是要给苏联人留点面子。在全世界人民面前，在整个社会主义阵营面前，我们一定要让苏联先过渡，我们无论如何要后过渡，不管我们搞到多少钢。依现在的速度，我们十年后就可以搞到 4 亿吨钢、160 万台机器、25 亿吨煤、3 亿吨石油，还有天下第一田。到那时候，我们就是地球上天下第一国了。可是，他们搞了那么久，还没有过渡，落在我

[1] 《中国社会主义经济建设问题》，北京：中共中央党校出版社 1980 年版，第 7、9 页；《毛泽东在八大二次会议上的讲话》（1958 年 5 月 8、17、20、23 日）。

们后头，现在已经发慌了。他们还没有人民公社，他搞不上去，想抢上去，我们过渡到苏联人前面，他脸上无光。[1] 以这样一种心态来看待中苏关系，没有不出岔子的。

苏联方面对中国的“大跃进”，开始是持积极称赞的态度的。包括对于人民公社，最初虽然基于苏联早年的经验而有所怀疑，但也没有公开表示过任何不同的意见。问题是，面对来自各国共产党人的高度评价，对于毛泽东来说，莫斯科对人民公社这一重大尝试保持沉默，实际上就等于是不赞成。这也正是中共中央联络部要求苏方积极评价中国的人民公社的基本原因。

事实上，随着中苏之间在台海危机等方面出现问题，特别是中国的做法在苏联和东欧国家中引起了一种盲目效仿的情绪，赫鲁晓夫已经不能不开始针对中国的这些做法和说法表示看法了。他在 11 月 30 日与波兰领导人的一次谈话当中，就开始直言他对中国的人民公社不赞同。他说：“中国人现在正在组织公社。在我国这在三十年前就曾有过，对这个我们腻了。可是中国人嘛，就让他们去尝试吧。当他们碰得头破血流时，就会有经验了。”还说，按照军事模式组织公社，在苏联也搞过，“这不是一个原则问题，但是在经济上是不合理的”[2]。紧接着，赫鲁晓夫等人在许多场合都直接或间接地表示了类似的看法，包括在 1959 年 1 月举行苏共第二十一次代表大会，赫鲁晓夫甚至曲折地表示了对中国一些宣传和做法的不满。他公开声称：“社会不能不经过社会主义发展阶段就从资本主义跳到共产主义”，“认为共产主义社会会突然出现是不正确的”，“平均主义并不意味着向共产主义过渡，而是在破坏共产主义的声誉”。[3]

在斯大林去世，特别是赫鲁晓夫揭批斯大林引发一系列严重危机以至不得不请毛泽东出面维持苏联党的中心地位之后，毛泽东早已不把苏联党

[1] 《毛泽东在武昌会议上的讲话》（1958 年 11 月 21 日），《毛泽东思想万岁》，第 262—265 页。
[2] 沈志华执行总主编、杨存堂分卷主编：《苏联历史档案选编》第 27 卷，北京：社会科学文献出版社 2002 年版，第 187—190 页。
[3] 周文琪前引书，第 516 页。

和苏联经验放在眼里了。搞“大跃进”和创立“人民公社”，正是毛泽东具体实践他的超越苏联经验，成功地走向共产主义的理论和方法，因此也是他投入最大热情和最引为豪的一件事情。他对此举之成败，几乎看得比自己的生命还重要。也正因为如此，稍有成就，他就津津乐道。而一旦有批评，他便会怒不可遏。比如，1958 年 12 月，他读到捷克斯洛伐克《红色权利报》等高度称赞中国的“大跃进”不仅对中国而且对全人类都有重大意义的言论时，马上批示：“印发”，并声称：“极好看”。[1] 而对赫鲁晓夫等人拐弯抹角地表示不同意见，则会极端恼怒与不满。正是在这种情绪的支配下，不可避免地发生了庐山会议这一重大的历史性悲剧。

沈志华教授关于这个问题的一段研究颇足说明当时发生了什么。

1959 年 7 月 16 日，毛泽东读到彭德怀针对“大跃进”和人民公社运动中的问题所提交的意见书后，指示印发与会者人手一份。7 月 19 日，毛泽东进一步读到两份否定“大跃进”和人民公社的材料。一份介绍了天津市部分党员的看法，主要是认为全民炼钢“得不偿失”，“劳民伤财”，只算政治账，不算经济账，说人民公社“走得太快”，“带来了副作用”等。另一份是中国驻苏大使馆 7 月 2 日给外交部并中共中央的报告，称最近在苏联部分干部中，相当普遍地流传着有关中国当前某些困难情况的说法，对中国“大跃进”的成绩避而不谈，专讲毛病，其结论是中国党犯了错误。对此，毛泽东仍批示印发会议各代表。[2] 直到 27 日，毛泽东仍不动声色，且再度批准印发了一个中共江西省委党校近半数的学员认为“人民公社没有优越性”，是“人为的产物”“早产儿”，中央关于人民公社的决议是“心血来潮”，是“‘左’倾思想的复活”，公共食堂“害多利少”的材料。[3] 所有这些材料，因为基本上是中国人自己的议论，因此毛还能隐忍不发，看来也并不十分担心会造

---

[1] 长春市档案馆，全宗 1，目录 1—11，卷宗 60，第 175—181 张。转见沈志华：《苏联对“大跃进”和人民公社的反应及其结果》，《中共党史资料》2003 年第 1 期。

[2] 《建国以来毛泽东文稿》第 8 册，第 366、367 页。

[3] 同上，第 387—388 页。

成何等严重的后果。但是，一天之后，当他读到《纽约时报》报道的赫鲁晓夫在波兰就中国的人民公社问题所提出的批评时，他就再也沉不住气了。[1]

7月29日，毛泽东批示：将有关材料印发会议代表，“请同志们研究一下，看苏联曾经垮台的公社和我们的人民公社是不是一个东西；看我们的人民公社究竟会不会垮台；如果要垮台的话，有哪些足以使它垮掉的因素；如果不垮的话，又是因为什么。不合历史要求的东西，一定垮掉，人为地维持不垮，是不可能的。合乎历史要求的东西，一定垮不了，人为地解散，也是办不到的。这是历史唯物主义的大道理。请同志们看一看马克思政治经济学批判的序言。近来攻击人民公社的人们就是抬出马克思这一个科学原则当作法宝，祭起来打我们，你们难道不害怕这个法宝吗？”批示发出后，毛泽东意犹未尽，8月1日又将上述文件批给中联部部长王稼祥：“我写了几句话，其意是驳赫鲁晓夫的。将来我拟写文章宣传人民公社的优越性。一个百花齐放，一个人民公社，一个大跃进，这三件，赫鲁晓夫们是反对的，或者是怀疑的。我看他们是处于被动了，我们非常主动，你看如何？这三件要向全世界作战，包括党内大批反对派和怀疑派。”[2]

很显然，毛泽东所以会把彭德怀的意见书与赫鲁晓夫挂起钩来，进而怀疑彭德怀可能从莫斯科取了什么“经”回来，乃至于为了捍卫他的“大跃进”和人民公社化运动，不惜“向全世界作战”，其原因不外是要拼死维护他的政治正确性。他并非不知道“大跃进”和人民公社运动中出现了一些严重的问题，他原本也是准备在一定程度上纠纠“左”的。然而，仅仅因为赫鲁晓夫突然公开出来批评他引以为豪的革命创举，恰好国防部长彭德怀又带头上书指责“大跃进”具有“小资产阶级狂热性”，他转而发现自己已退无可退。因为在这个问题上稍作退让，就可能会导致对“大跃进”和人民公社运动的

[1] 长春市档案馆，全宗1，目录1—11，卷宗60，第237—238张。转见沈志华《苏联对“大跃进”和人民公社的反应及其结果》。

[2] 毛泽东：《关于研究人民公社问题的批语》（1959年7月29日、8月1日），《建国以来毛泽东文稿》第8册，第390—391页。

根本否定，进而势必会使自己成为赫鲁晓夫之流的笑柄，后果不堪设想。毛泽东因此不得不横下一条心：无非是想早一点进共产主义，有什么错！

庐山会议因此迅速改变了风向。当年周恩来曾经明确表示对赫鲁晓夫过去不敢抵制斯大林的错误难以理解，如今同样的事情也在中国发生了。这是一次事关中共党内生活性质的重要转折。许多年以后，邓小平公开讲，自从庐山会议以后，党内生活就变得十分不正常了。正是在这次会议上，与会者几乎一边倒地纷纷起来揭发批判彭德怀等人。这种揭发甚至连被揭发者私下的议论也被端到桌面上来了。根据揭发，彭德怀等犯有对毛泽东的大不敬罪行，比如，据说彭德怀等人居然敢于议论说，毛泽东正在重蹈斯大林晚年覆辙，并扬言说，再这样搞下去，弄不好中国也会发生匈牙利事件，要请苏军帮助呢！所有这些揭发，只能更让毛泽东火冒三丈，彭德怀等人因此不可避免地被打成了“反党分子”，从此再难翻身。[1]

庐山发生的这场风波，使毛泽东开始把赫鲁晓夫看成是国际上反对中国“大跃进”和人民公社的总后台。他甚至一度打算公开刊登赫鲁晓夫反人民公社的讲演。[2] 但随后发生的一切，已经用不着这样做了。

四、两党会谈发生激烈争吵，毛泽东断定赫鲁晓夫必将破产

8 月 27 日，围绕着西藏问题一直发生摩擦的中印两国，终于在有争议的边境地区发生了武装冲突。中方的态度很简单，对于一直坚持同情且暗中支持西藏分离主义的这种资产阶级民族主义国家必须针锋相对，“不怕刺激他，不怕跟他闹翻”[3]。然而赫鲁晓夫这时正在极力与美国缓和关系，并

[1] 《建国以来毛泽东文稿》，第 8 册，第 367、391—392 页；李锐：《庐山会议实录》，郑州：河南人民出版社 1994 年版，第 276、277、279 页。

[2] 毛泽东：《关于注意发表国外对华评论问题的批语》（1959 年 9 月 4 日），《建国以来毛泽东文稿》第 8 册，第 504 页。

[3] 吴冷西：《忆毛主席》，第 121—125 页。

准备访美。对毛泽东刚刚弄出一个台海危机又闹出一个中印边境冲突事件，赫鲁晓夫已不胜其烦。在取得了巩固的权力宝座，并且开始按部就班地与美国实现起“和平共处”的赫鲁晓夫，已用不着对毛泽东卑躬屈膝了。印度是中立国家的主要代表国之一，苏联与美国之间的问题离不开印度等国家在国际的缓冲作用。因此，赫鲁晓夫对毛泽东不顾印度的重要性而不惜为了不确定的边界领土问题与之大打出手颇为不满。为了在中印之间表现不偏不倚，他不顾苏联与中国的同盟关系和中方的异议，于9月9日通过塔斯社公开发表声明，只对中印冲突表示“遗憾”[1]。

9月15日，赫鲁晓夫到美国访问。为避免任何麻烦，赫鲁晓夫借口苏美正在讨论签署禁止核试验条约，下令停止了向中国提供早已准备好了的原子弹样品。这显然是许多苏联领导人一直想做的一个决定。但它对于已经进展到相当程度，万事俱备只欠东风的中国核工业建设来说，无疑是一个不小的打击。[2] 特别是对于因为苏联在这方面的无私援助，还多少对赫鲁

[1] 赫鲁晓夫后来专门讲：“我们事先知道我们的声明是不会受到北京欢迎的。”赫鲁晓夫前引书，第465页。

[2] 据沈志华等学者的考察：中国这时核工业的基础部分，即提炼核燃料与制造核部件的设备及技术均已在苏联帮助下建成了。如最关键的生产原子弹起爆燃料浓缩铀的兰州气体扩散厂的设备已全部运交到位并开始建设；生产核部件的包头二〇二厂也已得到了全部设计和技术资料，关键性的设备也已到货。其中1961年运到的莫斯科红旗制造厂的三台球面车床，是中国当时自己无法制造的。直到十年以后，中国自行设计和制造的球面车床才得以问世。正是在苏联已经提供的这些援助的基础上，中国科技人员才得以在1963年4月解决了六氟化铀、铀分离膜及轴承润滑剂、密封剂等难题；在1964年1月14日生产出了可供原子弹使用的浓缩铀；进而解决了钚239燃料的生产问题，并建成了氢弹原料——氚的生产线。同样的情况，中国导弹工业也得益于苏联已经提供的帮助。这包括已经提供的地对地P–1（作教学用）、P–2液体燃料导弹及其制造技术。中国正是通过仿制P–2导弹，进而在此基础上陆续研制出中程和洲际导弹、固体燃料导弹、潜艇发射的导弹等。中国防空部队最早击落台湾美制高空RB–57D高空侦察机以及后来击落U–2飞机，使用的也是苏联提供的C–75防空导弹发射装置发射的萨姆–2导弹。中国据此仿制出红旗1号，进而研制一系列地对空导弹。空对空导弹，中国也是通过仿制苏联提供的苏K–5型空对空导弹而生产出来的。而舰对舰导弹，也是依靠苏联转让的舰对舰П–15型导弹生产了上游1号，然后陆续研制出了岸对舰海鹰1号、空对舰鹰击6号等导弹。苏方没有按照协定提交的只是潜对地导弹。除了导弹实物和转让技术资料以外，苏联还应邀派专家来华参加勘察试验场地，并在测试场的布局、组织机构的编制、网站的设置、测试设备的订购、测试程序的制定等方面，给予了全面指导帮助。这些无疑也都大大加速了中国导弹工业的建设和发展。

晓夫抱有某种好感的相当一批中共中央领导人，刺激尤其沉重。

9月25—27日，苏美两国首脑在戴维营举行了会谈。赫鲁晓夫相信他的和平共处、和平竞赛的理想正在实现。当他兴冲冲地从美国直接飞往北京，准备向毛泽东解释他的这一整套国际关系新理念，并劝告毛泽东务必按照他的这套理念行事的时候，双方之间终于爆发了前所未有的严重争吵。由于这时的心态已与过去完全不同，赫鲁晓夫充分表现出了他缺乏修养和脾气暴躁的一面。

根据有关文献的记载和当事人的回忆，由于赫鲁晓夫在访美之前已采取了停止提供原子弹样品和在中印冲突问题上发表中立声明等颇为极端的做法，毛泽东深信赫鲁晓夫此次去美国肯定对中国不利。因此，对赫鲁晓夫从美国回来即到北京来，中共中央不仅不看好，而且怀疑他根本就是要来吵架的。[1] 因此，当30日国庆宴会召开前，当毛泽东听说赫鲁晓夫的讲稿中有暗中教训中国“不要用武力去试试资本主义制度的稳定性”的说法之后，就当即表示了他的反感：拒绝在国庆宴会上讲话。赫鲁晓夫似乎丝毫不在意毛泽东的感觉，依旧毫不顾忌地在10月1日天安门城楼上检阅游行队伍时告诉毛泽东：苏联准备撤走帮助中国研制原子弹的专家。可以想见，双方10月2日举行的会谈将会出现怎样一种气氛。

10月2日，毛泽东率刘少奇、周恩来、朱德、林彪，邓小平、彭真、陈毅及王稼祥等中共领导人，同赫鲁晓夫、苏斯洛夫、葛罗米柯以及苏联驻华使馆临时代办安东诺夫，在中南海颐年堂举行了两党会谈。这次会谈由下午5点一直进行至午夜12点，双方在包括台湾问题、释放在押美国人问题、西藏问题、中印边界问题上，都发生了激烈的争执。

会谈开始，赫鲁晓夫首先介绍他访美的情况并转达了艾森豪威尔的口信。毛泽东对艾森豪威尔强调不想因为台湾问题与中国发生战争的说法表示很感兴趣，但对赫鲁晓夫声称美国方面因为中国扣押五名美国人的事情

---

[1] 吴冷西：《十年论战》上卷，第218—219页。

感到愤怒的说法不以为然。毛泽东强调：台湾问题是中国的内政，我们一定要解放台湾。当然方式上可以用和平的办法，也可以用军事手段。我们在与美国人的会谈中历来主张：只要美国人从台湾撤军，我们之间就没有任何问题了，剩下来的就是我们和蒋介石之间的事情了，我们可以通过谈判解决台湾问题。至于在押美国人的事，周恩来解释了扣押的原因，说明我们关押了像这样的美国人总共有九十名，但已经释放了他们当中的大多数人，目前只有五名美国人还关在中国，而他们全部都是间谍。根据中国的法律，应该把他们关在监狱里。我们甚至觉得，我们释放了太多的美国人了。

赫鲁晓夫带有明显教训口吻地说道：我还是第一次听说这件事。但是如果我是你们就不会这样做。对于这些美国人，要么把他们驱逐出境，要么用来和美国人做交换。列宁当时就这样做,而且是正确的。除非你们想“逗弄母鹅”，那当然可以把美国人关起来。

毛泽东明显地不高兴和恼火起来。他生硬地答复道：放当然可以放，但我们现在就是不放。谁让美国人把我们在朝鲜作战的大批志愿军战士送到了台湾，把许多北朝鲜的士兵送到了南朝鲜！

赫鲁晓夫变得非常不高兴，表示：那好，这是你们的内部事务，我们不干预。但是你们的态度伤害了我们的感情，使得交换意见复杂化了。我想强调的是，我不是美国的众议员，也不是代表美国利益的经纪人，而是苏维埃社会主义国家和苏联共产党的代表，我之所以提出这个问题，之所以这样做，就是向你们陈述我们的观点，因为这个问题对国际局势产生了不利影响。

毛泽东毫不客气地回应说：这就是说，它搞乱了美国人的生活。

赫鲁晓夫动了气：它也搞乱了我们的生活！

看到赫鲁晓夫动了气，毛泽东为缓和气氛，把话题又转回到了台湾问题上来，说：台湾问题很清楚，我们十年、二十年，也许三十年也不会去碰那些岛屿。

赫鲁晓夫显然还在生气。他生硬地表示：台湾是中国的一部分，是中国的一个省，对这个原则问题我们是同意的。你说你可以十年、二十年甚至三十年不解放台湾，问题是你们如何运用自己的策略。要知道，台湾问题不仅给美国人制造了麻烦，也给我们自己带来了困难。坦率地说，我们是不会因为台湾问题而卷入战争的，但是，作为盟国，我们对外却不能这样讲。我们会说，一旦因为台湾而出现侵略行为，我们将支持中国。结果呢，美国也会宣布他们将保卫台湾，这样就形成了大战前的气氛。

毛泽东对赫鲁晓夫的说法显然感到不快。他反问道：那你要我们怎么做？按照美国人说的，宣布在台湾海峡地区放弃使用武力，把这个问题变成一个国际问题吗？

赫鲁晓夫声称：列宁当年为了避免在东方与日本发生战争，曾经在苏联远东地区建立了一个远东共和国，列宁还承认了它。我们对台湾问题不会提出什么建议,但认为你们应该采取措施缓和局势。我们作为你们的盟友，至少应该了解你们在台湾问题上可能采取的措施吧？然而，你们在这个问题上的立场原则，我今天还是第一次听说。在会将你们的朋友卷入的所有问题上，是不是应该交换看法呢？

毛泽东知道赫鲁晓夫是在抱怨炮击金门的事情。他对此略加解释，强调自己并不想在台湾海峡地区发动一场大规模的军事行动，只想给美国制造些混乱，相信美国人也并不想打仗。

赫鲁晓夫显然不明白毛泽东在这个问题上的逻辑。他说：如果你们炮击了这些岛屿，你们就应该夺取它们；如果你们认为没有必要夺取这些岛屿，那么你们也就没有必要炮击它们。如果只是为了逗弄猫狗而向那些岛屿开炮是不值得的。

对于赫鲁晓夫的冷嘲热讽，毛泽东很强硬地答复说：这是我们自己的政策。你把两个不同性质的问题搞混了。一个是我们跟美国的关系问题，这是国际问题；另一个是我们跟台湾的关系问题，这是我们国内的问题。我们跟美国的关系问题是美国侵略我国台湾和我们要求美国撤出台湾的问题。

至于我们跟台湾的问题，则是我们怎样解放台湾的问题。

赫鲁晓夫显然不满意毛泽东的说法。他再度强调：我们之间的问题在于你们应当制定一项我们可以理解的政策，因为我们不知道你们明天会干什么。你我都不想要战争，这是众所周知的。问题是，不仅是世界舆论不知道你们明天会做什么，就连我们，你们的盟友都不知道你们明天会做什么。这怎么行？

经过短暂的休息后，中苏双方围绕着中印边界问题和西藏问题发生了更激烈的争论。

赫鲁晓夫一上来就批评中国在中印边界问题上的政策。他声称：我们都不想打仗，但是我们都可能犯错误，像几年前我们就把美国人拉进了南朝鲜。我们很自豪，我们现在成功地解除了战争的紧张状态。我们提出这个问题，是因为我们不理解你们的立场，特别不理解你们同印度的冲突。我们同波斯人在边界问题上有一百五十年的争端。三四年以前，我们通过将自己的一些领土划给波斯而解决了这个问题。我们是这样考虑这个问题的：多五万平方公里或者少五万平方公里，这些都不重要。我要举出列宁的例子，他把卡尔斯、阿尔达汉和阿尔特温划给土耳其。直到今天，在高加索地区，还有一部分居民对列宁的这一举措感到不满。但是我相信，他的行为是正确的。我告诉你们这些的目的是向你们表明，领土问题并不是难以超越的。你们同印度有着多年的良好关系，突然就发生流血事件，这样尼赫鲁就处于非常困难的境地。我们可以说，尼赫鲁是个小资产阶级政治家；但是我们知道这一点，如果尼赫鲁下台，又有谁会比他更好？达赖喇嘛从西藏跑出来，他是一个小资产阶级分子。我们对情况还不了解。当匈牙利事件发生的时候，尼赫鲁反对我们，但我们也没有开罪他，因为我们不能期望从一个小资产阶级政治家那里可以得到一切东西。尽管他反对我们，这也不妨碍我们同他保持良好的关系。如果你让我说，我就会说一个客人不该说的话——西藏事件是你们的错。你们控制着西藏，你们应该在那里有情报，应该知道达赖喇嘛的计划和企图。

毛泽东冷冷地回应道：尼赫鲁也说在西藏发生的事情是我们的错。在苏联，塔斯社不是在中印冲突问题上还发表了声明吗？

赫鲁晓夫当即质问毛泽东：你们真的想让我们支持你们同印度的冲突吗？对我们来说那将是愚蠢的。塔斯社的声明是必要的。如果我们不发表这个声明，那就会产生社会主义国家组成联合战线反对尼赫鲁的印象。而事实上，达赖有机会跑到印度去，你让尼赫鲁怎么办？这是中国共产党的错，不是尼赫鲁的错。

毛泽东坚定地说：不对，这是尼赫鲁的错。印度人在西藏的所作所为，就好像西藏是他们的。在西藏问题上我们必须要揍揍他。

赫鲁晓夫问：那就要在边界上杀死人么？

毛泽东答道：问题是他们首先攻击了我们，是他们越过边界，持续开火十二个小时。

周恩来也质问赫鲁晓夫：你相信谁多一点，是印度还是我们？

赫鲁晓夫强调说：即使是印度人首先进攻的，但中国人没有死人，而印度方面却死了人！你担任中国外交部部长多年，应该比我更清楚怎样避免流血冲突来解决有争议的问题。

周恩来强硬地表示：假如芬兰人进攻苏联的边界，你们难道不会还击？

赫鲁晓夫说：好啊，他们开始射击，他们自己死了人。我们只是和你们交换对冲突的看法，因为除了我们之外没有人会对你们说这些。

毛泽东指出：你们给我们扣了两顶大帽子，一是在西藏犯了错误，不该让达赖逃跑；另一个是在中印边境冲突问题上犯了错误，打死了印方人员，于是你们发表了声明。我们也给你们扣了一顶帽子，叫作迁就，请戴上吧。

赫鲁晓夫愤怒地表示：不接受。我们坚持的是共产党的原则路线。

毛泽东强调：塔斯社的声明让所有的帝国主义者兴高采烈。

苏斯洛夫辩解说：恰恰相反。这个声明和我们最近采取的措施促进了局势的缓和。如果中印关系恶化了，帝国主义分子才会兴高采烈。

毛泽东再度强调：对有关中国的事情，我们希望苏联同志能够听听中国的意见，把情况搞清楚，预先向中国打招呼，同中国商量，再对外公开表态，这样比较好。对尼赫鲁，我们还是要同他友好，还是要团结他。我们的原则是人不犯我，我不犯人，人若犯我，我必犯人。不为天下先。但是谁要欺负我们，那是不行的。谁都不行。

在整个会谈期间，双方都表现得相当激动，经常出现激烈的争吵。赫鲁晓夫明显地对过去受中国共产党批评的经历感到愤愤不平。他气愤地质问说：为什么你们可以批评我们，我们却不能批评你们？无论是在同尤金同志的谈话当中，还是在匈牙利事件发生时，你们都曾尖锐地批评了苏共中央，而我们虚心地接受了批评。但是，当发生了这么多问题之后，我们却不能责备你们。你们不能容忍反对意见，你们相信你们自己是正统，这本身就暴露了你们的傲慢。陈毅批评我们是迁就主义，这是一顶政治帽子。他有什么根据这样做？

陈毅当场回应说：塔斯社的声明就是支持印度，就是支持资产阶级。对此赫鲁晓夫强硬地表示：你们想让我们屈服你们，那完全是不可能的。我们也是一个党，我们有自己的作风。匈牙利事件时你们给我们上了一堂课，我们听了，你们现在也必须听我们的。收回你们的政治谴责，否则就会损害我们两党的关系。我们是你们的朋友，说的是真话。我们对任何人从来都不迁就，甚至是对我们的朋友。

陈毅说：但是你们也在我们家门口对我们进行政治谴责，说中印关系的恶化和达赖喇嘛的逃跑都是我们的错。赫鲁晓夫强调：这是完全不同的两回事。你不要从你元帅的高度上吐唾沫，你也没有那么多的唾沫。我们是吓不倒的。[1]

关于赫鲁晓夫与陈毅之间的这段争吵，当年为中方担任翻译的李越然还有另外一种版本的回忆。他说：听到赫鲁晓夫的指责，外交部长陈毅忍不住了，他当场顶撞赫鲁晓夫说：炮轰金门、马祖，这是我们的内政问题，

[1] 《赫鲁晓夫与毛泽东的会谈备忘录》（1959 年 10 月 2 日）。

赫鲁晓夫同志，你管这么多干什么？你是不是想替国民党说话呀！

赫鲁晓夫当即涨红了脸，霍地站了起来，指着陈毅大声说：陈毅同志，论军衔，你比我高，你是元帅，而我只是中将。但在党内，我是总书记！

陈毅也毫不示弱，大声说：什么总书记！你说得不对，就不能听你的！

据说，毛泽东在整个会谈当中一直冷眼旁观，说话不多。但到了最后，他还是不冷不热地给了赫鲁晓夫一句，说：“赫鲁晓夫同志，你这次来，给我戴了好几顶大帽子，我也送你一顶，就是右倾机会主义！”[1]

这次会议可以说是中苏两党领导人之间有史以来所发生的空前严重的一次争吵。双方对这次争吵还多少有些不太习惯。赫鲁晓夫回去后马上就建议双方同时销毁10月2日会谈的记录，但中共中央却很快得到报告说，赫鲁晓夫刚到西伯利亚，就公开发表批评中国党的言论，其中甚至影射毛泽东是“好斗的公鸡”。

十分明显，1959年10月在北京发生的这场争吵，已经从根本上恶化了中苏两国领导人之间的关系。无论是毛泽东对赫鲁晓夫，还是赫鲁晓夫对毛泽东，都不可能有什么好印象了。两个月后，毛泽东在内部尖锐地批评说：“赫鲁晓夫们很幼稚。他不懂马列主义，易受帝国主义的骗。他不懂中国到了极点，又不研究，相信一大堆不正确的情报，信口开河。他如果不改正，几年后他将完全破产（八年之后）。他对中国极为恐慌，恐慌之至。他有两大怕：一怕帝国主义，二怕中国的共产主义。他怕东欧的各党和世界各共产党不相信他们而相信我们。他的宇宙观是实用主义，这是一种极端的主观唯心主义。他缺乏章法，只要有利，随遇而变。”[2]

---

[1] 李越然在1997年冷战与中苏关系国际学术研讨会上的发言，《当代中国史研究》1998年第2期。

[2] 毛泽东：《关于国际形势的讲话提纲》（1959年12月），《建国以来毛泽东文稿》第8册，第601页。

第十七章

背水之战

赫鲁晓夫把毛泽东比喻成“旧套鞋”，惹恼了中国党；中共中央广泛散发《列宁主义万岁》一文，争取各国党员干部，遭到抗议；赫鲁晓夫撕毁合同，撤走专家，毛泽东坦言：没有专家，人会死光，我就不信！赫鲁晓夫放话：如果你们要斯大林，我们可以把他的尸体搬到你们北京去；胡志明北京劝和，毛泽东说：只许州官放火，不许百姓点灯，自古以来没有这种法律……

1958 年以后的中苏关系，已经是处于每况愈下的境地了。按照我们一般的了解，两年之后，即 1960 年苏联片面撕毁协议，撤走专家，中苏关系就已经宣告破裂了。其实，历史却不是这样简单。的确，意识形态分歧的不可调和，赫鲁晓夫的傲慢骄横，确实在使毛泽东逐渐失去耐心。自信真理在手，他讲出话来也总是咄咄逼人。但考虑到政治、经济、军事、外交等方方面面的复杂关系，想一想中国当时已经开始出现的严重困难局面，即使是一向天不怕、地不怕的毛泽东，也未必愿意眼看着两党两国关系真的就这么走向破裂吧。1960 年，抱着“置之死地而后生”的坚强决心前往莫斯科参加世界共产党代表大会的中共中央代表团，面对多数国家共产党代表的激烈攻击，已经做好了最后破裂的一切准备。然而，几乎是在最后一刻，奇迹出现了。显然，赫鲁晓夫刹车了，毛泽东也刹车了。

一、赫鲁晓夫口无遮拦，毛泽东忍无可忍，称之为半修正主义

1959 年，在中华人民共和国国庆十周年之际，围绕着如何看待中印边境冲突中中国政府的政策和是否有必要为缓和与美国的关系而主动释放在押美国犯人等问题，中苏两国领导人第一次面对面地在北京发生了激烈的争吵。在稍稍冷静下来之后，尽管根据赫鲁晓夫的提议，双方各自销毁这次会谈的记录，以抹去这一段不愉快的记忆，但中苏关系恶化的趋势已显而易见了。

这个时候，特别让毛泽东如鲠在喉的主要是两件事：第一是印度暗中支持西藏叛乱，并蓄意挑起边界事端，作为中国盟国的苏联竟然明里暗里偏袒印度；第二是赫鲁晓夫由高唱和平过渡、和平竞赛、和平共处，进而走到与中国头号敌人——美国眉来眼去、一唱一和，必欲限制中国的地步。但是，至少在多数中国领导人看来，中苏关系的根基还未发生动摇。毛泽东在 10 月 14 日约见安东诺夫时特别讲道：上个星期我们会谈时，在一些具体问题上有不一致的地方，但这是十个指头中间一个指头的问题。中苏之间不要因为一个小指头的分歧，影响九个指头的一致。12 月在杭州开会，

毛泽东又进一步强调：赫鲁晓夫这个人也不全部是错的。在国际上他还是要社会主义阵营，一直到现在仍然支援中国的建设。在国内他搞农业、工业、七年规划，他还是要社会主义。赫鲁晓夫不是一个好的马克思主义者，但是他也不完全是修正主义者。[1] 因此，陈毅在这一年 12 月 27 日所做的一个报告特别告诫说："帝国主义者、现代修正主义者和各国反动派企图利用社会主义各国之间，特别是中苏两国之间的一个指头甚至是一个指头不到的分歧，进行挑拨离间，完全是枉费心机，徒劳无功的。"[2] 显然，根据陈毅的说法，赫鲁晓夫还不是"现代修正主义者"，在报告中，"现代修正主义"明确指的是南斯拉夫。

1960 年 1 月中旬在上海召开的中共中央工作会议，进一步反映出这种情况。考虑到中苏分歧已成事实，有必要向党的高级干部做出说明，经毛泽东批示同意，会议印发了《苏联和我国对于重大政治问题的一些看法》《国际共产主义运动》《中苏关于国际形势的若干观点》《中苏关于社会主义革命和社会主义建设的若干观点》《中苏关于理论问题的若干观点》等一系列对照性资料。但是，中共中央明显地还不打算对中苏两党关系做出某种盖棺论定的评价。公布的资料没有刻意搜寻和罗列中苏之间的不同点，而是就所有能够想到的重要问题，全面对照了双方的看法。从对照的结果看，双方仍有不少看法是相同的或相近的。会议印发的最足以说明两党分歧的资料，主要是中苏两党 1959 年 9 月围绕中印边界问题的来往信件和苏联政府"表示遗憾"的声明。不过，会议同时也印发了毛泽东在杭州会议上的讲话提纲，并根据周恩来建议印发了陈毅 1959 年 12 月 27 日的那个报告。这从一个侧面反映出，中共中央这时对中苏分歧性质的看法基本上不出陈毅报告评价的范围。会后，中共中央甚至决定在周边关系上要采取一些缓和的措施，比如要争取和印度等国也包括和苏联，要尽早解决历史遗留下

[1] 吴冷西：《十年论战》上卷，第 229—234 页。

[2] 见陈毅：《关于目前国际形势的一些看法》（报告提纲）（1959 年 12 月 27 日）。

来的边界问题，以便稳定与周边国家的关系。[1] 这一年春天，周恩来等为此接连出访了亚洲各国，并先后与缅甸、尼泊尔、阿富汗、蒙古、朝鲜等国签订了边界协定或友好互助条约。

但是，1960 年年初进一步引起中苏交涉的仍旧是中印边界纠纷的问题。1 月 19 日，在得知苏联领导人即将访印的消息后，周恩来接见了苏联大使，要求大使转告苏共中央，苏联领导人访印时最好不要过问中印边界问题，以免被印度资产阶级利用并暴露两党之间的分歧。22 日苏联大使会见陈毅时答复说，苏共中央已经表示，苏联政府在中印边界问题上将会“严守中立”，反对第三国干预。对于苏联继续坚持中立的立场，中共中央依旧难以接受。26 日，周恩来再见苏联大使，对苏联关于在中印边界问题上“严守中立”的提法表示惊讶，他强调：在一个社会主义国家与资本主义国家发生冲突时，另一个社会主义国家保持中立，这无论是在社会主义阵营里，还是在国际共产主义关系中，都是一个新现象。这等于公开了中苏两党在中印边界问题上的分歧。他因此列举了五个事实表示中国的“担心和不安”。这包括 1959 年 9 月 10 日塔斯社关于中印边界问题各打五十大板的声明；1959 年 9 月 30 日赫鲁晓夫在北京国庆宴会上关于“我们不应该用武力去试试资本主义制度的稳定性”的说法等。当然，在 30 日的谈话中，周恩来也还是明确讲：中苏分歧只是一个指头的分歧，不妨碍两党团结。[2]

这个时候，中方不能接受苏方暴露双方的意见分歧，苏方也同样不能接受中方暴露双方的意见分歧。但为争夺同情者，双方却都在千方百计、拐弯抹角地试图用自己的观点来影响第三方。

1 月 13 日，苏联大使把赫鲁晓夫的一封信转交给毛泽东。信中，赫鲁晓夫表示，苏联打算单方面宣布在一年半至两年内裁减一百二十万军队。毛泽东当即要外交部副部长伍修权请苏联大使转告赫鲁晓夫说：中共中央

---

[1]　吴冷西前引书，第 248—249 页。

[2]　见《周恩来年谱》中卷，第 280—286 页。

支持苏联采取这一有利于争取世界和平、反对帝国主义扩军备战的斗争步骤。但是,中共中央并不想为此承担任何义务,更不想与苏联同一步骤。因此,在随后的华沙条约国政治协商委员会例会上，中方代表康生、刘晓、伍修权明确表示对会议提出的普遍裁军主张持保留态度。康生在2月4日的发言当中，根据中共中央关于要防止苏联在裁军等问题上代我承担义务的精神，一面表示赞成普遍裁军，一面声明在没有中国直接参加的情况下中国将不承担任何裁军义务。[1]

同中印边境事件问题上苏联塔斯社的声明一样，中方在华约组织会议上的这一表态也在某种程度上公开了社会主义国家阵营内部的意见分歧，苏方对此显然也难以接受，并且反应强烈。在当晚举行的招待社会主义国家兄弟党代表团宴会上，赫鲁晓夫就突然在讲话中含沙射影地批评中共中央,尤其对康生发言中的强硬措辞表示反感。他声称,兄弟党之间是平等的，应该相互尊重，提意见可以，但不要玩弄尖锐的词句，不应该把自己的意见强加于我们，不能认为只要是自己说的话就是真理，就应该这样做。他随即语锋一转，把话题直接转到毛泽东身上去了，放言:“我不同意说什么一旦发生战争多少人会死亡，多少人会活下来……我们要为人民着想，人民是怕战争的，他们不要战争。”“当然，我们对老年人是尊重的，但我们尊重的不是年纪的大小，而是英明与否。年老而不英明，就像一双旧的套鞋一样，只能把它们放在屋角去供老年人欣赏。”[2]

第二天，即2月5日，苏共中央通过康生向中共中央发出一口头通知，更进一步直截了当地批评中共在中印边界问题上的表现反映出狭隘的民族主义和冒险主义的情绪，声称事实上无论“过去和现在都不存在印度对人民中国的任何现实的军事威胁”。通知同时批评康生2月4日的发言是错误的，说这种表态实际上等于是冲着社会主义国家来的。

---

[1] 《康生在华沙条约国政治协商委员会会议上的发言》(1960年2月4日)。

[2] 《赫鲁晓夫在华沙条约国政治协商会议兄弟党代表团招待宴会上的讲话》(1960年2月4日),并参见吴冷西:《十年论战》上卷，第251—252页。

赫鲁晓夫把毛泽东比喻成“旧套鞋”，苏共中央的口头通知又给中国共产党戴上了“民族主义和冒险主义”的政治帽子，由此引起的反感可想而知。中苏两党分歧不可避免地要进一步升级。虽然，由于当时国内开始出现严重困难局面，因此，直到3月上旬，我们仍然可以看到周恩来、陈毅等继续在强调搞好与苏联的关系，避免同苏联同志争论，提议中苏两党在中印边界问题上各自保留意见，不再发展争论，[1]但事实上这种争论却难以遏制地日趋公开化。在2、3、4几个月接连召开的国际学联执委会、世青会执委会以及亚非人民团结大会等国际会议上，中苏代表之间围绕着和平共处、裁军等问题接连发生严重的口舌之争。

鉴于赫鲁晓夫事实上把争论半公开了，忍无可忍的毛泽东3月初亦明确提议借着纪念列宁诞辰九十周年，组织发表三篇理论文章，即《红旗》杂志编辑部文章《列宁主义万岁》、《人民日报》编辑部文章《沿着伟大的列宁的道路前进》和中宣部部长陆定一在中共中央纪念列宁诞辰九十周年大会上的报告《在列宁的革命旗帜下团结起来》，以阐明中方的观点。4月22日发表的这三篇文章系统阐述了中共中央在目前时代、和平共处、和平过渡、社会主义革命、帝国主义本性等一系列重大理论问题上的看法，指名批判南斯拉夫的“修正主义”，实际把矛头指向了苏共中央。当然，多半是注意到国内的情况，毛泽东这时至少在公开场合似乎也还不想把中苏分歧引向极端。他指出：赫鲁晓夫是善变的，对他要再看几年，对苏共要照顾，估计他会变的。总的说来，应当估计苏共是马列主义的党，他怕我们给他戴机会主义、修正主义的帽子。因此，这些经过毛泽东审定的文章对赫鲁晓夫留有相当的余地。文章含蓄地说，赫鲁晓夫和苏共领导人“并不是修正主义者”，称他们是些“好心善意的人”，只是有许多“不正确的想法”。[2]

毛泽东之所以决定把中苏之间的分歧从中印边界和对美政策这些具体

[1] 参见《周恩来年谱》中卷，第292页。

[2] 见郑谦、韩钢:《毛泽东之路——晚年岁月:1956年后的毛泽东》，北京:中国青年出版社1994年版，第301页;《红旗》1960年第8期;《人民日报》1960年4月22日;《人民日报》1960年4月23日。

问题扩展到列宁主义理论观点方面来，一个根本的原因是因为毛泽东始终对苏共“二十大”提出的和平过渡、和平共处观点抱怀疑态度。赫鲁晓夫对印度资产阶级头子尼赫鲁和美国帝国主义头子艾森豪威尔的软弱态度，更使毛泽东确信，苏共领导人在理论上的误区是中苏关系一系列问题的根源所在。5 月 21 日和 28 日，毛泽东在与朝鲜劳动党领导人金日成和丹麦共产党主席耶尔森谈话时公开讲 :“和平共处是没有的”，“和帝国主义没有和平共处，只有冷战共处”，而“所谓社会主义不用暴力就可以由资本主义过渡到社会主义，就是所谓和平过渡，马克思、列宁主义的理论基础何处去了”？他指出，与苏联的这些分歧“现在我们要公开谈了”，“如（他们）不改变，我们就把所有可证明的文件都拿出来”[1]。看来，毛泽东多少有些沉不住气了。他一面继续肯定中苏分歧只是一个指头的问题 ；一面却开始在某种程度上把赫鲁晓夫同修正主义画上等号，称之为“半修正主义”了。

二、赫鲁晓夫扬言 :“如果你们要斯大林，就把尸体搬到北京去”

从 1960 年 2 月以来，中国与苏联之间的争执更多地发生在国际会场上，争论的焦点也更多地转到裁军等关系到世界范围的战争与和平的大问题上来了。在几乎所有这些争执当中，中国方面那些带有火药味的革命主张，都明显地处于少数的不利地位。面对这种情况，中共多数领导人都深感有必要做更广泛的宣传和解释工作，特别是要打破各国的舆论一律，做广泛的争取工作，让各国党的普通党员干部都能了解自己的观点。为此，在毛泽东的赞同下，中共中央采取了一些重要步骤。这包括通过外交、宣传及群众团体等各种渠道，向外广泛散发《列宁主义万岁》等三篇系统说明中共中央理论观点的文章，和抓住一些有利的场合，包括对来华工作的大批

[1] 《毛泽东与金日成谈话记录》（1960 年 5 月 21 日），《毛泽东与丹麦共产党耶尔森谈话记录》（1960 年 5 月 21 日）。

苏联和东欧国家的专家，主动进行解释说明工作。

一方面是中共中央在做争取舆论的工作，另一方面苏共中央也紧锣密鼓地开始向东欧国家兄弟党领导人进行游说。中国驻东欧国家使馆普遍感到“一场公开的尖锐的斗争已不可避免”。因为，就连这些国家许多原来对中国比较好的普通党员和学生青年，也开始表现出对中国的不理解，经常提出一些“你们为什么总是主张解决世界问题要用战争”“你们为什么反对和平共处”之类的问题。毛泽东对这种情况相当敏感。看到任何反对、怀疑中方主张的言论和表示，他都会用十分尖刻的语调痛加驳斥，批示道：“狐狸尾巴，经常出现。色厉内荏，心绪不定。”“坚决把列宁打倒，打得倒吗？笑话而已。蚍蜉撼大树，可笑不自量。”“最早笑人的人是不妙的。我们的方针是：不怕孤立，后发制人。”而发现任何赞赏中国的表现，即使只是个别人的意见，哪怕只是文艺演出受到欢迎，毛泽东也会高度重视，并由此看出希望所在，批示说：“好朋友，一个也就够了，何况还有十个，或者几十个！”“我们的朋友遍天下。”“海内存知已，天涯若比邻。”“全世界百分之九十的人民群众，是同情和支持我们的，或者可能同情和支持我们的，是不是呢？”“所谓大反华，究竟是一些什么人，有多少人呢？不过是一些西方国家的帝国主义分子，其他一些国家的反动派和半反动派，国际共产主义运动中的修正主义分子和半修正主义分子，以上三类人，估计总共只占全人类的百分之几，例如说百分之五吧，最多不过占百分之十。”“他们反华，对于我们说来，是好事，不是坏事，证明了我们是真正的马克思列宁主义者，证明了我们是工作做得还不错。”[1]

---

[1] 毛泽东：《在关于近两日苏联对古巴、刚果局势态度的电报上的批语》（1960年7月），毛泽东：《在阿尔巴尼亚驻罗大使谈话摘要报告上的批语》（1960年7月），毛泽东：《在可否将中苏分歧向使馆干部传达的请示报告上的批语》（1960年7月），毛泽东：《在一份关于捷共学生党员与中国留学生谈话情况报告上的批语》（1960年7月），毛泽东：《在一份关于日夫科夫正在撰文批评中共“教条主义”的情况报告上的批语》（1960年7月），毛泽东：《在一位保共党员对中共看法的报告上的批语》（1960年7月），毛泽东：《在一位捷共工人党员谈话情况报告上的批语》（1960年7月），等等，《建国以来毛泽东文稿》第9册，第248—249、251、254、256、262、264页；吴冷西：《十年论战》，上卷，第256—258页。

但不论毛泽东如何估计整个形势，在各国党中间，中国日渐陷于孤立已不可避免。布加勒斯特会议是一个非常典型的例子。

1960 年 5 月，发生了美国派 U—2 侦察机侵入苏联领空进行侦察，苏联向美国提出严重抗议，赫鲁晓夫要求艾森豪威尔公开道歉被拒，以至拒绝出席巴黎四国首脑会议的情况。这件事进一步反映出赫鲁晓夫的两面性，因此受到中方的肯定和欢迎。中共中央甚至为此在 5 月 20 日举行了百万人集会，以声援苏联与美国的对抗行动。但与此同时，中共中央也充分利用一切场合宣传自己的观点，试图用事实来证明自己的正确。比如，6 月初，世界工联理事会在北京开会。会初，中华全国总工会主席刘宁一注意到工联理事会的工作报告在争取世界和平和裁军问题上过分强调了和平共处的作用。据此，刘宁一专门向参加会议的全苏工会理事会主席格里申提出交涉，要求修改报告。他提出："与资产阶级坐在一起，把他们美化，是骗自己也骗别人。"事实上，"只要资本主义存在，战争就不能防止"。为了有助于阐明中共中央的观点，6 月 5 日晚上，中共中央政治局主要成员以邀请与会的二十位外国工会共产党领导人吃饭的名义，试图向他们系统介绍中方的看法，宣传《列宁主义万岁》一文中的观点。这一尝试虽然由于受到以苏联代表格里申为首的多数工会领导人的反对而未能进行下去但中共中央显然相信这种做法是必要的。

基于这样一种情况，当 6 月 2 日苏共中央来信，建议利用 6 月罗马尼亚工人党第三次代表大会的机会，在布加勒斯特就美国破坏四国首脑会议后的国际形势交换意见时，中共中央当然会认为这又是一个宣传美帝国主义本质没有改变和宣传自己主张的好机会。毛泽东没有料到，U—2 飞机事件的发生，不仅不会使赫鲁晓夫在理论上认输，恰恰相反，他反而必欲就中共乘机发动的宣传攻势进行回击。

6 月 16 日，中国党的代表团由彭真率领前往出席罗马尼亚共产党第三次代表大会。他们刚到布加勒斯特就听说，赫鲁晓夫从 1 月起就开始做东欧国家兄弟党的工作了。因此，他们到达布加勒斯特不久，很快就感到气氛不对头。与会各党事前都接到了苏共中央散发的针对中国党的《通知书》，对中国党的观点进行了全面的批判。故会议刚开始，代表团就不得不向中共中央报告说，他们已经陷入了苏方“事先布置好的一个圈套”，整个事情可以说“是国际共产主义运动中一个罕见的大阴谋”。[1]

中国代表团前往布加勒斯特负有两项使命：一是按照惯例去祝贺兄弟党的代表大会；一是根据苏共中央的提议乘罗党大会社会主义各国兄弟党负责人与会期间，就在年内举行的世界共产党和工人党代表会议的有关问题交换意见。考虑到《列宁主义万岁》等三篇文章已经发出多时，苏联党也于6月10、12日接连以纪念列宁的《共产主义运动中的“左派”幼稚病》发表四十周年为名，发表文章影射批评中国党，毛泽东特别委托代表团设法与苏共中央就双方的分歧在两党间进行一些讨论。因此，还在罗党大会之前，中共代表团就于6月17日先行抵达莫斯科，与苏共政治局委员科兹洛夫等进行了长达八个小时的讨论。罗党大会进行过程中，代表团又在兄弟党开会前与赫鲁晓夫进行了长谈。但两次长谈的结果，不是使双方更加接近，反而使双方更多隔阂。

在与科兹洛夫和赫鲁晓夫的会谈中以及在兄弟党会议期间，苏方以及同苏方站在一起的东欧各国领导人，都特别对中共中央在世界工联理事会期间向不了解情况的各国工会领导人公开两党分歧的做法进行了尖锐的批评，并声称：“你们这样做，是否是在寻找反对苏共的同盟军呢？”他们同时对中国方面利用外交、宣传以及群众团体等各种渠道，越过有关各国党和政府领导机关散发三篇文章的做法，表示了强烈的不满。苏方甚至散发了一份早就准备好的译成各国文字的长达84页的通知书，除了严厉批评中方不负责任地散发自己的宣传材料以外，还针对中国发表的《列宁主义万岁》等文章所提出的有关时代性质、战争与和平、和平共处、和平过渡等问题

[1]　《中共中央代表团致中共中央电》（1960年6月20日）。

系统地批评了中共中央的观点和政策。[1] 赫鲁晓夫在会上公开解释他这样做的原因，称："毛泽东同志说服不了我，我也说服不了毛泽东同志，因此，问题只好拿到这样的会上来解决。"

中共代表团虽然负有与苏联党当面交换意见的任务，但根据苏方当初的会议通知，代表团没有估计到在布加勒斯特会遇到如此严重的场面。尽管彭真唇枪舌剑，应付得体，事实上中共代表团已经处于被围攻的境地，极感被动。而赫鲁晓夫则颇为得计，言语中几乎到了口无遮拦的地步，对毛泽东极尽嘲讽挖苦之能事。比如，他批评毛不懂现代战争，动辄就算中国有多少人，有多少民兵，丝毫不了解在现代战争条件下那些人不过是一堆肉。比如，他指责毛总是宣扬不怕战争，说什么死个几亿人，还有几亿人照样建设社会主义，"应该被认为是疯子"，称现代战争打起来，能活下来的人怕是也会因残废而死亡。又比如，他颇为傲慢地声称："你们把斯大林与我们对立起来，彭真同志，你们的赌注下得不对头了。如果你们要斯大林，我们可以把他的尸体搬到你们北京去，供你们欣赏。"[2]

中共代表团对苏方刻意安排的这次"突然袭击"反应十分强烈。毛泽东也敏感地意识到问题转趋严重。他已明确提出中苏两党关系可能破裂的问题，要求大家要有准备，但不要怕。由于这个时候，中国国内正忙于应付"大跃进"所造成的空前困难，格外需要苏联的援助，因此，多数领导人对保持中苏之间的团结合作仍旧相当重视，对苏方的做法采取了比较克制的态度。中共中央明确要求代表团在坚持对赫鲁晓夫严正批评之后，"还要留有余地，拉他一把"。经毛泽东批准同意，中共中央起草了代表团的声明，一面严厉地批评了赫鲁晓夫，一面仍然表示："我们和赫鲁晓夫同志之间的分歧意见，从我们两党的整个关系来说，仍属部分的性质。我们认为，我们两党为着共同事业的奋斗和团结仍占主要的部分，因为我们两国都是

---

[1] 参见 Edward Crankshaw, *The New Cold War Moscow Vs. Peking*, London, 1963, p.99—103。

[2] 《赫鲁晓夫在中苏两党代表团会谈时的发言》(1960 年 6 月 22 日)，并见吴冷西:《十年论战》上卷，第 281 页。

社会主义国家，我们两党都是根据马克思列宁主义原则建立起来的党，都是为发展整个社会主义阵营事业、反对帝国主义侵略和争取世界和平而斗争的党。”[1] 但事实上，会议的最后还是发生了异常激烈的争吵。彭真和赫鲁晓夫在会场上你来我往，互不相让，使两党之间的冲突达到白热化的程度。[2]

严格说来，布加勒斯特会议虽然第一次在社会主义阵营和国际共产主义运动内部暴露了中苏两党之间的严重分歧，并且也使中共中央意识到有组织地在兄弟党干部群众中散发《列宁主义万岁》等几篇文章，震动较大。但毛泽东当初尚未估计这种情况会直接影响到中苏国家关系。中共代表团特别报告说，赫鲁晓夫在会议结束后与中国代表团告别时，还主动表示：我们吵了一架，但还是在一个阵营里。应该说，两党关系不致出现较大变化。让毛泽东深感意外的是，代表团刚刚回到北京不久，苏联方面就于 7 月 4 日和 16 日接连通知中共中央：停止在苏联出版发行中方俄文刊物《友好》周刊，同时撤回所有援华的苏联专家。而这两项严重决策的直接原因，都是基于苏联党对中共中央有组织地向苏联国内群众和来华专家进行思想宣传的强烈反感与畏惧。21 日，苏联外交部破天荒地向中国驻苏代办提交了一份外交照会，要求中方停止向苏联机关团体散发中国报刊上登载的宣传错误观点的发言和文章，并要求中方召回散发这些材料的人员。[3]

撤退苏联专家，不可避免地会对中国科技、军工和外贸等方面的工作造成严重的负面影响。毛泽东对苏联的做法无疑极端反感，但他显然克制了自己的感情，只是轻蔑地批道：这“正好迫使我们自力更生，坏事一定会变成好事。不是吗？”[4] 基于这样一种态度，很显然，也考虑到当时的严重困难，为讨论这一事态而召开的 7 月 30 日的政治局常委扩大会议以及 8

---

[1] 《中共代表团声明》（1960 年 6 月）。

[2] 吴冷西前引书，第 293—298 页。

[3] 《苏联政府外交部致中国政府外交部照会》（1960 年 6 月 21 日）。

[4] 毛泽东：《在关于最近苏联对中国大使馆的态度变化情况报告上的批语》（1960 年 7 月），见《建国以来毛泽东文稿》第 9 册，第 252 页。

月 4 日的中共中央书记处会议，也没有试图做出格外激烈的反应。会议明确地把中苏关系进一步恶化的这一表现限定在两党关系的范围内，强调它仍属部分分歧的性质，属于人民内部矛盾。

根据这一精神，中共中央制定了关于向县以上党员干部介绍布加勒斯特会议情况和中苏关系现状的通知。在通知中，中共中央介绍了从苏共“二十大”以来中苏两党分歧发展的历史，但仍旧强调说，我们与赫鲁晓夫之间的斗争是“国际共产主义运动中的两条路线斗争”，分歧的关键主要只是在于尚未取得革命胜利的世界三分之二人口要不要革命、敢不敢胜利的问题，也关系到已经取得社会主义革命胜利的世界三分之一人口要不要不断革命、如何向共产主义社会过渡的问题。“从整个中苏两党的关系和世界斗争的全局来说，仍然是局部性质的，存在着克服这种分歧的积极因素。随着时间的推移，这种积极因素会日益增长。”“我们的目的是，从团结的愿望出发，经过恰当的批评，在新的基础上达到更好的更坚固的团结。”[1]

三、毛泽东部署莫斯科会议方针，强调“置之死地而后生”

中苏冲突公开化，引起了与中苏两国有直接利害关系的一些国家党的领导人的严重不安。8 月上旬，越南党领导人胡志明到中国，直接前往北戴河，会见正在那里开会的毛泽东等人。他明确讲，他此行是劝和来的。毛泽东在谈话中表示，你们是好心，你们的意见虽然不能说是完全好的，但可以说基本上是好的。因为反对美帝国主义及其走狗是我们的共同任务，需要加强团结。正因为如此，我们对赫鲁晓夫也并不使用国内对待右派的办法来对待他，而是“用团结—批评—团结的方法，今年不灵，明年再讨论、再批评。明年不灵，后年再来。总会有结果。十年、八年以后，收获一定

[1] 《中央关于向县以上党员干部介绍布加勒斯特会议情况和中苏关系现状的通知》（1960 年 8 月 5 日）。

很大。我们反对立三路线、王明路线，也经过一段时间”。现在甚至还不到公开批评赫鲁晓夫的地步。

但毛泽东对苏联方面的做法还是充满了愤慨。他愤愤地说，赫鲁晓夫可以同美、英、法合作，可以同印度、印尼合作，甚至可以同南斯拉夫合作，唯独不能同中国合作，说是因为意见不同。那么这也就是说，他的见解与美、英、法以及同印度相同了，可以诚心合作了。对中国撤回专家、不给机器，对印度则派专家、给机器。“也好，中国没有专家，人会死光，我就不信！”谈话中，毛泽东最重的一句话是：“赫鲁晓夫现在代表资产阶级修正主义路线，在社会主义阵营和国际共产主义运动中向无产阶级马列主义路线进攻。”胡志明听后当场就用越语向随行的黄文欢、阮春水悄悄说：“这说法更重了。”[1]

由于苏联采取了一系列严重步骤，中共中央对赫鲁晓夫以及苏共的判断无疑与以前有了很大的不同。除了注意到理论上的争论将不可避免地持续下去甚至可能进一步激化外，8 月 14 日，周恩来在一次外事会议上讲到中苏关系时，还明确主张要从最坏处着眼，准备苏联人在宣传上封锁、组织上分裂、政治上颠覆、军事上威胁以及帝国主义利用它来挑起战争。之所以会有这种估计，根本上是因为苏联早就曾经以类似的方法对付过不听话的南斯拉夫、波兰这些兄弟国家。而类似的情况似乎也开始出现了。[2] 在 19 日与从莫斯科回来的胡志明谈话中，周恩来特别谈到最近苏方派飞机沿边界侦察中国检查站、巡逻队以及在新疆某地派边防部队包围放牧的中国少数民族牧民，捉去一公社副社长的情况。毛泽东当场就得出印象说：“赫鲁晓夫主张全世界搞和缓，同美国的关系要和缓，但是他对中国却要搞点紧张。看来中苏边境上已开始出现一些紧张状态。”[3]

不过，尽管毛泽东将赫鲁晓夫比之为中国的“右派”，甚至断言他代表

---

[1] 《毛泽东与胡志明主席谈话记录》（1960 年 8 月 10 日）。

[2] 见《周恩来年谱》中卷，第 340—341 页。

[3] 《毛泽东与胡志明主席谈话记录》（1960 年 8 月 19 日）。

资产阶级修正主义路线，北戴河会议后中共中央对苏共和苏联的总体认识并没有根本改变。多数领导人看来还不认为应当改变对苏联的总体评价。周恩来在 8 月 14 日回答一些人关于如何区分修正主义和半修正主义的问题时，即明确讲：苏联这个国家和党基本上是反帝的，搞社会主义的，讲国际主义的，所以目前的问题还是部分性的，尽管错误是原则性的。

十天后，在向民主党派报告中苏关系现状时，他讲了大致相同的话，说明分歧主要是斯大林问题和战争以及和平过渡问题，争论是属于马克思主义原则性的，但从整体来说，从两党两国关系和整个阵营来说，仍属部分的性质。25 日接见前美国记者斯特朗时，他仍旧强调说：中苏之间有些分歧，但不会很大，在行动上我们两党都还没有脱离马列主义总的路线。28 日，周恩来向各省统战部长说明苏共领导错误的性质问题时，更进一步肯定赫鲁晓夫在某些原则性问题上是半修正主义、右倾机会主义的，但不能因此就说苏联整个国家变坏了，两党两国关系的主要部分还是团结的。右倾机会主义是党内问题、人民内部问题，决不能因此造成反苏情绪。乌云总是要过去的。[1] 就连 9 月 25 日澳共总书记等人愤愤不平地指责苏联向社会主义中国施加经济压力比美国还坏时，毛泽东也还是表示说：“这是事实，我们不能否认事实。但是我们认为苏联还是个社会主义国家。”[2]

正是基于这样一种基本的估计，毛泽东接受了胡志明的劝和与苏共中央提议，于 9 月 15 日派出以邓小平、彭真为首的中共中央代表团前往莫斯科与苏共中央举行两党会谈。但只要不放弃意识形态的争论，必然还是各执一端。因此，会谈从 17 日开始一直开到 21 日，未能取得任何结果。

接着，从 10 月 2 日到 10 月 23 日，中共中央又派邓小平、彭真率团参加为准备世界共产党和工人党代表会议的声明而召开的二十六国起草委员会会议。会议争论了三个星期，两党分歧的问题还是没能解决。

---

[1]　见《周恩来年谱》中卷，第 340—341、342、344—345 页。

[2]　《毛泽东接见澳大利亚共产党总书记等人的谈话记录》（1960 年 9 月 25 日）。

即便如此，在10月27日的中共中央政治局会议上，与会者仍旧一致决定由刘少奇率团去出席11月在莫斯科召开的有八十一个党的代表团参加的世界各国共产党和工人党代表会议，主张不放过这次正面宣传自己观点的机会，同时继续做争取两党团结的工作。会议决定，代表团以刘少奇为团长，邓小平为副团长，成员包括彭真、李井泉、陆定一、康生等四位政治局委员和候补委员以及刘宁一、廖承志、刘晓等三位书记处书记。同时从新华社、外交部、中联部抽调了相当数量的领导人和翻译来充任顾问和工作人员。会议甚至决定，这次会议如果能够基本上达到目的，刘少奇就以国家元首身份正式访问苏联。毛泽东讲：八十一党会议上会有一番恶战，斗争可能非常激烈，甚至可能濒于破裂的边缘，要有破裂的思想准备，但我们的方针是坚持原则，坚持团结，放手斗争，以斗争求团结，力争达成一定的协议。为此，斗争要讲策略，比如，刘少奇一般不要直接出面争论，位于二线，让邓小平和彭真站在第一线，如此便于转圜。

刘少奇11月5日到达莫斯科时，苏联党和国家最高领导人赫鲁晓夫和勃列日涅夫都亲往机场迎接。第二天刘少奇拜访赫鲁晓夫时，谈到了会议开得好就准备正式访问苏联的问题，赫鲁晓夫格外重视，也大讲中苏团结的重要，强调说我们双方谁也离不开谁。7日举行红场阅兵和游行活动时，赫鲁晓夫又刻意让刘少奇首先登上列宁墓，并让刘少奇站在他和勃列日涅夫的中间。科兹洛夫报告时，也丝毫没有讲一句带刺的话。在大会开会前夕，苏共政治局委员苏斯洛夫、科兹洛夫和米高扬还专程来到中共代表团驻地，说希望中共方面能够理解赫鲁晓夫开幕式时在大会讲话的意图，说赫鲁晓夫讲话的精神是强调团结的，不想挑起争论。米高扬甚至许诺说，一开完这次会议，他们马上就来与中国方面讨论苏中贸易、援助以及专家等问题，继续援助中国的经济建设。

考虑到苏联方面的态度，代表团曾经对是否改变原定发言基调问题进行过讨论。然而事实上，11月10日开幕式上赫鲁晓夫长达两个多小时的讲话，仍旧是不点名地批评中国党的观点。这迫使中共代表团决定继续按照原定方针进行发言。根据原定方针，邓小平的发言将直接把矛头指向赫鲁晓夫。14 日下午邓小平指名道姓地历数赫鲁晓夫和苏联党错误做法和错误观点的发言，迅速引发了一场激烈的争论。[1] 从邓小平发言后，接连几天，几乎所有发言者都卷入到争论中来了，中共代表团再度处于被围攻的境地。

11 月 16 日晚，得到刘少奇电报的毛泽东召开会议，迅速研究了这一情况。第二天，毛泽东召集政治局在京的领导人，进一步召开扩大会议，明确决定坚持既定方针不变，对会议声明必须坚持三条原则：第一是坚持自己关于对战争要准备两手而不是一手的论点；第二是反对写上苏共“二十大”和“二十一大”；第三是不接受说我们进行派别活动的提法，否则拒绝在大会的声明书上签字。为此，有必要做好破裂的思想准备。接到周恩来代表毛泽东打来的电话后，刘少奇也在中共代表团的内部会议上明确讲，要置之死地而后生，背水一战，不怕破裂。[2]

激烈的争论一直进行到 23 日。这一天，赫鲁晓夫做第二次发言，开始从原来的立场上后退。他一面继续肯定苏共“二十大”反个人迷信是正确的，一面开始承认当时时间紧迫，对斯大林的评价不尽全面；一面继续坚持说和平过渡的可能性越来越大，一面又反对说他主张走议会道路；一面继续强调世界战争可以避免，一面又承认要根本制止战争，只有靠社会主义和世界人民的革命运动。最后，他还专门讲了一段要团结的话，反对争论不休，主张向前看，在不损害原则的前提下，大家互相让步。针对这种情况，第二天邓小平的发言也顺势降了温。

25 日，起草委员会再度开会，彭真参加了起草会议声明的讨论。这一天出现了一个重要的插曲。越南党领导人胡志明挑头组织了一个“请愿团”向中苏两党“请愿”，呼吁团结。鉴于赫鲁晓夫有所让步，一些小党又强烈地反对分裂，主张团结。中共代表团经过研究后，当晚向中共中央请示，

---

[1] 参见 Edward Crankshaw, *The New Cold War Moscow Vs. Peking*, p.124—129。

[2] 参见吴冷西：《十年论战》上卷，第 386—387 页。

可否适度让步和妥协。代表团说明，目前争论的焦点已逐渐主要集中在了六个方面：即处理兄弟党问题的原则；国际会议上解决分歧的办法；所谓国际共运中的宗派活动问题；所谓民族共产主义问题；是否应当在声明中肯定苏共“二十大”和“二十一大”；所谓反对个人迷信的问题。眼看会议即将结束，在有些问题上事实上苏方很难让步，如肯定苏共“二十大”的问题，但在其他一些问题上，苏方已显示出有松动和让步的可能。因此，如果一味坚持以前的三条，不允许写上苏共“二十大”，破裂将不可避免；如果在坚持基本原则的前提下，适度考虑到各小党团结的愿望，避免破裂，就有必要进一步考虑我们妥协的条件。

26日晚，毛泽东再度召集会议，商谈在莫斯科声明上签字的条件问题。会议没能取得一致的意见。27日，由于收不到中央的答复意见，中共代表团仍旧不得不坚持原有的立场，向各方表示，如果苏共不改弦更张，中国党不会在声明书上签字。这一点没有任何商量的余地。但是，到了28日的晚上，政治局还是做出了决定，一致同意从原先的条件上再做让步。

中共中央28日夜里的指示电主要讲了两点意见。第一，当前观点正确，站在马列主义立场上的兄弟党的队伍还不巩固，全世界大多数党还没有做好与赫鲁晓夫破裂的准备，几乎所有要求革命的人，包括各国党和从事革命运动的分子，都不愿意看到破裂，我们党也不例外。因此，代表团现在的方针应该力争达成协议，发表一个经过共同协商而达成一致的会议声明。第二，代表团应准备应付四种情况：一是把苏联党按在声明草案中的所有“钉子”，主要是苏共“二十大”问题、宗派问题和民族共产主义问题统统拔掉，顺利签字；二是拔掉三个“钉子”，但苏共坚持要搞一个约束各党的内部协议，我们可以在声明上签字但发表声明反对内部协议；三是保留有关“二十大”的内容，同时又搞内部协议，我们在坚持部分措辞修改后可以签字，同时声明反对内部协议；四是三个“钉子”不去，还要搞内部协议，则决不签字。[1]

[1]　参见吴冷西前引书，第407—409页。

多半也是因为担心破裂在即，这一天夜里12点，赫鲁晓夫专门找到胡志明，要胡志明以他个人的名义打电话，建议刘少奇和赫鲁晓夫到胡志明住处个别谈话，协商妥协的办法。当晚，胡志明按照赫鲁晓夫的要求，给刘少奇打了电话，但遭到中共代表团拒绝。[1]不过，中共代表团当晚已经根据中共中央的指示电做出了决定，争取以保留苏共“二十大”的内容为让步条件，促使苏方让步，取消声明中所谓宗派问题和民族共产主义问题的提法。

29日，根据前晚的决定，彭真利用在起草委员会讨论的机会，约科兹洛夫进行了一次私下谈话。彭真当场问科兹洛夫：你们是不是想破裂？科明确答复：不是。彭于是亮出底牌，提出中方妥协的四个条件：第一，不做任何内部协议；第二，声明中不能写有所谓反对宗派活动和民族共产主义的内容；第三，要写上在国际会议上需要协商一致的原则；第四，我们同意保留对苏共“二十大”的评价，但措辞要修改。对此，科兹洛夫当即表示可以考虑。

当天下午，苏共中央主席团临时专门召开会议讨论了科兹洛夫转达的中方的妥协条件。傍晚，科兹洛夫打电话通知彭真，苏共中央已基本上同意了中方的条件，但要求中苏两党代表团举行一次正式会谈。

30日中午，刘少奇、邓小平、彭真与赫鲁晓夫、苏斯洛夫和科兹洛夫按照约定在列宁山顺利地举行了会谈，基本上按照中方的条件达成了妥协。于是，赫鲁晓夫正式向刘少奇发出访苏邀请，双方会毕还高兴地一起合了影。[2]

第二天，即12月1日，在激烈争吵了将近三周，在多数党都认为中苏破裂不可避免之后，中苏两党领导人突然满面春风地握手言欢，弄得那些几周来一直跟着赫鲁晓夫激烈攻击中国党的多数党的代表们一时间莫名其

---

[1] 见《毛泽东接见胡志明等同志的谈话记录》(1960年12月3日)。

[2] 参见吴冷西：《十年论战》上卷，第415—419页。

妙，瞠目结舌。全世界随后都注意到，在为庆祝莫斯科大会成功而举行的盛大宴会上，中共领导人刘少奇和邓小平都应邀坐在主宾席上，赫鲁晓夫、勃列日涅夫等向他们频频祝酒，气氛热烈，共产主义阵营一派团结景象。

这个结果显然也让毛泽东感到满意。12月3日，毛泽东在听取刚刚回京的邓小平、彭真汇报以及接见路过北京的胡志明时，对这一结果一再表示相当欣赏。他特别称赞胡志明所起的和事佬作用，但同时也讲：大家还是要建设社会主义，还是要反帝，天是塌不下来的。吵架是不可避免的，将来还会吵，吵一阵，和一阵，生活规律就是这样嘛。[1]12月9日，毛泽东又亲率政治局成员前往机场迎接会后在苏联进行国事访问顺利归来的刘少奇一行。直到1961年1月中旬中共中央举行八届九中全会期间，毛泽东仍旧明确讲：这次八十一党会议成绩很大，应该说取得了伟大的成果，基本上把赫鲁晓夫发动的反华浪潮打下去了。我们现在要讲团结，跟苏联、跟社会主义国家、跟兄弟党都要讲团结。就是骂过我们的党，也还是要和它讲团结。一定要采取这样的方针：团结—斗争—团结。[2]刘少奇也在会上讲：看来对付赫鲁晓夫这样的人，对付那些搞修正主义的人，也不太难，比较容易。我们党战略上有一套，策略上有一套。斗争并没有结束，很可能是高一阵低一阵，至少还要斗争十年，要做这个准备。但经过这次斗争过后，最近一个时期的斗争可能会缓和一些。缓和对我们有利，对整个社会主义阵营和国际共运都有利，我们应该力争延长缓和的时间。[3]

本来已经滑到了破裂边缘的中苏关系，出人意料地又延续了一个短暂的时期。

[1] 《毛泽东接见胡志明等同志的谈话记录》（1960年12月3日）。
[2] 《毛泽东在八届九中全会上的讲话》（1961年1月18日）。
[3] 参见吴冷西：《十年论战》上卷，第448页。

第十八章

“九评”赫鲁晓夫

周恩来为抗议苏共“二十二大”攻击阿尔巴尼亚，搬走斯大林遗体，毅然离会回国，毛泽东率政治局领导人集体前往机场迎接；毛泽东认定赫鲁晓夫现象有阶级背景，判断他代表苏联高薪阶层利益，和帝国主义代表资产阶级差不多；王稼祥反对一斗到底，愈弄愈僵，毛泽东说有些同志相当地发了狂，搞“三和一少”，向资产阶级投降；毛泽东决定转入反攻，不怕分裂，来一个“大闹天宫”……

从1958年的联合舰队事件，到1959年双方在北京的争吵，再到1960年苏联撤退专家、停止援助、撕毁合同，中苏关系已经走到了破裂的边缘。但是，无论是毛泽东，还是中共中央其他领导人，却没有谁想到过要就此根本破裂两党关系。联想到当时的所谓“三年自然灾害”，中国经济处于空前严重的困难局面，毛泽东又退居“二线”，正在一线负责的中共中央领导人未必会像毛泽东那样非得和赫鲁晓夫争个输赢不可。这也就决定了在1962年七千人大会中共中央决定总结“大跃进”失误的教训时，存在着调整毛泽东激进的国内外政策的可能性。王稼祥关于缓和国际紧张关系、争取和平局面、对外援助实事求是、量力而行的政策性建议，集中地反映了中共中央内部存在的这种要求从实际出发的强烈愿望。只可惜，中国党当时既没有从意识形态的亢奋中清醒过来，也不存在一种民主决策的有效机制，毛泽东不论在“二线”在“一线”，始终是党的最高主宰，他的意志决定了党的命运，因而也决定了中苏关系的最终走向。

一、毛泽东认定：赫鲁晓夫代表高薪阶层，与资产阶级差不多

1961年，是中国经济极端困难的年头。在这一年大部分时间里，中国方面为缓和两国、两党关系做了相当的努力。苏联方面也开始部分地恢复了对中国国防方面和经济方面的援助，并且主动提出愿意向中国转让生产先进的米格–21型歼击机的技术，愿意帮助中国解决一些粮食困难，比如通过贷款形式提供给中国一百万吨粮食和五十万吨古巴糖等。[1] 注意保持与苏联的团结，看来也是毛泽东所赞成的。毛泽东这时特别表示过：“既已回头讲友谊，我们也要有一些措施。”

但是，在1961年，仍旧有两件事情对中国方面形成了较大的刺激。一是苏联与阿尔巴尼亚国家关系急剧恶化，一是苏共在“二十二大”决定把

[1] 见《周恩来年谱》中卷，第389—340、394、397、400页。

斯大林的遗体迁出列宁墓。

阿尔巴尼亚是在整个中苏争论期间唯一因不愿受苏联控制因而最坚定地支持中国，并为此受到围攻和压制的一个小党、小国。因为无法压服阿尔巴尼亚接受苏联的意志，苏联不仅宣布停止经济援助，放弃在阿的海军基地并撤出所有苏方人员，最后干脆宣布断绝了与阿尔巴尼亚的外交关系。对于这样一个“兄弟党”受到苏联如此严厉的制裁，中国方面自然难以坐视不顾，不能不表示出极大的不满。

除此之外，苏共“二十二大”于 1961 年 10 月 17 日召开，毛泽东指派周恩来和彭真代表中共中央出席了这次大会。正如一些西方学者所指出的那样，这“证明北京没有预料到赫鲁晓夫先生会对阿尔巴尼亚发动猛烈进攻”[1]。但让毛泽东深感吃惊的是，苏共“二十二大”除了继续对阿尔巴尼亚党大张挞伐以外，还做出了一系列重要决定。这包括把斯大林的遗体迁出列宁墓，开除莫洛托夫等人党籍，宣布苏联将从无产阶级专政的国家发展成为全民的国家，二十年内建成共产主义，等等。对此，周恩来在请示了毛泽东之后，做出了强烈的反应。他不仅在 19 日的大会致辞中明确表示反对在兄弟党的代表大会上攻击另一个兄弟党，21 日更亲率代表团向斯大林墓敬献花圈。两天后，即 23 日晚即提前离会，启程回国，以示对苏共“二十二大”做法的不满。为显示中共中央团结一致抗议苏共“二十二大”的态度，毛泽东还亲率刘少奇、朱德、邓小平等中共最高领导人全体赴北京机场迎接周恩来，对周恩来的行动表示了充分的肯定。

周恩来率团前往参加苏共“二十二大”，本意是去莫斯科准备“强调团结，强调反帝”的。但事实上，毛泽东这时在内心里已经判定赫鲁晓夫是改不了了。当赫鲁晓夫 7 月底突然抛出一个所谓“现代的共产党宣言”，宣称苏联将走向全民国家，毛泽东仿佛突然悟到了问题的症结所在。过去，毛泽

[1] 见 D. C. 瓦特编著，于树生等译：《国际事务概览，1961 年》，上海：上海译文出版社 1988 年版，第 264 页。

东一直冥思苦想，始终弄不懂赫鲁晓夫现象产生的根源，而这时，他已经开始把赫鲁晓夫现象同社会主义社会条件下两个阶级之间的斗争挂上钩了。在9月份的一次会议上，他提出：现在的问题是，赫鲁晓夫到底代表什么阶层？代表高薪阶层。而他代表的阶层与帝国主义代表的阶层实际上是相同的。高薪对低薪，明明是不人道，因此反对他的人都是低薪的普通工人、农民。[1] 这个时候，毛泽东已经认定中共八大决议关于当前社会主要矛盾的提法不对，断言“社会主义社会的主要矛盾是社会主义和资本主义两条道路、无产阶级和资产阶级两个阶级的矛盾”[2]，从这个观点出发，他很自然地把赫鲁晓夫现象同阶级斗争联系起来。只是，由于理论上还有许多问题没有解决，他在这里还没有直接使用“阶级”这个字眼儿，但他的意思已经很清楚，即赫鲁晓夫的问题实际上是有社会根源的，即使暂时不叫阶级斗争，也同阶级斗争差不多。因为赫鲁晓夫代表的社会阶层，同帝国主义代表的社会阶层实际上是相同的。

出于维护好不容易重新建立起来的中苏团结的目的，中共中央没有马上开始对苏共中央进行谴责。苏共“二十二大”会后，《人民日报》公开发表了苏阿两党围绕这场争吵各执一词的文章和信件，却没有做任何评论，就是一个证明。但是，毛泽东还是压抑不住他的失望与愤懑。在与苏共“二十二大”会后路过北京回国的亚洲国家党的领导人谈话时，他的态度明显地更加严厉了。他对印度尼西亚共产党总书记艾地说：赫鲁晓夫这个人什么事都可以做出来，他每年总要搞一两次新花样，苏共“二十二大”花样特别多。指桑骂槐，明里骂阿尔巴尼亚，实际上是骂中国。现在，赫鲁晓夫、肯尼迪、铁托、尼赫鲁，都搞在一起了，东欧和西欧的共产党也都在点名骂我们了。我看赫鲁晓夫是一个反面教员。[3] 当胡志明问他团结局面万一因此被破坏怎

---

[1] 参见《周恩来年谱》中卷，第440页；前引郑谦、韩钢书，第306页。

[2] 毛泽东：《读〈苏联政治经济学教科书〉谈话记录》（1959年12月）。

[3] 《毛泽东会见印度尼西亚共产党总书记艾地同志谈话记录》（1961年11月17日）。

样解决时，他生气地答复说："怎样解决？你都没有办法，我有什么办法？"[1]

不管中共多数领导人如何考虑，苏共"二十二大"之后，毛泽东显然已经开始断定苏共整个变成修正主义了。他明确讲："马克思领导过巴黎公社，后来失败了。马克思和恩格斯创立第一国际，后来分裂了。恩格斯又建立起了第二国际，这是一个马克思列宁主义的党，但第二国际后来也变质了，变成修正主义伯恩斯坦主义的政党，那时，天好像要垮下来，但是，列宁同伯恩斯坦进行了坚决的斗争，打败了伯恩斯坦主义，发展了马克思主义。列宁建立了第三国际代替第二国际，并且在俄国取得了社会主义革命的胜利。在列宁的故乡苏联，出现了新的伯恩斯坦主义，苏共变为修正主义，这是完全可能的。但是，是否因此天就会塌下来呢？不会的。过去天就没有塌过嘛！今后也不会有天塌下来的事情发生。现在时代和过去不同了。世界上百分之九十以上的人民要革命要反帝，苏共绝大多数党员和苏联人民也要革命要社会主义。"

很难相信，在当时面对"大跃进"造成的空前严重的经济困难面前，在发生了上千万农民饿死的惊人惨剧之后，中共中央多数领导人会有毛泽东那样的革命雄心，要去公开向苏联党挑战，把苏联推向自己的对立面。事实上，不论毛泽东在党内如何为全党干部打气，强调中苏团结的情况还是持续到了1962年。即使是毛泽东本人，在1962年1月30日扩大的中央工作会议上发表讲话的时候，当着全党七千中高级干部的面，也仍旧特别强调了向苏联学习的必要性。他一面继续大讲"各国的人民，占人口总数的百分之九十以上的人民大众，总是会革命的，总是会拥护马克思列宁主义的"；一面还是明确地讲："苏联是第一个社会主义国家，苏联共产党是列宁创造的党。无论什么时候，现在、将来，我们这一辈子，我们的子孙，都要向苏联学习，学习苏联的经验。不学习苏联，要犯错误。"[2] 如今许多人

---

[1] 《毛泽东会见胡志明谈话记录》（1961年11月14日）。

[2] 这段讲话在1966年向党内印发时毛泽东做了较大的修改，增加了大段批判的内容。见《建国以来毛泽东文稿》第10册，第37—38页及注释18。

引用毛泽东这段话时，往往不注意毛泽东后来所做的改动，把1966年毛泽东加上的诸如“苏联的党和国家的领导现在被修正主义篡夺了”之类的话都当成1962年毛泽东当时的讲话来用，这是不妥当的。[1] 事实上，毛泽东当年讲话时并没有这样的看法。否则我们就很难理解，当时的中共中央联络部部长王稼祥怎么会直截了当地向中共中央提出包括缓和中苏两党关系在内的一系列大胆的建议来。

在中共召开七千人大会之后不久，苏共中央来信，也提出了不宜在国际场合进行不必要的争论和采取特殊立场的问题，中共中央立即表示响应。在复信中强调说：“我们的共同点是主要的”，“我们之间的分歧，毕竟是共产主义大家庭的内部问题”，表示赞成苏共中央关于召开兄弟党会议具体协商的办法。[2] 考虑到国内严重的经济困难，再加上美国扩大印支战争，蒋介石叫嚷“反攻大陆”，中印边境争端一触即发，身为中央联络部部长的王稼祥深感缓和中苏关系的极端重要性，据此开始向中共中央提出了一系列关于避免争论、求同存异的重大建议。

2月27日，用王稼祥的话来说：“当时我觉得‘内忧’够多了，而对‘外患’的可能性，在我脑子中形成了一幅可怕的图画，于是乎我忧虑得不得了。”鉴于七千人大会提倡“三不主义”（不抓辫子、不戴帽子、不打棍子），所以“抱着对党中央勇敢提意见的态度”，王稼祥给周恩来、邓小平、陈毅等人写了一封信，明确提出：我们应当抓住团结和反分裂的旗帜，防止中苏之间的斗争直线地尖锐下去。在对外关系的其他方面，也都有必要采取缓和的方针，绝不能一味地采取毫不松动、一斗到底的策略，使争论愈闹愈大、关系愈弄愈僵，直至完全破裂。3月，他又进一步提出：在支持别国革命问题上要“实事求是，量力而行”，主张：“我们应该支持别国的反帝斗争、民族独立和人民革命运动，但又必须根据自己的具体条件，实事求是，量力

[1] 郑谦、韩钢前引书，第308页；等等。
[2] 见周文琪前引书，第530—531页。

而行。特别是在我国目前处在非常时期的条件下，更要谨慎从事，不要说过头、做过头，不要过分突出，不要乱开空头支票，开出的支票要留有余地，不要满打满算，在某些方面甚至需要适度收缩，预见到将来我办不到的事，要预先讲明,以免被动。”必须考虑到我们已经有了国家政权,有了外交关系，我们的做法不能不受国际关系方面的约束。6 月，他更进一步提出了争取国际和平环境的外交思想，主张坚持和平共处，绝不输出革命，反对说世界战争不可避免，主张支持世界各种和平运动，同意在原则上说世界上百分之九十以上的人民是要革命的，但强调这并不是说，现在世界上大多数人民的觉悟已经很高，世界上到处存在着革命形势。[1]

很明显，这时在中共中央第一线工作的刘少奇、周恩来、邓小平等人，对王稼祥的建议是倾向于赞成的。因此，当 7 月莫斯科召开世界裁军大会时，中国代表团竟然采取了与以往不同的做法，既没有与苏联就全面彻底裁军可能与否的问题进行争论，也没有就中国被排斥在联合国之外不能承担任何裁军义务做出强硬的声明，而是笼统地对大会呼吁全面裁军的态度明确表示了赞同。[2] 中国代表团的这种做法，立即得到了苏联方面的积极肯定。为此，在苏联影响下的世界和平理事会还特别提议授予中国代表团以金质奖章。

二、“大跃进”动摇了毛泽东的威信，他转而在中国找修正主义

1962 年春，伴随着中苏分歧和严重经济困难等多种原因，爆发了新疆伊犁哈萨克斯坦自治州直属县市及所属干塔城地区少数民族边民集体逃亡

---

[1] 徐则浩前引书，第 557—564 页；张沱生：《艰难的探索，可贵的努力》，《环球同此凉热——一代领袖们的国际战略思想》，北京：中央文献出版社 1993 年版，第 176 页；《王稼祥选集》，北京：人民出版社 1989 年版，第 444—458 页。

[2] 徐则浩认为，代表团的做法不完全反映王稼祥的意见，因当时代表团没有向国内请示就同意了会议的共同文件。但此说是否准确，尚有待深入研究，因为面对如此重大的方针性问题，又是第一次代表中国在这个问题上做不同于以往的公开表态，代表团未得授命即贸然行事，颇不合乎情理。另外，即使徐所说属实，代表团的做法也必定是受到王稼祥的思想和建议的影响，绝不是毫无根据地行事的。徐则浩前引书，第 565 页。

事件，当时共有数万人逃往境外苏联一方。新疆少数民族集体逃亡事件的发生，有着十分复杂的背景。与几乎同时发生在广东的大批难民外逃香港的情况相联系，不难想象它可能与当时国内的饥荒有一定联系，但是，最主要的原因显然是同当时伊犁地区存在着大量具有中苏双重国籍身份的少数民族边民，历史上又长期受到苏联影响这一特殊的情况有关的。由于当时这些边民仍旧可以来往于中苏之间，中苏之间严重的政治分歧和经济上的差距不免对他们产生影响，再加上有着苏联背景的少数人蓄意挑拨，从而造成了这一严重事件。[1] 面对这种情况，中国方面虽然继续表示不能让当前的事件破坏中苏间的团结，但却越来越强烈地指责苏联特务的挑唆了。不久，中国外交部更是明确要求苏联方面关闭他们驻新疆的各个领事馆。这不可避免地使中苏关系再度呈现紧张。

一方面是受到苏联方面“挑唆”，新疆少数民族集体逃亡；另一方面一些欧洲国家的党这时又开始致信中共中央，尖锐地批评中国党的路线和政策，这不能不进一步引起毛泽东的强烈反感。6 月 21 日，毛泽东接见朝鲜劳动党代表时就公开断言：“修正主义不会改了。”[2]

当然，毛泽东批评苏共态度的升温，既与苏方的做法有关，也与他对社会主义社会阶级和阶级斗争理论思考的发展以及对国内阶级斗争形势认识的升级有关。

还在七千人大会召开时，毛泽东就已经发觉党内对他发动的“大跃进”及其后果的认识存在分歧。刘少奇因为身为国家主席，发生了如此严重的大面积饿死人事件内心倍感压力，因此力主要吸取教训、深刻反省。他明确认为，当前的困难主要是“三分天灾，七分人祸”。会后，他更进一步提出要把困难估计足，不要怕说漆黑一团。处在第一线的中央多数领导人，

---

[1] 参见 Odd Arne West 提交给 1997 年 10 月“冷战与中苏关系”国际学术讨论会的论文：《中苏同盟是如何瓦解的？——政治、饥荒与难民》；李丹慧：《对 1962 年新疆伊塔事件起因的历史考察》，《党史研究资料》1999 年第 4、5 期。

[2] 《毛泽东接见朝鲜最高人民会议代表团团长朴金（吉吉）谈话记录》（1962 年 6 月 21 日）。

显然也都同意这样一种估计。正是注意到过去的政策和做法太“左”，在刘少奇的主持下，中共中央在整个工作中开始贯彻从实际出发和实事求是的精神。而从实际出发的结果，一些领导人开始意识到集体化和公社化严重脱离实际的问题，主张实行“包产到户”。他们同时也注意到与苏联对抗、勒紧裤腰带来援助各国革命党的做法，不仅在国际上使自己过分孤立，而且对国家的经济和人民的生活也损害极大，因而主张转取缓和的对外政策。甚至，他们还在某种程度上注意到党内关系过于紧张，因而提出应当平反冤假错案，彭德怀也在这时上书要求平反。这些都不可避免地极大地刺激了毛泽东。

其实，还在1961年9月的中央工作会议上，毛泽东就表现出已经很不喜欢听人们老是谈论“大跃进”的问题了。他当时就很不耐烦地表示过：“错误就是那么一点，有什么了不得，人哪能不犯错误，人不犯错误，天诛地灭。”这话显然是冲着包括刘少奇在内的一些人去的。因为他们总是揪住“大跃进”中的某些问题不放，甚至直接或间接地在表示怀疑总路线、“大跃进”和人民公社这“三面红旗”。[1]

让毛泽东感到更为严重的是，他的无上权威地位也开始受到怀疑了。在七千人大会期间，刘少奇、周恩来、陈云、彭真等中央领导人，都大讲实行民主集中制的极端必要性，公开斥责过去不讲民主、压制批评、打击报复、过火斗争等种种不民主的作风。矛头所向，未必含有对中共中央内部政治生活不民主的责难，但说者无意、听者有心。何况，彭真在这个时候的一段讲话更容易让毛泽东怀疑这些人就是冲着他来的。彭真是在大会报告起草委员会会议上谈到这个话题的。由于党内一些人一向习惯拿毛泽东做挡箭牌，彭真显然对此十分不满。因此，他在和毛泽东的政治秘书陈伯达争论时不免脱口而出，说：我们的错误首先是中央书记处负责，但包

[1] 在大会当中，有人公开发言，认为对“三面红旗”是不是正确的问题，原则上好讲，实践上难讲。刘少奇在大会讲话中则表示，对“三面红旗”，有些问题看得还不那么清楚，要经过五年、十年以后再来总结经验，做出结论。《刘少奇选集》下卷，北京：人民出版社1983年版，第426页。

括不包括主席、少奇和中央常委的同志呢？我想，该包括就包括，有多少错误就是多少错误，毛主席也不是什么错误都没有。如果毛主席百分之一、千分之一的错误不检讨，将给我们留下恶劣影响。对此，陈伯达表示反对，称：彭真同志关于毛主席的话值得研究。我们做了许多乱七八糟的事情，是不是要毛主席负责？是不是要检查毛主席的工作？然而彭真并未被陈伯达的话吓倒，仍然坚持辩解说：关于毛主席的问题要说清楚，我的意思只是说不要给人一种印象，别人都可以批评，就是毛主席不能批评，这不好。在两年多之前彭德怀等人刚刚因为在庐山会议上向毛泽东提了一些批评意见即被打倒的历史悲剧依然历历在目的情况下，彭真能够有如此率直地讲话，可见当时党内要求民主的压力确实达到了相当的程度。

不难想象，彭真的这番谈话毛泽东不可能不知道。同样不难想象，当意识到党内出现“离心”（偏离毛核心）倾向之后，毛泽东会对国防部部长林彪在大会上那番歌功颂德的赞歌何等之欣赏。林彪当时在大会上是这样为毛泽东辩解的，他说：“三面红旗”是中国革命发展中的创造，是人民的创造，是党的创造。当前出现的这些困难，在某些方面，在某种程度上，恰恰是由于我们没有照着毛主席的指示、毛主席的警告、毛主席的思想去做。毛主席的思想总是正确的。可是我们的同志不能很好地体会毛主席的思想，说是执行毛主席的指示，实际上是走了样。我个人几十年来体会到，毛主席最突出的优点是实际，他总比人家实际一些，总是八九不离十。他总是在实际的周围，围绕着实际，不脱离实际。而我们工作搞得好一些的时候，就是毛主席的思想能够顺利贯彻的时候，毛主席的思想不受干扰的时候。如果毛主席的意见受不到尊重，或者受到很大的干扰的时候，事情就要出毛病。

毛泽东通常并不是很喜欢别人过分地阿谀奉承的。众所周知，建国前后，一些人不止一次地打算提出“毛泽东主义”，都被他制止了；他甚至不同意用自己的名字命名街道；在“文革”“万岁”之声响彻云霄之时，他对林彪“封”他“四个伟大”感到“讨嫌”……但是，这个时候的毛泽东，听到林彪的这番再明显不过的恭维话，却感到很舒服。不仅很舒服，他还对讲这种话的人很少感到不满意。据说他当时就对担任总参谋长的罗瑞卿说：林彪同志的讲话水平很高，这样的讲话你们说得出来吗？[1]

毛泽东后来为何把林彪定为自己的接班人，并毫不留情地打倒彭真，想来与此不无关联。但最主要的是，七千人大会之后，自认为是“无产阶级革命路线”唯一正确代表的他，开始有了一种恐惧，怀疑中国也有出修正主义的可能了。而包括刘少奇在内的相当一批中共高级领导人，都被他纳入到警惕的视野之内，担心他们有变成“睡在我们身边的赫鲁晓夫”的危险。

8月上旬，中共中央在北戴河召开工作会议。开幕当天，毛泽东在发言中突然离开会议原定的内容，谈到社会主义国家究竟存不存在阶级和阶级斗争这个问题。显而易见，在把赫鲁晓夫现象同阶级问题联系起来、把修正主义等同于资产阶级的情况下，毛泽东一直在思考着这样的问题，即像苏联这样的社会主义国家为什么会产生修正主义？如果按照以往的理论，说社会主义社会是阶级和阶级斗争逐渐消亡的时期，那就很难说得通。毛泽东为此左思右想，这时已经基本上得出结论，即阶级残余是长期的，阶级斗争也是长期的，不是几十年而是几百年。苏联出修正主义，国际根源是屈服于帝国主义的压迫，国内根源就是存在着资本主义的残余。[2]

不过，苏联出现了修正主义，能不能说苏联已经不是社会主义国家了，苏联党已经不是真正意义上的共产党了？这个问题毛泽东一时还难以回答。在随后举行的八届十中全会上，毛泽东明确讲：“现在可以肯定，社会主义国家有阶级存在，阶级斗争肯定也存在。”既然存在阶级和阶级斗争，自然也就存在反动阶级复辟的可能性。阶级斗争必须年年讲、月月讲、天天讲的观点由此提了出来，说是不这样讲我们这样的国家还会走向反面。[3]

但既然肯定赫鲁晓夫已经是修正主义，肯定修正主义是资产阶级残余

[1] 丛进前引书，第411、413页。
[2] 《毛泽东在北戴河会议上的讲话》（1961年8月6、9日）。
[3] 《毛泽东在八届十中全会上的讲话》（1961年9月24日）。

在共产党内的表现，关系到共产党和社会主义制度的生死存亡，那么，在毛泽东看来，同赫鲁晓夫之流的斗争就必然是一种你死我活的阶级斗争。把问题上到搞阶级斗争、搞革命这样的高度，任何容忍、迁就、缓和以及为了保持国家关系乃至为了保持本国人民生活水平而采取守势的做法，都是自信必须要掌握革命主动权的毛泽东所不能接受的。身为中联部部长的王稼祥，自然就成了毛泽东枪打的第一只出头鸟了。

1962年8月，毛泽东得知同样不赞成普遍裁军主张的北朝鲜党的领导人，对中国代表团在莫斯科世界裁军大会上的妥协态度提出疑义，进而又得知世界和平理事会来信要给中国代表团授金质奖章，他当即警觉起来，并开始表示严重不满。在弄清楚事情的原委之后，他尖锐地批评了中联部部长王稼祥提出的那些主张。

事实上，对赫鲁晓夫现象的理论分析已经不可避免地延伸到中共党内来了。赫鲁晓夫现象的本质是对外屈服于帝国主义，对内妥协于资产阶级，在中国又何尝没有类似的现象呢？除了王稼祥在对外政策上的妥协主张以外，包括七千人大会上对形势的悲观估计，对“三面红旗”的怀疑以及相当一部分党员干部鼓吹“包产到户”等从集体化向单干倒退的主张，总之，一切看上去与毛泽东观念中的革命方向不一致的主张，在他看来都是“右倾机会主义”的回潮。在9月24日召开的中共八届十中全会上，毛泽东干脆把这种“右倾机会主义”同“修正主义”画了等号。他尖锐地提出：“中国的右倾机会主义，看来改个名字好，叫作中国的修正主义。从北戴河到北京的两个月的会议，是两种性质的问题，一种是工作问题，一种是阶级斗争的问题，就是马克思主义与修正主义斗争的问题。工作问题也是与资产阶级思想斗争的问题，也是马列主义与修正主义斗争的问题。”[1] 本来是对工作问题的不同看法，一转眼到毛泽东那里就成了大是大非的立场问题了。在毛泽东一言九鼎的时代，把立场问题的大帽子悬在那里，还有谁敢于表

[1] 《毛泽东在八届十中全会上的讲话》(1961年9月24日)。

示不同意见呢?

1962年10月20日，即八届十中全会刚刚结束不久，中印两军围绕着有争议地区在持续发生严重武装冲突之后，毛泽东基于斗争的原则，毅然下令实施了自卫反击作战，不仅将进占争议地区的印军全部赶了出去，而且一气追入印度境内上百公里。尽管中国军队随后立即单方面停火，并主动撤出了有争议地区，东西欧几个国家的兄弟党却在自己的党代会上影射甚至直接批评了中国党的做法。当意大利共产党领袖陶里亚蒂在党的代表大会上公开指责中国党之后，《人民日报》开始受命发表一系列批评文章。毛泽东在接见日共中央领导人时特别表示，陶里亚蒂做了一件好事，如果他不公开攻击我们，我们就不好公开回答。现在是非回答不可了。

毛泽东的这种急于应战的迫切心情,在1963年2月15日他亲自审改《人民日报》社论《再论陶里亚蒂同志同我们的分歧》时，表现得淋漓尽致。他当时挥笔写道 :“他们这次既然直接地向我们挑起了公开争论，我们有什么办法呢？难道还能如过去那样缄默不言吗？难道‘只许州官放火，不许百姓点灯’吗？不行，不行，不行。我们一定要回答。”“只许老爷开腔，不许小的吭气，只许州官放火，不许百姓点灯，是不行的。从古以来也没有这样一条被公众承认的不公平的法律。”[1] 在此之后,毛泽东开始公开批评中国党在世界裁军大会上的妥协做法，说1962年上半年一个短时期内，我们党内少数同志发了狂，主张“三和一少”，就是对帝国主义和气一点，对反动派和气一点,对修正主义和气一点,对亚非拉人民的革命斗争少援助一点。这是修正主义的路线，迁就了赫鲁晓夫，把我们自己搞得很狼狈。我们必须反对我们自己内部的修正主义，因为他们“向资产阶级投降”。[2]

---

[1] 《对〈再论陶里亚蒂同志与我们的分歧〉一文的修改和批语》(1932年2月),《建国以来毛泽东文稿》第10册，第247—248页。

[2] 参见徐则浩前引书，第567页。

三、毛泽东宣布 :“我们现在转入了反攻”，要来一个大闹天宫

就在毛泽东准备全面反击的同时，又意外地出现了一段小小的插曲。1963 年 2 月 21 日,苏共中央突然致信中共中央和毛泽东,提议停止公开论战,并建议两党举行高级会议。23 日，毛泽东因感冒未愈，躺在床上接见了苏联大使契尔沃年科。他说:我刚刚看到你们中央给我的信，我们欢迎这封信，这封信态度好，但我有一点是不满意的，那就是赫鲁晓夫同志一面提出停止论战，一面自己又论战，公开批评中国党。最近你们批评中国党的文章有四篇，赫鲁晓夫的就有两篇。我们从 20 日起登你们这些文章，今天登完。明天恐怕要登法国、意大利的了。全世界九十几个党里头，有四十二个党公开骂我们。对于所有这些批评，我们都得回答，有来有往，中国古书上有两句话 :“往而不来非礼也，来而不往亦非礼也。”你们可以骂人，我们也可以回骂。在这里，毛泽东表示，他也赞成休战，特别是对苏共的批评文章，可以暂时挂上一笔账。但他实际上并不认为这是一个好办法。他咄咄逼人地尖锐质问道 : 是谁首先攻击我们的? 是谁发动这四十几个党攻击我们的? 是谁首先开始在一个共产党的代表大会上攻击另一个共产党的? 吵了这么几年可以休息一下，但真理愈辩愈明，为什么我们不可以把对方的文章都发表出来，“索性展开论战”？“索性展开有什么要紧哪！是不是天就要塌下来？我看不会……草木还照样长，妇女照样生孩子，河里的鱼照样游。”[1]

经过反复交涉，中共中央于 5 月 6 日决定接受苏方建议，派邓小平、彭真率团参加两党高级会谈。但是，在看到苏共中央 3 月 30 日来信提出两党会谈需要讨论的一系列重大问题，注意到苏方毫无改变态度的迹象之后，毛泽东再也压抑不住内心的愤怒了。他很快指示由康生负责，组织起草中共中央《关于国际共产主义运动总路线的建议》，作为中共中央对苏共中央

[1] 《毛泽东接见契尔沃年科大使的谈话记录》(1963 年 2 月 23 日)。

这一来信的答复。对这个文件，毛泽东从一开始就确定了两个方针：一是要公开发表；二是要锋芒毕露。也就是说，不仅要针锋相对，把牌全部打出去，而且要来一个“索性展开论战”，不做任何妥协的准备。当然，为了心里有数，并且言之有据，毛泽东还是尽可能事先了解了一些兄弟党的反映。在文件起草的过程中，毛泽东分别向在京的和路过北京的兄弟党有关人士征求了意见。由于这时来中国的大都是站在中国党一边的共产党领导人，因此得到的意见大都对中共中央的这种做法表示支持。比如，当毛泽东问新西兰共产党总书记说：你认为“是以软体（指措辞客气一些）对软体好，还是现在这样的形式好”时，这位新共总书记当场很强硬地表示：“我不要软体动物，宁愿要这个。”[1] 甚至就连北朝鲜的金日成也表示了大致相同的意见。[2] 略有不同的只是因为需要求助于苏联的越南党的领导人，他们在无力劝阻的情况下，明确主张文章中还是应多加点糖，少放些辣椒为好。[3]

6 月 14 日，锋芒毕露的《关于国际共产主义运动总路线的建议》一文公开发表，中心思想是强调暴力革命和无产阶级专政的必然性与必要性，强调革命的不间断性和彻底性，反对赫鲁晓夫所主张的“和平共处”“和平竞赛”“和平过渡”政策，反对说社会主义社会可以彻底消灭阶级，形成所谓的“全民国家”和“全民党”。文章明确提出：我们把那些攻击我们的文章和言论在我们的报纸上发表了，你们为什么不把我们“毫无根据的攻击”你们的文章也在苏联统统公开发表出来呢？既然争论已经开始，“谁都没有权利单凭自己的意图，想发动攻击就发动攻击，想禁止对方答辩就下令‘停止公开争论’”。[4]

在此之前，中苏之间的分歧已经通过各国党的言论和文章，通过中国

[1] 《毛泽东同新共总书记威尔科克斯谈话记录》（1963 年 5 月 21 日）。

[2] 《毛泽东会见金日成谈话记录》（1963 年 5 月 29 日）。

[3] 《毛泽东接见越南劳动党代表团谈话记录》（1963 年 6 月 4 日）。

[4] 《关于国际共产主义运动总路线的建议》，见《学习文件汇编》第 3 集，北京：中国人民大学 1963 年 10 月翻印，第 18—73 页。

党的公开答辩，暴露于全世界舆论面前，中苏两党报刊上影射文章也不在少数，只是还未在报刊上公开交锋，尚未公开指名道姓地批判对方。面对毛泽东把中苏分歧全面公开的做法，苏联方面的反应可想而知。在18日苏共中央全会上，赫鲁晓夫气急败坏地严词抨击毛泽东使中苏分歧“尖锐化到极点”，并拒绝接受中方的建议。全会不仅就即将举行的中苏两党会谈做出决定，要求苏方代表团必须坚持苏共“二十大”“二十一大”“二十二大”所确定的路线，而且决定以牙还牙，在更大的范围里公开批评中国党的路线。7月4日，苏共中央发表公开声明，指责中共中央对苏共无端攻击。十天之后，即7月14日，苏共中央终于也公开发表了《苏联共产党中央委员会给苏联各级党组织和全体共产党员的公开信》，全面答复中共中央的《建议》一文，将中苏分歧在党内外全面公开化。据不完全统计，此后的不长时间里，仅苏联境内发表的指名攻击中国党的文章和材料就有三百篇之多。当然，中方发表的类似文章，数量也相当可观。

7月5日，按照先前的约定，由邓小平率领，包括彭真、康生在内的中共中央代表团到达莫斯科，与苏共中央举行会谈。双方的会谈一直持续到20日。在这种气氛下的会谈结果可想而知。由于苏共《公开信》点名批评了毛泽东和中共中央其他领导人，中共代表团也毫不含糊地在会谈中尖锐地提出了赫鲁晓夫当年如何吹捧斯大林如今又如何咒骂斯大林的两面派问题。[1] 感情恶化已经到了登峰造极的地步。

会谈后，中共代表团于7月22日返回国内。毛泽东再度亲率政治局主要领导人前往机场迎接。很明显，毛泽东并不在意会谈的结果，他明确指出：我们现在与苏联的分歧是敌对性质的矛盾了，只是我们现在还是用处理人民内部矛盾的方式来解决罢了。

从1963年9月6日起，整个中国大陆的上空开始不断地响起著名播音员齐越那抑扬顿挫、令人亢奋的声音。中共中央从这一天起，以《人民日报》

---

[1] 吴冷西前引书，第616页。

和《红旗》杂志编辑部的名义，陆续发表了针对苏共中央的系列论战文章，即所谓“九评”。大概所有那个时候已经成人的中国人，都曾经为齐越那充满魅力的播音和文章的煽动力莫名地激动过。他们绝不会想到，二十多年之后，曾经直接参加过中苏论战和组织“九评”起草工作的邓小平会做出另外一种评价。他说：中苏之间当年的那场争论，“双方都讲了许多空话”[1]。为什么说是“空话”呢？因为“每一个国家、每一个党都有自己的经历，情况千差万别”，各国的事情一定要由各国人民自己去寻找道路、解决问题，各国党的方针、路线是对还是错应该由本国党和本国人民去判断。“我们反对人家对我们发号施令”，“但我们自己也犯了点随便指手画脚的错误”[2]。

其实，一个党、一个国家所选择的道路和政策是对还是错，也不是本国党和本国人民在一时之间所能判断的。只有在实践长久地检验和比较之后，在历史事实充分证明其优劣之后，人们才能得出最终的判断。经历了中苏论战那段沉重的历史以后，几乎所有人都能够了解，毛泽东当年关于苏联绝大多数党员和人民是要革命的，不要修正主义的说法，其实只是一种一厢情愿的愿望而已。中苏两党的决策，靠两党自己和本国的人民在当时也是判断不出来的。事实上，当亿万中国人被“九评”所激动的同时，亿万苏联人也同样地在为苏共中央的论战文章所激动着。说到底，毛泽东和赫鲁晓夫当时所掀起的这场意识形态斗争，更多地导致的其实只是中苏两个民族之间的敌对和冲突而已。

“九评”的发表以及随之而来的苏方发动的更大规模的文字讨伐，使得中苏两党的矛盾冲突达到了白热化的程度。显而易见，在对赫鲁晓夫和苏共中央大张挞伐、无限上纲之后，要想再使这种激烈的相互攻击停止下来，不仅在毛泽东与赫鲁晓夫之间已不大可能，就是在两党和两国民众的情感上也不大可能了。但是，在经过了几年的反复，总是憋着一股气之后，毛

[1] 邓小平：《结束过去，开辟未来》（1989 年 5 月 16 日），《邓小平文选》第 3 卷，第 291 页。

[2] 邓小平：《改革的步子要快》（1987 年 6 月 12 日），《邓小平文选》第 3 卷，第 236—237 页；邓小平：《处理兄弟党关系的一条重要原则》（1980 年 5 月 31 日），《邓小平文选》第 2 卷，第 318—319 页。

泽东反倒对现在这种形势比较满意。他公开说：从苏共“二十大”到1963年7月，我们比较被动。“现在我们转入了反攻，大有大闹天宫的势头，打破了他们的清规戒律。”至于这样做对中苏关系的影响，他的态度是：“我们不要分裂，但是我们对分裂有思想准备。”他早就讲过：我们不怕分裂，不外乎不做生意就是了。要准备文化、经济往来完全断绝，只保持外交关系。要做这样一个准备，他要分裂也就不怕了。[1]

大约两年之后，毛泽东在下发他在七千人大会讲话时，改写了其中有关对苏联评价的部分，写下了“苏联的党和国家的领导现在被修正主义者篡夺了”这句分量很重的话。不过，事实上在“九评”写作的过程中，这个判断其实就已经得出了。如果再往早些说，应当说还在1962年毛泽东断定赫鲁晓夫代表高薪阶层时，就已经决定了双方冲突之不可调和。只是，两个执政党之间的交恶，多半不会仅仅局限在毛泽东所说的文化、经济往来方面，它终将要反映在整个国家关系即外交关系上。也就是说，中苏国家关系的全面破裂，不论毛泽东希望与否，都已经无法改变了。而它所带来的危险，远不是毛泽东当时所能够预见到的。

[1] 《毛泽东在八届九中全会上的插话》（1961年1月18日）。

第十九章

战争即将爆发？

毛泽东采取攻势，说些空话，苏联军方借题发挥；边界冲突忍无可忍，珍宝岛一仗打出了军威；毛泽东很高兴，说大敌当前，动员准备一下有利；苏方在新疆边界实施报复，大战即将来临？老帅们受命分析形势，毛泽东提议中央领导人撤出北京；中共中央紧急疏散，林彪差点儿炸掉密云水库……

毛泽东与莫斯科的关系，发展到1969年可以说是走到最危险的地步了。这一年3月爆发了中苏珍宝岛之战；4月中国共产党召开第九次代表大会，毛泽东宣传“要准备打仗”；5—6月，中央军委办事组等军事部门多次开会讨论部署战备工作；8月，苏军在新疆铁列克提实施报复作战，消灭了我边防军一部三十余人，并扬言要对中国施行外科手术；9月，周恩来与柯西金在北京机场举行总理会谈，商定缓和两国间紧张关系，但中共中央判断苏联释放战争烟幕，毛泽东担心苏联会打原子弹；10月，毛泽东提议做临战准备，中央领导人撤退南方，林彪发布“第一号号令”，全国军队大调动，中央及相关部门大规模疏散，各大城市深挖洞广积粮……

所有经历过那个年头的人都能够记忆起当时的战争气氛。的确，事实上中苏之战那时也确实曾经一度走到了一触即发的地步。问题是，当年的决策者没有能够预见到它所带来的严重后果。而当战争气氛发展到高度紧张的程度之后，又未能抓住机会，有效地缓和局势，反而过度地估计了形势，做出了过度的反应。甚至，即使在事态渐渐缓和下去之后，毛泽东也丝毫不认为战争危险已经过去，整个中国的经济建设方针因此发生了重大的变化，大批重工业工厂和研究部门被迁到内地可以防空的大山中，无数的资材和人力被浪费在城市的“深挖洞”里……

历史走到这一步，不论最后的结果如何，确有许多值得检讨的地方。

一、珍宝岛发生边界冲突，毛泽东发出警告：“要准备打仗”

自1966年“文化大革命”开始，到1969年中共“九大”召开，“文化大革命”已经闹了差不多整整三年时间。中国在“造反有理”的鼓噪声中很快闹成了一个全面内战、天下大乱的局面。到了1968年10月中共八届十二中全会召开时，就连多次表示“不怕乱”的毛泽东也开始提出：“文化大革命”是不是该结束了？在中共八届十二中全会开幕式上，他自问自答地说：都讲要把“文化大革命”进行到底，究竟什么叫到底？我估计大概要三年，到明年夏天就差不多了。[1] 宣布开始党的第九次全国代表大会的筹备工作，在某种程度上似乎可以看成是毛泽东打算 1969 年基本结束“文革”的一个信号。

但是，天下大乱，要想达到天下大治，就没那么容易了。想不到的是，内乱未平，外患又起，中苏边界这时又开始发生严重冲突事件。一时间，气氛紧张到了极点。

中苏边界摩擦早在 1964 年以前就开始了。由于 1959 年苏联在中印边界冲突问题上偏袒印度，并以突然袭击的方式撤退了所有专家，中止了一切援建项目的合同，两国关系交恶，双方已不止一次地就边界问题相互指责。按照苏方的说法，仅 1962 年一年间，中国方面破坏边界就有近 5000 次之多。1963 年发生的苏中边界事件就有 175 起。[2] 不过，边界问题的升级，很大程度上还是 1964 年以后开始的。[3]

1963 年 3 月，《人民日报》社论首次就清朝政府与沙皇政府关涉两国边界问题签订的《瑷珲条约》、《北京条约》和《伊犁条约》做出评论，认为那是沙皇俄国政府强迫中国政府签订的不平等条约。[4] 这种情况不可避免地引起了苏联方面的关注。苏军当年重新进驻蒙古布防，苏联政府进一步与蒙古签订了《关于苏联帮助蒙古加强南部边界的防务协定》，无疑也给中国方面以相当的刺激。在这种情况下，双方自 1964 年起，开始为解决两国边界争端举行了边界谈判。

由于对中国方面坚持革命与战争的观点以及不断高涨的反帝反修的革命鼓动的恐惧，赫鲁晓夫还在两国正式举行边界谈判前夕，专门于 1963 年 12 月 31 日有意向世界各国首脑散发了一份公开信，名义上是呼吁用和平方

---

[1] 转见金春明、席宣：《“文化大革命”简史》，北京：中共党史出版社 1996 年版，第 209 页。

[2] 转见李丹慧：《1964 年：中苏关系与毛泽东外患内忧思路的转变》。

[3] 自 1960 年中苏开始交恶以后，两国边界纠纷自 1964 年 10 月以前共发生 1000 余起。但自 1964 年 10 月至 1969 年 3 月，两国边界纠纷猛增到 4189 起，增加了一倍半。转见《中华人民共和国政府声明》，《人民日报》1969 年 5 月 25 日。

[4] 《评美国共产党声明》，《人民日报》1963 年 3 月 8 日。

法而不要使用武力来解决边界问题，实际上是暗含着指责中国的外交政策。对此，《人民日报》也针锋相对地在两国边界谈判过程中，发表了一篇评论文章，尖锐抨击赫鲁晓夫“放弃使用武力解决领土争端和边界问题”的呼吁，是“为帝国主义利益效劳的新骗局”。[1]

从2月开始的这一谈判，由于双方各执已见，相互指责，完全无法达成妥协。眼见苏联方面坚决不承认在中苏边界问题上存在着不平等条约这一事实，毛泽东在7月10日与日本社会党人士谈论反帝反修时，并非无意地就此提出批评说："苏联占的地方太多了"，外蒙古、千岛群岛、罗马尼亚的比萨拉比亚、德国、波兰、芬兰的一部分，“凡是能够划过去的，它都要划。有人说，他们还要把中国新疆、黑龙江划过去……苏联领土已经够大了，有两千多万平方公里。一百多年前，已经把贝加尔湖以东，包括伯力、海参崴、堪察加半岛都划过去了。那个账是算不清的，我们还没有跟他们算这个账呢”。[2]

毛泽东真的是想和苏联清算历史疆域的旧账，索要那一百五十万平方公里土地吗？当然不是。海阔天空，广征博引，借古喻今，敲山震虎，是毛泽东特有的一种谈话方式。注意到这样谈论领土问题，可能引起误解之后，9月10日，毛泽东借着与法国客人谈话的机会，专门解释了自己的意图，强调旧事重提，其实只是“采取攻势，说些空话”，使赫鲁晓夫“紧张一下”，并没有改变边界现状的意思，目的还是想要以目前边界现状为基础达到一个合理的边界状态、边界条约。[3] 但是，9月2日，《真理报》公开转载了毛泽东与日本社会党人士会谈的内容，同时配发长篇编辑部文章，指责中国领导人已不仅是想要谋求在国际共产主义运动中占据特殊地位，而且在国家关系上也暴露出了扩张主义的倾向。[4] 赫鲁晓夫随后也利用会见日

[1] 《人民日报》1964年4月26日。

[2] 《毛泽东接见佐佐木更三、黑田寿男等日本社会党中左派人士的谈话》（1964年7月10日）。

[3] 《毛泽东接见法国技术展览会负责人及法国大使的谈话》（1964年9月10日）。

[4] 《真理报》1964年9月2日。

本议员代表团的机会，回应毛泽东说：苏联的边界是神圣的，谁胆敢侵犯它，谁就会遭到来自苏联人民的毁灭性的打击。[1] 正是在这种情况下，过去那些在旧的边界条约中本来有些就含混不清的地段很快就成了双方军队摩擦和冲突的导火线。两国边界纠纷迅速增加。

1960 年代中前期，美国在越南的战争开始升级，特别是 1964 年 8 月初发生北部湾（又称东京湾）事件 [2] 之后，美军开始大规模轰炸越南北方，直接威胁到中国的南部边界地区。公开宣称自己是越南人民大后方的中国一方，自然高度紧张。[3] 一边是美国可能扩大战争，中国可能被卷入越南战争之中；一边是苏联借口毛泽东的边界问题谈话在中苏边界开始调兵遣将，这种情况显然极大地推动了中国的战备工作。中国大规模的“三线”[4] 建设的方针，即受此影响而迅速确立起来的。[5] 但是，直到“文革”开始，中苏边界的摩擦并没有给毛泽东带来太大的紧张感。与南方来自美国在越南领土上的大规模战争相比较，来自北方特别是来自苏联人烟稀少的远东地区的军事威胁，看上去似乎远不是那样紧迫。

进入到“文革”期间，中苏边界的纠纷依然持续不断。而双方之间主

---

[1] N.S. 赫鲁晓夫同志接见日本议员代表团，N.S. 赫鲁晓夫同志于 1964 年 9 月 15 日与日本议员代表团的会谈，《真理报》1964 年 9 月 16、20 日，转引自 S.N. 冈察洛夫、李丹慧前引文，《二十一世纪》（香港）2004 年 10 月号。

[2] 北部湾事件，又称东京湾事件，指美国驱逐舰 8 月 2 日在越南沿海与越南海军发生严重交火，导致美国总统下令轰炸北越以示报复一事。

[3] 毛泽东在北部湾事件发生第四天，即 8 月 6 日，就明确认为“要打仗了”。毛泽东：《对中国政府抗议美国侵犯越南的声明稿的批语》（1964 年 8 月 6 日），见《建国以来毛泽东文稿》第 11 册，第 120 页。

[4] 所谓“三线”，就是指沿海、边疆地区向内地收缩所做的最内层的划分。一线是指位于沿海和边疆的前线地区。“三线”是指包括四川、贵州、云南、陕西、甘肃、宁夏、青海等西部省区及山西、河南、湖南、湖北、广东、广西等省区的后方地区。二线即是指介于一、三线之间的中间地带。其中川、贵、云和陕、甘、宁、青俗称为“大三线”，一、二线的腹地俗称“小三线”。根据当时军方的文件，“三线”的具体地理划分是：甘肃乌鞘岭以东、京广铁路以西、山西雁门关以南、广东韶关以北。这一地区位于我国腹地，离海岸线最近在七百公里以上，距西面国土边界上千公里，加之四面分别有青藏高原、云贵高原、太行山、大别山、贺兰山、吕梁山等连绵山脉做天然屏障，在准备打仗的特定形势下，成为较理想的战略后方。

[5] 有关 1964 年中共中央“三线”建设方针形成的过程，可见陈东林：《1964 年三线建设决策前后的中央分歧》，转见世纪中国网（www.cc.org.cn）。

要的摩擦地带已集中到东段边界乌苏里江主航道中心线靠中国一侧的两个小岛，即按照通行的两国边界一般依照国际中心航道走向划分的原则，应当属于中国的珍宝岛和七里沁岛的归属问题上。大部分冲突都发生在这里。根据中方的看法，冲突多半都是由苏方挑起的。据前苏联驻华外交官叶利扎维金回忆，1966—1967 年仅苏联驻华使馆就不止一次地主张在这个地区“对中国人上岛给予回击”。一方宣称这些江心岛是自己的领土，坚持上岛；一方必欲将对方赶走，并想方设法“给予回击”，冲突的发生自然愈演愈烈。

最严重的一次冲突发生在 1968 年 1 月 5 日。那一次苏军出动装甲车冲撞上岛从事正常生产活动的中国边民，当场撞死、轧死中国边民四人，造成了中苏边界纠纷中第一起严重的流血事件。此事之后，苏军行动收敛了一些。但 1968 年苏军入侵捷克斯洛伐克成功之后，特别是中共八届十二中全会结束，开始筹备中共“九大”之后，两国边界纠纷重又加剧起来。1968 年 12 月 27 日，苏军出动装甲车登上珍宝岛，拦截中国边防巡逻队，并以棍棒殴打中国边防巡逻人员。紧接着，1969 年 1 月 23 日，双方再度在珍宝岛上发生斗殴，中方二十八人被打伤，部分武器被抢。从 2 月 6 日到 25 日，双方在珍宝岛又连续发生了五起类似事件。7 日，苏军人员甚至用冲锋枪向中国巡逻队方向发射了六个点射。

终于，3 月 2 日，中苏两国的边防部队在珍宝岛上发生了两国间第一起边界武装冲突。15 日又再度发生更大规模的激烈冲突，双方甚至动用了重武器。这就是轰动一时的“珍宝岛事件”。

珍宝岛之战无论是在中国还是在苏联，都引起了极其强烈的反响。莫斯科那边反华示威接连不断，中国使领馆被围，汽车被砸。在中国，仅在 3 月 4 日到 12 日不足十天的时间里，二十九个省市自治区参加示威游行的军民就已达到一亿五千万人，四亿人次以上。[1] 而尤为引人注目的是，从听取珍宝岛作战汇报之初，毛泽东首先强调的就是要准备打仗，而且要准备大打。

[1]　见《人民日报》1969 年 3 月 13 日。

从3月5日起，他不止一次地提出，中苏之间有爆发战争的严重危险，号召全国人民“要准备打仗”[1]。4月召开的中共“九大”更突出强调了战争准备的问题，要求全党、全军和全国人民要有大打、早打、打常规战，甚至打核大战的足够思想准备。[2]

二、毛泽东主张破除迷信，强调没有优势装备，照样可以打胜仗

对于珍宝岛事件，中苏两国当时的反应和认识颇为不同。在中国方面，这一事件除了促成战备热潮以外，它其实更多地成了被用来唤起全党全军战斗意志的动员令。

珍宝岛事件后中方的内部通报突出强调了苏联入侵的危险，指出：“近年来，苏修大量增兵中苏边境，集结了一百多个师的庞大兵力，占全国总兵力的百分之四十多，将近二分之一。苏修还把蒙古变成一个反华的巨大的军事基地，调集大量军队进驻蒙古，部署在中蒙边境上。”[3]

当然，苏联当时在军事上的优势并不仅仅在边境兵力的人数上。从1990年代的有关研究成果看，苏军部署在中苏边境上的军队其实不足当年所说的一半，但不论是常规武器、核武器，还是两国的综合国力，中国都比苏联弱得多。中国军队这时的轻重武器大都还是1940年代设计的。仅以珍宝岛之战为例，“中国军队只有徒步的步兵和部分炮兵、工兵，既无坦克、装甲车，也无空中支援；苏军步兵则全部摩托化，不仅有占优势的炮兵，还有大量坦克、装甲车及空军飞机和直升机可直接用于支援作战，因而在技术装备、火力上居于绝对优势”。甚至，中国方面当时为作战部队配备的

[1] 《毛泽东在中央文革小组碰头会上的讲话》(1969年3月15日)，《毛泽东在九届一中全会上的讲话》(1969年4月28日)，等等。

[2] 见《人民日报》1969年4月28日。

[3] 《珍宝岛自卫反击作战介绍材料》(油印)(1969年)。

七十五毫米无后座力炮和四十毫米火箭筒，连苏军的主战坦克都打不透。[1]

毛泽东对此不是不清楚的。无论在听取汇报时，还是在中共“九大”的发言中，他都突出表扬了前线指战员的勇敢牺牲精神，强调对苏联要破除迷信，以己之长克敌之短，必要时要准备把敌人放进来打，让它陷入人民战争的汪洋大海。毛泽东说：珍宝岛战斗已经证明了，没有打过仗的也可以打仗，没有优势装备照样可以打胜仗。说我们一没有用飞机，二没有用坦克、装甲车，三没有用指挥车，打了九个小时，敌人三次冲锋，还不是都被我们打垮了。说我们不是不要飞机、坦克、装甲车，但主要是靠勇敢，要破除迷信。这次珍宝岛就破除了迷信。什么飞机、坦克、装甲车之类，现在到处的经验都证明，可以对付。[2]

毛泽东的话不是完全没有道理的。人民解放军一向是讲觉悟、讲勇敢的。作为一场自卫反击战，尽管中国方面火力及装备上都还处于劣势，但珍宝岛这场仗无论战斗组织还是作战结果，也都比较成功。当时的一些介绍材料对这场仗是这样说明的：

3月2号8点40分，我边防巡逻队三十人分成两个组，前往珍宝岛进行巡逻。刚出来，苏修就发现了，他们立刻从两个方向派出来一辆卡车、两辆装甲车、一辆指挥车和七十个人上岛围堵我们。9点17分，尾追我第一巡逻组的敌人置我警告于不顾首先开枪，我边防战士就遵照伟大领袖毛主席“人不犯我，我不犯人；人若犯人，我必犯人”的教导，被迫进行了自卫反击，给敌人以严重的杀伤。第二巡逻组一听枪响，也马上开枪，一下就报销了对方七个。打到9点50分，战斗就胜利结束了，打死打伤敌人六十余人，其中打死五十余人，击毁敌人装甲车、指挥车、卡车各一辆，击伤装甲车一辆。

3月15日，苏军增加了大量的坦克、装甲车和大口径火炮，据说可能

---

[1]　徐焰：《1969年中苏边界的武装冲突》，《党史研究资料》1994年第5期。

[2]　《毛泽东在九大全体会议上的讲话》（1969年4月14日），《毛泽东在九届一中全会上的讲话》（1969年4月28日）。

有一个摩托化步兵团、一个坦克营和四个大口径炮兵营。但是，战士们根据毛主席“不斗则已，斗则必胜”的教导，也做了充分准备，先于 14 日夜上岛并在江叉口埋设了反坦克地雷。敌人 15 日凌晨 3 点出动六辆装甲车、三十多人上岛，我又派更多兵力上岛增援。到 8 点 2 分敌人发起了第一次冲击，激战了一个多小时，我击毁了敌人装甲车两辆，敌人的残兵退回到了自己的岸上。9 点 40 分敌人又在岸上炮火和坦克炮火的掩护下发起第二次进攻，我沉着应战，集中火力干掉了敌人两辆装甲车，击伤一辆，并击毁敌人一辆坦克，又炸毁敌人一辆坦克，打了两个多小时，粉碎了敌人的进攻。以后，敌人在中午 1 点 35 分用岸上的大口径火炮和坦克、装甲车的火力向我方岸上猛轰了两个小时之久，到 3 点 13 分又出动十辆坦克、十四辆装甲车和一百多名步兵向岛上进攻。战士们按照毛主席的教导，“敢把敌人放近打，三百米不打，二百米不打，八十米不打，七十米不打，放到五十米，突然开火”。我们岸上的火炮也是按照毛主席的教导，集中优势兵力，打歼灭战，借有利时机猛烈开火，一下子打掉了敌人一辆坦克、四辆装甲车，击伤两辆，大量地杀伤了敌人的有生力量。然后又猛轰敌方岸上的边防站和掩蔽所，一顿猛轰就打死了他们的上校边防总队长列昂诺夫和一个中校。这一天打死了他们六十多人，击毁坦克两辆、装甲车七辆，击伤坦克两辆、装甲车四辆。[1]

可以看出，珍宝岛之战在中国方面确实是解放军以劣势装备同苏联军队优势装备的一次较量。在这场较量中，解放军指战员们的勇敢牺牲精神发挥了巨大作用。但是，在当时“文化大革命”那种极其特殊的气氛中，出于精神鼓动目的而进行的舆论宣传，却多少有些走向了唯意志论。由于毛泽东强调了要破除苏联的迷信，结果，在许多宣传材料中，不仅两军装备和火力上的差距成了无足轻重的事，而且从“政治挂帅”的观点出发，苏联军队也被形容成一支“政治上蜕化变质，战斗中贪生怕死”的军队。称“苏修侵略军钻在‘乌龟壳’里，他们是瞎子和聋子，只能在战场上乱爬、

---

[1] 《珍宝岛自卫反击作战介绍材料》（1969 年）。

瞎滚”，夸大作战的战果显然也是为了证明这一点。说我们英雄的边防战士，有毛泽东思想这个强大的思想武器，有一不怕苦、二不怕死的革命精神，“一个个和造反派一样”，很容易就把苏修的“乌龟壳”打成了一堆废铁。说是“靠政治、靠人的觉悟，靠勇敢，一句话，就是靠毛泽东思想武装起来的人”，战无不胜。[1]

三、毛泽东并不想扩大冲突，主张：到此为止，不要再打了

珍宝岛之战以后中国方面的一连串反应，给人的印象是，苏联入侵的危险已迫在眉睫。但根据近年来中俄两国披露的各种档案资料，我们已经可以清楚地了解到，发生在中国领土珍宝岛上的这场仗，不仅是中苏边界长期冲突的继续，而且是中国方面在一让再让，忍无可忍的情况下，有计划、有准备地发动的一次边界自卫反击作战。而这场作战，明显地更侧重于政治的考量和对局部摩擦的满足，而缺少了对它可能促成的后续的军事后果的战略设想。

早在 1968 年 1 月 5 日苏军有意在七里沁岛挑起流血事件两周后，考虑到即将到来的中苏边界会谈，中央军委就曾于 24 日电示沈阳军区、北京军区等单位，主张用军事斗争配合外交斗争，明确提出了针锋相对、后发制人的方针。电报要求边防部队注意选择有利时间、地点和情况，事先做好准备，多设想几种可能，拟订行动方案。一旦受到苏军攻击，退让无效，即可采取相应的自卫措施，争取“不斗则已，斗则必胜”。

在边界冲突的问题上，主张在迫不得已时用武力给对方以惩罚，在新中国成立以来几乎是中方对待具有敌对倾向的对手的既定的斗争方针。在对付苏联边防军的问题上，由于对方不仅体格强壮，而且机械化程度高，因此在以往的摩擦中，中国边防战士即使凭借棍棒，也往往大吃其亏。这

[1] 《珍宝岛自卫反击作战介绍材料》(1969 年)。

种情况自然促使边防部队产生了要教训苏方的强烈愿望。中央军委的建议，实际上就是根据当地军区的报告和要求设想出来的。而依据中央军委的建议，沈阳军区曾专门从值班部队中抽调了部分精干人员进入七里沁岛附近，秘密做好了反击的准备。可是，恰值东欧国家形势不稳，苏军一时收敛了在东部边界的越界行动，结果中方准备好的这次反击行动未能实施。[1]

珍宝岛 1969 年的反击准备，其实仍是 1968 年七里沁岛反击准备的继续。由于 1968 年 12 月 28 日，特别是 1969 年 1 月 23 日，在珍宝岛上中苏双方再度发生严重冲突事件，根据中央军委一年前指示的精神，黑龙江省军区首先提出了反干涉斗争的自卫还击斗争方案，主张派精干部队上岛潜伏，在苏方以武力强行干涉我巡逻分队执行任务时，给其以沉重打击。正值“九大”召开前夕，黑龙江省军区的报告虽经沈阳军区同意，上报中央后仍经过了慎重的考虑。直到 2 月以来苏军挑衅更加严重，总参谋部和外交部才分别于 2 月 19 日同意了黑龙江省军区的斗争方案，总参谋部并给予了具体的指示。[2] 经中央军委批准后，沈阳军区迅速进行了周密的战斗部署，由此才发生了 3 月 2 日和 3 月 15 日的自卫反击作战行动。

据当时的沈阳军区司令员陈锡联回忆，这次自卫反击战确实是经过中央批准，早有准备的，并且 15 日的战斗是由北京直接指挥的。当时正准备开“九大”，大军区首长均已来到北京，因此，中央军委专门在京西宾馆开了一个房间，架设了专线，由陈锡联负责直接与前线联系，外交部副部长乔冠华负责掌握国际方面的情报，随时向周恩来汇报，并由周恩来下最后决心。陈锡联说：为了最初的战斗，我们准备了两三个月的时间，从三个军抽调了三个侦察连，一个连两三百人，由有作战经验的参谋人员带队，进行了专门的训练和配备，打得干脆利落。3 月 2 日战斗结束后，“我们知道他们要来，就在江叉口大量埋了地雷。他们首先从西边来了辆坦克，我们给炸

---

[1] 参见徐焰：《1969 年中苏边界的武装冲突》，同前引，并见李丹慧：《1969 年中苏边界冲突：缘起和结果》，《当代中国史研究》1996 年第 3 期。

[2] 参见徐焰：《1969 年中苏边界的武装冲突》，同前引。

了，他们不敢走了。从正面来了三十多人，炮火掩护。我们当时在岛上也没有什么人，但炮火都准备好了。在一个不到一平方公里的岛上，几十辆车、十几辆坦克、装甲车，我请示总理：现在是开炮的时候了，得到总理的同意，我就让开炮。打了有半个小时，珍宝岛变成一片火海，把他们的车辆都打了。他们没有再增援部队，也用炮向我们射击，我们也用炮回敬他们，打了一会儿，那天的战斗就结束了”[1]。

3月15日战斗结束，毛泽东听取汇报时很高兴。很显然，在“九大”召开之际能够用武力教训一下苏联修正主义，借以动员国内，制止内战，确立新秩序，这或多或少也是毛泽东能够批准此次行动的一个间接的目的。因此，他一再讲，让它打进来好，就使我们动员起来了。大敌当前，动员准备一下有利。当然，毛泽东并不是真的想让苏联人打进来，因此他同时特别提出：到此为止，“不要打了”[2]。因此，此后珍宝岛的边防部队除了用炮火封锁不让苏军拖走那辆被反坦克地雷炸毁的T－62坦克以外，在岛上只留了少量部队，让苏军前来收拾战场，没有再和苏军发生直接的武装冲突。即使苏军随后一度出于报复的目的，对珍宝岛进行了狂轰滥炸，中方也没有进一步采取使对抗升级的步骤。联系到3月22日毛泽东的讲话，就更加明显。毛泽东当时在中央“文革”碰头会上讲：对这次边界事件，我是比较乐观的。2日的冲突，他们上边的人也不知道，政治局也没有讨论，同我们一样。就连珍宝岛在什么地方，许多人也不知道。因此，他明确主张，“九大”政治报告对这次边界冲突，不要讲得那么严重。[3]

可以看出，珍宝岛之战从中国方面来说，直接目的不过是想给苏方以教训，以使其收敛挑衅行动。其中既不包含任何准备与苏联开战的意图，也未必有诱敌深入的意思。毛泽东所谓“不要打了”的说法，本身就显示出他不想扩大事态。

---

[1] 《陈锡联采访录音》（1995年7月）。

[2] 《毛泽东在中央文革小组碰头会上的讲话》（1969年3月15日），陈锡联采访录音。

[3] 王永钦：《1966—1976年中美苏关系纪事》，《当代中国研究》1997年第4期。

但奇怪的是，毛泽东一面限制自卫反击战的规模，指示“不要打了”，一面却又在那里大讲特讲“要准备打仗”，要准备大打、早打、打核战争，甚至要准备让苏联打进来。与此同时，他又解释说，“要准备打仗”，是指“无论哪一年”，我们都要准备打仗。“不管他来不来，我们（都）应该准备”，“而主要的，是要有精神上的准备”。[1] 周恩来在这时的会议上也明确要大家不要为战争而过分担心，说苏联近期不可能发动对中国的大规模侵略，因为它的东部地区尚未开发，还没有建立起发动进攻的可靠基地。当然，他也说，通过珍宝岛的战斗，也暴露出苏联士兵不会近战夜战，炮兵的作用也不大。至于它在装甲车和坦克上的技术优势，在我反坦克手段加强后也不难被削弱。[2] 言外之意，战争打不起来，就是打起来，也不怕。

有关珍宝岛这次冲突，已知 3 月 2 日，中方四十六军一三三师出动一个侦察连又两个侦察排，二十三军七十三师二一七团（原黑龙江省军区一师一团）出动一连及重机枪排，十六军出动一个无后座力炮连，总共约三百人奉命上岛设伏。苏军当天只出动了几辆 BTR—60 装甲车。15 日，中方先是派出一个步兵排和一个步兵班上岛，苏军出动了五辆 BTR—60 装甲车、六辆 T—62 坦克。打响后，中方再派两个七五无后座力炮班、一个四〇火箭筒班上岛，并以 3 月 9 日秘密部署的八五加农炮营的炮兵群，从中方江岸一侧进行了火力支援。17 日，双方又发生过规模不大的岛上冲突。此后，由于 15 日作战中苏军一辆当时最先进的 T—62 坦克触到中方步兵埋设的反坦克地雷，被炸坏一侧履带，失去行动能力，遭苏军坦克人员遗弃在岛上，中方夜晚组织坦克兵上岛拆卸 T—62 坦克的红外线夜瞄器和火控等重要部件，苏方发炮阻止，并拟将坦克摧毁，双方为此展开了炮战。直到 4 月 27 日和 29 日，中方才利用夜晚将已被苏军炸入江中的坦克分解后拖到中方江岸一侧，然后运至抚顺坦克大修厂，修复后送去北京。综上所述，3 月间中

[1] 《毛泽东在九届一中全会上的讲话》（1949 年 4 月 28 日）。
[2] 转见冈察洛夫、乌索夫的前言与评述，《国史研究参考资料》1993 年第 2 期。

苏两军在珍宝岛直接作战三次，双方各死伤官兵一百多人。

四、毛泽东估计到苏联可能报复，但没有想到中苏有开战危险

不论中国决策层对珍宝岛之战的后果如何考虑，珍宝岛一仗确实是像毛泽东所说的那样，是出乎莫斯科意料之外的，打得苏联人一时目瞪口呆。从俄国近年公布的档案中可以看出，他们的反应与中国方面当时的反应很不相同。

战斗最初打响时，苏联决策层似乎满腹狐疑，有些摸不着头脑。他们一面向东欧国家共产党发出了情况通报，对中国边防部队有预谋的近距离袭击苏联士兵的做法进行了强烈的谴责；[1] 一面暗中部署有限的报复行动，但其领导人却仍旧继续出访，似乎没有考虑到冲突扩大的严重可能。

根据国防部的部署，苏军负责前线指挥的边防总队指挥官列昂诺夫上校15日凌晨3时左右派遣部队悄悄登岛潜伏，也想打中国巡逻队一个措手不及。没想到上午战斗打响后，就发现中方潜伏得比他还早，准备得比他还充分，自己的兵力和火力都不占太多优势。鉴于这种情况，他急忙电告上峰请求援兵，结果层层上报，报到莫斯科，国防部部长格列奇科去了印度，总书记勃列日涅夫刚刚登上去匈牙利的火车，竟没人能够拍板调兵。直拖到中午时分，国防部值班人员才好不容易与勃列日涅夫取得了联系，得到了可以增援的指令。[2] 而等援兵出动，当天的战斗早已结束，列昂诺夫也被打死了。

珍宝岛之战在莫斯科引起了极大的震动。苏共政治局紧张磋商，一些人忧心忡忡，弄不清中国方面是否有发动大规模进攻的意图，另一些人则火冒三丈，尤其是政治局里的军人情绪特别激昂。这边苏联外交部力主电示其驻华大使馆迅速开始组织从中国撤侨，首先尽快撤退妇女和儿童，以

---

[1] 参见 Christian F. Ostermann, *East German Documents on the Border Conflict*, 1969, Cord War International History Project Bulletin, Winter, 1995—1996, p.189—191。

[2] 冈察洛夫、乌索夫的前言与评述。

防战争突起。那边格列奇科大声疾呼应当“一劳永逸地消除中国的威胁”，扬言至少应该首先无限制地使用西方称为“巨型炸弹”的几百万吨级炸弹，必要时甚至应当考虑对中国的核基地先发制人地实施核打击。[1]

3月21日，苏联部长会议主席柯西金通过高频通讯装置直接打电话给中国外交部，要求接通毛泽东或周恩来，不想被正因“苏修”公然武装侵略我珍宝岛怒火中烧的接线员臭骂了一顿。[2] 柯西金放下电话又急忙给苏联驻华使馆的临时代办打电话，要他代为联络。但随后中国外交部给苏方的正式通知，仍旧拒绝了柯西金关于通过电话直接交谈的建议，要求对方通过外交途径正式向中国政府提出交涉。[3]29日，苏联政府发表公开声明，一面扬言要用武力对付中国的挑衅，一面又暗示事情仍有协商解决的可能。[4] 然而，无论是对于苏联军方在珍宝岛的炮击行动，还是对苏联政府接连发出的声明和照会，中国方面很长时间都没有给予答复。不仅如此，中国的舆论还大力宣传“要准备打仗”。这种情况进一步刺激了苏方强硬派的神经。苏联军方的《红星报》公开发表文章，声称要给“现代冒险家”以摧毁性的核打击。苏军决策层一方面紧急向中苏东段边界大批调运军队；一方面暗中部署，寻找机会，要对中国方面实施更大规模的报复行动。

关于对中国采取何种报复行动的规模问题，在苏联最高决策层始终存在着尖锐的争论。5月24日，中国政府发表了一项措辞强硬，指责苏联挑起珍宝岛事件，讨好美帝，蓄意反华，但主张边界停火、恢复谈判的公开声明。[5] 苏共政治局领导人对此看法不一，格列奇科等坚持报复，不惜与中国开战，而柯西金强调高层接触，缓和关系，避免把中国逼上梁山。[6] 基于

[1] 参见舍甫琴科：《与莫斯科决裂》，北京：世界知识出版社1986年版，第194—195页；Ostermann前引文，p.187。

[2] 参见前引陈锡联采访录音；Ostermann前引文。

[3] 见《周恩来年谱》（1949—1976），第286页。

[4] 见苏联《真理报》1969年7月4日。

[5] 见《人民日报》1969年5月25日。

[6] 舍甫琴科前引书，第194—195页。

一种妥协，苏方于7月26日通过外交渠道秘密提议两国总理直接会晤，[1] 但苏联军方对此断言："中国人只有实际上感到最可怕的威胁——苏联对中国发动先发制人的打击之后，才会坐到谈判桌前来。"[2]

结果，中国方面始终没有做出反应。[3] 因此，苏联军方经过长时间策划的报复行动得到了批准。苏方此次的报复行动避开了其运力较弱的东段边界，而是在对东段边界的增援已经大致到位的情况下，精心选择了自己补给线较短，而中国方面交通不便、鞭长莫及的中苏西段边界作为实施其报复行动的地区。

8月13日，经过一连串试探性的挑衅之后，苏联军队三百余人在两架直升机和数十辆装甲车辆的掩护下，预先埋伏在新疆裕民县铁列克提地区边界线苏方一侧，待当日进行正常巡逻的只有三十余人的中国边防巡逻队进入其伏击围时，突然越过边界发动突袭。经过四个小时的战斗，消灭了这支中国巡逻队。[4]

采取如此严重的报复行动，苏方是做了大战的准备的。因为，在众多苏联领导人看来，长期坚持"枪杆子里面出政权""战争解决问题"的毛泽东，完全可能采取极端行动。苏联报刊为此一直在宣传中国有发动战争的企图。因此，在军事思想上早就信奉先发制人的观点的苏联最高决策层，自报复行动之后，不仅加紧战争准备，而且已经考虑到采取先发制人的做法。8月18日，苏联驻华盛顿领事馆的代表显然是受命探询美国政府的态度的。他几乎是毫不隐讳地问美国政府的有关人士：如果苏联打击中国的核设施，美国将会采取何种态度？随后，苏联秘密通知其东欧盟国，宣称它有可能先发制人地打击中国的核设施。[5] 与此同时，苏联《真理报》也发表编辑部

[1] 冈察洛夫、乌索夫的前言与评述。

[2] 转见（俄）《共青团真理报》1992年2月15日。

[3] 周恩来9月11日在与柯西金谈话时明确讲，当时那个时候"我们不能接待您"。

[4] 徐焰：《1969年中苏边界的武装冲突》，同前引。

[5] 见亨利·基辛格著：《白宫岁月——基辛格回忆录》，北京：新华出版社1981年版，第201页。

文章，制造舆论。它告诫全世界务必认识到中国的危险，并扬言："在当前拥有最现代化的技术、有效的致命武器和发射这些武器的现代化手段的条件下，如果爆发战争，哪一个大陆也不能幸免。"[1]

尽管中苏两国事实上可能都没有向对方开战的意图，但事情走到这种地步，战争的危险却真的迫在眉睫了。任何一种微小的错误，都可能引燃这个已经处于高热中的火药桶。

五、毛泽东担心爆发核战争，认为领导人集中在北京太危险

事态发展到如此严重的程度，看来并不在毛泽东的预料之中。珍宝岛事件后，在中国最高决策层内部其实也有不同的看法。一种是以林彪为首的以黄永胜、吴法宪、李作鹏、邱会作等人为主要成员的军委办事组的意见，他们深信苏联会借机报复，对苏联发动大规模入侵的可能性估计较高；另一种是以陈毅、叶剑英、徐向前、聂荣臻为代表的一些老帅们的意见。还在2月19日，鉴于美英报纸有消息说苏联要出兵中国，苏联也在远东秘密进行军事演习，使深信苏联的战略重心在欧洲的毛泽东感到难以理解，于是提议四位老帅"研究一下国际问题"。珍宝岛事件刚一爆发，毛虽然估计上比较乐观，相信打不起来，但还是一度提醒四位老帅可以研究研究这方面的问题，提出他们的看法。但事件过去一个月后，毛泽东已不大在意这一点了。[2] 直到6月间，即新疆铁列克提事件发生前，周恩来才又具体部署了这件事，安排陈毅、叶剑英、聂荣臻和徐向前四位老帅研究国际形势和

[1] 见《真理报》1969年8月28日。

[2] 从已有的资料情况看，毛最初提出要四位老帅研究国际问题是在1969年2月19日。珍宝岛事件爆发后，毛在3月22日又再度提到这个问题，问陈毅等人"你们研究国际问题怎么样了"？4月19日，毛又在中共"九大"召开期间的一次"文革"小组碰头会上提出，希望老帅们在国际、国防问题上提出意见。但到4月28日九届一中全会谈话时，毛虽然又谈到四位老帅的问题，却没有再提研究国际和国防的问题。而是讲，希望他们去研究有关各工厂的问题，看看那里的领导权是不是真的到了马克思主义者的手里了。《毛泽东在中央文革小组碰头会上的讲话》；王永钦：《1966—1976年中美苏关系纪事》，同前引。

美苏的动向，判断苏联有无发动对华战争的可能。[1] 而四位老帅 7 月 11 日得出的第一份研究报告的基本倾向是认为大战一时打不起来。[2] 这个看法显然比较符合毛泽东的估计。因此，苏联突然选择在补给困难的遥远的新疆地区采取如此严重的报复行动，同时又如此明目张胆地表现出急于想要实施核打击的态度，不能不让毛泽东深感意外。

事情很清楚，不管毛泽东怎样强调“要准备打仗”，要准备大打、早打、打核战争，事实上中国本来并不认为真的会大打起来。除了接连召开过一系列战备会议，如 5 月上旬的战略工作座谈会，6 月下旬至 7 月上旬召开的“三北”地区作战会议以及军委办事组座谈会等，林彪等人极力强调国防开支要成倍增加以外，具体的大战准备实际上尚未开始。[3] 毛泽东、周恩来都不止一次地讲，让苏联人打进来比较有利，可以使它陷在人民的包围中间；就是核战争也没什么可怕，中国地广人多，苏联丢几颗原子弹也没有什么了不起，何况我们也有原子弹。

不难看出，毛泽东几个月前讲“要准备打仗”，很大程度上还是出于国内动员的需要。相信全国动员起来，一方面可以结束国内的混乱局面；一方面也可以对苏联的报复有所预防，有备无患。然而，事态一下子发展到如此严重，特别是得知苏联确有先发制人的可能之后，毛泽东和中共中央都相当紧张，意识到先发制人是苏联传统的战略观念，苏军武装入侵捷克本身就是一个例证，表明它随时也都可能发动对中国的陆空袭击，甚至是实施核打击，对此必须急谋应对之策。毕竟，在东北可以打人民战争，在新疆怎么打？真要丢原子弹，先得把人口疏散开来才能发挥地广人多的长处，现在人口和大工业都还大量集中在大城市里，真的打核战争，岂能不吃亏？毛泽东这时也感到了原子弹的威胁，明确讲：中央领导同志都集中

[1] 参见《周恩来年谱》（1949—1976），第 301 页；王永钦：《1966—1976 年中美苏关系纪事》，同前引；熊向晖：《打开中美关系的前奏》，《中共党史资料》第 42 期。

[2] 熊向晖：《打开中美关系的前奏》，同前引。

[3] 参见郑谦：《中共九大前后全国的战备工作》，《中共党史资料》第 41 期。

在北京不好，一颗原子弹就会死很多人，应该分散些。[1]

8 月 27 日，在得知苏联正向东欧国家试探对中国实施核打击的反应的消息之后，中共中央、中央军委紧急发布文件，宣布成立由周恩来任组长的人民防空领导小组，迅速组织疏散城市人口，迁移工厂，号召厂矿企业职工和城市居民自力更生，立即开始深挖洞、广积粮，以备核大战之需。[2]

8 月 28 日，中共中央又紧急发出毛泽东批示"照办"的《中国共产党中央委员会令》，要求边疆各级革命委员会、各族革命人民、解放军驻边疆部队全体指战员，特别是新疆的党政军民，随时准备对付苏联的大举进攻，防止突然袭击。命令提出的九项要求，其中很大部分都是针对造反派的。过去被作为造反派标志的打砸抢活动，一下子被作为"现行反革命活动"被严加取缔，并要求解放军坚持予以执行。[3] 与此同时，中央军委也命令东北、华北和西北的部队立即进入紧急战备状态。

形势如此紧张，以致 9 月 3 日中国党仅有的几个执政党朋友之一、越南党领导人胡志明逝世，周恩来也只能急匆匆于 4 日赶去吊唁，当天又急匆匆赶回北京，连追悼会都无暇参加。

六、毛泽东不相信苏方有意缓和，决定全面备战，实行大疏散

正在这战云密布之时，突然从河内传来了一个苏方有意缓和的信息。

6 日，苏联总理柯西金率苏联代表团去河内参加胡志明的葬礼。在河内停留期间，苏联代表团的成员受命请越南外交部亚洲司代为征询中国党政代表团团长李先念，柯西金希望能够在 11 日返苏途中经过北京，与中国领导人举行会谈。[4]

[1] 转见熊向晖：《打开中美关系的前奏》，同前引。
[2] 中共中央、中央军委转发军委办事组《关于加强人民防空工作的报告》（1969 年 8 月 27 日）。
[3] 《中国共产党中央委员会令》（1969 年 8 月 28 日）。
[4] 见《王幼平日记》（未刊稿）。

李先念得到消息后，当即要中国驻越南大使馆报告了北京。尽管这个时候又有消息说，苏联驻联合国代表团的一位工作人员同美国同行谈话时又再度发出战争威胁，扬言中苏冲突不可避免，[1] 毛泽东虽然颇多怀疑，反复考虑，但还是在10日表示了赞同的意见，只是强调会谈地点只能在北京机场，形式只能是非正式的路过停留性质。

由于答复的时间迟误，中国驻越南使馆10日8时收到电报时，柯西金的飞机早已起飞。不得已，这边越南方面通知苏联大使传递消息；那边周恩来当天晚上指示外交部召见苏联临时代办叶利扎维金，告知中国方面赞同安排两国总理会晤的提议，周恩来愿意在北京机场会见柯西金。[2]

终于，刚刚飞抵塔什干的柯西金得到了消息，迅速改变了航线，经伊库茨克飞往北京，从而使两国总理得以于11日在北京机场进行了为时三个半小时的会晤。

在这次会晤中，周恩来开门见山地要求柯西金明确解释有关苏联要先发制人地对中国的核基地进行核打击的传言。他坦率地说：你们说我们想打核大战，我们核武器的水平你们最清楚。你们说，你们要用先发制人的手段摧毁我们的核基地，如果你们这样做，我们就宣布，这是战争，这是侵略，我们就要坚决抵抗，抵抗到底。对于边界问题，周表示：中国方面提出历史上的不平等条约问题，并不是想要废除历史上的那些边界条约。我们所主张的，不过是在承认历史条约的前提下来考虑并解决有争议地区的问题。至于中国的战争威胁问题，周更明确解释说，你们总说我们要打仗，我们现在国内的事还搞不过来，为什么要打仗？[3]

会谈的气氛比较坦诚。双方在互派大使、扩大贸易和两国间通车通航等问题上达成了一致意见。最后，周恩来提议以两国政府换文的形式把会

[1] 基辛格著：《白宫岁月——基辛格回忆录》，第202页。

[2] 同前引王幼平日记。

[3] 《周恩来与柯西金会谈纪要》（1969年9月11日），叶利扎维金：《柯西金和周恩来北京机场会谈》，（俄）《远东问题》1992年第4期、1993年第1期。

谈成果肯定下来，柯西金表示同意。但柯西金刚刚飞离北京，中国外交部根据毛泽东的批示，突然给苏联大使馆打电话说，明天即9月12日，中国报刊刊登两国总理会晤的消息时，将要删去双方在会谈中已经协商好的文稿中的“会谈是有益的”一句。[1] 而柯西金回国后，苏共中央政治局内部对会谈的结果意见不一，因此也通知中方说，他们已经对边防部队下达了避免冲突的指示，没有必要再与中国政府就此换文了。

不管双方最高层在审定这次会谈的内容时采取了怎样一种态度，高度紧张的战争形势照理说是出现了明显的转机。18日，周恩来秘密致函柯西金，建议双方承担互不使用武力、包括不使用核力量进攻对方的义务。[2]26日柯西金复函周恩来，建议“实行严格的监督以遵守苏中两国间的空中界线”，并建议签订一个互不侵犯、互不使用武力的国家间的专项协定。[3] 战争的乌云正在渐渐散开。

但值得注意的是，对于这一突如其来的转折，中国高层内部的反应十分复杂。联系到苏联方面一系列军事和外交行为，林彪等人深信其中必有阴谋，毛泽东也对苏联意图深表怀疑。就在9月13日周恩来上报了与柯西金会谈的全部材料之后，中共中央于9月16日专门召开政治局会议进行了讨论。结果，估计苏联有意施放烟幕弹的意见占了明显上风。于是，在第二天公布的庆祝国庆二十周年的口号中，毛泽东亲笔加上了一条从现在起就要准备帝国主义、社会帝国主义发动侵略战争特别是打核战争的口号。这条口号长达八十余字，其实根本就不是什么口号了，它清楚地表达了毛泽东的强烈担心所在。[4]

紧接着，18日、22日，中共中央又接连举行政治局会议，继续讨论战争的可能性问题。不少领导人明确认为，柯西金的北京之行是为其大举侵

[1] 叶利扎维金前引文。
[2] 《周恩来年谱》(1949—1976)，第321—322页。
[3] 参见《周恩来年谱》(1949—1976)，第323页。
[4] 《人民日报》1969年9月17日。

略施放烟幕，如同珍珠港事变前日本派特使来栖去美国迷惑罗斯福一样。他们的根据是，柯西金在谈话中并未保证不向中国发动核战争；其返回莫斯科时，只有二三流人物到机场迎接，说明柯西金的缓和承诺不代表苏共政治局；苏联外交官仍在宣称中苏冲突无法避免，苏联国防部官员的说法和其他渠道的消息都显示，苏联战略火箭部队确已做好出其不意地打击中国的部署。[1] 毛泽东明显地支持了这样的判断。会议为此决定了一系列紧急战备措施。据此，周恩来一面通知外交部等各部委要迅速拟订疏散隐蔽重要机密档案的方案，一面开始进行战备动员。他在22日紧急召集的全军战备工作会议上讲话称："国际形势紧张，我们要准备打仗。准备打仗，这是一个新的战略部署。要真正做到有备无患。"[2]

9月25日，中共中央军委根据毛泽东的指示，进一步召开有各大军区司令员、政委、作战部部长及各总部、各军兵种领导人参加的作战会议，具体研究落实加强"三北"（东北、华北、西北）的战备问题。会议开到27日结束。林彪在会议结束时做了专门讲话，强调：全军当前的中心任务就是要加强战备，准备打仗，要用打仗的观点观察一切、检查一切、落实一切。

9月30日，林彪视察西郊机场，发现地面飞机摆放过密，深恐遭敌打击，又正赶上国庆节将临，为预防苏军乘中国国庆节像武装入侵捷克斯洛伐克那样发动突然袭击，他当即指示全军进入一等战备，下令疏散北京附近几个机场的飞机，在跑道上设置障碍物，给留在机场的值班人员配发武器，防备敌机空降。他此前还考虑过要不要放掉密云水库的存水，以免苏方轰炸大坝冲淹北京的问题，后经北京市委实地勘查研究认定不会有太大危险而作罢。但国庆节期间，各方面仍旧高度紧张，做好了一切应急准备，甚至秘密调派直升机在天安门城楼后面的空场上准备紧急疏散毛泽东等最高领导人。[3]

---

[1] 参见熊向晖：《打开中美关系的前奏》，同前引。

[2] 王永钦：《1966—1976年中美苏关系纪事》，同前引。

[3] 《周恩来年谱》（1949—1976），第325页；郑谦：《中共九大前后全国的战备工作》，同前引。

根据9月11日中苏两国总理会谈所达成的原则协议，两国政府商定，从10月20日起，两国谈判代表团在北京举行中苏边界谈判。考虑到苏联当时的战略动向和有关苏联大军进驻外蒙的情报，中共中央仍旧怀疑苏联很可能会把谈判作为向我发动突然袭击的一种烟幕。[1] 因此，国庆节过后，林彪就率黄永胜等前往张家口地区检查部队设防情况，周恩来也特地要总参整理德国闪击波兰、苏联和日军偷袭珍珠港情况的资料，并分发给外交部等部门领导人参考。随后，根据毛泽东的指示，林彪主持召开了政治局会议，进一步研究苏联发动战争的可能性。与会者都一致认为苏联缺乏诚意，很可能会冒险发动突然袭击，因而赞同毛泽东关于领导同志应该分散一些，疏散到外地去的指示。会后，毛泽东明确指示，在北京的党和国家领导人以及中央党政军领导机关于中苏谈判开始前应紧急疏散。

根据毛泽东的指示和政治局的决定，在京的中央党政军主要领导人在谈判开始前几天已全部疏散完毕。毛泽东10月14日即去了武汉，林彪16日去了苏州，周恩来则率领留守北京的军委办事组成员黄永胜等同时转移到西山可以防御原子弹的战备指挥中心办公。[2] 他这时一面紧急组织其他中央老干部的疏散工作，一面全面检查首都的战备情况，尤其关心首都机场反空袭、反空降的应急方案。

17日，刚刚撤到苏州的林彪通过电话指示在京的黄永胜下令全军进入紧急战备状态。18日，根据黄永胜的传达整理的军委前方指挥部“第一号号令”迅速下达各有关单位。命令称：林副主席指示，近两天来，美帝苏修等有许多异常情况，苏修所谓谈判代表团预定明日来京，我们必须百倍警惕，防止苏修搞欺骗，尤其19、20日应特别注意。为此应立即疏散重武器，指挥精干指挥班子，进入战时指挥位置，同时迅速抓紧布置反坦克兵器的生产。于是，不仅全军或进入前沿工事，或紧急疏散，而且许多大中

[1] 参见《中共党史大事年表》，北京：中共党史出版社1987年版，第372页。
[2] 《周恩来年谱》（1949—1976），第329页；郑谦：《中共九大前后全国的战备工作》，同前引。

城市也紧急进行了防空演习和大规模疏散行动，仅军队疏散就达 94 万余人、4000 多架飞机、600 余艘舰艇和大量坦克、火炮及车辆。[1] 联系到当时大批干部被下放到“五七”干校，所有高等学校下放地方或迁往外地，重要档案纷纷秘密运往西南存放，各大中城市大挖人防工事，成千上万的城市居民相继被卷入到这一紧急战备行动之中，整个气氛之紧张可想而知。

然而，战争并没有到来。

七、毛泽东主动缓和对美关系，中国从此放弃世界革命主张

1969 年有关中苏战争的这场“虚惊”，牵扯面之广，影响面之大，实为建国以来所罕见。尤其是这一战争紧张形势，极大地影响了后来的经济建设方针，大批工厂内迁，造成了严重的浪费。但是，这场虚惊倒也带来了两点好处，一是全面内战、天下大乱的局面得到一定程度的遏制；一是一向敌对的中美两国因此有了接触的可能，并由于这种接触很快走向了建交的过程。

“九大”前后，按照毛泽东的指示，全国已经开始进入“斗、批、改”阶段，各省、市、自治区革委会已经成立，但因派性而造成的武斗之风仍未停息，并还有进一步扩大蔓延的可能。据此，中共中央 7 月 23 日专门发出布告，就山西武斗盛行要求武斗双方立即无条件停止武斗，解散武斗组织，上交武器，拆除一切战斗据点，依法惩办坏人，实行归口再联合。[2] 而当时问题并未得到解决。

8 月 13 日新疆铁列克提事件发生后，内乱问题成为战备的严重障碍。因此，中共中央 8 月 28 日的命令不得不以更严厉的措辞和更坚决的态度重申 7 月布告的内容，严令解散一切跨行业的群众组织，解散一切专业武斗队，

---

[1] 参见李可、郝生章：《“文化大革命”中的解放军》，北京：中共党史资料出版社 1989 年版，第 124—125 页。

[2] 郑谦：《中共九大前后全国的战备工作》，同前引。

撤除一切武斗据点，坚决镇压反革命分子，绝对不允许任何人冲击解放军。[1]这一命令迅速发生效力，各地出现了传达贯彻命令的高潮。当时诸如武斗、派性、分裂、无政府主义等直接危及稳定和战备的因素，都受到了相当的打击，社会秩序有所恢复，在一定程度上实现了毛泽东希望全国因此动员起来的设想。

关于对美接触问题看来也是中国在珍宝岛事件后取得的一个意外的收获。严格地说，毛泽东的对美战略很大程度上是建立在其世界革命理念与国家利益的双重基础上的。随着1960年代中苏两党日趋对立，毛对美战略中更多地掺入了革命的色彩。“文革”的进行，不可避免地进一步强化了他对美国的敌视态度。一直到中共第九次代表大会，经过毛泽东修改和审定过的政治报告仍旧一方面说明美帝苏修如何“既互相勾结，又互相争夺”，一方面突出强调它们共同反华的本质，强调警惕它们发动大规模侵略战争的危险。尽管刚刚发生了珍宝岛事件，中苏关系高度紧张，报告却按照毛泽东的主张，继续强调说：美帝国主义是“全世界人民最凶恶的敌人”。

但是，毛泽东并非对这种四面出击式的战法毫无顾虑和担心。还在中共“九大”期间，当毛还不特别担心苏联大举入侵之际，他就已经在谈论“我们现在孤立了，没有人理我们了”这样的话题，显示出对那些长期依靠中国的世界各国革命党和革命组织不死不活，对中国毫无帮助的不满，继而主张以后要减少对这些党和组织的援助。[2]这表明，毛泽东推动世界革命的热情已经在明显降温。

随着苏联入侵的危险日渐加剧，毛泽东不能不重新对美、苏的作用进行评估。过去，他始终相信美国是中国以及一切革命人民的最大威胁，苏联不过是起着“帮凶”的作用。现在，这样的认识在现实当中多少有些行不通了。当6月初，瑞典大使问周恩来，美国和苏联哪个对世界和平和对

[1] 《周恩来年谱》（1949—1976），第317页。
[2] 《毛泽东在中央文革小组碰头会上的讲话》（1969年3月22日）。

中国的安全威胁最大时，周的回答已经变得含糊其辞了。他说："现在还在发展，还要看。"显然，中共中央的估计正在发生变化。

在"九大"结束一个多月之后，周恩来开始强调进一步分析国际形势的必要性。[1] 他为此具体安排陈毅、叶剑英、聂荣臻和徐向前四位老帅一边在工厂"蹲点"，一边就有关的国际问题进行一些深入的讨论，说比较成熟的意见可以上报毛泽东。当然，无论毛还是周，他们这时的这种安排看来还不像一些研究者所强调的那样具有鲜明的目的性，周恩来甚至不急于要老帅们拿出什么结果来，每个月只要求他们议上个两三次，这使得老帅们的研讨多少有点"神仙会"的架势。[2] 而从四位老帅根据几次讨论于 7 月 11 日才最后形成的第一份书面报告中也可以看出，即使是老帅们对美苏两个超级大国的分析，这时也还脱不开美苏"既互相勾结，又互相争夺"这样一种政治化的分析模式。只不过，老帅们比较敏锐地感觉到，美苏的争夺还是主要的，它们勾结起来反华和单独发动对中国的侵略战争，暂时似乎都还不大可能。[3]

对美国政策的重视，仍旧是源于美国方面的主动。在四老帅 7 月 11 日的研究报告上，可以清楚地看出，中国方面几乎没有可能将美苏截然分开。他们判断美苏战略重心在欧洲，不大可能对中国开战，但也不能不强调要做好美苏突然对中国实施核打击的充分准备。毕竟，美国与中国仍处于尖锐对立之中。[4]

7 月以后的情况则明显不同了。7 月 21 日，美国国务院主动宣布放宽对华贸易和去中国旅行的限制；26 日，柬埔寨国王西哈努克派人转交了一封美国参议院民主党领袖曼斯菲尔德写给周恩来的信，要求访华，并对中

[1] 周恩来明确讲，毛认为对国际形势还有继续研究的必要。《周恩来年谱》（1949—1976），第 301 页。

[2] 周在老帅们的"国际问题研究小组"活动安排情况的报告上特别说明，老帅们的任务一是下放蹲点，二是讨论国际形势，三是评论国防问题。时间安排是每周三天蹲点，其余时间看材料，每月只讨论三天即可。熊向晖：《打开中美关系的前奏》，同前引。

[3] 熊向晖：《打开中美关系的前奏》，同前引。

[4] 同上引注。

美二十年交恶表示遗憾；7 月底，美国总统尼克松在出访期间公开表示，继续孤立中国对亚洲不利；8 月 8 日，美国国务卿在堪培拉公开发表谈话，声称美国始终在努力打开同中国来往的渠道。与此同时，巴基斯坦等方面都有消息传来，称美国政府有意与中国方面进行接触。针对这种情况，四位老帅显然注意到利用美苏矛盾的问题。只是，他们的研究继续断定，美国此举更多地其实是想要利用中苏矛盾来向苏联施压。与其让美国抓住这根稻草，不如保持高姿态，对其接触要求置之不理，再憋它一个时候。因此，一直到新疆铁列克提事件发生，与美国接触的问题并未提出。[1]

铁列克提事件后的严重形势，是促使老帅们多半也是促使毛泽东和当时的外交部想到并提出打美国牌问题的关键性原因。8 月底，面对战争威胁，老帅们不约而同地想到了三国时诸葛亮“东联孙吴，北拒曹魏”和“二战”时斯大林与希特勒签订互不侵犯条约的例子。外交部显然也有类似的想法。只是，考虑到当时与正处在反美前线的越南的关系，特别是考虑到改变对美政策的重大政治后果，外交部提出，有关利用美苏矛盾的原则可以提，但如何利用不宜具体，尤其现在不宜恢复中美大使会谈。因此，老帅们在 9 月 17 日的第二份报告中，仅仅强调了对美、苏斗争，原则上要坚定，策略上要灵活，主张选择适当时机恢复中美大使级会谈，可能收到战略上的效果。据说陈毅曾考虑，如果有机会单独向周恩来汇报时，将以他个人名义提出争取举行中美部长级或更高级会谈，打开中美关系，更有利于从战略上利用美、苏矛盾的想法。[2] 但没有资料表明他确实去向周恩来提出了他的建议。

无论如何，在估计苏联可能发动大规模战争的严重形势下，四位老帅注意到美国政府表现出来的缓和姿态，率先提出了打美国牌的设想。也正是在这种情况下，毛泽东经过反复权衡之后，也认识到了这一策略手段的战略意义，因而下决心摆脱一切束缚，批准同美国接触并全面缓和关系。

[1] 熊向晖：《打开中美关系的前奏》，同前引。
[2] 同前引注。

需要说明的是，不少研究者喜欢引用毛泽东这个时候的护士长吴旭君的一段回忆。回忆称，在中苏边界冲突发生后，毛看完一份报告，意味深长地自言自语说："中苏发生交战了，给美国人出了个好题目，好做文章了。"吴问道："你是指中苏分裂了，美国人高兴吧？"毛答称："美国的全球战略理论不是已经提出了信号吗？它要打'两个半战争'，如果它缩减到了'一个半战争'，你联系起来想想他们会怎么样？"吴说："中苏分裂，大大减少了欧亚两个大国对美国的压力及联合向美国进攻的可能性。这就会改变美国现有的战略理论，从而最终会影响其外交政策及对中国的态度。对吗？中、美、苏三国看来不可能搞等距离，对吗？"毛说："又等，又不等。随机应变。这是需要由双方利益来决定的，不能脱离现实。"[1]

这段对话往往被简单地看成是毛泽东故意安排了珍宝岛冲突"打给美国人看"的最好诠释。但严格说来，这段对话的真实性或者说确切性多少令人怀疑。因为吴作为一名护士长，如此老练地与毛讨论外交战略理论问题，颇难让人相信。同时，这段对话究竟讲在什么时候，是 3 月、4 月、6 月还是 8 月，也是一个问题。讲在不同的时间，情况也就不同。

事实上，既使毛真有这样的考虑，多半也应当是在 7 月得到美国转变对华政策的信息之后，而不会是在这之前。因为，在这以前，中国方面得到的消息清楚地表明，美国政府方面的态度还是完全敌对的。即使在珍宝岛事件后的一段时间里，美国官员还在继续声称中国是亚洲和平最危险的战争策源地，美国必须设法对付中国这一潜在威胁。[2] 在这种情况下，很难相信毛泽东会有这种欣赏的表示。相反，在 7 月美国显露出愿意缓和对华关系的意图之后，特别是 8 月铁列克提事件发生、战争危机迫在眉睫之后，毛泽东迅速改变看法，捕捉到并设法抓住这个机会不放，以便通过与美国的缓和来达到牵制苏联、避免战争的目的，倒是更合乎逻辑。尽管这样做

[1] 吴旭君：《毛泽东的心事》，《缅怀毛泽东》（下），北京：中央文献出版社 1993 年版，第 644—645 页。
[2] 熊向晖：《打开中美关系的前奏》，同前引。

仍旧未必是毛泽东内心深处所希望的，但考虑到这次战争危机毕竟是建国以来前所未有的，毛泽东对其严重性的估计也是空前绝后的，他毅然抛弃意识形态的顾虑，重新从实用主义的角度出发，拾起统一战线、“以夷制夷”的法宝，是可以想象的。

1969 年秋冬战争形势和战争估计之严重，确实超出后人的想象。周恩来在中南海办公室的工作台历，日复一日地记录着他每天的工作日程，然而自 1969 年 10 月 20 日至 1970 年 2 月这几个月的时间却令人惊异地出现了空白。只有了解上面这段历史的人才能理解，这其实是当时战争危机的产物。是战争的危机迫使周恩来撤离他日常的工作地点，直到 1970 年 2 月基本解除苏联突袭的警报之后他才又得以回到中南海他的办公室正常工作。

但即使在进入到 1970 年之后，在毛泽东看来，苏联入侵的危险仍旧严重存在。他反复强调：要“用战备的观点观察一切、检查一切、落实一切”。这一年 2 月 15 日至 3 月 21 日国务院召开的全国计划会议，也仍旧把对付国外敌人的突然袭击和大规模入侵当作压倒一切的中心任务。当然，这个时候的战争估计毕竟同 1969 年秋冬有些不同了。不过，这场虚惊到底给毛泽东留下了深刻的印象。差不多在整个 1970 年，中国对苏联入侵还都处于高度戒备之中。在这种情况下，经历过战争年代、善于审时度势和在外交上找好一个帮手的毛泽东，抓住这一千载难逢的外交机遇，缓和与美国的关系，也是一种必然的选择。

这是中国外交政策的一个意义极其重大的改变。自 1958 年以来，毛泽东始终以世界革命为己任，坚持不顾国家的外交利益，以“反帝反修”为号召，坚持支持并援助一切敢于同帝国主义和修正主义做斗争的各国左派共产党人和激进的革命小组织。这个时候突然转而向过去的“头号敌人”美国寻求外交接触与缓和，不可避免地要从根本上影响中国在那些激进的革命组织和派别当中的革命形象，使将近十年来以毛泽东为偶像的世界革命运动陷入动摇与混乱。但是，这没有能够阻止毛泽东改善同美国关系的决心。

1969 年 12 月初，中国驻波兰外交人员受命开始了与美国外交官的直接接触。与此同时，据说基辛格也下令美国驻波兰大使设法同中国驻波兰外交官进行接触。不论双方接触的具体经过如何，中美两国政府于一个月后，即 1970 年 1 月 8 日，正式宣布华沙大使级会谈将于 20 日重新恢复。在重新开始的中美大使级会谈中，中国代表受命正式通知美方，中国政府愿意在更高级别或通过其他渠道深入商谈两国关系问题。

不难看出，正是在珍宝岛事件后这样一种极其特殊的背景下，中国对美国的大门渐渐地打开了，中国的外交开始出现了一种新的趋向。

结语

毛泽东苏联观变化原因剖析

世界各国的共产党，曾长期集合在莫斯科的周围，接受同一个指挥中心——共产国际的指导和帮助。社会主义的苏联，特别是苏联共产党的领袖斯大林，在各国共产党人的心目中，毫无疑问曾长期享有至高无上的地位。身为共产党人，并且极大地受益于列宁主义和斯大林主义的毛泽东，在这方面自然也绝难例外。中国革命刚一胜利，毛泽东就主动宣布新中国将向苏联“一边倒”，并迅速与苏联建立了互助同盟关系，清楚地反映出苏联在毛泽东心目中的地位举足轻重。

但是，曾几何时，中共与苏共之间竟反目为仇，双方关系发生了令人难以置信的根本改变，这种改变甚至影响到双方国家关系一度竟处于紧张的战争边缘。同为共产党，同为社会主义国家，号称同志加兄弟，并且是战友加盟友，为什么竟会走到反目为仇、剑拔弩张的地步？这里面值得总结的原因很多，但可以肯定的是，在这一变化的过程中，毛泽东是起了相当重要的作用的。

毛泽东对苏联的态度何以会有如此之大的改变呢？中共党史的研究者喜欢强调两党间意识形态的斗争，而中外许多学者则喜欢把这一切归结为毛泽东强烈的民族主义观念。但单纯从意识形态或单纯从民族主义的角度，似乎都还不足以解释这个问题。事实上，正如我们所看到的那样，毛泽东对苏联看法的改变过程是渐进的和曲折的，而导致他改变对苏联看法的原因也是相当复杂的。如果我们一定要概括起来说，那么也至少应该从四个方面来加以解释：第一，是历史上的恩怨；第二，是毛泽东独特个性的作用；第三，是民族利益上的矛盾；第四，是革命理念上的歧异。以下仅就这四个方面分别加以分析说明。

关于历史上的恩怨

毛泽东与苏联的关系一向很复杂。青年时代，他就深受俄国革命的影响。我们已经知道，当年的中国青年学子几乎无不想方设法留日、留法、去南洋，而他想的却是“不如留俄”。[1] 加入共产党之后，毛泽东又是迄今为止我们所知道的最早提出“欲拯救中国唯有靠俄国的干涉”的共产党人[2]。当1935年中国革命遇到前所未有的严重挫折时，同样又是毛泽东最鲜明地主张：“打到苏联边界去……得到国际的指导与帮助，整顿休养兵力，扩大队伍”，“军事上（得到）飞机大炮”，再来向东发展。当1945年抗战胜利前夕，中共已经相当壮大时，毛泽东对苏联更是寄予厚望，以致有苏联援助一定会来，“如果不来，杀我脑袋”的话。[3] 由此不难想象，当1947—1949年中国革命眼看就要夺取全国政权之际，毛泽东第一个想到的，就是应当访问苏联，向斯大林当面请教建国方略并缔结互助同盟。他甚至力排众议，直截了当地提出了公开实行向苏联“一边倒”的政治外交路线。

说起来，在毛泽东的成长道路上，俄国人也确实助力颇多。正像我们已经谈到过的那样，毛泽东的《湖南农民运动考察报告》是最早得到共产国际领导人称赞的一份中共文献。“朱毛红军”一度是莫斯科报纸上有关中国革命出现频率最高的一个名词。毛泽东的文集更是俄国人出版的第一部中共领导人的著作集。因此，毛泽东才能在党内“左”倾领导人的排挤下，不仅进入了政治局，而且最后成了得到莫斯科正式支持的中共领袖。如果没有莫斯科的多次干预，很难想象毛泽东会有后来那样的地位。

当然，所有这一切，毛泽东了解得很少。他长期感受到的是少数言必称苏联的留苏学生的歧视、压制和打击，那些断断续续发生在1930年代前半期的不愉快往事，给毛泽东留下了太深的印象。这里唯一的例外只有一个季米特洛夫，对这位共产国际后来的总书记在来自莫斯科的王明等人企图取得党的最高权力时于1938年公开出面支持了他，使他取得了中国共产

[1] 《新民学会资料》，第61、65页；《毛泽东给陶毅的信》（1920年2月）；《毛泽东给周世钊的信》（1920年3月14日）。

[2] 有记录可查的这种谈话即有两次：1923年6月中共第三次代表大会召开前夕；在另一次毛强调：“要帮助中国开展运动，唯有靠俄国的积极支持（外交和军事上的）。”见前引《马林与第一次国共合作》，第213—214、236页。

[3] 《毛泽东在党的第七次代表大会上的结论》（1945年5月31日）。

党的领袖地位，毛泽东感念至深，但仅此并不足以使他对莫斯科领导集体的能力产生由衷的崇敬之情。越是在中国革命的实践当中证实自己的正确，他就越是认为，莫斯科在对待他的问题以及在中国革命的过程中犯了太多的错误。

领导中国革命的高度自信，导致毛泽东在确立对中国共产党的领导地位之后，迅速强调了独立自主。1940年代初，面对国共之间愈演愈烈的矛盾冲突，和莫斯科极力要求他与国民党妥协的做法，双方终于发生了明显的意见分歧。

毛泽东早在抗战开始之际就提出过一系列关于国民党与共产党“在阶级上根本是敌人”“防人之心不可无”之类的策略原则，强调自我保护。后来，因为这一观点不能得到党内和军内多数领导人的理解与拥护，再加上王明从莫斯科回来带来共产国际关于“抗日高于一切”的指示，毛泽东在相当程度上接受了共产国际的意见，一度致力于巩固与发展国共之间的统一战线。[1] 随着1939年以后中共在敌后大规模独立发展局面的出现，国共之间围绕地盘和政权问题的摩擦与冲突愈演愈烈，毛泽东不得不重新开始高度重视与国民党的斗争问题。1939年秋天欧洲战争爆发前后，共产国际重新树起反对帝国主义和资产阶级的政治旗帜，为他在思想上否定蒋介石国民党的统治地位、强调斗争哲学提供了重要的理论依据。在这个时期，毛泽东对共产国际和斯大林的观点表现出相当高度的政治热情。想不到，一年以后，德国威胁再度迫近苏联，共产国际重又强调统一战线，极力主张国共缓和。这种把苏联利益置于高于一切的地位的做法，使毛泽东难以理解。双方之间的意见分歧即由此一发而不可收。

围绕着1941年年初皖南事变新四军军部被歼一事而发生的争论，是毛泽东有生以来与莫斯科之间第一次直接发生重大意见分歧。他的确早就估

[1] 参见杨云若、杨奎松：《共产国际和中国革命》，上海：上海人民出版社1988年版，第426—428、436—442页。

计到国民党要有所动作，并一再提议对此作出反应，但莫斯科就是不相信。事变后他再度主张进行反击，又接连遭到拒绝。面对千辛万苦在江南发展起来的这支近万人的部队被国民党一举消灭，莫斯科方面甚至不愿做出任何毛泽东所期望的反应，毛泽东自然深受刺激。联系到抗战初期被迫放弃自己的意见，他明显地意识到，莫斯科并非像他那样关心中国革命的前途。维护中国革命利益的想法，促使他下决心走独立自主的道路。这一年 6 月苏德战争爆发以后，他拒绝在军事上采取莫斯科所建议的针对日军的战略牵制行动，清楚地显示出他与莫斯科的分歧所在。[1]

为了推行一条旨在自我保护的独立自主路线，毛泽东不得不乘着 1942 年俄国人自顾不暇的机会，发起了一场党内整风运动。这场运动原本只是为了让党的高级干部通过党史成败的对比来了解：中国共产党之所以会有今天，就是因为毛泽东克服了教条主义把马克思主义中国化的结果。在高级干部中间整风所揭露出来的教条主义的种种劣迹，显然进一步激励了毛泽东破除迷信的勇气。当然，出于意识形态上的继承性，毛泽东没有也无法根本改变对斯大林和季米特洛夫的某种崇敬心理。他所以大量印发斯大林和季米特洛夫的有关指示作为全党整风学习文件，继续使用相当尊敬的语言谈论斯大林、季米特洛夫以及苏联党的地位和作用，如同他自己后来所说，正是因为他那个时候仍旧相信，只有斯大林才是世界共产主义运动的领袖。因此，即使在共产国际解散之后，当已经不再是共产国际总书记的季米特洛夫出面干预毛泽东对王明的处理的时候，他也依旧表现出相当的尊重。[2]

而再度使毛泽东深为不满的是，斯大林始终不把中国共产党放在应有的地位上。就在他于抗日战争胜利前夕满怀希望地在中共“七大”向全党

[1] 参见杨奎松：《中间地带的革命——中国革命的策略在国际背景下的演变》，第 344—351 页。

[2] 参见《季米特洛夫致毛泽东电》（1943 年 12 月 22 日），《毛泽东致季米特洛夫电》（1944 年 1 月 2、7 日），RPSDMH，495/74/342，前引《毛泽东与尤金的谈话》；《毛泽东接见新西兰共产党领导人的谈话》（1963 年 9 月 9 日）；等等。

宣布战后苏联一定会援助我们夺取革命胜利之后不久，苏共中央竟于抗战结束后发来一封措辞严厉的电报，逼着他去与蒋介石讲和。[1]1946年，苏联方面更建议中国党学习法国共产党的经验，放弃独立武装，去当议员，去参加资产阶级的政府。到了1948年，当中国共产党的军队已经明显地能够打败蒋介石国民党的时候，俄国人又怀疑毛泽东是“半个铁托”[2]。所有这些情况都极大地伤害了毛泽东的感情，使他还在建国之前就对斯大林和苏联开始在感情上存在隔阂。斯大林逝世后，他曾明确讲，还在他去莫斯科见斯大林之前，“从感情上说对他就不怎么样”，因为斯大林给人的感觉“是站在别人的头上发号施令”。[3]这也就难怪，当苏共“二十大”开始批评斯大林之后，毛泽东几乎对每一位外国共产党的领导人都要大谈中共党内斗争的历史，讲当年俄国人如何相信王明那些留苏学生，不相信他、压制他、打击他。十分明显，他内心深处对历史上来自俄国人的那种压制和猜疑，始终耿耿于怀。由此带来的负面影响亦显而易见。

关于独特性格的影响

1949年，新中国成立前后，中共第一、第二号领导人毛泽东和刘少奇相继访问莫斯科。但是，这两次访问给两个人的印象却大相径庭。7月，刘少奇率团访苏，他很自然地在与斯大林的交谈中把自己摆在一个“学生”的地位，对斯大林的任何说法乃至自我批评都采取十分谦逊的态度处之。[4]

---

[1] 参见《毛泽东与尤金的谈话》（1956年3月31日）。除中文记录外，并见俄国科学院远东研究所编《远东问题》1994年第5期。

[2] 前引《毛泽东与尤金的谈话》。另外，在欧洲共产党和工人党情报局1948年6月开除南斯拉夫之后，以蒋南翔为团长的中国青年代表团曾访问过波兰和苏联。他们注意到，在波兰召开的世界青年大会的代表们起立欢呼几乎每一位国家共产党领袖的名字，就是不欢呼铁托和毛泽东的名字。据留苏学生反映，苏联党这时经常有人在机关和学校做报告，说中国党走的是南斯拉夫道路，搞富农路线。见林利：《我对中苏关系的几点回忆》，1981年7月。

[3] 《毛泽东外交文选》，北京：中央文献出版社1995年版，第259页。

[4] 《刘少奇致毛主席并中共中央电》（1949年7月11、27日）。

而毛泽东几个月后访苏时的态度，则与刘少奇颇为不同，他很明显地想要把自己摆在与斯大林平等的位置上来讨论问题。一个很具代表性的例子是，刘少奇初见斯大林时使用的是典型的中国式的寒暄与问候，第一次交谈的话题也尽量避免涉及敏感问题；毛泽东初见斯大林时却了无顾忌，当斯大林用俄国人的方式开门见山地赞扬他的客人之后，毛泽东的第一句话却是："我是长期受打击排挤的人，有话无处说。"结果，做惯了所有人领袖的斯大林很容易和刘少奇沟通，和毛泽东的接触却颇多误会与猜疑。据毛泽东自己回忆和陪同他前往莫斯科的俄文翻译师哲回忆可知，在访苏期间，毛泽东仅发脾气"大吵"就有三四次之多。[1] 当然，毛泽东与刘少奇访苏所负的使命各有不同，斯大林的想法也经常在变，几个月前与几个月后也不尽相同，因此毛、刘二人的境遇也可能不尽相同。但不难断定的是，即使在遇到同样麻烦的时候，由于毛泽东与刘少奇的个性不同，他们处理起来所得到的结果与印象也会有所不同。

毫无疑问，在中苏两党关系的当中，领袖个人的性格是起了重要作用的。斯大林的多疑，赫鲁晓夫的心血来潮，都是影响中苏关系的重要因素。同样，毛泽东的个性也是很突出的。他是那种极好强、易敏感、爱冲动、不大掩饰其内心感情及好恶的人。早在中国共产党内，毛泽东的这种耿直的个性就表现得相当充分。1925 年，因与党内意见不合，他曾一度负气回乡达八个月之久。1920 年代末在井冈山担任红四军党代表时，他与军长朱德在相当一段时间里也存在着严重的矛盾冲突。1930 年代初在江西苏区时，他又先后与包括周恩来在内的一批领导人发生过争执。在一些中共的文件中，我们不难看到对他个性方面的一些尖锐批评，比如说他动不动就"咆哮起来"，甚至"骂起娘来"，说他"态度（脾气）不好"、"好揽权"、"排斥异己"、过于威严，使群众和同志"个个怕他"，等等。以至于当时共产国际在上海

[1] 《毛泽东与尤金的谈话》(1956 年 3 月 31 日),《毛泽东与契尔沃年科的谈话》(1963 年 2 月 23 日),师哲前引书，第 431—461 页。

的代表都得出印象，知道毛泽东“好争吵”，因此告诫中共中央：要尽量发挥毛泽东的作用，但不要让他进书记处或进常委，因为不能把党的工作机关变成“争论不休的讨论俱乐部”。[1]

毛泽东的这种个性，同他的经历有关。根据他自己的回忆，他十岁读小学的时候，就曾因为不愿挨打而离家逃学，竟至“流浪了三天”。到了十三岁的时候，他已经敢于公开顶撞父亲，甚至当着客人的面与父亲争吵。据他说，有一次，“父亲当众骂我懒而无用，这一下激怒了我，我回骂了他，接着就离家出走。我母亲追着我想劝我回去，父亲也追上来，边骂边命令我回去。我跑到一个池塘边，并且威胁说如果他再走近一步，我就要跳进水里”。[2] 一个十三岁的仍然少不更事的孩子，就敢于顶撞严厉的父亲，甚至以死相抗，其个性之强可想而知。

毛泽东的这种突出个性，促成了他争强好胜的性格。他很小就有鸿鹄之志、鲲鹏之梦。其少小离家求学之初抄录的诗句：“孩儿立志出乡关，学不成名誓不还”，反映了他早有很强的抱负心，但在走向成功的道路中却颇多不顺。在学校被城里的和富裕的学生看不起，在学历上仅及中专未能入高等学校深造。本来有机会像大多数同伴一样出国留学，又因为热心国内政治运动未能喝上洋墨水。所有这些，都给这位从韶山冲出来的自尊心极强的农家子弟带来了心理上的压抑感。毛泽东回忆他在北京大学图书馆做图书管理员时的情况时，那种压抑感就跃然纸上。他说：“由于我职位低下，人们都不愿同我来往。我的职责中有一项是登记来图书馆读报的人的姓名。可是，他们大多数都不把我当人看待。”[3]

即使在投身革命之后，他也每每感到压抑。特别是在他创造了中国红军和根据地，开创了中国革命的正确道路之后，不仅不受信任，而且备受

[1] 前引 RPSDMH, 495/19/217；延安整风期间，博古等曾明确谈到共产国际代表当时对毛泽东的看法。

[2] 前引《毛泽东自述》，第 6、8 页。

[3] 前引《毛泽东自述》，第 33 页。

歧视与打击。好不容易从逆境中崛起，做到中国共产党的最高领袖，甚至在中国打出了一片天地，却还是得不到莫斯科的信任，并被疑神疑鬼，这些都极大地强化了他的这种受压抑的心态。比较一下毛泽东风华正茂时渴望“指点江山，激扬文字，粪土当年万户侯”，壮年时笑谈秦皇汉武、唐宗宋祖、成吉思汗，自诩“风流人物”的诗句，不难想象志向至大至远的毛泽东对于理想与现实之间的这种巨大差距会抱有何等强烈的不满。它们无疑会更加强化毛泽东性格的特点，并促使他变得高度敏感。而越是在意气风发之时，他内心在这方面也就越难平衡。这也就是为什么，1949 年 12 月 16 日，已经做了堂堂中华人民共和国主席的他，见到斯大林的第一句话，竟是充满怨气的宣泄。

毛泽东的经历及其性格，使他往往自觉不自觉地把自己摆在了“小人物”、“下等人”、“穷人”和“被压迫者”的地位，并形成了一种对“大人物”、“上等人”、“富人”和“压迫者”的极端轻蔑与反感。革命期间，即在中国革命还极度需要苏联这根重要外部支柱的情况下，他都很难压抑自己的这种个性，在成为有四亿五千万人口的亚洲头号大国的领导，尤其是在整个政权日渐巩固之后，在面对处处习惯于把自己摆在“宗教裁判所”地位的苏联共产党时，他的这种个性特点就越是容易淋漓尽致地表现出来。

比如，毛泽东所回忆的在莫斯科访问时几次发脾气大都是由此而发。他说他第一次发脾气，是因为发觉斯大林冷落他，把他摆在旅馆里一周时间不露面。另一次发脾气，是因为约好苏中两国以官方名义声明驳斥美国国务卿的一次谈话，苏联以外交部部长的名义发表了声明，而他则习惯性地以中央政府新闻总署署长的名义发表了谈话，斯大林和莫洛托夫竟因此拐弯抹角地批评了他，使他深感自尊心受到伤害。[1] 又比如，1950 年代初，毛泽东请苏共中央派个理论家来中国进行考察并帮助他修订著作，他本意

[1] 冈察洛夫著，马贵凡译：《科瓦廖夫谈斯大林对中国革命胜利和新中国的最初态度》，《国外中共党史研究动态》1992 年第 5 期；师哲前引书，第 437—438、454—458 页；裴坚章前引书，第 19—20 页。

多半只是想让斯大林了解他，对他放心，想不到这个理论家来到中国之后，竟大放厥词，声称：我们苏联都没有使用“斯大林主义”这个概念，你们有什么必要提“毛泽东思想”呢？毛泽东当时并不认为把自己的思想与马克思列宁主义相提并论是恰当的，但俄国人的指手画脚却严重地伤害了毛泽东的自尊心。1956年，毛泽东虽然指示从中共“八大”新拟的党章中删去了有关“毛泽东思想”的提法，但他对俄国人的不满已经难以抑制。正像我们已经提到过的那样，他因为发现米高扬致辞中不提中国革命的独特经验和理论贡献，故此在米高扬致祝词的时候故意不参加会议，说是对米高扬贬低中共对马克思列宁主义理论贡献一事“表示抗议”。而毛泽东所说的这个理论贡献，不就是中共“七大”所高度评价的“毛泽东思想”吗？由此可知，毛泽东当着米高扬的面，大谈当年苏共如何“发号施令”，声称：“过去我们憋了满肚子的气，现在可要出气了”，确实是憋了太多不满的缘故。

在1956年苏共召开“二十大”，秘密批判了斯大林以后，毛泽东对苏联已经没有什么可忌讳了。既然不必忌讳斯大林，自然更容不得资历远在他之下的赫鲁晓夫等人对他指手画脚。因此，借着批评斯大林错误的机会，他这时多次向外国党领导人表示，他最不能容忍别人站在自己头上发号施令，党与党之间绝不能再搞“老子党”与“儿子党”那一套。[1]

赫鲁晓夫在处理同中国共产党的关系上，确实要比斯大林谦逊得多，也小心得多。从1954年到1957年，苏联内部及东欧国家集团内部问题层出不穷，赫鲁晓夫要求助于毛泽东的地方太多。因此，至少从表面看上去，双方的关系应该很容易走向互信、互助、互通有无。但是，毛泽东很快发现，苏中两国一个强一个弱，仍旧很难讲平等。而最困难的在于，双方的强弱已经不同于当年的情况。当年苏共是什么都强，而如今，他相信，苏联强的只是物质力量。从“苏联是今天唯一能对付帝国主义的强大力量”，“资

[1] 参见《毛泽东接见南斯拉夫代表团的谈话》（1956年9月），《毛泽东同苏联驻华大使尤金的谈话》（1958年7月22日），《毛泽东外交文选》，第324页。

产阶级害怕苏联，不害怕中国”这个角度看问题，毛泽东仍旧主张“一个人不能有两个头”，强调苏联还应当是社会主义阵营的“总司令”，中国至多只能算是个“副总司令”。可是，从掌握马列主义理论的角度，从实际的革命斗争经验的角度，他却相信赫鲁晓夫所差甚多，认为中共在某些方面要起主导作用。这种情况的出现，无疑使他对中苏关系的看法变得更加复杂与微妙。

中国在精神方面的优势不能抵消在物质方面还必须要求助于苏联的这一事实，使毛泽东在双方交往方面明显地比过去变得更加敏感。1958 年的联合舰队事件，之所以会激起那样大的风波，甚至促使毛泽东说出：俄国人从来看不起中国人，认为“中国人是下等人，毛手毛脚，所以才产生了合营的问题”等激愤之词，很大程度上都与毛泽东的这种敏感的心态有关。[1]

严格地说，赫鲁晓夫也存在严重的大国主义的倾向，而当时他在这件事上的本意未必就是要控制中国，若比较斯大林当年迫使毛泽东接受的那些不平等条款，赫鲁晓夫这时的建议根本就是小巫见大巫。何况要求是中方提的，苏方提出自己的设想还可进一步交涉与谈判。毛泽东发脾气后，赫鲁晓夫又亲自赶来中国，向他解释并寻求谅解。事情完全不至于闹得这样大。毛泽东之所以在这个问题上会做出如此激烈的反应，既是因为事关国家主权这样的大问题，同时也反映出其个人性格。这件事后来竟成为导致两党矛盾迅速暴露、两党领导人之间感情迅速恶化的一个导火索，不难看出，对于 1959 年以后中苏关系走向恶化，毛泽东个人的性格确实是有影响的。

当然，一个巴掌拍不响。同遇事多疑但处理外交问题相对小心谨慎的斯大林相比，赫鲁晓夫恰恰是那种性格过于鲜明的领导人。用俄国人自己的眼光来看，赫鲁晓夫受教育太少，过于心直口快，太容易冲动，有时几

---

[1] 《毛泽东接见英共代表团的谈话》（1956 年 9 月 18 日），《毛泽东接见德国统一社会党代表团的谈话》（1956 年 9 月 23 日），前引《毛泽东与尤金的谈话》，《毛泽东外交文选》，第 323 页。

乎是口无遮拦，常常不加认真思考就做出惊人的举动。最典型的就是他竟然在联合国大会上发脾气，脱下皮鞋敲桌子，和公然把导弹运到古巴，向美国挑衅，最后又不得不把导弹撤回来这两件事。这即使在苏联的外交史上也是最令人尴尬的两件事了。不难想象，中苏关系之所以在赫鲁晓夫时代而不是在斯大林时代发生严重破裂，确实是与两位领导人过于鲜明的个性有关的。

如果可以进行简单的类比的话，两位在商场或外交场上性格和能力上的强人相遇，也许还能成为好朋友，但他们一旦进入家庭，成为夫妻，那就难免要吵架，甚至闹离婚。可悲的是，1950年代的中苏关系并不是单纯的外交关系，倒更像是一种家庭关系。本来是两个不同的国家、民族、政治实体，却偏偏要根据所谓意识形态的利益结合在一起，当父子、当兄弟甚至当夫妻，每一方都要求对方按照家庭关系来思维和行动，而事实上每一方都有自身的利害关系，哪一方都不可能轻易妥协，都难免会在相当程度上坚持自己的看法和利益，因而每一方都会觉得对方对自己不忠诚。结果也只能是我们所看到的样子。

关于民族利益的分歧

不可否认，毛泽东对斯大林和苏联的诸多不满，确有相当一部分是同民族利益联系在一起的。只不过，他对民族和国家的概念的理解是与我们一般意义上的说法不同的。毛泽东通常更喜欢用“人民”这个字眼儿来说明他的利益所在和追求的本质，比如说他的军队是“人民军队”，说他的政权是“人民政权”，说他的国家是“人民共和国”，等等。而他在这里所讲的“人民”，其实仍是建立在阶级概念基础上的，即是指“下等劳动人民”。因此，“人民军队”“人民政权”通常又可以称之为“革命军队”和“革命政权”。同样，在与苏联的关系问题上，毛泽东除了同样使用带有阶级色彩的“人民”概念界定他的民族和国家以外，极大地影响着毛泽东感情的“强”

与“弱”、“大”与“小”、“穷”与“富”这样一些上等与下等、贫贱与高贵的尊卑观念，显然也同这种深入脑髓的阶级观念一起，成为他判断国家关系以及党的关系的一个至关重要的因素。只有了解了这种情况，我们才比较容易理解毛泽东的世界观和民族观。

毛泽东与俄国人最早的摩擦，发生在1940年秋。当时正值欧洲大陆沦陷不久，国际形势对抗战不利，国共关系亦高度紧张之时，他对形势做了过分严重的估计，判断蒋介石有与日军联合夹击中共的阴谋，因而设想过派十五万精兵先发制人，由西北打入国民党西南基地，抄其老窝。[1] 此电自然受到莫斯科的坚决反对，双方为此争执甚久。1941年皖南事变发生之后，毛泽东一度准备对蒋予以报复，而无论是莫斯科还是重庆的苏联大使及苏方军事顾问都明确反对。为此，毛泽东再度与俄国人发生争执，他直截了当地要求苏联务必立即“停止接济重庆武器”，立即准备“公开接济我们”，特别是“援助我们夺取兰州”，接通苏联，取得飞机大炮，占领甘肃河西走廊，进而夺取西南、西北几个重要省份。[2] 同年5月，日本军队大举进攻山西中条山一带的国民党军队，由于国共关系还未能从皖南事变沉重的阴影中摆脱出来，同时八路军也因1940年年底的百团大战而伤了元气，因此，中共中央没有按照国民政府的命令部署靠近这一地区的部队采取直接的救援行动。苏联顾问对此颇为不满，以致说三道四。对此，毛泽东十分恼怒，专门去电重庆，强硬地警告苏联顾问“不要随便乱说”[3]。在这里，毛泽东一切策略考虑的出发点，都是要保存和巩固中国共产党的军队与政权。在形式上，毛泽东这里的一些做法似乎不利于当时中国的民族利益，但在他的观念里民族也是有阶级的，他相信要保护和争取的是中华民族的根本利益所在，而它才是中国人民的最大利益。

把中共的军队与政权视为中国人民乃至中华民族的根本利益之所在，

---

[1] 《毛泽东致季米特洛夫、曼努伊尔斯基的信》（1940年11月4日）。

[2] 《毛泽东致恩来电》（1941年1月30日）。

[3] 《毛泽东致恩来电》（1941年5月14日）。

这就使得毛泽东对1941年《苏日中立条约》、1945年《雅尔塔协定》《中苏友好同盟条约》，等等，承认起来并无困难。在他们看来，这些条约的产生恰恰是国民党无能的表现。他们相信，一旦轮到他们掌权之日，所有中国曾经失去的权益都会很容易地被收回，只有到那时中国才会有真正的独立与尊严。但是，涉及中国共产党领导下的新中国的时候，毛泽东几乎是寸步不让的。

苏德战争爆发后，他之所以拒绝派八路军去为保卫苏联而采取牵制行动，就是这种态度的一种反映。他对此解释得很清楚，即："由于敌我军事技术装备悬殊太远，我人力、物力、地区、弹药日益困难"，"我们在军事上的配合作用恐不很大。假若不顾一切牺牲来动作，有使我们被打坍，不能长期坚持根据地的可能，这不管在哪一方面都是不利的"。[1]

毛泽东在整风期间讲过一句话，最能反映他在这个问题上的看法。这是在他批评王明时说的。他说，王明错误的关键，就是替别人（苏联）想得太多，替自己（中国革命）想得太少。在很大程度上还必须要依靠苏联的情况下，毛泽东的这种心态或者可以归结为一种民族主义的情绪。但需要注意的是，他的这种"民族主义"仍旧是建立在列宁主义阶级观基础上的，他仍旧相信中国共产党和中国革命与苏联以及国际共产主义运动是一脉相承的，只不过，他与俄国人对这个问题的认识是不同的。驻延安的莫斯科联络员弗拉基米洛夫相信，没有苏联就没有中共，大河没水小河干；而他相信，没有小溪不成其为大河，中国革命对苏联也是一种支持。因此，毛泽东这里的"民族主义"说到底不过是一种建立在地域、血缘、文化基础上的一种对特定人群的认同感的自然流露。当苏联1947年批判南斯拉夫之后，当"民族主义"一词成了专指那些只考虑本民族利益，自私自利，不讲国际主义的资产阶级思想的用语之后，中国共产党人也毫不犹豫地批判起这个概念来了，毛泽东更是力图脱出民族这个狭窄的范围。

---

[1]　《毛泽东致季米特洛夫电》（1941年7月15日）。

既讲阶级利益，又讲民族（国家）利益，这看起来似乎有些矛盾。但对毛泽东来说，它们是完全一致的。因为正像我们前面所提到的那样，毛泽东相信，民族也好国家也好都是要按阶级来划分的，只有共产党所代表的无产阶级的利益，才是中华民族的根本利益所在。因此，党与国、阶级与民族，在毛泽东看来，其实是一而二、二而一的关系。不唯如此，民族（国家）利益，有时还要服从党的利益的需要，因为只有代表阶级利益的党才更能反映和代表国家及民族的根本利益。

了解了这一层，我们就不难理解毛泽东为什么会主张“国际主义”与“爱国主义”相结合。因为无产阶级到底是国际的，是负有世界革命重大使命的，中国的无产阶级仅仅站在民族的立场上爱自己的国家是不够的，即要“胸怀祖国，放眼世界”，吾爱中华，尤爱阶级。

什么是毛泽东所理解的“国际主义”？概括成一句话，就是“革命时外援，胜利后援外”。这里的意思是说，一个国家的无产阶级在革命的过程中，首先是要外部援助而不是去援助外国，但它在胜利之后，就应当责无旁贷地承担起援助外国无产阶级革命的义务。因此，在革命期间，毛泽东格外重视来自苏联的援助，而对以牺牲本国革命利益来援助苏联则不以为然，更不满意俄国人在援助中共的问题上总是瞻前顾后、斤斤计较。从毛泽东和周恩来等人在新中国成立后批评俄国人“自私自利”和“民族主义”时反复举的两个例子可以看出，他所谈的“国际主义”和“爱国主义”很大程度上还是受到特定的中国传统文化影响的产物。

他们经常举的一个例子，是批评俄国人出于自私的目的，在抗战期间把武器统统给了蒋介石，只给延安送了些药品和马列书籍。另一个例子是批评俄国人在抗美援朝的问题上，一面鼓动中国出兵援朝，主动向中国提供大量武器装备，一面却在中国无偿地大量损失生命财产的情况下，要求中国为苏联的武器装备付款。[1] 出于同样的道理，毛泽东也始终不能理解，为什么俄国人对那些尖端技术总是那么神神秘秘的，生怕中国人拿了去。不就是那么点儿东西吗，朋友之间同志之间有什么了不起？

在这里，明显地表现出两种不同文化背景的差异。就像中国人在朋友吃饭时习惯于一个人请客，而一些欧洲国家的人习惯于各自付款一样，不同文化背景下的人对“公”与“私”的看法具有明显的差别。毛泽东对援助问题的一个基本观念就是应当遵循中国传统道德中的“重义轻利”的原则。中国的古训所谓“不患寡而患不均”，“有力者疾以助人，有财者勉以分人”，讲的都是一个“义”字。朋友之情是为“义”，个人钱财是为“利”，同样，国际主义是为“义”，武器技术当为“利”。因此，他极其鄙视那种重“利”轻“义”的行为，崇尚“君子不言利”。尽管，中国共产党人也并非都不那么言“利”。

新中国成立以后，毛泽东的做法自然与苏联极其不同。至少在整个1950年代和1960年代的大多数时间里，中国政府为援助亚、非、拉美各国革命运动，不仅倾其所能，甚至可以不计后果。尤其是在与苏联关系破裂后的1960年代，这种援助更是无所不尽其极。就是在1960年代初，中国经济严重困难的几年里，其援外金额仍超过其偿还苏联债务十几亿美元的总额。光是中国援助越南的金额，就超出抗美援朝战争费用两倍还多。在这方面，毛泽东从不主张讲中国国家民族之“利”，甚至也不念中国百姓之益。他的原则是：“不论是共产党，还是民族主义者，只要真正反帝，我们就支持。”即使因此会损害中国的某些外交关系，也在所不惜；中国的建设、老

---

[1] 根据徐焰披露的资料，整个朝鲜战争期间，苏联总共向中国提供了64个陆军师和22个空军师的装备，除20个陆军师的装备和375架米格–15战斗机是斯大林无偿提供给中国志愿军的以外，其余都是有偿提供的，并且一部分还是第二次世界大战期间美国给苏联的租借物资。这段时期中国仅欠苏联的军火款就有30亿人民币，约相当于7亿美元。见徐焰：《第一次较量——抗美援朝战争的历史与回顾》，北京：中国广播电视出版社1990年版，第31—32页。另外，毛泽东自己讲，中国欠苏联的账总共70多亿卢布，其中只有3亿美元是借款，其余都是朝鲜战争买武器的钱。《毛泽东与日共中央委员的谈话》（1964年1月5日）。

百姓的生活要受影响，也无所顾忌。他为此再三向外国党的领导人说：援助就是无偿的，“要买、要还账，这没有道理，不是国际主义”[1]。

那么，毛泽东是否不讲民族之“利”呢？当然不是。问题是，他在许多场合更多地还是从“义”上来看这个“利”的问题。比如，新中国建立前后，毛泽东几度与苏联讨论过归还抗战结束后被苏联占去的诸如中长铁路、旅顺港等问题。他提出这些问题的一个基本的观念就是：当年你们占去这些权益是对的，因为它们当时是国民党的，而现在天下已经是我们的了，共产党当然不能占共产党的东西，否则别人会说闲话，说你叫什么共产党？毛泽东曾明确讲，苏联当年控制中国东北中长铁路和旅顺、大连是对的，“因为当时是国民党的中国”。而中共夺权后则应该归还了，“因为是共产党领导的中国了”。[2] 这里所表现的思维特点仍是强调一个“义”字。因此，当他在莫斯科同斯大林和莫洛托夫为归还苏联占去的中国权益问题不得不三番五次地讨价还价时，其内心极感困惑。用他的话来说就是，作为一个兄弟党，马列主义的党，却想方设法去占有一些不“义”之财，“实在不光彩”。[3]

不难想象，毛泽东 1949 年年底到莫斯科去，原本是希望斯大林能够痛痛快快地从兄弟之情和国际主义的大义出发，主动废除中苏两国间以往的一切不平等协定，想不到斯大林不仅不是他希望的“谦谦君子”，而且有时表现得就像是中国人眼中那种斤斤计较的“小人”。[4] 特别是围绕着苏方非要在中国的东北和新疆要两块“势力范围”，坚持苏联技术援助必须采取合办合营公司的形式，苏联的股份必须占到 51%，苏联有权利用中长路运兵

[1] 在中共党内，在许多年里，任何敢于对毛泽东这种对外援助表示异议者均受到打击。王稼祥 1962 年就因为写报告向毛详细说明这种援助对国家损失太大而遭到贬斥。当然，在 1960 年代末和 1970 年代初，为了对抗苏联，毛泽东的一些想法和做法才有所改变。因此文不涉及与苏联决裂之后的问题，故略之。《毛泽东接见朝鲜代表团的讲话》（1963 年 4 月 25 日）。

[2] 见前引《毛泽东外交文选》，第 323 页。

[3] 前引《米高扬的秘密赴华使命》；并见前引《毛泽东与尤金的谈话》、《毛泽东与南斯拉夫代表团的谈话》等。

[4] “谦谦君子”一词出自中国古代《诗经》，以后泛指讲仁讲义之人。故中国从来有“君子言义，小人言利”之说。

1920 年，二十七岁时的毛泽东

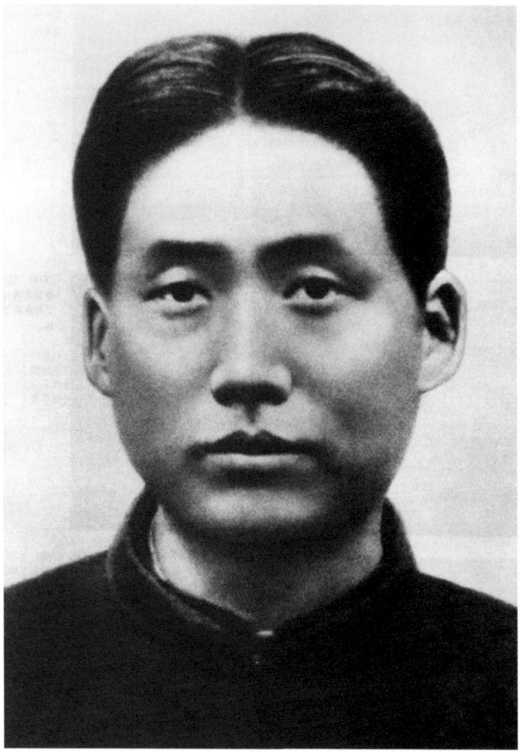

1927 年，三十四岁时的毛泽东

1933 年 6 月，时任中华苏维埃共和国中央政府主席的毛泽东在瑞金与警卫战士合影

1938 年，毛泽东在延安窑洞前做演讲

1949 年 6 月 15 日，毛泽东在新政协筹备会上，与各位代表合影后，坐在凳子上休息

1954 年 12 月，全国政协二届一次会议上，毛泽东被选为政协名誉主席。图为毛泽东在会上讲话

1955 年 9 月至 12 月，毛泽东主持编辑了《中国农村的社会主义高潮》，大力倡导农业合作化

1957 年 2 月 27 日，毛泽东在最高国务会议第十一次（扩大）会议上发表《关于正确处理人民内部矛盾的问题》的讲话

1959 年，毛泽东和赫鲁晓夫参加建国十周年庆典

等明显地不平等的要求，毛泽东事后明白过来，更是极其不满。

在1950年代中国与苏联的交往中充满了相互不信任的例子。在中国方面，最多的批评就是俄国人对中国人态度傲慢并颇多戒备，事事向中国方面保密。[1] 毛泽东在1960年代多次说他对一件事不理解，说我们和苏联都是社会主义国家，为什么俄国人卖给我们设备时常要留一手，一些关键性的技术就是不告诉我们？还在1954年，毛泽东其实就向刚刚上台的赫鲁晓夫抱怨过，说在中苏合营的公司中，苏联方面不仅在技术上对中国严密封锁，在人员使用上对中国技术人员加以排斥，就是在公司的利润问题上也总是搞小动作，让中国方面大吃其亏。赫鲁晓夫确实也承认苏方的这种行为有些过分，很快将有关合营的协定废止了事。

但类似的事件是禁绝不了的，因为中苏两国毕竟是两个不同的国家，有着不同的利益需要和文化背景。不要说当年苏联对所谓“兄弟国家”的政策要首先为自己考虑，而且大多数苏共领导人还把独立色彩甚浓的中国看成是一种威胁，至少也是一匹无法驾驭的野马。[2] 因此，像赫鲁晓夫那样不顾苏联自身能力地提供援助的情况毕竟是不可能长久的，大多数苏共领导人主张对中国“留一手”是难免的。然而毛泽东对这种情况却颇难理解。当1958年的“联合舰队”问题之所以会被提到主权问题的高度上来，引起毛泽东那么大的火气，就典型地反映出双方认识上存在的这种差距。

在毛泽东看来，核潜艇也好，原子弹也好，不过都是从地球上挖出一些东西把它变成某种物质的东西而已，只能算是“利”的范畴，而国家主权、意识形态却是属于更高层次的“义”的范畴。只要是基于“义”，苏联完全应该主动把自己的东西送给朋友。可惜，苏联却总是恃强凌弱，不仅对自己的东西待价而沽，还总是对人家的家务事说三道四、指手画脚。他之所

[1] 参见师哲：《回忆刘少奇同志的国务活动》（1982年3月）；1950年代担任过中方俄语翻译的林利，在1981年写的有关中苏关系的回忆中，也突出地谈到了这方面的情况。

[2] 根据已知的资料，斯大林逝世后，苏共中央里公开对中国表示赞赏并主张其强大的，多半只有莫洛托夫等少数几个人。前引师哲回忆。

以认为苏联搞“老子党”，搞“大国主义”和“民族沙文主义”，很大程度上就是因为看不惯俄国人重利轻义，总是企图指挥兄弟党和兄弟国家，甚至占这些兄弟国家的便宜。毛泽东对“联合舰队”问题的激烈反应，就是因为他痛恨苏联重“利”（潜艇）而忘“义”（中国的主权），不仅不能主动帮助中国发展核潜艇，而且还想要借机占中国的便宜。[1]

关于革命理念的歧异

如果说民族问题是利害之争，那么革命问题则是义利之辩。义既然高于利，那么在毛泽东与苏联党的争论当中，关于革命理念的争论究竟占有多重的地位应该不难了解。

我们已经知道，无论从历史上的恩怨出发，还是从个人的或民族的情感出发，毛泽东对斯大林都有一肚子的怨气。照理，赫鲁晓夫 1956 年公开反对斯大林，应该得到毛泽东的欢迎和支持才对。但是，事情恰恰相反，他坚持要对斯大林“三七开”（即把斯大林的错误和功绩总和为十，肯定其错误只占十分之三），明确认为赫鲁晓夫公开批评斯大林是错误的，是丢了一面革命的旗帜。结果，历史上的恩怨也好，个人的或民族的情感也好，统统都成为次要的了，围绕着要不要斯大林这面旗帜的问题，他反而同赫鲁晓夫以及苏联党越来越尖锐地冲突了起来。由此一点即不难看出，毛泽东 1950 年代末 1960 年代初与苏联党关系之破裂，究竟何为主何为从。

毛泽东对斯大林的不满，说来说去，很大程度上还是一个信任与否的问题。为什么要求得斯大林的信任？一个很重要的原因，就是因为毛泽东相信他和斯大林一样是革命的马克思主义者。因此，在他批评斯大林的各种

---

[1] 不过，1959 年 9 月中国得到先进的美制响尾蛇导弹，因想要自己研究仿制而不愿交给苏方，最后勉强交给苏方仍将红外线弹头传感器扣在自己手里一事，却在相当程度上说明，多数中共领导人可能与毛一样能够分清“利”和“义”的关系，但是，当这种“利”不是金钱，而是自己掌握的先进的足以傲视群雄的技术的时候，情况就可能大不相同了。

言论之中，分量最重、重复最多的一件事，就是指责斯大林当年曾经不许他革命。这是指的 1945 年 8 月日本投降之后，斯大林接连发来电报，逼着他去重庆与蒋介石谈判，承认蒋介石的统治那件事。几乎在每一次谈论到苏联、共产国际和斯大林对中国革命所犯的错误的时候，他都要提到这件事，并强烈地表示他的反感。最典型的如 1958 年 7 月 22 日与苏联驻华大使尤金谈话中，他气愤地接连四次提到斯大林在当时最紧要的关头，不让我们革命，反对我们革命这件事。[1] 在毛泽东看来，这是斯大林对中国革命犯下的一个很难宽恕的错误。而在此之后对斯大林的看法，也大都同这个问题有联系。像毛批评斯大林不该在 1947 年延安失守时提议与蒋和谈，不该在 1949 年 1 月人民解放军已经准备渡过长江、解放全中国时还要中共停下来与南京谈判，尤其不该怀疑他可能是中国的铁托，如此等等。同样，围绕着 1950 年朝鲜战争中国出兵的问题，斯大林再三求助于中国，并且因为毛泽东决定出兵而对毛泽东改变看法，这又使他十分满意，以后多次提到这件事。这些情况都说明，毛泽东把斯大林的信任看得很重，同时也表明，他对斯大林虽有不满，但多属于个人情感上和一般利益上的矛盾，本质上并无太多恶感。

毛泽东之所以能够保持对斯大林的某些好感，无疑是因为他们的思想体系在许多方面是基本一致的。这个一致，正如他在 1949 年形象地说明的那样，就是在于，“十月革命一声炮响，给我们送来了马克思列宁主义”[2]。有了十月革命这一榜样，又有了主张阶级斗争的列宁主义作为指导，中国才会有共产党，才会有毛泽东，才会有它的 1949 年，这是一个显而易见的逻辑关系。不论斯大林有怎样的问题，不论他在中国革命问题上犯过多少错误，斯大林毕竟是列宁主义的捍卫者，是少数能够理解中国革命特殊意义的共产主义运动领袖之一。特别让毛泽东欣赏的是，中国革命刚刚取得

[1] 见前引《毛泽东外交文选》，第 322—333 页。
[2] 毛泽东：《论人民民主专政》（1949 年 6 月 30 日），《毛泽东选集》，第 1476 页。

胜利，斯大林就当着前去访问的刘少奇等人的面，高度评价中国革命对落后国家革命的榜样作用，肯定中国革命已经成为世界革命中心，中国应当担负起领导亚洲国家民族解放斗争的历史责任，等等。这样的评价，对于多少具有传统的中国中心观的毛泽东来说，实在是太重要、太精辟了！

实际上，还在延安整风运动中，不少中共领导人就公开宣传毛泽东对于中国革命的独特贡献，对整个亚洲被压迫民族的革命具有指导意义，但是，有斯大林、季米特洛夫这些人在，毛泽东始终觉得自己还不够资格，自觉思想尚未成体系。如今斯大林明确加以肯定，这无疑让他深受鼓舞。毛泽东是那种总是保持着强烈的进取姿态，一心希望对中国、对世界有所贡献的政治家。因此，他非常看重他的革命在理论和实际上的历史贡献。而这个时候，区别于俄国革命的中国武装夺取政权的经验可以说是毛泽东最值得骄傲的成就。毛泽东把他的这一贡献称之为马列主义与中国革命具体实践相结合的产物。这里所讲的“马列主义”，就是指列宁主义关于暴力革命的理论；而所谓“中国革命具体实践”，则是指区别于俄国十月革命通过中心城市群众起义夺取政权的方式，走以农村包围城市为独特形式的武装夺取政权的革命道路。很显然，毛泽东相信，至少希望，他所开创的这一新的革命道路能够对那些落后国家的革命具有普遍指导意义。因此，当毛泽东得知斯大林高度评价中国革命的伟大意义时，他自然深受鼓舞。这也就是为什么，中华人民共和国刚刚成立不过一个月，毛泽东就颇为自信地指示有关部门宣传中国革命道路的榜样作用了。这也就是为什么，尽管刚刚取得胜利，中国共产党的领袖们对苏联和东欧各国不重视、不了解中国革命会经常表现出强烈的不满。[1]

---

[1] 刘少奇在这方面表现得尤其直率。1949 年 11 月和 1950 年 1 月，刘少奇都有过关于应当重视中国革命理论经验的谈话。在 1950 年 1 月的谈话当中，刘直截了当地对苏联人表示了不满，称，外国同志只知道苏共的历史，对中共更为艰苦和危险的斗争几乎不了解，即使知道，也是皮毛，这个问题需要苏共高层领导与中共高层领导共同研究来解决。前引冈察洛夫文；库里克：《建国初期的中华人民共和国》，《远东问题》1994 年第 5—6 期。

斯大林逝世后，毛泽东发现他引以为自豪的革命经验和理论贡献正在遇到挑战。这让他感到非常不安。最开始发起这种挑战的是英共。1954 年 3 月 29 日，英国共产党主席波立特致信中共中央，提出他们在翻译《毛泽东选集》的一篇文章时，需要删去毛关于“革命的中心任务和最高形式是武装夺取政权，是战争解决问题。这个马克思列宁主义的革命原则是普遍地对的，不论在中国在外国，一概都是对的”等论断。英方认为，这个原则在英国已经不适用了。否定这个原则的普遍性，毛泽东无论如何不能接受，因为它不仅和他的经验不同和他的理念不同，而且几乎等于要否定他的革命经验和理论贡献的普遍适用性。因此，他明确要求中共中央联络部告诉波立特：“毛泽东同志在该文件中所说到的原则，是马列主义的普遍真理，并不因为国际形势的变化而须要做什么修正。”他并且告诉波立特，苏联同志在发表他的这篇文章的俄文版时，也没有对这个观点提出任何异议。言外之意，苏联党也是赞成他的这个观点的。[1] 但英共依旧我行我素，毛泽东的那些论断在英文版《毛泽东选集》发表时还是被删掉了。一年以后，当波立特来到中国时，毛泽东对这件事明确地表示了自己的立场，并当面强调“工人阶级只有用武装才能推翻资产阶级政府，取得政权”，告诫英共绝不能在这个问题上把自己和工党混为一谈，去侈谈什么“议会道路”与“和平过渡”。当然，波立特对此也是不以为然。[2]

英共对武装斗争以及暴力革命的态度固然引起了毛泽东的不满，但他最初还只是把它看成孤立的现象。他无论如何想不到的是，作为无产阶级暴力革命思想发源地的苏联也会产生同十月革命方式背道而驰的“和平过渡”思想。这个冲击之大，使他倍感吃惊。当赫鲁晓夫在 1956 年 2 月召开的苏共“二十大”上，肯定资本主义国家存在着“和平过渡”的可能性之后，

---

[1] 毛泽东的这篇文章即《战争和战略问题》，载《毛泽东选集》第 2 卷，第 541—542 页；《毛泽东关于不同意英译本〈毛泽东选集〉第二卷所作删节的批语》（1954 年 8 月 13 日），《建国以来毛泽东文稿》第 4 卷，第 530—532 页。

[2] 《毛泽东接见波立特的谈话》（1955 年 4 月 29 日）。

毛泽东的不安看起来比对赫鲁晓夫反斯大林的秘密报告还要严重。在苏共“二十大”尚未结束，中共中央还不十分了解赫鲁晓夫秘密报告的内容之际，毛泽东就明确在中共中央政治局会议上表示对赫鲁晓夫“和平过渡”的观点有不同意见。

这也就是为什么，在紧接着苏共“二十大”之后召开的中共八大会议上，毛泽东会因为米高扬的祝词没有称赞中国共产党人的这一理论贡献而大动肝火。这也就是为什么，当赫鲁晓夫的秘密报告引发了波兰和匈牙利由反斯大林主义到反苏反共的政治事件之后，他更是直接把赫鲁晓夫反斯大林和鼓吹“和平过渡”联系起来，强调“斯大林主义非保持不可”、“这把刀子不能丢”。正是在这种情况下，他组织中共中央政治局领导人集体发表文章，主张“保卫十月革命所开辟的这一条马克思列宁主义的道路”，并断言：谁不走十月革命道路，谁就不是马克思主义者。十分明显，保卫十月革命道路，说到底，其实就是要保卫他所开辟的新的列宁主义的革命道路。[1]

与此同时，毛泽东开始明确告诫党内：要警惕苏联的错误倾向，因为，批判斯大林等于丢掉了斯大林这把刀子；提出“和平过渡”观点，事实上等于连列宁这把刀子也丢得差不多了。不要斯大林主义和列宁主义，就等于否定无产阶级革命，也就等于否定共产党。[2]

如果仅仅从民族利益的角度和同志关系的角度来观察问题，赫鲁晓夫等人肯定要比斯大林好处得多。斯大林坚持要把中国东北和新疆划为苏联的势力范围，坚持要保持在中长铁路上的部分特权，坚持要中国同意接受条件不平等的合营公司……所有这些，赫鲁晓夫上台后都主动放弃或废除了。斯大林在世时，苏联开始了为 50 个援建项目提供设备的工作，但更多的援助是在斯大林逝世以后。关于援建 91 个大型工业项目，关于为 15 家国

---

[1] 参见吴冷西前引书，第 4、18—19 页。《建国以来毛泽东文稿》第 6 卷，第 283—284 页；《毛泽东外交文选》，第 325 页。

[2] 《毛泽东在中国共产党第八届中央委员会第二次全体会议上的讲话》（1956 年 11 月 15 日），《毛泽东选集》第 5 卷，第 321—322 页。

防企业提供设备和援助，关于建立 51 个军工企业和 3 个军事工业科研所，关于新建扩建 41 个工业企业和电站，关于援建冶金、化学、煤炭、石油、机械、电器、无线电等 78 个大型企业和电站，以及帮助提供实验性核反应堆和加速器，直至签订帮助中国制造导弹、发展最新宇航技术和向中国提供原子弹教学、图纸资料以帮助中国制造原子弹的重要协议等，都是在赫鲁晓夫上台后实现的。[1] 同时，因为需要毛泽东的支持，赫鲁晓夫对毛泽东的任何不满，通常都采取个人协商的办法加以解决，其态度一般也比较谦恭。这些在斯大林时代是不可想象的。但是，所有这一切并没有使毛泽东建立起对赫鲁晓夫的信任感。相反，毛泽东对赫鲁晓夫等人越来越不信任了。为什么？这里的原因很简单，就是因为在与苏共以及欧洲其他国家共产党领导人的谈话接触中，他吃惊地发现，他和这些国家共产党领导人之间的共同语言已经越来越少了。他尤其意想不到的是，包括苏联在内的大多数欧洲国家的共产党，对自己的力量毫无信心，几乎已经没有任何革命的愿望！毛泽东是讲唯物论的，但在他的经验里，一定的物质条件具备之后，没有什么不是由人心所决定的。人心向背，不仅可以决定中国共产党的胜利，同样也应该可以决定世界帝国主义的垮台。更何况共产党人还握有绝对优于资本主义国家的先进的社会制度。他无论如何不能理解，为什么像波兰这些早已走上社会主义道路的东欧国家共产党，竟连在国内宣传反对美国的勇气都没有。哥穆尔卡告诉毛泽东说，他关于加强反帝反美的宣传的建议在波兰就行不通。波兰人要是搞无记名投票的话共产党肯定下台，东德的情况就更糟。他因此不能不再三为那些对美国怀有深深的恐惧的共产党领导人打气，强调："物质力量的多少不完全决定问题，人是主要的，制度是主要的"，"政治是决定一切的"，"问题是不能用钢铁数量多少来做决定，而是首先由人心的向背来做决定的。历史上从来就是如此"。毛泽东所谓"东

---

[1] 参见裴坚章前引书，第 39—42 页；王泰平前引书，第 220—222 页；Sergei Goncharenko, *The Military Dimension of the Sino–Soviet Split*。

风压倒西风”，就是这样得出来的结论。[1]

1957年11月，当世界各国共产党集会莫斯科时，毛泽东已经清楚地看出，中国共产党以为张本的许多东西已经越来越多地被苏联和欧洲国家的共产党抛到脑后去了。他不能不把这一切归罪于斯大林的继承者赫鲁晓夫。在无法劝说赫鲁晓夫等苏共领导人根本改变对革命的看法的情况下，他不得不逐渐开始考虑世界革命的中心转移到中国来的问题。但这个问题从一开始就是同国家实力联系在一起的。不管他表面上怎么讲：原子弹是纸老虎，社会主义与帝国主义之力量对比问题“不能用钢铁数量多少来做决定，而是首先由人心的向背来做决定”，事实上他却不能不承认：你没有东西，人家就看不起你。

受到这种认识的影响，毛泽东终于按捺不住了。不就是比谁有原子弹，看谁钢铁多吗？中国有的是人，人多智慧多，热情高，干劲大，又有社会主义制度的优势性，为什么不能调动起这几亿人的积极性，来一个经济上的“大跃进”呢？在莫斯科会议期间，赫鲁晓夫告诉毛泽东，他们准备用十五年的时间赶上美国，毛泽东当即表示，你们十五年赶上美国，我们可以在十五年赶上英国。十五年后英国可能达到三千万吨钢，那时我们可以达到四千万吨钢。因此，从1958年年初开始，毛泽东就憋着一股劲儿，到处宣传“破除迷信，解放思想”的道理，声称过去因为对工业一窍不通，所以认为工业高不可攀，神秘得很，有很大的迷信，其实几年过来也就懂得了，有什么了不起！说“原子弹就是那么大一个东西，没有那个东西，人家说你不算数。那么好，我就搞一点。搞一点原子弹、氢弹、洲际导弹，我看有十年工夫完全可能”[2]。于是，在毛泽东关于打破迷信，敢想、敢说、敢做的公开号召下，一个赶英超美的“大跃进”运动开始在中国大地上轰轰烈烈地掀起来了。由于把现代化简单地理解为粮食、钢铁和原子弹这些东西，

[1] 《毛泽东在共产党和工人党会议上的发言》（1957年11月18日），《毛泽东外交文选》，第291—298页。

[2] 转引自彭继超：《原子弹爆炸前的彭德怀》。

因此，从城市到乡村，几亿中国人被组织起来大办农业，大办工业，去大炼钢铁。开始是十五年赶上英国，半年时间又变成了七年超过英国，十五年赶上美国。[1]

中苏两党关系的破裂到这时充其量只是个时间的问题了。赫鲁晓夫把毛泽东看成是一只“好斗的公鸡”，毛泽东则把赫鲁晓夫看成是屈服于帝国主义压力，企图通过抹杀阶级斗争，鼓吹阶级调和与和平共处的“懦夫”。实际上，还在1958年5月中共召开八届二中全会时，毛泽东就印发了《马列论不断革命的语录》，在内部开始批评苏共中央。当1959年6月赫鲁晓夫得到美国总统向他发出的访美邀请之后，苏美这两大敌对阵营核心国家之间明显地出现了走向缓和的重要迹象，中苏两国之间自然不可避免地进一步走向观点上的对立。[2]

真的能够实现赫鲁晓夫所说的那种社会主义阵营和资本主义阵营、被压迫民族与帝国主义以及被压迫阶级与压迫阶级之间的和平共处吗？毛泽东对苏联党不要革命，还反对别人革命的做法极端不满。他开始明确提出：共产党就是搞阶级斗争、阶级革命的，在今天，国际上的阶级斗争主要就是反对帝国主义，“不革命还算什么共产党？”不反帝，尤其是不反美帝，“这还算共产党吗？还算马克思主义者吗？”什么和平过渡，不过是“因为资产阶级压力太大，有些党就要找寻方便”罢了。“被压迫的民族跟帝国主义就无所谓和平共处。”其实，“马克思主义者都知道，阶级斗争不经过战争是不能最后解决问题的，自古以来都是这样。明知如此，为何还要提和平手段？”当然，毛泽东不反对讲一讲策略，问题是，他认为，不能自欺欺人，而赫鲁晓夫的做法，根本上“就是向武装到牙齿的帝国主义屈服”。[3]

到了这个时候，毛泽东在思想上已经和苏联党完全分道扬镳了。

---

[1]　参见谢春涛：《大跃进狂潮》，郑州：河南人民出版社1990年版，第76—77、108页。

[2]　参见赫鲁晓夫前引书，第552—555页。

[3]　《毛泽东接见澳共总书记的谈话》(1959年10月26日)，《毛泽东接见委内瑞拉客人的谈话》(1961年12月5日)，等等。

结 论

毛泽东与苏联党之间的矛盾是多方面的，有历史上的积怨，也有个人性格上的冲突，更有民族利益上的对立，所有这些矛盾冲突都不可避免地在双方之间造成了隔阂，特别是促成了毛泽东在心理上和感情上与苏联日渐疏远。这些矛盾冲突，在不同的时期也分别起着程度不同的影响双方关系的作用。但是，所有这些矛盾或冲突，都不曾也不能根本改变毛泽东对双方关系本质的看法。概括毛泽东对斯大林的批评，可以很清楚地看出这一点。

毛泽东对斯大林的主要不满是哪些呢？归纳毛泽东的历次谈话可以概括为以下四个方面的问题：

（一）斯大林始终不信任他，先是在中共党内扶助支持留苏学生王明等人，长期压制他、打击他；以后他仗打胜了，又怀疑他不是列宁主义者，而是另一个铁托。

（二）抗战时武器给了国民党，不支持共产党；1945年抗战胜利了，可以推进中国革命了，斯大林竟又强迫他去与蒋介石谈判，“不许革命”；以后仗打起来了，斯大林始终怀疑中国革命胜利的可能性。

（三）斯大林总是盛气凌人，摆出一副教训人的样子，处处凌驾于他人之上，大摆老子党的架子，在他访苏时有意冷落他、教训他，让他憋了一肚子的气。他始终不喜欢斯大林的书和文章，也是为此。

（四）批评斯大林有大国沙文主义倾向，要中国为苏联建橡胶园，将东北、新疆视为苏联的势力范围，不许第三国染指，建合股公司，要控股权等。

从毛泽东对斯大林的上述怨言可以看出，他的感受过程大致是：斯大林先是不信任他、压制他，不支持他；然后又不许他革命，仗打起来不相信他能胜利，仗打胜了又怀疑他是民族主义者，冷落他，摆架子；最后是不能真正履行国际主义义务，不能平等对待兄弟党和兄弟国家。在这几个方面，毛泽东讲得最多、感受最深也是最不满的，其实主要是前三项：压制他、不许革命和冷落他。那么，毛泽东为什么对斯大林有怨言，不喜欢，最后却还要尽力地维护斯大林？就是因为他们之间并没有根本利害之争。换言之，毛泽东与斯大林的分歧，不是意识形态上的，就其主要方面而言，甚至也不是民族主义方面或国家利益方面的。毛泽东的不满集中表现在：他认为斯大林早就应该支持他、信任他、帮助他来实现他关于中国革命的理想，并且能够平等地对待他。因此，当朝鲜战争爆发，毛泽东决定出兵援朝之后，斯大林开始频繁地与毛泽东互通信息，交换意见，毛泽东对斯大林的感观迅速好转了。照他自己的说法，斯大林从此终于相信他了，他们之间的关系相当地改善了。

从毛泽东与斯大林关系变化的过程来看毛泽东与赫鲁晓夫关系变化的情况，我们看到的事情发展的方向正好相反。如前所述，赫鲁晓夫上台后尽力与毛泽东搞好关系，在民族利益方面尽可能满足毛泽东的意愿，修改一切不平等的条约，提供各种可能的援助，但这一切并没有改变中苏关系逐渐恶化的趋势。当毛泽东发现赫鲁晓夫否定斯大林，否定列宁主义关于暴力革命和无产阶级专政的理论原则之后，他很快就开始对赫鲁晓夫抱以不信任的态度。正是这种不信任的态度，导致毛泽东在许多问题上都曾大发脾气。显然，使毛泽东根本失去对苏联信任，导致双方关系迅速走向破裂的根本原因，还是革命理念上的分歧。否定斯大林，否定列宁主义的基本理论，就是否定中国革命，否定毛泽东过去一切成功实践和一系列正在进行的新的革命尝试，就是否定国际共产主义运动！这在把意识形态视同生命的毛泽东看来，是最不可原谅的。

当然，毛泽东的革命理念，在相当程度上又是与他的个性、切身的利益，特别是其现实的政治需要联系在一起的，因而也并不是一成不变的。其终极目标的永恒性及其手段、方式和过程的灵活性，则是以毛泽东个人的判断和解释为标准的。这种情况不可避免地形成了一些令人颇感困惑的现象。1950 年代初，当毛泽东强调中国的武装斗争经验的时候，他几乎是全力推动和支持周边国家的革命党走武装革命的道路；1954 年以后，当他赞同与周边国家政府和平共处的时候，又转而劝说周边国家共产党放弃武装斗争，把那些在停止武装斗争后难以在其国内生存的分子大批地接到中国来定居，甚至硬性解散了华侨当中的共产党组织，以换取周边国家政府对中国的友好与同情。当1950年代末以后他又重新开始强调反帝反修、鼓吹世界革命的时候，他显然又毫无顾忌地推动周边乃至于世界范围的革命党起来实行武装斗争，为此甚至不惜牺牲中国的外交利益。但到了1970年代初，当他下决心要利用美国来牵制苏联的时候，他又转而实行对美缓和，进而劝说与美国处于全面对抗中的兄弟党采取同样步骤，为此他又不惜得罪了那些跟着中国一起激烈反帝反修的左派共产党人。注意到毛泽东的这种种政策变动及其对内对外所带来的连锁性的影响，我们亦不难联想到，毛泽东与莫斯科之间的种种恩怨，固然是这样或那样许多因素影响的结果，但是，那个时代造就的强人政治的体制以及在此体制下膨胀无度的毛泽东个人意志的作用显然也是极其关键的。

附录　金冲及序

研究历史，有两点是必须做到的：一是尊重客观事实，二是具体问题具体分析。这两点其实是一回事，因为客观事实本身是复杂而充满矛盾的，如果把事情看得很简单，不进行具体分析，就很难做到符合客观事实。

杨奎松同志这部研究毛泽东和莫斯科关系的著作，选择的是一个人们普遍关心而过去又缺乏系统论述的重要课题。它的突出优点是：作者肯花大力气去钻研那些丰富而又庞杂的原始资料，力求把这段历史的全部复杂性在读者面前重新再现出来；同时，又勤于思考，能够在许多人已经习以为常的地方，敏锐地发现问题，系统地进行剖析，提出不少很有见地的看法。这就使读者感到对许多事情的了解又深入了一步，丰富了原有的认识。作者的文字也流畅好读，很有点挥洒自如的气概。凡是稍知此中甘苦的人，都可以体会到作者在写作过程中需要付出多么艰辛的劳动，而他的辛劳没有白费，取得了许多重要的成果。我很为作者高兴，并且觉得这种研究精神是应该提倡的。

在读这部著作时，有的读者可能会感到奇怪：为什么不少事情比他原来所想象的要复杂？为什么党的领导人在作出重大决策前似乎显得犹豫，甚至会一再改变自己的看法？

其实，这并不奇怪。在中国这样一个世界上人口最多的东方大国从事革命和建设，前人没有经历过，需要艰苦地摸索着前进。周围的环境又瞬息万变，充满着难以捉摸的未知数，还有不确定的变数，却要求你很快作出决断。很多在事后看来十分明白的事情，当事人可能会感到困惑和难下决心。这就像一艘大船行驶在没有航标的水域中，眼前是一望无际的波涛，不知道水面下哪里潜藏着浅滩、暗礁和旋涡，无法在事前都看得一清二楚，稍有不慎就可能遭受灭顶之灾。处在这种状况下，肩负着巨大责任的决策者的难处可想而知。他们不能不提出多种可供选择的设想，经过许多次权衡利弊的反复比较，然后才能下最后的决心。这就是人们常说的“多谋善断”。事实上，在做出决断后，还会遇到许多事先没有料到的新情况，还会发现原有判断有不准确或不恰当的地方，因而在行动过程中作出若干调整。这不仅是可以理解的，而且是必要的。如果说，有人能在一开始时就对周围的一切情况了如指掌，可以轻而易举地作出种种重大决断，然后没有丝毫改变地加以实现，那他就不是人而是神了。

中国有句老话说：“事非经过不知难。”后人正是需要从前人那些艰难而复杂的经历中汲取智慧，多懂得一点世事，增长自己观察和处理实际问题的能力。

当然，这并不是说书中的所有看法我都赞成。力求重现历史，本来就是一件异常艰难的事。当代的历史资料，既太多又嫌少。说太多，是指有关资料浩如烟海，这是古代历史不能相比的，即使是最勤奋的研究者也只可能掌握其中的一部分。说嫌少，是指有些重要历史环节却没有足够的文字资料留存下来，留下的也不能说全然可靠（例如俄国档案中有关中共主张的记载，少数地方因经过翻译和转述，可能同原意有出入）。作者的分析，有时就只能借助于推断。这种推断，有准确的，也可能有不够准确的。作者为了尽量少讲或不去重述前人已经说清楚了的问题，常常着重强调事情还有它的另外一面，这是很能引起读者兴趣的，但这对有些不熟悉事情全部情节的读者也可能留下片面的印象。但不管怎样，这些都可以引起读者的进一步思考。在学术研究领域内，为了弄清一些复杂的问题，有时像努力攀登高峰的探险者那样，需要经过长期而顽强的探索，在前进中即便存在这样那样的误差，也总比只在原地踏步要好。

作者要我为本书写几句话。这些，可以说是我对本书的一点读后感。

金冲及

1999 年 3 月

参考文献暨征引书目

一、档案文献

Russian Center for the Preservation and Study of Documents on Modern History.

Archive of Presidential, Russian Federation.

Archive of Foreign Policy of the Russian Federation.

Foreign Relations of the United States（FRUS）, 1945,Vol.7；1946,Vol.9, 1951,Vol.7.

南京第二历史档案馆馆藏档案。

台北中国国民党党史馆馆藏档案。

台北国史馆馆藏蒋中正档案。

East German Documents on the Border Conflict, 1969, Christian F. Ostermann, *Cold War International History Project Bulletin*, Winter, 1995–96.

The Origins of the First United Front in China, Tony Saich, Netherlands, 1991.

《朝鲜战争：俄国档案馆的解密文件》，沈志华编，《中研院近代史研究所史料丛刊（48)》，台北：中研院近代史研究所 2003 年版。

《布哈林在共产国际执委会扩大的第八次全会上关于中国问题的报告》(油印)，1927 年 5 月。

《布哈林在中共六大上关于政治报告的结论》（油印），1928 年 6 月 29 日。

《邓小平文选（1975—1982)》，北京：人民出版社 1983 年版。

《第二次帝国主义战争提纲》，毛泽东，延安：解放社 1939 年单行本。

《反投降提纲》，毛泽东，延安：解放社 1939 年单行本。
《马林与第一次国共合作》，中国社会科学院马列所、近代史研究所编译，北京：光明日报出版社 1991 年版。
《共产国际、联共（布）与中国革命档案资料丛书（1919—1927）》，北京：北京图书馆出版社 1996—1997 年版。
《共产国际有关中国革命的文献资料》第 1—3 辑，北京：中国社会科学出版社 1982—1990 年版。
《关于 1950 年中苏条约谈判的部分档案文献》，张木生译，沈志华编，《中共党史资料》第 67 辑，1998 年 9 月。
《赫鲁晓夫秘密报告事件始末》，布兰科·拉齐奇著，夏平译，上海：上海人民出版社 1988 年版。
《建国以来刘少奇文稿》第 1 册，北京：中央文献出版社 1998 年版。
《建国以来毛泽东文稿》第 1—13 册，北京：中央文献出版社 1991—1992 年版。
《建国以来重要文献选编》第 9—18 册，北京：中央文献出版社 1994—1997 年版。
《季米特洛夫日记》，季米特洛夫著，马细谱等译，桂林：广西师范大学出版社 2002 年版。
《两条路线斗争》（油印本）。
《刘少奇选集》，北京：人民出版社 1983 年版。
《陆定一选集》，北京：人民出版社 1992 年版。
《康生在中央党校的报告》，1944 年（油印）。
《毛泽东军事文集》，北京：军事科学出版社、中央文献出版社 1996 年版。
《毛泽东书信选集》，北京：人民出版社 1983 年版。
《毛泽东思想万岁》，北京，1967 年 2 月。
《毛泽东外交文选》，北京：中央文献出版社 1995 年版。
《毛泽东文集》第 1—8 卷，北京：人民出版社 1993 年版。
《毛泽东选集》（合订本，竖排版），北京：人民出版社 1964 年版。
《毛泽东选集》第 5 卷，北京：人民出版社 1977 年版。
《毛泽东与苏联大使尤金的谈话》，1958 年 7 月 22 日，《党的文献》1994 年第 1 期。
《毛泽东在莫斯科（1949—1950）：新的档案证据》，保罗·温哥罗夫著，张卫东译，《党史研究资料》1998 年第 4 期。
《毛泽东在七大的报告和讲话集》，北京：中央文献出版社 1995 年版。
《毛泽东自述》，北京：人民出版社 1993 年版。
《米高扬的赴华秘密使命（1949 年 1—2 月）》，A. 列多夫斯基编著，李玉贞译，《党的文献》

1995 年第 6 期至 1996 年第 3 期。
《斯大林给中共领导提出的十二点建议》，A. 列多夫斯基编，马贵凡译，《中共党史研究》2004 年第 6 期。
《斯大林文选（1934—1952)》，北京：人民出版社 1978 年版。
《苏联共产党最后一个“反党”集团》，赵永穆等译，北京：中国社会出版社 1997 年版。
《苏联历史档案选编》第 27 卷，沈志华执行总主编，杨存堂分卷主编，北京：社会科学文献出版社 2002 年版。
《皖南事变（资料选辑)》，中央档案馆编，北京：中共中央党校出版社 1982 年版。
《汪东兴日记》，北京：中国社会科学出版社 1993 年版。
《王稼祥选集》，北京：人民出版社 1989 年版。
《新民学会资料》，北京：人民出版社 1980 年版。
《徐永昌日记》，台北：中研院近代史研究所 1991 年编印。
《学习文件汇编》，中共北京市委宣传部编，北京出版社 1963 年版。
《学习文件汇编》第 1—3 集，北京：中国人民大学 1963 年 10 月翻印。
《延安日记》，彼得 · 弗拉基米洛夫，北京：中国现代史资料编刊社 1981 年版。
《“一大”前后》，北京：人民出版社 1980 年版。
《与毛泽东同志谈话记录》，1956 年 3 月 31 日，尤金记，李玉贞译，《国际社会与经济》1995 年第 2 期。
《在中国失掉的机会——美国前外交官约翰 · S. 谢伟思第二次世界大战时期的报告》，约瑟夫 · W. 埃谢里克编著，罗清等译，北京：国际文化出版公司 1989 年版。
《珍宝岛自卫反击作战介绍材料》（油印），1969 年。
《张闻天在中国共产党第七次代表大会上的发言》（油印），1945 年 5 月 2 日。
《正确处理人民内部矛盾的问题》（未刊稿，油印），毛泽东，1957 年 2 月 27 日。
《中共党史参考资料》，中国人民解放军政治学院党史教研室编，北京：国防大学出版社 1981 年版。
《中共党史教学参考资料》，中国人民解放军国防大学党史党建政工教研室编，北京：国防大学出版社 1989 年版。
《中共中央抗日民族统——战线文件选编》，北京：档案出版社 1986 年版。
《中共中央文件选集》第 1—18 册，中共中央档案馆编，北京：中共中央党校出版 1989—1991 年版。
《中华民国重要史料初编》第五编，秦孝仪主编，台北：黎明文化事业有限公司 1987 年版。
《中华民国重要史料初编》第七编，秦孝仪主编，台北：黎明文化事业有限公司 1988 年版。

《中美关系资料汇编》第一、二辑，北京：世界知识出版社 1960 年版。
《中苏友好文献》，北京：人民出版社 1953 年版。
《周恩来选集》，北京：人民出版社 1980 年版。
《遵义会议文献》，中共中央党史资料征集委员会、中央档案馆编，北京：人民出版社 1985 年版。

二、报刊资料

Chinese Law and Geverment,Vol. 30, No. 1–2 .
《百年潮》，1997—1998 年。
《当代中国史研究》，1998 年。
《当代外国政治书摘》第 2 辑，北京：东方出版社 1986 年版。
《党史研究资料》1998 年第 5 期。
《湖南教育月刊》，1919 年。
《革命史资料》第 3 辑，北京：文史资料出版社 1981 年版。
《共产党》月刊，1921 年。
《国际冷战史教学参考资料》第 1—2 辑，北京大学历史系现代史料研究中心 2002 年。
《红旗》1958，1960 年。
《解放》周刊，1938 年。
《解放日报》，1943—1944 年。
《救国报》，1935 年。
《救国时报》，1936 年。
《内部参考》，新华社编，1950 年。
《人民日报》，1950、1956、1957、1958、1960、1963、1964、1969 年。
《苏联〈真理报〉有关中国革命的文献资料选编》第 1—3 辑，成都：四川社会科学院出版社 1986 年版。
《文献和研究》，1986 年。
《新华半月刊》，1958 年。
《新华日报》，1938 年。
《向导》周报，1923—1924 年。
《中共党史研究》，1988 年。

《中国青年》，1940 年。
《中国文化》，1940 年。

三、回忆录

《艾奇逊回忆录》，艾奇逊，上海：上海译文出版社 1969 年版。
《白宫岁月——基辛格回忆录》，亨利·基辛格著，北京：新华出版社 1981 年版。
《板门店谈判》，柴成文、赵勇田，北京：解放军出版社 1989 年版。
《出使苏联八年》，刘晓，北京：中共党史资料出版社 1986 年版。
《崔可夫赴华使命》，崔可夫，北京：中国社会科学出版社 1980 年版。
《打开中美关系的前奏》，熊向晖，《中共党史资料》第 42 期。
《胡乔木回忆毛泽东》，胡乔木，北京：人民出版社 1994 年版。
《回顾与思考——1950 年代中苏军事关系若干问题》，王亚志回忆，沈志华、李丹慧整理，网页：http://www.shenzhihua.net。
《回忆与怀念》，伍修权，北京：中共中央党校出版社 1991 年版。
《回忆与思考》，李维汉，北京：中共党史资料出版社 1986 年版。
《历史的回顾》，徐向前，北京：解放军出版社 1985 年版。
《庐山会议实录》，李锐，郑州：河南人民出版社 1994 年版。
《科瓦廖夫谈斯大林对中国革命胜利和新中国的最初态度》，冈察洛夫著，马贵凡译，《国外中共党史研究动态》1992 年第 5 期。
《缅怀毛泽东》，北京：中央文献出版社 1993 年版。
《聂荣臻回忆录》，聂荣臻，北京：解放军出版社 1986 年版。
《戎马生涯的回忆》，曾克林，北京：解放军出版社 1992 年版。
《若干重大决策与事件的回顾》，薄一波，北京：中共中央党校出版社 1991 年版。
《十年论战：1956—1966 中苏关系回忆录》，吴冷西，北京：新华出版社 1999 年版。
《同莫洛托夫的 140 次谈话》，费·丘耶夫著，王枝南等译，北京：新华出版社 1992 年版。
《我对中苏关系的几点回忆》（油印），林利，1981 年 7 月。
《萧劲光回忆录》（续），萧劲光，北京：解放军出版社 1988 年版。
《新中国领袖》，李越然，北京：解放军出版社 1989 年版。
《叶子龙回忆录》，叶子龙口述，温卫东整理，北京：中央文献出版社 2000 年版。

《忆毛主席——我亲自经历的若干重大历史事件片断》，吴冷西，北京：新华出版社 1995 年版。
《与莫斯科决裂》，舍甫琴科，北京：世界知识出版社 1986 年版。
《在莫斯科的岁月》，韦利科 · 米丘诺维奇著，达洲等译，北京：三联书店 1980 年版。
《在志愿军总部》，杜平，北京：解放军出版社 1989 年版。
《最后的遗言——赫鲁晓夫回忆录续集》，赫鲁晓夫著，上海国际问题研究所等译，北京：东方出版社 1988 年版。

四、大事编年

《当代中国外交》，北京：中国社会科学出版社 1988 年版。
《国际事务概览，1949—1950》，彼得 · 卡尔沃科雷西编著，王希荣等译，上海：上海译文出版社 1991 年版。
《国际事务概览，1961 年》，D. C. 瓦特编著，于树生等译，上海：上海译文出版社 1988 年版。
《刘少奇年谱》，中央文献研究室编，北京：中央文献出版社 1996 年版。
《毛泽东年谱》，中央文献研究室编，北京：中央文献出版社 1993 年版。
《任弼时年谱》，中央文献研究室编，北京：中央文献出版社 1996 年版。
《特殊而复杂的课题——共产国际、苏联和中国共产党关系编年史》，周文琪等编，武汉：湖北人民出版社 1993 年版。
《中共党史大事年表》，北京：中共党史出版社 1987 年版。
《中国人民解放军六十年大事记》，军事科学院历史研究部编，北京：军事科学出版社 1988 年版。
《中越关系四十年》，郭明主编，南宁：广西人民出版社 1992 年版。
《周恩来年谱》(1949—1976)，中共中央文献研究室编，北京：中央文献出版社 1997 年版。
《周恩来外交活动大事记（1949—1976)》，北京：世界知识出版社 1993 年版。

五、著作

The Dragon, the Lion, and the Eagle, Chinese-British-American Relations, 1949–58，Zhai Qiang，The Kent States University Press, 1994.

China and the Vietnam Wars，1950–75，Zhai Qiang，The University of North Carolina Press，2000.

Military Aid of U. S. S. R in the Chinese People's Liberation Struggle, K. P. Ageenko, P. N. Bobylev, T. S. Manenkov, I. F. Yakushin, and R. A. Savshkin, Moscow, 1975.

Stalin，the Cold War，and the Division of China：A Multi-Archival Mystery，Brian Murray，Cold War International History Project Working Paper, 1995.

Uncertain Partners: Stalin, Mao, and the Korean War, Sergei N. Goncharov, John W. Lewis, and Xue Litai, Stanford University Press 1993.

《长征——闻所未闻的故事》，哈里森 · 索尔兹伯里著，过家鼎等译，北京：解放军出版社 1986 年版。

《朝鲜战争》，约瑟夫 · 格登著，于滨等译，北京：解放军出版社 1990 年版。

《朝鲜战争研究的新材料与新观点》，齐德学、沈志华、杨奎松编译，北京：中国军事科学院战史部 1998 年版。

《大外交家周恩来》，李连庆，香港：天地图书公司 1995 年版。

《大跃进狂潮》，谢春涛，郑州：河南人民出版社 1990 年版。

《当代中国军队的军事工作》，韩怀智等主编，北京：中国社会科学出版社 1989 年版。

《第一次较量——抗美援朝战争的历史与回顾》，徐焰，北京：中国广播电视出版社 1990 年版。

《共产国际和中国革命》，杨云若、杨奎松著，上海：上海人民出版社 1988 年版。

《国外学者论斯大林模式》，马尔科维奇、塔克等著，李宗禹主编，北京：中央编译出版社 1995 年版。

《红色中华散记》，埃德加 · 斯诺著，奚博全译，南京：江苏人民出版社 1992 年版。

《环球同此凉热———一代领袖们的国际战略思想》，北京：中央文献出版社 1993 年版。

《开国总理周恩来》，力平著，北京：中共中央党校出版社 1994 年版。

《抗日战争时期中国对外关系》，陶文钊、杨奎松、王建朗著，北京：中共党史出版社 1995 年版。

《毛泽东之路——晚年岁月：1956 年后的毛泽东》，郑谦、韩钢，北京：中国青年出版社 1994 年版。

《美国在中国的失败》，邹谠著，王宁等译，上海：上海人民出版社 1997 年版。

《彭德怀传》，王焰等著，北京：当代中国出版社 1996 年版。

《批判斯大林问题文集》第 1 辑，北京：人民出版社 1957 年版。

《曲折发展的岁月》，丛进著，郑州：河南人民出版社 1989 年版。

《让历史来审判》，罗·亚·麦德维杰夫著，赵洵等译，北京：人民出版社 1981 年版。

《胜利与悲剧——斯大林的政治肖像》，德·沃尔科戈诺夫著，苏群译，北京：新华出版社 1989 年版。

《失去的机会？——战时国共谈判实录》，杨奎松著，桂林：广西师范大学出版社 1991 年版。

《斯大林政治评传》，姜长斌等编著，北京：中共中央党校出版社 1998 年版。

《王稼祥传》，徐则浩，北京：当代中国出版社 1996 年版。

《王明评传》，周国全等，合肥：安徽人民出版社 1990 年版。

《伟大的道路——朱德的生平和时代》，艾格妮丝·史沫特莱著，梅念译，北京：三联书店 1979 年版。

《"文化大革命"简史》，金春明、席宣著，北京：中共党史出版社 1996 年版。

《"文化大革命"中的解放军》，李可、郝生章著，北京：中共党史资料出版社 1989 年版。

《文人毛泽东》，陈晋著，上海：上海人民出版社 1997 年版。

《乌昼啼——1957 年"鸣放"期间杂文小品文选》，段跃编，北京：中国电影出版社 1998 年版。

《现代国际关系史》，颜声毅等编著，北京：知识出版社 1984 年版。

《西安事变新探——张学良与中共关系之研究》，杨奎松著，台北：东大图书公司 1995 年版。

《西行漫记》，埃德加·斯诺著，董乐山译，北京：解放军战士出版社 1979 年版。

《援越抗美实录》，北京：国际文化出版公司 1990 年版。

《在历史巨人的身边》，师哲口述，李海文整理，北京：中央文献出版社 1991 年版。

《在神秘的战争中——中国军事顾问团赴越南征战记》，钱江著，郑州：河南人民出版社 1992 年版。

《张闻天在一九三五至一九三八（年谱）》，张培森主编，北京：中共党史出版社 1997 年版。

《张闻天传》，程中原著，北京：当代中国出版社 1993 年版。

《中国共产党史稿》，王健民，台北：正中书局 1965 年版。

《中国军事顾问团援越抗法斗争史实》，中国军事顾问团历史编写组，解放军出版社 1990 年版。

《中国两弹一星揭秘》，彭子强，北京：军事谊文出版社 1993 年版。

《中国社会主义经济建设问题》，北京：中共中央党校出版社 1980 年版。

《中国原子弹的制造》，约翰·W. 刘易斯等著，李丁等译，北京：原子能出版社 1991 年版。

《中华人民共和国外交史（1949—1956）》，裴坚章主编，北京：世界知识出版社 1994 年版。

《中华人民共和国外交史（1957—1969）》，王泰平主编，北京：世界知识出版社 1998 年版。

《中间地带的革命——中国革命的策略在国际背景下的演变》，杨奎松著，北京：中共中央党校出版社 1992 年版。
《中苏关系内幕纪实（1949—1984)》，彼德 · 琼斯、西安 · 凯维尔著，郭学德等译，北京：中国经济出版社 1994 年版。
《中苏走向同盟的艰难历程》，迪特·海因茨希著，张文武等译，北京：新华出版社 2001 年版。

六、论文

Assessing the Politics of the Korean War, 1949–51, Evgueni Bajanov, Cold War International History Project Bulletin, Winter 1995/1996.
China and the First Indo-China War, 1950–54，Chen Jian，China Quarterly，No.133, 1993.
China and the Geneva Conference of 1954，Zhai Qiang，China Quarterly，No.129, 1992.
China's Involvement in the Vietnam War, 1964–69，Chen Jian，China Quarterly，No.142, 1995.
The Military Dimension of the Sino-Soviet Split, Sergei Goncharenko, the International Conference of "the Cold War in Asia", 1996.
Opposing Negotiations: China and the Vietnam peace Talks, 1965–68，Zhai Qiang，Pacific Historical Review 68:1, 1999.
Rivals and Allies: Stalin, Mao, and the Chinese Civil War, January 1949, Odd Arne Westad, old War International History Project Bulletin, Winter 1995–96.
Stalin, Mao, Kim, and China's Decision to Enter the Korean War, September 16–October 15, 1950: New Evidence from the Russian Archives, Alexandre Y.
Mansourov，Cold War International History Bulletin, Winter 1995–96.
Transplanting the Chinese Model: Chinese Military Advisers and the First Vietnam War, 1950–54，Zhai Qiang，The Journal of Military History，No.57，October 1993.
《1964 年三线建设决策前后的中央分歧》，陈东林，转见世纪中国网（www. cc.org.cn）。
《1966—1976 年中美苏关系纪事》，王永钦，《当代中国研究》1997 年第 4 期。
《1969 年中苏边界的武装冲突》，徐焰，《党史研究资料》1994 年第 5 期。
《1969 年中苏边界冲突：缘起和结果》，李丹慧，《当代中国史研究》1996 年第 3 期。
《对 1962 年新疆伊塔事件起因的历史考察》，李丹慧，《党史研究资料》1999 年第 4、5 期。
《各苏区土地问题》（油印），李六如，1934 年 6 月。

《关于抗美援朝战争的几个问题——兼谈如何看待和运用俄罗斯已解密的朝鲜战争档案问题》，齐德学，《中共党史研究》1998 年第 2 期。

《关于王明治病和出国的材料》，中央档案馆党史研究室，《中央档案馆丛刊》1986 年第 3 期。

《“江浙同乡会”事件始末》，杨奎松，《近代史研究》1994 年第 3—5 期。

《抗美援朝的英明决策》，姚旭，《党史研究》1980 年第 5 期。

《抗美援朝战争中的彭德怀、聂荣臻》，王亚志，《军事史林》1994 年第 1 期。

《历史考察：中苏同盟的经济背景——对中苏经济关系的初步研究（1948—1953)》，沈志华，香港中文大学中国服务中心，2002 年。

《毛泽东派兵入朝作战的决心——就 10 月 2 日的电报答俄国学者的质疑》，沈志华，《国外中共党史研究动态》1996 年第 2 期。

《毛泽东同斯大林、赫鲁晓夫的关系》，瓦西里·西季赫梅诺夫著，彭卓吾译，《党的文献》1993 年第 5 期。

《毛泽东致斯大林电之我见》，马贵凡，《中共党史研究》1999 年第 6 期。

《苏联大规模援助中国红军的一次重要尝试》，杨奎松，《近代史研究》1995 年第 1 期。

《苏联对“大跃进”和人民公社的反应及其结果》，沈志华，《中共党史资料》2003 年第 1 期。

《张闻天与西安事变》，张培森等，《党的文献》1988 年第 3 期。

《延安整风中的王明》，中央档案馆党史研究室，《党史通讯》1984 年第 4 期。

《中共九大前后全国的战备工作》，郑谦，《中共党史资料》第 41 期。

《中国共产党对中国资产阶级的认识及其策略》，杨奎松，《近代史研究》1993 年第 3 期。

《中国红军打通国际战略方针的演变》，杨奎松，《中共党史研究》1988 年增刊。

《中国会成为莫斯科的卫星国吗？》（油印），埃德加·斯诺，1949 年。

《中美和解与中国对越外交（1971—1973)》，沈志华、李丹慧，《美国研究》2000 年第 1 期。

《中苏关系与中国的援越抗美》，李丹慧，《当代中国史研究》1998 年第 3 期。

《中苏在援越抗美问题上的矛盾与冲突（1965—1972)》，李丹慧，《当代中国史研究》2000 年第 4、5 期。

《中央红军北上方针的演变过程》，丁之，《文献和研究》1985 年第 5 期。

修订版跋

本书修订，主要基于四个原因。首先当然是出版社的安排和建议。其次则是因为本书出版时，因当时条件所限，个别章节内容未能收入其中，使本书内容上不尽完整。如今时过境迁，能将删去的内容补入，也算了却笔者的一大心愿。再次则是因为本书最初是面向最普通的读者，为杂志连载而写的，因此在引文注释方面尽量精简。在经过了几年几万册的销售之后，相信这个任务已经基本完成，有机会能够从学术角度对本书的引文注释加以完善，是笔者求之不得之事。最后，自本书出版后，有关中苏关系史的研究，因俄国档案的进一步披露，又有了相当的拓展和深入。学者们在中苏经济关系、军事关系和抗美援越问题上，以及在两国边界问题上的分歧与摩擦等研究方面，取得了引人注目的成果。[1] 对大量新的研究成果做出回

[1] 在这方面，中国学者沈志华、李丹慧两人的研究最为突出，有关他们的成果可见于他们的个人网站：http://www.shenzhihua.net。另外像戴超武的《中国核武器的发展与中苏关系的破裂》（《当代中国史研究》2001 年第 3、5 期）和牛军的《毛泽东的危机意识与中苏同盟破裂的起源》等，也都是较新的研究成果。笔者出书后在这方面也有了进一步的研究成果出来，如《美苏冷战的起源和对中国革命的影响》（《历史研究》1999 年第 5 期）、《中苏国家利益与民族情感的最初碰撞——以〈中苏友好同盟互助条约〉签订为背景》（《历史研究》2001 年第 6 期）、《毛泽东与两次台海危机——50 年代中后期中国对美政策变动原因及趋向》（《史学研究》2003 年第 11、12 期）。在国际学术界方面，现在英国伦敦的挪威裔文安立教授和德国学者海因茨基教授等也都有值得重视的学术专著相继问世。

应，并且适当补充本书的论据，自然更为笔者所乐见。只可惜，因修订时笔者人在香港，资料欠缺，增补注释的工作完成得并不理想。而尽管笔者有所努力，由于篇幅及体例所限，再加上受到本书主题和原有叙说形式的制约，一些由于新史料和新研究的出现而提出的颇为重要的话题，也并未能被吸纳和论述于本书之中。

笔者写毛泽东与莫斯科的恩恩怨怨，严格说来并不在于发现历史。笔者自信，本书不过是从一种不同的角度重新深入这段历史，通过有针对性的思考，给读者提供了一种不同的历史叙事而已。事实上，对于许多亲身经历过或熟悉那段中苏两党关系历史的学者和读者来说，本书中所叙述的历史事件有多少是他们过去毫无所知的呢？问题仅仅在于，拘泥于传统的认识逻辑或研究思路，人们过去往往只能看到事情的一个侧面，而无法了解事情的其他侧面。本书不过满足了读者了解历史的其他侧面的一种愿望。因此，从这一点出发，笔者所以想要回应新的发掘和研究，并不是对进一步在书中发现或重建新的史实有兴趣，而是对新近的研究尚有种种不能满足之处，因而会有进一步阐述自己看法的冲动。不过，即使不能做到这一点，笔者也还是略感宽慰。因为，新的史料和新的研究充其量也只是印证了本书的基本论点。

本书的基本论点是什么？简而言之，是强调具有独特性格、特殊成长背景、自我情感经历以及特有的政治经验和意识形态追求的领袖个人，在中苏两党和两国这种特殊关系当中起着不可替代的支配性作用。

笔者一向认为，历史研究，首先是人的研究。离开了对活生生的人的全方位的把握和理解，仅仅从被赋予了太多形式化内容的文本、概念，或被抽象化了的群（党、阶级、民族、国家等）乃至于意识形态的角度去解读历史，是很难使我们贴近历史真实的。我们之所以需要强调中苏两党两国关系的特殊性，是因为它实在不同于我们今天所了解的一般的党与党及国家与国家之间的关系，其中的复杂性远不是拿我们今天一般的国家关系所能比拟的。它们之间既有利益相左的民族关系，又有利害相同的盟友关系；

既有亲密的兄弟关系，又有竞争的对手关系；既有意识形态一致的同志关系，又有容易引起情感纠葛的师徒甚或父子关系。但是，如果我们简单地相信中苏两党两国的问题主要是民族国家利益、文化差异，或者主要是因为意识形态之间的矛盾冲突，或简单地认为它主要起因于双方关系的特殊性，或起因于这种特殊的关系结构所引发的利益摩擦和冲突，却可能会有失偏颇。一个最简单的也是被人们问到最多的问题就是：如果在中国党内做主的当时不是毛泽东，而是刘少奇或周恩来，情况还会如此吗？或者人们能够按照1960年代初王稼祥等人的主张来处理对外关系上的问题，中苏关系会有那样的发展吗？再者，假如当初莫斯科支持的不是毛泽东，而是王明，情况又会如何？这里面的答案应当是可想而知的。

今天的多数学者，往往习惯于从国家利益或国家安全的角度来看中苏两党两国关系的变化问题，相信这才是具有普遍性的国家间矛盾冲突的关节点。笔者并不否认在一般情况下国家利益和国家安全理当是所有国家政治领袖心之所系。但是，历史研究与一般社会科学之不同，恰恰在于它更注重特质的而非一般的研究。欧美国际政治学研究之所以会把国家利益和国家安全作为国家关系变动的重要研究依据，是基于一般西方民主国家的政治体制运行的规律和在此基础上正常的国家关系来说的。相对于具有特殊政治运行方式的党国体制和领袖专断的国家来说，这种研究的方法明显地有其缺陷。这是因为，在西方民主国家，政治领袖（总统或首相之类）对国家利益和国家安全的判断要经过一系列复杂程序，基于各个方面的相关报告和意见综合而成，而且是直接受到包括议会及相关监督机构的监督的。领袖个人的意志即使能起到重大作用，也还是有限度、有制约的，并且必须要考虑一旦错误判断导致错误决策，个人及其政党不仅会下台，而且可能有从此一蹶不振的代价问题。而在党国体制和领袖专断的国家，领袖个人的判断和意志往往决定一切，不受监督，更不要担心因为自身的错误而受到惩罚的问题。况且，在党国体制下，任何这种判断都不可避免地是先党而后国，即首先是建立在其政党利益的基础上，而它又必定是从其意识形态的逻辑出发的。建立在如此复杂的前提之下，其关于国家利益和国家安全的判断，准确性不可避免地会受到局限，甚至可能会被扭曲。关于这种情况，我们只要举出 1962 年王稼祥与毛泽东的分歧就足够了。十分明显，我们今天可以很容易看出当年王稼祥关于缓和国际关系和少去援助各国激进组织的主张是符合当时中国的国家利益和国家安全的需要的。但是，毛泽东不仅不以为然，且反其道而行之，选择了完全不同的另一套外交政策。

笔者并不否认在共产党国家关系中存在着民族隔阂、利益冲突，包括存在着结构方面的致命弱点。这也正是共产党国家之间往往较一般资本主义国家之间，更容易发生摩擦和冲突的一个重要原因。但是，第一，民族间的、利益上的矛盾冲突，是党与党之间、国与国之间普遍存在的现象，即使是存在于共产党国家关系中的特殊结构的问题，在冷战背景下，作为对立一方的美国阵营中也未必完全没有，[1] 但是，它并没有成为资本主义世界当中带有普遍性的问题；第二，也并不是所有共产党国家之间都发生了类似中苏之间那样严重的冲突与对立，除了中苏之外，苏联与大多数东欧国家共产党、与朝鲜共产党、与越南劳动党之间，特别是其他小党小国相互之间的关系，一般也并未发生太大的问题；第三，即使存在或发生了矛盾和冲突，在其他共产党国家之间往往最终也能够得到缓和或化解，这也包括曾经极端对立的苏联与南斯拉夫党的关系；第四，如果说中苏之间的问题主要是民族、国家利益间的冲突，是苏联必欲控制中国，而中国反抗苏联控制的问题，那么，中国与反修的日本党、兄弟的越南党、最知己的阿尔巴尼亚党也相继闹翻，又是为何呢？

很显然，中苏之间在民族、国家以至于意识形态方面的分歧、矛盾，固然可能造成双方关系的复杂微妙和在某种情况下的隔阂与紧张，但并不足以导致双方关系的根本破裂，更不会走到兵刃相见、你死我活的地步。中

[1] 控制与反控制的斗争在美国阵营内部同样激烈存在。美英干涉苏伊士运河、干涉中东事件，包括美国后来出兵格林纳达等，无一不反映了这种情况。

苏关系悲剧的造成，很大程度上还是双方领袖政治追求和个性冲突的一种反映，是“一山不容二虎”，即毛泽东挑战苏联的领导地位和赫鲁晓夫等必欲捍卫其正统的逻辑发展结果。这也正是为什么，人们通常相信，如果换了其他人，比如刘少奇、周恩来、王稼祥或者王明，中苏之间可能不会出现那样一种情况的部分原因所在吧。

当然，有读者因为注意到笔者强调领袖个人的作用，就简单地认为笔者是在强调毛泽东个性或性格的作用，这也并非十分准确。任何一个成功的喜欢独断专行的政治领导人，毫无疑义都具有鲜明的个性。但是，任何领袖人物突出个性的表现，也都是有条件的。不了解当时的历史条件，看不到历史环境的复杂性及其变化所带来的影响，就不可能准确地把握和理解领袖人物的个性作用。

笔者修订书稿之际，恰值电视连续剧《汉武大帝》热播之时。笔者印象最深的就是陈宝国在演绎汉武帝从最初登基备受内外挤压，到内削藩王、外平匈奴的过程中心态及性格上的明显变化。其实，在我们所能看到的古今中外众多历史领袖人物中，类似的情况可谓俯拾皆是。人的性格或个性固然可以从“三岁看到老”，但是，社会成长的经历、政治生活的环境，特别是随之而来的心态上的改变，才可能将其发挥到极致。毛泽东的强烈个性，同样也是经历了一个由任性到收敛再到张扬无忌的发展变化过程的。在研究毛泽东与1958年台海危机的问题时，笔者就注意到了一个很能够说明问题的情况。通常人们解释毛泽东1958年决定炮击金门这段历史时，较多谈到的都是毛泽东想要以此来声援当时的中东人民，帮助中东人民牵制美帝国主义。这样的说法显然是太具宣传色彩了。但即使换一种角度来解释，比如强调当时福建前线军民强烈要求收复金门、马祖，军方压力较大，毛泽东亦受此触动之类，与以后的结果相对比，也显得太过牵强。事实上，人们大多忽略了当时极为特殊的历史背景，即美国有意中止与中国之间的大使级会谈对毛泽东所造成的心理刺激和“大跃进”对毛泽东心态上转趋亢奋的影响。

自新中国成立之后，中美关系就始终是毛泽东的一块心病。台湾问题、联合国代表权问题以及美国的经济封锁，都使毛泽东成就一个统一、独立和强大的中国的愿望备受打击。通过1954年第一次炮击金门，毛泽东终于成功地迫使美国人坐到谈判桌上来了。然而，美国政府对此毫无兴趣，勉强应付到1957年年底，竟单方面宣布要将其谈判代表由大使级降低到代办级。此举无疑又是对毛泽东的民族自尊心的一种巨大的挑衅。但此时，恰逢毛泽东对建国以来国内形势的发展极度乐观，因而开始发动“大跃进”运动，要跻身于强国之林所必须的钢铁产量，更是在毛泽东的力推下，节节上升，一发而不可遏制。于是乎，从《人民日报》1958年元旦社论宣布十五年左右赶上英国,再用二十到三十年的时间赶上美国，[1] 到5月份召开中共八大二次会议时，毛泽东已经提出七年赶上英国，再加八年赶上美国的十五年奋斗目标了。[2] 6月，他进一步估计超过英国两年即可。[3] 再到9月初，他已经在兴奋地要求党的领导人“为五年接近美国,七年超过美国这个目标而奋斗”了。[4] 在这种情况下，毛泽东心态上明显地发生了巨大的变化，其对美国不把中国放在眼里的愤怒可想而知。

1958年炮击金门是怎么回事呢？根本上就是毛泽东必欲给美国人以颜色。中国外交部接连受命发出声明要求美国恢复大使级会谈。在美国拒不理睬的情况下，更进一步于6月30日发出了最后通牒，限美国十五天之内给予答复，否则一切后果由美国承担。在仍旧得不到美国答复的情况下，7月14日，即最后通牒限期的几乎最后一天，彭德怀等即受命具体研究落实了炮击金门，给美国人以教训的军事计划。此计划之所以后来与中东事件挂上了钩，是因为恰好在14日这一天伊拉克发生了政变，政变者宣布退出

[1] 《乘风破浪》（社论），《人民日报》1958年1月1日。

[2] 参见《八大第二次会议各代表团活动情况》第十四号（1958年5月21日）。

[3] 毛泽东：《关于向军委会议印发〈两年超过英国〉报告的批语》（1958年6月22日），《建国以来毛泽东文稿》第7册，北京：中央文献出版社1992年版，第278页。

[4] 毛泽东：《对北戴河会议工业类文件的意见》（1958年9月2日），《建国以来毛泽东文稿》第7册，第368页。

美国组织的反共的《巴格达条约》组织。第二天美国因害怕连锁反应，出兵黎巴嫩，以支持亲美的黎巴嫩政权。毛泽东据此才把炮击金门的计划与声援中东事件联系了起来。

事实上，足以说明毛泽东此时心态上极为敏感和亢奋的，还有本书中所提到的 7 月 21—22 日为长波电台问题和联合潜艇舰队问题，毛泽东对苏联大使大发雷霆一事。毛泽东所以突然震怒，原因也是一个，就是认为俄国人不愿把技术给中国，必欲与中国合营，是看不起中国人。[1] 这两件事接连发生，且都是直接涉及民族自尊心问题，自然不是偶然的。今天学者们在研究这些问题的时候，往往只是就事论事，分别孤立地来解释它们，很少注意到它们之间内在的联系及其与当时国内形势的关系，显然是有欠周全的。事情很清楚，毛泽东此前在与苏联关系上所感受到的类似的刺激可谓比比皆是，最严重的时候毛泽东曾经自称把自己关在莫斯科的屋子里几天闭门不出，背地里骂娘，但也仅此而已。1958 年毛泽东的反应之所以大为不同，当然是另有背景。

毫无疑问，毛泽东这时在对美、对苏问题上的种种决策，固然有其强烈个性的因素，但这种个性的张扬明显地是和当时的国内“大跃进”形势所带来的亢奋心态密切相关的。由于其在处理与美国和苏联这两个大国关系的历史过程中，长期存在着压抑感和屈辱感，“大跃进”成就的取得，显然使他在精神上得到一种空前的释放，由衷地获得了一种扬眉吐气的感觉。由此，其对来自美国和苏联的轻视，甚或仅仅是以为轻视的反应，才会变得如此敏感和激烈。这也正是为什么，毛泽东以后虽然也明白“大跃进”的种种成就多为浮夸虚报所致，却始终异常抵触地不许他人置喙。看不到这里面的种种复杂情形，不了解毛泽东作为新中国领袖在争取美国承认和处理与苏联关系上的种种曲折背景与是非恩怨，也就无法理解和解释曾经

---

[1] 毛泽东：《同苏联驻华大使尤金的谈话》（1958 年 7 月 22 日），《毛泽东外交文选》，北京：中央文献出版社 1995 年版，第 323—324 页。

明察秋毫、运筹帷幄如毛泽东者，何以竟会被一个弄虚作假的“大跃进”所迷惑、所激动，以致心态大变、个性张扬无忌的个中原委。

为便于读者进一步深入了解本书主旨所在，故利用修订之便，特再作如上引言。

杨奎松

2005 年 1 月 30 日于香港大学

理想国

imaginist

杨奎松著作集

革命

败者自败，成者天成，理也，势也，命也。

GUANGXI NORMAL UNIVERSITY PRESS
广西师范大学出版社

国民党火中取栗，所以一再警告原为共产国际一员的中共不可以过度挑衅，尤其害怕赤化全部中国大陆会刺激美国大军介入，促发新的世界大战。当时毛泽东盱衡世局，认为苏联固然未视中国为国际共产主义运动的“兵家必争之地”，美国在重欧轻亚的传统外交政策之宰制下，也未视中国为资本主义国家体系必须拥有的市场和原料供应地，中国其实只是处于美苏两大阵营之间的“中间地带”而已，故毛泽东可不顾美国反应，拒绝斯大林隔(长)江分治的主张，把内战带到中华民国继承自清帝国的版图四极，为 1949 年 10 月新建立的中华人民共和国维持基本上的领土完整。

杨奎松知道中共以俄为师，对党史和革命史的政治性格万分敏感，因此在垄断教科书和书籍检查制度以外，特别透过党史决议来主导全国人民对党史和革命史的基本看法，1945 年有《关于若干历史问题的决议》，1981 年又有《关于建国以来党的若干历史问题决议》。这两个决议，尤其是前者，都把眼光集中在党内斗争和政治需要上面。杨奎松大作则把中国共产革命放在国际关系的脉络中来看，观察事情的角度不同，而又从实事求是的治学立场出发，加之利用 1980 年代政治宽松的环境，广泛阅读档案资料，甚至到台湾地区以及美国和俄国搜集相关文献，直面历史，终于写出这本超越政治斗争和政治宣传、合乎史料检验原则的著作，其中充满前人所未能发见解，所以本书 1992 年第一版问世后旋即洛阳纸贵，并奠定杨奎松在中共党史研究界的地位。2010 年改版发行，杨奎松更根据多年研究心得，在最后一章中增添一节文字，明白指出毛泽东继续以俄为师，而中国的国家更是继踵斯大林之后亦步亦趋。中共建国之初，许多自由派人士认为中共本来有意与美国建立友好关系，后来美国学者也一直有所谓“失去的机会”的说法；两派人士都认为中共所以走向“一边倒”的外交道路并非毛泽东的本意，而是被美国打压和围堵所致。杨奎松则清楚指出，毛泽东领导中共，处心积虑，始终试图透过建立所谓人民民主专政，走上苏俄计划经济的社会主义建设道路。杨奎松不像许多研究中共党史或革命史的学者，受到毛泽东 1956 年以后反苏言论的影响而过分夸大 1956 年以前中苏共之间的矛盾。

杨奎松在“文化大革命”时尚是中学生，曾经到湖北的穷乡僻壤向贫下中农学习。邓小平结束“文革”、改弦易辙以后才有机会进北京的中国人民大学党史系学习。他在邓小平告别钱理群所谓毛泽东的革命理想主义和阶级斗争的治国路线后，学习中共党史和中共革命史，固然仍旧相信中国共产革命的必要性，也仍旧万分推崇毛泽东领导中国共产革命的贡献。但是不能不受那个普遍怀疑官方历史的 1980 年代的影响，认为中共党史和中国革命史的研究，应该讲求实证，不能仅听党史决议摆布，而作为一个头等的历史学者，尤其应该直面历史，抛弃政治斗争和政治宣传的考虑，告诉世人中国革命的真正历史过程。杨奎松遵循毛泽东倡导的实事求是原则，从丰富的档案史料中发掘所需要的建筑材料，再进一步建筑出有完整架构的每一本专书。在《“中间地带”的革命》这一本书里，向来被官方认为是党内两条路线斗争的错误路线代表者，无论是陈独秀、瞿秋白、李立三、张国焘还是王明，就不再被视为是政治完全错误甚或个人品质恶劣的野心家，而是可能做出错误政治判断却对中共党组织绝对忠诚的政治领袖。蒋中正也不再是被妖魔化后的“人民公敌”，合帝国主义的走狗、大地主阶级和大资本家阶级鹰犬两种身份于一人，而是拥有自我政治判断能力的民族主义者，坚决反对阶级斗争和“共产主义”(主要指字面意思上的共产主义，消灭私有财产制度)。杨奎松同时清楚地显示，现在人神所共愤的斯大林也不是一贯打压毛泽东革命事业的玉帝。虽然通过共产国际他为中共革命制造了许多问题和挫折，但无论是思想上、经济上、政策上、制度上，他对中共也都做出了不可或缺的重大贡献。中共在1956年以前不曾改变对斯大林权威拳拳服膺的政治立场，全党上下都相信苏联的今天是中国的明天，而苏联的昨天是中国的今天。

杨奎松直面历史，因而不再讳言中国共产党的诞生是列宁输出革命和一群淑世爱国的中国青年知识分子互动的结果，而与中国社会内部的阶级变动根本侔不相关。他直抒心臆，中共同意其党员以个人身份加入国民党，并不是孙中山以马列主义重新诠释中国革命以后的自然发展，而是共产国际指导下产生的国共两党“最佳的利益选择和结合”；中国共产党在以个人身份加入国民党以后，同时意图“监督、改造，并争取取而代之”，所以蒋中正发动中山舰事件，甚至后来发动政变，成立南京政府，清除辖区的共党分子，或是更后来汪精卫决定礼送国民党内的共党人员离境，虽尽皆为“出乎意料”之举，但对充分了解当时情况的学者来说，却同时也都是“情理之中”的历史发展。杨奎松直面历史，也不再指斥蒋中正是政治骗子，背叛孙中山的遗志，反而清楚显示，共产国际的矛盾指示和变化极快的政治环境都是国共走向分裂的重要解释线索。其实，中共离开国民党，走进农村，也根本是拜共产国际命令之赐的，其后瞿秋白的“左”倾暴动路线、李立三的“左”倾城市革命路线和王明的“左”倾机会主义路线，均有苏联经验和指导的深层因素在后面，不能单独咎责他们个人。同样重要的，当他们的政策形成严重问题以后也是斯大林和共产国际加以纠正的。杨奎松直面历史，不讳言斯大林大力支持的王明曾经促成国共再次“合作”，更不讳言斯大林对毛泽东的支持，也是毛泽东崛起成为中共最高领袖的一个重要原因。尤其重要的是，斯大林大力促成的国共再次“合作”框架是毛泽东发展出与国民政府分庭抗礼的军事和政治实力的必备前提。杨奎松直面历史，并不否认国民党有民族主义的关怀，虽然还是把蒋中正看成反革命，但承认中共并未放弃阶级斗争的观点，而且从阶级斗争的

杨奎松著作集

革命

壹 “中间地带”的革命——国际大背景下看中共成功之道

中共革命的成功，包括中国共产党的由来，都离不开20世纪整个世界的大环境、大背景及其地缘政治的复杂影响。其中，俄国革命的爆发、毗邻的苏联的作用、日本的入侵以及战后国际关系的意外变动，都直接间接地帮助了中共革命。迄今为止，本书是最系统也是最深入地解读中共革命的由来、变化、发展与不同时期复杂的国内外关系的互动过程。它说明，要想了解共产党在中国的形成，了解它何以两度失败，何以仍能东山再起，并且能够以弱胜强，取代了国民党的统治，就非得了解中共革命的国际背景不可。

贰 毛泽东与莫斯科的恩恩怨怨

毛泽东对中共革命和新中国政治发展的影响之大，众所周知。但了解毛泽东政治上崛起及其他与莫斯科之间关系变化的内幕，却始终困难重重。改革开放和俄国档案的开放，为今人了解这一切提供了重要的条件。本书根据大量有关中苏档案和亲历者的回忆，对涉及毛泽东与莫斯科关系的历次重大事件，结合毛泽东性格和处事特点，做了引人入胜的描述与说明。它说明，长期以来，中共自身发展的每一步都离不开莫斯科的影响和作用，但是，具体把这些影响和作用引致成功还是失败，注定只能靠中国自己的毛泽东或李泽东。

叁 国民党的“联共”与“反共”

近代中国有两个革命党：国民党和共产党。中国革命究竟走向何种方向，决定于国共两党的力量消长与较量。这场较量持续了将近三十年，最终，后起的、弱小的共产党战胜了国民党，并左右了中国后来的历史。两个革命党长期以来分分合合，你中有我，我中有你，国民党何以败，共产党何以胜，本书首度利用国共双方的各种档案文献及其他史料，对涉及国共关系发展中的一系列重大问题作了全面深入的考察和研究。与以往的各种研究相比，本书视角独特、态度客观中立，在史实研究上用力甚深，因而揭示了大量鲜为人知的历史事实。

肆 西安事变新探——张学良与中共关系之谜

西安事变是改变了中国现代历史命运的重大事件，曾经震惊朝野与海外。几十年来，各种研究汗牛充栋，事变发生之谜久难破解。本书最大的特色，在于借助于大陆、台湾、俄国、美国各地多方史料，首次全面揭示了西安事变背后中共和苏联的作用，以及西安事变的主角张学良和杨虎城与中共之间的秘密关系，从而第一次让世人了解到西安事变所由发生的复杂原因与内幕。本书依据扎实的史料，以缜密扎实的考据、合乎情理的推论，重新梳理了这段历史。因此，本书也被国内外学界认为是该研究领域的扛鼎之作。

杨奎松

1953 年 10 月生于北京，籍贯重庆，1969 年随父去湖北襄樊“五七”干校劳动，1970 年入北京第二机床厂当工人，1976 年因天安门事件入狱，1977 年平反出狱，1978 年考入中国人民大学中共党史系，1982 年毕业任中共中央党校《党史研究》编辑部编辑，1987 年任中国人民大学党史系讲师，1990 年入中国社会科学院近代史研究所，任助研、副研、研究员、正副室主任；2001 年任北京大学历史系教授，2003 年任华东师范大学特聘教授。

主要研究领域为中国现代史，著有《“中间地带”的革命》、《国民党的“联共”与“反共”》、《开卷有疑》、《西安事变新探》、《毛泽东与莫斯科的恩恩怨怨》、《内战与危机》、《马克思主义中国化的历史进程》、《海市蜃楼与大漠绿洲》等专著十余种，并在中国大陆及 China Quarterly，Diplomatic History，Cold War History 以及日本、台湾等地学术杂志上，发表了上百篇研究论文。

观点制定抗战时期对国民政府的策略。毛泽东固无意为抗日的国军失去中共扩大军事实力的机会，也无意为迎合斯大林减轻日本军事压力的期望，而全然不考虑中共本身的政治利益。当杨奎松的叙事进入国共内战时期，依旧直面历史，明白指出，斯大林不愿公开支持中共革命，尤其是为了协助陷身内战的中共出兵与资本主义盟主的美国武力相抗；他不讳言斯大林曾经帮助国共内战时期的中共，尤其是在东北内战期间提供大量军事和经济协助，而毛泽东也宣布一边倒的外交政策，用以巩固斯大林的友谊和支持。他同时清楚指出，毛泽东曾经大力拉拢美国，旨在孤立国民政府，原来便无意在国共内战的胜负揭晓以后再继续双方的友谊。

杨奎松有惊人的记忆力，透过阅读大量文献的阅读、比对和考证，挖掘和直面历史，呈现了远比中共党史决议更加复杂也更加合乎历史真相的中共革命史，其治学之成就，令我想起另一位治中国共产革命史有成的高华教授。杨奎松利用中共、台湾和国外档案馆的一手文献，从国际关系着手研究，高华利用大量个人回忆录和民间二手资料，从党内斗争切入主题，两个人都有令学界瞩目的著述问世，一位成为南京大学历史系的骄傲；一位成为北京大学历史系的台柱，各擅胜场，南北辉映。中共建党初期有南陈北李之说；南方有陈独秀，北方有李大钊，都是杰出的知识分子，关于 1949 年以前中共革命史的研究，似乎也可以有一个南高北杨的提法。杨奎松和高华两位，不也是一北一南，各领风骚吗？可惜南高已离开人世，惟独北杨继续奔走于北京和上海两地，一枝独秀，成为学界硕望。我一直在想，中国共产革命史这个领域在今天世界面临经济危机之际特别重要，中国抛弃了毛泽东的革命理想主义和阶级斗争治国路线以后，竟然在短短三十年内由只能和赫鲁晓夫勉强在社会主义国家阵营分庭抗礼的国家，锐变成为以美国为首资本主义新世界体系里可以呼风唤雨的第二大经济体和军事体。处此关键时刻，想要再次思考中国何去何从的老问题，正迫切需要对中共革命史有实事求是和十分深入的理解。杨奎松是目前研究 1949 年以前中国共产革命史最有成就的学者，广西师范大学出版社独具慧眼，将其四部旧作汇为一帙，以飨广大读者，我想这选择得正是时候。

陈永发：

台湾中研院院士、近代史研究所研究员，曾任近史所所长

直面历史

陈永发

《中间地带的革命》，叙述 1921 年中共建党以来到 1949 年建国的全部历史。我在台湾长大，是受过美国十年教育的所谓台湾外省族群第二代，对中国共产革命当然有自己的观点。1990 年代初次拜读杨奎松这一本大作时，虽然不见得同意他的全部看法，但是对他通过浩瀚的档案数据来重新检视官方党史说法的做法十分佩服。我受资本主义美国的影响颇深，相信历史观点和评价可以“百花齐放”，各逞其胜。然而，“百花齐放”不等于众生平等的“众声喧哗”。纵使不再相信有哪一本书能垄断全部历史真实，但基本上还是相信治史求真的古训，而所谓真的历史也必定得通得过文献检验才算数，其间不仅有史才良劣之分，更有史识史德高下之别。二十几年前阅读杨奎松这一本叙述历史，曾经学到他根据大量文献厘清的许多历史事实，内心始终铭谢。

杨奎松以该书第五章第三节的子题为主要书名，可能会引起读者误会，因为“中间地带”的概念是毛泽东在美苏冷战新形势下所做出来的重要论断，也是毛泽东领导中共革命走最后一段成功之路的关键判断，正因为他对时局有如此正确的把握，所以 1949 年秋天才可以建立一个近乎完全统一的中华人民共和国。第二次世界大战结束后，全球明显二分为以美国为首的资本主义国家阵营和以苏联为首的社会主义国家阵营。但是无论美国还是苏联，都不愿意看到第三次世界大战继踵而起。苏联的斯大林深知四年兵燹如何摧毁他以十年工夫建设起来的现代城市和许多重要工业，渴望休养生息；美国虽未受战火直接波及，但是人民早已厌烦战争，不愿美国子弟在异域继续流血牺牲。所以 1945 年的雅尔塔条约基本上是两大强权瓜分世界的分赃密约，背离彼此宣示的立国原则，暗地里承认对方各自拥有势力范围，但是对当时正处于内战关口的中国应该归属哪一个阵营却没有提出明确的共同约定。苏联害怕美国受到一向亲美的蒋中正及其国民政府的拉拢，会直接介入中国内战，为

《革命》四书，直面中国革命的逻辑与辩证

在这套集子中辑录的四种专著，围绕的都是一个核心问题，即20世纪前半期发生的中国革命。《“中间地带”的革命》和《毛泽东与莫斯科的恩恩怨怨》，着重讨论的是中共革命的国际背景，尤其是受到俄国革命，亦即受到强邻苏联等外部因素的影响问题。前者侧重于宏观线索的梳理与解读，后者侧重于说明毛泽东个人在其中的经历与作用。《国民党的“联共”与“反共”》和《西安事变新探》，着重讨论的是中国近代两大革命党，即国民党与共产党在大陆近三十年分分合合及胜负较量的问题。前者侧重于国民党与共产党关系总体变化的解读，后者侧重于国共关系史中影响重大的事件说明。

——杨奎松

用国际视野来考察中国革命和早期中华人民共和国的历史，放眼海内外没有学者比杨奎松做得更出色了。通过发掘中国大陆、台湾、美国和俄罗斯的大量档案资料，杨奎松教授以缜密的研究，对从西安事变到中苏关系破裂等中国现当代历史上的一系列重大问题，都给出了令人耳目一新的深刻见解。在重视个别政治领袖的决定性影响的同时，杨教授指出，在苏联及美国的影响日益增大的背景下，即便是最具权力与决断力的领导人（包括毛泽东），也必须学会适应复杂多变的国际环境。历史结局是具体历史语境下的一种复杂和偶然的政治进程，意识形态原则、民族主义认同乃至个体人格都扮演着至关重要的角色。杨教授的每本书都是原创性研究与分析的杰出典范。广西师范大学出版社以亲近读者的套装形式出版杨教授的“革命四书”，是一个令人欣慰的好消息。

——裴宜理（哈佛大学亨利·罗索夫斯基政治学教授，哈佛—燕京学社主任）

imaginist

想象另一种可能

理
想
国

imaginist

杨奎松著作集

革命

叁

国民党的“联共”与“反共”

广西师范大学出版社
·桂林·

前 言

在大陆，已有的研究国共关系史的著作，至少应当在十几部以上。但是，翻遍已有的研究国共关系史的著作，可以发现一个现象，那就是，所有的研究都是基于同一角度，即站在中共角度所做的研究。与其叫国共关系史研究，不如叫共国关系史研究要准确些。

为什么说已有的研究著作几乎都是站在中共的角度来研究国共关系呢？这是因为，迄今为止大陆出版的这些研究国共关系史的著作，所利用的史料，基本上都是中共方面的，很少至少是较少利用到国民党方面的史料。

主要利用中共方面的史料来研究国共两党关系史，有什么不足吗？有。从中共保存下来的大量史料出发，来研究它与国民党关系的历史，对于了解中共在两党关系问题上政策策略形成的原因及中共推行贯彻这些政策策略的过程，无疑是十分必要的。它便于我们理解在不同时期、不同问题上，中共的认识、感受和它在处理两党关系问题上所依据的逻辑，以及由此所获得的成功或失败。但就研究国共两党关系史而言，这却是不够的。较少利用和了解国民党方面据以形成其政策策略，包括记述两党关系问题的种种史料，就不大容易理解国民党当时许多政策策略形成的原因，不大容易了解其政策策略推进的过程及国民党人对其政策策略实施过程和效果的认知情况，甚至还可能误把一方当年在不明了对方真实感受和意图情况下所做出的某些政治判断，简单地当成自己立论的基础。

我在1991年就写过一本叫《失去的机会？——战时国共谈判实录》的书，因为研究写作时还很少可能利用到台湾方面保存和出版的档案史料，因此也就决定了该书也只能是以中共方面保存和出版的相关史料为分析的依据与线索。尽管书出一年后即告脱销，加印时临时核对或补充了一些当时已经可以找到的台湾方面出版的史料，但整体上也仍旧没有多大变化。

当然，就国共两党谈判史而言，即使在过去了十多年，有机会大量查阅保存在台湾的国民党各种文献史料之后，笔者也没有发现更多地依据两方面史料来研究国共谈判历史的可能性。这是因为，在那个时期，与国民党的谈判关系着中共及其武装的生存与发展，是中共各项工作的重中之重。从而也就决定了中共中央及其相关部门，不能不集中主要精力和干部以应付和谋划，留下了各种形式的大量历史记录。相反，除在极个别情况下之外，国民党方面几乎从来不重视与中共的谈判问题。大多数的谈判几乎都是蒋介石直接授命个别人员秘密进行的，并不与党内高层协商办法。而蒋介石的个人日记虽多有记载，却又因为台北对外开放的日记多有删节改动，且经过摘编整理的日记片断也仅止于1940年代初。在这种情况下，要想在国民党保存下来的史料当中找到比较完整的史料，有系统地从国民党的角度来研究两党谈判问题，自然也没有可能。

但是，尽管是研究国共两党谈判的历史，我在写作《战时国共谈判实录》一书时，就已经意识到过多地利用单方面史料的严重不足了。因为，由于中共方面的资料相对丰富，国民党方面资料极度欠缺，我虽然可以很容易地根据中共中央开会讨论或电报来往的情况，具体了解中共方面谈判意图以及谈判方案形成变化的原因和经过，却无法清楚了解国民党方面对谈判的策略意图及导致其态度变化的原因何在。在这种情况下所做的研究，理解共产党易，理解国民党难，显而易见。

历史研究，贵在求真。而欲求历史之真，又非尽可能全面把握历史的各个侧面，努力深入到各方当事人的内心世界中，去了解他们的思想、情感和认识变化的情况及原因不可。只注重和相信源自一个方面、一种角度的史料，对历史的把握，难免会如同盲人摸象，使自己永远无法看清真实的历史是什么样子。正因为如此，国共谈判一书出版后，我始终感到还有许多问题没有厘清，还有许多工作必须要做。这也是我此后一直继续高度关注国共关系史的研究状况，并尽一切可能在海内外继续搜集有关国共关系史问题的各种档案文献史料和回忆口述史料的原因所在。

我今天能够完成此书，要特别感谢杨天石研究员对我的大力推动与督促。上个世纪末，杨公主持的“中国国民党史稿”研究课题，需要有人承担编写国民党对共产党政策一卷。他坚持要笔者来完成这项工作。当时，我虽然正在从事其他课题的研究工作，但在杨公的极力推动下，也是由于我有此夙愿，故还是答应了下来。几年下来，尽管写作断断续续，但今天毕竟完成了此书，也算是多少了了自己的一个心愿。

然而，本书写作虽已告竣，我却毫无轻松之感。

第一是因为以我目前所能找到的史料，在个别重要阶段仍旧不能充分解释国民党人政策策略形成的幕后原因，甚至无法清楚描述其对某些重大事件认识和处置的经过情形。在实在无法较充分地利用国民党方面的史料来分析其政策策略动因和形成实施过程的情况下，有时仍旧不能不较多地借助于中共方面或其他相关史料，来做分析立论的参考。这自然无助于完整全面地解读国民党对共产党政策形成和变化的历史。好在蒋介石日记等重要原始文献史料已经开放，假以时日，相信待本书做进一步修订时，我当能在相当程度上弥补这一缺憾。

第二是因为本书的体例和相关史料的局限性，使本书叙事的角度与重点前后会有些许差异。即前三分之一部分较多地以国民党内核心人物为中心来展开，而后面的部分则较多地侧重于事件经过的分析与说明。这主要是因为国民党史料的保存前后侧重不同，前三分之一时期有关事件史的资料保存欠缺较多，因而就使得有关核心人物个人方面的资料价值得以凸显出来。而以后的情况却恰恰相反，有关事件史的资料保存很多，有关核心人物个人方面的资料虽多，却因大量被加工修改，利用价值大大降低。当然，这里面也有我个人研究习惯的影响。我实在更乐于着眼于历史事件中的人物研究，而本书的主题和体例却要求我必须注重于事件的说明，结果我只好牺牲掉个人的这种偏好，尽可能服从本书体例的要求。

第三是因为受到我的兴趣点、对事件意义的个人判断，以及受到史料掌握情况等因素的影响，本书章节没有完全依循多数读者可能已经习惯的历史阶段划分或事件重要程度来设计。比如，我就没有用太多笔墨去说明分析国共最后成败的“三大战役”的经过，但却以一整章的篇幅分析叙述了 1946 年国共两党在争取东北过程中的一次规模不是很大的四平战役。这当然与我驾驭宏大课题的能力不足有关系，但在另一方面，我也实在不愿意去做那种面面俱到的尝试，而更乐于让读者能够由点到线、由小到大地从具体的个案中去体会历史本身的复杂性。

第四是因为本书仍有个别章节会涉及两党谈判的问题，在实在无法回避不谈，又缺少更多新资料的情况下，我只能利用上一本书中利用过的一些基础史料。对此，凡可能重新研究处，笔者均尽量重新做过研究。但是，即便如此，读过笔者前一本《战时国共谈判实录》的读者，在这样的章节里仍旧难免会有些似曾相识的感觉。

第五是本书虽然写国民党与共产党的关系，我也尽可能在一些章节中努力尝试较全面地反映国民党内部自下而上和自上而下的互动情形及其政策策略形成的深层次原因，但实际上，本书目前的写法仍旧较多地停留在上层政治史的层面上，未能充分展现国民党基层组织和普通党员在国共两党关系史当中的地位和作用。这无疑是本书的又一个不足之处。

最后是在种种因素的影响下，我虽然试图尽量客观地去分析和描述国民党人在对共产党问题上的复杂心理及情感变化，但无论是相关概念的使用，还是论说方式，以笔者的生长环境和教育背景，加上现实政治的局限，要想做到绝对客观，也不现实。对此，笔者亦有自知之明。

但无论如何，在这里想要重申的是，对于本书，笔者是努力尝试了用陈寅恪先生关于要“与立说之古人，处于同一境界，而对于其持论所以不得不如是之苦心孤诣，表一种之同情”[1]的这样一种态度来研究的。如果说这样一种努力在一些地方做得还不够到位，绝非是笔者的本意之所在。

杨奎松

2005 年 9 月 12 日于上海虹桥怡景园

[1] 陈寅恪：《冯友兰〈中国哲学史〉上册审查报告》，载《陈寅恪集 · 金明馆丛稿二编》，生活 · 读书 · 新知三联书店 2001 年版，第 279 页。

目录

第十一章　国共两党攻防态势的转换 / 531

第十二章　抗战结束前后的和战选择 / 583

第十三章　战后国民党人的反共困扰 / 635

第十四章　阻止内战的最后尝试 / 671

第十五章　四平战役与内战爆发 / 707

第十六章　从“戡乱”走向崩溃 / 747

第十七章　国民党对中共的最后一搏 / 793

参考文献暨征引书目 / 856

第一章

孙中山与国共合作

众所周知，国民党与共产党的关系，开始于孙中山的容共政策。表面上，孙中山的容共政策，来自于共产国际代表的建议，但实际上，将共产党人引入国民党，并授予重要职务的，到底是孙中山。因此，从孙中山如何制定并施行其容共政策，了解孙中山在与中共合作过程中的态度、作用及其认识的变化，理应是了解国民党与共产党关系及其政策的起点。许多年来，在涉及孙中山为什么会采取容共政策的问题上，一直存在着相当多的争议。简单地把孙中山接受共产国际代表的“容共”建议，看成是孙中山用以“联俄”的一种诱饵，或者简单地断言孙中山决定接纳共产党人加入国民党，并予以重用，纯粹是因为看重了共产党人的才干，显然都不是十分客观全面的看法。[1] 因此，准确地解读孙中山的言论，了解孙中山与共产党关系的状况，对于我们理解两者之间的关系，包括了解此后国共关系深入发展和破裂原因，都显得格外重要。

一、孙中山接纳中共的初衷

国民党人与共产党人就个人而言，历史上早有交往与合作。[2] 只不过，最初两部分人主要是意气相投，不存在组织之间的问题。正是由于意气相投，当中共最初成立时，国民党中的个别骨干或国民党前身老同盟会的成员，还积极协助，甚至参与其间。[3] 因此，即使中共初创，双方一些主要成员之

[1] 涉及这一问题的不同结论，可比较以下两种颇具代表性的著作：台湾方面者为李云汉的《从容共到清党》（台北：中国学术著作奖助委员会 1966 年版），大陆方面者为马齐彬主编的《国共两党关系史》（北京：中共中央党校出版社 1995 年版）。

[2] 中共主要创始人陈独秀早在辛亥革命时就曾与国民党（当时还是同盟会）人合作，做过革命后安徽省都督、同盟会会员柏文蔚的秘书长。中共另一创始人李大钊也早就与国民党人张继过从甚密，在李当年好友白坚武的日记中，我们可以发现李与张继曾常相来往的情形。参见中国社会科学院近代史研究所编：《白坚武日记》(1)，江苏古籍出版社 1992 年版，第 33、42、44、54、56、77 页。

[3] 如沈玄庐、林伯渠、吴玉章、谭平山等，原本就曾是同盟会会员；参加过中共早期组建活动的邵力子、戴季陶等当时就是国民党党员。

间的良好关系也并未改变，相互交往、合作的事情也仍有发生。如 1920 年部分共产主义知识分子在上海筹建中国共产党后，国民党人即诚邀陈独秀前往广州担任广东政府教育委员长，陈独秀也欣然赴任，即是证明。同样的情况，1921 年 8 月，中国共产党甫告成立，就配合共产国际代表，主动邀请国民党人与中共等各个革命团体的代表一起，组成代表团，前往莫斯科参加远东人民代表大会，共同策划东亚的反帝革命运动。[1] 孙中山对此也慨然同意，指定张秋白为国民党代表，且授予正式委任状。[2] 说中共成立后即排斥国民党，与事实多少有些出入。[3]

从中共“一大”及其会后的表现看，中共内部对国民党的态度一度确实不尽一致。“一大”曾有决议主张“对现有各政党，应采取独立、攻击、排他的态度”，甚至要求党的各级组织和党员“不同其他党派建立任何关系”。[4] 然而，由会议报送给共产国际的报告却清楚地解释说：多数与会者相信，依据中国的现状，“我国的军阀就是社会上一切其他阶级的敌人”。共产党需要与其他党派共同行动，以反对共同敌人，这“并不违背我们党的原则”。[5] 因此，与国民党合作的想法，实际上又是共产党方面主动提出来的。这是因为，1921 年中共成立时，只有区区五十余人。一年之后，即当中共“二大”召开时，也仅有不足二百人。力量如此弱小，又处于秘密状态之中，要想切实推动中国革命和谋求自身组织发展都极端困难。曾经在爪哇

[1] 张太雷 1921 年 8 月回到上海，传达了共产国际邀请中国各革命团体参加伊尔库茨克会议的建议，并与共产国际代表马林一起承担起联络中、日、朝等国革命团体的任务。参见中国社会科学院马列所、近代史所编：《马林与第一次国共合作》，光明日报出版社 1989 年版，第 63 页；《张太雷文集》，人民出版社 1981 年版，第 329—330 页。

[2] 俄罗斯当代文献保管与研究中心（现易名为俄罗斯国家社会 / 政治史档案馆，Russian State Archive of Socio-Political History），全宗号 495，目录号 154，卷宗号 181，第 36 页。

[3] 多数中共党史著作依据中共一大通过的文件，均相信初期中共是严厉排斥国民党的。有些国共关系史著作并有专节说明此点。如王功安、毛磊《国共两党关系史》，武汉出版社 1988 年版，第 5—7 页。

[4] 《中国共产党第一个决议》，中央档案馆编：《中共中央文件选集》，第 1 册，中共中央党校出版社 1989 年版，第 8 页。

[5] 《中国共产党第一次代表大会》，《共产主义小组》（上），中央党史资料出版社 1987 年版，第 54 页。

从事过工人运动，有过统一战线工作经验的共产国际代表马林（H.Maring，又名 Sneevliet），在中共“一大”后听说共产国际有召集中国各个革命团体参加远东人民代表大会的消息，很快就萌生了联合并依靠民族主义力量的设想。他几乎马上就与上海的国民党人取得联系，并积极谋求会见孙中山。1921 年 12 月，马林得到孙中山同意，在张太雷的陪同下前往桂林孙中山大本营所在地，在那里停留了九天，与孙三次长谈，并广泛接触国民党的其他一些领导人。[1] 随后，马林又进一步赴国民党的根据地广州访问，与更多的国民党人沟通。此次考察，使他最终确定了要推动国共两党合作的想法。无独有偶，几乎就在同一时间，俄共领导人列宁（V. I. Lenin）也向在莫斯科参加远东人民代表大会的国共两党代表表达了同样的意愿。[2] 这种情况清楚地显示，就共产党方面而言，争取与国民党合作实在是大势所趋。

有关这时孙中山对马林建议的态度，留下来的资料不多，但孙中山对自己的信念和力量充满自信，无意与共产党联合的情况显而易见。在桂林，孙中山明确告诉马林：他对苏俄革命的经验很感兴趣，但对中国一些青年知识分子刻意模仿苏俄的做法不以为然，因为这些年轻人只对社会主义感兴趣，他们的小集团“对于中国的政治生活却毫无用处”。[3] 他甚至直截了当地表示不赞成从西方引进马克思主义。他直率地对为马林做翻译的中共党员张太雷说：“为什么青年要从马克思那里寻求灵丹妙药，从中国的古典著作中不是也能找到马克思主义的基本思想吗？”[4] 在几年后马林公开回忆的这些只言片语的对话当中，我们可以清楚地看出孙中山对五四运动之后在全国各地出现的各种倾向于社会主义的激进小组织的看法。而他在这里特别批评的所谓小集团，无疑也包括中国共产党在内。

---

[1] 有关马林与孙中山会面的一些情况，可参见邓家彦：《马丁谒总理纪实》，中国国民党党史会编印：《革命文献》，第九辑，第 203—207 页。

[2] 张国焘：《我的回忆》，第 1 册，中国现代史料编刊社 1981 年版，第 198 页。

[3] 马林：《向共产国际执行委员会的报告》（1922 年 7 月 11 日），《马林与第一次国共合作》，第 72 页。

[4] 马林：《和孙中山在一起的日子》（1926 年 2 月），《马林与第一次国共合作》，第 373 页。

孙中山的数次长谈，以及国民党当时所显示出来的力量，显然对希望能够像在爪哇那样大干一场的马林，产生了影响。回到上海之后，他像发现新大陆一样兴奋不已。在给莫斯科的报告中，他对国民党的状况做了一番热情洋溢的描述，不仅强调在国民党中起主导作用的是“接触过社会主义，自称社会主义者”，同情马克思主义的知识分子，而且断定“孙中山同工人已经有了长期的联系，党的领导人在广州支持工会组织，在罢工中总是站在工人一边”，强调国民党的军官和士兵都非常向往俄国，说国民党虽得到少数华侨资本家的支持，但国民党在政治上从未反映过资产阶级的要求。他的结论是：共产国际应当与孙中山的国民党建立密切的联系，而不是全力去帮助中国共产党。至于力量弱小，又与工人运动毫无关系的中国共产党，最好的出路也许就是加入国民党，因为在那里他们才可能发挥自己的作用。在他看来，国民党的纲领“为各种不同派别的人入党提供了可能性”。[1]

马林是如何向共产党和国民党具体提出这一建议的，目前还不得而知。但首先提议让共产党员加入国民党的，无疑是马林，而不是孙中山。已有资料显示，他回到上海后不久，就接连同中共中央和国民党在上海的领导人，就共产党员加入国民党的可能性问题进行商谈。让共产党员加入国民党，这在时任国民党宣传部部长的张继等人看来无疑是一件好事，因此他们明确表示欢迎。但当马林转过来建议中共中央移往广州，“改变对国民党的排斥态度并在国民党内部开展工作”时，却遇到了阻力。陈独秀得知马林将前往莫斯科做游说工作，于4月6日给共产国际东方部负责中国问题的维经斯基（G. N. Vojtinsky）写了一封态度强硬的信，详细说明不同意见。内称：

[1] 没有证据证明有过“青年国际代表达林来中国向国民党提出国民革命联合战线政策，国民党的总理孙中山严词拒绝”（陈独秀《告全党同志书》中语）的情况。达林在自己的回忆录从未提及此点，且马林此前早已向孙中山和国民党人表明了希望允许中共党员加入国民党的意见，达林亦难再提此议。马林：《向共产国际执行委员会的报告》（1922年7月11日），《马林与第一次国共合作》，第70—71页。

马林君提议中国共产党及社会主义青年团均加入国民党，余等则持反对之理由如左（下）：

（一）共产党与国民党革命之宗旨及所据之基础不同。

（二）国民党联美国、联张作霖、段祺瑞等政策和共产主义太不相容。

（三）国民党未曾发表党纲，在广东以外之各省人民视之，仍是一争权夺利之政党，共产党倘加入该党，则在社会上信仰全失（尤其是青年社会），永无发展之机会。

（四）广东实力派之陈炯明，名为国民党，实则反对孙逸仙派甚烈，我们倘加入国民党，立即受陈派之敌视，即在广东亦不能活动。

（五）国民党孙逸仙派向来对于新加入之分子，绝不能容纳其意见及假以权柄。

（六）广东、北京、上海、长沙、武昌各区同志对于加入国民党一事，均已开会议决，绝对不赞成，在事实上亦无加入之可能。

第三国际倘议及此事，请先生代陈上列六条意见为荷。[1]

尽管陈不愿在孙中山与陈炯明之间做出选择，但五十余天后，即1922年6月16日，陈炯明就炮轰总统府，发动兵变，中共中央不得不很快督令依靠陈炯明活动的广东共产党人站在孙中山的国民党一边，甚至不惜为此开除了不听命的广东党负责人陈公博。既然越飞（A. A. Joffe）、马林等来自共产国际和苏俄的代表正在积极谋求与孙中山的合作，中共中央也支持孙中山，赞同与国民党合作，实乃大势所趋。[2]

中共中央赞成国共合作，但基于意识形态的要求，坚持在这种合作中两党至少要平起平坐，并且理应由共产党来负政治指导之责。以个人身份

[1]　《陈独秀致吴廷康的信》（1922年4月6日），《中共中央文件选集》，第1册，第31—32页。

[2]　吴相湘：《陈炯明与俄共中共关系初探》，转见李云汉：《从容共到清党》，第152—156页。

加入国民党来开展工作，这或多或少损害了共产党人的阶级优越感。马林刚一返回莫斯科，中共就召开第二次代表大会，专门通过了《关于“民主的联合战线”的议决案》，明确提出：以目前中国无产阶级的现状，扶助民主派起来共同打倒封建军阀和国际帝国主义确实必要，“然亦只是联合与援助，决不是投降附属与合并”。他们坚持，对与国民党的合作问题，应由自己“先行邀请国民党及社会主义青年团在适宜地点开一代表会议，互商如何加邀其他各革新团体，及如何进行”。[1]

俄共（布）中央政治局在了解到国共两党力量相差悬殊的状况之后，接受马林的观点，要求中共“应该在国民党内和工会内把拥护共产党的人组织成一些小组”[2]。8月12日，马林带着共产国际的“尚方宝剑”匆匆赶回上海，马上拉上张太雷会见张继，说明共产国际的上述指示精神。然后即开始做陈独秀等人的工作。中共中央为了等待北京的李大钊和张国焘到沪一同讨论，被迫将预定的会议延至月底举行。在此期间，孙中山恰好因军事失利由广东退回上海，马林遂向孙中山转达共产国际的决定，并与孙中山和张继等具体讨论共产党员加入国民党，以及改组国民党的相关问题。孙中山当场表示，赞成共产党员加入国民党，做国民党的党员。于是，马林立即与李大钊、张国焘、瞿秋白等中共领导人个别交谈，再做说服工作。28日至30日，马林与中共领导人集中到杭州西湖，举行秘密会议，“讨论与国民党合作问题”。尽管与会者中仍有人对以个人身份加入国民党一点持有异议，但当马林提出“中国党是否服从国际决议”，“于是中共中央为尊重国际纪律遂不得不接受国际提议”，再“没有遇到激烈反对”。“参加讨论的执委会委员们一致认为，

[1] 中共二大:《关于“民主的联合战线”的议决案》（1922年7月），《中共中央文件选集》，第1册，第65—66页。

[2] 《共产国际给中国共产党中央委员会的命令》（1922年7月18日），《共产国际和红色工会国际发给其派驻中国南方代表的委任书》（1922年7月），《共产国际执行委员会给其派驻中国南方代表的指令》（1922年8月），以上见《马林与第一次国共合作》，第77—80页。

通过积极参加这个民族主义运动可以为我们的工作创造最有利的条件”。[1] 会后决定：“以个人身份加入国民党，同时保存共产党，后者对于国民党内的工作发出指示并领导工会的组织工作。”[2]

在说服中共中央之后，马林相继与张继和孙中山等再度讨论，孙中山很痛快地表示愿意亲自接纳陈独秀、李大钊、张太雷等人入党。在孙中山委托张继等与在沪各负责人商议，并通电国民党相关支部后，国共两党终于就中共党员加入国民党问题达成协议。9月初，经张继介绍，孙中山“亲自主盟”，陈独秀、李大钊等先后正式加入国民党。[3] 随后，根据与马林商定的改组国民党的计划，孙中山很快指定陈独秀为国民党改进方略起草委员会九委员之一，参与国民党的改组工作。[4] 孙同时还任命与吴佩孚来往较多的李大钊，和张继一起担任同吴联络的代表。当李大钊等向孙说明自己不能退出共产党时，孙明确表示说：“这不要紧，你尽管一面作第三国际党员，一面加入本党帮助我。”[5]

孙中山为什么愿意吸收共产党员加入国民党？其一，与孙中山这时对党的认识有关。长期以来，孙中山始终认为，党不过是传播主义的工具，

[1] 关于这次会议讨论的情况，马林和陈独秀的说法存在着某种不一致的地方。马林在会后的笔记中和随后给共产国际的口头报告中，都明白地说明“这个问题没有遇到激烈反对”，“反对意见只是来自我们广州的地方组织，该组织支持陈炯明对孙逸仙的政策，因此该组织的领导人被我党开除”。但陈独秀和张国焘的回忆却强调会议当时有过激烈的争论，只是当马林“提出中国党是否服从国际决议为言，于是中共中央为尊重国际纪律遂不得不接受国际提议”。马林：《工作记录》（1922年8月12日—9月7日），《马林与第一次国共合作》，第82—83页；陈独秀：《告全党同志书》（1929年12月10日），转见中共中央党史研究室第一研究部编：《共产国际、联共（布）与中国革命档案资料丛书》（2），北京图书馆出版社1997年版，第341页；张国焘：《我的回忆》，第241—245页。

[2] 马林：《关于国共合作的笔记》（1922年11月底—12月初），《马林与第一次国共合作》，第91页。

[3] 李大钊加入国民党时间，李云汉根据国民党公务部交际日记，断定为1922年2月上旬。但据李大钊自述，当为1922年孙中山在沪期间。因据马林笔记，李大钊8—9月间曾来上海参加讨论决定与国民党党内合作的杭州西湖会议，会后即有陈独秀等入党之事发生，故此判断李之入党当与陈独秀大约同时。参见李云汉：《从容共到清党》，第157页；李大钊：《狱中自述》，《李大钊文集》（下），人民出版社1984年版，第890页。

[4] 马林记为“国民党改组委员会”。马林：《关于杭州会议后活动的报告》（1922年10月14日），马林：《关于国共合作的笔记》，《马林与第一次国共合作》，第84、92页。

[5] 汪精卫：《中国国民党第二次代表大会政治报告》，《政治周报》第5期，第12页。

多一些人入党，就多一些主义的传播者和同情者。比较孙中山以往动辄宣布接受整队士兵入党，而毫不在意这些士兵实际上仍在军阀势力指挥、控制之下的做法，不难想象他对共产党员加入国民党，也会有同样心理。其二，与孙中山的现实需要有关。孙中山当然不会改变对中共的轻视，但他却不能不看到陈独秀这些人背后存在着共产国际和苏俄的支持。孙中山接纳陈独秀等人入党的时间，恰好在他再度遭受地方军阀排挤，被迫退出广州之后。自 1917 年依靠西南军阀在广州另立政府以来，这已是他两度遭遇排挤或叛变，被迫退回上海了。还在广州率海军舰艇坚持抵抗叛军之际，他就迫不及待地写信给苏俄外交人民委员契切林（G. V. Chicherin），明言苏俄“是我唯一的朋友”[1]。这再清楚不过地反映出，两度严重受挫的孙中山这时对苏俄的援助会抱以怎样一种期望。一方面想要得到苏俄的援助，另一方面从列宁开始，一直到来华的共产国际代表、青年共产国际代表，都再三提议国共合作，孙中山当然明白这里面的轻重关系。而联合苏俄，首先理顺与共产国际，特别是与共产国际下属支部中共的关系，也确属必要。毕竟，在这个时候的孙中山看来，让中共党员加入国民党受其约束，至少要比让中共置身于国民党之外，利用苏俄和共产国际的力量，与国民党竞争政治资源来得有利。[2]

十分明显，接受共产党员加入国民党，就孙中山而言，并不是一个简单的“容纳”问题。它与俄国因素密切相关。特别是两度严重受挫之后，孙中山也已经深切地感觉到“振兴国民党以振兴中国”之必要了。[3] 他接受共产党员，在一定程度上也多少含有想要借助于俄国革命的经验，振兴国民党的意图。这正是为什么他不仅“容共”，而且一上来就赋予共产党人相当职务和权力的重要原因之一。因为，从俄国人介绍的成功经验和自己革命

[1] 达林：《中国回忆录》，中国社会科学出版社 1981 年版，第 126 页。

[2] 李云汉在其书中曾引用于右任的一段谈话，颇能反映出孙中山及国民党中部分领导人这时愿意采取容共政策的一个出发点。针对张作霖对孙容共的疑惑，于右任解释说：“中山先生与你同一心理，但异其手段。有人驱逐共产党，共产党便想法独立存在，中山先生把共产党转变为国民党，即共产党自然不存在。”李云汉：《从容共到清党》，第 214 页。

[3] 据李大钊回忆，当时孙中山在接收他入党时曾与他详细讨论这个话题。见李大钊：《狱中自述》。

的种种教训中，他不能不意识到，单靠政治和军事的手段还不够。要振兴中国，就必须振兴国民党；要振兴国民党，就必须学俄国革命的经验，在组织和宣传方面下功夫。要做到这一点，仅靠国民党自身的干部显然没有可能。吸收共产党员加入国民党，正是孙中山试图利用共产党以汲取俄国经验的一种尝试。毕竟，在宣传组织方面，共产党人更具奋斗精神，更有才干些。[1] 孙中山后来在解释他将共产党员谭平山引入国民党中央执行委员会担任要职时就说过，他看重谭就是因为谭"有能力和有才智"[2]。用他的话来说："彼共产党成立未久，已有青年同志二百万人，可见其奋斗之成绩。"[3] 引入共产党员为我所用，理所当然。正是基于这样一种考虑，当马林建议说，国民党应仿照俄共（布）的形式，召开全国性代表大会，建立健全组织机构，通过决议和纲领，集中并贯彻党的意志时，他马上表示肯定。[4]

自9月初起，孙中山就开始了改进国民党组织的各项准备工作。4日，孙召集在上海的胡汉民、汪精卫、张继和刚刚加入国民党的陈独秀等举行谈话会，一同讨论改进国民党的具体设想。6日，他指定包括陈独秀在内的九人组成改进方略起草委员会。一个半月后，党纲及总章草案形成，交孙中山审阅后，再交国民党本部集议审查。11月15日，孙中山召集范围更大的第二次谈话会，讨论和审议改进方略起草委员会起草的党纲与总章。12月16日，他再度召开会议，进一步讨论和修改宣言草案。在随后任命的国民党本部重要干部名单中，共产党员陈独秀被指定为参议，林伯渠被指定为总务部副部长，张太雷则就任宣传部干事。[5]

经过几个月时间反复讨论修改，并经孙中山正式批准，《中国国民党宣

---

[1] 孙中山：《与石克士等的谈话》(1924年11月21日)，《孙中山全集》，第十一卷，中华书局1986年版，第357页。

[2] 孙中山：《与〈顺天时报〉记者的谈话》(1925年1月)，郝盛潮主编：《孙中山集外集补编》，上海人民出版社1994年版，第465页。

[3] 《孙中山全集》，第十一卷，第357页。

[4] 参见马林《在共产国际执委会主席团会议上的报告》(1922年12月29日)，《共产国际、联共（布）与中国革命档案资料丛书》(1)，第182页。

[5] 李云汉：《从容共到清党》，第135—136、138页。

言》及《中国国民党党纲》于1923年1月1日公开发表。其中扼要地阐述了国民党的政治理念和革命目标，明确提出：国民党是以谋求实现民族平等、民权平等和民生平等的三民主义为目标的革命政党。[1] 这是中国国民党自1919年由中华革命党改组以来，第一次公开具体说明自己的奋斗目标。[2] 孙中山就此解释说：

> 政治进行是靠不住的，随时可以失败。军事进行，现在也有了多年，靠着他来改造国家，还说不定成功与否。所以政、军两种进行，成败都未可必。只有党务进行，是确有把握的，有胜无败的。……党的进行，当以宣传为重。宣传的结果，便是要招致许多好人来和本党做事。宣传的效力，大抵比军队还大。古人说：“攻心为上，攻城为下。”宣传便是攻心。又说：“得其民者，得其心也。”我们能够宣传，使中国四万万人的心都倾向我党，那便是大成功了。……俄国五六年来，革命成功，也就是宣传得力。……我们要晓得宣传这种武器，折服一人便算得了一人，传入一地便算有了一地。不比军队夺了城池，取了土地，还是可被人推翻的，还是很靠不住的，所以我们要对宣传切实来下番工夫。不如此，这目的就难以达到。[3]

汲取俄国革命成功的经验，招致许多好人来和本党做事，扩张组织，扩大宣传，折服一人算一人，传入一地算一地，这就是孙中山决定吸收共产党员到国民党中来的一个相当重要的思想背景。

---

[1] 《中国国民党宣言》(1923年1月1日)，《中国国民党党纲》(1923年1月1日)，以上见《孙中山全集》，第七卷，第1—5页。

[2] 中国国民党改组以来，仅发表过一个组织规约，后于1920年11月做过一次修正，均极简略。《中国国民党通告及规约》(1919年10月10日)，《中国国民党总章》(1920年11月9日)，以上见《孙中山全集》，第五卷，第127—131、401—403页。

[3] 孙中山：《在上海中国国民党改进大会的演说》(1923年1月2日)，《孙中山全集》，第七卷，第6—7页。

但汲取俄国经验也好，吸纳共产党员也好，在孙中山看来，一切都是为了革命，为了实现自己的政治理想。这个理想，就是《中国国民党宣言》中阐明的三民主义。它无疑与共产党所主张的阶级斗争和阶级专政大异其趣。孙的民族主义只注重改正条约，民权主义只追求人民直接权力的行使，民生主义只强调限制私营经济之规模。[1] 实际上，孙中山所期望的未来中国，仍旧是一个能够与现存国际政治经济秩序相适应的国家，而不是苏俄式的与国际资本主义体系相对立的国家。也正因为如此，孙中山虽然全力争取苏俄的援助与同情，并且不惜吸纳共产党员，却坚持不同意在中国另搞共产主义和试行苏维埃制度。就在孙接纳共产党员并通过宣言、党纲仅二十多天之后，他就在上海与苏联政府的外交代表越飞签订了《孙文越飞联合声明》。他坚持在声明中写入“共产组织，甚至苏维埃制度，事实均不能引用于中国”等字样，可见其必欲区别于苏俄态度之坚决。[2] 尽管孙此举多少含有想要避免刺激列强的成分，与联合张作霖的现实考量[3]，但以孙中山对三民主义之热衷与坚持，和他以往对共产主义与苏维埃制度之怀疑，此举绝非单纯为了掩人耳目，也是可想而知的。

孙中山对俄国式的共产主义和苏维埃制度的看法，言论很多。但最能典型地反映出他这时内心看法的，还是1922年6月陈炯明叛变之际他在广州与青年共产国际代表达林（A. S. Darlin）的一段谈话。在达林详细地说明苏维埃制度和无产阶级专政的优越性，以及共产党人为何认为在阶级社会中自由是相对的等问题之后，孙中山表示了他的意见。他认为，俄国实行的，其实就是中国传统的均平主张，或者说更接近于太平天国洪秀全搞的那一套。他怀疑，在现代文明的条件下，这样一种方式多半会与现代人的理念

[1] 见《中国国民党宣言》。

[2] 《孙文越飞联合声明》，《孙中山全集》，第七卷，第51—52页。

[3] 有关孙中山因担心列强敌视苏俄而牵连自己，不愿与苏俄太过接近的情况，在马林和达林等人的笔记和回忆当中，以及在给契切林等苏俄领导人的信中，都有所记载。比如，孙中山就曾告诉达林说：“请你不要忘记了，香港就在旁边，如果我现在承认苏俄，英国人将采取行动反对我。”见达林：《中国回忆录》，第113页。

背道而驰。他坦率地承认，自己的三民主义起源于美国，与林肯（Abraham Lincoln）总统所谓“民有、民治、民享”（of the people，by the people，and for the people）的口号意义相通。而中国的问题更与西方不同，外国是患不均，中国是患贫，因此，中国只有大贫与小贫之分，还不存在西方社会那样的阶级斗争。在这种情况下，中国的问题是如何用温和的和建设的方法，预防西方资本主义弊病的问题，而不是用共产主义去提倡阶级斗争，用苏维埃制度去实行阶级专政。鉴于达林等再三宣传共产主义和苏维埃制度的好处，他的建议是，如果俄国人能够证明这一点，也只能到容易接受均平思想的落后地区去，而不要在城市里直接做试验。他慷慨地表示：“我给你一个山区，一个最荒凉的没有被现代文明所教化的县。那儿住着苗族人。他们比我们的城里人更能接受共产主义，因为在城里，现代文明使城里人成了共产主义的反对者。你们就在这个县组织苏维埃政权吧，如果你们的经验是成功的，那么我一定在全国实行这个制度。”[1]

二、“马林路线”的失败

孙中山的目标说起来很简单，就是想要建立一个独立的主权国家，努力创造一个比西方在政治上和经济上更公平一些的改良社会。他与共产党人的相同点主要在于，他们当前所面临的主要敌人和决心用激烈革命的方式取得政权的观念；而他们之间的最大区别在于，孙中山没有特定的依靠对象，因此也不存在固定的敌人，一切取决于人们是否赞成和接受他的政治主张。共产党人却坚持以阶级划线，相信社会上存在着压迫与被压迫、有产与无产等相互对立的不同阶级，自己是被压迫阶级和无产阶级的代表，只能依靠被压迫阶级和无产阶级，并在革命中实行真正反映被压迫阶级和无产阶级的政策，坚决与压迫阶级和有产阶级为敌。从共产党人的角度出

[1] 达林：《中国回忆录》，第103—108页。

发，当然不会接受孙中山和国民党的政策主张。恰恰相反，在理论上以及内心深处，共产党人充其量不过把孙中山和国民党看成是俄国二月革命的领袖及其资产阶级、小资产阶级政党，相信或迟或早，都必须发动十月革命，造成自己的政权。因为共产党人坚信自己是当今世界最先进的阶级的代表，是人类的未来命运的主宰，最具远见卓识且最能反映全体人民利益，因而具有强烈的阶级优越感和政治使命感。[1] 由此不难想象，共产党加入国民党，除了民主革命的纲领基本相同这一点以外，最主要的还是基于实力原则的策略考量，是为了便于推进革命和自身力量的发展壮大。建立在这样一种基础上的共产党和孙中山的关系，自然会存在矛盾甚至冲突。

陈独秀已是中共党内这时比较看重孙中山和支持加入国民党的一派领导人了。即使是陈独秀，刚刚加入国民党，也明白提出:对国民党既要联合，也要斗争。他在写给共产国际的一份文件中这样写道：

> 国民党虽然有许多缺点与错误，然终为中国唯一革命的民主派，自然算得民主的联合战线中重要分子。在国民党为民主政治及统一政策斗争时期，无产阶级不但要和他们合作参加此争斗，而且要在国民党中提出反对帝国主义及为工人阶级利益与自由的口号，以扩大其争斗，更要向国民党中工人分子宣传，促进他们阶级的觉悟，使他们了解国民党终非为无产阶级利益争斗的政党。若国民党与最反动的黑暗势力（如张作霖、段祺瑞、曹锟等）携手，或与帝国主义者妥协时，吾人即宜反对之，绝不容顾忌。[2]

---

[1] 陈独秀等共产党人这时曾多次发表文章阐述类似的观点。参见陈独秀:《怎么打倒军阀》，《向导》第21期，1923年4月18日；陈独秀：《资产阶级的革命与革命的资产阶级》，《向导》第22期，1923的4月25日；陈独秀:《中国国民革命与社会各阶级》，《前锋》第2号，1923年12月1日。

[2] 陈独秀:《中国共产党对于目前实际问题之计划》（1922年11月），《中共中央文件选集》，第1册，第121页。

在莫斯科的俄国领导人，毫无疑问比陈独秀等更具政治上的优越感。这不仅仅因为共产国际是中国共产党的当然上级，更重要的是因为自信已经革命成功的社会主义俄国，是世界各国共产党的思想源泉和力量源泉。特别是在刚刚取得了革命的胜利，战胜了十四国武装干涉的情况下，俄共领导人明显地对推动中国革命也充满热情。按照共产国际二大《关于民族与殖民地问题的决议》，俄共领导人认为有必要帮助中国国民党领导的民族主义运动，但理所当然地应当将在中国发展共产党视为情感上和政策上都必须争取的目标。更何况基于俄国革命的经验以及列宁关于民族殖民地革命的理论，俄共领导人也深信，作为几个阶级联合的国民党，终将随着中国阶级分化的加剧而走向分裂。推动这种分化，迎接这种分裂，就成为对国共关系的一种理所当然的期待与政策。共产国际再三告诫中国共产党人，一定要把促进中国阶级斗争作为他们在国民党内工作的一项基本任务，实在是再自然不过的事情。[1] 而推动阶级分化，促进阶级斗争，国共关系纷扰不断自不可免。

就在马林 1922 年夏天从莫斯科拿到共产国际支持建立国共“党内合作”关系的八月指示不久，共产国际第四次代表大会就通过了一个明显有些不同的较为激进的决议，以强调共产党的独立地位。决议告诫说：“中国共产党不应该屈从于中国资产阶级所建立的”任何一个中心，不论是张作霖的中心，吴佩孚的中心，还是孙中山的中心，都是一样。“中国共产党的任务就在于，要以在民主基础上实现中国统一的倡导者的身份开展活动。”要在建立统一国家和争取与苏俄结盟的斗争中，“支持那些给予工人阶级以发展和建立组织的充分自由，并拒绝与内外反革命势力联合的集团”，“应该将自己的主要注意力用于组织工人群众、成立工会和建立坚强的群众性共产党方面”。[2] 受到这种观念的影响，无论是共产国际内部，还是中共中央内部，

[1] 《共产国际给中国共产党中央委员会的命令》（1922 年 7 月 18 日）。

[2] 《共产国际第四次代表大会决议：中国共产党的任务》（1922 年 12 月 5 日），《共产国际、联共（布）与中国革命档案资料丛书》（1），第 162—163 页。

对马林不满的倾向迅速升高，甚至很快就出现了指责马林右倾的声音。[1] 这种批评自然使马林的工作遇到阻力。

1922 年 12 月 23 日，马林为了证明自己的方针正确有效，再度返回莫斯科申诉意见。他对中共党员加入国民党以来四个月间的两党关系，做了十分乐观和充满希望的描述。在他看来，不仅中共从此有了更便利的宣传条件，而且可以经常性地自由批评国民党的某些缺点，这种方式已经在国民党内得到了认可。马林坚持，任何试图修改几个月前共产国际关于国共关系的指令，“希望把我们的力量集中在建立自己的群众性共产党的人，在我看来是完全不顾现实情况的”。他认为在这个问题上，我们不能像在其他地方那样，“把我们的在中国的策略建立在我们的一般方针和我们的一般立场上”。他认为，应当采取“革命的机会主义”的态度，因为现实的情况是中国并不存在真正的共产主义运动，即使存在，也只有与民族主义运动密切合作的情况下才能发展。马林说明，他在中国与国民党人密切接触后所得到的切身体会是：“在民族主义运动中和国民党领导层中有一些具有马克思主义素养的人，他们决不比我们共产主义团体中工作的马克思主义者逊色。”即使从这一点也可以看出，“共产主义团体的活动只有在民族主义运动内部进行才可能得到发展”。[2]

马林的报告明显受到部分与会者的质疑。1920 年 4 月最早受命前往中国帮助推动建立了共产主义小组的维经斯基，坚持必须根据共产国际二大《关于民族与殖民地问题的决议》中的要求，把教育落后国家共产党开展对本国资产阶级民主运动的斗争，和发展无产阶级运动作为共产国际特别重要的任务。而在以往的指令中，对此强调得不够。加入国民党之后，中共有丧失自身独立性的严重危险。马林对此坚决否认，他坚持过去的指令没有修改的必要。他断言，在中国，应当把革命民族主义，而不是把共产主

---

[1] 转见马林《致共产国际执行委员会东方部拉狄克和萨法罗夫的信》(1923 年 5 月 30 日)，前引《马林与第一次国共合作》，第 180 页。

[2] 马林：《在共产国际执委会主席团会议上的报告》(1922 年 12 月 29 日)。

义作为一切政策的出发点。应当认识到：“全部问题只在于如何调整同民族主义政党的关系。”只有民族主义运动取得了顺利的发展，才有可能“在将来建立具有共产主义内容的真正的工人政党”。[1]

对于马林与维经斯基等人的争论，共产国际领导人布哈林这时采取了“和稀泥”的策略。这是因为，就在共产国际执委会召开的前两天，俄共（布）中央政治局刚刚开过会议，不仅作出赞同越飞关于“全力支持国民党”的建议的决定，而且要求从共产国际的后备基金里支付援助国民党的费用。[2] 在这种情况下，刚刚参加过俄共（布）中央政治局会议的布哈林，自然必须努力在共产国际的工作中贯彻上述决定的精神。但即便如此，他也十分清楚共产国际不能单纯从苏联政府的角度考虑问题，因此，布哈林既不反对维经斯基提出的建议，也不反对马林的观点。他的说法是：在目前，“最重要的任务是中国的民族革命”，但“具有特殊重要意义的任务是成立工人政党”，二者不可偏废。[3] 会议最后形成的文件事实上是妥协的产物。决议肯定国民党是中国唯一重大的民族革命集团，强调国民党是由工人、知识分子、华侨和商人四种人组成，工人运动尚不强大，中共党员应当留在国民党，这大都符合马林的看法。[4] 但是，指出国共党内合作“不能以取消中国共产党独特的政治面貌为代价，党必须保持自己原有的组织和严格集中的领导机构。中国共产党重要而特殊的任务，应当是组织和教育工人群众，建立工会，以便为强大的群众性的共产党准备基础”，却无疑是维经斯基等人的意见。[5] 两种意见糅合，需要高度的政治艺术，马林在中国的工作注定会遇到不少困难。

---

[1] 《共产国际执委会会议速记记录》（1923 年 1 月 6 日），《共产国际、联共（布）与中国革命资料档案丛书》（1），第 188—190 页。

[2] 《俄共（布）中央政治局会议第 42 号记录》（1923 年 1 月 4 日），《共产国际、联共（布）与中国革命资料档案丛书》（1），第 186—187 页。

[3] 《共产国际执委会会议速记记录》（1923 年 1 月 6 日）。

[4] 关于“中国共产党党员留在国民党组织内是适宜的”一句，马林曾建议使用更为明确的语言，比如“他们应该留在国民党内”，但没有被维经斯基接受。

[5] 《共产国际执行委员会关于中国共产党与国民党的关系问题的决议》(1923 年 1 月 12 日)，前引《共产国际、联共（布）与中国革命档案资料丛书》（2），第 436—437 页。

一方面强调“全力支持国民党”，“立即着手把中国最大的、真正的政党国民党建设成为一个群众性的政党”[1]，准备向国民党提供大笔援助；一方面坚持独立地开展共产党的工作，强调共产党要大力组织和争取工人群众，争取“建立强大的群众性的共产党”，这明显是一个自相矛盾的任务。如同莫斯科对越飞与孙中山签订声明，只承认它所想要的有关孙中山承诺的那一半，却不支持越飞承认的孙中山想要的另一半一样[2]，它所带来的麻烦难免造成莫斯科政策本身的紊乱。因为，从苏联自身利益的角度“全力支持国民党”，着手将国民党建设成为一个群众性政党的努力，必然导致国民党中心地位和发展势头的迅速增强。与此同时，又让本来就坚信代表最先进阶级、最反映人民利益的共产党也把争取建立强大群众性政党作为自己“重要而特殊的任务”，结果必然会使国共两党因争夺群众而陷入纠纷，以致出现相互抑制的情况。

对于这种情况，共产国际工作人员也或多或少地有所意识。马林离开莫斯科后不久，维经斯基等人就开始隐晦地批评“全力支持国民党”的方针。他们对马林把中共中央搬到孙中山身边去不以为然，断言中共中央设在广州，“可能造成我们党对孙逸仙党的过多依赖性”，并不得不通过政治上的种种让步而交换国民党政府所给予的种种“好处”。他们甚至明确主张，绝不能无条件地支持孙中山，除非孙声明赞同中共中央提出的政治原则，并与张作霖等军阀划清界限。在此基础上，他们强烈地希望共产国际明令马林，“指示他不要无条件地支持国民党，而要向孙逸仙提出条件”。[3]

事情很明显，孙中山为争取苏援而接纳共产党，想要借此发展、壮大

---

[1] 越飞、马林：《关于我们在殖民地和半殖民地尤其是在中国的工作问题》（1922 年 12 月），《马林与第一次国共合作》，第 100—101 页。

[2] 莫斯科在发表《孙文越飞联合声明》时，有意将声明中谈及共产组织和苏维埃制度的一段删去，只保留了对其有利的内容。

[3] 《维经斯基给共产国际执委会东方部主任萨法罗夫的信》（1923 年 3 月 8 日）、《维经斯基给萨法罗夫的电报》（1923 年 3 月 27 日），《共产国际、联共（布）与中国革命资料档案丛书》（1），第 228—229、238 页。

国民党，便利革命。而共产国际和中共内部却更指望中共自身迅速发展，对要不要“全力支持国民党”意见冲突。这种情况难免不会对本来就极其微妙的国共关系产生负面影响。

虽然共产国际向国民党和共产党同时提出了发展为群众性政党的目标，但这样一种目标距离当时的中共毕竟还十分遥远。马林对此更不以为然，声称：“我们的团体还一直这么小，谈不上是一个政党。几乎没有工人党员，党组织只是在一些大城市的工会里与工人有些联系。党员人数还不足250名，大部分是学生。知识分子中间产生了许多问题，组织得不到发展。”中国如此之落后，“要在当前建立一个（真正意义上的）共产党，只能是一种乌托邦”。[1]

1923年2月7日，被中国共产党人引为骄傲的京汉铁路工会领导的罢工运动遭到了直系军阀吴佩孚的武力镇压，一度颇具声势的北方工人运动一朝倾覆。这种情况，对一心希望独立发展并且坚信中国必须学习俄国十月革命一哄而起、不能走军事阴谋或军事革命道路的共产党领导人震动极大，开始意识到孙中山的国民党及其广东革命根据地的价值。于是，马林的观点在党内得到了广泛的同情。正因为如此，马林回到中国不久，就可以理直气壮地批评共产国际一些人“想入非非”了。他异常坦率地宣称：“在中国建立群众性政党，今后许多年内都只是一种幻想。”“如果要在中国采取建立独立的共产主义政党的政策，既和国民党一道工作，但又对其保持独立，这必然会使这个小团体的人们成为一个毫无意义的小宗派。”他认为，当前中国唯一重要的工作，只有国民革命运动，也“只有在国民运动进一步发展时才能产生共产党”。[2]

---

[1] 马林：《致共产国际执行委员会、红色工会国际、共产国际执行委员会东方部和东方部远东局——关于中国形势和1923年5月15日至31日间的工作报告》（1923年5月31日）、《马林致布哈林的信》（1923年5月31日），《马林与第一次国共合作》，第190—191、196页。

[2] 《马林致拉夫斯坦的信》（1923年2月26日，4月3日）、《马林致布哈林的信》（1923年5月31日），《马林与第一次国共合作》，第131、146、196页。

1923年6月，中共召开第三次代表大会。负责指导会议工作的马林与中共部分领导人之间再度发生争论。陈独秀开始赞同马林观点，在他起草的决议案中承认：中国产业落后，劳动阶级还在极幼稚时代，工人运动尚不强大，"自然不能发生一个强大的共产党"。因此，"我们须努力扩大国民党的组织于全中国，使全中国革命分子集中于国民党，以应目前中国国民革命之需要"。但是，负责党的理论宣传工作的蔡和森和负责工会组织工作的张国焘，以及北方工会组织的代表都持不同意见。他们坚持："在中国没有哪一支力量的发展速度能与工人力量的发展相比，海员和铁路工人的罢工显示了他们的重要作用。""在许多地方我们可以控制工会工作，那里没有国民党的影响"，"我们完全有机会发展我们自己的组织"。而"国民党是资产阶级的政党，是我们的敌人，我们不能帮助他们，不能扩大他们的影响"。无论如何"不要把工会运动从我们手中转到国民党手中"去。[1]

问题是，"二七"惨案发生之后，党内的激进情绪已大为软化。蔡和森和张国焘等人的主张没有能够得到与会者的积极响应。马林的理由很有说服力，既然中共几年之内很难在秘密工作的条件下成为一个群众性政党，无论如何不能等到中共有条件发展壮大之后再来进行国民革命。既然国民党有充足的政治资源，又具有国民革命的明显倾向，苏联也决定全力支持国民党，中共当然责无旁贷地应当加入国民党，利用自己的政治智慧，协助苏联帮助国民党改组并推动它走向反帝革命。总不能因为"怕加入国民党有危险，而留在党外"。更没有必要担心工人群众会因为加入国民党而被扼杀了革命精神。恰恰相反，要想推动国民党走向革命，就必须在国民党大量充实革命分子，培养强有力的国民党左派，从而克服国民党的种种错误倾向。马林最终促使中共三大作出决议：不仅正式批准中共党员加入国

[1] 马林：《中国共产党第三次代表大会关于国共两党关系的讨论》(1923年6月12—20日)，《马林与第一次国共合作》，第227—242页；《张国焘给维经斯基和莫辛同志的信》(1923年11月16日)，中共中央党史资料征集委员会等编：《中共党史资料》1982年第3辑，第5—8页。

民党，而且没有直接提到任何旨在争取建立群众性共产党的实际目标。[1]

马林对通过共产党来发展、推动国民党充满了热情。他为此甚至不惜写信给共产国际领导人，尖锐批评那些对他说三道四的人。他说：“我不懂，为什么共产国际执行委员会的策略是阻止国民革命的发展？”“莫斯科的意向是让党在共产主义旗帜下进行独立的政治活动吗？”实际上，中国“党是个早产儿”，“是有人过早地制造出来的”，它的“整个工作几乎都是依靠外国经费”，多数党员没有职业，所以党同在职的工人、职员、教师等几乎没有联系。在这种情况下，“我们要鼓励同志们到国民党中去，并把用这个办法支持国民革命看作是中国共产党人的主要任务”，“不应凭想象去工作”。“绝对不要为此打出共产党的旗帜，在很长一段时间内也不能在工会的宣传中利用这面旗帜”。因为第一，许多人“害怕共产主义”；第二，它会“削弱俄国同中国国民党人的合作”，“那些希望我们集中全力去建设群众性共产党的人”，恐怕“是完全忽略了事情的实际情况”。[2]

马林的热情未能够得到孙中山的配合。1923 年年初，广州克复，孙中山回到广州，设立大本营，重新埋头于军政事务之中，国民党的改组工作因此逐渐停顿。这不能不让马林倍感沮丧。马林到底还是一位共产党人，在他的观念中，革命只能像法国以及俄国革命那样，在中心城市宣传和组织群众来进行。为此，自与孙中山接触以来，马林始终都在强调党的组织和宣传的意义，反对任何利用军阀夺取地盘的“革命”方式。他甚至不止一次地在中共的刊物上化名发表文章，批评国民党的这种做法只会使自己日益背离下层民众的意愿和需要。[3] 由于1922年夏天以后孙中山丢掉了广州，马林的这些批评意见确实很少引起国民党人的反感。但在 1923 年初孙中山

[1] 《马林与第一次国共合作》，第 227—242 页；中共三大：《关于国民运动及国民党问题的议决案》(1923 年 6 月)，《中共中央文件选集》，第 1 册，第 147—148 页。

[2] 马林：《致共产国际执行委员会的信》(1923 年 6 月 20 日)，《马林与第一次国共合作》，第 243—250 页。

[3] 孙铎：《国民运动、革命军和革命宣传》，《向导》第 9 期，1922 年 11 月 8 日；孙铎：《吴佩孚与国民党》，《向导》第 24 期，1923 年 5 月 9 日，等等。

重新回到广州之后，马林就无法再用过去的方式向国民党提意见了。一个最明显的例子就是，5 月 6 日山东临城发生土匪抢劫火车，打死一名英国人，劫掠二十六名外国人。事后，孙中山委任负责外交事务的伍朝枢起草电报，以国民党中央名义致电北京外交使团，要求各国撤销对应负此事责任的北京政府的外交承认，以便给予中国人民另行建设全国公认政府的机会。马林对国民党请求列强帮助的做法极感不满。他除了写文章在中共机关刊物《向导》周报上公开批评以外[1]，还当面向孙中山提出异议。结果，孙中山不仅无动于衷，而且对他重提加紧改组国民党工作和加强政治宣传问题，干脆也一口回绝，坚持一切必须等到军事问题基本上解决之后。[2]

马林对孙中山态度的变化感到十分焦虑。他终于不能不转而注视中共的作用，企图通过国民党内的共产党员，引导国民党去执行“国民革命的政策”。他提出，只有像陈独秀这样的人物，才能在国民党内部展开宣传，“促进国民党的新生”。[3] 马林据此推动中共中央通过决定，以中央委员会诸委员的名义，联名致函孙中山，要求他在华南停止军事行动，到上海去，组织工、商、学界的国民会议，把现有的各联合会组织成为自治政府。[4] 他建议，如果孙中山不能接受，“李大钊在北京和其他城市的其他同志，就要着手去把国民党的地方支部争取过来，采取党的这个新策略”。[5]

按照马林的建议和中共中央的决定，陈独秀等五名中央执行委员起草并向孙中山提交了建议信。信中强调，由于曹锟逼走黎元洪，试图取得总统地位，遭到上海乃至整个北方民众的强烈反对，上海各马路商会已经公开要求组织国民会议解决问题。国民党应当利用这个机会，公开站出来领

[1] 孙铎：《临城案件与国民党》，《向导》第 28 期，1923 年 5 月 23 日。

[2] 《马林致越飞、达夫谦的信》（1923 年 6 月 20 日），《马林与第一次国共合作》，第 261—262 页。

[3] 同上，第 263 页。

[4] 马林：《向共产国际执行委员会、工会国际和共产国际执行委员会东方部远东局的报告》（1923 年 6 月 25 日），《马林与第一次国共合作》，第 265 页。

[5] 《马林致季诺维也夫、布哈林、越飞和达夫谦同志的信》（1923 年 6 月 25 日），《马林与第一次国共合作》，第 266 页。

导民众斗争，并乘机宣传自己的主张。为此，“我党当前的主要任务是结束广州的战事，这样我们才能在国家政局危急之时去胜任我们的主要任务。我们不能囿于一方的工作而忽略全国的工作。我们要求先生离开广州，前往舆论的中心地上海，到那里去召开国民会议”，以便争取在国民会议的基础上，组成一个新的政府，进而建立一支解决全国问题的国民革命的新军队。但是，孙中山在与陈独秀等人的谈话中明白表示，他既不会与曹锟等人合作，也不会按照各方建议，将国会召来广州，同时也不会支持上海商人的行动，因为他看不出这会有什么结果。孙中山坚持，当前关键的问题，还是要争取建立一支自己的革命军队。据陈独秀报告说：当他询问孙中山，在国民党尚未成功改组并扩大自己的阵地之前，如何能够建立这样一支军队的问题时，孙的回答是：“党只有到紧急关头才能一马当先。现在我们必须发展我们的军事力量，在南方的广东可以建立根据地，然后我们必须设法在东北或西北得到一支军事力量。靠这些力量的协作将使革命取得胜利。召开国民会议是不可能的。”[1]

在西北或东北建立一支军事力量，是孙中山久已有之的梦想。为此，他坚持与张作霖保持密切关系，同时极力劝说苏联政府的代表，支持他在中国西北地区，如新疆和蒙古边境等地建立军事基地。1923 年 5 月，莫斯科同意提供 200 万金卢布援助，并愿意与孙的代表讨论西北军事计划，孙明显地对坚持广州根据地和发展自己的军事力量给予了更多的关注。[2] 这时，马林在极力协助苏联外交代表越飞，为孙中山争取到俄国的援助之后，突然发现自己犯了一个致命的错误。

注意到孙中山在军事上的进展、广州根据地的巩固和苏联的支持，马林开始失去耐心。在他看来，只要孙中山仍然身在南方，他所关心的唯一

[1] 《陈独秀、李大钊、蔡和森、谭平山和毛泽东同志致孙中山的信》（1923 年 6 月）、《马林致达夫谦和越飞的信》（1923 年 7 月 13 日）、《马林向共产国际执行委员会的报告》（1923 年 7 月 15 日），《马林与第一次国共合作》，第 267—268、281—282、288 页。

[2] 有关情况可参见杨奎松：《孙中山的西北军事计划及其夭折》，《历史研究》1996 年第 3 期。

问题就是控制广东，而军事上越有利，孙就会越满足于政治谋略，“而更不乐意与我们接近”。马林在给越飞的信中承认：“现在，我对他毫无办法。”因此，他尖锐批评越飞不该为孙中山争取到财政援助，断言“拿钱支持国民党是不负责任的”，“从经济上支持孙在南方的军事计划并无益处，那些计划其实并没有革命意义”。他说：过去这200万元对孙中山也许至关重要，但对一个已在广东立足并能驾驭局势的统治者来说，就远不是那么重要了。如果莫斯科继续“让孙保持控制权，那对于整个运动将是有害的”。马林提出，与其为了帮助孙中山控制广东，把200万元塞进南方将领的腰包，真不如用2万元帮助为数不多的共产党人，从事国民党的宣传，看看他们在这方面会有什么作为。[1]

但到这个时候再来鼓励共产党进一步展开对国民党的批评与竞争，已经太晚了，它反而会让正在期待苏联援助的孙中山怀疑共产党人蓄意拆台。随着陈独秀、蔡和森等人在中共中央机关刊物《向导》杂志上一再发表文章，批评国民党幻想占据广州一隅之地，利用军阀实行北伐来成就中国革命的作法不切实际，孙中山很激烈地表示了他的不满。7月18日，在马林最后一次与孙中山等人进行谈话时，孙突然用英语愤愤地说：

> 像陈独秀那样在他的周报上批评国民党的事再也不许发生。如果他的批评里有支持一个比国民党更好的第三个党的语气，我一定开除他。如果我能自由地把共产党开除出国民党，我就可以不接受财政援助。[2]

据马林后来报告说，孙中山说到这个问题时，情绪非常激动，以致廖仲恺和胡汉民等人一个个噤若寒蝉，都悄悄地溜走。只有马林还留在那里，

[1] 《马林致达夫谦和越飞的信》（1923年7月13日）、《马林致越飞和达夫谦的信》（1923年7月18日）、《马林致达夫谦和越飞的信》（1923年7月20日），以上见《马林与第一次国共合作》，第283、293、295、297、299页。

[2] 《马林致越飞和达夫谦的信》（1923年7月18日）。

努力为陈独秀做些辩护。但无论如何，孙中山坚决维护国民党，不允许身为国民党员的中共领导人公开批评国民党的态度，是再清楚不过了。为此，中共中央在第二天就紧急召开会议讨论。根据各方汇集的情况可知，不仅孙中山对中共的批评强烈反感，而且上海和广州的国民党人都表现出同样的情绪。他们甚至怀疑陈独秀等人只是想利用国民党，孙中山委任他为大本营宣传委员长，他却在利用这一职务做同国民党决裂的事情。身为国民党员的中共领导人面对这种情况，深感为难。按照共产国际的决议和共产党自身的观点，他们无法对国民党在政治上的问题和不足视而不见，否则就不足以显示其组织上的独立性；但基于共产国际必须留在国民党内的决议，他们又不能轻易破裂与国民党的关系。讨论来讨论去，最后的决定是，继续过去的路线，在批评上避免激烈词句，同时加强有利于国民党的宣传。[1]这样一种方针，显然不可能解决问题。

其实，国共关系中的麻烦，也并不仅仅是国民党人的感受问题，中共自身也困惑不已。仅以中共中央驻地问题为例，马林千方百计把中共中央弄到广州来，经过几个月的时间，连马林自己都发现这是一个馊主意。在孙中山身边，任何与孙中山意见分歧的言论都难免会引起纠纷，孙中山严厉批评陈独秀，就是因为得知香港英文报纸不满国民党在广州不能管束陈独秀等人言论的消息所致。而与此同时，把中央搬到广州来，原本是马林想要更有效地通过中共中央来推动国民党改组工作的进行。事实上几个月来，中共领导人在这方面几乎无事可做。相反，北方政治出现危机，中共反而没有力量去领导和组织强有力的政治宣传。

到1923年7月，马林不仅自己灰心丧气，而且也失去了共产国际的信任。眼见在马林的影响下，中共中央以国民革命为中心任务，自身的发展宣传工作受到影响，共产国际东方部对这位荷兰人有理由强烈不满。一位在北京的共产国际工作人员的报告尤其能反映出这种不满情绪。报告称：由于

---

[1] 《马林致达夫谦和越飞的信》（1923年7月20日）。

党员全部加入了国民党，“党的工作这里进行得很少。本来它的规模就不大，而近来由于这个倒霉的国民党奸党，工作几乎完全停止了。大家都被套在孙逸仙的马车上，对其他的一切都不屑一顾”[1]。这样，马林成了东方部官员嘴里的“右派”的代名词，自然不足为奇。当得知马林终于要被调离中国之后，一位东方部工作人员愤愤不平地表达了这些人的心情：

> 但愿任何贯彻越飞的观点或外交人民委员部其他代表的观点的马林们，不要使党陷入一会儿向这位将军点头，一会儿向另一位将军点头的变化不定的窘境。外交人民委员部需要这样，但不要把党牵连到这种事情里去。即使国民党目前确实是所有党派中最优秀的，更接近于国民革命运动，但也决不意味着我们应当做它的尾巴，同它一起经受种种冒险、病痛、阴谋、欺诈等。[2]

三、孙中山的希望与两难

马林在1923年7月下旬离开中国。步其后尘，莫斯科很快派来了另一位“马林”。之所以这样说，是因为在莫斯科给这位名叫鲍罗廷（M. M. Borodin）的新代表的指令当中所提出的要求，与马林路线几乎毫无区别。

这份由中央书记斯大林（J. Stalin）签署的指令当中写道：“鲍罗廷同志在与孙逸仙的工作中遵循中国民族解放运动的利益，决不要迷恋于在中国培植共产主义的目的。”[3] 这意思明明白白，就是鲍罗廷的工作还要像过去一样，以孙中山的国民党为中心。如果鲍罗廷只是像越飞那样，纯粹是苏联

[1] 《斯列帕克给维经斯基的信》（1923年8月25日），《共产国际、联共（布）与中国革命资料档案丛书》（1），第267页。

[2] 《斯列帕克给维经斯基的信》（1923年8月25日）。

[3] 《俄共（布）中央政治局会议第21号记录》（1923年8月2日），《共产国际、联共（布）与中国革命资料档案丛书》（1），第266页。

外交人民委员部的工作人员倒也说得过去，问题是鲍罗廷同时也受命担任共产国际在华南的代表。过去马林只因为帮助越飞做了一些外交性质的工作，就受到共产国际东方部的强烈批评，如今鲍罗廷本身就是苏联驻华外交使团的正式成员，共产国际东方部却仍旧不得不接受他为自己的代表，其地位之尴尬显而易见。

当然，对于共产国际来说，鲍罗廷与马林还是有所不同的。这首先因为他是俄国人，16 岁就参加了俄国的社会主义运动，1903 年即加入俄国社会民主工党，站在多数派一边，是老资格的布尔什维克。他不仅政治上可靠，与包括列宁在内的众多俄共（布）领导人也都有很好的关系。鲍罗廷之所以被莫斯科看中并派往中国，一个原因是他的英语很好，曾在美国从事社会主义运动 12 年之久，而且自从共产国际于 1919 年成立以来，他就一直参与共产国际的工作，并负责指导过英国共产党加入英国工党的联合战线的工作。与此同时，他与苏联副外交人民委员加拉罕私交不错。当加拉罕受命前往中国，接替越飞担任驻华全权代表之后，加拉罕立即就想到了鲍罗廷，把他推荐给斯大林，建议由鲍罗廷担任孙中山的首席政治顾问，以便于他能够全面掌握中国南北方的情况，灵活协调对华外交。

鲍罗廷 8 月由中国东北入境，先后到达北京、上海，并在上海与张继及陈独秀交换看法。10 月 6 日，他持加拉罕的介绍信到达广州。鲍罗廷到达当天，孙中山就接见了他。而这个时候，恰值孙中山因军费窘困，强行截留广州海关的关税余款，正与以英国为首的列强发生冲突之际。几个月来，“广州几乎无日不在叛逆势力的围困之下与骄横军人的蹂躏之中”，“财政困难达于极点”[1]，广东根据地的这种危急形势使孙中山增加了争取苏联援助的紧迫感。与以往小心翼翼地不愿与莫斯科扯上关系的情况相比，孙中山这时的态度变得异常坚定。此外，孙之所以格外重视鲍罗廷，还因为他注意到鲍罗廷与马林有很大的不同。鲍罗廷不仅是老布尔什维克党员，在莫斯科有良好

[1] 李云汉：《从容共到清党》，第 164 页。

的人缘，而且是苏联驻华外交使团的正式成员，受到曾任副外交人民委员、现任驻华全权代表加拉罕的高度信任。对鲍罗廷给予高度礼遇，将有利于对苏联的对华政策施加影响。

孙中山久历政坛，深知欲寻求外援，实现政治抱负，非有所凭藉不可。1922 年 11 月 24 日，他在给蒋介石的信中就明白地表露了这种心态。他告诉当时急于取得苏联援助的蒋介石说：要想取得苏援，“必在吾人稍有凭藉，乃能有所措施。若毫无所凭，则虽如吾国之青年共产党，与彼主义完全相同矣，亦奚能为？所以彼都人士，只有劝共产党之加入国民党者，职是故也。此可知非先有凭藉不可，欲得凭藉，则非恢复广东不可”[1]。如今凭藉在手，又有苏联外交使团成员到来，他自然会不失时机寻求援助。他不仅要求苏联由海参崴（通过海路向广州）运送援助物资，而且明白告诉鲍罗廷，只要他还能守往广州，他就一定会与苏联建立起直接的联系。[2]

一方面，孙中山需要苏联的援助，另一方面，内外交困的局面也促使孙再度对俄国人的组织宣传方法发生兴趣。而在这后一方面，作为俄国布尔什维克老党员，鲍罗廷的现身说法尤其具有说服力。他用亲身的经历介绍俄国革命的经验，显然极大地触动了孙中山。仅仅两三天，孙中山就对鲍罗廷有了很好的印象，并对鲍罗廷所介绍俄国经验深以为然。鲍罗廷到后第四天，适逢双十节，国民党召开党务会议，孙中山首次以俄国革命为鉴，谈论起国民党的问题来了。次日，他即下令重启国民党的改组工作。他公开承认：“俄国革命六年，其成绩既如此伟大；吾国革命十二年，成绩无甚可述”，关键就在国民党缺乏组织，缺少革命精神和巩固基础，“故十年来党务不能尽量发展，观之俄国，吾人殊有愧色！”为此，他明确提出：以

---

[1] 《孙中山全集》，第九卷，第 616 页。

[2] 《鲍罗廷关于华南形势的札记》（1923 年 12 月 10 日），《共产国际、联共（布）与中国革命资料档案丛书》(1)，第 366 页。

后当“效法俄人”，“以党治国”。[1] 马林在孙中山身边数月不能实现的目标，鲍罗廷到后几天便顺利推动，其魅力之大，不难想见。

鲍罗廷显然善于发现问题所在。过去，每有外人问到国民党党员人数时，孙中山都会以十万乃至二十万之数告之。[2] 鲍罗廷一来就发现，情况远非如此。广州国民党分部号称有党员三万，缴纳党费者仅有六千，待重新登记时，来登记者才不过三千。即使这三千党员，与党也缺少联系。党“没有在他们当中散发书刊，没有举行会议，没有说明孙在各个战线上的斗争目标，特别是同陈炯明的斗争目标”。它偶尔发表的由孙中山签署的有关三民主义目标的宣言，多半只是作为新闻刊登在几家报纸上，然后就一切照旧，党丝毫不能因此而得到发展。事实上，“国民党作为一支有组织的力量已经完全不存在”。再加上持续战争，或因军费巨额开支造成滥征捐税，或因战争需要大量强制征兵、征夫、征粮，致使“广东人民对孙的政府持强烈反对态度”，广州政权甚至得不到民众的支持。[3] 当鲍罗廷把这些问题一一分析给孙中山听之后，孙中山也承认问题之严重，因而更看出加强党的工作，以扩大群众影响的重要。[4]

必须集合有献身精神的党员个人的力量，革命才有希望，这是孙中山在与鲍罗廷交谈后得到的一个强烈的印象。受命前往上海的廖仲恺在解释孙中山所以必须改组的理由时，特别强调的就是这一点。他说：孙先生在广州已经历三次失败，“三次失败皆因军人持权，党员无力，故党之主张无力”。过去虽曾组织集体入党，但“当时以团体加入之党军，即为后日攻总

[1] 孙中山：《在广州国民党党务会议上的讲话》（1923 年 10 月 10 日），《孙中山全集》，第八卷，第 267—268 页。

[2] 在达林与孙的一次谈话中，孙告诉达林，所谓十万之众是指那些公开声明支持他的上海学生会和承认国民党三民主义的各色军队。达林对此非常吃惊。达林 1922 年见孙中山时，曾特别问到孙如何运用党的力量及国民党员的人数，孙的回答让达林十分意外。因为“孙中山竟把这十万雇佣兵看作自己的党员！”参见达林前引书，第 111 页。

[3] 《鲍罗廷关于华南形势的札记》，《共产国际，联共（布）与中国革命档案资料丛书》(1)，第 367 页。

[4] 孙中山：《在广州中国国民党恳亲大会的演说》（1923 年 10 月 15 日），《孙中山全集》，第八卷，第 280—286 页。

统府之人。可见入党者须以个人，不可用团体也。假使广州方面有相当数目（如有十万党员）之党员，何致得历次失败之结果？党员本在民众之内，果有多数党员，庶足制伏军队，因为徒恃军队必至为兵所制，不能制兵也”。[1]

党员多，则民众多；民众多，则足以制伏军队。这也是孙中山在与鲍罗廷谈话后所得到的一个重要的结论。而要有效地发展党员，聚拢人心，扩大宣传，实现以党治国的目标，也只能借助于俄国革命的经验。这也就是为什么孙中山很快就任命鲍罗廷为“国民党组织教练员”，并下令成立包括廖仲恺、汪精卫、张继、戴季陶和共产党员李大钊在内的国民党改组委员会的根本原因。显然，孙中山这回是真正下决心要模仿俄国共产党的组织模式，开始全面改组国民党了。

既然要改组国民党，扩大宣传，发展组织，共产党员的作用自然又显露出来。10月25日，孙中山召开会议，正式宣告改组决定之后，马上就在鲍罗廷的建议下，指定包括中共领导人谭平山、李大钊在内的国民党临时中央执行委员会，并着手进行国民党党员重新登记和建立各地区党部的工作。有鲍罗廷的推举和孙中山的批准，更多的在广州的共产党员投身到改组工作中来了。

鲍罗廷不仅成功地争取到了孙中山的信任，同时也成功地与中共及社会主义青年团在广州的领导人建立起良好的工作关系。他不像马林那样毫不隐晦地贬低中共的作用，否定中共理想的目标，而是向中共党员反复解释他们在国民党内的决定性作用，说明壮大国民党就是为了壮大共产党的道理。他一边不断地与中共党、团领导人举行联席会议，共同商讨国民党改组事宜，充分发挥共产党人的作用，一边经常提醒党团领导人说：我们现在的任务“就是要使国民党的工作面向群众，面向人民”，使所有的工人、学生都迅速觉悟起来，加入国民党，参加国民革命，但这不妨碍我们同时

---

[1] 《中国国民党中央干部会议第十次会议会议记录》（1923年12月9日），转见李云汉：《从容共到清党》，第228页。

把最革命的人吸收到共产党内来。只有我们才能把国民党变成革命的大熔炉，从这个熔炉中提取我们自己的党所需要的材料”，为将来建立群众性的共产党打基础。当然，他坚持共产党人必须步调一致听指挥。他明确提出：“党中央必须把关于纲领的准备好的发言稿发给它的代表，而为了不使我们的计划落空，我们的人必须有组织地发言。没有中央的书面指示，发言甚至不应有任何修改。”[1]

当然，鲍罗廷对国共两党同时具有影响力，并不意味着他能够使孙中山与共产党的关系发生根本性的改变。关于这一点，我们可以从孙中山这时的一段批示中得到清楚的印象。

11 月 29 日，华侨出身的国民党临时中央执行委员邓泽如领衔上书孙中山，指陈鲍罗廷时常与陈独秀等共产党人集会，讨论国民党的政纲、政策，于此似可见“俄人替我党订定之政纲政策，全为陈独秀之共产党所议定”，“为苏俄政府所给养”之共产党，正在“借国民党之躯壳，注入共产党之灵魂”。[2]

这时，孙中山确实在委托鲍罗廷代为起草制定国民党的政纲及党章等重要文件。他也清楚鲍罗廷与共产党人之间的来往甚至会议。但是，整个政纲、党章的讨论和修改，很大程度上是由孙中山指定的委员会在负责，最后还要经孙中山亲自审定批准，所谓“俄人替我党订定之政纲政策，全为陈独秀之共产党所议定”，自然纯属子虚。因此，孙中山对此明白解释说：政纲草案等“为我请鲍罗廷所起，我加审定，原为英文，廖仲恺译为汉文，陈独秀并未与闻其事，切不可疑神疑鬼”。“若我因疑陈独秀而连及俄国，是正中陈独秀之计，而助之得志矣”。这一段话，对邓泽如等有所批评，但“正中陈独秀之计”云云，却清楚地反映出孙中山对中共的不满。十分明显，注意到鲍罗廷与共产党人的关系，一心希望得到苏联全力帮助的孙中山，难免会对中共与俄国的关系心存芥蒂乃至醋意。他严厉地指出：以陈

---

[1] 《中国共产党与青年团联席会议记录》(1924 年 1 月 1 日)。

[2] 转见《革命文献》，第九辑，第 66 页。

独秀为首之“中国少年学生自以为是”，“初欲包揽俄国交际，并欲阻止俄国不与吾党往来，而彼得以独得俄助而自树一帜与吾党争衡也”。当然，孙中山并不认为这是俄国人的问题，他反对把俄人与中共相提并论，且因此愈加相信有吸收中共党员入党之必要。他为此特别解释说：“我国革命向为各国所不乐闻，故尝助反对我者以扑灭吾党，故资本国家断无表同情于我党，所望为同情只有俄国及受屈之国家及受屈之人民耳。此次俄人与我联络，非陈独秀之意也，乃俄国自动也。”“俄国欲与中国合作者只有与吾党合作，何有于陈独秀？”“俄国之革命党皆属有党政经验之人，不为此等少年所遇（愚），且窥破彼等伎俩，于是大不以彼为然，故为我纠正之，且要彼等必参加国民党，与我一致动作，否则当绝之；且又为我晓喻之，谓民族主义者，正适时之良药，并非过去之遗物，故彼等亦多觉悟而参加（对）吾党。”“不能以彼往时反对吾人，而绝其向善之路。”批示最后，孙中山强硬表示，他绝不会听任共产党人在国民党内自行其事，尽管陈独秀等已加入本党，但“陈如不服从吾党，吾亦必弃之”。[1]

从孙中山的上述表示，可以清楚地看出他与共产党的关系，多少有些无可奈何的味道。他之所以会接受俄国人的干预和劝说，吸收共产党员加入国民党，虽然有欣赏共产党人能力的因素，很大程度上却还是由于“所望为同情只有俄国”。倘若一方面允许共产党保持自身的组织独立性和批评自由，另一方面又要求共产党员像所有国民党员那样服从自己，这实在过于困难。如果说他开始时还没有能够清楚地意识到这一问题的严重性的话，那么他这时显然早有领教了。他之所以能够对马林脱口而出地表示：“如果我（因为）能自由地把共产党人开除出国民党（而要受到苏联的干预），我就可以不接受（苏联的）财政援助”，就是因为他已经意识到自己陷入到这样一种两难的境地。当然，在孙中山看来，事情还没有发展到必须做出抉择的地步。万一逼不得已，他还是能够做出壮士断腕的举动的。他曾经明

[1]　孙中山：《批邓泽如等的上书》（1923年11月29日），《孙中山全集》，第八卷，第458—459页。

白告诉共产国际代表说：“共产党既加入国民党，便应服从党纪，不应该公开的批评国民党，共产党若不服从国民党，我便要开除他们；苏俄若袒护中国共产党，我便要反对苏俄。”[1]

四、国共两党的困惑与尴尬

孙中山对中共态度两难，共产党员以个人身份加入国民党后，同样也陷入两难的境地中。

1924 年 1 月下旬，中国国民党召开了它历史上的第一次全国代表大会。这次会议的形式和规程都仿照俄共（布）。事先起草大会宣言和党章，组织宣言、党章、组织宣传、党务等议案审查委员会，成立大会主席团，最后选举中央执行委员会，并从此开始由中央执行委员会一事一决的议事制度。其党的总章关于会议制度、上下级关系、组织设置、各级职权范围及纪律制裁等项规定，几乎照搬俄共（布）党章的内容。[2]

尤为引人注目的是，大会通过的宣言对孙中山的三民主义做了与共产国际近乎一致的解释。共产国际的解释可见于在蒋介石为首的孙逸仙博士代表团离开莫斯科的前一天它的主席团在与代表团讨论之后所通过的一项决议。决议全面阐述共产国际对于在中国实现民族主义、民权主义和民生主义这三项革命目标的理解。其民族主义强调反对帝国主义，反对本国军阀，反对本国资产阶级的残酷剥削，同时承认国内各民族的自决权；其民权主义坚持区别于“天赋人权”说，强调只有那些真正拥护反帝斗争纲领的分子和组织，才能广泛享有自由权利；其民生主义主张把外国工厂、企业、

[1] 《马林与第一次国共合作》，第 294 页；陈独秀：《告全党同志书》（1929 年 12 月）；《中共广东地区委员会联席会议》（1924 年 10 月）。

[2] 参见《孙中山全集》，第九卷，第 152—162 页；《苏联共产党代表大会、代表会议和中央全会决议选辑》（1），中国人民大学 1954 年版，第 594—599 页。

银行、铁路和水路交通收归国有，把土地直接分给农民。[1] 国民党代表大会所通过的宣言，除了在民生主义的解释上坚持“平均地权”“节制资本”的观点以外，民族主义和民权主义的解释明显地与共产国际决议的解释相一致，对民生主义的解释也突出强调了依靠工农和工农利益等问题。[2] 这种情况显然让俄国人极为满意。

加拉罕接到鲍罗廷的报告后，在写给契切林的信中不无得意地说：大会宣言“关于民族主义一条非常有意思，那里民族主义是按照共产国际的声明的精神解释的，而且还发挥了关于民族斗争的两个方面的思想，即一方面是同压制中国民族独立的帝国主义的斗争，另一方面是通过赋予中国境内各民族以自决权的办法实现各民族的解放”。“其民权主义也以共产国际的同一项决议为自己的根据”。“至于民生主义，它也是以共产国际决议为依据的，但是根据本地情况加以改头换面，以便使它能够为党的右派所接受”。[3] 信件还说，包括大会通过的国民党党章，也“与我们党即共产党的章程接近”。加拉罕感到尤为庆幸的是，那些年轻的共产党员表现“十分出色”，他们“有高度的纪律性，没有用任何左派共产主义者的言论给党的第一次代表大会的整个组织工作和给党纲、党章的制定制造麻烦”。显然，包括加拉罕在内，莫斯科的一些人对此曾经相当担心。[4]

---

[1] 《共产国际执行委员会主席团关于中国民族解放运动和国民党问题的决议》(1923 年 11 月 28 日)，《共产国际、联共（布）与中国革命档案资料丛书》(1)，第 342—344 页。

[2] 其宣言关于民族主义内容的写法几乎可以说是共产国际决议的翻版，关于民权主义的说明在重申了孙中山过去所强调的选举、创制、复决、罢免诸权和立法、司法、行政、考试、监察五权分立原则外，也完全接受了共产国际决议关于民权主义区别于“天赋人权”，必适合于中国革命之需要的革命原则。《中国国民党第一次全国代表大会宣言》(1924 年 1 月 23 日)，《孙中山全集》，第九卷，第 118—122 页。

[3] 有关民生主义的内容，加拉罕在给莫斯科报告中与他在给鲍罗廷的信中的评价明显不同。在给鲍罗廷的信中，他的说法是：“唯一令人不满的是孙逸仙对自己党内的‘地主’派所做的让步。我认为，对于这一点还是应该像以前那样给以谴责，以便使孙以最激进的方式贯彻执行土地法令。”参见《加拉罕给契切林的信》(1924 年 2 月 9 日)、《加拉罕给鲍罗廷的信》(1924 年 2 月 13 日)，《共产国际、联共（布）与中国革命档案资料丛书》(1)，第 410—414、418 页。

[4] 《加拉罕给契切林的信》(1924 年 2 月 9 日)，《共产国际、联共（布）与中国革命档案资料丛书》(1)，第 414 页。

比较马林走前中共方面对国民党的激烈批评态度，不难看出共产党人此时对两党合作抱以怎样的期待。他们这时无疑对鲍罗廷的努力给予了相当的肯定，并尽力与之配合。也正是在这种情况下，中共中央在国民党一大前后都极力保持低调。即使在内部，他们也明确地规定了避免引起纠纷的方针。这包括对会议期间的人事安排，为了避免嫌疑，确定“共产党员不应该在各委员会中谋求职位”，同时，尽量不推荐自己人担任各级职务。对选举国民党中央执行委员，最初也只计划由鲍罗廷推荐两名自己的同志。在选举代表问题上，他们也采取消极做法，“拒绝当候选人，大家都选孙为代表，他们在选票上只写‘孙逸仙’，别的什么都不写”，“以便不给如此热衷于保护每个席位的国民党右派提供说闲话的任何借口”。[1] 共产党人的这种做法自然得到了孙中山的肯定。它反映在这次代表大会上，刚刚加入国民党不久的中共党员虽然尽力保持低调，其所得地位仍显得十分突出。中共及青年团这时总人数虽然只占国民党在册党员人数的百分之二，出席大会的代表人数却占到了全体代表人数的百分之十。代表大会上新产生的中央执行委员中，跨党的中共党团更占到了将近百分之二十五。[2] 出现这种情况，显然与对代表产生和推举委员拥有指定和最后决定之权的孙中山的态度有关。同样，在会后设立的国民党中央党部，跨党的中共党团员在一个秘书处和六个部中占据了两个部长（组织部、农民部）和三个实际为副部长的秘书（组织部、工人部、农民部）的席位[3],同时并在中央执行委员会常务委员会里还取得了三分之一的发言权[4]。特别是同意把秘书处和组织部交给中共党员来负责，虽然或多或少可能会有鲍罗廷建议的成分在内，它能够得到孙中山的首肯，也足以

[1] 《谭平山与鲍罗廷的谈话》（1924 年 1 月 10 日）、《中国共产党与青年团联席会议》（1924 年 1 月 1 日）、《鲍罗廷的札记和通报》（1924 年 2 月），《共产国际、联共（布）与中国革命档案资料丛书》(1)，第 443、444—445 页。

[2] 在 25 名中央执行委员中，谭平山、李大钊、于树德为中共党员；在 17 名候补委员中，沈定一、林祖涵、毛泽东、于方舟、瞿秋白、韩麟符、张国焘为中共党员。

[3] 国民党一届一中全会决定设立一处八部，但调查部和军事部暂缓成立。秘书处及组织部部长谭平山、秘书杨匏安，农民部部长林祖涵、秘书彭湃，工人部秘书冯菊坡等为中共党员。

[4] 中央执行委员会常务委员共三人，廖仲恺、戴季陶为国民党员，谭平山为中共党员。

反映出孙中山有利用中共发展组织的想法。

孙中山改组国民党的一项重要议题，就是要让国民党人理解自己引进共产党员的良苦用心。因此，为了消除有关疑虑，孙中山在这次大会上曾两次发言释疑。

大会第二天，孙专门发表民生主义讲演，说明民生主义与共产主义其实并无不同。他说：过去"北京一班新青年非常崇拜新思想，及闻俄国共产之主义，便以此为世界极新鲜之主义，遂派代表往俄，拟与之联合，并代俄宣传主义，认定共产主义与民生主义为不同之二种主义。我们老同志，亦认定民生与共产为绝对不同之二种主义，于是群起排斥，暗潮便因之而生。然揆诸民生主义之真谛，双方均属误解"。"共产主义与民生主义毫无冲突，不过范围有大小耳"。"本党既服从民生主义，则所谓社会主义、共产主义与集产主义均包括其中"。故俄人极力称赞国民党所主张之三民主义，而中共亦悉心研究并认定救国非此不可，"于是诚心悦服本党三民主义，改共产党员为国民党员"。[1]

然而，与会的国民党人仍对孙中山的说法表示怀疑，声称既然共产党员服从本党三民主义，为何不退出共产党？来自上海的代表何世桢就明确提出，应当禁止国民党员跨党。对此，中共方面基于内定的原则，反映十分温和，回答亦力求诚恳。28 日，李大钊受中共党团会议委托，说明跨党原因，解释中共不能解散，是因为它是共产国际在中国的支部，并非纯粹中国人自己的组织，其党员要加入中国国民党，自然只能以个人名义，而不能解散这一国际的组织。况且中国革命也需要这样的组织在国民党与国际的组织中间做联络。中共党员加入国民党是基于国民革命的共同目标，并非想要借国民党的名义开展共产党的运动。李大钊还郑重保证："我们留在本党一日，即当执行本党的政纲，遵守本党的章程及纪律；倘有不遵本

[1] 《总理关于民生主义之演说》（1924 年 1 月 21 日），中国第二历史档案馆编：《中国国民党第一、二次全国代表大会会议史料》（上），江苏古籍出版社 1986 年版，第 21—23 页。

党政纲、不守本党纪律者，理宜受本党的惩戒。”[1] 孙中山要的就是服从，有了中共的保证，国民党领导人廖仲恺、汪精卫和胡汉民都自动为容共的办法辩白，此事才不了了之。

中共组织新立，党员数量寥寥，却能利用国民党在各省组织欠缺又急谋发展的机会，在众多地方党部中取得支配地位，同时一举取得国民党中央重要职权，这自然会让许多老国民党员感到担心。因此，虽有孙中山的坚持和李大钊在大会上的保证，国民党内反对中共跨党的声浪依旧一拨强似一拨。国民党一大后，广州几位国民党老党员甚至组织秘密小团体以抵制共产党，各地部分老国民党人也纷纷拒绝与跨党人员合作，或拒不到任，或分庭抗礼。北京、上海、广州、汉口等地的国共两党人员之间，都存在着严重的对立，并导致受他们影响的工人和学生组织形成相互对立的不同派别。对此，力图巩固现有成果的中共中央不能不更加小心谨慎。它在国民党一大后专门召开三届二次会议，通过决议案，进一步告诫党员：“本党所以必须与国民党合作，因就中国眼前之经济状况，必须经过民主主义的国民革命，这是国民党对中国的历史使命”。“今以国民党明达领袖的决心，我们素所期待的改组国民党的理想，竟一一开始进行，这实是中国革命前途的幸福。我们在国民党改组以后更当以努力扶持他们，不可因他们以往的缺点，预存嫌恶藐视的心理”。“对他们中间极腐败的分子，亦宜取敬而远之的态度，须尽力避免不必要的冲突”；“对于国民党比较不接近我们的分子，应多方加以联络，以逐渐改变他们的态度”。决议案提出，“为求本党同志与国民党能圆满的合作”，要尽量避免国民党内发生左右之分歧，“我们的同志，应站在国民党立脚点上”，“以扶助督促其党务之进行，自为应尽之职务”，不可勉强援引我们的同志担任国民党内各种职务，尤不应包办其党务，以免“使国民党党务，及国民党对于本党的信任，俱受不良的影响”。

---

[1] 《北京代表李大钊意见书》(1924 年 1 月),《李大钊文集》(下),第 704—706 页;《中国国民党第一、二次全国代表大会会议史料》(上),第 50—54 页。

甚至,会议还特别提出,在发展本党组织时,亦须十分慎重,不应使国民党“误会我们有意拉去他们的党员”。今后一切工作均“用国民党名义，归为国民党的工作”，只有国民党不愿用其名义活动的，才可作为本党独立的活动。[1]

事实上，在国民党各级部门的中共党员最初也确是按照中共中央的要求去做的。国民党全面开始改组工作之后，中共党员全力投入，自身的组织发展因而受到影响。谭平山就报告说:我们在广州的干部总共只有30多人，国民党一大前,广州12个区只组织起12个支部,而现在已成立了9个区委，64个支部，拥有党员7780多人，我们在5个区委和13个支部中担任重要工作，而干部人数却没有增加，结果他们总是忙于大量事务性工作，抽不出时间做群众工作,使我们失去了同工人群众的联系,党员的发展几乎停顿。国民党一大召开后，据阮啸仙4月间的报告，广东的共产党人已经完全淹没在国民党的组织宣传工作之中了。在国民党内，虽有许多人害怕我们怀着什么阴谋来利用国民党，看见我们努力的成绩暗生嫉妒，或因我们影响其升官道路而攻击我们，我们都以“忍辱负重”之精神，“为革命家唯一的信条”,不与之纠纷。以至于今天,一般工人、农民只知我们是“好国民党”“新国民党”，而不知有共产党。鉴于国民党内状告中共的案件日渐增多，尤其众多国民党人对共产党员在国民党一大轻易取得中央及地方高位不满，经中共中央批准，谭平山和林伯渠等还主动请辞国民党中央执行委员会常务委员和国民党中央党部农民部部长等职，以示诚意。[2]

不过，国共终为两党，中共中央虽有不可勉强援引自己的同志担任国民党内各种职务，尤不应包办其党务的规定，贯彻起来到底十分不易。国民党上海执行部成立后，以胡汉民、汪精卫、叶楚伧为常务委员兼组织、

[1] 《同志们在国民党工作及态度决议案》(1924年2月),《中共中央文件选集》，第1册，第222—225页。

[2] 《谭平山与鲍罗廷的谈话》(1924年2月10日)；《阮啸仙关于团粤区一年来的工作概况和经验》(1924年4月4日)，中央档案馆、广东省档案馆编:《广东革命历史文件汇集》(1922—1924年)，第1辑，第223页。

宣传部部长等，日常工作实际上均由组织部秘书毛泽东、宣传部秘书恽代英等跨党人员负责处理，他们要想在上海执行部分管的江苏、浙江、安徽、江西和上海4省1市顺利开展党务工作，较多援引自己同志在所难免。北京执行部管辖范围更多达15省，从组织、教育宣传，到青年等各部部长及秘书、助理等，大半也都是李大钊、蔡和森、朱务善、于树德、张昆弟、王尽美等跨党人员。国民党原来在北方多数省份就缺少基础，唯一有些基础的北京地区的国民党组织又与共产党人格格不入，分庭抗礼，李大钊等要想进一步在各省党部开展工作，亦只能选派其熟悉的中共党员和青年团员，以及其他自己的同情者。汉口执行部管辖湖北、湖南、陕西三省党务，原委派老资格国民党人覃振、张知本主持，二人均因汉口执行部跨党人员太多而未到任，最后不得不改由中共党员林伯渠主持，结果汉口执行部自然也就成为中共人员及其同情者的阵地。这种情况进一步加剧两党人员之间的矛盾冲突。而国民党人不了解的是，如此大量地将为数有限的中共党员投入到国民党的组织发展中去，其实也并非中共中央所乐见。

一大后，国民党迅速在全国范围建立起区、省、市、县各级党部，大量发展党员，北京执行部一年时间就发展党员上万人。与此同时，中共组织的发展却陷于停滞。1921年7月中共一大时，党员50余人；1922年7月二大时，党员195人，一年增加近四倍；1923年6月三大时，党员432人，一年增加两倍多。此后至1924年5月中央扩大执行委员会召开，即国民党改组前后一年时间，党员基本上没有增加，一些地方还明显减少。[1] 各地报告党员不见增加的原因：“一因同志现注意国民党的工作，所以对于一般人，都介绍进国民党去了；二因介绍本党同志，务在严格（原文如此），故新党

[1] 以上数字多根据王健英编:《中国共产党组织史资料汇编》，红旗出版社1983年版，第2、8、17页。关于1924年5月扩大执委会时的数字，根据执委会各区报告统计，可知上海区原有56人，现有47人；汉口区有47人；湘区略增达到149人；京区75人；山东区17人。这里虽缺少广东区的报告，但从谭平山与鲍罗廷的谈话中已知广东区这时也只有同志30余人。即使再加上江西、四川等地的少数党员，总的人数也不过400人左右。《中共中央文件选集》，第1册，第256、262、266、275、277页。

员人数自然不易骤增；三是同志宣传自亦有不曾用力的地方。”[1] 报告所称后两项原因过去就存在，并没有太多影响党的组织发展，因此受国民党工作影响，导致中共自身组织发展停滞，无疑是这时最主要的一个原因。

以牺牲中共自身的发展为代价，求得国民党的发展，这在苏联外交人民委员部看来，显然是一件值得肯定的事情。他们甚至或多或少地相信：“国民党所以必需共产党者，以其可以藉手共产党对于广大群众得以组织之、操持之”，“盖国民党之发展，纯恃共产党于其工作之中予以各种之协助也”。[2] 但是，以共产党发展的牺牲为代价，这在共产国际东方部的领导人看来却是难以接受的。他们明确提出：关于工人阶级究竟应当在国民党的旗帜下成为民族革命力量，还是应当直接组织在共产党的领导之下，这个长期争论的问题应当尽快得到解决。[3] 维经斯基注意到李大钊在国民党一大上的公开声明，更是感到不安。他并非不知道李大钊此举乃是中共党团为对付国民党内反对势力的一种策略，未必真有若何意义。[4] 但他在紧接着发表的文章中，仍旧批评鲍罗廷在这一问题上的指导和态度。有什么必要为国民党制定严格纪律和集权化的章程呢？他为此写道：考虑到国民党内存在着各种阶级的分子，包括部分地主、工业家和商业资本家的代表，“过于使党集权化的章程，可能在将来对国民党左派不利，如进一步发展，则可能使国民党变成纯资产阶级的民族主义政党”。而“我们中国共产党同志们的任务，就是要在国民党内争得更多的民主，俾使国民党左派有较大的回旋余地”。毕竟，共产党不是国民党，它需要实现无产阶级的具有不同于其他阶级的

[1] 《上海地方报告》（1924 年 5 月），《中共中央文件选集》，第 1 册，第 256 页。

[2] 《中国共产党简明历史》，京师警察厅编译会编：《苏联阴谋文证汇编》（民国十七年），转见沈云龙主编：《近代中国史料丛刊三编》，（台北）文海出版社，第 779、785 页。

[3] 《维经斯基关于共产国际执行委员会远东局的工作报告》，Tony Saich，*The Origns of the First United Front in China*，Netherlands，1991，pp.864-866.

[4] 根据俄国公布的当时有鲍罗廷参加的中共党团会议记录可知，针对当时国民党改组过程中两党争论问题，中共党内存在着一种明显的倾向，即我们共产党员加入国民党本身只是“为了利用它”，因此大可不必过分坚持自己的观点而与国民党人进行争论。前引《共产国际、联共（布）与中国革命档案资料丛书》（1），第 468—469 页。

特殊使命，它不仅要促使国民党走上反帝和民主化的道路，而且还要担负共产国际所赋予的阶级斗争的任务，幻想在国民党内保持绝对的统一，而不发生左右派冲突，是不可能的。维经斯基根据俄国革命的经验，以及刚刚发生的土耳其革命的教训，明确认为，中共必须“善于把无产阶级的阶级斗争和国内的民族运动结合起来”[1]。

不难看出，以维经斯基为代表，共产国际东方部内部始终存在着一股反对让中共服从于国民党发展任务的力量。他们过去强烈地反对马林路线，如今进一步发现鲍罗廷其实也在妨碍中共发展。过去苏联大力援助土耳其凯末尔（Kemal）民族主义运动，结果凯末尔取得政权，而共产党成为阶下囚，这段历史时刻刺激着他们，让他们意识到，必须在帮助中国民族主义运动的同时，迅速壮大共产党的力量，以免重蹈历史的覆辙。但是，在加拉罕等人看来，维经斯基等人实在是有点庸人自扰。他声称：这些同志“被土耳其的牛奶烫过以后，在中国见到凉水也要吹一吹”。考虑到对孙中山的援助力度远大于当年援助凯末尔，并且有鲍罗廷等苏联政治和军事顾问直接介入和参加国民党的工作，中共又在国民党各级组织中占据重要地位，加拉罕根本不相信在中国会存在类似的危险。他坚持说：“国民党在中国的运动根本不同于土耳其，越飞当时非常正确地指出了这一点。土耳其的民族革命运动把共产党投入监狱，或者干脆将他们暗杀，它宣布共产党非法，还指责我们支持共产党，因此（同）我们的关系十分冷淡。我们同国民党则完全是另一种情况。”对土耳其，我们只提供了几万支步枪、大量火炮、机枪和一千多万元的金卢布。“在这里我们的顾问参加这个国民革命运动党的中央，我们在这里享有极大的威信，而我们的指示和建议对于党具有特殊的意义，共产党加入国民党，它在广东境内，在国民党执政的地区完全

[1] 维经斯基：《国民党和中国革命》（1924 年 4 月 1 日），（俄）《布尔什维克》1924 年第 1 期。转见中国社会科学院近代史研究所现代史研究室编译：《维经斯基在中国的有关资料》，中国社会科学出版社 1982 年版，第 31—32 页。

合法地开展自己的活动等等，等等。差别是不寻常的。”[1]

像任何一个庞大的官僚体系一样，尽管在莫斯科所有的一切，无论是苏联外交人民委员部，还是共产国际的政策，最终都由俄共（布）中央政治局里的几个人做出最后决定，但基于不同利益的不同工作系统之间，从来都难有有效的沟通机制。每个工作系统内部的工作人员抱着各为其主的心态，都难免从自己部门的角度考虑问题，并固执己见，除非最高决策层会做出有别于自己部门判断的决定。对中共比较有利的情况是，这个时候，由于苏联在外交上还受到大多数列强的孤立，无法施展自己的拳脚，因此，即使在政治局内部，也很少有人能够轻视共产国际的作用。这种情况自然加强了维经斯基等人发言的力量。不管苏联外交人民委员部说些什么，维经斯基等人还是照样我行我素。

1924年5月，维经斯基受命来到上海，主持召开中共中央执行委员会扩大会议。在支持孙中山、肯定国民党一大重要意义等问题上，维经斯基没有提出不同的看法。但是，根据维经斯基的观点，会议对国民党的性质，以及国民党内的矛盾，得出了相当激进的结论。这包括：第一，国民党就其性质而言，是“资产阶级性的民族主义和民主主义的政党”，它必然趋于妥协，不能奋斗到底，故其内部的左右派斗争不可避免。“国民党的左派是孙中山及其一派和我们的同志”，而我们的同志实为左派的基本队伍，“因此所谓国民党左右派之争，其实是我们和国民党右派之争”。第二，为巩固国民党左翼，削弱国民党右翼势力，必须避免盲目扩大国民党的做法，并设法改变自己在国民党改组问题上过于强调集中与一致的缺点，必须了解“国民党依他的社会成分（阶级分子）及历史上的关系看来，客观上不能有严格的集中主义及明显的组织形式”。因此，应努力在各种场合开展对右派的公开斗争，“迫令国民党全体左倾”，绝不能“因为巩固扩大国民党起见

[1] 《加拉罕给契切林的信》（1924年2月9日），《共产国际、联共（布）与中国革命档案资料丛书》（1），第414—415页。

而取调和左右派的政策”。第三，“产业的无产阶级，是我们党的基础”，帮助国民党组织上渗入产业无产阶级“是一个很大的错误”，它不但使先进的无产阶级内心掺入混乱的种子，而且使无产阶级自己的阶级斗争要发生很大的困难，因此，只能将半无产阶级和小资产阶级的群众用国民党的名义加以组织。在工会运动方面，必须由我们自己组织纯粹阶级斗争的工会，而不能帮助国民党设立各种工会或将已经建立起来的工会全体加入到国民党中去。第四，鉴于资产阶级的妥协性，必须将阶级斗争引入国民党，因为“民主主义的政党内，阶级利益的调和不但不能增加民族解放运动的力量，而且足以使之减少”。[1]

1924年5月，中共中央执行委员会召开扩大会议，这是中共放弃自我约束的谨慎政策，重新采取积极发展政策的一个重要的转折点。虽然会议并没有否认继续扩展国民党的必要性，并且肯定孙中山与共产党人同属左派，但反对盲目扩大国民党，反对在工人中发展国民党，主张在国民党内开展左右派之间的斗争，这些都必然会使国共两党之间已有的隔阂与矛盾更为加剧。再加上中共本身的干部资源十分有限，又要肩负国民党的工作，又要把重心转到发展共产党方面来，结果必然会顾此失彼，引起国民党人更多的猜疑。其实，早在1922年年底，国共两党因共产党员跨党所引起的矛盾就已经显露出来，上海、北京、汉口等地都有相当多的纠纷发生。以北京为例，国民党人早就结社拒绝“二重党籍”者加入。李大钊被委为北京支部总干事后，依照国民党改组计划设立“青年国民俱乐部”，结果反而形成新的纠纷。至国民党一大推选代表，到北京执行部成立，选用干部，中共中央虽有明文要求避嫌，真正要想做到也相当困难。毕竟派往周边各省市组建党部的同志，大都是自己人或同情者，遴选范围十分有限。而愈

[1] 此会通过的《党内组织及宣传教育问题议决案》称国民党为“资产阶级性的民族主义和民主主义的政党”，而蔡和森在《中国共产党史的发展（提纲）》介绍此次会议时则称，此会“谓国民党是小资产阶级的政党”。分别见《中共中央文件选集》，第1册，第230—233、237、243—244、253页。

是这样，就愈会造成壁垒森严的局面，双方的隔阂也就愈深。[1]

孙中山对于国共两党之间的纠纷，通常总是扮演居中调停的角色。他的治党原则就是要求下属服从。他对党内任何担心和怀疑共产党作用的意见从来都是一句话：我自有办法。他最反感党员对他的决定提出异议，包括对接受共产党员入党一事，其态度也是："本总理受之在前，党人即不应议之于后"[2]。只要我、汪精卫、胡汉民等"综合派"居中调和、掌握，"定可支配大局无疑"[3]。这一心态，多少与他在思想上将人分成"先知先觉"、"后知后觉"和"不知不觉"有关。他一向自认革命要靠他这样极少数"先知先觉"者想出道理，想出办法，居中把握，同时取得相当一批"后知后觉"者的拥护扶助，身体力行，最后推动大批"不知不觉"者冲锋陷阵，才能成功。从这一认识出发，孙中山坚持党内一切都要由他独断独行，过去组织中华革命党，要入党者印手模宣誓效忠是如此，如今换了中国国民党，其对下属的要求也无多少改变。他显然对他的国民党充满自信。他曾不无骄傲地告诉那些满腹疑虑者说："某党不敢公然独行乃假冒本党之名者，足见本党牌子之老而能受人信仰。"他认为即使中共服从三民主义并非真心，也不要紧，只要其用国民党的名义活动，就对我有好处。"我意惟恐其不假冒，君不见今日市上老牌子之巨肆乎？假冒愈多，则彼牌子愈响，如此不花钱之宣传，吾等又何乐而不为哉？"[4]

那么，孙中山就真的毫无戒备之心吗？也并非如此。一个很典型的例子是，孙中山虽然在改组后的国民党内部任命了相当一批中共干部充任要职，他同时也指定明明对共产党人深怀疑惧之心的邓泽如、吴稚晖、李石

[1] 包括成立北京执行部，初亦因如何解决跨党人员与其他国民党人之间的配合问题，大伤脑筋。见《汪兆铭为整理北京党务致廖仲恺胡汉民函原件》（1924年4月17日），转见李云汉：《从容共到清党》，第277—278页。

[2] 孙中山：《通告党员释本党改组容共意义书》（1924年3月2日），转见李云汉：《从容共到清党》，第354页。

[3] 《谢张两监察委员与鲍罗廷问答纪要》（1924年6月25日）；孙中山：《与日人某君的谈话》（1924年2月），《孙中山全集》，第九卷，第536页。

[4] 孙中山：《与青年党员某君的谈话》（1924年11月20日），《孙中山全集》，第十一卷，第350页。

曾、张继和谢持五人充任中央监察委员[1]，并赞同严防共产党人不合于本党主义之活动[2]。因此，孙中山这时对那些纷纷告共产党状的老国民党人，不仅从来网开一面，而且每每相当坚定地告诉他们不必过虑。比如，国民党一大刚一结束，刘成禺、冯自由、徐清和、谢英伯等人就私下召集华侨及各省党员数十人，秘密集会，商议如何应付共产党问题。此事随即被人告发。鲍罗廷得知消息后，坚决要求孙中山对四人予以申斥。孙为此召四人当面询问。鲍罗廷记述当时情况说：他们几个在孙中山面前表现得像“胆小鬼”一样，都不敢承认自己有小集团活动。一个说自己是偶然参加进去的；一个说自己原打算向孙报告的；一个“张着嘴，什么也说不出来，话卡在嗓子里，脸在抽搐，脸色发青”；只有一个人表示不满：为什么共产党人可以有自己的党，“而我们这些忠于孙的老国民党员，连开会都不行”？[3] 无论鲍罗廷所述是否真实，孙中山对四人显然没有任何惩戒的意思，只是循循开导而已。几天后，孙中山发出通告，宣称他对四人的解释“甚满足”，“此事当作了息”。[4] 不久，汉口执行部国共两党成员因纠纷被停止活动，孙还特意选派对中共极端反感的刘成禺前往，“全权办理湘鄂豫军政大事”。据刘成禺记述，行前孙中山特别告诉刘说：要他去，就是因为知道他“与共产党人水火”，故让他远离党务。当时，刘成禺强调共产党跨党居心不良，孙当场表示：不必在意其真心与否，“只问我诚不诚”。“共产党能守吾党范围，吾默化之！不能，吾自有处理之法。”[5]

孙中山这里所说的“默化之”，指的就是希望能够使共产党人最终服膺三民主义的意思。将其概括为“溶共”，也并非不可。毕竟，孙中山从来相

---

[1] 蔡元培、许崇智、刘震寰、樊钟秀、杨庶堪五人为候补委员，也均为国民党老党员。

[2] 《中国国民党第一次全国代表大会会议录》（1924 年 1 月 20—30 日），《中国国民党第一、二次代表大会会议史料》（上），第 73 页；邹鲁：《回顾录》，岳麓书社 2000 年版，第 132—133 页。

[3] 《鲍罗廷的札记和通报》（1924 年 2 月），《共产国际、联共（布）与中国革命档案资料丛书》（1），第 447 页。

[4] 孙中山：《致国民党中央执行委员会函》（1924 年 3 月 1 日），《孙中山全集》，第九卷，第 538 页。

[5] 转见李云汉：《从容共到清党》，第 223—225 页。

信只有他的三民主义才是最适合于中国国情的主张，其他一切主义，包括共产主义、社会主义，凡有符合三民主义内容的地方，都可概括于三民主义之内。孙虽有“共产主义与民生主义毫无冲突”的说法，却并不等于他相信二者毫无差别，否则他也就不必坚持要越飞公开声明承认“共产制度”不能引用于中国了。他在国民党一大之后，很快就全面阐述他的三民主义思想，详细说明二者的区别。从中可以了解，即使在国民党一大之后，孙中山对三民主义的解释多少接受了共产国际的一些说法，其基本理念却并未改变。

孙中山明确讲：社会主义、共产主义和民生主义都以解决人民生计问题为中心，在这一点上二者没有不同。不仅没有不同，而且还应该是“好朋友”。但孙中山认为：马克思的社会主义和共产主义强调阶级战争为因，社会进化为果，民生主义则相信“社会进化的定律，是人类求生存”。因为人类要求生存，便要为大多数谋利益。因为人类不断地基于生存的原因而努力使社会大多数人的经济利益相调和，才发生了社会进化的问题。在这里，阶级战争只是社会进化过程中发生的一种“病症”，并非社会进化的原因。马克思“倒果为因”，甚至断定资本制度一定要消灭，因而主张用农工专制和革命手段解决一切问题，结果许多事实与预想不符，造成无数纷争，这是二者的区别。所以，讲民生主义，也讲共产，但“我们所讲的共产，是共将来，不是共现在”，更不会用革命手段解决经济问题。“以前有了产业的人决不至吃亏，和欧美所谓收归国有，把人民已有了的产业都抢去政府里头，是大不相同。”

孙中山在谈到中国的情况时说得更明白。他说：在中国，“今天讲社会主义，极时髦的人是赞成马克思的办法”，尤其是“赞成马克思主义的那般青年志士”，更希望拿马克思主义在中国来实行，因此“便极力组织共产党，在中国来活动”。而他们不了解，中国现在的问题首先是贫穷，不能照共产党主张的那样马上来均贫富，而是应该在吸取欧美贫富悬殊的教训的情况下，一方面采取措施节制私人资本无限膨胀，另一方面却要赶快用国家力量来振兴工业，发达资本。孙中山特别举出俄国来做例子，说明落后的中国绝不能用马克思的社会主义来均贫富。他明确讲：

> 我们讲到民生主义，虽然是很崇拜马克思的学问，但是不能用马克思的办法到中国来实行。这个理由很容易明白，就是俄国实行马克思的办法，革命以后行到今日，对于经济问题还是要改用新经济政策。俄国之所以要改用新经济政策，就是由于他们的社会经济程度还比不上英国、美国那样的发达，还是不够实行马克思的办法。俄国的社会经济程度尚且比不上英国、美国，我们中国的社会经济程度怎么能够比得上呢？又怎么能够行马克思的办法呢？所以照马克思的党徒，用马克思的办法来解决中国的社会问题，是不可能的。[1]

孙中山详细阐述其主张与马克思主义之异同，目的很清楚。一方面是要消除国民党人对共产党人的疑惧，说明无论俄共，还是中共，他们的主张里面都有和三民主义相通的地方。三民主义的意思，“就是国家是人民所共有，政治是人民所共管，利益是人民所共享。照这样的说法，人民对于国家不只是共产，一切事权都是要共的”。因此，三民主义实际上比共产主义还要彻底。而另一方面，孙中山也是希望人们都能了解，他绝不是马克思主义者，既不赞同阶级斗争，也不赞成社会革命。不仅如此，他显然想要让中国的“马克思党徒”明白，马克思主义的很多观点是错误的，其强调用阶级斗争的办法解决社会进化问题，尤其错误。不仅在欧美不适用，在俄国不成功，马上拿来解决中国问题，就更是南辕北辙。中国距离欧美的发展水平几乎是天上地下，即使与俄国相比也差得甚远。俄国革命后都因经济程度太低而不得不转而改行新经济政策，中国又怎么能够照马克思的方法来进行呢？在中国，只能师马克思之意，而不能师马克思之法，因为中国的病症根本上是一个穷字，故解决中国的问题，应首重发展实业。这样，

[1] 孙中山：《三民主义·民生主义》（1924年8月3、10日），《孙中山全集》，第九卷，第391—392页。

他虽然也曾不止一次地表示过对马克思的肯定，但更欣赏美国人亨利·乔治 (Henry George) 的社会改良主张，希望通过“平均地权”“节制资本”，来防患于未然。这一观点与共产党人主张立即夺取富豪已有财产来实行共产或收归国有，有相当明显的区别。[1]

五、孙中山与弹劾共党案

知道孙中山内心的信念与愿望，就不难了解他在面对愈演愈烈的国共两党纠纷时为何会采取调和的立场了。事实上，无论是鲍罗廷，还是陈独秀，也越来越清楚地注意到孙中山其实并非他们所认为的那种“左派”。随着各地国共两党之间的组织人事纠纷越来越多，特别是 5 月 31 日苏联外交全权代表加拉罕不顾国民党人的一再抗议，坚持与北京政府正式签订《中俄解决悬案大纲》，相互承认对方为合法政府之后，鲍罗廷更明显地看出孙中山与共产党人距离之大。因为，无论是就苏联政府正式承认北京政府的问题，还是就苏联与北京政府围绕外蒙古地位问题的讨论，国共两党所表现出来的态度都完全相反。中共当时基本上以苏联的立场为立场，支持苏联承认北京政府为中国的中央政府，认为外蒙古人民有实行民族自决的权利；而国民党人却多半持激烈的批评态度，强烈不满苏联一面支持广州政府，一面却承认北京政府为中国的中央政府，不满苏联继续在外蒙古驻兵和享有特权，更不要说允许蒙古人民自治或自决了。

尤其让鲍罗廷感到不安的是，围绕《中俄解决悬案大纲》的签订所发生的一系列国民党人公开抨击苏联政府的言论，其实是得到孙中山某种程度的认可的。当身为国民党员的李大钊等共产党人，公开向北京政府请愿，要求正式承认苏联并支持苏军驻兵外蒙古的消息传出，孙中山明显地表示了不满。4 月，国民党员孙镜亚为此检控李大钊等“违反党纪承认北京政府”，

[1] 孙中山：《三民主义·民生主义》(1924 年 8 月 3、10 日)，《孙中山全集》，第九卷，第 355—394 页。

孙中山明确批示："着中央执行委员会查明有无其事，另行酌夺。"而对朱和中上书批评上海《民国日报》和《新青年》等在中苏条约及外蒙古问题上宣传共产党的主张，"出言不慎，招惹是非，影响本党甚巨"，孙更是严厉批示："着中央执行委员会严颁纪律，禁止本党各报之狂妄。"[1]

孙中山的态度明显地鼓舞了过去因怀疑共产党人而受到压制的国民党老党员们。邓泽如迅速致函上海谢持，转达这一消息，并提议利用上海远离广州，"工于规避"的条件，深入调查李大钊等"不守党义事"。[2] 上海老党员因此积极搜集证据，终于在 5 月间从由巴黎返国的谢持女婿手里得到《中国社会主义青年团第二次大会议决案及宣言》一份，内中可以看出，共产党人确是以党团的方式在国民党内存在，并且有试图左右国民党政策和扩大自己组织的某种意图。内称：

> 本团团员加入国民党，当受本团各级执行委员会之指挥，但本团之各级执行委员会，当受中国共产党及其各级执行委员会对于团员加入国民党问题之种种指挥。本团团员在国民党中：（一）应赞助中国共产党党员之主张，与其言语行动完全一致；（二）本团应保存本团独立的严密的组织。
>
> ……
>
> 我们加入国民党，但仍旧保存我们的组织，并须努力从各工人团体中，从国民党左派中吸收真有阶级觉悟的革命分子，渐渐扩大我们的组织，谨严我们的纪律，以立强大的群众共产党之基础。
>
> ……
>
> 我们在国民党中须注意下列各事：（一）在政治的宣传上，保存我们不和任何帝国主义者任何军阀妥协之真面目；（二）阻止国民党集全

---

[1] 转见李云汉：《从容共到清党》，第 300—302 页。

[2] 转见谢幼田：《联俄容共与西山会议》（上），香港集成图书公司 2001 年版，第 142 页。

力于军事行动，而忽视对于民众之政治宣传，并阻止国民党在政治运动上妥协倾向，在劳动运动上改良的倾向；（三）共产党党员及青年团团员之言语行动，都须团结一致；（四）须努力使国民党与苏俄接近，时时警醒国民党，勿为贪而狡的列强所愚。[1]

意外得到此一文件，了解到共产党党团活动的情况，使一直苦于无证据在手的谢持、居正、张继等老党员倍感振奋。他们迅速商议行动计划，决定由张继和谢持赶往广州，准备会同邓泽如等联名提案检控共产党人。

6月9日，张继、谢持到达广州，随后即与中央执监委等广泛接触详谈，最后决定“由监察委员会委员邓泽如、张继、谢持等提出弹劾案”[2]。惟考虑到“容共”政策不能触动，提案将只从纪律角度提出弹劾，且申明不反对“容共”政策。

6月18日，邓泽如等基本拟就弹劾共产党案，在中央执行委员会第三十九次会议上，他们的初稿遇到廖仲恺的有力阻击。[3]在经过修改后，7月初他们才得以再度提交中央执行委员会。弹劾案除附上《中国社会主义青年团第二次大会决议案及宣言》的内容以外，还着重提出四点：（一）此次中苏交涉，共产党人不顾本党党义，竟然公开承认北京政府；（二）有共产党人以国民党员名义在本党报纸上发表文章，断言“国民革命为资产阶级不彻底之革命”，如此“本党根本未有不动摇者”；（三）比较《中国社会主义青年团第二次大会决议案及宣言》，李大钊在国民党“一大”关于“我们加入本党，是一个一个加入的，不是把一个团体加入的”种种保证，实乃“不忠不德，险诈不信”，“欺蒙本党总理及全国代表”；（四）“《新青年》、《向导》两刊物，对于本党之不满言论，不胜枚举”。邓泽如等一面明白表示：

[1] 转见《中央监察委员会弹劾共产党案》，《革命文献》，第九辑，第72—74页。

[2] 《邵元冲日记》，上海人民出版社1990年版，第19—20页。

[3] 《国民党中央执行委员会第40次会议情况通报》（1924年7月3日），《共产国际、联共（布）与中国革命档案资料丛书》（1），第498页。

本委员“非反对共产党社会主义青年团之加入本党”，“非反对或排斥共产党员社会主义青年团员之加入本党为党员者之个人”，一面则突出强调共产党之党团作用、秘密行动，强调彼在暗、我在明，彼又坚持自身组织发展不能停止，结果是彼必利用“在本党中央执行委员会任重要职务”之机会，和多数由“本党派出组织党务之专员”，以及出而组织学生、青年、妇女、工人和农人各方面之工作的条件，为共产党服务。因为，“以跨党之人，同时办理两党同一之事，而其人偏重于固有之党，其结果可以想见”。[1]

弹劾案一经提出于中央执行委员会，即引起“颇多争执”。除共产党人谭平山提出质疑外，委员中其他成员对如何处理这一事件也意见不一。而谢持等把中央监委立案弹劾共产党的消息四散传播出去，更使整个事态复杂化。因为各地国民党人对共产党的敌视情绪不可避免地被刺激起来，不满共产党人跨党的国民党人因此纷纷集会，一时间联名提交检控信和弹劾案的国民党人就有 2000 人之多。上海国民党人内部甚至就此发生对立和冲突，赞成“容共”政策的党员黎磊和原有共产党籍的上海《民国日报》副刊《觉悟》版主编邵力子等，竟遭群殴。不仅如此，各地上书相当部分干脆直接挑战“容共”政策，强烈要求革除共产党员之国民党党籍。面对这一严重事态，国民党中央执行委员会不能不决定召开全体会议研究整个处置办法。与此同时，为尽快平息事态，执委会还委托汪精卫和邵元冲起草宣言，以表明中央的态度。然而，由于事情的发展已经涉及“容共”根本政策，执委会内部意见自然更加分歧。反复讨论结果，用邵元冲的话来说，就是“成为一不痛不痒之文字”[2]。所谓“不痛不痒”，就是内中不仅没有直接批评共产党，反而重申了“容共”政策，批评了反对派。宣言称：数月以来，党内有人误会“已加入本党之共产派党人，其言论行动尚有分道而驰之倾向。于是反对派得藉此而肆其挑拨。同志间遂由怀疑而发生隔阂”。“为解免党

[1] 《中央监察委员会弹劾共产党案》，《革命文献》，第九辑，第 74—77 页。

[2] 《邵元冲日记》，第 26—28 页。

内外之误会及隔阂起见，不能不再为郑重之声明，即本党既负有中国革命之使命，即有集中全国革命分子之必要，故对于规范党员，不问其平日属何派别，惟以言论行动，能否一依本党之主义政纲及党章为断。"[1]

国民党中央执行委员会的宣言，严格地说是反映了孙中山这时的态度的。孙针对共产党人承认北京政府和主张外蒙自决的言论的严厉批示，并不意味着他自己的"容共"政策发生了动摇。既然了解共产党的"第三国际"背景，而这恰恰又是实行"容共"政策的重要考量之一，孙中山当然清楚共产党人绝难不受苏联政策左右，完全与国民党同步调。强调党纪，表现不满，自属必然之举，但这绝不等于他试图鼓励党内反对派来推翻自己的"容共"政策。因为，"容共"政策的推行，明显地在全国范围内极大地推进了国民党的组织发展，而共产党人所表现出的魄力和锐气，更非那些国民党老同志的惰性和暮气可比。何况谢持等发现之《中国社会主义青年团第二次大会议决案及宣言》，恰好证明共产党是决心与国民党合作，不愿与国民党纠纷，并且明令其成员必须努力"扩大国民党的组织于全中国"，"使全中国革命的分子集中于国民党"的。[2] 这反而让孙中山感到一种安慰。与此相反，注意到党内纷争的白热化和各地反对派风起云涌，特别是张继、谢持来到广州后，中央执行委员会会议也难免发生争吵的情况，倒使孙中山感觉到进一步加强中央集权，从而摆脱那些或明或暗地反对新政策的老党员干扰的必要性。因此，在鲍罗廷的建议下，孙中山于 7 月 11 日干脆宣告设立一中央政治委员会，以辅助他来筹划大政方针和重要人事之任免。孙中山自任委员会主席，并聘鲍罗廷为高等顾问，另指派胡汉民、汪精卫、廖仲恺、谭平山（后由瞿秋白代）、伍朝枢和邵元冲为委员。在体制上，随后虽仍旧规定中央政治委员会在党务方面应对中央执行委员会负责，有关决定事后应请求追认，但政治及外交事务则明确权限归于孙中山。[3] 而事实

[1] 《中央执行委员会宣言》，《中国国民党周刊》第 30 期，1924 年 7 月 20 日。
[2] 前引《中国社会主义青年团第二大会议决案及宣言》。
[3] 转见李云汉：《从容共到清党》，第 457—458 页。

上，既然孙中山自任主席，政治委员会在党务方面的决定自然也就具有了最后决定的意义，所谓事后追认云云，不过形式而已。在中央执行委员会和监察委员会之外另设这样一个委员会，排除了这时中央执监委会议的主要参加者林森、邹鲁、邓泽如、于右任、柏文蔚、李烈钧、邓家彦，以及张继、谢持等人，清楚地反映出孙中山这时对国民党“一大”推举的中央执行委员会的职能，特别是对其中多数老党员的作用，有相当的不满。

过去国民党中央长期在上海，1923 年年底开始改组前夕已被孙中山迁到了广州。此举便利了孙中山将众多留在上海的老党员排除在决策圈外，而把权力集中于拥护其联俄容共主张的干部手中。随后孙又引入鲍罗廷来做高等顾问，直接参与中央决策过程；成立中央政治委员会，架空中央执行委员会，这一系列做法都使让张继等人极为不安。7 月 3 日，国民党举行的中央执行委员会第四十次会议，张继首先发难，表示反对。他自然不便直接反对政治委员会的设置，但将矛头首先指向鲍罗廷。张继称，他和谢持 6 月 25 日曾为弹劾共产党问题前往鲍罗廷寓所质询过鲍，得到的回答竟然是：“国民党已死，国民党已不成党”，“党中分派是不能免，党之中央执行委员会实际上不能做党之中心”，“加入新分子如共产党者，组织党团，可引起旧党员的竞争心，则党可复活”，“希望左派右派相争，发生一中央派作党之中心”。[1] 他认为，鲍罗廷这样的人绝不应当被聘为国民党的高等顾问。对此，谭平山与张继发生争论。汪精卫、廖仲恺都明显地站在谭平山一边。汪批评张继“说了许多多余的话”，“顾问是总统任命的，对此我们无可非议”。廖仲恺并且同意“国民党”已经死亡的说法，说是因为“如果党员不努力工作，不服从党规，就意味着这个党已死亡”，而“至今还有许多组织不赞同新党章”。[2]

[1] 《谢张两监察委员与鲍罗廷问答纪要》（1924 年 6 月 25 日），见北京师范学院政教系、上海师范学院政教系选编：《共产国际与中国革命资料选辑（1919—1924）》，人民出版社 1985 年版，第 310—311 页。

[2] 前引《国民党中央执行委员会第 40 次会议情况通报》。

政治委员会的组成以及7月3日会议上的争论结果，清楚地显示出邓泽如等人的弹劾案可能遭遇的命运。事实上，还在开会之前，中央政治委员会就已经决定通过“设联络部以解纠纷”。然后国民党、共产党和共产国际代表各一人，协同商议，提出方案经政治委员会报呈孙中山决定。[1] 孙则决定，在8月前后召开中央执行委员会全体会议，讨论弹劾共党案。

由国民党来讨论裁决共产党的问题，这对刚刚通过决议要求加强独立自主和阶级斗争的中共中央来说，无异于当头闷棍，顿时在上海的中共领导人当中激起强烈不满。他们深信，对孙中山此举只能反击，而国民党很可能会借机要求中共党员退出，两党关系难免破裂。因此，中共中央迅速发布党内通告，强调：虽然“我们为图革命的势力联合计，决不愿分离的言论与事实出于我方，须尽我们的力量忍耐与之合作”，但鉴于国民党右派对我们的攻击和排挤日甚一日，今后态度上必须更加坚定，不仅要公开谴责右派，在国民党内展开派别斗争，而且凡是表示左倾的分子，都不应再介绍其加入国民党。为预防万一，现在应努力争取指挥工人、农民、学生、市民各团体的实权，在可能时即发起国民对外协会，以便不得已时取代旧国民党而做“未来的新国民党之结合”。[2]

自从加入国民党以来无穷无尽的纷扰，早已让陈独秀对此种政策的正确性产生怀疑。孙中山决定受理弹劾案的态度，更进一步使他对孙中山的认识发生改变。在写给维经斯基的信中，他明确讲：所谓国民党内的右派，其实都是些反共分子。如果说还有一些左派，其实都是我们自己的同志。过去认为孙中山和一些领导人算是左派，现在看来，他们也都只能算是中派，并非左派。在这种情况下继续支持国民党，只能是支持国民党的中派乃至右派，因为他们控制着国民党的全部机构，在他们的国内政策中有许多反劳工的东西，在他们的对外政策中则有许多反苏联的东西。他断言：继续

---

[1] 转见李云汉：《从容共到清党》，第324页。

[2] 《中央通告第十五号》（1924年7月21日），《中共中央文件选集》，第1册，第282—283页。

这样支持国民党，必将给远东地区的革命带来严重影响。他强烈地希望共产国际据此制定新的政策，再“不应当毫无限制地支持国民党了”。[1]

陈独秀的反应不论在哪一部分俄国人看来，都是过于激烈了。甚至，几天前还在国民党中监委面前表现出强硬态度的鲍罗廷，都对孙中山的决定感到惶惶不安，担心继续对抗下去可能会导致“灾难性的”后果。[2] 因此，他立即对中共中央准备破裂的态度提出异议，并推动中共广东区委通过一项反对中央态度的决议。[3] 为缓解国民党人的疑虑，考虑到孙中山等人的主要担心是中共企图借助于垄断与共产国际的联系，来垄断中国革命，因此，鲍罗廷开始考虑在国民党政治委员会中提议成立一个“国际联络委员会”来处理共产国际与国共两党之间的有关事宜。据此，鲍罗廷开始缓和态度，并频频与孙中山等国民党领导人进行商谈，将上述建议提交国民党中央政治委员会讨论，主张以国民党与共产国际建立直接联络的办法来解决国民党对中共的不信任问题。应鲍罗廷之邀来到广州参加国民党中央政治委员会的瞿秋白得知这一情况后，立即通知在上海的中共中央。中共中央自然不能接受让国民党来监督自己与共产国际关系这样一种措施。因此，它迅速做出决定，强硬地提出：

一、禁止在国民党会议上进行任何有关共产党问题的辩论，并对此辩论不予承认，禁止瞿秋白以党的名义在国民党的会议上发言。

二、中共中央拒绝承认国民党下属的为解决国共两党间问题而设立的国际联络委员会。

三、责成我们的同志在全会上对反革命分子采取进攻态势，从防御转

[1] 《陈独秀致维经斯基信》(1924 年 7 月 13 日),《共产国际、联共（布）与中国革命档案资料丛书》(1)，第 507 页。

[2] 《加拉罕给鲍罗廷的信》(1924 年 7 月 12 日),《共产国际、联共（布）与中国革命档案资料丛书》(1)，第 503 页。

[3] 《中共广东组织就鲍罗廷的报告做出的决议》(1924 年 7 月 15 日),《共产国际、联共（布）与中国革命档案资料丛书》(1)，第 508 页。

入进攻的时机已经到来。[1]

8 月 19 日，国民党一届二中全会正式开始讨论弹劾共党案问题，相关提案达 34 件之多。与会中执监委总共 20 人，中共党员占五分之一。在摘要宣读相关提案后，张继首先说明两党纠纷情况。他分别从“共产派在党中为党团活动之实事及其刊物”、“海内外党人与共产派分子冲突之真相”、“共产派分子加入本党之始，原以信义为指归，现在发生纠纷，应负其责”、“第三国际、共产党是否适宜于中国社会情形”、“革命党人应有自尊精神，以俄为挚友则可，以俄为宗主则不可”，以及“主张实际的协同工作，名义上跨党益滋纷扰”几个方面做了冗长的说明。由于 20 日中央政治委员会已经最后内定解决方案，故 21 日国民党领导人决定迅速结束争论，就政治委员会的方案达成协议。会议主席胡汉民明确提出：“这次党内纠纷主要原因即在发见团刊之后，情感愈形险恶，但细察团刊内容，用语不当处固多，而内容确无其他恶意，不能即认为有一个阴谋的党团。现在惟一的解决方法比较的照政治委员会草案甚为适当。”[2] 结果，在 8 月 23 日的会议上，二中全会最终通过了政治委员会拟定的《国民党内共产党派问题》和《中国国民党与世界革命联络问题》两项决议草案。决议同意共产党员对于与中共之关系，及其与共产国际之关系，仍“有守秘密之必要”，但决定在国民党中央执行委员会政治委员会内设国际联络委员会，要求共产党人将其所进行的有关国民党之活动通报于该委员会，以便能为国民党人所了解。[3]

联络委员会如何就能够解决两党之隔阂与纠纷呢？这一决定与监察委员的弹劾案又有什么样的关系呢？为了具体回答这样一些疑问，汪精卫、

[1]　《中共中央致鲍罗廷、瞿秋白信》（1924 年 8 月 27 日）。

[2]　《中央全体委员第二次会议录》（1924 年 8 月 16—23 日），原件存台北中国国民党党史委员会，2.2/2。

[3]　转见荣孟源主编：《中国国民党历次代表大会及中央全会资料》（上），光明日报出版社 1985 年版，第 74—75 页。

覃振、丁惟汾、邹鲁四人受会议委托，最后起草了《中央执行委员会全体会议对于全体党员之训令》。其中特别解释了全会解决这一问题的设想。训令称：监察委员提交之《中国社会主义青年团第二次大会议决案及宣言》，所以引起争议，“实不外乎党团作用之一点”。“本会讨论结果，以为党内共产派所以有党团作用之嫌疑者，由于此等印刷品其性质非属于公开，而属于秘密。既属于秘密，则无论其对于本党怀有善意，抑怀有恶意，而常易被认为恶意。”因此，“中国共产党之活动，其有关国民革命者，本党实有周知之必要”；其对于加入本党之党员之指导，“本党更不能不过问”。“倘使中国共产党关于此等决议不付之秘密，本会敢信党团作用之嫌疑必无从发生。”惟鉴于“中国共产党员对于中国共产党之关系有守秘密之必要，而中国共产党对于第三国际之关系亦有守秘密之必要。本会有见于此，故决议在中央执行委员会政治委员会内设国际联络委员会”，以便与第三国际“直接协商中国共产党之活动与本党有关系者”，同时“一方面对于中国共产党负保守其秘密之义务；一方面对于本党党员负有了解本党与中国共产党之关系之义务”。[1]

用联络委员会的方式来解决国共两党之间的纠纷，至少在反对“容共”政策的国民党人看来是异想天开。因为一个基本的原因在于，他们不仅不相信共产党，而且也不相信苏联和共产国际。既不赞成“容共”，也不赞成联俄，他们自然不会赞成通过加强与共产国际联络的办法来解决两党纠纷。对于这种情况，孙中山自己也十分明白。他在本次全会最后一次会议的讲话，就突出强调了他的这种担心。他明确表示，他不相信这次风波能够轻易地平息下去。他读过了所有检控信和弹劾书后，发现根本的问题并不在于共产党人有错误或写了反对我们政策的文章，另外一些人为此与共产党人进行斗争。问题的关键在于，那些反对共产党员的人根本不了解我们自己的主义，根本反对联俄容共政策。他在再度解释了联俄容共的必要与意义之

[1] 《中央执行委员会全体会议对于全体党员之训令》（1924 年 8 月），《中国国民党周刊》第 40 期，1924 年 9 月 28 日。

后，十分生气地指出，有些老党员的做法是不能容忍的。他特别举出弹劾案发生后在广州十分活跃的冯自由为例，说："起初，当党做出决定，党要进行改组时，冯自由同志并不反对，两个月内他从未讲过任何反对改组的话，当时他是临时中央委员会委员。但是，当中央委员会刚选出，他因未能入选，就向我们的敌人（香港《大公报》）供出了他所知道的关于改组和党的全部情况。"他断言：冯自由不过是因为未被选为中央委员才起来煽动党员来反对共产党人的。他坦率地说明：冯自由一个人不可能煽动很多人，但他相信，正是因为冯自由是一个老党员，入党已二十多年，在同志们中有相当影响，因此问题就更加严重。考虑到这种情况，也是为了有力地平息党内的反对联俄容共的浪潮，孙中山当场宣布：他要以总理的身份，"开除冯自由出党"。他同时警告说："如果在全会以后还有同志说不了解我的主义，再无端挑起是非，我们就将采取对冯自由一样的方法来对待他们。"

对此，张继当场表示异议，提出："开除冯自由您有这个权力，但是不了解民权主义的党员大有人在，而且国外华侨都不了解。此外，我与冯自由持有同样的立场，因此我也请求处罚我。"孙尽力平和地答复张继，说："您只是不了解和不明白，您的立场与冯自由的立场是完全不同的……"但张继还是坚持己见，说："过去主席（总理）您宣传的思想是先统一中国，在此之后才开始实现三民主义，现在我们反对民生主义正是基于这个思想。"孙中山听了张继这段话后勃然发怒道：如果我们连党都统一不起来，还谈什么统一国家！"党员应绝对服从自己的领袖和他的领导"，如果所有的国民党员都只服从对他们有利的指示，否则就拒绝服从，"那我将抛弃整个国民党，自己去加入共产党"。孙中山的震怒，使张继再不敢有所争辩。用张继自己的话来说，就是："惟总理目已发红，久不退，余已不忍多辩"，被迫表示服从孙中山的决定。[1]

---

[1] 《孙逸仙在国民党中央全会最后一次会议上的讲话》（1924 年 8 月 30 日），《共产国际、联共（布）与中国革命档案资料丛书》（1），第 524—527 页；《张溥泉先生回忆录 · 日记》，见沈云龙主编：《近代中国史料丛刊》，三编第三辑，文海出版社有限公司，第 15 页。

一届二中全会的结果，显然不是国民党中监委所期望的，甚至也与孙中山原先的设想有相当的距离。这也就是为什么，“决议案一通过，中派（指孙中山等——引者）显然感到陷入了自欺欺人的境地，于是向全会提出还应该发布关于这一问题的训令以‘教育党员’”。结果，围绕着这个训令稿，又发生激烈争论，最终“中派”还是不得不做出妥协。所以会产生这样一种结果，十分明显地是因为会议召开时，正好出现了极端不利于国民党的严重局面。这次大会开幕之际，恰好是得到港英支持的广州商团为要求释放因走私入境被扣押的军火公开准备全面罢市之时。广州的形势在会议进行期间相当紧张。会议闭幕当天，商团已拒绝孙中山的告诫，提出一系列强硬要求，随时可能爆发严重事变。显而易见，这种严峻的形势对孙中山的心理产生一定的影响。再加上苏联的军火正在运往广州途中，会议自然也不便通过公开谴责共产党人，和明令约束共产党员言行的决议。

不过，即便如此，中共中央还是不能满意。听说国民党二中全会仍旧通过成立国际联络委员会的决议之后，陈独秀当即召回瞿秋白，斥责其“擅称代表”。瞿秋白虽依据鲍罗廷的解释，再三说明这种做法实“为哄骗右派之一种方法，事实上该项工作，殊难实现”，但中共中央仍以此为耻辱，并坚持认为瞿秋白等理应利用这种机会，公开地向国民党右派展开进攻。陈独秀在给维经斯基的信中抱怨说：国民党一届二中全会给了我们以沉重的打击，孙中山和其他领导人继续保持中派态度，他们既不能开除我们，又不敢得罪右派和反动派，反而利用反动派的压力和宣传来压制我们，鲍罗廷却要求我们向这种压力屈服，接受国民党的所谓国际联络委员会来解决两党关系问题。我们虽然为此致电鲍罗廷，说明其中的利害关系，以及我们的坚定态度，不幸的是，在这次会议上仍旧这样决定了下来。陈独秀显然对鲍罗廷最感失望。他在信中说：“象我们这样年轻的党，很难把工作做好。我们经常需要共产国际的好的建议和指示。”因此，我们“请建议共产国际提醒鲍罗廷同志，同孙中山打交道必须十分谨慎，否则他还会上圈套，还要提醒他始终要同我们党进行协商”。[1]

六、孙中山的去世及影响

国民党一届二中全会对共产党的伤害，毕竟只是形式上的，因此，中共中央的不满很快就告一段落了。但共产党人对孙中山国民党的批评不仅没有停止，反而因弹劾案导致感情恶化而开始变得更尖锐了。在共产党人看来，尽管召开了国民党一大，决定了一些激进的政策，事实上孙中山的主要精力依旧是用在军事和政治方面，一切还是以武力推翻北京政府为中心。中共中央重新注意到当年马林的那些意见，进而开始强调革命不能依靠军阀，诉诸武力，而要发动组织工农群众，一切以宣传和组织群众为中心。他们因此把自己领导下的工农运动受到压制的情况，也都归结成是孙中山为维系政权、军队和北伐所造成的结果。

国民党一届二中全会以后，一个显著的事实是国共两党人员之间的关系更加势同水火。不仅上海两党党团员之间互殴不断，广东两党掌控的工会之间也是无日不斗。国民党县长、工厂厂长乃至公安局长则频频拘捕中共领导下的工农、阻禁罢工、妨碍成立工会或农团军。再加上孙中山公开支持军阀内战，准备北伐，共产党人自然颇感愤愤然。5月中执委扩大会议后决定要加强自身组织，并在国共合作中引入阶级斗争的中共中央，明显地认为已经到了非把自己与孙中山国民党之间的分歧公开不可的时候了。

共产党人对孙中山政策的不满，很大程度上与他们在国民党内动辄得咎的亲身经历有关。在共产党内部，广东的共产党人对鲍罗廷的意见应该说是最信服的，但谭平山也明确讲：只要共产党员仍然和国民党捆在一起，共产党就一事无成。他举例说：国民党的工人部长参与镇压工人罢工，农民部长

---

[1] 《陈独秀致维经斯基信》（1924年9月7日），《共产国际、联共（布）与中国革命档案资料丛书》（1），第529页。

在工作时大抽其鸦片，你叫我们在工人部和农民部的党员怎么工作呢？我为此向中共中央多次报告过这种情况，中共中央的来信说得很坚决：共产党员无论如何不得同国民党中派一道去镇压罢工和压迫工人。当国民党中派领导人执意反对工农的时候，共产党员可以退出工人部和农民部，同工人农民一道进行反对中派的斗争。而事实上，不要说退出国民党，就是要退出国民党中央党部，又谈何容易？他在10月举行的广东区委联席会议上向鲍罗廷提出了这样的要求，马上就遭到鲍罗廷的反对。因为事情很明显，在俄国人看来，他们在中国工作的最主要成就，就是成功地树立苏联在国民党中的巨大影响。而他们很清楚，这种影响的造成，很大程度上必须依靠众多在国民党内的共产党员起作用，而不能只靠几个苏联顾问。因此，鲍罗廷明确表示：只要退出一个部，那就意味着退出国民党。而退出国民党，意味着共产党已经取得的大量阵地都会白白丧失掉。但问题是，这些阵地是否真的具有实在的价值呢？谭平山对此颇表怀疑。他强调，包括在黄埔军校，虽然有不少共产党人在里面担任职务，但都没有巩固的阵地，因为领导权完全掌握在国民党手中。为了反抗商团，工人纠察队和农民自卫军曾前往韶关，希望能够领到武器，但孙中山什么武器也没有给他们。因为孙中山和国民党人根本不愿武装将来可能成为国民党左派，即共产党人的力量。他抱怨说：

> 孙博士同我们的韩麟符同志谈话时公开讲，中国共产党人在共产国际面前破坏国民党的威信，说什么国民党是一个不好的党。博士说，列宁本来是想要他当共产党的创始人的，因为陈独秀在民众中没有多大的影响，而他过去和现在都有很大影响。可是，中国共产党人破坏了国民党的威信，结果陈独秀成了共产党的创始人。……在这样的情况下，真的还能够继续同国民党共事吗？博士曾对国民党人说，中国的共产党完全不值一提，都是些在政治上没有修养的年轻人，不值得重视，让他们去闯，不要管他们。国民党人，包括博士本人，都看不起共产党，根本不想同共产党人一道工作。这些事实表明，在不久的

将来，我们很难同国民党再继续合作下去。我要说，我们最终只有两条路：要么消灭反革命的右派，根据国民党的纪律把他们开除去，要么建立一个新的国民革命党。不这样，反动势力，即国民党右派不仅不会被消灭，而且会日益壮大，会拖着国民革命向后倒退。即使国民革命能够取得成功，也会出现土耳其那样的局面，那里的民族革命顺利地实现了，但是共产党也垮台了，因为国民党对共产党人的压迫并不比资本家好些，可以说是毫无区别。[1]

谭平山的说法，反映了相当多共产党人这时对国共党内合作的困惑与不满。

中共中央的态度远比广东共产党人更为强硬。在注意到鲍罗廷总是站在孙中山一边，或明或暗地支持孙中山的做法之后，中共中央连续召开会议，讨论对策。他们几乎一致认为，要想改变孙中山和国民党目前的错误方针，唯一的办法就是直接要求苏联停止在军事方面为国民党提供任何形式的援助。因为，只要孙中山继续坚持他的军事方针，继续从与军阀的各种形式的联盟中寻找出路，他就绝不可能真正左转，国民党也不可能走向革命。到头来，苏联的"军事援助等于是在武装右派和中派来反对工人、农民和我们"。在参加了中共中央的这一系列讨论之后，瞿秋白悄悄写信告诉鲍罗廷说：一些中共领导人甚至激烈地要求中共中央正式向共产国际控告您，"因为您的政治路线是错误的，更主要的是因为您一向不把中央放在眼里"。[2]

为了设法抵制鲍罗廷的"错误路线"，中共中央于9月下旬专门派高尚德前往广州坐镇，以便全面贯彻中共中央的有关决定。同时还要瞿秋白打电报"召请鲍罗廷同志前来上海进行政治磋商，如果鲍罗廷同志认为这是必需的而且他做得到的话"[3]。只是，中共中央的这一系列决定来得颇不是时

[1] 《中共广东区委联席会议记录》（1924年10月1日、3日、6日）。

[2] 《瞿秋白致鲍罗廷的信》（1924年9月）。

[3] 《瞿秋白致鲍罗廷的信》（1924年10月8日），《瞿秋白文集》（政治理论编），第2卷，人民出版社1988年版，第648页。

候。由于这时广州商团公开向国民党政府宣战，原本不赞成维系广东政权的共产党人马上陷入了进退两难的境地，最终也不得不站到国民党这边来。

商团事件的发生，本与广州商界，乃至相当多数市民对广东政府为维持庞大军政开支而征收苛捐杂税的积怨有关。再加上港英当局的挑拨和地方军阀作祟，广州商界领袖陈廉伯等由自行组织商民武装自保，渐至走到与政府公然对抗的地步。自其走私武器被扣之后，商团与广东政府之间的冲突更不能不日趋白热化。面对广州政府可能被推翻的严重危险，共产党人完全没有选择的余地。鲍罗廷说得好："现政府尽管依靠的是军阀，但它比以沙面、香港和伦敦为靠山的陈廉伯政府要好些。在许崇智支持的现政府下面，我们仍可以继续进行我们既定的必要的大量合法的工作。陈廉伯上了台，工会就将被消灭，我们的组织就将被消灭，我们自己也得转入地下。"[1] 于是，要不要退出国民党的问题，有没有必要维系广州政权的问题，统统都成为次要的了。在得到首批苏联武器之后[2]，鲍罗廷立即推动孙中山成立革命委员会，将实际上已经控制在右翼军阀势力手中的广州政权夺回来。同时，鲍罗廷力主任命黄埔军校校长蒋介石为联合的军事力量总司令，迅速发放武器，武装工人和农民，以展开对商团的进攻。

在国民党领导的军队与警察部队，和共产党领导的工人纠察队的配合下，商团事件被一举平定。这大概是孙中山去世前国共两党之间最值得提及的一次合作。孙中山对此相当满意。事件的平定也缓和了鲍罗廷与国民党领导人之间已经开始紧张的关系。过去，在政治委员会上，鲍罗廷提出的每一项激进的反帝、反军阀的主张，几乎都会受到反对。国民党领导人很明白地告诉他，苏联许诺援助武器，至今未曾见到一枪一弹，既不援助武器，又怂恿国民党到处得罪列强和国内各派势力，让人无法接受。而如今，这样的意见不见了。国民党不仅第一次有了自己的军队，第一次凭借自己的力量消灭了曾经不可

[1] 《中共广东区委联席会议记录》（1924 年 10 月 6 日）。

[2] 首批苏援武器 10 月 1 日抵港，7 日运抵黄埔，包括 8000 支配备刺刀的步枪和 400 万发子弹，及各种炮等。参见《广州民国日报》1924 年 10 月 3 日。

一世的商团武装，而且由于苏联公开提供武器装备国民党的学生军，使广州附近心怀鬼胎的各派军阀一下子变得恭敬多了，孙中山第一次感到扬眉吐气。

10月23日，冯玉祥发动“北京兵变”，成功地把曹锟赶下了台。他进而发出通电，呼吁孙中山、段祺瑞和张作霖共同进京，成立全国和解政府。面对这一突发性事变，一向希望孙中山能够在北京发挥作用，一举成就中苏同盟关系的加拉罕力主孙中山应该接受邀请。鲍罗廷因此极力劝说孙中山北上进京。对此，中共中央的态度却依旧是反对的。即使在商团事件发生以后，他们的观念也丝毫没有改变，依旧公开批评国民党，不相信国民党的任何政治路线或军事路线可能达成革命。他们声称：坚持军事行动和广州政权，只能不断地造成“战争、苛税、杂捐、开赌、拉夫……等等恶政”。“革命党不拿政权则已，要拿便得拿一个全的，部分的政权不仅于革命党无益，而且有害，前前后后的广州革命政府便是铁证”。[1] 在得知孙中山准备应冯玉祥之邀，前往北京共商国是的消息后，中共中央的看法依然是：北京发生的一切并无特别意义，那不过是帝国主义美国决定抛弃吴佩孚，代之以冯玉祥，孙中山不应当到北京去与军阀们搞在一起。[2] 总之，在中共中央的心目中，革命只能按照俄国的方式，即通过动员宣传民众，最后以群众暴动夺取全国政权，任何通过政治妥协或依靠军队逐步打败对手的办法，都不能算是革命，而且必然带来腐败和对群众运动的反动。

当然，中共中央的这种观点无论如何都过于机械了。孙中山对此不屑一顾，鲍罗廷更是积极推动孙中山北上。就连维经斯基也不同意中共中央的看法。毕竟，能有机会把革命的影响迅速扩散到全国范围来，这总是有利的。[3] 随着维经斯基在1924年年底再度来到中国，中共中央的这种机械

---

[1] 蔡和森：《商团击败后广州政府的地位》，《向导》第88期，1924年10月24日。

[2] 转见鲍罗廷：《关于国民党》（1924年12月），《共产国际、联共（布）与中国革命档案资料丛书》（1），第565页。

[3] 《维经斯基给季诺维也夫的电报》（1924年11月底），《共产国际、联共（布）与中国革命档案资料丛书》（1），第555—556页。

的论调开始消失。不过，这一时期，国共纠纷愈演愈烈，共产党却仍旧处于被动状态，半年多来，党的组织只发展了四百余人。在 1924 年 12 月初举行的中共中央与共产国际代表的联席会议上，中共领导人再三解释说，这是因为鲍罗廷总是一味地向孙中山妥协，妨碍了中共积极进攻。维经斯基却毫不客气地批评说：问题的关键不在鲍罗廷，而在于中共中央自己。因为不管鲍罗廷是否注意这些问题，中共自己都要能够坚持独立的阶级面貌，打出自己的旗帜。如今世界上绝大多数人都只知道国民党在反抗帝国主义者，甚至在俄国，在莫斯科的许多群众大会上，听众也只知道国民党是中国的革命的党，孙中山是中国唯一的爱国的革命者，在进行反对帝国主义者的斗争，却没有人问：中国是否有共产党，他们在干什么？为什么我们共产党自己不能在反帝斗争中公开登上政治舞台呢？[1]

中共中央受到维经斯基的鼓动，紧接着于 1925 年 1 月召开中共第四次代表大会上。会上，主张更加充满革命性，也更具有战斗精神，更加突出地强调无产阶级的地位和作用，强调中国革命与世界革命的密切联系，强调无产阶级政党参加民族运动时保持独立地位与阶级斗争目标的极端必要性，甚至更一步提出，要争取无产阶级在国民革命中的领导地位。据此，会议检讨了自国民党一大以来党所犯的各种“错误”，再度指出最危险的错误就是：“（一）以为我们既然以国民运动为中心工作，便应集中全力于国民党的工作，不必同时进行我们党的工作”；“（二）以为我们既然加入多阶级的国民党做国民运动，便只好采取劳资调协的政策，不便鼓动阶级争斗”；“（三）以为我们应该帮助整个的国民党，不必助长左右派之分裂”。会议决定新的方针是：（1）反对国民党内部的阶级调和倾向，加强阶级斗争观念；（2）承认国民党

[1] 《中共中央与共产国际代表联席会议》（1924 年 12 月 5 日）。维经斯基所谈到的情况，还可以从斯大林的谈话当中得到印证。斯大林随后在与维经斯基的谈话当中，坦率地对共产党人必须寄人篱下，遭受国民党的“虐待”表示遗憾。当他听维经斯基介绍说共产党有自己的组织，比国民党更团结，且比国民党人更有能力时，十分惊讶。《维经斯基给加拉罕的信》（1925 年 4 月 22 日），《共产国际、联共（布）与中国革命档案资料丛书》（1），第 607 页。

的重要作用，但坚决反对国民党右派反革命的作用，并揭露国民党中派领袖的游移态度；(3) 加强国民党左派力量，扩展工农成分，推动中派左倾。[1]

让国共两党领导人都意想不到是，中共四大结束不久，孙中山就突然去世了。在此之前，国民党一切事务均由孙中山一手操持。对共产党员跨党问题，虽有众多国民党人再三再四地控告，孙中山也坚持他定的政策，下属无权置喙。特别到 1924 年年底，他已注意到共产党员在国民党组织、宣传等各级部门中，工作勤奋，成绩斐然，因而更坚信引入共产党员确有必要。他为此严辞斥责持异议者称："尔等不奋斗而妒他人之奋斗，殊属可耻。彼等破坏纪律，吾自有办法，与尔等何干？"那意思分明是想说："十三年来，民国绝无起色，党务并不进步，皆由尔等不肯奋斗之过。"若尔等当初肯奋斗，我又何必引入共产党员呢？[2] 不难想见，以孙中山之独裁和他对共产党员工作的印象，只要不发生共产党方面公开挑战其权威并威胁到国民党基本利益的情况，他就能够把两党关系继续下去。在他的权威震慑之下，国共两党中的敌对情绪都不能不受到相当约束。如今孙突然撒手人寰，两党间的制约力量顿时不复存在，国共关系自然会陷入到一种极其微妙并且危险的境地中去。

还在孙中山病重之时，已被孙中山开除出党的冯自由就联络一批坚决排斥共产党员的国民党老同志，在北京成立"国民党海内外同志卫党同盟会"，并在明知孙中山不会同意的情况下，坚持提出七项要求：(1) 中央执行委员会及各部会的共产党员一律免职；(2) 与共党有关的党内印刷所、学校、杂志的津贴一概停止；(3) 有关一切现阶段的政治问题，请在共产党员以外指定三人处理并经办之；(4) 派往各省的宣传员，属于共产党籍者，一律撤换；(5) 二全大会应在北京召开，时间越早越好，剔除共产党员之代表；(6) 各地党员提出的弹劾共产党案件，应由纯粹国民党党员组织特

[1] 中共四大：《对于民族革命运动之议决案》(1925 年 1 月)，《中共中央文件选集》，第 1 册，第 329—341 页。

[2] 孙中山：《与石克士等的谈话》(1924 年 11 月 21 日)，《孙中山全集》，第十一卷，第 357 页。

别裁判委员会予以裁决；（7）本党一切事情，今后不许外国人干涉。[1] 不仅如此，他们鉴于孙中山已进入弥留期，更进一步成立“国民党同志俱乐部”，公开打出排斥共产党的旗号。冯自由等人的做法，再明显不过地预示，孙中山去世后国民党内势必会因为共产党问题而发生分裂。

国民党正在出现的这种危机，同样也引起鲍罗廷和中共中央的高度重视。面对开始陷入群龙无首的国民党，鲍罗廷甚至颇为兴奋地报告莫斯科说：“我们还没有把孙逸仙送进坟墓，实际上在我们同国民党直接接触的整个时期已经不可避免的分裂就开始了。而且是国民党右派率先挑起的。”“当分裂真的发生时，国民党内的力量对比会是怎样的呢？对这个问题只能有一种回答：将对我们有利。”只要清除了右派，那么就“可以大胆地说，国民革命运动整个战线的实际工作，无论现在还是将来都会掌握在左派手中”。[2] 中共中央受此影响，迅速行动起来，明确主张立即“公开的征求党员”，“乘此时机将左派扩充有力”，以便“压迫中派使其必须与我们合作”，并争取“在第二次国民党全国代表大会中”“和右派竞争选举”。[3]

一方面国民党内排除共产党的倾向急剧发展，另一方面共产党内争取全面控制国民党的愿望与日俱增。十分明显，孙中山的去世，使两党间原有的矛盾与对立进一步释放和发展。国共两党最终走向破裂乃至全面对抗，在所难免。

---

[1] 据李云汉称，实际上冯自由等还在广州时就“不惜独树一帜，与广州（政府）立于对立地位”。见李云汉：《从容共到清党》，第 355 页。

[2] 《鲍罗廷的书面报告：孙逸仙之死与国民党》（1925 年 4 月 6 日），《共产国际、联共（布）与中国革命档案资料丛书》（1），第 597—602 页。

[3] 《中央通告第十九号》（1925 年 4 月 4 日），《中共中央文件选集》，第 1 册，第 404 页。

第二章

“容共”，还是“分共”？

1924 年，由于国民党成功改组，国民党的组织在全国范围内取得了前所未有的迅猛发展。这一发展，毫无疑问从孙中山坚持的“容共”政策中获益良多。但进入 1925 年，随着孙中山去世，国民党的领导层却在不到一年的时间里，接连遭遇严重的挑战与冲击。先是冯自由等在北京独树一帜，擅组“中国国民党同志俱乐部”，否认中央权威；接着是廖仲恺遭党内不满“容共”政策的分子刺杀，国民党最高领导层因此破裂，主要领导人胡汉民、许崇智被迫离开中央；最后是相当一批国民党中央执行委员和监察委员在北京西山集会，公开另立中央，与广州分庭抗礼。从 3 月“中国国民党同志俱乐部”成立，到 11 月北京西山会议召开，在不足 10 个月时间里，国民党自身组织竟然接连三度发生严重分化，其中固然存有种种特殊的原因与背景，而无可否认的是，它们也都与国民党内部在“容共”政策上久已存在的意见分歧，和国共两党内在矛盾日益加剧的政治情势直接相关。

一、党内分化之缘起

由于历史的以及其他种种原因，国民党的组织一向比较涣散，内部人事方面的纷扰与冲突，也时常发生。但是，1925 年国民党自身所发生的一系列分裂事件，却主要基于同一个原因，就是党内对孙中山“容共”政策由来已久的意见分歧。自从 1922 年秋天孙中山接受共产党人加入国民党以来，围绕着“容共”政策的利弊得失，国民党人之间就一直存在着不同意见。

刚一得知孙中山实行“容共”政策，并准备改组国民党，最先表示异议者即为在海外之华侨党员。据孙中山介绍说：“本党旧同志骤闻共产党员纷纷加入本党消息，顿起怀疑，盖恐本党名义被彼利用也。对于此事怀疑尤甚者，为海外同志。本总理曾接到海外华侨数次函电询问：此次改组是否为［改］国民党为共产党？如为改成共产党，则华侨同志决不赞成。”[1]

身为华侨商人党员，自同盟会时起即为革命在南洋积极筹款，对孙中山的事业帮助甚大的邓泽如，这时也怀有同一恐惧。他曾历任大元帅府大本营建设部长、参议、两广盐运使和广东省长等要职，这时则是孙中山委派的九名临时中央执行委员之一，并被授权与廖仲恺一同召集特别会议，参与负责改组事宜并兼任广东支部长。其地位之重要，可想而知。正是他，于 1923 年 11 月 29 日国民党“一大”召开前夕，领衔上书孙中山，历陈“容共”危险。这件事的直接起因是他得到消息说：“俄人替我党订定之政纲政策，全为陈独秀之共产党所议定。”深层次的原因则是因为他担心：共产党人加入国民党，乃“有系统的有组织的加入”，不仅要“利用我党”，而且欲“借国民党之躯壳，注入共产党之灵魂”，阴谋使国民党外结怨于国际，内断绝实力派之协助，“陷于孤立无援之地”。据此，邓泽如与林直勉、赵士覲等在上书中尖锐地提出：“奸人谋毁吾党，其计甚毒，不可不防。”[2]

国民党过去的组织几乎都在海外华侨当中，“在国内，毫不具基本组织，所谓活动，只有少数有知识有势力之人为高级之政治的活动”。“重要分子与在下层阶级之同志，永无见期，即相见亦树一阶级之墙壁，不相融合。”[3]换言之，国民党以往在国内之基础，主要是依靠少数有知识者或有恒产者，而无论海外华侨，还是国内少数有知识有势力之人，他们切身的经验都使他们绝难接受共产党人阶级革命理念。张继等人最初主动为国民党引进共产党人，除了多年与共产党领导人的相识和私谊在起作用外，还因为他、吴稚晖、李石曾等早年也都曾经是无政府主义者，后来也都加入了国民党，因此相信共产党人同样能为国民党所用。但自 1922 年秋共产党人先后开始

[1] 《总理关于民生主义之演说》（1924 年 1 月 21 日），《中国国民党第一次代表大会会议录》，转见中国第二历史档案馆编：《中国国民党第一、二次全国代表大会会议史料》（上），江苏古籍出版社 1986 年版，第 21—22 页。

[2] 《邓泽如等呈总理检举共产党文》（1923 年 11 月 29 日），中国国民党中央委员会党史史料编纂委员会编：《革命文献》，第九辑，第 65—67 页。

[3] 戴季陶：《国民党的继往开来》（1924 年 1 月 27 日），转见《革命文献》，第八辑，第 172 页。

以个人身份加入国民党以来，他们却渐渐认为共产党另有一套，并不真心尊重国民党的领袖，也不真正信仰国民党的主义。甚至身为国民党员，却在共产党的杂志上动辄批评、规劝国民党，俨然以指导者自居。这种情况，在中华革命党时有过宣誓效忠孙中山个人经历的老党员眼里，是绝对不能接受的。[1] 基于对国民党特有的感情，国民党改组伊始，并非海外华侨出身的老党员，也纷纷表现出对无条件“容共”的怀疑态度。根据国民党“一大”前夕上海中央干部会议记录，张继、彭素民、张秋白、居正、吕志伊等人，已在会上不同程度地对共产党有组织有目的地加入国民党却不加防范的做法，表示疑问。他们强调：“社会党有社会党之精神，未必可以完全服从于我”，“若个人行动而跨入别党者，尚有可原，若改组时带有奖励别党情形，殊为可虑”。他们建议规定，“既进本党，自应遵奉本党主义，……其他团体不可仍存一党见”。无论如何，“党中不可有党”。[2]

国民党内部分歧，在改组前夕实际就已经发生。当时，在孙中山身边的重要干部，如胡汉民、汪精卫等，对“容共”政策明确抱理解和支持态度。当有党员鉴于共产党人极力争取国民党“一大”代表席位，因而怀疑“容共”作用时，胡汉民即直言批评说：“你这回的怀疑，我敢认为是无益有损的‘过虑’。你说有若干由共产党加入本党的同志……选举的时候，他们居然以少数竞选胜利，你甚为不安。我推测你的意思，大约是歧视他们，我以为不应该的。”“你研究过民生主义，你至少可以认共产党为友党。至现在已经加入本党的党员，就更是党中同志，还有什么可以歧视的地方？他们以少数人能竞选胜利，是他们对于党的热心，是他们能奋斗的结果，难道妒忌他，可以说他们不对么？”“你说他们还和共产党未断关系，这也不是什么大不

---

[1] 《广州民国日报》这时对共产党人此种做法的评论，即反映出这样的心态。内称近有所谓新青年者，好规人过失，辄不满于民国纪元前之革命运动，尽情嘲骂不留余地，徒震惊于俄国革命，认为创举，仅以成败论英雄，完全不把国人崇敬之先烈放在眼内，更何有于生存之老党友？见《广州民国日报》，1924 年 5 月 14 日。

[2] 转见李云汉：《中国国民党史述》，第 2 卷，中国国民党中央委员会党史委员会，1994 年，第 399 页；李云汉：《从容共到清党》，第 227 页。

了的事。你知道当同盟会的时代，同志李石曾、吴稚晖、褚民意（谊）先生曾在巴黎入过无政府主义党吗？褚民意先生还和雷铁崖先生为政府问题大笔战一次。在他人说，或者疑惑这几位先生已经不做同盟会的党员，不和我们一起进行革命，谁知到了辛亥革命实现的时候，这几位先生同我们一样尽力，而且至今天还承认和我们是同志。无政府主义离我们比共产党更要远些，几位先生和无政府发生关系，尚且不必怕，他们和共产党不断关系又有什么可怕呢？这个先例或者你以为是最少数的人，这几位先生不是他人所能及。就请再看同盟会时代三点会、哥老会等会员加入本党，我们欢迎之下，并不迫他们断绝原有会党的关系，也不会发生什么问题。三点会等只是反清复明的宗旨，和同盟会的民族主义相近，也就如共产主义和我们的民生主义相近。我想这个先例，你不能不承认了。我劝你并劝各同志抛去彼此歧视见解，一致的向主义进行，努力于主义底下所应有的工作。到了大家一样的努力，那时什么猜疑都没有了。”[1]

国民党改组之初，共产党在国民党内影响及势力尚小，两党之间的纠纷亦不多，再加上孙中山的自信与权威，要想从根本上质疑“容共”政策，几乎没有可能。也正因为如此，在孙中山对邓泽如等人的上书详加驳复之后[2]，邓泽如等即不敢再提异议。原上海中央的干部在听取了廖仲恺代为解释的孙中山的意见之后，也不再有直接的反对意见提出。在 1924 年 1 月国民党第一次代表大会上，孙中山更于开会次日，即发言说明“共产主义与民生主义毫无冲突”，要求老同志不再排斥新同志。[3] 结果，在心存敬畏之下，会上全无表示怀疑孙“容共”政策之人，即使有所质疑，也仅止于双重党籍问题而已。

有关共产党人双重党籍问题的讨论，发生在 1924 年 1 月 24 日和 28 日审议中国国民党章程草案的会议上。先是章程草案审查委员会委员、上海大学教授何世桢在 24 日的审查草案会议上提出，应增加“国民党党员不得加入

[1] 胡汉民：《中国国民党批评之批评》，《中国国民党周刊》第 17 期，第 5—8 版，1924 年 4 月 20 日。
[2] 见《孙中山全集》，第八卷，中华书局 1986 年版，第 458—459 页。
[3] 同上，第 458—459 页。

他党”的条款。十七名审查委员中，除中共党员谭平山、李大钊、毛泽东和赞成并拥护孙中山“容共”政策的廖仲恺、汪精卫、戴季陶等六七人外，谢持、茅祖权、居正、石瑛、邓泽如、谢英伯、于右任等，大多都是已经或后来对“容共”政策表示怀疑甚或反对态度者。然而，何世桢的提议竟因多数反对而不得不撤回，足见当时会议的气氛。28日，讨论章程草案，方瑞麟提出，应明文规定“本党党员不得加入他党”，附议者在十人以上，照规定，得交大会讨论，但公开发言附议者也仅两三人。不仅廖仲恺、汪精卫、胡汉民发言，为共产党人的双重党籍问题辩护，其他发言者也大都反对方瑞麟的提议。包括后来转为反对“容共”政策的叶楚伧，也极力主张：“今既有人来归，加入我们的团体，为甚又不要他？”叶强调说：“凡加入本党者，只要能行本党主义，能遵守本党党章，就是我们的同志。”在这种情况下，方瑞麟的提议自然不了了之。[1]

尽管国民党内原本怀疑“容共”政策的老党员，在国民党“一大”期间出于对孙中山的敬畏，没有发出不同的声音。但是，“一大”召开和国民党正式改组的结果，却再度刺激了他们。这是因为，新组成的国民党中央权力机构，即国民党中央执行委员会中，新入党的共产党人一举拥有将近四分之一的席次。[2] 而作为中央权力执行机关的中央党部不仅移驻广州，脱离了老党员聚集的上海，而且新选用的干部大都是支持“容共”政策的党员或共产党人，组织、工人、农民等部部务则基本上落入共产党人的掌控中。北京、上海等执行部中，支持“容共”政策的党员和共产党人也是身居要职，过去长期得到孙中山倚重的众多老党员突然间被搁置一旁，无所事事。[3] 各地新

[1] 参见李云汉：《中国国民党史述》，第2卷，第443—444页；前引《中国国民党第一、二次全国代表大会会议史料》（上），第51—54页。

[2] 国民党“一大”通过的中央执行委员及候补执行委员总共41名，共产党人占10名，即谭平山、李大钊、于树德、沈定一、林祖涵、毛泽东、于方舟、瞿秋白、韩麟符、张国焘。

[3] 据汪精卫1924年4月17日致戴季陶函，北京执行部中央执行委员李大钊、于树德、王法勤、丁惟汾、石瑛；候补执行委员韩麟符、于方舟、张国焘、傅汝霖九人，“除丁、石、傅三人外，皆社会主义青年团人物”。上海执行部中，执行委员胡汉民、汪精卫、叶楚伧三人虽为国民党人，但执行部下设之组织部、宣传部、工人部秘书，则分别为共产党人毛泽东、恽代英和邵力子。参见李云汉：《从容共到清党》，第277、280页。

成立的省党部中，亦因组织部及执行部掌握在共产党人手中，所派筹备员多为共产党人的缘故，有相当部分实际上为共产党人所控制。本来就不赞同把中央党部移往广州的一些老党员，眼看党权旁落，倍感失落和不满。自1914年中华革命党成立，到1919年中国国民党成立，一直分任总务及党务负责人的居正、谢持等人，或不辞而别，或去乡下务农，其态度之消极，不言而喻。[1] 曾备受孙中山倚重，协助发起组织中华革命党，并历任大元帅府参议、大本营宣传处长，长期协助孙中山从事党务和宣传活动的田桐，得知“一大”结果后，专程从上海赶去广州，向孙中山“抗争三次”，不得结果而归。[2] 更有甚者，“一大”刚一确定联俄、容共政策，广州和香港就开始有了国民党已经“赤化”的流言，此事使得部分根本反对共产主义的国民党人如坐针毡。邓泽如、刘成禺、谢英伯、萧佛成、徐清和、张秋白、王祺、凌毅、方瑞麟、江伟藩、谢良牧、冯自由诸人，连同各省及华侨党员参加者五十余人，在广州太平沙林宅集会，“通过警告李大钊等不得利用跨党机会以攘窃国民党党统案”，准备公告天下。廖仲恺等人得知后，深感此举有违党纲党纪，当即提出报告，经鲍罗廷提议，国民党中央执行委员会根据“一大”通过的章程，几乎立案革除领头的冯自由、谢英伯、刘禺生、徐清和四人党籍。惟孙中山念及四人均为追随自己多年的老党员，才允许他们“自行辩护”后加以告诫了事。[3]

中央执行委员会拟革除冯自由等党籍，足以显示广州国民党中央多数此时有以党纪维护孙中山“容共”政策之意。而同样值得注意的是，根据国民党“一大”后执监委首次全会的决定，留驻广州并经常出席中央会议者，恰

---

[1] 居正：《梅川谱偈》；谢幼田：《谢慧生事迹纪传》，（台北）近代中国出版社1991年版，第184页，转见谢幼田：《联俄容共与西山会议》（上），香港集成图书公司2001年版，第125页。

[2] 《逸经》第11期；冯自由：《革命逸史》，第二集，中华书局1981年版，第156—157页。

[3] 冯自由前引书，第三集，第216页；郝盛潮主编：《孙中山集外集》，上海人民出版社1990年版，第820页；《鲍罗廷的札记和通报》（1924年2月），《共产国际、联共（布）与中国革命档案资料丛书》（1），北京图书馆出版社1997年版，第447页；孙中山：《致国民党中央执行委员会函》（1924年3月1日），《孙中山全集》，第九卷，第538页。

恰主要都是老党员。如林森、邹鲁、李烈钧、彭素民、柏文蔚、戴季陶、谭延闿、邓家彦、邓泽如、杨庶堪等，大都是自同盟会起便追随孙中山革命，并历任要职者。共产党人却只有谭平山和林祖涵两人。林祖涵2月底辞去农民部部长，前往汉口执行部之后，能够参加中央会议的共产党人，更只剩下谭平山一人。即便如此，广州中执监委维护“容共”政策的态度也并无动摇。

广州中央这时“容共”政策之坚定，在广州出版的国民党中央执行委员会机关报《中国国民党周刊》上的重要言论中也反映得很清楚。1924年4月20日，该刊登载中央执行委员胡汉民的一篇长文，其中就瞿秋白刊载在《新青年》的一篇引起部分国民党人不快的文章，进行剖析与解说。该刊发表此文的意图十分明显，就是希望能够引导国民党人正确解读共产党人的相关文章，不致发生误解。因为共产党人发表在中共中央机关刊物《向导》以及《新青年》等杂志上的批评文章，经常在国民党内引起激烈反响。像其他支持“容共”政策的国民党人一样，胡汉民也不赞同瞿秋白的某些批评，比如把过去的国民党与民族资产阶级划等号，断言中国共产党代表无产阶级，等等。他甚至提出，瞿秋白的那些阶级分析和强调国共两党终极目的不同的言论，会引起误解。因为强调什么“借重”、什么“策略”，就难免会被人误以为共产党只是想“利用”国民党，并“会一直误会到（共产党人）加入国民党不过是一个策略，差不多是以党团加入其他非党的社会里头的行动，会误会到多少党员是另外一个党团，在本党内另自造他的活动，时时另受他党暗里的指挥”。但是，胡汉民长篇大论地分析此文的目的，却是要国民党人了解：第一，这篇文字“是要叫国民党以外其他有革新思想主义的人，无论共产党及若何的党派——尤其是共产党——尽量加入国民党。主要的意思不在于对国民党的批评”。第二，因为要叫这些过去看不上国民党的人加入国民党，作者必须对国民党的过去加以批评，批评过去是为了肯定现在，因此作者“所批评的话多半是重视国民党，而期望甚切，看的人不可‘因词害意’”。[1]

[1] 前引胡汉民《中国国民党批评之批评》。

同样的情况，《中国国民党周刊》5 月 25 日还发表了老党员吴稚晖的一封公开信。这封信是答复无政府主义者华林的。华林在《时事新报》发表了给张继的一封信，其中谈到：原无政府主义者李石曾、吴稚晖与国民党发生关系之时，即不啻与无政府宣布脱离关系之日。“将两不相容之主义而强和之，岂非宣布李、吴人格破裂乎？”吴稚晖就此做了相当长的一篇答辩。其中在谈到无政府党、共产党和革命党的关系时，也具体解释说：无政府党、共产党和国民党，说到底都是革命党。它们的分别只在程度不同。无政府党最彻底，共产党其次，国民党则最现实。“只是无政府主义未成熟，就作成了较低主义的共产党了，去生吞活剥，然他们到底也还是未成熟，逼住了改成什么新经济。于是此次国民党慎重于先，又降低了招牌以就历程，乃是革命的适应环境，无所谓亿万年有道之长。到底是一个国民党，如果革命精神存在，我信什么国民党、共产党，将来终要共上无政府的途程的呀。”因此，“无政府党罢、共产党罢、革命党罢，不约而同的终混在一起”，实不可免。他尤其看好此次改组，称过去国民党“把同党看作朋友，党首看作主人”，如今已觉悟过来，知道应当把怀抱急进主义的党派，哪怕是意见参差者，一齐团结起来。因为它已明白“团结非做朋友也，做同党而已”。当日周刊的编者，为此还特意在吴稚晖的信开头加上了一个副标题：“劝急进派都进国民党”。[1]

二、党内反对派的首次抗争

孙中山及国民党中央对“容共”政策的坚持，毕竟不能阻止国共两党之间纠纷的发生和扩大，以及随之而来的国民党人在“容共”政策问题上的进一步分化。

国共两党间这时所以会发生种种纠纷，在某种程度上无疑与“党内合作”的这一特殊形式有关。尽管中共中央一度明确要求党员：“本党以后一切宣

[1] 《吴稚晖致华林书》，《中国国民党周刊》第 22 期，1924 年 5 月 25 日。

传、出版、人民组织，及其他实际运动，凡关于国民革命的，均应用国民党名义，归为国民党的工作”，只有“我们所认为必要事项，而国民党不愿用其名义活动的，仍作为本党独立的活动”。[1] 然而，共产党人并非真正以个人身份在国民党内工作和活动，而是结合成党团形式，按照共产国际和中共中央的指令行事。共产党人观念上又坚信自己在阶级地位上，因而在政治觉悟上优越于国民党人，必须担负起指导和监督国民党和国民革命的历史责任。再加上两个政党，必然会在利益上、价值观上，以及人事和情感上存在种种区别，党员干部之间难免会互相戒备，甚至格格不入。在这种情况下，国共关系弄出许多纠纷，实不以人的意志为转移。

国民党“一大”后，迅速引起国民党人强烈反感的，主要是两方面的问题。一是因为孙中山授权共产党员谭平山等负责组织发展，谭不能不依靠共产党人来推动地方党务的建立与拓展，从而使不少地方党部实际上为共产党人所掌控。如新建立的汉口执行部，完全由林祖涵、李立三、许白昊、林育南、项英、刘伯垂、于若愚、夏之栩等共产党人所控制。湖南新成立的省临时执行委员会，成员何叔衡、夏曦、李维汉、李达、郭亮、夏明翰、李六如、邱维震等，几乎全部都是共产党员。其他凡必须委派共产党人做筹备员的省份，情况亦复如此。这种现象显然触动了相关地区国民党人的利益，难免会引起强烈反感。二是前述部分共产党人三四月间，即在苏联与北京政府签订《中俄解决悬案大纲》期间的言论，与国民党人大相径庭，导致国民党人与共产党人公开争论，最终引发了国民党中监委联名检举和弹劾共产党人，并因此催生了一届二中全会的相关决议。

一届二中全会的结果，使国民党内怀疑和反对“容共”政策的势力受到相当大的打击，要求惩办共产党人和革除共产党员国民党党籍的风潮，迅速在各地平息下来。但是，国共之间的纠纷却丝毫没有减少的趋向。相反，

[1] 《同志们在国民党工作及态度决议案》（1924 年 2 月），见《中共中央文件选集》，第 1 册，中共中央党校出版社 1989 年版，第 224—225 页。

广州国民党即将实行“共产”的谣言此起彼伏，甚嚣尘上，迫使国民党不得不以各种形式进行辟谣。时任广东省省长的廖仲恺甚至不得不亲自发布辟谣布告，声称：“查共产主义虽以俄国革命成功之后尚不能实行”，“况中国现处产业落后之境遇，方当为国民谋发达实业之暇，而欲主张共产，此其人非愚即狂。本省长为国民党党人，非共产党党人，对于国民党之宗旨主义，二十年来未之有改。伏读大元帅手著《建国方略》，于实业计划条列至详。依实业之性质，分为国家经营与个人经营两种，对于个人企业由国家奖励，兼以法律保护之。且近数月来由中央执行委员会公布，与机关报之言论，及中央执行委员会之讲演，彰彰在人耳目，无可疑者。故不察是非，而贸然附和此种传说者，实为不智；藉以为构诬造谣之用，以冀淆惑人心者，实为不仁。”[1]

“共产”谣言的兴起，显示社会上确实存在着对共产党相当恐惧的情绪。廖仲恺一方面对孙中山联俄容共政策鼎力支持，一方面却不得不公开否认共产主义在当时中国之可行，显示执政的国民党人处境颇为尴尬。但是，由于国民党内原本就存在的对立情绪，已被弹劾案事件推向极端，以致在许多地区，反对共产主义的国民党人与共产党人事实上已经变成了敌人。不仅部分国民党人坚持敌视共产党，而且共产党方面也更进一步加强了同这一部分国民党人斗争的决心。

中共中央决心采取“强硬路线”，处于中间地位的国民党人就更显被动。在广州，孙中山及其拥护者仍占主导地位，但即便如此，当共产党人加强对国民党政策的公开批评以显示其强硬态度时，这些国民党人也仍旧不能不表示强烈的反感。《广州民国日报》为此公开发表社论，警告《向导》周报不得不顾事实，率意批评。称：“你们既然同情于国民党，尤其是那些已经加入国民党的同志，于未批评之前，总该审慎一些，并须了解国民党的内容，并

[1] 《广州民国日报》1924 年 9 月 12 日临时特刊。

了解国民党执政者的真正主张”，不能“太不着实际”。[1] 国民党中央并且公开警告《向导》周报。[2] 在这种情况下，为了澄清自己的独立性，撇清与苏联以及共产党的关系，他们在同意组织纪念俄国十月革命活动的同时，甚至不得不公开声明：此“非赞成共产之实行，非媚外，更非讨好俄罗斯，乃庆祝被压迫阶级之成功，乃庆祝民族解放之实现，同时并鼓励国人对于革命之勇气”[3]。

广州国民党中央尚且如此，其他地区国共关系的情况就更是可想而知了。在这里，特别值得注意的是上海地区国共两党关系的形势变化。本来，上海执行部基本上控制在拥护改组、赞同“容共”的国民党人胡汉民、汪精卫等人手中。随着胡、汪相继回到广州中央，身为中央执行委员的上海《民国日报》总编辑叶楚伧不得不负起全责。但上海长期受到国民党老党员的影响，反对“容共”政策的势力在上海有较强的基础。而上海同时又是中共中央和共产党人长期活动的基地，《向导》《新青年》这些经常批评国民党的共产党刊物又都出版于上海。因此，上海地区的国共关系，以及国民党内部关系一向十分复杂。1924 年春针对苏联与北京政府的外交谈判，国民党人与共产党人在上海报刊上所发生的激烈论战，就清楚地显示出双方水火不相容的严峻态势。以叶楚伧个人之力，自然难以驾驭此种局面。更何况，像广州国民党中央的情况一样，叶本人对共产党人的强硬路线也颇难接受。至弹劾案发生，上海方面反对“容共”政策的国民党员迅速联合起来，形成强势，以致发生了邵力子等人被殴事件。反对“容共”政策的国民党人与共产党人之间，更成剑拔弩张之势。上海执行部组织秘书毛泽东、宣传部秘书恽代英等共产党人联名上书孙中山，要求惩处打人凶手，并且

[1] 文章起因是《向导》周报轻率断言广州商团事件背后有国民党右派分子主使。孚木：《告批评国民党的同志》，《广州民国日报》1924 年 11 月 4 日第二版。

[2] 《国民党再警告向导周报》，《广州民国日报》1924 年 11 月 11 日第六版。

[3] 孚木：《庆祝苏俄革命之真意义》，《广州民国日报》1924 年 11 月 8 日第二版。

要求追究叶楚伧的“主持不力，迹近纵容”的责任。[1] 上海执行部青年部秘书何世桢等亦上书孙中山，要求“命令该共产党员全数退出本党，并予倾向共产党者以严重制裁”[2]。

8 月 1 日邵力子等人被殴事件尚未处理，10 月 10 日在上海后宫召开的“双十”节庆祝大会上，反对“容共”的国民党人与跨党的共产党人因对当时正在进行的江浙战争 [3] 态度不合而再度发生冲突，社会主义青年团团员黄仁竟被推下讲台，摔伤致死。此事在共产党方面引起极大震动，他们当即发动各区及分区党部要求惩戒凶手。上海执行部于 13 日召开执行委员会议，因执行部中共产党人居于多数地位，在瞿秋白、毛泽东等委员的坚持下，自然通过了惩凶、抚恤等各项办法。会议决定开除打人者童理璋、喻育之的党籍；明令在场之何世桢、周颂西、陈德征于三日内声明承认“此次国民大会凶殴同志者，为军阀及帝国主义者之奸细”，并说明他们当场却不加阻止及救护之原因。会议发表的宣言称：“上海双十节国民大会中，竟发现阻止反对军阀及帝国主义之演说，至凶殴此等演说者及赞成者之事。中国国民党中央执行委员会上海执行部认此等行为为帝国主义及军阀奸细卖国卖民之反革命行动。……当时负有会场秩序责任，及未能拥护宣讲主义者之国民党员，本党固认为不忠于党、对于阻止宣讲主义及参加或指使凶殴之人，则不论为党员与否，本执行部敢以国民党名义正式宣告其为国民之公敌，凡我国民其速起而讨之。”[4]

上海执行部 13 日会议的决定及宣言，自然遇到反对“容共”一派国民党人的强烈抵抗。宣言公布次日，国民党中央监察委员张继等人就激烈指责叶楚伧，同时并致电广州，强硬提出：“自八月大会以来，共产派肆行无忌，

---

[1] 转见李云汉：《从容共到清党》，第 323 页。

[2] 同上，第 322—323 页。

[3] 江浙战争，指这时爆发的浙江督军卢永祥反对直系江苏督军齐燮元的战争，孙中山国民党主张支持卢永祥，并准备据以发动讨伐直系军阀的北伐，而中共中央则公开反对利用一派军阀推倒另一派军阀的做法。

[4] 《上海执行委员会第十六次会议录》，《广州民国日报》1924 年 11 月 11 日。

继耻与为伍，请解继党职兼除党籍为叩。”[1] 面对来自两方面的巨大压力，叶楚伧不得不提出辞呈，拒绝继续负责上海执行部的工作。对此，中共中央却视为重要机会。因为上海各区分部情况复杂，不少组织掌握在反对“容共”的国民党人手中。而叶楚伧退出后，执行部中共产党人却占据了明显多数，仅担任国民党中央候补执行委员者就有三位之多。过去因叶楚伧、于右任等左右为难，态度暧昧，致出现反对派尾大不掉之势。如今叶去，完全可能利用执行部的权力对各区组织重加整合。因此，中共中央很自然地提出要将上海执行部“在一定程度上掌握在我们手中”的目标，并据此加紧活动，主张或使汪精卫回沪，或干脆将在上海的跨党中央候补执行委员瞿秋白、沈定一或毛泽东，择其一转为正式委员，负责主持上海执行部以及上海《民国日报》的工作。[2]

由于受到一届二中全会结果的打击，又眼见共产党进一步活跃与强硬，诸多在上海的国民党老党员开始感到心灰意冷。这时来上海不久的冯自由便与田桐等人积极活动，并广泛联络章太炎等老同盟会员，很快联络起大批同情者，决定“护党救国”。12月，经反复磋商后，章太炎、田桐、居正、周震麟、马君武、管鹏、焦子静、谢良牧、茅祖权、刘成禺、冯自由等在上海章寓集会，群推章太炎撰稿领衔，拟就“护党救国公函”，以怀念同盟会革命精神为名，决定“重行集合”，“以竟往日未伸之志，而为将来匡扶之谋”。[3]

由于冯玉祥发动北京政变成功，孙中山此时应邀入京，刚刚经过上海北上，举国瞩目，且章太炎等与国民党久无利害关系，故公函中其实并未涉及共产党问题。惟以护党救国为号召，在上海反对“容共”政策的国民党人看来，实无异于主张“驱逐共产派”。这时在天津的江伟藩就公开响应称：

---

[1] 《张继请解职兼除党籍电》（1924年10月14日），中国第二历史档案馆编：《中华民国史档案资料汇编》第四辑（上），江苏古籍出版社1986年版，第33页。

[2] 《中共中央给鲍罗廷的信》（1924年10月10日），《共产国际、联共（布）与中国革命档案资料丛书》（1），第535—536页。

[3] 《章太炎等之护党救国公函》，转见冯自由：《革命逸史》，初集，第61—62页。

此乃“不得已之举”。其文称：

> 共产主义无论其好坏，是一种主义，人之信仰与否，各有自由，余无反对之必要。吾人所驱逐者，乃我国（民党内）共产之分子。因其宣言加入吾党者，而又藉以对吾党妄造左右派之名词，挑拨内讧。又以吾党党员地步，对吾党素亲睦之各方当局，信口谩骂，挑拨恶感。更或以吾党对国际间谋亲善，或以吾党用人材上之吸收，则造谣吾党主义如何、吾党总理如何。凡破坏吾党之阴谋，无所不用其极。故吾党多数同志，已提议惩办多次。以吾党孙总理中山先生多端告诫。此诚苦心，翼（冀）其悔悟，举行吾党主义，谨守吾党纪律，化恶为善。不忍其有所操纵，致入迷途，作无谓之牺牲，徒自扰乱社会。孰知竟有以此而挑拨之计，引为疑虑者，未免太不加察。更有藉为口实，多方攻击，此最为痛心之事也。而该分子近复多方破坏吾党政策，造谣更有甚焉者。此吾人不能不驱逐之，以免误党误国，贻祸无穷。[1]

但是，要想公开树立驱逐共产派的旗帜，也并不是一件容易的事情。12月下旬，部分国民党人在京组成“各省区国民党护党同志驻京办事处”，号称有成员四百余人。成立伊始，即把矛头首先指向被他们视为有袒护共产党人行为的汪精卫，却没有公开打出驱逐共产派的旗号。[2]1925年元旦，随着孙中山日前扶病入京，各地具有国会议员身份的国民党人，亦纷纷到京，经由田桐组织，大家齐集中央公园，举行民前同盟会旧友新年恳亲会。到会者洋洋二百余人，冯自由、刘揆一、刘成禺、谢良牧、周震麟、李煜瀛、丁惟汾等均到会捧场，并拍照纪念，却未能形成共识。

其实，这时国民党内部的分歧，并不纯粹是一个“容共”与否的问题。

[1] 《国民党内部之现状》，天津《大公报》1924年12月20日第四版。
[2] 《京津国民党左右派之冲突》，长沙《大公报》1925年1月7日第二版。

孙中山北上，并不放弃革命的主张，并且坚持“帝国主义列强加诸中国之不平等条约与协定，以及中国于经济奴役地位之各种契约应即废除”。为阻止皖系军阀段祺瑞重新上台，遏制“特别权力与特别势力”继续胡作非为，孙中山和国民党更明确反对用南北几大巨头开所谓善后会议的办法来组建统一政府，主张“准许人民就自身之所需而公决一切”，因而提议召开国民会议解决善后。[1] 然而，冯自由、马君武、彭养光等却认为孙中山要价过高，主张应当妥协，“对于现在时局主张接近政权”。在段祺瑞宣布建立临时执政府，并提出善后会议抵制孙中山的国民会议主张时，他们直接或间接地站在段祺瑞一边，极力劝说党内同志赞同善后会议的主张。对此，在京的张继、丁惟汾等从一开始就表示反对。孙中山在粤时，他们甚至曾致电建议暂缓北上。在孙中山到达天津之后，张继亦赶往天津，与汪精卫等国民党要人商定坚持国民会议的方针不动摇。[2] 由此不难看出，冯自由等人虽试图在党内组成“容共”政策的反对派，却难以在国民党老党员中取得一致的同情。

不过，国民党老党员内部的分歧，并不等于说冯自由等在北京的国民党人中就会陷于孤立。“各省区国民党护党同志驻京办事处”的成立，即说明了这一点。另外，北京是国民党人曾经致力于扩展影响的地区。还在1922年，谢持和邹鲁等就根据孙中山的指示，在北京各个大学联络了一批青年学生，“向他们宣传本党主义，并介绍他们入党”。他们还帮助这些青年学生组织了自己的团体，如中社和民治主义同志会等，以开展活动。还在共产党人加入国民党，开始在北京以国民党的名义进行活动之初，这些组织就表现出强烈的排斥共产党人的倾向。他们于1923年3月创设的民中俱乐部的简章中，就明确规定“本部以本（国民）党纯粹党员组织之”，“确

[1] 孙中山：《关于国民党最小纲领之宣言》（1924年12月22日），《孙中山全集》，第十一卷，第514—516页。

[2] 罗家伦主编：《国父年谱》（增订本），中国国民党中央委员会党史史料编纂委员会，1969年，第1149、1168页。

有二重党籍经人揭发者”，即予以除名。[1] 5 月间李大钊以北京支部总干事资格，受命负责北方改组工作，按规定组织青年国民俱乐部，一度得以整合北京社会主义青年团和中社、民治主义同志会等组织。但由于双方原本立场各异，感情对立，很快便发生冲突。因民治主义同志会负责人指责李大钊半年中党务毫无进展，“徒借国民党来作共产运动”，双方发生口角，几至决裂。北京中社及民治主义同志会因此向当时设在上海的国民党本部提出，要求“北京总负责人务祈委不抱他种主义之人”。[2] 及至北京执行部成立，特别是在中苏条约谈判问题上观点的对立，更造成双方之间的纠纷不断。在这种情况下，任何以“护党”“逐共”为号召的主张，都很容易在北京的部分国民党人当中取得的同情与支持。

1 月 7 日，冯自由等在北京成立“国民党海内外同志卫党同盟会”。冯出身于侨商家庭，从孙中山发起兴中会开始，就随其父追随孙中山，投身革命。辛亥革命胜利后，冯曾出任孙中山的机要秘书。二次革命爆发后，他再度追随孙中山，相继参加中华革命党和中国国民党，并在党内担任要职，称得上是名副其实的老党员。冯自由这时对国民党改组怀有抵触心理，根本上其实还是对孙中山实行联俄容共政策不满。一届二中全会后，孙中山曾公开斥责冯自由对其联俄容共政策的对抗态度，使冯备受压力，也转趋反感。虽然在其他领导人的极力疏通之下，中央执行委员会实际上并没有做出开除冯自由的决定，但是冯自由还是很快离开了广东，转去上海，而后即来到了北京。

冯的“国民党海内外同志卫党同盟会”就国共关系问题通过了如下决议，提出：(一) 将加入共产党之国民党员，开除其国民党党籍；(二) 国民党党务，不信任汪精卫等包办，请孙中山另外指定公正党员三人以上，办理党务；(三) 共产党激烈分子谭平山到京，卫党同盟会应注意其行动；(四) 推举冯自由、

[1] 转见李云汉：《从容共到清党》，第 253 页。
[2] 同上，第 254—257 页。

费公侠、张德惠等五人为代表，向孙中山要求一切。该会次日复与“各省区国民党护党同志驻京办事处”共同集会，议定联合行动方针和应向孙中山要求的事项。双方决定，暂不直接提出根本否定“容共”政策，驱逐共产派的要求，分由两会各自依据护党目的，发布公开文电，争取全党同情，以确保党权不落入共产党人之手。[1]

1月10日，“各省区国民党护党同志驻京办事处”于城南某报社召开第七次委员会，不惜用演绎并加注文的方法，大张其鼓地披露谢持、张继等弹劾案所附之共产党秘密文件，并发布宣言。宣称：“自汪精卫等勾结共产党加入本党，一年以来，朋比为奸，党德人道，几至决荡无遗。外受敌党之挑拨，内遇党义之争执。风雨飘摇，朝不保暮。念我总理三十年缔造之艰难，不禁痛心。兹特将本党监察委员谢持、张继及各地同志去秋查获共产党人阴谋后向中央弹劾案内之文字要证，摘要披露，冀全党同志，奋起注意，共图挽救。”[2]

1月13日，“国民党海内外同志卫党同盟会”亦上书孙中山，提出七项反共要求。该会称，已公推冯自由、张德惠、张绍琦、简焕燮等为代表面陈。[3]

其实，比较一下中央监察委员弹劾共产党案所附之共产党秘密文件，即可知护党办事处等“披露”之“共产党议决案之一部分”，采取的是断章取义和演绎生造的做法，其目的仅在于夸张宣传。

如内中所引“认定国民党之各级党部，为共产党之团体活动之机关，故凡国民党之各级组合，吾人须以全力达到我党运动国民党之目的。（原注：共产党加入国民党之用心可知）”一句，弹劾案所附文件并无此句。

又如文中所引“凡国民党与任何国家发生外交上亲善之形势，我人须以全力推翻之。总之，须使国民党存在时之外交上，除亲俄外，别无第二之亲善国。（原注：其必欲消灭国民党，于此项条文上观之，尤为明显）”一句，

[1] 《国民党之纠纷》，《晨报》1924年1月7日第二版。
[2] 《国民派牺牲共产派》，《晨报》1924年1月13日第二版。
[3] 《晨报》1925年1月14日第二版，参见本书第67—68页。

查弹劾案所附文件亦仅有“在政治的宣传上，保存我们（按：共产党自称）不和任何帝国主义者任何军阀妥协之真面目”一句。

再如文中所引“我党对今社会之任何组织，均须设法加入，并求利用他人之组织，以为我党之宣传。重要之职务，须乘机发展，我人破坏社会现状之唯一目的：(一）对国民党改良工人生活之计划，我人须破坏之。(二）我党在各社会方面，因缺少团体之组织，故活动上缺少能力，此后除加入各团体利用之，须努力挂设各种团体名义，以为有力之活动”一句，查弹劾案所附文件同样没有。有的只是：“阻止国民党在政治运动上妥协的倾向，在劳动运动上改良的倾向”，和“对国民党中高级机关位置之竞争，对内既易发生不良之影响，对外又引起其他团体的反动，于不十分妨害本团活动范围之内，应采取容让的态度，而致全力于区分部或市党部等切实的工作”。[1]

由此不难看出冯自由等为达到自身的政治目的无所不用其极的心态。

这个时候，孙中山已在病中，国民党内反对派的要求，自然得不到回应。但孙中山病重，各反对派组织成立又未受到国民党中央的公开指责，这些情况，助长了国民党内反对“容共”倾向的进一步发展和组织上的结合。国民党这时在美国的代表马素不仅在内部与汪精卫等人的争论中坚决否认孙中山有“民生主义即是共产主义”这样的观点，而且还在英文《大陆报》上公开发表文章，委婉批评国民党的联俄容共政策。彭养光、冯自由等人甚至公然违背孙中山的意旨，出任段祺瑞组织的善后会议委员。江伟藩更发出快邮代电，针对汪精卫宣布奉孙中山令中央政治委员会移京一事，公开抨击，指责廖仲恺、汪精卫包庇袒护共产党，姑息养奸，声言：“对于该共产及败类分子所把持之中央执行委员会之颠倒谬行，大动公愤，指责弹劾，要求改组，早已不承认其有效。”江函提出：“总理尚未健康以前，党内又无合法及全党公意表现之中央执行委员会之时，则对内对外一切事体，应请纯真同志，以全党公意之结果，速即组织临时执行机关，一方挽救目前

[1] 参见《革命文献》，第九辑，第73—76页；《晨报》1925年1月13日第二版。

之危难，一方整策将来之进行。”[1]

江伟藩等人的倡议，与冯自由等不谋而合。3月8日，冯等经过一番紧张的准备与沟通，在北京大学第三院举行集会，宣告成立“中国国民党同志俱乐部”，公开准备取国民党中央执行委员会以代之。会议通过的“中国国民党同志俱乐部章程”规定:“本俱乐部以联络感情，拥护三民主义为宗旨”，“以创行三民主义之孙中山先生为总理”，设总部于北京，“由全国代表大会选举六十人为总理事，组织总部理事会，辅助总理执行总部一切事务”。凡前同盟会会员、民国元年国民党党员、民国三年中华革命党党员以及民国九年中国国民党党员者，均可加入。但“有跨党行为者”“有违反三民主义情形者”“有叛党事实者”，“不得为本俱乐部会员”。[2] 而其所谓理事会理事，事后仅由马君武、褚辅成、张知兢、丁象谦、刘揆一、冯自由、贺之才等人推举而生。根据国民党同志俱乐部一个月后公布的消息，共推举理事59人，名单为:章炳麟、彭养光、冯自由、伍朝枢、熊克武、王正廷、但懋辛、石青阳、褚辅成、易培基、田桐、张静江、刘揆一、李煜瀛、居正、马素、吕复、王用宾、程潜、林支宇、唐绍仪、孙科、于右任、高一涵、马君武、徐谦、吴敬恒、黄郛、谢持、薛笃弼、孔庚、范石生、杨希闵、石瑛、吴铁城、谭延鸿、凌毅、颜德基、石淑卿、杨庶堪、谭延闿、李烈钧、张知兢、柏文蔚、孙岳、张继、卢师谛、焦易堂、王星拱、吕超、徐绍桢、王世杰、陈少白、樊钟秀、岳维峻、林森、丁象谦、马叙伦、吕一峰。[3]

冯自由等人的分裂行动，在国民党内引起强烈反响。上海章太炎、唐绍仪亦组织辛亥同志俱乐部，公开声明对国民党同志俱乐部表示同情。章等虽不赞成马上“组党建纲”，但认为 :“共产党假借外势，陵侮国民，诚当公同排斥。然其名在此而实在彼者，已据要津，必与争国民党正统之名，

[1] 《孙文病中之国民党》，《晨报》1925年2月16日第三版。

[2] 《国民党俱乐部章程》，天津《大公报》1925年3月10日第四版。

[3] 《国民党俱乐部开会》，《晨报》1925年4月21日第三版。

何如聚集旧时党员，同称民党？"[1]"各省区国民党护党同志驻京办事处"也改组为"中国国民党各省驻京护党委员联合会"，并发通电推波助澜。声称："据本党总章第二十五条规定，全国代表大会每年举行一次。查本年一月二十日即为满足一年"，"总章第六十七条，中央执行委员任期定为一年，该会竟于任满后仍假借名义，淆乱视听"，"兹特郑重宣言，该中央执行委员会自本年一月二十日起，所有一切行为，经已完全失效"。[2]而与此同时，北京特别市执行委员会及中央执行委员会北京执行部则登报声明："该俱乐部并非本党同志所组织，与本党毫无关系。"国民党中央执行委员会更宣布开除冯自由、江伟藩、马素等人党籍，并且要求被列名理事者登报否认。[3]

这时，最值得注意的是那些国民党老党员的反应。从陆续发表的否认与国民党同志俱乐部有关系的公开声明中可以看出，大多数被列名理事者，其实并无所知，且反对冯自由等人的分裂行为。包括田桐也登报声明与俱乐部无关。[4]中央监委弹劾共产党案主要提案人张继，在这一点上表现尤为激烈。当他得知反对派成立小组织后，即公开表示不同意见，称："国民党之特性，即是于危急时，能一致行动，吾人今当化除意见，一致进行。"国民党同志俱乐部成立大会召开之日，他更亲至会场，"拍案大骂，直斥冯等叛党无耻，丧失人格"，然后扬长而去。至 3 月 12 日孙中山去世，眼见反对派更为活跃，无可阻遏，他甚至开始对自己当初反对"容共"的做法，有所反省。称："先生在世时我虽曾主张与共产派分家，但是如今先生刚去世，我可不忍这样主张了。回想先生生前的主意有时与我们的主意不相同，固亦偶然有他错我们对了的时候，但大半是他对我们错。他主张新弟兄们来合伙，而我们不愿意，或许

[1] 《所谓民党大团结问题》，《晨报》1925 年 5 月 30 日第三版。

[2] 《国民党裂痕已显著》，长沙《大公报》1925 年 4 月 10 日第四版。

[3] 《冯自由等在京最近之叛党行动》，《广州民国日报》1925 年 3 月 27 日第三版；《国民党开除冯自由等党籍经过》，《广州民国日报》1925 年 4 月 15 日第三版；《国民党之重要通告》，《广州民国日报》1925 年 5 月 25 日第三版。

[4] 陆续登报声明否认列名俱乐部者，有张继、柏文蔚、焦易堂、田桐、王用宾、孙科、熊克武、谭延闿、程潜、范石生、邓泽如、吴铁城、伍朝枢等。

是他对我们错了，亦未可定，现在决定和新弟兄们分家，我可很是怀疑。”[1]

冯自由等人的主张在国民党人当中之所以得不到多少响应，除了他们事实上已经站到段祺瑞北京政府一边以外，其对共产党作用不顾事实、无所不用其极的夸张、歪曲宣传，无疑也是原因之一。

三、戴季陶的转变与廖案的发生

1894年以来，国民党人之所以能够在变幻不定的政治风云中时散时聚，从兴中会，到同盟会，到国民党，到中华革命党，再到中国国民党，一直保持着相当的政治凝聚力，一个基本的原因，就在于有孙中山的政治威望和他的三民主义以为号召的旗帜。国民党改组之后，由于孙中山实行了联俄容共的政策，宣称其民生主义与共产主义并无二致，使相当部分党员对三民主义发生了疑惑。但有孙中山在，即足以维系其组织的凝聚力。如今孙中山去世，国民党在政治上和思想上的统一自然要受到空前严重的挑战。

孙中山去世后，国民党中央执行委员会内部愈加意见分歧。围绕着中央执行委员会的任期、召开第二次代表大会的地点及大会代表产生办法等问题，中执委们在北京争论不休，几乎不能达成一致意见。在这种情况下，孙中山生前成立的负责政治方针决策与重要人事任免的中央政治委员会自然会发生更多效力。而以中央政治委员会为核心，国民党中央权力自然也就主要集中在汪精卫、胡汉民、廖仲恺以及身为高等顾问的鲍罗廷几人身上。有鲍罗廷在其中起作用，再注意到汪、胡、廖等人一年多来极力维护孙中山联俄容共政策的鲜明态度，不难想象国民党的未来发展应能够继续孙中山既定的方向。

但是，明眼人一望即知，在没有孙中山权威的情况下继续孙中山的“容共”政策，无论如何都是困难的。冯自由等人的分裂行动已经清楚地预示

[1] 见《广州民国日报》1925年3月27日第三版；并见罗敬：《中山去世之前后》，《向导》第108期，1925年3月28日；罗敬：《革命与反革命》，《向导》第110期，1925年4月12日。

了这一点。而直接引起这一分裂后果的问题根源，即国共两党之间的矛盾与纠纷，却丝毫看不到缓和和解决的可能性。尽管面对党的分裂，张继等一些过去反对“容共”政策的老党员一时采取了委曲求全的态度，但如果这个问题得不到有效的解决，没有人会怀疑，新的甚至更大的分裂仍会发生。

如何才能使国民党人在失去自己领袖的情况下，继续保持它自身的政治凝聚力而不致进一步分裂呢？自改组以来历任国民党中央执行委员、中央常务委员、宣传部部长及黄埔军校政治部主任、大元帅大本营法制委员会委员长，且随侍孙中山经日本前往北京，作为孙中山遗嘱签字证明人之一的戴季陶，深信必须迅速将孙中山的三民主义确立为党的“思想中心”。为此，他在1925年年初国民党一届三中全会上极力宣传这一主张。不料，中央执监委中老党员反对者颇多，共产党人中也有异议。前者深恐孙中山“民生主义与共产主义毫无冲突”之类的观点和联俄容共政策会因此成为党的不易方针；后者则不愿意看到在党的文件和会议中过多地出现个人崇拜的迹象。对此，戴季陶显然深感不解。他尖锐地批评“所谓右派之同志，其愚诚不可及，以树立此政策为帮助共产党人之举，群起而反对之，会议以此破裂”。同时，他更怀疑共产党方面是“认为树立一思想之中心，则今后国民党将以一独立思想为基础，而不能为共产主义之思想所同化，欲将此一主张消灭之”。[1]

会议经数日争论，调和各方意见，最终通过几项决议，一方面声明孙中山乃“唯一的崇高伟大仁慈之父师”，遵从、继承“总理伟大之精神、主义、遗嘱”及其“未竟之工作”乃“最高原则”，一方面则继续高度肯定国民党“一大”改组的意义以及“容共”之必要与必然[2]，但在戴季陶看来，这些“不左不右之决议”还不足以使党内各派明了孙中山思想的精髓，达成思想的

[1] 《戴季陶致蒋介石先生书》（1925年12月22日）。

[2] 《戴季陶致蒋介石先生书》（1925年12月22日）；并见中国国民党第一届第三次中央全会：《接受总理遗嘱宣言》（1925年5月24日）、《关于确定最高原则事训令全体党员》（1925年5月24日），转见荣孟源主编：《中国国民党历次代表大会及中央全会资料》，光明日报出版社1981年版，第76—81、87—91页。

真正统一。他的观点是，现在对孙中山思想的解释，还存在着各说各话的情况，而“共信不立，互信不生，和衷共济之实不举，革命势力统一无望”。因此，国民党人必须了解孙中山的主张。如孙中山的三民主义与共产主义虽然目的相同，然而“哲学的基础和实行的方法，完全不同”。因为三民主义哲学的基础是中国道德文化继往开来之至圣法宝，和近代最新科学的结晶；实行方法“在以全民族之共同的努力，完成国民革命，集中国民革命的势力，以国家资本主义为建设民国之基础”。戴季陶在这时的文章当中并没有反对“容共”，他并且仍然承认：欧战以后，社会革命的潮流冲入中国，影响到后来的青年起而革命，将这些青年引入将要老衰的革命党，使它得着些新血液，“这确是中国的一个生机”。他认为，问题是简单地拿着马克思的方法来解剖中国社会问题的这些革命青年，由于不了解“马克斯（思）是社会病理家不是社会生理家”，甚至曲解孙中山的民生主义，难免“就生出一种新的革命幼稚病来”，从而造成一波又一波的纠纷。如果这个问题得不到解决，“演成国民党的自杀，那就可痛极了”。[1]

国共两党之间真的能够建立“共信”吗？戴季陶在随后撰写《国民革命与中国国民党》一文的过程中，进一步意识到这个问题的严重性。他因此一方面仍旧承认，共产党人多是“真为民族的幸福而奋斗的勇士”，他们利用国民党的“目的很纯粹，心情很高尚”，说用齐天大圣对付牛魔王的策略，“借中国国民党的躯壳，发展他自己本身组织”，以及用挑拨、离间和破坏国民党领袖威信的办法来造成国民党员厌弃国民党、怀疑三民主义，甚至排拒单纯的国民党员，“这不是 C.P. 的人全体的意思，而且不是多数的意思”。另一方面，他却开始公开主张：“凡是一个主义，必定具有独占性和排他性，同时也一定具有统一性和支配性。假如这几种性质不具备，这一个主义，一定生不出信仰，生不出力量。”他认为：主义如此，信奉一个主义的团体，更是如此。一个试图完善自己的组织、理论和策略，自成系

---

[1] 戴季陶：《民生哲学系统表》，《广州民国日报》1925 年 5 月 27 日第二版。

统的国民党，包着“一个很坚固而秘密的”，极具独占性、排他性、统一性和支配性的共产党，结果自然会使自己变得畸形且危险。他主张：“要图中国国民党的生存，一定要充分发挥三民主义的中国国民党之生存欲望所必须具备的独占性、排他性、统一性、支配性。”换言之，国共两党合作的最好方式，多半应“学从前奥匈的组织，和 C.P. 联合组织一个共同的最高干部，处理关于国际的问题，和对付共同敌人的问题”。至少，国民党应当有所规定：“在组织上，凡是高级的干部，不可跨党”；共产党人凡“已经加进了中国国民党做同志，至少在中国国民党里面，应该要停止他为 C.P. 或 C.Y. 吸收党员的工作，不得秘密的对中国国民党员，与以怀疑三民主义的暗示”。戴为此劝告共产党人：既然你们知道时代还不需要共产主义，因而不能把共产党的名义公开地拿出来，要借用国民党的名义工作，为什么不干脆实心实意地“把三民主义认为唯一的理论，把国民党认为唯一救国的政党”，何必“心里想的是共产革命，口里说的是半共产革命，手上作的是国民革命，让一般国民看不出真相，认不清需要”呢？[1]

戴季陶一向是孙中山政策的支持者。他对“容共”的结果虽早有杞忧，担心两党党员做不到水乳交融，将来一定没有好结果。但直至张继等提出弹劾共产党案时，他仍然相信国共两党“多无所区别，故不宜有界限存于其间”，为此受到张继等人责骂后，竟至拒绝出席讨论弹劾案的一届二中全会。[2] 他之走到怀疑“容共”政策的地步，根本上是因为他认为“党内合作”这种形式对国民党十分不利。在他的眼里，自改组以来，国民党的机关报从没有对共产党有过任何的中伤、挑拨，从不曾发表过使共产党丧失信用的话，作为国民党的朋友，并且身为国民党员，共产党却总是公开批评国民党的政策和国民党的领袖，败坏国民党的信誉。当然，更为重要的，是

[1] 戴季陶：《国民革命与中国国民党》（1925 年 7 月），转见《戴季陶主义研究资料选编》，中国人民大学出版社 1986 年版，第 35—43 页；戴季陶：《国民革命与中国国民党导言》（1925 年 7 月 23 日），时希圣编：《戴季陶言行录》，上海广益书局 1929 年版，第 201—204 页。

[2] 戴季陶：《国民革命与中国国民党》；《戴季陶致蒋介石先生书》；《邵元冲日记》，第 20 页。

戴季陶从根本上不赞成共产党的阶级斗争学说。戴深知孙中山虽然也主张革命，但主张的是国民革命、民族革命，而非阶级革命。孙中山的民生主义，如节制资本、平均地权等，意在消弥并调和可能发生的阶级斗争，而非像共产党那样推动和鼓励阶级斗争。反过来，站在共产党阶级斗争学说的角度来考虑问题，他就很自然地开始怀疑共产党人加入国民党，可能是因为“认中国国民党为C.P.将来之敌，所以取这一种”“‘将欲取之，必先与之；将欲弱之，必先强之’的老子的残忍策略”与“埋伏战术”。[1]

严格地说，戴季陶的初衷并不想反对共产党人，而是为救国民党。为此，他既反对“左倾”，也反对“右倾”，一切以孙中山的三民主义和国民党的利益为“最高原则”。[2] 但他公开发表其主张之际，正是国民党中央一方面极力压制党内反对派，一方面推动各地选举代表，准备召开第二次代表大会之时。对选举办法，党内本来就存在分歧。推举代表过程，又不可避免地加剧了国民党部分党员对共产党人的疑惧心理。只因冯自由一派人已受到严厉处分，国民党内持不同意见者多有畏惧，国共两党人员之间的纠纷明显少于过去。身为中央执行委员的戴季陶，突然以阐释“孙文主义”，主张在共信、互信基础上谋国民党的团结与生存的姿态，发表这种激烈批评共产党的政治见解，无异于在党内怀疑和反对“容共”政策的党员前面扬起了一面政治旗帜。一时间，戴季陶的文章被印成各种小册子，在国民党人当中广为流传。早先曾被廖仲恺制止过的，以反对跨党分子为主要议题的“中山主义研究会”[3]，很快就在各地以“孙文主义学会”的名义，堂而皇之地成立起来，并吸收了大批青年党员。众多激进地反对“容共”政策的年轻党员，也包括谢持等老党员，几乎无一例外地都把戴季陶的文章拿来做他们反对

[1] 戴季陶：《国民革命与中国国民党》。

[2] 戴季陶在浙江国民党省党部8月5日召开的会议上，对此有过明白的表示。会议通过的训令亦清楚地反映出此种态度。见《中国国民党浙江省临时执行委员会全体会议对全省党员指示宣传工作上对于阶级斗争应取之态度之训令》(1925年8月)，转见李云汉：《从容共到清党》，第411—412页；《浙江国民党部之重要会议》，《广州民国日报》1925年8月6日第五版。

[3] 转见瞿秋白：《中国国民革命与戴季陶主义》，《向导》第129—130期合刊，1925年8月30日。

共产党人的理论依据了。也正因为如此，戴季陶自然要遭到共产党方面的激烈抨击。陈独秀明确地把戴季陶与冯自由、马素、谢持等相提并论，而瞿秋白则干脆把戴季陶定性为“资产阶级的思想家”，断言“戴季陶的主张，根本上还是要 C.P. 完全退出国民党，根本上要消灭 C.P.，消灭无产阶级的政党”。[1] 更多的文章则对戴季陶口诛笔伐，把他列为与帝国主义、军阀同等罪恶的反革命右派，大加声讨。

这种情况的出现使戴季陶多少有些进退维谷。他不愿看到那些“真正之反革命者，欲利用我之理论，而达其目的”，认为这是曲解他的观点，只能给共产党人提供更多的批评口实。因此，他对谢持等人利用他的文章攻击共产党十分不满，抱怨说他本“欲为三民主义作一忠实的拥护者，其结果只为反革命者供资料、供谈助，事之伤心宁有甚于此者乎？”戴进而指责谢持他们“不顾大局，不明事理，不知时代之关系，不解革命之意义，更不听我苦心孤诣之劝告，与痛哭流涕之批评，反欲藉我彻底的为国民革命而发之理论与实际政策，达其反革命之目的”。[2]

与戴季陶私交甚好、观点相投的中央执行委员、中央政治委员会委员邵元冲，了解戴的想法，很快出面做了一篇《读〈国民革命与中国国民党〉书后》，加以解释。他表示说：戴季陶所言“句句都是我想说的话”，句句都是“真正爱中国历史，爱中国民族，希望把中国国民党组织好，以中国‘国民的党’，救‘中国国民的国’的同志想说的”。“季陶的这一个意见，是他在‘政治的负责者’的地位所应该发表的，他既不是要攻击谁，也不是要排斥谁。”“现在的纠纷，在 C. P. 的加入，和中国国民党允许 C. P. 的加入，都是好心，都是善因”，只是“在方法有了错误”。至少从国民党一方检讨来说，一方面是因为“从最初起，关于党员的活动，尤其是宣传的活动，太过放任，不严格的以最高原则为标准，取缔党员的言论和行动，在意思上，

[1] 陈独秀：《给戴季陶的一封信》，《向导》第 129—130 期合刊，1925 年 8 月 30 日；瞿秋白：《中国国民革命与戴季陶主义》。

[2] 转见谢幼田：《联俄容共与西山会议》（上），第 190 页。

渐渐失却集权的意义。在又一方面，中央关于组织和人才支配的事，完全和党的历史离开”。“以一个和本党历史毫不相干，而又在两重纪律（指国民党和共产党两重纪律——引者）下面……的人，担任组织的责任（指谭平山——引者），就种种关系上说，都容易制造不平均的现象”。[1]

不过，无论是戴季陶，还是邵元冲，他们的解释都无法取得共产党方面的谅解，因此自然也就无法得到这时还需要得到鲍罗廷和共产党人帮助的国民党中央主要领导人的公开同情。在共产党人的强烈要求下，国民党中央政治委员会不能不发出通告，予戴季陶以严厉批评，并下令销毁《国民革命与中国国民党》这本小册子。[2]

国民党中央的表态，并不能阻遏因戴季陶小册子而急剧升温的党内对共产党人的不满情绪。随着各地针对共产党人的组织相继成立，各种反对“容共”的刊物和小册子也纷纷出笼。一方面，国民党内反对共产党人的呼声愈来愈大；另一方面，国民党中央在汪精卫、廖仲恺等人的主持下，继续坚持“容共”。廖仲恺甚至公开批评那些反对“容共”的老党员名为老革命，实为反革命。[3] 结果，一向反对“容共”的老党员朱卓文等人，竟于怨愤中将矛头指向廖仲恺，进而导致 1925 年 8 月 20 日刺杀廖仲恺的严重事件。[4] 此一事件显示，国民党内因“容共”问题而引发的争论与对立，这时已经达到了白热化的程度。

廖仲恺被刺事件未能够改变国民党权力中心继续坚持“容共”的决心。而且，由于廖仲恺被杀，长期聚集在广州或明或暗地坚持反对“容共”政

---

[1] 邵元冲：《读〈国民革命与中国国民党〉书后》，《戴季陶主义研究资料选编》，第 51 页。

[2] 《广州民国日报》1925 年 10 月 19 日第十一版。

[3] 李云汉：《从容共到清党》，第 381 页。

[4] 据朱卓文晚年回忆，当年因对共产党人愤恨不已，经常在广州南堤一俱乐部饮酒骂街。“后来诸人为抽薪止沸计，决议歼其渠魁。习知俄顾问鲍罗廷、加伦与汪精卫、廖仲恺等，每日必集东山百子路鲍公馆会议，乃密遣死士伺机以炸弹机枪击之，务使群凶同归于尽。下手前一日，余诫赴义诸死士，当熟勘地形，以利进退。”后因消息泄露，“遂亦作罢。然大家恨共之积忿迄未少消，而一时对鲍罗廷、加伦将军诸俄寇又无可奈何，乃转而埋怨亲共之汪廖诸人，大骂还是自家人不好，引狼入室。但亦止于口头谩骂，初无若何锄奸计划可言也。一星期后，某日余方午睡，陈瑞同志匆匆自外归来，言杀廖事，神色自若。余知事非寻常，必有大患，即探囊出港纸二百元与之，促其离穗”。转见李云汉：《从容共到清党》，第 387 页。

策的一批老国民党员受到牵连，以致逃的逃，躲的躲，力量受到削弱；与廖案多少扯上些关系的胡汉民、许崇智也因此被排挤出去，表现左倾、深得鲍罗廷信任的汪精卫成为党的最高政治领袖；而黄埔军校校长蒋介石，也因为设计绑架许崇智，将其逐出广州，取得了最高军事权力，而成为党的军事领袖。此举使整个国民党中央看起来甚至更加左倾，鲍罗廷以及共产党人在国民党内的地位似乎更为巩固了。只是，随着廖案而来的广州权力中心的这一连串剧烈变动，不仅没有消除党内旧有的分歧与矛盾，反而还造成了新的隔阂与对立。[1] 原本一直动摇于冯自由等分裂派与汪精卫等国民党权力中心之间的大批国民党人，眼见共产党人在国民党内的地位进一步加强，反而激起他们必欲排斥共产党人的强烈意志。1925 年 9 月 10 日，北京的国民党人王昆仑在《晨报》上发表长文，内中再清楚不过地反映了这样一些原本是中间派的国民党人的思想情绪和动向。

王昆仑开篇即承认，在国民党内确有“反革命派”，就是那些经不住权势的熏染、金钱的诱惑，“将中山的主义、革命的初衷、本党的纪律置之不顾，并且反而将计就计利用招牌到外面招摇撞骗做自己的卖身文书，投降于军阀门下”的官僚政客。但是，他相信，这些“丧失人格污辱党德”的“老同志”代表不了国民党，反对这些所谓“右派”的也绝不止是共产党人。他认为：目前国民党内，真正足以引起国民党剧烈内讧，摇动国民党的基础的“最大罪魁”却是信仰共产主义的那些“新同志”。因为在他看来，共产党人不仅以反“右派”名，把斗争矛头指向所有不赞成共产党的国民党同志，而且还把持民众团体、各地党务并包办国民党“二大”代表选举工作。他表明的观点是：“我自己不是反革命派和军阀的走狗，我当然不忍心肆口谩骂共产党”；“我们恭敬俄国和第三国际，我们对于共产主义也有相当的赞成”。甚至“平心而论，共产党努力的精神极可敬佩，而且他们也是革命

[1] 邵元冲日记中记述了因胡汉民之弟胡毅生涉嫌廖案，胡汉民受到排挤，引起党内高层议论纷纷，批评汪精卫“阴贼险狠，振古所希”的情况。《邵元冲日记》，第 193 页。

党，与国民党本居兄弟地位，尽可携手同行，外抗帝国主义，内除军阀官僚，合作之利极大”。但“我不解这些共产党为什么不独树一帜大吹大擂的做共产革命，而要藏在国民党——主义不同的国民党旗之下”，而且“入党之后还要拼着命排这个挤那个，想要夺得主人翁的地位”？为什么“偏只顾自己的功利，不惜国民党的破灭”，逼得国民党人迫于排挤，不得不结为党派，埋头内争，最后“弄到两败俱伤”？他为此公开劝告共产党人：“何不权衡利害顾全大局改变方针，别寻正路？”或者坚持共产主义，“即刻脱离国民党”；或者“抛弃你们原有的主义，脱离了你们原有的政党，以个人资格做中山主义的真信徒”；“至少也该光明磊落开诚布公的和真正国民党党员努力合作，不要再像以前结党把持，存心利用”。他最后强烈地警告说：“对外国帝国主义和本国军阀的确万不能妥协，对卖党求荣的官僚政客的确要打倒他们，但是对中国国民党真正正统派的党员却不该一律的不妥协，一律的要打倒。须知你们若以合理的态度对他们，他们是你们荆棘途中的伴侣；你们若始终持迷不悟，一味以敌人的态度相待，那么，朋友们，他们都是具有中山先生的精神的，对任何恶势力非扑灭不止。拿出国民党主人翁的资格，驱逐你们出党，倒是一件极平常的小事。”[1]

四、西山会议派的结合及影响

王昆仑，五四时期入北京大学学习，受到当时新文化和新思想的熏陶及民族主义运动的激励，开始倾向革命，于1922年作为学生代表赴上海见到孙中山后，加入国民党，是典型的激进青年学生的代表。其反帝反军阀的态度，与共产党人并无二致，他也相信共产党是革命党，愿意与之携手并进。正是在这种情况下，30年代以后，他甚至逐渐走上了与共产党合作的道路。像王昆仑这样的激进青年学生这时竟公开走上主张分离共产党的

[1] 王昆仑：《国民党内讧与共产党》（1925年8月30日、31日），《晨报》9月1日第四版。

道路，甚至激愤地号召“打倒共产党”，足以见部分国民党人这时排斥共产党人的情绪，已经达到了何等普遍和激烈的程度。

其实，自1924年5月会议后共产党人对国民党的态度越来越激烈，甚至开始谋求国民党中央和各地机关领导地位的情况，就连莫斯科这时也觉得不妥了。1925年9月，莫斯科方面已经注意到，中共许多领导人对国民革命的态度“有产生左倾的危险”。为此，共产国际执委会甚至给中共中央专门发出了指示，强调：“应赶紧重新审查同国民党的相互关系的性质”，“对国民党工作的领导应当非常谨慎地进行”，“党团不应发号施令”，“共产党不应要求必须由自己的党员担任国家和军队的领导职位”，“相反，共产党应当竭力广泛吸引（未加入共产党的）国民党员，而首先是左派分子参加民族解放斗争事业的领导工作”。[1] 10月初，当莫斯科得知鲍罗廷发动广州事变，胡汉民、许崇智相继被挤走之后，更是表示“绝对无法理解”，明确批评这种做法实际上是把共产党孤立起来，而且会使广州因左倾而陷入孤立和毁灭。[2]

然而，莫斯科距离中国千里之遥，其措施远水不救近火。就在莫斯科开始担心鲍罗廷和共产党人太过“左倾”的时候，鲍罗廷还在继续推行他的排挤国民党“右派”的行动。在他的推动下，汪精卫等人在挤走胡汉民、许崇智之后，很快把矛头指向一切有反对“容共”政策嫌疑的党内高级干部。“老右派”自然不能在广州立足。谢持刚到广州不久，就被要求马上离开广东。新的具有“右”的倾向的国民党中常委林森、邹鲁以及孙科等人，自然也不能允许他们继续存在于中央决策圈之中，故而被借故派遣北上。广州因此眼看就要成为清一色的左派阵地，所有受到排挤或深恐国民党中央落入鲍罗廷和共产党人之手的国民党人，不免会因此而极度不安与恐慌。

邵元冲的态度变化就是很好的一个例子。邵与廖仲恺、胡汉民、汪精

[1] 《瓦西里耶夫给季诺维也夫的信》（1925年9月21日）、《共产国际执委会给中共中央的指示草案》（1925年9月28日），《共产国际、联共（布）与中国革命档案资料丛书》（1），第678、695页。

[2] 《瓦西里耶夫给维经斯基的信》（1925年10月2日），《共产国际、联共（布）与中国革命档案资料丛书》（1），第704页。

卫一向感情不错，并受孙中山信任，因此虽一直看不惯共产党人，却始终坚持不左不右，维护国民党中央的立场。廖仲恺遇刺之日，他正在杭州，“闻之惊惋”，“冀其非确”。8月25日返回上海，“知仲恺被凶徒所戕之耗良确，且闻事涉展堂（即胡汉民——引者）、毅生（即胡毅生——引者）、卓文（即朱卓文——引者）、直勉（即林直勉——引者）诸人，展堂、直勉皆被拘，毅生、卓文已遁，现由（蒋）介石分逮多人，将兴大狱，且以电信迟滞，确信难得，犹为耿耿不安”。27日，邵元冲与叶楚伧、戴季陶在孙科上海家里开会，一同拟书致广州国民党中央政治委员会，主张各位主要负责同志应针对广州发生的事变切实加强联络。直至9月8日，邵等进一步听到从广州返回上海的刘芦隐说：“此次之大狱，实系精卫欲掊去展堂，故罗织种种罪名而成之”，戴季陶当场“为之大恸，同座相对，俱为唏嘘”。邵元冲等自然心情大坏，对“吾党努力之道”颇为惶惑。

9月11日，12日，13日，在上海的国民党老党员们接连聚会，对于广东事变拟有所讨论。13日从报上得知“粤拟派展堂、哲生（即孙科——引者）、子超（即林森——引者）、海滨（即邹鲁——引者）、季龙、友仁为外交委员北上”。根据多天议论之结果，邵元冲不能不相信林森等人皆汪精卫等所欲排挤者，因而愈信刘芦隐所传，认为汪精卫“剪伐异己之心益彰矣”。至此，邵元冲的态度明显发生改变。他开始与一向不赞成“容共”的谢持等频繁接触。待23日晚林森、邹鲁等到达上海之后，即与邹鲁、谢持、林森等共商“今后对于党务补救之办法”。两天后，几人便商定：由林森、谢持、邹鲁三人“分别邀各执行委员会及监察委员来沪筹商办法”。28日，邵元冲、林森、邹鲁、谢持、覃振、叶楚伧、孙科等在谢持家“会议党事”。决定一面派人秘密活动蒋介石、谭延闿等军事将领，争取同情，一面集合多数中央执行委员及监察委员，就党事及政治召开专门会议，决定补救办法。[1] 这个时候的邵元冲，和许多国民党老党员一样，已经下决心要与广州国民党中央分庭抗礼了。

[1] 《邵元冲日记》，第187—201页。

在一番紧锣密鼓的秘密联络之后，经由邹鲁起草，并有张继、林森、谢持、覃振、石瑛、茅祖权、傅汝霖等联合署名，于11月30日致书广州汪精卫、蒋介石等，公开说明他们的政治主张。函称：“总理之许共产党加入也，为其能实行吾党主义也；总理之联俄也，为其以平等待我也。今悉违反总理之期望，吾党员于此若不毅然决然与之划分，俾党国不为所灭，犹复拘文索义，以总理许共产党人加入本党之说以自误，则不惟失革命党之精神，且恐无以对总理在天之灵矣。”[1]11月16日，林森、邹鲁、邵元冲、居正、戴季陶、叶楚伧、石瑛、石青阳和张继、谢持、吴稚晖、茅祖权、傅汝霖等中央执监委联名发出铣电，通告各地执监委：“决定于本月梗（二十三）日在（北京香山碧云寺）总理灵前正式开中央执行委员会全体会议。”[2]

值得注意的是，铣电中列名的中监委，是否都征得过本人同意，尚属可疑。因为至少吴稚晖对谢持等人的做法是一向不赞成的。还在林森等发表铣电的当天，吴稚晖就曾发表答邓家彦书，一方面严辞回击邓家彦否认孙中山遗嘱的谬说，一方面公开为国民党联俄“联共产党”的政策辩护，断言“共产党鼓吹共产主义，乃是他们最后希望，未必即行共产政策”。况且“一个叫人可怕的共产党，竟能应时世的要求，降了格来进三民五权的国民党”，这无疑“要算知道中国国情，不负主义，亦不负祖国了”。[3] 吴稚晖见到林森等致广州的电文后，与李石曾等联名致函林森等人，进一步表示了不同意见。强调“广州汪、蒋诸君应付过当，先生等见之较真，爱之较挚……自应愤慨”。“惟目前牵涉方面太多，伺间以弄黑白者太众，万一三人成虎”，岂不正中他人下怀。[4] 在邵元冲、戴季陶、叶楚伧、沈定一等到北京后，吴稚晖也极力劝阻做分裂之举。他在谈话中间力持：即使广州汪精卫等做法有不当，宜“对精卫为劝告，而勿为弹劾，对共产党之同志，宜邀守常（即李大钊——

[1] 居正编：《清党实录》，中国国民党中央执行委员会1928年印行，第32—34页。
[2] 《决定在西山总理灵前开会通电》（1925年11月16日），居正编：《清党实录》，第19页。
[3] 《吴稚晖答邓家彦书》，《上海民国日报》1925年11月16日第三版。
[4] 《吴稚晖等致林子超等函》（1925年12月），《清党实录》，第34—35页。

引者）等为切实之协商，而勿使为片面分裂之行动”。[1]

邹鲁、谢持等人要在北京西山召开中央全会，还意想不到地受到了国民党同志俱乐部的反对。冯自由等反对的理由很简单，因为他们早已公开登报宣布“中国国民党中央执行委员会一切事项，暂由本俱乐部代行”。[2]虽然得知邹鲁等人意在排斥国民党内的共产党人，但当冯自由、邓家彦等要求联合开会被拒后，他们就深知两部分人其实仍旧是格格不入。为确立自己的正统形象，阻止国民党中央执行委员会继续行使职权，冯自由、邓家彦等17日特派江伟藩等前往邵元冲、戴季陶等下榻的旅社，当面质询并威胁，再遭“训斥”后，即于11月19日，由江伟藩等纠合数十人，浩浩荡荡再度赶往旅社，劈头即怒斥出面接待的戴季陶、沈定一“破坏国民党，扰乱中国，证据确凿，有目共睹”。几句不合，便当场群殴戴、沈二人。据邵元冲日记记载，当他听到喧闹声出来观看时，正见江伟藩指挥凶徒殴打戴季陶，并将沈定一强行拖上门外的汽车。戴季陶抱树痛哭，凶徒上前拖拉。邵勃然大怒，将戴救进屋内。凶徒等一部分追戴，一部分围殴邵元冲，将邵的眼镜打碎。凶徒并几次用杖打邵，迫使邵退到另外的房间。凶徒等遂挟持戴、沈二人而去。邵与同室的谢持商量，立即分别通知香山第五巡警分署及侦缉分队。[3]

国民党同志俱乐部发言人此后称：他们殴打、绑架戴、沈二人，纯粹是因为戴“反对‘反共产派’最力，曾拼命帮助共产党，出卖国民党，做股票交易所，大发其财”，而沈则根本就是共产党。孙中山去世后，戴、沈反对在北京召开代表大会最为坚决。戴不仅在北京召开的一届三次中央全会上力持反对意见，而且事后跑到上海，与沈定一等通电，大骂所有赞成在北京召开代表大会的委员，最终使代表大会流产。[4]因此，他们必须要让戴、

[1] 前引《戴季陶致蒋中正函》。

[2] 《国民党已分裂为二》，《晨报》1925年7月9日第四版。

[3] 《邵元冲日记》，第212—213页。数十年后邓家彦则回忆认为，当日去打人者，并未事先与他商量，为首的叫王亚樵。事后他才得知，并嘱彼等从速放人。见《邓家彦先生访问录》，台北“中央研究院”近代史研究所1990年版，第72页。

[4] 《国民党西山会议之真相》，《晨报》1925年11月22日第三版。

沈付出代价，公开悔过。直到他们得知这些人此次聚集北京西山，也是为了反对共产党人，才不再继续为难，将二人放回。但即便如此，同志俱乐部还是逼迫二人写下"悔过书"。这两份东西，与其视为戴、沈之作，毋宁看成同志俱乐部观点和主张的反映。从中可以发现，冯自由等这时事实上已经从主张分共，开始走上主张反共的道路了。如所谓"共产党日以'反革命'詈及非反革命之中国国民党分子，以掩护其反革命之行为"；共产党"以工人为革命工具"，"非藉以献媚其首都之莫斯科，即驱使工人为共产党利益而牺牲"；"共产党累次发表反仁爱之主张"，皆"足以证明共产党为反革命团体者"云云，在在都表明了冯自由等人的政治态度。[1]

戴季陶、沈定一二人被放回后，次日即与邵元冲、叶楚伧等回到北京城内居住。戴"恐此后危险愈多，乃决定明日赴津"。邵也心有余悸，打算看第二天情况如何，决定去留。22 日，邵元冲与叶楚伧、沈定一、邹鲁、谢持五人碰头，讨论次日在香山开正式会议的事情。几个人只用了一两个小时，就初步确定了次日开会的主要议题："(一) 与共产派实行分离；(二) 迁移中央党部于上海；(三) 纠正政治委员会权限；(四) 修改选举法等"。为防备再有国民党同志俱乐部的人前来捣乱，决定一早就前往香山孙中山灵前行礼，礼毕即至石青阳寓所开会。但到第二天要正式开会时，邵元冲却顾虑有再度遇险可能，没有到会。当晚即离开北京去天津，然后匆匆返回上海。[2] 吴稚晖不仅自己不参加，而且劝告叶楚伧等也不要参加。结果，一届中央执行委员二十四人，除李大钊、谭平山、于树德、林祖涵四人为共产党人外，到会者实际上只有林森、邹鲁、石青阳、石瑛、覃振、沈定一等五六人，加

[1] 《国民党大演活剧》，《晨报》1925 年 11 月 20 日第二版。
[2] 《邵元冲日记》，第 214—215 页。

上监委谢持与两名候补监委茅祖权、傅汝霖，总共也不过十人。[1] 尽管后来有张继、居正同意列名其中，且会议当天就通电宣布“广州中央执行委员会应即日停止职权”[2]，但西山会议显然还是无法确立其合法性。[3]

相对于西山会议的合法性而言，西山会议的公开决议及其影响显然更为重要。8月30日和9月13日，国民党同志俱乐部曾发出两项公开通电，其一针对共产党，其二针对汪精卫等。两项通电不仅把矛头直接指向广州国民党和国民政府，而且直接声讨汪精卫、蒋介石等，言辞激烈。内称：“汪兆铭、胡汉民、廖仲恺、蒋中正等，勾结共产党徒陈独秀、李大钊、谭平山多人，破坏本党，违背主义，私受外国货（贿）赂，倡言屏弃外蒙，拱让俄人主权，窃分金佛朗款，诈骗工商贳货，似此种种反革命行为，至属罪无可逭。而汪兆铭等，又复伪造总理遗嘱，欺己欺人，坐使百粤名区，尽成赤化，引狼入室，为虎作伥，此天地之所不容，神人之所共愤”云云。通电宣称：“除廖仲恺已死外，汪兆铭、胡汉民、蒋中正等，著即革除中国国民党党籍。此外入寇本党之共产党徒陈独秀、李大钊、谭平山等，亦全数驱逐出党。”通电并进一步攻击国民党中央委员会“为共产党徒发号司令之机关”，国民政府为“揽权窃位之政府”，号召在粤各将领联合声讨，“救

[1] 居正编《清党实录》中有此次会议之会议录，但所记开会日期及出席者均不真实。其第一次会议日期记为11月21日，提前了两天，参加者多出居正、张继、戴季陶、邵元冲。已知戴、邵没有参加会议，居正和张继也没有参加会议。林森等发出铣电时，居正正在河南，因不知道广州发生变故，故对铣电未加理睬。直至数天后折回上海，“始知广州政变”。但此时西山会议已开始，后表示会议不去，“名可具名”。而张继当时因伤也不能参加会议，表示诸事“代签名可也”。另外，“会议录”虽写明11月26日会叶楚伧任记录，但因此会议录有造假之嫌，叶之参加程度也值得怀疑。因叶事后明确解释说他当时听从了吴稚晖不要参加西山会议的劝告，很快即离开了北京。参见《清党实录》，第50—51页；居正：《梅川谱偈》，转见谢幼田：《联俄容共与西山会议》，第273、286页；《张溥泉先生回忆录·日记》，第16页。

[2] 《清党实录》，第19页。

[3] 关于西山会议合法与非法的问题，讨论很多，肯定其具有合法性者多依据回忆和其他事后的资料来说明未参加者中有多少人曾暗中予以同情与支持，或同意列名。但这些事后资料的准确程度颇值得怀疑，且一届中央全会及其决议之效力，似应以实际到会者及有表决权者多少为准，而不能以暗中同情和愿否列名为准。

党讨贼”，“重造吾党”。[1]

比较之下，西山会议之决议，虽也有针对共产党和汪精卫者，但态度明显不同。

西山会议通过之取消共产派党籍之宣言称：

> 两年以来，凡共产党员之加入本党者，在本党中一切言论工作，皆系受共产党机关决议与指挥，完全为共产党之党团作用。本党党部及党员，曾再三以至诚之意，纠正劝告，劝其勿负加入之初衷，迄无结果，且益进行其妨碍本党之行为。盖其加入之意，系图利用本党，发展共产党势力，且藉以维持苏联。此不独事实昭然，抑且文字证据俱在。
>
> 共产党党员忠于共产主义，虽违信誓，原无足责。在本党则自有主义，自有工作，虽推倒帝制，扫除压迫，与共产党同其步趋，然中苏之历史不同，社会之情状亦异，国民革命与阶级革命，势不并行。若共产党员，长此隐混于本党之中，使两革命团体之党人，因内部问题而纷扰决裂，致妨碍国民革命之进展，不若分之，使两党之旗垒，崭然以明，各为其党之主义而努力奋斗，且于革命进程中有合作之机会，转得商洽并行，实为革命团体恒有之事实。
>
> 用是本党中央执行委员会第四次全体会议，以善意的决定，凡共产党之加入本党分子，尽数取消其在本党之党籍，免使两革命团体因内部问题而相消其革命力，益以促进国民革命之成功。[2]

而会议通过的开除汪精卫党籍之判决书，也只把矛头指向汪一人，声称：“汪精卫违反总理容纳共产派归化本党之本意，与顾问俄人鲍罗廷朋比为奸，

[1] 《国民党中反共派声讨共产党》，《晨报》1925年9月1日第三版；《国民党革除汪兆铭等党籍》，《晨报》1925年9月14日第三版。

[2] 《中国国民党取消共产派党籍宣言》（1925年11月23日），上海《民国日报》1925年12月13日第二版。

扰乱本党组织，破坏本党纪律，以致客卿专政，共产党人揽大权”，“决定开除汪精卫党籍六个月，予以自新”。[1] 不难看出，西山会议这时对共产党仍愿视为革命团体，主张“并行”“合作”，与国民党同志俱乐部的态度确有相当不同。

当然，由于会议宣布停止广州中央执行委员会的职权，同时决定停止“容共”政策，并且形成了另外几项重要议案，如开除中央执行委员之共产派谭平山等案、解雇鲍罗廷顾问职务案、取消凌驾于中央执行委员会之上的政治委员会案、宣布中央执行委员会暂移上海，修正代表大会选举法以及准备择期择地召开第二届全国代表大会案等，俨然与国民党同志俱乐部的做法同出一辙，事实上仍旧是在与广州国民党中央分庭抗礼。而他们这些元老级的中执监委的号召力又远较冯自由等人大得多。因此，西山会议刚一宣布召开，各地就陆续有党部公开登报，声明附和，并逐一开除各地跨党人员。上海执行部和《民国日报》也转而成为西山会议派的宣传阵地。该派并在上海执行部原址成立中央机关，号令全党，宣布要在上海召开第二届全国代表大会。[2] 面对这一形势，广州方面于 12 月 4 日公开发表通告否认，汪精卫、谭平山等进而发表谈话与报告，宣布其违法。[3] 一时间，广州、上海两个中央相互指摘、辩难，自诩正统，并且真的分别在 1926 年 1 月的广州和 3 月的上海弄出了两个代表大会。此举自然影响到各地国民党党部随之发生激烈冲突与对立，互相指责、互相开除，许多地区党部因之分裂。这种分裂与冲突，不可避免地进一步恶化了党员之间，特别是对共产党人的感情。

1926 年 3 月 29 日至 4 月 10 日，支持西山会议的国民党人齐集上海，

---

[1] 《开除汪精卫党籍案》（1925 年 12 月 4 日）、《开除汪精卫党籍案之判决书》（1925 年 12 月 4 日），《清党实录》，第 8—9 页。

[2] 《中国国民党全体中央执行委员会通告》，上海《民国日报》1925 年 12 月 18 日第一版。

[3] 《中国国民党对全国及海外全体同志之通告》，《广州民国日报》1925 年 12 月 4 日第二版；《汪精卫先生关于中央执行委员会人数之重要谈话》；《第八次纪念周谭平山部长之党务报告》，《广州民国日报》1925 年 12 月 9 日第三版、第十一版；《中央党部对邹鲁等违法通电》，《广州民国日报》1925 年 12 月 16 日第二版。

宣布召开中国国民党第二次全国代表大会，并另立中央。但无论西山会议，还是上海“二大”，与会者都还公开承认共产党为“革命友党”，而下层支持西山会议的党员却越来越多地开始将共产党视为“反革命”了。

仅以上海《民国日报》为例。12月14日，他们宣布共产党为友党，声称：“本党虽然和共产党解除抱合的形势，而仍不妨认他们为政见略有不同的友党。本党决不跟一般盲目地反对共产主义的，信口雌黄地诬蔑共产党的人们一样，与共产党以敌意的仇视。本党此次解除抱合共产党的形势，而仍主张此后在民族主义的工作上联合起来，共同作战，是完全出于善意的。”[1] 但到22日，该报文章即开始指责共产党人为“反革命分子”。理由是东征军第一师师长何应钦查获共产分子李侠公密信，其中写道：“我已随第一师到达石湾三日，尚未填具报告者，以四周都非同志，而又同居一室（师长参谋长等），政治部虽自成一处，亦以杂有外人，遂使我无有机会填具报告。”“军官方面，……我们工作尚无妨碍，可以暗中畅行，及藉机会宣传我们的主义。”该报藉此指责李视国民党党员为“非同志”，在党军内暗中宣传共产党主义，说：“我们只要看李侠公这种秘密的书信，便可知道共产派分子平日在国民党中所做的工作，是共产党底工作，而非国民党底工作了。”文章责问说：既不为国民党工作，又不认国民党人为同志，还要秘密地在国民党内宣传自己的主义，这种心口不一的共产党人，与陈炯明、冯自由、江维（伟）藩等人有何区别？文章由此宣判：“在国民党中，凡是不完全依据三民主义、五权宪法而号称革命的，便是国民党的叛徒，便是反革命。所以在这一个基础上看，陈炯明、冯自由、江维（伟）藩、谭平山、毛泽东、瞿秋白辈，同是国民党的叛徒，同是反革命分子。”[2]

不过，严格说来，西山会议虽然在组织上造成国民党内部的极大分裂，对于下层党员的影响颇为明显，而它对广州国民党中央内部的影响却十分

---

[1] 言论之作者为何人尚不清楚。《解除国民党和共产党抱合形势以后》（三），上海《民国日报》1925年12月14日第二版。

[2] 《“非同志”》，上海《民国日报》1925年12月22日第二版。

有限。让人意想不到的，反倒是那些一度反对西山会议，和部分介入了西山会议发起过程，随后又被共产国际、中共中央和广州国民党中央请回广州去的国民党老党员，在 1927 年国共分裂的过程中扮演了极其关键的角色。这既包括 1925 年始终不赞成强行分共的吴稚晖、李石曾、张静江等人，也包括这个时候一度赞成分共的戴季陶、邵元冲、叶楚伧等人。他们在 1926 年 1 月广州的国民党第二次代表大会上，都被推举为国民党中央监察委员和执行委员。但是，西山会议的准备、发动与召开，毕竟使他们更直接地卷入到党内斗争，特别是国共斗争的政治风波当中来了。他们对国共关系影响国民党命运的实际状况，有了更切肤更深入的了解。一年以后，他们不仅全都转向赞同分共，而且他们的言论和决心已远远超过西山会议派，完全彻底地转向政治反共。正是他们的存在，以及相当一部分本已附和西山会议，随后又以各种形式回归广州国民党的中下层党员，在相当程度上影响和推动了 1927 年蒋介石最终下决心走向“清党”。这应该是西山会议派始料未及的一种后果。

第三章

蒋介石走向“三二〇”之路

自从发生西山会议和另立中央的重大事件后，国共关系紧接着遭遇的另一个众所周知的剧变，就是1926年3月20日发生在广州的“中山舰事件”，又称“三二〇”事件。要了解这一事件的由来，包括要理解此后国共关系所发生的变化，就必须了解蒋介石在政治上崛起的经过，以及他何以会从苏联顾问眼里的“红人”，迅速变成共产党敌人。长期以来，除个别研究者外[1]，人们习惯于依据蒋介石自己的说法，把他对苏联及其俄国革命的看法，区分为两个阶段，即1923年蒋赴苏访问之前和之后。蒋介石自己说：他对俄国革命，“第一时期的感想是同情的，第二时期的感想是失望的！是反对的！这种变迁，乃是实地考察的结果”。[2] 由此出发，人们多半相信1923年秋天蒋介石访苏的结果，和1924年3月14日他给廖仲恺信中对苏联和中共的批评，已决定了他对孙中山联俄容共政策的基本态度。谈论此后的蒋介石，或者避而不提他当年也曾按照孙中山的意愿贯彻、宣传联俄容共政策的言论与事实，或者稍有触及，即用“伪装革命”，或“阳示进步”一语以概括。对于蒋发动“三二〇”事变，更被认为是“为了突破‘受制于人的现状’”，“表面上与汪（精卫）打得火热，亲爱无比，在言论上十分左倾，事实上早已把汪精卫、季山嘉以及共产党作为假想敌，形成被迫害的幻想而伺机发动”的。[3] 这种说法，合乎逻辑，但却未必合于历史事实。因为这其实是站在政治人物后来的立场和说法上所得出来的结论，与历史事实本身的情况有很大的差距。

---

[1] 杨天石、余敏玲对于蒋介石早年思想和发动“三二〇”（中山舰）事件原因的研究，是笔者所见目前相关研究当中唯一较少预设主观价值判断的论文。杨基本上认为蒋早年思想的主要倾向是“追求进步”的，“三二〇事件”的发生，亦属偶然，非蒋之蓄谋。余则相信蒋“既不是一个反共的先知先觉，也不是表里不一的反共阴谋家”。分别见杨天石：《从蒋介石的日记看他的早年》，《蒋氏秘档与蒋介石真相》，社会科学文献出版社2002年版；杨天石：《中山舰事件之谜》，《历史研究》1988年第2期；余敏玲：《蒋介石与联俄政策之再思》，《近代史研究所集刊》（以下简称集刊）第三十四期，台北“中央研究院”近代史研究所，2000年12月。

[2] 蒋介石：《本党国民革命和俄国共产革命的区别》，秦孝仪主编：《先总统蒋公思想言论总集》，第10卷，（台北）中国国民党中央委员会党史委员会1984年印行，第390页。

[3] 这里可以提及的较具代表性的中文研究著作有李云汉的《从容共到清党》（台北中华学术著作奖助委员会1966），黄道炫的《蒋家王朝·民国兴衰》（中国青年出版社2001年版）以及汪荣祖、李敖的《蒋介石评传》（中国友谊出版公司2000年版）。

一、主张“师法”苏俄

国民党的容共政策由联俄政策发展而来，联合苏联又与孙中山“以俄为师”的思想密切相关。以往，人们通常会把国民党人的“以俄为师”主要看成是孙中山个人的主张和意志，并以不同方式把蒋介石看成是国民党内反对苏俄的始作俑者，却很少注意到，其实在国民党人当中，蒋介石还是“以俄为师”的最早主张者和坚持者，因而也曾经是孙中山“容共”政策的支持者。蒋介石态度的改变，恰恰典型地反映出早年相当多数国民党人在对共产党问题上态度变化的复杂经过。

根据已有史料记载，还在1918年国内只有少数知识分子公开欢迎俄国革命之际，蒋就已经有了学习俄文、留学俄国的想法。1919年1月1日，蒋在福建军事前线，就曾暗自决心：“今年拟学习俄语，预备赴俄考察一番，将来做些事业。”[1] 当年，蒋因人事纠纷坚持告假离闽后，再萌留学想法，仅因孙中山坚持要其留在国内而未成，但他还是一度尝试习读俄语，并密切注意俄国革命的进展。正是由于对国内政治的极度失望和对俄国革命的高度关注，使30岁出头的蒋介石在思想上受到了五四时期激进思潮的影响，明显地流露出同情社会主义和俄国革命的倾向。在他的日记中，动辄即可看出此种言论。他不仅经常表现出同情劳动阶级的态度，而且直截了当地把矛头指向资本家，称：“政客、武人、官僚以外，商人之狡猾势利，尤为可恶。如不节制资本，则劳动家终无享利自由之机会。”[2] 读俄国革命史，他会联系到中国革命的曲折艰难，发自内心地表示赞叹，“企仰靡已”。注意到苏俄红军越过乌拉尔山脉进入西伯利亚，他更会感到振奋，断言：“列宁政府之地位，更加巩固矣！”[3] 在这种情况下，久不得志的他对孙中山单纯依靠地方军阀势力革命的做法愈加难以忍受，以至对中国社会的黑暗现状

[1] 转见杨天石：《从蒋介石的日记看他的早年思想》。
[2] 同上。
[3] 同上。

倍感厌恶，再三提出要去俄国“考察政治”，寻找出路。当然，自诩为孙中山军事专家的蒋介石，不像这时国民党的其他领导人，动辄强调学习列宁及其党人“意志坚定，精神紧张，久而不懈”的作风，而是每每会强调苏俄军事强大的原因，主张军制上当“参考劳农兵制”，引入其适合于中国军队性质者。[1]

蒋介石对政治及社会的厌恶态度，和坚持要去俄国寻求革命出路，不愿继续与地方军阀敷衍纠缠的心理，还引起过其在国民党内挚友的强烈担心。邵元冲即曾批评蒋不应过生厌恶社会之心，而仅以赴俄为唯一志向。他说：“兄既谓中国宜大改革，宜彻底改革，则兄必已自任为负改革责任之一人，如是则兄无论赴粤、赴俄，实皆为欲完成此目的而起，兄之志在赴俄，既非预备在彼处作隐逸，则当然在彼处准备一部分力量，回国担任改革社会也。如是则兄必非厌恶中国社会之人，乃不满意现在中国社会之现象而已。如是则吾人所以要求学，要作事，要负责任，皆所以达此目的，以打破我等所不满意之社会现象，而造成一吾人所希望所满意之社会而已。”“真厌恶社会者，只厌世派、隐士、自杀者而已。故弟愿兄易厌恶中国社会之心理为爱社会，如慈母对于不肖之子，仍尽心力以谋感化之，此吾人应有之态度也。”[2]

蒋介石“素性暴躁”，好猜疑，易激愤，对人对事常常意气用事，事后自己也不能不反复检讨、忏悔。[3] 但蒋之性格又相当固执，认准的事通常很难改变看法。对于学习俄国革命一事，他就不顾他人非议，始终坚持己见。1920 年 3 月，他甚至借上书孙中山的机会，用俄国革命成功的例子，批评孙中山，劝他放弃对欧美、日本外交的期待。他在历数孙中山借重对日、对美外交屡屡失败的经过之后，明白指出：“列强各国对于俄国之压迫，可

---

[1] 中国第二历史档案馆编：《蒋介石年谱初稿》，中国档案出版社 1992 年版，第 48、55 页。

[2] 《蒋介石年谱初稿》，第 57 页。

[3] 蒋一生中批评自己性格及处世方法的文字甚多。此时较集中者可参见《蒋介石年谱初稿》，第 50—56 页。

谓无所不用其极，兵力压制之不已，继之以封锁，及其封锁之无效，又利用波兰及反劳农军以捣乱俄国。而俄国卒不为其所困者，亦以其内部之团结坚强，实力充足，乃有所恃而无恐耳。”他甚至认为，国民党的主张其实与苏俄相去不远，称：“吾党标榜显著，外人目中无不视吾党为劳农制之化身，故无论为美、为法，与吾党个人有极善之感情者，至一顾及其本国之政策，鲜有不为其所反对与阻梗者。故本党惟有团结内部，放弃外交，以苏俄自强自立为师法，以谭义金（即邓尼金——引者）等反动军凭藉外交之失败为殷鉴，则内部巩固，实力充足，自有发展之余地也。”[1] 显然，在蒋介石这时看来，无论政治、军事、外交，中国革命都只能“师法”苏俄，才有出路。因此，他坚持认为：“赴俄考察政治，为彻底解决国是之计。”[2] 对照三年后孙中山才决心派蒋介石赴苏考察，并明白提出“以俄为师”，蒋介石在这一点上走在孙中山和众多国民党领导人的前面，似显而易见。

二、一度赞成“阶级斗争”

在蒋介石坚持之下，并经历陈炯明叛变之后，孙中山 1922 年 8 月终于决定正式向苏俄求援。30 日，事情刚有眉目，孙中山就马上函告蒋介石称：“某事近已由其代表专人带函来，问远东大局问题及解决之法，予已一一答之。从此彼此已通问讯，凡事当易商量矣。”[3]

孙中山历经沧桑，他在联俄问题上自然要比蒋介石冷静许多。11 月，蒋因人事问题发生猜忌，再度决心离开福州前线，孙曾有长函对此详加解说。孙函称：

[1] 《蒋介石年谱初稿》，第 62 页。

[2] 转见杨天石：《从蒋介石的日记看他的早年思想》。

[3] 《孙中山复蒋中正函》（1922 年 8 月 30 日），《孙中山全集》，第六卷，中华书局 1985 年版，第 535—536 页。

> 吾不能亲身来闽，而托兄以讨贼之任，兄何能遽萌退志如此。夫天下之事，其不如人意者，固十常八九，总在能坚忍耐烦，劳怨不避，乃能期于有成。……兄前有志于西图，我近日在沪，已代兄行之矣，现已大得其要领，然其中情形之复杂，事体之麻烦，恐较之福州情形当过百十倍。此无怪吾国之志士，乘兴而往彼都者，悉皆败兴而返。吾幸而得彼津梁，从此可日为接近。然根本之办法，必在吾人稍有凭藉，乃能有所措施，若毫无所藉，则虽如吾国之青年共产党，与彼主义完全相同矣，亦奚能为。所以彼都人士，只有劝共产党之加入国民党者，职是故也。此可知非先得凭藉不可。欲得凭藉，则非恢复广东不可。此次广东一复，则西南必可统一，如是便可以西南数省为我凭藉，则大有办法矣。此次土耳其革命党之成功者，此也。故兄前志之成否，则全在福州之一着也。能即进而灭广州之贼固善，如其不能，则保守福州而坚持，亦为一进步也。盖有一日福州，则我有一日之凭藉，外交内应，皆可以此为背景，倘并此而无之，则我不过为一租界之亡命客耳，奚足轻重？[1]

由上函不难看出，孙中山这时很大程度上还只是把联俄看作取得外援之一种途径，因而格外强调自身要具有讨价还价之资本，即所谓“必在吾人稍有凭藉，乃能有所措施”。这与蒋介石关心借鉴俄国革命的经验问题，仍有相当距离。

蒋介石在 1923 年 8 月终于有了赴苏考察的机会。当时，孙中山委任蒋为代表团团长，前往苏联考察一切并接洽援助。蒋 8 月 5 日回到上海，当即约共产国际代表马林及国民党人张继、汪精卫等商组代表团等事宜。他先后起草了军事和宣传意见书及致苏俄党政负责人意见书，总计万余言。其中心在说明：中国革命至今不能完成，全由辛亥革命不彻底所造成。结果

[1] 《孙中山致蒋介石函》（1922 年 11 月 21 日），《孙中山全集》，第六卷，第 616—617 页。

使反革命势力得以在列强支持下以北京为巢穴，使革命军总难成功。限于中国工农之程度与现实环境，中国革命不能离开军队，必须军事与宣传同时并进。然南方之革命军势力弱小，备受南方军阀之牵制。“中国革命之根本计划，当在列强势力范围外之西北，得一根据地，训练有主义有精神之军队，备作革命军之中心势力，此为中国革命惟一方略也。”[1]

蒋介石此番苏联之行，对其思想到底产生了何种影响，是一个需要研究的问题。我们很难简单地根据蒋回国后于 3 月 14 日给廖仲恺的信，以及蒋自己后来的回忆为依据，认为蒋此行“非常失望”。[2]

蒋介石此次访苏有没有失望与不满？有。其突出原因在于苏联政府原本已经答应帮助孙中山在西北建立军事训练基地，蒋即因此受命前来提交军事计划书并商讨具体实施步骤。未承想，当蒋提出以库伦（今乌兰巴托）作为主要军事训练基地的计划之后，苏联方面却转而表示：“在今后几年内，（国民党）唯一的任务就是进行政治工作。开展军事行动的内在条件成熟之日，才是采取军事行动之时。依照提供的方案采取军事行动，无异于冒险，注定要失败。”苏方同时借口蒙古人害怕中国人，强调国民党无论如何不应在外蒙古进行军事行动，声称这会引起严重误解，这就在事实上拒绝了孙中山的西北军事计划。对此，具有强烈民族主义倾向的蒋介石，自然会敏感地意识到，俄国人醉翁之意不在酒。他们其实是害怕国民党的势力进入外蒙古，会妨碍他们实现使外蒙古脱离中国的企图。[3] 正是出于对苏联出尔反尔和在外蒙古问题上所表现出来的态度的极度不满，蒋介石在 1924 年 3 月 14 日给廖仲恺的信中才会激烈批评“俄党殊无诚意可言”，“其对中国之政策，在满、蒙、回、藏诸部，皆为其苏维埃之一，而对中国本部未始无染

[1] 《蒋中正致苏俄党政负责人意见书》（1923 年 8 月 5 日），台北“国史馆”藏，蒋中正档案，筹笔 2010.10/00001/001。

[2] 转见李云汉：《从容共到清党》，第 129—131 页。

[3] 有关孙中山西北军事计划提出及孙逸仙代表团赴苏接洽失败的经过，可参见拙作：《孙中山的西北军事计划及其夭折》，载蒋永敬、杨奎松：《中山先生与莫斯科》，（台北）中山学术文化基金会 2001 年版，第 177—226 页。

指之意”。蒋由此进而声称：“彼之所谓国际主义与世界革命者，皆不外凯撒之帝国主义，不过改易名称，使人迷惑于其间而已。”“所谓俄与英、法、美、日者，以弟视之，其利于本国而损害他国之心，则五十步与百步之分耳。”[1]

据致廖函，蒋在莫斯科期间，曾被强力动员参加共产党，蒋的回答是：“须请命孙先生”，因此，被讥刺为“个人忠臣”。[2] 具有极强自尊心的蒋介石十分敏感地注意到，他在莫斯科对留学生讲国民党革命史，极力推崇孙中山，却被议论为有“崇拜个人之弊”，留学生们更多讥讽孙中山身边“忠臣多而同志少”。与此相对照，多数留学青年“不知尊重祖国领袖”，却对苏联革命推崇备至，对苏联领导人言听计从。蒋因此不能不怀疑莫斯科为何放着革命的国民党不去全力帮助，反而必欲扶植一个弱小的中国共产党？结果，他从逻辑上推演出的结论就是：“俄党对中国之惟一方针，乃在造成中国共产党为其正统，决不信吾党可与之始终合作，以互策成功者也。”蒋称：中共党员“在俄国者，对于孙先生惟有诋毁与怀疑而已”，他们“骂他人为美奴、英奴与日奴，而不知其本身已完全成为一俄奴矣”。[3]

但是，即使我们相信目前被广泛征引的致廖函不存在后来加工修改的情况[4]，我们也不能忽略此信产生的特殊背景。即蒋介石写信时，恰在对孙中山的做法极度不满、辞职出走之际，其看法带有某种情绪化的成分。

蒋介石这时的不满，原因甚多。一是与国民党一大实行改组，自认跟随孙多年的蒋未能被孙引入国民党 41 名中央委员之列有关。这是因为，蒋虽理智上看重名节，时时以人臣自居，强调忠孝，自认不重权位，但依其

[1] 转见《蒋介石年谱初稿》，第 167 页。

[2] 《蒋介石年谱初稿》，第 168 页。

[3] 《蒋介石年谱初稿》，第 136、142、167—168 页。

[4] 目前所能见到的蒋介石日记、文稿，除美国斯坦福大学胡佛研究所、南京中国第二历史档案馆及台北“国史馆”、党史会原藏，确属当年亲笔者外，多应慎重使用并加考证。因蒋向有整理修订日记习惯，而录有大量重要日记、文稿的《蒋介石年谱初稿》、《民国十五年以前之蒋先生》、《总统蒋公大事长编》以及《事略稿本》、《困勉记》、《省克记》等，更常有经编纂者改动原文，致使各书引用同一文字，却各不相同的情况。

性格，他对自己在孙中山眼里和国民党内的地位，一向仍十分敏感[1]，如今，国民党改组，众多在蒋看来初出茅庐的青年学生，只因有共产党员的身份，就得以一跃而跻身于国民党中央，担任要职，他却连“一大”代表都当不上，这难免会让蒋心情不很愉快。二是认为孙中山、廖仲恺在广东的用人任事“不讲条理，不定次序”。这既包括廖任广东省长，用人行政一仍旧习，尤其把财政权力交给并无经验的孙中山儿子孙科办理，致百弊丛生；也包括让他办军校，却迟迟不解决经费和权限问题；而更重要者还在于，蒋属于那种有强烈抱负的人，访俄后自认颇有心得，对党事、国事更有发言权，不想报告交孙后石沉大海，杳无音信。孙中山对苏联的认识以及党政工作的设想，全由苏联顾问鲍罗廷设计，这让自尊心极强的蒋深以为辱，“自愧信用全失，人格扫地”。[2]

关于蒋当时的主要不满，我们也不难在蒋3月2日致孙长信中一窥究竟。他在信中直言批评孙不应喜新厌旧，称“吾党自去岁以来，不可谓非新旧过渡之时期，然无论将来新势力扩张至如何地步，皆不能抹杀此旧日之系统。何况新势力尚未扩张，且其成败犹在不可知之数，岂能置旧日系统于不顾乎！”他批评孙、廖“用人任事毫无系统，即能维持现状如今日者，虽成必败，虽得犹失”。[3] 这封信表面批评“中国人只崇拜外人，而抹杀本国人之人格”，实际暗示孙中山太过信任俄国人，而看不到他的智慧。他因此大胆提出：“如吾党同志果能深知中正，专任不疑，使其冥心独运，布展菲材，则虽不能料敌如神，决胜千里，然而进战退守，应变致方，自以为有一日之长，断不临时纷乱，以陷危境。”问题是：“先生今日之于中正，其果深信乎，抑

[1] 1920年3月31日蒋日记曾记述胡汉民、廖仲恺等来电，对他受召前往福建漳州前线事“似有幸贺之意”，“余亦不乐”的情况，称“此皆资格与实力不足，为人另眼重视”，故深恨自己“实不副名”。这再清楚不过地反映出蒋对自己地位格外计较的心态。见美国胡佛研究所藏《将介石日记》原稿复印件，第2盒。

[2] 《蒋介石年谱初稿》，第161、167—168页。

[3] 同上，第160—164页。

未之深信乎，中正实不敢臆断。”[1] 由此不难看出，蒋3月14日给廖信批评苏联和中共，明显与其在党内的处境及其当时的恶劣心态有关，未必可以视为其思想上转折的表现。因为事实上，蒋介石这个时候在思想言论上所表现出来的倾向性，却是另外一种情况。

蒋介石刚到莫斯科不久，俄国人就得出印象：他“同我们很亲近”，尤其关注红军的政治工作及装备情况。9月16日第一次参观军队，他就表现出强烈的兴趣和热诚，“说了许多夸奖和感到惊讶的话”。并一再要求向士兵讲话，以表达他的感受。他的讲话充满了革命的激情，声称“红军是世界上一支最勇敢、最强大的军队”，其秘密就在于“与人民的团结一致”。他说：“你们战胜了你们国内的帝国主义和资本主义，但你们还没有消灭世界的资本主义和帝国主义，你们要准备和他们决战。”他并且表示：我们来这里学习并与你们联合起来，“也准备在同帝国主义和资本主义的斗争中牺牲”。[2] 在随后写给共产国际的报告当中，他更进一步阐述了对世界革命的理念和对社会主义的向往。声称：“我们的目标就是同国际帝国主义及其工具——中国军阀做斗争。正是世界资本主义和帝国主义把中国变成了半殖民地。不推翻世界资本主义和帝国主义就不能指望中国取得真正的独立。由此得出，我们的任务就是推翻世界资本主义。所以我们的国民革命将具有国际性质。”他说：一旦中国革命取得胜利，“所有的大工业企业和所有土地都应属于国家并由国家管理，以便避免私人资本主义制度的危害”。他特别声明，尽管现实条件下在中国立即实行共产主义是不可能的，但我们的民生主义经济制度，“也是通向共产主义的第一步”。[3]

---

[1] 《蒋介石年谱初稿》，第164—168页。关于蒋介石这时出走之原因，汪荣祖、李敖分析蒋纯粹因为权力欲不得满足，并称其做致廖函乃为纠正其游俄报告书较正面的意见，似嫌简单化。见《蒋介石评传》（上册），中国友谊出版公司2000年版，第93—94页。

[2] 《杜霍夫斯基关于国民党代表情况的札记》（1923年9月10日）、《关于国民党代表团访问第144步兵团情况的书面报告》（1923年9月17日），《共产国际、联共（布）与中国革命档案资料丛书》（1），第288、290—292页。

[3] 《国民党代表团关于中国国民运动和党内状况的书面报告》（1923年10月18日），《共产国际、联共（布）与中国革命档案资料丛书》（1），第301页。

蒋介石的这种激进观点，一直到他离开俄国前几天与共产国际领导人会晤时，仍旧毫无改变。他用共产国际式的语言明白解释说：我们既不为资产阶级，也不为小资产阶级的利益而斗争。我们在目前之所以还不能像苏联那样开始进行无产阶级革命，只是因为，第一，大多数中国人民不识字，所以在人民中开展宣传工作异常困难。第二，大多数中国人属于小农阶级、小资产阶级，但我们一旦取得了第一阶段的胜利，我们就可以进行合法的宣传共产主义原则的工作了。比较其他一些国家，“中国人民将更容易实现共产主义”。当然，中国革命要想取得成功，蒋明确认为必须借助于世界革命来对抗帝国主义。他也注意到，苏联要防止资本主义和帝国主义列强进犯，也需要帮助西面的德国和东方的中国取得革命的成功。因此，他建议说，俄、德、中三国“组成三大国联盟来同世界资本主义势力做斗争。借助于德国人民的科学知识、中国革命的成功、俄国同志的革命精神和该国的农产品，我们将能轻而易举地取得世界革命的成功，我们将能推翻全世界的资本主义制度”。[1]

蒋在莫斯科期间，又是读《马克思学说概要》，又是读《共产党宣言》，“久久领略真味，不忍掩卷”。他对苏联整体的印象，虽也时有批评，但更多的还是感慨与触动。称：“俄国人民，无论上下大小，皆比我国人诚笃恳挚，令人歆慕，此点各国所不及也！”“（苏俄军队）上下亲爱，出于自然，毫无专制气味，而政党代表与其团长亦无权限之见。”“俄国武器研究及其进步可与欧美各国相竞，非若我国之窳败也。”“苏俄各地各所，皆有少年共产党支部。对于青年，竭意培植。是其第一优良政策。厚农工而薄士商之制度，吾亦无间言矣！”他断言：“苏维埃政府对于人民已有相当基础，殊足以破帝国主义之胆，吾于苏俄无敢轻量。”[2]

[1] 《有国民党代表团参加的共产国际执行委员会会议速记记录》（1923 年 11 月 26 日），《共产国际、联共（布）与中国革命档案资料丛书》（1），第 330—338 页。

[2] 《困勉记》1923 年 9 月 9、17、21、22、23 日，10 月 10、13、16、18 日，11 月 4、7 日，台北“国史馆”藏蒋中正档案。

蒋在莫斯科如此，回国后又如何呢？我们注意到，即使在国民党一大之后，即使在他向孙中山和廖仲恺表示不满之际，他也不曾改变相信俄国革命理念的心态。最典型如他对阶级斗争问题所持的态度，他并非不知孙中山的观点[1]，却公开主张应当民族斗争与阶级斗争同时并举。[2] 比如，他在1924年2月17日的讲演当中，就曾提出：“现在世界只有二种斗争，一种是民族斗争，一种是阶级斗争。”被压迫民族一定要起来斗争，求独立，这是人类的天性。被压迫的劳动阶级一定要反抗资本阶级，不仅不再做资本阶级的奴隶，而且还要根本摧毁资本阶级不劳而食的社会基础。这两种斗争，最终事实上都要通过武装的办法来解决问题。为此，他公开主张：“中国与外国的革命党，统统联合起来，解决世界一切不平等的问题。”认为“中国革命，不是中国一国的问题，是世界的问题，要联合世界各国的革命党，来促进我们中国革命的成功”。并声称“中国的革命，要在阶级斗争之中，来求民族独立；在民族独立之中，来求革命成功”。[3]

注意到以上的情况，我们自然也就能够理解，何以蒋在给廖仲恺的信中，会一面批评苏联与中共，一面明言：“对俄党问题……应有事实与主义之别”，“我们不能因其主义之可信，而乃至事实于不顾。”[4] 在这里，他虽不满于俄国党人的“事实”，但这一时期他对俄党“主义”之认同，却是十分明显。

三、从联俄到“联”共

蒋介石赞成联俄容共政策，从他1924年5月3日正式就任黄埔军校（即陆军军官学校）校长开始，就表现得很清楚。军校办校的形式、制度、人

[1] 参见孙中山：《三民主义 · 民生主义》（1924年8月3、10日），《孙中山全集》，第九卷，第355—394页。

[2] 余敏玲断定蒋这时“认为三民主义是反对阶级斗争”，未能举出史实加以证明。余敏玲：《蒋介石与联俄政策之再思》，台北《近代史研究所集刊》，第三十四期，第71页。

[3] 《蒋介石言论集》，第一集，中华书局1964年内部刊印稿，第197—200页。

[4] 《蒋介石年谱初稿》，第167页。

事组织等，都是苏联式的。军事教官的核心实际上是来自苏联的军事顾问，政治教官的骨干也多选用共产党人。甚至连黄埔军校特别区党部，第一届包括蒋在内五名执、监委中，三人均为共产党员，第二届则除蒋一人以外，另外七名执、监委，全都用的是共产党员。他并且十分重视党代表和政治部的工作，说党代表制度是“救济中国军校的唯一的制度”，“宁可无军队，不可无党代表”。[1]显然，只读过日本军事补习学校的蒋介石在军校的建设上，高度重视他在莫斯科所得到的经验，尤其看重苏联顾问的指导和共产党人的帮助。正是由于有了包括军校经费和武器装备在内的苏联援助，以及共产党人的倾力相助，黄埔军校才得以顺利建成和发展起来。仅一年的时间，军校就已经吸收了三期学员，发展成为一个拥有两千余名学生的重要军事单位，并作为学生军参加了平定商团之战及东征作战。蒋亦在此基础上，得以兼长洲要塞司令、东征军总司令，并由设立军校教导团、组成校军，最终建成国民革命军第一军，兼任军长，从而成功地创立了第一支真正属于国民党的“党军”，也使蒋第一次有了自己属下的并且是嫡出的部队。这种情况自然使蒋对“师法”苏俄的意义会有更深切的体会。蒋介石所以经常讲：“我们所要仿效的，是俄国的革命党。”“我们要党成功，主义实现，一定要仿效俄国共产党的办法”；之所以刚一开始组建自己的军队，就全力推行政治部和党代表制，并要求共产党员来出任主要的政工人员[2]，实在是因为联俄容共政策带给蒋介石、黄埔军校以及国民党的军事建设太多实惠。

正因为蒋介石在联俄容共问题上受益日多，我们不难注意到蒋介石在思想言论上也就愈来愈革命。建校之初，他几个月的讲演大都集中在如何做人，如何当兵，尤其是如何守纪律、讲卫生上。虽然经常讲到学习俄国革命，但也主要是讲中国的党员如何不如俄国的党员能奋斗能牺牲。几个

[1] 转见曾庆榴：《广州国民政府》，广东人民出版社 1996 年版，第 336 页。

[2] 蒋介石：《俄国党员活动的方法及其成效》（1924 年 6 月 29 日），《蒋介石言论集》，第一集，第 311—313 页；《黄埔丛书》，第二集，第 63 页；《加拉罕在联共（布）中央政治政治局使团会议上的报告》（1926 年 2 月 11 日），《共产国际、联共（布）与中国革命档案资料丛书》（2），第 77 页。

月之后，特别是孙中山基于“非以俄为师断无成就”的信念，视蒋介石为国民党内少数学习俄国的坚定派而任命其为“全权委员”，蒋的言论明显更为激进。

蒋这时不仅宣传反帝、反军阀的主张，而且注意用阶级斗争的观点来鼓动和教育官兵，他强调：中国的乱源在帝国主义，因为“外国帝国主义来压迫我们中国，夺取我们原料，垄断我们商场，所以使我中国地价与物价昂贵。帝国主义者，是我们最大的敌人”。“军阀勾结帝国主义者来压迫本国人民，保护帝国主义者来垄断市场。所以军阀就是帝国主义的走狗，亦就是卖国奴，所以我们认他是第二个敌人”。而“这地主与富商，是使得我们生计穷苦的原因，亦就是我们最后的敌人”。因为“地主操纵地价，弄得我们无地可种；富商操纵物价，百货昂贵，弄得我们衣食无着，所以生计穷苦”。“打不倒乡下的地主，你们的敌人仍旧不能够除去，你们仍旧要被人家压迫，没有出头的日子”。他声称：“惟其社会贫富如此不平，所以我们要革命，必定使得人人要劳动，人人可以安乐。”“革命是为全体人类求幸福，尤其是对于劳动阶级，如农人工人的幸福最为注意。”“不许有劳逸不平，贫富悬殊，也不许人民以劳工得来的钱，被大资本家和大地主暗中夺了去。”必须实行按劳分配，多劳多得。[1] 他甚至解释说：我们三民主义的民生主义，“就是‘节制资本，平均地权’，明白地说，就是打倒资本家，反对大地主。这明明白白是为无产阶级而奋斗的。……所以民生主义到最后一步，就是共产主义”。只是因为民生两个字足以代表社会主义、共产主义解决人类生活，谋求社会生存的要义，所以我们叫它做民生主义，而不再分为社会主义或共产主义。[2]

1925 年 8 月，廖仲恺被刺。原本并不十分信任蒋的鲍罗廷，经过一年

[1] 蒋介石：《中国现状及俄国革命成功之原因》（1924 年 9 月 25 日）、蒋介石：《新兵精神教育问答》（1924 年 10 月）、蒋介石：《当兵的意义和责任》（1924 年 11 月 30 日），以上见《蒋介石言论集》，第一集，第 368—371、391—401、485—488 页。

[2] 蒋介石：《主义不行，党员之耻》（1925 年 4 月 9 日），《蒋介石言论集》，第二集，第 69—72 页。

多的考察，认定蒋已成为广东国民党最可靠的左派将领，故全力把蒋推上前台，使其充任广州卫戍司令，与汪精卫、许崇智组成三人权力中心。因随后发现胡汉民胞弟卷入刺杀阴谋，许崇智属下的粤军将领中亦发现有谋反迹象，于是在鲍罗廷的支持下，胡汉民被送去莫斯科，蒋亦将许崇智强行解职，递解出境。此一行动，被人称为广州政变。它的直接后果就是使蒋更进一步跃入国民党的决策中心，成为除汪精卫以外的国民党第二号领袖人物。在这种情况下,蒋联俄容共的言论更趋激进。他不仅公开宣布要“与反共派的人为敌”，相信“国人相惊之赤化，在事实上确无根据，在理论上亦非恶名”。而且声言廖案的根子在帝国主义，激烈主张“对于帝国主义者唯一的方法，就是要直接和他开战”。[1]

蒋介石内心是怎样看待孙中山的联俄政策呢？他说：“本党不改组，苏俄同志不来指导我们革命的方法，恐怕国民革命军至今还不能发生。我们今天能够消灭叛逆，到达这个目的，大半可说是苏俄同志，本其民族精神，国际的势力，与其革命的使命，起来以至诚与本党合作，帮助我们中国革命的效力。”“帝国主义者所造的谣言，最有力量、最能动人的一句话，就是说‘中国人不应受俄国人指挥’。我们且不讲我们是否已受了俄国人指挥，但我敢老实说，叫革命先进国苏俄来指导我们中国革命，我们世界革命的中国革命党员，实是愿意接受的，而且是应该接受的。去年总理将要北上的时候，对我不但有面谕，而且是有手谕。总理的面谕是：‘鲍罗廷同志的主张，就是我的主张，凡是政治上的事情总要容纳他的主张；你听他的主张，要像听我的主张一个样才好。’……事实上，苏联同志并非居在指挥的地位，不过我们以世界革命党员自居，也很愿意受革命先进国同志的指挥。这并不是妄自菲薄、甘居人下的一件倒霉的事，实在是世界革命、联合被压迫民族的战线，指挥统一是现在对帝国主义者作战最要紧的一个战斗原则。”

---

[1] 蒋介石：《追悼廖党代表应努力实现三民主义》（1925年8月31日），《蒋介石言论集》，第二集，第201—202页；蒋介石：《祭廖党代表文》（1925年8月31日），《革命军》第8期；蒋介石：《真革命党必决心成仁》（1925年），《蒋介石言论集》，第二集，第210—212页。

因为，“我们联俄，意在打倒一切帝国主义。只因为中国问题完全是世界问题，中国革命完全是世界革命，我们要中国革命成功，一定要联合世界的革命同志，才能打倒世界的帝国主义。”“总理毅然联俄，即在联合世界革命党，因为苏俄是世界革命的策源地，亦是世界革命的中心点。”[1]

蒋介石这时又是如何谈论容共政策呢？他的态度同样十分积极，不仅肯定过去的“容共”，而且干脆认为两党就是“联合”的和“合作”的关系。他说：“共产主义与三民主义的利害是完全相同，没有什么冲突的。除了共产党以外，其他团体肯同我们本党真正合作革命事业的，就很少了。所以去年当本党改组之始，虽有许多党员激烈地反对，而我们总理总是照着原定计划，同共产党联合起来，实行国民革命。总理下了这样决心，不是随便的事，自然另有眼光和主张的。”“总理认为现在的中国，除了共产党主张彻底革命，还可以同国民党合作之外，再没有第二个党派能够和我们合作的了。而且共产党真正革命的同志们，实在不比我们国民党少，加入了国民党，实在能替国民党求进步求发展，促进本党的革命精神。所以总理就下这个大决心，不为众论所摇动。”为有助于国共两党的合作，他甚至不惜向怀疑共产党员的国民党员担保：绝没有共产党员只做共产党的工作、不做国民党的工作这回事。声称：“据我看来，这桩事情，在外面或许有之。若说在本校决无这种事实。如果真有这种事实，本席便大有罪过！因为本席是本校党部第二届监察委员，都不能觉察到这种事实，这不是本席的罪过？”[2]

蒋讲这话有他个人的经历和体验在内，1925 年 12 月，他在《陆军军官学校第三期同学录序》中写道：

[1] 蒋介石：《汕头东征军总指挥部苏俄革命纪念宴会演讲辞》（1925 年 12 月 11 日），《蒋介石的革命工作》，上海太平洋书店 1926 年版，第 56—57 页；蒋介石：《再论联俄》（1926 年 1 月 10 日），《蒋介石言论集》，第二集，第 337—338 页。

[2] 蒋介石：《坚持最后五分钟是一切成功的要诀》（1925 年 9 月 9 日）、《团体训练的重要》（1925 年 9 月 13 日），《蒋介石言论集》，第二集，第 226、233—235 页。

今春孤军挺进潮梅，同志死伤者，六百余人，桂军袖手旁观于东江，滇军且通敌以谋袭我后；孟夏回师广州，讨伐叛逆之杨刘，死者伤者，以百数计；而沙基之役，至二十人之多，而伤者不计也。……十月奉命，重征东江，进攻惠州，世皆视为天险之老巢，人人以为难攻莫敌者，而本军将士，目无全牛，视若坦途，自刘团长尧宸以下，如耿泽生、谭鹿鸣、徐廷魁、但德芳、张忠熙、彭继儒、金鸣章、刘铭、陈作云、叶振南、王嵩、周德保诸子等，死者百三十余人。伤者如詹忠言、曾扩情、蒋先云、杜从戎、冷欣诸子，且四百余人。此其前赴后继，视死如归者，何哉？主义之所感，敌忾之所兴，亲爱之忱，油然勃发而不能自已耳。海丰之役，以三百之众，而敌三师之强寇；横江之战，林逆主力，悉数来犯，谋以三面包围我军者，反为我所各个击破。惜乎陈子厚、王步忠、侯吉文、范涛诸子，皆亡于是役。华阳一战，以三千初集之卒，而攻一万五千，背城借一，困守死斗以抗顽敌，殉难死者，自周团长保生，党代表姚世昌、周玉冠、车鸣骧诸子以下一百二十五员名。卒能转败为胜，扶危为安。呜呼，可谓荣而哀矣。……嗟乎，总理逝矣，先烈亡矣，而其神其灵，不昧不丧者，惟在其所遗本校后死而未亡同志一线之命脉耳。吾人之聊足告慰先烈者，亦惟此而已。此一线未绝之命脉，所造者为何？是乃总理一线相传之国民党内‘共产’与非‘共产’二者凝集而成之血统也。吾人至今，悔不问明当时先烈之死者，为‘共产’乎？抑为‘非共产’而三民乎？

对国共两党官兵能够在自己的率领下共同效命沙场，前赴后继，身为军校校长的蒋介石不能不感慨万端，更不能不深感国共合作的好处。他显然希望能够在三民主义旗帜下继续这样一种合作关系，而不愿看到两党之间有任何纷争，故明确表示：“吾愿与党内死者诸同志，同穴安眠于地下，吾愿本党后死诸同志，不分畛域，不生裂痕，终始生死，本我亲爱精诚之校训，团结精神，继续我先死者之事业，以完成我国民革命之责任，直接以实行我总理之三民主义，即间接以实行国际之共产主义也。”称：“三民主义之成功，与共产主义之发展，实相为用而不相悖者也。……未有中国之国民革命，而可不实行三民主义者也，亦未有今日之国际革命，而能遗忘共产主义者也。中国革命，不能不承认为世界革命中之一部，而实行三民主义则共产主义即在其中矣。吾辈死者，但知中国革命与国际革命不能分而为二，则三民主义与共产主义，岂有纷争之必要，而徒使吾辈死者痛哭于九泉乎？吾愿未忘之同志，由定静安虑，以臻于格致诚正，而求得革命之真理。”[1]

在这种情况之下，1925 年虽有一部分国民党中执监委在北京召集西山会议，提出驱鲍、分共、惩汪的主张，在国民党内掀起和共产党分家的浪潮，蒋介石却丝毫不为所动。他不仅在日记中深表“痛恨”，而且很快就公开发表了《告国民党同志书》，批评西山会议，为三民主义与共产主义的关系，以及鲍罗廷、汪精卫和共产党人出面辩护。文称：“赤化也、共产也、俄人掌握政权也，帝国主义与军阀之所以诬陷我者，今岂将一一出于同志之口耶？容纳共产党，此总理于本党改组以前几经郑重考虑而后毅然决定者也。自改组迄今两年，成绩俱在。‘联合世界上以平等待我之民族’，犹总理于遗嘱中认为与‘唤起民众’同为完成国民革命所‘必须’者也。苏俄同志助成中国独立之国民革命，其诚意亦彰彰明甚。”“今日中国革命已为世界革命之一部分，中国革命成，则世界革命为之促进，亦世界革命成，中国革命始真正成功。总理自信三民主义可垂之百世，推之世界，岂在中国国民革命尚未完成之时，而已惧于何种主义之蚕食，总理有如许伟大之自信力，逝世未一年，而后死之同志惴惴焉惟被共产主义蚕食之是惧。其师大勇，其徒薄志弱行至此，亦可谓不肖之甚者矣。”[2] 这一告同志书亦清楚地显示了蒋这时坚定支持联俄、联共政策的政治态度。

---

[1] 上海《民国日报》1926 年 1 月 1 日元旦增刊第一、二版。

[2] 《广州民国日报》1926 年 1 月 1 日第十一版。

四、护党与联共的矛盾

蒋介石思想激进，支持并拥护联俄、联共，但这并不表明他对共产党或俄国人全无戒备心理。这种心理的产生，其重要原因是，蒋视国民党为中国革命的重心，也是他自己生存和发展的基础。正如他在莫斯科难以容忍留学生批评国民党及其领袖一样，他在 1924 年 3 月 14 日致廖仲恺函中所以强烈批评苏联与中共，其实也同样含有不希望外人左右国民党的思想情绪。

蒋介石究竟是更重视个人权位，还是更重视国民党的组织生命，这是一个颇难厘清的复杂话题。但毋庸置疑的是,蒋介石的个人权位及政治抱负，在相当程度上与国民党的组织生命结合在一起，不可须臾分开。从这个角度来分析蒋介石对联合共产党与戒备共产党问题的矛盾态度，应当不难发现，蒋的这种态度、心理和国民党组织生命的状况密切相关。当共产党人的言行有利于国民党的发展时，蒋就站在联共政策的一边；当蒋认为，共产党人的言行不利于国民党的发展时，他就戒备以至反对。[1]

如何保证国民党的团结与统一？基于中国传统的观念，自然需要一个不可逾越的政治权威和精神权威。而当时唯一能够统合国民党政治和精神的权威，当然就是孙中山和三民主义。以孙中山和三民主义为最高权威，以国民党为实现孙中山三民主义的组织载体，要求所有党员忠诚于三民主义和国民党，这在蒋介石看来天经地义。故蒋介石办校伊始，就准备将黄埔军校办成真正实现三民主义和党的意志的学校。为此，他在 1924 年 7 月 30 日对军校第一期学生训话时，就明白告诫说：“本校是为实施三民主义而创办的，除了按照三民主义的思想去实行外，没有别的事，也不许有别的主义侵犯到这个学校里来。以后我们党员对于三民主义，绝对要服从，不准有一毫怀疑，而且不许有批评三民主义的态度。如果有怀疑三民主义，

[1] 包括对西山会议派，蒋虽公开严厉批评，内心里却颇念旧情，基于不愿根本破裂和尽可能维护党内团结的角度出发，曾设想不把西山会议问题提交国民党二大做裁决。胡佛研究所藏《蒋介石日记》原稿复印本，第 4 盒，1926 年 1 月 11 日。

或变更三民主义的人，那都是我们的敌人，我们党员对于我们的三民主义，绝对不许批评与怀疑！”[1]

黄埔军校开办的最初几个月里，学生中虽然也有不同主义宣传的存在，主要却不是共产党的主义宣传，而是流行于社会上的无政府主义思想的散布。经过几个月的整顿和随后的军事行动，无政府主义的思想渐渐不再成气候，国共两党的矛盾却开始由校外渗入到校内。从国民党中监委的弹劾共党案发生之日起，黄埔军校内部学生乃至教员中间，也不可避免地开始发生具有派别斗争性质的分歧与磨擦，更渐次生出青年军人联合会和孙文主义学会两个思想上明显区别的学生组织。这种区别与磨擦，因国共分歧而逐渐扩大，到1925年孙中山逝世、“戴季陶主义”出现，乃至廖仲恺遇刺前后，已经形成相当规模，再难视而不见了。

国共两党之间因性质、目标和具体方针政策之不同，存在相当的隔阂与误解，在所难免，但共产党员跨党，以个人身份加入国民党，甚至跻身国民党中央和各省市权力中心，这种情况，却使部分国民党人不安。他们惴惴于共产党在国民党内暗中发展党员，划分左右派。在他们看来，这种划分的标准简单生硬。例如，凡参加孙文主义学会者一律拒之门外，凡同情工运农运者不论愿意参加与否，反复劝说。结果，黄埔军校军官学生贺衷寒因属于孙文主义学会的骨干成员，虽八次申请加入共产党，仍被拒之于门外[2]；而上海国民党人葛建时只因街头斗争表现激进，虽无意参加，却被反复动员。

“向来以左派自居”的葛建时这时曾公开说明过他对共产党人由接近到怀疑的情况。他说：“我确被C. P.分子拉过了五六次。”在说明经过之后，他进而表示疑问称：“(一) C. P.在党内秘密宣传和组织，是不是为总理所

---

[1] 蒋介石：《军校学生应绝对信仰三民主义》(1924年7月30日)，《蒋介石言论集》，第二集，第340—341页。

[2] 《鲍罗廷在联共(布)中央政治局使团会议上的报告》(1926年2月15、17日)，《共产国际、联共(布)与中国革命档案资料丛书》(3)，北京图书馆出版社1998年版，第140页。

许可。据恽代英君说：‘这是总理所许可的。’那么，总理当时为什么不叫我们放弃了三民主义去信仰共产主义，而悉数加入共产党？（二）据中国共产主义青年团的决议案，要吸收国民党中间的激进分子，证以我们同志被拉之经过，显然是见一种事实。试问，比较努力的分子如果完全拉了去，将来的国民党是不是只剩了一个空壳子？我们的好朋友——共产党呀！你们有什么法子，消释我们亡党的恐怖？（三）国民党的组织松懈，共产党的组织严密，是我们所承认的；但是你们既是国民党党员，为什么不提议整顿组织？为什么不设法整顿组织？而只是像东新桥的野鸡似的，死拉活扯的拼命拉客？”他同时批评说：有的 C. P. 同志一谈到三民主义，就批评民权主义和民生主义，表示不信仰。甚至有 C. P. 同志直截了当地表示说：“三民主义的革命是小资产阶级的革命，是不彻底的革命，我们是要一劳永逸地革命。”据此，葛建时问道：“(一) 你们对于三民主义已不信仰，而口口声声仍以国民党自居，是什么道理？（二）我们所希望的是共产党的国民党化，而不是国民党的共产党化，现在我们既无法感化你们，使你们信仰三民主义，又无法阻止你们宣传共产主义，试问有什么方法可以防止国民党员的共产党化？国民党不致为共产党所吞并？”对此，葛深表困惑，称：“分家一法，当然是我们所不忍言而且不愿言的。但是强信仰不同主义不同的两派混在一个党里头，因为互相猜疑的缘故，发生钩心斗角互相抵制的结果，以致常常困于内争，无力对外，也决计不是好法子。”[1]

几乎就在葛建时发表上述言论的同时，蒋介石也发现这一问题已经到了非解决不可的地步了。12 月 3 日，十余学生因第一师政治部主任、共产党员李侠公的一封秘密信，与李拉拉扯扯地闹到蒋介石的办公室里来。次日，又有更多的学生闹到办公室来。原因是这些国民党员学生无意中发现李侠公致共产党上级的密函，据此指责李视国民党人为“非同志”，“暗中”工作，

[1] 葛建时：《忠告我们的好朋友——共产党》，上海《民国日报》1926 年 1 月 7 日“觉悟”副刊。

"藉机会宣传"共产党的主义。[1] 正当此际，军校中又发生共产党员学生公开批评孙中山的情况，这就激起部分国民党员学生的极大不满，齐声鼓噪，要求蒋"监视"共产党人。蒋对此十分震惊，开始担心："近日共产与非共产之争，几使本校、本军内部分裂，后患正长也。"并且在日记中严厉批评共产党学生："欲继承总理遗产而不认总理为总理，天下宁有是理耶？"但是，由于李侠公身为"政治部人员，带兵官不能干涉"，蒋当场亦只能口头表示必予"严办"[2]，几天后，蒋为此召集政治部与党代表讨论，建议并经会议通过："一、校内准共产党员活动，凡有一切动作均得公开；二、总理准共产党员跨国民党，而未准国民党员跨共产党，然亦未明言不准，现在本校亦不禁止国民党员加入共产党，惟加入共产党者须向特别校党部声明请准也。"[3]

在这里，蒋介石内心对共产党员的不满显而易见，但在处理上的模棱两可与矛盾犹豫之状也一望即知。十分明显，蒋以其军人式的线性思维特点，不仅重视权威，而且强调服从。由于他自信为孙中山和三民主义最忠实的信徒和代言人，因此难免会把部下对自己的忠实与服从，与对孙中山和三民主义的忠实与服从混为一谈。孙文主义学会的成员在忠实于三民主义和服从于蒋的权威这方面，毫无疑问要较受共产党影响的青年军人联合会的成员好得多。蒋自然更容易同情孙文主义学会，并更容易听信其言论，实难避免。但这时蒋得益于联俄联共之处亦多，他也深知国民党就其即将展开的革命运动而言，需要苏联与共产党人帮助之处甚多。因此，他即使常常被孙文主义学会成员的种种不满言论所影响，对校内共产党员的做法不以为然，却也不能不考虑到两党合作的大局，不愿因校内问题而影响与共产党的关系，更不愿意将问题引至怀疑孙中山联俄联共的基本政策上去。

蒋介石这时最典型的做法就是各打五十大板。对孙文主义学会，了解到

[1] 《"非同志"》，上海《民国日报》1925年12月22日第二版。

[2] 《"非同志"》，上海《民国日报》1925年12月22日第二版；胡佛研究所藏《蒋介石日记》原稿复印本，第4盒，1925年12月4日。

[3] 胡佛研究所藏《蒋介石日记》原稿复印本，第4盒，1925年12月8日。

该会有同情西山会议之言行，他当即“严电阻止”，并下令如有胆敢公开响应游行者，则立即逮捕。他一面批评广东孙文主义学会骨干王茂如、惠东升、贺衷寒等。“操纵学会，藉图个人名利”，“大骂该会卖党并卖本军，不应与邹鲁等勾结，及痛责王茂如、惠东升、贺衷寒等不应操纵学会，藉图个人名利”，一面明白电示：上海孙文主义学会已“为反革命窟穴”，在粤之孙文主义学会必须与之断绝关系，并“切实驳正，免淆听闻”。[1] 他也力诫蒋先云等青年军人联合会骨干，对该会成员动辄批评国民党和三民主义的情况，表示期期以为不可。蒋这时的目的很明确，即无论如何要在维护孙中山和三民主义绝对权威地位的方针下，尽力维护党内及军校的团结与统一。为此，他不止一次地说明：“现在我们学校里，常常有共产党和国民党之争，我认为这种现象，适足以使我们总理在地下痛哭。我们总理的三民主义是革命思想的中心，千百年后也是不能变更的，所以我们中国国民党绝对要以他的三民主义做基础。无论共产党或是那一党，加入了国民党，就要信奉三民主义，要相信三民主义是我们中国的革命惟一的中心”。因为“军队之中，绝对不好有两个主张，应当要完全以三民主义来做中心”。“不可以有共产党来非难三民主义，亦不可以国民党来排斥共产主义的现象发生。”他再三告诫：“各共产党的同志要明白，诸位加入国民党，是信仰三民主义在中国革命上是惟一的主义，明白中国的革命就非实行三民主义不可，所以诸位来交换三民主义。对于总理的人格，尤其要尊重，不可有丝毫侮蔑的心思。……如果共产党真正能奉我们的总理为共产党的领袖，那末我相信国民党员决不会排斥共产党员的。”反过来，“国民党员也不可反对共产党，反对共产党就是背反了总理定下来的方针和主张”。[2]

[1] 《王懋功关于未从孙文主义学会勾结西山会议派反共遭恨和表示忠于蒋中正致张静江函》（1926年3月7日），《中华民国史档案资料汇编》，第四辑，江苏古籍出版社1986年版，第359页；蒋介石：《致广州孙文主义学会电》（1926年12月23日），《蒋介石言论集》，第二集，第315页。

[2] 蒋介石：《坚持最后五分钟是一切成功的要诀》（1925年9月9日）；蒋介石：《团体训练的重要》，《蒋介石言论集》，第二集，第226、233—235页。

在蒋介石的反复督导与告诫之下，黄埔军校孙文主义学会对联俄容共政策的态度，自然也不同于上海、北京等地区的其他孙文主义学会。对上海、北京等地孙文主义学会群起响应西山会议的举动，该会骨干、第三师党代表缪斌和军官学生贺衷寒等甚至不能不公开致函汪精卫予以谴责。缪函称：若辈不明现在反帝国主义时期，三民主义与共产主义实同在一轨行动，“致歧视共产派分子，必欲分离之而后已，此实可痛心矣”。该函引据蒋介石所云：欲根本打倒帝国主义，必要以无产阶级做基础，声称“吾人容纳无产阶级之政党，实天经地义也。今一般同志必欲将共产分子排去，此不特分散国民革命之力量，帝国主义亦永无打倒之日，中国之独立自主，亦永无希望”。贺函亦称，听了蒋校长的演说，益相信“今日之中国只有反帝国主义与军阀之革命党，没有其他纠纷之必要。就是帝国主义与军阀一日不消灭，甚么主义都是空谈，无补于实际的东西”。他表示：国共两党党员之闹出许多纠纷和误会，“两派都不能不承认有相当的过失。在争闹的最重要的地方，就是主义与组织。其实孙文主义与马克斯主义的理论和原则，把它分析起来，固然有多少差异，但是把它互证起来解释，却是一贯的精神。所以好的孙文主义信徒，应该本孙先生创造主义的精神，去详悉研究马克斯（思）主义；而好的马克斯主义信徒，亦应丢开客气去切实做孙文主义的工作”。[1]

五、“三二〇”事件的发生

1926年1月1日，国民党召开了第二次全国代表大会。蒋介石的左派姿态表现得更加明显。除了继续宣传帝国主义、北洋军阀和一切“不耕而食，不织而衣”的资本家、大地主、土豪劣绅“是我们的敌人”这种阶级斗争的观点以外[2]，他更在宴请与会代表的演说中，明白阐述他对联俄容共政策

---

[1] 《关于党内问题之重要函》，《广州民国日报》1926年1月11日第十一版。

[2] 蒋介石：《检阅教导师第二团训话》（1926年1月28日）、《检阅教导师第一团训话》（1926年1月30日），《蒋介石言论集》，第二集，第373、377页。

的看法。他说：我们有些同志“以为我们联俄，是欲借外国力量，来平内乱，这完全是弄错了”。他指出：中国的问题是要打倒军阀，但中国的军阀是帝国主义的工具，“打倒军阀，就是打倒一切的帝国主义”。因此，“中国革命完全是世界革命，我们要中国革命成功，一定要联合世界的革命同志”，“总理毅然联俄，即在联合世界革命党，因为苏俄是世界革命的策源地，亦是世界革命的中心点”。他甚至告诉那些担心俄国人会重蹈帝国主义覆辙、到中国来揽权窃柄的人说：只要注意到苏维埃宪法与制度，就可以肯定那是不会发生的，因为他俄国的党员和民众，万不能允许他政府有如此行动的。“所以我们对于俄国同志只怕他对于世界革命不肯负责任，而不要怕他来揽权窃柄。”同样，蒋也公开为共产党员进行辩护，强调：“共产分子是本校本军为最多，可是他们在本党是实行三民主义的。”他强烈批评党内反共产党的思潮和由此而生的种种纠纷，坚持必须“以总理之心为心，以总理之志为志，以总理之政策为政策，以总理之主张为主张”，一方面要整饬纪律，对于犯法的党员要严重处罚，一方面要安慰总理的灵魂，不使本党分裂。在他看来，“本党反对共产与拥护共产者，皆非主义之争，不过为私人的权利和意气之争”。故希望各位代表回去后，“对于反共产同志，可以问问他们，本党的共产分子现在所做的，有哪一件是行共产主义？哪一件不是实行三民主义？”“且看他们还有什么话来答复。”[1]

显而易见，在这样一种思想支配下，蒋对于国民党二大上共产党人地位的加强与上升，并无太多的反应。[2] 至少，在蒋介石这时的日记当中，我们看不到蒋对二大后共产党人在国民党内权力明显扩张这一点有什么样不

[1] 蒋介石：《再论联俄——在黄埔军校宴第二次全国代表大会代表及俄国同志演说》（1926 年 1 月 10 日），《蒋介石言论集》，第二集，第 337—340 页。

[2] 在国民党二大选举的结果中，中央执行委员 36 名中 8 名是中共党员，候补委员 24 名中 6 名是中共党员，约为 1/4 弱。在随后选举的中央常务委员当中，更取得了 1/3 的席位，即 9 名委员中 3 名为中共党员。而在国民党中央党部八部一秘九个部门中，则更进一步实际取得了 3 个部长，和 8 个部秘书（即副部长）、一个书记长的席位，可以说在相当程度上掌握了国民党中央的领导机关。详见李云汉：《从容共到清党》，第 474 页。

满的反应。在整个二大及二届一中全会召开期间，蒋的主要注意力其实更多地还是集中在北伐的问题上。

北伐是孙中山一贯的主张，也是完成孙中山遗愿的最主要的途径。但作为新成立的国民政府的北伐计划，最初却是由前苏联军事总顾问加伦（Galen，即布留赫尔，V. K. Bliukher）将军建议和主持制订的。早在1925年上半年，他就已经拟出初步计划，并分别提交给了国民党中央和莫斯科。蒋这时已有了相当的军事资本，且正在上升的势头上，雄心正大，因此对北伐由衷表示拥护，并很快也拟订了一个全面的北伐计划书。[1] 按照他的设想，1927年8月就应“克复武汉”。因此，从1926年1月初开始，他就在极力推动北伐的实行。无论在春酌演说中，还是在二大军事报告当中，他都不遗余力地鼓吹北伐的必要性。对此，鲍罗廷最初也曾给予了相当的支持。但蒋无论如何想不到，1925年7月间，即在广州国民政府宣告成立，并正式编就国民革命军之际，他最为信赖的加伦将军奉调回国了。1926年1月，支持北伐、对他也帮助最大的政治总顾问鲍罗廷也突然辞职回国了。接任军事总顾问不久，全面接替加伦和鲍罗廷工作的季山嘉（Kisanca，又名古比雪夫，N. V. Kuibyshev）竟然对北伐大加阻拦。

蒋介石当然不会了解，鲍罗廷的突然回国，很大程度上正是由于莫斯科听信了以季山嘉为首的部分军事顾问的意见。而苏联顾问对北伐行动的坚决反对，也纯粹是因为斯大林和共产国际东方部这时都有明确指示，要阻止广州进行北伐。[2] 因此，不明就里的蒋不会把账算到莫斯科的头上，他只会对季山嘉等人在北伐问题上的出尔反尔和不容商量的武断干涉，产生

[1] 加伦：《今后南方工作展望或曰1926年国民党军事规划》，转见卡尔图诺瓦：《加伦在中国》，中国社会出版社1983年版，第222—224页。

[2] 有关联共（布）中央这个时候反对北伐的具体情况，可参见拙作：《中共与莫斯科的关系（1920—1960）》，台北东大图书公司1997年版，第74—78页。汪荣祖、李敖书关于“俄顾问不过是觉得北伐尚非其时，蒋以此与季山嘉争论，不过是制造中山舰事变诸多借口之一”的说法，以及黄道炫关于季山嘉只是反对蒋北伐武汉，顺长江底定东南的计划不表赞成，主张由武汉挺进西北，与冯玉祥的国民军会合的说法，均与史实出入较大。参见汪荣祖、李敖：《蒋介石评传》，第127页；黄道炫：《蒋家王朝·民国兴衰》，第103页。

极大的不满甚至是猜疑。过强的自尊心使蒋难以接受把话放出来又吞回去的窘境，何况自陈炯明叛变以后，北伐早已成为检验国民党军事人员对孙中山忠诚程度的一项最重要的指标。在这种情况下，蒋难免会把季山嘉的反对看成是季山嘉与他之间的一种个人恩怨。一向疑心很重的蒋介石怀疑季山嘉是冲着自己来的。为此，他先是以脚痛心闷拒不出席国民党二大的闭幕式，愤愤然曰："我以诚往，彼以诈来，非可共事也。"继而联系到党内各种问题与困难，慨叹"人才缺乏，精神涣散，同志不明事理，挑拨离间，尽其所能"，深感党内环境"可谓险矣"，心情渐坏以致难以名状。[1]

北伐之结尚未解开，军事委员会忽然又削减了已经定好的黄埔军校经费，平白无故把减下来的部分挪给了本来经费已经不少的第二师。该师是在蒋介石指挥下的第一军的主力之一，但师长王懋功自代理广州卫戍司令以来，与季山嘉和汪精卫走得较近，表现左倾，引起孙文主义学会的忌恨，早有许多流言，让蒋猜疑和不满。[2] 如今军委会的做法更不能不使蒋怀疑季山嘉想要把第二师从第一军中挖走。鲍罗廷等苏联顾问几个月前就曾利用蒋时任广州卫戍司令的便利，赶走许崇智，把蒋推上了权力巅峰。对此有过亲身经历的蒋介石自然记忆犹新，而且格外敏感。因此，蒋对季山嘉的疑心不免使其"意颇郁郁"，心里痛责苏联顾问"倾信不专"。再联系到季山嘉在北伐问题上的态度，蒋尤不能不怀疑季山嘉别有企图。以至与季山嘉谈政局与军队组织，也总是感觉季山嘉"语多规讽"，暗忖其"疑惧我之心，亦昭然若揭"。[3] 蒋的性格一向是，合则聚，不合则离。既然大权在季山嘉等人手里，你看不上我，我也不伺候你。于是，蒋不仅辞去第一军军长一职，不就国民革命军总监，而且鉴于"苏俄友人疑忌侮慢防范欺弄"，"环境恶劣有加无已，而各方怀疑渐集，积怨丛生，部下思想不能一致，个人意向亦难确定"等原因，更先后要求辞去广州卫戍司令和东征军总指挥的职务，

[1] 胡佛研究所藏《蒋介石日记》原稿复印本，第4盒，1926年1月8日。
[2] 包惠僧：《包惠僧回忆录》，人民出版社1983年版，第195—196页。
[3] 转见杨天石：《中山舰事之谜》，《历史研究》1988年第2期。

甚至向汪精卫提出要“赴俄休养”。[1]

蒋介石遭遇逆境时容易发脾气、使性子，甚至离队而去，有史可查。当年，蒋在跟随孙中山的不到八年时间里，动辄因为对人事问题不满，不管不顾，擅离职守，从前线返回上海或老家就曾多达十余次。即使孙中山或党内同仁反复劝诱批评，自己每每也反省脾气太坏，结果遇事还是照旧。[2] 足以见其暴躁、任性的本性根深蒂固。然而，蒋当年之所以总是旧病复发，一个重要原因在于他那时都是作为孙中山委派的军事参谋人员去军阀部队里做参谋或参预指挥工作，他手下没有一兵一卒。他之所以总是难以与前线的军事将领合作，一个基本原因也是因为多数手下有兵的将领或者不听调遣，或者对他的介入心存戒备和抵触。如今的情况则大不相同。蒋手下已有一军一校，并且是国民党最精锐的力量。对于这两支力量，尽管他理智上把它们视为党军、党校，并且真心想让它们为国民党的事业服务，但受传统和环境的影响，他从一开始其实就像其他将军们一样，在相当程度上把它们当成了自己安身立命的某种重要资本。如今无论遇到怎样的纠纷，他都断不会像过去那样轻易甩掉部队回家去了。恰恰相反，正因为他视这支军队和学校一如己出，一旦认为有人阴谋把它们拆散或夺走时，他注定会毫不犹豫地做出自卫的反应。

这种情况很快就发生了。2 月 24 日，国民政府组成两广统一委员会，在原有的六个军的基础上，不知何由，空出第七军的名义，而将广西军队改编为第八、九军。季山嘉等人这种奇怪的做法立即惹起蒋的强烈反弹。联系到将近两个月来种种可疑的情况，他断定此举一定是季山嘉等想通过把王懋功的第二师拉出去，另立为第七军，进而削弱自己力量，并夺取广

---

[1] 1926 年 1 月 15 日蒋上书辞第一军军长。2 月 1 日军委会任命蒋为国民革命军总监，蒋未就。2 月 22 日，蒋请军委会解除东征军总指挥职。2 月 7 日通电辞一切军职。2 月 9 日拟电准备辞军事委员及广州卫戍司令职务。分见李云汉主编：《中国国民党一百周年大事年表》，台北：国民党党史会，1994 年，第 198—199 页；《蒋介石言论集》，第二集，第 362、381—382 页；杨天石：《中山舰事件之谜》，《历史研究》1988 年第 2 期。

[2] 参见汪荣祖、李敖：《蒋介石评传》，第 59—87 页。

州控制权的一个重大阴谋。因此，他一不做，二不休，26日即采取行动，重演驱逐许崇智的故伎，一举将王懋功扣押起来，随即遣送上海，同时任命自己的亲信刘峙接替了第二师师长一职。事后，他在日记中愤然写道：王懋功“狡悍恶劣，唯利是图”，有人则“用心险恶不可问，外人不察，思利用以倒我”，“故决心驱除之”。[1]

王懋功被除去，第一军得以巩固，蒋一度相信季山嘉等再难以向自己挑衅了，因而心情一时明显好转，相信已“稍获安定”。他在27日上午找到汪精卫，力陈季山嘉“专横矛盾，如不免去，不惟党国有害，且必牵动中俄邦交”。扬言“如不准我辞，就应令季山嘉回俄”。汪虽稍加劝慰，也“允即进行”。下午再见汪时，汪称季山嘉已自知其错误，并露辞去之意。蒋更为放心，暗自庆幸，估计季山嘉当不会再起什么作用了。[2]

自然，蒋多疑的性格不可能因为季山嘉一时的示弱而放松警惕。恰恰相反，注意到季山嘉并没有马上辞职回国的意思，蒋不能不担心季山嘉还会采取其他手段对他进行报复。3月4日，军校教育长邓演达来谈国共纠纷和共产党在国民党内的扩张趋势，断言将来结果：“本党必归于乌有，而以共产派起而代之”，到时候惟有靠黄埔军“领导青年左倾，共图国民革命之成而已”。邓演达的说法使蒋重又感到担心，暗中哀叹：“单枪匹马，孤苦零丁，孤孽颠危，此吾今日之环境也。”[3] 而随后新任第二师师长刘峙和邓演达送来的油印反蒋传单，更进一步证实了蒋介石的猜疑，即共产党人很可能会被人利用来反对自己。尤为让蒋担心的是，共产党人在国民党内活动向不公开，这就更增添许多危险的因素与变数。不过，他依旧公开演讲称：“反对共产主义，就是反对三民主义，怀疑三民主义，亦就是反对共产主义。”“如果真正是三民主义者，决不反对共产主义；如果真正是共产主义者，亦决

[1] 杨天石：《中山舰事件之谜》，《历史研究》1988年第2期。

[2] 参见杨天石：《中山舰事件之谜》；胡佛研究所藏《蒋介石日记》原稿复印件，第4盒，1926年2月27日。

[3] 前引《蒋介石日记类钞 · 党政（一）》。

无怀疑三民主义之理。”他告诫军校学生一定不要“自家反对自家的主义，自家拆散自家的战线”。[1]

就这时的蒋汪关系而言，断言蒋表面上与汪打得火热，实际上把汪同样视为“假想敌”，似欠公允。[2]毕竟，蒋虽然极其暴躁任性，但严格说来，他到底还是那种受到旧式文化和教育影响，熟知纲常礼义，有一定自知之明的人。[3]在这里，一个最典型不过的例子是，1924 年 10 月孙中山根据鲍罗廷的建议决心建立革命委员会，并决定吸收蒋加入而意欲排斥长期在孙身边且为孙所重用的胡汉民与汪精卫，蒋得鲍罗廷通知后不仅没有因为自己从此可以位居胡、汪二人之上而暗生欢喜并幸灾乐祸，相反倒诚惶诚恐，“期期以为不可”，与鲍罗廷当面争辩。他在随后给孙中山的信中更直言要孙重新考虑此一安排。函称：“中以为必须展堂（即胡汉民——引者）与季新（即汪精卫——引者）之名列入为妥，若列入之后，彼自不来，则为另一问题，而组织名单万不可无胡、汪，否则不如暂缓组织之为上也。”“若恐其主张不一或反对执行，则最后决定仍在先生，任何委员不能违反，何必先拒人于千里之外也？”[4]蒋自知自己资历上远浅于这时的国民党政治领袖汪精卫，汪对其迅速崛升又有相当帮助，汪在蒋与季山嘉的矛盾当中最初也并未明显地偏袒后者，故蒋这时亦仍把汪视为可与之交心的上峰与朋友，还在与汪切商各种问题。因心情不好未回答汪的问题，发现后还“甚为歉惶”，批评自己“固执太过，使人难堪而启衅隙”。得知汪一如既往，毫不介怀，更会心生“感动”。也正因为如此，与季山嘉的过节乃至整个政策的把握问题，如怎样避免大权旁落，既与共产国际一致行动，又不失自动地位等，他都

[1] 蒋介石：《中央军事政治学校第四期开学典礼训话》(1926 年 3 月 8 日)，《蒋介石言论集》，第二集，第 387 页。

[2] 汪荣祖、李敖：《蒋介石评传》，第 110 页。

[3] 借用弗洛伊德的人格理论，人格可分为伊底（id），自我（ego）和超我（superego）三部分，即满足自我需要的欲望，对现实情境的权衡与道德意识的约束。每个健康人身上，这三者总是相互补充和相互对立的，只是何者更强的问题。可以肯定的是，蒋的道德感也未必弱于其自我放纵的部分。

[4] 《蒋介石年谱初稿》，第 243 页。

愿向汪精卫提出并讨论。有汪精卫的理解，即有国民党组织为后盾，他虽对共产党人有担心，这时也止于批评:“不能相见以诚，办世界革命之大事”，“貌合神离，则未有能成者”。[1]

让蒋再度意想不到的是，3 月 14 日，当他与汪精卫谈话时，他发现居然连汪也开始对他表现出不耐烦和轻视的态度。这表现在汪明显地相信季山嘉的话而听不进蒋的解释，且“有讽余离粤意”。这一情况显然使神经已经十分脆弱的蒋深受刺激，怀疑汪“受谗已深，无法自解”。蒋思想上由此更陷于极度焦虑之中。想到汪的地位和作用举足轻重，若汪亦不信任自己，再有季山嘉在旁怂恿策划，加上共产党从旁相助，后果岂堪设想？更为严重的是，多疑的蒋马上开始怀疑安排王懋功脱离第一军的计划中也有汪精卫的份，想到这一层，蒋自然变得更加神经质，15 日一整天坐卧不安，就连他自己也发觉自己“忧患疑惧已极”，难以自制了。他反复检讨，更后悔自己“缺乏政治知识，又少组织能力”，一向“以为政治组织完全（可以）信任同志，不必研究”，对汪竟“不能察言观色”，结果不但“为人之傀儡”，而且竟落到了坐以待毙的危险境地。[2]

分析蒋介石这些天的心理状态，我们不难看出蒋直到这时都还不是一个精明的政治家，依旧只是一介军人。其实，蒋更具军人特点这一点，在他刚到俄国时，苏联的陪同人员就敏锐地发现了，他们明确认为：蒋“在军人当中有点直言不讳，也不采取足够的防范措施。他们遵循的习惯和提出的问题说明他们是军人”[3]。职业军人考虑问题及处事直来直去的方式，加上其自身的多疑性格，在政治上和人事上稍遇复杂情况与变化，就难免会陷于极度疑惑乃至焦虑之中。何况在相信汪精卫已倒向季山嘉一边后，蒋自认已不再有国民党组织可以依靠，自然更会惶惶不可终日了。到 17 日晚，他已痛苦到“入地狱”一般，以至于在日记中痛陈：“不能说，不忍说，且

[1] 胡佛研究所藏《蒋介石日记》原稿复印本，第 4 盒，1926 年 3 月 9 日。

[2] 胡佛研究所藏《蒋介石日记》原稿复印本，第 4 盒，1926 年 3 月 15 日。

[3] 前引《关于国民党代表团访问第 114 步兵团情况的书面报告》。

非梦想所能及者，政治生活，宦海风波，至于此极，可谓历尽艰难矣！”[1]

就在这时，又一个看上去多少有些偶然的误会使蒋介石本来就绷得过紧的神经再也承受不住了。

3月18日傍晚，因由上海开往广州的商轮定安号被匪抢劫，有人向黄埔军校求助，军校值班人员当即电请驻省办事处速派船来，以应急需。办事处主任随即向海军局请援，海军局当天夜里即令中山舰出动。次日晨7时，中山舰遂驶往黄埔。中山舰驶出不久，因俄国考察团上午提出要参观中山舰，海军局身为共产党员的代局长李之龙于是又打电话请示正在广州的蒋介石，告以俄国考察团要参观一事，询问可否将中山舰调回。这时又恰好汪精卫两三度问他是否或何时回黄埔，蒋正疑心汪的用意，一听说中山舰没有他的命令已开去黄埔，顿时怀疑其中有诈。他当即猜测：“为什么我既没有命令要中山舰开去，而他要开回来，为什么要来问我？”“中山舰到了黄埔，因为我不回黄埔在省里，他就开回来省。这究竟是什么事？”[2] 联系到他的赴俄护照刚好得到批准，本来就处于高度紧张当中的他马上就得出结论，相信多半是有人准备用他对付许崇智和王懋功的办法，把他架去苏联。[3]“欲摆布陷我也”。西山会议派这时散布的谣言，自然更加剧了蒋的紧张心理。

既如此，蒋介石像以往遇到此类事情的反应一样，一气之下，不顾一切，撂下工作马上走人。当然，这时的走，不过是“准备回汕（即汕头东征军司令部所在地——引者）休养”而已。走在路上，他一直处在极度愤怒之中，始终认定“对方设法陷害，必欲使我无地自容，不胜愤恨”。蒋这里所说的“对方”，显然是指汪精卫与季嘉山。但左思右想之后，蒋终于发现悄悄溜走绝非上策，反而容易给汪、季等打击自己进一步提供口实。结果，如蒋的日记所记，“下午五时，行至半途，自忖为何必欲微行予人以口实，志气何存？

[1] 胡佛研究所藏《蒋介石日记》原稿复印本，第4盒，1926年3月17日。

[2] 蒋介石：《关于中山舰案》（1926年4月20日），《蒋介石言论集》，第二集，第447页。

[3] 有关这一事件的详细考证，可参见杨天石：《中山航事件之谜》，《历史研究》1988年第2期，黄道炫：《蒋家王朝·民国兴衰》第二章（三），及汪荣祖、李敖：《蒋介石评传》第二章第四节。

故决回寓，牺牲个人一切，以救党国也”。回到东山寓所后，蒋与部下连夜开会，“四时往经理处，下令镇压中山舰阴谋”。[1]

蒋介石所以会去而又返，并不惜动武，根本原因是因为他已有了武力的凭藉，大可不必像过去完全以消极的办法处之。对王懋功的断然处置，已经清楚地显示出这一做法的效力。但更重要的是，既然蒋相信汪、季意在打击自己，他自然会注意到微行出走的害处。事变发生后，汪精卫悄然遁迹，蒋介石自认为怀疑得到证实，因而断言：“为人不可有亏心事也”，“精卫如果避而不出，则其陷害之计，昭然若揭矣”。[2] 此足以证明蒋临机之际也必定会有一样的考虑与担心，害怕消极躲避反而会让汪、季怀疑自己做贼心虚。即如此，蒋不惜一搏以表明自己不愿任人摆布的态度，实属必然。

蒋介石爱使性子，容易走极端的性格自然也是重要原因。半年多来他正处于权力地位急速上升的态势，这使其心态上已远不同于孙中山时代。自负的心理和强烈的抱负心因此已变得更加亢奋，北伐的提出与坚持，就是明证。当年的党是孙中山的，蒋虽自认有许多宏大设计和长处，却苦于没有自己置喙的余地。而今党内蒋自恃已没有几位真有资本和威望可以承担孙中山重托的人选，在党面临如此重大的历史选择面前，是拱手把党让给汪精卫和季山嘉去摆布，最后像邓演达所预计的那样，使国民党“归于乌有，而以共产派起而代之”，还是不顾一切阻止党权旁落，自己冒险挺身而出，不惜犯错误以证明自己问心无愧呢？联系到蒋过去一向不撞南墙不回头的历史，我们也不难想象他一定会选择后者。

[1] 胡佛研究所藏《蒋介石日记》原稿复印本，第 4 盒，1926 年 3 月 19 日。

[2] 杨天石：《中山舰事件之谜》，《历史研究》1988 年第 2 期；胡佛研究所藏《蒋介石日记》原稿复印件，第 4 盒，1926 年 3 月 25 日、26 日。

第四章

从“三二〇”到“四一二”

1926年“三二〇”事件的直接后果，是国民党召开了二届二中全会，通过了著名的“整理党务案”，开始严格限制共产党在国民党中的地位与权力。但是，即使有“三二〇”事件及“整理党务案”，一年后是否注定要发生“四一二”事变呢？或者，这种和平限共方式是否必定会导向武力“清党”的结果呢？对此，已有研究多半都持肯定态度。其所以肯定，有以为政治分野不可调和者；有强调现实使然者；也有归结为蒋之权力欲者。[1]作为一种复杂的历史合力的逻辑作用，其必然性之存在或许毋庸置疑。然而，多数研究者在谈到蒋介石在这一过程中的思想变化时，似乎太过强调了其个人的权力欲及意识形态方面的作用，而未能深入讨论过陷于政治漩涡中心的蒋介石在湍流激荡下思想、心理乃至情感变化的过程。因此，这些研究其实并未能善用史料。当后来者细心地读过蒋介石这一时期公开和私下的种种言论之后，难免不会为蒋大量被已有研究忽视或摈弃的矛盾言论所困惑。系统地梳理蒋介石这一阶段的思想言论，深入考察蒋介石从“三二〇”走向“四一二”的心路历程，对我们了解这段历史发生发展的原因及背景，了解蒋从限共最终走向反共的必然与偶然，无疑会有相当的助益。

一、限共主张提出的背景

蒋介石发动“三二〇”事件，本意是在阻止汪精卫和季山嘉的所谓倒蒋阴谋，其形式是在广州部分地区实行戒严，占领中山舰，并逮捕海军局局长李之龙。而为配合这一行动，免生变故，他暂时拘押担任卫戍广州任务的第二师中的共产党员党代表，同时一度收缴了苏联顾问卫队的武器，

[1] 参见李云汉：《从容共到清党》；黄仁宇：《从大历史的角度读蒋介石日记》，（台北）时报出版社1994年版；汪荣祖、李敖：《蒋介石评传》，中国友谊出版公司2000年版，等。

包围了省港罢工委员会。[1]但不过十几个小时之后，即事变当天的下午，在蒋意识到并不存在特别的危险和阴谋之后，他就取消戒严，下令交还收缴的武器，并放回被软禁的党代表，重新恢复常态。

就“三二〇”事件本身而言，它很大程度上是源于蒋极端猜疑和任性的性格，既非针对苏联和共产国际，亦并非针对共产党，未必有多少深谋远虑。还在事变发生前夕，尽管蒋对苏联军事总顾问季山嘉已恨之入骨，他也还是认为季的擅权与专横与苏联和共产国际无关，不仅“决非其当局者之意”，且任其发展反“必牵动中俄邦交”，对联俄政策不利。[2]因此，当事变中因戒严需要，“士兵竟将苏俄客卿寓所守卫，形同监视，且缴其械”，蒋事后也“良用歉然”，百般道歉，并暗自提醒自己说：“军队不出动则已，如一出动，即不能事事制止，必有自由及不轨之行也，以后戒之。”苏联使馆参赞来问事件“系对人问题抑对俄问题”，他更是急忙说明是“对人问题”，以释其疑。[3]

同样，即是对人问题，蒋介石最初自然也不曾设想过通过事变来对付或打击共产党人。其包围省港罢工委员和暂时拘禁第二师中身为共产党员的党代表，不过是采取此一戒严行动的临时应变措施。因为他开始时毕竟无法了解，中山舰的异动背后是否还有更大的阴谋，特别是卫戍广州的第二师又为王懋功所部，王又与汪、季关系密切，该师中的共产党员当然难予信任。至于对省港罢工委员会的行动，则除了对工人纠察队武装的担心以外，还涉及对中山舰的占领需要在罢工委员门前一带实行戒严的具体需要问题。一旦顺利占领了中山舰，不见任何反抗，蒋就已经意识到自己的反应可能过当，不能不马上取消戒严，恢复常态。也正因为如此，即使在

[1] 有关这次行动的范围，可见《罗加乔夫关于广州1926年3月20日事件的书面报告》（1926年4月28日）。目前国内有关蒋这次行动范围的说明，似有过事夸张渲染之处。中共中央党史研究室第一研究部编：《共产国际、联共（布）与中国革命运动档案资料丛书》（3），第233页。

[2] 胡佛研究所藏《蒋介石日记》原稿复印本，第4盒，1926年2月27日。

[3] 胡佛研究所藏《蒋介石日记》原稿复印本，第4盒，1926年2月20、21日。

事变过程中，蒋也不曾禁止第二师以外的共产党人的活动。当时在广州的第一军副党代表周恩来、教导师党代表包惠僧，以及广东中共党的领导机关，都没有受到过冲击。周恩来、包惠僧当天甚至还曾亲自到蒋介石及第二师师长刘峙等处询问情况，除周因见蒋，贴身卫兵被暂时解除了武装外，均可自由出入来往。[1]

正是因为这是基于个人猜忌而发动的严重事变，蒋才会感觉到极大的精神和思想压力。据说，事变当天下午，何香凝径直去见蒋介石，质问他派军队到处戒严，究竟想干什么？斥责他是不是发了疯，想投降帝国主义？蒋“竟像小孩子般伏在写字台上哭了”[2]。甚至这时在给黄埔军校的学生训话时，讲到“情况复杂，本校长处境困难”，他也抑制不住地会当众哭起来。[3]这种情况十分清楚地反映出蒋在事变时的心态极为复杂，他既因长期心情压抑而委屈和愤懑，又深恐自己的行动会造成不可预知的后果，更何况这一做法又与其内心愿望和思想趋向相当矛盾。这也就是为什么蒋发动如此严重的事变，却只满足于占领一个中山舰和逮捕一个李之龙，就匆忙取消了戒严。

事实上，直到一个月之后，蒋仍不能解释自己行动的正当理由，只能含含糊糊地告诉人们说：“这不过是局部的一二人的阴谋”，他们不仅根本推翻他的北伐主张，而且还要他的部下背叛他，甚至推倒他，不许他革命。

---

[1] 所谓事变当天逮捕第一军五十余名共产党员之说，源于上海中共中央事变后未得确切消息时的道听途说。周恩来回忆当天蒋在黄埔戒严，监视各师党代表，自己被软禁一天的说法，亦不准确。因当天戒严仅在广州部分地区，且当时蒋不可能也不曾有令监视分驻各地的各师党代表。另据包惠僧和聂荣臻回忆，第二师共产党员只是被临时软禁，且时间不长就取消了。周当天不仅见过蒋，而且还见过汪精卫，亦不可能被软禁一天。分见《张万和关于广州政变真实情况的报告》（1926年3月29日）；金冲及主编：《周恩来选集》，上卷，人民出版社1980年版，第120页；包惠僧：《包惠僧回忆录》，人民出版社1983年版，第210—211页；聂荣臻：《聂荣臻回忆录》（上），解放军出版社1983年版，第47页。

[2] 浮海：《国民党三大秘案之一》（连载之七），《热风》第74期，（香港）创垦出版社1956年版，转见杨天石：《中山舰事件之谜》，《历史研究》1988年第2期。

[3] 阳翰笙：《风雨五十年》，人民文学出版社1986年版，第105页，转见杨天石：《中山舰事件之谜》，《历史研究》1988年第2期。

至于为什么要抓李之龙，夺中山舰，"现在这事情还没有十分明白"。"有人说，季山嘉阴谋，预定是日待我由省城乘船回黄埔途中，想要劫我到中山舰上，强逼我去海参崴的话，我也不能完全相信，不过有这样一回事就是了。"[1] 注意到蒋随后不仅释放了李之龙，而且对在事变中起过关键作用的欧阳格、吴铁城、陈肇英、伍朝枢等，或弃用，或免职，或拘捕拿办，我们不难看出其内心里也未必真的确信中山舰当日的调动真有什么劫持自己的图谋。如果蒋相信欧阳格等人并满意其所作所为，如此处置显然不合情理。

蒋不能确定中山舰异动与倒蒋阴谋有关，不等于他不能确定汪精卫和季山嘉有倒蒋的阴谋。对于自己发动事变的主要理由，事变后蒋曾明白告诉过汪精卫，即：(一)"弟由汕回省以来，即提议北伐，而吾兄当时且极端赞成之，并准备北伐款项，以示决心。不料经顾问季山嘉反对此议，而兄即改变态度，因之北伐之议，无形打消，坐失时机"；(二)"季山嘉提议，派兵由海道运往北方，此为其儿戏欺人之谈，实为其根本打消北伐之毒计，弟即知其无北伐之诚意。当时弟并以彼用意之毒，陈明于兄前，谓此计于吾总理北伐毕生之志完全相反。兄既知之，而复允之，此亦吾兄不能自主之一端也"；(三)季山嘉劝弟往北方练兵之计，实为"使弟离粤，以失去军中之重心，减少吾党之势力。乃兄不察，竟顺其意，且赞成之，惟恐不遑。及弟与季山嘉露意反脸，令赴俄休养，而兄恐触其怒，反催弟速行"；(四)"委任李、黄为第八、九军长，而季山嘉特留第七军长一缺，以待来者，此缺非其预备王懋功叛弟后，即以此为报酬乎？凡此诸大端，兄岂未曾察知乎？"总之，"自第二次全国代表大会以来，党务政治，事事陷于被动地位，弟无时不抱悲观，军事且无丝毫自动之余地，革命前途几至濒于绝境"。此明显"违反我总理联合苏俄之本旨与苏俄扶助中国革命独立之成约"。[2]

---

[1] 蒋介石：《宴退出第一军党代表及官长演说》(1926年4月20日)，《蒋介石言论集》，第二集，中华书局1964年校定稿，第439—446页。

[2] 蒋介石：《复汪精卫书》(1926年4月9日)，《蒋介石言论集》，第二集，中华书局1964年校定稿，第424—427页。

当然，上述不满到底不能成为自己擅权夺取中山舰行动的充足根据。因此，事变第二天，即21日早上起来，蒋就急于想拟函致汪解释自己发动事变的理由，只是“思虑再三，卒未能成”，因为他虽有种种怀疑，到底无法明言中山舰之异动与汪有关。结果困于我既“不愿以伪待友，（彼）又不能以诚示我”，只好作罢。当他意外得知汪精卫已因肝病卧床不起时，满怀这种矛盾和犹豫的心理匆匆前去探望，以示关切。不料见到汪对他“怒气勃发，感情冲动，不可一世”。原本自尊心极强且怀疑汪的蒋介石，深感受辱，内心里又不免平添了对汪的怨愤。蒋因此愤愤然。在这种情况下，他自然不会如一些学者所说，理当去想一想自己发动事变给汪造成了怎样的心理伤害，反倒是认为是汪对不起自己却毫无忏悔之意，因而怒不可遏地在内心里痛斥汪“几乎无道义之可言”。既然对汪再无幻想，蒋也就必然更加坚定了自救的决心。[1] 当然，在蒋看来，这并非完全是为了救自己，它也是使国民党恢复自动自主权力的一种必由之路。

“三二〇”事件性质之严重，蒋一清二楚。其所以严重，是因为苏联人当时在广州国民党人当中的影响，包括在国民党其他将领当中的影响力，远超过蒋介石个人。这也是蒋事变期间高度紧张的一个重要原因。但他没有想到，正是苏联人首先采取了退让的政策。

20日当天，苏联顾问季山嘉派助手面蒋，“稍加责言”，蒋当时不得不“百方道歉”。然而，一日之后，蒋意外地发现苏联顾问团不仅没有表现出任何抗议或反击的意思，而且这时正在广州视察的苏联军政代表团团长、时任苏共中央书记和苏联军政治部主任的布勃诺夫（A. C. Bobonov）还很痛快地决定答应蒋调走季山嘉等人的要求。这顿时让蒋如释重负，几天来的极度焦虑与压力一扫而光。据蒋日记：22日“上午，俄使馆参赞来见，问余系对人问题抑对俄问题，余答以对人问题，彼言只得此语，此心大安，今日可令季山嘉、罗克觉夫各重要顾问离粤回国”。有此表示及承诺，蒋

[1]　胡佛研究所藏《蒋介石日记》原稿复印本，第4盒，1926年3月21日。

马上就提议在汪精卫病榻前召开政治委员会，并提出三点处置善后的建议："令俄顾问主动引去，第二师党代表撤回，对不规军官查办”。由于苏联人已经表明了态度，汪精卫也没了头天晚上的“不可一世”的劲头，因而蒋的建议未受到任何阻力轻松通过。当天下午，几位军长再谈对俄顾问及共产党等各问题时，蒋更进一步发现，第一天对自己发动事变还明显不以为然的军长们，这时也都转而附和起他来。蒋原本对自己的行为并无多少把握，因而思想压力极大，如今一切如此轻易地得以实现，反而使蒋内心里生出了几分轻蔑感，不免暗自批评曰："事前皆反对我出此举，事后奉余言为金科玉律，人心之变化其如此之速也？"[1]

如果说，“三二〇”事变对蒋的心理产生了什么重要的影响，那么，几乎可以肯定的是，蒋对以强力来解决内部纠纷，实现政治目的之便捷，留下了极为深刻的印象。

汪精卫一夜之间由震怒转为消极，无疑是失去苏联顾问团支持的结果。既然俄国人已向蒋表示屈服，无论共产党还是各军军长自然会紧随其后，汪便成了孤家寡人和空头司令，左右不是人。汪精卫实在咽不下这口气，一赌气于23日弃职而去，表达了自己消极抵抗的态度。

蒋介石决心自救，并非想过挤走汪。汪为一党之首，他心里可以看不上汪，表面上却必须做出种种姿态以示敬汪。汪不辞而别，并留信给张静江，直指蒋疑汪、厌汪，使其不能再负政治之责，给人印象，汪之出走，纯粹是蒋造次犯上，恶汪、逼汪的结果，这当然让格外看重颜面的蒋极为难堪。蒋本来就认为汪有倒蒋阴谋，汪此举更让蒋看不起汪的为人处世，反而在内心里自找台阶，认定汪一定“有亏心事”，因为如果不是害怕自己的“陷害之计”暴露出来，为何避而不出？[2]但是，汪既然明言因蒋而去，蒋纵使衔恨在心，也绝不能给人印象，好像他在觊觎汪的位置。因此，蒋只好做

[1] 胡佛研究所藏《蒋介石日记》原稿复印本，第4盒，1926年3月22日。
[2] 胡佛研究所藏《蒋介石日记》原稿复印本，第4盒，1926年3月26日。

出姿态，也马上离开广州，并留书给张静江、汪精卫等，声明：“事既至此，弟亦只可休养，以偿共同进退之约。”[1]

不过，汪可以坚持不出，蒋却不能真的与汪共同进退。“三二〇”事件尚未了结，蒋“甚恐夜长梦多”，以致前功尽弃。注意到汪坚持不出，蒋愈加认定汪别有用心，内心里对汪的厌恶与排斥进一步升级，称汪“始以利用王懋功背叛不成，继以利用教育长陷害又不成，毁坏余之名节，离间各军感情，鼓动空气谓余欲灭某党，欲叛政府。呜呼，抹杀余之事业，余所不计，而其抹杀总理人格，消灭总理系统，叛党卖国，一至此于，可不痛乎？”[2]

在左等右等不见汪精卫踪影，和张静江等人反复警告催促的情况下，蒋介石终于等不下去了。经过精心准备之后，他于4月3日正式提议，迅即召开中央执行委员会，了结“三二〇”之案。恰在这天，苏联顾问和周恩来等先后找到蒋，明确提出希望看到汪、蒋合作和党内团结的局面。[3]汪精卫这时又正好有信给蒋，解释必须“迁地养疴”的原因，甚至声言想借机“学西文求学问”。这难免又让蒋暗中生疑。苏联顾问、共产党表示愿汪、蒋继续合作在前，汪精卫虚情假意表示在后，这一时间上的巧合，在多疑的蒋看来却很有相互呼应配合的痕迹。他因而断定，汪精卫“有急急出来之意”，实质是“欲为某派所利用，不惜断送党国也”。[4]蒋这时已经下决心自行解决问题，原本就不希望汪出来搅局。因此他毫不客气地于4月9日复信给汪，劝汪三月之内不必想出来的事。称：三月内当“可不扰清神，以期速瘳厥疾”，三月后如汪仍不复出，“则待军事稍定，民心略安，弟必步兄后尘，以明心迹”。为阻止汪复出，蒋更是有意在信中直陈平日对汪怀疑各点，坦言汪助纣为虐，使汪难堪。由此，蒋既表明了决心自己出面收拾局面、贯彻主张的态度，

---

[1] 《蒋介石致张静江函》（1926年3月26日），转见杨天石：《中山舰事件之后》，《寻求历史的谜底》，首都师范大学出版社1993年版，第460页。

[2] 胡佛研究所藏《蒋介石日记》原稿复印本，第4盒，1926年3月28日。

[3] 《蒋介石年谱初稿》，第554页。

[4] 胡佛研究所藏《蒋介石日记》原稿复印本，第4盒，1926年4月7日。

也堵住了汪马上复出，“为某派所利用”的可能性。

蒋复汪函，虽然所列各点几乎都是直指季山嘉越俎攘权，但十分引人注目的是，蒋在最后第一次把他对汪精卫的怀疑，以及“三二〇”事件，公开与共产党的问题联系了起来。他指出：“当三月初旬，吾兄召集孙文主义学会及联合会员训话时，闻兄有土耳其革命成功，乃杀共产党，中国革命未成，又欲杀共产党乎？此言也，不知兄何所指？而军官听者，无不惊骇，皆认兄此语，是引起共产党与各军官之恶感，无异使本军本校自相残杀也。所以三月二十日之事，一触即发，以为共产党员闻兄之言，必有准备，所以各军官亦不得不出于自卫之一道。”[1]

说“三二〇”事变是各军官因受汪挑唆而引发的针对共产党人的自卫行动，自属托词。蒋此番言论道出的，其实恰恰是他在事变后的一种必然心态。事变后，蒋曾反复说明：虽然李之龙自称是个共产党员，但“如果有罪，也只是他一人的问题，不能牵涉到团体的身上”[2]。到这时，他开始频频举出共产党教官高语罕“要打倒北方段祺瑞，就要先打倒这里的段祺瑞”的说法，批评共产党人不该公开鼓动反蒋。由此不难发现，蒋介石在心态上已经发生了相当的改变。[3]

细查蒋之各种内外言论可知，对于汪精卫1925年底的这段演说词，纵使军官内部有过议论，蒋在当时的环境下也并未产生太多不安的联想。而一旦发生了“三二〇”事件，本来就多疑的蒋难免要对号入座，开始担心自己会被共产党人视为中国的凯末尔（M. Kemal）。高语罕的演讲，更刺激了蒋介石这根脆弱的神经。[4] 在苏联顾问和共产党势力如此之大的情况下，

[1] 前引蒋介石《复汪精卫书》。

[2] 蒋介石：《关于中山舰案对黄埔军校第四期学生训话》（1926年3月22日），《蒋介石言论集》，第二集，第399页。

[3] 前引《宴退出第一军党代表及官长演说》。

[4] 高语罕此番言论发表于何时，未查得出处。据包惠僧回忆，当发表于1926年1月黄埔军校欢迎国民党二大代表的大会上。有学者则断定高仅在4月3日广东各界反段示威大会的讲演中讲过这话。分见前引包惠僧书，第203页；曾庆榴：《广州国民政府》，广东人民出版社1996年版，第353页。

如果他被认定成为土耳其的凯末尔，那么可能的后果一望即知。所谓“不得不出于自卫之一道”，表面上是说各军官，其实正是蒋这时心理的写照。

当时，害怕共产党在国民党内部发展、壮大的国民党人不在少数。事变前夕，蒋之挚友戴季陶曾致蒋一长函，诉说国民党两个中心、两重纪律、两重理论危害之可怕。他坚持：“今日最能奋斗之青年，大多数皆为共产党”，“然今日中国之需要，则又为一有力之国民党”，事既如此，共产党人也承认这一点，何不牺牲其党籍，“而完全作成一纯粹之国民党，使国民党中，不致同时有两中心”，从而除去一切党内纷纠呢？[1] 他们认为，即使共产党人一时难以放弃其党籍，两党关系一时又难于改变，也不是完全没有妥协的办法可想。如已置身西山会议派中的邵元冲、叶楚伧和形式上中立的孙科等人，事变前夕在上海就曾与共产国际代表维经斯基有过谈判，他们的主张是：“C. P. 分子完全退出党、政、军、学各机关”。一向被蒋视为“良师”挚友的张静江，在上海也参预了相关的讨论，并愿意赴广州“与（蒋）介石商谈对党务办法”。[2]“三二〇”事变的发生，张虽未参预事前之策划，却参加了善后办法之讨论。特别是蒋退回虎门后，张随即跟至，蒋前述4月3日的提议，就是与张静江密切磋商的结果。[3]

正是在这样一种背景之下，本来把矛头指向汪精卫和季山嘉的蒋介石，思想上有了明显的改变。“三二〇”事变前，蒋虽有过夺权的想法，最初也仅止于政府之权力，即所谓“前此政府事事听命于外人”，而今“只要大权不旁落于外人之手，则其他事可以迁就也”。[4] 当时他所说的“外人”，不过是苏联顾问罢了。但事变后，特别是到4月初之后，蒋思想上已渐将消除汪、季阴谋以及政府中苏联顾问权力过大问题的目标，迅速转移到限制共产党、

[1] 戴季陶：《致蒋介石先生书》（1925年12月13日），《戴季陶先生文存》，（台北）中国国民党中央党史委员会，1986年，第979—986页。

[2] 邵元冲：《邵元冲日记》，上海人民出版社1999年版，第222—224页。

[3] 据蒋1926年4月2日日记，当日两人商议至晚11时。胡佛研究所藏《蒋介石日记》原稿复印本，第4盒。

[4] 胡佛研究所藏《蒋介石日记》原稿复印本，第4盒，1926年3月30日。

确保国民党的领导权的方向上来了。造成这种变化的原因很简单，因为在蒋看来，与苏联顾问的问题相比，来自共产党人的可能的威胁实在要大得太多了。换言之，蒋认为，国民党内的跨党分子，很大程度上也是所谓“外人”的代表。如果只把旁落于苏联顾问之手的权力拿回来，而不能使共产党人在国民党内受到全面的约束和抑制，就不能根本解决问题。况且，蒋相信，国民党内部的种种麻烦与冲突正是由于共产党人跨党引起的，国民党二大之后，共产党人又几乎掌控了国民党的所有中央机关，若只限制苏联顾问，并抑制汪精卫，而不能解决共产党人权力过大的问题，不仅国民党仍然大权旁落，其个人的前途和命运也无从把握。因此，原本对汪、季发难，必欲收回苏联顾问的权力，到 4 月 3 日蒋提出召开二届二中全会的提案时，其限制苏联顾问权力的要求已变成了次要的内容，整个提议的主旨，已多在说明应如何限制共产党人的权力了。[1]

为了挽救广州出现的危局，鲍罗廷在1926年4月底奉命又赶回到广州来。鲍罗廷回粤之后，很快就发现蒋周围尽是疑惧共产党之人。张静江、吴铁城、孙科、伍朝枢、邵元冲、叶楚伧等同情西山会议派的党内骨干，几乎天天

---

[1] 根据蒋后来披露的这一提案五个部分的内容，谈及对苏俄顾问的要求，不过第四部分中之一点，且实质内容仅为两条，即一、“不得把持要职”，二、“辞去行政官职权”。而讨论共产党问题者占三部分，所提限制不仅多而且具体，且态度颇为严厉。其中心要求包括：(1)“对于共产党员之入本党者，须守本党纪律，实行三民主义之工作，更不许对总理之人格加以诬蔑，对于总理之历史有意抹煞，对于三民主义，尤不准其有批评与怀疑之行动。如有运动本党党员加入共产党者，一经检举，则处以严律”；(2)“共产党员在国民党内一切秘密团体及一切秘密行动，完全取消”；(3)“共产党对其党员一切训令及其策略，应通知国民党最高干部”；(4)“在国民党之共产党员，其名册应通知国民党最高干部”；(5)“共产党在国民党中央执行委员会内之人数不得过三分之一”；(6)“国民党与共产党应设联席会议，处置一切困难问题”。与此同时，蒋更针对军队问题提出：因第一军内本党党员与共产党员之关系几如水火之不能相容，考虑到“我军既以三民主义为主义，惟有以信仰三民主义者为干部”，故“凡跨党党员不宜任党代表之职”，“共产主义及无政府主义分子，应暂时退出”。惟对照台湾中国国民党中央党史馆保存的国民党二届二中全会记录稿中蒋于 5 月 15 日会上针对共产党问题正式提出之文字，出入甚大。除后来披露的 4 月 3 日提案文字过于严苛，不合于蒋当时心态外，原案明白提出限制共产党员在中央执行委员会中人数，而 5 月 15 日案中却没有此项内容，亦颇让人难于理解。故此本文仅将4月3日之提案简介于上，而仍以5月15日案为分析判断之依据。参见《整理党务军备案》(1926年 4 月 3 日)，《蒋介石言论集》，第二集，第 408—412 页。

在与蒋谈论党务问题。[1] 在这种情况下，蒋会日益坚决地想要提出整理党务方案，以限制共产党人的权力，十分自然。鲍认为：蒋介石并没有因此改变过去的革命态度和观念。汪去之后，没有任何人可以统御国民党，且莫斯科也没有倒蒋的意图，要想让国民党继续保持左倾态势，这时在国民党内也非暂时借助于蒋不可。故鲍罗廷仍不得不反复与之磋商，极力劝说蒋，使蒋看到过分限制共产党的不利影响。对鲍罗廷的意见，蒋亦并非毫不理会。他告诉鲍罗廷说：问题的关键其实在于两党目前的这种合作形式。“大党允小党在党内活动，无异自取灭亡”。以两党现状，共产党退出国民党最好，惟“总理策略既在联合各阶级，故余不敢主张违教分裂”，只好勉强作出一些限制之规定，实亦无可奈何。[2] 由于鲍罗廷相信不能没有蒋介石，而蒋亦深信目前还不能排斥共产党，双方最终还是达成了相当的妥协。

5月15日，国民党二届二中全会正式召开。会议连续举行了七次，除汪精卫请假外，国共两党在广州的中央执行委员及候补执行委员等基本上自始至终都参加了会议。最为引人注目的是，包括谭平山、毛泽东、林伯渠、恽代英、许甦魂、江浩等与会的共产党员，对于整理党务案等的讨论，也都采取了相当合作的态度。关于成立两党联席会议以解决两党纠纷问题的提案，就是林伯渠与谭延闿、蒋介石等人联名提出的，该提案明确认为：改善两党关系、纠正跨党党员之轨外行动及言论、保障国民党党纲党章的统一权威，已经刻不容缓。而对蒋所提整理党务案，包括“共产党应训令其党员，改善对于国民党之言论态度，尤其对于总理三民主义，不许加以怀疑或批评”；“共产党应将国民党内之共产党员，全部名册交国民党中央执行委员会主席保管”；“中央党部部长须不跨党者方得充任”；“凡属于国民党籍者，不许在党的许可以外，有任何以国民党名义召集之党务集会”；“凡属于国民党籍者，非得有最高党部之命令，不得别有组织及行动”；“中国共产党

[1] 《邵元冲日记》，第231—234页。
[2] 胡佛研究所藏《蒋介石日记》原稿复印本，第4盒，1926年5月14日。

及第三国际对于国民党内共产分子所发之一切训令及策略，应先交联席会议通过”；“国民党员未受准许脱离党籍以前，不得入其他党籍，如既脱离党籍而入共产党者，以后不得再入国民党”等各项规定，共产党员也没有提出任何颠覆性的意见。其建议的修改，多半只是文字上的修饰，即把太过批评跨党党员的条文修改得比较含蓄一点，和要求增加个别有利于保持平衡的条文而已。比如要求把条文中直接点名“共产党员”之处，统统改为“凡他党党员之加入本党者”；要求取消“跨党分子之违背纪律”这样的提法，改为“两党党员妨碍两党合作之行动言论”；同意共产党员不得担任国民党中央机关各部长，但要求规定可以充任国民党中央执行委员会委员，惟人数不得超过三分之一，以及建议“联席会议聘第三国际代表为顾问”等。[1]

国民党二届二中全会虽然通过了严重限制共产党的所谓整理党务案，但它远没有走向排斥和反对共产党的地步。甚至，二中全会的基调仍然是相当革命的。依据当年的会议记录，较为中立的孙科鉴于前此常有所谓国民党左右派之分，并因此引起极大争议，故曾“临时动议，为集中革命力量，免除内部纠纷起见，自此次整理党务案执行后，本党员在言论行动上不得再有左右派之分”，却遭到了与会者几乎一致的“否决”。同样，伍朝枢、李宗仁在会上提出扶助农工应有具体政策之规定，否则太过幼稚，容易造成误会的问题，会议也未予支持。会议的决议认为：“全体会议认本党已往之农工运动确有差误与幼稚之弊病，但本党对于党纲上所规定之扶助农工运动之发展，此原则是不能因噎废食的。况此种现象在中国的社会状况内与农工运动发生之初期为不可免，故本党应注意嗣后此种运动之正确，庶不违背总理所提倡之民生主义。至大多数之农工群众的运动，应如何改

[1] 参见《中国国民党第二次中央执行委员会全体会议记录》，台湾中国国民党党史馆藏档，2—2/2.2；《中国国民党第二届中执会第二次全会通过联席会议组织大纲案》(1926 年 5 月 17 日)、《中国国民党第二届中执会第二次全会通过整理党务决议案》(1926 年 5 月 17—23 日)，中国第二历史档案馆编：《中国国民党第一、二次全国代表大会会议史料》(下)，江苏古籍出版社 1986 年版，第 712—716 页。

正方法，着由常务委员会讨论之。”[1] 包括会议最后所通过的关于整理党务之训令，虽希望能够更加明白地提出党内问题之所在，也不能不肯定：国民党为代表各阶级从事国民革命运动之政党，“故凡属一切真正革命分子，不问其阶级的属性为何，本党皆应集中而包括之”。因此，国民党不能拒绝“正在发展之工业无产阶级自然的阶级斗争所涌现之政治组织”，即中国共产党的加入。“惟既加入本党，在取得本党党籍中，其责任与义务完全与一般党员无殊。党员之行动及言论，有不遵奉总理遗教者，本党皆得一律以纪律裁判之，而不因党员之成分不同动摇本党之最高原则即为三民主义。”[2]

二、继续两党“合作”的尝试

蒋介石提出整理党务案，目的是限制共产党的发展，确保自己的和国民党的政治生命与前途，而不是想要马上和共产党分手。一直在做军校校长并且带兵打仗的蒋，比较两年前和两年来的经历，比较国共两党军官、教员和学生的工作精神和工作能力，他的感受同孙中山、戴季陶等人一样，深知共产党青年“最能奋斗”。蒋以往所以在国共两党的争执和冲突中始终坚持对自己部下的共产党员不做公开批评的方针，包括对共产党人在国民党人中发展自己的党员也无意深究，一个很重要的原因即在于，他知道两党关系过于脆弱，不愿因为自己的过度反应而造成军队内部的破裂，逼走共产党人，削弱部队的战斗力。因此，当他在“三二〇”事变后开始考虑不得不让第一军中的共产党员党代表退出去的时候，他最突出的感触就是：“对于退出军队之共产分子甚难为怀也”，以后“军队政治工作无人”了。他为此不止一次地公开解释说：他这样做实在是不得已，“此退出本军全部

[1] 参见《中国国民党第二次中央执行委员会全体会议记录》，台湾中国国民党党史馆藏档，2—2/2.2。

[2] 《中国国民党第二届中执会第二次全会通过关于整理党务之训令案》（1926 年 5 月 22 日），《中国国民党第一、二次全国代表大会会议史料》（下），第 717—719 页。

之同学，其果人人诬蔑总理人格者乎？其果人人违反三民主义者乎？”相反，在他看来，这些干部一大半在做军校学生的时候，都“是最亲爱、最可宝贵的”，他们做党代表其实也“很努力，对于革命工作很能效力的”，“一个可以当十个用的，并且是有团结的，可以随时制服其他一切的”。但也正因为如此，不让他们退出第一军，威胁太大；让他们退出第一军，又“损失莫大焉”。“不惟革命前途上受一莫大之损失，即我诸同学凡为革命分子者之个人，无形中亦皆受极大之损失。而我团体之损失固不待言矣。”尤其从他个人的角度，其损失尤为巨大，因为“二年心血尽于此矣”。[1]

基于这样一种心态，蒋介石虽然对视为自己看家本钱的第一军，不得不采取断然处置，却并不愿意看到两党关系的根本破裂，因为这意味着这些“最能奋斗”的青年可能因为不能参加他的军校而永远无法参加他的军队。他因此还是反复宣传过去的观点，即国共两党应当在三民主义的基础上团结起来。他力图向共产党员说明，中国今天需要的首先是三民主义，然后才是共产主义。他在为退出第一军的党代表举行的宴会上明白讲：“共产分子尽管信仰共产主义，而他的环境的需要，一定是三民主义，所以一定要做三民主义工作才行。”用他的话来说，“现在中国革命情形，有利于三民主义的，亦必有利于共产主义”，“实行三民主义，就是实行共产主义”。[2]也正因为如此，蒋仍在试图根本消除军队内部两党党员的冲突。他取消了青年军人联合会和孙文主义学会，自己出面组织了一个黄埔同学会，既请了孙文主义学会的干部，也请了青年军人联合会的干部来参加筹备和组织，力图使两派同学慑于自己的权威而不再相互对立。在北伐开始之后，蒋更打破畛域，重新启用了一批共产党员进入第一军参加军事工作。如原第一军第三师第七团党代表、青年军人联合会负责人蒋先云，在被蒋指派为黄

[1] 蒋介石：《对黄埔军校官佐学生训话》（1926年4月9日），《蒋介石言论集》，第二集，第419页；《蒋介石日记》原稿复印本，第4盒，1926年4月10日；《蒋介石劝告军校同学书》（1926年4月14日），上海《民国日报》1926年4月26日第二版；前引《宴退出第一军党代表及官长演说》。

[2] 前引《宴退出第一军党代表及官长演说》。

埔同学会筹备委员后，更任命他为自己的侍从秘书，补充第五团团长。原第一军教导师党代表包惠僧，事变后改任黄埔军校高级政治训练班政治主任教官，后又被指派为国民革命军总司令部国民党特别党部执行委员。原第一军第一师第二团团长、党代表金佛庄，事变后调任黄埔军校第四期步兵军官第一团军事学主任、军校法规编审委员会委员长，北伐后又被任命为国民革命军总司令部参谋处副处长兼第三科科长、总司令部警卫团团长。原第一军第一师第一团团长郭俊，北伐后又被任命为第一军第二师第六团团长。原第一军第三师补充团党代表王逸常，北伐后又被任命为第一军政治部组织科长。原黄埔军校教导二团辎重队长梁锡古，北伐后又被任命为军校入伍生总队辎重教官。……蒋的心思还是一样：“C. P. 分子退出了军队，如果永远不加入进去，终会使军队减少许多革命力量。”[1]

既不愿意看到共产党员统统退出军队，又深知整理党务案通过后，两党关系已成不进则退之势，再难将共产党员重新收到麾下来，蒋介石不得不开始设想最彻底的解决办法。很明显，他早就开始怀疑，中国革命是否需要有两个革命党了。就思想上而言，他在事变后已经逐渐地回到孙中山的观念上来，开始怀疑共产党人阶级斗争的主张在现时是否必要。过去他极力宣传国民革命不仅要反帝反军阀，而且还要反对地主资本家和土豪劣绅，否则不能完成革命。如今他悄悄地改变了说法，再三说明国共两党的区别，就在于它们所代表的阶级不同。事变后的第二天，他就讲：“国民革命是带有国际性的，革命党是整个的，不能分国界省界，尤其是不能分阶级和派别，我们只可分革命不革命。”[2] 在二届二中全会闭幕会的演说当中，他更进一步提出：共产党主张阶级斗争，国民党自不必反对，因为阶级的存在是事实，有了阶级便免不了斗争。“不过阶级斗争此时应至如何程度，总以不妨碍国

[1]　蒋介石：《对军官学校高级训练班讲演词》（1926 年 5 月 27 日），《新闻报》1926 年 6 月 15 日。

[2]　前引《关于中山舰案对黄埔军校第四期学生训话》。

民革命为限。”[1] 用他的话来说，今天的国民革命之所以不需要共产党，而需要国民党，根本就在于共产党只是代表工农大多数的，国民党是代表各阶级的。而今天的国民革命，则是各个阶级共同的革命，不是单纯工农两个阶级的革命。[2]

既如此，蒋介石自然也就很容易接过戴季陶的观点，开始提出“入国民党之共产党员应退出共产党，以集中革命势力”的主张。[3]5 月 27 日，在对被集中起来的共产党员军官讲演时，他就试图想要说出这样的观点，只是话到嘴边多少还有些觉得不大好张口，故转而强调说：以前我们的军队是整个的，学校也是整个的，现在却要把整个的团体分裂开来，对共产党并没有损失，但对国民党，对革命，特别是对黄埔军校，却是很大的损失。尤其是对我校长，那是几百个人的损失啊！但这实在是没有办法的事情。因为革命需要统一，只需要一个党，不应有两个党；只需要一个主义，而不应有两个主义。如何使共产党员加入国民党，而又不致引起国民党员的怀疑，这实在是一个极应研究的问题。[4]10 天之后，蒋实在想不出一个既能留住那些能干的共产党员，又不会引起党内纠纷和将来危险的两全之策，终于不得不委婉地，却相当明白地公开表明了自己的意见，即要使我们的军队强固，只能一个党来领导。要一个党来领导，就要思想统一，意志一致，就必须由“一个主义一个党来专政”。他宣称：“如果我是一个共产党员，在现时纷纠的环境中，因为要求革命势力统一，早日成功，我必退出共产党，做一个纯粹的国民党员，以谋革命势力的集中。”他解释说：“这并不是要鼓动大家一律退出共产党，而是希望诸位不要离开了环境和事实来革命。”“所以我现在主张，凡是中国国民党里的共产党同志，暂时退出共产党，

[1] 蒋介石：《第二届中央执行委员会第二次全体会议闭会日演词》（1926 年 5 月 22 日），《蒋介石言论集》，第二集，第 467—469 页。

[2] 前引《对军官学校高级训练班讲演词》。

[3] 原文将“应退出共产党”误印为“应退出国民党”。胡佛研究所藏《蒋介石日记》原稿复印本，第 4 盒，1926 年 5 月 27 日。

[4] 前引《对军官学校高级训练班讲演词》。

做一个纯粹的国民党党员”，因为“如果党籍不纯粹，就一定会自相残杀”。而事实上，“等到国民革命成功，再加入 C. P.，并不会迟”。[1]

要说服共产党员相信，国民革命只要有国民党，暂时不需要共产党，在蒋看来，一个重要的理由就是，国共两党现阶段的革命目标是同一的，没有必要互争短长。而且中国革命是世界革命的一部分，“世界革命须统一，中国革命也须统一。世界革命有第三国际统一指挥，中国的国民革命是要由国民党统一指挥的”[2]。正是基于这样一种思想，蒋从6月初开始，一直在设想如何使国民党取代共产党而成为共产国际的一部分，接受共产国际的指导问题。[3] 因为事情很清楚，只要共产国际仍旧只承认中国共产党，而不承认中国革命必须要由国民党“一个党来专政和专制”，中国革命两个中心、两个主义的问题就仍然难以解决。相反，如果共产国际接受了国民党，承认了国民党对中国革命的领导地位，那么，作为第三国际党员的共产党人，退出共产党，做纯粹的国民党员，也不会存在任何党德方面的顾虑了，因为他们仍旧是第三国际的党员，丝毫不变其革命的属性。况且只有中国革命成功之后，共产党也才能提出共产主义的任务。因此，他开始公开宣传说：“因为中国革命指挥有统一的必要，更加感觉世界革命的指挥也有统一的必要。要是世界革命没有一个统一的机关，世界革命就不能成功，不能希望打倒帝国主义。”而现在能统一中国革命的指挥的，只有中国国民党；而能够统一世界革命的指挥的，则只有第三国际。[4] 蒋介石为此一方面专门派邵力子为代表，前往莫斯科与共产国际正式接洽要求加入共产国际，确认国民党对中国革命领导权的问题；一方面则不止一次地向鲍罗廷强烈地抱怨说：在同一支军队、同一所军校当中，怎么可以有两个党同时进行工作？“如

---

[1] 蒋介石：《关于设置革命军总司令之谈话》（1926年6月6日）、《黄埔军校总理纪念周训话》（1926年6月7日），《蒋介石言论集》，第二集，第476、483页。

[2] 前引《第二届中央执行委员会第二次全体会议闭会日演词》。

[3] 胡佛研究所藏《蒋介石日记》原稿复印本，第4盒，1926年6月12日。

[4] 《关于置设革命军总司令之谈话》。

果还是这样，我就不担任总司令。”[1]

蒋介石号召跨党的共产党员退出共产党，不可避免地会引起共产党人的不满。广东共产党领导人张太雷针锋相对地发表了一篇《到底要不要国民党》的文章，绵里藏针地表示说：不要以为共产党对5月15日整理党务案的让步，是因为共产党要靠国民党来过寄生的生活。“如果国民党要共产分子退出，只要有正式的决议，我个人推想共产分子决没有硬赖着不肯走的道理。”反倒是“假定共产分子都遵令退出了国民党后，是否国民党就不会发生问题？这是一个很大的疑问。我想如果共产分子被攻击而退出后，国民党内有部分革命分子必将首当其冲受人攻击为‘袒护’共产分子或有共产倾向。如果这班革命分子退出后，较有革命认识的党员又不免受其排斥，其结果将重新恢复民国十三年改组以前的国民党的情形。那时国民党已不是一个革命的党，而只是一个古董店，或者是一个衙门而已。简单说一句，那时国民党已不是一个能领导国民革命的党了”。[2]

对此，蒋在6月28日的讲演中公开做了答复。他严厉地批评张太雷“不要这样轻侮国民党”，说张“简直看得国民党没有一个党员了”。而作为跨党分子“讲这些话，徒然丧失我们两党的感情，引起两党恶感，是不行的”。但他还是不得不解释说：他要C. P.同志做一个纯粹的党员，并没有压迫C. P.同志退出C. P.的意思。不过是“拿我个人的责任，在个人的地位要消除我们将来的自相残杀、冲突的种种恶因”，是我个人“所想出解决纠纷的一个具体办法”。既不是受人包围影响，也不是怀疑共产党参预了“三二〇”事件。“我可以明白(地讲)，三月二十日的事件，完全与共产党团体是没有关系的。”因此，“我们中国国民党同中国共产党，确定是要合作到底的。我现在确定的方针：第一，就要中国国民党的同志和中国共产党的同志，彼此先避免了一切的冲突；第二，避免了冲突之后，就要两党诚心诚意的团结起来；

[1] 有关内容可参见杨天石:《邵力子出使共产国际与国共两党争夺领导权》,《近代中国》第142期，2001年4月25日，第34—52页。

[2] 张太雷：《到底要不要国民党？》,《人民周刊》第14期，1926年6月10日。

第三，是要中国国民党领导革命，完成革命事业，如果中国国民党革命成功，中国共产党不患不发展，不患不成功的”。而要做到这三点，一定要党籍分明，或者是脱离 C. P.，或者是脱离国民党，这样才能够消除两党将来关系破裂的祸根。[1]

既然相信“革命非由一个党来专政和专制，是不行的”[2]，蒋介石自然也很快地改变了过去关于军人不宜过多干预政治的观念。过去在孙中山时代与地方军阀合作的曲折经历，使蒋对军阀的危害深恶痛绝。故常说：军人“事权增大，具有造成军阀之危险”。考虑到自己的政治形象，他曾再三表示，身为军校校长，宜专力于军校事业，一心办学，训练党员，养成革命干部人才，而不宜身兼军职。“否则身兼军职，力破军阀，恐以养成其本身蹈军阀之覆辙而不知。”[3] 即使在“三二〇”事变之初，他也还是在讲：“要我带兵，将来环境一变，或是思想随到 [时] 变更，不期然而然的变成了一个军阀，亦未可知。所以我自带兵以来，无时不想交卸兵权，免除军阀的恶习。”[4] 但是，至二届二中全会时，蒋已不再以此为虑了。一方面有张静江等人在周围极力鼓吹打气，另一方面，汪离去日久，蒋已没有了僭越的顾虑。因此，他明显地开始满足于会议通过“以后本党完全信托余为革命重心，完成总理未竟之志”的决定。他虽然也自省对党事过去鲜有贡献，承担如此重担“对于党事实于心有愧”，实际上却因其雄心与抱负一朝而有实践之机会，对“事权增大”不仅不再担心，反而觉得正好实现“一个党来专政和专制”之主张。因此，从中央组织部长的职务开始，蒋毫不推辞地接连接受了中央军人部长、国民革命军总司令、国民政府委员、中央常务委员会主席等要职的任命，丝毫不感觉事权增多的危险了。相反，从一党专政和专制的理念出发，他

[1] 蒋介石：《黄埔军校总理纪念周训词》（1926 年 6 月 28 日），《蒋介石言论集》，第二集，第 511—517 页。

[2] 《关于设置革命军总司令之谈话》。

[3] 蒋介石：《上军事委员会再辞第一军军长职呈》（1926 年 1 月 15 日）、《辞军职通电》（1926 年 2 月 7 日），《蒋介石言论集》，第二集，第 362、381—382 页。

[4] 《关于中山舰案对黄埔军校第四期学生训话》。

甚至已经渐渐地开始害怕事权分散了。

蒋介石大权在握后的第一件事，自然是北伐。二届二中全会过后，国民党中央执行委员会即通过“迅速出师北伐”等提案。北伐既经提出，蒋立即提出党、政、军、民、财政等各项权力的集中统一与在后方实行总司令领导下的独裁体制的问题。尤其是注意到共产党领导和影响下的民众组织可能在后方造成麻烦，他明确要求在军政期间，应当规定一切团体的言论、宣传品都必须接受总司令部政治部的检查和监督，一切团体的组织言论，“都不准他们自由”。包括“阶级斗争及工农运动的罢工事件，在战时是破坏敌人的力量和方法，用来对付敌人是很好的；若是在本党和政府之下，战时随便罢工，就要算是反革命的行动”。因此，“在军事期间，所有工农团体，都应集中于革命势力之下，决不能随便自由的罢工”。[1] 据此，7 月 7 日，在蒋介石以北伐总司令的名义于 1 日下达了北伐部队总动员令后，国民党中央政治委员会即公布了《国民革命军总司令部组织大纲》，规定总司令统辖国民政府属下所有海、陆、空军，对国民政府与国民党在军事负完全责任；战时状态中国民政府所属军民财政各部机关，均受总司令节制。

蒋介石力主革命应由一个党来专政和专制，甚至劝告共产党员退出共产党，但这并不表明他这时已经决心反共，而是企图取消共产党的独立性，使共产党接受国民党，特别是他本人的领导。足以说明蒋此时思想状态的是 7 月 24 日他给张继的一封回信。张继是西山会议的重要支持者，并且是 1926 年 3 月底在上海举行的，公然与广州分庭抗礼的另一个国民党第二次代表大会的核心成员之一。国民党二届二中全会通过整理党务案后，张即致函蒋，说明仅以整理党务案决议而限共，不足以消除共产党谋代国民党计划之威胁，蒋回函称，共产党乃革命党，与革命党合作，为既定政策，不应变更。通过整理党务案后，亦不复存在共产党篡据取代国民党之可能。

---

[1] 蒋介石：《总司令部政治部战时工作会议训话》（1926 年 6 月 23 日），《蒋介石言论集》，第二集，第 495 页。

他说：“本党与共产党合作，为总理与仲恺兄在日所确定，革命势力必求团结，共产党主义虽与本党有别，其致力革命则人所共认。本党今日策略，既与其他革命势力合作，而仍欲排除，岂非矛盾。”他告诉张继，在通过“党务整理案”后，今日“无论共产党有否谋代国民党之计划，而弟以为必无可能之事，此弟所敢自信也。故本党所尚须讨论者，非与共产党应否合作之原则，而在与共产党如何合作之方法”。对于有人指责蒋卖党卖国，蒋亦坦率告之：“汝为（即许崇智——引者）在此时，苏俄同志，有为军事上之政务官者，今且无之矣。五月十五日以前，跨党同志有为中央党部部长者，今亦无之矣。是否卖党，弟无庸自辩也。”总之，“爱党必以其道，因革命势力必求团结，不能怀疑及于总理所定与共产党合作之政策。因革命手段必须彻底，不能稍违总理晚年严整纪律、改造本党之精神”。[1]

蒋此函系答复西山会议派张继之私函，其意乃希望能够尽可能取得部分国民党老同志的谅解，他显然没有必要隐瞒自己的真实观点，更用不着故意写下违心之论，来刺激这些反对容共政策的老同志。因此，可以肯定的是，蒋这时虽已大权在握，并在相当程度上改变了过去的某些看法，但尚未走到根本改变孙中山的容共政策这一步。他的基本观点依然是：“本党使命为谋全民革命，且必植基于农工也，且与共产党合作。”对于种种“赤化”之说，蒋介石的解释是：中国革命与俄国革命一样，乃世界革命之一部分，故中国革命被指为“赤化”毫不足怪，因为“夫讨赤，乃帝国主义者用以对抗全世界被压迫民族，破坏全世界革命联合战线之口号也。赤为何义？苏俄之白党与赤军。以赤帜表示其革命民众人民之利益，以及民众为基础，而推翻其帝制之白党，反对国际帝国主义，实行废除国际不平等条约，而为世界十二万万五千万被压迫人类谋解放者也。帝国主义口中之所谓赤化者，实则革命之民众化耳。政府为民众化之政府，军队为民众化

---

[1] 《蒋介石复张继函》（1926 年 7 月 23 日），转见中国第二历史档案馆编：《蒋介石年谱初稿》，中国档案出版社 1992 年版，第 624—625 页。

之军队，以民众化之军队，以民众化之国民革命军，拥护多数被压迫之人类，即使云赤，何嫌何疑”。[1]

基于这样的一种观点，蒋介石对共产党员在军队中的作用仍旧相当看重。对第一军中共产党员的政工人员和党代表的退出，也颇为遗憾。北伐开始，他就发现共产党员退出第一军后弊病丛生，尤其是部队“纪律日堕”，远非从前可比。蒋因此不仅连电“申斥其主帅”，而且严厉批评各级军官自己不会做政治工作，还看轻政治工作的人员，“弄得士兵的知识学问都不能进步”。他甚至痛骂自己的部下：“党代表存在的时候，军队多少还有些精神，党代表撤销了，弄得这样腐败，给人家笑骂，我在外面听见人家讲话，真是羞极了，不能做人！你们晓得不晓得？”[2] 正是因为注意到这样许多情况，注意到只靠国民党还无力完成北伐的革命目标，他一方面向中共及苏联顾问表示，希望退出第一军的共产党员回去工作，一方面再三公开强调总理联俄容共的两大政策不能动摇。因为“国内的革命同志只共产党，国外的革命同志只苏俄。所以要想革命早日成功，应联络共产党与苏俄共同奋斗”。在他看来，现在排除共产党，与其说共产党在革命工作上受到打击，倒不如说本党在领导民众地位方面所受到的打击会更大些。[3] 他为此亦不得不再三解释二届二中全会对共产党提出限制性措施绝非怀疑和反对国共合作，称：“前次所提整理党务案，及要求我同学各保持纯粹之党籍，皆仅考虑本党与共产党合作之方法，并非怀疑本党与共产党合作之原则。”他保证：“无论其退出 C. P.，而为纯粹之国民党员，或退出国民党而为纯粹 C. P. 分子，本校长皆一视同仁，无分畛域，各同学亦切勿稍有歧视。”他并且严厉告诫军校中非共产党之国民党员说：尤应切记着，“彼反革命者，不独仇视 C. P.，

[1] 蒋介石：《国民革命军总司令出师宣言》（1926 年 8 月 16 日），《蒋介石言论集》，第三集，第 137 页。
[2] 蒋介石：《检阅第一军对官长训话》（1926 年 8 月 15 日），《蒋介石言论集》，第三集，第 131 页。
[3] 蒋介石：《在湖南省党部执行委员会演讲词》（1926 年 8 月 14 日）、《在国民党湖南省第二次代表大会上报告政治党务情形》（1926 年 8 月 25 日），《蒋介石言论集》，第三集，第 109、163—164 页。

凡国民党努力之同志，亦概指为 C. P. 或加以卖党之罪，此种态度我同学万不宜效之。其秘密之小组织与任何小团体，皆宜悬为厉禁，视为亲爱精诚之大敌。近来部队中有仇视政治工作人员者，即为陷入反革命之渐”。[1]

但蒋介石所不了解的是，他所希望的那种国共合作，即共产党人既不能批评国民党，也不能超越三民主义做自己的宣传和工作，客观上是很难实现的。不要说在众多共产党人看来，这无异于要共产党为国民党做“苦力”甚或“走狗”[2]，就是在相当部分国民党人看来，整理党务案的通过事实上已经宣判了跨党分子为异类，非加防止和排斥不可。再加上蒋大权独揽，并厉行军事统治，更为国共两党基层党员间原本就存在的对立情绪提供了爆发全面冲突的温床。在这种情形下，蒋介石的一切表白、劝说和解释，都无济于事。

三、迎汪、拒汪之较量

共产党人在“三二〇”之后对蒋介石的认识，经历了一个变化的过程。事变初起，上海中央马上判断这是广州以孙文主义学会为中心的国民党右派的阴谋，“惹起了蒋介石之疑惧”。在得知苏联布勃诺夫使团的判断和处理意见之后[3]，陈独秀更公开发表文章肯定“蒋介石是中国民族革命运动中的一个柱石”，其言外之意，中共绝无倒蒋想法，且公开宣布：谁要想倒蒋，谁就是破坏革命势力的统一，谁就是反革命。[4] 但是，随着“五 · 一五”整理党务案通过和蒋大权独揽，并公开提出一党专制的主张，共产党方面对蒋

[1] 蒋介石：《留别黄埔军校全体官长学生书》(1926 年 7 月 26 日)，《蒋介石言论集》，第三集，第 70 页。

[2] 关于共产党人成了国民党“走狗”之类的评价，见陈延年在共产国际执委会远东局与中共广东区委联席会议上的发言。见《共产国际、联共（布）与中国革命档案资料丛书》(3)，第 377 页。

[3] 有关以联共（布）中央委员布勃诺夫为团长的联共（布）中央政治局使团这时在广州得出的判断及其处理意见，可详见亚 · 伊 · 切列潘诺夫著，中国社会科学院近代史研究室翻译室译：《中国国民革命军的北伐》，中国社会科学出版社 1981 年版，第 372—376 页。

[4] 陈独秀：《中国革命势力统一政策与广州事变》；执中：《广州事变之研究》，《向导》第 148 期，1926 年 4 月 3 日。

的疑惧之心也迅速形成。蒋介石自然被列入到“将来之敌人”的行列中去了。

确定蒋为“将来之敌人”，是1926年7月中共中央扩大会议的说法。会上，陈独秀在政治报告中明确提出，我们过去对蒋介石估计不足，实际上是对民族资产阶级的力量估计不足。原以为民族资产阶级没有力量，现在看蒋就是民族资产阶级的代表。“若妄信资产阶级可以革命到底，不预防将来之危险，不能从资产阶级夺取小资产阶级，让他们完全受资产阶级之统治，这便是右倾的错误；同时，若现在即否认资产阶级在民族运动中之作用，不能从帝国主义夺取中国的资产阶级，敌视他们过早，逼他们为帝国主义利用，这便是左倾的错误。”这也就是说，现在对蒋，即对民族资产阶级，不联合不行，不反对也不行。“‘推翻蒋介石’是左倾口号，‘拥护蒋介石独裁’则是右倾机会主义。”他的主张是：“明知其为将来之敌人，或者即是一年或三年后之敌人，而现在却不可不视为友军，且为有力之友军。”会议据此通过的决议强调：必须采取“扩大左派与左派密切的联合，和他们共同的应付中派，而公开的反对右派”的策略以此来争取国民运动的领导权。[1]

然而，既然相信以蒋介石为代表的民族资产阶级已经取得了统治地位，在反帝反军阀的北伐战争即将开展之际，提出“争取领导权”的任务，这是否适宜呢？与会者中有人提出：这“是否会导致将斗争重心从帝国主义和军阀身上转移到民族资产阶级身上？广大群众是否会将这个口号理解为民族资产阶级已经被列入反革命阵营？”而提出争取小资产阶级的任务，是否意味着要小资产阶级跟我们走？这样做“是否对国民党的作用估计不足？”这些意见显示，即使在共产党内部，不少人已经意识到新形势下国共关系的极端脆弱性了。只是，这样一些意见并未引起陈独秀和共产国际代表的重视。[2] 不仅如此，在共产国际代表的授意下，陈独秀这时还专门发

---

[1]　《中央政治报告》、《中国共产党与国民党关系问题议决案》（1926年7月），《中共中央文件选集》，第2册，中共中央党校出版社1989年版，第169、176页；陈独秀：《关于中共中央一九二六年七月全会的情况报告》（1926年7月21日）。

[2]　陈独秀：《关于中共中央一九二六年七月全会的情况报告》。

表文章，与蒋介石的北伐方针唱对台戏，并大泼冷水，暗中影射批评蒋之独裁做法。他写道：“北伐只是讨伐北洋军阀的一种军事行动，还说不上是和帝国主义者直接的武装冲突。”对于推倒军阀，也“不是唯一无二的方法”。更重要的是，如果其中还“夹杂有投机的军人政客个人权位欲的活动，即有相当的成功，也只是军事投机的胜利，而不是革命的胜利。至于因北伐增筹战费，而搜刮及于平民，因北伐而剥夺人民之自由，那更是牺牲了革命之目的，连吊民伐罪的意义都没有了”。在他看来，现时国民政府的责任，不仅不是北伐，反而应当是为巩固广东根据地而进行“防御战争”；全国民众的口号，也不应是响应北伐，而应是拥护革命根据地广东。[1]

陈独秀的这篇文章一出来，顿时在热火朝天地准备北伐和宣传北伐的广东引起大哗。黄埔军校的众多学生强烈地表示反感，黄埔特区党部上书中央党部提出控告，教育长邓演达不得不跑去找鲍罗廷，请他出面帮助平息校内的激愤情绪。北上途中的蒋介石也当即致电国民党中央执行委员会，指责陈独秀作为中共领袖，“反对本党北伐，阻止国民革命”，“破坏两党合作之精神，影响重大”，“应请中国共产党中央执行委员会负责答复，免致误会”。[2] 对陈独秀的这篇文章，其实就连广州的鲍罗廷也不以为然。

鲍罗廷这时的心态十分复杂。就在“三二〇”事件发生前一个月，他刚刚在北京信誓旦旦地向布勃诺夫保证说，蒋介石是国民党中最可靠的“极左派”将领。[3] 而一个月之后，布勃诺夫使团一到广州，就发生了“三二〇”事件。这不能不让鲍罗廷倍感沮丧。尽管他并没有因此受到责难，甚至布勃诺夫在听取蒋介石的抱怨之后，还相信只有鲍回来才能消除误解，修复与蒋的关系。但鲍罗廷回到广州后，清楚地发现他根本无法完成使命，甚至还必须曲意迎合，否则连自己都无法取得蒋之信任。在这种情况下，他

---

[1] 陈独秀：《论国民政府之北伐》，《向导》第 161 期，1926 年 7 月 7 日。

[2] 转见《蒋介石年谱初稿》，第 660—661 页。

[3] 《鲍罗廷在联共(布)中央政治局使团会议上的报告》(1926 年 2 月 15、17 日)，《共产国际、联共(布)与中国革命档案资料丛书》(3)，第 116、140 页。

当然不会坚持反对通过整理党务案，也不会赞成陈独秀等人在上海的做法。他告诫说：“3 月 20 日以后，来自左派和共产党人的任何明确的和激烈的反蒋立场都会意味着‘三二〇事件’在更大范围内的重演。”明明莫斯科反对马上北伐，他却三缄其口，正是为此。他说得明白：“我不能让蒋介石觉得我是北伐的反对者，因为这会意味着我和所有俄国人都站在汪精卫一边。”不仅如此，为了让蒋不会怀疑他暗中站在汪精卫一边，他还要处处表现出支持蒋、推重蒋的样子，好让蒋放心。他的计划是，与其贸然出击，自成破裂之局，不如等着看国民党自身内部必然的分化，再如此这般地稍加运用，重演利用矛盾，各个击破的策略。因为他相信，只要蒋进入湖北，他与湖南将领唐生智之间就会爆发矛盾。蒋如果要去占据武汉，他就会遭到其他将军们的嫉妒和反对。蒋如果看出这种危险，转进江西，左派和共产党人就有理由发起迎汪运动并批评蒋介石退缩。而注意到这后一种可能，鲍罗廷已经与汪精卫取得密切的联系，以便当武汉被占领后好召开国民党代表会议，提出广泛的社会政治改革纲领。那个时候，只要打出汪精卫的名义，就足以把蒋介石所有的对手都联合起来。一旦通过新的纲领，就意味着蒋的失败和必然下台，就可以全面“恢复 3 月 20 日以前的局面，使国民党左派和共产党人联盟重新执政”。[1]

严格说来，鲍罗廷与陈独秀对蒋政治上的定性并无二致，都是坚持只能把蒋视为不久将来的敌人，他们都反对马上提出推翻蒋介石的口号。但点明蒋为一年或三年后的敌人，等于向所有共产党员宣示：蒋介石是共产党最危险的对手。何况，当蒋介石取得了个人独裁的地位，同时通过北伐对各地军民财政各机关取得节制之权后，共产党人除非照蒋的旨意中规中矩，不越雷池半步，否则，就是想要不与蒋介石等人发生冲突也没有可能。鲍罗廷这时曾经与共产国际远东局代表团有过一次争论，所涉及的正是这

[1] 上海《民国日报》1926 年 7 月 20 日第二版；《鲍罗廷在同共产国际执行委员会远东局委员会会晤时的讲话》（1926 年 8 月 9 日），《共产国际、联共（布）与中国革命档案资料丛书》（3），第 369—372 页。

样的问题。维经斯基等一方面批评中国共产党人对蒋的态度太过激进，说这样很可能会使共产党人和国民党左派孤立起来，并把蒋逼到右派一边去；但另一方面，他们却相信完全可以不刺激蒋介石来同反革命展开斗争。鲍罗廷明确地告诉维经斯斯等人说：中国的问题在于，这里的任何一个领袖都是和自己的学生、弟子及其各色各样的拥护者相互依存的。任何领袖都要对自己的下属负责，反过来，下属的任何言行都自认是拥护或代表其领袖的。因此，哪怕只是针对个别下属言行的做法，也都难免会被人看成是意在反对其领袖。具体到蒋介石，从“三二〇”事件开始，这里所发生的一切都是在他指使下进行的。你们除非说些不关痛痒、丝毫不会引起人们注意的话，否则，只要你们谈论到革命和反革命的问题，就注定“将被理解为是反对蒋介石的言论”。而“这是很严重的政治难题”。[1]

为了避免嫌疑，在鲍罗廷看来，共产党人应当退出国民党的各级领导机关，而且应当谨言慎行，然而，莫斯科所规定的，也是共产党人自信必须肩负的引导国民革命的责任如何来实行呢？俄国人几乎一致认为，可以借助于国民党左派来贯彻共产党人的意志。远东局的拉菲斯就提议说：“为什么我们现在不能找一些这样的学生，不是共产党人，而是国民党左派，他们还相信蒋介石但开始对他表示失望，让他们给蒋介石写一封大致如下内容的公开信。第一部分：我们知道并列数蒋介石以往的各种革命功劳，相信他有最好的动机。第二部分：我们看到，我们爱戴的领袖蒋介石在犯错误，被内部反革命利用。第三部分：我们希望蒋介石纠正所有这些错误，并考虑到前线的胜利，恢复国内的革命秩序。”[2] 鲍罗廷其实也是这样做的，只是，他所从事的是暗中支持少数不满蒋独裁做法的所谓国民党左派发起迎汪运动。

严格地说，蒋介石这时的地位和权力并不稳固。二届二中全会后共产党人虽然退出了中央党部，蒋依然无法掌握整个党务，因为他手下几乎没

---

[1] 《共产国际执行委员会远东局委员会与鲍罗廷会议记录》（1926 年 8 月 16 日），《共产国际、联共（布）与中国革命档案资料丛书》（3），第 394—397、406 页。

[2] 同上。

有几个可用的党务干部，除了组织部等个别部门以外，中央党部中的其他各部门，包括宣传、劳工和农民等部，都因为没有得力干部好选，所用之人多非可信任者。有的与蒋若即若离，有的干脆就与共产党人打得火热。[1] 结果是，“国民党中央表面上要比过去更加集权，但实际上各派都自行其事”，几乎失去了原有的工作热情和效能。[2] 党务如此，军事也好不到哪去。蒋介石的总司令头衔其实也是名不副实。除了自己的第一军以外，要想指挥其他各路将领，远不那么容易。大家名义上都是国民革命军，相互关系仍是旧军阀那一套，多半还都要靠加官封地、许愿收买等种种私相授受的办法来维系。稍不如意，便会生出许多猜忌。在这种情况下，党内和军内自然多不愿意看到蒋一派独大和大权独揽，相反，对汪回却乐观其成。迎汪运动所以在各地迅速形成滚雪球的效应，直至影响到黄埔军校内部，与此不无关系。一些人甚至力主“说明本党现状及三月二十日事变真相”，根本就是想要取消蒋的政治资本，恢复汪精卫时期的路线，“与 C. P. 谅解合作”，“恢复党权”。[3]

8 月 21 日，黄埔军校第四期的学生公开通过了一项迎汪的决议[4]，而一直对此不动声色的汪精卫这回出人意外地做出了反应，表示愿意解除他过去的一切职务，专任党务。在一段时间里，蒋对偶尔出现的迎汪言论并不十分介意。一来他相信“三二〇”大局已定，汪精卫不敢贸然回来；二来二届二中全会通过了整理党务案，自己又取得了党政军大权，汪更是不便回来。这也是为什么二届二中全会闭幕式上及会后，他明明不想汪回，却

[1] 蒋在二届二中全会后在关键岗位选用干部的标准基本上都是找知根知底的江浙同乡，如张静江、邵元冲、陈果夫、叶楚伧等。其他如顾孟余、甘乃光、何香凝等非江浙系干部，虽得任用，却多与蒋不和。

[2] 《共产国际执行委员会远东局使团关于对广州政治关系和党派关系调查结果的报告》（1926 年 9 月 12 日），《共产国际、联共（布）与中国革命档案资料丛书》(3)，第 454 页。

[3] 《中央对于国民党十月一日扩大会的意见》（1926 年 9 月 20 日），《中共中央文件选集》，第 2 册，第 321 页。

[4] 《广州民国日报》1926 年 8 月 23 日第二版。

仍旧公开声明赞成请汪复职的一个原因。[1] 如今的情况则明显有所不同。一是党内竟然出现如此高涨的迎汪声浪，甚至黄埔学生也卷入其中，这显示汪已有足够的回国资本；二是他已不如整理党务案通过后那样充满自信，眼看党内异己力量再度崛起，万一汪真的看准时机，乘势回国，几个月的努力难免会前功尽弃。鉴于此，蒋不得不设法阻止汪精卫回国。而要阻断迎汪运动，他深知非找共产党帮忙不可。[2] 刚听说黄埔军校学生联名迎汪时，他就断定“从中必有人操纵”，在日记中对“他党在内捣乱”恨得“切齿”。[3] 但得知汪确有回国可能后，他还是不得不去向共产党进行疏通。他秘密地托胡公冕赴上海去见陈独秀，同时也去电邀请在广州的共产国际远东局负责人维经斯基前来汉口见面，声称请其“指导党务政治”。其意图简单明了：“请 C. P. 勿赞成汪回”，因为“汪回后将为小军阀所利用和他捣乱，分散了国民革命的势力”。他甚至要胡转告陈独秀说，“汪回则彼决不能留”。[4]

蒋介石求上门来，中共中央却不能给蒋这个台阶，因为它无法接受蒋以不许妨碍北伐为由压制工农运动的态度。而根据共产党人的报告，整理党务案通过之后，大批孙文主义学会分子取代共产党人和部分左派国民党员的位置，广东许多地方的“贪官污吏和土豪劣绅”都得以扬眉吐气。故中共中央明确认为：“我们要不反对中派政权，只有停止发展民众运动。”[5] 更何况蒋握有对地方党政官员的委任大权，如不打破此种局面，把党政权力从蒋手中夺回来，随着北伐军的推进，全国各地的党政权力多半也会落

[1] 《蒋介石年谱初稿》，第 591 页；《（林祖涵签署）中央执行委员会常务委员会致汪精卫先生函》（1926 年 6 月 3 日），台北中国国民党党史会藏档，汉 3036。

[2] 8 月 20 日蒋已得知“后方共党有迎汪之谋”。《蒋介石年谱初稿》，第 655 页。

[3] 《蒋介石日记》原稿复印本，第 5 盒，1926 年 8 月 25 日；参见杨天石主编：《中华民国史》第二编第五卷，中华书局 1996 年版，第 126—127 页。

[4] 参见《中央给广东的信》（1926 年 9 月 22 日），《中共中央文件选集》，第 2 册，第 325 页；《蒋中正致鲍尔廷顾问电》（1926 年 9 月 16 日），台北“国史馆”藏蒋中正档案，筹笔，0056 号。

[5] 共产党人认为“三二〇”事件的最突出后果就是：“（1）地主豪绅在地方当局的参预和军队的纵容下向农民组织和农民发起攻势；（2）地方政权机构转到与豪绅相勾结的卖身求荣的官吏手中；（3）企图取消工人组织的自由和反对进行阶级斗争的自由”。《共产国际执行委员会远东局使团关于广州政治关系和党派关系调查结果的报告》。

到那些敌视共产党的势力手中，要想顺利开展民众运动，以确立革命的基础，几乎没有可能。因此，中共中央决定，虽然不赞成分散革命势力，但也不赞成权力集中于蒋一人手中，因为这“更有右倾的危险”。他们提出了一个“汪蒋合作”的方针。其目的在于要使左派在广东重新“取得政治上的指导”，同时“打破总司令的委任制度”，便利在全国范围内推进革命运动的展开。据此，9月21日晚，经过与维经斯基磋商，双方一致决定，以保证“维持蒋之中央军事领袖地位”为条件，换取蒋同意汪回和交出党权。[1]

四、“扶助农工”问题上的分歧

蒋介石对工农运动的态度，无疑是导致他与共产党关系恶化的一个重要原因。但值得注意的是，在北伐开始后的一段时间里，广东的工人运动，特别是农民运动虽然出现回潮的现象，但北伐军北上所过之境，包括蒋介石指挥的部队所过之江西、福建等省，工农运动仍旧取得了相当的发展。这种情况至少说明，蒋介石对工农运动的态度其实颇为矛盾。

应当了解的是，蒋介石与共产党人在工农运动问题上的分歧，根本上并不是要不要坚持“扶助农工”政策。几乎在整个北伐期间，蒋都是高唱“扶助农工”的，并且反复宣传国民党的这一政策是先总理的既定方针，不可改变。[2] 但问题是，蒋对究竟应当扶助什么样的农工，以及应当如何扶助农工取得自身的利益，却与共产党人有认识上的不同。在蒋介石看来，农工问题的关键有两个，一是操之在谁，工农运动断不能操纵在反对国民党

---

[1] 《中央通告第十七号》(1926年9月16日)；《中央致粤区的信》(1926年9月17日)、《中央局报告(九月份)》(1926年9月20日)、《中央给广东的信》(1926年9月22日)，《中共中央文件选集》，第2册，第311—312、315、325—326、339页。

[2] 蒋介石1927年以后经常在讲演中谈到“扶助农工”的问题。他始终强调这是绝不能稍有变动的孙总理“三个政策”（反帝、联俄、扶助农工）或“四个政策”（反帝、反军阀、联俄、扶助农工）之一。参见蒋介石：《总司令部特别党部成立大会演讲词》(1927年2月29日)、《对第一二师同学训话》(1927年4月4日)，《蒋介石言论集》，第四集，第129、216页。

(尤其反对蒋）的党派分子手里；一是尺度适宜，即工农运动应当控制在适当的范围内，战争时期尤其要以保持军事胜利为限度。总而言之，就是“应当承认领导中国国民革命的国民党是领导者，并采取措施，避免产生致使统一战线削弱国民革命力量的各种麻烦和分歧”。[1]

基于这样一种观点，蒋对农民运动的态度比较积极。即使北伐开始后，蒋仍在关心如何解决农民的土地问题。他不仅对留苏的邓文仪搜集的俄国革命解决土地问题的资料颇为看重，而且与鲍罗廷不止一次深入探讨过国民党对土地问题的具体政策。[2] 北伐中，农民为国民革命军运粮食、抬担架、作侦探，第一军的指挥官们“异口同声地肯定农民给广州军队提供了巨大的帮助”，相信“没有农民的帮助我们就不能取得胜利”，蒋对农民运动也更加重视。他一面向国民党中央提议起草土地法[3]，一面公开发布命令，“通令我党军全体将校士卒，今后无论在何地方，对于农民利益，须与保护；农民运动，须与扶持，务使我国民政府治内之农民，能得优裕生活，能成有主义有组织之民众”。[4] 年底，当国民党开中央政治会议时，他也是“对工人运动主缓和，对农民运动主积极进行，以为解决土地问题之张本”[5]。据第三军政治部主任朱克靖称，会议强调“农工群众是国民革命的重力军”，说“求国民革命成功，必须解决农民生活”。为此应“速制定土地法，减轻农民负担”，“消除贪官污吏土豪劣绅，使无反革命派”。总之，会议主张号召“劳动保险的群众准备与一切残余的反革命势力作最后之决战”，即使因此可能

[1] 《鲍罗廷给共产国际执行委员会的报告》（1926年9月）、《鲍罗廷给共产国际执行委员会的补充报告》（1926年9月），《共产国际、联共（布）与中国革命档案资料丛书》（3），第514—515、522—523页。

[2] 胡佛研究所藏《蒋介石日记》原稿复印本，第5盒，1926年7月23日、24日；《鲍罗廷给共产国际执行委员会的报告》。

[3] 《共产国际执行委员会远东使团关于广州政治关系和党派关系调查结果的报告》。

[4] 《饬将士保护农民利益扶持农民运动令》（1926年9月9日），《蒋介石言论集》，第三集，第202页。

[5] 胡佛研究所藏《蒋介石日记》原稿复印本，第5盒，1926年12月7日。

带来一时的痛苦，也应当敢于承受。[1] 进入1927年年初，蒋仍旧公开声称国民革命的根本目的在于“解决农民”，革命军前仆后继，“都是为的百分之八十以上的农民求解放而牺牲”。因此，“很盼望农民同志，有自觉的精神，快起来参加农民协会，组织自卫军，作革命的后盾”。[2]

相对于农民运动来说，蒋介石在对工人运动的态度上就表现得复杂多了。北伐开始后，广东以外的共产党人一度感到蒋对工人运动是同情的。湖南区委书记称：蒋“到安源时，在群众大会上极力称赞安源工人，说要把萍矿收回交给工人办；他到袁州枪毙了去年破坏俱乐部之工贼王某；他发表告全国民众书，十分之七以上是从我们中局及湘区对时局主张上抄下来的”。因此他甚至认为“蒋之实行左派政策已有可能”。[3] 但广东地区共产党领导人的感觉明显不同。这是因为，自北伐伊始，蒋就明令在北伐期间禁止广州工人自由罢工。当然，第一，这种做法在国民党中蒋并非始作俑者。1924年孙中山准备北伐时，就出现过这种情况。当时任工人部长的廖仲恺也曾不顾共产党人的抗议，采取了坚决禁止罢工的做法。第二，罢工是双刃剑。在敌占区罢工，是打击敌人；在后方罢工，却可能影响生产、流通和社会稳定，扰乱的是自己。后来中共在苏区，就绝不允许罢工。在这一点上，其实当时连俄国人也有过大致相同的意见。当北伐军逐渐推进到英国势力范围所在的长江流域之际，苏联首席军事顾问加伦将军就明白建议：国民党应当改变过去革命党的一些习惯，做全面执政的准备，为此，目前应当尽快结束省港大罢工，“好好理顺国际关系”[4]。言外之意，如果能够结束持续一年多的省港罢工，缓和与港英当局的关系，将有利于避免在军事上遭遇英国人的干涉。

蒋介石之所以在北伐伊始就特意下令禁止广州工人自由罢工，也不仅

[1] 《蒋介石日记》（二）原稿复印件。另据上海《民国日报》1926年12月19日第二版报道，蒋这时主持的庐山会议还有过北伐期间要着重解决农民问题的内容。

[2] 蒋介石：《江西全省农民代表大会讲演词》（1927年1月），《蒋介石言论集》，第四集，第108页。

[3] 《湘区书记报告》（1926年10月22日），《中共中央文件选集》，第2册，第297页。

[4] 《中共中央执行委员会关于布留赫尔对国民政府的性质和任务的看法的通报》（1926年10月7日），《共产国际、联共（布）与中国革命档案资料丛书》（3），第570页。

仅是因为战争的关系。实际上，蒋对广州工运确实久有担心与不满。其主要原因有二，一是担任广州卫戍司令期间，他就已经发现省港罢工委员会及其武装的工人纠察队，任意查禁和捕人，几乎有成为第二政府之可能，对执政者颇具威胁。“三二〇”事件当天，其士兵先行围省港罢工委员会和工人纠察队的住地，就反映出当时身为广州卫戍司令的蒋对这支治外武装存在着某种戒备的心理。二是广州的工人，一派在共产党人领导的工人代表大会的影响之下，一派由保守的广州总工会指挥，还有一派则是受到国民党右翼的影响，联合在广州机器工会的周围。三派工会常常因为意见相左而剑拔弩张，直至大打出手。每逢重大事件或节日，当局就不得不预为戒备，甚至动用军队以震慑。而就在蒋北上前夕，工人代表大会的工人与总工会的工人也还是上演了一出全武行。双方街头械斗断断续续持续了几周时间，一些工人被打死打伤。蒋虽亲自出面调停，亦未见成效。[1]

由于蒋这时的统治重心在城市，而城市的经济生产、生活状况及其民众心理对战争结果影响甚大，故蒋介石对工人运动相当敏感和戒备，也可想而知。在提议限制后方工人罢工自由之后，他又进一步从统一治权、稳定人心的角度开始限制工人纠察队“私擅逮捕”[2]。后来又注意到占领区内工人群起罢工，要求增加工资，进而产生种种扣货、没收、阻运、封厂，和捉店主、厂主插标戴帽游街示众之类的越轨行动，转而劝说劳资双方应急谋妥协，要求商人体谅工人痛苦，努力提高工资水平，要求工友接受政府调解，不要歧视商人。[3]

不仅蒋介石，这时不少国民党地方军政大员都对工人运动深感头痛。一个最基本的原因是，军政当局政治上必须要依照孙中山遗嘱，坚持扶助

[1] 胡佛研究所藏《蒋介石日记》原稿复印本，第5盒，1926年7月24日；《共产国际执行委员会远东局使团关于对广州政治关系和党派关系调查结果的报告》。

[2] 蒋介石：《禁止私擅逮捕布告》(1926年11月12日)，《蒋介石言论集》，第三集，第425页。

[3] 《蒋总司令忠告武汉工商界》，上海《民国日报》1926年12月21日第三版；长沙《大公报》1927年1月18日第二版，1927年1月23日第二版。

工人的政策，但它同时又必须确保社会安定以及经济生产的正常运行，因为只有如此，才能得到足够的税费收入，维持战费和地方军政的各项开支。而工人运动一旦兴起，往往无以控制其要求，以致商人、厂主不仅利益大受损失，就连人身及财产安全都难保证，社会安定和生产经营自然难以维系。如何能够既使工人得利，又使商人、厂主保有财产，不失去经营生产的积极性呢？一向对广州工人运动抱有成见的李济深等人，在 1926 年 12 月以广州以省政府的名义颁布罢工法，就进行了这样的尝试。

这个罢工法限制工会的某些自由，如规定未经政府许可不得自行成立工会，工会不得滥捕工人、商人或侵犯他人身体；罢工之际不得自行没收商店、工厂之商品及器物；不得封锁工厂或妨害商人自行作业；不得携带武器棍棒等示威游行；不得以武力或他种胁迫手段募集会员。但它同时也顾及到工人的一些权益，对店主或厂主加以约束。如规定商人或厂主不得组织自卫工会，以期破坏；不得无故解雇店员、工人；不得禁止其店员或工人参加工会运动；不得收买部分工人及不良分子对抗工人；可加入工会，享有选举权和发言权，但不能有被选举权和表决权；关闭工厂必须提前一月通知工人，若突然关闭或解雇，须发给薪资两月；遇有店员或工人罢工时，可以自行作业，惟不得临时雇用店员、工人，以破坏罢工；要求加薪罢工解决之际，应照新商妥之赁银率补发罢工期内之工资，如此，等等。[1]

在这种时候，无论出于何种考虑，只要是意在保护商人、厂主，都难以得到激烈分子的赞同。随着北伐的胜利进行，共产国际执委会第七次扩大会议于 1926 年 11 月通过了一个关于中国问题的决议，开始提出更加激进的革命主张。要求中国共产党人必须使革命“超出资产阶级民权范围之外”，主张为造成无产阶级、农民和城市小资产阶级的联合专政，应当准备没收外国在华大企业，进而将铁路、交通及土地收归国有，等等。[2] 这一决议使

[1] 上海《民国日报》1926 年 12 月 31 日第三版。

[2] 《共产国际执行委员会第七次扩大全体会议关于中国问题决议案》（1926 年 11 月底），《中共中央文件选集》，第 2 册，第 670—673、676—678 页。

得原先对过多损害社会富裕阶层利益的做法感到担心的共产党人，大大解除了思想上的顾虑。但是，要想让大批早已习惯于上下尊卑的旧秩序的工人、农民都起来造有钱人的反，也并不是一件轻而易举的事情。为了最大限度地动员群众，以便深入革命，鲍罗廷等人明确提出，发动农民非用痞子、流氓做先锋不可。受到这种观点的影响，再加上工农运动发展迅速，懂得群众运动必须以正确的政策和策略为指导的党员干部人数极其有限，以致各地工农运动兴起之际，或多或少都出现了靠“踏烂鞋皮的、挟烂伞的、打闲的、穿绿长褂子的、赌钱打牌四业不居的”做“革命先锋”的现象。[1]不计后果，过分要求，甚至罔顾法纪，随意侵害人身及财产的现象，自然会不断出现。

仅以江西赣州店员工会的情况为例。其店员工会成立伊始，即通过章程规定：凡本会会员每日工作时间应自上午 9 时起至下午 5 时止，休息时间店主不得过问；休假当与各机关同，春节并应放假半月；每年还应准假三个月以探亲，外省店员则应准假四个月，最长者可达五个月，店员不愿回家者，此期间工资还应照原工资加倍发放；在店供职满一年者还应分享该店全年利润十分之二之分红；另凡本会会员月薪还应增加三至四倍，即原有薪水不足 20 元者应加至 120 元，不足 30 元者加至 140 元；不足 40 元者加至 160 元，等。累计各项收益，店员们要求的收入增长实不止十倍。[2]

之所以会出现许多过分要求，明显与其会员素质较差和成分复杂有关。据当地妇女解放协会报称，1926 年年底，该会会员为宣传民众，在二女师排练新剧，谢绝参观。该县洋货绸缎布匹罢工店员多人得知后欲强入排练场，被学校职员婉言劝阻后，竟“在校门照墙上涂写打倒二女师、男女不平等、男子睡上女子睡下及污辱妇女等种种龌龊不堪之语，并图画男女生

[1] 长沙《大公报》1927 年 2 月 22 日第七版。参见毛泽东：《湖南农民运动考察报告》，《战士》第 35—36 期合刊，1927 年 4 月。

[2] 《赣州洋货绸缎布疋店员工会章程及决议案》（1926 年 11 月初八），（台北）中国国民党中央委员会党史会藏档，汉 11361。

殖器种种龌龊不堪入目之图。被本校职员李同志瞥见，将店员责备。彼等复纠合罢工店员七八十人，将李同志捉去随拖随打，众拳交加，声言捆绑游街。拖至七姑庙门首，将李同志推跌在地，痛殴一顿。演剧会员闻讯追至，始救李同志出险”[1]。仅此一例，既可看出这个店员工会中确有一些具有痞子流氓风气之人。对于这一事实，共产党方面也不否认，只不过评论说，这是一些“无知店员”所为罢了。[2]

一方基于战争、财政等种种需要意图适度保护工商，一方力图改天换地，最大限度地争取工农，拓展自身革命基础，蒋介石等人与共产党人之间的利益冲突，随着双方各种矛盾的交集，日渐浮出水面了。

五、权力斗争的全面发酵

不过，坦率地说，蒋介石与共产党人的冲突，更多地还并不是表现在对工农运动的不同态度上面。至少在蒋介石的各种言辞记录当中，其责难共产党人的原因，主要还是怀疑共产党人暗中挑动民众，制造倒蒋风潮。他显然不了解，中共中央这时其实曾一再叮嘱各地党部，要设法维系与蒋的关系，包括迎汪，也“必以蒋同意或前敌战事大胜为条件，万万不可鲁莽从事”。如蒋坚不让步，也可以实行“汪暂不回，以广东省政府权交给左派”的策略以为妥协。[3] 问题是，无论中共中央和共产国际代表怎样向蒋许诺保证，基层组织依旧还是把迎汪同倒蒋混为一谈。甚至还在 1926 年 11 月间，就已经出现“打倒蒋介石”的呼声。

蒋介石注意到的最早的反蒋宣传，是 11 月上旬末发生在武昌的一次军民集会上的事。当时场内的工人群众竟有意当着蒋任校长的中央军事学校

[1] 《赣州妇女解放协会执行委员会主任载源清呈中央党部函》（1927 年 1 月 3 日），台北：中国国民党中央委员会党史会藏档，汉 11462。

[2] 赵幼侬：《赣州总工会横遭摧残的情形》（1927 年 2 月 15 日），《向导》周报第 191 期。

[3] 《中央给粤区信》（1926 年 10 月 3 日），《中共中央文件选集》，第 2 册，第 371 页。

分校学生的面，公开呼喊“打倒蒋介石”的口号。双方因此发生激烈的肢体冲突。这一消息很快传到江西九江，让蒋大为恼火。只是由于武汉在唐生智的实际控制之下，唐对蒋原本就不大服气，因此他才没有马上把这件事与共产党人的挑拨联系到一起去。可是就在他电告分校学生，遇有工友幼稚时，“只能以理喻之，切不可与之争斗”[1]。不过十天之后，他竟再度得到消息说，就连黄埔军校第四期学生当中也出现类似武昌工友那样的言论。这一消息对蒋刺激之大，使他“不胜愤慨”到“暴躁怨恨形诸口舌”，就连他自己在怒气发泄之后都不能不深觉反应过激。而他之所以如此暴怒，恰恰是因为他强烈地怀疑：“从中 C. P. 或有作用”。[2]

如果说对武汉工人和黄埔军校学生中的反蒋言论，还只能怀疑是共产党挑唆的话，那么，随着鲍罗廷借迁都之争公开批评斥责，却让蒋砸实了自己的猜测。

将党政中心从广州北迁的问题，是随着占领汉口后逐渐提上议事日程的。蒋 9 月上旬考虑到武汉地理位置重要，实际控制权却落在湘军领袖唐生智手中，“非有政府委员及中央委员先来数人，其权恐不能操之于中央”，故建议谭延闿等先行来汉“主持一切”。[3] 此议虽未能得到 10 月国民党中央委员与各省区代表联席会议的赞同，11 月中旬却因鲍罗廷改变主意，致使中央政治会议临时会议于 26 日正式同意迁都武汉的方针。很快，鲍罗廷就于 12 月 10 日率领部分国民党党政领导人先行抵达武昌。

鲍罗廷一行动身不久，广州中央党部和国民政府就于 12 月 5 日宣布停止办公，也开始分批北上。鉴于这种情况，鲍罗廷于到达武汉的第二天，即 13 日马上召集谈话会，提议在中央执行委员会政治会议未迁到武昌开会之前，先由国民党中央执行委员和国民政府委员组织临时联席会议，“执行最高职权”。此一提议当即得到通过，会议并决定以国民政府司法部长徐谦

[1] 《蒋介石告武昌学兵团电》(1926 年 11 月 13)，《蒋介石言论集》，第三集，第 413 页。
[2] 胡佛研究所藏《蒋介石日记》原稿复印本，第 5 盒，1926 年 11 月 22 日。
[3] 《蒋介石年谱初稿》，第 677 页。

为联席会议的主席。[1] 注意到蒋介石实际上身为国民党党政军最高领袖，蒋委托战时暂行代理其中央常务委员会主席职务的张静江，因此也被排除在“最高职权”之外，蒋再度处于可能任人摆布的地位，不难了解他对此会产生怎样一种感想。

蒋最初对这种联席会议的设置，可能带来怎样严重的权力挑战，尚未十分了然。因此，他开始虽有不满，但并没有公开反对。经过短暂的犹豫之后，他终于发现同意联席会议可以代行最高职权，势必等于重新让苏联顾问说了算。即使这只是一个暂时的过渡形态，一旦它通过决议推翻二届二中全会以来的种种军政体制，“三二〇”以来的所有努力都将化为泡影。据此，蒋不得不于1927年1月3日乘张静江、谭延闿等中央执行委员路过南昌北上武汉之际，召集中央政治会议第六次临时会议，劝说与会者同意将最高权力机关暂时设置于他直接掌控的南昌，迁都问题以后再议。[2]

蒋介石对联席会议的抵制态度使鲍罗廷进退维谷。无论是鲍罗廷，还是中共中央，最初都不同意蒋的迁都建议，原因就是担心刚刚可以乘蒋北上不在广州而对国民党的最高权力中心施加一些影响，万一把它迁到军事占领区去，又会落入到蒋的直接掌控之中。即使是后来鲍罗廷注意到蒋无法在武汉亲政，因而改变了态度，中共中央也一直固执地表示怀疑。如今若向蒋妥协，同意中央党部和国民政府暂驻南昌，鲍罗廷不仅将颜面尽失，更重要的是等于拱手把中央权力送到蒋介石手上去。鲍罗廷早就设想北伐军到武汉后，可利用蒋介石与唐生智等地方派系的矛盾，逼蒋交权。他乘中央党部和国民政府北上之机迅速成立联席会议，接管“最高职权”，即含有此意。如今在北伐期间军政权力已经相当分散的情况下，竟因自己一个算计错误而导致蒋轻易地重掌党政大权，鲍罗廷对此难以善罢甘休。

鲍罗廷首先致电莫斯科，声称在迁都问题上不能对蒋妥协，否则不仅

---

[1] 《广州民国日报》1926年12月17日第二版。
[2] 《广州民国日报》1927年1月8日第二版。

会大大加强蒋的独裁地位，而且难免会被北方军阀和帝国主义看成是广州软弱的表现，进而导致对方转入攻势，自己也将会因此而无法在现在的岗位上继续留任，非辞职不可。莫斯科回电反对鲍罗廷因为任何理由离开国民党中央的领导岗位，它也赞同鲍罗廷的担心，但同时仍建议鲍罗廷应亲赴南昌劝蒋，争取妥协解决争端。[1]

既然莫斯科基本赞同他的意见，鲍罗廷遂横下一条心，不惜把自己推上第一线，与蒋介石摊牌。意在利用国民党领导层多数坚持联俄，并不愿国民党再生分裂的心理，促使南昌方面的国民党领导人离开蒋介石，使蒋陷于孤立而被迫屈服。据此，他在1月12日欢迎蒋介石一行来武汉的宴会上，直言不讳地批评有军人摧残党权、欺压C. P. 和妨碍工农运动的发展。进而指名道姓地对蒋说：“蒋介石同志，我们三年以来共事在患难之中，所做事情，你应该晓得，如果有压迫农工、反对C. P. 的这种事情，我们无论如何要想法子来打倒他的。”[2]

用蒋介石的话来说：“我校长教学生还没教得这样子严重。乃在宴会场中几百人的中间，把我一个国民革命军的领袖，又是中国民党里面的一个领袖，来给他一个外国顾问苏俄代表当奴隶一样教训，这是怎么一回事？”“你不止是欺负我个人，不止是压迫我一个人，你完全是欺负我们中国国民党，欺负我们中国人。我那里可以放过你！”[3]

“三二〇”事件就是因为苏联军事总顾问季山嘉过于忽视了蒋的自尊心所引起，在蒋成功地通过这一事件打击了俄国人的威信，并限制了顾问们的权力之后，鲍罗廷却再蹈覆辙，自己出面来向蒋的自尊心挑战，这多少让人有些难于理解。鲍罗廷这时的撒手锏，多半有三个，一是在武汉的财政部长

---

[1] 《联共（布）中央政治局会议第78号（特字第59号）记录》（1927年1月13日），《共产国际、联共（布）与中国》（4），第66页。

[2] 蒋对鲍罗廷当时这段谈话内容，在不同的演讲词当中，文字均有不同，但大意相差不多。此段文字见于蒋介石：《在庆祝国民政府建都南京欢宴席上的讲演词》（1927年4月18日），《蒋介石言论集》，第四集，第243—244页。

[3] 蒋介石：《黄埔同学会会员大会训词》（1927年4月20日），《蒋介石言论集》，第四集，第280页。

宋子文掌握着蒋所需的大笔军费；二是留在南昌的其他中央执行委员，如谭延闿、何香凝等亦不愿随蒋破裂；三是唐生智等相当一批北伐将领已在武汉方面领导之下。而与此同时，鲍罗廷同样相信各地工农运动正在广泛兴起，它势必会对国民党及其北伐军形成强大的牵制作用，各地赞成迎汪的国民党人声势日渐浩大，必然会对蒋介石造成极大的压力。正因为如此，鲍罗廷虽然事后也曾一度忐忑不安，担心自己的做法过于唐突和冒险，会太过损伤蒋的自尊心，暗托宋子文等对蒋表示歉意，甚至声言今后愿与蒋一同随军行动，“不问中央事”[1]，但他却并没有停止推动剥夺蒋党政权力的斗争。

蒋介石在迁都问题上前后不一，强令暂以南昌为都城的做法，使武汉的国民党左派极为不满。蒋介石刚一离开武汉，国民党左派领袖和共产党人就大张旗鼓地发起“恢复党权运动”，以打倒“昏庸腐朽分子”为名，明批国民党中央常务委员会代理主席张静江，暗批蒋介石，并挤走了不赞同左派主张的十一军军长、武汉卫戍司令陈铭枢。孙科和总政治部主任邓演达等人公开发表文章，影射、抨击蒋搞个人独裁。孙科指责国民党二届二中全会设立常务委员会主席，“不知不觉就成为一个迪克推多”[2]。邓演达的文章认为当前的斗争是封建与民主之争，革命与妥协之争，成功与失败之争。文章尖锐地提出：“不应再把政权操到其他反革命人们手上。”[3] 为根本消除蒋对党政的控制权，武汉国民党左派决定利用人数优势，于3月召开二届三中全会，重定党政军领导体制。他们显然没有想到，在中国，不仅政权要靠枪杆子来取得和维系，而且社会上的所谓阶级分化也远未达到他们所希望的那种程度。不要说中间阶层所占人口比例极大，就是共产党人最为重视的工人群众，政治上也与广州工人的情况不相上下，通常处于分散的甚至是分裂的状态，很多工人不仅不能为共产党人所掌握，甚至可能站到相反的立场上去。换句话来说，蒋介石未必会真的陷于孤立，其区别于共

---

[1] 《困勉记》卷六，1927年2月6日条。

[2] 《为什么要统一党的指导机关》，《汉口民国日报》1927年2月20日。

[3] 《现在大家应该注意的是什么》，《汉口民国日报》1927年2月23日。

产党人的政策主张，这时不仅可以得到相当部分军人的支持，而且也同样会具有相当的社会基础和群众基础，足以与共产党人相抗衡。

在这方面，最典型的是蒋介石的军队所经过的江西、福建、安徽、浙江等省，社会中上阶层所表现出来的拥蒋热情。在这些地区，共产党人和左派国民党员通常都影响着相当一批工人群众，并掌握着省市一级的党部，但运动中出现的种种过激行为，却在倾向平和、渴望安定的社会中间阶层中间造成很大的恐慌。蒋介石到来后，为抗拒共产党人和左派国民党人，往往会借助于本地倒戈的军事领袖，或选派政治上区别于激进派的亲信，另立党政机关，以控制地方。由于这些人明显地倾向于沿袭旧体制和旧秩序，因而自然会受到习惯于旧体制、旧秩序，而恐惧激进革命的社会中上阶层的欢迎。对于这些地方的工人、店员和农民群众，凡与共产党工会农会不合者，他们都会积极予以扶植。纵使找不到合适的扶植对象，他们也能够找到青红帮组织伪造工会团体，与共产党人的工会组织相对抗。对此，久已习惯于用强力解决问题的蒋介石，其实并不反对。结果，就出现了诸如总政治部副主任郭沫若这时在蒋的总部中所看到的那些让他倍感吃惊的情景：蒋对其亲信支持、指使拥蒋的工人、店员，甚至是青红帮分子，在众目睽睽之下冲击共产党人和左派分子领导的各地国民党党部、工会等机关团体，甚至大打出手，造成流血冲突等，常常是睁一眼闭一眼，时而默许，时而干脆就是变相鼓励。[1]

在这里需要指出的是，蒋介石开始不择手段地来与跨党分子争夺地方和群众，是与他所感受到的权力失落的威胁程度密切关系的。直到 1927 年 3 月之前，一直跟着蒋工作的郭沫若虽然对蒋在个别地方工人运动问题上的处置手法心存疑问，却并未发现蒋有明显异常的表现。但在 3 月上旬之后，当蒋被迫同意中央党部和国民政府迁鄂，紧接着武汉又召开了旨在削弱其权力的二届三中全会，郭沫若才意外地发现蒋介石开始大踏步地转向极端。很明显，蒋因中央党部和国民政府迁鄂而产生的权力失落感和政治恐惧感实在是

[1] 参见郭沫若：《请看今日之蒋介石》（1927 年 4 月 9 日），《近代史资料》1954 年第 2 期。

太大了。困兽犹斗，有过“三二〇”经验的蒋介石当然知道自己应该怎样做。

还在1927年2月下旬，即在蒋还没有下决心动手之前，他其实就已经不断地公开放话了。当时，他仅仅是受了鲍罗廷言语威胁的刺激。他公开警告说：不要试图让他走开，“总理在生的时候，我无论对那一个同志，或者有一句话与我不对，或者有一点得罪了我，我马上就要跑开”，“现在可不是了。如果我一走开的时候”，“中国革命根芽从此就要断绝了！”谁也不要想让他放弃责任，因为，“我只知道我是革命的，倘使有人要妨碍我的革命，反对我的革命，那我就要革他的命！”[1] 当时，蒋介石掌握的是军权，武汉国民党左派掌握的是党权和政权。在旧中国，军权大于一切，武汉国民党二届三中全会企图以后者取消和限制蒋的权力[2]，其后果应当是可想而知的。

六、“四一二”：血腥的开端

蒋介石决心与共产党人翻脸，当始于二届三中全会召开前夕。3月3日，即蒋在南昌召集中央政治会议，意外发现谭延闿、何香凝、陈公博等均已动摇，决心去武汉参加二届三中全会，即同意将中央党部和国民政府迁往武汉之际，蒋内心就已经充满了恐惧与恼怒。表面上，他只能表示同意多数人的意见，背后却愤愤然曰：“见人面目，受人气焰，羞辱情况，令人难堪！”[3] 一连数日，蒋心境恶劣异常，因而曾连电前敌总指挥何应钦：“谓共产派在武汉破坏军事更烈，非克复南京自立基础，决难立足。”[4] 此电表明，蒋确是在过去所据以号令全党的二届广州中央及政府脱离其掌控之后，开始暗中考虑与武汉分庭抗礼、另立中央的可能性的。恰在此时，江西赣州

[1] 《总司令部特别党部成立大会演讲词》，《蒋介石言论集》，第四集，第124—125页。

[2] 这些决议包括废除主席制和军校校长制，军委实行主席团制，主席团之决议及命令须有四人签名方能生效，总司令、前敌总指挥及军长须由中央委员会任命等。参见《中国国民党历次代表大会及中央全会资料》（上），第316—317、321—324页。

[3] 《困勉记》卷六，1927年3月3日条。

[4] 转见《邵元冲日记》，第310—311页。

工会委员长、中共党员陈赞贤被亲蒋的国民党军队所捕杀，所有蒋介石率领的军队所在之地，均很快发生了夺取地方党政权力的流血事件。这无疑成为蒋介石一派人决心与共产党翻脸的一个重要信号。

当然，另立中央，蒋必须握有足以号召全国的政治资本。在他看来，能否顺利拿下上海和南京这两大中心城市至为关键。因此，在上海、南京未夺取之前，蒋的态度仍旧犹豫不决，即使是对武汉中央的二届三中全会也不敢公开指责和否认。何应钦、蒋伯诚、顾祝同、潘宜之、杨虎等蒋之重要部属早就对共产党强烈不满，“以半年来之努力奋斗，其结果不过为造成共产党扰乱地方之基础”，谈起来“多激昂唏嘘”。但这时将领们多次对蒋提起此一不满，蒋却时而愤而应和，时而痛加训斥，让他们往往不知所措。何应钦就明确讲：对党务问题，非蒋自己拿定主张始有办法，他人都不敢十分表示自己的主张。因为蒋“屡次游移，且事后每由他人受过”。[1] 但夺取南京刚有眉目，张静江就明白告诉邵元冲、蔡元培等人说：“介石对于与共产党分离事已具决心，南京定后，即当来宁共商应付。”[2]

1927年3月24日，张静江、邵元冲、蔡元培、蒋梦麟、马叙伦等同车去上海，随即赴龙华前敌总指挥部与白崇禧、潘宜之、黄郛、吴稚晖、李石曾等见面，“共商应付党务事宜”。而就在张静江等从杭州动身前往上海的当天，刚刚被占领的南京城就发生了有组织的排外抢劫事件。部分在江右军总指挥程潜率领下的国民革命军官兵，从上午8时开始，对城内各处外国领事馆、侨民住宅和外国教堂、商店、学校大肆抢掠，直至午后5时才逐渐停止。因各国驻在南京的海军官兵人数甚少，无法与抢劫者正面冲突，因此停在长江上的美、英军舰遂从下午3时左右开始炮击南京，直至抢劫行动被制止才罢休。蒋得到消息后，虽然在公开场合蒋并没有把南京事件归结为共产党人的阴谋，但其内心明显地怀疑有“奸党”在借故挑拨

---

[1] 《邵元冲日记》，第310页。

[2] 同上，第312页。

自己与列强政府的关系。[1] 因此，蒋于27日急忙将吴稚晖、李石曾、蔡元培、张静江、蒋梦麟、邵元冲、马叙伦等一并邀入总部行营，秘密“开会讨论与共产党分裂之办法”，并显然倾向于吴稚晖的主张。吴的主张是：“由中央监察委员会提出弹劾共产党员及跨党分子谋危本党，动摇后方及卖国之行为，其证据则根据数星期前陈独秀对稚晖之谈话，谓共产党于二十年内必可实行共产，又去年双十节共产党在湖北秘发之传单阴谋破坏国民党者以为证，然后再由监察委员会召集中央执行委员之非附逆者开会商量以后办法，而开除及监视一切附逆及跨党之首要等，听候代表大会裁判云云。”[2]

此时，蒋介石与共产党确已形同水火，再难相容。这里面除了他认为武汉中央种种做法的背后其实都是鲍罗廷和共产党人在起作用外，他还担心共产党人随时可能采取行动冲击租界，引发外国干涉。北伐公开宣示的政治目标是反帝，而反帝最直观的效果就是取消列强各国在中国的特权并收回租界。1927年1月北伐军胜利夺取湖北和江西后，直接导致的群众性自发反帝行动，就是攻击并占据汉口和九江的英国租界。蒋介石本人在1926年双十节也曾发表过一个《敬告全国民众》书，雄心勃勃宣告：北伐之使命，就是要完成总理遗志，“对内扫荡反革命之恶势力，使人民得解放而谋自治，对外代表国家利益，取消不平等条约”，收回治外法权，并取消租界，进而消灭帝国主义在中国之势力。[3] 他到上海后，曾多次对中外记者表示：“现在

[1] 蒋3月26、27、29日对各报记者谈话称，抢劫及射击外人者，实“为着国民军制服、制帽之北兵所为”，与国民革命军无关。蒋介石：《对〈申报〉记者谈话》（1927年3月26日）、《对上海中外各报记者谈话》（1927年3月27日）、《对日本〈日日新闻〉记者谈话》（1927年3月29日），以上见《蒋介石言论集》，第四集，第193、195、197页；《困勉记》卷六，1927年3月25、27日条。

[2] 《邵元冲日记》，第313—314页。另台湾国民党党史会藏档2—6.1/6号，有所谓“中国国民党第二届中央监察委员会第三次全体会议第一号会议录”，日期为1927年3月28日。到会委员为“蔡元培、吴敬恒、张人杰、古应芬、李煜瀛”。查邵元冲当日之日记可知，本日古应芬并未出席，据记“介石谓湘芹（即古应芬）处已去电促其即来”。29日并记：“程颂云、古湘芹、何敬之等皆来共商”。且据邵元冲27、28、29三天日记内容亦可了解，这次会议参加者身份复杂，有监察委员身份者初仅4人，最后一天才加入古应芬。所谓“中央监察委员会第三次全体第一号会议录”，显系日后所编。

[3] 蒋介石：《敬告全国民众》，上海《民国日报》，1926年10月10日第一版。

租界情况，实予人以难堪。”“外舰外兵一日不撤，中国人民的愤激就一日不能消灭。”[1] 但是，蒋并不赞成武汉、九江夺取租界的做法。注意到汉浔事件后英、美、日、法各国政府全力保护其在上海利益的态度，把军事胜利视为一切之首的蒋介石，在对列强问题上不得不表现得格外小心谨慎，极力与列强各国政府的代表周旋应付，避免造成外力干涉的严重局面。而当他决意与武汉分庭抗礼和清除党内之共产党人之后，就更不能不关心失去苏援后，能否取得列强的同情与承认。在这种情况下，蒋当然不能提出租界问题，甚至还要公开声明确保各国租界的安全，以取信于各国政府。[2]

这时的上海，谣言蜂起。特别是各个外国租界里躲避着大量从武汉、九江以及其他国民革命军占领区逃亡避祸而来的外国侨民和中国人，他们对于两湖、江西等地激烈的工农运动充满恐惧，生怕国民革命军占领上海后会重现汉口、九江下层民众冲击租界的情景，因而更是人心惶惶。鉴于自己在上海工人中的号召力，和共产国际执委会第七次扩大会议提出的要超越民主革命界限的要求，在上海的中共领导人这时也显得相当振奋，反复强调：我们党“已到夺取领导权的时期”，因此力主公开打出自己的旗帜。说“要在群众中宣传 C. P.，或用公开代表形式，或指定同志在群众会议时故意问 C. P. 是什么，藉此宣传 C. P.”。[3] 既然要夺取领导权，上海共产党人自然要指挥总工会四处冲击国民党右派组织，并积极筹组上海特别市临时政府。3 月 22 日前敌总指挥白崇禧初到上海时，对共产党领导的总工会态度还好，还同意各工会的武装纠察队统归总工会管辖，对共产党推动组建的市政府也未加反对，但第二天态度立即转了一百八十度，扬言“将设法

[1] 蒋介石：《对上海外报记者谈话》（1927 年 3 月）、《对上海中外各报记者谈话》、《招待上海外报记者演词》（1927 年 3 月 31 日），《蒋介石言论集》，第四集，第 192、195、205 页。

[2] 有关列强与蒋这时接触及交涉之经过，可参见杨天石：《中华民国史》第二编第五卷，第 347—355 页。

[3] 《中共上海区委召开活动分子大会记录》（1927 年 3 月 19 日晨九时）、《中共上海区委行动大纲》（1927 年 3 月 19 日）、《中共上海区委各部委书记联席会议记录》（1927 年 3 月 23 日）、《中共上海区委各部委产总联席会议记录》（1927 年 3 月 23 日），以上见上海档案馆编：《上海工人三次武装起义》，上海人民出版社 1983 年版，第 338、348、369、374 页。

根本消灭武汉风潮之再现于上海”。次日白“请市党部等吃饭，独不请 C. P. ”，且马上就有种种传说，称市政府为 C. P. 所组织，蒋介石亦坚决反对。[1]

蒋介石、白崇禧等人的担心，并非全无根据。在准备夺取上海之初，中共上海区委确实没有马上收回租界的打算。它曾明令“罢工工人不准打外国人，不准捣毁机器”；并要求工人纠察队切实“维持一切治安，禁止流氓、土匪乘机骚扰与抢劫”。包括对店员问题，也曾再三强调“现在广州、汉口已经闹坏了，这个问题很复杂”，一定要与商人接洽，“注意条件，不要太高”，避免闹出乱子。上海总工会甚至有声明给英国巡捕房总巡先生，以安其心。[2]但 3 月 24 日以后，共产党方面的态度却有了明显的改变。当天，总工会下达复工令，外资厂主却拒绝工人复工，租界巡捕因此武装阻止工人进入租界，致使一些想要复工的工人与巡捕房发生对峙和冲突。一时间，总工会将要攻击巡捕房，或工人纠察队将要猛扑租界的谣传四起。面对这种情况，基于武汉、九江的经验，上海中共领导人内部已经开始提出尽快收回租界的设想。除少数人强调还要避免发生冲突以外，相当一部分人的意见是主张对外国资本家下最后通牒，对租界亦不能示弱，对方越界筑路，我可自由拆除铁丝网，准备做收回租界的总罢工。总工会委员长汪寿华根据中共区委指示，甚至公开在全上海工人代表大会上宣布：工会今后在政治上的责任，第一条即为收回租界。[3]

工人方面的反应马上就引起了蒋介石一方的高度警觉。25 日，当外国记者据此询问东路军前线总指挥白崇禧时，白公开强硬地表示，工人一旦有扰乱，驻军必将负责缴械。他并且当即下令，将与闸北上海总工会关系密切

[1] 《中共上海区委各部委书记联席会议记录》；《中共上海区委各部委产总联席会议记录》、《特委会议记录》（1927 年 3 月 25 日晨七时），以上见《上海工人三次武装起义》，第 368—269、372、375、385 页。

[2] 《上海总工会在第三次武装起义前给英捕房的声明信》（1927 年 3 月），《上海工人三次武装起义》，第 404 页。

[3] 《特委会议记录》（1927 年 3 月 25 日晨），《上海工人三次武装起义》，第 386 页；并见《全上海工人代表大会记》，《申报》1927 年 3 月 28 日。

的闸北驻军薛岳部调开，而调刘峙部接防，以便对设在那里的上海总工会严加防备。这种情况又引起共产党方面的反弹。立即召开群众大会反对，并派人质问白崇禧，坚决反对调离薛岳。同时还通过市政府致函租界工部局，限三日内“正式表示不复阻止复工”，否则将再行总同盟罢工，此后发生一切问题概由工部局负责。[1] 不仅如此，中共上海区委还要求所有党员必须公开宣传这次革命是在C. P.领导下，大开门户，吸收党员，三个月要征收五万党员，不仅要“造成工商政府，由C. P.操纵”，而且要准备“公开取政”，“包办革命”。[2]

中共中央显然支持强硬的对抗态度。陈独秀在上海特委会上直截了当地鼓动说：中国革命如不把代表资产阶级的武装打倒，中国就不要想革命。只有把此武装打倒，资产阶级才能服从革命的力量。现在上海的资产阶级和国民党右派已经与党军勾结在一起了，“我们如果情愿抛弃上海，就很容易，如果争斗，就要马上动作”。即“右派军队来缴械，我们就与之决斗，此决斗或许胜利，即失败则蒋介石的政治生命［也］完全断绝”。[3]

这时上海总工会属下的工人纠察队其实只有两三千人，“党群众化五万”，受其影响组织的工人约二十五万，占上海工人总数之比并不大。但也正因为如此，共产党人更高度重视这支武装。因为它是共产党人控制工人运动，进而控制上海的关键所在。上海区委明确讲：“上海工人［有］有力武装，上海工人的政治地位与一切行动都有保障，同时C. P.也跟随有力。如果工人武装被解除，则工人又将入于过去黑暗之域。因此，维持工人武装为目前最重要的问题。”[4] 26日，上海共产党人得到消息，江西赣州总工会委员长陈赞贤被军队所杀，南昌、九江国民党左派控制的市党部均被捣毁

[1] 《上海特别市临时市政府为复工问题给法租界公董局的函》（1927年3月26日），《上海工人三次武装起义》，第405页。

[2] 《中共上海区委召开扩大活动分子会议记录》（1927年3月25日），《上海工人三次武装起义》，第398、400页。

[3] 《特委会议记录》（1927年3月25日晚），《上海三次工人武装起义》，第389页。

[4] 《中共上海区委召开扩大活动分子会议记录》；《中共上海区委召开活动分子会议记录》（1927年3月26日下午六时），《上海工人三次武装起义》，第397、399、401、406页。

和解散，因而情绪更加激愤。上海区委正式决定：目前最主要策略就是：“反对反动的新军阀，积极响应宁案，举行反英大罢工，达到收回租界的目的。我们要随时随地准备武装与右派军队发生总决斗。”他们确信：“如果上海工人把右派打倒，租界收回，在革命的前途非常伟大。”[1]

这边蒋介石磨刀霍霍，那边共产党血脉偾张，双方流血冲突已不可避免。然而，此时，中共上海区委收到了莫斯科3月27日的来电。来电提出：“我们认为，长时间地举行总罢工要求归还租界，在现阶段是有害的，因为这可能使上海工人处于孤立状态并便于当局对工人采取新的暴力。最好是组织示威性的罢工，抗议在南京的暴行，而租界问题要同国民政府商量。”中共中央复电申诉，联共（布）政治局28日又再度来电，强硬表示：“请你们务必严格遵循我们关于不准在现在举行要求归还租界的总罢工或起义的指示。请你们务必千方百计避免与上海国民党及其长官发生冲突。”[2] 据此，陈独秀不得不稍加变通。在收到电报当天，他函告中共上海区委，要求他们“表面上要缓和反蒋、反张，实际准备武装组织”，对总同盟罢工，也“要国民党及老蒋同意”。[3] 有陈独秀的指示，中共上海区委决定于第二天，即29日，召开上海市民代表会议举行临时市政府就职典礼时邀请蒋介石出席，以示缓和，并观察蒋之态度。

29日，蒋介石没有出席这场典礼。他不仅不出席，而且致函临时市政府，要求其“暂缓办公，以待最后之决定”[4]。蒋公开否认已经得到武汉中央明令认可的上海临时市政府，不仅表明了决心与武汉中央抗衡的态度，而且预示着双方冲突已迫在眉睫。中共中央因此再电莫斯科，强调准备抵抗的必要。联共（布）中央政治局仍旧坚不同意。它一方面致电在武汉的鲍罗廷，要

[1] 《中共上海区委召开活动分子会议记录》(1927年3月26日下午六时),《上海工人三次武装起义》,第406—409页。

[2] 转见《联共（布）中央政治局秘密会议第93号（特字第71号）记录》(1927年3月31日),《共产国际、联共（布）与中国革命档案资料丛书》(4)，第168—169页。

[3] 《中共上海区委主席团会议记录》(1927年3月28日),《上海工人三次武装起义》，第428页。

[4] 蒋介石:《致上海特别市临时市政府函》(1927年3月29日),《蒋介石言论集》,第四集,第196页。

求他考虑“对蒋介石作出某些让步以保持统一和不让他完全倒向帝国主义者一边”的可能性；一方面电示上海中共中央称：“(1) 在群众中展开反对政变的运动；(2) 暂不进行公开作战；(3) 不要交出武器，万不得已将武器藏起来；(4) 揭露右派的政策，团结群众；(5) 在军队中进行拥护国民政府和上海政府、反对个人独裁和与帝国主义者结盟的宣传。”[1]

恰在这时，汪精卫意外地从国外回到上海，从而使得尚未下定最后决心的蒋介石一度放慢了与共产党破裂的脚步。据邵元冲日记：“此间日内正拟以断然手段处置者，乃不得不暂行延搁。”因“精卫以为武汉诸人，非不可以理喻，故仍拟约彼等来宁，以会议方式解决之云”。[2] 慑于汪精卫在党内的威望，蒋为表示不偏不倚，并为自己留有余地，于4月3日公开发表了一则通电。声称今后将“专心军旅，戮力北伐”，“所有军政、民政、财政、外交诸端，皆须在汪主席指挥之下，完全统一于中央”。[3] 但就在第二天，他就直言不讳地告诉第一、二师的同学们说：有人要我承认武汉中央执行委员会的决议案，我们身为党员，对于本党中央的决议案当然要承认，但也不能盲目。因为本党是有监察委员的，若监察出会议手续不合，或违反主义党纲，就可以宣告无效。“监察委员的特权，我们不能抹杀的。”[4] 蒋的这番讲话当然是有备而发的。因为就在蒋介石发表通电的头一天晚上，吴稚晖等几位监察委员已经秘密开会，通过了弹劾共产党案，决定提请各军警机关将辖区内之共产党人“分别看管监视，免予活动”。[5]

对于吴稚晖等人2日晚的秘密会议及议案，汪精卫并不知情。3日上

[1] 《联共（布）中央政治局秘密会议第93号（特字第71号）记录》。

[2] 《邵元冲日记》，第315页。

[3] 蒋介石：《与汪精卫会晤后通电》(1927年4月3日)，《蒋介石言论集》，第四集，第209页。

[4] 蒋介石：《对第一二师同学训话》《蒋介石言论集》，第四集，第211页。

[5] 参见《中国国民党第二届中央监察委员会第三次全体会议第二号会议录》(1927年4月2日)，台北中国民党党史会藏档，2—6.1/6。注：此件档案与党史会所藏历次监委会，包括二届三次会议第一、三号等之形式明显不同。历次监委会会议录均为内容简单之“议事录”，并无速记录，独此件吴敬恒一人之发言为速记，并另附各项文件。故其真实性令人怀疑。此件是否为事后补录补编，尚待查考。

午蒋介石、吴稚晖、李石曾、蔡元培、李济深、李宗仁、白崇禧、黄绍竑、邵元冲等人一同往孙中山故居与汪会晤。谈到清党问题时，吴稚晖直言相告：“此次监察委员会提出对共产党之弹劾案，必将采断然之处置，故只系通知而非商榷。”汪听罢“怫然”，半晌不语。黄绍竑、李宗仁等急忙出面转圜，一致请汪提出解决良策。“最后乃共依汪精卫氏之主张，暂时容忍，出于和平解决之途。其主张办法，即于四月十五日召集中央全体执行监察委员联席会议于南京，以求解决。在未开会以前，汪精卫氏赞成暂时应急之法数条如下：一、汪精卫负责通告中国共产党首领陈独秀君，立即制止国民政府统治下之各地共产党员，应即于开会讨论之前暂时停止一切活动，听候开会解决。二、对中央党部及国民政府迁鄂后因被操纵所发命令，不能健全，如有认为妨害党国前途者，于汪同志所拟召集之会议未解决以前，不接受此项命令。三、现在各军队及各省之党部团体机关，认为有在内阴谋捣乱者，于汪同志所拟召集之会议未解决以前，在军队应由各军最高级长官饬属暂时取缔，在各党部各团体各机关，亦由主要负责人暂时制裁。四、凡工会纠察队等武装团体，应归总司令部指挥，否则认其为对政府之阴谋团体，不准存在。并闻在会议中提及所有汉口发表之决议案及命令，由中央监委审查，在未审定以前，不能有效。”对此，蒋介石等人均认为可以接受，故“决定暂照此条件进行”。[1]

基于上项应急办法，汪精卫于会后马上找到了陈独秀，转达了蒋介石等人要求共产党员暂停一切活动的提议。陈独秀在百般解释之后，为澄清事实，力辟谣言，当即起草了一份声明书，并力劝汪精卫联名发表。这份由汪、陈合署的宣言4月5日即公开刊登在上海的报纸上。宣言声称，无论是共产党将组织工人政府、冲入租界、打倒国民党，还是国民党将驱逐共产党、压迫工会、解散工人纠察队，所有这类说法，都纯属谣传。国共两

[1] 上海《民国日报》1927年4月8日。另可参见《广州民国日报》1927年4月9日第二版；并见《邵元冲日记》，第315—316页。

党将仍本孙总理的联共政策，亲密合作。[1]

汪精卫与陈独秀的联合宣言，并未达到劝说共产党人暂停一切活动的初衷，反而让蒋“不胜惊异”，因为汪陈宣言中不仅丝毫没有提到要共产党员暂停一切活动的问题，而且汪居然代表国民党保证没有制裁共产党的任何意图。这些无疑与蒋汪等 3 日商定的暂时应急办法大相径庭。[2]

这时，武汉国民政府又有训令要蒋“克日离沪赴宁，专任筹划军事”，并威胁蒋若一意孤行，定将免职除名，决不姑息云云。注意到武汉中央公开宣布决定迁都南京[3]，蒋再也沉不住气了。因为，武汉中央如果真的迅速动身迁来南京，无论政治上还是军事上蒋都将陷入投鼠忌器的困境。甚至今天听命于蒋的各路将领，到时候也难免会首鼠两端。何况汪陈宣言已经证明汪的承诺绝不可靠。考虑到这一危险的后果，蒋自然不能照 3 日所定方针，等汪劝说武汉诸位来宁开会了。在发现汪不打招呼悄悄遁迹之后，蒋更是马上公开发表了与汪精卫的谈话要点，以防汪“巧言惑众”。之后，蒋于 9 日一早转赴南京，表面上是遵从武汉训令，实则双管齐下，准备照江西等地的办法用强力来夺取南京和上海的党政权力。

9 日中午，拥护武汉中央的江苏省党部和南京市党部相继被蒋派组织所捣毁，其工作人员非打即捉。[4] 与此同时，蒋下令查封了直接受武汉邓演达领导的上海总政治部机关，指责其“假借名义，潜植反动势力，妨碍北伐进行，甚至嗾令党羽，引起暴乱，丧失本军之信用，阻碍北伐之大计”。[5] 三天后，即 4 月 12 日，新成立的淞沪戒严司令部正副司令白崇禧、周凤岐，在蒋密令下，以制止械斗为名，再度成功利用青红帮做前锋，在一天之内顺利地缴了纠察队在各处的武装。等到次日总工会组织示威游行，罢工罢市时，

[1] 《国共两党领袖联合宣言》，《申报》1927 年 4 月 5 日第三版。

[2] 《困勉记》卷六，1927 年 4 月 5 日条。

[3] 《中国国民党第一、二次全国代表大会会议史料》（下），第 908—910，925 页。

[4] 《中国国民党中央执行委员会政治委员会第十六次会议速记录》（1927 年 4 月 27 日），台北：中国国民党党史会藏，00—2/3。

[5] 蒋介石：《查封上海总政治部布告》（1927 年 4 月 9 日），《蒋介石言论集》，第四集，第 223 页。

白崇禧等干脆下令军队开枪。失去了武装工人凭藉的上海共产党人，已然成为蒋的俎上肉了。

时至于此，蒋介石不能不公开打出反共的旗号了。4 月 15 日，他正式发布了《清党布告》，宣布了与共产党决裂的决定。布告称 ：“照得此次中国国民党中央监察委员会举发共产党连同国民党内跨党之共产党员等有谋叛证据，请求中央执行委员会各委员在所在各地将首要各人就近知照公安局或军警机关，暂时分别看管监视，免予活动，致酿成不及阻止之叛乱行为，仍须和平待遇，以候中央执行委员会开全体大会处分等因。”[1] 蒋随即电令各军师长，立即拘捕“总政治部主任邓演达、副主任郭沫若及军政治部主任李富春、朱克靖、林祖涵、彭泽湘、廖乾五等以及在师团连各党代表及政治部指导员之跨党分子”。此后，被公开指名通缉的共产党人更达到近二百人之多，鲍罗廷、陈独秀等首当其冲。[2]

当然，这里的所说“和平待遇”，不过是对外的一种说辞而已。对强力政治之运用已得心应手、驾轻就熟的蒋介石，既然将共产党人目为“叛乱”分子，自然也就不会在意下面的人用什么方法去“待遇”了。当有部属来电说明“所拘叛徒此间同志多主严办”时，蒋一纸“叛徒严惩”的批复，便轻易地开启了对政治对手的血腥杀伐之门。[3]

---

[1] 《蒋介石言论集》，第四集，第 225 页。

[2] 《总司令蒋致南京何总指挥、贺军长、鲁代军长、广州李总参谋长、上海白总指挥、周军长等电》（1927 年 4 月），台北“国史馆”藏，蒋中正档案，特交文电 16010245；并见《四 · 一二反革命政变资料选编》，人民出版社 1987 年版，第 115—116 页。

[3] 《陈群致蒋总司令电》（1927 年 4 月 17 日），台北“国史馆”藏，蒋中正档案，特交档案 160478。

第五章

武汉国民党的“联共”和“分共”

蒋介石发动“四一二”政变，其矛头所指，首先是共产党，其次就是国民党左派。这正是为什么南京国民政府发布的公开通缉“共产党首要”197名的名单中，竟会赫然列出当时在武汉的著名国民党领导人徐谦、陈其瑗、詹大悲、邓演达、顾孟余、张曙时一干人等。[1]

南京国民党人因反共而必欲扯上武汉国民党人，理由自然是认定这些国民党人已经与共产党人同流合污。而无论“四一二”事变前，还是事变后，武汉国民党人也的确与共产党人同仇敌忾，甚至已经开始公开把前此的“容共”主张，变成了实际的“联共”政策。只是，宁汉之间在对待共产党人态度上的这种对立，只持续了不过三个多月的时间。7月15日，已经身陷困境的武汉国民党人竟自断臂膀，宣布“分共”，与共产党人分道扬镳，进而很快亦反目为仇。历史发展之戏剧化，莫甚于此。[2]

一、国民党左派的初次结合

国民党之有左、中、右派之分，缘自于1924年国民党“一大”实行改组。改组后的国民党显然形成三股力量，一是新近加入国民党的政治上相当激进的共产党人，其人数虽然有限，但多半被赋予组织上的重任，颇为活跃和积极；一是以廖仲恺、汪精卫、胡汉民为代表的中间力量，他们也是通过这次改组而成为国民党的领导核心的，因而高度忠实于孙中山及其三民主义；一是自同盟会以来，始终位居核心地位，但在此次改组过程中，却因为思想渐趋保守，跟不上国民党组织变革的新思路，而被孙中山边缘化的居正、

[1] 《国民政府通缉共产党首要令》（1927年4月15日），罗家伦主编：《革命文献》，第十六辑，台北：中国国民党中央委员会党史史料编纂委员会，1957年，第54—55页。

[2] 关于这方面的研究值得提到的有刘继曾、毛磊、袁继成撰稿的《武汉国民政府史》（湖北人民出版社1986年版）；王宗华主编《中国大革命史》（人民出版社1990年版），以及李云汉的《从容共到清党》和杨天石主编的《中华民国史》第二编第五卷（北伐战争与北洋军阀的覆灭）（中华书局1996年版），等等。但就武汉国民党分共政策形成经过所做研究最为深入的，仍属蒋永敬的《鲍罗廷与武汉政权》（台北：传记文学出版社1967年版）。

谢持等一批老一代国民党人。这三股力量的出现，不可避免地要在国民党内逐渐形成不同观点、立场以及不同利益上的矛盾以至于冲突。当然，中共自从计划加入国民党之日起，就试图在国民党内扶助和支持起一个由国民党人自己构成的左派势力来。而事实上中共党员以个人身份加入国民党之后很快就发现：所谓国民党内的右派，其实都是些反共分子。如果说国民党里还有一些左派，其实都是我们自己的同志。过去认为孙中山和一些领导人算是左派，现在看来，他们也都只能算是中派，并非左派。“所谓国民党左右派之争，其实是我们和国民党右派之争”。[1] 正是因为注意到这种情况，为了避免自己影响下的民众会受到国民党内右翼分子的影响，中共中央一度甚至决定：“凡非表示左倾的分子，我们不应介绍他入国民党。”[2]

1925 年 3 月孙中山的突然去世，使情况发生了某种变化。处于边缘化的老一代国民党人开始另立中央，形成所谓“西山会议派”。继续留置中央的原被孙中山视为核心力量的中生代领导人，或被杀，或被逐。剩下一个汪精卫，势单力孤。被苏联顾问捧起来的蒋介石虽然得以跻身两大领袖之一，其在国民党内的人望及基础都还相当薄弱。如此领导人，对苏联及其苏联顾问一时过度依赖，并表现左倾，实不可免。与此相映照的是，五卅运动爆发以及省港大罢工等运动的兴起，共产党不仅在组织上迅速壮大，在国民党内日渐居于主动地位，而且因其公开打出自己的旗帜，宣传上咄咄逼人，其影响和声势也空前扩大，从而导致共产党人在四分五裂的国民党内地位空前提高，影响大幅加强。即使应国民党方面的要求，中共中央承诺把自己在国民党中央执行委员会和中央监察委员会里的中共党员人数限制在三分之一，1926 年 1 月国民党“二大”召开后，共产党员还是占据了国民党

---

[1] 《共产党在国民党内的工作问题议决案》（1924 年 5 月），《中共中央文件选集》，第 1 册，中共中央党校出版社 1989 年版，第 230 页；《陈独秀致维经斯基信》（1924 年 7 月 13 日），《共产国际、联共（布）与中国革命档案资料丛书》（1），第 507 页。

[2] 《中央通告第十五号》（1924 年 7 月 21 日），《中共中央文件选集》，第 1 册，第 282—283 页。

实权机构中央党部一个处和八个部里面几乎全部的领导岗位。[1]这也就难怪，连共产国际也会表示担心“共产党的影响太大了”。我们“是否应该使国民党摆脱共产党的影响享有更多一些自由呢？”[2]反对“包办”，主张更多扶植国民党左派力量的提议由此而生。

共产国际的担心，很就被“三二〇”事件的发生和“整理党务案”的出台所证明了。但是，这一切也并没有影响中共对国民党地方组织的实际控制程度。在省一级地方党部以及大量基层国民党组织中，共产党人仍占据着多数领导地位。广东、上海、北京、湖南等几个重要地区的国民党基层组织，几乎还是在共产党人的主导之下。不少地方在国民党内负责的共产党员，甚至为了抵制蒋介石，不接受国民党中央的指挥，不与国民党上级党部发生关系，不经过国民党的组织手续直接按照中共的策略方针行事。即使是中共中央，也习惯成自然地在自己的文件中径行要求各地国民党省党部市党部尤其是上海党部，应如何如何，并具体指示行动的要点。[3]正是因为共产党这时的作用太大，蒋介石虽推动通过了《整理党务案》，力图严格限制共产党员在国民党内的行动，同时却也不得不力主成立国共两党联席会议，在公开承认“两党合作”的条件下，希望能够通过这一联席会议，协商解决两党之间的纠纷，“改善中国国民党与共产党间的关系”。[4]

---

[1] 其中最关键的秘书处、组织部、宣传部、农民部和外事部，全部为共产党员，即秘书处谭平山、林祖涵、杨匏安；组织部谭平山，秘书杨匏安；宣传部代理部长毛泽东，秘书沈雁冰；农民部部长林祖涵，秘书彭湃；外事部部长彭泽民，秘书许甦魂。其余青年部、工人部、商业部、妇女部四个部的部长为国民党人，但事实上工人部部长胡汉民被送去苏联，工作由秘书冯菊坡主持；其他三部的日常工作亦由共产党员的秘书负责，他们分别是黄日葵、黄乐裕和邓颖超。转见《中国国民党全国代表大会暨中央全会资料》（上），第 227 页。（关于彭泽民的中共党员身份，仅据该书之说明。）

[2] 《共产国际执行委员会主席团会议讨论中国问题的速记记录》（1926 年 2 月 10 日），《共产国际、联共（布）与中国革命运动档案资料丛书》（3），北京图书馆出版社 1998 年版，第 44、60 页。

[3] 有关这种情况，王奇生的著作有详细的分析。转见王奇生：《党员、党权与党争——1924—1949 年中国国民党的组织形态》，上海书店出版社 2003 年版，第 79—80 页。

[4] 《整理党务第一决议案》（1926 年 5 月 17 日）；《联席会议组织大纲案》（1926 年 5 月 17 日）；《整理党务第二决议案》（1926 年 5 月 17 日），荣孟源主编：《中国国民党历次代表大会及中央全会资料》（上），第 231—234 页。

很显然，和1925年孙中山去世后的情况相比，“三二〇”事变造成了一种更为复杂的局面。随着西山会议派另树异帜和胡汉民等中派被逐，以汪精卫和蒋介石为首的国民党领导层原本已趋向左倾。如今汪、蒋再度分裂，而汪不辞而别，蒋公开“限共”，刚刚左倾的国民党因蒋的强势而迅速形成一个握有实权、特别是握有军权的“新右派”。但蒋的基础亦不稳固，一方面，国民党这时的军队绝大部分又都是由军阀武装改编而来，基于利益的关系，与蒋介石及其第一军的关系亦十分微妙；另一方面，以蒋之资历，特别是以其军人身份出掌党政大权，不可避免会引起党内相当多的人不满。即使在蒋介石身为校长的黄埔军校中，共产党人的影响也已相当深入，许多年轻学生均是共产党员领导的青年军人联合会的成员，他们也很难接受蒋介石的做法。如此五味杂陈，蒋固然一时左右了局面，却在客观上催生出一个敌对的松散联盟出来。鲍罗廷清楚地看到了这种情况，并明确提出用汪精卫的旗号来组织这支力量的策略。用他的话来说：“在这个时候汪精卫的名字可以把蒋介石的所有对手都联合起来。”[1] 而这样做的一个重要原因，也是因为《整理党务案》把共产党员排挤出了国民党中央的实权部门，且在相当程度上约束了各级共产党员的言论行动，中共已不适宜继续以国民党左派的面貌出面，同以蒋介石为代表的“新右派”进行斗争。在国民党内扶植左派，恰好又是共产国际所反复要求的。如果能够把国民党内不满蒋介石的力量统合起来，不论其是否可以算得上左派，至少也可以便利中共抑制蒋介石一派人的斗争目标。

在经过了将近三年的实际工作之后，中共这时要在普通国民党员和比较年轻的国民党军人当中来组织左派，并不是一件很困难的事情。而考虑到新的斗争形势的需要，中共这时认定左派的标准，也不像过去那样凡事均以是否赞同中共中央的各项具体政策为准。经过一段时间的酝酿，新的左派标准这时已经逐渐形成，这就是否赞同孙中山的三大革命政策，即“联

[1] 《共产国际、联共（布）与中国国民革命运动档案资料丛书》(3)，第371页。

俄”“联共”“拥护工农”。赞同者，即为左派，亦即是革命的；反对者，即为右派，亦即是反革命；对此怀疑动摇者，即为中派，或是新右派。[1] 据此，中共中央这时的基本策略，就是打出“迎汪复职，继续总理联俄联共扶助工农三大政策”的旗号，最大范围地造成和组织左派力量。[2]

但是，真要想形成一股能够对抗国民党新右派的左派势力，仅仅靠左倾的青年军人和激进的年轻党员是远远不够的。尽管中共中央再三强调：没有左派，造也要造出左派来[3]，事实上要造成几个能够被推出来代表左派党员讲话的领导人，也并非易事。正如陈独秀所言：“无领袖的群众又何能成为有组织的争斗？”[4] 问题是，公认的左派领袖汪精卫远适异国，不知踪迹，“一般左派领袖”，政治上与中共亦同样颇多隔阂，故共产党人亦多看不上眼。[5] 他们认定：这些人“对我们虽表示愿与合作，但另一方面不免怀疑 C.P.，觉得 C.P. 可怕”，因而暗含排拒心理。[6] 故他们今天认为某某表现尚可，明天就可能看法大变。如对陈公博，9 月 20 日中共中央的报告中还认为陈属于左派领袖，只是属于“右倾的左派领袖”；一周后在给湘区的信中就强调：“陈公博此人十分不可靠，为要做官可以作出许多无耻卑贱的行动，我们有适当机会必须打倒他。”[7] 对丁惟汾，9 月 20 日还认为与陈公博一样，一个

---

[1] 时任江苏省党部执行委员和宣传部长的柳亚子最先在 1925 年 12 月就已经做过近似的概括。“三二〇”事变后的 1926 年 3 月 30 日，他又进一步将此三点明确化。随后，上海特别市党部所发宣言，以及黄埔军校黄埔同学会等，亦先后公开宣传了同样的观点。转见杨天石：《关于孙中山“三大政策”概念的形成及提出》，《近代史研究》2000 年第 1 期。

[2] 《陈独秀关于国民党问题报告》（1926 年 11 月 4 日），《中共中央文件选集》，第 2 册，第 426 页。

[3] 参见《中共广东区委致党中央的信》（1926 年 10 月 21 日），广东省档案馆编：《广东革命历史文件汇集（1921—1926）》（中共广东省委文件），第 387 页。

[4] 《陈独秀关于国民党问题报告》（1926 年 11 月 4 日），《中共中央文件选集》，第 2 册，第 426—429 页。

[5] 《中央局报告（九月份）》（1926 年 9 月 20 日），《中共中央文件选集》，第 2 册，第 342—343 页。

[6] 《粤闻杂记》（1926 年 10 月 7 日），广东省档案馆编：《广东革命历史文件汇集（1921—1926）》（中共广东省委文件），第 362 页。

[7] 《中央局报告（九月份）》（1926 年 9 月 20 日）；《中央复湘区信》（1926 年 9 月 27 日），《中共中央文件选集》第 2 册，第 342、363 页。

多月后就指其为中派。[1] 对顾孟余，中共中央在正式的报告中虽然把他也列入“左派领袖”之列，在内部议论里却毫不含糊地断言：“顾等是很少希望的”，他们“已不是什么左派、中派，全是右派”，不过在反蒋中有作用罢了。[2] 即使是这时共产党几乎一致认为是“最好的左派”的国民党中央农民部部长甘乃光，只因为其在对待农民运动问题上与共产党人态度有所不同，也很快就被排斥在左派领袖之外了。[3] 这也就难怪，广东的共产党人再三讨论，也找不出谁是真左派，只能把那些看起来摇摆不定的国民党领导人定义为“准左派”。认为对这些人，只能“表面尊重他的独立，但实际上我们要有领导左派群众的实权”，否则难保其不会转而成为中派或右派。[4] 对此，鲍罗廷一言以蔽之：所谓左派，只有国民党名义下的各界民众可以算得上。认为现在上层某人某人为左派，是极其滑稽和靠不住的。[5]

1926 年 10 月，国民党在广州召开中央及各省联席会议。这次会议出席中执监委员 34 人，各省区党部代表 52 人。[6] 中共中央一本前此方针，明确指示各地“多派可靠、赞助汪的代表去出席”，“实在不得已时再派我们同

[1] 《中央局报告（九月份）》(1926 年 9 月 20 日)；《中共中央文件选集》，第 2 册，第 342 页；《KMT 中央地方联席会议经过情形》(1926 年 11 月)，广东省档案馆编：《广东革命历史文件汇集（1921—1926）》(中共广东省委文件)，第 418—419 页。

[2] 《中央局报告（九月份）》(1926 年 9 月 20 日)，《中共中央文件选集》，第 2 册，第 342 页；《秋白由粤回来报告》(1926 年 9 月 15 日发表)，《广东革命历史文件汇集（1921—1926）》(中共广东省委文件)，第 350 页。

[3] 《中央局报告（九月份）》(1926 年 9 月 20 日)，《中共中央文件选集》，第 2 册，第 343 页；《中共广东区委政治报告（2）》(1926 年 11 月 23 日)，《广东革命历史文件汇集（1921—1926）》(中共广东省委文件)，第 434 页。

[4] 《中共广东区委对于左派问题之讨论》(1926 年 10 月)，《广东革命历史文件汇集(1921—1926)》(中共广东省委文件)，第 406—411 页。

[5] 同上，第 408—409 页。

[6] 关于会议代表人数有不同说法。据 1926 年 11 月中共方面的《KMT 中央地方联席会议经过情形》的报告，总共为 86 人，而据 12 月中国国民党湖北省汉口特别市执行委员会印行的《中国国民党中央各省区联席会议宣言、会议之经过、会议决议案、拥护中央联席会议宣传大纲》，则为 80 人。查前者所称“候补执委九，监委三，候补监委三”，均与后者公布的与会代表名单相符，而后者名单中却漏掉了与会的顾孟余、丁惟汾、侯绍裘等人名字，故前者数字应较准确。惟前者称共产党员占代表四分之一，理应有 21—22 人之数，从后者公布的 80 人名单中颇难得到证实。转见荣孟源主编《中国国民党历次代表大会暨中央全会资料》(上)，第 275 页。

志去”。同时，与会的共产党党团亦规定：共产党员均持妥协态度，“凡事均让左派上前”，尤其是对国民党内部事务，“比较取不参与态度，听左派自决进攻中、右派与否”。但即使如此，以张静江为代表的中派或新右派，在会上仍旧受到相当压制。比如，张要指派人代表未能来人的各省出席大会，遭到否决；张内定大会秘书长由中央秘书长叶楚伧兼，与会者四分之三通过另组大会秘书处；张极力淡化迎汪案，并以不知汪精卫所在何处为由，反对派代表迎汪，更是遭到与会者的嗤笑和否定。[1] 会议并且顺利通过了在鲍罗廷推动下形成的带有左倾色彩的《本党最近政纲决议案》。其中尤其重要的是规定了在农村要实行“二五减租”、农民有组织农民协会及农民武装之自由；在城市工人有组织工会及罢工之自由，厂主应给工人适合之工资，例假休息亦应照给，且每星期工作时间不得超过 54 小时等。[2]

国民党中央及各省联席会议的结果，虽然未必让中共中央满意，它却清楚地反映出共产国际的策略主张是成功的。共产党人在会议期间始终保持低调，并不出面，只“帮助使一部分左派能有一比较固定的联合，每日会商一切”，形成统一意见，然后便由他们去冲锋，就能贯彻自己的意志。对于这种情况，被共产党人视为中派的孙科等人都看得很清楚：不管左派怎样闹，“即（只）要找于树德、毛泽东、恽代英、侯绍裘一疏通，会场中便没有问题了”。[3] 中共中央固然说：“左派仍然没有力量，三月二十日的余威也还存在。”[4] 许多左派分子不可靠，且彼此多不信任，有些人更是投机。[5]

---

[1] 《KMT 中央地方联席会议经过情形》（1926 年 11 月），广东省档案馆编：《广东革命历史文件汇集（1921—1926）》（中共广东省委文件），第 419 页。

[2] 《本党最近政纲决议案》（1926 年 10 月 21—22 日），《中国国民党历次代表大会暨中央全会资料》（上），第 286—288 页。

[3] 《KMT 中央地方联席会议经过情形》（1926 年 11 月），广东省档案馆编：《广东革命历史文件汇集（1921—1926）》（中共广东省委文件），第 416 页。

[4] 《中共广东区委致党中央信》（1926 年 10 月 24 日），广东省档案馆编：《广东革命历史文件汇集（1921—1926）》（中共广东省委文件），第 394—395 页。

[5] 《KMT 中央地方联席会议经过情形》（1926 年 11 月），广东省档案馆编：《广东革命历史文件汇集（1921—1926）》（中共广东省委文件），第 417—422 页。

如今“无论何事，左派均先问C.P.意见，C.P.不表示，便不敢做。就是此次K.M.T.中央与各省党部联席会议，还几乎是C.P.包办，C.P.不包他们便无法办”。[1] 但是，陈独秀等人也不能不承认：一个可以利用来制约蒋介石的左派力量正在形成。特别是由于这次会议上左派不仅取得了优势，而且在中共帮助下有了联合的组织，不论其今后可靠与否，他们“反右拥汪”的斗争勇气和热情必会大增，从而必能促进各地左派分子活跃起来。他们甚至相信，“左派的胜利是有把握的”。[2] 据此，中共中央明确提出：“现在不能拿赞成解决土地问题做真正左派的标准。”实际上，国民党内部的分化，突出地表现在对工农运动的态度上。国民党中一般游移分子，自两湖工农运动突起之后，均“恐怖而表现右倾”。一是害怕工农运动太过激进，伤害城市工商阶级和农村士绅阶层，并刺激列强各国政府，妨碍北伐进行；二是相信民众势力都握在中共手中，民众运动太过发展，等于中共势力不断扩大，结果必然会削弱国民党的地位。在这种情况下，中共中央认为，即使只是扶植起“一些和右派不同不能和右派合作的左派，做我们和右派间的缓冲，也有很大的作用”。故国民党内，凡赞成工农运动者，特别是在农村，赞成“减租减息，组织自由，武装自卫，反抗土豪劣绅，反抗苛捐杂税，这些迫切的要求”者，亦即拥护10月联席会议公布的“最近政纲”者，均可视同左派。[3]

10月联席会议之后，国民党内拥护三大政策和拥护汪精卫的呼声日渐高涨，但正如陈独秀所言：“联席会议的结果，表面是左派胜利，实际议决自议决，实际掌握政权的蒋介石，执掌党权的张静江、丁维汾等浙江派山东派，均藐视决议案而日行其右倾政策毫无所顾忌。”[4] 因此，要想将所谓左

[1] 《陈独秀关于国民党问题报告》(1926年11月4日),《中共中央文件选集》,第2册,第425—429页。

[2] 《KMT中央地方联席会议经过情形》(1926年11月)，广东省档案馆编：《广东革命历史文件汇集（1921—1926）》(中共广东省委文件)，第422页。

[3] 陈独秀:《政治报告》(1926年12月13日)、《关于国民党左派问题议决案》(1926年12月)，《中共中央文件选集》，第2册，第561—562、572—575页。

[4] 陈独秀：《政治报告》(1926年12月13日)，《中共中央文件选集》，第2册，第561页。

派国民党人结合起来，形成力量，根本改变二届二中全会后所形成的带有军事独裁性质的权力格局，就靠鲍罗廷再度运用策略手腕了。因为，只有鲍罗廷有能力利用国民党高层中间已有的矛盾，造成一部分领导人与蒋介石等人之间的对立，从而把那些原本摇摆不定的国民党领导人绑到“反右拉汪”的战车上来。

这个机会很快就被鲍罗廷抓住了。10月22日，蒋介石致电张静江、谭延闿，力主迁都武汉。[1] 鲍罗廷和中共中央最初均不同意，但至11月中旬，注意到蒋的总司令部在南昌，广州中央迁移武汉需要一个过程，蒋因下一步军事行动的需要亦不可能改驻武汉等情况，鲍罗廷已经意识到这是一个从蒋介石及其亲信夺回国民党中央权力的大好机会，因而很快改变态度，支持中央党部和国民政府北迁。鲍特意约同徐谦、宋子文、孙科、陈友仁和宋庆龄等，以调查各省党务、政务为名，先行启程北上。到12月5日，中央党部和国民政府才依据11月26日中央政治会议临时会议的决定，宣告停止办公，分批北上。正是利用了这一时间差，鲍罗廷组织先到武汉的国民党及国民政府的负责人，以党政核心不能停止运转为由，提议由徐谦、孙科、蒋作宾、柏文蔚、吴玉章、宋庆龄、陈友仁、王法勤，再加上湖北政府委员会主席邓演达、湖北省党部常务委员董必武，组成一个临时联席会议，并于12月13日正式宣告成立，通过这种方法轻而易举地就把党政权力从蒋介石的手中夺了回来。[2] 直到这时，蒋介石才开始意识到上了鲍罗廷的当。因为迁都是他自己所提议，鲍罗廷等人的理由亦无隙可击，蒋自然不好公开反对。但他还是很快做出了反应。张静江等刚到南昌，蒋即将同行的谭延闿、林祖涵、朱培德、何香凝、顾孟余、陈公博等召集在一起，以中央政治会议第六、七次临时会议名义，宣布党部和政府暂驻南昌，待召开二届三中全会之后再定最后驻地，在武汉则另立政治分会，以取代临时

[1] 转见杨天石：《关于孙中山“三大政策”概念的形成及提出》，《近代史研究》2000年第1期，第134页。

[2] 《广州民国日报》1926年12月17日。

联席会议。但是，蒋介石出尔反尔，理由牵强，且武汉临时联席会议不过暂代中央权力，随着党政领导人陆续抵达，即可取消。再加上其代行中央职权已成事实，诸多内外工作已经展开，突然改变，对国民党自身影响及损失都太大。因而蒋骤改前令一事，备受非议。鲍罗廷乘机再提“三大政策”观点，暗示蒋对联俄、联共、扶助农工“三大政策”态度暧昧，并推动徐谦、孙科等原本即不满蒋军事独裁企图的国民党领导人，发起“恢复党权”运动，这就进一步阻塞了蒋介石前往武汉、再度用张静江等夺回中央权力的可能性。如此一来，蒋介石不仅再无力改变迁都武汉的决定，而且武汉的国民党领导人也多半站到了拥护“三大政策”和拥护汪精卫的旗帜之下。蒋介石用来左右中央党部和国民政府的“浙江帮”，彻底地被孤立了起来。[1]

迁都一旦成为事实，鲍罗廷、共产党和国民党众多领导人第一位的目标，就是马上召集二届三中全会，一改二届二中全会所造成的权力格局。对此，蒋介石自然是痛心疾首，深恶痛绝。[2] 但是，蒋并非没有政治头脑。不到摊牌的时候，他不能公开反对召开中央全会。不过，在极强的自尊心的作用下，蒋坚持会议必须等他到武汉后再行召开，即试图以此来显示其不可或缺的权力核心的重要地位。[3] 蒋并非不准备参加会议，为此他特别派其亲信陈果夫前去武汉参加会议前期工作，但他告诉陈：“他们能等我，等到 3 月 12 日开会，就相信他们有诚意。”[4]

对此，武汉方面自然不会毫不知情。在 3 月 7 日谭延闿等带着蒋介石口信来到武汉，在当日召开的会议上，他们再三主张会议延期，并强调不要因为会期问题引起党内分裂。但会议中支持谭者仅李烈钧和陈公博两人而

---

[1] 参见杨天石：《关于孙中山“三大政策”概念的形成及提出》，《近代史研究》2000 年第 1 期，第 136—143 页。

[2] 《困勉记》卷六，1927 年 3 月 5、6、7、8 日各条。台北国史馆藏蒋中正档案。

[3] 《困勉记》卷六，1927 年 3 月 3 日条。在武汉方面同意将会期由原定 3 月 1 日延至 7 日以后，蒋介石坚持会议至少还要再延至 3 月 12 日才行。

[4] 转见杨天石：《关于孙中山“三大政策”概念的形成及提出》，《近代史研究》2000 年第 1 期，第 148 页。

已，徐谦和孙科的态度明显左右摇摆，既想杀下蒋之威风，又不想真的造成对立。宋庆龄从始至终未作表态。国民党人中仅顾孟余坚持会期不宜再延。结果，事实上起决定作用的还是共产党人。因为其人数居多[1]，态度一致，并且坚持在不足法定人数的情况下投票表决，决定如期开会。[2]

1927年3月10日，国民党二届三中全会在蒋介石缺席的情况下，于武汉正式召开。出席会议者执行委员18人，候补中委11人，候补监委4人。国民党二届三中全会显然满足了众多武汉国民党领导人改变二中全会后权力格局的愿望。而中共中央公开致函国民党中央，斥责蒋介石公开扬言制裁共产党，质疑国民党中央为何不“明白制裁”蒋之言行[3]，更是极大地推动了会议通过一系列针对蒋介石的决议。如会议通过的《统一领导机关案》，取消了二中全会以后实行的带有独裁性质的主席制，决定在中央执行委员会闭会期间，由常务委员会对党、政、军事行使最终议决权，并设立政治委员会和军事委员会审议政治、军事问题，交中央执行委员会指导国民政府执行。[4] 会议通过的《军事委员会组织大纲》则规定，军事委员会必须由中央委员中军事人员与文职人员两部分人组成，并设立主席团，主席团之决议和命令须4人签名方能生效，总司令、前敌总指挥及军长等，必须由军委会提出报中央委员会任命。[5] 与此同时，会议还通过了《统一外交决议案》、《统一财政决议案》等，严禁个人干预外交与财政。[6] 所有这些决议案

---

[1] 关于出席会议人数，该日会记录记为25人，但从发言的情况看，记录似漏记了唐生智，同时多记了经亨颐等7人。见《中国国民党历次代表大会暨中央全会资料》（上），第742页。另外，当天与会的国民党人仅7人，即：徐谦、孙科、顾孟余、宋庆龄、陈公博、谭延闿、李烈钧；共产党员却有9人，即恽代英、吴玉章、于树德、林祖涵、彭泽民、董必武、毛泽东、许甦魂、江浩。

[2] 《中国国民党第二届中执会第三次全体会议预备会记录》（1927年3月7日），中国第二历史档案馆编：《中国国民党第一、二次全国代表大会会议史料》（下），第742—754页。

[3] 《中国共产党中央委员会致中国国民党中央委员会函》（1927年3月13日），台北党史馆藏档，汉13750。

[4] 《中国国民党全国代表大会暨中央全会资料》（上），第316—317页。

[5] 同上，第321—324页。

[6] 同上，第318—320页。

的矛头所向，都非常清楚地指向蒋介石，并旨在剥夺蒋通过二中全会所取得的种种特殊的权力地位。而为了限制蒋介石的“封建思想”[1]，会议甚至通过决议，取消了军事政治学校的校长制，改为委员制，意在阻止蒋介石利用校长身份和权力培植私人势力。[2] 与此同时，会议还通过了《统一革命势力决议案》，主张立时召开国共两党联席会议，讨论“由共产党派负责同志加入国民政府及省政府”，“共同担负政治责任问题”。[3]

二届三中全会改选了党政军领导机构。张静江被全面排除在党政领导机构之外。蒋介石仅当选中央常务委员、政治委员会委员、军事委员会委员和军事委员会主席团成员，未能当选政治委员会主席团和国民政府常务委员。相反，跨党的共产党人谭平山、吴玉章、林祖涵等再度进入党政领导核心。而与在党、政、军三方面均高票当选，并进入最高领导机构的汪精卫、徐谦、谭延闿等人相比，蒋之权力失落极其明显。这种情况显示，武汉的国民党人，已经于不期然中开始成为了左派的大本营，并且从蒋介石手里夺回了党政的最高权力。

二、武汉国民党政策的左倾

作为国民党“左派”的大本营，武汉方面这时最突出的表现，就是对民众运动，特别是对中共领导下的工农运动，采取了相当开放的态度。

1926 年 10 月 10 日武汉占领后，中共随即宣告组成湖北全省总工会，进而推动各级工会如雨后春笋般产生出来。受国共两党宣布的工农政策影响，武汉地区要求提高工资、缩短工时、改善待遇的罢工运动顿时此伏彼

[1] 孙科语，见《中国国民党第二届中执会第三次全体会议速记录 · 第一日速记录》（1927 年 3 月 10 日），《中国国民党第一、二次全国代表大会会议史料》（下），第 809 页。

[2] 见《关于军事政治学校之决议案》（1927 年 3 月 17 日），《中国国民党全国代表大会暨中央全会资料》（上），第 326 页。

[3] 转见《中国国民党一、二次全国代表大会会议史料》（下），第 774 页。

起。仅据不完全统计，10月间武汉工人罢工平均一日尚不足一起，11月中旬以后已达一日数起。两个月多一点的时间里，竟发生罢工一百五六十起，参加人数二十多万。[1] 这样一种情况也不是中共计划中的事情。中共湖北党组织最初只是针对英资企业收买工人、开除工会领袖的情况，提出了煽动英资企业工人罢工的斗争方法，但明确规定“对中国资本家取外交的手腕”，事先调停协商，非万不得已不应罢工。中共湖北党组织没有想到，由于工人原本的工资太低[2]，各企业工会又相互攀比，不管英资、日资，也不管外资、中资，纷纷以追求最大幅度的生活改善为目标，从而使武汉工潮渐渐失控，很快就出现了“商店歇业，工厂停机，市面萧条”局面。[3]

除了到处发生工潮以外，湖北省总工会还模仿香港海员大罢工时的经验，组织起拥有3000人规模的武装工人纠察队，每日持械巡街，“纠察工贼”，维持秩序。在这一过程中，逐渐出现“左”倾错误。例如代替政府职能，“随便逮捕人，组织法庭监狱，检查轮船火车，随便断绝交通”，动辄以武力制裁敢于反抗的厂主、店主，封闭乃至于“没收分配工厂店铺”等。[4] 又如郭聘伯案。郭早年追随孙中山，后加入共产党，中共组织湖北工团联合会并发动京汉铁路大罢工时，曾积极参与，并担任工团联合会机关报《真报》社长，大力宣传过马克思主义和俄国革命经验。“二·七”惨案后，《真报》被封，郭渐渐回归国民党，于1923年11月被开除党籍。[5] 后因协助国民党人覃振

---

[1] A.B. 巴库林著，郑厚安等译：《中国大革命武汉时期见闻录》，中国社会科学出版社1985年版，第26—30页。

[2] 据国民党人的讲演和武汉工会方面的说法，一般工人的工资水平都是在七八年前定下的标准，而这些年来物价却已上了三倍之多。参见《蒋总司令忠告武汉工商界》，上海《民国日报》1926年12月21日第一张第三版；《武汉店员总工会整饬工会纪律宣言》，《汉口民国日报》1927年2月8日第三张第一页。

[3] 《中央局报告（十、十一月份）》（1926年12月5日），《中共中央文件选集》，第2册，第536—537页；《上海荣宗敬联合同业致汉口劳资仲裁委员会函》（1926年11月30日），《纺织时报》，1926年12月13日，转见刘继增等《武汉国民政府史》，湖北人民出版社1986年版，第118页。

[4] 《刘少奇致洛甫信》（1937年2月26日）、《湖北全省总工会第一次代表大会宣传大纲》（1926年12月31日），以上见曾成贵等编：《中国近代工人阶级和工人运动》，第六册，中共中央党校出版社2002年版，第116—118、142—145页。

[5] 《中国共产党党报》第1号，1923年11月30日。

组建汉口执行部，与同时受命组建汉口国民党执行部的共产党人刘伯垂等发生冲突。其后，郭仍在武汉从事工人运动，北伐军夺取武汉时，意图另立工会系统，在武汉占领后不久即被省总工会逮捕，送交总政治部要求严惩。罪名是勾结军阀，破坏国民党汉口特别市党部，导致刘伯垂等入狱，并组织假总工会与武汉各工会冲突。由于总政治部一时取证困难，且无法可依，使此案迁延多时。总工会再三催促，公开限令政府必须在某日某时之前，将郭等“绑赴济生三马路执行枪决”。否则，将召集武汉所有工友向政府请愿，不达目的不止。[1] 国民党省市党部“为应付环境”，临时组织人民审判委员会，将郭等依总工会宣布罪状处死了事。[2]

湖北省总工会及其下属工会此时权力之大，已远非广州的省港罢工委员会可比，因而也早就引起了国民党内蒋介石一派人的严重不安。留守广东的总参谋长李济深率先在广州采取措施，限制工人罢工及工会的权利。[3] 1926 年 12 月初，蒋介石召集政治委员会第三次临时会议，就武汉工运提出几点要求：(1) 不许工会擅自拘人；(2) 严厉禁止持械游行；(3) 工人不得擅自封锁工厂、封闭商店；(4) 工人不得向工厂或商店强取一切什物。会议提出对军工业、金融业、交通业以及与公共生活有直接关系之其他事业，当工人和企业间发生纠纷时，必须绝对服从仲裁委员会之裁判。[4] 时为武汉卫戍司令的陈铭枢也曾通令湖北全省总工会，要求其约束工人擅自逮捕，以至处决人犯等不法行为。然而，总工会显然没有把陈铭枢放在眼里，

[1] 《湖北全省总工会公函》(1927 年 4 月 14 日)，台北党史馆藏档，汉 11444。

[2] 党部在总结此一事件时曾说明：当时组织人民审判委员会处决郭聘伯等，仅为“应付环境”，故办事不免“太过草率”。《湖北省党部、汉口特别市党部过去九个月之工作报告》(1927 年 6 月 5 日)，台北党史馆藏档，2.4/44。

[3] 正式规定包括不得官厅准许不得成立工会，更不准征收会费及组织纠察队；“工会工人未得政府之许可不得滥捕工人商人或犯及他人身体”；“不得没收商店工场之商品及器物”；“不得封锁工场或妨害商人自行作业”；“工人不得携带武器棍棒等作示威游行”，等。上海《民国日报》1926 年 12 月 31 日第一张第三版。

[4] 转见蒋永敬：《鲍罗廷与武汉政权》，(台北) 传记文学杂志社 1972 年版，第 214—215 页。

委员长向忠发对此曾复函严加驳斥。[1]

其实，对于武汉工人运动中出现的种种严重情况，中共中央、共产党湖北地方组织也十分清楚。[2] 为安抚国民党人，中共领导的湖北省总工会也受命不止一次地公开声明和做出承诺。如1926年12月总工会召开第一次代表大会时，在宣传大纲中就专门针对大批手工业工人和店员迫于生活压迫而要求加薪，造成中小商人极端困难的情况，专门解释过，说：“我们知道中小商人是很困苦的，然而这是因为帝国主义和军阀压迫剥削的结果，不能因此遂不以工人店员之最低生活要求为然。”大会希望双方能够相互体谅，共渡难关。[3] 又如，湖北省总工会领导人之一，共产党员李立三在1927年1月中旬更特别向各界说明最困难的阶段已经过去了，说：“武汉的工人是为中国革命利益而奋斗，他们决不违反这个原理，有过分的希望。但是有几点事实，亦是要请大家谅解的：第一点工人要能安心革命，生活上之困难不能不要求减少。第二点，工人要参加革命，对于每日二十小时工作时间，不能不要求缩短。第三点，工人要能自由参加革命工作，不能不要求改良待遇。在久被压迫状况之下的湖北工人，有此三种最低限度的要求，平情论之，当不为过。所以在以往一月之间，不断的发生工潮，亦即为此。”但是，他保证：由于各界，特别是党部给予了援助和指导，故并未发生重大问题。且“刻下此项情形已经平稳的过去了。现在谨诚恳的报告，我们的党及党的领袖对于这个问题，可以不必耽（担）心”。[4]

严格地说，中共中央这时在工人政策上的方针，与武汉国民党人并没有太大的分歧。武汉工潮所造成的影响，至少在经济也还没有表现得特别

[1] 其函称：本工会并无私擅逮捕之情事发生，各工会虽有出于“工人之革命积极表示”，扭送工贼请求惩办各案，均“证据确切”，且“在手续上并无有不当，在革命上且为必要之行为，安能视为擅自逮捕，不法行为？”函中并讥讽陈铭枢道：“贵司令……是否无地用武，必须向工农团体示威？”《湖北全省总工会致武汉卫戍司令部函》，天津《大公报》1926年11月28日第七版。

[2] 陈独秀：《政治报告》（1926年12月13日），《中共中央文件选集》，第2册，第560—568页。

[3] 转见曾成贵等编：《中国近代工人阶级和工人运动》第六册，刘明逵主编，中央党校出版社2002年版，第142—145页。

[4] 《汉口民国日报》1927年1月16日第一张第一页。

严重[1]，因此，武汉国民党人这时多半也都相信这种情况只是一时的现象，逐步可以恢复常轨。由于这时武汉国民党人对内的首要任务是“恢复党权”，对外的首要工作是解决因 1927 年 1 月上旬汉口、九江事件所引发的收回租界运动，这些在在都需要工农民众的理解和撑腰，故他们对共产党人领导下的武汉工运的情况，暂时还没有表现出特别的不安。

武汉国民党人初期对湖南工农运动的态度也大致如此。湖南最为引人注目的是农民运动。1926 年年底，已有七十多个县建立了农民协会，有组织的农民发展到五十余万人。[2] 湖南农民在支援国民革命军北伐的过程中，表现出了高度的热情。就连十分害怕工人运动的蒋介石，这时也明确主张乡村农运应当发展。[3] 故军事行动甫一结束，湖南农民就以同样的热情投身到建立农民协会，组织农民自卫军和打倒贪官污吏、土豪劣绅，以改造乡村政权的斗争中去了。而由于湖南各地县政府多半并未改造，团防一类地方武装仍掌握在旧势力手中，因此，各地农民一旦起来，不免会与掌握团防的豪绅地主及当地官厅发生冲突。据报道：“打倒土豪劣绅已成普遍口号，捉了送省政府的，送县政府的，捉了戴高帽游乡的层出不穷。”[4] 甚至“有直接击毙或处罚土豪劣绅的，有逼迫县长执行枪决的，有向县署提出要求，县署办不到，动辄聚众包围县署的”。[5] 故运动伊始，就出现了“华容民众打死土豪、资兴县部驱逐知事，茶陵拘警所所长游街等”轰动全省的事件。

如同湖北一样，湖南省总工会和省农协也是掌握在共产党人的手中，甚至就连省党部委员主要也是跨党的共产党人。因此，尽管是在国民党省党部和省政府的眼皮之下，共产党人还是经常在长沙大张旗鼓地公开显示

[1] 据报，到 1927 年 1 月中旬，物价较武汉占领之日，平均上涨约七成左右。《汉口民国日报》1927 年 1 月 21 日第二张第二页。

[2] 《两大会联席会之第六日》（1926 年 12 月 13 日），湖南省博物馆编：《湖南全省第一次工农代表大会日刊》，湖南人民出版社 1979 年版，第 186 页。

[3] 《中共中央文件选集》，第 2 册，第 562 页。

[4] 《湖南农民要求乡村政权之迫切》，《汉口民国日报》1927 年 1 月 25 日第一张第一页。

[5] 初民：《什么是农民运动目前实际需要的政纲》，《汉口民国日报》，1927 年 3 月 7 日第一张第二页。

自己的力量。1926 年 11 月 7 日，即十月革命纪念日当天，湖南有数十个县份发起举办纪念活动，长沙四十多个支部到处张贴“第三国际万岁！”“中国共产党万岁！”一类的标语，近郊五千多农民扛着大旗，高呼口号，进城参加庆祝活动。12 月，中共发起召开湖南全省第一次工农代表大会，“工人农民群众二十余万人”[1]，声势浩大地齐集长沙省教育会前坪做开幕式。会场内外大幅张贴着马克思、列宁的头像，大会日刊也是连日以马克思、列宁的画像做封面。[2]

对此种种，无论是武汉国民党中央，还是湖南省党部及省政府中人，都表现出相当宽容的态度，且努力予以配合。[3] 其重要原因是，中共这时的方针很明确地也是以国民党联席会议的政纲来作为解决目前农村中问题的依据的。只赞成打倒农村中的土豪劣绅，反对扩大打击面到一般地主，也反对动辄加人以反革命名目。[4] 不仅如此，一旦工农运动发生较大问题，湖南的共产党领导人还会主动去对国民党人进行解释工作，并商量解决的办法。故湖南的国民党领导人与共产党人之间的关系颇为融洽。党政部门对农民运动的态度也较为积极。如省民政厅即配合各地农会与团防斗争激烈的情况，发文要求各县组织民众团体，改选团防局正副局长，“以免土豪劣绅专政”。[5] 省党部亦向省政府提议：“一、各县纠纷（即是民众同土豪劣绅冲突）不是坏现象，应认为是革命过程必有的现象，政府当站在民众方面，使民

---

[1] 20 万之数恐系夸大，此种夸大当时已成风气。据冯玉祥记，孙科、徐谦 1927 年 5 月见冯时，即抱怨“每一次的开会，总说到了二十万人，或是十多万人，而实际到会的人众连一万也不够”。见冯玉祥：《我的生活》，岳麓书社 1999 年版，第 519 页。

[2] 日刊总共出 24 期，20 期封面均为共产党人（包括社会主义青年团员）的画像，其中 6 期为马克思，3 期为列宁，3 期为卢森堡，另外黄爱、庞人铨、黄静源、汪先宗各 2 期。国民党人仅孙中山有 3 期，廖仲恺有 1 期。并见《湖南全省第一次工人农民代表大会开幕纪盛》，《湖南全省第一次工农代表大会日刊》，第 22 页。

[3] 国民党中执委农民部、湖北省党部、湖南省党部、湖南省代主席、建设厅、民政厅等，均有贺电贺信或致词。《湖南全省第一次工农代表大会日刊》，第 28—30、47、170—171、226—229 页。

[4] 《湖南（十月份）民校运动报告》（1926 年 11 月下旬），《中共中央文件选集》，第 2 册，第 321—323 页；谢觉哉：《国民革命与工农阶级》（1926 年 12 月 6 日），《湖南全省工农第一次代表大会日刊》，第 140—146 页。

[5] 《湘政府严防土豪劣绅》，《汉口民国日报》1927 年 1 月 11 日第三张第三页。

众得到胜利。二、对反革命处置，不可姑息或妥协，革命和反革命不能并存，我不攻彼，彼必反噬。三、处置反革命不适用普通法律（因政府有将土豪劣绅送法院惩办之事），宜用革命手段。”[1] 据此，即使对杀人一事力主持慎重态度的湖南省政府，也于 1 月 4 日正式成立了审判土豪劣绅的特别法庭，试图在规范各地反土豪劣绅斗争的同时，也表明支持这一斗争的态度。它主张：今天惩治土豪劣绅，并不是对付其个人的罪恶，其目的是要打倒造成土豪劣绅的罪恶制度和环境。故其方针是“惩一儆百”，“如果现在已服从革命，以前罪恶可不追咎（究）”。与此同时，它亦明白宣称：凡“故意与民众为敌，希图反动势力复苏，那就应当绝对不姑息的处治”。[2]

这时候，社会上已经出现两湖工农运动“过火”之说。当湖南各地越来越多的著名士绅和地主被捉、被杀[3] 之后，这种非议更有所发展。但 1926 年 11 月底，斯大林和共产国际执委会鲜明地提出了“土地革命”的方针，断言中国革命已经发展到必须要提出土地问题的阶段。鲍罗廷等人因此提出，湖南农民革命其实还不够激烈。他公开告诫武汉国民党人：对以中小地主为代表的中国反革命的社会基础，绝不能取温情主义。他说：因为军阀及其军队阻碍革命，我们从广东到武昌的路上杀了很多，可是对于农村里那些剥削农民、同样阻碍革命的大人先生，我们拿一个指头去碰一碰他们都不敢，“公道与正义何在？”他明确主张：“对于剥削农民的用刺刀去刺死他，刺死反革命的基础，如像刺吴佩孚的军队一样。这样国民党才不

[1] 《土豪劣绅之末日》，《汉口民国日报》1927 年 1 月 13 日第三张第四页。

[2] 同上。

[3] 仅据报载，到 1927 年 1 月，湖南农民已捕毙著名地主士绅数十名。如：“宁乡的杨致泽，岳阳的周嘉淦，华容的傅道南，孙伯勋，乃农民与各界督促政府枪毙的。如湘潭的晏容秋，乃农民与各界强迫县长直接枪毙的。宁乡之刘昭，乃农民直接打死的。如醴陵之彭志蕃，益阳之周天爵，曹云等，则正待‘审判土豪劣绅特别法庭’审判后处决。”另外如华容张荫祚、宁乡的彭伯阶均被农民打死，罗昌、傅道南、孙锐义被捉起待杀；汉寿农民捉了梅实，要求县署枪决；南县夏炎、浏阳娄绍德、嘉禾王泽民、华容姜子林等，亦在待判之中，农民并要求处决湘阴的左炳生，湘乡的罗楚德，郴县的曹游龙。见《汉口民国日报》1927 年 1 月 13 日；前引毛泽东《湖南农民运动考察报告》，《战士》第 35—36 期合刊，1927 年 4 月；1927 年 1 月 28 日《湖南民报》(八)。

至于落后。”[1] 为此，他甚至提出：“农民受压迫过久，稳健分子不易起来。是要痞子、流氓做先锋，真正农民才得起来。”[2]

共产国际执委会第七次扩大会议决议明显地对中共领导人产生了影响。1月20日，毛泽东时任中共中央农民运动委员会书记，他在湖南全省第一次工农代表大会讲演，还在宣传中共中央此前的农村政策的主张。强调：“我们现在还不是打倒地主的时候，我们要让他一步”，现在是国民革命，“在国民革命中是打倒帝国主义军阀土豪劣绅，减少租额，减少利息，增加雇农工资的时候”。[3] 一个半月之后，在得知了共产国际决议，并亲身去湖南省几个县进行了实地考察，观点发生了根本性的改变。他以空前的热情肯定农民的革命性，极力称赞农村中那些“踏烂鞋皮的，挟烂伞的，打闲的，穿绿褂子的，赌钱打牌四业不居的”出来做“革命先锋”，赞成农会“有土必豪，无绅不劣”的口号，支持“将地主打翻在地，再踏上一只脚”。他并且倡言：“革命是暴动，是一个阶级推翻一个阶级的暴烈的行动”，“每个农村都必须造成一个短时期的恐怖现象，非如此决不能镇压农村反革命派的活动，决不能打倒绅权，矫枉必须过正，不过正不能矫枉”。[4]

毛泽东的考察报告也迅速得到了中共中央政治局委员瞿秋白的高度重视，不仅推荐发表，而且亲自作序宣称：农民要的是政权，是土地，他们自然要触犯绅士先生和私有财产，“他们要不过分，便只有死，只有受剥削！中国农民都要动手了，湖南不过是开始罢了”。[5]

这个时候，受到上述观点影响的，也有不少是国民党人。1927年2月以后，武汉国民党人对农民运动的态度就明显地变得激进起来了。邓演达、

---

[1] 《鲍顾问在省党部第四次代表大会之演说》，《汉口民国日报》1927年1月8日第一张第四页；《鲍顾问在湖北省党部第四次代表大会上之演说辞》，《汉口民国日报》1927年1月23日第一张第一页。

[2] 转见长沙《大公报》1927年2月22日第七版。

[3] 《湖南全省第一次工农代表大会日刊》，第339—340页。

[4] 见《战士》第35—36期合刊，38、39期，1927年3—4月。

[5] 转见《瞿秋白文集》政治理论编（4），人民出版社1993年版，第572页。

孙科等均纷纷表态，或赞扬当今农民“在乡村中从事打倒反革命的土豪劣绅，为国民政府除去心腹之患，并且为将来民主社会的建设奠定了一个坚固的基础”；或宣传必须要解决土地问题，才能真正解放农民，最终成就国民革命。[1] 他们宣称：如果因为要实现最近政纲中的要求不得不围县署、杀土豪，根本说不上是什么“暴动”或“反常”。[2] 甚至公开演讲称：农民兄弟“多打一个土豪劣绅，就是多做了一件革命工作”。[3] 以甘乃光为部长的国民党中央执委会农民部发表宣传大纲，一面批驳农会是所谓土匪、农民运动是所谓痞子运动的说法，一面主张：第一，要解决农民的痛苦，必须实行“耕者有其田”；第二，“土豪劣绅贪官污吏和种种反革命势力不能够用和平的方法打倒，我们要用我们的锄头镰刀爽爽快快地把他们压服下来”。[4] 而唐生智等湖南省的国民党领导人，这时也公然宣称：“现在对地主、对资本家正是进攻时期”，甚至还异口同声地赞同鲍罗廷关于“痞子流氓做先锋”的观点，声称“专靠做农运的几个人，是不成功的”。[5]

在这样一种气氛下，原本主张“惩一儆百”，不咎既往的湖南省政府，在其制定《惩治土豪劣绅暂行条例》时，也没有将这一方针写入其中。该条例认定：凡凭借政治经济力，或其他特殊势力（如团防等），在地方有下述行为者，均应以土豪劣绅治罪。（一）反抗革命或阻挠革命者。（二）反抗本党或阻挠本党及本党所领导之民众运动者。（三）勾结逆军盗匪蹂躏地方者。（四）杀害人民及纵火决水强奸掳掠者。（五）压迫平民因而致人有死伤或损失者。（六）苛索民财或假借名义敛财肥己者。（七）擅理民刑诉讼，或包揽词讼压迫平民者。（八）破坏或阻挠地方公益者。（九）侵蚀公款者。

---

[1] 孙科：《国民革命中之农民运动—为湖北省农民协会第一次全省代表大会作》，《汉口民国日报》1927年3月6日；邓演达：《现在大家应该注意的是什么？》，《汉口民国日报》1927年2月18日第一张第一页。

[2] 初民：《什么是农民运动目前实际需要的政纲》，《汉口民国日报》1927年3月7日第一张第二页。

[3] 《湖北农运之困难及最近策略》，《汉口民国日报》1927年6月10日第二张第三页。

[4] 中国国民党中央执行委员会农民部：《总理逝世两周年纪念对农民宣传大纲》，《汉口民国日报》1927年3月7日第二张第一页。

[5] 《省农民协会昨日欢迎顾问纪事》，长沙《大公报》1927年2月22日第七版。

凡犯以上第一款至第四款之罪者处死刑、无期徒刑，或一等有期徒刑。凡犯第一款、第三款、第四款之罪者，并得没收其财产。凡犯第五款、第七款之罪者处死刑、无期徒刑、或二等以上有期徒刑，并得没收其财产一部或全部。凡犯以上第八款之罪者，处三等以上有期徒刑。凡犯以上第九款之罪者，未满500元者，处四等或五等有期徒刑，或拘役并科千元以下之罚金；500元以上，未满千元者，处二等至四等有期徒刑，并科2000元以下之罚金；千元以上，未满3000元者，处一等或二等有期徒刑，并科6000元以下之罚金；3000元以上者处死刑或无期徒刑，并没收其财产。[1] 而后湖北省推出的《惩治土豪劣绅暂行条例》，也照样搬用，只是稍稍细化了相关的内容。反抗革命或阻挠革命者一条，加上“作反革命宣传者”；勾结逆军盗匪蹂躏地方一条，在“地方”之后又加上了“党部及党部人员”；将杀害人民及纵火决水强奸掳掠一条，改为“与匪通谋坐分赃者”；压迫平民致人死亡或损失者一条，分做致人死亡和致人有伤害或损失者两条；擅理民刑诉讼或抱揽词讼压迫平民者一条，改为挑拨民刑诉讼，从中包揽，图骗图诈者。同时增加两条，一是包揽乡间政权，武断乡曲，劣迹昭著者；一是欺凌孤弱，强迫婚姻，或聚众掳掠为婚者。其刑罚力度大致相同。[2]

由以上条例内容可以看出，这时两湖地区的国民党人，对定性“土豪劣绅”并无严格和客观的标准。尤其是第一款反抗革命或阻挠革命，及作反革命宣传者；第二款反抗本党或阻挠本党所领导之民众运动，全凭指控者主观认定。其他像包揽乡村政权，劣迹昭著，和破坏或阻挠地方公益诸条，也都极易引起争议。如前湖南省议员程子枢，只因过去一直反对女权运动，反对女子应享有继承私产和受教育的权利，此时即被省总工会捉起来送去特别法庭，指为反革命，要求枪毙。特别法庭经审议后，虽然认为仅以其身为省议员期间公开反对女子应享有继承私产和受教育的权利一事，就处

[1] 《湖南省惩治土豪劣绅暂行条例》，长沙《大公报》1927年1月29日第六版。
[2] 《湖北省惩治土豪劣绅暂行条例》（1927年3月10日），台北党史馆藏档，汉1573。

以死刑过重，但仍认定其曾经触犯惩治土豪劣绅暂行条例第二款，即阻挠过本党所领导之妇女运动，最后判处 10 年有期徒刑。[1] 又如曾做过清朝吏部主事，实为一顽固守旧文人的叶德辉，这时亦被省工会送特别法庭，指为反革命，要求枪毙。特别法庭审议后，认为要求合理，故宣布“罪无可逭”的罪状五条：(一）前清时即仇视革新派，戊戌政变残杀革命人物，为内幕主张之人。(二）充筹安会会长，称臣袁氏，促成袁氏称帝。(三）赞成吴佩孚武力统一，并主张赵恒惕受北京政府任命。(四）军阀迭予要职，利用其封建思想发表封建式之文字，为反动之宣传。(五）为省城著名反动派领袖及著名土豪劣绅。叶因此被当众处决。法庭援引判处叶死刑的依据，就是《湖南省惩治土豪劣绅暂行条例》第一款及第二款之规定。[2] 然而其所举 5 条罪状中，有实质内容的 4 条不仅多为陈年旧事，罪不及死，而且指叶为惨杀谭嗣同等“内幕主张之人”，也没有根据。

当然，最足以表现武汉国民党人支持工农运动的，还是他们在工农运动受到打击时所表现出来的积极赞助的态度。这时最典型的有两个事件。

一是阳新惨案。1927 年 2 月 28 日，湖北省阳新商会会长朱仲炘等以反对农协劈祖宗牌位、掘祖宗坟墓为名，煽动百余人，将省农民协会特派员成子英、县农协秘书谭民治、区农协负责人王德水、县工会组织部长曹树元等九人，绑架到城隍庙前，淋上洋油，当场烧死。[3] 省党部为此激烈致函中央执行委员会称：“近来关于惩治土豪劣绅案件几于无县无之，而贵会历次覆文均谓须依法审判。半年以来，除经广大民众直接打倒之土豪劣绅外，迄未见贵会依法惩办一人。所谓依法审判，亦仅徒闻斯语。是政府方面对于土豪劣绅过于优容，适予自辈以反动之机会，因之阳新、监利、汉川、麻城、夏口、钟祥、潜江等县，捣毁党部，焚杀党员之惨案，遂接踵而起，风声所播，蠢蠢思动者，乘机爆发，将更演于不可收拾之势。此种责任，应由政府负之。

[1] 《大公报》1927 年 4 月 27 日第六版、1927 年 5 月 1 日第六版。

[2] 《叶德辉判死刑》，《汉口民国日报》1927 年 4 月 14 日第二张第二页。

[3] 《阳新惨案之前因后果》，《汉口民国日报》1927 年 3 月 16 日第一张第一页。

如不急图补救，实足以摇动革命之基础。……望此后勿违反广大民众之请求，勿授此辈反动之机会，速将已经捕获或急待捕获之土豪劣绅，一律以革命手段处置，务于最短期间肃清反革命之下层势力，以遏乱源。”[1] 国民党二届三中全会随即通过《阳新惨案处理决议案》，并委派邓演达、吴玉章、毛泽东为委员，与湖北省党部、湖北省政务委员会、省农民协会开联席会议。会议决定指令农民部派专员带两连军队前往阳新查办。结果，县长被撤职，公安局长被拘捕，捕获杀人凶手 20 余名，在公审大会上处决了其中的 7 名。随后还抓住了外逃的朱仲炘与另两名主犯余老三和冯心斋，将 3 人一并处决。而随后阳新各乡农民一举处死了 45 名绅士，并没收财产达 100 万元。[2]

二是武昌血花世界事件。3 月 10 日，向忠发致函国民党中央党部称：“敝会本日下午一时在血花世界总理纪念堂开纪念总理逝世二周年各工会宣传队全体会议将完毕之际，突有自称中央军事政治学校学生百余人蜂拥冲入会场，将宣传队员肆行乱打，并捕去宣传队员四人，重伤者十余人，失踪者尚未查明数目。”[3] 经查，当日中央军事政治学校与工会会员均在血花世界开会，军校同学误入工会开会会场，恰好听到场内有人高呼“打倒军事独裁！”“提高党的威权！”“一切权力属于党！”等口号，因部分军官和同学不能接受有人公开反对蒋介石的行动，于是当即拘捕工友 4 人，押送去公安局及总司令部。因两单位均拒绝收受，不得已又押回学校。发觉此事后，学校当局立即组织学生连日召开党部及直属组长联席会议，做出决定：派代表赴总工会道歉；派代表慰问被捕工友；集合全校同学欢送被捕工友；并登报声明解释误会，和将反动分子开除党籍学籍。[4] 经过一系列调查与会议，最终经由国民党中央执行委员会常务委员会第五次扩大会议讨论批准，

---

[1] 《省党部请严办土豪劣绅》，《汉口民国日报》1927 年 3 月 10 日第一张第一页。

[2] 《维经斯基在共产国际执行委员会主席团会议上的报告》（1927 年 6 月 22 日），《共产国际、联共（布）与中国革命运动档案资料丛书》（4），第 328—329 页。

[3] 《向忠发致中国国民党中央党部公函》（1927 年 3 月 10 日），台北党史馆藏档，汉 11743。

[4] 《军校反动分子扣留查办》，《汉口民国日报》1927 年 3 月 15 日第三张第一页。

除已潜逃者请通缉13人外，决定开除反动军官和学生20名。总计开除党籍学籍者24人，开除党籍1—3月并由校当局记大过1—2次者19人，警告者38人，无罪者3人，诬告反坐者1人。[1]

三、工农运动与军队的反动

国民党二届三中全会召开时，工农运动在各地占据绝对优势。各地都先后出现了激烈反抗的情况。1927年2—3月间，仅据报载，在湖北一地，就先后有汉阳、阳新、监利、新堤、麻城、汉川、夏口、钟祥、黄冈、天门发生了捣毁国民党党部和农协，残杀国民党员和农协会员的严重事件。在武汉，工会的势力虽然依旧占据着绝对的优势，但是经济形势变得十分严重，企业倒闭者日渐增多，总共9个纺织厂，一个歇业，一个厂主跑掉，其他减产均在30%左右，营业全部亏损，金融财政状况更是变得十分困难。武汉政府的财政预算要1200万元，而各省自顾不暇，政府只能就湖北一地来取得收入，但湖北的收入还不到300万[2]，故政府不得不一面靠大量发行国库券凑数，一面开始通过盐斤加价、煤油特捐和集中现金等办法，向百姓进行征发来维持财政了。在这种情况下，要求限制工农运动的声音自然逐渐高涨起来。为此，中共中央也明令两湖地区党组织采取措施，防止“过火”。因此，从2月开始，共产党人已经在接连发布文件，开始约束工人运动。

最先采取行动的是中共湖南区委。1月下旬，常德工会借反英运动，领导所有外国资本的企业以及教会学校、医院等职工，发起罢工运动。工会要求规定最低工资不得低于20元，并以此为基础按比例增加所有职工的工资；职工遇有婚丧喜事应预支半年工资；没有正当理由辞退职工，应发给3年工资的退职金；每年应发给15个月工资；实行八小时工作制；为职工提

[1] 《中央执行委员会致中央军事政治学校函》（1927年4月5日），台北党史馆藏档，汉13072。

[2] 参见《中国国民党第一、二次全国代表大会会议史料》（下），第1024—1028页。

供住房和伙食，或者每月发给十元钱房贴和伙食费；每年给假一个月，另春节放假半个月，元旦放假3天，一切革命节假日均应放假并保留工资，等等。由于外国人不能接受这种要求，工会即派出纠察队包围了所有工厂企业和学校、医院等，“甚至包围了洋人的私宅，不准洋人同外界随便联系。洋人陷于一片张惶失措的境地”。各国领事集体抗议，并命令所属国民全部离湘。[1]此事闹得沸沸扬扬，难以收场。2月6日，中共湖南省委率先发布了关于城乡工人运动的原则的通告。指出：过去对各地工人运动“我们取的放任态度，未能积极管理，以致有些地方闹得很糟。等到发生问题时，我们想去管理，又无一个普遍的原则，于是零碎应付，困难丛生，甚至与农民运动与商人都起冲突。我们现在在国民革命过程中，亟需一个各阶级的联合战线，不仅要巩固此一联合战线，而且还要极坚强、极妥善地运用此一联合战线。若是照上面的情形听它延长下去，是再危险也没有的”[2]。两天后，湖北省总工会也发出严整纪律21条规定，明令工人在工作上应受工厂或店家管理人之正当指挥，并应遵守工厂之正当规则；工会不保护违犯正当厂规之工友；工人受工厂或店家管理人之压迫与虐待，应即报告工会，先用和平方法交涉，不得擅自争打暴动；工人与厂主店东之间如发生争执，非经两次之和平交涉，不可有罢工等行动；纠察队不得有任意打人抓人及其他违犯纪律之行动；严禁工人一切敲诈勒索等非法行为；严禁工会绑人游街；严禁工人打工人。[3]

然而，这个时候两湖的工农运动，事实上已经处于某种无政府的状态之中了。武汉国民党中央也曾试图指导和约束工人运动，但除了政府出面组织的湖北劳资委员会能够起到一些调解作用以外，所发文件通常都是一纸具文。如1月26日临时联席会议就曾经明确提出：汉口各人民团体应约

---

[1] A.B. 巴库林著，郑厚安等译：《中国大革命武汉时期见闻录》，第65—66页。

[2] 《中共湖南区委关于“乡村工人运动的原则”的通告》（1927年2月6日），湖南省总工会等编：《湖南工运史料选编》，第二册，1984年版，第462—466页。

[3] 《湖北省总工会严整纪律的二十一条规定》，转见《中国近代工人阶级和工人运动》，第六册，第162—163页。

束会员，不得自行捕人及其其他越轨行动。[1] 几天后，临时联席会议也发布通告，“禁止人民个人或团体自动处罚”。[2] 结果是决议也写了，通告也发了，马上就有工会给国民党中央来了一个下马威。汉阳机器工会因与周恒顺机器厂和胡德顺木样厂厂主发生矛盾，竟派纠察队封闭了两家工厂，将一家厂主五花大绑置于工厂空地上，将另一家厂主关进厕所，同时把两家厂主的家眷，连同婴儿一并监禁起来，禁绝饮食，甚至不许哺乳。此事虽经汉阳机器联合会紧急函告武汉国民党中央，国民党中央执委会也转请省总工会出面调解，但汉阳机器工会还是将两家厂主及其家眷关押了数天，直逼对方做出让步，并交上罚款，才算了事。[3] 其实，不要说下层工会，就是总工会，也常常是各行其是。如 3 月间，水电公司就发觉燃煤即将用尽，于是开了一张 1.3 万两银子的支票去向日本三井洋行买煤，结果却被正缺经费的总工会得知后拿去，说是派有别的用途。尽管此举可能导致整个汉口发生停电，但在外交部长陈友仁将此事提出于国民党中央政治委员会时，却没有人能奈总工会何。[4]

因为无政府主义在工人运动中流行，各级工会往往只考虑工人自身的利益，不可能从政府和全局的角度来约束工人的要求，就是对总工会也时常阳奉阴违，各行其是。结果就形成了经济形势越困难，工人要求改善生活的标准越高，越是满足工人的要求，经济情况也就愈加恶化的一种恶性循环。

仅这时武汉的情况为例。经过一个多月的罢工和政府出面组织的劳资仲裁委员会的调处之后，到 1926 年年底，武汉各行各业工人店员的工资都得到了较大幅度的提升。据总工会报告称：“原有之最低工资者已提高到一倍半，其次亦加到一倍，最少者亦加到三成”；工作时间也较前大为缩短，“最高者十二小时，有一二特殊情形者亦应限制不得超过十四小时，普通者多

[1] 蒋永敬：《鲍罗廷与武汉政权》，第 236—237 页。
[2] 同上，第 259 页。
[3] 《汉阳机器联合会致蒋总司令张谭二主席函》（1927 年 2 月 4 日），台北党史馆藏档，汉 11349。
[4] 《中国国民党第一、二次全国代表大会会议史料》（下），第 1042 页。

1923年8月14日，孙中山与永丰舰官兵合影。永丰舰即后来著名的中山舰，以该舰之名命名的著名事件即为1926年的“中山舰事件”（又称为“三二〇事件”）

1923年10月，孙中山在广州召开中国国民党党务讨论改组计划，共产党员谭平山、李大钊分别被指派为临时中央执行委员会委员和和候补委员。图为与会者合影

1924年1月，国民党第一次全国代表大会，共产党员连同社青团员人占大会代表的四分之一，国共两党由此开启了党内合作的历史

国共合作推动了国民党地方组织的发展。图为1924年5月国民党上海执行部成立后举行庆祝孙中山就任非常大总统三周年纪念会时留影。前排左起：邓中夏、喻育之、孙铁人、茅祖权、张继、胡汉民、汪精卫、谢持、叶××、向警予；中排左二周颂西、左三韩觉民、左四叶楚伧、左五王荷波、左七何世桢；后排左起：刘伯伦、毛泽东、向昆、沈泽民、葛健时、×××、罗章龙、恽代英、邵力子、周佩箴

国民党在苏联帮助下创建了黄埔军官学校，开始培养自己的军事干部。图为1924年6月16日孙中山主持黄埔军校典礼，前排孙中山右边的军人为黄埔军校校长蒋介石，左边戴眼镜者为胡汉民

1924年6月16日，蒋介石（中立者）在黄埔军校与孙中山合影。图中左立者为何应钦，右立者为王柏龄

1925年7月1日，广州国民政府成立。台阶上前排左起：二为许崇智（军事部长）、三为汪精卫（政府主席），四为胡汉民（外交部长）、五为孙科、六为廖仲恺（财政部长）、七为林森

1925年11月23日，国民党半数中执委及中监委在北京西山举行会议，决议反对“联俄容共”，史称“西山会议”

孙中山的得力助手，也是孙中山容共政策的积极支持者廖仲恺，于1925年8月20日遇刺身亡，引发国民党内部的进一步分化

廖仲恺手迹：不问动机，但观结果；杀身成仁，死得其所

1925年8月因廖仲恺遇刺，苏联顾问鲍罗廷力推汪精卫与蒋介石合作，汪精卫、蒋介石从而成为国民党政治、军事两大领袖

1925年3月12日孙中山突然去世后，苏联政治总顾问鲍罗廷一度成为群龙无首的国民党中央的“太上皇”

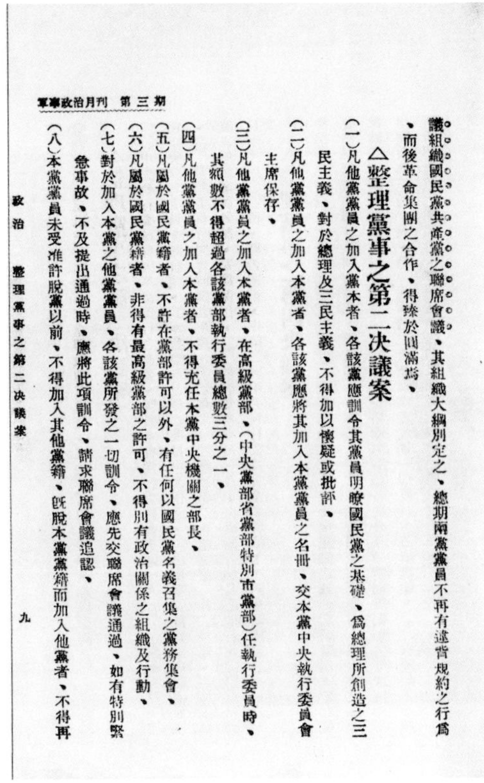

議組織國民黨共產黨之聯席會議、其組織大綱別定之、總期兩黨黨員不再有違背規約之行爲、而後革命集團之合作、得臻於圓滿焉、

△整理黨事之第二決議案

(一)凡他黨黨員之加入黨本者、各該黨應訓令其黨員明瞭國民黨之基礎、爲總理所創造之三民主義、對於總理及三民主義、不得加以懷疑或批評、

(二)凡他黨黨員之加入本黨者、各該黨應將其加入本黨黨員之名冊、交本黨中央執行委員會主席保存、

(三)凡他黨黨員之加入本黨者、在高級黨部、(中央黨部省黨部特別市黨部)任執行委員時、其額數不得超過各該黨部執行委員總數三分之一、

(四)凡他黨黨員之加入本黨者、不得光任本黨中央機關之部長、

(五)凡屬於國民黨籍者、不許在黨部許可以外、有任何以國民黨名義召集之黨務集會、

(六)凡屬於國民黨籍者、非得有最高級黨部之許可、不得別有政治關係之組織及行動、

(七)對於加入本黨之他黨黨員、各該黨所發之一切訓令、應先交聯席會議通過、如有特別緊急事故、不及提出通過時、應將此項訓令、請求聯席會議追認、

(八)本黨黨員未受准許脫黨以前、不得加入其他黨籍、既脫本黨黨籍而加入他黨者、不得再

1926年5月15日，国民党二届二中全会通过蒋介石等人提出的限制、排挤共产党的“整理党务案”，蒋介石迅速崛起，开始集党政军大权于一身

1926年7月，国民政府开始发动北伐战争，国民革命军总司令蒋介石在北伐誓师典礼上演讲

1926年北伐战争期间江西农村组织起来的梭镖队

1927年年初，在北伐军的推动下，湖南省在共产党人的努力下创立了全省农民协会，图为协会出版的《农民画报》

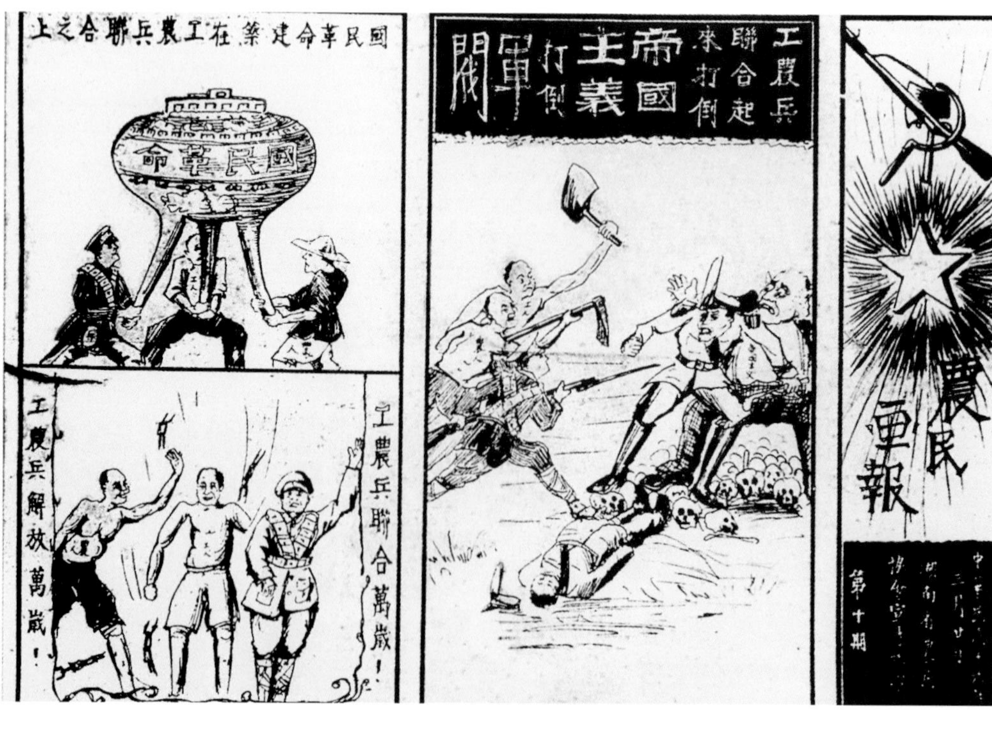

1927年年初，中共领导下在上海组织起来的工人纠察队

1927年3月10日，国民党二届三中全会在汉口召开，会议通过了限制蒋介石权力的决议

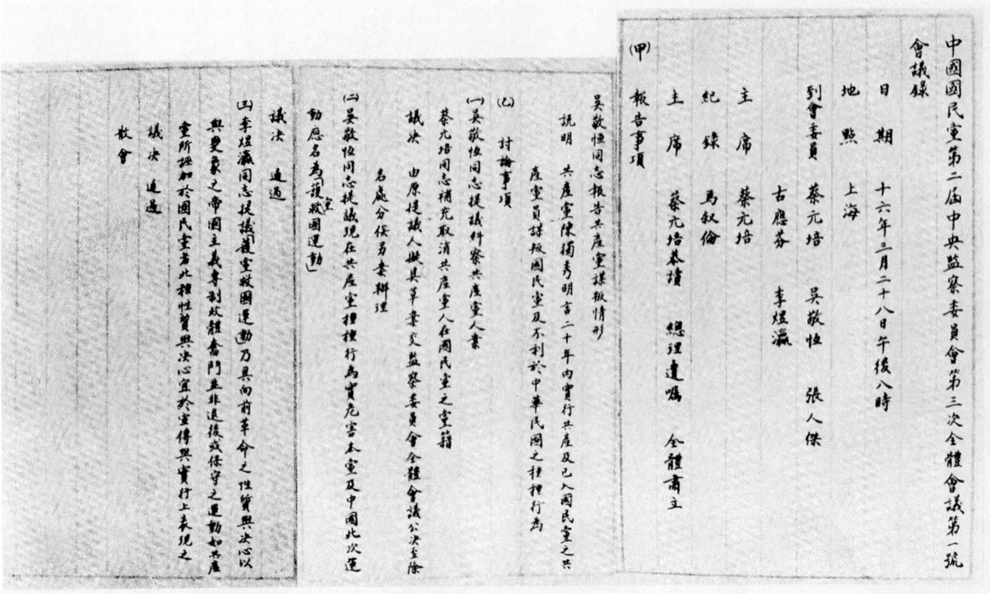
中國國民黨第二屆中央監察委員會第三次全體會議第一號

會議錄

日期 十六年二月二十八日午後八時

地點 上海

到會委員 蔡元培 吳敬恆 張人傑 古應芬 李煜瀛

主席 蔡元培

紀錄 馬叙倫

(甲) 報告事項

主席 蔡元培恭讀 總理遺囑 全體肅立

吳敬恆同志報告共產黨謀叛情形

說明 共產黨陳獨秀明言二十年內實行共產及已入國民黨之共產黨員謀叛國民黨及不利於中華民國之種種行為

(乙) 討論事項

(一)吳敬恆同志提議糾察共產黨人案

蔡元培同志補充取消共產黨人在國民黨之黨籍

議決 由原提議人擬具草案交監察委員會全體會議公決查除

名處分俟另委辦理

(二)吳敬恆同志提議現在共產黨種種行為實危害本黨及中國此次運動應名為「護黨救國運動」

議決 通過

(三)李煜瀛同志提議「護黨救國運動」乃具向前革命之性質與決心以與更象之帝國主義專制政體奮鬥並非退後或保守之運動如共產黨所誣加於國民黨者此種性質與決心宜於宣傳與實行上表現之

議決 通過

散會

1927年2月28日，国民党中央监察委员吴稚晖等发起“救党护国运动”，决议取消共产党人在国民党之党籍，实行清党

中華民國十六年六月五日 清黨日刊

清黨日刊

打倒破壞國民革命的共產黨

打倒企圖消滅中國國民黨的共產黨

打倒剝削工人的共產黨

打倒欺騙無產階級的共產黨

1927年6月开始发行的以“打倒共产党”为目标的国民党《清党日刊》

1927年4月18日，蒋介石为首的一批国民党人另立国民政府于南京，开启了南京国民政府的时代

1927年6月10日，武汉国民政府主席汪精卫等前往郑州会晤冯玉祥，试图影响冯的国民军站到武汉政府一边来

1927年6月20日，南京国民政府主席蒋介石来到徐州，会晤冯玉祥，冯决定与南京方面合作

1927年7月15日，“革命的汪精卫”最后也不能不宣布“和平分共”了

1927年国共关系破裂后，中共举起苏维埃革命的旗帜，靠“打土豪分田地”的口号吸引贫苦农民投身革命。图为红军的宣传标语

红军总政治部在江西中央苏区出版的《红星画报》，经常介绍宣传苏联的成就

进占苏区的国民党军政工人员在清除共产党的宣传标语

围剿江西苏区的国民党军在临川至南丰的要道上设立碉堡

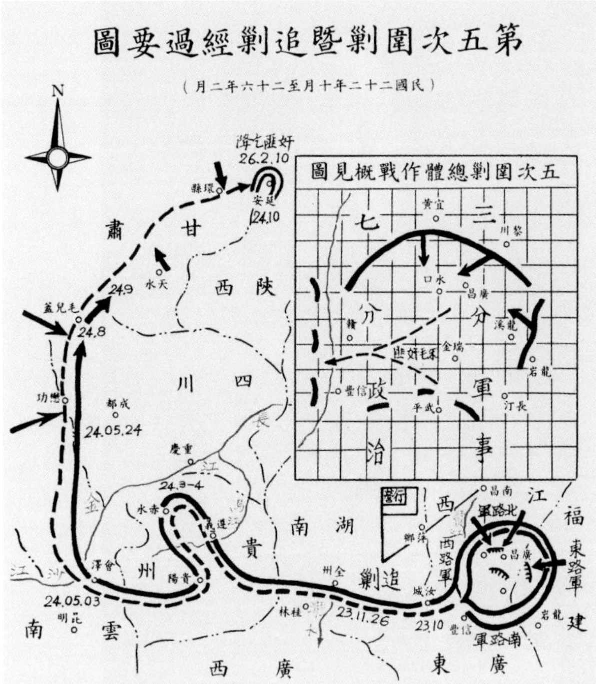

蒋介石指挥的针对江西苏区的第五次“围剿”迫使中共中央和中央红军撤出了南方根据地，向西转进寻找落脚点。图为国民党方面绘制的“追剿”路线图

1934年10月占领中共江西苏区后，南京大张旗鼓地举行所谓“剿匪”胜利庆祝会

1930年代中期，即将成就国家统一的蒋介石，志得意满

经过艰难跋涉，辗转来到陕北的毛泽东，身形削瘦

系规定八九小时”。在其他待遇方面，工人店员等均“取得星期休息、例假及医药死伤抚恤等，如女工产前后之休息，照给工资，童工学徒增加工资与改良待遇”等。[1]然而，由于种种原因，包括劳动成本大幅增加等，进入1927年1月以后，物价又有进一步上扬，在一定程度上抵消了部分工人店员刚刚得到的实惠。于是，各个工会的要求，以及劳资仲裁委员会的解决标准也随之提高。[2]尽管政府方面以至于共产党人都曾强调要照顾到中小资产阶级的困难，但工人店员方面并不理解。他们甚至一面依据省总工会的要求宣布整饬纪律，一面却公开为自己要求进一步提升工资待遇而进行辩白。声称：“说某店管事因工友要求条件吞烟毙命，就是说某店因店员要求加薪，而致折本。要知工友要求，不外加资减时，究与管事何干，甚至而吞烟呢？”更何况，工友“今日所求，亦不过望店主少赚一点给我们以些少牙慧，又何至因此而折本！”如果真有折本，那也要怪“交通梗塞，帝国主义的经济操纵所致……只能归咎帝国主义者及军阀吴佩孚、张作霖等逆与本省之一切反革命派的骚扰破坏，绝不能说是我们要求加薪的原故”。[3]由此不难了解，工人和厂主、店主，乃至于和政府之间对问题的理解，差距何其之大。因此，即使是总工会，也不能不进一步提高工人工资的要求条件。如总工会1927年1月下旬就进一步规定：最低工资不得低于每月13元，每日工作时间不得超10小时，特别工作时间（指必须两班倒者）最多不得

[1]　《湖北全省总工会第一次代表大会宣传大纲》（1926年12月31日），转见《中国近代工人阶级和工人运动》，第六册，第142—145页。

[2]　如劳资仲裁委员会1926年12月所定提高工资标准，与1927年1月实际推行的提高工资的标准，就有很大出入。原定每月6元者提高为12.2元；7元者提高为14.1元；8元者提高为18元；9元者提高为17.1元；10元者提高为18元；11元者提高为18.7元；12元者提高为19.2元；13元者提高为19.5元；14元者提高为21.5元；15元者提高为21.75元；至1月时已改成6至15元者一律加12元。16元以上原定最多加7元，越高者加得越少，21元以上至30元者仅加3元，30元以上者仅加2元；至1月的标准，16元至20元者均加11元；21元至25元者均加10元；26元至30元者均加9元；31元至35元者均加8元；31元以上者均加7元。参见A.B.巴库林著，郑厚安等译：《中国大革命武汉时期见闻录》，第18—19页；《劳委会最近解决之条件》，《汉口民国日报》1927年2月9日第三张第一页。

[3]　《武汉店员总工会整饬工会纪律宣言》，《汉口民国日报》1927年2月8日第三张第一页。

超过 12 小时。[1]

当然，各个企业劳资纠纷解决情况因具体环境会有所不同，很多工厂工人工资的改善其实并未能达到上述标准，然而不少店员工会则迫使商家做出了高于总工会规定的水平的让步。但还需要注意的是，工人店员经济收入的提高，也并不仅仅体现在增资减时上，相当一部分改善是体现在几乎所有劳资纠纷中都会碰到的其他待遇问题上的。如工人店员病假、休假、探亲、女工产假与哺乳，企业得负担工资；工人店员因伤病失业之养老、因工伤死亡之抚恤，企业亦得支付相当费用；而且企业还得向工人提供伙食费、工装费、探亲交通费，以及一定的教育费等，阴历年底还应分红或发双薪。除了工资待遇大幅提高以外，工人店员休假也较前大大增加了。除每周得休息一天外，全年还得以享受元宵、端午、中秋、五一、国庆等各放假一天，春节放假三天或一周。再加上政府、工会等频频有集会游行之事，2 月一个月即有初四、初五、初九、十一、十五 5 天集会和游行，如此全年不工作天数就已超过 100 天了。即使不考虑工资等金钱方面的改变，仅据对武汉几家纺织厂调查的劳动时间和生产效率方面情况，已可以很清楚地看出厂家这时如何不亏本。据统计，2—3 月间，工会平均每月要举行罢工游行 4 次，昼夜便损失 8 个工；过去每 10 天休息一天，吃饭不停工，现在每 7 天休息一天，每班吃饭休息 45 分钟，如此昼夜又损失 4 个工；因病假要给医药费并照发工资，每一名工人请假，厂方即须请一人替班，如此厂方等于要付出差不多三个工人的工资；而因为厂方无监督检验可能，一些工人没病佯称有病，一千多人的工厂，经常有几十人，甚至上百人请病假不上班，其损失程度更是可知。至于革命以来工厂普遍发生的怠工问题，因厂方无辞退权，工会又必定为工人袒护，自然也是愈演愈烈，以至"纱断不绝，休息吃烟，借上厕所中彼此坐谈，暗地偷睡等怪状，层现迭出"[2]。对于这种情况，

---

[1] 《湖北全省总工会第一次代表大会宣言及决议案》(1927 年 1 月 21 日)，转见《中国近代工人阶级和工人运动》，第六册，第 154—155 页。

[2] 中央执行委员会工人部：《武汉纺织业生产及营业概况报告书》，台北党史馆藏档，汉 13157。

就连武汉国民党领导人也有亲身感受。据孙科、徐谦讲：“他们在衣铺定做两套衣裤，过了约期，老是取不到手。质问老板，我们现在都是处在打而不倒的境地，工人每天出去游行示威，工作连天地停顿着。他们仅只回店来吃饭，吃完饭，又出去开会或是游行。我们本要停止营业，可是停业又要受工会的处罚。现在勉强开着，事实上等于停业。你们做的衣服不要说两个星期不能交货，就是再过两个月，还是不会做的出来。”[1] 大批工厂商店陷到如此困境之中，再加上因战争关系和租界冲突，导致长江上下游和南北铁路交通几近中断，武汉的经济形势日趋恶化，已是必然。

经济和金融形势进一步恶化，引起了武汉国民党领导人的重视。实际上，二届三中全会提出并通过的《统一革命势力决议案》，虽然包含着两党之间进一步密切合作的意向，同时却也从一个侧面反映出武汉国民党人希望改变中共包办工农运动的一种心理。决议之所以会把解决与共产党“共同指导”民众运动，“特别是农民与工人运动”的问题，放在第一条，显然不是共产党人自己的主意。[2] 当然，这也并不等于说，武汉国民党人已经开始在工农运动的基本政策上与共产党人发生了怎样重要的分歧。甚至，邓演达等人还在想着如何进一步深入革命的问题。根据他的提议，国民党中央批准由徐谦、顾孟余、邓演达和共产党员谭平山、毛泽东组成中央土地委员会，试图立即着手准备解决土地问题的方案，就是最明显的例证。邓演达明确指出：中国革命要真能成功，非得到中国最大多数的农民拥护不可。但是要农民群众拥护我们革命，非要解决土地问题不可。故“应由此会确定一个实行分给土地与农民的步骤，以做成乡村间普遍的革命现象”[3]。也正因为如此，尽管武汉国民党人未必想要与蒋介石一派人公开破裂，事实上，二届三中全会召开之后，双方走向全面冲突，已经不可避免了。

[1] 见冯玉祥：《我的生活》，第 519 页。

[2] 《中国国民党第一、二次全国代表大会会议史料》（下），774 页。

[3] 《中央执行委员会常委会第五次扩大会议速记录》（1927 年 4 月 2 日），《中国国民党第一、二次全国代表大会会议史料》，第 914—915 页。

3月16日，被蒋委以负责江西省执行委员会的段锡朋，在“呈准总司令部”后，即组织人员先是封闭了左派报纸《贯彻日报》，进而冲击受命于武汉中央的九江市党部。次日更一举捣毁了市党部、总工会、第六军政治部、农民协会等处，导致左派国民党人死伤二三十人。[1] 3月23日，总司令部特务处副处长温建刚等人又在安庆组织与武汉任命的党部对立的分子，殴伤出席国民党安徽全省代表大会代表数十人，并捣毁安庆市党部等处。3月30日，武汉任命的浙江省党部及其所属民众团体亦被捣毁。次日，参加共产党人及国民党左派在重庆组织的反英大会的民众，亦遭军队开枪射杀，导致大批人员伤亡。4月9日、宁波、厦门、南京均同时发生蒋系势力以武力夺取党政权力的事件。

面对这一新的紧张形势，武汉国民党人最初显然仍旧想在不失尊严的情况下寻求一种政治解决的途径。因此，武汉国民党领导人对各地发生的这些情况一般均持慎重态度，除了下令调查外，最多不过是否决蒋介石任命的各地党政组织，而另委他人。即使个别地方党部对蒋系势力发起反击，也仅仅是因为当地有拥护武汉中央的驻军在幕后支持，且发起者均为共产党人。如4月2日共产党人与左派国民党人携手在江西南昌捣毁蒋任命的省党部等，夺得党权，即是因为同情武汉中央的地方军事领导人朱培德受命重组江西省政府，共产党人朱德又是南昌市的公安局长。但是，武汉国民党人的愿望显然无法实现。4月11日中央政治委员会会议上汪精卫带来的蒋介石等决心在南京开中央全会并必定另组政府的消息，使武汉国民党人意识到，破裂已经迫在眉睫了。[2] 两天后，武汉方面又进一步得到上海发生“四一二”事变，工人纠察队被缴械的消息。就在汪精卫等气愤地大叫“简直是反了！”之后不几天，就又传来了蒋介石等人在南京已经另立中央和政府，以及广东李济深亦公开附和南京的消息。武汉国民党人对此表现

[1] 转见杨天石：《关于孙中山“三大政策”概念的形成及提出》，《近代史研究》2000年第1期，第361页。

[2] 《中国国民党第一、二次全国代表大会会议史料》（下），第1049—1050页。

得异常愤慨。汪精卫公开演讲说 :“自从蒋介石创办黄埔陆军学校以来，民众、国民党人、共产党人，都拿自己的血来帮助他，完成国民革命。做梦也不会想到蒋介石会将民众、国民党人、共产党人的血如此流法。……如今还集合一班反革命的人来打击国民党左派。在国民党左派中的共产党人不用说，是他所欲得而甘心的。纯粹国民党左派的人呢，加上一个勾结共产党的头衔，去之惟恐不尽。”但我们是不会听任蒋介石这样做下去的，“革命是永远前进的，在往前进的时候，遇着阻碍，只有毫不游移的将他扫除”。[1]但无论武汉国民党人怎样慷慨激昂，蒋介石南京政府的成立，毕竟使本来就已经深感困难的武汉政府，更是彻底地陷入到四面受敌的境地之中了。

形势已经如此恶劣，武汉国民政府却还面临着一个更大的麻烦，即与列强之间的关系这时高度紧张。因为，3 月 26 日刚刚发生了南京事件。北伐军进占南京后出现抢劫外侨现象，导致英美炮舰施以炮击，并将威胁的矛头指向在武汉的国民政府。紧接着，就在武汉政府所在地的汉口，又发生了“四三”事件。事情是因为一名叫刘炳喜的车夫与日本水兵发生纠纷被刺伤，引发群众暴动，与大批登岸的日本水兵发生冲突，多名中国民众在冲突中被日水兵射杀，而日租界亦被群众围困，日人工厂、商店均被迫停工歇业。这无疑又将武汉与日本政府之间的关系弄得高度紧张。而这边“四三”事件刚刚发生，那边湖南省总工会等民众团体，激于对南京事件的义愤，又自动实行对英罢工、强行接收青年会和封闭外国工厂，进一步引发英美新一波抗议。与此同时，一直得到武汉政府支持的外国银行行员等外国企业员工的罢工斗争，因罢工方要求过高，迟迟不能达成妥协，也成

[1]　转见《国闻周报》第 4 卷第 28 期，1927 年 7 月 24 日。

了加剧与英美之间紧张气氛的一种因素。[1] 面对如此困难和复杂的形势，特别是面对列强进行武装干涉的可能性，武汉国民党领导人显然已经有些手足无措、应接不暇了，他们开始抱怨民众运动，并找共产党人来想办法。汪精卫明确讲：目前“反帝国主义的运动太自由了，适足以逼得他们形成一条联合战线”。谭延闿说：过去在广东外交办得很好，就是因为不对外国人加以个人的攻击。而现在却时常发生攻击外国人的现象，如何能好？孙科亦坦言：“这简直是自杀，把一些工厂都逼得关了门，政府又没有几多钱来救济，试问他们吃什么？”据此，汪精卫提议：“鉴于近来的形势，有解决两个根本问题之必要。一是国民党与共产党的问题；一是国民党员与共产党员如何合作的问题。”必须召集一个所有中央执监委员参加的谈话会，一次不够两次，两次不够三次，“总要充分的讨论，把各人的经验都贡献出来，求得一个圆满解决的方法”。[2]

恰好在这个时候，中共中央领导人陈独秀从上海来到武汉。因此，汪精卫和谭延闿率先与陈独秀交换了意见。谈话中，汪精卫明确认为：“帝国主义最怕的是工农运动”，“因此，工农运动也许不应当那么激进”。谭延闿也告诉陈独秀：唐生智特别讲过，他支持工农运动，但他的军官们不同意。他们反对农民夺取他们的土地和财产。如果现在湖南农民运动的这种发展趋势不改变的话，他将很难管住军队。同样，宋子文原本也是赞成工农运动的，但是他的职责要求他不能不从政府的角度考虑问题，设法约束工人过高的要求，以稳定财政状况，结果一些工人对他恨之入骨，使他找了个借口不再返回武汉了。汪精卫也告诉陈独秀，他刚刚收到一封由五十余人

---

[1] 其要求包括行员自行辞职时，凡工作满一年者银行应当给最近薪数三个月，每多一年递加一月，并给旅费；行员一律服中山装，第一年费用由各行供给，以后每年按时价津贴半数（每年春夏秋冬四季，每季两套大衣、皮鞋及零件，均属之）；行员每年应给假四十天（路程例假病假在外）；行员薪金不论多寡，每月以百分之十储蓄行中，该行应照原数加一倍收账，月息一分，退职时并享受红利每年百分之三；膳费每月每十五元，宿费每月每人二十元；凡行员婚娶及父母妻室丧亡时，给假一月，并补助二百元；行员已成婚者或成婚时每月津贴二十元，等。《汉口银行行员工会外国银行要求改良待遇条件》，1927 年 1 月 15 日，台北党史馆藏档，汉 11844。

[2] 《中国国民党第一、二次全国代表大会会议史料》（下），第 1053—1055 页。

签名的信，信中对共产党人包办工农运动的动机表示怀疑。汪、谭都对工农运动完全不受国民党控制表示了不满的态度，希望共产党在任何问题上都要同国民党进行讨论，并一致行动。[1]

严格地说，中共这时很清楚武汉政府所面临的形势如何。因此，在鲍罗廷的建议下，陈独秀等中共领导人也明显地赞同进一步约束工农运动的做法。但是，他们的这种态度，显然与莫斯科的要求有着很大的差距。受命前来贯彻共产国际执委会第七次扩大会议精神的共产国际代表团负责人罗易，这时就特别致电共产国际执委会政治书记处，说明陈独秀和中共中央多数委员，只是表面上接受了共产国际执委会第七次扩大会议关于中国问题的决议案，实际上他们并不同意它。[2] 只不过，在共产国际代表团的监督和指导之下，随后召开的中共第五次代表大会还是不能不做出一些相当激进的决议，以显示其决心贯彻共产国际执委会第七次扩大会议决议的态度。会议并且通过《土地问题议决案》，宣称“共产党将领导农民从事于平均地权的斗争，向着土地国有、取消土地私有制度的方向，而努力进行”。其新的国民革命农民政纲，也将原先向会议提交的“没收大地主、军阀、劣绅及国家、宗祠的土地，归给农民”[3]，进一步修改为“没收一切所谓公有的田地以及祠堂、学校、寺庙、外国教堂及农业公司的土地”，并“没收地主租与农民的土地”，“交诸耕种的农民”。[4] 而在《职工运动议决案》中，会议也按照共产国际执委会第七次扩大会议决议案的精神，提出了中国的资产

---

[1] 《中共中央执行委员会中央局会议记录》（1927 年 4 月 20 日），《共产国际、联共（布）与中国国民革命运动档案资料丛书》（4），第 205—208 页。

[2] 罗易为此甚至提议应当将陈独秀尽快召去莫斯科，以免其影响共产国际决议的贯彻。《罗易和多里奥给共产国际执行委员会政治书记处的电报》（1927 年 4 月 20 日），《共产国际、联共（布）与中国国民革命运动档案资料丛书》（4），第 209—210 页。

[3] 《中国共产党关于农民政纲的草案》（1926 年 11 月 4—5 日），《中共中央文件选集》，第 2 册，第 436—437 页。

[4] 中共五大：《土地问题议决案》（1927 年 5 月），《中共中央文件选集》，第 3 册，第 66、70 页。当然，按照罗易的说法，会议的中共代表中还有更激进的要求没收小地主土地的主张，但被会议否定了。

阶级已经背叛革命，因此“要极力从政治上经济上向资产阶级勇猛的进攻，一直到要求没收一切银行、矿山、铁路、轮船、大企业、大工厂等归国有的实现”；“要求参加国有产业的生产管理，监督生产，使国有产业能向非资本主义的路线发展”；“要求政府实行高度劳工政策，颁布劳工保护法、工厂法，规定八小时工作制，及最低限度工资等，使工人生活水平线能随时提高”等方针。包括对小资产阶级，也明确规定不能因为联合战线的关系而消极让步，必须继续给手工工人和店员的斗争以积极的拥护。[1] 会议的公开宣言甚至明白宣布，工农小资产阶级的国民党，固然是国民革命的指导者，但是“为着强健这个同盟，无产阶级要在革命斗争中行使领导权”[2]。

中共“五大”的相关决议案及其宣言，显然不能让汪精卫等人看到解决两党关系问题的前景。“五大”召开期间，就接连发现湖南民众团体擅自赶走长沙、岳阳海关外国职员，并拒绝财政部派员接收，自行将两关收入挥霍一空；航行湖北宜昌至四川重庆间福川轮船到宜昌时，被工会扣留，且随便翻拿东西，弄得四川的货不能下来，湖北的货不能上去；湖南审判土豪劣绅特别法庭在未报中央的情况下，已经处死四五十人。这些情况，让汪精卫等人颇感气闷。应邀出席中共“五大”，听到对共产国际执委会第七次扩大会议决议的解释后，汪感觉国共两党还可以合作，但徐谦则指出：理论是理论，事实是事实。说中国革命要保护小资产阶级，而许多小商店都是因为店员工会的缘故，弄得开门也不好，关门也不行。就理论上来说，工会是共产党领导的，何以共产党并不能完全指挥工会呢？又有什么办法能使工人了解商民在国民革命进行中所处的地位和作用呢？再如理论上国民革命要保护小地主，事实上在湖南不管大地主小地主，都要交出田产，何来保护？汪精卫也承认：“不顾事实一味的左倾，也就会发生‘左，左乃陷大泽中’的危险。例如主张激烈的工人运动，弄得许多工人失业，没有

[1] 中共五大：《职工运动议决案》（1927 年 5 月），《中共中央文件选集》，第 3 册，第 74、76—77 页。

[2] 《中国共产党第五次全国代表大会宣言》（1927 年 5 月），《中共中央文件选集》，第 3 册，第 105—106 页。

办法。再如农民运动，把一般地主都赶跑了，农民自己没有资本耕种，也是没有办法。又如我们占据了外国人的财产房屋，又没有作同他们宣战的准备。这些危险是几（怎）样的大？”[1]

“五大”刚一结束，汪精卫就与徐谦一道，再度找到陈独秀，就以下四点提出质疑：(1) 1927 年 1 月 3 日占领英国租界的行动，不是根据国民党的指示采取的，而是在共产党人宣传鼓动的影响下进行的。(2) 何时提出“打倒蒋介石”的口号，国民党对此一无所知。这是共产党人未向国民党通报的情况下提出的。(3) 存在两个党组织是不合适的，如果领导权属于国民党左派，共产党人跟随他们，那就不需要共产党；如果是另一种情况，领导权在共产党人手里，那就不需要国民党。(4) 苏联在唆使中国人民同帝国主义做斗争，并在这一斗争中作残酷的自我牺牲，但是苏联自己却不积极参与这种斗争。汪精卫明确告诉陈独秀：朱培德等将领专门来电，明确表示反对共产党及其领导的工农运动。他随即提出：现在问题的症结在于：“谁领导谁？群众跟谁走？跟国民党走还是跟共产党人走？”他进而将所有责任都加到共产党身上，指责“国际关系和军队状况的恶化，无论过去还是现在都是共产党人的过错”。[2]

还在“五大”开会前，鲍罗廷其实就已经提出了战略“退却”的总方针，并且取得了陈独秀等人的积极赞同。鲍罗廷已经看出：要国民党同意着手解决土地问题并不十分困难，问题是，目前形势下武汉政府不可能“以政府名义用法令规定有关土地问题的激进措施”。因为，“一方面目前国民政府同蒋介石处于对立状态；而另一方面军队在向北京方向推进，军队的指挥人员多数是土地占有者”。鲍罗廷明确表示，国民党人的顾虑是有理由的，他强调：“关于土地问题的方案和决议中不能无视军队”，且“目前不应以政府和国民党的名义发表宣言和在土地问题上采取激进措施，以避免

[1] 《中国国民党第一、二次全国代表大会会议史料》（下），第 1104—1108，1115—1116，1155 页。
[2] 《中共中央政治局和共产国际执行委员会代表联席会议记录》（1927 年 5 月 12—13 日），《共产国际、联共（布）与中国国民革命运动档案资料丛书》（4），第 248—249 页。

指挥人员和军队发生分化”。他同时也不同意泛泛地把资产阶级列为革命对象的做法。他认为：如果说上海的资产阶级已经成长为自为的阶级，并且被革命吓破了胆，但是中国其他地区的资产阶级还是自在阶级，在国民政府势力范围内的地区，我们现在还可以领导这个资产阶级，而不应当把他们当作革命的对象来进行打击。那种在两湖地区推进激进的社会改革的做法，是根本不对的。[1] 正是基于这样一种观点，在汪精卫等人把两党之间所发生的问题摊在中共中央面前之后，中共中央政治局马上就开始着手制定一系列抑制工人店员过激行为的具体政策。如规定“调和店员过分的要求，规定营业管理权，保证店员不干预营业”；“对帝国主义的商业不禁止、不阻挠”；“商民享有政治和公民的权利”。并且规定店员不得怠忽工作，工会不得拘捕非工人；纠察队调动必须征得卫戍司令部同意；非十分重大政治示威，总工会不得下停工令，各工会亦不得单独通告全体工人停工参加大会，需要参加的普通纪念大会应以三分之一之人数轮流参加，等等。[2]

鲍罗廷和中共中央的政策，遭到了莫斯科的反对。联共（布）中央政治局为此专门召开会议，坚决要求立即开展土地革命。它显然大大高估了中共控制工农运动和左右国民党的能力。电报称：“实际上，没收土地的口号对于被强大的土地运动席卷的省份，如湖南、广东等省是非常及时的。舍此便不可能开展土地革命。”在国民党批准没收土地之前，共产党人应当积极推动农民实际没收土地。当然，需要保护指挥人员的财产和分给士兵土地。与此同时，“现在就应开始组建 8 个或 10 个由革命的农民和工人组成的、拥有绝对可靠的指挥人员的师团。这些师团将是武汉在前线和后方用

[1] 《鲍罗廷关于中国政治局势的报告》，1927 年 5 月初，《共产国际、联共（布）与中国国民革命运动档案资料丛书》（4），第 225—228 页。

[2] 《关于小资产阶级问题——共产党与国民党的关系》（1927 年 5 月 13 日）；《工商联席会议决议案》（1927 年 5 月 22 日）、《工人政治行动议决案》（1927 年 5 月 21 日）、《中共中央文件选集》，第 3 册，第 117—118、121—125、134—135 页。

来解除不可靠部队武装的近卫军。此事不得拖延”。[1]

莫斯科一厢情愿的指示还没有被传送到武汉，武汉国民党中央就已经否定了着手解决土地问题的动议。有关土地问题的讨论，武汉国民党人已经进行了二十次左右。土地问题委员会急于着手解决土地问题，除考虑到保护革命的民众基础这一点以外，另一个关键的考虑，就是希望能够解决政府财政亏欠太多的问题。因为，他们发现，两湖农民自革命以来，即不再交租交税，从而使政府财政遇到很大难题。[2] 邓演达据此于 5 月 9 日向中央政治委员会报告了土地委员会讨论后形成的解决土地问题和革命军人土地保障法等项决议的内容，提议大地主的地可以先行没收，委托财政部同农政部设立一个地税局统一管理；农民政权须由农民自己武装起来保护，要兵工厂拨发百分之五至百分之十的枪交中央农民部、国民政府农政部和全国农民协会去分配。但即使邓演达也相信：“解决土地问题决议案同革命军人土地保障法条例，因为客观的环境不允许，公布了反而不好，对我们的政策有妨害。”陈友仁更直言了当地指出：“土地问题的影响大而且远，应由全国代表大会来讨论，尤其是关于大地主方面的，更应当费思索。在俄国，有几百万英亩的大地主；在中国，除了张作霖之外，没有几个够得上称为大地主的。不过并不是要讨论这个问题的根本原则，只是要讨论施行这个政策的手段。如果实行分配土地，帝国主义者更要说我们是共产，蒋介石以及他的爪牙更有辞可藉。当此军事、外交紧急的时候，于我们很是不利。国民政府曾表示过不是共产的政府，若是将这样的议案通过了，则有口也说不清。”有鉴于此，会议通过投票进行了表决，赞成通过而不公布者，仅邓演达和两名共产党员，即林祖涵和吴玉章，其余包括宋庆龄在内的八名国民党人，均支持将解决土地问题决议案暂时保留。[3]

---

[1] 《联共（布）中央政治局秘密会议第 102 号（特字第 89 号）记录》（1927 年 5 月 13 日），《共产国际、联共（布）与中国国民革命》（4），第 252—253 页。

[2] 蒋永敬：《鲍罗廷与武汉政权》，第 290—293、293—297 页。

[3] 《中国国民党第一、二次全国代表大会会议史料》（下），第 1137—1138，1150—1152 页。

解决土地问题的议案被否决，马上组建工农武装的设想更立即就被夏斗寅和许克祥的叛变所打碎。夏乃独立十四师师长，这时驻守宜昌，负责拦阻已经倒向南京的川军杨森部顺江东下。因长期不满共产党领导的工农运动，又受到南京国民党“清党”运动的影响，夏于13日通电。声称共产党人“夺主喧宾，跨籍冒名，使吾党蒙垢。专横肆恣，夺去政权，妄分左右，教唆农工，排除异己”，“我两湖人士受祸尤酷”[1]，云云。夏部率部东下，至18日已推进至距武昌仅二十公里的纸坊。杨森部也随之而动，大举进至新堤一带。武汉三镇兵临城下，一时全城震动，人心惶惶。因部队大部北上，武汉政府急调叶挺率新组建的二十四师两团兵力迎敌，并将中央军事政治学校学生组成第一独立师，以一团参战，一团守城。参战的学生团虽然已经受过多时的军事训练，上阵后还是乱成一团。据随团作战的共产党员教官高语罕报告称：因平时作战事训练身上不带子弹，骤然加了三十多斤的重量，走路且感困难，何况打仗？因平时没有打过或很少打靶，上阵后枪声一响，就乱放一气，把自己的长官打伤不少，团长也因此受伤。因未经实战训练，战斗打响后只顾自己，不知协同，军官们刚毕业，胆子小，不是躲着找不到人，就是藏到士兵的后面，部队一会儿就败下阵来。叶挺情急之下亲自上前阻止，差点儿也被退下来的学生开枪打伤，不得已连毙数人，才把学生赶回阵地，但已全无战斗力了。包括叶挺的二十四师，也是临时凑合起来的部队，自己打伤自己的也不少。好在夏斗寅部战斗力极弱，对叶挺和黄埔军闻风丧胆，再加上民众对之极为反感，很快就败退而去。否则情形将十分危险。[2]

许克祥叛变发生于5月21日，史称“马日事变”。许为唐生智所属何键第三十五军三十三团团长，这时负责长沙防务。他于当日晚率部一举捣毁了省党部、省总工会和省农协等机关团体，解散了农工纠察队，事后并成立了

[1]　转见李云汉：《从容共到清党》，第694—695页。

[2]　《中国国民党第一、二次全国代表大会会议史料》（下），第1186—1187页。

湖南救党临时主席团和救党委员会，并以唐生智等名义发表通电，宣称：“三湘七泽，已成群魔乱舞之场；城市乡村，尽陷鸡犬不宁之境”，非厉行清党，开除冒牌国民党员不可。[1] 发动马日事变的直接原因，据许克祥自己后来回忆，关键是得到消息称，中共已经准备利用扩编工人纠察队和农民自卫军的办法，在湖南编组七万军队，并且其太太无意间偷听到中共准备于25日发动事变的密谋。[2] 许关于其太太无意间偷听到中共密谋的说法，明显地太过戏剧化，且得不到任何史料的支持，当可不计。但其关于有消息称中共准备在湖南编组数万军队的设想，却可以在某种程度上得到前述联共（布）中央政治局来电的印证。尽管此举与中共中央无关，但这一话题却未必不曾被其湖南的共产党人谈论过。注意到被国民党中央政治委员会明确否决未能通过的解决土地问题决议案，“居然在五月中旬的《长沙日报》中由国共两党联席会议宣布了”[3]，湖南军队的军官们大都极为担心家中土地财产受到侵犯，此一消息的公布，再加上这时省政府决定成立土地厅[4]，事变前一天市面上更盛传农工纠察队要缴驻军的械，就可以知道湖南的军官们会何等神经过敏了。

四、国民党的右倾与中共内部分歧

马日事变，是湖南军队与农民运动矛盾冲突激化的结果。湖南的军队基本上还是旧军队的那一套。士兵是就地招募、抽丁或雇佣来的，大多数人当兵就是为了找一个吃饭的地方，并勉强养家糊口。因此，士兵们发了饷，多半都是把钱寄回家去，供养家中老小。而军官们，尤其是团长以上的军官，则都是军官学校毕业，或毕业于日本士官学校，或毕业北京陆军大学，或毕业于保定军官学校。因为报考军校，均需要经过相当程度的文化考试，故凡

[1] 《湖南救党委员会唐生智等通电就职》，上海《民国日报》1927年6月8日第二张第一版。

[2] 许克祥：《马日事变回忆录》，转见：http://www.hoplite.cn/Templates/hpzc1nz0086.html。

[3] 《中国国民党第一、二次全国代表大会会议史料》（下），第1233页。

[4] 许克祥：《马日事变回忆录》。

能考入军校者，大都家境较好，读过私塾或上过学堂。而大凡军官学校毕业的学生，做军官多年之后，更是小有积蓄，不仅买地造房，而且多数雇人耕种，成为地主。自太平天国以后，湖南历经战乱。民国以后，拉锯式的军阀战争更是造成了对农民的盘剥升级，使农村中土地关系的变动日趋严重。[1] 因此，湖南农民又是北伐战争的最广泛的群众基础。自唐生智改编为国民革命军第八军，参加北伐以来，“农民必担茶担水，以相慰劳；跋涉险阻，以为向导”。故军队和农民的关系一时相当密切。唐生智等就公开说：“我们这次革命的成功，完全是农工群众的力量”，是“得着农工群众的帮助，才得狠顺利的杀却敌人”。[2]

随着湖南军队主力北上，农民运动迅猛发展，其攻击的矛头，开始指向农村的富裕阶层，大批军官家属不免陷于恐怖之中，影响到相当一批军官开始对农民运动发生不满。但这一运动开始时，甚至直到 1927 年 1 月前后，无论是共产党人，还是农民群众，都还没有提出土地问题。所要求者，主要还是减租减息，废除苛捐杂税。对土豪劣绅的打击固然使富裕家庭人人自危，但农会这时一般还只是基于政治标准进行打击，其对象也还只是少数地方头面人物。因而直到 2 月唐生智回到长沙时，他还在称赞农民协会功不可没。[3]

但是，随着运动持续发展下来，基层农会骨干自身的素质问题就日益

[1] 近代以来，湖南自耕农的数量减少加剧，尤以沿铁路线附近地区的自耕农减少最快。以 1926 年底的统计，靠近长沙的湘乡地区已经基本上没有自耕农了，佃农的比例达到 45%，雇农占到了 30%；同在铁路线上，离长沙较远的衡阳地区，自耕农的比例也只有 7%左右，佃农也达到了 45%的水平，雇农占到了 15%。而离粤汉线较远的平江、邵阳地区，自耕农的比例则分别是 17%和 16%；更远一些的常德地区，自耕农的比例仍高达 31%。这种情况反映出近代以来军阀政治的一个重要特点，即新兴的军事政治官僚因为集中在主要城市和交通要道上，因此对土地的需求也主要集中在这附近的地区。转见 A.B. 巴库林著，郑厚安等译：《中国大革命武汉时期见闻录》，第 216—219 页。

[2] 转见《第一次国内革命战争时期的农民运动》，人民出版社 1953 年版，第 15 页；《唐总指挥在长沙对农工之重要讲话》，《汉口民国日报》1927 年 2 月 19 日第二张第一页。

[3] 转见金冲及：《从迅猛兴起到跌入低谷——大革命时期湖南农民运动的前前后后》，《近代史研究》2004 年第 6 期。

明显地暴露出来了。

这时一般乡下农会到底是什么样子？《湖南民报》4月初刊登过一个读者的短文。文称：作者因访友到岳麓山附近一个乡下去，当时正值春耕春播季节，但进到农会的院落里时，仍看见一大群无所事事的农友吆五喝六地在围在一起赌牌。随后看农会开会，才知道这个会议竟只是因为何家丢了猪，怀疑为梁家所偷，于是大家便被召集来。主席大声宣布开会后，何讲述了丢猪的情况。梁辩解说，他那天进城去了，并不知情。因为梁是外乡迁来的，故主席说：“即使你没偷，也要赔他几块钱。”梁不服。何声言要驱逐梁出乡。梁赶忙求主席：“假使能准我入农会，赔钱也是不妨事的。”旁边一个穿大褂子，一看就知道是主事的人，粗声粗气地喝了一句：“先把钱赔来再说！”梁表示现在实在没有钱。主事的怒目道：“那就写一张字条。”这时围观的农民不知谁低声说了一句：“唉，梁家真是冤枉。”主事的马上大吼起来：“谁说的？抓出人来，游围！”梁不禁颤声哭了。作者出来时，只听见里面主事的下了最后通牒：“限你七天搬开！”[1]

正是因为部分基层农会掌握在痞子流氓和一些素质很低的农民手中，很多事情自然也就难以得到理性的结果。[2] 比如像湖南各地农协阻禁谷米之举，除了能够满足本地贫苦农民保有粮食在手的心理以外，对各方均无好处。但不论省政府、省党部、省农协如何号召、训令，各方如何反感，却始终解决不了。比如前方军队欠饷数月，军心不稳，县、省乃至中央政府财政亏空严重，虽反复设法及动员，各地农协却不仅鼓动农民对地主抗租，而且听任农民对政府抗税。相反，为求得农会自身的开销，动辄对富户罚款罚粮，有不顺从者，即以土豪劣绅名之，游乡示众。仅常德一地，土豪劣绅被镇压者就达18人，被游斗者134人，被关押者7人，被罚款罚粮者

[1] 雨云：《河西的一个农协》，《湖南民报》1927年4月3日。

[2] 关于基层农会基本上没有共产党员和国民党员的情况，可参见金冲及前引文。

118 人，被以其他形式斗争者 39 人，占到当地地主总数的 82%。[1] 而由于自 1926 年七八月以来，湖南许多地区受到战争和农运影响，生产废弛，粮食歉收，本地豪强，除了逃走的以外，不是被“吃大户”吃光了，就是一次次清算弄得再没有什么油水了。逐渐地，如果不动军官家属，就很少有可没收的对象；如果不截扣士兵的汇款，农会就无从获得足够的活动经费。因此，进入 1927 年春天前后，侵犯军官士兵个人财产的情况也就愈发多了起来，并且一发而不可遏制。

5 月 25 日凌晨武汉国民党中央和国民政府从唐生智的来电中得知马日事变的消息。唐生智来电也只是转述其参谋长兼代省长张翼鹏等电报，声称长沙农工纠察队同驻防军发生冲突，不仅抢枪，而且揭出打倒三十五军红旗，虽经反击，恢复秩序，但情形仍然严重，要求设法消除工农运动流弊。唐电已下令驻长各军统归张代主席指挥，并讨论办法云云。故国民政府常务委员接电后连夜开会，决定请军队维持治安，要农工纠察队不得报复。25 日晨主席团又开会，决定请农政部部长谭平山与国民党中央工人部部长陈公博、政治部主任彭泽湘，和唐生智的部下周鳌山、邓绍汾 5 人组成中央特别委员会，前往湖南长沙查办此事。当天下午，政治委员会召集特派员彭泽湘、周鳌山面授机宜时，彭、周已经提出此行之困难：第一，政府现在没有力量制止军队的自由行动。第二，湖南的军官多有些产业，要维护自己的财产，如果扶助军人，则以后各处的民众运动都要受摧残。[2]

湖南是武汉政府除了湖北以外几乎唯一可靠的后方根据地，同时更是武汉政府最主要的军事力量的来源地，湖南一旦落入反共力量的手中，不仅国共合作将彻底破裂，就是武汉政府也难以维持了。因此，中共中央政治局得知消息后，紧急通过了两个决议，明令矫正一切幼稚行动，发还没收之军人的产业，除非军官们保持中立和左派领袖能够支持，否则即使对

[1] 《常德农民运动史略》，1980 年，转见杨天石：《关于孙中山“三大政策”概念的形成及提出》，《近代史研究》2000 年第 1 期，第 225 页。

[2] 《中国国民党第一、二次全国代表大会会议史料》（下），第 1202—1204 页。

大地主的土地也暂时不宜没收，而以建立乡村政权为现时农民革命运动之主要点。[1] 鲍罗廷也自动请缨，随团前往长沙，帮助解决问题。结果，一行人走到岳州，就得到消息许克祥有“密令截杀中央所派的特别委员”，于是只好退回。但特别委员会提出了五点意见：(1) 改组湘省政府；(2) 改组湘省党部及农协、工会；(3) 裁制越轨军人，由唐生智所部三十六军副军长周斓负责调查；(4) 命令停止军队与农工之军事行动，不听者严厉惩办；(5) 其余善后问题听中央办理。武汉中央常委会除决定湖南省政府暂维现状和其余善后事宜均归特别委员会办理外，其他 3 条一概照准。[2] 显而易见的是，指望靠唐生智的一个属下去惩办另一个属下的这种办法，注定了是不可能成功的。而更为重要的是，武汉国民党中央对此其实并非不清楚，只是他们相信，除此之外，别无选择。有关这种心态，在这个时候政治委员会的讨论中已经表现得再明显不过了。他们显然开始相信，不能再寄希望于农工政策和依靠民众了，武汉国民党中央及其国民政府的命运，现在只能取决于军队。

5 月 30 日，政治委员会会上，主席宣读了唐生智来电，说明贺国光军长转报信阳六县民众控诉县党部祸害民众，致使当地民众厌恶国民党。孙科当即愤然表示：“现在简直是要激成民变。湖南的事，难道真是许克祥一个人的意思？成天的嚷无产阶级领导革命，那里有这一回事？如果真是无产阶级在领导革命，上海、广东、长沙各地的工农运动，也不会一下子就被军队压下去了。”对此，顾孟余虽提出异议，但观点上并无不同。他指出：“所谓无产阶级，并不是指没有裤子穿的人。”“现在不是无产阶级能不能领导革命的问题，乃是现在的革命是否就是无产阶级之运动的问题。”[3] “现在

---

[1] 《关于湖南工农运动的态度》(1927 年 5 月 25 日)、《关于湖南事变以后的当前策略的决议》(1927 年 5 月 26 日)，以上见《中共中央文件选集》，第 3 册，第 136—139 页。

[2] 《中国国民党第一、二次全国代表大会会议史料》(下)，第 961—962 页。

[3] 关于无产阶级领导的问题，汪精卫在 6 月 23 日的演讲中也明确地表示了怀疑态度，并反对照搬俄国革命的办法。见《国闻周报》第 4 卷第 28 期，1927 年 7 月 24 日。

枪毙人民的报告天天有，是否所谓赤色恐怖对付白色恐怖？”“革命是一种事业，不要作得不好引起了反动。”他特别举出河南的例子，称“总政治部到河南去的宣传列车，还没有出发的时候，大家兴高采烈，以为这是学的俄国的办法，一到河南不知就要收几样大的效果。谁知到了那边，没有一件事受人民的欢迎。列车被打毁了，东西也被抢光了，他们所带去了标语，也完全不适用。例如‘打倒压迫农民的地主’，在北方，普通都是地主，佃农不过只占三四成。再如‘打倒土豪劣绅’，红枪会就是农民同所谓土豪劣绅的联合组织，而且是以豪绅当领袖。还有‘反共产就是反革命’，细细研究起来，可以说是不通。还有‘打倒压迫农工的军阀’，使魏益三他们听了何以为情？‘废除一切苛捐杂税’，也只是一句空话，徒惹起其他军队的反感”。要知道，那里的军队完全靠地方供给，“假定河南出一点，杂色军队定要一致来反对我们”，因为“他们都是靠河南吃饭，我们不能打破他们的饭碗”。[1]

而这个时候发生在江西的礼送共产党人出境的事件，更进一步印证了他们的这种看法。武汉政府对江西的影响力，纯粹是靠了摇摆于南京与武汉之间的朱培德在某种程度上把武汉中央视为正统。因此，江西的得或失，几乎完全系于朱培德的一念之间。但是，朱培德也面临着和唐生智等湖南将领几乎一样的难题，即如何能够在工农运动的强烈冲击之下，确保自己手下的军官们继续忠实于自己。因为，军官们明显地对国民党在前方打天下，而共产党在后方坐天下的前景心有余悸，以至于不断地提出我们“究竟是为国民党作战，还是为共产党作战”的问题。特别是夏斗寅叛变以及马日事变的发生，更是极大地刺激了他手下的军官。5月底其所部第三军按计划向赣南开拔，竟有不少军官公然告假。细询之下，原来是第十四军军长赖世璜有电报称他的家被抄，许多士兵也抱怨他们寄回湖南的饷钱竟被农民协会所扣，以至弄得军心涣散，士无斗志。鉴于此，朱培德不能不下决心用和平的方法，礼送共产党人离开江西，以此来向军官们表态，取得

[1] 《中国国民党第一、二次全国代表大会会议史料》（下），第1223—1226页。

他们的信任。他通告称：“凡共产党员应完全退出（江西），个人之身体财产，政府当负责保护；省内一切农工运动着暂时自行停止，听候中央指导；各民众团体及民众对于共产党及代表农工运动之人，不得寻仇报复，有胁迫强暴行为，并不得轻以共产党员名目诬陷他人，违者以军法从事。”[1]对此，武汉国民党中央很自然地站在同情理解朱培德的立场上。汪精卫明确讲：“我们知道朱同志之为人，如果中央不能体谅他，他马上可以走。他一走之后，江西的局面马上就可以起变化。”故谭延闿更称赞道：“朱同志之苦心孤诣确是不可埋没。”总工会将有对江西的表示，须设法制止。[2]

湖南的军队，无论军官和士兵，大都来自农村。许多军官的土地财产乃至家属受到侵犯不算，不少地方竟然连士兵们寄回家的那点儿养家糊口的钱都要截扣没收，这种情况，连主张激烈土地革命的共产党人也深感沮丧。毛泽东这时就明确承认，所以会发生这种现象，根本在于湖南不少地方的农民协会是在哥老会的把握下，完全不听指挥，不仅侵犯军人家属，截扣士兵寄回家的钱，而且连自耕农的土地也要平分。[3]对此，汪精卫等国民党人自然更是怒不可遏。针对湖南各界民众团体不断请愿，要求明令讨伐许克祥，甚至枪毙许克祥，特别是共产国际代表团团长罗易（M. N. Roy）坚决主张用武力解决的情况，汪在6月13日讨论解决马日事变办法的政治委员会会议上，明确表示：这次事变的当晚，确是军队向农民协会进攻，并不是农民协会去抢军队的枪。问题是，军队为什么要向农协进攻？是因为农协侵害军人家属在先。他说：“毛泽东同志说得很详细，农民协会确有扰害军人家属的举动”，“从前不曾查得清楚，据毛泽东同志报告，才晓得农民协会有哥老会在内把持。他们既不知道国民党是什么，也不知道共产党

[1] 杨天石：《关于孙中山“三大政策”概念的形成及提出》，《近代史研究》2000年第1期，第569—570页。

[2] 《中国国民党第一、二次全国代表大会会议史料》（下），第1236—1239页。

[3] 参见毛泽东在土地委员会及军事委员会上的发言，《湖南农民运动资料选编》，人民出版社1988年版，第689页。

是什么，只晓得作杀人放火的勾当”。汪认为：许克祥是唐生智的部下，越过唐去对长沙军队诉诸武力，难免不会引起纠纷。同时，武汉政府正在河南、长江下游、鄂西、鄂北各处用兵，不如让唐生智本人出面来解决这件事情。当湖南请愿代表辩称农运绝对没有超出轨道以外时，汪顿时发火道：“我们知道有反动派在造工农的谣，但同时农工自己也须承认在过去的行为中多少有些错误。如果农工以为自己毫无不是之处，那就不得了！你们说湖南党部同各民众团体绝对服从中央的命令，请问，中央讨论了二十多次，最后决定暂时保留的土地问题决议案，为什么湖南国共两党联席会议竟擅自在5月中旬的《长沙日报》上把它宣布了呢？”[1]

鉴于“毛泽东也承认不用武力的办法是对的”[2]，可知这个时候共产党人方面多数也是赞同和平解决马日事变的。当时，唐生智的部下已经与唐有分裂的现象，何键即明显地倾向于独立，因此唐很难诉诸武力。陈独秀就明确表示：现在的局势非常严重，不仅不是提出和推动土地革命，以及组建自己武装的时机，而且也不具有诉诸武力来解决问题的条件。来自共产国际的罗易坚持诉诸武力，声称长沙的叛乱分子只有两千人的兵力，在长沙与武汉之间同情许克祥的部队也不过两千人左右，而他从各种来源得到消息称，有两万以上的用火枪和长矛武装起来的农民集结在长沙以南三十英里的地方，想要占领长沙。对于谭平山以国民政府部长的身份，前往长沙调处冲突，以及其他各种用和平方法解决问题的意见，罗易都明确反对，认为这只会“使反革命合法化”。他为此向汪精卫反复说明了必须诉诸武力的理由，并激烈地质问汪：“国民党究竟是支持革命还是支持反革命？”结果汪仍旧敷衍了事。汪精卫最关心的，只是他向莫斯科提出的提供1500万

[1] 《中国国民党第一、二次全国代表大会会议史料》（下），第1232—1235页。

[2] 同上，第1233页。

元贷款的要求，为什么迟迟得不到答复。[1]

恰在这时，莫斯科再度发来电报，支持了罗易的主张。内称：“必须同过火行为做斗争，但不能动用军队，而要通过农会。我们坚持主张从下面实际占领土地，罗易对谭平山之行的担心是有一定道理的。”“不进行土地革命，就不可能取得胜利。不进行土地革命，国民党中央就会变成不可靠将领手中的可怜的玩物。”当然，“只应没收大、中地主的土地，不要触及军官和士兵的土地。如果形势需要，暂时可以不没收中地主的土地”。但是，“应从下面多吸收一些新的工农领导人加入国民党中央。他们的大胆意见会使老头们变得坚决起来，或者使他们变成无用之人。应该改变国民党目前的构成，务必要更新国民党上层人士，充实在土地革命中脱颖而出的新领导人，而地方机关应当依靠工农组织中的数百万人加以扩大”。“应当消除对不可靠将领的依赖性，要动员两万共产党员，再加上来自湖南、湖北的五万革命工农，组建几个新军，要利用军校学员做指挥人员，要组建自己可靠的军队，现在还不晚。”“要成立以著名国民党人和非共产党人为首的革命军事法庭，惩办和蒋介石保持联系或唆使士兵迫害人民、迫害工农的军官。”[2]

莫斯科的来电，迫使中共中央做出了一些强硬姿态。比如，中共中央6月4日发出致国民党书，强调革命军在客观上应当是一个土地革命的军队，不能反对农民的解放，更不应敌视土地改革。并且坚称对长沙事变只能下令讨灭，决不能和许克祥等妥协，否则“国民党的历史、国民党的主义、国民党的政纲，都将推翻，将在国民党政治的生命发生非常严重的影响”。[3]在具体做法上，也秘密组织了一个湖南特别委员会，布置军事人员潜往湖

[1] 《罗易给联共（布）中央政治局的电报》（1927年6月2日）、《罗易就湖南局势给联共（布）中央政治局的电报》（1927年6月5日），《共产国际、联共（布）与中国国民革命运动档案资料丛书》（4），第300—301、304—305页。

[2] 《联共（布）中央政治局会议第107号（特字第85号）记录》（1927年6月2日），《共产国际、联共（布）与中国革命档案资料丛书》（4），第298—299页。

[3] 《中国共产党致中国国民党书》（1927年6月4日），《中共中央文件选集》，第3册，第169—171页。

南，准备必要时实施军事手段，夺回长沙等处。[1] 而在实际上，陈独秀依旧毫不妥协地告诉共产国际说：武汉政府的“国民革命军百分之九十是湖南人，整个军队对农民运动的过火行为都抱有敌意。夏斗寅叛变和长沙事变就是这种普遍敌意的表现”。而“军官们家里的土地和财产被没收，亲属被拘禁，一些平民被扣留和罚款，禁止运粮，强迫商人摊款，农民私分粮食，吃大户，士兵寄回家的小额汇款被农民没收和瓜分。这些过火行为迫使出身于中小地主阶级的军人与土豪劣绅结成反共反农民的联合战线。那些家中遭到冲击的军人，更是愤怒”。“在这种情况下，不仅是国民党，就是共产党也必须采取让步政策，必须纠正过火行为，节制没收土地的行动。”“否则，将立即引起与大部分反动军队和冲突，与国民党发生分裂，而我们将变成一个反对党。”陈独秀称：我们完全同意你们的指示，但在短时期内不可能实现建立民主专政的任务，用改组的办法驱逐汪精卫和单独建立自己的军事力量更不可能。“当我们还不能实现这些任务的时候，必须与国民党和国民革命军将领保持良好关系。”[2]

显然，莫斯科的指示并不能导致中共中央和鲍罗廷改变他们的政策。由于湖南的大部分县一级政权均已落入反共军队和团防之手，湖北的情况也在急剧恶化中。因为天旱和经济状况弄得很坏，农民大批脱离农会，各地旧势力蜂起报复，地方党部、工会、农会骨干被杀已达数百人。原可控制的五十个县，如今只剩下三个县还在掌握中。[3] 在这种情况下，中共中央除了秘密做些准备以防万一外，自然不相信有组织反击和使汪精卫等贯彻

[1] 蔡和森：《党的机会主义史》，中央档案馆编：《中共党史报告选编》，中共中央党校出版社 1982 年版，第 117—118 页。据蔡和森讲，当时计划改了又改，但俄国人始终不拨款，最后更认为条件不成熟，以至于中共党内负责此一计划的周恩来与共产国际代表团中负责此一计划的罗易大闹一场。

[2] 《陈独秀根据政治意见致共产国际电》（1927 年 6 月 15 日），罗伯特·诺斯等编，王淇等译：《罗易赴华使命——一九二七年的国共分裂》，中国人民大学出版社 1981 年版，第 324—325 页。

[3] 《中共中央常委会第十八次会议》（1927 年 6 月 6 日）。另据詹大悲在国民党中央政治委员会第 31 次会议上说：在湖北各地，“将近不到一个月之内，被害的人竟有三千到四千之多。”《中国国民党第一、二次全国代表大会会议史料》（下），第 1270 页。

共产国际指示的可能。

这个时候，坚持农民运动丝毫也不过火，且力主既不破裂与武汉国民党人的关系，又能用武力讨伐反动军队的，大概只有罗易一个人了。他不能不把目光转向了在他看来可能更愿意听取莫斯科意见的国民党领袖汪精卫。他悄悄地把莫斯科的密电拿给了汪精卫看，试图以此来让汪精卫明白国民党左派的出路何在。结果可想而知。汪精卫丝毫没有改变对工农运动不满和坚持和平解决马日事变的态度。在6月15日国民党中央答复中共中央的公开信中，国民党人依旧坚持：对马日事变的解决办法还是既定的原则，即（一）对武人越轨行动，必须制裁；（二）对农协幼稚行动，必须纠正。[1]不仅如此，莫斯科的来电，恰好从一个侧面印证了前不久接连发生的北京和伦敦的严重外交事件。当时，北京政府袭击了苏联大使馆，随后宣布查出大量苏联阴谋活动的文件；英国政府随后也突袭了苏联驻英国的商务代表团大楼和英苏贸易公司，进而以苏联人员从事间谍活动和反英宣传的名义，同苏联断绝了外交关系。[2]这使得汪精卫不能不对莫斯科的幕后作用开始恐惧，进而在国民党中央提议，解除了鲍罗廷等人的顾问职务。对于这一严重后果，不论罗易如何为自己辩解，他也绝难得到鲍罗廷等人的谅解了。根据鲍罗廷的强烈要求，联共（布）中央政治局被迫取消了罗易的代表资格，并将其立即召回了莫斯科。[3]

考虑到“丧失武汉这个独立的中心，就是丧失某个革命运动的中心，丧失工人自由集会的可能，丧失共产党公开存在的可能，丧失公开出版革命刊物的可能，一句话，丧失公开组织无产阶级和革命的可能”，斯大林明确主张，为稳住汪精卫和武汉国民党人，苏联应该给武汉追加300万到500

[1]　《国民党对中国共产党公开信的答复》(1927年6月15日)，转见《罗易赴华使命》，第339—340页。

[2]　参见C.IO.维戈兹基等：《外交史》。第五卷（下），北京：三联书店1982年版，第664—665、672—673页。

[3]　《共产国际执行委员会政治书记处秘密会议第30号记录》（1927年6月22日），《共产国际、联共（布）与中国国民革命运动档案资料丛书》(4)，第344页。

万卢布的援款。[1] 据此，联共（布）中央政治局临时动议：1500万元贷款暂时无法满足，但可以“再给武汉政府拨款200万卢布”，并不拒绝以后重新讨论贷款的问题。[2] 与此同时，联共（布）中央政治局还要求共产国际总书记布哈林以共产国际执委会的名义直接致电汪精卫，说明共产国际给中共中央密电的旨意所在，以减少汪精卫的恐惧心理。[3]

五、从和平分共到武力清党

用提供金钱和武器的方式来笼络住国民党人的做法，几乎马上就被证实是毫无作用的。6月21日，武汉方面寄予最大希望的盟友，第二集团军总司令冯玉祥，与武汉最大的敌人蒋介石等人在徐州举行了会谈。冯玉祥及其国民军自1925年以来一直得到苏联的大力援助。从经费、到武器、到顾问，苏联政府援助冯的力度甚至在某些方面都超过了给国民党的援助。直到6月16日，联共（布）中央政治局还决定再拨给冯玉祥3000支步枪，50万发子弹，5000发炮弹和4门炮。[4] 但是，冯玉祥并不因此就听命于苏联或由共产国际扶助的共产党。他这时已经开始对造成内部种种矛盾冲突的党部与农协发生了反感。在与武汉国民党人在郑州的会晤中，以及随后与南京国民党人在徐州的会晤中，他进一步得到印象，共产党鼓动“一般党员，借打倒土豪劣绅，提倡劳工神圣为口号，煽惑工人殴打厂主，店员殴打店主。每日除开会要求增加工资，缩短工作时间外别无他事，以致工厂、商店相继倒闭”；造成了“任意破坏秩序，杀害人民，没收财产，以致稍有资产者逃避

[1] 《斯大林给莫洛托夫和布哈林的信》（1927年6月27日），《共产国际、联共（布）与中国国民革命运动档案资料丛书》（4），第365—366页。

[2] 《联共（布）中央政治局会议第113号（特字第91号）记录》（1927年6月27日），《共产国际、联共（布）与中国国民革命运动档案资料丛书》（4），第364—365页。

[3] 《联共（布）中央政治局会议第112号（特字第90号）记录》（1927年6月23日），《共产国际、联共（布）与中国国民革命运动档案资料丛书》（4），第345—346页。

[4] 《联共（布）中央政治局会议第111号（特字第89号）记录》（1927年6月16日），《共产国际、联共（布）与中国国民革命运动档案资料丛书》（4），第315页。

一空”的惨状。[1] 据此，冯毫不犹豫地于徐州会议当天即致电汪精卫、谭延闿，提出：以目前两湖情形，“社会根本动摇，四民无一安宁”，非宁汉双方共释前嫌，通力合作，不能“救吾民于水深火热之中”，并成就国民革命之大业。因此，他建议立即送走鲍罗廷，武汉政府与南京政府“合而为一”。[2]

冯玉祥甫一回到驻地，就采取了分共的做法。其具体办法是，虽然与朱培德一样是和平礼送，政治上却学习了南京清党的一些经验。他这时公开告诫军政人员要认清主义，摆脱共产主义影响，并明令其所辖河南、陕西、甘肃三省政府：1. 不准跨党；2. 共产党跨党领袖一律解除职务，开除党籍，必要时得以严重监视；3. 在国民革命时期，不准以共产党名义活动，亦不准假国民党名义做共产党工作，违者按反革命条例治罪。[3] 冯玉祥并专门召集政治人员宣布：凡共产党员，愿意走者，发给川资；不愿走者，必须宣言脱离共党。[4] 之后，冯将全军两百多名政工人员统统集中起来，赠以川资，遣送出境了事。

冯玉祥公开分共“清党”，以及武汉中央随后默认唐生智“许克祥记过一次”，湖南“党部及民众团体着即停止活动”的处理办法，不可避免地鼓舞了军队中的反共和反工农的情绪。6 月 28 日，第三十五军军长何键率先发表宣言，指责“两湖地方，民众团体，时常发现越轨行动。而湖南各县闹得更是极糟”。宣言完全抹杀工农运动的正义性和取得的各项成就，集中拼凑种种“极糟”现象，并加以歪曲、夸大：“指有饭吃有衣穿的人为土豪，指有学问有道德的人为劣绅。私擅逮捕，任意残杀，勒禁罚钱，敲骨打髓。小民因之家倾产，服毒悬梁者不知凡几。又勒烧祖宗主位，并毁其祠堂，捣毁寺庙佛像，并收其财产。中央本无废止祀孔命令，总理亦无反对孔教

[1] 《冯玉祥日记》（II），江苏古籍出版社 1992 年版，第 343 页。
[2] 转见《国闻周报》第 4 卷第 25 期，1927 年 7 月 3 日。
[3] 杨天石：《关于孙中山“三大政策”概念的形成及提出》，《近代史研究》2000 年第 1 期，第 577 页。注：杨书注释此一引文来自《冯玉祥日记》6 月 28 日条，但查该书并无此项内容，应为注释有误。
[4] 《冯玉祥日记》（II），第 339、343 页。

宣言，竟将孔庙毁去，焚其牌位。关岳千古精忠，人人钦敬，乃至杀其神像。不问农工如何紧急，强迫到会，逆者处罚，以会场为刑场，以杀人为儿戏，不报告姓名，不宣布罪状，迫令民众举手，不举手者即为反革命。妇女运动有不要亲夫翁姑的标语，学生运动有仇父仇母的口号。佃户压迫田东，店员压迫店主，农不耕田，工不做事，商不营业，士不读书，提价兽化，毁弃人伦，天昏地黑，人人自危。古来大乱，未有如此。至于截夺军米，阻碍招兵，打毁税收机关，杀害军人家属，禁止谷米出境，闹成米荒，保护坟宅的树木，强令砍伐，猪不能喂，犬不能畜，犹其余事。”宣言称：“从前咸以为农工运动幼稚，工作过火，发生错误，系国民革命过程中必经之阶级。迄今考察，乃知不然，纯系共产党中暴徒之策略，并非幼稚过火之错误。不过藉此名词，以掩其阴谋耳。”[1]

何键的宣言，再加上社会上开始迅速流传工人纠察队将缴三十五军械的谣言，武汉也已经山雨欲来风满楼了。据蔡和森回忆，这一天谭平山报告，武汉国民党人中最鲜明地赞同工农运动的邓演达已弃职而走，行前特别告诫共产党注意，汉口的马日事变即将来临，何键一定开刀无疑。据此，张太雷当即提出，纠察队、童子团问题今天一定要解决。考虑到自夏斗寅叛变以后，工人纠察队人心已散，队员纷纷逃跑，留之亦无大用，且给军队政变以口实，故经周恩来请示中央军部和省委军部后，决定“宣布解散纠察队，实际编入张（发奎）军”。然而，解散之说刚一传出，原本早就人心惶惶的纠察队及其办事人员马上“弃枪弃职，逃走一空”。[2] 而受到何键宣言鼓动的三十五军及卫戍司令部的部队得知纠察队解散，转眼就派兵去抢占全国总工会和省总工会的房子。由于中共解散纠察队之举全未和国民党打过招呼，以至第二天国民党政治委员会开会时，一些与会者还不明所以。当然，注意到共产党此举乃为避免更大的误会与冲突，会议明确通过决议，

[1]　转见《国闻周报》第4卷第29期，1927年7月31日。

[2]　蔡和森：《党的机会主义史》，《中共党史报告选编》，第129、134—135页。

表示赞赏，并下令严禁匪徒骚扰或损害工会。因此，虽然有少数行业工会的办公处受到了士兵的扰骚，甚或被占领，但武汉的各级工会大都还是保全了下来，一些纠察队员又被招集回来，只是手中不再有武器了而已。[1]

实际上，尽管形势发生了很大的变化，武汉国民党人和中共中央也并没有马上放弃和国民党合作的努力。汪精卫一再表示自己两边受气，这边共产党各行其是，“似不与之合作”，那边军队将领公开威胁取缔工农运动，逼迫中央分离共产党。有鉴于此，中共中央为减轻汪精卫等人的压力，要求谭平山、苏兆征两人分别辞去了刚刚任职不久的国民政府农政部长和劳工部长的职务，同时决定每周与汪精卫等开两次联席会议，以便于国共两党随时协商。[2] 瞿秋白随后受命起草了《国共两党关系决议案》，规定了在肯定国民党领导地位的情况下两党关系的基本原则。进入 7 月份以后，谭、苏两位共产党员退出国民政府，但国共两党也仍旧继续和往常一样，一起在中央执行委员会常委会和中央政治委员会中共事，两党领导人也还在定期召开联席会议。同样，湖北省总工会也依旧在继续行使权力。包括其属下的纠察队，这时又有以武力干涉外国工厂的情况。据 7 月 13 日中央政治委员会的讨论，可知纠察队再度包围了英美烟公司组织的团丁，引起英国领事的抗议。当然，这个时候的国民党人，对工农运动干扰外交、经济的情况，包括不听政令的种种举动，已经更多些反感。孙科在这一点上表现得尤其明显。他不仅扬言：“工会这样妨害国民政府的策略，简直是不承认国民政府。我们就放弃武汉，另外找一个地方，大家滚蛋，请他们来！”而且力主动用军队严厉制止工会纠察队目无政府的非法行为。不过与会者大多尚能冷静处之。为了避免再度发生类似事件，会议决定，由政治委员会警告总工会，并由保安队制止纠察队的行动。同时为避免再度发生滥杀无辜的情况，会

[1] 《中国国民党第一、二次全国代表大会会议史料》（下），第 1296—1297、1323 页；《中华民国大事记》，第二册，第 640 页。

[2] 《中共中央常委会第 33 次会议记录》（1927 年 6 月 30 日）。

议规定，今后审查土豪劣绅也由政府负责，农民协会毋庸过问。[1]

不过，要长期保持这样一种不死不活的合作关系，实际上已经不大可能了。首先莫斯科方面就无法容忍。可以肯定的是，斯大林始终相信，保持这种合作关系对共产党有利。因此，“只要能利用武汉的上层人士时，我们就要利用他们”[2]。有关这一点，从斯大林在罗易和鲍罗廷关系问题上表面上赞同前者，事实上却支持后者的情况，就可以看得很清楚。很显然，罗易是联共（布）中央激进的土地革命方针和相关指示的最有力推动者，相反，鲍罗廷则是最有力的抵制者。罗易多次提出要求撤换鲍罗廷，任命自己负责与国民党的关系。结果，莫斯科始终是口惠而实不至，最终也不肯撤换抵制激进政策，对维持两党关系有自己办法的鲍罗廷。但是，斯大林为什么还必须在口头上保持激进呢？这是因为，联共（布）中央这时的权力斗争十分激烈，包括在联共（布）党内有着深厚基础的托洛茨基和季诺维也夫等人，都是激进革命的有力主张者，并据此攻击斯大林的退让策略。单纯地从苏联自身的利益来制定对国民党的灵活政策，不符合这个时候绝大多数党员的思想认识。因此，为了适应党内斗争的需要，斯大林只能用这种首鼠两端的办法来使自己保持主动地位。

不过，随着武汉工人纠察队宣告缴械，和唐生智枪毙反对马日事变的标语张贴者的消息传到莫斯科，本来就在攻击斯大林主导的中国政策的联共（布）党内反对派们，马上就开始发动了对斯大林政治上的进攻。他们于7月7日致函共产国际执委会主席团，明确认为：两湖工农运动遭到镇压的事实，证明斯大林“指望武汉政府成为‘有组织的革命中心’的政策遭到了彻底失败”，有必要马上召开会议纠正共产国际前此指导方针的错误。[3]

---

[1] 《中国国民党第一、二次全国代表大会会议史料》（下），第1327—1328页。

[2] 《斯大林给莫洛托夫的信》（1927年7月8日），《共产国际、联共（布）与中国国民革命运动档案资料丛书》(4)，第399页。

[3] 《武约维奇、季诺维也夫和托洛茨基给共产国际执行委员会主席团的信》（1927年7月7日），《共产国际、联共（布）与中国国民革命运动档案资料丛书》(4)，第396页。

面对这种情况，斯大林不能不改变策略。他宣称：他只是刚刚知道武汉工人纠察队被解除武装和唐生智在长沙枪毙主张为工农申张正义者的消息。既然如此，当然“应该抛弃他们”。[1] 联共（布）中央据此召开了紧急会议，抢先一步发出指示称：“尽管我们一再提出忠告，但是国民政府实际上不仅不支持土地革命，而且还放开了敌人的手脚。解除工人武装、讨伐农民、进攻武汉工人组织，唐生智在长沙枪杀革命者，这些行动都是反革命的公开表演。武汉以唐生智为首的主要武装力量事实上已成为同蒋介石半结盟的，也可能是直接结盟的反革命分子的工具。国民政府和国民党上层却在掩盖这一切，这样它们就转到工农的敌人的营垒里去了。在这种情况下，共产党人不能留在政府里。”但“退出国民政府并不意味着退出国民党。共产党人必须留在国民党内，并在国民党的一切组织中和在它的群众中，为改变国民党的政策和改组其领导机关人员进行坚决的斗争”。当然，从现在起，就应当秘密召开紧急代表会议，纠正党的领导所犯的根本性错误，组织党的地下机关，将受到威胁最大的工作人员转入地下。[2]

莫斯科此举造成的影响可想而知。7 月 13 日，共产国际执委会政治书记处通过了根据联共（布）中央 8 日政治局会议精神起草的，有关中国问题的决议草案，并把这一文件公开发表在联共（布）中央机关报《真理报》上。该决议除了重申联共（布）中央政治局会议的决定以外，甚至号召“中国共产党党员起来反对中央的机会主义”。[3] 据此，中共中央迅速进行了改组，陈独秀辞去了书记的职务，另外成立了由张国焘、周恩来、李维汉、张太雷、李立三 5 人组成的中央常务委员会，决定在张发奎的军队中组织军事暴动；

---

[1] 《斯大林给莫洛托夫的信》(1927 年 7 月 8，9 日)，《共产国际、联共（布）与中国国民革命运动档案资料丛书》(4)，第 398—399、405—406 页。

[2] 《联共（布）中央政治局紧急会议第 116 号（特字第 94 号）记录》(1927 年 7 月 8 日)，《共产国际、联共（布）与中国国民革命运动档案资料丛书》(4)，第 397—398 页。

[3] 《共产国际执行委员会政治书记处会议第 34 号记录》(1927 年 7 月 13 日)，《共产国际、联共（布）与中国国民革命运动档案资料丛书》(4)，第 411 页；《共产国际执行委员会关于中国革命目前形势的决定》(1927 年 7 月)，《中共中央文件选集》，第 3 册，第 627—628 页。

在湘、鄂、赣、粤几省组织秋收起义。

7月14日夜，汪精卫等得知中共中央态度有变，紧急召开了政治委员会主席团会议。决定：派遣重要同志赴苏联讨论切实联络办法，并准备在一个月内召集二届四中全会。汪精卫表示：“对于本党内的C.P.同志，应有处置的方法，一党之内不能主义与主义冲突，政策与政策冲突，更不能有两个最高机关。”[1] 次日，武汉国民党人进一步召开常务委员会第二十次扩大会议。汪精卫此前一直没有把罗易私下向他透露的莫斯科密电的内容通报给国民党中央执行委员会，但这时他必须和盘托出了。他在介绍了莫斯科密电的五点内容后强调：“我们可以看出这个电报有五层意思，都是厉害的。(1) 没收土地不要国民政府下令，须由下级没收。怪不得湖南闹成这个样子！有一班同志还说农工的行为并不幼稚，原来他们是照着第三国际的训令在那里做。(2) 在中央委员之中，增加工农领袖……试问有什么方法可以增加？如何能干涉代表大会的权限？这简直是破坏本党的组织的，要我们违背总章。(3) 国民党现在的构造必须改变。这是何等的大事，中央委员有什么方法可以改变，而且又改变成一个什么东西？(4) 由二万武装的C.P.同志及五万工农分子组织新的军队，消灭旧的军队。我们的军队向来不分C.P.不C.P.，为什么单单要二万武装的C.P.同志组织军队？这是根本动摇我们的军队，完全变成C.P.的军队好了！(5) 组织特别法庭，处分反革命派，不要C.P.同志参加，由老党员组织。这就是说，让国民党来做刽子手。综合这五条而论，随便实行哪一条，国民党就完了。”[2] 因此，“现在不是容共的问题，乃是将国民党变成共产党的问题，国民党的同志想起来，能不痛心！”孙科听后愤愤然称：“我们容纳共产党，真是太过信他们了！我们现在要下一个决心走第三条路。”会议最后通过了政治委员会主席团提出的办法。

根据会议的决定，武汉国民党中央于7月16日公布了限制共产分子的

---

[1] 转见杨天石：《关于孙中山“三大政策”概念的形成及提出》，《近代史研究》2000年第1期，第587页。

[2] 转见刘继增：《武汉国民政府史》，第512—513页。

训令。宣称：“检阅已往之工作，纠正以前之错误，深觉非厉行党的专政，提高党的权威”不可。但“此种提案，完全根据于革命利益，执行纪律，并非妨害共产同志之个人身体自由，凡我同志务须体喻此意”。与此同时，鉴于已有军队开始捣毁和抢占工会及学联办公处，国民党中央亦发布了训令，告诫全党各机关：“农工政策，在本党之历史有其长远之时期，在本党之主义，有其确切之基础，并非因容纳共产分子而始有农工政策之主张；亦并不因制限共产分子而停止农工政策之活动。”若有违背党义摧残农工团体者，“本党唯有执行革命纪律，决不宽贷”。[1] 因此，武汉国民党中央这时还明令发布了“二五减租”的训令。

武汉国民党人采取限制共产党员的办法，而没有如朱培德、冯玉祥等断然下令分离共产党员，对此，汪精卫解释道：共产党的“那个决议案实在使我们太难堪，C.P. 同志中明白的人都应该能够原谅我们。何况是多年的老同志”。而且“我们没有说凡是列名 C.P. 的都不要，（吴）玉章同志有二十年同盟会的历史，其实可以不走”。“那怕是 C.P. 的同志，只要写信来声明，以后切实信仰本党的主义，切实遵守本党的纪律，我们并不愿意多计较。”然而，事情已经无可挽回了。一方面，自得知中共准备脱离武汉国民政府的决定之后，武汉军方几乎马上就开始了针对共产党人的行动。限制令刚一发表，包括吴玉章等人在内，住处大多均被捣毁了。另一方面，中共中央已经散发了《中国共产党中央委员会对政局宣言》，公开谴责国民党中央多数领袖赞助反革命军官，宣布将不对国民党中央现时的政策负责，“不能放任背叛革命的军人以及犹豫骑墙的政治家冒充国民党，假借孙中山先生的旗号以自文饰”。[2]

7 月 18 日，国民党中央政治委员会主席团发表《容共政策之最近经过》一文，公布莫斯科密电等内容。该文件在《汉口民国日报》头版连载了三天，

[1] 《汉口民国日报》1927 年 7 月 16 日第一张第一页。

[2] 《中国共产党中央委员会对政局宣言》（1927 年 7 月 13 日），《中共中央文件选集》，第 3 册，第 204—207 页。

意在表明“谁是极意保持革命联合战线，谁是任意诿过他人，藉端攻击”。[1]几天后，中国共产主义青年团中央又散发《告全国劳苦青年群众书》，断言武汉国民党已经在屠杀民众，故不仅不再是全国劳苦青年的朋友，而且已经成了他们的敌人。

7月25日，汪精卫在的政治委员会第四十次会议上，强烈不满地讲：“我们几时杀过人？他们为什么要这样凭空造谣？虽说是限制共产党员，但最大问题还是要等第四次全体会议决定。军队有侵占工会的，马上要他们搬出，我们也屡次告诫我们的党员，不要对共产党肆口谩骂。就是今天的纪念周，本席也再三的说，共产党自有他们共产党的立场，不要当作他们的阴谋看待。我们苦心孤诣维持到现在，并不是不敢翻脸。只要稍微放松一点，哼！看有没有屠杀！他们这样毫无道理的随便造谣，向我们进攻，简直是有心逼得我们翻脸。在国民党的权力下，是由他们这样胡闹还是怎么办？应当对共产党提出警告，再这样乱闹，莫怪我们翻脸了！”[2]

据此，武汉中央通过了《统一本党政策决议案》，规定：凡列名国民党之共产党员，自即日起声明脱离共产党，否则一律停止职务；在国民革命期内，共产党员不得有碍国民革命之活动，并不得以本党名义，做共产党之工作；本党党员未经本党中央许可，不得加入他党，违反者以叛党论。[3]同时，武汉国民党中央发表《告中国共产党书》，强硬表示：“我们明知共产党的方法不能适应于中国，共产党的同志决计不受本党的指导，我们为中国整个革命前途计，为全国的贫苦人民的利益计，对于共产同志不能不加以制裁。然而犹复承认共产党为革命的友党，不惜迭次训令保护其身体自由，以表示本党依然认共产党在革命上立于友党之地位。现在迭次发现共产党对于本党攻击的文件，捏造事实，备肆诋毁，我们很诚恳的愿接受

[1] 《汉口民国日报》1927年7月19日第一张。

[2] 《中国国民党中央执行委员会政治委员会第四十次会议速记录》（1927年7月25日），台北党史馆藏档，00—2/3。

[3] 《汉口民国日报》1927年7月26日第一张第二页。

别党的批评，但决不能忍受别党的污蔑。如果共产党尚承认中国国民党革命的必要，及尚承认共产党还须努力于革命，则共产党应即自憬，放弃其近日对于本党敌视的态度。否则，本党为革命利益计，不能不执行相当的纪律。”[1] 武汉国民党军事委员会亦随之发表训令，要求“各军长官务必于最短期间，查明所属军队中军事负责及政治工作各人员，其有共产党员已经知名者，分别切实劝导即与共产党脱离关系，专心致志为本党忠实武装党员，否则即行停止职务。至于共产党之未知名者，应随时留心查察，禁止一切秘密会议，并考核其言论行动，如有违反本党主义及政策者，立予惩办，切勿瞻徇玩忽，以致酿成巨祸”。[2]

然而，还没有等武汉国民党中央及其军事机关采取行动查明军队内的共产党员情况，8 月 1 日共产党人就在南昌组织了武装起义，公开揭起了与武汉国民党中央对立的“中国国民党革命委员会”的旗号。中共并以宋庆龄、邓演达等人名义，发表《中央委员宣言》，指责“武汉与南京所谓党部政府，皆已成为新军阀之工具”[3]。面对这一突如其来的政变，武汉国民党显得十分狼狈。汪精卫在大发脾气后，甚至还不得不出面来承担责任。

8 月 3 日，武汉国民政府发布通令，第一次严厉规定：对共产党徒一经拿获，决不宽恕。[4] 5 日，武汉国民党中央执行委员会常务委员会扩大会议决议：“共产党徒已在南昌举兵叛乱，中央为肃清内部起见，对于中央党部职员中 C.P. 分子应迅予处置。”[5] 6 日，汪精卫公开发表题为《错误与纠正》的文章，声称前此和平分共处置不当。文称：“我们为什么一直等到共产党员快要消灭国民革命，我们才不容他，这真是我们极大的错误。”[6]

---

[1] 《中国国民党中央执行委员会告中国共产党书》（1927 年 7 月），台北党史馆藏档，汉 13225。

[2] 《军事委员会之重要训令》，《汉口民国日报》1927 年 7 月 26 日第一张第一页。

[3] 杨天石：《关于孙中山“三大政策”概念的形成及提出》，《近代史研究》2000 年第 1 期，第 595 页。

[4] 《汉口民国日报》1927 年 8 月 3 日第一张第一页。

[5] 《中国国民党中央执行委员会第二届常务委员会第二十三次扩大会议决议录》（1927 年 8 月 5 日），台北党史馆藏档，2—4/5。

[6] 汪精卫：《错误与纠正》，《汉口民国日报》1927 年 8 月 6 日第一张第一页。

8日，武汉国民党中央政治委员会开会，决议：“谭平山、林祖涵、吴玉章、恽代英、高语罕等，均着即开除党籍，并褫夺现职，与张国焘等一并缉拿讯办。用中央执行委员会名义下令。”“杨匏安、毛泽东、董用威、邓颖超、许甦魂、韩麟符、于树德、江浩、夏曦等，一律开除党籍并褫夺现职。”会议并通过清党决定四项，即“(一）各级党部暨国民政府各行政机关任职人员一律登记声明有无跨党，以凭考核而定去留。(二）有共产党嫌疑者令其于三日内登报声明反对共产党或发表文字反对共产党。(三）如有共产党分子潜伏各级党部各行政机关，既不退出又不声明脱离共产党者，以反革命论。(四）著名共产分子应由地方军区严重监视，如反革命行为应即拿办。”[1]

至此，武汉国民党人也走上与南京国民党人同样的道路了。

[1] 《中国国民党中央执行委员会政治委员会第四十四次会议速记录》(1927年8月8日），台北党史馆藏档，00—2/3；《中央执行委员会致农民部函》(1927年8月9日），台北党史馆藏档，五部档4135—3；《汉口民国日报》1927年8月9日第一张第一页。

第六章

南京国民党的“清党”运动

还在武汉“分共”之前，即在1927年春天，以蒋介石为代表的南京方面的国民党人，就发起过一个大规模的“清党”运动。此一运动的展开，以“四一二”事变为标志，前后两期，持续到9月，大部告一段落，历时不过半年左右时间。[1] 南京政府取得较晚的其他省区，开始也晚，结束亦迟，是为余波或尾声。[2]

“清党”运动的最大特征，就是它的血腥。它开创了中国20世纪历史上，夺取政权者用暴力，并辅之以群众检举的办法，在全国范围残酷地清除异己的先例。

“清党”运动的结果，是它成就了一个南京政府。没有“清党”的举措，南京的国民党人就难以独树一帜，自诩正统，更难以名正言顺地夺取各地的党政权力。也正是因为他们有了这样一个政府，牢牢地掌握了所占地区的权力，并且从此主导了国民党乃至于中国政治以后的发展。

一、“清党”发起之反复

“清党”运动，名为清除国民党内的共产分子，但其直接起因，却是由于蒋介石与苏联顾问鲍罗廷及武汉方面国民党左派矛盾冲突的公开化。由于鲍罗廷及其武汉方面意图通过召开二届三中全会的办法取消蒋介石掌控党权和政权的种种资本，从而迫使蒋不得不考虑夺取上海和南京，以便利

---

[1] 对国民党的“清党”运动的次数和经过时间，在学界有不同的说法。如黄金麟即根据居正《清党实录》（中国国民党中央执行委员会1928年印行）之观点，认为“清党”运动发生过三次，第一次为1924年6月，即中央监察委员张继、谢持、邓泽如等力主弹劾共产党，引发国民党一届二中全会通过一相关训令了事。第二次为“西山会议派”于1925年11月所发动，结果与广州中央形成分裂与对抗。第三次则为南京国民党人发起的全国性的运动。见《革命与反革命——“清党”再思考》，《新史学》第11卷第1期，2000年3月。但此说略嫌牵强。对此，笔者同意李云汉的说法，即张继等弹劾共党案、各地孙文主义学会的组织，以及西山会议的召开，包括中山舰事件，都可看作1927年“清党”运动之酝酿与发源。见李云汉:《清党运动的再评价》,《中国国民党党史论文选集》，第四册，（台北）近代中国出版社1994年版，第702页。

[2] 南京国民党“清党”运动开始时，两湖、江西及长江以北大部分省份尚不在其控制之中，一些省份甚至基本上还没有国民党的党组织。

用江浙和上海的资源，另起炉灶，与武汉分庭抗礼。[1]

为此，就在武汉方面决定召开三中全会的1927年2月21日，蒋介石所在的南昌方面即相应召开会议。蒋介石手下陈果夫、陈立夫、温建刚等少壮派，在蒋的默许下做出决定，一面全力夺取其军力所及之各地的党政权力，一面加紧准备与武汉破裂的种种条件。其中关键一步，就是要从法理上取得北伐军所经过的各地的党权和政权。正是在这种情况下，这次南昌会议召开后，即相继发生了原本共产党和国民党左派占据优势的江西各地国民党部均被人捣毁的系列事件。身为共产党员的江西省总工会执行委员、赣州总工会委员长陈赞贤，亦于3月6日被蒋介石指挥的军队所枪杀。这股夺权的风潮，由江西，而安徽，而福建，而浙江，随着蒋介石指挥的军队向北向东推进，迅速扩展开来。

但是，相对而言，蒋介石这时军事上的进展毕竟是第一位的，因此其有限的军队不可能长时间驻留在占领的地方，结果往往是其部队前脚开拔，共产党人和左派国民党人后脚就推翻了亲蒋的国民党党部。再加上蒋的这种夺权由于还不具备合法性，做法相当迂回曲折，一些部队指挥官或政治部人员也并不十分赞同，因此，蒋介石此举并没有能够有效地达到其夺权的目的，不少地方党政权力的争夺只是愈演愈烈而已。

随着北伐战争的进展，从中央到地方，国民党人的内讧愈演愈烈，许多原本就对国共关系现状极端不满的老资格的国民党员，都倍感焦虑，坐卧不安。对于他们来说，武汉国民党人的态度倒在其次，共产党人全面控制国民党的危险更是迫在眉睫。时任国民党中央青年部部长的邵元冲这时的日记，清楚地记述了他们一辈国民党人，以及蒋介石手下的军官们，这时因焦虑、激愤以至于暗中串连，急于推动蒋介石对共产党人采取断然行动的情形：

[1] 关于蒋介石与鲍罗廷及武汉方面走向分裂之经过，可参见拙作《蒋介石从“三二〇”到“四一二”的心路历程》，《史学月刊》2003年第11—12期。

2月18日，访蒋梦麟谈，对杭州收复事已全证实，惟对于此后浙局整理办法殊难有望，而内部之不一致尤为可虑，殊不知所届也。

2月26日，访梦麟一谈，对于干部及各地之纷纠多所讨论，颇以为虑。余以历史上之关系，讵宜坐视。不日拟赴浙及赣中相机规诫，以尽微责，至于能悟与否，则听之而已。

2月27日，午前访（吴）稚晖、（钮）惕生等谈。稚晖对于两党间之轇輵及（张）溥泉之态度，有所讨论。……明日拟赴杭一行，与敬之有所接洽。

3月4日，九时至杭州，寓西湖饭店。午后访何敬之，兼晤蒋伯诚、王达天、顾祝同、鲁咏庵、潘宜之等……对于党务问题，敬之等意须（蒋）介石能拿出主张，一切始有办法，且谓介屡次游移，且事后每由他人受过，故现在不敢十分自己表示主张云云。

3月5日，午前访敬之，再以各方情形与之切谈，并望其对介石有所建议。

3月6—10日，在省垣与军界当轴及党务同志磋商此后救济之办法，同人等皆切望有一具体之步骤计划，并望余有所主张，余遂为草订一进行计划大纲，预备于南京收复后，即由军界同志请介石来宁商决大计，以期根本整理党务，军界同志以半年来之努力奋斗，其结果不过为造成共产党扰乱地方之基础，故多激昂唏嘘，此问题不解决恐军心解体矣。

3月11日，白健生自嘉兴返省垣与敬之会商总攻击计划，予亦以各方情形及此后抵沪后之措施有所陈述，健生亦以为然。[1]

由上不难看出，从南昌陈果夫、温建刚，到上海邵元冲、蒋梦麟、吴稚晖、钮永建（惕生），到杭州何应钦（敬之）、蒋伯诚、王俊（达天）、顾祝同、潘宜之及白崇禧（健生），即从蒋之亲信，到国民党元老级人物，一直到蒋

[1] 《邵元冲日记》，上海人民出版社1990年版，第306—310页。

手下的高级将领，这时都把矛头指向共产党，摩拳擦掌，只等蒋一声令下了。

3 月 6 日，即在邵元冲前往杭州串连何应钦、白崇禧等高级将领之际，受命组建上海临时政治委员会的吴稚晖，与同被授为政治委员会委员的钮永建、杨铨与共产党领袖陈独秀、罗亦农约在钮永建办公室见面，试图商谈整理上海党务问题。结果，双方意见颇难一致，陈独秀并有不出二十年中国即将实行列宁式共产主义的说法。吴转而找到同为监察委员的李石曾和蔡元培，怒气冲冲地转述了陈独秀的说法，结果“石曾最是慷慨激昂，蔡孑民也很愤愤不平”[1]。鉴于一届一中全会有“监察委员一人亦可行使监察职权”，“有二人以上到会即得开会”的规定[2]，12 名正式监察委员中，已有 7 人可以断定立场，故吴等显然有意再开监察委员会会议来弹劾共产党了。[3]

在这种情况下，一切的一切，都要看蒋介石的最后决心了。

蒋介石 15 日离开南昌，16 日江西省党部捣毁了左派掌握的南昌市党部，并随即封闭和解散了共产党及左派领导下的各种报刊和民众团体。蒋 16 日到九江，次日九江市党部及总工会等即被捣毁。蒋 20 日到安徽安庆，23 日安徽省市党部及其领导下的民众团体亦遭捣毁。不难看出，在武汉方面坚持在 3 月 10—17 日召开了二届三中全会，通过一系列限制蒋介石个人权力的决议[4]同时，蒋毫不犹豫地纵容手下贯彻其 2 月 21 日南昌会议夺取各地党政权力的既定方针。其方法，很大程度上就是依靠仅有的少数骨干分子，利用地方帮会势力，通过“打”“砸”“冲”，或干脆挑起左右派的“械斗”，

---

[1] 转见《清党运动之概论》，上海中山书店 1927 年 6 月版，第 30 页。

[2] 《第一届第一次中央全会关于监察委员会之决议案》，1924 年 1 月，荣孟源主编：《中国国民党全国代表大会及中央全会资料》（上），光明日报出版社 1991 年版，第 65 页。

[3] 12 名监察委员中，这时可以确定立场的除吴稚晖、蔡元培、李石曾外，还有陈果夫、张静江、古应芬、邓泽如，合共 7 人。8 名候补监察委员当中，已知可以站在反对武汉一方的，也有黄绍竑、李宗仁、李福林 3 人。国民党二大选举的中央监察委员名单可见于中国第二历史档案馆编：《中国国民党第一、二次全国代表大会会议史料》（上），江苏古籍出版社 1986 年版，第 377 页。

[4] 会议通过了包括《统一党的领导机关案》、《统一革命势力决议案》及《军事委员会组织大纲》等 15 个文件，决定实施集体领导，限定总司令只是军委委员之一，包括军官任免、出征、动员等都须经军委会集体决议，再提交中央执行委员会通过后，才能交由总司令执行。蒋介石的军委会主席、军人部长和黄埔军校校长等职务亦被取消。

来区分“敌”“我”，进而组织自己的力量，夺取权力。[1]

但是，值得注意的是，蒋介石一路暗中支持下属夺取地方党政权力，甚至自行任命地方党政高官，却从未有过与武汉翻脸的任何公开的言论。因此，其手下也始终要借助于地方帮会势力来协助自己的夺权行动，不能合法地动用军警政等力量。且蒋在公开场合也还要表示中立，对所发生的一切佯装不知。不仅如此，自出发之日起，他一直在就武汉方面的各种批评和指责做出回应和进行辩解，却也都是在尊奉武汉方面为“中央”的口气下出之。包括 3 月 26 日到上海之后，其在公开场合服从武汉中央及国府的态度亦未稍改变。很显然，正如何应钦等人所言，蒋介石对公开打出清除共产党的旗号，以至于与武汉公开分裂，另立中央，尚在犹豫动摇之中。说蒋这时已决心“清党”，恐非准确的说明。[2]

蒋介石的决心如何下定？据邵元冲日记，3 月 21 日他正准备离开杭州之际，恰好张静江从南昌来杭，当晚约邵与这时也到杭州的蔡元培等谈话。张因了解蒋认可南昌会议并纵容部下在各地夺权的情形，故声称：“介石对于与共产党分离事已具决心，南京定后，即当来宁共商应付。”受此鼓舞，邵等于次日上午遂进一步与张静江商量“此后应付事宜”。当日得知上海已经克复，张静江、蔡元培、邵元冲、蒋梦麟、马叙伦等当即同车赶往上海。

25 日上午，张静江一行抵沪后，即约集吴稚晖、李石曾同至前敌总指挥部晤白崇禧、潘宜之等驻沪高级将领，“共商应付党务事宜”。吴稚晖明确认为“非分裂不可”，李石曾态度“亦激昂”。因得知蒋 26 日晚到上海，27 日众人便一并迁入蒋介石总部行营内，与蒋“开会讨论与共产党分裂之

[1] 关于因搞不清谁是自己人，以至于四处发动械斗来分清敌我和利用帮会势力来夺权的情况，可参见陈立夫：《成败之鉴——陈立夫回忆录》，（台北）正中书局 1994 年版，第 96—100 页。

[2] 前人习惯据当事人之一白崇禧的口述为证。《白崇禧访问录》（上）有云：蒋总司令自九江乘舰抵达上海召见我，面示清党之决心。给人印象，蒋到上海时已决心清党。然此说并无相关文献可予证实。鉴于上文下接“并召集薛岳之第一师，及刘峙之第二师各级干部训话”之语，查蒋之训话为 4 月 4 日，已去蒋到上海之日一周以上，可知白此说时间跨度甚大，不可简单做蒋到上海之 3 月 26 日或 3 月底理解。《白崇禧访问录》（上），台北：“中央研究院”近代史研究所，1989 年，第 37—38 页。

办法”。讨论中，吴稚晖力主以中央监察委员会名义提出弹劾共产党员及跨党分子谋危本党、动摇后方及卖国之行为案，“然后再由监察委员会召集中央执行委员之非附逆者开会商量以后办法，而开除及监视一切附逆及跨党之首要等，听候代表大会裁判云云”。[1]

公开打出清除共产党的旗号来否定武汉中央的权威，因为涉及与苏联，特别是与这时在军事行动中起着重要作用的苏联军事顾问的关系问题，故蒋介石一时还有所犹豫。由邵元冲日记可知，27 日的会商并未决定出任何具体办法，故 28 日不得不“继续讨论”。到 28 日，又因东路军总指挥何应钦、江右军总指挥程潜等均未到，且还必须要等江左军总指挥李宗仁、政治部主任黄绍竑和总参谋长李济深到后，才能决定实施分裂的可能程度，会议仍未形成最后意见，“拟待彼等到后，再行决定”[2]。故说本日晚监察委员数人曾单独召开清党之预备会议，令人质疑。[3]

29 日，何应钦、程潜和古应芬等到会，但程潜的态度显然十分摇摆，会议还是没有得出结论。次日因李宗仁等仍未到而休会。4 月 1 日李济深等到会，对分裂主张表示赞同。“惟同时得朱益之（培德）致介石函，劝介石一切慎重以退为进等语，介石又为踌躇。”邵元冲记曰：“连日工人纠察队

[1] 《邵元冲日记》，第 313—314 页。

[2] 同上，第 314 页。

[3] 台北中国国民党党史馆藏有该次会议之会议录（罗家伦主编《革命文献》第十七辑第 128—129 页），但其一，据会议记录：当晚“到会蔡元培、吴敬恒、张人杰、古应芬、李煜瀛”共 5 名监委，对照邵元冲日记，可知此记录不实。因古应芬当日似未到会，邵元冲当晚日记有“介石谓湘芹处已去电促其即来”，次晚日记有“程颂云、古应芬、何敬之等皆来共商”。其二，据雷德华（朱华）早有之考证：《民国日报》1927 年 4 月 29 日有报道称：“江苏特别委员吴稚辉（晖），昨日（二十八日）因事乘车（上午十时零七分——引者）赴杭，闻不日即行返沪。”可知当晚吴亦不可能返回上海参加会议。（见雷德华：《国民党中监委会全体紧急会议记录是赝品》，《档案与历史》1986 年第 4 期）其三，该日之会议录存有两种不同版本，一为罗家伦公布的“中央监察委员会第□次常务委员会会议纪录”；一为“中国国民党第二届中央监察委员会第三次全体会议第一号会议”（档案号 2—6.1/6）。不仅名称各异，而且内容文字也各异。可见，此一会议录恐系事后补造之物。虽然邵元冲日记也有多处填错日期之处，可知邵之日记也未必没有事后补记的情况，但比较吴稚晖 28 日上午已赴杭，事后却在当日日记中记为：“入住道署，开监察会”，以及其会议录之作伪，笔者宁可信邵所记更为真实一些。（原藏台北党史馆的《吴稚晖日记》的相关片断，为杨天石教授所提供。）

等以武力猛扑租界等消息日剧，而当局者总迟日无所表示，疑事无成”，倍感焦急。[1] 可知连日讨论中，蒋始终不置可否，没有明确地表示过意见。

如此反反复复，延至 4 月 2 日，又意外得知汪精卫经由苏联远东已回到上海。因国民党内无论武汉派及非武汉派，一向公开都表示拥护汪精卫在党内的魁首地位，故汪回对两方面影响均甚为重大。考虑到汪的态度可能影响双方党众，蒋介石自然倾向于做争取汪的工作。结果，邵元冲当日记称：“此间日内正拟以断然手段处置者，乃不得不暂行延搁。”[2]

众人 4 月 2 日花了将近一天时间与汪精卫座谈，纷纷告以武汉近来之作为，特别以共产党控制上海工人武装纠察队，随时可能学武汉以武力收回英租界，引起列强干涉为虑。但十分明显，由于并未形成确定的意见，故无论是蒋，还是吴稚晖等，当日都未将正在讨论中的“清党”意向告知汪精卫。故汪对众人所言并不以为意，他只是主张约请武汉诸人来宁，以会议方式解决问题。在这种情况下，说本日监察委员们正式开会并通过了弹劾共产党人案，正式议决清党，亦大可怀疑。[3]

如能将武汉国民党人约来南京，事情自然也就有了转机。3 日当天蒋介石、汪精卫、吴稚晖、李济深和蔡元培等商谈结果，就连态度激烈的吴稚晖也转趋赞同汪精卫的意见，希望汪出面能请动武汉方面的国民党领导人前来南京共商妥协之策。蒋在这一天的日记中即有记述称：今天“稚老甚

---

[1] 《邵元冲日记》，第 314—315 页。

[2] 同上，第 315 页。

[3] 一般史书所据“中央监察委员会第□次会议纪录”，亦存在与“中央监察委员会第□次常务委员会会议纪录”相似的问题。因此一时期监察委员会议录均为议事录，向无速记录，却惟独此一记录有吴稚晖个人发言的完整速记，显然不合逻辑。且党史馆所藏“原档”（档案号 2—6.1/6）与罗家伦主编《革命文献》第十七辑第 129—134 页收录之“原件”，还是两个不同的版本。除开始程序及吴稚晖主发言内容大体一致外，其他内容之文字，包括会议的后半议程，都不相同，几乎看不出是同一次会议。此亦足以见其为补造之物。关于 4 月 2 日可能并未召开过正式监察委员会会议并通过了清党决议的理由，还可参见当事人之一黄绍竑的说法（《四一二政变前的秘密反共会议》，《四 · 一二反革命政变资料选编》，第 443—450 页），以及雷德华（朱华）的相关考证（雷德华前引文；朱华《再谈四一二政变前国民党中临会会议记录的真伪》，《档案与史学》1991 年第 4 期）。

愤激，谈言甚多，然其结果，乃欲与共党暂时妥协，惟请在武汉中央委员回南京来耳”[1]。可以想见，蒋内心虽并不十分看好这一设想，但总算是一种解决办法。故蒋亦匆匆发表通电，声明：“自汪主席归来以后，所有军政、民政、财政、外交诸端，皆须在汪主席指挥之下，完全统一于中央。中正唯有统率各军，一致服从。”[2]

然而，4日一早，不知何处得来消息，说武汉方面已免了蒋介石总司令职。[3]包括蒋介石在内，众人一早便又来到汪精卫住处。这回大家均相当愤怒，痛斥鲍罗廷及共产党。在众人的推举下，吴稚晖“始言此次监察委员会提出对共产党之弹劾案”。且说明，依此方案，对共产党人“必将采断然之处置”。至于对武汉方面，因此一行动必须严格保密，“故只系通知而非商榷”。

没想到，汪精卫原本就认为上海众人的种种怀疑太过离奇，听到吴等不仅准备全面破裂，而且打算动用军队和警察拘禁共产党人，当即“怫然”。对此，黄绍竑、李宗仁等急忙在一旁转圜，并提出：“如精卫有良策，不妨共商。”汪精卫明白提出三点：“(一) 若此时同人认为共产党破坏国民党之情形急迫，且亟谋破毁租界，则彼可负责告独秀使其制止；(二) 武汉此时如有负于摇动军政之命令，可以不受；(三) 各地共产党及工人纠察队如有反动情形，可以随时以非常手段处置之。”上海众人这时用以指责武汉方面及共产党人，且倍感焦虑和担心者，实不过此三方面问题而已。汪精卫的办法在不公开破裂与武汉及共产党关系的同时，给予了蒋等极大的临机处置之权，众人一时自无话可说，最后“众乃决定暂照此条件进行”。[4]不过，从蒋介石当天对上海驻军黄埔生训话的情形可以了解，其心态当天已发生

[1] 见台北“国史馆”藏蒋中正档案，《困勉记》卷六，1927年4月3日条。

[2] 蒋介石：《与汪精卫会晤后通电》(1927年4月3日)，《蒋介石言论集》，第四集，中华书局1964年未刊稿，第209页。

[3] 汪精卫对此也有过说明，说是“有一天谣传中央免了蒋介石同志的职。问他们这个消息是从什么得来的，他们说是从中国银行得来的”。见《中国国民党中央执行委员会政治委员会第十一次会议速记录》(1927年4月11日)，前引《中国国民党第一、二次全国代表大会会议史料》(下)，第1036页。

[4] 《邵元冲日记》，第315—316页。

了极大的改变。蒋介石一反以往讲演中极力强调武汉方面的指责纯属诬陷的方法，第一次开始公开扬言：“一切自有监察委员审察处理”，只要监察委员认定武汉中央的决定违反主义党纲，就可以宣告其无效。[1]

在蒋介石等人于午后一时离开后，汪精卫马上就找到陈独秀，向其说明蒋介石等人的严重担心。中共这时因早有共产国际的指示，因此陈自然表示绝无其事。[2] 结果，汪、陈联名起草了一个联合声明，陈独秀代表共产党宣布：赞同国民政府不以武力收回上海租界的政策，亦赞同以阶级合作政策组建上海市政府；汪精卫则代表国民党宣告：所谓国民党将驱逐共产党，压迫工会与工人纠察队云云，均系谣言。[3]

《汪精卫陈独秀联合宣言》当天送报，次日一早即刊出。蒋介石、吴稚晖、李济深、李宗仁等见报后大哗，又一并对汪提出指责。吴稚晖尤为激烈，他斥责汪在宣言中使用“联共政策”和“两党合作”字眼儿，声言：“‘联共’二字，本不见条文，我们国民党之条文上，止有容纳共产党员入国民党而已。”依照总理遗训，“止有老实不客气说，治理中国止有国民党，没有联了共产党来共治的可能”。如果共产党坚持共治，甚或想要独治，威胁到国民党的目标，国民党自不得不予以“相当之制止”。[4]

据蒋介石日记和汪精卫自己回忆，此次会面中，吴稚晖激愤之中，时

[1] 参见蒋介石：《南昌总部第十六次总理纪念周演讲词》（1927 年 3 月 7 日）、《告中央军事政治学校全体同志书》（1927 年 3 月 12 日）、《对第一二师同学训话》（1927 年 4 月 4 日），《蒋介石言论集》，第四集，第 160—165、170—174、211—212 页。

[2] 联共（布）中央政治局 3 月 28 日即决定向上海的中共中央去电，要求中共不准在现在举行要求归还租界的总罢工或起义，且千方百计避免与上海国民党及其长官发生冲突。31 日又做出进一步决定，即使蒋介石发动政变，工人也不得公开与之作战，而应将武器藏起来。见《联共（布）中央政治局秘密会议第 93 号记录》（1927 年 3 月 31 日），柏林自由大学、俄国科学院远东研究所编《共产国际、联共（布）与中国国民革命运动档案资料丛书》(4)，中共中央党史研究室第一研究部译，北京图书馆出版社 1998 年版，第 167—169 页。

[3] 《汪精卫陈独秀联合宣言》（1927 年 4 月 5 日），《中共中央文件选集》，第 3 册，中央党校出版社 1989 年版，第 593—594 页。

[4] 《昨日国民党员会议席上之重要谈话》（1927 年 4 月 6 日），上海《民国日报》1927 年 4 月 6 日第一张第三版。

有辱骂之辞，令汪相当气闷。[1] 十分明显，汪在上海本来就倍感压迫，又受到此番刺激，也难怪会于次日不告而别，就转去武汉。

鉴于汪精卫行前有信给张静江，仍强调惟有开第四次会议于南京以解决纠纷，实无出路，故他决心赴汉争取武汉多数同志之同意云云[2]，邵元冲等均以为此前的计划已经搁浅。因为相信蒋介石“关于党务事犹有所犹豫”，故汪离沪次日，邵元冲即亦心灰意冷地“与孑民、湘芹、稚晖、石曾、梦麟、夷初等共同迁出外间”，离开了蒋介石在丰林桥的总部行营所在。[3] 他们不了解的是，汪精卫跑去武汉，蒋介石其实备受刺激。因蒋声明拥汪，一个重要前提就是汪精卫必须留在宁沪，在众人的包围之下。以他的经验，汪只要去了武汉，一定会站到武汉方面的立场上去。蒋也曾明确地向汪精卫表示过自己的这种担心。不料，汪最后还是一走了之。故蒋会有“连日欢谈始知其为伪”的强烈感慨。[4] 而随着汪精卫悄然离开，蒋介石深恐汪以其政治的号召力影响国民党各级党部和党员，故不能不先发制人，破釜沉舟，公开将汪提出的三条改为四条，公诸报端。用他的话来说，这是“发表与汪兆铭重要谈话之点，使彼不得藉以造谣”[5]。

8日，在上海《民国日报》等报纸上，出现了一则《国民党连日会议党务之要点》的报道。宣称："连日国民党要人在上海莫利爱路孙总理遗宅及总司令部，因党事纠纷开重要谈话会。与会者汪精卫、蒋介石、李济深、李宗仁、黄绍竑、甘乃光、柏文蔚、白崇禧、宋子文、蔡孑民、古应芬、李石曾、吴稚晖等十余人，讨论近日国民党被人把持情形。所有汉口之命令，上海及各地之行动，均极颠倒离奇，各有建议。最后乃共依汪精卫氏之主张，暂时容忍，出于和平解决之途。其主张办法，即于四月十五日召集中

[1] 《困勉记》卷六，1927年4月5日条。
[2] 见李云汉：《从容共到清党》，第619页。
[3] 《邵元冲日记》，第316页。
[4] 《困勉记》卷六，1927年4月6日条。
[5] 《困勉记》卷六，1927年4月7日条。

央全体执行监察委员联席会议于南京，以求解决。在未开会以前，汪精卫赞成暂时应急之法数条如下：(一) 汪精卫负责通知中国共产党首领陈独秀，立即制止国民政府统治下之各地共产党员，应即于开会讨论之前暂时停止一切活动，听候开会解决。(二) 对中央党部及国民政府迁鄂后，因被操纵所发命令，不能健全，如有认为妨害党国前途者，于汪同志所拟召集之会议未解决以前，不接受此项命令。(三) 现在各军队及各省之党部团体机关，认为有在内阴谋捣乱者，于汪同志所拟召集之会议未解决以前，在军队应由各军最高长官饬属暂时取缔；在各党部各团体各机关，亦由主要负责人暂时制裁。(四) 凡工会纠察队等武装团体，应归总司令部指挥，否则认其为对政府之阴谋团体，不准存在。”[1]

有了这一名义，蒋介石也就自然可以采取下一步的行动了。蒋下一步行动想如何做？四条中已经说得十分清楚了。这就是：第一，共产党员停止一切活动；第二，不受迁鄂后的中央党部及国民政府的各项命令；第三，各党政军负责人有权取缔和制裁捣乱分子；第四，凡工会纠察队等武装团体，除归总司令部指挥者外，一律取缔。

国民党之所谓“清党”，即由此而逐渐展开。

二、从非法到合法的经过

相对于 1927 年 5 月上旬国民党清党委员会成立后进一步发起之“清党”运动，此一期“清党”当为第一期。蒋介石此时的“清党”行动较前在各地夺权之最大不同，就是开始公开动用军队和警察的力量，以取缔共产党及其影响下的机关团体，逮捕杀害共产党员、著名的左派国民党人和异己的工会领袖等。如 4 月 8 日，东路军前敌总指挥部首先就查封了听命于武汉方面的总政治部。不仅蒋介石毫无顾忌地公开发布布告和通电，声明因政

[1] 《国民党连日会议党务之要点》，上海《民国日报》1927 年 4 月 8 日第一张第三版。

治主任邓演达"唆令党羽，引起暴乱，丧失本军之信用，阻碍北伐之大计"，故不得不"下令封禁"，而且下令部属逮捕政治部首从。[1] 总政治部后方留守主任孙炳文13日从香港与广州国民革命军总司令部军医处处长褚民谊一同登船，褚即已得知蒋令。故16日下船时，褚即引导巡捕将孙逮捕，随即被害。[2] 而一些远离舆论中心的地区，如福州、厦门、杭州、宁波等地，此时驻军亦时有直接或间接参与取缔和镇压亲武汉的党部与民众团体的情形。

但是，蒋介石以总司令的身份，动用军队取缔军事单位的总政治部尚可，查封或取缔党部与民众团体则名不正、言不顺，仍有非法之嫌。故考虑到政治影响，蒋介石自身的言行还不能不比较谨慎。结果，4月9日夺取江苏省及南京市党部权力的行动，因为蒋人在南京，手下仍只能暗中支持帮会势力组建劳工会，组织劳工会分子实施打砸和抓捕。可是，因为帮会分子的权威不足，虽有命令指名要抓江苏省党部常务委员张曙时、侯绍裘等，而张却依旧能够依仗其老资格几进几出，并直接闯到总司令部问罪，温建刚乃至蒋介石则因密令不能公开，亦不敢当面捕张。就连侯绍裘也是次日转去上海，在上海才被秘密逮捕和杀害的。[3] 同样的情况，蒋介石4月12日取缔上海总工会纠察队，也不得不由白崇禧派人出面去找上海的青红帮，请帮会提供帮助，包括伪装工人去冲击工人纠察队，然后驻军再乘机以制止工人械斗为借口，实施包围和收缴武器，查封纠察队各个办公地点。[4]

然而假借名义，并不能减少非议和纠纷。取缔上海工人纠察队的行动，

---

[1] 转见《四·一二反革命政变资料选编》，第124—125、132页。

[2] 《孙纬坤致中国国民党中央党部书》（1927年7月），台北党史馆藏档，汉12286。

[3] 《中国国民党中央执行委员会政治委员会第十六次会议速记录》（1927年4月27日），前引《中国国民党第一、二次全国代表大会会议史料》（下），第1091—1096页。

[4] 有关"四一二"事变驻军借口工人械斗实施缴械的史料甚多。可参见《四·一二反革命政变资料选编》，人民出版社1987年版，第141—146页。但陈立夫及白崇禧等均承认他们当时不得不借助于帮会的帮助。陈立夫并且指明总部行营特务处长，蒋指定负责上海"清党"行动的两大干将之一的杨虎，即是青帮头领。见陈立夫《成败之鉴——陈立夫回忆录》，第101—103页。白崇禧亦回忆，因取缔工人纠察队的缘故，不得不"派员与上海帮会首领杜月笙、黄金荣等密商，借得工会之符号衣服，分给采取行动之人员化装成工人混入工厂，以便策应外面包围之部队"。《白崇禧先生访问纪录》（上），台北中研院近史近，1985年，第54、75页。

就引来上海市党部、上海临时市政府以及上海市民代表大会等纷纷发表函电抗议或质疑。总工会不仅公开号召大罢工，而且工人纠察员更自动启封被封的纠察队总部，入内办公。12、13两日，市党部、总工会、学联会等更接连举行群众大会，发起请愿运动。13日的请愿群众游行至刚刚由孙传芳五省联军浙军改编而成的第二十六军二师司令部时，竟至于发生了军队射杀示威群众的严重流血事件。开枪十几分钟之后，士兵还闯入附近里弄居户，“捕得青布短衣之工人，即在路上枪毙”。仅据驻军单方面的统计，当场死伤者也已在百人以上。[1] 蒋介石身为总司令，号称以打倒军阀为职任，部属却发生如此恶行，自不免更是受到广泛谴责。身居事发地点附近，亲眼目睹事件经过的文化青年郑振铎、冯次行、胡愈之等，愤而联名致信上海临时政治分会委员蔡元培等，对他们翘首以迎的“人民之军队”，“今乃演此绝灭人道之暴行”，表示异常震惊。[2] 甚至就连“清党”运动的最早发起者西山会议派，亦电斥其非。其电称：“日前以军警收缴武装纠察队枪械，目为工友冲突，掩耳盗铃而曰天下皆愚而我独智，宁有是理！”[3]

值得注意的是，西山会议派之电报，拍发日期为4月14日，内中披露吴稚晖13日已受命联络邹鲁，商议两派联合共同“清党”的情形。而西山会议派对吴所提建议，断然拒绝，原因竟是因为吴所提办法，即所谓“清党已有决心与办法，但表面仍称联俄容共，打倒西山会议派”[4]。西山会议派

[1] 《时事新报》两次公布死伤数字，一次显为军方发布之消息，称军队死两人，伤三十余人，工人死三十余人，伤四十余人，死伤数字应不下于一百一十人。一次未显示倾向，仅公布死伤人名一百零三人，其中军队死十二人，受伤五人，余为工人及民众。但两次公布之死伤名单（第一次公布了二十八名伤者名单），除个别人可对上号以外，余均不相同。且所谓军方死亡者，只标明由缴械司令部收殓，显未让报道者查验死因。而凡能查验伤情之士兵，则均非枪伤。鉴于军方在缴械问题上公然造假，以及死者不公布死因，和伤者均非枪伤等情，推断可知军方发布的所谓游行者先放枪，第二师为自卫而还击，及士兵因此死伤等消息，亦多属虚构。转见《时事新报》1927年4月14、17日。

[2] 《郑振铎等为四一二惨案致上海临时政治分会书》（1927年4月13日），前引《四·一二反革命政变资料选编》，第187—189页。

[3] 居正：《梅川谱偈》（下），第280页。

[4] 《秘书处致法驻总支部书》（1927年5月29日），《梅川谱偈》（下），第280页。

所以明知蒋已实施反共，仍旧恶言相向，其原因当或在此。

说在发动了夺取上海工人纠察队武器的“四一二”事变之后，蒋介石等计划“表面仍称联俄容共”，颇有些令人疑惑。但蒋介石等想要利用西山会议派在各地的组织，却暂时不敢马上承认西山会议派为同道，甚至还没有正式决定废止联俄容共口号，却显而易见。[1] 这也就难怪，包括蒋介石委以重任，负责上海行动的杨虎、陈群二人，在具体实施了蒋的一系列行动计划之后，也弄不清楚蒋的新方针究竟是什么。其 14 日当天还在电询蒋介石：“现在是否仍容纳共产党，对捣乱分子如何处置？”[2]

眼看与汪精卫约定的时间已到，武汉方面诸人已注定不可能来南京开会。汪精卫与武汉方面国民党人不到南京来，蒋介石等人就没有办法施加自己的影响，反而还不得不继续受制于武汉中央。故蒋介石非破釜沉舟，独树一帜不可了。为了使自己的行动合法化，将前此讨论过的监察委员会的弹劾案程序化的问题即被提上了日程。

监察委员们显然是几易其稿，多次讨论，最终补齐了程序上必需的会议录和相关文件。[3] 为了使整个过程看起来合理，他们以 3 月 28 日为第一讨论的时间，而以 4 月 2 日作为正式决议的时间。考虑到 4 月 2 日决议后延至十天以上迟不发布，颇不合逻辑，他们还有意在“会议录”里写上了一段暂不发送的讨论。其文为 ：“黄委员绍竑 ：咨送中央执行委员会议决案，何时发出？吴委员敬恒 ：待决裂后发出。李委员宗仁 ：吴委员言甚是。武汉方面种种行为，意在挑衅，故宜少加容忍，待其爆发，然后对付，庶效力

---

[1] 蒋介石此时在公开讲话中仍有对西山会议派的斥责之语，白崇禧也有通电宣布西山会议派在环龙路四十四号之中央为“非法机关，应即查封”，曾引起西山会议派强烈反感。同居正 ：《梅川谱偈》，第 280 页。

[2] 《杨虎、陈群致蒋总司令电》（1927 年 4 月 27 日），台北“国史馆”藏蒋中正档案，《革命文献》，第 25 册，第 80 页。

[3] 从罗家伦公布的会议录标明“此系原件但未注明会议次数”，和笔者在党史馆抄得的 1927 年 3 月 28 日、4 月 2 日、5 日、8 日、14 日、15 日会议录等均标明“中国国民党第二届中央监察委员会第三次全体会议第＊号会议录”的情况，亦可知此系两种不同的拟稿。只是其或分由不同人所拟，或曾几易其稿。

更大。主席：现在可暂保存，至必要时发出。”[1] 但多半是考虑到如此太不正式，且刚刚开会形成决议，尚未成文，就当堂决定推延发出，太不合乎逻辑，于是再易其稿，将原拟之议推迟三天，至4月5日再拟一“会议录”，专门就此做一决议。同时将原本准备突出其临时及紧迫性质的无序号之“会议录”，分别标注第一号、第二号、第三号字样，以示正规。其拟就的第三号会议录内写道：“中央执行委员会要求将本会本月二日议决之请办覆党卖国之共产党案暂行保留案。议决：俟适当时再集会议决定发送。”[2]

监察委员会弹劾程序的各项文件应当是在14日左右补充齐整的，因蒋介石当天已将监察委员会举发咨文及吴稚晖举发呈文转发李济深，并询问李是否可以与他联署复电以示拥护。蒋当天亦下令将咨文和呈文分发给各报馆，准备刊出，其本人也在起草告全党同志书等。[3] 与此同时，蒋介石一面开始积极准备另立中央党部和国民政府的行动，一面已陆续开始采取行动正式实施“清党”了。

4月14日下午一时，白崇禧受命率部封闭了听命于武汉中央的上海特别市临时政府，东路军总指挥部政治部主任陈群、秘书主任潘宜之等则武装接收了国民党上海特别市党部。当天被捕者据称有千余人，一律押至龙华总指挥部讯办。[4] 陈群当众宣告称：“因从前市党部被共产党及跨党分子把持，吾人今作清党运动，对于共产分子当然势不两立！”[5]

与上海几乎同时，李济深也在广州采取了行动。因为广州共产党机关及其受影响的团体甚多，李济深等当天下午做了周密部署，于当晚全面实

[1] 前引罗家伦主编：《革命文献》，第十七辑，第134页。

[2] 《中国国民党第二届中央监察委员会第三次全体会议第三号会议录》（1927年4月5日），前引台北党史馆档案，2—6.1/6。另关于待适当时机发送一点，罗家伦公布的文件中则是在4月2日会议录中以会议讨论的形式提出的。

[3] 多半因顾虑到广州实施搜捕的突然性会受到影响，蒋介石15日又急电白崇禧临时通知各报馆“暂缓发表”。《蒋中正致上海白总指挥电》（1927年4月15日），台北“国史馆”藏蒋中正档案，特交档案160882。

[4] 转见李云汉：《从容共到清党》，第629页。

[5] 转见《四·一二反革命政变资料选编》，第249—250页。

行了突然袭击。从当夜12时起，广州工人代表会、省港罢工委员会、中华全国总工会、济难会、妇女解放协会、铜铁工会、海员工会、河南驳载工会、酒楼茶室工会，以及黄沙粤汉路、广三路、石围塘、广九路、大三路等几方面的工人纠察队，均被军队和机器工会有组织的武装工人所包围和攻击。纠察队方面虽有些微抵抗，但均被攻破，死伤工人上百名，被捕者不下千人。[1] 15日，广州市公安局发布告称：此次行动，乃奉总司令训令，准中央监察委员会咨，对各地共产党首要分子实行非常紧急处置。广州政治分会同日决议：在全省肃清共产党，通告限期十天，共产分子自首免罪，并要求各机关密报共产分子。[2] 但对共产党影响甚大之黄埔军校，因蒋这时尚无明令，故此时广州方面除当晚派舰监视和全体缴械外，并未立即采取捕人行动。黄埔军校教育长方鼎英亦明电蒋介石：虽由李济深处“得悉前方情况，惟处置方法未明了”。蒋16日才正式批复：“彻底清党，不可再允共产分子在校，以维党国。”[3]

显然，到这个时候，无论如何都必须要公开宣示“清党”的方针了。17日，蒋介石分别发布了“清党”布告和通电。其通电称：“顷奉中国国民党中央监察委员会咨内开：经四月二日全体紧急会议议决：举发共产党谋叛证据，并知照以非常紧急处置，姑将首要诸人照附来名单，及经党部举发者，就近知照公安机关，暂时分别看管监视，免予活动，致酿成不及阻止之叛乱行为，仍须和平待遇等因，准此。事关叛乱党国，自应严为防范。除呈覆遵照外，合令各军一体知照，饬属严为侦察。如有上项情事，应即依案执行，以维治安而遏乱萌。”[4]

---

[1] 林忠佳等编：《申报广东资料选辑》（十一），广东省档案馆，1996年，第443—444页。另有报道称当夜被捕者“合计二千余人”。见《大公报》1927年4月27日第六版。

[2] 《广州公安局关于“清党”之布告》（1927年4月15日），前引《四·一二反革命政变资料选编》，第265页。

[3] 《方鼎英致蒋校长电及蒋中正批示》（1927年4月16日），台北“国史馆”藏蒋中正档案，《革命文献》，第25册，第81页。

[4] 转见《四·一二反革命政变资料选编》，第248页。

4 月 18 日，经过一系列的准备之后，蒋介石等人通过召开中央政治会议的办法，勉强解决了定都南京和成立政府等各项法理上的难题，南京政府亦宣告组成。进而监察委员会举发共产党谋叛咨文得以正式发表，蒋介石等则以中央执行委员会、监察委员会、政治会议等名义发表通电和宣言，历数中共“罪行”，要求文武将士、革命同志及全国国民，一并驱除共产党分子。[1] 南京政府也以接受政治会议议决案通电的形式，表示拥护，同时发布了秘字第一号令，宣布通缉共产党人和国民党左派 197 名。命令称：“此次逆谋，实以鲍罗廷、陈独秀、徐谦、邓演达、吴玉章、林祖涵等为罪魁，以及各地共产党首要、次要危险分子，均应从严拿办。”[2]

南京国民政府和中央党部的建立及其各项声明、宣言和通缉令的发出，使“清党”行动从此披上了一件合法的外衣。其所控各地国民党人及其军政当局再也不必拐弯抹角地利用帮会势力靠“打”“砸”“冲”的办法，来逮捕跨党分子、取缔共产党组织及其亲武汉的党政机关与民众团体了。而南京国民党人与武汉方面公开分裂的结果，使得以武汉中央为正统的江、浙、皖、闽、粤、桂几省的左派国民党人和共产党员，瞬间失去了合法抗争的基础，只能四散离去，或转入地下。其党政及民众组织相应亦大部瓦解，甚或销声匿迹。这些情况的出现，自然也就使得前此一度频繁出现于城市街头的大规模斗殴流血事件迅速消失，以发型衣着乱捕路人的恐怖情形也相应减少。

但是，南京国民政府的成立，虽然可以为“清党”提供合法的形式和条件，避免前一阶段打乱仗所造成的极端血腥的局面，却仍旧不可能避免滥捕，特别是滥杀的情况。

按照这时发布的监察委员会咨文，可知凡因涉嫌被通缉或经党部举发而

[1] 《中央执行委员会政治会议宣言》(1927 年 4 月 18 日),《蒋中正总统档案:事略稿本》(1),台北“国史馆”2003 年版，第 270—283 页。

[2] 《国民政府接受中央执行委员会政治会议议决案通电》(1927 年 4 月 18 日),前引《事略稿本》(1),第 284—286 页；并转见杨天石：《中华民国史》第二编第五卷，第 413 页。

被捕者，不仅各执行“清党”的党政军部门“仍须和平待遇”，而且其命运也要“召集全体中央执行委员会共议处分”才能决定。[1] 事实上，各地开始实施夺权行动的过程中，就已经普遍发生滥捕滥杀的现象了。较典型者如福州“四三”事件。报载，当日右派举行示威大会时，“突有左派分子、新编军第二师某部代表方毅威等三人登台，力斥其非”，结果，“即有右派分子胡澌等登台，厉色声言方某等扰乱会场秩序，喝令绑下台，以待闭会后惩诫。当被逸去二人，仅剩方毅威一人，乃将其军装剥下，穿一单服，背插纸旗，上书‘共产党’三字，于会散后随同游街示众。至万寿桥时，由胡澌用手枪将方毅威击毙，掷尸闽江，逐流而去”。[2] 监察委员会咨文公布后，当街杀人的情况虽有改善，但各地不经审讯随意杀人的现象依旧十分普遍。这显然也与蒋介石等人的纵容和鼓励不无关联。

监察委员会的咨文原本就是蒋介石等人用来掩人耳目者，他们自然不会把咨文中“和平待遇”之类的要求当一回事。尤其是蒋介石此时军务、政务忙不胜忙，也无暇多顾。凡下属报来之案件，他向来问也不问，即信以为真。如陈继承奉命撤换第二十二师内跨党分子，其因对六十五团团长印象较好，故特别关照，后电蒋称：“六十五团长傅维钰本共产分子，经职问其态度，云绝对拥护校长，并可登声明，要否更换乞示。”蒋当即批复：“傅维钰另调工作，各营连共产分子应一律撤换可也。”新编第一师师长张与仁报称：赣州工人要求将谋杀工人领袖陈赞贤的军官曹厚清立予枪决，虽经劝止，但该工人等还是勾结市厅人员于当晚将已经被押之曹厚清拉出杀毙。蒋亦电示：“工人擅自捕杀军官曹厚清。如此横暴何堪设想！仰该师长即将该工会改组，其职员全部缉拿照律严惩，切勿延误。”[3] 陈群因连日来捕得包

---

[1] 《中国国民党中央监察委员会致中央执行委员会咨文》(1927 年 4 月 18 日)，前引《事略稿本》(1)，第 230—233 页。

[2] 《福州通信》，《大公报》1927 年 4 月 14 日第六版。

[3] 《新编第一师师长张与仁致蒋总司令电》(1927 年 4 月 17 日)、《蒋介石致广州李总参谋长请转令赣州张师长吉安叶师长电》(1927 年 4 月 18 日)，台北国史馆藏蒋中正档案，特交档案 160479，筹笔 001—007/ 卷别 3/0483。

括孙炳文等在内的一批国民党左派分子，深为厌恶，也电蒋希望枪毙。电称：“所拘叛徒此间同志多主严办，如何处置乞钧示遵行。”蒋亦毫不含糊地批复：“叛徒严惩。”[1] 显而易见，蒋对杀戮习以为常，只是其处置此类事件之态度，很大程度上会受部属的态度及其报告的倾向性的影响。

因为有蒋介石的这种态度，可想而知各地主持“清党”行动的军政要员捕杀异己通常都相当放手。只要上报，均无不批。据报，福建被捕之省党部筹备处人员黄素云、林梧凤、朱铭庄、郑尚衡、郑长宣、方尔敏、陈景中、徐琛、罗扬才、林峥、金哲贞等，几审过后，连是否跨党分子都未完全弄清，就已笼而统之报为首要，要求名正典刑，以示儆惩。然而因该人等许多事实尚未清楚，家属及亲朋还在多方活动力保，于是福建当局不得不乘夜将人用马车拉到郊外，每人轰了一二十枪了事，事后既“无宣告罪状的文告”，亦“未知系奉何人命令执行”。[2]

而多半是因为有蒋介石凡共产党一经讯实、立予正法、不必久押的指示[3]，受命在上海指挥“清党”的陈群、杨虎，则更是常常独断专行，连党部都不经过，更谈不上必要的手续和审批。以至于全面“清党”开始后，除了枪毙共产党要犯还公布消息外，枪毙一般共产党人、国民党左派人士以及其他人等，经常连消息也不发布。当时即有报道称：上海“连日深夜在特务处处决共产党人不少。预置空棺枪决后即抬埋，姓名罪状概未宣布”。这也难怪舆论界这时对上海“清党”议论纷纷，并惊呼“恐怖”了。[4]

但严格说来，在国民党各地直接参预“清党”行动的人员当中，也并非都是杀戮政策的主张者。任职于陈群手下，身为东路军前敌总指挥部政治部情报股长的李公朴即公开向报界透露说，就杀伐问题他曾专门向陈群

---

[1] 《上海陈群致蒋总司令电及蒋批示》（1927年4月17日），台北“国史馆”藏蒋中正档案，特交档案160478。

[2] 《福州枪毙共产党七人》，《大公报》1927年5月8日第六版。

[3] 转见北京《晨报》1927年5月9日第三版。

[4] 《呜呼恐怖时代，空前未闻之东南党祸》，《大公报》1927年4月26日第二版。

谈到过自己的意见。按照他的观点：“吾人对于共产党之态度，[当] 非若武汉方面鱼肉国民党员，动辄加以杀戮。吾人殊不愿出此残忍举动。盖吾人之所以疾首痛心者，为破坏革命工作，扰乱后方治安。故对其主要人物，先加警告，限期离开上海，前往武汉，否则逮捕之后，吾人并不认为某党某派但以破坏革命工作论罪。而对走狗式之附和人员，亦加警告，使与反动派脱离关系，否则令其离开上海。两俱不听，当亦不再客气矣。惟即逮捕之后，亦必侦查确凿，方加处置。”[1]

上海第三区第二十区分部执行委员李次山、谭毅公、黄焕升及全体党员，眼见“清党”过于血腥，也集体上书上海临时政治分会、特别市党部、南京中央执监委联席会议、国民政府、蒋总司令等，提出《清党建议案》，明确认为：“老子说：‘民不畏死，奈何以死畏之。’我们当革命党的人，早把死生置之度外，共产党当初是我们革命的同志，他那不怕死的精神是和我们一样，或许更进一步。我们在清党运动中，和清党成功后，决不可用过分的高压手段对付他们。”我们国民党要反对他们，只能在消灭阶级斗争上做工夫，在消灭无产阶级上做工夫。我们要叫无产阶级的人都有饭吃、有书读，都好过日子，慢慢地实现“劳工资本化”“贫农地主化”，使他们都变成小资产阶级。只有到那个时候，阶级才能消灭。也只有消灭了阶级，他们一阶级的共产党也才能失其根据，也就不愁他们不罢手了。“这是我们反对共产党唯一的方法。”[2]

逃离广州来到武汉的共产党人韩麟符，和此时的《大公报》记者等，也都介绍过广东国民党要人之间在这个问题上的分歧。根据所介绍的情况，可以了解到，在广州“四一五”事变当中许多被枪杀的工人，或是在抵抗中被打死，或是因为武装抵抗导致军队伤亡，被捕后被杀红了眼的军队擅自拉去白云山等隐蔽处秘密枪毙。但对捕到之人，李济深主张，此次搜捕

[1] 《李公朴谈对于共产党态度》，上海《民国日报》1927 年 4 月 24 日第三张第一版。

[2] 李次山等：《清党运动建议案》（1927 年 4 月 22 日），中国第二历史档案馆藏档，一（2）144；并参见清党运动急进会：《清党运动》，第六部，1927 年 6 月，第 153—156 页。

共产党未尝非一痛心之事，故除首要者外，其他能具悔过书者，自不应过甚处置。古应芬、钱大钧、李福林、邓彦华等则主张将共党分子彻底肃清，抓来的一般均应枪毙，工农组织当一律解散。而曾养甫，特别是陈孚木等，对杀人问题则主慎重，对工农团体更是强调保护。陈孚木并且马上出面保释了十余人。[1] 结果，广州"四一五"捕人虽多，开始甄别也早。仅两三天之后，广东当局就以军政督察委员会的名义开始了这方面的工作，并且凡有相关部门或人士可以作证者，均通知到场陪审和作证。如该委员会 19 日即有公函给广州中山大学通知次日开审该校被捕学生，要求中大派员陪审。该校亦随即选派教授前往，并请知情的学生出席作证。[2]

然而，杀机既开，又如何会因为少数人之呼吁或一两地之稍有收敛而根本改变？南京国民党人此时为动员"清党"，三天一小会，五天一大会，各级军政官员四处讲演鼓吹，党内但能舞文弄墨者亦随之撰文宣传，以至于弄得普通国民党员群情激愤，就连国民党各团体在上海举行五四运动纪念大会，也变成了声讨异己分子的场所，甚至群起"议决通缉著名学阀章炳麟、黄炎培、沈恩孚、张君劢、蒋维乔、郭任远、朱炎、胡敦复、殷芝龄、袁希涛、张东荪、阮尚介、刘海粟、沈嗣、凌鸿勋等，俾警反动而申党纪案"。就连南京中央联席会议也感觉过分，不得不申斥曰："所称反动，并未举出何等实据，不得仅因群众一时激昂，辄予通缉。"[3]

幸而这时国民党尚未一统天下，故还有天津的《大公报》敢于发出抗议之声。其社评称："今宁汉分裂，且已动杀，此后因军事之变迁，地方势

[1] 《中国国民党中央执行委员会第二届常务委员会第十一次扩大会议速记录》（1927 年 5 月 13 日），台北党史馆藏档，2—4/12。并见《大公报》1927 年 5 月 4 日第六版。

[2] 《军政督察委员会函中山大学朱家骅委员函》（1927 年 4 月 19 日）、《中大委员会委员长戴传贤复军政督察委员会函》（1927 年 4 月 20 日），广东省档案馆藏档，20—3—21。当然，此种甄别的效果其实很值得怀疑。半年之后，就仍有 47 名中山大学被押学生联名请求"保外候讯"。《中山大学校长戴季陶函呈广州特别刑事法庭庭长函》（1927 年 11 月 26 日），广东省档案馆藏档，20—3—23。

[3] 《中央执行委员会常务委员及各部长第一百零一次联席会议》（1927 年 6 月 24 日），台北党史馆藏档，2.3/122。

力每一变更，即须流血寻仇报复，必无已时。……呜呼！吾人诚厌闻所谓左右国共之争，而实不能不代吾全国青年请求保障。夫不论左右国共，除其中少数奸猾野心之徒外，彼一般青年之从事其间者，宁非为救国救民来乎？纵心思幼稚，局量偏浅，手段凌杂，而指导者之过也。至不在党之学生，亦甚多矣。夫新中国之建设，终须赖全国有志青年奋斗，而非自私自利之寄生阶级所能办。则对于各方杀机之开，势不能不大声疾呼，极端抗议！”[1]

三、第二期“清党”及其争论

第一期“清党”，实为自 3 月以来各地靠打乱仗夺权之延续。南京政府成立，短期内无法整合各地各系统的党、政、军、警各部门，对“清党”的范围、方法、要求也没有具有可操作性的文件规定，其乱象迭出，可想而知。

一方面，依靠突然袭击的办法，以夺取各地党政权力和打压共产党与左派国民党势力为主要目的的“清党”行动，很快就达到了预期的目标，继续延续此种做法已不大可能；另一方面，跨党分子及左派国民党人，并非都是活跃人物。大家都在国民党内，并且过去许多言论观点又大体相近，“如何找出谁是共产党”[2] 并将其清除出去，就成了一件非常困难的事情。由大规模武力“清党”，转向群众性的，以揭发、检举兼及政治审查为主要内容的“清党”运动，就成了一个必不可免的结果。

但是，前一期的混乱和滥捕滥杀，已经造成了极大的思想冲击。很少有人不理解蒋介石及其南京国民党领导人“清党”的核心目的，是出于维护其权力地位，从而保持其对国民党的绝对掌控的一种政治需要。问题是，前一期的“清党”已经明显地暴露出一种极其危险的情况，即由于共产党

---

[1] 社评：《党祸》，《大公报》1927 年 4 月 29 日第二版。
[2] 陈立夫：《成败之鉴》，第 97 页。

人过去在基层的工作相当深入和广泛，又都是打着国民党的旗号，因此在许多地方，不仅工、农、学、妇等群众组织中的活动分子大都与共产党人走得很近。就是国民党组织中人，往往也受到共产党人的影响。“清党”行动不可避免地要殃及这些人。而事实上，这些人中相当多数只是一些热血青年罢了，他们不仅不是共产党员，而且思想上也认同国民党的主张。过去，由于他们的存在，地方上土豪劣绅，甚至帮会势力都受到了压制。如今，“清党”清到他们头上，一些地方的豪强势力遂乘机东山再起，甚至摇身变成国民党员；那些地方帮会势力，更是因为帮助蒋介石手下夺权有功，重又开始在地方上为所欲为。

对此，广东的陈孚木就公开批评说：今天“清党”，许多人兴高采烈地同室操戈，排斥异己，不仅动辄要打杀以前与共产党接近的人，甚至“以共产党所说与我们相类似而变易了我们的政策”。要知道，为什么有那么多同志接近共产党？就是因为国民党内有人打着反共的旗号，“所做的工作，一向无非是拼命替共产党‘赶水捉鱼’”。因为，“在他们蓝色眼镜下，一切与群众接近的人物，一切理论清楚，做农工运动，反对帝国主义的人物都是共产党，不然也至少是共产党的走狗。由于这种错觉，他们简直不把这些同志认为同志，讥笑怒骂，排挤倒轧，无所不用其极。于是这些同志有为的被压迫得彷徨无主，而共产党却又乘机威逼利诱，只好将错就错，入了共产党的牢笼”。陈文指出：这已经是这几年最让人痛心的事情了，而他们如今还想把那些与共产党接近的人统统杀掉，把工农团体统统解散，把革命政策统统改变，试问：“如果说这些同志以前是和共产党接近的，便就可杀，那么推算上去，还怕要把孙总理拿出来鞭尸三百。这不是反动极了吗？”他们的这种做法，“试问如何不令工农运动朝气正盛的同志，绝望愤激，拂袖而走，与共产党为伍？”[1]

---

[1] 陈孚木：《如何使共产党没有反攻能力？》（1927年4月），《清党运动》，中央军事政治学校政治部，1927年5月8日，第131—138页。

陈孚木的激烈批评，与广东的情况密切相关，很大程度上是指向古应芬等人的。但他所提出的问题，显然在其他地方也普遍存在，故亦为其他许多国民党人所担心。只是，一般党员看得不如其深邃，表达方式不能如其直率而已。但至少相当多的国民党人已经在发出类似的呼号了。他们强烈地要求：“凡执行清党的人员，应当认清自己的同志，不要听土豪劣绅乱指，说是某某是跨党，某某是共产党员。总之贤愚不等，在清党的时候，应当认清了才是，不可冤枉忠实同志，免得继续努力者寒心。”[1]“我们这次清党，虽然把亡党卖国共产党‘清’了出去，可是引了一般贪官污吏土豪劣绅洋行买办……‘清’了进来，这岂是我们‘清’党的本意吗？不是！不是！绝对的不是！”[2]

包括一些地方军政要员，虽然没有公开批评“清党”弊病，但也不能听任自己管区内政出多头，特务政工恣意横行，滥捕滥杀，无法无天，造成社会持续不安。[3]如制造了“四一二”事变的白崇禧、周凤岐即联名向蒋表示了对上海“清党”现状的强烈不满，要求加以规范。其电称：“近月以来，因清党运动，往往有任意拘押人犯，迳行审判……情事。值此时期，事权混乱，物议沸腾，将何以彰德意？职等为统一事权，慎重人命计，特照戒严法组织临时军法处，请派专员秉公办理并通令淞沪军警及各团体，此后不得任意拘人。即应捕获之罪犯，其与军事有关者，亦应于廿四时以内送该军法处办理，以一事权而免物议，是否有当？”[4]

事实上，蒋介石这时也已经发现前一段“清党”的弊病了。5月8日，注意到各界对陈群、杨虎的物议甚多，就连坚决支持武力“清党”的张静

[1] 严露清：《清党废话》，上海《民国日报》1927年5月6日第一张第三版。

[2] 杨志行：《对于“清党运动”的意见》，《国民党清党运动论文集》，上海新中国社1927年版，第113页。

[3] 据上海建设委员会代电，可知上海此时情形之混乱。电称：“现在各军部各师部各政治部以及特别军法处绥靖处、特务处、谍报处、稽查处、警察厅等均得逮捕人员，机关既多，政令不一，人权或失保障，民众不免危疑。”中国第二历史档案馆藏，国民政府档，一（2）143。

[4] 《白崇禧、周凤岐致蒋总司令电》（1927年5月22日），台北“国史馆”藏蒋中正档案，《革命文献》（二），第31—312页。

江也看不下去了，电蒋称 ：“除重要及阴险分子之外”，应待全国代表大会发落，务令陈、杨二人“毋得过事杀戮，致招反感”。[1] 而黄埔军校学生因不满“清党”中的种种做法而接连不断地来信来电，对于身为校长的蒋介石尤其不会毫无作用。

黄埔军校，自蒋下令“彻底清党，不可再允共产分子在校”之后，于4月18日开始逮捕。凡“学生中平日言行不正，思想不纯或经官长之考察，或经本人之自首，或经同学之举发而皆经多数同学公认者，计共剔除共产捣乱分子百七十余员名，均于是日寄押于奉令来埔协助之中山兵舰附近”。至5月初,前后连同校部及分驻各地之入伍生,“逮捕之员生约四百人之谱”。[2] 结果是许多黄埔学生大呼其冤，认为 ：“这次广东清党运动中有一些反动分子乘机而起，藉公报私，排斥忠实同志……更有乘机报复，加以杀害、侮辱，在军阀帝国主义铁蹄之下亦所罕见。”有学生甚至直截了当地写信给蒋，认为李济深“对黄埔学生特别残酷”，说每天公安局用铁甲车运出的死尸中都有被害的黄埔同学。李不过是在利用“清党”排斥黄埔生及外省军队，暗中培植他的势力罢了。[3] 结果，蒋不得不特别指示各方 ：“凡黄埔学生有共产嫌疑者，请交黄埔同学会审查，而后再定罪状。”[4]

对于“清党”所造出的种种恐怖，就连再三强调“清党，就是要消灭中国共产党”的南京国民党中央政治会议主席胡汉民，也是摆首连连。他这时曾经这样形容“清党”意义之大走样。他宣称:“清党，清党，许多罪恶，借之而生。土豪劣绅，弹冠相庆，攘臂大呼曰 ：清党。清党把许多健全忠

[1] 转引自杨天石 ：《中华民国史》第二编第五卷，第416页。

[2] 《军校教育长方鼎英致蒋校长电》（1927年5月7日），台北“国史馆”藏蒋中正档案，特交档案，160558。

[3] 《第四期学生李钟美呈校长书》（1927年5月19日），台北“国史馆”藏蒋中正档案，特交档案，160672 ；《第六期入伍生一团十七连学生孙洪禀呈秘书长转呈校长书》（1927年5月），台北“国史馆”藏蒋中正档案，特交档案，160675。关于李济深在“清党”过程中对黄埔军校异常严厉，导致军校学生大批逃跑的情形，还可参见刘光琮 ：《我所亲历的黄埔军校“清党”和北迁》，《文史资料存稿选编》（军事机构，下），中国文史出版社2002年版，第428—429页。

[4] 转见前引《事略稿本》（1），第414页。

实的少年同志，一网而尽。绅士皆大笑。试问：他们自己不是党员，以何资格来清吾之党？真正之 C. P.，亦振臂大呼曰：清党，清党，打倒 C. P. 分子，于是党员皆大惧，偶语有罪。C. P. 大笑，党员大哭，国民党之基础乃大危。”[1]

有鉴于此，南京国民党人不能不考虑开展第二期“清党”，全面规范各地行为。第二期“清党”的作用，按照蒋介石的想法，就是要在已经打倒了共产党之后，求根本消弥之方。用他自己的话来说：“第一期之清党，为紧急处分，其时共产党徒谋叛正亟，非各地同时采用极严峻之手段无以遏抑乱萌。第二期则为根本整理，肃清共产党徒之根株，勿使复活，此必有待于缜密统一之方案。第一期清党，自打倒共产党领袖及其著名活动分子入手，此等人之罪状皆甚明显；第二期则须遍及一般跨党分子，其证据比较难得，挟嫌诬陷者易施其伎，办理稍有不慎，将增加人民之恐怖，断丧社会之元气，而党务进行亦大受其影响，此不可不注意者也。”蒋特别说明：“吾人对于跨党分子苟非捣乱谋叛具有证佐者，只须停止其党籍，限制其自由，予以警告，促其自新，无论湘鄂共产党徒仇杀国民党员如何惨暴，吾人绝不必存报复之念，效其所为，对敌人固不宜慈悲，亦不必如共产党徒之残酷也。”他并且告诫说：“若夫怀挟私怨，攘夺权力，诬人以莫须有之罪名，则尤其是非本党同志所宜出，不幸有之，则清党之结果不特将治丝益棼，且有摘瓜抱蔓之忧矣。”[2]

1927 年 5 月 5 日，南京国民党中央执行委员会常务委员会及各部长第八十八次联席会议正式通过的《清党委员原则六条》，除了指定邓泽如、吴倚伧、曾养甫、何思源、段锡朋、冷欣、郑异组织中央清党委员会外，还决定要加强对党员质量的控制。不仅对所有党员都要经过三个月审查，尤其要在“清党”时期停止发展党员入党，以防不良分子乘机混入。文件第一次明确规定：“土豪劣绅贪官污吏投机分子反动分子及一切腐化恶化分子，

[1] 《胡汉民同志演讲不要再上共产党的当》（1927 年 5 月 16 日），浙江省清党委员会：《中国国民党清党运动》，1927 年，第 65—66 页。

[2] 《蒋总司令对于第二期清党之意见》（1927 年 5 月），前引《中国国民党清党运动》，第 67—72 页。

前曾混进本党者一律清除。”[1] 随即，中央清党委员会依据“原则六条”，拟定了组织大纲和“清党”条例，并经第八十九次联席会议通过。[2] 紧接着，中央清党委员会先后指派了各主要省市的清党委员，制发党员审查表、党员半月工作报告表及党员登记册等，交由各省市清党委员会分发各党员照式填写，严密清查。省市以下则或停止党部活动，候命审查；或指派特派人员实地考察监督，但一律明令规定 8 月底清查完竣，9 月 30 日以前将各地审查结果报告中央。[3]

在把土豪劣绅等列入清除对象的同时，南京国民党中央则公开把西山会议派引为同志，宣布：“因纯粹反共而开除党籍之同志林森、张继、谢持、居正、邹鲁、石瑛、覃振、石青阳、茅祖权、沈定一均应先行恢复党籍，俟第三次全国代表大会开会时追认。”[4] 不仅如此，包括对于此前与国共两党观念上冲突甚多的国家主义派，胡汉民等亦公开宣布：“打倒国家主义派”的口号应当废止，主张对国家主义派当“包涵之，纠正之”，因“彼有何罪？”。[5] 而新加入之清除对象，即所谓“土豪劣绅贪官污吏投机分子反动分子及一切腐化恶化分子”，按照中央清党委员会随后之解释，恶化分子仍是指共产党，腐化分子则是指土豪劣绅、贪官污吏等。[6] 换言之，第二期“清党”，已将原本在第一期就未受到打击的西山会议派及国家主义派公开排除出打击对象，所增加者，不过更强调要打击“土豪劣绅”和“贪官污吏”而已。

---

[1] 《清党委员原则六条》（1927 年 5 月 5 日），上海《民国日报》1927 年 5 月 7 日第一张第三版。

[2] 《中央清党委员会组织大纲》（1927 年 5 月 8 日），转见《清党运动特刊》，国民革命军北路军总指挥部兼三十七路军政治部印，附录 14 页；《清党条例》，上海《民国日报》1927 年 5 月 10 日第三张第三版。

[3] 《中央清党委员会委任各省各市清党委员》，上海《民国日报》1927 年 5 月 27 日第三张第四版。

[4] 《中国国民党中央执行委员会常务委员及各部长第九十七次联席会议纪录》（1927 年 6 月 7 日），转见李云汉：《“上海中央”与北伐清党》，《中国国民党党史论文选集》，第四册，第 694 页。事实上，自“清党”运动开始，蒋介石等即不曾以西山会议派为对手。其所谓封闭环龙路四十四号西山会议派中央之宣布，亦从未实施过。转见居正：《清党实录》，第 280 页。

[5] 前引《胡汉民同志演讲不要再上共产党的当》（1927 年 5 月 16 日）。其实，第一期“清党”因其范围不过沪宁及苏、浙、皖、闽、粤数省市，其部分党员虽反感国家主义派，一度有鼓噪和乱扣帽子的情况，但亦未见有组织地采取过直接针对国家主义派的行动。

[6] 《中央执行委员会常务委员及各部长第一百零四次联席会议》，台北党史馆藏档，2.3/122。

那么，第二期“清党”是否着力清除过土豪劣绅和贪官污吏呢？显然没有。因为再明显不过的是，此时南京国民党连谁是共产党都弄不清楚，只能靠检举、揭发和有无过激言论来定性，所谓“土豪劣绅”“贪官污吏”，更是毫无标准可循，不过便利于内讧与自残，徒增无穷纠纷而已。

如安徽郎溪县前县党部夏雨初、祁光化、韩仁举等，“清党”前办党，动用县款举办种种活动，并指乌惠南、王景周等为土豪劣绅，发动民众，将其打倒。“清党”发生后，县党部停止活动，乌惠南、王景周等遂在县府支持下，指夏、祁、韩等假办党之名，贪污挥霍县款，实属贪官污吏，不仅将祁、韩等投入监狱，通缉在逃的夏雨初，而且要夏、祁、韩等家属全额赔付。[1]

如广东南雄县县长邓惟贤，因与县党部王成章等矛盾重重，相互指责，纠纷已久。邓被迫离开南雄，受命赴赣东办理招抚事宜，王成章等即以贪污罪名控告邓畏罪潜逃，监察院亦随即下令通缉。邓不服，控告王成章为“共党”，王之同伙县教育会会长邓功伟等为土豪，而南雄县党部又被停止职权。但南雄县党部亦绝不接受，发动民众举行抗议行动，又是通电，又是上书，罗列事实，为自己正名，闹得沸沸扬扬，不可开交。[2]

又如江苏东台县，党部控告缪步青侵吞公款，是为劣绅，由县拘捕。驻军二十六军一师随即出动士兵一连包围县署，从狱中将缪劫去，旋奔党部，由缪步青帐房张宝山等指示绑走党部特别委员蔡悔予、职员叶华、朱璧、缪楚佩四人，指为反动分子，解赴南通，且沿途拷打，并准备不日处死。东台县特派员急报南京中央联席会议，会议只能议决：请总司令转令该师

---

[1] 《前安徽郎溪县党部执行委员夏雨初上国民政府函》，1927 年 6 月），南京中国第二历史档案馆藏，国民政府档，一（2）145。

[2] 《邓惟贤呈文》（1927 年 7 月 7 日）；《中央执行委员会秘书处致国民政府函》（1927 年 7 月 14 日）、《广东省党部复南雄县党部电》（1927 年 4 月 5 日）、《南雄各界大请愿宣言》（1927 年 7 月）等，以上见南京第二历史档案馆藏，国民政府档，一（2）179。

师长放人，并将缪案送南京审理。[1]

由上不难看出，南京国民党人以武力夺权，原本对内对外矛盾纠葛就多，提出“土豪劣绅”“贪官污吏”的罪名，反而便利了地方上各种势力之间，在找不到证据将仇方打成共产党的情况下，又多了种种便于将仇方置于死地的借口。更何况，“清党”以前，原本地方上借助于北伐军兴向当地统治阶层兴师问罪的激进青年就多，南京国民党地方或党、或政、或军，又往往是靠帮会组织乃至于地方豪强来夺取权力、维持秩序和保证田赋租税之收入的，其间的谅解通融，甚或狼狈为奸更多。不仅清除土豪劣绅之类不易为，而且凡曾有过与地方旧势力冲突之行为者，不论党员或党部，此时亦多遭不测。

正是基于地方豪强秋后算账，导致“清党”前积极投身工农运动者多遭打击报复的情况过于严重，南京国民党中央政治会议第九十九次会议特别批准了吴稚晖、叶楚伧两委员的一项提案。该提案提出：“本党在四月十五日未清党以前，各地往往受共产党之暗示，执本党打倒土豪劣绅之标语，有出轨举动。迨清党以后，到处又绳以常法，诸多牵累，甚有不安生业之情状。此近于不教而诛。”故“凡惩办土豪劣绅之案，党人曾有自动行为，除其本人实系共产党，仍归清党机关请该管官吏办理外，其余事犯在四月十五以前概令具结保释。其未到案者免予捕拿，以安生业”。根据政治会议的书面解释，这就是说，凡在 4 月 15 日以前为打倒土豪劣绅而有出轨举动者，不论所犯结果轻重皆属无罪，即经判决亦当为无效。[2] 但很显然，在地方党、政、军关系紊乱，特别是地方权力正在借着“清党”之机重洗牌的情况下，这种规定几乎是不可能奏效的。

“清党”运动之所以会诱发各种矛盾冲突，根本原因就在于它极大地刺

[1] 《中央执行委员会常务委员及各部长第一百十次联席会议》(1927 年 7 月 29 日)，台北党史馆藏档，2—3/122。

[2] 《中央执行委员会政治会议函》(1927 年 6 月 1 日)，南京第二历史档案馆藏档，国民政府档，一 (2) 143。

激了各种势力之间以及人与人之间的争夺权力的欲望。

北伐战争第一次打破了旧有的地方权力格局与秩序，造成了第一波权力洗牌的情况。只是在当时条件下，情势来得过于突然，多数人尚未能够适应新的权力形式，如党部、省市县政府以及迅速介入地方权力关系之中的军队等。因此，以民众工作为己任的共产党人及其受影响的左派国民党人便捷足先登，很容易地控制了许多地方上的权力。

随之而来的蒋介石与武汉之间的矛盾冲突，导致了第二波权力洗牌的发生。由于这一次的夺权行动采取了暴力的形式，并且被迫借助于军队和地方旧势力，结果不仅使许多军队直接或间接地成为地方权力的受益者，而且在很多地区重新恢复了旧有的统治关系，或造成了新旧杂处，互相攻讦的内讧局面。

第二期“清党”的发动，特别是为了进行政治审查停止地方党部活动的指令，再度引发了第三波权力洗牌。这是因为前两次权力更迭积累了太多的利益冲突和恩怨纠葛，许多上台未久的地方党部都因此而受到冲击。再加上因为军事上的关系，一些地方军队发生调动，新的军队往往又会因为“清党”等种种关系，卷入到地方矛盾中来，从而形成新的纠葛。一些党部因扶助民众团体或利用前期的夺权和“清党”为所欲为，所造成的党政之间的矛盾冲突，自然也随之暴露无遗。何况，国民党省一级党与党之间，党与政之间，其实也多处在权力洗牌过程之中，领导人走马灯似的换来换去。对市县以下各种权力关系的变动的影响，当然也不可小视。[1]

南京当局并不是不了解可能出现的这种复杂情况。但是，它这时能够找到的解决问题，确保公正的办法无他，只有请担任各级清党委员者做如

[1] 关于各省党部频繁变动情形，前引王奇生文中亦有介绍，并可参见雪崖：《省党部的地位问题》，《中央日报》1928 年 3 月 30 日第四版。内称：安徽一省自去年 3 月到现在，为期不过一年，省党部已经变更五六次；浙江一省也变更三四次；此外如湖北、湖南、江西各省也常有变更省党部的事情。每更换一次人员，势必发生一次纠纷，结果是因为省党部变更频繁，互相争夺，演成甲兴乙起，丙去丁来的局面，致使“党内无派”的理想不能实现。

下之宣誓：“余等誓以至诚拥护三民主义，服从中央命令，于最短期间努力肃清共产分子、铲除土豪劣绅、贪官污吏及一切投机腐化恶化分子，以固党基”云云。[1] 此种办法，自然效力甚微。因为，清党委员会除在少数城市中外，对权力洗牌斗争最为尖锐的县以下地区，只能依靠党部或相关部门，选派职员前往检查监督。其不仅不能保证这些职员会否公正不阿，且无法指望这些特派员凭借个人的能力就能解决地方上的权力冲突问题。

关于其特派员的素质良莠不齐的情况，只要看下述一例即不难了解。

江苏睢邑县农民协会、商民协会、教育协会等电告南京政府称：睢邑地方土豪劣绅与贪官污吏相勾结，试图捣毁党部，被报告军警，将其重要分子捕获。徐州清党委员会委托警备司令派其副官王某来睢办理此案。王“始住县党部，继住天主堂，人甚奇离。自言为包黑子第二，可以断万古含冤之案。又其嗜好颇深，昼则吸食鸦片，夜则挟妓同宿。入民国以来，从未见有委员如此。且其言语甚不一致，忽言被捕之人冤枉，令其各具诉状；忽言要开市民大会，以便取决。因而反动分子又均蠢蠢欲动，讵反动派之党徒及其家属竟于十八日率领戚族仆佃来城暴动之说。吾民众日受惊惶，莫知所措”。[2]

而上级党部所派人员，无论能力如何，均无力解决地方纠纷，偶有尝试者，甚至还会遭遇牢狱之灾的情况，亦不鲜见。如江苏省特派员李亚飞赴泰兴县调查冤诉，认定公安局长陆文凤贪诈取财，为土豪劣绅；陆文凤则反诬李亚飞为共产党。结果，双方都召集民众，发表通电宣言，互不相让。最后引发两派人员冲突，造成严重流血事件，除有人被打死外，李亚飞等党部人员也被“打得一身的血”。最后两人双双被捕，并于 7 月 10 日被送去他处看押。虽“经省党部竭力营救”，亦因内部情形复杂，中央联席会议亦无从做出决定。鉴于各地党部多有职员被当地军政机关遽行枪毙之事，故

[1] 《上海特别市清党委员会就职典礼》，上海《民国日报》1927 年 6 月 5 日第二张第四版。

[2] 《睢宁县农民协会商民协会教育协会等致南京国民政府代邮快电》（1927 年 7 月 22 日），南京中国第二历史档案馆藏，国民政府档，一（2）151。

省党部不得不活动"由省政府纽永建厅长致电将李同志等五人及反动派陆文凤等八人共十三人一并押来宁",避免地方先斩后奏。"嗣以此事关系党务,牵涉甚多,遂决计向中央党部请示办法。中央方面当经议决,归中央清党委员会核办。"直至8月中旬,李亚飞才经中央清党委员会裁决,得以脱险。[1]又如上海杨虎、陈群派往宁波协助"清党"之黄埔生陈芝范、蒋孝先和孟卿等人,因积极改组当地团体,而惹恼了地方势力,竟至被诬为共产党而遭省党部驻甬办事处钱学壬等拘禁。幸亏蒋介石亲自过问,才得以解脱。[2]

对各级清党委员会来说,最容易引起社会各界非议的,严格来说还不是其人员公正与否的问题,而是其几乎同样存在着滥捕滥杀的嫌疑。这是因为,虽然清党条例明文规定,缉拿人犯应通知该地军警或行政机关[3],事实上各级清党委员会几乎都成立了专门捕人的便衣队,并自行审讯。一旦得到线索,不经侦查核实,即先行拘捕审讯。而这种审讯,更经常是采取刑讯逼供的方式。在这方面,上海特别市清党委员会虽然有着特务处滥捕滥杀招致众怒的教训,但他们的所作所为,也同样令人发指。该委员会甫一建立,就宣布所有共产党员、贪官污吏、土豪劣绅及反动恶化分子,甚至"学阀"之类,均可告发,并可代告发人保密。只要得知消息,不论真伪,即可立即配合军警前往缉拿。[4]其滥捕滥捉,且自设公堂刑讯逼供的做法,自然同样引起市民的恐惧。

有上海市民控诉称:"查上海市清党委员以清党为名,行残民之实,恃无上之威权,草菅人命,藉军警之势力,陷害无辜,听分部之偏言,遒良民于囹圄,逼招勒供滥用毒刑,公报私仇,全无证据。""甚至指名逼招,

[1] 《句容县党部特别委员会为泰兴反动派陆文凤等摧残党务诬陷忠实同志,请吾党诸同志一致声讨通电》(1927年7月26日),南京中国第二历史档案馆藏,国民政府档,一(2)145;《中央执行委员会常务委员及各部长第一百零九次联席会议》(1927年7月26日),台北党史馆藏,2—3/122;《泰兴党案告一段落》,上海《民国日报》1927年8月17日第二张第二版。

[2] 《陈芝范等致南京蒋总司令函》(1927年7月6日)、《蒋中正致宁波王警备司令蒋公安局长函》(1927年7月9),台北"国史馆"藏蒋中正档案,特交档案160735。

[3] 前引《清党条例》。

[4] 转见韩信夫等:《中华民国大事记》,第二册,中国文史出版社1997年版,第634页。

希图诬陷，未得确证，擅行判决，致被判者究不知其罪名之何自而来。断狱之离奇、黑暗，求之吾国数千年之历史中，洵无如是者。”[1]

南京当局自然也清楚前此之滥捕滥杀造成恐怖，影响国民党威望损毁太大，因而也极力设法树立一种讲求法制和公平的形象。为此，中央清党委员会成立不久就组织了中央和各省的清党审判委员会。中央清党审判委员会由总司令部军法处胡逸民牵头组织，他公开对报界说明：“溯自清党运动开始以来各处土豪劣绅均乘此机会大肆活动。凡曾努力于革命之青年，鲜不加以共产头号，以图一笔抹杀。……长此以往，国民党之元气不伤于共产党之捣乱，亦将伤于土豪劣绅之手矣。”组织清党审判委员会，就是要将种种案件“公开审理，庶使真正三民主义之信徒不致断送于清党时期中”。[2]

5月28日，清党审判委员会第一次开审。中央政治会议主席胡汉民亦亲自出席，并邀集“总政治部、黄埔同学会清党委员会、中央军事政治学校留宁官生办事处、总司令部军法处、江苏第一监狱署代表委员会……在第一监狱署开始审理”。当日审判的“姚钟鼎、文善在两人均黄埔学生，确无反动嫌疑，实系被人诬告，当宣告无罪”。为告诫泛滥不已的诬告之风，审判结束后，胡汉民还特别提出：“此后无论何方，如无根据之告发，原告人须负相当之反坐罪。”[3] 而实际上，仅就中央审判委员会所审之人犯，十之八九不是滥捕，就是被诬，亦未见胡汉民等要求追究诬告之人。以第九次审判之五名黄埔生为例，不过因为或从武汉跑来，或从南昌跑来，或不肯毫无证据地签名枪毙从武汉跑来的同学，就被诬为反动分子，当堂审判者

---

[1] 《上海市民海华等呈为清党委员横行不法逮捕善良陷害无辜仰祈立予查明从严纠正事》（1927年7月）、《上海市民陆一飞、姚子谦、高玉山等一百六十人函》（1927年7月20日），南京中国第二历史档案馆藏，国民政府档，一（2）534。

[2] 《南京清党审判委员会开幕第一日》，上海《民国日报》1927年6月7日第二张第三版。

[3] 同上。

无一人对如此诬控表示愤怒和提出质疑的。[1]

南京中央成立清党审判委员会，虽只能每日或隔日一审，每堂审理之人数也十分有限，但多少也还是使一些青年免受了牢狱之灾，甚或挽救了个别无辜青年的性命。问题是，这种示范对地方上其实并无多少影响。上海清党委员会行事血腥，然而由杨虎任警备司令[2]的警备司令部及其特别军法处断案处刑更不讲理。陈群、杨虎虽同为上海清党委员，却对上海党部，乃至于清党委员会也绝无商量。[3]上海特别市党部职员洪东夷及二区十六分部党员钱淳，已经清党委员会审查，认定为“本党忠实同志”，却又被人向警备司令部举发，“不幸横遭诬陷”。虽经清党委员会再三向军法处交涉，该处均置之不理。之后，很快将二人分别判处徒刑15和5年，即押入漕河泾第二监狱去执行刑期了。[4]上海交通大学学生、市党部工农部秘书张君毅，亦同样被莫名检举，遭警备司令部密捕。市党部虽一再向警备司令部交涉，请其释放，均遭拒绝，终被枪杀。且不仅罪状未宣布，就连尸身也不知去向。此事终于引起南京中央联席会议的强烈不满，以致当堂“议决：张君毅为上海特别市党部职员，即有罪犯嫌疑，何致遽行枪毙，实属滥权擅杀，不顾党纪，仰该总司令严行查办并复”[5]。由此可知南京国民党之“清党”，虽

[1] 报载第七次审判，11人犯被审，其中3人并无违法行为，5人一时受人鼓惑，毫无共产行为，另外3人干脆就是路过受罪，无证可指，结果统统开释或保释。《清党审判委员会开幕第七日》，上海《民国日报》1927年6月20日第二张第二版。《中央清党审判委员会开幕后之第九天》，上海《民国日报》1927年6月25日第二张第四版。

[2] 总司令部特务处迁往南京后，另设国民革命军警备司令部驻上海，杨虎6月15日转任警备司令。

[3] 经中央清党委员会先后任命的上海清党委员有陈德征、陈群、黄惠平、潘宜之、冷欣、冷隽、俞国珍、高方、陈超、周致远、桂崇基、杨虎等共13人。而经南京中央执行委员会常务委员会任命的上海特别市临地执行委员（即市党部委员）则有陈德征、陈群、黄惠平、潘宜之、冷欣、冷隽、俞国珍、吴倚沧、汤济沧、张晴川、周志逸等11人，多数人都是两边兼任，可知一般史书所引陈立夫关于“清党委员会系由陈群、杨虎二人负责，市党部无权过问”的说法，并不准确。参见《三全大会中之上海特别市党务总报告》，上海《民国日报》1927年3月23日第四张第一版；《中央清党委员会委任各省各市清党委员》，上海《民国日报》1927年5月27日第三张第四版；陈立夫：《成败之鉴》，第104页。

[4] 《清委会严正声明》，上海《民国日报》1927年8月31日第四张第四版。

[5] 《中央执行委员会常务委员及各部长第一百零五次联席会议》（1927年7月8日），台北党史馆藏档，2—3/122。

有统一机构指导，政出多门的情况并无改变，清党委员会远不能左右各地的“清党”行动，甚至连它自己的人也保护不了。

上海特别军法处与特务处一样，终因过于专断，且杀戮过甚，而被蒋介石撤掉。但其残暴名声却成为南京国民党挥之不去的阴影。就连上海市党部的人员也承认：除党部人员无辜被害外，“无辜人民之遭害者更不计其数，言之至为痛心”[1]。《大公报》对此曾专门有评论批评称：“政治刑事犯而付军法，且特立机关，执行杀戮，此种制度为任何文明国家所不许，亦古来专制政体下所从无有之。惟民国后之中国耳。”“民元二年，北京有陆建章之军政执法处，恶探遍都，陷害杀人之事，不可胜记。”但“民元之军政执法处，实无法无天，而却无刑讯。故冤死虽多，而生不受辱。”不想，上海从特务处到特别军法处，不仅嗜杀成性，而且每每刑讯逼供。以至于“平日畏恶共产党极甚者，对于上海之处置党案，莫不认为惨酷”。此诚为“南京政府数月间之第一污点”。[2]

上海毗邻南京中央，又为舆论中心，从特务处到特别军法处，乃至于清党委员会，尚且能如此残酷，远离中央和一般不在舆论视野之内的地方上，这样的情况就更是可想而知了。如温州肄业于浙江第十中学校师范部年轻党员蔡雄，曾与数十人联名呈控王超凡、戴英、林益等“朋比为奸，武断乡曲”。“适遇清党时机，王超凡以指导员名义带领谢越尘、戴英、林益等盘据温州公安局，串通局长叶林森，诬指蔡雄为共逆，提案刑讯，煨红铁链，用尽苦肉滥刑，逼令将当日联名呈控诸人牵连诬枉，希图一网打尽。由是大兴党狱，四处捕人，藉端索扰闾里不宁，甚至不电省请示，假借市民公判，竟于前月二十三夜将蔡友擅行枪决。案延一月，状尚未宣布，尸骸又不准领。”[3] 类似情形，实不胜枚举。

---

[1] 陈立夫：《成败之鉴》，第 104 页。

[2] 社评：《上海之特别军法处》，《大公报》1927 年 8 月 18 日第二版。

[3] 《浙江县永嘉县公民王定慧呈国民政府书》（1927 年 6 月 20 日），南京中国第二历史档案馆藏，国民政府档，一（2）145。

当然，捕杀清除共产党人，无疑还是第二期“清党”的中心所在。所不同者，一期“清党”时尚有监察委员会“和平待遇”的表面文章，而二期“清党”则高举“消灭中国共产党”之大旗，再不必避讳这个“杀”字了。包括不少普通国民党人，也“老实不客气地”主张：“真正的共产党员要杀”。[1]甚至身为文人的监察委员吴稚晖，也毫不含糊地主张杀一儆百。得知陈独秀之子陈延年落网后，吴尽管听到传言称陈已“作悔过书一通”，却还是专门致函杨虎要其将陈处死。函称：“如此之巨憝就逮，佩贺之至！陈延年之恃智肆恶，过于其父百倍……尤属恶中之恶。上海彼党失之，必如失一长城。故此人审判已定，必当宣布罪状，明正典刑，足以寒通国共党之胆。”[2]

南京国民党滥施杀戮来寒共党之胆的做法，其效力这时也还是受到了相当的怀疑。尽管5月底中共在上海的江苏省委及上海总工会等机关一时被国民党当局捣毁殆尽，陈延年、赵世炎、安友石等众多领导人被杀，但两月之后，中共即重新恢复了在上海的组织活动。9月，中共杭州市委被破获，累及中共浙江省各县及特支书记三十余人被捕杀，但两三个月后，中共不仅重又恢复了在浙江的工作，而且还发动了一连串的武装暴动。因此，除众多国民党人自己闭目塞听地宣称不仅“本党内部的敌人已经肃清”，且“苏、浙、粤、桂、闽、皖、晋、蜀诸省之共产分子，皆一律肃清”外[3]，多数中心城市以外的民众所看到的却是，共产党不仅依然存在，而且还开始以“红色恐怖”的手段，还之以颜色。

对于这种情况，一些党外之士竟早有预见。浙江永嘉县的几位82至88岁高龄的晚清举子，二期“清党”伊始就联名致函国民政府提出了这种看法。其函称：政府因治安关系，对“坏法乱纪之共党，不得不宣布罪状，明正典刑，惩其一以儆其首。此先哲所谓生道杀民，虽死不怨是也。至于各省州县之

[1] 《我对于清党委员进几言》，上海《民国日报》1927年6月21日第四张第一版。
[2] 《共党巨憝陈延年正法》，上海《民国日报》1927年7月5日第二张第一版。
[3] 《蒋中正警告同志——对三全代会的感想》，上海《民国日报》1929年3月16日第一张第三版；《国民政府告两湖民众书》，前引《清党运动》第六部，第299—302页。

共党，未有犯法之事实发生，不得因其居中把持即与两湖党员相提并论。解散之则可，拘禁之则不可；训斥之则可，滥杀之则不可。《书》之‘歼厥魁首，胁从罔治。旧染污俗，咸与维新’，诚哉是言”。“况民生主义即共产主义，先总理讲之又讲，遗书俱在，妇孺皆知，亦何怪无识少年之误入歧途也。祸有由起，情有可原。若不度理揆情，而滥用刑威，累及无辜，窃恐国党杀共党，共党亦杀国党，明杀暗杀，自相残杀，循环报复，宁有穷期？势必将双方有用之人才，同归于尽而后已。”[1]

《大公报》这时则公开对国民党在全无法律依据和公平审理程序的情况下，任由民众检举进而任凭党人肆行杀戮的做法，深表不满。其评论曰：“上海、广州大清党之时，杀人殊多，犹可诿为非常之变。今历时数月，而恐怖未减。上海特务处常有刑人之事，所犯罪状概不宣布，杀者何人亦秘不宣。共党诚与宁政府大不利，然凡共党是否俱应处死，国民党之党化的法律中有无此项规定？即曰有之，而南京当局何以知各地藉清党杀人者之必无冤诬？且解释清党之义，不过驱跨党分子而出之耳，何以动辄死之？”特别“其普通分子，多为青年男女，薄受教育，若依法律，亦多不至死。况处置共党者，名义耳，共党未必能捕，捕者未必为共。况若再有诬陷之行为，对于欲捕者或所仇者，而辄以共党目之，甚至有藉此诈财之事，至发生资本家共产党与无产者共产党之奇谈。国民革命之名，败坏尽矣”。[2]

对于任由党人杀戮共党，特别是任由军队介入“清党”，滥捕滥杀的做法，其实一些普通的、但多少具有一些法律观点的国民党人，也早有担心。如有作者6月即公开撰文，委婉地“奉劝革命军旗帜下的武装同志”：“逮捕和杀戮，在可能的范围以内，应由正式法院去执行，不要因便宜而自滥用。免得共产党人要加你们一个‘有枪阶级’的徽号，作为宣传的资料。也免

[1] 《呈为党狱繁兴祸机四伏佥请各属免予株连以庇人材而延国脉事》（1927年6月9日），南京中国第二历史档案馆藏，国民政府档，一（2）145。

[2] 社评：《党治与人治》，《大公报》1927年7月3日第二版；前引社评《上海之特别军法处》。

得民众因不平的缘故，发生共产主义的感染性。”[1]

“清党”的目的究竟是什么？是否“清党”唯一的目的真是像蒋介石、胡汉民所言，就是要“彻底消灭中国共产党”？是否靠拘捕、关押、杀戮就能够达到彻底消灭共产党的目的？这个问题实际早就萦绕在众多国民党人的脑际之中，且始终困惑不解，挥之不去。仅以上海特别市党部的努力为例。用其领导人之一陈德征在 1929 年 3 月国民党三大报告中的说法：上海党部自 1927 年 4 月 15 日正式从共产党人的手中接收过来之后，整个工作均集中于清共，“举凡对外宣传及整理党的内部工作，均以清共为唯一之目标”。包括清理下级党部，清除跨党分子；侦查及协助清党委员会拘捕共产党徒；努力于反共宣传和主持反共后之民众运动，唤起民众对于革命与反革命之认识等。但是，对共产党的活动，仍“有防不胜防之慨”。[2] 事实上，更让上海国民党人头疼不已的是，反共之后，上海党组织原本就受到极大削弱，特别是能独当一面的党员很少，结果因为种种派系矛盾和由“清党”检举所造成的相互猜疑诬陷，以致不少党员竟陷于牢狱之灾，甚至惨遭枪杀。而各种机关中，投机分子则乘机浑水摸鱼，以谋私利。党、政、军、警等各部门，也是派系林立，结党营私，故相互掣肘。上海特别市清党委员会宣告结束工作之际发表的宣言，就最清楚地反映出他们对这种情况义愤填膺，却又徒唤奈何的复杂心理。

其宣言称：“本会自成立工作以来，已逾三月，结束在即。回顾三月来之工作，因种种障碍，进行艰难。诚如白崇禧同志之言，假革命之流，充塞本党，在本会以外，借清党之名，行勒索之实。一时市民怨声载道，敢怒不敢言。即忠厚同志，亦皆兢兢然以明哲保身为戒。嗟呼，清党运动固如是耶？本会初成立际，原欲本总理大无畏之精神，集中全市清党工作，使假革命之流无从凭藉。讵料土豪劣绅之被检举者，本会正欲严究，则从

[1] 乃器：《怎样铲除共产党的潜势力？》，上海《民国日报》1927 年 6 月 21 日第四张第一版。

[2] 前引《三全大会中之上海特别市党务总报告》。

而包蔽；共产分子之被告发者，本会正欲惩办，则从而轻处；忠实同志之被诬陷者，本会正欲营救，则从而投狱，或竟罹杀身之祸。其惨毒至于如斯，全市党员在刀锯鼎镬之下，愤慨叹息，莫可名状。最痛心者，本党自去岁北伐以来，到处民众之欢迎，箪食壶浆，惟恐未至，正有东征西怨之慨。乃今年去四月，克复江浙，假革命者冒充忠实，竟将本党令名几付诸流水。嗟呼！清党运动固如是耶？”[1]

对“清党”运动倍感失望的，自不止于上海党部一家。事实上，随着7月中旬武汉实行“分共”，进而于8月以后也开始实施“清党”行动，两湖地区及江西、河南、山西等省也先后实施“清党”。因“清党”队伍的骤然扩大，特别是因为原本被视为清除对象的武汉国民党人，以及只是形式上挂着国民党旗号的冯玉祥、阎锡山等地方军阀的加入，所带来的认识混乱以及人们对“清党”运动所发生的不满，自然也就更多了。

由于武汉政府改弦更张，国民党内主张宁汉合流、重归统一的呼声骤然升起，蒋介石被迫于8月15日通电辞职，以示其决心促成统一之愿望。[2]而随着蒋介石坚辞下野，南京国民党中央人事大幅变动，“清党”运动依据原案业已到期，故中央清党委员会及所属各地清党委员会，亦多半自行消解，或结束了工作。虽然，变动中的国民党中央仍以中央清党委员会名义一度发布通告，说明：“以时局影响，交通阻滞，各省市多有不能依期竣事者，自应延期，继续办理。”[3]但事实上，自中央到各地，统一的“清党”组织工作已不复存在。作为一种由南京国民党中央所发起和领导的政治运动，“清党”运动本身事实上就此已告一段落了。

---

[1]　《清党会发表宣言》，上海《民国日报》1927年9月1日第四张第四版。

[2]　转见前引《事略稿本》(1)，第659页。

[3]　《中央清党委员会通告》，上海《民国日报》1927年9月20日第一版。

第七章

国民党的白色恐怖与“剿共”战争

国民党的“清党”，并没有也不可能达到消灭共产党的目的。随着共产党人开始举起武装暴动的旗帜，国民党就不得不在各地疲于应付。因此，“清党”运动很快也就转变成持续的镇压行动。这种镇压，从最初主要集中在城市中实行所谓“白色恐怖”，到逐渐转入偏远乡村进行“剿共”战争，整个过程持续了十年之久。在这十年时间里，国共两党相互报之以血腥和暴力，双方斗争呈现你死我活的局面，因此而死亡者实不知凡几。执政的国民党凭借着其在政治、军事、外交和经济上的巨大优势，克服了内部纷争和外敌入侵的种种牵制，步步逼紧，几乎取得成功。将近十年之后，除了在甘北荒僻之地共产党人还占据着一小块地方，于饥寒交迫中艰难地维持着一支几万人的部队以外，在全国绝大部分地区，已经看不到共产党人有组织活动的踪影。[1] 就国民党对共产党斗争的历史而言，这毫无疑问是其最成功的时候了。

一、“白色恐怖”和中共城市组织的瓦解

南京国民党的“清党”运动，不仅不足以消灭共产党，而且逮捕、杀人全无法律依据和严格的标准，以至造成整个社会的惊恐不安，国民党人自己也是批评之声不断。为了改变形象，也为了把反共斗争持续进行下去，从 1928 年起，在谭延闿的主持下，南京国民政府开始着手制定和颁布刑法，其中也包括主要针对共产党问题的刑事特别法《暂行反革命治罪条例》。以“反革命”为名，对异己者施以镇压手段，严格说来是自武汉政府始。1927 年 3 月 13 日，武汉政府在共产党人推动下，就曾经颁布过一个《反革命罪条例》。这个条例在中国第一次明定有所谓“反革命罪”，并具体规定了治罪的办法。只不过，由于当时更为通行的是惩治土豪劣绅和贪官污吏等条例，

[1] 据毛泽东称，当时“白区损失百分之百，苏区损失百分之九十”，见毛泽东:《关于人的认识问题》(1964 年 8 月 24 日)。

故依据这个条例治罪的情况并不十分普遍。但对于南京国民党来说，利用反革命的罪名，把具体针对党的系统的“清党”办法，以刑事特别法的形式推广到社会上去，却是一件颇具心计的做法。因为，这样不仅更便于打击共产党及一切异己分子，而且于法有据，师出有名。

《暂行反革命治罪条例》于 1928 年 3 月 9 日正式颁布，其中规定：任何意图颠覆中国国民党及国民政府，或破坏三民主义而起暴动者，或与外国缔结损失国家主权利益或土地之协定者，利用外力或外资勾结军队而破坏国民革命者，均得处以死刑。凡以反革命为目的，而破坏交通，引导敌人，侵入国民政府领域，刺探之重要或秘密消息交付敌人，制造收藏贩运军用品，以款项或军用品接济反革命者，均可处以死刑、无期徒刑，或二等（即 10 年）以上有期徒刑。凡“宣传与三民主义不相容之主义及不利于国民革命之主张者，处二等至四等有期徒刑”；“凡以反革命为目的组织团体或集会者，其执行重要事务者，处二等至四等有期徒刑并解散其团体或集会”。[1] 这种把刑事犯罪与反革命目的联系起来加重惩罚，乃至于以思想意图作为定罪标准的做法，在中国近现代司法制度上，算得上是开先河了。

除了颁行《暂行反革命治罪条例》，南京国民党中央这时还接连通过了《制止共产党阴谋案》和《防制共产党案》等几项专门针对共产党问题的重要决议案。其中《防制共产党案》甚至搬出了相当严厉的连坐法，规定：区分部发现共党，事前无报告者，解散区分部并查办其执委及介绍人；县党部所辖有两个区党部以上发现共党，将县党部解散。[2] 而每逢红色节日，如“五一”劳动节、“八一”反帝日，包括广州起义纪念日（12 月 11 日）等，国民党中央和相关省市，还会专门发布一些临时性的防共训令。如 1930 年 11 月 17 日，国民党“中央即密令下级党部工作人员及全体党员，严密注意与防范共党十二月十一日之事件（按：指广州起义）”。为此要求“全国各

[1] 《中华民国六法理由判解汇编》[C]，第 779—781 页。

[2] 转见《国闻周报》第 5 卷第 42 期，1928 年 10 月 28 日。

学校各工厂主管人员应注意，在十二月一日至十二月廿日期中，不准学生及职工藉故请假，其不假外出或更参加上项活动者，迅报当地军警处理之”。“全国各铁路管理局得密令各分局、各站、各厂，自十二月一日起至十二月廿日止，不准职工藉故请假，其逃工或放工后有上项活动之情形者，得逮捕之。”“在十一月至十二月期间之一切请假分子，销假后即予以十分注意，并注意其往来之人物。”“由国府分电沪汉粤津，令于十二月三日起检查各关口、各旅店、各车站、各码头一切往来之旅客，并于三号起特别注意一切公私集会及多人聚谈之会议形式，并定制止之。”[1]

但是，仅仅有防范和治罪的办法，显然不足以解决问题。自“清党”以来，南京方面大兴逮捕与杀戮之风，不可谓不严厉、不恐怖。结果是国民党搞“白色恐怖”，共产党报之以“红色恐怖”，在各地大举暴动。接二连三的武装暴动，使占尽优势的国民党手忙脚乱，四处灭火，却始终未能将共产党反抗的气势彻底打下去。鉴于历代王朝对付异己势力恩威并施、剿抚并重的经验，南京政府这时也渐渐醒悟到抚的必要了。因此，注重法制建设的胡汉民等出洋考察回到南京后，几乎马上就主导颁布了《共产党人自首法》。该法令 10 月 24 日正式颁行，其中规定：犯有《暂行反革命治罪法》认定之罪，于发觉前自首者，得减本刑三分之一或二分之一。如检举其他共产党人，因而查获人犯及证据者，或未犯各该条之罪而自首者，均得免除其刑。自首人犯执行刑期已逾二分之一，行状善良，悛悔有据者，应准保释。免刑之共产党人得由法院交保，或移送反省院。[2] 这之后，南京国民政府又进一步颁布了《反省院组织条例》，其所控各省均先后有反省院或感化院之设立，专门用来关押和收容被认为有自首表现的共产党人。

国民党针对共产党的剿也好，抚也好，在 1928—1930 年的两三年里，对中共个别地方组织破坏较大，但对中共中央机关的破坏作用却不十分明显。

[1] 《防范共党办法》（1930 年 11 月 17 日），南京中国第二历史档案馆藏档，一（2）468。

[2] 《共产党人自首法》（1928 年 10 月 24 日公布，1930 年 4 月 26 日修正），台北中国国民党党史馆藏档，特 009/19。

国民党地方军政部门这时对中共地方组织的破坏，尤以江西省委组织的两度破获引人注目。

据南昌卫戍司令张辉瓒 1929 年 12 月 18 日报称：因上任前已多方打探，故受命以后“运用种种方法及手腕，从已捕获之共犯口中侦察其及余党”。包括派人入狱伪装共党之被捕者，借以探询扣押“共匪”之口气；每破获一共党机关，即派员蹲守，以俟其余党自投罗网等。结果“先后破获共党省委赣西交通机关一，省委赣东北交通机关一，省委总交通机关一，省委机关一，南昌市区委机关一，省委第一监狱支部一，近郊区委机关一，又共党主义青年团省委机关一，团南昌市区机关一，团交通机关二，团第一监狱支部一，团近郊区委机关一。计拘获共产党江西省委书记沈剑华一名，省常委胡紫绶一名，省委兼秘书长刘企勋一名，省委总交通舒心伦一名，省委中央交通何润生一名，省委赣西交通李一彬一名，省委赣东北交通高文龙一名，南昌市区委书记万洪山一名，省委第一监狱交通萧冠宇一名，省委赣东巡视员王立生一名，抚州县委书记廖之萍一名”。“至共产主义青年团则拘获省委兼书记欧阳焜一名，省委兼宣传部部长陈长荣一名，省委秘书长兼代组织部部长庞（彭）云飞一名，南昌市区委书记龙飞一名，省委交通郭荣宗、张治禅二名，省委秘书处技术书记李正芳、赵克植二名（按：赵曾任九江县委），第一监狱支部交通张焰一名。其他党团员及其群众合共达数十名之多。”[1] 最后是刘企勋、舒心伦等被害，欧阳焜、陈长荣、彭云飞等自首反共。[2] 江西省委因此破坏殆尽。连带赣西特委、东北特委、樟树、德安等地县委，亦先后遭到破坏。

为恢复江西省委工作，中共中央迅速重新部署，另建机关。因南昌城小，叛变者较多，旧面孔难以活动，新面孔又易被注意，故决定将新省委

[1] 《南昌卫戍司令部破获共党机关概况报告书》（1929 年 12 月 29 日），南京中国第二历史档案馆藏档，一（2）503。

[2] 《冯任同志给中央的报告》（1929 年 12 月 26 日），江西省档案馆等编：《中央革命根据地史料选编》，上册，江西人民出版社 1983 年版，第 563 页。

建在九江。然而，时隔数月，张辉瓒却再度利用自首的共产党人，发现线索，迅速组织新的破坏行动。其随后报告称，自南昌所有机关被破获后，中共中央又在九江秘密建立起新的省委机关。因本部耳目早有所闻，故一经落实，即派执法处长于5月23日驰赴九江，先查得中共警察支部线索，随即逐一突破。最终，接连“破获九江县委机关一，江西省委机关一，九江县委所属支部九，省委县委交通机关各三，中共中央交通机关一，青年团省委机关一。所有重要共犯，均被捕获，几无一漏网者。总计为时不过六日，即破获共党机关十余处，捕获共犯百余名之多”。且缴获大量中共机密文件，由中共江西省委赣字通告第一号中更获知“共党阴谋夺取湘鄂赣三省政权之计划”全部内容，并且得到了中共江西省委对全省工作的总布置等重要情报。[1] 与此同时，“据省委书记张国康供出上海共党中央通讯处及接头处”共十二个地点，“通信方法如用白药写，则用洋信签，如用米汤写，则用中国信签”。其中“麦德赫司特路爱文义路永吉里六七号或七六号刘医生”为李立三等联络点；“上海共产青年团中央通讯处上海邮箱一六四六号李觉斋收”。[2]

与国民党军政当局在地方接连破获共产党秘密领导机构的情况恰好相反，继1927年下半年“清党”运动和中共暴动的高潮过去之后，中共中央重要骨干被捕被杀的情况却日渐减少，而中共中央更是得以继续坐镇上海，设置各种机构，一面指挥一切，一面频繁接待转运国内外干部。它甚至还能够在巡捕房和国民党人的眼皮底下，举行具有相当规模的全国苏维埃代表会议和反帝大同盟会议等较大型会议。造成这种情况的一个很重要的原因，是因为当时国民党在上海等地用来对付共产党秘密工作的，主要还是公安局或警备司令部等机构。特别是在租界区，它更是主要只能借助巡捕

[1] 《南昌卫戍司令部破获共党机关概况报告书》(1930年6月22日)，南京中国第二历史档案馆藏档，一（2）503。

[2] 《南昌卫戍司令张辉瓒致南京蒋总司令电》（1930年5月31日），台北“国史馆”藏蒋中正档案，特交文电19009833。

房的力量。[1] 但是，这些机构工作性质复杂，不可能都集中精力来对付共产党。而国民党这时的特务组织，即最先组织起来的中央组织部党务调查科，也才刚刚开始建立，不仅组织上十分薄弱，人员也鲜有专业训练。何况，在这段时间里，南京国民党中央的主要精力还要放在统一国民党各派力量的问题上，从蒋桂战争，到中原大战，大规模战争接连不断。因此，调查科不能不分出大量精力去对付第三党、改组派、国家主义派，以及地方派系和其他异己的民众团体等，它能够用在侦察破获共产党组织方面的力量自然非常不够。也正是因为这种情况，眼见共产党的力量从城市到农村恢复发展十分迅速，而南京国民党被派系战争搞得焦头烂额，自顾不暇，以向忠发和李立三为首的中共中央，在 1930 年甚至紧急锣密鼓地准备发动全国性的武装暴动，想要一举推翻南京国民党的统治。

随着中原大战宣告结束，中共和红军对南京国民政府的威胁就凸显了出来，蒋介石和南京国民政府自然开始把相当多的精力迅速转过来对付共产党。1931 年 1 月 31 日，国民政府进一步颁布《危害民国紧急治罪法》，以取代容易因何为“反革命”问题而引起争议的《暂行反革命治罪法》。此一新的刑事特别法总共 11 条，规定：以危害民国为目的而扰乱治安、私通外国或勾结叛徒，图谋扰乱治安，或煽惑军人不守纪律、放弃职务，或与叛徒勾结者，均处死刑。以危害民国为目的而煽惑他人，扰乱治安或与叛徒勾结，或以文字图纸或演说为叛国之宣传者，均处死刑，或无期徒刑。以危害民国为目的而为叛徒购运军用品，或以政治军事上之秘密泄露于叛徒之宣传者，均处死刑或无期徒刑。以危害民国为目的，而为叛徒购运军用品，或以之秘密泄露于叛徒，或破坏交通者，均处死刑、无期徒刑，或 15 年以上有期徒刑。以危害民国为目的，而组织团体或集会，或宣传与三民主义

---

[1] 在此期间国民党方面破获的最大一起共产党人案件，就是中共军委秘书白鑫向上海公安局特派员范争波密报了中共军委开会时间和地点，范通过法租界巡捕房，于 1929 年 8 月将中共中央政治局候补委员彭湃、杨殷，以及颜昌颐、邢士贞等几位中共军委的主要干部抓获。

不相容之主义者，处5年以上15年以下有期徒刑。[1]

这个时候，不仅调查科已经羽翼丰满，而且蒋介石还开始起用黄埔六期生戴笠来负责从军事角度收集情报。党政军几方面高度重视对付共产党的结果，不可避免地给共产党在中心城市中的组织机构，造成了巨大的破坏。仅在1931年间，国民党特务机关破获的涉及中共中央最高领导层的重大案件，就有5起之多。

1931年1月17日，国民党特务机关在上海东方大旅社破获共产党人的一个秘密集会，逮捕了包括何孟雄、李求实、胡也频、柔石、冯铿、殷夫等二十多位共产党人重要领导人，进而于2月7日将他们几乎全部处死。

4月25日，中共中央政治局候补委员兼中央特科负责人顾顺章在武汉被捕。顾的叛变造成了中共在上海国民党特务机关安插的重要线人杨登瀛等人被捕，以及中共重要领导人恽代英和蔡和森的被害。

6月15日，共产国际执委会联络局派驻上海的负责人牛兰夫妇被捕。

6月22日，中共中央总书记向忠发被捕，三天后被杀。

7月25日，中共中央宣传部领导人罗绮园、杨匏安等被捕，杨于8月上旬被杀。

8月，中共中央军委委员、江苏省军委书记李超时被捕，并于9月19日被杀。

随着1931年一连串大破坏之后，中共中央众多干部已转去苏区根据地，留在上海的干部由共产国际代表指定回国不久的留苏学生博古、张闻天等，于9月下旬组成临时中央，代行中央职务。虽然临时中央基本上都是一些生面孔，但是国民党特务机关还是很快找到侦破的线索。从1931年底到1933年夏，国民党又接连捕获了中共中央政治局候补委员兼全国总工会执委会党团书记徐锡根等；苏区中央局委员余飞等；全总宣传部长黄平；中共中央政治局委员兼全总党团书记卢福坦等；少共中央总书记胡均鹤、

[1] 《中华民国六法理由判解汇编》，第4册，779—781页。

少共江苏省委书记袁炳辉、反帝大同盟组织部长朱爱华等；新任少共中央总书记王云程、组织部长孙际明、秘书长陈卓闻、发行部长范迅赤、交通科主任蒋平等；中共新任全国总工会党团书记罗登贤、全总秘书长王其良、海员总工会党团书记廖承志等；中共中央秘书长杨天生、江苏省委委员赵林、苏华、李默农等；赤色互济会全国总会党团书记邓中夏，以及中国共产党非常委员会负责人罗章龙等。这一系列沉重打击，不仅使中共临时中央再难在上海立足，被迫退往江西中央苏区，而且随着李竹生、盛忠亮等两届上海中央局领导人相继被捕，和河北、陕西、河南、山东等省省委各机关一再被捣毁，中共城市工作的基础几乎已不复存在了。

值得注意的是，国民党这一阶段所以能够对中共城市工作屡屡成功地施以打击和毁灭，除了其特务机构日益健全和扩大之外，其更多改取鼓励自首和发表反共宣言的政策，凡肯自首者，不再轻易使用严刑拷打和杀戮的办法，也起了一定的作用。[1] 国民党开始使用这一手法，应当是从捉到徐锡根和余飞开始的。徐、余两人于 1932 年底先后被要求发表自首宣言，并因此获得自由。紧接着，卢福坦、袁炳辉、胡均鹤、王云程、孙际民、黄平等前中共领导人，也都走上同样的道路。所有这些宣言，都重复着几乎同样的意思，即共产主义和阶级斗争的办法，不适合中国；中国现在唯一的任务，是民族革命，取得民族独立，特别是摆脱日本帝国主义的侵略与压迫。与此同时，这些宣言中也几乎毫无例外地透露出自首者对中共这个时候党内斗争，尤其是对让初出茅庐的留苏学生执掌大权，“坐汽车，吃大菜，住洋房，穿漂亮衣服”，“使奴唤婢”现象的强烈不满。[2] 持续的大张旗鼓地将这些共产党领导人的自首宣言广而告之，自然产生了一些效果。1932

---

[1] 据黄平回忆，当他被捕后在狱中遇到袁炳辉等人时，很奇怪为什么他们都没有被非刑拷打，袁告诉他：“国民党的政策现在改了，只要你写篇自首书就行了，否则，就要处刑。”黄平：《往事回忆》，人民出版社 1981 年版，第 86 页。

[2] 转见中国国民党中央组织部调查科编：《中国共产党之透视》，（台北）文海出版社 1962 年版，第 308—391 页。

年10—11月间，国民党特务机关在上海接连破获共产党机关赤色互济会、上海区委、江苏省委、省军委、失业工人委员会和纺织工会等机构十几处，逮捕中共各相关负责人等六十余人。结果是破获一处，得到一批供词；再破获一批，再得到一批供词，如此中共在城市中各个秘密机关遭到巨大的破坏。[1]1933年1月31日国民党特务机关破坏共青团中央机关，也是一个供一个，最后陆续捕获共党青年团中央总书记兼共党中央政治局委员王云程、青年团中央组织部长孙际明、中央宣传部长秘书于桂生、中央秘书长陈卓文、中央交通科主任蔡平、中央文书科长刘永清、中央发行科长邱迅赤、湘鄂赣省委书记蓝乔、闽西少队主任郑荣光等三十余人。[2] 而这个时期国民党特务机关破获中共各种机关的数字还不是最多的时候，据不完全统计，自1931年至1933年秋，不到三年的时间里，被捕自首的共产党人数为276人，平均每年不足一百人。国民党最具成效地捕获地下共产党人和破获其机关的时间，是从1933年秋至1934年秋，亦即红军南方根据地全面失败的时期。在不过一年时间里，各地共产党人被捕者即达4505人，自首者竟达到4213人。[3] 这也足以见国民党这时的自首政策,对被捕的共产党人影响极大。

二、国民党的军事围剿与受挫

与城市里面国共两党较量明显不同的是，国民党在农村地区对付共产党，就远不是那么顺利了。共产党人在城市中难以立足和生存的一个重要原因，是因为城市的区域过于狭小，毫无回旋余地。要想应付国民党的镇压，他们只能从事秘密工作，甚至是单线联系。不仅无法真正让绝大多数民众

[1] 《吴铁城致蒋委员长电》（1932年10月24日，11月4、5、10、27日，12月2日），台北“国史馆”藏蒋中正档案，特交文电21021384，21021375，21022527，21022630，21023020，21024904，21025584。

[2] 《陈立夫致南昌蒋委员长电》（1933年2月8日），台北“国史馆”藏蒋中正档案，特交文电22054734。

[3] 王健民：《中国共产党史稿》，第二编，台北中文图书供应社1974年版，第154—158页。

理解自己的主张和政策，不能给城市居民带来任何实际利益，而且因为秘密工作的需要，再加上国民党的反共宣传，共产党人不仅和绝大多数城市居民“老死不相往来”，甚至在情感上和思想上也难以沟通，很容易被周围居民告发。因此，为了避免出现人多嘴杂、被人告发的危险，高级领导人往往不得不躲进租界，装成阔佬，住洋房，雇用人，与世隔绝，以为掩护。[1]即使一般工作人员，也多半要选择居住条件稍好，环境适宜出行和较易隐蔽的处所，而不能住到贫民区或工棚的下层群众中去。当然，就是在这时的上海工人当中，赤色工会的力量其实也十分薄弱，不可能担负起掩护或支持共产党的作用。据熟悉工会工作的胡钧鹤、袁炳辉等人被捕后在公开的自首书中说：“所谓赤色工会除上海外，全国各地没有一个有群众的工会组织。”即使是上海，所谓群众的规模也非常小。以共产党认为最得意的真正有群众的纱厂赤色工会为例，开工会代表会时，名义上到了七十多名代表，而党员团员数量就占到六十多，代表工厂二十九个，所代表的群众不足七百人，平均下来一个厂的赤色群众不足二十五人。[2]

在农村的情况就完全不同了。中共从1927年8月以后，接连在各地发动了上百起武装暴动。包括规模较大的南昌暴动、秋收暴动和广州暴动，最终都归于失败。战败的暴动领导人，不得不将原本计划占领或进攻城市的武装，转入到农村里去，以求将剩余的力量保存下来。让国民党人，同时也是让绝大多数共产党人没有想到的是，退入偏远农村去的这些武装力量，却得以利用各省国民党军阀割据，军队集中在大中城市和交通要道，偏远农村统治力量薄弱的特点，逐渐创建了自己的农村根据地。在这个时候建立起来的农村根据地中，以赣西南井冈山和赣东北弋阳两块根据地较

[1] 此亦即当时中共领导人每月生活费27—35元左右，而博古成了临时中央负责人之后为了布置洋房花费了1300余元的原因所在。参见《前共党中央政治局委员卢福坦王云二人宣言》（1933年3月4日），转见前引《中国共产党之透视》，第338页。

[2] 《前共党中委胡均鹤、胡大海、袁炳辉、陈亨洲等告中国共产党青年团全体党团员书》（1932年12月16日），转见前引《中国共产党之透视》，第347页。

为有名。到1929年前后，由这两块根据地聚集或发展起来的工农红军，其活动区域已经遍及江西省边缘地区，甚至发展到赣西北和赣东南，以毛泽东和朱德为首的红四军，干脆经由赣南发展到福建的闽西地区去了。

中共红军在江西省偏远农村地区获得长足发展的一个重要原因，是靠“打土豪分田地”吸引了相当多的贫苦农民。正是这种情况，使得红军不仅在农村中容易立足，而且像滚雪球似的越滚得远，就越滚得大。再加上这时国民党在农村中的策略是“清乡”，即通过清乡委员会，“对凡列名农会者，概加拘罚，未列名者亦行之。且一人罚至三四次，一案之事，县署、清委、团局累拿之”[1]。同时力图通过“清查户口，整理团防，检验枪枝造具，联保连坐，切结实行邻县连环联防办法”，来阻遏共产党势力的发展，严密控制农村。[2]结果，在农民运动曾经较为活跃的地区，只能引起农民中间更强烈的反抗。中共红军与这些地区农民间的结合，也就不可避免了。

国民党最初对中共在偏远农村中的武装，因为其对中心城市和交通要道威胁不大，因此并不十分重视，仅以当地驻军加以打击。但地方驻军或因省籍各异，往往得不到应有的支援；或因属地不同，往往不能轻易跨界作战。再加上这时国民党内讧不断，各省军队内部亦有亲蒋军和反蒋军之分，动辄反目，因此国民党这时“进剿”的效果十分有限。1929年年初，湘赣两省国民党军成立了以何键为总司令的“剿匪”总部，以优势兵力联合发动“会剿”，虽然夺取了井冈山，朱毛红军主力却迅速转进闽西，不仅摆脱了湘赣两省军队的追击，而且在闽西建立起新的根据地。3月26日，南京国民政府下令讨伐桂系，何键就任讨逆军第四军军长，讨桂战争随即爆发，湘军撤离江西，江西省的国民党军队也大部被抽调参战，江西各地红军当即抓住这一机会迅速发展。6月中旬，鉴于讨桂战争取得阶段性胜利，蒋介石注意到红军在闽西的发展势头，旋又任命金鼎三为“会剿”总指挥，着

[1] 转见《湖南省志》第1卷，湖南人民出版社1959年版，第572页。
[2] 《行政院院长谭延闿呈国民政府蒋主席》（1930年2月），南京中国第二历史档案馆藏档，一（2）587。

令赣、闽、粤三省集结军队于闽西地区参加会剿。但此举很快被紧接着爆发的中东铁路事件，特别是冯玉祥、唐生智、张发奎各部响应桂系，共同揭旗反蒋的战争所打断。这场讨桂战争直打到年底才告结束。这种情况自然极大地便利了红军在江西的发展。

据江西省政府1930年1月报告，当时方志敏、邵式平、王道、孙志清、匡龙海、邹琦、李烈等，率众逾万，快枪将及千支，土炮、鸟枪无数，以上饶、横峰、弋阳、德兴接界之磨盘山及弋阳属之漆工镇、黄沙岭、吴家墩、周坟等处为根据地，组织信江苏维埃政府及军事政治学校、农工妇女等训练所，为时三载，范围涉及十余县。据称：“加入人数愈众，蔓延日广，历次军队‘进剿’，不但不能肃清，往往为其挫折，损失武器，增其势力。于是势益猖獗，时而上饶河口，时而弋阳贵溪，时而余江万年，时而乐平德兴，到处侵扰，焚杀劫掠”。[1]

这时，方志敏领导的红军一部约三千支枪，在赣东北占据着弋阳、德兴、乐平、贵溪间大片地区；黄公略等一部约三千支枪，在赣西北占据着铜鼓、万载、修水、平江、浏阳等县边境；袁文才等一部约五六百支枪，在赣西占据着永新、宁冈、遂川等地；段月泉、李韶九、胡竹笙等部约枪千余支，占据着吉水、永丰、南丰、乐安间之地区；朱德、毛泽东一部约枪七千支，由闽西西进，由连城入宁化，连取广昌，乐安、宁都、永丰等地。按照江西省政府报告的说法，此中最有势力者为“朱毛红军”:“红军第四军军长朱德、经济（政治）委员毛泽东所辖共四纵队，每纵队辖三支队，每支队分三大队，每大队分三中队，每中队辖三分队，每分队计有快枪十二支，子弹八九十发，并有机枪四挺。此次朱德探得江西兵力单薄，将率一、三、四纵队由闽边宁化进犯广昌，毛泽东率第二纵队及宣传队由小道抄袭并指挥独立第二、第四两团约三千余人，同时并进，意图扰害赣局。其第一纵队司令为

[1] 《行政院长谭延闿呈国民政府蒋主席》（1930年1月31），南京中国第二历史档案馆藏档，一（2）587。

林彪；第四纵队司令为傅柏翠。本月十六日晚占领广昌，先头部队进至甘竹，并有少数出没于白舍、枫林之间。截至廿一日止，该股完全出广昌，进至洽村新丰市东陂一带。李韶九等则向宁都窜，但二十二日复由宁化方面窜来股匪二十余人，攻陷广昌，缴去靖卫队枪支甚多，各机关人员多被掳去。”[1]

据江西省政府报称，此外，彭德怀率一部三千余支枪仍在莲花、永新、遂川、万安等地活动，并于1月20日晚攻陷万安。袁文才、刘作述等部则占据永新、宁冈一带，1月18日攻陷遂川等。国民党虽然再度组织了赣、湘、鄂三省“会剿”，但均未达到效果。其对朱毛红军的作战，反而因农民对“进剿”部队封锁消息，以致损失了上千兵力。故江西省政府颇有些无可奈何地指出：江西历经水旱刀兵，元气难复，因此“愚民为生计所迫，共匪又从中利诱威胁，以故盲从日多，为患滋甚”。“属省各县多被共匪盘踞，人民中毒太深，不乏盲从附和者。而各属地方团体，无论公法团体、交通机关，均有此辈溷迹其间。甚至妇人、幼童，亦各缠红布臂章为匪作势。而各地民众之稍有知识及有身家者，又相率不敢发言，畏匪寻仇。其大多数则对剿匪部队漠不相关，不肯协助。故虽用重兵镇剿，对于持枪之股匪一时似已消灭，偶或军队他调，又复啸聚。一波未平，一波复起。”“此剿彼窜，兵去匪来，国军及地方自卫军无不疲于奔命。”“加以防区阔大，防守进击，兵力实感不敷，殊难应付。”[2]

1930年2月以后，国民党内部再度爆发中原大战，反蒋派另组北平国民政府，与南京国民政府分庭抗礼，双方各自动员了上百万军队投入作战，整个战争前后历时近七个月之久。这种情况，不能不再度给红军提供了绝好的壮大机会。到1930年7月，江西红军主力已经开始按照中共中央的要求，大举向江西省会南昌逼近。7月中下旬，江西省主席鲁涤平接连向蒋介石告急，一会儿报“朱毛先头已迫近吉安神冈山，正在激战，乞飞援”；一会儿

[1] 《行政院长谭延闿呈国民政府蒋主席》（1930年1月31），南京中国第二历史档案馆藏档，一（2）587。
[2] 参见《行政院长谭延闿呈国民政府蒋主席》（1930年2月）；《国军编遣委员会委员长蒋中正等呈国民政府》（1930年2月），南京中国第二历史档案馆藏档，一（2）587。

称“赣省形势颇危，如不增加军队，将不免波及大局”。“请允许于不得已时放弃赣南及吉安，巩固南浔”，并“请速派队增援”。[1]

然而，这边面对江西告急尚未及做出决策，那边何应钦更急电报称：长沙27日夜被红军彭德怀部乘虚攻陷，省府起火，岳阳、长沙电报不通，湖南军队均在汨罗、新墙、平江、浏阳各处参加对反蒋派的战争，何键总指挥“不知下落”[2]。另据各方报告：红军并无久占长沙之意，故几天后何键得以顺利地夺回长沙。从缴获文件中得知，中共此举，意在“先夺取湖南政权为根本地后，扩大红军，组织进取武汉，再合湘鄂赣皖豫力量，夺取五省政权，促成全国总暴动，推翻全中国国民党，建立全国苏维埃政权。故以红一、三、五、八等军入湖南，红四军入赣，红六军入鄂皖之潜桐霍安，粤之开平以及京沪闽浙等处皆隐伏积极准备暴动”[3]。8月底，红军各军受命再攻长沙时，国民党方面更形紧张。但因长沙方面兵力充足，工事坚固，又有海空军和铁甲车队增援，虽经六昼夜激战，双方损失数千人，红军仍未能攻克长沙。[4]

1930年10月，中原大战以南京方面胜利宣告结束。鉴于中共和红军势力空前强大，已经开始直接威胁到南昌、长沙等中心城市，并有围攻武汉，推翻南京国民政府的具体行动计划，蒋介石等不得不开始把军事重心转向剿共战争。11月初，武汉行营主任何应钦，下令第九路军主力由上高、高安、樟树、丰城地区沿赣江向西南进击，后并调第六路军和第十九路军入赣协剿。鲁涤平被委兼任第九路军总指挥，以第十八师、第二十四师、新编第十三师、第五十师、第七十七师、新编第五师和独立第十四旅，编成三个纵队，以张辉瓒、谭道源、罗霖为第一、第二、第三纵队司令。第六路军以朱绍良为总指挥，辖毛炳文第八师，许克祥第二十四师，张贞第四十九师，刘和

[1] 《鲁涤平致蒋总司令电》（1930年7月17，25日），台北“国史馆”藏蒋中正档案，特交文电19022498，19021446。

[2] 《何应钦致蒋总司令电》（1930年7月28日），台北“国史馆”藏蒋中正档案，特交文电19023069。

[3] 《何键致蒋总司令电》（1930年8月5日），台北“国史馆”藏蒋中正档案，特交文电19023973。

[4] 《何键致蒋总司令电》（1930年9月9日），台北“国史馆”藏蒋中正档案，特交文电19026134。

鼎第五十六师及一个独立旅。第十九路军以蒋光鼐为总指挥，辖蔡廷锴第六十师，戴戟第六十一师，马昆第十二师三十四旅。此次作战采取的是分进合击的战术，向袁水两岸推进，力图消灭朱德、毛泽东这时领导的红军第一方面军于清江至分宜段的袁水流域。此即为国民党对中共江西中央根据地的第一次“围剿”。

战争初期，国民党“进剿”军一再捷报频传，红军主力且战且退，至12月底，已探得红军大部开始在宁都黄陂、小布一带构筑工事。故鲁涤平30日下达作战命令：要求第十九路军在赣州蔡廷锴师本日即急进雩都，抄袭宁都，防止红军“南窜”；戴戟师抵兴国后即经古龙冈向宁都侧袭，期收“合歼根绝”之效；第六、第九两路军协同歼敌于黄陂、麻田各处，再行收复宁都。具体部署是：毛炳文师以两团向胡岭咀，两团向东关寨，夹击罗炳辉所部；许克祥师除以一部向东关寨攻击外，由现地洛口前进，堵击麻田之敌；谭道源师以一部协同许师攻击麻田之敌，主力协同张辉瓒师向小布、黄陂之敌攻击前进；张师应迅歼龙冈附近之敌，进占君埠、五门岭，以一部经上阳斋左援谭道源师，向黄陂挺进，以一部协同公秉藩师扫除小布之敌，继向黄陂攻击。公师着由南坑经白公圩港口向黄陂、麻田前进，以一部协同张师扫除小布之敌。“各师统限于元旦拂晓由现地攻击前进。”[1]

但鲁涤平部署的攻击行动即将开始的前一天，竟突然传来张辉瓒率五十二、五十三两旅30日在龙冈遭攻击受损，张本人在作战中“由右翼冲走未见踪迹”的消息。本为后援的五十四旅因怕红军奔袭，慌忙从南垄退回东固，再撤至富田，致“师长张辉瓒参谋长周纬黄旅长王捷俊团长李月峰被虏。又旅长戴岳自戕未死”[2]。得此噩耗，鲁涤平不得不马上调整部署，

[1] 《鲁涤平致蒋总司令电》（1930年12月30日），台北“国史馆”藏蒋中正档案，特交文电19015692。据冯都考证，电文中五门岭应为黄竹岭之误。见冯都：《第一次反围剿十个问题考辨》，中共江西省委党史资料征集委员会等编：《中共苏区第一次反围剿》（《江西党史资料》第十七辑），第287页。

[2] 参见《鲁涤平致蒋总司令电》（1930年12月31日，1931年1月5日），台北“国史馆”藏蒋中正档案，特交文电19015674，20000143。

下令公秉藩师迅速撤回富田、东固之线，谭道源师由沅头东移，向洛口之许克祥师靠拢。但是，原本刚在中原大战中受创，兵员不足的谭师两旅四团，在撤退途中却被熟悉地形和情报通畅的红军主力迅速抓住。谭师抵抗将近一天，终遭击溃，损失逾半。据前往增援的毛炳文、许克祥两师报告：“增援部队到达永乐洛口时，谭师已被匪突破，只将该师彭团及文团两团一部收容到洛口，谭师长及其他两团情况不明。”[1]

张辉瓒和谭道源两师惨败，已使国民党方面此次“进剿”计划完全被打乱。随即，广昌、南丰两县暨各机关又迭电告急，称“朱毛共匪约五千余人由闽之宁化经石田窜入广昌属东南之白水镇，离城仅五里，请迅派大军驰援”。这使得总指挥鲁涤平更加变得手忙脚乱起来，急电蒋介石，强调“目前广昌、南丰一带仅有防军一营，省垣亦仅留兵两连，余均出剿，无兵应付”，要求“顾念赣民痛苦，立赐抽派一师以上之兵力入赣，大举痛剿”。[2]

此番作战虽然担任主攻的第九路有两师失利，但其余各师建制完整，且第六、第十九路军均已陆续到达原来指定位置，仍有续战可能。故1月29日，蒋介石令何应钦以湘鄂赣闽四省“剿匪”司令的名义，代理总司令职权，亲赴江西，进一步调集四省军队，部署“围剿”行动。到3月中旬以后，何应钦已重新组织了“进剿”的部队。除第十九路军原有编制不变以外，另外增调了王金钰的第五路军（辖公秉藩的第二十八师、郭华宗的第四十三师、上官云相的第四十七师、郝梦龄的第五十四师、罗霖的第七十七师），孙连仲的第二十六路军（辖孙连仲兼师长的第二十五师、高树勋的第二十七师、关树人的骑兵师），并重组了朱绍良的第六路军（辖胡祖玉的第五师、毛炳文的第八师、许克祥的第二十四师、张寺孝的新十三师）。另外，参战的还有韩德勤的第五十二师、香翰屏的第六十二师、刘和鼎的第五十六师、张

[1] 《朱绍良致蒋总司令电》（1931年1月5日），台北“国史馆”藏蒋中正档案，特交文电20000010。

[2] 《鲁涤平致南京蒋总司令电》（1931年1月16日），台北“国史馆”藏蒋中正档案，特交文电19001934。

贞的第四十九师和周志群的独立旅等部。何在西起赣江，东至建宁的漫长战线上，布下了一条弧形阵线，并于4月1日下达了总攻击令，要求各部注意“稳扎稳打，步步为营”，“于月内克复各县，会师广昌，于国民会议开会前肃清朱毛”。[1]

此次作战的具体部署是，以第五路军为右路，分两个纵队分别从吉安、吉水、永丰南进，“扫荡”东固、龙冈，会攻宁都。以第二十六路军为中路，由宜黄、乐安分两路“扫荡”进占洛口、南团之线，会攻宁都。以第六路军为左路，以主力夺取广昌，并以一部进占头陂、新安、白水（今赤水）之线，俟右路军“扫荡”东固、龙冈后，会攻宁都。以第十九路军为南路，由兴国出发，攻占龙冈、城冈、江背之线，策应右路军会攻宁都。由于此次投入兵力二十万以上，是正规红军的六倍以上，加以装备火力优势明显，因此开始也相当顺利。一个半月后，四路大军已经推进至江背、桥头江、沙溪、头陂、白水之线了。但由于红军坚壁清野，再加上地形不熟，情报不灵，“进剿”军对对手的情况一无所知。

何应钦显然并没的接受前次“进剿”失败的教训，眼见部队进展顺利，即限令右路第五路军5月15日前占领东固。该路军第四十七师一三九旅和第二十八师公秉藩部，遂分别受命由富田和固陂圩出发，开始搜索前进，结果再度钻进了红军布置好的口袋阵中。公秉藩师全军覆没，公本人也一度被俘，只因冒充营书记，未被发觉，后被释放。但该师副师长王庆龙、旅长柴乔松、参谋处长朱子奇、团长吴宗周以下官兵死亡就达两千余人，全师上万人，五天后只收容到一千五百人左右。与此同时，右路军第四十七师王冠英旅由富田进至九寸岭、观音崖一带，亦遭红军伏击，全旅被俘即近三千人。而右路军第四十三师进至九寸岭时遭遇阻击，迅即退回白沙，被红军追上并击溃，被迫退向永丰县城。两部损失校官十五，尉官三百余，

---

[1] 转见李以邸：《第二次围剿国民党军惨败经过纪要》，《中央苏区第二次反围剿》（《江西党史资料》第十八辑），第212页。

士兵约七千，步枪四五千支，机枪三十六挺，山炮三门，迫击炮三十余门。[1]

鉴于公秉藩师等失利，南昌行营即令右路军第五十四师向右翼增援。但该师师长郝梦龄注意到各部惨败情形，深知增援途中必遭伏击，故假报18日晚“在沙溪与匪激战”，然后借口援助不到，独力难支，自行向永丰退去。至此,整个右路军实际上已基本失去了作战能力。听到部队惨败的消息，王金鈺于5月23日向蒋介石恳请处罚。电称：“祝旅长本午自吉水报告，郭师损失一半，谷陈两团长被俘，李团长被俘，今日藩由匪区归来，唐旅王团损失大半，于朱两团损失多半，于朱两团损失十之七八，朱团长在富田阵亡，其营长以上伤亡被俘甚多，正在调查中。郝师损失十之三四，本军三师除祝旅外，均损失甚大，非大加整顿补充无进攻力量，请钧座从速设法调后方修养训练，以便再用等语。闻之惶恐万分，病益加剧，务恳将该师调至相当地点补充整理为祷。职治军无能，遭此惨败，请迅以明命免本兼各职，以示惩戒。”[2]

右路军如此，中路军的情况也相差无几。高树勋率第二十七师进入苏区后，一样如坠云雾中，完全不明敌情。5月18日勉强进至南团，受命驰援藤田的郝梦龄师，前进至中村，先头第八十一旅即遭伏击，王广田团失去战斗力，团长亦告阵亡。高率师部直属队和池峰城旅部增援至中村，被红军和游击队团团围住。高树勋最终丢掉部队才得以逃脱，此役第二十七师伤亡官兵两千余人，除两团外，均被打散，“池旅之杜团，王旅之黄团，施旅之王团均损失殆尽，余亦多有损失。池王两旅之手枪队战死者各在三分之二，约计全师损失人近五千，步枪三千余，机构廿余挺，迫击炮十余门，阵亡团长二，营长七，下级军官甚多”。[3]

---

[1] 《王金钰致南京蒋总司令电》（1931年5月27日），台北“国史馆”藏蒋中正档案，特交文电20007314。

[2] 《王金钰致北平蒋总司令电》（1931年5月23日），台北“国史馆”藏蒋中正档案，特交文电20007088。

[3] 《何应钦转报第二十七师师长高树勋来电》（1931年5月27日）；《何应钦致蒋总司令电》，1931年5月27日，台北“国史馆”藏蒋中正档案，特交文电20007335，20007357。

孙连仲因此也不得不一边电告作战失利，一面自请处分。电称：“敝部奉命向沙溪前进，号（19日——引者）日高师先头王旅行抵石马浔南中村以西地，遇枪匪主力，激战终日，初意其为农匪，继而愈演愈烈，至马戌（21日19—21时——引者）匪力已达两万余人，将我王旅围困，经我高师极力增援，始得解围。是役以该旅王团损失较大，被我击毙之匪不计其数。查五路郝师于数日前已弃藤田汀溪，匪现直攻敝路并以大部绕进侧背。”[1] 鉴于目前形势，已令第二十五师退至萧田、横石、东陂一带，令高树勋师退向东陂北之黄陂，“职拟转进宜黄”。鉴于自己“指挥无方，致受重创，上无以对党国，下无以对官兵，应请钧座依法惩处，为以惩戒”。[2]

对于此次失败，代理总司令之权的何应钦也是一头雾水。他一面向蒋介石诉苦，抱怨有关将领不听指挥，一面也不得不自认“统驾失剱”。其电称：“查当铣（16日——引者）日匪攻五路之初，蒋部蔡师即已到达城岗圩，五路相距不过数十里，为防五路独当其冲，即严电蒋部迅攻东固。迨富田被陷，复令进攻富田，乃均未遵行。……又巧（18日——引者）晚郝师在沙溪与匪激战，孙部高师即已进抵南团，此际判断匪之主力必渐东移，为防郝师有失，并趁机歼匪计，即电孙总指挥令高师及孙师均向沙溪速进包抄匪之侧背。高师进至中村地盘源一带与匪激战时，孙总指挥未照迭次电催令孙师速进助援，并云地形不便转行撤退，至高师孤立，被迫无力支持。”“似此孙部后退，六路自难独进。已电朱总指挥迅集兵力于广昌附近或甘竹洽村墟一带固守，与孙部切取连络，防匪绕袭。又电蒋总指挥观察情形，势如能迅占富田自善，否则恐匪速集大部转趋富田，即仍将所部集结于兴国附近待命。此盖因各部已失协同，不得已之处置之。”“现查公郭两师各失枪在三千余，唐师失枪一千余，各师机枪迫击炮及高师之损失如何，尚未

---

[1] 《朱绍良致南京蒋总司令电》（1931年5月23日），台北“国史馆”藏蒋中正档案，特交文电20007158。

[2] 《何应钦致蒋介石电》（1931年5月29日），台北“国史馆”藏蒋中正档案，特交文电20007477。

据报。匪势必因而愈大。则此后虽令第十师参加，亦恐难期效果也。”[1]

右路和中路相继失败，南路第十九军虽进至富田，亦不得不回师兴国，又撤返赣州。红军于是得以进一步集中主力，围攻广昌城。战斗于27日打响，当晚即攻占广昌。守城第五师遭受重创，师长胡祖玉重伤后死亡。进而，进占建宁的刘和鼎第五十六师，也在5月31日遭到红军围攻。其“八千子弟兵”，最后连同被红军放回的，一共只收容得五百多人。[2]

围剿江西苏区接连失败，不能不使蒋介石倍感沮丧。他当即召集陈诚等重要将领总结教训，并策划第三次“围剿”作战。陈诚5月30日赶至南昌，经过数日调查后明确电蒋称：此次失利原因有三：一是“顿军久驻，兵疲将殆，且各存观望，图保实力”；二是“军纪废弛，民怨甚深，失我增援”；三是“五路军原系孙传芳之旧部，对于江西人民素怀恶念，且共匪亦利用此弱点，对民众宣传”；四是个别军官指挥失当。他建议，应将第五路军调出江西，并对个别将领予以处分。如此，虽“大寐必有一觉。惩前毖后，来日方长，最后胜利自属于我。亟祈稍释忧虑”。[3]

刚刚赢得了中原大战胜利的蒋介石，自然不会甘心于这次的失败。他很快就于6月6日发出告全国将士书，称：“中正行将出发鄂赣，督率各军围剿赤匪，信赖我总理之威望，人民之助力，诸将士之忠诚戮力，必能于最短期间，清除共祸，奠安国族。”[4] 随后，蒋介石亲抵南昌，召集会议，研究部署，并为胡祖玉师长举行隆重的葬礼，还亲往医院去看望受伤的官兵，以为部队打气。[5] 与此同时，吸取上次作战部队互相观望，且时有临阵退缩情况的教训，蒋特别经由参谋处通令前线官兵，此次作战实行连坐法。“师

[1] 《何应钦致蒋总司令电》（1931年5月24日），台北“国史馆”藏蒋中正档案，特交文电20007145。

[2] 前引李以劻：《第二次围剿国民党军惨败经过纪要》。

[3] 《陈诚致蒋总司令电》（1931年6月2日），台北“国史馆”藏蒋中正档案，特交文电20007744。

[4] 《大公报》1931年6月7日，转见《中央苏区第三次反围剿》（《江西党史资料》第十九辑），第219页。

[5] 《申报》1931年6月28日，转见《中央苏区第三次反围剿》（《江西党史资料》第十九辑），第220页。

长未退旅团长先退者，杀无赦；旅长未退，团营连长退者亦同。余以类推。”[1]

7月1日，蒋介石亲下“第三次剿匪总攻击令”：“(一) 以第二路进击军陈诚部之第十一师及第十四师分由南城、黎川向宁都攻击前进。(二) 以第一路进击军赵观涛部之第六师及预备军第十师卫立煌部由南城、南丰向广昌地区之头陂攻击前进。(三) 以第三军团朱绍良部之第八师及第二十四师分由南丰、新丰向黄陂攻击前进。(四) 以第四军团蒋鼎文部为左翼集团军预备队，于临川、南城间集结相机策应第一线作战。”[2]

第三次“围剿”同前此一样，开始时部队进展相当顺利。当时报纸接连报道作战成功的消息，或称红军“已失战斗能力，旦夕可下”；或称红军“枪炮均无子弹，故大队前往，并无迎战之事”；或称固有抵抗，“我军除以大炮炸弹猛轰外，并由飞机掷弹燃烧”，再加上“我军前赴后继，奋勇猛冲”，红军亦断无支持可能。据报，仅从7月30日起至8月4日止六天之内，空军就在兴国及高兴圩一隅之地，投掷120—160磅炸弹共五百枚以上。5、6、7等日，每日掷下的220—260磅的炸弹，都在一百枚以上。以至于飞机过处，“血肉四溅”，“匪尸狼藉”，“臭不可闻”。[3]

鉴于此，蒋介石还在7月23日就已经公开告称：他本人“于本月二日，由南昌出发，巡视前线，并进驻南丰，亲督各军，积极进剿，乃于四日克复黎川，十三日克复广昌与石城……当即乘胜穷追，十九日遂攻克赤匪据为总巢之宁都……赤匪屡经我军跟踪猛击，其漏网残余者，本已不及万人，其向会昌汀州狼狈溃窜时，又被沿途民团袭击截堵，所剩更属无几，预计本月以内，必可全部歼灭”。[4] 到8月中旬，他更是充满乐观地下令：“限五

[1] 《申报》1931年7月7日，转见《中央苏区第三次反围剿》(《江西党史资料》第十九辑)，第221页。

[2] 蒋介石：《下第三次剿匪总攻击令》(1931年7月1日)，《先总统蒋公思想言论总集》卷三十七，第30页。

[3] 《申报》1931年7月23、31日，8月11、12日，转见《中央苏区第三次反围剿》(《江西党史资料》第十九辑)，第225—229页。

[4] 蒋介石：《告全国同胞一致安内攘外》(1931年7月23日)，《先总统蒋公思想言论总集》卷三十，第149页。

日内将收复区散匪肃清，月底将赣各匪彻底消灭，俾军事早日结束，人民安居乐业。”[1]

蒋介石发出限期肃清的命令，是因为有战报显示，红军主力已陷于“进剿”大军的包围之中。在此之前，红军因第二次反围剿作战后既未休息，也未得到补充，以致仓促应战，虽“绕道集中”，试图调动敌人，却不断被敌发现，往返奔波，“弄得十分疲劳”。[2] 好不容易在 8 月 7—11 日抓住战机，接连在莲塘、良村和黄陂重创上官云相的第四十七师和郝梦龄的第五十四师，一度取得了主动地位。[3] 但很快，红军主力就又在 8 月 16 日落入到国民党军的重兵包围之中。用中共苏区中央局自己的说法：“两月奔驰，全无休息，疲困已极，疾病甚多。既入兴国，仓卒应战，初向富田，折回兴国，由西向东，深入黄陂，又疾驰五百里。在约三个星期中，出入敌军重围之中，争取良村、黄陂两役胜利，至八月十六日二次被敌包围，是为一年来三次战争中最艰苦的时节。”[4] 由于山高林密，地形复杂，国民党军并未能抓住此一战机，结果是红军主力于 8 月底竟又再度脱险，又一次跳出了国民党军的包围圈。

红军主力为改变被动局面，于 9 月 7—15 日之间，利用国民党大军因宁粤冲突、做战略收缩之际，抓住机会，与蒋鼎文的第九师、韩德勤的第五十二师在白石、张家背一带，和第十九路军蔡廷锴的第六十师、戴戟的

---

[1] 《汉口民国日报》，1931 年 8 月 16 日，《中央苏区第三次反围剿》（《江西党史资料》第十九辑），第 229 页。

[2] 毛泽东：《中国革命战争的战略问题》（1936 年 12 月），《毛泽东选集》（竖排合订本），人民出版社 1964 年版，第 207 页。

[3] 此两役作战结果，据红军方面的统计，俘虏军官 708 名、士兵 3193 名，缴枪炮 7080 件；自己阵亡军官 30 名、士兵 246，伤 942 名。《红三军团莲塘、良村战斗情况统计表》（1931 年 8 月 16 日）、《红三军莲塘、良村战斗情况统计表》（1931 年 8 月 17 日）、《红三军团黄陂战斗情况统计表》（1931 年 8 月 18 日）、《红一军团第四军八月七日战斗结束统计表》（1931 年 8 月 22 日）、《红七军莲塘、良村、黄陂战斗情况统计表》（1931 年 8 月 22 日）、《红一军团第四军八月十一日战斗结束统计表》（1931 年 8 月 24 日），见《中央苏区第三次反围剿》（《江西党史资料》第十九辑），第 90—96 页。注：统计数字中因部队战后未能打扫战场，故没有毙伤敌军的数字统计。

[4] 《苏区中央局致中央电》（1931 年 10 月 3 日）。

第六十一师在高兴圩地区发生激战。但两战结果却大相径庭。

前者据蒋鼎文报称：独立旅“主力激战至晚损失十之八九，廿六旅之两团与赤匪反复冲击肉搏七八次者，死伤亦多，赤匪之死伤尤倍于我方，骸骨狼藉遍山皆是”。因“赤匪向我猛攻，并左侧右侧包抄我掩护部队伤亡颇大”，故已不能按计划与蔡廷锴部取得连接，而被迫向敦田、长径一带撤退。[1] 韩德勤也有报告称：“赤匪侦知职师与九师向东固前进，遂以全力向老营盘方面星夜东移，向我袭击。职师苦战竟日，率以弹尽援绝至遭惨败。”[2] 另根据接战的红军部队战斗结束后统计，此役俘虏军官 71 名、士兵 3187 名，缴获各种枪支 2690 支，自己阵亡军官 7 名、士兵 56 名，伤 234 名。[3] 不难看出，两方资料均证明，此战红军确实取得了胜利。

而与第十九路军作战的情形却另呈一种局面。陈铭枢报称：“自七月份以来我剿赤各军围攻匪区，匪利用地形与赤化民众为保护，惯用其诡避巧袭隐蔽战术以疲劳我军而免决战。最近匪乘我各军分途移动游击兼以阴雨兼旬，飞机不能侦察之际，竟抽移全部匪军于兴国之西北险要地带埋伏。本月虞辰我十九路军及第九师在兴国之西劲高兴圩益田长迳口墩田老营盘一带与匪第三、四、五、七、八、十二等军朱、毛、彭、黄、林、罗、李等全部五万余人遇战，亘两昼夜，剧烈异常。自虞夜至庚未，匪更以主力密集部队反复向我高兴圩之六十师冲锋肉搏二十余次。蔡军长廷锴亲率部队迎战，均将匪击退，匪横尸沟积流血河红，于佳辰将匪全部击破。计在高兴圩一带，匪遗尸七八千具，伤者不知其数，夺枪数千及匪高级司令旗数面。计我各军自围匪以来，此为第一次之决战，而匪之凶悍与其死亡之

[1] 《何应钦、熊式辉致蒋总司令电》(1931 年 9 月 9 日)，台北“国史馆”藏蒋中正档案，特交文电 200010439。

[2] 《何应钦致蒋总司令电》(1931 年 9 月 28 日)，台北“国史馆”藏蒋中正档案，特交文电 20011280。

[3] 《红军第一军团第四军九月十五日战斗结束统计表》(一、二)(1931 年 9 月 18 日)、《红三军团及七军九月十五日战斗结束统计表》(1931 年 9 月 19 日)，见《中央苏区第三次反围剿》(《江西党史资料》第十九辑)，第 114—117 页。注：统计数字中因部队战后未能打扫战场，故没有毙伤敌军的数字统计。

可惊，亦为战役中所罕见。匪经此大创，当不能复振矣。”[1]

陈电系公开通电，无疑带有宣传色彩。此时红军主力全部兵力也不过3万人，投入黄陂战斗的部队仅第一军团之第四军，和第三军团，另加一个第七军，合计兵力不过1.8万人左右。[2] 但据接战的红军部队战斗结束后统计，此役俘敌兵仅20人，红军阵亡军官90名、士兵689名，负伤军官193名、士兵793名，失踪被俘官兵180名，损失各种枪支约1200余枝。如此伤亡被俘总数几达两千人。[3] 故不论陈电水分如何，可知在此一作战中，红军确实遭受了重大损失。

整个第三次“围剿”，与前两次相比，国民党方面基本上控制着战场局面。虽有损失，亦不足以影响全局。而红军在国民党大军“围追堵截”之下，却显得极为被动，甚至接连受到挫折。但是，这次“围剿”却仍以国民党方面自行退出苏区以至无疾而终。其原因何在呢？

其一，是因为自蒋介石与胡汉民矛盾激化，断然软禁了胡之后，宁粤即公开分裂。5月初，汪精卫通电反蒋。随后，广东第八路军总指挥陈济棠等众多将领和粤桂籍国民党中央执行委员，亦公开通电要蒋下野。在蒋拒不妥协的情况下，汪精卫等在广州另立国民政府。到9月1日，粤桂联军下入桂动员令，并联合反蒋的唐生智军队，开始进兵湖南。此举不可避免地造成了南昌行营的震动，因而马上于4日做了暂时收缩兵力，就地监视红军的部署。

其二，是因为9月18日发生了日本入侵东北的重大事变。蒋介石为平

[1] 《陈铭枢致南京中央国府、总副司令、各党政军旅、各报馆电》（1931年9月9日），台北“国史馆”藏蒋中正档案，特交文电20010676。

[2] 据8月26日红一方面军人员武器统计，第四军战斗及非战斗人员合计6417人，第三军团合计9781，第七军合计2050人。《中央苏区第三次反围剿》（《江西党史资料》第十九辑），第112页。故毛泽东在《中国革命战争的战略问题》一文中，亦特别指出此役失利原因在“吃了兵力不集中的亏”。《毛泽东选集》，第220页。

[3] 《红军第一军团第四军九月七、八日战斗结束统计表》（一、二）（1931年9月11日）、《红军第一方面军第三军团及第七军九月八日战斗结束统计表》（1931年9月19日），《中央苏区第三次反围剿》（《江西党史资料》第十九辑），第110—113、118页。

息宁粤冲突，也为完成此次剿共作战，7日公开声称此次作战已获大胜，如粤省不出兵进犯湘境，不久即可完全解决，他数日后亦将“再赴赣督师”[1]。尤其得知韩德勤部遭重创后，蒋即于18日再赴江西督战。不意就在其动身当晚，就发生了“九一八”事变。为了应付这一事件，蒋介石不得不于21日又赶回南京，密切观察事件的发展情况，并着手准备应对之策。而为防止日本可能由海上入侵，更不得不从“进剿”军中抽调部队加强海防。如此，继续部署“剿共”作战具体计划之事即告停顿。特别是随着宁粤和解，宁方接受了粤方关于蒋介石必须下野，和以粤军陈铭枢部为京沪警备部队的建议。因此，“进剿”军主力第十九路军很快亦调离江西剿共前线。蒋介石也为宁粤和解，被迫于12月15日上书中央执行委员会请辞，并于22日上午出席过四届一中全会开幕式后，经上海转返浙江奉化老家，以示下野。因此，继续此次剿共作战的计划，自然彻底被搁置下来了。

当然，即使没有上述形势变动，这次“围剿”作战成功的希望也不很大。因为，蒋介石等人这时基本上还是在重复着前两次的“剿共”思路，不仅政策上无甚调整改变，军事上也仍旧在重犯以往的种种错误。特别是在不熟悉山地作战和不顾后方补给的情况下，盲目指挥军队跟着红军四处乱跑。这种情况下，就连平时训练较为严格、一向看不起其他部队的陈诚手下的军官们，都已经难以忍受了。

陈诚第十四师某军官8月间在一封信中写道：“我们自从经过宁都以后，走的地方都是不见人烟，吃的东西也无处可买，总是上顿不接下顿，不过顶感困难的还是没有油盐，有时连水都没有吃的。……我们每天都要跋涉山川，东奔西跑。无论白天晚上，天晴落雨，总是没有停止的。到了一个地方，还要驻在山上，日晒夜露，风吹雨打，晚上也不能安寝。这一月以来，都是在这个情形里面过日子，总是在这个无人之境转来去（因为这是土匪最多的地方）。你想，一个人都是肉做出来的，像这样滋养不足，日晚劳苦，

[1] 转见韩信夫等编：《中华民国大事记》，第三册，中国文史出版社1997年版，第232页。

还加之风飘雨打，日晒夜露，无论精神身体，都是日益萎糜［靡］。所以这一月来,无论官兵,差不多没有不病的。肥的拖瘦,瘦的拖死。至于山高路险，跌死的人马，以及因病落后，被土匪杀死的官兵，总和起来比较出发时候的人数，差不多要少三分之一。谁也管不了谁，不知冤枉死了好多。真是匪没剿灭几多，自己却损失了不少。眼看到这种情形，真是欲哭无泪。”[1]

由于相信与红军作战取得根本胜利的可能极少，更极大地影响了部队官兵的作战信心。关于这种情况，我们也可以从该部另一位军官的信中看得很清楚。他这时写道：“现朱毛彭黄集中永丰县属匪区，他们的行军力和纪律实在很好。同时匪区的组织很完善——如乡有乡政府，村有村政府，区有区政府，故我们很不容易得到他们的行踪。他们呢？我们一举一动都知道了。他们能得到百姓的帮助的缘故，因为匪区的民众都是分了田地。他们的战略——坚壁清野。就是将老百姓一律上山，将粮和器具藏于山洞。真厉害，我们现在都觉得吃饭恐慌。（他们的）战术：一、麻雀阵；二、跳梁阵；三、两手撮合阵；四、钻山阵。”这个军官表示：我们要想得到关于红军的消息，几乎没有可能。因为“一到什么地方，百姓都没看见”。“我们走够了路程，然而剿匪的结果是没打伤朱毛好多。”“我们不晓得那天能转回武汉！”因为，对朱毛红军，“消灭恐怕无期”。[2]

三、蒋介石策略的调整与成功

1931 年是中共在红军和苏工及其政权建设方面取得重要进展的年头。经过三次反“围剿”战争之后，仅江西中央苏区就形成了以瑞金为中心，包括四个县区，拥有数十万人口和近五万主力红军的相对稳定的农村根据

[1] 《乃大致仲函》（1931 年 8 月 23 日），《中央苏区第三次反围剿》（《江西党史资料》第十九辑），第 237—238 页。

[2] 《超致世桢函》《超致树基哥函》《超致镇中弟函》《超致衡兄函》（1931 年 8 月 16 日），《中央苏区第三次反围剿》（《江西党史资料》第十九辑），第 238—241 页。

地。[1] 与此同时，闽浙赣、湘赣、湘鄂赣、鄂豫皖及湘西根据地，也得到了相应的发展。全国红军已达到十万兵力以上。正因为如此，第三次反“围剿”胜利之后，中共就在 11 月 7 日于江西中央苏区的瑞金县城中，宣告成立了中华苏维埃共和国，决心以它来取代国民党的中华民国。但是，这个时候中共在南方农村中生长的环境其实已经越来越困难了。

仅以江西中央苏区三次反“围剿”战争的情况为例，第一次红军伤亡约两千人，第二次增至四千人，第三次更达到六千人，前后总计一万两千人次。其中死亡约两千人，残废约一千余人。第一次作战时，士兵每天尚有 0.15 元的伙食标准，月发生活费平均不足 1 元，加上医院费用，总计开支可达 25 万元。因伤病大增，兵员急需扩充，筹款及物资却日渐困难，以至士兵每天的伙食标准降至 0.1 元乃至 0.08 元，生活费完全停发，月耗总计已不足 18 万元。[2] 其后，因为经济益形困难，更是只能“每日发米一斤，钱菜盐均无”[3]。即便如此，加上地方政府及赤卫队经费亦须补助，情况也颇难维持。而因为战争需要民众支持，且造成生产停顿或破坏，故只能免征土地税，地主土豪更早已打光，在苏区根本无款可筹。维持政权及武装全部要靠红军在国民党军“围剿”间隙之际，通过到国民党区域里去打土豪才能获得。结果是，红军和苏区要生存，就必须要向外扩张；而其越发展，越要威胁到国民党控制的交通要道及其主要中心城市，国民党就越会投入

[1] 大陆一般史书认为，至红军第三次反围剿战争获胜后，江西中央苏区即已扩大到 21 个县，拥有 250 万人口（见戴向青等：《中央革命根据地史稿》，上海人民出版社 1986 年版，第 354 页）。但查苏区中央局 1931 年 10 月 3 日给中共中央的电报可知，此时“除瑞金全县赤化外，石、汀、雩、会四县大部尚是白色”。其他如会昌、寻邬、安远、信丰、宁化、清流、归化等，还全在国民党手中。电报称：对这些地区“须用一长时间去争取他”。结合欧阳钦 9 月 1 日报告，亦可看出，此时除瑞金外，周围各县多还处于拉锯状态，一时并未成为真正的根据地。

[2] 见杨奎松：《中间地带的革命——中国革命的策略在国际背景下的转变》，中共中央党校出版社 1991 年版，第 235—236 页。

[3] 《徐庭瑶致南京蒋委员长电》（1932 年 7 月 19 日），台北“国史馆”藏蒋中正档案，特交文电 21001214。至 1933 年因苏区扩大，经济情形略好，又恢复至每人每日 0.15 元的伙食标准。进入到 1934 年，因国民党军开始实施封锁，一度减至 0.12 元。后更进一步又改为发谷米，行军时每人每日一斤四两，驻军每人每日一斤。见杨岳彬：《匪情实录》（1933 年 10 月 22 日），福建龙岩，赣粤闽湘鄂剿匪军东路军总司令部参谋处印，第 14 页。

更多的兵力来“消灭”红军。另一方面，战争越打越大，红军对兵员和粮食物资的需求也就越大，而由于苏区经常处于战争之中，难以满足战争所需，也必须向外发展。如此循环的结果，势必要导致国共双方军事总决战的到来。1931年11月7日中华苏维埃共和国在江西苏区宣告成立，更是加速了这一决战到来时间。

由于1931年“九一八”事变之后日本迅速占领了全东北，进而又在上海发动了“一·二八”事变，南京国民政府及其国民党中央，一时完全没有力量顾及中共红军和苏区的问题，从而使中华苏维埃共和国建立之后的红军和苏区，一度获得了重要的发展机遇。仅仅到1932年4月间，江西中央苏区的面积就已经跨有十八个县的范围，并占有七个全县及县城，控制人口约二百四十万左右。加上闽西苏区近十个县，控制人口已在三百万人以上。与此同时，鄂豫皖苏区、湘鄂西苏区和闽浙赣苏区，也都获得了相应的发展。这种情况自然极大地刺激了国民党。国民党在对日问题上稍有松动，就调转枪口，来对付共产党了。

1932年5月5日，中日两国正式签订了《淞沪停战协定》。16日，双方进一步签字认可了经过修订的中日文协定副本。上海事变就此告一段落。6月15日，因上海事变又重掌军政权力的蒋介石在庐山召开鄂豫皖赣湘五省“清剿”会议，会商第四次“围剿”红军计划，决定首先肃清鄂豫皖三省红军。蒋亲兼三省“剿共”总司令。会议并决定，此次“剿共”，应以军事与政治相互配合，齐头并进。随后，国民政府就在庐山召集鄂豫皖赣湘五省民政建设会议，着重研究了政治和建设配合军事作战的各种相关的措施。而为争取农民，安抚过去跟过共产党的贫苦农民，会议明确要求占领苏区后，不仅胁从不究，而且必须推行“二五减租”。[1]

国民党第四次“围剿”作战，所以要把鄂豫皖三省红军和根据地作为首

[1] 韩信夫：《中华民国大事记》，第三册，第380页；《蒋中正致安徽省主席吴忠信电》（1932年7月19日），台北“国史馆”藏蒋中正档案，特交文电21029784。

要目标，其原因就在于鄂豫皖和湘鄂西这两个苏区所处的地理位置恰好在武汉一东一西。鄂豫皖苏区，以及湘鄂西苏区的发展势头，严重威胁了作为中国这时南北东西交通枢纽的武汉三镇及平汉铁路和长江航道的安全。6月29日，鄂豫皖三省“剿匪”总司令部在汉口正式成立。30日，蒋正式任命各路司令官。蒋兼任中路军司令官，以刘峙为副，下辖六个纵队。一纵张钫，二纵陈继承，三纵马鸿逵，四纵张印相，五纵上官云相，六纵卫立煌，总预备队指挥官为钱大钧。右路军司令官李济深兼，王均为副，下辖三个纵队，一纵徐庭瑶，二纵王均兼，三纵梁冠英，预备队指挥官为阮肇昌。左路军司令官为何成浚，徐源泉为副，下辖四个纵队，一纵万耀煌，二纵萧之楚，三纵张振汉，四纵刘培绪。另以王陵基为长江上游总指挥。以上中、右两路分别从平汉和津浦线向鄂豫皖苏区夹击，左路和王陵基部则负责清剿湘鄂西苏区。

由于此前军事形势较好，鄂豫皖苏区的红军第四方面军在国民党军“围剿”作战开始前，不仅没有休整待机，以逸待劳，反而受命夺取麻城，进逼黄陂，威胁武汉。而与此同时，国民党军右路一纵徐庭瑶部已于7月7日从东线开始进攻霍邱城，并于五天后拿下该城。中路二纵陈继承部和六纵卫立煌部，也从7月10日起，先后由罗山和孝感地区向东推进。等到8月上旬，红军仍未攻下麻城，而国民党中右两路进剿军却已经全部部署到位，因而于8月7日开始发起总攻击。鄂豫皖中央分局此时仓卒下令撤围麻城，并命令红军以主力迎击突向根据地中心红安以西之卫立煌部。因红安地区地势平坦，无险可守，红军面对强敌自然处于不利态势。8月13日，红安陷落。为取得主动，红军主力迅速转向靠近山地的七里坪一带，与负责主攻七里坪的陈继承部展开激战。但因卫立煌部随即北出，分别向游仙山、古风岭推进，与陈部形成夹击之势，红军主力不得不再度向新集方向转移。而随着中路一纵张钫部和六纵卫立煌部与二纵陈继承部很快对红军主力形成三面合围之势，新集也已无据守可能。于是，鄂豫皖分局因此决定向东转移。新集、商城、独山、麻埠、罗田、英山、金家寨等均被国民党军所占领，鄂豫皖苏区实际上已不复存在，红军只能在乡村和山地与国民党军进行周旋。最终，在强敌追堵之下，红四方面军只得于10月中旬脱离根据地，越过平汉路向西转移。但此举亦未能摆脱国民党军的围攻，红军因此被迫越过秦岭，经过关中，然后南下汉中，渡过汉水，进入陕南地区。长途跋涉三千余里，才最终摆脱了国民党军队的围追堵截。进而，红四方面军于1932年12月翻越巴山，进入国民党统治较为薄弱的川北通江地区，最终才落下脚来。[1]

在分别摧毁了鄂豫皖苏区和湘鄂西苏区之后，蒋介石开始把重心转到围剿江西中央苏区方向上来。但1933年1月初，日军突然攻取山海关，打开了通向热河和华北的通道。此举迫使蒋不得不集中精力安排应付日本攻占热河时的种种办法。而与此同时，何应钦也一再报告江西中央红军攻势甚猛，接连攻取黎川、建宁、泰宁、将乐、邵武、顺昌、资溪、清流、归化、连城等。其中，周浑元和吴奇伟两师更遭挫败。据报，自1月4日起，周浑元师在黄狮渡，“第十三旅廿五廿六两团及独立旅第三团被匪部伪一二五军团围击激战两昼夜，终以弹尽援绝向南城方面突围而出，伤亡甚巨，计损失迫击炮两门，机关枪十五挺，七九步枪一一四八支”。[2] 当时蒋虽然有过“今日之事，应以对倭为先”的想法，但在吴奇伟师遭到重创之后，他还是下决心“先行赴赣，布置就绪，再转而北行，以免将来兼顾不遑”。[3]

1月29日，蒋介石再度到南昌，并再设行营。尽管这时已有消息称，日本必欲占领热河，蒋却已下定决心，既来之则安之，“余惟卓立不动，以贯澈攘外必先安内，抗日必先清匪之政策，先巩固革命基础，整顿革命阵容，再与倭决战，以雪此奇辱”[4]。故蒋介石这时公开对参加剿共的官兵训练称：“先安内而后攘外本是我们既定的方策，然而现在的外患实在太严重、太紧急了，我们已走到存亡绝续的最后关头。故对内剿匪的工作，必须于最短

---

[1] 参见中国工农红军第四方面军战史编辑委员会编：《中国工农红军第四方面军战史》，解放军出版社1989年版，第180—213页。

[2] 《何应钦致蒋总司令电》（1933年1月18日），台北“国史馆”藏蒋中正档案，特交文电22000625。

[3] 台北“国史馆”藏蒋中正档案，《事略稿本》，1933年1月21日条。

[4] 台北“国史馆”藏蒋中正档案，《困勉记》卷二十四，1933年2月12日条。

期间完成，乃可使我们能用全国力量，一致御侮，然后才有胜算。”[1]

据此，蒋宣布自兼江西省“剿匪”总司令，以陈诚的中路军为主攻部队，辖三个纵队，一纵罗卓英，指挥第十一、五十二、五十师；二纵吴奇伟，指挥第十、十四、九十师；三纵赵观涛，指挥第五、六、九、七十九师。分别集结于乐安、宜黄，抚州以及金溪、浒湾一线。并以蔡廷锴的左路军和余汉谋的右路军分别从福建和赣南，从三个方面对苏区形成合围之势。

然而，蒋介石尚未及开始督战，就传来热河省主席汤玉麟面对日军进攻，弃守承德，率部逃跑，将热河拱手让予日本的消息。热河失守，立即引起全国震动，蒋介石不能不马上于3月5日由南昌飞往汉口，当晚即乘车北上石家庄，与何应钦、张学良等会商局势。随后即决定将汤玉麟褫职查办，并免去张学良军事委员会北平分会委员长职，以军政部长何应钦暂代。

而就在蒋介石离开南昌前不久，即2月28日，“进剿”部队就再度受挫。据报，“此次第一纵队五二、五九两师由乐安并头向宜黄南之黄陂、东陂集结，上月感日（28日——引者）行至霍源固岗，猝遇赤匪一、三、五军团、廿五军并两独立师，血战数昼夜。幸十一师由宜黄赶到，将匪击退，救出五九师两团（欠一营）。此役匪方伤亡甚多，我五二、五九师伤亡及损失亦不少。计师附陈时骥被虏，李明受伤遇害，旅长杨得良受伤，现丁方靖受重伤，傅仲芳生死不明，团长以下更多。五二师收容无几”。[2]

两周之后，“进剿军”更是再遭重创。据报：“刻接辞修（陈诚——引者）电话，昨（21日）十一师附五九师一旅在东陂、黄陂以西，第九师在东陂以南地区，与赤匪主力激战终日。十一师长旅长均受伤，团长受伤三，阵亡二，第五九师温旅旅团长均受伤，部队情形未详。第九师颇有伤亡，拟同撤守五都，已否到达，尚未据报。吴奇伟纵队计十、十四、九十、第五各师，原拟由洽村、甘竹折转北向夹击，又以新丰市地形险恶，给养困难，

[1] 《事略稿本》，1933年2月14日条。

[2] 《贺国光致南京军委会林蔚文副主任电》（1933年3月8日），台北“国史馆”藏蒋中正档案，特交文电22036961。

现改道甘坊向客黄集结等语。”陈诚并称：“似此我进剿军两受挫折，士气大受影响，进剿已不可能，而匪方气焰大张，实力更行增大。应请密陈益孟诸公转商中央当局，抗日固属重要，剿匪更宜注意。如统师、兵力、补给诸项，速宜切实妥筹，以维大局。”[1]

显然，由于此次作战发动仓促，兵力增加不多，不少参加过第三次围剿的部队因没有离开江西前线，在当地又找不到兵源，故减员问题尚未解决；原本就不足的补给问题，更是因为此前宋子文掌管财政大权，只肯把不多的钱用在抗日方面，以致蒋虽希望推动“剿共”战争，拿到的钱连部队的欠饷都应付不了，似此都对部队士气产生了不利影响。[2]

对中央苏区的第四次“围剿”，还没有展开就告失利，这件事对蒋介石刺激颇大。他在给陈诚的手谕中曾表示：“此次挫失，惨凄异常，实有生以来唯一之隐痛。”[3] 恰好，这时为防止日军进一步攻入长城关内，他已调派四个师的中央军北上，并已投入在长城各口之抵抗作战。其内心原本即担心此举会招使日军“在平津作正式之战争”，“如余再北上，则且必扰及长江矣”。[4] 尤其在和德国顾问交换看法后，更确信不宜主动攻击[5]，故长城抵抗看似告一段之后，他很快于 3 月 24 日返回了南京。

蒋介石回南京不久，就接到江西省主席熊式辉的告急电。内称：“最近一月以来，有第五十九、第五十二、第十一各师之挫败，计师长死伤四员，旅长六员，团长十六员，步枪损失当以万计。……现在匪势益张，昨复扰

[1] 《贺国光致南京军委会林副主任电》（1933 年 3 月 22 日），台北“国史馆”藏蒋中正档案，特交文电 22037195。

[2] 有关蒋宋之间此时围绕财政开支重点应在抗日还是在剿共问题上的争执，可参见吴景平：《宋子文评传》，福建人民出版社 1993 年版，第 180—184、209—221 页。

[3] 转见戴向青等：《中央革命根据地史稿》，上海人民出版社 1986 年版，第 469 页。

[4] 《困勉记》卷二十五，1933 年 3 月 1 日条。

[5] 因免去张学良职，理由为抗日不力。故热河虽失，蒋曾一度考虑通过主动出击，收回部分失地，以付民意。然而德国总顾问却详细分析利弊得失，认为中方准备不足，而日方却随时可以扩大战争，中方不宜主动进攻。《佛采而总顾问陈述攻击侵入热河日军之意见》（1933 年 3 月 24 日），台北“国史馆”藏蒋中正档案，特交档案 026 卷，51113。

及新淦、赣东、赣西，小股逐渐蔓延，坐视其大而莫能制。资溪、黎川为赣闽浙间要地，失陷数月迄不能收复，近且进扰南城、金溪，赤化民众，如火燎原。赣南大股攻城略地更无可奈何”，乞蒋速筹办法，调派得力部队并立派大员到赣“督剿”。[1] 熊电到后两天，新淦和金溪即告失守，蒋介石急忙于 4 月 5 日赶往南昌，准备亲自督战，继续组织“进剿”。

不料，蒋介石刚刚返回南昌，日军又对长城各口发动了大举进攻。不足半个月的时间，日军就先后夺取了古北口、喜峰口、界岭口、冷口等关隘，进而于 15、16 两日占领了秦皇岛、滦阳和昌黎县城，从而不仅大举进入关内，而且占领了河北滦河以东的大片地区，直接威胁到了平津地区的安全。

日军大举攻入关内的情况，引起了国内舆论的强烈反响，也激起了本来就对在江西“剿共”颇多牢骚的军队官兵的抗日热忱，纷纷要求北上抗日。蒋介石两面受敌，一面通过外交途径阻止日军进一步推进，一面则不得不公开督令各将领，声称：“本总司令此来决与我赣中诸将士共生死，同荣辱，殄灭赤氛，以安党国。如再有偷生怕死，侈言抗日，不知廉耻者，立斩无赦。”[2] 为杀一儆百，他很快奏请国民政府军事委员会批准，以“骄矜自擅，不遵意图”为由，给中路军总指挥陈诚降一级，记大过一次；以“指挥失当，决心不坚”为由，给第五军军长罗卓英革职留任；以“骄矜疏忽”为由，给第十一师师长萧乾记大过一次。他还密令浙江省政府主席鲁涤平，将奉令入赣剿共，却因为不服调遣、擅离前线回到杭州的第二十一师师长刘珍年逮捕，随后以“破坏法纪，违抗命令”为由，明令将刘褫职查办。[3] 在这种情况下，并由他亲自督战，陈诚等部终于鼓足勇气，夺回了新淦和金溪。但尽管如此，以这个时候进剿军的情状，蒋要迅速恢复进剿的努力实际上也已无从实现了。

为鼓舞“剿共”军的士气，蒋介石这时再三做“攘外必先安内”的讲演，

---

[1] 转见韩信夫：《中华民国大事记》，第三册，第 486 页。

[2] 转见韩信夫：《中华民国大事记》，第三册，第 488 页。《先总统蒋公思想言论总集》（卷三十七，第 69 页）收有同样内容但文字略有不同的《勖勉各将士专心剿匪电》（1933 年 4 月 6 日）。

[3] 转见韩信夫：《中华民国大事记》，第三册，第 489，500—501 页。

反复说明“外侮实为内乱所招致”，国不统一不能御侮的道理。[1] 并亲自撰写“剿匪”要诀歌，开头即有所谓“赤匪凶横真心痛，假借共产骗农工，杀人放火如禽兽，祸国害民卖祖宗”，试图以此来激起官兵反共的欲望。[2]

1933年5月6日，蒋介石已准备好再度发动“进剿”。国民政府因此批准了蒋的任命令：任命陈济棠为赣粤闽湘鄂“剿匪”南路总司令；何键为赣粤闽湘鄂“剿匪”军西路总司令；刘峙为赣粤闽湘鄂“剿匪”军北路总司令。但是，此次进剿行动尚未及全面部署完毕，日本关东军即以中国军队威胁“满洲国”为借口，再次进犯滦东地区，并且开始渡河向滦河以西进攻。守军伤亡惨重，被迫后撤。5月22日，日军已进抵通县、牛栏山，并于次日攻占怀柔，进逼高丽营，北平已陷于日军三面包围之中，整个平津地区均危若累卵。在这种情况下，蒋介石不得不再度集中精力应付此一事件，直到5月25日交战双方签订“觉书”，中方承诺撤退军队至延庆、昌平、高丽营、顺义、通州、香河、宝坻、林亭口、宁河、芦台之线以西以南，尔后不再越线，日方则承诺不越线追击，此一事件方才算暂时告一段落。随后，中日双方于5月31日在塘沽依据上述条件，正式签订了停战协定。

然而，一波未平一波又起。就在5月25日中日签订停战“觉书”的第二天，冯玉祥就在察哈尔树起了抗日同盟军的旗号，并通电反对与日本签订停战协定，声明愿“率领志同道合之战士及民众，结成抗日战线，武装保卫察省，进而收复失地，求取中国之独立自由”[3]。已开至福建参加剿共的第十九路军将领，亦公开表示反对塘沽协定，部分军队且已挥师北上，决心抗日。其后蔡廷锴虽接受了国民党中央的解释，力劝部属归回节制，但他明告南路军总司令陈济棠，十九路军已难以担负“剿共”任务。其电称：各部虽已

[1] 《蒋介石在崇仁总指挥部对中路各军连长以上官长训话》（1933年5月8日），台北“国史馆”藏蒋中正档案，特交档案002卷，51079。

[2] 《蒋中正致南昌贺参谋长电》（1933年5月21日），台北“国史馆”藏蒋中正档案，特交文电22056962。

[3] 赵谨三编：《察哈尔抗日实录》，上海军学社1933年版，第204—207页。

回闽，但士兵不愿回师“剿匪”，纷纷退伍，北上四个团返抵源潭时，已仅余两个团。[1]

冯玉祥的察哈尔抗日同盟军和蔡廷锴的第十九路军的行动，都极大地牵制了蒋介石新的“剿共”军事计划。因此，蒋介石这时的用兵重心，不能不转向这些异己的地方实力派军队。他在日记中接连写道：“杂军之无道义，一有弱点可乘，即起而背叛，故不先处置杂军，断难消灭赤匪也。”“赤匪不除，无以制俄而攘倭；杂军不清，无以制倭而攘俄。”但蒋在这种内外夹击的情况下，也显得有些一筹莫展。日记称：“冯玉祥负隅察省，和战莫决；西南叛变消息时至，而陈济棠又摇惑不定；赤匪北窜不退，而何键则观望不前，此时虽有快刀，难斩乱麻，忧惶曷已！”[2]

6 月 20 日，冯玉祥任命吉鸿昌为北路前敌总指挥，邓文为左副指挥，李忠义为右副指挥，并派方振武为北路前敌总司令，兵分三路北上，准备对日作战。22 日，同盟军先头部队张砺生部进逼康保，经过激烈战斗，消灭伪军崔兴武一部，收复康保。23 日，吉鸿昌率部直趋宝昌，李忠义率部挺进沽源，两地先后克复。7 月 7 日，吉鸿昌率部三路进攻多伦，至 12 日，最终迫使日伪军残部从东门逃出，收复多伦。多伦的收复，在全国引起了热烈的反响，欢呼声四起。国民党高级将领李烈钧、程潜、蒋光鼐、蔡廷锴、李宗仁、李济深、陈铭枢等，也先后致电祝贺。冯玉祥受此鼓舞，于 27 日在张家口公开成立“收复东北四省计划委员会”，声称将全力以赴，收复东北。此种情况显然使国民党中央十分被动。然而，恰在此时，正在与冯玉祥秘密合作的中共河北前委，却受命“对冯等不应有丝毫幻想”，开始在同盟军内部争取士兵和激进军官，力图将同盟军引向兵变，以创造北方新苏区。[3]与此同时，冯玉祥所寄予希望的苏联政府，也公开表态斥责冯及其同盟军

[1] 韩信夫：《中华民国大事记》，第三册，第 517 页。

[2] 《困勉记》卷二十六，1933 年 6 月 7 日，7 月 6、24 日条。

[3] 《中央驻北方代表田夫致中央信第 15 号》（1933 年 6 月 27 日）；《中央给北方代表田夫同志的信》（1933 年 7 月 3 日）。

有意想要挑起苏日冲突。在这种情况下，国民党中央一面以大军相逼，一面答应让冯旧部宋哲元回察主持军政大局，冯玉祥遂于8月5日通电收束军事，将察省一切交宋哲元办理，然后撤销了抗日同盟军总部，辞去总司令职，离开张家口。此后，虽仍有一部同盟军在中共推动下，由方振武、吉鸿昌等率领，转移至张北附近，揭出革命军事委员会的旗号，甚至不惜以“讨贼”的名义向北平方向进发，但坚持到10月中旬，终在国民党重兵包围下归于失败。

在此期间，蒋介石虽暂时无法调集足够兵力实施“剿共”，但他仍旧日夜在考虑“剿共”的办法。如命令下属组织专家破译中共电码，以便获取中共行动的种种情报，同时鉴于历次“围剿”江西中央苏区失利的教训，提出了“三分军事，七分政治”的“剿匪”方针，并且专门在庐山组设军官训练团。由陈诚主持，请德国军事顾问团及意、美军事教官等上百人，向调来培训的赣粤闽湘鄂各路军官，传授适合于“剿共”的军事战术和政治观念。

关于破译中共密电码的工作历经两月，宣告失败。受命负责此项工作的黄季弼报告称：“职股对于赤匪电报迭经逐日分类悉心研究，时经两月，毫无头绪，实属无从着手。察其情形，匪方对于电报之打法译法与及密本之编制法，均属精细周密，甚有心得。细查所得赤匪各报，其内容自首至尾均用密码，似系以号码数目替代密本之名称，其译电法似系引用复译法编成表式，百数十张随时按表将密本之大小码变换。其表式则系由0000号至9999号，一万号之中任便抽用，随时变更，发电人及收电人彼此均有此表对照，故密本究竟共有若干种，每种用若干时日，及何时更换，均无从分析。”“七月三十日发现电报一张，计九百余字，征诸以往之经验，如用书肆所售之密本简单编成密码者，若有七八百字则对于此本密码即不能窥其全豹，亦可得其半数，即抄过之密本若有一千个字左右，尚可视其抄法之程度如何得其若干之意思。乃此九百余字之电报竟苦心研究时逾旬日，而结果毫无所得。且截至本日止，再未尝发现该类电报。由以上各点观之，赤匪内部对于电报甚为注意，而且甚有研究也。职与全体人员再三讨论，咸认为无法办理此事。”[1]

从密电码方面无甚收获，但其突出政治工作，却有相当进展。根据几度开会研究的结果，蒋介石这时已经制订了一套政治工作的方法。包括：凡军事推进之处，其社会、政治、教育、产业及老百姓概须军事化，要以军队的精神去办理一切，受军事计划所支配，使军队成为当地政治和社会的核心或主体；由各师党部整顿地方团队，由军队供给武器，训练军事，务须平时能执行宪兵警察之职务，以保卫地方治安，战时而为国家之征兵；由各师党部遵照《农村土地处理条例》《农村合作社组织条例》等，宣传二五减租，办理土地登记，组织农村合作社等，以推行农村改良；由军队党部人员会同县长，负责采办民食，办理平粜，发放医药，招抚投诚，实施救济，组织感化等，以转化民众心理；根据行营颁布的《剿匪区内招抚投诚赤匪暂行办法》和《胁从与自新分子办法纲要》等，由各师党部会同县政府、区公所办理自新自首。除行营或省设感化院外，各部队设临时战地投诚俘虏收容所，地方设感化班、劳动团，以推行心理瓦解战术。[2]

军官训练团更为蒋介石高度重视。训练团开办当天，蒋就到场宣布：“此次训练唯一目的，就是要消灭赤匪，一切设施，皆要以赤匪为对象，一切训练的方式动作以及各种战术，统统要适合剿匪战术的需要，统统要针对土匪的实际情形与匪区的实地的地形来作想定并实施训练。”[3] 第一期军官训练团开学仪式上，蒋更亲自告诉来参加训练的军官们说：“我们以后能不能剿清赤匪，与整个革命的成败，党国的存亡，以至各个人的生死，统统都看这次训练能不能发生效力。所以我们希望各位教官和学员认清这次训练

---

[1] 《黄季弼报告》（1933 年 8 月 24 日），台北“国史馆”藏蒋中正档案，特交档案 003 卷，50945。

[2] 参见《蒋介石致汪精卫电》（1934 年 7 月），蒋介石：《推进剿匪区域政治工作的要点》（1933 年 6 月 12 日），转见熊尚厚：《对蒋介石第五次“围剿”中央苏区的准备之考察》，《民国档案》1992 年第 1 期。

[3] 蒋介石：《庐山军官训练的要旨与训练的方法》（1933 年 7 月 11 日），《先总统蒋公思想言论总集》卷十一，第 274 页。

的重大意义，晓得这一次训练，不是通常所办的什么训练班或军官团，而实在是我们自己个人的生死关头，也是我们的党和国家以及整个民族的生死关头。”[1] 此次训练团共举三期，受训营级以上军官达七千五百多人。由于这次训练着重于培养部队之间的统一意志、协作团结精神，强调长官士兵化和军民合作，并且侧重于练习山地战、游击战、险路战、伏兵战及夜战等战术，因而在相当程度上提高了部队的士气，加强了战略战术运用的自觉性和互助协调的作战意识。

察哈尔抗日同盟军事件刚刚告一段落，蒋介石就迅速开始调集兵力，准备“进剿”了。其8月16日给军委会的电报明确提出，准备以9月21日为期完成一切“进剿”准备。电称：北路军“进剿”准备务限九月二十日前一律完毕。其战斗序列总司令刘峙前敌总指挥蒋鼎文其下拟分三个或四个纵队，以卫立煌、薛岳、陈诚、赵观涛各指挥一个纵队。[2] 蒋介石为显示此次行动之决心，要求军委会下令“各总指挥军师长，剿匪必须擒斩其匪首之各路最高将领为目的，如其匪首将领尚未就首，则剿匪任务即使匪区肃清，亦不能作为完成。并将各路匪首姓名指明，例如赣南朱毛鄂西贺龙、赣东方邵以及鄂东豫南赣西各匪首姓名，指明公布并定其擒与斩各种赏格。其数大约以十万至三十万为度”。[3]

9月25日，国民党“进剿”军周浑元部首先开始向黎川挺进。因黎川守军不足百人，只能弃守而去。随即，国民党军和红军之间开始围绕着黎川地区展开了激烈的争夺战。然而，恰在这时，担任东线“进剿”任务的第十九路军将领，却开始秘密与红军进行谈判。双方10月26日甚至成功签署了《中华苏维埃共和国临时中央政府及工农红军与福建政府及十九路军

[1] 蒋介石：《庐山训练之意义与革命前途》（1933年7月18日），《先总统蒋公思想言论总集》卷十一，第283页。

[2] 《蒋中正致军委熊主席、贺厅长电》（1933年8月16日），台北“国史馆”藏蒋中正档案，特交文电22052582。

[3] 《蒋中正致熊主席、贺厅长电》（1933年8月18日），台北“国史馆”藏蒋中正档案，特交文电22055262。

抗日作战协定》（即《反日反蒋的初步协定》）。其主要内容是：(1) 双方立即停止军事行动，暂时划定军事疆界线；(2) 双方恢复输出输入之商品贸易，并采取互助合作原则；(3) 福建方面立即释放政治犯；(4) 福建方面赞同其境内革命的一切组织之活动，并允许出版、言论、结社、集会、罢工之自由；(5) 福建方面应发表反蒋宣言，并立即进行反日反蒋军事准备；(6) 双方互派常驻代表；(7) 双方给予代表发护照通行证，保护安全；(8) 双方对于协定交涉应严守秘密；(9) 双方及早另订具体作战协定；(10) 双方贸易关系，另订商务条约。[1] 随即，陈铭枢、李济深等于 11 月 22 日在福州正式宣告成立了“中华共和国人民革命政府”。以李济深为政府主席兼军事委员会主席，陈铭枢为政治部主任，黄琪翔任参谋团主任，蔡廷锴任人民革命军第一方面军总司令兼十九路军总指挥。经济委员会主任余心清，下设劳动、土地、商务三个委员会，分别由蒋光鼐、章伯钧、许锡清任主任。文化委员会主席陈铭枢。外交部长陈友仁，财政部长蒋光鼐，最高法院院长徐谦。此外设国家保卫局，由李章达主持。彭泽湘任政府秘书长。此一事变的发生，再度打乱了蒋介石计划中的“剿共”部署。

由于蒋介石已经估计到红军并不会为了援助十九路军和福建事变而主动采取牵制行动[2]，故他毫不犹豫地从进攻中央苏区的主力中抽调了九个师，并从南京、杭州抽调了两个师，合计十一个师约十五万人，分三路向福建进攻。其中蒋鼎文为第二路总指挥，率李玉堂第三师、李延年第九师，由江西南城转进闽北浦城；以张治中为第四路军总指挥，率王敬久第八十七师、孙元良第八十八师，由南京、杭州进抵闽北浦城、建瓯一带；以卫立煌为第五路军总指挥，率冷欣第四师、李默庵第十师、宋希濂第三十六师、刘戡第八十三师、汤恩伯第八十九师，分批从江西抚州经邵武、顺昌，与原

[1] 见《福建事变档案资料》，福建人民出版社 1984 年版，第 195—196 页。

[2] 蒋估计：“闽逆欲与赤匪联合，以制中央，然赤匪未必急助闽逆也；赤匪知粤军不敢外出，故亦必不南移防粤，其将在闽北赣东间，以阻我对闽行动，而以消极助闽逆乎？”《困勉记》卷二十七，1933 年 11 月 29 日条。

驻闽北的刘和鼎部会合。另以毛邦初为空军指挥官,以陈绍宽为海军指挥官,从空中和海上配合地面部队进行侦察、封锁和轰炸。蒋介石则自任“讨逆军”总司令。

面对国民党中央军十五万人三路大军，福建十九路军能够作战的部队不过五万人，不仅处处设防，形势上极其被动，而且各级将领中对与中央军作战态度消极者甚多，影响部队战力甚大。随着 1934 年 1 月 5 日中央军顺利夺取闽北重镇延平，7 日攻陷水口，十九路军已无法据守福州，而不得不立即向闽南撤退，试图争取背靠广东与苏区。但是，1 月 12 日，福州重要屏障古田被攻占，闽北尽失，十九路军和福建人民革命政府当晚分路退向漳州和泉州，李济深、陈铭枢等纷纷离开福建，十九路军将领间亦随即发生分化。第二军军长毛维寿在戴笠所派特务的策反下决心脱离人民政府，十九路军的抵抗已经不复存在。1 月 30 日，中央军占领泉州，南京方面宣布取消十九路军番号，任命毛维寿、张炎为第七路军总副指挥。福建事变即告失败。

“剿”平十九路军后，蒋介石又陆续把讨伐十九路军的部队调回原驻地,并派蒋鼎文部进驻闽西,与北路军联成一气。从 1934 年 3 月起,国民党“进剿”军以蒋鼎文为东路军总司令，以顾祝同为北路军总司令，以何键为西路军总司令，以陈济棠为南路军总司令，形成对江西中央苏区的合围之势。因为此次作战中红军采取“御敌于国门之外”的寸土必争的防御战法，正好适应了“进剿”军边推进、边筑堡，步步为营的战法。对此一战法，蒋介石这时有明确的要求，即“土匪用种种巧妙的方法来骚扰我们，我们只有先集结兵力，坚筑工事，用一个呆笨方法自己固守起来！以后再找好的机会来消灭他！土匪用声东击西，摇旗呐喊，以及种种虚声恫吓装模作样的巧妙方法来骚扰我们耳目，打击我们的精神，从而讨取便宜，我们只有一概不管，自己实实在在准备自己的实力，强固自己的工事，拿我们一切实在的东西,来对付土匪一切虚伪的花样,这就是所谓‘以拙制巧,以实击虚’”。“匪区纵横不过五百方里。如我军每日能进展二里，则不到一年，可以完全占领匪区。”[1] 这样，红军在具有优势兵力和优势火器的国民党军面前，其形势就十分严峻了。[2]

据国民党东路军报称：两军 3 月 11 日至 15 日已在三溪圩、五都寨、白舍、甘坊一带发生激战，综计各部队缴获步枪六四八枝，重机枪六挺，轻机枪六挺，手提式枪一支，自来得枪二二支，白郎林枪三支，俘虏伪官六员，匪兵六三四名，“投诚”士兵二十名，“伤毙”约四千余名。国民党军方面则阵亡官长一六员，士兵一七七名，负伤官兵五二员，士兵六九四名，失踪官兵一员，士兵七六名，损失步枪六一支，轻机枪五挺，迫击炮一门。[3]

在随后的作战中，中共中央更是为力保苏区北大门广昌不失，前所未有地集中了一、三、九军团全部和第五军团之三师，并各独立师，以及公略步兵学校学生等，对国民党军节节抵抗，虽受重大损失亦在所不惜。红军在此一作战固然也使用过大胆穿插的战法，但由于国民党军在坚持稳步前进、持久消耗总方针的同时，也能够在相互协调配合的基础上主动出击，因而红军穿插战术反而容易使自己陷于被动挨打的境地。在几度穿插战术不能得手的情况下，红军只能更加依赖于阵地战，来确保“国土”不失了。

在广昌，红军大量构筑工事和碉堡，决心与强敌一拼死活。中共中央领导人集体组成前方委员会，亲赴广昌附近头陂督战。红军总司令朱德并亲至前线，严令红十三师师长陈伯钧和十四师师长张顺清顽强固守，不准撤退。对于红军如此战法，就连国民党方面也深感奇怪。直到 4 月 28 日广昌陷落之后，国民党方面才开始从俘虏口中确认红军作战方针真的已经改变了。[4] 而这种改变，毫无疑问让国民党方面更加放心大胆地运用自己的战术了。

---

[1] 蒋介石：《主动的精义与方法》，《庐山训练集》，第 196 页；《蒋介石 1933 年 10 月 17 日战字二一三号训令》，《赣粤闽湘鄂北路剿匪军第三路军五次进剿战史》（上），第三章，第 12 页，转见黄道炫：《第五次反“围剿”失败原因探析——不以中共军事政策为主线》。

[2] 国民党军此次构筑碉堡的数量十分惊人，仅北路军第六路军在赣南作战几个月，就筑堡 830 个之多。见薛岳：《剿匪纪实》，（台北）文星书店 1962 年版，第 24 页。

[3] 《陈诚致蒋总司令电》（1934 年 3 月 19 日），台北“国史馆”藏蒋中正档案，特交文电 23019177。

[4] 三路总部参谋处编印：《广昌附近诸战役俘匪口供汇要》，1934 年 6 月 3 日（油印），第 2 页。

广昌一战，红军主力损失达5500人之谱。而这种损失对红军显然是致命的。据在此前后投诚或自首的红军干部讲：由于红军的战力全赖乎党团员之努力，目前部队损失太大，补充和扩充过快，因此新兵太多，以致每次作战干部和党团员的损伤都差不多要占到士兵损伤之半数，干部和部队骨干严重匮乏，战斗力已大不如前。也由于干部及“党员中坚分子现不及十分之一二，其余全是苏区农民，无相当训练，一临火线，不战自溃，故不得不利用以前国军被俘之士兵，但此辈多貌合神离……自无诚心与国军抗战”。[1] 在此情况下，红军本应改变战法，但依旧是分兵把口，节节抵抗，处处固守。建宁之战，红军再遭败绩，损失上千人。打到8月间，红军又接连在高虎瑙、高兴圩和驿前等地与国民党进剿军展开激战，又损失2300余人，各部队基层干部所剩无几，因而元气大伤。[2] 自此之后，红军士气转趋低迷，仅8、9两个月里，弃械逃亡的士兵就有数千之多。[3] 事至于此，中共和红军第五次反围剿作战之失败，已经是不可避免了。

四、红军长征与国民党军的围追堵截

1934年10月3日，刚刚向国民党投降的前中共中央革命军事委员会所属军委总参谋部第五局局长兼军委动员武装部部长杨岳彬提供了一条十分重要的情报，南昌行营当即报送这时正在北平的蒋介石。杨说明：中共中央军委面对不利的军事形势，早做好了三种应变的准备，其一是集结全部力量在瑞金、石城之间或在瑞汀附近与国民党军决战，以图保数年所积聚之军用器材和中央苏区及其中央政府。此为上策。其二是如若决战失败，

[1] 红军第三十九团参谋长王严，第十三师三十七团连指导员李和生等语。见前引《广昌附近诸战役俘匪口供汇要》，第4、8页。杨岳彬：《匪情实录》，第4页。

[2] 仅高虎瑙一役，红军伤亡就达1373人，另有40人失踪。其中第五师原来是两千多人只剩下不到一千人。驿前一役，又伤亡两千多人。参见谢振华：《第五次反“围剿”中的高虎脑战斗断忆》，《军史资料》1985年第7期。

[3] 转见《申报》1934年10月13日。

除以一部化整为零散布闽赣各处以牵制国民党军外，全部主力军将经安远、信丰、三南一带转进湘南，往四川或滇黔边境，与徐向前、贺龙两部会合，以图四川。“此议史达林（即斯大林——引者）实主之，以为中国各省四川最好割据，不畏经济封锁。若向新疆、外蒙发展，可取得苏俄直接帮助云。”今春中共中央曾派湘南籍干部多名潜回湘南各县布置交通路线，并闻有从湘赣边区抽调一部红军编为湘南游击队进兵湘南之说。在红军中上级干部以湘蜀人居多，“可知其在日暮途穷时当必实行此种企图。此为中策”。其三是如果南去之被陈济棠南路军防堵严密，不能通过，“则将兵力分成数股窜扰闽南闽北闽中及粤之东原等处，牵制国军，以保存赣南之零星匪区及伪中央后方，为将来根据地。此为下策”。[1]

很显然，杨彬岳所报，恰为中共中央此时之行动计划。而红一方面军也正是按照这一计划，在决战失利的情况下，采取了经过陈济棠部控制的安远、信丰地区转进湘南的行动方案。但是，这时正在北上视察途中的蒋介石，似乎并没有及时地得到这一消息。因为，他并没有及时地通知陈济棠这一情况。结果，陈济棠竟秘密与红军达成妥协，使红军 8.6 万人的庞大队伍，连同大批挑夫，于 10 月 20 日秘密渡过于都河后，轻轻松松地就借道陈部的防地，经过粤北，转入了湖南的湘粤边一带。等到 24 日陈诚发现红军已经西去时，即已清楚此时“进剿”军已“追不可及”，只能就近另调部队在湘南准备迎头痛击。[2]

蒋介石得此消息时，已至月底。他显然颇感意外。震惊之余，他于 31 日明令陈济棠、何键、顾祝同三人：“务将西窜匪徒聚歼于湘江以东地区，勿使漏网。如果堵剿不力，以后再任匪踪在其防线之内窜过，以邻为壑，则贻害党国甚大，不问其情形如何，当概以纵匪论。令出法随，决不宽假。除

[1]　《贺国光致北平蒋委员长电》（1934 年 10 月 3 日），台北“国史馆”藏蒋中正档案，特交文电 23049604。

[2]　《陈诚致开封蒋委员长电》（1934 年 10 月 24 日），台北“国史馆”藏蒋中正档案，特交文电 2304936。

西路与北路各军如前电部署追堵外，切望南路军抽出廿团以上兵力，限十一月十日前集中彬州以北地区与西北两路军协力兜剿，以期克奏全功也。”[1]

由于红军入湘，何键态度至关重要，蒋介石很快即任命何为追剿总司令，事先还特别密请与何键私交较好的驻外公使刘尘苏密往长沙，以为推动。他在电报中对刘称：“现赣匪主力溃围西窜，将达湘边已至最后之生死关头。吾人应运其全力，不惜牺牲，务于湘江以东歼灭之故，湘中部署不可备广力分，专以消极的防匪保境为目的，应多留活动力与赣中追击部队积极同负进击与兜剿之责，而以纵匪过境以邻为壑为奇耻。桂军方面尤宜切实与之联系，泯其畛域，释其疑虑，使湘桂与中央之合作关系从此愈臻圆满。凡此均为芸樵兄所应特别努力者。中亦期待甚殷，尚盼相与透切言之，失今不图，不特匪势坐大，湘桂川黔受其胁威，永无宁日，且党国前途实亦不堪设想矣。”[2]

随后，蒋介石一面宣布取消五省“剿匪”东南西北各种军暨预备军等战斗序列，一面拟订《湘水以西地区剿匪计划大纲》，要求湖南、广西、贵州各省“为防西窜之匪一部或其残部流窜湘、漓以西，国军应以不使该匪能长驱入黔，会合川匪及蔓延湘西与萧、贺合股之目的，围剿该匪于黎平、锦屏、黎阳以东，黔阳、武冈、宝庆以南，宝庆、永州、桂林以西，桂林、龙胜、洪州以北地区，以消灭之”。其具体部署：着湘军和北路军派出之追击队“以黄沙河（不含）以北沿湘江经永州至宝庆沿资江上游经武冈至黔阳沿清水河至瓮洞（不含）为其守备区域”。“应先完善冷水滩、郦家坪、宝庆、塘渡口、桃花坪、黄桥铺、武冈、峡口（高沙西北卅里）、安阳、黔江各据占工事。”黔军“以瓮洞沿清水河上游之黎汛经中潮至洪州为其守备区域”。“应先完善永洞、远口、锦屏乡、黎平两地，控置有力部队。”桂军“沿黄沙河漓水上

[1] 《蒋中正致南昌熊主席、贺厅长电》（1934 年 10 月 31 日），台北“国史馆”藏蒋中正档案，特交文电 23056029。

[2] 《蒋中正致南京外交部转刘公使尘苏兄电》（1934 年 11 月 4 日），台北“国史馆”藏蒋中正档案，特交文电 23030967。

游至桂林经义宁、龙胜、古宜（龙胜西）至洪州（不含）为其守备区域”。“除巩固漓水上游原防外，须先完善义宁、龙胜、古宜各据点工事。”“匪如窜过湘、漓以西时，除防其回窜外，应协黔军拒止其入黔并截击之。”[1]

但是，这个时候，地方军队各有各的算盘。何键深怕江西红军会与这时湘西苏区的贺龙、萧克所率领的红军会合，因此极力想要把朱毛红军挡在湖南以外。而桂系这时只有三万左右正规军，防广兵缺，难以和红军大队相抗衡，担心红军会进入广西腹地，只想让红军借道西去，因此对拦阻红军于广西境内的湘江东岸聚歼的计划不感兴趣。在这种情况下，湘军和桂军虽有协防约定，然而，当白崇禧发现红军出广东省境进入湖南后，经临武、蓝山，南下江华，有龙虎关进入广西腹地之态势，他马上就把主力调往龙虎关和恭城一带布防，而把通向湘江的灌阳、界首、全州一带让开了。

桂军让开过江通道，意味着红军势必要渡江进入湘西南地区，因此何键不得不一面要求中央军薛岳部跟进零陵、黄沙河，一面命令第一路追剿司令刘建绪伸入全州、界首地区。11 月 29 日，刘部章亮基师和陶广师终于进抵全州西南，正好与正在渡江的红军主力遭遇，并展开激战。由于中共中央及中央红军仍有约八万人，再加上有大批辎重骡马，因此，从 27 日开始过江，到最后全部主力通过，花了几天的时间。故红军作战部队不得不在渡江口以北的五里牌一线，与湘军激战将近四个昼夜，伤亡官兵数以千计。仅 12 月 1 日一天，被刘建绪缴获的各种枪枝即达三千余支。[2] 再加上红

[1] 《蒋中正致南京、广东、南宁、桂林、衡州、龙岩、抚州各总司令电》（1934 年 11 月 19 日）、《蒋中正致张代总司令、南京委会朱主任、唐主任、衡州何总司令，南宁李主任并译转桂林白总指挥，贵阳王军长等急电》（1934 年 11 月 18 日），台北“国史馆”藏蒋中正档案，特交文电 23029470，23029461。

[2] 追剿军第二路司令薛岳幕僚李以邸在其回忆录《薛岳率军追堵红军的经过》（《围追堵截红军长征亲历记——国民党将领的回忆》上册，中国文史出版社 1990 年版，第 48 页）一文中，称刘建绪所部参与湘江边激战者为陈光中师和章亮基师，查薛岳《剿匪纪实》所录 11 月 28 日所部梁华盛师长电，参战两师应为章亮基师和陶广师。另据刘建绪 27 日部署电，亦可知陈光中师这时被要求集结太平铺待命，李觉师被要求集结全城西北端待命。又据 12 月 1 日何键电，可知章、陶师尚未脱离战场之际，刘健绪已令陈光中师赶赴城步堵截，令李觉师赶去咸水跟追已过湘江的红军大部。

军大部通过后，断后部队又遭到北上桂军的进攻，以至此次湘江之战，整个中共中央和红军损失过半，不仅所运资财大部丢掉，而且过江后只剩下了三万多人。

红军大部队渡过湘江后，蒋介石马上致电何键，为其打气称：“匪之先头部队既在勾牌山、咸水圩一带渡过湘江，则其先头部队必掩护其后续部队渡河，其主力亦将循此西渡。我军应集结刘、薛两路西岸之部队，于其主力半渡之际向其掩护阵地及窜路猛烈侧击。同时令东岸之周、李各纵队截其后尾。若广西部队能约期协同夹击更好，否则只须我湘方部队努力侧击与追剿并行，亦不难将匪聚歼也。”[1]

由蒋电亦不难看出，蒋介石这时最希望的，还是不使红军经过湘西南再深入贵州境内。至少，应当在湘西、黔东交界地区将其歼灭。因为蒋最担心的，是江西红军经黔东北上四川，“连合川匪及萧贺等股，以遂其打通西北国际路线之企图”。因此，12月16日，蒋又进一步发布命令，要求各部全力追堵，务求将红军歼灭于四省交界地区。其拟订的《湘桂黔川边区剿匪计划大纲》规定：“应于匪未窜锦屏、黎平之前，于玉屏、清溪镇、无石、思南、遵义、贵阳、黄平、榕江、永从、古宜、龙胜、绥宁、黔阳、天柱、邛水、台拱、朗津线上赶筑工事，先将重要城镇构成据点，然后逐渐加强增密之。”“一旦匪若窜入黔境，湘桂两军即迅就预定之地域，相机堵剿。”务必“集合全力围剿该匪于黔阳、天柱、邛水以南，邛水、台拱、朗津、榕江以东，榕江、永从、古宜、龙胜以北，龙胜、绥宁、黔阳以西地区，严密封锁，捕捉其主力而聚歼之”。[2]

蒋介石的这一追堵计划，显然没有赶上红军西去的步伐。何键也乐得看到红军进入贵州，因此湘军对于贯彻蒋的意图并不积极。红军实际上在

[1]《蒋中正致南昌熊主任电》(1934年12月1日)，台北“国史馆”藏蒋中正档案，特交文电23056083。

[2]《蒋中正致武昌张代总司令巴县刘总司令南昌行营熊主任邵阳何总司令邑宁李主任桂林白总指挥贵阳王军长电》(1934年12月16日)，台北“国史馆”藏蒋中正档案，特交文电23056054。

12 月 14 日就已越过湘黔边境，进占了黎平。而黔军的情况更加糟糕，其内部原本即四分五裂，各部只求自保，更不可能按照蒋介石的部署行事。故红军轻而易举地于 22 日夺取台拱，25 日攻陷镇远，28 日又连下余庆和瓮安，迅速突破了蒋预定的防线。面对红军的大步推进，贵州省政府主席王家烈把他的军队全部撤到了重安江以西，让开了西北方向，巴不得让红军去四川与川北苏区的红军会合，因此红军很快就甩掉了后面中央军的追兵，得以在 1 月 7 日进占遵义，然后一边开会解决其内部指挥权问题，一边让部队好好休整了十二天。

红军因不断地受到围追堵截，再加上马不停蹄地翻山越岭已经将近三个月之久，伤亡、逃跑和因累饿寒病而掉队者，数量巨大。到达遵义时，整个部队加上中央和政府机关非战斗人员，已经只剩下不足两万人了。而红军所以能够在遵义停留如此长的时间，与国民党内部的种种矛盾有关。这个时候作战力最强的中央军薛岳部，并没有把主要的目标放在进攻红军的问题上，他在给蒋介石的电报中对此说得十分明白，即“职对黔粤桂均用极诚恳态度应付，务使我军确实把握贵州，以为西南军事据点”。蒋对此亦高度肯定，称“处理得宜，无任欣慰”。[1] 因此，薛岳所部周浑元、吴奇伟两个纵队，在跟追红军到黄平、瓮安、余庆后，并不是向西北的遵义方向推进，反而是大举转向西南，进驻到贵阳周围地区，进而在贵阳鸠占鹊巢，反客为主了。薛岳还被任命为贵阳绥靖主任，王家烈原来用来防卫贵阳的主力却被调过乌江，推向了逼近遵义城的刀靶水、老君关前线，贵阳很快就成了中央军的囊中之物了。

中央军目的如此，已经追出湖南地界的湘军自然对继续参加“进剿”也不会十分积极了。刘建绪部因此停在乌江东岸的石阡、印江、思南、沿河一线，不再前进。何键更是反复请求蒋介石批准将湘军调回。桂系原本就和王家

[1] 《贵阳薛岳东辰贵机电》（1935 年 2 月 2 日），台北“国史馆”藏蒋中正档案，特交文卷亲批文件第四十一册，总 2930 号。

烈惺惺相惜，同病相怜，这时更是极力为王出谋划策，试图帮助王免去被蒋介石吞并的命运。因此桂军廖磊部进到贵州境内，不仅不去找红军作战，而且还成了中央军控制贵州的一大妨碍，以至于蒋介石很快就厌烦桂军在贵州的存在了。他不惜电请粤、桂方面撤退援黔部队，说是有中央及川、湘、黔等省军队进剿足矣。

这个时候对在贵州境内剿灭红军表现最积极的，只有川军。刘湘调集了 14 个旅、43 个团的兵力，在上自屏山下到泰节，长达七百余公里的长江线上进行设防，并以宜宾到重庆的长江两岸为重点。不仅如此，因为害怕朱毛红军进入四川，威胁重庆，或与川北红军合股，刘湘还特别积极地响应蒋介石出兵援黔的部署。川军郭勋祺、袁治、潘佐、廖泽及章安平四五个旅的兵力已陆续开进黔北。[1] 基于与黔军交手的经验，再加上 15 日红军一部亦曾在松坎与川军有过交手，并击退了对方，因此，重新调整后的中共红军指挥机关并未对突破川军防线的难度给予足够的估计。1 月 19 日，红军主力离开遵义，分三路向西北方向的土城、赤水进发。红军这时的作战计划是：“由黔北地域经过川南，渡江后转入新的地域，协同四方面军，由川西北方面实行总的反攻。”为此，要迅速渡过赤水，夺取兰田坝、大渡口、江安之线的各渡河点，然后争取从川南的泸州或宜宾两地的长江上游渡江北上。[2] 不料，从 26 日开始与川军遭遇，接连打到 28 日，红军不仅未能突破川军的防线，而且伤亡惨重，损失达 1500 人。

土城战役的失利，使红军不得不放弃由泸州长江上游渡江北上的计划，改从元厚直接渡过赤水，进入川南。但入川之后，攻叙永城不克，至 2 月 6 日才得以占领珙县。而川军转瞬之间即蜂拥而至，北上宜宾的通路已被堵

[1] 参见《南岸剿匪总指挥部潘文华部与中央长征红军在川黔边境战斗详报》（1935 年 1—3 月），南京中国第二历史档案馆藏档，(25) 818；胡羽高编著：《共匪西窜记》，贵阳羽高书店 1936 年版。

[2] 《渡江的作战计划》（1935 年 1 月 20 日）、《中央政治局及中央革命军事委员会为红军主力入川给四方面军电》（1935 年 1 月 22 日），中国人民解放军政治学院党史教研室编：《中共党史参考资料》，第七册，国防大学出版社 1986 年版，第 168—169、171 页。

死，红军被迫又折向滇东北的扎西地区，以摆脱川军的追堵。红军虽然南下，目标却仍旧是北上，再加上川军和滇军这时已从北南两个方向压来，考虑到只有黔军最好打，红军因此突然杀了一个回马枪，沿着川黔边，再渡赤水河，打回了遵义地区，并且乘王家烈部毫无防备之机，再下遵义城，还顺势重创了中央军吴奇伟一部。[1]

对王家烈和吴奇伟部作战的成功，使红军对立足黔北开辟新的根据地一度又开始有了一定的信心。为此，红军以九军团在桐梓和遵义间吸引川军，以主力转进鸭溪试图打击位于仁怀、鲁班场的中央军周浑元部。然而，此役未能取得成功，红军不得不放弃立足黔北的设想，转而于 3 月 16 日经仁怀三渡赤水河，再向川南古蔺、叙永方向前进。而红军此举再度使国民党方面怀疑红军又要北上渡江，因而调动川军和中央军等从桐梓以北地区西向，并调滇军向毕节集结，准备入川堵截。其实，红军此举只是虚晃一枪，因其 17 日即有决定，准备主力“南移寻求机动”，以求跳出国民党军的包围圈。因此，红军西渡后突然又调头回师黔北，于 3 月 21—22 日四渡赤水河，穿过鸭溪、枫香坝地区，于 31 日南渡乌江，佯攻贵阳，然后先南后西，以急行军速度迅速通过黔西，进入云南境内，佯攻昆明后即于 5 月 9 日北渡金沙江，此后又于 5 月下旬抢在川军封堵的援军赶到之前，渡过了大渡河。接着，6 月上中旬，从江西长途跋涉而来的中共中央和红一方面军，与从川北根据地前来会合的红四方面军，在达维镇会师了。

当然，会师后的红军也并没有能够真正跳出国民党军的围追堵截。由于红四方面军这时放弃了川北根据地，红军仍旧面临着在哪里立足的问题。中共中央这时因所率红一方面军兵力大大少于红四方面军，以至备受四方面军张国焘等人的挟制。因为张国焘坚持南下边远的西康等地建立根据地，拒绝接受中共中央等向北接通苏联外蒙，以取得接济的主张，最终，在毛

[1] 晏道刚：《蒋介石追堵长征红军的部署及其失败》，《文史资料选辑》第 62 辑，第 17—18 页；《彭德怀自述》，人民出版社 1979 年版，第 195—196 页。

泽东的力主之下，两支主力红军会师三个月之后，中共中央于 9 月 10 日乘夜秘密带领自己的数千部队脱离了四方面军，单独北上了。

第八章

以政治方式解决“共党问题”

就军事力量对比而言，1935年秋冬至1936年秋冬，国民党可谓占尽先机和优势。蒋介石及其南京政府正是这段时间里，成功地实现了统一中国的梦想。包括过去偏远的西南各省，以及长期与南京对立的两广势力，几乎都被中央化了。而中共领导的红军，也一度被赶到甘北一隅之地，陷入极度危险之中，随时有被消灭的可能。然而，形势迅速发生变化，先是日本发动华北事变，迫使南京不得不以相当力量来应付可能出现的灾难性局面，甚至不能不冒险争取与苏联结盟，并为此开始谋求政治解决共产党问题的途径。紧接着是中共中央胜利北上，在陕北找到立脚点，重新接通与莫斯科的关系，进而形成新的统一战线政策，很快在西北地区成功地联络了张学良和杨虎城的东北军与十七路军，使南京的统一形成新的缺口。它不仅为中共自身的生存赢得了条件，而且为进一步发生西安事变，根本破坏蒋介石的军事“剿共”政策，奠定了基础。

一、“莫斯科路线”中途搁浅

两支红军队伍发生分歧以至分裂的过程，恰好也是日本在华北制造华北事变的同时。蒋介石此时虽在西南指挥调度川军和中央军继续追堵红军，却也不能不集中相当精力来应付华北所出现的危机局面。在日军的步步紧逼之下，中方步步妥协，中央势力，乃至于中央军、国民党部及蓝衣社组织等，亦被迫撤出河北，具有反日倾向的河北省主席于学忠和察哈尔主席宋哲元均被迫辞职。国民政府并应日方要求，发布“睦邻敦交令”，要求国人对于日本“不得有排斥及挑拨恶感之言论行为，尤不得以此目的组织任何团体，以妨国交”，“如有违背，定予严惩”。[1]

蒋介石内心里对此其实是颇多无奈。他这时在给何应钦的电报中明确讲：“冀于既去，察宋又撤，党部取销，军队南移，华北实已等于灭亡。”“吾

[1]　韩信夫等：《中华民国大事记》，第三册，中国文史出版社1997年版，第796页。

人以国力未充之故，不得不撤兵丧权、失地忍辱。此在革命时代，实无所谓，即天下后世亦能深谅，惟所求者乃在始终保持独立民族之人格，只要不遗点滴墨迹于对方之手，即使国亡种灭，亦可安心瞑目。”[1] 但即便如此，面对日本必欲变华北为第二个“满洲国”的现实，蒋介石仍旧不能不开始认真考虑从外交上来寻找帮手的问题了。而这个时候，美英这些大国对日本都采取明显的绥靖政策，绝不可能与中国结盟，唯一与中国一样同样感受到日本的严重威胁的，只有一个大国，就是苏联。

苏联和国民党政府之间，早在 1927 年共产党被打入地下以后，双方的关系事实上就已经破裂了。特别是 1927 年 12 月 11 日发生的广州暴动，苏联外交官甚至直接参与其间，导致暴动被镇压后，国民党人不顾国际条约，杀害了五名直接帮助共产党暴动的苏联外交人员，并宣布与苏联绝交。进一步，随着 1929 年中东路事件爆发，中苏之间兵戎相见，两国更全面断绝了外交关系。[2] 但是，“九一八”事变发生后，特别是接连向国联提出申诉，却无法达到制裁日本和逼迫日本收束其行动的目的之后，蒋介石就已经想到应当利用接近苏联来设法牵制日本不致发动更大规模的侵略的策略了。因此，在 1932 年年底，中苏两国经过外交接触之后，又恢复了邦交。只不过，这种情况并没有消除蒋介石对苏联高度戒备的心理。两国关系并没有因此而发生实质性的改变。只是到了 1934 年夏天，即当国民党的第五次围剿作战已经取得了决定性的胜利之际，蒋这才派遣其私人代表蒋廷黻，以访欧途经莫斯科的名义，与苏联方面进行了较直接的接触，以探询苏联对他和南京国民政府的真实态度。[3]

华北事变发生，蒋介石自然又一次想到了苏联。他在日记中写道 ：“倭

---

[1] 《蒋介石致南京何应钦电》，1935 年 6 月 22 日，台北“国史馆”藏蒋中正档案，《革命文献》，第 25 册，第 110—112 页。

[2] 由于南京国民政府宣布对苏绝交时尚未占领北京，因此苏联仍旧保留着驻华使领馆，并未完全撤离中国。即使南京的军队占领北平之后，苏联也仍旧在中国东北保持着领事馆。

[3] 见蒋廷黻口述，谢忠琏译 ：《赴俄考察与欧洲之旅》，台北《传记文学》第 31 卷第 5 期。

寇之目的：甲、欲我承认伪满；乙、华北之经济与军队受其支配管辖；丙、欲我共同排俄，而使我中央守战皆非，进退维谷”，且“使我永其奴隶也”。而“倭寇之所最畏者：甲、我抗战；乙、我联俄”。[1] 因此，就在日本人逼迫南京国民政府承认了所谓《何梅协定》《秦土协定》几天后，蒋就暗中指示行政院副院长孔祥熙亲去苏联大使馆，拜会苏联驻华大使鲍格莫洛夫，一面告诫苏联，日本制造华北事变的目的包含有进攻外蒙古的企图；一面委婉地向苏方提出询问：“是否打算与中国签订互助条约？”[2]

10月初，日本加紧策动华北“自治”，唯一在中国有较多利益的英国又在埃塞俄比亚问题上陷于与意大利的冲突之中，蒋介石估计“英更无余力以问远东局势，则倭更横行”[3]，于是不能不考虑借助于苏联之力和准备对日作战的问题了。他在日记中写道：“倭寇强迫必至，战争准备应从速完成矣。”[4] 为此，蒋很快从成都返回南京。10月18日，蒋派孔祥熙前往苏联大使馆，约苏联大使秘密到孔宅与他会面。在当天晚上的会见中，蒋介石亲口提出：苏联政府是否愿意考虑与中国签定一个秘密的军事互助协定？孔祥熙对此解释说，日本人正在要求南京与它缔结反苏军事同盟，以便于对苏开战，而中国人对日本人恨之入骨，不管中国政府向日本作出什么样的承诺，一旦日本与第三国开战，他们都将迫使政府抗日。因此，中苏两国预先结为同盟实有必要。[5]

对于蒋介石来说，联合苏联的最大障碍就是中共。据川军将领刘文辉等人报告，川康红军已经只剩下1.5万人左右[6]；另据这时被派去甘肃兰州、

---

[1] 《困勉记》卷三十六，1935年10月2、3日条。

[2] 《鲍格莫洛夫致苏联外交人民委员部的电报》（1935年7月4日），转见李玉贞译：《中苏外交文件选译》，《近代史资料》总79号，第218—219页。

[3] 《困勉记》卷三十六，1935年10月1日条。

[4] 《困勉记》卷三十六，1935年9月20日条。

[5] 《鲍格莫洛夫致苏联外交人民委员部的电报》（1935年10月19日），转见李玉贞译：《中苏外交文件选译》，《近代史资料》总79号，第219—222页。

[6] 《刘文辉等致蒋介石电》（1935年11月23日），台北“国史馆”藏蒋中正档案，特交文电24031307。注：刘文辉所报川康红军数字，与后来出川时红军的实际数字相比，有很大出入。

天水一带驻防的第五十一军军长于学忠报告，北上之毛（泽东）彭（德怀）红军仅余六个团，每团步兵三连，外加一机枪连，总共不过三四千人。[1] 另外，贺龙部这时也已丢掉湘西的根据地，所剩不过几千人。且红军行动，多行山路，一旦遇到飞机轰炸，即无处躲避，动辄被炸得人仰马翻，损失惨重。[2] 因此，到 1935 年年底，蒋介石确信，共产党的威胁已无足轻重，下一步的战略重心应当放到抗日方面来。他在日记中写道：“本年驱逐毛泽东主匪于川滇之外，使西南不受其害，川中朱、徐残匪虽尚未肃清，然已封锁于川康大金川不毛之地，不使其窜扰宁远，而鄂西萧、贺亦不能负隅老巢，穷窜湘西黔东，此皆剿匪胜利之特点也。至陕北之匪，虽猖獗未杀，此乃东北军不行之故，决非赤匪强也。总之，今后中心工作为剿匪，可说已达到七分成功，明年则可以抗倭为中心，对匪仅着力于清剿可也。”[3] 但是，蒋介石很清楚，第一，要想彻底消灭各地红军，还需要相当时日，而中日之战可能等不到那一天；第二，如果红军乃至中共问题没有彻底解决，一旦中苏结盟，中日战争，苏联施以援助，结果很可能会出现苏联公开援助国民政府，而暗地里扶植中共和红军，使之东山再起的危险情况。因此，蒋在设想争取苏援的问题上，不能不首先设法解决共产党的问题。

蒋介石这时用以解决共产党问题的办法，分为两步。其一，要求苏联政府支持中国政治上的统一，为此，他告诉苏联大使：“他决不反对共产党的存在，并认为共产党像其他政党一样，有权表达自己的见解。但因为共产党以推翻中央政府为号召，所以他不得不采取严厉措施。”言外之意，如果共产党能够放弃武装暴动方针，服从中央政府，他将可以允许共产党合

[1] 《于学忠致蒋介石电》（1935 年 9 月 30 日），台北“国史馆”藏蒋中正档案，特交文电 24022390。

[2] 刘文辉等即电称：“匪军甚惧飞机，日内前伪二百六十五八两团被炸毙两连多人。昨（马）轰炸光坡山亦中匪要害，匪首现禁白昼炊，并禁士兵传说被炸毙者，否则立杀。匪首多匿狭小民房办公，以避飞机。我如以飞机散发传单说明投降可不杀并以四川桑梓观念动之，匪部必瓦解。”前引《刘文辉等致蒋介石电》。

[3] 《困勉记》卷三十六，1935 年 12 月 31 日条。

法存在。[1] 其二，就是综合中共驻共产国际代表团团长王明这时所发表的支持建立抗日民族统一战线的国防政府和抗日联军的公开文章，和苏联政府同意与中国政府讨论缔结互助条约问题的种种迹象，判断中共很可能已经受到苏联方面的压力，准备与国民党进行妥协，因此一方面派驻苏武官邓文仪返回莫斯科秘密接触中共驻共产国际代表团，说明国民党方面的解决方案，争取达成协议；一方面指示陈立夫等在国内通过各种方法，寻找共产党线索，争取直接与中共中央进行接洽，利用红军的严重困境，迫使中共接受其谈判条件。

蒋介石这时解决共产党问题的基本方针，包括下述四点：(1) 取消苏维埃政府归顺南京；(2) 取消红军改编为国民革命军；(3) 共产党可以存在，或共产党全部加入国民党；(4) 改编后的红军全部开赴内蒙前线地区驻防抗日。[2] 但是，无论是在莫斯科，还是在国内，要想让共产党人马上接受上述条件，显然都是不可能的。这是因为，共产党这时虽然依据共产国际第七次代表大会的建议，重新开始奉行统一战线的方针，争取联合一切可以联合的力量，却还没有完全放弃“反蒋”的立场，仍旧是“抗日”与“反蒋”相提并论；同时它还不能不根据共产国际“七大”决议的精神，号召各党各派共同建立全国的“国防政府”和“抗日联军”，断难承认以南京政府为中央政府，而把自己置于国民党一党政府的领导之下。也正因为如此，这时的苏联政府在得知蒋介石的条件之后，也毫不犹豫地通过苏联大使告诉蒋介石：苏联不能扮演调停国共冲突的角色。尽管蒋介石再三向苏联大使解释，苏联必须利用自己的威望劝说红军承认中央政府和总指挥的权威，否则中国就无法集中国力进行抗日战争，然而，鲍格莫洛夫根据莫斯科的指示，回绝了蒋介石的这一要求。可想而知，得不到苏联方面的明确保证和帮助，蒋介石只好把与苏联结盟的问题暂时搁在一边了。再加上华北事

[1] 《鲍格莫洛夫致苏联外交人民委员部的电报》(1935 年 12 月 19 日)，转见李玉贞译：《中苏外交文件选译》，《近代史资料》总 79 号，第 224—225 页。

[2] 《潘汉年与邓文仪 1936 年 1 月 13 日谈判情况纪要》(1936 年 1 月 13 日)。

变的危机一时得以缓解，蒋介石于是又腾出手来，军事政治双管并下地来解决共产党的问题了。

12月中旬，蒋介石授意驻苏武官邓文仪和国民党中委、CC系头子陈立夫先后前往苏联驻华使馆会晤鲍格莫洛夫，一面强调南京政府决心联苏的意图，一面从侧面探询苏联政府对中共新政策及国民党政治解决共产党问题的具体意见。陈立夫还特别暗示说，国民党方面有意派一名中央委员前往莫斯科与各方面进行直接的联络，也愿意与中共驻莫斯科的代表进行政治接触。

12月19日，鲍格莫洛夫拜会蒋介石，带来了令人兴奋的消息：苏联政府同意与南京政府就军事互助协定一事进行具体的讨论。蒋介石对此自然颇为兴奋，他马上不失时机地提出，请苏联协助中国政府实现国家的统一。他表示：过去中苏之间发生了一系列误会，特别是在对中国共产党的问题上。他解释说，并不反对共产党的存在，并认为共产党像其他政党一样，有权表达自己的见解。只是共产党以推翻中央政府为号召，所以他才不得不采取严厉措施，对此他很遗憾。他完全明白，只有实现中国的统一，才能保证顺利地抵抗外国侵略。没有统一，中国将永远不会强大。因此，如果苏联政府能够帮助促进中国的统一，他将会非常高兴。而鲍格洛莫夫的答复更让蒋介石确信他的看法是对。因为鲍格莫洛夫反复讲：他同意蒋介石的意见，没有政治上的统一，中国就不能抵抗外国侵略，因此，苏联将欢迎中国得到统一。[1]

鲍格莫洛夫的谈话，证实了蒋介石的猜测。他深信莫斯科已经认定只有他的南京政府才有资格统率全国，赞同他的统一政策。据此，两天之后，即12月21日，根据蒋介石的命令，邓文仪马上搭乘苏轮经海参崴（符拉迪沃斯托克）赶回莫斯科。三天之后，已被指定负责政治解决共产党问题的

[1] 《鲍格莫洛夫致苏联外交人民委员部的电报》（1935年12月19日），转见李玉贞译：《中苏外交文件选译》，《近代史资料》总79号，第599—600页。

陈立夫也化名李融清，连同俄文秘书张冲（化名江淮南），以新任驻德国大使程天放随员的身份，悄悄地转道欧洲，先往柏林，准备一旦对中共问题的谈判取得进展，即前往莫斯科，商定政治解决原则，并代表南京政府与苏联政府谈判两国间签订军事互助条约的问题。

1936年元旦过后，邓文仪回到莫斯科。他一到使馆就立即直接写信给共产国际执委会秘书处，请其转交中共驻共产国际代表团团长王明，要求与王明直接会面。但此举未能产生效力。随后，邓文仪遇到原十九路军流亡将领设在香港的抗日反蒋组织——中华民族革命同盟驻莫斯科的代表胡秋原。他清楚胡秋原与中共代表团有联系，因而大胆转托胡秋原帮助他与王明联络，果然取得成功。中共代表团得到邓文仪急于找中共代表接触的消息后，先派潘汉年出面来了解邓文仪的意图。

根据潘汉年事后的追记，1月13日晚，潘按约定时间来到胡秋原的寓所，经胡秋原介绍与已经等候在那里的邓文仪见了面。经过短暂的寒暄之后，邓文仪首先主动介绍了他此次寻找共产党谈判的原因。据邓说：他这次来莫斯科，完全是受蒋先生之托，一定要找到王明同志讨论彼此联合抗日的问题。他们曾经在上海、南京等地找寻共产党关系，进行了一个礼拜，毫无结果。后来蒋先生看到王明在共产国际第七次代表大会上的讲演以及在《共产国际》杂志上的文章，才改派他来莫斯科找王明谈彼此如何合作的问题。可以说，南京政府联合共党的原则是已经决定了。关键是要解决统一指挥和取得苏联援助的问题。

潘汉年表示：只要诚心抗日，这些问题应该不难解决。问题在于，共产党怎么能相信蒋介石真的会抗日呢？

邓文仪答复说，其实蒋先生早有抵抗准备，不然日本为什么总是不放过蒋先生，一步步威迫他？现在的情形已经很迫切了，华北已经闹得不可开交了，日本人可能只容许中国有三个月的时间来准备，而国民党和共产党还在打仗，国民党的部队还不能掉回头来与日本作战，这是很危险的。他认为，南京与红军停战之日，即为与日本宣战之时，所以他希望能早日与共产党人谈妥。[1]

蒋介石如果真的有意抗日，他的妥协条件究竟是什么呢？在潘汉年向代表团报告了与邓文仪的谈话内容后，代表团内部对南京政府的意图仍旧有些摸不透，因而见解不一。但既然大门已经打开，王明还是决定与邓文仪作进一步的商谈。

1 月 17 日，王明与这位当年莫斯科中山大学的老同学开始了第一次商谈。按照王明的要求，邓文仪明确转达了蒋介石关于两党合作的具体建议。据邓文仪说：蒋先生的意见，第一，关于政府，取消苏维埃政府，邀请所有苏维埃政府的领导人和工作人员参加南京政府；第二，关于军队，红军应改编为国民革命军，因为要抗日一定要统一军事领导。当然，红军也许不能接受南京政府派去的指挥官，但政府和红军应该交换他们的政工人员。第三，关于党的问题，蒋先生考虑了两个办法，或者是恢复 1924—1927 年两党合作形式，或者共产党独立存在。这个问题可以在以后逐步解决。如果这些问题能解决，红军目前的困难南京政府会帮助解决的。当然，考虑到日本人可能经察哈尔、绥远向外蒙古进攻，政府准备派红军到内蒙古地区去担负抵抗日本进攻的任务。如果两方面合作的问题能够解决，邓文仪明确表示，希望中共能够积极促进苏联来援助中国，因为这个问题非常急迫。[2]

国民党这时解决共产党问题的基本方针就是要求中共实行政府改制、红军改编，问题是，中共 1935 年夏天根据共产国际第七次代表大会的精神，虽然提出了统一战线的主张，但其核心内容，却是要成立各党派、各军队平等参加的“国防政府”与“抗日联军”[3]。显然，蒋介石国民党这时所提出

[1] 《潘汉年与邓文仪 1936 年 1 月 13 日谈判情况纪要》。

[2] 《王明与邓文仪谈判记录》（1936 年 1 月 17 日），原件藏莫斯科俄罗斯当代文献保管与研究中心，全宗号 495，目录号 74，卷宗号 276。并见 The Main Contents of the Talk between Wang Ming and Deng, January 17, 1936, *Chiese Law and Government*, vol. 30, no. 1, January-February 1997, pp.79-93.

[3] 《为抗日救亡告全体同胞书》（1935 年 8 月），《救国报》1935 年 10 月 1 日第一版。

的条件，远不是王明和中共代表团所能够答应的。好在苏联党和共产国际都主张谈判，并坚持不能在莫斯科讨论决定中共与红军的命运问题，要求必须要有中共中央的代表直接参加谈判，因此，尽管王明对邓文仪的说法多少有些将信将疑，他仍旧明确提议，愿意派代表与邓文仪或邓文仪手下王志文一同回到国内，一起促成国共具体商谈。当然，他坚持：第一，邓文仪必须出具一份签字盖章的书面保证，保证中共代表的人身安全；第二，莫斯科去的中共代表只负责国共两党的联络工作，“有关的具体条件你们必须去和毛泽东及朱德同志谈”[1]。

22 日，邓文仪第二次见王明，表示他已经就偕同中共代表返回南京继续谈判问题请示了蒋介石，取得认可，因此，双方进一步具体商定了出发的时间表和所需要的各种证明文件的解决办法。一切都那么一帆风顺，却不料第二天事情就突然有了变化。

根据台湾保存的蒋中正档案，可知邓文仪见王明、潘汉年后，这一天曾给南京蒋介石发去了消息。内称：“一、职文返俄，寒又应陈、潘接洽。彼方坚持须职缮具书面保证，始可令潘与王志文归国。职未允。因复文约再商。故潘、王仍未启行。二、潘昨又约职晤谈，言明中共代表团对保证人员甚重视。加之见我政府告国民书极为反共文字，益形疑虑。彼个人向职表示，谓不写保证似可另筹办法。如找加仑证明或由职私人具函保证，再不然则由职继续负责接洽具体问题，或派另一代表前来亦可。彼方固深望早有结果云。三、职意由职私人备函，仅说明介绍潘归国晋谒立夫先生接洽统一战线问题，予以安全保障，似尚可行。因此人员影响甚巨，久延时日似非得计，而谁负俄人证明亦不相宜。至由职继续接洽，或候李先生至再谈，似以后者为宜。”[2]

而莫斯科保存的档案则显示，1 月 23 日，邓文仪急匆匆地打电话要求

[1]《王明与邓文仪谈判记录》（1936 年 1 月 17 日）。

[2]《邓文仪电涤电》（1936 年 1 月 22 日），台北“国史馆”藏蒋中正档案，特交档案（四）50621 号。

与王明见面。刚一见面，邓文仪就马上表示道歉，宣称他后天不能和中共代表一同出发去海参崴了，因为他必须马上到柏林去。王明闻后不禁疑窦丛生，责问邓文仪：是不是根本就没有什么谈判，没有什么蒋介石的委托，一切都是“在要手腕”？邓文仪连连解释，说“没有什么手腕”，他确实已经准备好后天出发，没想到刚才突然得到蒋介石的电报。说着，邓文仪还把电报译稿交给王明过目。电报内容大致是：一是说邓文仪前电内容不清楚，有些字不能读，以后涉及此类事不要发电报，要派信使或利用外交邮件；二是要求邓文仪马上动身到柏林去，参加由李融清主持的秘密谈判。[1] 邓文仪解释说：“有关这封电报，我不能再说什么，不过有一点我可以肯定地告诉你，即这个人不但要和德国人谈判，而且还要和苏联人谈判。”他转而又透露说，不管你们怎样考虑应当回国谈判，以及到苏区去签协议的问题，“蒋先生的想法完全不同，他坚持我们应当在这里达成协议，然后再拿着协议到苏区去”，因此，我们确实需要在这里就具体的条件进行谈判。[2]

邓文仪出尔反尔，无疑使王明以及代表团有一种受骗上当的感觉。但实际上，邓文仪也确实不清楚蒋介石态度变化的原因。他这时更不清楚，蒋介石要他去柏林其实也是虚晃一枪，直到他走了一遭之后才发现，根本就没有什么柏林谈判。这一切都是蒋介石要的手腕。问题是，在蒋介石看来，自己也是受骗者。

蒋介石又何以会感觉受骗呢？原来，蒋最初对莫斯科进行的这一次接触还是满意的，对邓文仪与王明商量进一步派代表来南京谈判也并不反对。他确信，既然莫斯科那样痛快地表示说想要与南京订立军事互助协定，就

[1] 此1月23日蒋电未查得中文原件，台北“国史馆”蒋中正档案中保存有蒋25日给邓的另一封电报，内容如下：“莫斯科邓文仪武官：李君带来信今已收到，如此要函不译密码，即用明信，且带由日转，可谓不知秘密，愚拙之极。函中报告与谈话录皆失体态。今接养电，文意仍多不通，可叹。王陪潘来已有保证，何必再要函件。若彼不信，亦无须勉强，如其愿来，则王可陪来。以后与彼方谈话切不可作请求状态，及勿可以代表名义自居为要。中正敬辰。”台北“国史馆”藏蒋中正档案，特交档案263册250080号。

[2] 《王明与邓文仪谈判记录》(1936年1月23日)。并见 *Chinese Law and Government*, vol.30, no. 1, January-February 1997, pp.98-100.

说明它确实需要与中国合作来共同遏制日本的侵略野心。既然如此，它一定会愿意从背后给中共施加压力，不怕共产党人不屈服。他无论如何也没有想到，就在他批准邓文仪偕同中共代表回南京谈判的次日，即1月22日，鲍格莫洛夫却代表苏联政府，明确拒绝向中共施压。鲍格洛莫夫表示，苏联政府希望了解：第一，关于拟议中的互助抗日条约南京政府有什么样的具体考虑；第二，南京政府是否有具体的抗日计划和抗日准备。同时，苏联政府相信，南京政府的军队有必要与中国红军建立军事统一战线，否则苏联政府很难相信南京政府能够真正有效地进行抗日战争。据鲍格莫洛夫当天给苏联副外交人民委员斯托莫尼亚科夫的电报报告说，双方就此所进行的讨论大致如下：

> 蒋介石说，他认为向他提出的问题中最重要的是最后一个，即关于红军的问题。如果我们能就这个问题达成协议，其他问题也就迎刃而解了。他十分明白，共产党可以公开存在，但是任何一个国家都不允许一个政党拥有自己的军队。苏联必须利用自己的威望劝说红军承认事实上的政府，那时中国政府就能抗日了。我回答说，苏联政府对中国红军没有任何影响。……这应由中国人自己去完成。蒋介石又开始阐述他关于一国之内不允许有其他政党拥有军队的观点。谈话有陷入僵局之虞，为打破僵局，我指出，不久前陈立夫同我谈话时说到希望派国民党中央委员会的代表到莫斯科去进行各种会晤，我问这是否符合蒋介石的愿望。蒋介石对我的话没有反应，继续热情地论证苏联政府与中国政府和国民党建立友好关系的必要性，说如果苏联政府就中国红军承认中央政府权威一事向红军施加必要的压力，那么苏联政府就可以此表示对南京的真诚态度，并赢得南京政府这个忠实的同盟者。我看到谈话继续朝僵局发展，便斩钉截铁地声明，我们绝不能扮演他讲话中说的任何居中调解人的角色，这是中国内政。蒋介石同孔（祥熙）商量后说，他认为可以据以下原则同中国共产党达成协议：红军承认中央政府和总指挥的权

威，同时保留其现有人员参加抗日。我重申，按自己的意向同红军谈判，这是他的内政。蒋介石说，尽管如此，他要求向苏联政府转达这个想法。我回答说，我当然会把他的话报告我政府。历时二小时的会谈有八十分钟被用来谈这个内容。[1]

从鲍格莫洛夫的上述报告当中，我们可以十分清楚地看出，蒋介石这时虽然急于与苏联订立军事互助协定，但他更加关注苏联方面在中共问题上准备扮演什么样的角色。他越是急于想与苏联签约，就越是急切地想要苏联就此做出明确承诺。推动苏联政府出面来压迫中共屈服，已经成为蒋介石权衡能否与苏联结盟的重要关键。苏联方面在这个问题上的态度，显然让蒋介石十分意外和扫兴。从蒋介石的角度来看，这无疑意味着苏联方面并没有放弃暗中支持共产党的打算。这也就是为什么蒋当机立断，第二天就打电报给邓文仪，让邓离开莫斯科前往柏林。因为，他事实上已经取消了走莫斯科路线的计划。在他看来，利用红军目前的困境和颓势，直接在国内找中共中央谈判政治解决方案，也许还会更容易些。蒋介石这时的态度十分明显，即只要苏联仍有可能暗中支持中共，就绝不能轻易与苏联缔结军事互助协定。而为了能够放心地与苏联缔结军事互助协定，他不得不下决心尽快找到与中共中央沟通的办法，以便能够通过谈判来根本解决共产党问题。也正是出于这样一种担心，他对政治解决共产党问题的办法也或多或少地发生了改变。原先语义含混的合作方式，即被邓文仪误认为可以采用的1924—1927年那种容共的方式，已经被蒋介石明确否决了。他在日记中明白写道：“可联俄，决不可容共！”[2]

[1] 《鲍格莫洛夫致苏联外交人民副委员斯托尼亚科夫的电报》（1936年1月22日），《近代史资料》总第79号，第227—228页。

[2] 《困勉记》卷三十六，1936年2月20日条，台北“国史馆”蒋中正档案。

二、蒋介石的左右摇摆

1935 年 12 月底，陈立夫手下的曾养甫通过谌小岑找到了华北地区的中共地下党组织。中共北方局经过研究，决定派周小舟及吕振羽前往南京，与国民党进行秘密接触，以探询对方真实意图。

1936 年 1 月，即邓文仪在莫斯科与中共代表团的代表接触之际，周小舟、吕振羽也与谌小岑进行了多次接触。谌小岑根据陈立夫和曾养甫的意图，首先拟就了一个具体的意见书，要求中共及红军放弃阶级斗争和暴力革命，承认蒋介石和南京政府的权威，赞助其统一中国的努力，以便最终实现合作抗日。而周小舟等则根据中国共产党 1935 年《八一宣言》（即《为抗日救亡告全体同胞书》）中所列十大纲领提出对案，并特别要求国民党方面首先做到以下四项：（一）立即发动抗日战争；（二）开放民主自由；（三）释放政治犯；（四）恢复民众组织与活动，保护民众抗日爱国运动。[1]

在这次接触中，谌小岑明确表示可以考虑承认共产党在组织上的存在与独立，乃至释放政治犯等。在谌小岑拟就的书面意见中，他甚至表示可以划定一个特别区域来供共产党人实验诸如“集体农场”之类的理想。[2] 但其核心的要求还是很明确的，这就是：共产党必须同意（一）协助联苏；（二）红军改编，苏维埃改制；（三）帮助蒋先统一，后抗日。

蒋介石的“统一”与“合作”的条件及其形式，在这里也反映得十分清楚。这就是：“红军改编，苏维埃改制”。而改编改制的标准，只能是依据国民党的军队和政权的形式，把共产党的军队和政权统统“统一”到国民党领导的军队与政权中去。由于这时共产党人所坚持的还是经过共产国际“七大”公开宣示过的“国防政府”与“抗日联军”的方式，谌小岑所提出的这样一种“统一”与“合作”的建议，自然要引起共产党代表的不满。周小舟

[1] 《周小舟给中共中央的报告》（1936 年 8 月 29 日）。

[2] 参见谌小岑：《西安事变前一年国共两党关于联合抗日问题的一段接触》，《文史资料选辑》第 71 辑，第 7—10 页。

在会谈之后的报告当中甚至干脆认为：“很明显的，他们想要借苏联的力量以要挟日帝，以作投降的条件，也即是取得奴才的地位；又要借抗日的无耻的欺骗，以完成其法西斯的统一。”[1]

以曾养甫直接负责，由谌小岑出面与中共北方局代表周小舟、吕振羽所进行的这次接触，至1月下旬告一段落。周小舟当即返回天津向北方局进行汇报。尽管这次晤谈一无结果，但双方还是交换了通讯联络的方法，为以后的进一步接触做了准备。

蒋介石这时在国内寻找共产党线索的工作不限于这一条线索。在南京方面秘密寻找共产党线索的工作中，格外引人注目并且取得了成功的，还有董健吾和张子华这两条线索。

1936年1月，南京方面的领导人之一宋子文及陈果夫兄弟等分别通过宋庆龄等人先后找到原来属于中共特科系统的董健吾和张子华，并且分别于1月中旬和2月中旬委托董、张二人经西安转入陕北苏区，以便与中共中央直接建立联系，转达蒋介石政治解决两党关系的意图。

1月中旬，董健吾受宋庆龄之托，化名周继吾，由孔祥熙从财政部给了一个“调查员”的名义，携宋庆龄用以慰劳红军的一大包云南白药及宋庆龄电台的呼号密码，赶赴西安，准备进入陕北苏区。但因一时雪大路阻，董在西安耽搁了四十余天。在此期间，张子华也于2月10日左右受覃振、谌小岑的委托，前往陕北。张并带有毛泽东和林伯渠的老乡、时任南京政府司法院院长覃振亲笔写给林伯渠的一封信。这封信不长，但内容颇让人寻味，故全文照录如下：

迈园吾兄：别久思深，如何可言。目前吾人所负之责任日趋严重，而环境日益险恶。唯一认识，就是谁敌谁友；唯一办法，就是一抗一联。此真千钧一发之时机，不容再误者也。弟与兄虽地角天涯，而革命精

[1] 《周小舟给中共中央的报告》（1936年8月29日）。

诚自信彼此一贯。某同志前来，切盼兄与润兄等决定大计，完成孙先生之国民革命。弟不敏，当赴汤蹈火以从。书难尽意，诸乞亮照不备。弟鸣手启[1]

这封信写于1936年1月，这时距离1937年7月抗日战争全面爆发还有大约一年半的时间，但国民党上层中团结抗日的呼声日趋高扬的情形由此已略见一斑。覃振并非蒋介石核心圈子中人，其信并无多少实质性内容亦可知。但信中所谓“谁敌谁友”、“一抗一联”，毕竟曲折地反映出，即使在南京政府高层中，相信要把“攘外”问题摆在首位的领导人，已不在少数了。

张子华于2月中至西安，恰与董健吾不期而遇。在西安剿总代司令张学良电询南京蒋介石证实二人使命后，董、张二人即由张学良用专机送至延安，然后再由东北军原六一九团团长高福源陪同，通过东北军的封锁线，于2月27日晚抵达陕北苏区中共中央所在地瓦窑堡。在当晚的谈话当中，董、张二人再度印证了国民党中央内部意见分歧的情况。据二人称：此次使命的主要策划者是宋子文、孔祥熙、孙科等，但实际负责的全是CC系曾养甫及其背后的陈果夫、陈立夫兄弟。目的在于了解中共可能“输诚”的条件。若中共肯于向南京政府输诚，则蒋可同意：“甲、不进攻红军；乙、一致抗日；丙、释放政治犯；丁、武装民众；戊、顷（倾）蒋尚有款。”同时，二人认为，南京国民党内部目前正在发生分化，CC系陈果夫等主张联共反日，曾扩情等则反对联共；政学系黄郛、王克敏等亲日，反对联合苏联与共产党；其余如冯玉祥、陈诚、孙科、张群、于右任、翁文灏等，则主张联共抗日。故形势对共产党颇为有利。[2]

严格地说，董、张此行虽然初步建立起了国共双方高层沟通的渠道，但对两党间的妥协与接近，并未起到任何直接的作用。中共中央此时并非

[1]《覃振致林伯渠函》（1936年2月9日）。
[2]《博古关于南京来人谈话结果致洛甫、毛泽东等电》（1936年2月27日）。

不知道蒋介石关于“输诚”和“统一”的要求的实质内容，在李克农不久前与张学良的秘密接触中，中共中央已经清楚地知道：“蒋介石的策略，即取消苏维埃红军，纳入三民主义的轨道，引进共产党代表于国民大会，在共赴国难口号下取消苏维埃制度与暴动策略，接受南京节制，以最后瓦解红军。”但它同样受限于共产国际“七大”所规定的统一战线策略方针，必须坚持国防政府和抗日联军的合作形式，因此它的对案也相当强硬。即强调：对方提出取消苏维埃，我则提出取消南京政府，主张“全国人民公决”，并成立抗日救国代表大会，在大会中就取消双方政府，建立人民公意的政府进行初步的讨论；对方提出取消暴动，我则提出取消国民党一切压迫制度、封建剥削，实行全国抗日，说明如此则自无暴动之必要。“否则，以暴动战争对付日帝与卖国贼是中华民族的神圣事业。”[1]

董、张陕北之行没有能推动国共两党的接触和接近，很大程度上还在于董、张自上海、南京相继出发后，中共红军突然大举越过黄河，攻入山西境内，并扬言要打进河北。

这个时候的几支红军，几乎都处在国民党“追剿”军的围追堵截之下，唯有蒋介石在1935年年底的日记中所提到的陕北红军，“猖獗未杀”，不仅有根据地，而且还不断主动出击，对负责“围剿”的国民党军予以打击。仅1935年10月间，不过五六千人的陕北红军第十五军团就连续两次与这时负责陕甘“围剿”任务的国民党军主力东北军交手，一次几乎全歼其第一〇一师，击毙该师师长何立中和参谋长范驭州；一次全歼其第一〇七师六一九团，外带六二一团一个营，生俘六一九团团长高福源。恰在这时，北上而来的中共中央和红一方面军，也意外地发现了这块根据地，两支红军迅速会合一起，于11月初再次出击，一举歼灭东北军第一〇九师，外带一〇六师一个团，一〇九师师长牛元峰自杀，红军仅俘虏就捉了两千多人。

[1] 《中央及军委给李克农的训令》（1936年2月21日），《毛泽东年谱》（上），人民出版社1993年版，第514页。

这样一来，整个陕北红军的兵力已达到了1.5万人左右。其不仅震慑了苏区周边的国民党各地方实力派的军队，而且利用刚刚得到的实行统一战线政策的指示，先后迫使高桂滋的第八十四师、张学良东北军的第五十七军，以及杨虎城所部第十七路军等，与之秘密签订了书面的或口头的互不相犯协定。[1] 在此背景下，红军于1936年2月下旬更大举渡过黄河，发起了东征山西的战役，横扫山西十余县，取得了大量补给和兵员，后因国民党中央军的参战，又被迫退回了陕北。

陕北红军如此活跃，自然让蒋介石深感担忧。毕竟，陕北苏区紧临山西、绥远，是日本人必欲染指之处。日本军方已多次要求国民政府共同防共，借以控制中国的整个华北地区。如今红军不断侵扰山西，威胁河北和绥远，势必会给日本一方提供口实，逼迫中方接受其共同防共要求，因此，从军事上消除红军的这种进攻威胁，就再度列入蒋介石的议事日程之中。但是，由于中央军兵力有限，除了部署在各战略要点和重要交通线上的部队以外，可以用来机动的兵力，大部还在西南协同川军等追堵川康红军。红军东征山西，阎锡山告急，要求中央军增援，何应钦即明告阎中央一时尚无多兵可调，须待以时日，才可能设法抽出一两个师进行增援。[2] 但主要靠阎锡山、张学良、杨虎城等地方实力派的军队来“围剿”红军，显然不切实际。

阎锡山一向坚持自己经营山西，从不让中央势力介入。因而让处在日本直接威胁下的冀察两省军政官员倍感恐慌，冀察政委会委员萧振瀛专门上书蒋介石，深恐阎锡山无力抵抗，却又不愿中央军入晋增援，会酿成大祸。疾呼 :“晋军积弱，决不足以自卫。三晋沦胥，不但华北立危，陕甘青

[1] 1935年年底红军先后与高桂滋部、东北军沈克部达成了互不相犯的约定，并与杨虎城取得了联系。口头约定维持原防，互不侵犯，1936年1月则进一步与东北军王以哲部建立了联系，取得了相应的默契。双方在3月初达成了书面的协议。参见杨奎松著 :《西安事变新探——张学良与中共关系之研究》，（台北）东大图书公司1995年版，第22—49页。

[2] 何应钦电称 : 目前只能暂抽第二十五师入晋，而从徐海防务另调两团兵力填二十五师原防。且二十五师亦兵力单薄，暂时只可担任后方防务。须待另外设法抽调一二师增援，方有胜算也。《何应钦致太原阎主任电》（1936年3月12日），台北“国史馆”藏蒋中正档案，特交档案250100。

宁均不可保，危亡之患莫急于此务。宜乘匪喘息未定，急派现驻陇海西线之中央得力部队三五师由晋南北趋迅速扑灭，以防燎原就势。”稍事迁延，“非至全晋溃裂自误误国不止”。[1] 问题是，阎锡山虽然不得已要求蒋派中央军增援，蒋也乐得急调关麟征之第廿五师前往山西增援，但他却又生怕晋军保存实力，致使关师孤军深入，遭遇损失。结果是这边阎锡山急催关师参战，那边蒋介石却坚持“廿五师入晋人生地疏，且兵力单薄，暂时只可令其担任后方防务”。弄得阎锡山大为不满，不仅扬言：“若关师只在后方，不加入前线，诚恐奸人藉端造谣，致启中外疑虑，别生枝节”，而且明言：若不乘匪受挫之时迅速将其击灭，山西财政本月即无办法，届时将更难支持。据此，蒋才下令关麟征“应绝对服从阎副座命令”，参加前线作战。[2]

其实，红军东征的最主要目的，不过是要解决人烟稀少、贫瘠荒凉的陕北所不能解决的粮食补给和兵源的问题。当遭遇强大抵抗之后，红军自然要再度退回陕北。问题是，这个时候负责西北“剿匪”的东北军也在相当程度上畏惧红军，不愿冒险去占据黄河西岸只剩下少数地方红军护卫的主力红军的出发地。关于这种情况，台湾保存的档案中记录得很清楚。早在红军主力东渡后，陕西国民党高桂滋师就报告说：“毛（泽东）彭（德怀）徐（海东）林（彪）各匪主力约两万以上完全渡河。”蒋据此专门电示西北剿总代总司令、东北军统帅张学良：“匪主力过河既已明了，晋亦不望派队增援，则我军应速向北推进，封锁黄河西岸各渡口。此机万不可失。”而张学良却告诉蒋说：“查陕甘边区股匪极为活跃，匪区民众赤化甚深，殊未可轻视，如不先行肃清，势必危及我军侧背，破坏交通，阻绝补给，影响进剿至巨。此间俟各部队就准备位置后即令大举进剿，限期肃清，俾得转用

[1] 《萧振瀛致南京军事委员长蒋极密电》（1936年3月3日），台北“国史馆”藏蒋中正档案，特交档案25009742号。

[2] 《何应钦（蒋拟稿）致太原阎锡山电》（1936年3月12日）、《蒋中正致灵石关师长电》（1936年3月15日），台北“国史馆”藏蒋中正档案，特交档案（五）军事剿共007卷51379号；民国廿五年264册250106号。

优势兵力向东北扫荡。”蒋再三要东北军迅速推进至黄河西岸，张学良却始终不为所动，坚持“良接近前线，闻见较确，对于匪我情形当然详密考虑，凡可以摧灭匪股肃清匪患者，自应竭力赴之，决不敢越趄逡巡，贻误戎机也”。[1] 结果，当红军受到中央军和晋军联合压制，被迫退回陕北时，其西渡黄河的行动，丝毫未受到来自东北军的牵制或妨碍。

当然，张学良上述种种理由，大都是一种避战的托词。东北军畏惧与红军作战，根本上是因为1935年10—11月间的惨败，张学良对此心痛不已，从此对“剿匪”军事消极处之，期望能够政治解决共产党问题。正当他开始秘密与陕北红军接洽，寻求妥协办法之际，意外发现南京方面也在派人寻找中共进行谈判，自然更加强了他要与红军妥协的决心。红军2月20日东渡黄河时，距张学良与中共代表李克农在洛川第一次秘密接谈已整整一个月时间。红军成功进入山西后，在张学良的同意下，东北军第六十七军军长王以哲并与李克农达成了两军互不侵犯、互通有无的口头谅解。张学良并在3月5日凌晨再度飞抵洛川，秘密会见李克农，甚至直截了当地提出希望中共帮助介绍他的代表前往苏联商谈合作抗日的问题。到4月9日晚，根据张学良的要求，中共中央副主席周恩来更秘密潜入东北军控制的延安城，与张学良直接进行高层会谈。鉴于中共中央明白许诺愿助张在西北建立稳固局面，进一步助其回平津和东三省，并可设法帮其解决军饷、械弹，甚至有意推举张担任未来“国防政府首席及抗日联军总司令”，而南京方面却取消了被红军歼灭的东北军一一〇、一〇九师的番号，并拒绝张要求特恤两位阵亡师长家属各十万元的要求，这不能不使张学良对国民党心生厌恶，转而开始向中共靠拢。[2] 在这种情况下，张学良寻找各种借口不去切断

[1] 《阎锡山致南京蒋委员长电》（1936年2月27日）、《蒋中正致西安张代总司令电》（1936年3月4日）、《张学良致南京委员长蒋电》（1936年3月4日、1936年3月9日），台北“国史馆”藏蒋中正档案，特交档案25007278号；民国廿五年264册250089、25012273、25008953号。

[2] 有关张学良这一段时间与中共发生关系及思想转变的情况，可参见《西安事变新探——张学良与中共关系之研究》，第一章第三、四节，第二章第一节等。

红军的退路，是再正常不过的了。

事实上，蒋介石并非不了解张学良与中共秘密接触的情况。还在3月15日，戴笠手下的特工人员就已经发现张学良和东北军将领与中共秘密联络的情况。在洛川第六十七军军部担任副官的复兴社分子刘宗汉即报告说：张学良有与中共合作的倾向。其密电所举均为事实，如“1、六十七军前三日曾接匪电令购大批书报。2、匪中央曾派来伪外交部部长李克农来洛川与王军长协立多项口头协定，宗汉窃视伪李部长发与匪中央之电，内云‘略有协定，彼此不相攻打，采买给养可随意，但我军（匪自称）可着便服，以掩外人耳目。大体须俟张来后，始决定’等语。3、该伪部长李克农于本（五）日回伪中央部，携去大批文电与地图。4、此次匪与张部之接近谈判，系壹零柒师陆壹玖团被俘团长高福源所为。5、李匪皖人，目力不佳，谈锋极健，对外界活动力颇强，常有函致沪平两地学校，其来洛川已三次矣。6、现六十七军一般人对剿匪颇黯淡，处处表示一种反领袖与中央之意态”。[1]

蒋对地方实力派为保实力而暗通红军的消息，早已见惯不怪，但他亦意识到，非动用中央军参加防堵作战不可。特别是注意到“赤匪首脑在晋陕，如晋陕之匪歼灭，则川滇边区之小股一面以政治方法剿抚之，一面仍以兵力封锁压迫之可也”[2]，蒋自然开始考虑要转移“剿共”重心了。他当即电令岳州汤恩伯，密调第十三军第四师限期开潼关，军部及直属队开运城；调第一师、第二师一部及第十九师入晋，调第九十七师直运安阳为林、涉各县方面之预备队，并电令河南刘峙，调武汉第五十八师与第八十九师，派陈诚前往山西指挥；令卫立煌抽调一师北上，皆归刘峙指挥，部署于“武、涉、林各县之黄泽关、壶口关、东阳关、虹梯关、玉峡关等隘路口，以及清化

[1] 《戴笠转报洛川六十七军副官处副官刘宗汉（复兴社同志）三月五日报告》（1936年3月13日），台北“国史馆”藏蒋中正档案，特交档案—特件—政治—51579号。

[2] 《困勉记》卷三十七，1936年4月9日条。

通晋城之各关隘……一筑碉严密封锁各关口……使赤匪不能窜入豫境”[1]，与此同时，他开始三番五次催促张学良在陕北，乘红军主力东渡，苏区空虚，亲自督剿，“务限四月哿（20）日以前建成封锁黄河西岸任务”，不使红军回陕。[2] 蒋介石的计划很简单，红军在山西无法立足后，只能有回陕西和去河南两途，如今河南已部署中央军严密封堵，张学良、杨虎城若能封锁黄河，不使红军回渡，则红军必无处可去而被全歼。

然而，蒋介石不知道的是，就在4月9日夜里，张学良已经秘密地与中共中央领导人周恩来在陕北延安进行了会晤。张学良明确表示：红军目前经山西出河北太早，最好争取出绥远，以绥远为根据地，靠近外蒙古。红军如果担心黄河西岸的根据地，可在关中韩城设法牵制杨虎城部，在陕南向蓝田、雩县活动，威胁西安，使他有借口拖延东北军的行动。[3] 到4月下旬，张学良的态度发生了更大的变化，开始设想必要时反蒋的问题了。他明确地对中共派驻在他身边的联络员刘鼎表示：再等半年，只要苏联方面能够接纳他抗日的主张，愿意援助，而蒋仍不抗日，他就不惜和蒋翻脸，“要干就彻底干！”[4] 在这种情况下，可想而知蒋介石的封堵黄河西岸的计划是不可能被执行了。

发现张学良、杨虎城迟迟不能完成封堵计划，蒋介石对此非常不满。他在给张学良的电报中训斥道：“闻延长延川尚未如期占领，而兄与虎城犹互相推诿，彼此观望，不敢前进，未知革命究为何事，国家养兵之多，人民痛苦之深，而对区区残匪保持实力不敢前进。吾人何以为人表率。”“兹

---

[1] 《蒋介石致武昌陈诚参谋长岳州汤恩伯军长电》（1936年3月14日）、《蒋介石致开封刘峙主任、商震主席电》（1936年3月20日）、《蒋介石致一师胡宗南师长电》（1936年3月22日），台北“国史馆”藏蒋中正档案，特交档案250103、250118、250123、250127。

[2] 《蒋介石致西安张学良代总司电》（1936年3月25日），台北“国史馆”藏蒋中正档案，特交档案250197。

[3] 参见张友坤等主编《张学良年谱》（下），中国社会科学出版社1996年版，第989页。

[4] 张友坤等主编《张学良年谱》（下），第999页。

再展半月之期限，兄负责收复延长延川勿得再误。”[1] 但几天之后，张学良即电告蒋称：封堵计划已无从实现，因“迭据各方暨飞机侦察报告，毛彭徐刘各股迭经我中央及晋方各军围剿，于江日夜由黄河东西两岸之于家咀清水关一带渡河西窜。其大部已到清水关西之牛圈山劳石杨家山一带，一部尚在续渡中”。“职指挥无方，未能达到封锁黄河西岸任务，有负钧座谆谆指示之殷，劳师无功，似请明令处分，以重军令。”[2]

张学良、杨虎城的虚与委蛇，使蒋介石决心在晋西或陕北“剿灭”红军的计划完全无从实现。不仅如此，陕北的红一方面军还开始联络红四方面军和贺龙、萧克所部，召其北上，并挥师西进以迎，试图共同打通国际路线，以接取苏联援助。国民党方面虽不能确切了解红军的意图，但对于短期内实现各个击破的“剿灭”任务，也极感困难。西北“剿匪”总司令部参谋长晏道刚 5 月底即有电诉苦称：“陕北股匪由晋回窜，其精锐虽有损失，然侦其在晋发所掠财物及裹胁之壮丁尤多，现其匪数与枪支并未减少。该匪……显有窜扰甘青模样，料其将来窜逃途径当以经定边、环县方面出甘、宁毗连地带之公算为最多。近闻朱、徐股匪亦有向西北窜青、新企图，其内部疲困不堪，衣食两缺，本不难追剿。惟以该方面人烟稀少，交通不便，粮食缺乏，大军行动极感困难。现只有不顾一切遵照委座意旨设法将陕北毛、彭股匪堵其西窜，以求在陕北歼灭之。然以军队复杂，战斗力量及粮食、运输、经费均有力不从心之感。”[3]

其实，蒋介石这时也并非不想采取其他办法来解决中共问题：比如，他就想到“祸水北引”这一着，想让红军到外蒙古边境去导火日苏冲突，当陕北红军在中央军和晋军联合进攻的压力下不得不于 5 月初退回到陕北地

---

[1] 《蒋介石致西安张学良代总司令电》（1936 年 5 月 1 日），台北“国史馆”藏蒋中正档案，特交档案 250338。

[2] 《张学良致南京蒋委员长电》（1936 年 5 月 6 日），台北“国史馆”藏蒋中正档案，特交文电 25008943。

[3] 《晏道刚致南京何应钦部长、朱培德主任电》（1936 年 5 月 30 日），台北“国史馆”藏蒋中正档案，特交文电 25008938。

区之后，蒋就一面继续指挥中央军越过黄河跟进追击，一面则重新对政治解决方案开放绿灯。在5月15日曾养甫与周小舟、吕振羽的秘密谈判过程中，国民党方面第一次明确地提出了四项具体条件，即：

一、停战自属目前迫切之要求，最好陕北红军经宁夏趋察绥外蒙之边境。其他游击队，则交由国民革命军改编。

二、国防政府应就现国民政府改组，加入抗日分子，肃清汉奸。

三、对日实行宣战时，全国武装抗日队伍自当统一编制。

四、希望党的领袖来京共负政治上之责任，并促进联俄。[1]

国民党的四项条件，在统一军队和政权的形式问题上，字面上较前灵活，然而其中心内容不过是想要红军北去外蒙边境。谌小岑就此有过一番解释，他说：四条件中之“国防政府应就现国民政府改组，加入抗日分子，肃清汉奸”，是因为“目前南京当局，自审其在国际上之地位，对于国防政府与抗日联军之组织，在表面上势难赞同”。“兄等尽可求其实质，而不必求其表面与名义。苟中日战争爆发，则现政府之组织势必有所变更，而加强其国防的性质，自不待言。”对“对日实行宣战时，全国武装抗日队伍自当统一编制”一条，他则解释说：“军队编制与番号，自必重新组织，亦所当然之事实。欢迎抗日分子之参加，乃势所必然。”故红军参加抗日必须与国民党军队统一编制。对“希望党的领袖来京共负政治上之责任”一条，他的解释是：“苟合作成立，民主权利份属当然。惟党与军之行动，或须有所分别。”也就是说希望共产党能够放弃对红军的控制。对“最好陕北红军经宁夏趋察绥外蒙之边境”一条，他则坦率地解释为：红军“最好另辟新土”去外蒙边境，不要留在陕北和国内其他地方。因为“今日之问题，在如何方能发动此战事耳。

[1]　《周小舟给中共中央的报告》（1936年8月29日）。

就现势以观，欲求避免目前国内之矛盾，（红军）最好另辟新土”。[1]

蒋介石、国民党这时所以会想出这样一着，实在也是蒋在日俄“两害”之中权衡利弊无以释怀的心病使然。蒋这时之心病到如何程度，只要读一下蒋这一段时间的日记就可以看得很清楚。

2月，因不知如何消弭日本对华北的阴谋，蒋总是心神不宁，“忧郁之至”。想要具体开始对俄交涉，订立协定，却又担心其“果能使倭屈服乎？抑反强其速攻乎？”忽然间26日日本国内发生政变，蒋顿时兴奋不已，相信“敌国内变，资我以复兴之机”，然冷静下来却又发现：“倭变为叛者胜利，达成其少壮派之目的，则侵略必益烈。”因而忧心忡忡，哀叹“对倭策动之运用未得其道，思虑无已，心神觉劳矣”。[2]

进入3月间，蒋几乎全身心地投入到避免与日本新上台的强硬派冲突的外交谋划之中。一心希望这些强硬派能“促成倭俄战争可使其关东军向俄挑战”，认为这样中国就可以奉行“中立原则”，进而在“不妨碍倭之抗俄程度之内与之谈判”了。随后得知日本广田内阁有对苏联实行强硬方针的消息，蒋更是倍感庆幸，相信如此则日本必对我“渐变和缓”，从而使我获得“唯一难得之时期”。据此，蒋介石甚至又开始怀疑联俄之必要了。特别是风闻苏联与外蒙古擅定互助议定书，他从17日开始已经在反复研究对俄外交利害，强调对“甲、共匪之消长，乙、倭寇之影响，丙、内忧之大小，丁、民心之向背，国际之关系，……己、主义之异同，庚、最后之祸福，皆应彻底究穷之也”。几天后，他已得出某种结论，称：“若不先自立，而徒希冀求人协助，是倚赖寄生之奴隶性。此奴隶性若不矫去，则民族前途可危甚矣！呜呼！一般书生文人，皆以为非联俄不能生存，青年无知者从而附和之，非痛加惩创，不能使之觉悟也。”在这种情况下，当他于25日得知日本又在向华北增兵，自然大惑不解。他虽然暗中希望“此其为倭俄作战而在华北布置

[1] 《谌小岑致翔宇函》（1936年5月14日）。

[2] 《困勉记》卷三十六，1936年2月1—6、26—29日条，台北“国史馆”藏蒋中正档案。

之准备”，却又自觉不甚合理，于是整夜“心烦不定，夜不能眠”。次日研究来研究去，终于发现日本增兵华北似与对俄作战无甚关系，于是又不能不暗自里为自己打气称：“倭知我之有备与决心，及其对俄之利害，故不得不向我求妥协也。”只是，蒋终究不相信日本真的会放过苏联而把矛头对准中国，因此仍旧希望能够把日本这股祸水引到苏联那边去。其在31日的日记中反复盘算：“俄蒙协定宣布之日，容即倭俄战局完成之时，俄之狡诈疑忌，倭之狭隘横暴，决不能长此隐忍而不破裂也。”“如果倭决一致对俄，则对我或转缓和。但必先用压力以试之。如我不为其威胁所动摇，则彼乃无可如何，不得已而求我之中立乎？”若事能如此，则日本为求我中立，或能“还我满洲主权”。而我则可借机“先与商谈对俄协定，此为最大之希望。其次则取消塘沽协定与冀东察北战区，则允其资源之接济。不然，概作为悬案”。[1]

计算到这一层，又得知苏蒙公开了互助议定书，蒋难免会把一肚子的愤懑倾泄到俄国人和共产党头上去。4月初，蒋在日记中几度大骂苏联“卑劣毒辣，一如乡间之土霸无赖，可恶之极！”断言“倭之狭小，俄之短忌，侵略主义者之横暴，诚无独有偶，倭满协定之启其端，俄蒙协定之结果，倭俄之战争，以理测之当在眉睫矣”。进而决定：“一、俄态日露，已逼我无依违两可之余地，更不可有乘机取巧之观念，惟有以事实与我革命主义为重，似无所用其徘徊也。二、外蒙之领土与主权，非使俄承认不可！三、中共非解决不可！”[2]

三、两党谈判条件之趋近

对于蒋介石这时提出的四项条件，中共中央并不买账。不仅如此，5月8日，由于对张学良统战取得巨大成功，中共中央政治局还专门开会，讨论

[1] 《困勉记》卷三十六，1936年3月2、3、4、9、17、18、21、25、31日条，台北“国史馆”藏蒋中正档案。

[2] 《困勉记》卷三十七，1936年4月2、3、7、8日条，台北“国史馆”藏蒋中正档案。

通过了联合东北军，接通外蒙古、苏联，争取实现西北各地方实力派的反蒋大联合，建立西北国防政府和西北抗日联军，进而像外蒙古那样，与苏联结成联盟的宏大反蒋计划。[1] 随着5月底两广爆发反蒋事变，中共中央对于实现西北大联合计划更是雄心勃勃，他们对两党谈判的要价也明显升高。当6月中旬看到董健吾和北方局先后转来国民党的四条件之后，中共中央的态度显然十分不满。毛泽东在给前线彭德怀的电报中明确宣称：曾养甫等人的信件及条件，“满纸联合抗日，实际拒绝我们的条件，希望红军出察绥外蒙边境，导火日苏战争”。[2]

当然，反感归反感，中共中央也仍旧采取两手策略，即一边鼓动反蒋派反蒋，一边则继续与蒋介石南京政府接触。用周恩来的说法就是，共产党人至少可以借此“千载一时之机”，“利用蒋现时之弱点，抓住他找我之一环，向全国各方活动，并得与全国群众见面”。[3] 而事实上，中共中央这时也注意到国共两党实力上的巨大差距，有心与蒋介石巧为周旋，以获取更多的生存空间。在这种指导思想之下，中共中央领导人一面利用董健吾、张子华等来往于南京与陕北之间的有利条件，给国内各界的头面人物写信，宣传自己的主张，一面也致函国民党谈判代表，邀请曾养甫及谌小岑等“惠临苏土，商讨大计”，“或更纠合同道，就便参观”，表示愿意与国民党谈判代表一道，“推动各方，共促事成”。[4] 而较容易得到莫斯科消息的中共北方局，干脆捷足先登，在6月下旬向国民党方面提交了针对四条件的对案。对案的最大特点在于，它在某种程度上突破了中共中央前此关于要以国防政府和抗日联军为“根本主张”的原则规定。它根据国共两党实力对比悬殊的现实情况，含蓄地表示，中国共产党并不计较国防政府和抗日联军的名称，甚至也并不反对在将来必要时考虑取消苏维埃与红军之名称，它并且赞成

[1] 《毛泽东关于今后形势与战略方针的报告》（1936年5月8日）。
[2] 《毛泽东致彭德怀电》（1936年6月28日）。
[3] 《周恩来致张闻天、毛泽东》（1936年3月5日）。
[4] 《周恩来致谌小岑函》（1936年5月14日）。

国民党在新的统一战线组织中占据指导地位。

对案称：“在K方（即国民党方面）承认并确行第一条各项政策时，C方（即共产党方面）放弃敌对K方的行动，K方停止围剿与封锁红军和苏区。”“C方确认抗日战争须要有统一的领导与指挥，C方提议在最近期间召集全国各党及人民团体（不论已立案否）共同讨论具体实现抗日联合战线之一切问题，例如国防政府与抗日联军的名称，红军及其一切抗日部队当然要服从这个政府的指挥。在K方决行第一条各项政策时，C方赞成K方在国防政府及抗日联军中占有指导地位。”“C方在今天无意考虑取消苏维埃组织及红军之提议，C方也不要求K方及愿意抗日的其他各派变更原有的政治军事地位。但在将来，依据抗日战争的需要，C方赞成全中国真正民主的统一。”[1]

在这里，所谓提议在最近期间召集全国各党派及人民一切团体共同讨论具体实现国防政府和抗日联军的名称，很明显地意味着它已不再继续坚持“国防政府”与“抗日联军”的口号了；而所称目前无意考虑取消苏维埃组织及红军，但将来依据抗日战争的需要将会赞成全中国真正民主的统一云云，同样在某种程度上暗示它有可能在一定条件下放弃苏维埃与红军的形式。正是基于这样的考虑，中共北方局的条件里没有坚持两党必须平等合作的要求，而是第一次坦率地表示，在将来政府中可以由国民党占指导地位。中共北方局的这一文件，无疑为国共双方进一步接近提供了相当重要的基础。

果然，国共双方的商谈迅速取得进展。经过几天具体交换意见，国共两党代表破天荒地第一次形成了一个共同的“谈话记录草案”。内称：“K C双方一致确认，为求得民族之生存，须立即实现民族之联合战线，共同抗日。”“C方提议组织国防政府和抗日联军，K方在原则上接受此提议，但C方须承认K方之主导权，C方代表认为K方在原则上接受此提议后，现形势下应该而且可能成为抗日之主导力量。”根据上述原则，“K方将在事

[1] 《周小舟给中共中央的报告》（1936年8月29日）。

实上以秘密方式停止围剿红军，红军亦停进攻的军事行动。同时在C方停止反K方之行动与宣传的条件下，K方承认立即停止破坏C方组织，及逮捕C方人员与群众，并于暗中保护爱国运动（指在K方权力范围以内，冀察不在此限度内）。之后C方公开发表宣言要求K方一致抗日”。在完成上述步骤后，国共双方将“共同组织一混合委员会，讨论具体实现抗日联合战线之政治形势及统一经济、军事、外交等问题（例如在国防政府成立后，C方须改变苏维埃之政治形式而统一于国防政府之下)，以及联俄诸问题”。[1]

由上可知，在这次商谈中，至少在形式上双方代表都作了较多让步，以至取得了一个得到双方代表共同认可并且正式签字的谈判文件。其中最为关键的让步在于，谌小岑在形式上接受共产党方面关于国防政府和抗日联军的提议，而共产党方面则承认国民党方面之主导权和实际上的主导地位，同时准备放弃苏维埃之政治形式。当然，在与曾养甫商量之后，谌小岑进一步起草的准备提供讨论的正式协定条款的草案中，其原先的承诺已经发生了某种程度的改变。

为便于比较谈话记录和以后由陈立夫修订的协定条文，这里不妨将谌小岑起草的这个协定草案的内容照录如下：

一、K方为集中民族革命力量，要求集合愿意参加民族革命之一切武装力量，不论党派，在同一目的下，实现指挥与编制之统一。

二、C方如同意K方之主张，应于此时放弃过去政治上一切足以引起国内阶级纠纷之活动，K方可承认苏维埃主要区域在民主政府指挥之下作为特别实验区。

三、K方在C方承认全国武装队伍统一指挥与编制的原则时，即行停止围剿，并商定其武装队伍之驻扎区域，予以其他国军同等之待遇。

四、K方在C方决意接受K方之上述军事政治主张之原则下，执行（一）

[1] 见杨奎松《关于1936年国共两党秘密接触经过的几个问题》，《近代史研究》1990年第1期。

抗日民族革命之民主自由，但其限度以不反党国为原则；（二）红军之驻扎区域采商定方式，依双方之同意而决定；（三）苏维埃政权取消系指苏维埃独立于中央政府而言，其他地方组织形式可适当保留；（四）C方之表示与K方所负之义务应在同时实行，其实现方式由双方协议后实行之。[1]

由上述内容可知，作为国民党方面级别较低的联络代表，谌小岑实际上并不负有谈判的责任。他对中共关于国防政府和抗日联军提议的承诺，起不到任何作用。经与曾养甫讨论后，这一条就被代之以为集中革命力量，必须以国民党方面为中心实行统一指挥与编制了。即使是这样改动之后，还是不能让陈立夫满意。在曾养甫将此一草案上报陈立夫之后，陈进一步将国民党方面过去的要求具体化了。他在7月初对此一文件做了两点最重要的修改之后，于4日通过曾养甫和谌小岑正式提交给了中共代表。经过陈立夫修改的国民党方面最终的文件内容如下：

一、K方为集中民族革命力量，要求集合愿意参加民族革命之一切武装力量，不论党派，在同一目的下，实现指挥与编制之统一。

二、C方如同意K方上述之主张，应于此时放弃过去政治主张，并以其政治军事全部力量置于统一指挥之下。

三、K方在C方承认全国武装队伍应统一指挥与编制的原则时，即行停止围剿，并商定其武装队伍之驻扎区域，与以其他国军同等待遇。

四、K方在C方决意放弃苏维埃政权的条件下，即以K方为主体，基于民主的原则，改善现政治机构，集中全国人才，充实政府力量，以负担民族革命之任务。[2]

---

[1]《周小舟给中共中央的报告》（1936年8月29日）。

[2] 同上。

这里的修改主要表现在第二条和第四条，即强调了共产党方面必须以其全部政治军事力量置于南京政府的统一指挥之下，和放弃苏维埃政权，承认并参加以国民党为主体的，只是经过改善的现政权。这就在事实上否认了中共的国防政府和抗日联军的主张。

由于种种原因，经过陈立夫亲自修改的国民党方面的新的谈判条件，中共中央直到8月下旬才得以见到。而在此之前，先是潘汉年接奉中共驻共产国际代表团团长王明之命进入陕北苏区，向中共中央传达共产国际有关统战问题的新指示。接着共产国际于8月15日专门发来政治指示电，要求中共中央放弃前此奉行的“抗日反蒋”方针，彻底改变联合反蒋派策动反蒋事变的方针，“认定南京为进行统一战线之必要与主要的对手”，准备在过去与南京谈判的基础上，在忠实进行抗日准备、实行国内民主与实行停止“围剿”的前提下，承认与之谈判苏维埃红军的统一问题。[1]

依据共产国际的政治指示，中共中央于8月25日开始起草并发表了《中国共产党致中国国民党书》，随后还起草了《国共两党抗日救国协定草案》。明确表示：愿意“在任何地方与任何时候派出自己的全权代表，同贵党的全权代表一道，开始具体实际的谈判，以期迅速订立抗日救国的具体协定”，实现“两党重新合作共同救国”。[2]

27日，中共方面负责与国民党秘密接触的联络员张子华到达陕北中共中央所在地，带来了国民党电台呼号密码和陈立夫手下曾养甫及谌小岑的信件。为了促成国共双方高层谈判，周恩来于8月31日和9月1同也分别亲笔致信曾养甫和陈果夫、陈立夫等，首次表示愿意外出商谈。[3]

由于两广事变和平解决，陈济棠被迫下野，南京取得了对广东的控制权。

---

[1] 《共产国际执委会书记处致中共中央书记处电》（1936年8月15日），载《中共党史研究》1987年第2期。

[2] 《中国共产党致中国国民党书》（1936年8月25日），《中共中央抗日民族统一战线文件选编》（中），第235—245页。

[3] 转见《周恩来统一战线文选》，人民出版社1984年版，第17—18页。

紧接着，蒋介石又通过逼迫白崇禧等离开广西、到南京任职的办法，解决了广西的问题。除去长期威胁着南京中央地位的两广敌对势力，蒋介石解决共产党问题的态度不免又开始趋于强硬。在见到周恩来的亲笔信之后，时在广州的曾养甫就明确告诉张子华，国共两党必须在陈立夫所提之四条件基础达成妥协。他并明确强调：两党并非“合作”关系，军队也必须改编。[1] 当然，曾养甫欢迎周恩来外出谈判，并说明，蒋介石已专门关照出任陕甘晋绥四省“剿匪”总指挥的陈诚，要他致电西北“剿匪”总部，为周恩来外出放行。

这个时候，由于莫斯科为帮助红军在陕甘黄土高原生存下去，同意为红军提供军事援助。而红四方面军，以及贺龙、萧克所部改编的红二方面军两个方面军也北上甘北，与红一方面军会合，开始参加为接取苏援而发动的宁夏战役。然而，红军三个方面军的会师，并没有对红军打通国际路线带来太大的帮助，相反，倒引来了中央军的大队追兵。尽管红四方面军有几个师成功地西渡黄河，但其他部队以及红一、二方面军却被截在黄河以东，使得两支红军各不能相顾，军事形势变得相当紧张。

面对中央军的步步紧逼，中共中央一方面信不过蒋介石的谈判诚意，不愿意派周恩来外出谈判，另一方面也不能不考虑做更大的让步。毛泽东这时即明确讲：照蒋介石处理广西的办法解决，我们是可以接受的。这也就是红军基本不动，服从中央，改叫国民革命军，只调个别人（如白崇禧等）去南京做官。这与国防政府、抗日联军表面上不同，但表面得不到，我们应准备重实际，应该承认现实。[2] 据此，从莫斯科回国不久的潘汉年被任命为中共中央的谈判代表，带着《国共两党抗日救国协定草案》，前往南京和上海，准备与陈立夫进行谈判。[3]

---

[1] 《张子华关于与南京国民党谈判情况的报告》（1936 年 10 月 18 日）。

[2] 《毛泽东在中共中央政治局会议上的讲话》（1936 年 11 月 13 日）。

[3] 《中共中央致张子华电》（1936 年 10 月 24 日）；并参见杨奎松：《西安事变新探——张学良与中共关系之研究》，（台北）东大图书公司 1995 年版，第 237 页。

四、战争形势的意外影响

所谓《国共两党抗日救国协定草案》，指的是9月下旬中共中央根据共产国际8月15日发来的有关统一战线的“政治指示”，开始起草的一个正式表述中共方面谈判条件的文件，原“准备恩来带往谈判”。因形势改变，现在只能由潘汉年带往了。该草案很明显地是参考了中共北方局送来的他们在此前与国民党方面在南京谈判时所提出的各种文件，以及国共双方曾经形成的谈话记录草案，从而更具体地说明了中共中央关于实现两党合作的基本设想和基本条件。该草案的主要内容为：第一，在国民党停止进攻红军，给予适宜的根据地，和一切必需品并保证兵员的补充的条件下，中国共产党方面“承认在抗日作战时在不变更共产党人员在红军中的组织与领导之条件下，全国军队包括红军在内实行统一的指挥与统一的编制，红军担负一定之防线与战线”。第二，在国民党承诺改革现行政治制度，释放政治犯及被捕之共产党员的条件下，中国共产党方面“承认停止以武力推翻国民党政权之言论与行动，承认在全国建立民主共和国与召集根据普选权选举的全国国会时苏维埃区域选举代表参加此国会，苏区实行与全中国一样的民主制度”。第三，“中国国民党与中国共产党共同承认，为着实行真正的对日武装抗战，有迅速建立统一全国的军事指挥机关（军事委员会与总司令部），及由此机关采取真正对日抗战的一切实际军事步骤之必要。中国国民党承认，红军军事委员会及总司令部有选派代表参加全国的军事委员会与总司令部之必要，并保证该代表等顺利进行其工作；中国共产党承认，中国国民党人员在此种机关中占主要领导的地位”。

草案同时主张，两党中央应“各派出同数之代表组织混合委员会，作为经常接洽与讨论之机关”，并在忠实执行此协定的同时，“双方均保持其政治上与组织上之独立性”。[1]

[1] 《洛毛致朱张徐等同志电》（1936年10月11日），《中共中央抗日民族统一战线文件选编》（中），第287—290页。

与前此中共中央历次所提的谈判条件相比，《草案》的让步是显而易见的。它不仅明确同意改编红军，承诺在适当条件下实行苏维埃改制，而且直截了当地承认国民党在全国军事指挥机关中占据主要领导地位。考虑到蒋介石前此条件的核心就在于红军改编、苏维埃改制、以南京政府为中央政府，不难看出，国共两党的谈判条件已经相当接近，有进一步具体磋商的可能了。

值得注意的是，这个时候，国民党内上层人物中主张恢复孙中山“联俄联共扶助工农三大政策”，统一抗日的意向也有所表现。宋庆龄、何香凝等于10月下旬正式提出建议书，征求附议签名，得到了孙科、冯玉祥等国民党重要领导人的响应。而蒋介石也明白告诉冯玉祥，对于同中共的关系，他考虑了很久，认为根本上只有三点：(一)“人的问题，这好解决，从前大家在一桌子吃饭，一屋子开会，现在变成对打的冤家”，“如妥协成功，仍在一起对外，并无不可”。(二) 党的问题，“这好办，待我们实行宪政时，各党派都可参政，共党当然不能例外”。(三) 军队问题，“这是最不易解决的问题，谁敢去领导他们的军队呢？何况现在他们不答应改编，我想还是送他们到外蒙古去吧！”不过，他同时也还是希望冯玉祥和其他人能够想到办法，使红军“能够服从统一与服从领导”。[1]

蒋介石出于对红军作用的担忧，不愿简单照搬解决广西地方实力派的办法，是显而易见的。他这时尤其担心中共与苏联之间的联系问题。其10月18日日记即称：“防共问题，更为重要，否则不能与俄交涉矣。”[2] 红军宁夏战役失利，再度给蒋带来了根本解决共产党问题的极大希望。

红军宁夏战役的失利，主要是因为一、四两个方面军未能有效地达成军事上的配合，致使担负渡河任务的四方面军在胡宗南部队的追击下很快丢掉了渡口，被胡军截为两部分，约两万人过了河，剩下的部队只能与一、二方面军协同，边打边撤，远离渡口，退往盐池、定边方向，生存条件极

[1] 见《小K给东天来博诸兄的报告》(1936年11月1日)。
[2] 《困勉记》卷三十九，1936年10月18日条，台北“国史馆”藏蒋中正档案。

其艰难。鉴于国民党前线捷报频传，蒋介石信心倍增，态度突然强硬起来。他当即指示中央党部发表公开言论，批驳中共中央发表之《中国共产党致中国国民党书》，蒋称：“对于共党致本党书，应正式辟其谬妄，对人民阵线之说尤应反驳。”“即使其为真抗日，亦必为国际主义者之傀儡，而以中国供人牺牲品。如对外抗战而不照一个政府与命令原则之下行动，必招灭亡。”他要求针对中共所提办法，提出国民党条件，“使一般人民晓然于共党之虚伪与其责任之所在，而非吾党不允其投降，并说明其投降无保证”。[1]

政治上既如此宣言，国民党的谈判方针自然难免会发生改变。11 月初，陈立夫等人受蒋旨意四处找潘汉年谈判。10 日，双方终于取得联络，确定在上海沧州饭店举行正式商谈。

关于这次谈判的情况，目前可以看到的只有潘汉年事后的报告。据潘汉年报告说：他 10 日晨抵沪，在沧州饭店与陈立夫晤谈，并将周恩来致陈果夫、陈立夫兄弟及致蒋介石的信亦顺便交他。陈立夫一上来就问：你是代表周恩来个人呢，或是代表中共？潘汉年当场回答说，我是代表整个苏维埃与红军来与南京政府及中央军谈判的，并非代表任何个人。陈立夫紧接着要潘汉年先将中共方面的合作条件告诉他。潘汉年于是便根据《国共两党抗日救国草案》讲了一个大概，之后问陈：南京对我们提议有何意见。陈立夫当场表示，既然中共方面表示要开诚合作，那么我也就好提任何条件了。我们的意见是，第一，对立的政权与军队必须取消。第二，目前可保留三千人之军队，师长以上领袖一律解职出洋，半年后召回按才录用，党内与政府干部亦可按才适当分配南京政府各机关服务。第三，军队能如此解决，则你们所提政治上各点都好办。陈立夫特别强调，他的这个答复意见是代表蒋委员长的，并不是他个人的。

潘汉年听后当即提出异议，称：这怕是蒋先生站在剿共立场的收编条

[1] 《蒋中正致中央党部叶秘书长电》(1936 年 10 月 28 日)，台北“国史馆”藏蒋中正档案，特交档案—民国廿五年 270 卷 251070 号。

件吧，不能说是抗日合作的谈判条件。请问陈先生，当初邓文仪在苏联活动，以后曾养甫派人去苏区，所谈的均非收编而是讨论合作，蒋先生为什么目前会有如此设想！这样来磋商合作条件，恐怕不大合适。陈立夫对此解释说：在目前这种条件下谈判确实一时难于有所成就。但如果周恩来能全权代表军事出来与蒋先生面商，保留军队数目的问题或还有商酌的余地，比如可以考虑从三千扩大为一万之数。

鉴于双方立场相差太远，潘汉年不再与之谈整个解决之条件，转而提出：能否先谈停战问题？对此陈立夫断然否定，称：这决无可能，因“能否停战，蒋先生意思要看你们对军事问题能否接受来决定，而军事问题双方谈了必须负责，因此必须双方军事直接负责人面谈”。总之，他告诉潘汉年：“蒋先生中心意旨，必须先解决军事，其他一切都好办。你我均非军事当局，从旁谈判也无结果，可否请恩来出来一次，前［周］有电给养甫说可以去广州，所以已派张子华带着护照回去了，你想他能不能出来呢？……蒋答应如周出来，他可以和周面谈，或者那时蒋先生所提条件不致太苛刻，也难说。”[1]

11月11日，潘汉年将陈立夫的建议电告中共中央。12日，中共中央复电潘汉年，对国民党方面谈判条件突然变得如此苛刻表示不解，要求潘汉年弄清楚“南京对红军究能容纳至何限度”。这是因为，中共中央刚刚得到从广州回来的张子华的报告，报告丝毫没有显示国民党方面要价陡然提高的情况。相反，中共中央电称：“据张子华谓，曾养甫云：一、党可公开活动；二、政府继续存在；三、参加国会；四、红军改名受蒋指挥，照国民革命军编制与待遇，个别变更红军原有之组织。”曾养甫所提这四点，与中共中央起草的那个《草案》相比，有一明显不合之处，《草案》坚持红军可以改编，苏维埃可以改制，但其党政组织仍得保持独立，而曾养甫所提，则必欲变更红军之组织，这种做法较毛泽东所愿意接受的广西方式都更为苛刻。

---

[1]　《潘汉年致中共中央电》（1936年11月11日）；《潘汉年关于与国民党谈判情况给毛泽东等的报告》（1936年11月13日），《党的文献》1993年第5期。

然而考虑到目前形势，毛泽东明确表示可以就此作出让步，即“为一致对外，我们并不坚持过高要求，可照曾（养甫）谈原则协定”。问题是，陈立夫所提条件几乎是一种收编的办法，与中共中央所设想的情况完全不同。对此，毛泽东不能不表示说：若照目前彼方所提，周恩来去谈也无益，因为即使周恩来出去，这种条件也“无法接受”。[1]

潘汉年收到中共中央来电后，很快又与陈立夫进行了商谈。根据张子华转述的条件，潘汉年指责陈立夫等人出尔反尔，转而按照中共中央的要求，提出先谈停战再谈军队，但陈立夫明确否认他们曾请张子华传达过类似的条件。他在 19 日与潘汉年的谈判中称，张子华所说四条“纯属子虚”，除再度重申 10 日所谈的原则外，并说他自上次谈判后，已去洛阳见过蒋介石，希望蒋在保留红军人数上能够有所松动，但“蒋坚持原提各点，无让步可能”，军队问题不解决，其他一切都谈不上。潘汉年据此进一步报告说：陈立夫坚持，军队问题不先解决，无从讨论停战问题。[2]

鉴于谈判陷入僵局，张冲于当晚 10 时去找潘汉年，对他解释说：上次所提红军保留三千人的问题，可能理解上有误会。其实蒋所说的保留三千人，指的是将多数红军部队交南京方面编遣的同时，还可有三千人保留红军番号。但张冲却不能解释为什么蒋介石要如此安排。他只是说：坚持 10 日所谈原则，实在是蒋先生的意思，陈先生个人也是左右为难。但他相信，如果周恩来能与蒋先生亲自面商，条件或有松动的可能，而且蒋先生也是坚持要求周恩来出来谈判的。据此，潘汉年当晚又通过南京国民党方面的电台电告中共中央称：“据陈先生转达蒋先生意见：一、红军可缩编至三千人，其余由宁方编遣；二、师长以上官佐由宁资遣出洋考察，半年后回国按材录用；三、可派代表参加国会及各军政机关工作，但须先由我方提出适当名单，由彼酌量任用。如以上各点能解决，至释放在狱之共党及以后停止

[1] 《中共中央致潘汉年电》（1936 年 11 月 12 日）。

[2] 《潘汉年关于与国民党谈判情况给中共驻共产国际代表团的报告》（1936 年 11 月 21 日），《党的文献》1993 年第 5 期。

逮捕共党等，当不成问题云。”[1]

中共中央这时已经看出蒋介石的用心，明白在这种条件下要想谈出结果也是枉然。何况共产国际这时也有电报指示中共中央，要求它务必要在国民党实际停止进攻的前提下才能进行两党间的谈判，谈判的结果必须能够“保存我们的绝对领导、组织系统和军官成分，并且绝不允许国民党干涉红军内部任何事情”。与国民党的关系，也要坚持“在对日武装斗争的条件之下，才可以同意成立统一的指定蒋介石作总司令的总司令部，服从其指挥。且统一只是指在一定的战线上，为完成总的对日作战计划而服从统一指挥这个意义以内而言的”。[2]因此，在11月下旬接到潘汉年的这一报告后，中共中央即接连两电潘汉年，明确表示：“红军在彼方忠实的与明确的承认其参加抗日救亡之前提下可以改换抗日番号，划定抗日防地，服从抗日指挥。在这些上面我们并不坚持形式上的平等，也不须用两个政府出面谈判。但是必须两党（不是两政府）平等的签订抗日救亡之政治军事协定，红军不能减少一兵一卒，而且须要扩充之。离开实行抗日救亡任务，无任何商量余地。”“然如皓电所言，殊不见有任何之诚意，无诚意则失去谈判基础，只好停止以待他日。”因只要蒋介石尚有“剿灭”红军之可能，彼必步步进逼，要价日增，实无谈判之可能。故中共中央决定，先从各方面造成停止进攻红军的运动，酝酿一处，发动一处，到处响应，“以此迫蒋停止剿共，此是抗日统一战线的中心关键”。[3]

这个时候，经过精心部署和有东北军王以哲部的配合，红军已于11月21日在甘北山城堡找到了一个机会，给了国民党中央军一次沉重的打击，一举歼灭了胡宗南部丁德隆师的一个多旅，该师死伤被俘总数超过一千二百

[1]《潘汉年致毛朱张周同志电》（1936年11月19日）。

[2]《国际书记处致中央书记处电》（1936年11月20日）。

[3]《杨子任致潘汉年电》（1936年12月9日）；并见《毛泽东年谱》（上），第612页。

人。[1] 这一仗不仅使蒋“进剿”的锐气大为受挫，而且也极大地影响了张学良对蒋介石坚持“进剿”的观感。

刚一得到中央军受挫的消息，蒋就急电胡宗南，要其将“丁师损伤实情速直接实报，但对其他各处不必详报或报并未损失亦可”，生恐会动摇军心。他严令胡宗南马上“鼓励士气，集中实力，勿使因此颓丧。丁师当留驻适当地点整理补充，其余部队前进时应集结一气，行进时对于左右两翼之搜索正面愈广愈安”。与此同时，蒋要求胡注意：“下午三时以后不准行军，必须于三时前集中宿营地内，一面构筑抵抗线工事严防夜袭”；“无论宿营追击，凡到达一地，非先筑成防御阵地不得休息。”“各师旅团指挥部必须在部队阵地中间，且要严密搜索，恐民房内住民通匪响影，切不可在后方被匪袭击”；“无论如何勿得撤退，否则杀其主管。”不仅如此，此役后，蒋明令中央军和东北军都暂停“进剿”，延缓数日，以便休整部队并重新部署。

蒋介石这时正在推动绥远抗战，自 11 月 15 日绥远战争打响，到 25 日傅作义部队取得百灵庙大捷，全国抗日情绪正在高扬之中。在这种情况下，毗邻绥远的甘北“剿共”战争稍有差池，不仅会影响到绥远抗战，而且难免动摇整个华北的军事部署。因此，蒋介石不得不军事政治双管齐下，力谋迅速解决共产党问题。恰好这时日本关东军有出兵干涉绥远战争的迹象，而阎锡山等又极力反对下一步扩大战事，蒋亦乘势转过头来解决共产党问题。他于 12 月初率领众多军政要员亲赴西安，摆出全力部署和动员“剿共”战争，必欲争取“最后五分钟”军事胜利的架势，而另一方面，他也暗中派遣陈立夫再度约见潘汉年，告之可以改变过去保留红军三千人，其余全部收编或遣散的条件，说明红军大部目前可以不交南京编遣，仍实行改编，人数可以保留至三万人。[2]

---

[1] 《胡宗南致蒋委员长电》（1936 年 11 月 27 日），台北“国史馆”藏蒋中正档案，特交档案—民国廿五年 271 册 251293 号。

[2] 转见杨奎松：《西安事变新探——张学良与中共关系之研究》，（台北）东大图书公司 1995 年版，第 285 页。

不难看出，蒋介石这时兴师动众地拉开“剿共”战争架势的目的，也未必真的就是想要一战解决问题。其内心中的真正目的，怕只是想要尽快了结共产党问题而已。或者将红军赶往黄河以北，驱逐到外蒙古边界上去；或者诱而降之，再徐图分化瓦解。蒋在日记中反复思忖：“紧剿乎？缓剿乎？”“欲使匪渡河北窜，则非余进驻西安不可！盖形成紧张，增进局势，匪自不敢久踞矣。”抑或“将计就计，待其诈降以后较易消灭乎？”[1]

五、西安事变与停止“剿共”

蒋介石想要尽快了结共产党问题，共产党同样也希望与国民党达成妥协，然而，双方这时却找不到任何可供直接接触的有效途径。几万红军集中甘北，粮食被服极端困难，宁夏战役失利后，中共中央无法再指望与国民党谈判成功，因此已经不得不在 11 月 13 日通过了一项决议，决心跳出陕甘国民党军的包围圈，来一次新的长征。而毗邻省份绥远爆发的抗战，却使不愿意看到红军这样离开陕甘的张学良心生想法，因此他一面极力向南京政府要求调东北军前往绥远抗日，一面电告中共中央，称：从各方面看，一二月内定有变动，红军只要能设法牵延一二月，则西北之联军可成矣。[2]

张学良这里所说的“西北之联军”，理应是指几个月前中共中央与张学良密商的那个计划中的西北抗日联军。只是，没有人知道张这时内心里是否想到过与蒋翻脸的问题。客观的事实是，张学良为争取派东北军援绥前往洛阳见蒋，力陈东北军只能抗日不能“剿共”的理由，结果是蒋不仅拒绝了张学良的要求，而且干脆乘势前往西安督战，最终逼使早与中共秘密结盟的张学良、杨虎城等于 12 月 12 日发动了震惊中外的西安事变，一举扣留了蒋介石及其各路军政大员数十人。

[1] 《困勉记》卷四十，1936 年 12 月 1、4 日条，台北“国史馆”藏蒋中正档案。
[2] 转见杨奎松：《西安事变新探——张学良与中共关系之研究》，第 273 页。

西安事变的爆发，使蒋介石计划中的大规模“剿共”计划和把红军赶往外蒙边界的设想，一时间再无实行的可能。而东北军、十七路军和红军的公开结盟，更使蒋发动一场军事“剿共”战争，迅速以强力解决共产党问题成为泡影。国共两党最高层的谈判在一种完全出乎意料的情况下发生了。

中共中央对西安事变的政策经历了一个变化的过程。12 日得到张学良和王以哲的通报后，中共中央在当晚做出决定：“（一）周恩来、张学良、杨虎城组织三人委员会，以叶剑英为参谋长主持工作。（二）在西安召集抗日救国代表大会，准备半个月内召开会议。（三）组织抗日联军，以红军、东北军、十七路军、晋绥军四支军队为主，争取陈诚领导的蒋系军队加入其中，抵抗日本之可能的进攻。（四）以林森、孙科、冯玉祥、宋子文、于右任、孔祥熙、陈立夫等暂时主持南京政府，防止和抵抗亲日派勾结日本进攻上海与南京，准备成立革命的国防政府。（五）争取蒋介石全部军队。”[1] 到 13 日召开政治局扩大会时，毛泽东在报告中更进一步提出：应考虑以西安为中心来领导全国，控制南京，因此，“在我们的观点，把蒋除掉，无论在哪方面都有好处”。当然，考虑到共产国际反复强调过的不应把抗日与反蒋相提并论，以及必须以南京为谈判主要对手的观点，会议最终把自己的方针归结为“又要反蒋又不反蒋”和“又要政府又不要政府”，实际上推动“要求罢免蒋介石，交人民公审”的做法。[2]

然而，一方面南京政府几乎马上就采取了十分强硬的立场，“褫夺张学良本兼各职”，并兴兵讨伐；另一方面，尽管中共中央明确要求莫斯科“在世界舆论上援助我们”，随后收听到的来自莫斯科的消息却公开指责了张学良，这些都使得中共中央不能不谨慎行事，停止宣传蒋介石罪恶和要求审判蒋介石的做法，转而公开做出第三者的姿态，呼吁并着力于事变的和平解决。17 日，周恩来到达西安后，更进一步了解到蒋介石的态度已有松动，

[1] 《中央书记处致国际书记处电》（1936 年 12 月 12 日）。

[2] 转见张培森等：《张闻天与西安事变》，《党的文献》1988 年第 3 期；参见《中共党史研究》1988 年第 4 期。

其姻弟宋子文将亲来西安谈判，中共中央对蒋的策略自然也就要发生改变了。

宋子文于20日飞抵西安，周恩来根据毛泽东的电报，马上提出要与宋见面。张学良告诉周说，宋子文对中共确有好感，惟担心南京方面知道，不好见面。不过，宋子文此行，到底使蒋的态度有了进一步的软化，据宋云：蒋已同意，“张杨主张交蒋提三中全会，东北军可援绥，陕西交杨”[1]。宋子文随后即飞返南京，把宋美龄接来西安。22日再到西安后，他即说服宋美龄同意他次日与周恩来等进行会谈。而之后的情况大大出乎中共中央的意料之外。据宋子文告诉张学良、杨虎城和周恩来说，经过宋子文、宋美龄的种种劝说之后，蒋介石已经表示可以在政治上做出某种让步，比如，“蒋暗示宋，改组政府，三个月后开救国会议，改组国民党，同意联俄联共”。正是基于这一所谓“暗示”，原本就对蒋过去的对日政策有所不满的宋子文，转而开始大胆地提出他的改组政府设想。他建议说：可先组织过渡政府，三个月后再改造成抗日政府。目前先将何应钦、张群、张嘉璈、蒋鼎文、吴鼎昌、陈绍宽赶走，推荐孔祥熙为院长，宋子文为副院长兼长财政，徐新六或颜惠庆长外交，赵戴文……长内政，严重或胡宗南长军政，陈季良或沈鸿烈长海军，孙科或曾养甫长铁路，朱家骅或俞飞鹏长交通，卢作孚长实业，张伯苓或王世杰长教育，如此等等。[2] 而西安方面，即张学良、杨虎城和周恩来三人的条件则是：

一、停战、撤兵至潼关外。

二、改组南京政府，排除亲日派，加入抗日分子。

三、释放政治犯，保障民主权利。

四、停止剿共，联合红军抗日，共产党公开活动（红军保存独立组织领导，

[1] 《周致洛、毛、博、朱、张电》(1936年12月21日)，《文献和研究》1986年第6期。

[2] 《周恩来选集》(上)，第71页。

在召开民主国会前，苏区仍旧，名称可冠抗日或救国）。

五、召开各党各派各界各军救国会议。

六、与同情抗日国家合作。[1]

在西安方面提出的六条件当中，第一次明确地包含了对中共和红军处置的具体方案。而24日据张学良转告说，蒋对六条件已有正式答复，此即：

（子）令东路军退出潼关以东，中央军决离开西北。

（丑）委托孔、宋为行政院正副院长。责孔、宋与张商组府名单。蒋决令何应钦出洋，朱绍良及中央人员离开陕甘。

（寅）蒋先回京，后释放爱国七领袖（即11月27日被捕之救国会领袖沈钧儒、章乃器、沙千里、邹韬奋、李公朴、史良、王造时，时称“七君子”——引者）。

（卯）联红容共，蒋主张为对外，现在红军苏区仍不变，经过张暗中接济红军，俟抗战起再联合行动，改番号。

（辰）蒋意开国民大会。

（巳）他主张联俄联英美。[2]

在这次谈判过程中，虽然没有直接讨论到改编红军的人数等问题，但确定了红军改编的意向和大致时间，从而正式承认了和平改编的原则。潘汉年与陈立夫几次谈判不能解决的停战问题，最终得到了解决。值得注意的是，蒋介石自事变发生即认定“此事症结在共党”，因此深恐中共从中作梗。所幸中共代表为蒋当年之部下周恩来，而蒋始终对周有较好印象，待宋美龄到后，蒋即“令宋子文与之相见，察其态度如何再定对付方针”。[3] 而周、

[1] 《周恩来选集》（上），第71页。

[2] 《周恩来、博古致中央书记处》（1936年12月24日），《文献和研究》1986年第6期。

[3] 《困勉记》卷四十，1936年12月23日条，台北“国史馆”藏蒋中正档案。

宋会谈结果显然使蒋对周有了更深的好感，因而当23日周提出见蒋时，蒋抱病于晚10点让周入见略事寒暄。次日，当周再度要求蒋能当面承诺不再“剿共”时，蒋虽十分不愿，最后也还是允许周恩来于上午10点进见，他告诉周说：“此语此时决不能说！若尔等以后不再破坏统一，听命中央，受余指挥，且与其他部队一视同仁。”周恩来当即答复说：“红军必受命，决不破坏。”蒋遂表示：“此时不便多言，余事与汉卿详谈可也。”[1] 周恩来在得到蒋的这一委婉承诺之后，马上电告中共中央称：蒋已同意在“统一中国，受他指挥”的条件下，“停止剿共，联红抗日”。并表示，他回南京后，周恩来仍可直接去谈判解决具体问题。[2]

12月25日，蒋介石在张学良陪同下返回洛阳，然后转赴南京。西安事变由此得到和平解决，而无论蒋介石意愿如何，其“剿共”战争也意外地因之而被迫结束了。蒋介石获得自由之后，马上开始着手分化西北三位一体的工作，除扣押张学良，不使其返回东北军以外，其最重要的一个步骤就是积极谋求中共在南京政府处置东北军和十七路军时保持中立的态度。为此，蒋一回到南京，就决定了对共产党的两手策略，即“应与共党以出路，而以相当条件收容之。但须令其严守范围”[3]。他随即通过陈立夫转告共产党代表潘汉年：西北之善后南京决取政治方式解决，希望中共置身事外，“以免外交发生困难及不利于双方谈判之进行”。他并委托张冲前往西安，接周恩来“从速秘密来京见蒋先生，面商一切”。[4] 惟红军必须“顾念国家艰难，为整个民族着想”，力劝杨虎城接受中央建议，如此中央当视同一体，同意红军驻延长、延川、延安、淳化、鄜县、庆阳及凉州等地，并参加政权。否则，“不仅周与蒋所谈一切无从实现，且蒋亦不能制止南京讨伐行动矣”。[5]

---

[1] 《困勉记》卷四十，1936年12月25日条，台北“国史馆”藏蒋中正档案。

[2] 《周恩来统一战线文选》，第34页。

[3] 《困勉记》卷四十一，1937年1月5日条，台北“国史馆”藏蒋中正档案。

[4] 《汉年致毛、周电》（1937年1月4日）。

[5] 《汉年致毛、周电》（1937年1月20日）。

虽然，中共中央于西安事变后一度力图继续保持西北三位一体的军事政治格局，但是，考虑到中央军大军压境，东北军群龙无首，十七路军内部分化，周恩来等明确认为目前不宜与南京对抗。潘汉年亦来电表示：“西北问题不可久持，盖西北问题一日不决，整个抗救计划无以实现，徒予日人以共同防共之藉口。我方当本对内和平团结，对外一致抵抗之初衷，力劝杨、张部队负责者从整个御侮救亡着眼，勿持私见以阻碍整个之实现。”[1]经反复讨论，中共中央最终决定采取劝告西安方面接受南京统一方针的政策，因而在事实上放弃了坚持三位一体的态度。在进一步得到宋子文所转达的蒋介石关于红军的“给养补充概由中央负责”的口头承诺之后，毛泽东和周恩来即联名电蒋，保证：“我们的政策是与蒋一道团结全国（即反对分裂与内战）共同对日，以后许多事情均愿与蒋商量，一切有利日本与汉奸而有损国力与两党合作之事，均当与蒋一道坚持反对之”。[2] 此举不可避免地在东北军和十七路军官当中引起了强烈的反感。据周恩来报告称：“此间左派群情激愤，主战”，杨虎城“恐让步后西北被分化，亦有战意”，“东北军军长除缪澄流外均主作战”。如坚持要两军接受蒋之条件，东北军和十七路军之左派势必铤而走险，而右倾者必倒向蒋介石一边，如此我们将尽失同情，亦无法掌握其军队；如拒不接受，则只有打仗，惟战胜的把握很少，各方响应更少，一旦失败，东北军和十七路军仍将分化，到头来我们也只能得到少量军队而已，而与蒋的关系却难免恶化。在如此进退两难，又无从把握南京真实意图的情况下，毛泽东显然还是寄希望于与南京的关系不致再度破裂，故他不能不再三要求潘汉年就此做出判断：“据你观察，蒋与南京是否确有不继续战争的诚意，此种诚意建立在什么基础上？”[3]

---

[1] 转见杨奎松：《西安事变新探——张学良与中共关系之研究》，（台北）东大图书公司 1995 年版，第 400 页。

[2] 《毛泽东年谱》（上），第 644 页。

[3] 转见杨奎松：《西安事变新探——张学良与中共关系之研究》，（台北）东大图书公司 1995 年版，第 406 页。

27日，国民党代表张冲亲自致电毛泽东和周恩来，代表蒋确认：

（甲）关于防地问题，照贵方与张、杨两部合并提案内所要求之地点，延川、延长、肤施、鄜县、庆阳、西峰一带及凉州以西，除陕南外，蒋先生一概承认。给养问题，蒋先生已答应与中央军同一待遇，以军队之多少决定军饷的数目。三中全会前一切接济由杨虎臣将军暂时负责，蒋先生亦允许。

（乙）关于保障和平，解决后不再攻打红军，已由宋子文先生向贵方代表直接声明，代表蒋负责保证。

（丙）派人参政事，蒋先生亦已允诺。

以上几项均为中央苦心维系和平之诚意，予贵党以转圜之时机，取舍进退，望先生等明断。请当机立断，勿再犹豫，速予复知。[1]

据此，中共中央在当晚做出决定：对南京让步。毛泽东、朱德等于这天晚上专门致电这时在外的中共中央政治局各负责人称：“无论从那一面说，主要的从政治方面说，均应对南京让步”，故现“应全力说服左派实行撤兵”。[2]

由于中共态度明显改变，蒋之西安行营主任顾祝同又发出最后通牒，东北军高级将领态度分化，终于激起了西安方面内部兵变。东北军少壮派军官于2月2日枪杀了赞同中共主张的六十七军军长王以哲等，致使东北军内部严重分裂。西北三位一体至此全面瓦解，蒋之西北善后工作最终达成了预期的目的。

---

[1] 《张冲致毛、周电》（1937年1月27日）。

[2] 《毛泽东、朱德、张国焘致洛甫、周恩来、博古、王稼祥、彭德怀、任弼时各同志电》（1937年1月27日），《文献和研究》1986年第6期。

六、国民党谈判策略的变化

西北善后问题在中共方面的协助下得到相当解决，却并不意味着蒋介石对共产党真的就有了好感。根据蒋这一时期的日记可知，蒋对中共其实仍旧疑心重重，几乎西北方面的任何风吹草动，蒋都会把它们与共产党的阴谋挂起钩来。

注意到西北善后共产党作用极大，蒋介石在1937年1月18日明确得出结论：“陕乱症结仍在共党”。发现西安同意接受其善后方案，蒋又猜测“此或共党愿乘机示诚之所致也，否则，陕事无如此速了之可能”。25日得知西安方面又提必须先给张学良以名义的要求后，蒋又马上怀疑“名为东北军下级官长要求张学良回部，其实受共匪操纵而捣乱也”。29日，得顾祝同电，曰“陕逆又言愿就范听命矣”。但蒋依旧认定：“共匪在西安逆军中其捣乱挑战之谋恐仍将层出不穷也。”30日，再得周恩来、于学忠、杨虎城及顾祝同、刘峙各电，了解到红军已经决定按照他的要求，从陕南商县地区北撤至陕北，蒋依旧将信将疑，怀疑“此其表示投诚之意乎？”而联想到头天晚上渭南与华县间电话不通，于是猜度“此必被共匪剪断，使其撤兵时免为中央军所侦悉也”。当然，得知“东北军不再要求张学良回陕，而愿无条件撤退，杨虎城惟多要款项，亦无其他要求”，蒋亦深感庆幸，反复思量：“此皆共匪不想作梗之明证乎？”或“共党虽从中操纵作梗，亦不敢明目张胆，而且中央对共党已有相当示意，勿使其失望，料彼亦终于屈服也”。据此，他暗自猜测：共产党之如此让步，或因为“彼于苏俄既无接济，而于主义又难实行”。在这种情况下，“若其果有民族观念，不忘为黄帝后裔，则于其穷无归时而收服之，未始非一良机也”。故而相信：“对于共匪之处置，应慎重考虑”。[1]

---

[1] 《困勉记》卷四十一，1937年1月18、23、27、29、30日，2月1日条，台北“国史馆”藏蒋中正档案。

蒋介石这时暗中拟订的解决共产党问题的方案，大致分为两个步骤。一是组织上同意红军改编，采取“先监视后统制”的过渡办法，但要求共产党必须首先做出公开的保证；二是在思想上要渐次根绝“共党非人伦不道德的生活，无国家反民族的主义”。用蒋介石这时给顾祝同的电报来说就是：“对恩来除多说旧感情话以外，可以派亲信者间接问其就抚后之最低限度之方式，与切实统一之办法如何，我方最要注意之点，不在形式之统一，而在精神之统一。一国之中，决不能有性质与精神不同之军队也。简言之，要其共同实行三民主义，不做赤化宣传工作。若此点同意，则其它当易商量。”[1]

为了取得蒋介石和国民党人的信任，中共中央这时也在考虑做出公开保证的问题。随着2月8日中央军宋希濂部开入西安，次日顾祝同及行营也顺利入主西安城。国民党谈判代表张冲和中共代表潘汉年也于同日抵达。10日，张冲首先与周恩来进行接触。张冲当面提出了两种解决办法，这就是：

（甲）先按指定区域调防、派驻联络人员并予以接济；

（乙）然后将苏区改为特别区，试行社会主义；红军改编为国军，维持原有领导，但加派政训工作联络员；各边区武装则编为地方团队。

至于接济，张冲表示至多只能六十万。对此，周恩来根据与中共中央商定的意见答称：目前与顾祝同所谈只是交换意见，因顾祝同不能解决基本问题，改变制度名称是尊重蒋介石的意见，故仍须见蒋方能解决。而对改编问题，周恩来提出应编四个军十二个师组成一路军，照中央军待遇，如目前缓改，每月接济至少百万。否则，须送粮百万并增加清涧、宜川、中宁、预旺四县驻防贷粮。第二天，双方再谈，周恩来根据中共中央10日关于致

[1] 《困勉记》卷四十一，1937年2月9、13、18日条，台北“国史馆”藏蒋中正档案；见秦孝仪主编：《中华民国重要史料初编》，第五编（一），台北中国国民党中央委员会党史委员会印，1985年，第262页。

国民党三中全会电精神进一步作出明确表示。周说明，中共中央的主要意见如下：

（一）共产党过去被捕人员应分期释放，以后不再逮捕和破坏，到适当时并应公开；
（二）共产党今后不再实行暴动政策与没收地主土地，而实行抗日纲领；
（三）同意苏区政府取消改特区，实行民主制度；
（四）同意红军改为国民革命军，其番号、编制、饷额、补充照国军待遇，政训处派人联络，但军官保持领导不变；
（五）其他边区过千人者集中陕甘，千人以下者改为团队；
（六）中共政府及军队代表应参加国民大会、国防委员会或军委会，但暂不参加政府。[1]

同时，周恩来再次提出增加金积、灵武为防地，并主张以中宁等地与陕南交换。

中共中央这时在致国民党三中全会电中明白地做出了四项政治保证，这就是在要求：(一) 停止一切内战，集中国力，一致对外；(二) 保障言论、集会、结社之自由，释放一切政治犯；(三) 召集各党、各派、各界、各军的代表会议，集中全国人材，共同救国；(四) 迅速完成对日抗战之一切准备工作；(五) 改善人民的生活。在此前提下，郑重保证：

（一）在全国范围内停止推翻国民政府之武装暴动方针；
（二）工农政府改名为中华民国特区政府，红军改名为国民革命军，直接受南京中央政府与军事委员会之指导；
（三）在特区政府区域内，实施普选的彻底民主制度；

[1] 《中华民国重要史料初编》，第五编（一），第262—263页。

（四）停止没收地主土地之政策，坚决执行抗日民族统一战线之共同纲领。[1]

毫无疑问，这一重大的原则性让步其实正是蒋介石国民党人所希望得到的，因此它对国共双方达成最终谅解，具有重要意义。

1 月 12 日，周恩来再度与顾祝同进行正式磋商。在周恩来提交了中共中央致国民党三中全会电之后，双方达成了一项协议草案。规定：

（一）共产党承认国民党在全国的领导地位，停止武装暴动及没收地主土地，故应坚决实行御侮救亡的统一纲领，国民政府允许分期释放在狱共党，不再逮捕和破坏，并容许适当时期公开。

（二）苏维埃制度取消，现时苏区政府改为中华民国特区政府，直受国民政府领导，实施普选制，特区内行政人员由地方选举，中央任命。

（三）红军改编为国民革命军，接受军事委员会与蒋之统一指挥和领导，其人员编制饷额补充同国军待遇，其领导人员由军委会任命，其政训工作人员自任，以中央党派少数人员任联络，其他各边区赤色部队改为地方团队。

（四）共党得派代表参加国民会议讨论，军队得派代表参加国防会议。

（五）希望三中全会关于和平统一团结御侮、容许民主自由、改善人民生活，有进一步的主张和表示。[2]

双方一致同意以此为解决国共关系问题的基本办法，同时进一步就驻地及给养等具体问题交换了意见。之后，顾祝同于 13 日致电蒋介石报告了此一协议草案的内容，并称：如此一基本的办法一时不便施行，“拟请定一

[1]《中共中央致国民党三中全会电》（1937 年 2 月 10 日），《中共中央抗日民族统一战线文件选编》（中），第 385—386 页。

[2]《中华民国重要史料初编》，第五编（一），第 262—263 页。

临时办法即暂划一地区俾其驻扎，每月酌予接济”。至于接济数目，顾祝同在电报中称，据说以中共现有全数官兵，每人每月至少 7 元以上不能生存。[1]

对于国共两党代表在西安这时达成的这一协议，双方似乎都不十分看重。周恩来告诉中共中央说，即使现在蒋介石同意他去南京，也“一时谈不得结果”，因为蒋介石“始终不承认国共合作，而看作红军投降，似无共产党独立地位”，因此，他主张不抱幻想，反而应降低交涉规格，派刘伯承来与其旧交顾祝同的参谋赵启禄具体商谈临时防地与接济办法。而蒋介石也确如周恩来所料，因为他以为解决了东北军和十七路军问题，即可使红军再陷孤立，因此他这时的态度较 2 月 8 日他指示顾祝同只要中共不做赤化宣传，一切都好商量的态度，已经明显地强硬了许多。他明确认为，政治问题已不甚重要，重要的军事问题了，现在应当做到“编共而不容共”，以控制中共军队为第一位。[2] 在 2 月 16 日给顾祝同的复电中，他告诫顾祝同：

> 对于第三者（指共产党）处理方针，不可与之说款项之多少，只可与之商准留编部队人数之几何为准。当西安事变前，本只允编其三千人，后拟加为五千人，但五千人之数尚未与之明言也。今则时移情迁，彼既有诚意与好意之表示，中央准编其四团制师之两师。照中央编制，八团兵力已在一万五千人以上之数，不能再多，即可以此为标准，与之切商。其余人数，准由中央为之设法编并安置。但其各师之参谋长与师内各级之副职，自副师长乃至副排长人员，亦皆应由中央派充也。此仅对军事而言。至其他对于政治者，待军事办法商妥后，再由恩来来京另议可也。[3]

要让共产党接受蒋介石这样一种条件，这时就连顾祝同也颇多怀疑。

[1] 《中华民国重要史料初编》，第五编（一），第 263 页。

[2] 同上，第 264 页。

[3] 同上。

因此，在顾祝同接到蒋介石16日的电报之后，直到19日他才派其参谋赵启禄约刘伯承谈话，言语间闪烁其词，说是据何柱国转达口信和蒋鼎文电话，知道蒋介石希望中共能转而信仰三民主义，及军队只编一万五千。而到第二天夜，赵启禄再度拜访刘伯承，又一次非正式的告诉刘，经何柱国之传话和蒋鼎文的电话可概括为三点提议，即（1）党取消，都信仰三民主义；(2)特区实行民治；(3）红军编两个师八个团一万五千人。不难想象，这种提议自然要引起共产党方面的反感。

2月21日，国民党三中全会通过了《关于根绝赤祸之决议案》，正式提出彻底取消红军与苏维埃政府，根本停止赤化宣传及其阶级斗争的解决共党问题的所谓“最低限度之办法”。[1] 两党谈判的问题重新又集中到政治问题上来了，这使得中共中央不得不重新考虑对策。

24日，周恩来向中共中央提出进一步谈判方针，很快得到了中央的赞同。这就是：

（一）可以服从三民主义，但放弃共产主义信仰绝无谈判余地；

（二）承认国民党在全国的领导，但取消共产党绝不可能，惟国民党如改组成民族革命联盟组织，共产党可整个加入这一联盟，但仍保持其独立组织；

（三）红军改编后人数可让步至六七万，编制可改四个师，每师三个旅六个团，约一万五千人，其余编某路军的直属队；

（四）红军改编后共党组织饰为秘密，拒绝国民党组织，政训人员自行训练，可实施统一的政训纲领，但不辱骂及反对共产党；

（五）苏区改特别区后，俟共党在非苏区公开后，国民党亦得在特别区活动。[2]

---

[1] 荣孟源主编：《中国国民党历次代表大会及中央全会资料》（下），光明日报出版社1985年版，第433—435页。

[2] 参见《周恩来年谱》，人民出版社1989年版，第353—354页。

同时，周恩来亦准备于不得已时对谈判采取拖延政策，并主张，在无法妥协时应以断然行动自动取消苏维埃及改变红军名义与编制，使国民党骑虎难下，争取主动。

共产党的反应多少产生了一些反响。26日，张冲于见蒋后又受蒋命由南京飞返西安，再度参加与周恩来的谈判。在次日的谈判中，张冲首先即转达了他向蒋介石汇报后所得印象。据他说，蒋介石的意见大致如下：

（一）共党服从三民主义；

（二）政治犯分批释放，共党现时秘密，宪法公布后公开；

（三）特别区因与中央法令不相合，可名行政区；

（四）国民大会共党代表人数俟周恩来来宁后商定；

（五）对各党派早不歧视，周恩来来时可带来加入政府做事之共党人员名单；

（六）国防会议俟组织后共党可参加；

（七）政治问题已相距不远，周恩来与顾祝同将军事问题大体商定后即可去宁，至改编人数可加倍，两师八团可改为三师九团。

张冲告诉周恩来，他此行见蒋政治上可以说相当成功，且三中全会秘密讨论数年内收回冀东、察北，恢复华北主权案；积极外交联合英、美、苏案；准备以一年为期加强国防案以及容共案，说明目前南京抗日容共的空气已经展开，正是双方妥协的大好时机。至于国民党三中全会关于根绝赤祸的决议之类，措辞确有不妥，“尚希谅解”。但至少国民党内取消共产党的主张已经失败，蒋介石也认为目前两党间政治问题已“相差不多”，只要军事问题能够达成一致，两党谈判即可告成功。[1]

张冲带来的消息无疑让周恩来感到宽慰许多。周报告中共中央说：据

[1] 《周恩来致中央书记处电》（1937年2月27日）。

张所谈，一切均趋好转，容共之基已定，惟军事上须与顾祝同商办，恐拖时日。但据张说，他已明告蒋介石，红军人数确实较多，原来两师八团的编制确无法解决，因此蒋介石已表示人数加倍亦无不可，可改两师八团为三师九团。故张冲认为，最后谈到编三四个师估计问题不大。

鉴于蒋介石已同意红军改编人数可由两师八团改为三师九团，这样一来改编后的红军人数可以较国民党原方案几乎增加一倍以上，周恩来相信双方的谈判又有了进一步接近的可能。周恩来当即表示：对于国民党三中全会宣言决议的某些措辞，中共将保留日后声明的权利，但双方今日确有政治上的接近与成功，故希望国民党不要怕红军，应看到红军是可用以促成全国统一团结及努力抗战的力量。周恩来同时称：国民大会人数及组织选举法须赴宁后再商；至红军改编，若番号名称易于刺激，可以考虑将军改为师，只是总人数不能差得太远，且应首先裁减老弱，改地方部队为团队，先发遣散费。次日，双方再谈，周恩来更具体提出红军改编六个师，每师三团，总指挥部在外，至少六七万人的建议。但张冲“极诚意”地告诉周恩来：蒋介石一味压缩编制，并非轻视红军，只是无能为力，怕其壮大，故估计最多只能编四个师四万人。由于双方在部队编制及人数上相差甚远，周恩来自然只能表示无法接受，因而依据原定方针转而托其先代为解决临时接济给养及河西、陕南部队问题。[1]

张冲与周恩来的这次谈判，使中共中央对蒋介石的谈判意图有了较深入的了解。由于这个时候双方谈判的焦点已集中到核心的军队问题上来，军队的编制与人数自然至为关键。红军前此三个方面军加上地方部队，人数确有六七万之多。但因此时红军西渡黄河的两万余西路军大部失利，红军实际人数只有四万人左右，接近国民党可能接受之数，因此，中共中央很快决定再度调整谈判条件，不提过高要求，以利谈判成功。3 月 1 日，中共中央电告周恩来：

[1] 《周恩来致中央书记处电》(1937 年 2 月 27 日)。

> 关于谈判方针：（一）红军编五万人，军饷照国军待遇，临时费五十万，以此为最后让步限度，但力争超过此数。（二）二十七、二十八、二十九、三十各军及地方部队不在五万人之内，均改保安队及民团，在特区行政经费内开支。（三）要求遣散老弱，收回苏票之善后费。[1]

由于中共中央转而同意限制改编红军人数不超过五万人，双方在军队人数上分歧已渐趋接近，这无疑使得两党谈判有了迅速突破的可能。于是，双方军事谈判开始急转直下。

3月1日，顾祝同、张冲与周恩来正式商谈，同意先接济三十万元，并允许为正在困境中的河西及陕南部队送款。对于改编数，周恩来提六师二十四团，顾祝同答应三师十二团，张冲则私下建议四师十六团，主张其余两师改为两个徒手工兵师，由经委会出钱修路。张冲的建议立即得到中共中央赞同，张闻天与毛泽东致电周恩来，称：我们今天的中心是在谈判成功后，我们在南京政府下取得合法地位，使全国各方面的工作得以开始。因此，“红军主力编为四师十六个团及两个工兵师，共六万人的提议，一般的可以接受，把红军数目夸张太大，使对方恐惧，对于我们亦不利”。[2]

3日，南京方面复电顾、张，只同意三师九团。4日上午顾、张商量改为四师十二团，随即由张通知周。根据中央指示精神，周恩来当即表示赞同，并与张就军事问题达成如下协议：

> （一）将现有红军中之最精壮者，选编为四个步兵师，计容四万余人，四师并设某路军总指挥部；

[1] 《毛泽东年谱》（上），第657页。

[2] 同上，第659页。

（二）将现红军中精壮者，选编为两个徒手工兵师，计容两万余人，指定工程，担任修筑；
（三）原有红军军委直属队，改编为统帅四个师的某路总指挥部的直属队；
（四）原有红军的地方部队，改编为地方民团、保安队及特别行政区的警卫队，经费另定；
（五）原有红军学校保留，办完这一期后结束；
（六）原有红军的医院、工厂保留；
（七）编余老弱残废由中央负责解决，给资遣散；
（八）以上各项经费由中央统筹。[1]

4 日，顾祝同、张冲将以上结果电告南京，但南京次日复电仍坚持三师九团。5 日，顾、张联名再电，至 6 日午始得复电同意十二团之数，但仍只允编三师。当日张冲与周恩来再谈，张冲提按国防师编三师六旅十二团，每师可编炮兵、交通、特务各一营。周恩来对蒋介石的态度明确表示不满，并且当面指责张、顾失信。这使得张冲颇感焦急与不安，他再三解释，每师两旅四团另加炮兵、交通、特务三营，加起来亦等于三师十六团之数，同时一面致电蒋介石要求批准，一面致电中共中央领导人请求谅解。实际上，周恩来谈话之后也已意识到“编国防师（一师两旅四团）确较编整理师一师三团为好”，因整理师四师“在装备组织上，恐不及（国防师）三个师”，何况国防师每师一万二千人，加上总指挥部四千人，三师已达四万之数。据此，周恩来致电中央建议接受此项条件。经研究，中共中央虽考虑到红军分为第一、第二、第四三个方面军和一个西路军，编四个师较理想，因而仍主张争取编成四师，但毛泽东给周恩来复电时也表示：“如蒋坚持三个师时，亦只得照办。”至此，周恩来与顾祝同在西安进行的谈判大体上告一段落。

[1]　《周恩来关于与张冲谈判向中央的报告》（1937 年 3 月 4 日），《中共中央抗日民族统一战线文件选编》（中），第 421 页。

七、改编与收编之争

张冲所带来的谈判方案是否都与蒋介石一一商量过，似颇可怀疑。因为，就在国共两党正准备就各项问题达成具体妥协之际，蒋介石却左思右想，“夜不能寐”。考虑到“目前最大问题为对共党之处置能否得当”，蒋明显地希望能够乘此时机一劳永逸地解决问题。由于对国民党来说，共产党最大的威胁在于其掌握着自己的军队，因此蒋考虑来考虑去，最终决定不惜拖延谈判，也要设法剥夺共产党的军事指挥权。用蒋自己的说法来说就是："只可收编其部队，决不许其成立军部或总指挥部，但于其高级将领与编余人员，当尽量予以安置也。"[1]

蒋介石的这种担心，实际上也是国民党许多人的担心。只是他们更多地还是从政治上考虑问题，希望能够通过协议，使共产党彻底臣服输诚，不致再起“扰乱”。因此，眼看协议将成，蒋又指示编后军队中须加派副佐人员，包括政训人员，顾祝同特别是贺衷寒等人自然也难免想要插上一手，把协议修改得更加符合蒋的愿望。

3 月 8 日，周恩来、叶剑英与顾祝同、张冲、贺衷寒会谈。周将一月来之谈判结果形成了文字，准备通过电报报告给蒋。这一文件的主要内容如下：

〈甲〉政治问题：

（一）中国共产党承认服从三民主义的国家及国民党在中国的领导地位，彻底取消暴动政策及没收地主土地政策，停止赤化运动，要求国民政府分批释放共产党，容许共产党在适当期内公开。

（二）取消苏维埃政府及其制度，现红军驻在地区改为陕甘宁行政区，执行中央统一法令与民选制度，其行政人员经民选推荐，请中央任命，行政经费请由行政院及省政府规定之。

---

[1] 《困勉记》卷四十一，1937 年 3 月 1、8、10 日条，台北“国史馆”藏蒋中正档案。

（三）红军取消，改编为国民革命军，服从中央军事委员会及蒋委员长之统一指挥，其编制人员给养及补充，统照国军同等待遇，其各级人员由其自己推选，呈请军委会任命，政训工作由中央派人联络。

（四）政治方面，请求参加国民大会。

（五）军事方面，请求参加国防会议。

〈乙〉改编问题：

（一）改编现有红军中之最精壮者为三个国防师，计六旅十二团，步兵团及其他直属之工炮通信辎重等部队。

（二）在三个国防师之上，设某路军总指挥部，其直属队为特务营工兵营等。

（三）红军原有之骑兵三个团及一个骑兵连，共约一千四五百人马，拟编骑兵一个团。

（四）改编后的经费、给养补充，统照国军同样待遇。

〈丙〉善后问题：（略）[1]

对于周恩来形成的这一协议的文字，贺衷寒最不满意。贺这时有一秘密报告给蒋，详细地说明了他对解决西北共产党问题的基本设想。其报告称：“赤匪年来穷凶极恶，深为国人所厌弃，现因日暮途穷改变其杀人放火之办法，以求达其阳为效顺阴实待机之目的。今虽钧座本宽仁之大德及予人为善之至意，予以怀柔收抚，后患实最堪顾虑。盖此辈野性已深，难保其从此即能驯顺。今后处理拟请：一、将悔之部队指定驻在国军行动及配备上最有利之地区；二、此种地区之行政人员务由中央遴选，万恳勿准其用民选推荐之办法，使其政治上负责之人员与部队绝缘，而可有监督整理，使日就范之一线希望。若任其自成风气，则不但有破坏国家政令之倾向，且

[1] 《周恩来关于一月来与国民党谈判结果向中央的报告》（1937 年 3 月 8 日），《中共中央抗日民族统一战线文件选编》（中），第 424—426 页。

必难免有死灰复燃之后患。三、此种地区之地方团队必须由政府选择干员前往训练，万勿准其编组变相之队伍；四、改编各师之经费人事必须直接中央，万勿准其由指挥机关代领转发，致任其形成一牢不可破之集团恶势力；五、改编后部队之干部必须由中央军校分期调集训练，再行派遣，其现在所办之军政学校及鲁迅大学必须令其即行停办，将所有员生分别考送军校予以训练或编为改编各部之军士队（据周叶二君谈此辈员生程度极低）；六、政工人员必须将其现有者分期调出或同时调出，予以考核训练，再行与新派人员一同回部工作；七、各地共匪之活动仍须严厉制裁，以杜其伺机为乱之阴谋，而其畏威怀德之心理；八、对输诚自新分子仍须加以组织训练，以范围其思想，笼罩其精神，监视其行动，同时并设法予以适当之安置，务绝其恶化之倾向而免养痈之恶果。”[1]

从这样一种心态出发，贺衷寒自然要对周恩来的文字大加删改，使之具有他所希望的收编的性质了。经过贺衷寒修改后的条文主要内容如下：

（一）中国共产党今后服从三民主义的国家及中国国民党的领导，彻底取消暴动政策及没收地主土地政策，停止赤化运动，请求国民政府分批释放共产党，容许其在适当期内公开各节，可面报领袖候核。

（二）取消苏维埃政府及其制度，改编军队，指定现在之地区，遵照地方行政区之规划，执行中央统一政令，其行政人员得由地方及中央任命。

（三）取消红军，改编为国军三个师（编制如附表，一四二四人），服从军委会及蒋委员长一切命令。

（子）各级军政人员第一步得由部队长保荐呈请军委会任命；

[1] 《贺衷寒致蒋委员长电》（1937 年 3 月 10 日），台北“国史馆”藏蒋中正档案，特交档案—民国廿六年 277 册 260114 号。

（丑）各级副佐人员由中央改编后逐渐派遣；

（寅）政工工作由中央召集原有政工人员加以训练，与新派人员一同回部队工作；

（卯）现有骑兵改编问题及设指挥部一节，候请示后再定。

（四）请求参加国民大会及国防会议，由中央决定后通知。

（五）部队改编后应积极整理，以备国防上需要及随时调动至前线参加作战。

（六）各事接洽妥善，望将中国只能实行三民主义而不能实行共产主义之真谛宣告国人。[1]

国民党方面态度的反复使周恩来深感不满，依照新的条文，不仅苏区将被一分为三，民选制度不能提，就是军队指挥、人员任用等，中共也失去自主，编制也被压至三万，这无论如何难以让共产党人接受，甚至张冲也觉“太不够格”，一再劝顾祝同不要太苛刻，顾自然强调责任在贺衷寒，但他其实也同样希望行政区按省划分，指挥机关只能设临时的，副佐及政训人员一定要派。再加上蒋10日有电令“彼方如允减为十二个团，分为三个师则可照编，但不可准其三个师以上成立一军部或指挥部之总机关。此万不可能”[2]，顾对军队指挥权问题也无可奈何。对于这种情况，共产党人特别是军事领导人完全没有思想准备，因而不能不感到愤慨。为此，中共中央召集了专门会议，决定要求周恩来采取强硬立场。中共中央电称：“贺顾所改各点，太不成话，其企图在于欲使我党放弃独立性，而成资产阶级政党之附属品。”“彼方所提如：一、划去民选，二、分裂苏区，三、派遣副佐人员，四、取消政治工作人员，五、缩小红军至二万余人，六、地方部队由行营决定，七、改要求为请求，八、服从一切命令，九、置西路军不提等，均须严拒申明无从接受。

[1] 参见《周恩来年谱》，第357页。

[2] 《蒋中正致顾主任电》（1937年3月10日），台北“国史馆”藏蒋中正档案，特交档案—民国廿六年277册260115号。

我们的最后限度：一、三个国防师组成某路军领导不变，副佐不派，学校必须办完本期，政工人员不变，每师人数一万五千余，编制表自定，服从国防调动，西路军立即停战；二、苏区完整，坚持民选，地方部队不能少于九千人。”同时，“抗战准备”“民主制度”“改善民生”“释放政治犯”“民意的国民大会”等，“必须与苏区问题同时解决”。中共中央的电报还主张停止西安谈判，“要求见蒋解决”。[1]13 日，中共中央再度经周恩来转电张冲：“顾贺提案完全不能接受，因其带有侮辱性，已经引起我方干部极大愤慨”，“周提十五条，关于国民党方面，我们认为不满意，关于共产党方面，亦当须部分修正”，“故谈判须重新作起，两星期内周回延开会”。

14 日早，周恩来得到中共中央来电，直接抄送顾祝同和张冲，并准备立即返延。中共中央此举顿时使西安的气氛紧张起来。顾祝同不得不请张冲转告周恩来，称“此事实为贺（衷寒）所弄坏”，要张冲根据原案再谈，张冲也来向周恩来说明贺案作废，但周恩来根据中共中央关于应停止西安谈判的指示明确加以拒绝。周恩来称：“贺案作废固好，原案作基础我方仍有意见”，如每个国防师人数至少一万二千，骑兵要求一个团，地方武装人数亦应有规定，河西问题须有办法，等等，这些均须回延讨论。[2]

16 日，周恩来返回延安。之后，于 19 日携中共中央已经草拟好的谈判条件回到西安。20 日，周恩来将该文件示以张冲，它明显地增加了对国民党方面的要求，并提出了较过去要强硬的条件。它要求国民党保证：

一、实现和平统一团结御侮的方针，全国停止“剿共”。

二、实现民权，释放政治犯，在全国各地分批释放共产党员，不再拘捕共产党员，容许共产党在适当时期公开。

三、修改国民大会组织法及选举法，使各党各派、各民众职业团体、

[1] 《中央关于与国民党谈判方针给周恩来的指示》（1937 年 3 月 12 日），《中共中央抗日民族统一战线文件选编》（中），第 427—428 页。

[2] 《毛泽东年谱》（上），第 663 页。

各武装部队均能选派代表参加，以制定民主的宪法。

四、修改国防会议条例，使国防会议成为准备与指导对日抗战的权力机关，使共产党亦能参加。

五、实行准备对日抗战工作及改善人民生活的具体方案。

并且在继续承认“拥护三民主义及国民党在中国的领导地位”；“取消暴动政策及没收地主土地政策，停止赤化运动”；“取消苏维埃政府及其制度，现在红军驻在地区改为陕甘宁边区，执行中央统一法令与民主制度，其行政人员，由地方推荐，中央任命”；“取消红军名义，改编为国民革命军，服从中央军委会及蒋委员长之统一指挥……其编制人员给养及补充，统照国军同样待遇，其各级军政人员由部队长官推荐，呈请中央军事委员会任命”的前提下，坚持要求将“红军中之最精壮者，为三个国防师，计六旅十二团，及其他直属之骑兵、炮兵、工兵、通信、辎重等部队，在三个师上设某路军总部”。声明“红军改编后之总人数，不少于四万三千人”。而且“原苏区地方部队改编为地方民团及行政区的保安队，编余的精壮人员改为徒手工兵队，担任修路工程，老弱残废由中央给资安置，红军学校俟办完本期后结束。红军中的医院工厂保留”。[1]

对于中共中央的这一新方案，张冲自然感到有些难以接受，为了便于使周恩来面见蒋介石起见，张冲劝周不必把新方案全文拿给顾祝同看，以免因顾祝同不满而走不脱。因此，当日见顾祝同，周恩来只是反复强调河西问题，对这一新方案只概括为如下五点告之，即：

（一）陕甘宁行政区可改为边区，民选改为地方推荐。

（二）红军改编后人数须见蒋后定。

[1] 《中央关于与国民党谈判条件问题给周恩来的指示》（1937年3月16日）、《中共中央关于与蒋介石谈判经过和我党对各方面策略方针向共产国际的报告》（1937年4月5日），见《中共中央抗日民族统一战线文件选编》（中），第429—431、447—453页。

（三）总部目前不能提临时的。

（四）派副佐人员目前甚困难。

（五）政训人员只能谈到联络。[1]

其实，张冲这时的担心多少有些多余。因为蒋介石这时也急于想要根本解决共产党问题，因此特别电约周恩来3月22至25日间赴沪相晤。顾祝同即使对中共新方案有所不满，也未必会加留难。[2]

根据蒋电，周恩来22日与张冲同机飞往上海，并很快转赴杭州。24日，周恩来先将中共对修改国民大会组织法和选举法的意见以信函的方式递交蒋介石。25日，周得以再晤宋美龄，又向后者提交了带去的中共十五条书面意见。26日，周恩来面见了蒋介石。据周事后报告称，他一上来就声明：中共愿意“拥护蒋委员长及国民党，一、领导全民族的抗日，保证领土主权完整，达到民族独立和解放；二、实现国内和平统一、民主自由，达到民权主义为成功；三、改善人民生活，发展国民经济，达到民生的幸福”。同时强调：“一、中共非投降，红军非改编，而是为民族国家利益愿意拥护蒋委员长的统一领导和指挥，这种合作立场完全是诚意的、互信的，愿意坚持到底的；二、中共这种大的改变，必须给以解释的机会与时间，并望谅解其困难”，因此有些问题必须声明和解决，如：（一）苏区改成边区（十八县）；（二）红军改编三个师后，人数请容许在四万人以上；（三）请设立指挥总部；（四）中央军政人员只任联络；（五）学校办完这一期；（六）增加红军防地。“三、以后一切都预力求就成一片，向心的而非离心的，并愿以拥护统一及抗日之精神影响各省。”

蒋介石当即答复说：这些小节不成问题，即使未谈好，也不会再打。国民大会、国防会议，几个月后可以参加。行政区可以是整个的，惟为应

[1] 《周恩来致中央书记处电》（1937年3月20日）。
[2] 《蒋中正致长安顾主任转张冲同志电》（1937年3月16日）。

付各方，须由中共推一南京方面的人充当正的，副的以下均归中共。军队可以成立四万余人三个师及考虑设总的指挥部。接济粮食等，均可告顾祝同解决。他决不会派人破坏，只是联络而已。蒋介石特别谈到过去的两党合作，称过去合作的失败双方均应检讨，要保证永久合作，就要不只图目前，而且要计及将来。中共有民族意识和革命精神，是新生力量，几个月来的和平运动影响很好，只要坚守新政策，必能达到成功。但他要求中共不要宣传什么国共合作，主要是与他个人合作，他希望中共这次改变政策，能够说话算数，做到与他永久合作。他特别突出强调了纲领与领袖两个问题，特别是共产党组织与蒋介石个人和与共产国际的关系，以及如何服从他个人权威的问题，要求中共中央商量出具体办法，然后再派周恩来出来见他。[1]据蒋自己所记，他当天谈话中最核心的问题其实只是后面这个问题，即“要求共党改正组织，决定政策，并承认谁为领导者”。[2]

八、取消中共军权的尝试

3月30日，周恩来返回西安，随即回延安汇报了杭州谈判结果。4月9日，周直接致电蒋介石，称：“归肤施后述及先生合作诚意，均极兴奋，现党中正开会计议纲领及如何与先生永久合作问题。”会毕即南下晤蒋。而根据蒋介石的建议，中共中央开始草拟《御侮救亡复兴中国的民族统一纲领》、《民族统一联盟组织规约》，并讨论修改国民大会组织法与选举法。但是，中共这些积极的响应，却因紧接着传来渡过黄河的红四方面军徐向前、陈昌浩部（即西路军）全军覆没的消息而倍受打击。当4月15日蒋介石再派张冲赶赴西安，催促中共中央迅速弄好“双方合作纲领及编制人事等”，中共党政军领导人却正因蒋介石、顾祝同等见死不救极端不满。周这时有电

---

[1] 转见《中共中央抗日民族统一战线文件选编》（中），第449—450页。
[2] 《困勉记》卷四十二，1937年3月26日条，台北“国史馆”藏蒋中正档案。

报声称：“归来与毛朱张彭林贺肖诸同志谈及河西事，据云红军中特别是四方面军中干部极为愤恨，认为兄方对河西红军见危不救，似属故意使其消灭。前当西安急难时，我方毫未念及旧仇，且用全力促成和平，乃入于和平之后，对河西红军竟取此残酷无情态度，殊失中央风度。”[1] 最典型地反映出国民党人这时心态的，是顾祝同就此一问题于4月18日和19日所发出的两封电报。

其4月18日电是代成功歼灭红军西路军的地方军阀头子马步青、马步芳向蒋请功，其电称：“查马部此次剿匪成绩似应优予奖叙，但现正收编（共军过程中），不宜对外宣扬，并虑其实力膨大，尤不宜给予军长名义，拟请酌发宣慰奖金数万元，饬其将所获枪支呈缴，另行照章给奖。并以马步青指挥有方，汇授勋章，用示奖恤。”而其19日电则是为完成蒋催促周动身南下之命，来与周恩来虚与委蛇的，其电声称：西路军一事早已积极代转尊意，无奈马氏兄弟向不听命。“弟心力能尽之处始终无不竭尽棉薄”，希望“贵方诸同人仍本初衷，体念全般，顾全事实，勿因局部关系而于无可奈何中多生愤慨”。[2]

西路军的失败已成定局，国共谈判却不能因此停顿。故周恩来随后还是受命再赴西安，于28日与顾祝同、张冲会谈。顾祝同这时极端重视改编问题，希望5月10日左右即可解决。周则表示，和平基础虽然已经确定，但仍须将共同纲领加以确定，延安方好发表宣言与名义，并开会解释，此事往返时间较长，改编至少要在6月才能开始。并且，红军的人数也必须达到四万五千之数，为此可能还须面见蒋介石才能解决。周恩来同时将《御侮救亡复兴中国的民族统一纲领草案》交给了顾。当天，顾祝同就打电报给蒋介石说明了这一情况[3]，周恩来也于同时打电报给蒋介石询问见面时间。蒋则

---

[1] 《顾祝同致蒋委员长电》(1937年4月18日)，台北“国史馆”藏蒋中正档案，特交档案26028833号。

[2] 《顾祝同致周恩来电》(1937年4月19日)、《顾祝同致蒋委员长电》(1937年4月18日)，台北“国史馆”藏蒋中正档案，特交档案26029091号。

[3] 《中华民国重要史料初编》，第五编（一），第265页。

以“近日病体未痊，驻址未定”，强调“须待十日后方能确定会地约期相晤”。[1]

因为一时见不到蒋介石，周恩来只好再与顾祝同和张冲商谈有关事宜。5 月 3 日，顾祝同和张冲依据蒋的电报指示表示，共同纲领不论由何方提出，均非一时所能解决，故应由共产党首先发表宣言以便 5 月中即可实行改编。顾祝同称，关于这一点其实是蒋先生的意思，中共无论如何要接受这一提议并让他事先了解中共宣言的内容，否则他难以答复蒋先生。对此，周恩来认为，“如与商妥纲领，发表宣言并非难事，否则无所根据”。中共中央也于 5 月 5 日指示周恩来：“坚持两党发共同宣言为有利，此宣言在共同纲领确定之后发表，宣言大意不外共同纲领草案上所说的。向张、顾说，如他要我党单独发，则第一，彼党须同时发宣言，第二，我党宣言中不得不驳复三中全会宣言及根绝赤祸文件中我党及人民不能忍受之许多东西。”[2]

这时，国共双方在政治方面实际上仍有很多分歧。特别是中共在刊物上公开发表对国民大会法规之修改意见后，蒋介石立即表示不满，他迅速打电报给顾祝同称：“共党近日对实行草案等之宣传及其对国民大会选举修正意见仍以反对本党为唯一对象，毫无异于过去之行动”，“如其果故 [有] 诚意合作，应嘱即予彻底改正，从速停止此项宣传”。[3] 对于蒋介石的批评，周恩来却不以为然，他以书面意见特别告诉转达意见的顾祝同说：“甲、自贵党三中全会各项决策发表以来，贵党对共党之文字攻击与谩骂致 [之] 散见各报，[竟] 其持论与前无异，共党同志阅之屡受刺激”；“乙、对国民大会选举法的修改意见，共党所提与贵党中央会所修改者确有原则上之差别，共党本其所见继续要求，此乃自由发表政治意见，早应为民主政治所许”；“丙、以上各事共党言论并未足 [超] 越民主政治范围，贵党同志果欲以实

[1] 《蒋中正致顾主任电》（1937 年 4 月 30 日），台北“国史馆”藏蒋中正档案，特交档案—民国廿六年 277 册 260217 号。

[2] 《毛泽东年谱》（上），第 673 页。

[3] 《蒋中正致长安顾主任电》（1937 年 5 月 4 日）。

施政策为天下倡者，则以实现共党之要求为最能合于民主自由”。[1] 同时，根据中共中央指示，周恩来同时还两次致电蒋介石，坚持改编程序必须按照如下顺序，即“一、确定共同纲领；二、发表边区政府及师长以上名义；三、实行军队改编，中央实行释放政治犯；四、目前先由周发表书面谈话”。[2]

鉴于在西安就此程序问题进行交涉难于解决问题，张冲于5月8日打电报给蒋报告协商结果，主张就此告一段落，与周恩来同返南京面见蒋介石。张冲电称：

> （一）关于军队数目，结果勉强商得削至十五个团之数，编成三个国防师，统率于一个指挥部，受行营节制，详情由顾主任报告。
>
> （二）关于匪区善后问题：
>
> （1）编余老弱请中央给资遣散。
>
> （2）编余精壮改为徒手工队，请中央指定工程，担任修路。
>
> （3）原有该军地方部队改为民团保甲或行政区保安队。
>
> （4）原有学校限本期办完结束。
>
> （5）医院及工厂请予保留。
>
> （6）以上费用请中央发给。
>
> 此乃系初步商酌，应先派一视察团调查后再核办法。[3]

5月9日，蒋介石电示顾祝同，同意派团视察及见周恩来，决定过几天去洛阳时，再就近约期与周恩来会面。蒋介石在电报中又要顾祝同就纲领及改编以外之中共要求等事先与周恩来进行磋商，并谈妥一切。因此，第二天，在张冲要求下，双方代表在西安再度进行商谈，周恩来进一步具体介绍了中共关于组织“民族统一联盟”及改组国民党问题的意见，并递交

[1] 《周恩来致淮南兄并转墨三主任函》（1937年5月7日）。

[2] 《毛泽东年谱》（上），第674—675页。

[3] 《中华民国重要史料初编》，第五编（一），第266页。

了早已拟就的《民族统一联盟组织规约》，同意与顾祝同交换意见。但顾祝同这时却急于首先解决派团视察陕北苏区的问题。根据中共中央的指示，周恩来于15日同意国民党派团视察，不过同时声明：第一，不能称为视察团，应为考察团；第二，不能让康泽及共党叛徒进入苏区。18日，双方商定视察团改名为中央调查团，于23日出发，由叶剑英陪同。该调查团26人分为四组，第一组旨在了解中共最近活动，及其对合作之意向；第二组旨在了解红军情况，及有无改编意图；第三组旨在了解红大和教育机关，看其有无违反三民主义之处；第四组旨在了解地方行政和民众状况，看其是否真要取消苏维埃。

这个时候，国共两党双方的谈判已有了一个大致的结果，根据顾祝同的报告，双方已经谈到公布谈判结果的具体程序问题了。即：“（一）目前即由周恩来代表共党发表书面谈话，声明取消各项伪号，其内容系前次在杭面呈之件。（二）周进谒钧座商定纲领。（三）发表宣言说明共党新政策之转变并包括新纲领。（四）中央发表边区及部队官长名义。（五）编遣军队与正式点验，同时请中央分批释放共党人犯。关于纲领问题，周表示，如该纲领仅属共党，则将来宣言由彼方单独发表，否则作为各党派在领袖领导之下共同纲领，则将来宣言必须共同发表，其合作办法则为：（1）各党派取消原有政治主张，归纳在一个共同纲领之下，推其一个领袖为各党派所合组之委员长。（2）改组国民党容纳各党派参加。兹事体大，彼谋将来面陈。”[1]

由于谈判进展到商谈两党具体的组织合作事宜，蒋介石自然要开始在打共产党组织的主意了，希望能够借此一并消弭其政治上的影响力。用他的话来说，就是今后对共产党，“甲、应使其取消名称，改编组织；乙、应使其奢行三民主义；丙、应使其承认领袖之地位与权责；丁、应改编其军

[1] 《顾祝同致蒋委员长电》（1937年5月13日），台北“国史馆”藏蒋中正档案，特交档案（四）政治防共50669号。

队为国军”。可“宽纵其经济”，甚至政治亦可从宽，惟应“严限其军额”，“区域则宜严”，总之“不能使之独立”。只有在这种情况下，才可以考虑共产党公开活动的问题。而且“国民大会前其宣传与组织均应停止活动”，以后“共党如其要公开，则应取消其党名”，不准其用“各党各派”字样，应承认领袖之权责，“否则不准其公开活动”。[1]

为了设法实现这一目标，蒋介石于22日电告顾祝同，要顾通知周恩来，他日内将赴牯岭，周月内来沪后可约会期。[2] 在与中共中央电报往返后，周恩来亦决定27日飞沪再转往庐山牯岭。周这时也拟就了希望能够与蒋介石商谈的几方面问题的腹稿。他所拟就的关于两党关系方面准备讨论的问题包括有：两党共同纲领问题；两党组织结盟或改组国民党容纳共产党问题；释放被捕中共党员及爱国人士问题；发表共同宣言或共同声明、以及发表边区名义及其委员会（以林伯渠、张国焘、秦邦宪、董必武、徐特立、高岗、郭洪涛及张冲、杜斌丞为委员）问题；改编红军、发表名义（以朱德、彭德怀、林彪、贺龙、徐向前、刘伯承为正副司令及各师师长）问题；正规军经费60万，学校5万，地方行政及武装15万，遣散及善后60万，收回苏票120万等问题。与此同时，周恩来还计划与蒋讨论修改国民大会选举法、修改宪法草案及中共参加国会和国防会议等问题。

27日，周恩来飞抵上海，之后于6月4日经南京转庐山。蒋介石这时已上庐山多时。因此，周恩来一到牯岭，立即就准备商谈的问题向蒋介石提交了一份书面提纲，要求尽快会谈。提纲包括两方面内容，共18个问题，而最主要的问题有8个，即：

一、纲领及组织问题；

二、停止剿共，释放政治犯及整理各边区问题；

---

[1] 《困勉记》卷四十二，1937年5月12、17、25、29日条，台北“国史馆”藏蒋中正档案。

[2] 《蒋中正致顾长官墨三转恩来电》（1937年5月22日）。

三、边区政府组织问题；

四、改编红军为三或四个师，计四万五千人，学校五千人，地方部队约一万人，工兵约一万人，遣散约一万人，共计八万余人；

五、经费正规军队每月约六十万元，学校五万元，地方行政及部队经费约十五万元，临时费、遣散及善后约六十万，收回苏票约一百二十万元，红军驻地亦请增加；

六、修改国大选举法，至少宣布重选，国民党及各党派要规定名额由其自选，学生会及文化团体亦要有代表名额，并给人民以选举自由，发展对宪法草案的讨论等；

七、召集国防会议，划分军区，积极布置国防，整理军队等问题；

八、提议召开各党各派各界各军会议，磋商国是及讨论宪法草案原则。

6月8日，在仔细研究过周恩来提交的书面提纲和《民族统一联盟组织规约》等文件之后，蒋介石开始与周恩来进行正式谈话。实际上，还在刚上庐山之初，蒋就与张季鸾、张群、陈立夫具体商讨了对共产党的方针问题。决定："甲、经济从宽；乙、政治次之；丙、军事必严定限制；丁、主张坚绝不能迁就；戊、行动须令一致；己、区域与军官仅施监察亦可；庚、勿准联合各党各派主张。辛、勿准宣传共产主义；壬、改党名，暂行三民主义；癸、承认领袖权责。"坚持"最要者使共党与第三国际断绝关系，应令共党明了中国抗倭须以中国为本，并非为其他国家抗倭也"。[1] 在周恩来上山之后，蒋更基于各方报告，相信必须要严格限制共产党目前的活动，强调"应警告共党：甲、不能提不必做之言不能做到之事。乙、绝对服从与一致，不得擅自宣传。丙、不得任意活动与组织。丁、应限制与第三国际联络"。[2]

在这样一种心态的影响下，蒋介石对周恩来所提各点自然不会满意。

[1] 《困勉记》卷四十二，1937年6月1日条，台北"国史馆"藏蒋中正档案。

[2] 《困勉记》卷四十二，1937年6月5日条，台北"国史馆"藏蒋中正档案。

他明确提出：

一、共党根据以前申明，发表对外宣言。

二、政府在上项宣言发表后，即发表三个师的番号，并委任师长，三个师仍照十二个团编制，人数可容至四万五千人，其编制办法与顾商定。三个师以上设政治训练处指挥之，朱、毛两同志须出来做事。编就后部队可移防。

三、陕甘宁边区政府，仍由中央方面派正的官长（可由共方推择中央方面的人），边区自己推举副的，可由林伯渠担任，事情可由边区政府自己办。

四、经费，照军队人数编制的一般规定发给，行政经费亦照规定发给，善后费用可由中央另发。

五、各边区由共方派人联络，经调查后实行编遣，其首领须离开。

六、在狱共党，可由国方开始分批释放。

七、国民大会之二百四十名指定名额中，可指定共党出席代表，但不以共党名义出席。

八、国防会议尚未规定会期，开会时可容共党干部参加。

九、对其他各党派不必谈合作，由中央尽量收容，最近庐山训练班，即拟收容各方面人员训练，陕北如有人来受训亦可。此外并欲拟召集各方人来庐山谈话。

十、凡有破坏合作及与共党为难者，由蒋自负责任解决，但为避免国内外恐惧与反对，共党应避名干实，不必力争目前所不能实现之要求。[1]

---

[1] 参见《中共中央关于与蒋介石第二次谈判情况向共产国际的报告》（1937年6月17日），《中共中央抗日民族统一战线文件选编》（中），第515页。

针对周恩来提出的成立民族统一联盟的建议，蒋介石也更进一步提出了他上次所强调过的“彻底合作”问题。如何“彻底合作”？他的意见是：根据国民党高层内部已经商定的国民革命同盟会组织方案行事，即“甲、组最高干部会或团，各派五人至七人。乙、手续各先取消原有党籍，重填盟约誓书。丙、领袖有最后决定权。丁、干部先推定，后为圈定制”。[1] 蒋介石对周恩来讲得很明白：所谓“彻底合作”，其关键就是国共两党组织上要统一。他认为，成立统一的民族统一联盟的设想是可取的，但不如干脆叫国民革命同盟会，而且不能如中共所提规约那样只是一个松散的民族统一战线组织。他具体提议：

> 一、成立国民革命同盟会，由蒋指定国民党的干部若干人，共产党推出同等数量之干部合组之，蒋为主席，有最后决定之权；
> 二、两党一切对外行动及宣传，统由同盟会讨论决定，然后执行，关于纲领问题，亦由同盟会加以讨论；
> 三、同盟会在进行顺利后，将来视情况许可，扩大为国共两党分子合组之党；
> 四、同盟会在进行顺利后，可与第三国际发生代替共党关系，并由此坚固联俄政策，形成民族国家间之联合。[2]

蒋介石的谈话许多地方使周恩来难以接受，特别是在关于实行组织合作的原则及边区政府组成等问题上，周恩来均表示了不同意见。关于军队指挥与人事问题，周恩来更是与蒋介石“争论很久”，他无论如何难以理解蒋介石何以上次明确表示三师以上可以设立总的指挥部，他只派人联络，这次不仅不同意设立总的指挥部，而且还坚持要边区及各地红军的领袖统

[1] 《困勉记》卷四十二，1937年6月5日条，台北“国史馆”藏蒋中正档案。

[2] 参见《中共中央关于与蒋介石第二次谈判向共产国际的报告》（1937年6月17日），《中共中央抗日民族统一战线文件选编》（中），第514页。

统离开部队。但争来争去，蒋介石最后只让步到可在三师之上设一政治训练处代行指挥之权。用蒋日记中的话来说，就是“共党必欲将收编部队设一总机关，自为统率，此决不能允许，应严拒之”[1]。对此，周恩来十分不满，接连与宋子文、宋美龄及张冲“往返磋商”，请代为转达意见，“仍不能解决”。蒋介石并且还托宋子文转告周：“（1）共党目标不要太大，易引起外间恐惧；（2）共党要首先取得全国信用；（3）共党不要使蒋太为难，以便将来发展。”[2]

九、抗战爆发下的国共妥协

对于这次庐山谈判，中共中央总的来说还是肯定的。这时中共首先看重的是国民党的合作诚意。在中共中央看来，蒋介石在庐山的谈话是表现了某种合作的愿望的。其次，中共中央更为注重的是保持自身组织上的独立性问题，争取实现边区和红军自办，这对共产党是最重要的。因此，其他问题在中共中央这时看来只是形式问题，是应当争取但并非不可做某些妥协的。故周恩来回到延安后，即电张冲表示：“归来转达蒋先生领导合作诚意，党中同志极感兴奋，目前正在磋商一切具体办法并起草宣言，一俟拟就即当首途南来。”[3]

中共中央这时态度上之积极，可以从他们迅速表示接受蒋介石关于成立国民革命同盟会的提议，并很快拟就组织原则草案上报共产国际一事清楚地看出来。从中共中央6月26日给共产国际的电报可以知道，这一新的组织构想与他们原先提出的那个民族统一联盟已有重要不同。民族统一联盟是包容全国一切抗日政党及人民团体的民族统一战线组织，而革命同盟会正如蒋所要求的，只是国共两党合作的组织；民族统一联盟之主席应由

[1] 《困勉记》卷四十二，1937年6月8日条，台北“国史馆”藏蒋中正档案。

[2] 同上引。蒋介石在日记中的考虑是，成立国民革命同盟会，两党各派代表五人。《困勉记》卷四十二，1937年5月31日条，台北“国史馆”藏蒋中正档案。

[3] 《周恩来致张淮南电》（1937年6月22日）。

各党派代表推选，推选出来的主席也没有任何特殊权利，而革命同盟会却明确规定以蒋为主席，并肯定了蒋依据共同纲领有最后决定之权。当然，由中共起草的这个组织原则草案，仍旧明确规定了同盟会内两党必须保有各自组织上的独立及政治批评的权利，规定同盟会不得干涉两党内部事务。看起来，中共中央特别感兴趣的是，成立这样一个同盟会，将能够依据共同纲领使国共两党之间的合作成为事实，并有助于解决两党之间的问题，以便真正改善两党关系。[1]

承认国民党事实上的领导地位，依照国民党政府的要求进行改编改制，包括承认蒋介石所提合组革命同盟会的条件及其最后决定权，这些对中共来说都不是太难的事情，因为中共这时所谋求的最主要的目标，就是要保持自身组织生存发展的独立性。而要保持自身组织生存发展的独立性，军队指挥权问题就成了重中之重，非争不可的问题了。周恩来回延后为此再三致电张冲及蒋介石，称：虽然各项重要原则问题已经接近于解决，“惟总的指挥机关及主持人选，此间同志均认为非有此实无法进行改编，尤以朱同志去留影响极大”，故“请予改变处置”，以“渡此难关”。[2]

蒋介石既然刻意提出指挥权问题，自然深知此一问题之关键。他这时未必打算乘机夺取中共军队，但自西安事变以来停止“剿共”，有一个问题必须有所解释，这就是，来自共产党的威胁是否真正被消除了？蒋既不能收编或遣散红军，红军的继续存在本身，就意味着某种威胁还存在，蒋无论如何难以向党内反对势力加以解释。如果能够把红军的指挥权掌握在自己的手中，这个问题自然也就不难解释了。这正是蒋别出心裁地坚持不允许红军自设总指挥部的重要原因所在。张冲、顾祝同等身为国民党人，自

[1] 见莫斯科俄罗斯当代历史文献保管与研究中心档案，全宗号 514，目录号 74，卷宗号 279。

[2] 《周恩来致张淮南电》（1937 年 6 月 22 日），周同日有《致牯岭蒋委员长侍从室钱主任转蒋夫人（顺密）蒋先生电》，内中此段文字为“惟三师以上之指挥机关及主持人选，党中同志佥认如有此实无法进行，尤以朱同志去留影响极大，务请鉴察此间实情，改变处置为至幸”。见台北“国史馆”藏蒋中正档案，特交档案 26031011 号。

然也乐得如此，周虽极力要求张冲代为进言，张冲却几度来电表示，既然蒋坚持己见，周也曾再三与宋美龄、宋子文磋商交涉而无结果，目前似不宜力争，不如争取改日再见蒋介石时再行商谈。顾祝同这时也复电周恩来，转达蒋介石的意见说，蒋“以环境关系及现时事实上之困难”，对此实难让步，还望“转告贵方诸同人体念委座处境之苦”，不必斤斤计较于此“区区小枝节”。[1]

还在6月25日，中共中央就已经根据“国共合作渐趋明朗化”的形势，内定了更加积极的统战方针。中共中央决定，第一，利用蒋介石准备在庐山召集各界人士谈话会的机会，设法推动各方参加者在谈话中提出积极的民主救亡主张，同时进行宪政促进运动，争取修改宪法草案和增加国民大会中的抗日左倾分子。第二，努力促成国民革命同盟会，并且对蒋介石关于以后视情况由同盟会扩大为国共两党分子合组之党，以及由同盟会与共产国际发生关系代替中共与共产国际关系的提议，“可不加反对（不使之成为合作之障碍）”，争取“运用同盟会使之成为政治上两党合作的最高党团”。第三，开始具体进行改编准备，于7月底以前基本完成每师一万四千人上下的三个师的各种改编工作，于8月1日正式宣布改编。根据上述精神起草的谈判方案规定：

[甲]两党合作问题：

（一）原则上同意组织国民革命同盟会，但要求先确定共同纲领，以便奠定同盟会及两党合作之政治基础。

（二）同盟会组织原则，在共同承认纲领的基础上，可同意国共两方各推出同数干部组织最高会议，并以蒋为主席，承认其依据纲领有最后决定之权。其组织原则，由我方拟出草案与蒋商定。

（三）关于同盟会将来发展之趋势及与第三国际关系问题，我们可不加反对，但目前应着重保持共党之独立组织及政治宣传和讨论之自由。

[1] 《顾祝同致叶参谋长转恩来电》（1937年6月26日）。

（四）我们运用同盟会使之成为在政治上两党合作的最高党团。

［乙］目前具体问题之解决：

（五）准备七月中发表宣言……

（六）在宣言发表后，如蒋同意设总的军事指挥部，红军即待其名义发表后改编，否则即于“八一”自行宣布改编，采用国民革命军暂编军师名义，编三个正规师，共四万五千人……总部编三千人，另外地方部队编一万人……

（七）陕甘宁边区民主选举在七月内自动实行，并向蒋推荐张继、宋子文、于右任三人择一人任为边区行政长官，林伯渠同志为副长官。其下各行政部门由我方推荐负责人选，将来由边区参议会推出，请行政院任命……

（十一）朱、毛出外问题，力争朱为红军改编后的指挥人，军事或政治名义可不拘，原则上毛不拒绝出外做事，但非至适当时机，则托故不出。[1]

不过，仅仅两三天后，由于蒋介石亲自来电坚持前议，并声称中共无论如何要作让步，否则自7月起将不能接济部队粮饷，为不使谈判破裂，中共中央又进一步考虑对上述方案进行修正，准备在保证独立指挥权的条件下，在取消红军政治委员制度、改编后的部队不设总部而以政治训练处指挥部队、朱德和毛泽东出外做事等问题上再作让步。中共中央电告共产国际说：“我们认为只能让步到：甲、可以用政治机关名义指挥军队，但必须有等于指挥机关的组织和权能。乙、力争朱为政治主任，万一争不到，即自行改编。如蒋委彭而不委朱，朱亦决出去，毛亦然。”与此同时，考虑到国民党方面已经预先提出同盟会最高会议的成员（即蒋介石、宋子文、

[1] 《中央关于与国民党谈判的方案问题致彭德怀、任弼时、叶剑英电》（1937年6月25日），《中共中央抗日民族统一战线文件选编》（中），第517—519页。

陈立夫、陈诚、邵力子)，中共中央也决定，以毛泽东、朱德、周恩来、博古、林伯渠为中共方面的代表。

7月7日，根据中共中央的决定，博古、林伯渠与周恩来一道应蒋介石之邀经西安飞至上海，准备转往庐山，参加同蒋介石的下一阶段谈判。想不到，当天刚好爆发了卢沟桥事变，这使得国民党在谈判中的地位迅速发生了逆转。

中日战争战端初开之际，局势尚不明朗，蒋介石在军事指挥权等问题上仍旧锱铢必较，毫不让步，并不急于立即解决红军改编问题。当14日周恩来等到达庐山后，首先得知的，就是蒋介石仍不同意中共军队独立指挥权的消息。蒋介石这时提出，红军改编后“各师须直接隶属行营，政治机关只管联络”。尽管张冲告诉周说：周恩来等在上海提交的中共宣言已得蒋介石“阅正”，所陈同盟会纲领也已“承允讨论”，但蒋介石明言不许中共有军事指挥权的态度，使周恩来倍感尴尬与困惑。[1] 正如周次日在致蒋亲函中所言：“缘上次在庐，承面告三师以上不能设指挥总部时，来即陈说在改编后不能无统率机关以管理人事经理教育指挥等事的困难。先生当答以可由政治机关如政治主任来管理联络。来彼时曾反问，政治机关如何能指挥军事，先生曾说：我要你们指挥，你们亦实能指挥，这是没有问题的。面谒后，来以政治名义管理军队究极不妥，曾向子文先生及蒋夫人再三陈说三个师以上的统率机关应给以军事名义，因先生坚持未允，来乃归陕北磋商，中间并一度来电重申前请”，至不得已时，才“据此再三向党中军中诸同志解释”，取得了谅解。此次反复，“与来上次在庐所面聆及归陕向党中诸同志所面告者，出入甚大，不仅事难做通，且使来一再失信于党中同志，恐碍此后各事之进行”。[2] 周恩来同时提出了关于谈判的十二条意见，要求蒋介石同意发表中共宣言，发表陕甘宁边区政府名义，划定十八县之疆界，

[1] 参见《周恩来年谱》，人民出版社1989年版，第371页。

[2] 同上，第371页。

共同派人赴南方联络与传达两党合作方针，以改编红军游击队。[1]

---

[1] 据国民党方面 6 月 5 日调查报告所得，中共在南方的游击队等各种武装人数，仅约四五千人，而中共所报的人数则超出一倍。详见《各边区伪匪实力查考表》（民国二十六年六月五日军事委员会委员长西安行营第一厅调制）：

匪首及实力 地区		我方所搜集情报			伪方代表所报情形		判断
		匪伪军番号及匪首	人数	枪支	领导人	人数	
豫鄂皖边区	豫鄂皖边区	伪廿八军军长高俊亭	约五六百	五六百	高俊亭	二三千人	一、伪方所报高俊亭股系属确实，但人数浮报甚多。二、豫鄂边区领导人想系伪方隐而不报
	豫鄂边区					一千余人	
湘鄂赣边区	湘鄂赣边区	伪十六师师长方步舟	约千余人	约八百	傅秋涛	一二千人	一、查傅秋涛系伪湘鄂赣军区政委，方步舟系伪十六师师长，判断伪方代表所报傅部即是方部。二、谭股已有二百余人加以旷股似有五六百人，周弘三股系伪方代表所报，似为属实。三、湘鄂边区领导人想系伪方隐而不报。
						一千余人	
	湘赣边区	伪湘赣边区独立团团长谭金保	约二百余人	约二百余支	旷彪 谭余保	五六百人	
	湘赣粤边区				周弘三	数百人	
豫鄂陕边区		张瞎子 周斗娃股	二百余人	约百支			张周任各股当系“土匪”非伪军
		任桂庭 股	约四五百	约二百余			
	闽浙赣皖边区	伪闽北军政委员长黄立贵	约五六百	约三百余	黄立贵	二千余人	一、伪方所报黄立贵股似属确实，惟人数浮报颇多。二、刘吴两股想系归黄立贵统辖，三股合约千余人。
		伪闽北区政委刘 英	约五百余	三百余			
		伪七军支队长吴 育	约二百余	百余支			
	闽西南边区				张鼎丞	约千人	张鼎丞股我方未据报，伪方所报该股盘踞杭永岩各县似属实
川鄂黔边区		龙华轩 股	人数未详	未详			龙田两股想系土匪
		田子青 股	人数未详	未详			
	川 南				余泽洪	未详	伪方所报欧阳股及余股似为属实
	湘 南					少数游击队	
	黔 西				欧阳荣唐	三四百人	
粤东江					古大存	未 详	人数伪方隐瞒未报
桂西						千人以上	伪方所报人数似虚报甚多，其领导人想系隐而不报
附记	我方搜得伪军实力系根据广州行营及豫鄂陕与闽浙赣皖两边区主任公署最近情报记载之。						

见台北“国史馆”藏蒋中正档案，特交档案—军事剿共第 3 卷 51078 号。

蒋对周信的反应是:“此事令人愤怒,但不能不强忍之。”[1] 17 日,周恩来、博古、林伯渠与蒋介石、邵力子、张冲等会谈,双方对政治问题没有太多争论,军事指挥问题仍谈不拢。蒋介石虽略有让步,从“政治机关只管联络”,让步到“政治主任只能转达人事指挥”,却仍坚持“三个师的经理教育直属行营”,且三个师的参谋长由南京派,政治主任要周恩来或林伯渠,最后甚至提到可要毛泽东任副主任,总之坚持不要军人。鉴于双方观点相左,一时难以沟通,共产国际又坚持红军与苏区必须全权由自己包办不应让步,周恩来等于“力争无效”之后,不得不返回宁沪“暂观时局变化”。[2]

时至于此,中共中央已无路可退,决心“采取蒋不让步不再与谈之方针”,要周恩来等干脆返回延安。[3] 在这个问题上,朱德、彭德怀等众多红军将领显然态度最为坚决。他们坚持认为 :“蒋介石对红军改编所提条件,超过我们统一战线最低限度原则,如果接受其条件有瓦解危险。我们改编三个国防师一军部及若干地方武装,是最低限度的原则与要求,否则(应)拒绝谈判。”他们相信,“只要利用现在有利形势,立即自动的改编为三个师一个军部,向全国公布”,蒋介石将没有理由宣布谈判破裂,即使他以经济和粮食来封锁红军,一面向共产国际请求接济,一面广泛募捐,也不难应付。显然,由于中日战端已开,中共中央相信蒋介石已失去进一步讨价还价的资本,不仅独立指挥权问题,就是成立独立的总指挥部或军部的问题,“因抗日战起”,都有解决的可能。[4]

果然,7 月 27 日,蒋介石沉不住气了,在反复考虑要不要给红军番号令其改编出动之后,到底还是电催共产党人照庐山所谈在 10 日内改编完毕,明示南京将发表三个师的番号,及各师旅团长与政治主任名单,并建议以

[1] 《困勉记》卷四十二,1937 年 7 月 16 日条,台北“国史馆”藏蒋中正档案。
[2] 《博、林、周致洛、毛电》(1937 年 7 月 21 日)。
[3] 《洛、毛致周转林》(1937 年 7 月 20 日)。
[4] 《中央书记处致朱德、彭德怀电》(1937 年 7 月 27 日)。

康泽为副主任，同意不再加派各级副职人员。[1] 但中共中央这时已不满足于用政治机关代行指挥权的前议了，而是明确提出非有独立指挥机关不可。中共中央强硬地表示：“（一）八月十五日前编好，二十日出动抗日；（二）三个师以上必须设总指挥部，朱正彭副，并设政治部，任弼时为主任，邓小平为副主任（不要康泽），以便指挥作战；（三）三个师四万五千人，另地方一万人，设保安正副司令，高岗为正，萧劲光为副，军饷照给；（四）主力出动后集中作战不得分割；（五）担任绥远方面之一线。”[2] 随后，中共一面申请各种补助，一面即下令迅速集中红军主力于三原进行改编，同时决定借此机会设立总指挥部，并“不管南京承认与否，实行在军委领导下之全权指挥”。[3]

7 月 31 日，南京下达了三个师的番号，并同意照中共所提之人数及编制改编。8 月 2 日，蒋鼎文转蒋介石电，邀请周恩来“约同朱毛诸先生即来京面商大计”。[4] 3 日，蒋介石再电周恩来，要红军立即向绥德、榆林及延安集中，以便出发抗日。4 日，蒋介石正式颁布了红军改编后的师旅团番号，并经蒋鼎文电告中共中央，在指挥权问题上已经明显地开始让步了。蒋鼎文的电报称：“顷奉委座面谕：（一）限期贵部能于八日迟至十日出动，本月二十五日集中大同完毕工作”；“（二）正副总指挥及宣言仍须得抗日实现时发表；（三）政训主任及师旅团长均已照单发表，惟参谋长仍由中央选派”。[5] 显而易见，因战争关系，蒋介石虽仍然力图干预，但已不能再纠缠于指挥权不放，只得承认其设立总部了。

8 月 9 日，应蒋介石邀请，中共中央派朱德、周恩来、叶剑英等飞往南京，参加南京政府组织召开的国防会议，同时准备提交中共对于国防问题

---

[1] 《蒋中正致长安蒋鼎文电》（1937 年 7 月 27 日）；康泽：《我在国共谈判中扮演的角色》，载台北《传记文学》第 61 卷第 1 期。

[2] 《毛泽东年谱》（中），第 6 页。

[3] 《毛致朱、彭、任诸同志并告剑英电》（1937 年 7 月 28 日）。

[4] 《蒋鼎文致肤施周恩来兄电》（1937 年 8 月 2 日）。

[5] 《蒋鼎文致周恩来兄电》（1937 年 8 月 4 日）。

的各项意见，并与国民党谈判红军改编出动等各项具体问题。但在11日出席了国民政府军事委员会军政部召集的谈话会之后，在隔日与康泽、邵力子、张冲的会谈中，却再度发生冲突。因为，康泽将中共起草的为公布国共合作的宣言大加删改，削去中共初稿中有关政治纲领、国共谅解与合作等条文与字眼儿，并且连共产党三个字也统统删去不提，同时继续坚持派参谋长和政治部副主任等。朱德等当场与康泽发生激烈争执，据康泽自己说：当时“差不多到了拍桌子的程度”[1]。

康泽是国民党复兴社的书记长，自7月被蒋召来主持对中共政治谈判以来，极力要想把国民党人的看法强加给中共，因而与中共代表在很多问题上都谈不拢。朱德等13日致电中共中央，痛斥“康泽捣乱，并勾结西安改组分子为难”我们，认为对康泽的修改“无论如何不能同意”。但考虑到宣言应当早日发表，以便立即改编，争取主动，因此他们仍建议在文字上可将民主改民权，国共两党等字眼儿删去，与国民党获得谅解改为与中央获得谅解或号召全国同胞共赴国难等。而毛泽东显然不认为有必要做如此让步。他坚持形势不利于蒋而有利于共，因而坚持在国共合作等字句上不仅不应让步，反而应该进一步加上中共新提出的抗日救国十大纲领，强调“宣言可以修改，但决不能照康泽提案”，在国难如此严重的情况下，国民党“没有理由提出把国共团结等语改变”。主张宣言“不忙于要求发表”，部队也“不忙于迅速出动”，“欲速不达，缓则有济”。[2]

1937年8月13日，由于日军开始大举进攻上海，战争形势严峻，国共双方的态度都不能不转趋软化。中共代表最终参考康泽的意见修改了宣言稿，删去了原稿中所有关于“国共合作”“民族统一战线”之类的字眼儿，康泽也不再要求删去原稿中中共关于自己政治主张的那些说明。当然，关于发表宣言的时间问题，蒋介石仍坚持要等到中共军队出动达到前线之后

---

[1]　康泽：《我在国共谈判中扮演的角色》，载台北《传记文学》第61卷第1期。

[2]　《洛（甫）、毛（泽东）致朱（德）、周（恩来）、叶（剑英）电》（1937年8月14日）。

才有可能。

由于全面抗战这时已经展开，蒋介石已直接电令红军参加作战，中共也以国民革命军第一一五师第一旅为先遣兵团依照蒋令向前线运动，国共两党之间的军事合作实际已经开始，政治形式上的分歧已不能成为两党关系的重大阻碍。因此，中共中央最终同意在宣言问题上做出某些让步，除坚持党的近期奋斗目标必须写上外，凡国共合作与两党亲密团结之类的话均可依照国民党方面的意见统统取消。但中共中央仍坚持：(一) 发表我党宣言，同时蒋发表谈话；(二) 发表边区组织；(三) 发表指挥部；(四) 发给平等待遇之经费；(五) 发给平等待遇之补充器物；(六) 红军充任战略的游击支队；同时拒绝政治副主任，只接受联络参谋。[1] 国民党方面也很快同意中共中央派人去南方以改编各地游击队，并开始部分释放在狱之中共党员。至18日，蒋介石终于正式发表朱德为第八路军总指挥、彭德怀为副总指挥，于是，拖延甚久的指挥部问题遂告解决。

军队指挥权问题解决之后，宣言及边区政权问题重又变得突出起来。由于对日作战在即，红军有生力量的保存关系到中共和边区的生死存亡，再加上在半年多的谈判过程中中共领导人深感蒋介石怀有某种对红军不利的企图，因此，毛泽东颇感不安，明确表示担心会出现红军落入蒋手甚至苏区被取消的极端被动局面。故中共中央此时在部队出动问题上仍十分谨慎，在第一一五师向南京军委指定地点前进后，又派出第一二〇师及八路军总部向前线集中，但对第一二九师则决定“非把国共间各主要问题弄好后决不出发”。尽管，南京方面对红军出动缓慢颇有怨言，蒋也以此为由拖延发表宣言，甚至红军将领和中共政治领导人中都有人对这种做法表示疑问，但毛泽东等坚持认为：国民党阴谋将红军全部送上前线，分路出动使不集中，“出动后即变为蒋之属下，彼以命令行之，彼时党的问题与边区问题由彼解

[1] 《朱（德）、周（恩来）、叶（剑英）致中共中央电》(1937年8月13日)。

决，甚至将不许发表宣言，并取消苏区”。[1] 因此，为迫使国民党让步和确保问题之解决，中共中央目前的“部署是完全正确的，不要听信国民党一部分人之无理浮言，而自乱其步骤”[2]。

8 月 30 日，康泽通知中共代表：边区政府已决定以丁维汾为正、林伯渠为副；八路军政治部已决定周恩来正、李富春副；两党关系宣言则必须在中共部队全部出动抗日之后才能发表。据说，南京政府这时还确定了派驻红军的高级参谋人员。得此消息后，中共中央当即表示反对，并致电自己的谈判代表称：“丁维汾是过去反共首领，苏区民众决不承认他为长官，必以林伯渠为长官，张国焘为副长官”，以任弼时、邓小平为政治部正副主任，国民党给周恩来的委任状必须退还。同时，中共中央强调：对南京所派“高级参谋前方实行挡驾，不许踏进营门，理由是南京应该信任红军，不应该破坏红军，但外面传说高级参谋是康泽等派来破坏红军的，因此不敢欢迎，如改为联络参谋并改派红军同意之人选则不拒绝”[3]。

据此，周恩来于 9 月 2 日向康泽等强硬表示：

（一）中共宣言与蒋先生谈话请照庐山原案，同时签定即日发表；

（二）边区政府请即以林伯渠同志任正长官、张国焘任副长官名义发表，以便早日取消苏区实行改制并办善后；

（三）八路军总部及各师高级参谋其任务系在连络，务请受命者认识清楚，免生误会；

（四）八路军政治主任弟方久已推荐任弼时、邓小平两同志分任，今颁命周、李，恕难接受，请即改任任、邓，以利团结。

---

[1] 《毛泽东年谱》（中），第 13 页。

[2] 《洛（甫）、毛（泽东）致博（古）、林（伯渠）、彭（德怀）、任（弼时）电》（1937 年 8 月 18 日）。

[3] 《洛（甫）、毛（泽东）致西安、前总、周（恩来）、博（古）、林（伯渠）、朱（德）、彭（德怀）、任（弼时）电》（1937 年 9 月 1 日）。

> 凡上所述烦即转陈蒋先生，请对弟方人员部队予以绝对信任。弟敢言合作大计既定，长期抗战已起，共党红军除在民族战线上努力外，无异意也。因之一切人事提议请以整个团体者信之，各事必将迎刃而解，否则徒增弟方不安耳。[1]

由于战争形势异常危急，蒋介石对中共种种要求，“此时惟有顺受之”[2]。9月之后，国民党方面一再催促共产党的军队尽快出动。为表示抗日诚意，自中共中央8月下旬在陕北洛川召开政治局会议后，中共中央也已经派出两个主力师转赴华北前线，但仍留一个师不动以为迫蒋让步之手段。中共中央的目的已很明确，即要蒋介石立即发表中共宣言，承认中共合法，边区坚持林正张副，“不要国民党任何人”，甚至南京派来的高级参谋和政治部副主任，也“全部坚决拒绝，不许其进入营门一步”。中共中央确信：只要宣言发表，我们取得合法地位，其他问题暂时不能解决均“无大妨碍”，我们完全可以“一切自行组织，不管国民党如何”，“就大势看，再过几个月，此层可以办到”。[3]

果然，国民党内部也已经开始有不同意见了。由于南京国民政府这时直接面临日本在华北和华东两条战线展开的进攻，兵力严重不敷分配，军政部副部长黄绍竑受命考察华北战局过程中，即明确提出：“山西方面所有部队仅足布防，惟恃第八路军作为机动。但闻该部行动迟慢，其原因为中共宣言未发表及边区问题未决之故。职意当此紧急时期，上述问题似宜解决，以免碍及军事行动。”[4]第二战区司令长官阎锡山也期待中共军队能够如数开拔，参加山西抗战，故对宣言和边区主任两事同样颇多同情，希望蒋能予

---

[1] 参见《周恩来年谱》，第380页。

[2] 《困勉记》1937年8月27日条，台北国史馆藏蒋中正档案。

[3] 《洛甫、泽东致博、叶并告周、朱、彭、任、林电》（1937年9月20日）。

[4] 《黄绍雄致南京蒋委员长电》（1937年9月19日），台北“国史馆”藏蒋中正档案，特交档案26034164号。

通融。其电称：“至宣言与边区两事，据称宣言系中国共产党宣言，正主任人选，仍应由中央派定，但彼方拟请中央由彼前在南京提出名单中选派就职等。观察该路军抗敌情绪兹为积极，当此用兵之际，其所请两事应予照准。俾彼将士各得安心早日加入前线，扩大战果。”[1] 有鉴于此，再经博古、叶剑英与康泽等进一步交涉，国民党方面终于不得不做出新的让步，同意照中共意见重新修改宣言，以同时发表中共宣言与蒋之谈话来宣布共产党之合法化，确定高级参谋为联络性质，同时对边区政府组织以丁维汾暂不到职，由林伯渠代理正职的方式表示妥协。这样一来，中共中央所争取的目标实际上已经基本上达到了。

9 月 22 日，经过反复磋商之后，国民党方面终于同意公开发表中国共产党的宣言了。中共在宣言中宣称：

> （一）孙中山先生的三民主义为中国今日之必需，本党愿为其彻底的实现而奋斗。
> （二）取消一切推翻国民党政权的暴动政策，及赤化运动，停止以暴力没收地主土地的政策。
> （三）取消现在的苏维埃政府，实行民权政治，以期全国政权之统一。
> （四）取消红军名义及番号，改编为国民革命军，受国民政府军事委员会之统辖，并待命出动，担任抗日战线之职责。[2]

次日，蒋介石也公开发表谈话承认共产党的存在，并表示愿意不计前嫌。谈话称：

> 余以为吾人革命，所争者不在个人之意气与私见，而为三民主义之

---

[1] 《阎锡山、黄绍雄致南京蒋委员长电》（1937 年 9 月 20 日），台北“国史馆”藏蒋中正档案，特交档案 26035169 号。
[2] 《解放》（周刊）第 18 期，1937 年 10 月 2 日。

> 实行。在存亡危急之秋，更不应计较过去之一切，而当使全国国民彻底更始，力谋团结，以共保国家之生命与生存。……对于国内任何党派，只要诚意救国，愿在国民革命抗敌御侮之旗帜下共同奋斗者，政府自无不诚接纳，咸使集中于本党领导之下，而一致努力。中国共产党人既捐弃成见，确认国家独立与民族利益之重要，吾人唯望其真诚一致，实践其宣言所举之诸点，更望其在御侮救亡统一指挥之下，以贡献能力于国家，与全国同胞一致奋斗，以完成革命之使命。总之，中国立国原则为总理创制之三民主义，此为无可动摇，无可移易者。中国民族既已一致觉醒，绝对团结，自必坚守不偏不倚之国策，集中整个民族力量，自卫自助，以抵暴敌，挽救危亡。[1]

中共宣言得以发表及蒋介石公开发表谈话承认接纳共产党，终于结束了这场耗时 21 个月之久的曲折接触和艰苦谈判的过程，国民党到底还是用政治而非军事的方法一时解决了共产党问题。尽管这种解决与蒋介石早先所设想的情况相差甚远。就国共两党此后长达数年的磨擦冲突和交涉的历史而言，这仅仅是一个开头，但它毕竟为中国的全面抗战赢得了一段可贵的内部和平时期，从而成就了一种前所未有的国内统一与团结的局面。

---

[1] 《中共中央抗日民族统一战线文件选编》（下），第 823—824 页。

第九章

抗战开始后的妥协与磨擦

西安事变结束了国共之间的战争，但是，蒋介石并没有因为共产党人在事变中所起的调解作用，就忘记了对红军的恐惧。尽管蒋并没有食言，也没有采取“将计就计，待其诈降以后较易消灭”的设想，甚至在事变后不久，就批准通过西北“剿总”按月向红军提供经费，帮助红军维持生存所需的主要开支，但他对周恩来再三要求他帮助解救在河西走廊遭到马家军围攻的两万红军西路军一事，却显然无动于衷。而为了使共产党人的武装不致再度成为国民党的威胁，蒋更是想方设法要剥夺共产党对红军的实际控制权。仅仅是因为日本发动了“七七”事变，并且大举入侵，蒋介石才因为华北抗战前线的现实需要，而不得不允许共产党人继续指挥自己的军队。结果，国共两党之间虽然实现了妥协，双方却都对对方高度戒备与防范。这种情况不能不极大地影响了两党关系的走向。

一、军事合作与政治防范

国共两党围绕着红军改编问题的艰难交涉，再清楚不过地反映出彼此之间的强烈防范心理。但是，在相当一段时间里，这种心理却很少直接表现在军事关系上，特别是在前方战斗部队当中就更是如此。换言之，就对日作战而言，共产党领导的八路军，开始还是能够认真贯彻蒋介石和其顶头上司第二战区阎锡山司令长官的意图和指令的。最能够证明这种情况的，就是 1937 年 9 月的平型关战役。

八路军第一一五和一二〇师 8 月下旬先后出动，一一五师 9 月 5 日由候马车运山西原平，准备依照蒋给八路军的第一号训令，出至涞源、广灵、灵丘地区。不意连日大雨，铁路又遭轰炸，推进受阻。对此，负责在军事上与中共保持联络的蒋鼎文再三电蒋，解释说：“连月多雨，道途沮滞而黄河水涨流急，渡河均感十分困难，确属实在情形。”[1] 阎锡山亦电告蒋称：与

[1] 《蒋鼎文致南京蒋委员长电》（1937 年 9 月 5、6 日），台北“国史馆”藏蒋中正档案，特交文电 26012404、26012399。

周恩来、彭德怀等会面,“其言正大,拥戴钧座甚表诚意,对敌御侮尚为积极,林贺两师决连续北开”[1]。为此,阎甚至再三催促蒋对中共所提宣言和分布边区人委任状两项要求,“应予照准,俾彼将士各得安心早日加入前线,扩大战果”[2]。

由于刘汝明和汤恩伯部10日退出阳原、蔚县,日寇跟追占领,威胁到一一五师预定前进地区,但该师依旧依照原令出至灵邱境内。9月20日,蒋发布第二号训令,要求“第八路军速进出涞源、蔚县,击破该方面之敌,该集团此后归第二战区阎长官指挥”,“第二战区以主力固守晋北现阵地,以有力一部协力第八路军之攻势,另以一部固守集宁”。[3] 当时,一一五师尚未进入涞源、蔚县,日军已突向平型关,第二战区被迫组织平型关战役,阻扼日军推进。22日,国防部副部长黄绍竑电请阎锡山:“请令八路军派出一部向该方(平型关)以北之山地游击侦察。”[4] 23日,阎锡山电令朱德:“我决歼灭平型关之敌,增加八团兵力,明拂晓可到。希电林师夹击敌之侧背。”[5]

朱德接令后,当即电令林彪率一一五师兼程赶赴平型关北侧进攻之敌的侧背,准备加入战斗。24日因大雨造成山洪,部队四团仅渡过两团半,但仍赶至指定作战地点。25日晨进入阵地,9时许,原准备配合平型关正面守军夹击关前进攻的日军第五师团第二十一旅团部分兵力,却发现头一天运兵至关前的日军两个汽车中队开始返回灵丘,进入关前沟口;而几乎同时,从灵丘县城南来运送补给的日军第二十一联队的辎重大队,也由相

[1] 《阎锡山致南京蒋委员长电》(1937年9月8日),台北“国史馆”藏蒋中正档案,特交文电26013593。

[2] 《阎锡山致南京蒋委员长电》(1937年9月20日),台北“国史馆”藏蒋中正档案,特交文电26035169。

[3] 《南京蒋委员长尚密一作效酉电》(1937年9月20日),台北“国史馆”藏阎锡山档案,微卷号97,1715—1717。

[4] 《石庄黄部长轩密养子石电》(1937年9月22日),台北“国史馆”藏阎锡山档案,微卷号97,1721。

[5] 《阎锡山致五台朱总司令漾申行一电》(1937年9月23日),台北“国史馆”藏阎锡山档案,微卷号97,1724。

反方向从另一头进入关前山沟。八路军一一五师据此临时改变部署，在平型关前的山沟里设伏击敌。几个小时后，一一五师两个团全歼了敌辎重队，并重创了敌汽车队，烧毁汽车74辆。同时，一一五师还与从关口回援的日军第二十一联队第三大队四个中队（实为三个中队的兵力）步兵展开战斗。[1]当晚9点，林彪发给军委的电报称："敌原分布于东西跑池、关沟、辛庄一带，小部在小寨村"，"我自晨至夕激战终日，关沟、辛庄一带阵地完全夺取，并将东跑池以北之一八八四高地占领，东跑池以南阵地亦夺取，敌陷于我包围中，目前正夺取小寨"。"现战况已成对峙中，能否解决要看晋军能否出力。"[2]只因当天凌晨平型关守军在东跑池附近的重要阵地被日军袭占，导致团城口在内的一线阵地丢失，负责前线指挥的傅作义总司令等几乎没有能力顾及与八路军的作战配合问题。直到当天傍晚才调集好兵力，开始组织反击，以夺回阵地。因为平型关守军与一一五师之间缺乏电讯联络，尽管日军救援部队已受命掉头回防，一一五师因天晚亦不明就里，没有出击。坚持到次日凌晨，才悄悄撤出了战场。不难看出，尽管这次伏击作战两军配合仍旧存在一些问题，但八路军明显地是按照作战命令并积极贯彻蒋、阎的作战意图的。

正是因为国共两军初战合作顺利，因此，阎锡山这时还曾将与八路军相邻部队交予朱德辖制指挥。在随后的忻口战役时，八路军亦遵命担任拦阻日军的任务。如一一五师在山西省平定县南广阳至松塔间之伏击作战，一二〇师在雁门关以南黑石头沟的伏击作战，一二九师在平定县城以东七亘村和昔阳县以南黄崖底的伏击作战，都是积极执行第二战区指挥的表现。晋南战役时，"一一五师陈光部一度策应卫长官，结成好感，确认为晋南作

---

[1] 参见［日］步21会:《滨田联队史》,第97—104页,日本（未见出版单位）1973年11月版;儿岛襄:《日中战争》，日本文艺春秋社1984年版，第122—125页。

[2] 《林聂致朱彭电》，1937年9月25日。

战有唇齿相依必要”[1]。这种情况影响到这时国共两军上层将领之间的关系一般也较为融洽。朱、彭等经常向阎锡山和南京军委会提出作战建议与设想，而国民党将领亦重视八路军的装备武器补给等问题。如第十四集团军总司令卫立煌就对八路军印象颇佳，因此对朱德等所提开展华北敌后游击战的建议深感兴趣。他在 11 月 29 日给蒋介石的电报中，特别转报了朱德的建议：“昨朱德、彭德怀来部研讨：(一) 今后在战略上须将广大华北划分多数游击战区，发扬军民共同行动，发动其战斗意志，以使到处受我打击。(二) 所有公路铁道悉行切断，小敌则围歼之，大敌则绕击其侧背，使其疲于奔命。(三) 积极武装群众，确实做到坚壁清野，城市纵失，资产全无，日久敌必自困。”同时，他亦对八路军作战两月，兵员损失和武器老旧等问题颇为关心，故代为转报蒋，请予通融整补。”[2]

国共两党这时上层将领关系不错，也影响到一些地区两党军政人员间关系不差。如阎锡山就委托共产党员帮助他组建山西青年抗敌决死队等（后被称为山西新军），武士敏所部一六九师亦受命归朱德辖制和指挥，与八路军关系密切。另外像山西总动员委员会主任兼保安司令续范亭、山东省第六区专员兼保安司令范筑先等，都和共产党人过从甚密。一直到 1938 年，进至河北敌后的八路军一二九师与国民党冀察绥平津党务指导专员办事处、军委会河北民军总指挥部及冀西民训处之间，仍能保持密切合作关系。他们当时在地方政权、农民合理负担、武装民众、红枪会、军事配合和除奸等许多实际问题，都能相互协商与沟通。国民党特派员就明确肯定双方合作的意义重大，一二九师师长徐向前和政委张浩也明确承认，八路军是国民革命军的一个组成部分，“八路军所到之处，即为中央政权所到之处”，也即是国民党所到之处。他们甚至主张在蒋介石和战区司令长官命令和意

[1] 《第一战区司令长官司令部函戴雨农面呈委座亲启》，1942 年 2 月 5 日，台北“国史馆”藏蒋中正档案，特交档案 50604。

[2] 《卫立煌致南京蒋委员长电》（1937 年 11 月 28 日），台北“国史馆”藏蒋中正档案，特交文电 26013282。

图的原则下，建立以县为单位的可以配合行动的联合指挥机关。[1]

当然，与军事上的合作相比，国民党在政治上对共产党的防范心理，依旧起着主导作用。

抗战刚一爆发，时任第三十六师师长兼西安警备司令的宋希濂就有电报给蒋介石，力陈自“剿匪”军事停止以来，中共“利用进机整理训练，发展组织，扩大宣传，设立抗日军政大学，以训练干部诱至[致]青年。最近所发刊物，如《解放》《沙河》《沧浪》《西北生活》《救国旬刊》《救国教育》等多至十余种”，等种种情况，称其“言论多系宣传赤化”。特别是卢沟桥事变发生后，中共“更乘机鼓惑民众”、“散布谣言”，“谓中央已对日妥协，划黄河为界，将以二十九军为牺牲等语”，“若不急谋根本解决之计，抗日前途必多窒碍也”。[2]还在中国共产党宣言发表不久，戴笠也向蒋通报称：“中共密电各地高级干部电八点，其最要者为在国民党中央未实现民族统一战线与政治未达民主化以前，各地共产党员不得参加任何行政机关及各种委员会之组织；共产党在苏区及游击区应绝对保有领导地位。”[3]蒋鼎文更是不止一次地电告蒋介石说：“朱、毛部队虽已大部开出，就职观察，一切绝对无诚意，不过藉此扩张其势力。”“查共党表面虽为归顺中央，一致抗日，然自始至终毫无诚意。庐山所决定者，并不确实履行。派往之政训副主任、高级参谋，则绝对拒绝派往。传达命令之参谋，亦婉拒不见。本行营派往陕北之视察组，亦来函拒绝，谓恐保护难周。一二九师则迟不开拔，种种要索则几同命令，若面与交涉，则又纯用狡猾敷衍之手段。职之观察，彼方绝无诚意。不过藉此公开扩张其势力。”[4]

---

[1] 《华北游击战士的宝贵经验——国民党冀察绥平津党务指导专员办事处、第八路军第一二九师、军委会河北民军总指挥部及冀西民训处联席会议》（1938年）。

[2] 《宋希濂致牯岭蒋委员长电》（1937年7月15日），台北“国史馆”藏蒋中正档案，特交文电26031353。

[3] 《戴笠致蒋委员长电》（1937年10月5日），台北“国史馆”藏蒋中正档案，特交文电26022521。

[4] 《蒋鼎文致委员长蒋电》（1937年10月1日、4日），台北“国史馆”藏蒋中正档案，特交档案26022521、26021767号。

蒋鼎文这里所说的政训副主任及高级参谋等问题，是抗战期间国共两党磨擦的最初表现形式之一。由于蒋介石始终想要监督和控制中共军队，因此坚持要向八路军各师派驻高级参谋。而这些所谓的高级参谋，大都是国民政府军委会别动总队康泽手下的高级特工人员，是以监视八路军为任务的。国民党中央党部也没有忘记把握这一机会，根据延安方面这时驻西安办事处主任林伯渠所获得的情报，它曾明确通知各级党部称，收编红军的目的主要是“不许其投靠苏俄”，各地应借机“调查共产党个人与组织情形”，并提出应“利用威吓利诱分化共产党内部”。[1] 中共中央原本就坚持“军队干部与原有系统，不能改变”[2]，侦知国民党方面的企图后，它自然会极力阻拦。而这种阻拦又极大地刺激了国民党人，被派往第十八集团军做政治部副主任却被拒之门外的李秉中即愤愤然曰：综观中共拒绝中央派员，扩张地盘，巧妙宣传以争取民众，“可断言（其）此次投诚毫无诚意，现正大规模作夺取政权之准备”。他强烈要求蒋介石和国民党中央除以“暂缓发饷”的方法压迫中共务必接受中央派员直接监督外，还应实行严格的新闻检查制度，严禁有为中共张目之宣传报道，国军更应加强补充，争取抗战结束，“亦能镇压反动”。[3]

李秉中提到新闻宣传问题，固以西安地区为主，但也涉及到全国各地。在李看来：“西安出版物匪党占绝对多数，大型报纸有西北文化日报，小型者近更风起云涌，整个社会，皆有被笼罩之势。”他认为，西安青年普遍都接受中共的看法，“此次对日抗战，无论胜败，将来政权一定归匪党掌握，因本党系资产阶级的代表，且富妥协性”。但更让李恐惧的是，中共的影响力已经扩展到全国各个地区，甚至连中央社也在为其张目。如“平型关之战，全国报纸皆为鼓吹，且纷纷刊出贺电，中央社又有‘今日之朱彭’之通信稿，

[1] 《林伯渠致毛、洛电》（1937 年 9 月 18 日）。

[2] 《张冲与周恩来谈话概要》（1937 年 5 月），《中华民国重要史料初编》，第五编（一），第 267 页。

[3] 《派任第十八集团军政治部副主任李秉中呈蒋委员长报告中共多方拒绝到职并缕述共党诡谋》（1937 年 10 月 24 日），《中华民国重要史料初编》，第五编（一），第 320—323 页。

致增加其号召力”。[1] 李秉中被派至中共军队中做任职，却依旧沿袭着内战时期的思维方式，一口一个“匪党”，并且明显对中央的政策有所不满，于此足见国民党中下层干部中对共产党的敌视程度可能较高层更甚。

其实，国民党陕西省党部等也并非如李秉中所说毫无作为，它们也一直在做防范共产党影响的各种工作，只是其手段简单粗暴。据毛泽东电告，陕北中共退出的地区，均接到当地驻军和党部的通告，“凡过去已分的土地，务必交还地主。今年庄稼应以三分之二归还地主。如有不遵，即行逮捕监禁枪杀，并在绥德吴堡一带组织富农联合会及善后委员会等，假抗日名义，任意乱征民夫。尤对过去当过红军者强行抽拔，以致激动公愤”[2]。同样，对于过去在张学良、杨虎城等人影响下组织起来的所有民众团体，省党部也明令，除非归入国民党组织的名下，否则一律取缔。中共领导下的西北抗日救国会（简称西救）这时也被迫并入国民党名下的“抗日救亡会”，从而激起国共两党地方党部最早的一场争论。中共陕西省委为此公开致函国民党陕西省党部，批评国民党陕西省党部“借‘统一’之名，取缔救亡团体，假借‘合法’之权，压迫救亡运动”。该函历数国民党陕西省党部禁止学生运动的错误，如“青年学生在街上募捐，党部不准；青年学生演救亡戏剧，党部禁止；青年学生到乡下宣传，党部骂他们是‘自由行动’；青年学生组织战地服务团，党部不准他们开会；青年学生在街上讲演，党部派便衣队跟在他们后面；几十种救亡前进书籍杂志，党部下令禁止销售；若干存有救亡书籍的青年学生，党部查出加以逮捕；若干教育界的抗日分子，党部授意撤职了！”[3]

国民党粗暴地实行统制政策，原本已经招致众多激进知识分子和青年

---

[1] 《派任第十八集团军政治部副主任李秉中呈蒋委员长报告中共多方拒绝到职并缕述共党诡谋》（1937年10月24日），《中华民国重要史料初编》，第五编（一），第320—323页。

[2] 《康泽致南京蒋委员长电》（1937年9月26日），台北“国史馆”藏蒋中正档案，特交文电26021772。

[3] 《中国共产党陕西省委致国民党陕西省党部一封公开的信》（1937年10月10日），《解放》第24期，1937年11月20日。

学生的反感，中共陕西省委的公开信一出，自然会得到西安各校的响应。10月23日，学生代表向省党部、教育厅集体要求，允许学生往各县编组宣传抗日。遭到拒绝后，各校学生千余人次日即群集民众露天剧场，以纪念鲁迅的名义，向省府教育厅公开请愿示威。

学生、教师一示威，自然也就进一步引起国民党陕西省党部和西安行营的高度紧张。他们马上召集各种会议商量对策，又是设战时青年服务训练班，又是建战地青年临时训练所，又是组织西北民运工作指导团，又是整顿充实陕西省抗敌后援会，又是派出别动队担任难民和伤兵的指导员，将其统统迁移到距离中共所在的陕北较远的地区去，竭尽全力来防止共产党在学生、难民、伤兵以及失业知识分子中继续扩大自己的影响。[1]

但更让国民党人感到不安的，还是中共在原属国民党控制的区域内渐形扩展其影响。戴笠发现阎锡山利用牺盟会和公道团人员替换山西各县县长，“实则各该团之主要干部，大都多左倾，不啻为共党建立政治基础。苟太原一旦失陷，则山西政权必立即完全操诸共党之手，毫无疑义也”。[2]

总而言之，尽管1937年9月蒋介石公开宣布了“开诚接纳”共产党“共同奋斗”的态度[3]，但国民党人，包括蒋介石在内，对共产党的怀疑戒备依然如故。从蒋介石就中共宣言发表谈话之后一连串的日记，就足以看出其中对中共疑惧和不满之强烈程度。如对中共要求定边区为特区，以林伯渠为行政长官，范围包括27个县区等[4]，蒋视之为“乘机要胁”。对八路军一二九师一再延迟出动，逼蒋承认林伯渠为边区主任，同时中央政工及参谋人员又被拒绝进入部队，则断言：“共党违约势所必然”，称：“此种无信

[1] 《康泽致委员长蒋电》（1937年10月24日）、《蒋鼎文致委员长蒋电》（1937年10月30日），台北“国史馆”藏蒋中正档案，特交档案第26035606、26015966号。

[2] 《戴笠致南京蒋委员长电》（1937年10月25日），台北“国史馆”藏蒋中正档案，特交文电26036725。

[3] 《蒋委员长为中共共赴国难宣言发表谈话》（1937年9月23日），《中华民国重要史料初编》第五编（一），第285页。

[4] 《中共中央书记处致伯渠电》（1937年9月27日）。

义之徒，决不能成业也。”用他的观点：“共党与军阀，只须多给权利，再动之以正义则可矣。”[1] 随着淞沪战场形势急剧恶化，蒋心情渐趋沮丧，对中共的观感也变得更加恶劣。他不仅暗自慨叹：“军事失利，反动派逐渐猖狂，共党尤为跋扈，呜呼！外患未消，内忧日增矣！”而且开始估计，进入长期抗战后，很可能会出现几种最坏局面，其中对“共党乘机捣乱，夺取民众与政权”，尤为焦虑。他特别担心：“俄国在抗战期间必不使共党反叛乎？”[2]

1937 年 11 月底，原驻共产国际中共代表团团长王明等中共领导人从莫斯科回国，带回共产国际关于“抗日高于一切”的指示，促使中共中央开始对前此统一战线工作进行检讨。中共中央随即决定改变对国民党过于防范的一些做法，包括主张在边区名称及长官人选方面做出让步，同时允许派驻联络参谋，不拒绝国民党派团参观边区，对于区域要求也以保证边区安全及需要为主，不着眼于扩大，惟行政制度坚持民选，经费力争每月五万，至少三万元，遣散及善后费要求三十万元，南方游击队改编为新四军力争两个纵队，并争取国民党同意共产党人在国统区公开办报。[3]

由于这时中国抗战正处于困难阶段，需要苏联直接援助的呼声甚高，王明恰与共产国际和苏共领导人有着一种特殊的关系，一心希望取得苏联直接援助来抗击日本军队的蒋介石对于王明的回国颇为重视。他为此曾暗中盘算：“对共党方针，放任乎？统制乎？保守乎？”如何能在有效控制共产党的前提下，通过谈判“放宽共党”，“使之尽其所能”，“以期合作抗倭”？[4] 在这样一种思想的主导下，蒋介石接连向延安发出邀请，请王明前来武汉晤谈。

12 月 20 日晚，王明、周恩来等在武汉与蒋介石见面。王明除转达苏联方面的某些建议外，着重说明中共中央的政策主张。博古则代表中共中央

---

[1] 《困勉记》卷四十五，1937 年 10 月 1、5、25 日条，台北“国史馆”藏蒋中正档案。
[2] 《困勉记》卷四十五，1937 年 11 月 2、4 日，12 月 7 日条，台北“国史馆”藏蒋中正档案。
[3] 转见《失去的机会？——战时国共谈判实录》，第 65—66 页。
[4] 《困勉记》卷四十五，1937 年 12 月 10、11、21 日条，台北“国史馆”藏蒋中正档案。

就前此谈判中的边区政府人选、联络参谋、国民党参观团等问题表示了共产党方面愿意妥协的态度。周恩来也进一步就密切两党关系以及改进抗战政策等问题提出具体建议，这包括成立两党关系委员会，决定共同纲领，出版报纸，建立国防军事机关、征兵委员会，扩充并改造军队，协助政府组织，扩大国防参议会为民意机关等。对此，蒋介石一本其固有的态度，只是敷衍地表示说:“所谈极好，照此做去，前途定见好转。”“外敌不足虑”，“（日本）愈前进困难愈多，军事虽失利，并不足虑，只要内部团结，胜利定有把握。”他要王明等人与陈立夫就两党关系等问题“共商一切”。[1]

12 月 26 日，在蒋介石的同意下，国共两党成立“两党委员会”，并召开第一次会议。国民党方面的正式代表为陈立夫、刘健群、张冲及康泽，共产党方面的代表为周恩来、王明、博古、叶剑英。会议决定每五天会商两次，并同意中共代表的要求，起草一个大家可以共同遵守的政治纲领，推定由周恩来与刘健群共同担任起草工作。表面看来，国共两党的关系进入到了一个相当积极的新时期，但实际上远非如此。陈立夫等人并不真的想要和共产党共同商讨什么共同纲领，刘健群根本就没有参加纲领的起草工作。由中共单方面起草的名为“中国人民抗日救国纲领”的草案于 30 日提交给两党委员会讨论时，国民党代表的兴趣明显地不在这个文件上，而是在苏联出兵的问题上。中共代表清楚地了解苏联不会出兵，当然无法满足国民党方面的要求，结果等到 1938 年 1 月 24 日再度举行两党委员会时，陈立夫等人再不见了心平气和的样子，康泽、刘健群当场就开始批评八路军不贯彻中央军令，游而不击，说中共应该学国民党广西派的样子，把军队交给中央，把延安的军校变为中央分校，使军政及教育、经理、人事与中央统一，主张中共重要的领导人应离开军队到中央来服务，他们甚至提出八路军应当与中央军交换干部，并强调应当分散使用八路军。[2]

---

[1] 《陈、周、博、叶致洛、毛并中共中央政治局电》（1937 年 12 月 21 日）。
[2] 《陈、周、博、董、叶致书记处并前方朱、彭、任电》（1938 年 1 月 24 日）。

国民党人这时感觉最麻烦的一个问题，就是公开接纳中共的军队和政权，会给人以政府已经放弃党国体制和统制政策，承认党派合法化的印象。加上共产党人这时的宣传更是以“国共合作”为号召，强调两党的平等地位，并且主张多党政治，一些强硬的国民党人自然深为不满。曾经身为共产党省级领导人、后投向国民党的叶青这时发表的《关于党派政治》一文，即反映出这批国民党人的观点。文中断言：“今天国民党以外的一切党派，都没有独立存在的理由。不止今天，就是将来也没有独立存在的理由。”[1] 受命处理共产党问题的陈立夫因得到不久前叶剑英在东北救亡总会工作讨论会上的谈话摘要，了解到中共必欲破除国民党之“党治”和改变CC系把持党政的决心，也马上得出结论并上报蒋介石称：“共党之参加抗日，其步骤有三：(1) 以联合阵线之名，取得参战之一员，虽居我下亦甘之如饴。(2) 以国共合作之口号，期取得平等之地位，以自身取得法定公开之保障，为其他各党各派作护符。(3) 俟实力既充与我对峙作正式战，而以各党各派担任游击，使我腹背受敌，内外夹攻，而致溃败。”在强调中共“其计至毒”，令人“不寒而栗”之后，他明确建议国民党人必须树“自信”，建“互信”，而强“共信”。[2] 所谓共信者，在他看来，就是要大力鼓吹“一个主义”“一个领袖”“一个政党”“一个军队”的主张，以便为根本取消共产党“封建割据”式的政权和军队，制造舆论的压力。就在陈立夫建议前后，国民党即利用《扫荡报》等报刊开始大张旗鼓地宣传鼓吹“一个主义”“一个领袖”“一个政党”“一个军队”的主张，进而更含沙射影地把共产党及其领导下的陕甘宁边区和八路军，斥责为妨碍和破坏国家统一的三大因素。[3] 此举就连力主与国民党缓和关系的王明等中共领导人也认为不能不做出反应，遂以毛泽东的名义发表答记者问，公开表明了共产党人的不同立场。[4]

---

[1] 叶青：《关于党派政治》，《血路》1938年1月22日。
[2] 《陈立夫呈蒋委员长函》(1938年2月1日)，《中华民国重要史料初编》第五编（一），第325页。
[3] 参见《武汉日报》1938年2月6日；《扫荡报》1938年2月7日社论。
[4] 《(毛泽东）与新中华报记者其光先生的谈话》，见《新华日报》1938年2月9日第二版。

蒋介石利用共产党推动苏联出兵不成，自然就更加担心持久战争中共产党割据壮大的危险，认为必须找到一种办法能够使共产党真正纳入到其党统和法统之下。他这时想到的一个办法，就是设法劝说共产党同意组织上两党合并。用他的话来说就是：“内求国共合并，外与俄再进一步合作”，始足以应付最近国际形势之变迁。[1] 而要想劝说共产党同意两党合并，自然不是借助于陈立夫等人的刺激文章所能奏效的。因此，蒋见到毛泽东答记者问，马上就约见周恩来，表示：这样一件小事用毛泽东的名义发表专门谈话，是小题大做，谈话中把十年内战中的事情拿出来，更是没有必要。他声称：(1)对主义信仰，不欲限制各方，尤对孙中山所说三民主义与共产主义并不矛盾，任何人不能修改或反对。(2)对各党派亦无意取消或不容其存在，惟愿溶(融)成一体。(3) 对一党政权之说亦不赞成，仍主张延请各方人才参加政府。(4)对《扫荡报》等言论，认为不能代表国民党和他个人。

蒋介石特别举例说，像共产党就可加入国民党成为一个派别，取消共产党的组织。他声称，两党存在总免不了冲突与竞争，你们共产党讲策略，共产党隐蔽在国民党内来发展不是好策略吗？将来在国民党内，最革命最能干的就会成为国民党的基础。当然，国民党也可以改变名称，各党统统取消加入进去成为一派，党内可以有派嘛。对于这一点，周恩来的意见是：党不能取消，国共两党都不可能，两党之间的问题只有从联合中找出路。蒋介石对此未加反对，表示可以研究，并且要周恩来与陈立夫等进一步商谈。而在随后周恩来与陈立夫的谈话中，鉴于周恩来依旧明确地表示了自己在这个问题上的态度，陈立夫也不加争辩。相反，陈立夫主动提出一项新的建议，问可否在两党以外组织一个三民主义青年团，国共两党共同加入。[2]

2月10日之后，因蒋介石的直接干预，国民党人关于取消共产党的议

[1] 《困勉记》卷四十六，1938年2月25日条，台北“国史馆”藏蒋中正档案。

[2] 参见《陈、周、博、叶、董致中央书记处并朱、彭、任电》(1938年2月10日)，中共湖北省委党史资料征集编研委员会、中共武汉市委党史资料征集编研委员会编：《抗战初期中共中央长江局》，湖北人民出版社1991年版，第156—157页。

论和宣传暂时告一段落，虽然问题尚未解决，但一时间笼罩于两党之间的紧张空气表面看上去算是烟消云散了。27 日，中共中央也开始召开专门的政治局会议，讨论两党关系的解决办法。显然，一个大党的主张得到了中共中央的重视。在 2 月底 3 月初举行的政治局会议上，中共领导人具体提出了三种合作办法，即（1）实行共同纲领；(2) 恢复大革命时期的国共合作方式；(3) 组织包括各党派在内的民族革命联盟。会议显然倾向于"建立一种包括各党各派共同参加的某种形式的民族革命联盟"，并主张这种联盟的建立应当依据下列三点："(一) 各党、各派、各团体拟定一统一战线纲领，作为各方宣传行动共同遵守的方针；(二) 由各方代表组成一自上而下的，即中央与地方的统一战线组织，以规划抗日救国的大计和调整各党派、各团体间的关系；(三) 参加此联盟之各党派，仍保存其政治上和组织上的独立。"[1] 3 月 24 日，王明等以中共中央名义致送《对国民党临时全国代表大会的提议》时，正式向国民党提出此一设想。[2]

共产党人此时所主张的民族革命联盟，与国民党人"融为一体"的组织形式，其实并没有多少共同之处。蒋介石这时在国民党临时全国代表大会上就明确讲：共产党不仅应当服从国民党的领导，而且必须消融于三民主义之下。他说："本党是创造民国领导革命的唯一大党"，"共产党过去因为不察国情，企图消灭本党以致遭受许多事实的教训，他们察前思后，一定已经知道他以往为中国革命造成多少严重的错误，使中国革命力量无故受了多少的牺牲，他们当不是全没有理智的，现在中国的环境怎么样？国际形势怎么样？我想他们总能够度势识时，履行他对本党的宣言"。作为当政的唯一大党，"如果本党今后能日趋健全，日益充实，负得起革命建国的责任，不仅共产党要

[1] 王明：《三月政治局会议的总结》(1938 年 3 月 11 日)。

[2] 《中共中央对国民党临时全国代表大会的提议》(1938 年 3 月 1 日)，实际交给国民党的日期为 3 月 24 日。

尊重本党，服从领导，国内现存一切党派，都必然消融于三民主主义之下”。[1]具体到合组大党的问题，蒋介石这时授权策划应付共产党办法的陈立夫等人明显地不感兴趣。他们的想法很简单，国共两党既然不能合并，国民党就必须要想办法根本解决共产党与国民党争夺民众，特别是争夺青年的问题。对于民众及舆论，国民党的办法是组织国民参政会，吸收各方面人士参政议政，使各行各界都纳入到政府的轨道上来。而对于脱离于社会各界名流和工商人士之外的学生和青年，则考虑建立一个国民党控制的三民主义青年团，以此来达到垄断青年组织乃至“消融”各党基础的目的。

蒋介石对抗战以来大批青年和学生拥向延安极感不安。早在 1938 年 1 月 29 日他就有电报要蒋鼎文和陕西省政府主席孙蔚如密查共产党“收容各省学生等实情”[2]。蒋之所以会支持陈立夫等人在 4 月国民党五届四中全会上通过设立三民主义青年团的议案及《三民主义青年团组织要旨》，就是基于要同共产党争夺青年的强烈愿望。对于这种情况，中共中央似乎估计不足。由于有组织各党派参加的民族革命联盟的提议在前，且国民党未将组织三民主义青年团的具体设想公之于众，因此，延安的中共中央领导人毛泽东等相信国民党的这一举动将有助于民族革命联盟的实现，因而准备明确表示“赞助……三民主义青年团的成立”[3]，强调应当“使三民主义青年团实质上成为各阶级各党派广大革命青年的民族联盟”，并“经过三民主义青年团去改造国民党，一方面以青年团的力量推动国民党进步，另一方面经过它使大批革命青年加入国民党，发展与巩固国民党内部的革命力量”。[4] 毛泽东公开表示，国共两党要想真诚合作，确实应当设法统一起来。“两个不同

[1] 蒋介石：《临时全国代表大会闭幕讲词》（1938 年 4 月 1 日），转见“国防研究院”、中华大典编印会编印：《蒋总统集》，台北，1968 年，第 1037 页。

[2] 《蒋委员长致西安行营主任蒋鼎文陕西省政府主席孙蔚如电》（1938 年 1 月 29 日），《中华民国重要史料初编》，第五编（一），第 413 页。据不完全统计，仅 1938 年 5—8 月三个月时间里，经西安进入延安的青年和学生，就有将近两千人之多。

[3] 《中央关于国民党临全大会宣言与纲领立场的指示》（1938 年 4 月 18 日），《中共中央文件选集》，第 11 册，第 491 页。

[4] 《任弼时代表中共中央向共产国际报告大纲》（1938 年 4 月 14 日）。

的政党要统一起来就要有一个桥梁，组织一个委员会，无论什么名称都可以，国共两党都参加进去；或者另外组织一个党，共产党参加，国民党也参加，两个办法都成。"[1]

但是，驻武汉的中共代表王明、周恩来等对蒋介石、陈立夫的想法显然有更多的了解。他们指出：三民主义青年团还未成立，其领导者就已经利用它来作孤立和反对共产党的工具，故第三党、国社党、国家主义派、救国会诸人及进步青年团体一致拒绝加入。况且有关三青团本身性质、组织内容及任务，国民党内部尚在争论中，"如照此现状成立，且有变成新的特务机关的趋势，似此现在我们即表示赞助青年团的建立，似嫌太早，且政治上不利"[2]。为此，中共领导人内部明显地发生了意见分歧。毛泽东等人坚持认为："我们党对国民党一切口头上要做的好东西，如扩大国民党、成立三民主义青年团，都应该采取积极赞助的态度，使全国最大多数人民与国民党中一切进步分子看到共产党同国民党合作的诚意。"因此，中共中央仍旧指示王明和周恩来等应主动赞助三青团的组织工作，一方面承认三青团为国民党的青年团组织，为国民党候补党员性质的组织，另一方面努力"使三青团成为各阶级各党派广大革命青年的民族联合团体"，争取"经过三青团去改造国民党"。他们建议，应向国民党方面提议：三民主义青年团的范围不可太小，"凡接受本团宗旨之青年，不分性别、阶级、职业、民族、信仰皆得为本团团员。团体会员亦可加入，但各团体除执行青年团的各项决议决定外，仍应保持其本身的组织"。至于同国民党的关系，"本团除接受蒋总裁的领导外，各级国民党党部可经过其在青年团工作的党员实现其政治领导，不妨碍本团组织上的独立性"。[3]

这样的提议在蒋介石、陈立夫等人看来自然不会感兴趣。成立三青团的目的本来就是为了统一所有青年组织，防止共产党利用青年发展自己的势

---

[1] 毛泽东：《两党合作的问题》(1938年4月5日)。

[2] 《陈、周、博、凯致中央书记处电》(1938年4月22日)。

[3] 《毛、朱、康、陈、刘致陈、周、博、凯电》(1938年5月12日)。

力，共产党要求允许团体会员，同时还允许保持各自组织的独立性，这与蒋介石、陈立夫等组建三青团的目的完全是南辕北辙。事实上，其内定的“组织训练要旨”已经明确规定：本团是在国民党领导之下，以三民主义为皈依，凡加入本团者“必须脱离其原有的党派组织关系”。随后公布的团章更具体规定加入者必须遵守的纪律七项，其中也特别强调了“不得加入其他任何党派”，“不得发表有背本团宗旨之政治主张”和“不得在本团内有任何小组织”等严格限制团员政治信仰和政治自由的惩罚性条文。而其惩罚的方式，甚至还包含有刑事方面的严厉处分，如“劳役”、“禁闭”及“特别裁判”等。[1]这样一种严密控制团员的青年组织，当然不是共产党人所希望的有利于对国民党展开统战的民族联盟。结果，到 1938 年年中，蒋介石既没有能够实现“国共合并”的目的，共产党也没有能够推动国民党同意成立统一战线的各党派遵守共同纲领的民族革命联盟。三民主义青年团的建立，不过使国民党又多了一种与共产党磨擦的手段。

二、国共磨擦升温与防共办法出台

1938 年 4 月初，就在国民党临时全国代表大会和五届四中全会先后召开之际，国共两党之间发生了两件引人注目的事件。一是中共中央政治局常委、陕甘宁边区政府代主席张国焘逃离延安，跑到西安，很快脱离共产党，投向国民党一边。其 5 月 2 日公开发表的《告国人书》，公开批评共产党只是形式上改编红军，取消苏维埃，停止土地革命，“实际上仍然因循其固有错误思想与派别成见，严格维护其小组织之利益”，“保存实力，保持边区政府与某些游击区域的特殊地位，以徐图发展”，“抗日合作不过为达到此

[1] 《三民主义青年团组织训练要旨》（无日期）、《三民主义青年团团章》（1938 年 6 月 16 日），林泉编：《中国国民党临时全国代表大会史料专辑》（上），中国国民党中央委员会党史委员会，1991 年，第 613—614、708—709 页。

目的之宣传手段”。[1]

几乎与此同时，国民党人还找到了一二九师政委张浩数月前对内解释共产党改换策略理由的一个小册子，经蒋指示广为印发，分送给国民党临全大会代表，意在为国民党人敲警钟。[2] 张浩在报告中明确讲：当初提出改变新策略的时候，费了很多思索，“因为我们党与苏维埃红军，与反革命苦战十年。在这十年的仇恨中，而提出与反革命合作，真是难过万分，尤其是对于反革命头子蒋介石，更是誓不两立的”。只是因为过去的道路走不通，因为目前必须储存力量，因为只有共同抗日才不脱离群众，才可以有效地掩护我们的秘密工作之发展，便于争取广大群众。“因为党是世界革命的策略的政党，必须将眼光放大些，所以才与反动的各阶层合作。因为这样，才能过渡到无产阶级专政，才能达到社会主义的社会。”张浩认为：与国民党合作，丝毫也不会影响我们坚持阶级斗争和土地革命的既定方针。目前是抗日在前，土地革命和阶级斗争放在后面，但“见到革命到了高涨的时候，我们的策略，马上就要改变”。[3]

国民党本来就有来自不同层级和渠道的各种有关共产党问题的情报，这些情报有些直接取材于中共内部文件，有些则完全是捕风捉影，道听途说。但所有上报到国民党中央的这类情报的共同特点，都意在强调中共“别有用心”“图谋不轨”。而今又有张国焘的现身说法和张浩的秘密报告，国民党中央自然更加坐实了对共产党人的怀疑。

1938 年 4 月 23 日，国民政府军事委员会武汉行营，连同湖北省政府、

[1] 《张国焘敬告国人书并与中共同人商榷抗战建国诸问题》（1938 年 5 月 2 日），《中华民国重要史料初编》，第五编（一），第 354—355 页。

[2] 有关张浩报告的真实性问题，可证之于王明等人 1938 年 4 月 3 日给书记处的电报。内称：“（一）国民党某派大印去年张浩在抗大之讲演，散发临时大会代表，作为反对之材料。（二）请在抗大陕公等处公告国共合作成立前之一切旧材料无效，并收集焚毁。（三）张浩同志勿来武汉，即返退。（四）一切各校出来学生，绝不能带出任何讲演或笔记，现在已发现很多所谓抗大讲义印卖，引起许多政治误会。”关于蒋对张浩此一报告之重视程度，可见万亚刚：《国共斗争的见闻》，（台北）桂冠图书股份有限公司 1995 年版，第 130—131 页。

[3] 见张浩《中国共产党的策略路线》，台北中国国民党党史馆藏档，特 9/16—17。

国民党湖北省党部等，就密令各党政军机关严密监视中共领导下的，在武汉地区十分活跃的抗日民众团体“蚂蚁社”、青年救国团、战时乡村工作促进会等，强调凡未经省党部省政府准予备案登记之团体，一律不准活动。同时并特别下令查禁中共宣传品及其近似书刊 42 种。[1]

1938 年 5 月 10 日和 6 月 21 日，国民党五届中常会第七十九次会议又通过《对党外各种政治团体及其分子之态度的决议》，国民政府军事委员会也发布了第 3080 号和第 4229 号训令，都清楚地显示出国民党中央加强防共措施的趋势。其七十九次中常会决议明确指示各级党部务必严密防范共产党等党外政治团体及其分子，必要时可以严予取缔。决议称：“(一) 党外各种政治团体及其分子，凡符合下列标准者应推诚相见。1、放弃其原有主张，确认本党三民主义为最高准绳。2、服从本党及本党领袖。3、恪遵国法，严守军纪。4、遵守本党抗战建国纲领，为国家之统一与民族之复兴而奋斗。(二) 凡有违背上列标准或阳奉阴违者应严予取消。(三) 党外各种政治团体之分子，如脱离原隶政治团体，请求加入本党为党员者，应尽量容纳其优秀分子。如加入本党为党员，而仍未脱离原隶政治团体者，应严予取缔。(四) 秘密政治团体及身份不明分子，其政治活动应严予取缔。(五) 二三四各项规定严予取缔之政治团体或其分子，本党各级党部及党员应随时严密防范并调查其活动情形报告上级党部。”[2]

其实，进入 1938 年以来，国共两党间的磨擦早已呈现出按下葫芦又起瓢的状况了。在陕甘宁边区，共产党坚持 23 县，国民党至多只同意给 18 县，地方省政府还依据国民党中央的要求，坚持要对边区行使权力，双方各派各的县长，结果弄出不少双重政权。只是在边区，共产党的力量占据明显优势，因此磨擦冲突国民党方面往往占不到多少便宜。但在南方各省，共产党人就难免要吃亏了。在 1937 年下半年的国共谈判中，国民党方面为了

[1] 湖北省档案馆藏，LS3/1/261/8—14。

[2] 见台北中国国民党党史馆藏档，特 9/16—8。

集中共产党留在南方的少数红军及其游击队，以利于对整个南方省份的控制，同意在八路军之外，另外由中共领导组建新四军。这些红军及其游击队集中为新四军四个支队和一个特务营陆续调离原地，集中到皖南和皖中指定地区后，其所设立的以照顾官兵眷属为目的留守处，就成了国民党地方当局防范的重点。因为这些留守处事实上又多负有中共在当地的组织联络宣传之责，从事着“秘密吸收党员发展党组织，介绍青年参加新四军或投奔延安”之类的工作，最易引起国民党地方当局的敌视与嫌恶。而在河南、安徽、江西、湖北、湖南、福建这些国民党占据绝对优势的地方，新四军留守人员备受压制几不能免。国共两党之间为了南方共产党人和新四军留守人员的问题，常常出现纠纷，往往是“一面解决又一面逮捕”[1]。

国民党七十九次中常会通过严厉取缔异已政治团体及其分子的决议之后，国民党各地党部对防范和压制各地共产党及其外围组织，多数态度自然更加坚决。各地都相继出现了解散救亡团体，封闭机关，没收各种激进书报，逮捕民众运动领导人的事件。[2] 对少数贯彻困难的地方，国民党中央都极力推动，坚持非恢复国民党领导民众地位不止。如河北省政府主席并党部主任委员鹿钟麟即报称：“本省前以处特殊环境之下，党务中断已久，各地民众团体以领导无人遂于无形中停顿解散。本部抵冀后，各县民运共产党早着先鞭，其组织系统县区村各设民族革命战地动员委员会……另组民众团体，难免发生磨擦。今共党将领导权完全交出，(亦) 绝非共党所愿。”对此，国民党中央社会部就明确主张:“应以军政全力争取民众”，基于现状，可先“设法与八路军会商设立联合干部统一冀省民运之指挥”，否则即应考虑“由冀省军事机关根据中央关于人民团体组织之法令，强制统一军政力

---

[1] 《徐特立在湘十个月的工作报告》(1938 年 9 月)，湖南档案馆：《抗日战争时期湖南地下党历史文献选编》湖南人民出版社 1985 年版，第 12 页。

[2] 参见《周恩来选集》，上卷，第 219 页。

量所及地区之民众组织，总以防止共党势力之扩张为主”。[1]

国民党中央的这种强硬态度，也刺激了下层干部的反共心态。道听途说、加油添醋的虚假情报亦颇为盛行。8 月 21 日，蒋鼎文密报，中共已派干部两批二百余人随战地服务团赴武汉地区，渗入各种训练班或救亡团体，企图以武汉、重庆、西安为中心参加各部门正常工作，甚至深入军队工作，意图扩展势力。[2] 10 月，国民党中央社会部更得到夸张其辞的假情报称，延安 8 月 2 日开党员大会，决议（1）防范中央人员在边区之活动及言论；(2) 派特工人员化装潜入国统区扩大组织;(3) 通令全边区努力生产、扩大红军，准备战后对国民党之斗争。国民党中央执委会不加分辨，信之甚笃，除立即通令各地严加防范外，还特别指示社会部拟具办法，“秘密组织情报网，严密监视共党及其党徒之活动”。[3] 正是出于对共产党在民众中，乃至于在国民党内影响的恐惧，在这一波行动中，蒋介石甚至也曾亲自出马，秘密批捕了前黄埔军校学生、中共陕西省委重要负责人宣侠父，最终导致宣被国民党特务秘密绑架、杀害，并沉入枯井中。[4]

这个时候的中共中央对国民党正在秘密推动的防共限共计划，尚欠了解。它还在积极谋求推进国共合作的过程中。鉴于二战区司令长官阎锡山开始严重担心共产党，毛泽东等特别提醒隶属二战区的八路军领导人务必要全力帮助阎锡山扩军，“严格通知在各公开机关团体与之部队中工作的同志多说阎的话，在文件口号宣传上多用阎之按劳主义的术语，少用马列主

---

[1] 《鹿钟麟代电》（1938 年 10 月 17 日）、《国民党中央社会部签注》（1938 年 12 月 2 日），南京第二历史档案馆藏档（十一）1025。

[2] 《蒋鼎文致武昌蒋委员长电》（1938 年 8 月 21 日），湖北省档案馆藏档，LS1/4/3839/26—27。

[3] 查 1938 年 8 月 2 日延安并未见有其情报所称之两千人党员大会召开。当日仅见毛泽东对抗大三个大队学员毕业讲话，内容亦与情报所称无关。且此时恰在中共全力争取与国民党全面合作，准备停止在国民党内招收党员、组织秘密支部之际，所谓多派特工化装潜入国统区扩大组织和准备战后对国民党斗争之说，也不合逻辑。《国民党中央执行委员会代电》（1938 年 10 月 17 日），南京第二历史档案馆藏档，国民党中央社会部（十一）4943。

[4] 蒋介石在 8 月 3 日见周恩来时亲口承认宣侠父是他下令捕的，后蒋鼎文在同西安八路军办事处林伯渠的谈话中也承认宣是蒋下令捕的，只是当时他们都没有承认宣已被其杀害。

义的术语”，以“减少阎的怀疑”。[1] 对蒋介石，中共中央的态度也相当明确：决不乘人之危。毛泽东等电告王明等称：“在抗战过程中巩固蒋之地位，坚持抗战，坚决打击投降派，应是我们的总方针。”为此，他们坚决主张劝告蒋介石，在武汉不可守时，“不惜断然放弃之”。“因目前许多军队的战斗力远不如前，若再损失过大，将增加各将领对蒋之不满，投降派与割据派起而乘之，有影响蒋之地位及继续抗战之虞。”[2]

正是由于中共中央这时的这样一种心态，它还没有把两党磨擦加剧的情况同国民党上层的态度变化联系起来。共产党人这时在《新华日报》上批评国民党的话，更多地也只是指向国民党的地方当局的。它在历数各地两党磨擦，共产党人备受摧残的情况，要求国民党惩办凶手，赔偿损失，禁止乱捕乱杀，颁布保障救亡团体的法令外，仍公开认为：“这些现象的发生，当然主要的原因是由于地方政治的黑暗”，国民党中央的问题只是“缺乏采取坚持实现自己的法令和纲领的步骤和具体方案”。[3] 正像毛泽东告诫陕甘宁边区留守兵团首长时所说的：现在的问题是国民党还有些腐化势力存在着，他们至今还怀着仇恨，对他们我们应该有警觉性。今天边区保留少量驻兵，就是为此。因为总有些人“还是东磨西擦的，今天磨掉一个乡，明天磨掉一个区”。但是，你们今天的任务，主要还是对付日本帝国主义，而不是对付友军。因为国民党今天基本上是进步的，友军多数也是好的。“对于好人却不该记着过去的仇恨。”[4]

为了有效地改善两党关系，解决两党之间目前存在的严重问题，中共中央在 9、10 月间召开的中共中央政治局会议和六届六中全会上，再度提出了加强两党组织上合作的极端必要性。毛泽东明确提出：目前的合作方式“对于长期合作是不利的”，“这种形式太不密切，许多问题不能恰当的及时的

---

[1] 《毛、洛、胡致朱、彭等电》（1938 年 7 月 14 日）。

[2] 《洛、陈、康、王、胡、毛致陈、周、博、凯、叶电》（1938 年 8 月 6 日）。

[3] 见《新华日报》1938 年 6 月 9 日。

[4] 毛泽东：《对留守兵团各首长的演讲》（1938 年 7 月 16 日）。

得到解决”，因此有必要把“国民党本身变为民族联盟，各党派加入国民党而保持其独立性”，或者“各党共同组织民族联盟，拥戴蒋介石先生作这个联盟的最高领导人，各党以平等形式互派代表组织中央以至地方的各级共同委员会，为着执行共同纲领处理共同事务而努力”。他主张“正式向国民党同志申明：我们停止在你们内部作招收党员组织支部的活动，不管统一战线采取何种的共同形式，我们都是这样做”，而一旦合作实现，所有加入国民党的共产党员还将向国民党提交他们的名单。[1]

10月1日，按照毛泽东的指示，周恩来于六中全会尚未结束之际就急忙返回武汉，于4日向蒋介石递交了毛泽东和王明给蒋介石的信，并转达了中共中央的上述有关提议。同时提出希望根据实际状况扩编八路军（即第十八集团军）为三个军，每军各辖三个师，每师各辖三个旅，每旅各辖三个团；希望允许徐向前部去山东，允许林彪部去华中；希望三青团改变章程，成为各党派参加领导，或国民党领导、各党派领导的青年团体均可参加的青年联合团体，等等。[2] 根据蒋介石的要求，周恩来又于8日以书面的形式进一步说明了中共中央的建议，包括“保证长期合作办法”“赞助三民主义青年团”“保证军队的统一与巩固”等多项意见。

周恩来的书面说明，被蒋介石马上分别交给了陈立夫、朱家骅、康泽、徐恩曾等研究和讨论。陈立夫等人研究讨论的结果，除在要不要适当修改三民主义青年团组织办法，允许其他党派青年个人加入这一点上略有不同意见外，其他意见大体一致。这些意见由陈立夫概括起来就是：“吾人应坚持下列方针：（一）不取两党混合方针，（二）不予以公开合法之凭藉，（三）不与之作平等之谈判，不许在一个组织内有两个信仰，不许一人跨两个组织。”与此同时，陈等还宣称：“共产党党员正式脱离党籍，奉行三民主义而愿参加本党为党员者，本党表示欢迎。”“本党为巩固革命政权，有派员

[1] 毛泽东：《论新阶段》（1938年10月12—14日），载《解放》第57期，1938年11月6日。
[2] 《向国民党交涉合作统战活动的十大事项》（1938年9月）。

参加任何政治组织及民众团体之权利。”[1]

14 日，蒋介石约周恩来谈话，表示中共加入国民党及三青团的问题必须由国民党常委会进行讨论，但是他认为三青团可以修改章程允许中共党员参加，只待进一步研究后即可考虑实行。[2] 但此后由于战局危急，广州及武汉先后失守，这次交涉未能取得结果。到 12 月 6 日，蒋介石再约周恩来谈话时，其态度就已经改变了。他宣称：跨党的办法讨论后大家不赞成，大家认为，共党既信三民主义，最好合成一个组织，力量可加倍发展。如果这种办法可以谈，他拟于不久到西北后即约毛泽东等面谈，如全体合并做不到，可否一部分党员加入国民党而不跨党，因为大家害怕共产党的“革命转变”。周恩来答称：共产党相信三民主义，不仅因其为抗日出路，而且也因其为达到社会主义的必由之路，国民党员自然不会如此想，因此国共终究是两个党。跨党并改变名称正是为了取得互信，但如果认为时机未到，也可采用其他办法，至于少数人退党而加入国民党，不仅失节失信仰，而且于国有害无益。对于周恩来的意见，蒋介石当然不能赞同。这次谈话双方均无所获。[3]

六天后，蒋介石再约周恩来及王明等谈，态度不仅没有松动，反而变得更为坚决。蒋介石不顾周恩来等人的种种解释和提议，强硬地表示：“共产党员退出共产党，加入国民党，或共产党取消名义将整个加入国民党，我都欢迎，或共产党仍然保存自己的党，我也赞成，但跨党办法是绝对办不到。我的责任是将共产党合并国民党成一个组织，国民党名义可以取消，我过去打你们也是为保存共产党革命分子合于国民党，此事乃我生死问题，此目的如达不到，我死了心也不安，抗战胜利了也没有什么意义，所以我

[1] 《朱家骅、徐恩曾、康泽、陈立夫等四人对于“中共政治局所讨论的及六中全会所要讨论的一些主要问题”签注意见摘要》（1938 年年底），台北“国史馆”藏蒋中正档案，特交档案（四）第 50679 号。

[2] 《周恩来关于同蒋介石谈判情形致中央书记处电》（1938 年 10 月 14 日）。

[3] 《周致中央书记处电》（1938 年 12 月 6 日）。

的这个意见，至死也不变的。”甚至当周恩来等谈到目前双方至少可以独立存在共同发展时，蒋介石干脆直截了当地表明了他的忧虑之所在，他说：“共产党不在国民党内发展也不行，因为民众也是国民党的，如果共产党在民众中发展，冲突也是不可免。”因此，蒋介石这时对于周恩来等谈到的其他合作方式，当然认为无用，他声称：“根本问题不解决，一切均无意义。”[1]

相对于陕甘宁边区、新四军后方留守处，以及共产党影响下的各地民众或青年团体，对国民党人刺激更大的，应该说还是八路军及其敌后根据地的迅猛发展。因为，在国民党人看来，八路军纯粹是在国民党和日本的战争中唾手而得渔翁之利，结果是国民党“失地愈多该党发展愈速”，“本党统治之土地，将一失而不易复得”。[2]

国民党的担心并非没有根据。八路军是在 1937 年 8 月下旬改编，随即先后出发至华北抗日前线。三个师出发时的确实人数约为 3.4 万人，9、10 月间因行军作战等原因且出现减员。10 月以后开始着重于扩兵发展，经过两个月左右的时间，到 12 月底已扩军到 9.2 万余人，还发展了游击队 2.5 万人。1938 年年底，八路军进一步扩展到 16 万人左右。[3] 在此期间，八路军先由陕北一隅之地，按照蒋令加入阎锡山第二战区，进入山西地区参加对日作战。后山西大部沦陷，八路军遂留在敌后农村建立根据地，立稳脚跟后即开始分兵跨出战区，以游击方式进至河北、绥远，随后更进入山东敌后农村，创建根据地，这时已开始准备着手向华中敌后地区发展。由于它完全针对敌后空虚的情况自由行动，不受战区约束，不受进入省份原省府的管辖，自行组建诸如冀中、冀南行政公署和晋察冀边区政府等名义上隶属于中央政府，实际上独立自主的地方政权，发动民众，建立民众武装，因而

[1] 《陈绍禹等关于一个大党问题与蒋介石谈判情况向中央的报告》（1938 年 12 月 13 日）。

[2] 《沦陷区防范共党活动办法草案》；《第八路军在华北陕北之自由行动应如何处置》，转见中国人民解放军政治学院党史教研室编：《中共党史参考资料》，第 8 册，第 323、325 页。

[3] 《任弼时关于八路军情况的报告》（1938 年 2 月 18 日）；并见张廷贵、袁伟、陈浩良合著：《中共抗日部队发展史略》，解放军出版社 1990 年版，第 503 页。

很快在华北敌后取代了国民党的地位，成为除了日本占领军以外最具影响的力量。

中共军事力量据有地区一年增加数倍，这不能不引起蒋介石和国民党的高度紧张。为阻止八路军进一步扩张，蒋曾下令不许部队跨越战区，并特别选派在河北有相当人望的鹿钟麟担任省主席，设法逼八路军退出河北，归还第二战区。西安行营更召集陕甘宁边区国民党委任的县长联席会议，要求他们大胆组织保安队并行使权力。如此种种造成许多磨擦，却丝毫无助于解决问题。相反,双方控告对方蓄意磨擦的报告和电报更明显增多起来，尤其国民党一方倍感紧张，国民党中央执行委员会以及国民政府行政院均不断提醒和责令各级政府严密注意和防范共产党，并要求各地不惜依据“抗战建国纲领”和“战时民众团体整理办法”[1]，“取缔共党非法活动，并对业经整理之社会团体严密监督领导，以免行动越轨，或被共党渗入煽惑”。[2]

12 月下旬，眼见国民党在各地捉人及阻禁中共活动的事件骤然增多，中共中央通过八路军副总指挥彭德怀向蒋请求根本解决华北指挥关系等问题，并通过周恩来向蒋说明“各地反共捉人事”，要求蒋予以查处。蒋介

[1] 该办法规定：各地民众团体均应服从军事委员会政治部监督领导，并归各战区司令长官司令部政治部主持办理登记和整理事宜，凡未经批准登记的一律不许活动，凡有违反三民主义及抗战建国纲领或足以妨碍地方治安之行动者，均应依法改组或停止活动，必要时得由军警机关强行取缔和解散。转见湖北省档案馆藏档，LS31/2/402/28—29。

[2] 已知 1938 年 12 月间行政院就按照国民党中央执行委员会秘书处的指令，几度下文给各地省政府，注意防范中共扩张。如 12 月 17 日国民党中央执委会秘书处特别通报中共豫西工委有报告给中共中央称：“已把握到的武装群众五万人以上，一俟敌骑入境，即可实现建立‘晋陕豫边军区’之计划。”且已吸收军委会战时干部训练团第四团第二总队青年干部和联保主任不少人参加民先队，有些更加入共产党。据此，行政院明令鄂豫等省“严密注意”。23 日中央执委会秘书书又发出通报，说明中央宣传部密报近数月来中共在渝、沪、港各地舆论界活动甚为积极，“表面上拥护统一，拥护抗日，拥护最高领袖，但常曲解事实，攻击本党之设施以及党政之言行，动摇人民对于本党之信仰”，因而不得不采取措施予以处分的种种情况，要求各地均应采取同样措施“严予防范，切实取缔，以弭后患而利抗战建国大业”。29 日国民政府军委会委员长桂林行营密令：中共已改变策略，“今后将实行化整为零，以使共产党员实力遍布全国及失陷地内重要城镇。现如陕甘豫冀晋诸省游击队之普遍发展，民众组织在共党领导下扩大，皆系抗战中所造成之势力云云……希特别注意，严密设法防止为要”。转见《湖北省政府密令》，1938 年 12 月—1939 年 1 月，湖北省档案馆藏档，LS31/2/402/15—23。

石自然认为所有责任均在中共行动越轨，故表现出极不耐烦的态度。[1] 其在日记中慨叹道：共产党“或以此为其时已到乎？呜呼！目前急患不在敌寇，第一在共党之到处发展，其次则沦陷区游击队之纷乱，各边区土匪之充斥以及兵役制度之多纠纷，皆应确定切实对策，以消弭殷患”。[2]

1939 年 1 月 21 日，国民党召开五届五中全会，会议初始就基于共产党迅速发展的现实，集中检讨国民党自身的种种不足。由于对共产党的发展充满恐惧，不少国民党人响应蒋介石的建议，纷纷自省。[3] 事实上，蒋介石建议的目的，固然是希望激励国民党人自省和发奋，但这一建议更是希望能够找到抑制共产党人的办法。他在大会上不仅公开提出要共产党取消组织，统统加入国民党的办法来解决共产党问题，而且在内部更明确主张：对共产党必须“以严正的态度来教训管理他”。他说：共产党捣乱是必然的，民国十五六年是如此，今天也是如此。“拿十五六年时候的教训，同现在中国共产党的现状来看，可以决定我们对于共产党的态度。共产党当然有他的策略，看过他的党的建设，可以知道的，他对于中国国民党自然没有好意。他所以要和我们合作，不过是一种策略而已。”他一方面表示：“我们对于共产党不必有恐惧的心理，我们是一个执政的大政党，是中国一切民众的褓姆，负有作三军之师的责任，教之治之，使他走入正途。”另一方面却告诫代表们说：“以严正的态度来教训管理他，他 [便] 不敢越出我们的范围以外的。如果想要去利用他，他便要和你起斗争。”“共产党是讲斗争的，

[1] 中共中央这时对指挥权的要求是：凡八路军占优势而主力的地区，一切军队，包括友党之游击队及地方自卫队，应归八路军指挥；凡友军占优势的地区，一切部队概归友军指挥。所谓地区应以战略区域为单位，不照过去省界，依游击战之形势定之，军事指挥与政权应该合一，故应争取委朱德为一个战区的副司令长官，某些省区及其所属各县之行政长官应要求委任八路军将领及政工人员充当。蒋若同意，中共可放弃某些地区如冀中、冀南及平原之一部给其他友军，八路军保证退出后不再去发展武装力量。《中共中央对彭德怀与蒋介石谈判内容的指示》（1938 年 12 月 23 日）。

[2] 《困勉记》，1939 年 1 月 6 日条，台北“国史馆”藏蒋中正档案。

[3] 《中国国民党五届五中全会第三次会议速记录》（1939 年 1 月 25 日），台北中国国民党党史馆藏档，5.2/159。

你见他就怕，他格外要得寸进尺，正中着了他的希望。假如你拿出了有进无退的革命办法，来对付他，他便赶快缩回了去。”[1]

如何才能拿出“有进无退的革命办法”来“教训管理”共产党呢？这个问题在会议上引起相当一部分代表的反响。国民党中央宣传部就此介绍了斗争的经验，说：“本党应付方针，可分积极的消极的两方面之言。在积极方面根据本党党义与国策，分别编撰丛书小册子，以独立出版社发行之，并对于出版界新闻界切实加以指导。又如每周宣传要点之颁发，党报社论之撰拟，以及各种联络指导等属之。在消极方面，除对新闻纸早已采取检查制度外，图书杂志部分已出版书刊在去年一年中，受查禁处分者凡一百二十一种，其未出版者则采取原稿审查办法，所有发行之图书杂志，均须经审查后方准出版。此外更拟订《印刷所印刷不送审查图书杂志原稿取缔办法》，以杜绝秘密发行之流弊。自汪（精卫）案发生后，一切分化偏激之言论，均经删改，故出版界言论均尚平妥。可见消极的防止工作，已收相当效果。”[2]

但是，仅仅在会上交流与共产党斗争办法显然是不够的。

根据大会代表们的要求，并经蒋同意，国民党中央执行委员会秘书处很快起草并拟订了《防制异党活动办法》，并于会议甫一结束即迅速下发执行。该训令称：“应由各省市路等党部与三民主义青年团各团部各省市政府及其他有关各机关，切实执行。”“即希查照密令各省市政府及其有关机关主管长官，遵照办理，并饬严守秘密，指定承办人员，实际运用。”[3]

国民党中央执行委员会制订的“有进无退的革命办法”是什么呢？就是要学共产党的做法，用严密的组织手段来对付共产党。《防制异党活动办法》开宗明义即提出：“共产党在本党权力所及之区，犹能猖獗活动，长足

[1] 《总裁在五中全会讲演：外交趋势与抗战前途》（1939 年 1 月 26 日），台北中国国民党党史馆藏档，5.2/159。

[2] 《宣传部书面答复苗委员培成质询》（1939 年 1 月），台北中国国民党党史馆藏档，5.2/159。

[3] 《院长孔祥熙令》（1939 年 3 月 3 日），台北中国国民党党史馆藏档，特 005/25.13。

发展，考其原因，虽非一端，而本党组织工作之不健全，而予人以可乘之机，实为主要因素。目前共产党控制下之陕北，彼能无论男女老幼悉纳于各种组织之中，而由该党分子予以切实之领导与控制，遂造成今日形同铁桶之陕北特区，不但外人不易轻入，即入内亦难立足，更无论有所活动。本党目前防制异党活动之方，亦唯有采取此种坚强组织之办法，方能奏效。盖即所谓以组织对付组织之意义。”至于如何“以组织对付组织”，《办法》提出了“积极”和“消极”两种办法。“积极”办法就是要调动各地党政机关，全面加强对学生、民众及其群众团体的引导和控制，对异党活动最烈的地区，更“应实行联保连坐法，使人民不敢与异党分子接近而受其利用”。至于“消极”办法，就是要求各地党部及军政机关，对于异党活动要严格防制，如“任何假借共产党或八路军与新四军等名义擅自组织武装队伍者，当地驻军得随时派兵解散，不得有误”；对未立案即擅自活动之青年、文化、救亡各团体要“切实取缔”，发现立案各社会团体中有异党分子，主管党政机关应勒令所属社团“取缔其团员资格，并强制其服务之机关、学校或工厂等开除其职务，藉以警戒其他分子”；“对内容反动及违反抗战建国纲领之各种宣传刊物，如图书、杂志、报纸、小册子、壁报等，应随时检查禁，若经一再查禁而仍秘密发行者，应从严制裁，以儆刁顽”。《办法》并明确提示称：“纵因此而发生磨擦，设非出于本党之过分与不是，亦应无所避忌。”[1]

国民党中央拟订《防制异党活动办法》，仅仅是就其“权力所及之区”制订出应付办法，它同时还要求各地各部门分别就各地各部门的特殊情况，拟具出切实适合于各地和各部门需要的应付异党之对策与办法。当然，考虑到“团结御侮”的抗战大环境，蒋介石等也不能不十分谨慎，要求各地具体准备方案时要切实保守秘密。为此，中央执行委员会秘书处曾于4月15日专电各省市党部及政府提醒称：“本党应付异党之对策与办法，在此团

---

[1] 《防制异党活动办法》（1939年2月），南京中国第二历史档案馆馆藏国民政府社会部档案，（京）53。

结御侮时期关系极为重要，应以绝对保守秘密为原则，倘不慎而泄漏，入于异党分子手中，则不仅易滋误会，甚且发生磨擦。为防患未然计，嗣后各地方党政机关关于应付异党之对策与办法，必须层层负责，尽量避免书面传递之方法。各机关拟具对策时，亦应根据地方事实环境立言，不可辄用中央口气，或翻印中央所颁布之原则。至必须保存之文件，亦应指定忠实可靠人员严密保管，以免泄漏。”[1] 密令下达一个半月后，为保密起见，还曾有令限期缴还销毁。[2]

有国民党中央的指令和拟具的办法，各地各机关国民党人自然闻风而动。

国民党中央党政军联席会报会拟具的《共党问题处理办法最高原则》、《对某党应取态度之原则》等秘密文件，主张“不宜全般破裂”，但“赞成各地方之局部斗争”；强调“在中央立场上对各地方之磨擦冲突均视为地方事件，采取个别处理之方式”，要求“各战区之国军于暗中划一地境线，不许十八集团部队自由越境，若不服制止，即将其侵越之部队剿灭之”，“对十八集团之游击行动只给予临时任务及攻击目标，不划给固定或永久区域，保持中央军队对任何地方均可开去”，“默许各机关战区及沦陷区之国军采取任何方法肃清其内部之不良分子”。[3]

国民党中央秘书处拟具《战区（省）党政军联席会报组织办法》，要求各战区及陕西、广西、贵州、西康、福建、浙江、江西省政府和重庆卫戍总部及成都行辕等 18 个单位，均要组织战区（省）党政军联席会报，以便对中共问题之处理能做“力量集中、行动统一”[4]。

---

[1] 《中国国民党中央执行委员会代电》（1939 年 4 月 15 日），南京中国第二历史档案馆馆藏国民政府社会部档案，（京）53。

[2] 《湖北省政府快邮代电》（1939 年 11 月 3 日），湖北省档案馆藏档，LS31/2/402/39。

[3] 《共党问题处理办法最高原则》（1939 年 9 月 27 日）、《对某党应取态度之原则》（1940 年 2 月 1 日），台北中国国民党党史馆藏档，特 009/16—12、15。

[4] 《战区（省）党政军联席会报组织办法》（1940 年 2 月），台北中国国民党党史馆藏档，特 9/16—19。

军事委员会拟具《处理河北问题六项办法》，授予鹿钟麟军政全权，以收回落入八路军和共产党人之手的河北军事、行政和民众团体等各项权力。[1]

宣传部拟具《纠正共党不法行为宣传办法》，明令封锁国共军事冲突消息，不许刊登共产党方面关于各地惨案之调查报告。[2]

战地党政委员会拟具《异党问题处理办法》，提出动员国民党人以秘密方式深入共产党控制地区，发展组织或分化破坏异党团体。[3]

天水行营和陕西省政府则分别拟具《处理异党实施办法》和《陕甘两省防止异党活动联络办法》，主张利用一切办法"逐步削弱伪边区"，"地方绝对强硬不稍退让"，"省府秘密策动借资缓冲"。[4]

另外，国民党中央组织部等还分别拟具了《运用保甲组织防止异党活动办法》《共党活动情形及本党之对策》《防止异党兵运方案》《防止检举后方奸谍方案》《沦陷区防范共党活动办法草案》《第八路军在华北陕北之自由行动应如何处置》等秘密防共文件，力主"打入共产党各级组织，从事内线工作，刺探其内情"，最好能在其中"起党团作用，分化其组织，并夺取其领导权"。[5]

为了在宣传上造成声势和取得各界同情，国民党各地党部还迅速着手搜集资料，编写出一系列揭露中共和八路军、新四军"阴谋"与"暴行"的小册子。如《共党阴谋及其对策》《河北省四十三县八路军暴行实录》《共党二年来在各地破坏抗战之非法行动纪实》等。依照国民党人在华北地区

[1] 《处理河北问题六项办法》（1939 年 4 月 10 日），台北中国国民党党史馆藏档，特 9/16—14。

[2] 《纠正共党不法行为宣传办法》（1939 年 5 月 17 日），台北中国国民党党史馆藏档，特 9/16—18。

[3] 《异党问题处理办法》（1939 年 12 月），转见中国人民解放军政治学院党史教研室编：《中共党史参考资料》，第 8 册，第 329 页。

[4] 《处理异党实施办法》（1939 年 11 月）；《陕甘两省防止异党活动联络办法》（1939 年 12 月），转见《中共党史参考资料》，第 8 册，第 330—332 页。

[5] 《沦陷区防范共党活动办法草案》（1939 年），转见《中共党史参考资料》，第 8 册，第 323—324 页。并见台北"国史馆"藏蒋中正档案，特交档案（四）第 50591 号；台北中国国民党党史馆藏档，特 9/16-13。

的调查，据说从1939年1月至1940年2月，八路军与国民党方面较大的冲突就有数十起，除晋西事变夺取山西新军以外，还有像1939年2月20前后歼灭史省三、周朝贵所属的河北保安第二、三旅；4月26日重创河北民军王子耀之第十五团；4月28日围歼张敬元之第十四团；6月21日重创河北民军第二军分区乔明礼部；8月中旬围歼河北民军第十一旅王志和部；同月并围歼第二战区第三游击师张诚德等部；10月消灭白志沂部；11月消灭山东保安第二中队；12月初消灭河北游击第三支队孙仲文部；1940年1月2日歼灭河北民军第七纵队赵侗所部；1月10日消灭胡安烈部；1月11日消灭夏维礼纵队之李本卿部和侯如墉部；1月12日消灭乔明礼部；1月22日消灭王学礼部和於珩部；2月9日至11日重创石友三部，并消灭孙良诚部一团，1月底至2月初全歼山西金宪章部，2月下旬消灭第九七军朱怀冰部，等等。自1938年12月下旬至1939年8月29日，张荫梧所部河北民军已先后被歼，张被迫只身离开河北。山东省自1939年9月至1940年1月亦先后有博兴保安八旅、鲁东第九梯队、招远保安第二十七旅，以及莱芜、东平、峄县及郓城等县的保安队被八路军所歼灭。按照上述资料的统计，说是这一年零星被消灭或打死的国民党人，仅有名有姓的士兵就有747人，连同军官和其他党政人员共有1026人。[1]

三、局部“剿共”与危机初起

国民党中央推动各地及各党政军机关拟具防共办法，不可避免地使本来就已经充满磨擦的国共紧张关系更趋白热化。自1939年春天起，先是在陕甘宁边区，然后是湖南平江，接着是河南确山竹沟，两党之间以往的磨擦和冲突严重升级。国民党人的防共措施明显地由一般性的查没报刊、封闭社团、逮捕人员，急剧地走到了大规模的军事冲突和武装驱逐对方军政

[1] 《共党二年来在各地破坏抗战之非法行动纪实》，1940年3月印行，第42—55页。

人员的地步，由此而造成的中共方面的人员伤亡明显增多。

但是，两党关系走到军事冲突的地步，一切政治的措施都势必会转化为两党军事力量的较量。在国民党占据军事优势的地区，国民党防共、限共的办法自然容易奏效，共产党方面难免要遭受损失。如在平江和确山，两地的新四军留守机关人数寥寥，受到国民党地方势力围攻，不免死伤惨重。[1] 在双方力量势均力敌的地区，对抗的结果却只能妥协解决。如在陕甘宁边区陇东方面的镇原和宁县，原本就是个双重政权的地区，国民党任命的镇原专员公署依照上级指令“自动恢复权力”，“绝对强硬不稍退让”，指使保安队“到处搜捕捣乱分子”，捕去八路军三八五旅工作人员六名，意图逼走八路军，结果引起三八五旅的报复。双方你捕我的人，我捕你的人，终于引发军事冲突，国民党镇原县长、专员及其保安大队均被赶出镇原县城。与此同时，邻近之宁县亦发生相同情况。毛泽东据此曾明确提出“采取强硬态度”，坚持镇原、宁县、庆阳等五县“全归边区管辖”，但国民党方面调来一六五师武装介入，形成军事对峙，最终双方也还是只能相互妥协，承认一切恢复原状了事。[2]

让国民党人深感到头疼的，还是共产党占据军事优势的地区。因为在这样的地区，推行防共限共政策的结果，就是国民党自己吃亏了。而对这种情况，国民党中央显然缺少足够的思想准备。在山西，阎锡山抗战初期为改造旧军队依靠共产党人的帮助组建了新军，不想新军建成却渐渐八路军化，阎自然早有夺回新军恢复权力的想法。随着国民党中央发出防共、限共文件，阎锡山一度试图以武力夺回其失去的对新军的控制权，结果引发晋西事变，新军在八路军秘密支持下，占据了晋西北，大部公开脱离了阎锡山的统辖，事实上成为八路军之一部。

---

[1] 据报平江新四军通讯处被坑杀六人；确山新四军第八团队留守处死伤上百人。

[2] 《中央书记处致恩来、博古、凯丰、必武电》（1939 年 5 月 3 日）、《陇东三八五旅制造之镇原宁县事件报告书》（1939 年 7 月）、《朱绍良报告陇东镇宁事件解决经过情形电》（1939 年 7 月 17 日），南京第二历史档案馆藏档，国民政府军令部战史会档案（廿五）11619；国民政府行政院档案（二）7121。

而在河北省，省主席鹿钟麟 1938 年 9 月到任后，即试图取消共产党人主导的冀中、冀南行政公署。经第一战区司令长官程潜批准后，鹿即通令撤销两行署，并另行任命各县县长。[1] 由于河北民政厅长张荫梧另有背景，也乘机自行任命，日伪也在拉锯区任命县长，这就使两行署范围内一个县一下子开始出现了两个甚至三四个不同背景的县政府，相互之间自然要发生激烈冲突。对此，八路军迅速做出强烈的反应。除组织民意代表向各方请愿外，并以武力压制鹿钟麟等任命的县政府。鹿随即也利用张荫梧、乔明礼的民军[2]，和受命陆续调入河北的国民党正规军石友三、朱怀冰、庞炳勋等各部，与八路军进行对抗，并要求八路军归还第二战区。[3] 然而，鹿统辖之下的这些部队，大多属于杂牌军性质，战斗力并不如八路军。为达到河北以为我主的目的，八路军经统一部署后，于 1939 年 4 月下旬起开始集中兵力，对国民党各部队实行各个击破。几个月连续作战，使国民党在河北的军队，不是惨遭歼灭，就是被赶出河北地界，少数走投无路者，则投靠日本人。而“为了照顾国共合作统一战线关系，说明消灭张荫梧这一仗是张荫梧挑起的”，当时参战的八路军吕正操部马上就用“第一战区游击第一支队”的名义，分别向蒋介石、第一战区、十八集团军总部、重庆东北救亡总会等发出通电，提出控诉，宣称张荫梧率河北民军向我攻击，并杀害我人员造成惨案，不得已乃出于抵抗。[4]

---

[1] 《第一战区司令长民程潜呈报处置中共冀南行政主任公署原则电》（1938 年 10 月 5 日）、《河北省政府主席鹿钟麟呈报中共冀南行政主任公署已令行撤销电》（1938 年 11 月 11 日），《中华民国重要史料初编》，第五编（二），第 131—132 页。

[2] 张荫梧兼河北民军总指挥，乔明礼为民军司令。

[3] 石友三部 1938 年由山东调入，朱怀冰等部则是因张荫梧要求“派遣党国正规军队如朱怀冰辈来冀，以壮声威而慰望”而调入。张断言：此间人等均视共党为寇仇，“倘朱部及职部民军配合，振臂一呼，如响斯应”。《河北民军总指挥张荫梧呈蒋委员长报告八路军在冀专横情形电》（1938 年 12 月 20 日），《中华民国重要史料初编》，第五编（二），第 251 页。

[4] 一些史书中所记载的“深县惨案”，即由此而来。实际上，吕电称 6 月 21 日深夜 12 时半张荫梧率部包围我刘家庄驻军，并杀害四百余人，次日黄昏始撤围，恰与八路军发动围歼张荫梧部的时间重合。参见吕正操：《冀中回忆录》，解放军出版社 1984 年版，第 109 页；李达：《磨擦与反磨擦的斗争》，《近代史研究》1982 年第 2 期。

其实，国民党的《防制异党活动办法》甫一下达，即为中共中央所侦悉。中共中央代表周恩来 1939 年 6 月 3 日即致函蒋介石称：近来各地磨擦日益加剧，“考其原因，地方幼稚，举动失常，固为肇事近因，但自国民党五中全会后，中央发有防制异党活动办法之通告，实予地方上以极大之刺激。因是，各地磨擦渐趋普遍，武装冲突者有之，中共党员被暗杀者有之，被捕者有之，被骂为汉奸者有之，其所出版之书报多被查禁，其所参加之团体多被封闭，其所来往之友朋多被怀疑，其所从事之工作多受限制。盖以为如是，可以防制共党之活动，可以缩小边区之范围。殊不知愈恃压力，愈不足以服人之心，愈难收预期之效果”[1]。

国民党人不了解的是，其限共方针出台之际，恰逢中共中央政策转变之时。1939 年 5 月底，共产国际鉴于斯大林有意改变对德政策，将战争祸水西引，开始要求各国共产党提防资产阶级政党及其政府翻脸。毛泽东因此在 6 月上旬的中共中央书记处会议上开始提出：要做国民党乃至蒋介石叛变的思想准备，为此要严密党的组织，每省准备一个到几个根据地，保存精干，准备一切都要自力更生，必要时打游击战争。[2] 不难看出，共产党人随后在山西、河北应付磨擦的强硬态度，明显地是其准备根据地的重要措施之一。当然，为了避免根本破裂两党关系，中共中央也采取了一些缓和的姿态。比如通过周恩来致函陈诚等，要求划定范围，以求根本解决陕甘宁边区等地的军事磨擦问题；发表致国民党书，呼吁合组两党或各党之共同委员会，商讨整个敌后党政军大计；在力量明显薄弱的地区，则与国

[1] 《周恩来致蒋委员长函》（1939 年 6 月 3 日），台北“国史馆”藏蒋中正档案，特交档案（四），第 50683 号。

[2] 《毛泽东关于形势和任务的报告》（1939 年 6 月 8 日）。国民党方面在内部通报中将这时周恩来与第三战区商定的妥协办法，片面概括为以下四点：（1）停止本战区内中共之一切非法行动，并切实禁止，以后不得再有发现非法行动之事实。（2）在本战区各部队、保安团、壮丁队等以及各级军政机关内，中共均不得有组织及派员秘密活动。（3）新四军之后方办事除经准予设立之通讯处，专事军事运输及联络外，应切实撤销其公开秘密之一切办事处、留守处、通讯处、联络员等，及类似名目，并禁止以后再利用新四军名义掩护共产党之活动，而制造违法事实。（4）撤销各种未核准之训练机关，以后不得再有类似事件。湖北省档案馆藏档，LS31/2/402/44。

民党人商定具体妥协办法，避免冲突等。[1] 对共产党人政策上的这种转变，国民党方面毫不知情，只是继续坚持强硬态度，毫不妥协。双方在政治上和军事上磨擦升级并形成对抗局面，几不可免。

1940年年初，国民党高层干部上书蒋，明白提出："倭寇、汪逆、中共三者，已均为我之敌人"。"倭、汪为我绝对之敌，中共则横陈于敌我之间，其所处形势，比倭、汪尤难对付"。"假定中共势力继续膨胀，各地冲突继续发生，尤以中共活动范围漫无限制，我既不能消灭之，又不能调整运用之，徒加以不生效果之防止，即所谓以磨擦对磨擦，则久而久之，到处滋漫，对消我之抗战武力，扰乱我之社会秩序，动摇我之政治基础，不特为敌伪造机会，且将引起国际误会，而陷外交于僵局"。该函提议，鉴于当前局势，似应本各个击破之法，划清国共两军作战界线，即"将冀察战区给予中共，发表朱、彭为总副司令，而将黄河以南以及长江流域所有中共部队强制调赴北方，并示意只准向东四省发展，不准向南进出，在黄河以南尤其是长江流域，任何地方不容丝毫客气，雷厉风行，禁绝并剿灭中共一切活动分子，确保国民党之统制态势，则情势转变，可望发生如下之效果"："免去中共部队与国军杂处之状态，并坚固自己阵容"；"使中共转向其锋，与倭寇及伪组织直接冲突"；"肃清华中华南之中共势力"；"抗战胜利后，我可根据华北人民之请求，单独处置中共，并可乘东四省之极度骚乱，相机收复全部失地"。据此，他们提出：目前应"先成立一肃清黄河以南中共势力之计划案（此计划案须绝对硬性并以强力实施）"。以八路军及新四军完全调赴该战区为条件，发表朱彭为冀察战区总副司令和冀察两省省府主席，"其不服调动者，即认为贼匪，一律剿灭之"。[2]

进入1940年以来，国共两党明显地进入到针锋相对的时期。中共中央通过将近一年的"反磨擦"斗争，取得了空前的成就，其通报说："晋西北

---

[1] 《周恩来致陈诚函并陈诚签注》（1939年6月7日），台北"国史馆"藏蒋中正档案，特交档案（四）第50684号；《中国共产党致国民党书》（1939年7月7日），《解放日报》1939年7月7日第一版。

[2] 台北"国史馆"藏蒋中正档案，特交档案（四）第50643号。

顽固势力已全部肃清，（河北）石、高已溃败，残部退山东之菏泽，朱怀冰一个师大部被消灭，鹿、朱退（河南）辉县”，“在华北特别在汾离公路、白屯公路、长治、磁县、大名之线以北，我们已占绝对优势，山东境内我顽两方尚在对峙中，惟我有政权之县份已达四十县”。[1] 因此，中共中央更加雄心勃勃地制定了新的发展目标，要“将整个华北直至皖南江南打成一片，化为民主的抗日根据地，置于共产党进步势力管理之下，同时极大发展鄂中与鄂东，以便与全国工作相配合”。且要力争在最短的时间里能够达到扩军百万的目标。[2]

共产党不断扩大根据地，且决心继续扩军的态势，自然愈加引起国民党人的严重不安。国民党内强硬主张用军事手段恢复权力者自然也日渐其多。晋西事变后，第二战区于 1940 年年初迅速拟订报复计划，准备在两三个月之内调集五个军，并配合中央军三个军，向晋东南、晋西北的八路军“同时发动攻势作战”。[3] 军人如此，无职无权，被人称为“好好先生”的叶楚伧这时也上书蒋，主张“默许各机关战区及沦陷区之国军采取任何方法肃清其内部之不良分子”，并力主“各战区之国军于暗中划一地境线，不许第十八集团军部队自由越境，若不服制止，即将其越境部队剿灭之”。[4] 军令部长徐永昌则暗自盘算曰：“余初亦思及今后，因此对削抗倭力量或竟演变至更窘地步。继思共党之欲断送中国，较汉奸为甚，其背景亦较倭寇为险。欲免其祸，迟早必出于一战。”再迟恐更不利也。[5]

鉴于党内要求军事反共的呼声日高，蒋介石显然也跃跃欲试。他在日记中甚至相信，由于日军攻势已停，自己已经具备了“抗倭剿共，尽可双管齐下”的实力。当然，他了解，对共产党在这个时候还“不宜全般破裂”，

---

[1] 《中央书记处致中共中原局电》（1940 年 3 月 14 日）。
[2] 《中央及中央军委关于目前形势和任务的指示》（1940 年 2 月 10 日）。
[3] 台北国史馆藏蒋中正档案，特交档案（四）第 50573 号。
[4] 《事略稿本》，1940 年 2 月 1 日条，台北“国史馆”藏蒋中正档案。
[5] 《徐永昌日记》，第五册，台北中研院近史所，1991 年，第 477 页。

只宜“先取守势”和“局部斗争”。[1] 因此，蒋不同意展开大规模的“剿共”战争，而是倾向于各个击破的战法。考虑到华北八路军已经占据相当优势地位，国民党在敌后难有作为，蒋这时最关心的其实还是华中地区。他对中共军队进入山东，并开始向华中敌后转进的情况高度警觉。得知新四军有化整为零，“迅速完成各地游击根据地，江北以潜山青苔关一带，豫鲁皖边区以永城夏邑一带，江南以茅山并以一部相机占领天目山以为浙西之根据地”的计划，即严令下属：对“第三战区内之新四军以及其他共党之行动，应严密注意防范，如其有越规行动，应不稍留情，从严制裁”。[2] 而对军令部拟具《关于肃清淮河流域及陇海路以南异党军队的指导方案》，他只是不同意调动李品仙、韩德勤各集团之一部进出于淮南路以东及洪泽湖以南地区，以李仙洲军（附骑兵一师）与韩德勤之一部进出于淮河以北地区，将该地区内之中共军队压迫于大江以南或相机剿灭之的做法，称“此用[种]正式作战，用大规模进剿办法，必难奏效，应以政治工作为主，再配属正规军特种训练多数之小部队……如此进剿方能有效也”。[3] 蒋介石的意见是稳扎稳打，各个击破，力求局部剿肃成功。因此，他要求第三战区逼迫新四军江北部队退回江南，密令李品仙、韩德勤等选编精干部队肃清淮南路两侧及蒙（城）、涡（阳）、宿（县）、永（城）各附近地区之中共军队及其各级组织，尔后相机迅速进出于洪泽湖南北附近地区，协力将中共军队压迫于大江以南，或一举剿灭之。[4]

1940年5月以后，国民党高层就如何根本解决国共磨擦冲突问题逐渐达成共识，划界谈判的工作开始提上日程。按照国民党方面拟订的方案，

---

[1] 《困勉记》，1940年1月5、27日条，台北“国史馆”藏蒋中正档案；《对某党应取态度之原则》（1940年2月1日），台北中国国民党党史馆馆藏档案，特9/16—15。

[2] 《顾祝同致重庆军委会委员长蒋密电》（1940年2月16日）、《蒋中正致顾长官祝同电》（1940年2月27日），台北“国史馆”藏蒋中正档案，特交档案第29015110、29061163号。

[3] 《关于肃清淮河流域及陇海路以南异党军队的指导方案》（1940年3月22日），南京第二历史档案馆藏档，国民政府军令部战史会档案（廿五）979（7）。

[4] 《蒋介石致李品仙电》（1940年3月28日）、《蒋介石致韩德勤电》（1940年3月28日），南京第二历史档案馆藏档，国民政府军令部战史会档案（廿五）2357。

八路军和新四军应“全部开入旧黄河河道以北（指自山西介休、平遥、太谷、长治，河北邯郸、馆陶，到山东齐河以北）之冀察两省和晋东北及冀鲁交界地区”。[1] 7月16日，经蒋批准后，国民党谈判代表正式拟就《中央提示案》，并于21日送达中共谈判代表周恩来手中。

中共中央并不反对军事划界的办法，但却无法接受冀察两省的狭小区域，提出必须以华北五省为八路军和新四军的作战区域。[2] 蒋介石对此根本拒绝，甚至周恩来提出只增加山东及绥远之一部为中共战区范围，各地游击部队仍留原地作战的建议，蒋亦毫无通融的余地。他声称：“如果八路军、新四军不能开至黄河北岸，则一切问题都不能解决。”[3]

在国民党人看来，“共党三年来由三万扩大到五十万，再一两年定不止一百万，那时还有国民党活路？”特别是随着共产党1940年在华中地区的兵力不断增加，10月间，苏北最主要的国民党军桂系韩德勤部竟在黄桥镇被陈毅的新四军一举击溃，华中国共两党军事优劣的对比明显易手，这不能不使蒋介石和多数国民党将领更加坐卧不安了。

这里所说的华中地区，主要是指日本占领下的江苏和安徽两省区。因为该两省区不仅位于中国最心脏地区，而且京沪铁路、京杭国道、江南铁路（京宣线）和长江航道，纵横交错，因此一直以来就被国民党视为最关键的地区。此前，虽然中共领导下的新四军，因改编自南方游击队，仅四个支队，一万人左右，故得以留在此一地区，受第三、五两个战区统辖，并曾经得以在江苏南京、武进、常熟、无锡、金坛一带，安徽芜湖、宣城、青阳一带，和桐城、无为、舒城一带进行游击，军部驻皖南云岭地区。进入1939年，国民党人已经开始意识到新四军扩张的威胁，很快派出游击部队进入苏南地区，并明令新四军第一、二支队退出武进、江阴等铁路以东的苏南地区。1939年5月以后，第三战区更开始贯彻防共办法，不仅秘密成立“防制异

[1] 南京第二历史档案馆藏档，国民政府军令部战史会档案（廿五）973。

[2] 见《中国共产党复案》，1940年8月。

[3] 《周恩来致中央书记处电》（1940年8月28日）。

1937年国共两党谈判达成妥协，中共宣布“四项保证”，接受改制改编。图为毛泽东（中坐者）、朱德（左一）在欢迎中央考察团的大会上与中央考察团团长涂思宗（右二）在一起

1937年8月卢沟桥事变后，周恩来（左一）、朱德（右一）、叶剑英（左二）在南京参加最高国防会议后，与国民党代表张冲（左三）、邵华（左四）合影

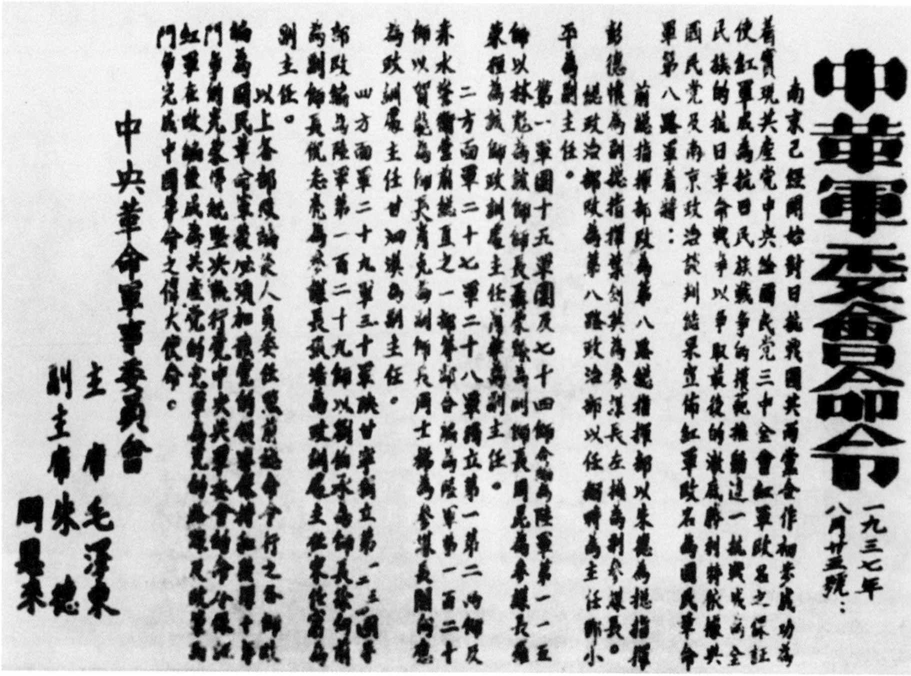

中華軍委會命令

一九三七年八月廿五號：

南京已經開始對日抗戰國共兩黨合作初步成功為着實現共產党中央給國民党三中全會紅軍改名之保証使紅軍成為抗日民族戰爭的模範推動這一抗戰成為全民族的抗日革命戰爭以爭取最後的徹底勝利特根據共國民党及南京政治談判結果宣佈紅軍改名為國民革命軍第八路軍着將：

前總指揮部改為第八路總指揮部以朱德為總指揮彭德懷為副總指揮葉劍英為參謀長左權為副參謀長。總政治部改為第八路政治部以任弼時為主任鄧小平為副主任。

第一軍團十五軍團及七十四師合編為陸軍第一一五師以林彪為該師師長聶榮臻為副師長周昆為參謀長羅榮桓為該師政訓處主任蕭華為副主任。

二方面軍二十七軍二十八軍獨立第一第二兩師及赤水警衛營與總直之一部等部合編為陸軍第一百二十師以賀龍為師長肖克為副師長周士第為參謀長關向應為政訓處主任甘泗淇為副主任。

四方面軍二十九軍三十軍陝甘寧獨立第一二三四團等部改編為陸軍第一百二十九師以劉伯承為師長徐向前為副師長倪志亮為參謀長張浩為政訓處主任宋任窮為副主任。

以上各部改編後人員委任照前總命令行之各部改編為國民革命軍後必須加強党的領導保持和發揚十年鬥爭的光榮傳統堅決執行党中央與軍委的命令保証紅軍在改編後成為共產党的党軍為党的路線及政策而鬥爭完成中國革命之偉大使命。

中央革命軍事委員會

主 席 毛澤東

副主席 朱 德

周恩來

1937年8月25日，中共中央革命军事委员会发布红军改编为国民革命军八路军的命令

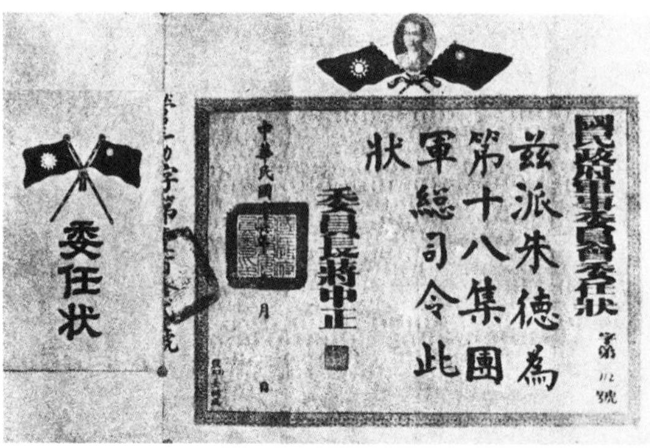

委任狀

國民政府軍事委員會委任狀

茲派朱德為第十八集團軍總司令此狀

委員長蔣中正

中華民國 年 月 日

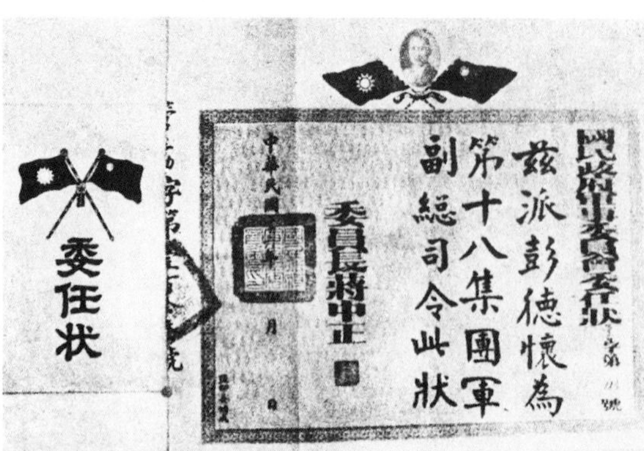

委任狀

國民政府軍事委員會委任狀

茲派彭德懷為第十八集團軍副總司令此狀

委員長蔣中正

中華民國 年 月 日

蒋介石以国民政府军事委员会委员长的资格，任命朱德、彭德怀为第十八集团军总副司令的委任状

1937年8月，红军主力改编为国民革命军第八路军后，在延安举行抗日誓师大会

1937年12月，国民党同意中共南方各游击队统一改编为国民革命军新编第四军，以叶挺为军长。图为中共军委副主席周恩来前往设在皖南泾县的新四军军部，与新四军领导人叶挺、陈毅、粟裕等合影

1937年11月底，王明率驻中共中央共产国际代表团成员乘苏联飞机回到延安，参加中共中央的领导工作。图为12月中共中央政治局会议与会者的合影。左起，前排：项英、何凯丰、王明、陈云、刘少奇；后排：康生、彭德怀、张闻天、张国焘、林伯渠、秦邦宪、周恩来、毛泽东

1938年7月6日，国民政府为广集民意，正式成立国民参政会。图为国民参政会第一次大会开幕时与会代表合影

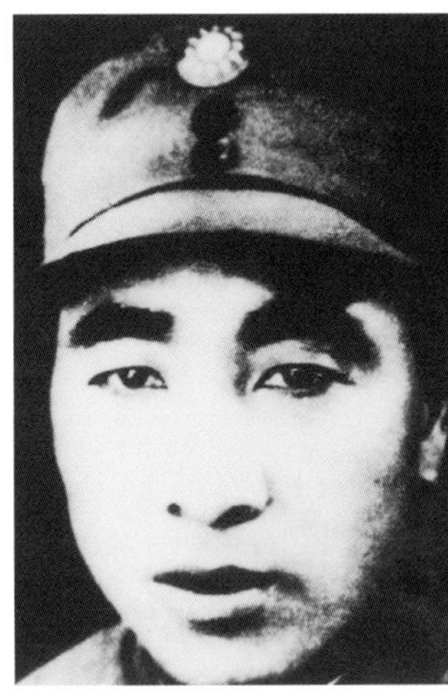

图为抗战开始后中共中央主要军事领导人：军委主席毛泽东、军委副主席周恩来、第八路军总司令朱德、第八路军副总司令彭德怀、第八路军参谋长兼第一二九师师长刘伯承、第八路军一一五师师长林彪、第八路军一二〇师师长贺龙、新四军军长叶挺

1941年1月从安徽泾县云岭在向苏北迂回转移中被国民党军队歼灭于茂林地区的新四军军部人员共有七千人左右

在皖南事变中被俘的新四军军长叶挺

因皖南事变被警卫员所害的新四军政委、副军长项英

负责指挥歼灭新四军军部军事行动的第三战区司令长官顾祝同

1941年1月，周恩来为抗议国民党发动皖南事变，发表在《新华日报》上的题词

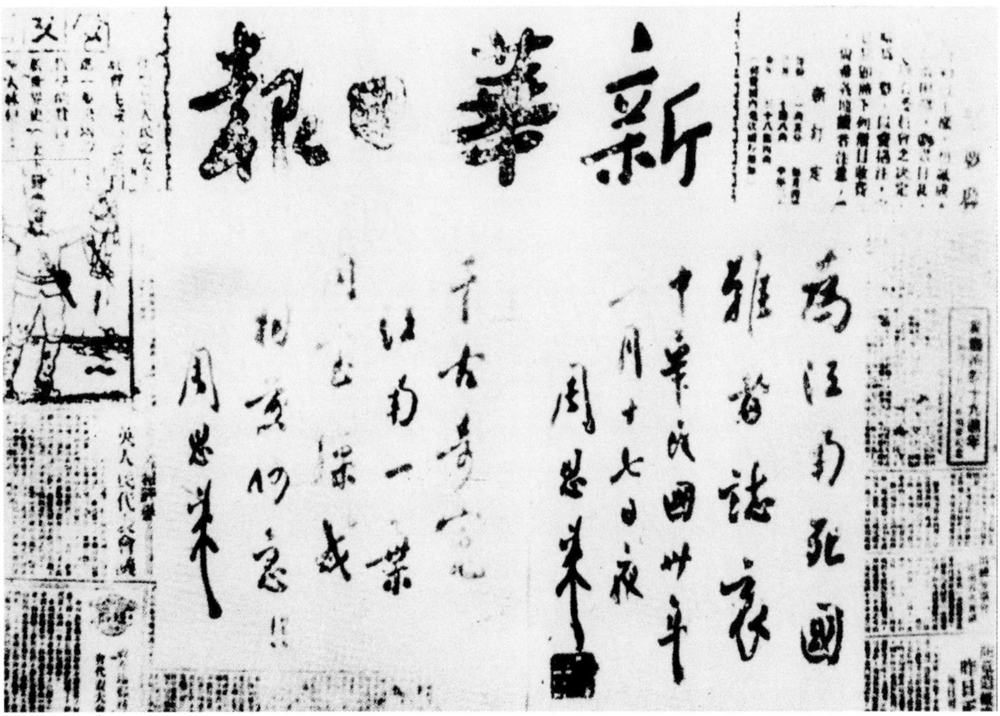

新華日報

为江南死国难者志哀

中华民国卅年一月十七日夜

周恩来

千古奇冤，江南一叶；同室操戈，相煎何急！！

周恩来

1941年皖南事变发生后，晋察冀边区军民为抗议国民党发动反共高潮举行游行示威

1941年1月20日毛泽东为中革委起草的重建新四军军部的命令

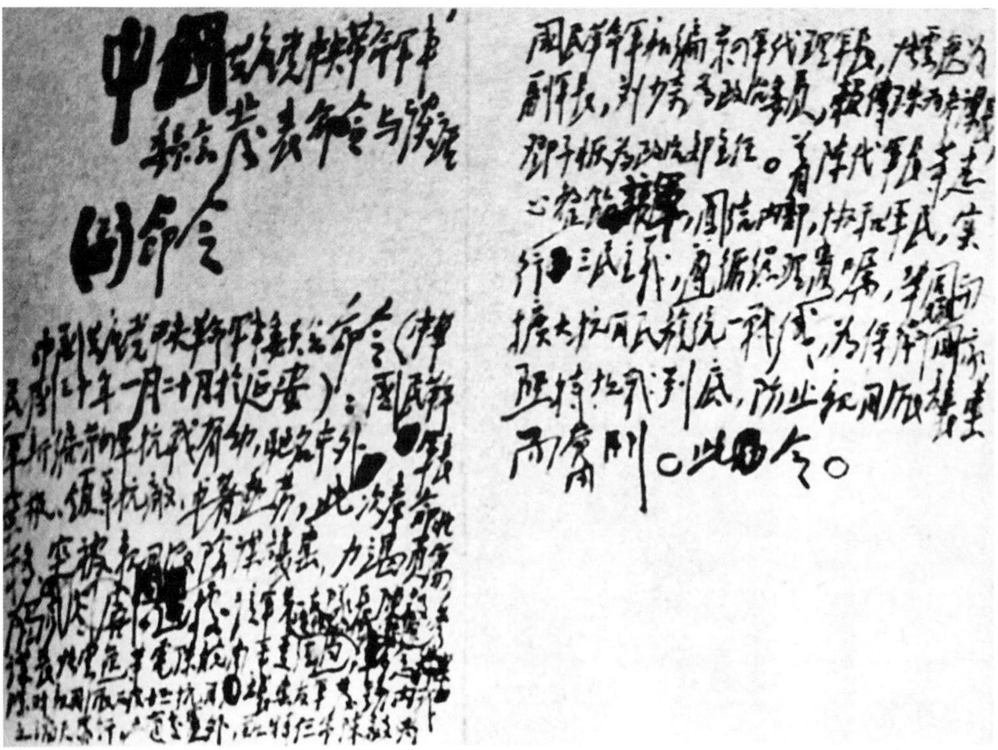

党活动委员会”，并秘密颁布《防制新四军活动办法》，规定“将新四军区域内及其附近之一切已编未编之游击队，设法诱开，调至后方整编”；将与新四军接壤的各县“暗中划为特别工作区”，“遴选本党忠实精干同志”分别担任县长、乡长、镇长、军训教官。[1] 鉴于苏南地区国民党军队已经站稳脚跟，故第三战区第二游击区 1940 年 3 月 5 日下令苏南新四军必须退至溧（水）武（进）公路以北，长江以南，高资、东昌街、行香镇、上马场之线以西。[2] 由于第三战区规定的地区地形不利于游击作战，又紧靠南京，终日受日军扫荡，实难生存，故陈毅遂率领苏南新四军主力，不顾第三战区的命令，于 7 月 8 日渡过长江，进入了苏北地区。

苏北此前已有一支新四军第六团以“江南人民抗日义勇军”（简称“江抗”）的名义，在日占的扬州、泰州、泰兴三点之间的吴家桥、大桥一带活动。因“江抗”未进入国民党军所控制的地区，双方一度相安无事。但在 5 月中旬，因日军扫荡吴家桥地区，“江抗”被迫退入国民党军防区，遂引起国共两军的冲突。叶飞领导的这支部队成功地在郭村击退了国民党李明扬部的进攻，进而又发起反攻，进占塘头，一直打到李明扬老巢泰州城下。蒋介石这时正在考虑军事划界，即全盘解决与中共之间的冲突问题，故他对李明扬的求援电回复说：“对十八集团军及新四军，中央正谋整个之调整，为避免冲突，目前应暂缓实施（增援）”，劝李“静候解决为要”。据此李明扬被迫承认叶飞部所占的地盘。

叶飞部在苏北的胜利显然极大地鼓舞了正在为第一支队难以在苏南立足而头疼的陈毅，使他看到苏北才有最好的发展条件。因此，陈毅部不仅以主力渡江，而且很快就东进黄桥，在泰兴、靖江、南通、如皋之间建立起新的根据地，决心与苏北的国民党军一较高下。对此，江苏省党部深为

[1] 《防制新四军活动办法》（1939 年），安徽省档案馆编：《皖南事变文电选编（国民党部分）》，1985 年内部版，第 1—2 页。

[2] 《冷欣致新四军电》（1940 年 3 月 5 日），转见张衡：《新四军江南指挥部成立及其组成》，江苏省史学会编：《抗日战争史探索》，上海社会科学院出版社 1988 年版，第 43 页。

惶恐，电称："本省异党活动日趋激烈。现运河以西地区，我军已不能立足，淮河以北各县，无不遭受甲、乙两军之压迫，盘踞江都、吴家桥等处之新四军，近来节节向泰州及樊川侵犯，上月俭日经鲁苏皖边游击总指挥部第四纵队陈司令中柱及驻樊保安第三旅旅长张星炳两同志率部猛予打击，激战九日，稍戢凶焰，刻仍相持于泰州近郊。异党阴谋企图于本年完成苏北抗日民主根据地。我方部队，多数缺乏消灭共党之诚意，士兵训练，亦感不足，一经临阵，往往被其麻醉，(失)却战斗情绪，而指挥不统一，意志不集中，尤为养成异党坐大之主因。苟不及早图谋对策，则苏北武装部队十万人，不消灭于敌寇之手，将为异党各个击破无余矣。"[1]

苏北敌后，是江苏省主席韩德勤的防地，他当然不会听任新四军前来夺取。8 月下旬，他一面下令所部准备从 9 月 2 日起向黄桥地区攻击前进，一面请求鲁苏战区司令长官于学忠从山东派霍守义部南下增援。[2] 尽管于学忠婉拒增援请求，韩德勤仍旧下定决心要将陈毅部赶走。而陈毅这时也信心十足地准备迎战韩德勤，他一面电告中共中央，建议八路军部队“迅速南进，主力在省韩未攻我前先行占领盐城之线”，一面建议新四军在皖东的第五支队占领平桥、宝应之线，准备“一举解决苏北问题”。[3]

韩德勤于 9 月 3 日发起最初的进攻之前，即电告蒋介石称："中共确有于最短期间由南北两路攻取盐（城)、兴（化)、东（台)、泰（兴)，利用苏北资源，以作赤化苏鲁皖豫，反抗中央之根据地（的企图)，极为明显"，惟苏北“基干部队有限，不敷分配，且弹药缺乏，独立支持，实无把握，拟恳钧座迅派大军增援，并携大批弹药，以挽危局”。[4] 果然，韩部初一行动，就遭败绩，以至蒋介石亦不能不考虑增援问题。他于 9 月 10 日分电安

[1] 《朱家骅关于苏北新四军活动等情密函》(1940 年 8 月 28 日)，中国第二历史档案馆编：《中华民国史档案资料汇编》，第五辑第二编政治（二)，江苏古籍出版社 1998 年版，第 359 页。

[2] 《江苏省政府主席韩德勤呈蒋委员长报告已派八十九军政治部主任李云霈飞渝晋谒恳赐训示电》(1940 年 10 月 1 日)，《中华民国重要史料初编》，第五编（二)，第 426—427 页。

[3] 转见《陈毅年谱》(上)，人民出版社 1996 年版，第 294 页。

[4] 《韩德勤密电》(1940 年 9 月 2 日)，《中华民国史档案资料汇编》，第五辑第二编政治(二)，第 361 页。

徽省主席李品仙和山东省主席于学忠，要求他们按照军令部的方案支援苏北。但是，无论是李品仙，还是于学忠，这时自顾都不暇，哪还有可能把部队派到苏北去？韩德勤等到9月底不见动静，终于忍无可忍，电告蒋“无论环境如何恶劣”，“决率基本部队为主义为国家奋斗到底”。之后于30日下达了总攻击令。结果亦可想而知。韩所部独立第六旅惨遭全歼，其看家的第八十九军军部被歼，军长李守维坠河溺死，总共1.1万人被消灭。陈毅部迅速占领海安、东台。而南下增援的八路军黄克诚部，也突破韩德勤部的防线，连克东沟、益林、阜宁等地，并于10月10日攻下盐城，进而与新四军会师于东台。眼看国民党在苏北敌后经营多年的根据地，就此即将像河北一样易手于共产党了。

面对新四军在苏北的大举进攻，蒋介石初时尚能克制。其原因在于，苏北冲突全面展开之际，正好是国民党中央计划整个调整对八路军和新四军的限制方案之时。在此之前，国民党人对新四军在华中地区遍地开花式的发展，兵力增长十倍以上，已经深为恐慌。[1] 蒋介石于3月25日曾电令新四军军长叶挺，“将江北部队全数移至江南服行作战任务，不得故意延宕”。有意将新四军全部集中到皖南泾县新四军军部附近地区，以避免中共在华中重演夺占华北敌后的一幕。为此，蒋介石甚至批复了军令部起草的《剿灭淮河流域及陇海路东段以南附近地区非法活动之异党指导方案》。[2] 但由于此后日军分路进攻皖南，进占南陵，并向青阳、太平等皖南腹地推进，蒋的这一计划一时无法执行。很快，在一些国民党要人的建议下，蒋介石和军令部根本改变了原来的方案，决定八路军新四军全部调赴旧黄河以北，集中到冀察两省区去。而为顺利实现这一计划，蒋并不希望双方在苏北大打出手。因此，即使发生了黄桥战役，韩德勤部遭到惨败，包括得知八路军北上苏北，蒋也还是没有实施报复作战的意图。

---

[1] 这时新四军已经发展到六个支队，外加数支游击纵队，广布于苏南、苏北、皖南、皖中、皖东、豫鄂边、豫皖苏边、豫东等广大地区，兵力已发展到十万人以上。

[2] 转见刘岳化、尤亮：《从国民党文电看皖南事变真相》，《近代史研究》1990年第4期。

10月19日，依据《中央提示案》，并参酌苏北的形势，参谋总长何应钦及副总长白崇禧联名致电第十八集团军朱总司令、彭副总司令与新四军军长叶挺，指责八路军新四军：(一）不守战区范围，自由出动；(二）不遵编制，各部自由扩充；(三）不服从中央命令，破坏行政系统；(四）不打日人，专事军事吞并。故决予纠正外，命令第十八集团军及新四军之各部队，“限于电到一个月内，全部开到中央提示案第三问题所规定之本地境内，并对本问题所示其它各项规定，切实遵行”。[1] 为配合这一最后通牒式的通告,国民党这时停发了八路军和新四军的军饷,军令部并且秘密拟具了《剿灭黄河以南匪军作战计划》，于11月14日上报蒋介石批准。

中共中央对蒋介石和重庆高层的动向，这时也并不清楚。毛泽东虽然力主由周恩来出面与蒋取得妥协，不希望苏北再战，但是，由于这时于学忠派出的增援部队霍守义部已逼近黄克诚部所占据的益林、东沟一线，苏北方面力主先发制人，以免受到两面夹击。经过反复考虑，特别是有消息称胡宗南部集中了四个师准备向关中八路军占据的囊形地带地区进攻，毛泽东最终批准刘少奇等人的意见，只是强调不打东北军霍守义部，不打兴化，并限电到5日内准备攻击。[2]

11月26日，刘少奇和陈毅发出攻击的命令，以消灭韩德勤主力为目标的苏北曹甸战役就此打响。然而，这次作战并没有达到预期目的，而且还极大地刺激了蒋介石和国民党。

[1] 《何应钦、白崇禧致朱彭总副司令、叶挺军长电》(1940年10月19日),《中华民国重要史料初编》，第五编（二)，第504—506页。

[2] 转见中国新四军和华中抗日根据是研究会:《新四军的组建与发展》，军事科学出版社2001年版，第233页。

第十章

皖南事变及其善后

抗战期间国共两党关系发生重大变化，从皖南事变开始。在此之前，两党纵有磨擦冲突，仍属局部问题；在此之后，双方剑拔弩张之程度，离全面破裂以至发生大规模内战，实仅一步之遥。事变最后虽然不了了之，但双方关系已经难以修复。一方面，蒋介石下令解散新四军，而共产党则我行我素，继续高扬新四军旗号，充分显示八路军、新四军已经彻底脱离了国民政府的指挥系统；一方面国民政府不再为陕甘宁边区政府和八路军、新四军提供经费，促使共产党另立银行、发行边币，自行收税，再不与重庆发生请示、汇报关系，更是在政治上全然脱离国民政府的统辖。皖南事变之影响到战争后期，乃至于战后两党关系的走向，由此不难想象。

一、苏北冲突与军事解决方案的出笼

国民党内以武力清除黄河以南八路军、新四军的主张开始占据支配地位，是在1940年秋国共两党关于划界问题的谈判陷入僵局之后。10月19日，参谋总长何应钦及副总长白崇禧联名向中共发出最后通牒，限期一月，要求黄河以北的八路军（即第十八集团军）和新四军全部按照7月16日《中央提示案》的规定，开赴旧黄河以北。八路军总司令朱德等11月9日发出佳电，只同意将长江以南之新四军部队移到江北。[1] 军令部随即迅速在何应钦、白崇禧示意下拟呈《剿灭黄河以南匪军作战计划》，于11月14日上报蒋介石，要求批准执行。

蒋介石这时的基本目的，只是要把八路军和新四军驱赶到旧黄河以北的冀察两省去，限制共产党军事和组织的扩张与发展。采取军事手段根本解决问题，并非是蒋介石这时想要达到的目的。在此之前，国共双方军事上虽有相当多的磨擦与冲突，但都仅限于局部，其影响两党关系比较有限。

[1] 《何应钦、白崇禧致朱彭总副司令叶挺军长皓电》(1940年10月19日)、《朱、彭、叶、项复何应钦、白崇禧佳电》，中央档案馆编:《皖南事变（资料选辑）》，中共中央党校出版社1982年版，第83—98页。

《剿灭黄河以南匪军作战计划》要用武力解决遍及黄河以南的河南、山东、安徽、江苏和浙江几省交界地区的八路军和新四军，等于发动大规模的“剿共”战争，这不仅有碍抗战，而且在国、共、日三方交错牵制的情况下，亦未必能够达到目的。这也是为什么后来蒋再三叮嘱准备实施此一计划的部队，一定要“以游击战要领，避难就易，避实就虚”地进行作战，万勿因指挥失误而影响大局的原因。[1] 故军令部呈文最初到后，蒋一直拖着不签。

而这个时候，中共方面也正在为皖南新四军军部北移问题伤脑筋。这是因为，新四军北渡，通常只有两条路线好走，第一条路线直接由泾县向北，于铜官和繁昌间北渡长江去皖东，是为北线。但此线有两大障碍，一是沿江为日军控制，江面亦时有日军舰艇巡逻，上万人的部队要想不被日军发现，顺利渡江，几乎没有可能；二是江北为桂系所控制，而江北皖东地区又恰为新四军第四支队活动区域，备受桂系军队的重视，正集中部队加以“清剿”，对江南部队北渡无疑会极力阻击。第二条路线是由泾县往东，经苏南转经浪溪、溧阳、金坛、武进渡江，去苏北，是为东线。此线因经过苏南新四军活动区域，而且渡江后即进入新四军苏北黄桥根据地，较为安全，惟泾县以东，特别是宣城至郎溪一带为第三战区国民党部队驻地，有两师兵力之多，要走此线必须得到第三战区的同意。显然，从 11 月正式提出北迁问题开始，新四军军部就相信，最理想的方案就是走东线。这一方案最初也征得了第三战区的同意，当月皖南新四军军部就派出北移先遣队 1700 人，经过国民党军五十二师和一〇八师驻地，由苏南实现了北渡。

但是，第三战区允许皖南新四军从苏南北渡苏北，并非想要两支新四军合为一股，而是要新四军进一步再从苏北向北移过旧黄河河道，去冀察战区。此前 10 月间新四军江北陈毅部对韩德勤部发动的黄桥战役，重创了国民党坚持苏北敌后的主力，已经极大地刺激了国民党军事高层领导人。只因蒋

[1] 国民政府军令部战史会档案（廿五），979（7），（3）52；《蒋中正致李长官电》（1941 年 1 月 6 日），《皖南事变资料选》，上海人民出版社 1983 年版，第 121—122 页。

寄希望于江北新四军仍能遵命限期北上，故对黄桥战役没有公开做出反应，且未禁止皖南新四军继续走东线。然而，曹甸战役的爆发，使情况发生了重要的改变。

曹甸战役的发起，是因为霍守义师从山东进至苏北沭阳地区，直接威胁到进至淮阴、涟水以北的黄克诚部。为避免黄部受到以兴化为省府的韩德勤部和霍守义部的夹击，刘少奇等人决心要夺取兴化与淮安之间的“宝应、射阳镇以北之曹甸、车桥、平桥一带韩部据点，控制淮安、宝应段之运河，得手后相机南攻兴化、沙河，彻底解决韩部”，使黄桥根据地北扩至射阳湖以西与运河之间，“集中全力在皖东决战后再相机向西大发展”。[1] 此一计划虽经毛泽东反对，决定保留兴化、高邮不打，但其到底直接威胁到兴化，会阻断了苏北国民党军与皖东、鲁南国民党军之间的联系，因此不能不激起国民党人的强烈反应。

11月29日，曹甸战役打响。次日，毛泽东复电对此忧心忡忡的叶挺、项英：“苏北动作不碍大局，只在淮安、宝应间打一缺口，以便隔断韩、霍，打通苏皖，顾、韩会要叫几声的，你们敷衍一下就完了。”“日蒋决裂，日汪拉拢，大局从此有转机，蒋对我更加无办法，你们北移又让他一步，以大势判断，蒋、顾是不会为难你们的，现在开始分批北移，十二月底移完不算太迟。”[2] 没想到，三天后，军令部就做出激烈反应，要求命汤恩伯部迅速东进增援。而军政部长何应钦则进一步批示称：“可令汤恩伯东进，但仍恐缓不济急。故对在江南之N4A（新四军——引者）不准由镇江北渡，只准由江南原地北渡。或另予规定路线，以免该部直接参加对韩德勤部之攻击。若江北异军竟敢

[1] 转见《陈毅年谱》（上），第318—319页。

[2] 《毛泽东、朱德关于同意皖南新四军行动布置致叶挺、项英电》（1940年11月30日），《皖南事变（资料选辑）》，第105页。

攻击兴化，则第三战区应将江南新四军立予解决。”[1]

参考何应钦的意见，军令部长徐永昌12月4日拟就正式呈文报蒋称：“二十九日淮安、宝应、临泽之敌与保7B及33D等部激战，有犯兴化企图。三十日东台匪伪三团向我保6B猛犯，盐城匪伪五千余向兴化北89A徐旅进攻，另一部与我保3B、10B激战中；我各部伤亡甚大，弹药消耗殆尽。查敌匪东西策应，相互夹击，断难维持。”韩德勤“拟令89A主力112D霍守义师、李明扬、陈泰运各部分向盐城、海安出击，作死中求生之计。务恳速派大军增援，派机送款、弹，以挽危局等情”。军令部意见：“1.拟令汤恩伯即日率部东进,并请将前次签呈之剿灭匪伪计划早次(日)核准办令。2.汤部东进仍恐缓不济急，故对江南之N4A拟不准其由镇江北渡，只准由江南原地北渡，或由顾长官另予规定路线，以免该部直接参加对韩德勤部之攻击。3.若江北匪伪竟敢攻击兴化，则第三战区应立即将江南N4A予以解决。4.派机送款接济一项已令军政部速办。”对此，蒋当即批复照办。[2]

曹甸战役并没有达到消灭韩德勤主力的目标，新四军反因伤亡甚大，被迫撤出战斗。[3]但受到此一作战影响最大的，则是江南新四军军部。因为北移路线只剩下北线可走，从而极大地增加了新四军北移的难度。新四军政委项英得到此一消息即深感不妙，电告延安称：“近顾忽令我军改道，而桂李在江北之军事布置，皖南顽军之暗中调动，对我包围、阻我交通，并故意对弹药遣散费之推诿，如此情形，是否彼等有意阻难我们，而便于进攻江北，然后可再借口对付皖南？”在他看来，原地北渡，鲜有可能。因“李品仙在江北布防堵截，皖南顽军复暗中包围，阻我交通，南岸须通过敌人

[1] 《何应钦关于解决江南新四军的亲笔函件》（1940年12月3日），《中华民国史档案资料汇编》，第五辑第二编政治（2），第416、426页。注：关于新四军北渡改线的意见，是何应钦批示在前，还是徐永昌呈签在前，颇难判断。因《汇编》中仅何相同批示即有两件，一为12月3日，一为12月4日，4日者有徐永昌呈文，3日者无呈文。

[2] 《徐永昌关于规定北移路线及解决江南新四军致蒋介石签呈》（1940年12月4日），《皖南事变资料选》，第111页。

[3] 参见《韩德勤关于进攻苏北新四军八路军溃败情形密电》（1940年12月2—22日），《中华民国史档案资料汇编》，第五辑第二编政治（2），第408—415页。

封锁线，江中须避敌艇袭击，非假以时日分批北渡则不能渡，（届时）势将进返两难”。[1]

毛泽东并非不知道皖南新四军北移困难重重，但他根据各种情报，相信继续留在皖南，部队的危险更大。因此，从12月初起，他就坚决主张部队要迅速北移，并力主兵分两路，即由铜、繁间北渡的同时，争取分兵经苏南渡江。毛虽再三催促，项英等身处险境，左右为难，始终担心部队受损，对北移路线拿捏不定。

事到如此，国民党方面也开始加紧“剿共”军事部署。12月7日，蒋介石正式批准军令部报批的《剿灭黄河以南匪军作战计划》。但他仍旧表示：“此部署与计划可照办”，惟须“暂缓下令”，“待本月下旬再定实施时间”。[2] 8日，何应钦、白崇禧致朱、彭、叶、项电，重申前令。蒋介石则于9日亲下手令，要求八路军和新四军务必在12月底和明年1月底分别移至黄河以北，而新四军皖南部队则必须在12月底以前先开到长江以北。[3] 次日，蒋更进一步明令顾祝同：“（一）查苏北匪伪不断进攻韩部，为使该军江南部队不致直接参加对韩部之攻击，应不准其由镇江北渡，只准其由江南原地北渡，或由该长官另予路线亦可。（二）该战区对江南匪部应按照前定计划，妥为部署并准备，如发现江北匪伪竟敢进攻兴化，或至限期（十二月卅一日）该军仍不遵命北渡，应立即将其解决，勿再宽容。”[4]

由于蒋介石的手令具体规定了八路军和新四军最后北移的时间表，军令部部长徐永昌第二天就以“现已届十二月中旬，如迟不下达，恐各部队准备不及”为由，再度呈送《剿灭黄河以南匪军作战计划》要求批准。[5] 与

[1] 《皖南事变资料选》，第108页。

[2] 转见《徐永昌拟订反共的剿灭黄河以南匪军作战计划及歼灭江南新四军致蒋介石签呈》（1940年12月10日），《皖南事变资料选》，第114—115页。

[3] 《蒋委员长令》（1940年12月9日），秦孝仪主编：《中华民国重要史料初编》，第五编（二），台北：中国国民党中央委员会党史委员会，1985年，第521页。

[4] 《蒋介石密令顾祝同解决江南新四军电》（1940年12月10日），《中华民国史档案资料汇编》，第五辑第二编政治（2），第427—428页。

[5] 《徐永昌呈蒋委员长函》（1940年12月10日），《皖南事变资料选》，第114—115页。

此同时，军令部次长刘为章（刘斐）也报送与中共代表周恩来、叶剑英谈话要点，说明周、叶对八路军、新四军北移问题全无具体答复及表示，新四军皖南部队同意开过长江，其用意也在增厚鲁苏方面该军之实力，故“尔后除按既定计划，以武力实际行动以观后果外，口头上之谈判，似无继续必要”。[1]

针对国共关系现状和蒋介石、军政部、军令部所作部署，国民党中央党政军联席会报会这时也相应地制定了《对特种问题党政军联合行动纲要》。规定：“对中共分子及18AG、N4A与其变相部队之一切非法行为，党政军各机关应配合一致，逐步施以纠正，以达到其确实履行二十六年九月二十二日之宣言，并恪遵政令、军令为目的。”“若中共公然背叛中央，破坏抗战，即断然制裁之。”为此，“目前无论党务、政治、军事各方面，均以二十九年七月十六日中央提示案为准，促使中共就范”。包括对利用法律地位“组织民众”“擅立政权”“滥发纸钞”的八路军和新四军，“依情况中央处置可局部表面化（例如明令取消不遵令北移之该军等番号）”。为防止中共实行全面破裂，会议要求参加联席会报之党政军各机关除必须高度保守秘密外，应特别注意肃清中央及地方各机关各部队各学校各工厂和民间各社团中的中共分子，并设法改组或解散中共在后方各地之一切社团组织。“对于前后方一切有捣乱行为之中共分子，应援用现行法令《非常时期维持治安紧急处置办法》惩治之”。并应“扩大‘转变’运动，运用秘密与公开各种方式，争取中共及18AG、N4A内部之动摇干部及犹疑分子，造成广泛的自新脱党潮流”。[2]

这些情况表明，国民党军事高层这时在用军事手段达成逼迫八路军、新四军北移的问题上，态度要比蒋介石更为急迫，也更为强硬。正是他们

---

[1] 《军令部次长刘斐呈蒋委员长报告与周恩来、叶剑英谈话内容》（1940年12月12日），《中华民国重要史料初编》，第五编（四），第234页。

[2] 《对特种问题党政军联合行动纲要》（1940年12月26日），台北中国国民党党史馆藏档，特009/20。

强烈地催促着蒋早下决心，早做准备。

手令既下，时限已定，已成骑虎之势，蒋介石继续硬着头皮往前走。12月10日之后，蒋正式批准了军令部关于实施《剿灭黄河以南匪军作战计划》的要求。但从整个抗战大局考虑，他这时的态度与部分军事领导人仍然略有区别。如，就在上报针对新四军的《剿灭黄河以南匪军作战计划》的同时，徐永昌还拟就了针对八路军的《华北作战计划》，提出应立即在华北地区做好应战部署，必要时应同时采取攻势作战。胡宗南这时也有密电给蒋介石，说明已拟订《对肤施攻势作战计划》，要求蒋乘正面敌情“甚和缓”之机，“调整战略配置”，增调部队到陕甘，以便“实施直捣肤施之攻势作战”或“应付非常事变”。[1] 白崇禧这时亦扬言：“此次对于军事已有把握，不至再败”，对军事解决办法，表现得相当自信。[2] 然而，蒋介石这时却仍旧力主应尽可能避免采取军事解决的办法，强调：“一面则准备军事，一面则仍主政治方法解决，不使全面破裂。”[3]

蒋介石这时的主要担心，除了军事上尚无十分把握以外，更主要的还是不想因此造成两面对敌的局面。为此，在他批准了军令部的作战计划后，不能不高度关注苏联方面的态度。因为在他看来，中共在国共关系问题上的政策，很大程度上要取决于苏联的意志。而苏联与日本这时关系紧张，对国民政府则相当友善，因此他多少有些安慰，相信即使发生战事，至少“中共当不致扩大叛变”[4]。但也正因为如此，他才不同意军令部所报《华北作战计划》和胡宗南所报进攻延安的作战计划，主张其他地方必须暂取守势，而对实施《剿灭黄河以南匪军作战计划》，也希望一旦战事爆发，应局限在《中央提示案》所规定的部队移动范围之内，以便师出有名。至于对八路军部队如不遵命限

[1] 《胡宗南致重庆蒋委员长电》（1940年12月22日），前引《中国现代政治史资料汇编》，第3辑。
[2] 《中央书记处致关贺聂彭等电》（1940年11月1日）。
[3] 《困勉记》卷六十三，1940年12月25日条，台北“国史馆”藏蒋中正档案。
[4] 《事略稿本》，1940年12月31日条，台北“国史馆”藏蒋中正档案。

期北移，只是主张“一面发动全国舆论制裁，一面以军事压迫，促其就范”[1]。

在上述计划批准后，眼见新四军仍无按期北移的决心，蒋介石明显地担心事情会闹大。12 月 25 日，他特地召见了中共代表周恩来，以“极感情的神情”告诉周说：“你们一定要照那个办法，开到河北，不然我无法命令部下。苏北事情闹大了，现在谁听说了都反对你们。他们很愤慨，我的话他们都不听了。”他特别暗示周，再不听令怕难免一战，说：我也不愿意内战，不愿意自相残杀，问题是新四军“如果非留在江北免调不可，大家都是革命的，冲突决难避免，我敢断言，你们必失败”。[2]

《剿灭黄河以南匪军作战计划》经蒋批准后，第三战区司令长官顾祝同即于 12 月 20 日和 26 日密令所部，分途向皖南新四军驻地集结包围，构筑碉堡，准备“彻底肃清”“匪巢”。[3] 第三十二集团军制订的《进剿匪军计划》规定：“任皖南方面进剿队，应于十二月三十一日以前，秘密推进至南陵、泾县、茂林村、铜山徐、小河口、水东翟、包村、乔木湾、钱家桥、丫山镇之线……随时防止匪军乘隙逃窜……务于长江南岸歼灭之。”[4] 但实事求是地说，第三战区和第三十二集团军得令后，迟至 27 日才在徽州开秘密军事会议研究进剿部署，29 日负责实施进剿的第三十二集团军才最后拟订出《进剿匪军计划》，这之后再开始发布指令调动部队进入指定位置，要想在 12 月 31 日以前完成对皖南新四军的包围，已经不可能了。之所以会出现这种情况，除了军令部的命令下达过迟以外，一个更重要的原因还在于对蒋唯命是从的顾祝同等这时其实也不希望真的与新四军开战。一个重要的根据是，明明这时新四军距离蒋所规定的北渡时间已经十分急迫了，当叶挺等强调实际困难，甚至要求展期时，顾祝同等不仅没有严辞相逼，而且还在努力

[1] 《对十八集团军不遵命北移之最高方针》（1940 年 12 月），台北中国国民党党史馆藏档，特 009/21。

[2] 《周恩来关于和蒋介石谈话情况给毛泽东并中央书记处的报告》（1940 年 12 月 26 日），《皖南事变（资料选辑）》，中共中央党校出版社 1982 年版，第 121—122 页。

[3] 《第三十二集团军进剿匪军计划》（1940 年 12 月 29 日），前引《中国现代政治史资料汇编》，第 3 辑。

[4] 转见《皖南事变资料选》，第 168—169 页。

向重庆转达，请蒋尽量通融。

12月27日，叶挺、项英在向顾祝同说明经费、弹药、冬服等存在极大困难，要求展期至1941年1月8日出动。对叶项所提各项要求，特别是北渡长江必须“划定皖北泸江县境为职部临时集结境地”，“并请指定庐江六安以北路线，庶可以防止与皖北友军无谓之误会与冲突”的提议[1]，顾祝同当即就表示可以商量，并电第三十二集团军总司令上官云相随即派员前往新四军军部，向叶挺等具体了解新四军方面的意图。

28日，顾祝同在给蒋介石的电报中说明了他准备答复叶挺来电的内容。称：“(一) 关于开拔时间仍应遵照本部宥辰扫召电指示，一面陆续开拔，务须依限于本年十二月底北开完毕。(二) 关于该十月份、十一月份欠发经费及冬服代金，准如数发给，至开拔费及恤金转请核发。(三) 关于交通路线，准增改为二线，一为泾县杨柳镇、孙家铺、姚村、小节渡、寿城镇、梅渚镇、南渡镇、竹篑桥道，一为南陵、宣城、毕桥镇、飞鲤桥、郎溪、安兴、上沛埠道，并准划定竹篑桥、南渡桥、汤家桥、进寺里、安兴、上下芝山、藕塘、上兴埠中间地带区，为该军临时集结地区，至该军经敌区北移时之区域及境界线，仍同宥辰扫召电所示。(四) 关于友军位置，查皖南苏南各部队位置乃系依据敌情及我军任务所定部署，并已命令驻军及皖南江南二行署，予以协助，该军移动时，当能切实协助。(五) 关于行军序列及渡江部署，该军北移应在指定路线以一团或一营为单位，逐次跃进，乘敌不意，迅速渡江，不宜以（行军经——疑衍，引者）过长之梯队行进，尤不宜以大部队在临时集结地区之所通过，致被敌发觉，而误期限，至于渡江应以秘密潜渡为原则，不得已时则以绵密之部署，施行强渡。(六) 关于补充，除十月十一月积欠经费及冬服代金已于一项指示外，至弹药一项应俟该军江南部队北渡半数后，准即查案补充，由该军后渡部队携带过江。上六项

---

[1] 《叶挺项英致渝蒋委员长参谋总长何副参谋总长白电》(1940年12月27日)，台北“国史馆”藏蒋中正档案，特交文电29030571。

除饬即并本部宥辰扫召电切实遵办具报外，并另发该军开拔费各五万元，俾令迅速开拔。谨电鉴核备案。”[1]

不难看出，除开拔日期顾祝同没有松口外，对于新四军的其他要求，顾都有所变通，并尽可能为便利新四军军部北渡设想办法。不仅如此，为了解除中共这时对北渡后可能遇到的桂军拦击的问题，顾祝同也促使江北李品仙来电做出承诺。李于12月30日电称：“（一）黑沙洲至姚沟为该军上陆地点。（二）姚沟（沿河名河东）至无为以东地区为该军集结地点。（三）由集结地点沿长江北岸东下，经和县、南浦口、津浦路东（为该军北移路线），但应连续集结，不得借故逗留。”[2] 实际上，由于蒋介石12月12日明令第二十一集团军应配合新四军于12月底之前由皖南移江北之行动，李品仙也确在具体部署为新四军军部北渡让路。如电令向皖东开进的第一三八师“对匪应暂行停止攻击并缩小正面”，“俟新四军态度明了再定处置”；应一面让“其北渡后再令移运河西岸，续开鲁北”，“一面宣传送新四军赴黄河北岸抗战”。[3] 李还电令负责江边地带守备的第一七六师，对新四军北渡开赴河北作战一事，“各团政工人员会同当地党部切实宣传，毋使潜滋”[4]。

但是，新四军军部这时却并未获知桂系江北让道的消息。[5] 相反，由于曹甸作战失利，刘少奇等准备让原在皖东津浦路以西的新四军第四支队撤回路东，让彭雪枫的游击支队撤过涡河以北，以此为让步与桂系谈判。[6] 这

[1] 《第三战区司令长官顾祝同呈蒋委员长报告已限令新四军于十二月底北开完毕电》（1940年12月28日），《中华民国重要史料初编》，第五编（二），第520页。

[2] 《陆军第一七六师三十年元月份至三月份机密作战日记》，《抗日战争时期国民党军机密作战日记》（中），中国档案出版社1995年版，第759页。

[3] 《陆军第一三八师莫德惠部在皖东地区机密作战日记》（1940年10—12月），《中华民国史档案资料汇编》，第五辑第二编政治（二），第337页。

[4] 《第一七六师郑沧溶部机密作战日记》（1940年7月—1941年3月），中国第二历史档案馆编：《抗日战争时期国民党军机密作战日记》（中），第753页。

[5] 《叶挺项英关于新四军北移延迟原因及请友军让道致蒋介石等电》（1941年1月5日），中国人民解放军历史资料编审委员会编：《新四军文献》（2），第101页。

[6] 《刘少奇对于执行中共中央关于争取桂系策略的意见》（1940年12月15日），南方局党史资料征集小组编：《南方局党史资料 · 军事工作》，重庆出版社1990年版，第94页。

样一来，原来还指望安徽一带的新四军部队能够对桂军有所牵制的新四军政委项英，明显地对就地北渡更无信心了。他电告毛泽东称："因苏北霍（守义）师及韩（德勤）部不能解决（曹甸未下），张云逸、罗炳辉无信心坚持皖北，胡服（即刘少奇——引者）已决定放弃路西，使我们将来无法过皖北。"结果现在是"无论走苏南或渡皖北皆不容易"。[1]

就是因为担心李品仙会袭击北渡的新四军，中共中央和新四军军部反复去电重庆，要求桂军明令让道。在无法确保安全的情况下，直到 12 月 30 日，叶挺还在受命要求展期北移。[2] 顾祝同知道蒋的限期至 12 月 31 日为止，否则"应即解决，勿再宽容"[3]，但仍于 1 月 3 日致电蒋介石称："深察叶挺对于北调命令，已有决心奉行。此次与之磋谈亦颇具诚意，一再嘱职请求钧座，谅其苦衷，得使江南部队顺利北调。"而且明确认为："关于经费部分所请廿万元，既包括一月份经费在内，似可照发，弹药拟即先发，步机弹十万发饬分批具领。惟丙项要求展限一月，仍候转请核示。"[4]

1941 年 1 月 2 日，虽然限期已过，叶挺又来电报提出：决定"先派一个团于虞（七）日经前指定路线进入苏南，转至敌后，分路北渡，余仍待临时费及弹药补给后，再就原地设法北渡，如万不可能时，仍恳准予转经苏南"。顾祝同接电后也还是表示同意，他在 5 日给蒋介石的电报中认为："为贯彻前令，防止其以主力由苏南北渡，增援苏北起见，除复饬仍以主力就原地北渡外"，似可允许其先派一团走苏南并补给临时经费及弹药。[5] 而蒋介石得讯后也明显地对皖南新四军的北移抱以期望，除坚持经费和弹药等补给"俟到达指定地点，即行核发"外，他还具体指定了新四军军部的北移路线，

[1] 《叶挺、项英关于交涉补给情况及请示行动方针致毛泽东等电》（1940 年 12 月 16 日），《新四军文献》（2），第 67 页。
[2] 《顾祝同致重庆军委会委员长蒋电》（1941 年 1 月 3 日），台北"国史馆"藏蒋中正档案，特交文电 30020887。
[3] 《蒋介石密令顾祝同解决江南新四军电文》（1940 年 12 月 10 日），《皖南事变资料选》，第 401 页。
[4] 《顾祝同致重庆军委会委员长蒋电》（1941 年 1 月 3 日）。
[5] 《顾祝同致渝委员长蒋电》（1941 年 1 月 5 日），台北"国史馆"藏蒋中正档，特交文电 30020894。

要叶挺指挥部队在铜陵、繁昌之间渡江后，“在无为附近地区集结，尔后沿巢县、定远、怀远、涡河以东睢州之线，北渡黄河，遵照前令进入指定地区，沿途已令各军掩护”。[1]

新四军军部北移问题，一直拖延到最后一刻，项英等还是拿不定主意。虽然主力就地北移已是大势所趋，但当周恩来依据情报来电强调直接北渡长江太过危险之后，本来就对这一方案犹豫不定的项英等马上又改变了主意。依据周电，报经毛泽东及中共中央认可，新四军军部终于选择了另外的路线，并下决心迅速开动了。

周恩来的这封电报是12月30日发出的，其内容是："江南部队分地渡江有危险，皖北让路，蒋虽口头答应，但让出巢、无、和、含四县恐不易，李品仙已在布置袭击我的阴谋，仍以分批走苏南为好。"[2]

周恩来此电中所指“李品仙已在布置袭击我的阴谋”，估计是指12月25日第二十一集团军上报的分区清剿计划。该计划部署一部守备大别山脉根据地，一部扫荡皖中以东地区，“如十八集团军及新四军不遵中央命令，延留滋扰，则进出淮南路以东地区廓清之”[3]。此一计划其实仍是为准备新四军北渡后不依照命令北上“延留滋扰”而设计的。然而，既有此一计划，周恩来就难以放心，因而坚持最好走苏南。因为东线这时已被第三战区否定，经苏南径去苏北早已是此时国民党之所忌，项英等人自然也不可能去设想通过攻击横阻在东去苏南必经之路上的国民党第五十二师和第一〇八师，夺路东进。因此，直接北渡的方案既遭否定，东去苏南又行不通，项英等也只有向南一条路好走了。所谓向南，就是经茂林绕道三溪，转天目山脚下，即绕过横亘在通往苏南路上的国民党第五十二师和第一〇八师驻地，目的还是要经苏南

[1] 转见《皖南事变资料选》，第74页。

[2] 《毛泽东、朱德关于皖南新四军应分批走苏南致叶挺、项英电》(1940年12月30日),《皖南事变(资料选辑)》，第125页。

[3] 《陆军第一七六师三十年元月份至三月份机密作战日记》，《抗日战争时期国民党军机密作战日记》(中)，第756—757页。

实现北渡。由此不难看出，一般所说皖南新四军 1 月 4 日南下茂林是蒋介石、顾祝同指定的路线[1]，或说蒋、顾有意逼诱新四军南行，显然是不准确的。[2]

走南线，等于是向第三战区国民党军的防地深入，毫无疑问也有很大危险，而且与北渡命令在方向上更是南辕北辙，极易引发误会。因此，此一方向不能不在新四军军部领导人中间引起争议。尽管 1941 年 1 月 1 日前后军部已经就南线问题作出决定，叶挺仍然没有放弃争取合法走东线的最后希望。[3] 他认为，只要能够争取到顾祝同同意部分队伍，如一个团经苏南北渡，即可以铜繁北渡遭遇日军或桂系拦截为由，名正言顺地要求分批走苏南。为此，叶挺明确电请顾祝同批准“主力到苏南”。深知苏北局势的顾祝同当然不敢同意叶挺的要求，但他也知道由铜繁北渡的困难，故还是同意新四军可以有一个团经过苏南北上。[4] 叶仍不死心，1 月 2 日再电顾祝同，提出：“先派一个团于虞日经前指定路线进入苏南，转至敌后，分路北移，余仍待临时费及弹药补给后，在就原地设法北渡过……如万不可能时，仍恳准予转经苏南。”对此，顾显然未能同意。[5] 只是鉴于这种情况，叶挺才不能不服从走南线的决定了。

1941 年 1 月 4 日，皖南新四军军部秘密出动，南下茂林。对此，无论顾祝同，还是蒋介石，显然都毫不了解。由于叶挺 2 日还有要求分兵走苏南的提议，他们甚至还在考虑要不要同意新四军部分部队改走苏南，和要不要适当再度展期的问题。

---

[1] 王辅一：《项英传》，中共党史出版社 1995 年版，第 447—448 页。

[2] 李良明：《项英评传》，经济日报出版社 1993 年版，第 196 页。

[3] 有研究者均认为 12 月 28 日皖南新四军召开过军分会，会上已确定要走南线。但已知 1940 年 12 月 31 日和 1941 年 1 月 1 日叶项才致电中共中央说明部队决定全部移苏南的决定，故笔者相信 12 月 28 日纵有会议讨论，应还没有做出最后的决定。参见《赖传珠日记》，第 264 页；《新四军决定皖南部队全部经苏南北移致毛泽东等电》（1941 年 1 月 1 日），《新四军文献》（2），第 93 页。

[4] 《项英以新四军军部名义致毛泽东、朱德、王稼祥并陈毅、胡服电》（1941 年 1 月 1 日），《新四军文献》（2），第 93 页。

[5] 注意到事变发生后叶挺曾明确讲过他对北移路线的选择有不同意见，这一交涉或可反映出叶挺行动前对选择北移路线的倾向性意见。

二、皖南事变与国共全面对抗

项英等人并不是不知道第三战区这时已经在为限期以武力驱赶新四军军部北渡进行军事部署。这显然也是他们匆忙于4日出动南下的重要原因。因为他们明显地寄希望于三溪镇一带国民党军尚未完成其围堵线。即使知道上官云相正在将第四十师调来，他们也还是相信，突破一个刚刚调防上来，尚未完成防御体系的第四十师的防线，到底比原地北渡或直接东去苏南，而与第五十二师和第一〇八师作战，安全系数要大得多。

项英在确定行动路线后当天给中共中央的电报称："现彼方军队正调动，布置尚未完毕，并增七九师、四〇师以太平、旌德一带，其计划为封锁围歼我……我们决定全部移苏南，乘其布置未完即突进，并采取游击作战姿态运动，发生战斗可能性很大，我们如遇阻击即用战斗消灭之，遇强敌则采取游击绕圈，至万不得已时分散游击。"项英并具体说明了他们的意图，"是先对南面包围我之顽军佯示威胁，吸引顽方注意，然后突然东进，转向苏南"。[1] 对于此一行动方向和计划，中共中央于1月3日，即皖南部队开始北移的前一天，给予了明确的肯定，称："你们全部坚决开苏南并立即行动，是完全正确的。"[2]

新四军军部4日离开云岭后，即浩浩荡荡经湾滩、章家渡渡河，向茂林集结。国民党第四十师方日英部受命于12月27日交出溧阳、宜兴一带防务后，师主力于1941年1月2日午后抵达三溪镇附近，并开始构筑工事。5日，上官云相得报新四军主力已开拔，遂电令第四十师派有力部队星夜向湾滩、章家渡、茂林一带搜索。6日上午9时，一一九团搜索部队在麻岭与新四军

[1] 转见《云岭》第28期，第45页；《中共中央军委参谋部关于皖南事变的军事教训的总结》（1941年1月20日），《皖南事变（资料选辑）》，第270—271页。

[2] 《毛泽东、朱德关于皖南新四军立即开往苏南致叶挺、项英电》（1941年1月3日），《皖南事变（资料选辑）》，第127页。

遭遇，短暂开火后退回。[1] 当天，消息报至顾祝同处，顾当晚下令上官云相称："叶挺、项英不遵命令以主力由皖南渡江就指定位置，乃擅率驻皖南所部于支（4 日）晚开始移动，企图窜据苏南，勾结敌伪，挟制中央，似此违背命令，自由行动，破坏抗战阵线，殊堪痛恨。为整饬纪纲，贯彻军令，对该军擅自行动部队决予进剿，仰贵总司令迅速部署所部开始进剿，务期于原京赣铁路以西地区彻底加以肃清，并严督党政方面配合军事积极工作，俾绝根株。"[2]

1941 年 1 月 6 日，第三十二集团军发布命令，令左翼军以主力于次日向茂林、铜山徐方向攻击，并以一部守备章家渡方向；令右翼军以主力展开展于后山、湾滩、李庄、溪里凤、东流山之线，于次日向茂林方面攻击。7 日，战斗打响。第四十师首当其冲，战斗主要发生在榧岭、山口、坦里口、高岭、麻岭以东。第五十二师一部奉命于当天傍晚抢占椰桥河及其以东高地和戈村，封锁了新四军东去路线。[3] 第七十九师和第一四四师亦各以一部连夜攻击麻岭、山口至榜山一带新四军之侧背。这时的新四军虽有一万人左右，但非战斗人员较多，按照第三十二集团军司令部的通报，即是"匪以乌合之众不过五千人，枪二千余枝，缺弹无炮，窳败实不堪一击"[4]。而国民党军参战部队却有八个师的番号，实际达五六个师的兵力之多。[5] 因此，战斗展开后不久，面对四面八方拥来的国民党军，新四军就处于极端被动的状态，渐无还手之力了。

---

[1] 《陆军第四十师方日英部在皖南围击新四军军部战斗详报》（1941 年 1 月 4—15 日），《中华民国史档案资料汇编》，第五辑第二编政治（2），第 429—435 页。

[2] 《陆军第三十二集团军上官云相部围击皖南新四军军部战斗详报》（1941 年 1—2 月），《中华民国史档案资料汇编》，第五辑第二编政治（2），第 531 页。

[3] 《国民党军第五十二师刘秉哲部围攻新四军军部战斗详报》（1941 年 1 月）《皖南事变资料选》，第 240—241 页。

[4] 《陆军第三十二集团军上官云相部围击皖南新四军军部战斗详报》（1941 年 1—2 月），《中华民国史档案资料汇编》，第五辑第二编政治（2），第 532 页。

[5] 计有第四十师、第五十二师、第六十二师、第七十九师、第一〇八师、第一四四师、第一四八师、新七师。

战斗进行到9日，新四军大部已被打散。随后，项英等擅自脱离部队，部队更加混乱，在各处山林中各自为战。至14日下午4时，叶挺在鹿角山以西山冲中被第五十二师一五六团陈营俘获。当天战斗全部结束，除傅秋涛率一部及早突围外，项英等被叛徒所杀，政治部主任袁国平19日死于国民党军的“清剿”中，整个新四军军部有七千余人被消灭或者被俘。

从上述情况可知，皖南事变的发生，并非第三战区，或负责围堵的第三十二集团军，预先针对好新四军军部南进茂林，而在茂林以南山地设好陷阱，一网打尽。实际上，直到6日新四军与刚刚到达三溪镇的国民党军四十师的搜索部队遭遇后，第三战区才得知新四军南下的确切消息。而根据台北保存的大溪档案和“中研院”近史所刊布的《徐永昌日记》，可知蒋介石及国民党军令部得到皖南冲突的正式报告，已经又是两天之后事情了。顾祝同在6日晚发布命令，7日战斗打响，8日上午整个战场情况清楚后才通过电话正式报告蒋介石及军令部部长徐永昌，说明新四军不遵指定路线北渡，“非向镇江一带渡江，参加攻击我韩德勤军，即系绝不渡江准备窜扰后方”[1]。据此，蒋介石9日才得以开始和白崇禧等具体讨论应付办法，并决定要“积极肃清”。而其做出此种决定的一个重要前提，仍旧是因为他相信：纵使有战事发生，亦不致造成两党关系全面破裂，因“中共决不敢在此时有所叛乱也”[2]。

自8日顾祝同来电话后，第三战区不断有捷报传来，重庆军事高层中许多人兴高采烈，白崇禧等因此极力主张扩大战果，乘势向陕北、华中，乃至华北等地的八路军、新四军全面“进剿”。但这显然不符合蒋介石的想法。他不仅明确地表明不同的意见，而且在日记中直截了当地批评白崇禧称：“坚欲在此时消灭共党军队，此诚不识大体与环境之谈。明知其不可能而必强行之。”他再三表示：“对中共决以消灭其组织为主，而对其武力次之。”包

[1] 《徐永昌日记》，第六册，1941年1月8日条，第6页。

[2] 《困勉记》，1941年1月9日条，台北“国史馆”藏蒋中正档案。

括对已经被包围的皖南新四军，蒋依据以往的作战经验，也并没有对顾祝同和上官云相的“围剿”作战抱以多大的期望，反而担心“围剿”不成会逼其分股流窜后方，留无穷祸患。因此，他得到皖南事变消息后，虽赞成“积极清剿”，但却明确表示：“对皖南新四军，余只求其遵命渡江。”“只要其求饶而能从命”，则尽可放其北移。[1] 直到顾祝同随后来电说明已全歼新四军军部，俘虏军长叶挺等之后，蒋才不再有其他表示。惟在军委会开会时，蒋对善后处置的态度仍与多数与会者的强硬态度不尽相同。与会者这时均赞同白崇禧的意见，主张“取消该军番号，叶挺交军法（审判）”[2]，蒋却因顾虑中共的反应而相当犹豫。

据徐永昌日记，1月15日上午在军委会会议上，除军委会办公厅主任贺耀祖和政治部部长张治中“恐与共党全面破裂主妥协怀柔”外，余均同意白崇禧的主张。下午3时再度讨论时，多数人的意见仍坚持强硬。徐永昌即明白宣称：只要不是军事上全面破裂，“政治上全破裂与国家有利。一、共党今日系以国民党打国民党，以中央法令制服地方人民。尤其能公开的活动，其阴谋与煽惑青年。破裂则当难再假借利用矣。二、共党两年来之行动早不因未破裂而少有顾忌。彼不以大兵加于中央军者，正为其假借中央法令也，正为其假借抗战以争取民众也。三、果不破裂，再假以一二年假借利用时间，其势力必至可以接受俄国正式接济，可以与敌伪正式停战媾和。今日已迟一年半，再迟恐不堪设想”。对此，蒋介石从始至终均未表态，会毕仍表示：“再考虑一夜”再说。[3] 以后又经过一整天的反复斟酌，到16日晚才最终下定决心，同意照白崇禧的意见行事。他的理由是：“此虽违反我意，但事既如此，则应撤销其番号，将叶项交军法会审，彻底解决，以立威信，而振纪纲。”因此时“若无最后制裁决心，则以后中共看破我心理，彼更可藉外力要胁，而俄国之已允拨武器者，其亦必以此作为容共之要求。

[1] 《困勉记》，1941年1月12日条，台北“国史馆”藏蒋中正档案。

[2] 《徐永昌日记》，第六册，第11页。

[3] 同上，第12页。

以后我之国权全操之于人矣。故乘俄械将运到未到之时，以表示我对中共制裁之决心，决不因俄国有大炮二百门、飞机二百五十架等大量武器接济之故而有所迁就”。[1]

1月17日，国民党以军委会发言人的名义，宣布新四军“违反军纪，不遵调遣，且袭击前方抗战各部队，实行叛变”，故撤销新四军番号，将新四军军长叶挺交军法审判。[2] 然而，这却并非蒋有计划的部署与行动。相反，这只是事到临头，蒋为安抚强硬派军人，和刻意表现强势，担心被中共“看破心理”的一种应变措施而已。对此，亦可以证之1945年11月7日张治中呈蒋书中对此事的回忆。张当时劝蒋不宜对中共动武时特别提到皖南事变，称：“三十年春间解决‘新四军’事件时，以职之判断，觉钧座对当时之措施实未必赞同，事实上等于事后之追认。”[3] 由此可知蒋此时确对事变缺少准备，并清楚地知道此举有可能破裂两党关系，他虽不得不追认结果，表现强硬，内心里却并不想扩大事态。

说蒋介石没有袭击新四军军部的精心计划，事变后亦不曾想扩大事态，破裂两党关系，这时的毛泽东自然不会相信，还在皖南事变前，中共中央其实就已经对强硬地推行限共政策的蒋介石国民党颇多怀疑了。但基于抗日的大局，中共中央对蒋介石的国内政策，还没有往最严重的方面考虑。虽然不断有国民党准备“剿共”的消息传出，中共领导人也多次做过最坏的打算，毛泽东甚至一度怀疑蒋之北移命令包含有与日本勾结，两面夹击八路军、新四军的重大阴谋，准备破釜沉舟与蒋死拼，但与共产国际反复交换意见的结果，最后还是认定国民党的“剿共”只能是局部的，“只要蒋介石未与日本妥协，大举剿共是不可能的”。认为“实则他们很怕内战，很

---

[1] 《困勉记》1941年1月16、17日条，台北“国史馆”藏蒋中正档案。

[2] 《国民政府军事委员会发言人谈话》（1941年1月17日），《中央日报》，1941年1月18日。

[3] 《张治中呈蒋总裁函》（1945年11月7日），台北“国史馆”藏蒋中正档案，特交档案（四）第50855号。

怕根本破裂国共合作，故其决心仍有动摇之可能”。[1] 正是由于一直相信只要蒋未与日本妥协，国民党在抗战中就不会主动破裂两党关系，突然发生皖南事变这样的惨剧，对毛泽东刺激之大亦可想而知。

国民党发动皖南事变目的何在，是毛泽东和中共中央事变之初必须要做出准确判断的一个关键性问题。新四军选择南下，事先显然曾报请中共中央批准。部队秘密潜往茂林次日，也曾向中共中央通报过具体位置，而后即失去联络。11 日经中原局接通电讯后，国民党第三战区的聚歼计划已部署完毕，次日即发起总攻，新四军无论粮弹和地形均已难以坚持抵抗。鉴于此，中共中央迅速于 12 日电告重庆的周恩来，要其向国民党提出严正交涉，即日撤围，以证明国民党并非有意破裂。中原局刘少奇等也曾气愤地致电中共中央，提议：“请朱、陈、罗准备包围沈鸿烈，我们准备包围韩德勤，以与国民党交换（停止围攻皖南新四军）。”[2] 毛泽东显然认为这是解围皖南新四军一个可行的办法，故 13 日即复电刘少奇等，表示：“同意胡、陈十二日电，苏北准备包围韩德勤，山东准备包围沈鸿烈，限十天内准备完毕，待命攻击。”“我全国政治上、军事上立即准备大举反攻。”“以答复蒋介石对我皖南一万人之聚歼计划。”“如皖南部队被蒋介石消灭，我应坚决彻底干净全部消灭韩德勤、沈鸿烈，彻底解决华中问题。”[3]

13 日当天，周恩来、叶剑英紧急找到刘为章，陈述皖南事变情况，说明华北、华中中共部队“气愤填膺，几不可遏，只有迅速解除对新四（军）

---

[1] 《毛泽东给季米特洛夫、曼努伊斯基的信》（1940 年 11 月 4 日）、《毛泽东致周恩来等电》（1940 年 11 月 21 日）、《周恩来致毛泽东并中央书记处电》（1940 年 12 月 26 日）、《中共中央关于粉碎蒋介石进攻的战略部署的指示》（1940 年 12 月 31 日），前引《皖南事变（资料选辑）》，第 101、122、127 页。

[2] 《毛泽东、朱德、王稼祥关于新四军应速谋突围致叶挺、饶漱石电》（1941 年 1 月 12 日）、《刘少奇、陈毅关于在苏、鲁发动军事攻势向毛泽东等的建议》(1941 年 1 月 12 日)，《皖南事变(资料选辑)》，第 136—137 页。

[3] 《毛泽东、朱德、王稼祥关于皖南事变中我之对策给刘少奇、陈毅的通报》（1941 年 1 月 13 日）、《毛泽东、朱德、王稼祥关于在苏、鲁发动军事攻势以答复皖南事变的指示》（1941 年 1 月 13 日），《皖南事变（资料选辑）》，第 139—140 页。

围攻，才能免危机于万一”。刘答复周、叶称：蒋昨夜已要贺耀祖用电话告诉顾祝同，“只要新四（军）确实北渡，你们应予帮助，不应为难”。且对周提北渡只能走苏南，不能走皖北问题，蒋通过刘表示，可以走苏南，但“部队过江后，不得打韩德勤，且过江后不得盘踞，须遵命继续到河北去”。[1] 次日，周恩来又再度通过张冲向蒋抗议，张报告蒋后特别转告周、叶说：蒋特别要求周、叶转电中共中央，“勿将事件扩大”。而蒋的态度很明确：“（一）新四军北开中央决不留难，此次冲突，听说是新四军先开枪。（二）希望新四军继续向北开。（三）如此路不通，转向皖北开亦可，命令李品仙勿留难。（四）我已下令新四军过江后发弹十万并饷。”周因此颇感乐观，要求马上询问叶、项：“采取那条道路折进苏南，以便作更具体的交涉。”[2]

但至14日，已有消息称：“上官云相十三日未时解决我七千余人，另有千余人已命坚决解决。”毛泽东深知情势危急，因而致电周恩来称：“现在不是走何路线问题，而是救死问题，如不停止攻击，即将全军覆灭，请立即要蒋下令停战撤围。”[3] 时至于此，毛泽东等对事变性质的估计已经开始发生根本性的变化，因当天毛泽东、朱德和王稼祥曾有电要求除苏北、山东部队准备消灭韩德勤、沈鸿烈外，还特别提出：“中央决定在政治上军事上迅即准备作全面大反攻，救援新四军，粉碎反共高潮”。“我华北各部须遵前令，提前准备机动部队，准备对付最严重事变”。[4]

15日晨，周恩来再找张冲催问停火令事，张以电话向蒋报告，蒋答复称：12、13日已有两令给顾，或许下达迟延，但顾不会不听命。周可电告

---

[1] 《周恩来、叶剑英关于与蒋介石交涉情况给中共中央的报告》（1941年1月13日），《皖南事变（资料选辑）》，第142—143页。

[2] 《毛泽东、朱德、王稼祥关于周恩来、叶剑英与蒋介石交涉情况给刘少奇、叶挺的通报》（1941年1月14日），《皖南事变（资料选辑）》，第144页。

[3] 《毛泽东、朱德、王稼祥关于国民党解决我七千余人情况给周恩来等的通报》（1941年1月14日）、《毛泽东关于向蒋介石交涉立即停战撤围致周恩来、叶剑英电》（1941年1月14日），《皖南事变（资料选辑）》，第145页。

[4] 《毛泽东、朱德、王稼祥关于政治上军事上准备反攻的指示》（1941年1月14日），《皖南事变（资料选辑）》，第146页。

叶、项放心东进，他可再发一电给顾要他停战解围。叶剑英当日询问刘为章，刘也是同样说法。但周这时已得知上官云相和何应钦关于皖南战况的电报内容，知道国民党军并未停止作战，因而愤然电告毛称："恐蒋、刘等所说的是鬼话。"[1]

得知国民党并无停战解围意图，进而听说叶挺被俘，毛泽东怒不可遏。在15日的政治局会上，他痛斥项英"在政治上早已成为俘虏"，是"抗战以来一部分领导同志的机会主义"的代表，"只知片面的联合而不要斗争，不要独立自主的政策"。接到周恩来电转述蒋已数令解围和要叶、项放心东进电报，又得知孙科、冯玉祥力劝中共中央顾大局勿施报复的意见，他更加愤然，复电周、叶称："蒋介石一切仁义道德都是鬼话，千万不要置信。""中间派孙、冯等调和退让论是有害的，只有猛烈坚决的全面反攻，方能打退蒋介石的挑衅与进攻，必须不怕决裂，猛烈反击之，我们'佳电'的温和态度须立即终结。"[2]

毛泽东这时的反攻主张，当然是出于义愤，而不是针对蒋介石国民党的行动所采取的一种未雨绸缪的应对措施。因为这时还看不到蒋及国民党有全面破裂两党关系，向八路军、新四军大举进攻的迹象。用他的话来说，问题在于"叶项被俘，全军覆没，蒋介石无法无天"，"如何办？"[3] 总不能听之任之，忍下这口气。

在这一点上，刘少奇和周恩来这时显然比毛泽东更冷静一些。15日当天，刘致电毛泽东等称："现叶、项已被俘，皖南新四军已全部歼灭。中央决定在政治上、军事上准备作全面的大反攻，这里的同志于义愤之余，亦有立即举反攻之主张，然根据各方面情况，平心静气一想，我们却有下列意见，望中央细心考虑：一、全国局面，国民党未投降，仍继续抗战，对

[1] 《周恩来、叶剑英、董必武关于蒋刘粉饰皖变我拟揭发真相致毛泽东电》（1941年1月15日）。

[2] 《毛泽东关于政治上、军事上准备全面反攻致周恩来、叶剑英电》（1941年1月15日），《皖南事变（资料选辑）》，第147页。

[3] 《毛泽东致周恩来、叶剑英电》（1941年1月15日）。

共党仍不敢分裂，且怕影响对苏联的关系，在皖南消灭我军，蒋亦曾下令制止，即证明蒋生怕乱子闹大。在此时，我党亦不宜借皖南事件与国民党分裂。何应钦下令只说严防我军报复，未说即此在全国乘机进攻我军。二、目前华中我占领地区很大，兵力不够，仍不能巩固。皖东北敌伪匪猖獗，已全部成游击区，原来巩固地区均已丧失，淮海区亦不能支持，盐阜区土匪亦蜂起，黄桥已被敌占，海安亦有被敌占领可能。我们部队尚须休整补充。故以华中来看，能在半年、一年之内不发生大的战斗，肃清土匪，巩固现有地区，对我为有利。”据此，他的意见是：“在全国主要的实行政治上全面大反攻，但在军事上除个别地区外，以暂时不实行反攻为妥。”因为：“一、目前能在军事上向国民党实行反攻者，大概有下列几着：1. 打韩德勤、沈鸿烈。2. 华中主力集中，经雪枫地区过新黄河出击。3. 陕北部队向西兰大道出击。4. 华北部队向河南或向绥远出击。5. 全国各地党部实行武装起义。除此以外就只有个别小军事反攻之可能了。二、上述各着，均无胜利把握，亦无大利可图，且系进攻性质，对人民、对部队、对统战朋友均无充分理由。在目前向国民党实行这种反攻和破裂，不独将引起中间分子的非议，即自已部队亦难长期在精神上维系不发生动摇，如果再遇挫折，则对我更有极大不利，那时，反共高潮更难压制，国民党更可借此向我大举进攻，故实行全面军事反攻，对我不利，且有极大危险。”刘阐明：政治上反攻则较易行，如向国民党抗议并发宣言，提出释放叶、项及所有被俘人员及全国所有被捕党员，不得杀害一人，赔偿所有损失及抚恤死伤，枪决上官云相等肇事凶手等要求；且宣布在皖南事件未彻底解决前，华中我军决不再考虑北移之命令，国民党再向我华中进攻，即认为正式与我党破裂等。[1]

周恩来不反对报复作战，但他基于曹甸战役的教训，认为不宜打韩、沈，而应打李品仙和李仙洲。他在16日的电报中说明：“打韩、沈，在政治上为

[1] 《刘少奇关于主要应从政治上进行反攻问题向毛泽东等的建议》（1941年1月15日），《皖南事变（资料选辑）》，第148—150页。

报复，在军事上为攻坚，易于持久，消耗弹药，为敌增援，且可引起胡宗南在西北报复的藉口。”“如准备打李品仙或李仙洲，则政治上为自卫，军事上为以逸待劳，易于求得速决的运动战，且可获得补充，使韩、沈更孤单，使顽固派军队更胆寒，更可教训蒋、白。”因为“我们一出手，以能打得响、打得快，而仍争取抗战继续为有利。如拖和延长，消耗大，陷于被动，而造成不得不扩大局面，是不利的”。[1]

然而，1月17日蒋介石批准军委会发言人公开发布的取消新四军番号的命令再度使毛泽东坚信蒋介石国民党发动皖南事变是有备而发，是准备大破裂的信号。在18日的政治局会议上，毛泽东明确讲："国民党准备与共产党大决裂"，"证明了（其）决心反共"。"国民党干出这件大事，定有帝国主义的指使，这或者是英美，或者是德义（意——引者）"，"现在国民党准备大举进攻华中部队，一网打尽，大捕共党，捕杀各办事处，因此我办事处必须实行自卫式的撤退"。在这种情况下，"资产阶级中间派让我让步，顾全大局，实际上是有利于国民党而不利于我们"的。[2]书记处据此密电周恩来等，"国民党宣布新四军为叛军，审判叶挺，证明国民党准备破裂之决心。而重庆谈判中证明蒋纯以鬼话欺骗你们。在重庆环境日险，作用日小，因此应立即设法借故离渝返延。渝办干部设法分批回延，仅留三数人敷衍门面"即可。[3]

20日，周恩来报告毛泽东称，白崇禧已下令对华中决以四个师扫荡，另以一三八师和一七三师扫荡淮南路以东。如八路军南下增援，仍以新四军看待，惟战术上应避开八路军主力，专门消耗其弹药，以游击战对游击战。战斗后对上级报告，则说八路军打政府军。周分析：蒋的策略是要分区剿共，各个击破。[4]毛泽东因此更加印证了自己的估计，他在这一天的政治局会议上提出，要"从根本上考虑"国共关系问题。"自蒋十七日宣布新四军为叛

[1]《周恩来关于军事行动策略的建议致毛泽东电》（1941年1月16日）。

[2]《毛泽东关于国民党取消新四军番号后形势与对策的报告》（1941年1月18日）。

[3]《中央书记处关于设法借故离渝返延给周恩来、董必武、叶剑英的电报》（1941年1月18日）。

[4]《周恩来、董必武、叶剑英关于蒋计划分区剿共各个击破给毛泽东的电报》（1941年1月20日）。

逆后，我们是否能承认国民党为上司？！实际上蒋已准备得罪我们，得罪苏联，已准备全部破裂的开始……要挽救时局，实现好转，必须取消十七日国民党的谈话，不取消这种文件，我们决不能与蒋及军事委员会有公文来往。自蒋十七日发表公开破裂文件后，表示蒋首先破裂，因此一切同情与理由都在我们方面，皖南失败的代价是值得的。”[1] 据此，毛泽东当天致电周恩来、刘少奇等称：“蒋介石已将我们推到和他完全对立的地位，一切已无话可说。”“现在这样的国共关系，已对我们、对革命没有任何利益，并且破裂是蒋发动的，对我们甚为有利。”[2] 中央书记处并再度要求“恩来、剑英、必武、颖超及办事处、报馆重要干部于最短期间离渝”[3]。

又经过几天的缜密观察，中共中央于23日再度召集政治局会议，毛泽东进一步得出结论称：一周以来的种种事实都证实，中日实际上已经休战，不议而和，全国破裂已经开始。“我们与蒋合作已经没有好处，对我们没有好处，对蒋因日本停止进攻，也没有好处，因此这种合作已无存在之可能。”“如果日军与国民党反共军配合，那我党有很大危险，将会受到损失。”在当天给刘少奇的电报中，毛泽东更清楚地说明了他对事变性质和后果的看法。他指出：“蒋介石一月十七日命令是全国性突然事变的开始，是全面投降与全面破裂的开始，我们在十二月十七日以前的估计不适用了。”[4]

中共中央的形势估计和应对方针，这时遇到的最大问题是与莫斯科方面认识不同。

莫斯科对皖南事变的发生，亦深感不安。仅据蒋介石日记，从1月17日军委会发言人宣布新四军为叛逆，并取消其番号之后，苏联驻华军事总顾问、驻华大使，就频频造访，对国民党的做法提出种种批评，弄得蒋不

---

[1] 《毛泽东在中央政治局会议上的发言》（1941年1月20日）。

[2] 《毛泽东关于蒋介石发布“一·一七”命令后国共关系的变化及我之对策致周恩来、彭德怀、刘少奇电》（1941年1月20日），《皖南事变（资料选辑）》，第183—184页。

[3] 《中央书记处关于在重庆的重要干部应在最短期间离渝的指示》（1941年1月20日）。

[4] 《毛泽东关于“一·一七”命令后形势的估计给刘少奇的通报》（1941年1月23日），《皖南事变（资料选辑）》，第187页。

胜其烦。而苏联外交人民委员更以拒绝出席国民政府驻苏大使宴会的方式，显示了苏方的强烈不满。[1] 据周恩来报告称，苏联驻华武官兼军事总顾问崔可夫刚一得到事变发生的消息，就秘密会见周恩来和叶剑英，提议“皖南主力应坚持北上，另在江南地区视情况约留一小部干部和武装，埋伏在民间。如国民党质问时，（可）作为此次被包围攻击后的散兵”。“到江北后国民党将继续迫你们北上，那时可以答复他，鉴于皖南事件，如要继续北上，必须先将江苏境内国军全数离开江苏，应求得安全北上的保障。这样仍能拖延。”考虑到国共内战可能爆发，他特地请中共中央“迅速调查兰州到延安间各种情况（道路、碉堡、驻军、民众、粮食等)”，包括西北五马及傅作义部的情况，以备万一援助之需。并称：“国民党如继续内战，余有权暂时停止援华军火于哈密途中。”[2]

但是，莫斯科并不赞成毛泽东对形势的估计和所设想的对抗措施。还在事变爆发前夕，即 1941 年 1 月 4 日，共产国际总书记季米特洛夫就曾针对毛泽东对国民党的激烈态度，在电报中提醒过他：“不该将破裂作为出发点”。[3] 事变的发生，使毛泽东相信自己以前的估计和态度并没有错，错的其实是莫斯科。因此，他一再向党内各领导人强烈地表示对莫斯科的不满。刚一得知新四军全军覆灭的消息，他就愤然致电周恩来，要周质问苏联驻华武官兼军事总顾问崔可夫：“蒋介石无法无天至此，请问崔可夫如何办？”但苏联大使和武官都表示，目前局势须有全局的观察和布置，尤其要从各方面探查，蒋介石是不是与日本有秘密联络，或有新的谈判。要判断蒋是否有意破裂，不仅要注意华中国民党军，也要注意胡宗南或其他方面的国民党军的动向。虽然必须积极加强军事准备，“今天的工作中心，仍是求得抗战继续”。[4] 苏方虽如此说，但毛泽东仍坚持认为，蒋就是蓄意破裂。20 日，

[1] 《困勉记》，1941 年 1 月 20—25 日条，台北“国史馆”藏蒋中正档案。
[2] 《周恩来、叶剑英关于与苏武官崔可夫谈话内容致毛泽东电》（1941 年 1 月 14 日）。
[3] 《季米特洛夫致毛泽东电》（1941 年 1 月 4 日），转见《中共党史研究》1988 年第 2 期。
[4] 《周恩来、叶剑英、董必武关于苏美英等大使对皖南事变态度致毛泽东电》（1941 年 1 月 16 日）。

他在电报中干脆告诉各方领导人：现在的“问题是远方的政策与我们所想的相左，三个月来几经往复，尚未解决”。[1] 23日政治局会后，毛泽东更是尖锐地批评苏联继续寄希望于国民党的做法。他明确地告诉周恩来：“朋友们的意见是错误的，请对朋友们说，蒋介石一月十七日命令是中国全国性突然事变的开始，是全面投降全面破裂的开始，要他们停止接济，准备后事，不然要上当的。”[2] 25日，毛泽东看到周恩来转达的苏联大使等各方的意见，强调蒋并非真要破裂，认为延安的估计有些过激等，当即明确表示：“人家已宣布我们叛变，我们决不能再取游移态度，我们决不能再容忍，我们决不能怕破裂，否则我就要犯严重错误，因此延安命令及谈话的全部，包括文字在内是完全正确的。我们表明态度之后听凭蒋介石去处置，或者他执行我们的十二条，两党重归妥协，或者实行全面破裂。你们应向各方表示，蒋介石已将我们推到对立地位，除非蒋介石取消十七号命令及实行其他必要步骤，我们是只有和他对立一途，因为我没有别的路走。”[3]

可是，毛泽东不满归不满，莫斯科的态度仍旧不能不重视。这是因为，毛泽东对形势严重的估计，使他不能不考虑在军事上采取主动或及早准备反攻的问题。可是中共军事上，尤其是在装备和武器弹药方面，困难极大，与国民党军完全不能相比。毛泽东为此曾特别询问过指挥华北军事的彭德怀：三个月内华北能抽出多少兵力？“能集中多少有效炮兵及炮，有把握打破较坚固之碉堡否？”因为“如立即取攻势，即须调动华北兵力，而一经调动即须有决心打到四川去（非打到四川不能夺取陕甘），即须有决心同蒋介石打到底”。彭的答复显然不能令毛满意。毛随后明确告诉军事领导人说，仅军事一项，由于“我们缺乏重武器及使用武器的技术人员”，就无法实现

[1] 前引《毛泽东关于蒋介石发布“一·一七”命令后国共关系的变化及我之对策致周恩来、彭德怀、刘少奇电》（1941年1月20日）。

[2] 《毛泽东关于蒋介石“一·一七”命令是全国性突然事变的开始致周、董、叶电》（1941年1月23日）。

[3] 《毛泽东关于对蒋介石应取对立态度不怕破裂致周恩来电》（1941年1月25日），《皖南事变（资料选辑）》，第190页。

夺取西南西北几个重要省份的战略目的。而如果不能夺取西北，控制中苏西北交通枢纽，就无法取得苏联的援助。没有苏联的援助，要同时对付蒋、日两个敌人，就会极其危险。正是考虑到这种情况，毛泽东相当反感苏联继续援助国民党，明确讲："苏联如再接济重庆武器甚为不好，请要武官设法停止"，因为"蒋介石反革命是确定了的"。当然，毛泽东也不能不同意苏联武官关于应当尽可能延长蒋介石抗日时间的说法，称："苏武官延长时间的意见是对的，事实上我出兵至快在半年后，目前只打防御战。"问题是"何种时机他们可以公开援助我们？""五月后他们有何办法援助我们夺取兰州？""如没有飞机及攻城部队夺取兰州及甘、凉、肃三州是不可能的，而这一问题迟早必须解决。"[1]

莫斯科的态度显然极大地约束了毛泽东的反攻计划。而正在这时，日本集中几个师团的兵力，乘国民党抽调兵力向华中对付共产党军队的机会，对河南突然大举进攻，这一情况也证证实了莫斯科的看法，进而动摇了毛泽东前此关于中日已告休战，蒋介石即将叛变的形势判断。在这种情况下，1月29日，中共中央政治局召开会议，虽然通过了毛泽东起草的《关于目前时局的决定》，告诫全党要做好与蒋介石分裂的准备，称：蒋介石已经从革命走到反革命，国共破裂的前途已经确定了，"对于以蒋介石为首的反动了的大地主大资产阶级，我们过去一面斗争一面联合的两面政策，现在已经不适用了，对于他们，我们现在已不得不放弃联合政策，采取单一的斗争政策"。今后的斗争方向，就是要"动员全国人民，孤立与克服大地主大资产阶级及其首领蒋介石的反动，使一切主张抗日与民主各阶层的人民代表去代替反动了的大地主大资产阶级，组织抗日民主的国防政府"。但是，它同时也不能不承认，由于日、蒋尚未公开妥协，以及受到各方力量的牵制，国共目前未完全破裂。因此，当前的策略仍然应当是政治上坚决反攻，

[1] 《毛泽东关于时局发展情况给周恩来的通报》（1941年1月30日）、《毛泽东关于请问崔可夫苏联何时可以公开援助我们给周恩来电》（1930年1月30日），转见杨奎松：《中共与莫斯科的关系（1920—1960）》，（台北）东大图书公司1997年版，第462—463页。

而军事上须取守势。[1]

三、从政治攻防战到再度妥协

蒋介石国民党这时并不了解中共中央内部围绕着政治反攻，还是军事政治同时反攻所展开的上述讨论过程。但是，中共中央的激烈反应和对国民政府的公开抵制，以及由此而引发的国民党内部的意见纷争，和国内外舆论的强烈批评，还是让本以为自己的处置一定能够“发生有效而良好的反响”的蒋感受到了巨大的压力。[2]

自皖南事变发生，周恩来等就以重庆为基地组织宣传攻势，严厉批评国民党的内战行径。虽然在国民党严格的新闻检查制度压制下，此种宣传对一般民众影响有限，但却在国民党内和国际舆论方面引起了极大反响。发动剿灭黄河以南中共军队的计划，主要是国民党内军事领导人鼓动和坚持的结果，国民党内多数高层干部直至事变发生都被蒙在鼓中。因此，包括事变期间一直紧张地在蒋介石与周恩来之间担任联络的张冲，当着周恩来的面也唉声叹气，表示“没有脸见人”。宋庆龄、何香凝、柳亚子等更联名上书蒋介石和国民党中央，痛切陈词。冯玉祥也转告中共代表，暗中表示同情，并断言此定为何应钦之阴谋。孙科得知消息后，虽对人表示他对此不能有所作为，但也深表忧虑与愤慨。在1月16日讨论处置新四军问题的国民党党政各机关专门会议上，文职官员与军事领导人明显地发生意见分歧。直至准备发布取消新四军命令的当天上午，王世杰还赶赴蒋介石的寓所，恳切说明如此处置，不仅有促成大规模内战之危险，而且对有关援

[1] 《中共中央关于目前时局的决定》（1941年1月29日），前引《皖南事变（资料选辑）》，第198—199页。

[2] ［日］古屋奎二著，中央日报社译：《蒋总统秘录》，第12册，（台北）中央日报社1977年版，第115页。

助国之观感及沦陷区人心均不免有重要的负面影响。[1]

为争取社会及国际舆论，国民党中宣部还在事变发生前，就明令重庆各报务必发表文章、社论，痛责新四军不听命令，擅自行动。一些报纸为生存计，或措辞含混，或私下里向中共表示歉然。国内各小党派更是对国民党的这种做法表示反感。据周恩来报告说，基于对国民党的严重不满，章伯钧、左舜生等拟发起成立民主联合会，以团结各党各派无党无派和国民党左派，与中共合作，共同进行民主和反内战运动。第三党亦因当局压力日渐左倾，提出了以联苏联共为中心，与中共更密切合作的建议。[2]

最让国民党人感到不安的，是国际上的舆论。在华苏、英、美等国外交人员的倾向性不用说了，光是封锁事变消息一事，就在重庆的外国记者中间引起极大不满，纷纷向负责国际新闻宣传的董显光提出质问。苏联《真理报》公开发表消息，声称皖南事变并非偶然，其他中共军队亦将被国民党所解决。美国记者斯诺（E. Snow）和与罗斯福（F. D. Roosevelt）关系密切的前海军陆战队少校卡尔逊（I. Carson），也前后在美国报纸发表言论，抨击国民党制造皖南事变，扬言中国将会爆发严重内战。英国援华总会这时也致电蒋介石，要求给新四军以正当待遇。甚至事变后不久，美国政府也公开表示对国共冲突严重关切，这时来华考察的美国总统特使居里（L. Currie）甚至告诉蒋介石，他所希望的美国援款及其他财政帮助，在国共纠纷未解决之前事实上难以有任何进展。驻美大使胡适也报告说："新四军事件，美国人士颇多疑虑……其左倾者则公然批评我政府。"[3] 事实上，事变后的海外华人舆论几乎一致在批评国民党。仅一个半月左右，仅有据可查的发给国民党中央的其海外党部和各有关华人团体的批评电就在数十通以上，

---

[1] 《宋庆龄等致蒋总裁暨中央执行委员、监察委员诸同志》（1941 年 1 月 12 日）、《新四军事变后的各方动态》（1941 年 2 月 7 日），《皖南事变（资料选辑）》，第 254—255、257—258 页；《王世杰日记》，第三册，台北："中央研究院"近代史研究所 1990 年版，第 5—11 页。

[2] 转见《周恩来年谱（1889—1949）》，人民出版社、中央文献出版社 1989 年版，第 489 页。

[3] 转见《周恩来传》，人民出版社 1989 年版，第 491 页；《美国外交文件》（FRUS），1941，Vol.5，pp.610-611；中国社会科学院近代史所编：《胡适驻美大使期间来往电稿》，第 101 页。

其间充满惋惜激愤之词。

自1月17日军委会发言人宣布国民党处置新四军事件的决定之后，蒋介石就试图就事论事，尽快息事宁人，故强调要“以指斥新四军为限”，“应不涉及共产党或第十八集团军”，避免使事态进一步扩大化。[1] 18日，即《中央日报》发表撤销新四军番号令的当天，周恩来不顾国民党的新闻封锁，通过《新华日报》刊出“千古奇冤，江南一叶，同室操戈，相煎何急”的抗议题词。这一针锋相对的大胆举动，对国民党中一些人刺激颇大，他们强烈要求立即查封该报。白崇禧专门为此事打电话给刘为章，要其转呈蒋，坚决封闭《新华日报》和八路军办事处。商震亦专门上书蒋介石，要求给《新华日报》停刊五至七天的严厉处分。据此，宪兵队抓去了新华日报营业主任。可是，蒋介石并没有批复白崇禧和商震的呈文，而且下令特务机关一律不准以武力进入新华日报社。在周恩来跑去向张冲大吵要求放人后，蒋还做起了和事佬，声称：“对于共党，在军事方面须严，政治方面不妨从宽。”[2] 结果，不仅《新华日报》的营业主任第二天即被放出，《新华日报》也照出不误。

正是根据蒋的意见，国民党中宣部23日受命秘密指示各宣传单位，对皖南事变之说明要严守范围，即此仅为军事问题，不是政治问题；是内政问题，不是外交问题；是局部问题，不是全国性问题。25日，蒋在接见苏联大使潘友新时，也明确表态说：“这绝非政治或党派问题。”八路军如能遵照政府令如期北调至冀察地区，则中央仍将以国民革命军之一部待之，一视同仁。至27日，蒋介石更进一步发表谈话，公开强调此次对新四军“纯然是为了整饬军纪，除此之外并无其他丝毫政治或任何党派的性质夹在其中”[3]。

[1] 《王世杰日记》，第三册，第11页。

[2] 《困勉记》，1941年1月20日条。

[3] 《王世杰日记》，第三册，第14页；蒋介石：《整饬军纪加强抗战》（1941年1月27日）；《蒋介石与苏联大使潘友新谈话记录》（1941年1月25日），《蒋总统秘录》，第115—117页。

但是，不管蒋介石做何解释，中共中央也无法接受国民政府军委会发言人1月17日宣布的对新四军的处置办法。1月20日，中共中央为争取政治上的主动，已要求周恩来向国民党提出皖南事变善后办法十二条，要求国民党停止挑衅，撤退华中"剿共"军，平毁西北的封锁线，惩办事变祸首何应钦、顾祝同、上官云相，撤销十七日命令，恢复叶挺自由，及交还全部被俘人枪等。[1] 至25日，中共中央更进一步扩充了这十二条的要求，要求周恩来将此解决皖南事变、挽救时局危机的十二条办法，经张冲转交国民党中央。其内容为：一、悬崖勒马，停止挑衅；二、取消一月十七日的反动命令；三、惩办皖南事变的祸首何应钦、顾祝同、上官云相三人；四、恢复叶挺自由，继续充当军长；五、交还皖南新四军全部人、枪；六、抚恤皖南新四军全部伤亡将士；七、撤退华中的反共军；八、平毁西北的封锁线；九、释放全国一切被捕的爱国政治犯；十、废止一党专政，实行民主政治；十一、实行三民主义，服从总理遗嘱；十二、逮捕各亲日派首领，交付国法审判。[2]

中共中央的上述条件，明显地是政治反攻的一种手段，并不真的期待国民党会接受它。毛泽东不止一次地解释说：所以采取这一策略，根本上是因为以此"可以对付两种情势中之任何一种：如蒋业已准备全面破裂，我们便是以破裂对付破裂；如蒋并未准备全面破裂，我们便是以尖锐对立求得暂时缓和"[3]。不过，注意到毛泽东20—23日反对再与国民党发生任何公文往来，声称对蒋已无话可说，25日又正式提出十二条办法，通过张冲转交国民党中央，并说明在蒋不准备全面破裂的情况下，中共之策略仅限于"以尖锐对立求得暂时缓和"，"不断绝和他们来往"，不公开反对蒋及整

[1] 转见《周恩来年谱》，第488页。

[2] 同上，第489页。

[3] 《中共中央军委关于皖南事变后八路军新四军紧急工作的指示》（1941年1月20日）、《毛泽东致彭德怀、胡服并周恩来电》（1941年1月25日）、《中共中央关于目前时局的决定》，前引《皖南事变（资料选辑）》，第185、191、198—199页。

个国民党，这说明中共的态度其实也存在着适时调整的某种可能性。当然，十二条的核心要求是废除 17 日令，围绕着这个问题，国共双方一时都难以做出真正意义上的妥协。因此，即使在 25 日以后，毛泽东也反复强调：“我们领导的军队已被宣布为叛变，我们已无任何可能再与蒋介石发生关系”，“除非蒋介石取消十七号命令及实行其他必要步骤，我们只有和他对立一途，因为我没有别的路走”，就连谈判的余地也“已被蒋剥夺干净了”。“如要转弯，除非蒋介石取消一月十七号命令及作其他必要表示，否则我们决不能转弯。”不仅不能转弯，而且还应该“要求他们发护照，立即回延”，以示强硬。仅仅是由于周恩来权衡利害，力主撤退也要采取逐步的办法，不好一下子走光，弄成破裂的样子，中共的主要代表才在事变后得以继续在重庆留了下来。[1]

1 月下旬，日军突然对国民党正面守军发起大规模进攻，张冲找到周恩来，提出国共必须找到妥协办法，而他提议以华中中共军队展期北移和将新四军归入八路军增编一军的办法，使双方矛盾得以缓解。尽管张冲声明此纯为私人意见，但中共方面显然将其视作蒋介石示弱的一种表现。与此同时，由于日军继续进攻国民党军，显示出前此中共把事变的发生与国民党投降可能相联系，并无根据，毛泽东也迅速提出：“日蒋矛盾仍是目前的基本矛盾”，估计“反共高潮可能下降”，因而重又开始设想恢复国内团结的可能性。从中共中央 2 月 2 日给各地领导人的指示中可以看出，中共虽然仍旧明确要求坚持十二条，“目前绝不松口”，但它事实上已经提出准备“在适当条件下不拒绝妥协”的问题。[2] 随着蒋用于包围陕甘宁边区的中央军部分东调增援，华中地区国民党军队处境困难，毛泽东明确讲：“东条公开说：‘华北是日本人的根据地，蒋介石要驱逐华中共产军去华北，破坏日本利益。’这一点我们过去却没有估计到。”进而他又估计：“蒋介石原知一、二、三

---

[1] 《毛泽东关于对付蒋介石的方针致周恩来电》（1941 年 1 月 27 日），《皖南事变（资料选辑）》，第 193—194 页。

[2] 《中共中央关于日军进攻河南及我党对于时局方针的指示》（1941 年 2 月 2 日），《皖南事变（资料选辑）》，第 202—203 页。

月内敌人要进攻的，他之所以发动皖南事变，发表‘一·一七’命令及部署大军进攻淮北、皖东、鄂中新四军，均是想以反共停止敌人进攻。……岂知日本人的想法是另一样。”既然如此，那么可以想见，国民党对共产党的军事进攻自然不会继续了，其“剿共计划已经根本打破了”。因此，他又重提1940年朱彭佳电中的观点，强调可以据以发挥，说明中共早已看到鹬蚌相争的严重后果。且相信“敌人攻得如此之急，‘一·一七’命令如此丧失人心，他的计划全部破产，参政会又快要开了，（蒋）非想个妥协办法，（否则）更加于他不利”。[1]

面对即将召开的参政会二届一次会议，采取何种态度，对国共两党关系影响甚大。由于参政会自1938年以来一直是国共合作的一个重要场所，中共领导人毛泽东、王明、周恩来、林伯渠、董必武、邓颖超等共七人均为参政员。但这个时候出席参政会，势必会给国民党和外界一种示弱的印象，故周恩来不赞成参加本次会议。他接连给毛泽东去电，除同意毛泽东的形势分析外，明确表示不同意现在与国民党求得妥协。接周电后，毛泽东亦复电称：“估计是一致的，反共不会变，高潮可能下降，剿共可能停顿。”“但对蒋让步则危险（如你所说），目前是迫蒋对我让步时期，非我对蒋让步时期，熬过目前一关，就好办了。”因“蒋从来没有如现在这样受内外责难之甚，我亦从来没有如现在这样获得如此广大的群众（国内外）”。值得注意的是，毛泽东虽然注意到此次中央军损失不大，“他们仍能布置对付我们”，且陕甘宁边区五道封锁线，国民党集中了八个师加两个旅，随时有进攻的危险，但他依旧还是承认，过去估计蒋要投降而试图采取军事攻势，若实行，确实是“极错误政策”，因为“会妨碍蒋之抗日”。而后来决定采取军事守势政治攻势是完全正确的，因为这样“只会迫蒋抗日，不会妨蒋抗日”；“只会拉拢国共，不会破裂国共”。至于善后十二条要求，毛泽东这时的态度也

[1]《毛泽东关于对蒋介石政治动向的估计给周恩来的通报》（1941年2月7日），《皖南事变（资料选辑）》，第206页。

很清楚明了，即“我们目的，不在蒋承认十二条或十二条之一部分，他是不会承认的（当然对党内外群众都不如此说，仍是要求蒋承认），而在于以攻势打退攻势”。[1]

基于这样一种策略考虑，周恩来在与各小党派协商后，明确提出应将十二条提到参政会上要求讨论，表面上“以期恢复国共团结，重整抗日阵容，坚持对敌抗战”，实际上意在扩大政治攻势，造成国民党更大的被动，逼其让步。对此，中共中央考虑后复电表示同意。[2]19 日，周将中共七参政员致国民参政会公函送交王世杰，声明在中共中央所提十二条未得政府裁夺之前，中共参政员碍难出席本届参政会。王接函后当即托张冲转告周恩来：“如此做法，只能促成破裂，决不能威吓中央，盼其将来电撤回。”张冲对此更是十分担心，从 19 日晚开始，反复通过电话和信函形式，要求周恩来暂行收回公函，以便他从中奔走，请蒋约周谈话。他明白告诉周说：十二条虽已提出一月，举国皆知，但均为对外宣传，尚非正式公文，他也从未转交给蒋，“今向参政会提出，势必付诸讨论，而其中有取消‘一·一七’命令，取消一党专政，蒋是吃软不吃硬的，结果必致翻脸”。对此，周严词拒绝，指出：“翻脸已半翻脸了，现在所能做的，不过是讨伐令，全国清党，逮捕办事处人员，封闭《新华日报》等等，我们已经准备着了。至于见蒋，必不能得结果，仍是撤过黄河那一套。”在请示延安后，周再告张冲，致参政会公函不能撤回，如国民党同意商谈，但认为不宜在参政会讨论，自可在会外谈判。只是在没有取得满意结果之前，我们不能出席参政会。[3] 双方为此反复交涉，未得结果。

坚持十二条，中共中央之目的只“在于以攻势打退攻势”，因为国民党

[1] 《毛泽东关于在国共关系僵局中对国民党的策略致周恩来电》(1941 年 2 月 14 日),《皖南事变 (资料选辑)》，第 207—208 页。

[2] 《周恩来年谱》，第 492 页；《中央书记处致恩来同志电》（1941 年 2 月 14 日），《皖南事变（资料选辑)》，第 212 页。

[3] 《王世杰日记》，第三册，第 27—28 页；《周恩来年谱》，第 493 页。

局部地区仍有加强反共的趋势。当然，毛泽东这时已明确地不赞成部分地方军事领导人乘国民党之危而实行报复措施的想法了，他强调："目前政策的中心出发点是利用日蒋矛盾"，"我党领导的一切武装部队，包括新四军在内，目前对反共军基本上只应该打防御战，不应该打进攻战，不应该企图在大后方发动反蒋的游击战争。""必须抑制部队可能发生的急躁情绪，必须使部队高级人员懂得，一方面要准备对付可能的突然事变（全面破裂），一方面又要在自己的行动上避免引起过早的破裂。要知道破裂愈迟愈有利，愈早愈有害。"[1] 而只要不在军事上进攻，不妨碍蒋介石抗日，他相信就不会有大问题，蒋"不投降不会宣布全面破裂"。因此通过政治攻势把国民党打到防御地位，是唯一的缝合国共关系裂口的办法，一旦使他不能再进攻了，"国共好转的可能性就有了"。[2]

张冲出于对国家前途的强烈担忧，再三找周恩来做工作。25、26、27接连三天，张冲向周"苦苦哀求"，甚至不惜"为了国家"愿跪下恳求中共撤回公函。因为他认为"十二条中，取消命令，取消一党专政，今天实做不到"。他并告诉周说，蒋介石这时也再三提到中共出席问题，表示同意选周恩来为主席团成员。各小党派更是积极介入，乃至提议组织特种委员会，以蒋为主席，周为副主席，在参政会内外共同讨论解决国共关系问题。蒋也满口应允。但中共中央26日已明确指示周恩来："张冲所提条件不能接受。七参政员公函不能撤回。""如彼方有诚意解决问题，则应：（甲）参政会延期两个月开会；（乙）在两个月内解决十二条及一切悬案；（丙）派机送恩来回延开会，以便讨论彼方意见。"[3]

面对中共中央的强硬态度，蒋介石明显地感到不耐烦了。他说：如中

---

[1] 《中央军委关于皖南事变后我军军事方针的指示》（1941年2月17日）。

[2] 《毛泽东关于国共关系僵局中对国民党的策略给周恩来电》（1941年2月14日）。

[3] 《周恩来关于同张冲谈拒绝出席参政会问题给毛泽东的报告》（1941年2月26日）、《中共中央关于不出席参政会问题给周恩来的指示》（1941年2月26日），《皖南事变（资料选辑）》，第219—220页。

共参政员“决定不出席，惟有根本决裂”。结果各小党派倍感紧张。眼看3月1日参政会开幕在即，27、28两日各小党派代表接连与周恩来、董必武等商谈至半夜，力劝中共设法出席，并强调说蒋已同意成立各方面委员会以讨论各项有争议的问题。[1] 28日，各方更星夜等候来自延安的答复。各小党派领导人齐集张君劢家等至半夜始散。梁漱溟离开张家后又在黄炎培家与黄整整等了一夜周恩来的电话。救国会沈钧儒、陶行知、李公朴、史良、沙千里等也开会至半夜讨论中共出席之利弊。蒋介石的侍从室这天夜里也几次打电话问王世杰消息。第二天一大早，各党派电话不断，一些人更亲自跑至曾家岩办事处来，恳求中共代表出席大会。[2]

鉴于撤回十二条绝无可能，而对中共友好之各小党派态度恳切至极，为表示“仁至义尽”，中共中央最终决定提出临时办法十二条，不提取消蒋令、取消一党专政以及惩办何应钦等国民党无法办到的要求，只要求承认中共两个集团军共六个军；承认边区及敌后抗日政权的合法地位；华北、华中、西北防地维持现状；释放叶挺及所有被俘干部等。中共中央指示周：可以周或董个人名义向张冲提出，“在以上各点见之明令及事实后，我党可以出席参政会”。[3]

周恩来3月1日凌晨得到延安电报，一早就和董必武往见张冲，示以中共新条件，并说明必须使参政会延期两周才有商量解决这些问题的可能。张冲当时即打电话给蒋介石，蒋在电话中要求张转告周，无论如何先请董必武、邓颖超先出席当天的参政会，参加选举主席团。周再见黄炎培、江问渔、梁漱溟等，说明必须延期之理由，但黄等表示无法做到。随后张冲、黄炎培、沈钧儒、左舜生、梁漱溟四人又先后奉蒋之命前来曾家岩请董、

[1] 《周恩来、董必武关于各小党派提议组织各党派委员会问题给中共中央的报告》（1941年2月27日），《皖南事变（资料选辑）》，第220—222页。

[2] 黄炎培1941年2月27、28日日记，《黄炎培日记》，第49册（1941年），中国社会科学院近代史所藏。

[3] 《中共中央关于提出临时解决办法十二条问题给周恩来的指示》（1941年2月28日），《皖南事变（资料选辑）》，第222—223页。

邓出席，均被董、邓所拒。如此这般劝说一早，当天的参政会开幕式也被迫拖后一小时。据事后黄炎培说，蒋到会讲话“无精打采”，国民党参政员也因事先打过招呼而一反常态地“鸦雀无声”，“任各小党派代表提议”。结果，各小党派代表动议延期一天选举主席团，以待再劝中共参政员出席。会后，张冲及各小党派负责人又纷纷来劝。对中共的临时办法十二条，张冲诚恳表示，多数都可设法，但扩编军队为两集团军六军难以做到；维持防地问题基本精神仍须遵守“中央提示案”，敌后政权须照新县制设置和组织，等。[1]

注意到这种情况，在重庆的中共代表都感到“此次参政会我们得了大面子，收了大影响”。周恩来兴奋地报告说：“蒋亲提主席名单，昨夜今朝连续派两批特使迎董、邓，一百多国民党员鸦雀无声，任各小党派代表提议，最后延期一天，蒋被打得像落水狗一样，无精打采地讲话。全重庆全中国全世界在关心着、打听着中共代表究否出席，人人都知道延安掌握着团结的人是共党中央。毛同志的威信，在两个参政员及我们的态度上表现出来了。……一切胜过我们的万千言语。”“参政会的文章已做到顶点，应该转个弯了。”考虑到“现在全重庆都在等待我们消息，盼望我们出席”，周恩来等显然倾向于就此下台阶。他们因此建议：“将停止军事进攻、政治压迫十项要求（共有二十多件）于开会前直接见蒋，并当面交他，请蒋立刻负责解决，其他基本问题，在参政会开会时讨论。”他们唯一感到犹豫的是：“一切谈判均无保证，而且还未具体化，如出席，太便宜（蒋介石）这个大流氓。”如硬到底，“在蒋这种历次摇尾乞怜状态下，人心是不能不受影响的，而蒋也有流氓的一着”。然而，中共中央并不认为已经到了该下台阶的时候，于3月1日再电周恩来等，明确指示：“临时办法无结果，无明确保证，绝对不能出席，必须坚持我们的原则立场。”毛泽东并具体解释说：经过反复讨论，书记处一致认为，蒋正发动一切压力迫我屈服，我若出席，则过去有理有

[1] 《周恩来关于与张冲谈判情况给中共中央的报告》（1941年3月1日）；《周恩来关于出席参政会问题给中共中央的报告》（1941年3月1日），前引《皖南事变（资料选辑）》，第224、225页。

利的政治攻势完全崩溃，立场全失，对我一切条件他可完全置之不理，一切文章不能做了，因此决不能无条件出席，因为蒋是决不会给以明令保证的。“只要熬过目前一关，就有好转可能，在半年内能解决善后条件，我仍准备出席九月间的二次参政会。”[1]

中共参政员到底没有出席二届一次参政会，蒋介石也并没有实行“根本决裂”。但是，由于受到党内的压力，蒋在会议召开之初就秘密召集国民党参政员，向他们解释说：国共最终总要分家的，对此用不着担心，单从军事上，三个月就可以消灭共产党，问题是目前还不是时候，目前政治上还只能是防御。[2] 当然，在公开场合，蒋的讲法又是一样。他在3月6日的参政会上一边公开批评中共所提两个十二条都是“信口雌黄，颠倒黑白”，声称军事早已国家化，中共不应将八路军、新四军视为“一党所私有的军队”，一边重申“剿灭”新四军并非“剿共”，他不仅“决不忍再见所谓剿共的军事，更不忍以后再有此种剿共之不祥名词留于中国历史之中”。因此，他恳切希望中共能本着“兄弟阋于墙，外御其侮”的精神，与国人“精诚团结，共赴国难”。[3] 重庆国民党的《中央日报》这时的社论也同样保证说：“只要中共不脱离抗战阵线，事件不致扩大，而剿共事实亦不至发生。”[4]

对于蒋之演说与参政会通过之涉及中共军队及政权问题的提案，周恩来肯定其仍为防御性的，毛泽东则称其为“阿Q主义，骂我一顿，他有面子，却借此收兵，选举（董）必武为常驻参政会员及近日西安放人，似是这种收兵的表现”。然而，蒋既然仍是一打一拉的两面政策，毛亦主张继续其一打一拉的两面政策，把这种拉锯式的斗争继续下去，“直到我们的临时办法

[1] 《中共中央关于不出席参政会问题给周恩来、董必武、邓颖超的指示》（1941年3月1日）、《毛泽东关于坚决不出席参政会问题致周恩来电》（1941年3月2日），《皖南事变（资料选辑）》，第226、228—229页。

[2] 转见孟广涵主编：《国民参政会纪实》（下），重庆出版社1985年版，第834页。

[3] 蒋介石：《政府对中共参政员不出席参政会问题的态度》（1941年3月6日），转见《国民参政会第二届第一次大会纪录》，国民参政会秘书处编印，1941年10月。

[4] 重庆《中央日报》1941年3月9日社论。

各条实际上被承认（主要是扩军、防地、《新华日报》及路上少捉人）”。[1]

蒋介石在参政会上的讲演和毛泽东随后的指示，再清楚不过地表明国共两党这时都在设法缓和。而尤为引人注目的是，毛前此所说的以半年为期“解决善后条件”，中心盘子已由两个十二条，减少到同意扩编军队、维持现有防地、保证《新华日报》正常发行，和不得在进出边区的交通线上随意捕人这四点。由于避开了蒋介石极为敏感的皖南事变善后及 17 日令等问题，双方之间的交涉明显地变得容易了许多。14 日，蒋介石与周恩来的谈话中，也不再提起中共军队北移问题了，明确讲：“只要听命令，一切都好说，军队多点，饷要多点，好说。”至于不得压迫《新华日报》，以及释放前此扣留的进入边区的中共有关人员和发放通行护照等事，蒋都满口答应下来。据此，周致电毛泽东提出：可否先解决这些小问题？毛当即表示同意。至 4 月 26 日，毛更明确指示周恩来说：可以向蒋“表示我党愿意同国民党继续团结抗日，惟望国民党改变对内政策，并对八路发饷，合理解决新四军问题”。[2]

至此，因皖南事变引起之两党全面对抗局面，至少在形式上算是告一段落。尽管此后中共一度又提到新四军问题，但仍只限于要求同意整编其“余部”及给予经费方面，再未提出取消蒋令及释放所有人员枪弹等问题。[3] 5 月，日军进攻中条山，蒋介石要求八路军出动配合作战，中共中央也公开表示了愿意出动八路军策应的姿态。至 11 月参政会二届二次会议召开之际，中共方面甚至更将条件降低到只要“放叶发饷”做到一件即可参加。[4] 最后，

[1] 《毛泽东关于目前政治、军事形势的估计给周恩来的通报》（1941 年 3 月 12 日），《皖南事变（资料选辑）》，第 232 页。

[2] 《周恩来关于同蒋介石谈判问题给中共中央的报告》（1941 年 3 月 15 日）；《中共中央关于同蒋介石谈判问题给周恩来的指示》（1941 年 3 月 15 日）；《毛泽东关于国共继续团结抗日问题致周恩来电》（1941 年 4 月 26 日），《皖南事变（资料选辑）》，第 235—236、237、240 页。

[3] 5 月间中共曾特别提到国共和解条件三点：即（1）停止逮捕共党人员，及反共军事和交通封锁；（2）继续发给八路军各月份经费及弹药被补充；（3）新四军余部尚有八九万人应即编整至移防。《陈宏谟致重庆军令部徐部长电》（1941 年 5 月 7 日），《中国现代政治史资料汇编》，第 3 辑。

[4] 《中央书记处关于放叶发饷必作一件方能出席参政会致周恩来、董必武电》（1941 年 11 月 11 日）。

国民党一件未做，中共权衡利弊还是派董必武和邓颖超参加了这次会议。这意味着，皖南事变之“善后”工作已不复存在，国共两党因为事变所引起的破裂危险，业已消弭于无形之中了。

不过，皖南事变所引起的国共党关系的重大改变，却不是两党形式上的这种妥协所能消弭的。国民党虽然不顾一切地摧毁了七千新四军并宣布撤销了其番号，但新四军照样存在，并且所占地区及兵力越发扩展与壮大，其在新四军范围内的国民党军队反而一一被驱逐或消灭，国民党其实一无所得。更为重要的是，皖南事变根本破裂了两党之间的感情联系。从蒋介石在参政会密示国民党参政员国共一定要分裂，和国民党军委会办公厅3月18日发布的改“某党”为“奸党”令等事实看[1],国民党在事变后显然已经正式决定把中共视同“汉奸”，必欲加以“剿灭”。同样，从前述毛泽东对蒋介石的判断，和中共中央所作出的有关决定看，中共方面对与国民党真诚合作，也不再抱有任何幻想。于是，皖南事变自然成了抗战期间国共关系逆转的一道分水岭。事变前，中共军队虽然已经在独立指挥、自行发展，但它仍旧隶属于国民政府之下，至少名义上仍随时呈报并请领军费补充，形式上仍旧使用着统一的货币和遵守着统一的政令、法令。国共之间军事上的磨擦冲突也仍可通过正常途径反映或协商。因此蒋之命令或要求，一般总还具有一定的约束力。事变之后，国民政府断绝对中共军队的一切供给与补充，切断了自己与中共军队的一切关系，结果反使自己威信扫地。中共政权与军队从此断绝与国民政府之间的一切上下级关系，自设银行，自发货币，自定法规法令，各行其是，完全脱离国民政府而自行存在，蒋也失去一切命令之权。调和两党关系之困难，也就可想而知了。

当然，抗战期间的国共关系也仍旧是受着抗日战争的大形势制约的。即不论国共两党利害关系有多大的不同，国民党如何看不起中共的武装，中

[1] 《谷正纲部长准发军事委员会办公厅关于改“某党”为“奸党”令》(1941年4月7日)，南京第二档案馆藏国民党社会部档案，(十一) 4953。

共如何看不上国民党，它们最终还是要暂时将自身的利益服从抗日的利益需要。因此,即使国民党内相当一部分领导人早就心存“剿灭”中共的想法，但无论事变前，还是事变后，他们都不能不把自己的行动保持在有限的范围之内。同样，中共在遭受了重大损失之后，它本可采取更加激烈的对策，但也不能不顾及到争取国民党继续抗日这个事实，因而极力地限制自己实行报复政策和对抗政策的范围。由此可知，在抗战期间，民族矛盾终究是高于两党之间的矛盾的。国共两党不论闹到何种地步，也还是不能不走向妥协。

第十一章

国共两党攻防态势的转换

皖南事变后的国共关系固然走向全面紧张和全面对抗，但随之而来的苏德战争和太平洋战争的相继爆发，使中共中央被迫再度调整自己的政策。由于美、英和苏联结成战时同盟，毛泽东很清楚，这种情况下战后来自国际的压力势必要求中共与国民党进行妥协。为了争取最好的妥协条件，毛泽东甚至一度提出拜会蒋介石的提议。尽管由于党内的反对，毛泽东放弃了这一计划，他还是派林彪前往重庆去与蒋介石联络感情。而后更郑重其事地派出陕甘宁边区政府主席林伯渠前往西安和重庆，与国民党进行正式商谈。只是，由于共产国际很快宣告解散，国民党人相信共产党已经失去国际靠山，因而过高地估计了自身的优势，反而使双方关系再趋紧张。紧接着 1944 年日军发动“一号作战”，国民党军一溃千里，美国人开始重视中共，坚持向延安派出美军观察组，中共遂又转入强势地位。对于国际国内形势如此频繁急速的变动，蒋介石和国民党人显然没有足够的思想准备。

一、蒋毛会见计划的流产

1941 年 1 月皖南事变发生前后，国民党内在对共产党问题上主要有三派意见。一派以白崇禧为代表，力主乘中日形成僵持局面，马上开始实施军事“剿共”计划，不怕与共产党关系破裂。一派以贺衷寒、张治中为代表，反对采取军事办法，主张通过谈判化解双方的感情对立，具体问题具体解决。对这两方面的观点，蒋都不以为然。蒋介石比较倾向的，是以胡秋原为代表的另一派观点。他们相信和平解决共党问题已无可能，但“目前非武力解决共党之时”。其理由是：“（一）敌人大军尚压国境，一旦武力冲突，将与日寇以可乘之机。（二）本党军力虽优于共党，但尚不能一举而击溃之，一旦旷日持久，可生他变。（三）共党问题为一政治问题，不能全恃军事解决。过去总裁在剿共时期曾有三分军事、七分政治之名言，今日本党政治虽有进步，但现有之政治，如无军事之掩护，尚不足以应付共党。（四）共党以其宣传策略在社会上、在民间仍博得一部之信望。（五）海内外民众惟恐内争，一旦武力对共，必引起人民之恐慌。（六）苏俄与共虽非一体，但苏俄愿见共党势力强大，则不成问题。我国今日虽不倚赖苏俄，但苏俄友谊仍为必要。一旦武力对共，苏俄有停止对我供给，及与敌人妥协可能。（七）英美虽不愿中国共党势大，但亦不望中国此时内战，一旦武力对共之事发生，足影响国际对我之观感。”因此，他们的观点是：“制裁共党最良时期为对日大反攻之时”。此前可以“争取时间，充分准备”，并“于接近共党之区，建立碉堡，防止共党之扩张，且为他日缩小包围圈与推进据点，逼共军与日军冲突，或可收一石二鸟之功”。到对日反攻时，“以排山倒海之力追击日寇，乘时将共军加以扫荡，最为适当”。[1]

胡秋原等人这时显然不了解，蒋介石其实已经开始在陕甘宁边区附近尝试用“建立碉堡”的办法来对付共产党的扩展，并做以后必要时推进之据点了。不仅如此，蒋实际上还展开了对中共各个根据地，特别是对陕甘宁边区的全面封锁，力图隔断中共与外界的一切联络。只是，建立碉堡也好，全面封锁也好，只能达到部分效果。因为国民党军除了能对陕甘宁边区采取筑碉和封锁的政策外，对共产党在敌后的各个根据地可以说根本就无能为力。皖南事变发生，共产党彻底摆脱了蒋介石和国民政府的政令、军令束缚，独立自主，各行其是，甚至敢于公开挑战几年来已经得到全国公认的蒋介石的领袖地位，蒋介石硬不得，软不得；剿不得，抚不得，自然倍感头疼。

让蒋深感庆幸的是，在皖南事变后不到一年的里时间，世界上竟接连发生了两件对中国国内政治具有重大影响的事件。一是 6 月德国对苏联发动突然袭击，苏联西部防线土崩瓦解，莫斯科无暇东顾，被迫停止对华军援，全力抗德。二是 12 月日本偷袭珍珠港，美国被卷入第二次世界大战，出于牵制日本的目的，美国开始成为中国最大的援助国，不仅国民政府及国民

---

[1] 《胡秋原呈对共方针及政策》（1941 年 1 月 7 日），台北“国史馆”藏蒋中正档案，特交档案（政治防共）50647。

党从此地位无虞，而且中国很快摆脱了苏联的影响，转而成为美国在亚洲最主要的援助对象和同盟者，这让一直对继续暗中支持中共的苏联充满反感的蒋介石倍感释然。在蒋看来，苏德战争使苏联自顾不暇，也意味着共产党失去了国际支持，短期内不再可能危害国民党了。

让蒋介石印证了自己判断的，是太平洋战争爆发21天后在苏联治病的原第八路军一一五师师长，他过去的学生林彪突然回国，并且一到新疆迪化（今乌鲁木齐），就专门经过新疆督办盛世才向蒋介石报到。蒋马上就意识到这里面一定有苏联人的意图在里面，因为苏联很可能是急于要缓和国共紧张关系，推动中国抗战，以确保日本不会乘机配合德军从东线发起进攻。蒋自然认为这里面大有文章可做，因而他对林彪回国也表现出很大的兴趣，当即通令西安、兰州党政军在严密监视下一律不得留难，并应极力加以影响。

1942年1月5日，林彪飞抵兰州，即受到国民党当地军政负责人朱绍良等热情款待。16日，林彪抵达西安，更是备受重视。不仅国民党党政军各方分别宴请和谈话，而且蒋介石的嫡系将领胡宗南还专程由前方赶回西安，与林彪晤谈。果然，林彪一回国就大谈国共合作，乃至共同建国的必要性。在1月31日的谈话中，林彪断言："只要求得抗战胜利，不再内战，而采取各国新机器与技师，建立非帝非社之三民主义国家，则不出数十年，不但能由半殖民地而一跃为独立国，且可成为世界上头等强国。"他说，两党间之分歧，主要为两点，即如何实行三民主义和如何在公平的基础上实行军令、政令之统一，共产党并非怀疑三民主义，并愿意在公平的基础上实行统一军令、政令。对此，胡宗南频频示以同情，称之为"新言论"，甚至当场表示愿意重新调整与陕甘宁边区的关系，可以考虑为八路军补充作战武器，让其干部到战区医院治疗，进而还专门派军医处长到第十八集团军驻西安办事处，为共产党的干部看病，并亲自押车为林彪送来大批军事书籍，以示其诚意。[1]

---

[1] 《林彪关于返国后情形给周恩来的通报》（1942年3月3日。）

莫斯科这时的态度显然多少影响了中共中央对国民党的政策。[1] 林彪回国后，国共关系明显地进入较为缓和的时期，双方固然仍未恢复前此各种联系，但不仅军事磨擦明显减少，就是中共过去政治上的进攻，也完全停止下来了。即使是发现6月间国民党曾召集军事会议讨论对八路军新四军的布防和行动问题，一直强烈主张进攻的毛泽东，也主张力谋缓和。[2] 据此，7月初，中共中央开始公开发表纪念抗战五周年的“七七”宣言，宣布说：“我们愿尽自己的能力来与国民党当局商讨解决过去国共两党间的争论问题，来与国民党及各抗日党派商讨争取抗战最后胜利及建设战后新中国的一切有关问题。”[3]

毛泽东决定采取缓和政策，除了莫斯科方面的原因外，也还因为这个时候中共的秘密工作出现了严重的破绽。自1941年底开始，国民党军统特务组织成功破译延安与中共驻重庆代表团之间往来的密电。戴笠几乎逐日向蒋介石提供延安与重庆之间来往电报的内容。很显然，这一情况直到1942年1月下旬才被苏联情报人员发现，并通知了莫斯科和中共中央，但已经泄露了大量机密，并使中共在国民党区域内的一些重要组织机构被连续破获。[4] 这种情况显然让中共中央和其重庆代表团深感紧张和被动。

另一件让中共中央倍感不安的事情，则是八路军驻洛阳办事处处长袁

---

[1] 季米特洛夫1941年12月中致电毛泽东称：“我们认为，毛泽东必须直接和蒋介石联系，以消除国共之间存在的误会，加强中国人民的团结，使中国的武装力量能够统一起来，组织起反对日本军队的具有决定性的进攻行动。共产党应当表现出最大程度上的理智和果敢。”《季米特洛夫致斯大林、莫洛托夫电》（1941年12月13日），转译自 *Chinese Law and Government*，Vol.30 No.1-2，1997，Jan.-Feb.，Mar.-Ari。

[2] 周恩来6月17日曾密报蒋开以讨论对共军事行动的军事会议，胡宗南部正在做军事准备，蒋西北剿共决心已定的消息。毛当天即复电要周“即找刘为章作和缓运动”。

[3] 《中国共产党中央委员会为纪念抗战五周年宣言》（1942年7月7日），《解放日报》，1942年7月7日。

[4] 苏联在重庆方面的情报人员报称：“中国中央政府情报机关头子戴笠掌握了中共和八路军在重庆的代表的电台工作用的暗号、密码和发报时间。”“所有中共电台的位置均已被戴笠的机关查到了，电报被截获和破译。1942年有超过60份电报被破译，导致好几位重要的共产党人被捕。”《鲍尔沙科夫致季米特洛夫电》（1942年2月6日），转译自 *Chinese Law and Government*，Vol.30，No.1-2，1997，Jan.-Feb.，Mar. -Ari。

晓轩的自首叛变。袁乘蒋鼎文 1942 年 1 月 12 日接任第一战区司令长官之际，于 2 月 3 日偕其妻前往自首，当即供出前司令长官卫立煌与中共八路军领导人秘密往来的情况。袁并同时供出了其在洛阳所知道的中共秘密党员的姓名、住址等。袁还供称：中共中央目前的策略原则是："打击顽固力量，争取中间力量，组织进步力量"；自卫方针是"一打一拉，一拉一打，连拉带打"；军事方针是"不准放弃现有阵地一步"，在华北着重"清除异己力量"，在华中着重"巩固阵地"，"共党五十万扩军计划，因军事装备已超过供给力之饱和点，故其武装数量上不得不遭此限制"，现在晋冀豫兵力五六万，冀察晋兵力约五万，山东十万，热察约两万人，察绥约万余，陕甘宁连同地方武装约七万，华中约六万。在大后方和国民党军队内部均采取"隐蔽埋伏"的办法。[1] 袁并声称：他于 1939 年冬之后即两度向卫立煌表示想要脱离中共投效卫，均被卫婉拒，并似将消息转告给了中共方面，致袁被投毒和跟踪。[2]

更严重的打击是中共南方工作委员会的破获。还在 1941 年 7 月，国民党已破获中共江西省委，被捕人员自首后经过国民党特务机关的训练，继续以原来身份与其上级机关南方工委保持工作关系。1942 年 2 月 23 日，国民党江西省党部上报行动方案称：除准备利用已自首之中共赣省委人员破获中共南方局外，并准备利用省委中有湘、鄂、粤、闽诸省线索者，"打击其高级组织"；利用省委中有出身闽西者，解决闽西中共武装；以省委中过去部属已为新四军长官者，"瓦解伪新四军实力"；利用此次捕获的经验丰富，并熟悉各省情形的中共武装战斗员三十余员，"经训练后，多数编为行动队，即将开去赣闽边境，对付曾镜冰部，如酌量予以配备，亦能潜去皖省，进攻伪新四军"。[3] 随后，不知底细的中共南方工委派组织部长郭潜到曲江交通

---

[1] 《袁晓轩重要供词录》，1942 年 2 月 23 日印，台北党史馆藏档，581/370。

[2] 《第一战区司令长官司令部密函戴雨农面呈委座》（1942 年 2 月 5 日），台北"国史馆"藏蒋中正档案，特交档案 50604。

[3] 《冯琦关于伪赣省委破获后扑灭东南各省奸伪实力刍见》（1942 年 2 月 23 日）、《吴铁城、朱家骅复函》（1942 年 3 月 10 日），台北党史馆藏档，特—21.10。

站，与江西省委和粤北省委接洽工作，于5月26日被捕，郭在要求生活与生命安全和秘密自首等要求被答允后，即于当晚叛变。郭并带领特务人员于29日抓捕了粤北省委书记李大林和省委组织部长饶富君及交通、译电员等十五人。紧接着，江西广东两省的特务人员在郭潜的引导下，赶赴广东乐昌，于30日密捕了这时化名周织的中共南方局负责人之一廖承志。几天后，南方工委宣传部长涂振农、副书记张文彬等二十五人，与县委一级四十余人亦告被捕。7月9日，郭潜还带领国民党特务人员前往桂林，逮捕了广西省工委副书记苏曼等三十余人。[1] 这一连串打击，使中共在大后方主要的省一级秘密机关几遭毁灭。中共中央被迫正式决定放弃在大后方发展武装斗争的方针，解散省一级党的机构，并且取消南方工作委员会。中共中央明确电示：“鉴于浙江、江西、广东三个省委破坏的教训，秘密党内必须取消省委特委的组织，只保留县委，如某些县委也不能保留者，则只保留支部。”[2]

当然，无论是莫斯科的态度，还是中共秘密工作连遭破坏，都并不是中共中央这时决心采取缓和国共两党关系的主要原因。促使中共中央相信有必要采取此种步骤的，根本上还是国际大势。因为太平洋战争爆发，一向被视为国际反动势力的美、英与苏联结成了反法西斯联盟，预示着战后国际政治格局也必定会是一种妥协的局面。因此，毛泽东相信，只要苏、美、英三大国结为一气，国共关系就不可能继续紧张下去。特别是美国参战，战争很可能会很快结束，现在就必须要考虑到战后不得不继续与国民党合作的情况。这也就是说，必须估计到日本战败从中国撤退时，新四军及黄河以南部队都须集中到华北去，甚或整个八路军、新四军须集中到东三省

[1] 分见《李汉魂致中央调查统计局密呈蒋总裁电》（1942年6月1日）、《江西省党部委员梁栋致吴铁城、朱家骅电》（1942年6月3日）、《破获奸伪南方局暨粤省委组织简报》（1942年6月4日）、《破获奸伪南方局暨粤省委组织续报》（1942年6月20日），台北党史馆藏档，特009—21.5、9、11。

[2] 参见《周恩来关于南委工作的意见致毛泽东和中共中央书记处电》（1941年10月27日），《南方局党史资料（党内建设）》，重庆出版社1986年版，第46—47页；《南方局党史资料（大事记）》，第196—197页。

去，方能取得国共继续合作的条件。[1] 不难看出，苏联和英美之间关系的改变，最直接地推动了中共中央策略的转变。中共方面此时已不能不开始考虑战后实行国民党前此提出的《中央提示案》的必要性和可行性的问题了。这样一来，一度成为国共间严重障碍的国民党的划界方案，又渐渐成为可供讨论的基础。

1942 年 7 月 5 日晚，中共中央驻重庆代表董必武遵照中共中央电示，与国民党代表王世杰谈话约两小时，表示希望政治解决国共纠纷之意，并强调仍将坚持 1937 年 9 月 22 日宣言拥护蒋委员长，服从三民主义的承诺。[2] 11 日，国民党高层讨论后，再派张治中与周恩来及董必武晤谈。周、董主要表示了以下几点意向：（一）抗战胜利中共有坚定信心；（二）在取得胜利前必遭空前困难；（三）克服困难办法主要是国共合作，障碍两党团结的军事政治问题总可谈得解决办法。这是因为，(1) 中共军队在委员长领导下抗日，其历史不同，有其自身特点，想把它一下子变成另一种特殊势力，绝难做到，在真正民主共和制下，共产党并无永远保持特殊军队之意；(2) 政权问题，共产党人虽有局部的和临时的政权，但为抗日需要，共产党人至今尚无与中央政权对立的全国性政权系统，这与内战时期另有中央政权是不同的；（四）请联络参谋速归延安；（五）请中央指派人员和共产党代表经常接洽；（六）请中央了解中共中央“七七”宣言所表明的政治态度。同时，周恩来、董必武都先后提出请国民党释放叶挺及廖承志的问题，并要求见蒋。对于请国民党派回联络参谋事，王世杰、张治中都满口答应，至于中共中央要求见蒋事也同意转达，只是他们一再强调军政统一问题，称此为解决两党关系之症结。故而王世杰与张治中一面要周恩来、董必武考虑具体办法，一面则明确提出进一步商谈是否仍应以何、白皓电即《中央提示案》为基础的问题，要求周恩来等郑重考虑。而在商得结果之前，他们一致认为不

[1] 《毛泽东致董必武电》(1942 年 7 月 2 日)。

[2] 《王世杰日记（手稿本）》，第三册，台北“中央研究院”近代史研究所，第 325—326 页。

好转达释放叶挺等事。[1]

7月21日，蒋介石亲自接见周恩来。蒋对派回联络参谋事及指定代表与共产党谈判事也都一口答应，并当即指定张治中、刘为章与共产党人谈判，指定卜士奇任日常联络，原来的联络参谋继续去延安工作。蒋介石的态度表明，他也在期待着苏德战争和太平洋战争爆发，共产党的态度能够有一个较大的转变，从而能够通过政治的方法，而不必通过军事的方法，使共产党真正回到国民党的体制当中来。特别是新疆盛世才这时突然开始改变过去依赖苏联的态度，转而归顺重庆中央政府，且西北回民骚动亦得以顺利解决，蒋介石自然更加渴望将共产党问题也一并加以解决。为此，蒋介石于8月14日再度约见周恩来，告诉他说：“目前战争正殷，敌人不会自撤，中国须自身弄好，则敌人不足惧，国内问题应好好解决。”为此，他明确提出，准备一周后去西安约毛泽东同志一晤，要周电告延安方面答复意见。[2]

蒋介石主动约毛泽东商谈国共关系，显示他对解决两党关系问题这时相当重视。而毛泽东这时看上去也有同样的热情。毛泽东提出：由于“目前英美不愿中国内战，美国表示援华军火不得用于反共，丘吉尔七七致蒋贺电中有抗战五年由于坚持统一战线的话”，国民党态度正在好转。“国民党内部过去有一部分人倾向武力解决，但始终未下决心，现因国内外情势变化及我们坚持合作政策，他们已有改取政治解决的表示。”据此，中共现在也可以向国民党表示：“在战后或反攻阶段具备了北上条件时，我黄河以南部队可以开赴黄河以北。”因此，毛泽东对蒋介石的约谈十分重视，当即复电周恩来：“毛现患感冒不能启程，拟派林彪同志赴西安见蒋，请征蒋同意。”当周恩来去电兰州，向正在兰州视察的蒋介石报告后的第二天，毛泽东再度又电周，称：“依目前局势我似应见蒋，我感冒已十日，过几天要动也可以，惟既已电兰请示，已不好变更，或俟蒋复电后再说。”可见，毛泽

[1] 《董必武关于与张治中谈判经过给毛泽东的报告》（1942年7月11日）。
[2] 《周恩来关于蒋欲约毛在陕晤谈事致毛泽东电》（1942年8月14日）。

东是很想利用这一机会去见蒋介石的。

8 月 22 日，中共中央政治局会议决定先派林彪去西安见蒋，看情况再定毛泽东是否见蒋。周恩来这时尤其不摸蒋的底细，一再劝毛不必表示见蒋愿望。然而毛泽东却鉴于英美苏日益接近，世界大势已为之一变，影响到中国政治前途，国共两党势必要做长期合作的打算，因而确信自己有见蒋的必要。周恩来不得不于 9 月 5 日再电毛泽东，强调“见蒋时机尚未成熟”，并详述其理由称：(一) 蒋介石这时虽趋于政治解决，但他之所谓政治，是要我们屈服，决非民主合作；(二) 蒋介石对我党我军的观念，仍为非合并即大部消灭；(三) 蒋介石对人的观念仍包藏祸心，不可不防；(四) 国民党对于国际局势的看法与中国共产党相反，他们多认为英美苏此时正需要中国拖住日本，这正好便利于他们解决西北及国内问题；(五) 对于中共中央主张缓和两党关系的“七七”宣言，蒋介石实际上以为是由于苏联让步，而中共不得不屈服；(六) 在这种情况下毛泽东出来见蒋，蒋正可利用此一机会打击地方势力和民主势力，而陷我于孤立。他特别以自己屡次要求回延、蒋置之不理一事提醒毛说：一旦蒋介石“藉口留毛长期驻渝，不让回延 (此着不能不防)”，“于我损失太大”。[1] 然而，毛泽东仍旧坚持认为：“目前不在直接利益我方所得大小，而在乘此国际局势有利机会及蒋约见机会，我去见蒋，将国共根本关系加以改善，这种改善如果做到，即是极大利益，哪怕具体问题一个也不解决，也是值得的。”[2] 当然，依照政治局的决定，毛泽东同意暂不见蒋，但他坚持：(一) 林彪见蒋时，关于我见蒋问题应说我极愿见他，目下身体不大好，俟身体稍好即可出来会见，惟可不确定时间；(二) 何应钦、朱家骅及 CC 系都将在国共谈判时起破坏作用，地方势力及某些小党派亦不愿国共好转，故应告蒋对上两部分人须极力警戒，不听他们挑拨的话。他相信：国内关系总是随着国际关系为转移，自苏德战起，

[1] 《周恩来关于蒋毛会谈问题致毛泽东电》(1942 年 9 月 5 日)。
[2] 《毛泽东关于见蒋为改善国共根本关系致周恩来电》(1942 年 9 月 3 日)。

英美苏好转，直到今天，国共间都没有大的冲突，特别是英美苏订立具体的同盟条约和滇缅路断后，蒋已下亲苏、和共决心，我们估计这个好转的总方向是定了，目前任务是促成谈判，促成解决具体问题。故在此接近国共解决悬案相当恢复和好时机，对于国民党压迫各事，应极力忍耐，不提抗议，避免一切枝节问题，以求悬案之解决与和好之恢复。[1]

9月初，共产党方面得到国民党正式通知，林彪可于日内赴西安见蒋。由于山洪冲坏公路，林彪于14日才得以在国民党联络参谋周励武陪同下乘车出发，17日才到达西安。而蒋已不及等待，于日前离开西安返回重庆了，但留话要林彪转往重庆面谈。据此，毛泽东指示林彪在西安与国民党各方接谈后即应转赴重庆。林彪此后因蒋介石过于忙碌没有时间见林，而不得不在西安停留近一个月，先后与李宗仁、胡宗南、范汉杰、谷正鼎等洽谈，并与蒋介石指定的与共产党接谈的国民党代表张治中见了面。张治中特别对1940年划界谈判中国民党方面的意图进行了解释，他声称：何、白皓电他是起草人之一，当时国民党方面并无驱逐共产党军队于华北绝境之意，且当时华北敌情也并不严重。至于边区磨擦，张治中断言蒋介石向来没有以武力压迫陕北之意，或许有个别人有此主张也难说，但不是蒋。张表示欢迎中共中央“七七”宣言中表现的合作诚意，强调国共关系应当在根本问题上求得接近，否则枝节问题仍是谈不通的。对于林谈到的战后共产党军队愿意北移一事，张当场表示：战后中共军队另划地区是适合时代潮流的，但也绝不可形成国中有国的现象。[2]

10月7日，林彪到达重庆，进而于13日在周恩来陪同下面见蒋介石。双方寒暄后，林彪首先告诉蒋介石，说毛泽东本拟亲自来见蒋，只因当时有病未能前来，待身体康复后仍愿来与蒋一晤。蒋介石问林彪：“汝此次来渝，毛润之先生有何意见转告余否？”林彪称：“我未动身以前，延安方面接得

---

[1] 《毛泽东关于暂不见蒋问题致周恩来电》（1942年9月11日）。

[2] 《林彪关于与张治中会谈情况给毛泽东的报告》（1942年9月23日）。

校长电报，毛先生即提出中共中央会议讨论，并约我数度谈话，其所指示者，大抵系根本问题——如中共对于抗战建国之观察，与国内统一团结问题，以及对于委座之期望等。”接着，林彪围绕如何抗战建国与团结统一，以及两党争论问题谈约一小时。林彪特别转告毛泽东的意见，希望国共两党今后“应彼此接近，彼此相同，彼此打成一片”，称“此三句口号已成为中共普遍成熟之思想，见之于中共七七宣言，且已成为政治上全党所一致遵从之行动，谁也不能动摇。因此，就中共言，不仅现在决不采取违反此种思想之畸形政策，即到将来亦必如此；不仅现在要拥护委座，即到将来亦必拥护”。林彪最后批评国民党“一部分人总是希望挑起内战”，强调“中国社会之特点，决不容国内再发生战争，否则，必为全国社会之所反对”。蒋介石对于林彪的谈话，初则频频点头，而至听到林彪批评国民党有人主张内战时，则一再看手表，明显地不愿再听了。谈话遂就此而止。[1]

林彪此行明显地起到了缓和两党关系的作用。到重庆后，他先后会见了几乎所有国民党在重庆的军政要员，如何应钦、白崇禧、孔祥熙、孙科、冯玉祥、陈诚、张治中、刘为章、康泽、贺衷寒等，及众多黄埔生。据林彪的看法，多数人“对国共关系态度，较党棍公平得多”。毛泽东对这种情况显然相当满意，因而仍对亲去与蒋谈判深感兴趣，要求林彪“到第二次见蒋请提出征询他关于会面的时间地点等”[2]。但周恩来仍旧坚持表示不同意见。周指出：“蒋及国民党负责诸人（连何应钦、康泽在内）均倾向于政治解决中共问题，以代替全面军事破裂，可是，第一，他们并不急于解决，因为他们认为时间愈长愈好”，时间愈长则我们困难愈多；“第二，他们所认识的政治解决，乃是我们听命（服从调遣、统一编制、奉行法令等）于他们的领导下，决非民主的合作和平等的协商；第三，他们政治解决的中心，仍以军事为主，而以能否服从调遣、变更防地为前提，将一切其他问

[1] 《周恩来关于林彪见经过的报告》（1942 年 10 月 27 日）；《蒋委员长召见第一一五师师长林彪谈话纪录》（1942 年 10 月 13 日），《中华民国重要史料初编》，第五编（四），第 236—242 页。

[2] 《毛泽东关于向蒋征询时间地点等致恩来转林彪电》（1942 年 10 月 25 日）。

题归之于不听调遣，便无法改善关系；第四他们决不先提要求……要看我们能做什么让步”。周恩来估计，与蒋介石进一步谈判只能出现以下结果：(一) 如不解决具体问题，则目前可在表面上缓和，而实际上绝不放松压迫；(二) 如愿解决问题，必须我先让步（必须是军事上而且是防地上让步），我将没有具体收获；(三) 如我们只作口头上让步（如表示愿听调遣，但实际困难一时尚难移动），他们亦照样口惠而实不至；(四) 如我们能做某些让步（如广东东江游击队改编，湖北撤退等），他们亦可实行某些让步，但不会实现我们全部要求；(五) 如林向蒋始终不提全部要求，口头上表示愿听调遣，申明困难，请求接济，蒋高兴时或可答应给点药品之类；(六) 如林向蒋提全部要求，而不提愿听从调遣事，蒋必默默不语，且使关系弄僵，不利于目前形势之缓和。鉴于此，周恩来提议：目前应重在缓和两党关系，重开谈判之门，而不应急于解决问题。在步骤上应先谋缓和，只谈大的原则，不及具体，于见蒋时亦可表示愿听调遣，但说明困难，请求停打并准予接济；于见张（治中）时除要求停打外，说明愿听调遣但有困难，某些防地或可移动，惟必须首先解决许多困难。[1] 考虑到蒋与林彪谈话中没有再提约毛谈的话，周恩来的意见亦不无道理，毛泽东于 10 月 28 日复电周恩来称：“同意所提方针，重在缓和关系，重开谈判之门，一切不宜在目前提的问题均不提。林在二次见蒋后即回延。”[2] 至此，毛泽东最终接受了周恩来的意见，同意了周对蒋介石国民党的估计，决定暂时不去见蒋了。

二、重回政治解决的轨道

周恩来对蒋介石国民党心态的分析，虽有其依据和道理，但是，1942 年正是共产党敌后各个根据陷于极端困难的时期，再加上苏联撤出，美国

[1] 《周恩来关于蒋介石国民党对内外形势的认识致毛泽东电》(1942 年 10 月 26 日)。
[2] 《毛泽东关于同意所提谈判方针给周恩来的电报》(1942 年 10 月 28 日)。

进入等因素，预示着战后中国政治情势微妙，因此中共中央急于尽快稳定两党关系，希望能够找到一个可以长期相安无事的解决办法。正是基于这样一种心理，当蒋介石于 11 月中旬派遣其中央委员郑延卓专赴陕甘宁边区发放赈济款，以示善意时，毛泽东等立即给予高度评价。11 月 12 日至 27 日，国民党五届十次中央全会召开，通过特种委员会关于《今后对共产党政策之研究结果案》，公开表示："对共产党仍本宽大政策，只要今后不违反法令，不扰乱社会秩序，不组织军队割据地方，不妨碍抗战，不破坏统一，并能履行二十六年九月二十二日共赴国难之宣言，服从政府命令，忠实的实现三民主义，自可与全国军民一视同仁。"[1] 这更引起了中共中央的高度重视。中共中央明确认为："十中全会的这一决议，对于从一九三九年到现在四个年头的国共不良关系，做了一个总结，是对我们今年七七宣言的回答，开辟了今后国共两党继续合作及具体地谈判与解决过去存在着的两党争论问题的途径"，"它是严厉的，但却是表示时局好转的开始的"。"至于今后不允许我们再组织军队，我们可以这样做。关于国民党允许给我们以公民应得的权利及自由，我们应表示欢迎，要求实现。"[2]

据此，毛泽东首先向仍在延安的郑延卓透露了中共中央关于具体解决两党关系的主要意见。即边区区域维持现状，人员加以委任，军队则请编四军十二师，此外"停捉停打停封，发饷发弹发药"。而整编完成时，待条件许可，中共军队可以遵照命令渡过黄河。战后宪法实施，共党合法存在，得有保障，不致被消灭时，中共党军亦可取消。他进而称赞蒋介石是全面人才，说国民党大有希望[3]，随后，毛还亲自致函蒋介石，说明情况称："前承宠召，适染微恙，故派林彪同志晋谒，嗣后如有垂询，敬乞随时示知，自当趋辕聆教。郑委员延卓兄来延宣布中央德意，惠及灾黎，军民同感，

[1] 《中国国民党历次代表大会及中央全会资料》（下），第 793—794 页。
[2] 《中共中央关于国民党十次全会问题的指示》（1942 年 11 月 29 日）。
[3] 《毛泽东致周恩来、林彪电》（1943 年 1 月 1 日）。

此间近情已具告郑兄，托其转陈，以备采择。”[1]

共产党的积极反响，同样颇为国民党方面所重视。12 月 16 日，蒋介石再度召见周恩来与林彪，说明：统一团结问题，国民党是诚意的，不是政治手段，希望能真团结，大家在政令下工作。为此，各政治团体要集中起来，所有问题应求解决，并要整个解决，很快的解决，越快越好，不要拖拖沓沓的零碎的解决。蒋声称：只要他活一天，就决不会让中共吃亏。他也称赞中共是爱国的、有思想的，是国家的人才，强调国家是爱惜人才的。但蒋介石在谈话中对于共产党方面所提军队数目，乃至其组成、地区及干部使用等，明显地有不同意见，对于如何解决边区与中央关系问题，也还没有具体办法，对取消新四军问题则绝不让步。当林彪谈话中提到新四军时，蒋介石更断然予以制止，称：“你们既然拥护政府、委员长，而又提新四军，在报纸上、文章中皆是新四军，承认新四军等于不承认政府，今后切勿再提新四军。”[2]

鉴于中共中央的积极态度，周恩来这时亦致电中共中央，主张“主动的找张治中谈下列问题”：(1) 中共要求合法化，也欢迎国民党至边区和敌后组党办报；(2) 军队扩编一定数目，实行统一军制；(3) 边区改行政区，人员不动，实行中央法令，华北各省政府改组，并划行政区；(4) 作战区域战后重新划分，目前可依情况作适当调整。18 日，中共中央复电说明：(1) 在允许合法化条件下，可同意国民党到边区及敌后办党；(2) 军队要求编四军十二师，新四军在内；(3) 边区可改为行政区，人员与地境均不动；(4) 黄河以南部队确定战后移至黄河以北，但目前只能做准备工作，不能实行移动，此乃完全为事实所限制，绝对无法移动，惟东江部队在适当情况下，目前可加以调整。

12 月 24 日，周恩来与林彪正式向国民党代表张治中口头提出了中共方

---

[1] 《毛泽东致介石委员长函》(1942 年 12 月 1 日)、《郑延卓报告》(1943 年 1 月 3 日)，台北国史馆藏蒋中正档案，特交档案第 50577。

[2] 《林彪关于与蒋介石谈话经过给中共中央的报告》(1942 年 12 月 16 日)。

面的谈判方案。二人同时声明：如果国民党方面认为这些条件可谈，即请委员长指示林师长留此继续谈，如认为相差太远，则请委员长指示他的具体方针交林师长带回延安商量。

周恩来与林彪所提条件内容如下："一、党的问题：在抗战建国纲领下取得合法地位，并实行三民主义，中央亦可在中共地区办党办报；二、军队问题：希望编四军十二师，请按中央军队待遇；三、陕北边区：照原地区改为行政区，其他各地区另行改组，实行中央法令；四、作战区域：原则上接受中央开往黄河以北之规定，但现在只能作准备布置，战事完毕保证立即实施，如战时情况可能（如总反攻时），亦可商承移动。"[1]

其实，国共之间此时的分歧与以前并无二致，国民党五届十中全会的决议并未丝毫改变其必欲于事实上取消共产党之军队、政权的目的。所谓对共产党"可与全国军民一视同仁"，不过是在共产党"不组织军队割据地方""不破坏统一"的前提之下，并非只要共产党撤离某些地区或将军队限制在一定的数量之内。在国民政府军令部研究后经何应钦呈报蒋介石的书面意见中，我们不难看出双方条件差距之大。

对于共产党要求合法化问题，该意见书明确表示反对，声称："如准其取得合法地位，则尔后不但对其公开分子之活动难于防制，即对其潜伏分子之防制，彼亦可于受到清查时立即公开，以取得法律上之保障，且其党既取得合法地位，则不便绝对禁其于前后方各地（尤其是学校）设立机关，吸收党员，结果将使防制工作完全失效。"对于共产党要求编四军十二师问题，该意见书也持反对立场，认为"我如允予考虑，即使将来不再作更多之要求，而名义饷款给予之后，彼在军政上是否即肯收束，在军令上是否即肯听命，殊无把握"，如此"无异多予以几个擅自扩军之工具，一经彼等在沦陷区内加以配置，则此十二个师所分布之地方，将变成十二军区，彼

[1] 《林彪、周恩来与张部长谈话后所提要求四项》（1942年12月26日），《中华民国重要史料初编》，第五编（四），第248页。

等既有正式国军名义，即可发号司令，并征丁征粮，所有地方合法政府均难以拒绝，且番号既多，扩充更易，其尔后实力将更见扩张”。对于共产党要求承认边区现状问题，该意见书同样表示反对，因据说共产党在陕甘宁所占地区已达29个县区之多。至于共产党所说战后开赴黄河以北问题，意见书则以该命令“乃系一作战命令，并非分割疆土”为由而不予赞同，断言：“战后军队即须复员，再开往黄河以北有何用处，且此项命令久未遵行，已失时效，应即取消，藉使将来分散制裁，更易收效。”基于上述，该意见书明确认为：“一、判断林、周等此次所提四项要求，系根据本党宽大政策而来，其目的在对于党政军各方面取得合法地位，不能认为有悔过诚意；二、本党宽大政策之真正作用，应为瓦解中共，绝非培养中共，故林、周所提四项，不能做为商谈基础。”“如须商谈，则应以下列原则为基础：（一）中共不应有军队，其军队须由各战区长官各就驻在于战区内者，切实点验，编遣整训，并指挥其作战，不得再自立系统及保留变相武装；（二）中共不应在各地方擅立非法政府，其各地非法政治组织须一律取消，由各该省府派员接管，恢复原有行政系统及区划；（三）以上两项办到后，始可予中共以合法地位。”该意见书认为：目前情况已与1940年制定《中央提示案》时有较大不同，“当时因国际环境关系，对中共重在羁縻，现则中共绝对不能造反，我如能解决即解决之，如其时机未以，则不妨使其停止于非法地位”，“以期动摇其内部，增加其苦闷，俾便将来解决”。[1]

当然，以上意见在国民党当权者中也并非都认为适当。至少在蒋介石看来，这时仍应有折中的办法。在蒋召开的干部会上，张治中等认为党和政府两项应该可以考虑，军队不能编太多，驻地必须限期开动，然而多数干脆认为，共产党方面所提四项条件与中央希望相距较远，与何、白皓电，即《中央提示案》精神也相距太远，没有讨论余地。一些人更主张提出整

[1] 《参谋总长何应钦呈蒋委员长就林彪周恩来所提要求四项排列并附具研究意见列表签呈鉴核》（1942年12月31日），《中华民国重要史料初编》，第五编（四），第243—246页。

个解决方案，要求共产党交出军队。对此，蒋没有表示意见，要求张治中开小组会进一步研究答复意见。小组会最后决定，仍以《中央提示案》为基础，军队移动问题必须解决，且正式谈判仍由何、白出面主持。1943 年 1 月 9 日，张治中将这一决定告诉周恩来、林彪后，周当场解释说，四项条件与《中央提示案》精神并无不合者，所谓距离亦仅军队数目与移动时间而已，但张治中表示不能接受。[1]

国民党方面坚持要照《中央提示案》解决问题，并且必欲限期移动军队，显然出乎共产党人的意料之外。毛泽东反复考虑后，于 16 日复电周恩来表示不解，称："彼方提出以前年提示案为谈判基础，及何、白为主持，除面子问题外，是否还有藉以拖延之目的？"毛表示："我向陈宏谟、向郑延卓几次表示，部队目前绝对无法移动，不是不愿移，而是无地方无路走。于学忠于两年前派一个团至开封以南接弹药经费，经两年之久不能回去，最后勉强回去，受敌截击，所余无几。去年敌对封锁沟墙加密加严，只容少数人员秘密通过，少奇抵延所述经验千真万确。一一五师师部去秋因鲁南顿不住，曾决定移至苏北，后因扫荡稍缓勉强未动，仍时有覆灭之忧。苏北现亦大不如前，陈毅、饶漱石、曾山等人已于十二日避至皖东。因此种种，李先念部队决难移动，我若向彼松口，表示可与于学忠对调，一则事实上办不到，徒然引起彼方幻想；二则于学忠系中央的人，我方如此提法，是否会引起彼方不满，认为我方有意为难，讨价还价？似宜一口咬定铁一般的事实，暂时不动，将来必动为有理有利。"[2] 对此，周恩来亦表示说："我们答以何、白皓电精神为谈判基础，并非估计他们条件可接近，目前可解决，而是为了更站在有理的地位，不使谈判弄僵，一方面套出他们的具体条件，使林抓住此条件返延，另方面证明不是我们弄僵，而是他们故意为难。"[3]

由于看来"目前条件不会接近"，周恩来显然是在以这样一种方式来结

[1] 《周恩来、林彪关于与张治中进一步谈判给中共中央的报告》（1943 年 1 月 10 日）。
[2] 《毛泽东关于目前解决问题时机未到给周恩来、林彪的指示》（1943 年 1 月 16 日）。
[3] 《周恩来关于目前谈判条件不会接近的估计给毛泽东的电报》（1943 年 1 月 21 日）。

束此次谈判了。对此，中共中央也自然不能不表示某种程度的赞同。只是，在中共中央2月初给周恩来的复电中，它仍旧表示希望能够以自己的让步来使谈判取得进展。它为此甚至愿意在军队数目上以减少一两个师来进一步表示诚意。可是，这种让步绝不是这时的国民党人所能够接受的。据报，国民党特别会报年内工作计划，仍以肃清中共黄河以南部队，肃清大后方隐藏分子，加强自首运动为主。显而易见，国民党高层中赞成采取强硬态度者仍占大多数。而随着何应钦出访印度，国民党方面再无主动接触之表示。其特种委员会并通过决定，强调在目前情况下原则上不宜解决问题，一切留待以后再说。故3月何应钦虽然回到重庆，也在28日接见了周恩来与林彪，却丝毫没有解决问题的愿望。就连周恩来等试探着提出是否要以《中央提示案》作为讨论基础，何也不置可否。[1]

蒋介石和国民党不想通过谈判解决问题，很大程度上是注意到自1941年以来，中共在敌后处境异常困难。虽然4月间发生了韩德勤部被新四军几乎全歼，韩本人被俘而又被放的局部失利，国民党在陕甘宁边区的磨擦作战中却占据着优势地位。再加上日军这时停止进攻，蒋判断日本有进攻苏联的计划，美国军援的规模越来越大，国民党的军力反而大大增强。因此，包括蒋介石在内，都自觉不自觉地幻想着寻找机会，一劳永逸地解决共产党问题。两个月之后，这个机会似乎就来了。

5月22日，作为各国共产党最高领导机关的共产国际突然宣告解散。这一消息使国民党人受到极大鼓舞。还在2月间，驻兰州的第八战区司令长官朱绍良，就曾以绝密件向负责封锁陕甘宁边区的副司令长官胡宗南及该战区所属驻宁夏的马鸿逵、驻青海的马步芳等，下达了经蒋审定的《对陕北奸区作战计划》，指令有关部队“于现地掩蔽，作攻势防御”，一旦“转

[1] 《三十二年三月二十八日何总长与周恩来、林彪谈话纪要》(1943年3月28日)，《中华民国重要史料初编》，第五编（四），第248—251页。蒋介石对何应钦关于此次谈话情形的签报上指示称：“必须其对中央军政军令，有服从事实之表现，方可与之具体谈话，照现时情形无从谈起，如其不来谈，则可不必再复。”前引书，第247页。

取攻势”时,当“先迅速收复囊形地带（指陕甘宁边区关中分区——引者）”,必要时得“收复陕北地区”。胡宗南据此已秘密将三个集团军按计划部署完毕。共产国际解散的消息传来，蒋立即提出，应争取使共产党“将军权、政权统一于中央”。张治中据此与周恩来、林彪谈话，委婉劝说中共交出军队。[1] 与此同时，国民党宣传情报部门受命鼓动其主持下的各种社会团体群起致电毛泽东，要求中共解散组织、放弃政权和武装，统一到国民政府军令、政令之下。6 月下旬，胡宗南也有乘机夺取囊形地带的意图并将进攻时间定在 7 月 28 日。对此，蒋批示：“切实准备，但须俟有命令方可开始进攻。”[2] 而根据中共中央的情报，胡宗南已赶赴洛川召开军事会议，密令各参战部队准备于 7 月 9 日发起作战，攻占囊形地带。[3]

由于中共中央及时得到情报，朱德于 4 日直接致电胡宗南发出警告，中共中央更是将此视为“第三次反共高潮”[4]，又是开大会，又是发通电，公开抗议国民党准备袭击边区，闹得沸沸扬扬。据毛泽东事后告诉八路军总部称：“不但七日外国记者纷纷质问张道藩，而且引起英、美、苏各大使开会，根据朱致蒋、胡电，警告蒋不得发动内战，停止援助，更因延安紧急动员，使蒋害怕不得不改变计划，十日令胡停止行动，十一日蒋、胡均复电致朱，无进攻意，十二日胡下令开始撤退，一个师及两个军部（第一军及九十军），内战危机似可克服。”[5]

蒋之所以紧急刹车，是因为他这时的基本方针仍旧是要政治解决共产党问题。赞同胡宗南秘密部署，仅着眼于胡所计划的“收复囊形地带”即夺取长期控制在中共手中，直接威胁到西安的关中地区。[6] 蒋并不想因个别

---

[1] 唐纵：《在蒋介石身边八年——侍从室高级幕僚唐纵日记》，群众出版社 1991 年版，第 359—360、366 页。

[2] 同上，第 366 页。

[3] 熊向晖：《地下十二年与周恩来》，转见《中共地下党现形记》，台北传记文学社 1997 版，第 15—17 页。

[4] 共产党人所指称的三次“反共高潮”，前两次是指 1939 年底的晋西事变和 1941 年初的皖南事变。

[5] 《毛泽东关于蒋胡内战阴谋破产致彭德怀电》（1943 年 7 月 13 日）。

[6] 关中地区，这里指的是以栒邑城北马栏镇为中心的淳化、栒邑、正宁、宁县、镇原 5 县。

地域的争夺，激成重大冲突。还在共产国际宣布解散的第三天，蒋就曾召集其亲信“力陈两点：(一) 对中国共产党问题，我应尽力向政治解决之途为最大之努力；在宣传上尤不可造成政府准备以武力解决之印象。(二) 对苏联应强烈表示亲善，以促其对华政策之继续演变”[1]。因此，对中共中央如此大张旗鼓地宣传国民党准备进攻延安，蒋自然十分恼怒，怀疑共产党此举是有意要激成事变。他在日记中写道：“共匪猖獗之目的，在引起内乱，破坏抗战局势，减低政府威信与丧失国家在国际上之地位。”“我如被激怒，而向匪进攻”，一旦“迁延不决，则匪势更张，国际舆论对我更劣；如我速战速胜，则匪不过迁移地区，不能根本消除其匪党，而我国内战争既起，复不能根本解决，则国家威信仍有损失，无论胜与不胜，而一经用兵追剿，则彼目的达矣！”既然相信共产党别有阴谋，他只好改变策略，决定“对匪决策仍取守势，围而不剿，必须用侧面与非正面方法以制之，万不宜用公开或正面的方式以求解决也”。他随后更进一步总结道：“处置共匪只有待时，时间未到，只有十分隐忍……不可小不忍以乱大谋。”[2] 蒋因此明确指示称：对中共应侧重揭发其“少数人之罪恶”而启迪多数人之觉悟；“对外发言，不必说决不致有内战，根本无所谓内战”。[3]

蒋介石这时的“大谋”，就是要取得美国政府的高度信任。因为这不仅是国民党及其政府继续坚持抗战到底的一项重要条件，而且也是蒋提高自身以及中国的国际地位，向美英等国讨价还价的一个重要筹码。因此，当他得知美国外交官对共产党人的宣传极为不安时，竟不得不向美国人做出保证，声明对共产党虽必须“加以制裁”，“但决不加以武力讨伐”。[4] 与此同时，他利用国民党十一中全会，一面公开批评共产党“破坏抗战，危害国家”，

---

[1] 《王世杰日记》，第四册，第 78 页。

[2] 《省克记》卷二十三，1943 年 7 月 24 日条，台北“国史馆”藏蒋中正档案；《蒋总统秘录》，第 13 册，第 59—60 页。

[3] 唐纵：《在蒋介石身边八年》，第 369 页。

[4] 《先总统蒋公思想言论总集》卷三十七，第 268 页。

一面再度表示："此为一个政治问题，应用政治方法解决"[1]，表明了国民党不会制造大规模武装冲突的态度。

这一时期的国共磨擦，除了共产国际解散引发国民党军事、政治攻势和共产党反宣传的一个热点以外，还有另一个热点，那就是围绕着蒋介石公开发表的《中国之命运》的小册子，中共中央公开进行的批驳宣传。

蒋的小册子是四五月间面世的，中共中央最初并未做公开批判的准备。然而，随着共产国际解散，国民党发动政治军事攻势，各地参议会、新闻、文化、妇女团体致电延安，要求解散中共，国民党中央社亦发表相关社论，毛泽东马上把蒋《中国之命运》的发表同国民党所发动的"反共高潮"联系起来，指示秘书陈伯达撰写署名文章，进行政治反攻。

7 月 21 日，毛泽东电告驻重庆的中共代表董必武称："我为彻底揭穿其阴谋并回答其自皖变以来的宣传攻势计，除已发之通电及《解放》社论外，并于本日公布陈伯达驳斥蒋著《中国之命运》一书，以便在中国人民面前从思想上理论上揭露蒋之封建的买办的中国法西斯体系，并巩固我党自己和影响美英各国、各小党派、各地方乃至文化界各方面。"为此，毛泽东要求董收到此文的广播后，要设法秘密印译成中、英文小册子，在中外人士中散布，同时搜集各方面的反响。[2] 至 8 月 11 日，毛泽东仍在组织批判蒋《中国之命运》的各种文章，"拟于八、九两月发动反中国法西斯主义的运动，通电全国，主张取消各种特务组织、严禁传播法西斯主义思想，以揭穿蒋记国民党实质，并教育自己。"[3]

面对共产党方面对其呕心策划之作毫不留情的抨击，蒋介石的心情可谓复杂已极。其 8 月 1 日记称："本周心气平和，对横逆与诬陷之来，皆能

---

[1] 《中国国民党历次代表大会及中央全会资料》（下），第 840—841 页。

[2] 毛泽东：《关于公布评〈中国之命运〉一文致董必武电》（1943 年 7 月 21 日），《毛泽东文集》，第三卷，人民出版社 1996 年版，第 49—50 页。

[3] 毛泽东：《关于发动反对中国法西斯主义的宣传运动给董必武的电报》（1943 年 8 月 11 日），《毛泽东文集》，第三卷，第 64 页。

克己强忍，思虑亦较能深入，应益勉之！”[1]

6 日，蒋得知董必武竟当着美国人的面批评自己，当即大怒，日记称：“共匪与美国陆军代表以及美国军事评论家福温等对余侮蔑异甚，殊非人所能忍受。”而后，蒋得宋子文自美国来电，美国陆军参谋长马歇尔（G. C. Marshall）急电劝告国民党，不应在此战争期间对中共动武，又见延安报纸接二连三发表长篇批判文章，蒋的内心难免再受刺激。[2]

23 日，蒋介石思前想后，仍不得不暗自劝告自己：“对于共匪解决之决心与计划，不敢出以孟浪。”[3]

但 8 月 25 日，蒋介石还是按捺不住，暗自拟订了一个直接捣毁中共中央所在地延安地区的行动方案。蒋给自己的理由是：“中共问题不能不有解决之方案，如果始终要用十军以上兵力防制陕北，则不如肃清陕北，可抽出兵力在后方各地，分别肃清。”至于行动时间，蒋其实并未考虑周全，只是认为必须在德苏战争未了之前。而具体的行动办法，蒋亦无一定之法，再三讲要“宣传重于军事”，要“力争不战而胜，或少战而胜”，自己方面一加压力，对方就会分化瓦解。说到底，蒋因“中共对余《中国之命运》第七章，最近乃露骨攻讦”，气恼至极，断言“对于政治方法之解决，完全绝望，乃不得不准备军事”。有“冒大险，赌存亡”之心，实际上却依旧下不了决心。[4]

这时，蒋介石在对付共产党问题上的苦恼，在给时在美国的宋子文的电报中有更为直率的坦露。电称：“关于中共最近悖乱挑战、倒行逆施日甚一日之态度，实为从来任何时期所未有，令人百思莫解。以共党今日之势力，决不足以对抗中央也。”他认为中共如此嚣张，怕是“仍受原有第三国际某国之主使”。其用意一在使中国抗战加速崩溃，则以后中国完全为其所操纵；

[1] 《省克记》卷二十三，1943 年 8 月 1 日条，台北“国史馆”藏蒋中正档案。
[2] 《省克记》卷二十三，1943 年 8 月 6 日条，台北“国史馆”藏蒋中正档案。
[3] 《省克记》卷二十三，1943 年 8 月 23 日条，台北“国史馆”藏蒋中正档案。
[4] 见《总统蒋公大事长编初稿》卷五（上），第 361—364 页。

二在此四强协商未成之前，必使中国发生内乱，藉此以延宕协商时期之理由，而达成其防制中美合作之阴谋；三在利用美国强制中国政府对中共勿用武力制裁，同时借助美国之同情而大事宣传，蛊惑民众。“此种国际阴谋实为中梦想所不及”。蒋介石要宋向美国当局口头密告：中共“目前各种叛逆与侮蔑行踪，已暴露无遗。中央如不加以制裁，则国家纪律与民族精神完全丧失，中央对军民之威信甚难保全，以后再不能行使职权，如此抗战亦等于失败。故不得不用纪律处治以明功罪”。“但我中央对中共本无武力制裁之意，始终一以容忍感化为怀。”“惟美国在华之军事长官，今日对此事之态度更使共党鸱张无忌，而使我政府对中共之处理更增困难，不惟不能阻止共党之内乱，适足以奖励我国之内乱也。此又不能不密告美国当局使之特别注意。”[1]

蒋介石所称“美国在华之军事长官”助长中共气焰事，实指美国所派中印缅战区司令官史迪威（J. W. Stiwell）。当年9月6日，国民党五届十一中全会开幕之际，史迪威忽然向蒋递送“备忘录”，主张调动第十八集团军及胡宗南、傅作义、邓宝珊所部，向山西出击。蒋认为：史迪威此举，“受共党所主使”无疑。“故其语含威胁之意，且名为备忘录，乃欲于将来制裁中共时证明曲在我也。”对此，蒋愤恨不已，暗中痛骂史氏，“诚最卑劣糊涂之小人哉！”[2]

蒋介石与史迪威的矛盾，是因为中国军队的指挥权问题，并非由共产党问题而起。因此，蒋借中共问题向美国军方状告史迪威，更多的只是以此备忘录为借口而已。当然，中共中央这时前所未有地加强了对蒋介石和重庆国民政府的批判火力，指名道姓，痛加斥责，毫不顾及其权威与颜面，依蒋之性格，他无论如何都难以容忍。问题仅仅在于，抗战期间，前有日寇，后有美国，虽敌友有别，却都得小心应付，不能凭一己之爱憎而鲁莽行事。

[1] 《蒋中正致宋部长电》（1943年9月8日），台北“国史馆”藏蒋中正档案，特交档案50790。
[2] 《困勉记》卷八十，1943年9月6日条，台北“国史馆”藏蒋中正档案。

因此，国民党十一中全会开幕前后，蒋几乎每日都在盘算如何就中共问题表态及决策。

9月1日，蒋指示军令部长徐永昌“准备进攻延安边中共”的军事方案。[1]

9月3日，他告诉陈布雷和王世杰称：“应由军委会或政治部正式宣布共匪之罪状，使中外人士皆能明了其奸谋，如此则共匪自绝于国家，不能再借抗战名义以眩惑世人矣。”

5日，胡宗南到重庆，蒋告胡称：“中共在美国宣传已使罗斯福及其左右迷误难醒，此为最大之困难。然吾人对共匪已取得主动地位，无论其运用外力如何胁制，我决不为所动。惟准备实力与实施时机，应特加注重！”“中央对‘共区’与‘共军’亦应明白隔离，不再承认其为中国军队，更不承认其为作战团体。”[2]

8日，蒋下定决心“对共不用武力讨伐”，其解释是：“对共用兵无异割鸡而用牛刀，若果持久不能解决，徒长其焰，而与敌寇以复活之机。”中共如今“腐化专制，骄侈偷安”，内部“离心离德”，已“无扰窜之勇气”，只消封锁即可使之自溃自灭。[3]

9日，蒋召集文武干部协商十一中全会关于共产党问题的决议草案。据王世杰记：“该草案内容，系一面暴露共党种种罪行，一面表示取消第十八集团军番号并以方法防范共党之叛乱。蒋先生询王亮畴（即王宠惠——引者）、戴季陶诸人意见时，均称甚善。龙云似不甚赞同，但不作明白表示。余人无表示。当蒋先生询及予之意见时，予则力称（一）此一文告之发布，必然造成一种很普遍的印象，即内战将即发动之印象；（二）国际局势正在激剧变化之中，英、美、苏之关系乃至中英、美、苏之关系在二三个月内均将明朗化，我党与政府如于此时造成一种上述印象，于我及盟邦均不利；

[1] 《徐永昌日记》，第七册，1943年9月1日条，第157页。

[2] 《困勉记》卷八十，1943年9月5日条，台北“国史馆”藏蒋中正档案；《总统蒋公大事长编初稿》，卷五（上），第369页。

[3] 《总统蒋公大事长编初稿》卷五（上），第370页。

（三）共党近日行动显有苏联背景，去年蒋先生对于新疆事变不公开宣布共党罪行，或苏联操纵挑拨之事实，一面容忍，一面为一切必要之政治措施，遂使新疆局势转危为安，今日仍宜采取此种慎重态度。”会上，刘斐反驳王世杰的主张，孔祥熙、陈诚则对大体赞同王的意见，最后，蒋决定删去草案中取消共军番号及封锁共党一段。当晚，蒋在日记中写道：“隔绝匪区与取消第十八集团军名号二点，在今日国际环境与战争局势而徇之，尚非其时，故决定暂不加以制裁，惟宣布其罪恶全部以明功罪与是非而已。”[1]

10 日，蒋对“中共问题苦思甚切，以其关于各方面甚复杂而重要，不容丝毫疏忽也”。[2]

11 日，蒋邀约国民党高层干部谈话，明确表态称：“中共猖狂之目的，在引起内战，以破坏我抗战局势，减低我政府威信，丧失我国家在国际之地位也。故彼策略在激怒我，使我不能容忍，用兵向彼进攻。”而“一经用兵，无论胜与不胜，则彼之目的达成，故应采取守势，围而不剿，用侧面与非正式方法以制之为宜”。[3]

既然蒋认定对中共只能“用侧面与非正式方法以制之”，自然要设法打消国民党人中立即“剿共”的思想。在 9 月 13 日国民党五届十一中全会闭幕的会议上，秘书长吴铁城做了有关共党“不法行为”的报告，但决定不予公布，而会议关于共产党问题的决议案“毫无刺激性”。蒋介石并且重申“中共问题是一个纯粹的政治问题，因此应该以政治方法来解决”的观点，强调“这是这次大会在努力解决这一问题时所应遵循的原则”。[4]

国民党五届十一中全会的决议和蒋介石的谈话，显示出国民党中央的态度显示出明显变化。尽管在 9 月 21 日的参政会上，两党还是发生了一次冲突。

---

[1] 《困勉记》卷八十，1943 年 9 月 9 日条，台北“国史馆”藏蒋中正档案。

[2] 《困勉记》卷八十，1943 年 9 月 10 日条，台北“国史馆”藏蒋中正档案。

[3] 《困勉记》卷八十，1943 年 9 月 11 日条，台北“国史馆”藏蒋中正档案。

[4] 蒋介石：《在国民党五届十一中全会上关于反共问题的指示》（1943 年 9 月 13 日），见中国人民解放军政治学院党史教研室编：《中共党史教学参考资料》，第九册，1988 年，第 298 页；《王世杰日记》，第四册，第 150 页。

当时，何应钦在军事报告中指责八路军袭击国军，以及非法种植罂粟，生产鸦片，董必武起而反驳，国民党参政员遂群起攻击，董当场退席以示抗议。但是，国民党公开的反共社论及要求中共解散的各地通电毕竟还是销声匿迹了。而且国民党多数参政员亦对何应钦的报告和少数国民党参政员当天的做法，表示不满。“意谓本党既主张以政治方法解决中共问题，不应对于会中一个中共参政员施行攻击，致令退席。”[1] 国民党代表王世杰明白告诉蒋介石："决不可对共党问题采取漂流政策，听任事势自然演变"，而应该“采取勇敢果决之决定，约束本党同志，并采取适当办法，以使局势之缓和”。如："一、严令国军一面须对共党严加防范，一面务须绝对避免挑起战事，否则均以违抗命令论罪。二、告知共党（或面告董必武），共党应立即停止反政府之宣传，中央亦将停止对共党之攻击，俟此点实行，一二个月后再行磋商解决办法。”[2] 蒋介石显然接受了王世杰等人的建议。不仅如此，蒋介石还在国民党参政员谈话会上唱高调，批评所谓一党制决不可变的观点，声称非有竞争不能保持党的革命性。“本党以外如无他党存在，则久而久之，本党必腐化，以至崩溃，其影响将不堪设想。”[3]

10 月 2 日，蒋介石请王世杰向董必武询问改善目前国共关系的方法。当晚，王即向董转达，董当即提出两点：（一）中止相互攻击；（二）放松对陕甘宁边区的包围与封锁。[4] 对此，中共中央做出了积极的反响。在发表了最后一篇公开批评国民党十一中全会决议的文章后，10 月 6 日，各报刊于一夜之间全面停止刊登批判蒋介石和国民党的稿件。用毛泽东的话来说，就是要“风平浪静以示缓和”。毛泽东并要董必武告诉国民党：中国共产党不相信国民党政治解决具有诚意，“但延安欢迎政治解决，不愿破裂”。[5]

---

[1] 《王世杰日记》，第四册，第 160—161 页。
[2] 同上，第 158—159 页。
[3] 同上，第 169 页。
[4] 同上，第 166—167 页。
[5] 《毛泽东关于欢迎政治解决问题致董必武电》（1943 年 10 月 5 日）；《王世杰日记》，第四册，第 173 页。

三、从西安到重庆的激变

1943 年 11 月 12 日，蒋介石于宪政实施筹备会开幕时找董必武谈话，邀请周恩来来重庆，以便商讨解决两党关系的具体办法，并且说："请他出来什么都好谈些。"[1] 这个时候，周恩来刚刚回到延安参加整风运动，毛泽东对马上派周回渝不以为然。他复电董必武称："周三年在渝无事可做，在国民党未真想合理解决问题以前不拟出来，各事可由董谈判，如至真能合理解决问题时，周可以出来。"[2]

其实，蒋介石找董必武说些和解的话，更多的不过是为去开罗与美英首脑会谈前，对中共做一些和解的姿态而已。几天后，蒋介石一行飞往开罗。11 月 27 日，离开开罗，返回重庆。蒋介石此行得以与美国总统罗斯福、英国首相丘吉尔（W. S. Churchill）一起，联名发表《开罗宣言》。宣言公开宣告，战后日本自甲午战争起侵占的台湾、澎湖列岛以及东北四省等，均应归还中国。毛泽东最初对蒋此行并不看好，但事实上，蒋此行颇为成功，中国已跻身于美英两大列强之中，不仅给积贫积弱的中国赢得了荣誉，而且也预示着蒋及其政府已经得到美、英等大国的强有力支持。再加上 12 月 22 日前共产国际总书记季米特洛夫从莫斯科发来电报，再度强调改善国共关系的必要，因此，毛泽东自然不能不考虑再做实质性的努力，以缓和与国民党的关系。

1944 年 1 月，国民党联络参谋郭仲容正式向毛泽东提出，希望派林伯渠、朱德及周恩来赴渝，谈判边区和军事问题，并再度提出实行何、白皓电。毛泽东答称：林、周或可先后赴渝，并可以何、白皓电为基础。中共中央随即决定先派林伯渠于 3 月 12 日之后前往重庆，"晋谒委座"，并于 2 月 17 日正式通知郭仲容。显而易见，在国民党主动采取了实际的缓和步骤

[1] 《董必武关于与蒋谈话内容的报告》（1943 年 11 月 12 日），并见《王世杰日记》，第四册，第 190 页。

[2] 《毛泽东关于在国民党未想真正合理解决问题前周恩来不拟出来致董必武电》（1943 年 11 月 13 日）。

之后，共产党也开始同意与国民党在某种程度上重开谈判。毛泽东认为:“观察今年大势，国共有协调之必要与可能，而协调之时机，当在下半年或明年上半年，但今上半年我们应做些工作，除延安报纸力避刺激国民党，并通令各根据地采取谨慎步骤，力避由我启衅外，拟先派林伯渠于春夏之交赴渝一行，恩来则准备于下半年赴渝。”毛泽东这里所说的“大势”，指的就是年内国际局势的可能发展趋势。在毛泽东看来，战争有可能很快结束，战后苏、美、英合作的情况一时不会改变，结果必然会促使中国走向和平与统一，对此必须有所准备，并影响各方，以争取有利前途。因此，中共中央在公开表示“我党拥蒋抗战与拥蒋建国两项方针，始终不变”的同时，又开始着手与国民党再开谈判了。[1]

对于林伯渠的到来和即将开始的谈判，国民党方面之重视几乎到了空前绝后的程度。军统局率先提出报告，断言 :“延安拟先派林祖涵来渝试探中央态度，如情势和缓，则同中央谈判，凡中央所不能接受之条件，均全部提出，意在拖延时间，若无结果，即藉中央有意为难，使数十万红军无法参战并鼓动盟邦人士代为宣传。”[2] 3月2日，中央党政军联席会报第五十八次会议讨论修改《林伯渠来渝后我方应付对策》及《中共问题政治解决方案》,提交中央宣传部部长梁寒操、行政院秘书长张厉生、社会部部长陈立夫、侍从室二室主任陈布雷、国防部参谋次长刘斐等审查。[3] 由国民党中央秘书处草拟的《应付对策》，除强调“林氏此来不必希冀有何良好结果”外，中心在于要求中统、军统两局密切监视林在西安和重庆的种种活动，要求中宣部、新闻检查局加强对舆论的控制与“不露痕迹”之反宣传，并要求各方推举出与林过去有私谊的党内人士，通过密切接触，“于无形中以大义相劝其来归”。该“对策”经联席会报秘书处修改后，突出强调“奸伪一切决策，操之在毛泽东”;“奸伪在现状下一切动荡不宁，故藉机国共间关系之

[1] 《毛泽东、周恩来关于拟派林伯渠赴渝一行致董必武电》(1944年2月8日)。
[2] 《蒋总统事略稿本》，1944年3月7日条，台北“国史馆”藏蒋中正档案。
[3] 《郑忠华致吴铁城函》(1944年3月10日),《民国档案》1994年第2期。

缓和”，惟“奸伪野心在逐步夺取政权，欲放弃既拥之武装及侵占割据之地盘，真正服从军令、政令，势不可能”。除继续主张监视和策反之外，还特别强调要派精通外语及有政治修养的干部，随林出入，控制其与外人接近。[1]《政治解决方案》规定中共须将“军权政权交回中（央）之接管”，同时“应以衷诚之态度向国内外宣告服从中央，并保证永无岐贰”。修改后的文件则增加了陕甘宁边区改为陕北行政区后，可以确定绥德等 18 县范围，十八集团军可扩编为两军六师及一独立旅，但不准另设支队及其他名目部队的内容。[2]

对于国民党中央的上述意见，蒋介石在 3 月 10 日批示，共党此次派员来渝交涉，目的不外“要求取得正式名义，承认其合法地位，企图以后之出路与发展”。“如交涉不成，彼乃藉口政府无诚意收容，以表示其直在彼而曲在我也”。故此次“交涉方针”应把握：“（一）政治放宽，军事从严；（二）政治可划定区域，军事不能指定专区；（三）其正规军数量必须加以限制，但可酌增之人数最多不得超过一倍，而以服从命令、遵守纪律以及经理、参谋通讯人员必须由中央派遣为最低条件；（四）游击队数量可以放宽，但必须依照编制与成案，不得任意扩充以示相当限制。”[3] 据此，蒋于 3 月 15 日专门在联席会议上就林伯渠来渝等问题加以“训示”。要求“对林祖涵来渝后谈话次序与日程，皆应事先排定，妥为准备应付。至谈话要点，我方应首先提出之最重要者为军政、军令之统一，中共方面必须遵守。彼如承认此点，则我方更应具体举出中共过去与目前种种破坏军政、军令统一之行动事实，指明其错误之所在，要求其以后切实改正，以试探其态度究竟如何。我方与之谈话，应始终坚持此项原则，而各负责人每次与林祖涵谈话情形与谈话内容，可逐日予以公开发表”。与此相配合，蒋尤其强调对国际之宣传，要求国际宣传处注意三点：“（一）说明中共之国际性，使欧美人士明了其阴险可怕，实不同于欧美各国之共产党；（二）指出中共系百分

[1] 《林伯渠来渝我方应付对策（草案）》（1944 年 3 月），《民国档案》1994 年第 2 期。
[2] 《中共问题政治解决方案（草案）》（1944 年 3 月），《民国档案》1994 年第 2 期。
[3] 《蒋总统事略稿本》，1944 年 3 月 10 日条，台北“国史馆”藏蒋中正档案。

之百的实行共产主义，其所谓奉行三民主义者，纯系挂羊头卖狗肉之伪装；（三）切实说明中共军队完全为乌合之众，实不堪一击，其到处招兵买马，添购枪炮，无非欲借数量之扩充，以补质量之低劣，以造成外籍记者知其如何可恶，而无足重视之心理。”[1]

1944年的这个时候，由于开罗会议的成功，国民党人对自己的前途十分看好，因此对中共则不免态度又转趋强硬。唯一使蒋介石等人不能不有所顾虑，甚至不满的，就是他注意到美国的舆论对国民党有颇多批评，而对共产党则颇多同情。这种情况不仅影响到史迪威有借重中共军队之意，甚至连美国总统罗斯福也相信，在中国要打败日本人，必须要取得敌后八路军、新四军的配合，因而不顾蒋的反对，明确提出要派遣美国军事人员去延安视察，并与华北敌后抗日武装建立联系。[2] 在重庆的外籍记者，因此也四处游说，群起效尤，要求国民政府停止新闻封锁政策，允许他们去陕北及华北敌后实地采访。蒋对此极为头痛，深恐此种采访进一步张大中共力量，反过来会使美国官方更加重视共产党。因此，他在不得不同意允许少数外籍记者赴陕北之后，还不得不周密布置，规定要慎选精练干达、确有把握、确能胜任者充任陪同，不露痕迹地加以引导和暗示，同时还要求途经地区军政长官，召集并组织共产党方面的叛逃者，和国民党组织之下的各地教授、学者、知识分子与民众青年，“令其事先预备材料，提出事实，详述其耳闻目击奸党在沦陷区各省县袭击友军、破坏抗战、违反政令、法纪、残杀军政教育人员及各地无辜民众等罪行”。[3]

蒋介石一向颇为自负，且极端仇视中共，这使他内心里虽忧惧中共的发展壮大，公开却极力否认。他对国际舆论同情、重视中共总是感到不可思议，相信纯为中共宣传伎俩作祟。他对幕僚们起草的针对共产党的文件，

---

[1] 蒋介石：《关于外籍记者赴延安及林祖涵来之准备注意事项》（1944年3月15日），《民国档案》1994年第2期。

[2] 《中华民国重要史料初编》，第三编（一），第164页。

[3] 蒋介石：《关于外籍记者赴延安及林祖涵来之准备注意事项》（1944年3月15日）。

总是极端不满，指责其“大半为共党所张目”。即使对共产党问题头痛已极，反复研究、思索，也还是不断地给自己打气，要与共产党斗争到底。他断言：“共党之组织与要素：(一) 暴力 (即压迫) 残杀；(二) 特务 (即控制监视) 束缚。共党之训练宗旨：(一) 消灭民族性，发展世界性 (毁灭本国历史与伦理)；(二) 消灭人性，发展兽性 (强分阶级，使之怨恨斗争)。共党之宣传技俩：(一) 欺骗国际，伪装民主；(二) 挑拨社会，诬蔑政府为专制，为贪污。共党之最后目的：(一) 准备中央反攻时在要求反攻武器与保障民主政权之口号下，采取渐进之政治攻势，以突变为全面之叛变；(二) 欧洲对德战争结束以后，俄国利用日寇之困斗以疲敝我中美之国力，使东方局势之混乱，中共乃乘机为全面之叛变，以共党认为混 (乱) 即是其革命之资本也。”既然如此，蒋理所当然地得出结论：不必担心共产党目前在敌后的扩张。因为无论其占据怎样多的敌后根据地，也必“不能持久，只要我军队到达其地，民众必欢迎我之解救也。即其对党员与干部之控制严密，如果我军与之接近，彼等遇有机缘，来归者亦必多”。[1]

对共产党问题严重焦虑的结果，甚至使蒋介石对夜梦之事也会浮想联翩，信之不疑。3 月 15 日，他在对联席会议训话后，当夜做了一梦。次日在日记中满怀惊喜地记述：“昨夜梦独驾轻舟，操纵自如，安登彼岸，登陆之前，在舟中见有毛虫一尾，其形短而粗。余恶之，以足践踏之，陷于他物之中，状似已毙，即使不毙，当亦已负重伤不能复起作祟矣。此或上帝佑我中华，示我以共毛必灭之预兆乎！”多半受到此一梦境的影响，蒋一面研究如何应付林伯渠来渝的问题，一面却又马上开始考虑提前进行“剿匪”的可能性了。他在日记中写道：“关于剿匪行动，必须郑重出之，第一次须待平汉路夏季会战，敌寇被我击退以后开始清剿。此为第一时机。其次为宜昌克复驱除武汉敌寇以后，此为第二时机。若在滇缅路打通或美军在我

[1] 《蒋总统事略稿本》1944 年 1 月 20—21 日条，台北“国史馆”藏蒋中正档案。

沿海登陆，中美运输直接联系以后，则为最妥当、最良好之时机也。”[1]

共产党人这时对于两党谈判，虽然不抱多少幻想，但中共中央仍旧内定了具体的条件。3 月 12 日，周恩来根据中共中央的决定，公开发表《关于宪政与团结问题》的长篇谈话，提出应当“从民主途径解决国共关系”。他明确提出，实行民治，反对党治，强调国民党必须首先保障人民的民主自由，开放党禁，实施地方自治。要求禁止非法搜查、非法逮捕、秘密刑讯、秘密处死，以及强迫集训和严格限制人民的各种自由，反对把各党各派看作“奸党”“异党”，禁止其活动，并时时企图消灭他们。同时，他也提出了关于国共关系政治解决的原则和条件。这就是：解决办法“应该是双方的与公平合理的”，共产党坚守 1937 年的四项诺言，国民党则应当（一）承认共产党在全国的合法地位；（二）承认边区及各抗日根据地为其地方政府；（三）承认八路军新四军及一切敌后武装为其所管辖所接济的部队；（四）恢复新四军的番号；（五）撤销对陕甘宁边区及各抗日根据地的封锁和包围。[2]而中共中央这时给林伯渠的具体谈判条件，则主要为承认陕甘宁边区现状；编八路军、新四军为六军十八师，至少四军十二师，照中央军编制和待遇，战后移防黄河以北，以及发饷、发弹发药等。[3]

4 月 6 日，胡宗南报告林伯渠将于 12 日动身，取道西安去重庆。眼看林伯渠将到，蒋介石于 16 日亲自改定了中央党政军联席会报秘书处拟定的《中共问题政治解决办法草案》，并交国民党谈判代表张治中、王世杰参照办理。“办法”坚持：“国家军令、政令必须统一”，包括军令、纪律、人事、编制和军需以及军队教育等，都应照中央法规和训令实施。另同意十八集团军可编为二军六师。陕甘宁边区应改为陕北行政区，行政机构改称陕北

---

[1] 《蒋总统事略稿本》，1944 年 3 月 15、22 日条，台北“国史馆”藏蒋中正档案。蒋介石 5 月 14 日亦记述梦境曰：“昨夜梦见天上星月皎洁，光明异常，此或上帝示我在黑暗中发现光明之象征乎？”同前引注，1944 年 5 月 14 日条。

[2] 周恩来：《关于宪政与团结问题》，《解放日报》1944 年 3 月 12 日。

[3] 转见杨奎松：《失去的机会？——战时国共谈判实录》，第 322 页。

行政公署。所辖区域包含绥德、米脂、吴堡、葭县、清涧、延长、延川、延安、保安、安定、安塞、甘泉、鄜县及定边、靖边之各一部（定边县城不在内），甘省之合水、环县及庆阳之一部（县城不在内），以上共十八县。如中共对此均能确实遵办，政府可准予中国共产党之合法地位。[1] 比较双方之条件，可知并不存在迅速达成妥协的可能。

5月2日，林伯渠及王若飞等到达西安。而为便于左右在重庆的谈判，避免中共借势在陪都进行宣传起见，国民党方面代表张治中与王世杰等，也应蒋要求于同日飞抵西安，以期事先了解共产党方面此次谈判的具体意图，控制谈判进程。

5月4日，双方在西安正式接触，张治中首先表示，他们是代表国民党中央及蒋先生来欢迎的，因为郭参谋电报中说林伯渠先生有病，须乘飞机赴渝，而飞机每月只有2日和16日两次，故蒋介石派他们先来西安，商量一个具体解决问题的轮廓。但当林伯渠说明中共中央的意见去年周恩来、林彪等已谈过多次，不得要领，要求国民党方面首先提出一个解决问题的具体办法时，他们却又一再表示他们不能提办法，现在亦不能向蒋介石请示，坚持要林伯渠提新方案或电询毛泽东。林坚持仍照周、林案，此次接触即告结束。[2]

6日，双方再谈。张治中不得不出示其去年所记的林彪所提四项条件，要求林伯渠表示意见。林伯渠则提出，周恩来《关于宪政与团结问题》的谈话可作为中共中央的意见。张、王当即反对，称：周恩来所提五条太抽象，特别是谈话中的“恢复新四军番号”及“共产党抗击百分之五十八的敌人”之类说法太刺激，不能用作讨论基础，甚至林彪提案今天也不应再做讨论基础。他们主张先就军事问题交换意见。结果张提三军八师，林提

---

[1] 《蒋委员长批示参谋总长何应钦〈关于中共问题政治解决办法草案〉希照改正办法办理》（1944年4月16日），《中华民国重要史料初编》第五编（四），第255—256、257—259页。

[2] 《林伯渠关于与张、王谈判经过的报告》（1944年5月10日）；《王世杰日记》，第四册，第303—304页。

六军十八师，双方争论不下而终。7、8两日双方再谈，张治中最终提议以林彪提案四军十二师为限，林伯渠同意以此作为最低条件向中共中央请示。而对于军队作战区域、人事、经济、边区及党的问题等，亦原则上交换了意见，张、王事实上倾向照林彪提案解决。[1]

9日，随张、王同来西安的参政会副秘书长雷震将国民党代表整理的关于四次商谈的初步意见以书面形式送交林伯渠，请其签字认可，声称好上报蒋介石。由于该文件不能完全反映林伯渠的意见，也不能作为双方认可的初步意见，故林伯渠于当日在此书面意见的基础上进行了认真的修改，说明“尚有若干点彼须再请示延安”后，于11日签字后亲自送予张、王二人。据王世杰记述，林“意愿将该记录中所列条款视为予及文伯（张治中——引者）同意之条款，予谓此一记录系以彼所提出或同意之点为范围，予等之意见须俟返渝后始能提出。彼亦无异议，遂认此一记录系专记彼所表示的意见之文件”。经林伯渠修改后的记录内容大致如下：

> （甲）关于军事者：（一）第十八集团军暨原属“新四军”之部队服从军事委员会之命令；（二）前项部队之编制，最低限度为去年林彪所提出之四军十二师之数；（三）前项部队经编定后，仍守原地抗战，但须受其所在地区司令长官之指挥，一俟抗战胜利后，应遵照中央命令移动，以守指定活动之防地；（四）前项部队改编后，其人事准由其长官依照中央人事法规定呈报请委；（五）前项部队改编后，其军需照中央所属其他军队同等待遇。
>
> （乙）关于陕甘宁边区者：（一）名称：可改称为陕北行政区；（二）该行政区直属行政院，不属陕西省政府管辖；（三）区域：以原有地区为范围，由中央派员协同勘定；（四）该行政区当实行三民主义和《抗战建国纲领》及中央法令；（五）该行政区预算当逐年编呈中央核定；（六）

[1] 《林伯渠关于与张、王谈判经过的报告》（1944年5月10日）；《王世杰日记》，第四册，第306—308页。

该行政区及十八集团军等部队经中央编定发给经费后，不得发行钞票，其已发行之钞票由财政部决定办法处理；（七）该行政区内，国民党可以去办党、办报，并在延安设电台，同时，国民党也承认中共在全国的合法地位，并允许在重庆设电台，以利两党中央能经常交换意见；（八）陕甘宁边区现行组织暂不变更。

（丙）关于党的问题：依照《抗战建国纲领》之规定，予中共以合法地位，停止捕人，停扣书报，开放言论，推进民治，立即释放因新四军事件而被捕之人员及一切在狱之共产党员，如廖承志、张文彬等（包括新疆被押人员在内），并通令保护第十八集团军及新四军之军人家属不受损害和歧视。

（丁）其他：（一）中共表示继续实行四项诺言，拥护蒋委员长领导抗战并领导建国，国民党表示愿由政治途径公平合理的解决两党关系问题；（二）撤销陕甘宁边区之军事封锁，现在对于商业交通予以便利；（三）敌后游击区的军事、经济、政治问题服从国民政府及军事委员会的领导，一切按有利抗战的原则去解决。[1]

张治中、王世杰整理的初步意见，原本就是用来探中共的底牌的。林伯渠亲加修改，更砸实了林所掌握的基本条件不出上述范围。就林而言，其所携来的谈判条件核心在军队数量，四军十二师虽为最低限度，但应当已得到了张、王两人的认可，这较一年前林彪的交涉有明显进步，林伯渠当然愿意将其以书面形式确定下来。与此同时，林对此种谈判亦经验不足，以为签名认可此这一初步意见，不过“是他们准备承认的基础”，而且要“双方共同签字各自向其中央请示，再作最后决定”，没有想到它在国民党人看

[1] 《政治部长张治中中宣部长王世杰自西安呈蒋委员长报告与中共代表林祖涵商谈情形电——附自五月四日至同月八日的会谈中所表示的各项》(1944 年 5 月 12 日)，《中华民国重要史料初编》，第五编（四），第 258—259 页；并见《林伯渠关于双方商定的初步意见致毛泽东电》(1944 年 5 月 12 日)。

来，只是共产党方面的出价，国民党还可以据此来讨价还价。[1]据王世杰日记，张治中、王世杰当时就告诉林说：“此一记录系以彼所提出或同意之点为范围，予等之意见须俟返渝后始能提出。”故二人5月12日给蒋介石的密电亦明确指出，此件乃中共方面提出的基本谈判条件。[2]值得注意的是，作为国民党内在国共关系问题上的“温和派”，张治中等此举其实也是力图通过这种压低共产党条件，然后上报蒋介石争取基本认可的办法，来在国民党造成一种解决问题的气氛。在返渝后面蒋汇报时，二人就极力主张此次务必达成若干初步解决办法，届时“或可促毛泽东做进一步解决之商谈”。据王世杰观察，“蒋先生似亦以予之意见为然”。[3]

然而，无论蒋介石，还是张治中、王世杰，都没有料到以后的情况会发生翻天覆地的大变化。

4月中旬，日军发动豫湘桂战役，首先由开封附近攻取豫中。守备河南的国民党汤恩伯部四十余万人不堪一击，溃不成军。一时舆论大哗，民怨沸腾，以致随着国共谈判开始，世人多开始瞩目于共产党。延安此时不断得到情报，国民党统治区人民或寄希望于国共合作，或相信“只有准备小红旗欢迎八路军了”，而国民党军则不是钩心斗角，就是贪污腐化，花天酒地，令人发指。连美国在华人员也明显地开始重视共产党的军事力量，并有意派员进驻延安。这种情况的出现，确为中共中央早先所未能料到。

国民党在政治上和军事上的失败，自然是共产党加强自身力量的大好时机。5月6日林伯渠致电毛泽东，报告与国民党代表头一次正式接触情况，毛泽东就已经意识到，前此条件应当有所变更，特别电告林伯渠，林彪前提四点不应再作为谈判基础。其后，林伯渠实际上仍旧根据前定林彪所提条件的精神与国民党代表达成“初步意见”，毛泽东对此显然不能接受。毛当即决定，根本变换谈判角度，重提谈判方案。

---

[1] 《林伯渠关于已同张、王达成初步意见致毛泽东电》（1944年5月10日）。

[2] 《张治中、王世杰致蒋介石密电》（1944年5月12日），《民国档案》1994年第3期。

[3] 《王世杰日记》，第四册，第315—316页。

在毛泽东看来，形势已经变化，国共之争还没有定局，将来就看谁有力量，事实上国民党“因为没有民主，进行反共教育，使部队完全失去战斗力”，现在最强的只有八路军和新四军了。因此，“中央的方针是坚持发展自己，不受限制”，在国民党焦头烂额之际，应当提出更高条件，迫使其让步。“即国党不答应也不要紧”，能解决党的合法化、承认边区政府、军队扩编和防地战后移动这几点，也是好的。据此，毛泽东于5月15日致电林伯渠、董必武等，提出全面解决国共关系的二十条新方案。该方案强硬主张：“（一）请政府实行民主政治，与言论、出版、集会、结社及人身之自由；（二）请政府开放党禁，承认中共及各抗日党派之合法地位，释放爱国政治犯；（三）请政府允许实行名副其实的人民地方自治；（四）根据抗战需要、抗战成绩，及现有军队实数，应请政府将中共军队编为十六个军，四十七个师，每师一万人，为委曲求全计，目前至少给予五个军十六个师的番号；（五）请政府承认陕甘宁边区及华北、华中、华南敌后各抗日根据地民选政府为合法的地方政府，并承认其为抗日所需的各项设施；（六）中共军队防地，抗战期间维持现状，抗战结束后另行商定；（七）请政府在物资上充分援助十八集团军及新四军；（八）同盟国援助中国之武器、弹药、药品、金钱，应请政府公平分配于中国各军，十八集团军、新四军应获得其应得之一份；（九）请政府撤销对于陕甘宁边区及各抗日根据地的军事封锁与经济封锁；（十）请政府停止对于华中新四军及广东游击队的军事攻击；（十一）请政府通令取消‘奸党’‘奸军’‘奸区’等诬蔑与侮辱共产党、十八集团军、新四军及抗日民主地区的称号；（十二）请政府停止特务人员对于共产党、十八集团军、新四军及抗日民主地区的破坏活动；（十三）请政府饬令党政机关释放各地被捕人员；（十四）请政府禁止在报纸、刊物上发表对中共造谣诬蔑的言论；（十五）又据确息，西安一带特务机关，准备于外国记者团到西北时，沿途伪装各种人物与伪造各种证件向外国人告状，藉达破坏中共信誉之目的……请政府予以制止；（十六）请政府允许中共在全国各地办党、办报，中共亦允许国民党在陕甘宁边区及敌后各抗日民主地区办党、办报；（十七）请政府停止对重庆中共《新华日报》之无理检查、破坏发行、威胁订户、扣押邮寄等情事；（十八）请政府发还在三原被政府军队扣留之英、美援助十八集团军的药品一百零一箱；（十九）请政府允许恢复重庆、西安两处电台，以利通讯；（二十）请政府允许中共代表及十八集团军办事处人员有往来于渝、延间及西、延间之自由，及允许西、渝两办事处人员有在该两地居住与购买生活物品之自由。”[1]

对于如此激进的要求，毛泽东尚不认为已经足够了。他指出，我“四十七万精兵”只编五军十六师，“实际上对我没有好处”，但关键是“有理”，以便借机解决一些问题，并可在“判明彼方毫无诚意时，准备对外发表”。为此毛泽东告诫林伯渠及董必武：“林（彪）案已被何应钦否决，年来情况亦大有变更，故须另提新案。”而上述方案中，有几点必须坚持，如“军队决不能少于五军十六师”；“边区应正名为陕甘宁边区，以符实际”；“边区及敌后各根据地应请政府允许发行地方纸币”；“边区及敌后各地之民主设施，不能变更”；“彼方承认中共可在全国各地办党办报”，等。[2]

中共中央的新方案及指示电，因林伯渠与张治中等转宝鸡，飞重庆而未能及时收到。5 月 19 日，林伯渠在重庆见蒋，亦未提及此案。至 21 日看到电示后，才在 22 日晚约张治中、王世杰见面，转达中共中央的意见。为不致过于刺激张、王，林在转达中共中央二十条时删去了要求开放党禁、实行民主的前三条，但张、王看过十七条后仍极表愤怒。认为中共中央意见的全文是宣布罪状精神，完全没有实践诺言及拥蒋表示，张、王说，这说明你们无决心解决问题诚意。此条件与西安谈判内容不符，为何又不以林彪案为谈判基础，是否我们这样欢迎你，以为示弱可欺？林伯渠答称：十七条全部都是要实事求是解决问题，西安初步之谈判意见，约定各自向

[1] 《毛泽东关于向国民党提出二十条谈判意见致林伯渠电》（1944 年 5 月 15 日），《毛泽东文集》，第三卷，第 131—134 页。

[2] 《毛泽东关于请照二十条精神谈判致董必武转林伯渠电》（1944 年 5 月 15 日），《毛泽东文集》，第三卷，第 130—131 页。

自己中央请示，并非最后决定，且前曾提六军十八师，现提五军十六师，已有让步。十七条内容字句在此地无研究修改余地。双方争辩达两小时，最后张、王商量后表示坚决拒绝接受。[1]

这时国民党正在召开五届十二中全会，鉴于政治军事连连失败，英美舆论批评甚多，其内部明显地发生严重意见分歧，党的威信日跌。特别是河南惨败，充分显示其军队之无战斗力已至极点。据中共中央方面所得到的情报：4 月 17 日前，整个一战区花天酒地，4 月 17 日敌有蠢动，当日洛阳长官部完全紊乱，战区司令长官蒋鼎文及高级将官纷纷抢运眷属赴陕，计敌机炸死于洛阳至潼关铁路线者达千人。渑池失守时，敌掳去官太太小姐等即达三百余人。洛阳此次损失粮食两千万包以上，一战区汽车三百五十余辆被敌完好开走，守城之刘茂恩部六千人被歼，四千人投敌，余皆散尽。孙蔚如部系一战区所剩最完整者，也损失半数以上，仅余万人。汤恩伯部十五个师，只剩两万，步枪不足一万。一战区全部重武器、大炮、重机枪、弹药仓库等统统损失殆尽。就连蒋鼎文率长官部由洛阳出逃至洛宁时，竟只剩一个司机和雇用的两个农夫，后收容十一个士兵作卫队，也被民众攻散。"其溃散紊乱情况之狼狈，实抗战以来所仅见。"[2] 面对这种情况，中共中央无疑不愿再听任国民党以中央自居，颐指气使，也不再担心由于自己过于强硬而破坏和平局面了。

5 月 31 日，毛泽东致电林伯渠称："请向张、王声明，拥蒋及执行四项诺言等，屡经申明，故未重述于上次文件中，为尊重他们意见，故将其加入于此次文件。又二十条均属事实，请求政府解决极为必要，为尊重他们意见，改为十二条，其余八条作为口头要求，仍请政府考虑解决。"显而易见，中共中央已决心不做退让，坚持进攻态势，只不过出于策略考虑，而将形式略为变换而已。

[1]　《王世杰日记》，第四册，第 317—318 页。

[2]　转见杨奎松：《失去的机会？——战时国共谈判实录》，第 324 页。

6月5日晚，国共两党代表再度商谈。林伯渠提出中共中央修改后的十二条书面意见，张、王仍旧坚持拒收，同时却提出经二人草拟，并经由蒋介石核定的《中央政府提示案》，要林转达中共中央，双方几经争执，在张、王被迫同意将中共中央十二条留下“参考”之后，林伯渠才同意转达国民党的这一提案。次日，林伯渠将国民党的提示案电告中共中央。该案内容与双方以西安时商定的初步意见出入不大。关于军事，同意第十八集团军及其在各地之一切部队，合共编为四个军十个师，此外不得另设纵队、支队或其他名目，人事、教育按相关法规办理，并应服从军委会命令，限期集中使用；关于边区，定名为陕北行政区，行政机构称为陕北行政公署，行政区以其现有地区为范围，但须经中央派员会同勘定；关于党，抗战期内依照《抗战建国纲领》之规定办理，在抗战结束后，依照中央决议召开国民大会制定宪法，实施宪政，中国共产党与其他政党，遵行国家法律，享受同等待遇。[1]

比较国民党前定之政治解决腹案，并联系到将近两周前国民党已接到的中共中央的新条件，不难看出，国民党方面的这一提示案较前已有相当让步。根据前此历次谈判经验，国民党在这种情况下，通常早就放弃谈判努力了，然而这次不仅在中共中央突然全面提高讨价还价筹码的情况下没有跳起来，而且放弃原定腹案，在一向锱铢必较的军事数量和边区范围等问题上，承认自己不止一次坚决否定过的条件，这无疑是温和派张治中、王世杰力争的结果。只是，在蒋介石一方而言，这又多少可能是一种斗争策略。因为早在林伯渠来渝之前，陈布雷就有过主张，认为至谈判已见不成之端时，应反示以主动和宽大，以利宣传。[2] 而文章实际早已作在其中，如四军十师以外之中共军队必须“限期取消”，编后军队要“限期集中使用”，中共不得发行钞票，陕甘宁以外之中共政权须交国民党“接管处理”等。国

[1] 《三十三年六月五日中央政府提示案》(1944年6月6日)，《中华民国重要史料初编》，第五编(四)，第269—271页。

[2] 《陈布雷拟定之〈林祖涵来渝事件应付之要点〉》(1944年3月)，《民国档案》1994年第2期。

民党清楚地知道这些条件是中共不能接受的。如此，自然可使自己取得主动，而陷中共于被动。

不过，国民党做出如此大的让步，却是与美国副总统华莱士（H. A. Wallace）即将来华考察这一特殊政治背景密切相关的。5 月 21 日，蒋介石得知罗斯福确定派华莱士访华，因而忧心忡忡，怀疑罗斯福有意通过华莱士，试探他对美国派人入驻延安一事的态度。故其在日记中愤愤然称："彼竟想利用共党以牵制我政府！"[1] 为造成政府宽大仁厚而中共"蛮横无理"的宣传效果，国民党人可谓颇费心思。只是，这个时候，不论国民党如何动作，对于共产党人已经毫无意义了。

6 月初，中共中央召集会议，明确提出今后要由共产党，而不是由国民党来担负起解放中国的责任问题，主张对国民党在政治上虽暂时不提出打倒它，但要使其大大削弱，自己则要大大发展；策略上目前还要实行攻势防御，而在组织上则不与国民党发生任何关系。如果蒋介石对美国作反共宣传，中共将不惜"下大雨"[2]。换言之，共产党人这时已经对与国民党谈判，请求其给予自己某些权利的做法不感兴趣了，它甚至已经做好了与国民党翻脸的准备。这意味着，国共之间的继续交涉，已经名副其实地成了一场宣传战了。

四、国民党的内敛与应对

6 月 6 日，林伯渠以信函的形式对张、王 5 日拒绝转交中共中央《关于解决目前若干急切问题的意见》（即十二条）一事，提出异议，指出：(1) 国民党中央的提示案虽与中共中央十二条相距甚远，但仍允将提示案转交中共中央，故请将中共中央十二条转交国民党中央考虑；(2) 国民党方面

---

[1] 《蒋总统事略稿本》，1944 年 5 月 21 日条，台北"国史馆"藏蒋中正档案。

[2] 《毛泽东在中共中央七中全会第二次会议上的发言》（1944 年 6 月 5 日）。

提示案称此案系“以林代表祖涵在西安表示之意见为基础”，与事实不符，西安草签者只是“最后共同作成的初步意见”，“约定各自向其中央请示再作最后决定”，故应以中共中央正式意见为准。[1]

8日，张、王复函称：林伯渠5日交来中共中央条件时，已明确表示拒绝转交中央，林伯渠最后请留下参考方允留下，而西安谈判纪录系林伯渠亲笔增删修改并缮清签字的意见，自然转呈中央并示为林伯渠之意见。11日，林伯渠再函张、王就此提出抗议，表示“谈判是两党的公事，非个人的私事”，前者“我未坚持自己主张，同意以两先生所提最低限度之数目向我党中央请示”，如今中共中央意见有所“出入”，则应以我中央意见为准，“不让贵党中央了解我党中央方面意见，只片面的要求我个人接受贵党中央提案，试问我个人如何能够作主，谈判如何能够进行，两先生又如何能够负责？”[2]

张治中、王世杰鉴于拒收中共中央所提要求不利，不得不于15日致函林伯渠称：“关于六月四日所附中共提出《关于解决目前若干急切问题的意见》一件，以未便一再拂先生之意，业经转呈中央。顷奉中央指示，‘中央于六月五日已以提示案交林代表转达中共，凡中共方面意见，中央政府所能容纳者，该提示案已尽量容纳，希望中共方面接受’等因，特以转达。”至于中共中央十二条，“对于自身如何实行中央之军令、政令，改善措施，整编部队之点，均未提及，而所提者，均为片面要求，此种态度，均非对中央政府应有之态度”。[3]

在此之前，中共中央鉴于张、王拒绝转交十二条，曾由毛泽东致电林伯渠，提出：“张、王既然不愿考虑我党中央所提意见，又不愿将此意见转

[1] 《林伯渠致张治中、王世杰函》(1944年6月6日)。

[2] 《六月十一日中共中央代表林伯渠为国民政府代表张文伯、王雪艇两先生拒绝接收我党意见书转报该党中央事致张王的抗议信》(1944年6月11日)，《国共谈判重要文献》(1944年)，第12—13页。

[3] 《张治中、王世杰复伯渠先生函》(1944年6月15日)。

交蒋，又不承认我党合法地位，又不以平等地位对我党中央，而片面地提出所谓提示案，我党中央坚决不能接受，望立即将所谓提示案退还张、王。”在张、王同意转交十二条以后，毛才改变策略，提出可以要张、王来延一谈，并指示立即将十二条及国民党之提示案，秘密提交正在重庆访问的美国副总统华莱士，和在中间人士及记者中传观。显然，中共中央已决心以此来影响各种中间势力乃至美国政府的政策，争取时局进一步向有利于自己的方面转变。

利用谈判来争取舆论和美国政府的同情，也是国民党早已拟定的目标。在刚刚向中共中央提交了显示中央“诚意”的提示案，宣布允许中共编四个军并照现在区域划定陕北行政区之后，蒋介石即劝告已经来华的美国副总统华莱士相信：“（一）中共无意与政府再谈判解决纠纷；（二）中共已放弃对日作战之任务，展开夺取政权之阴谋，并企图乘国难时机，完成其必备条件；（三）中共展开之阴谋，非一孤立问题，而为国际共党世界革命阴谋之一部，且获国际共党之支持，有既定之步骤与预定之目标，非到达终点，不半途废止；（四）政治谈判与军事行动同为共党争取利益、达到目的之手段，决不以政治谈判予对方为解决纠纷之途径；（五）除非国民政府统治中国之政权交其掌握，则纠纷永无止境，而内战难免爆发。以此，吾人对解决中共问题之方法，认为须重新考虑，由谈判妥协之决策，已失时效，而非对症之药。”他甚至断言，国民党之所以“士气沮丧，军事失利”，均因政府不予中共以严厉制裁，反与谈判而起，故扬言：“倘中共继续行动越轨，以武力实现其阴谋，中国政府为伸张纪纲，而无法避免用武力时，将被迫予以军事制裁。”[1]

对照蒋介石十个月前生怕动用武力而中中共激将法的日记，可知此时蒋已再不能耐。他在日记中痛斥“此时共匪之气焰嚣张极矣”[2]。只要美国

[1] 张九如：《美国介入国共和谈的第一步——蒋主席与美国副总统华莱士三次会谈纪录》，载台北《传记文学》第34卷第4期；并见《蒋总统秘录》，第13册，第145—148页。

[2] 《蒋总统事略稿本》，1944年7月26日条，台北“国史馆”藏蒋中正档案。

表示同情，蒋势必决心对共产党施以军事打击。但无奈华莱士对蒋介石的说法颇不以为然，反力主调和，且对中国共产党不无好感。这种情况意味着蒋介石争取美国政府理解的努力仍旧一无所获，仍得与共产党继续周旋，争取舆论的工作还得继续做。

7月26日，国民党中宣部长梁寒操依据前定关于“混乱”中共宣传的策略，故意发布关于谈判的“乐观消息”，声称“国共关系已有改进”，“政府的观点和共产党的观点事实上并无严重分歧”，“国共问题已经有了一部分的解决”，说问题的症结只是由于中共言行不一。张、王随即致函林伯渠，再度“剀切敷陈”，说明难于接受中共十二条的原因。[1] 当然，王世杰和张治中倒并非纯粹是基于国民党内预定的宣传策略而作此解释的。王世杰坚持，“对中共交涉宜继续采取宽和政策”，尤应避免谈判拖延下去，以致破裂或停顿。因为“在目前举国乃至中外注目于此一谈判之时，此种破裂殊多不利”。[2] 他认为，对付中共的办法，关键在于要给中共以政治上的压力。“政府应从改革政治方面造成有利于政府之国内外新环境。此新环境即是对中共之压力，此其一。第二，我对中共政策，应预想到二三个月后苏联参加远东战事，中共军队与苏联连合时之状态。我应预采一种办法，防止苏联届时承认中共政治组织，或接济其军火，使与政府对抗。”[3]

对梁寒操谈话作出反映的，首先是周恩来。他于8月13日发表公开谈话，逐条批驳，斥责梁寒操歪曲事实。[4]8月30日，林伯渠也复信张、王，详论中共前此要求之公平合理，批评国民党提示案只从“一党一派一己的私利”出发：“(一）关于我方所恳切要求解决的实行民主政治，承认各党合法，释放爱国政治犯，释放叶挺等被捕人员等项，一字未提；(二）编军数目，只承认四个军十个师，且不顾抗战需要及敌后游击战争环境，要将

[1] 《王世杰、张治中致林祖涵先生函》(1944年8月10日)。
[2] 《王世杰日记》，第四册，第368页。
[3] 同上，第390—391页。
[4] 《周恩来关于国共谈判问题答记者问》(1944年8月13日)。

十个师以外数十万正在抗战的军队‘限期取消’,并要将十个师‘集中使用’;(三)对边区政府，只要求实行国民党中央之法令，不提三民主义，不承认为抗日所需要并且已经实行大见成效的现行各项民主设施与民主法令;(四)对抗日根据地人民选举的各民主政府，要求取消。”[1]

蒋介石这时对共产党已完全束手无策。对内政治解决毫无希望，对外无以对付“无孔不入”之共党国际宣传，美国方面又处处干涉，坚持要派美军观察组进驻延安。蒋虽多方反抗，但为借此抵制美军方要为八路军分配军援之动议，最终仍不得不屈从就范。以蒋之个性，他显然已忍无可忍，以至于几乎无时无刻不在设想破釜沉舟之计。他在日记中痛苦万状地写道:“美总统罗斯福藉举我为四强之一之虚名，以示惠于我，使我受其控制，并藉此要胁吾以遂其所欲，吾乃享虚名而受实祸也。”“我政府恐美国不谅解，乃事事有所顾虑，对内不能制共，灭损我政府之声威，对外依附于人，不能有所主张,徒作他人之傀儡,丧失我革命独立之精神。”他虽然坚信中共“虽有国际之背景与阴狠之奸谋，彼亦必有终无出路之一日”，但他仍然不能不强烈担心自己忍耐的限度，因而暗下决心:“若至不得已时，惟有以快刀斩乱麻处之。”1944年8月，他秘密条谕胡宗南，详尽“指示进取延安匪巢及围剿陕北奸匪要旨”。要求胡注意:“(一)匪部主力及其重点似在鄜县附近，其薄弱点似在三边;(二)我军丁部如能由豫旺直取安边与宁条梁山，与横山榆林高部取得联系，然后再南下转攻米脂绥德，以断其北窜之路，则整个包围之势已成。以后即易处置矣。(三)我军南路主力可否用在宜川，直取延安，而对鄜县方面作为助攻，务使延安能于进剿半月内切实占领，此为整个计划惟一之要领。其他方面可照前两条之主旨周密设计，总使进剿时间能尽量缩短，务于三个月能完全肃清也。”[2]

蒋介石如此，共产党人也在准备采取一种更为激烈的对策。正当国民

---

[1] 《林祖涵致王世杰、张治中的信》(1944年8月30日)。
[2] 《蒋总统事略稿本》，1944年8月11、18、31日条，台北“国史馆”藏蒋中正档案。

党密谋利用9月召开的参政会全面公开谈判过程,以显示政府之“光明磊落,开诚相与”,指责中共毫无诚意之际,中共中央却也在准备对国民党发起致命的攻击了。

还在5月中旬提出新的条件之后,中共中央就已经在相当尖锐地攻击国民党的一党专政。在中共新的二十条和6月初进一步修改提出的十二条中,第一条就有“请政府实行民主政治”的文字。[1] 但是,要根本否定国民党的一党专政,同时又不给人以共产党想要根本推翻中央政府的印象,避免损害国共之间统一战线的基本关系,对于当时的中共中央来说,还是一个颇难解决的问题。恰在这时,传来了美国人关于联合政府的设想与提议,它显然适合中共中央谋求以新的统一战线政权形式替代国民党一党专政的现实需要,因而迅速开始成为中共中央新的斗争口号。

联合政府的设想最初是美国总统罗斯福提出来的。1943年11月开罗会议期间,罗斯福在谈到中国内部纷争时曾向蒋介石提议:国民党“应该在战争还在继续的时候,同延安的共产党成立一个联合政府”[2]。对于罗斯福的这一建议,蒋介石当然不会加以理睬,美国方面此后也只能将其束之高阁。美国方面重新提出这一设想,也是震惊于国民党军队在日军打通大陆架作战中的节节败退。6月前后,美国驻华大使高思(C. E. Gauss)开始在大使馆范围内提出,“由委员长召集(包括共产党在内的)所有派别,和他一起组成军事委员会或最高统帅部”,以便大家共同承担责任,确保中国尚存地区不致进一步落入日本手中。这项建议得到其他外交官的一致认同,也迅速得到美国国务院的认可。国务卿赫尔(H. Hull)甚至直接打电报给高思称:总统和我已仔细考虑了你的意见,我们赞同使中国政府成立一个强有力的并具有广泛代表性和宽容精神的政府的一切努力,而“一个代表中国所有有影响的党派并在蒋介石领导下拥有全权的委员会或某种机构,将是实现

[1] 《中共中央向国民党提出的十二条意见书与委托林祖涵提的八条口头意见》(1944年6月4日),《中共中央抗日民族统一战线文件选编》(下),第702—705页。

[2] 埃利奥特·罗斯福:《耳闻目睹》,纽约,1946年,第249—250页。

这个目的的最有效的形式”。据此，7 月 4 日，艾切森代办在与立法院院长孙科的谈话中第一次正式向中国政府官员提出了这一建议。之后，高思同外交部长宋子文以及考试院院长戴季陶也进行了类似的谈话，并且亲自向蒋介石正面提出了这个问题。[1]

考虑到蒋介石对自身地位的过分敏感，高思以及美国政府这时更多地还是从军事方面着眼，建议立即在蒋介石领导之下组成一个有职有权的联合军事委员会或联合最高统帅部，以便团结全国各党各派，共同承担战争责任，解决目前军事方面的严重困难。高思明确告诉蒋介石，他并没有设想过立即改组政府，尽管他相信，在目前这种危机时刻，组成有各党派代表参加的联合政府也许不失为有效办法。但是，不论高思这时如何考虑，对于那些明显地同情共产党而反感国民党的年轻外交官来说，根本改组现行政府，组织联合政府，多半是一种更好的选择。随着 7 月下旬美军观察组进驻中共中央所在地延安，一向对国民党政府持批评态度的美国年轻外交官谢伟思（J. S. Service）也受命一同前往执行任务。正是在这种情况下，在中国组织联合政府的问题，很自然地成了谢伟思与中共领导人热心讨论的重要话题之一。

中共中央最早公开提出废止国民党一党专政的要求，是在 8 月 13 日。周恩来这一天就国共谈判发表公开讲话，一面继续表示拥护蒋委员长与国民政府，一面却直截了当地要求国民党必须放弃一党统治与限制、削弱和消灭异己的方针，强调国共关系的症结，根本就在于此。[2] 但是，周恩来这时还没有谈到应当以何种形式来取代国民党的一党统治的问题。四天之后，即 8 月 17 日，当在重庆的董必武电询周恩来是否应当赞同民主党派领导人张澜、左舜生扩大参政会的主张时，毛泽东才开始提到联合政府问题。毛泽东在董必武的电报上批示：“应与张、左商各党派联合政府”。根据毛泽东的提议，周恩来在第二天的复电中请董必武、林伯渠考虑，目前如果向

[1] FRUS, 1944, Vol.6, pp.116-117, 120, 124-126, 132, 561, 567-569.

[2] 《周恩来关于国共谈判问题答新华社记者》（1944 年 8 月 13 日），《中共中央抗日民族统一战线文件选编》（下），第 724 页。

国民党要求提前召集各党派及各团体代表会议，改组政府，然后由此政府召开真正民选的国民大会，讨论反攻，实行民主，能否引起大后方各党派的响应和各地方实力派的同情？不难看出，这是中共中央对联合政府的最早考虑，对可行性还存着某种疑问，因此叮嘱重庆方面的代表先行在民主党派领导人当中暗中征询意见。[1]

中共中央注意到联合政府这样一种形式，毫无疑问与随同美军观察组来到延安的谢伟思有关。毛泽东曾讲过这件事情的由来。9 月 1 日，毛泽东第一次将联合政府问题提到中共中央的重要会议上进行讨论，征询各主要领导人的意见。[2] 他当时特别解释说：是谢伟思告诉他说，美国政府有训令给高思大使，要促成中国的联合政府，谢伟思问我的意见如何实现？我说：召集各党派代表会议，成立联合政府，共同抗日，将来建国。显而易见，在得到了谢伟思的这一消息之后，毛泽东对联合政府的提法很感兴趣，但最初并非毫无顾虑。[3] 就在几天前，即 8 月 23 日毛泽东与谢伟思第一次长谈时，他就已经开始把矛头指向国民党的一党专政体制了，但他当时并没有明确提出联合政府的主张。他只是尖锐批评国民党的中央政府不合法，断言蒋介石的主席地位也只是一个政党的仅仅 90 个特殊党员举手举出来的，已经失掉了中国人民的信任与支持，提出国民党的一党政府必须改组而已。[4]

中共中央最初的顾虑不是没有理由的。它这时对国民党的态度，一方面是针锋相对地进行斗争，争取自身的平等地位，另一方面仍旧要继续保持与国民党的统一战线。而这样一种策略的确定，必须适合于自身的实力，右了达不到目的，左了又难免激怒国民党，破裂合作关系，甚至失去中间势力的同情。考虑到国共两党这时力量对比的实际状况，毛泽东在直接提

[1] 《周恩来年谱》，人民出版社 1989 年版，第 580 页。

[2] 《中共六届七中主席团会议》（1944 年 9 月 1 日）。

[3] 同上。

[4] 转见约瑟夫 · W. 埃谢里克编著，罗清、赵仲强译：《在中国失掉的机会——美国前驻华外交官约翰 · S. 谢伟思第二次世界大战时期的报告》，国际文化出版公司 1989 年版，第 251—255 页。

出与国民党联合执政的问题上最初还是有所保留的。正因为如此，他在决定打出联合政府的旗帜时，表现得十分谨慎。事实上，中共中央未尝没有过与国民党共同承担领导责任的想法。还在1937年12月政治局会议上，它就根据共产国际的意见，提出过国共两党“共同负责，共同领导”的政治主张，并且有意派人参加国民政府，其实这也是一种联合政府的设想。但一方面共产国际相信加入国民政府对共产党没有好处，另一方面也因为当时两党力量悬殊太大，国民党方面充其量只会在个别部门吸纳中共人员以为点缀，故这一设想并未能实行。[1] 如今这样的时机是否已经成熟了呢？一向自大主义十足的蒋介石，是否能够接受与共产党分享政权的事实呢？[2] 很明显，注意到国民党军事上的惨败和美国政府的干预，中共中央这时已确信可以提出废除国民党一党专政，建立联合政府的问题的时机已经到了。

9月4日，中共中央致电林、董等提出：“目前我党向国民党及国内外提出改组政府主张时机已经成熟，其方案为要求国民政府立即召集各党、各派、各军、各地方政府、各民众团体代表，开国是会议，改组中央政府，废除一党统治，然后由新政府召开国民大会，实施宪政，贯彻抗战国策，实行反攻。”中共中央估计：“此项主张国民党目前绝难接受，但各小党派、地方实力派、国内外进步人士，甚至盟邦政府中开明人士会大加赞成，因此，这一主张应成为今后中国人民中的政治斗争目标，以反对国民党一党统治及其所欲包办的伪国民大会与伪宪。”[3]

9月12日，鉴于决定在15日的参政会上，由国共两党代表就谈判问题进行报告。王世杰考虑到上一届参政会何应钦报告指责中共，国民党参政

---

[1] 1938年1月，因得到国民党有意拉共产党代表加入政府的消息，共产国际专门电示中共中央：不应参加国民党政府。中共中央六届六中全会据此明确决定不参加国民政府。转见《洛毛致朱彭任电》（1938年1月14日）；《新华日报》1938年1月18日。

[2] 谢伟思7月22日到延安，四天前，即7月18日，毛依然承认国民党政府的合法性。他对外国记者说：我们的政府是国民党政府下属的地方政府；我们的军队是国民党军事委员会下属的国民革命军的一部分。见《在中国失掉的机会》，第211页。

[3] 《中央致林、董电》（1944年9月4日）。

员群起攻击董必武，导致董当场退席的教训，“力向蒋先生言，林祖涵十五日在参政会报告国共谈判经过时，本党参政员不宜发言，以共党参政员仅二人，我如以人多言激之形式逼之，将失第三者之同情也。蒋先生深以为然，并予本党参政员以甚严之指示”[1]。蒋甚至还内定，由参政会主席团提议，组织冷遹、胡霖、王云五、傅斯年、陶孟和等参政员，组成中立性质的视察团，赴延安视察，并于返渝后提出解决中共问题的建议。[2]

9月15日，林伯渠利用报告国共谈判的机会，公开提出“希望国民党立即结束一党统治的局面，由国民政府召集各党、各派、各抗日部队、各地方政府、各人民团体的代表，开国是会议，组织各抗日党派联合政府”的主张。[3] 国民党参政员因为有蒋令在先，未做任何激烈表示。“最后，主席团提议组织延安视察团。会场除中共参政员林、董二人外，均举手赞成。”而蒋介石在次日的讲话中，亦委婉地回应林伯渠的主张，说明政府已有实施宪政决心，并准备提前推行。[4] 由于对此次参政会采取了相当开放的政策，会议发言、提案等，不论拥护或批评，均公开透明，刊布于报端，因此，林伯渠的报告亦没有能够造成中共中央预期中的轰动效应。

[1] 《王世杰日记》，第四册，第397—398页。

[2] 同上，第399页。

[3] 《林祖涵同志在参政会上关于国共谈判报告》（1944年9月15日），《国共谈判文献》，七七出版社1944年印行，第10—15页。

[4] 《王世杰日记》，第四册，第400页。

第十二章

抗战结束前后的和战选择

眼看欧洲战场已经大踏步向胜利迈进，美国在太平洋战场也开始步步逼近日本本土，中国战场形势却如此严峻，这不能不使作为盟国的美国政府焦虑万分。在多数美国人看来，中国问题的症结，首先就在于国共关系紧张。共产党因为受到国民党的封锁和牵制，不能集中兵力用于抗日；国民党则害怕共产党坐大，一心保存实力，准备战后和共产党算总账。由于美国这个时候击败日本的军事战略，需要在中国的沿海地区实施登陆作战，因此，美国政府不能不高度重视中共的抗日力量，特别是关注中共在华北和华东沿海地区的敌后根据地。这种情况，促使美国军方不顾蒋介石的反对，向延安派出军事观察组。就在毛泽东雄心勃勃地准备利用美国来和蒋介石抗争的时候，美军跳岛作战的成功，却使美国军方不再需要利用中国沿海地区攻击日本了，因此，美国政府的对华政策发生了急剧的改变。这种改变，导致美国出于战后在亚太地区战略利益的考量，不能不急于帮助蒋介石解决共产党问题。美国总统特使赫尔利（P. J. Hurley）就是在这种情况下卷入到国共谈判当中来的。但是，赫尔利既对中国事务极度隔膜，同时又只能坚定地站在维护国民政府统治的立场上，自然不可能达成目的。

一、赫尔利调处的失败

1944 年 7 月 28 日，美军观察组正式进驻延安，它清楚地表明，美国政府和军方在对日战争中不仅需要中国政府，而且需要中国共产党。这种情况，促使中共领导人相信，美国人需要共产党在沿海地区的武装力量是确定了的，因此，要求分得美国的援助物资，并要求一党专政的国民党开放政权，建立联合政府，与共产党及其他党派分享政权，也是天经地义的。

但是，就在林伯渠在国民参政会上强硬地提出联合政府的政治主张后不久，在美国与国民党人之间就发生了一件极具象征意义的事情。这就是与蒋介石在军事指挥权以及使用中共军队等问题上充满矛盾的中缅印战区司令官史迪威将军，被罗斯福解除职务，中缅印战区同时被取消。注意到美国这时在太平洋上跳岛作战顺利推进，美军利用中国大陆进攻日本本岛的必要性迅速失去，美国对中国在对日战争中军事作用的估计正在发生重要的变化。很显然，美国政府已经不再寄希望于借助中国来打败日本了，它迅速把目光从战时移向了战后。权衡战后国共两党在中国政治生活中的实际作用，罗斯福总统开始把对华政策的重心重新放在支持蒋介石政权上。也正是因为考虑到战争结束后需要稳定以蒋为首的中国政权，刚刚负责调解完蒋介石与史迪威矛盾问题的美国总统特使赫尔利，转而介入国共关系，试图利用美国的威望来迫使国共两党达成一种真正意义上的妥协。

远在赫尔利有意介入国共两党谈判之前，美国在华的外交官们就曾经通过各种渠道向其政府提交过有关国共两党关系的种种报告。这些报告在很大程度上都只是在重复一个近似的话题，即国民党和共产党的冲突正在导致一场内战，就其相互关系而言，日本实际上只不过是一个次要的敌人。蒋介石的目的在于封锁、孤立乃至消灭共产党，而共产党迫于压迫也只好保存实力，以国民党为敌。由于蒋介石政权独裁、腐败、失去人民拥护，而共产党享有民众的支持，并且廉洁奉公，两强相争的结果必定使蒋介石只好不顾一切地把美国拖入一场新的战争的泥沼，从而把共产党完全推向苏联一边，最终导致美苏之间的严重冲突。为避免出现这种情况，美国最好从现在起就开始与中国共产党发生关系，以阻止其倒向苏联，同时对蒋介石政权施加压力，以谋求中国政治民主化。[1] 赫尔利与其他美国在华外交官的想法严格说来没有多大差别。问题仅仅在于，其他美国外交官更多地怀疑继续全力支持腐败的蒋介石政权对美国究竟是好事还是坏事，而赫尔利根据罗斯福的新的对华政策，相信首先是要确保蒋介石地位的巩固，然后才是如何推动国民党进行必要的改革的问题。

注意到美国政府的这种立场，蒋介石很快就意识到可以利用美国的压力尝试着逼迫共产党人就范。由于蒋通过赫尔利在处理史迪威事件时的表

[1] FRUS, 1942, China, pp.99-101, 207-2211; FRUS, 1943, China, pp.25-29, 193-199, 258-266, 397-399.

现，深感赫“特别富有人情味”，故专门致电罗斯福总统：“余深望赫尔利将军派充阁下较长时期之个人代表，且授以相当广泛之训令，俾于中美军事关系之诸般重要问题，得与余合作，例如余正赖以助余与中国共产党谈判，彼已与共产党会商，盖余意欲将共产党军队编为中国正规国军，乃此时抗战最重要之一任务，余完全信任赫尔利将军，且因其异常谙达人情，又了解此问题之观点，似亦能与共产党领袖相周旋。”[1]

在得到罗斯福同意后，国民党方面立即建议赫尔利“同目前在重庆的国民参政会中共参议员林祖涵、董必武两先生举行一次会谈”，以“陈述美国和苏联政府对于中国共产党的态度，并强调共产党立即与中国政府达成协议的必要性”。很显然，他们相信绝对可以借助于这位对中国事务毫无了解，又热心于这项使命的美国特使，来达成自己的目的。因此，他们明确地要赫尔利：“向林、董询问，共产党是否愿意由赫尔利将军进行斡旋，从而与政府达成一项解决办法。也可以向他们表明，如果延安愿意接受赫尔利将军的斡旋，而且赫尔利将军又能事先从中国政府得到不反对他采取这一行动的保证，他将提出一项解决问题的建议。”当然，这种建议不应超出政府可能的界限。他们为此专门替赫尔利拟具了一份文件，包括中共军队应切实执行中央政府一切命令；中共军队可以编为几军几师；中共军队的枪械弹药补给经中央派员查明后提请蒋委员长核发；三个月内中央驻陕北边区之部队与中共在陕甘之军队一律开赴前线执行抗日任务，等。[2]

10 月 12 日，赫尔利正式开始调处工作。他在这一天向蒋介石提出“改造中国”的“十点建议”，其中最主要之点在于改善中苏关系以巩固国民政府之地位，同时在蒋介石的领导下统一军队，并在民主的基础上实现政治统一。[3] 由于赫尔利来华之前曾预先访问过苏联，并得到苏联外交人民委员

[1] 《蒋总统事略稿本》，1944 年 10 月 9 日条，台北“国史馆”藏蒋中正档案。

[2] FRUS，1944，China，pp.650-651；《拟于下次赫尔利来晤时谈话之要点》（1944 年 10 月），台北“国史馆”藏蒋中正档案，特交档案（四）第 50714 号。

[3] FRUS，1944，China，p.259.

莫洛托夫（M. Molotov）关于苏联与中国共产党没有任何关系的保证，故赫尔利对于严重困挠着蒋介石的所谓“国际共党之阴谋”不以为然。他一来到中国，就首先将这个消息通知蒋介石，并且因此对巩固蒋及国民政府的地位和解决共产党问题充满信心。在他看来，只要蒋介石能够设法与苏联搞好关系，并在民主化问题做些让步，实现军事及政治的统一并不是一件十分困难的事情。

值得注意的是，蒋介石13日意外得到消息称：“赫尔利之副官上周私自飞赴延安，一宵即返，手中并持有中国信件二包。”这不免让蒋如堕五里雾中，反复思索，总觉得“以赫尔利平日之言行，对我方皆极尊重，似不应私派其副官往延安也”[1]。此事再度使蒋疑心重重。当晚转侧难眠。次日一上午又“考虑赫尔利与共匪勾结之因果颇久”。他一面反复告诫自己，此事不必过于重视，一面却又再三思量，以至相信“美国必欲由其从中调和国共，以为操纵中国干涉内政之张本，形势可谓危险与恶劣极矣”[2]。

10月17日，赫尔利主动约请中共在重庆的代表林伯渠和董必武去其住处会谈。林、董在首先陈述前此两党在政治军事等问题上的严重分歧和中共中央对于解决两党关系的既定主张之后，赫尔利表示：他和林、董谈话是蒋介石允许的，蒋介石甚至也允许他必要时前往延安，因此他认为这表明蒋的态度已变缓和了。他声称，中共武装组织训练都好，力量强大，已成为决定中国命运的一种因素。而中国现政府确不民主，需要改进，但蒋介石现在为抗日的领袖，这是全国人民公认的事实。因此，国共两党仍应加强团结，他就是代表罗斯福总统来帮助中国团结的。他决不会偏袒任何一方。次日，赫尔利又约林、董吃饭，双方再度进行会谈。赫尔利进一步称：蒋介石15日与其谈话时专门说，他个人对共产党的观点已完全改变，但部下还不明了。并说林、董和他一样爱国家，赫尔利可以信任他们并与之交谈。

[1] 《蒋总统事略稿本》，1944年10月13日条，台北“国史馆”藏蒋中正档案。
[2] 《蒋总统事略稿本》，1944年10月14日条，台北“国史馆”藏蒋中正档案。

故赫尔利认为蒋介石的态度已经变好，可以在此基础上谈判实现合作。国共合作后，中共应取得合法地位，有言论、出版、集会等自由，在军事领导机关中也应有中共党员参加，分配军事物资也不应偏于那一党派。他计划先约张治中、王世杰与林、董谈，得出初步结果后由他同蒋商量，蒋同意后他便到延安去和毛主席谈，求得双方合作的基础，最后蒋介石、毛泽东见面，发表宣言，实现合作。[1]

赫尔利关于蒋介石已改变对共产党态度的说法，究竟是赫尔利的一厢情愿，还是蒋介石虚与委蛇之言，无从查证。但有一点是肯定的，即蒋介石这时对共产党的态度并没有丝毫变化。就在赫尔利向中共代表保证蒋已转变态度两天之后，蒋即发布手令，要沦陷区的国民党人迅速发展武装与共产党斗争。随后，蒋更暗自计划于战争结束前后消灭各地共产党的种种方案。“……积极准备（一）无形清剿（不用剿共名义），反攻倭寇时一面扫荡伪组织，一面肃清当地共匪之不听命令者，反攻军之组织应增加此任务；（二）抗战结束后召开国民大会，代表全国公意，成立决议案，取消共党之军政与边区，实行统一。（丙）预防其阻碍我反攻。（一）沿海接应美军；（二）夺占各重要都市；（三）在我后方之暴动；（四）争取伪军。”[2]

10月21日，蒋介石将国民党方面的解决方案交给赫尔利，赫尔利当即发觉蒋的态度仍旧过于苛刻。用赫尔利后来告诉中共代表的话来说，此一方案的内容就是：“叫你们在前面打，他在后面打，意思就是要消灭你们。”故赫尔利不得不当场退回，并说：“如果我是共党，我也不会接受。”他问蒋：为何不能与中共军队并肩作战？蒋答复说：无适当人指挥。赫尔利称自己愿意去充任两军的联络。赫尔利并告诉林、董说，他当时甚至劝蒋应该当机立断，要实行民主就实行，要释放政治犯就释放，不能再等云云。[3]

10月28日，赫尔利不能不直截了当地提出他自己的方案。这一被称作“协

[1] 《林伯渠、董必武与赫尔利谈话记录》（1944年10月17、18日）。

[2] 《蒋总统事略稿本》，1944年10月27日条，台北“国史馆”藏蒋中正档案。

[3] 《董必武、林伯渠致毛主席电》（1944年10月24日）。

定的基础”的方案分为下列五点：

一、中国政府与中国共产党将共同合作，求得国内军队之统一，以便迅速打败日本和解放中国；

二、中国政府及中国共产党均承认蒋介石为中华民国的总统及所有中国军队的统帅；

三、中国政府及中国共产党均拥护孙中山之主义，在中国建立民有、民治、民享之政府，双方将实行各种政策，以期促进和发展民主政治；

四、中国政府承认中国共产党为合法政党，所有国内之各政党，均予以平等、自由及合法之地位；

五、中国只有一个中央政府和一个军队，所有官兵不论属于中共军队还是属于政府军队，均将根据其等级得到同等的待遇，各部队在装备及供应的分配方面，均将得到同等对待。[1]

赫尔利的这一方案，借用当时正在延安的美国年轻的外交官谢伟思后来所说过的一句话，就是：“赫尔利好像从未明白他试图拉到一起的两个党在根本上是水火不相容的。”他完全是按照美国的法律公式和政治原则在考虑问题，而对自己正在陷入的那个泥沼地的地理情况却几乎是一无所知。[2]11月7日，蒋介石将一个经过实质变动，已经是国民党的方案交给赫尔利，赫尔利竟然没有充分意识到它们之间的本质区别。蒋的方案内容如下：

一、中国政府与中国共产党将共同合作，求得国内军队之统一，以便迅速打败日本和重建中国；

二、中国共产党之军队应服从并执行中央政府及其军事委员会之命令；

[1] FRUS，1944，China，p.659.

[2] 约·斯·谢伟思：《美国对华政策（1944—1945）》，第104页。

三、中国政府及中国共产党均拥护孙中山之主义，在中国建立民有、民治、民享之政府，双方将实行各种政策，以期促进和发展民主政治之程序；

四、中国只有一个中央政府和一个军队，中共军队经中央政府整编后，其官兵的薪奉和给养按等级享受与政府军队同等待遇，其各部队装备和军需品之分配亦将得到同等待遇；

五、中国政府承认中国共产党并将使之为合法政党，所有国内之各政党，均将得到合法之地位。[1]

新方案把原方案之“解放中国”改为“重建中国”，其意显然在肯定国民党的法统地位；把双方“承认蒋介石为中华民国的总统及所有中国军队的统帅”，改为单方面要求中共军队“应服从中央政府及其军事委员会之命令”，其意明显地是否认共产党与国民党具有平等地位，并重申军令政令应统一于国民党一党专政的国民政府；其强调中共军队经中央政府整编后始得平等待遇，更是突出表明了其必欲取得中共军队指挥权的强硬态度；至于把“促进和发展民主政治”改为“促进和发展民主政治之程序”，取消原案中给予各党派“平等、自由”的规定，同样清楚地说明了国民党并不打算改变其一党专政的态度。

11月7日，赫尔利乘专机飞抵延安。次日上午10时半，双方开始正式谈判。赫尔利强调，蒋曾向他表示，愿意与中共取得谅解并承认共产党的合法地位，甚至同意考虑吸收共产党人参加军事委员会，及在公平的基础上成立统一机构等问题。在此基础上，赫尔利宣读了由国民党修改过的方案，希望能够“很自由、公开、坦白的”就此进行讨论。[2]

下午3时，双方继续谈判。毛泽东在表示欢迎赫尔利来延安后，即批

[1] FRUS, 1944, China, p.666;《美国赫尔利将军携呈蒋委员长有关国共协议之基本条件建议》(1944年11月7日),《中华民国重要史料初编》, 第五编（四), 第289页。

[2] 《赫尔利与毛泽东、朱德、周恩来谈话记录》(1944年11月8—10日)。

评赫尔利上午所宣读的方案中有关由国民政府改编中共军队的条款，说:“这一条主要的恐怕是蒋先生自己写的。我以为应当改组的是丧失战斗力、不听命令、腐败不堪、一打就散的军队，如汤恩伯、胡宗南的军队，而不是英勇善战的八路军新四军。”赫尔利稍做辩解后，就提出请毛泽东对方案加以修改或补充。因为他相信：“蒋委员长已同意改组军队，已同意改组他的政府。他并说他希望共产党帮助他实行孙中山的三民主义，使民主程序的发展成为可能。”因此，只要在此基础上，应该不难妥协。[1]

经过几天磋商，双方最终按照中共中央提议的协定草案达成一致意见。11月10日上午12时45分，毛泽东和赫尔利分别在协定上签字。下午2时许，赫尔利乘飞机返回重庆，周恩来亦同机前往，以继续与国民党方面的谈判。

赫尔利与中国共产党达成的协定草案内容如下：

一、中国政府、中国国民党与中国共产党应共同工作，统一中国一切军事力量，以便迅速击败日本，重建中国；

二、现在的国民政府应改组为包含所有抗日党派和无党无派政治人物的代表的联合政府，并颁布及实行用以改革军事政治经济文化的新民主政策。同时，军事委员会应改组为由所有抗日军队代表所组成的联合军事委员会；

三、联合国民政府应拥护孙中山先生在中国建立民有、民治、民享之政治原则，联合国民政府应实行用以促进进步与民主的政策，并确立正义、思想自由、出版自由、言论自由、集会结社自由、向政府请求平反冤抑的权利、人身自由与居住自由。联合国民政府亦应立即实现下列两项权利，即免除威胁的自由和免除贫困的自由之各项政策；

四、所有抗日军队应遵守与执行联合国民政府及其联合军事委员会的

[1] 《赫尔利与毛泽东、朱德、周恩来谈话记录》(1944年11月8—10日)。

命令，并应为这个政府及其军事委员会所承认，由联合国得来的物资应被公平分配；

五、中国联合国民政府承认中国国民党、中国共产党及所有抗日党派的合法地位。[1]

这一协定由于明确肯定共产党与国民党的平等地位，根本上否认国民党的一党专政，对于共产党人无疑是一种空前的胜利。故毛泽东在协定签订当天致罗斯福总统的感谢信中，明确宣称："这一协定的精神和方向，是我们中国共产党和中国人民八年来在抗日统一战线中所追求的目的之所在。"[2]同样，多半是由于从美国民主政治的观念来理解这一协定在统一和团结中国两大政党问题上的意义，赫尔利也极其兴奋地陶醉于自己所取得的胜利之中。他断言，毛泽东为解决这一最困难问题而表现出来的"光辉的合作精神"及其"智慧和热忱"，"是对于统一中国的福利及联合国家的胜利的贡献"。[3]在赫尔利看来，"在修正草案中的基本原则几乎全是我们的"[4]。因为他成功地使毛泽东承认了"所有抗日军队应遵守与执行联合国民政府及其联合军事委员会的命令"这一重要条件，而联合政府等等不仅符合民主政治的原则，而且又丝毫无损于蒋介石的领袖地位。

兴冲冲地返回重庆的赫尔利刚下飞机就被浇了一头的冷水。当宋子文看到赫尔利与中国共产党达成的协定草案时，立即气急败坏地赶到赫尔利的寓所，指责他被共产党人的旧货单子欺骗了。[5]张治中与王世杰则批评赫尔利不提军队数目，更不应在协定中将国民党与共产党相提并论。而在随后赫尔利与蒋介石的交涉中，蒋也明白告诉他：承认这一协定，将意味着

[1] 《外交部抄呈蒋委员长关于赫尔利将军送来〈国共协定稿〉译文》（1944年11月10日），《中华民国重要史料初编》，第五编（四），第291页。

[2] 《毛泽东致罗斯福总统函》（1944年11月10日）。

[3] 《赫尔利致毛泽东函》（1944年11月10日）。

[4] FRUS，1944，China，p.699.

[5] FRUS，1945，China，p.195.

他和他的党完全失败。不仅如此，如果接受这一协定，必然导致中共控制政府。[1] 赫尔利对此颇不理解，但是，他所负有的支持蒋介石政府的使命使他不能与蒋介石讨价还价。

21 日，赫尔利接受国民党方面提出的复案，并同意转送共产党代表。他为此亦大发脾气，对张治中和王世杰称：这个建议中没有一个字是他的，也没有一个字表现他的公平调解思想。他告诫说：政府显然仍无解决问题之诚意，且无视美国之善意。“美国之意，在防止苏联于加入远东战事后，承认中共政府为对手，而中国政府则藐视此危机。”[2]

张、王走后，赫尔利在他的办公室里接待了周恩来，并向后者用英文宣读了国民党提出的这一修正案。其内容是：

> 一、国民政府为达成中国境内军事力量之集中与统一，以期实现迅速击溃日本，及战后建国之目的，允将中国共产党军队加以整编，列为正规国军，其军队饷项军械及其他补给，与其他部队受同等待遇，国民政府并承认中国共产党为合法政党；
>
> 二、中国共产党对于国民政府之抗战及战后建国，应尽全力拥护之，并将其一切军队移交国民政府军事委员会统辖，国民政府并指派中共将领以委员资格参加军事委员会；
>
> 三、国民政府之目标本为中国共产党所赞同，即为实现孙总理之三民主义，建立民有民治民享之国家，并促进民主化政治之进步及其发展之政策。除为有效对日作战之安全所必须者外，将照《抗战建国纲领》之规定，对于言论自由、出版自由、集会结社自由，及其他人民自由加以保障。[3]

---

[1] FRUS, 1945, China, pp.180-181.

[2] 《王世杰日记》，第四册，第 451—452 页。

[3] 《中央宣传部长王世杰奉命提交赫尔利将军转交周恩来修正国共协议之条件三项》（1944 年 11 月 21 日），《中华民国重要史料初编》，第五编（四），第 294 页。

赫尔利在宣读后即向周恩来解释说：在你们所提的方案中，我认为最重要者，就是承认共产党的合法地位，以及参加决策机构。他们认为承认共产党合法地位是违反孙中山的原则的，我已经争过了。蒋委员长现在到底还是表示可以承认共产党的合法地位，只是不愿承认其他党派的合法地位。他们开始也不愿意你们参加中枢机构，因为这是神经中枢，一切军队调动和外国物资的来源与分配都要经过那里。我也说服他们接受了。至于联合政府，他们是怕你们插进一个脚趾，会把他们挤掉，我叫他们不要怕，他们认为我从延安回来就被共产党包围了，所说的都是共产党的话。但蒋介石最终仍然告诉我：他将允许你们参加政府，但不愿写在这个建议上。赫尔利说，我原来不知道实际情形，所以在延安时，毛泽东提出意见后我也添上一大堆，现在看来，也许他们这个建议才是谈判的基础。赫尔利的意思很明白，即他试图告诉周恩来，他已经为共产党争到了所有目前可以争到的东西。而周恩来则告诉赫尔利：国民党的这种许诺都是骗人的。只参加军事委员会而不参加政府，结果仍然不能参加决策。因为军事委员会的委员都是挂名的，不但没有实权，而且从不开会。[1]

当天下午，在具体研究之后，周恩来与董必武再度拜会赫尔利，以了解进一步商谈的可能性。周恩来接连提出几个问题，其一，赫尔利将军是否仍同意我们为实现中国团结必须以组织联合政府为前提的主张？赫尔利答称：作为一个见证人而不是当事人，他不能使用同意这个字眼儿，但他认为联合政府的主张是适当的和民主的，问题在于国民党不能接受“联合”这个字眼儿，而他也不能单方面表示同意共产党方面的意见，所以他只能转而劝说共产党与政府间取得谅解。其二，周恩来问：参加政府是否说我们只能处于观察者的地位，而不能有实权？赫尔利答称：是的，参加政府并不等于有实权，但事在人为，你们可由此求得政策的改革。其三，周恩来又问：这次参加军事委员会怎样才能行使委员的权力？赫尔利答：这次

[1]　《周恩来同志与罗斯福总统代表赫尔利将军谈话纪录》（1944 年 11 月 21 日上午 11 时半）。

委员应该行使权力，而且能够行使权力，因为军事委员会将成为最高统率机关，有国民党参加，有共产党参加，也有美国方面参加，并最好设置一个同盟国的统帅，你们难于受国民党的指挥，国民党也难于受你们的指挥，有一个同盟国的统帅便能以公平的态度指挥双方。最后，赫尔利声称：“我要劝你们赶快参加政府，你们一步一步地干，咬东西不能一口咬掉，要一口又一口才能咬掉。”他同意周恩来等带此复案回延安商量，但要周恩来走前先与国民党代表交换一下意见。[1]

22日上午11时，周恩来和董必武应邀再次到达赫尔利的住处，与国民党方面的宋子文、王世杰等会谈。周恩来直截了当地表示：“我这次代表中共中央出来谈判，目的在实现民主的联合政府，以谋全国团结、抗战胜利和友邦合作，而国民党方面的协定草案，则没有这个精神，我们是不同意和不满意的。”周称：就个人而言，我们愿意从双方的建议中，找出共同点，以便求得为达到这个民主政府的初步解决，同时也为民主政府奠定准备工作。而他最感兴趣的是国民党对承认中共为合法政党，以及容许中共参加政府一事的真实态度。王世杰答复说，政府或将制定政治结社法，规定政党承认手续与活动范围。至于党外人士参加政府工作，国民党原无排斥之意，惟在法律上国民党如宣告结束训政或党治，则事涉孙中山先生建国大纲之变更，非经党代表大会不能决定。

由于王世杰等从周的态度中感觉到某种解决问题的愿望，蒋介石即于当天傍晚召见周、董，表示他希望周此行回去能得到延安方面的答案，大家重新合作。周答称：我们对民主联合政府的主张，仍是坚持的，并愿为它奋斗到底。现在国民党还不肯接受民主政府的主张，而提出另外三条，我这次回去，要与我党中央商量，看是否可以此为我们实现民主政府的一个共同点来做准备步骤。但蒋坚持认为：“我做的就是民主。不要要求，我自会做的。如果要以要求来给我做，那就不好了。人家说我不民主，我不

[1] 《周恩来、董必武同志与罗斯福总统代表赫尔利将军谈话纪录》（1944年11月21日下午四时半）。

愿辩驳，但政府的尊严、国家的威信，不能损害。”[1]

进入到1944年11月下旬，整个欧洲的战场形势已经发生根本的变化。意大利早已投降，英美盟军在实现诺曼底登陆后迅速向欧洲内陆推进，苏联红军更推进到波兰、罗马尼亚、保加利亚、捷克斯洛伐克、匈牙利和南斯拉夫，逼近德国本土，眼看德国法西斯即将垮台。受到这一胜利形势的鼓舞，成功地坚持抵抗运动的各国共产党，包括法国、意大利、南斯拉夫和希腊等国的共产党游击队，都先后开始谋求在本国建立自己的政权组织。在这方面，南斯拉夫、阿尔巴尼亚、希腊等国共产党人组建的解放委员会和人民解放军尤其引人注目，南斯拉夫和阿尔巴尼亚共产党都先后剥夺了流亡政府的权力，公开宣告自己是国家最高立法和执行代表机构。这种情况显然极大地振奋了毛泽东等中共领导人的斗争精神。他们这时当然不会设想要由美国人来充当国共两支军队的统帅，并继续保持蒋介石和国民党的统治地位。因此，毛泽东一得到周恩来的电报，就要求周等立即回延，因为中共中央已经开始着手准备成立自己的解放委员会了。毛泽东这时在董必武的一份电报上就批示称：“这次抗战，我们一定要把中国拿下来。”[2]

由于种种复杂的原因和考虑，中共中央随后放弃了马上成立与重庆政府对立的解放委员会的计划，但是，它也没有从11月10日签订的“五项协定”做让步的打算。何应钦、陈诚等甚至决定允许党外人士参加国防最高委员会及行政院，中共军队亦可先交美国军官整编和指挥。[3] 中共中央也还是不同意派周恩来回渝谈判。

12月28日，周恩来致电赫尔利，提出：“关于国民政府有无可能接受我们提议的建立民主的联合政府方针来进行谈判问题，我们不愿再继续抽

[1] 《周恩来、董必武同志与国民党代表王世杰谈话记录》（1944年11月22日）；《王世杰日记》，第四册，第453—454页；《周恩来、董必武同志与蒋主席谈话的要点》（1944年11月22日下午五时半）。

[2] 见《毛泽东在董必武报告上的批语》（1944年12月20日）。

[3] 《王世杰日记》，第四册，第473页。

象的探讨。我们特提出下列意见，请阁下转致有关方面，以觇其有否决心实行民主和团结。我们认为国民政府果欲向国内外表示其与民更始之决心，应先自动的实行：一、释放全国政治犯，如张学良、杨虎城、叶挺、廖承志及其他大批被监禁的爱国志士；二、撤退包围陕甘宁边区及进攻华中新四军华南抗日纵队的国民党大军；三、取消限制人民自由的各种禁令；四、停止一切特务活动。诚能如此，则取消一党专政，建立根据人民意志的民主的联合政府的可能性，方可窥其端倪。”[1]

对此，蒋介石视作“趁火打劫”。赫尔利也复电表示“至感遗憾”，“因与吾人原定先谋原则上之同意，再讨论细节之程序相违”。为促使双方能再度商谈，赫尔利不惜征得蒋介石的同意，提议：“一、行政院宋代院长子文、王世杰博士、张治中将军及余本人，同赴延安，作短期之勾留，与阁下面商一切；二、若原则上已获同意，则毛主席及周将军应与吾人同回重庆，以完成协定。”[2] 然而，中共中央对此依旧不予考虑。毛泽东已经认定：蒋之一切布置是搞垮共产党，我们的一切布置是搞垮蒋介石。而赫尔利的使命则是：“阻止国民政府的垮台，维护蒋介石的领导地位，统一中国的军事力量；同时尽可能地帮助政府的自由化进程，促成产生一个自由、统一和民主中国的条件。”[3] 不难想见，在这种情况下，赫尔利的调处必然要失败。

二、国共两党针锋相对

蒋介石当然不会对赫尔利的调处抱太大的希望。借助于美国人的介入，在蒋不过是一种争取美国政府和舆论同情的策略。因此，他并不会因为国共谈判的僵局，而停止其计划中的的一切努力。

[1] 《周恩来致赫尔利将军的信》（1944年12月28日）。

[2] 《赫尔利将军致毛泽东周恩来对其来电表示遗憾特提议与宋子文王世杰张治同来延安面商一切函》（1944年12月30日），《中华民国重要史料初编》，第五编（四），第297页。

[3] 参见《中美关系资料汇编》，第一辑，世界知识出版社1957版，第139、147页。

1945年1月1日，蒋介石发表元旦公告，宣布他将要“还政于民”，准备在战争结束前即召开国民大会，以此来对抗共产党的联合政府主张。随后，蒋约集五院院长商讨组织所谓战时行政会议问题，决定以此来包容各党派代表，显示政府的民主改革姿态。会议决定在国民党原来三点反建议的基础上，再提三项办法，即：

一、在行政院设置战时内阁性之机构（其人数约为七至九人），俾为行政院决定政策之机关，并使中国共产党及其他党派之人士参加其组成。
二、关于中共军队之编制及军械补给等事，军事委员会将指派中国军官二人（其中一人为现时中共军队之将领）暨美国军官一人，随时拟具办法，提请军事委员会委员长核定。
三、在对日作战期间，军事委员会委员长将指派本国军官二人（其中一人为中共将领）暨美国将领一人，为原属中共军队之指挥官，并以美国将领为总指挥官，中国将领二人副之。该总指挥官对军事委员会委员长直接负责，在其所属战地之军令、政令，皆须统一于中央。[1]

蒋介石的这一条件较此前的方案在形式上确有相当让步，但由于国民党及其政府实际上实行的是蒋介石个人的独裁统治，行政院并无实际决策之权，因此，此一条件的要害仍在使共产党交出军队。只不过为造成“责在彼，而不在我”的效果，蒋介石采纳了赫尔利等人的建议，形式上要美国人来指挥军队。

权衡形势之后，1月24日，周恩来再度飞抵重庆。但这并不意味着中共中央准备妥协。在整个国内和国际形势已经发生有利于共产党的重要变

[1] 参见《中华民国重要史料初编》，第五编（四），第294—295页。

化之后，中共确信战后的政治目标原则上已经不可改变。因此，恢复谈判的策略重点也只在于做出妥协的姿态，进一步宣传联合政府的主张，以争取国内外舆论的同情。据此，周恩来一到重庆就强硬地宣布：此次前来仍本既定方针，即"与政府及各方面商讨建立民主的联合政府之具体步骤"，也就是商谈关于"召开党派会议，作为国事会议的预备会议，以便正式商讨国事会议和联合政府的组织及其实现的步骤问题"。"其他一切头痛医头脚痛医脚的敷衍办法，不管其形式如何，决然无补于事。"[1] 而后，周恩来等即在重庆开始同各民主人士和国民党中的民主派进行广泛的接触和游说，公开宣传中国共产党关于必须结束一党专政的主张。

25 日，周恩来会见赫尔利、宋子文、张治中和王世杰。赫尔利称：昨晚同国民政府方面商谈了以下五点意见，即（一）去年 11 月 21 日的三条仍要做；(二）行政院下设各党派参加的战时内阁性的新机构；(三）成立有国民党、共产党、美国各一人参加的整编委员会，整编中共军队；(四）组织中共军队总指挥部，由政府指派一美国军官作总指挥；(五）国民政府承认中共合法。[2] 由于赫尔利在通知中共中央国民党让步条件的内容时，只谈到国民党在政治上准备同意组成有各党派代表参加的战时内阁，而未涉及军事问题，特别是没有谈到美国统帅权的问题，因此周恩来一听到赫尔利的提议就率直地表示不满，当即予以拒绝。

次日，张治中、王世杰再约周谈，周坚持原议，"但云如就彼原提五项略加修改，彼亦可接收。惟联合政府必须是废除党治后之各党派联合政府"。王世杰当场表示：中共不应斤斤计较于"党治"废除之形式，因此事涉孙中山先生建国大纲之修改，国民党还政于民之时，必须以国民代表大会为接受之机关，不能以"各党派会议"为接受者。[3] 尽管如此，国民党人当中

[1] 《周恩来抵渝后的声明》(1945 年 1 月 25 日)，《中共中央抗日民族统一战线文件选编》(下)，第 788 页。

[2] 《王世杰日记》，第五册，第 17 页。

[3] 同上，第 18 页。

却也有公开支持周恩来主张的人。28 日，孙科邀请各党派人士聚餐，痛斥国民党过去因反共而走上法西斯道路，力言国共必须合作，国民党必须容纳中共，最后并明确赞同周恩来所提议的“国事会议”。[1] 注意到中共对各党派，乃至对国民党的影响，身为谈判代表的王世杰等也不免倍感危机。2 月 1 日，蒋介石召集会议商讨中共问题，王世杰明确提出，除非国民党允许共产党公开活动，否则纯赖军队、特务和警察与之斗争，“则成功难而失败易”。[2]

由于中共中央坚决反对国民党所提补充办法，毛泽东甚至将国民党补充办法中的军事条款，归结为“是将中国军队，尤其将我党军队隶属于外国，变为殖民地军队的恶毒政策”[3]，因此，国民党人所设想的方案自然被束之高阁了。在和周恩来反复交换意见后，赫尔利也一筹莫展，深觉国民党不该根本拒绝中共五条。他在对共产党拒绝美国统帅事表示遗憾的同时，明确表示：“你们不接受三条是对的，我到任何时候都愿赞助你们的五条。我要是蒋，只要将五条中联合政府名义改为联合行政院或联合内阁，便可签字。”[4]

这个时候的蒋介石，早已对赫尔利的调处失去耐心。1 月 29 日，蒋介石召集国民党中常委元老、五院院长及党团负责人等谈话，就坦言对赫尔利的不满。蒋称：国共谈判，赫尔利上次由延安带回的五条，完全上了中共的当。中共后来又提四条，又让我们让步。这次周恩来来渝，更无诚意，要价更高，又提出结束党治问题，与我党为难。我受总理之命，以党建国，只能还政于民，决不能还于其他党派，决不能把政权让给别人。赫尔利糊涂，完全以为他们有道理，为他们说话。美国人不懂中国情形，完全说不通。不过蒋认为，美国人最近好了一点，对中共也有点不满了，因为他们本来承认美国人任统帅，现在不承认了。蒋声称：不要怕共产党，我们一定能

[1] 《王世杰日记》，第五册，第 19 页。
[2] 同上，第 22 页。
[3] 《毛泽东关于召开党派会议、国事会议和国民大会等问题致周恩来电》（1945 年 1 月 28 日），《中共中央抗日民族统一战线文件选编》（下），第 789 页。
[4] 《周恩来关于与赫尔利等谈话情况致毛泽东电》（1945 年 2 月 2 日）。

能够消灭他们。等到美国人与中共也谈不通了，也就会讨厌共产党的。[1]

蒋介石这时处置共产党问题的策略，在其日记中记得很清楚。那就是，一切均以争取美国人觉悟为目的。即“如何使美国了解其阴险为第一要务”。对中共种种要求“应表示迁就容忍而使美国知余有诚意，并使美国对共之嫌恶为要旨也”。[2]

为要使美国人了解中共之“阴险”，国民党订有周密的计划。根据特种会报要求撰写的对外宣传材料《中共问题提要》，这时被分送到 27 个驻外机构。内中攻击中共不同于各国共产党，称其在国内全无社会基础，纯依赖国际共党而生存；称中共的新民主主义不过是其共产主义之一伪装，实际上中共绝无民主自由之可言，所谓“三三制”根本就是“一元化”领导下的门面货；称中共抗日是假，保存实力，抢占地盘，袭击友军，阴谋夺取政权是真；称中共现有兵力不过八万人，已全部退至陕北作威胁后方之用，“其余则皆系乌合之众，无组织、无训练，不足称为军队”，“害民则有余，打仗则不足，故非仅不足为抗战中之重要因素，且为抗战之累赘”。“抗战胜利之期愈近，则中共瓦解愈速”，绝无造成内战之资本，战后若不能诚意服从中央，则无论任何时间均将受国民之公平裁判而趋于消灭，断无把握政权及任何地区之可能，如此等。[3]

而为使美国人嫌恶共产党，相信国民党真有诚意，蒋不惜放弃初衷，委曲求全地接受周恩来所提党派会议的建议。只是他坚持不能称为党派会议，而应代之以有各党派和无党派代表参加的“政治咨询会议”。据王世杰表示，国民党同意在这个会议上讨论“结束训政与实施宪政之步骤”；“今后施政方针与军事统一之办法”，以及“国民党以外党派参加政府之方式”等。[4]

对于国民党的方案，周恩来当场声明：王世杰的提议文中没有改组政

[1] 转见《周恩来关于蒋介石在国民党中常会谈话致毛泽东电》（1945 年 2 月 2 日）。

[2] 《蒋总统事略稿本》，1945 年 1 月 7 日条，台北“国史馆”藏蒋中正档案。

[3] 《中共问题提要》（1945 年 1 月），台北党史馆藏，特 005/30.8—9。

[4] 转见《第五次谈判经过大要》，《中华民国重要史料初编》，第五编（四），第 302—303 页。

府的肯定字样，文字表现也不平等，故仍应以共产党提议的文字为讨论基础。王世杰则表示：(1) 以“国民党以外党派参加政府”之表述，实即为改组政府，文字不提改组政府，为的是便于向国民党人解释；(2) 文字还可以修改；(3) 人数不宜过多，无党派人士总要几个；(4) 提出国事会议名称会约束党派会议的商讨，其提案中并无约束中共之处；(5) 所谓“一致结论”，即表示在会议中可不受表决的拘束；(6) 至于公开进行，有发表公报和主张方式行之，平等地位、来往自由等，绝对保证，希望不写在文字上。对此，周恩来说明：他将把国民党人的意见报告延安，关于会议的协定及文字究如何决定，待报告双方中央后再行商榷。周恩来在次日致毛泽东的电报中建议：只要在党派会议协定中我党不受任何拘束，今后仍是拖的局面，故以此作为初步协商，似无不利之处。惟党派代表比例、改组政府之原则、公开进行等，仍须确定，整个文字亦须依平等精神修改。但是，2 月 3 日，毛泽东明确复电周恩来，要求：“除坚持废除党治外，请着重特务、自由、放人、撤兵四条，请直告赫尔利、宋子文、王世杰，如这条不先办到，不能证明废党治行民主不是骗局。”“除非明令废止一党专政，明令承认一切抗日党派合法，明令取消特务机关及特务活动，准许人民有真正自由，释放政治犯，撤销封锁，承认解放区，并组织真正民主的联合政府，我们是碍难参加政府的。至于会议名称、成份及方式，可以从长考虑。”[1]

毛泽东的电报表明，中共中央这时并不在意会议的具体形式及协定，它根本上就不相信国民党会真的放弃党治，转向民主。因此，它这时更多考虑的其实并不是如何推进谈判的问题，而是如何在成功地进行政治宣传之后，结束谈判，陷国民党于被动。

国民党中许多人对这种情况其实也有充分的估计。他们一再在赫尔利面前宣传说：“中共的真正目的不是废除国民党的一党专政。共产党的全部

[1] 《毛泽东关于目前形势及参加政府的条件致周恩来电》(1945 年 2 月 3 日)，《中共中央抗日民族统一战线文件选编》(下)，第 790 页。

策略表明，他们的目的是推翻国民党的统治，使中共获得对中国的一党专政。”“共产党支持民主原则不过是伪装，是企图利用它获得共产党一党专政下的政府权力。”因此，“不论出现什么情况，国民党都有责任在长期的混乱阶段领导中国”。他们甚至已经开始成功地使赫尔利意识到：“中共是不民主的。共产党的目的是在制定宪法或在民主基础上还政于民以前，摧毁国民党统治的政府。”[1] 在这种情况下，周恩来只能明确告诉毛：“据我所知，蒋绝对不会承认结束党治、国事会议、联合政府等”，因此，坚持我提之协定内容，除成分和加入无党派人士、名称可商量外，其他文字不能修改，另以口头要求其实行放人、撤兵、自由、特务等四条会更有利，届时即可胜利回延了。[2] 9日，周即将上述要求通知王世杰，说明准备回延讨论。至此，两党谈判的大门实际上又再度关闭。

10日，赫尔利约宋子文、张治中、王世杰与周恩来再谈。双方一开始就各自阐明主张，周恩来再度声明，必须回延讨论，召开党派会议前必须首先改善环境，实现放人等四项主张。赫尔利鉴于谈判明显地又要前功尽弃，不得不极力转圜，想敷衍局面。他提出，可否发表一个由他和宋子文已经起草好了的共同声明，说明谈判所取得的进展。对此，周恩来断然拒绝，称此声明完全有利于国民党，致使会议不欢而散。次日，赫尔利又找周恩来进行解释，说可以由周恩来自己起草一个有关谈判进展的声明。他同时通知周恩来，自己马上就要回美国一次，愿意告诉罗斯福总统：国共关系已经接近，但尚未得到结果。周恩来当即反对说：(1) 你同意的五条方针，蒋介石基本上未接受；(2) 党派会议蒋介石只接受其形式，连名字都改了，实质也未接受；(3) 四项要求蒋介石要等到协定成立后才能实行，而联合政府的协定又不能达到，这些都说明我此行是失败的，应该以此真相告诉罗斯福。周恩来并且表示，他将写一书面声明，交赫尔利带回去以便于说

[1] 《驻华大使赫尔利致国务卿》(1945年2月7日)，《党史通讯》1994年第8期。
[2] 《周恩来关于坚持讨论结束党治等问题一定不得结果致毛泽东电》(1945年2月6日)。

明事实真相。[1] 对此，毛泽东于 12 日也致电周恩来表示赞同，电称："断然拒绝赫尔利完全正确，我们必须坚持八条（即指周恩来所提的党派会议协定四条和中共中央所提口头要求四项——引者），并先做四条，否则将长独裁之志气，灭民主之威风。"毛指出：在美国明确扶蒋政策之后，我们必须设法攻掉此政策，为此应不怕他们生气，不怕他们大骂。[2]

13 日，在周恩来准备返回延安之前，蒋介石再次召见周，明确表示：必须无条件实行统一，国民党是革命的，它只能以政权交还人民，决不能听由各党派掌权。因此，他不能同意周恩来所提出的党派会议协定。所谓改组政府成立联合政府，实际就是推翻政府。现在的党派都是不合法的，只有在国民大会以后，人民才有权组党。

次日，国民党代表、中宣部部长王世杰受命举行外国记者招待会，单方面宣布国民党在同共产党的谈判中所做出的重要努力和妥协，批评中共拒绝接受政府提议，企图以此影响美苏舆论。[3]15 日，周恩来针锋相对地发表声明，称王世杰的说法"是不坦白和不公平的"。他批评国民党所提出的方案完全以坚持一党专政为目的，不仅以共产党交出军队为条件，而且干脆就拒绝成立民主的联合政府和联合统帅部，对共产党人提出的党派会议，也同样以继续维持一党专政，反对联合政府为前提。对中共中央提出的首先实行释放政治犯等项要求，更是不予接受。因此，自己不能不回延安报告。言外之意，此次谈判之失败，完全是国民党方面的责任。[4]

15 日，周恩来在将书面声明分别递交赫尔利及各国记者之后，乘飞机返回延安。3 月 1 日，蒋介石在重庆宪政实施促进会发表演讲，公开否定党派会议主张，扬言将单方面于 11 月 12 日召开国民大会，国共双方于是更形

[1] 《王世杰日记》，第五册，第 27 页；《周恩来关于与赫尔利谈话内容致毛泽东电》（1945 年 2 月 11 日）。

[2] 《毛泽东关于我党必须攻掉美政府扶蒋主张致周恩来电》（1945 年 2 月 12 日）。

[3] 转见《解放日报》1945 年 2 月 17 日。

[4] 《周恩来离渝前的声明》（1945 年 2 月 15 日），《中共中央抗日民族统一战线文件选编》（下），第 791—792 页。

对立。周恩来于3月7日致信王世杰表示：“归延后即向我党中央报告在渝谈判经过，佥认蒋主席当日谈话，其内容与先生所云大有出入。同时，先生所提之政治咨询会议草案，亦与敝党意见相距太远，但尚准备敝党之主张作成复案，送达贵党，以供研讨。忽后蒋主席三月一日之公开演说，一切希望均已断绝。盖蒋主席不仅已向国内外公开声明不能结束党治，不能召集党派会议，不能同意于各党各派和无党派人士合组的联合政府之主张，而且更进一步宣布国民党将于今年十一月十二日召集那个在全国尚无自由，各党各派尚无合法地位，大部分国土尚未收复，大多数人民不能参与等条件下，由国民党一党政府所一手包办的完全儿戏的分裂性质的所谓国民大会。此实表示政府方面一意孤行，使国内团结问题之商谈再无转圜余地。”“敝党方面自无再具复案之必要矣。”[1]

几天后，中共中央发出通知，准备于召开第七次代表大会之际公开宣布组成中国人民解放联合会的主张。[2] 同时，毛泽东提出准备全国胜利问题，主张军队发展到150万以上，人口发展到1.5亿人以上，争取将来政府设在我们的地方。这也就是说，中共中央已不再犹豫，开始考虑战后与国民党分道扬镳的问题了。

三、内战危险一触即发

还在1944年3月林伯渠将要来重庆谈判时，蒋介石就曾经估计中共战后企图是：“(1) 受俄指使伪装归诚中央，待取得合法地位与发言资格以牵制中央之外交政策，而后夺取中央政权。此其阴谋之一也。(2) 在此一时期内使中央承认其军队并赋予其一方之任务，待占平津或东北，乘机突变

[1] 《周恩来致王世杰函》(1945年3月7日)，见《国共谈判文件》(三)。

[2] 《中央关于国际国内形势及准备成立中国人民解放联合会的指示》(1945年3月15日)，《中共中央抗日民族统一战线文件选编》(下)，第803页。

割据地方，设立伪组织而作俄国之傀儡，以排除美英在东亚之势力也。”[1]

1945 年 2 月，也就是在国共谈判再度搁浅的同时，美、英、苏三国首脑在雅尔塔已经达成共识，在远东战后将支持以蒋介石为首的国民政府统一中国。4 月 2 日，美国驻华大使赫尔利在华盛顿公开发表演说支持蒋介石，并含沙射影地把中国共产党说成是统一中国的障碍。赫尔利的讲话，标志着美国对华政策彻底转为扶蒋抑共。而这毫无疑问，是蒋介石苦心设计的促使美国政府摒弃中共策略的成功。蒋早就向美国人宣称：“只要美国不为中共声援或袒护，则俄国亦决不敢以武力助共，故对共问题，我必能自了之。”[2] 斯大林在雅尔塔会议上与罗斯福、丘吉尔同一步调，以及赫尔利的公开讲演，使蒋极为自负。他几乎迫不及待地想和中共秋后算账。在赫尔利公开表态之后的第六天，即 4 月 8 日，蒋断然批准军令部的清剿“奸军”的计划书，要求各战区务必于 7 月以前“集中全力以消灭奸匪之组织及武力”。其具体步骤为：

一、各战区方面军应针对奸军之发展及实际状况、敌我态势、兵力等，划定清剿区域，指定有力正规部队及有剿匪经验之清剿指挥官统一指挥党政军及地方一切武力，巧妙策动伪军使与奸军火并，以利清剿进行，并限于四月底部署完成，实施具报。

二、各战区间应切实严密协同，相互策应，以防奸军流窜。

三、党政方面切实配合军事，使清剿工作易于进展，并随军事之进展，迅速恢复地方之组织，巩固政治基础。

四、极力宣传奸伪之暴行阴谋及力量之虚弱，形成有力之战斗，使达及盟军不受其欺骗煽惑，同时对政府建设民国之艰难伟大对民众宣传。

---

[1] 《蒋总统事略稿本》，1944 年 3 月 2 日条，台北“国史馆”藏蒋中正档案。

[2] 《蒋总统事略稿本》，1945 年 2 月 16 日条，台北“国史馆”藏蒋中正档案。

> 五、接近匪区及沦陷区之党政军各级阶层，应极力使之清廉，建树对民众信仰，以争取民众，进而建立防剿奸军阵线，使奸军无法立足。（一）各战区应分别限止缩小奸军活动区域，逐渐围困歼灭之;（二）阻止奸军南窜，勿使南北合流，在黄河以北者勿使窜至长江流域，在长江流域者，勿使窜至沿海；（三）在各地区及沿海者，勿使彼此合流，以期各个孤立乘其立足未稳时，立即进剿各个歼灭之;（四）各区应指定堵击部队及进剿部队，各指挥进剿部队与邻接区应不分畛域，紧密协同，积极进行清剿，均于七月底以前根绝之；（五）预料盟军可能登陆之海岸附近要点，务须各保有之。[1]

蒋介石向来不把中共的军事力量放在眼里。而这时美国军方又已将国民党军队划分为三个补给区而陆续开始按美方设计予以补给，其分三期装备国民党军队的计划也已完成第一期计划的三分之一，即已装备了原计划36个师中的24个师，这更使蒋介石踌躇满志。5月底国民党第六次全国代表大会及六届一中全会结束后，在蒋介石召集的与会高级将领的会议上，他就明白告诉众将领，盟军登陆尚须数月，在此期间国军务必集中全力收复可以收复的失地，同时要放手打击共产党的军事力量，使其无力与国民党争天下，为此甚至可以不必顾虑国际舆论。[2]

自1945年1月以来，国民党军队已经依据军令部的命令，加紧了对共产党武装的压迫与作战。仅据第二战区司令长官部1945年1—7月机密作战日记，即可看出此种趋势的强化倾向。

1月上旬，作战日记所记均为关于“奸军”之情况。而从中旬开始，即陆续有“剿叛战报”。1月7个战报，共报12次战斗，全部是与中共军作战。如13日报一役“计毙叛百五十余”;15日报三役“计毙叛”17名，伤32名；

[1] 参见南京中国第二历史档案馆藏，国民政府军令部战史会档案（廿五），5816。

[2] 《王若飞关于国民党六大情报的通报》（1945年6月29日）。

17日报两役“计毙叛”6名，伤5名；18日一役“毙匪十余名，俘匪三名”；20日报一役“计毙、伤叛各一”；21日报三役“计毙伤”29名；22日报一役“毙叛十九名，伤二十余，俘二名”。2月8个战报，共报19次战斗，也是一样，如3日报一役“计毙奸军二十五名，伤三十余名，俘叛五名”；5日报一役“毙叛十名，俘三名”；7日报一役“毙九、伤七名”；8日报五役互有伤亡；9日报两役“毙叛”4名，伤4名，“俘叛兵一名”；11日报七役“毙叛”7名，“伤叛”27名，“俘叛兵”50名；21日报两役“毙叛十余”伤6名；24日报两役“毙叛”6名，“伤叛三名”，“俘叛”13名。3月9个战报，18次战斗，情况亦相差无几。惟作战规模开始扩大。如1日报三役，一役毙伤人数未详，余两役毙8，伤22；6日报两役，毙40伤27；14日报四役，毙21伤28；21日三役，毙56伤30余；27日报一役，毙伤20余；29日报三役，毙伤俘约60。[1]

进入4月以后，开始有大部队的作战。如4月7日报五役，其中一役双方投入兵力各上千，战报称“计毙奸叛参谋长王立中、政治主任戎学东以下百余名（均系遗尸），伤二百余，掳获书籍文件甚多”。5月24日报一役，第二战区投入三个主力师，八路军投入两个团并一个游击大队，战报称“计毙奸伪营、连长以下三百八十余，伤百余，俘奸伪连长以下二十一名”。进入6月以后，因双方冲突愈发扩大，第二战区连遭损失，故于6月25日已下达命令对中共军进行“扫荡”。再加上日军开始收缩兵力，两军随后为争夺敌人退出之城镇亦激烈冲突，以至整个7月，二战区之战报已达20个，共报战斗、战役达80次之多。[2]

第二战区情况如此，其他与中共各边区或游击区有交错或连接处的战区或部队，与中共军队冲突的情况亦大同小异。而至7月，多年来一直对陕甘宁边区向西安突出的囊形地带虎视眈眈的胡宗南部，也无所顾忌地分

[1] 万仁元、方庆秋主编：《抗日战争时期国民党军机密作战日记》（上），中国档案出版社1995年版，第303—451页。

[2] 同上。

兵三路，突入淳化地区，深入中共防地10—34里不等。国共内战的烽火眼看就要熊熊燃烧起来了。

蒋介石对战后国民党的实力信心百倍，毛泽东其实也对共产党在战后的前途充满自信。在蒋介石发布“剿共”密令的两周之后，中国共产党召开了第七次代表大会。在这次大会上，毛泽东充满自豪地宣布：“我们现在已经具备了这样几个条件：第一，有一个经验丰富和集合了一百二十一万党员的强大的中国共产党；第二，有一个强大的解放区，这个解放区包括九千五百五十万人口，九十一万军队，二百二十万民兵；第三，有全国广大人民的援助；第四，有全世界各国人民特别是苏联的援助。”据此，毛断言，“到了现在，我们的党已经成了中国人民抗日救国的重心，已经成了中国人民解放的重心，已经成了打败侵略者、建设新中国的重心。中国的重心不在任何别的方面，而在我们这一方面。”因此，共产党人当前的工作重心，就是“力争领导权，力争独立自主”，把中国引向光明，而“在中国境内和我们争领导权的，要把中国拖回到黑暗的世界里面去”，“就是国民党的反动集团，大地主、大资产阶级、大银行家、大买办的代表”，这是“国内抗日路线最凶恶的敌人”。[1]很显然，共产党实际已经把蒋介石视为自己“最凶恶的敌人”，确信“蒋之内战方针是确定了的，除非我有力量胜过他，才能制止之”，否则，双方决无调和妥协之可能。为此，中共中央一方面开始公开在政治上攻击蒋介石国民党及美国赫尔利之流，一方面则加紧军事准备，积极向湘南、粤北推进，以便在蒋介石发动内战时可以从南北两翼牵制蒋军，使其不能随心所欲。

不过，从中共中央的军事部署可以看出，它这时虽自信已成为“中国的重心”，但对于和在军事上很大程度可以用美式装备武装的国民党军队进行全面较量，这时尚无太多信心。毛泽东并非不清楚，即使单从人数上看，国民党的军队也是共产党军队的两倍多，何况共产党军队迄今尚无重武器，

[1] 参见《毛泽东选集》（合订本），第1029—1103页。

其九十一万军队光徒手就占了相当比例。在这种情况下，中共中央的军事部署在战略上其实主要还是防御性的。它甚至希望以此最终迫使国民党和美国改变政策，并在私下里不得不准备在一定条件下承认“独裁加若干民主”的解决方式。中共中央这时明确指示它在重庆的代表，对美国还必须要促其“觉悟”，即必须让美国人明白：“认为蒋可以打败日本，统一中国，但结果会与其希望相反。日蒋如决战，蒋必再败；日如撤退，蒋必内战，统一无望。美只有扶助中国民主力量，才能战胜日寇，制止内战，取得战后和平。”[1] 在这种情况下，中共自然还不能根本拒绝和平谈判的方式。于是，当某种和平解决的信号发出闪光的时候，中共这时不论态度如何强硬，也必须给予某种程度的重视。1945 年 6 至 7 月间六参政员访延事件，就是发生在这种情况之下的。

由于蒋介石于 3 月 1 日单方面宣布要于 11 月 12 日召开国民大会，中共中央已经决心不再与国民党的中央政府发生关系。5 月间，国民政府宣布将于 7 月 7 日召开四届一次参政会，中共中央即表示抵制。同时，中共中央决定召开久已酝酿的解放区人民代表会议及其筹备会议，以与国民党的国民大会公开抗衡。中共中央的这种态度，立即引起部分中间人士的高度紧张。考虑到抗日战争即将结束，他们极为担心这种对抗将会重新演成大规模内战，从而使人民由衷企盼的和平局面化为泡影。为此，以褚辅成为首的七位参政员主动出面于 6 月 2 日致电毛泽东、周恩来，希望国共继续商谈，以从速完成团结。[2] 16 日，中共中央仍坚持拒绝参加参政会[3]，但在 18 日给七位参政员的复信中却留下了缓和的伏笔，函称：“由于国民党当局拒绝党派会议、联合政府及任何初步之民主改革，并定期召开一党包办之国民大会制造分裂，准备内战相威胁，业已造成并将进一步造成绝大的民族危机，言之实深痛惜。倘因人民渴望团结，诸公热心呼吁，促使当局醒悟，放弃一党专政，

---

[1] 《中共中央关于对美政策给王若飞的指示》（1945 年 6 月 17 日）。

[2] 转见《解放日报》1945 年 6 月 30 日。

[3] 转见《解放日报》1945 年 6 月 17 日。

召开党派会议，并立即实行最迫切的民主改革，则敝党无不乐于商谈。”复信并主动邀请诸位参政员前往延安，从而表现出愿意达成某种程度和解的姿态。[1] 这自然引起这些参政员的幻想，甚至也引起蒋介石和赫尔利的重视。

面对七位参政员的政治热忱，蒋介石这时也一反其在国民党六大前后极力鼓吹反共的态度，表示积极赞成。其中一个重要原因是，他没有能估计到日本败退会如此之速。这时，罗斯福总统一面命令美空军对日本本岛狂轰滥炸，一面已向日本发出最后通牒，要求日本无条件投降。在中国的日军也已先后退出西南和华南部分地区，并且已通知阎锡山，准备部分退出山西，对日战争随时可能结束。然而，名为中央政府的国民政府这时却只控制着西南、西北部分偏远地区，共产党却因坚持敌后而在华北、华中乃至华南部分地区占尽天时、地利、人和。面对这种情况，蒋介石要想很快通过配合美军，大举反攻夺回失地，同时以武力遏制中共乘日本投降占据各战略要点，已完全失去可能。考虑到这种不利形势，蒋不得不及时调整策略，重新拾起“政治解决”的武器。为了尽量牵制中共，使其不致贸然乘日本战败，在军事上公然对国民党采取对抗行动，蒋这时开始抓紧与苏联进行谈判，促使苏联政府明确表态支持由国民党来统一中国。

蒋介石在6月3日与苏联大使的谈话中特别提出：“如苏联能帮助我国恢复东三省领土完整及行政独立，以后东三省的铁路与商港当与苏联以便利。如有军港需要，则军港亦可为苏联共同使用，决不致于苏联有不利之措施。”[2] 虽然苏联政府很快即根据苏、美、英三国2月份签订的《雅尔塔协定》，提出了十分苛刻的条件，包括租借旅顺港为苏军海军基地，大连商港国际化，共同使用中东铁路和南满铁路，以及允许外蒙古独立等。而在得到苏联政府承诺战后“同意予中国道义上与军需品及其他物资之援助，此项援助当完全供给中国中央政府，即国民政府”的保证后，蒋介石虽然犹

[1] 转见《解放日报》1945年6月30日。

[2] 《蒋总统事略稿本》，1945年6月3日条，台北“国史馆”藏蒋中正档案。

豫再三，也还是基本上接受了苏方的上述要求。[1]

由此可想而知，这个时候，只要有可能阻止共产党利用其在敌后有利地乘战争结束时迅速取得某种军事优势，蒋介石无不极力为之。在这种情况下，七位参政员主动出面调解国共关系，自然受到国民党方面的欢迎与重视。

26日中午，赫尔利首先出面约七人谈话，试图通过七位参政员找到重新介入国共谈判的机会。为此，他一再表示他个人极愿协助谈判的进行，国民党人也极力动员他出来再行调处，如双方请他，他愿参加，但单是一方请他，他则不便出来。下午蒋介石也约见七人，表示赞同他们去延安，并表示他对具体办法全无成见，且绝不会在参政会上利用国民党多数硬性决定国民大会问题。最后，蒋甚至要求七人一一表态，直至七人均表示愿意立即前往延安后，会见始告结束。[2]

7月1日，除王云五因病临时未能成行外，褚辅成、黄炎培、冷遹、傅斯年、左舜生、章伯钧六位参政员，与王若飞同乘美军提供的飞机到达延安。在与中共领导人进行了几天商谈之后，六位参政员并没有能够劝说中共参政员随同返渝，参加两天后即将召开的参政会。相反，他们带回的会谈纪要表明，六位参政员在相当程度上接受了中共中央的主张，即（1）停止国民大会之进行；(2)从速召开政治会议。而政治会议之组织应由国民党、共产党、民盟三方各自推出同数之代表，并由三方各自推出三分之一（其数等于每一方代表数)，并经他方面同意之无党派代表共同组成，在公平、平等、自由、一致、有权的基础上研讨关于民主改革、结束一党专政与建立民主的联合政府，以及民主施政纲领和将来国民大会之召集等事项。政治会议召开前，并应释放政治犯。[3]显而易见，这些主张，无论如何也得不到国民党方面赞同。就连温和派如王世杰等人，亦明确认为两党问题关键并不在国民大会问题，

[1] 《中苏友好同盟条约》(1945年8月14日)，李嘉谷编：《中苏国家关系史资料汇编（1933—1945)》，中国社会科学出版社1997年版，第643—645页。

[2] 《王若飞关于赫尔利、蒋介石会见七参政员情况的报告》(1945年6月27日)。

[3] 转见《人民政协报》1985年5月25日。

“政府对于政府与中共之妥协既无任何把握，自不能遽将召集国民大会之决定抛弃”。结果，在随后召开的国民参政会上，国民党参政员几乎一致反对停止国民大会之进行。王世杰身为大会主席之一，直言“本会如欲打破中共问题之僵局，自己不可陷于僵局，否则不足以领导国民，督促政府”。在他的推动下，大会以187票对9票通过国民党人起草的议案。这种情况，不可避免地引起中共中央的愤怒。《解放日报》不仅公开指责蒋介石顽固坚持召开由国民党一手制造的国民大会，完全是因赫尔利的怂恿和撑腰，而且明确指出“独裁制度丝毫未变，内战危险空前严重”。毛泽东甚至断言：现在有铁一般的事实“证明国民党反动派正在较前更加积极地准备发动一个极大规模的内战，借此以援助日本侵略者”。[1]

然而，无论国民党，还是共产党，都没有料到美军8月6日竟在日本投下原子弹，苏军随后于9日突然大举出兵中国东北，结果日本第二天就表明了投降之意。几天后，即14日，日本天皇正式下达了无条件投降的命令，并于次日亲自广播投降书。中国的各抗日军队，还没有来得及发动对日军的进攻，战争就结束了。

四、重庆和谈和平无望

面对这一突如其来的抗战胜利，国民党人莫不异常紧张，纷纷急谋应对方案，强烈呼吁蒋为防止“奸伪”乘机进占重要城市与收编敌伪武装，应下令各战区向上海、南京、北平、天津、广州、武汉、徐州、青岛、济南、东北等地迅速推进，向美国交涉空运和海运，同时迅即发表北平行营命令，并先遣要员率小部空运部队早达平津，指挥先遣军及伪军，巩固要点，控制机场及海口。他们并提议应由行营指挥河北、滦东一带归顺的伪军，布防山海关、喜峰口、古北口之线，以防“奸伪”东窜，渗入东北境

[1] 《解放日报》1945年7月11、23日。

内，夺取伪械，发展组织。[1] 蒋介石显然也如此想法。他紧急命令各地军政长官“保持镇静”，迅速要求美军动用海空力量，帮助运送后方军队前往各战略要点，秘密联络“沦陷区地下军、各地伪军”，给以先遣军、挺进军名义，包括利用汪伪政权要员如周佛海、袁良等负责维持治安，确保各大中城市不致落入共产党人之手。只是，蒋介石还有更精心的一手。那就是，在《中苏友好同盟条约》宣告正式签字的当天，即8月14日，他向毛泽东发出公开函，邀请毛来重庆共同商讨“国际国内各种重要问题”。[2] 显然，蒋介石相信，以外蒙古和东北部分权益所做的这笔交易，足以使苏联政府不再支持中共。如此一来，在国内“毫无根基”，依靠苏联秘密支持而存在的中国共产党，从此将完全失去与国民党争夺政权的资本。蒋认为，这个时候打电报给毛泽东，正是使其明了国际形势的这一重大变化，彰显自己的主动和优势，妨碍其夺权计划的绝妙之举。

毛泽东及中共中央其实也还无法完全适应这突然到来的胜利。一直到8月上旬，中共中央都认为日本要到一年以后才会因军事上彻底失败而投降，因此还在抓紧部署沿海地区的城乡工作，并努力在华南创造湘粤赣桂边根据地，以便战后与国民党斗争。日本突然宣告投降，这一切战略部署已再难实现。这时又传来盟军总部关于侵华日军必须向蒋介石领导的国民政府军缴械投降的命令，使中共计划中的夺取华北、华中大中城市的计划，受到严重阻碍。《中苏友好同盟条约》在这个时候签字，更使共产党人在战后对国民党的斗争中，处于极其不利的位置。但是，条约签字之时，中共中央尚不知道条约的具体内容，因此，虽然得到蒋介石的邀请电，中共中央马上断定这不过是蒋的阴谋，断言“请毛往渝，完全是欺骗”。中共中央随

---

[1] 《在蒋介石身边八年——侍从室高级幕僚唐纵日记》，第686—687页；《中华民国重要史料初编》，第七编（二），第318—319页。

[2] 《抗日战争时期国民党军机密作战日记》（上），第456页；《戴笠关于已告周佛海负责维持上海治安电》（1945年8月11日），台北“国史馆”藏蒋中正档案，特交档案066卷第47614号；转见孟广涵主编：《重庆谈判纪实》，重庆出版社1984年版，第21页。

即以朱德的名义公开提出六点要求，包括“国民党在接受日伪投降与缔结受降后的一切协定和条约时，必须事先与中共商量并取得一致”，和“请立即废止一党专政，召开党派会议，成立民主的联合政府”等，实际上根本拒绝了蒋介石的邀请。[1]

不意六天后，蒋介石再次发出邀请电，把授降权等问题推到盟军总部头上，声称“未便以朱总司令之一电破坏我对盟军共同之信守”，进而再请毛泽东赴渝“共定大计”。[2]与此同时，美国在华驻军司令魏德迈（A. C. Wedemyer）以及斯大林也都相继来电，劝告毛泽东接受邀请，赴重庆谈判。莫斯科在这个时候来电劝告，毛泽东显然不能置之不理。22 日，毛泽东复电蒋介石，表示将先派周恩来前去接洽。然而，眼看国共两党已经开始为争夺华北一些重要铁路线和战略要地大举冲突起来，毛泽东等似乎还不清楚苏联在中苏条约中做了怎样的承诺，因此对去重庆态度仍不积极。

23 日，蒋介石再度公开致电毛泽东，坚持“惟有先生能与恩来先生惠然偕临，则重要问题，方得迅速解决”。这回蒋终于达到目的。毛泽东鉴于蒋三电相邀和美苏两国政府的压力，不能不于次日复电表示，愿与周恩来“立即赴渝晋谒”。[3]刚一得到毛泽东决定来渝的消息，蒋介石马上在日记中写道：“毛泽东第三复电温顺已极，前倨后恭，一周三变，匪性固如此也。”[4]当然，蒋公开场合还是做出很诚恳的样子，指定张治中应随赫尔利同去延安迎接，“表示欢迎毛氏来渝之意”[5]。

毛泽东、周恩来等于 28 日飞往重庆与蒋介石会谈。这一天中午，蒋还在召开会议研讨对谈判的策略，而国民党中央联席会报秘书处根据蒋介石“军事绝对统一，政治尽可能宽大”的原则，进行细密讨论，却已得出如下

[1] 《中央致徐冰、张明同志电》（1945 年 8 月 15 日）；《解放日报》1945 年 8 月 17 日。
[2] 转见《重庆谈判纪实》，第 23 页。
[3] 同上，第 36、37 页。
[4] 《蒋总统事略稿本》，1945 年 8 月 26 日条，台北“国史馆”藏蒋中正档案。
[5] 《王世杰日记》，第五册，第 161 页。

判断和意见。

关于毛泽东来渝的动机。与会者判断：一是中苏同盟友好条约即将公布，此约之订立说明苏联已与美英及其他各国一样，公认国民党领导之政府乃中国唯一之政府，中共梦寐以求造成波兰第二或南斯拉夫之铁托（J. B. Tito）政权，仰赖苏联支持以冀与国民政府相对抗的迷梦，完全打破。二是朱、毛最近通电与致各使馆说贴，造成国际舆论强烈反感，适足说明中共所称发生内战之责任，实在归于中共，而非国民党。从而更说明，中共之能制造内战之因素，其症结乃在中共自己有军队而与各国政党迥然不同。三是朱、毛通电，引起举国民众愤懑与反对。四是中共此次举动，使昔日为其相呼应的各党派，亦不敢苟同，形成孤立状态。五是对收复区之接收办法，美方明言绝对支持国军，应以蒋委员长所派人员与军队接收为有效。六是中共自忖本身实力大不如我，自敌人发布投降消息迄今旬日以来，原企图抢先夺占一二主要城市者，但毫无所得，倘僵持下去当无好处。七是中共尽管气焰高张，装模作样，傲慢无礼，而我领袖始终宽大容忍，仁厚真诚，不能不被软化。

对于毛泽东来渝后之对策。与会者主张：继续保持蒋三次致电毛氏的态度，不予刺激，推诚相待。一切采取主动，应开放者先开放，应措施者先措施，勿待其要求而已先做。宜将每次商谈详情逐日公布，但应充分表露我方委曲求全忍让之苦心，使中外不断对我同情。与会者认为：中共最终目的是由中共统治中国，使中国苏维埃化，目前则希望能平分政权或划疆而治，以便继续保持其对军队的控制和割据状态，因此，它绝对不会有诚意，故我不能不随时准备破裂。中共对我提出许多要求，我方亦不能不对其提出许多要求。除军事统一、政治开放之大原则外，应要求：(1) 取消一切非法组织；(2) 取消擅发钞票；(3) 保证不贩种鸦片。与会者提议，此次商谈仍可请美大使赫尔利参与其事，从中斡旋，但绝不让其他党派参与其间，以避免中共对各党派卖人情和讨好。

至于具体谈判条件，与会者建议：关于军事者，(1) 所有中共部队应交给政府，听候整理；(2) 即日起所有中共部队对国军及地方团队停止敌对行为，就地听候命令；(3) 对中共部队之整理，以总裁前所提示组织三人委员会之原则为根据（但此时是否仍请盟友参加，可以斟酌）；(4) 军队整理之数目、配属驻地、人事等，均由委员会合理处置，惟其整编之数，不妨量予提高。关于政治者，政府方面可放弃训政时期之党统政形式，撤销国防最高委员会，采用控制从政党员之方式，即以行政院为类似责任内阁之组织，行政院长对党负责，在宪政实施之前夕，行政院长由我党常会选定，请国府主席任命之。各部长亦然，一切大政方针只是在表面上决定于行政院。因此，行政院可设不管部部长二、三、四人，由共党及各党派或无党派者充任之（与我方之比例应低）。如此，一使反对党可实际参加政府（即收联合政府之实），二在英美人士看起来，我确实已放弃党治，而趋于民主体制。同时立法机关、监察机关，均可容纳中共及各党派若干人员。统帅部俟中共部队实行委员会之整理后，亦可容纳其若干人员。民意机关方面，国民大会可暂缓召集，代表可重新研究或重新改选，增加中共及各党派和无党派名额，但其总和不能超过本党。各省县民意机关，容许任何党派公开竞选。另外，在宪政实施前夕，除戒严地区外，应即日取消新闻及图书杂志之审检制度，以示言论出版之自由，并加速制颁政治结社法，以示集会结社之自由，亦即承认党派之合法地位。[1]

上述意见涉及许多方面，蒋的意见却很简单。29日，蒋明确指示，不拒绝中共提出的谈判条件，惟所有谈判必须依照以下三原则进行：“一、不得以现在政府法统之外来谈改组政府问题，即其所谓召开党派会议讨论国是，组织联合政府也。二、不得分期或局部解决，必须现时整个解决一切问题。三、归结于政令军令之统一，一切问题必须以此为中心也。”[2] 当天傍晚时分，

[1] 《邹志奋关于毛泽东来渝之研究》（1945年8月25日）、《潘公展呈蒋总裁关于毛泽东来渝后我方对中共问题商谈方针与策略之管见》（1945年8月29日），台北“国史馆”藏蒋中正档案，特交档案（四）第50845、50847号。

[2] 《蒋总统事略稿本》，1945年8月29日条，台北“国史馆”藏蒋中正档案。

国民党代表张群、王世杰、张治中、邵力子与中共代表周恩来、王若飞进行初步接洽，商定此次谈判应行解决的问题有三：(一）和平建国大计（一般原则由蒋、毛直接商谈）；(二）目前紧要问题（如受降、进兵、处置伪军等）；(三）一般问题（如军队、地区、政治会议、地方政权及民主自由等)。双方商定，最初三四天为非正式交换意见，9月4日以后转入正式会谈。[1]

2日晚，蒋设宴招待毛泽东等中共代表，并与毛进行交谈。这一天下午，蒋介石忽然对解决中共问题突生灵感，“觉上帝赐予智能”，心情颇佳。而他想到的办法竟然是：以中共一年前谈判中没有接受的四军十二师为让步条件，以取得中共的满足与妥协。日记称：“此时对共党应以主动与之妥洽，并投其所好，准予整编共军为十二师部队，如其能接受政令军令，则政治上当准备委派共党二人并予以一省之主席，使其满足一时，以观后效。以目前形势，如由我主动为之，实于大局无损而有益也。共党问题如能获得解决，则政治建设当无妨碍矣。”[2]

据此，蒋与毛谈话时，特地慷慨地提出中共可编十二师，并允许中共在国民大会集议、新政府产生时，依法参加中央政府。蒋特别解释军队问题称：“去年张（文白）、王（雪艇）两氏与中共代表林伯渠在西安商谈时，已允予整编为八个师至十个师，嗣后余因顾念事实，后于去年冬国民参政会议席上，允予编组为十个至十二个师。现在抗战结束，全国军队均须缩编，情势已不相同，但余之诺言，仍为有效，不过此十二师之数，乃中央所能允许之最高限度。”毛对此虽未做正面答复，蒋仍觉得自己的主意妙不可言。[3]

不意，第二天上午王世杰等再与毛商谈时，毛泽东却提出了一连串国民党人不可能接受的建议。毛泽东的建议除了放弃联合政府的主张以外，基本上都是过去提出过的。如召开有各党派和无党派代表参加的政治会议；

[1] 《周恩来、王若飞关于与国民党代表初步接洽情况的报告》(1945年8月29日)。

[2] 《蒋总统事略稿本》，1945年9月2日条，台北“国史馆”藏蒋中正档案。

[3] 《蒋总统事略稿本》，1945年9月2日条，台北“国史馆”藏蒋中正档案；《王世杰日记》，第五册，第164页；《中华民国重要史料初编》，第七编（二)，第44—45页。

国民大会代表必须重选；废止现行一切妨碍人民自由的法令；给予各党派以合法地位；释放政治犯并列入共同声明；承认解放区及一切收复区内的民选政权。同时，毛明确提出：“中共军队须改编为四十八个师，并在北平成立行营和政治委员会，由中共将领主持，负责指挥鲁、苏、冀、察、热、绥等地方之军队。”[1]

对此，王世杰当场即表示不能完全赞同。称自由问题原则上可以考虑；释放政治犯政府亦准备自动办理，中共可提出名单，惟不必写入共同声明；党派合法问题似宜慎重，因怕小党林立；“解放区”一词不能赞同，此点或可改为“收复区内原任抗战行政工作人员，政府可依其工作能力与成绩，酌量使其继续为地方服务，不因党派关系而有所歧视”。至于军队问题，王世杰重申蒋关于十二师之议，并提醒毛泽东说，政府已于最近裁去八十余师，中共军即编为十二师实无可能。至于北平行营由中共将领主持问题，王世杰干脆拒绝，只同意军委会中可有中共将领参加。[2]

当天下午，周恩来、王若飞依据中共中央原定的“目前紧急要求”，提出十一条书面谈判方案，交给国民党代表。其主要内容包括：赞同实行以1924年国民党第一次代表大会之宣言为标准的三民主义；拥护蒋主席之领导地位；要求承认各党各派合法平等地位；承认解放区政权及抗日部队；重划受降区，中共参加受降工作；结束党治，实施政治民主化、军队国家化；召集党派协商会议，以讨论各党派参加政府、重选国民大会和民主实施纲领等问题；中共军队改编为十六军四十八师并重划军区，实施征补制度；中共军队集中淮河流域（苏北皖北）及陇海路以北地区（即中共现驻地区）；设北平行营政治委员会，由中共推荐人员分任；山西、山东、河北、热河、察哈尔五省主席及委员由中共推荐；绥远、河南、安徽、江苏、湖北、广东六省副主席由中共推荐；北平、天津、青岛、上海四直辖市副市长由中

[1] 《政府代表王世杰与毛泽东谈话纪录》（1945年9月2日，疑为3日），《中华民国重要史料初编》，第七编（二），第37—39页。

[2] 同上。

共推荐；中共并应参加东北行政组织。[1]

不难想象，毛泽东和中共代表提出的上述要求，会使前一天还沉浸在自己的宽宏和妙算中的蒋介石何等恼火。他得到国民党代表报告会谈情况后，当即大发雷霆，怒不可遏，要王世杰连夜向毛泽东表示难以接受。王当即致函毛泽东，“告以如对具体问题要求过甚，则谈判又或僵持。并告以彼与蒋先生在性格及信念上似不能合作”。[2] 蒋当天晚上则怒气冲冲地在日记中写道：“在此万众欢腾之胜利日，而共毛之态度又变，要求无厌，余以极诚对彼，而彼竟利用余精诚之言，反要求华北五省主席与北平行营主任皆要委任其人，并要编组其共军四十八万人，以为余所提之十二师三倍之数，最后将欲以二十四师为其基准乎？共匪诚不可以理喻也。此事惟有赖上帝之力以成全之。痛心极矣。”[3]

次日，即 9 月 4 日，蒋介石“五时未晓，起床祷告，愿共毛之能悔悟，使国家真能和平统一也”[4]。然后在双方正式会谈开始之前，蒋介石再约国民党方面代表了解头天傍晚与周恩来、王若飞会谈的情况。蒋当日日记称：“听取其昨夜与周（恩来）共等全部谈话经过，脑筋深受刺激，何天生此等愚劣根性，徒苦人类乃尔耶！以余之意，应将其提议从速公布，而文白等以为太早也。乃嘱彼等继续研究商谈之法。指示各代表对中共谈判要旨。”但他强硬地提出：“中共代表昨日提出之方案，实无一驳之价值。倘该方案之第一、二两条（指实行三民主义和拥护蒋两条——引者）具有诚意，则其以下各条在内容上与精神上与此完全矛盾，即不应提出。我方可根据日前余与毛泽东谈话之要点，作成方案，对中共提出，必要时可将双方所提方案，

[1] 《中共代表周恩来、王若飞提出之谈判要点》（1945 年 9 月 3 日），《中华民国重要史料初编》第七编（二），第 39—41 页。

[2] 《王世杰日记》，第五册，第 169 页。

[3] 《蒋总统事略稿本》，1945 年 9 月 3 日条，台北“国史馆”藏蒋中正档案。

[4] 《蒋总统事略稿本》，1945 年 9 月 4 日条，台北“国史馆”藏蒋中正档案。

一并发表，随时将两方谈话情形，作为纪录，通知美国与苏联大使。”[1]

当天下午，国共两党代表开始正式会谈。双方围绕中共的十一条激烈争论，不得结果。

这时谈判分歧的关键，其实还是在军队数目和划定中共管辖的区域问题上。国民党坚持以十二个师为最高限度，驻地问题可以商量，省级行政人员亦可延请中共人士参加，但不能要求政权，形成割据状态。[2]

延至 9 月 13 日，谈判仍旧陷入僵局。蒋介石因此“约毛泽东谈话约半小时”，据蒋自称：“示以至诚与大公，允其所有困难无不为之解决，而彼要求编二十八师之兵数耳。”[3] 当时，蒋误以为毛已承诺可在二十八师基础上再减半数，因而颇为得计。然而，四天后张群告蒋：“(周) 恩来向其表示，前毛所对余言可减少其提军额之半数者，实乃指其四十八师之数，已照共匪总数减少一半之意也。”蒋闻此言，气得火冒三丈。怒斥说：“共匪诚不可与言矣。以当时彼明言减少半数为二十八师之数字也。其无信不诚，有如此也。”[4]

9 月 20 日，蒋见谈判仍无结果，愤愤然写道：“目前最重大的问题为共毛问题。国家存亡，革命成败，皆在于此。俄国对共毛之袒护，几乎以此为奇货，预备制造其傀儡。美国蒙昧，且为之保证，殊为可叹！此时俄是否因此藉口毁灭其盟约义务？促使蒙疆内侵与久踞东北？果尔则国际形势犹能容忍否？又美国舆论与政策是否因之改变，弃绝我国不再予以接济乎？中共因之叛变，其能有成乎？而且共毛对美军承认杀捕其官兵，其对盟约与国法已公开违抗，是其恶贯满盈，死有余辜，然余犹不能不为国相忍，导之以德，望其能悔改也。”[5] 次日，蒋明确告诉赫尔利：“军额最大限

---

[1] 《蒋主席指示对中共谈判要点》(1945 年 9 月 4 日)，《中华民国重要史料初编》，第七编 (二)，第 44—45 页。

[2] 《两党代表谈判的情况》，《重庆谈判纪实》，第 246—253 页。

[3] 《蒋总统事略稿本》，1945 年 9 月 13 日条，台北“国史馆”藏蒋中正档案。

[4] 《蒋总统事略稿本》，1945 年 9 月 17 日条，台北“国史馆”藏蒋中正档案。

[5] 《蒋总统事略稿本》，1945 年 9 月 20 日条，台北“国史馆”藏蒋中正档案。

为二十师，如其要求华北各省主席则不能再谈矣。”[1]

其实，在这个时候，国共双方对谈判的前途都不抱幻想，因而都在利用谈判来争取实际利益。中共中央军委即明令全军：“重庆谈判，蒋介石毫无诚意”，“为着促进谈判，推迟蒋军深入华北、东北，争取全部占领察、热，争取东北优势，我必须布置几个有力战役，打退顽军气势”。9月上旬山西上党战役的发起[2]，就是这一命令的直接结果。

同样，国民党军事当局也希望借重庆谈判之机，加紧完成部队的调动与部署，好占据各地交通要道和战略要点。为此，其军事上的进攻不仅没有停止，而且更加猛烈。部队排长以上每人甚至还都发有蒋多年前制定的《剿匪手册》，以激励部队反共内战的决心，并对与中共军队作战加以战术上的具体指导。

与此同时，蒋介石还在考虑还都南京后要不要再迁北平的问题，希望依靠逐渐推进至华南、华中的国民党军队，进一步向自己力量薄弱的华北地区挺进。因此，这个时候国共两党对华北地区的争夺已明显地白热化起来。

不过，对蒋介石来说，这个时候最麻烦的还不是华北，因为华北毕竟还在政府军可以名正言顺地派兵接收的范围之内，国民党军也正在全面推进之中。麻烦的是在苏军占领下的东北地区，因为已有情报显示，张家口、山海关、秦皇岛皆由俄军占领后让给中共，由陆路通往东北地区的主要通道，基本上已经被中共军队封锁。在蒋看来，苏军的这种做法表明：“俄已破坏其盟约，决心掩护共匪侵扰中国。”[3] 这是蒋始料未及的。因为此前蒋费尽心

[1] 《蒋总统事略稿本》，1945年9月21日条，台北“国史馆”藏蒋中正档案。

[2] 上党战役，发生在1945年9月10日至10月12日，地点在山西晋东南上党地区，该地区位于中共晋冀鲁豫根据地的太行和太岳两区之间，抗战结束后为阎锡山部队所抢占。根据中共中央军委的命令，太行、太岳、冀南三部中共军队发起了这一战役，阎部损失达十师之多。此为国共战后第一次大规模的军事冲突。

[3] 《蒋总统事略稿本》，1945年9月8日条，台北“国史馆”藏蒋中正档案。

机，甚至不惜同意让外蒙古通过公民投票的形式来取得独立[1]，归根结底都是希望以此来换取苏联政府战后不援助中共的郑重承诺。结果，苏联人根本不在乎自己说过什么。这意味着，不仅此次谈判不会取得任何实质性的成果，而且今后中共问题也将难以通过政治方法来解决了。

五、诉诸军事的必然选择

这个时期的国共两党谈判，用青年党李璜的说法，就是“谈来谈去，仍是一个先统一军权，一个则先改组政府”，互不相下。归根结底，不仅国民党看不起共产党，就是共产党也看不起国民党，两党都以自己为中国之砥柱与未来，思想上根本不容对方有置喙余地。在中共方面，“到重庆谈判的任务”，就是“表示我们真愿和平”，并不指望真能谈出和平。就国民党方面，对毛泽东在重庆的一言一行，蒋这时几乎都以极端仇恨的心理视之。得知毛泽东对英国路透社记者谈话，自诩“民主”“解放”，蒋便怒不可遏地在日记中斥之曰：“彼以割据沦陷区为‘民主’，以敌区为私有……唯恐抗战我军之不速败”，实为“勾结敌军”的“变相之汉奸”，无非“借抗战之名义，而在抗战阵线内以破坏抗战，借‘民主’之口号，以污蔑民主国家”而已。“如欲不惩罚汉奸，处置叛逆则已，否则，非从惩治此害国殃民，勾敌构乱之第一罪魁祸首，实无以折服军民，澄清国本也。”[2]

但是，自9月8日以后，国共谈判仍在继续。到10月5日为止，双方断断续续已经进行了总共十一次正式会谈。这说明，双方都清楚，目前要想实现自己的战略目标，条件还不够成熟。因此仍有争夺和平旗帜，以影响国内外舆论的现实需要。张治中这时即密告胡宗南称：“领袖密示，目前

[1] 《李璜自纽约致重庆青年党总部函》（1945年9月16日），Li Huang Collection，Box 1，Rare Books and Manuscript Library，Columbia University，New York. 转引自汪朝光：《中华民国史》第三编第五卷，中华书局2005年版，第502—503页。

[2] 《总统蒋公大事长编初稿》卷五（下），第838—839页。

与奸党谈判，乃系窥测其要求与目的，以延时间，缓和国际视线，俾国军抓紧时机，迅速收复沦陷区中心城市，待国军控制所有战略据点及交通线，将寇军完全受降后，再以有利优越军事形势（和）奸党作具体谈判，彼如不能在军令政令统一原则下屈服，即以土匪清剿之。”[1]

因为要等待“有利优越军事形势”，“不能不为国相忍”，国民党在这次谈判过程中再没有像过去那样盛气凌人，动辄以《中央提示案》向中共发出最后通牒。到10月10日，双方实在谈不下去了，因此一致同意签订一项《政府与中共代表会谈纪要》（即所谓“双十协定”），作为谈判的阶段性成果公开发表。

《纪要》开篇就给人以乐观的印象，称国共双方“迭在友好、和谐的空气中进行商谈”，“并仍将在互信、互让之基础上继续商谈，求得圆满之解决”。其内容则就双方已经达成一致和尚待解决的问题分别具体说明，强调双方已一致认定应在和平、民主、团结、统一的基础上，并在蒋主席领导之下，长期合作，以建设独立、自由和富强的新中国，彻底实行三民主义。双方并认同蒋主席所倡导的政治民主化、军队国家化及党派平等合法，为达到和平建国必由之途径。双方还就召开政治协商会议、保证人民自由、承认党派合法、限制特务机关活动，以及释放政治犯等问题，达成一致的意见。但是，《纪要》也说明：在实行地方自治、惩处汉奸，解散伪军、重划受降地区等问题上，政府方面与中共方面尚有不同意见。如政府方面认为实行地方自治不应影响国民大会召开；惩处汉奸应依法律行之；中共参加受降得在其接受中央命令之后方可考虑。另对国民大会问题，双方未能达到妥协，同意提交政治协商会议解决。对于军队国家化问题，中共提出将部队缩编为二十个师，自八个地区撤出部队至陇海路北和苏北、皖南，政府方面表示此次商谈若能全部解决问题，中共军队及驻地问题可做具体商谈。至于解放区地方政府问题，中共先后提出四种方案，政府方面都因无法达成政

---

[1] 转见《中央致重庆代表团电》（1945年9月20日）。

令统一而未能同意，中共方面亦表示愿意继续就此进行商谈。[1] 显然，除了一些形式上的妥协之外，关乎两党关系实质的军队和地盘问题，双方并未能有所协议。

10 月 9 日和 10 日，蒋介石与毛泽东话别。蒋当面告诫毛说：“国、共非彻底合作不可，否则不仅于国家不利，而且于共党有害。”而要彻底合作，中共“对国内政策应改变方针，即放弃军队与地盘观念，而在政治与经济上竞争，此为共党今后唯一之出路”。因此，“所谓解放区问题，政府决不能再有迁就，否则不成其为国家”。当毛泽东顾虑两党间问题尚未谈出眉目，且政治协商会议未必能照中共意愿阻止国民大会召开，向蒋提出政协会以缓开为宜时，蒋马上在心里大骂：“共党不仅无信义，且无人格，诚禽兽不若矣。”至 11 日晨送走毛后，蒋仍一边记事、批阅公文，一边“甚叹共党之不可与同群也”。[2]

《纪要》10 月 12 日正式公布，13 日蒋介石即秘密发布“剿共”密令。内称：对共产党“若不速予剿除，不仅八年抗战前功尽失，且必贻害无穷，使中华民族无复兴之望”。并称：“此次剿共为人民幸福之所系，务本以往抗战之精神，遵照中正所订剿共手本，督励所属，努力进剿，迅速完成任务，其功于国家者必得膺赐，其迟滞贻误者必执法以罪。”[3] 国民党军委会亦电告各地称：“政府与中共会谈纪要文日已在各报发表，其中最主要之军事及政治问题，实际上尚未获具体解决。因中共要求数字庞大之独立军队，目前虽称愿缩编为为廿师，但尚须集中驻地并保持原有官佐系统，更要求将民兵一律编为团队，而企图以‘人民的军队’为宣传口号，不受政府统率指挥。最近中共游击队仍在收复区强拉壮丁人伍，且时时侵占地区，足证其自由扩军，霸占据点之阴谋亦迄未放弃。至于中共所提政治条件，更欲据有华

[1] 重庆《中央日报》1945 年 10 月 12 日。
[2] 《总统蒋公大事长编初稿》，卷五（下），第 845—846、848 页。
[3] 《胡宗南十月二十四日致高树勋电》（此电于平汉战役中为中共部队所缴获并于 11 月 5 日公布），转见《中共党史教学参考资料》，第 10 册，第 55 页。

北各省市政府，要求主席、委员、市长等。并谓须由政府一概承认其所谓‘民选’之省县级政府，倘中央完全接受其要求，则全国即不啻割裂为二，民主统一更将无从实现。”[1]

毛泽东和中共中央对此次谈判结果也同样不看好。但与蒋介石和国民党不同的是，他们相信在美英苏及国内外民众都强烈要求中国实现和平的情况下，国共两党目前的战争势必将是暂时的，不可能持久。因此，现在的关键是要利用这有限的过渡时期，最大限度地用战争的手段争取实际控制华北、东北的大部分地区。正因为如此，《纪要》公布后，中共中央就接连发布指示称：由于解放区这个极端重要的，确保人民的武装和政权能够长期保存下来的问题未能解决，“和平基本方针虽已奠定，但暂时许多局部的大规模的军事冲突仍不可避免”，“全部和平建国的局面即不能出现”。而为着争取有利于我的和平局面，必须集中力量，一面“破路、破车、翻车、袭击、阻击、迟滞顽军前进”，一面发动诸如上党战役那样的大战役，尽可能多地“战胜与大量歼灭向华北、东北进攻的顽军，争取我党、我军在华北、东北的有利地位，迫使顽方不得不承认此种地位，然后两党妥协下来，转到和平发展的新时期”。而争取华北、东北的目的，其实也就是要使已有的胜利果实，即解放区、人民武装，乃至于一枪一弹，今后仍能保存于共产党人手中。因为这是共产党人今后实现“七大”方针，最终取代蒋介石国民党而建立新中国的根本保证。[2]

一方面，国民党要“剿除”共产党，另一方面共产党要确保在华北的优势，并争取控制东北，这就不可避免地造成了《纪要》墨迹未干，国共两党就

[1] 《军委会致南京何兼总司令、上海汤总司令、镇江顾长官等电》（1945年10月15日），台北“国史馆”藏蒋中正档案，特交文电34049218。

[2] 毛泽东：《关于重庆谈判》（1945年10月17日），《毛泽东选集》（合订本），第1155—1162页；《中央关于双十协定签订后我党任务与方针的指示》（1945年10月12日）、《中央关于争取平汉战役的胜利问题给晋冀鲁豫局的指示》（1945年10月17日）、《中央关于过渡时期的形势和任务的指示》（1945年10月20日），《中共中央文件选集》，第15册，第324—325、359—360、370—372页。

在华北全面开打的现象。10月下旬，中共晋冀鲁豫部队针对沿平汉路北上的国民党第十一战区两路四个军共八个师，在冀南漳河一带发起平汉战役，成功策动一个军起义，并歼灭其两个军。与此同时，中共晋察冀部队针对国民党第十二战区试图接收绥远、察哈尔的作战行动，发动平绥战役，一度迫使十二战区傅作义部被迫后撤二百公里，退缩于归绥、包头固守。而为阻止国民党军沿津浦路北上，中共华中军区也组织津浦战役，夺取津浦路济南南万德至徐州北韩庄段、陇海路徐州东新安镇至海州段、胶济路济南东张店至昌乐段，从而将中共山东和华中两大根据地连为一体。

由于在华北地区的作战明显对中共有利，而国民党接收东北的行动也因苏军引入中共武装而受阻，中共方面便因此提高了在谈判中的要求。10月中旬以后，国民党方面接连找中共代表继续商谈，极力坚持立即召开政治协商会议，以便能够依照蒋3月1日的演说，如期于11月12日召集国民大会。

无奈此时国共两党已在华北形成全面开战之势。国民党军非打通前进道路，根本无法接收华北各地的政权。中共中央这时为反对召开国民大会，并且根本拒绝马上召开政治协商会议，于10月22日提出：“除伪军、受降、解放区三大问题必须提前解决外，国大会期至早只能在明年双十，否则华北东北民选代表无法到会。除国民党统治区代表应当重选外，华北、东北及陕甘宁边区代表必须民选。”[1] 29日，中共中央更进一步要求：除平、津、青三市以外，八条铁路（加上热河路、沧石路、白晋路、道清路共十二条）不得驻国民党军队，平、津、青八路军须驻一部分；东北、华北、苏北、皖北及边区实行孙中山民选地方自治，中央不得委派人员。中共中央的观点是：“政府所谓和平民主都是骗人的，实际已发动了全国规模的内战，双十协定不过是废纸，政府急于要开政治会议之目的是强迫各党承认旧代表及筹备

---

[1] 《中央致重庆代表团电》（1945年10月22日）。

登极大典。”[1]

一方坚持要进兵华北、东北，一方坚决反对进兵，国共内战的危险一触即发。眼看国民党军在华北推进受阻，且接连受损，国民党内温和派不能不站出来向蒋介石呼吁与中共妥协。国民党谈判代表张治中并且以长函劝告蒋介石，目前无论如何不能诉诸武力解决中共问题。函称：不仅国际大势，而且民心厌战，即“以今日之国军士气与态势而论，亦不能继续作战。各将领在钧座之前，或不敢显然作厌战之表示，甚至或有自告奋勇、坚持以武力解决中共者。然以职所接触之若干将领中，其不愿战争之心理，甚为普遍。且今日多数之国军，实亦不能作战。例如过去陕北之囊形地带，迄未恢复，又如浙江孝丰之失陷，我久练精锐之师，遭遇奸军之打击，损失奇重，迄未克复。最近何总长来渝，曾历数东南民力之凋残实况，认为本良心之主张，今后决不宜再有战争。何总长平日对中共之态度为钧座所素知，今其言如此，似可深长思之也”。函件继称：最为现实的问题是，“现在我军以接受敌降收复失地之故，分布广阔，力量分散，同时奸军分布之地区，亦日形广大，非如江西剿匪之时，其主力仅盘踞赣南一隅，我得集中大军而诛灭，较易于今日十百倍也。故就今日之态势而言，似亦不能轻易言战也”。“今日之事仍当以最大之容忍作最大之让步。我如能委曲求全，则问题未尝不能获得一时之解决，即令国家尊严、政府体制，因此而受到相当损害，但政府为适应人民之愿望，不惜牺牲一切，以迁就容忍，其用心之苦，爱民之重，忧国之切，必将大白于天下，因而普遍获得人民之同情与拥护。而中共则师军阀之故智，分裂国家，危害统一，在我中央宽大政策反映之下，必为人民所共弃，究其结果，未可以一时之得失利害衡是也。”“在正常之民主潮流与国家统一环境之中，中共割据分裂之局势不能无所转移，渐至被迫放弃其现持之策略，预计此一期待之时间，不过一二年而已，必不如用兵之旷日持久。所谓欲速则不达者此也。倘在此一二年之后，中共

[1] 《中央致重庆代表团电》（1945 年 10 月 29 日）。

犹不翻然觉悟，而复逞其野，肆为叛逆，则我经一两年之整备，力量必较现在为充实，民心士气必较现在为昂扬，国际形势之推移亦将对我更为有利，此时再声罪致讨，犹未为晚，且必能迅获解决，无淹时费事之虑也。”[1]

孙科这时也坚决反对蒋介石的武力政策，并因此愤然离渝。吴铁城受命前往劝告，孙明告吴：“如不以军事解决，我可回去开会”，否则回去亦无用。他并且预言称：“亲苏即不能反共，反共即不能亲苏。”以目前做法，苏联势必要把东北交给中共。[2]

王世杰和张群这时也向蒋介石当面提出，必须想办法与中共订一暂时避免冲突办法，否则的话，内战一旦爆发，势将不可遏止。中共势必会借此机会倚苏联为暗援，夺占热察绥，甚或东北三省，进而自成一国。据说，“蒋先生亦以为然，允向中共提办法”[3]。据此，王世杰、张群于 11 月 1 日正式向中共代表提出临时停战办法，包括 (1) 双方下令所属部队暂各驻守原地，不得对他方进攻；(2) 中共在各铁路线之部队，移驻铁路十公里以外，中央对此移撤地区，除由路局警察维持铁路秩序外，不另派兵驻守；(3) 由国民参政会组织交通监察团，推派参政员协同当地公正人士，赴各铁路线检查，随时将事实真相提出报告；(4) 中央军队如在平绥、同蒲、正太、胶济、平汉北段、陇海东段、津浦北段各铁路线有运输之必要时，共同协商定之；(5) 双方当于一个月内对于中共军队驻兵地区及其整编等事，商定根本办法，以利和平建国；(6) 政治协商会议仍照预定计划召开。[4]

这时，鉴于平汉战役中高树勋军两师起义，国民党十三军、四十军正在被围歼中，四十军军部及一〇六师全部另一个团被歼，师长被俘，美械之卅军之炮兵营及两个团亦被歼。侥幸逃出的第四十军副军长电称：因“被

---

[1] 《张治中呈蒋委员长函》（1945 年 11 月 7 日），台北“国史馆”藏蒋中正档案，特交文档 50855。

[2] 《戴笠致蒋委员长电》（1945 年 11 月 12，13，14 日），台北“国史馆”藏蒋中正档案，特交档案 47620—47622。

[3] 《王世杰日记》，第五册，第 204 页。

[4] 《重庆代表团致中央电》（1945 年 11 月 2 日）。

刘伯承部奸匪约八万重重围攻，激战三日夜，弹药已告罄尽”。“军长马法五、副军长刘世荣途中遭遇受伤被俘，参谋长李臣熙及军部职员亦多数被俘。职（李）振清及一〇六师副师长赵天兴在前漳激战时负伤。冬卯渡过漳河集结安阳附近，由职暂行维持督饬收容整补，现已到达三分之二以上，现仍继续收容中。职振清以负伤不便指挥，职（司）元恺以远在辛庄救应不及，以致军长被俘，万分悚惶，恭候处分。”[1]

军事形势如此，共产党人对国民党方面的六条妥协建议自然不感兴趣。而鉴于平绥战役晋察冀部队已兵临归绥城下，津浦战役也在顺利展开，东北苏军且要求中共中央最大限度集中主力于东北，毛泽东更是信心百倍，相信可以提出更加有利于自己的条件。他在3日给重庆代表团的电报中提出：“目前形势于我有利，我必须达到下列目的，华北、东北、苏北、皖北及边区全部归人民自治（孙中山主张），仅平、津、青三地可暂时驻一小部中央军，将来亦须退出。其他各地中央军已到者须退出，未到者停止前进；阎锡山、傅作义须免职，民选各省省政府；华北、东北各设政治委员会统一管理各省，中央政府不得违背自治原则派遣官吏，已派者须取消。”并“请警告蒋方，如华北各地受降不归我方，我方是绝对不答应的。东北由东北人民自治军保护治安，中央军不得开入，否则引起内战，由彼负责”。[2]

对于国民党在华北及东北的危险处境，王世杰等看得十分真切。他明确认为：“中共显欲于苏军自东三省撤退前，进占热察绥及东北之大部区域。形势之严重，实属空前。苏联暗中似亦在鼓励，因东北共产党之活动显示受其扶持，政府派赴长春人员则大受苏军之压制。”这种形势及党内高层的情绪，无疑也影响了蒋介石一向自负的心态。11月3日晚间王世杰等与蒋谈中共问题时，发现“蒋先生亦甚悲观，似以为黄河以北一时恐无法收拾，作为今后建国之洁净土”了。王世杰则认为：“中共问题与苏联问题不可分开，

[1] 《第40军副军长兼106师师长李振清，第39师师长司元恺致蒋委员长电》（1945年11月10日），台北“国史馆”藏蒋中正档案，特交文电34028788。

[2] 毛泽东：《华北东北等地须归人民自治》（1945年11月3日），《毛泽东文集》，第四卷，第57页。

今后苏联究将采取与美英合作路线，抑背道而驰，不久当见分晓。在此一问题未决之前，政府对中共问题只可尽力防范其扰乱之范围，不能希望得到根本解决。”[1]

这时东北苏军刚刚拒绝由美舰运输的国民党军从大连港登陆，代表中国政府接收东北主权，要求美舰转经营口运送国民党军上岸。就在蒋、王等讨论中共问题的第二天，即 11 月 4 日，重庆国民党人就得到长春行营的报告称，苏军已向行营声明，中共军队已占据营口，苏军对国民党军在营口登陆将不能保证安全。此种意外情形使蒋介石深为恐慌。

8 日，蒋召集宋子文、张群、白崇禧、吴鼎昌、陈布雷及王世杰等人商议此事。蒋认为应将东北行营撤退至山海关，但声明不放弃东北，使苏联违约之真相大白于世界，我亦不因顾虑东北之收回而与苏联继续敷衍。在座者均无异议。而王世杰则认为：“此一政策在道义上最正当，但其必然的结果为中共及外蒙受苏联之大规模接济与支援，从事大规模及长期之内战。”“若对苏联采取不惜决裂之政策，其结果或与一·二八时之战无异。美国尽管有史汀生（H. Stimson）其人者，反对侵略东三省之国家，但恐非五年或更长时间以后，美国不能助我作有效之抵抗，一如一·二八以后中日冲突之情形。”[2]

次日，蒋介石与王等进一步讨论东北问题，张群建议蒋应赴莫斯科与斯大林晤谈。王世杰则认为问题的症结在苏俄与中共关系，此事究不便成立任何正式的协定。因此，他不认为赴莫谈判之事可行。他建议：“政府对中共做重大让步，求取和平，在假统一的形式下，暂取分疆而治之策，自亦有许多困难与危险，但比较的大危险程度似尚较小。”王为此再三与各国民党要员讨论，说明目前国际形势下，“对中共不妨于形式的统一之下，暂采分疆而治之政策”的好处。[3] 不难想象，蒋介石和多数国民党高层官员对王、

[1] 《王世杰日记》，第五册，第 207 页。
[2] 同上，第 210—211 页。
[3] 同上，第 212—219 页。

张的观点颇难接受。王世杰还受到了国民党内老党员和被人鼓动起来的一些青年学生的公开抨击。

这时，因为得知苏军突然开始撤退，并引中共军队进入东北大中城市，蒋介石急忙开始利用空运，准备先期占领长春。却不料 11 月 14 日得报，长春机场已被中共占领。眼看接收东北无望，蒋介石最终决定将长春行营撤至山海关，并向美国政府要求干预，通过使苏联在外交上处于被动的办法，来压迫苏军不得阻挠国民党军进入东北接收主权。与此同时，蒋亦准备派蒋经国以其私人代表的资格，前往莫斯科会见斯大林。

但是，无论如何，这一切都需要时间。注意到部队士气不振，官兵厌战情绪强烈，华北及东北兵力严重不足，蒋介石又不得不开始暂时缓和军事进攻，转而在政治解决共产党问题上想办法了。

第十三章

战后国民党人的反共困扰

抗日战争结束后，随着国共两党争夺华北和东北的斗争演化成为公开的军事冲突，国共两党在后方宣传与反宣传、控制与反控制的争斗也日渐激烈。这种情况尤其突出地反映在青年学生和知识分子群中，随着中共地下组织在学生群体中影响越来越大，国民党各级党政军组织也越来越反应激烈，终于形成了战后“前方打仗，后方打人”的奇特政治景象。又由于中共地下组织隐藏得比较巧妙，且每一发动即人多势众，国民党方面亦无法轻易使用捕杀手段，结果就出现了由基层党团员出面、以群殴或打砸的方式来吓阻和惩治对手的所谓“忠党行动”。[1] 这种诉诸武力的“忠党行动”因为对付的是手无寸铁的青年学生和教授学者，一有伤害即会引起国内外舆论的强烈反感。以至于事情一旦闹大，为了不给领袖脸上抹黑，地方上就不得不“为应付环境”，找人出来“牺牲”，“挺胸做烈士”。[2] 结果是共产党没有找到，学生运动越压越大，而国民党内部却渐起分化。云南“一二·一惨案”的发生和处理经过，就相当典型地折射出战后国共两党在国民党统治区学生运动问题上两相较量的情况。

一、“一二·一”惨案经过

云南长期在地方军阀龙云的控制之下，即使在抗日战争期间，它事实上也处于一种半独立的状态。不仅如此，龙云最让蒋介石不能容忍的，还在于他在 1941 年香港沦陷以后，大量接收由香港撤出的左派人士，逐渐把云南变成亲共左派分子的庇护所，特别是“使昆明成为共产主义温床”[3]。这些左派人士在昆明不仅找到安身之所，而且很快在西南联合大学中扩展影响，使大批青年学生转趋激进。随着龙云进一步把国民党极为反感的民主同盟领导人当成座上宾，并且坚持不干涉西南联大学生和教师的言论自由

[1] 唐纵：《在蒋介石身边八年》，群众出版社 1991 年版，第 626 页。

[2] 同上，第 626、634 页。

[3] 李宗黄：《李宗黄回忆录》，台北中国地方自治学会，1972 年，第 215 页。

与集会自由，昆明各大学自然迅速成为抗战后期大后方批评国民党的声音最集中的地方。随着抗战接近胜利，国共两党围绕着政治民主化问题的争论日渐公开化，昆明学界响应中共联合政府号召的言论更如雨后春笋般地生长出来。

1945 年 4 月 20 日，何应钦就曾致电中央党部秘书长吴铁城等，通报西南联大有响应中共联合政府号召、爆发学潮的危险。[1] 蒋介石对此态度极为严厉，迅速指示各地教育部门负责人及各校校长，严禁任何旨在酿成学潮的言行，声称：“如各地学校学生有甘心受人利用，破坏秩序发动学潮者，政府即视为妨害对敌作战、阻挠抗战胜利之祸国行为，必当予以断然严厉之处置，决不稍有姑息。”[2]

然而，由于龙云当政，国民党中央的意志不能有效贯彻。教育部部长朱家骅以“极密”方式分发给各校校长的密电，当天就被一中学校长在西南联大的演讲会上当众宣读，从而引起全场上千学生的极大愤怒。中共云南省工委利用在学生中建立的民主青年同盟（简称民青）及在其影响下的昆明各大中学校社团、系会、级会骨干，展开了对抗行动。经民青支部等组织动员，以五四运动周的名义，组织了各种集会，左派教授如闻一多、吴晗、潘光旦等应邀大讲反独裁、争民主问题，5 月 5 日在云南大学新操场举行了上万人的群众集会，上街游行的几达两万人之多，一时造成了极大的影响。[3]

由于受到龙云掣肘，时任昆明防守司令的中央军将领杜聿明没有能够对学生集会实施“断然严厉之处置”。在和龙云妥商后，他只是电告中央称：已颁令禁止游行，并晓谕校方劝导学生。杜的方针是避免冲突，故将驻在昆明的中央军系统的青年军一律带往郊外旅行，万一学生坚持游行，即“用

[1] 《何应钦致中央党部吴秘书长铁城兄并转立夫、骝先、公展诸同志电》（1945 年 4 月 20 日），台北中国国民党中央委员会党史馆藏，特 003—31。

[2] 《教育部部长朱家骅为蒋主席面谕事致各教厅厅长、各大学校长、各专科学校长、各学院院长、各中等学校校长电》（1945 年 5 月 4 日），台北“国史馆”藏蒋中正档案，特交文电 4009198。

[3] 见郑伯克：《回顾“一二 · 一”运动》，中共云南省委党史资料征集委员会、中共云南师范大学委员会编：《一二 · 一运动》，中共党史资料出版社 1988 年版，第 323—325 页。

宪警以维持保护名义监视之，凡属游行经过街市，劝市民远离”。他估计“不致发生意外严重事端”。[1] 果然，当天也确未发生意外情况。

但是，坚信一党独裁理念的国民党人面对反政府的学生不能实施打击，这使在昆明的国民党内强硬派大为愤怒。8 月抗战胜利之际，昆明中法大学学生自治会等发表国是宣言，各中等以上学校也公开成立学生联合会，蒋介石断定背后必为“奸伪”指使，声言“目前各校，多在动荡不宁之状态中，若纯采消极防制办法，不惟不能收预期成果，且将使全部学生走入反政府路线”[2]。教育部据此拟定相应的策略，但贯彻起来仍颇形困难。故为一劳永逸地解决问题，抗战刚一结束，蒋介石就于 10 月初下令，用武力强行解除龙云在云南的党、政、军职务，由中央军全面接管龙云所部的防务，省主席一职交由民政厅长李宗黄暂代，军事上很快亦改以其嫡系部队第九军军长关麟征为云南警备总司令。

龙云下台之际，国共两党领袖正在重庆进行和谈，举国瞩目，盼望彻底结束战争，改组政府，使国家能开始和平建设。昆明各大学中教授、学生对此也高度关注，热烈讨论，举行各种集会和演讲。不意谈判结束不久，内战先是在华北，接着又在东北开打。政府方面指责中共破坏交通，阻挠接收，割据一方；中共方面则谴责国民党发布“剿共”密令，拒不承认中共地位，且不顾民意，坚持召开国民大会，继续一党独裁。

经历持续八年的抗战之后，重开内战，这不能不引起广大知识分子和青年学生的强烈不满。当时，中共宣传上取哀兵政策，学生们眼中的国民党又原本强势至极，战后不仅毫无检讨内省之意，还公然以武力逐走在云南学界口碑较好的龙云，这就在舆论上更加处于不利地位。尽管中共云南省工委已被迫隐蔽起来，与中共中央和中共南方局联络的电台也已撤退，但在此种情况下仍旧秘密指导下级支部在昆明各大学里鼓动学生响应中共南方局发动的

[1] 《杜聿明致重庆侍从室钱主任转委座蒋电》（1945 年 5 月 4 日），台北“国史馆”藏蒋中正档案，特交文电 34009198、34009221。

[2] 《蒋介石为阻止学生运动给教育部的代电》（1945 年 8 月 23 日），《一二 · 一运动》，第 416 页。

反内战运动。11 月 21 日，延安《解放日报》发出成立反对内战联合会的号召，中共云南省工委立即组织发动各校举行反内战时事讲演会等。“民青”和民盟也迅速予以配合，24 日，仅联大即有十几个团体联名要求联大学生自治会通电反对内战，并提议学联出面组织反内战时事讲演会。[1]

1945 年 11 月 24 日晚，联大支部经民青支部，在学联的组织下，由联大学生自治会与云大、中法、英专三校学生自治会共同决定，次日晚 7 时在云南大学至公堂召开反内战时事讨论会，邀请若干教授演讲。当晚，李宗黄即得到消息，紧急召集了省党政军各机关首长商讨对策。昆明《中央日报》第二天一早刊出的会议公告强硬提出 ：“各团体学校一切集会游行，若未经本省党政军机关核准，一律严予禁止，如有此类情事发生，即由各该团体与学校主管人员负责。”[2]

李宗黄等本来就极端厌恶龙云纵容民盟等亲共势力的做法，上台伊始，当然不能听任类似的事情继续发生。为了表现其忠党之心，将可能发生的反政府学潮扼杀于萌芽之中，他从一开始就决定要严厉处置，即动用军队、警察、特务和党团骨干，采用破坏加恐吓的双重手法，使大多数学生心生畏惧，知难而退。[3] 25 日晚，当学生们将会场改在联大图书馆前草坪上继续举行之后，李宗黄等安排好的反制措施就轮番上阵，又是以党团骨干化装成老百姓，上台去唱反调，又是派军警围会场，断交通，并且架起机关枪，做如临大敌状。会议进行中更公然枪炮齐鸣，连扰乱带示威，恐吓学生不准游行。

李宗黄等当晚最怕学生会游行。一位西南联大的教授事先就已经告诉过他们，这种校园集会从来都是很平和的，通常要到深夜才会结束，根本

---

[1] 郑伯克 :《回顾“一二 · 一”运动》。
[2] 昆明《中央日报》1945 年 11 月 24 日。
[3] 《昆明联大、云大、中法、英专四大学奸党分子鼓动学潮及我方防制经过概要》(1946 年),《一二·一运动》, 第 452 页。

不会有游行发生。[1] 然而，李宗黄等显然更相信谍报人员送给他们的情报。不仅如此，为了掩盖25日晚兴师动众地对付学生集会的真相，次日还在报纸宣称当晚系因匪警才出动驻军，鸣枪者并非军队，而是匪徒。正是他们采取这些学生们前所未闻、不可思议的所谓反制措施，进一步刺激了学生。26日，中共云南省工委迅速部署动员全市学生总罢课，以示抗议。“民青”骨干随即四出串连，各处揭露李宗黄等25日晚镇压学生集会的真相。至28日，他们已成功动员全市中等以上31所学校的学生参加罢课行动。当天，参加罢课的各校学生罢委会联名发出了《昆明市大中学生为反对内战及抗议国民党武装干涉集会告全国同胞书》，明确要求取消禁止集会游行的非法禁令，保护言论及身体自由。西南联大全体教授也联名抗议当局侵害集会自由，民盟昆明支部也声明支持学生的抗议行动。[2]

学生的罢课行动不仅未能使李宗黄等检讨自己的处置，反而使他们坚信，对学生的斗争就是反“奸党”的斗争。身为省党部主委的李宗黄当天下午再度召集会议，决定针锋相对，包括组织反罢课委员会，以传单压倒“奸党”宣传，组织大量党团同志展开反制行动，使“奸党分子”不能顺利集会和游行，等等。[3] 关麟征、李宗黄甚至公开威胁说：如果学生们坚持罢课、游行，破坏秩序，政府将会在“必要时使用武力”，直至“开枪”。总之，不惜流血也要压制这次学潮。[4]

为了达到宣传目的，又不致使学生受到伤害，中共及“民青”推动学联只搞罢课，而不上街游行。此举明显地得到了学生的好感，而李宗黄等派国民党及三青团员在校内组织反罢课委员会，冲击学生自治会组织的相关集会的计划，因此也均告失败。学生们持续罢课，并且在校内、校外继续

---

[1] 《美国驻昆明总领事馆第76号快报：昆明大中学生的罢课事件》（1945年12月8日），《一二·一运动》，第461页。

[2] 郑伯克《回顾“一二·一”运动》；《国立西南联合大学全体教授为十一月二十五日地方军政当局侵害集会自由事件抗议书》（1945年11月29日）、《中国民主同盟昆明支部发言人对昆市大中学生罢课抗议非法的武装干涉集会自由的声明》（1945年11月29日），《一二·一运动》，第86—87页。

[3] 《一二·一运动》，第453—454页。

[4] 同上，第465—466、478页。

宣传反内战、要自由，使李宗黄等如坐针毡，终于决定由被动防御转入主动进攻。11 月 30 日，被组织起来的云南省党部和省三青团支团部职员、军官总队和第五军分校学员，以及部分特工人员，在昆明市区各街道，与出校宣传的学生发生冲突，并有部分党团人员进入校园，强行捣毁义卖的桌凳，撕毁标语，高呼“打倒共产党”之类的口号，并肆意殴打敢于与之争论的学生。12 月 1 日，复有大批党团人员和军官总队学员冲入云南大学、联大新校舍、联大师范学院、联大工学院、联大附中、昆华女中、南菁中学等校，见人便打，公然投掷手榴弹，造成学生 4 人死亡、16 人重伤的空前惨剧。

二、军政当局的过激反应

“一二 · 一”惨案的发生，云南省地方当局党团政军负责人李宗黄、关麟征等人的作用至为关键。关曾经对两位在联大担任教职的英藉教授坦率地谈到，他之所以主张对学生采取严厉措施，其理由如下：(一) 23 日下午 6 点半延安广播了一项声明，说这所大学将举行罢课。谁都知道这所大学是“共产主义的温床”，许多学生都是共产党，就是那些讲演的教授，也是“穿着国民党外衣的共产党”。因此，25 日晚上的集会肯定是共产党人早就预谋好了的。(二) 省政府获悉，共产党人不仅仅搞集会，集会结束时还将举行游行，横穿城区，攻打公共建筑。学生们拥有武器，包括炸药。“他们要把游行安排在黑夜，以便使用枪支和手榴弹”。(三) 学生们不仅仅反内战，他们的目的是反政府，因为“他们在号召工厂罢工，号召农民不要交税和不为政府服役”，意图破坏法纪和秩序。[1] 关在谈话中还说：25 日晚集会时首先开枪的不是他的士兵，而是个叫何聪的共产党学生。后来，云南省党部向上汇报事件经过时也声称：29 日上午“有奸党分子五六人执毛泽东画像，乘吉普车在巫家坝公路上行驶，向行人发问，是否信仰共党领袖毛泽东先生，

---

[1] 《美国驻昆明总领事馆第 83 号快报附件二》(1945 年 12 月)，《一二 · 一运动》，第 477—481 页。

如不置答，即鸣枪示威”，云云。但是，这些过分离奇的故事，都不曾在云南党政军当局的公开言论中披露，也不曾出现在屡屡发表不实之词的昆明《中央日报》上。关于事情的起因，李宗黄等在内部汇报中讲得很清楚，即是根据谍报人员及党团工作人员的报告，得知“联大等四大学校之奸党分子，拟于明（廿五）日召开时事讨论会，并欢迎各界参加，许自由发言，其目的为举行签字反美游行示威，要求组织联合政府等情”，决定派人操纵会场。[1]即使在公开的场合下，李宗黄的说法也只是，11月23日延安无线电广播指出，昆明学生对改组省政府不满，暗示会有所反应。李由此断言，联大、云大等四校学生自治会25日开时事讨论会，“意在游行肇事，以达其政治阴谋”，如此而已。[2]

正是由于效忠党国与领袖的军事将领关麟征及其昆明地区驻军第五军军长邱清泉等人的介入，才会导致军人卷入，发生枪击和投掷手榴弹这样严重的情况。身为军人，头脑相对简单的关麟征对政治事件简单化和暴力化的处理方法，从事件开始就表现得再明显不过了。11月25日，他召开联席会议，布置破坏学生当晚的集会游行。会上，他摆出一副指挥作战的架势，声色俱厉地发令称：“如果今晚不能完成使命，应当自杀。”[3] 次日晚，在省府召集的中等以上学校校长会上，他更坦承25日晚士兵开枪是他下的命令。其理由为：“他们有开会自由，我就有放枪自由。”[4] 真到事情弄坏，关一面自请处分，一面后悔不该卷入地方事务。他之所以花几个小时接见“洋人”教授，除了想要宣泄自己的困惑与不满外，更希望有人了解，他并不是12

[1] 《一二·一运动》，第452页。

[2] 昆明《中央日报》1945年12月5日；《李宗黄对昆明学潮之声明》（1946年5月3日），《一二·一运动》，第457—458页。

[3] 《查宗藩供词》（1951年1月17日），《一二·一运动》，第427—428页。

[4] 云南大学校长熊庆来替本校费孝通等辩白，邱清泉竟当面讥讽熊看事不明，称：“熊校长是忠厚者看事不明，即就熊校长所称费孝通先生学问好一节，即可证之。盖费先生文章不通，余虽武人亦可与之一比。”《华罗庚致朱家骅函》（1945年12月11日），台北“中研院”近史所档案馆藏朱家骅档；转见《昆明学生罢联会驳斥十二月三日昆明各报所载中央社消息郑重启事》（1945年12月3日），《一二·一运动》，第117—118页，第487页。

月 1 日惨案的策划人，力图说明，在军队方面被推出来主持 25 日以后的联合行动委员会（即反罢课委员会）的，是邱清泉，并不是他。换言之，直接调派军官总队学员参预 12 月 1 日行动的不是他。[1] 当然，他还是竭力想替军人解脱，再三强调李宗黄手下的“秘密警察”才是导致发生重大危险的根源，说所有情报都来自于这些人，而这些人又不在他的管辖之下，因此“他控制不了局势”。[2]

关麟征的抱怨不是没有一点道理。在国民党体制之下，对当地的风吹草动，地方党部的负责人员因为考绩、升迁等切身利害，通常比流动性较大的军人更容易反应过激。李宗黄的情况就更为突出。他不仅是云南本地人，而且早在国民党一大时就已经做到中央执行委员，却从没有取得过实权，这使得他既相当自负，心态上又很容易失衡。再加上其性格桀骜不驯，用他的说法就是“为人刚直耿介，作风大刀阔斧”；“有永远不为恶势力低头的革命精神”。这导致他在事件中始终心态激烈：阴谋分子愈是鼓动左派学生闹事，我就愈要同他们对着干！即使到惨案发生之后，他也依旧刚愎自用地认定：学潮的发生在于龙云的旧势力勾结共产党，意欲阻止其掌控云南，根本就是冲着他来的。因此，他不仅毫无惋惜自责之情，而且利用各种场合宣泄不满。由此不难想见，不是军人的李，比关麟征更加强势得多。

当时，李宗黄认为自己才是接掌云南大权的当然人选。晚年，他在回忆录中透露：1945 年，蒋介石怎样向他许诺，赶走龙云由他“回滇主政”，说蒋最初只给了他一个代主席，是要他暂时隐忍一时，先让龙云手下的卢汉做一段省主席，等到国军反攻结束，卢汉的作用利用完了之后，再免去卢汉，把他推上正位。因此，他才全力以赴，助蒋赶走龙云，并一心想在云南做出成绩，等着蒋兑现许诺。[3] 正因为如此，头一次充任省一级政府大员的李宗黄，非常看重自己做代主席这两个月的“政绩”。不料，卢汉 12 月 1 日上

[1] 见《夏培信供词》(1952 年 11 月 9 日)，《一二 · 一运动》，第 425 页。

[2] 《一二 · 一运动》，第 484—485 页。

[3] 李宗黄：《李宗黄回忆录》，第 208—209 页。

任前，学生们 11 月 25 日就公开挑战国民党中央及其一党专政。这难免会被李看成是龙云的旧势力在所谓“奸党”的支持下，想要乘此时机，给他以难堪，使他颜面扫地。李为此恼羞成怒，专门选在卢汉正式就职的当天发动对学生的大规模“还击”，不仅仅针对学潮，而且也是想要给以卢汉为代表的龙云的旧势力一个下马威，让卢汉及其所有龙云的旧势力知道，他们别想在云南还魂复辟。

为了一举将学生的气势打下去，李不仅采取直捣学潮据点的做法，而且沿袭国民党惯用的策略，雇用流氓，大打出手。只不过，由于初掌云南大权，李这时并无多少社会力量可以借用，不得不调动训练有素的军官总队学员、省市县党部人员及担任情报的特勤人员。还在得知学生 11 月 25 日集会消息之后召开的中等以上校长联席会上，他就赤裸裸地威胁道：如果学生们再不听劝阻，必要时将使用武力，不惜流血。12 月 1 日，他又给参与行动的党部人员打气说：“现在，他们又向我们进攻了，这是大家效忠党国的时机，我们要以宣传对宣传，以流血对流血，进行还击。”接着，他吩咐省党部卫兵长，搜集枪支上的通针和刺刀，交给党部人员，藏匿身边，用作打人的武器。[1]

没有证据表明李宗黄或邱清泉曾指示部属去学校杀人，但惨案既出，人命关天，身为军人的关麟征尚且自请处分，自承失职和良心不安，而李宗黄被云南学界口诛笔伐，党内亦受到颇多指责的情况下，却坚持无错可认。直至 12 月 25 日在被蒋调赴重庆之后，他仍上下活动，极力辩白，上书国民党中央执行委员会常委会，要求列席会议，详加报告，听凭核议。函称：“昆明学潮，实为共产党有计划、有步骤之政潮，凡当地腐恶势力，均因之借尸还魂，借刀杀人，一切的一切，无所不用其极。”据此，他反守为攻，声称：“此次学潮，完全为本党与共党、中央与地方、统一与分裂、革命与反革命之斗争。

[1] 《国立西南联合大学教授会为此次昆明学生死伤事件致报界之公开声明》（1945 年 12 月 10 日）、《李宗黄策动“一二 · 一”惨案的一些情况（二则）》（1986 年 7 月 13 日），《一二 · 一运动》，第 138、423—424 页。

若将罪名责任，一律加于军政当局之身，其他毫不过问，实足以长敌人威风，灭自己正气。个人牺牲不足惜，必致为亲者所痛，仇者所快，当为我革命之中央所不愿闻。”[1]

李宗黄究竟在多大程度上相信学潮的发生是共产党在主导，其实很值得怀疑。他事后和晚年一而再、再而三地强调学潮发生，纯因政府派卢汉来接掌云南大权，使龙云旧势力必欲借此机会，赶走中央势力。说是“以我为人刚直耿介，作风大刀阔斧，实已妨碍他们的权位与不法利得”，故而制造学潮，激发惨案，进而“以惨案为奇货可居，作为政争工具，四出活动，百计中伤，诬指我处理学潮不当，因而发生血案”，“非逼我离开昆明不可”。[2]整个事件的实质，其实就是：“阴谋之辈，不逞之徒，以惨案为奇货可居，以学子为政争工具，竟四出活动，百计中伤，不惜颠倒黑白，甚至血口喷人，借刀杀人，极尽穷凶极恶、丧心病狂之能事。”[3] 由此不难了解，李宗黄对学潮的态度之激烈，很大程度上是其刚愎自用的个性和必欲彻底打击报复学界中支持龙云的势力的强烈心态在起作用，反共更多的恐怕还是用来实施此种打击报复的一种借口而已。

李宗黄以此种心态处理昆明学潮，惨案自不可免。这也就难怪连蒋介石授意请来协助善后的北大代校长傅斯年在私下里对李宗黄也会痛恨至极了。傅 12 月上旬调查后即明确认为：惨案的祸首就是李宗黄，其目的是政争，其次则是邱清泉；其真相则是：李所组成之联合行动委员会，于 12 月 1 日派大队人分五次打入联大，两次云大，其中一次有人在师范学院放炸弹，死者四人，因伤锯去大腿者一人，还有一人将成残废，此外重轻伤十余人。傅激忿表示：“地方当局荒谬绝伦，李宗黄该杀，邱清泉该杀（第五军军长）。”至于关麟征，他认为是“代人受过”。[4]

[1] 《李宗黄致中央执行委员会常务会议书》(1946 年 1 月 5 日)，台北中研院近史所档案馆藏朱家骅档。
[2] 李宗黄：《李宗黄回忆录》，第 246—247 页。
[3] 《一二 · 一运动》，第 458 页。
[4] 《傅斯年致其夫人俞大綵函》（1945 年 12 月），《一二 · 一运动》，第 409—410 页。

三、蒋介石的点火与灭火

国民党地方当局公然冒天下之大不韪，派人跑到校园里投弹杀人，固然并无确证，说明出自蒋介石和国民党中央的指使与鼓励，但蒋在幕后有所纵容与包庇，亦是事实。战后国统区一再发生打杀学生的流血惨案，蒋介石都难脱干系。

还在抗战胜利前夕，蒋得知昆明有学生与中共同声息，公开呼吁组织联合政府时，就密令教育部："我国八年苦战，军民牺牲，历尽险阻艰难，始获奠定抗战最后胜利之初基。今反攻即将开始，而存心破坏抗战之阴谋分子，见胜利在望，乘机思逞，散播谣言，假借名义，肆其煽惑，尤其对于学校青年鼓动利用，无所不至，冀欲酿成学潮，扰乱战时秩序，以削弱抗战力量。政府维持法纪，捍卫治安，责无旁贷。如各地学校学生有甘心受人利用破坏秩序发动学潮者，政府即视为妨害对敌作战、阻挠抗战胜利之祸国行为，必当予以断然严厉之处置，决不稍有姑息。"[1] 蒋介石这里所谓"断然严厉之处置"，说到底其实也就是不惜使用武力的意思。[2]

相信但凡有学生运动，必有中共在背后"鼓惑""操纵"，联系到对中共必欲以武力解决，面对学潮无力遏制时动辄就想要动武，这在国民党一些领导人思想上已经形成为一种思维的惯性。但是，进入 40 年代，即在中国越来越多地被纳入到美国的势力范围，不得不格外注意自己的国际形象之后，蒋介石在处理这类问题时明显地比地方当局要多了一层顾虑和谨慎。依照其思维惯性，他在遇到类似昆明学潮的问题时依然会气势汹汹地要求各地"当予断然严厉之处置，决不稍有姑息"，然而其这时的"断然严厉之

[1] 《教育部部长朱家骅为蒋主席面谕事致各教厅厅长、各大学校长、各专科学校长、各学院院长、各中等学校长电》(1945 年 5 月 4 日)，台北"国史馆"藏蒋中正档案，特交文电 4009198。

[2] 关于蒋介石对学生运动不惜动武的心态，也有历史旧案可寻。已知九 · 一八事变之后和西安事变发生前，蒋都曾经有过准备对学生动武的激烈表示。参见杨天石:《九·一八事变后的蒋介石》;毕万闻主编 :《张学良文集》(2)，新华出版社 1992 年版，第 1066 页。

处置”，因顾及舆论，多数情况下并不再包含暗杀或开枪之类的内容。只是，地方当局却未必都十分明了这其中的奥妙，更不要说那些有鲁莽军人当政的地方了。因此，只要还允许动武，就难免会出意外。对此，蒋介石亦并非毫无心理准备。一边点火，一边灭火，这在某种程度上其实也是他的一种政治谋略。

11 月 27 日，蒋介石收到关麟征关于昆明发生学潮的电报。关在其中说明了 25 日晚昆明四所大学举行时事讨论会，26 日联大学生煽动罢课等情况，声称学生企图“勾引裕滇纱厂工人，有掀动罢工、扩大全昆明罢课，并大举联合游行示威举动”。关向蒋请示 ：“除竭尽各种方法严密防范外，如反动情势扩大，实行游行示威，加倍诋毁政府与钧座，应取何种态度对付？”[1]侍从室得电后，即交由次日的官邸党政军会报会处理。会议决定由教育部派人前往，劝导复课，“如开导无效，即不惜解散”[2]。公文尚未发出，就传来昆明发生“一二 · 一”惨案的消息。12 月 2 日，国民党中央宣传小组会报会有所讨论。侍从室负责情报工作的唐纵会后立即与关麟征通话，于当晚赶写呈蒋报告。3 日上午，蒋特地向唐纵仔细询问情况，当即表示，“对投弹凶手，饬即电令枪毙”。唐马上用电话向关麟征传达。下午，蒋再度询问昆明情形。次日，云南省地方当局开庭“公审”投弹罪犯，宣布陈奇达、刘友治两退伍军官为凶犯，判处死刑，立即枪决；判处从犯陈云楼解渝法办。另外专门画蛇添足地编造了一个离奇故事，宣称陈、刘之行凶，纯为事前在街上偶然遇到的一自称姜凯的共产党员所唆使，手榴弹亦为该人所提供。这一说法连蒋介石也不十分相信。但是，蒋内心里早已把中共妖魔化，因此，他对下级官员所报各种故事，凡涉及中共阴谋者一向并不十分在意其合理与否。对此，他只是强调 ：“昆明学生惨案之公开审讯消息，公开指明共产

[1] 《关麟征致重庆蒋委员长电》（1945 年 11 月 27 日），台北“国史馆”藏蒋中正档案，特交文电 34030858。

[2] 唐纵 ：《在蒋介石身边八年》，第 557 页。

党所为一点，颇不妥。该姜凯如何与陈奇达相遇，其详情应予公布。”[1]

“一二 · 一惨案”爆发之际，恰逢美国总统特使马歇尔即将来华调处国共冲突，国民党一面准备各种指责中共的说辞，一面力谋改善外界对自己的看法。惨案的爆发，不可避免地进一步恶化国民党在国际上本来就不大好的形象，这不能不使蒋介石颇为懊恼，急图迅速灭火，以平息国内外的批评、指责之声。昆明各校学生和教师不接受云南当局的解释和处置。而且，由于国内外舆论哗然，云南当局被迫收手，学生们不仅继续罢课，而且更加踊跃地拥上街头，进行抗议宣传，并与各地学生遥相呼应，声势越来越大。在这种情况下，蒋明显地不耐烦。12 月 6 日，蒋两度询问昆明学潮情形，并且怒气冲冲地直接给卢汉去电话，谓“如不能解决，即应解散其学校，另将学生集训”[2]。但实际上，蒋眼见昆明学潮有蔓延全国之势，所谓解散学校、集训学生，也只是一时气极而已。他紧接着的步骤仍是加紧安抚学生，如下令批准枪决陈奇达、刘友治；以霍揆彰代理关麟征职务，命关赴渝报告；同时亲自发出《告昆明教育界书》，要求昆明各校教职员，“对全体学生剀切劝导，务令即日上课，恢复常态”[3]。并令卢汉全权处理善后。

卢汉遵命很快将陈、刘二犯执行死刑，发文通告，同时以省政府名义，函请云南省警备司令部军法处，抄送相关部门，协助通缉所谓姜凯者。负责审讯陈、刘二犯的军法处深知此中奥妙，复函省政府称 ：“由于陈奇达只供出有姜凯者，与其约会数次，均在公共处所，并未告其籍贯、年龄、住址，当时口供内亦未回明姜凯之相貌、身长，无法抄送，仍请查照”，将原函退还。[4]对此，蒋也就睁一眼闭一眼。他眼见民愤难平，不得不忍痛牺牲爱将关麟征，暗示关引咎辞职，随即“明令停职，听候处分”。关辞后昆明学界将矛

[1] 唐纵 ：《在蒋介石身边八年》，第 559—560 页。

[2] 同上，第 560 页。

[3] 《朱家骅致叶企荪电》（1945 年 12 月 10 日），台北中研院近史所档案馆藏朱家骅档；蒋中正 ：《告昆明教育界书》（1945 年 12 月 7 日），《一二 · 一运动》，第 437 页。

[4] 《蒋中正致卢汉主席电》（1945 年 12 月 8 日）；《云南省警备司令部军法处致省政府函》（1945 年 12 月 12 日），《一二 · 一运动》，第 432—433 页。

头直指李宗黄，李却态度倨傲，坚不请辞。蒋碍于自己此前向李所许之愿，难以给李任何处罚，不得不咬紧牙关，暗请傅斯年等向昆明学界疏通解释，要学生们先行复课，再容其逐步解决李的问题；一面发狠威胁，学生若再不复课，将采取最后严厉处置，一律开除学籍。

由于国民党当局未能满足学生们最基本的惩凶要求，复课一拖再拖。眼看杜鲁门（H. S. Truman）总统公开宣示对华政策，要求国民党必须扩大政府基础，容纳国内其他政治势力，实行民主改革，马歇尔亦已来华，蒋介石 12 月 18 日再度限令于 20 日必须复课，重申“有未复课学生应即一律开除”[1]。然而，由于李宗黄问题迟迟得不到处理，国民党当局明显理亏，故教育部并未能严格按照蒋的意旨行事，部长朱家骅等仍在全力斡旋。17 日，马歇尔到达中国，蒋不便采取可能会进一步刺激学生的行动，至 27 日，学生才在傅斯年和学校当局居中反复协调之后宣布正式复课。一个多月之后，即 1946 年 2 月 12 日，蒋亦部分地兑现承诺。说是部分，是因为他固然通过行政院，免除了李在云南的本兼各职，实际上并不想太过打击李宗黄这样一批铁杆忠党分子的情绪。撤去李在云南的民政厅长职务不久，他就通过国民党国防最高委员会，任命李为党政工作考核委员会秘书长。[2] 此虽为虚职，并不能使李满意，但毕竟给李留了面子。

蒋介石对昆明学潮的这种处理方式，再清楚不过地表明，他对地方领导人因防共反共而采取的极端做法，形式上不能不表示反对，其内心里是相当理解的。因此，其处理结果，不仅昆明学界不能满意，李本人以及其他国民党人更不可能从中吸取到任何教训。半年不到，昆明再演血案。李公朴、闻一多两教授只因公开批评政府，蒋派来接替关麟征的霍揆彰就重蹈故辙，指使手下军人暗杀李、闻二人，再度引发全国性的抗议浪潮。蒋自然故态复萌，先是大发雷霆，臭骂霍揆彰，等到听说暗杀者纯系出于对李、闻辱“骂

---

[1] 《蒋中正致教育部朱家骅部长电》（1945 年 12 月 18 日），台北中研院近史所档案馆藏朱家骅档。
[2] 昆明《中央日报》1946 年 2 月 13 日。

领袖、诬蔑党国”的激愤之情，属“义侠行为”时，又长吁短叹，感慨系之，最后同意免去霍的警备司令职务，将罪责归结为凶手个人的激愤行为，下令枪毙了事。蒋这样做，不仅免除政府官员涉案的麻烦，而且还留下基层党员和军人不能容忍任何人贬损领袖和党国，甚至不惜以死抗之的印象，借以威慑那些反政府人士。[1]

四、受命打人者的邀功与“牺牲”

蒋介石对昆明学潮最极端的指示，是“当予以断然严厉之处置，决不稍有姑息”；李宗黄、关麟征对“断然严厉之处置”的理解，是可以发动党团人员、特务和军人去冲击学校，并带上家伙去打学生。既然上级有令要动手打人，允许使用“家伙”，一线的党团人员和军人会用手榴弹去炸校园里反抗的师生，用刺刀或铁棍去扎死受伤的学生，也就很难避免了。

对上级的指示层层加码，在官僚体制下是一件司空见惯的事情。何况，对于这个时候的党政人员，像这种能够充分表现自己对党国忠诚的机会也不是经常能够碰到。当时，他们的上级宣称：“学生贴标语，让兵士回家，让老百姓不纳粮，共党扒铁路，阻止杜司令接收东北，不是造反而何？我们有阻止或制裁的义务！我们不能听他们这些胡闹！”[2] 这些长年受到反共意识形态熏陶的一线党团人员，自然容易受到刺激。他们在现场狂呼“打倒共产党”之类的口号，并把每一个学生或老师都当成共产党来打，当然有仇共心理在起作用。但是，他们的积极参与，很大程度上也有其个人考虑。这是因为，这场斗争中的表现好坏，会直接关系到考绩与升等。同样，对于那些参与行动的军人来说，除了部队严格的纪律约束迫使他们必须无条件地执行命令以外，其在行动中的表现也同样关系到今后的出路与前途。

---

[1] 唐纵：《在蒋介石身边八年》，第622、626、636页。
[2] 《姚从吾给陈雪屏、郑毅生的信》（1945年12月11月），《一二·一运动》，第413页。

特别是那些军官总队的成员更是如此，他们都是部队整编后被淘汰下来，尚无出路的军人，自然更关心长官对他们的看法。换言之，基层的众多参加者不顾一切地想要在反共斗争的第一线上争表现，显然也是造成事件失控和升级的一个重要因素。

根据已披露的材料，当局对基层党团人员的动员和组织分为两个阶段。头一阶段在11月25日前后，当时的主要目的只是想破坏学生组织的时事讨论晚会，同时用军队远远地包围学校，阻吓学生在会后组织游行，破坏大会的手段也只是想争取通过要求演说的方式来操纵会场。尽管关麟征声色俱厉地下达了动员令，随后参与行动的党团骨干也都表了态，并预先设计好行动的步骤，但因参与行动的党团人员人数太少，结果是“会议进行了许久，党团工作人员仍无举动，亦无演说”，破坏讨论的行动几乎完全流产。不得已，在现场负责的省党部调查室主任查宗藩硬着头皮，假冒关心时事的老百姓，自己要求上台发言。他只喊了几句：“政府不是在打内战，而是在平定内乱。”“天下是委员长打下的，你们也要来讲民主？”就被学生认出是省党部特勤人员，很快被轰下台去了。而包围学校的军队虽然奉命乱放了一通枪炮，以示威胁，但因学生当晚早就取消了游行的计划，故此种阻吓行动反而激起了学生的强烈愤怒，弄成南辕北辙的后果。

11月27日，被激怒的学生开始罢课后，云南当局吸取25日晚党政与军队不能合力的教训，决定由邱清泉为首，成立反罢课委员会，协调党团军政警宪等各个方面，联合行动。委员会下设四个组，省党部调查室负责情报组；军方负责行动组；宪警负责破坏组；三青团负责撕毁组。上层的高度重视，明显地调动了基层党团人员的积极性。[1] 故自27日起，相关各组组织人员上街，与在街上宣传的学生进行冲突时，参与行动的党团人员的战斗精神已大不同于25日晚了，部分学生在惨案发生前即被打伤，原因也在于此。

---

[1] 《夏培信供词》(1952年11月9日)，《一二 · 一运动》，第425页。

30日，省府、警备部、省党部和三青团进一步召开联席会议，决定次日冲击学校的行动计划。12月1日当天被组织起来参加行动的党团政宪警及特务等就有二百余人。据相关人员回忆，当天上午党部几乎所有人都主动要求参加行动，但党员集合到天井里后，李宗黄还专门要人事室主任薛梦如及登记科长杨灿挑选，把年老体弱的留下来，主要挑年轻力壮的去。当时李宗黄还特别叮嘱，将这些人的证章留下来，以免有人被学生抓获后成为证据。根据当时23岁的龚正德的描述，可知冲击学校的人持有各种打人家伙，学生们曾封住大门，试图用石块阻止他们冲入学校。而他们中穿军大衣的人就往校门里丢手榴弹，然后破门而入，见人就打。他就是首先发现被压在门板背后躺在地上已经被炸伤的女生潘琰的，借着当时大家的狂热情绪，他不顾一切地想要表现自己，在明知该女生已经受伤，毫无还击之力的情况下，他还是用铁条对其腹部连戳数下，将其杀死，并一路高呼"打倒共产党！"的口号。他之所以表现得如此歇斯底里，用他的话来说，主要目的就是想完事后好"向行政上报功"，以便能够在年终考绩时评上优等，争取升级。而他也果然在次年春天"升了一级，由二级助理干事升为人事室一级助理干事"。[1]

关于这些党团人员极力在带队的干部面前争相表现的情况，还可以从被打者的叙述中清楚地看出来。西南联大工学院教授马大猷事后亲笔记述说：当天来到工院门口的打人者多着军服和便衣，由一着黑色大衣者率领。工院警卫和传达上前阻拦，当即遭到棍棒打击，黑色大衣者随即制止，驱使打手们进入院内，一路将学校布告栏及教室玻璃打碎。马大猷、钱钟韩两人从宿舍出来想要劝止，即遭围攻。打人者狂呼："你们是共产党，你们是土匪。"一时间棍棒齐飞，马当即被数名打手打伤。马拼命逃脱，钱却陷于群殴之中，所幸穿黑色大衣者来到，挥手制止，众打手遂呼啸而去。这时，另一群打人者恰遇教员牟之信持一电阻表从实验室出来，当即诬指为

---

[1] 《龚正德供词》(1955年10月11月)，《一二·一运动》，第429—431页。

无线电台，指其为“宣传之共产党”，不由分说也是一通乱打，且边打边把牟揪到穿黑色大衣者跟前报功，幸该人认得此表并非无线电台，挥手放人，驱之令去，牟才算逃过此劫。[1] 由此可见，这些打人者表现出来的狂热劲头，很大程度上并不是那种纯粹自发而难以控制的情绪宣泄，更像是带有很强的个人目的性的一种表演。

由于军人执行命令更为机械，领队的军官不像地方党团人员的领导者会有所顾忌，因此军人打起人来更加凶狠，却很少受到领队者的制止。11 月 30 日，一位军官就曾明确告诉上街的学生：“我们是奉了命令的，命令我们怎样，我们就怎样。”[2] 也正因为如此，当他们中有人被捉住后，也就很容易把责任推到长官身上。一位叫崔俊杰的军人在被学生捉到后，就很快供认自己的军人身份和受大队长之命行事的情况。[3]

不过，被要求挺身做烈士者，却通常被要求表现出慷慨激昂、痛恨共产党的姿态。1945 年 12 月 4 日，惨案中投掷手榴弹的杀人犯陈奇达、刘友治被宣布枪决。他们在被起诉时就曾在法庭上慷慨陈词，指责学生挑衅，且大包大揽，自称失业军人，行动与部队无关，扬言自己是国民党党员，“平时恨共产党，故出面报复”[4]。注意到此后不久在南京发生的“下关惨案”和在昆明又接连发生的李公朴、闻一多两教授被刺杀案，国民党当局的处理手法几乎如出一辙，都是在肯定行动者“忠党行动”的同时，要求“将行动有关人员拘捕，挺胸做烈士”[5]，可知此种做法在民国党中下层这时已成一种风气。只是，做“烈士”却未必真的会送命。李、闻案中两杀人主犯，同为军人的特务营连长汤时亮和排长李文山被审时也是慷慨陈词，指责中共，做忠烈状。但是，二人随后却被秘密转移隐藏起来，而由当局另外从

[1] 《马大猷笔述联大工院被袭经过》（1945 年 12 月 4 日），见台北中研院近史所档案馆藏朱家骅档。

[2] 《暴行目击记录》（1945 年 12 月），《一二 · 一运动》，第 110 页。

[3] 《昆明不生罢联会驳斥十二月三日昆明各报所载中央社消息郑重启事》（1945 年 12 月 3 日），《一二 · 一运动》，第 118 页。

[4] 《“一二 · 一”惨案“凶犯”开审》（1945 年 12 月 6 日），《一二 · 一运动》，第 153—154 页。

[5] 唐纵：《在蒋介石身边八年》，群众出版社 1991 年版，第 626、634 页。

监狱中提了两个死刑犯冒名顶死。[1] 因此，“一二·一”惨案中陈、刘两罪犯是否真的被处死，做了“烈士”，也颇让人生疑。

五、教育当局的居间调和

“一二·一”惨案最终能够和平解决，教育部部长朱家骅的作用不可小视。而他所赖以在昆明居间调处的，先是北京大学代校长傅斯年，后是清华大学校长梅贻琦。

朱家骅曾留学德国，做过北京大学和中山大学的教授，后投身政界，一度为CC系骨干人物，后自成一派，出任过中山大学副校长、中央大学校长，1936年任中央研究院总干事，1940年任中央研究院代院长，并先后担任过广东省教育厅长、浙江省农工厅长、民政厅长、浙江省主席、国民党中央组织部长、国民党中央执行委员会秘书长兼代三青团书记长、军事委员会参军室主任、国民政府考试院副院长、国民政府委员、教育部长。因其资历甚深，做过北大及中大教授，多年担任国民党组织部长，又执掌中央研究院和教育部大权，虽坚决反共，但对知识分子颇有亲和力，因此不仅门徒甚众，即使在各大学教授中执弟子礼者亦甚多。

朱家骅在惨案发生后，第一个反应就是找到正在重庆准备北上的北大代校长、西南联大三常委之一的傅斯年，请他帮忙赶去昆明调处。傅并非国民党员，却和国民党关系密切，且是朱在中研院多年的部属，与朱关系甚好。傅一向敢于讲话，就连蒋介石也要礼让三分，是一个可以周旋于国民党和学界中间的重要人物。

朱家骅多年从事教育工作的经历和与教授们的密切关系，使他比较了解学校里面的情况。因此，惨案一发生，他就相信，造成此一惨案，共产党的作用尚在其次，地方当局过激反应是为关键。故他深知此事的处理绝非

[1] 沈醉：《军统秘闻》，中国文史出版社2001年版，第317页。

易事，明确要求傅斯年等务必坚持将学生复课与惩凶分别办理的原则。他告诉傅斯年、冯友兰、周炳琳和姚从吾：“一俟事实明了，凶必严惩，弟可保证。至复课至关重要，务请兄等全力协助，约同其他至友，劝导学生早日上课。”身为教育部部长，他最担心的是：“罢课久延或将波及他处，致难收拾。”[1]

12月4日，傅斯年到达昆明，声明“我对于李宗黄等之愤慨不减他人”，要求当局“真正敢作敢为”，同时要求李宗黄、关麟征、邱清泉等出来承担责任。傅斯年的态度，再加上各方面的强烈反响，促使蒋做出某种让步。蒋不仅发表文告，而且迅速决定将关麟征调渝，请卢汉出面主持调查和善后。但私下里，蒋还是大发脾气，扬言要解散学校。朱家骅深知蒋的脾气，生恐学潮扩大会迫使蒋出此下策，故一面再派次长朱经农到昆明，会同处理死伤学生的善后问题，一面致电傅斯年等，强调：“主席七日文告，对昆市不幸事件指示公平处理，政府已负责处理，我昆市各校即应恢复常态克日复课。务请诸兄会同各校教授同仁对吾青年学子剀切劝勉，应以学业学校为重，而更应以教育前途及国家荣誉为重。吾人职责贵在善后，一切有利善后之意见及办法，政府无不采纳，然一切有违善后及有碍教育事业之举动，自应摈除。”[2]

傅斯年显然低估了李宗黄在国民党内的影响力，他自然更不清楚前述蒋对李的许愿，因此，接到朱家骅来电后，即于8日复电明言，只要政府负责将李宗黄等调离，此间事便不难解决。电称：“（一）一面严防另生枝节，一面与卢主席细商办法。（二）卢主席既出面主办，一二日内当为大规模之劝告。（三）如教授能大体联合响应，作复课之劝导，便大有希望。卢与斯年正作此。（四）此事既由李宗黄、邱清泉等弄糟到此地步，又将关总司令拖入。手榴弹案之内幕，此间各地人士所详知，包括美国外交记者在内，

---

[1] 《朱家骅致傅斯年并转冯友兰、周炳琳、姚从吾电》（1945年12月5日），台北中研院近史所档案馆藏朱家骅档。

[2] 转见《中央日报》1945年12月9日第二版。

到处宣腾，只有政府先占着地步，然后大多数之教授观念可改。今关总司令既赴渝，李、邱二人可否暂时调开？果能如此，教授可发挥甚大之力量，复课有十九把握。纵不能立即复课，教授必对坚持罢课之员生予以道义制裁，下一步无论如何易于办理。再李宗黄至今仍坚持此次学潮由政府派卢汉来而起，对卢汉及云南多数人士猛烈攻击，此公如不暂离昆明，不特学潮无法结束，即大局亦不了。"[1] 朱家骅注意到蒋宁肯撤换其嫡系将领关麟征，也不动李宗黄，知道其中定有隐情。故他明确电告傅斯年说："李事一时尚难办到，因此延长必生枝节，务请先行上课，恢复常态，一切俟兄返渝面报主座后似无甚问题。"但"务盼劝导学生即日复课，否则后果莫测，弟亦难负责矣"。[2]

李宗黄的问题不解决，不仅说不服学生，就连对教师方面也难有说辞。朱经农到昆明次日，致电朱家骅云："目前最大问题即为学生'抬棺游行'。原拟明日举行，经孟真设法，已允改至十四日游行。有无变化，尚不敢必。倘得五天犹豫时间，或可设法将其打消，否则亦当极力避免冲突。此点党政军方面已均同意。"[3] 这时蒋亦转经朱家骅，接连要求傅斯年速劝学生复课，恢复秩序。但李宗黄不去，傅亦无法可想。他在各校教授和学生会代表间反复周旋后，深知在不能去李的情况下，事情相当棘手，只能暂取"缓兵之计"，于 9 日复电宽慰蒋称："今日劝导四校学生会代表，彼等已允接受钧座劝谕，早日复课。但时期及丧葬事，明晨由斯年再与彼等细谈。"[4]

既然蒋坚不去李，深知蒋脾气的傅斯年只好转而向学生施压力。但凭白无故死伤这么多同学，政府却只是换了个警备总司令，找出两个编余军官来顶罪，同时还编出一个再荒唐不过的共产党人姜凯幕后指使的故事，《中

---

[1] 《傅斯年致朱部长并陈布雷先生电》(1945 年 12 月 8 日)，台北中研院近史所档案馆藏朱家骅档。

[2] 《朱家骅致傅斯年并转冯友兰、周炳琳、姚从吾电》(1945 年 12 月 7 日)、《朱家骅致傅斯年电》(1945 年 12 月 8 日)，台北中研院近史所档案馆藏朱家骅档。

[3] 《朱经农致朱部长函》(1945 年 12 月 8 日)，台北中研院近史所档案馆藏朱家骅档。

[4] 《傅斯年致教育部朱部长转呈蒋主席电》(1945 年 12 月 9 日)，台北中研院近史所档案馆藏朱家骅档。

央日报》更是不分青红皂白，连篇累牍地指责昆明学生被阴谋分子鼓惑煽动，自然无论如何不能让学生们平静下来。学生会坚持政府必须满足四项条件，即（1）追究11月25日晚射击事件责任人；（2）取消11月25日云南党政军联席会议颁布之禁止集会游行之禁令；（3）保障同学身体自由不得随意逮捕；（4）中央社必须更正污蔑学生之报导并道歉。[1] 虽经卢汉、傅斯年等出面担保解决，学生坚持非对李宗黄等做出处理并更正中央社假消息不可。

10日，昆明《中央日报》再度发布假消息，宣告“昆明学潮庆告平息”，并且语多讥讽，再度惹恼了学生。罢委会随即发出《质中央日报》，严辞批驳。[2] 傅斯年对此十分懊丧。11日，傅再度出面劝说学生代表先行复课，再求解决问题，双方意见冲突，不欢而散。次日，学生会代表出于对师长的尊重，向傅斯年道歉，但却明言四项要求不能改变。

傅斯年和学生代表翻脸后，态度转趋强硬，背地里向朱家骅提议，对学生不要轻易让步。电称：只要能劝说教授宣布，学生不复课即行辞职，学生定尽失同情与立场，不愁问题不能解决。目前教授会已被说动大半，问题只在李宗黄一人而已。“李宗黄如能即去，教授心意可以平，彼实为主谋主使，去则政府占着地步，关仅受李之愚而已，但决不可有严厉办法，必俟教授与地方并感学生讨厌，政府免李宗黄占着地步，然后方可考虑。”他明显主张通过曲折的办法来解决李宗黄的问题，给教授们一个说法。而他对教授会的工作则尚须数日时间，“此数日内乞许斯年再作最后之努力”。[3]

蒋介石经过长时间的考虑，找到既不让李宗黄丢面子，又能够缓和学生情绪的解决办法。朱家骅明确告诉傅斯年，可以向教授们透露，李宗黄将被免职，以便于推动教授们予以配合。电称：“李事照弟看法早已不成问题，主席似亦深知其人，（对）此次事件亦知其处理失当，言行不妥。惟因当时

[1] 转见《卢主席招待四大学生代表对我们的要求发表意见》，《罢委会通讯》第十期，1945年12月10日，《一二·一运动》，第236页。

[2] 《一二·一运动》，第239—240页。

[3] 《傅斯年致教育部朱部长电》（1945年12月11、12日），台北中研院近史所档案馆藏朱家骅档。

1944年5月，中外记者团到陕甘宁边区和晋绥边区参观考察。图为毛泽东（前排左三）、朱德（前排左五）、吴玉章（后排右二）、杨尚昆（前排右一）在延安和中外记者参观团中的外国记者合影

1944年5月，林伯渠代表中共中央先到西安再到重庆与国民党代表谈判。图为双方合影，左起：邵力子、张治中、雷震、林伯渠、王若飞、王世杰

中共抗战在敌后取得的成就赢得了美国军方的重视。图为1944年周恩来在延安欢迎美军观察组组长包瑞德等

1944年11月，美国总统特使赫尔利飞到延安，前来调处国共两党关系。图为毛泽东、朱德、林伯渠、周恩来在机场迎接赫尔利时留影

1945年7月1日，国民参政会参政员黄炎培、褚辅成等飞抵延安，试图调处国共两党关系。图为毛泽东设宴欢迎

1945年8月28日，毛泽东应蒋介石之邀，在美国驻华大使赫尔利和国民党代表张治中的陪同下，偕周恩来、王若飞等赴重庆会谈。图为毛泽东一行在重庆下飞机时合影

1945年9月28日至10月10日，蒋介石和毛泽东及国共两党代表在重庆举行会谈，研究战后双方关系问题。图为蒋介石、毛泽东与美国大使赫尔利等合影

1945年10月10日，国共两党重庆谈判达成谈判纪要，史称“双十协定”。图为纪要文本的影印件。

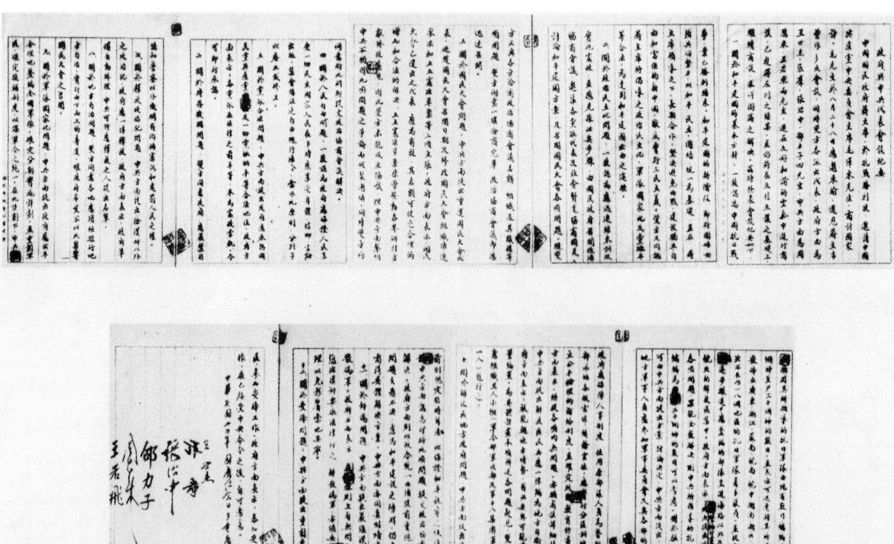

1945年12月21日，美国总统特使马歇尔将军为调处战后国共冲突，经上海抵达南京。图为蒋介石与宋美龄在官邸门口迎接马歇尔时留影

1946年1月初，马歇尔与国民党代表张群（左一）和共产党代表周恩来（右二）组成三人委员会，就国共停战问题展开第一轮的正式谈判。图为谈判前三人在记者前合影

1946年1月10日在马歇尔的调处下，国共两党代表正式签署了停战协定，并约定13日午夜全面生效。为监督停火实施情况，国、共、美三方代表于14日在北平成立了军事调处执行部。图为中共代表叶剑英（左一）、美方代表罗伯逊（中）和国民党代表郑介民（右一）在军调部门前合影

在马歇尔的努力下，国共双方同意召开各党派政治协商会议，解决政治民主化和军队国家化问题。图为中共代表周恩来搭机抵达重庆，政协秘书长雷震（左一）及国民党代表孙科（右一）前往迎接

1946年2月15日，根据国、共、美三方谈判及政协决议的要求，中共代表周恩来（左一）、美方代表马歇尔（中）、国民党代表张治中（右一）谈判达成了有关整编军队问题的初步方案。图为三方在《整军方案》签订的仪式上

1946年3月4日，鉴于政协和整军均已达成协议，马歇尔专程飞往延安面见毛泽东。图为马歇尔及国共谈判代表飞抵延安时毛泽东陪同在机场检阅部队

由于国民党坚持停火令仅限于关内，不承认中共在东北有军事存在的权利，双方在关内实现停战的同时，在东北展开了大规模军事冲突。1946年4—5月间四平街争夺战，成为战后国共全面战争的导火索。图为国民党军从空中拍摄的四平街作战时的场景

1946年4—5月进行四平保卫战的中共东北民主联军装备、火力和弹药在苏军的帮助下已经十分充足。图为四平作战中的中共军队的炮兵阵地

由于国民党拒不接受中共停战及推迟召开国大的要求，民盟与中共被迫一致行动，拒绝参加“国民大会”。图为民盟负责人沈钧儒、黄炎培等与中共代表周恩来、邓颖超等1946年11月在南京梅园新村合影

1946年12月25日，国民党单方面召开的国民大会讨论通过了《中华民国宪法》。图为蒋介石签署宪法

1947年2月，国民党政府强令中共驻上海、南京、重庆等承担谈判联络工作的代表撤离，关闭和谈大门。图为3月7日中共代表董必武撤离南京，有关人士送行

1947年3月13日，国民党军胡宗南部成功袭占中共中央所在地延安。图为蒋介石亲临延安视察

1947年5月20日，南京、上海、杭州等地学生在南京联合举行反对内战的示威游行。图为学生游行过程中与警察冲突的场面

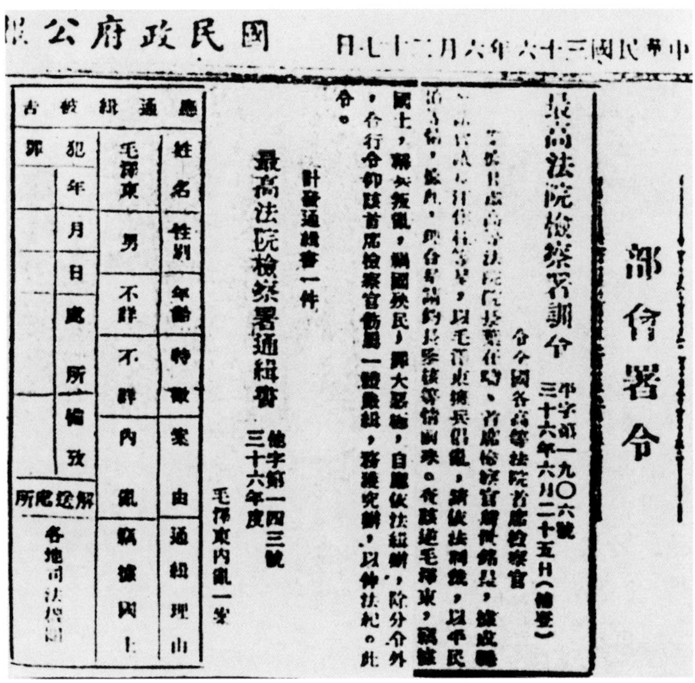

國民政府公報　中華民國三十六年六月二十七日

部令　署令

最高法院檢察署訓令　平字第一九〇六號　三十六年六月二十五日（補登）

令全國各高等法院首席檢察官

……國土，擁兵叛亂，禍國殃民，罪大惡極，自應依法緝辦，除分令外，合行令仰該首席檢察官飭屬一體嚴緝，務獲究辦，以伸法紀。此令。

計發通緝書一件

最高法院檢察署通緝書　他字第一四三號　三十六年度

毛澤東內亂一案

應通緝被告

姓名	性別	年齡	特徵	案由	通緝理由	犯罪年月日處所	解送處所
毛澤東	男	不詳	不詳	內亂	[illegible]	[illegible]	各地司法機關

1947年6月25日，国民党政府以最高法院检察署的名义，以“内乱”罪名下达通缉毛泽东的训令

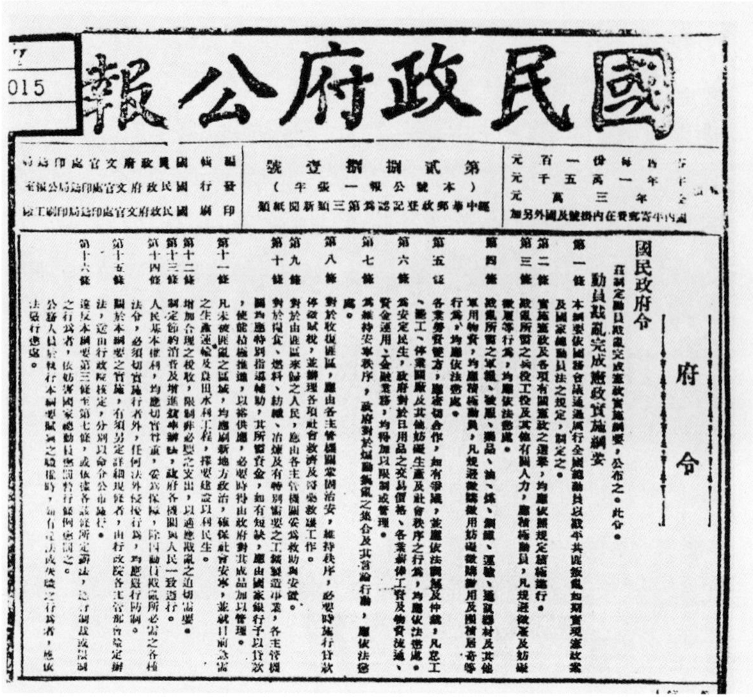

國民政府公報

第貳捌捌壹號

（本號公報一張半）

中華郵政登記認為第三類新聞紙類

編輯 國民政府文官處印鑄局

發行 國民政府文官處印鑄局公報室

印刷 國民政府文官處印鑄局印刷工廠

每份一百元　半年一萬五千元　全年三萬元　國內平寄郵費在內掛號及國外另加

府令

國民政府令

茲制定動員戡亂完成憲政實施綱要，公布之。此令。

動員戡亂完成憲政實施綱要

第一條　本綱要依國務會議通過厲行全國總動員以戡平共匪叛亂如期實現憲政案及國家總動員法之規定，制定之。

第二條　實施憲政及各項有關憲政之選舉，均應依照規定積極進行。

第三條　戡亂所需之兵役工役及其他有關人力，應積極動員，凡規避徵募及妨礙徵募等行為，均應依法懲處。

第四條　戡亂所需之軍糧、被服、藥品、油、煤、鋼鐵、運輸、通訊器材及其他軍用物資，均應積極動員，凡規避徵購徵用妨礙徵購徵用及囤積居奇等行為，均應依法懲處。

第五條　各業勞資雙方，應密切合作，如有爭議，並應依法調解及仲裁，凡怠工、罷工、停業關廠及其他妨礙生產及社會秩序之行為，均應依法懲處。

第六條　為安定民生，政府對於日用品之交易價格、各業薪俸工資及物資流通、資金運用、金融業務，均得加以限制或管理。

第七條　為維持安寧秩序，政府對於煽動叛亂之集會及其言論行動，應依法懲處。

第八條　對於收復匪區，應由各主管機關鞏固治安，維持秩序，必要時施行貸款停徵賦稅，並辦理各項社會救濟及防疫救護工作。

第九條　對於由匪區來歸之人民，應由各主管機關妥為救助與安置。

第十條　對於糧食、燃料、紡織、冶煉及有特別需要之工礦製造事業，各主管機關均應特別指導輔助，其所需資金，如有短缺，應由國家銀行予以貸款，使能積極推進，以裕供應，必要時得由政府對其成品加以管理。

第十一條　凡未被匪亂之區域，均應刷新地方政治，確保社會安寧，並就目前急需之生產運輸及農田水利工程，擇要建設以利民生。

第十二條　增加合理之稅收，限制非必要之支出，以適應戡亂之迫切需要。

第十三條　制定節約消費及增進儲蓄辦法，政府各機關與人民一致遵行。

第十四條　人民基本權利，均應切實尊重，妥為保障，除因動員戡亂所必需之各種法令，必須切實施行者外，任何法外侵犯行為，均應嚴行防制。

第十五條　關於本綱要之實施，有須另定詳細規程者，由行政院各主管部會擬定辦法，送由行政院核定，分別以命令公布施行。

第十六條　違反本綱要第三條至第七條，或依據各該條所定辦法，總括制裁或限制之行為者，依妨害國家總動員懲罰暫行條例懲罰之。公務人員怠於執行本綱要賦與之職權時，如有違法或失職之行為者，應依法嚴行懲處。

1947年7月4日，国民党发布政府令，决定全国进入战时状态，全面实施“动员戡乱”

中共中央撤出延安后，始终没有离开陕北。九个月后，军事形势全面改观，中共中央于1947年12月25日至28日在陕西米脂县杨家沟重新可以正常开会了。图为毛泽东与工作人员会前合影

1948年春，国民党经由国民大会代表举行总统、副总统大选。当选的蒋介石与李宗仁于5月20日正式举行就职典礼。图为典礼仪式上蒋介石宣读誓词

由于在对共产党的战争中连连失利，损失惨重，蒋介石在国民党内讧中被迫于1949年1月1日发表“求和”声明，并于1月21日宣告引退。图为引退后的蒋介石离开南京前与妻子拜谒中山陵

1948年9月24日，中共解放军成功攻占了第一座省会城市——济南。图为解放军举行入城式

1949年2月，北平守军将领傅作义被迫接受中共围城大军的和平条件，北平和平解放。图为解放军入城时的情景

1949年2月14日，代总统李宗仁授意颜惠庆等人与中共接触，就国共和谈交换意见。图为北平市长叶剑英和林彪、聂荣臻等为欢迎颜惠庆等在北平六国饭店合影

1949年3月25日，毛泽东率党中央机关和解放军总部抵达北平，当天下午到北平西苑机场举行阅兵仪式。图为毛泽东和前来迎接的各界人士合影

1949年4月1—20日，中共中央接受南京国民政府李宗仁代总统的要求，在北平与国民党代表团举行和平谈判。谈判最终未能达成协议。图为双方代表谈判会场的情形

1949年4月21日解放军发动了渡江作战，并于23日占领了国民党政府的首都南京。图为解放军举行入城式的情形

不能全明真相，已有重要处理做到最大限度，似不能于复课以前再有举动，亦属情理之常。故如能按期复课，此后问题均能顺利解决，因其他重要各方亦如此看法，并都主张将来李应必去。此事弟已与月涵（按：即梅贻琦）兄言之，日来观察更证明李去稍缓无甚难处。兄可将此意暗示教员，以解其忿。”[1] 但傅斯年此时成竹在胸，不愁学生们不听劝告，复电称："彼等只是以四个棺材[2]拖延日期，似有所待。两大学当局已明白表示，十七日非一律上课不可，月涵到与谈，认为以后我辈当积极行使职权。如近日（仍做）不到，（即）自请解散。”[3]

傅斯年所以信心十足，在于他这时已有了一整套的进攻策略。第一步，先由联大、云大两校当局出面发布必须复课的最后期限；第二步，学生违命不遵，则他与梅贻琦即宣布辞职，逼教授会走上前台；第三步，教授会全体出面做学生工作不成，亦必出以全体辞职一着向学生施压；第四步，学生若再不听，则可断然采取“自请解散”措施，彻底解决问题。

“自请解散”显系釜底抽薪之法。此法多半出于梅贻琦的建议。惨案发生前数日，梅贻琦已到北平。11日，飞返重庆，12日晚，赶回昆明。在重庆时，梅曾两晤朱家骅，知道朱因蒋有解散西南联大和云南大学各校之意，相当紧张，因而当面向朱保证，到周末一定争取复课，若“本周末不能安定复课，则与其经政府解散，无宁自请停办耳”[4]。显然，梅贻琦这一建议是有原因的。因为战争结束之后，原由北京大学、清华大学和南开大学三校合办的西南联大即已开始考虑各归原地，复办原校。梅此次北上北平，即为考察复校事宜。傅斯年此次赴渝，原本也是为要去北平考察，不想突遇此事，不得不返回昆明。因此，既然复校为迟早之事，万一政府逼不得已坚持要解散联大，自不如乘机停办联大，三校借此各回原地，早日复办原校。

---

[1] 《朱家骅致傅斯年电》（1945年12月13日），台北中研院近史所档案馆藏朱家骅档。

[2] 死去的四名学生此时尚未正式下葬，有的且停尸于图书馆。故傅斯年有此之谓。

[3] 《傅斯年致教育部朱部长电》（1945年12月13日），台北中研院近史所档案馆藏朱家骅档。

[4] 黄延复、王小宁整理：《梅贻琦日记（一九四一至一九四六）》，清华大学出版社2001年版，第189页。

方针既定，梅、傅即联合行动。由于得到重庆密电，听说“十五（日）以后如不复课（蒋）即准备举动”，故他们在14日就紧急召集常委会，确定以17日为最后复课期限。选定17日，不仅因为15日是周末，只有周一的17日才能看得出有否复课，与蒋介石的要求不相冲突，而且也是因为它是美国总统特使马歇尔抵达中国的日子，学潮结束对政府的形象有利。为了配合校方的行动，卢汉也特地于14日前往学生所设的灵堂，亲自吊唁了被难师生，同时以17日为限，向学生下了最后通牒。

15日，梅贻琦与常委会全体召集学生代表谈话，正式宣布校方决定。梅说明学校规定17日全体复课的理由，和届时不复课可能招致的严重后果。傅斯年等依次发言，强调学生不仅应顾及到为死难学生伸冤，而且亦应为学校前途着想。然而，学生自治会召开代表大会讨论后，仍表示拒绝。次日，书面答复校方称，经代表大会决议，“在条件未圆满解决前不能复课”。果然，17日上午梅贻琦与傅斯年巡视学校时发现，教师们均已到校各就各位，而学生“竟无上课者”[1]。

眼看第一步计划落空，17日下午三时，校方召集诸教授茶话，梅贻琦报告近几日调处交涉经过，明确提出，他和傅斯年对学潮事均已感觉无能为力，解决无望，打算引退让贤。教授们随即开会，一致挽留，决定次日上午由各系主任联合召集学生代表进行劝告，下午再分由各系教授向本系学生进行劝告。如仍不能有结果，则实行“总辞职”。[2]

经过将近半个月时间的努力，傅斯年相信教授们出面亦不可能发生效用，最终最好的办法，就是“自请解散”之一着。故他明确函告朱家骅说：“连日各方均对学生施压力，卢主席严函限期复课，否则另有办法。学生会往谒不见，地方各公团已书面表示，学生会无诚意，无法帮忙。删晨常务委员会训话本校全体学生代表七十余人，梅、傅、冯、陈、潘、周继续发言，

[1] 《梅贻琦日记》，第191页。
[2] 同上。

均告学生必于十七日复课。枚荪（周炳琳——引者）并谓吾辈参与联大之人，今日可帮同毁灭之。目下可谓已将万强压力加于罢课者。然明日各教授上课，学生必不能上课，学校当局与教授必纷纷辞职。下一步之办法，最好为联大提前结束，北京大学、清华、南开三校提前恢复。各校组清理委员会，甄别学生，辞聘有作用之教员。此法在政府不居解散之名，而各地关心三校者必表欢迎，政府不致受责，枝节可以减少。然亦必有详细全般计划，乞俟弟到渝面陈后再决定，万勿先下解散令。”[1]

对于梅贻琦和傅斯年关于“自请解散”的意见，朱家骅其实并不十分赞同。他明确告诉傅说，因交通困难，如采取此一措施，势必要使学生们牺牲一个学期而无法学习，届时问题更多，因此必须慎重从事。最好的办法仍是等蒋回重庆后，争取蒋同意将最后期限再度延长。他在 15 日当天就曾报告蒋说：“联大、云大等校校务会议决议定十七日复课。卢主席与地方人士亦均作最后坚定恳切之表示。但各校情形复杂，能否如期复课，殊尚无绝对把握。如果届时学生仍不就范，各校当局希望在执行最后处置办法之前，能有数日缓冲期间，俾各校负责人及多数教授获有表示最后严正态度之机会，并使学生失其立场与同情，以减少政府责任。”蒋对此未示可否，但反应颇不耐烦，朱家骅因此一面上条陈自责“此事上烦廑虑，职至感不安”，一面仍坚持提出：“昆明事件之处理，似宜以避免引起全国性学潮为原则。十七日如未上课，可否再留数日时间，俾学校当局作最后之努力。”[2]

18 日，蒋介石明令学生复课的最后期限可缓至 20 日，届时“有未复课学生应即一律开除”。注意到蒋介石让了步，朱家骅意识到危机正在过去。他在将蒋令转发昆明后，特地告诫傅斯年以及卢汉和霍揆彰，强调对“如何与何时执行”蒋令，务必“妥慎办理”。言外之意，即使限期已到，也要留有余地，不可仓促行事。因此，他明确要求联大和云大两校当局：“再尽

[1] 《傅斯年致朱部长电》（1945 年 12 月 17 日），台北中研院近史所档案馆藏朱家骅档。
[2] 《朱家骅致北平行营蒋委员长电》（1945 年 12 月 15），台北中研院近史所档案馆藏朱家骅档。

最大之努力，剀切劝导学生即日复课，以重学业，以副期望。”[1]

这边朱家骅全力调和，那边教授会亦积极运作。18日，梅贻琦以及云南大学校长熊庆来均表示学生三天内不复课，将辞去校长职务。数十位教授讲师亦公开表示将与两位校长同进退。有鉴于此，中共云南省工委迅速出面，通过各支部展开对罢委会学生代表的劝说工作。在此情况下，19日，教授会公推冯友兰等为代表，面见卢汉，得到卢汉承诺取消禁止自由集会之前令，学生方面开始让步。联大除师范学院外，20日各班均开始有学生上课了。

有部分学生上课，预示着其他学生也将逐渐分化，因此，这时上至蒋介石，下至校方，反而不好再采取其他措施。如此连拖两日，倍感失落的傅斯年就已经沉不住气了。22日下午三时，教授会开会，商量如何进一步推动复课，傅明显地“焦躁”，明言“决于明日返渝，校事不欲过问矣”。晚饭后，梅贻琦等均前去访傅，“劝其稍缓返渝”，也“未得谅允”。[2]

傅斯年刚走，李宗黄就被召去重庆，离开了昆明，从而使事情进一步有了转机。由于马歇尔已经来到中国，原来暗中推动学潮的中共一方这时已改换原有的斗争方式，强调要“根据新的情况来及时的适当的改变自己的斗争方式和策略，来适合时宜地发展或结束这一斗争”[3]。因此，李宗黄的离开，更使得他们有了彻底结束鼓动学生罢课的理由。学生罢委会于次日即正式发出了复课启事，昆明学潮至此终于告一段落。

六、国民党教授的严重分化

对于“一二·一”惨案及整个昆明学潮而言，处于漩涡中心的昆明各

[1] 《朱家骅致傅斯年电》（1945年12月18日）、《朱家骅致梅贻琦、傅斯年两常委电》（1945年12月18日）、《朱家骅致云南大学熊迪之校长电》（1945年12月18日），台北中研院近史所档案馆藏朱家骅档。

[2] 《梅贻琦日记》，第192页。

[3] 参见林焕成：《谈青年的斗争》，《新华日报》1945年12月23日第四版。

大学里的国民党籍教授的情况，无疑更为引人注目。由于国民党是执政党，且经营多年，昆明各大学中相当一部分教授早已是国民党员或三青团员。以西南联大为例，该校由北大、清华和南开三校合并而成，三校校长蒋梦麟、梅贻琦和张伯苓都是国民党中央委员或监察委员。联大成立后各院院长及各系主任，不少也已是国民党员，如这时的文学院院长冯友兰、史学系主任姚从吾、教育系主任陈雪屏等。[1] 在上百名教授当中，有国民党党籍或三青团团籍的教授已占20%左右。[2]

然而，和蒋介石及其国民党地方当局党政军各界的国民党人相比，昆明各大学里有国民党和三青团背景的教授们由于所处环境的关系，绝大多数明显地既不赞成蒋介石的断然严厉之处置，更不赞同李宗黄、关麟征等人所采取的措施，大致可以分为两种倾向。一种人强烈反共，将学运的发生看成中共的挑拨或煽动，但主张分化学生，孤立左倾分子，不赞同激化矛盾；一种人虽基本站在国民政府一边，但因对国民党恨铁不成钢，故对学生抱有一定同情，相信学潮的发生根本在于地方当局的专横与野蛮，如有中共“捣乱”，亦不过乘机利用而已。[3]

联大史学系主任姚从吾显然是具有强烈反共倾向的那一部分国民党籍

---

[1] 关于联大各院院长大都加入了国民党的情况，可见冯友兰回忆。冯友兰写道：“联大文学院从蒙自迁回昆明后不久，有一天，蒋梦麟约我们五位院长到他家里谈话。他说：‘重庆教育部有命令，大学院长以上的人都必须是国民党党员。如果还不是，可以邀请加入。如果你们同意加入，也不需要办填表手续，过两天我给你们把党证送去就是了。’当时只有法学院院长陈序经表示不同意，其余都没有发言表态。我回家商量，认为我已经有过被逮捕的那一段事情。如果反对蒋梦麟的提议，恐怕重庆政府说是不合作，只好默认了。过了几天，蒋梦麟果然送来了党证。”见冯友兰：《三松堂全集》第1卷，河南人民出版社2001年版，第96页。

[2] 已知有国民党党籍或三青团团籍的教授即有崔书琴、查良钊、郑华炽、周炳琳、雷海宗、宁榥、张清常、梅贻琦、张伯苓、姚从吾、贺麟、冯友兰、杨西孟、陈雪屏、马大猷、华罗庚、杨振声、伍启元、钱端升、章廷谦、郑华炽、何衍睿、郑天挺、蔡维藩、霍秉权等。

[3] 谢泳先生对西南联大中国民党籍教授有过一段分析，说是“属于国民党反对派的有钱端升等先生；属于国民党批评派的有周炳琳杨振声等先生；国民党开明分子有冯友兰和雷海宗等先生；三青团的有姚从吾和陈雪屏等先生……在联大这许多教授中，有一件可喜的事，就是联大是没有顽固派的分子。”此说似略嫌表面化。见谢泳：《逝去的年代》，文化艺术出版社1999年版，第373页。

教授的代表。他是西南联大三青团分团部的最早的创办者和主持者，后又曾负责组建联大国民党党部。从事件发生前后他给教育部长朱家骅等人的一系列信件中，可以很清楚地看出他的倾向和当时大学内部国民党组织的应对态度。1945 年 11 月 27 日，即 25 日时事晚会召开后，他就专门去函朱家骅，汇报昆明学潮发生情况和他们所采取的对策。他明确认为，学潮的兴起，根本在于驻军的过激反应。因 25 日晚上的时事集会，“不过骂骂接收人员，藉以讥笑中央腐化，把预备好的抗议书送给外国人而已”。“夜寒道远，参加人少，置之不理则不久即散。”“不意驻军因责任感重，近日又阅报知共军阻挠国军开入东北，义愤难抑，出而干涉。”“又不意驻军谓有匪警，黑夜在联大四周鸣枪示威。”从而导致“联大及各校学生事后思之不胜愤恨，三五聚谈。次晨（廿六日）即未能安心上课。捣乱分子见众怒之可资利用也，乃临时粘贴罢课纸条，而罢课之事竟弄假成真矣”。他认为，罢课虽成，校内毕竟还有党团力量与之相抗，“中立派签名者至廿七日已有八九百人”。在他看来，只要不再过分刺激学生，事情仍有可为。因此他力主：“应与辞修（陈诚——引者）部长即电关、邱诸同志与王政（即云南省教育厅厅长——引者）同志及大学团部负责人，切实联系，将‘结束罢课’与‘防遏反动’分开，以政治为主，军队弹压为附，万勿随意行动。随意刺激群众，无益实际，徒增困难。简言之，不妨及治安者，军人切勿干涉。”“联大事除与学校负责人接触指示之外，应再专函周枚荪、张奚若，请二先生贡献意见，协同处理。因枚荪实具有若干镇压能力，张先生尚得学生信仰。至于端升，坏事有余，易受利用。又 C. P. 为孤注一掷计，自必竭力捣乱，此次压下去或即可永久相安也。”[1]

学校中国民党人的意见显然不能对国民党地方党部及政府发生影响。惨案就在姚从吾等人明确提出告诫之后，仍旧发生了。这一切不能不使姚从吾等党团人员倍感沮丧与不满。他在惨案发生后就有信给当时正在北京

[1] 《姚从吾致朱家骅函》（1945 年 11 月 28 日），台北中研院近史所档案馆藏朱家骅档。

的陈雪屏和郑天挺。陈是联大教育系主任、三青团中央直属西南联大分团部干事会长；郑是历史系教授、时任联大总务长，同为国民党人。他在信中具体叙述国民党及三青团人员在学生罢课开始后的尴尬处境与心态：25日晚之后，“同学与教授都很激愤，我们对罢课，不但不能挽救，且只有随声拥护。二十六日，程陶、高乃欣、张锡芝等来了，决定采用分化方略，只将第二项要求，美国撤兵，加上‘苏联不干涉中国内政’九个字，以瞻全校的反应，分头活动，冀有收获。至二十七日上午，签名赞同者已有九百六十余人。下午开大会讨论，因为组织不严密，被捣乱者破坏了。但中立分子的势力仍在增加，学校也决议用全体大会的名义，劝告大家上课。更不幸在这个当儿，李宗黄、关麟征（热心有余，见识太差！）、邱清泉诸公又组织了一个反罢课委员会（由支团与党部等主持，以第五军为后盾），与学生厮打。到了十二月一日，竟打入学校（新校舍、师院、工学院、云大），投掷手榴弹，捣乱者希望的惨案，他们竟代人家造成了！”函中说明：一些团员看到当天“率领参加”打入学校的“祸首”，竟是三青团昆明市书记长高云裳和云南支团部秘书兼宣传股长周绅，联大的三青团员内部更形分化，以至于“事后，党推团，团推党，丑态百出，可笑极了”！面对这种情况，姚从吾等不得不一面“对地方军人的横暴措施表示抗议，且据实呈报上级，俾以公平处置，以平众心”；一面“命令同志停止活动”，而不少人更“主张取消分团，改为秘密活动，以图有所挽救”。姚悲愤地说：“就这次的学潮而说，C. P. 可能完全胜利了！弟身经目睹，不胜气愤！华炽（郑华炽——引者）与我打算特别与倪文亚（三青团中央团部组织处长——引者）一谈，作一详尽的检讨，从此真的要任何事都不过问了！”姚唯一感到庆幸的只是：“幸而教授会于四日全体会议，否决罢教，改为停课七日，算是教授站在政府的方面，学生的气焰才算稍稍好转了。”[1]

由于无法再调动右翼学生出来与左翼学生相对抗，姚从吾、郑华炽等

[1]　《姚从吾给陈雪屏、郑毅生的信》（1945 年 12 月 11 日），《一二 · 一运动》，第 411—414 页。

不能不把主要精力放在教授会上。其策略是以同情学生的姿态出现，在顺应大多数教授心理的情况下，从关心学生和学校前途的角度，努力促使教授会能够通过抑制学潮进一步扩大的各种决议。他们的这一措施显然取得一些成绩。12 月 2 日，即惨案发生的第二天，他们在教授会议上一方面赞同慰问学生，向当局交涉，万一学生举行抬棺游行时，请准予游行的方案；一方面坚决反对闻一多等关于以罢教响应学生的提议，成功地利用党团员教授的支持和工科教授多数不愿扩大事态的心理，以 61 票对 19 票否决罢教提议。[1] 对此，姚从吾、郑华炽等颇为振奋，更加积极地以曲折迂回的方式来做教授会的工作。

两周后，党团工作也渐次恢复起来。他们更进一步组织和动员学生中的三青团员，暗中推动中立学生早日复课。随后，在与朱家骅派来协助平息学潮的傅斯年等人的配合下，他们先是促使教授会出面担保，要求政府满足学生的要求，劝说学生于 17 日复课，继而在复课未成的情况下，则促使教授会通过决议，宣布到本月 20 日学生“如不肯复课，教授同人只好辞职”。[2] 这一宣示明显地发生了效果。20 日，部分学生开始复课。姚从吾对此欣喜异常，特地写信向朱家骅通报。信称：“联大教授坚持二十日不复课，全体辞职。此点极重要。一、教授辞职，则一切抬棺游行，煽动全国学潮，向美特使马歇尔示威等，均无意义。上兵伐谋，此最扼要。二、联大解散，中立学生极恐慌，可使就范。三、廿日为最后关头，教授会把握坚定，可以消释少数奸人阴谋，可以鼓励党团员，可以扶持中立派。此事孟真持之坚，枚荪主之力，若能从此复课，此策实为重要关键。顷闻已有十分之五学生复课，特先奉闻。”[3] 显然，到 20 日以后，姚从吾等再度恢复信心。其原因就是他们看到国民党籍教授在教授会里起到中坚的作用，在相当程度上左右

[1] 参见《西南联大教授会一九四五年第二次至第十次会议记录》(1945 年 11 月 29 日—12 月 26 日)，《一二·一运动》，第 381 页。

[2] 同上，第 384 页。

[3] 《姚从吾致朱家骅先生函》(1945 年 12 月 20 日)，台北中研院近史所档案馆藏朱家骅档。

了教授会的态度。用他的话来说就是："教授会重心，就此事论，仍以党员为主动。枚荪、芝生（冯友兰——引者）、华炽、霍秉权、蔡维藩、贺自昭（按：即贺麟）等二十余人，均甚努力。而枚荪尤佳。"[1]

当然，那些立场与姚从吾等并无二致的国民党籍教授，其表现亦未必相同。诚如姚所说，前任教育部次长的周炳琳发言在情在理，作用突出，在教授会"几乎受全场的支持"，其本意在阻遏学潮，同情学生的教授们"竟真的把枚荪烘托成正义派了"[2]。但也有个别教授，口头上与姚从吾等同样坚定，内心里却明显地患得患失，生怕学潮牵延，毁了自己的生计。在这方面，最典型者莫过于工学院教授宁榥。他一面极力主张教授会应以全体辞职威胁罢课学生，甚至坚信昆明学潮已难解决，力主当局应"毅然明令联大于本学期结束后解散，三校即日准备搬迁，教职员学生均重新甄审，纵有人抨击此种措施为不民主，则在先遏止乱源，维持学校秩序之下，实不得已"。一面却在私下里写信给教育部长朱家骅，告以工科教授多半对形势悲观绝望，再拖下去，"大部分同仁亦将嗟叹求去"。为此，他恳求朱家骅代谋出路，称："晚（按：自谦之词）曾在航委会服务，菲材薄德，既不足感导后学，拟即另觅报效国家之处。敢恳夫子（按：对朱家骅的尊称）提挈，无任感盼。"[3]而当学生复课后，宁榥的心态复又为之一变，不仅忿忿然声讨一切破坏统一安定之社会秩序者，而且直言文法教授乃为事件祸首，称："若无自命名流学者，专事攻讦政府，利用学生，以自高身价之文法教授幕后耸动，则联大可以平静无事，我国人民之普通教育程度及生活水准如此之低，民主从何谈起。晚坚信唯有工业建国，提高国民生计，为任何主义之先决条件。而实施此条件之先，必须有统一安定之社会秩序，破坏秩序者皆为叛国逆贼。"[4]

除了姚从吾等在反共问题上态度坚决，因而把反对和阻遏学潮视同反

[1] 《姚从吾致朱家骅先生函》（1945 年 12 月 23 日），台北中研院近史所档案馆藏朱家骅档。
[2] 《姚从吾给陈雪屏、郑毅生的信》。
[3] 《宁榥致朱家骅部长函》（1945 年 12 月 16、17 日），台北中研院近史所档案馆藏朱家骅档。
[4] 《宁榥致朱家骅部长函》（1945 年 12 月 27 日），台北中研院近史所档案馆藏朱家骅档。

共斗争的部分国民党籍教授以外，钱端升、伍启元、华罗庚等众多国民党籍教授的态度则明显中立得多。参加 25 日讲演的伍启元 30 日即有信给朱家骅，说明：“时事晚会之举行，在昆明各校原为极平常之事。此次之晚会已为第十余次。过去及此次晚会，均由数教授主持演讲，而由学生听讲，但晚会本身则素由学生团体主办，大约有一半为三青团主办，一半为学生自治会主办。此次之晚会，乃由此间各大学学生自治会联合主办。但由于下列数因，此次晚会甚受地方党政军负责当局所注意：（一）此次晚会乃地方行政改组后第一次之时事晚会。地方负责人或不明了此种晚会乃极平常之事，不免加以注意。且此次论题为‘内战’，故更引起注意。（二）目前学生自治会之负责人员多属左倾之学生，事后据地方负责人言，彼等曾得确实情报学生有游行及发宣言之计划。”“演讲会前数小时，钱端升先生及生均风闻学生将有游行及宣言之举，认为此种办法与过去晚会惯例不合，均曾分别与联大学生自治会代表谈及此事。联大学生自治会代表承认确有游行及发宣言之计划。当时钱先生与生均谓在此种情下不愿赴会演讲。后学生于该晚六时前通知钱先生谓已决定取消游行等事，按照过去惯例，只有演讲，演讲后即散会。至于是否发宣言，则不在晚会中讨论。其后学生于该晚六时半以同样决定通知生，生遂往演讲。”当晚演讲内容除诸教授均倡言用联合政府的办法来解决内战问题以外，并无任何过分之处，不意军警干涉，造成学生情绪不安，“遂予反对政府党派之分子以鼓动之机会，于是在二十六日联大学生开始罢课，并将学潮波及各大中学”。学校当局随后即对学生展开劝说工作，教授会亦决议派代表劝告学生即日复课。半数以上学生均有复课之意，只因学生自治会为左倾分子所主持，结果仍无法上课。30 日“学生并出校外鼓动罢工罢市，情势已趋恶劣”。伍启元显然担心学潮扩大，故明确认为必须采取积极措施，他因此建言：“今日主要关键，仍在学校行政当局对使学生复课一事，是否有更积极之措施。如学校行政当局多所顾忌，不能有较积极之措施，而欲靠教授劝导以促使学生上课，恐非一易事。今日昆市学潮随时有传播他处可能，故今日要图，尤在先在渝市及他处设法防阻学潮发生也。”[1]

然而伍启元杞忧未了，惨案即已发生。25 日同赴时事讨论晚会倡言联合政府的国民党籍教授钱端升，一面震惊于地方当局的横蛮暴烈，一面却也积极致书朱家骅，为政府及朱家骅献计献策。其函称：“此间学潮不幸之至，根本原因为先生向所洞察，可勿赘述，近因则确为地方所采防遏方法过于操切暴烈。今后如何发展固难逆料，惟鄙意如政府方面无论中央地方，亦无论党方军方政方，如能步骤一致，不紧不驰，则一时总可不致再酿巨变。至言根本治疗，则非政治改进，难收宏效。忆去冬先生方拜新命时，端升一方为大学前途额手称庆，一方深感主持教育工作之不易，而为先生忧。如先生这威权蒙损害，亦即我大学受损害，而北大清华等校尤受损害。故对此次事件，先生究应亲来与否，如亲来应于何时亲来，仍亦应视此威权是否可蒙损害而为定。”[2]

钱端升因在公开讲演中对蒋介石不称“领袖”，而直呼“先生”，且敢直言批评，几乎已经被关麟征等视同为共产党。[3] 在党内同人及校内同事姚从吾等人的眼里，他虽仍被看作国民党员，但却是那种“坏事有余，易受利用”，“表现的最糟”的“国民党左翼”。以钱这样的国民党人惨案后一面同情学生，一面还在尽力为政府分忧，且明确表示与闻一多等左派教授态度不同，其他国民党籍教授此时内心会如何焦虑，亦可想而知了。但是，无论如何，李宗黄等人的暴行还是在相当程度上造成了众多国民党籍教授的失望和沮丧。平素本与政治无涉的数学长才华罗庚教授此时的心态就极具代表性。

华罗庚在惨案发生时正在重庆，返回昆明前，朱家骅特地关照要其代为了解实际情况并积极协助政府平息学潮。华回到昆明后因感冒卧床数日，自 12 月 8 日起在校内奔走两天，基本上弄清事情的经过情形。他无论如何

---

[1] 《伍启元致朱家骅部长函》（1945 年 11 月 30 日），台北中研院近史所档案馆藏朱家骅档。

[2] 《钱端升致朱家骅先生函》（1945 年 12 月 4 日），台北中研院近史所档案馆藏朱家骅档。

[3] 张奚若：《废止一党专政，取消个人独裁！》，《学生报》创刊号，1946 年 1 月 19 日，转见《一二·一运动》，第 272 页。

也不理解，25 日晚一场时事讨论会何以竟会被当局认定是“赤匪”捣乱，竟至动用军队并开枪震慑？他在给朱家骅信中明确表示：当晚五位上台讲演者，除潘大逵教授他不认得，装成老百姓的那个昆明市党部调查统计室主任查宗藩没见过以外，“我敢保证钱、伍、费三位都决不是‘赤匪’”。不仅如此，尤其让他感到难以理解的是，当局调动如此之多的打手驱打赤手空拳的学生和教师，其中并无确定的“赤匪”，相反，被杀被殴者多人甚至原本就是国民党员，有的还是他亲自推荐并请朱家骅介绍入党的。为此，他激愤地表示：“此次事变当局处置似甚失当，死者四人，而吾党党员占其半数，马大猷兄即二年前晚请书我公介绍入党者。此‘一击’之效或优于晚三年来为吾党之宣传也，甚使志士心灰意懒也。”[1]

从姚从吾的“身经目睹，不胜气愤”，“从此真的要任何事都不过问了”；到华罗庚的“此‘一击’之效或优于晚三年来为吾党之宣传也，甚使志士心灰意懒也”，说话者固然地位不同，心态不一，但对国民党地方当局的失望与不满却如出一辙。事实上，随着战后越来越多惨案的发生，像华罗庚这样在学校任教的国民党员逐渐地对蒋介石国民党由失望而感到绝望，几乎不可避免。

[1] 《华罗庚致朱家骅先生函》（1945 年 12 月 11 日），台北中研院近史所档案馆藏朱家骅档。注：与一般所说两位主要死难者于再和潘琰是中共党员的情况略有区别的是，华罗庚在报告中说明两位死者的身份时称：“于再，浙江杭州人，二十四岁，乡村建设学院毕业，国民党党员，南菁中学音乐教员，独子，未婚。”“潘琰（女），江苏徐州人，廿八岁，曾随第十一集团军参加军队，徐州突围（亦国民党党员）。”比照中共中央组织部 1981 和 1984 年关于两人党籍问题的相关文件，两人当时或属双重身份。参见《中央组织部关于确认于再同志为中共党员的决定》（1984 年 7 月 12 日）、《中央组织部关于潘琰同志党籍问题的意见》（1981 年 2 月 9 日），《一二·一运动》，第 397—403 页。

第十四章

阻止内战的最后尝试

就在国共两党开始为争取华北和东北的控制权而大打出手的时候，美国总统突然派出他的特使马歇尔将军来华调处国共关系。马歇尔的到来，使国共两党受到了极大的约束，一时间竟然达成了《停战协定》，召开了政治协商会议，通过了整军方案，共产党甚至有意学法国和意大利共产党的榜样，放弃武装，参加政府，改取和平的议会道路了。然而，这样的一种举国欢呼的和平民主新气象，如同它的到来一样，也几乎就在转瞬之间消失。和云南“一二·一”惨案如出一辙的反共打人事件，在重庆较场口再度上演。本来还相信国际国内和平民主大潮流难以抗拒的共产党人，马上就放弃了原本就不多的幻想。尽管马歇尔依旧努力寻求解决办法，然而全面内战却再也不可避免了。

一、马歇尔调停与停战协定

1945 年 11 月，蒋介石明显地开始将军事重心转向东北。除决心以撤退行营的办法来向苏联施加压力外，蒋还命令杜聿明率全副美式装备的第十三军和五十二军“占领山海关而确保之，相机向大凌河之线挺进”[1]。11 月 16 日，国民党军攻占山海关。当晚，杜聿明指挥前线部队沿榆沈公路两侧向绥中迅速推进，三天后占据绥中。随后，杜部分兵沿榆锦公路和北宁铁路，且派一部自公路以北山地迂回，迅速占领兴城、锦西、葫芦岛，进而于 26 日占领锦州。国民党军进入东北的通道就此打开。

但是，杜聿明并没有继续向前推进。这是因为，苏军撤退的日期已经后延，沈阳及其以北尚无接收条件。与此同时，参谋总长何应钦等也不赞成杜部马上北进。考虑到华北的严重局势，他们明确主张杜聿明在继续北进前，应首先回头用兵于热、察一带，以肃清在其侧背且已经营多时的中

[1] 三军大学编:《国民革命军战役史第五部——戡乱》，第 2 册，台北“国防部”史政局 1989 年版，第 474 页。

共武装根据地。[1]

较之国民党更感到困难的是中共。国民党两个军十天推进一百五十余公里，“几乎未遇严重抵抗”，已经使中共中央动摇了此前的雄心。再加上这时曾经暗中帮助中共进入东北的苏军，也因为担心东北问题国际化，从11月17日国民党东北行营撤出之日起，就改变了对中共军队的态度，将其先后赶离城市和交通要道，以便按照条约，协助国民政府接收东北。这就迫使中共不得不放弃原先独占全东北的雄心与计划，准备让出东北的主要交通要道和各大中城市，退到农村和周边的边境地带去。

就在国共双方军事上都感到困难的时候，赫尔利大使突然宣布辞职，美国总统准备派前参谋长联席会议主席、五星上将马歇尔将军前来调处国共冲突。这个消息，无论对国民党，还是对共产党，都明显地不那么合胃口。在国民党方面看来，消灭共产党只是时间问题，美国只要支持自己并提供各种援助就好了，出面调处只能妨碍国民党调整部署，妨碍对共产党各个击破。而在共产党方面看来，美国政府本质上就是扶蒋反共的，在各个根据地无法连成一片，夺取东北又严重受挫的情况下，美国特使直接出面调停，势必会使自己在目前这种十分不利的情况下与国民党达成妥协。但战后国际大势是和不是战，美国又是世界头号强国，中国又在其势力范围之内，无论国共，没有谁这时能够对此提出异议。

杜鲁门总统派遣马歇尔将军来华的目的很简单，美国不想看到中国陷于混乱和内战。它知道依照蒋介石的方式，国民政府只会采取武力解决问题。而美国人丝毫看不到蒋介石使用这种方式会有多大的成功把握。相反，在他们看来，一旦中国爆发内战，只会便利苏联扶助中共在中国浑水摸鱼。不仅如此，美国人始终认为，共产党在中国的壮大，根本原因还在于蒋介石的政府太过专制和腐败，必须要有所改变才能防止形势不断恶化下去。

[1] 《何应钦致蒋委员长电》(1945年11月17日)，台北“国史馆”藏蒋中正档案，特交文电340298087。

因此，杜鲁门希望能够通过美国干预，促使蒋介石放弃一党训政制度，推动中国的政治民主化，并以此交换中共交出军队，使国共两党军队实现国家化，从而完成中国在蒋介石领导下的统一。当然，杜鲁门并非不清楚蒋介石的性格，他选派马歇尔也正是认为只有此人才有资格去向蒋发号施令。但即便如此，杜鲁门鉴于史迪威事件的教训，也规定了自己的政策底线，即万一蒋介石坚持不与共产党合作，美国政府仍将通过马歇尔，继续给蒋介石政府以支持。[1]

12 月初，中共中央表示愿意“再开谈判之门，并开政治协商会议”，要求国民党方面准备派机前往延安，接共产党的代表到重庆参加政协。国民党对马歇尔来华一事，也早在《中央日报》11 月 29 日的头版发表社论，表示欢迎。不过，蒋介石对马歇尔本人还是多少有些顾虑。因为在史迪威事件中，马歇尔曾力挺史迪威，就此而言，马歇尔未必能如蒋介石所希望的那样，比照赫尔利的态度来看共产党的问题。因此，蒋除了几度电告驻美大使魏道明，劝告美国政府对远东政策必须明朗以外，在 12 月下旬第一次见到马歇尔时，他就尖锐地指责：“中国所以不能统一，乃由中共拥兵割据，仰承苏联鼻息，其同意和谈乃在争取时间，政府必须迅速收复华北，方能促使中共言和。”[2] 由此不难窥见，蒋介石担心马歇尔会妨碍其彻底解决中共问题的心理。

1945 年 12 月 15 日，杜鲁门就中国问题发表声明，对马歇尔来华调停的意图做出公开的说明。17 日，马歇尔飞抵北平，20 日抵达上海，随即赶往南京和重庆，分别与蒋介石、宋子文以及中共代表周恩来和民盟代表张东荪等进行穿梭式的谈话。他一方面说明美国政府对于中国实现和平统一问题的严重关切，另一方面则试图直接了解中国各方面人士对于实现统一与和平问题的基本看法。

---

[1] FRUS, 1945, Vol. 7, pp.606-607, 745-748, 768.《中美关系资料汇编》，第一辑，世界人民出版社 1957 年版，第 626—630 页。

[2] 《总统蒋公大事长编初稿》卷五（下），第 907 页。

马歇尔的任务是调处两党的军事冲突，而要想解决这一问题，按照美国人的思路，根本上必须找到一种能够使军队国家化的办法。而要想将军队国家化，就必须要首先推动两党在政治上走向和解，进而实现政治民主化。马歇尔这时还完全不了解与中国人打交道的困难，他很容易地就相信了中国人在他面前所说的话。[1] 因此，他十分欣慰，无论是中共代表、第三方面代表，还是国民党代表，至少各方在原则上对承认蒋介石的领袖地位，实现政治民主化，以及通过政治协商会议改组现在政府等，都没有太多异议。包括蒋介石本人，当着马歇尔的面也表示，对杜鲁门的声明由衷欢迎。而杜鲁门声明的一个很重要的内容，就是明确主张要扩大现政府基础，“容纳国内其他政治力量的分子”，“修改一党训政”。[2] 既然如此，马歇尔使华伊始，自然会对完成使命颇具信心。[3]

12 月 27 日，国共两党重开已经中断了的谈判。中共代表为周恩来、王若飞、董必武、叶剑英，国民党代表为王世杰、张群、邵力子。周恩来首先提出两项提议，关于政协一项主要是提议先开预备会，然后在 1946 年元旦正式开会，一般会议应予公开，秘书长副秘书长国共双方应各设一人，同时要求释放张学良、杨虎城、叶挺、廖承志等。而关于军事一项，则主要是为实现无条件停战而提出三点办法，即：(一) 下令所属部队，在全国范围内均暂各驻原地，停止一切军事冲突；(二) 与避免内战有关之一切问题，如受降、解除敌军武装、解散伪军、停止利用敌伪、驻兵地区、恢复交通、运兵及解放区、收复区等问题，均应于军事冲突停止后，经和平协商方法解决；(三) 为保证第一项办法之彻底实现及第二项办法之顺利进行，应在政治协商会议指导下，组织全国各界内战考察团，分赴全国发生内战区域

[1] 马歇尔直到来华一个月之后才发觉：“中国人的哲理与欧美人完全不同，欧美人意见怎样，他就怎样去做，中国人意见是意见，做法是做法，这就教人难以测度了！”见唐纵：《在蒋介石身边八年》，群众出版社 1991 年版，第 581 页。马歇尔的这种困惑，曾经担任过国民党政治总顾问的鲍罗廷也曾公开表露过。

[2] 《美国总统杜鲁门对华政策声明》，转见《新华日报》1945 年 12 月 17 日。

[3] FRUS, 1945, Vol.7, pp.794-804, 825-826.

进行实地考察，随时将事实真相提出报告，并公布之。[1]

对于共产党关于政治协商会议的提议，国民党代表在会期、预备会、一般会议公开举行等问题上没有表示异议，对更换代表、设副秘书长问题则持不同意见，对放人、恢复电台等表示可向蒋请示。但实际上，蒋介石并不十分看好政治协商会议。他过去较为重视，是因为可以以此来将共产党的军，并借以使其召开国民大会更加合法化。而如今，他更关心的还是停战问题。

12 月 29 日，莫斯科三国外长会议发表了关于中国问题的协议。美苏两国领导人相互承认对方目前在中国所负有的责任，并一致宣称："必须在国民政府之下建立一个团结而民主的中国，必须由民主分子广泛参加国民政府的所有一切部门，而且必须停止内争。"[2] 注意到这种情况，国民党人深信，如能善用马歇尔使华，必能借助于美英的压力，从外交方面遏止苏联暗中支持中共的危险继续演进。因此，刚一得知三国外长会议协议，国民党方面就加紧磋商应对办法。

马歇尔这时亦表明态度，希望参加国共停战办法的商讨，并建议组织一包括国、共、美三方代表在内的一个三人小组，以讨论停战和恢复交通等问题。[3] 据此，王世杰等于 31 日以信函方式正式提出对周恩来提议的复案。包括（一）停止国内各地一切军事冲突，并恢复铁路交通；（二）因国内军事冲突及交通阻塞等事，与我国对盟邦所负之受降及遣送敌俘等义务有关，所有与停止军事冲突恢复铁路交通及其他与受降有关事项，由政府派代表一人，中共派代表一人，会同马歇尔将军从速商定办法，提请政府实施；（三）由国民参政会驻会委员会推定公正人士五人，组织军事考察团，分赴全国发生冲突区域考察军事状况、交通情形，以及其他与国内和平恢复有关事项，随时将事实真相提出报告并公布。政治协商会议成立时，亦请其推定公正

---

[1]《新华日报》1946 年 1 月 1 日。

[2]《新华日报》1945 年 12 月 30 日。

[3]《王世杰日记》，第五册，第 237—238 页。

人士参加。[1]

国民党人这一提议的目的十分清楚，就是想乘中共军事计划受挫之际，把停止冲突与恢复交通问题联系起来，并让马歇尔出面来唱主角，使中共不能拒绝。同时把中共所建议的全国各界内战考察团，改为由国民党占绝对主导地位的国民参政会推举代表来组织考察团，不仅便于操纵，而且可以显示公正。不过，国民党人提议的关键，还在于逼迫中共承认让马歇尔作为一方来参加谈判，想借用马歇尔来压制共产党人。故张群当场表态："只要你们都同意第二项办法，我们就会同意马上停止进攻。"

然而，国民党这个时候是不可能完全停止进攻的。尤其是在东北接收尚无进展的情况下，夺取热河，切断中共从陆路进入东北的主要通道，已成国民党军事上关键之着。因此，杜聿明指挥下的国民党军并不理会两党复谈的情况，继续向热河进攻，并接连攻占阜新和朝阳等地。对此，中共中央当然不能接受，明确要求周恩来等向国民党提出严重抗议。但苏军在东北的态度，三国外长会议的声明，以及马歇尔的到来，都使共产党方面无法再度采取强硬立场。周恩来对此十分明白。他一方面按照中共中央的来电向国民党提出抗议，一方面力主接受国民党提议，同意让马歇尔参加国共谈判。他明确告诉中共中央说：莫斯科外长会议协议已经表明"国际过问国共谈判已在开始"，同时又承认美国对受降、遣俘有其独负的责任，"我如完全拒绝马歇尔参加国共谈判，我将处于不利地位"。而为确保已有的成果，也以设法迅速达成停战为有利。[2]

中共中央明确表示同意周恩来等人的意见，相信"马歇尔参加国共谈判我不能拒绝"，但提议"以夷制夷"，争取苏联和英国都参加。[3] 然而，苏联大使没有参加调处的愿望，他所关心的只是停战协定不应把东北包括在内。在东北，如要运兵及防止冲突，须向苏联交涉，或一起去东北参加另

[1] 《新华日报》1946 年 1 月 1 日。
[2] 《重庆代表团致中央电》（1946 年 1 月 2 日）。
[3] 《中央致重庆代表团电》（1946 年 1 月 3 日）。

外的会议加以解决。[1]

马歇尔这时提出的停战协定草案主要包括下列内容：（一）一切战斗行动立即停止。（二）在中国本部及满洲境内一切军事调动，皆须停止，中华民国国军为重行建立在满洲主权而开入满洲及在满洲境内调动，当系例外。为必须之给养、行动及警备而作之纯粹地方性的军队调动，亦属例外。（三）破坏与阻碍各项交通线之行动，必须停止。并须立即拆除诸陆路交通线之障碍物。（四）在目前一切部队，皆维持其现时地位。而为确保这一停战文件得以贯彻，他并提议组成由国民政府、共产党和美国代表组成的三人执行总部，以美国代表为主席。一切事宜均须三人一致通过始能生效。[2]

对于马歇尔的提议，蒋介石因担心军事上等于为中共解围，因而多少有些犹豫。王世杰力劝蒋应“断然接受美方提议（略予修正）”，因“美国之政策在巩固我政府在东北之地位”。但蒋仍坚持必须要把国民党军正在全力争夺的热河也包括在满洲之内，另在中共威胁下的华北八条铁路线可以规定不得运兵，而秦皇岛、天津、青岛等则不应包括在八条铁路线以内。[3]

对于马歇尔的草案，周恩来的答复是，东北可以有些例外，但在停战办法中应删去涉及东北的文句，因此事应由国民政府直接与苏联办理，写入条文，则成为中共参与此事，而苏联反未包括在内。但除东北问题外，其他地方均不应有所例外，尤其是热河省及津浦路沿线地区冲突极为严重，必须首先停止下来。周恩来具体提出了以下三点建议来作为对马歇尔建议的答复，即：（一）双方下令所属部队，在全国范围内均暂各驻原地，停止一切军事冲突，并恢复一切交通；（二）中共同意政府派代表一人，中共派代表一人，会同马歇尔将军就有关停止军事冲突、恢复交通、受降及遣返日俘等问题，正式商定解决办法，并在一致同意后提交政府实施；（三）提

[1] 《重庆代表团致中央电》（1946年1月3日）。

[2] 《马歇尔特使上蒋主席提出国共双方停止军事冲突令稿之备忘录》（1946年1月2日），《中华民国重要史料初编》，第七编（三），第63—64页。

[3] 《王世杰日记》，第五册，第243、245页。

议由政治协商会议从全国各界包括国民党、共产党中选定重要人士组成内战考察团，在政治协商会议的指导下分赴全国发生军事冲突的地区和日伪军驻守的地区进行实地考察，随时将事实真相提出报告并公布之。[1]

周恩来赞同马歇尔参加谈判，并同意满洲问题除外，在马歇尔已经相当满足。他并不想一口吃成胖子，他对国民党试图使热河成为国民党军队自由行动区域的方案也没有给予明确的支持，只同意可以把苏军即将撤出的赤峰和多伦包括在停战协定之内。但国民党一旦接收热河的赤峰和察哈尔的多伦，就在相当程度上阻断了关内外的中共相互之间的联络，并会妨碍中共与苏蒙之间的联络，这当然是中共方面所不愿看到的。周明确告诉马歇尔说：赤峰、多伦早已为中共军队所占，根本不存在接收主权问题。事实上，中共这时尚未占据两地，周随即紧急通知苏联大使和中共中央，要求立即开始办理赤峰、多伦的行政交接手续。[2]

1 月 5 日，国共双方已就组成由国、共、美三方代表组成的最高三人会议解决两党军事冲突问题达成原则协议，进而于 1 月 7 日召开会议讨论解决办法。经过三天讨论，国民党方面始终不肯在赤峰、多伦问题上做出妥协。为此，王世杰再三劝告蒋“多从政治上作远大之考虑，不可拘泥于一二城市（即赤峰、多伦）之暂时得失”，然而蒋却一直没有松口。直到 9 日深夜，考虑到政治协商会议次日即将开幕，政府方面坚不妥协有碍形象，蒋才最终在马歇尔的劝说下，同意停战协定中不提出这一问题。[3]

1 月 10 日，国共双方正式签订关于停止国内军事冲突及恢复交通的命令和声明。其要点如下：

---

[1] FRUS，1946，Vol.9，p.10；另参见《中共代表提出停战办法三项》，《中华民国重要史料初编》，第七编（三），第 67 页；《停战办法中应删去涉及东北的文句》（1946 年 1 月 5 日），《周恩来一九四六年谈判文选》，中央文献出版社 1996 年版，第 33 页。

[2] 《从八路军手中夺取赤峰、多伦将使冲突不可避免》（1946 年 1 月 8 日），《周恩来一九四六年谈判文选》，第 39 页。

[3] 《王世杰日记》，第五册，第 246—247 页。

一、一切战斗行动，立即停止。

二、除另有规定者外，所有中国境内军事调动一律停止，惟对于复员、换防、给养、行政及地方安全必要之军事调动，乃属例外。

三、破坏与阻碍一切交通线之行动必须停止，所有阻碍该项交通线之障碍物，应即拆除。

四、为实行停战协定，应即在北京设一军事调处执行部，该执行部由委员三人组成之。一人代表中国国民政府，一人代表中国共产党，一人代表美国。所有必要训令及命令，应由三委员一致同意，以中华民国国民政府主席名义经军事调处执行部发布之。[1]

同时协定还规定了两点例外：即国民党在长江以南为实施整军计划而进行的调动，以及国民党为收复主权开入东北和在东北境内的调动，不受上述规定的约束。

依据蒋的命令，停战令于即日起开始实行，迟至 13 日 24 时止务必在各地完全实施。[2] 在此期间，国共两军虽然都曾一度全力抢占地盘，但至 14 日以后，关内的战斗基本上都已停止。停战异乎寻常地顺利“实现”了。

二、政协决议与国共妥协

在停战令发布之前，国民党与共产党虽未宣战，却早已打得不可开交，各地战报频传。一纸停战令，虽然对两军均有约束，但其脆弱，一望而知。仅据国民党方面 1 月 17 日一天华北将领的几则电报，即不难看出停战后的实际情况如何。

1 月 17 日，十一战区驻津、唐、榆代表杜建时报称：“(一) ……寒日夜，

[1] 《新华日报》1946 年 1 月 10 日。

[2] 《蒋委员长三十五年一月十日下达停战命令》(1946 年 1 月 10 日)，《中华民国重要史料初编》，第七编 (三)，第 69 页。

匪军将沧县南廿余公里冯家口附近之津浦路铁路破坏约百公尺。（二）因日军撤离，寒日匪军渤海军区司令部所属部队约万余人向东光连镇攻击，企图包围泊头我保安团队，刻正抵抗中。”[1]

同日山东省政府主席何思源报称：“(1) 围攻兑州之 N4A 叶飞部仍继续进迫攻击，并通牒我军投降缴械，并向我军高声宣传，‘和平了，弟兄们快缴械回家吧，勿再作炮灰’，企图乱我军心。(2) 子（指 1 月）删（指 15 日）晚九时，共军突入泰安车站，将日军小野部队缴械，所有仓库物资抢运一空，并攻击我车站守备部队，另部破坏铁路卅余里。(3) 围困聊城之共产军仍继续猛攻，绝无遵令停战模样。(4) 共产军五万人将安邱县城包围，已发生接触。(5) 铣晨七时，共产军六万余在胶济路鹿耳埠车站山东山西等村构筑工事，企图截断我军之联络。查山东我军早已遵令停战，共产军依然进攻，恳祈迅赐制止以维和平。”[2]

同日吴文化报称：“兖州西南北三关之阵地距城最远者约百米，近者五十米，与我对峙。其所掘之地道，西关将掘至城墙根，西南城角离城约二十米，我正向相对掘挖以期切断，但匪自今早起即由西关分向我城墙四面掘挖交通壕，由其运动容易，若不射击，即无法制止，坐待敌完成攻我之计划，现匪军大事宣传我军破坏停战协定，一面积极增调部队，情势迫切，恳钧座速示有效办法。”[3]

同日孙连仲报称：“匪之 71R、72R、87R、82R 四个团现向滦城以南柴赵岭集结。……子寒（1 月 14 日）盘踞南皮及铁西石家桥之匪伙同民夫万余袭击汨镇，经我军击退。……子灰（1 月 10 日）平汉路保定至定县间 194 公里处被破坏，列车出轨。……子真（1 月 11 日）固城至北河库间桥梁被

[1] 《杜建时致参军长商震电》（1946 年 1 月 17 日），台北“国史馆”藏蒋中正档案，特交文电 35006670。

[2] 《何思源致蒋委员长电》（1946 年 1 月 17 日），台北“国史馆”藏蒋中正档案，特交文电 35001922。

[3] 《何应钦致蒋委员长电》（1946 年 1 月 17 日），台北“国史馆”藏蒋中正档案，特交文电 35001942。

地雷炸毁两段。”[1]

同日傅作义报称：“本日三时共军三万余山野炮多门，向集宁开始攻击，迄六时集宁三面仍被围攻甚烈。我守军经三日夜激战，伤亡甚重，弹药已罄，祈即空运补充，以免危急。”[2]

在这方面，国民党对中共尤其缺乏信任，不仅并不相信对方军队真的会停战，而且停战之日就已经在做开战的准备。1 月 14 日，白崇禧召集总部后勤部及海空军主官集会，“揭示要点：（一）陆军方面以整训名义，迅速整编充实粮弹，赶运各师武器，并多制游动铁丝网，俾适于北地作战。（二）空军方面应多储油弹于各重要基地。（三）海军方面第一舰队已在渤海口游弋，继续阻绝奸匪海运。（四）安抚伪军在未整编完成以前一律按实有人数发给主副食费，已整编完成者则由一月起按军政部规定给与发给薪饷，免因粮饷告绝而投匪军。以上各项系密为准备，如中共听命，则国军各师固应趁此时机充实整训，如其背信抗命，则我有充分准备宁未雨绸缪亦可毋临渴掘井也”。次日，他在转发停战令后电告蒋介石称：“遵委座元十二时停战命令，已由总部转饬各部队遵照，现战斗行动已经停止。查共党要求停战实因数月来在军事上毫无进展，企图攫夺战略要点亦未达到目的，在我军之全盘优势下惟有寻求政治解决之一途，乃系军事挫折必然结果。惟共党狡猾，纵政治协商成功，共军是否服从军令，听命改编与调遣，其所割据地方是否服从政令，将割据之热、察、绥、冀、晋、鲁等省政权归政中央，恐尚须顾虑。因中共之不守信义，将来前途殊难逆料。”[3]

十分明显，国共两党停战能否成为事实，并成为常态，仅仅靠一纸停战协定并不解决问题。因此，在停战协定签订同一天召开的政治协商会议

---

[1] 《孙连仲致蒋委员长电》（1946 年 1 月 17 日），台北“国史馆”藏蒋中正档案，特交文电 35001917。

[2] 转见《何应钦致蒋委员长电》（1946 年 1 月 19 日），台北“国史馆”藏蒋中正档案，特交文电 35002154。

[3] 《白崇禧致蒋委员长电》（1946 年 1 月 15 日），台北“国史馆”藏蒋中正档案，特交文电 35006654。

就成了世人瞩目的焦点了。

为了在政治上争取主动并显示政府确愿推进民主宪政，蒋介石在政协开幕当天即破天荒地做出四项郑重承诺，宣布：从今以后，各政党在法律之前一律平等，并得在法律范围之内，公开活动；人民享有身体、信仰、言论、出版、集会结社之自由，现行法令，依此原则分别予以废止或修正，司法与警察以外机关，不得拘捕、审讯及处罚人民；各地积极推行地方自治，依法实行自下而上的普选；除政治犯除汉奸及确有危害民国之行为者外，分别予以释放。[1]

受到政治协商会议成功召开和蒋介石公开许诺的影响，中共中央两天后也公开宣称：“全中国人民在战胜日本侵略者之后，为建立国内和平局面所作之努力，已获得重要成果。中国和平民主新阶段将从此开始。”[2] 它进而发布内部指示，要求党政军各级对于可能到来的和平民主新局面，要有足够的思想准备。其电报指出：“在武装斗争基本结束以后，政治斗争与秘密的特务斗争必将更加激烈。我们必须学会这些我们所不很熟悉的斗争形式，否则我们就会失败。”[3]

显然，无论是国民党，还是共产党，其高层这时都或多或少地相信，战后和平民主的潮流很难抗拒，停战和改变一党训政制度亦颇难避免。不论喜欢不喜欢，对于停战协定和政协会议，多数政治较温和一些的国民党人大都认为是大势所趋，不得不然。他们这时最关心的，只是中共能否因此交出军队。在蒋介石身边主管情报的唐纵就曾表达过众多国民党人的这种复杂心态。他写道：“政治协商会议有两个特质：一是面临当前的现实困难问题；二是国际的要求。因此政治协商会议不得不开。停止军事冲突，中央开放政权，改编中共军队，以求得交通之恢复，便于政府之还都，人民之还乡。各党各派公开活动，参与政权，国内获一时之安定，国际得广大

---

[1] 《中央日报》1946 年 1 月 11 日。

[2] 《新华日报》1946 年 1 月 12 日。

[3] 《中央关于执行停战命令的指示》(1946 年 1 月 16 日)。

之同情。如果共党军队不受编，军令不能统一，到彼时人民要求讨伐，国际赞同用兵，则政府只有俯应人民之要求。故此时政治协商会议，希望有成就，而准备共产党之狡赖。”[1]

蒋介石这时的心态也大同小异，他甚至对会议的结果表现得似乎更有信心。会议进行到最后几天，正在养病中的军政部长陈诚因为注意到政协可能通过政治民主化的议案，因而急忙致电蒋提出：“须先军队国家化，然后始能政治民主化，否则，中央政权公开了，而共党军队仍不交出，将为国家无穷之害。”对此，蒋颇不以为然。复电称：会议有我负责主持，不必过虑。[2]

最为典型的，则是在政协召开一周后，即1月17日，蒋介石即已急忙秘密召见国民党特务头子戴笠，指示他说：“今后政府将要改组，各党各派均将参加，军统局需要取消，要他自己研究一办法，他不负责，而他能实际控制这机关。”[3] 这足以说明，蒋这时对经过此次政协会议，政府必将改组而成为一事实上的联合政府的大趋势，已经不抱太多怀疑了。

蒋介石指定参加政协会议的国民党代表共8人，即孙科、吴铁城、陈立夫、陈布雷、王世杰、张群、张厉生和邵力子。从蒋介石所挑选的这些人选可以看出，蒋对在政协会议达成协议也还是相当重视的。因为除了CC系的陈立夫以外，在他指定的这些代表中，还是以温和派和中间派为多。正是因为这种情况，再加上在38名政协会议代表中，国民党代表绝对居于少数，政协会议不可避免地形成了一边倒的情况。以致不少国民党人很快就发现，会议中国民党备受抨击。即所谓“政府好似在受裁判，其屈辱难堪，令人难受已极，但又无可如何”[4]。

政治协商会议集中讨论国大代表资格、宪法草案修改、改组政府、和

[1]　唐纵：《在蒋介石身边八年——侍从室高级幕僚唐纵日记》，群众出版社1991年版，第578页。
[2]　同上，第582页。
[3]　同上，第580页。
[4]　同上。

平建国纲领和军队整编五个方面的问题。其中最核心的，也是争论最大的，是宪法草案修改和改组政府的问题。对国大旧代表的资格问题，周恩来早就提出：如果能在政协会议上商定宪草原则，国大只限于在形式上通过宪法，同时在国大增加中共和各党各界的新代表，旧代表的作用就不大了。因此，这一问题虽然在会议中引起了激烈争论，但在其他问题的讨论取得成果，而国民党方面又同意中共和民盟代表可获得四分之一否决权的情况下，中共方面即劝告民盟等承认旧代表为有效。

中共这时在政协会上主攻的，是宪法草案。因国民党提交会议讨论的仍旧是1936年制定的“五五宪草”，其核心是实行总统制和中央集权制，具体做法是将国大作名义上的人民权力机关，而以总统为施政中心，五院从属于总统。为打破这一专门以维护蒋介石的统治权为核心而设计出来的宪法草案，中共支持民盟提出制定西方式国会制和责任内阁制宪法的要求，并为解决解放区的地位问题，力主实行地方自治。根据张君劢设计，并得到包括国民党代表一致通过的新的宪法修正案，不仅肯定了“省得制定省宪”，而且对孙中山和国民党的五权制做了取其形、却抽其髓的改造。修正案决定修改由国民大会代表选民，间接行使孙中山在《建国大纲》中规定的选举、罢免、创制、复决四权，为选民直接投票行使四权，从而使原来架设在五院之上的国大事实上被废除了；它同时在保留国民党所坚持的五院制的基础上，根据西方政制中强调权力制衡的原则，将过去平行的五院做了英式改造，即予立法院以英式国会下院的地位，予行政院以英式内阁的地位，而予监察院为英式上院的地位，从而使中国的政治制度成了国会两院制下的内阁制。不论谁做总统，都无实权；不论谁掌行政院，也都必须面对因为政绩不佳而被倒阁的危险。[1]

关于改组政府问题，是由王世杰代表国民党提出议案，主张取消国防最高委员会，以扩大的国民政府委员会为最高指导机关，委员名额可在原

[1] 《宪法草案案》，载孟广涵主编：《政治协商会议纪实》，上卷，重庆出版社1989年版，第482—484页。

有的 36 人基础上，由蒋介石指定并“提经国民党中央执行委员会通过”，再增加 12 人。惟国民党人须占“特定程度多数”，以便“履行领导的责任”，蒋并应拥有相对否决权和紧急处置权，且部会长官任命权则属行政院。[1] 这个提案被中共中央的机关报《解放日报》讥评为是“把现在已经动摇的一党专政，经过三个多月的临时的‘扩大的’一党专政，最后过渡到完全合法的‘宪政’式的一党专政”[2]。因此,就连公开表示不介入中国政治生活的马歇尔也看不过去了。

1 月 22 日，马歇尔悄悄拜会蒋介石，说明自己在改组政府这一问题上的立场，并提交一份由他亲手拟定的《中华民国临时政府组织法》（草案），主张立即成立“临时国务委员会”取代国防最高委员会，该委员会由蒋指定 20 人组成，其中 9 人为国民党，6 人为共产党，1 人为民盟，1 人为青年党，3 人为无党派人士。蒋可批准或否决该委员会通过的法令，但被否决之法令经该委员会委员 14 人再次赞同，则立即生效。蒋有权指定军事委员会委员长、五院院长、各部部长以及各部、院委员等，但其中 50% 为国民党人，30% 为共产党人，20% 由其他党派和无党派人士担任。另外，热、察、绥、宁、鲁、冀、晋、湘、赣各省主席及平、津、青三市市长应由蒋从临时国务委员会特别委员会共同提名的人员中指定，而该特别委员会须由国民党和共产党各 2 人组成。草案同时提出，一切妨碍人民言论、出版、集会、结社、迁徙自由，违反人民身体、房屋、钱财和名誉不受侵犯，破坏法律面前人人平等的法令，都必须予以废除。[3] 马歇尔明白告诉蒋介石，成立这样一个委员会，不仅不会削弱蒋的地位，而且将会使他实实在在地成为全中国的总统，而非如现在只是一党的领袖。他声称，美国陆战队不可能长时间留在中国，国民党在西北和东北的地位都已因苏联而严重削弱，如不采取变通办法，目前的中国将很容易受到苏联下层渗透方式的损害，从而使共产党的制度变得强

[1] 《中央日报》1946 年 1 月 15 日。
[2] 《解放日报》1946 年 1 月 19 日。
[3] FRUS, 1946, Vol.9, 139-141.

大起来。[1]

马歇尔的干预产生了作用。蒋介石虽极端反感马歇尔的方案，甚至视其“为共党所不敢提者”[2]，但惧于杜鲁门声明的压力及马歇尔掌握着运兵和援助的大权，不得不表示“目前可如此去做”[3]。

26 日晚，蒋介石与王世杰等国民党人反复讨论后，同意在政治协商会议上做出让步。随后，国民党代表正式承认以国民政府委员会为国家最高国务机关，委员选任形式上无须经过国民党中央执行委员会通过，国民党员且不得超过半数。不仅如此，国民党还明确表示，愿意在协议上写上中共代表所提出的“凡收复区有争执之地方政府，暂维现状”的字样。由于此一规定使中共可以合法地控制现有区域，中共方面自然也高姿态地在国民大会代表资格以及整编军队原则等一些重要问题上做出让步。由此，政治协商会议终于就政府组织、和平建国纲领、军事以及国民大会和宪法草案等五个问题达成书面的协议。[4]

根据政治协商会议通过的这五个决议案，国民政府委员会要在国民大会正式召开前进行改组，人数由过去的 36 人扩充为 40 人，其中 20 人为国民党人员，另外 20 人分别由各党派及无党派人士充任，各党派人选由各党派自行提名，但蒋不同意时须另提人选，而无党派人士则由蒋提名，惟蒋所提人选有三分之一委员反对时须另行选任。改组后的国民政府委员会应为政府之最高国务机关，一般议案须有出席委员半数通过，重要议案须有出席委员三分之二赞成始得决议，而蒋对委员会之决议如认为执行有困难时，可提交复议，但复议时有五分之三以上委员坚持时，该案应予执行。[5]

与此同时，在军事上，中共军队将由军事三人小组尽速商定整编办法，

[1] FRUS, 1946, Vol.9, 139-141.

[2] 《中华民国重要史料初编》，第七编（三），第 71 页。

[3] FRUS, 1946, Vol.9, 142-143.

[4] 《王世杰日记》，第五册，第 255—256 页；《新华日报》1946 年 2 月 1 日。

[5] 《政府组织案》，《政治协商会议纪实》，上卷，第 471—473 页。

国民党军队则应于 6 个月内完成其 90 个师的整编工作。之后，应再将全国军队统一整编为 50 或 60 个师，实现军队国家化。军队实行军党分立、军民分治和以政治军的原则，禁止一切党派在军队内公开或秘密活动，现役军人不得参加党务活动，政党不得利用军队为政争工具；同时现役军人也不得兼任行政官吏，并严禁军人干政；初步整军计划完成，即改组军事委员会为国防部，隶属于行政院，部长不以军人为限。

根据决议，各方同意承认蒋介石的领袖地位，而国民党亦承认确保人民权利。会后并立即组织由国、共等各方人士组成的宪草审议委员会，依照会议确定的宪草修改原则，以两个月为期制成“五五宪草”修正案，以提交第一届国民大会最终制定完成。至于国民大会问题，决议确定大会职权为制定宪法，宪法通过须经出席代表四分之三同意。另外决议承认原有之 1200 名旧代表，但决定增加党派及无党派代表 700 名及台湾和东北代表 150 名，大会召开日期仍照国民党之提议定于 1946 年 5 月 5 日。[1]

在 1 月 31 日政协决议准备付诸表决的当天下午，王世杰等国民党代表将这些与国民党人的观念相差甚远，势必会“造成空前之政治新形势”，甚至可能引起党内反对的决议案，拿到国民党中常会上征得认可时，虽然也有人“反对宪草协议甚烈，至于流泪”，最后也还是意想不到地“通过”了。因此，当晚 6 时政治协商会议召集末次大会，各案没费任何周折，均系一致通过。[2]

在政协会议闭幕式的讲话当中，蒋介石对这次会议及其决议给予了相当高的评价。他在谈到各项决议案时明确表示：“本会议所决定的各项方案，本人虽然不能每次出席参加，但是时时刻刻都在注意和研究，觉得各项方案的内容，都是大家竭诚洽商的结晶。我敢代表政府先行声明，政府必然

---

[1] 《军事问题案》、《国民大会案》，《政治协商会议纪实》，上卷，第 473、480—484 页。

[2] 《王世杰日记》，第五册，第 259—260 页。

十分尊重。一俟完成规定手续以后，即当分别照案实行。”[1]

几乎是同样的情况，中共也很快发现政协决议与自己的主张“存在着距离”[2]。不过，中共中央显然认为这已经是目前可能争取到的比较好的结果了。它因此通告全党，重申“中国革命的主要斗争形势，目前已由武装斗争转变到非武装的群众的与议会的斗争”，“从此中国即走上了和平民主建设的新阶段”，“党的全部工作，必须适应这一新的形势”。强调党准备实行军队国家化及“实行军党分立，军民分治”，说明：“我党即将参加政府，各党派亦将到解放区进行各种社会活动，以至参加解放区政权，我们的军队即将整编为正式国军及地方保安队、自卫队等。在整编后的军队中，政治委员、党的支部、党务委员会等即将取消，党将停止对军队的直接领导（在几个月之后开始实行），不再向军队超出直接的命令”。[3] 据此，中共方面很快即提出了参加国民政府委员会的人选，决定以毛泽东、林伯渠、董必武、吴玉章、周恩来、刘少奇、范明枢、张闻天等为委员，以周、董、林、王（若飞）为行政院副院长和两个部部长及不管部部长的人选。同时，中共代表开始与国民党方面协商国府委员中各党派具体比例数及否决权问题，并确定了基本的方案，准备参加整军谈判了。

在经过了无数暴力和流血之后，中国大地上出乎意外地显露出了有通过和平民主道路实现政治民主化和军队国家化的一线曙光。

三、较场口事件及其幕后

政治协商会议于1月31日宣告闭幕。2月2日，蒋介石在其日记中就

[1] 《蒋介石在政协会议闭幕式上的闭幕词》（1946年1月31日），《政治协商会议纪实》，上卷，第460页。

[2] 《新华日报》1946年2月2日。

[3] 《中央关于目前形势与任务的指示》（1946年2月1日），《刘少奇年谱》，下卷，中央文献出版社1996年版，第15—16页。

开始表现出有所懊恼的倾向了。他写道："本周最感苦痛之事，乃为政治协商会议宪草组未提中常会征询意见，即擅自规定宪草修改原则，益觉孙科之易受人愚弄也。"他相信宪草原则至少应以总理遗教为原则，应取法美国之民主制度。他还注意到"周恩来自延安返渝，态度大变，并高唱'军党分离'与'国共长期合作'之口号，且对马歇尔表示：'中共有亲美而疏俄之意'"。蒋介石怀疑："此中必另有阴谋。"对张治中反映说，周恩来表示对整编计划基本可照政府意见实施，蒋更是认为"此实意外之事，恐他时必多翻覆也"。[1]

对于政治协商会议的结果，马歇尔显然非常欣赏。政协会议刚一结束，马歇尔就趁热打铁，马上推动三人小组开始就整军问题进行接触。他首先提出了一个《整编中共部队与中国政府军合并之基本方案》。该方案正如马歇尔再三向国共双方代表所解释的那样，主要目的就是为了使中国军队能够像西方国家军队那样真正建立在军队与政治分离的基础上。不过，中共中央欣赏的只是"马歇尔所提办法，对于破坏国民党及地方系军队的原来系统是彻底的"，故"应在原则上赞成他的意见"。而对于此一方案试图消除党派对军队的影响等，则明言是马歇尔的幻想，"是今天行不通的"，称"军队中的派系亦将长期存在"，至少蒋介石就不会轻易地放弃对军队的控制。因此，中共坚决反对马歇尔整编军队方案中的一些具体安排。甚至强调："美蒋的目的仍是在政治上让步，军事上取攻势，即最后夺取我之军队。"而中共的办法，是要设法把大部分武装保存到地方部队中去。[2]

而随着政协决议的公布，特别是得知蒋介石对宪草原则已有所批评之后，本来就对停战、政协不满的国民党内强硬派人士，很快就纠集在一起，在许多场合表达强烈反对的态度。"西西、复兴、黄埔军人、中统、军统特务分子及戴季陶、何应钦等均坚决反对政协决议。在政协闭幕前后之中常

[1] 《蒋总统事略稿本》，1946 年 2 月 2、4 日条，台北"国史馆"藏蒋中正档案。

[2] 《中央关于与国民党谈判军队整编的方针的指示》（1946 年 2 月 8 日），《刘少奇年谱》，下卷，第 19 页。

会中，反动派大哭大闹。”[1]

2月4日，据王世杰日记，国民党“中央党部开中央委员谈话会，出席发言之委员大都为党中某一系统之人，均反对政治协商会议之结果，而尤攻击宪草案”。这里所说的“党中某一系统之人”，指的就是陈果夫、陈立夫的CC系一派人。陈布雷随后即有报告称：“本党自政协会议以后，同志之间或则愤激过度，或则消沉已极，或则观望风色另求出路，或则积年怨望，急求发泄。彼一会议，此一叙谈，其状况至为复杂。”“从前党员中虽或有不满于接近领袖之干部，而万事均可得领袖一言以为定，今则已渐渐于不知不觉中脱离此一分际。此一趋势之发展，将促进离心趋势，而有碍于统一之领导。”[2] 他甚至直截了当地要求蒋：“请临崖勒马，另行途径，并劝美国勿误中国并以自误为幸。”因“政治协商会议必无好结果。且无论如何，共党已得到好处，本党已受害”。“中国如行多党政治，照现在党、政、军均未健全之际，颇有陷覆辙之可能。”[3]

国民党内的强烈批评之声，使得温和派如王世杰本人，也开始觉得草案“确多不妥之处”，承认“当时确不免轻忽将事”。[4] 随后，中统局更报告称：政协会后，“多数国军干部咸表愤慨，成都军校学生群情哗然，认为……改组后之国府委员会及国防部即无异中共主张之联合政府与联合统帅部之实现。……各党派高呼拥护蒋主席之口号，恐口是而心非，意在逐渐减消委座权力，以法共对戴高乐（Charles de Gaulles）之手段对委座，是可忍孰不

[1] 《中央情报部关于国民党各派系对政协反映及我之对策给各局、各分局、各纵队的通报》（1946年2月6日）。关于有中常委哭闹的情况，可见政协会决议最后通过五项决议当天，即1月31日王世杰的日记。据王记述，当晚讨论宪法草案修正案时，“谷正纲反对宪草协议甚烈，至于流泪”。《王世杰日记》，第五册，第260—261页。

[2] 《蒋总统事略稿本》，1946年2月20日条，台北“国史馆”藏蒋中正档案。

[3] 徐泳平：《陈果夫传》，第935页，转见汪朝光：《中华民国史》第三编第五卷，中华书局2002年版，第174页。

[4] 《王世杰日记》，第五册，第263页；并见中国国民党河北省党部编：《政治协商会议之经过及有关文件》，1946年印本，第49页。

可忍”[1]。陈布雷所担心的这种离心趋势，在CC系分子身上表现得尤为明显。在这种情况下，重庆发生较场口事件实属必然。

国民党长期一党独裁，CC系在国民党内又是最有势力的派别，多年来一直就有唯我独大的心理。政协决议宣布国民党不再具有独裁地位，今后政府不由党管，政权要与包括中共在内的各党各派以及无党无派人士所分享，引起了他们极大的恐慌和愤怒。CC系骨干张道藩、谷正纲等在国民党党政小组会上甚至将矛头指向蒋介石，声称：“一切失败，均由于不民主，要求党、总裁给予民主！”[2]由此可以清楚地了解，这些人并不是出于拥护蒋的自发，而是相信这种民主宪政一旦实行，将会夺了他们安身立命的家什。早就习惯了使用暴力的这些国民党人，这时固然不能公然动用警察机关或特务机关来解决他们想要解决的问题，却还是找到了发泄其不满的方式。

还在政协会议进行期间，民盟等非国民党人就组织了政治协商会议陪都各界协进会，并假座重庆沧白堂举行报告会，请政协代表报告会议进行及商谈情况。眼见这些刚刚获得合法地位不久的党派团体对政协召开如此兴高采烈，且公开集会对执政的国民党品头评足，大谈废除一党专制，实行民主宪政，CC系的国民党人自然怒不可遏。重庆市党部因此马上就想到了过去在抗战中经常对中共驻重庆办事处和《新华日报》营业部所采用的捣乱的办法。

据《新华日报》报道，自政协开会以来，拥护政协召开的陪都各界每日晚组织讲演会，邀请政协代表进行讲演，并听取各界民众的意见，一连几天，情形极为良好。不料16日晚第四次夜会举行，由出席政协的代表张东荪、郭沫若两先生讲演时，国民党竟派人在台下起哄。17日晚，国民党方面派出更多人来到会场，“狂呼乱骂”。18日晚，因讲演者有国民党人邵力子，会场上没有发生起哄现象，但散会时一位在会场上发过言的青年，

[1] 《陪都传言国军干部反对政协决议之谣言》（1946年3月12日），转引自汪朝光：《中华民国史》第三编第五卷，第175页。

[2] 唐纵：《在蒋介石身边八年》，第588页。

却在沧白纪念堂门前遭到群殴。19 日，原请国民党代表张群、吴铁城演讲，两人均未到场，故由梁漱溟主讲，会场再度被捣乱，捣乱分子向会场乱掷石子并燃放鞭炮，数度打断梁的演讲。至此，讲演会被迫暂停。至 27 日，协进会举行第八次会议时，虽到场有民众三千余人，讲演人仍旧受到数十个国民党人的起哄和谩骂；离场后，又遭这些人围追哄闹，并被掷以石块。而协进会的工作人员，更是接连遭到国民党人的围殴，以致受伤。[1]

政协闭幕后，由政协陪都各界协进会等 23 家单位发起，计划于 2 月 10 日在重庆较场口广场举行庆祝政协成功大会。因担心“届时对于政府及国民党之弱点，将大肆攻击及加以宣传”，重庆市党部知道消息后，马上就向中央党部秘书长吴铁城“请示对付办法”。[2]

8 日上午，在国民党重庆市党部主任委员、CC 系骨干分子方治主持下，专门召开执委会会议，讨论应付办法。会议专门邀请国民党旗下的重庆市农会、总工会、中医师公会、木作业公会的骨干刘野樵、陈铁夫、李森普、李森荣，以及市警察局局长、警察局督察处长、中统渝调处科员等参加会议。方治在会上明确提出，对政协会议及决议各案，本应突出强调“三民主义为各党派承认至高之建国原则”“本党派深受各党派之推崇，誉为全国第一大党，并愿受本党之领导共赴国建国大业”“本党总裁已受各党派之拥护，承认为全国之领袖”。“本席曾建议中央召开陪都各界庆祝政协成功大会，以宣传本党忍让为国之苦心及上述各点，未蒙照准。现共党外围组织民主建国会等团体，已筹备以陪都各界名义定于本月十日在较场口举行庆祝政协成功大会，或会间将有反动言论及会后将有游行示威，要挟当局立即改组政府等行动。”现在应“共商如何遏制反动言行以戢邪乱”，会议讨论结果，决定“由本市农、工、商、渔、教育、妇女及自由团体负责人持函向大会负责人交涉，请市各界人民团体参加主席团，并设法于大会开始时于与会

[1] 转见《政治协商会议纪实》，上卷，第 559—565、603—605 页。

[2] 《军统渝组就中共及民盟将举行庆祝政协和平胜利大会给渝特区的报告》(1946 年 2 月 6 日)，《政治协商会议纪实》，上卷，第 581 页。

群众中选出农会理事刘野樵同志为大会总主席”。“由本党擅长辩论之同志参加讲演”，“于发现反动言论之后即紧接发言予以驳斥”，并“发动党团员及社会服务队队员共六百名参加大会，遇有本党同志发言时鼓掌欢迎，并否定大会一切反动之提议”。会议同时还布置“干练沉毅之同志担任大会司仪”，“控制扩音器”，强调“参加党团员及社会服务队队员应于十日上午八时前到达会场；并环立主席台前”；要求“东方白督察长派警到场维持秩序，遇有捣乱秩序事，迅予逮捕人犯”。[1]

次日，方治犹嫌不够，担心当天政协陪都各界协进会人数太多，六百人起不了作用，于是又进一步召集各区书记紧急会议，要求每区发动平均约一千人，并为党员及团员、团员组、社会服务队、党员组、宣传队，规定互相秘密取联络的暗号，由市党部徐鸣亚、骆继常及中统局党团科王科长等三人联合指挥。宣传队专门反驳中共及民主同盟代表之讲演；服务队及宣传队的行动由军警宪出动保护。市教育、医生、律师、妇女等团体参加大会主席团，以人民身份代表国民党发言，并以刘野樵为主动人。总之，要“以宣传对宣传，予共产党以打击”[2]。

2月9日晚，国民党市党部领导的农会、总工会、教育会等九团体连夜向会议组织者章乃器等接洽，要求参加大会，并加入主席团，得到同意。次日，大会举行，该各团体代表在主席台上根据原定方针，由专人控制扩音器，并自行宣布开会，单方面强推刘野樵为大会总主席，台下国民党人遂齐声鼓噪，予以支持。主席团成员李公朴因不满国民党人行为，愤然上前阻止，在争夺话筒时，遭到对方群殴，被带有凶器的国民党人击伤头部，并推下主席台。台下育才学校学生和劳动协会会员见状，纷纷高声抗议，向主席台拥去，也

---

[1] 《国民党重庆市党部第二十次临时执行委员会会议记录》（1946年2月8日），《政治协商会议纪实》，上卷，第585—587页。

[2] 《军统渝组就中共及民盟将在较场口召开庆祝政协胜利大会给渝特区的报告》（1946年2月9日）；《军统渝组就市党部紧急会议指示对付庆祝政协会议成功大会给渝特区的报告》（1946年2月9日），《政治协商会议纪实》，上卷，第582—583页。

立即遭到台下国民党人的扭打。一时间台上台下打成一片。由于有组织的国民党人人数众多，且带有铁尺和石块，协进会一方自然不是对手，不仅李公朴、郭沫若、施复亮、马寅初等均被殴伤，与会的学生、工人和记者也有许多人受伤。大会原先的组织者李公朴等，以及前来参加大会的周恩来等，均不得不离会而去。劳动协会会员退出时，捉了社会服务队第二区队队长谢雅南，从其身上搜出重庆卫戍司令部稽查处信封一个，内装有盗用大会名义油印的传单一叠和赏金5000元，随即将其押交重庆地方法院提起告诉。

关于当天会议的混乱情形，军统渝组有专门报告称：当天到会有《新华日报》、育才小学、中国劳动协会、中国经济研究会等团体的大批群众，“中统局及市党部均派党团员组织社会服务队及宣传队出席对抗”。双方代表在主席台上互争主导权，相持不下，迟至10时乃由党部布置仪式人员宣布开会，行礼如仪后，刘野樵和陶行知争相报告，但陶当即被多人挡住无法上前。报告称：“中共分子见主权已失，乃由李公朴宣布不开会。退出会场，遂秩序大乱。”刘野樵被育才学校学生哄闹，《新华日报》及社会部劳动协会为之助威，以致社会服务队及宣传队与之冲突，“《新华日报》人员当被哄散，该报工人二名被打伤由警察带走，劳动协会之会旗亦被撕毁”。“育才学生公然向主席台冲涌而来，主席台本党人员见势不佳，遂以凳子向下掷去，育才学生等即退下台。至此章乃器仍向群众演讲，亦被殴打。”[1]

较场口事件发生的当天下午，庆祝大会筹备处就在中苏文化协会举行中外记者招待会，陪都各青年团体亦在当天举行紧急座谈会。第二天，中央社即发布消息，指称当天的混战是由于李公朴不满刘野樵任总主席，阻止刘发言，并夺去扩音器所引起。刘野樵等亦采取恶人先告状的办法，指责劳动协会会员和育才学生首先打人。中央社故意将事件引向“民众互相殴打”的做法，不可避免地引起了社会上相当广泛的不满。不仅各报纷纷

[1] 《军统渝组就庆祝政协成功大会情况给渝特区的报告（一）》（1946年2月10日）；《军统渝组就庆祝政协成功大会情况给渝特区的报告（二）》（1946年2月10日），《政治协商会议纪实》，上卷，第588—589页。

报导记者目击的惨案真相，而且当天在现场的42位记者并联名发出致中央通讯社的公开信，加以谴责。随后，更有221名新闻从业人员联名控告国民党新闻机关无中生有，捏造事实，指暴为善，误导国人。[1] 而重庆各报刊、各工厂工人，以及社会名流和文化人士，也或成立“二一〇”血案后援会，或发表告国人书等，对国民党的野蛮行径同声谴责。其声势之浩大，远远超过国民党方面所组织的反宣传。周恩来亦与张君劢、梁漱溟、陈启天、李烛尘一道亲往国民党中央党部，控告重庆市党部的主使行为。

眼看事件扩大，国民党中央党部秘书长吴铁城不得不将事情经过上报。他在14日的报告中解释称：“本月十日（星期日），中共外围及民主同盟分子章乃器、李公朴等，假藉‘陪都各界’名义，于较场口举行‘庆祝政治协商会议成功大会’，企图进行不利政府之宣传。事前党政小组会议曾详加研讨，佥以其心劳日拙，作用殊鲜，爰决定本党同志不必参加。倘有自由参加者，亦绝对不能发生打架等事端。并嘱重庆市党部主任委员方治同志切实约束。盖参加之后，可能壮其声势，但又不能听其信口雌黄，难免冲突也。”报告坚持当天乃由李公朴抢夺扩音器引起互殴，而只字不提方治送交中央党部的关于“如何遏制反动言行以戢邪乱”和“予共产党以打击”的会议记录。根据党政小组的讨论，报告明确表示：“此事无论如何不能上扰钧座及牵涉党部与国府，应坚决认定为地方之事。”在“催促法院迅速依法解决，其结果断为互殴”的同时，“一方应掌握民众团体，致力适当之宣传，不必有所行动，一方应准备其扩大，将真相随时指示各地，免为反动派淆乱听闻”。[2]

但是，较场口事件所造成的政治风潮，还是引起国民党内温和派的反感。王世杰等马上就知道是市党部方治惹的祸，并深恐党派间于此又起破

[1] 《重庆各报记者四十二人致中央通讯社的公开信》（1946年2月13日）；《重庆新闻从业员二二一人关于保障人权，忠实报导的意见》（1946年2月16日），《政治协商会议纪实》，上卷，第593—597页。

[2] 《吴铁城报告较场口事件经过及处理情形》（1946年2月14日），台北中国国民党党史馆藏档，特9/3.2。

裂。[1] 对此，重庆市党部主委方治也不得不出面解释，为自己洗脱。他在给蒋介石的报告中强调，他原拟以陪都各界组织一宣传拥护总裁在政协闭幕时训示内容的庆祝大会，经中央指示：“此次政协会闭幕市党部不必召集庆祝会，如其他各党派举行庆祝会，党部方面亦不发动群众参加。”后因有所谓政协协进会以陪都各界名义举行庆祝会，重庆各人民团体负责人深恐其借用此名义，“妄发宣言及主张”，遂不得不同意各团体参加该会。但他明显地编造谎话说，党部对各团体参加方式经过“审慎研讨”，“决定不发动各团体之群众赴会，以免引起纠纷，且各理事长如在大会发言，应一本中央宣传之指示，从大处着想，竭力避免刺激各党派。此项决定各团体理事条均一致接受，愿照此进行”。在取得章乃器等同意参加大会当晚，他还再三叮嘱各团体代表刘野樵等，“明日会场发言应特别慎重”。10 日大会新华日报、育才学校、劳动协会等结队而至，“重庆所属各人民团体均未集队前往”。纠纷发生纯因被市商民会代表周德侯推为总主席的刘野樵开始报告，李公朴反对，强推刘并夺去其扩音器，同时台下一彪形大权手持旗杆，跃上主席台，猛击刘野樵所造成。故“本案之发生，李公朴实不能辞其咎”[2]。

很明显，较场口事件是由重庆市党部一手暗中策划的，其策划时虽未明文规定要使用暴力，但下层根据以往执行此类命令的经验，自然会心照不宣地采用极端方式。包括吴铁城等中央领导人，亦深知此举可能酿成“打架等事端”，因而不能不在上报时特别强调自己处置时早有提醒，可见此类问题已成常态。无论中央（吴铁城）还是地方（方治），其实都清楚事情是如何引发的，然而他们还是要冠冕堂皇地把自己摘得干干净净。就连密谋发动各团体群众赴会以便对抗的情况，也要竭力否认。在这件事情上唯一被蒙在鼓里的，其实只有蒋介石一个人而已。

那么，蒋介石是不是真的不清楚这场冲突是怎么来的呢？倒也未必。

---

[1] 《王世杰日记》，第五册，第 267 页。

[2] 《重庆市党部主任委员方治陪都较场口事件报告书》（1946 年 2 月 19 日），台北中国国民党中央委员会党史馆藏档特 9/3.5。

以蒋1927年南京政府成立之前在其所控制的安徽、浙江、江苏、福建等地，利用帮会势力，夺取地方党部，“剿”灭工会农会，然后诬指对方挑衅的历史,可知他是熟知这套手法的。CC系的这类行为,其实正是师法于蒋的结果。方治等所以要瞒蒋，很大程度上不过是基于一种帮会心理，即这种事要敢做敢当。敢做，就是凡在自己范围之内的事，该做的就要大胆去做，以显示自己的能力;敢当,就是出了事也要自己挑起来,撇清与上面的干系,即“无论如何不能上扰钧座”。自然，蒋对这种事情也通常是睁一眼闭一眼，只要事情没闹到出人命,引起公愤，就装作不知道。更何况，这个时候的蒋介石，对政协决议的心态已经发生变化，他自然也就更不会去追究手下人的这种言行。他的做法是，通过吴铁城告诉重庆市党部称：“对本同志及拥护中央之民众团体，善为劝阻，停止扩大宣传，不必再与彼辈计较。”[1]

较场口事件的风潮只持续一周时间就迅速平息了。这里面的重要原因是因为美英报刊公开发表了雅尔塔协定，东北籍人士本来就对苏军在东北的行径不满，这回更是找到了揭露苏联背着中国攫取中国东北权益，以及拖延撤军、掠走东北工矿企业机器当作战利品等种种行径的机会。他们的宣传迅速在青年学生中间发生影响，据国民党情报系统的报告称：“较场口事件发生后，奸伪方面曾派人到沙磁区策动学生起而响应，但不旋踵即为东北问题所淹没，刻沙磁区各大中学之反苏运动已普遍发动中。惟奸伪分子则企图以反英美之题目以代替反苏口号，显不能在群众中发生作用。”[2] 2月19日，南京来电要吴铁城对较场口事件善为处理，吴胸有成竹地复电南京方面称：较场口事件谅不致扩大，因“日来各方对东北问题颇为愤慨，沙磁区学生酝酿罢课游行，反共反苏，党政小组正竭力制止……以现势观察，

---

[1] 《南京张道藩致重庆中央党部吴秘书长铁城先生电》(1946年2月19日)，台北中国国民党中央委员会党史馆藏档特9/3.8。

[2] 《情报：沙梯区学生掀起反苏热潮》(1946年2月19日)，台北中国国民党中央委员会党史馆藏档特9/3.7。

只能使其减少反苏成分，全部阻止恐少可能，但无论如何不使发生意外”。[1]

四、国民党六届二中全会

这个时候对政协决议的恐惧与愤怒，已经像传染病一样在国民党人当中迅速蔓延开了。自19日开始，重庆学生接连发动声势浩大的游行示威，抗议苏联的行径。刚刚站在政协决议一边，跟着中共高喊反对国民党一党专政口号的青年学生们，转而就因反苏而跟着国民党高喊反共的口号，甚至冲击中共代表团的驻地，捣毁《新华日报》营业部。这一风潮还迅速波及全国各大城市，形成强烈的连锁反应。这种情况的发生，就连外交部长王世杰也明白：它固然与苏军恶行及中共要求限制中央军进入东北的情况有关，而其背后其实还另有原因，即“本党同志之反对政治协商会议者，亦颇思利用群众此种心理，以打击中共并推翻党派之妥协”[2]。

国民党在政协会后如此强烈的反应，显然与蒋介石自己的反悔有关。在政协会期间，直至政协决议最后通过之日，蒋介石都不曾对政协及其决议表现出任何不满的态度。没有他的认可，国民党中常会也不可能通过那五项决议案。他后来辩解称：“颁发停战命令，以及宣布政府关于保障人民自由权利等四项要旨，在现时观之，对于政府乃为不利”，政协各项决议通过后，“政府无论政治、军事各方面，皆处于被动逆势，本党中有所谓左派者，以及所谓民主同盟者，皆为共党张目，至平时所谓无党无派而自名为社会贤达如黄炎培者流，一面受俄国与共党之操纵，一面藉美国与马歇尔为其奥援，煎迫不已”，使人“至感痛苦”。故“政治协商会议集会的三个星期，可以说是我一生中最痛苦的时期”。[3] 但事实上，这不过是他看法改变之后为

[1] 《重庆中央党部吴秘书长铁城致南京张主任电》（1946年2月19日），台北中国国民党中央委员会党史馆藏档特9/3.8。

[2] 《王世杰日记》，第五册，第271—272页。

[3] 《总统蒋公大事长编初稿》，卷六（上），第13、348页。

自己找的一种说辞罢了。没有任何迹象表明他在政协开幕式做出四项承诺，和他在闭幕式高度肯定五项决议案，纯粹是出于违心的一种应酬。

蒋介石为什么会肯定政协决议？根本的原因还在于美国的压力，以及在这种压力下蒋被迫承认民主宪政的大趋势，想要树立超越政党的国家领袖的完美形象。由于蒋被迫接受民主宪政已是大势所趋这样一种看法，也就不得不接受马歇尔一再灌输给他的民主化不会削弱他的地位，而且将会使他实实在在地成为全中国的总统，而非如现在只是一党领袖这种观念。并不了解何为民主政治的蒋介石，显然一度把接受现实看成一件并不很困难的事情，他在政协会议期间的种种做法和言论，以及他秘密安排戴笠设计未来掌控特务机关的办法，都显示他确有心去做出某些形式上的改变。何况，对于政协决议，他也并非全不满意。在政协最后的闭幕式上，他盛赞《和平建国纲领》时，就突出地表露了他何以对这次会议寄予期望。那就是，他真心希望通过这次会议，能够彻底解决他长期以来最为关注的两个“统一”，即“政令统一”和“军政军令统一”。[1]

当然，蒋介石对两个“统一”的关注，再明显不过地显示出，他依旧是一个独裁者。当他在向国人宣布给予他们自由和民主的权利时，更多地带有的是一种施舍的心态；他在准备承认民主宪政的政治框架时，首先想到的也是用什么办法能够确保自己过去用惯了的那些权力能继续掌控在自己手中。他显然没有认真地考虑过，宪政的实施可能会动摇他的统治。正因为如此，他事实上并没有认真地研究过政协的五项决议，他甚至没有特别在意宪草修正案对总统、行政院以及国民大会权能所做的那些带有根本性的改变。他固然注意到《宪草修正案》有些内容他难以接受，为此，他在政协最后通过五项决议时特别强调了一点，即：“宪草分组报告中所列《宪草修正案》提供国大采纳，对这‘采纳’二字并非接受。”[2] 但基于以往的政

[1] 《蒋介石在政协会议闭幕式上的闭幕词》（1946 年 1 月 31 日）。

[2] 《政协会议圆满闭幕通过〈和平建国纲领〉等五项决议案》（1946 年 1 月 31 日），《政治协商会议纪实》，上卷，第 456—457、460—462 页。

治经验，他显然相信，无论通过什么样的决议，最后他都有办法为己所用。

那么，蒋介石又为什么会反悔呢？这一方面是由于国民党内强烈反对政协决议，引发内部四分五裂，蒋不得不开始反省这种让步的代价几何；一方面也是因为受到党内强硬派的激烈批评之后，看到中共及中间党派对宪法草案的分析评价后，他才转而详阅协议条文，开始发觉上当。查 2 月 4 日蒋对外国记者的谈话，与其 1 月 31 日在政协会议最后讨论通过五项决议时所表露的想法，仍颇相似，即他这时仍旧突出强调国民大会的作用，称：将来政府采取何种方式，还须由国民大会来决定。但至 10 日，即较场口惨案当天，蒋的态度明显地发生了变化。

2 月 10 日中午，蒋介石约集五院院长谈话，第一次注意到他凭借来改变政协决议和确立权力地位的国民大会实际上已被取消。他对此相当愤怒，故谈话时“情辞激昂”[1]。称：此次政治协商会议议决之宪法草案等，“余事前未能详阅条文”，以致宪草“对五权宪法则多所改易”，“宪草所决定之原则与总理遗教出处颇多”。如“国民大会不以集会之方法行使四权，而以全体国民各在其住居地点行使选举、罢免、创制、复决之四权”，此为最不妥者。“因我国民情散漫，公民知识更未普及，假设各地人民得不以组织国民大会之方式，而在原地行使四权，设使有人利用此点随时号召各地之选民实行四权，则国家基础即随时摇动，而陷于不安之状态。”又如中央政制决不宜变更，“此在宪政初实行时尤关重要。应顾及我国之国情及事实，不可以若干学者空想之理论拼凑而成，致有扞格难行之处，使政府成为无能之政府，而无法做事”。再如“省得自制省宪，并不见于《建国大纲》，而县为自治单位，则明言于《建国大纲》者。余意省宪之制定，在最近五六年内当不致成为事实，吾人无须重视，但省的地位之确定（如省得兼为自治单位之论）与省长民选之实行，须与缩小省区同时考虑而实行，方不致演成散漫割据之局面”。对此种种，若不能修改，“本党不啻自己取消其党纲，而失其存

[1] 唐纵：《在蒋介石身边八年——侍从室高级幕僚唐纵日记》，第 589 页。

在之地位”，“祸患将不堪言”。故他要求国民党人应借宪草审查委员会开会之际，联合发难，改变政协决议所确定的宪草原则。[1]

基于上述情况，蒋介石对政协决议，乃至对停战协定和召开政协会议本身，都开始感到后悔和屈辱。2 月 16 日，蒋介石在军事会议上训词称：“所以政治协商会议有此失败，所以我们不得不忍耐，不得不避战”，全是“因为军队无力量”。即因为军队疲劳、官兵松懈，士气消沉，纪律废弛，人民和国际舆论又都希望安定，诉诸武力必陷于不利之境地。“平汉路与津浦路各战场剿匪的经过，可以明证。因此我们不能不有一个相当的时间休养整训，来充实我们军队的力量。”[2] 言外之意，如果不是因为军事上的这些问题，又何必同意召开政治协商会议，并受此屈辱呢！

3 月 1 日，国民党召开六届二中全会。黄埔系、CC 系都尖锐提出会议应详细检讨共产党问题。蒋介石亦批示称：“今后究应采取何种方式与异党斗争，确为当前第一急务。希即提出二中全会商拟具体方案为要。”而会议在讨论到政协和中共问题时，许多与会者异口同声地认为，政协是国民党最大的失败与耻辱。政协会的召开，完全是因为自己不能有效地解决共产党问题，以至于要搞这种妥协的办法。用武力不能使共产党交出军队，妥协又怎么能让共产党交出军队来？共产党并没有交出军队，为什么要给它法律上的名义与地位？因此，与会者多半根本反对政协决议。而反对政协决议，自然也就要攻击到参加政协会议的国民党代表头上，进而自然也就要明里暗里地批到蒋的头上。一些人甚至公开发起“革新运动座谈会”，向蒋要求民主，认为是蒋独断专行把国民党引到了今天这种局面。弄得陈诚不得不出面来替蒋说话，“劝大家不可动摇领袖的威信”。[3]

---

[1] 《先总统蒋公思想言论总集》，卷三十七，第 333—335 页。

[2] 唐纵：《在蒋介石身边八年》，第 591 页；《张发奎日记》（1946 年 2 月），蒋介石：《特种兵的任务与努力方向》（1946 年 6 月 7 日），转见汪朝光：《中华民国史》第三编第五卷，中华书局 2002 年版，第 176—177 页。

[3] 唐纵：《在蒋介石身边八年》，第 596 页。

整个六届二中全会围绕着政协决议问题，几乎吵成一团。蒋不得不多次讲话，极力平息党内的不满和分歧。仅仅是由于蒋介石再三辩解，二中全会才没有全盘否定政协决议。但与会者坚持主张：必须要共产党交出军队，否则不能发表共产党的政府名额；五权宪法不能动摇，宪草应交国大讨论，由国大自由采择，不能约束党员代表接受政协草案。在蒋介石主持下通过的《对于政治协商会议报告之决议案》显然接受了这种意见。决议要求中共务须实现“一切停止冲突、恢复交通之成议”；停止一切“封锁、围城、征兵、扩军及军队之调动”。决议同时更公开否定政协通过的《宪草修正案》，声称：“五权宪法乃三民主义之具体实行方法”，“所有对于五五宪草之任何修改意见，皆应依照《建国大纲》与五权宪法之基本原则而拟订，提由国民大会讨论决定”。[1]

国民党的这种态度，不可避免地引起共产党方面的强烈不满。本来，周恩来在政协宪草审议委员会上，因得知国民党六届二中全会上为政协决议问题激烈争吵，为换取国民党对政协决议不再提出其他修改要求，就宪草问题做了三点重要让步，包括同意使无形国大改为有形国大；删去宪草协议中如立法院对行政院全体不信任时，行政院或辞职或提请总统解散立法院之条文，和将省得制定省宪，改为省得制定省自治法。对此，中共中央明确表示反对。称：修正宪草原则三点，“动摇了议会制、内阁制及省之自治地位”，“这是一件有关中国人民命运的原则问题，是中国走民主道路还是走独裁道路的问题”。“我们是决不能容许动摇的，而如果动摇了这些，必给国民党保持独裁以极大便利，国家民主化就没有可能。同时我们现在同意国民党对政协决议的这种修改，在策略上亦给国民党推翻政协决议的企图和斗争以便利，使我们保卫政协决议的斗争增加困难。因此，我们认

[1] 《国民党六届二中全会第八次会议速记录》（1946 年 3 月 7 日）；《国民党六届二中全会第九次速记录》（1946 年 3 月 8 日），台北中国国民党党史馆藏档，6.2/6.12-1，6.2/6.19.

为对十五日决定，必须迅速加以挽救。”[1] 毛泽东 17 日更进一步电告周恩来：“如果蒋介石坚决要修改宪法原则，我们便须考虑是否参加政府及是否参加国大的问题。我党国府名单及国大代表名单暂勿提出，民盟亦然，请与民盟商酌。闻二中全会决议很坏，我们应展开批评攻势，针锋相对，寸土必争。”[2]

如此一来，国共两党通过政协决议所取得的，尽管还只是表面上的政治妥协，也不复存在。再加上这时国共争夺东北的战火再度点燃，由停火令和政协召开所带来的国内和平希望，几乎在瞬间就消失了。

[1] 《中央关于坚决反对国民党反动派破坏政协决议给各地的指示》（1946 年 3 月 18 日）；《中央关于不能动摇议会制、内阁制及省之自治地位等重大原则给重庆代表团的指示》（1946 年 3 月 18 日）。

[2] 《中央关于我党参加国府及国大代表名单暂勿提出致重庆代表团电》（1946 年 3 月 17 日）。

第十五章

四平战役与内战爆发

战后中共捷足先登，在苏军帮助下占据四平以北的大半个东北地区。这种情况导致国民党无法按预定方案实现对东北的接收，于是双方军队在东北地区只能诉诸武力。1946 年春，国共两军在四平街展开的一场大规模的决战，直接关系到共产党能不能在东北立足的问题。战力远不如国民党军的中共民主联军，虽成功坚守四平街一月之久，最后仍因损失过大而不得不撤守北满，因此也就被迫放弃了本欲立为自己首都的长春城。但是，这并不等于蒋介石可以遂其所愿，控制东北了。不仅马歇尔因担心过度刺激中共会引发关内战火再燃，因而反对政府军追过松花江，而且国民党也因为北进的兵力不足，又遭到中共在南满的作战的牵制，只好暂时止步于松花江南岸，眼看着林彪的部队在北满建立起牢固的根据地。而为了报复蒋介石非打下长春不接受各停火建议的强硬行为，毛泽东还很快在关内实施了报复作战。此举不仅使马歇尔的愿望落空，而且使蒋介石再难从内地抽兵增援东北。结果是关外的国民党军取胜后只能处于守势，关内的国民党军也日渐开始受到兵力不足的困扰。在这样一种局面下，蒋介石仍旧坚持武力解决共产党的方针，自然难有成功的可能。

一、四平之战的导火索

马歇尔对国共之间出现的急剧变化，最初感觉迟钝。在他看来，政协既然已经就政治民主化达成协议，下面需要趁热打铁的就是军队国家化。只要能够完成整军谈判，国共两党间的实质性问题就可以迎刃而解。自 2 月 14 日起，讨论马歇尔的整军草案，进展异常顺利。国共双方只是在第一期军队缩编比例、开始统编的日期、宪兵的性质和文件的标题等问题有过一些分歧，并没有发生大的争论。19 日，周恩来回延安，取得中共中央的同意。22 日，三人小组很快达成一致意见。[1]

[1] FRUS，1946，Vol.9，pp.265-289.

25日，经蒋介石和毛泽东批准，整军方案正式举行签字仪式。尽管这在国共两党都不过是在做表面文章，马歇尔却充满幻想。他亲自许诺为共产党设立军事学校，训练军官[1]，以为如此就可以诱使共产党尽快开始整军。谈判中，他坚持写上：自协定公布三星期后，双方应拟具并提交各自所有部队的全部表册，以及保留的部队表册和头两个月复员的次序。他满以为，只要逼得紧，事情就一定会像以前一样顺利进展。他在给杜鲁门的报告中甚至断言：“现在可以准备开始复员和整编工作了”，目前唯一的困难就是作为中间人的美国军官太少。[2] 紧接着，他专门去延安，对毛泽东说：现在中国已经到了“必须把政治分歧放在一边”的时候。[3] 他没有想到的是，由于东北苏军宣告撤军，国共之间这时争执的重心，已经转到东北问题上去了。

鉴于苏军开始撤军，中共中央明确提出：反对一党包办东北接收机构；承认东北现有抗日民主部队和民主自治政府，限制开入东北的国民党军队的数量等主张。[4] 其核心要求，就是想要与国民党分享东北的控制权。然而，蒋毫无通融余地。国民党《中央日报》公开扬言：东北不在军事调处的范围之内。[5]

马歇尔这时对东北问题的解决显然并不乐观。他既不愿看到中共势力在东北存在，又不能允许因东北冲突而使停战功亏一篑。由于他清楚地意识到，蒋介石的力量还远不足以彻底打败在东北的共产党军队，因此他同意中共关于在东北停战的要求。然而他同时也注意到蒋的反对理由，担心由此可能造成中共在东北地位的合法化，故而态度犹豫，摇摆不定。其基本倾向实际还是想最终让国民党完全控制东北。因此，他对周恩来提出的三人小组去东北；停战令适用于东北和军队整编方案也应包括东北在内的

[1] FRUS, 1946, Vol.9, pp.258-259.
[2] FRUS, 1946, Vol.9, pp.510-511.
[3] FRUS, 1946, Vol.9, pp.501-502.
[4] 《新华日报》1946年2月16日。
[5] 《中央日报》1946年2月20日。

提议，拖延不决。相反，他一面积极为国民党向东北运兵，力求加强国民党在东北的军事实力，好控制局势；一面力谋尽快实现中国统一，建立联合政府和恢复交通，并主张尽快撤退驻华美军和让中国军队早日参加驻日同盟国占领军。他相信："由于中国具有国内统一的明确事实，由于美国战斗部队撤退而使龃龉消失，以及由于中国军队参加驻日同盟国占领军而提高了它的地位，中国那时就可以将满洲问题提交远东委员会了。"[1] 他没有意识到，随着苏军的撤离，国共之间在东北的军事冲突将会大规模展开，并直接影响到关内的停战。

自关内停战以来，蒋介石就已经把军事进攻的重心转向关外。1 月中旬，国民党第十三军和第五十二军主力已沿北宁路推进至沈阳附近的新民，一部已进入沈阳市内的铁西区。2 月上旬，新六军海运登陆，车运至锦州、沟帮子线。杜聿明为确保北宁路锦州至沈阳段的安全，命令新六军第二十二师和第十三军第八十九师展开对该段两侧的扫荡作战，由此拉开了国共两党在东北激战的序幕。国共两军 2 月上旬至中旬在秀水河子、勿欢池、沙岭子几乎同时打了三仗，一胜一负一平，没有分出高下。

2 月 22 日，中共东北局报告中共中央称：苏军代表表示：（一）苏方全力争取在东北插一脚，除大连、旅顺口外，正在与国民党谈经济问题，迫其承认苏方地位；（二）苏方努力必会受美蒋阻挠，我们应在政治上保持强硬态度，军事上加强进攻，予以有力配合。（三）不论谈判成功与否，苏方最终目的仍是支持我们确立在东北的主人地位。[2]

据东北局彭真报告称，苏军代表明确表示将尽可能满足中共的要求，有关组建炮兵、坦克部队、设立训练基地等问题，均可做进一步的研究和磋商。苏军代表并且承认，他们过去比较顾虑第三次世界大战，态度上比较软，现在不同了。因为国民党发动反苏运动，显示必欲取消苏联在东北的

---

[1] FRUS, 1946, Vol.9, pp.428-429.

[2] 《东北局致中央电》（1946 年 2 月 22 日）。

特殊地位，美国则试图借门户开放之名，深入东北，但美军很难开到东北来。因此，中共应大批增强东北干部，增调主力，确保对东北的控制。[1] 苏军的这种态度，在其总司令马林诺夫斯基元帅等这时的公开言论中也表现得十分明显。[2]

中共东北局原本就对停战协定没有提到中共在东北地位深为不满。彭真这时明确指出：“国民党不断向东北增兵，我现不能增兵，又不能破坏交通；有时条件对我甚有利，我又不能主动向敌进攻，待敌获得有利时机突然向我进攻，我又被动。”这种局面必须改变。[3] 这时中共在东北已经有了三十万以上的兵力，控制着除主要交通干线及其沿线中心城市和锦州以南之外的大部分东北地区，它无论如何不可能听任国民党否认自己在东北的地位。此前因为有停战协定约束，再加上苏军干涉，它不能自由行动。如今苏军准备撤退，并鼓励大打，它自然要有所作为了。

中共虽然有苏方鼓励，提供便利和援助，但由于有过 1945 年 11 月夺取东北失利的教训，又身处美国调处压力之下，这时并没有独霸东北的想法。其基本方针还是力求通过谈判，取得在东北的合法地位，要求“改组行营及所谓东北政治经济委员会和东北各省政府，尽量吸收各党派和无党派人士参加”“承认并整编东北现有抗日民主部队”“承认东北各县民主自治政府”“限制开入东北的国民党军队的数量”。[4] 当然，在策略上，由于蒋的态度僵硬，因此中共也毫不放松在东北扩军，扩大占领地区，以便将国民党最终逼上谈判桌，并争取使自己在谈判中处于更加有利的地位。刘少奇这时主持的中共中央就明确电令东北局，迅速与苏军交涉，力争让苏军“不要在外交文件上及事实上将东北很多中小城市都交蒋方接收，以免造成我

[1] 《东北局致中央电》（1946 年 2 月 22 日）；《东北局致中央电》（1946 年 2 月 23 日）。

[2] 《徐永昌部长上蒋委员长呈送东北苏军延期撤兵声明及红军节演说研究意见表》（1945 年 3 月 1 日），《中华民国重要史料初编》，第七编（一），台北中国国民党中央委员会党史委员会编印，1981 年，第 186 页。

[3] 《东北局彭真致中央并林彪电》（1946 年 2 月 20 日）。

[4] 《新华日报》1946 年 2 月 16 日。

们在国共谈判中的困难”。[1] 对此，苏军态度非常明朗，撤军日期一拖再拖。3 月 8 日，苏方突然开始撤军，但却不给国民政府任何通报，使国民党无法运送部队，完成接收工作，同时却为中共顺利接收和夺取苏军撤出的各大中城市提供种种便利。[2] 苏军的突然撤退使国民党乱了阵脚，蒋介石急忙找到马歇尔，一改其此前拒不承认东北存在国共冲突的态度，要求马歇尔设法立即派出停战小组，到东北安排国共停战，以便国民党能顺利接收苏撤区。[3] 经过马歇尔修改过的方案主要包含以下几点：(1) 执行小组只管军事不管政治；(2) 执行小组随政府各军行动，与共军保持联络，协商停战；(3) 政府军队有权接收中苏条约规定的长春路，沿途铁路三十公里境内中共军应撤退；(4) 政府有权进驻矿区；(5) 凡政府军接收主权时，中共军队不得阻拦并应撤退。[4]

不难看出，马歇尔修改过的方案并不能为中共代表所接受。不要说允许政府军任意在东北以接收主权名义占领中共已经占领和即将占领的地区，是断断乎行不通的，就是避开政治问题不谈也是中共所不能接受的。周恩来当场表示：把政治和军事分开的办法是不能允许的。自停战以来，共产党在东北军事上一让再让，就是为了争取东北政治上的民主和共产党的地位，否则，仅仅停战让地，国民党到处剥夺人民参政的机会和自由权利，

---

[1] 《中央致东北局并西满分局电》(1946 年 3 月 5 日)，参见《刘少奇年谱》(下)，中央文献出版社 1996 年版，第 24 页。

[2] 国民政府 1946 年 1 月 29 日、2 月 1 日、2 月 19 日、3 月 6 日反复询问苏联驻华大使苏军撤退时间，均未得到具体答复。苏方直至 3 月 22 日才提出正式照会说明苏军已自沈阳、抚顺等地撤退。而事实上，苏军 3 月 8 日即通知中共东北局：苏军决定从抚顺撤退，政权交当地民选地方政府，吉林亦同；沈阳将于 13 日撤退。并告知中共对沈阳可采取军事行动，在外交上已不受任何限制，而国民党也无法通过长春路运兵前往接收，因凡苏军撤走地区，如有国民党藉铁路运兵的情况，苏军将听任中共自由破坏。沈阳以南之一切地区苏军更不会再向国民党办交接。《外交部为东北苏军逾期未撤退事致苏联驻华大使馆照会》(1946 年 3 月 6 日)；《苏联驻华大使彼得洛夫致外交部部长王世杰通知苏军于四月底撤退完毕照会译文》(1946 年 3 月 22 日)，《中华民国重要史料初编》第七编（一)，第 187，188—189 页；《东北局致中央电》(1946 年 3 月 8 日)；《彭真致中央电》(1946 年 3 月 9 日)。

[3] FRUS，1946，Vol.9，p.542.

[4] 《周恩来关于与马歇尔谈话情况致中共中央并告叶、饶、罗电》(1946 年 3 月 10 日)。

军事上的反抗仍旧会到处发生。[1]

共产党方面的反应让蒋懊丧已极，他向马歇尔大发牢骚，埋怨杜鲁门不该用改组政府来作为其援华的附加条件，以致使他无所适从；埋怨马歇尔实际上做了中共的保护伞，政治协商会议和整军都使共产党有空可钻。他拐弯抹角地表示，自己所以不愿意改组政府和派停战小组去东北，正是因为看出了共产党人的意图是想乘机渗入政府，控制其外交政策，和使俄国人有机会插手东北问题，因而事情搞到这种地步都是美国方面的责任。他扬言：满洲问题能否解决，现在就要看美国在这方面对苏联能强硬到什么程度了，“任何软弱都将意味着满洲会从中国被分割出去”[2]。

3 月 11 日，马歇尔按计划准备回华盛顿，商洽金融贷款等问题。在登机离去之前，他再度提出一份关于派遣停战小组去东北的指令草案，并马不停蹄地接连与国共代表进行会商。然而，由于草案几乎没有什么实质性的变动，其主要变动充其量只是把周所反对的小组只管军事不管政治改为“小组的使命仅仅与军事事务有关”，中共代表自然难以接受。但马歇尔在登上飞机后到底还是感到有些欣慰，因为他已从周恩来的口中了解到，中共似乎并不准备推翻过去关于同意国民党军队有权进入东北和接收东北主权的许诺。[3]

不过，问题远比马歇尔了解的还要复杂得多。在东北问题上，周恩来的意见并不能够完全反映中共中央的看法，而中共中央的态度又不能不受身处第一线的中共东北局的影响。当时，苏军的态度明显地使东北的中共军政领导人跃跃欲试。3 月 10 日，西满军区的李富春、黄克诚最先提出，应控制四平一线，阻止国民党军队北进。电称：“苏军突然北撤，国民党一时因情况不明，不敢冒进接收，我军应以一部兵力乘机控制长春路沿线城市，以阻止顽军北进，并吸引顽军于长春沿线，你们如同意，我们即派队进占

[1] FRUS, 1946, Vol.9, pp.535-538.

[2] FRUS, 1946, Vol.9, pp.528-529.

[3] FRUS, 1946, Vol.9, pp.541-502.

四平、昂昂溪。”[1]

对此，周恩来明确表示异议，因为他好不容易才争取到让蒋介石承认在东北也有军事调处问题。而蒋的核心要求就是：“政府军有权占领任何必须重建中国主权之地区，特别是占领中苏条约提到的长春铁路线的两侧各三十公里地带。”[2] 周恩来的想法是，中共中央已经批准2月25日签字的《关于军队整编及统编中共部队为国军之基本方案》。该方案规定在开始整编的头十二个月里，政府在东北将编为五个军，中共编为一个军；在后六个月统编后则将东北的六个军缩编为五个军，其中一个军内仍保持一个中共师，其他四个军则统编为政府军。[3] 依照这个方案，中共抢占长春路及其沿线城市，并没有特别的意义。如能就蒋的条件达成协议，就等于使国民党方面承认中共在东北的合法地位，届时依此向东北派出执行小组，东北问题就可以放到谈判桌上，按照整军方案去解决。周表示：“照东北空气，定不赞成长春路及苏军撤退区归国方接收。如坚决不同意此两点，只有准备破裂。”不仅停战小组去不了东北，而且很可能“会影响国内全局”。[4]

毛泽东自1945年11月中旬苏方态度变化后，即因身体不适病休，由刘少奇主持中央工作，这时才又刚刚开始参加个别重要的会议。但东北问题关系重大，注意到这一千载一时之机，毛泽东马上放弃休养，投入处理东北问题的工作之中。13日，他与刘少奇合拟致周恩来电，说明：东北同志“雄心很大，不了解为什么要让出许多地方给国民党，东北全党全军都是这种心理”。在蒋介石不承认东北停战，拒绝与我们谈判东北问题及不承认我在东北地位时，他们采取比较强硬的政策是好的。只有如此，才能逼蒋与我谈判，承认我在东北地位。如今国民党被迫承认我在东北地位，“你们现

[1] 《林彪、彭真致中央电》（1946年3月10日）。

[2] 转见FRUS，1946，Vol.9，p.542.

[3] 《关于军队整编及统编中共部队为国军之基本方案》（1946年2月25日），《中华民国重要史料初编》，第七编（三），第82—83页。

[4] 《周恩来致中央并毛主席电》（1946年3月11日）。

在可以承认在停战条件下，国军可以接收沈阳至哈尔滨之长春路上各城市(路两旁不在内)”。“我们内心的盘子,长春路的主要部分（即沈阳至哈尔滨)及抚顺、鞍山、本溪、营口、辽阳等数地，是要让给国民党的”。但“不可一般承认国军有权进驻全部长春路及苏军撤退区。因中东路大部、南满路南段应力争由我接管。至于两路以外之苏军驻扎区，大部已交我接管，一部即将交我，其中除抚顺、本溪准备让出外，其余均不能让。如你们答应国民党有权接收苏军撤退区，则安东、通化、延吉、海龙、合江、佳木斯、黑龙江、洮南、通辽、辽源等地及其他广大地区均到过苏军，而我决不能让，将来不好收口。我们并想以让出长春路主要部分及抚顺、本溪交换国方从热河撤兵。自然，在东北保持我们这种地位，须要经过严重的外交斗争，以至军事斗争，我们要以一切力量去争取”。毛泽东这时的估计是：长春全路及东北全境大打内战，美蒋均有顾虑，“不论他的兵力、士气与民心，也不论国际国内环境，都无在东北大打久打与反苏反共到底之可能”。[1]

可以看出，直到这时，毛泽东和中共中央仍旧相信，东北问题最终恐怕仍将要走和平解决之一途，自沈阳至哈尔滨及其整个长春铁路线，均要交国民党军控制。因此，当东北局报告说苏军提出中共可夺取沈阳时，中共中央明白复电说明：“苏军退出沈阳后，我军不要去进攻沈阳城，我军进去在军事上必会陷于被动，在政治上亦将处于极不利（地位)。不仅沈阳不必去占，即沈阳到哈尔滨沿途在苏军撤退时我们都不要去占领，让国军去接收。”[2]

就在这时，东北局有电报说明苏军对中共中央行动迟缓、态度犹豫颇为不满，直言批评中共中央对美国人太客气了，更不应该同意让国民党开五个军到东北来。东北局据此认为，应争取哈尔滨和齐齐哈尔由我驻兵，郑家屯以北之平齐线及吉奉线必须归我。以此为交换,中共“可以让出营口、鞍山、辽阳、四平、长春、法库，及国民党现所占之地区”,“让出大郑线（大

---

[1] 《中央致重庆代表团并东北局电》(1946年3月13日)，参见《刘少奇年谱》(下)，第26页。
[2] 《中央致东北局、林彪并告重庆代表团电》(1946年3月13日)。

虎山经郑家屯到四平）”一线，并承认“长春路两侧卅华里内，我不驻兵”。而抚顺为南北之连接点，最好能争取国共均不驻兵。但必要时，亦可让出。如此，东北之主要矿区，以及近一半人口，均已交给国民党了，应该可以达成妥协。他们相信：以国民党现有兵力，在东北大打，最终也只能占到这么多地盘。据此，东北局坚持认为：“绝不能允许国党接收整个长春路与矿区。所谓长春路，包括大连至哈尔滨及绥芬河到满洲里，而矿区则遍地皆是。……如国民党驻兵整个长春路及矿区，我不仅完全丧失优势，而存在亦将发生严重困难。”[1]

苏军的意见及东北局的建议显然极大地触动了毛泽东和中共中央。毛特意将东北局的建议批转周恩来，要求周以此为“内心的盘子”与国民党谈判。其后，彭真又突然来电，提出更大胆的建议。他告诉中共中央：苏军代表表示，凡苏军撤退之地，包括沈阳、四平街，我都可以放手大打，并希望我放手大打。为此彭提出：“在军事上可能的条件下，在国民党公开宣传东北军事调动在外，拒绝与我谈判，不承认我之地位的前提下，于苏军撤退时，可否在辰兄（苏军——引者）同情下，消灭四平以北各大城市之顽军，并占领上述各大城市，逼使国民党与我谈判，必要时再让出一部给国民党以换得和平？”[2]

1945年中共七大召开时，毛泽东就一心想在东北背靠苏蒙，建立革命根据地，彭真的上述提议显然具有诱惑力。16日，中共中央终于改变不想突破中苏条约和停战协定束缚的想法，明确赞同东北局的意见。显而易见，对于共产党人而言，整军方案并不是他们所期望的。中共中央仍旧希望能够取得一块背靠苏联的巩固的根据地，故建议：只应“承认政府军进驻沈阳至长春”，长春以北的整个北满，应为中共军队的驻扎地区。

同日，中共中央致电周恩来，委婉地批评周过于顾虑政治上要能自圆其说的问题。电称：这样提，“我在宣传上及外交上是很能讲得过去的，不

[1] 《东北局致中央电》（1946年3月14日）。
[2] 《彭真致中央电》（1946年3月16日）。

是不能自圆其说的。因彼在宣传上、外交上不承认我军任何地位，不解决东北任何政治问题，我自绝对不能再签订一个完全于彼方有利，完全于我方不利的条约。事实上，如彼方不实行停战，沈阳以北之长春路，我亦须进驻，使他不能接收，以逼使彼方停战。如彼方必须规定政府军进驻地区，则必须同时规定我军驻扎地区”。“如彼方不愿意如此作，则内战责任在彼方，不管彼方如何死硬，如何高压，甚至以全面破裂，大打内战相威胁，我们亦绝对不屈服。”[1]

中共中央态度如此，周恩来自然勉力执行。同一天，周在与张治中谈话中发现，张已同意将早先提出的执行小组任务中的丁、戊两项加以修改，即把丁项改为“政府接收东北主权，有权派兵进驻苏军现时撤退之地区，包括长春铁路线两侧各三十公里在内”；戊项改为“凡现时中共部队驻在地区，政府军队如须进驻，应经过商定行之”。[2] 同时同意增加一条“以后东北驻军，以整军方案另订之”。周恩来对此颇感意外，因而判断可能是因为美苏关系转好，蒋亦不能打，目前只想能占多少算多少，才出此下策。根据修改后的条件，“沈阳以南、以东及长春路以北非苏军现时撤退地区，完全可以不受……约束”，由此推测，长春以北各城市似乎也可考虑抢在政府军接收前先拿下来，造成政府军到时那里已不是苏军现时撤退地区的现实。为此，周建议：“长春以北及满洲里至绥芬河线最好苏军不拒绝我接防，使将来更好谈判，我军亦可不必拘束。”[3]

事实上，张治中的提议并未得到蒋的同意。蒋介石很清楚“现时”二字可能会被中共利用来抢占长春路及其沿线城市，故在张、周两人拟妥文

---

[1] 《中央致重庆代表团电》(1946年3月16日)，参见《刘少奇年谱》(下)，第27页。

[2] 3月11日马歇尔回国述职前曾与蒋介石就派遣军事调处小组进入东北之事达成妥协，提出了“关于派遣执行小组赴东北授予执行命令草案”五项，其丁项为“政府有权派兵进驻恢复中国东北主权必要之各地区，其对中苏条约中所载两条铁路之两侧各三十公里，有单独管辖之权”；戊项为“为重建主权，政府军所占领地区，包括煤矿区，中共军均须撤出，并不得开入苏军所撤之地区”。FRUS，1946，Vol.9，p.543。

[3] 周恩来：《关于东北问题同张治初步商定六点意见的说明》(1946年3月16日)，《周恩来一九四六年谈判文选》，中央文献出版社1996年版，第137—138页。

字上报后，蒋专门将丁项中“现时”两字删去。[1] 然而，周恩来对国民党有可能承认现时中共驻在地区的推断，却明显地影响了毛泽东。

其实，毛也不能接受周、张商妥的协议草案。他提出：丙项“小组随政府军前进及可至中央军访问”也是侮辱中共的规定；丁项所谓政府军“有权派兵进驻苏军现时撤退之地区，包括长春铁路线两侧各卅里在内”一项，则应将“长春铁路线”改为“沈阳长春间铁路线”，以限定其接收范围。另外还必须增加一项，即“政府保证按政治协商会议各项决议之原则，迅速与中共商讨解决东北政治问题”。东北局读到周提出的草案后，更强硬提出：丁项根本不能接受，因为不仅“长春铁路线”几字过于笼统，苏军现在尚未撤离的各地区最近均将撤退，万一国民党到时认定这就是苏军现时撤退之区而派兵接收，于中共不利。[2] 不过对于政治上高度敏感的毛泽东来说，这些文字上的争论已不甚重要了，既然国民党有可能承认中共现时已占地区非经商定不能进驻，为什么不先下手为强，先乘着苏军撤退之际占了北满再说呢？

3 月 17 日，尚未得到中央答复的彭真进一步来电询问：“我可否在辰兄同意下及时夺取四平街、哈尔滨及其他长春路支线小城市，作为将来谈判时让步之资本？这在政治上有无坏的影响？又，对长春是否确定，纵使可以夺取，而辰兄又希望我夺取时，我亦坚决不夺取？”毛泽东此时方针已定，故复电明白表示：“国民党还不停战，沈阳以北长春路沿线之苏军撤退区，同意你们派兵进驻，以为将来谈判之条件，时间愈快愈好。”[3] 当天，毛反复考虑后，又将周恩来的电报批转给东北局，并进一步提出：请“速与辰兄接洽，将整个中东路（包括哈市）让我驻兵，永远占住，不让国民党驻一兵一卒”[4]。

整个中东路，指的是从长春经哈尔滨至满洲里及绥芬河一段的铁路干

[1] 转见王成勉：《从和平到战争——马歇尔使华调处第二阶段之研究》。

[2] 《中央致重庆代表团电》（1946 年 3 月 17 日），《毛泽东年谱》（下），第 62 页；《东北局致中央并林彪电》（1946 年 3 月 18 日）。

[3] 《东北局致中央电》（1946 年 3 月 17 日）；《中央致彭真、林彪电》（1946 年 3 月 17 日），《刘少奇年谱》（下），第 28 页。

[4] 《毛泽东批转周恩来关于与张治中商谈东北问题的报告》（1946 年 3 月 17 日）。

线。可见这时中共的解决办法已根本变化，不仅想占据长春以北整个中东路以利谈判妥协，而且已在设想把整个中东路，即北满永远占住。毛泽东对他这样做的理由解释得很清楚：“宁可战而失地，不可在谈判中失地。”他同意彭真的看法，相信在四平一线坚决拒止国民党军北上，“彼方至多用兵攻占南满路及抚顺、本溪，我尚可保持中东路”。[1]

国共两党在四平展开决战至此已成为一种必然。14日，苏军从四平街撤退。三天后，即中共中央准备“永远占住”整个中东路当天，中共东北民主联军西满军区武装攻占了这个处于南北满通衢的咽喉要地。国民政府驻长春的东北行营报称：“辽北省政府被万余共军包围，被迫于涤日撤出四平，至撤出方向不明。”[2] 实际上，这位张学良前部下、省主席刘翰东已经成了俘虏了。四平之战由此拉开帷幕。

二、四平开战经过

眼看东北大战将临，身在东北，亲眼目睹中共与苏军关系的国民党人不免忧心忡忡。在他们看来，在有苏联幕后支持的情况下，政府军要想纯粹靠武力来夺取东北，赶走中共武装，实无可能。稍有闪失，即可能导致失败。长春市市长赵君迈和特派员蒋经国秘书高维翰等这时就联名上书蒋经国，请其转劝蒋介石避免使用武力。电称：“目前东北问题之解决不可漠视共军之实力与事实，若一旦发生内战，时间与范围势必扩大，不独地方糜烂，且未必定握胜算，况有某方支持。吾兄一言九鼎，在委座前请力主政治解决、政治协商会议之决定及军事三人小组之工作应将东北包括在内。

[1] 《毛泽东致周恩来电》（1946年3月21日）。

[2] 《董彦平致蒋委员长并经国先生电》，1946年3月18日，台北“国史馆”藏蒋中正档案，特交文电35007487。

庶几和平可获，人民免遭涂炭。”[1]

实际上，国民党早就得到情报，苏军秘密援助和支持中共军队。1946年6月，王芃生密报称："……（子）苏方近决由东北迅速撤退正规军，以避免美英及国际舆论之责难，但其暗助中共之办法及对东北之武力监视另有布置。（丑）密传苏方认为苏军退出东北后，将由东北暗斗而导成内战之表面化，虽不敢正面援共，免引起国际纠纷，但已着手暗嗾使藏、鲜、满赤化势力援助中共作战，并在佳木斯、通化、安东等处代中共训练军事干部。（寅）传苏方掳获之军火遗与中共者足供四十个师九个月之用，并供给一部机械化武器及干部训练突击战。”[2]

但是，无论任何劝告或消息，这时都已经不能动摇蒋介石必欲用武力驱逐东北中共武装的决心了。由于蒋调入东北的几乎都是全副美式装备的精锐之师，且主力均曾在缅甸作战中取得过骄人战绩，因此，蒋介石深信靠这些部队足以打垮或消灭"乌合之众"的中共武装。

国民党军这时到达东北的部队已有将近六个军，即新一军、新六军、第七十一军、第十三军、第五十二军及第九十四军一部（其中新一、新六、第十三、第七十一军全部为美械装备），总兵力约二十四万人。[3]另第六十军正在海运中。这些部队统归东北保安司令部指挥，司令长官为杜聿明（由于杜聿明患病住院，2月下旬后部队归副司令郑洞国指挥，并受东北行营主任熊式辉辖制）。已到东北的部队3月中旬大部主力在沈阳完成集结，19日开始分南、东、北三路展开扇形攻势，准备攻取辽阳、鞍山、营口、抚顺、铁岭、开原、昌图、四平街。仅四天后，辽阳、抚顺、铁岭就依次被攻陷。

---

[1] 《赵君迈、高维翰、高理文等致重庆主席官邸蒋经国特派员电》（1946年3月18日），台北"国史馆"藏蒋中正档案，特交文电35007500。

[2] 《王芃生致王世杰部长电》（1946年4月12日），台北党史馆藏档，特005/20.7。

[3] 关于国民党军进入东北的兵力问题始终是国共双方争论的一个焦点。中共方面统计，国民党军在东北的正规部队2月约为20万人，3月约为24.7万人，4月为31.9万人，5月为31.4万人。但据马歇尔解释，依2月25日整军协定，政府军可在东北驻军24万，美方运送至东北的政府军至6月初只有22万多人。转见王成勉：《从和平到战争——马歇尔使华调处第二阶段之研究》。

十天后，对鞍山、海城及开原、昌图的进攻亦相继得手。

国民党军在苏撤区的大举进攻，迫使希望占据中东路全线的中共中央不能不迅速部署四平保卫战。

1946 年 3 月 23 日，毛泽东第一次明确提出，要不惜任何牺牲，以战争换和平。称：“坚决彻底歼灭国民党进攻军队，愈多愈好，不惜重大伤亡(例如一万至二万人)”，如此才能“求得大胜以利谈判与将来”。[1] 次日，毛即开始部署四平保卫战。他在给东北局并告林彪、黄克诚、李富春等人的电报中写道：蒋介石必由沈阳出兵，向北和我争夺长春、哈尔滨，“我党方针是全力控制长、哈两市及中东路全线，不惜任何牺牲，反对蒋军进占长、哈及中东路”。西满“黄李部动员全力坚决控制四平街地区，如顽军北进时，彻底歼灭之，决不让其向长春前进”；“南满主力就现地坚决歼灭向辽阳、抚顺等处进攻之敌”。“如作战结果顽军在辽阳、抚顺地域巩固了他们的地位，以至可以抽兵北上向四平街、长春前进时，你们须准备及时将南满主力转移至四平街、长春之间，与黄、李及周保中协力，为保卫北满而奋斗。”[2] 据此，东北局当天就下达了具体的作战任务，并说明：“此次作战为决定我党在东北地位之最后一战。”[3]

从中共中央和东北局的电报中，可以清楚地看到中共这时对东北下一步形势发展的估计都是非和不可。因此它在东北大打的目的，不过是为了在和平到来之前得到在谈判桌上难以得到的更大的利益。而要达到这样的目的，它第一必须取得苏军的密切配合，在东北停战到来之前顺利取得长春、哈尔

[1] 《中央致东北局电》(1946 年 3 月 23 日)。

[2] 《中央致东北局并告林彪、黄克诚、李富春电》(1946 年 3 月 24 日)。

[3] 东北局下达的具体作战任务为：“(甲) 三五九旅主力及松江省主力担任夺取哈尔滨之任务，其指挥人员与具体由陈（云)、李（天佑）决定。(乙) 由西满派适当部队与嫩江王明贵主力担任夺取齐齐哈尔之任务，其指挥人员与具体部署由李（富春)、黄（克诚）决定。(丙) 杨（国夫）师全部立即向长春附近集中，以一部准备协同吉林军区在周（保中)、张（启龙)、陈（光）统一指挥下及时夺取长春，该杨师主力准备南下作战。(丁) 罗华生旅应立即与林总电台取得密切联络，准备参加长春线之作战，集结地点由林（彪）规定之。”《东北局致陈李（并转杨师)、李黄、周陈张并告中央电》(1946 年 3 月 24 日)。

滨、齐齐哈尔及其中东路全线；第二必须使东北停战生效的时间不早不晚，早则长、哈等地尚未及占领，晚则很可能会被已经增至六个军，并且还在继续增兵的国民党军突破防线。中共中央注意到美方派专机紧急将刚刚返回延安的周恩来接回重庆，协商东北停战问题，因此一再提醒东北局，要赶快设法占领长、哈、齐三市，强调一旦停战达成，“停战小组即将派到这些城市，保证国民党的占领；但如被我控制，小组亦将保证我军的占领，以待整个东北问题的解决”。[1] 毛甚至建议周争取能使停战协议拖后几天再签字。

25 日，即周恩来被美方派专机接回重庆的当天，毛泽东提出：要准备以长春为我们的首都。[2] 这足以反映出毛对东北停战可能很快实现相当乐观，相信国民党军要想在停战协定达成前突破四平之线已没有太多希望。因此，毛除再三叮嘱东北局加强四平一线的军事部署外[3]，特别致电北平执行部中共代表叶剑英等，要求后者在停战协定签订后务必要拖延出发时间，以利“我军进驻长春、哈尔滨等市”[4]。

让毛泽东颇为意外的是周恩来 25 日当晚就来电指出：“从各种可能估计，在目前形势下，我方接收长、哈两市的时机恐已过去。”因为中苏又在重庆开始经济谈判，苏军现在还不交长、哈、齐，可见苏方又在以此来作交换条件。“因此争取我驻军哈、长，恐只能在谈判中求之。”[5] 据此，周恩来没有采取措施贯彻毛泽东推迟数日签字的指示。27 日，国共双方达成关于派遣小组至东北九省调处停战的训令。该训令回避国共争执不下的政府军接收范围和中共军队驻地等敏感问题，只要求小组执行军事调处工作，使国共两军

[1] 《中央致林彪、彭真并李富春、黄克诚、程世才、肖华电》（1946 年 3 月 25 日），《刘少奇年谱》（下），第 31 页。

[2] 《毛泽东致彭真并东北局电》（1946 年 4 月 25 日）。

[3] 毛对此格外重视，反复询问：“现占铁岭之顽军兵力及其可能之后备力量共有若干？我方在铁岭、四平街地区兵力共有若干？战斗力如何？能否阻止顽军向北猛进，以利于我党占领长哈？你们估计如何？辰兄态度如何？停战小组以何时到达沈阳为有利？”《中央致彭真、林彪电》（1946 年 3 月 26 日）。

[4] 《中央致叶剑英、罗瑞卿电》（1946 年 3 月 26 日）；《中央致重庆代表团电》（1946 年 3 月 26 日）。

[5] 《重庆代表团致中央电》（1946 年 3 月 25 日）。

达成停战。[1]

东北停战协定的迅速签字和周恩来关于苏联方面可能和国民政府达成妥协的情报，使已经有过教训的毛泽东本能地踩了个急刹车。他于27日当晚致电林彪和彭真，提出即使苏联再度与国民党妥协，你们都应“尽可能争取由我接管三市，否则二市，至少一市”。“如友方为了交换经济上之更大利益，而将一市、二市或三市交与蒋方，我们同志亦不要感觉失望。此点应在将来适当时机向干部作适当解释。”当然，他也注意到：“停战协定只说派小组到冲突地点停止冲突，并未规定全部停战日期，双方再可继续自由行动一时期”，故坚持我军在以次要力量巩固后方的同时，仍“必须阻止蒋军于四平以南，并给以严重打击，方有利于今后之谈判”。[2] 这种情况，在3月底军事三人会议通过派遣执行小组往东北调停的协定之后，毛泽东也曾一度有过要准备让出长春、哈尔滨和齐齐哈尔三市的打算。直到两三天后，毛发现苏军仍在继续帮助中共武装夺取长、哈、齐三市，他才重又下定决心要死守四平，坚决占据长、哈、齐三市。

这时受命负责指挥四平保卫战的，是东北民主联军“前总”司令员林彪。林赶到四平街时，国民党新一军主力已经推进到泉头车站以南地区，占据中长路辽南段，开始向中长路辽北段，即四平街挺进。其前锋离四平街只有三十多公里。

4月6日，毛泽东在得知林彪迎敌计划后，以中央名义电林，同意其部署，并再度强调，要不惜重大伤亡达成目的。电称：“集中六个旅在四平地区歼灭敌人，非常正确。党内如有动摇情绪，那怕是微小的，均须坚决克服。

---

[1] 训令规定小组之任务，仅限于前往冲突地点或政府与中共军密接地点，使其停止冲突，并作必要及公平之调处。《军事三人会议关于派遣执行小组前往东北调处停止冲突的协定》（1946年3月27日），《新华日报》，1946年3月28日。

[2] 《中央致林彪、彭真电》（1946年3月27日）。显然，蒋介石亦抱同样心态。其3月30日给熊式辉的电令中亦明确提出：虽承认东北停战，“但我方必须坚持停战协定中，政府军队为接收主权进入东北之行动，不受任何之限制之一条”。《蒋委员长为军调部执行小组进入东北事指示东北行营主任熊式辉遵令践约电》（1946年3月30日），《中华民国重要史料初编》，第七编（三），第97页。

希望你们在四平方面，能以多日反复肉搏战斗，歼敌北进部队的全部或大部，我军即有数千伤亡，亦所不惜。去冬邯郸战役，刘伯承、邓小平所部历时十日，伤亡八千，卒获大胜，可为借鉴。”同时，毛亦提出要重视本溪方向的问题，称：“本溪方面亦望能集中兵力，歼灭进攻之敌一个师。”他认为：“上述两仗如能打胜，东北局面即可好转。国民党现有之七个军，包括九十四军及姜鹏伪军在内，此两部或则不齐，或则无力，拟调各军，非半年以上不能到齐，且包括云南龙云部及其他次等部队，大有文章可做。如我能在三个月至半年内，组织多次得力战斗，歼灭进攻之敌六个至九个师，即可锻炼自己，挫折敌人，开辟光明前途。为达此目的，必须准备数万人伤亡，要有决心付出此项代价，才能打得出新局面。而在当前数日内，争取四平、本溪两个胜仗，则是关键。”[1]

毛泽东本来寄希望于达成东北停战协定后，国民党军将不得不停止在东北的军事行动，被迫承认中共对中东路及其沿线城市事实上的占领，然后再通过谈判具体讨价还价，解决两党在东北的势力划分问题。想不到，东北达成停战协定不过四天，蒋介石就公开发表谈话，坚持在政府军完成主权接收之前，东北没有内政问题可言，继续否认国民党军在东北有与中共军队停战的问题。[2] 这意味着，只要中共想要保住长春以北不失，就必须要在四平旷日持久地坚守下去。这种情况无疑不在原来的计划之中，毛泽东提出要准备在三个月至半年内组织多次得力战斗，准备数万人伤亡，已经反映出，他对即将发生的战斗的艰巨性开始有所预料了。

然而，无论中共中央还是林彪，这时对死守四平都没有太大的把握。4月8日，中共中央致电给彭真称：“我应力争保持长春于我手，如我能在四平地区大量歼灭顽军，此种可能性是有的，但目前尚未作最后决定，须看看斗争结果如何而定。在未作最后决定前，你们应作长期保持计划。”[3] 该

[1] 《中央致林彪并告彭真电》（1946年4月6日），《毛泽东年谱》（下），第64—65页。

[2] 转见《中央日报》1946年4月4日。

[3] 《中央致彭真电》（1946年4月8日）。

电清楚地反映出，毛泽东和中共中央这时对能否保住长春还是走着瞧的心态。

同样，林彪对打部队所不熟悉的阵地战，且要持久坚持，也没有多少信心。他深知自己所面对的是受过美军训练和指挥的，在国民党军中最精锐的，参加过入缅作战的新一军等中央军。在年初沙岭堡战斗中，中共的部队就曾与具有同等战斗力的新六军遭遇过。一仗打下来，新六军被毙伤俘六百余人，自己却死、伤、被俘达两千一百余人，三倍半于敌。4 月 9、10 两日，林彪亲自指挥近五个旅的兵力与正面进攻之敌展开激战，虽顽强守住了泉头车站和兴隆岭，部队却一战就伤亡了一千七百余人。这样打下去，其前景可想而知。故 11 日，林彪致电中央并东北局说明：“敌新一军卅八师进攻兴隆岭（四平西南六十里），昨日我梁师万毅及罗华生旅配合攻击，将敌击退，消灭敌约两个营，敌伤亡甚重，现该敌已与泉头车站（四平西南七十里）之五十师靠拢，与我对峙。”现泉头与兴隆阵地尚在我手，我伤亡约一千七百人。敌五十师攻泉头车站阵地连攻三日均未得手，伤亡甚重。另法库之敌七十一军所在地点离四平街也仅一天行程。在此种情况下，加上蒋介石继续增兵东北，我固守四平和夺取长春、巩固长春的可能性，及东北和平迅速实现的可能性均不大。因此，“我军方针似以应消灭敌人为主，而不应以保卫城市为主，以免被迫作战。其结果既不能保卫城市，又损伤了力量，而造成以后虽遇有利条件亦不能歼灭敌人。故我意目前方针似应脱离被迫作战，采取主动进攻，对于难夺取与巩固之城市，则不必过分勉强去争取，以免束缚军队行动”。“在敌继续增兵与进攻的条件下，四平之巩固与长春之夺取均无甚把握，因此我建议我军应采取以便利于消灭有生力量为主作为当前行动的基本方针；建议停止对长春之攻击，将一切攻击长春之兵力的极大部分迅速南下，向四平街前进，与此间部队会合，求得我作战兵力之集中，以便作战。同时对四平街的保持应以不造成军队之被动作战为主，使南满方面之行动亦应根据新的情况采取以上方针。其主力亦须准备抽调上来(待本溪战役结束后),与此间会合,组织一大的野战军。”[1]

毛泽东长期指挥军事,当然知道林彪的意见有理。但长春眼看唾手可得,且毛仍寄希望于回国述职的马歇尔很快返回，会压蒋停战，占长春至少也可增加谈判筹码，故其 12 日复电中虽同意林彪的意见，应“以集中力量歼灭敌人为主，不以固守城市为主，并须统筹全局，作长期打算”。但仍坚持对“长春如有可靠之内应及在力量对比上有把握，则占领之”。[2]

这时，马歇尔确已启程来华，因此中共军政领导人多有相同估计。西满军区主要负责人李富春、黄克诚这时就依据美国旧金山广播马歇尔动身来华的消息，判断东北问题可能在此后一周内是决定的关键，因而致电林彪主张：一、四平还应抵抗一时期，准备消灭敌第七十一军一部，停止其前进。二、杨国夫部暂不南调，以全力攻长春，即使不能完全攻占，占领一部分“亦对谈判有利”。[3] 在这种情况下,得知苏军已定于 14 日撤离长春,毛泽东自然力主占领长春,并要求林彪和彭真“守住四平、本溪,以利谈判”。

4 月 15 日，国民党方面第七十一军第九十七师和第八十七师过于前突，在金山堡、秦家窝棚、达子窝棚一带遭林彪所部截断，并包围了八十七师。该师除师长黄炎率少数残部脱逃外，大部被歼。这一仗大大振奋了中共中央和林彪等前线将领的斗志。联系到马歇尔几天后就要回到中国的情况，毛泽东对形势估计再度乐观起来。称：“七十一军一个师被我歼灭后，东北局势已转变到根本上于我有利”，马歇尔 18 日到重庆，“东北停战必很快”。故他要求东北局马上与苏军“交涉速从哈、齐撤退，以利早日占领，愈快愈好”。同时致电重庆代表团，要求后者掌握好谈判尺度，至 24 日苏军撤出哈尔滨前，不要轻易妥协。[4]

---

[1] 《林彪致东北局并中央电》(1946 年 4 月 11 日)。

[2] 《中央致东北局及林彪电》(1946 年 4 月 12 日),《毛泽东年谱》(下),第 68 页。

[3] 《李富春、黄克诚致林彪电》(1946 年 4 月 13 日)。

[4] 《中央致东北局电》(1946 年 4 月 17，18 日);《中央致重庆代表团电》(1946 年 4 月 17，18 日),参见《毛泽东年谱》(下),第 69 页。

与毛泽东对东北军事形势的乐观估计不同，四平正面的国民党军并没有因为第八十七师大部被歼而停止进攻。不仅如此，保卫四平一线的各部队伤亡却大大影响了部队的战斗力。仅几天后，刚刚提出四平还应抵抗一时期的李富春、黄克诚就不能不致电中共中央说明：“八十七师消灭后，仍未停止顽军向四平进攻，现新一军已经到距四平七八公里之地方。连日飞机助战，四平已难保持。”“三师部队从23日铁岭作战起至今天止，已连续二十七天，伤亡达三千以上。万毅、梁兴初、罗华生部伤亡达二千以上。”目前最大困难是敌有生力量不断增加，而“我则无新力增加”[1]。

面对这种情况，毛泽东依旧鼓励部队再坚持几天。他在20日复电鼓励李、黄称：“望克服一切困难，争取胜利，十天之后可能好转。”毛这里讲“十天之后可能好转”，显然是寄希望于哈尔滨等城市拿下后，马歇尔回来迫使蒋介石接受停战，国民党军在整个东北的大规模进攻将不得不逐渐停止下来。

促使毛泽东下此决心的，是中共夺取前伪满洲国首都长春的作战进展顺利。中共武装从15日起开始攻击长春市。当天早晨即已占领长春机场。16日开始攻城。从长春城防司令陈家珍电报中可知，长期靠小米加步枪打仗的中共军队，这时已经从苏军手中获得相当数量的重武器。[2]进攻且有战车开道，在苏军控制下的长春铁路，亦在为中共运送部队和补给。[3]一向在对共产党作战中随心所欲的国民党空军，这时也发现“共匪防空火力之稠密及射击之准确，较日寇尤佳，殊出人意料之外，至可惊异。相信其中必有日苏之专门人材，实堪注意”。[4]进而更“发现类似P51式之匪机（按：苏联皿克式驱逐机型似P51）两架，冒涂党徽散发专对新六军煽惑之大批

[1] 《李富春、黄克诚致中央电》（1946年4月18日）。

[2] 《董彦平致重庆副总长白、军令部长徐、张主任委员公权、蒋特派员经国先生电》（1946年4月17日），台北“国史馆”藏蒋中正档案，特交文电35007988、35007989。

[3] 《蒋中正致外交部王部长电》（1946年4月19日），台北国民党党史馆藏档，特005/20.7。

[4] 《王叔铭致渝俞局长济时呈委员长蒋电》（1946年4月20日），台北“国史馆”藏蒋中正档案，特交文电35008019。

宣传品”。[1]

18 日，东北局正式通报打下长春，俘虏国民政府任命的长春市长赵君迈等。鉴于此，身为前线指挥官的林彪显然也只能寄希望于马歇尔回来能够压蒋停战了。为了守住四平，只靠手里的六个旅显然不行。他当天即急切地要求东北局迅速调兵增援。他指出：“敌昨日已直接开始攻四平，我守军决战至最后一人”，但目前伤亡甚大，“望令攻长春之杨国夫部、曹里怀部及第八旅等有战斗力的部队星夜南下，向四平急进”。[2]

这时，国民党新一军等已进抵四平街城下，分三路猛攻四平及其周围点线，战斗变得异常激烈。由于援兵不至，林彪颇为着急，连电催促。中共中央也清楚地了解，中东路及长、哈、齐三市能否确保，决定于是否能在四平地区挫敌攻势。因而毛泽东明确要求东北局迅速按照林彪的要求增兵四平，并且提出：“过去蒋军作战重心放在南面，是因估计长、哈苏军不会速撤。现在蒋军作战重心已经放在北面，以争夺长、哈为目标，故南满我军宜多抽调向北，并须兼程开进，以便集中优势兵力，歼灭大量敌人（至少三四个师），保卫长、哈。一切决定于战场胜负，不要将希望放在谈判上。”毛提出，为此不仅在长春附近的杨国夫师应迅速南下参加四平保卫战，而且在本溪方向的程世才、罗舜初部亦应增援四平。

彭真对此自然不稍懈怠，连电各增援部队，全力督催，同时电告程世才、肖华、罗舜初，说明：“现战争中心在沈阳以北，四平战役决定全局，望火速执行林总电示，[派]两个旅到沈北参战。”“你们是林总直接指挥的，而四平以南之战则是决定全局的有决定的战略意义的，而时机至为重要，稍迟，敌增援部队赶到，将来给我以极大之不利，将造成不可挽救的损失与历史的错误，务望兼程赶到清源，搭车北进，切勿迟延。”[3]

---

[1] 《王叔铭致蒋委员长电》（1946 年 5 月 14 日），台北“国史馆”藏蒋中正档案，特交文电 35008323。

[2] 《林彪致东北局并中央电》（1946 年 4 月 18 日）。

[3] 《东北局致程世才、肖华、罗舜初电》（1946 年 4 月 20，21 日）。

21、22日，国民党军除新一军指挥下的新三十八师、新三十师、第五十师继续担任正面进攻，第七十一军第九十一师和第八十七师残部则由八面城方向实施迂回，刚刚登陆的第六十军第一九五师亦进抵四平西南。四平保卫战的形势更加严峻。林彪于22日紧急调整部署，命令四平外围部队转向四平以北附近地域，接近守城部队，一面准备随时应援，一面迫敌分散，以寻求歼敌战机。他知道部队不能无限期死守，委婉地催促中共中央指示周恩来加速马歇尔达成妥协。当夜，毛泽东亲电林彪，强调“死守四平，挫敌锐气，争取战局好转”，同时告诉林彪，马歇尔自18日回到重庆后一直在与蒋谈，今日才开始与周谈，“得恩来电后当即告你”。[1]

23日，即在中共武装进占齐齐哈尔的当天，林彪和毛泽东等人期盼的周恩来的电报终于到了。但来电并没有带来国民党妥协的消息。马歇尔强调，东北的军事政治问题，须到东北了解情况后才能提具体方案。周估计：东北问题非到万不得已，蒋决不愿接受中共的方案。“故我们在东北尚应准备破路大打至数十天，尤其要坚守长春，保住四平街，再消灭几个师”，“争取到我们在政治上地区上绝对占优势”，情况才能根本改变。[2]

周恩来电报中的提议，显然是基于毛泽东对东北战局的乐观通报得出的。但实际上不要说大打数十天，就是再在四平坚守两周都很困难。何况国民党军这时还在大举进攻本溪，本溪方面因程世才部被抽走去增援四平，军事形势也极其危险。

26日，林彪特意转报第七旅损失情况，提醒东北局和中共中央注意前线部队减员和战斗力下降的严重。该旅报告称：自泉头守备战之后，部队受创甚大，在泉头、双庙、牤牛哨、半拉山门阻击敌人，迟滞敌人前进，虽然给敌人以严重杀伤，但自己本身的伤亡也不下千数。在四平北郊防御战斗中，第二十一团和旅特务营伤亡百余人。第二十团猛攻任家屯之敌，

[1] 《毛泽东致林彪电》(1946年4月22日)。

[2] 《周恩来致中央转东北局并饶、李、伍电》(1946年4月23日)。

计伤亡过百数。以上屡次战斗伤亡、失联络已达一千七百多人，有的连队进行两连合一，有的仅剩班、排。“同时部队白天与敌激战，夜间加筑工事，休息时间甚少，体力、精神疲劳。因此，部队勇气不像过去那样旺盛。”[1]

但仗已打到这个份上，且马歇尔还在积极调处，毛泽东自然不会轻言放弃。他一面催促周恩来加紧谈判，称长、哈、齐均已到手，“我在东北应力求迅速停战”；一面劝告林彪：据情报称，新一军已自认进展艰难，且“马歇尔已提出停战方案，有停战之可能，望加强四平守备兵力，鼓励坚守，挫敌锐气，争取时间，对四平守军望传令嘉奖”[2]。为此，毛泽东甚至提出了悲壮的“化四平街为马德里”的鼓动人心的口号。[3]

三、四平之战的尾声

中央既然下决心要死守四平几个月，林彪也只能勉力执行。他于接电当天就致电各部队首长，要求坚决执行党中央关于死守四平的电令，争取大量杀伤敌人，挫敌攻势，延误敌人占领时间，以便造成今后作战的有利形势，并挫敌锐气，使之丧失进攻信心。[4] 但是，对于毛泽东提出的采取灵活战术，在十天之内寻机大量歼灭进攻之敌的提议，他则表示实行困难。他报告称：近十日内恰值夜间无月亮，不便我大军夜间作战，又因地形平坦及新一军已构筑阵地，且七十一军及五十二军六十军各一个师已与该军靠拢，故在十日内歼灭或击溃该军全无可能。“进入东北之敌，为国民党最精锐的，新一军又为其最强者。故我军虽奋勇作战，伤亡重大，弹药消耗甚多，但只

[1]　《林彪致东北局电转呈第七旅旅长彭明治报告》（1946 年 4 月 26 日）。

[2]　《中央致东北局并林彪电》（1946 年 4 月 26 日）;《中央致重庆代表团并告东北局、林彪电》（1946 年 4 月 26 日），参见《毛泽东年谱》（下），第 73 页。

[3]　1936 年西班牙内战时以共产党人为主的反法西斯力量死守首都马德里曾长达四个月时间。《中央军委致林彪电》（1946 年 4 月 27 日），《毛泽东年谱》（下），第 73 页。

[4]　《林彪致各兵团首长电并报东北局》（1946 年 4 月 27 日）。

能作部分的消灭与击溃敌人，而难于全部击溃与消灭。”[1]

中共占领长春，成为国共谈判的一个更大的死结。蒋介石坚持中共不退出长春就不停止进攻，周恩来受命不停止进攻、停止运兵就不与蒋谈长春问题，国共两党就东北问题的谈判进一步走入死胡同。

由于军事上坚守困难，中共中央这时已在考虑妥协的办法。28日，毛泽东电询林彪和彭真：“请考虑打下去为有利，还是迅速停战为有利？”[2] 29日，民盟提议中共军队退出长春，国民政府只派行政人员和平接收，不派军队进入。同时国共重开政治谈判，依据政协决议和整军方案精神解决东北问题。这一让步符合蒋介石坚持的中共必须先退出长春才可谈停战的条件，且在事实上将长春交还国民党，马歇尔表示认可，周恩来亦倾向于可以接受。中共中央反复研究，亦决定就此妥协。毛泽东当即电告林彪，务必再坚持两天，“望死守四平，寸土必争”，因“时局正在变化，明后日可能签订停战协定”。[3] 不想，蒋介石对这一妥协方案仍旧断然拒绝。

既然没有台阶好下，中共中央不得不破釜沉舟。毛泽东于5月1日电告林彪：“蒋介石已拒绝马歇尔、民盟和我党同意之停战方案，坚持要打到长春。因此，我们必须在四平、本溪两处坚持奋战，将两处顽军打得精疲力竭，消耗其兵力，挫折其锐气，使其以六个月时间调集的兵力、武器、弹药受到最大消耗，来不及补充，而我则因取得长、哈，兵力、资材可以源源补充，那时便可能求得有利于我之和平。”[4] 而为了便于林彪可以尽其所能地调集东北的兵力，“控制强大机动部队，养精蓄锐”，以彻底挫败国民党军的攻势，毛泽东更明确指示：东北前线一切军事、政治指挥统属于林彪。[5]

四平方向战场自4月底以后开始进入到双方对峙的状态，双方均难以

---

[1] 《林彪致中央并东北局电》（1946年4月29日）。

[2] 《中央致林彪、彭真电》（1946年4月28日），《毛泽东年谱》（下），第74页。

[3] 转见《周恩来军事活动纪事》（上），中央文献出版社2001年版，第662页；《中央致林彪电》（1946年4月29日）。

[4] 《毛泽东致林彪电》（1946年5月1日），《毛泽东年谱》（下），第76页。

[5] 同上。

取得军事上的进展。然而，由于杜聿明病愈复职，发现四平、本溪两点平行进攻效果不好，随即调整作战部署，首先集结主力进攻本溪。[1] 再加上林彪4月下旬将本溪方面程世才的第三纵队将近三个旅的兵力调往四平方面，本溪方面防守部队只剩下十一个团的兵力。结果，杜聿明只集中了五个师约八万人，在空军的有力支援下，从4月28日起发起全面进攻，担任本溪保卫战的中共部队防线遭到突破，终于无法达成死守任务，于5月2日全部撤出防御阵地。

本溪陷落，国民党军主力之一新六军得以加入四平方面的作战，林彪防守四平的计划受到严峻考验。

这时，辽东军区第三纵队和杨国夫师即将相继赶到四平前线，林彪可以用来保卫四平的兵力已经达到十四个旅之多。由于处在对峙状态的前线一时不必投入如此多的部队，因此毛泽东明确要求林彪考虑，不要轻易使用这支援军，以留到能够根本改变战局的关键时刻让其发挥作用。据此，林彪于5月1日提出开辟第二战场，造成前后夹击新一军之势的作战设想。考虑以第三纵队主力两个旅插向四平以南，夺取泉头车站，然后向开原、昌图扫荡，切断新一军的粮弹供给线。万一不能展开时，则占领铁岭一段，构筑工事坚守阵地，与四平守军相互配合，用夜战夹击新一军。

毛泽东3日已在考虑建立第二道防线的问题了。他提出：除坚持四平阵地外，应速准备公主岭及他处之第二线阵地。[2] 研究了林彪的计划后，毛于4日表示同意，复电称："我军准备于双庙子以建立据点，断敌后路，包围四平之敌而聚歼之，这是一个勇敢的计划。"他提出："应估计当我断敌后路时，敌必出死力来争，如我能战胜来争之敌，则四平之敌非全线撤退不可；如我不能战胜来争之敌，则战局仍将成胶着状态，于我不利。为了使我能于双庙子以南确定地战胜来争之敌，引起整个战局变化起见，使用于该方

[1] 《杜聿明致蒋经国特派员电》（1946年4月22日），台北"国史馆"藏蒋中正档，特交文电178卷，35008063。

[2] 《毛泽东致林彪、彭真电》（1946年5月3日）。

面之兵力，似宜多于两个旅，即于南满调来之两旅外，再加一部兵力。这样，我将以强大力量出现于敌后，保证建立坚固据点及歼灭来争之敌（例如歼灭其一个师），则四平之敌必将退走。我于该敌退走之际，举行反攻，可获大胜。”[1]

林彪参考毛的提议，于4日夜部署刚刚完成集结的第三纵队第七、第八旅进占双庙子以南地区，夺取泉头车站，并令第三师独立旅向四平以南之昌图、开原进攻，截断沈阳至四平区段铁路交通。另以保三旅主力在开原以南地区配合作战，力图对四平前线之敌形成两面夹击之势。不料此时国民党军正面兵力雄厚，各部衔接紧密，第三纵队南下行动很快即受到国民党军第一九五师的拦截，其第五十师第一五零团随即亦加入作战，再加上原在辽阳、大安平、本溪一线的新六军及第八十八师这时也全面北上，协同担任四平以南护路任务的第一八二师也投入到对中共第三纵队主力的作战中，第三纵队两旅兵力遭受强敌围攻，无法达成任务，林彪开辟第二战场的计划因而落空。

眼看本溪陷落，南满国民党军主力陆续投入四平方面的作战，黄克诚明确提议放弃四平并让出长春。他在给林彪及中共中央的电报中提出：我军“由关内进入东北之部队，经几次大战斗，战斗部队人员消耗已达一半，连、排、班干部消耗则达一半以上。目前虽尚能补充一部分新兵，但战斗力已减弱”。“倘九十三军到达，如搬上大量炮兵及部分坦克用上来，四平坚持有极大困难。四平不守，长春亦难确保。”“如停战短期可以实现，则消耗主力保持四平、长春，亦绝对必要；如长期打下去，由四平、长春固会丧失，主力亦将消耗到精疲力竭，不能继续战斗。故如停战不能在现状下取得，让出长春可以达到停战时，我意即让出长春，以求得一时期的停战也是好的，以争取时间，休整主力，肃清土匪，巩固北满根据地，来应付将来决战。东北如已不可能停战，应在全国打起来，以牵制国民党军向东北调动。东

[1] 《毛泽东致林彪电》（1946年5月4日）。

北则需要逐步消灭国民党主力，来达到控制全东北的目的。”[1]

时至于此，毛泽东和中共中央已经不能不放弃四平和让出长春了。5月13日，周恩来在报告与马歇尔商谈的经过之后，明确批评执行部中共方面代表，因谈不拢就对美、国两方代表“事事拒绝，避而不见”的僵硬做法，提出仍须注意谋改善与美方关系，并理直气壮地积极要求解决问题。毛泽东当即表示赞同。15日，毛起草中央致各局及周恩来、叶剑英等人的电报，明确提出：美国政策除一般扶蒋及助蒋在东北作战外，对全国内战尚不赞成。因此我应采取如下对策：甲、不向国民党挑战；乙、对执行部及各执行小组的工作加以调整，改善对美国人的关系，无论美国人如何偏袒国方，我除据理力争外，只要美国未恢复赫尔利政策，策动全国内战，我即应尽可能争取美国人。最近时期，有些地方对美国人关系弄得不好，这当然是由于美国人态度不好所引起的，但我们的争取工作亦有不足，今后应当注意研究争取美国人的工作。[2]

与此同时，中共中央致电林彪、彭真，说明争取马歇尔之必要，并提出让出长春的建议。电报称：“马歇尔在关内主维持和平，此点马、蒋不甚一致；在东北主收复长春，此点马、蒋一致，但在调整东北政治军事经济等项问题上，马较蒋要开明一点。”鉴于蒋坚持中共军队撤出长春和目前东北的战局，“请你们考虑，军事全局，再打下去是否有利，应否考虑有条件的让出长春，换得其他地区的合法，并取得时间整补部队，以便将来之用？”[3]

当然，中共中央仍旧希望能够在马歇尔的帮助下，与蒋介石来一番讨价还价。在给周恩来的电报中，中共中央即提出：可经过民盟试探下列各点：“停战一星期，以便我东北将领会谈。”“长春双方不驻兵，由三三制民主政府（开始是现政治机构改组的委员会）组中间性警察驻长春，长春市政府

[1]《黄克诚致中央电》（1946年5月12日）。

[2] 毛泽东：《力争东北停战及制止全国内战的对策》（1946年5月15日），《毛泽东文集》，第四卷，人民出版社1993年版，第116—117页。

[3]《中央致林彪、彭真电》（1946年5月15日），参见《毛泽东年谱》（下），第80—81页。

由中间人士任市长，国共参加。国方不得派特务入长春，在东北及全国一切政治、军事、经济等重要问题获得解决以前，照马歇尔所提，只由执行部派一部分人驻长，其他的人不去。"[1]

正是基于这样一种情况，虽然已经基本上确定了放弃长春的方案，中共中央在15日当晚仍要求林彪继续坚持抵抗，称："四平街保卫战支持的时间愈长愈有利。"[2] 可是，就战场形势而言，中共已经没有在谈判桌上继续与国民党周旋的时间了。

18日，国民党军全线猛攻四平，并以陆空火力狂轰滥炸，战斗迅速白热化。林彪当天紧急致电东北局并告中央电称："四平以东阵地失守数处，此刻敌正猛攻，情况危急。"他为此紧急抽调第三师第十旅前去增援，却不料新六军动作更快，全力围攻四平街东南最高点塔子山，并于当天下午攻占这一制高点。

塔子山的陷落，使国民党军得以居高临下直接轰击四平街守军，并可以从左、右两翼迂回四平侧后，四平保卫战的整个防御体系因此立即动摇。至此，林彪不得不一面组织部队迅速后撤，一面致电中央和东北局，说明："敌本日以飞机大炮坦克车掩护步兵猛攻，城东北主要阵地失守，无法挽回，守城部队处于被敌切断的威胁下，现正进行退出战斗。"[3]

四平失守其实已在毛泽东等人的预料之中，接到林彪的电报后，他马上致电林彪并告彭真称："如果你觉得继续死守四平已不可能时，便应主动放弃四平，以一部在正面迟滞敌人，主力撤至两翼休整，准备由阵地战转变为运动战。""如果采取此项方针，我军必能从目前的被动与不利地位转变到主动与有利地位，而敌则愈前进愈分散，粮弹愈困难，其力量必减弱

[1] 《中央致各中央局、分局及周恩来、叶剑英、罗瑞卿、饶漱石、李立三、伍修权电》（1946年5月15日），《毛泽东年谱》（下），第81页。

[2] 《中央致林彪电》（1946年5月15日）。

[3] 《林彪致中央并东北局电》（1946年5月18日）。

下来。”“究应采取何项方针，由林根据情况决定之。”[1] 与此同时，毛泽东致电周恩来、叶剑英说明：“四平已难再守，决定放弃该城，打运动战。”“我在大局上仍忍耐，惟须取局部报复手段。”[2]

18日当晚，林彪指挥下的东北民主联军极其隐蔽地撤出了四平各作战阵地，迅速北上，与国民党军脱离接触。次日，国民党空军司令王叔铭报告称：“我昨日出动各机之报告，四平街及附近之匪已呈动摇状态，其车辆已开始退却，当及时告熊主任、杜长官，转饬前方中央兵团注意防匪夜间退却，此令闻已转下，但据悉奸匪果于昨夜乘月夜退却，我新一军未能发觉，今晨进四平街时未能俘获一匪，殊为可惜也。”[3]

至此，四平战役告一段落。

四、内战方针下的危机

四平之战中共所以失利，黄克诚在撤出战斗后不几天给中共中央的电报中谈到了两个原因：一是从3月下旬起部队一直在作战，伤亡过大，许多营连排骨干都打光了，因此干部情绪不高；一是国共双方武力装备太过悬殊，在近代炮火、坦克和飞机的攻击下，中共的武装无论如何也守不住一个城市。[4]

黄克诚没有谈到的还有两个值得重视的原因：一是部队扩充太快，从关内各根据地来的骨干部队只有十万余人，几个月时间部队就发展到了三十余万人，其中相当多数是伪满的士兵、警察和完全没有受过军事训练的农村青年。由于部队作战伤亡过大，随缺随补，一些部队的战斗力可想而知。

[1] 《中央致林彪并告彭真电》（1946年5月19日），《毛泽东年谱》（下），第83页。

[2] 《中央致周恩来、叶剑英电》（1946年5月19日），《毛泽东年谱》（下），第83页。

[3] 《王叔铭致南京俞局长济时兄呈蒋委员长电》（1946年5月19日），台北“国史馆”藏蒋中正档案，特交文电35008402。

[4] 《黄克诚致中央电》（1946年5月24日），转见黄克诚：《从苏北到东北》，载中共党史资料征集委员会等合编：《辽沈战役》（上），人民出版社1988年版，第199—200页。

一是中共军队八年抗战期间基本上是处于分散的游击状态，很少从事正规战的训练与实践，不要说不熟悉阵地战，就是运动战许多指挥员也相当生疏。原东北军军官万毅当了八年八路军，他回忆，到1946年年初开始和国民党中央军作战时，他还弄不清楚这运动战应当怎么打，更不曾和装备好、作战力强的敌人打过仗。指挥这样一支被宋子文蔑称之为“乌合之众”的部队，与全副美械装备，受过美国军官的训练，又在史迪威将军的指挥下出色地在缅甸参加过对日战争，而且还拥有大批坦克、大炮，得到空军有力支援的新一军、新六军作攻防战，其困难程度可想而知。

当然，林彪在具体指挥上也有一定的失误，比如没有给予本溪保卫战以足够的重视，过多地抽调辽东军区的兵力，致使本溪很快陷落，国民党新六军得以加入到攻击四平的作战中来；比如第三纵队南下部署不仅未能达成任务，而且极大地削弱了预备队的力量，等等。然而，国民党军的指挥也同样有一定的失误，即如果杜聿明从一开始就担任指挥，像后来那样先集中力量打下本溪，再来打四平，那么，中共在四平的失利也许还要来得早一点。

中共四平受挫后，一度还准备节节抵抗，再守公主岭和长春。但意想不到的是，“前总”作战科副科长王继芳脱逃叛变，致使整个撤退作战计划泄露，使林彪不得不毅然放弃原计划，指挥部队径直北撤，放弃了长春，很快退过松花江。

国民党军5月23日入主长春，两天后，蒋介石即雄心勃勃地打算一鼓作气，收复整个东北。为了应付马歇尔，他一方面严令杜聿明：进占长春时，“我军只可指派少数军队入城维持秩序，不准各部队擅自进驻。如有违者，以抗命论处”[1]。一方面同意停战数日，惟条件相当苛刻。他要求马歇尔必须让中共保证：“不得阻碍中央政府依照中苏协定接收东北主权之进行”；“不得阻碍中央政府修复全国铁路”；“履行所订之三种协定（即停止军事冲

[1] 《蒋总统事略稿本》，1946年5月22日条，台北“国史馆”藏蒋中正档案。

突协定、整军协定与恢复交通协定）”，并须“赋予仲裁者执行部美国代表公断与决定权，并予以解释协定之权”，非如此不同意停战。[1] 实际上，蒋内心的盘算是：“东北共军主力既经击溃，应速定收复东北全境之方针，令杜聿明长官部向哈尔滨兼程挺进，必先占领该战略据点，东北军事方得告一段落，然后再策定第二期计划。”[2]

但是，蒋介石的追击计划还是受到马歇尔的牵制。注意到政府军占领长春后并没有停下来，马歇尔深恐此举会激起中共报复，在关内挑起战争。故他在 29 日直接写信给蒋，不仅明确表示反对政府军“继续不断向前推进”，而且反对国民党“独自指定停战条件”。两天后，因蒋未复函，马歇尔再度致函，向蒋施压，声称“政府在东北军队之继续前进，不但使本人之调处急趋困难，即敝人之信用人格，亦已大为动摇。因之敝人特再恳请钧座，立即下令停止政府军队之前进攻击与追击，并请准许调处执行部队前进人员立赴长春”。[3]

马歇尔的再三要求终于发了效用。6 月 4 日，蒋介石在从北平回到南京，即与马歇尔举会谈，最后蒋同意以十五天为限就东北停战问题、恢复交通以及整军等问题与中共进行谈判。

国共两党在东北的军事冲突终于暂时停了下来。但是，严格说来，蒋之最终接受停战建议，并不完全是马歇尔施压的结果。注意一下国民党军事领导人自己对当时东北军事形势的分析就可以知道，蒋介石此一停战背后，已经显露出东北兵力严重不足的困扰了。

还在 5 月 21 日，即打下四平三天后，白崇禧就上条陈给蒋介石，明言必须增兵才能进击北满。内称：“欲消灭东北共匪，解决东北问题，必须另筹有效办法，下最大决心集国家全力，在最短期间谋彻底解决。”所谓另筹

---

[1] 《蒋夫人致马歇尔特使申述蒋主席对于停止冲突与恢复和平统一之意见函》（1946 年 5 月 24 日），《中华民国重要史料初编》，第七编（三），第 127 页。

[2] 《总统蒋公大事长编初稿》，卷六（上），第 151—152 页。

[3] 同上，第 164、166 页。

有效办法，一是收编伪军，一是扩充军官总队，一是恢复军工生产，最后才是用军事办法扫荡北满。至于军事进剿，则还是要增兵后方可实行。即"为争取时机消灭共党退据北满之武力，似宜增调精锐国军三军，加强进攻力量，并确保南满收复地区之安全"。白崇禧担心东北兵力不足，害怕部队急追过江，不仅达不到歼敌目的，反而使南满不保。[1]

在四平之战进行过程中，参谋总长何应钦也详细分析过政府军兵力不足这一困难。其报告称："我军状况，九四军守备沧州、天津、山海关之线不能动。该军第五师归建后须加强开滦，十三军两师加五二军之一师在平泉，一师在朝阳不能动。六十军运到后须完备锦榆地区，保卫葫秦两岛。七一军之一师（八八师）现守备营中，迄鞍山之线亦不能动。"其余新一军三师、新六军三师、七一军两师、五二军两师担负着进攻四平、本溪等方向的任务。而"后续部队五四军、九九军何日运输，尚不能定。九三军虽定本月有日起运，但用登陆船四十艘须一个月始能全部运到。而本月运兵之登陆船则只有廿四艘，下月且将减少。……故目前长春之战所以不敢放胆由沈阳地区抽兵，则向北前进只有五个师，不易保障侧背安全。"如向长春进兵即必须抽出一个军的主力北上作为第二线兵团，以防侧击。因此，他不得不提议：(1)"将国军河北行动计划中第一阶段预期在承德古北口及张家口之两会战取消"；(2)"迅速击灭苏北及豫鄂边之匪，使我陇海线以南兵力能全部活用"；(3)再"抽调三个军（第四军全军、第五军两师、第五三军两师）为东北及华北之战略预备队，并立即准备自行海运"；(4)"对东北作战指导应不以接收多数城镇为目的，而专以击灭匪军为目的"。[2]

何应钦报告之时，第六十军正在陆续运抵东北，一个师参加到北进的作战中去了，其余的部队则用于后方守备。故四平之战结束后，国民党在

---

[1] 《白崇禧致委员长蒋电》（1946 年 5 月 21 日），台北"国史馆"藏蒋中正档案，特交档案 064 卷，47520。

[2] 《何应钦致蒋委员长电》（1946 年 4 月 22 日），台北"国史馆"藏蒋中正档案，特交文电 178 卷，35008060。

东北的兵力实际上几乎没有增加。另外，因本溪正面已没有有力抵抗，故新六军主力得以脱身，北上的部队由五个师增加到八九个师。但一来北攻的部队战斗损失已相当大，就作战力而言，师的数量增加了，作战力整体上并没有得到多大的加强。[1] 再加上从昌图、西丰、四平、公主岭、辽源、西安、长春、德惠、桦甸、九台、农安、吉林、小丰满，国民党军一路进占铁路线二百余百里，大中城市近二十座，不得不留下大批兵力四处担任守备，其北上的兵力更加有限。而更重要的是，国民党军这时在两翼和侧背仍旧受到十余万中共东北民主联军的严重威胁。

民主联军这时在东北有南满、东满、西满、北满四个军区，总兵力三十四万余人。[2] 参与四平（包括本溪）之战并北撤的部队为第一、二、七师、第三、四、七纵队，和第七、八、十旅、保一旅、邓克明旅、独立旅及第三五九旅及第二团，合计约十五万人，还有一半以上的兵力处于半机动状态，随时可能发起作战。如南满军区，在四平之战结束之际，即受命发动鞍（山）海（城）战役。国民党军刚一进入长春，它就于5月24日凌晨发起进攻，并于次日攻占鞍山，歼守城之敌第五五一团。27日再攻海城，成功促使守敌六十军一八四师师长率师部和第五五二团共计2712人宣告起义。进而复于6月3日攻陷大石桥，歼灭守敌五五〇团（欠一营）。此战迫使杜聿明急调正在北攻的新一军主力第三十师、新三十八师，以及第六十军第一八二师(欠一团)、第九十三军暂二十师，和第五十二军第一九五师一个团共计四个师的兵力回援。在这种情况下，国民党军一时当然没有北上追击的可能了。

在兵力不足的情况下，国民党能否利用林彪主力撤退混乱之机大胆追

[1] 据不完全统计，国民党军自3月中旬开始全面进攻以外，已损失正规军部队合计约为四个师。

[2] 《林彪、彭真致中央军委电》(1946年2月23日)。

击？不能。这是因为，林彪主力在四平之战中虽然遭受重大损失[1]，但其多数部队仍保持建制，且撤退过程中一度虽发生过的混乱现象，过松花江后已不复存在，其战斗力并不像后人估计的那样不堪一击。最典型的例证就是部队损失较大的第一、二师在撤退过程中所进行的拉法、新城之战。当时，国民党新六军第八十八师受命于停战令宣布之6月6日当天，攻占连接中共东满和北满军区的战略要点拉法和新城地区。林彪当晚指令周保中及第一、二师坚决设法保住拉法，拒敌于拉法以西。8日凌晨，部队发动突袭，经过激烈战斗，即夺回拉法，次日又进一步夺回新城。打援的部队还出击至老爷岭一带，激战两天，有效地拦截了第八十八师对拉法和新城的增援。此战歼灭国民党军守城部队一个团又一个营，相当振奋了撤退部队的士气，也使国民党追击部队不敢太过轻敌。

总之，四平之战虽以中共失利而告结束，却并没有给国民党提供独霸东北的机会。由于美国的干预，中共在南满作战的牵制，特别是自身兵力不足难以顺利实施北上作战任务，蒋介石不得不暂取停战谈判之策，以求在军事胜利的气势之下，通过谈判达到主宰东北的目的。然而，结果却大出乎蒋介石的意外。

由于蒋介石坚持否认中共在东北的地位，坚持打下长春，促使苏方和中共内部都强烈地主张对蒋报复。当中共东北局要求苏方就国民党军可能进占哈、齐两市及中东铁路提供帮助时，苏方代表严厉反问东北局代表：你们为何不在关内开辟战场，以减轻关外的压力？[2] 同样，在中方将领内部，自四平大战以来，也一直存在着希望关内给予较大牵制的意见。如黄克诚5月12日即明确提出：“东北如已不可能停战，应在全国打起来，以牵制国

[1] 关于损失情况可见于两份电报。一是长春刚刚丢掉时东北局给中央的电报，内称：“自秀水河子、沙岭堡战斗后，我主力连续作战斗未得休整，伤亡已近两万人”。一是一年后东北民主联军总司令部的报告，内称：第七旅只剩三千余人；第七纵队只剩五千人；第一师只剩五千人；保一旅损失近一半。其他各部虽尚能保持建制，也都过于疲劳，悲观情绪导致逃亡现象十分严重。部队损失的总数超过两万五千人。

[2] 《东北局致中央电》（1946年5月25日）。

民党军向北调动。”[1] 毛泽东亦在四平弃守次日致电周恩来、叶剑英说明:“须取局部报复手段”。[2]

对此，蒋介石显然还是估计不足。四平及长春打下后，蒋坚信不会导致更大规模的内战。他公开讲，只要东北共军溃败，关内形势就不会恶化。他曾特别要宋子文劝告在这个问题上忧心忡忡的马歇尔，暂时不要急于调处。他并且认为 :“中共除一部分外，本属乌合之众，经此次打击，势必瓦解无疑”。“共果不就范，一年期可削平之。”[3] 其实，毛泽东在这种问题上一向是主张以牙还牙的，他不会不想方设法给国民党以教训。毛早已横下一条心 :“我方让步至长春双方不驻兵为止，此外一概不能再让，美蒋要打由他们打去，要占地由他们占去，我方绝不承认他们的打与占为合法。”[4] 而为了使东北成为“未了之局”，他在 6 月 1 日就已经开始根据各方建议，部署关内的报复作战行动了。他为此分别致电晋冀鲁豫和山东军区领导人，要求他们数日内夺取包括泰安、大汶口、张店、周村、德州、胶州、枣庄、考城、长垣、永年、聊城等处 ; 要求太岳区占领太原至临汾间的同蒲线。一时间，国民党山东方面的守军立时四处告急。毛的解释是 :“我愈取坚决有力之报复行动，美蒋对我愈有所顾忌，和平可能性愈增。”[5] 因此，即使蒋介石接受马歇尔建议，于 6 月 6 日宣布 15 日休战期，毛泽东也毫不犹豫地采取了“坚决有力之报复行动”。

结果是，四平之战刚刚停下来，关内的战争却打响了。国民党也因此在兵力上更加捉襟见肘，疲于应付，向东北增兵根本没有可能。关于关内政府军这时兵力不足的情况，可见李宗仁 6 月 1 日报告。内称 : 中共在华

---

[1] 《黄成诚致中央电》(1946 年 5 月 12 日)。

[2] 《中央致周恩来、叶剑英电》(1946 年 5 月 19 日)。

[3] 《蒋主席致宋子文院长指示面交蒋夫人函予马歇尔特使时相机补充说明要旨函》(1946 年 5 月 24 日) ;《宋子文院长上蒋主席报告已转函马歇尔特使并说明政府不能容忍共党缺乏诚意电》(1946 年 5 月 26 日),《中华民国重要史料初编》，第七编 (三)，第 128—129，131 页 ;《徐永昌日记》，第八册，第 289 页。

[4] 《中央致重庆代表团电》(1946 年 6 月 12 日)。

[5] 《中央致重庆代表团并东北局电》(1946 年 6 月 12 日)。

北军事威胁甚大，要想解决此种威胁，必须关外、关内同时着力。关外问题一旦解决，即应解决华北的中共武装。他建议：先以东北两军扫荡热河，解除平津北面威胁，隔断张垣与东北联络；再向津浦南北段与胶济路及鲁西北方面四路进军，扫荡山东共军主力；再次以新乡、德州、石门三路进攻磁邯，封锁之于太行山区，打通平汉交通；最后由南口、归绥、大同三方面夹击张家口，打通平绥路，再加师会攻延安，以摧毁其根据地。然此前提是，华北方面必须“迅即增调兵力，平津增两军，青岛两军，石门一军，新乡三军，徐州三军，晋南一军，大同、归绥各一军”。[1]

一直不信中共有多大实力的蒋介石，这时开始注意到关内中共的困扰远比关外要直接得多了。不仅山东夏庄、城阳、张店、周村、即墨、枣庄、胶县，德县、泰安，高密等地先后失陷，济南、青岛、泰安等处也遭到强大武装的围攻。且关内中共军队的装备也明显改善，火力得到很大加强。仅以进攻枣庄的“解八师及新四军第七师廿、廿一两团各一部，共计六个团”的情况来看，据说就有“山炮十门，钢炮六门，机关炮数门，迫击炮廿余门，炮手均日人，步机枪多俄造”。其武器较差者为“枪榴弹、手榴弹、迫炮弹大部土造，多不爆发”，但各种子弹和炮弹明显不是土造，质量较好。[2]

进入到7月中旬，这场“报复”性作战已经扩展到关内其他地方去了。

其实，在兵力到处捉襟见肘的情况下，几乎所有国民党人都很清楚：不要说与中共全面开战，中共“仅就断交通、厄经济一事，即倒政府而有余”[3]。一旦出现这种情况，战后一直十分严峻的经济形势难免会将政府拖垮，使民心尽失。蒋介石对此也并非毫不了解。6月24日，他在日记中写道：“共党策略盖企图在不战不和与似战似和之局面下继续拖延不决，使国家陷于混乱

[1] 《李宗仁对目前军政问题之意见》（1946年6月1日），台北“国史馆”藏蒋中正档案，特交档案002卷，51095。

[2] 《薛岳致南京蒋主席电》，1946年6月21日，台北“国史馆”藏蒋中正档案，特交文电35009294。

[3] 《徐永昌日记》，第八册，第290页。

状态，政治动摇，经济破产，以达其颠覆政府，赤化中国之目的，尤其在最近四十日内，即七月底以前之停战期间为重要关键所在也。”但他依旧相信：“我政府必须采速决之方针以应之。如在最近三个月内之危急，能使津浦与平绥、平汉各铁路线畅通，则外交与经济一时之危急，皆不足为虑也。”[1]

为应付关内作战，蒋介石不得不将用兵的重心再从关外转到关内。如此一来，林彪在关外的主力从此得以背靠苏联，成功地在北满这块根据地上发展起来，并很快成为威胁东北国民党守军的最强大的武装力量。而在关内，因为中共军队四处开花，且军力和武器均已相当改善，国民党的政府军虽然陆续投入进攻，依旧还是有兵力不敷的危机存在。国共两党至此可谓全面开打，但是，在这样一种复杂的背景之下，国民党显然很难取得它所期待的结果。

[1] 《蒋总统事略稿本》，1946 年 6 月 24 日条，台北“国史馆”藏蒋中正档案。

第十六章

从“戡乱”走向崩溃

国民党夺取东北的四平、长春之后，国共之间在关内开打成为必然。内战爆发初期，国民党军事上进展顺利，蒋介石、陈诚等显然感觉良好。不料，战争进行了半年左右时间，战场形势就开始发生逆转。蒋介石占领延安的行动并没有能够为国民党人挽回损兵折将的面子。恰恰相反，进入1947年春天之后，国统区经济濒临崩溃边缘，引起学生、民众一波接一波的抗议浪潮。此种风波的暂时平息，又伴随着军事上的节节失利而让众多国民党人扼腕不已。蒋介石因此不得不祭出“戡乱”总动员和总体战的旗帜，试图用强制性的手段，集举国之力与共产党决一死战。但是，持续战争所带来的经济形势恶化，和战后波涛汹涌的投机、腐败之风，远不是靠这种动员令之类的措施所能缓和的。更何况国民党内部的派系斗争，更不会因为一纸动员令就稍形化解。相反，经济形势和政治现状愈趋恶化，国民党内的派别之争以及军队内部的嫡系与非嫡系的区别，也就愈加明朗化。面对这样一种局势，许多国民党的将领们在战场上为自己、为士兵、为国家，各谋出路，几乎不可避免。

一、国共内战全面爆发

关外、关内先后打响之后，蒋介石已经很清楚，国民党非用武力消灭共产党不可了。那么，国民党有没有可能达到目的呢？6月17日，蒋介石在东北对军官们有过一次慷慨激昂的演讲，意图说明国民党很容易战胜共产党。他声言：国民党“最后的敌人是谁？大家都知道，就是中国共产党”。因此，“这一次剿匪的成败，就是本党革命生死的关头”。“今后不是我们消灭他们，就是他们要消灭我们”。他说：有人以为中共问题靠军事不足以解决，此乃大谬不然。“我们在战前之所以不能剿灭共匪，一方面是因为当时我们军队受了地形和武器的限制，一方面乃是因为日本帝国主义者在我们后方不断地侵略，牵制了我们剿匪工作，使我们不能用全力来剿匪。”今天日本已经投降，军事解决实为极容易之事。你们看，“无论在四平街、在本溪湖各战役，共产党的战术和江西时代一样，并无多大进步。只有外壕加深、加宽，同时能就地取材，利用当地钢板和木材，将工事加强，如此而已。由此可知共产党的战术并没有什么进步。他们在东北虽然得了不少的日式武器，但并不知道运用。尤其是他就地新裹胁来的民众，都不愿意共党杀人放火、漫无人道的兽行，因之匪军的官兵大多是离心离德形成了乌合之众，并无什么多大的实力”。“我们有空军，有海军，而且有重武器和特种兵”，“如果能配合得法，运用灵活……就一定能速战速决，把奸匪消灭”。[1]

但是，这个时候，马歇尔尚未放弃调停的努力，故蒋介石亦并不公开发布“剿共”令，只是一面在党内鼓励强硬派表达意志，在军事上秘密部署展开攻势，一面在公开场合仍旧赞同和平。而极具象征意味的，就是这时发生在首都南京的下关惨案和发生在昆明的李闻惨案了。6 月 23 日，由上海人民团体联合会为主，推出马叙伦等十一名代表，组成上海人民和平请愿团，乘火车赴南京向各方请愿停战。该代表团实属中间派性质，并无共产党背景。然而，代表们甫一动身，南京市党部便将事先组织好的打手化装成苏北难民，从镇江上车对代表们实施阻吓行动。车到南京下关后，大批所谓苏北难民即群起对这几个手无缚鸡之力的社会名流辱骂、推搡、纠缠达五个小时之久，各位代表均被打伤，却不见军警出面制止。不过二十天之后，7 月 11 日和 15 日，在昆明较为活跃的反战人士李公朴和著名教授闻一多，又先后被军方指派的军人刺杀身亡。此等事件公然接连发生，足以显示国民党内强硬派已经是有恃无恐了。

6 月 13 日，国防部举行作战汇报，确定“今后作战方针，应关内重于关外。关内首先打通津浦、胶济两铁路，肃清山东半岛，控制沿海口岸”。[2] 五天后，蒋介石下令首先解决位于鄂豫两省交界地区，被围已久的李先念和王震所部，给中共一个下马威。20 日，郑州绥靖公署主任刘峙下达作战计划，预

[1] 蒋介石：《特种兵的任务和方向》（1946 年 6 月 7 日），《先总统蒋公思想言论总集》，卷二十一，第 321—331 页。

[2] 《国防部作战会报记录》（1946 年 6 月 13 日），转见汪朝光：《中华民国史》第三编第五卷，第 510 页。

定各部队 6 月 25 日到达指定位置，6 月底全面进攻。然而，周恩来 19 日就已经得到情报，中共中央当天就命令李先念部准备突围。待 23 日进一步获知国民党方面确切的进攻计划之后，中共中央更严令李部：“立即突围，愈快愈好，不要有任何顾虑，生存第一，胜利第一。”“今后行动，一切由你们自己决定，不要请示，免延误时机，并保机密。”[1] 结果，李部次日秘密集结，在国民党军尚未完全按部署到位之前，分兵突围而去。沿途虽仍遭强敌追堵，减员近三万人，但国民党围歼计划并未实现。

蒋介石既然已经不宣而战，毛泽东也迅速决定，把他的报复作战变成主动进攻。为了变被动为主动，毛泽东要求关内各主力部队准备依照新的作战方案开展攻势。这新的方案就是：(1) 太行区以豫东地区为主要作战方向，集中主要兵力尽可能攻取长垣、考城、民权、兰封、封丘、宁陵、睢县、杞县、陈留、通许、太康、柘城、淮阳、商丘、鹿邑、西华各地，主要着重在野战中消灭敌人有生力量，相机占领开封；(2) 山东区以徐州为主要作战方向，集中主要力量配合苏皖北部各区，攻取黄口、砀山、虞城、涡有、夹沟、符离、宿县、任桥、固镇各点，主要着重调动徐州之敌于野战中歼灭之，相机占领徐州；(3) 以中原突围部队一部出河南，华中一部出江北，配合作战；(4) 上述作战基本目的以占有开封、徐州间及徐州、蚌埠间主要铁路线及上述各城之半数为初步，然后准备主力渡淮河向大别山、安庆、浦口一线进击。同时，毛泽东命令晋察冀部队，在敌攻承德时，准备乘敌北进，集中四个纵队及冀中、冀晋边区主力，举行平汉战役，占领从长辛店至石门整个平汉路，相机占领保定、石门两城。[2] 不难看出，毛泽东的基本意图是准备利用自己军队机动灵活的特点，乘敌全力向北之际，先内线后外线，通过运动战，相机大规模消灭国民党的有生力量，把战争引向国民党统治区，造

[1] 《中央致中原局电》(1946 年 6 月 23 日)，《毛泽东军事文集》，第三卷，军事科学出版社、中央文献出版社 1993 年版，第 288 页。

[2] 毛泽东：《全局破裂后太行和山东两区的战略计划》(1946 年 6 月 22 日)，《毛泽东军事文集》，第三卷，第 283—284 页。

成蒋之军事被动。他确信：当时形势极不利于蒋，因此蒋介石是打不了多久的。共产党作战越坚决，蒋介石就越害怕，不怕蒋介石不妥协。[1]

不过，毛泽东的计划尚在与各地军政领导人交换意见的过程之中，国民党方面就进一步发动了打通胶济线的作战。其第二绥靖区分东西两路，于6月23日起对中共山东军区发动进攻。第一阶段先后占领即墨、蓝村、胶县和淄川、博山，打通胶济路西段。之后又进一步发动第二期作战，成功夺取昌邑、高密等县城，打通胶济路全线。

就在第二绥靖区开始实施打通胶济线的作战之后不久，徐州绥署也于7月4日发布作战命令，决心“以确保京沪津浦长江之交通，而达到确实拱卫首都安全之目的，应先肃清长江以北，东台、兴化、高邮、盱眙以南地区，及津浦路南段铁道两侧地区之匪，以利尔后之进剿”[2]。第一绥靖区司令李默庵随即于9日召开作战会议，决定13日发起攻击。不料，其作战计划第二天就被中共方面获得，并“被摆到了调解国共和谈的美国特使马歇尔先生的办公桌上”[3]。苏中中共将领粟裕当即决定“先发制人”，主动出击国民党方面原定担任攻击任务的整编第八十三师位于宣家堡和泰兴两地的两个团，“以错乱敌人的部署”[4]。战斗从7月13日打响，至15日结束，宣家堡和泰兴的两个团除不到一个营脱逃外，基本被全歼。而后，粟裕利用精准的情报，指挥部队与进攻之敌在根据地里东突西奔，六战六捷，以一万六千人伤亡的代价，歼灭了国民党军五个旅四万余人。但是，由于国民党军兵力强大，此举并没有能够阻挡住李默庵部的进攻。到8月下旬战役结束时，国民党军已经基本达到了第一期作战目的，占据了如皋、海安等要地，从而可以确保长江通道的安全了。

---

[1] 参见《中共中央关于目前形势和方针的指示》（1946年6月28日）。

[2] 谢声溢编：《徐州绥靖概要》，转见汪朝光：《中华民国史》第三编第五卷，中华书局2002年版，第531页。

[3] 李默庵：《世纪之履——李默庵回忆录》，中国文史出版社1995年版，第257页。

[4] 《粟裕军事文集》，解放军出版社1989年版，第258页。

与此几乎同时，部署在淮南的国民党军主力之一，第五军和整编第七十四师第五十八旅，也奉命于7月16日开始进攻淮南的中共武装。两周后即攻占天长、盱眙，进抵洪泽湖，把中共在淮南的华中第二师挤到了苏北淮南交界地区。而淮北的国民党军亦于7月18日发动攻势，先后占领灵壁、泗县、五河、濉溪口、朝阳集、曹八集，使中共陈毅部陷入严重困境。紧接着，徐州绥署以第五军和整十一师进攻砀山、夏邑，以整二十八师进攻碾庄，以整五十九师和七十七师进攻台儿庄，以整六十九师、整七十四师和第七军进攻宿迁。在陆续达成目的后，再令第七军向泗阳推进，掩护整七十四师进攻两淮，以整二十八师和整六十九师跟进宿迁和洋河，以为守备。此次作战中，陈毅部因情报不确，部署失当，导致泗阳防守兵力严重不足，中共苏皖根据地首府淮阴，以及苏北重镇淮安，很快均告失守。到10月底，中共军队被挤压在盐城、涟水、阜宁、沭阳一带狭小区域，继续坚持苏北已无可能。12月3日，国民党军再度发动大举进攻，先后攻占涟水、盐城、阜宁。尽管陈毅、粟裕两部在宿迁以北成功歼灭进攻新安镇的整六十九师三个旅两万余人，师长戴子奇被迫自杀，但是，苏北根据地也全部落入国民党军的手中，中共军队被退过陇海线，进入鲁南。

这个时候中共在各地作战，虽丧城失地甚多，但到底也让国民党军损兵折将不少，唯独在华北战场，晋察冀和晋绥两军区失地多而无斩获。中共战后在华北战场占据着主动地位，因此，内战开打之后，毛泽东亦为华北两军区规定了较高的战斗目标，即要求它们准备用六个月或较多时间，以晋察冀军区主力夺取平汉路北平石家庄段，相机占领保定与石家庄；然后会合晋绥部队夺取正太、同蒲两路，相机夺取太原和大同两城，从而将中共华北各根据地基本连成一片。[1] 为此，两军区为集中兵力，决定先打大同，再战平汉，然后再夺正太路。部队于7月20日开始围攻应县，8月初开始围攻大同，但攻了一个月，始终未能得手。蒋介石将指挥和救援大同

[1] 转见《毛泽东军事文集》，第三卷，第305—306页。

的任务交给第十二战区司令长官傅作义，傅部 9 月初开始自归绥出兵救援，中共集宁作战严重失利，被迫撤围大同。紧接着傅作义部以主力摆出架势，进攻中共华北区中心城市和连接西北与东北的交通枢纽张家口，却以骑兵避开铁路线，急速奔袭，于 10 月 11 日成功占领几乎没有留置部队把守的张家口。而与此同时，中共在热河、冀东和察北的根据地，也先后丧失。整个华北战场，仅鲁西南晋冀鲁豫军区在定陶地区的一次作战，有所收获。

进攻中共晋冀鲁豫根据地的国民党军队数量占绝对优势，仅用于一线进攻的国民党军就有十多万人，而中共晋冀鲁豫军区的主力只有五万人。由于部队刚刚打过陇海战役，损失了五千多人，兵力和弹药都还来不及补充。但因中共方面这时对敌情摸得到位，充分利用了国民党方面指挥系统不统一，战力强弱悬殊，相互协调差，各级长官往往视部队为自己看家本钱，不愿冒险救援的情况，于 9 月初集中兵力，在定陶以西地区围歼突出的整编第三师，俘获中将师长赵锡田，并乘胜追击，再歼退却中的整四十一、四十七师各一旅，迫使该方向进攻的国民党军队退回进攻的出发地。但是，另一路国民党军则进展顺利，先后进占单县、城武、鱼台、金乡、定陶、菏泽，并沿着菏泽、济宁公路由西向东推进，直逼晋冀鲁豫根据地中心的巨野和嘉祥地区。由于中共军队求歼整十一师未果，主力随后还是被迫退过黄河以北。

此番作战，国民党在夺取实地上可谓占尽风光。以至于参谋总长陈诚公开宣布：如果真的对共产党开战，也许三个月到多五个月便能解决。以国军的力量，对于交通，任何一线均可在两周内打通。[1] 蒋介石亦不顾国共关系全面破裂，马歇尔可能退出调停，单方面宣布限期召开国民大会。随着 11 月 15 日国民大会正式召开，马歇尔的使命即告彻底失败。

面对如此形势，就连一向主和的王世杰，也觉得中共是太过自信而自

[1] 《中央日报》1946 年 10 月 18 日，转见汪朝光：《中华民国史》第三编第五卷，中华书局 2002 年版，第 560 页。

讨苦吃了。在得知张家口被占领后，他当晚记称：“此事证明中共显已过分高估其抵抗之能力，否则三日前彼方当已接受休战十日之议。”[1] 而当得知政府军将要攻打鸭绿江边的安东时，他和宋子文均担心引起中苏冲突，极力阻止，结果蒋未同意。但他得知安东毫不费力即被打下之后，马上转忧为喜，日记称：“中共军队虽号称数万，实则多为乌合之众。”[2] 据此，王世杰已不反对用武力解决东北问题，只是他再三提醒蒋介石和陈诚，无论用什么方法，都必须要快，不能久拖不决。

这个时候，国民党人内部对蒋介石及其政府多半还寄有相当的希望。相当多的人仍旧相信官方的宣传，认为国家和社会所出现的种种问题，主要是因为共产党的军队阻断交通，割据地方，攻击国军，造成国家动荡所致。因此，从正统的观念出发，许多人自然就把不满的矛头指向中共。包括一些与蒋介石中央军之间存在隔阂与不信任的地方实力派将领，这时也激于内乱不止而强烈地批评中共“制造内战，危害国家”。例如，具有相当民族主义思想的傅作义，此时就不止一次地以公开信的形式告诫和批评中共。他这样写道：“中国人民经过了坚持八年苦战之后，一致的渴望和平，而毛泽东的路线，却是全面掀起战争，号召人民参战参军，长期战争。”“一年以来，国家就在商谈不断而战乱无已的情况下，胜利的光彩褪色了，国际地位降落了，全国人民陷于求生不得求死不能的绝境！这个罪恶的责任，谁应该担负呢？”但是，即使在战况看起来很有利于国民党方面的情况下，也还是有人对国民党军实力受损的情况有所认识和担忧。此点只要看一下前军令部长，时任陆军大学校长的徐永昌的日记即可了解。

如 11 月 14 日，阎锡山对徐永昌等说：“共我比较，共得势（能使一部分社会扰我），我得力（美助）。”“共军大体环境不如我。”“在今日军事上共不如我，政治上我不如共。”徐永昌事后在日记中写道：“按阎先生所谓

[1]《王世杰日记》，第五册，第 405 页。

[2] 同上，第 410—412 页。

共党环境不如我，其实共党之有些精神，亦颇赖其环境恶劣，我之腐化无能，又何尝不缘于环境优良？所以舍绝对不能生存之环境外，一般言，总是栽者培之，倾者覆之，天道好还，全在于人。”[1]

12月3日，徐永昌再写道：“秦绍文转述上官云相据孙仿鲁称，所指挥之十余师数月来剿共损失枪支八千，机（枪）（火）炮称是。又云，山东漍城国军一旅覆没，及最近苏北七十四军之损失等，以为败固败，胜亦不胜。盖每发动一攻势，胜后即将能机动之部队悉供于驻守，则尔后即再无主动能力。今日正入此境中。”[2]

12月9日，徐又记述称：“孙蔚如述，剿共军事由五月至十一月，被共俘将官五十二，其中十八军军长胡某及某军军长赵锡田，团长五十一员。由此以见胜负之况。今日真是官骄兵惰。”[3]

显然，徐永昌所得种种消息，也一样早在国民党军事高层中传得沸沸扬扬。故1946年1月1日傍晚军令部高层聚会时，众人皆愁眉苦脸，均“以为蒋先生暨辞修（陈诚——引者）在（国民）大会时宣称半年内可将华北共匪消灭一切，绝难做到”[4]。

二、从戡乱动员到总体战

1947年1月7日，马歇尔结束他在中国的使命，返回美国。蒋介石因此再无约束。他这时亲下手令，称：“我国军剿匪工作至此已达九仞一篑之时，只要我将领在今后一年期内，淬励精诚，奋发努力，彻底消灭万恶之奸匪，扫除革命之最后障碍，则滔天大祸敉平于一旦，三民主义实现于全国。”[5]

---

[1] 《徐永昌日记》，第八册，第340—341页。
[2] 同上，第347页。
[3] 同上，第350页。
[4] 同上，第360页。
[5] 转见总政治部编：《中国人民解放军战争军事文集》，第2集，中国人民解放军总部编印。

就在马歇尔即将动身，而蒋介石准备放开手脚，推行军事“剿共”政策之际，中共成功地推动了一场声势浩大、波及全国各大中城市的抗议美军暴行的游行示威运动。事件的直接起因，是美国海军陆战队的士兵在北平东单操场强奸北京大学先修班女生沈崇，但其深层背景，却是中国人因抗战、废除不平等条约、跻身世界四强和战胜日本而日渐高昂的民族主义情绪，对战后美军长时间待在中国不走，而且耀武扬威、横冲直撞、为所欲为强烈不满的一次大爆发。中共在各大城市，特别是在各个高等学校中的党团组织充分利用这一机会，从 1946 年 12 月 26 日开始，陆续在全国范围内发动数十万人上街游行示威。国民党亦深知中共在其中的影响，故不得不反其道而行之[1]，以各种高压手段将这场以学生为主的反美抗暴运动镇压下去。但是，蒋介石及其国民政府在这个问题上公开袒护美国的态度，却不可避免地把自己推到了大多数学生和教师的对立面。国民党在民众中威信下降，由此一发而不可收拾。

伴随着反美运动而来的，是经济形势的急剧恶化和国民党贪污腐败现象加剧所带来的影响。自抗战胜利以来，国民党接收大员“五子登科”，摇身一变，个个大发横财，房子、车子、条子（金条）、女子和面子，样样到手，早就引得路人侧目而视。[2] 到 1946 以后，由于物资紧缺，权钱交易盛行，投机倒把，囤积居奇，也成了许多人发财的手段。结果，到年底，上海物价的增长，较战后达 28 倍之多。就连外交部长王世杰都对物价飞涨、政府无能，感到“不胜忧虑”。他在 6 月的日记中写道：“近来一般舆论，对政府均甚觖望，其主要原因为物价高涨，政府财政之前途十分黯淡。”[3] 到 11 月，他又记道：美金兑换法币 8 月底还是 2020 元兑换 1 美元，如今政府价已升到 3350 元，

[1] 蒋介石在 2 月 14 日对美国记者的谈话当中明白断言：“最近之反美运动，乃共产党所制造者，中国人民与青年，除极少数受共产党之影响者外，对美国均有好感！”蒋介石：《中共问题只有中国自己解决》（1947 年 2 月 14 日），《先总统蒋公思想言论总集》，卷三十八，第 223 页。

[2] 姜豪：《“和谈密使”回想录》，上海书店出版社 1998 年版，第 237—239 页。

[3] 《王世杰日记》，第五册，第 341 页。

黑市价则早就超过4000元了，物价指数则干脆相当于战前的一万倍了。[1]

这种情况，正如《观察》杂志这时所评论的那样：“目前一般农民因受战祸、灾荒、黑暗的政治、错误的经济政策和地主土劣层层的压迫，生活早已在饥饿线上。至于战前的中层阶级（公教人员和薪水阶级），则早已因通货膨胀沦为大贫。现在惟一得意的只有包括封建力量、贪官污吏、买办阶级和资产阶级的既得利益集团。”[2]在上述获利者中，最为让人侧目而视的，就是国民党的各级军政大员们了。仅据徐世昌日记所记，当时国民党人自己内部议论的情况，即有：“平津机关，尤其今之河北省府及第十一战区长官部，于接收时欺诈贪污特甚”；“孔院长太太以为金钱万能，所以唯金钱是图。其长子之洋（扬）子公司，次女之嘉陵公司，长女及次子之两公司，亦将出现。盖仰仗孔庸之之力，以窃取国家社会之金钱，今更以此金钱渔利国家、社会之金钱矣。”[3]又记：孙科“卖房产与美使馆，要使馆方面少写价款，以便偷税，使馆方面不允，谓无法转报其政府”。[4]经济恶化已极，而达官贵人还要浑水摸鱼，这也难怪一些人会公开预言：“经济总崩溃之症已成”，再不悬崖勒马，中国将陷入不堪收拾之地步。[5]

然而，身为国家最高统帅的蒋介石，对此却闭目塞听，不以为然。徐永昌就曾亲眼见到向蒋介石对这种事情不可思议的漠然态度。他颇为不解地写道：有人“向蒋先生提及公务人员薪俸既不足自给，公务人员不因为饥寒以死，其出路不外窃国、蠹国，此亟须有以救正之，等等。蒋先生似不甚措意。奇甚”[6]。事实上，蒋介石在这时的公开报告中也清楚地表明了他的这种态度。他宣称：“有人今天喊经济崩溃，实在今年可保险绝无危险。

[1] 《王世杰日记》，第五册，第426页。

[2] 伍启元：《论当前中国经济情势》，《观察》创刊号，1946年9月1日。

[3] 《徐永昌日记》，第八册，第350、367页。

[4] 同上，第457页。

[5] 笪移今：《中国经济危机的出路》，《观察》1946年第9期；《大公报》1947年1月1日。

[6] 《徐永昌日记》，第八册，第367页。

物价高，通货膨胀，为一时现象，中国绝对有办法。”[1]

很显然，蒋介石这时依旧因为1946年军事进展顺利而信心满满。但是，国防部却已经看到作战兵力严重不足的问题了。报告称：“国军因受政略影响及局部状况之诱惑，致将主力逐渐分散于各战场”，“各战场之兵力，均非绝对优势，以各个战场比较优势之兵力，发动攻势，故不能获致重大之战果。同时，散布各战场之兵力，因种种关系，抽调转用，多不自由，以致每每发现良机，而不能捕捉。”[2] 尽管如此，蒋介石在1947年1月的总结中仍相当满意地宣称：“在去年四月以前，由于共产党扰乱的结果，全国几乎没有一条铁路可以通车，东北方面，共产党占据沈阳，控制所有的交通路线，最重要的北宁铁路也受着威胁破坏而不能通车，此外关内各线如平绥、同蒲、平汉、正太、胶济、道清、陇海、津浦、粤汉诸线，都阻塞不通，就是大江以南的京沪铁路，也时时遭遇共产党的威胁。经政府一再努力修复，到去年年底时，除了平汉路北段的十分之一、津浦路北段的二分之一、陇海路东段的十分之一和同蒲路北段之外，其他各主要干线都已渐次修复通车。”“自日本投降，至政府还都南京以前，各地匪患甚炽，甚至邻近首都的苏北即扰乱不安。江苏、安徽大部为共产党所盘踞。山东情形，尤为严重，全省百分之九十五皆为共产党所占领。河北一省，中央力量只及于北平、天津及石家庄等少数城市。山西也是如此。热河、察哈尔全为共产党势力范围。绥远有三分之一为共产党占领区域。东北九省及至我去年五月到沈阳时，大部区域还是由共产党盘踞。但是到了去年年底，安徽已全部收复，江苏只有陇海路以北的赣榆一县，河南只有黄河以北林涉二县尚未收复。河北方面，冀东各县已全部收复，冀南也已经收复三分之一。山东、山西已收复三分之一或二分之一的城市。察哈尔热河已全部收复，热东只

[1] 《大公报》1947年1月14日；并见蒋介石：《上年度党政军工作之总检讨》(1947年1月13日)，《先总统蒋公思想言论总集》，卷二十二，第4页。

[2] 国防部第三厅第二处：《绥靖作战检讨》(二)，第75—76页，转见军事科学院军事历史研究部编著：《中国人民解放军全国解放战争史》，第2卷，军事科学出版社1996年版，第263页。

有二县尚未收复。东北九省除了松花江以北的北满五省尚未收复外，南满地区已全部收复。新疆的伊宁事件，已签订条款，局势总算粗获安定。”[1]

其实，从1947年1月初开始，国民党在军事上，特别是在其重点进攻的山东地区，就已经开始面临麻烦。1月2日，从苏北退至鲁南的中共山东野战军突然包围正在向城、傅山口地区的国民党整二十六师和第一快速纵队。仅两天即全歼该敌。然后中共山东野战军又连下峄县、枣庄，再歼整五十一师全部，俘虏整二十六师师长马励武和整五十一师师长周毓英等。蒋介石随即指示陆军总司令顾祝同先集中主力对付陈毅。为此，陈诚亲临济南策划鲁南会战。随后，蒋介石也亲临徐州和郑州督促和部署。1月28日，徐州绥署发出作战命令，国民党军从南北两个方向夹击这时已合编为华东野战军的陈毅、粟裕部队。陈粟采取大踏步后撤的诱敌深入战术，并且主动放弃根据地重镇临沂。对此，北线第二绥靖区司令王耀武怀疑中共军队有北移打击北路兵团的企图，下令过于前突的李仙洲所部全线后撤。不意蒋介石一向喜欢专权，他坚持认为中共已“无力与我军主力作战”，严令李仙洲部大举推进。结果李部第七十三军七十七师首先被歼，李仙洲率第七十三军所余部队和整四十六师被围于莱芜城内。因整四十六师师长韩练成早与中共有秘密联系，故在中共安排下于2月22日夜临阵出走，使次日突围中的整四十六师失去指挥，迅速解体，一同突围的第七十三军因此很快瓦解。23日这一天的战斗前后仅进行不过四个小时，李仙洲手下四万多人即如数被歼。李本人及其第七十三军军长韩浚与多名高级将领被俘，两个军（师）覆灭，驻守吐丝口的第十二军新三十六师亦弃城而去，却又遭华野伏击，大部被歼。结果，原已落入国民党军之手的博山、张店等再度被华东野战军夺回，胶济线又一次被切断。

莱芜战役的严重失利，使蒋介石颇为震怒。他亲自飞到济南部署善后，

---

[1] 蒋介石：《上年度党政军工作之总检讨》（1947年1月13日），《先总统蒋公思想言论总集》，卷二十二，第3—5页。

并将王耀武等大骂一顿，训斥王不该让指挥能力差的李仙洲担当前线指挥，并免去薛岳的徐州绥署主任的职务，撤并徐州和郑州两绥署，设立陆军总部徐州司令部和郑州指挥部，把陆军总司令顾祝同调到徐州司令部来，而以范汉杰为郑州指挥部主任。不仅如此，为了弥补此前兵力还不够集中的不足，交由陈诚集中徐州、郑州两个绥署全部机动兵力，总共二十一个军（师），四十五万人，并编组为兵团，强调统一指挥与协同作战。战术上也强调纵深配备和兵力密集，要求以寻找中共主力决战为主，而不以占领实地为目标。

一切准备停当后，国民党军于4月1日开始全线推进，中共华野这回只在泰安寻机歼灭了整七十二师，就再也找不到下口之处。但它依旧不急不躁，节节后退，诱敌深入，耐心寻找时机。最终等到汤恩伯部六个师（军）中的整七十四师突出于其他各师，推进到坦阜南，遂马上咬住，以两个纵队从整七十四师两侧插入，强行割裂了它与两翼部队的联系。之后，华野以一个纵队强行军二百余里，袭占垛庄，又封闭了整七十四师的后路，进而以两个纵队从正面展开进攻。如此，华东野战军以五个纵队的兵力于5月15日完成了对整七十四师的合围，师长张灵甫被迫舍弃全部机械化装备和大部重武器，退踞到东西六七里，南北仅三四里的孟良崮，固守待援。结果如国民党军战报所言：“退守山地之后，饮料断绝，渴不可支，体力渐弱，各种火炮以俯角全失，效力降低，且阵地毫无遮蔽，全受共方火制。而山地概系岩石，匪方射击威力倍增，人马损害更大，尤以我军骡马及杂役兵夫，受敌炮击惊扰奔窜，引起部队混乱，致使掌握困难，匪军因得自各方渗入。”[1]

面对国民党军关内最精良的美械师整七十四师被围的情况，国民党指挥系统一时间说不上是喜还是忧。说喜，是因为蒋介石、陈诚、顾祝同等，大都相信以张灵甫师的装备和战斗力，绝对应当能够坚持数日，从而为一

[1] 《国民党一兵团孟良崮战役战斗详报》,《孟良崮战役》，第251—253页，转见汪朝光：《中华民国史》第三编第五卷，中华书局2002年版，第659—660页。

直求战而不可得的国民党各路大军找到与中共军队决战的机会。5月15日，顾祝同即致电张灵甫：“只要贵师站稳，则可收极大之战果，亦即贵师极大之功。”[1] 说忧，是因为张师毕竟是国民党军的王牌师，而国民党军的痼疾之一，就是碰到这种时候，各路援军个个都怕被中共军队围点打援，多半会为了保存实力畏缩不前，万一张师被歼，影响军心就太大了。因而汤恩伯次日在电令各部队增援时，几乎不能不以恳求的口吻加以劝说。其电称：“我张灵甫师连日固守孟良崮，孤军苦战，处境艰危，我奉令应援各部队，务须以果敢之行动，不顾一切，星夜进击，破匪军之包围，救袍泽于危困，以发扬我革命军亲爱精诚之无上武德与光荣，岂有徘徊不前，见危不救者，绝非我同胞所忍，亦恩伯所不忍言也。”[2]

但是，国民党内长期派系林立，争权夺利，影响到军队，情形就更加复杂。部队有嫡系和杂牌之分，军官有黄埔系与保定系等等之分。即使在中央军里，也一样有陈诚的土木系、何应钦集团、胡宗南集团、汤恩伯集团、顾祝同集团等等的区别。一些部队原本是甲系统的，后来却归属乙系统，乙系统的指挥官关键时往往要照顾自己原系统的部队，而将来自甲系统的部队置于危险境地。因此，一旦遇到危险，几乎所有的长官首先想到的都是自保。因为部队丢了，不仅看家的本钱没有了，而且会直接影响到自己派系的地位和力量大小。故不论汤恩伯如何命令或恳求，临近整七十四师的各部队依旧小心翼翼，生怕中了中共军队的埋伏。在孟良崮战役进行的一天多时间里，他们最快的也只推进了十余公里。而这一切，又都多少源自蒋之政策。对于这种情况，张灵甫此时就曾于孟良崮投书于蒋称：“勇者任其自进，怯者听其裹足，牺牲者牺牲而已，机巧者自为得志。赏难尽明，罚每欠当，彼此多存观望，难得合作，各自为谋，同床异梦。匪能进退飘忽，来去自如；我则一进一退，俱多牵制。匪诚无可畏，可畏者我将领意志之不能统一耳。”

---

[1]　《国民党一兵团孟良崮战役战斗详报》，《孟良崮战役》，第251—253页，转见汪朝光：《中华民国史》第三编第五卷，中华书局2002年版，第661页。

[2]　同上。

如此“实不足以言剿匪也”。[1]

正是基于国民党军内部这样一种局面，华东野战军以不多的兵力，抓住战机，将整七十四师从国民党整个进攻体系中彻底分离出来，而且于16日发起总攻，当天下午就全歼了该师三个旅三万二千万余人，击毙了该师师长张灵甫和副师长蔡仁杰等。此役充分展现了国共两党军事力量优劣转换的趋势。

整七十四师的被歼，使蒋介石“悲哀痛愤”到极点。为了避免再出现如此惨重失败，蒋被迫将山东的攻势停了下来，把山东的将领召去南京，力求“对整个军队之战术、精神、纪律，作一番彻底检讨，彻底改革”[2]。

让蒋介石“悲哀痛愤”的失利还不止山东一处。3月初，蒋得知美、苏、英、法四国外长将于同月10日在莫斯科开会。为避免外长们又像1945年12月在莫斯科开会时那样，再提出一个干涉中国内争的公报来，蒋特意在外长会议开会的几乎同时，发动了袭击中共中央所在地延安的作战，并且在3月17日一举占领了延安。但是，由于负责进攻延安的第一战区司令长官胡宗南的机要秘书熊向晖是中共地下党员，因此，此次进攻的消息自然事先就秘密告知了中共中央，胡宗南部占领的只是一座空城。同其他战场上的诸多国民党将领一样，胡宗南受此重任，自不能让南京方面失望，只能谎报战果，以示大捷。[3]得知延安到手，中共中央损失惨重，蒋介石和国民党人一时颇为振奋，再度认定由延安之败足以见“共党战斗力之衰竭”[4]。可是，不到一个月时间，胡宗南部第一三五旅即被歼灭，代旅长麦宗禹被俘。5月2日，胡部后方粮弹补给基地蟠龙镇又被围攻，其第一六七旅六千七百余人被歼，旅长李昆岗被俘，数万套军服、上万袋面粉和上百万发子弹和

[1] 转见《陈诚先生回忆录——国共战争》，台北“国史馆”，2005年，第140页。

[2] 《总统蒋公大事长初稿》，卷六（下），第471页。

[3] 见裴昌会：《胡宗南部进犯延安纪略》，《解放战争中的西北战场——原国民党将领的回忆》，中国文史出版社1992年版，第106—107页。

[4] 《大公报》1947年3月21日。

大量药品落入在陕北地区与胡宗南部周旋的中共西北野战军之手。

不仅如此，由于胡宗南为进攻延安，将驻守晋南的整编第一军董钊部调过黄河，投入陕北战场，晋南顿时兵力不足。中共晋冀鲁豫野战军第四纵队和太岳军区的部队，乘机发动攻势，攻克县城二十余座，控制禹门渡、风陵渡两个重要的黄河渡口，切断了胡宗南部与山西阎锡山部之间的联系，更直接威胁到关中和洛阳地区。

5 月 8 日，已经发展到 45 万人的中共东北民主联军，也开始大举渡过松花江南下，联合南满和东满的部队，发起夏季攻势。不到一个月时间，林彪所部就占领公主岭、开原、昌图、通化、安东、梅河口、通辽、郑家屯、围场、赤峰、昌黎、抚宁等二十多座城镇。原本就兵力不足的国民党东北守军，不得不向蒋求援。而蒋正因关内战争失利苦无良策，倍感兵力不足，自然无兵可派，只能要求东北方面收缩兵力，死守长春、沈阳等地。[1] 国共军事对抗形势，明显地开始对南京不利了。

面对军事进攻明显受挫的情况，蒋介石百思不得其解，“实在想不出他有什么道理！”。他这时再三强调：“比较敌我的实力，无论就那一方面而言，我们都占有绝对的优势，军队的装备、作战的技术和经验，匪军不如我们，尤其是空军、战车以及后方交通运输工具，如火车、轮船、汽车等，更完全是我们国军所独有，一切军需补给，如粮秣弹药等，我们也比匪军丰富十倍，重要的交通据点，大都市和工矿的资源，也完全控制在我们的手中。”“一切可能之条件，皆操之在我，我欲如之何，即可如何。”但“我们何以不能迅速把匪军消灭。匪军何以能用劣势装备而且毫无现代训练的部队来击败我们整师整旅的兵力？”对此，蒋介石总结来总结去，就是找不到自己的决策、指挥和国民党军队的根本问题何在，只能习惯于找下级的毛病。他声称：问题的关键在于，第一、国军长期作战，精神疲惫；第二、国军将领养尊处优，只图自保；第三、各级军官精神萎靡，不研究战术，

[1] 《总统蒋公大事长编初稿》，卷六（下），第 457 页。

不侦察敌情地形；第四、士兵供给不足，饥寒交迫，长官漠不关心，无动于衷，以致指挥每每失当，士兵毫无斗志。[1] 那么，这些问题又当如何解决呢？蒋介石却丝毫没有拿出任何有效的办法来。他再度想起了30年代“剿共”军事失败，1933年开办庐山军官训练班，一举解决了部队协调问题的经验，寄希望于能够用办训练班的办法，创造新的奇迹。殊不知，这个时候的国民党和当年条件下处于民望上升中的国民党，已经不可同日而语了。

由于经济政策严重失误，权力寻租现象全面发酵，再加上内战持续，城市的粮食等资源日渐枯竭，军费的消耗更像无底洞一样吞噬着政府财政，进入5月以后，物价如脱缰的野马狂奔不已，市民据以为生的粮食供应已出现严重恐慌。以上海为例，月初米价还在十三万元一石（约合一百五十公斤），到下旬就涨到将近五十万元一石。按照徐永昌这时的说法：“即一百一二十万加一倍，也颇难持（生活）。”[2] 然而一年前这个时候，上海工人的工资，针织业女工为五万元，机械工为两万元，国有银行男职员月薪约为十一万元，大专院校教授的月薪则只有5.2万元到7.8万不等。[3] 此时虽有所增加，亦只增加不过一倍左右。换言之，这时大学教授的月薪最好也只够买六七十公斤大米，平均每天连四公斤都不到，若养一家四口人，至多也只够吃米饭的钱。相比国民党文武官员五六十万、一百万元上下的收入还不够维持生活，其相距之远可以立见。事实上，这时各大城市大米、杂粮、食油、面粉已迅速供不应求，影响到卷烟、火柴、肥皂等日用品的价格也狂涨不已，终于引发大规模的抢米风潮。

中共上海分局自然迅速抓住这一时机，全力推动备受生活困苦折磨的在校学生和教师首先走上街头，掀起远较年初反美抗暴示威规模更大，影

---

[1] 蒋介石：《国军将领的耻辱与自反》（1947年6月1日）；《仁和墟与孟良崮两次战役之讲评及教训》（1947年6月6日），《先总统蒋公思想言论总集》，卷二十二，第135—138，163—166页。

[2] 据徐永昌日记，行政院代院长5月间报告称，将军最高的月薪不过63万元，文官最高者将近110万元。《徐永昌日记》，第八册，第411页。

[3] 胡素珊：《中国的内战——1945—1949的政治斗争》，中国青年出版社1997年版，第143页。

响更为深远的“反饥饿、反内战”的示威游行运动。而国民党人既没有办法解决经济危机，也不知道如何应付有共产党在其中推动的学生运动。5月18日，南京国民政府紧急颁布《维持社会秩序临时办法》，蒋介石也一如既往地出面发表强硬谈话，指责学生运动已越出国民道德和国家法律所许可的范围，显系共产党直接间接所指使。[1] 此举不仅不能阻止饱受饥饿折磨的学生们继续上街发泄对当局的不满，反而促成了更大规模的“五二〇”大游行。5月20日这一天，南京、北平等城市大批学生冲破军警包围，走上街头游行。军警强力阻止，激起了更广泛的抗议游行活动。这场运动一直持续到6月上旬，国民党不得不再度使用暴力，除打、砸、烧、抓和用高压水龙冲之外，甚至又一次在校园里开枪杀人和投掷手榴弹。[2] 学生们在中共地下党团组织的引导下，停止了游行示威和罢课斗争，但是，其“反饥饿、反内战”的要求和适时停止对抗的行动，却不可避免地激起知识分子的广泛同情，并且愈益暴露出国民党当局的独裁和暴力的面目，从而不可避免地激起了社会各界的强烈逆反心理。

经济形势恶化至如此程度，社会各界不满至如此程度，而国民党当局却无动于衷，自然也会极大地影响到本来就充满矛盾和不满的军队内部。海军司令桂永清这时就抱怨说：海军上校舰长月薪56万元，而招商局的船长月薪九百余万元；海军士兵月入六七万元，招商局的水手月入一百万有奇。徐永昌则指出：“现在武官最高级月（不）过八十余万（连军米、眷米在内），文官则二百万有奇。但文官一上校级约一百二十余万，尚不如一银行之传达，因其待遇稍多几万（如此政治安得不紊乱！）。”[3] 再加上中央规定地方供应由省担负，军队师长以至士兵不得私自责取，悉由长官部规定供应，而对中央军则不同。于是，地方军队异常困难，士兵副食费月仅1.4万元，实则4万元都不够。中央军的军官们则为所欲为。为养家糊口，“吃空额者

[1] 《总统蒋公大事长编初稿》，卷六（下），第455页。

[2] 转见金冲及：《转折年代——中国的1947年》，三联书店2002年版，第208—209页。

[3] 《徐永昌日记》，第八册，第453页。

有之，向地方诛求，从中贪污者有之，二项并行者有之”。[1] 有师长拖着军饷不发以之生息，月得十数亿元。傅作义并告诉徐永昌说：他附属的中央军某旅旅长，一个人就吃800个空额。其侄在无锡某炮兵团，“有连长竟吃空额四十人，民供给之柴草卖与另外之人民，乃伐民树以为柴，骡马则放青，军队之无纪律已成普遍现象云云”[2]。

如此待遇，到底还有钱可发。原来陈诚集中在中央训练团的各种军官，准备用于扩编的部队中，但因蒋推行裁并杂牌军的措施，致使部队编制一时不能增加，该军官等就业无门，养家糊口也发生困难，以至齐集数百人，于5月12日齐到中山陵前宣读祭文，痛哭失业。阎锡山也忍不住直接上书批评蒋介石称：蒋太过注意将来建国问题，却忽略了现在剿共军事事实上已经失败。如再不改弦更张，终会被共产党所打倒。[3] 反共态度坚决的徐永昌，这时也在日记中一一记下了国民党将领沮丧和不满的种种情况。

还在1月间，徐永昌就已经注意到：“今日之弊害：一、缩编整杂之非时；二、选才易风之不能。此外，一、对敌之心不如自利之心切；二、通信不能密，截电不能译；敌测国军如指掌，国军对敌在敷衍。”[4]

2月间，陈诚频频报告军事形势大好，徐永昌却断言：不论战事眼前如何，“我经济紊乱，几将崩溃，无论军政，到处贪污，其危险且非军事所能补救。况军队战斗力多趋衰弱耶！”[5]

3月中旬，冯治安、李兴中来谈，哀叹“军队纪律坏、士气坏，且谓士气之坏，中央系是由于贪污，非中央系是由于不公。末谓恐难持一年”。[6]

5月20日，本来公开批评毛泽东和共产党的傅作义，这时却开始怀疑“咱

[1] 《徐永昌日记》，第八册，第460页。
[2] 同上，第457、459页。
[3] 同上，第379页。
[4] 同上，第362页。
[5] 同上，第376页。
[6] 同上，第387页。

究竟为谁打仗？”[1] 声称：“如此政治，如此军队，剿共真不知何年才能告一段落！”纵使政治有少许进步，现在也无济于事了。[2]

5月27日，某主任来谈，称“七十四师之失影响军心颇大。今四十师被困彰德，预料王仲廉无能力救之，即使有此力量，以王之营私舞弊，骄滑性成作风，亦无心救之”。“陈总长（陈诚——引者）排除异己，人咸侧目，今日渐亦低头无法，剿共前途诚属危险云。”[3]

不过，陈诚也有不满。陈公开讲：蒋介石不明白以军队现在之不合理情形，不能随意使用，必须稳扎稳打才行。而他几次都因坚持稳扎稳打而被蒋骂，使他几乎不能干下去，一度提出辞职。[4] 而他之所以深感绝望，也同样因为注意到军队之腐败已成不可遏制之现象了。[5]

眼看军事形势每况愈下，中共在东北的攻势又异常猛烈，国民党人这时已纷纷主张放弃东北，将在关外的精锐之师统统撤回关内。老国民党员萧萱这时给蒋介石的条陈云：“中政会开会结果，大多数委员赞成国军全部撤离东北，俾向全世界暴露苏联与中共在东北密切提携之事实。”张继就在会上大谈：“现在真是江河日下，今日并非不信总裁，不过派往东北军队都是精华，这种精华消耗到不精华，将如何？我们不能尽恃命运。到北方不保，恐南方亦难保。到那时又将如何？莫非真如总裁常说，我们要做白俄么？”[6] 萧萱据此大胆提出：“假使国军必欲坚守东北，战事再扩大与延长，我之损失必巨。如于再多损失之后或后路切断，不能入关，或损失太巨，虽若干入关，而战斗力弱，敌若追蹑我军，而冀东鲁北共军又起，更恐关未易守，而平津亦且危殆，全局更难应付。”“即令东北大军能如预计，且战且却，退入关内，此后东守山海关以及海岸可登陆之处，又须北固热河一带之防，又

[1] 董其武：《戎马春秋》，中国文史出版社1986年版，第237页。
[2] 《徐永昌日记》，第八册，第417页。
[3] 同上，第420页。
[4] 同上，第428页。
[5] 见《陈诚先生回忆录——国共战争》，第141页。
[6] 《徐永昌日记》，第八册，第434页。

须巩固平津，此三任务能应付裕如尚须努力。如再少此大军，诚恐又如昔时淞沪之壮烈牺牲后日寇平行进入南京也。”“我东北大军如能及早优势撤入关内，一可应付关外，二可守卫平津，三可吸引中共北方兵力，不易大举分途南犯。若失此一着，冀鲁豫北共军必更猖披，或再由津浦平汉两路发动攻势，吸住国军，突由晋南豫西，南犯湖北之鄂中鄂北，则在政府既为腹地，兼属后方，又少驻兵，危险之势，直不敢言。”[1]

蒋介石这时也很清楚国民党在军事上和政治上危机严重，为此，他不仅在每日祈祷时经常伤心痛哭[2]，而且在公开场合也承认:“自从去年七月开始剿匪以来，我们前方有若干师旅团部高级指挥干部为匪所袭击，指挥官且被匪俘，这不仅影响一部分的士气，而且使整个战局都受到顿挫。”[3]目前“时局逆转，人心动荡，军、政、经、社均濒危殆。奸党为遂行其推翻政府夺取政权之意图，其在前方则广泛展开武力斗争，攻城略地，着着进逼，而在后方各大都市，则鼓动风潮，扰乱社会，更无所不用其极”。但是，事到如今，除非准备让出半壁江山给共产党，否则蒋又怎么可能把已经发动起来的战争机器停下来呢？不仅如此，他连移兵入关的意见也听不进去，坚持仍要“固守长春，保卫沈阳”，期待不久之后能够在东北翻盘。他更是坚持宣称：军事优势还在国民党一边，只要“用斩钉截铁手段，拨乱反正”，“先肃清后方，安定社会”，即可再图军事上之进展。[4]

6月14日，白崇禧在军事经济专门委员会上提出：“过去我各战线皆优于共匪，今则仅山东一处优于共匪，而士气甚低。其致此之由，实因整编与取消杂牌部队致军队减少，仅能控制点与线（无控制面的力量），士气低落，人心怨上畏匪。为今之计，一、应明令讨伐，恢复战时体制；二、稳定第

[1] 《萧萱呈蒋总裁书》(1946年6月21日)，台北“国史馆”藏蒋中正档案，特交档案51389。

[2] 《徐永昌日记》，第八册，第437页。

[3] 蒋介石：《宣读军官团第一期开学训词后讲解》(1947年5月12日)，秦孝仪主编：《先总统蒋公思想言论总集》，卷二十二，第105页。

[4] 转见《总统蒋公大事长编初稿》1947年5月24日、6月20日条，台北中国国民党党史委员会编。

一线，与赶快建立第二线兵团；三、信任民众，建立地方武力，并举广西无共匪，全由地方有些武力；四、省主席要有全权，中央不要干涉其人事；五、应停止或延长选举期限；六、经济求自给自足。”[1]

看来，蒋介石接受了白崇禧的提议。他很快决定要实施总动员令，不仅用战时体制来巩固后方，稳定社会，明令讨伐共产党，而且希望能够以总动员的方式，把大多数国人团结起来。他随即一面借最高法院检察署之名，于6月25日公开通缉毛泽东，将毛泽东和共产党指为“窃据国土，称兵叛乱，祸国殃民，罪大恶极”的“乱匪”[2]；一面于7月4日借国民政府名义发布总动员令，以“集中意志，动员全国力量”，完成“戡乱”的目标。[3]

其后，国民党中央专门拟定《戡乱宣传纲领》。9月初，行政院颁布《后方共产党处置办法》，规定：“后方共产党员自愿脱离党籍并声明不再作活动或愿为政府效力者，除本办法另有规定外，其自由及权利与一般国民同受合法之保障”；“依本办法规定办理脱离共产党籍之人，应由当地政府及治安机关妥加监护，于满一年后经考察确无违法背叛情事者，其以前之行为得予免究”；凡共产党员或为共产党工作者，在本办法颁布后仍不能自首者，一律予以逮捕，然后移送有关审判机关，以妨害国家总动员令罪予以从重处罚。[4]10月21日，首都卫戍司令部、南京市政府发出布告：“凡潜伏本市之共产党徒，自应依法申请登记。”并限期至10月31日止为办理申请登记时间，“逾期不履行登记手续，一经查觉，立予逮捕法办”[5]。行政院这时还公布了一系列旨在约束罢工和学生会的条例。12月25日，更公布《戡乱时期危害国家紧急治罪条例》，规定凡破获中共地下党员案，均设专门法庭审判。而后因为总动员令作用不大，蒋介石更进一步规定所谓总体战和

---

[1] 《徐永昌日记》，第八册，第431—432页。

[2] 上海《大公报》1947年6月29日。

[3] 《国民政府关于通过蒋介石交议励行总动员进行内战提案的训令》（1947年7月4日），《中国现代政治史资料汇编》，第4辑第4册。

[4] 《后方共产党处置办法》（1947年9月），广东省档案馆藏档，2—2—268。

[5] 朱宗震、陶文剑：《中华民国史》第三编第六卷，中华书局2000年版，第159页。

党政军一元化的办法，要求军事、政治、经济三位一体，以军事为主，绥靖区长官统一指挥、监督辖区内之一切，强化保甲制度，号召地方实行“自清自剿自卫自富”之“四自政策”，做到“人必归户，户必归甲，甲必归保，而不遗漏一人，不散失一分力量”，随时抽查户口，随时“痛剿”“共匪”。[1]

三、变局来临前的混乱

国民党既然公开通缉毛泽东，向共产党宣战，1947 年 10 月，中共中央也毫不犹豫公开提出“打倒蒋介石，解放全中国”的口号，并且指挥人民解放军在中原、华东、西北、东北和晋察冀几大战场相继发起攻势。

在反复抱怨各级指挥官平庸无能之后，蒋介石不得不于 6 月 25 日起接手国防部的军事指挥权，彻底地独断独行。此前国民党的高层军事指挥，至少分国防部和行营两条线，国防部制订和下达计划与部署，是名义上的指挥者，实际上蒋时时通过行营加以干涉，或直接插手指挥事宜，结果形成双重指挥体制，使部队常常不知所措，作战备受影响不说，失败责任还都要算在国防部和国防部下属的各绥署头上。独断独行，至少减少了因为指挥意图矛盾或指挥系统混乱给部队带来的困扰。因此，在最初的作战中，国民党的军事确有一些起色。

如在山东战场，国民党军从 6 月 25 日开始全面进攻，虽几度发生晋冀鲁豫野战军攻入鲁西南，华东野战军主力转入进攻部队侧后，调动国民党军改变部署等情况，蒋介石都坚持原定主攻方向，毫不动摇，除三十二师、六十六师和七十二师，以及整五十七师等相继被歼外，成功地达成预期作战目的。10 月初，国民党军先后占领中共山东野战军用来接运驻朝鲜苏军通过南满转运来的各种军用物资的重要港口烟台和威海卫[2]，并且使华东野

[1] 朱宗震、陶文剑：《中华民国史》第三编第六卷，中华书局 2000 年版，第 156—157 页。

[2] 国民党海军及相关情报单位这时经常有情报说明苏方有船舰通过烟台或威海卫运送械弹汽油等给中共军队，并载去苞米、花生油等返回大连。如《徐永昌日记》，第八册，第 469 页，等等。

战军一、三、四纵队遭受到数万人伤亡和被俘的重大损失。而与此同时，晋冀鲁豫野战军按照中共中央的部署挺进大别山，虽然最终实现战略目的，但一路上也被迫丢弃几乎所有重武器，部队减员三万以上，近万人被俘。进入大别山以后，虽然部分牵制国民党军对山东的重点进攻，自己却因为陷入桂军经营多年的地方，部队难以在民众中立足，以至损失严重。[1]

国民党这一轮军事上的成功，使蒋介石的心态再度发生变化。他公开斥责国民党的高级将领“能够发展天才的太少，我可以说十个将领中找不出一个来”，如果“我不严格督导，那我们剿匪军事不知要演成怎样一种局势”。自6月25日独掌军事指挥权以来，“这三个月零六天的时间，可以说是国家转危为安，革命事业转败为胜的关键”。[2]

但是，对于这一轮军事上的胜利，国民党人的看法却颇不相同。参谋次长刘斐话里有话地称：亏得是蒋主席自己指挥，不然一经过陈诚、顾祝同，蒋的命令必然要被打折扣，绝难取得消灭陈毅部十分之六七的战绩。徐永昌则批评说：“回忆军令部时代，第一厅曾表举李仙洲不听命令至一二十次，皆无如之何。似国军已习惯成必然，非受到蒋先生部署命令方生作用。此可一时（用之），殊非国防长久之图。彼自取乐元首，私计得矣，其如国家何？思之悚然。”[3] 蒋介石指责国共力量逆转，“全由于负责人员之失职”，徐永昌与孙蔚如、高培五等却议论说：“其实蒋先生应负十之七八之责任。例

---

[1] 晋冀鲁豫野战军跃进大别山时，全军（辖第一、第二、第三、第六纵队）共12.4万余人，其中野战军直属队6370人，第一纵队3.3367万人，第二纵队3.1万人，第三纵队2.6468万人，第六纵队2.6322万人。进至大别山时，已仅为9万余人。到1948年3月转出大别山后统计，人员方面只剩下了5.86万人（留在大别山转为军区武装的约有1万多人，后来都严重受损被迫变成游击队了）。此时，野战军直属部队1938人，第一纵队1.7042万人，第二纵队1.2418万人，第三纵队1.3208万人，第六纵队1.4016万人。武器装备损失：轻重机枪1518挺、山炮23门、炮弹1089发，重迫击炮2门、迫击炮74门、炮弹5698发。其他重炮全部损失。参见军事科学院军事历史研究部编著：《中国人民解放军全国解放战争史》，第三卷，军事科学出版社1996年版，第122页。

[2] 蒋介石：《胶东军事检讨会议开幕致词》（1947年10月19日），《先总统蒋公思想言论总集》，卷二十二，第278、285页。

[3] 《徐永昌日记》，第八册，第462—463页。

如若干美国人士评论中国对土地问题无办法，通货膨胀，文武贪污无能，以及人事之无赏罚（如敷衍情面，对不善者不撤换，而另成立半代替之机构，或另调一助手，使二者皆难负责，或撤换而另调于不重要之机关，仅此一例可知其余），此等诸端，虽忧之者不能为讳（就军事言，仅仅希望作战军队不携带家眷之一件，即做不到，遑论其他）。罚不及亲，尤其为蒋先生之短（蒋先生好批示，而不知责以任务，人亦以此欺之，即愈要紧时愈请示，结果有功大家享，有过蒋先生得。事既难于有功，亦无法行赏罚也）。”[1]

白崇禧对蒋取代国防部的做法，也颇表怀疑。称：“从前被坏约四十师，今又一二十师，前后共失枪十数万支，炮三百余门，所得枪不过万余，炮不及百。辞修之错，首为整军与排斥异己等……蒋先生之亲自指挥更属然事。尤其远隔前方，情报不确，判断往往错误。”“蒋先生作风不改，前途不堪设想。”[2]

仅仅几个月之后，一度沾沾自喜于山东烟台和威海卫的克复，断言共产党“已经临到了总崩溃的前夕”的蒋介石，就意外地发现，国民党不仅没有扭转危局，而且在军事上竟然逐渐失去还手之力了。

先是8月20日，国民党胡宗南部属下的整三十六师在陕北沙家店地区被歼。然后由晋冀鲁豫野战军第四纵队为主组建的陈赓、谢富治集团大举渡过黄河，挺进豫西，佯攻洛阳，直下陕县、灵宝、阌乡、卢氏等城，连歼国民党守军约三万人，并利用缴获组建了榴弹炮团。该部随后突然包围了武庭麟的整十五师师部及第六十四旅，并歼灭之。又连克宝丰、鲁山、南召、方城、叶县、临汝、郏县、登封等城，活捉了武庭麟。到12月下旬，经过一系列的作战之后，陈、谢部一举将一直尾追其后的国民党军第五兵团部和整三师全歼于西平和遂平之间，俘虏了兵团参谋长李英才和整三师师长路可贞等。

---

[1] 《徐永昌日记》，第八册，第481页。
[2] 同上，第488页。

其间，山东战场的形势也开始改变。原本被动挨打的中共华东野战军西线兵团通过在沙土集全歼整五十七师，俘虏其师长段霖以下7500多人，其东线兵团成功跳出国民党军的包围圈，取得主动。华东野战军西线兵团还根据中共中央命令，进入豫皖苏地区，在12月24日与陈赓、谢富治兵团会合，夺取许昌、漯河、驻马店等重要城镇，再度切断陇海铁路，直接威胁河南省会开封和国民党战略指挥中心郑州。

几乎与此同时，一直战绩平平的晋察冀野战军发动清风店战役，于10月中旬包围胡宗南的嫡系部队罗历戎的第三军。经过三天战斗，歼灭该军1.7万余人，俘虏罗历戎以下1.1万人。该部随即乘胜夺取孤立的石家庄，全歼守军两万余人。东北民主联军亦从9月14日起，发动秋季攻势，在辽西走廊歼灭国民党军第四十九军军部和两个师，共1.6万人，进而在中长路长春至铁岭间全歼国民党军第一一六师主力和第一三〇师一个团，计两万余人，随后又在义县再歼从华北调来增援的国民党军两个师之大部，于11月5日结束攻势，转入休整。40天后，该部再度发起冬季攻势。于1月5日全歼国民党新五军军部并两个师，俘虏军长陈林达等。之后，连克辽阳、鞍山、开原和四平，全歼守敌第七十一军第八十八师等，迫使吉林守军逃往长春。其间，国民党第五十二军暂编第五十八师师长王家善率部起义。至此，国民党军在东北只剩下长春、沈阳和锦州几个孤立据点，相互交通全部被切断，只能靠空运补给。蒋介石虽极力设法，组织兵力救援，却发觉已经没有足够的机动兵力可用，只能下令东北守军突围南撤，但守军将领明告，全无获胜和安全脱离把握。[1]这一回，蒋介石再想要将部队退回关内都没有可能了。

中共这时最为困难的是在大别山的刘伯承、邓小平所部，因为无法完成建立根据地的任务，又四面受敌，不得不进行游击战，消耗极大。毛泽东最终意识到前此计划无法实现，遂同意部队暂时离开大别山，以便集结力量作战。刘、邓部跳出大别山后，原先背负着牵制国民党，围攻大别山

[1] 朱宗震、陶文钊：《中华民国史》第三编第六卷，中华书局2000年版，第99—101页。

根据地使命的陈、谢兵团等部的使命亦告结束，中共在中原战场的作战明显地活跃起来。3月中，华东野战军一部与陈、谢兵团攻取洛阳，歼灭守军青年军二〇六师等部，俘师长邱行湘、参谋长符绍基等。其后主动撤出，复于4月5日再克洛阳，又歼守军一部。此际，中共山东兵团也积极出击，连克张店、周村、淄川、潍县，俘虏整九十六军军长陈金城等。西北野战军则发起宜川战役，一举歼灭国民党援军整二十九军所部两个师四个旅，击毙军长刘戡、师长严明、王应尊、旅长周田之和李达等，占领宜川。随后于4月21日收复延安，25日占领洛川，并且一度攻克宝鸡。此战就连蒋介石也承认对陕西战场影响甚巨。其日记称：“我刘戡军之第二十七、九十两师，昨日在宜川西南二十里之石村地方被匪口袋战术所消灭，此为陕西我军一年来最大之失败。宗南疏忽粗鲁，未能研究匪情，重蹈覆辙，殊为痛心……此一损失，全陕主力几乎损失三分之一以上，维持关中与延安已甚为难。”“西北军事已处劣势，士气低落，人心必更动摇，时局将更动荡，而匪之枭张，亦将尤甚。”[1]

进入5月份后，国民党人忙于总统选举，闹得不亦乐乎。于是，改称中原野战军的刘邓部乘机发动皖东战役，击溃张轸兵团后卫第五十师主力。同月，粟裕所部华东野战军渡过黄河，于22日夺取河南省会开封，进而发起睢杞战役，于29日包围第六绥靖区副司令区寿年率领的，由整七十五师、七十二师、新二十一旅组成的区兵团，歼灭整七十五师和新二十一旅，俘虏区寿年和师长沈澄年等。位于杞县铁佛寺的七十二师因得黄伯韬兵团救援，逃脱被歼命运。这时中共山东兵团也乘机攻克兖州，全歼守敌整十二师。中原野战军则乘汉水流域国民党军兵力空虚，长途奔袭襄樊，歼其守军，并俘虏了第十五绥靖区司令康泽。中共华北部队也在这段时间里夺取临汾，切断平绥、平承、北宁、平汉铁路，并且成功歼灭太原绥署主任阎锡山组织的争夺麦收的南进部队一个总部，四个军部，九个师，两个总队。第七

[1]《事略稿本》，1948年3月2、5日条，台北“国史馆”藏蒋中正档案。

集团军总司令赵承绶被俘，副司令原日本将领元泉馨伤后自杀。山西省会太原至此成为一座孤城。

眼见军事形势再度急剧恶化，国民党内早已怨声载道，甚至到处冷嘲热讽。最典型的莫过于郭悔吾关于目前盛行“国共合作”的说法。他讽刺说：今年补充枪五十万支，多数已转入于共军之手，“岂非与之合作？”徐永昌更记一例证说：“冯季英来述被停职经过，述及四十师分出之三个团，由鲁西追刘伯承部入大别山，在广济附近被匪消灭。嗣逃出千余人，干部若干。主席嘉其过去功绩，为（之）补充装械炮位，方领到，经许昌时，又全失于匪云云。”[1]

蒋介石对形势的判断固然也不甚佳，但他仍一秉以往态度，拒不承认失败，而是强调种种客观原因，以坚定自己的勇气与信心。他这时在日记中写道：“近日军民心理动摇已极，无人无地不表现其悲观主义之情绪。可说其对剿匪戡乱信心以及对革命与国家之责任心，完全丧失。尤其对领袖之信仰心，亦不存在。此种精神之影响，比之于共匪之暴动阴谋，更为危急。上海同济大学学生击伤市长，舞女结队捣毁市社会局，以及申新纱厂之暴动，皆为共匪在我经济中心捣乱，扰害社会，颠覆政府，作有计划之暴动。虽情势愈急，险象万状，惟余之信心绝未为共匪虚声暴行所动摇，自信尽我人事，不忧不惧，必能打破此一最大最后之难关，而获得最后之胜利与成功也。”[2]

然而，蒋介石这时的话还有多少人信呢？他解释军事上的失利，说是因为政府太爱惜人民，不像共产党那样“横征暴敛”，而是处处都想要保护。只要改变战法，“集中兵力，以匪之法打匪，剿匪之胜利有十分把握，我必定在三个月到六个月以内肃清黄河以南匪之主力”。[3] 但就连一度相信蒋介石有办法用军事手段很快解决共产党问题的王世杰，这时也不相信蒋的说法了。他在日记中写道：“白崇禧等在去年此时力称，六个月内可以武力解

[1] 《徐永昌日记》，第八册，第 510 页；第九册，第 7 页。

[2] 《事略稿本》，1948 年 2 月 3 日条，台北“国史馆”藏蒋中正档案。

[3] 《徐永昌日记》，第九册，第 44 页。

决中共。今则东北之局势固江河日下（安东等处已放弃），山东、苏北之共军依然未消灭，河南已大部为共匪所控制。今则皖北、鄂东、鄂北亦为共匪所侵入。共匪之威胁实数倍于去年此日。”[1]

国民党的高级将领内心里根本就认为这纯粹是蒋介石自己独断专行、任人唯亲的结果。还在1947年11月，即在军事形势刚开始逆转之初，刘斐就开始尖锐批评蒋称：“共党本无取得整个国家之势与力，但我们政治偏偏迫诱之。而主席大非前比，愈独裁，愈不近人才，同时愈不放心人，愈非私不用，孔、宋不论矣，罗卓英新以贪撤，而复用之东北，似此如何服人！明明江河日下，乃偏甚乐观，每谓匪不至于过江，实则策划于日内实行之进剿大别山匪如不成功，匪之过江可计日待也。”[2]

许多国民党军事幕僚人员这时已经确信，陈诚也好，蒋介石也好，都不足以应付目前关内的军事困局，他们力主将蒋介石极为忌讳的桂系将领白崇禧请出来，至少是主持华中战场的指挥，并给以全权。曾任驻延安联络参谋的徐佛观这时就向蒋直言称：“目前主要战场一为东北，一为华中，现河南已全部糜烂，湖北糜烂五分之三，全般态势皆日趋恶化，已渐至决定最后胜负之边缘。此乃政府今年之生死问题，其他一切利害问题均应从属于此一大利害之巨大问题下而衡量之。”“剿匪系跳火炕（坑）之事，共匪乃无法妥协之敌人，故无人能于剿匪过程中作非份之想。且桂系之政治欲望绝不能向钧座存问鼎之心”，况“任何干部所蓄之政治欲望，在领袖所掌握的大的国家政策之下，均无根本之危险性。此无须过为顾虑者”。“在危急存亡之秋，若钧座对某一重大问题之看法，社会上认为不及另一人之看法，即可减低钧座之威望，而增加另一人之潜力，其影响之大，非言语所能形容。国军干部与陈辞修先生之关系甚深，与白健生先生之关系浅，而辞修先生年来之威望亦远非健生先生所能企及。然职闻去岁上春以来，辞修先生在中训团对军官之

[1]《王世杰日记》，第六册，第175页。
[2]《徐永昌日记》，第八册，第507—508页。

训话之反应，反不如健生先生之良好，此实值得深长思考者。”[1]

徐佛观在呈文中，不仅直言劝蒋，不要太过虑桂系的威胁，明言陈诚的威望已大不及白，而且还特别提到力图维护其“湖北王”地位的何成浚排挤白的不良用心。从中可以很清楚地了解到，即使到了这种时候，国民党人内部相互防范、排斥和不信任的情况，仍旧极其严重。这种情况更直接表现在前线作战的军队指挥官之间。这时被蒋授命负责打通沈阳和锦州交通的冀热辽边区司令范汉杰，就密告蒋在前线的耳目，反映东北剿总司令长官卫立煌不满任命他进驻锦州，分割其权力，因而“处处牵制”。电称“钧座令范汉杰督训正在锦州训练之部队，卫总司令亦不同意，廖耀湘现已另派其副司令舒适存至锦州负督训之责，范不能指挥”。“凡作战、训练、装备等诸般事宜，卫总司令多径下令与孙渡，甚至各军长，但不通知范汉杰。”“并嘱范因其不明全般情况，不得其同意，不可径向钧座报告有关军事问题。”而事实上，东北剿总参谋长“赵家骧、廖耀湘等表面拥卫，暗中各处活动，不惜以种种造谣手段，期使杜聿明重回东北”。范汉杰也采取各种办法拉拢驻锦部队，如组织军官代理人俱乐部，由自己领导，以便时机成熟时能够掌握部队，等等。[2]

国民党人之间为什么会走到近乎四分五裂的状况？这一方面由于国民党历史上派系林立，蒋介石靠收编地方势力维持形式上的统一，另一方面则明显地与蒋介石自身的统治术有关。对于此点，这时就连国民党内众多干部都再也看不下去了。眼见整个军事、政治和经济形势急剧恶化，他们纷纷集会、上书，检讨“病根”，直言蒋独裁统治之错误。他们指出：“国大代表和立委除了极少数人以外都是失意的军人、腐化的官僚政客、封建的土豪劣绅以及资本家投机商人。至于领袖干部，无论团或党，都是以派

[1] 《徐佛观关于华中剿匪问题之意见》（1948 年 6 月 15 日），台北“国史馆”藏蒋中正档案，特交档案 51091。

[2] 《王叔铭呈蒋校长电》（1948 年 6 月 15 日），台北“国史馆”藏蒋中正档案，特交档案“剿匪”003 卷 51074。

系的利益为前提，来决定他们的态度和政策，从来没有见过他们体会领袖（指蒋介石——引者）的意思，真诚的来实行的。有时候照领袖的意思做，那是因为对他们自己有利，藉以利用领袖来攻击对方，巩固自己。总之，他们的斗争到了没有原则，不讲政治道德的地步。”关于共产党问题，多数人也明确认为根子在自己身上：第一大原因在于国民党“平均地权、节制资本均未实行”，而“不能实行民生主义，耕者有其田，不但农工分子离开我们，恐怕连军队都不能与共匪作战了”。第二大原因则在于“共党是党政军一元化，本党则否”，不仅“党的权力集于领袖一身”，“‘专断’‘独裁’”，“只有集权，没有民主”，凡事只“与一二左右亲近者谋之”，以致“堂奥深远，民隐难知，隔绝群众，不悉下情”，县以下完全看不到党的工作，而且领袖从来“重左右，轻党议”；“重政术，轻主义”；“重感情，轻法理”，如此行事，“党众谁复与钧座共祸福成败哉！”他们断言：“夫以‘政术’为制胜一时之计则可，因政术而弃‘党信’，则虽利一时，未有不败于永久。民无信不立，失信于民，即自败其党格，自食其诺言，党复何以自存耶？”他们提出：“恢复党信”，“决意实行民生主义”，声称为事“非钧座有大改革之决心，无以扭转危局也！”[1]

四、军事瓦解的种种原因

还在1947年夏天，国内外舆论就已经纷纷怀疑蒋介石及其领导下的国民政府能不能继续维持自己的统治了。美国的公众舆论早就在提醒政府：“必须考虑中国现政府行将崩溃及在位已久之蒋主席即将失其领袖地位之可

---

[1] 《干部学校师生座谈会纪录之一》（1948年），台北中国国民党党史馆藏，特交档案005卷51523；《党员座谈会临时主席方觉慧呈报党员座谈会经过情形及发言结论》（1948年4月20日），台北中国国民党党史馆藏特交档案004卷51502；《吴铁城报告党务座谈会第一日开会情形》（1948年8月3日）、《吴铁城报告党务座谈会第二日开会情形及各同志意见》（1948年8月4日），台北中国国民党党史馆藏特交档案012卷40294、40295；萧铮：《论党务衰败原因并呈“重建本党方案”》（1948年8月28日），台北中国国民党党史馆藏特交档案004卷51503。

能性”，因为“国民政府着手改革，及国军征服共军”，希望渺茫。[1] 当年夏天，与国民党关系甚佳的魏德迈将军受美国总统指派来华考察，竟也开始对蒋介石继续领导的能力表示质疑。他在结束考察回国前夕发表的声明当中就公开说：中国国内形势好转的重要条件之一，还“须有有感召力的领导”[2]。言外之意，蒋已失去领导中国的威望了。领教过蒋介石固执己见，且排斥异己的个性的美国国务卿马歇尔，这时的说法更是直截了当。称：“蒋主席在政二十年，思想陈旧，性复固执，且极易受人之包围，不能发挥有效之力量。故中国政局不能改善之最大责任，实应由蒋主席负之。”他提出：中国的问题要想有所解决，蒋最好“退让贤路”[3]。亲眼目睹中国军事、政治、经济和社会状况一步步恶化的美国驻华大使司徒雷登，这时也一直在考虑如何应付蒋及其中央政权失败的前景。他先是设想，应当支持地方实力派成立分裂的政府，以此抵制共产党的胜利，继而又主张劝蒋退休，以便推动国共和谈，组成联合政府。[4] 美国朝野的态度都如此，国民党内部的分崩离析更是可想而知。

倒蒋毫无疑问一度是又站在反蒋立场上的众多国民党人和中间势力的最重要的政治目标。然而，想要在中国实现非共、非国的第三条道路的努力，在 1947 年仅昙花一现，便偃旗息鼓，消失得无影无踪。现实再明显不过，蒋介石的国民党政权固然难以维系，以共产党的军事力量之强，也断不可能听任另一股力量取而代之。因此，随着中共中央公开宣布愿意与一切民主力量合作，1948 年春天之后，那些与蒋介石离心离德的反蒋派国民党领导人，如李济深、冯玉祥及其所领导的国民党革命委员会等组织，就不能

[1] 《美英对华舆论摘要报告》（1947 年 8 月），台湾“国史馆”藏蒋中正档案，《革命文献》，第 46 册第 49 号。

[2] 《魏德迈中将结束赴华使命的声明》（1947 年 8 月 24 日），《中美关系资料汇编》，第一辑，世界知识出版社 1957 年版，第 770 页。

[3] 《密报》（1948 年 1 月 14 日），台北“国史馆”藏蒋中正档案，特交档案（二）42933。

[4] 司徒雷登态度的这种转变，在 1948 年 10 月下旬以前和以后可以看得相当清楚。参见肯尼斯·雷、约翰·布鲁尔编，尤存、牛军译：《被遗忘的大使——司徒雷登驻华报告，1946—1949》，江苏人民出版社 1990 年版，第 148—256 页；《中美关系资料汇编》，第一辑，第 327—328 页。

不转而密谋与共产党妥协与合作了。而这些在国民党内拥有众多亲朋好友、师生旧属的国民党人参加到共产党对国民党的战争中来，自然会进一步便利中共的情报工作，甚至是推动那些对蒋或对内战不满的将领们，在战场上反戈一击。

国民党革命委员会成立于1948年1月1日。在此之前，中共就很重视对国民党军的情报工作和策反工作。在情报工作方面，最早打入国民党的是钱壮飞等人。1930年，钱打入国民党中央组织部调查科（中统前身），成为负责人徐恩曾的秘书。1931年春，因顾顺章被捕，钱截获情报后被迫撤出。此后最有名的大概是1939年潜入军统的张露萍及她所发展的情报小组，该小组到1944年被破获，没有能对后来的国共关系起到怎样的影响。严格说，中共能够长期潜伏在国民党关键部门内，这个时候仍旧占据着关键岗位的情报人员并不很多。这里应当提到的有南京电信局军话台，包括重要军话台和次要军话台的主要成员，多是中共地下党员，他们自然在一定程度上有助于监控国民党最高军政机构的通话情况。[1] 另外，主动加入共产党，潜伏在孙连仲保定绥靖公署军务处担任少将处长的谢士炎等人，这时也在帮助中共做情报工作，并设有秘密电台，只是仅半年左右即被破获。[2] 传说自30年代即开始暗通中共，导致国民党淮海战役等作战失败的国防部参谋次长刘斐，实际上直到国民党退出大陆，都没有确实证据可以证明其与中共在这段时间里建立有秘密关系。[3] 包括曾经有意加入共产党，1948年受命执掌东北军事大权的卫立煌和身为共产党员的剿总副秘书长兼办公厅主任汪德昭，辽

---

[1] 王正元：《监听专员见闻录》，上海书店出版社1998年版，第298页。

[2] 陈融生：《荷枪探路——忆谢士炎烈士》，《崇高的使命——忆战斗在国民党营垒的岁月》（上），军事科学出版社1990年版，第142—150页。

[3] 有关刘斐与中共建立有秘密关系的情况，近年所传甚广，但根据并不充分。至少依笔者所见文献档案资料，尚未发现刘在其担任国防部参谋次长期间向中共提供过秘密情报。故笔者倾向于相信刘斐自己的回忆。刘自认为1949年在香港参加国民党军政人员联名宣告脱离国民党之后，被邀请北上参加新政协，使“历年向往中国共产党的心愿终于实现了”。参见王序平等：《刘斐将军传略》，湖北人民出版社1987年版，第144—146页。

沈战役期间也都没有资料能够证实他们曾经与中共暗通款曲。[1] 当然，这时在国民党内向中共传送情报者为数不少，但他们大多都是中共各地组织策动或牵线，如汪维恒、张权、史永等，所在部门和职务不特别重要，故其情报的价值也较为有限。[2] 相反，在国民党军队内的中共党组织，这时在情报传递方面反而具有较突出的作用。如国民党第一一〇师中的中共党组织，就一直在秘密将该师所获得的各项重大作战行动情报，传送给中共军方。[3] 汤恩伯部作战科长刘泉溪经策反，则向中共提供了汤部的军事情报。国民党首都警卫师师长、驻浦口的第九十六军军长等，也都先后为中共提供了包括江阴要塞、沪杭沿线国民党军事部署图等。[4] 当然，在整个内战期间，还是有两个极具价值的情报人员需要提到，这就是熊向晖和郭汝瑰了。

熊向晖称得上是典型的情报人员，而他却是周恩来“下闲棋、布冷子”的顺手之作。他打入胡宗南部，还在抗战刚刚开始之际，他当时本是清华大学流亡学生组成的“战地服务团”的成员，恰好赶上胡宗南招收学生，被胡

---

[1] 因为中共在国民党内的秘密党员多为单线联系，或为长期潜伏的目的相当时间内不发生联系，这都造成一些在国民党内的中共党员并未直接在 1948—1949 年的两党战略决战中发挥作用。

[2] 关于中共情报工作之神奇，明显地被一些纪实文学之类的读物和海外的国民党人所夸大了。如黄仁柯在《沙孟海兄弟风雨录》（上海文艺出版社 2005 年版）一书中称汪维恒是潜伏在军政部部长陈诚身边的军需署长，1948 年 5—6 月到河北、东北视察后即将河北、东北独立团以上的部队番号、长官姓名、兵员实力、驻地部署等绝密情报交给了共产党，使共产党预先了解到东北国民党军的情况一说，就有所不实。实际上汪早在 1924 年就加入中共，后虽担任过西北五省军需局少将局长，但在辽沈战役前就离开军界，就任上海财政局长等职。且即使汪有所谓向共产党提供河北、东北团以上部队番号等情报之事，在当时也丝毫不是什么有价值的情报，因为长春、沈阳被围后国民党守军的情况中共方面早就一清二楚。至于书中所说张权传送情报一事同样有传奇色彩。迄今为止，就连张权此时的身份为何亦是众说纷纭。有说他是联勤总部视察员，有说他是太湖警备区警备司令和总后勤部中将视察员，有说他是国防部中将部员闲职，也有说他是黄河以西警备副司令的。至于张窃取情报一事，有说他在淮海战役进行中窃取了参谋本部作战地图，有说他是在解放军渡江前调查了国民党军江阴要塞江防情况绘制成图交给中共地下党，有说他两者都做了。而实际上，国民政府这时既没有参谋本部，也没有总后勤部。究竟事实如何，尚须研究。见上引书，第 325 页；张锦堂：《“上海起义军”的失败》，《崇高的使命》（上），第 104—105 页；《为上海解放献身的国民党军队将军张权》，上海档案信息网，http://www.archives.sh.cn/hshrw/gmgl/20030/200148.htm。

[3] 冷杰甫：《廖运周率部起义》，《崇高的使命》（上），第 500 页。

[4] 张执一：《在敌人的心脏里》，《中共地下党现形记》，台北传记文学社 1997 年版，第 157—159 页。

看中，报请周恩来同意后，留在胡部，官至胡宗南的机要秘书。由于抗战期间胡宗南负责包围封锁延安，熊的位置对确保延安中共中央的安全至关重要。但是，由于抗战条件下有种种牵制，胡宗南虽然有过这样那样的计划，却都没有实施，故中共中央基本上没有动用熊。熊最重要的作用，即是前述在 1947 年春胡宗南受命攻占延安的那一次。原本这个时候胡宗南已经送熊向晖去美国留学，熊早已离开西安，到上海准备动身。因为蒋介石突然决定进攻延安，召胡到南京，高度机密地部署袭击方案。胡宗南为了做得漂亮，鬼使神差般地把熊向晖临时召至南京，要熊帮助准备占领延安后的施政纲领等文件。这样一来，中共中央自然也就预有准备，及时撤退，确保自身的安全。[1] 不过，延安占领之后，熊向晖就去了美国，其作用也就不存在了。

从这个角度来看，内战爆发后在情报方面对中共军事上帮助最大的，理当是郭汝瑰。郭曾就读于黄埔军校、日本士官学校和陆军大学，以代旅长的身份参加过淞沪抗战，以暂五师师长身份参加过第三次长沙会战，并因有勇有谋而被陈诚看中，先后升任第五十四军参谋长、第二十集团军参谋长，乃至于国防部第五厅副厅长、第三厅厅长。但是，郭和熊向晖不同，他并非中共有意安排潜伏的情报人员。郭和后来相当一部分国民党将领一样，是早年加入过共产党，后来脱党的。郭直到 1945 年抗战结束前，眼见国民党太腐败，相信共产党政治清明，才又萌生“归队”思想，并很快与中共取得联系，进而被安排为中共提供情报。只是，战后初期郭还在军务署任职，1946 年 9 月才进入国防部，任负责编制和训练的第五厅任副厅长，11 月 26 日升任厅长。1947 年 3 月免第五厅厅长职，接任负责作战的第三厅厅长职。但不及两个月即被调任徐州陆军总司令部参谋长，在此前后差不多一年多与中共失掉联络。因此，除了 1947 年 3—5 月间有将近两个月左右的时间直接接触到作战计划以外，直到 1948 年 7 月 7 日，郭重新被任命为作战厅厅长一职之前，他并没有能够提供给中共多少特别有战场价值的情

[1]　熊向晖：《地下十二年与周恩来》，《中共地下党现形记》，第 43—46 页。

报。[1] 而即使在郭就任作战厅厅长之后，其情报的战场价值也仍旧有限。这是因为，国民党的军事指挥系统一向重叠交叉，比较混乱。用杜聿明的说法就是，这时的整个战争都是由“蒋介石的个人独裁指挥，不论大小情况的分析、大小部队的调动，都要通过蒋的决定指示。而蒋本人又不能集中精力掌握全盘情况，每日仅凭所谓‘官邸汇报’来决定指挥部署，或凭他本人‘灵机’一动，乱下手谕。因之一切指示到了前方，不是过时失策，即是主观武断。前方部队长不遵从，即有违命之罪；遵从则自投罗网”[2]。因此，除了部队整体部署的大原则之外，国防部作战厅获批的计划与部署，往往并不会严格地落实到战场上去。何况，郭就任作战厅长后四个月，淮海战役，即徐蚌会战很快即告展开，杜聿明等已经开始对郭有所怀疑，不让郭知道自己的作战方案了。12 月间，蒋亦不要郭再提供作战意见。如果照郭自己的感觉，实际上从这一年 10 月以后，他就已经开始受到监视，不得不小心翼翼，注意保护自己。淮海战役刚一结束，他就不得不辞掉作战厅长一职，于 2 月 4 日飞赴重庆，去担任七十二军军长去了。从上述情况来看，郭在情报上如果起过一些作用的话，也不过是在淮海战役之前的三四个月里，主要是传递出来一些有关辽沈战役的情报。对于淮海战役，无论是从已知中共所得谍报情况，还是从郭当年日记的内容看，都可以看出郭的情报价值不大。甚至，郭本人这时出于自我保护的目的，也很少真会站在中共的角度去设想一切。[3]

---

[1] 郭汝瑰：《蒋总统“红人”郭汝瑰投共始末记》，《中共地下党现形记》，第 249—251 页。

[2] 杜聿明：《淮海战役始末》，全国政协文史资料委员会编：《中华文史资料文库》，第 7 册，第 5 页。

[3] 有关辽沈战役期间中共中央得到来自南京国防部的“谍息”的情况，可以参见中国人民解放军历史资料丛书编审委员会编：《辽沈战役》，解放军出版社 1993 年版，第 96 页，等等；而中共中央党史资料征集委员会主编的《淮海战役》（中共党史资料出版社 1988 年版）中，中共中央的电报数量甚多甚具体，却不见有类似的内容。但即使是辽沈战役期间，由于卫立煌和郑洞国等屡屡抗命不遵，故国防部作战厅的计划亦形同具文，没有多大实际价值。而读郭在淮海战役期间的日记，可以看出郭仍在积极策划有效的进攻和解围计划。其多数难以实现，并非由于郭之计划对国民党不利，多是因为前线指挥官抗不遵行，郭对此亦十分恼怒。参见朱宗震等：《中华民国史》第三编第六卷，中华书局 2000 年版，第 237、282—322 页。

中共军事上战胜国民党的一个重要法宝，严格说来并不是情报工作做得如何出神入化，而是它的策反工作非常到家。据不完全统计，从1946年6月内战爆发，到1950年6月占领整个大陆（除西藏以外）为止，战场起义的国民党军队就达到将近八十五万人，接近被消灭的国民党军总数的九分之一。如果加上接受和平改编的将近三十万人，则占被消灭的国民党军总数将近七分之一。[1] 其中较为著名者，如1947年2月25日第五十二军五十八师王家善在辽宁营口率部一万人起义。1948年9月19日济南守军第九十六军军长吴化文率部两万人起义。10月17日第六十军军长曾济生率部两万余人在长春起义。10月31日新编第一军暂编第五十三师师长许赓阳率部在沈阳起义。11月8日第三绥靖区副司令何基沣、张克侠率部两万余人在江苏贾庄、台儿庄起义。11月27日第八十五军一一〇师师长廖运周率部五千余人在安徽蒙城双堆集起义。1949年2月7日第一〇六军二八二师师长张奇率部五千余人在安徽芜湖至繁昌地区起义。4月23日海军第二舰队司令林遵等率舰48艘分别在南京和镇江江面起义。5月15日华中军政长官公署副长官、河南省主席兼第十九兵团司令张轸率部两万余人在武昌起义。8月4日湖南省主席程潜、第一兵团司长陈明仁、长沙绥靖公署副主任唐星、李默庵等率部在长沙起义。9月19日西北军政长官公署副长官、绥远省主席董其武、第九兵团司令孙兰峰等率部在绥远起义。9月26日新疆总司令陶峙岳、副总司令赵锡光及新疆省主席兼新疆保安司令包尔汉等率部在新疆迪化（按：即乌鲁木齐）起义。12月9日云南省主席兼云南绥靖公署主任卢汉率部在昆明起义，西南军政长官公署副长官邓锡侯、潘文华等率部在成都起义，西康省主席刘文辉等率部在彭县起义。12月11日第二十二兵团司令兼七十二军军长郭汝瑰等率部在四川宜宾起义。12月12日国防部挺进军总指挥范绍增率部在川北起义，第十九兵团副司令王伯勋等率部在贵州起义。12月21日川陕绥署副主任董宋珩、副司令兼第十六兵团司令曾

[1] 长舜等：《百万国民党军起义投诚纪实》，下册，中国文史出版社1991年版，第1627页。

甦元等率部在四川广汉一带起义。12 月 22 日川陕边区代主任喻孟群、第二路总指挥许绍宗等率部在四川广江一带起义。12 月 23 日国民党联勤总部第四补给区司令曾庆集等率部在成都起义。12 月 24 日第十五兵团罗广文率一〇八军、一一〇军等，以及第二十兵团司令陈克非、第十五军军长刘平等率部于四川彭县起义。12 月 26 日川陕甘边绥署副主任兼第七兵团司令裴昌会率部于成都北德阳起义，湖北省主席、第三兵团司令朱鼎卿等率部于四川金堂起义。12 月 27 日第十八兵团司令李振率部于四川简阳起义，等等。

由中共秘密策划的战场起义，对于在内战爆发后尚处于优势之中，以及后来在大规模战略决战过程中的国民党军，损害之大，要远远超过郭汝瑰等人的情报的作用。如前述 1947 年 2 月下旬的山东莱芜战役，第四十六军军长韩练成不仅在战役行动中向中共方面提供准确的自己部队行动的情报，而且在中共策划下临阵只身出走，造成全军指挥系统陷于瘫痪，从而为中共军队消灭第七十三军和第四十六军四万余人，创造了重要的条件。1948 年 9 月中旬开始攻打山东省府济南时，中共亦通过策反济南守军之一，整编第九十六军吴化文部，顺利地控制了国防部加紧空运援兵必须要利用的济南机场，并且在济南城防撕开大口子，彻底动摇了济南守军的防御决心。原计划要一个月打下来的济南，只用了一周时间就攻克了。攻城的华东野战军仅以十四万人就全歼守军十一万人，第一次夺取了具有强固防御工事的中心城市，还俘虏了第二绥靖区司令官王耀武等大批高级将领。10 月 17 日，被围达数月之久的长春守军之一，第六十军军长曾泽生率部倒戈，向中共东北野战军交出防地。第六十军此举，也是中共长期对这支滇军部队进行统战工作的结果。而它退出防守，当即使东北剿总副总司令郑洞国手下的守城主力新七军彻底瓦解，被迫也于两天后放下了武器。11 月 6 日，淮海战役打响，两天后，第三绥靖区副司令，身为共产党员的张克侠和何基沣，率领第五十九军两个师和第七十七军一个半师两万余人实行战场起义，不仅为华东野战军打开了通往徐州的东北大门，而且使华东野战军就便切断了正急于西撤的黄伯韬兵团的退路，使中共方面毫不费力地就实现了包围黄兵团的初步作战目标。战至22日，黄伯韬兵团被彻底歼灭，黄本人自杀，五个军十个师的高级将领大部被俘。其后，在包围黄维兵团的战役行动中，共产党员廖运周率领的第八十五军第一一〇师假意担当兵团突围的先头部队，通过中共中原野战军的防线后，即告起义，从而使黄维后续的突围部队陷入混乱，突围计划完全失败。一一〇师的起义，影响到第八十五军第二十三师不受黄维信任，在中原野战军的围攻下宣布投降，致使协防的第十军受到牵连，很快于12月11日被歼灭，军长熊绶春战死。如此一来，黄维兵团只好下令各自突围。15日，黄维兵团亦全部覆灭，黄维及副司令吴绍周、第十八军军长杨伯涛、第十军军长覃道善等均被俘虏。

国民党军将领这时所以会大批起义或倒戈，显然与中共地下组织的成功策反分不开。1945年秋的平汉战役中，高树勋率新八军及河北民军上万人起义，导致战后国民党第一次有战区副司令被俘，第三十军、第四十军两万余人被歼，就是因为中共自抗战爆发前开始，至整个抗战期间，都始终没有放弃做高部的统战工作，并在高树勋身边派有自己的代表。战后蒋介石不允许高部前往敌占区参加受降，反而委任他为第十一战区副司令，要高部参加打通平汉线的作战，高自然不满。这时中共乘机策反，犹豫再三之后，高最终决定倒向共产党一边。[1] 淮海战役中第三绥靖区副司令张克侠、何基沣等部的起义以及第一一〇师的起义，更是直接由长期潜伏在国民党军队内的共产党人领导发动的。第一一〇师内部甚至建有秘密的中共党委会，师长廖运周就是党委书记。[2] 这种部队的起义，是迟早的事情，只是如何选择对打击国民党军最有利的时机罢了。

由于战争本身的需要和国民党自身四分五裂的情势，促使中共各个地下组织几乎都全力以赴地动员各种关系，加入策反工作。到1948年战争形势明显地有利于中共之后，各中央分局，甚至各市级党组织，或建立专门

---

[1] 王定南：《高树勋将军起义前后》，《崇高的使命》（上），第103—118页。
[2] 冷杰甫：《廖运周率部起义》，《崇高的使命》（上），第498—500页。

的策反工作委员会，或利用城工部展开策反工作。如中共上海局即以该局负责人张执一牵头组成策反工作委员会，先后策反做过蒋介石侍从参谋的段伯宇，并通过段策反其弟，即这时担任联勤总部运输副司令兼吴淞基地运输司令的段仲宇，就便又策反了蒋经国的亲信、做到国防部预备干部局代局长、干训第一总队总队长的贾亦斌。通过段、贾，又策反了蒋介石三个伞兵团之一的刘农峻团。与此同时，该委员会还策反了国民党海军重庆号、长治号、长江舰队和二十余架飞机起义，并且策反了负责死守上海苏州河以北地区的第五十一军军长等。[1] 由于中共这时高度重视国民党军队策反工作，常常是党政军各部门多管齐下，一个对象有多个线索在同时进行，争取力度极大。1948 年，中共派去吴化文部做策反工作的，就有三四拨人马，仅中共济南市委就有两条线索几乎同时在做吴的工作，吴的妻弟因为是中共党员，也中断了在北京朝阳大学的学业，受命前来做吴妻子的工作，最终取得成功。[2] 江阴要塞守军起义，也是同样情况。另外像争取张轸、程潜、陈明仁、唐生智等，也都是多条渠道在同时工作。

这时积极协助中共策反的，还有其他中间党派，特别是和国民党军队将领有众多师生、部属关系的农工民主党以及后来的中国国民党革命委员会的成员。第四十六军军长韩练成被策反，就与中间党派的介入有关。最著名的如国民党革命委员会委员王葆真，在帮助郭汝瑰传递情报时机关突遭破获，王不仅焚毁情报，而且备受酷刑，也没有供出郭汝瑰和他的中共联络人。[3] 国民党西南军政长官公署代理参谋长刘宗宽，则是农工民主党的秘密成员，1949 年初即与中共取得联系，向中共传送情报。[4] 川军刘文辉等

[1] 张执一：《在敌人心脏里》，《崇高的使命》（上），第 153—160 页；段伯宇：《国民党军心脏中的一条秘密战线》，《崇高的使命》（上），第 82—94 页。

[2] 李昌言：《策动吴化文部起义》、辛光：《争取吴化文起义》、林世英：《蹉跎半世获新生——忆我在吴化文起义过程中的工作》，《崇高的使命》（上），第 430—467 页。

[3] 梁佐华：《郭汝瑰起义历险记》，《崇高的使命》（上），第 397 页。

[4] 刘宗宽：《在国民党西南军政长官公署工作》，《崇高的使命》（上），第 333—334 页。

联系倒戈，就是由民主同盟代为引线搭桥。[1] 1949年8月，包括黄绍竑、贺耀祖、龙云、刘斐、刘建绪、李默庵、贾异之、谌小岑、罗翼群、李任仁等44名国民党立法委员和中央委员联名发表声明，宣布脱离国民党政权，也有国民党革命委员会幕后策反的作用。

中共对国民党军队的策反工作之所以容易成功，实得益于三点。

第一自然是因为军事形势根本逆转，蒋介石的指挥完全失败，众多军事将领已失去继续作战的信心和勇气，不愿再为国民党作嫁衣裳，白白牺牲自己的部下。中共又严格区分了战场起义和缴械投降的政策界线，起义部队不仅可以基本维持原有编制，而且官兵均可享受不咎既往的待遇，这对处在动摇之中的许多国民党将领也颇具吸引力。多数国民党部队接受策动，宣布起义，都有这种因素在起作用。

第二是国民党军内部派系林立，互相挤轧，特别是杂牌军，包括非嫡系出身被编入中央军的将领，备受不平等待遇，甚至动辄被排挤吞并，造成众多非嫡系部队离心离德倾向严重。如前述高树勋在发动部下倒戈时就公开讲：“我们新八军过去受蒋介石中央嫡系的歧视，大家都清楚。就供给而言，比人家差十几倍，还经常受到他们的监视、分化和吞并。我去西安时，还当面受胡宗南的侮辱，这些年来受气的事是说不完的。”[2] 在这期间率部在战场上倒向共产党者，相当部分都是冯玉祥西北军的旧部，并非偶然。如第三十八军军长孔从洲、第三十八军一七七师师长吕元璧、陕北保安副总指挥胡景铎、第四十六军军长韩练成、第六十八师一一九旅三五六团团长张公干、保安绥靖公署军务处处长谢士炎、第九十六军军长吴化文、第三十军军长黄樵松、第三绥靖区副司令张克侠、何基沣，还有像第八十五军一一〇师师长廖运周所部，接受和平改编的华北剿总司令傅作义、绥远省主席董其武等部也是这种情况。另外大批起义的，还有东北军、滇军和

[1] 刘德等：《彭县起义》，《百万国民党军起义投诚纪实》（下），第1237—1243页。

[2] 王定南：《高树勋将军起义前后》，《崇高的使命》（上），第118页。

湘军、川军等部队。如起义的第五十二军第五十八师王家善、东北保安第三支队支队长韩梅村等均是东北军旧部；第六十军军长曾泽生及一八四师师长潘朔端、云南省主席兼云南绥靖公署主任卢汉等则属于滇军；湖南绥靖公署副司令刘兴、李觉、副主任李默庵、西北军政公署主任陶峙岳、湖南省主席程潜等则属于湘军；西康省主席刘文辉、前四川省主席邓锡侯、西南军政长官公署副长官潘文华、川东游击司令范绍增等则属于川军。不难看出，国民党非嫡系将领，特别是杂牌的地方派系的军队，与蒋介石及其嫡系军队之间的矛盾隔阂过深，是造成他们普遍容易被策反的根本原因。

第三是有不少将领正义感极强，颇具理想性格，对蒋介石国民党此时的作为和政策极为不满。较典型者如既是冯玉祥旧部，又曾加入过共产党的张克侠，这时就在日记中记有颇多不满现状和向往革命的言论。

他在日记中写道：“北平面粉闻悉已达百万元一袋，如考虑未来有数百万元一袋之可能，则不觉骇然矣！真不知人民如何活下去，当局者如仍能夷然自得，安坐火山口上，其雅度诚不可及。”“近来，物价之跃进，加上天灾及不已的人祸，经济崩溃，命运殆不可免。‘塞翁失马’，为人民之祸乎？人民之福乎！”“鲁西大战益迫，双方皆集中大兵，但国军行动较缓，又闹家务，将领互相攻击，将帅不和，前途可叹也！”“军心、民心、军事、政治、经济日在恶化，直呈一面倒之势，如物价之小落大涨，不可能好转。”“得民者昌，失民者亡，彼以组织死党，胁持大众，威胁利诱以操纵政治者，其能稍悟乎？在肘腋刀剑之下，各种浪潮仍风起云涌，其征象早已显明。”

正是因为张克侠有上述思想，他才敢于公然写信给同为西北军旧部的第三绥靖区司令冯治安，劝其学冯玉祥揭旗反蒋。函称：“现政府之情形，腐化至不可救药，虽有强大武力，终不能幸存。况且，所有武力全系仗美国支撑，自己连力量也没有，卖身投靠活着更没有前途。因此，我觉得为这样政府流同胞的血，支持它的存在，真是悲惨耻辱的事，对不起国家，对不起自己。”[1]

---

[1] 《佩剑将军——张克侠军中日记》，解放军出版社 1988 年版，第 320、339—361 页。

蒋系亲信或嫡系将领中的一些人，后来之所以也选择起义，也多有颇为相似的原因。如蒋经国手下的重要干将贾亦斌，就是因为目睹国民党日渐贪污腐败，巧取豪夺，与早先理想背离，因而对国民党失去信心。只因蒋经国抱负很大，贾一度对蒋经国还抱有希望。不意蒋经国1948年8月乘国民政府发行金圆券代替法币之际，雄心勃勃地在上海同时实施“打虎”行动，结果打到孔祥熙的儿子孔令侃及其扬子公司一案时，竟因宋美龄和蒋介石的干预而不了了之，此事激起贾的强烈逆反心理，最终对蒋经国和国民党都死了心，从而下决心倒向了共产党。[1]

促成国民党大批将领起义的关键，自然与战争后期人心所向，潮流所趋的大势有关，但不少人选择投向共产党，也有理想主义的因素在起作用。事实上，很多国民党人当年选择国民党，也同样是抱着救国救民的理想。而孙中山的三民主义，无论是民族主义，还是民权主义，甚或民生主义，与共产党人在统一战线时期宣传的政治理念、政策主张和言论宣传，本来就存在着相当多的相似之点。很长一段时间里，两党政治追求上的主要区别，在当年的许多青年人看来，不过一个较为温和，一个更为彻底而已。正因为众多有理想的青年人更倾向于彻底的解决办法，因此也就造成了从黄埔军校开始，国民党旗帜下的学生和青年军官大批加入中共领导的青年军人联合会，许多人更干脆加入了共产党或社会主义青年团。尽管，1927年两党关系破裂后，中共政策一度转向“左”倾，导致了众多曾经同情甚或加入共产党和社会主义青年团的年轻的国民党军校学生等转向国民党，但是，随着国共两党再度和解，中共政策进行重大调整，重新高唱民族民主革命口号，两者之间在政治上又不可避免地形成了一种竞争的关系。随着国民党自身的弊端日渐暴露出来，不少早年加入过共产党，或与共产党有过关系的国民党将领不免会重新思考自己当年的选择。如张克侠、廖运周、郭汝瑰、侯镜如等，就是在抗战期间或抗战结束时因为对国民党失望，而重

[1]　贾毅等整理：《半生风雨录——贾亦斌自述》，中国文史出版社1996年版，第150—158页。

新主动与中共发生联系的。而其他一些将领，如何基沣、谢士炎等，则是在此期间因为不满国民党的作为而加入共产党的。还有一些将领，如卫立煌等，也是在抗战期间主动要求加入共产党，只是因为中共中央考虑到方方面面的原因，而未同意其申请罢了。而相当一批黄埔生的思想转变，就更是直接与当年的经历密切相关了。这种情况显示，还在抗战期间，特别是抗战后期，在一些国民党将领的眼睛里，国共两党之间就已经显露出明显的差别来了。等到抗战结束，内战爆发，中共擎起反内战、要民主的大旗，国民党政治上、经济上弊端百出，社会民众和舆论开始强烈不满之后，国民党将领中的离心力自然日渐加大。许多人因为失望而不满，最终纷纷选择站到推翻蒋介石国民党统治的一方去了。国民党军事上的迅速瓦解，这不能不是一个极其重要的原因。

第十七章

国民党对中共的最后一搏

国民党嫡系与非嫡系之间酝酿已久的冲突，终于随着蒋介石军队的主力依次在辽沈、平津、淮海三大战役中消耗殆尽，而公开爆发了。在这一阶段国共内战中几乎毫发无损的桂系势力，显示出了觊觎中央政权的强烈野心。当然，蒋系、桂系，都懂得“螳螂捕蝉，黄雀在后”的道理，李宗仁、白崇禧借力打力，假和平谈判的旗号，到底还是向蒋“逼宫”成功，一时间坐上最高统治者的位置。然而，李、白此举，无论对蒋系，还是对中共，其实都是自毁形象的昏招。一方面，李宗仁根本没有可能真正取蒋而代之，一切党政军经大权依旧在蒋的手里控制着，任何可能损害国民党法统地位的妥协，即使李、白能够接受，也不可能为国民党实权派所接受；另一方面，中共已经宣布战争罪犯名单，并且公布了以彻底废除国民党法统地位为核心的八项严厉条件，其目的就是要彻底否定国民党。接受中共的条件，桂系就将再也无法在国民党内立足，更不要说取得更大的实权地位了。如此一来，国共和谈的结束，就成了李宗仁下台的进行曲，同时也成就了国民党退出大陆前的最后一搏。

一、桂系和共倒蒋密谋

1948 年 9 月 16 日午夜，解放军 14 万人开始大举进攻国民党 11 万重兵把守的山东首府济南。在成功策反原属西北军系统的整编第六十九军军长吴化文战场起义之后，仅一周时间就攻克国民党长期经营、坚固设防的济南城，从而揭开了与国民党战略决战的序幕。而几乎与此同时，辽沈战役也开始打响。东北野战军于 10 月 15 日首先攻占锦州，21 日迫使被围已久的长春国民党守军先后起义和投降，28 日于运动战中全歼国民党廖耀湘兵团，然后于 11 月 2 日先后攻占沈阳和营口，进而再占锦西、葫芦岛和承德，前后不到两个月，就一举消灭国民党在东北的三十三个整师，总共 47 万余人，完全占领东北和热河。紧接着，毛泽东指挥东北野战军迅速入关，完成对平津国民党守军的包围态势。解放军华东和中原两个野战军也根据毛泽东的提议，开始发起以歼灭徐蚌地区黄伯韬兵团为主要目标的淮海战役，并于11月22日全歼黄伯韬的第七兵团，然后又进一步围歼黄维兵团和杜聿明集团。此役总共歼灭国民党军五十六个师55万余人。

自1948年秋天以来，国民党不仅不数月即兵败如山倒，而且经济上更因蒋介石力推币制改革失败，造成金圆券风潮，导致物价暴涨，通货恶性膨胀，经济近乎全面崩溃。蒋介石领导无方的严酷现实，促使众多国民党人纷纷上书，或献策，或批评，个别地方实力派首领更是有心取蒋而代之。如沈阳刚一陷落，蒋的亲信幕僚之一、西北军政长官张治中就致电蒋介石，直抒胸臆，倡言非和平解决国共冲突别无他路。华中军政长官白崇禧亦转电蒋要求立即布告和平之意。[1] 华北军政长官傅作义亦托词电蒋，称两市各界乃至外国商会，一致要求将军队调离市区，以避免两市200万生灵涂炭，及北平古城和天津工业毁于一旦，其因“人事关系过熟，苦难顾应”，“乞钧座将职免职”，“另派大员接任”。[2] 而新当选的副总统、桂系头号领导人李宗仁则在倡言停战议和的同时，强调要想和谈则蒋非下野不可。他告诉司徒雷登（J. L. Stuart）：“委员长继续留在这里，有悖国家的利益和人民的愿望。美国的态度对他有巨大的影响，他应该被告知，美国政府认为，如果他在军事上彻底失败之前，马上离职，并在国家和政府中让位给新的非共产党领导人，那将是对人民最好的服务。”[3]

在蒋介石的中央军主力先后在辽沈和淮海两大战役中遭受覆灭性打击之后，以李宗仁、白崇禧为首的拥有相当军事实力的桂系在国民党内变得举足轻重起来。李、白对蒋的作为向来看不惯，他们很清楚，再让蒋一意孤行下去，国民党必将一败涂地，再无立足之地。为了拯救国民党，也为

[1] 《白崇禧致张秘书长岳军、张长官文白转呈蒋总统电》（1948年12月），台北中研院近史所档案馆藏，张岳军卷。

[2] 《北平傅作义致南京蒋总统电》（1948年12月29日），台北“国史馆”藏，蒋中正档案，《革命文献》，第28册第8号。

[3] 转见《被遗忘的大使》，第258页。

了满足自己的功名心，他们不免会想要接过蒋介石手中的这块烫山芋，在政治上做出一番作为。尤其是这时领衔华中剿总司令，统率30万大军镇守华中一带长江天险的白崇禧，显得格外冲动。在他的推动下，湖北省议会议员及地方士绅于12月公开联名发起和平运动。与桂系关系密切的国民党革命委员会主席李济深，这时也从香港发来密电，劝李宗仁、白崇禧、黄绍竑等与反蒋派共同携手，配合共产党。称："革命进展至此，似不应再有所徘徊观望之余地，放下屠刀，立地成佛，至所望于故人耳。""赞成开新政治协商会议，组织联合政府，立即行动，号召全国化干戈为玉帛"，乃当今唯一可行之道。[1]

白崇禧借此乘势首先向直接蒋发难。他于12月24日晚致电蒋介石，立主马上进行国共和平谈判，电称："民心代表军心，民气犹如士气，默察近日民心离散，士气消沉，遂使军事失利，主力兵团损失殆尽。倘无喘息整补之机，整个国军虽不辞任何牺牲，亦无救于各个之崩溃。不仅中国版图变色，我五千年之文化历史将从此斩断。言念及此，忧心如焚。职辱承知遇，垂念余年，当兹国家危急存亡之秋，不能再有片刻犹豫之时，倘知而不言，或言而不尽，对国家、对钧座为不忠，对民族为不孝，故敢不避斧钺，披肝沥胆，上渎钧听，并贡刍荛：(一) 先将真正谋和之诚意转知美国……请美国出而调处，或征得美国同意，约同苏联共同斡旋和平；(二) 由民意机关向双方呼吁和平，恢复谈判；(三) 双方军队应在原地停止军事行动，听候和平谈判解决。"[2]

白崇禧的电报经由张治中、张群转交蒋介石后，蒋与二张、吴忠信再三讨论。在军事和经济双重失败的压力下，蒋深知自己已回天乏术，与其一意孤行，承担一切责任，不如以退为进，把目前这个烂摊子交给李宗仁，自己幕后掌握，反而进退裕如。只是考虑到徐蚌地区会战刚刚展开，中央

[1] 《李济深致李宗仁、白崇禧等电》(1948年12月22日)，见《刘斐将军传略》，第147页。

[2] 《白崇禧致总统蒋电》(1948年12月24日)，台北"国史馆"藏蒋中正档案，《革命文献》，第28册(上一) 第5号。

军杜聿明、黄伯韬及黄维各部正在苦战中，一旦权力易手，军心动摇，影响前线事大，因此蒋还不想马上下野，只是暗做最坏的准备而已。他一面加紧任命一批亲信执掌东南、西南各省党政军大权，密令将国库数以亿计的黄金、白银和外汇移存台湾，一面派张群、张治中、吴忠信等亲信前往李宗仁宅邸，探询桂系对自己要求的底线。

李宗仁左右研究局势和蒋的态度后，力劝李对此应旗帜鲜明地表明立场。他们草拟，并经李同意送交蒋的条件是：

一、蒋先生以俯察舆情，顾全国本，不失其历史立场，主动下野。

二、李先生继承大任，宣布和平主张。

三、和谈以内阁为主体，由大总统赋以全权。

四、和谈事前准备：甲、改组内阁，网罗全国和平民主人士充实和平阵容（阵容人选另案研究）；乙、发动全国民意一致拥护和平主张；丙、运用外交使美苏英法对中国和平取得谅解并予以支持；丁、主动争取香港方面以前之反政府政治团体，勿使为和平障碍。

五、和平宣布时我方的表示：甲、撤销以前颁布之戡乱令，停止敌对行动；乙、部队主动撤离战场（平津沽除外），彼此保持若干距离，以免冲突（军事部署另案研究）；丙、释放政治犯及战俘。

六、和谈时机宜主动迅速，务在平津未失陷，蚌埠敌攻势未发动之前。

七、和谈地点以上海为宜，并作如左[下]之准备：甲、宣布上海为和平都市；乙、军事指挥机关及部队撤离市区，治安由警察维持；丙、保证各党各派的政治自由活动；丁、以和平人士主持市政。

八、和谈条款另案研究。[1]

[1] 《1948年12月28日李宗仁左右呈蒋总统建议书》，台北“国史馆”藏蒋中正档案，《革命文献》，（革）第30册（国共和谈字）第1号。

蒋介石及其幕僚对李宗仁等提出的条件作了修改，其主要为三点：即“一、蒋先生为便于政策之转变，主动下野。二、李先生依法代行总统职权，宣布和平主张”，以及“五、为保证和平谈判之顺利，军事应有严密之部署，尤须巩固军心，团结一致”。[1]

对此，白崇禧坚决反对。他专门打电话要李宗仁的秘书程思远转告李说：“蒋下野必须辞职，由德公正式就任总统，不能用代理名义。如果名不正，那就什么事都办不了。”他力主对此无论如何必须坚持到底，不能有所让步。[2] 白崇禧之所以坚持要蒋辞职，显然是基于1931年蒋介石下野的教训。那时国民党宁粤两方闹得不可开交，再加上日军侵占东北三省，蒋介石也曾主动宣布隐退，但依旧暗中运作，过了不过一个月，就又重掌大权。因此，白崇禧深知，蒋如果不能彻底离开政坛，只靠自己在华中掌握的那些部队，李宗仁即使在南京坐上了代总统的位置，也难有作为。

1948年12月底，来自国民党内四面八方的劝退电或主和电纷至沓来。白崇禧也不惜再次于30日电蒋，告诫“时间迫促，稍纵即逝”[3]。张轸、鲁道源、程潜等亦纷纷或直或曲请蒋“毅然引退，表示政治家作风”[4]。迫于情势，蒋终于不能不出面表明自己的态度。

1949年元旦，蒋发表文告，第一次公开表示：“只要共党一有和平的诚意，能作确切的表示，政府必开诚相见，愿与商讨停止战争恢复和平的具体办法；只要和议无害于国家的独立完整，而有助于人民的休养生息；只要神圣的宪法不由我而违反，民主宪政不因此而破坏，中华民国的国体能够确保，中华民国的法统不致中断；军队有确实的保障，人民能够维持其自由的生活方式，与目前最低生活水准，则我个人更无复他求。中正毕生革命，早

[1] 《蒋总统洁身引退及和谈大计纲要草案》（1948年12月），台北中研近史所档案馆藏，张岳军卷。

[2] 程思远：《蒋介石发表求和声明的经过》，《文史资料选辑》第66辑，中华书局1979年版，第77页。

[3] 转见《文史资料选辑》第66辑，第79页。

[4] 《张轸、鲁道源致南京蒋总统电》（1949年12月31日），《程潜致南京蒋总统电》（1949年12月31日），台北“国史馆”藏蒋中正档案，《革命文献》，第30册（国共和谈字）第10、11号。

置生死于度外，只望和平果能实现，则个人的进退出处绝不萦怀，而一惟国民的公意是从。”[1]

蒋介石真的像他所说的那样对个人的进退出处绝不萦怀吗？当然不是。还在 1948 年 12 月 31 日宣读文告的晚会上，面对在场拥蒋干部的一片激愤之声，他就抑制不住地愤然宣告：并不是我想和谈，也不是我自己愿意下野，“我之愿下野，不是因为共党，而是因为本党中的某一派系”。[2]

进入到 1949 年，国民党已是败象毕露，这一点蒋介石自己也很明白。但是，依蒋之性格，他断不会向中共交枪投降，俯首称臣。元旦文告发布之后，他马上就给前线将领打气称：“要知道政府今天在军事政治经济，无论那一方面的力量都要超过共党几倍乃至几十倍。自从东北作战以来，陆军方面虽然遭遇了许多挫折，但是在数量上和质量上迄今仍居优势，尤其是空军和海军，更非共党战力所能较量。此外就政治和经济的基础来说，亦非共党所能比拟。所遗憾的是，我们政府里面一部人员受了共党恶毒宣传，因之心理动摇，几乎失了自信。……我们今天倡导和平，并非避战求和，乃是可战可和任由共党选择。”[3] 他并告诫那些力主和谈的军政长官们说：和谈固不失为一种出路，然“如何乃可化除共党赤祸之野心，以达成保国保民之和平？如何乃可防止共党翻云覆雨之阴谋，以免战祸再起之害？”况“值此千钧一发之际，吾人如不能孰权利害，团结意志，而先自乱步趋，则适中共匪分化之诡谋，将陷于各个击破之惨局。须知今日之事，可和而不可降，能战而后能和。我族之存亡系于是。兄等自身安危亦系于是”。[4]

蒋介石心态如此，其实李、白也同样不打算降共，不过要取蒋而代之。在他们看来，和谈只是迁就现实，保存实力，与中共平分天下的一种手段。

---

[1] 南京《中央日报》1949 年 1 月 1 日。

[2] 南京《中央日报》1949 年 1 月 1 日；程思远前引文，《文史资料选辑》第 66 辑，第 80 页。

[3] 《总统府参军处致傅作义、陈长捷、杜聿明等电》(1949 年 1 月 2 日)，台北“国史馆”藏蒋中正档案，《革命文献》，第 28 册（上一）第 19 号。

[4] 《蒋中正致信阳张主席翼三电》（1949 年 1 月 2 日）、《蒋中正致汉口白总司令健生电》（1949 年 1 月 2 日），台北“国史馆”藏蒋中正档案，《革命文献》，第 28 册（上一）第 16、14 号。

白崇禧复蒋电云："对于和议途径，职意仍本亥敬电（按：即12月24日晚电），尽量运用外交，尤须美国挺身而出，英、法想能一致。美、英、法出面邀请苏联，想苏联似不便拒绝，因中共为国际性组织，我非运用国际力量，不能阻止中共行动。""若苏联依据[莫]斯科三国宣言，不干涉中国内政为辞，则似有纵容中共南渡长江占领京、沪、武汉，使我失去政治、军事重心，再组联合政府，操纵把持，以遂其赤化整个中国之野心。届时我亦应请美、英、法三国担任斡旋，共同发表强硬宣言，并望积极助我，则苏联或许暗中约束中共南渡长江之行动。"与此同时，"我似可将苏联在东北、朝鲜北部缴获日械，接济中共，同时在东北发现日共、蒙共、韩共等国际共产军，因此中国之戡乱，不纯系内战，实际上是与国际共产军作战"等种种理由提请美、英、法考虑，"若美、英、法以不干涉内政为词，我可否向安全理事会控诉，请国际机构联合国仲裁"。总之，"自东北失陷，平津被围，中国关内共军与关外连成一片，直接与苏联之西[伯]利亚、外蒙、北韩均已通达。中共占有外援之优越形势，国军屡挫之余，此刻难以力争。故我应将中共问题变为世界问题，将国共战争变为反共战争，使其变为国际化，庶可得国际援助，渡过难关，再图整理"。[1]

表面上，李、白对蒋仍旧"总统"长"总统"短地叫着，但桂系到底与蒋系隔阂太深，对蒋排斥异己的种种做法和军事指挥上的无能深恶痛绝，因此巴不得利用这种机会逼蒋下野，以根本改变国民党日暮途穷的状况。他们很清楚，要想达此目的，光靠自己的力量不行，非利用共产党的压力不可。这就是为什么，白崇禧虽然坚决反共，却成了这一时期国民党内和共主张的重要推动者。他找来与中共有过关系的刘仲容，请刘经南京前往上海，设法联络中共，共同反蒋，并向李宗仁转陈他的和共计划。他同时还致电南京，召来与李济深有较深交情的桂系头面人物之一黄绍竑，请他

[1] 《白崇禧致总统电》（1949年1月9日），台北"国史馆"藏蒋中正档案，《革命文献》，第28册（上一）第32号。

携亲笔函尽快去香港，会晤李济深，说明桂系愿意联共反蒋的意向，希望李能够代为引见中共代表，切实争取中共的谅解与支持。

1949年1月3日晚，刘仲容到上海，会见中共秘密联络人员吴克坚，说明白崇禧的想法，请吴帮忙接通与中共的联系，并告诉他中共方面的态度。当时中共中央对与国民党谈判，尚未确定最后方针，刘在上海多日，却始终没有得到答复。十天之后，黄绍竑到达香港，马不停蹄地赶到李济深宅邸。不想，李已经乘船转去大连，参加中共中央召集的新政协的筹备工作。黄只好打电话给国民党革命委员会的另一位负责人黄琪翔，请黄帮忙与中共驻香港的代表联络。黄绍竑同时交给黄一封信，内称：健兄（即白崇禧）早有反蒋决心，只因时机未熟，不敢发动。上月24日致电蒋介石，实际就是为了倒蒋。蒋发表元旦文告，不过想接过和平运动的旗帜，以此卸去好战之责任而继续作战罢了。健兄认为，蒋决不会轻易下野，必须更进一步表示，发表宣言，公布蒋氏罪行，如再不悔悟，则须以武力解决。只是，表示这种宣言，必须有军事行动之准备，事前尤其应当与中共方面取得谅解与合作。因此，他特派黄绍竑为全权代表，负责向任公（即李济深）报告，并与中共驻港负责人洽商连络。请任公向中共中央通告：（一）武汉反蒋经过及以后决心与行动；（二）请中共中央转知华中当局，与武汉当局成立军事谅解，以免误会；（三）商定以后共同作战计划。健兄认为，时机紧迫，早日得到中共答复，宣言即随之发表，军事立刻行动。若迟延时日，蒋得从容布置，殊为不利。健兄并郑重表示：（一）欢迎国民党革命委员会迁入武汉；（二）绝不维护南京宪法、法统，拥护新政协解决国是。[1]

黄绍竑走后，黄琪翔连忙打电话给中共中央驻香港的代表潘汉年，要求潘出面见黄绍竑一次。三天后，二黄见到潘汉年。黄绍竑向潘汉年介绍白崇禧准备反蒋的经过情形，说明白目前与蒋系已成敌对，而桂系军力在华中只及蒋系的三分之一，程潜虽可联合，但如不得中共配合，反蒋仍无

[1] 《黄绍竑致李任潮函》（1949年1月14日）。

成功可能。他并说，离开南京前，美国驻华大使司徒雷登的秘书傅泾波曾表示，美国认为蒋不下野，和平不能实现，即美援也不能解决危机，故美国已决心不介入中国内政。因此，桂系反蒋决无美国背景。[1]

中共方面这时对和谈问题尚在犹豫之中。毛泽东始终怀疑国民党人求和，多半“是在美帝、蒋宋指使下来做缓兵计的阴谋”。早在1947年10月，毛泽东就针对国民党人刘航琛组织和平统一大同盟问题告诫党内：这是美帝和蒋介石、宋子文策划的一箭双雕的办法。企图“请蒋暂避，保持现状，维护正统，缩编共军，既不清算，又不惩处。成则可造成拉拢一切对蒋不满的地方势力及中间党派来与我们对立，迷惑人民，孤立我党，待机反攻；不成则退保粤、桂、川、滇、黔、康，在自卫口号下不许我军入境。表面上造成鼎足之势，实际上是为蒋介石反动统治制造缓冲地区和后备力量”。“不但何应钦、白崇禧这类人可以伪装反蒋，就连宋子文、张群、张治中、朱家骅这类嫡系都可出头反蒋，其目的就在混入反蒋阵线，组织拥蒋力量。我们对于这类阴谋只有揭露反对，借以测验反蒋派别及人物的真伪，唤起人民大众更进一层的觉悟，决无利用拉拢之理。”[2]一年以后，即1948年8月，毛泽东虽然对李济深、冯玉祥等中间派人士的倒蒋活动，主张不要一概反对，但他对国民党内此伏彼起的和谈呼吁依旧持相当强硬的态度。针对国民党内的和平运动，中共中央特别在12月25日公开宣布蒋介石、李宗仁、白崇禧、何应钦等43人为必须惩办的战犯。毛泽东更于新年献词中明白警告说：中国共产党绝不会怜惜蛇一样的恶人，一定要将革命进行到底，即要“坚持彻底干净全部地消灭一切反动势力，不动摇地打倒帝国主义，打倒封建主义，打倒官僚资本主义，在全国范围内推翻国民党反动统治，在全国范围内建立无产阶级领导的以工农联盟为主体的人民民主专政的共和国”[3]。

---

[1] 《潘汉年致周（恩来）、李（克农）并中央电》（1949年1月18日）。

[2] 《中央关于必须将革命战争进行到底反对刘航琛一类反动计划的指示》（1947年10月27日），《中共中央文件选集》，第16册，第575—577页。

[3] 毛泽东：《将革命进行到底》（1949年12月30日），《毛泽东选集》（合订本），第1380页。

蒋介石发表元旦文告后，毛泽东依旧不屑一顾，痛加斥责。1949 年 1 月 14 日，在斯大林的推动下，毛泽东才最终同意抓住和平旗帜，因而改变策略。[1] 这一天，他以中共中央主席的身份，针对蒋的元旦文告，提出和国民党军政势力谈判的八项条件。但毛实际上把这八项条件已变成了一纸降书。其内容如下：

（一）惩办战争罪犯；
（二）废除伪宪法；
（三）废除伪法统；
（四）依据民主原则改编一切反动军队；
（五）没收官僚资本；
（六）改革土地制度；
（七）废除卖国条约；
（八）召开没有反动分子参加的政治协商会议，成立民主联合政府，接收南京国民党反动政府及其所属各级政府的一切权力。[2]

黄绍竑到香港时，恰值毛泽东 14 日文告公开发表。潘汉年这时虽然已经得知毛泽东的声明，但尚未接到任何关于和谈的具体策略指示，因此，他对黄绍竑提出的要求无法具体答复，只是告诉黄：他会将其来意报告中央，有无答复，何时答复，却不能预告。[3] 实际上，中共中央这时所以没有具体指示，一方面是新策略刚刚出台，还没有深入筹划实施办法，另一方面也是因为它正等着看南京政府方面会做何反应。毛泽东显然认为在此条件下，不可能有长时间的和谈。他明确告诉华东野战军领导人说：目前部队暂以

[1] 参见杨奎松：《毛泽东与莫斯科的恩恩怨怨》，江西人民出版社 2000 年版，第 267—269 页。
[2] 毛泽东：《中共中央毛泽东主席关于时局的声明》（1949 年 1 月 14 日），《毛泽东选集》（合订本），第 1394 页。
[3] 《潘汉年致周（恩来）、李（克农）并中央电》（1949 年 1 月 18 日）。

长江北岸为范围，“不要立即渡江”，“等候南京伪政府答复我们的和平建议”。“如果他们同意这些条件，你们即应和平地开入南京，代表中国人民接收南京伪政府的一切权力，听候即将成立的民主联合政府处理。如果他们不同意这些条件，那就证明他们的所谓和平建议不过是一个骗局，你们应命令南京伪政府投降。如果他们又不愿意投降，你们即应歼灭之。”[1]

毛泽东的八项条件，蒋介石自然不可能接受。1月19日，以孙科为首的行政院做出决议，宣称必须先行无条件停战，然后才能协商和平办法。这等于拒绝了毛泽东提出的八项条件。据此，中共中央决定支持李、白反蒋。20日和21日，毛泽东、周恩来等分别起草电报，指示在香港的潘汉年和上海的吴克坚，电称：“望告黄绍竑，只要白有决心，我们可以和白联合对蒋”；中共对时局的态度以毛泽东1月14声明为准；“南京集团是主要内战罪魁。李、白对内战亦负有责任，如欲减免内战罪责，必须对人民解放事业有具体而确实的贡献。如李宗仁尚欲取蒋而代，白崇禧尚欲获得美援反对我军，则将不能取得人民谅解，可以断定无好结果”。电报指示，如白确有诚意，可派人带电台密码波长呼号到郑州，通过市政府介绍至刘伯承第二野战军司令部进行接洽。中共中央同时通知第二野战军政治委员邓小平，准备接待武汉白崇禧派来的代表前往郑州。[2]

与中共中央做出决定，支持李、白反蒋的几乎同时，蒋介石鉴于徐蚌杜聿明等中央军主力大部被歼，北平傅作义已决定接受和平改编，半壁江山已去，上海、南京危在旦夕，终于下决心要把剩下的烂摊子丢给副总统李宗仁了。他于1月19日“约见李宗仁，商谈时局，表示‘引退’之意”。白崇禧这时正在指使人草拟电报，准备宣布蒋的罪状，接讯后自然停止。21日，蒋果然召集国民党中央常委会临时会议，宣读了下野文告，宣布“依据中

[1] 《热烈祝贺淮海战役胜利结束》（1949年1月20日），《毛泽东文集》，第五卷，人民出版社1993年版，第240—241页。

[2] 《周（恩来）、李（克农）致汉年电》（1949年1月20日）；《周、李致汉年、克坚电》（1949年1月21日），转见《毛泽东年谱》（下卷），第441页。

华民国宪法第四十九条：‘总统因故不能视事时，由副总统代行其职权’”[1]。次日，蒋介石回到家乡浙江奉化溪口，李宗仁一夜间变成了代总统。

当然，蒋介石走前即要他的侍卫长兼军务局长俞济时，秘密通知电信局重要军话台的负责人：“嗣后凡是李宗仁、白崇禧、黄绍竑等三人经由电话中一切消息，你搜集后，立即通知我。”而蒋到溪口后，军事上依旧每天直接与参谋总长顾祝同、空军副司令王叔铭和京沪杭警备总司令汤恩伯等通话并指示机宜；政治上大至组阁问题，小至地方官员更换，蒋都毫不放手。孙科之后的行政院长，李宗仁推荐居正，蒋反对，李只得改请何应钦；首都警察厅厅长黄珍吾请辞，李宗仁不顾蒋的意见，直接任命自己的特工人员刘诚之接替，蒋马上嘱咐前国民政府机要室主任毛庆祥径函电信局长，不得接近刘诚之，不要为其提供方便。经济上，蒋不理李宗仁等人的强烈反对，硬是命令海军将国库存放的黄金和美钞全部运去台湾。[2]

二、李宗仁、白崇禧发动和平攻势

李宗仁刚一当上代总统，就雄心勃勃地试图兑现自己实现国内和平的诺言。1 月 22 日，上台伊始，李就发表文告称：“只要和平能早日实现，国家能早日步入和平建设之坦途，宗仁个人进退绝不计及。”“中共方面所提八条件，政府愿即开始商谈。兹已派定代表，俟得中共方面答复，和谈即可进行。”[3] 李同时分别致函李济深、沈钧儒、章伯钧、张东荪、宋庆龄、张澜、张君劢、罗隆基、黄炎培、章士钊、陈铭枢等中间派人士，征求他们对和平问题的意见，说明自己求和的决心。[4] 其后，他迅速令饬行政院办理下列各项事宜：（一）各地“剿匪”总部一律改为军政长官公署；（二）取消全

---

[1] 南京《中央日报》1949 年 1 月 22 日。

[2] 王正元：《监听专员见闻录》，第 275—281 页。

[3] 南京《中央日报》1949 年 1 月 23 日。

[4] 南京《中央日报》1949 年 1 月 23、24 日。

国戒严令（接近前线者俟双方下令停止军事行动，再行取消）；（三）裁撤戡建大队，交由国防部另行安置；（四）释放政治犯；（五）启封一切在戡乱期间因抵触戡乱法令，而被封之报纸、杂志；（六）撤销特种刑事法庭，废止特种刑事条例。他同时还下令释放张学良和杨虎城。[1]

白崇禧本不赞成李宗仁做这个“代总统”，因为一旦形势稍有变化，蒋介石即可重新行使职权。但蒋既然已经离开南京，李宗仁也已取得名义，他也还是多少抱有一些希望。他要黄启汉到南京去，告诉李宗仁，既然已经走上这条路，就一不做二不休，先来个释放政治犯，开放言论自由，争取人心；然后下令将蒋介石的嫡系干将陈诚和薛岳撤职，削其左膀右臂；同时与行政院长孙科商谈合作办法，不行就改组内阁。总之，冒险一搏，假如搞不过蒋，那就与蒋撕破脸。李宗仁显然也试图一步步照此去做，但由于一切实权仍旧操在蒋及其亲信手中，李的大多数命令其实连南京城都出不去。

就在蒋介石宣布下野的第二天，北平傅作义宣布接受和平改编，整个长江以北的广大地区和国民党的将近两百万军队基本落入中共之手，形势对南京更加不利。李宗仁这时的思想也颇为矛盾。他无论如何不想看到南京政府会走上北平傅作义的道路，并且深知他能否很快阻止解放军向南推进，将成为他显示政治能力，迅速赢得党内外广泛支持，最终取代蒋介石的关键。为此，他这时一面秘密派专人送电文给李济深，请其力劝解放军缓和攻势，开始和谈，以符人心，一面秘密派过去为中共工作过的刘仲华与黄启汉同去北平，带信给毛泽东等中共领导人，极力表示自己只求“迅速推动和谈”，“决尽绵薄谋和平之实现，名位权利绝不计及，也绝不为特权做掩护，求外援之支持也”。[2]

对于李宗仁上台，中共中央早就有所准备。但李宗仁上台还是使形势略显复杂，中共中央一时还无法判断蒋介石是否真的能退出政坛，也不清

---

[1]　南京《中央日报》1949年1月25日。

[2]　《李宗仁致毛、朱、周、叶、林、聂函》（1949年1月23日）。

楚当上代总统后的李宗仁能否真的赞同毛泽东的八项条件。因此，当南京政府行政院临时政务会议宣布要派邵力子、张治中、黄绍竑、彭昭贤、钟天心等五人为和谈代表后，毛泽东当即起草中共发言人的公开谈话，强硬表示：彭昭贤是主战最力的国民党 CC 派的主要干部之一，根本就是一个战争罪犯，中共方面绝不接待这样的代表。而我们之所以同意在毛泽东对时局声明的基础上与南京反动政府谈判和平解决的问题，只是因为这个政府手里还有一部分反动的残余军事力量，如果它愿意接受八项条件，那么用和平的方法来解决问题，就可以使人民少受痛苦。问题是“南京反动政府是否愿意接受中共所提出的反映全国人民公意的八个条件，现在谁也不知道”[1]。不仅如此，中共中央还通过陕北广播电台，进一步宣布一份包括蒋经国、潘公展、胡适等人在内的 37 人的战争罪犯名单，以此来向南京政府施加压力。[2]

鉴于形势尚不明朗，中共中央决定继续从军事解决着手。它电示潘汉年转告黄绍竑，中共中央已同意和白崇禧联合对蒋，要白立即派代表经河南信阳转道郑州，与中共前线负责人联络。黄绍竑当即表示：一定马上打电报给白崇禧，要他派人前去接洽。黄绍竑同时告诉潘汉年，他得知李宗仁代总统的消息之后，就立即电报李，要李务必停止所谓的“戡乱”，取消紧急法令，释放政治犯，恢复言论自由，否则的话无法与中共商谈和平。黄认为，李宗仁当这个代总统也是一个机会，可以利用这个位置把战争停下来。他明确表示，他不想充当南京政府的和谈代表，只愿以私人身份奔走和平。他问道：你们能否设法派人和我一同到北平去，同你们的中央负责人商谈出一个和平基本协议的草案，然后我拿给德公和健兄去考虑?

潘汉年对此表示拒绝，说明：李宗仁如能效法傅作义，先明确接受毛泽东的八项条件作为先决条件，就好具体商谈和平解决方案。如果像李宗仁现在这样，在南京空谈什么议和停战，恐怕什么问题也解决不了。他建

---

[1] 《中共发言人就和平谈判问题发表谈话》(1949 年 1 月 25 日)，《毛泽东文集》，第五卷，第 243—244 页。

[2] 《人民日报》1949 年 1 月 27 日。

议黄还是尽快劝告白崇禧与刘伯承、邓小平洽商军事反蒋。因为如果局部商洽能够成功，将来很容易发展成全面的和平。[1]

第二天，黄绍竑按照与潘汉年的约定离开香港，经广州飞回武汉，向白崇禧报告接洽结果。据黄绍竑回忆，因蒋介石下野，李宗仁上台，白崇禧这时的态度已经有了很大变化。[2] 25日，白崇禧并没有派他的心腹干部前往人民解放军第二野战军接洽，只是派了身为湖北省社会名流的鄂省和平促进会主席李书城和促进会干事李瀛刚二人，经信阳到漯河解放军刘、邓华东野战军第四纵队所在地。经军委批准，四纵政治委员雷荣天等接见李书城和李瀛刚。李书城称：临动身时，白崇禧一再表示对毛泽东提出的八项条件并无多少不同意见，只是感到中共方面宣布的战犯太多，尤其不应包括他本人在内。据李书城说，白崇禧甚至表示，他不会因此而放弃与中共合作。若得中共同意，他愿意充任江南进攻蒋系军队的先驱。

雷荣天的答复是：白崇禧愿意反蒋，我军欢迎，但白近几年来助纣为虐与中共为敌的事实也不容抹煞。因此，白崇禧应认清形势，尽快放弃一切幻想，如能协助我军解放江南，自然最好，如若不能，像傅作义将军那样，接受和平改编，也可以将功折罪。他希望知道白崇禧有何具体计划。李书城和李瀛刚对白在军事上的考虑显然毫无所知，只是强调白希望能够保全军队，最好是只改变部队名称与指挥系统。根据他们的想法，在以后的联合政府中还应给白以相当的位置。当然，他们也表示，对白还是有必要施加一定的压力，如此估计白也会接受改编军队的条件，只是最好能够讲求方式，酌量缓急适宜，尤其对白应从宽处理，允其立功赎罪。[3]

二李关于白崇禧希望保全军队的一席谈话，多少可以反映出白崇禧这时的心态。在蒋介石下野，李宗仁代行总统职务之后，白崇禧也像李宗仁一样，对于和平问题存在着相当多的幻想。他在给黄启汉的指示中直截了

---

[1]　《潘汉年致周并中央电》(1949年1月25日)。

[2]　黄绍竑：《李宗仁代理总统的前前后后》，《文史资料选辑》第60辑，第57—58页。

[3]　《刘、陈、邓致中央军委电》(1949年1月29日)。

当地提出，应当争取就地停战，及早开始和平谈判，务必劝说中共军队不要过江，将来以长江为界，暂时南北分治。他甚至在1月22日写给李济深的信中声称：现在李宗仁既已就位，决以最诚恳态度与中共进行和平谈判，就应全力求和，并努力扫除独裁祸根。至于将来国是，则应“由国人公意抉择”。这种态度，清楚地显示他在蒋介石下野后心态上已经发生很大的变化。这也就难怪，他在与黄绍竑争论时会强硬地表示：“如果（中共）迫我太甚，仍然还是打。你知道我们以前是草鞋出身，最后还可以上山打游击同他们拼一下。”[1]

对于李、白心态上的这种变化，中共中央当然不可能十分了解。注意到李宗仁公开表示愿意接受八项条件，毛泽东对按照北平和平解放的方式解决南部中国的问题开始有了相当的信心，因此突出强调要利用李、白与蒋系的矛盾。他特别去电要吴克坚转告在上海的刘仲容，要他转告李、白：应“准备实行和蒋系决裂，和我方配合解决蒋系”，使自己与蒋系有所区别。[2]

就在李书城等密访漯河解放军前线的同时，黄启汉与刘仲华也于26日由南京飞来北平。28日上午，中共新任北平市市长叶剑英根据中共中央的指示与二人谈话约一个小时。黄、刘二人详细介绍李、白两人手下可以掌握的军队情况，说李宗仁交代，他所设想的和平解决办法无非两种：第一是局部和平，并与中共并肩作战；第二是切实在八项条件下里应外合，推动全面和平。李的计划是想等蒋离开后，真正拿到政权再与中共言和。为此，李宗仁要求他们作为李、白二人的私人代表，留在北平，以便成为他们与中共联系的固定中间人。[3]

在北平市委随后举行的碰头会上，与会者对叶剑英介绍的谈话内容都表示不满意，因为刘、黄二人并没有带来多少新的东西。可是，在西柏坡的周恩来读到简报后，却认为黄、刘二人的谈有具体内容，有文章可做。在

---

[1] 《白崇禧致李济深函》（1949年1月22日）；黄绍竑：《李宗仁代理总统的前前后后》。

[2] 转见《毛泽东年谱》下卷，第448页。

[3] 《彭（真）、叶（剑英）：李、白代表谈话简报》（1949年1月30日）。

周恩来起草的中央复电中，特别批评北平市委对利用桂蒋矛盾重视不够。电报指出："加深李、白与蒋系的分裂，逼其站在我们方面，走上推翻美蒋统治的道路"的方针，对我十分重要。有必要利用一切机会使李、白反美、反蒋，与蒋系火并，以利我各个击破。因此，周具体指示叶剑英下一步谈话的策略办法。这就是，要刘仲华立即返回南京，告诉李宗仁："如其果有反蒋、反美，接受毛主席八条要求的真意，即应迅速与蒋分裂，逮捕蒋之嫡系将领如顾祝同、汤恩伯、俞济时、陈大庆及特务头子毛人凤、郑介民、叶秀峰、郭紫峻、毛森等人，方能站稳脚跟，进行和谈。否则，李、白不扣复兴社和CC系，结果必致李、白为复兴社和CC系的特务分子所暗算，弄得身败名裂，两头失踏。中间道路是万万走不通的。如李、白确愿在行动上有反蒋反美的表示，刘仍可来平，并携带密码呼波与叶接洽，以便建立联络。如李、白托黄、刘转告之言，纯系骗局，则中共便无此余暇与之敷衍。"[1]

2月2日，叶剑英根据中央来电，再度接见刘仲华，转达中共中央电报的内容。刘仲华听后，多少有点犹豫，他说：李太稳重，恐怕不敢作为。昨天上午，自己在电话中曾告诉他，蒋这次公然释放冈村宁次等战犯，他作为代总统，应先把冈村扣起来，听候人民处理，李却以在电话里听不清为由，不置可否。据刘仲华说，李的打算是先分化南京的政治力量，争取一部分军队为其所有，然后再有所作为。如此计不成，李那时或许会回武汉举旗反蒋，与中共并肩作战。但刘估计，李在南京既无力量，也无胆量逮捕中共所提到的那些人。他建议一方面中共应向李进一步施加压力，一方面可考虑抛开李，单独与白崇禧谈判，策动白单独与中共合作。[2]

刘仲华还未动身，就接到李宗仁的电话，李坚持要刘留在北平，协助安排南京所派和谈代表来平事宜。而与此同时，眼看解放军仍在节节逼近长江北岸，国民党主战派重新发出战争鼓噪，李宗仁如热锅上的蚂蚁，惶

[1] 《中央致彭、叶并告林、罗、聂电》(1949年2月1日)，并参见《周恩来年谱》，人民出版社、中央文献出版社1989年版，第811页。

[2] 《彭（真）、叶（剑英）、徐（冰）：与刘（仲华）谈话经过电》(1949年2月3日)。

惶不可终日。不得已，他又亲自找到过去曾经和陈毅在苏北有过交往的李明扬，请他秘密前往江北陈毅部所在地，向陈毅解释他的难处，要求解放军南下能缓以时日。

李明扬于2月4日在南开大学教授姜颖初的陪同下离开南京，秘密渡江北行。行前，李宗仁亲自接见与中共有关系的姜颖初，态度显得异常恳切，激动时甚至声泪俱下，说是从北伐至今，蒋一贯企图消灭桂系，自己却仍受蒋的驱使，当了蒋二十多的走狗，实在痛心之至。而今他确实想与蒋决裂，同中共一起实现全国和平。人家说他这是要投降，但他为了结束战争，减轻人民痛苦，向人民投降，并不算是耻辱。对于他目前的苦衷，还希望中共多加谅解。

5日，李、姜二人到达淮阴中共军队驻地，随后被送至野战军前线指挥部。根据中共中央的建议，陈毅和饶漱石一起接见了他们。

据李讲，蒋已将嫡系部队及实权机关随同主战分子，一同撤至粤、闽、台，表面上说是政府南迁广州，实际上主要机关和重要物资全部移往台湾，准备解放军渡江后在台湾组织政府，与美、日建立东亚反共同盟，订立军事协定，继续顽抗。蒋介石甚至还有计划，想要建立日本志愿军，释放冈村宁次就是为此。对释放冈村一事，李宗仁表示十分遗憾。他事先并不知情，事后曾命顾祝同将其抓回，但顾假装派人去搜捕，然后用“不知去向”来打发他。现在，蒋介石把江防大部都交给了桂系军队来防守，而让汤恩伯留守京沪。蒋的如意算盘是这次决不能谈成和平，中共非过江不可，那时首先倒霉的必是桂系，而他的嫡系将能够顺利后撤并监视李宗仁的行动。现在李宗仁在南京其实只是光杆司令一个，因此李宗仁对于逮捕在南京的战犯一事，颇感为难，称：“不要说逮捕他们，今天我不被他们捉去已算很好了”。

姜的讲法略有不同。他说，李宗仁临行前曾对他说，在蒋介石的军队中，他已经能够掌握百分之二十，如李延年、刘汝明等部，他有把握可以争取。黄旭初在广西的部队也可以参加反蒋，进兵广东。整个桂系有三十万军队，加上正在广西招募的二十万新兵，可以和蒋一拼。只是现在必须设法把桂系军队一部调至江西，一部调来南京附近，同时逼迫汤恩伯所部十余万军队退出京沪杭防区，另外改组国防部和联勤总部，撤换蒋之嫡系徐永昌及南京卫戍司令张耀明等人。那时候，如果汤恩伯还不听话，他就可以想办法把汤恩伯给解决掉。[1]

还在陈毅等人与李明扬进行谈话之前，李宗仁就在南京那边一个劲儿地给北平的刘仲华打电话，要求中共方面尽快安排南京和上海的代表来平，说是要来北平谈和的人越来越多了，有些老先生甚至闹到总统府来，那些中外记者更是吵着嚷着要来北平。有个“南京人民代表团”早在 3 日就飞到青岛，等着进去了。

2 月初，毛泽东估计“武汉、京、沪、长沙、南昌、杭州、福州、广州均有按照北平方式解决的可能”，因此对和平谈判较前积极。他明确表示：李宗仁、白崇禧，只要能站在有利人民事业的一方面，“依照北平办法解决京、沪、汉等处问题，我们即会以对待傅的态度对待他们”。太原如能照北平方式解决，我们亦可照待遇傅作义那样待遇阎锡山。2 月 2 日晚，毛泽东听到南京电台说，南京、上海都有代表团要来北平为沪宁和平游说。3 日凌晨，毛就起草专电给北平的叶剑英和彭真等，要他们“不要拒绝”，而且要“有礼貌地招待他们，探明来意，报告中央”。[2] 可见，中共中央这时已采取积极推进和平进程的方针，凡以私人资格前来的，几乎是来者不拒。

三、“四老”达成和平使命

4 日清晨，“南京人民代表团”的代表吴裕后拨通北平电讯局的电话，电话很快就转接到叶剑英那里。叶很痛快地表示同意代表团飞来北平，只是规定：(1) 6 日下午 2 时由青岛起飞；(2) 各代表名单、籍贯、经历、现

---

[1] 《彭（真）、叶（剑英）、徐（冰）：与刘（仲华）谈话经过电》(1949 年 2 月 3 日)。
[2] 《中央致彭、叶电》(1949 年 2 月 3 日)。

任职务，必须先送中共方面，取得同意；(3) 新闻记者不许同来。吴对此一一承诺，并当场将代表情况详加介绍，叶记录后表示认可。对此，毛泽东明确电示：“此种处置是妥当的”，对上海代表团亦可照此处理。[1]

不过，北平方式虽以和平为手段，实质却同样是彻底否定南京政权。因此，李宗仁的亲信甘介侯以南京政府代表自居，于5日对中央社记者发表谈话，扬言他也准备前往北平，且“唯一任务为从事敲门，敦促中共迅速即指派和谈代表并决定和谈之时间地点，以便政府代表团前往开始和平商谈”，这个消息惹得毛泽东大为不满。他当即告诉叶剑英：“我们决不许其来平。如果他混来了，剑英应拒绝接见，并将他驱逐出北平。”不仅如此，毛泽东还很快挥就一篇声明，公开警告说：“甘介侯这类从事‘和平攻势’的政治掮客，他只有资格在南京上海一带出卖其‘和平攻势’牌的美国制造的廉价商品，人民的北平不欢迎这类货色，对不起，请止步。如果甘介侯竟敢混入北平，贩卖私货，则北平人民很可能把他驱逐出境。”[2]

2月6日，以邱致中为首席代表的南京人民代表团一行人，乘坐美式运输机，从青岛起飞。飞临北平上空时，驾驶员应代表团成员的要求，特意在北平上空略作盘旋。没想到，当日上午和中午刚刚发生过国民党战斗机轰炸并扫射南苑机场和朝阳门东的情况，代表团的飞机又比约定时间晚了一个小时，防空部队刚进城，与警备司令部的电话联络还未及架通，结果飞机遭到高射炮的射击。好在驾驶员迅速反应过来并与机场取得联系，虚惊一场。飞机降落后，北平市市委的接待人员立即向代表们表示慰问，并用准备好的大轿车把代表团送到了北平最好的六国饭店。晚上还举行宴会，款待并压惊，叶剑英市长亲自主持。代表们对此深感满意。几位代表甚至面红耳赤地发誓说，不论此次接头有无结果，回去后一定不顾一切迫害，把人民解放军的情形和叶先生坦诚态度反映到南方去，说明共产党是要和

[1] 《中央致剑英并告林、罗、聂、彭电》(1949年2月7日)。

[2] 《中央致剑英并告林、罗、聂、彭电》(1949年2月7日)；《人民日报》1949年2月7日。

平、爱和平的，战争贩子在南方。[1]

第二天，根据副市长徐冰的电话通知，代表团成员留在饭店里写各自的意见。8 日，双方整日进行分别谈话。邱致中等在书面意见中强调：元气大伤，江南不能再战，且战犯远飏海外，打到广州亦无损其生命财产，解放军为民众武力，损耗过大也可惜。何况李宗仁求和心切，利用李、蒋矛盾，则兵不血刃即可获得十省左右之土地及非蒋系的军队。待联合政府成立，明令讨伐蒋系军队及其占据之三五省，必定所向披靡。但是，代表团中人明显地对共产党及其革命到底的决心缺乏了解。吴裕后等在谈话中提出：若和谈不成，国民党内开明分子愿以长江为界，实行分治，彼此以工作成绩争取人心。吴等问：贵党用武力击败国民党，则国家仅有之建设基础势必全部被毁，加重贵党建国之困难，贵党以为如何？代表团提出的所谓“和平谈判纲领”甚至主张：政治协商会议应由国共两党及中间党派、民意机关、人民团体和社会领袖六方各出六人组成；联合政府亦应由上述六方共同组成，主席应由社会领袖担任，副主席由国共各派一人担任。[2]

综合 8 日代表团成员的谈话及书面意见，彭真与叶剑英两人于 9 日致电中共中央报告说：代表们的基本要求是：第一，主张利用蒋、李矛盾；第二，另立新政府，不如通过和谈接收旧政府，便利控制全国和得到国际承认；第三，和谈成功，至少西到宜昌，东到上海，都可解放，那时蒋只剩下台、赣、闽、粤四省，容易解决；第四，和谈策略应注意轻重缓急。我们只表示了善意的欢迎，均未表态。对此，中共中央复电强调：“代表们所谓另立新中央不如利用和谈，占有国际已经承认的旧中央，运用旧中央权力实行对蒋系讨伐等语，是真正代表美国和桂系的意见，在这些方面你们不要表示态度。”但“你们可向和桂系有关的代表暗示，只要桂系今后行动是站在有利于人民解放事业及能达成真正持久和平之目的，我们是不会拒绝他们的”。[3]

---

[1] 《南京代表团之反映》1949 年 2 月 8 日。

[2] 《和平谈判纲领》（1949 年 2 月）。

[3] 《中央关于对南京代表团谈判的指示》（1949 年 2 月 10 日）。

据此，叶剑英通过电话向代表团转达了中共中央的这一态度。

这边南京人民代表团刚刚离开北平，那边上海和平代表团就到了。

对于这个代表团，中共中央显然更加重视。所谓南京人民和平代表团，不过是被蒋查封的“中国人民和平策进会”的成员，知名度相对来说不高。而这个上海和平代表团，却是由国内享有盛名的四位年事已高的社会名流组成的。他们分别是颜惠庆、章士钊、江庸和邵力子。其中，颜惠庆已73岁，是著名的外交家，历任驻美、德、苏、瑞各国公使或大使，早年当过外交部长和国务总理，后为国民党立法委员，做过联合国善后救济总署远东区域委员会主席。章士钊68岁，是著名的律师兼教育家，早年也担任过大学教授、校长，办过报纸，做过司法总长、教育总长、政府顾问及历届国民参政员。江庸，72岁，早年做过北洋法政学堂教习、学部参事，也当过司法总长、大学校长、京师高等审判厅长，抗战期间任历届国民参政员、是修订法律馆总裁、法权研究会总长。邵力子，68岁，是著名的国民党人，曾任国民党陕西省主席、驻苏大使、中宣部部长等职。这些人在国内外都有相当的地位和影响。因此，代表团到达北平前和到达北平后，中共中央几度电示叶剑英等：在北平的高级军政负责人林彪、罗荣桓、董必武、聂荣臻均应参加接见和宴请代表团，“招待要周到，谈话要恳切”，代表团提出的要求应尽量满足，一般不予限制。毛泽东明确讲：这些代表都是资产阶级及绅士们的代表，其中有些是国民党人。他们处在国民党灭亡在即，我军即将占领全国的形势下，不得不向我们找出路，这是有利于我们发展的现象，故应好好应付这些代表，并由总前委及董、薄、彭、叶共同负责研讨并提出对于南北通船、通航、通邮、通汇诸事的具体办法。因为这些事情做得越好，就越有利于我们在占领南方各大城市时孤立国民党，顺利接收、管理和发展各大城市的生产。据此，毛泽东对交谈方式、参加人员、谈话内容以及迎送办法等都一一做了相当具体的指示。指示甚至具体到谈话措辞和语气、神态，如指出在谈到国民党现已四分五裂，并无统一政府存在，将来究竟找何人谈判颇为困难时，应做出“不胜感叹”的表情之类。[1]

14 日下午 5 时左右，上海代表团抵达北平。徐冰、艾秀峰与刘仲华等到机场迎接，并陪同到六国饭店，安排住宿。同机到达者除颜惠庆、章士钊、江庸和邵力子四人外，还有他们各自的秘书龚安庆、张丰胄、傅树苍和潘伯膺。颜惠庆因身体欠佳，另带有私人医生焦湘宗。同行者还有李宗仁私人代表黄启汉及夫人李素平、为恢复南北通航充任联络工作的电影演员金山和中航公司副主任雷仲仁，以及江庸、刘仲华的家眷等，合计达 25 人之多。

在六国饭店等候住宿的过程中，徐冰顺便问诸位代表：南苑过来，一路上对北平印象如何。众人一致说好。颜惠庆和邵力子当时就提出应当迅速恢复通航、通邮，因为他们这次不得不帮很多人带了钱和信来。徐问：各位打算在北平留多少时间？江庸、章士钊不约而同地回答说“个把礼拜”。颜惠庆也表示，北平有很多亲友，想去看看，希望提供方便。徐冰很痛快地答应下来。徐同时问：这次谈话打算如何进行，是集体谈，还是个别谈？黄启汉在一旁道：大家意见也不完全一致，还是个别谈好。最后，邵力子、刘仲华、黄启汉与徐冰漫谈时，邵力子特意说：我不是捧你们，只要你们力量强，不腐化，站得住，就是愿意战争的人，要打也是打不下去的。[2]

15 日上午，叶剑英前往六国饭店拜访颜惠庆等。寒暄之后，颜惠庆首先表示：我们四人合起来有三百岁了，我还有心脏病，本不适宜坐飞机的，但是还是带着医生来了。此次来北平是个人来的，不是什么代表，是希望全国和平统一，对内对外均好。此意请转达毛先生。邵力子解释说：三位老先生远道而来，负的使命很重大。大家很客气，都说只是代表个人，其实都是代表人民的，来此也是李（宗仁）先生请求的，因为李先生要和平，煞费苦心，处境困难。原来还请了冷老先生，因冷先生的工厂闹工潮，几至不能解决，走不开。后来李先生又请了世界制碱权威、永利化工厂总经

[1] 《中央致彭、叶并告总前委、天津市委、华北局并发各局、各前委电》（1949 年 2 月 15 日），见《毛泽东文集》，第五卷，第 257—258 页。

[2] 《与颜惠庆等谈话情况》（1949 年 2 月 14 日）。

理侯德榜先生、大夏大学校长欧元怀先生和沪江大学校长凌宪扬先生，只因通知北平方面太晚，刘仲华先生在电话里没有提到，所以没有来。所以最后李先生又要我来，虽然我也68岁了，但看到来的三位先生都比我年龄大，我也不能不答应。其实，张治中先生对和平很热心，只是现在回兰州处理中苏贸易纠纷去了，如果和谈开始，我想他还是可以来的。李先生已有电报，同意以毛先生的八条作商谈基础，只是如果八条一点都不折不扣，李先生实在为难。

叶剑英当场表示对各位代表的感谢之意，并说明一定转达他们的意见给中共中央。但他同时表示："李先生感到困难的是第一条，其实第一条我党不提出，人民也必然会提出的。一九二七年以来，由于蒋的反动，使中国历史走了廿年的弯路，人民的死亡，农村城市交通的破坏，人民会追究责任的。……这一责任谁来负，是中共呢，还是国民党？是全体国民党呢，还是四大家族中的少数反动集团？必须明是非，追责任。但是像傅作义本人，以前也列为战犯，因为他过去一样是一贯反人民、反革命的积极负责者，但北平和平解决对人民有功劳，人民就可以重新考虑傅的问题。总之，功是功，罪是罪，我们决不含糊。"

颜惠庆强调：最主要是怎样使人民跟上来。因为人民不能跑的，走到半山，要休息。领袖不能走得太快，要等他们跟上来，否则人民在道德上、知识上都跟不上你们。你们在北平、济南做出样子来，人民就理解你们、欢迎你们了。就好像武戏唱了，唱一唱文戏，于国计民生更有利。

江庸则说：其实哪一党执政都可以。当年我们曾希望过国民党，现在失败了。这个班子唱不好，就换一个班子唱一唱。我不是说空话，现在中国需要改革，什么人能够实现这个改革呢？只有中共了。最希望中共能使人民安居乐业，彻底刷新政治。[1]

经过15—17日连续三天的个别谈话，中共中央已基本了解四个人的态

[1] 《与邵、颜、江、章谈话情况》(1949年2月15日)。

度与意见。在消灭了蒋介石最精锐的美式装备的庞大兵团之后，毛泽东这时最反感有人抬出美国和桂系来吓人。因此，邵力子和章士钊两人再三强调中共多少应当有所让步，以免美国援蒋到底，装备日军来华参战，及桂系被蒋拉去，这都难免引起毛泽东的反感。他明确批示："邵、章很狡猾，是受美国人教示（按原文如此）出来的"。他为此特别要叶剑英等在以后的谈话中，"痛骂美国帝国主义和日本帝国主义，特别要当着章士钊的面骂日本，说如果美国人装备日本军队侵略中国，我们必须并完全有把握彻底干净歼灭之。美国在中国的走狗必须肃清，决不许其存在。要当着邵、章的面痛骂桂系，说桂系的军队比蒋系军队还要野蛮，白崇禧过去是主战最力的人，他是仅次于四大家族的战争罪犯，将来人民法庭审判难免要被枪毙，李宗仁完全是骗子，他一月二十七日给毛主席的电报以'千古罪人'威胁毛主席，完全是做和平攻势。蒋系也是做和平攻势，但蒋系比桂系老实，蒋系始终是凶神恶煞，桂系昨天是凶神恶煞，今天是笑面虎"。他并且指示林彪、聂荣臻唱武戏，董必武唱文戏，叶剑英文戏为主、武戏为辅，去见四人的民主人士也要安排一批左派表示激烈态度。当然，所有这些都应当把握的一个原则，即"对桂系形式上要打，实际上要拉"。[1]

不过，毛泽东也并非完全不重视代表们的谈话。颜惠庆一辈子搞外交，说话十分策略，虽讲得与邵、章并无根本不同，但却让毛泽东听得较入耳。他很重视颜关于"马上得天下，不能马上治之，学唱文戏很重要"，以及中共要得民心，在策略上应该抓住和平的旗帜这些话，明确表示赞同颜所提"先用武力，到一定程度改用政治；政治无效，再用武力。表明中共态度，不是好用武"的意见。毛并且当即与周恩来商定，接受颜惠庆的建议，与南京来一个非正式会谈，作为初步交换意见的方法。为此，毛泽东很快起草了几点意见，准备专门接见几位代表一次，然后交他们带回南京。

20日，中共中央正式通知叶剑英，同意颜、邵、章、江要求会见毛泽

[1]《中央致林、罗、聂、薄、董、彭、叶电》（1949年2月19日）。

东等中共中央领导人的要求，批准四位代表及颜的私人医生，另外加上傅作义、邓宝珊和北平市委一人，总共八人，于22日经石家庄前往西柏坡村，与毛泽东等中共中央领导人见面。[1]

22日上午10时，颜惠庆等乘机飞往石家庄，转赴西柏坡村见毛泽东等。在不到两天的时间里，双方两次交谈，毛泽东明确表示可以考虑与李宗仁南京政府谈判的问题，但必须“速议速决”，一切以八项条件为基础，谈得成解放军立即过江，谈不成解放军也立即过江。

根据毛泽东所谈诸点，章士钊起草了八项协议，提交讨论。经过简短的讨论之后，双方就协议的基本文字达成妥协。这一秘密协议规定：中共和南京政府各派出同等数量之代表在北平谈判；取绝对秘密及速议速决主义；以中共一月十四日声明及所提八条为基础；一经达成协议，南京政府和平力量即应与中共共同克服困难；迅速召集新政协，成立民主联合政府；南京政府参加新政协及联合政府之人选，由中共及民主人士与南京政府商定之；南方工商业按照原来环境，依据中共城市政策，充分保障实施，并有步骤的解决土地问题，一般先行减租减息，后行分配土地。[2]

劝说中共同意与南京政府举行和谈，这是代表团此行的基本目的。中共方面能够同意和谈，这实在让四位代表兴奋不已。据叶剑英报告：24日下午5时诸代表平安返平时，“均表现喜悦”。殊不知，随后发生的种种复杂情况，使几位老先生的喜悦只持续了不长的时间。

四、国共谈判南辕北辙

2月中旬，名曰下野的蒋介石得到汤恩伯的密报，一个电话就撤了公开主和且密谋和共的浙江省主席陈仪的职，然后又秘密将其从上海逮捕，押

[1] 《毛泽东年谱》(下卷)，第460页。
[2] 同上，第461—462页。

往浙江衢州看管。这件事让李宗仁坐卧不安，不得不把他原来的警卫团调进南京保驾。想不到，一波未平，一波又起。3月5日，受桂系影响的南京《救国日报》发表题为《蒋公不出国则救国无望》的社论，像是在舆论界平空甩了一颗重磅炸弹，引起一片喧哗。卫戍司令张耀明当即派军警把该报主笔龚德柏逮了起来。龚在李宗仁与孙科竞选副总统时，曾冒险刊出一篇揭露孙科养"小妾"蓝妮的消息，为李宗仁助阵，立有汗马功劳。况且，这次逼蒋出国，也是李宗仁策动，并亲自透露给甘介侯，甘介侯又转露给龚德柏。因此，李宗仁得知龚被捕，也顾不得许多，两次打电话要张耀明放人。张有CC派、黄埔系帮腔，齐声鼓噪，硬是顶着不办。此事气得李宗仁背地里对下属大发脾气，正在南京的白崇禧也七窍生烟，扬言要调四十六军到南京来。程潜也跑到李宗仁的家里，大骂蒋介石无耻已极，主张无论如何也要逼蒋出国，表示不论和战都支持桂系。这个时候的南京上层，已经是沸沸扬扬，像开了锅似的。

为了稳固住自己的脚跟，李宗仁不得不采取两手策略，一面极力拉住国民党内各方势力，以迫使坚决主战的孙科将他擅自撤到广州的行政院回迁南京；一面千方百计还是想要劝蒋出国，以便能够取得实际权力。为了使府院能够重新统一，李2月20日专程飞往广州，争取粤系将领的支持，并向已到广州的国民党人示好。广州之行，据蒋经国耳目报告称：李宗仁突出强调两点，即"(一) 和谈问题须使之复杂拖延，俾有时间整理军事，改进政治，至和谈基本原则，则与白健生所公开发表之意见大致相同，必须全面和平，反对北平式之和平，亦不赞同为共党所控制之联合政府，其最希望者为划江分治，宜在两分治政府之下建立一象征统一的联合组织。此似与美国方面之主张相符合。(二) 军队必须彻底整理，减缩兵额"[1]。为此，他明确表示赞同当时部分国民党人提出的《和平方案》。该方案坚持：国共"双

---

[1] 《郑彦芬致溪口蒋经国电》(1949年2月26日)，台北"国史馆"藏蒋中正档案，《革命文献》，第30册第12号。

方代表应以蒋总统引退文告所列两大原则及中共主席毛泽东先生一月十四日声明所列八项条件为和谈之基础”。而条件包括“战争责任问题，应毋庸议”；“现有之国号、国体、国旗、国徽、国历以及人民之基本自由与经济生活等，应予保持”；“中华民国之法统，原则上应予维持”，即须废除亦应列举应予废除之事项；军队应分两期办理整编，议和条款签字后，目前双方保留之兵额应相等；“没收官僚资本，原则上可予同意，但须依法办理”；“改革土地制度，原则上应使‘耕者有其田’，应由新政府制定法律实施之”；同意由“新政府审查现行中外条约，如有损害国家主权者，应即交涉废止或修正之”。[1] 李宗仁此行，终于达成了迫使孙科回到南京的目的。

至于劝蒋出国问题，据说最初还是蒋身边的吴忠信提议的，李宗仁自然赞成，但国民党是以党治国，党在国上，蒋辞去总统，仍是国民党总裁，权力和地位实际还在空头的“总统”和政府之上，没有几个人敢去当这个冤大头。只有当年做过蒋的侍从室一处主任的张治中，才有这个胆量。2月下旬，张从兰州回南京后，果然自告奋勇，愿意到溪口去做说客。即使如此，李宗仁也还是担心，此举会使蒋疑心桂系意在夺权。张治中和吴忠信刚刚离开南京，李宗仁和白崇禧就约好同时写信给蒋介石，大谈“职德薄能鲜，骤膺艰危重任，午夜彷惶，莫可为计，务恳钧座不遗在远，不时指示南针，俾有遵循”之类的话，甚至向蒋保证：“共党企图以局部和平分化我内部，以遂其各个击破之阴谋，各方同志早烛其奸谋，不至再蹈北平覆辙。”[2] 而几天时间张没有电话打来，李宗仁就急得像热锅上的蚂蚁，一个劲儿地担心惹出祸端。7日午后，张治中突然打电话来，说何应钦过两天即由奉化返京，蒋已同意由何应钦组阁，李宗仁又兴奋得不得了。直到程思远问他，才知道，据说是张临走前曾约好，如果劝蒋出国有戏，就打电话过来。而搞倒孙科，改换何应钦，也是李宗仁的提议。因为何与白曾长期共事，关系还

---

[1] 《和平方案》（1949年2月），台北“国史馆”藏蒋中正档案，特交档案20卷53120。

[2] 台北“国史馆”藏蒋中正档案，《革命文献》，第30册第13、15号。

不错，历史上何也曾与李、白联过手，长期指挥军事的何这时在战与和的问题也更倾向于和。再加上除蒋之外，也只有何才能镇得住那成千上万的黄埔生。如果何应钦与李、白联手，蒋介石又听劝出洋，李宗仁的整盘棋就活了。虽然劝蒋出国事实上并没有成功，但能拉上何应钦，李还是有些飘飘然，以为拉住何，就掌握住黄埔系，也就拿住军权，纵使党权在蒋手里，也不致翻船。

中共中央这时高度关注李宗仁的一举一动。它很快就得知，李宗仁要改组内阁。邵力子还在北平时，叶剑英就逐一询问过南京要员的和战态度。邵当时曾再三替何应钦开脱战争责任，说何其实是主和派，但中共中央仍旧把何看成是蒋系的顶梁柱。得知李宗仁准备让何出面组阁，中共中央当即命叶剑英打电话给仍住在六国饭店的黄启汉，要他马上致电李宗仁，让李务必选最能够顺利进行和谈者担当行政院长之职，以免引起各方误会。[1]然而李宗仁显然不为所动，坚持要何组阁。3月8日，孙科内阁总辞职。12日，李宗仁宣布任命何应钦为行政院长。完事之后，他才向中共中央做出解释。

3月13日，即李宗仁正式宣布任命何应钦组阁的第二天，他把刘仲华和刘仲容都找了来，要刘仲容转告毛泽东，说他是诚意和平的，希望中共相信他。他说，蒋现在已经完了，无论军队、政治、经济、党，都崩溃了，大势已去，就是特务也不足虑。这次拉上何应钦就是明证。他希望中共给他一段时间，用政治方法来解决问题，不要在和谈时或和谈前渡江，那样他实在没法交代，只好一走了之。他甚至半威胁半诉苦地说：我很害怕把一个好好的局面搞乱。现在和平民主力量已经有了战胜封建死硬势力的基础，只要不打仗，和平前途绝对可以乐观。相反，如果解放军渡江，那么不要说蒋介石会重新出来，白崇禧也会打的，美国、日本都会放手支持蒋，那样的局面是我所不愿看见的。[2]

---

[1]《黄启汉致南京李代总统电》(1949年3月11日)、《白崇禧致总裁蒋函》(1949年3月3日)，台北“国史馆”藏蒋中正档案，《革命文献》，第30册第15号。

[2]《文义致竺声电》(1949年3月16日)。

刘仲华和刘仲容对中共的了解自然比李宗仁深入得多。他们当即告诉李宗仁，中共无论如何不会承认不渡江这个前提条件，中共已表示广州、昆明、台湾、琼崖都要到，因此绝不能提不过江的问题。况且即使解放军渡江，也只会对宁沪杭一带的蒋系军队形成威慑，只会对你及和平有利。而李宗仁仍坚持，和谈期间解放军不能渡江。他对中共中央格外关心的上海和平代表团带回去的条件未置一词。对于让何应钦组阁，他信誓旦旦地向中共保证说：“不特渠为一力主和平之人，且因其对黄埔系军人能加以控制，对于今后裁军工作即可望顺利进行，故实为现阶段一极适当之人选，亦即足以增强和平民主之（保）证。”[1] 其实，还在得知邵力子等带回来的条件之后，国民党人就确定了对中共和谈的基本原则，这包括双方谈判地位必须平等，不能接受不体面的条件；不能接受以共产党为统治党的联合政府；不能全部接受毛的八条，必须在两政府共存的条件下讨论八条等。对这些原则，李宗仁不仅没有表示反对，而且为了争取何应钦和黄埔系，李宗仁的态度反而较过去强硬了不少。他明确表示，反对北平方式，主张划江分治，在两分治政府之下建立一象征统一的联合组织即可。[2] 很明显，李宗仁希望与何应钦联手，把国民党团结起来，通过和谈，造成划江而治的局面。如此举成功，不仅可以保住半壁江山，而且可以使蒋介石很快失去影响力，不再有复出的机会。

中共中央当然不会了解国民党高层内部的上述决定。在反复接触和交换意见之后，它这时相信李宗仁是准备与自己合作的。因此，得知蒋系势力肆无忌惮的情况后，毛泽东明显地希望加快推进和谈进程。他于22日亲自拟电，要上海方面通过刘仲华转告李宗仁：“速以桂系可靠部队一个师守卫总统府，严防蒋系于情况紧急时对李暗算。”同时“速以谈判代表内定人数及名单即日电告，愈快愈好”。他还特别询问，李宗仁本人是否有意于必

---

[1] 《李宗仁致黄启汉电》（1949年3月16日）。

[2] 《李宗仁回忆录》，广西人民出版社1980年版，第941页；台北“国史馆”藏蒋中正档案，《革命文献》，第30册（国共和谈字）第12号。

要时与中共当局直接商谈？在毛看来，解放军渡江只会对李宗仁有利，而不会对李宗仁有害，因此他特别强调李“不要惧怕我军渡江”。[1] 对此，李均做了善意的答复，惟对渡江事仍再三表示异议。26 日，李宗仁致电黄启汉电，特别提出：“自宗仁主政以来，为解除人民痛苦，顺应民意要求，曾尽最大之努力，以谋和平之实现。凡遇共军进逼时，我军均节节后撤，避免冲突，致碍和平之进行。事实俱在，中外共睹……正当和平初现，和谈将开之时，中共部队连日向麻城、罗田、英山、望江、安庆、无为、巢县、泰州之线大举推进，迫近江边，致使此间人心惶惶，影响和谈进行甚大，务请从事考虑制止，并酌予后撤，以利和谈，免生枝节，而顺民意。”[2]

这时中共中央对争取李、白颇具信心，注意到李宗仁对解放军逼近长江一事感到为难，毛泽东十分爽快地下令，前线部队暂停向计划中的花园及其以南之孝感、黄陂、黄安、阳罗、黄冈、麻城、浠水等地前进。他在以军委名义给前线指挥员的电报中称：我们决定联合李、白反对蒋党，李、白对此计划已有初步认识，尚待我们深入工作。故决定我军到信阳、武胜关附近时，如守敌南撤则不要攻击或追击，让其退至花园及其以南孝感、黄陂、黄安、阳罗、黄冈等地，亦暂时不要去占，待东北主力到达后再通知白崇禧，连同汉口、汉阳等地一齐有秩序地让给我们。[3]

毛泽东这时之所以对争取白崇禧合作如此乐观，一个重要原因是长期在白崇禧身边做参议的刘仲容来到北平。鉴于白崇禧在华中以及长江防守中的重要地位，中共中央早就寄希望于白崇禧，并多次劝白，派人尽快与华东野战军前线指挥官进行接洽。但以往白崇禧派来的人，大都是一些地方中间人士。这些人与白既无深交，与中共更无关系，难以取得中共中央的信任。刘早年曾留学莫斯科中山大学，回国后曾为中共工作，以后虽投靠桂系，但 30 年代中期又重新与中共接上关系，协助中共做过一些对李、

[1] 《周（恩来）、李（克农）致文义电》（1949 年 3 月 22 日）。

[2] 《李宗仁致黄启汉电》（1949 年 3 月 26 日）。

[3] 《毛泽东年谱》（下卷），第 471 页。

白的统战工作。因此，中共中央早就急欲通过刘仲容来建立与白崇禧的直接电台联系。3月5日，当白崇禧找刘仲容商量，要刘取道武汉进入解放区时，上海地下党负责人就明确指示刘化名王志廉，从武汉，经驻马店，向解放军前线部队接洽。中共中央迅速批准这一计划，要求刘行前向李、白问清楚，他们对颜惠庆、章士钊等人带回去的协议的具体答复，并带来电台呼号波长密码等，以便联络。其后，中共中央不断电询中原局，急切了解刘的行踪，要求中原局立即向驻马店前线部队说明情况，迅速派人接引刘仲容进来，送至郑州，乘火车赶往济南，再转送石家庄。毛泽东亲自批示：“勿误至要”[1]。

由于种种原因，刘仲容直到3月16日才从南京飞往武汉，后由白崇禧用装甲车送至信阳，再由张轸派兵于20日送到驻马店，经中共中原局社会部高洵东、卢声涛二人接引至郑州，再坐火车于27日送至济南。因中共中央这时已经由西柏坡搬入北平，周恩来28日专门致电社会部负责人康生，“派要人在济南接待，并乘汽车附警卫人员护送至德州，转乘火车经天津赶来北平。”29日，济南市公安局副局长凌云受命带警卫人员专程送刘。30日下午，也就是毛泽东决定暂停向花园以南推进的当天，刘仲容已经到达北平，并立即被齐燕铭接到至中南海中央统战部李维汉处住下。[2]

刘刚刚被安排住下还不到一小时，毛泽东就派人用车把他接到西山双清别墅自己的住处去谈话，两人一直谈到晚上。毛泽东对他所介绍的情况看来还比较满意。4月初，白崇禧接连致电刘仲容，强调“目下正当和谈之时，共军在皖则攻击安庆已十余日，而未稍停；在平汉线则向驻马店以南节节进迫，我军已退至花园，似此边谈边打，以往覆辙可为殷鉴”，“今若尤而效之，其何以昭大信于天下！”[3] 白来电明显地带有不满甚至要挟的味道，毛泽东却压下火气，尽量容忍，指示前线指挥员：“安庆既属国防部管

[1] 《毛泽东年谱》（下卷），第468—469页。

[2] 《一九四九年国共和谈的一些内部情况——访问刘仲容同志谈话记录》，1979年12月5日。

[3] 《达观致志廉兄电》（1949年4月4、5日）。

辖，白崇禧自不便令撤，请令前线停止对安庆的攻击，以待和谈解决。”[1]当然，毛泽东同时也还用解放军参谋部部长李涛的名义，亲自致电白崇禧，说明中共中央的立场和处置方案。电称：来电“所述立场就贵方利益而言，但就人民利益而言，在贵方全部接受八项和平条件并经双方协力在全国范围内完全实现这些条件的时间内，要求人民解放军停止前进是不合理的，因此是不可能的。白先生历次公开言论，我们均不能同意”。“但是为着和李、白二先生建立合作关系之目的，敝方愿意立即实行下列各项处置：（甲）安庆及其以西直至黄冈（不含）之贵方部队，请迅即撤退，并限四月十日以前撤退完毕。（乙）黄冈、团风、仓子埠、黄陂、花园、孝感、汉川、蔡甸、黄陵矶一线及其以南地区，包括汉口在内，暂由贵部驻防，维持秩序。该线以北以东各地之贵部，望即向该线撤退。所有撤防各地，不得破坏。该线以西各地，暂维现状。（丙）整个华中问题的处置，听候双方代表团谈判解决。（丁）请通知安庆及花园等处贵部负责人员，如遇敝方前线将领派员出来联络，请予接洽，勿生误会。并希各该贵部派员至敝军前线司令部取联络。（戊）以上各点，敝方业已通知各该地军事首长遵办，希望白先生亦通知贵部照办，并盼见复。”[2]

在接到3月22日毛泽东关于加快选派代表开始和谈的电报之后，李宗仁就积极开始与何应钦讨论南京和谈人选问题。最初提出的名单包括张治中、邵力子、黄绍竑、章士钊与莫德惠，何应钦报到溪口，蒋嫌章、莫都是党外代表，故删去莫，增加国民党中委兼立法委员李蒸。后又临时决定增加一军事干部，即前军令部次长刘斐。3月26日，名单正式确定后，李宗仁通过黄启汉正式通知中共中央，南京方面和谈正式代表已决定为张治中、邵力子、章士钊、黄绍竑、刘斐、李蒸六人。对此，中共中央表示赞同，并提出自己的代表名单，即周恩来、叶剑英、林伯渠、林彪、李维汉、聂荣臻。

[1]《毛泽东年谱》（下卷），第472页。

[2]《李涛致达观先生电》（1949年4月5日），转见《毛泽东年谱》（下卷），第474—475页。

同时通知南京方面，谈判开始时间4月1日，地点北平，且应以毛泽东主席对时局的声明及其所提八项条件为谈判的基础。[1]

南京方面为了与中共进行和谈，整个3月间都在积极准备方案。在李宗仁与何应钦主持下讨论通过的，直接针对毛八条而拟定的谈判腹案，基本上依据前拟《和平方案》。第一条明确要求“战争责任问题不应再提”；第四条要求“军队应分期分年各就驻在区域自行整编”；第八条要求在政治协商会议和联合政府中，国共双方名额相等。但腹案也有不少让步，如同意重订宪法与相应变动法统，同意商订具体条例以没收官僚资本和改革土地制度，同意依据独立自主之精神和平等互惠之原则，审查过去签订的对外条约，修改或废止有损国家领土主权者。南京随后还成立了一个由十一人组成的指导委员会，负责和谈事宜。[2] 然而，即使如此，国民党内反对势力仍十分强大，特别是已经迁往广州的国民党中央执、监委及政治委员会态度强硬。他们在得知南京的决定后，迅速召开谈话会，对腹案提出限制性决定，强调和谈必须坚持下列原则：(甲) 国体不容变更；(乙) 人民之自由生活方式必须保障；(丙) 宪法之修改必须依法定程序；(丁) 土地改革应首先实行减租减息，但反对以暴力实施；(戊) 战争责任问题应毋庸议。[3] 当然，就李宗仁而言，他这时还是衷心希望能够与中共达成协议。因为只有和下来，他才能在现在的位子上坐下去。因此，他在代表团临行前特别把黄绍竑找去谈了两三个小时，强调他支持和谈成功的态度，说：“此次和谈，必须成功，因为，与其现在破裂，不如在新政协时破裂，与其在新政协时破裂，不如在联合政府时破裂。”“如中共条件真难接受，和谈破裂，我便下野；如中共条件并不太苛，尺度相当的放宽，大家仍不同意签字，因而和谈破裂，我亦下野；另外，不管中共条件如何，只要你们同意签字，即令溪口方面反对，

[1] 《毛泽东年谱》（下卷），第470页。

[2] 其中包括李宗仁、何应钦、孙科、于右任、居正、吴铁城、吴忠信、徐永昌、朱家骅、张群、童冠贤。台北“国史馆”藏蒋中正档案，《革命文献》，第30册第27号。

[3] 《张治中回忆录》（下），文史资料出版社1985年版，第792—795页。

我都可以完全负责。”[1]

4月1日是一个阴天，但是南京机场上却人声鼎沸，华盖如云，热闹异常。原来，这一天是南京和谈代表团离宁前往北平，与中共和谈的日子，包括李宗仁在内的大批政府官员都整整齐齐地列队送行，再加上社会各界的知名人士，代表团的家属和众多新闻记者，场面相当隆重。

南京和谈代表团也是阵容庞大，浩浩荡荡。代表团的首席代表是在国民党内地位显赫的国民党中央常委、行政院政务委员兼西北军政长官公署主任张治中。以下分别是邵力子、章士钊、黄绍竑、李蒸、刘斐。代表团另有顾问四人，即刘仲华、屈武、李俊龙、金山。代表团的秘书长为卢郁文，另有秘书十人、译电员两人及随员五人。仅张治中一个人就带了一个秘书(谢超)，两个速记（余湛邦、袁永竹），两个缮写（周光宇、任宝华）和一个随员（张立钧），另加两个译电员，总共八个人。张治中解释说，他带这些人是因为他还要在北平同时指挥西北的军队。

飞机临北平时，已是下午3点多，黄绍竑特意要求驾驶员在市区上空盘旋两圈，以示礼貌。代表们都相信北平机场也一定十分热闹，周恩来、叶剑英都会来接。没想到当飞机在南苑机场降落，打开机舱门之后，他们吃惊地发现，整个机场上冷冷清清。不仅如此，住进六国饭店，看到房间里的报纸，发现满篇仍在骂国民党是匪，骂蒋介石是贼，甚至骂张治中是蒋介石的走狗，一些代表自然更是气不打一处来。直到周恩来、林彪、聂荣臻等人来到饭店，并举行丰盛的晚宴，代表们的情绪才又有所振奋。不过，晚宴后周恩来、林彪与张治中、邵力子谈话，以及林伯渠与章士钊、李维汉与李蒸谈话，都清楚地显示，中共中央对代表团不仅不信任，而且态度强硬。周严厉质问张治中，为什么临行前专程去溪口向蒋介石请示报告，这个代表团是代表南京，还是代表溪口？林伯渠对章士钊明确讲，在战犯问题上中共绝不会让步。对此，张治中愤愤不平，说：他们也未免太势利了，过去我三次

[1] 《中社：南京代表团情况》(1949年4月2日)。

去延安，毛泽东都亲自来接，后来我们驱逐他们，我还不是一样亲自送董必武到机场？如今我们打了败仗，就接也不接了。晚上周恩来提也不提一句，我真气不过。照这个样子，恐怕就是我们再努力，也难谈成功。章士钊则认为：战犯问题不松口，势必谈不成。此次六个代表，除他之外，均是国民党。如果一定要抓蒋介石，等于让儿子签字抓老子，这个字怎么签？[1]

从 2 日以后，双方代表开始个别交换意见。争执的焦点明显地集中在战犯问题上。多数代表认为，我们是第二号战犯派来的，第二号战犯怎么能办第一号战犯呢？这件事根本办不通。纵然签了字，不仅南京不会同意，而且我们根本就回不了南京。可是，中共代表在战犯问题上毫不松口，只是同意谈判期间军队暂不过江。[2]

中共中央在接连两天个别谈话摸底之后，对南京代表团内部情况和要求已经十分了解。特别是代表团顾问、著名电影演员金山原本就是中共地下人员，每天均将代表团讨论情况及个人表现详细汇报给中共中央。鉴于代表团中相当一部分人都与蒋系有关，南京方面又提出种种限制，中共中央对通过和谈求得根本和平解决已不抱太多幻想。

还在一个月以前，即在 3 月 5 日至 13 日举行的中共七届二中全会上，毛泽东对和谈的原则就已经确定，那就是：不拒绝谈判，但要求对方完全承认八项条件，“不许讨价还价”。交换条件是不打桂系和其他国民党主和派；一年左右不去改编他们的军队；南京政府中的一部分人员允许其加入政治协商会议和联合政府；对上海和南方资产阶级的某些利益允许给予保护，如此而已。[3] 毛泽东已经很清楚，他的八条，说到底就是要国民党承认彻底失败，宣告投降，就国民党本身而言，它是不可能接受的。国民党同意谈判更多地不过是一种缓兵之计。因此，中共这时的策略主要应当用在

---

[1] 《中社：南京代表团情况》（1949 年 4 月 3 日）。

[2] 转见《黄少谷致蒋经国电》（1949 年 4 月 7 日），台北“国史馆”藏蒋中正档案，《革命文献》，第 30 册第 25 号。

[3] 《毛泽东选集》（合订本），第 1437 页。

分化争取国民党中主和派上，尽一切可能促使李宗仁、白崇禧与蒋系分化，以便于各个击破。为了达到这个目的，毛泽东几度亲自撰写评论文章，公开登在北平的报纸上，激烈批评李宗仁、何应钦的南京政府仍是蒋介石和美国政府的工具，警告他们不要靠向蒋介石一边，也不要试图走第三条道路，以此来向代表团和南京方面施加压力。[1]

毛泽东这时之所以再三公开批评李宗仁，很显然是张治中临行前3月29日去溪口见蒋一事引起中共领导人对李宗仁的严重不满。因为这个消息31日即在南京的报纸上披露出来了。他们怀疑李宗仁的南京政府是否真的摆脱了蒋的控制。张治中等来平后，一连几天周恩来等都在严厉地提出这个问题。[2] 3日晚，毛泽东特地邀请各民主党派负责人共进晚餐并谈话，言谈话语中也一再批评李宗仁没有完全与战争主犯蒋介石脱离关系。他讲，南京方面对上海和平代表团带回去的条件态度很坏，不谈战犯问题、渡江问题、土改问题，都等到联合政府成立以后再说，而联合政府还要由国民党与中共商量决定。毛说，我都把它们改了过来，而且将来联合政府要由中共与各民主党派来决定。周恩来也说，张治中赴溪口，证明南京并没有把自己与美、蒋分开，看来南京有几靠，靠美帝、靠蒋、靠和平攻势、靠广西军队、靠南京和平官僚，只是这些都不可靠，只有靠中共才有办法。当然，毛泽东和周恩来仍然强调说，中共的政策还是要拉过李、白，孤立美、蒋。毛还建议李济深帮助再做些工作，派代表去宁、汉，设法拉李、白到北平来。李济深当即表示同意，次日即决定派朱蕴山、李民欣两人到南京去，同时各民主党派还共同起草了一封信，邀请李宗仁到北平来。

以张治中为首的南京代表团一天天苦撑，与中共代表和各民主党派负责人反复商谈，说来说去都是一个意思，就是“和约不要像个投降文件，得使我们面子上还过得去”。但经过几天的个别谈话，中共中央注意到代表团

---

[1] 毛这时亲笔写了新华社社论《南京政府向何处去？》，见《毛泽东选集》（合订本），第1447—1449页。

[2] 转见前引《黄少谷致蒋经国电》。

内部的态度越来越混乱。经常意见相左，这边吵得不可开交，那边却仰头大睡，鼾声如雷；这个轻描淡写地说什么“既来之，则安之”，那个愤然大叫：“如果明天有飞机，王八蛋不回去。”争来争去，其实只是两个问题，即能不能同意惩办战犯和解放军渡江。中共中央显然不能理解，明明南京政府说好了接受毛泽东的八项条件，为什么代表团却几乎异口同声地表示惩治战犯这一条不能接受，“这是什么话呢？”周恩来为此专门要黄启汉回南京去向李宗仁问个明白：“你们代表团究竟是代表南京还是代表溪口呢？”[1]

4月5日，国民党革命委员会中央代表朱蕴山、李民欣在刘仲容陪同下前往南京，邀请李宗仁亲自来北平进行和谈，南京代表团得讯后一时乱了阵脚，不知道中共意图所在，态度迅速软化下来。他们于6日做出决定：第一，战犯应受惩处，只要不正式提名，并且凡赞成和平条款及对人民做有益贡献者，均可酌情减免处罚。第二，同意解放军渡江，但应给南京政府必要的准备时间，不过也不必拖至联合政府之后。7日，代表团忽然收到何应钦来电，“望代表团本悲天悯人之情，荣辱在所不计”，务必达成和平。[2]给人印象，南京政府方面好像也已放下架子，准备签城下之盟了。这一下，那些始终态度强硬的代表，如李蒸、刘斐等都像泄了气的皮球，而那些极力主张接受中共意见的成员，如邵力子等，则如释重负，脸上神采飞扬。

事实上，这个时候中共中央也决定要在代表团最敏感的战犯问题上做出一些让步。比如，可以不点蒋介石等人的名字。而关于这一点，也正是南京代表们反复强调的困难问题。张治中在与周恩来的谈话当中，就特别援引傅作义通电的例子，提出：为什么傅作义通电不提第一号战犯蒋介石就可以，而我们主张不提战犯的名字就不行呢？邵力子也说，北平的和平十三条，并无战犯一项，中共既然主张全国各地都要以北平方式解决，是否可以考虑在与南京的解决方案中也不必提战犯的名字呢？他并且援引日

[1] 转见《文史资料选辑》第67辑，第26页。
[2] 《何应钦致黄启汉转张治中电》（1949年4月7日）。

本投降签字的例子，说明盟国要日本投降时并未将惩办战犯作为必须的条款，但这并不妨碍它在日本投降后逮捕和惩治战犯。显然，这确实不是一个关键性的问题。

基于这种情况，中共中央开始采取积极步骤推进谈判。8 日，毛泽东亲电李宗仁，说明："贵方既然同意以八项条件为谈判基础，则根据此八项原则，以求具体实现，自不难获得正确之解决。战犯问题亦是如此，总以是否有利于中国人民解放事业之推进，是否有利于用和平方法解决国内问题为标准。在此标准下，我们准备采取宽大的政策，本日与张文白先生晤谈时，即曾以此意告之。"[1] 而当天上午，毛泽东也确曾亲自接见张治中。张是由北平城市工作部部长齐燕铭乘专车接往香山双清别墅去见毛泽东的。车到院子前面，周恩来亲自出门将张治中引进院内，然后引见给在院子里等他的毛泽东。

据陪同人员报告说，张治中去时坐在车里不时长吁短叹，但与毛、周谈了四小时后，回来的路上已是眉开眼笑。9 日当晚，张治中回到六国饭店召集代表团开会。张的话还没有说出来，有代表就急切地问：你先讲：好，还是不好？张微笑着一连说出四个"很好"，屋子里的气氛顿时变得十分热烈。张详细讲述了他与毛泽东谈话的经过。他声称，毛、周的意见可以概括为以下几点：(一) 战犯问题，可以不在和平协定条款中提名，可以不提蒋介石三个字，对南京代表团的处境、困难表示理解，并同意将此问题拖到最后办。(二) 改编军队问题，所有国民党军队的数额、番号、官长均可照旧不动，驻地问题可以研究。(三) 渡江问题，是否签字后马上渡江，也可以商量。(四) 南京政府在和谈至新政协开会，即到联合政府成立前这一段时间内，都要继续负责，不要散了。(五) 和谈方案正在草拟，拿出方案正式谈判时，两小时内便可解决问题。将来签字时，如李宗仁、何应钦、

[1] 《毛泽东复李宗仁电》(1949 年 4 月 8 日)，台北"国史馆"藏蒋中正档案，《革命文献》，第 30 册第 31 号。

于右任、居正、张群等都来参加最好。张治中最后颇为兴奋地讲：整个谈话过程中，毛先生态度闲畅，对蒋亦称蒋先生，只有一次称蒋介石。可以肯定，按毛主席的谈话精神，和谈是可以成功的，因为从今天谈话看，双方距离不大，甚至于没有距离。争执的焦点为战犯问题，但我们对战犯问题原则上是承认的，所争者只是时间问题、技术问题，主张不必在此次和平条款中提出战犯名单，以减少我们的困难。可把战犯名单拖后到新政协，更为有利。惩治战犯将来由中共领导的新联合政府去，到时要办谁就办谁。[1]

听到张治中的传达，代表团成员都相当兴奋，一致相信中共确有诚意。会议决定，一旦中共和平方案出来，代表团就立即讨论并提出具体办法，派黄绍竑带赴南京报告，争取当天到，当晚谈，请李、何保密，无论如何不能透露给溪口，以免主战派破坏。

当晚，张治中致电李宗仁、何应钦称：今晨毛泽东先生派共方代表团秘书齐燕铭来邀请治中前往其郊外驻地谈话，由九时至下午一时始毕，周恩来在座。所谈要点如下：(一) 关于战争责任问题是我们与周恩来交谈中双方最僵持之点，毛表示可不提蒋总裁之姓名，亦可不提任何名单，但仍坚持在条款上必有追究责任之文字。经我强调仍望此点不成为条款之一后，毛虽未表示完全同意，然似已大为让步。(二) 毛表示彼方所拟方案完成时，先由双方代表商量妥当后，拟邀请德（李宗仁）敬（何应钦）两公与居（正）于（右任）吴（忠信）童（冠贤）诸公等来平，参加代表团之签字仪式，毛本人及各民主党派重要人士亦参加，以扩大和平运动。毛并询问还有何人可邀，周谓张岳军（张群）先生亦可邀来。我说德、敬两公均来恐有不便，毛谓敬公暂不来亦可，同时毛对立法和监察两院多数主和人士特表重视。(三) 军队改编问题，第一期悉照原有番号，原官长、原兵额不予变更，只须商定驻地，希望各得其所。第二期再议改编，毛并表示可慢慢做不急。(四) 组织联合政府问题，毛表示和平协定签字后，尚须先开政治协商会议，

[1] 李维汉：《回忆与研究》(下)，中共党史资料出版社 1986 年版，第 663—664 页。

研究共同纲领，组织法规等准备工作，颇为繁重，联合政府尚需若干时间，甚或延至四五月之久，始能成立。在新政府未成立前，南京政府照常行使职权，希望一定不要解体。（五）军队渡江问题，此亦为数日来双方极僵持之一点，毛询问协定签字后，立即渡江还是过若干时日再渡江，我回答等方案提出后再向政府请示，但此事共方极重视，曾多次坚决表示，无论和战，共军势必渡江。（六）对于将来之外交政策与国际形势等，亦曾谈及。（七）我等到平八日，今天是我与毛氏第一次晤谈，其所表示态度，除渡江一点，毛似都有所让步，显示颇有希望达成和平协议的意思，但其具体方案是否相符，尚待证明。[1]

五、中共条件遭到拒绝

张治中等人这时对和谈前景的估计无疑太乐观了。代表团出发前夕，蒋经国就已经放出话来，断言此次和谈绝不可能成功，因为中共并无诚意。将来做和平梦的人，到死可能都不知道自己是怎样死的。捷克斯洛伐克外长自杀，就是他们将来的榜样。即令将来联合政府能够成立，国民党人也会成立第二个政府与之对抗。他们在军事上将以闽、浙为依据，万不得已时就到台湾去。就是失败，也知道自己是怎样死的。蒋介石这时对和谈尚未公开表示反对，但还在 4 月 2 日，他就密电在广州的国民党中央党部，提出必须把和谈的重心放到阻止中共渡江问题上来。他提出："和谈必须先订停战协定"，"共匪何时渡江，则和谈何日停止"。[2] 态度本来就十分强硬的国民党中央常委会据此通过决议，要求代表团坚持五点：（一）如中共在和谈期内渡江，则宣告和谈破裂；（二）既定之促进国际合作的外交政策应予维持；（三）中共应保证今后人民生活之自由，且需停止一切恐怖暴力的行为；

[1] 台北"国史馆"藏蒋中正档案，《革命文献》，第 30 册第 29 号。

[2] 秦孝仪主编：《总统蒋公大事长编初稿》卷九，1949 年 4 月 6 日条，台北中国国民党中央委员会党史委员会 1978 年印刷。

（四）整军办法必须双方同意，各就原防自行改编；（五）只有在保证二、三、四条基础上才可同意组织联合政府。会上，CC派陈立夫等甚至连未来组织联合政府一项也坚决反对。何应钦虽反复力争，亦未能在条件中写明同意字样。因此，何应钦密电张治中，渡江问题必须坚决反对，因为不要说让解放军渡江，中常会连联合政府问题都争论得异常激烈。[1]

刚刚从中共这边争取到一些让步，何应钦的电报不能不在代表团内部引起一片哗然。与会者一致认为这是蒋介石在背后指使。张治中愤然道：“事情已进展到现在的阶段，这话如何说法，真是莫名其妙！”“什么自由、恐怖，这些话，我们还有脸去同人家说吗？上海现在成了恐怖世界，他妈的皮，真不知耻！”一向态度强硬的刘斐也愤愤然，表示他最痛恨蒋介石的军队。称他几次去故宫，遇到中共军队，四五次从队中穿过，战士们总是很和气，并无不悦之色。如果碰到中央军，早已张牙舞爪，甚至拳打脚踢了。即使不打，骂也将你骂死。至于保证人民生活自由一条，他建议复电南京：平津解放以后，北平八大胡同及舞场，生意仍好，并无人去干涉那里的游客；天津工业界也在中共大力扶助下干得起劲，苛杂废除，正税很轻，投资人没有任何顾虑。甚至此间对中统、军统的特务分子，也只是要求公开登记而已，并未逮捕或枪毙。

4月9—11日，毛泽东、朱德、周恩来先后接见邵力子、章士钊、黄绍竑、刘斐、李蒸、卢郁文等。众代表谈话后均甚表满意，刘斐、黄绍竑等对毛泽东更是赞不绝口，交口称赞毛“极懂得谈话的艺术，轻松而又深入”，“他教训了人，但不使人感觉有教训人的味道。他与蒋先生之官腔，大不相同”，“蒋的领袖是自封的，而毛的领袖是人人衷心拥护的”。一时间，代表团内气氛大变，几乎人人称赞共产党有办法，并且感到和谈大有成功的希望。

---

[1] 台北“国史馆”藏蒋中正档案，《革命文献》，第30册第26号；蒋经国：《风雨中的宁静》，台北黎明文化事业有限公司1978年版，第273页。另据谷正纲10日致蒋经国电可知，会上陈立夫、贺衷寒等强烈反对同意组织联合政府，何应钦坚持，会议未能形成决议。为此，谷正纲、程天放等先后电告蒋经国，希望通过蒋介石规劝何应钦改变态度。引自《革命文献》，第30册第30号。

代表团相信，他们与中共已经在下述几点上达成妥协，即（1）战犯名单可以不提；(2）军队整编数额可由南京政府自定；(3）解放军可暂不过江；(4）南京政府仍可过渡，等待政协召开，联合政府成立；(5）联合政府可以组织一个七人军事委员会，中共四人，国民党三人。张治中甚至电告李宗仁称：毛对我总理孙先生仍甚推崇，并谓共党现所推行之政策，亦未超过三民主义之范围，对于与本党合作，颇为重视，并希望本党能实行革新，俾合作之政府发挥力量。关于和谈之协议，毛称对于蒋总裁元月廿一日引退声明所提，使领土主权克臻完整，历史文化与社会秩序不受摧残，人民生活与自由权利确有保障五项，可保证完全做到。“就今日谈话中观察，过去共方所实施抨击我方之各种宣传，系由于不了解我方谋和诚意所致，现经旬日来之交谈，对于我方政府及代表团，似已有相当了解，以后商谈困难或可减少。”[1]

这个时候南京的底牌已经十分清楚，无论中共方面条件如何，只要解放军决心过江，谈判就不可能成功。眼见长江即将进入涨水期，为阻止中共过江，由何应钦主持的南京政府和平特种委员会（即由前述指导委员会改名之组织）决定把9日的条件在形式上略为降低。据此，特种委员会决定复案五条：(一）战争责任问题可依据代表团所谈原则处理；(二）所邀南京参加签约各位，届时再做决定；(三）签约后驻军，第一期最好各驻原防地；(四）新政协及联合政府事，等中共将方案提出后再研究；(五）渡江问题应严加拒绝。[2]

李宗仁和白崇禧这时的态度也早就确定。他们虽然一心想取蒋而代之，但他们越来越清楚地意识到自己与蒋系的矛盾，毕竟还远小于与共产党的矛盾。因为他们在蒋介石的统治下还可能生存，一旦和议成立，解放军渡江，南京政府将不复存在。那时不仅桂系军队将像傅作义的部队那样被改编，

[1] 台北“国史馆”藏蒋中正档案，《革命文献》，第30册第36号。
[2] 《何应钦致张治中电》(1949年4月11日)。

而不复归自己所指挥，就是自己的命运也未必好得过已经被排除在政治舞台之外的傅作义。因此，李、白这时虽然仍明显区别于蒋介石和CC派，其态度却与何应钦没有两样。

据刚刚回到北平的刘仲容说，李宗仁固然求和态度不变，但拒绝中共渡江的态度日趋明显，何应钦的电报实际上也正是李宗仁同意的。李的目的，就是想划江而治。按照李宗仁对他所说的来看，所谓执行中共的八项和平条款，都得由他们自己动手解决。同样，白崇禧到南京后，虽仍反蒋，但也不主张与中共局部和平，更反对投降式的解决办法。这也就难怪，注意到中共中央坚持解放军过江和取消南京政府地位，没有丝毫商量余地，李宗仁竟连接向蒋介石去电，声称决心辞职，请蒋准备出山。电称："观夫共军节节进逼，陈兵江北及所提条件之苛刻，似非使我方作城下之盟不止。职处此境遇，心力交瘁，万一和谈一旦破裂，则实难肩此重任，故决心引咎告退以谢国人。务恳钧座预为筹划应付方案，以免贻误事机。"[1] 惟蒋介石却坚持要李继续在前台"负责领导"[2]。

12日，张治中宣读了何应钦的电报，代表们一片埋怨之声。他们几乎都清楚地看出南京实际并不承认自己失败，仍旧一味地想要保住半壁江山。张治中等对此大为不满，明确讲：渡江问题是代表团同意了的，不能反悔。李蒸悲观地说：可以想象，中共大军不渡江是不可能的，签字后即行渡江，南京政府也就难以存在了。因此，实际上今天我们只有两条路：一条是彻底靠近中共，向主战派开火；另一条是因此而宣告破裂。邵力子则强调：事到今天，和谈只许成功，不许失败。我们只有尽力争取中共缓渡江，因为缓渡江确对全面和平运动之推进有利。章士钊也赞成邵的意见，称：假李德邻以时日，使其政治力量继续增加而扩大，对李德邻、对中共、对人民均有利。而李俊龙却认为：即使缓渡三两个月，恐怕不能增强南京力量，

[1] 《李宗仁致总裁函》（1949年4月10日），台北"国史馆"藏蒋中正档案，《革命文献》，第30册第34、35号。

[2] 转见台北中研院近史所档案馆藏，张岳军卷。

相反地怕只是加强了溪口力量，为人民计，恐怕还是中共马上渡江的好。尽管意见不一，张治中最后还是请章士钊出面，设法向毛泽东通融，要求中共考虑在和平条约签定后能够暂缓渡江。

毛泽东从刘仲容那里得知李、白的态度之后，决定不再与南京代表团周旋。周恩来很快拿出已经拟好的《国内和平协定（草案)》，于 12 日晚交给南京代表团。《草案》开篇即历数国民党背叛孙中山三民主义及三大政策，发动内战和实行各项反动政策的种种罪恶，指出南京政府必须承担全部责任。其内容更依照毛泽东的八项条件，详尽列出具体实施细则，只是在一些争议较大的条款上做了一些范围上的限定。如第一条“惩办战争罪犯”，不仅没有提到蒋介石等人的名字，而且还特别强调这种惩办只是“原则上必须”，“不问何人，如能认清是非，翻然悔悟，出于真心实意，确有事实表现，因而有利于中国人民解放事业之推进，有利于用和平方法解决国内问题者，准予取消战犯罪名，给以宽大待遇”。[1]

13 日，南京代表团对《草案》进行了一整天的讨论。当卢郁文宣读《草案》时，代表们的情绪沮丧至极，据说张治中一下子好像老了许多。他们一致认为《草案》实为一纸降书，南京方面必不能接受，尤其是在联合政府建立前，南京政府必须听命于人民革命军事委员会一点，更加刺激。当然，在张治中的坚持下，他们还是尽其所能地对文件进行修改，删去那些在他们看来过于刺激的内容和文字。为避免引起南京方面的逆反心理，张治中在给李宗仁、何应钦的电报避重就轻，没有报告过于刺激的内容。电报称：“今晨一时周恩来面交彼方所拟具体方案，标题为《国内和平协定（草案)》，内分八条廿四款。我代表团开会详加研究，其中关于整军及组织联合政府两点，认为距离甚远，无法同意。关于渡江问题，周昨夜复说明其态度理由，并表示态度，为先占两处桥头堡，即苏之江阴、扬中，及皖之至德、东流、贵地、青阳、铜陵、繁昌、南陵、石埭等县，暂时不动，以利将来和平条

[1] 参见《失去的机会？——战时国共谈判实录》，第 294—300 页。

款之实施等语。我坚决表示不能同意，望其从长考虑。”[1]

13日晚，按照约定的程序，代表团被接到中南海。这是他们到北平后第一次与中共代表团进行正式谈判。周恩来和张治中都各自发表自己的看法，虽有不同意见，但气氛平和。双方分歧主要集中在渡江、整编军队和联合政府的问题上。会后，周恩来与张治中又单独交换意见。最后，张治中心情沉痛地表示说：我衷心地觉得国民党政府应该宣告自己的结束了，让中共来好好干。故中共所提条件应该接受。连日来大家所以争论不休，实因为有两个东西在束缚着我们，第一，我们是代表，一切须听命于政府，我们个人意见受政府权力的束缚；第二，我们是国民党员，国民党不行，集一切坏事之大成，但可惜我们未脱党，还要受国民党的束缚。[2] 考虑再三之后，张最终还是决定将《草案》中难以接受的内容也都电告南京方面。

张电称：“文（12日）夜二时，周恩来将其所拟《国内和平协定（草案）》交职后，即发现中有数点为我方所不能接受者。例如改编军队条内系将我正式军队‘改隶于中国人民革命军事委员会指挥统辖之下’，并云‘人民解放军向南京国民政府现时所在地区开进和接收和一切事由，中国人民革命军事委员会以命令定之，人民解放军开进时，南京国民政府所属武装部队不得抵抗’。又如我方军队之改编，虽分为两个阶段实施，然皆北平式之改编办法，并云‘如有对改编计划抗不执行者，中国人民革命军事委员会有权命令南京国民政府协助人民解放军强制执行，以保证改编计划之彻底实施’。又如召开政治协商会议一条内有云：‘在国内和平协定签字之后，民主联合政府未成立以前，南京国民政府及其府院部会等项机构，应暂予保留，向中国人民革命军事委员会负责，并接受其领导。’此直将我中央政府置于彼方军事委员会节制之下。其他条文之一部甚具刺激性者亦多类招降文书，而非和平条款。当即坚决表示不能接受。昨（13日）夜，职与周恩

[1] 台北“国史馆”藏蒋中正档案，《革命文献》，第30册第41号。

[2] 参见台北“国史馆”藏蒋介石正档案，《革命文献》，第30册第42号。

来交谈颇久，今晨我各代表复与共方各代表分别交谈，均仍对不能接受各点，坚决表示。现我方对其所提草案经三度研议，逐条修改，将其所有中国人民革命军事委员会及指挥领导等字样概行删去。我军队改编办法亦按南京所定腹案及敬公最近指示原则提出对案。第一期为自行复员整理，第二期为两方合组整编委员会，执行整编。又凡条文之刺激性太重者，概行修改。至共军渡江问题，昨夜周恩来表示，应在和平协定签字后三日内过江，并谓彼之前方士气甚激昂，且转瞬江水上涨，迟恐增其渡江之困难，更有夜长梦多之虞。职当坚决表示，此绝办不到。而为避免国家与人民再受牺牲，防军应有充分准备。此在共方其他代表亦有表示有商量余地之意者，现惟有再行竭力与之切商折冲，期共方能大为让步，获致竣议。如至最后阶段不能竣议时，只好请示核夺。再此电两日来踌躇，不敢发者，深恐一时泄露，刺激人心，影响大局甚重。”[1]

15日晚，国共两党代表团举行第二次正式会谈。周恩来将最后修订的协定文本交给张治中。而在此之前，中共中央已将协定草案提交给各民主党派的负责人讨论。各负责人几乎一致认为中共已十分宽大，他们尤其对南京代表试图为国民党争得一对等地位极为反感。因此，中共中央的最后修订稿实际上容纳了至少三方面的意见。修订过的协定接受南京代表团的一些意见，取消了一些刺激性的字眼，但实质内容可以说毫无改变。[2] 周当场声明，如果到4月20日为止还不能获得协议签字，解放军就只好渡江。张治中这时也想开了。他表示："现在对于这个《国内和平协定》，如果还想字斟句酌地去辩论，等于白费，是不必要的；我们应该把眼光放大些，胸襟开阔些，重新合作，这才是国家民族之福！"刘斐在随后的讨论中感慨地表示：过去我们是南京政府的代表团，与中共交涉，今后我们是中共的代表团了，要去说服南京了。只怕是南京方面会把和平协定，看成是投

---

[1]　台北"国史馆"藏蒋中正档案，《革命文献》，第30册第43号。

[2]　见《毛泽东选集》(合订本)，第1453—1458页。

降协定，心想打也是完，不打也是完，只好打到底了。倒是代表中唯一不是国民党员的章士钊乐观一些，说：“过去中共新华社发出八条的电报，内有十六个伪字，南京都答应了，今天一个伪字也没有，如果南京反不答应，那就是有精神病。”[1]

这时，南京政府的代表显然已经与国民党离心离德，准备向自己的谈判对手俯首称臣。张治中在给南京的电报中称：由中共方面改定的协定内容，已多所让步。如原将我方军队与中央政府置于人民革命军事委员会指挥统辖之下，已改易。又战争罪犯之首要重要字样均删去，其他刺激性文字之修改者亦多，计共改二十余处（我方原提修改者四十余处）。统观此文件之内容，仍充满降书及罚状之语气意味，但共方既用最后通牒之态度提出，我方已无争辩商量之余地。只有请求政府核示之一途。故推黄绍竑、屈武携同共方所提最后文件回京面陈核阅。[2]

与此同时，张治中还特别致信蒋介石，说明：“职到平以来，共方言论态度意在逼降，对于我方可谓极尽污蔑侮辱之能事。乃至喻吾人为‘软体动物’，且‘要求南京政府向人民投降’，甚至损及职个人人格。其言有曰：‘只有他方和蒋介石关系最密切，据说是因为长沙大火，感蒋不杀之恩，曾拜蒋为义父。所以他可以高谈和平，无所顾忌。当然，他是忠实于他的义父的。临来北平前，他还去奉化请示。由此可见’等语。其为难堪可想见。职对彼等此种无理之态度，随时均予严正之驳斥，僵持直历七日之久。至本月八日晨，毛泽东始邀职往其郊寓晤谈，达四小时许之久。毛之表示对此条已有让步态度，谓可不提钧座姓名及任何名单。但在条款上须有追究战争责任之明文（谓元凶巨恶必须如何如何）。职即表示不能接受，今后仍当竭力争持，以期终必取消此条也。”“虽然职态度之坚决具如上述，然而默察大局前途，审慎判断，深觉吾人自身之政治经济腐溃，至于此极，尤其军

[1] 《中社：南京代表团情况》（1949 年 4 月 15 日）。

[2] 台北“国史馆”藏蒋中正档案，《革命文献》，第 30 册第 46 号。

队本身之内腐内溃，军心不固，士气不振，纪律不严，可谓已濒于总崩溃之现象。同时，在平十日以来所闻所见，共方蓬勃气象之盛，新兴力量之厚，莫不异口同声，无可否认。假令共方别无顾虑之因素，则殊无与我谈和之必要，而具有充分力量，以彻底消灭我方。凡欲重振旗鼓为作最后之挣扎者，皆为缺乏自知不合现实之一种幻想。此非怯懦自卑之言，实由我方党政军内腐内溃之情形积渐所致，由来已久，大势所趋，大错铸成。尤其既失之民心，今已不可复得，纵以钧座英明，亦万难将此腐朽集团重新提振，有所作为也。倘吾人知彼知己，即以吾党北伐时期，北洋军阀腐溃失败之经过事实而益可证明。职是之故，惟有钧座及时痛下决心，放下一切，毅然决然，放下一切。能如是则腐朽集团经受剧变之深刻刺激，唤起淘汰作用，产生新机，将来尚有重新提起之一日，而不然者，将使失败之中，遭受更大更惨之失败，而无复再振再起之可言。”张明确提出：“钧座虽引退故乡，仍难避免造成混乱之责任”，“惟有断然暂时出国，摆脱一切牵挂，为最有利”。[1]

16日晨，黄绍竑、屈武根据代表团的决定，乘飞机返回南京说明一切。当晚，黄绍竑、屈武向李宗仁当面报告全部谈判情况和代表团集体意见。虽然李宗仁当初曾保证不管中共条件如何，代表团同意他就敢负责，这时却态度全变。白崇禧看到黄绍竑带回来的协定内容后，也气呼呼地表示反对。何应钦也没有了主张，只好将协定原文抄送溪口，并去函向蒋说明：“昨晚与德邻（李宗仁）、健生（白崇禧）、季宽（黄绍竑）、岳军（张群）诸兄详谈至晚，犹未作结论，拟今晨再与德邻兄恳谈，预定今日午后召开和谈特种委员会。此事关系极重，请钧座转知觉生（居正）、铁城（吴铁城）、骝先（朱家骅）三兄立即乘原机回京，参加会议，并恳将钧旨谕知，以便遵循。”[2]

19日，特种委员会全天讨论。黄绍竑报告和谈经过及中共提出的协定

---

[1] 《张治中呈蒋总统函》（1949年4月15日），台北“国史馆”藏蒋中正档案，《革命文献》，第30册第45号。

[2] 《何应钦呈蒋总统函》，1949年4月17日，台北“国史馆”藏蒋中正档案，《革命文献》，第30册第47号。

内容。面对与会者的质问，黄只能支吾其词。李宗仁首先表态，认为该协定无法接受，主张致电毛泽东，要求中共迁就事实，另定方案。何应钦等仍寄希望不使和谈破裂，因此不同意直接致电毛泽东表示拒绝。吴忠信则转达蒋介石的意见称：中共拿出叫国民党投降的协定，绝不能接受。“依第三国际看，共方不至渡江，且我们强硬些，共方还是能缓和的。”[1] 当晚，受国民党中央宣传部控制的中央社没有征得李、何同意，就通过广播公开宣布，广州国民党中央执行委员会已经发表声明，明白告诫任何人主和都不得超越元月一日蒋介石发布的文告及国民党中常委 4 月初的有关决定。至此，黄绍竑自知安全难保，决定先行远避香港。20 日，他临行前专门打电话告诉代表团，他已被迫辞去代表职务，南京方面绝不会批准和平协定，和平谈判事实上已完全破裂。

4 月 20 日，李宗仁、何应钦联名致电南京和谈代表团，明确拒绝中共的协定，称“其基本精神所在，不啻为征服者对被征服者之处置”。希望中共方面能够“确认人民利益高于一切之原则，对此项协定之基本精神与内容，重新予以考虑”。广州国民党中央也发表声明，指责中共自抗战以来，违反 1937 年 9 月 22 日四项郑重承诺，运用武装夺取政权策略，损害民国，危害人民之种种，要求中共“切实提议，双方立即同时颁发命令，于和议期间停止战斗行为，以利和议之进行”。[2] 李宗仁为了解释自己实系不得已而为之，随后单独致电章士钊等，说明：昨日立法院开秘密会议，何应钦宣读协定全文后，即使彻底主张和平之立委，亦噤若寒蝉，不敢有所主张。他自己即使同意也无济于事。[3]

国共和谈至此算是走到了尽头。

---

[1] 《徐永昌日记》，第九册，第 302—307 页。

[2] 《中国国民党对于共产党处分中华民国条款之声明》（1949 年 4 月 20 日），台北“国史馆”藏蒋中正档，《革命文献》，第 30 册第 50 号。

[3] 台北“国史馆”藏蒋中正档案，《革命文献》，第 30 册第 49 号。

六、国共斗争大局底定

还在李宗仁、何应钦等待自己的谈判代表送来中共中央的和平协定之际，南京国防部就已经按照蒋介石的要求，秘密拟订“国军今后作战计划”，报蒋批准。计划以“确保广州与重庆两大陪都”为目的，准备“首先沿浙赣路与湘桂路及其以南地区准备第二抵抗地带，并建立及巩固沿海口桥头阵地，培养战力，加强后方，相机转入攻势。应于三十八年八月底前完成各海口桥头阵地工事，三十九年底前完成反攻准备”。具体部署着重于加强青岛守军实力，意图以此为恢复华北之据点，并牵制解放军南下。另自崇明岛至广州湾各海口建立坚固据点工事，以台湾为补给总枢，支持浙赣路与湘桂路及其以南之各抵抗力量。同时，胡宗南部与宋希濂部、罗广文部由汉中及其以南渐次集结，形成西南重心；以马步芳等部负责西北，逐渐捕捉战机，造成有利态势。[1]蒋介石得知谈判结果后，马上想到的是坚守上海，争取造成国际影响。20日，蒋亲自电示京沪警备总司令汤恩伯，要其死守上海高桥、江湾、殷行、吴淞、南翔、闸北六区，并以杨行、大场、彭浦三区为其外围。当然，他也清楚汤未必能够坚守半年以上，故特别指示道：万不得已“预备放弃各区之工事同时，须有彻底爆破之准备，勿使为匪所利用也”[2]。

21日，解放军大举渡江。何应钦主持行政院发表公报，声称：“政府为谋取全面和平，使人民获得休养生息之机会，派遣代表前往北平与共党商谈停止战事，恢复和平之办法，经过两周有余之折冲，未能达到协议。最后共党竟提出所谓《国内和平协定》，并限期答复全文八条二十四款，完全为征服者对被征服者受降之处置，其目的在施用武力以消灭国家军队，造

---

[1] 《国军今后作战计划》（1949年4月15日），台北“国史馆”藏蒋中正档案，《革命文献》，第31册第15号。

[2] 《俞济时（蒋拟）至致上海汤总司令电》（1949年4月20日），台北“国史馆”藏蒋中正档案，《革命文献》，第29册（上二）第102号。

成恐慌，以摧毁人民自由与社会安全，一面更发动全面攻击，强行渡江。至此，共党毫无谋和之诚意，而甘心破坏和平，扩大战乱，与国家人民为敌，已大白于天下。”[1]

解放军渡江次日，蒋介石从溪口赶到杭州，召集李宗仁、何应钦、张群、吴忠信等，决议四项方针：“（一）关于共党问题，政府今后惟有坚持作战，为人民自由与国家独立奋斗到底。（二）政治方面，联合全国民主自由人士共同奋斗。（三）在军事方面，由何院长兼国防部长，统一陆海空军之指挥。（四）采取紧急有效步骤，以加强中国国民党之团结及党与政府之联系。”[2]蒋随即电示广州中央党部，要他们做好欢迎南京府院各负责人南下的准备，电称：“现在和谈已告结束，反共作战继续进行。际此空前危难之时，本党同志惟有精诚团结，同心一德，奋斗到底。过去京、穗两地一切误解，务须力求消除。（一）南京情势危急，府院均已下令迁穗办公。中常会应推举一二同志亲往德邻同志所在地欢迎来穗。君佩、铁城两同志似可一行。（二）请余主任、薛主席联名致电李代总统、何院长，表示欢迎之意。（三）中常会可再电阎百川同志来穗。（四）留京中委立委来穗后，务望在穗同志勿作刺激性之言论。以上各节分别转达各常委为要。”[3]

几天后，即4月27日，蒋介石公开出面发表告全国同胞书，态度强硬地声称：“现在共党匪军强渡长江，南京业已撤守，我爱国军民同胞八年血战，从日本军阀铁蹄之下光复的首都，为时未及四年，又沦陷在共产国际铁幕之中。我们今日面对着这一种摧残人民自由，毁灭国家独立，威胁世界和平的黑暗的暴力，每一个国民的生命已经是与整个国家的存亡结成一体而不可分了。……我们知道共产党问题是一个国际问题，不是我们中国所能单独解决的……我们承认过去东北和华北屡次的失败，我们预料当前局势

[1] 转见台北“国史馆”藏蒋中正档案，《革命文献》，第30册第52号。

[2] 同上。

[3] 《蒋中正致广州中央党部郑秘书长彦芬兄电》（1949年4月23日），台北“国史馆”藏蒋中正档案，特交档案20卷53125。

也许更要恶化，但是我们决不气馁，更绝不失望，要知道我们过去的失败，并不是匪军实力怎样坚强，而是我们政治的缺点、经济的恐慌、内部组织的松懈，使共党匪徒有隙可乘……渡江是匪军发展的最高峰，同时就是共党暴露他最大的弱点。换言之，也就是他失败的开始。”[1]

然而，蒋的信誓旦旦并不能使国民党四面楚歌的悲惨局面有一丝改变。由于败象尽显，还在北平和谈过程中，国民党大批军政骨干就已经开始争先恐后地与共产党联络，意图倒戈。除浙江省主席陈仪秘密策动汤恩伯起义，事泄被捕，国民党革命委员会策动的南京卫戍部队和警察起义事被特务破坏外，驻守长江南岸芜湖至繁昌的一〇六军二八二师、奉命开往江阴担任长江江防守备任务的“重庆”号巡洋舰、首都卫戍总司令部所属第四十五军第九十七师、原国防部预备干部局陆军预备干部训练第一总队等，均先后起义。解放军大举渡江，国民党军更是兵败如山倒。4 月 20 日夜，解放军长江下游渡江部队就已经突破国民党军江防，然后迅速推进，攻占繁昌、荻港、铜陵等地。西段部队亦于 22 日占领安庆。东段国民党重兵防守的江阴要塞，于 22 日凌晨被中共地下组织从内部占领，要塞总台长等集合队伍宣布起义，国民党在整个长江下游的防线至此土崩瓦解。23 日晚，解放军已经占领国民党政府的首都南京。5 月初，更占领江浙各重要城市，完成对上海的合围。随后借助于华中军政长官公署副司令长官兼河南省主席、第十九兵团司令官张轸的起义，以东北野战军组成的第四野战军也于 5 月中相继占领武汉三镇，夺取长江中游南岸的广大地区。

军事上已不可守，国民党中央内部政治上依旧你争我夺，互不相让。蒋介石为防止李宗仁再度干扰其政策，和谈刚一破裂，他就提议在国民党中央常务委员会下设立“非常委员会”，凡政府重大决策，必须先在此委员会获致协议，再由政府依法定程序实施。[2] 李宗仁本来就愤愤于蒋介石幕后

---

[1] 《蒋总统告全国同胞书》(1949 年 4 月 27 日)，台北“国史馆”藏蒋中正档案，《革命文献》，第 31 册第 18 号。

[2] 《总统蒋公大事长编初稿》，1949 年 4 月 22 日条。

把住权力，自己全无施展空间，如今更不愿被蒋弄成傀儡，充当国民党失败的替罪羊。因此，身为代总统，他离开南京后却坚持不去广州，跑到自己起家的根据地桂林，躲了起来。5月2日，广州方面派居正、阎锡山和李文范三人前往劝驾，李直言相告：所以不愿来广州，原因有二：“(1) 过去三个月，军政经济大权均未能行使，今后若仍如此，安能负责？(2) 非常委员会由主座任主席，孙与李作副，认为无何作用，未便赞同。行政院既对立法院负责，如又对特委会负责，则与宪法抵触。”据《谈话纪录》，李称：“(一) 自宗仁代行总统权后……为顺从民意，针对时弊，决以谋取和平与革新政治为当前两大急务，以冀有所匡救。讵料时经三月，虽殚精竭力以赴，而事与愿违，终致毫无成效。和谈失败固由于中共所提条件过于苛刻，使政府无法接受，不得不毅然拒绝，然我方内部意志之不统一，步骤之不一致，如政府谋和措施之不能执行，未能示人以诚，亦不能不承认为一重大因素。至于革新政治一端，终以形格势禁，难期有所更张。更遑言彻底改革。因之，三个月来之努力悉已付诸虚耗，此皆由于宗仁德薄能鲜，不克建树事功，实应首先引咎自责者。(二) 现共军已渡过长江，首都沦陷，沪杭危急，局势已临万分严重之最后关头，基于以往三个月来事实，证明宗仁实难继续膺此艰巨，更自信在此情形之下，决无转危为安之能力。为今之计，与其使宗仁徒拥虚位，无裨实效，莫若即日起自请解除代总统职权，仍由总裁复位负责处理一切，俾事权统一，命令贯彻……(三) 如总裁坚持其引退之初志，必欲宗仁继续负责，根据过去三个月来失败之经验……则有数事必先获得总裁之同意，并实行者。兹分列于次：(1) 宪法上规定关于军政人事及凡属于总统职权者，宗仁应有绝对自由调整之权。(2) 所有前移存台湾之国家银行金银、外汇，请总裁同意由政府命令运回，以应政府急需。(3) 所有前移存台湾之美援军械，请总裁同意，由政府命令运回配拨各部使用。(4) 所有军队一律听从国防部之指挥调遣，违者由政府依法惩处。(5) 为确立宪政精神，避免党内人事纠纷，应停止训政时期，以党御政之制度，例如最近成立非常委员会之拟议，应请打消。所有党内决定只能为对政府之建议。(6) 前据居觉生先生由溪口转来报告总裁曾表示为个人打算，以去国愈快离国愈远为最好，现时危急，忽需要外援迫切，拟请总裁招携怀远，俾收内外合作之效。(四)以上六项必须能确切做到，宗仁始能领导政府负责，尽其最后之努力，否则惟有自请解除代总统职权，以免贻误党国。”[1]

蒋介石对李宗仁的批评与抱怨自然一概否认。他除指责桂系白崇禧擅自“截留军械，阻止军队，甚至截留现金，不听调度外”，对下令将黄金、武器等运往台湾，下野后仍幕后任意指挥军事的事实也都振振有词。称：“总统职权既由德邻兄行使，关于军政人事，代总统依据宪法有自由调整之，任何人不能违反也。”“中在职时，为使国家财富免于共党之劫持，曾下令将国库所存金银移安全地点。引退之后，未尝再行与闻，一切出纳收支皆依常规而进行，且财政部及中央银行簿册具在，尽可稽考。”“美援军械之存储及分配，为国防部之职责，中引退之后，无权过问，簿册罗列，亦可理核。如中个人果从中把持或擅发一弹，尽可处我以操纵公物之罪。至于款械由台运回一切，此乃政府之事，应由政府自行处理，无关于中之事，而中自无不同意也。”“国家军队由国防部指挥调遣，凡违反命令者，应受国法之惩处，此皆为当然之事。”“非常委员会之设立为四月二十二日杭州会商所决定，当时德邻兄曾经参与，而且共同商讨其大纲，迄未表示反对之意。中乃依据会商结果向中常会提案，今德邻兄既打消原议，中常会自可提出复议，惟民主政治为政党政治，党员对党负有遵守决议之责任，党对党员之政治主张有所约束与训政时期以党御政者自不可混为一谈。如以共党指摘本党之蜚语为自相责难之准据，岂非自毁其党，自毁其历史。此应请德邻兄慎思明辨者。”[2]

蒋介石的上述表示及无心复位的种种表态，自然并非发自内心。因其

[1] 《谈话纪录》(1949 年 5 月 3 日)，台北“国史馆”藏蒋中正档案，《革命文献》，第 29 册（上二）第 108 号附件。

[2] 《蒋中正致敬之兄函》(1949 年 5 月 6 日)，台北“国史馆”藏蒋中正档案，《革命文献》，第 29 册（上二）第 109 号。

对李宗仁及其桂系将领早已深恶痛绝，并把近期一切失败算在他们的头上。尽管李宗仁在广州方面的反复劝说之下，已经飞抵广州，重新开始履行其代总统的职责，但蒋暗中仍旧担心李可能会利用美国舆论对自己不利，因而指示秘书周宏涛于5月22日给在美国的俞国华去电，要其在美国的部下将李、白的罪恶广为告知，并说明国民党正在蒋介石的领导下开始重振。

蒋此电稍长，但从中可以清楚了解蒋对李、白自1948年底以来种种恶感之由来，故特别引述如下：

> 去年杪桂系勾结共匪以要求总统下野作为和平条件，于是有所谓和平运动，在李、白主持策动之下，在华中发动。当时徐州会战正酣，华中方面不但按兵不动，甚且阻止中央调遣援军，卒致会战归于失败。此役以后，桂系主和益亟，倡言总统如不下野，则共党不愿言和。总统乃向李德邻、孙哲生、吴礼卿诸同志指明：“中可尊重大家之主张，絜身引退，惟个人引退后，共党将不但不与政府谋和，并将要求政府无条件投降。”自本年一月廿二日，总统毅然引退，由李宗仁代理总统职务后，共匪行径果如所言，初则迟迟不与李、白谈判和平，继则提八条廿四款，迫使政府无条件投降。至是方忍无可忍，群起反对，使李、白无法签降。因之有四月廿二日总统与李、白等在杭州之会商。当时议定，如李、白决心反共到底，则本党当予全力支持，以贯彻戡乱政策。惟此后李、白仍继续与共匪暗通声气，放言如欲再战，必须总统出国。事之不合理者，实无逾于此。盖其意欲逼使总统出国，俾能遂其任意处分国家财产，背叛反共国策，达其所以勾结共匪之目的。目前国内政令纷歧，地方政府分崩离析之情形，有如报章所传。恐今后在现状下继续有恶化之可能。惟一般军民仍属拥戴总统，愿意接受领导，反共到底。吾侪今日必须外抗共产侵略，内振革命阵营。新生力量在此种原则之下，正在总统培养扶植之中。兄等久旅国外，对于此种实情不免隔阂，特专电驰告，请即转达游建文兄转陈并知。惟果、之迈、

宗敢诸仁兄俾作宣传之参考。[1]

周宏涛电中所提在总统培养扶植之中的“新生力量”，其实就是蒋介石这时冥思苦想，希望重建国民党和恢复政权的年轻干部。长期以来，蒋一直抱怨国民党内无人，并且相信所有失败大都与部属的无能密切相关。5月10日，魏德迈致函蒋介石，详细说明撤退现有力量，在台湾建立反共基地之各种必要的政策和措施。他明言：国民党依靠现有的士气和人才已经不可能守住在大陆的任何省份，必须赶紧将有生力量退往台湾。胡适对此曾担心地表示说：“台湾只有七百万人口，台湾的工业又不是可以独立自给的经济基础，台湾是不够做我们复兴的基地的。我们必须在大陆上撑住一个自由中国的规模，维持一个世界承认的正式政府。”[2] 魏德迈则声称：“我若有权，我可以派丁伯曼将军……去中国，由美国筹拨十亿美金为‘周转专款’，并授他全权，可以招集专家（包括在德国挑聘四五千个军事专家）为中国训练新军人。他说，即使国务院根本改变政策，即使此计划可以实行，也需要半年以上或一年以上始可生效力。”魏德迈此说正中蒋下怀。他当即批示并复函称：“所提意见皆至理名言，但事实行动因缺乏现代科学常识之干部，尤其缺乏领导之干部，所以徒有计划，往往结果不良。此非有赖于美国之协助不可。而台湾如欲树立为复兴反共之根据地，关于军事经济政治各项人才亦非借助于美国不为功。”“目前最重要者厥为美国之人才及各种技术对我协助，急于其他一切，未知阁下其能为我设法援手助我一臂之力否？如果阁下能来华助余，因彼此相知有素，无谓之隔膜自可消除，则余相信今后中美合作必能融洽无间。”[3]

---

[1]　《周宏涛致华盛顿俞国华兄电》（1949年5月22日），台北“国史馆”藏蒋中正档案，特交档案10卷54437。

[2]　《胡适致介公总统函》（1949年5月11日），台北“国史馆”藏蒋中正档案，《革命文献》，第29册（上二）第111号。

[3]　《魏德迈致蒋总统函》（1949年5月10日）、《蒋中正复魏德迈函》（1949年5月24日）；台北“国史馆”藏蒋中正档案，《革命文献》，第29册（上二）第110号；特交档案28卷54582。

蒋介石这时一心指望美国政府能够注意到共产党有夺取整个中国大陆的危险，而及时伸出援助之手。但事实上，包括这时在美国求援的宋美龄、宋子文在内，所有蒋之部属都强烈地担心美国可能会抛弃蒋，而选择李宗仁，甚或会因为幻想毛泽东可能走与苏联分离的南斯拉夫共产党领导人铁托的道路，而准备承认共产党政权。蒋介石不顾李宗仁仍代行总统之职，必欲在美国破坏李的形象，其实也是出于这样一种担心。而为了阻止美国政府走向承认共产党政权的趋向，蒋这时更不惜调动一切可能的手段，强调立即援助国民党的必要性。他反复告诫美国人说：“中国反共战争，倘不能获得及时之支援，则民主国家将来须付之代价，恐将不止百倍。我人倘不能在中国防止共产主义，则共产主义必将蔓延及于整个亚洲。如亚洲为共产主义所控制，则另一次世界大战更无法避免。故无论就其代价及民主国家对世界爱好自由各民族之责任而言，余必须指出，倘再坐失时机，而不设法防止共产主义在中国之蔓延，实属危险之至。”“美国认为中共能与莫斯科分裂之幻想，亦与数年前认中共非真正之共产党，信为‘土地改革者’，皆是受共产党诡诈宣传之蒙蔽。”[1]

让蒋介石万万没有想到的是，美援还没有等到，美国政府却于7月底发出美中关系白皮书，把导致共产党在中国胜利的责任完全推诿于蒋介石和国民党。蒋介石在事前即得知消息，紧急动员在美人员，劝告美方切勿给国民党雪上加霜。美国政府公布白皮书后，蒋马上组织力量翻译、研究，告诫党政军不得轻易发表言论，以免造成美国政府的反感，导致更多的损失。结果，国民党人很快发现，白皮书也有积极一面。外交部公开发表声明指出：中国政府对“美国政府对于吾人素所坚持之两个基本观点，已表示相同之意见”甚表欣慰。“其一为中国共产党乃彻底之马克思主义者，且为莫

[1] 《蒋总统接见美国两记者谈话》（1949年6月25日、7月4日），台北“国史馆”藏蒋中正档案，特交档案29卷54548—3、4；《革命文献》，第29册（上二）第156号附件一。

斯科之工具。其二为苏联确已破坏一九四五年中苏条约之条文与精神。”[1] 然而，白皮书到底对蒋和国民党批评太多。为表现自尊，蒋还是在党内严辞驳斥白皮书，声称“美国对华白皮书的发表，为本党最大的耻辱，凡有良心血性者，莫不愤恨，今日非常委员会第二分会成立于革命复兴基地的台湾，大家一定要重建革命信心，恢复革命精神，并痛下决心彻底打破依赖美国的心理”。[2] 他同时致电宋美龄和驻美大使顾维钧，说明：“美国务院现既发表白皮书，如其国会援华案未通过以前，我国不宜再向美政府要求其援华”。不过，值得注意的是，蒋在这里讲的只是现在时。他明显地仍寄希望于美国国会会通过援华法案，因而准备那时“我乃再提出正式要求”。换言之，他并非是真的想要“自力更生，独立奋斗”，靠自己的力量来争取反共战争的胜利。[3] 而事实上，蒋 8 月 9 日电告暂不向美国政府提出援助要求，8 月 15 日，其驻美大使就依据广州国民党政府的电示，向美国政府正式提交总额为 2.87 亿美元的军事援助的请求。[4]

当然，无论美国发表白皮书与否，到这个时候来指望美国人会帮助自己挽回在中国大陆的失败，都已经来不及了。

5 月 24 日，解放军攻克太原。三天后，又攻占上海。毛泽东随即指挥解放军第三野战军向福建推进；指挥第二野战军经营川、黔、康；指挥第四野战军进入湖南，占领两广；并以第一野战军进军甘肃、宁夏、青海，然后分兵两路，一路进军新疆，一路进军川北，与二野协同解决贵州、四

[1] 《八月七日非常委员会关于研议白皮书部分谈话纪录》（1949 年 8 月 7 日）、《洪兰友致总裁蒋电》（1949 年 8 月 8 日）、《黄少谷致蒋总统电》（1949 年 8 月）、《对白皮书批评之要旨》（1949 年 8 月 11 日），台北“国史馆”藏蒋中正档案，《革命文献》，第 47 册第 21、28、29 号；特交档案 55 卷 54666。

[2] 《中国国民党中央非常委员会第二分会第一次会议总裁训词》（1949 年 8 月 13 日），台北“国史馆”藏蒋中正档案，特交档案 55 卷 54670。

[3] 《蒋中正致蒋夫人电》（1949 年 8 月 9 日）、《蒋中正致顾大使电》（1949 年 8 月 9 日），台北“国史馆”藏蒋中正档案，《革命文献》，第 47 册第 25、26 号。并参见上引注。

[4] 《顾维钧致草山蒋总统电》（1949 年 8 月 15 日），台北“国史馆”藏蒋中正档案，《革命文献》，第 43 册第 185 号。

川和西康。[1] 在解放军各路大军的强有力进攻下，各地国民党军更加不堪一击。大批省区国民党军政长官宣告脱离国民党广州政府，先后实行起义。而国民党内却更加矛盾重重，争吵不休。据档案记载，至9月各地军事失利后，国民党各种势力各行其是，不听号令的问题已经引起众多人的强烈不满。“李德公恒以胡宗南、马鸿逵不能按原定计划援助马步芳，致兰州沦陷，胡琏不听调度，刘安祺两军不全部调粤，致华南危险为口实，对军事号令纷歧颇多指摘。粤省当局亦同此论调，余（汉谋）迄未肯就华南长官职，薛（岳）则始终表愤懑。”以至于部分国民党人以军事措施不当，责难攻击顾祝同不留余地，甚至要求明令撤其国防部长之职。李宗仁更是临时召开非常委员会，检讨战局，发言中含沙射影指责蒋介石乃此一切混乱之幕后操纵。称“胡琏兵团原在赣南，归华中长官部指挥，不知奉何人命令自己调到广东东江来。据说是东南方面的命令，他明明不属东南指挥系统，而这一命令显然不对……再刘安琪兵团调粤东，总裁上次来穗时说广州要守，既然要守，无非要兵。总裁这次来也说广州兵力不够，并允调刘部，但事实上并不全部调来，岂非矛盾？今后大的决策，应请总裁指示，小的如军队调动等应听国防部命令。总裁说过他领导党，不问政事，曾见诸文告。揆情则此类事件当非总裁之意。其症结何在，责任何属？实难揣测。”[2]

国民党中央系与桂粤湘等地方派系军人互不信任，甚至相互防范和掣肘，蒋习惯性地直接插手军队调动，使一切军事计划形同虚设，都由来已久。在国民党军已成惊之鸟、人人自危的情况下，这种状况不可避免地更加剧了国民党人相互之间的猜疑和不信任。随着8月4日国民党长沙绥署主任程潜、第一兵团司令官陈明仁率部起义，解放军不费一枪一弹进入长沙，华南以至西南，已全部暴露在解放军的攻击矛头之下。不出三月，白崇禧部大部就分别在湖南和广西被聚歼，广东、广西先后为解放军攻克。退往重

[1] 毛泽东:《对各野战军的进军部署》(1949年5月23日),《毛泽东军事文集》,第五卷,第591页。

[2] 《洪兰友致总裁蒋电》(1949年8月1日)、《洪兰友致黄秘书长少谷电》(1949年9月3日),台北“国史馆”藏蒋中正档案,《革命文献》,第31册第132、140号。

庆和西南地区的国民党政府及其军队，也仅撑持到12月即告崩溃。除去退往台湾和沿海岛屿上的国民党军队以外，国民党在中国大陆大规模军事抵抗，至1950年4月即不复存在了。

1949年10月1日，中国共产党在北京正式宣告成立新的中央政府，定国号为中华人民共和国，宣告废除中华民国的旧法统。到1950年5月，解放军又成功地夺取海南岛和舟山群岛。这样，除了台湾岛、澎湖列岛和浙江、福建沿海的个别小岛外，共产党已经解放整个中国大陆。尽管，很快爆发的朝鲜战争使退至台湾的国民党人从此得到了美国的保护，但蒋介石和国民党对共产党的斗争乃至于战争，至此已是彻底失败了。

参考文献暨征引书目

一、档案

中共中央档案馆

中国第二历史档案馆

中国社会科学院近代史研究所档案室

上海市档案馆

广东省档案馆

湖北省档案馆

陕西省档案馆

台北“国史馆”

台北中国国民党党史馆

台北中研院近代史所档案馆

俄罗斯莫斯科当代文献保管与研究中心

美国斯坦福大学胡佛研究所

美国哥伦比亚大学手稿图书馆

二、资料集

U. S. Depatment of State，Foreign Relaitons of the United States（FRUS）

《一二·一运动》，中共云南省委党史资料征集委员会、中共云南师范大学委员会编，中共党史资料出版社，1988 年

《八路军（文献）》，中国人民解放军历史资料编审委员会编，解放军出版社，1992 年

《八路军（参考资料）》，中国人民解放军历史资料编审委员会编，解放军出版社，1992 年

《上海工人三次武装起义》，上海档案馆编，上海人民出版社，1983 年

《广东革命历史文件汇集》（1922—1926 年），广东省档案馆编，1984 年

《马林与第一次国共合作》，中国社会科学院马列所、近代史所编，光明日报出版社，1989 年

《马林在中国的有关资料》，王淇等编译，人民出版社，1980 年

《中央苏区第一次反围剿》（《江西党史资料》第十七辑），中共江西省委党史资料征集委员会等编，江西人民出版社，1990 年

《中央苏区第二次反围剿》（《江西党史资料》第十八辑），中共江西省委党史资料征集委员会等编，江西人民出版社，1990 年

《中央苏区第三次反围剿》（《江西党史资料》第十九辑），中共江西省委党史资料征集委员会等编，江西人民出版社，1991 年

《中央苏区第一次反围剿》（《江西党史资料》第二十辑），中共江西省委党史资料征集委员会等编，江西人民出版社，1991 年

《中央苏区第五次反围剿》（《江西党史资料》第二十一辑），中共江西省委党史资料征集委员会等编，江西人民出版社，1992 年

《中共中央文件选集》（1—18），中央档案馆编，中共中央党校出版社，1989 年

《中共中央文件选集》（1—11），中央档案馆编，中共中央党校出版社，1983 年

《中共中央政治报告选辑》（一九二一 — 一九二六），中共中央档案馆编，中共中央党校出版社，1982 年

《中共中央抗日民族统一战线文件选编》，中共中央统战部、中共中央档案馆编，档案出版社，1985 年

《中共党史参考资料》，中国人民解放军政治学院党史教研室编，国防大学出版社，1986 年

《中共党史教学参考资料》，中国人民解放军国防大学党史党建政工教研室编，国防大学出版社，1988 年

《中共党史资料》1982 年第 3 辑，中共中央党史资料征集委员会等编《中国共产党组织史

资料汇编》，王健英编，红旗出版社，1983 年
《中华民国史档案资料汇编》第三辑，中国第二历史档案馆编，江苏古籍出版社，1991 年
《中华民国史档案资料汇编》第四辑，中国第二历史档案馆编，江苏古籍出版社，1986 年
《中华民国史档案资料汇编》第五辑，中国第二历史档案馆编，江苏古籍出版社，1998 年
《中华民国重要史料初编》绪编，秦孝仪主编，中国国民党中央委员会党史委员会，1981 年
《中华民国重要史料初编》第二编，秦孝仪主编，中国国民党中央委员会党史委员会，1981 年
《中华民国重要史料初编》第五编，秦孝仪主编，中国国民党中央委员会党史委员会，1985 年
《中华民国重要史料初编》第七编，秦孝仪主编，中国国民党中央委员会党史委员会，1981 年
《中苏国家关系史资料汇编（1933—1945）》，李嘉谷编，中国社会科学出版社，1997 年
《中国近代工人阶级和工人运动》，刘明逵主编，中央党校出版社，2002 年
《中国共产党之透视》，中国国民党中央组织部调查科编，台北：文海出版社，1962 年
《中国国民党历次代表大会及中央全会资料》，荣孟源主编，光明日报出版社，1985 年
《中国国民党临时全国代表大会史料专辑》，林泉编，中国国民党中央委员会党史委员会，1991 年
《中国国民党清党运动》，浙江省清党委员会编印，1927 年
《中国国民党第一、二次全国代表大会会议史料》，中国第二历史档案馆编，江苏古籍出版社，1987 年
《中国现代政治史资料汇编（1919—1949）》，王可风主编，中国科学院历史研究所第三所南京史料整理处油印
《中美关系资料汇编》第一辑，世界知识出版社，1957 年
《四·一二反革命政变资料选编》，孙武霞等编。人民出版社，1987 年
《在中国失掉的机会——美国前驻华外交官约翰·S. 谢伟思第二次世界大战时期的报告》，约瑟夫·W. 埃谢里克编著，罗清、赵仲强译，国际文化出版公司，1989 年
《申报广东资料选辑》，林忠佳等编，广东省档案馆，1996 年
《辽沈战役》，中国人民解放军历史资料编审委员会编．解放军出版社，1993 年
《辽沈战役》，中共党史资料征集委员会等合编，人民出版社，1988 年
《共产主义小组》，中共党史资料出版社，1987 年
《共产国际与中国革命资料选辑（一九一九 — 一九二四）》，北京师范学院政教系、上海师范学院政教系选编，人民出版社，1985 年
《共产国际、联共（布）与中国革命档案资料丛书》，中共中央党史研究室第一研究部编译，北京图书馆出版社，1997、1998 年
《共党二年来在各地破坏抗战之非法行动纪实》，1940 年

《苏联共产党代表大会、代表会议和中央全会决议选辑》(1)，中国人民大学，1954 年
《苏联阴谋文证汇编》(民国二十七年)，京师警察厅编译会编（沈云龙主编《近代中国史料丛刊》三编)，台北文海出版社有限公司
《抗日战争时期国民党军机密作战日记》，中国第二历史档案馆编，中国档案出版社，1995 年
《抗日战争时期湖南地下党历史文献选编》，湖南档案馆编，湖南人民出版社，1985 年
《抗战初期中共中央长江局》，中共湖北省委党史资料征集编研委员会、中共武汉市委党史资料征集编研委员会编，湖北人民出版社，1991 年
《国共谈判文件》(一 — 三)，1944 年
《国共谈判文献》，七七出版社，1944 年
《国共谈判重要文献》，1944 年
《国民党清党运动论文集》，新中国社，1927 年
《国民参政会纪实》，孟广涵主编，重庆出版社，1985 年
《国民参政会第二届第一次大会纪录》，国民参政会秘书处编印，1941 年
《罗易赴华使命 —— 一九二七年的国共分裂》，罗伯特 · 诺斯等编，王淇等译，中国人民大学出版社，1981 年
《南方局党史资料》(1—6)，南方局党史资料征集小组编，重庆出版社，1990 年
《政治协商会议纪实》，孟广涵主编，重庆出版社，1989 年
《政治协商会议之经过及有关文件》，中国国民党河北省党部编印，1946 年
《革命文献》第 8、9、10、15、16、17、18 辑，中国国民党中央委员会党史史料编纂委员会编，1955—1958 年
《胡适驻美大使期间来往电稿》，中国社会科学院近代史所编印，1990 年
《美国对华政策，1944—1945》，约 · 斯 · 谢伟思著，中国社会科学院出版社，1989 年
《重庆谈判纪实》，孟广涵主编，重庆出版社，1984 年
《被遗忘的大使 —— 司徒雷登驻华报告，1946—1949》，肯尼斯·雷、约翰·布鲁尔编，尤存、牛军译，江苏人民出版社，1990 年
《清党实录》，居正编，中国国民党中央委员会. 1928 年
《清党运动》，中央军事政治学校政治部，1927 年
《清党运动之概论》，中山书店，1927 年
《淮海战役（综述、文献、图表、大事记)》，中国人民解放军历史资料编审委员会编，解放军出版社，1989 年
《第一次国内革命战争时期的农民运动》，人民出版社编，工人出版社，1953 年

《湖南工运史料选编》，湖南省总工会等编印，1984 年
《湖南全省第一次工农代表大会日刊》，湖南省博物馆编，湖南人民出版社，1979 年
《皖南事变文电选编（国民党部分）》，安徽省档案馆编，1985 年
《皖南事变资料选》，上海人民出版社，1983 年
《皖南事变（资料选辑）》，中央档案馆编，中共中央党校出版社，1982 年
《维经斯基在中国的有关资料》，中国社会科学院近代史研究所现代史研究室编译，中国社会科学出版社，1982 年
《新四军文献》，中国人民解放军历史资料编审委员会编，解放军出版社，1995 年
《福建事变档案资料》，郑澄桂主编，福建人民出版社，1984 年
《剿匪纪实》，薛岳，台北文星书店，1962 年
《察哈尔抗日实录》，赵谨三编，上海军学社，1933 年

三、文集

《中国人民解放军战争军事文集》(1—5)，总政治部编，中国人民解放军总部编印，1949 年
《毛泽东文集》(1—8)，中央文献研究室编，人民出版社，1996 年
《毛泽东军事文集》(1—6)，军事科学出版社、中央文献出版社，1993 年
《毛泽东选集》(竖排合订本)，人民出版社，1964 年
《加伦在中国》，卡尔图诺瓦编，中国社会科学出版社，1983 年
《先总统蒋公思想言论总集》(1—37)，台北黎明文化有限公司，1984 年
《孙中山全集》，中华书局，1981—1986 年
《孙中山集外集》，郝盛潮主编，上海人民出版社，1990 年
《孙中山集外集补编》，郝盛潮主编，上海人民出版社，1994 年
《李大钊文集》，人民出版社，1984 年
《周恩来一九四六年谈判文选》，中央文献研究室编，中央文献出版社，1996 年
《周恩来选集》，人民出版社，1980 年
《周恩来统一战线文选》，中央文献研究室编，人民出版社，1984 年
《张太雷文集》，人民出版社，1981 年
《张学良文集》，毕万闻等编，新华出版社，1991 年
《蒋介石言论集》第一 — 四集，中华书局，1964 年（未刊稿）
《蒋总统集》，台北“国防研究院”、中华大典编印会编印，1968 年

《粟裕军事文集》，解放军出版社，1989 年
《瞿秋白文集》（政治理论编 2），人民出版社，1988 年
《戴季陶先生文存》，台北中国国民党中央党史委员会，1986 年
《戴季陶主义研究资料选编》，中国人民大学出版社，1986 年
《戴季陶言行录》，时希圣编，上海广益书局，1929 年

四、回忆录

《三松堂全集》第 1 卷，冯友兰著，人民出版社，1998 年
《马日事变回忆录》，许克祥，http://www.hoplite.cn/Templates/hpzc1nz0086.html
《中华文史资料文库》（1—20），全国政协文史资料委员会编，中国文史出版社，1996 年
《中共地下党现形记》，台北传记文学社编印，1997 年
《中国回忆录》，达林著，中国社会科学出版社，1981 年
《中国大革命武汉时期见闻录》，A. B. 巴库林著，郑厚安等译，中国社会科学出版社，1985 年
《中国国民革命军的北伐》，亚·伊·切列潘诺夫著，中国社会科学院近代史研究所翻译室译，中国社会科学出版社，1981 年
《文史资料存稿选编》，中国人民政治协商会议全国委员会文史资料研究委员会编，中国文史出版社，2002 年
《文史资料选辑》，中国人民政治协商会议全国委员会文史资料研究委员会编，中国文史出版社
《文强口述自传》，文强口述，刘延民撰写，中国社会科学出版社，2003 年
《风雨中的宁静》，蒋经国著，台北黎明文化事业有限公司，1978 年
《风雨五十年》，阳翰笙著，人民文学出版社，1986 年
《世纪之履——李默庵回忆录》，李默庵著，中国文史出版社，1995 年
《半生风雨录——贾亦斌自述》，贾毅等整理，中国文史出版社，1996 年
《包惠僧回忆录》，包惠僧著，人民出版社，1983 年
《白崇禧访问录》，台北“中央研究院”近代史研究所，1989 年
《邓家彦先生访问录》，台北“中央研究院”近代史研究所，1990 年
《成败之鉴——陈立夫回忆录》，陈立夫著，正中书局，1994 年
《西安事变三忆》，大地出版社，1962 年

《西安事变亲历记》，李金洲著，台北传记文学出版社，1976年
《回忆与研究》，李维汉著，中共党史资料出版社，1986年
《回顾录》，邹鲁著，岳麓书社，2000年
《戎马春秋》，董其武著，中国文史出版社，1986年
《围追堵截红军长征亲历记——国民党将领的回忆》，中国文史出版社，1990年
《李宗仁回忆录》，李宗仁口述，唐德刚撰写，广西人民出版社，1988年
《我与共产党》，张治中著，文史资料出版社，1980年
《我的生活》，冯玉祥著，岳麓书社，1999年
《国共斗争的见闻》，万亚刚著，台北桂冠图书股份有限公司，1995年
《“和谈密使”回想录》，姜豪著，上海书店出版社，1998年
《往事回忆》，黄平著，人民出版社，1981年
《陈诚先生回忆录》（北伐战争，抗日战争，国共战争），吴淑凤等编，台北“国史馆”，2005年
《张治中回忆录》，文史资料出版社，1985年
《张溥泉先生回忆录日记》，（沈云龙主编《近代中国史料丛刊》三编第三辑），台北文海出版社，1985年
《政坛回忆》. 程思远著，广西人民出版社，1983年
《聂荣臻回忆录》，聂荣臻著，解放军出版社，1983年
《监听专员见闻录》，王正元著，上海书店出版社，1998年
《崇高的使命——忆战斗在国民党营垒的岁月》，蔡惠霖等编，军事科学出版社，1990年
《蒋介石怎样失去大陆》，郑义编，香港文化艺术出版社，2006年
《彭德怀自述》，彭德怀著，人民出版社，1979年
《解放战争中的西北战场——原国民党将领的回忆》，中国文史出版社，1992年
《鹰犬将军——宋希濂自述》，宋希濂著，中国文史出版社，1986年

五、日 记

《王子壮日记》，台北“中央研究院”近代史研究所，2001年
《王世杰日记》，台北“中央研究院”近代史研究所，1990年
《中共教导旅陕北作战日志（1947年3月22日—1948年3月13日）》，薛月顺编，台北“国史馆”，2001年

《在蒋介石身边八年——侍从室高级幕僚唐纵日记》，公安部档案馆编注，群众出版社，1991 年
《白坚武日记》，中国社会科学院近代史研究所编，江苏古籍出版社，1992 年
《冯玉祥日记》，中国社会科学院近代史研究所编，江苏古籍出版社，1992 年
《军统秘闻》，沈醉著，文史出版社，2001 年
《李宗黄回忆录》，李宗黄著，台北中国地方自治学会，1972 年
《何成浚将军战时日记》，何成浚著，台北传记文学社，1986 年
《佩剑将军——张克侠军中日记》，解放军出版社，1988 年
《邵元冲日记》，上海人民出版社，1990 年
《徐永昌日记》，台北“中研院”近史所，1991 年
《梅贻琦日记，1941—1946)，黄延复、王小宁整理，清华大学出版社，2001 年

六、报刊杂志

Chinese Law and Government
《人民日报》
《人民政协报》
《人民周刊》
天津《大公报》
长沙《大公报》
《广州民国日报》
南京《中央日报》
重庆《中央日报》
昆明《中央日报》
《中国共产党党报》
《中国国民党周刊》
《历史研究》
《文献和研究》
《史学月刊》
《申报》
《向导》

《民国档案》
上海《民国日报》
《汉口民国日报》
《扫荡报》
《传记文学》
《观察》
《血路》
《军史资料》
《武汉日报》
《近代史研究所集刊》
《近代史研究》
《近代史资料》
《纺织时报》
《档案与历史》
《湖南民报》
《政治周报》
《国闻周报》
《战士》
《党史通讯》
《党的文献》
《革命军》
《救国报》
《晨报》
《新中华报》
《新史学》
《新闻报》
《解放》
《解放日报》
《群众》

七、传记、年谱、年表

《中华民国大事记》(1—5)，韩信夫等编，中国文史出版社，1997 年
《中国国民党一百周年大事年表》，李云汉主编，台北中国国民党党史会，1994 年
《中国国民党史述》，李云汉著，中国国民党中央委员会党史委员会，1994 年
《中国的内战——1945—1949 的政治斗争》，胡素珊著，中国青年出版社，1997 年
《毛泽东年谱》，中央文献研究室编，人民出版社等，1993 年
《刘少奇年谱》，中央文献研究室编，中央文献出版社，1996 年
《刘斐将军传略》，王序平等著，湖北人民出版社，1987 年
《近代中国史事日志》，郭廷以编，中华书局，1987 年
《国父年谱》(增订本)，罗家伦主编，中国国民党中央委员会党史史料编纂委员会，1969 年
《周恩来年谱 (1889—1949)》，中央文献研究室编，人民出版社、中央文献出版社，1989 年
《周恩来传》，金冲及主编，人民出版社，1989 年
《陈毅年谱》，刘树发编，人民出版社，1996 年
《总统蒋公大事长编初稿》(1—8)，秦孝仪主编，中国国民党中央委员会党史委员会，1978 年
《总统蒋公大事长编初稿》(9)，秦孝仪主编，台北中正文教基金会，2002 年
《蒋介石年谱初稿》，中国第二历史档案馆编，档案出版社，1992 年
《谢慧生事迹纪传》，谢幼田著，台北近代中国出版社，1991 年

八、专 著

《广州国民政府》，曾庆榴著，广东人民出版社，1996 年
《中山先生与莫斯科》，蒋永敬、杨奎松著，台北中山学术文化基金会，2001 年
《中区风云——中央苏区第一至第五次反“围剿”战争史》。黄少群著，中共党史出版社，1991 年
《中央革命根据地史稿》，戴向青等著，上海人民出版社，1986 年
《中共与莫斯科的关系 (1920—1960)》，杨奎松著，台北东大图书公司，1997 年
《中共抗日部队发展史略》，张廷贵、袁伟、陈浩良合著，解放军出版社，1990 年
《中华民国史》，第二篇第五卷 (北伐战争与北洋军阀的覆灭)，杨天石主编，中华书局，1996 年

《中华民国史》，第三编第二卷（从淞沪抗战到卢沟桥事变），周天度等著，中华书局，2002 年

《中华民国史》，第三编第五卷（从抗战胜利到内战爆发前后），汪朝光著，中华书局，2000 年

《中华民国史》，第三编第六卷（国民党政权的总崩溃和中华民国时期的结束），朱宗震、陶文钊著，中华书局，2000 年

《(剑桥）中华民国史》，费正清主编，章建刚等译．上海人民出版社，1992 年

《中华民国史稿》，张玉法著，台北，联经出版事业公司，1998 年

《中间地带的革命——中国革命的策略在国际背景下的转变》，杨奎松著，中共中央党校出版社，1991 年

《中国人民解放军全国解放战争史》，军事科学院军事历史研究部编著，军事科学出版社，1996 年

《中国工农红军第四方面军战史》，中国工农红军第四方面军战史编辑委员会编，解放军出版社，1989 年

《中国大革命史》，王宗华主编，人民出版社，1990 年年

《中国共产党史稿》，王健民著，台北中文图书供应社，1974 年

《中国国民党党史论文选集》，李云汉主编，近代中国出版社，1994 年

《日中战争》，儿岛襄著，日本文艺春秋社，1984 年

《毛泽东与莫斯科的恩恩怨怨》，杨奎松著，江西人民出版社，2000 年

《从大历史的角度读蒋介石日记》，黄仁宇著，台北时报文化出版公司，1994 年

《从容共到清党》，李云汉著，台北中国学术著作奖助委员会，1966 年

《失去的机会？——战时国共谈判实录》，杨奎松著，广西师范大学出版社，1991 年

《外交史》，C.Ю. 维戈兹基等著，大连外国语学院俄语系翻译组译，三联书店，1983 年

《百万国民党军起义投诚纪实》，长舜等著，中国文史出版社，1991 年

《西安事变新探——张学良与中共关系之研究》，杨奎松著，台北东大图书公司，1995 年

《共匪西窜记》，胡羽高编著，贵阳羽高书店，1936 年

《近代中国民主政治发展史》，张玉法著，台北东大图书公司，1999 年

《寻求历史的谜底》，杨天石著，首都师范大学出版社，1993 年

《宋子文评传》，吴景平著，福建人民出版社，1993 年

《抗日战争史探索》，江苏省史学会编，上海社会科学院出版社，1988 年

《武汉国民政府史》，刘继曾、毛磊、袁继成著，湖北人民出版社，1986 年

《国民革命军战役史》（1—5），三军大学编，台北“国防部”史政局，1989 年

《国民党派系斗争史》，郭绪印著，上海人民出版社，1992 年
《国民党的新闻宣传与战后中国政局变动（1945—1949)》，高郁雅著，台北台湾大学出版委员会，2005 年
《国共两党关系史》，马齐彬主编，中共中央党校出版社，1995 年
《转折年代 —— 中国的 1947 年》，金冲及著，三联书店，2002 年
《项英传》，王辅一著，中共党史出版社，1995 年
《项英评传》，李良明著，经济日报出版社，1993 年
《革命逸史》，冯自由著，中华书局，1981 年
《美国在中国的失败》，邹谠著，王宁等译，上海人民出版社，1997 年
《海外访史录》，杨天石著，社会科学文献出版社，1998 年
《党员、党权与党争 —— 1924—1949 年中国国民党的组织形态》，王奇生著，上海书店出版社，2003 年
《蒋介石评传》，汪荣祖、李敖著，中国友谊出版公司，2000 年
《蒋总统秘录》，古屋奎二著，台北“中央日报社”译，“中央日报社”，1977 年
《蒋家王朝 · 民国兴衰》，黄道炫著，中国青年出版社，2001 年
《联合政府与一党政治 —— 1944—1946 年间国共政争》，邓野著，社会科学文献出版社，2003 年
《联俄容共与西山会议》，谢幼田著，香港集成图书有限公司，2001 年
《湖南省志》，湖南人民出版社，1959 年
《新四军的组建与发展》，中国新四军和华中抗日根据是研究会，军事科学出版社，2001 年
《鲍罗廷与武汉政权》，蒋永敬著，传记文学出版社，1972 年

imaginist

想象另一种可能

理
想
国

imaginist

杨奎松著作集

革命

肆

西安事变新探

——张学良与中共关系之谜

广西师范大学出版社
·桂林·

前　言

还在上大学的时候，多半是在 1980 年，至迟不超过 1981 年，一次很偶然的机会，使我有幸在一位同学那里看到了一些有关西安事变的相当珍贵的文献资料。其中的几件资料给我留下了很深的印象。这就是 1936 年 4 月 27 日和 30 日刘鼎给李克农的报告，以及 5 月初朱理治和曾钟圣两人给中共中央的电报。这几份资料清楚地表明，还在 1936 年 4 月底 5 月初，张学良就已经开始做反蒋的准备了。不过，那个时候西安事变对于我还是一个相当陌生的课题，这些资料还不可能使我对研究西安事变发生兴趣。

毕业以后，由于从事编辑工作的关系，我开始较多地接触到近代历史的研究成果，其中自然也包括西安事变的研究。像吴天威先生的《中国现代历史的转折点》、申伯纯先生的《西安事变纪实》、李云峰先生的《西安事变史实》，乃至李云汉先生的《西安事变始末之研究》等，大致都是在 1980 年代中期陆续拜读的。使我感到好生奇怪的是，包括海外的著作在内，几乎所有的研究者在谈到张学良与周恩来那次颇为著名的延安会谈时，都一口咬定：张学良当时力主“联蒋抗日”（或称“逼蒋抗日”），并且说得周恩来口服心服，最后就连中共中央也确信张学良是对的，因此在延安会谈结束后不久，即 4 月底 5 月初，中共就改行了“逼蒋抗日”的策略。

同是一个 4 月底 5 月初，我们的研究者们竟得出了如此不同的结论！

也许，这些西安事变的研究者都没有看到我几年前就已经看到的那几份资料？ 1987 年，我试着帮助两位同事利用有关的资料写了一篇论文，刊登在 1988 年《近代史研究》第三期上，对上述看法提出了不同的意见。也许是人微言轻，或者还有别的什么原因，总之这篇文章没有引起多少反响，唯一一位提到这篇文章的学者，还在他的论文里把这个观点好好地批评了一通。可想而知，在 1989、1990、1991 年西安事变研究硕果累累的几年里，我们众多的研究者们照旧人云亦云，把过去那个说法抄来抄去。但最让我惊讶的，还是刘鼎先生自己：他竟然也支持这样的说法！

刘鼎先生的说法公开发表在 1989 年。这一年中共中央文献研究室编辑出版的《党的文献》杂志连载了一篇题为《刘鼎在张学良那里工作的时候》的长文。传主刘鼎 1936 年西安事变期间始终作为中共联络员驻在张学良身边，并且亲身参加过延安会谈等一系列当时发生在张学良与中共之间的重大事件，以后并做过全国政协西安事变史写作组的组长。这篇文章的基本资料，恰恰就是刘鼎先生自己在 1975 年所做的追忆笔记。而介绍刘鼎这段经历的这篇文章的作者，又是继刘鼎之后担任过西安事变史写作组组长，在西安事变研究上颇有成就的张魁堂先生。其分量可见一斑。

既然是刘鼎先生自己所做的追忆笔记，按道理刘鼎先生应当对当时事情的大致经过有所记忆，更应当记得自己当年所写的报告。即使是忘了，他也应该看过留存下来的那几份已经不再神秘的历史资料。可是，在这篇文章中，或者毋宁说在刘鼎的笔记里，不仅对于他自己当年的密报及当时朱理治、曾钟圣两人的电报内容一句也没有提到，而且竟然也人云亦云地大谈张学良在延安是怎样说服周恩来赞成联蒋抗日的。文章中居然把周恩来在延安会谈后写给张学良的信里的一句主张反蒋的话，即“为抗日固足惜蒋氏，但不能以抗日殉蒋氏”，也说成是中共“主张有条件联蒋”的表示。唯一值得庆幸的是，刘鼎先生的回忆并不否认张学良曾经有过准备反蒋的事实，可是，照文章中所记，这段史实被安排到 1936 年 7 月去了。结果事情的经过就变成了一个怪圈：即在4月间延安会谈期间刚刚劝说中共联蒋的张学良转而反蒋，而刚刚在延安会谈时劝说张学良反蒋的中共中央这时却又倒过来劝说张学良应当联蒋。呜呼哀哉！堂堂当事人，又是西安事变史写作组的组长都这样记述历史，难怪在此之后陆续出版的《西安事变简史》《东北军传》《张学良将军传略》《张学良传》，包括海外学者所作的《张学良的政治生涯》，也都异口同声地如此说。但是，我相信，这不是事实。

在以往的西安事变研究中，究竟还有多少这种不是事实，或者似是而非的说法呢？有一位资深的张学良问题研究专家明确地告诉我说，有关西安事变的基本史实都已经写清楚了。言外之意，在有了如此之多的研究成果，而众多成果已经大同小异的情况下，重新再来系统讨论西安事变的史实经过是没有太多意义的。可是，时至今日，在我仔细地研究过有关的著作之后，我发觉，尽管不少关心西安事变历史的人同意这样的看法，即西安事变的发生同中国共产党有关系，但却没有一本书对中共与西安事变，或者说与张学良的关系问题做过系统而深入的研究。甚至，当许多读者从近几年公开发表的报纸杂志上已经知道张学良曾经有过加入共产党的要求，但却很少有人进一步就此提出疑问：那个打算加入共产党的张学良与我们通常在西安事变史书上所看到的那个力主联蒋抗日的张学良之间，是否存在着矛盾？当然，尽管这些年来人们已经听说了太多的有关“西北国防政府”“西北抗日联军”“西北大联合”……这些曾经风行于当年大西北的明显带有反蒋色彩的政治词汇，可是又有谁具体地研究过它们同张学良，特别是同西安事变之间，究竟存在怎样的关系呢？

有关西安事变的研究无疑已经取得了非常重要的成就，但是，说以往的研究已经完全解开了西安事变留存于人们心中的种种谜团，怕是言过其实。自张学良先生完全实现了人身自由之后，新闻界以及历史学界之所以频频重提西安事变的问题，正好说明了有关西安事变还有许多疑问没有解决。至少，在笔者看来，在西安事变研究当中，一个最薄弱的环节，就是关于张学良与中共关系问题还没有深入地进行探讨。而此前关于西安事变的研究，更多的还只是围绕着张学良个人经历以及他和东北军同蒋介石之间的矛盾形成过程来进行的，多数研究者只是用很少的篇幅来描写有关张学良与共产党的关系问题，而且这些描写往往还是简单地建立在诸多当事人真假难辨的回忆录的基础上的。

西安事变研究的一个重要优势就在于它的回忆史料十分丰富。在整个中国近现代史上，大概还没有哪一次事件有过像西安事变这么多的回忆资料。但多半也正因为如此，过多地依靠回忆史料来描述史实，也成了西安事变研究中的一个十分明显的缺陷。翻开有关西安事变史的著作，把回忆录当成判断史实唯一根据的情况可以说司空见惯。回忆录（或者用时髦的字眼儿：口述历史）与第一手的文献资料相比，有其特殊的功用。其最大优点，就在于它比文字档案资料更具有直观性，可以提供独特的个人视角，告诉人们那些发生在文献资料背后的东西，给人以较强的立体感。但人所共知，如果回忆资料没有当时的日记、笔记或文献作为依据，它们通常并不是那么可靠的。而在我们今天可以看到的与西安事变有关的回忆录中，又有多少是以当年的日记、笔记或文献为依据的呢？甚至，即使是对那些有足够的历史文献可供参考的众多当事人来讲，由于几十年之后种种因素的影响，他们回忆中的许多事情也难免走样。像刘鼎先生关于延安会谈内容的回忆，就是很典型的例子。显而易见，如果我们的研究多半只是建立在众多这些回忆的基础上，而不是更多地依靠第一手的历史文献，由此得出的许多说法必然是大可怀疑的。

当然，以前的研究者之所以不得不更多地依靠回忆材料来进行有关西安事变的研究，确曾有其不得已的苦衷。记得在十二年前（1983 年），当时我刚刚开始做编辑，我的上司曾经提示过我有关的宣传纪律，其中就包括西安事变的问题。据说此前上面曾经就西安事变问题的宣传与研究打过招呼，提醒有关部门在发表涉及张学良和西安事变的文章时，要注意到张学良先生还没有恢复自由的情况，不要给张学良先生带来意外的麻烦。因此，在张学良先生恢复自由之前，我们曾经很小心地回避那些在西安事变研究上有任何新的说法的文章。但事实上，在 1985 年以后，这种情况就已经发生了很大的改变。

从 1985 年《文献和研究》公布“中共中央和毛泽东等同志关于‘联蒋抗日’方针的一组文电”和“中共中央和毛泽东同志关于促成第二次国共合作共同抗日的一组文电”开始，直到 1994 年《毛泽东文集》（第一、二卷）和《毛泽东年谱》相继出版，中共中央文献研究室陆续公布了大批与西安事变有关的历史文献。被公布的文献不仅涉及中共中央这一时期的策略方针的演变、国共两党秘密接触谈判、红军打通国际路线问题、西北大联合计划、对东北军的统战工作，以及与张、杨谈判交涉（包括张学良与李克农的洛川会谈、张学良与周恩来的延安会谈以及杨虎城与张文彬的西安会谈等）的大量报告，而且还包括了西安事变发生期间中共中央与西安中共代表周恩来及张学良之间的各种来往电报。在这些文献中间，有些资料在过去无疑是属于高度保密的。比如像关于张学良要求入党及被共产国际拒绝的文件；中共中央在西安事变期间曾经主张一旦西安被围，就应对蒋“行最后手段”，张学良也表示赞同的电报；以及中共中央在西安事变期间讨论如何处置蒋介石的会议记录和共产国际电报指示等。值得注意的是，在大约五年的时间里，中共历史档案公布得最多的，正是 1936 年西安事变发生前后这段时期的档案。粗略计算下来，光是这一年前后的文件，至少就公布了近两百件。这还不算那些尚未正式公开，但已经在有关论文中直接引用的数量更多的与西安事变相关的文件。

事实昭然，若说在 1980 年代中期以前，我们的研究者还没有足够的条件利用第一手的文献资料研究西安事变，这也许不错。但若说在 1980 年代中期以后，我们的研究者还没有足够的条件利用第一手的文献资料来研究西安事变，那就大谬不然了。可是，令人十分不解的是，即使在张学良先生已经完全恢复自由多年之后，我们至今还是看不到这样的研究著作——它更多地利用的是这些已经公开或半公开的文件，而不是那些明显不那么可靠的回忆录。

也许，有些研究者会解释说，所有这些档案文献的公布当时还只是“内部”

的。但我看不出有什么太多的区别。不要说这些所谓“限制国内发行”的刊物大量流传国外，为外国学者所引用，即使是在国内，利用这些已经在“内部”公开的文献进行研究的文章和著作也俯拾皆是，为什么偏偏研究西安事变的学者不能或很少利用它们呢？（况且，从两年前开始，《党的文献》，即《文献和研究》和《中共党史资料》等过去限制国内发行的刊物已经公开发行，此前的刊物也因此全部对外公开出售。）其实，说到底，真正的理由只有一个，即人们对于过去的说法已经习以为常，因而多半严重地忽略了那些新公布的文献中所揭示的各种新的事实。甚至，一方面有关中共与张学良关系的档案大量公开，另一方面诸多西安事变和张学良研究的著作文章却越来越多地开始否定中共曾经直接对张学良发生过重要影响。有人公开宣称，中共当时充其量只是一个配角，不仅在整个事变中，过去有关周恩来的作用的说法是夸大其辞，而且在整个事变的形成过程中，张学良也始终是居于支配的、决定的地位，完全凭据自我意志行事，与其说是中共影响了张学良，倒不如说是张学良帮了中共的忙。因为，张学良不仅帮助中共制定了唯一正确的“逼蒋抗日”的政策，而且还在关键时刻救了中共的命。

很可惜，我从来不是研究西安事变的专家，也很少对西安事变的问题做个案的研究，因此，长时间以来，我只是站在旁观者的角度来评头论足。我希望有这样的人来做这样的工作，他将解开许多仍旧是谜一样的问题，并且告诉那些关心西安事变问题及其相关研究的读者，过去写在书里面的哪些是可信的，哪些则需要重新去了解。在这方面，我曾一直寄希望于我的一位同学。但是，在过去了几年之后，特别是在莫斯科看到了俄国人已经解密的一些相当重要的档案以后，我相信我不应当再等下去了。虽然这本书最后没有交广西师范大学出版社出版，我还是很感谢侯样祥先生和广西师大出版社的编辑们约我来写一部有关西安事变的书。尽管我很清楚，这在我本人很可能是“越俎代庖”，但我仍旧相信，我所选择的区别于前人的独特角度，将使我能够做得比以前的一些研究者要好些。因为，我始终认为，在我们现在的条件下，主要利用第一手资料来进行研究，其结果通常总是更可靠的和更重要的。

不论我在这本书里提供的新的解释能否为多数读者所承认，在西安事变的研究中缺少了这种角度的研究无论如何都是一种缺陷。我唯一的希望，就是要使那些关心西安事变历史的读者注意到我书中所介绍的那些极为重要的新的史实。关于这些情况，我曾经在1992年出版的《“中间地带”的革命》一书中勾勒出一个大致的轮廓。而在今天的这本书里，我终于有机会把它完整地并且是相当细致地描绘出来了。我唯一想请读者原谅的只是，为了使那些十分珍贵却长期被人忽视的历史文献重新为人所重视，我在书中对于某些我认为有助于说明历史事实的文献资料做了较详尽的引证。当然，它们的数量并不是很多，而且我相信，无论我的这本书的读者是否愿意详细地研究这些资料，在读过这本书之后，都会对当年张学良与中国共产党的关系留下与前不同的印象。

为了这本书，我当然必须首先感谢我的那位同学。最早让我开始对西安事变的历史发生兴趣的，就是他。没有他，我不可能写这本书。我深感抱歉的是，我没有等到他继续完成他的研究。但我希望他知道，如果我的这本书揭示了某些历史的真实的话，很大程度上是得益于他当初帮助我的结果。

为了这本书，我尤其要感谢台北的蒋永敬教授。我们虽然相识的时间并不很长，但蒋教授对我的研究所给予的关心使我深为感动。本来，我对于写这本书一直相当犹豫，正是蒋教授的鼓励和他为我的《“中间地带”的革命》一书所写的书评，促使我下决心完成这样一本书。

在这里，我还要感谢挪威诺贝尔研究所韦斯塔博士和俄国社会科学院远东研究所的舍维廖夫教授。韦斯塔博士的帮助，使我有机会前往莫斯科查阅有关文献；而舍维廖夫教授则帮助我克服了我在阅读资料方面所遇到的许多语言上的困难。

杨奎松

1995年5月于北京翠微园

目 录

第一章

由战争走向妥协

一、西征北上

如果当年蒋介石不曾千方百计地把红军从中国南方地区赶走，红军能够在中国南部或西南地区立足而用不着到西北地区去，如果蒋介石当年调去西北“剿共”的不是东北军，而是中央军，如果不是1935年夏共产国际召开了转变统战政策的第七次代表大会，中共中央没有及时改行抗日民族统一战线的政策，而是继续他们过去那种视一切国民党上层势力为仇雠的做法……那么，西安事变很可能不会发生。

但反过来，只要蒋介石当时的政策是先安内后攘外，先统一后御侮，他就注定要以消灭红军和清除各种地方势力为首要目的。为此，他不仅不得不暂时牺牲中国东北等地的领土主权，而且很难不把东北军或其他地方军队派去“剿共”，因此也就很难不使东北军的张学良或其他地方势力的领导人因力量损失而对蒋产生反感。只要存在这种情况，而中共又改行了统一战线政策，那么，不论它在哪里，它都会注意到这一矛盾，并且会不遗余力地利用来削弱坚持“剿共”政策的蒋介石。结果，西安事变，或者其他什么类似的事变的发生，多半就很难避免了。

历史有时候就是这么复杂和矛盾。

不管历史现象的本身有多么复杂和矛盾，也不管西安事变的发生具有多少偶然的或必然的因素，通过以上所举的事实与逻辑，不难发现，西安事变不仅仅是张学良与蒋介石之间的事情，它在很大程度上是受到中共的影响并有中共的作用在其中的。因此，要谈论西安事变，不能不谈论中共，不能不注意中共对张学良和蒋介石的政策及其变化。然而，人们过去对中共在西安事变问题上的作用谈得很少。事实上，可以确信不疑的是，张学良走向西安事变的所有步骤，都是从他和红军在陕北接触以后开始的。所以，要了解西安事变的由来，或许用不着从张学良东北军如何丢掉东三省说起，却不能不从中共为什么会到西北地区来，又是怎样和张学良发生关系并相互影响的情况说起。

中共和红军为什么会到西北来呢？简单地说，是因为两点。第一，中共和红军之所以会从比较富庶的中国南方辗转退至贫瘠荒芜的西北地区，主要是因为蒋介石实施“安内攘外”的政策，必欲消灭中共和红军，至少也是要把红军赶出靠近中国心脏地带的南方地区，频频“围剿”和进攻，使得力量本来就弱小的红军难以在南方安身。第二，中共和红军之所以非离开南方根据地不可，也与它当时实行的“孤家寡人”的政策有关[1]。这也就是说，即使那个时候中共与张学良有所接触，事情也搞不成后来那个样子。因为，在1933—1934年，中共和红军仍在南方根据地时，它们至少曾经有过两次十分类似的机会，可以和国民党反蒋派结成较大规模的反蒋联盟，结果却一事无成。

第一次发生在1933年，冯玉祥在共产党的推动下发起了察哈尔抗日同盟军，其中吸收的中共人员远比后来张学良在西北时吸收的还多；另一次是在稍微晚些的时候，在1933年底至1934年初，受命参加“围剿”江西红军的十九路军将领揭旗反蒋并发动成立了反蒋的“福建人民政府”，与之毗邻的中央苏区的红军将领曾和他们达成了反蒋协定。但是，这两次机会都

[1] 毛泽东：《论反对日本帝国主义的策略》（1935年12月25日），《毛泽东选集》（合订本），北京：人民出版社1964年版，第150页。

白白地浪费掉了。因为当时的中共临时中央和共产国际在中国的代表奉行的是泾渭分明的阶级路线，反对与国民党任何上层人物建立统战关系，只想暂时利用与这些上层人物的协议，合法地深入对方的下层中去，以便争取对方的士兵以为己用。这种做法导致的结果，就像毛泽东后来总结的那样，成了“为渊驱鱼，为丛驱雀”，不仅便利了蒋介石的中央军各个击破这些反蒋派，更葬送了可能缓解中共和红军军事困境的重要机会。蒋介石中央军在分别解决了这些反蒋事变之后，转而集中了更加强大的兵力来进攻红军。原本就弱小的红军，在损兵折将、孤立无援、陷于生死关头之际，不得不下决心放弃了经营多年的南方根据地，开始了史称二万五千里“长征”的军事大转移。[1]

长征，是中共此前政策、观念及其军事路线诸多错误的结果，但它恰恰是我们了解西安事变来龙去脉的一个必要的出发点。这是因为，导致西安事变的一切主观和客观条件都是从长征开始生长起来的。表面看起来，长征以后的国共力量对比越来越对中共不利，红军的生存常常危在旦夕，然而，正是由于中共为了解决生存问题忽而西，忽而南，忽而北，最后选择转向靠近苏联的西北地区，使中共和红军获得了生机。他们不仅意外地得到了共产国际关于改变统战政策的指示，又恰巧与对蒋心存不满的张学良东北军相逢。两相结合，这才造成了石破天惊的大举动，迫使看上去已经胜券在握的蒋介石最终放弃了“安内攘外”政策，并且使历史的天平由此开始渐渐转向了有利于共产党的一边。

中共中央和中央红军被迫退出江西中央苏区，是1934年10月的事情。当时，在经过多年的鏖战之后，势力越来越强大的南京国民党集团终于占领了共产党在中国南方的最后一块根据地，迫使共产党的军队从此远离中国的心脏地区，向西南偏远地区转移。

---

[1] 有关红军长征的实际距离，近十多年海内外陆续有不少具体的考证和说法，这里仅沿用习惯性的说法而已。

不过，率先退向中国西南地区的，是中共鄂豫皖中央分局书记张国焘领导的中国红军第四方面军。共产党的这支军队原先经营着鄂豫皖三省之交的一块重要根据地，北临淮河，西抵京汉铁路，战略上具有重要意义。但该部还在1932年就因反“围剿”战争失败而辗转退入四川北部地区，在那里建立了自己的新的根据地。几乎同时退向西南地区的是曾经经营着湘鄂西根据地的红军第三军，它在被迫离开湘鄂西之后，转战将近两年之久，也在贵州东部建立起一小块根据地。随后进一步退向西南的是曾经长期坚持湘赣边根据地的红军第六军团，它于1934年按照中共中央军委的命令实行“西征”，一方面为中央红军向西退却探索道路，另一方面准备会合红三军后回师接应中央红军的战略转移。

所谓西南地区，主要指的是云、贵、桂、川、康五省区。这一带不仅山多路险，交通不便，而且多数地区物质条件差，少数民族多。因为地形恶劣和交通不便，西南地区地方势力向来盘根错节，故近代以来历届中央政府几乎都不能对这些地区实行有效统治，红军之所以纷纷退向西南地区，也是注意到了这样一些条件。既然红军在靠近中国政治、经济、文化中心的南方各省中再也无法坚持下去，而国民党南京政府又同历届中央政府一样，尚无迅速实现一统天下的能力，跑到远离南京政府统治圈以外的地区去，自然是保存中共和红军实力的一种好办法。

早在1930年，斯大林就已经在高度重视中国红军这一特殊的革命形式了。从军事角度来考虑红军在中国生存发展的条件问题，使他在充分肯定红军是中国革命最重要的因素，必须大力发展和全力经营的同时，特别注意到根据地进可攻、退可守的问题。他明确提出，中共应当找到一块远离中国心脏地区，同时物资及人力资源又比较充足的地区，来作为自己的战略根据地。据此，他并不看好中国红军在靠近沿海和靠近南京中央政府的中国心脏地区发展起来的几块南方根据地，而是看重了中国西南的四川省。他特地通过周恩来告诉中共中央，要他们注意向中国西南的四川省发展，说：

“有四川这样大的一块地方就有办法。”[1]

1933 年 3 月，共产国际在给中共中央的指示当中，针对鄂豫皖根据地的陷落和鄂豫皖红军的出路问题，再度明确强调了向四川发展的意义。指示宣称 ：“我们对四方面军主力转入四川的评价是肯定的。”[2]

四川地处西南，四面环山，其中心却是一块大约 16 万平方公里的巨大盆地，人口众多，物产丰富，向有“天府之国”的说法。这里与外界的交通，除了翻越秦岭与大巴山让人望而生畏的险关隘路之外，就是遍布急流险滩的滚滚长江，因此一旦占领了四川，就可能获得进可攻、退可守的稳固根据地。而且，因四川远离南京，红军不致成年累月地陷于战争之中，也容易实现长期稳定的割据局面。

但是，中共其实并不具备夺取四川的条件。它以往在四川投入的力量较少，影响甚微，红军长期在鄂、赣、闽几省活动，又过于分散，战事不断，为保卫原有的各个根据地自顾尚且不暇，也从无可能向西南四川来发展。更主要的是，由于中共中央领导人始终没有完全解决急于按照欧洲革命的模式，即通过夺取或占领中心城市来迅速取得中国革命胜利的观念，他们始终把远去西南看成是远离中国革命的中心，是政治上的一种退缩逃跑行为。故即使到 1934 年夏天，中共中央被迫决定退出江西苏区，转向西南，最初也只是把目的地锁定在靠近黔东的湘西山区，并没有长驱四川的打算。

中央红军转去四川，实属不得已之举。在离开江西中央苏区一个多月之后，红军在西渡湘江的作战过程中遭遇了难以想象的惨重损失，8 万中央红军一战后竟只剩下 3 万多人，器材物资散失殆尽，过江后又受到湖南国民党地方武装何湘所部的攻击，西去会合已改编成红军第二、六军团的湘西红军的计划无从实现，中共中央这才决定转向川、黔边发展，由此也才有了在四川附近建立根据地的计划。但是，即使在这种情况下，中共中央

---

[1] 《周恩来在中共中央临时政治局会议上的报告》（1930 年 8 月 22 日）。

[2] 见《共产国际执委会致中国共产党中央委员会电》（1933 年 3 月），《中共党史研究》1988 年第 2 期，第 83 页。

政治局当时也还是坚持：无论如何不能再向西或西南方向撤退了。[1]

退向西南，本来就是迫不得已之举，因此是否继续西去，并不取决于红军本身的愿望如何，而要看国民党的力量如何。国民党的力量这时分两方面，一方面是西南，特别是四川等地那些表面上也承认南京政府为正统的地方军阀武装，一方面就是南京政府及其中央军。红军一向相信对付地方军阀武装有把握，但对付中央军则无把握。问题是，南京政府过去兵不及西南无非囿于二因：一是中心地区尚未巩固，战事频仍，无多兵可调；二是西南各省军阀名义上均已归顺南京，南京虽鞭长不及马腹，却也师出无名。如今，中共南方根据地被全面拔除，国民党中心地区基本统一，红军又大举西去，正好给了国民党中央军尾随西进的口实。因此，红军长征不仅为蒋介石南京政府借机统一中国西南地区提供了重要机遇，而且熟悉红军作战的国民党中央军与熟悉本地民情地形的地方军队合为一气，也使中央红军处境变得更加危险，四川或西南其他各省并不像斯大林当年所设想的那样容易立足。

1934 年 12 月 18 日，中共中央首次发布指令，决定在川黔边建立根据地。进至贵州遵义县城后，红军一度取得了歇脚的时间，中共中央还在 1935 年 1 月中旬在遵义县城里召开了一次政治局扩大会议，重新改组了中共中央领导机构，解除了对丢失中央苏区负有指挥责任的中央书记博古和德国籍军事顾问李德的军事指挥权力，周恩来成为军事指挥上的总负责人，毛泽东以周的助手的身份参与军事指挥工作。红军在遵义只停留了一周左右的时间，国民党军就从四面包围上来了。根据遵义会议的决定，红军改向四川西北部挺进，准备与川北地区已经改编成红军第四方面军的鄂豫皖红军会合，建立新的根据地。半个月后，即 2 月初，红军进入四川的计划受阻，为了打破国民党军的围追堵截，中共中央不得不“决定停止向川北发展，而

---

[1] 《中央政治局关于战略方针之决定》（1934 年 12 月 18 日），《中共中央文件选集》第 10 册，北京：中共中央党校出版社 1991 年版，第 441—442 页。

最后决定在云贵川三省地区中创立根据地”，亦即准备“以川滇黔边境为发展地区”。[1] 然而，紧随红军之后的国民党中央军和与之配合的川军步步追堵挤压，中央红军不得不在贵州赤水河两边跳过来跳过去，虽没有遭受到更大的损失，却根本无法完成落脚川滇黔边、建立游击根据地的设想。

3 月初，中共中央再度被迫放弃建立川滇黔边根据地的计划，宣布准备坚持黔北地区，争取下一步“赤化全贵州”。而一个多月后，即 4 月下旬，中共中央发现，在黔北也无法立足。因此，它再度决定，放弃入川计划，大步西去，四渡赤水，争取转进云南东北部“消灭敌人取得新的发展局面”[2]。但此一命令发出不过几天，跃进至滇东北的红军就发现，他们找到了川军防守的薄弱之处，完全可以由这里转进四川。因此，中央军委[3]当机立断，于 4 月底指挥红军迅速离开云南东北地区，横渡金沙江，宣布将“转入川西消灭敌人，建立起苏区根据地”[4]。

1935 年 5 月，中央红军渡过金沙江后，很快又渡过了大渡河，进入川西北地区。这时，红军四方面军与中央红军取得了联系，放弃了原来的川北根据地，也西来与中央红军会合了。双方会合后，于 6 月下旬召开了两河口会议，反复研究了当前的局面，决定主力进入甘肃南部地区，努力“创造川陕甘苏区根据地”[5]。这样一来，红军此前努力在西南地区创建根据地的

[1] 《军委关于我军向川滇黔边境发展的指示》（1935 年 2 月 7 日），《共产党中央委员会与中央革命军事委员会告全体红色指战员书》（1935 年 2 月 16 日），《文献和研究》1985 年第 1 期（中共中央遵义会议前后有关战略方针的七个文件）。

[2] 《动员全体红色政治工作人员争取新的胜利》（1935 年 3 月 5 日），《党中央为粉碎敌人新的围攻赤化全贵州告全党同志书》（1935 年 3 月 8 日），《中央军委关于消灭白水曲靖等地敌军的指示》（1935 年 4 月 25 日），《中共中央文件选集》第 10 册，第 495—498 页；《文献和研究》1985 年第 1 期。

[3] 有关“中央军委”与“中革军委”名称的由来、两者关系及其演变经过，可参见王健英：《中革军委的由来与演变》（《党史文苑》1995 年第 4 期）一文，本书依长征以后指挥关系统称“中央军委”。

[4] 《中央军委关于野战军速渡金沙江转入川西建立苏区的指示》（1935 年 4 月 29 日），《中共中央文件选集》第 10 册，第 499 页。

[5] 《中共中央政治局决定——关于一、四方面军会合后的战略方针》（1935 年 6 月 28 日），《中共中央文件选集》第 10 册，第 516 页。

战略方针实际上已经在悄然改变了。

很明显，红军转进西南地区，在贵州、四川及其周围地区长途跋涉、东奔西突，军事上固然机动灵活，实际上却是逼不得已，而且困难重重，生存问题仍未解决。中共中央清楚地了解，部队长期处于游击状态，没有根据地，是极端危险的。他们始终在要求部队为创造新的根据地而战，但每一次这样的努力最终都没有成功。

总结起来，红军在西南地区建立根据地的努力的失败，根本上不外乎两个原因：一是敌人力量较强；二是群众基础薄弱。这是因为，西南虽然偏远，却仍旧是人口密集地区，地方军阀各霸一方，养兵甚多，除贵州军队不大能打以外，川军、滇军都有一定战斗力。加上蒋介石刻意经营西南，派遣大军跟入，迫使矛盾甚深的西南各地军阀联合起来，异常积极地对红军作战，从而使红军几乎处于无日不战、无处不战的困难境地。

与此同时，红军兵力有限，非战斗人员较多，又在长途征战中损失连连，物资和人员补充都极为艰难，因此战斗力愈渐减弱，自不能不避实就虚，尽力避免与强敌交战。在这种情况下，红军更是只好转战于川黔滇三省交界处和四川西部这些高原山区，力图在敌人力量薄弱之处寻找立足点。可是，这些地区的群众，往往又以少数民族居多，民情、方言处处隔膜。何况，这些地区少数民族与汉民族关系一向较为紧张，红军不仅立足困难，给养、兵源也完全不能解决。中共中央很快就意识到这一问题的严重性，说："我们过去对于少数民族不大清楚，现在经过许多少数民族的地区是清楚了"，要在这些地区建立根据地根本没有可能。这也是为什么，中共中央从 1934 年 12 月决定西征进入西南地区创造根据地，在云贵川转战半年之久，一直想在西南建立根据地，但到 1935 年 6 月却不得不改变西征计划，决定北上甘南的原因。中共中央这时设想，到甘肃南部去，当可进一步"背靠甘（肃）青（海）新（疆）宁（夏）四省的广大地区"来建立有更大纵深和范围的战略根据地。[1]

---

[1] 《两河口会议结论》（1935 年 6 月 26 日），《中共中央政治局决定——关于一、四方面军会合后的战略方针》（1935 年 6 月 28 日），《中共中央文件选集》第 10 册，第 516 页。

关于红军北上方针的提出，在张国焘《我的回忆》一书中是这样说的：在红军一、四方面军会合后，双方领导于1935年6月间举行了一次会议。在这次会议上——

> 首先由毛泽东提出了向甘北宁夏北进的军事计划。他说明共产国际曾来电指示，要我们靠近外蒙古，现在根据我们自身的一切情况，也只有这样做。我即发问："共产国际何时有这个指示？"张闻天起而答复：在他们没有离开瑞金以前（约十个月前），共产国际在一个指示的电报中，曾说到中国红军在不得已时可以靠近外蒙古。[1]

张国焘记述的这个会议，从时间、内容及事后决议看，显然是中共目前史书所记的6月26日在懋功附近召开的两河口会议。但张所回忆的内容与目前中共保存的会议记录却颇多出入。

首先，会议并非由毛泽东提出军事报告和北进计划。毛在江西中央苏区期间曾备受排挤，直到中共中央政治局于1935年1月间在遵义召开的扩大会议上才当选为中央常委，开始参与中共中央核心领导工作；3月以后成为中共中央军事三人团（周恩来、毛泽东和王稼祥）的成员之一，并担任了红军前敌政治委员一职。因此，可以说毛泽东这时在军事上已开始大权在握，但这时中共中央还没有完全改变遵义会议的规定，即党内在军事上负总责者仍是周恩来，不是毛泽东。故至少在这次会议上做军事报告的，还是周恩来，而不是毛泽东。

其次，会议上无论毛泽东还是周恩来，或者是这时实际上充任总书记的张闻天（即洛甫），都未曾提到共产国际的这一指示，并且也没有人提到过向甘北、宁夏北进的任何想法。可想而知，张国焘在回忆如此不准确的情况下所说的这个共产国际的指示是否存在，值得怀疑。至少，中共中央

---

[1] 见张国焘：《我的回忆》第3册，北京：中国现代史料编刊社1980年版，第226页。

撤出江西苏区后的行动方向也表明，他们并没有执行这样一个指示的任何计划，在上述中央红军一度所争取过的重新建立根据地的目标中，有川黔边、川西北、川滇黔、黔北、滇东北、川西，却丝毫没有向北部边界地区发展的影子。[1]

北上的方针其实是在中共中央注意到在西南地区没有建立根据地的可能之后才提出的。问题在于，考虑到中共与联共（布）之间的秘密关系，中共中央为什么当初从江西撤退时不提出北上方针，非要到西征失利之后才转而北上呢？

从地理上来看，北上应该远比西征对中国红军更具有吸引力。早在1920年代初，苏俄的势力刚刚达到远东地区，孙中山就接二连三地提出过从北部边界接通苏俄的战略设想，后来的苏联政府也一度批准过孙中山的提议，曾准备利用中国西北地区帮助孙中山训练军队。此后，苏联政府虽因了解到国民党在中国西北省份缺少影响，不愿意国民党利用外蒙古的库伦来做进攻北京政府的军事基地，拒绝了孙中山提出的西北军事计划，而是转道海参崴由海路来援助广州政府。但是，当冯玉祥的国民军参加了反对北京政府的战争后，它很快就通过外蒙边境对冯的军队提供了大量的军事援助。这说明，利用中苏蒙边界来援助中共是完全可能的。

当然，当年援助国民党是一回事，这个时候援助共产党则是另一回事。要中共红军这时来接通甚至靠近苏蒙边界，无论在苏共中央，还是在中共中央看来，都远比当年援助国民党要复杂得多。这是因为，第一，在中国共产党人的观念上，“打通国际路线”的想法并不是一个值得肯定的军事主张。早在1927年4月，当国民革命陷于困境时，苏联顾问鲍罗廷就曾提出

[1] 分别见陈云：《遵义政治局扩大会议传达提纲》，《遵义会议文献》，北京：人民出版社1985年版，第4页；《中央军委总政治部关于我军渡乌江的作战计划》（1935年1月20日），《中央军委关于在川黔滇创造苏区的指示》（1935年2月16日），《动员全体红色政治工作人员争取新的胜利》（1935年3月5日），《中央军委关于消灭白水曲靖等地敌军的指示》（1935年4月25日），《中央军委关于野战军速渡金沙江转入川西建立苏区的指示》（1935年4月29日），《中共中央文件选集》第10册，第476—501页。

接通苏联与外蒙以取得援助的所谓“西北路线”，结果这一设想很快就成了“逃跑主义”的代名词。没有哪个中共领导人愿意再去背负这样一个罪名。第二，作为共产国际下属支部之一，中共一向把“保卫苏联”看成是自己最重要的责任。而苏联这时正受到高唱反对共产主义的德国和日本两个方面的战争威胁，中共中央显然担心，在这个时候公开靠近苏蒙边境，难免会给苏联带来外交上的严重压力，甚至为日本进攻外蒙和苏联制造口实。冯玉祥 1933 年在察哈尔组织抗日同盟军，揭旗抗日，通过北方共产党组织试图再度接通苏联，取得援助，却遭到苏方严拒，就是证明。因此，在从南方根据地撤出来的时候，中共中央不仅不会设法去靠近苏蒙边界，就是连向北发展的想法都是难以提出来讨论的。

据有记载可查的历史文献，中共最早提出接通与苏联的联系，是在 1935 年的 5 月份。这时，中共中央了解到新疆盛世才实行亲苏反帝政策，苏联已公开卷入新疆事务。这一情况使深陷困难境地的部分中共领导人敏感地意识到，红军向西北靠近新疆和外蒙方向发展未必是完全不可能的。也正是这样一种考量，推动了中共中央向北发展而不是向南发展的方向选择。考虑到在西南四川一带无法立足，东西南三个方向均无发展的可能，而北方国民党军事力量最为空虚，向北发展又可以接近苏联、外蒙，故中共中央才下决心提出了向北发展的方针。用周恩来后来在两河口会议上的话来说，就是：当时中央的“决定是到岷江东岸，在这地区派支队到新疆”，争取从那里取得同苏联的联络与援助。[1]

6 月中旬，红军一、四方面军在川西会合，中共中央又更进一步提出了“占领川陕甘三省，建立三省苏维埃政权”的战略设想，并准备设法与苏联接通。在 6 月 16 日中央红军前敌司令员朱德等人给张国焘的电报中更明确提出：

[1] 《周恩来关于目前战略方针的报告》（1935 年 6 月 26 日），《周恩来年谱》，北京：中央文献出版社 1989 年版，第 282—283 页。

应准备“适当时期以一部组织远征军，占领新疆”，打通国际路线。[1]但这些显然都不是源自共产国际的指示。

张国焘自1920年代以来，一直与共产国际有着密切的关系。1930年前后还曾作为中共代表之一长驻莫斯科，他很清楚上述历史。因此，得知中共中央一些领导人的想法之后，他明确地表示了不赞同的态度。

6月17日，他专门致电中共中央，说明川北地区地形不利，给养又断，红军意图已为敌悉，目前不宜再过岷江东进和北上。他主张，红军应迅速西进经阿坝进入甘青，或南出雅安、名山、邛崃、大邑地区。

6月18日和20日，中共中央接连两电回复张，表示不同意他的主张，并建议张国焘来中共中央所在地懋功“商决一切”。这就是两河口会议的由来。

值得注意的是，两河口会议上周恩来代表中共中央提出的向川西北的松潘地区前进的北上计划，并没有遇到像一些中共党史著作中所形容的来自张国焘的反对，当然也不存在像张国焘在回忆中提到的那种争论不休和议而不决的情况。相反，由于张国焘此时的目的在于取得中央常委和军委的领导地位，他表现得十分随和圆通。他表示：目前向西通过草原，夏天雨季长途行军会有很大的减员；向南往成都打虽不成问题，但敌人会很容易调集兵力，故“发展条件是甘南与我有利”，“政（治）局应决定在甘南建立根据地。至于怎样打，军委应做具体计划”，“政局应赶快决定迅速的定下”。[2]

由上可知，张国焘在这次会上不仅没有反对中央的北上计划，而且还肯定了向西、向南发展都不行，只有向北去“甘南与我有利”的方针。因此，会议“全体通过恩来的战略方针”，并迅速安排相关人员制订具体的行动计划。

两天后，中共中央和中央军委先后拟定了《关于一、四方面军会合后战略方针的决定》、《关于向松潘前进的部署》和《关于松潘战役计划》，各

---

[1] 《朱毛周张为建立以川陕甘三省苏维埃政权问题给张徐陈等电》（1935年6月16日），《文献和研究》1985年第5期（关于红军长征北上的三篇文电）。

[2] 《张国焘在两河口会议上的发言》（1935年6月26日）。

部队由此开始了具体的北上作战行动。

两河口会议没有引起争论，也在于会上没有具体提出接通苏联的问题，只是这一北上方针中明显包含着力图把甘肃西部乃至新疆“控制在我手里，背靠西北”，退可依托苏联，进可逐鹿中原的战略设想。要想实现这一战略设想，在这时对于许多人来说还是一件可望而不可即的事情。苏联军事顾问李德就明确认为这样做会给苏联造成麻烦，以致危及苏联安全。更多的人仍旧担心“打通国际路线”的想法有退却畏缩之嫌，因此希望强调说明，北上计划“不是打通苏联，而是向前”，是进攻。张国焘考虑更多，经过多年的战争之后，他明显地对红军在鄂豫皖苏区与国民党中央军作战的失利心有余悸，因此他对打地方军阀的部队似乎很有信心，会后了解到北上会直接与正在赶来的蒋介石中央军胡宗南部交战时，又开始顾虑重重。故在同意了两河口会议决定的战略方针之后，他又开始拖延部队行动，不想北上了。

7 月 10 日，一方面军已经进至岷江西岸的毛儿盖地区，开始逼近松潘，四方面军主力却迟迟不进。朱德、毛泽东等不得不急电张国焘，称：分路迅速北上原则，早经确定，后忽延迟致无后续部队跟进，切盼各部真能速进，勿再延迟，坐令敌占先机。[1]

为促使张国焘能确实执行北上计划，而且考虑到四方面军人多枪多，军力远较一方面军强得多，中共中央于 7 月 12 日通过了张闻天的提议，在中央军委设总司令及总政治委员之职。由朱德任总司令，张国焘任总政治委员，张并取代周恩来为军委的总负责者。同时，由四方面军总指挥徐向前和政治委员陈昌浩兼前敌部队总指挥和政治委员。[2] 这种安排终于促使张

[1] 《四方面军应迅速北上》（1935 年 7 月 10 日），《毛泽东军事文集》第 1 卷，北京：军事科学出版社、中央文献出版社 1993 年版，第 362 页。

[2] 《中央军委关于朱德仍兼红军总司令张国焘为总政委通知》（1935 年 7 月 18 日），《朱张周王关于一、四方面军会合后组织前敌指挥部决定》（1935 年 7 月 21 日），参见《周恩来年谱》，第 285—286 页。

国焘又开始与中共中央协调行动，实行北上进攻松潘的计划了。

然而，事不凑巧，各部队很快出现了严重缺粮的情况，原定7月28日各部队到达预定位置的计划再度被打乱。时间稍一耽搁，敌情也发生了变化，松潘战役计划因此被迫取消了。

松潘战役计划取消后，张国焘再度对是否继续北上发生动摇。加以四方面军与一方面军之间的团结接连出现问题，中共中央不得不重新开会统一思想。

8月6日，中共中央政治局再度举行会议，讨论由张闻天提出的《关于一、四方面军会合后形势与任务的报告》。张在报告中进一步重申了两河口会议所做的北上决定的必要性，并明确地强调了争取西北地区、背靠苏联的意义。显然，中共中央经过在川滇黔半年多的征战，已经再清楚不过地了解到红军不适宜在这一地区创建根据地。特别是在红军的力量已经极大削弱，国际联络中断将近一年，而苏联影响已进入新疆的情况下，迅速北上创建根据地，努力取得国际的指导与援助，对于中共是再需要不过的了。

为了说明北上所包含的重大战略意义，力主北上的毛泽东也在发言中特别强调了一定要靠近苏联的问题。他在解释了西北地区具有“统治阶级最薄弱的一环”“帝国主义势力最弱的地方”等特点之后，特别说明：“苏联在这地区影响大。”他说：

> 地理上靠近苏联，政治上物质上能得到帮助，军事上飞机大炮，对我国内战争有很大意义。五次“围剿”开始堡垒主义，我们对技术方面应很大的做准备……我们基本上靠自己，但（应）得到国际的帮助……因此要用全力达到战略方针，首先是甘肃这区域，但要派支队到新疆，造飞机场、修兵工厂。[1]

[1] 《毛泽东在政治局会议上的发言》（1935年8月6日），《毛泽东年谱》（上），北京：中央文献出版社1993年版，第465—466页；丁之：《中央红军北上方针的演变过程》，《文献和研究》1985年第5期。

张闻天、毛泽东的主张，张国焘和四方面军领导人陈昌浩、傅钟等虽未直接反对，但话里话外却明显地表示出不那么赞成。比如说什么不管苏联援助我们的态度如何，我们中国共产党应把责任放在自己身上，不要以为与苏联接近就是要从苏联得到技术帮助；说同志们对西北方向讲了很多，但不要把少数民族问题看成是一个困难；说从西北发展到东南是可能的，但政治局决定整个革命问题不能偏向一边，不应限于一种因素，如此等等。

很显然，张国焘等人刚刚从川北苏区出来，人多枪多，数倍于中央红军，还没有经历过中央红军所遇到的各种令人难以想象的艰难困苦，甚至不了解在少数民族区域建立根据地之困难。他们既不理解中央红军对向少数民族地区发展的顾忌与恐惧，也不接受把向北发展与取得苏援联系起来的想法，认为这是逃跑主义的表现。他们的中心想法其实是应该尽量避免直接和中央军打起来。他们在政治局中不占多数，有些话又不便说出口，因此他们有意见却讲得不明不白，故会议最后还是通过了张闻天的报告。

由于张国焘等对会议的结果不满意，又不想北上去碰胡宗南，故会后不久就把意见摊开了，提出了一个避开北面胡宗南部，直接西去青海、宁夏和新疆的新建议。但如此直接地开去新疆的行动，苏联方面赞同与否尚且不论，西去边远的少数民族区域，更是中共中央一直在竭力避免的，因此毛泽东等断然表示反对。

8月20日，中共中央根据毛泽东的提议，制定了新的《关于目前战略方针之补充决定》和《夏洮战役计划》，明确提出："在目前将我们主力西渡黄河，深入青宁新僻地是不适当的，是极不利的"，不仅将红军全部长期深入少数民族地区必然会在粮食和民族关系等方面造成严重困难，而且国民党军正以全力压迫我们去不利地区，以便于他们可沿着黄河构筑封锁线与堡垒，这种做法"客观上正适合于敌人的要求"。故"政治局认为目前采取这种方针是错误的，是一个危险的退却方针"，坚持并再度部署了新的北上战役行动。计划要求部队全部进至甘南，并以主力出洮河东岸，占领岷州天水间地区，打破敌人兰州、松潘封锁计划，并依据岷州为中心的洮河区域，有计划地向东进攻，以便取得甘陕两省广大区域。[1]

但是，由于张国焘领导下的四方面军人多势众，张在名义上又取得了军委总负责者的资格，中共中央实施部队调动、指挥及具体军事行动不免备受掣肘。

8 月 31 日，张国焘电告和中共中央及一方面军一同在右路军的前敌总指挥徐向前等，认为甘南西固敌已有备，以一方面军单独夺取不仅不能制敌，反会为敌所制。鉴于左路军主力须三天后才能赶到班佑，其余部队至少要到 14 日才能跟上，他要求右路军就地休整，等待左路军，以免被敌截为数段。[2]

中共中央得电后当即复电张国焘，说明：根据情报，目前文县、武都、西固、岷州一带甚空虚，无多敌，从左路军所在下包座去西固不过 5 天，去岷州也仅 6 天，且“路大房多粮足，罗达以东即完全汉人区域”，故右路军仍将以主力向前推进，以不突出西固、岷州为度，望左路军控制白骨寺及包座，如此控制两条平行东向路线，随时可与正在赶来的中央军胡宗南部做有把握的作战，决不会被敌截断。只要左路到达，即可从武都、西固、岷州间打出去，争取更大胜利。[3]

不料，9 月 2 日，张国焘电告徐向前、陈昌浩称：“葛曲河水涨大，不易消退，侦察上下卅里，均无徒涉点，架桥材料困难，各部队粮食只有四天”，故部队只能在原地不动。电报要求右路军派一二团兵力带工兵连赶至葛曲河右岸，利用那里的树林伐木造桥。[4] 但次日，张再电徐、陈说明：“上游侦察七十里，亦不能徒涉和架桥，各部粮只能吃三天，二十五师只两天，电台已绝粮，茫茫草地，前进不能，坐待自毙，无向导结果痛苦如此，决于明晨分三天全部赶回阿坝。”他建议：“右路军即乘胜回击松潘敌，左路

[1] 《关于目前战略方针之补充决定》(1935 年 8 月 20 日)，《中央给朱张二同志电》(1935 年 8 月 24 日)。
[2] 《朱张致徐陈电》(1935 年 8 月 31 日)。
[3] 《向前昌浩泽东致朱张二同志电》(1935 年 9 月 1 日)。
[4] 《朱张致徐陈电》(1935 年 9 月 2 日)。

备粮后亦向松潘进。”[1]

这时，右路军前锋一军团已离开巴西，进抵俄界。双方反复电商，就连徐向前、陈昌浩也致电张国焘，说明“我们意以不分散主力为原则，左路速来北进为上策，右路南进为下策”[2]。

但是，反复协商无结果后，张国焘不仅坚持不愿北上，而且于9月8日直接下令给前敌总指挥徐向前、政治委员陈昌浩，要求他们率右路军回头南下。其意图十分明显，就是要胁迫中共中央听从他的指挥。

面对这种情况，如果中共中央委曲求全，则地位全失，张国焘从此可以颐指气使，为所欲为。反之，如果中共中央拒绝南下，徐、陈因在张国焘指挥之下，很难抗命不遵，而中共中央手中能使用的部队这时只有三军团，两部兵力悬殊，情况变得异常复杂。

由于参谋长叶剑英先得到张电，中共中央得以预先对陈、徐做说服工作。陈昌浩与徐向前于讨论中也对张国焘的命令表示疑问，故毛泽东、周恩来、张闻天、博古、王稼祥与徐向前、陈昌浩等联名致电张国焘，说明“左路军如果向南行动，则前途将极端不利”，要求左路军在阿坝、卓克基补充粮食后，改道北进。并说明：“行军中即有较大减员，然甘南富庶之区，补充有望。在地形上，经济上，居民上，战略退路上，均有胜利前途。即以往青、宁、新说，亦远胜西康地区。”电报要求张国焘“从大局前途及利害关系上着想”。[3]

9日，张国焘再度来电，坚持原令，陈昌浩随之改变了态度，决定执行南下命令。毛泽东听说后，马上找到徐向前询问徐的态度，徐亦表示只能遵命。[4] 不得已，毛泽东紧急召集在右路军的几个中共中央常委讨论对策。

---

[1] 转见于吉楠：《张国焘和〈我的回忆〉》，成都：四川人民出版社1982年版，第218页。徐向前亦分析张国焘关于葛曲河涨水无法渡河和部队缺粮等，认为均是借口。见徐向前：《历史的回顾》（中），北京：解放军出版社1985年版，第447页。

[2] 转见于吉楠：《张国焘和〈我的回忆〉》，第219页。

[3] 《恩来、洛甫、博古、向前、昌浩、泽东、稼祥致朱张刘三同志电》（1935年9月8日），《毛泽东军事文集》第1卷，第364—365页。

[4] 徐向前：《历史的回顾》（中），第452页。

据张闻天回忆：当大家一筹莫展之际，“如果没有毛泽东同志拿‘非布尔什维克’的态度来应付（张国焘）这位野心家，中国党与中国革命必然又会遭受严重的损失”[1]。这种“非布尔什维克”的态度是什么呢？就是不和徐向前、陈昌浩他们打招呼，中共中央连夜单独带领一方面军的部队悄悄开拔北上，脱离四方面军。因为这一行动极其仓促，中共中央及所率三军团竟连数百伤病员也未及带走。[2]

第二天凌晨，刚刚脱离了徐、陈率领的四方面军第四、卅军两军的中共中央，马上致电张国焘，强硬指出：“阅致徐陈调右路军南下电令，中央认为完全不适宜的。中央现在恳切的指出，目前方针只有向北才是出路，向南则敌情、地形、居民、给养都对我们极端不利，将使红军陷于空前未有之困难环境。中央认为北上方针绝对不应该改变，左路军应速即北上。在东出不利时，可以西渡黄河，占领甘青宁新地区，再行向东发展。望你速复。”[3]

同时，中共中央更直接以中央名义电令徐向前、陈昌浩说：

（一）目前战略方针之唯一正确的决定，为向北急进，其多方考虑之理由已详屡次决定及电文。

（二）八日朱张电令你们南下，显系违背中央累次之决定及电文，中央已另电朱张取消该电。

（三）为不失时机的实现自己的战略计划，中央已令一方面军主力向罗达拉界前进，四、卅军归你们指挥，应于日内尾一、三军后前进，有策应一、三军之任务。以后右路军统归军委副主席周恩来同志指挥之。

（四）本指令因张总政委不能实行政治委员之责任，违背中央战略方针，中央为贯彻自己之决定，特直接指令前敌指挥员（党员）及其

[1] 洛甫：《整风笔记》（1943年12月）。
[2] 见《徐陈给林聂彭电》（1935年10月11日）。
[3] 《中央致国焘同志电》（1935年9月10日）。

政委并责成实现之。[1]

在同一天发布的《为执行北上方针告同志书》中，中共中央再度公开断言："南下草地雪山老林，南下人口稀少粮食缺乏。南下是少数民族的地区，红军只有减员没有补充，敌人在那里的堡垒线已经完成，我们无法突破。南下不能到四川去，南下只能到西藏西康。南下只能是挨饿挨冻，白白的牺牲生命，对革命没有一点利益，对于红军，南下是没有出路的，南下是绝路。"[2]

身为四方面军的指挥员，陈昌浩、徐向前不能听命于中央。不仅如此，陈昌浩还愤然致电一方面军的林彪、聂荣臻与彭德怀等，谴责中央是在毛、周、张会议包办之下，企图用数千战士来掩护各个中央委员跑到蒙古、苏联去找出路。他预言，不出两三个月，一、三两军必然会在冰天雪地中力量不保。[3] 而张国焘随后更警告称："若欲从外蒙取得与苏联关系，将成为日本进攻外蒙苏联的借口，成为罪恶行为。"[4]

事实上，中共中央摆脱张国焘四方面军的掣肘，率一方面军主力一、三两军单独北上，情形确实极不乐观。这时整个一方面军和中共中央，作战部队已很少，全部加起来也不过五六千人。重新编制后的部队只有 6 个团的战斗部队，而它还要负责保护和运送上千的干部和伤病人员。以这样少的兵力和这样重的负担，要想实现原定的北上在川陕甘或者在甘南建立根

---

[1] 《中央政治局指令——给陈昌浩、徐向前同志》(1935 年 9 月 10 日)。

[2] 关于中共中央决定独自率领一方面军主力脱离四方面军紧急北上的原因，有各种不同的说法，但较为流行的是多数中共党史书上关于张国焘密令陈昌浩等以武力胁迫中共中央南下，被叶剑英发觉报告毛泽东，毛迅即决心采取此一行动的说法。但考虑到 9 月 10 日后中共中央与张国焘来往电报一度十分频繁，双方各陈己见，说明原因，却均未提到密电一事，而后中共中央召开讨论这一事件的专门会议也丝毫未提及此一密电，故笔者对上述说法表示怀疑。参见《中央政治局指令——给陈昌浩、徐向前同志》(1935 年 9 月 10 日)，《中共中央为执行北上方针告同志书》(1935 年 9 月 10 日)，《中央致国焘同志电》(1935 年 9 月 11 日)，《毛泽东年谱》(上)，第 471—472 页。

[3] 《徐陈给林聂彭电》(1935 年 10 月 11 日)。

[4] 《朱张致林聂彭李徐刘程吴并转张毛周王博等电》(1935 年 11 月 4 日)。

据地的设想，完全没有可能性。尽管李德建议看个把月结果再定方针，不一定要到蒙古去，但 9 月 12 日在俄界举行的中共中央政治局会议上，与会者显然都同意毛泽东所提出的行动方针。这就是：

> 目前应经过游击战争打到苏联边界去，这个方针是目前的基本方针。过去中央曾反对这个方针，（因为）一、四方面军会合后，应该在陕甘川创造苏区。但现在不同了，现在只有一方面军主力——一、三军，所以应该明白指出这个问题，经过游击战争，打通国际联系，得到国际的指导与帮助，整顿休养兵力，扩大队伍。[1]

这个新的方针的中心之点，就是“打通国际联系”，背靠苏联和外蒙，取得苏联和共产国际的直接指导与援助，整顿休养兵力，扩大队伍，更新装备，再“更大规模更大力量打过来”。可以肯定，在过去提出这样一种方针，是注定要被人指责为“退缩逃跑”路线的，但如今的情况完全不同了。现有的数千军队和几百名干部几乎成为中国革命的全部依靠和基础，任何进一步的重大损失都是不可想象的。只要能够“保持（存）数百干部、若干千的战士……就是很大的胜利”。因此，毛泽东明确解释说：在这个时候——

> 我们完全拒绝求人是不对的，我想是可以求人的，我们不是独立的共党，我们是国际的一个支部，我们中国革命是世界革命的一部分。我们可以首先在苏联边界创造一个根据地，来向东发展。[2]

在从最初撤出江西苏区时的 8 万多人锐减到几千人之后，每一个中共中央和一方面军的领导人都明白，现在这种形势对于他们将意味着什么。

[1] 丁之：《中央红军北上方针的演变过程》，《文献和研究》1985 年第 5 期。
[2] 同上。

彭德怀估计：改编后的部队，在进攻作战中一个团只可以对付国民党中央军的一个营。这也就是说，对付国民党中央军，全部红军力量这时多半一次只能与其两个团的兵力作战。故人们一致强调：红军今后一定“要谨慎，不能冒险”。因为根据毛泽东的估计，红军周围的敌人至少有 30 个团左右，在通往苏联边境大约 5000 里路上，国民党不仅可以集中 70 多个团的兵力，而且可能再度实行以红军现有技术手段所难以击破的“堡垒主义”。面对这种情况，红军不仅不可能像过去那样，“一下子消灭几师敌人”，而且“有可能打败仗，有可能较大减员”，甚至可能“成为瓮中之鳖，直至被打散”。所以，即使“为了保存（干部），我们也要打通国际联系”，即使是为了“准备这些阵地战、堡垒战的工具——飞机、大炮”，我们也应当取得苏联的援助。[1] 这样做并不等于什么“退缩逃跑”，张闻天解释说：既然依靠红军自己的力量“在陕甘创造根据地，建立全国革命中心，在目前较少可能”，打通国际路线就是一种必要的选择。这不等于说不得到国际的帮助，我们就没有办法，问题在于，“中国革命应得到国际的指示、政治上的领导，最近一时期，与国际失去联系，这是我们很大的损失”。接通国际联系，不仅是生存的需要，也是党的政治生命的需要。[2]

这几乎是唯一的出路了。因此，9 月 12 日，中共中央最终于俄界会议上确定了“打通国际路线”的方针，并开始具体实施了。他们不再等待张国焘的第四方面军，当即将红一方面军改编为陕甘支队，由俄界兼程北上，于 6 天后突破天险腊子口，进占哈达铺，进而抢渡渭河，锋芒指向苏蒙边界。可是，几乎是再巧没有了，红军刚刚渡过渭河，就意外地从缴获的国民党区域的报纸中得到了新的消息，并很快在同中共陕西地方党部的联系中证实了这一惊人的消息，即在陕北一带还存在一块根据地和一支有相当实力的红军部队。

---

[1] 丁之：《中央红军北上方针的演变过程》，《文献和研究》1985 年第 5 期。

[2] 《洛甫在中央政治局会议上的发言》（1935 年 9 月 12 日）。

这个消息确实让人大喜过望。于是，中共中央所率领的这个陕甘支队再度改变前定计划，转而向陕北苏区开去了。或者可以想象，正是这一过去几乎连想都未曾想过的带有极大偶然性的决定，开始改变了中共和红军的命运。

二、陕北称雄

中共中央是9月下旬在甘南榜罗镇一次只有少数中央常委参加的临时会议上，决定改变前定的“打通国际路线”的方针的。做出这样的决定，是因为9月12日在俄界会议做出打到外蒙边界去的决定时，他们还不清楚路经之处会有一块可以立足的根据地。既然打到苏蒙边境去，是为了保存剩下的这数百干部和几千战士，有了这样一块根据地自然也就达到了当初决定的目的，改变原先的决定是很自然的。

从另外的角度考虑，北上苏蒙边境寻求帮助，尽管是万不得已之举，总是没有得到共产国际批准的贸然行动，张国焘所谓可能危及苏联外交的说法并非虚言恫吓，能不去自然也就暂时不去了。而且，在1932年年底中苏复交，苏联政府与南京政府之间的关系日渐恢复的情况下，苏联是否能够像当年支持冯玉祥和如今支持盛世才那样，毫无顾忌地援助与南京政府完全处于对立地位的中国红军，也没有人能够说得明白。因此，基于种种考量，做出这样的决定纯属情理中的事情。当然，在已经顺利进抵西北地区后，中共中央绝不会放弃“打通国际路线”的想法。在这次中央常委会上，他们一致决定，一方面以陕北苏区为自己的立脚点，一方面得到机会时还要再派支队去打通国际路线，争取国际援助。[1]

能够在陕北找到一处立脚点，这对于中共中央和中央红军来说，确实可以说是喜从天降。自西征以来，中共中央虽然知道红二十五、二十六两军在陕甘活动，却始终不知道在陕北有着这样一块根据地。经过一年时间，长途跋涉两万余里，抛头洒血，饥餐露宿，一路鏖战之后，中央红军已经从 8 万余人战至数千人，90% 以上的部队损失殆尽，此时红军可谓精疲力竭已至极点。腊子口一役后，仅有的数千红军减员竟又“超过一千五百人”，使中共领导人深感震惊。就连毛泽东也叹息道：损失比例如此严重，就是过雪山草地也未曾有过。[2] 由此可见红军疲劳之甚。再向前去，特别是要通过人烟稀少、寨堡林立、少数民族较多的甘西或宁夏，结果如何更难预料。因此，就军事领导人而言，迅速找到一处立脚点歇下来，远比去打通苏蒙更迫切、更重要。当他们意外得知陕北有一根据地之后，可以想象他们会有多么惊喜。红军实在太需要休整了！ 10 月中旬，中共中央当机立断，迅速带领中央红军摆脱追兵，抵达陕北吴起镇，开进了陕北苏区，停下来不走了。

但是，陕北苏区是否真的能够成为中共中央的立脚点呢？它会不会又成为第二个江西苏区呢？这一切归根结底仍旧取决于国共两军之间具体的力量对比。而这时中央红军，即陕甘支队只剩下大约四五千人，加上刚从陕南苏区转进陕北的红二十五军与原在陕北苏区的红二十六军组成的红十五军团，合起来也只有一万人之谱。而国民党方面，仅驻扎在陕甘一带的由张学良率领的东北军，就有十几万人。连同杨虎城的十七路军和其他杂色部队，及已经尾随追至甘肃北部的蒋系王均及毛炳文部的几个师，少说也有二三十万人。双方力量极为悬殊。

不过，这时有两个条件对红军是有利的。

[1] 《毛泽东关于目前行动方针的报告》（1935 年 10 月）。
[2] 同上。

第一，蒋介石和南京政府已经不把北上红军视为“追剿”重点。蒋介石这时明确认为：“由毛泽东、彭德怀等率领向甘肃逃窜”的红军只是“一小部分”，“其余大部分仍旧留在川北和川甘边境”，国民党军队需要重点对付的应当是这支红军。至于对毛泽东所率领的小部分红军，目前只是要留意不要让他们“回窜出来”。[1]因此，蒋介石虽于10月1日宣布兼任西北“剿匪”总司令，实际上一切军事均交给代总司令张学良处理，自己则亲往成都指挥“围剿”红四方面军的作战行动。故中共中央这时注意到，国民党对红军的围追堵截已经“告一段落”，特别是国民党中央军已经不再积极跟进，“现进攻我们的主力是张学良，指挥亦是张学良”。其次则是原来属于西北军的杨虎城的十七路军，也是杂牌。而对付张学良、杨虎城这样的地方军阀武装，在红军看来要容易得多。

第二，由于红军武器落后，弹药匮乏，在江西苏区反“围剿”战争中吃了国民党堡垒阵的大亏，中共中央最担心的就是国民党的“堡垒主义”。他们之所以急于取得苏联援助，一个很重要的原因也就是他们相信，必须取得先进的“技术工具”，比如飞机、大炮，才能“粉碎堡垒主义”。如今，要保卫和扩大陕北苏区，能否粉碎国民党的“堡垒主义”又成一大难题。但毛泽东很快就注意到：陕北、甘北地处黄土高原，既少树木，又少石头，故“敌人要想像中（央苏）区那样依靠垒堡垒是比较困难”的。既然国民党很难实行堡垒战术，作战部队主力又是战斗力不太强的国民党杂牌军，中共中央和红军将领自然胸有成竹。他们不仅不担心自己的力量过于弱小，相反，毛泽东还雄心勃勃地提出：目前时期以吴起镇为中心向西在甘北发展，整顿部队，扩大红军；然后向南进攻张学良、杨虎城，连接仍旧存在于陕南的另一块苏区，因为“杨、张是好对手”，容易对付；待黄河结冰后，再进一步向东进攻山西的阎锡山，使陕北苏区成为跨越陕甘晋三省的大根据地。[2]

---

[1] 蒋介石：《四川治乱为国家兴亡之关键》（1935年10月6日），《总统蒋公思想言论总集》卷十三，台北：中国国民党中央委员会党史委员会1984年版，第476—477页。

[2] 《毛泽东关于目前行动方针的报告》（1935年10月）。

这时，还在中央红军进入陕北苏区之前，由红二十五、二十六军改编而成的红十五军团就已数度与张学良和杨虎城的军队交手，并两次大败东北军，充分显示红军比东北军具有强得多的战斗力。

像10月1日，红十五军团于陕北劳山一带设伏，几乎全歼尾随“进剿”的东北军一一〇师，甚至击毙了该师师长何立中和参谋长范驭州。

只过了20多天，红十五军团又在富县榆林桥全歼东北军一〇七师之六一九团，外带六二一团一个营，生俘六一九团团长高福源。

要知道，这时有数以万计的东北军正在陕北一带四处“围剿”红军，一个红十五军团就打得东北军不亦乐乎，再加上几千身经百战的中央红军到来，东北军更加不是对手。

果不其然，11月初，中央红军和红十五军团会师后，围点打援，中央红军在直罗镇一带仅以数连兵力即一举全歼东北军一〇九师一整个师，外带一〇六师一个团，一〇九师师长牛元峰自杀身亡，红军光是俘虏就捉了两千余人。红军战斗力可想而知。

直罗镇战役后，红军已经稳稳地在陕北站住了脚。到陕北不过一个多月，已经扩红2500人，俘虏3000余人，中央红军和红十五军团总数已经接近于1.5万人。加上在陕北苏区周围还有5000人的游击队和3万人的赤卫军及赤少队，整个红军的实力较前已经得到极大的加强。

更为重要的是，中共军事领导人发现，国民党军队在短时期内根本不可能对陕北苏区实行有效的包围。他们并且相信，在苏区南面东北军在进攻红军方面起不到多大作用，北面的井岳秀和高桂滋的两个杂牌师始终行动迟缓动摇，更是不足为惧。苏区的东西两面虽有东北军、马鸿逵和阎锡山的几个师，但其防线背后都很空虚，不难将其打破。

经过长达一年时间的长途征战之后，能够让部队得到充分的休整与补充，使部队从长期的被动应战转为主动进攻，这正是中共多数军事领导人求之不得的。因此，他们显然更加坚定了要全力巩固和发展陕北苏区的决心，至于对两个月前提出的“打通国际路线”的计划，则明显地感到不那么迫切了。

不过，1935 年 11 月 18 日左右，原在莫斯科的中共党员林育英为传达共产国际关于“抗日反蒋”策略方针的重要指示，由中共驻共产国际代表团派遣，经外蒙辗转来到陕北苏区，让中共中央得知了一个既令人吃惊又让人振奋的更为重要的信息。这就是，斯大林建议：

> 主力红军可向西北及北方发展，并不反对靠近苏联。[1]

斯大林同意中国红军在可能的情况下打通国际路线。这对于将近一年来极端渴望得到苏联援助但又对打通苏联犹豫不决的中共领导人来说，不能不是一个令人高度兴奋的消息。中共中央这时的总负责人张闻天当即于 11 月 20 日和 25 日接连写信给在前线的这时在党内负责军事指挥的最高领导人毛泽东，主张根据斯大林的建议，迅速准备经宁夏靠近外蒙，以取得技术援助并建立更加巩固的战略根据地。[2]

这时的陕北苏区严格说来，其实只有安塞、保安（今志丹县）、瓦窑堡三个县的中心区，其余都是与敌犬牙交错的游击区，并且陕北甘北地区地薄人稀，物质条件对于熟悉南方自然地理条件的红军来说，可谓相当困难。况且不论东北军、十七路军等战力如何，其部队毕竟源源而来，加上有消息称张学良等部也已开始仿照国民党中央军在南方的战法，在苏区周围地区修筑堡垒，有重新推行“堡垒主义”的企图，张闻天等对长期坚持陕北根据地自然不十分乐观。他们相信，既然斯大林已经批准，迅速取得苏联援助将不再是一件十分困难的事情，此举对红军的生存和发展较之继续坚持陕北根据地，无疑具有更加重大的意义。

但作为军事领导人，毛泽东、彭德怀等人却有另外的看法。他们显然对红军突破腊子口以后人数锐减记忆犹新。因此，他们极端重视此前之长

---

[1]　转见《林育英、张闻天二同志致四方面军电》（1936 年 2 月 14 日）。

[2]　《洛甫致毛泽东电》（1935 年 11 月 20、25 日）。

途跋涉给部队带来的严重损害，更加看重根据地在士兵心理上的重要意义。同时，他们对当前的战争前途十分乐观，故毛泽东明确认为，目前最紧要的是发展与巩固根据地和扩大红军，仍应坚持他此前在政治局会议上关于红军下一步军事行动的主张，即“目前不宜即向宁夏，根本方针仍应是南征与东讨，东讨之利益是很大的”[1]。毛泽东在12月1日给张闻天的复信中明白解释了他的看法。他写道：

> 关于红军靠近外蒙的根本方针，我是完全同意的。因为这个方针是使中国革命战争，尤其不久就要到来的反日民族战争，取得更加有力量与更加迅速发展的正确方针。我不同意的是时间与经路问题。第一，红军目前必须增加一万人，在四个月内我们必须依据陕北苏区用空前努力达此目的；第二，最好是走山西与绥远的道路，这是用战争、用开展、用不使陕北苏区同我们脱离的方针与外蒙靠近。为完成上述两种任务，我想有六个月左右的时间就够了。所以，我们应在明年夏天或秋天与外蒙靠近。[2]

要用4个月的时间完成扩军1万的任务，就此时的情况而言，也许并不十分困难，但要想在6个月之内把陕北苏区扩大到山西、绥远，接通外蒙，却颇难想象。仅为了保卫陕北苏区一地，红军就要应付大约20万国民党军队的围攻，再加上山西阎锡山部、绥远傅作义部的十几万人，它即使扩大一倍，达到3万人之众，要对付数十倍于己的敌人，保卫如此之长的防线，无论如何都是难以想象的。然而毛泽东却敢于如此设想。

促使毛泽东有如此大胆设想的原因，无非有二：一是北方的这些国民党杂牌军不经打，并且红军窃听电话和破译电报工作相当成功，对于敌人

[1] 《毛泽东致洛甫电》（1935年11月30日），《毛泽东军事文集》第1卷，第396页。
[2] 《毛泽东给洛甫的信》（1935年12月1日），同上引书，第408—409页。

的军事行动部署几乎了如指掌；二是边区周围的国民党军队在东北军连遭重创之后，明显地更加动摇和畏缩，并且正在通过各种方式表示不想与红军作战。这说明，红军完全可以通过统战策略分化各路敌军，使相当部分国民党军队与红军结成秘密的统一战线，至少是在战争中保持中立。

统一战线的政策，共产党早在1920年代就有过成功的尝试。可是，在与国民党的第一次合作破裂之后，统一战线的政策也被共产国际明令取消了。在红军抵抗国民党军事“围剿”的历次战争中，红军曾有过许多机会可以通过统一战线的方式来瓦解国民党军队的进攻，都因为中共中央拘泥于共产国际的指示，未能利用，这也是中共南方根据地损失殆尽的最为重要的原因之一。

如今，情形已大不相同了。还在中央红军尚未进入陕北苏区之前，中共中央就已经得到来自滇黔边红二、六军团转来的电报。该电称，共产国际屡有指示，要求中共中央务必依据目前国际国内形势需要和敌我力量对比，注意利用敌人内部矛盾，实行反日反蒋的统一战线政策。[1]中共中央进入陕北苏区后，林育英11月中旬抵达，又传达了共产国际第七次代表大会关于实行统一战线新政策的有关指示。其中关于中共应当实行的统一战线新政策的基本内容是：

> （1）基本的方针是统一战线；
> （2）国防政府与抗日联军，这是统一战线之最广泛和最高的表现；
> （3）工农苏维埃改变为人民苏维埃；
> （4）改变富农政策。[2]

---

[1]《任贺关致中共中央电》（1935年10月14日）。

[2] 关于林育英传达的国际指示内容，目前仅见于《林育英、张闻天二同志致四方面军电》（1936年2月14日）。该电关于国际指示问题说明原文如此：“国际指示都是原则上的，即是：(1) 统一战线这是基本策略方针；(2) 国防政府与抗日联军，这是统一战线之最广泛与最高的表现；(3) 工农苏维埃之改变为人民苏维埃；(4) 富农政策。以上这些均已电达。”

这一政策的基本精神在于，中共从此之后可以在“抗日反蒋”的基础上，联合一切可以联合的力量，集中火力来反对最主要的敌人日本帝国主义和蒋介石。和此前政策上和观念上的种种束缚相比，中共和红军显然获得了相当大的活动空间。毛泽东等更是盼此久矣。因此，他们刚一得知这一指示，就立即对周围的国民党地方势力展开了积极的统战工作。

其实，还在林育英尚未到达之前，因红军主力必须南去与东北军作战，毛泽东等军事领导人就已经开始做国民党军队的分化工作了。鉴于红军南移后边区北面空虚，在边区东北绥德地区之高桂滋部最具威胁，毛泽东等派马志明前往高部做统战工作。此举立即收到立竿见影之成效。高桂滋亲自接见了马志明，对马所述在“抗日反蒋”基础上组织国防政府和抗日联军的主张颇感兴趣，对与红军订立互不侵犯之秘密协约尤其赞同。

得此消息后，毛泽东等很快致信高桂滋，提出了中共方面关于双方合作的具体设想，提供双方谈判。中共方面提议之要点为：

（一）两军各守原防，互不相犯；

（二）抗日讨卖国贼大计，从长计议，务出尽善，并使贵军处于安全地位，有任何卖国贼加贵军以危害者，敝方愿以实力共击之；

（三）在贵军尚未至能取公开行动之时机，敝方愿将双方关系及一切信使往还保守绝对秘密；

（四）贵军未至公开行动之时机，当敝方攻击卖国贼军队（如井岳秀）时，务望采取消极态度，即对敝方之敌不做任何援助举动；

（五）清涧贵部粮秣柴火既属友军，自当尽力接济，但请阁下对敝方所需之物（如西药布疋等），亦量为接济；

（六）互派代表在共同基础上订立初步的抗日讨卖国贼协定；

（七）互相建立最机密之通信连络（交换密码）；

（八）保证双方代表及来往人员之安全。[1]

11 月下旬，双方代表很快通过谈判达成草约，后经双方上级正式批准，实现了两军之间的和平共处。

与高桂滋谈判的成功，使中共领导人更加看重统一战线工作。此时，红军直罗镇一役虽然大获全胜，东北军正面之师纷纷后撤，但其兵力毕竟相当之多，非各个击破不能解决问题。为尽可能地对东北军实施分化瓦解工作，红军这时甚至不惜放弃可能的歼敌机会。就在红军准备再度围歼太白镇之东北军一〇六师时，前受中共中央北方局派遣潜入一〇六师工作的董彦文与前线红军接通了关系，向毛泽东等通报了一〇六师师长沈克对于“围剿”红军颇多动摇的情况。毛泽东等当即决定释放被俘之一〇六师军官数名，向沈克办交涉，转达红军愿意与之谈判的意愿。毛泽东决定：“用积极诚恳的方法争取其反日反蒋”，只要沈克“同意反蒋反日则允许日后人枪如数退还”。不仅如此，红军甚至不等沈克表明态度，就主动撤去了对一〇六师的包围，以示其诚意。[2]

对东北军的统战工作，由此开始提上议事日程。11 月 26 日，张闻天致电毛泽东，提议：“为了扩大我们抗日反蒋的影响与同盟者，此次所俘东北军军官中师长亦在内，应给以优待，晓以抗日反蒋大义后大部分释放，同时表示红军不但不杀白军士兵，而且也不杀军官，以进一步瓦解白军上层。”[3]

考虑到扩大红军之需要，前方军事领导人对上述提议略做修改后，开始大量散发据此制作的传单，以宣传红军对国民党官兵的政策。传单内容包括：

[1] 《中国抗日红军西北革命军事委员会主席毛泽东、副主席周恩来、彭德怀致培五师长阁下函》（1935 年 11 月），《毛泽东书信选集》，北京：人民出版社 1983 年版，第 30—32 页。

[2] 参见《彭、毛致聂并致林电》（1935 年 11 月 25 日），《彭、毛致聂政委并致林电》（1935 年 11 月 26 日），《毛泽东年谱》（上），第 490—491 页。

[3] 《洛甫致毛泽东电》（1935 年 11 月 26 日）。

“日本强盗占领咱们东三省后，又占领热河、察哈尔、河北，并吞整个华北，并且进一步要并吞全中国，使全中国人民都变成亡国奴！”

“卖国贼蒋介石张学良欺骗压迫你们来打抗日红军。同胞们！是与红军联合去打日本，还是帮助卖国贼来打红军，为日本做走狗，使咱们中国亡国灭种呢？”

“同胞们！你们难道甘心让你们的家乡与父母妻子，受日本强盗的摧残与屠杀，使自己亡国灭种吗？”

“你们抛了自己的父母妻子，帮卖国贼蒋介石张学良等来打抗日红军，得到了什么好处？”

“要去打日本，就要大家团结起来，不替卖国贼蒋介石张学良等做炮灰！”

“要去打日本，就要和红军联合，组织国防政府与抗日联军，并立即派代表与红军苏维埃共商救国大计！”

“要去打日本，就不打中国人民自己的红军，在与红军作战时，缴枪给红军，与红军打日本与卖国贼去！”

“你们缴枪给红军们，无论是官长与士兵，红军一律不杀，要回家的发钱回去，愿留红军的按级任用，并享受一切同等红军的权利，自动哗变或拖枪到红军中重重奖赏，红军留心医治白军伤病官兵！”[1]

自 1931 年九一八事变之后，日本侵略中国日甚一日，不仅整个东北三省被日本占领，热河、察哈尔也先后落入日本人之手。到 1935 年，日本更进一步公然制造了震惊全国的华北事变，逼迫南京政府放弃对华北地区的统治权，蓄意吞并整个华北。抗日救亡，无疑已经成为全中国各政党、各军队、各阶级、各阶层的当务之急。在这种时刻，高举抗日救亡的大旗自然具有极大的号召力。更何况，红军此时面对的国民党军主力，正是当年不放一

[1] 中央政治局：《告白军官兵书》（1935 年 11 月），《中国红军总司令部命令》（1935 年 11 月）；中国工农红军第一方面军司令员彭德怀、政治委员毛泽东等：《告围攻陕甘苏区的各部队官长与士兵书》（1935 年 11 月）。

枪就仓皇丢掉东北老家、以后长期受到国人啐骂和良心谴责的东北军。

中央红军在陕北同东北军第一次交手时就发现了东北军的这一特点。当时，红军前卫部队击溃了东北军骑兵一部，俘虏数十人，按照规定每人发两块大洋礼送回家时，俘虏们竟痛哭流涕，表示自己早已无家可归。这种情况清楚地表明，东北军的官兵是很容易接受这种宣传影响的。正是利用这一心理特点，毛泽东这时甚至开始尝试着对东北军的高层将领做统战工作了。

这时东北军调入陕甘参加“剿共”的部队共有四个军，即：第五十一军（军长于学忠），驻守甘肃兰州天水一带，下辖一一三、一一四、一一八三个师；第五十七军（代军长董英斌），担任陕北苏区西南一线之攻守任务，下辖一一一、一〇八、一〇九、一〇六、一二〇共五个师，其中一〇九师已被歼；第六十七军（军长王以哲），担任陕北苏区正南方向之攻守任务，下辖一〇七、一一〇、一一七、一二九四个师，其中一一〇师被全歼，一〇七师遭重创；骑兵军（军长何柱国），驻守甘肃西锋镇一带，下辖三、六、七、十共四个骑兵师。另外还有一个独立师（一〇五师）和两个直属师（一一二、一一五师）。

鉴于第五十七军之一〇九师被歼，沈克之一〇六师动摇，毛泽东遂于11月26日径直写信给第五十七军代军长董英斌，委托释放的该军军官带往，劝其“勒马悬崖”，速与红军议和。这封信很能反映了中共领导人这时对敌我力量对比和统战工作的看法，因此颇值得详细引述。该信称：

> 红军为打倒帝国主义而战，为打倒投降帝国主义之卖国贼而战，全国民众为红军之是赖，是以江西一军转战二万里，纵横十一省，红旗所向，当者披靡。既达陕甘，便可东进，不意张学良卖国贼之不足，又从而牵制抗日红军，进兵苏区，恣其蹂躏。敢告足下，此乃最大罪恶行为，环球之所共愤，通国之所不容，即东北军言，不但一切士兵不以为然，即中级下级干部亦多不以为然。不信请看劳山、榆林桥两役，百零七师、百十一师所剩几何？然此犹谓非足下所亲见者。十一

月二十一日直罗镇之役，足下亲率四师之众，葫芦河边老人山上望远镜中自当历历在目。百零九师一上战场，全军覆没，贵军长亦不得不星夜潜逃。不逃则已，一逃二百里，暂借陇坂聊定惊魂，险哉此役！贵军长有生以来未有之也。此其故何也？须知决不仅属红军之英勇善战，何立中、刘翰东之部属叛何立中、刘翰东而投红军，贵军长之部属叛贵军长而投红军，人人不愿打仗而愿缴枪，不愿打同胞而愿打日本，何立中努力挣扎，终究身伤命绝；刘翰东逃入鄜县再也不敢出城；牛元峰固守直罗土寨三日，士兵恨之入骨，终不得不束手就缚。此中消息，何不深长思之？劳山、榆林桥、直罗镇三战，只当对足下及东北军各军师长一个严重警告，警告之不听，灾必及其身矣。古人云，见兔顾犬未为晚也，亡羊补牢未为迟也。及此改图，犹可以盍晚节，犹可见谅于国人，何况当此日本帝国主义并吞中国全土，蒋介石、张学良继续卖国到底之日，举国痛愤达于极点，稍有人心，决不应自残同类而任四万万同胞鱼肉于日本帝国主义之手。东北军将领虽铸九一八之大错，然而今日者固犹是，食中华之粟，践中华之土，东北军之与红军固犹属中国境内之人，何嫌何仇而自相斫？今与贵军长约：（一）东北军不打红军，红军亦不打东北军；（二）贵军或任何其他东北军部队，凡愿抗日反蒋者，不论过去打过红军与否，红军愿与订立条约，一同打日本，打蒋介石；（三）红军优待东北军官兵，不但一律不杀，且分别任职或资遣回队，负伤官兵均照红军伤员一体医治。上述各条红军历来均如此宣言，如此实行，今再为东北军重言，以申明之。深望贵军长顾全民族大义，立即决策，接受鄙人提议，派遣代表前来苏区商洽一切。届时鄙人亦当遣代表到贵军接洽。时危祸急，率意直陈，勒马悬崖，是在明哲。[1]

---

[1] 《毛泽东致董英斌书》（1935 年 11 月 26 日），并见《毛泽东年谱》（上），第 490 页。

毛泽东的这封信，因董英斌很快被张学良撤职，当时未能发生作用。但中共中央与西北地区国民党高层将领发生关系却是由此而开其端的。只是，我们从信的内容可以看出，这时中共中央基于“抗日反蒋”的方针，不仅不相信蒋介石有联合的可能，而且对西北“剿总”代总司令张学良也丝毫不抱希望。很显然，从抗日和反卖国贼的角度，张学良当年统帅东北军不放一枪丢掉东北三省，如今又指挥大军“围剿”红军，在共产党人的眼里，其“卖国”“反共”比蒋介石只是五十步与百步的区别，当然没有联合的可能。因此，中共中央这个时候的策略明显是尽可能联合一切可以联合的力量，最大限度地孤立蒋介石和张学良。在上述毛泽东给董英斌的信中，以及在12月5日给原陕西省政府主席、时任陕西绥靖主任杨虎城及其密友杜斌丞的信中，这种策略都表现得十分明显。

毛泽东在致董英斌的信中就直截了当地劝说东北军爱国将领和士兵与张学良分道扬镳。信中说：

> 昔在报纸屡识台名，辽沈整军俨然重镇，居常窃念，以为董英斌者，或亦爱国健儿之亚。岂知沈阳变作，曾无卫国之人，一枪不放，空国而逃千里，关山惨然变色。人民欲战，军队不欲战；士兵欲战，官长不欲战；下级官中级官欲战，上级官不欲战。亡国罪魁、败兵祸首张学良等肉其足食乎？夫张学良为保存自己及其奸党数十条性命，竟不惜令十余万英勇士兵与中下级干部尽变为无家可归之亡国奴，竟不惜三十万同胞尽变为日本帝国主义之俎上肉。自古亡国之君，败军之将，有更可耻如此者乎？从此卖国贼之徽号有口皆碑，逃将军之头衔无人不知。丑声洋溢，秽德彰闻。张学良不足惜，足惜者下辈青年将校乃亦随风而靡，良可欢也？[1]

[1]　《毛泽东致董英斌书》（1935年11月26日）。

毛泽东在致杜斌丞的信中，也告诫杨虎城说，陕甘地方势力，非与红军合作则必完全受蒋、张之宰制，以致尽失容身之所。信称：

蒋、张势力布满陕甘，杨虎臣先生如处瓮中，举手投足受其宰制，危险情形不可言论。为今之计，诚宜急与敝方取一致行动，组成联合战线。敝方愿在互不攻击的初步条件下，与虎臣先生商洽一切救亡图存之根本大计。日本军力现已发动平津，控制之后，转瞬即及山陕。蒋虽让出陕甘地方政权于张学良，但蒋之四十余团兵力仍实际的控制陕甘。张学良主力入陕，一面固为对付红军，一面实欲对付虎臣先生。卧榻之侧，势泱然也。如得先生居中策划，以共同作战对付公敌为目标，则敝军甚愿与虎臣先生谅解，逐渐进到共组抗日联军、国防政府之步骤。先生为西北领袖人物，投袂而起，挺身而干。是在今日东北军中如沈克等（此次敝军追击董英斌消灭沈师一个团，非所愿也），均应与之联合。甘肃邓宝珊亦为绝无出路之人，敝军亦愿与之发生关系。闻先生与之有旧，能为先容，曷胜祷企。[1]

当然，中共此时的统战政策尚在初步尝试之中，其对士兵乃至下级军官的争取工作历时已久，较有把握，但要争取中上层军官，特别是要争取联合那些高层将领和地方军阀，却尚无成功经验。这时的上层统战工作，在观念上明显地还属于“利用矛盾”“分化瓦解”的范畴。而且，从信中的语气也可以看出，由于红军“聊一还击”“略施警告”，就连歼装备精良的东北军近三师之众[2]，再加上一贯不信任这些高官，因而他们思想上对这些国民党杂牌军的将领，也多少表现出某种轻蔑的态度。

中共中央对于上层统战工作的进一步重视，表现在12月下旬在瓦窑堡

[1] 《毛泽东致杜斌丞信》（1935年12月5日），并见《毛泽东年谱》（上），第495页。
[2] 《毛泽东、彭德怀致杨虎城函》（1935年12月5日），并见《毛泽东年谱》（上），第492页。

举行的政治局扩大会议上。无论是会前还是会后，中共领导人在他们的文章和报告当中，都更加强调了这一工作的重要性。当然，他们这时虽然已开始重视统战，但工作重心更多地仍旧是放在军事发展上，而不是统战工作方面。毛泽东即明确提出：当前“我们的总任务”应当是，“开辟我们的苏区到晋陕甘绥宁五个省份去，完成与外蒙及苏联打成一片的任务。在那时，我们便可以争取更大的力量，给日本帝国主义进攻中国革命（这是必然的而且是不远的）与进攻苏联，国民党各派军阀进攻北方红军与进攻全国红军，以空前未有的大打击，争取苏维埃在北方七八个省内、南方若干个省内的伟大胜利”。而红军目前的主要任务，就是打击张学良与阎锡山，因为阎锡山“同张学良是我们当前两个主要敌人”。[1]

正是基于这样一种情况，12 月 23 日在瓦窑堡举行的中共中央军事会议上，毛泽东在他所做的军事报告中并没有特别强调对敌军的统战工作，他所提出的下一阶段全部工作的内容，就是打通苏联与巩固扩大苏区。他主张：“打通苏联是中心口号，（应）与巩固和扩大苏区联系起来。”

根据毛泽东的建议，中共中央决定将此目标分为三个步骤来实现，即：

第一步，在陕西扩大红军，巩固苏区，准备东征；

第二步，进攻山西西部，击破晋军主力，进一步扩大红军，完成与苏联的通信联络；

第三步，转进绥远，靠近外蒙和抗日前线。[2]

尽管按照毛泽东的这一计划，打通苏联最初只是计划中的第三步，但在会议上，多数与会者实际上力主把打通苏联放在第一位，至少也应把二者并列起来。因此，在会议决议的行文上，关于打通国际路线与巩固和扩大苏区的先后顺序问题被规定为：“拿‘打通苏联’作为中心任务，拿‘巩固扩大现有苏区’同他密切联系起来。”不论怎样理解，中共中央所设想的

---

[1] 毛泽东：《直罗战役同目前的形势与任务》（1935 年 11 月 30 日），《毛泽东军事文集》第 1 卷，第 401—405 页。

[2] 《毛泽东关于军事问题的报告》（1935 年 12 月 23 日）。

1936 年的行动计划，都是一个过于乐观的大规模的扩军计划和战争计划。

按照瓦窑堡会议在军事战略方面的设想，红军在 1936 年 2 月 5 日以前至少要再扩充 5000 人的正规军，2500 人游击队；8 月以前至少还要扩充 2.2 万人正规军和 4000 人游击队。与此同时，向南要夺取甘泉、宜川两城，赤化宜川、洛川两县；向东要占领黄河西岸五县以上地区，创立山西根据地。[1] 即使不考虑尔后进军绥远、靠近外蒙问题，要实现它也是极端困难的。李德后来曾反映过类似的担心。他说："我们有一万三千人，其中二分之一是新战士和三千新的俘虏兵"，"敌人阎锡山一个就有八万人"，[2] 进兵山西，必然要集中全部主力，结果陕北苏区只有由少量地方武装和游击队来唱空城计。不难想象，一旦陕北苏区周围几十个团的国民党军队发起攻势，原有苏区难免陷落，如此则新苏区也不易建立，建立了也很难巩固。

李德这时的担心，当然不只是他一个人的。只不过，中共中央多数领导人这时对此并无太多顾虑。有人甚至认为"陕北苏区人少物质困难"，主力红军反正也不易久留，去山西进而转进绥远前途可能更有利些。而毛泽东固然清楚"陕西之保护，主要依靠赤少队"，难免会有部分损失，但他仍认为，为了便于扩大红军，为了"靠近苏联"，"部分损失不要紧的"，"应该忍受"。[3]

值得注意的是，和过去一般所说不同，与此后的实际情况比较起来，不仅毛泽东，而且中共其他领导人在考虑整个 1936 年军事工作之际，最初都还没有把通过加紧开展敌军上层统战工作，减少乃至瓦解陕北苏区周围国民党军队对苏区压力的策略问题，放到一个十分重要的位置上来。这表明，中共中央这时对于上层统战工作更多的还是随机应变，即是在共产国际基本策略的规定之下，根据相关对象和情势的变化而变化的。这一点其实也

---

[1] 《中央关于军事战略问题的决议》（1935 年 12 月 23 日），《中共中央文件选集》第 10 册，第 589—597 页。

[2] 《李德关于红军渡过黄河后的行动方针问题的意见书》（1936 年 1 月 27 日）。

[3] 《毛泽东关于军事问题的报告》（1935 年 12 月 23 日）。

是可以理解的。1920 年代中期的国共合作几乎没有给中共留下多少可以借鉴的统战经验，1930 年代前半期强调阶级分野的做法，更使得统战工作几乎不复存在。设想中共中央这时因为有了新的统战政策指导，即能够立即主动地展开对国民党高层将领的统战工作,也未必合乎逻辑。在相当程度上，瓦窑堡会议以后中共在陕北能够同张学良交往并取得重大成功，多少也还是带有极为复杂的甚至是带有某种戏剧性的色彩的。而中共中央也正是从它在陕北的这段颇具戏剧色彩的经历中，才第一次如此深切地了解到统战工作可能具有怎样神奇的功效。

三、洛川谅解

1935年12月，因陕北苏区南面东北军压力较大，红军主力先后南下对付东北军去了，陕北苏区重心也因此迅速南移。但陕北苏区中心的区域既然是保安、安塞、瓦窑堡三镇，原本靠北，因红军主力南去，中心区的巩固一时又成了问题。还在12月上旬，保安就意外地落到了驻守在靖边一带的国民党井岳秀部的手里，瓦窑堡及安塞也随时有可能为井部所陷。如此一来，本来就很复杂的陕北形势，更是变得极其微妙了。

这时陕北苏区的范围，如果以红军和游击队的自由活动范围而论，则南达洛川，北抵横山，西出太白镇，东至黄河边，方圆不下1万平方公里。但就实际控制区域而言，红军所控制的只有这一带地区的乡村，几乎所有的城镇和主要交通线还都在国民党军队的手里。西面太白镇一带为东北军五十七军沈克之一〇六师，而最具威胁的是沿洛川、鄜县（今富县）、甘泉、延安一线深入陕北苏区中心地区的东北军六十七军和驻守宜川、韩城一线的国民党十七路军冯钦哉部。显然，如果不能确保南北两线之巩固，红军进一步的东征山西计划势将难以实现。因此，还在12月17日，即中共中央召开瓦窑堡会议讨论下一步军事行动之前，毛泽东就已经开始部署向北击退井岳秀部和向南夺取甘泉、宜川的作战行动了。决定调红二十六军北上，会合七十八师消灭井岳秀部，命令一军团以一团兵力夺取甘泉，一军团主力则准备夺取宜川。同时十五军团主力南进，待一军团夺取甘泉、宜川后，一同进一步向南推进，达成赤化洛川、宜川两县之任务。[1]

红军北线反击井岳秀的作战看来十分顺利，前后不过十几天。即刚到1936年1月中旬，井部就遭击退，井岳秀本人竟也意外地被“打死”。[2]不过，红军南线之军事行动却因为出现意想不到的新情况，最终不得不完全停止下来了。

原来，根据情报，毛泽东等很快即已得知，宜川、洛川同深入陕北中心区的延安城一样，都有较为坚固的城墙。红军不仅装备落后，几乎完全没有重武器，而且土制炸药威力也十分有限，因而红军一向避免作攻城之战，通常围城只是为了便于围点打援。延安城深入陕北苏区中心，威胁甚大，红军久已将其团团围住，却不予夺取，其原因也就在此。如今宜川又是这种情况，夺取宜川的计划自然也难以实现。故毛泽东下令夺取宜川不久就决定：因“延安宜川坚不易攻”，故应放弃原定夺取宜川城之计划。[3]

与宜川相比，甘泉的情况则有些不同，关键在于甘泉的城墙较为残破，守军又只有5个连，看上去较易于攻占，因此负责包围甘泉的红十五军团八十一师开始时对甘泉曾数度采取攻势，大有不下此城不止的势头。但意想不到的是，此时甘泉守军尽管兵力较少，所凭据城墙也较残破，但武器较红军好得多，又全力加固旧城墙，致使红军进攻久无建树。[4]好在由于红

[1] 《毛泽东致德怀电》(1935年12月17日)，《毛泽东军事文集》第1卷，第410—411页。

[2] 井岳秀时任第八十六师师长，据严佐民回忆，井岳秀是在1936年2月1日弯腰到地上拾东西时，装在衣兜里的手枪掉到地下走火把自己打死的。但严这里回忆的时间有误。因彭德怀、毛泽东1936年1月17日就致电聂荣臻等称：“井岳秀确打死。”参见李海文整理：《访问严佐民同志记录》(1984年6月22日)。

[3] 《毛泽东年谱》(上)，第501—502页。

[4] 国民党军这时电称：红军无攻城能力，甘泉只驻兵五连，城情溃坏，红军“猛攻数次均未得逞”。参见《二局关于敌情报告》(1935年12月19日)(中共中央军委此时下设四个局，二局为情报局，三局为通信局)。

军大军围城，每日利用前东北军俘虏宣传喊话不断，加上甘泉与洛川方向东北军主力之联络完全切断，解围无望，守军军心日渐动摇，不断有士兵携械叛逃出城，因此彭德怀很快即下决心采用攻心之策。

彭德怀调来已经归顺红军的前东北军六十七军一〇七师六一九团团长高福源，令其前往甘泉进行劝说工作，让守军放弃甘泉乃至实行火线起义。东北军多数官兵此时对与红军作战已相当厌恶，久困甘泉的东北军守军又身历险境，深知甘泉之陷落只是时间问题，因此高福源进入甘泉城后，很快就说服了城内守军。只是守军指挥官希望红军务必同意所部如数南撤洛川，以归还其主力。对此，毛泽东等当即表示同意。毛在给前线彭德怀的电报中宣称："只要其加入抗日，一切条件无不可以磋商。"只不过，毛泽东要求前线的谈判代表向对方说明："要抗日须与红军合作，且须影响和组织其他东北军一同抗日。如现在就归还主力，不仅不能抗日，且将为其上级所疑或重驱其进攻红军。故为抗日计，宜先揭义旗，在苏区一时期，并求得延安邻县及其他东北军响应……方济于事。"至于起义后的部队，可以另起名义，"或为抗日人民革命军，或为东北抗日军"，其指挥官亦委以师长或团长名义。[1]

不料，此举尚未付诸实施，又被新的情况打断了。

高福源是东北讲武堂第五期步兵科学生，后升入讲武堂高等军学研究班，颇受张学良和六十七军军长王以哲赏识。毕业后即在王以哲军长手下任职，直至担任六一九团团长。但高早先又曾是北京大学的学生，在校时恰值五四运动之后，深受新思潮影响，因此思想上一向较为激进，被俘后自然很容易就对共产党的主张感到心悦诚服了，自愿回东北军做劝说工作。

高福源到甘泉劝降之事，马上被王以哲军长知道了。王当即经甘泉守军电台转电高福源，令其迅速前往洛川六十七军军部一谈。高得电后当即出城征求彭德怀等红军领导人的意见，同时表示愿意进一步见王以哲说明共产党人的联合抗日主张。彭德怀对此自然表示同意。

[1] 《毛周致彭电》(1936 年 1 月 1 日)，并见《毛泽东年谱》(上)，第 502—503 页。

1936年1月8日，高福源前往洛川见王。一周之后，即1月15日，高福源就带着令人吃惊的消息返回了甘泉附近的红一方面军司令部。

据高福源说，他在洛川不仅见到王以哲，而且张学良也亲自驾机飞来与他谈话，结果不仅王以哲对于中共共同抗日的主张深表赞成，而且张学良也表示愿意亲自与中共方面的全权代表就共同抗日问题进行商谈。这种情况确让彭德怀感到意外。如果说王以哲为了避免再度损失部队而有如此表示，彭德怀等还多少可以理解，几乎同为南京国民党头面人物的张学良如此表示，就多少会让中共领导人怀疑其可靠性了。但是，彭德怀仍旧立即致电中共中央，说明了这一新的重要情况。

其电报称：高福源负我们使命赴洛川，去后见过王以哲、张学良，于本周回来，得情形如下：(一) 王以哲颇热烈地表示愿与红军共同抗日，并请求与彭见面；(二) 张学良表示，我真抗日，愿以实力相助，急请我方派全权代表到洛川与张一谈。[1]

毛泽东接到彭德怀电报后，当即意识到此事意义重大。一旦与东北军实现全线停战，达成抗日反蒋的合作协议，整个西北局面势将根本改观，区区一个甘泉城自然不必斤斤计较。据此，毛泽东立即回电提出：

> 对张、王提出如下条件：
>
> 一、全部军队停战，全力抗日讨蒋；
>
> 二、目前各就原防互不攻击，互派代表商定停战办法；
>
> 三、提议组织国防政府抗日联军，要求张王意见；
>
> 四、请张王表示目前东北军可能采取之抗日讨蒋最低限度之步骤（不论是积极的或消极的）；
>
> 五、立即交换密码；

[1] 《彭致毛周电》(1936年1月15日)，并见张魁堂：《挽救危亡的史诗——西安事变》，南宁：广西人民出版社1994年版，第30—31页。

六、欢迎王军长与彭见面，目前亦派周桓去洛川为宜，编一适当密码带去，来回最好是十天以内。[1]

周桓是红一军团政治部秘书长，其虽负责政治工作，但对谈判及情报工作却未必在行。因此，彭德怀认为派周桓前去进行初步谈判并不适宜。随后毛泽东又接连提出以伍修权为初步谈判代表，而以叶剑英或萧劲光为全权代表的建议，但彭均认为不适宜。此时，恰逢中共中央联络局局长李克农来到甘泉附近的方面军司令部，彭德怀当即决定“改派李克农随高福源去洛川”[2]。

1 月 16 日，李克农随高福源前往洛川。次日王以哲通过电报通知了张学良，并于当晚与李克农见了面，进行了初步的交谈。谈话没有太多涉及实质性的问题，但气氛颇为融洽。李克农当天即通过王以哲军部的电台电告毛泽东和彭德怀称:“王对抗日联军、国防政府暗约同情，但需决定于张。”第二天，即 18 日，张学良亦来电，请王以哲转告李克农，称他将于明后日亲到洛川晤谈。[3]

鉴于两军正式接触已经开始，为促使谈判成功，毛泽东于 20 日明确指示彭德怀解除甘泉之围，并要彭德怀迅速将此消息通知李克农以便转知张学良与王以哲，显示红军之诚意。彭德怀迅速下令为甘泉解围，并用电报通知了高福源和李克农。电称 :“在洛川以东地区之我们 [军] 已撤至鄜县以北，甘泉之围已解，城内缺乏柴草，已令动员群众送卖，请转王军长勿念。”[4]

就在毛泽东、彭德怀下令解除甘泉之围的几乎同时，李克农与张学良的会谈也刚刚结束。李克农当晚在电报中具体说明了谈判的情况，称 : 与张学良谈了三个小时，据张学良说，国民党内同情于国防政府者颇不乏人。

[1] 《毛泽东致彭德怀电》(1936 年 1 月 15 日)，并见《毛泽东年谱》(上)，第 505 页。
[2] 参见王焰等 :《彭德怀传》，北京 : 当代中国出版社 1993 年版，第 159 页。
[3] 《李克农致彭毛电》(1936 年 1 月 18 日)，《彭致毛周电》(1935 年 1 月 18 日)。
[4] 《彭德怀致高李电》(1936 年 1 月 20 日)。

如中共果能站在诚意方面，张愿为此奔走。他准备赴甘肃、南京为此进行斡旋，约期两周，如有成绩，则拟约彭德怀在延安或洛川见面，并可另外再约几位中共领导人同来谈话。但目前为保守秘密及自身环境起见，他表面仍须采取消极态度。至于东北军和红军两部，目前应各就原防以作疆界，但同意在可能范围内恢复双方区域之经济通商。[1]

21日，李克农返回红军一方面军司令部，进一步详细汇报了与张学良、王以哲谈判的情况，说明张较“滑头”，而王较“诚恳”。张学良一面表示赞同中共的某些主张，一面表示对“抗日反蒋”方针不能同意，强调他对蒋有好感。故彭德怀在听了李克农的汇报后其实并不满意，认为张学良找红军谈判，看来仍旧是军阀之间矛盾冲突的一种表现，“企图以抗日不反蒋的口吻来和缓我军”。[2] 但是，张学良的一些说法也还是让彭德怀很感兴趣。比如，张谈到国民党中许多人赞同停止内战和组织国防政府的主张，希望尽快对日开战。他并且说他也曾与阎锡山等讨论过同样的想法，得到了阎的赞同。因此，他表示，如果活动成功，两周之内他就可以邀集阎锡山等共同与中共领袖讨论这样的问题。[3]

中共此时的政治方针是“抗日反蒋”，其与张学良的合作同样也只能是建立在“抗日反蒋”的基础上。毛泽东一向对“利用矛盾”的策略十分欣赏，在1935年12月向党的干部宣讲党的统一战线政策问题时，他就曾经特别强调过国民党内部矛盾的不可避免性，以及利用这种矛盾的极端必要性。只不过，他断定这种矛盾的背后总是有帝国主义的影响，国民党各派及其军阀都是不同帝国主义的走狗，因而把他们之间的矛盾视为“狗打架”，比喻成“大狗小狗饱狗饿狗”之间的斗争。[4] 由此可知，毛泽东等中共领导人这时对张学良的认识，在理论上恐怕也不出其右。只是在实际上，毛泽东似

---

[1] 《彭致毛周转克农电》（1936年1月20日），并见《彭德怀传》，第160页。

[2] 《彭德怀致洛毛周博王电》（1936年1月26日）。

[3] 《彭致洛毛周电》（1936年1月22日）。

[4] 毛泽东：《论反对日本帝国主义的策略》（1935年12月27日），《毛泽东选集》（合订本），第143页。

乎并非严格地按照其理论上的分析来了解问题。也许是对张学良的地位过于重视，也许是对张突然转变的原因缺少深入的了解，误以为张学良来找中共密谈一定是想与蒋介石翻脸。总之，毛泽东这时明显对联合张学良共同“抗日反蒋”所寄希望过高。他曾专门致电李克农，说明只要张学良同意“抗日反蒋”，则一切问题均好商量，甚至未来国防政府和抗日联军的第一把交椅也可以让给张学良坐。

电报称：（甲）向彼方表示在抗日反蒋的基础上，我方愿与东北军联合之诚意，务使进行之交涉克抵于成；（乙）向彼方指出，东北军如不在抗日反蒋基础上求出路，则前途是很危险的；（丙）暗示彼方如诚意抗日反蒋，则我方可助其在西北建立稳固局面，肃清蒋系势力，进一步助其回平津、东三省，军饷、械弹我方亦有办法助其解决。并暗示彼方，如有抗日反蒋诚意，国防政府首席及抗日联军总司令可推张汉卿担任。[1]

据此，彭德怀电告王以哲称：

（一）克农回，手书欣悉。我兄坚贞为国，情见手词。

（二）据报载，日帝在天津举行武官会议，继续增兵华北，并拟推进华中。国民党要求中日在南京会议，日方以为时尚早公开拒绝，证明国事危机益深，将见黄河以北即非我有。皮之不存，毛将焉附？集合全国之力，统一抗日战线，为目前救亡图存唯一策略，务请我兄从各方面鼎力斡旋，以期迅速实现。

（三）全国红军在共产党领导及中央革命委员会统一指挥下，诚意推张副司令出任抗日联军总司令。抗日者需之枪械弹饷，共产党中央和苏维埃可设法接济。此意请转达汉卿先生。

（四）为求得各种问题更进一步了解，深望与兄在延安一晤。如何请复。[2]

---

[1] 《毛泽东年谱》（上），第 507 页。
[2] 《彭德怀致王军长鼎芳电》（1936 年 1 月 23 日）。

毛泽东在中国共产党里这时大概是最重视枪杆子的，其成功的经历中，很大部分也突出地表现在军事上。因此，毛泽东多半也是最了解所谓“实力原则”的中共领导人之一。很显然，谈判不过刚刚进行，毛泽东就主动推举张学良出任未来国防政府和抗日联军的首脑，他所根据的正是所谓“实力原则”。既然红军数量少，装备差，而东北军十倍于红军，又有较好的装备，占有重要的地区，一旦两军共同组织国防政府和抗日联军，作为实力最强一方的张学良，自然没有屈居人下的道理。因此，与其到时候再来谈这种问题，不如预先向张学良交个底，这也可以清楚地表明中共和红军的诚意。同样，关于帮助东北军解决“军饷、械弹”之类的说法，其意虽仅在使张学良放心离蒋，但内中也明白地暗示中共日后定有办法从苏联那里解决经费及装备问题。此言外之意，张学良自然可以清楚了解。事实上，在与李克农谈话中，张学良已经谈到，红军最有利的发展条件，就是夺取宁夏、绥远，背靠外蒙、苏联。

无须说，李克农谈判所得，与毛泽东的期望有相当大的距离。但不管张学良、王以哲的主观动机如何，也不管中共领导人对他们的行动怎样去理解，一个不容争辩的事实是，正是从这时开始，越来越多的国民党人开始来找共产党和红军寻求妥协甚至合作了。就连阎锡山也四处“找国际及(中共）党的关系”，并三次与中共中央北方局代表秘密交换看法。而驻守太白镇的东北军一〇六师师长沈克，这时也背着张学良秘密地与中共和红军达成了妥协，允许中共中央利用一〇六师防地作为与西安及华北地下党联系的交通线，甚至主动借给处于经费困难中的中共中央北方局1000元。[1] 而杨虎城这时也在积极寻找中共关系。只不过杨虎城过去长期与中共中央北方局特科系统有联系，因此虽见到了汪锋和汪带去的毛泽东的信件，也见到了中共西安党组织提出的谈判条件，却都不信任，而是再度派人去把北方局特科系统负责人王世英找来，要求王世英向中共中央说明，他一贯都是

[1] 《彭致洛甫电》(1936年1月17日)。

革命的，也赞同中共的抗日救国主张，但目前他只能做到：(一) 联络东北军中上层将领，要求南京抗日，先由合法运动再变为不合法运动。(二) 整顿内部。(三) 与中共的关系是：(1) 维持原防，互不侵犯；(2) 交通运输上在可能范围内可以帮助；(3) 不哗变他的军队；(4) 绝对保守秘密，包括不给他写信或派人，但可以建立电台联系。[1]

杨虎城的态度，某种程度上也反映出这时乃至此后相当一批试图与共产党保持秘密联系的国民党人的特点。他们大多都不是蒋介石的嫡系，处处受蒋系排挤，与蒋系有明显的矛盾；但他们相互之间为了各自的利益，又很难联合起来，因而根本不是蒋介石的对手，只能臣服于蒋介石南京政府之下并受其宰制。正是这种矛盾屈辱的地位，使得他们往往或多或少地感觉到自己与敢于公开反抗蒋介石，而且生命力极强的中共红军，有着某些共同点。为了生存和地位，他们不得不到处给自己留下后路。因此王世英评价说，这种人“凡事谨慎机警，鬼心眼儿特别多，深恐上当，于己不利或削弱他的力量，把他的摊子搞光，地位弄丢”[2]。杨虎城以及沈克等之所以一方面愿意在某种程度上与中共和红军保持关系，一方面又不愿同中共和红军订立正式协定，明确合作关系，其原因多半也是如此。相比较而言，开始时真正能够与中共和红军实现合作关系的，也就只有张学良和王以哲了。

自李克农前往洛川与张学良、王以哲会谈之后，双方之间的电台联系就正式建立起来了。彭德怀尽管根据李克农的报告，对张学良不够信任，但统战工作毕竟仍在继续，加上彭对王以哲的印象较好，相信“王对抗日态度诚恳”，只是较“软弱”，因此频频去电加以影响，双方的联系可以说还相当密切。特别是因为彭德怀对前定军事计划要东渡黄河，进攻山西，并转进绥远，颇有异议，所以，彭德怀这时极力想要促成与张学良和王以哲的见面事宜。26 日，彭德怀再电王以哲：

[1] 《王世英报告》(1936 年 3 月)。
[2] 《王世英报告》(1936 年 3 月)。

> 为秘密迅速完成抗日准备，对于抗日军饷弹药及技术兵种的筹备，抗日兵力在西北的集中，抗日根据地的确立，国防政府的成立，抗日联军总司令部的组织等大计，均须与张总司令及兄等早日见面，否则恐日本帝国主义将阻碍或破坏吾人抗日之实施。请详细考虑及转呈张总司令。[1]

彭德怀这时之所以再三致电王以哲，要求迅速合作，并且一再电邀王以哲会面，自然不单纯是出于对王的好感了。因彭此时又进一步得知：洛川会谈后，王以哲表现抗日情绪颇高。据报，王以哲曾召集干部训话，宣称打红军战斗快要结束，三个月后东北军就要去打日本了，因为日本准备大举进攻，我们已无路再退。另外从各种情报可知，不仅王以哲部联合红军打日本空气甚浓厚，其特务连副连长等秘密来与红军接头，像河北地区的抗日义勇军等组织的首领，也派人到洛川王以哲军部来联络抗日。注意到这些情况，彭德怀自然试图对王以哲多做争取工作。可是，王以哲也确如彭德怀所估计，政治上较为"软弱"。由于他是在张学良的命令之下与共产党进行联络，他无论如何不敢越俎代庖，更担心背上一个暗中与红军通款的罪名。因此，他对彭德怀的再三相约始终不敢应允，其复电更明确加以拒绝。称：所商大计均须待张学良先生决定，但张先生尚无回电，殆已离省。如此奔走去矣，预计数日内当有回电及确切决定，为期甚速，弟意可不必单独先与兄晤。[2]

1月27日，为实行此前在瓦窑堡会议决定的1936年第一步东渡黄河，进攻山西的作战计划，中央军委下令十五军团先期北上，开往甘谷驿与延长之间的张家渠。次日，一军团在甘泉以东之临真镇也举行抗日讨贼誓师大会，第二天全军亦遵命北移延长地区。至此，彭德怀也必须要带领原在甘泉附近麻子街的方面军司令部向北移动。29日彭德怀抵达临真镇，30日

---

[1] 《彭德怀致鼎芳兄电》(1936年1月26日)。

[2] 《王以哲致彭德怀电》(1936年1月26日)。

赶到延长，其与王以哲见面之事自然不了了之。

但红军是否应当东渡，东渡目的应以何者为主，根本上也就是说，当前形势下红军作战究竟是应当以巩固和发展陕北苏区为中心任务，还是应当以“打通苏联”为中心任务，这一点已经在中共领导层产生了争论。特别是在红军主力南下迫使张学良放弃“剿共”，转而求和，红军与东北军之间的统战工作正在取得重要成效之际，彭德怀深感“立刻东渡，致压力一失，恐国防政府立刻实现之机会也立时失去”。况且在张学良东北军事实上已经与红军停战的情况下，“巩固的向四周发展，很容易扩大现有之苏区人口一倍，并取得与陕东南与外蒙直接的连络，对全国革命领导有极大意义”。而冒险东渡，不仅回防困难，新根据地建立也未必容易，甚至现有根据地也有重新变为游击区的可能。

考虑到以上种种因素，彭德怀等人明确认为目前战略方针“是错误的”，它不仅带有“冒险成分”，而且可能“走到离开苏区的危险”，因而纷纷致电中共中央，请求“重新考虑”。

还在24日和26日，彭德怀就接连两次打电报给中共中央，提出：陕北东侧黄河，北靠沙漠，西面人烟稀少，国民党不易形成对红军的“围剿”局面，因而是红军活动的好后方，应该全力巩固并发展之。而“向东有与陕北苏区一时隔绝可能，阎张联合压迫我军于察晋边境，则我有过早与日帝接触之不利。同时在客观上缓和了国民党内部某些冲突，并可取得日帝对国民党的暂时的部分的让步，来共同对付我们”。他认为：“目前应以不放松威胁张学良，帮助目前交涉的顺利进行，并继续巩固与扩大南面阵线，以主要力量向北发展，恢复神木、府谷、榆林、横山苏区。”东渡只应在宜川、延长、延川、绥德一线渡河容易，阎军防范不严时才是应当的，而其目的也只应限于“求得消灭晋军之一部，调回孙楚、李生达部这一战略上的佯攻”。[1]

究竟如何考虑东征问题，一个月来一直是军队高级领导人议论的话题。

[1] 《彭德怀致洛毛周博王电》（1936年1月26日），并见《彭德怀传》，第147页。

好在中共中央在最初考虑1936年军事方针时，并不是单纯从“打通苏联”这一点考虑的。东征也好，“打通苏联”也好，说到底其实都是同红军的生存问题联系在一起的，不过是解决红军生存和发展问题的具体手段而已，其本身并不是目的。之所以这样考虑问题，无疑是因为中共中央早已看出，陕北虽可以立足，但从眼前利益考虑，若得不到更好的地境，粮食及兵源都不能解决，从长远利益着想，若要依靠这一地区贫瘠的物资和兵源条件，红军未来进一步的发展壮大势必要受到严重限制。而若要从对日战争和更大规模与国民党军作战的前途考虑，红军就更得设法解决较先进的技术手段和较可靠的后勤补给问题，“打通苏联”是必然的选择。

可是，要依据陕北向北去连接外蒙，则必然要经甘北而入宁夏，结果是越向北人越稀，粮越少。再加上宁夏地区少数民族甚多，往往围寨而居，攻取不易，这更是红军作战之大忌。因此，要解决红军所面临的种种困难，无论从长远还是从眼前的角度考虑，这时最可取的都是向东去山西这条路。一来山西为地方军阀所把守，好打；二来山西物质条件较好，红军可以很快地在粮食和兵源方面得到补充；三来山西既靠近绥远，可接近外蒙，又靠近正受到日本严重威胁的河北平津地区，不仅便利于转进绥远，接通外蒙、苏联，而且政治上更师出有名。故中共中央很快即复电彭德怀，坚持东征作战计划。电报称：常委考虑过你的意见，认为：甲、向北是没有出路的作战，要单纯地打堡垒，则粮食亦无办法；乙、张学良如有同我们联合解决陕境内蒋介石部队的决心，并愿划渭水以北地区给我们，则我们自可不过黄河，而以对蒋作战为目标，但此可能我们认为很少的；丙、除此则只有取得阎锡山为对手，基本的作战方针取稳扎稳打，依据黄河发展，并以调动孙楚，求得陕北残敌的肃清。[1]

不过，对前此以“打通苏联”为中心任务的军事方针表示不同意见的，已不仅仅是彭德怀等在前线的军事领导人和陕西地方党的干部。中共中央

[1] 《张闻天、毛泽东致德怀同志电》（1936年1月25日）。

内部许多人这时也开始持怀疑态度。最先主张打通国际路线的张闻天，这时明确认为：打通苏联，接取援助，改善红军之技术条件，固然十分重要。但若此举影响到根据地的巩固，则可能适得其反。“长征经验证明，主力红军长期没有根据地时，使我们发生极大困难”，“因之，将保卫与扩大、巩固根据地放在战略计划之第二项，是不适当的”。[1]

曾经力主应以“打通苏联”为中心任务的周恩来等，这时固然不同意将“打通苏联”解释为单纯的技术条件之取得，强调“打通苏联我们认为不是一个单独的技术问题，这包含着整个党的政治任务及战略总方针之实现问题”，但他们也认为：就目前阶段而言，“扩大红军、扩大苏区与游击区，更成为急迫万分的事”。[2]

李德这时的态度更明确。他直接上书中共中央，认为在现有力量对比情况下，进一步向山西挺进本身就带有冒险性质，而把靠近外蒙，同苏联联系当作主要战略目标，就更是错误，因此“应当从我们的战略计划中取消向绥远先机接近外蒙的条文”。苏日“战争未发生以前，在我们这方面应当避免能够引起苏—日冲突的行动”，“没有到绥远去的必要，没有必要接近外蒙古”。[3]

由于党内军内有这样多的不同意见，毛泽东在1月31日于延长召开的军事会议上没有能够说服与会者支持原定向绥远转进的第三步计划。当然，与会者同意不改变原定之第二步计划，即继续实行东征，以便解决兵源、粮食不足的困难，同时扩大苏区到更好些的地境。但强调，1936年的军事方针仅仅为扩大苏区和红军，全部作战着重于巩固地发展，反对冒进与脱离现有根据地的危险。正因为如此，与会者明确认为应当抓紧一切可能，迅速与对苏区南线威胁最大的东北军达成协议。彭德怀据此于2月3日及6

[1] 《洛甫等对战略计划的意见》（1936年1月31日）。

[2] 《周博致张毛彭转政治局诸同志电》（1936年1月31日）。

[3] 《李德关于红军渡过黄河后的行动方针问题的意见书》（1936年1月27日），并见邱路：《红军东征战略方针的提出过程及其演变》，《党史研究》1986年第3期。

日又两电王以哲，提出即刻派李克农再赴洛川就双方共同抗日救国问题进行具体商讨。

在张学良尚未回陕的情况下，王以哲除转电张学良外，无法具体答复彭德怀的电报。2 月 9 日张学良电告王以哲因事耽搁，不能立即返回，王以哲才复电彭德怀加以说明。15 日，张学良终于返回了西安。而这次，张学良恰好遇到了持有南京政府财政部调查员公函，受命接通国共两党中央关系的董健吾（化名周继吾）。[1] 从董健吾的口中，他得知南京方面其实也在秘密联络中共，力图政治解决共产党问题。这件事对张学良产生了不小的刺激。

据张学良后来回忆说，当时董健吾持财政部公函要求赴陕北苏区，“良亲为谈询，彼不吐实，良告以若不露真实任务，难获通过，（彼）被迫无奈，告良负有接洽任务”。张随后即飞南京，亦经蒋证实董健吾确负有使命，“遂以王以哲将该人送入匪区”。十分明显，在张学良看来，南京方面既然可以与中共接触沟通，自己当然也可以如此做。张学良后来曾断言：正是这件事使其下决心与中共谋和，故认为“这是共产党最成功的策略之一”。[2]

事实上，这件事与其说是共产党的策略，不如说是蒋介石的失着。因董健吾赴苏区转达南京和共意向一事，之所以被张学良看得如此重要，并牵动其心弦，其要害之处在于董健吾使命的弦外之音。既然蒋介石也要秘密谋求与共产党之间的和平，他张学良和东北军自然没有必要为“剿共”而卖命。这不可避免地使张学良感到，自己与共产党谋求妥协于情于理都无可非议。

基于这种情况，张学良自然对与中共秘密商谈更加重视。还在张学良由南京返回西安之际，他就迅速指示高福源致电彭德怀，“要李克农去洛川

---

[1] 董健吾曾在中共中央上海特科领导下，以圣彼得教堂牧师身份为掩护，秘密从事济难会工作。后专门联络租界巡捕房，负责“警报”工作。此时受宋庆龄之托，持孔祥熙财政部发给的公函秘密赴陕接通与中共中央的关系，转达南京方面的谈判愿望。

[2] 见张学良：《西安事变忏悔录》，毕万闻等编：《张学良文集》第 2 册，北京：新华出版社 1991 年版，第 1196 页。

面商大计”。同时，双方正式建立起电台联络，只是为保密起见，双方约定了各自主要联络人物的通电代号。

2月18日，彭德怀得到高福源来电，立即通知仍在陕北的周恩来命李克农速去洛川。鉴于此次谈判需要具体商讨两军停战及合作关系问题，对两天后即将举行的东征山西作战意义重大，为争取最佳结果，毛泽东和彭德怀于次日联名致电王以哲转张学良，明确要求张学良以华北事变为鉴，认清蒋介石卖国嘴脸，切不可心存幻想，与虎谋皮。但与此同时，鉴于前次谈判的情况，毛泽东等对张学良的政治态度已多少有所了解，并非真的以为可以轻易劝说张学良赞成“抗日反蒋”。故其虽去电加以劝告，在2月21日给李克农的谈判训令中则明确主张不要因为张学良暂时不赞同反蒋使谈判破裂。也就是说，对于这次谈判，他们并没有设定过高的目标。训令所规定的谈判原则如下：

（一）处处把张学良与蒋介石分开。

（二）求得互不侵犯协定的订立。

（三）坚持抗日救国代表大会，反对蒋介石召集任何违反民意、欺骗民众、丧权辱国的会议，坚持抗日讨卖国贼不可分离，反对抗日不讨卖国贼。但在此次谈判中不应因这些原则问题与张造成尖锐对立，以致妨碍初步协定订立。

（四）张提出取消苏维埃，则克农提出取消南京政府，以政府问题付之，全国人民公决，而在抗日救国代表大会中做取消双方政府，成立全国人民公意之政府为度的初步讨论。

（五）如张提出取消暴动，则克农即提出取消一切国民党的压迫制度、封建剥削，全国抗日，如此则自无暴动之必要，否则以暴动战争对付日本与卖国贼，是中华民族的神圣事业。

（六）要求停止内战，不拦阻全国红军集中河北，不反对红军充任抗日先遣队。

（七）原则不让步，交涉不破裂。[1]

由上述内容不难看出，中共中央此时对张学良的估计相当实际。这就是：张学良之所以愿意与中共谈判订立互不侵犯条约，根本上是因为他惧于红军的威力，加上东北军以及全国范围抗日情绪高涨，同时他也对蒋介石在军事上和财政上的控制不满。但是，张学良目前还不会马上接受共产党的“抗日反蒋”主张，“同意抗日，但不同意讨蒋；不反对国防政府抗日联军，但不同意马上实行这个口号。接受蒋介石的策略，即取消苏维埃红军，纳入三民主义轨道，引进共产党代表于国民大会，在共赴国难口号下取消苏维埃制度与暴动策略，接受南京节制，以最后瓦解红军”。[2] 因此，谈判目的，并不在于争取张学良参加反蒋，仅仅是“求得互不侵犯协定的订立”而已。

2 月 21 日，李克农起程经甘泉道草铺前往洛川，于 25 日抵达。不料张学良因事又突然离开西安，连王以哲也不清楚张此行之目的。但张学良行前显然已经向王以哲布置过与中共谈判事宜，因此，王以哲此次不仅表现出“抗日热情极高”，主动表示愿意向华北宋哲元及韩复榘等处宣传国防政府和抗日联军主张，而且对签订双方协定也相当积极。王以哲还坦率地提出有关六十七军在肤施（延安）、甘泉被围军队及其交通的彻底解围的三项办法。经过磋商，双方于 28 日初步达成如下“口头谅解”：

（甲）由肤施至甘泉至鄜县沿马路交通左右各五里之内双方均不驻军队，凡经此之一切补充，均不得阻拦，双方并负有互相帮助之责。但双方均不应携带武器，在该地区亦不得有侦察或破坏等行为，该地区政府亦应非武装化。红军过路应予通行，唯红军部队横过马路时，应事先通知东北军。

[1] 《中央及军委给李克农的训令》（1936 年 2 月 21 日），并见《毛泽东年谱》（上），第 514 页。
[2] 见张友坤、钱进主编：《张学良年谱》（下），北京：社会科学文献出版社 1996 年版，第 963 页。

（乙）为避免双方冲突起见，凡甘泉肤施城周二十里内，东北军得自由出城采办粮食，但不得携带武器，对苏区民众不得强买强卖。

（丙）如苏区民众须至白区采购日用品时，驻城之东北军应给予方便。为避外人耳目，驻鄜县之东北军应予形式上的检查。入城后，苏区民众亦不得有侵犯或破坏东北军的行为。[1]

上述“谅解”，在毛泽东等看来无非就是要红军解围。既然成为友军，互不侵犯，这一点自然不成问题，甚至条件还可以再放宽些。毛泽东在28日的复电中进一步提出，可以考虑：

（甲）为巩固两军，团结一致对日，确立互不侵犯，各守原防之原则（包括陕甘边区及关中区）；

（乙）鄜甘肤交通可即恢复来往，使粮服运输及经济通商，携带武器与否不必拘束；

（丙）肤施甘泉两城现驻部队所需粮柴等物，可向当地苏区群众凭价购买，为便利肤甘友军起见，转饬当地苏维埃发动群众运送柴粮等物进城，恢复寻常关系；

（丁）恢复红白两区通商关系，红军采买货物经过鄜县洛川等者，东北军有保护之责，东北军入苏区办货者，红军有保护之责。[2]

王以哲对毛泽东所提方案当然赞成，只是他无权对整个东北军的行动做出许诺，因而他把毛泽东所提方案中有关东北军的字样，统统改成了六十七军。同时，增加了红军进入白区采买货物需着便装的文字。不过，王以哲最关心的还是如何使红军与东北军脱离接触的问题。他“诚恳”地

[1] 《李克农致毛彭电》（1936年2月28日）。

[2] 《毛彭致李克农电》（1936年2月28日），并见《毛泽东年谱》（上），第517页。

请求毛泽东和彭德怀同意："为保证永久的双方安全，红军围甘部队应退至甘泉十里以外，移出之防地，六十七军不得进驻；另沿鄜甘肤马路双方亦不驻军队，唯苏区政府武装不在规定之内，此又可掩人耳目，对外搪塞。"[1]

对此，毛泽东等答应得十分痛快。他在给李克农的回电中称：抗日救国大计既定，凡属有利友军而无妨大局之事，我方无不乐从。望转告王以哲，以后随事商量，可不拘形迹。[2]

3 月 5 日，中共中央正式通知所属有关部门："关于我方与东北军整个协定尚在磋商，现先与六十七军王军长以哲所部订立……局部的口头协定，并于三月五日开始执行。"两军确定互不侵犯，各守原防之原则，"红军同意恢复六十七军在鄜县、甘泉、延安马路上之交通运输及经济通商"，"延安、甘泉两城现驻六十七军部队所需粮柴等物可向当地苏区群众购买，红军为便利延安、甘泉友军起见，准转饬当地苏维埃发动群众运粮柴等物进城，恢复寻常关系"。陕甘"两省省委及军区应将本协定各项之意旨，向延安、甘泉、鄜县等靠近六十七军防地附近及交通路上之县区乡党部、政府、民众团体、红军、游击队、赤少队，解说明白，并遵照执行，给予六十七军以粮柴之便利，对六十七军人员通过马路者表示好意与欢迎，入苏区办货者加以保护，务使我方军民与六十七军官兵结成亲密之关系，以达成进一步与整个东北军订立抗日讨卖国贼协定之目的"。[3]

仅仅把红军与六十七军的关系保持在一种和平的水平上，自然与中共中央的期望甚远。中共中央的目的是要"与整个东北军订立抗日讨卖国贼协定"。同王以哲如此顺利地达成谅解协定，看来多少使中共领导人争取张学良东北军"抗日反蒋"的信心又有所增强。而 3 月 5 日张学良与李克农再

[1] 《李克农致毛彭电》(1936 年 3 月 5 日)。

[2] 《毛彭致李克农电》(1936 年 3 月 5 日)，并见《毛泽东年谱》(上)，第 519—520 页。

[3] 《中革军委与王以哲订立口头协定内容之通报》(1936 年 3 月 5 日)，中国人民解放军政治学院中共党史教研室编：《中共党史教学参考资料》第 15 册，北京：国防大学出版社 1986 年版，第 536 页。

度会谈的结果，显然更有理由使他们感到乐观。

张学良是3月3日返回西安的，他当即就通知王以哲，说明他将前来洛川与李克农见面。5日凌晨，张学良驾机飞抵洛川，立刻与李克农见了面。与原先预想的相反，张学良关于抗日应当联蒋一事只字未提，中共中央要李克农准备用来应付张学良在政治上发难的种种答词，几乎完全没有派上用场。张学良当场只是一再表示希望能够尽快与中共中央领导人在延安进行会谈，并派代表常驻西安。同时，张学良特别提出，希望中共能够介绍他的代表前往苏联，与苏联政府商谈合作抗日的问题。这无疑也正是中共中央所想的。

还在3日上午，彭德怀、毛泽东就曾致电李克农，要他转告张学良、王以哲："深望张副司令王军长领导东北军完全团结，与我合作到底，并确立联俄政策。当今之世，唯有苏联是真正反侵略者又真正有实力者，英国亦探联俄政策，中国更应速决大计。"[1] 如今，张学良主动提出秘密联苏问题，这意味着，他与共产党更加接近了。

[1] 《彭毛致李克农电》(1936年3月3日)。

四、延安拨雾

李克农与张学良洛川会谈所取得的结果，其实最主要的就是两条。据李克农3月5日报告，其一为双方负责人见面地点已经约定为肤施，时间在一星期内；其二为双方互派代表到友邦，张学良一方人选两三日内即可派定。在这里，格外值得注意的是时间。要求在一周之内立即与中共中央负责人会谈，并保证在两三天之内就可以选定东北军方面赴苏交涉的人选，这再明显不过地反映出张学良对此已早有准备，而且心情显得十分迫切。

张学良决心和共，自然有种种原因。据张学良自己所言，最初是鉴于1935年11月间去南京出席国民党第五次全国代表大会时所得的感慨。概括言之有六点："(1) 朋友之讽劝，如沈钧儒、王造时等之鼓励。(2) 少壮同志则责良，不应同所谓亲日者辈，同流合污。(3) 刺汪凶手孙凤鸣之行为和言辞。(4) 党内之纷争，多为私，少为公。(5) 良认为中央负责之同志，不热衷抗日，而其反有内心为亲日者，而良个人之观念上认为贤哲者，或在外工作，或无权位。(6) 汪兆铭之一面抵抗，一面交涉，良认为非是对外，乃系对内。"[1] 所有这些，都使张学良对于理应肩负抗日救国重任的国民党日渐

[1] 张学良：《西安事变忏悔录》。

失去信心。

但对国民党有再多的不满，也不意味着张学良会对共产党寄予希望。张对共产党态度转变的最直接的刺激，看来还在东北军三次“剿共”作战严重失利，尤其是11月23日牛元峰师的覆灭。当时，张学良得信后不得不中断了在南京的活动，于1935年12月初急忙赶回了西安。因为不过两月时间，东北军就连损两师，难免会使身为东北军统帅的张学良“心中倍增痛苦”。他后来说，这件事不仅“更加深良素认为因内战而牺牲优秀将才之可惜，并对共匪之战斗力，不为轻视，遂触动用‘和平’办法，解决共匪之念生焉”。[1]正是在这种情况下他才有了1936年1月赶赴洛川面见被俘部下高福源，密令王以哲负责与中共接洽，21日再赴洛川秘密会见李克农，许诺亲去南京游说抗日等事情发生。

从张学良与李克农第一次交谈的情况看，他当时对游说各方抗日颇有信心，他甚至自信可以拉阎锡山来与中共会谈，力图首倡和共抗日。不料回西安后，他又意外地得知南京当局也在秘密地与中共进行接触，此事更使张学良有所疑惑。这不仅使张学良更加确信和共联共为大势所趋，而且对蒋之做法再添不满：为何一面令东北军在“剿共”战争中消耗，一面却越过东北军去与中共谋和？

既不信任国民党南京当局有抗日之心，又疑心蒋介石有借刀杀人之意，这促使本来就对蒋有所不满的张学良开始与蒋离心离德，而更易接受联共主张。张自述：“当是时也，共产党之停止内战，共同抗日，高唱入云，实攻我心，不只对良个人，并已动摇大部分东北将士，至少深入少壮者之心。当进剿再见不能成功，良觉一己主张，自问失败，征询众人意见，遂有联络共产党，同杨虎城合作，停止剿匪，保存实力，共同抗日种种献策……实动我心。”于是，他从此开始放弃原先游说南京的设想，转而与南京以外之各个地方实力派领袖频频联络，甚至与刚刚从新加坡回国的西南反蒋派

[1] 张学良：《西安事变忏悔录》。

的领袖胡汉民暗中往来，磋商“大计”。[1]

仅仅几个月时间，张学良就已经日益明显地与蒋介石分道扬镳了。面对遥遥无期的“剿共”战争，张学良深知以东北军继续硬撑下去只能拼光老本，从而受到所有东北军人，乃至东北人民的啐骂。张学良已再无可想，对东北军而言，唯一的出路和归宿只能是抗日，只有抗日才能免于为他人作嫁衣裳，只有抗日才有可能重回家乡，也只有抗日才能对得起为他东征北战、抛头洒血的十几万东北军人和许许多多流亡关内的东北人。蒋介石却不作此想，他的原则是“攘外必先安内”，要抗日必须先“剿共”。而在张学良看来，这一政策所导致的切身问题却是，如果共产党剿不了剿不完，岂不是抗日无期？何况，张学良已经注意到，南京政府中人多数“勇于内争，怯于御外”。既然如此，张学良只好另谋出路了。

张学良后来回忆，他数次与这时在上海的东北抗日将领李杜讨论过如何才能收复东北的问题。李杜“曾向良表示，拟返北满招集旧部，再从事抗日工作，良深表赞许”。但李杜明确认为，而今要收复东北或在东北抗日，必须与苏联和中共进行合作，否则将难以进行，故“彼要求数事：(1) 去北满时，必须经俄，其次北满已有共党活动势力，故必须向共产党取得联系。(2) 路费及活动款项由良供给。(3) 请良选派二人帮彼办事,并任联络”。对于李杜所请，张学良后来自称他当时就全然表示同意。[2] 可是，张学良没有进一步说明的是，李杜这里所谓“帮彼办事”云云，其实就是代表张学良去与苏联政府联络，请求苏联给予援助。

苏联政府会不会轻易同意援助他张学良呢？关于这一点，张学良内心其实非常清楚。

中国东北一向在俄国与日本的势力范围之内，日俄两国在东北从来势不两立，即使在苏联成立之后，这种矛盾冲突依旧是其远东外交政策最主

---

[1] 张学良1月下旬前往南京，原定2月初返陕，因得知胡汉民回到广州，并准备来宁，曾与胡电函来往，相约晤面，以决“大计”。转见《王以哲致司令员电》(1936年2月14日)。

[2] 张学良：《西安事变忏悔录》。

要的制约因素。苏联政府对中国的一切政策，几乎都要受到这一冲突的直接影响和左右。一切便利于日本扩大其在中国的势力范围的人物和事件，无论如何都是受到苏联政府的坚决反对的。一向为“东北王”的张作霖从来依靠日本，苏联政府最初几度试图施加影响，结果张作霖不仅毫不领情，反而为争取日本及英国对其北京政府的支持，以武装搜查北京苏联大使馆，公布苏联秘密外交文件的极端措施相报，这使得苏联方面对其留有极恶劣的印象。张学良继承其父张作霖的地位之后，很快又在南京政府的怂恿下，旧事重演，轻率地派兵搜查苏联驻哈尔滨领事馆，继而试图以武力收复根据 1924 年中苏条约仍旧主要由中苏两国共同管理的中东铁路，引发了著名的中东路事件，此举自然更加深深得罪了苏联人。直到东北三省沦陷之后，张学良才渐渐意识到其此前做法之不智。因为从日本入侵东北三省之后整个国际国内形势发展的情形可以十分清楚地看出，在这个世界上，唯独只有与日本积怨甚深，并直接受到日本进攻威胁的苏联才是可能帮助他实现收复东北愿望的强大力量。

因为想要取得苏联的帮助，张学良在 1933 年夏天旅欧期间曾再三想与苏联方面取得联系。先是通过南京政府驻法公使与苏联大使联络，要求访苏，后又通过东北前抗日将领马占山等私下与苏联有关方面进行交涉，结果全都毫无结果。苏联方面对张学良的不信任是显而易见的。当然，张学良所不了解的是，苏联情报机关这时也曾秘密地派人接近过张学良，以探询张学良与苏联联络的真实动机和背景。他们当时曾通过欧洲的共产党组织派了一名叫余斌的华裔英国共产党员，秘密了解张学良的情况。据余报告，他同张学良在一起住了整整一个月，张确实对苏联抱以极大期望。他甚至再三强调余应当到苏联去学习，为此他愿提供一切费用。[1]

要抗日，必须联苏，这一点张学良已确信不移。可是如何能够使苏联政府改变对自己过去的印象，张学良竟一筹莫展。如何才能接通苏联，并

[1] 《王明给切尔诺莫尔基克同志的信》（1933 年 7 月 23 日）。

使苏联接受自己呢？自欧洲回来之后，张学良只能寄希望于南京政府，如果苏联同意援助南京政府，自然也就是援助了自己。如今，等了几年之后，特别是在与红军交手受挫之后，他对此已深感绝望，相信要等到南京政府真正完成“安内”与统一再来抗日，恐怕是河清无日了。因此，他不能不设想通过另外的途径来推动中国走向抗日。在这种情况下，张学良转而寄希望于中共之帮助，是再合理不过的了。事情明摆着，在中国，中共是苏联唯一的盟友和同志，苏联可以不援助任何人，唯独不能不援助中共。如果中共愿意为其奔走，苏联或者会爱屋及乌，逐渐对他张学良另眼相看的。不过，张学良最初看来并不相信远在陕北穷乡僻壤的中共和红军，会与苏联有什么直接的联系。因此，即使在与陕北红军接上关系之后，他也仍旧把注意力放在上海，利用赴南京的机会，亲自前往上海，请李杜代他寻找共产国际在上海的秘密组织或上海的共产党。很显然，他并不清楚，这时的上海早已不是中共与苏联及共产国际联络的枢纽了。李杜的使命自然难以成功。

不得已，张学良只好又反过头来求助于陕北的红军了。特别是张学良 2 月下旬外出期间，注意到红军 2 月 20 日开始发动东征山西的战役，打出的竟是“打通抗日路线”的旗帜，这更使他多少有些心急。这是因为，一方面，有“山西王”之称的阎锡山与张学良在对蒋介石“安内攘外”政策问题上颇有些共同语言，张正在努力争取得到阎锡山的同情并与之达成共识，以此来形成对蒋介石的政治压力。红军如今一打，自然会逼使阎锡山转而支持蒋介石的“安内”政策，使张学良的劝说工作前功尽弃。另一方面，红军东征山西，势如破竹，轻而易举地击溃了阎锡山五个团，俘虏 1200 余人，占领了石楼、中阳、孝义、汾西、隰县、永和六县近 4000 平方公里的地区，如果红军真的照其公开宣传的目的，全力以赴杀向华北抗日前线，难免不会很快与在华北的日军发生接触，结果很可能诱发全面战争。考虑到目前国民党各个实力派别的不同心态，若不能尽快接通与苏联方面的联系，此种作战能否引起全国范围的响应和取得军事上的胜利，颇难预料。那时情况或将变得更为复杂，甚至不利，也说不定。这也是张学良急于在一周之内会晤中共领导人的原因之一。可是，张学良与中共领导人实际上没有能够在3月5日之后的一周时间内见上面，这次会晤的时间因为种种原因竟推迟了将近一个月。

在接到李克农的电报之后，毛泽东与彭德怀于3月5日当天就从山西前线发来回电，说明原可派在陕北后方指挥一切的周恩来与博古二人之一前去会谈，可惜此二人这时均已去山西前线参加重要会议，如果约期迫切，最早也只能于3月17日左右赶到延安。[1]不料，张学良由延安飞回西安途中，已发现所乘飞机出现故障，因而不得不送去武汉修理，因此即使17日的会晤日期也不能确定。飞机刚刚修好，张学良又突患喉症，医生叮嘱务必小心休息，会谈之说只好再度延期。若等到喉症好了，根据原定日程，张学良又要于19日离陕赴沪办事去了。因此，原定及早会谈的设想，自然未能实现。

在另一方面，中共中央得知张学良患病在身，也不再去电催促。因为中共中央早已决定要在山西石楼召开重要会议，讨论和贯彻刚刚得到的共产国际第七次大会的文件，以便统一党内对统战工作的认识。在这种情况下，刚刚赶来山西的负责陕北工作和与东北军谈判的政治局领导人周恩来或博古如果因此不能出席，未免不是一种损失。但到16日，关于中共中央谈判代表的人选已经确定了，那就是周恩来。在16日这一天毛泽东和彭德怀给王以哲的电报中明确讲：敝中央已决定派周恩来同志为全权负责代表到肤施与张学良先生晤面，共商停止内战、一致抗日之根本大计。时间可在本月底或下月初，具体日期由张学良先生确定后电告即可。[2]

这时，东征山西之红军前锋已经到达文水、交城、介休、灵石、霍县、赵城、洪洞、临汾一线，并占领了同浦路之一段。阎锡山在山西的整个统治因此而严重动摇。山西一向是阎锡山的“独立王国”，如今阎却不得不向南京政

[1] 《毛彭致李克农电》(1936年3月5日)。

[2] 《毛彭致王以哲电》(1936年3月16日)，并见《毛泽东年谱》(上)，第522页。

府求援了。于是，蒋介石的中央军陆续开始进入山西境内。同时为加强陕西“围剿”和牵制的兵力，蒋介石也进一步调派中央军开到陕西来。

这样一来，红军所面临的形势就渐渐变得不那么一帆风顺了。而更加为此而焦虑的，这时其实还不是中共中央，而是那些在陕北地区与中共和红军暗通关节的东北军与十七路军的将领。张学良在与李克农的谈话中就明确认为，打阎锡山政治上未必好，山西不易立足，特别是立刻与日军接触，条件亦不成熟，得不到苏联的援助，靠自己单独来抗日很难成功。杨虎城部负责与红军联络的军官也纷纷对红军的行动表示难以理解。孙蔚如军长更是直截了当地对中共代表说：红军过黄河是不妥的。不仅政治上要受不好的影响，而且必然给蒋介石以增兵陕北进攻红军的借口。另外一些军官甚至断言：“红军到处都是帮助蒋介石解决杂牌军队的”，在四川、贵州如此，“现在又是这样”。东北军中了解张学良和共密谋的干部也有同样的看法，他们尤其担心中央军大举开入陕西，那样势必会使刚刚停止下来的“剿共”战争重新展开，东北军难免再度成为牺牲品。[1] 即使不考虑此点，以红军现有之兵力，与阎锡山作战也未必有决胜的把握，一旦失利，前途亦不堪设想。

但友军的担心看来并没有引起中共中央的同感。此时陕北苏区南线已经分别同东北军之六十七军和杨虎城驻宜川的部队达成了谅解，北面井岳秀部已经被击退，继任师长高双成属下也已经同红军达成默契，其驻周家崄一带的八十六师五一一团甚至与红军签订了一个书面的“互不侵犯协定”[2]。

[1] 参见《王世英报告》（1936 年 3 月）。

[2] 《中国陕北省抗日红军、陆军第八十六师五一一团抗日协定》（1936 年 3 月 11 日）。该协定内容如下：（一）立即停止彼此间的军事行动，各守原地，互不侵犯。（1）红军部队与来往人员在五一一团驻地附近往来时，五一一团所属部队应以友军待遇；如有苏区的公务人员与通商者进入五一一团驻地时，五一一团应切实保护并以友谊招待。（2）五一一团驻防各碉堡寨垒间往来之交通部队与人员，红军各部队应以友军待遇；如来往苏区之公务人员与通商者，红军应切实保护并以友谊招待。但在交通线内除现有堡寨外，五一一团不得再增加碉堡。（二）双方必须参加国防政府与抗日联军，实行对日作战。（三）双方负责保障人民之集会、言论、结社自由。（四）双方部队要保护人民春耕。（五）五一一团在苏区的眷属，由红军负责保护并招待，送赴五一一团团部驻地周家崄。在五一一团拘捕苏区之人员，亦须全数交红军代表带回，并保护其安全到苏区。（六）以上各条，由双方代表签字日起实行。红军代表张云逸、五一一团代表王宗山。

因此，原来关于红军主力东去，陕北苏区将会变成游击区的那种担心，在中共中央内部几乎不复存在。加上红军东征一直相当顺利，这时也还是处于顺境之中，并未遇到严重抵抗，中共中央十分希望能够在山西“创造比陕北更大的根据地”。因此，中共方面还并不认为形势已经有了不利于自己的变化。

当然，为求得友军，特别是东北军高级将领能够对红军的行动多少有所理解，毛泽东与彭德怀于3月22日专门致电张学良、王以哲及“全体东北军官兵同志”，解释说：卖国贼阎锡山勾结日帝侵略华北，危及晋、绥，复受日帝指挥，派兵六旅之众，屠杀陕北苏区民众。国人痛愤，罪不容诛。鉴于日帝之迈进华北之急，特遣抗日先锋军东渡黄河抵抗暴日，阎锡山竟为暴日效命，集中全力拦阻红军……敝军迭次宣言，全国红军白军亟应停止内战，一致抗日，乃阎锡山置若罔闻，不顾民族国家之存亡，甘心依附仇人，而与同胞为敌，诚不识是何居心。诸公深明大义，抗日救国早具同心，应请仗义执言，责阎锡山以叛国之罪，劝其即刻悔悟，撤其拦阻红军之兵，开赴张家口与红军一同执行抗日任务。敝军本民族大义，决不追究其既往。若其甘心卖国，继续执行日本拦阻红军之任务，则红军为贯彻抗日目的计，不得不首先诛此卖国贼。至于陕甘苏区（包括陕甘边区及关中区），为抗日战争之后方，坚决巩固此后方，使我抗日将士安心杀敌，应不独红军与全苏区抗日人民之责，诸公近在接壤，自亦具有爱护维持之心。倘有搅乱此抗日后方者（例如毛炳文辈），愿诸公与敝军联合制止之。[1]

指阎锡山为卖国贼，很大程度上其实是红军这时军事行动的一种需要。至于阎锡山这时对抗日态度如何，其与张学良有何种共鸣，中共方面自然一无所知。

其实，据事后了解，阎锡山此前与张学良一样，也在“找国际（指共

---

[1] 《毛彭致王以哲转张学良及抗日东北军全体官兵同志电》(1936年3月22日)，并见《毛泽东年谱》(上)，第523—524页。

产国际）及党（指中共）的关系”。北方党部军委负责人王世英几天之后就有报告说明，阎锡山自年初起就在想方设法与中共方面进行联络，至 2 月红军东征之前，阎本人至少已经与北方党部的代表有过三次谈话。阎所担心的自然是山西能否继续保持在自己的控制之下，对于中共代表所称中国唯一出路在组织国防政府和抗日联军，阎锡山明确表示赞同，但声称中共的说法不论站在民族方面、国家方面或民众方面都是对的，只是在房子里谈可以，站在他的立场站在国民党的立场却不可以，“因为一谈就是很大乱子”。而对于中共代表所说山西唯一出路在与红军订立协定，阎锡山则表示异议。他也知道山西确在危机之中，东有日本，南有蒋军，西有红军，但他的态度是“对谁也不妥协，保持中立”，坚持继续独立控制山西局面。他声称：他的防共保卫团计划每年训练 15 万人，三年可训练 45 万人，到那时他什么都不怕。[1] 可是，不论阎锡山如何嘴硬，他主动地并且是三番五次地找中共代表谈话，清楚地说明他这时已经颇为恐慌和动摇，对阎锡山展开统战工作并非毫无可能。但由于战争已经打响，尽管 3 月下旬中共中央听取了王世英的口头汇报，但对阎锡山的态度一时也难有改变。

1936 年 3 月 20 日至 27 日，中共中央在山西石楼召开了政治局扩大会议，根据共产国际第七次大会的文件精神讨论了统一战线方针与军事行动计划问题。根据讨论情况可知，中共中央这时以“联俄联共”为分水岭，把国民党区分为“民族反革命派”与“民族革命派”两大类，仍旧把阎锡山归为“民族反革命派”一类。认为蒋介石、汪精卫、胡汉民、冯玉祥、阎锡山等为“民族反革命派”，“坚持反革命立场”，“反对联俄联共”。只是，分析承认，这一派内部也并不统一，没有口号，有些甚至可能在民众逼迫下假装抗日，只是“其作用在瓦解抗日战线”。除此之外，一切“联俄联共”者，均可视为“民族革命派”。但他们中间仍可分为三类，右翼不用说，“与蒋无严重区别”，重要的是中间力量，张学良就属于这一派。分析认为，这

[1]　见《王世英报告》（1936 年 3 月）。

一派反对日本殖民政策，主张联俄联共，可与我们走一致的路。只是这些人皆是民族改良主义者，都不相信中国自己有力量抗日，不同意苏维埃与土地革命。

由此可知，一方面由于张学良此前谈话中不主张反蒋，一方面也因为张学良、马占山、蔡廷锴等军事领袖所具有的特殊身份，中共中央这时对张学良的评价还并不是很高。在中共中央看来，自己真正的同盟者应当是"民族革命派"中的左翼，这就是以宋庆龄为代表的军队中下层、中小工商业者、中小资产阶级势力，他们"坚决联俄联共"，故"此为我们与反革命争夺的中心"。至于如何有效地争取同盟者，中共中央的认识很一致。第一，必须要高举抗日的旗帜；第二，必须要高举联苏的旗帜。

对于这时的东征抗日问题，毛泽东也做了专门的解释，说明我们提出"全国红军集中河北"的口号，并非就那么傻，现在就要去河北寻日本开战。他指出，红军固然不怕与日本作战，也不必等到数量大了，新式武器到了手再去打日本，但要想最终彻底战胜日本帝国主义，还是"非有国际无产阶级的帮助不可"。在目前这种国内和国际政治形势下，没有苏联的援助和参加，仅靠红军的力量直接对日作战，是不可能的。要想实现直接对日作战，首先必须实现"红军与苏联接近，苏区与苏联打成一片"。故东征山西，"打通抗日路线"，"唯一的任务是取消卖国贼的资本，并扩大红军"，创造大规模的根据地，为联苏抗日做准备。[1]

李克农这时也赶到山西石楼，详细汇报了与张学良会谈的情况。毛泽东上述的谈话，在一定程度上也是针对张学良的一些说法讲的。把张学良排在"民族革命派"的第二类，反映出共产党人已经明确地把他看成是自己的同路人，同时还不满意他革命的不彻底和不坚定。但无论如何，中共中央这时已经把张学良确定为"革命派"，对他和东北军的政策自然与对"反革命派"蒋介石的政策截然两样。因此，红军对东北军，特别是与王以哲

---

[1] 《毛泽东关于外交问题的报告》（1936 年 3 月 27 日），并见《毛泽东年谱》（上），第 527—528 页。

的六十七军，这时已经建立起十分密切的关系。被困数月之久的甘泉守军，在红军的引导下，终于实现了久已渴望的换防。王以哲电告肤施2000名守军粮草缺乏，毛泽东等立即致电中共陕甘省苏维埃“扩大群众卖粮草运动，尽量供给”，并电王可从鄜、洛大道送粮往肤，“敝方沿途保护，不成问题”。于是，几天后，一百余驮给养就顺利地从洛川运送到了延安城。

3月下旬，张学良终于再度回到西安，并如前约邀请周恩来前往延安会谈。王以哲4月5日电告毛泽东和彭德怀称：张代总司令拟于8日晚8时在延安与贵方代表周恩来晤谈，请兄如期至延安城外附近暂驻，待我方派人去取联络。[1]

4月5日晚得电后，毛泽东和彭德怀即电告周恩来。周当即与李克农等按约于4月7日动身，准备8日下午到达延安城外，等待东北军方面派人接引入城。不料，因雨雪将至，天阴电大，双方电报均发不出去。周恩来等于8日下午到达延安城外川口之后，一直等到当晚10时仍未见延安来人接引。张学良、王以哲也停在洛川未动，等待消息。直到9日晨双方电信接通后，张学良与王以哲二人才于上午由洛川飞延安。9日晚8时许，周恩来、李克农等才由张学良派来的人员接入延安城内。

延安会谈由4月9日晚9时进行至10日凌晨3时许，时间将近6个小时。关于此次会谈的内容，如今各种记述中比较流行的是两种说法。其一是张学良本人在将近20年之后写的《西安事变忏悔录》里的说法。张学良在里面这样说：

> 某夜，在延安天主堂同周恩来会面，约谈二三小时，良告彼，中央已实施抗日准备，蒋公宵旰为国，双方辩论多时……周承认蒋公忠诚为国，要抗日必须拥护蒋公领导之。但左右如何乎？又力言彼等亦蒋公旧属，如中央既决心抗日，为什么非消灭日人最恨而抗日最热诚

[1]《王以哲致毛彭电》（1936年4月5日）。

之共产党不止？在抗日纲领下，共产党决心与国民党恢复旧日关系，重受蒋公领导，进而讨论具体条件（大致如下）：

（1）共党武装部队，接受点编集训，准备抗日。

（2）担保不欺骗、不缴械。

（3）江西、海南、大别山等地共产党武装同样受点编。

（4）取消红军名称，同国军待遇一律。

（5）共产党不能在军中再事工作。

（6）共党停止一切斗争。

（7）赦放共产党人，除反对政府、攻击领袖外，准自由活动。

（8）准其非军人党员，居住陕北。

（9）待抗日胜利后，共党武装一如国军，复员遣散。

（10）抗日胜利后，准共党为一合法政党，一如英、美各民主国然等。[1]

依据张学良的这种说法，延安会谈所讨论的，完全不是如何抗日如何联苏的问题，倒是如何使红军受南京政府改编，与共产党如何服从蒋介石领导的问题。严格地说，蒋介石在一年之后试图做到的也不过如此，结果尚未能完全如愿，而这时张学良却早已替他做了，而且做得比蒋介石还要圆满得多。这样一种说法显然颇难使人相信。

另外一种说法多半来自刘鼎。直接与延安会谈有关系者只有五个人，即张学良、王以哲、周恩来、李克农和刘鼎。以后由于王以哲死于1937年2月，周恩来、李克农均无关于此次谈判的系统回忆，唯一还有系统回忆的就只有刘鼎了。

刘鼎，原名为阚尊民，1924年赴德国勤工俭学，1925年8月受中共旅欧支部指派，随朱德等六十人经莫斯科回国参加工作。但到莫斯科之后，

[1] 张学良：《西安事变忏悔录》。

因情况发生变化，刘鼎等 22 人被中共旅莫支部决定留在莫斯科东方共产主义劳动者大学进行学习，并在东方大学期间成为中共党员。经过几年学习之后，刘返回国内参加工作，直至 1934 年底被捕，后入九江反省院。1935 年 10 月，刘获保释出狱，并返回上海。十分偶然的是，恰好张学良此前曾用过一位叫潘文郁的留苏学生做秘书，其人曾做过中共总书记向忠发的秘书，虽然已经脱离共产党，但对共产党以及共产党的各种主张，特别是对苏联的情况相当熟悉，能力极强，给张学良留下了深刻的印象。[1] 此时张学良又要联苏，又要联共，身边恰好非常需要像潘文郁这样熟悉苏联和共产党的人。因此张学良要求李杜代为寻找。李几经周折，终于通过一向与上海共产党组织有关系的美国记者史沫特莱找到了刘鼎。刘鼎的情况恰好与潘文郁的情况十分相似，其刚从监狱“经保释放”[2]，到张学良处工作政治上也不会引起麻烦。故李杜将刘鼎的情况通知张学良后，张相当满意，很快于 3 月下旬派参谋赵毅前往上海，将刘鼎接到西安。双方几次晤谈后，张即带刘前往延安了。[3]

刘鼎关于延安会谈内容比较完整的文字回忆，见于其 1975 年间所记的追记笔记。据刘所记，当时总共讨论了六个方面的问题，分别为：“停止内战，一致抗日”问题，抗日救国道路问题，联蒋抗日问题，联苏问题，停战通

---

[1] 潘文郁因被南京方面怀疑通“匪”，逼迫张学良将其杀害。张学良对此事深以为憾。有关情况可见张德良、周毅主编：《东北军史》，沈阳：辽宁大学出版社 1987 年版，第 298—299 页。

[2] 张学良：《西安事变忏悔录》。

[3] 刘鼎回忆自己到西安的时间是 3 月 10 日，负责整理刘鼎回忆笔记的张魁堂先生推断刘鼎关于此一时间的回忆有误，认为刘到西安的时间应在 3 月 20 日。这两种说法看来都不正确。因为，已知刘鼎行前见过董健吾，而董此前正在陕北，他离开瓦窑堡的时间是 3 月 5 日。这时瓦窑堡到西安通常要花四天左右时间，即先花三天到洛川，然后再由洛川坐车或乘飞机去西安。如此再加上董从西安到上海的时间，可以肯定，董最快也要在 3 月 10 日以后才能够到上海。也就是说，刘鼎在 3 月 10 日以前的很长一段时间里，是不可能在上海见到董健吾的，因而刘不可能在 3 月 10 日到西安。同样，刘也不可能在 3 月 20 日到西安。因为刘清楚地记得，他到西安后的第二天，就被带去张公馆见张学良。可是，根据当时电报和公开的报道，张学良在 3 月 19 日就已经离开了西安，直到 3 月 26 日才返回西安。因此，刘鼎到西安的时间应该是在 3 月 26 日张学良回西安之后和张学良 4 月初到洛川之前。参见张魁堂：《刘鼎在张学良那里工作的时候（一）》，《党的文献》1988 年第 2 期；《张学良文集》第 2 册，第 951—959 页。

商等问题，以及培养干部的问题。毫无疑问，刘鼎后来曾经长期担任编写《西安事变史》领导小组组长一职，因此对周恩来会谈之后给中央的谈判报告的内容是很清楚的，其笔记中无疑利用了当时周恩来报告中的许多内容。但值得注意的是，根据陪同周恩来前往延安的戴镜元回忆，当时周、张两人是单独在教堂的一个套间秘密会谈的，并无他人参加，故刘恐怕并未直接听到双方会谈时的交谈内容。[1] 同时，刘鼎回忆所谈内容也与周当年的报告内容不同。这就是所谓“联蒋抗日”的问题。因为，这个问题无论是在中共中央为谈判所规定的内容里，还是在会谈后周恩来给中共中央的报告里，都未曾有过。

据刘鼎回忆，会谈中，张学良最关心的就是联蒋问题。因此他力劝中共放弃“抗日反蒋”的方针，实行联蒋抗日。称：

> 张学良认为蒋介石是国内最大的实力派，抗日的力量越大越好，如果抗日统一战线不包括他，他以中央政府名义反对，不好办。张说，蒋有民族情绪，在国民党中领导力量最强，据他回国后两年的观察，蒋可能抗日……蒋介石是在歧路上，他错在“攘外必先安内”，把这错误政策扭过来，就可以实现“停止内战，一致抗日”。做到这些不容易，要做艰苦工作。共产党在外面逼，他在里面劝，内外夹攻，定能扭转过来。张学良还表示，除非蒋投降日本，否则他不能反蒋。[2]

据刘鼎说，对于张学良的联蒋主张，周恩来的回答是：“毛泽东同志也有这样的想法”，“这个问题很重要，我回去报告中央，认真考虑再做答复”。[3]

结果，“张学良提出的联蒋抗日主张促进了中共中央的决策。周恩来向中央反映了张学良的意见后，大多数同志感到如果反蒋口号连张学良这样

---

[1] 见吴福章编：《西安事变亲历记》，中国文史出版社 1986 年版，第 42—53 页。

[2] 张魁堂：《刘鼎在张学良那里工作的时候（二）》，《党的文献》1988 年第 3 期。

[3] 此处引号中的话，据说是 1961 年 7 月 4 日周恩来与张学铭夫妇谈话中说的。

热心联共抗日的人都不能接受，其他的人就更难了。联蒋抗日的问题就定了下来。五月五日红军回师通电不再提反蒋口号”了[1]。

显而易见，张学良和刘鼎两个人的回忆，在对蒋介石的问题颇有些相似之处。只不过一个强调当时说的是“拥蒋”，一个肯定当时说的是“联蒋”；一个说周恩来当场承认必须拥护蒋公领导，一个说还要回去考虑考虑。然而，问题在于，这两份事隔多年的回忆，在这一点上同当年周恩来会谈之后第二天所写的报告内容全然不同。

需要注意的是，周恩来是中共中央派去的代表，中共中央在决定派周前去延安谈判的同时，曾明确规定了此次谈判的内容和原则。关于谈判原则，早在 2 月 21 日中共中央和中央军委给李克农的谈判训令里，就已经写得明明白白，即中共不接受任何有损苏维埃政制与红军利益的要求，但也不要因为张学良不同意反蒋而与其发生争执。至于谈判内容，则具体提出五个方面，其中特别回避了对蒋问题的讨论。而有关谈判内容的提议，也已经通知了张学良与王以哲。这就是：

> 一、停止一切内战，全国军队不分红白一致抗日救国问题；
>
> 二、全国红军集中河北，首先抵御日帝迈进问题；
>
> 三、组织国防政府抗日联军的具体步骤及其政纲问题；
>
> 四、联合苏联及选派代表赴莫斯科问题；
>
> 五、贵我双方订立互不侵犯及经济通商初步协定问题。[2]

上面的情况说明，中共中央这时不仅没有像李克农第一次见张时那样，要求周恩来力劝张学良参加“抗日反蒋”，而且干脆主张周恩来适当地考虑

[1] 张魁堂：《刘鼎在张学良那里工作的时候（二）》。值得注意的是，中共中央文献研究室编著的《周恩来年谱》也支持这样的说法。在谈到周、张延安会谈时，《周恩来年谱》称：“周恩来说：关于对蒋介石的政策中共中央已有考虑，愿将张的意见带回去慎重研究。”

[2] 《毛彭致王以哲并转张学良电》（1936 年 4 月 6 日），并见《毛泽东年谱》（上），第 532 页。

回避这个问题的讨论。当然，这并不等于说中共中央不准备再劝张学良另立局面，“抗日反蒋”。但既然中共中央已经了解张学良可能会有与蒋介石类似的要求，并已经在一个半月前指示李克农坚决反对，于3月下旬召开的中共中央政治局会议又再次明确肯定了蒋介石是“民族反革命派”，说刚刚出席了这次重要的政治局会议的周恩来会轻易地被张学良说服，并支持张关于改变中共政策的提议，这怕是很难想象的。事实上，在周恩来与张学良会谈后的报告当中，确实也不存在任何这方面的内容。

为了便于读者更完整地了解周恩来所报告的谈判内容，我们不妨将如今已经公开的报告做一较为详尽的引证。

此报告主要分为三部分：第一部分是张学良对于周恩来提出的一些具体问题的意见；第二部分是张学良的一些重要观点；第三部分是周恩来对张学良的基本估计。但由于报告较长，又分两次写成，有些问题略有重复，加上当时收报有误，个别字读不出，个别段落被分割颠倒，因此以下引述的报告已略加整理。

对于周恩来说明的有关“停止内战，一致抗日”、红军东征、反蒋抗日、派代表赴苏和保证互不侵犯、和平通商等问题，张学良的意见大要如下：

一、停止内战，一致抗日，他完全同意，但他在公开抗日之先，不能不受蒋令，进驻苏区。他认为，红军与日帝一接触，不打红军，共同抗日的运动便可会起。

二、全国主力红军集中河北，他完全赞助。但他认为方面军在山西恐难立足，出河北太早，最好争取绥远，解决德王，以绥远为根据，靠近外蒙。

三、如我坚决东向，他可通知东北军在直南平汉路西的四师与我联络。四方面军如北上，他可使陕甘部队让路。二、六军团则须取得中央军同意方可，他愿为此事活动。

四、对蒋问题。他的问题部下确有分化，现在歧路上，他现在反蒋做不到，问题如蒋确降日，他定离开他。

五、派代表赴友邦，他由欧洲去，我们的人他可送至新疆，他并派人联络盛世才。

六、他再不听命，无以回答，问题是蒋有电责他，并转阎电报，说他隔岸观火。他原意先取关中，并求直罗鄜县封锁，但蒋坚令其由延安打通清涧、绥德，杨虎城由宜川出延长、延川。

七、国防政府、抗日联军，他认为要抗日只有此路，他愿酝酿此事。十大纲领，他研究后，愿提出意见。

八、最后商定红军在关中积极行动，在韩城、澄城牵制杨部，并派人赴陕南（由张设法送去），令陈先瑞向蓝田、鄠县活动，威胁西安，以便东北军借口而进行洛、鄜、甘、肤间的筑碉修路（彼此交通仍旧）。如此推延一月，看形势变动再定以后行动。

九、经济通商。普通购物由我们在他防地设店自购，无线电、药品他可代购办，并可送弹药。应互派一得力人伪装侦察，保持交通。另派有政治头脑及色彩不浓之人在他处做事活动，克农因公开，不便在他处任事。[1]

[1] 《中共党史资料》公布的周恩来此一报告与原文比，一来内容上似不完整，二来日期上似乎也提前了一天。公布的时间是1936年4月10日，而原文落款时间则为11日。当然，报告起草和发报完成的时间可能为10日及11日两天，但公布者未加任何说明。另报告文字整理似乎也有可疑之处。如原文“对蒋问题”一段，应为“他的部下确有分化问题，现在歧路上，他现在反蒋做不到，问题如确降日，他决离开他”，公布的文字则修改为：“他认为蒋部下确有变化，蒋现在歧路上。他现在反蒋做不到，蒋如确降日，他决离开他。”从原来的文字看，除最后一个“他”字外，很难认为原文中前半段的“他”字指的一定是蒋介石。实际上，从讨论“对蒋问题”的角度看，“他”多半应该是指张学良自己，所谓“部下确有分化”，“现在歧路上”等，多半都是指张学良，而非指蒋介石。故这段话的意思可以理解为：张的部下现在已有分化，而他自己现在却还很矛盾，至少“他现在反蒋做不到”，但是蒋如真的降日，他定离蒋另干。修改后的文字将前面的“他”改成“蒋”字之后，意思完全改变了，成了“蒋现在歧路上”，张因为蒋介石现在还处在抗日与降日之间而不能反蒋。这种修改很难认为是准确的。类似的情况还有一些。见《周恩来关于与张学良商谈各项问题致张闻天、毛泽东、彭德怀电》(1936年4月10日)，《中共党史资料》第33辑，北京：中共党史资料出版社1990年版，第3—5页；并见《周恩来年谱》，第305—306页；张魁堂：《张学良传》，北京：东方出版社1991年版，第152—157页。

周恩来总结谈话中张学良就抗日、联苏、蒋介石国民党各派基本倾向及其前途等问题，所表达的主要看法是：

一、张谈抗日的问题，（1）抗日战争发生后日本将在中国沿海树立许多御用政府，封锁中国沿海，中国抗日沿海困难。（2）抗日是否能引起日本内部变化，或日本集兵阻隔，我将如何？

二、苏联是否必帮中国？苏联是否真心助中国？是否为利己？

三、张承认红军是真心抗日，剿共与抗日不能并存，红军东向可与日本接触，有了导火线，东北军即可响应。但他不相信红军进入山西立得住，到河北能胜日，故他希望红军到时由绥出察，可靠外蒙。

四、他认为国民党完了，中国只有两条路，一条共产党，一条法西斯蒂。

五、他相信法西斯方法可以救中国，在国民党要人中只佩服蒋尚有民族情绪，领导大得力，故相信帮蒋能抗日。同时他也知蒋之左右多亲日派，蒋不能下抗日决心，且极矛盾。

六、张之立场，如蒋降日，张即辞职而另干。故现时派人去新疆联络盛世才，为打通西北，自成局面，张有把握。

七、张言他左右有一些研究法西斯主义的人，其中有几个共产党人（脱离党的叛徒）。他的内部有秘密组织，梁干乔在内。国家主义派在张处的已失败，李石曾等已降日。蒋在张周围有侦探，其特务均为蒋的人。

八、张认为阎太保守了，但不要逼之过甚。两三星期后张拟仍往太原，问阎是否有意联红军。同时，张亦认为阎与日人来往要领不得。

九、南京各派蒋系，（1）蓝衣社（真名复兴社）为蒋信徒。（2）陈果夫则主联俄，冯、于则主联俄联共，唐生智主抗日，翁、蒋、蔡主抗日联共，陈诚、胡宗南主抗日不再剿共，政学系、安福系、何应钦、张群等均亲日，宋子文与蒋关系未恢复，张主张我们写信给陈、胡，并找CC派。

十、表示不愿打红军，但现在不能停，蒋之政策仍靠剿匪，故现处苦闷。北进想驻清涧绥德大道，道路旁山区可为苏区，亦可让出通黄河交通。同时他承认剿共北进就不能抗日。他承认在东北军中仍要提出红军抗日便是我们朋友、拥护红军抗日口号。他说明东北军北进肤施至少一个月，他目前常驻洛川。[1]

从上面周恩来关于张学良谈话重点的报告中，我们看不到在张学良的忏悔录中和刘鼎追忆笔记中所记录的劝告中共联合蒋介石的那些情况。很明显，至少在周恩来看来，会谈中关于蒋介石问题的讨论并不占重要地位。不过，周恩来仍旧明确提出，张学良应该离开蒋介石，和共产党一起实行“抗日反蒋”，而张学良的回答是：“他现在反蒋做不到”，以后要看形势发展再做决定。他这时对蒋的看法是，蒋是两面的，既有民族情绪，可能抗日，又为亲日派所包围，可能降日。因此，他对蒋也是两手，现在还想帮蒋，认为帮蒋才能抗日，同时也注意到另一种可能，故暗中准备在西北联俄联共，另立局面。有谁能够想象，处在这样一种将信将疑、连自己都准备另立局面的矛盾态度之中，张学良会力劝中共应当拥蒋、联蒋？其实，周恩来对张学良的这种态度也是心中有数，因此周向张解释抗日之必要与可能，解释苏联援助中国之必然与真心，解释红军在山西站得住，对日军作战有把握，却并不多谈对蒋问题。并非这个问题不重要，而是根据中共中央的指示，避免一切争论而已。因此，说什么周恩来被张学良的拥蒋、联蒋主张所打动，表示要回去劝说中共中央改变政策，恐怕不合逻辑。不仅如此，事实上周恩来仍旧把“抗日反蒋”视为一体。他明确认为，张学良现在之所以还不能“揭旗抗日”，就是因为目前“揭旗抗日”必然要与蒋介石相对抗，而他还不能完全改变对蒋介石的幻想。周恩来于会谈后第三天就在一封电报中

[1] 《周恩来关于与张学良商谈各项问题致张闻天、毛泽东、彭德怀电》（1936年4月10日）。

说明过此点。电报称：

> 关于目前行动，彼因对蒋尚幻想及利害关系，反蒋尚不可能，但认识蒋真投降，彼即离蒋独干。[1]

这段话清楚地表明，周恩来无论会谈中还是会谈后，仍旧寄希望于张学良能够转而参加抗日反蒋。而周恩来也断定，张学良具备这种转变的基础，只要条件成熟，他肯定会站到共产党一边来。周恩来总结他的印象，估计张：

> 一、确有抗日联共联俄要求及初步决心，但揭旗抗日，必须情况发展到下列程度：（1）红军与日本直接冲突；（2）国际外交有进一步开展；（3）或蒋介石急他，蒋降日卖国状况益显著时。
>
> 二、目前行动，只要我们在关中能打击东北军，杨部在宜川不进，沿潼关到肤施大道发展游击战争，摧毁其沿途工事，并乘其主力回调，击中央军，打通永和关以南两岸交通，判断东北军北进行动可暂停止，以便促进局势开展。
>
> 三、张对经济、通商、交通上助我，确有诚意。[2]

---

[1] 《周恩来关于停止内战一致抗日与东北军的谈判问题的电报》（1936年4月13日）。此电内容也清楚地表示出延安会谈中并未讨论过所谓联蒋抗日问题。电报说明会谈内容主要为三方面问题，即："一、关于外交谈判的基本问题，彼方同意停止内战，一致抗日，及国防政府抗日联军，并愿酝酿此事，以促成其为（事）。彼方认为红军一与日帝接触，彼即可公开号召抗日，不打红军，对于红军主力集中向北，愿助其成。彼决派代表赴友邦，并助我打通关系。二、关于目前行动，彼因对蒋尚幻想及利害关系，反蒋尚不可能；但认识蒋真投降，彼即离蒋独干。目前受蒋命令进占苏区，势在必行。商谈结果，改为我方在关中加强力量，钳制其东南地区军队，在澄城、韩城、郃县积极行动，阻止杨（虎城）军前进。以陕南红军逼近西潼大道，以陕甘地方部队在耀、铜、宜、中、洛、鄜、甘、肤大道积极行动，以造成后方借口，延缓前进。并保留我方在此大道上之东西交通。三、关于经济通商，彼方已有诚意赞助，但我方派出办货人员须统一。"《中共党史教学参考资料》第15册，第537页。

[2] 《周恩来关于与张学良商谈各项问题致张闻天、毛泽东、彭德怀电》（1936年4月10日）。

从上述报告及相关文件的内容中，我们怕是很难相信延安会谈有所谓张学良力劝中共实行拥蒋、联蒋，周恩来为之心动的情节。其实，关于周恩来延安会谈后究竟是继续坚持中共中央“抗日反蒋”方针，还是接受了所谓“联蒋抗日”思想的问题，从周恩来回瓦窑堡后写给张学良的亲笔信中，也可以看得很清楚。信称：

> 坐谈竟夜，快慰平生。归语诸同志并电前方，咸服先生肝胆照人，诚抗日大幸。唯别后事变益亟，所得情报，蒋氏出兵山西原为接受广田三原则之具体步骤，而日帝更进一步要求中、日、“满”实行军事协定，同时复以分裂中国与倒蒋为要挟。蒋氏受此挟持，屈服难免，其两次抗议蒙苏协定尤见端倪。为抗日固足惜蒋氏，但不能以抗日殉蒋氏。为抗日战线计，为东北军前途计，先生当有以准备之也。[1]

在这里，周恩来主张张学良反蒋的态度可以说是再明白也没有了。蒋介石为日帝所要挟，屈服难免，其进兵山西、抗议苏蒙互助协定，足以为证。以蒋势力之大，排斥于抗日战线之外，固足可惜，但不能为了要抗日，就替蒋介石这样的人做殉葬品。故真要是为抗日战线计，为东北军前途计，就应当迅速准备联合红军，另立局面，揭旗抗日才对。[2] 这就是周恩来的态度。其中岂有“联蒋”之意？

正因为如此，周恩来回瓦窑堡向留守后方的军政委员会汇报了会谈的全部内容之后，给毛泽东的第一封电报中，就直截了当地称呼蒋介石为“蒋贼”。[3] 他同时起草的向东北军宣传的口号，明确地主张东北军应以蒋介石为

---

[1] 《周恩来致汉卿先生书》（1936 年 4 月 22 日），《周恩来书信选集》，北京：中央文献出版社 1988 年版，第 87 页。

[2] 由张魁堂整理的《刘鼎在张学良那里工作的时候（三）》称，周恩来信中所谓“为抗日固足惜蒋氏，但不能以抗日殉蒋氏。为抗日战线计，为东北军前途计，先生当有以准备之也”，是“中共主张有条件地联蒋”。此说显然曲解了文意。《党的文献》1988 年第 4 期。

[3] 《周致彭、毛电》（1936 年 4 月 13 日），《周恩来年谱》，第 306 页。

敌。主张东北军官兵“反对接受蒋介石命令自相残杀”，提醒他们认识到：“强迫东北军捣乱抗日后方是蒋介石卖国铁证”“强迫东北军开入苏区分散兵力是蒋介石阴谋”。[1]

由此可想而知，延安会谈如果说促成了什么人对蒋政策的改变的话，那么，至少可以肯定地说，被改变的绝不是周恩来。

[1] 《周恩来致朱理治、萧劲光并告张浩同志并告毛主席等电》（1936 年 4 月 19 日），《中共党史参考资料》第 6 册，北京：解放军政治学院印行，1987 年，第 301 页。

第二章

“西北大联合”计划

一、反蒋酝酿

尽管经过两次洛川会谈，张学良与共产党在许多方面已经相当接近，但颇让人奇怪的是，在延安会谈中，张学良的言谈话语却并不十分坦白。特别是在对蒋介石的态度问题上，张学良看来还多少留了一个心眼儿。结果，延安会谈并没有使双方关系取得重大突破。对于张学良的种种许诺，共产党方面还多少有些将信将疑。

在得到周恩来11日电报的第二天，毛泽东和彭德怀曾专门就此通知后方军事领导人说："我们与彼方新的谈判已经成就。此种谈判就全局看对于我们是有利的，虽然就局部看属于不利（彼方进兵甘延并沿路筑堡）。"但毛泽东、彭德怀在电报中仍旧指示部队要保持高度警觉，对东北军仍要严加防范。称："在我们没有得到彼方通知，因而没有发出可以允许彼方部队通过与建筑防御物的通知给你们时，你们应坚决打击之。在我们将来对外交交涉时，可将此种行动作为你们及地方部队独断行动，并不妨碍大局。"[1]

两天后，毛泽东与彭德怀进一步提出立即设法去西安购买3000支步枪、

---

[1]《彭毛致朱萧电》（1936年4月12日）。

60 万发子弹，以及各种无线电器材、兵工厂器材和中西药材的问题，认为可以以此来验证张学良、王以哲联共是否真有诚意。他们在给周恩来的电报中写道："关于军用品购买须有一专门组织，有专门负责人去洛川或西安，与王或张专门接洽此事。张、王是否真有诚意与决心，以其对此事之态度为证。"[1]

严格地说，中共和红军此前确已通过甘泉解围、协助换防和运送粮草给延安城守军等事，表明过自己的诚意，而张学良尚无任何具体表现，毛泽东等有所怀疑也在所难免。不过，不论信任与否，对张学良的统战工作仍旧为全党全军所瞩目，且是关系到红军在陕北成败的一个重要问题。故谈判结束后，中共中央就通报了会谈的成绩。电称：

（一）国防政府抗日联军认为唯一出路，十大政纲张研究后提出意见。

（二）赞助红军集中河北，四方面军出甘肃，张之部队可让路；二、六军则须得中央军同意，彼可任斡旋。

（三）派赴苏联代表，他的由欧洲去，我们的张任保护，由新疆去。

（四）完全同意停止内战，并谓如红军与日军接触，则全国停战运动更有力。

（五）在他未公开表明抗日以前，不能不接受蒋令，进占苏区。彼现准备以王以哲军入肤施，沿路筑堡。双方交通仍旧如此一个月再看形势发展。决定对杨虎臣（城）集中宜川，进占延长，彼要我们派队至韩城阻扰，同时令陕南陈先瑞部北出扰乱西安，令关中区大活动，如此彼有所借口对蒋。

（六）通商问题，普通办货由我们设店自购，军用品由他代办。子弹可供给。

（七）互派代表常驻。

[1] 《彭毛致周副主席电》（1936 年 4 月 14 日）。

（八）张云红军出河北恐不利，在山西亦恐难立足。彼主张红军经营绥远，但如红军决定出河北，他可通知万福麟部不打我们。[1]

鉴于山西前方战事日益紧张，且经由山西转电陕北费时误事，毛泽东和彭德怀迅速将陕北一切统战工作及联络任务转交给了周恩来。他们于14日为此致电周恩来称：“张杨两部关系由你统一接洽并指导之，以其处置随时告我们，我们一般不与发生关系，对外示统一，对内专责成。对王以哲电台仅于你认为有必要时才用彭之名义发生一些交际性质之关系。”同日，毛、彭二人并将此一决定正式通知了张学良和王以哲。[2]

由于周恩来实际上已经直接负责与张学良、杨虎城的交涉工作，周在回瓦窑堡同留守的军政会讨论之后，也已就下一步与张、杨联络和派人赴苏等具体问题进行了安排。他在给毛泽东、彭德怀的电报中提出：(1) 决派刘鼎留在张学良处。刘鼎同志与张学良继续开展谈判，增进具体办法，并协助张学良组织其干部（东北军有抗日情绪，但无组织，且求不到得力人才，是张学良最大弱点，故张颇佩服蒋贼之黄埔生，而自己连教导团或随营学校都没有），灌输抗日主张，与张同驻洛川。(2) 与张处之联络员，我方派白坚随刘鼎去驻王以哲处，表面任侦察员，来往苏区，可进行下层军官活动。(3) 李克农与王以哲保持密切关系。(4)派戴季英经张处去陕南陈先瑞处巡视。(5) 邓发同志代表中央偕张派赴新疆代表到迪化后转送苏联。[3]

此时，由于国民党中央军陆续进入山西，阎锡山也已集中起四个纵队进行反攻，红军此前占领之大部分重要城镇均已失去，作战之自主性受到极大限制。不仅如此，4月13日周恩来从陕北发来的消息称：“目前东北军正以主力‘围剿’关中，以一〇五师、六十七军构筑中、洛、鄜、甘、延大道封锁，并企图配合十七路军北进延长、延川、清涧、绥德，十七路军之孙蔚如

[1] 《彭毛致林聂电》（1936年4月11日）。

[2] 《毛彭致王以哲并转张学良先生电》（1936年4月14日），并参见《毛泽东年谱》（上），第535页。

[3] 《周恩来致彭毛电》（1936年4月13日），并参见《周恩来年谱》，第306页。

师已有一部进至宜川、韩城”，有向北进攻并封锁黄河西岸之势。注意到陕北张学良与杨虎城两部一旦真的沿鄜、甘、肤及延川、延长之线步步深入陕北苏区，不仅红军唯一的战略后方可能受损，而且东征作战主力也将陷于危险中，故毛泽东、彭德怀不能不担心张学良和杨虎城对中共和红军的真实态度。他们为此一方面要求周恩来通过“外交”途径尽可能延缓东北军的推进，并派来山西前方汇报工作的王世英立即返回西安找杨虎城谈判，一方面则要求东征部队立即做好“向西回击张学良、杨虎城之准备”[1]。

准备向西回师陕北，这在中共中央来说，无疑是一项极其重要的战略方针的改变。还在4月上旬，红军中部分将领就已经开始怀疑在山西是否站得住的问题了，当时中共中央仍坚持认为存在坚持山西的可能性。它的一个主要出发点是认为，如不能设法创造更大的根据地并取得苏联的直接支持，要想在更广泛的基础上建立起自己对全国各反蒋派的影响力，无论如何都是困难的。因此，它明确发布指示说："中央与军委的极重大的任务，是使第一方面军在数个月内扩大至五万红军以上，在山西与华北取得大胜利，在华北首先山西经过游击区阶段，创造比陕北更大的根据地。在此根据地内建立模范的人民政权，成为号召全国革命的中枢，将此根据地与外蒙连接与苏联打通。凡此一切连[联]系于争取迅速对日作战的基本方针，连[联]系于国防政府与抗日联军的形成，也只有如此，才有真正的外交可办。"[2]

然而，毛泽东等人的估计显然太过乐观了。不过半个月之后，即4月20日，形势就已经迫使中共中央不能不开始考虑回师陕北的问题了。

当然，究竟是回师陕北，还是继续东进，毛泽东等这时还没有拿定主意。从毛泽东4月20日给张闻天、周恩来和邓发的电报中可以看得很清楚，他这时还在考虑转进绥远建立根据地，与外蒙接通，直接取得苏联军事援助的可能性问题。电报要求邓发尽快前往苏联，称：邓发去苏联的任务关于

[1] 《毛彭致周电》(1936年4月14日)。

[2] 《彭德怀、毛泽东致林、聂二同志电》(1936年4月2日)，并参见《毛泽东年谱》(上)，第530—531页。

军事者有如下各项：

（1）对日作战彼此双方之共同步骤问题。

（2）两军委通信联络问题。

（3）我军向绥远行动并在绥远创立局面问题。

（4）技术帮助问题。能否接济步枪、步枪弹、轻重机关枪、高射机关枪、步兵炮、新式架桥设备、无线电器材等。如能接济，我军在秋天全部开赴绥远接运一次至两次。

（5）人员帮助问题。担任特种技术教育者数人，担任作战者数人。[1]

很明显，毛泽东等这时仍然考虑在山西继续作战和创建根据地，并仍打算照原定计划经山西转进绥远。而几天之后，整个形势已不容红军继续在山西滞留了。国民党中央军汤恩伯部及阎锡山的几路人马节节推进，红军被全部压到黄河东岸永和一带狭小地区，西渡回师已成不可避免之势。

4月28日，毛泽东与彭德怀终于下令班师回陕。命令说：在山西是阎锡山加蒋介石（五十一个团）再加堡垒主义；在陕西是张学良、杨虎城在蒋令下向陕北进攻，企图封锁黄河；在甘肃是蒋介石之胡宗南部，再加上中央军周喦两部入山西，毛炳文调甘南，王均等在陕南与甘南，张学良原在环水区域之部队调陕西，只有神府区域、三边区域和环水区域及其以西地区较为空虚。“根据上述情况，方面军在山西已无作战的顺利条件，而在陕西、甘肃则产生了顺利条件，容许我们到那边活动，以执行扩大苏区，锻炼红军，培养干部等任务。另一方面，粉碎卖国贼扰乱抗日后方计划，亦是当前的重要任务。”据此，毛泽东与彭德怀向张闻天提议，应立即召开政治局会议，讨论新的行动方针问题。电报称：东面情况已根本地发生变化，丧失了继续作战的可能，为稳固计，红军已决定西渡。为此，提议开政治

[1] 参见《毛泽东年谱》（上），第536页。

局会议讨论新的行动方向及其他与之关联的问题，地点在延长。[1]

自5月2日起，到5月4日止，在山西境内的红军全部顺利地撤回了陕北。为了宣传上的需要，中共中央于回师之际特别发了一个“回师宣言”，提出停战议和问题，并且不称蒋介石为卖国贼，改称“蒋氏”。但此宣言的目的，正如毛泽东所解释的那样：“这是争取白军，推动运动，孤立蒋介石的好策略”，目的就是要“使蒋介石在全国群众面前被孤立起来”。谁也知道蒋介石不会与红军握手言和，正好，“不和则是卖国贼，打卖国贼”！[2]

至此，红军自2月20日开始的东征战役全部结束了。比较1935年瓦窑堡会议所规定的作战目标，可以知道此次作战除了在人员、粮食和部分装备方面获得暂时的补充以外，原定的种种任务均没有实现。毛泽东随后总结东征作战时认为问题不在于中央军的加入，而是战术上太过谨慎了。他说：“此次失着是太谨慎，未能立即出河北，我们未过黄河前对阎锡山估计太高”，在汾河西岸过于犹豫，没有下决心东进到晋东南去。红旗一旦插到京汉铁路，情况必定大大不同。

不论对东征作战未能达成主要目标的原因如何评估，这个时候红军的处境显然变得很被动。红军虽然在山西“斩获”颇多，粮食、兵员乃至其他军需品都得到了相当程度上的补充，其西撤行动也未受到任何损失，但是，原本不为蒋介石所重视的陕北红军的实力大大曝光，中央军大举开来，结合阎锡山所部，山西境内已有大约30个团的国民党军队，其大部势必紧随西渡的红军主力跟进西渡，进入陕北苏区，这自然会令红军和陕北苏区的处境变得极度困难和危险。

值得庆幸的是，失之东隅，收之桑榆。5月初，负责与张学良联络的中共代表刘鼎，突然送来张学良愿意联合红军，抗日反蒋，在西北另立局面的惊人消息。这一消息显然使中共领导人倍感意外，更深受鼓舞。

---

[1] 《毛泽东年谱》（上），第538—539页。

[2] 《毛泽东关于目前形势与今后战略方针的报告》（1936年5月8日）。

关于张学良决心联合中共、另立局面的消息，最早见于刘鼎4月27日给李克农并转周恩来的报告。刘鼎自延安会谈之后随周恩来进入陕北苏区，并到瓦窑堡，向张闻天等留陕中共中央领导人汇报之后，于23日持周恩来给张学良的亲笔信离开瓦窑堡，于26日返回到洛川。

当晚，张学良即与其谈话，态度与半月前延安会谈时截然相反。根据这次谈话，刘鼎第二天马上以隐语方式写信给周恩来，说明情况。信中说：事情出乎意料，原来人们所想到的太短促了。这位老头儿昨夜同我见面，简短的一段谈话中，除了我预备了要说的都谈了以外，他第一给我一个东西，第二表白他的不小的计划。这两者都可见他一日千里地进步着。

这个“东西”是什么呢？刘鼎解释说：

所谓东西，是一本小册子，名叫《活路》，最鲜明的提出了反蒋抗日，联×联×，分土地的旗帜。内容分四篇，约二千来字。内中有一些笑话：每士兵打回东北分土地五十亩。内中又有些过于乐观：晋秦绥宁甘新以及河北河南一部都会联成一起。红军就是彻底抗战的主力。内中除讲外蒙、苏联之帮助外，又说及日本内部革命的爆发……他本人嘱某起草，未经他校阅而书已印成，现在他也只是说：“一口气把我的话都说完了，不大好，不过秘密的，不要紧。”[1]

那么，他那个“不小的计划”又是什么呢？报告称：

你看他的计划，大则要把他家这庄大房屋的一角（靠他住的这一边）完全拿过来，东头一条大道他也企图着；小则把他的几个佣人都要练为强干的打手。最近他预备出去大活动，目下还要装得老实些，赶这功夫要向他邻近各房本家以及住在他大门口的爱好老蓝布袍子的几个

[1] 《刘鼎致李克农信》（1936年4月27日）。

> 小伙子和严老老等相好去。他已经开始用了“爱 ×”“抗 ×”话向内向外活动，将使大老板无法公然反对，同时预备着硬干，预备着和大老板打一架也可也。[1]

对于这封信的内容，或许要稍加解释。这里所说的“老头儿”就是指张学良，“大老板”就是指蒋介石；“他家这庄大房屋”即指东北军；“他的几个佣人”即指东北军的某些干部；“各房本家”指陕甘各地方将领；“爱好老蓝布袍子的几个小伙子”指蓝衣社个别骨干；“严老老”指阎锡山；“联 × 联 ×”即联俄联共；“爱 ×”即“爱国”；“抗 ×”即“抗日”，如此等等。

从这封信的内容，可以清楚地看出，张学良这时不仅与蒋介石离心离德，而且根本上就是分道扬镳了。奇怪的倒是，为什么延安会谈时张学良还在那里搞“外交”，患得患失地谈什么相信蒋有民族情绪，帮蒋能抗日之类？从张学良介绍《活路》一书的出笼过程看，延安会谈之前他其实就已经同《活路》的作者谈过类似联俄、联共、抗日，乃至反蒋的话题，并且同意他们的观点，支持他们印成小册子在东北军中秘密散发。而在延安向周恩来正式表明态度时，他反倒犹豫退缩了。当然，延安会谈时他其实也隐隐地谈到他准备离开蒋介石另起炉灶的想法，只不过他说得不那么明确。如今，他多少有点破釜沉舟的劲儿了。这里的原因，据刘鼎信上说，就是：不久前的谈判和宣传已经发生作用，“此外加上他的大老板越发在他面前现恶，他家大大小小的嘴也厉害，很多人逼他，而且他已经感觉到大老板对他开始了恶毒的布置”。[2]

从刘鼎报告的情况可以看出，张学良之突然准备反蒋，大致不外基于两点考虑：一是抗日，二是保存实力，而这两者事实上又密切相关。身为地方实力派人物，像一切地方实力派代表人物一样，张学良深知保持看家

[1] 张友坤、钱进主编：《张学良年谱》（下），第 996—997 页。
[2] 同上，第 997 页。

本钱不致被人夺去的关键是要保住自己的地盘。东北沦陷，让子承父业做了“东北王”的张学良已历经波折。为了保住东北军的实力，他不惜背上“不抵抗将军”的罪名。但带着东北军流亡关内，寄蒋篱下，从全国陆海空军副司令降至北平绥靖主任，再被迫下野出洋，差点儿丢了看家的本钱，其间的滋味与苦痛，更让他刻骨铭心，对蒋亦不免心生反感。张 1934 年从欧洲回国前后，竟至秘密与反蒋派往来呼应，有心倒蒋，其原因也在于此。[1]虽然蒋介石依旧对张信任有加，继续让他指挥东北军，张也回心转意，继续拥蒋，但是，尝尽背井离乡之苦的张学良，也彻底明白了要保住东北军这一看家的本钱就非回东北不可的道理。

回东北，不能指望蒋介石和南京中央，这一点张学良心知肚明。但既不能指望蒋介石帮助自己夺回东北，又不能不听从蒋介石的指挥在关内帮蒋打内战，这种情况最让张学良感到痛苦。因为他已经发现，如果按照蒋“先安内后攘外”的基本国策行事，怕是回不了东北了，他的东北军就在内战中消耗得差不多了。张学良之所以称赞《活路》作者把他想要讲的话一口气都说完了，很大程度也正是因为对蒋的这种政策及其给东北军带来的严重损失，深感不满。他后来回忆他这时最感沮丧的，就是他的一一〇、一〇九两师在“剿共”作战中全军覆没，而且还死了两个师长。[2]张学良回忆显示，这时在“剿共”战争中大量损失自己部队的情况，对其内心里早已埋下的“恶缘种种，不啻火上加油”。这样下去，他张学良拿什么去面对那些指着他吃饭，指着他带他们回老家的东北父老乡亲。他对刘鼎所称“大老板越发在他面前现恶”，“对他开始了恶毒的布置”，因而“他家大大小小的嘴也厉害，很多人逼他”等，想必即是为此。由此可知，他很容易佩服共产党，很容易接受“联俄联共”宣传的鼓动。

不过，作为一名军事统帅，张学良十分清楚，这时还不是他公然揭旗

---

[1] 参见杨天石：《海外访史录》，北京：社会科学文献出版社 2001 年版，第 341—342 页。

[2] 李金洲：《西安事变亲历记》，台北：传记文学出版社 1976 年版，第 11 页。

联共和反蒋的时候。

第一，所谓“要把他家这庄大房屋的一角（靠他住的这一边）完全拿过来”，这表明张此时尚无完全把握东北军之力。

第二，所谓要“把他的几个佣人都要练为强干的打手”，也证明了前引周恩来电报中的话，张这时还缺少可依靠的、有能力的干部。

第三，大概也是最重要的，即仅以东北军和红军之力，要对付蒋介石的国民党中央军，又要实行抗日，不仅兵力上过于悬殊，而且武器、弹药等各种军事装备的补给也将完全中断。因此，如果没有苏联的直接援助，没有各地反蒋实力派的响应，要想与蒋介石抗衡和实行抗日，无论如何难以想象。这也就是为什么张学良明确表示，“最近他预备出去大活动，目下还要装得老实些，赶这功夫要向他邻近各房本家以及住在他大门口的爱好老蓝布袍子的几个小伙子和严老老等相好去”。当然，这种活动终难逃过蒋介石的耳目，因此，张学良表示，他只是“暂时与大老板周旋，趁此做最低限度的准备，同时还要提防大老板下他的毒手”。刘鼎在 4 月 30 日的信中报告说：“老头儿提出‘牵延到十一月就起变化。这当中一面对内亲和，对友作抗日的大活动，另一面捧大老板登峰造极。只要有半年功夫，大事可济。我要干就彻底干！”[1]

当然，由于国民党中央军开始大批进入陕甘，形势已相当严重，张学良的表面文章能做多久，实在是个问题。因此，刘鼎一再告诫张学良：“时间太危急了，谁能担保此不生不死之状态到半年之久呢？”可是，即使是从刘鼎的角度，他也不能不承认，张学良有他自己的道理。

刘鼎分析说：张学良本来就在歧路上，又恋新又舍不得旧。这个矛盾变化得虽然快，究竟离终点还远，还有些难关哩！至少他还想最后从南京方面得着一些最后的钱财，以便来同红军度岁月。张学良之所以要牵延到 11 月才起事，一方面固然是想在这几个月中去从南京方面骗得一些东西，

[1] 张友坤、钱进主编：《张学良年谱》（下），第 997、998—999 页。

另一方面多半是认为“到十一月可以得到新爱人的老亲们的表示”[1]。

这里所说的“到十一月可以得到新爱人的老亲们的表示”，无疑就是指望到时候能够得到苏联愿意援助他的表示。很明显，之所以要拖到11月才起事，这个考虑实在是再关键没有了。尽管刘鼎一再劝告张学良，联共必然可以得到苏联方面的援助，但为了进一步坚定张学良的信心，刘鼎还是建议:“顶好找那八字算得顶好的胡子和瞎子一同来给她再算一命。”[2]这“胡子”就是指这时蓄着大胡子的周恩来,那“瞎子”则是指戴着眼镜的李克农。

张学良决心反蒋的消息，在共产党人中引起了极大的反响。负责中央联络局电台的曾希圣首先得到消息，并于5月5日电告中共中央，称：近因蒋愈恶，张颇悟，已有抗日反蒋决心，言要干就彻底干。唯为准备计，反蒋事暂不公开，但如何处理各内系统问题，盼有所商定。示张能否见面，定好地点。[3]

5月7日，直接负责与陕甘地方实力派联络工作的中共陕甘省委领导人朱理治也致电中共中央，告之张反蒋决心已定，但要求给他时间准备并保密。电称:他希望我们不要迫他太急,他希望在11月骗到蒋介石一些武器补充后，再约公开。他希望红军不要写红军与东北军联合起来,他将我党口号修改后，一下印了许多。现在外方很怀疑,说东北军的口号为什么和红军是一样的。[4]

十几万东北军的统帅张学良突然决定参加革命，这不能不让中共中央感到惊喜。刚刚撤回陕北，正在为应付东、南两面迅速推进的国民党军，确定红军下一步行动方向而焦虑的毛泽东等人，立即感到了极大的安慰。在5月8日的政治局会议上，毛泽东明确提出了联合东北军，接通外蒙、苏联，为西北国防政府而斗争的行动方案。他说：“时至今日，中间阶级的态度终

[1] 《刘鼎致李克农信》(1936年5月2日)。

[2] 《刘鼎致李克农信》(1936年5月2日)。

[3] 《希圣关于张学良反蒋抗日的态度的报告》(1936年5月5日)。

[4] 《朱理治关于张学良我在政治上军事上联络问题的意见致中央电》(1936年5月7日),转见《近代史研究》1988年第3期。

于转变过来了，落后分子也一天一天地觉醒了。”“其中最明显的是张学良的态度，这是大革命到来的标志。”“现张由反目的决心开始进到决心反蒋的程度”，这说明民族资产阶级是应该争取也可能争取的。考虑到现在的有利形势，中共中央总的任务“是全国人民统一战线，战胜蒋日”，但具体到西北地区，现在的任务应当是建立西北国防政府，争取中国革命首先在西北胜利。他强调说：为西北国防政府斗争是可能的，因为西北是最薄弱的一环，并且有特殊条件，即中央和红军都在此，同时还有东北军，又接近苏联。而这后一点尤其重要。我们不要“光荣的孤立”，我们可以和宁夏、新疆、外蒙联系起来，与苏联结成联盟，从而立于不败之地。毛泽东指出：“三月间订立的苏蒙条约，就是告诉中国革命者，你们可以如此做，我们可以同你联盟。”“这是重要的事！”当然，毛泽东说，以西北为根据地，也可以提出最能动员群众的口号。这是因为西北接近华北，处于民族危机的前沿，提出“保卫西北”的口号，并把它与“保卫中国”联系起来，足以号召群众和“反对贼子日本、蒋介石”。[1]

要在西北成立大局面，决定了红军也必须以西北地区为发展方向。考虑到这一点，毛泽东明确提出，下一步行动方向目前只有陕北、宁夏、陕南、甘肃这四条路可走。陕北“没饭吃，狭小，不能去（留）”；宁夏少数民族区域，到处是寨子与堡垒，“从政治军事观点上不应去”；陕南条件最好，但蒋介石的力量也最强，如果得到炮兵，最好向南去，“否则就只有把蒋调到甘肃，使其疲而击之，粮食有了，再往东边”。[2] 据此，中共中央又拟订了“西征战役计划”，提出：为着极力扩大西北抗日根据地并使之巩固，为着扩大抗日阵营，为着更加接近外蒙和苏联，为着一切抗日力量有核心的团聚，西北军委决以红军之一部钳制蒋、阎西渡部队，及陕北、渭北敌人，以主力组织西北野战军活动于陕甘宁广大区域。另以有力支队，进出陕南，

[1] 《毛泽东关于目前形势与今后战略方针的报告》（1936 年 5 月 8 日）。
[2] 同上。

与我陈先瑞部会合，活动于陕鄂豫三省，调动并吸引蒋介石主力于该方面，使我主力易于在西方取得胜利。[1]

红军实行西征，自然需要张学良的东北军给予配合。因此，双方领导人之间的再次会谈实属必要。只不过，双方这时所关心的重点看来还不完全一致。刚刚下决心参加反蒋行动，但又不敢立即起事的张学良，这时显得格外小心谨慎。他特别告诉中共代表，听说上海及南京风传他与共产党在洛川开会，蒋最近又派了许多政训人员到东北军里来，实则为监视他。他若行动大意，必致引起怀疑。因此，对于蒋介石要他迅速向陕北苏区腹地推进的命令，他已不能不从。结果，当东北军一〇五师沿甘泉向鄜县推进并企图筑堡时，终与萧劲光指挥下的红二十九军发生冲突。而五十七军常经武师和沈克师这时也向直罗镇方向挺进筑堡，这不能不再度引起红军方面对东北军有否诚意的疑惑。周恩来当即致电刘鼎，要求张学良说明内情。为此，双方反复电商未能解决。

5 月 1 日，六十七军参谋长赵镇藩急电李克农，说明：一〇五师之一部于龙坊西北泊村与贵军之一部发生不幸事件，此事出于一营长之不明情形，弟已告知刘师长转告其部下，以后不可如此行动。[2] 同日，王以哲也致电毛泽东和彭德怀，提出：甘肤间筑碉事与周恩来先生曾面谈过，请即刻通知沿途红军勿生误会为荷。[3]

对此，周恩来则在 5 月 2 日的复电中答复说：甘泉与鄜县间筑堡问题，与敝方破坏碉堡事，曾与先生等面约借掩外人耳目。现为彻底解除误会，已令敝方萧军长停止任何敌对行动，另对鄜肤间东西大道敝方交通，已饬驻军勿生阻碍。但对政训处进入苏区编组保甲、武装掩护地主收租抢粮等事，务请给予制止。另外，近日直罗镇和羊泉间贵方突然集结重兵并深入套通、

[1] 《西征战役计划》（1936 年 5 月 18 日），《文献和研究》1986 年第 5 期（关于红军北上抗日方针的十八份电报）。

[2] 《赵镇藩致李克农电》（1936 年 5 月 1 日）。

[3] 《王以哲致彭毛电》（1936 年 5 月 1 日）。

老人仓各路筑碉，事前即未谈妥，且不明贵方意图。请代询张学良先生，并示以真相。为此我方愿派李克农同志到洛川面商一切。[1]

3日，李克农得到赵镇藩来电并接到赴洛商谈的指示之后，也复电赵镇藩，强调：对在鄜县、甘泉及直罗镇地区筑碉堡一事，事前张学良先生与周恩来并未谈及，事后亦未见电商，真相不明。兄部行动致使兄我两方敌对区域扩大，颇非前途。请向张学良先生、王以哲先生说明，特别是与六十七军的协定若能扩大范围至五十七军则最好。至于两军冲突事，已电令萧劲光军长就近与一〇七师刘翰东师长妥商解决办法。[2] 可是，当萧劲光派人前去一〇七师接洽时，刘翰东师长恰好前往洛川，部下对双方关系一无所知，竟将来人扣押，电询洛川如何处理，此举令张学良十分被动。张不得不让刘鼎电告中共方面："请今后勿轻派人来，令人难处。"王以哲进而也于4日再电周恩来，就此解释说：一〇七师深入老人仓事，只因刘师长在洛，以环境关系，萧同志不必再来商洽，弟可负责告知。而常、沈师到黑水寺、直罗镇、羊泉镇、鄜县之线筑碉事，前张学良先生在洛川曾与李克农同志议过，故会面时未曾提及。而五十七军一旦到达黑水、羊泉之线后决不再前进，务请放心。[3]

十分明显，双方关系这时非常微妙与复杂，许多具体问题急需详商解决办法。特别是处此进退维谷之境的张学良，更是焦心如焚。尤其是当他得知红军已全部从山西撤回陕北，国民党中央军可能迅速跟进陕北之后，这种担心更加明显。按照刘鼎来信的说法就是，张担心"在自动标扬之先而被人察觉，则我暗彼明，常常会遭受一些意外的损失"[4]。因此，张学良之希望与周恩来见面，甚至比周恩来还要着急。

还在5月4日，刘鼎即代张学良要求与周恩来见面。其电称：此间得知

[1] 《周恩来致王以哲电》(1936年5月2日)。
[2] 《李克农致赵镇藩电》(1936年5月3日)。
[3] 《王以哲致周恩来电》(1936年5月4日)。
[4] 邱路：《也谈〈刘鼎在张学良那里工作的时候〉》，《党的文献》1990年第2期。

红军西渡，汤恩伯之二师于后跟进。如确，则张求见周，面商对策，见面地点在甘泉旧县。[1]

与此同时，中共上海地下党组织派周建屏前来陕北，路经洛川时，张学良特别约见了周建屏，要求他立即向周恩来说明，蒋介石命令杨虎城由宜川经延长向延安推进，杨则以张部未能前进至临真镇，其左侧缺乏掩护为借口不进。故张学良要求红军允许东北军开两团人到临真镇，十数天内不建碉堡，即行退回。与此同时，张要求周建屏向周恩来进一步转达以下数点：第一，蒋介石有命令给直属四个师的中央军，要求各部立即西渡黄河，会合杨虎城向前推进，张学良要求红军从山西方向加以牵制，防其西渡。第二，张希望红军给中央军以打击，不要回陕北。因回陕北恐有六个师的国民党部队尾随西渡，这对红军与对张均不利。第三，蒋命张部一面由延安进至延川，同时由延安进至瓦窑堡，筑碉构堡。为应付计，张要求红军允许东北军可以由延安至延川，再由延川回至延长之线建筑碉堡。红军如回，东北军可允予通过。

张学良最后再度“要求与恩来见面”[2]。

值得注意的是，张学良这里所担心的问题，中共中央却并不十分重视。既然张学良已经决心反蒋，两军如何协调以应付蒋军，严格地说并不难于解决。中共中央更关心的，显然是红军与东北军之间更进一步的大规模的配合行动问题，实际上也就是在西北建立“抗日反蒋”的国防政府与抗日联军的问题。因此，毛泽东、彭德怀与周恩来接到上述电报和信件之后，当即于5月7日复电刘鼎转张学良与王以哲称：再度会谈极为必要，请张学良先生决定时间，愈快愈好，地点以川口或延安为宜，弟等三人中可来两人。对于张学良担心红军回师西渡问题，电报解释说：我军全师已回渡，现正加紧训练，准备对付大老板大举进攻。大老板在北方之全力，我军力能应付，

[1] 《刘鼎致周电》（1936年5月4日）。
[2] 张友坤、钱进主编：《张学良年谱》（下），第1002—1003页。

吸引大老板全力于我军周围，即可保证张学良先生及其他友军在适当时间完成政治军事经济各种准备。关于东北军须受命由延安推进至延川和瓦窑堡的问题，电报主张张学良迅速发布红军有向肤施、甘泉、宜川及韩城方向前进模样之消息，用以搪塞南京方面。另电报强调：张学良非有确实可靠之政治环境条件做保证，万不可轻易离开部队，以防意外。至少在与弟等晤面前勿他往。电报同时还明确提出双方晤面所谈问题如下：

> A. 张学良先生准备大举之实际具体步骤，即政治军事经济之问题；
> B. 杨（虎城）、阎（锡山）、马（占山）、邓（宝珊）、盛（世才）、王（均）、毛（炳文）七部之联合战线问题；
> C. 张学良先生所部与弟等所部今后行动方针问题。[1]

接到毛泽东等三人的来电，张学良当即表示同意中共中央的建议，并决定 10 日晚仍在延安见面。5 月 8 日，王以哲为此复电毛泽东等，请中共中央代表于 10 日晚仍到延安城外之川口，等待派员往接入城。[2]

由于周恩来此时正在延川参加重要会议，且延川至延安有 250 里，一时赶不及，故周 9 日再电王以哲、张学良，提议 12 日下午到川口，当晚入城晤谈。[3]之后，周恩来等又因事迟至 11 日晨才动身往延安，但仍于 12 日下午赶到了延安城外 20 里之川口。

当晚，张学良派人接引周恩来等一行人入城。双方再度连夜会谈后，张再派人于 13 日晨将周恩来等送出城外。15 日，周恩来返回延川。至此，张学良与周恩来第二次延安会谈亦顺利实现。

---

[1] 《周恩来、博古致刘鼎电》(1936 年 5 月 7 日)，并见《毛泽东年谱》(上)，第 540 页；《周恩来年谱》，第 308 页。
[2] 《王以哲致彭毛电》(1936 年 5 月 8 日)。
[3] 《周恩来致刘鼎同志电》(1936 年 5 月 9 日)。

二、入党初衷

第二次延安会谈中，周恩来与张学良又谈了些什么呢？由于周恩来会谈之后当即返回延川，只对正在延川的毛泽东、彭德怀等中共领导人做了口头汇报，以致我们今天看不到周恩来留下的文字报告。但会谈的基本内容，根据会谈前后双方来往电报，以及双方之间这时围绕着东北军进入苏区筑碉问题所发生的矛盾，仍旧可以获得大致的了解。

根据会谈之前双方的要求和愿望，我们可以知道，这次会谈至少要涉及以下四个方面的问题：

一、东北军反蒋行动的各项具体准备问题。

二、向各地方实力派进行统战工作问题。

三、东北军与红军今后共同的行动方针问题。

四、东北军为应付蒋令在陕北苏区内筑碉问题。

在会谈后，通过双方的来往电报，我们又可以知道，双方至少在以下几件事情上取得了协议或达成了一致：

第一件事，就是允许东北军进入苏区筑碉。除原定之直罗镇一带、甘肤之线以外，考虑到蒋介石、阎锡山军队即将西渡黄河进入陕北，中共中央还特地要求东北军迅速在靠近黄河西岸的甘谷驿、交口镇向延川、清涧一线筑碉，以便阻碍蒋、阎军队进占。

5月15日，即周恩来回到延川的第二天，就有电报给王以哲并转张学良称：据查，蒋、阎6师入陕势在必行，彭德怀、毛泽东诸同志均认为东北军应速做经甘谷驿、交口镇入延川、清涧之一切准备，并请将行动日期见告。此间亦拟以一部兵力围困宋家川，迟滞该敌渡河。

同前此双方军队围绕着直罗镇一带筑碉问题发生摩擦的情况相比，这时周恩来的态度有了很大的改变。不仅直罗镇的问题不再提了，而且直截了当地要求东北军到靠近黄河西岸的地区筑堡。这说明，双方在这次会谈中已经就这一问题达成了具体的妥协。

第二件事，则是根据中共中央此前之决定，红军之一部将前往陕南并计划转进河南发展，一面由南面牵制北进之蒋军，一面争取在鄂豫皖三省间取得新的发展条件。为此，周恩来提出请张学良放行并支援红军弹药，张答应由东北军支援红军七九子弹10万发，并可将其中6万发直接运送至延安城，另外4万发将送给出陕南之红军部队。为此，周恩来5月22日曾有电报说明：红军去陕南并准备第二步出河南之部队已准备就绪，依前议，决取最捷道路南下。即经牛武镇及洛川、白水、蒲城附近，直趋临潼下游之交口镇或新丰镇渡河，出蓝田，但必须东北军方面驻临潼部队代为在北岸准备好船只，方能确实无误地迅速渡河，以争取入豫先机。电报要求张学良迅速就此进行准备，并依照前议调拨七九子弹10万发，从中抽3万至4万发于临潼附近交红军去陕南部队，其余子弹则仍依前定办法在肤甘之间转交红军。[1]

周恩来此电表明，他与张学良已经就红军南下河南问题达成协议，并得到张学良愿意为此拨子弹10万发的承诺。不过，这一行动几天后就停止了。因为中共中央这时得到了西南两广可能发生事变的消息，如果西南地

---

[1] 周恩来对此曾致电王以哲表示感谢，称“承拨子弹，足征兄等待人如己，不分界限，有如兄弟手足，曷胜感纫”。

区发生事变，整个西北的局势无疑也要发生变化并须积极筹划响应，西北计划有迅速实施的可能。在这种条件下，中共中央原定派部队经陕南下河南的计划自然中止。但前议由张学良拨付子弹的计划并未因此变更，6月1日，张学良仍按约定将6万发子弹送到了延安，随后秘密送给了红军。

第三件事，是双方商定了有关东北军与红军联合行动之“西北大计划”。计划的中心内容就是“以兰州作大本营，建立局面，打通友邦”。这显然是第二次延安会谈所取得的最重要的成果。毛泽东在5月8日政治局会议上提出了“为西北国防政府斗争”的目标，并明确提出了争取实现这一目标的基本步骤，即以抗日为号召，通过红军与东北军的联合行动，夺取宁夏、甘北，接通新疆、外蒙，与苏联结成联盟。周恩来将中共有关此一计划的设想向张学良进行了详细的说明，双方并且进一步商定了发动以“抗日反蒋”为号召的西北国防政府的具体时间表，规定9月、10月间为两军共同组成西北抗日联军并成立西北国防政府的时间。而促使张学良对这一大计划全力支持的一个重要原因，自然是中共对于取得苏联援助的信心。关于这种情况，很容易从下面的来往电报中看出来。

5月20日，即第二次延安会谈过去一周之后，中共中央曾有电报给四方面军和二、六军团的领导人，内称：关于“西北国防政府的计划，在目前仅能使高级干部知道，对外应守秘密”。此一计划之中心内容就是：“红军与东北军密切合作，以进到西北大联合，建立西北国防政府，打通苏联，与苏联及外蒙订立抗日互助条约。”至于苏联的态度，可以说完全不必担心，因为“国际已三四次派人来找我们，希望我们在西北成立大局面”。[1]

五天之后，即25日，中共中央又再一次去电更具体地解释了这种情况，说明已与张学良商量好，协助陕北红军策应红军四方面军和二、六军团北上，

---

[1] 《林育英、张闻天、毛泽东、周恩来、博古、邓发、王稼祥、凯丰、彭德怀、林彪、徐海东、程子华致朱德、张国焘、徐向前、陈昌浩、任弼时、贺龙、萧克、关向应、夏曦同志并转各负责同志电》（1936年5月20日），中央统战部、中央档案馆编：《中共中央抗日民族统一战线文件选编》（中），北京：档案出版社1985年版，第147—149页。

渐次接近外蒙，接取援助，苏联盼望红军靠近外蒙、新疆。电称：

> （一）国内及国际的政治局势均取着暴风雨般的姿态向前发展，党的反日统一战线策略有第一步的成就。目前议事日程上的具体任务是建立西北国防政府，争取迅速对日作战，以走向建立全国国防政府，彻底战胜日本帝国主义。
>
> （二）西北的形势是：红军与东北军取得密切合作，与杨虎城、邓宝珊亦有联系。胡宗南由山西向陕南，王均在汉中，毛炳文在甘南，阎锡山受红军重大打击后，现只能出八团入陕，汤恩伯率十八团（四个师）准备入陕，亦颇动摇。于学忠率两师在兰州、天水间，奉军（**即指东北军——引者**）主力在洛水、环水、泾水流域，陕军（**即指杨虎城之十七路军——引者**）在韩城、宜川线，马鸿宾主力在宁夏境，马麟在青海，一部在兰州以西。红军西渡后，向陕甘宁发展，策应四方面军与二方面军，猛力发展苏区，渐次接近外蒙。外蒙和苏联订立了军事互助条约，国际盼望红军靠近外蒙、新疆。
>
> （三）四方面军与二方面军宜趁此十分有利时机与有利天候，速定大计，或出甘肃，或出青海。在兄等大计决定之后，一方面军适时向天水、兰州出动，进一步策应兄等，使蒋军不能拦阻。至于奉军，已与秘密约定，不加拦阻。[1]

这时，根据预定作战计划，红军主力已经开始进入甘北作战，准备背靠东北军，控制庆阳、镇原之线以北地区，力争转进宁夏，接通外蒙。东北

[1] 《育英、洛甫、泽东、恩来、博古、德怀、林彪、海东致朱、张、刘、徐、陈并转任、贺、萧、关、夏诸同志电》（1936 年 5 月 25 日），《毛泽东军事文集》第 1 卷，第 533—534 页；《文献和研究》1986 年第 5 期。注：此段文字内似有某些错误，如：青海马麟应为马步芳；胡宗南由山西入陕一句似为情报错误，其实是汤恩伯，相反，率 18 个团（4 个师）准备入陕的汤恩伯一句，似应为胡宗南。

军除照约定应为红军让路外，还应尽快控制兰州及其陕甘大道。为此，中共中央接连致电王以哲及张学良，要求后者务必尽快照原定方案迅速部署部队，便利接通苏联和成立西北大局面的行动，切勿让蒋介石的军队制其先机。其5月26日电称：蒋介石如令王均、毛炳文部进驻，则割断了陕甘大道，对于将来东北军增向兰州，准备以兰州作大本营，建立局面，打通友邦之计划，大有妨碍。据此，请立时准备以东北军一部进驻镇原、隆德等地，以制先机。[1] 5月底6月初，红军西征作战开始后，中共中央更多次通知张学良、王以哲，强调“兰州为西北大计划之最重要战略根据地，兄部务以适当兵力预先控制”，并将部队保持于庆阳、镇原之线，以便于红军“向固原、预旺、盐池、灵武求得确定的胜利，接近黄河，有利于尔后打通友邦之步骤”。[2]

通过上述资料可以很清楚地看出，这时中共中央与张学良之间已经在西北大联合计划问题上达成了具体的协议，双方在关于计划内容、行动步骤、大致的实施时间乃至东北军与红军公开联合起事后在西北的经营范围，也都有了重要的默契。

第四件事，则是双方商定立即由张学良负责送中共代表邓发（化名杨鼎华），经甘肃、新疆前往苏联汇报一切，安排援助事宜。其实，此事之商谈早在第一次延安会谈中就已经有所商定。这次不过是更进一步将其具体化而已。而张学良为此积极筹划和帮助的情况，也可以看出张确实对此做出了明确的承诺并很快就落实了。

邓发去苏联行前经过一段时间的准备。因此，在第二次延安会谈过了20天时间，邓发才开始动身。根据约定，刘鼎于6月3日前往延安城外之川口与周恩来等见面并带邓发经洛川前往西安转去新疆。

值得一提的是，周恩来此行并非仅仅为了送邓发转去苏联和听取刘鼎

---

[1] 《周恩来致王以哲即转张学良电》（1936年5月26日）。

[2] 《周恩来致张学良电》（1936年5月30日、6月4日）。

近期工作的汇报，根据中共中央这时的布置，周恩来此行还负有十分重要的任务，这就是向刘鼎说明中共中央关于推动张学良响应西南两广事变，递交中共中央为此起草的具体行动计划书。

原来，这时已有消息说明西南不稳，两广之陈济棠和李宗仁已开始揭旗反蒋，因此中共中央极力主张东北军与红军迅速做好在西北发动事变的一切准备。为此，中共中央专门拟订了行动计划书，由周恩来当面交代邓发与刘鼎转交张学良。计划书中除具体分析了当前的西北政治、军事、经济状况，敌我两军态势等综合情况之外，“并将彼我两军关系，西北国防政府与苏联、外蒙关系及缩短准备时间等，均具体开列给张，坚定其信心并促其实现”[1]。在具体布置了这一工作之后，刘鼎与邓发即一同于5日返回延安，致电王以哲派车接引，然后于8日抵达洛川，9日中午飞到西安，10日即面见张学良。据刘鼎事后电称，双方“纵谈良久，彼此称快”。可见张对于中共中央的这一计划也颇为动心。随后，张学良当天就亲自驾机飞至兰州，前往兰州民政厅为邓发办好护照，再派飞机送邓发到兰州，又打电报并写信给盛世才，其热心程度尤为引人注目。[2]

6月初，中共中央得知两广发生事变的情况，即转告王以哲称：“据报粤桂军揭抗日反蒋旗帜，组抗日革命军，陈济棠总司令，李宗仁副司令，桂军夏威部未遭湘军抵抗，七日进占衡阳，粤军张达部将与夏会合，继续北进。”“此间拟派代表南下联络。”[3] 王以哲对此也表示关切，乐见中共方面派人与各方反蒋派联络。

西南两广事变的爆发特别让中共中央感到振奋。中共中央除迅速选派联络人员经王以哲秘密送出，分别派往两广及河北宋哲元等处进行联络外，

---

[1] 《洛甫致王明、康生、陈云同志电》(1936年7月2日)，莫斯科俄罗斯当代历史文献保管与研究中心档案（以下简称中心档案），全宗号495，目录号74，卷宗号281（以下简写为495/74/281）。

[2] 《洛甫致王明、康生、陈云同志电》(1936年7月2日)。

[3] 《周恩来致王以哲电》(1936年6月9日)。

立即开始筹划和部署西北发动的实施步骤。毫无疑问，对于西北国防政府计划的发动来说，西南的反蒋发动是最有力的支持。一旦西南、西北乃至华北同时举起“抗日反蒋”的义旗，南京政府必将难以招架甚至分崩离析。因此，中共中央专门通电二、四两个方面军的领导人称：中国革命已经开始进入“抗日讨逆的大规模的民族革命战争的阶段”，西南的发动就是这一新阶段开始的标志，它“可以得到最广大的最复杂的各种抗日反蒋的力量的拥护，从共产党起一直到帝国主义，可以发展到最广泛的抗日讨逆的统一战线的创立”。“我们的策略是在使这次发动持久扩大，充实而转变为全中国人民武装抗日的神圣的民族革命战争”，而共产党在目前阶段最重要的任务，“首先是加速西北的发动来响应与配合这一发动”。[1]

在6月12日举行的中共中央政治局会议上，中共领导人更进一步提到了以西北发动响应西南事变的问题，有人明确主张：推动张学良加快发展，加强对两广的工作，同时还要加强加速西北抗日反蒋运动的发展，事情很清楚，“西南若恶化，对西北发动有困难”，因此“战略方针要适当的考虑”。毛泽东也认为：西南事变已经成为中国革命的一大推动力，已经成为目前中心的一环，对西北发动有大的作用。在这种情况下，“西北发动可提早时间”，当然要选择适当的时机，并以胜利为前提。[2]

据此，中共中央决定提前西北发动的时间，并将此前与张学良的协定和进一步向张学良提交的计划书内容，于6月16日详细上报共产国际请求批准。电称：

> 我们与东北军间的统一战线上层方面，业已坚定了张学良抗日反蒋的决心……西北国防政府的局面，目前因两广的发动，华北宋哲元与四川刘湘等的酝酿，西北发动有加快的必要……宁夏、青海方面是

[1] 《育英、泽东、恩来、博古、德怀、凯丰、洛甫致国焘、朱德、弼时、贺龙、向前等同志电》（1936年6月18日）。

[2] 《毛泽东在政治局会议上的讲话》（1936年6月12日）。

> 打通我们与苏联地理关系的重要关键，目前还没有有利的情况，然而以红军与东北军两个西北主力起而举事，西北局面已能控制，西北国防政府已有他坚定的基础了……为了策应两广及华北的局面，西北的发动决定提早。发动的时机拟在两个月内。发动的部署以接近苏联与解决西北蒋介石力量为原则，大体以红军一方面军经于甘北，二、四方面军经于甘南，以东北军一部入兰州，解决朱绍良，并控制兰州到哈密要道。因黄河的障碍，在结冰以前红军没有办法出至黄河以西或以北，因此只能使用东北军。西北国防政府应以兰州为中心，此政府主席及抗日联军总司令推张学良，我们则任其副。[1]

在上述报告中，中共中央提出的主要困难就是经费和装备问题。因为这不仅是中共中央担心的问题，也是历次谈判中张学良最关心的问题。两广事变发生后，张学良始终没有对中共中央的行动计划做出明确的响应，只是积极送邓发前往苏联，同时更主动派出自己的代表分别经上海和新疆与苏联进行联络，其目的也正是关心苏联的态度，担心事变发动后若无苏联的援助，几十万大军粮草弹药将无以为继。中共中央自然深知此种情况，因此其报告中明确提出：东北军一旦脱离南京政府，则财政来源完全断绝，加上红军，每月至少应得到共产国际 300 万元的资助。同时，东北军脱离南京后，武器装备的来源也完全断绝，故飞机、重炮、各类步枪、机枪、架桥设备以及各种弹药，都需要来自共产国际的援助。[2]

6 月 16 日，是中共中央在接近两年时间与共产国际中断了电信联系之后，正式恢复直接电信联络的第一天。上述电报也是中共中央恢复电信后给共产国际和苏联党发去的第一封电报。在第一封电报中就详细解释迅速建立西北国防政府，实现西北大联合的计划，可见它这时已经成了中共一切工

[1] 《中央书记处致王明、康生电》（1936 年 6 月 16 日），中心档案 495/74/281。
[2] 《中央书记处致王明、康生电》（1936 年 6 月 16 日），中心档案 495/74/281。

作的中心，并成为当务之急。

其实，尽管此时中共中央在发动的时机方面还在要求共产国际给予指示，它已经就西北发动问题做出了明确的决定。其决定说：

> 甲、时局已起重大变化，这使中国革命走上了一个新阶段，党的任务是使抗日反蒋的统一战线进到高度具体化，即实行国防政府与抗日联军的组织。
>
> 乙、西北国防政府已经有了迅速组织的可能与必要，我们应以西北的发动去配合两广的发动。
>
> 丙、西北发动的时机与部署，须以争取胜利为原则，依此原则并顾到各方面的条件。[1]

这时，张学良在送邓发前往兰州后即转去南京，不在西安。但周恩来仍为此致电王以哲，要求王以哲务必加紧准备，并约张学良回来后立即前来协商，以便提早完成西北发动的一切准备工作。其电报明确讲:目前大局，两广发动后，宋哲元有加入说，云贵川湘亦在酝酿，大有造成全国抗日反蒋之可能，东北军发动时机业已成熟，一俟张学良先生回来，即须协商具体办法。西北国防政府之树立，此其时矣。吾兄乃东北军之柱石，务望对内部组织方面十分加紧。时局要求我们提早时间，大约一个月内即须完成一切准备工作，张学良归后，务请将以此意转告之。[2]

但这时不仅张学良不在西安，而且王以哲也不在洛川。由于中共中央与张学良东北军的电报联系，仅由洛川六十七军军部一部电台负责传递，因此王以哲不在洛川，使得双方联络上不免出现时间差。再加上连天雨阻，不仅电报有时联络不畅，并且汽车也通行困难，结果这边中共中央急盼尽

---

[1] 《育英、洛甫、恩来、博古、泽东、德怀致朱、张二同志并转弼时同志电》(1936 年 6 月 19 日)，《毛泽东军事文集》第 1 卷，第 549 页。

[2] 《周恩来致王以哲电》(1936 年 6 月 16 日)。

快发动东北军一起来响应两广事变，创立西北抗日反蒋的新局面，那边东北军为应付南京之军令，军事上仍在不断向陕北苏区推进，转眼间竟兵临“红都”瓦窑堡，使前线之红军与东北军随时可能爆发新的战争。形势一度还变得十分严峻。双方又不得不为此而频频交涉。

还在6月11日，即张学良离开西安的第二天，东北军六十七军一〇七师（师长刘翰东）、一一七师（师长吴克仁）及一〇五师第三旅（旅长高鹏云）根据西北“剿总”发布的命令，分三路向蟠龙和安塞方向前进。这一带中共党政机关较多，后勤补给也多集中于此，红军和东北军和解后部队的警戒和防务均已相当放松。加上主力部队已全部西去作战，而东北军推进之前又未打招呼，中共方面自然十分被动。

周恩来得知情况后马上电告王以哲，说明：东北军此次行动对中共党政后勤机关威胁极大，我“党政贸易机关均不及准备，群众方面亦不无疑惧”，望“以后行动希能早日电知，俾得一致”。[1] 他同时急调正在苏区东北方向准备对付汤恩伯中央军进攻的二十九、三十两军紧急增援瓦窑堡。但是，由于王以哲不在洛川军部，西北“剿总”又是直接督令六十七军各师，王事实上也难加干预，故该两师仍继续前推。一〇七师轻易就占领了苏区后方之蟠龙镇，中共大批机关后勤机构和伤病人员均未及撤退和疏散以致受到不小的损失。此事给整个苏区后方造成极大的震动，中共中央自然颇为愤慨。周恩来13日再电王以哲称：“贵军此次前进事先既未通知，仓卒之间我方医院工厂党校迁移不易。且此种举动亦非双方捐诚之道。值此西南举兴，西北前途正须加巩团结，力谋抗日，如果重见干戈，决非大局之福。除电请贵军长刘停止行动外，务请我兄暂停前进，并请电告贵军请示行止。”[2]

此时红军主力集中甘北作战，陕北后方空虚已极，东北军大举推进，特别是直捣红色首都瓦窑堡，不可避免地会在红军及苏区群众心理上造成

[1] 《周恩来致王以哲电》（1936年6月12日）。李克农此时负责直接与刘翰东师长等联络，并进行交涉。

[2] 《周恩来致王以哲电》（1936年6月13日）。

极大损伤。因此，中共中央将这件事看得相当严重和急迫。然而，周恩来的几封电报却未能使局势出现转机。12日，只有正在洛川的刘鼎来电说明王以哲部向苏区推进事实为西北“剿总”命令，现已通知停止，军部允许暂待二三日张学良返归再定下一步如何行动。可是，13日，与红军有过接触的一〇七师司令部，仍派何东升副官送来公函，声称该部“奉命向蟠龙镇及永坪镇、瓦窑堡各地前进”，要求红军“予以方便”。[1]

在整个形势极端有利于发动东北军参加抗日反蒋的西北大联合计划之际，公开与东北军重开战火，自然不是中共中央所情愿的。何况二十九军和三十军因距离较远，来不及回防，故周恩来等不得不委曲求全，努力争取和平解决此一事件。为此，周特派联络局局长李克农直接与一〇七师师长刘翰东联系，说明与张学良、王以哲前此约定之双方地域范围，要求该军停止继续向前推进。为了能够证明双方高层已建立统战关系，阻止对方推进，李克农这时不惜将王以哲与周恩来的通电直接出示给了刘翰东等人。此举为王以哲得知后，又不免引起王极度不满。事实上刘翰东因直接受命于“剿总”，也并不因见到周、王通电即停止部队的推进。他表示，无论从执行“剿总”命令角度，还是从指挥部下角度，他都难以取消此次行动，不如红军适当配置兵力，迟滞东北军前进，“以释群疑”。[2] 李克农虽亲自跑去蟠龙镇面见刘说明情况，刘还是坚持非进不可。他强调，中央军汤恩伯部正从山西渡河大举西来，瓦窑堡终不可守，红军不如干脆放弃，这也便于东北军用以宣传，消除南京方面的怀疑。李克农使命所在，也只能坚不退让，解释说，东线之敌并无进占瓦市企图，“我军奉命决在官路坡、杨高坡、涧山地进行顽强防御，巩固瓦市”[3]。这意味着，刘师其实并不真的打算停止不进，红军亦不愿放弃瓦市，东北军和红军之间停熄了几个月的战火，难免还会重新点燃。

---

[1] 《陆军第一〇七师司令部函》（1936年6月13日）。

[2] 《刘翰东致李克农函》（1936年6月15日）。

[3] 《李克农致刘翰东师长函》（1936年6月17日）。

直到6月15日，王以哲有电来解释原委，并致歉，形势才又出现转机。据王说，此次东北军北进，纯粹是因为西北“剿总”中蒋介石亲派的晏道刚参谋长等乘张学良不在西安和王以哲不在洛川之机发布的命令，并急催前进，致使前方东北军将领只得听令而行。王以哲此时才得以在西安电令六十七军所属前进各师停止、原地不动，并将此一情况通报给了周恩来。

17日，刘翰东果然也收到新令并发来信函，通知李克农一〇七师已经收到王军长电令，并于现地停止前进。而后，刘翰东、吴克仁两师终于分别退出了进占的永坪、蟠龙两镇，使眼看就要发生的冲突终于得到化解。

然而事情却并未能因此了结。这是因为，瓦窑堡这时事实上已经成为战区，不仅南面的东北军，而且北面的高双成部，特别是东面西渡而来的中央军汤恩伯部都已距瓦窑堡不远，红军此时在陕北后方之兵力只有由地方独立团扩编而成的二十九、三十两个军，两部即使撤回瓦窑堡驻防，不仅兵员少，战斗力也不强，要抵抗国民党军几方面的进攻也是不可能的。故瓦窑堡要确保不失是没有可能的，毛泽东等也已看得很清楚，故还在15日中央军委就已经做出了中央机关全部随主力西撤的具体部署。命令称：“甲、东北军现分三路向瓦窑堡前进，昨日其左中两路已抵安塞、蟠龙，右路则达坪不塌，今日可到永坪。清绥敌人亦有配合前进可能。乙、估计到瓦窑堡迟早必失，我军决搬空瓦市，准备作战。中央及军委各机关准备移至洪德城、河连湾一带，其辎重先行，并以杨家园子及吴起镇附近为转运休息地点。丙、军委决定：1. 恩来留守东线，指挥东面各军及地方部队抗击进攻敌人，并布置中央及军委转移。2. 德怀负责布置洪德城、河连湾一带机关（红校在内），期于本月底完成。3. 林彪负责指挥沿途搬迁的机关、部队，并定十六日开始。”[1]

多亏15日有了这一决定，并且没有因为东北军的后撤而停止执行此一决定，否则中共方面的损失不知将会何等严重。这是因为，瓦窑堡仅仅四

[1] 《东北军活动情况和中央机关转移的部署》（1936年6月15日），《毛泽东军事文集》第1卷，第546页。

天之后就在猝不及防中被国民党军占领了。

事情是这样的：本来，根据王以哲通报，中共中央已经得知，由山西西渡黄河的国民党中央军汤恩伯部将于20日开始由绥德方向向瓦窑堡推进。王以哲同时还明确表示，希望红军在瓦市不保时能够首先让东北军进占，以便东北军可以借此来向南京表功，显示东北军并未搪塞南京命令，以此掩南京耳目。而在红军方面，既然已经估计到瓦窑堡必失无疑，把它交给东北军而不是交给汤恩伯，也是最好的选择。因此，中共中央也很快答应了王以哲的这一要求。负责瓦窑堡防务的周恩来虽寄希望汤恩伯部不会倾巢而来，这时也不能不做相应准备，明确通知东北军不要远撤，以便必要时能让东北军而不是让汤恩伯进占瓦窑堡。双方并且约定，一旦两军靠近时，应各自向天放枪，以资掩饰。至于东北军进入瓦市时间，则视红军东线情形具体商定。[1]

可是，意想不到的是，因发现汤恩伯部仅派两团兵力西进，中共方面当天动员全部瓦市兵力“决心抗阻之”。故电告王以哲：“兄部是否须要进入瓦市，俟弟与张先生见面时再定。十日内兄部在蟠龙、肤施间集结修路筹粮为便。”[2] 而当天王以哲因已得到周恩来前报，即照中共中央的建议向西北“剿总”谎报六十七军已占领瓦窑堡。结果，东北方向从山西西渡而来的中央军汤恩伯两团虽小心翼翼进展缓慢，而位于瓦窑堡以北最近的石湾镇守军高双成第八十六师所属炮兵第二营和步兵营两个营，却在一个叫张云衢的营长的率领下，倾巢而出，打算乘机截击从瓦窑堡撤退出来的中共机关，捡些便宜。当这两个营的国民党军进到瓦窑堡附近时，得知瓦窑堡并不在东北军手里，防守瓦窑堡的红军主力又在东北方向设防抗击中央军，城内十分空虚，故当即攻入城内，致使这个“红都”转瞬间不明不白地落到了高双成部队的手中。[3]

等周恩来急调二十九、三十两军及警卫营星夜回援之后，张部已经据

[1] 《周恩来致王以哲电》(1936年6月20日)。

[2] 《周恩来致王以哲电》(1936年6月20日)。

[3] 参见《访问严佐民同志记录》。另高双成是继井岳秀死后接任第八十六师师长的。

城固守，红军攻城乏术，只好转而围城，再请东北军刘翰东师以救援为名于 23 日开入瓦市。可是，在刘翰东想要占领瓦窑堡以向南京“表功”之际，未让其进占，如今再让刘翰东从高双成部队手中接防，其作用显然大不相同。尽管李克农这时去信建议刘不妨“夸大解张围之功，以坚宁方之信”，而刘翰东却对红军此举极端不满。

刘函称：“敝军虽入瓦市，以张营获得机先的关系，于政治上毫无号召价值。关于此点，不能不谓贵方之失信！！！弟在蟠龙与兄见面时，曾再三声明：‘要送人情，必须干脆！’而贵方一再延迟，竟将良好机会，坐送他人！吾兄函谓：‘贵军此次入瓦，应夸解围之功，以坚宁方之信。’弟以为不夸尚佳，夸则实彰其丑而坚其不信！此事乃贵我两方最大之损失也！！！”[1]

红军与东北军两方关系此时之复杂与微妙，由此可见一斑。

瓦窑堡一事深刻地暴露出红军和东北军两军联合之事在东北军内部上下之间太不通气，不仅许多高级干部不明就里，而且与红军保持密切联络的王以哲等高层将领，也对两军联合之前途及意义缺乏深刻了解，因此只能更多地为东北军自身的利益着想，两方人员并没有形成真正的盟友关系，思想上更是相当隔膜，东北军将领对红军的严重困难毫无同情与理解。甚至，在东北军上层，这时也仍不乏愿意贯彻南京旨意之人。中共中央计划联合并改造东北军，远不像原来想象的那样简单。事实上，这样一种统战关系，根本上只是双方高层，特别是基于张学良一人态度而存在的，张地位之关键再明显不过了。为此，中共中央一面去电王以哲，强调“兄我两方关系似应详告兄部各师长及团长中之优秀者，以厚团结，以便联络”，一面急盼张学良能速回西安，“速定西北发动大计及其具体步骤”，担心久无联络，“是否发生意外”？[2] 同时，中共中央还多次电召刘鼎回陕北苏区开会商量如何加速在一个月之内完成发动准备的重要问题，甚至想请王以哲一并来安塞相见。

---

[1] 《刘翰东致李克农函》（1936 年 6 月 27 日）。

[2] 《周恩来致王以哲电》（1936 年 6 月 27 日）。

让中共中央意想不到的是，张学良对中共的态度又有了突飞猛进的变化。

张学良 6 月 10 日离开西安，先去兰州为邓发办前往新疆之各种手续，又于 11 日转去南京，至 20 日才返回西安。而回西安后的第三天，即 22 日，他就前往刚刚在长安县王曲镇开办的长安军官训练团，前所未见地发表了抗日讲演，开始实践他关于训练“佣人”的计划。他在讲演中大谈：“中华民族的生死关头已经到了！抗战是中华民族唯一的出路，抗日是东北军最大的使命，时间已不容我们谈准备了！我们要马上将准备与行动联系起来！”“宁肯因斗争致死，决不束手待毙！”[1] 其意无疑是想要激励他的军官们内心深处的抗日热情，改变过去执行的“攘外必先安内，统一方能御侮”的方针和信条，要求他的部下要以抗日求统一，以抗日求生存，把抗日工作摆在一切工作的首位。

紧接着，张学良回到西安，再度与刘鼎密谈，询问有关共产党的各种知识，甚至提出了加入共产党的要求，请求中共中央考虑和接纳。

关于张学良要求加入共产党的情况，还在 1986 年苏联出版的《共产国际与中国》的文件汇编里，就已经被披露出来了。在那里公布了一封共产国际 1936 年 8 月 15 日给中共中央的电报，其中就提到了这件事。电报明确提到了共产国际对这件事情的态度，即不同意中共中央根据张学良要求计划发展其入党的提议。[2] 这份文件因为在 1988 年《中共党史研究》第 2 期上被专门译成了中文发表，故已为中国许多读者所知。只是，许多年来一直相信关于张学良不同意反蒋而主张“逼蒋”“联蒋”的众多读者仅仅看到这条信息，还不大相信：张学良怎么可能会提出这样的要求？

张学良要求入党的最初文献，见于刘鼎 6 月 30 日给中共中央的电报。这封电报由于当时发电和译电的技术上的原因，译文上存在着许多明显的错误。可以读懂的内容大致是：第一，说明刘已收到中央关于要其立即回苏区

---

[1] 张学良：《中国的出路唯有抗日》（1936 年 6 月 22 日），毕万闻主编：《张学良文集》第 2 册，第 968—980 页。

[2] 转见《中共党史研究》1988 年第 2 期。

汇报的电报，因连天阴雨，汽车不通，故暂不能返。第二，说明西南事变起后，北方韩复榘和宋哲元暗中商量响应，韩并试图拉张学良入伙，张打算让刘鼎与韩复榘派来的代表接谈，刘因急于返回陕北已婉拒。第三，说明张学良要中共帮助训练干部，刘并要求中央为其准备发报员等。第四，也是最关键的，即是“日要求入我党耳，求专人训练”一句。这里的“日”就是张学良这时在与中共中央通电时的代号。这句话的意思应该是很明白的，那就是说：张学良主动提出要求加入中国共产党，并要求派专人加以训练。[1]

要证实这封电报的确实性是再容易不过的了。除了上述共产国际 8 月 15 日电报内容外，目前保存在莫斯科的另一封中共中央的电报中也提到了这件事。共产国际 8 月 15 日电所答复的，也正是中共中央的这封电报。在落款时间注明为 7 月 2 日的这封电报中，中共中央负总责的张闻天在电报中专门汇报了这件事。他明确认为可以允许张学良入党。电报说：

> 张在欧洲时，因苏联拒绝他到莫斯科，他便认为苏联记旧恨，无助他意。经我们解释，特别因我们在会议上，在军事行动上，在经济互助上，对他表示了诚意，他即转而十分信赖苏联，多方设法帮助我们打通国际连络……（张自宁）回来后，即要求加派领导人才去为其策划，并要求加入我们的党。我们拟派叶剑英、朱理治去，并将来拟许其入党，因为这是有益无损的。

同时，该电对东北军的特殊性进行了详尽的分析，称：

> 东北军是被日本帝国主义驱逐，亡国亡家的一个军队，他背后没

[1] 原件无抬头，亦未注明月份，但文末有“中央：(刘) 卅日”字样。据判断，文末“中央：”字样应为收电人，“刘”应为发电人。“卅日”即为发电日期，年份自然应为 1936 年。鉴于 6 月 16 日中共中央书记处给共产国际的电报中报告对张学良及东北军统战工作，并未提及此事，而在 7 月 2 日电报中则明确提到此事的情况，可以判断此电的月份应为 6 月。

有任何帝国主义。且直到现在仍为日本帝国主义所嫉视。他已经与一般军阀军队有很大的不同，虽附属于蒋介石，并未给他地盘，且在待遇上歧视他。但仍保持东北军的整个系统。

电报特别要求苏联方面对张学良和东北军给予信任，强调与东北军的联合以及苏联对张学良的支持，苏联对西北发动的援助，对即将付诸行动的西北大联合计划有决定性的意义。电报称：

目前我们与蒋介石争夺东北军到了最后决斗的时期，我们客观与主观的条件虽都好过蒋介石，但还要用一把很大的力量，国际的援助是一个重要条件……西南发动已二十余日……华北韩复榘、宋哲元酝酿响应，已经发出双方不得进行内战的宣言，但尚无军事行动。近日有代表到西安，约张共同举事……东北军在西北的发动决不容缓，我们计划至迟到八月应该发动。八月上旬二、四方面军可到甘南，那时实是最好时机。你们意见如何，即行见告。[1]

“至迟到八月应该发动”西北国防政府计划，现在已只剩下一个月左右时间，各种重要准备工作尚未完成，难怪中共中央这时要三番五次地急着找刘鼎前来安塞开会呢！7月1日，周恩来再度致电刘鼎，要其“即日动身由肤施到安塞相见”。当刘鼎同日来电表示准备后日动身时，毛泽东2日又再电刘鼎，叮嘱他“务到安塞见面，有重要事开会讨论，千万勿误”[2]。不仅如此，中共中央主要负责人张闻天、毛泽东、周恩来等均早早就专门前往安塞，等候了将近一周时间，可见中共中央这时心情之急迫和事情重要之程度了。

---

[1] 《洛甫致王明、康生、陈云同志电》(1936年7月2日)，中心档案495/74/281。

[2] 《毛泽东致刘鼎电》(1936年7月2日)。

三、八面来风

6月份的形势变化对于中共和张学良都实在是太令人兴奋了。先是有一个轰轰烈烈的两广事变，与西北方面正在密谋的西北大联合计划不谋而合；紧接着华北宋哲元、韩复榘，四川刘湘等地方实力派也在暗中积极串联，密谋响应，其代表都先后来到西安，对张学良展开游说；与此同时，远在川滇黔之交的红二、六军团和进入西康地区红四方面军这时也开始根据中共中央提议挥师北上，前来与陕北红军会合了。如此这些令人振奋的新情况，使得中共与张学良6月初刚刚商定的西北发动时间，不得不大幅度提前。可是，恰恰在这个时候，张学良不在西安，这着实让中共领导人很是着了一番急。好在，毛泽东和周恩来等这时最关心的，其实还不是发动的时间问题。因为只要时机适宜，准备成熟，张学良对于何时发动不会有所异议。关键在于，从瓦窑堡事件所暴露出来的东北军与红军统战关系极其脆弱的严重情况，使中共中央深感整个东北军的改造与争取工作必须立即提上议事日程，否则，一切军事发动都可能因为东北军内部的不稳定和政治目标的不统一而前功尽弃。

这时，西北大联合计划还仅仅存在于张学良与中共中央主要领导人的头脑之中，一切准备刚刚开始，大量的具体工作尚无着落，特别是对整个东北军的内部动员和争取工作正处于起步阶段，张学良、王以哲与共产党的一切秘密联络即使在东北军的高级将领里面，都还必须严格保密，否则难免不被泄露给蒋介石，甚至引起东北军内部的分化。

其实，从李克农潜入洛川六十七军军部与王以哲、张学良密谈并通电之日起，南京方面就已经有所发现了。3月5日张学良与李克农再度秘密会谈的当天，驻洛川的六十七军副官处副官、复兴社分子刘宗汉就将李克农来洛情况及达成的协议内容密报了戴笠。报告除对张学良两次见李的情况似乎不大了解之外，其他内容十分详尽，对照相关的中共档案，可知所说十分准确。内称：“现在陕北之匪已大部窜山西中阳、石楼、隰（县）等县，张学良氏有与匪合作消息。1. 六十七军前三日曾接匪电令购大批书报。2. 匪中央曾派来伪外交部部长李克农来洛川与王军长协立多项口头协定，宗汉窃视伪李部长发与匪中央之电，内云‘略有协定，彼此不相攻打，采买给养可随意，但我军（匪自称）可着便服，以掩外人耳目。大体须俟张来后，始决定’等语。3. 该伪部长李克农于本（五）日回伪中央部，携去大批文电与地图。4. 此次匪与张部之接近谈判，系壹零柒师陆壹玖团被俘团长高福源所为。5. 李匪皖人，目力不佳，谈锋极健，对外界活动力颇强，常有函致沪平两地学校，其来洛川已三次矣。6. 现六十七军一般人对剿匪颇黯淡，处处表示一种反领袖与中央之意态。”[1]

戴笠得此报告，“除急电饬西北工作人员严密侦查，随时报告外”，马上向蒋做了报告。戴的报告同时还“附呈六十七军张贴之赤匪宣传品一纸”，内容是“铅印新闻纸单面《中国苏维埃政府中国共产党为抗日救国告全体同胞书》”。在洛川军部附近公开张贴“八一宣言”，亦可见当时红军对东北军工作之深入。

俗话说，没有不透风的墙。张学良暗中与中共联络的消息，听到的人

[1] 见台北“国史馆”藏蒋中正档案，特交档案—特件—政治卷，第51579号。

已经很多了。3 月 29 日，即红军东征山西一个多月之后，时在山西辅助阎锡山的徐永昌就在日记中写道："晚八时张汉卿来电云拟助晋剿匪，如以来晋为妥者，可否上风陵渡过河云云。阎先生大怒，以为必无好意，且悔恨运城之部不该北调。（杨）星如谓共匪渡河决为张主使。阎先生亦言曾闻之郭增恺（杨虎臣亲信），张汉卿去冬某日在陕北与毛彭约晤等，举室惶扰。"[1] 这里所称张与毛彭约晤，虽然不是事实，但阎锡山在这里所讲的"去冬"指的是农历，1936 年农历年为公历 1 月 24 日，可知阎锡山这里所提到的应当是张学良与李克农 1 月 20 日第一次在陕北洛川的会谈。只是中间人大概也是听闻，不清楚中共方面来的什么人罢了。但杨虎城的人既然都已经探得消息，并广为传播，可知张学良暗通中共的情况在当时国民党高层里面就不是什么秘密。

地方军阀为保存实力而暗中与红军妥协，对此无论蒋介石，还是阎锡山都是见惯不惊。蒋因张学良曾几度相助，又是东北军统帅，就更是睁一只眼闭一只眼。他见到戴笠报告后，虽对张的做法深感担心，表面上却仍佯装不知，一切只以军令行之。[2] 当然，他也不忘时时晓以道理。如红军东征受挫，正迅速回撤陕北，开始回渡黄河之际，眼见张学良按兵不动，蒋之批评也是苦口婆心。电谓："兄与虎城犹互相推诿，彼此观望，不敢前进，未知革命究为何事，国家养兵之多，人民痛苦之深，而对区区残匪保持实力不敢前进，吾人何以为人表率。以理论之，东北军在陕省多过杨部数倍，而杨军之力有限，如责其能保持宜川及其以南地区，于心已足，再欲其前进，不但其心不愿，而对此计划与命令必不诚服也。中以为延长延川任务只有东北军独立负责收复，表示不推诿、不避难之革命精神，否则不但陕省军事无了期，而国亦必亡。何以示众，何以对人言，念陕省匪情与军事不禁

[1] 《徐永昌日记》第 3 册，台北："中研院"近代史研究所 1991 年版，第 378—379 页。

[2] 蒋在 3 月 27 日日记中曾专门记述道："汉卿对匪态度可虑"，"严令（其）封锁黄河西岸及封锁陇东"。《蒋介石日记手稿》（1936 年 3 月 24 日），美国斯坦福大学胡佛研究中心藏。

心裂矣。兹再展半月之期限，兄负责收复延长延川勿得再误。”[1]

与此同时，蒋介石对张学良通共问题采取的策略，是“清君侧”，发现一例清除一例，绝不手软。不过他做的时候会显出丝毫不怀疑主事人的样子来，目的是既要解决问题，又不致破坏了与张的关系。

比如张学良与中共密商如何进占延川等地的几乎同时，蒋介石就得到了西北不稳的密报。只是当时这个消息主要是冲着杨虎城去的。据西北“剿总”参谋长晏道刚 5 月 8 日密报称：“西北情形极为复杂，共匪、汉奸、野心军人彼此勾结利用，乘机图逞，此时若不清理，一旦有事将必败坏大局。职于今昨两日，督饬特务人员，破获西安之共匪伪省府，捕获要犯二十七人，并抄出反动刊物甚多，均系力诋中央，反对剿匪。获犯中以教育界人最多，陕省教育极为不良，而绥靖公署所属部队之内，潜伏共党及汉奸甚多，恐为将来之害。而其中为杨谋主者，为全国经济委员会所派之西北专员郭增恺，蒙蔽虎城阴结汉奸共匪，以为大局变动时个人势力发展。最近抄获《活路》之反动刊物，力诋中央，煽惑东北军联共抗日，即在绥署参谋处印刷。拟恳请钧座饬委会将郭增恺调开，如罢免，必须限制其不来西北。”[2]

其实，《活路》的编印，主谋乃东北籍激进分子，并非杨虎城部所为，更与郭增恺无甚关联。故事发后，张学良亦颇为紧张，一度急忙飞回西安与杨虎城商量应对办法。好在此事并未牵涉到张学良。蒋所以必须对《活路》一事采取严厉措施，就是因为它对东北军煽惑甚力，非加遏制不行。故蒋虽明知郭为杨虎城的座上客，连晏道刚都无足够证据，却依旧批复：“郭增恺应即在陕直接逮捕解京可也。”郭也因此于 5 月 6 日被西北“剿总”调查科逮捕并押送到南京陆军监狱去了。自然，郭被解京之后，经有关当局反复讯

[1] 《蒋介石致西安张代总司令电》（1936 年 5 月 1 日），台北“国史馆”藏蒋中正档案，特交档案—265 册，第 250338 号。

[2] 《晏道刚致南京军事委员会侍从室汪秘书日章先生转呈蒋委员长电》（1936 年 5 月 8 日），台北“国史馆”藏蒋中正档案，特交档案—265 册，第 25013299 号。

问，结果丝毫通共的证据也没有查出来，几个月后又不得不将其释放出来。[1]

有关张学良或东北军“通共”的问题，在蒋处置两广事变过程中，也有新的情报出现。当时，中央新闻检查处处长贺衷寒的报告送来，所述东北军内部情形也让蒋担心不已。报告说：“据西北政训分处科长周保黎面报称，长安军官训练团自王以哲军长主办以来，以联俄容共相号召，对称呼总理及委员长均不立正而规定称呼副司令则应立正。又行营少将参议张翼即前江西匪区逃出投诚之师长，现亦在该团工作。其言论颇多荒谬。”[2] 如果说，过去有关张学良或东北军有“通共”行为的情报，真假不清，且鉴于东北军战力较弱，可以想象其主要是出于避战之目的，如今在东北军军官训练团中公然有“以联俄容共相号召”者，自然远较一般“通共”更为可怕。蒋对此自然要采取必要的措施。于是便有8月29日所谓“艳晚事件”的发生。当晚，省党部便衣队奉命秘密逮捕了在东北军中颇有影响力的有中共嫌疑的宋黎等人。

尽管蒋介石并未抓住张学良与中共串通的切实证据，但种种情况仍旧使张学良不能不十分小心。他一面与中共秘密联络，暗商联合苏联共举西北抗日义旗之举，一面对蒋还要继续表现出忠贞不贰的样子，一切唯命是从。像对蒋介石上述电报，张通常也是一一贯彻落实，从不公开违令不遵。包括在5月12日与周恩来第二次延安会谈时，虽然确定了两军共同行动的大计划，他还是特别将蒋之命令提出，要求红军尽量予以配合，使他能演好自己的角色。故双方这次会谈的一个重要内容，就是商量让东北军依据蒋令按时进占延川等地的具体安排。对此，考虑到当时红军已经回渡，东北军进占黄河西岸，正好可以在红军回撤的背后筑起一道防波堤，以防蒋、阎两军乘势大举跟进陕北，周恩来也很痛快地予以同意。等到蒋介石意识到这种形势，估计红军可能转而向西，力求在甘北和宁夏有所发展时，其

---

[1] 郭增恺：《一个历史问题的交代》，《西安事变三忆》，澳门：大地出版社1962年版，第45—46页。

[2] 《贺衷寒致蒋委员长电》（1936年8月5日），台北“国史馆”藏蒋中正档案，特交档案—265册，第25035860号。

命令自然又有改变。他于是要求张学良“以现在陕甘宁兵力制成整个计划”，确保不让红军向甘北宁夏转进，以利晋西“追剿”部队渡河“进剿”。对此，张学良也照样做出计划，一面陆续将东北军主力西调去甘北防守，一面继续要求中共配合其演戏。而中共方面也处处迁就，尽量提供方便。

这也就是为什么，张学良从一开始就表示，他与共产党合作的第一步，首先并不是如何与蒋对抗的问题，而是如何把东北军的大部分争取过来的问题。因为，尽管张学良在东北军中有极高的威信，但在涉及联合谁、反对谁、最终走哪条路的重大问题上，“他家这庄大房屋的一角（靠他住的这一边）”，还并不很多。而要在西北发动事变，对西北和全国形成重大影响，建立足以号召西北甚至全国的西北国防政府和抗日联军，使苏联能够另眼相看，施以援助，如果不能把东北军整个地至少是大部分争取过来，这一发动就很难达成目的。甚至连西北其他有反蒋倾向的地方实力派，包括杨虎城等，也难以争取过来。毛泽东等人对此也是一清二楚，故他也曾一再强调，西北的发动固然要提前，但必须以能够确保成功为前提。而这样的前提在这个时候还远不具备。

自6月12日起，毛泽东、周恩来就不断打电报给刘鼎，要其立即来苏区讨论重要事情。这次之所以特别叫刘鼎来，其目的主要也就是要具体部署中共在东北军中的工作。随后，中共中央迅速组成了东北军工作委员会，以周恩来为书记，其成员包括叶剑英、朱理治和边章伍。同时由这个东北工作委员会具体拟定了一份题为《中央关于东北军工作的指导原则》的工作文件，经中共中央于6月20日批准实施。该文件非常详细地说明了中共中央争取东北军的具体做法。

该文件强调，争取东北军的关键，在于使东北军自动脱离蒋介石的控制与影响，拒绝执行蒋介石的命令并且公开反对蒋介石。其方法主要靠耐心地说服与解释，集中攻击蒋介石的政训处和个别忠实于蒋介石的分子，对整个东北军不搞阴谋诡计，以争取整个东北军为目的。即使是万不得已的军事行动，也要以自卫为限度，以政治争取为目的，不能采取消灭和瓦解的方法。因此，上层统一战线工作有特别重要的意义，必须与共产党所惯用的下层统一战线工作同时并进与互相配合。而为了便于争取整个东北军，尤其要设法在东北军内部物色并引导东北军中勇敢积极的军官，使他们能够在东北军中形成领导核心。同时，为了便于争取东北军的工作能够有指导地进行和顺利地开展，有必要在东北军内部建立中共党的组织，并派最好的干部去东北军里开展工作。[1]

由于中共中央这时内定的西北发动时间至迟为 8 月，争取整个东北军的工作最多也只有两个月的时间了，中共中央自然不能不几次三番地电召刘鼎前来商量这一工作。不料，因种种原因，刘鼎迟至 7 月 5 日才来到安塞，剩下的时间竟连两个月也没有了。何况，即使有两个月的时间，要想顺利完成上述争取工作，也是难乎其难的。故实际上，只有大力加强上层统战工作，分别派人前去接近、劝说、影响东北军高级将领和中层军官，从政治上感化他们中的大多数人，才是唯一可行的捷径。毫无疑问，毛泽东已经清楚地看出了这一点。

在 7 月 5 日举行的，有张闻天、毛泽东、周恩来亲自参加的安塞会议究竟谈了些什么，至今尚无文献能够直接说明。但通过这次会议前后中共中央领导人的电报，仍旧不难看出其讨论的大致内容是什么。

就在刘鼎到来的前几天，毛泽东即有电报给彭德怀谈到大力争取东北军，以便早日发动西北大联合的问题。电报在指出“我们与东北军关系现有进一步发展，可能二、四方面军北上后局面当有变化，也许就在此时发动西北政府”后，特别说明目前必须采取的工作方法。电称：

为准备在二、四方面军北上后不久时间东北军能做政治军事上的发动（为策应西南甚宜早动），七、八两月须注大力于该部军师团三级。

[1] 《中央关于东北军工作的指导原则》（1936 年 6 月 20 日），《中共中央抗日民族统一战线文件选编》（中），第 171—181 页。

> 目前分工，甘肃境内完全由你任之；陕西境内周与我任之。办法须派较得力人分途去见军师团长，根据他们的思想程度与接受可能，向他们解释“抗日”“反蒋”“联俄”“联共”“东北军本身问题”“组织问题”等五六个根本而且具体的问题。现请先在前方征集干部（如邓小平、黄克诚等），经过你的训练找适当线索派遣出去往来于彼我之间。我们于若干天后或派克农、云逸二人来加强之。此事请大大注意。这边正动员剑英、克农、章五三人向王、刘两部三师三旅十八个团分途突击。这个中层乃是枢纽，目前最为重要。至于上层及在东北军中建立党的基础，此间正在加力，并且大有希望。[1]

其实，这时在东北军上层，如对张学良、王以哲的工作，已经很有成绩，甚至吸收张学良入党的工作已经提上议事日程。在东北军内部建立党的基础的工作，同样也有成绩，无论是中共中央北方局此前派来的刘澜波、宋黎等人，还是这时在前线从事统战工作的李克农、朱理治等人，也都已经陆续在东北军内部发展党员，甚至还建立起个别共产党的秘密支部。但这时最困难的是争取军师旅团一级的军官。中共和红军与东北军的关系，多半还只是建立在与张学良、王以哲个人关系的基础上，更多的只是一种上层统一战线关系。几个月来，中共中央对整个东北军的内部状况、主要干部情况以及政治动态，不仅无从把握，而且不甚了了。显然，要开展对东北军中上层的全面争取工作，深入了解并把握东北军的情况是绝对重要的。这正是中共中央急于找刘鼎回来的原因之一。另一方面，由于东北军军师旅团一级军官是整个东北军的枢纽，他们又直接掌握部队，一旦政见分歧，即使是张学良、王以哲也将奈何不得，因此要突击争取整个东北军，争取或影响这些军官，“目前最为重要”。考虑到这种情况，中共中央决定组织干部分途去见东北军各军师团长，做政治宣传工作，同时根据红军多年政

---

[1] 《毛泽东致彭德怀电》（1936年7月1日），参见《毛泽东年谱》（上），第555—556页。

治工作的经验，决定召刘鼎来告之以红军政治工作优点，要其设法劝说张学良能够在东北军各级军事单位设置政治工作系统，中共并愿意为东北军配备政治工作干部。

从刘鼎来后毛泽东给彭德怀的电报看，中共中央对刘鼎汇报的东北军状况及中共在东北军内部的工作大体上还是满意的。值得注意的是，在刘鼎来安塞之前，中共驻共产国际代表团团长王明曾有电报来，对刘鼎在被捕期间的表现提出怀疑，要求中共中央“严重注意”。但中共中央这时对此不以为然。毛泽东 7 月 6 日致彭德怀电称：“刘鼎来布置了那边的工作，那边的工作大有希望。”[1] 这明显地反映出中共中央对刘鼎这时所担负的工作基本上还是重视与信任的。

7 月 7 日，刘鼎从安塞经洛川返回西安。但这一天，张学良恰好同于学忠以及邵力子、朱绍良等一道从西安启程前往南京出席国民党五届二中全会。刘鼎没有能够见到张学良，直到 7 月 24 日张从南京回来，此事才得以提出，结果张学良因担心为蒋所知，同时也不愿中共直接接触其各级将领和军官，未能同意。

但是，无论张愿意与否，中共确定的“突击”做东北军各级军官工作的计划，并未完全停顿。在这方面，可以看到的最为典型的，就是叶剑英、朱理治领导下针对东北军一〇七师的工作。

原本，中共中央计划在张学良同意在东北军中建立政治工作系统时，派叶剑英、朱理治等到西安去，因此计划搁浅，二人遂留在陕北专门从事东北军六十七军前线部队的“突击”宣传计划。他们明确分配了工作任务，派刘仲明专门做一〇七师的工作，马文瑞专门做一二九师的工作，刘培植专门做一一七师的工作，另一人专门做一〇五师的工作，并且一律设法随军行动。同时，他们也注意利用各种宣传手段来影响东北军士兵，专门请苏区的“人民剧社”在安塞与延安间的杨家湾集市进行抗日救亡的宣传演

[1] 《毛泽东致彭德怀电》(1936 年 7 月 6 日)，《毛泽东年谱》(上)，第 556 页。

出，以便针对赶集市的东北军官兵进行政治宣传，此举收到极大效果。很快，东北军六十七军下辖的几个师里都发展了共产党员，并建立了秘密的党组织。最好的如一〇七师，发展共产党员有20人之多，还成立了以六三〇团陶翊周营长为书记，王昌奎、李瑾玉为委员的中共一〇七师党委会。[1]

确切地说，像在一〇七师那样，成功地发展起党的组织，并能够公开宣传的情况毕竟太个别了。中共在东北军其他部队里进行的突击宣传活动并不很成功。这一时期共产党人在东北军中工作者不可谓不多，但由于分属上海党、北方局和苏区几个系统，各系统间又因为早期建立的地下交通线和以上海为中心的中枢指挥系统被国民党所破坏，以致相互之间多年没有直接的工作联系，中共中央对其他系统的工作情况也不甚了了。故它在前线一时间并不能利用上海及北方局系统此前在西北的工作成就，全要靠自己重新开展工作局面，也因此，仅靠两个月左右的时间，自难取得重大进展。像六十七军里工作成绩最好的一〇七师也不过就发展了20多名党员，其中绝大多数还都是士兵，军官中，特别是团长以上的军官中不仅没有一个党员，就连接近和影响他们都很困难。除了师长刘翰东以外，绝大多数团以上军官都畏惧政训处的监视，而刘翰东以及其他个别高级军官之所以与红军保持较好的关系，一方面是因为张学良和王以哲与中共友好，另一方面则是长时间和平共处双方不免互有所求，而且也不免使双方指挥官之间滋生某些好感。同时，还有一个重要原因就是，在东北军内部，负责军官要避免因失枪而受罚。特别是这后一条，在东北军中这时有严格的规定，凡丢失枪支，不论何种原因，不仅不予补充，负责军官还要受到严厉处罚。而这时，因受共产党宣传的影响，东北军士兵携枪投奔红军的事又屡有发生，因此，这时一〇七师高级军官，包括刘翰东师长与中共代表的交往，很大程度上都与这件事有关，即请红军方面能够将叛逃者的枪支返还给自己。这种情

[1] 《中央工委代表叶剑英致陶同志函》（1936年8月23日），《党的文献》1990年第2期（叶剑英同志的三份文电）。

况表明,在一个短时间内要想争取东北军军官普遍接受中共“抗日反蒋”“联俄联共”的政治主张，无论如何都是困难的。

当然，争取了张学良，就已经成功了一半，进一步争取其军队，所缺的不过是时间而已。而立足陕甘，联合张学良，极大地便利了中共面向全国的统战工作。让中共领导人感到欣慰的是，刘鼎、王世英以及随后由莫斯科经香港、广州、南京来到陕北的潘汉年，这时都相继送来了中共地下组织争取其他地方实力派已经取得重要收获的消息。这里，最突出的就是，广西、四川、华北几方面的地方实力派领袖都积极与中共联络，赞成共同抗日反蒋。

还在6月上旬，广西方面李宗仁、白崇禧就专门派代表刘仲容、王公度等分别前往上海、平津地区寻找共产党的关系，王公度已经在6月20日与中共中央派驻上海的代表李允生（即冯雪峰）进行了初步接触。该代表保证：“李、白此次反蒋坚决，粤陈此次亦不致动摇，望各界各派特别是CP和他们合作”，他们非常渴望与中共合作。双方因此商定，在以下几个方面，即（一）舆论与宣传，（二）群众团体之策动与配合，（三）军队上之联络，（四）浙赣线、粤汉线、平汉线等路交通工人群众之影响，（五）浙、赣、闽、湘、皖、鄂等省红军游击队等方面，“一致行动”。[1] 刘仲容随后也经中共中央北方局介绍来到西安，要求与中共中央谈判。

这时，两广事变虽因主要发动的广东方面被南京政府瓦解而告失败[2]，但受此事变刺激急着找中共联络的各派势力却不少。除广西方面有代表前来外，前东北抗日名将马占山，前十九路军将领陈铭枢、蔡廷锴、蒋光鼐，以及华北宋哲元及韩复榘的代表刘子青等，也都通过各种关系和中共进行

[1] 《李允生给中央的报告》（1936年6月25日），并见《毛泽东年谱》（上），第556页。

[2] 7月4日粤空军首先飞离广东，宣布拥护南京中央。紧接着粤军第一军军长余汉谋等亦公开宣布拥护南京。13日，南京国民政府发布命令免除陈济棠本兼各职，任命余汉谋为广东绥靖主任兼四路军总司令。18日，陈济棠被迫离穗赴港。19日，广西将领通电南京，表示拥护和平统一，服从中央命令。

了秘密的联络。中共中央这时也陆续派出张云清、张金吾（即张经武）、彭雪枫、张云逸等作为中共中央正式代表，四出活动。毛泽东并有信致身居抗日最前线的宋哲元与傅作义等，突出强调红军实力的强大，特别是取得苏联援助的保证，宣传自己奉行的抗日民族统一战线方针，以影响这些地方实力派向自己靠拢。

毛泽东致宋哲元信称：

> 刘子青先生来，知先生殷情抗日，曷胜仰佩。曩者日寇入关，先生奋力边陲，慨然御侮，义声所播，中外同钦。况今日寇，得寸进尺，军事政治经济，同时进攻。先生独力支撑，不为强寇与汉奸之环迫而丧所守，对华北民众运动，亦不复继续去冬之政策。果然确立抗日决心，一面联合华北人民群众，做实力之准备，一面恢复一九二五至一九二七年西北军光荣历史时期曾经实行之联俄联共政策。一俟时机成熟，实行发动大规模之抗日战争，则不但苏维埃红军愿以全力为先生及廿九军助，全国民众及一切抗日力量均将拥护先生及贵军全体为真正之抗日英雄。目前日寇图绥甚急，德王蠢蠢欲动，蒙古第二傀儡国之出现，大抵为时不远。冀察政委会汉奸成分之增加，着着向先生进逼。然弟等甚望先生能于艰难困苦之中坚持初志，弟等及全国人民，必不让先生独当其难，誓竭全力，以为后援。近者国内统一战线大有进步，红军主力渐次集中，国际联系，已有把握。凡此均非徒托空言，而有实际力量，足以资为抗日之用者也。惟具体实施步骤必须规划周详，方免贻误。兹遣张金吾同志前来就教，请予接谈。[1]

毛泽东给傅作义的信称：

[1] 《毛泽东致明轩先生主席函》（1936 年 8 月 14 日），《毛泽东书信集》，第 40—42 页。

> 涿州之战，久耳英名，况处比邻，实深驰系。迩者李守信卓什海向绥进迫，德王不啻溥仪，蒙古傀儡国之出演，咄咄逼人。日本帝国主义卧榻之侧，岂容他人鼾睡。先生北方领袖，爱国宁肯后人？保卫绥远，保卫西北，保卫华北，先生之责，亦红军及全国人民之责也。今之大计，退则亡，抗则存；自相煎艾则亡，举国奋战则存。弟等频年呼吁，要求全国各界一致联合，共同抗日，组织国防政府、抗日联军。幸人心未死，应者日多，抗日图存，光明渐启。近日红军渐次集中，力量加厚，先生如能毅然抗战，弟等决为后援。亟望互派代表，速定大计，为救亡图存而努力，知先生必有同心也。[1]

中共与苏联的特殊关系，在这时无疑是吸引诸多对蒋介石及南京政府不满的地方实力派的关键所在。不少地方实力派这时跑来找军事上严重受挫的中共来合作，看重的都是这一点。比如陈铭枢等人，这时就是直接向莫斯科的中共代表寻求支持的。陈曾专程前往莫斯科，代表由诸多反蒋国民党将领组成的中华民族革命行动委员会与中共代表团达成合作协议，经过共产国际的批准，中共代表团即开始向这一反蒋组织提供支持，帮助其在香港进行抗日反蒋的宣传工作。[2] 而后，在中共代表团的支持下，陈铭枢、蔡廷锴、蒋光鼐等人更相继回国，开展活动，并开始与广西李宗仁等携手，准备在广西重组十九路军，直接参加抗日反蒋。中共驻莫斯科的代表团团

---

[1] 《毛泽东致作义先生主席函》（1936 年 8 月 14 日），《毛泽东书信集》，第 43—44 页。

[2] 陈铭枢等试图在中共帮助下重建十九路军，其计划用 10 万中国元训练 1000 名军事干部，20 万中国元购买枪支，5 万中国元秘密军事开支，10 万中国元用于宣传（办《大美晚报》），3 万中国元用于行动委员会的开支。故陈希望中共代表团能提供 10 万—15 万中国元的财政援助，双方就此达成了相应的协定。见 Principles of the "National-Revolutionary League" for Negotiations with the Communist Party Regarding the Anti-Japanese United Front，1935（Draft）；Resolution of the Secretariat of the ECCI Concerning Negotiations between the CCP Representative and ChenMingshu，Jun 19，1936（Draft）；Political Agreement between the Chinese Communist Party and the Chinese National-Revolutionary League about Collaboration in the Struggle for Resistance against Japan and for Salvation of the Fatherland，July 13，1936（Draft），*Chinese Law and Government*. Vol.30，no.1，January-February1997，pp.41—53。

长王明曾就此向中共中央做了具体的说明，并特别通知中共中央说，陈铭枢要求与中共中央签订抗日救国合作协定，而代表团方面已经决定支持其为重组十九路军训练干部，并决定在干部上和物质上为其提供援助。[1]

这个时候格外注重中共同苏联的关系，甚至明确表示愿意为此而尽力的，还有占据新疆统治地位的盛世才。以盛世才在新疆的地位，他对中共与苏联的态度，无论对于他自己的统治，还是对于中共和红军，都是极其重要的。盛世才对此显然早就明白。正是因为这样，盛世才在公开联苏之后，又主动要求实行联共，他也像张学良一样提出了加入中共的要求。盛世才原本就是东北人，早年在东北军著名年轻将领郭松龄的资助下赴日本学习军事，回国后曾在南京任职，而后经人介绍转入新疆担任当时新疆统治者金树仁的军事顾问，于1933年登上新疆统治者的宝座，并在苏联军队的支持下巩固了自己的统治，因此，盛世才公开在新疆实行“反帝”“亲苏”“民平”“清廉”“和平”“建设”六大政策，并引进大批苏联顾问，表现十分激进。

中共中央及中央红军转来西北之后，盛世才更看出新疆在中共联苏问题上具有重要战略地位，因而开始积极靠拢共产党。3月15日，盛世才写了一封热情洋溢的信给中共代表团团长王明，声称：

> 我拥护中国共产党提出的统一战线政策，但您知道，国民党并不是一个革命的政党，蒋介石也不是一个诚实的革命家，而是一个投机的军阀。与蒋介石国民党相反，我和（苏联顾问）阿波列索夫同志搞的新疆工作，却是中国革命和世界革命的大的组成部分之一。我希望

[1] 王明电报内称：“陈铭枢于四月来莫，不久前离去，王明、康生曾与之晤谈。陈提议与我党签订抗日救国的合作协定，我们赞成陈的意见，但同时向陈解释关于具体合作形式，尤其是组织抗日救国联军与总的抗日领导机关等问题，只有在国内与中央特派员代表签订协定。我们现在只与陈在关于下列问题上达成了口头协议，即（一）在《大众日报》、《前驱报》及《大美晚报》之间合作；（二）在香港共同组织培养民族革命干部训练班；（三）在英法等国共同进行华侨工作；（四）派我党干部去进行干部工作。虽然为进行报纸及训练工作而派去的干部是由我们从此地派出的，但我们向陈说是由中央派去的。我们决定根据实际需要今年逐渐为此支出两万美金。”中心档案495/74/281。

我的工作能够受到您的领导。我知道，过去蒋介石和冯玉祥欺骗和利用了苏联，欺骗和利用了中国共产党，谁能够保证我不是另一个蒋介石或冯玉祥？对这种疑问我的回答如下：

第一，不论是蒋介石还是冯玉祥，他们都从没有学习过马克思列宁斯大林主义，他们与苏联和共产党保持友好关系，不是因为他们相信共产主义，而是为了他们自己的利益和他们自己的成功，而我却是（共产主义的）真正的信仰者。我对于苏联和共产党的友谊，是真诚的。

第二，蒋介石和冯玉祥早已形成政治势力，他们利用苏联和中共来增强自己的地位。而我在还没有到新疆之前，还没有成为督办的时候，就已经相信并且希望加入共产党了。在我成为新疆边疆地区的督办之后，我更有机会利用我现在的地位，公开实行与苏联和中共友好（的政策）。

第三，蒋介石、冯玉祥与苏联和共产党搞好关系，是因为他们没有选择；而一旦他们不再需要对苏联和共产党友好的时候，他们就会用仇恨的态度对待苏联，残酷地屠杀共产党。但我是可以选择的，由于我对苏联的友谊和我反对帝国主义的斗争，引起了蒋介石、汪精卫及其南京政府对我的敌视。如果我不相信共产主义，放弃对苏友好和反对帝国主义的斗争，毫无疑问我能够与南京政府建立起密切的关系。除此之外，任何人都清楚，要保持督办的位置，最好的办法就是让自己无条件地服从于南京政府和成为蒋介石、汪精卫的奴仆，直至成为帝国主义的走狗。但是，我却敢于以督办的身份与苏联合作，并且公开反对南京政府，而不顾我的督办地位。这是因为，我信仰共产主义并且反对南京政府的叛卖行径。

第四，蒋介石和汪精卫与苏联和共产党的友好关系是暂时的和短暂的。而我与苏联及共产党的友谊是永恒的、不变的。我在新疆三年来所做的工作，可以证实我确实是站在反帝阵营一边的。

第五，蒋介石和冯玉祥为了自身的利益而利用他们的政治地位，他们是军阀，干卑鄙的事情。而我，自从就任督办以来，就始终是诚实的。最近八十年来，在中国高层军政领导人当中，从没有像我这样无私的人。这是因为我信仰共产主义。[1]

在这封信的结尾，盛世才用的是“马克思主义—列宁主义—斯大林主义的信徒盛世才”的落款。

说盛世才是马列主义信徒，信仰共产主义，自然不可信。但无论他出于何种目的，即使是为了彻底摆脱来自南京政府将来可能的威胁和取得未来西北政治领袖的地位，他这时愿意与中共合作是肯定的。在其上面的信中，他就已经明确地提议苏联应当援助陕北的红军，并且表示他可以负责将军事装备神不知鬼不觉地秘密运送到甘肃，交给红军。[2] 随后不久，他更进一步向苏联国防部提交了军事问题建议书，并再度给王明写信，具体提出了苏联应该经过新疆大规模援助红军的问题。他在给王明的信里声称：

中国红军现在最好的发展条件就是中国西北，因此应当把陕、甘、青、宁、新五省变成中国革命的可靠根据地。现在最迫切的就是占领甘肃省。一旦甘肃占领之后，中国红军就能够秘密地从新疆、外蒙古接受苏联的援助。如果红军能够把这几省变成他们的根据地，那么，在第二次世界大战爆发之前，他们就能够非常便利地向中国北方和南方扩展。即使发生第二次世界大战，西北根据地也可以保持与苏联和外蒙古的密切联系。……你们应当利用已有的便利条件尽可能地帮助中国红军，向红军提供军事装备，包括军用飞机，特别应当建设飞机场，发展自己的空军。我已请国防部长元帅除了卖给我们军事装备外，还

[1] Sheng Shicai's letter to Wang Ming (Received by the Soviet People's Commissariat of Foreign Affairs on March 15, 1936), *Chinese Law and Government*, vol, 30, no.1, January-February 1997, pp.57-66.

[2] 同上。

要准备大批装备以便秘密地援助中国红军。[1]

不论盛世才的建议究竟出于何种动机，在中共西北大联合的计划中，新疆这一关可以肯定已经顺利地打通了。有了盛世才的支持与合作，再加上张学良东北军在陕西和甘肃的势力，红军只要设法征服拦阻在陕甘两省之间的敌对的国民党军队，西北大联合计划就不难实现。

然而，对于这时的中共中央来说，在陕西还有一部最重要的力量需要争取过来。这就是杨虎城的第十七路军。在陕西的国民党军队中，除了张学良的东北军以外，整个非蒋系部队中，就属杨虎城的十七路军最强了。特别是因为十七路军在陕西土生土长，与蒋介石又有着深刻的矛盾冲突，所以中共领导人自打到陕北来，就注意到对十七路军的争取工作。对杨虎城的统战争取工作早在 1935 年底毛泽东派汪锋见杨虎城时，就订立过有关通商和交通问题的口头协定。然而，与对东北军的统战工作相比，中共对十七路军的统战工作却一直进展困难，甚至可以说是步履维艰。这是因为，与东北军的关系毕竟是建立在与张学良个人的大体相似的政治倾向和密切协商的关系基础上的，而与十七路军的关系几个月来却更多地只能依靠少数中下层军官来维系，杨虎城只是采取默认的方法一般不加干预，他个人则有意与中共中央不发生任何关系，甚至在 4 月间和杨在大革命期间就往来较多的中共北方特科领导人王世英去找他谈判，他都表现得非常冷淡。这些情况不能不使中共领导人对争取杨虎城的工作产生怀疑。在 4 月中旬毛泽东派王世英去西安找杨虎城商谈拖延向苏区进兵事，被杨虎城“推诿不见”之后，毛泽东就断定：“杨虎臣怕蒋特甚，一时当难与我们建立积极关系。”[2]

不过，杨虎城其实也并非不想与中共和红军建立秘密的合作关系。6 月间，因为发现“部下几个团长被蒋收买”，杨虎城意识到蒋介石对自己包藏

[1] 《盛世才给绍禹先生的信》(1936 年 10 月 4 日)，中心档案 495/74/278。
[2] 《毛泽东致彭德怀电》(1936 年 6 月 28 日)，《毛泽东年谱》(上)，第 554 页。

祸心，于是一方面赶紧派人于 6 月下旬找上海黑社会关系设法活动阻止，一方面则秘密派人主动找中共组织，“表示极迫切与我方联合及求助”。在对十七路军统战工作几经挫折之后，中共方面对于杨虎城能否像张学良那样真下决心与自己合作十分怀疑，包括一直在负责十七路军交通线、对十七路军情况很了解的中共工作人员梁明德（项与年）都提醒说：“对杨不要估计过高。”因为杨找红军看上去也“还不是十分需要的，不过做一种不要断的声势”。

杨虎城原为冯玉祥西北军系统的一个师长，1929 年背冯倾蒋，1930 年蒋、冯、阎大战中从一个第十七师迅速扩编为第七军乃至第十七路军。由于杨在这场战争中助蒋有功，战争结束后得到陕西省政府主席之高位。然而“兔死狗烹”，当冯玉祥的西北军再不能在陕西对南京政府构成威胁后，蒋介石为控制陕西，转而又频频对杨虎城下手，削其兵，夺其权。杨虎城扩编的三个师被蒋撤销了一个师，剩下的两个师，其中一个师长冯钦哉又被蒋所收买。到了 1933 年 5 月，蒋介石连招呼也不打一声，就免了杨虎城的陕西省政府主席一职，改派其亲信邵力子来做。1935 年东北军又大兵入境，杨的地位更是一落千丈。如今，蒋介石竟连他最后所有的几个团也不放过，这不可避免地要把杨虎城逼上梁山了。

杨虎城要上“梁山”，自然得找共产党。而杨虎城在 1920 年代也确实同共产党人打过不少交道，不仅深知共产党里有不少人才，而且其本身思想也颇有些激进。[1] 特别是考虑到部队自身的发展，几年来杨虎城利用共产党陷于严重困难的机会，在他的部队中也搜罗了不少因各种原因与共产党组织失去关系或者脱党的共产党人。以致从 1936 年春天起，以中共党员谢兹山（谢华）为首，徐彬如、李木庵、宋绮云、金闽生、童陆生等竟得以在十七路军里面组织了一个中共西北特别支部，用杨虎城拨给《西北文化日报》

[1] 根据现在已经查证的档案资料，可知还在 1928 年前后，杨虎城就与共产党的秘密组织来往密切，中共党组织甚至曾经考虑过发展杨虎城入党的问题。

的经费开展自己的工作。7 月以后，这个“西北特支”更进一步在西北军原有的救国会的基础上,组织了一个公开的“西北各界救国联合会”(简称“西救”)，大张旗鼓地在西安展开了抗日救国的宣传。对此，杨虎城都是睁一只眼闭一只眼，加以默认的。只不过，这并不表明杨虎城这时真的信任共产党。据长期在十七路军中工作的中共工作人员谢兹山于 7 月 30 日第一次给中共中央军委的报告说：

> 今年二月初，上海中央派我到西南（北）来发动西北抗日工作。在这（半）年当中，与十七路军谈判很多，直至现在还在继续讨论……他们态度还好，但缺乏勇气，不敢发动。他们对我们说：只要川康红军向北集中，中央红军能把汤（恩伯）部解决，我们一定配合行动起来。我们现在还是耐心地进行讨论的工作，我们认为不到绝望的时候决不放弃这种谈判。[1]

上述报告表明，杨虎城固然允许并同情共产党人在他的军队和辖区活动和宣传，但即使是对像谢兹山这种在十七路军上中层中“信仰很好”、“关系很多”的共产党员，也不能使杨扫除对共产党的疑虑并决心与红军秘密结盟。这既是因为杨担心和红军走得太近会导致与蒋撕破脸,军事上没把握，亦是由于他对中共也颇难信任。这在很大程度上是因为自杨靠蒋之后，共产党方面曾一再破坏其部队，并屡屡发动兵变。其部下骑兵团团长王泰吉组织的一次兵变，几乎把他的骑兵团整个端走了。而 1933 年 6 月 24 日，杨为自保，秘密地与刚刚在陕西邻界的川北建立了根据地的红军第四方面军达成过一项口头协议，约定以巴山为界，红军不来攻陕南，杨虎城的部队也不去打川北苏区。一年之后，因蒋发现了双方的秘密妥协，杨被迫停止了与红军的往来，并遵命开始向川北苏区推进，红四方面军马上毫不留情

[1] 《谢兹山致中央军委的信》(1936 年 7 月 30 日)。

地大举进攻陕南，歼灭十七路军达四个团之众，仅俘虏就捉了4000余人。[1]

更让杨不信任共产党的是1935年红二十五军消灭其警备三旅，并杀害旅长张汉民。当时红二十五军刚刚进入陕西不久，杨的部队连吃败仗。为自保，杨派曾为共产党员的张汉民率警备三旅去与红二十五军保持接触，试图与红军实现互不侵犯。没想到不仅警备三旅被消灭，被俘的张汉民也不免一死。所有这些，都让杨虎城对中共实行统一战线的诚意深感怀疑。杨之所以几个月来一方面愿意在前线与红军实现妥协，一方面却又极力避免与中共有任何联系，很大程度上也正是这种既怕蒋介石又怕共产党的心理在起作用。只不过，这种若即若离的态度毕竟不可能保持太久。

在整个中国都受到日本进一步大举侵略的严重威胁面前，杨虎城像张学良一样，也对蒋介石南京政府的“安内攘外”政策极为反感，认为这是蒋借刀杀人之术。因此，他在政治上很显然是中共抗日反蒋主张的同情者。但和所有地方实力派人物一样，杨虎城最看重的还是自己的军队和地盘。他不满于蒋介石的关键，也正在于立志一统天下的蒋介石总是千方百计地要取消他们这些地方实力派手里的兵权，甚至抢夺他们赖以生存的地盘。这时，再清楚不过的一点是，蒋介石中央军已经大举进至陕西，其下一步势必会要进据西安及陕西所有重要战略要地和交通线，杨眼看再不能保全自己的军队和地盘了，他也只有一条路好走，这就是冒险联合中共，取得中共的合作与支持，像两广事变的领导人一样，打出抗日反蒋的旗号来谋求生存的机会。

杨虎城一向较为谨慎，这次却敢于下此决心，这根本上固然是蒋介石所逼，同时却也是由于他注意到张学良与共产党的秘密关系发展顺利，相信中共不致像过去那样把眼睛盯着他的军队。并且，他也清楚，只要联合

---

[1] 关于这一情况的是非曲直至今尚有不同看法。原四方面军总指挥徐向前回忆称，红军进攻陕南是因为十七路军孙蔚如部出兵攻打红军，并任凭胡宗南的势力伸向川陕边威胁红军，同时也是为了吸引四川敌人向北，便于红军突破嘉陵江。但也有人认为杨虎城的进攻只是一种对蒋的敷衍，是虚张声势做给蒋看，并非有意破坏双方的协定。而红军的大举进攻则有违协议。

了中共，利用西北接壤苏蒙的地理条件，有可能得到苏联的帮助，因而对抗蒋及南京不致太过危险。

当然，即使到这时，为了保险起见，杨虎城也还是为自己留了一手。关于这种情况，在8月下旬潘汉年经张学良介绍见杨时，杨虎城曾有过明白的说法。据潘汉年报告说，在他特意说明了毛泽东希望与他建立直接合作关系的意思之后，杨当场提出三个条件：

> （一）十七路军暂不能一一转变为红军，目前只能政治上加紧准备；
> （二）合作途径必跟张某走，毋须另起炉灶；
> （三）军事上先打通国际路线。

对于潘汉年关于杨虎城应该直接与中共中央建立电台联系，以便及时联络的提议，杨仍旧“极力表示他的电台不能用”，要联络只要通过张学良就好。[1]

杨虎城虽然一直小心地不与中共建立一种直接的关系，但中共中央仍旧始终在为此努力。事实上，由于陕北苏区受到十七路军的直接威胁，东北军的调动又破坏了原有的交通线，中共方面为了打通十七路军方面的关系不知花了多少力气。由于无法与杨虎城直接联络，周恩来甚至不能不致电张学良，请其设法劝说杨与中共直接发生关系。[2]因此，当杨虎城要求与中共联合的信息传达到陕北之后，不论人们对杨此前行为是否理解，毛泽东还是很快写信给杨虎城，表明了中共方面的欢迎态度，并派自己的秘书张文彬作为中共中央正式代表，专程前往西安与杨虎城谈判双方合作问题。但从毛泽东的信中还是可以很清楚地看出中共方面对杨很不满意的态度。他在信中写道：

[1] 《张文彬致毛主席、周副主席信》（1936年9月1日），《中共党史资料》第33辑，第5—8页。
[2] 《毛泽东致潘汉年告张学良电》（1936年8月25日）。

先生同意联合战线，盛情可感。九个月来，敝方未曾视先生为敌人，良以先生在理，在势，在历史，均有参加抗日战线之可能。故敝方坚持联合政策，不以先生之迟疑态度而稍变自己之方针。然为友为敌，在先生不可无明确之表示，虚与委蛇的办法，当非先生之本意。目前日本进攻绥远，陕甘受其威胁，覆巢之下，将无完卵。蒋氏向西南求出路，欲保其半壁山河，依靠英国，西北已非其注意之重心。全国各派联合抗日渐次成熟，而先生反持冷静态度——若秘密之联系，暗中之准备，皆所不取，甚非敝方同志所望于先生者也。兹派张文彬同志奉诚拜谒，望确实表示先生之意向，以便敝方做全盘之策划。先生如以诚意参加联合战线，则先生之一切顾虑与困难，敝方均愿代为设计，务使先生及贵军全部立于无损有益之地位。[1]

毛泽东同时还有信致与杨虎城关系密切的西北社会名流杜斌丞，请其“加速推动”，以使杨虎城联合中共愿望能够切实付诸行动。[2]

即使这样，中共与杨虎城之间的统一战线关系开始真正形成，还是到了9月以后了。

张文彬于8月26日到达西安，31日晚与杨虎城的机要秘书王菊人开始正式会谈。王一上来就明确表示，杨虎城认为目前政治形势十分紧迫，绥远方面有日本人的进攻，广西方面李宗仁等因拒绝南京政府命令另立政府，再树反蒋旗帜。因此，杨认为抗日反蒋都已到关键时刻，有必要“立即在西北发动军事行动，杨并有军事计划意见”，希望能够在中共、张学良与杨虎城的三方会议上进行讨论。

王菊人初次会谈就开门见山地代表杨虎城提出如此大胆果决的谋反计划，这不仅再清楚不过地反映出杨虎城此时的急迫心情，而且也表现出杨

---

[1] 《毛泽东致杨虎城函》（1936年8月13日），《毛泽东书信选集》，第38—39页。

[2] 《毛泽东年谱》（上），第569页。

虎城这时在反蒋问题上甚至比张学良还来得坚决。这回轮到张文彬犹豫不决了。他出发前做了各种应对的准备，却明显地没有预料到杨会突然变得如此激进，以致他竟怀疑杨虎城可能是“欲以此试探我方军事行动及张与我的关系，和有无背他之处”。因此，张文彬的答复避重就轻，显得含糊其辞。张称：

> 杨主任能以救西北首先提议发动，我方甚为欣喜，愿杨能提出具体意见。但第一，我杨双方尚无合作前提……与共同意志在事实上的表征，希能脚踏实地地真诚去做，不徒空（言）。第二，对张方情形我不清楚，对关系第三者情势似非单方面可以解决。如真有此种情势与发展到此必要时，当由各方共同会议筹划。届时或有四五六七方面亦未可知。但我均无事实根据。尤在此时我杨双方尚未有初步明确协定前提，似觉尚谈不到，而不便作徒言推测。[1]

不过，坦率言之，张文彬此次前来的主要目的，就是接通双方之交通联络，就双方互不侵犯和自由通商问题达成协议。在张文彬等看来，既然杨虎城连联络及通商这样的小事情都不敢做，他又如何有胆量做大举动呢？这也难怪张文彬不相信杨虎城有反蒋决心呢！

张文彬在与王菊人见面之后，仍旧见不到杨虎城。且杨虎城连着六天推托不露面，说是有病，这更让张文彬对杨虎城的态度感到不能信任。他在给毛泽东的信中明确说：杨虎城之所以有这种态度，显“系因害怕与我建立合作后其部队群众为我争取，及害怕蒋之发觉而迟缓”。

直到9月6日晚，杨虎城终于出面接见张文彬了。双方谈了大约两个小时。张文彬代表中共中央提出了抗日合作口头协议的草案，其内容为：

---

[1] 《张文彬致毛主席、周副主席信》（1936年9月1日）。

一、互不侵犯：

（1）双方各驻原防地，在实际行动上取消敌对行动。

（2）杨负责抑制民团行动，不在苏区及原有革命组织的地方组织保甲。

（3）不摧残革命组织，改善军队纪律，密切与群众的关系。

二、取消经济封锁：

（1）设专门贸易站在十七路军掩护下保障苏方国家贸易的流通。

（2）不禁止群众的自由通商。

（3）苏方不禁止群众供给十七路驻军的食料等必需品的购买。

三、建立军事连络：

（1）双方军事行动事先通报，杨方除将本部属行动通报外，并供给南京等各方情报。

（2）有关双方纠纷问题均经双方磋商解决。[1]

上述提议与前此汪锋及王世英等过去的提议，没有多大的区别，因此，杨虎城当即表示原则同意。他甚至第一次在原则上同意中共派代表驻西安，并在西安设立一部电台以与陕北联络的主张。当然，杨虎城显然更关心共产党对十七路军的策略及态度。张文彬报告称：第一，他表示，因为十七路军的力量与现处环境的关系，目前尚不能离开南京政府。第二，他强调，因为十七路军的基础关系，目前不能与红军走一条路，但可以走“人”字路，将来再会合。第三，杨宣称，红军除非接取国际援助，不应继续游击战争，红军的根据地最好设在甘肃、宁夏与陕西交界地区。第四，他担心国际援助一时来不了，更担心国际援助只给红军不给十七路军。第五，他再次强调西北发动要由张学良来领导，但担心张部复杂，且担心因张继承父业，未经艰苦经营，关键时可能靠不住。

[1] 《张文彬致毛主席的信》（1936年9月8日），《中共党史资料》第33辑，第11—17页。

对此，张文彬做出的答复是：第一，应付南京是必要的，但必须努力做实际的抗日准备，防备和打击蒋介石的破坏阴谋。第二，对十七路军，红军从未有过挖墙脚的企图，不过希望十七路军能够建立自己的政治组织，成为坚强的抗日友军。第三，红军发展的方向及根据地的建立，需要根据与友军的联络情况以及敌人方面的情况来决定。第四，“国际援助不成问题”，并且“一切抗日友军，一切联俄联共武装都可援助，方式与方法则按具体情形决定”。第五，对张学良及其军队的情况虽不十分清楚，但以其特殊的亡国情形，应该是可以改变自身的弱点的，并希望杨虎城能够根据本人的革命历史和意志及共处西北利害相关的缘故，对张学良给以全力推动。[1]

张文彬对杨虎城的看法很明确，他仍旧相信杨的谈话突出地反映出其必欲保全自己军队和地盘的愿望。当然，通过随后与杜斌丞的谈话，张也注意到杨虎城的过分谨慎，是与此前与红军交往的教训有关。他在给毛泽东的一封信中提醒中共中央说：“据杜谈，张汉明（民）原是十七路内认为最左倾的份子，终为红军所杀。又曾一次渠亲自派一学生到汉中与张、徐（向前）交涉，亦被杀。此等事在十七路中有很不好的印象，杨、孙等现在犹怨我方不能遵守信义。深望我方注意。”[2]

7日，张文彬根据与杨虎城6日晚谈得的结果，与王菊人等商订了红军与十七路军合作协议的具体条文。最终达成协议。协议共三条，内容如下：

> 一、十七路军现尚未接防，准备以十七师王旅驻最前线，旅部将在鄜州，肤施及其以北到蟠龙止，均以最少数部队营连分驻（蟠龙是否驻不一定）。十七路军主力均在鄜州（县）以南，以备有事。整个部署俟决定后当再电告。
>
> 二、民团将以消极的集中训练，统一指挥名义，严密纪律等抑制

[1] 《张文彬致毛主席的信》（1936年9月8日）。
[2] 同上。

其活动。积极的方式是改造其个别不听从指挥者。保甲组织，以目前部队无政训处是完全可以做到的。将来如有政训处也不致成大问题，至少可以采用东北军所用过的方法去抑制。

三、交通地点决定在肤施及到甘泉的侧翼，由十七路军、红军各派二人以副官名义前后各驻一个办理货物转运，至于人员的来往另外由人负责，以更谨慎。

四、电台可立即设立。[1]

时至于此，共产党人在成功地争取了张学良之后，终于又成功地使一向摇摆的杨虎城比较肯定地到了自己的一边。再加上西北地区的小军阀邓宝珊、高桂滋这时也已经表示赞同与红军妥协，而在接通苏联问题上最关键的新疆盛世才也明确支持中共和红军的大西北计划，西北发动的整个准备工作看上去前景似颇为光明了。

[1] 《张文彬致毛主席的信》(1936年9月8日)。

四、引弦待发

随着1936年秋季的日渐到来，发动西北大联合的诸多条件都已经开始成熟起来了。但在另一方面，中共在陕北的物质条件却是极端困难的，它也直接影响到红军的军事发展，限制着中共力量的进一步壮大，因而不利于中共在它所倡导的统一战线中成为主导的力量。

中共这时在西北的条件究竟如何呢？在莫斯科保存的一份相当详细的报告对此有具体的说明。根据这份制定于1936年8月的报告，我们可以清楚地知道，红军当时确实极其需要来自苏联的援助。报告首先说明了“陕甘宁苏区状况”，称：

苏区版图北以盐池、定边、靖边三县与绥远蒙地为界，安边、宁条梁、新城堡在敌手。横山南部、米脂西部为苏区，唯绥德至石湾封锁线区划在其间。东抵黄河，吴堡、清涧东部、延川、延长及宜川一部，原均为苏区，现则为清剿部队隔成数块。南则沿肤施、甘泉、鄜县大道两侧以外尚为苏区。入甘境，合水、庆阳、固原以北均为苏区，西则以豫旺堡及其南北之线内与宁马为界。中间环县、保安、安塞、安定四县则属全县。县城在我手中者为盐池、定边、靖边、安定、延川、安塞、保安、环县、豫旺九城。除定边外，余为均不足两百户人口之城市。苏区东西最长处有1200余里，南北600余里。行政区域分陕北及陕甘宁两省，陕甘特区及中央直辖保安县。

整个苏区的特点是：一、地形则山多沟深，林稀水缺，土质松，人户少，交通运输极不便。北部靠近蒙地，更多沙地，均不宜大部队运动。二、人口极稀，总计不过40余万，除沿黄河西岸外，一般村庄少超过四五十家以上的。即在大道上亦常四十里无人家。陕甘苏区内红军已超过3万，红属与人口比例超过江西苏区。三、物产一般贫乏，农产除小米外，麦及杂粮均缺，不能供给大军久驻。特产除沿河西产煤及煤油（现入敌手），盐池产盐，一般的畜羊外，无其他大宗出口。由于国民党对苏区实行封锁的原因，这里的商业更加萧条，只有东北军防线及内蒙古等少数地区尚有些商业来往，然而它也只能部分地满足红军及机关需要，并且还需要现洋及白票交易，而苏区目前现款已经告罄。

报告接着说明了“现时西北方面的红军状况”，这是目前所知最详尽的关于这一时期陕北红军兵力及其配备的档案资料。报告称：

> 甲、一军团现辖三个师，计第一、第二、第四师，另一骑兵团，一炮兵连，一工兵连，一教导营，共约八千人。
>
> 乙、十五军团辖第七十三、第七十五、第七十八三个师，另一骑兵团，一炮兵连，一工兵连，共约六千人。
>
> 丙、各直属部队计有二十八军，辖三个团，一炮兵排，共约一千四百人。二十九军辖三个团，一炮兵排，共约一千二百人。三十军辖三个团，一炮兵排，共约七百人。第一独立师辖两个团，一炮兵排，约五百人。两个独立步兵团，共约八百人。一个骑兵团约四百人马。一个山炮连一百五十人。其余通信、警卫等部队约八百人。总计约七千二百人。以上正规红军三项共两万一千余人。
>
> 丁、地方部队陕北省有三个独立团，五个独立营及各县区游击队，共约三千人。陕甘宁省有两个独立团，一个独立营及各县游击队，共

约一千三百人。陕甘特区有游击队约三百五十人。中央直属队有二百人。关中苏区有游击队约四百人。神府苏区有一个独立团及各县游击队，共约八百人。总计六千余人。

戊、武器在正规红军中，步枪约及全部人数之半。在地方部队中约超过五分之二。步枪总数在一万以上。重机枪约一百余挺，轻机枪约二百五十余挺（另存有二百数十挺）。迫击炮十六门（另有二十余门）。山炮两门。子弹一般缺乏，正规红军每枪平均不及四十发，地方部队仅十余发或二十余发不等。[1]

由上不难看出，这时，西北的红军，饷弹匮乏，人枪有限，根据地又贫瘠偏僻，并且已被国民党军切割得七零八落，其自身就已经困难万分了。但即使在这种情况下，雄踞各地之反蒋实力派仍旧纷纷前来相邀入盟，这不能不是一件十分引人注目的事情。很显然，各地反蒋派之所以看重力量并不强大的西北红军，除了对红军的战斗力有足够印象以外，最重要的原因之一，恐怕就是在中共和红军背后毗邻的强国苏联的号召力了。无论是张学良、杨虎城，还是陈铭枢、马占山、宋哲元、李宗仁以及刘湘等，不管他们各自的真实目的是什么，他们之所以纷纷试图联合红军，自然不是指望可以靠红军的力量来左右开弓，挫蒋阻日，而是因为他们知道，无论是要对付强敌日本，还是要对抗正在变得不可一世，可能成就大一统局面的蒋介石南京政府，非有强国的介入不可，而如今也只有苏联才能帮上这个忙。而在中国，要想取得苏联的帮助，就非联合中共和红军不可。因为在中国，苏联唯一肯于援助也必定会援助的，大概也只有中共和红军了。因此，联合红军，是争取苏联承认与支持，进而取得苏联援助的几乎唯一的途径。

那么，这时苏联又是否准备援助中共呢？

在今天莫斯科的档案馆里可以看到一些曾经是高度机密的文件。这些

[1] 中心档案 495/74/281。

文件表明，早在1933年年初，共产国际就已经开始提出中国红军向西北边境地区发展，以便于接取苏联援助的设想了。到1934年以后，这一设想实际上已经开始提上苏联和共产国际中国政策的议事日程，并日渐成为他们为中国革命计划好的战略发展方向。

目前所见最早的一份有关共产国际提出红军向西北发展的文件，是共产国际执委会1933年初给中共中央的指示电，该电肯定了鄂豫皖红军主力转入四川是正确的。电报提出：“我们认为，在四川，在陕南和有可能的话向新疆方向扩大苏维埃根据地，具有很大意义。”[1]

在一年多以后，另一份文献所提出的主张就更加明确了。这是共产国际派驻上海的远东局负责人弗雷德1934年9月16日给共产国际副总书记兼联络局局长皮亚特尼茨基的一封信，信中建议立即在苏联中亚西亚的阿拉木图组织由中共军政领导人和共产国际联络部人员联合组成的中共西北局，立即调查通过新疆、外蒙等地派遣人员到中国西北各省发展游击战争的可能性，直接援助陕北的红军，并通过他们接通四川红军。为此不仅应当从莫斯科派遣一些中国干部，而且应当考虑派遣一些在苏联远东地区工作的干部，包括一些从东北来的游击队成员，通过新疆到中国的西北地区去。为此应当在苏联的中亚细亚地区组织一个秘密的军政学校，并建立一个至少足够装备5万人的秘密武器库，以便训练这些人员，并随时准备向西北地区的红军提供军事援助。

同一天，另外一份文件也提到了这一主张。这是王明、康生当天写给中共中央政治局的信，其中明确提出中共中央应当加强陕甘宁三省的政治军事领导，努力将川陕苏区连成一片，进一步“打通川陕苏区与新疆的联系”，并断言此举为对“中国革命有伟大意义的工作”。[2]

另外还有1934年11月3日皮亚特尼茨基给苏联红军情报局局长皮尔金

[1] 《共产国际执委会致中共中央电》（1933年3月），转见《中共党史研究》1988年第2期。

[2] 《王明、康生二同志致中央政治局诸同志的信》（1934年9月16日）。

的信，请他设法尽快协助调查中国西北边疆地区的情况，以便考虑经过中国的西北边界具体援助中国红军的可能性。

多半是根据类似的建议，我们还可以看到一些有关中国西北边疆地区的调查报告。这样的调查报告在1935年已经被提交给共产国际，它们中有《关于中国西北边疆情况的报告》和《关于内蒙古一般情况的报告》等。这些报告说明，从中国西北地区接通苏联至少有两条道路可供选择：一条是经过新疆的哈密进入甘肃西部地区，一条是经过外蒙进入定远营[1]，接通宁夏。后者要比前者对红军更为方便，但暴露的可能性也大得多；前者距离较远，道路困难，费时较长，但由于新疆掌握在盛世才的手中，保密性却好得多。[2]

从1935年共产国际执委会东方书记处关于红军行动的一份报告来看，共产国际在这一年的4月间已经决定要红军在靠近苏联和外蒙的西北地区创立战略根据地了。该报告宣称："现在，不仅四川地区的西北边界已经不存在任何严重的威胁，而且今后红军向陕西、甘肃方向发展具有非常远大的前景，因为这些地方的游击队已经建立起一些重要的根据地，并且建立起独立的苏维埃政权。"红军"向西北发展的道路事实上已经打通"。苏联国防部、苏军情报局和共产国际联络局三方甚至联合组织了一个三人组，特别研究了中国红军未来在中国西北地区的发展计划及苏联方面的援助问题，这个小组的一份报告明确肯定红军在西北发展以及接受援助是可能的。[3]

由此不难看出，斯大林1935年夏天之所以明确表示希望中国红军能够向中国西北地区发展，并不反对靠近苏联及外蒙，是早就有所计划的。共

---

[1] 定远营，宁夏境内，又称王爷府，即今阿拉善左旗巴彦浩特镇。

[2] 分别见《弗雷德的建议》（1934年9月16日），《皮亚特尼茨基给皮尔金同志的信》（1934年11月3日），《关于中国西北边疆情况的报告》（1935年），《关于内蒙古一般情况的报告》（1935年），中心档案495/19/575。另外，这时陈铭枢、蔡廷锴等也明确提出了一个准备武装割据中国西北甘、宁、青、新四省的"民族革命行动方案"，要求中共代表团代为向苏联和共产国际请求援助。此计划于1935年10月由王明上报季米特洛夫，后由季米特洛夫转送苏联军事当局。参见中心档案495/74/278。

[3] 东方书记处：《中国红军前线的新形势》（1935年4月），《有关军事问题的报告（绝密）》（1935年），中心档案495/19/574、575。

产国际和苏联有关方面也确实在密切注意中国红军的发展动向，并努力与红军取得直接的联络，以便指导红军同苏联外蒙接通。为此，仅在1935年下半年至1936年上半年，它就接连六次派人潜入中国西北地区，试图重新接通与中共中央的联系。[1]

同时，他们也开始具体筹划经过西北边界对中国红军的援助工作。毫无疑问，毛泽东和中共中央之所以一再宣布“国际盼望红军靠近外蒙、新疆”，共产国际“已三四次派人来找我们，希望我们在西北成立大局面”，也正是根据于此。只不过，特别是在被迫从山西退出来的情况下，考虑到在西北红军生存越来越困难，而发动西北大联合必须要以苏联为后援的情况，他们寻求苏联援助的心情多半比苏联想要援助他们更要迫切得多。

还在提前发动西北国防政府的计划紧锣密鼓地酝酿过程中，毛泽东就再度开始提出尽快实现打通苏联、接取援助的主张了，他甚至考虑过不等红军四方面军和红二、六军团到来就迅速采取行动。毛泽东提出：

> 甲、从总的战略上看，无论站在红军的观点上，站在红军与其他友军联合成立国防政府的观点上，打通苏联解决技术条件是今年必须完成的任务，而这一任务是必须由一及十五军团担负。
>
> 乙、红军接近苏联的道路有二：一是宁夏及绥远西这一条路，距

[1] 根据已知的情况，可以肯定共产国际这一段时间至少为与西北地区的红军联络，派出过六批联络人员。最早派回的是阎红彦。根据阎1942年回忆，他是1934年7月由中共上海局派往莫斯科去的，在莫斯科很短时间即被派回国递送密码电本，并准备接一批军事干部赴苏学习。阎由新疆入境，经过甘肃转到绥远，再转北平，最后由山西转陕西进入陕北苏区，时间是1935年底。其次是林育英，即张浩。1935年8月共产国际“七大”召开期间，由共产国际选派经外蒙入境，转经宁夏、甘肃，于1935年11月10日左右到达陕北苏区的“首都”瓦窑堡，除负责传达有关指示外，也带有密码本。随后被派往陕北苏区的刘长胜，化名罗英，1935年3月到达陕北前线，主要任务也是送密码本。1936年2月，当共产国际得知中央红军已到陕北，并向山西发起东征战役之后，又迅速从外蒙送入一个七人小组，负责转送电台及密码本，但在陕北与民团遭遇，六人战死，一人被俘。另外，还有几人于1936年5月被派，准备转经北平前来陕北。7月又有两人经北平要进陕北，北方局曾有电询问与此两人的接头暗号，以确定他们的身份。另外于1936年4月底5月初经欧洲、香港派往中共中央传达苏联方面重要战略意图的还有潘汉年。

离较近，人口经济条件较好，缺点是恐怕不易造成根据地。但如能给马鸿逵主力以打击，一个时期的立足是可能的。二是甘凉肃三州这一条路，能够造成巩固根据地，缺点是距离较远，某些区域人口稀少，行军宿营恐怕有些妨碍。

丙、红军出动的时机亦有二：一是夏天或秋天，如能解决渡河船只，这是最好时机。一是冬天，夏秋不成功则只好等候结冰。

丁、不论采取哪一条路与哪一个时机，给马鸿逵以坚决的打击都是决定的条件。因此，请你考虑在七月下半月一及十五军团向金积宁安之间或宁安中卫之间行动的问题，及在黄河抢夺船只的问题。

戊、如能在东岸解决马鸿逵一部又能抢到船只时，或东岸虽不能（给马鸿逵以打击）而依据已得材料我军有在西岸战胜马部之把握时，则均应准备西渡。[1]

对于毛泽东的提议，彭德怀表示同意，只是调查结果显示两条路各有利弊，一时难下决心。同时彭德怀注意到以陕北红军现有的兵力还不能做到两相兼顾，若因贸然渡河使陕北苏区落入敌手，则未必妥当。故他相信仍应花一个月的时间巩固甘北占领地区，西渡黄河，接取援助的作战只能在8月初开始进行。

据此，彭德怀决定暂以打马鸿逵为目的，以十五军团一部围金积或吴忠堡，主力集结石沟堡附近，努力调动马鸿逵打击之。同时以一军团出黄河东岸中宁靖远之间，相机抢夺船只，赤化黄河东岸并控制中宁、豫旺、同心三角地区，以便随时协同十五军团打击马鸿逵和依据条件渡过黄河。

根据彭德怀的电报可以看出，无论出宁夏或出甘肃，作战及红军生存条件都十分困难。两条路线都有人烟稀少、缺粮少水、不利大部队回旋作战和行军宿营的困难问题，而两条路上有村寨的地方，当地民团又都是深沟

[1] 《毛泽东军事文集》第1卷，第551—552页。

高垒、坚壁清野，马鸿逵、马鸿宾、马步芳等部又多是骑兵，速度快，威胁大，围歼难。再加上国民党现在大军压境，以红军现有的两万兵力一方面要保卫苏区，一方面又要完成长途跋涉，搬运大批军事装备和弹药的双重任务，实在分身无术。因此，毛泽东不能不寄希望于“外蒙能出兵策应并解送军械”。对此，彭德怀虽估计很少可能，却也不能不希望国际能够动员新疆出兵，“夺取甘、肃、凉三州，响应两广，推动西北国防政府的组成，援助我们”。

注意到所有这些设想都不是中共中央所能解决的，毛泽东最终不能不很快放弃迅速打通苏联的想法，准备把问题提交共产国际和苏联方面去考虑。但无论如何，在与彭德怀反复通电商量了打通苏联的设想之后，毛泽东已经清楚地了解到，在预计的8月发动开始之前，接取援助的工作不可能提上议事日程。事实上，一切接取援助的工作，都要等到西北国防政府发动之后才能具体考虑。毛致电彭德怀称：现在以我们与东北军关系的进展程度，“二、四方面军北上后局面当有变化，也许就在此时发动西北政府。我们方针力争此着。但即能如此，打通苏联取得接济，仍是总的战略方针中重要一着。不论为红军为东北军均须如此”。目前，关于接运物资的困难尚须解决，新疆、蒙古出兵策应并解决运输路线，即拟向“远方”提出交涉，非达到这一层，我们即使到达了宁夏或甘、凉、肃，也是没用的，因我们不能向新、蒙去搬东西。[1]

当然，一旦发动成功，一切又将有所不同，故毛泽东也注意到“彼时行动更有便利条件”，因为那时将不必再为红一方面军和红十五军团兵力不足而苦恼。那时不仅红四方面军和红二、六军团都将到达甘北地区，而且东北军也可以为此助战。那样，无论是向西打通甘、凉、肃三州，还是北上宁夏直出五原，都将有足够的兵力保障。

为争取红四方面军北上，中共中央此前已经做了大量的劝说工作。还在2月中旬双方关系十分对立之际，中共中央就曾以林育英的名义，一再

---

[1] 《毛泽东致彭德怀同志电》（1936年7月1日），《毛泽东军事文集》第1卷，第553—554页。

打电报给四方面军，说明陕北苏区形势十分有利，主张四方面军立即北上。林育英与张闻天2月14日电更进一步向其传达了斯大林的意见，称：

> 育英动身时，曾得斯大林同志同意，主力红军可向西北及北方发展，并不反对靠近苏联。四方面军及二、六军如能一过岷江，一过长江，第一步向川北，第二步向陕甘，为在北方建立广大根据地，为使国内战争与民族战争打成一片，为使红军真正成为抗日先遣队，为与苏联红军联合反对共同敌人——日本，为提高红军技术条件，这一方针自是上策。[1]

至5月下旬，因为同张学良已经商定西北大联合计划，中共中央再度急电四方面军领导人，力劝后者下决心北上参加此一重大行动。[2]

由于中共中央首先与其上级指导机关共产国际取得了联系，红四方面军却困于偏僻闭塞的西康一带，生存发展十分艰难，因此张国焘此前虽于1935年11月5日已经自行组织新的中共中央、中央政府和中央军委及红军总司令部，要求陕北原中共中央改称西北局，接受其领导，这时也已不得不自动取消，改称中共西南局，表示愿与中共中央“取协商关系”[3]，同时，鉴于西南事变爆发，西北发动成功在望，张国焘等更进一步接受中共中央的劝告，准备带领红四方面军北上与红一方面军会合了。

6月10日，张国焘等来电，表示：“拟于六月底出动，向夏洮西北行动，大约七月二十日前后可达夏洮。”

对于张国焘率四方面军等直接出夏洮入青海的方针，中共中央这时明

---

[1] 《林育英、张闻天二同志致四方军电》（1936年2月14日）。

[2] 《育英、洛甫、泽东、恩来、博古、德怀、林彪、海东致朱、张、刘、徐、陈并转任、贺、萧、关、夏诸同志电》（1936年5月25日），《毛泽东军事文集》第1卷，第533—534页。

[3] 见《党团中央来电》（1935年11月5日），《国焘致育英电》（1936年5月30日），转见于吉楠：《张国焘和〈我的回忆〉》，第115页。

显地表示异议，为此力劝四方面军等仍以出甘南为有利，不仅“甘南敌情较弱”，“利于以后东出陕南策应时局”，且较青海“利于补充”，也不致引起马步芳等挑动少数民族与红军对抗。

6月底，张国焘来电，终于同意照中共中央建议，率四方面军等于7月10日左右出松潘，向甘东南方向发展。[1]

7月初，红军二、六军团已经到达红军四方面军所在之甘孜，与红四方面军会合一处，并组成红军第二方面军，以贺龙为总指挥，任弼时为政治委员。为此，中共中央专门发出贺电，并再劝二、四两个方面军迅速北上。

其电称：我们以无限的热忱庆祝你们的胜利的会合，欢迎你们继续英勇地进军，北出陕甘与一方面军配合以至会合，在中国的西北建立中国革命的大本营，与苏联、外蒙打成一片，与全国抗日人民、抗日军队、抗日党派建立抗日救国的统一战线，组织人民的国防政府与抗日联军，向着日本帝国主义及其走狗卖国贼开展神圣的民族革命战争，挽救中国之危亡，解放中华民族于日本帝国主义的铁蹄之下。[2]

至8月初，二、四两个方面军终于出至甘南，三个方面军在甘北会合眼看就要实现了。如此，则整个红军在陕甘的兵力将有近十万之众。形势对中共看起来颇为有利。

8月6日，1935年4月由中共中央派往上海接通共产国际关系，以后曾任驻莫中共代表团成员的潘汉年从香港转经南京、西安到达陕北保安，带来了共产国际有关红军发展战略方向的明确指示。

潘转达的共产国际指示再度重申了中国红军应该在中国西北地区发展，设法将陕、甘、宁、青、新打成一片，与苏联、外蒙接通的战略意图。同

---

[1] 《西南局致育英并转北方局同志电》（1936年6月11日），《育英、洛甫、恩来、博古、泽东、德怀致朱、张二同志并转弼时同志电》（1936年6月19日），《朱、张致育、闻、毛、周、彭诸同志电》（1936年6月27日），《中共中央抗日民族统一战线文件选编》（中），第165—166页，以及《文献和研究》1986年第5期（关于红军北上抗日方针的十八份电报）。

[2] 《林育英、张闻天、毛泽东、周恩来等致朱德、张国焘、徐向前、陈昌浩、任弼时、贺龙、萧克、关向应各同志电》（1936年7月1日），《中共中央文件选集》第11册，第48—51页。

时，共产国际明确肯定，在中国红军有可能接通外蒙和新疆的条件下，苏联方面可以考虑从外蒙和新疆两个方向为红军提供必要的军事物资的帮助。与此同时，潘汉年 7 月 23 日到西安后，张学良恰于 24 日回到西安，双方进行了具体的商谈，潘汉年说明了共产国际和苏联方面决心援助红军的情况，张学良也表示希望更进一步密切双方关系，准备建立他本人与中共中央之间的直接电台，并且说明了他对西北大联合计划的具体设想。据潘汉年汇报，张学良这时关于行动步骤的基本想法是：

第一，红军应立即开始实施打通苏联，以便推动西北国防政府的建立。

第二，打通苏联及西北发动的时间应考虑在九月日本指使德王进攻绥蒙之际，并将攻击方向指向绥远，如此方能号召时局。

第三，打通苏联的实现暂以红军为主，东北军目前暂做隐蔽的配合。

第四，欢迎二、四方面军到甘肃来。二、四方面军宜先夺岷州，据此出陇西攻击毛炳文，以便调动东北军于学忠部控制兰州；另以一部出夏河攻击马步芳老家河州，威胁青海，吸引西路甘、凉、肃三州马步芳东援，争取使东北军接防河西走廊，如此可便利接通新疆。

第五，为便利西北发动起见，红军一部出河南仍是调动陕西中央军出境，确保陕西于我手中的有效策略。

第六，目前西北发动的最大问题是东北军自身的统率与改造问题，依目前条件，必须尽快物色和训练一批可靠军官，为此请派有力干部前来协助。

对于潘汉年所转达的这两项重要消息，中共中央当然非常重视。8 月 10 日，中共中央政治局专门开会讨论了红军行动的整个战略方针问题，终于再次下决心实施打通苏联的军事行动。会议明确决定："打通苏联的意义是伟大的，应放在第一位"，它是党和红军目前阶段的基本任务，无论是西北国防政府的成立，统一战线的巩固，还是抗日战争的实行，以及对付蒋介石南京政府，党的所有工作均应围绕它来进行，对此"不应有任何的动摇"。甚至，还在会议召开之前，毛泽东就已经下了这样的决心，并希望与张学良具体商定行动步骤。他在 8 日给刘鼎的电报中明确要求刘鼎转告张学良，说明中共中央已经了解了张学良关于共同行动的基本设想，行动问题原则同意，步骤尚须商酌。故特令潘汉年10日动身来西安与张学良商量各种问题，请张暂勿他往。

与此同时，毛泽东等中共领导人还联名致函张学良，具体说明了中共中央对张学良行动设想的意见，并派潘汉年迅速携返西安去见张学良。在这封信里，中共中央明确表示同意张学良关于首先实行打通苏联，9月以后再准备发动的意见。

实际上，还在7月25日，中共中央根据两广事变受挫的情况，就已经致电共产国际，说明“在两广失败条件之下，张学良发动恐须略为推迟”[1]。而潘汉年带来的共产国际已确定援助红军的消息，又使得中共中央认识到应该以打通苏联为第一等的任务，因此，中共中央对于张学良所提以9月为西北发动时间的建议，自然比较容易接受。甚至，中共中央考虑，依目前条件，整个西北的发动时间多半要在10月了，因西北的发动应该尽可能与打通苏联同时并举，这样相互配合才较有把握。当然，考虑到打通苏联的工作尚须时日，中共中央相信这一切最迟不应晚过10月份。据此，中共中央在信中向张学良提议的具体步骤如下：

> （一）根据二、四方面军北上、西南事变发展、日本对绥蒙进攻等情况，我们认为兄部须立即准备配合红军选定九、十月间有利时机，决定发动抗日局面，而以占领兰州，打通苏联，巩固内部，出兵绥远为基本战略方针。
>
> （二）乘蒋注意西南，无力北顾之际，我们的整个计划须于八、九、十三个月完成其基本部分。
>
> （三）占领兰州是整个计划的枢纽，其方法：用东北军守城，红军二、四方面军攻击城外之毛炳文，胜利后红军一部转向兰州上游给马步芳

[1] 中心档案495/74/281。

以打击，然后以一部取甘、凉、肃三州，一部取宁夏，配合东北军之一个军出绥远抵御德王的进攻，树起抗日旗帜，红军之另一部，则在陕甘宁交界控制黄河东岸，并准备南下策应东北军主力抵抗蒋之进攻。

（四）东北军以至少三个师好好地控制兰州，如此着成功，则可在今年秋天三个月内完成打通苏联的任务，我们必须坚信打通苏联是保证西北胜利（更是全国胜利）的最基本点，而要在秋天打通苏联，不使推到冬天气候条件最困难时去做，则必须以占领兰州为枢纽。以战略上巩固内部来说，好好的完全地占领兰州，也是绝对必要的。准备必要时以兰州为中心。

（五）对甘、凉、肃的占领，最好使用东北军之一部，留红军在外面用，但如东北军觉得有困难，便应以红军之一部用于此方面。因为拿打通苏联的意义来说，占领甘、凉、肃比较占领宁夏更为重要，这是不受日本威胁，有永久保障的一条道路，新疆的协助与苏联的接济已不成问题，其详情请问赵年同志（即指潘汉年——引者）。

（六）战略上与政治上巩固内部，是发动后无论如何不能忽视的一个基本任务，拿战略意义来说，在蒋介石进攻与杨虎城动摇的条件下，我们不但不是进攻河南，也并不是保持陕西，东北军应准备在必要时把陕西交给杨虎城，自己在北上抗日的口号下，把主力缩到甘肃境内，以便一面集结部队，利用政治上组织上改造内部，一面与红军靠近占据战略上巩固的形势，然后待有利时机再打出去，方能操胜算……

（七）时机问题完全同意我兄意见，即是说不放弃九月以后日本指使德王进攻绥蒙的时机，这是政治上最好机会。同时蒋在此时忙于西南，他要立即顾到西北是很困难的，然而西南一解决他就有极大可能进攻西北，我们必须在他动手之前，完全主动的发动自己的计划，不使自己处在临时应付的被动地位，这是基本的原则。[1]

---

[1] 《中共中央致张学良函》（1936 年 8 月 9 日），参见《毛泽东年谱》（上），第 566—567 页。

中共中央强调：目前“关键全在乘蒋注意西南时，我们以突然的姿势占领兰州，打通苏联，那时不管他来打也好，不来打也好，我们都有胜利的把握”。关于张学良所担心的东北军的改造费时费日的问题，中共中央在信中深表赞同，但他们强调：这种改造“需要一个长期的过程，不是几个月所能做到的”。目前唯一的方法只能是一面“坚决肃清东北军内部的反革命分子”，一面由张学良亲自与军师团长谈话，或发布书面指示，再经过军师团长们去发动下级。中共中央决定尽快派潘汉年、叶剑英、朱理治三人前往西安协助张学良进行这一工作。

值得注意的是，中共中央这时甚至还向张学良提出了西北大联合成立后的政治导向问题。函称：

> 我们正在讨论西北发动后，共同采取一致的政治纲领与组织形式，如人民政权形式，人民军队形式，最低限度的土地经济政策等，而不采取目前有差别的形式与政策，如此更能保持团结与号召全国。[1]

准备在西北大联合实现之后，与东北军采取统一的人民政权和人民军队形式，实行无差别的政策方针，包括实行统一的土地经济政策等，这充分反映了中共中央这时对张学良所寄希望之深。

中共中央在这封信里第一次亲切地称呼张学良为“同志”，尽管共产国际还没有就他们所提出的吸收张学良入党问题表态，但他们无疑对张学良所表现出来的政治上的进步态度深表赞赏，并有意把张当成自己同志来对待了。信中特别说明：

> 八个月来的政治关系，证明了你我之间的完全一致，兄所采取的

[1] 《中共中央致张学良函》(1936年8月9日)。

各种步骤与提出的意见，我们都是基本上同意的。[1]

不过，严格地说，10月的发动期限能否实现，多数中共领导人仍无切实把握。他们很清楚，西北发动最重要的一环就是打通苏联，如果此举看不到切实成就，整个西北发动就难以实现，反蒋派与中共之间的统一战线很可能会破裂、失败。然而，以红军现有的状况，中共中央这时又确实对打通苏联的作战没有太多把握。并且，他们对张学良能否迅速下定决心，并完全掌握部队，东北军到时候能否完成各项准备，切实开始发动，也并无太多信心。因此，在8月12日中共中央内定的“今后战略方针”中，他们不仅没有提到西北发动的具体时间，甚至也没有把西北发动摆在重要位置。整个战略完全是以打通苏联为中心。这其实也不奇怪，只要打通了苏联，还怕西北发动不成功吗？正如毛泽东等人在给张学良的信中所说的：“打通苏联之后，那时跟我们来的还多着哩！”[2]

当然，为了稳操胜券，中共中央实际上也并没有把打通苏联的宝押在8月、9月、10月三个月里。文件明确规定，打通苏联的任务基本上应由红军独立完成，整个过程应分为三个阶段，12月之前为准备阶段，具体开始实施打通苏联的直接作战行动应在12月黄河结冰以后。中共中央在给二、四方面军领导人的电报中关于此一方针的内容具体表述如下：

（一）一、二、四三个方面军有配合甲军（即指东北军——引者）打通苏联，巩固内部，出兵绥远，建立西北国防政府之任务，由此任务之执行以配合并推动全国各派统一战线，达到大规模抗日战争之目的。

（二）根据一、二、四方面军会合，甲军与我们联盟，日本指挥蒙伪军进攻绥远、内蒙，企图隔断中苏关系，及蒋介石注意西南，暂时

[1] 《中共中央致张学良函》（1936年8月9日）。
[2] 同上。

无法顾及西北等情况，上述任务可能而且必须在较短时间内实现之。

（三）打通苏联为实现全国抗日战争，首先为实现西北新局面，进行部分抗日战争之重要一环。其步骤为：

甲、二、四方面军尽可能地夺取岷州或其附近，作为临时根据地，控制岷州附近洮河两岸之一段，候部队相当整理后，即以有力一部出陇西攻击毛炳文，相机消灭之，目的在威胁兰州，以便甲军李忠（即指驻守兰州之东北军五十七军军长于学忠——引者）部三个师全部集中于兰州，控制兰州为战略枢纽；另以有力一部出夏河，攻击河州马步芳老家，目的在威胁青海吸引西路甘、凉、肃三州马步芳兵力之东援，以便甲军派出一部接防，使西路三州落于甲军之手。在消灭青马一部后，促其与我讲和，李毅[1]现有代表青马处。以上是李毅与我商定之计划。此外再派较小一部拒止王均于西礼之线，并派员与王进行外交。同时也对毛炳文进行外交。彼时均在极危惧中，外交成功有大的可能。上述计划大概以一个半月时间实现之……

乙、完成上述任务之后，实行三个方面军在甘北之会合，扩大甘北苏区，准备进攻宁夏。这一步骤约在十月到十一月完成之。

丙、十二月起，三个方面军以一个方面军任保卫陕甘宁苏区并策应甲军对付蒋介石之进攻，以两个方面军乘结冰渡河，消灭马鸿逵，占领宁夏，完成打通苏联任务。[2]

中共中央在上述计划中对张学良和东北军明显没有寄予太多的指望，这很大程度上是因为他们对东北军的作战能力不抱幻想，他们之所以提出红军和东北军应共同退入甘肃，力争甘、青、宁，也正是出于这种担心。

他们没有想到的是，仅仅过了半个多月，张学良竟又突然变得犹豫不

[1] 张学良这时在与中共通讯中化名李毅，又写为李宜，或毅、谊。

[2] 《洛、育、恩、博、稼、怀、凯、泽致朱、张、任同志电》（1936 年 8 月 12 日），《文献和研究》1986 年第 5 期。

决起来。不仅如此，就是曾经最先支持张学良联共反蒋的王以哲，据报这时也表现出了某种动摇。

8月12日下午，潘汉年从安塞出发经延安转往西安。到西安数天，张学良竟未露面。张托词说自己生病了，但潘汉年并不相信。

19日，潘写信给中共中央，报告说：来了这么久，尚未见到张学良。他确实患病，但尚能起坐与邵力子对弈，而不急欲见我，未知何故。刘鼎只是顺从，经我多次解释急欲面谈之重要，他依然无甚办法。今晨我会见东北军政治干部孙铭九、应德田二人，除向他们解释应加紧积极准备一切的意义外，并诚恳拜托转达张学良，抽一段时间让我将你们的信交给他，至于长谈可待其痊愈后，未知结果如何。直接电台尚未竣工，一切因为张想到而不动手做。原因是手下无一系统工作组织，而原有军事干部系统，他认为不可靠、不中用，因此什么事除他自己动手外，旁人都无办法。我问刘：如张暴死，我们在东北军中的工作岂非一无所成？他默然无答。另据刘澜波告刘向三，王以哲日内态度不佳，蓝衣社有三人经常包围他。最近拒绝与左翼人物接近。蓝衣社提出“倒张拥王”口号，并声言东北军反蒋无出路，力言张当初拥蒋，今又反蒋，是无信义，他绝不应赞成。王之参谋长赵镇藩亦表示，如苏联无确实把握决不能轻动，并怀疑苏联的帮助是否可靠。我以此事询问刘，他认为这是少数国家主义派活动，王态度闪倏，全因张本身未公开主张云云。真相如何，凭诸猜测，都不可靠。[1]

不难看出，东北军内部的情况确实不那么简单。特别是两广起事的迅速失败，对一部分此前赞同联共反蒋的军官是一个相当大的打击。这些人过去一直就把西北发动的希望寄托在苏联的支持上，如今的态度更是如此。然而，这时张学良派去新疆的代表栗又文、董彦平已经到达，但从新疆联

[1] 《潘汉年致毛泽东、张闻天信》（1936年8月）。

络苏联的工作尚无进展。[1] 张从上海派出的代表李杜虽已获得苏方签证，乘船经欧洲前往近一月，但迄今也尚无任何消息。[2] 在这种情况下，东北军内部一些了解张学良意图的干部明显有些消沉。

不过，张学良的顾虑看来与王以哲等人的顾虑还有某些不同。因为张在参加国民党五届二中全会之间，发现国民党上层联俄呼声甚高，就连蒋介石也明确向他表示决心联俄了。这种情况颇使张感到困惑。刚从南京回来时，张心急如焚，立即接见潘汉年，通知中共中央，决心提早在西北发动，率先联俄。但事过之后，借病静思半月余，思想上又不免十分犹豫。因为，张学良决心发动西北国防攻府，本意原在借联俄联共举出抗日反蒋旗帜，一来打破蒋借刀杀人的“安内攘外”政策，保存东北军的实力，二来也可以设法借苏联之力，争取有朝一日重回东北。如今若蒋也开始积极联苏，苏联必定更看重蒋而不会帮他张学良。自己若在这个时候去另立局面与南京对立，岂不自找麻烦，还给国人以居心不良之口实？这种情况显然使张学良一下子又变得犹豫起来。

当然，不论如何困惑，张学良还是要听中共的意见才能决定行止。因此，他终于在 21 日和 24 日晚两次接见了潘汉年。潘汉年报告称，张学良在研

[1] 栗又文、董彦平 9 月间到达新疆，并与盛世才及苏联顾问几次面谈，说明张学良决心抗日，要求苏联能够提供必要的援助。此时尚未得到具体的答复。但据栗又文的回忆称，对于张学良提出的请求苏联帮助东北军在平凉地区修建一座兵工厂的要求，后来曾得到斯大林的批准。此说是否可信，值得怀疑。因共产国际 8 月 15 日政治指示信等有关电报已经清楚地表明了苏联人对张学良缺乏信任。参见《盛世才致绍禹先生信》（1936 年 10 月 4 日），中心档案 495/74/278；栗又文：《西安事变与张学良将军》，中国社会科学院编：《西安事变资料》第 2 辑，北京：人民出版社 1980 年版，第 84 页。

[2] 李杜这时已经由上海中共党组织发展入党，并于 6 月 26 日带着毛泽东的两个孩子和董健吾的儿子，以及张学良的一名副官和另外一人启程前往苏联。据冯雪峰 6 月 25 日报告称：“李杜系一可靠之人，现为党员。但他党籍的最后批准，我意叫王明同志来决定（我写了一信去），明天即起程赴法转俄。俄亦已有电来促其前往。”《李允生给中央的报告》（1936 年 6 月 25 日）。另据 5 月 29 日共产国际执行委员、苏联情报部外情部负责人莫斯柯文关于请求批准李杜来莫给斯大林的信可知，李这时化名王原华，一行六人，三个孩子，要求来莫与苏方商谈援助东北抗日等问题，该信对李杜评价颇高，称李“最近一年来与中国共产党密切合作，积极参加反对日本帝国主义的斗争”。这份申请很快得到斯大林的批准。见中心档案 495/74/278。

究了中共中央领导人给他的联名信之后，明确表示“完全同意”信里提出的政治意见。对中共中央向他借款，他问也不问就拿出五万元，并表示还愿意多借。但是，在潘看来，张学良许多事情都没有准备，对中共中央提出的战略方针更是吞吞吐吐，似很难主动予以配合。而且，张对蒋介石明显地变得恐惧多了，他甚至表示，宁愿部队与红军作战受损，也不愿因配合红军行动而使秘密外泄。

潘汉年在电报中写道：“彼同意原则，但对（为）团结自身仍不敢公开联红，须继续对蒋保持灰色与忠顺。因此对兰州可由彼军设法控制，至固原以北诸地任我攻击取道，听诸少数骑兵牺牲，彼未便明令退出。”

潘这时还在书面报告更进一步解释了两次会见的经过情形。报告说：

（一）我见了两次……他表示完全同意信上所提的一切基本问题，不过他始终不愿意向其干部公开说出联红，目的在对蒋仍抱顺从态度，恐有把柄落在彼手中。因此，兰州城内只要他单独控制已足，我们切勿进城，即固原城以北诸镇，他亦不愿调开，只听我们去打，他愿意牺牲该少数部队云。

（二）他要与我联合干的决心是有，对咱们关系倒也客气，为什么许多事情弄不好呢？我观察，第一，他手下没有可以运用的组织机能。第二，对蒋力量恐慌，因此不肯立即对其干部鲜明他自己的政治主张与企图，即对赵哲（即指王以哲——引者）亦是含混其词。如军官团、电台等事，他不放心让干部放手去做。其旧有技术干部，他无一信任，新的没有，因此许多想办的事无从进行。第三，过于夸大其部队传统的一定能服从他个人领导的作用。第四，对缩短防线，先退后进的战略，原则上认为不错，但他……怕退出中心城市引起部队悲观失望……我们借钱，立刻应许，已交五万元（存刘处），余待沪外行拨付，免令人怀疑，但声明如再有急需，每次数万定可由此地付出。……占领兰州，打通赵联（即指苏联——引者），确定愿意共同努力。每天前线情报，两次见他都毫不迟疑给我看，并嘱电告我们。哲的动摇，他毫不掩塞，而且他先讲，并商如何争取……对于与你见面事，他在设法。他说必须找个出巡机会，顺便在盐池落下，很秘密的叙谈，不能让当差的知道，不能让我们部下一人知道，主要是怕蒋介石……关于对干部解释事，已得如此结论：他认为可靠的必开诚布公地讲，其余的他不能深信的立刻进行调查，坏蛋赶走，中立的争取，至于大规模的用组织化的方式去做改造工作，此刻他还不愿干。[1]

从上述潘汉年的报告中不难看出，张学良基本态度并未改变。甚至从8月25日起，由于早先负责与中共通电的王以哲台要随六十七军西调甘肃，张学良已经自建一部电台准备直接与中共中央通电。而张学良与毛泽东第一次直接通报，就明确表示决心一切仍照原定战略计划行事。即当毛泽东转述四方面军“朱德同志来电询问，李毅部队是否有进一步进占隆德、静宁、会宁、定西、庄浪、秦安、天水、甘谷、武山等县，反对二四方面军前进之意”时，张学良明确复电表示：“我部决无反对贵部前进之意，近向西兰路出动乃按双方协定战略，控制彼路各据点，以配合贵部前进。”“我据点请勿强攻，避之为妥。彼等亦不敢积极出动，因已嘱彼等守城保实力。万一贵部必须路经某据点时，请兄通知，我当设法调济。”唯天水、甘谷为王均部，渭原、陇西、武山线为毛炳文部，可攻之。

由此可见，张学良这时本意仍在继续实行此前与中共约定之行动计划。只不过，他这时对蒋的恐惧是明显增加了，一切均“从避免落证据给蒋”出发，故“对准备着对付工作犹豫不决”，甚至早先提出的要求中共派干部来帮助工作的事，其态度也变了。在潘看来，“这是目前最严重的问题”。如何才能使其对整个西北发动充满信心，彻底扫除对蒋介石的恐惧呢？潘汉年一时也想不出任何好的办法。

---

[1]　《潘汉年致毛泽东、张闻天信》（1936年8月）。

就在这个时候，一件意想不到的事情使情况再度发生重要的变化。

1936 年 8 月 29 日，张学良意外得知中央军三个师及一补充旅由郑州西开西安三原一线。作为西北“剿总”代总司令，中央军突然大举开进其辖区而不打招呼，这使张深感不安。当夜，忽又得知国民党陕西省党部便衣侦探密捕东北籍大学生宋黎、马绍周等，这更使张学良深受刺激。一怒之下，张当夜调集卫队及手枪营，一举抄了省党部，并把捕人的便衣侦探统统捉到“剿总”审问。张同时打电话给邵力子及省党部负责人处，警告他们务必取消便衣侦探，今后不得擅捕东北军势力范围内的任何人，如确有证据，必须先经过他批准方可逮捕。次日，张又得知有关中央军秘密西进消息是误传，并且宪兵团将南京方面指令逮捕刘澜波、孙达文二人的正式公文交给张看，于是张又不得不一面致电蒋介石请求处分，一面下令逮捕刘、孙二人交军法处审问。不过，张私下叮嘱军法处不得用刑，并告刘澜波“要理直气壮，慷慨陈词，说明自己是抗日分子，并无罪状”。

张学良在这一人称“艳晚事件”中的表现，明显反映出其内心的恐慌与不安。鉴于此，潘汉年于 30 日晚再与张学良密谈数小时。潘明确告诫张说：

> 据我观察，蒋对你与红军妥协实已洞悉，正因为你正面没有提出反蒋口号和反蒋的军事行动计划，他又忙于桂事，现在无法过问。因此你要放胆的在准备抗日口号下，在利用蒋的统一对外名义下，迅速进行整理部队，加强政治工作，可以在干部中提出联俄联共口号，只要对蒋在表面上仍拥护他，而且利用南京派人找红军的事实，解释蒋预备联俄联共，因此东北军真要抗日，更应当积极去做。对于一些蓝衣社汉奸，可以用他们行动言论是违反蒋要抗日的倾向来打击他们，可以用他们破坏蒋委员长的威信驱逐他们。总之，不要怕蒋知道你在做联俄联共，只要表面文章使他不难堪。相反，如包围党部事，对蒋不甚好看。而你硬说刘澜波不是共党，只是抗日分子，不能捕，蒋对你今天还是没有办法。如你希望做到蒋完全不知道你的真相，这是不

> 可能的事。何况过去许多事情，据你说的材料，蒋已完全知道，现在要争的是真实的预备工作，不是怕蒋知道与否……即如桂事被他解决，回头要来对付你，你早已预备妥当，已无可虞。如为着要欺骗他，而真的不动手做准备工作，那么你的危机很难克服。[1]

潘汉年所说，在张听来，确有道理。其实，张学良及东北军秘密和共的大致情况，南京方面早已知道，只是蒋始终腾不出手来处理罢了。对此，张也十分清楚。如今确像潘汉年所说的，即使张亲自对部下说，我们今天不能打红军，这消息传到蒋的耳朵里也毫无关系，不仅蒋对此已经了解，而且蒋自己也与中共有联系，目的也不外是和平。问题是，张的顾虑更为复杂。这里最重要的当然是张担心他与中共密谋反蒋的事情不小心即可能败露，但这时张实际上还多了另外一层担忧。张学良于这天晚上终于说出了他这时的主要担心所在。据张说：一件过去未曾料到的事最近始终在困扰着他。这是因为：

> 他赴二全会时，蒋向他表示过要联俄，而俄态度不明。毅提出要抗日又要打红是不行的，问蒋有无办法，蒋向他看看，蒋说不用着急，将来有办法。同时蒋廷黻曾找过他二次，要他向蒋提出联俄容共，他问蒋：你为甚不提？他答：我提出，恐无效力。这次蒋发表为驻苏大使，他认为南京对外政策有新变动。他正是因为蒋有可能与我们妥协，所以怕做得太难看，使得蒋说他投机而不满意他，或者误会他要与蒋争一日之长短。[2]

事情明摆着，如果蒋真的决心联俄，那么很显然蒋是想要抗日，同时

[1] 《潘汉年致毛泽东、张闻天信》（1936 年 8 月）。
[2] 同上。

蒋若真心联俄，势必也要实行联共。如果蒋介石真的这么做，他张学良又如何还有理由另树异帜？对此，潘汉年当然不以为然。他认为：张“缺乏一种进步的政治斗争认识，他父亲遗留给他一些军阀办法尚未刷洗干净，恰巧这一付旧本事与蒋去斗，正是必败之数”。潘解释说，如蒋真的联俄联共，你准备之事对蒋并无损害；如果蒋像他半年多来所做的那样，只是做做表面文章，继续坚持“剿共”战争，那么无论你准备与否，他到头来也不会原谅你“通共”的行为，那时不仅抗日不成，反蒋不成，而东北军也将成为其俎上肉。

在潘汉年的反复劝说之后，张学良终于又开始下决心了。据潘报告说：目前他对我们计划的了解程度，已较前十天好一些了。直接与中共中央通报的电台建立起来了，具体准备行动也已决定陆续开始了。十天前对要叶剑英、朱理治来西安犹犹豫豫，现在也痛痛快快地欢迎其来了。

> 毅与我现能每晚见面，对巩固干部，统一内部的工作，原做得很迟缓，现决定由他普遍的提高抗日呼声，（宣传）要抗日就要保存实力。他认为可靠之士，便进一步提出与他联合……他对整个计划的争取时间，迅速准备的原则很是了解。现在对于缩短防地，开始注意。他自己说，必要时把洛阳新兵师调回，除增加西安守卫兵力外，整个中心放在平凉。[1]

终于，经过一番周折，“西北大联合”的车轮又重新开始按照中共中央的部署按部就班地运转起来了。红军与东北军公开成立抗日反蒋的西北国防政府的日子，一天比一天地逼近了。

---

[1] 《潘汉年致毛泽东、张闻天信》（1936 年 8 月）。

第三章

“打通国际路线”

一、“逼蒋抗日”？

就在潘汉年根据中共中央8月10日政治局会议的决定和毛泽东等8月9日信，劝说张学良加紧实施西北大联合计划，同时与已经进入甘南之红四方面军、红二方面军相配合，开始共同为实现打通苏联的战略计划展开军事行动的最关键时候，情况突然又发生了重要变化。这一变化几乎使中共中央完全改变了此前的计划。

造成中共中央突然改变原定计划的原因，是共产国际8月15日的一封电报。这封电报传达了共产国际的“政治指示”。这一指示的核心内容在于以下三点：

第一，批评中共中央继续实行“抗日反蒋”的策略方针。指示称：

> 把蒋介石与日寇等量齐观是不对的，这个方针在政治上是错误的，因为中国人民的主要敌人是日本帝国主义，在现阶段，一切都应服从抗日。此外，不能同时有效地进行既反对日寇又反对蒋介石的斗争，也不能认为整个国民党和整个蒋介石的军队都是日寇的同盟者。为了切实有效地进行武装抗日，还需要有蒋介石的军队参加，或者其绝大

部分军队参加。鉴于以上情况，必须采取停止红军同蒋介石军队之间的军事行动并同蒋介石军队协同抗日的方针……为此，我们认为中国共产党和红军司令部必须正式向国民党和蒋介石提出建议，立即就停止军事行动和签订共同抗日具体协议进行谈判。共产党和红军司令部应该宣布他们准备马上派出代表团，或者在苏区接待国民党和蒋介石的代表团。

第二，批评中共中央支持国内军阀的反蒋行动，强调不能信任张学良。指示称：

使我们特别感到不安的，是你们关于一切愿意入党的人，不论其社会出身如何，均可接受入党和党不怕某些野心家钻进党内的决定，以及你们甚至打算接收张学良入党的通知……我们认为，你们号召支持西南集团反蒋行动的声明是错误的……必须保持同张学良的接触，利用这种接触来开展我们对张学良军队的工作，加强我们在他的各个部队中的地位，并在士兵群众和军官中广泛宣传抗日民族统一战线的思想。但是，不能把张学良本人看成是可靠的盟友，特别是在西南失败之后，张学良很有可能再次动摇，甚至直接出卖我们。

第三，要求中共中央提出民主共和国的主张，准备停止推行苏维埃制度，谋求在中国建立全国统一的国防政府和抗日联军。指示称：

在政治方面，抗日民族统一战线应该是中国共产党、国民党和其他组织在完全保持它们在政治上组织上的独立性的情况下，在共同的抗日立场上的协调一致，而这些力量当中的每一支力量都保持自己的独立性，都对自己的作战地段负责，在完成共同的作战计划任务时都服从统一的指挥。国防政府应该是参加抗日民族统一战线的各个党派和组织的真正代表机构……因此，最好由中国共产党发表声明，主张建立统一的中华全国民主共和国，主张在普选基础上召开中华全国议会和成立中华全国国防政府。这是在目前条件下联合中国人民一切民主力量保卫祖国抵御日寇的最好手段。中国共产党还可以声明，一旦建立中华全国民主共和国，苏区将纳入统一的中华民主共和国，将参加中华全国议会，并在自己的区域实行整个中国确定的民主制度。[1]

在发布这样一个态度颇不寻常的“政治指示”之前，共产国际总书记季米特洛夫曾经在共产国际执委会书记处讨论中国问题的一次会议上宣称：中国共产党人很年轻，他们很会打仗，但他们在政治方面却不够成熟，没有能够很好地应付他们所遇到的复杂局面，以致在对待南京政府和蒋介石的问题上犯了错误，使得政策转变晚了两三年的时间。他并非不知道，“蒋介石本人不想搞统一战线”，也不是他所希望看到的那种民族“斗士”，但他认为，在蒋介石“已经把全民族的四分之三组织起来”以后，共产党对蒋介石没有其他的选择可能，必须主动提出统一战线的口号，不能让蒋介石把民族统一的资本都捞到手，要想方设法迫使蒋介石承认共产党所发起的抗日统一战线运动的既成事实。因此，继续在事实上同蒋介石对抗，支持甚至鼓动国内反蒋运动，在抗日统一问题上排除蒋介石和南京政府，这都是共产国际所不能同意的。[2]

共产国际究竟从什么时候开始主张联合蒋介石，这是一个容易引起争论的问题。但无论如何，说在联合蒋介石的问题上，中国共产党的政策转变晚了两三年时间是由于中共自己在政治上不够成熟造成的，是不准确的。因为众所周知，共产国际自己提出统一战线政策的转变问题，到这时也不

[1] 《共产国际执委会书记处致中共中央书记处电》（1936 年 8 月 15 日），《中共党史研究》1988 年第 2 期。

[2] 《季米特洛夫在共产国际执委会书记处讨论中国问题会议上的发言》（1936 年 7 月 23 日），《中共党史研究》1988 年第 2 期。

过就是刚刚一年之久。而且一年之前，即 1935 年 7—8 月共产国际召开第七次代表大会期间，几乎所有的与会代表在讨论中国问题的过程中，没有不骂南京政府和蒋介石的，就是季米特洛夫也不例外。而在季米特洛夫直接领导之下的中共代表团团长王明，甚至直到季米特洛夫讲话批评中共中央的前十天，还在发表文章公开支持西南事变和反蒋运动。[1] 这种情况表明，关于联蒋的问题，共产国际在很长一段时间里，至少是没有比较明确的说法。至于在两三年以前，恐怕连想都没有想过。

当然，在 1935 年 11 月以后，通过王明的文章可以看出，共产国际对蒋介石的政策多少有了一些改变。在 1935 年 11 月 7 日的一篇文章中，王明当时曾经破天荒地第一次表示可以给蒋介石一条“向人民和国家赎罪的自新之路”[2]。措辞虽然不中听，但弦外之音不难辨别。此后，王明曾经又主持过与南京政府派驻莫斯科的武官邓文仪的谈判工作，其目的自然是愿意与南京政府共同找到一种妥协的方法，但在这一谈判被南京政府毫无道理地中断之后，王明及其中共代表团又重新回到“抗日反蒋”的宣传上来了。中共代表团机关报《救国时报》从 1936 年 2 月起几乎是连篇累牍地刊登反蒋评论，宣布“蒋介石已成为全国人民团结最大的障碍，抗日救国的最大障碍”，“实为害国害民的最主要的蟊贼”。直到 4 月 19 日，人们才又可以在中共代表团的会议记录中看到对蒋态度的某种改变。这就是，中共代表团已一致同意 :“反日必先讨蒋不正确”，决定将“反日讨蒋”的口号改为“反日讨贼”。这一字之改，反映出他们这时注意到对蒋应当保持某种比较灵活的态

[1] 王明 :《目前中国政局的出路——停止内战，一致抗日》，《救国时报》（1936 年 7 月 12 日）。王明在这篇文章里不点名地批评苏联《消息报》这时关于中国的西南事变多半有日本人在背后指使的报道，声称 :“两广抗日反蒋事变，绝非受日寇指使”，“新内战之主要发动者为蒋介石，并非西南”，“西南派与南京派今天之斗争，至少客观上代表着人民的抗日意志与卖国贼的降日行为之间斗争底一部分”，因此，“中国人民应群起反对新内战的祸首——蒋介石”。

[2] 王明 :《驳反帝统一战线底反对者》，《救国时报》（1935 年 11 月 7 日）。

度。可是，这种转变并不彻底。[1]

在 1936 年 4—5 月间，中共代表团先后派潘汉年、王炳南等回国对西南、西北地方势力进行统战工作。从代表团首先将联合重点放在西南、西北反蒋派身上的情况，可以很清楚地看出他们仍旧对联合蒋介石及南京政府缺乏信心。直到 7 月初，王明才有信给潘汉年，明确要求潘汉年将谈判重点转移到南京方面去。这大概是来自莫斯科的最明确的也是最早的要求加强对南京进行统战工作的指示了。

据北方军委系统负责人王世英 7 月 21 日根据所得消息报告称，苏联认为蒋介石可以抗日，因此最近要潘汉年去南京直接找陈立夫谈判，潘汉年说他是“奉王明及国际之命令来商谈合作问题，提出条件是：1. 不压迫爱国运动；2. 肃清内部官僚；3. 对日表示明确态度。实行这三条即可取消 ××（反蒋）”[2]。当然，潘汉年得到消息时季米特洛夫还没有在莫斯科发表他那通批评中共统战工作的讲话，共产国际也还未发出 8 月 15 日那封著名的“政治指示”，故潘对王明要他前去南京谈判的信，事实上也并未高度重视，仍旧多少把它视为一种策略手段。潘汉年 7 月中旬就与国民党 CC 系骨干张冲接上关系，进而专程赶到南京，准备与陈立夫见面，不想陈立夫却因为潘汉年不能证实自己的身份，坚持要潘先同陕北中共中央取得正式约定后再来谈。面对这种情况，潘汉年明显地对争取这一谈判的成功不抱太多希望了。[3] 不仅如此，潘汉年在此之后虽然到了陕北，也不再强调来自莫斯科的这一新的统战精神。他于 8 月上旬向中共中央领导人传达了共产国际和王明信的意图，中共中央也为此于 8 月 10 日召开会议加以贯彻，引人注目的是，

[1] 这次会议所表现出来的态度颇为矛盾。一方面肯定“反蒋必先讨蒋不正确”，一方面又强调“不要放松每件具体事实揭破他们（即指南京政府——引者）”。同时在规定“将来要做”的事情中，特别提出了“反蒋统一战线”一项。可见会议并没有根本改变反蒋的态度。并见《蒋介石自绝于国人》《除三害》等，《救国时报》（社论）（1936 年 2 月 24、29 日）。

[2] 《王世英致中央的信》（1936 年 7 月 21 日）。

[3] 关于潘汉年 7 月间与张冲接上关系，并由张冲引至南京见陈立夫，而陈立夫却以潘汉年没有取得中共中央和红军负责方面正式代表资格等理由拒绝与他见面的情况，潘自己在 1970 年 6 月曾有过回忆材料。

他们所决定的政治军事方针与此前相比并没有发生重要的改变，潘汉年也不再负担与南京谈判的任务，反倒转而去做要张学良反蒋的工作了。

很难想象，如果共产国际此前对蒋有过明确和肯定的政策，潘汉年乃至整个中共代表团对于联合蒋介石的问题，会如此不重视和左右摇摆。实际上，共产国际对中共在西北地区的发展一直相当重视。因此，中共代表团制订近远期工作计划时，就曾明确规定，近期以争取东北军、晋军与红军停战为主，以后则要争取“组织抗日联军，以西北为中心”，建立“反蒋统一战线”。[1] 直到 7 月中旬，共产国际已经开始下决心确定联蒋政策之际，它也仍旧专门发来电报询问红军与反蒋派共同发动西北大联合计划的把握如何。电报称：

> 请你们立即告诉我们以下的情况：（一）宋哲元、韩复榘的发动，是只反蒋，还是同时也反日呢？如果宋哲元、韩复榘是日本走狗，而我们与他们一起反蒋，是不是会使我们在人民面前丧失威信，进而在客观上反倒使蒋介石巩固其地位呢？（二）红军和东北军在抗日救国统一战线口号之下发动时，蒋介石的军队有没有可能部分的被吸收参加呢？我们认为，必须把停止一切内战和建立红军与中国各军队，包括蒋介石的军队在内的抗日救国统一战线的口号，特别强调地提出来，同时真正按照这个方向进行实际工作，只是在不得已的情况下，自卫地进行反对蒋介石军队的行动。我们非常想知道，党在全中国蒋介石军队中的工作，特别是在西北蒋系军队中的工作达到怎样的程度。（三）应设法取得与东北军共同进行抗日的发动，但对张学良必须格外小心，因为在环境改变的情况下，张学良很可能会背叛我们。[2]

---

[1] 《中共代表团会议记录》（1936 年 4 月 19 日），中心档案 495/74/282。

[2] 《共产国际执委会书记处致中共中央书记处电》（1936 年 7 月），中心档案 495/74/278。

共产国际何尝不希望中共通过联合中国各种地方势力来使自己成为中国抗日统一战线的组织者和领导者呢？特别是对于争取东北军，无论是共产国际还是苏联方面，从来都抱着一种积极的态度。苏联曾不止一次地帮助难以坚持的东北义勇军和游击队退入苏联境内，其文件中也不止一次地提出有必要援助中国东北的抗日战争，包括帮助东北的游击队回到东北去。前面提到过的共产国际远东局负责人的报告书，甚至明确主张，应当训练和帮助这些东北人转入中国西北地区，一旦日本敢于进攻苏联，“我们即可大规模地提供武器和干部的帮助”，使他们能够重新在中国发动武装抗日运动。因此，即使在共产国际已经决定了联合蒋介石的方针之后，他们对中共联合东北军发动西北大联合的计划仍旧不能不表现出一种矛盾的心态。一方面肯定必须联合蒋介石的军队，尽可能停止与蒋介石军队的战争，一方面却仍旧对红军与东北军发动西北大联合计划的前景抱以某种期盼，希望这种发动能够进行下去。一方面担心这种发动能否争取到部分蒋介石军队的参加，一方面却又直截了当地要求中共“应设法取得与东北军共同进行抗日的发动”，而并不介意蒋系军队能否整个地响应。

很明显，直至季米特洛夫讲话批评中共政策一周前，共产国际事实上仍旧在对中共所提议的西北发动计划抱以相当的兴趣。问题是，它明确认为这种发动只有在能够争取到相当部分蒋系军队参加时才是可能的。而这也就是说，如果中共这时在蒋系军队里也已经有了相当的工作基础，或者，如果中共中央告诉共产国际领导人，他们有绝对把握可以吸引部分蒋系军队参加西北的发动，情况很可能向着完全不同的方向发展。当然，中共中央如实地回答了共产国际希望了解的问题，而这种回答看上去不能让共产国际感到满意。结果，一切就迅速朝着中共中央意料之外的方向发展了下去。

中共中央告诉共产国际，“目前无疑应以国民党为主要对象，在西西派、兰衣社、英美派中进行实际的工作”，“但我们工作可以说还未真正的开始”。目前的工作主要仍集中于两广、华北及西北方面。不过，它相信：

> 停止内战一致抗日的号召与实行，已成为实现统战的重要政策。蒋介石之崩溃主要依靠这一口号的实行，而不是反蒋战争。不但宋、韩我们不能赞助其不抗日的反蒋，即张学良发动时，对于陕甘境内蒋系部队，依现在情况看，亦不宜采取攻击态度。并红军对蒋系军队作战亦在同样原则之下，应该在反对拦阻抗日去路与反对扰乱抗日后方的口号之下执行。从去年十二月以来，我们就这样做了。但蒋系部队参加西北发动目前尚无此可能。在两广失败条件下，张学良发动恐须略为推迟，时间当容许我们进行工作。[1]

既然中共没有能力将蒋系军队吸引过来，而蒋介石又已经将三分之二的中国统一了起来，那么共产国际，或者说斯大林也就只好下决心要中共中央改变既定的一心要让蒋介石“崩溃”的“抗日反蒋”方针，改行“联蒋抗日”的方针了。既然要千方百计地联合蒋介石，那么，那种以“抗日反蒋”为旗帜的西北大联合或西北国防政府计划，理论上也就应当随之取消。但值得注意的是，无论在季米特洛夫 7 月 23 日的讲话里，还是在共产国际 8 月 15 日的电报指示里，没有一个字提到中共与张学良的西北发动计划是否应当完全放弃的问题。结果，无论是中共代表团，还是中共中央，这时都只能做这样的理解，即既然共产国际直截了当地提出联合蒋介石的方针，自然也就否定了西北大联合计划了。

王明在 8 月 21 日的一次代表团会议上对此有过一个明确的解释。他讲：过去我们估计国防政府有三种可能。一种是与南京共同组织，南京、西南、苏维埃统统取消；一种是部分的国防政府，西南、西北和南京分别组织；再有一种就是以苏维埃政府为中心，加以外力的武装发动，即将苏维埃变成唯一的国防政府。当时估计第二种可能性大一些。根据共产国际现在的指示，现在看来不是三种可能的问题，只有一种前途，即争取成立全中国

[1] 《中共中央书记处致共产国际书记处电》(1936 年 7 月 25 日)，中心档案 495/74/282。

统一的国防政府，“若只组织一部分国防政府，则变为内战政府”。而要组织国防政府，“没有南京参加，则不行的”。这也就是说，今后的统战目标，必须主要放在蒋介石南京政府身上。[1]

不过，这种理解未必完全准确，苏联人和共产国际这时对西北大联合计划的态度至少是含混不清的。而这种含混不清，归根结底，其实仍旧是他们不愿意立即放弃这一计划的表现。换言之，季米特洛夫 7 月 23 日的讲话和共产国际 8 月 15 日的电报中之所以没有提到中共中央正在积极准备的西北发动问题，并不是偶然的。从共产国际电报特别担心张学良的政治态度这一点就可以看出，他们并非不关心红军与东北军的共同发动问题。在 7 月中旬来电之后，共产国际第二次告诫中共中央张学良不可靠，有背叛共产党的可能，这表明他们仍在担心红军通过张学良联合东北军和实行西北发动的计划，存在着严重的缺陷。当然，关于所有这一切，苏联方面和共产国际领导人看来还没有太大的把握，因此，他们在讲话和指示中都明确表示：此前中共中央提出的关于西北发动和国际援助等问题，需要等待中共中央的代表邓发到达莫斯科做过全面汇报之后才能做全面答复。[2] 但问题在于，中共中央似乎并不了解这种情况。因为他们始终是把西北发动的计划同“抗日反蒋”方针联系在一起的。在实行联合蒋介石及南京政府的方针提出之后，至少在中共中央看来，继续西北发动的计划已经很少可能了。

目前没有足够的资料可以证明中共中央是在哪一天接到共产国际的这一“政治指示”的。但多半可以确定的是，它应该是 8 月 15 日或 16 日，因为根据中共中央 9 月政治局会议中张闻天的报告，在 16 日中共中央已经就此做出了一个“决定”。从此后中共白军工作部及红军总政治部均根据这一决定所做的改变方针的一致部署看，这个决定是比较简单的。它的中心内容如下：

---

[1] 《王明在代表团会议上的报告》(1936 年 8 月 21 日)，中心档案 495/74/282。

[2] 见《共产国际执委会书记处致中共中央书记处电》(1936 年 8 月 15 日)；《季米特洛夫在共产国际执委会书记处讨论中国问题会议上的发言》(1936 年 7 月 22 日)，《中共党史研究》1988 年第 2 期。

> 今后一切宣传应以联红抗日为中心，对蒋介石及其南京政府应改变过去抗日必须讨蒋的口号，表示希望与欢迎蒋及南京政府参加和领导抗日战争，要求停止内战，实行抗日自由，而反对和揭露每一妥协欺骗和投降的具体步骤，宣传南京内部分化与蒋系左派找我的事实。对西北各部则以日使伪蒙攻绥，主力红军会合，要求大家停战，一致准备抗日战争来保西北、保华北、保中国、恢复东北失地。[1]

这一决定的中心之点就是要改“抗日反蒋”为“联蒋抗日”。结果，既然对蒋介石及南京政府应改变过去的方针，要争取蒋介石及南京政府参加甚至领导抗日战争，那么，张学良此时希望继续保持“灰色”与对蒋之“忠顺”，当然也就是必要的。因此，毛泽东很快于 8 月 25 日打电报给潘汉年，要求潘汉年立即向张学良说明此种情况，并立即返回陕北根据新的方针受领新的任务，然后前往南京进行谈判。

毛泽东在电报中说：向南京进行具体的、进一步的谈判，期在短期内成立统一战线，是我们进行整个统一战线的重心。兄应在接电后七天内回到保安，受领新的方针，再以七天至十天到达南京开始谈判。请立即向张学良说明，这种谈判的成功对于东北军和红军两军合作有大的帮助，将使两军合作更加密切，而不是不利于合作。并要求张学良于外出活动时注意督促南京与我们迅速达成谅解。[2]

希望通过上述内容简单的电报来使张学良了解中共对蒋方针的突然变化，当然是不可能的。但中共中央这时对共产国际指示尚无具体讨论，也没有系统的政策指示，因此不要说对张学良，就是对潘汉年也不能具体说明这种政策转变的细节。但为了让张学良了解这种转变是有理由的，毛泽

---

[1] 《总政治部关于召开白军工作会议规定今后工作方针的建议给彭德怀等电》(1936 年 8 月 20 日)。周恩来在与此同时的另一封电报中几乎是一字不落地重复了这里引述的话。这说明，总政治部和周恩来所表述的这段话都是从中共中央的一份正式决定中引用的。

[2] 《毛泽东年谱》(上)，第 574 页。

东还是急忙于上述电报发出的第二天，即 8 月 26 日又再打电报给潘汉年，请他向张学良解释中共这一政策转变的原因。

毛泽东说，中共方面之所以会有如此重要的政策变动，关键在于南京在对日政策上已经开始了切实的转变，因此我们的政策重心应当是联蒋抗日，张学良也应当继续保持与南京的统一。至于南京怎样突然间开始了切实的转变，中共因何突然决定改行联蒋抗日的方针，毛泽东的电报仍旧没有能够具体说明。

潘汉年 27 日就接到了毛泽东 25 日的电报指示，但他看来并没有向张学良去传达这一新的突然的变化。这多半是因为 29 日晚在西安发生了张学良因陕西省党部乱捕东北军范围里的人而查抄省党部的事件，张学良这时对南京的态度正在火头上，他前几天又一直在争取张学良下决心实行反蒋的西北大联合计划，突然改口多有不便。更何况，即使是潘汉年本人，这时也对中共新方针的具体内容不甚了了。因此，潘汉年在 8 月 30 日晚与张学良的谈话中，完全不曾谈到要张学良继续与蒋介石保持统一的问题。

其实，共产国际的指示来得如此突然，这时就是中共中央或毛泽东本人，恐怕对联合蒋介石的可能性也仍旧多少有所怀疑。共产国际的指示当然要坚决贯彻，问题是在蒋仍未停止进攻红军的情况下，对蒋能否完全信任呢？

从总政治部与周恩来 8 月 20 日前后给有关各方面的政策转变的指示中，可以清楚地看出中共中央的这种态度。电报一面提出必须改变此前抗日必须讨蒋的方针，欢迎蒋介石与南京政府参加并领导抗日战争，一面又紧接着提出：对于蒋介石及其南京政府，仍要“反对和揭露（他们）每一妥协欺骗和投降的具体步骤，宣传南京内部分化与蒋系左派找我的事实”[1]。

在 9 月 1 日发布的政策转变的正式指示当中，中共中央更明确地肯定了坚持此种态度的必要性，并将此一态度称为“逼蒋抗日的方针”。该指示之要点如下：

---

[1] 《总政治部关于召开白军工作会议规定今后工作方针的建议给彭德怀等电》（1936 年 8 月 20 日）。

（一）目前中国的主要敌人，是日帝，所以把日帝与蒋介石同等看待是错误的，“抗日反蒋”的口号，也是不适当的。

（二）在日帝继续进攻，全国民族革命运动继续发展的条件之下蒋军全部或其大部有参加抗日的可能。我们的总方针，应是逼蒋抗日。一方面继续揭破他们的每一退让、丧权辱国的言论与行动，另一方面要向他们提议与要求建立抗日的统一战线，订立抗日的协定……

（三）……我们的主张同全国人民的要求，是完全一致的。我们并宣布赞助他建立全中国统一的民主共和国，赞助召集由普选权选出的全国的国会，拥护全中国统一的国防政府与抗日联军，在全中国民主共和国建立时，苏区可成为统一民主国的一个组成部分，苏区代表将参加全中国的国会，红军将服从统一的军事指挥。指出“攘外必先安内”的方针是破坏和平统一的。南京的国防会议与国民大会是不能集中统一全中国抗日力量的。

（四）在逼蒋抗日的方针下并不放弃同各派反蒋军阀进行抗日的联合。我们愈能组织南京以外各派军阀走向抗日，我们愈能实现这一方针。[1]

上述方针同共产国际指示的唯一区别之点，就在于强调了要继续揭破南京政府每一退让及丧权辱国的言论与行动，这也就是说，共产党固然主张蒋介石南京政府参加并领导抗日战争，但在政治上仍旧应当保持一种进攻的态势，用以逼迫蒋放弃现存的国民党一党领导之下的南京政府、国防会议与国民大会等政权组织形式，从而接受共产党所提出的关于通过实行普选制，首先选举国会，进而由国会产生全国国防政府，最后在此国防政府下建立抗日联军的政治变革过程。

很难认为这种态度不是共产国际所要求的。事实上，这样一种政治变

[1] 《中共中央关于逼蒋抗日的指示》(1936 年 9 月 1 日)，《中共中央文件选集》第 11 册，第 89—90 页。

革过程恰恰是共产国际自己提出来的。季米特洛夫在 7 月讲话中也清楚地了解：“蒋介石本人不想搞统一战线，害怕统一战线，因此需要在中国创造这样一种局面，在蒋介石的军队中，在国民党中造成这样一种运动，使蒋介石不得不同意建立这种抗日统一战线。”[1] 在有共产国际东方部领导人米夫参加的中共代表团关于共产国际政治指示的讨论过程中，王明及米夫也都坚持：共产国际的指示所要求的是，政府必须是从全中国普选出来的国会中产生的，这种国会必须是普选的，“要有真正的权力，要通过宪法，并且不是国民党一党专政的宪法，而是真正能代表全中国人民利益的宪法”。必须在此基础上组织全中国统一的抗日联军，组织共同的司令部，制订共同的作战计划，但“红军政治上与组织上的独立性必须保持，决不能接受蒋介石的‘改编’，否则就是破坏分裂红军内部组织，这是绝对不允许的”。

可以想见，要想达到这样一些目的，特别是要否定南京政府及其附属的军事政治权力机关，仅仅靠提出联合蒋介石的口号，靠政治上的劝说和呼吁是不可能做到的。提出“逼蒋”方针，这在中共中央是唯一可能的选择。

关于中共中央实行“逼蒋”方针的时间问题，也是一个容易引起争论的问题。这在很大程度上是因为中共中央 9 月 8 日的一封电报引起的。在这封由“洛、恩、博、泽”四人署名给朱德、张国焘、任弼时的电报中，在传达共产国际的政治指示时，对中共中央的政策转变过程做了如下的解释，说：

> 中国最大的敌人是日本帝国主义，抗日反蒋并提是错误的。我们从二月起开始改变此口号……八月上旬政治局讨论了对南京的方针，大体见之前给你们的电报。然而我们的估计还是不足的。八月下旬国际有进一步指示，目前我们的联络代表又已出去向南京接洽双方正式负责代表进行具体谈判问题。依情势看有成就之希望。[2]

---

[1] 《季米特洛夫在共产国际执委会书记处讨论中国问题会议上的发言》（1936 年 7 月 23 日）。

[2] 《洛、恩、博、泽致朱、张、任同志电》（1936 年 9 月 8 日），中共中央文献研究室编：《毛泽东文集》第 1 卷，北京：人民出版社 1993 年版，第 438 页。

这里所说的“从二月起开始改变此口号”，无疑就是要肯定中共中央从2月开始就已经在改变“抗日反蒋”的口号了。这种说法自然容易使人误以为，中共中央从2月份开始就已经在实行“逼蒋抗日”的方针了。事实上，直到4月底5月初之前，中共中央从没有放弃过“抗日反蒋”的口号。最明显的就是中共中央在2月初就当前形势与党的策略路线问题所发出的文件。这一文件再清楚不过地表明，中共中央这时对“日本帝国主义、卖国汉奸蒋介石成为灭亡中国的主要敌人”这一点是确信不移的。因此，他们明确规定：目前党的策略路线乃至反日统一战线的意义，都只是“集中全国所有抗日反蒋的力量，去反对当前的主要敌人日本帝国主义和卖国汉奸蒋介石，在最广泛的下层的各阶层的统一战线（基础上），去夺取最大多数的群众，利用敌人的每一间隙和矛盾，去分散与削弱敌人的力量，去孤立反革命派别”。[1]

在3月下旬进一步讨论统一战线政策的政治局会议上，中共中央的领导人仍旧明确地肯定蒋介石是“民族反革命”的代表，这一派人坚持反革命立场，其阶级基础是地主买办资产阶级，而且会议相信，对于蒋介石的这一估计“现在与将来暂不改变”。只不过，他们这时已经开始注意到，鉴于抗日的问题已经成为一个最急迫的和最具有全民族性的政治诉求，在宣传策略上把蒋介石作为“卖国贼”来打，“不是最聪明的一个办法”。也就是说，将抗日反蒋在宣传上改为抗日反贼，对外不强调革命与内战，而是主张“停止一切内战，一致对外”，这样更容易揭破蒋介石和争取落后群众。正因为如此，当4月上旬末，即周恩来与张学良第一次延安会谈的当天，毛泽东等人在得知张闻天准备发布一个“讨蒋令”的文件时，曾当即提出不同意见。他在这一天给张闻天的电报中说：在此时机发布讨蒋令，策略上把我们自己最高的政治旗帜弄模糊了。我们的旗帜是讨日令，在停止内战旗帜下实行一致抗日，在讨日令的旗帜下实行讨蒋。这是最便利于实行国内战争与

[1] 《中央宣传部关于目前形势与党的策略路线的问答》（1936年2月3日），《中共中央抗日民族统一战线文件选编》（中），第86—103页。

实行讨蒋的政治旗帜，中心口号在停止内战。在这口号之外，同时发布主张内战的讨蒋令在今天是不适当的。我们提议用党与苏维埃政权名义，立即发出告国人书与通电，在停止内战一致抗日的大题目下，号召全国人民、蒋系官兵一致反对蒋介石接受广田三原则、反对拦阻红军抗日与捣乱抗日后方，申明我们愿与一切受蒋氏命令来执行阻拦红军之任务之部队订立抗日讨逆协定。此种立场，最能争取落后人民与蒋系军队，最能取消蒋介石之政治资本……至于将来可以而且应用国防政府发布讨蒋令，那是建立在更多的人民与军队拥护之下必须的策略行动。此刻则为争取国防政府之成立，需要坚持“停止内战”之宣传鼓动口号。[1]

正是根据毛泽东等人的建议，中共中央于 4 月 25 日和 5 月 5 日，接连发布了《中国共产党中央委员会为创立全国各党各派的抗日人民阵线宣言》以及《停战议和一致抗日通电》两个公开文件，第一次不再公开辱骂蒋介石为“卖国贼”，称之为“蒋介石氏”，表示愿意“促进蒋介石氏及其部下爱国军人们的最后觉悟”。[2]

此种做法，并不意味着他们准备改变“抗日反蒋”的方针。正像此后毛泽东于 6 月两广事变爆发后，主张配合两广反蒋派，提出“请蒋出兵，以便扫除障碍，促蒋内部起变化”一样，它只是毛泽东所强调的一种策略手段，目的是在于用停止内战一致抗日的口号来“便利于实行国内战争与实行讨蒋”，因为正如毛泽东所说，它比“抗日”与“反蒋”并提，“最能争取落后人民与蒋系军队，最能取消蒋介石之政治资本”。

这多半也就是上述“洛、恩、博、泽”9 月 8 日电报中所说的“开始改变此口号”的本来意思。因此，他们承认，这种“在讨日令旗帜下实行讨蒋”的口号改变，事实上是不彻底的，即所谓“估计还是不足的”。这也就是为什么直到 7 月间，中共中央在各种内部的政策性文件和来往电报中，特别

[1] 《毛泽东、彭德怀致洛甫电》(1936 年 4 月 9 日)，《文献和研究》1985 年第 3 期（中共中央和毛泽东等同志关于联蒋抗日的一组电文）。

[2] 见《中共中央文件选集》第 11 册，第 17—22 页。

是在针对张学良东北军的工作中，始终还在大谈“抗日反蒋”的宣传及准备问题。这也就是为什么，尽管潘汉年带着共产国际关于应当以南京为主要的和必要的谈判对手的进一步的指示来到陕北之后，“八月上旬政治局讨论了对南京的方针”，中共中央却肯定直到这时“我们的估计还是不足的”。因为事实很清楚，在8月12日中共中央给二、四方面军关于今后战略方针的电报中，他们尽管一面主张“认定南京为进行统一战线之必要与重要的对手，应与南京及南京以外之国民党各派同时的分别的进行谈判”，强调“一切统一战线的谈判以忠诚态度出之”，一面却仍旧特别告诫党内负责同志：“不可忘记对于真正敌人之革命的警觉性”，宣称“所有以上对南京的策略，都是为着分化南京，揭破其欺骗，孤立其首领，争取其群众”。[1]

上述中共中央策略口号的变化，很显然同共产国际8月15日政治指示到来之后中共中央所提出的“逼蒋”方针有着本质的区别。前者不论有无“逼蒋”的形式，归根结底还是以“反蒋”为目的的。如果说这一政策在2月或者在4月间有过什么口号的改变，那也只是从“抗日”与“反蒋”并提，从讨日令和讨蒋令并举，改变到以“停止内战一致抗日”为口号，“在讨日旗帜下实行讨蒋”而已。

在共产国际8月15日指示到达以后，情况就完全不同了。因为这时中共中央所提出的策略方针，不论形式如何，根本上是以“联蒋”为目的的了。只不过，中共这时并不具备让蒋介石南京政府重视自己、并不得不联合自己的力量条件。因为力量对比上难与蒋介石国民党相提并论，它只能设法继续运用与各反蒋派联合的办法，一方面设法牵制蒋，以保存好自身的实力，一方面用对蒋介石施压的办法，设法取消南京政府的独裁形式，以迫使蒋根本放弃其必欲取消一切异己势力的所谓“安内统一”政策，承认和接受与各派的联合。结果，这一策略方针如果能够实现，事实上必定只能回到

[1] 《洛、育、恩、博、稼、怀、凯、泽致朱、张、任同志电》(1936年8月12日)，《文献和研究》1986年第5期。

过去取消包括南京政府在内的中央政府，共同组织“国防政府”的思路和理想前途上去。因为既然是用力量逼迫蒋做出承认各派力量的妥协，各派力量自然也就不可能接受蒋及南京的正统与独裁地位，非成立联合政府不可了。不难看出，这一策略方针的提出，不免会引出许多复杂的情况。

当然，实行“逼蒋”策略，对中共来说，最大的好处就是不用改变对张学良及东北军的既定方针与策略，中共领导人显然并不在意共产国际关于必须保持阶级警惕性的告诫，仍旧给予张学良以高度的重视和信任。这时的突出例证就是当毛泽东得知王以哲有些动摇，并有国民党蓝衣社分子在旁鼓动以王取代张之地位后，他一方面担心消息不确，故并不立即转知张学良或即视王为异己，但另一方面他迅速专函王以哲，苦口婆心地加以警喻与劝告，以为预防之策。其维护张学良之地位及东北军之团结，可谓用心良苦。

其函称：

> 近日外间谣传蒋氏将于西南问题解决之后，进攻东北军，谓将用分化政策，不利于张副司令。此讯如确，是蒋氏尚未放弃其挑拨离间、排除异己之阴贼险狠的政策。其政策果欲见之实行，弟等可断言蒋氏必归于最后的失败。因为张副司令及我兄联俄联共抗日救亡之主张，并非少数人的主张，实全国爱国同胞的主张；非陈济棠等之不真实、不纯洁之主张，乃真心实意为国家为民族的主张，谁要反对张副司令及我兄，不但弟等所率领的红军必以全力出而声讨蒋氏及东北军中叛逆分子之罪恶行为，即全国爱国人民及国际革命势力亦决不容蒋氏等胡干于此。东北军最大多数官兵抗日复土之决心，及其坚固的团体，亦必不容东北军中极少数无气节之分子，逞其私欲而任其做叛国叛乡叛团体之万恶的勾当。目前蒋氏及其一派亦正在开始进行联俄联共政策，我兄与张副司令实此政策之首先提倡与首先实行者，安得以为有罪而排斥之？由此以观，弟则深望此说之止于谣言，或为蒋氏左右之

一部分汉奸分子谋划，而非现正开始若干转变之蒋氏及国民党多数有良心分子的意见。但兄等仍宜严密警戒，十分团结自己的团体，预先防止东北团体中某些居心不正分子的乘机捣乱，则以全国与西北的有利形势，以东北军与红军的联合力量，决不怕外间若何之风波也。[1]

张学良这时对中共中央新方针的转变，尚不明就里。得知潘汉年应中共中央的要求必须返回陕北，他特别告诉潘汉年要快去快回，并带中共重要干部出来，特别是要尽快带叶剑英来西安工作，因东北军这时与陕北苏区的唯一通道由于一〇七师即将调防会被迫关闭，晚了恐出不来。

果然，潘汉年于 9 月 11 日再进苏区后，未能及时出来，因一〇七师调走，一时间竟不能出来。这时，虽然张文彬与杨虎城谈判成功，与十七路军的通商问题得到解决，但通过十七路军转送东北军的人或中共的代表进出苏区，仍旧没有可能。不得已，张学良不得不暗示驻守羊泉、张村驿一带的一一二师师长霍守义可以与红军方面“接洽一切”，再由红军派人接谈，改善关系。这样，一直弄到 10 月 4 日，潘汉年才与叶剑英一同经过一一二师的防地，又辗转回到了西安。

潘汉年在陕北保安期间，参加了中共中央关于具体讨论落实共产国际“政治指示”的政治局扩大会议。这次会议召开的时间为 9 月 15 日至 17 日，参加人数是中共中央到达陕北后最多的，达到 34 人。因此，会议的讨论及决定颇能反映党的整个高层的意见。

报告人张闻天首先承认 :“从前把抗日与反蒋是并提的，这是错误的。过去我们对南京政府的估计，完全说他是与冀东政权一样的，这也是错误的。说蒋力量的削弱，但没有估计到蒋仍是抗日的大的力量，也是错误的。过去我们对南京的策略，虽有些修改，但基本上是没有转变的，并没有明显的指出‘抗日反蒋’的口号并提（的错误）。后来接到国际的电报，才完全

[1] 《毛泽东致王以哲函》(1936 年 8 月 30 日)，《毛泽东文集》第 1 卷，第 434—435 页。

转变过来。”他表示，如今，“我们要联合蒋介石抗日，要指出认为反蒋战争有进步性质的看法是错误的”。当然，对蒋介石仍要看到他动摇妥协的一面，要看到他镇压民众和进攻红军的一面。

毛泽东在发言中也补充说明：对于蒋介石，要看到“他和我们联合是可能的，但那天可实现联合是说不定的”，因此“我们的警戒是不能放松的”。他强调：“要用各种方法逼蒋抗日”，“改倒蒋为批蒋，对他们要严格批评”，因为只有这样才能迫使蒋介石接受民主共和国的主张，放弃收编红军的幻想，并争取实现自己在未来统一战线中的领导权。至于与南京政府建立统一战线的基本政策，会议决定原则如下：

（一）在政治方面，是中共与国民党及其他党派订立共同反日的纲领上的协定，同时各党派均保存其政治上的完全独立性，绝不是使中共与中国某种政治组织混合。

（二）在军事方面，是红军与其他武装力量关于组织抗日联军的协定，同时每个参加的力量保存其独立性和担任一定的战线，但在执行总的军事计划时，服从统一的指挥，绝不是使红军与其他的一切抗日军队混合。

（三）尽力巩固党和红军是抗日战线最主要的正确路线，现在保障队伍的纯洁和党的团结一致，比任何时候都更加重要。

（四）要利用上层的统一战线进行下层群众的统一战线，要用巩固的下层的统一战线巩固上层的统一战线。

（五）在服从抗日战争的利益条件下，尽量拥护群众的利益，领导群众斗争。[1]

---

[1] 见《林育英为统一战线之实质给四方面军的指示》（1936 年 9 月 15 日）；《中央关于抗日救亡运动的新形势与民主共和国的决议》（1936 年 9 月 17 日），参见《中共中央文件选集》第 11 册，第 92—99 页。

会议对于中共与张学良的关系以及实行西北大联合计划的问题，完全没有提及。但可以看出的是，根据张闻天所宣布的，今后应当反对反蒋战争，不应当如过去那样同情反蒋战争的观点，西北发动的计划事实上是不能继续了。

与此同时，会议还根据共产国际的批评，否定了1935年12月瓦窑堡政治决议中关于“不问他的社会出身如何，都可以加入共产党”的决定，尽管会议对共产国际反对吸收张学良入党一事未置一词，但突出强调这一入党规定的重新更改表明，中共中央实际上也已放弃了吸收张学良入党的初衷。[1] 所有这一切政策性的重要变更，都使中共与张学良之间的关系一下子变得较前更加微妙和复杂了。

中共突然转而以蒋介石及南京政府为主要统战对象，并且迅速开始全力展开对南京上层的统战工作，前此积极准备与红军同举义旗、共谋反蒋的张学良怎么办？中共中央又如何去向一度准备推举为西北国防政府首脑和西北抗日联军总司令的张学良做解释？特别是从西安回来的潘汉年更是担心，他刚刚把张学良同蒋介石斗争的意志鼓动起来，现在又要去告诉张学良应当放弃与蒋介石决裂的准备，重新去向蒋介石表示“忠顺”，这会不会引起张学良的不满？

让潘汉年没有想到的是，情况远不像中共中央这时所顾虑的那样困难。恰恰相反，张学良刚一得知中共中央准备实行联蒋方针的消息，立即要求刘鼎转告中共中央，表示完全理解和支持，并希望能就此再与周恩来一晤。据刘鼎9月20日“十万火急”的电报转达张学良的话称：对中共新方针极表赞成，并愿进京面蒋，力主和平统一，结力抗日，请为蒋使，冒险说和，不论成绩如何，亟愿为此与周一晤。但不知中共中央对实行联蒋政策让步之极限如何，并不知中共中央是否同意自己为此前去南京。

张学良这样说，也或多或少地这样去做了。九一八事变五周年之际，

[1] 参见《中央关于抗日救亡运动的新形势与民主共和国的决议》(1936年9月7日)。

张学良特地转托冯庸向陈诚表达其决心抗日之意，声称：“东北军自南来豫鄂、西开陕甘剿匪以来，损失甚重，迄未得到中央补充。”东北军不怕牺牲，唯“与其剿匪损失，不如抗日覆没”，故他“决意统率所部，抗日图存”。[1]

22日，张学良又借否认有人传说他托陈诚向蒋说明抗日心迹的谣传，亲自致电蒋介石，宣称：“就各方言，欲救亡必须抗日，欲抗日必须全国力量之集中。良此时在钧座指挥下尽剿匪之职责，尤愿早日在钧座领导下为抗日之牺牲。唯冀钧座于国防会议内确定整个计划，实行抗日，良决负弩前驱，唯命是从。”[2]

出于种种考虑，张学良并没有贸然出面代红军向蒋“冒险说和”，但向蒋介石直接提出“欲救亡必须抗日，欲抗日必须全国力量之集中”，这在张学良也已经是破天荒了。由于蒋介石已经平息了两广之变，各派势力基本上都已臣服于国民党南京政府之下，唯有中共与红军尚在敌对位置，故张在这里说什么必须集中全国力量云云，非常明显地就是暗指应当把共产党也集中起来之意。

关于这一点在几天后张学良给陈诚的电报中表露得更明显一些。电报称：“至于抗日之实际行动，非有整个计划，齐一步骤不可。局部行动，失败之前车，则皆弟所深悉。在弟固当谓欲图救亡，必须抗日，欲谋抗日，必须统一。但统一力量，不应偏重军事，统一全民力量，乃是坚固之武力。”[3]这里所说的“统一力量，不应偏重军事”，所指为何，显然更加明显。

张学良陆续向南京方面提出统一全国力量一致抗日主张之议的时候，潘汉年还没有回到西安，因此，张学良并不曾与中共中央具体商量中共和平条件之极限，甚至不知中共是否同意以其为说客，这多少也是张学良此

---

[1] 《陈诚为转报冯庸所述之张学良抗日主张呈蒋介石电》（1936年9月19日），《张学良文集》第2册，第1022—1023页。

[2] 张学良：《为陈明抗日主张致蒋介石电》（1936年9月22日），《张学良文集》第2册，第1021—1022页。

[3] 《陈诚致蒋介石电所述之张学良致陈诚“养”机电》（1936年9月26日），《张学良文集》第2册，第1024—1025页。

时未能直截了当地代为转述共产党要求的原因之一。但无论如何，自得知中共赞同联蒋之后，张学良接二连三地主动向当局表露抗日心迹和委婉要求停止“剿共”的情况，也能反映出他此时的心情。这从一个侧面或可看出，西北发动对于张学良来说，仍属不得已之举。如果蒋介石及南京政府能够实现停止内战，将举国之力用到抗日上，使他得以保存东北军的实力，并有重回东北的可能，他张学良应当并不想去冒挑动国内战争、谋取西北一隅政府首席地位的风险。

二、艰难交涉

还在9月20日刘鼎给中共中央的电报中，曾专门提到张学良已经看过中共中央的一封信，说张对“那个信”极表赞成。张学良这时看到的“那个信”，其实指的就是著名的《中国共产党致中国国民党书》。

《中国共产党致中国国民党书》的完成大致应在8月25日之后，9月1日之前。[1] 9月上旬已通过交通经刘鼎转送张学良，请其提出意见。该文件一面对国民党对日妥协退让大加批评，一面则详细地说明了中共这时的政治主张。这些主张在主要方面与共产国际的指示没有太多区别，但没有完全照搬共产国际提议的通过普选国会来产生国防政府的主张。它参照共产国际的主张，提出：“赞助建立全中国统一的民主共和国，赞助召集由普选权选举出来的国会，拥护全国人民和抗日军队的抗日救国代表大会，拥护全国统一的国防政府。”所以不坚持必须要经普选产生新政府，一是因为现实条件不许可，二也是自己影响地区及人口过少，直接普选的办法也不利。

[1] 根据文件标明的日期，发表日期应为1936年8月25日。但当时最早提到此一文件的时间其实是在9月1日。因此，多半可以认为，这一文件的起草日期为8月25日，实际确定其文字及内容的时间应该稍晚几天。

它的核心主张只是，可先行成立由各党各派各武装队伍的代表构成，并且真正能够决定抗日救国大计的抗日救国代表会议（或国防会议），直接从这一会议中产生全国统一的国防政府即可。他们显然希望，可以在这个基础上与国民党达成妥协。[1]

问题是，南京政府是否愿意与共产党通过谈判达成妥协呢？如果愿意，它所开列的条件又是怎样的呢？

可以肯定，蒋介石是愿意与共产党通过谈判达成妥协的。事实上，不论蒋介石如何继续进攻红军，也不论中共中央过去如何坚持“抗日反蒋”，国共两党之间的接触与谈判从1936年初开始，始终就在秘密进行当中。而且，这种谈判得以发生，从一开始就是蒋介石的主动。

蒋介石最早找中共谈判，发生在1935年底。当时共产党已经被迫退入边远的西南和西北地区，南京政府已经将大半个中国统一在自己的权力之下。相反，日本人却在接连侵占了东北三省及热河和察哈尔大部分地区之后，又向绥远、内蒙甚至平津地区推进了。为了设法阻止日本人进一步染指华北乃至全中国，蒋介石这时十分希望能够与苏联政府签订一项军事互助条约。他10月份向苏联大使提出此议，恰好这时苏联极为担心日本可能首先进攻外蒙，进而进攻苏联，因此反应颇为积极，12月中旬苏联政府就明确表示愿意同南京政府讨论军事互助问题。[2]

苏联政府赞同商定两国军事互助协定，这当然最使蒋介石高兴。但蒋介石更感兴奋的，似乎还不是对苏联政府的积极反应，而是透过这种积极态度注意到苏联政府对其地位及南京正统的积极肯定。与苏联人缔结军事互助条约，至少在蒋看来，有一个最重要的问题必须解决，这就是苏联必须切实以他的政府为中国的中央政府。因此，苏联绝不能再以任何形式与

[1] 《中国共产党致中国国民党书》（1936年8月25日），《中共中央文件选集》第11册，第83—84、87页。

[2] 《鲍格莫洛夫给苏联外交人民委员部的电报》（1935年12月19日），转见李玉贞译：《〈中苏外交文件〉选译》，《近代史资料》总79号，第225页。

中国共产党发生关系。苏联政府的积极反应看起来使蒋介石产生了一个错觉，误以为苏联有可能放弃对中共的同情与支持，他可以利用此点要求苏联政府向中共施加压力，帮助他解决国内的共产党问题，实现中国的完全统一。基于这样一种考虑，蒋介石一接到苏联同意讨论军事互助协定的答复，就立即向苏联大使提出了他关于政治解决共产党问题的设想。而他所提出的解决方法，说到底就是要共产党放弃对立的政权与军队，南京政府承认共产党的合法存在。[1]

其实，还在蒋介石正式向苏联政府提出愿意政治解决国内共产党问题之前，为准备与苏联建立更密切的关系，蒋就已经在准备与共产党谈判了。他这时曾委托陈立夫等人秘密寻找共产党的关系，打算开始与中共直接谈判。就在得知苏联政府愿意与之建立密切关系的几乎同时，蒋介石恰好得知在莫斯科的中共代表团在共产国际“七大”以后正在开始改变政策，宣传统一战线与国共合作，这更使蒋介石相信，他可以通过莫斯科来解决共产党问题。因此，蒋当即决定派回国述职的驻苏联大使馆武官邓文仪迅速返回莫斯科，去找中共驻共产国际代表团进行接触与谈判。随后，蒋介石又秘密派陈立夫（化名李融清），携同张冲（化名江淮南），一同赶赴柏林，准备一旦邓文仪与中共代表团的谈判稍有头绪，就立即就近予以指导，并且马上开始与苏联政府具体商谈军事互助协定问题。[2]

邓文仪根据蒋介石的指令，于 1936 年 1 月 3 日赶回莫斯科后，很快找到中共驻共产国际代表团，先是同潘汉年，后是同王明，就国共两党“合作”问题进行了四次秘密的商谈。在 1 月 17 日与王明的谈判过程中，邓文仪代

[1] 《鲍格莫洛夫给苏联外交人民委员部的电报》（1935 年 12 月 19 日），转见李玉贞译：《〈中苏外交文件〉选译》，《近代史资料》总 79 号，第 225 页。

[2] 关于陈立夫和邓文仪奉派分别赴莫斯科和柏林进行中苏军事互助条约谈判与国共关系谈判的情况，在这两位当事人晚年的回忆录中都有过简略的说明。但两人对于这次赴柏林和赴莫斯科的时间、任务的性质、事情的经过与进程中断的原因等，均已记忆不清。有些重要情况则完全搞错了。邓文仪甚至把他与王明的谈话时间记成了 1936 年 3 月，并且已经不清楚他因为什么中断了正在进行的谈判。参见陈立夫：《参加抗战准备工作之回忆》，《传记文学》第 31 卷第 1 期；邓文仪：《冒险犯难记》，台北：学生书局 1973 年版，第 67—70 页。

表蒋介石明确提出了在苏维埃改制、红军改编的基础上，实行国共合作共同抗日的建议。据邓文仪称，蒋介石的具体条件包括下列四点，即：

> 第一，关于政府，取消苏维埃政府，邀请所有苏维埃政府的领导人和工作人员参加南京政府。
>
> 第二，关于军队，红军应改编为国民革命军，因为要抗日一定要统一军事领导。当然，红军不能接受南京政府的军事工作人员，但政府和红军可以交换他们的政工人员，政府派政治工作人员到红军中去，红军也可以派政治工作人员到南京军队中去，以表示互相信任和尊重。
>
> 第三，关于党的问题，蒋先生考虑了两个办法，或者是恢复一九二四——一九二七年两党合作形式，或者共产党独立存在。这个问题可以以后逐步解决。蒋先生知道红军没有军事装备和食品，南京政府可以提供一批军事装备和食品给红军。
>
> 第四，关于防线，可以派一些军队和红军一起到内蒙古去参加抗日斗争，因为南京政府的军队主要的军事行动在长江流域，所以不能派较多的部队到别的地方去。[1]

在这个时候，中共代表团的基本设想还是要建立以自己为中心的国防政府和抗日联军，他们对于这样的条件自然不可能接受，但谈判双方仍就中共代表团派代表前往南京与国民党当局就此进行具体谈判问题达成了一致，并约定中共代表和邓文仪一起，于1月25日从莫斯科出发，前去南京。

不料，就在临行前两天，即1月23日，邓文仪突然告诉王明，声称蒋介石要他立即前往柏林参加另外的谈判，他们商定的前往南京谈判的事情

[1] 《王明与邓文仪谈判记录》(1936年1月23日), *Chinese Law and Government*, Vol.30, no.1, January—February 1997, pp.98—100。

暂时必须向后推延了。[1] 之后，邓文仪一去不返，再未与王明等联系。

蒋介石突然决定停止在莫斯科的谈判，很大程度上是因为受到他与苏联大使鲍格莫洛夫在 1936 年 1 月 22 日谈话的结果的影响。这一天，鲍格莫洛夫代表苏联政府正式拒绝了蒋介石关于请苏联出面帮助他劝说中共向南京政府“输诚”的提议。苏联政府的这一态度，显然使蒋介石极为恼火。蒋无论如何不能理解，既然苏联政府已经表示赞同与南京政府缔结军事互助同盟，这自然也就是承认了南京政府的正统地位，难道它一面承认南京政府的正统地位，一面却还要同以推翻南京政府为目的的中共保持特殊关系？

在与苏联人直接打了十几年交道之后，蒋介石始终认为苏联一心想在中国扶植共产党，而对自己和国民党不利，故自 20 世纪 20 年代末期，他就已经采取了断然的反苏措施，甚至不惜同苏联断绝了一切关系。蒋介石重新打开对苏联关闭的大门，仅仅是因为九一八事变后中苏两国在对日政策上存在着共同的利害关系，当今世界上又只有苏联才有强烈的遏制日本侵略的愿望。当然，最重要的，还是他已经在 1934 年取得了军事上的绝对胜利，从而使红军几乎不再可能对南京政府的地位进行任何直接的挑战了。正是因为如此，蒋介石这时有理由相信苏联人愿意同他谈军事互助的问题，是因为苏联人已经看出中共不行了。想不到，在 1 月 22 日蒋介石与鲍格莫洛夫的谈话中，蒋虽再三要求苏联政府在国共两党的冲突问题上表明立场，警告苏联必须通过向中共施加压力、支持南京政府统一中国的方式来取得他的信任。而鲍格莫洛夫却丝毫不为所动，这位大使甚至明确转达苏联政府的意见说，苏联与中共毫无关系，解决两党冲突是中国内政，苏联政府绝不会充当调解人的角色。在大约两个小时的会见中，蒋介石反复劝说长达 80 分钟，竟全无结果。[2]

---

[1] 《王明与邓文仪谈判记录》(1936 年 1 月 23 日), *Chinese Law and Government*, vol.30, no.1, January—February 1997, pp.98—100。

[2] 《鲍格莫洛夫致斯托莫尼亚科夫的电报》(1936 年 1 月 22 日)，见李玉贞译：《〈中苏外交文件〉选译》，《近代史资料》总 79 号，第 227—229 页。

既然苏联政府并不想放弃他们对中共的支持，蒋自然失去了借用苏联压力政治解决共产党问题的可能，他对与苏联缔结军事联盟的可能也不免心灰意冷了。尽管事实证明，对于南京政府来说，这是与苏联结盟的唯一的一次机会，但事情很明显，在共产党问题没有根本解决之前，蒋介石决不愿意冒险与苏联缔结军事互助条约。就是因为害怕一旦中日战争爆发，苏联军队依照条约进入中国，中共如因此受益，国民党势必陷入严重困境。这也就是为什么蒋介石此后一再断言："俄非不可联，但须我们清共后。"[1]

显而易见，蒋介石在1月23日突然致电邓文仪要他立即停止谈判，而后又致电正在柏林准备开始军事谈判的陈立夫要他立即改变与苏联政府秘密谈判的计划，转道欧洲回国，多少都与此有些关系。当然，蒋介石并没有放弃政治解决共产党问题的计划。开始于莫斯科的国共两党谈判虽然告一段落，国民党在国内寻找共产党直接进行谈判的过程却由此开始了。蒋介石显然相信，他完全可以也必须要撇开苏联自己来解决共产党问题，一旦共产党问题得到解决，他那时或许还可以来同苏联谈判军事互助条约问题。

还在邓文仪在莫斯科与中共代表团进行秘密谈判之际，陈立夫手下的曾养甫已经通过谌小岑与中共中央北方局的代表周小舟和吕振羽接上了关系，并转述了国民党方面关于政治解决的基本条件。据周小舟随后的报告称，当时中共代表所提出的要求就是《八一宣言》(《为抗日救国告全体同胞书》)中所列之"十大纲领"，核心乃在要求组织国防政府与抗日联军。[2]国民党方面明确表示，可以考虑承认共产党在组织上的存在与独立，乃至释放政治

[1] 《徐永昌日记》第3册，第481页。

[2] 《中国苏维埃政府、中国共产党中央为抗日救国告全体同胞书》最早形成于1935年7月中旬，经共产国际批准后，最初提出于共产国际第七次代表大会上，核心之点即在于向全国各党派提出了共同组织"国防政府与抗日联军"的提议。王明代表中共提出这一主张的确切时间是在8月7日的会议报告中，但作为正式的中文文献发表的日期其实是10月1日，当时发表在中共代表团的机关报《救国时报》上。此一文件很快被简称为《八一宣言》。其中并且提出了未来国防政府应当遵循的"十大纲领"，包括"抗日救国收复失地"、"废除苛捐杂税""实行民主自由"，没收日本及其汉奸一切财产等项。《中共中央文件选集》第10册，第518—525页。

犯等，甚至可以划定一个特别区域来供共产党人实验诸如“集体农场”之类的理想，但共产党必须同意：(一) 协助联苏；(二) 红军改编，苏维埃改制；(三) 帮助蒋先统一，后抗日。[1]

这里的核心之点，其实就是一句话，即：“红军改编，苏维埃改制”。而改编改制的标准，只能是依据国民党的军队和政权的形式，即把共产党的军队和政权统统“统一”到国民党的军队与政权中去。从以后的事实看，南京方面此后条件虽然有这样或那样的改变，但中心要求皆不外于此。

随后奉派前往陕北苏区转达南京政府政治解决中共问题愿望的董健吾、张子华二人，其实转达的也是同样的意思。只不过，他们只用了两个字来概括此意，即所谓“输诚”。他们说：此次使命的主要策划者是宋子文、孔祥熙、孙科等，但实际负责的全是CC系曾养甫及其背后的陈果夫、陈立夫兄弟。目的仅在于了解中共可能“输诚”的条件。若中共肯于向南京政府“输诚”，则蒋可同意：“甲、不进攻红军；乙、一致抗日；丙、释放政治犯；丁、武装民众；戊、顷（倾）蒋尚有款。”[2]

尽管中共中央北方局与南京政府接触在先，而董健吾、张子华来陕北在后，但因北方局此时与陕北中共中央尚无电报联系，联络十分困难，因此，中共中央只是到董、张二人于2月底到达陕北之后，才第一次了解到南京方面谋求政治解决两党关系的消息。不管中共这时对蒋方针如何，他们显然把这种接触看成是“向全国各方活动，并得与全国群众见面”的“千

[1] 《周小舟给中共中央的报告》（1936年8月29日）。这次谈判的当事人吕振羽和谌小岑70年代末均对参与中共中央北方局与国民党CC系主持的谈判有所回忆，但记忆中同样错误甚多，且两人的回忆在时间、内容等问题上就有许多出入。吕振羽甚至连周小舟参加谈判的情况都已记忆不清了。谌小岑更是将几次谈判所提条件完全搞乱了。参见吕振羽：《南京和谈始末》，《群众论丛》1980年第3期；谌小岑：《西安事变前一年国共两党关于联合抗日问题的一段接触》，《文史资料选辑》第71辑。并见拙作：《关于1936年国共两党秘密接触经过的几个问题》，《近代史研究》1990年第1期。

[2] 《博古关于南京来人谈话结果致洛甫、毛泽东等电》（1936年2月27日）。

载一时之机”。[1] 中共中央这时清楚地知道蒋介石关于“输诚”要求的实质在于：“取消苏维埃红军，纳入三民主义的轨道，引进共产党代表于国民大会，在共赴国难口号下取消苏维埃制度与暴动策略，接受南京节制，以最后瓦解红军。”[2] 这当然不是他们所能接受的。他们的条件与此则格格不入。这就是：

甲、停止一切内战，全国武装不分红白一致抗日；

乙、组织国防政府与抗日联军；

丙、容许全国主力红军迅速集中河北首先抵御日帝迈进；

丁、释放政治犯，容许人民政治自由；

戊、内政与经济上实行初步与必要之改革。[3]

以上条件的中心之点，同样是根据共产国际第七次大会上中共代表团提出的国防政府与抗日联军主张演化而来的。在林育英传达的国际指示中，国防政府和抗日联军被规定为统一战线“最广泛与最高的表现”。因此，坚持这一主张无疑成为中共此一阶段谈判条件的关键要求所在。北方局的最初条件是如此，中共中央的最初条件也不出其右。这里唯一的变通仅仅在于，中共中央已经决定：“为了成立国防政府，主张先开国防会议”，亦即“抗日救国代表大会”。即是首先由全国各党派（包括国民党在内）推举代表组成代表大会，在此基础上成立全国统一的国防政府与抗日联军。但这一会议召开的前提在于：“在会议前必须实现（一）取消一党专政，容许一切党派的自由活动，释放一切政治犯；（二）取消一切禁止抗日反卖国贼运动的

[1] 《周恩来致洛甫、毛泽东等电》（1936 年 3 月 2 日），见杨奎松：《失去的机会？——战时国共谈判实录》，桂林：广西师范大学出版社 1992 年版，第 9 页。

[2] 《毛泽东年谱》（上），第 514 页。

[3] 《洛、毛致博古等电》（1936 年 3 月 5 日），《文献和研究》1985 年第 4 期（中共中央和毛泽东关于促成第二次国共合作共同抗日的一组电文）。

命令，保障一切抗日反卖国贼的言论集会结社的自由；(三) 停止内战，一致抗日讨蒋；(四) 凡愿意抗日反卖国贼的政治的、社会的、民众的团体与武装队伍，有公开选举自己的代表参加国防会议的权利；(五) 确实保障参加国防会议代表言论行动的自由与生命的安全。”[1]

随后的接触发生在1936年4月底至5月中旬。当时北方局代表周小舟在刚刚到达天津的刘少奇的指令下再度前往南京与国民党方面谈判，要求南京军队停止对山西红军的进攻。经反复商谈之后，国民党方面于5月15日第一次以书面形式提出了四项条件作为两党进一步谈判的基础。这四项条件是：

> 一、停战自属目前迫切之要求，最好陕北红军经宁夏趋察绥外蒙之边境。其他游击队，则交由国民革命军改编。
>
> 二、国防政府应就现国民政府改组，加入抗日分子，肃清汉奸。
>
> 三、对日实行宣战时，全国武装抗日队伍自当统一编制。
>
> 四、希望党的领袖来京共负政治上之责任，并促进联俄。[2]

从蒋介石关于苏维埃改制、红军改编的中心要求来看，国民党这四项条件可以说是它此前此后所提条件中，在统一军队和政权的形式问题上让步最多的了。这或许是因为红军东征所表现出来的战斗力，使蒋多少有些担心红军仍有重返内地之可能，所以极力想把红军进一步向北引至靠近外蒙边境地区，以远离中国腹地。如能劝说中共和红军进一步北去外蒙边境地区，则在改制、改编的时限上都可推延至抗战发生之后。显然，因国民党这时有情报证明日本即将首先对内蒙甚或对外蒙不利，此举既可使红军进一步远离内地重要省区，又可促使红军以外蒙为依托而与日本冲突，进

[1] 《洛甫致周、博、邓电》(1936年2月2日)；《洛甫致周电》(1936年2月5日)。

[2] 《周小舟给中共中央的报告》(1936年8月29日)。

而引发苏联干涉及参战，结果使日本再也无力南侵，可谓一举多得。

可是，在陕北的中共中央得到辗转送来的这四项条件，已经到了6月中旬。当时恰好是西南事变爆发、西北大联合计划紧锣密鼓地筹划准备之际，中共中央对此明显不感兴趣。毛泽东一言以蔽之：曾养甫等人的信件及条件，“满纸联合抗日，实际拒绝我们的条件，希望红军出察绥外蒙边境，导火日苏战争”[1]。

国共双方最为接近的一次谈判是在7月初。这次仍旧是由北方局代表周小舟出面与国民党方面曾养甫、谌小岑具体商谈的。所不同的是，这次北方局提出了一个与前有明显不同的谈判方案。其内容包括下列各点：

> 一、为求中华民族之生存，C方确认：(1) 立即发动抗日战争保卫中国华北、内蒙，并收复东北失地；(2) 联合一切愿意抗日的党派及人民，共同奋斗，严厉制裁汉奸；(3) 保障人民民主权利并释放一切政治犯；(4) 与日本断绝交涉，并废除损害中国领土主权的条约，实行联合苏联及一切反日的外交。
>
> 二、在K方承认并确行第一条各项政策时，C方放弃敌对K方的行动，K方停止围剿与封锁红军和苏区。
>
> 三、C方确认抗日战争须要有统一的领导与指挥，C方提议在最近期间召集全国各党及人民团体（不论已立案否）共同讨论具体实现抗日联合战线之一切问题，例如国防政府与抗日联军的名称，红军及其一切抗日部队当然要服从这个政府的指挥。在K方决行第一条各项政策时，C方赞成K方在国防政府及抗日联军中占有指导地位。
>
> 四、C方在今天无意考虑取消苏维埃组织及红军之提议，C方也不要求K方及愿意抗日的其他各派变更原有的政治军事地位。但在将来，依据抗日战争的需要，C方赞成全中国真正民主的统一。[2]

[1] 《毛泽东致彭德怀电》(1936年6月28日)，并见《毛泽东年谱》(上)，第554页。

[2] 《失去的机会？》，第14—15页。

这个方案的提出看来事先并没有取得中共中央的认可和同意。但它无疑为中共此后的谈判打开了一种新的思路。在这里所提议的在最近期间召集全国各党及一切人民团体共同讨论具体实现抗日联合战线之一切问题，例如国防政府和抗日联军的名称，表明中共完全可以放弃他们一向所要求的“国防政府”与“抗日联军”的外在形式；这里所称目前无意考虑取消苏维埃组织及红军，但将来依据抗日战争的需要将会赞成全中国真正民主的统一云云，同样在某种程度上暗示它有可能在一定条件下放弃苏维埃与红军的外在形式，同意改制改编。

更重要的是，这个方案甚至没有再坚持以苏维埃为中心和国共两党必须平等地实现他们之间的合作的想法，第一次率直地表示在将来政府及抗日联军中可以由国民党占指导地位。这些无疑使双方的谈判条件第一次开始有了接近的可能。

经过双方代表的多次商谈，终于达成了这一阶段两党谈判中的第一个被双方代表所接受的书面的“谈话记录草案”。

一、KC双方一致确认，为求得民族之生存，须立即实现民族之联合战线，共同抗日。

二、为使联合战线之巩固与实现，应先消灭国内现有之矛盾，集中力量。

三、C方提议组织国防政府和抗日联军，K方在原则上接受此提议，但C方须承认K方之主导权，C方代表认为K方在原则上接受此提议后，承认K方现形势下应该而且可能成为抗日之主导力量。

四、在上述三原则下，尤其在第三点上相互以文件承认后，K方将在事实上以秘密方式停止围剿红军，红军亦停进攻的军事行动。同时在C方停止反K方之行动与宣传的条件下，K方承认立即停止破坏C方组织，及逮捕C方人员与群众，并于暗中保护爱国运动（指在K方权力范围以内，冀察不在此限度内）。之后C方公开发表宣言要求K

方一致抗日。

五、双方于履行第四点要求后，共同组织一混合委员会，讨论具体实现抗日联合战线之政治形势及统一经济、军事、外交等问题（例如在国防政府成立后，C方须改变苏维埃之政治形式而统一于国防政府之下），以及联俄诸问题。[1]

上述文件显然肯定了统一战线成立后苏维埃改制的必要性，但它却没有明确地肯定红军改编的必要性。因此，陈立夫进一步对文件进行了修改，并经过蒋介石的认可，从而形成了第二次国民党方面政治解决中共问题的书面方案。7月4日，陈立夫通过曾养甫和谌小岑正式向周小舟提交了这一方案。该方案内容如下：

一、K方为集中民族革命力量，要求集合愿意参加民族革命之一切武装力量，不论党派，在同一目的下，实现指挥与编制之统一。

二、C方如同意K方上述之主张，应于此时放弃过去政治主张，并以其政治军事全部力量置于统一指挥之下。

三、K方在C方承认全国武装队伍应统一指挥与编制的原则时，即行停止围剿，并商定其武装队伍之驻扎区域，予以其他国军同等待遇。

四、K方在C方决意放弃苏维埃政权的条件下，即以K方为主体，基于民主的原则，改善现政治机构，集中全国人才，充实政府力量，以负担民族革命之任务。[2]

在这里，蒋介石关于苏维埃改制、红军改编的要求表现得再明显不过了。尽管这个方案最终送达陕北中共中央的时候，恰好已经在共产国际“政治

[1] 《失去的机会？》，第15—16页。
[2] 《失去的机会？》，第17—18页。

指示”到达之后，但要中共在这种条件下与南京政府取得妥协，仍旧是难以想象的。因此，中共中央这时几乎没有对这个方案做出明确的反应。不过，在中共中央根据北方局6月方案制定的《国共两党抗日救国协定草案》中，可以看出他们实际上部分地接受了南京方面的条件。比如统一指挥与编制的问题，以及部分地放弃了过去的政治主张等。该草案的主要内容如下：

（甲）从本协定签字之日起，双方立即停止军事敌对行为。

（乙）中国国民党方面承认经过国民政府军事委员会下令停止进攻红军与侵犯苏区，取消经济封锁，并承认经过单独协商一方面调动进攻红军之部队离开现在区域开赴抗日战线，一方面划定红军必须的与适宜的根据地，给必需的军械、军服、军费、粮食与一切军用品供给兵员的补充，以便红军安心进行对日抗战。中国共产党方面承认经过苏维埃政府革命军事委员会下令红军不向国民党部队攻击，承认在抗日作战时在不变更共产党人员在红军中的组织与领导之条件下，全国军队包括红军在内实行统一的指挥与统一的编制，红军担负一定之防线与战线。

（丙）中国国民党方面承认改革现行政治制度，撤废一切限制民主权利之法令，允许人民言论、出版、集会、结社等自由，惩办汉奸与亲日分子，释放政治犯，释放已被逮捕之共产党员，并承认以后不再破坏共产党之组织与不再逮捕共产党之人员。中国共产党方面承认停止以武力推翻国民党政权之言论与行动，承认在全国建立民主共和国与召集根据普选权选举的全国国会时苏维埃区域选举代表参加此国会，苏区实行与全中国一样的民主制度。

（丁）中国国民党与中国共产党共同承认，在全中国民主国会未召集与民主政府未建立之前为着实行真正的对日武装抗战，有召集基于全国各党、各派、各界、各军选举的抗日救国代表大会或国防会议之必要，此种抗日救国代表大会或国防会议有决定一切抗日救国方针与方案之权。

（戊）中国国民党与中国共产党共同承认，为着实行真正的对日武装抗战，有迅速建立统一全国的军事指挥机关（军事委员会与总司令部），及由此机关采取真正对日抗战的一切实际军事步骤之必要。中国国民党承认，红军军事委员会及总司令部有选派代表参加全国的军事委员会与总司令部之必要，并保证该代表等顺利进行其工作。中国共产党承认，中国国民党人员在此种机关中占主要领导的地位。[1]

从上述国共双方谈判方案的演变来看，可以看出，国民党的方案就其本质而言，大致没有明显的变化，只是其5月条件更容易让中共接受而已。但当时中共还没有得到共产国际关于改变“抗日反蒋”方针的“政治指示”，加上西北计划正在紧张准备之中，因此没有抓住这一机会进行谈判，以致两个月后南京政府初步解决了两广事变，国民党方面的条件再度退了回去。

与国民党相比较，中共的条件变动就比较大些了，特别是九月会议以后的条件，很明显地逐渐接近了国民党的条件。也就是说，中共从最初明确反对苏维埃改制和红军改编，到这时已经承认，在一定的条件下，苏维埃可以改制，红军也可以改编。双方这时的距离在于，蒋介石国民党坚持要以南京政府为正统，而中共中央根据共产国际的提议，形式上仍主张应当首先组织经过普选产生的国会，成立抗日救国代表大会或国防会议，进而产生一个新的政府。而事实上，根据中共中央9月中旬的政治局扩大会议讨论的情况可知，对于放弃苏维埃和红军形式问题，中共中央的条件其实只是要保持政治上的独立性，以及党对政权与红军的领导权而已。换言之，只要国民党同意保证苏区政权及红军在政治上、组织上的独立性，中共中央最终是可以承认以南京为正统，并以此为基础实行改制与改编的。比较

[1] 《洛甫、毛泽东二同志致朱、张、徐等同志电——关于国共两党抗日救国协定草案》（1936年10月11日），《中共中央抗日民族统一战线文件选编》（中），第287—290页。

邓文仪在莫斯科时所提条件、5 月 14 日曾养甫所提条件以及 7 月 4 日陈立夫所提条件，可以清楚地看出，国共两党之间的立场到 9 月、10 月间已经极为接近了，如果以后的情势不发生重大变动，在此基础上通过谈判达成妥协应该是完全可能的。中共中央最初多半也正是这样认为的。因此，当他们决定实行“联蒋”方针之后，就为同南京方面达成全面妥协而展开了猛烈的统战攻势，力争迅速谈判成功。

从 9 月 1 日起，在两个月的时间里，仅毛泽东与周恩来二人就致书国民党及各界军政要人、社会名流达 30 封之多。由于 8 月 27 日，作为国共两党这时联络代表的张子华携国民党电台呼号密码及曾养甫邀请周恩来外出谈判的信件再度前来陕北，中共中央最初还特别决定派周为中共全权代表前去国民党统治区与陈立夫等直接谈判。因此，周恩来 9 月 1 日有信给陈立夫、陈果夫二兄弟，称：

> 黄君[1]从金陵来，知养甫先生所策划者，正为贤者所主持，呼高应远，想见京中今日之空气，已非昔比。敝党数年呼吁，得两先生为之振导，使两党重趋合作，国难转机，实在此一举……两先生居贵党中枢，与蒋先生又亲切无间，尚望更进一言，立停军事行动，实行联俄联共，一致抗日，则民族壁垒一新，日寇虽狡，汉奸虽毒，终必为统一战线所击破。此可敢断言者。敝方为贯彻此主张，早已准备随时与贵方负责代表做具体谈判。现养甫先生函邀面叙，极所欢迎。但甚望两先生能直接与会。如果夫先生公冗不克分身，务望立夫先生，不辞劳悴，以便双方迅做负责之商谈。[2]

当然，中共中央这时对蒋介石和南京政府仍旧难于寄予幻想，因而对

---

[1] 黄君，即黄绞，张子华此时的化名。

[2] 《周恩来致陈果夫、陈立夫信》（1936 年 9 月 1 日），《中共中央抗日统一战线文件选编》（中），第 253—254 页。

两党谈判前途的看法也多少有些矛盾。因此对周恩来外出谈判的安全问题，不能不有许多顾虑。中共中央这时曾有专门电报给国民党方面，它清楚地说明了中共中央的担心所在。电报称：

> 第一，寇进甚急，我方愿以全力为助，希望宁方坚持民族立场，不做任何丧权让步。
>
> 第二，我方首先执行停止对国民党军队攻击，仅取防御方针，等候和议谈判，集力抗日。
>
> 第三，欲图和议谈判早日实现，请蒋暂时以任何适当名义停止军队进攻，以便开始谈判，若一面进攻，一面谈判，似无此理。[1]

中共这时显然不能理解：南京方面既然愿意谈判解决问题，为何不能停止军事进攻？如果继续用军事方式来对付共产党，那么，又有谁能相信国民党确有和平诚意，周恩来外出谈判又岂能保证人身安全？因此，还在8月30日周恩来给曾养甫的复信中，中共方面实际上就已经改变了立即派周前去谈判的立场，提出：弟等外出不易，倘兄及立夫先生能惠临敝土，则弟愿负责保兄等安全。万一有不便之处，则华阴之麓亦作为把晤之所。但弟身外出安全，须贵方代为策划。[2]

进一步延至9月中旬中共中央政治局扩大会议召开，多数与会者更主张对蒋持较严厉的批评态度，并应保持足够的警惕性，故会后周恩来又有专函致蒋，强硬地表示：红军之主张和平谈判，“非不能与先生周旋者，十年战绩，早已昭示国人。特以大敌在前，亟应团结御侮。自相砍伐，非但胜之不武，抑且遗祸无穷……天下汹汹，为先生一人”。“共产党与红军则亟望先生从过去误国政策抽身而出，进入于重新合作共同抗日之域，愿先

[1] 《毛泽东年谱》（上），第595—596页。
[2] 《周恩来致养甫兄函》（1936年8月30日），转见《团结报》，1994年5月10日。

生变为民族英雄，而不愿先生为民族罪人。”[1] 同时，周恩来 9 月 22 日再给陈立夫二兄弟的信，则一改前约，说明必须首先“委潘汉年同志前来详申弟方诚意，并商双方负责代表谈判之地点与时间”[2]。其态度有了明显的变化。

中共中央转而持更加谨慎态度，同这时的军事形势变化有关。因有情报显示：“蒋决心肃清赤匪，七月为期，命胡宗南主持，共给十师，现三十个团已陆续入陕，随后十五个团可调动。”而另外的情报也说明：蒋明确表示，对红军仍不变更其抗日“剿匪”政策，“张杨等急盼红军对中央军关胡等师一重大打击，以减轻对他们之威胁，否则蒋系气焰更高涨，他们环境则更困难”。有鉴于此，中共中央一方面仍旧谋求尽快与南京方面进行具体谈判，但另一方面则更加看重其外围影响工作。周恩来这时亲自写信给胡宗南，力诫胡：在我三个方面军已经联成一气的情况下，“兄率孤军深入，匪特名不正言不顺，即以势言也不利。且兄更不能无视日寇侵入西北之急，相凋则徒损国力，相持则坐使日寇收渔人之利。西北再失，则同陷浩劫，同为奴隶，尚何胜负可言”！[3]

毛泽东这时也接连写信给在野之各社会名流宋庆龄、章乃器、沈钧儒等，请他们利用各种名义开始具体实际之活动，以促进南京当局改变其政策。同时他又致书各反蒋派李济深、李宗仁、白崇禧、蒋光鼐、蔡廷锴等，要求他们与中共一道向南京呼吁：“请其将仇恨国人之心移以对外”，并对南京对外退让、对内苛求之错误政策“督促批判，责其更新”。[4]

此时中共统战工作已经更加开展。成绩最为显著的是对阎锡山的工作，这时除了中共中央的代表彭雪枫外，朱蕴山、张友渔、杨秀峰、李宝森等分别也进行了游说。这些统战工作逐渐打消了阎锡山对中共和红军的恐惧，

---

[1] 《周恩来致蒋介石函》（1936 年 9 月 23 日），《周恩来书信选集》，第 105—107 页。

[2] 《周恩来致陈果夫、陈立夫函》（1936 年 9 月 22 日），《周恩来书信选集》，第 103—104 页。

[3] 《周恩来致胡宗南函》（1936 年 9 月 23 日），《周恩来书信选集》，第 109 页。

[4] 分别见《毛泽东致宋庆龄信》（1936 年 9 月 22 日），《毛泽东致章乃器、沈钧儒、陶行知、邹韬奋信》（1936 年 9 月 22 日），《毛泽东致李济深、李宗仁、白崇禧信》（1936 年 9 月 22 日），《毛泽东致蒋光鼐、蔡廷锴信》（1936 年 9 月 22 日），《毛泽东书信选集》，第 70—75 页。

并鼓动阎锡山利用被捕出狱的中共人员为骨干，于9月18日公开成立了以“守土抗战”为号召的“牺牲救国同盟会”，提出了“铲除汉奸，武装抗敌，牺牲救国，不分党派，不论贫富，不分性别，凡不愿做亡国奴者均可成为会员”的较激进的纲领。阎并且向中共代表明确表示：他赞同中共提出的主张,并愿意“推动南京政府抗日”。他的环境非常恶劣,除非抗日决难生存。尽管目前尚非联合红军之时，一旦日军攻绥，即派正式代表与红军联络，“公开提出与红军联合”。那时尤其希望能够得到国际的援助。

这时中共对傅作义也有较为成功的工作。南汉宸、谢晋生等已先后与傅作义及其机要秘书王丹九进行了密谈，据中共中央北方局报称，傅作义明确表示“愿意与我们做亲密合作”。目前因上面有“婆婆”（指蒋介石、阎锡山），外面有日寇，暂时不能公开同情红军，但在日军侵绥时，他必定欢迎红军入绥抗战。甚至，现在如果红军要经过绥远去抗日，只要不深入绥远腹地，走大青山以北地区，他亦可在给养等方面提供帮助。

在与西南地方实力派的联络方面，这时也取得了明显的效果。对刘湘，有李允生（冯雪峰）等数人进行工作，刘湘坚决表示：“只要苏联之路可靠，他决加入西北之联盟。”他并提出一个红军、东北军、川军三方面的军事合作协定，主张红军不进入四川，四川的零星游击队归川军收编或遣送出境，红军不得已要入境时须预商区域，三军可为抗日和除奸而共同行动或分担军事任务。而在广西李宗仁处，除中共正式代表云广英外，还有宣侠父、胡鄂公、刘仲容、刘子华等众多中共党员在进行工作。李济深和李宗仁等已先后派刘仲容及钱寿康等前来陕西寻找中共建立密切关系，并带来“广西省政府省党部及第五路军代表与苏维埃共产党及红军代表之协定草案”，要求双方共同签订遵守。经中共中央略加修改后，复交由钱寿康带回广西签字。其要点如下：

一、在抗日救国争取民族生存之共同要求下，中华民国广西省政府、省党部及第五路军代表李济深、李宗仁、白崇禧与苏维埃政府、共产党及红军代表毛泽东、朱德、周恩来互矢最高之诚信与决心，一致努力于下列伟大而艰苦的革命斗争：

甲、对日武装抗战；

乙、实现全国各党各派各界的抗日联合战线；

丙、实现依据民主纲领而建立的中华民主共和国。

二、为力求以上政治任务之完成起见，协定之双方应各在其军事政治所及之区域及全国一切可能范围之内，对于下列诸项斗争做一致之实践：

甲、用一切努力进行全国停止内战（停止进攻红军）之运动，促成全国各党各派各界各军（包括中国国民党及蒋介石军队在内）实行真正之抗日战争；

乙、普遍的组织并发动工农商学兵各界人民群众之抗日救亡运动；

丙、用一切努力推动全国各党各派各界各军为建立真正民主共和国而斗争，迅速召集基于普选权选举的全国国会，组织全国国防政府；

丁、彻底保障人民集会结社言论出版之自由。

三、双方同意在最近将来之适当时机向各党各派各界各军提议，共同发起各党各派各界各军及全国各民众团体之抗日救国代表大会，讨论抗日救国统一战线之总斗争纲领，并产生联合之战斗机构，在召集此种大会之前先开发起人会议，完成大会召集之一切必要准备。

四、在抗日作战时，双方军事力量各担任一定战线，取得互相联系与协同动作，以此去配合全国抗战力量在统一指挥下之一致的坚决的动作，完成驱逐日本帝国主义出中国的任务。

五、双方相互保证不得在各该合作对方政权下及部队中做违反本协定各条之宣传与行动，但双方均保持其政治上组织上之独立性。[1]

中共中央显然对于此一协定相当满意，因此它几乎同时将这一协定定

[1] 《抗日救国协定》（1936 年 9 月）；《李允生给中央的报告》（1936 年 9 月 12 日）。

名为《抗日救国协定》，分别送给蒋光鼐和张学良，明确表示愿意听取他们关于此协定内容的意见，并愿意就此与正在重建中的十九路军和张学良的东北军正式签约，共同遵守。[1]

中共这时的工作甚至已经做到了南京政府内部。因为有情报显示，宋子文和孔祥熙都明确表示赞同中共关于国防政府的主张，不满南京对日本的消极态度。包括李石曾、张静江、吴稚晖等一批老国民党人，这时也向与中共有秘密关系的胡愈之说明，他们希望停止内战，联俄抗日。

当然，在与各派关系当中，中共与张学良的关系仍旧是最为牢固和可靠的。在毛泽东转给张学良的《抗日救国协定》上，毛甚至还没有得到张的答复意见，就直接代表苏维埃政府与红军签上了自己的名字。因此，在劝说南京政府和蒋介石方面，中共中央除对身为国民党中央委员但始终秘密地支持共产党的宋庆龄抱以期望以外，真正寄予多少期望的也就是张学良了。在得知张学良愿意代为中共冒险向蒋说和之后，毛泽东立即亲自打电报要刘鼎告诉张学良："毅任斡旋甚好，迅速达成和平统一，（为）国家民族之福。"当张学良来电表示：他决定电蒋说明有要事面商，要叶剑英用毛泽东名义写一信给他"以做根据"时，毛泽东和周恩来立即修书一封并派专人以最快速度送给张学良，以便利张学良向蒋说和。函称：

> 中国共产党建议全国各党各派各界各军的抗日民族统一战线已经一年多了，虽已得到全国人民的赞助，但中国国民党不但至今采取游移不决态度，而且当日寇正在准备新的大举进攻时，反令胡宗南军深入陕甘配合先生所指挥的部队扩大自相残杀的内战……先生是西北各军的领袖，且是内战与抗战歧途中的重要责任者，如能顾及中国民族历史关头的出路，即祈当机立断，立即停止西北各军向红军的进攻，

[1] 见《毛泽东致蒋光鼐、蔡廷锴信》（1936 年 9 月 22 日），《中共中央抗日民族统一战线文件选编》（中），第 280—281 页。

并祈将敝方意见转达蒋介石先生速即决策，互派正式代表谈判停战抗日的具体条件。拟具国共两党抗日救国协定草案，送呈卓览。寇深祸急，愿先生速起图之。[1]

随后，毛泽东又公开发表谈话，表明红军愿意单方面首先停战之意。宣布：“一切红军部队停止对国民革命军之任何攻击行动；(二) 仅在被攻击时，允许采取必需之自卫手段；(三) 凡属国民革命军，因其向我进攻而被我缴获之人员武器，在该军抗日时，一律送还，其愿当红军者欢迎；(四) 如国民革命军向抗日阵地转移时，制止任何妨碍举动，并须给以一切可能之援助。”[2] 其意也仍在为张之劝蒋和共助一臂之力。

---

[1] 《毛泽东、周恩来致张学良信》(1936 年 10 月 5 日)，《毛泽东书信选集》，第 78—79 页。

[2] 《毛泽东关于停战抗日之谈话》(1936 年 10 月 15 日)，《中共中央抗日民族统一战线文件选编》(中)，第 291 页。

三、兵败黄河

共产国际8月15日“政治指示”很大程度上使中共开始日渐处于一种十分困难的境地。按照中共中央此前的步骤，西北发动已经箭在弦上，各地反蒋派的联络工作也已经取得初步成就。他们估计，一旦西北发动成为事实，红军与东北军相互配合接通外蒙、新疆，取得苏联军事援助，西北国防政府和抗日联军继而宣告成立，揭起抗日旗帜，各地反蒋派势必趋之若鹜，南京政府势将陷于四面楚歌，那时不仅共产党政治军事地位极大巩固与提高，就是蒋介石多半也不得不放弃一党专政，转而与西北达成妥协，最终必不难实现中共关于以西北为中心、召集抗日救国代表大会、建立全国统一的国防政府与抗日联军的设想。但按照共产国际的指示，放弃“抗日反蒋”方针之后，西北发动事实上已失去政治基础，没有人能够想象这种发动可以在不反蒋和不与南京军队发生全面对抗的情况下顺利进行。即使如两广事变一样，打出“请蒋抗日”的旗帜，也必须另立政府以号召军队与群众，结果仍旧是与南京相抗衡，战争仍旧不能避免。可是，放弃西北发动，红军与东北军的公开合作就失去了一切可能性，到头来，如果与蒋介石南京政府不能很快达成妥协，红军就将不得不独自面对越来越多的国民党军队的大举围攻，那时不仅红军会重新变得势孤力单，而且与红军秘密联盟的东北军也将处于极为困难的境地，甚至最终不能不刀枪相对，使前此辛辛苦苦建立起来的统战关系毁于一旦。

在转而实行共产国际新方针之后，摆在中共中央面前一个可能更为紧迫的问题是，二、四两个方面军这时也已经进抵甘南，正向甘北推进，可依据陕北甘北的客观环境，近十万大军不仅生存无靠，而且周旋不易，在国民党重重围困和反复围攻之下，难免不受严重损失。而事实上，中共中央从一开始就对迅速争取蒋介石一着不抱太多幻想。其一切工作，都是从“逼蒋抗日”的角度出发，准备做长期打算。因此，其“逼蒋”的方式，从一开始就分为三手：其一是“造成各种条件使国民党及蒋军不能不与我们妥协”；其二是“紧密地联合东北军，并进行西北其他各部的联合谈判，造成西北新局面”；而最关键的，还要是“准备冬季打通苏联”，取得苏联的军事援助。在中共中央看来，打通苏联，不论是从红军和苏区的保存与发展，不论是从国共两党之间的谈判与联合，还是从联合西北地方势力，包括“保护甲军与李毅，使不受蒋介石可能的打击”，都是最重要的。[1]

自 8 月下旬开始，中共在一面迅速开始按照共产国际的新的策略展开对南京方面的统战工作，一面继续争取与各反蒋派结盟的同时，就急切地开始考虑和部署打通苏联，争取以苏联为后盾的行动了。中共中央清楚地知道，即使包括张学良在内，与中共联络的各个反蒋派别，真正重视的其实都是中共背后苏联的作用，都寄希望于苏联能够支持自己在中国政治舞台上和抗日战争的行动上扮演角色，想依靠苏联的支持来与蒋介石南京政府相抗衡。相反，如果得不到苏联的支持，即使是与中共的关系发展到相当的深度，他们无论如何也不敢轻易与中共站在一起来同蒋介石对抗。因此当形势变得对红军严重不利的时候，一切都可能变得像共产国际所预言的那样糟糕。

[1] 《育、洛、恩、博、泽致朱张任同志电》（1936 年 8 月 30 日），《毛泽东军事文集》第 1 卷，第 574—576 页。

再加上红军所在之陕北及甘北地区，人烟稀少，粮食匮乏，没有苏联的直接援助，红军只好靠不断的扩张和战争来谋求解决之策，结果也仍旧是内战不断。因此，无论是战是和，要想保持中共自身的利益不受损害，寻求苏联的直接帮助都是唯一可行的出路。为此，当共产国际改变统战策略的“政治指示”于8月中旬刚一到达，中共中央当即意识到问题之严重。

8月25日，张闻天、周恩来、博古、毛泽东即联名致电驻共产国际代表团团长王明，陈说利害，叮嘱王明务必恳切要求苏联方面正式给予援助。其电文扼要如下：

一、陕北甘北苏区人口稀少粮食十分困难，非多兵久驻之地，且北不出宁夏，东不出山西，亦无红军活动之余地，目前陕北苏区即已大为缩小，红军之财政粮食已达十分困难程度。

二、为着避免与南京冲突，便利同国民党成立反日，靠近苏联，反对日本截断中苏关系的企图，为着保全现有根据地，红军主力必须占领甘肃西部宁夏绥远一带；依红军现时条件，如果不取得这一地带，则不可避免的要向现时位置之东南方面发展，如此，（甲）将被迫放弃现有陕甘宁苏区；（乙）红军发展方向不是与日本进攻方向迎头，而是相反方向，即不是抗日方向而是内战方向；（丙）日本帝国主义有利用此时机截断中苏关系的可能。

三、我们所希望的地区为青海、甘西、宁夏至绥远一带，我们除在九月以下三个月中加紧与蒋介石进行谈判，求得在一般基础上要求他承认划出红军所希望的防地外，还须解决一个具体的作战问题，因为即使蒋承认红军占领这个地带（这个可能是极大的），也不见得能使这一地带的土著统治者自动地让出其防地（这个可能是很少的）。

四、这一地带的特殊地形条件是为黄河沙漠草地所束缚着的一个狭长地带，而且其中满布着为红军目前技术条件所不能克服的许多坚固的城池堡垒及围寨，在时机上进取这一地带仅能利用冬季黄河结冰之时，但如果苏联方面能答应并且做到及时的确实的替我们解决飞机大炮两项主要的技术问题，则无论如何困难，我们决乘结冰时节以主力西渡接近新疆与外蒙。

五、军事部署大致可定为：(甲)以一方面军约一万五千人攻宁夏，十二月开始渡河，先占领一部分主要的城寨，多数城寨待接取飞机大炮后再夺取之；(乙)以四方面军十二月从兰州以南渡河，首先占领青海之若干地方作为根据地，待明年春暖逐步向甘凉肃三州前进，于夏季达到肃州附近，沿途坚城置之不攻，待从外蒙新疆到来之技术兵种配合攻取之；(丙)以二方面军位于甘南，建立苏区，并使之与陕甘苏区相联系。

六、以上是基于今冬至明年以占领黄河以西为基本方针之作战计划，如此方针为苏联方面所赞同，则请兄代表红军直接向苏联有关方面谈判许多具体准备之问题，主要是援助中国之技术兵种组成输送与按时到达，以及到达后使用的问题；如果苏联不赞成目前直接援助之方针，而我们与南京之谈判不能及时成立协定，或协定中不能达到使宁夏甘西土著统治者自动让防之程度，或红军久攻不克结冰渡河时机又已过去，则我们只好决定做黄河以东之计划，把三个方面军之发展方向放在甘南、陕南、川北、豫西与鄂西，待明年冬天再执行黄河以西的计划。[1]

中共中央的电报十分清楚地说明了他们的担心之所在，形势看起来对红军相当不利，如果没有苏联的援助，那么从生存角度考虑，红军必须要向内地发展，结果自然是内战，共产国际关于建立国共统一战线的要求以及国内和平与一致抗日的局面，统统都将成为泡影。无论是从希望红军保

---

[1] 《洛甫、恩来、博古、泽东关于红军行动方针给王明同志电》(1936年8月21日)，参见《毛泽东年谱》(上)，第573页；中心档案495/74/283。

持在苏联、外蒙边界附近的立场出发，还是从希望国共两党能够早日达成妥协、一致抗日的角度出发，苏联方面显然都不希望发生这种情况。

实际上，自从斯大林提出不反对红军靠近外蒙、新疆的建议以来，共产国际和苏联就一直没有停止考虑具体援助中共和红军的问题。因此，当中共中央的援助请求正式到达之后仅两周左右时间，共产国际执委会书记处就已经取得了斯大林和苏联军方等各个方面的支持，进而于9月11日致电中共中央，明确表示同意援助红军，并批准了中共中央关于夺取宁夏和甘西的行动计划。电报称：

> 同意你们占领宁夏地区和甘肃西部的计划，同时，坚决的指出，不能允许红军再向新疆方面前进，以免红军脱离中国主要区域。[1]

共产国际的来电，无疑是一个让中共盼望已久的鼓舞人心的好消息。很显然，共产国际看来并不特别担心此举会对国共两党谈判产生何种影响，事实上这种谈判也不可能是一个简单的过程，斯大林肯定相信，保存中共和红军的存在是必须的，加强红军的军事力量可能还将有助于推进谈判的进程并使中共在谈判桌上得到更多的东西。不过，无论是共产国际还是中共中央，这时看来都忽略了一个必须克服的严重障碍，即来自南京军队的阻截和进攻。也许是因为这时在陕甘的蒋系部队为数甚少，威胁不大。总之，在中共中央8月25日电报中，对于军事上的困难只突出强调了缺乏夺取宁夏、甘西境内城寨堡垒的技术手段。直到得到共产国际的批准电之后，中共中央虽然注意到胡宗南部已经开始对中共实行打通国际路线的计划产生威胁，但他们仍旧没有对同蒋系军队的作战难度问题给予足够的重视。他们对这个姗姗来迟的援助明显地有些迫不及待了，他们主要担心的仍旧是

---

[1] 《共产国际执委会书记处致泽东、洛甫、恩来、博古电》(1936年9月11日)，中心档案495/74/281。

攻取和占领宁夏、甘西的城寨堡垒问题，因而新的决定是：全力以赴地攻取宁夏，暂时放弃甘西，等待接取援助之后再图甘西。至于对胡宗南，只要四方面军略加拦截，不使其过快推进就可以了。因为这是千载一时之机，他们必须排除那些已经存在和可能出现的困难，争取一击成功。

9月14日，中共中央将此一消息迅速通知了一、二、四方面军，并提出了具体的行动计划。电称：

> 国际来电，同意占领宁夏及甘肃西部，我军占领宁夏地域后，即可给我们以帮助……
>
> 为坚决执行国际指示，准备在两个月后占领宁夏，拟作如下部署：
>
> （一）一方面军主力，九、十两个月仍在海原、固原地区，十月底或十一月初开始从同心城、豫旺之线攻取灵武、金积地区，以便十二月渡河，占领宁夏北部。一方面军之其余部队，保卫陕甘北苏区。
>
> （二）四方面军以主力立即占领隆德、静宁、会宁、通渭地区，控制西兰大道，与一方面军在固原西部硝河城地区之部相当靠近，阻止胡宗南部西进，并相机打击之，十月或十一月初进取靖远、中卫西部及宁安堡之线，以便十二月渡河，夺取宁夏南部。
>
> （三）二方面军在陕甘边积极活动，吸引胡宗南部于咸阳、平凉之线以南地区，与四方面军互相策应，并联络陕南游击区。
>
> （四）由陕北派出游击支队，经关中苏区出至泾水以南活动，牵制胡宗南之侧后。

电报特别说明：“以上部署主要是四方面军控制西兰大道，不使胡宗南切断，并不使妨碍尔后一、四方面军夺取宁夏之行动。当一、四两方面军夺取宁夏时，二方面军仍在西兰大道以南，包括陕甘边与甘南，担负钳制敌军之任务。至于占领甘肃西部，候宁夏占领取得国际帮助后，再分兵略取之。”[1]随即，中共中央提出了组织“静（宁）会（宁）战役”计划，要求二、四方面军全力北上，与一方面军合力夺取隆德、静宁、会宁、通渭地区，控制西兰大道，实现三个方面军的会合。至此，从1935年夏季即开始计划的“打通国际路线”的战略方针，终于付诸实施了。

1936年9月中旬，红军一方面军全部21000余人，除留少数配合约6000人地方部队守卫陕北甘北苏区外，其余27个团约18000人全部集中于盐池、定边至同心、豫旺堡一线，向南推进。二、四两方面军37个团约56000人也已进至甘肃中部的通渭、陇西一线，集力向北。尽管红军这时武器残缺不足，弹药尤其困难，二方面军疲劳伤病到甚至已难以作战的地步，但三个方面军的会合一般说来已经是指日可待的事了。[2]

这时，国民党军的兵力部署比较复杂。根据8月底中共中央军委向共产国际的报告，以及9月、10月间来自东北军的通报，可知大致情况如下：

（一）“陕西东北部为蒋介石进攻红军苏区的主要方向，以其嫡系陈诚为指挥（本人现往广州），汤恩伯纵队为领导的共七个师一个旅，合计廿四个团。”其中汤恩伯第四、第八十九师及晋军七十二师和二〇九旅已于5月底由山西渡河，占据吴堡、绥德、瓦窑堡之线筑堡修路。8月初已进至葭县（不含）、吴堡、绥德、清涧之线及无定河下游两岸，续修绥清公路，并继续逐渐向南向西推进。另外高桂滋之八十四师驻绥德以西，高双成之八十六师

---

[1] 《育英、洛甫、恩来、博古、泽东关于军事部署问题致朱、张、任三同志电》（1936年9月14日），《毛泽东军事文集》第1卷，第578—579页。

[2] 根据1936年8月18日《军委致国际电》，及9月1日《朱张致党中央及军委电》可知三个方面军兵力如下：第一方面军（含一军团8000人、十五军团6000人，各直属部队7200人）总计21000余人，另有地方武装6000人；二方面军（二军7643人，六军4059人，卅二军2677人）14379人；四方面军（四军5700人，五军4600人，九军9600人，卅军8000人，卅一军5000人，方面军直属队5000人，总直属队4664人）共计42564人。另一方面军步枪10000余支，轻机枪500余挺，重机枪100余挺，迫击炮40门，山炮2门，正规部队每枪平均有子弹40发，地方部队每枪平均有子弹10余发。二方面军步枪6268支，轻机枪160挺，重机枪129挺，迫击炮4门，山炮1门，每枪平均有子弹40发。四方面军有步枪15300支，驳壳枪及手枪2900支，轻重机枪495挺，迫击炮28门，每枪平均有子弹30发，人平均有手榴弹1枚。中心档案495/19/58。

散驻葭县、米脂、神府、榆林、横山、石湾、安边各地，联成封锁。

（二）“十七路杨虎臣部有两个师、五个警卫旅、两个特务团、一个骑兵团，计其他直属部队，合计步兵廿六团，骑兵一团。杨之主力现在洛河下游左岸，直达黄河，向北封锁清剿。”其中，第四十二师原在延长、延川、宜川之线以东地区，十七师原在鄜县以东宜川、韩城之线，第五旅原在三原、蒲县之线，警卫第一旅原在临真镇、平陆堡之线。这时已陆续接防东北军原在蟠龙、肤施、甘泉、鄜县之防地。另外，其第二旅分别在耀县、柞水、镇安，第三旅在郃县、澄城，特务第一团在西安，第二团在白水，骑兵团在邠县。

（三）“东北军在西北者有三个步兵军，一个骑兵军，计十五个步兵师，五个骑兵师，一个炮兵团，合为步兵五十一团，骑兵十九团。”其大部正在陆续从陕北调至甘北及西安至兰州大道附近的过程中。何柱国之骑兵军主力驻固原一带，于学忠部部分主力由兰州进定西，五十七军部分主力则集中庆阳一带，王以哲之六十七军主力及独立第一〇五师则渐进至平凉一带防守。

（四）“宁夏两马计有二个师，一个步兵旅，一个骑兵旅，二个特务团，合为步兵廿团，骑兵八团。”其中，马鸿宾之三十五师在固原、黑城镇、李旺堡一带，马鸿逵之新编第七师在黄河两岸中卫、金积一线，其新编第十旅在一条山一带，骑兵第一旅在吴忠堡及宁夏各一团，骑兵第二旅在磴口、平罗一带，骑兵第二师两个旅在五佛寺及中宁一带。

（五）“邓宝珊之新编第一军计两个旅，合四个团，在静远、会宁、静宁、隆德布防。”同时，甘南毛炳文、王均两部含第八师、第二十四师、第十二师、第七师及鲁大昌新编第十四师，合计 28 团，分别进至武山、武都、文县、成县、康县、西固、岷县、临潭，与二、四方面军周旋。加上土著军阀马步芳、马步青驻西宁及甘、凉、肃三州的第十师、第三十五旅、第二九八旅 9 个团，以及山西已经西渡黄河占据黄河西岸部分苏区的一个纵队，整个陕甘宁三省已有国民党军队约 200 个团，近 40 万人。[1]

---

[1] 《军委致国际电》（1936 年 8 月 16 日），中心档案 495/74/283。

与此同时，南京方面由长沙等地调援西北主持“围剿”的胡宗南，率10个师30余团约6万人，9月下旬也已先后入陕并陆续西运至天水、秦安、静宁、会宁、定西地区，关麟征4个团约5000人也在9月底由山西运抵宝鸡。在此前后到达的还有四十九师、五十一师、一四〇师等4个师另一个旅计2万余人，分别进驻略阳、徽县、两当、西凤、陇县、宝鸡各地，配合驻守兰州附近的朱绍良部围堵红军。这时纵使不计山西、绥远之敌，红军主力所直接面对的敌人也已超过自己5倍以上。更何况，国民党还有近20个团的兵力正源源不断地向陕甘两省开来。红军要想成功地实施宁夏战役，完成打通国际路线的任务，此时谈何容易。

所幸在红军一、二、四方面军即将会合之际，张学良大约40个团的东北军已基本完成西调，成为防堵三个方面军会师的主要军力，红军三个方面军主力之会合已经不成问题。可是，胡宗南部之迅速到来渐渐开始让中共中央感到担心了。国民党中央军毕竟在装备、战术、训练以及士气方面都与地方军阀的部队有明显的不同，在力量悬殊的情况下，红军无论如何不能被其咬住，更不能与其进行决战。与此同时，由于张学良与红军的结盟在东北军中并未完全公开化，多数部队并不了解，一旦胡部主力楔入，张学良在军事调动上与红军的配合将变得十分困难甚至将成为不可能。如此，不仅红军会合行动受到钳制，而且打通国际路线的计划将大受威胁。为此，毛泽东等再三电告张国焘等：四方面军主力宜在两三天内进占界石铺及其以西地段，否则胡军乘汽车将在两三天内控制此地，红军有被切断之虞，“机不可失，千祈留意”。[1] 为确保无虞，中共中央同时命令第一师迅速向界石铺推进，并相机占领之。

由于张国焘与中共中央因一、四方面军的分裂和其后另立中央所造成的各种问题实际上还未得到解决，张国焘对于三个方面军的会合仍旧有所犹

[1] 《毛、周、彭致朱、张、任电》（1936年9月15、16、17日），《毛泽东军事文集》第1卷，第585—589页；《周恩来年谱》，第321页；《文献和研究》1986年第5期（关于红军北上抗日方针的十八封电报）。

豫，而对以四方面军控制西兰大道，与胡宗南作战，更是颇多顾虑。特别是为等到12月黄河冰冻，保证一方面军渡河，四方面军将不得不在西兰大道这一交通线上几面受敌，与超出自己几倍的胡宗南等部鏖战两个月之久，其结果颇难想象。为此，张对夺取宁夏的方针和静会战役的计划都有所怀疑。9月17日，张国焘致电毛泽东等，一连提出八个问题：一、向宁夏及甘肃西部，发展重点在甘肃抑在宁夏？二、如我军攻宁夏，城仍为敌所占，是否地区狭小不便活动？三、宁夏通外蒙有哪些道路，冬季能否通汽车？四、衣服单薄之步兵冬季能否通过？宁夏到西部需多少天？五、不结冰你们有无办法造船过河？造船速度如何？六、如四方面军不在西兰路钳制胡敌，一方面军能否顺利渡过黄河？黄河何时在何段结冰？七、如四方面军经河州附近过河抢占永靖，钳制兰州，是否便利一方面军转移宁夏和甘肃西部？八、陕甘北粮食能供一、四方面军吃多少时间？[1]

对此，毛泽东等迅速答复称：

> 甲、向宁夏及甘西发展，重点在宁夏，不在甘西，因宁夏是陕、甘、青、绥、内外蒙，即整个西北之枢纽，且国际来电说，红军到宁夏地区后给我们帮助，没说甘西。
>
> 乙、……我军只要能占领宁夏之乡村，靠近贺兰山，便可取得攻城武器，再行克城。
>
> 丙、外蒙、宁夏间是草地，有许多汽车通行路，过去即从这些道路接济冯玉祥……
>
> 丁、据宁夏同志云，宁夏因有贺兰山，气候比绥远、青海、陕甘北部及甘西较暖，且是产大米区域，在西北为最富。四方面军占领宁夏南部后，应顿住几个月，待明年春暖再攻甘西……我们……为你们制备一批冬衣……

[1] 《朱、张、陈致毛、周、彭电》（1936年9月17日），《中共党史研究》，1988年专题论文选辑。

戊、攻宁须待结冰（无造船把握），结冰从阳历十二月开始……

己、因马鸿逵有二十余团，汤恩伯、何柱国、高桂滋、高双成等军在我军侧后，一方面军独攻宁夏有顾此失彼之虑。如使胡宗南确占领静、会地区，会合毛炳文，彼既可加强马鸿逵，使我们攻宁夏计划失败，又可加强马步青，使你们攻甘西计划失败，如此有各个击破之虞。只有集中先占领宁夏，方免此失。

庚、据最近调查，靖远以上至兰州不结冰，靖远以下均结冰。

毛泽东在电报中最后特别提醒张国焘注意："夺取宁夏，打通苏联，不论在红军发展上，在全国统一战线上，在西北新局面上，在作战上，都是决定的一环。在当前一瞬间则拒止胡军把一、四两个方面军隔开，又是决定一环。时机紧迫，稍纵即逝，千祈留意，至祷至盼！"[1]

终于，张国焘经过一阵犹豫后，在四方面军领导人的会议上赞同了实施静会战役的计划，"决定四方面军全部向定西会宁静宁线间开进，以会合一方面军，夹击与迎击胡部为目的"[2]。鉴于双方意见趋于一致，中共中央立即根据二方面军领导人的建议，提议由毛泽东、彭德怀、王稼祥与朱德、张国焘和陈昌浩组织军委主席团，集中于同心城统一指挥三个方面军的军事行动。[3]不料，张国焘与陈昌浩于9月20日赴前线了解敌情和地理条件后，再度改变主张，认定照中央方案与一方面军会合，将使四方面军腹背受敌，陷于严重困境，故下决心单独西进甘西黄河以东地区，与一方面军形成犄角之势，确保四方面军安全。

而实际上，按照陈昌浩的回忆，张国焘改变与一方面军会合的原因，

---

[1] 《毛、周、彭致朱张并致任贺电》（1936年9月19日），《毛泽东军事文集》第1卷，第592—593页。
[2] 《朱、张、徐、陈致林、毛、洛、周、彭、徐电》（1936年9月19日），《文献和研究》1986年第5期。
[3] 《英、洛、恩、博、稼、泽关于组织军委主席团致朱、张、徐、陈、任、贺、刘、关同志电》（1936年9月21日），参见《周恩来年谱》，第322页。

是因为担心“会合后一切都完了，要让我们交出兵权，开除我们的党籍”[1]。为此，四方面军领导人内部发生了激烈的争执。朱德亦单独急电中共中央说明：“西北局决议通过之静会战役计划，正在执行，现又发生少数同志不同意见，拟根本推翻这一原案。”“我是坚决遵守这一原案，如将此原案推翻，我不能负此责任。”[2]

但是，张国焘最终还是说服了四方面军的多数领导人，并于9月22日电告中共中央称：估计到一、二两方面军能够牵制的敌力和四方面军的实力，我们认为，目前与胡宗南之一路军在静会这一四面受敌之地区决战是不利的。且宁夏地区狭小，一、四方面军集中宁夏不免后有黄河沙漠之险，前有敌人封锁，在该地区作战，须停留六个月，物资补充不便，万一决战失利，或不能有力阻止敌人时，则将陷红军于不利地区。因此，为迅速实现夺取宁夏和甘肃西部的战略方针，和实现全国红军大会合目的，我们提议：四方面军以基干两个军迅速由兰州西之永靖、循化一带渡过黄河，并抢占永登、红城子一带地区，一个军暂在黄河渡口附近活动，两个军暂留漳县一带吸引胡敌，然后三个军也全部转进凉州、永登一带，以一部向静远、中卫活动，配合一方面军由靖远宁夏段渡过黄河。[3]

随即，张国焘下令四方面军立即开始准备西渡黄河，正在北上的部队主力当即转向西进。在胡宗南部源源而至，国民党军已经形成强大优势力量的情况下，此举自然置准备很快进攻宁夏的一方面军于孤军奋战的不利地位。因为一方面军为坚守盐池、豫旺一线和准备照原计划占领海固地区转攻金积、灵武，进而进攻宁夏，所要对付之敌仅马鸿逵部即有20余团2万余人，且据有坚固城寨，加上汤恩伯、何柱国等约30个团直接威胁其东

---

[1] 《陈昌浩1961年5月10日的谈话》，《中国工农红军第四方面军战史资料选编（长征时期）》，北京：解放军出版社1992年版，第763页。

[2] 转见刘统：《北上——党中央与张国焘斗争纪实》，南宁：广西人民出版社2004年版，第271—272页。

[3] 《朱、张、徐、陈致毛、周、彭并贺、任电》（1936年9月22日），《文献和研究》1986年第5期。

北和西北两侧，他们已经很少有力量能够顾及其南面新增之胡宗南部，而事实上张国焘的计划中留在西兰大道附近吸引敌人的两个军也只是暂时性质，其军力与胡宗南部相比，也起不到真正的阻遏作用。中共中央极为担心即将展开的宁夏战役会因此受阻。为此，他们不得不决定改变原定计划之第一步，主张以主力南下，集中三个方面军之力首先打击胡宗南部，使之不能形成威胁。而后，他们又进一步注意到胡宗南部此时仍在咸阳尚未到齐，因而确信“四方面军有充分把握控制隆静会定道，不会有严重战斗”，故再度通知张国焘等，说明一、二方面军均将前后策应，四方面军不必担心遭遇险境。[1]

可是，张国焘并不接受，还是反复去电，坚持认为其西渡黄河有充足理由，并断言四方面军先机占领甘西是目前最重要一环，既可接通外蒙、新疆，吸引胡军，打乱敌军堵截计划，又可造成红军东西两面夹击黄河两岸宁夏段敌军之势，顺利接应一、二方面军占领宁夏，防止红军陷于狭小地境被强敌所制。且张国焘相信，如此行动，一、四方面军至多一个月就能在靖远、中卫附近会合了。因此，他反要中共中央“勿使全党全军对会合失望”。[2]

不过，西渡计划毕竟与国际指示从宁夏提供援助和反对红军进入新疆的意见相左，而中共中央又早已同共产国际发生了正式关系并得到共产国际的正式承认，再度分庭抗礼，已不合时宜。张并无把握擅自西渡就能够取得共产国际的谅解，万一发生严重后果，他更是难辞其咎。因此，思前想后，张国焘终于不敢独断专行，进而又首次致电表示愿意承认中共中央的领导。电称：

> 关于统一领导，万分重要，在一致执行国际路线和艰苦斗争的今天，不应再有分歧。因此，我们提议，请洛甫等同志即用中央名义指导我

[1] 《英、洛、恩、博、稼、泽致朱、张电》（1936年9月26日），《毛泽东军事文集》第1卷，第597页。
[2] 《朱、张、徐、陈致毛、周、彭电》（1936年9月26日），《文献和研究》1986年第5期。

> 们西北局应如何组织和工作，军事应如何领导，军委主席团应如何组织和工作，均请决定指示，我们当遵照执行。[1]

但张国焘的电报仍旧解释说：我们估计，共产国际的帮助现在还只能是秘密的交通线，如只有定远营这一条，易遇日本特务机关和内蒙王公反动势力妨碍。故遵照共产国际指示，以先机占领甘西更为有利，因甘西有更多道路通外蒙和新疆，交通易，能秘密，不使日本势力阻碍。因此，我们的西渡计划确系站在整个红军利益的有伟大意义的正确计划，如兄等仍以北进万分必要，请求中央明令停止，并告今后行动方针，弟等当即服从。[2]

既然张国焘表示愿意按照中央命令行事，中共中央自然不再取协商态度，决断决行，于9月27日下达命令如下：

> 朱总司令、张总政委并告一、二、四方面军首长：四方面军应即北上与一方面军会合，从宁夏兰州间渡河，夺取宁夏、甘西。二方面军应暂在外翼钳制敌人，以利我主力之行动。一、二、四方面军首长应领导全体指战员，发扬民族与阶级的英勇精神，一致团结于国际与中央路线之下，为完成伟大的政治任务而斗争。[3]

由于这时天气骤凉，四方面军先头部队几次试渡均告失败，张国焘不能不转而放弃单独西渡计划，又转而实行北进方针。张国焘等27日复电中共中央表示：“决仍照原计划出会宁，以会合一方面军为目的，部队即出动，

---

[1] 《朱、张、徐、陈致英、洛、泽、恩、博、稼、贺、任、关、刘电》(1936年9月26日)，《文献和研究》1986年第5期。

[2] 《朱、张、徐、陈致英、洛、泽、恩、博、稼、贺、任、关、刘同志电》(1936年9月26日)；《朱、张、徐、陈致毛、周、彭电》(1936年9月26日)；《朱、张、徐、陈致贺、任、关、萧、刘电》(1936年9月26日)，《文献和研究》1986年第5期。

[3] 《党中央命令——给朱总司令、张总政委并告一、二、四方面军首长》(1936年9月27日)，前引《文献和研究》1986年第5期。

先头二十六日到界石铺，决不再改变。”[1]

就在同一天，共产国际电告中共中央，通知苏联目前计划仍是从外蒙提供援助，红军必须夺取定远营前伸至外蒙边境接取物资。[2] 随后，四方面军于29日制订了“通（渭）庄（浪）静（宁）会（宁）战役计划”，决心迅速进到通渭、庄浪、会宁、静宁、界石堡地区，与一方面军会合，相机消灭胡敌一部。[3]10月2日，中共中央致电共产国际，详细地提出了所需要的飞机、大炮等各种武器物资的清单，同时再度说明了红军在现有技术条件下通过宁夏，特别是远伸到外蒙边界上去接取援助的困难，要求苏蒙军队帮助运送和保护尽可能地深入到中国境内来，以确保红军能够接运成功。但18日，共产国际通知中共中央：

> 你们对于你们实际上所能得到的给予你们的帮助，了解得不十分正确，我们已找到一家外国公司，他同意卖给我们需要的货物，并把货物送到外蒙边境，但不能超过外蒙古边境一百公里以外……同时，这家公司负责供给一百五十辆汽车，并保证提供司机和所需的汽油，以便来回两次将货物运送到你们指定的地点。但货物并不像你们二日来电所要求的那样多，它大约有五百五十吨至六百吨重左右，其中没有飞机和重炮……外蒙古人民共和国既不能负责担负护送货物到你们部队中去的责任，也不能加入反敌统一战线，否则将等于对某国战争的开始。因此，你们自己应当设法派出先遣部队制服德王及其他军阀的骚扰，并保证汽车队不受空军的袭击。为此，你们必须派遣足够数量的武装部队到外蒙边境来接收货物和担负沿途保护的责任。[4]

[1] 《朱、张、徐、陈致育、洛、泽、恩、博、稼和贺、任、关、刘同志电》（1936年9月27日），转见《中国工农红军第四方面军战史资料选编（长征时期）》，第729页。

[2] 《共产国际书记处致中央书记电》（1936年10月27日），中心档案495/74/28。

[3] 《朱、张、徐、陈关于通庄静会战役计划致英、洛、泽、恩等电》（1936年9月29日），《中共党史研究》，1988年专题论文选辑；并见徐向前：《历史的回顾》（中），第499—500页。

[4] 《共产国际执委会书记处致中共中央书记处电》（1936年10月18日），中心档案495/74/28。

不管苏联方面对于运送援助物资的方式和数量与中共中央的想法有多少不同，自从共产国际 9 月 27 日确定从定远营方向提供援助之后，中共中央已经决定改变原定 12 月待黄河冰冻之后再攻取宁夏的计划了。在三个方面军都已经集中到甘北黄河以东狭小的地区来以后，要想持续抵抗数倍于己的国民党军队的进攻达两三个月之久，无论从作战角度、粮食等后勤供应角度，还是从与张学良东北军的统战关系的角度考虑，那样做几乎是极端困难的。事实上，对于张国焘所担心的一旦一、四方面军会合后，红军向宁夏和甘西行动的意图大明，国民党军将全力围堵并构成严密封锁的情况，中共中央这时也已经注意到了。但是，毛泽东注意到：“胡宗南还在陇县一带，我二方面军将于一星期后转移至渭水以北，据李富春报宁夏群众很好，马部恐慌，除少数据点外，大部围寨可不战而定，并有抢夺渡船之可能”，如果四方面军之渡河技术能保证迅速在靖远、中卫地段渡河，及早渡河将不会有严重困难。因此，中共中央很快便下决心提早举行进攻宁夏的战役行动，一面迅速派人分两批前往定远营侦察该地道路、房屋、关隘及一切情况，一面命令三个方面军不等黄河冰冻，立即展开战役行动，准备夺船并造船渡河。[1]

10 月 3 日，四方面军意外遗失“通庄静会战役计划”，张国焘决定改变原定行动部署，主张除继续下令部队兼程赶至在一方面军控制下之会宁、界石铺，与一方面军会合外，应立即以四方面军主力进占黄河东岸之静远地区，抢占渡口，争取渡河，避免与胡敌决战。中共中央迅速同意了这一建议，只是要求四方面军“在甘谷、庄浪一线配置必要兵力迟滞胡敌”，并接防会宁、界石铺，以便一方面军前锋转置隆德、静宁以北和固原以南地区，防堵固原、平凉之敌，避免被国民党军切断后路。[2]

---

[1] 参见《毛泽东军事文集》第 1 卷，第 618、623 页。

[2] 《毛、周、彭关于同意渡河计划致朱、张、徐、陈电》(1936 年 10 月 4 日)，《中共党史研究》1988 年专题论文选辑。

10月8日，国民党方面在得到四方面军遗失的“通庄静会战役计划”之后，拟订了“通渭会战计划”，准备各部队分别从秦安、陇县、陇西、定西进击，并在平凉、静宁、庄浪、固原防堵，决心与红军主力决战。当日，张学良急忙将此情况经刘鼎通报了中共中央，说明：因四方面军通庄会静战役计划暴露后，现拟组织通渭会战。其部署如下：胡宗南由秦安进，毛炳文由陇西进，关麟征由宝鸡转向陇县，于学忠抽两师由兰州向定西，王以哲在平凉静宁防堵，董英斌集两师于固原策应，庄浪口先派一团固守。[1]

张学良表示，他将在9日飞兰州部署各军行动，尽力推延部队行动时间，但同时请一方面军佯攻靖远，威胁兰州，抑留于学忠部守城。请二方面军在现地活动钳制关麟征部。请四方面军迅速通过西兰大道与一方面军会合执行宁夏战役。另请佯攻固原，以阻止蒋调王以哲部前去平凉作战。据此，毛泽东立即通知了二、四方面军领导人，同时专门复电张学良，说明：二方面军在外翼不利，已经决定集中内线作战，四方面军目前已经通过西兰大道，开始实行宁夏战役。但为执行尔后战略行动之便利，应设法使王以哲驻固原指挥，将坚持不与中共发生关系并坚决进攻红军的何柱国部南调，而东北军主力宜集中平凉地区，蒋既有意调固原两师南下，正好执行此令。特别应设法迟延胡宗南之进攻，使我在11月5日以前保持西兰大道于手中，便利二、四方面军休息整理，顺利执行作战任务。与此同时，中共中央立即重新部署了部队的行动。

10月11日，中共中央军委发布了《十月份作战纲领》，决定了相应的作战部署和具体实施宁夏战役的行动步骤。其部署大体如下：

> 乙、四方面军以一个军率造船技术部迅速进至靖远、中卫地段，选择利于攻击中卫与定远营之渡河点，以加速的努力造船，十一月十号前完成一切渡河准备；四方面军主力在通（渭）马（营）静（宁）会（宁）

[1] 《剑、年致周电》（1936年10月8日）；徐向前：《历史的回顾》（中），第504页。

地区就粮休整，派多数支队组成扇形运动防御，直逼定西、陇西、武山、甘谷、秦安、庄浪、静宁各地敌军附近，与之保持接触，敌不进我不退，敌进节节抵抗，迟滞其前进时间，以期可能在十月份保持西兰大道于我手中。

丙、二方面军进至通渭马营以北界石铺以南地区，休息数日，转进至静宁、隆德线以北地区休整，派支队伸出静隆线以南，威胁胡敌侧翼，滞其西进，准备尔后以主力或一部接替一方面军在固原北部之防御任务。

丁、一方面军之西方野战军主力保持同心城间之枢纽地段豫旺城于手中，其第二师相机袭占庄浪，待二方面军到达静隆线后北上归还建制；第一师及陈支队暂在黄河海原间威胁与抑留于学忠部使不敢东进，尔后逐渐西移归还主力，二十八、二十九两军集中定盐地域，一部逼近灵武，准备居民条件，完成侦察任务，独四师确保环曲苏区，其余东方部队任务不变。

戊、攻宁部队准备以一方面军西方野战军全部及定盐一部、四方面军之三个军组成之，四方面军之其余二个军及二方面军全部，一方面军之独四师组成向南防御部队，可能于必要时，抽一部参加攻宁。

己、攻宁开始时机依造船情况决定，但至迟十一月十号前须完成一切攻宁准备。[1]

尽管作战纲要提议三个方面主力利用现有条件进行必要的休整，以便准备攻宁，四方面军此时却并无任何休整之条件了。由于红军这时渡河意图已明，蒋介石急令西兰大道一线之胡宗南等部北进，固、平、陇一线的东北军西进。随后，他又亲赴西安，严令各部三面出击，要求于短期内聚歼红军于黄河以东，“勿任窜过”。蒋甚至还亲飞兰州督战。一时间，国民

[1] 《十月份作战纲领》（1936 年 10 月 11 日），参见徐向前：《历史的回顾》（中），第 505—506 页。

党军从东、南、西三个方向向四方面军所在的静宁、通渭、会宁地区猛进，战争全面展开。

10月21日，胡宗南的第一军、毛炳文的第三十七军和王均的第三军，由静宁、通渭一线向北进攻。与红四方面军的后卫部队红四、五、三十一军1.5万人在界石铺、华家岭、马营一带展开激战。由于国民党军有空军的支援，红五军在华家岭战斗中损失惨重。红四、三十一军也被迫节节后退。23日，国民党方面已经占领了华家堡、会宁、通渭、静宁、界石铺等地，西兰大道已失。形势转瞬间即变得对红军极端不利。但四方面军毕竟抢先一步通过了西兰大道，其先头部队三十军10月中已经进抵靖远及打拉池一带，并业已大体上做好了渡河的准备。据此，朱德、张国焘于23日下令四方面军之三十军立即渡河，九军跟进。24日晚，三十军渡河成功，25日，九军跟进，接着，四方面军前线指挥部也于26日过河。宁夏战役就此全面展开。

渡河行动开始的当日，即10月24日，中共中央就紧急致电共产国际，要求苏方立即准备实施援助计划。内中特别说明：

> 自接你们同意我们北上占领宁夏并给我们以物质上援助的复电后，我们即根据这一方针部署红军行动。现三个方面军已集中陕甘大道以北，四方面军一部已开始在靖远附近渡河，我们正在动员一切力量实现我们的既定方针。

考虑到红军步行数百公里在草原和沙漠地带掩护运输的严重困难，中共中央再度请求苏方能够将汽车队尽可能远伸到定远营一带。同时请求提供钱的帮助，以便红军能够解决部队冬衣的严重不足并在国内购买部分武器弹药。[1] 但考虑到胡宗南部推进快，威胁大，二方面军此时受损严重，几乎没有战斗力，让国民党中央军迅速突进，红军主力西渡，然后协力北上

[1] 《中共中央书记处致国际书记电》（1936年10月24日），《中共党史研究》1988年专题论文选辑。

宁夏的作战计划将无从实现，故毛泽东建议彭与朱、张商量暂以红三十军渡河，控制西岸，红九军暂不渡河，加入海原、靖远一线防御。[1]

对此，彭德怀表示同意，但他提议：应首先集中四方面军全部及一方面军之四师在郭城驿打击胡宗南之一路，并争取以一方面军进占定远营。[2]

毛泽东此时已经知道红三十军和红九军西渡的情况，故他马上复电彭德怀表示：同意集中在河东岸的四方面军以打击胡宗南为中心的考虑，但张国焘的关键是“有出凉州不愿出宁夏之意”，而目前则以打胡敌和取定远营两着为最重要，故虽应以四方面军之四、五、三十一军和二方面军全力打胡，唯仍应以已经渡河三十军占永登，以九军去占定远营，因为“这是接物攻宁的战略枢纽，不应以一方面军去占，不便利不失时机”。[3]

据此，毛泽东等并电告在打拉池前线指挥的朱德、张国焘、彭德怀：“三十军、九军渡河后，可以三十军占领永登，九军必须强占红水以北之枢纽地带，并准备袭取定远营，此是极重要一着。”[4]

27日，朱德、张国焘和彭德怀商定，先以四方面军河东之四军、三十一军集中郭城驿一带准备诱歼胡宗南轻敌冒进之先头部队。28日，朱、张并命令四军和三十一军脱离四方面军建制，直接归红军总部和前线总指挥彭德怀指挥。当日，河西徐向前、陈昌浩电告：一条山、五佛寺有日敌增援中，红三十军单独不能完成任务，红九军跟进亦只能控制该地带，无力派一个军出王爷府，更不可能按原计划出中卫。红五军力弱，且还担负守护渡船任务。如此平均使用兵力，远方任务难速完成，即控制战略枢纽亦难巩固，指挥上更深感不便。建议：“卅一军无论如何须抽出随指挥部行

---

[1] 《毛泽东致彭德怀电》（1936年10月24日），《中国工农红军第四方面军战史资料选编（长征时期）》，第834页。

[2] 《彭德怀致毛泽东电》（1936年10月25日）。

[3] 《毛关于打胡取定远营的战略部署致彭电》（1936年10月26日），参见《毛泽东年谱》（上），第602页。

[4] 《毛、周关于准备袭取定远营事致朱、张、彭电》（1936年10月26日），参见徐向前：《历史的回顾》（中），第512页。

动”；“四军担任防守以打拉池为后方，归总部指挥”；“五军暂控制靖远两岸，主力三角城，随后跟进”；“九、卅、卅一军以两个军出动，得手后即分一个军出定远营”，一个军控制中卫。

据此，朱德和张国焘又建议三十一军仍应渡河，说明以四军、三十一军两军很难保证完成击破胡敌的任务，不如以一个军担任牵制，另一个军过河以加强河西之力，争取“在十一月十日前，四方面军主力能达到占领定远营和宁夏地区之目的”。[1]

29 日，中共中央军委对此表示同意。但因前线总指挥彭德怀坚持三十一军应留在河东参加作战，军委遂又于 30 日电令三十一军停止西渡，在河东作战，“胜利后直由中卫渡河”。毛泽东并特别强调：“方针先打胡敌，后攻宁夏，否则攻宁不可能。请二兄把握此中心关键而领导之。”[2]

10 月 30 日，朱、张遵令执行。同日，因胡敌逼进打拉池，留守河东看护渡船的五军被迫随船西渡。

次日，国民党部队推进到郭城驿、大卢子地区，并控制了靖远附近的河岸。至此，红军渡河攻取宁夏的行动被迫中止，河西与河东的部队被切为两段。

战争形势从此开始变得对红军相当不利。尽管彭德怀指挥河东前线部队仍旧节节抵抗，寻找机会给国民党军以重大打击，以便再度实施渡河攻取宁夏战役的计划，尽快接取援助，但事实上，由于 7 万多红军有将近三分之一被截在黄河以西，河东红军力量已经大大削弱，并且在自然条件十分恶劣的甘北地区陷入国民党军的强大包围，回旋余地越来越小，除非有重大胜利，否则，再度攻取宁夏，将成为不可能。宁夏战役一旦失利，不仅将使红军打通苏联的计划前功尽弃，而且不可避免地会导致红军自身的生存发展、中共与南京的谈判乃至与各地方实力派的联合统统成为问题。因此，

[1] 转见刘统：《北上——党中央与张国焘斗争纪实》，第 295 页。
[2] 转见刘统：《北上——党中央与张国焘斗争纪实》，第 294 页。

毛泽东为此十分焦虑,不能不接连致电正在西安之叶剑英与刘鼎,要他们“问毅当此国难关头,他有何办法停止内战”?“宁夏计划蒋介石正积极破坏中,我方正想对策,请毅亦为我筹之。”

10月30日,中央军委委婉地通知了共产国际书记处关于红军渡河作战失利的情况,说明因胡宗南等部敌军70余团齐头猛进,已推进至海原、靖远,我现处南北夹击中间,回旋困难,不得已,在1.7万部队已经渡河的情况下,必须暂时停止渡河,转而打击南面追敌。[1]

就在中共中央发出此电几天之后,它突然意外地在11月4日收到了共产国际关于改变援助地点的电报,内容扼要如下:

> 在详细研究之后,我们坚决认为从外蒙帮助的方法是不可能实现的。因为:(1)在严冬和沙漠的环境之下,你们派数千红军到外蒙边境护送运输是不可能的;(2)日本飞机有对红军及汽车轰炸的可能;(3)有引起日本与苏联严重冲突的可能。因此,现在已经决定目前不采用从外蒙帮助的方法。同时,我们正在研究经过新疆帮助的方法。如果我们将约一千吨货物运到哈密,你们有无可能占领甘肃西部来接收?并请通知接收办法及你们将采用何种具体方式运输?[2]

苏联突然改变援助方向,在某种程度上是同红军渡河作战失利有关的。但更重要的原因却并不在此。电报上罗列了他们考虑必须改变计划的三点理由,可显而易见的是,前两点困难早在苏联方面决定通过定远营援助红军的时候已经存在了。更何况,苏联人很清楚,经过甘西前往哈密,即使只是前往安西,红军所要克服的严寒与沙漠远比经宁夏去外蒙要多得多。而且最初也是苏联方面坚持不让红军过于接近新疆,而决定从定远营进行

---

[1] 《中央军委致共产国际电》(1936年10月30日)。实际红军西渡人数应为22000人,中共中央在11月8日的电报中对此还有进一步说明。

[2] 《共产国际执委会书记处致中共中央书记处电》(1936年11月3日),中心档案495/74/283。

援助的。很难说明究竟为什么，苏联人和共产国际在改变自己已经做出的决定的时候，总是习惯于为自己找一些不必要的借口，甚至把责任推到中共的身上去。事实上，在这三点理由中，最重要的其实只是最后一点，即他们担心此举“有引起日本与苏联严重冲突的可能”。

值得注意的是，苏联最初决定从定远营方向援助红军时，也并非不了解日本正在策划进攻绥远的情况。还在9月6日，中央军委即发报说明：7月、8月两个月来，日寇指使伪蒙军队侵入绥东与傅作义部，至今仍在对峙中。其先头为王英匪军，德王则在东蒙募兵向察北徒步集中。日军有二连队已开张北。又云已达5000人以上。日机开始则在包绥线上飞航，继则伸入宁夏。8月3日，日本航空院更派井田等乘机至阿拉善旗，声言拟以定远营为总站，于甘、宁、青、绥各设分站，定期飞行，并运往大批汽油等物，似以经营整个西北、切断中苏蒙联络为目的。[1]

苏联方面在得知这一情况之后，仍旧选定被日本人看中的定远营为苏联援助的主要地点，很明显是准备冒点风险的。它或者是不相信日本人会很快逼近定远营，或者是决定捷足先登，先将红军装备起来，给西进的日本人以某种威慑。总之，它没有料到红军的作战会遇到极大的困难，而日本人又如此迫不及待。当红军还在宁夏南端奋力拼杀之际，有日本军人支持的伪蒙军队已经在进攻绥远傅作义的军队了，全国抗战的呼声已经迅速高涨起来。在这种情况下，停止从定远营进行援助事实上不可避免。苏联方面没有及时地停止原定的援助计划，多半是由于红军的作战行动已经全面展开。红军渡河失利终于为他们放弃这一冒险计划找到了机会。在11月中下旬著名的绥远抗战[2]打响前不久，苏联最终做出了停止走定远营这条路

[1] 《军委总司令部致王明同志转战士同志电》（1936年9月6日），中心档案495/74/283。

[2] 日军与伪蒙军此前已占据百灵庙，并进一步进犯绥远，1936年11月5日德王首先公开扬言要成立蒙古地方自治政务委员会，综理自治事宜，随即很快武装进攻傅作义部守军。蒋介石于17日亲赴太原主持制订反击计划，傅部于24日一举收复了德王在绥远的重要据点百灵庙。是为百灵庙战役，又称为绥远抗战。

线进行援助的决定。事情很清楚，在绥远抗战开始之后，让红军在得到全国各界热情支持下浴血奋战的国民党军背后发动进攻，这在政治上几乎是一种自杀行为。苏联和共产国际当然不能引导中共和红军去冒这种巨大的政治风险。

好在苏联方面的突然变卦来得也正是时候，如果红军已经经过了重大牺牲夺取了定远营，这封电报将会带来什么样的反应是可想而知的。而如今，中共中央的反应只能是无可奈何。其 11 月 8 日的复电称：

> 从哈密输送货物的办法对于我们主力红军已无用处，这个改变已经迟了。已渡河的红军约两万一千人，可令其向哈密方向前进，但通过五千余里路程，战胜这一带敌人与堡垒，需要许多时间，至少也是明年夏天的事情。并且除非你们用汽车送到安西，要红军到哈密去接是不可能的，因为哈密、安西之间是一千五百里无人烟的沙漠。[1]

宁夏战役失败了。11 月 13 日，中共中央召开政治局会议，毛泽东明确承认本来打宁夏就是没有多大把握的，只是过去没有看得这样严重。现在计划失败了，红军必须改变行动方向，以求生存，先南下平凉、泾川、长武、宁县、正宁，然后根据情况再东进山西，或南下河南和湖北，准备在外线做一年左右的长途征战，再设法返回西北地区。换言之，为了生存，内战将不可避免地延续下去，而红军又将面临着一次新的长征。当日，中共中央致电共产国际说明了这一决定。但同时通知后者确实准备援助物资，因为他们将命令河西部队依照共产国际新的指示向接近新疆之方向前进。[2]

---

[1] 《中共中央书记处致共产国际执委会书记处电》（1936 年 11 月 8 日），中心档案 495/74/283。
[2] 《中共中央书记处致共产国际书记处电》（1936 年 11 月 13 日），中心档案 495/74/283。

四、暗度陈仓

无论是劝蒋和共，还是支持中共打通国际路线，对张学良来说，都是极冒风险的事情。张学良这时身处一种十分矛盾的境地，他很清楚蒋的性格，要靠劝说使蒋放弃“安内攘外”政策是没有用的。但是，既然已经放弃了反蒋计划，中共中央又寄希望于他居间说和，不劝蒋又不行。而真要劝蒋，以张对蒋的了解，少不了要被蒋臭骂。尤其是他因暗与中共串通，心中有鬼，不能不担心一旦吵翻，日后难以相处，要在蒋的权威下守住自己的东北军，会更少可能。何况，他不仅清楚蒋介石南京政府的实力不足以帮他打回东北，更清楚蒋对东北问题的看法。蒋介石在东北沦陷后曾多次表示：“东北四省向有特殊情形，不是革命军势力所能达到。”“东北事变有其特殊之性质……盖百年来之东北，本为帝国主义者角逐之场，其根深蒂固，久已构成一极复杂错综之关系，打破此种关系，断非如十七年之统一东北，一举而得者之简单而便易。东北问题，早成历史上国际之问题。中正昔年上革命策略一书于总理，尝曰：‘东北问题，非东北之单纯问题，当留待东亚问题全部之解决。’意即如此。”[1] 因此，不论于公于私，顾及眼前还是放眼长远，张学良都无法对蒋介石抱以幻想。因此，即使他赞同中共联蒋抗日的新策略，他也还是不能不秘密支持并企望中共能实现打通国际路线的作战目标。这在张学良已是一种必然的选择。

寄希望于得到苏联的援助，是这个时候张学良也是众多地方实力派出于保存自身实力，抵制蒋介石南京政府完成大一统格局的一种强烈的企望。对于张学良来说，他不仅要保存东北军的实力，还必须要争取能够重新回到原有的地盘上去，而这更需要得到苏联的支持。

张学良对苏联可能帮他回东北抱有幻想，不是没有原因的。这是因为，苏联、外蒙与中国东北地区有着上千公里的共同边界，而苏日之间围绕着中国东北的权益问题始终存在冲突，双方 1904 年还因争夺旅顺口之役结下了世仇，战败的俄国人几十年来对此一直耿耿于怀。更何况，日本并不满足于占据中国东北，它还一直虎视眈眈地觊觎着苏联的远东地区，并且曾经于俄国革命期间，乘苏俄鞭长莫及之时，出兵侵占过苏联的远东地区。这些都让苏联对日本不仅心怀忌恨，且百倍戒备。苏联从日本侵占中国东北开始就秘密支持中国东北的抗日斗争，即是为此。

基于这种情况，从蒋介石到张学良，相当多中国人都相信苏日总有一天要打起来。如果在中国抗日口号喊得最响的中共能够得到苏联的援助，中国的抗日运动极大地发展起来，很难说不会促成抗日战争的爆发。那时，苏联因援助中共与日本打起来，他张学良至少会多几分收复东北的希望。而如果中共和红军得不到苏联的援助，并且归于失败的话，至少对张学良没有任何的好处。

张学良不是不知道支持中共打通国际路线所要冒的风险有多大。鉴于西南两广事变以及随后广西当局与蒋介石的对抗相继被蒋瓦解，特别是国

[1] 分别见蒋中正：《革命军的责任是安内攘外》（1933 年 5 月 8 日），蒋中正：《十年来革命经过之回顾》（1934 年 6 月 16 日），蒋总统集编辑委员会编：《蒋总统集》（一），台北："国防研究院"，1960 年，第 624、722 页。

民党中央军大举进入陕甘之后，整个西北方面的反蒋热情已经消停了许多，影响到西安城里，也是“人心大动”，“东猜西疑”。据刘鼎、刘象三、张文彬、梁明德等报告说：杨虎城在广西反蒋失败后，与中共联合之事已不再提起，就是此前签订的通商、联络、交通等事也搁在一边不谈了。就连王以哲，虽经多方工作，也仍旧时时表现“畏缩”，没有了以往的勇气。早先与红军有过较多交往的东北军几个师的师长，如今情况下也尽可能地少与红军发生关系了，说是“有问题可与副司令去电，他即听命，不必派人到他处”。唯有张学良仍旧表现出非同寻常的坚定态度。

张学良这时先是以查无实据为由，于10月16、17两日接连将先前被省党部捕去又被他转押军法处的刘澜波、马绍周、孙达生等一并释放。而后，他又将叶剑英接至西安，安排在警卫营营长孙铭九家中，作为中共中央派驻西安的正式代表。同时，张为“准备意外，集结他的部队”，特地将他在西安王曲军官训练团的抗日讲演印成小册子，在军内散发，“以作万一中央若对付他时，可在政治上战胜中央（的武器）”。[1] 当叶剑英告诉张，红军目前“经费困难已极”，冬衣解决更难，莫斯科虽可援助，但不能应急，代表中共中央再向张借款30万元和索取棉衣时，张一口答应，马上又付了5万，另外25万他答应马上到上海去办。棉衣则马上就提供了1万套，令人由西安送去兰州，请红军到半路去取。

在军事部署和战役行动上，张学良更是积极配合，并出谋划策。凡有他能够办到的，他几乎无不尽力去做。比如，10月中旬，毛泽东、彭德怀电告张：“何君柱国至今不理解团结抗日之必要，屡与敝方为难”，“难免冲突”；“董军长闻正西进，亦祈善为说词，免生误会”。张得电不久即将何柱国调离前线，并要董英斌暂缓西进。[2]

当然，为了瞒天过海，并便利劝蒋和共，避免蒋介石生疑，张学良在

---

[1] 《刘鼎报告》（1936年9月），《刘象三报告》（1936年9月24日）。

[2] 参见《周恩来年谱》，第326页。

公开场合仍要大讲“绝对拥护”“绝对服从”之类的场面话。像他在10月3日对英国记者的谈话，很显然就是这种敷衍的典型例子。

在这次公开发表的谈话中，张学良声称他必须郑重声明三点：

（一）外报前传西北四省有独立及联俄之说，纯属谣诼。

（二）本人及西北诸将领绝对拥护领袖，拥护统一，一致对外。

（三）个人及西北诸将领绝对服从中央命令，甚愿效命于国防第一线上。

但同时，他还是隐喻地表示，他希望南京与红军达成妥协，“少损一分元气，即增一分国力”。[1]

一方面是张学良支持中共的态度坚定，一方面是苏联方面正式批准红军具体实施打通国际路线的战役行动，准备大举援助中共，逐渐又使得东北军的部分高级将领重新变得积极起来了。这里最突出的是骑兵军副军长，时任王曲军官训练团教导长的黄显声。他先是将刚刚被释放的刘澜波收到麾下做秘书，而后又明确向叶剑英表示：红军有何军事问题或器材需要，他可尽量帮助。王以哲离开西安，刚一到达甘北指挥部，也重新恢复了与中共中央直接的电报来往。而一〇五师刘多荃师长也开始与在甘北前线的彭德怀建立了直接联络的关系。红军与东北军将领又开始了具体的合作。

比如，张学良10月13日得蒋急电，要其派援军前往李旺堡解马鸿逵部二〇七团之围。叶剑英当即报告毛泽东：张学良迭奉急令救李旺堡二〇七团，张已委托一〇五师办理。经黄显声兄与刘多荃商妥，将派出骑兵军第

---

[1] 见《张学良与英记者谈话》，《申报》（1936年10月5日）。关于这次谈话的报道有两个版本，其中在关于对红军停战问题上的说法有所不同。《申报》关于这个问题的说法是：“假如赤匪能觉悟自新而投诚，服从中央命令，使统一工作早日完成，少损一分元气，即增一分国力，当然亦所深望者也。”安危根据英文记录译出的报道稿则称：“如果共产党能够在中央政府领导下，诚心诚意地同我们合作，抵抗共同的外敌，这个问题，也许会像最近‘西南事变’一样，得到和平解决。”转见《人民日报》（海外版）（1986年12月19日）。

十六团前来。请准许该团17日向李旺堡前进，并望为马部二〇七团放行，让十六团进驻李旺堡。[1]

13日，骑十六团前往李旺堡，在红军配合下将被围之二〇七团救出。而后，根据双方商定的步骤，刘多荃师长再将骑十六团撤回，将李旺堡交给了红军。

同样，当王以哲电告东北军一部遵命需要向硝河城、将台堡推进时，红军前线司令员彭德怀也根据具体环境，痛快地表示同意。可见，双方此时的配合渐渐变得较之前更为默契了。

这种默契这时还表现在统战工作方面。10月间，因日本人对绥远心怀不轨，伪蒙军与傅作义部摩擦冲突频繁，阎锡山颇感有抵抗之必要，故有心向蒋请援。张学良很快主动表示愿意出兵相助，参加绥远抗日。阎锡山为此致信张学良表示感谢，信称："敌对绥远，势在必取，得兄慨允协助，弟胆壮多矣。抗战而胜，国家之幸，抗战而败，我辈亦可了矣。"[2]同时，阎锡山亦向张派去的高级将领戢翼翘表示，对过去与红军打仗颇感后悔。见阎颇有抗日和共之意，张学良借前往洛阳给蒋介石祝寿，专程飞往太原，向阎说明目前陕甘"剿共"战争之危害，与阎相商，共同劝蒋停止内战，"与共妥协以抗日"。[3]据张学良告诉叶剑英说，二人"会谈极佳"，阎决定乘蒋介石10月来陕之际，向其说明他的意见。张学良说，阎锡山这时的态度是：

一、请蒋领导联红抗日。

二、请中央拨款加强绥远国防工事。绥、宁、晋请酌增十师。

三、如蒋不干，阎决不顾一切牺牲，联晋军、东北军、红军，全力抗战，并将绥远之固阳、包头、五原、安北、临河五县给红军，同时支持宋哲元抗日。

---

[1] 转见陈力：《叶剑英同志在西安事变前后》，《中共党史资料》第9辑，第179页。
[2] 转见李蓼源：《西安事变前张学良促阎谏蒋抗日的史料》，《山西政协报》（1986年12月12日）。
[3] 《徐永昌日记》第3册，第483页。

但是，阎锡山最关心的是苏联的态度和红军能否合作。他明确问张学良:第一，苏联能否批准红军到绥远并联络外蒙？第二，苏联能否接济红军、东北军、晋军？第三，联合作战红军能否听指挥？

对于叶剑英所报告的情况，中共中央方面自然极为重视。尽管叶剑英已经就阎锡山的问题向张学良做了十分肯定的答复，毛泽东仍旧很快致电叶剑英等，要其迅速经过张学良进一步向阎说明如下：

一、完全同情晋绥当局及其军队对日抗战捍卫疆土的决心与行动，他们的这种决心与行动将获得全国人民的拥护，苏维埃与红军将竭以全力以为之助。

二、我们十分盼望与晋绥当局成立谅解，以至订立抗日协定。

三、只要晋绥当局真正抗日而不与日本妥协，红军在未得晋绥当局同意之前，决不冒险向晋绥开进。

四、在双方谅解之后，红军依约进入划定之地区与防线，担任一定战斗任务，并服从统一之指挥，红军不干涉晋绥当局之行政事宜。

五、某方援助我们可担任介绍。[1]

从以上的电报中可以看出，中共中央并没有回答阎锡山提出的最核心的问题，即共产国际和苏联是否愿意援助红军以外的中国军队，以及它们是否同意照阎所说，让红军到绥远去联合外蒙，直接与日伪交锋。因为这样的问题确实也是中共中央这时无法贸然代共产国际回答的，只有苏联自己才能回答这样的问题。但中共中央确实把这样的问题提给了共产国际。它在电报中说明：

[1] 《毛泽东年谱》(上)，第601页。

> 张学良与阎锡山前在太原会面，阎对张云，要求蒋介石领导联红抗日，如蒋不干则联合红军、东北军单独行动，划出五原、包头、安北、固阳、临河五县给红军，但不知国际允许红军出绥远否？并与外蒙联系否？不知国际愿意援助晋绥军、东北军否？不知红军听其指挥否？……许多方面经常向我们提出苏联是否援助他们的问题，近来问的更加多了。打通国际路线已成了张学良、杨虎城、阎锡山、傅作义一班人的口头语了。[1]

随后，中共代表同宋哲元谈判的报告送达，中共中央又再一次致电共产国际说明宋哲元愿意“联俄联共一致抗日”，并准备派代表赴俄接洽的情况。电报再次询问苏联对于南京以外的各地方实力派究竟采取何种方针。由于有谣传李杜一行赴苏被拒，中共中央显然开始怀疑苏联对南京以外的各个地方实力派是否均采取一概拒绝的方针了。

没有资料表明共产国际是否曾就此来电说明过自己的立场。至少，看不出中共方面开始改变对各地方实力派的态度。相反，这时直接负责与中共中央通报的中共代表团王明等，也相信国民党与共产党的谈判是骗人的，“是他们内部的把戏”，担心蒋介石会利用胡宗南将张学良与红军分隔开，分而击之。因此，王明等发来电报，要求中共中央务必对南京的所谓谈判保持高度警惕，尽可能赞助一切抗日统一战线的活动和同情这一方针的各党各派，包括同情自己的地方实力派的活动，以此来逼迫蒋介石放弃对红军的军事进攻计划。来电明确说：

> 我们确切地知道，蒋介石在民众运动的逼迫之下，表面上与红军进行关于统一战线的谈判，实际上准备包围和消灭红军的实力。蒋介石不久前曾下令各部围剿红一军团和红二十五军于金积堡至海原、固

[1] 《中共中央书记处致共产国际执委会书记处电》（1936 年 10 月 26 日），中心档案 495/74/282。

原地区，务必阻止红军南下，或去东北方向。因此……你们应尽力赞助一切抗日统一战线运动和同情者的活动，只有如此才能逼迫蒋介石放弃进攻红军的军事计划。[1]

蒋介石究竟打算怎样对付共产党，中共中央自然比中共代表团和共产国际更清楚。的确，当蒋一面命令胡宗南进攻红军，一面派陈立夫寻找共产党代表谈判之际，中共中央确曾对蒋介石的真实意图不甚明了。张学良最初也认为：蒋不过“先打而后和图得便宜而已”。10月17日，负责与南京联络的张子华到达西安，报告从国民党方面带来与国民党的通电密码、谌小岑给周恩来的信等，约周恩来去广州谈判。据张子华报告称：南京方面请周恩来到广州会面，时间在10月底，并已为周等办好粤行营护照六张，陈诚亦有电报给西北“剿匪”总部嘱其放行。南京方面并且订有密码，可使用“剿匪”总部电台，待与晏道刚交涉，如周不能去粤，可与他们另定地点。南京方面对谈判态度，强调我党活动、苏区存在及参与国民会议皆无问题，唯军队番号须与南京一致，目的似相当改编。[2]

与此同时，19日已到上海的潘汉年也有电来，说明国民党方面明确表示，两党谈判“决不能有对等地位的条约”，最好的解决方法即“照收复广西办法云”。[3] 而所谓广西办法，就是军队全部接受南京政府的改编，受南京政府的统一指挥。20日，上海方面又有电来，称“陈果夫找开兄[4]谈判甚急”。可是另一方面，西北这边国民党中央军仍旧全面“进剿”，大有不消灭红军不止之势。对此，中共中央颇感费解，以致不能不再三要求西安方面将“蒋之确实企图查明即告”。

到10月底的时候，整个情况已经变得比较清楚了。这是因为，蒋介石

[1] 《王明、康生、陈云致中央书记处电》（1936年11月1日），中心档案495/74/282。
[2] 《张子华致周恩来电》（1936年10月17日），见《关于1936年国共两党秘密接触经过的几个问题》。
[3] 《潘汉年致毛泽东电》（1936年10月19日）。
[4] 开兄，即小开，指潘汉年。

在10月22日至29日专门来到西安，就共产党问题发表了态度强硬的讲话。在此之后，不论是中共中央，还是张学良，都已经看得清楚，蒋介石的本意其实是要彻底取消红军。改编云云，恐怕都是诳言，根本做不到。根据中共很快得到的情报，蒋刚到西安就与陕西省政府主席邵力子谈话，其中明确说："他们抗日是假的，骗事的，既然要抗日，中国有中央政府，为什么还要组织国防政府和抗日联军？"要停止进攻红军的唯一办法就是红军立即投降，"一部分一部分或整个的收编都可以，收编后待遇同国军待遇一样"。

另据山西省政府主席徐永昌这时的日记记载，张学良在蒋到西安后，确曾冒险当面劝蒋和共抗日，强调对共产党问题如不采取政治方法以谋共同抗日，专意"进剿"，不仅必为日、共所苦，社会人民更不相谅，并且前途殊为危险。不意蒋断然对张说："共党能无条件的交枪受编乎？否则不论矣。"即使"共党当面以手枪拟之，亦不与之妥协也"。[1]

叶剑英和刘鼎这时也接连报告说，蒋介石到王曲军官训练团讲话，直截了当地宣称："赤匪为近敌，日本为远敌，目前唯一任务为剿匪，否则为反动。"因为现在的敌人只有一个，那就是共产党。进而张学良也亲自告诉叶剑英等：他劝说蒋联俄容共一致抗日已"完全失败"，当他说明当前首先应当抗日，为抗日必须联俄，要联俄不能不容共时，蒋介石断言："匪日皆应打。国际叫他（中共）和中央合作，（而）我要他（投）降，反对降（屈从于）俄。因此匪如不（答）应，决不抗日，如（俄）要我容共，决不联俄。"

10月31日，张学良、阎锡山、傅作义、徐永昌等再赴洛阳为蒋介石庆祝五十大寿，行前，黄显声主张以绥远抗战形势紧张，东北军抗日要求强烈为由，要求蒋批准东北军增援绥远，一旦绥远抗战成为事实，则西北"剿匪"自然停顿。张学良亦赞同此意。不料，到洛阳后，华盖如云，连单独进言的机会也没有，相反倒不能不听蒋介石在军校讲演大骂共产党，蒋甚至威

[1] 《徐永昌日记》第3册，第486页；并见《蒋介石日记手稿》(1936年10月28日)。

中央红军红一方面军参加长征时部队曾有 8.6 万人

1935 年 10 月，中央红军成功到达陕北苏区，部队只剩 6000 多人

西安事变后，（右起）毛泽东、朱德、周恩来、秦邦宪都已穿上了新军装

红二、六军团 1936 年底到达陕北时损失最为惨重，图为贺龙（前排右一）、关向应（前排右二）与二、六军团干部 1937 年初在陕北合影

在北伐战争中成功崛起的蒋介石

通过东北易帜和在中原大战中支持南京中央，张学良深受蒋介石信赖，图为中原大战结束后张学良应邀访问南京，蒋、张于1930年11月15日在紫金山谒中山陵时的合影

西安事变前，蒋介石是西北“剿总”的总司令，张学良是副总司令代总司令职

蒋介石、宋美龄与张学良（左二）私人关系一直很好，图为两家人一同郊游

1935 年，蒋介石在做“最后五分钟”的“剿匪”动员

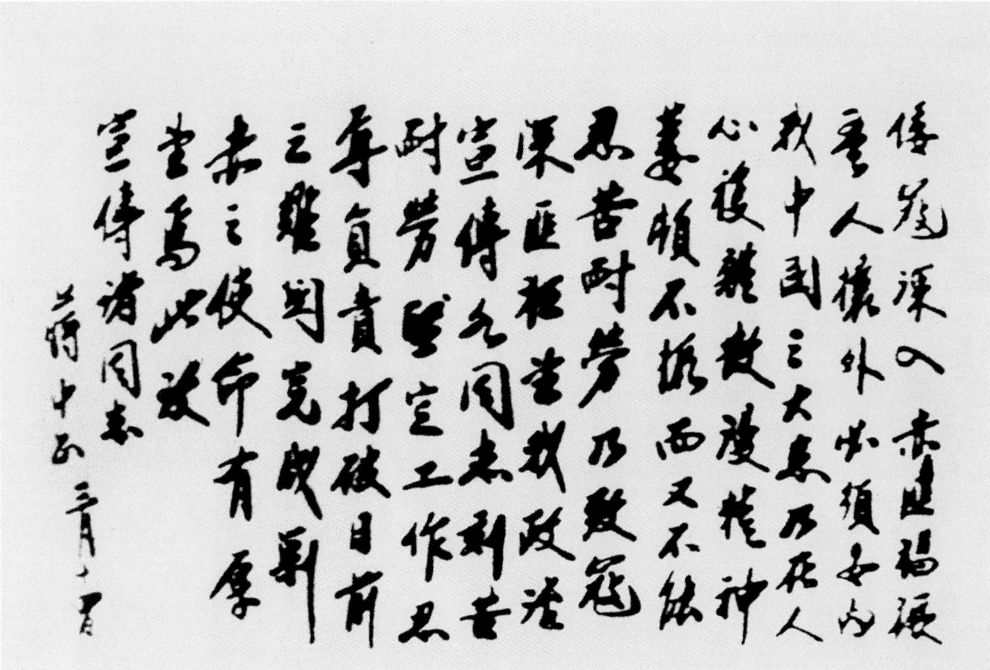

1934 年，蒋介石为国民革命军宣传工作人员题词：攘外必先安内

1935 年春，张学良、杨虎城陪同蒋介石、宋美龄等游览咸阳茂陵。右起：杨虎城、宋美龄、蒋介石、张学良、杨永泰、端纳、冯钦哉、龚贤明，等

1935 年 12 月 9 日，北平学生举行抗日请愿游行，掀起“一二 · 九”抗日救亡运动

1936 年，在西安革命公园召开的各界群众大会会场

胁说：共产党是当前最大的敌人，谁主张容共，谁就不是人。因此，张学良回陕后告诉叶剑英等：在洛阳实在“不得任何机会提出意见”，“满腔抗日热忱，无处说也”。[1]

鉴于这种情况，中共中央已经不能不做好长期与蒋介石打下去的准备了。他们一边将蒋介石来西安大谈“匪不剿灭”决不抗日的情况上报共产国际，一边告诉苏联方面：“红军主力一般说来将不得不转向四川、湖北或山西方向寻求发展。”“唯目前还要坚决同蒋介石在现地区作战，但物质方面万分困难，特别是已经分文没有，又不能发票子，张学良那里也没有钱借了。”[2]

据中共中央报告说，中共至此总共已向张学良借款达60万元。但甘北寒冬已至，除黄河以东近6万红军每日所需之大量食粮、弹药和药品的消耗外，仅解决棉衣一项，即需费甚巨。难怪张闻天焦心如焚地再三致电共产国际，声称：“你们多延迟一天，则红军冻死饿毙者就多增加一人，此非革命之福也。”[3]

还在9月20日，共产国际领导人就已经开会讨论了对中共提供财政援助的问题。季米特洛夫为此向联共（布）中央政治局写了专门的报告，请求提供200万卢布的贷款。经过联共（布）中央政治局批准后，10月18日，共产国际就已经致电中共中央表明要从财政上来援助中共了。其电报称：“我们准备向你们提供数目可观的现金，以便你们能够在国内自行购买必需的物品。”11月3日，注意到南京政府的军队与日伪军将要在绥远爆发战争，莫斯科在要求红军改向新疆接运军事物资，并主动将援助物资的吨位提高到1160吨的同时，也制订了专项拨款援助的计划。11月12日，共产国际执委会书记处通过王明和陈云电告中共中央称：“经济上不能按月帮助，决定对你们帮助的总数五十五万美元，第一批送去二十五万。你们大约在

[1] 参见陈力：《叶剑英同志在西安事变前后》，《中共党史资料》第9辑，第179页。
[2] 《中央书记处致王、康、陈电》（1936年11月8日），中心档案495/74/282。
[3] 《中央书记处致王、康、陈电》（1936年11月9日），中心档案495/74/282。

十一月底可以在你们指定的上海转款人手中收到。”[1]

但由苏联寄巨款至中国大城市之银行，再转陕甘并送到红军手中远非易事，共产国际虽想尽办法，立即从美国分两批汇款 15 万美元和 5 万美元至上海宋庆龄处，并进一步告诉中共中央，仅在目前可以直接用于援助中国红军的款项就在 80 万美元以上，然而所有这些在时间上都不能满足中共中央所需。

11 月底，中共中央仍未收到来自天津和上海接收到共产国际第一笔汇款的消息，张闻天更是沉不住气了，又去电询问王明等 :“你们答应十一月底在沪交款，究竟实行了没有？第一次交了多少？是否交给了孙夫人？我们派人于本月十五日由西安乘飞机到沪取款，决不可使落空，八九万人靠此吃饭！”[2] 第一批汇款到达时已经是 12 月上旬了,第二批汇款 1937 年 2 月才到。因此，为解红军燃眉之急，11 月下旬中共中央仍不得不又从张学良那里再借 10 万元以救急。[3] 中共和红军得张学良帮助之大，可想而知。

然而，中共中央很清楚，经济危机可得张学良之帮助，军事危机要指望张学良却是不可能的。随着红军渡河作战失利,军事形势已变得极端险恶。11 月 8 日，毛泽东等正式提出放弃宁夏战役计划，提出新的作战设想。其要点在于 :第一步，为解决红军给养困难，将红军分南北两路军，一路由南向东，走镇原、西峰、合水、正宁、宁县、同官、耀县、宜君、洛川、鄜县、韩城、宜川、延长，达黄河东岸，一路由北向东，经灵武、盐池、安边、横山、榆林、瓦窑堡、延川，达黄河东岸。第二步，为扩大政治影响、扩大红军，同时亦为解决西北生存发展困难之问题，以一至两年为期，再度挥师东征，占领同浦铁路，出至冀、豫、鲁之交，准备于可能时出至直、鲁、豫之交，再经皖、豫、鲁之交，鄂、豫、皖之交，鄂、豫、陕之交，尔后转回西北地区。在此期间，西渡黄河之徐向前、陈昌浩部组成西路军，以一年为期，在河

[1] 《王、陈致中央书记处电》(1936 年 11 月 12 日)，中心档案 495/74/282。

[2] 《张闻天致王明、陈云电》(1936 年 12 月 5 日)，中心档案 495/74/282。

[3] 中共中央这时还曾从宋庆龄那里借款 5 万元以救急。

西创立根据地，打通新疆，接取援助。[1]

11 月 13 日，中共中央召开政治局会议，进一步讨论红军发展方向问题。毛泽东明确承认打宁夏本来就没有多大把握，现在必须要让蒋军停在西兰大道上，但这只能靠张学良、靠全国形势的变化与顺利解决粮食问题，而这些目前都不能解决。至于与蒋介石达成妥协，更是没有把握，他不签字是不算数的，因此更是等不得。在这种情况下，红军或者向东南，经四川去京汉铁路一带，或者向东，过黄河，逼阎锡山妥协，去河北方向。从反对内战和主张抗日的角度出发，向东过黄河是比较便利的。与会者一致赞同毛泽东的提议，确定下一步“红军行动方向主要是向东”。当天中央书记处电告共产国际称：因宁夏战役被蒋军破坏，“在河东之主力军不得不改变行动方向，现拟第一步从庆阳、镇原、合水南下，占领平凉、泾川、长武、分州、正宁、宁县等战略机动地区，之后或出山西，或出豫鄂，视情况再行决定”。[2]

不过，有一点是应当特别提到的，这就是，在这次会议上，中共中央已经就谈判妥协的底线做出了明确的决定，即：“照广西办法解决，我们是同意的。”毛泽东指出：现在与南京妥协的范围缩小到红军怎样处理的问题，焦点就在这里。最近他们要我们照广西的样子，服从中央，改红军叫国民革命军。这与国防政府、抗日联军表面上是不同的。但是，表面得不到，我们应准备重实际，应该承认他。这在政治上是胜利的。虽然穿件白军衣服，但更便于与白军进行接洽，便于改白为红。这一方针的确定，很显然已经符合了蒋介石此前确定的苏维埃改制、红军改编的解决原则。然而，中共中央并不了解，张子华所带来的条件，这时又被蒋介石给否定了。蒋的新条件正如他对张学良所说，就是要共产党“交枪受编”，否则统统消灭。

此时，新一轮国共谈判已经在上海开始。

---

[1] 《张、毛、周、博、林致朱、张、彭、任、贺五同志电》（1936 年 11 月 8 日），参见前引《毛泽东年谱》（上），第 607 页。

[2] 《中共中央书记处致共产国际执委会书记处电》（1936 年 11 月 13 日），中心档案 495/74/282。

11月10日，潘汉年与陈立夫在上海沧州饭店正式会面。陈并不理睬潘汉年所提中共关于两党合作条件的说明，直截了当地代表蒋介石提出了南京方面的具体条件，这就是：对立的政权与军队必须取消，目前红军可暂时保留3000人，师长以上领袖一律出洋，半年后召回，按才录用，党的及政府干部可按才适当分配南京政府各机关服务。潘汉年当即质问："这是蒋先生站在剿共立场上的收编条件，不能说是抗日合作的谈判条件。请问陈先生，当初邓文仪在俄活动，曾养甫派人去苏区，所谈的均非收编而是讨论合作，蒋先生为甚目前有如此设想？大概误会了红军已到无能为力的时候，或者受困日本防共协定之提议，（相信）磋商合作条件尚非其时！"陈立夫也承认，以目前条件，双方的谈判恐一时难于成就。但他认为，如果中共方面能够派周恩来出来，或许蒋介石可以同意红军保留的军队人数由3000扩大到10000也未可知。总之，"蒋先生中心意旨，必须先解决军事，其他一切都好办"。据陈诚对他人称，共党目前困难已极，如国军再给一严重打击，则将来妥协条件更低。因此，蒋介石内心的计划大概就是，把红军全部赶过黄河以西去，赶到外蒙去由苏联来解决，否则便设法将红军困在宁夏边境苦挨，自趋灭亡，"那时看共产党还有什么条件可提"？[1]

由于潘汉年已经半个月左右没有得到中共中央新的谈判指示，仍旧按照10月上旬所定《国共两党抗日救国协定草案》中规定的有关条件与陈立夫谈判，因此，当13日中共中央收到潘汉年发回的电报之后，立即通过国民党方面的电台通知潘：

> 南京对红军究能容纳至何限度，望询明电告。彼方条件如使红军无法接受，恩来出去无益。近日蒋先生猛力进攻红军，不能不使红军将领生疑……据张子华谓，曾养甫先生云：一、党可公开活动；二、

[1] 《潘汉年关于与国民党谈判情况给毛泽东等的报告》（1936年11月12日），《党的文献》1993年第5期。

政府继续存在；三、参加国会；四、红军改名受蒋指挥，照国民革命军编制与待遇，个别变更红军原有之组织。为一致对外，我们并不坚持过高要求，可（照）曾谈原则协定。[1]

11 月 17 日，潘汉年来到南京，陈立夫已带着中共中央电报前去洛阳请示蒋介石，至 19 日始回。陈立夫回到南京当天，双方再谈。陈一上来就说明：“蒋坚持原提各点，无让步可能。”并声称“张子华所述养甫意见，纯属子虚，蒋先生并未对第二人讲到关于谈判的条件，想系张子华一面之词”。双方至此无法续谈，陈立夫坚持让潘把蒋介石的条件报告陕北中央，并请周恩来出来解决问题。

当日晚，潘汉年用国民党方面的电台再将蒋介石的条件具体发了回去，电称：“蒋先生意见如下：一、红军可编至三千人，允余由宁方编遣。二、师长以上之官佐由宁遣送出洋考察，然后回国按才录用。三、可派员参加国民大会及军政各机关工作，但须先由我方提出适当名次，由彼酌量任用。以上各点能达成，至释放在狱之共党，及以后停止逮捕等，当不成问题。”[2]

国共两党之间的谈判，这时事实上已经走入死胡同了。中共方面的让步可以说已到极限，而蒋介石突然将“改编”变为“收编”，使中共再无退路可寻。中共中央 12 日曾将张子华所带来的条件电告共产国际，提出“为一致对日，早停内战，我们觉得在不变更红军组织和领导的原则下，可以承认彼方要求”。可是，共产国际反倒是坚决反对做如此大的让步，它明确要求中共中央：对目前与蒋介石的谈判不应抱以任何期望。其电报称：

陈果（立）夫、曾养甫与我们的谈判是否为国民党特务的一种手

[1] 《潘汉年关于与国民党谈判情况给中共代表团的报告》（1936 年 11 月 21 日），《党的文献》1993 年第 5 期。

[2] 《潘汉年致朱、毛、张、周电》（1936 年 11 月 19 日），并见《潘汉年关于与国民党谈判情况给中共代表团的报告》（1936 年 11 月 21 日）。

> 腕呢？如果蒋介石仍然坚决反对与共产党建立统一战线，那么陈果（立）夫等实际上有什么办法呢？周恩来去见蒋介石有何意义，而且安全有什么保障呢？我们应当向国民党要求以实际停止其进攻红军的军事行动作为其谈判诚意的第一步的表示。[1]

共产国际的要求毫无疑问距离两党关系这时的实际状况相差太远。在西北大联合计划取消之后，特别是接取苏联援助的宁夏战役失利之后，自身的生存已经受到严重威胁的红军究竟靠什么来要求蒋介石停战呢？在红军主力被国民党几十万大军围困在狭窄而且穷困的甘北地区之后，蒋介石还有什么必要去向共产党表示和平的诚意呢？当然，中共中央也同意共产国际所提出的谈判原则。这一谈判原则还在 11 月 20 日共产国际就已经做了明确的规定，这就是：

> 重要的为保存我们的绝对领导、组织系统和军官成分，并且绝不允许国民党干涉红军内部任何事情。在对日武装斗争的条件之下，才可以同意成立统一的指定蒋介石做总司令的总司令部，服从其指挥。且统一只是指在一定的战线上，为完成总的对日作战计划而服从统一的指挥这个意义以内而言的。[2]

但问题在于，目前第一位的是蒋介石根本不想和共产党谈判，除非共产党放弃自己的军队，“交枪受编”。至于保存领导、组织、在一定范围内服从指挥等，他压根儿连谈都不谈。

面对这种情况，中共中央也不再抱什么希望了。他们不能不怀疑共产国际关于改变“抗日反蒋”的决定是否正确。很明显，如果当初没有共产

---

[1] 《共产国际执委会书记处致中央书记处电》（1936 年 11 月 20 日），中心档案 495/74/282。

[2] 《共产国际执委会书记处致中央书记处电》（1936 年 11 月 20 日），中心档案 495/74/282。

国际关于改变政策的那个“政治指示”，这个时候西北大联合计划可能已经发动起来了，至少在红军打通国际路线的宁夏战役过程中，东北军可以公开地助其一臂之力。甚至，驻守兰州的于学忠部自己就可以直接前往新疆去接运苏联的军事援助物资。如果到那时候，即红军和东北军已经完成公开的大联合计划，并因得到苏联援助而在军事上变得异常强大，阎锡山、傅作义、宋哲元、韩复榘、刘湘、李宗仁等都趋之若鹜之际，再来与蒋介石谈判合作问题，情况必定与现在大不相同，不愁蒋介石不妥协。而如今的情况却变得如此糟糕。当叶剑英于11月上旬返回陕北保安，带去张之亲笔信件，再度提出共产国际是否同意西北发动和直接援助的问题时，中共中央干脆不能给予答复了。它固然仍旧建议张学良最好立即派于学忠“西行办货，且以愈快愈好”，并再度就此电询共产国际，可是，它也知道，不仅苏联方面不会答应给张学良以援助，而且在张学良方面，如果不能公开东北军与红军的结盟关系，东北军也无法前往新疆接运苏联军火。

中共中央这时确实是对否定西北大联合计划的必要性充满了疑问。蒋介石决心消灭红军是内战，红军必欲突破重围转战内地也是内战，何以西北大联合计划就不能实行呢？况且，一旦红军突围而去，一切友军及援助全不存在，孤军鏖战，成败胜负均未定在天，是否一定就对中国革命有利呢？因此，中共中央致电共产国际，再度试探着提出：

> 甲、蒋下决心消灭苏区与红军，陈立夫告小开，蒋意红军留三千人，余遣散，师长以上出洋，一面令胡、王、毛各军向红军猛攻。
>
> 乙、张学良、杨虎城、阎锡山、傅作义均盼望苏联援助与红军联合对日，蒋则极力破坏之。你们对西北独立局面又不赞成，因此红军主力在现地区不利作战时将被迫恐怕得准备分路远出，去支持相当长时期的游击战争。
>
> 丙、究竟西北独立局面还有考虑的余地否？西北局面应如何解决？均请探询见告。因蒋军现在已逼近定边、盐池，定、盐一失，我军主

力在现地区即难于作战。[1]

与此同时，中共中央致电潘汉年，说明："目前此事无从谈起，恩来事忙，暂难出去"，有关谈判事，"我只能在保全红军全部组织力量、划定抗日防线的基础上与之谈判"。当前最主要的问题只能是从各方面想办法造成停止进攻红军的运动，迫使蒋介石先把"剿共"战争停止下来。"国共十年对立，今求联合，完全是也只能是为了对日抗战，挽救中国于危亡地位……彼方之同意谈判，其出发点当亦不能外此。然如皓电所言，殊不见有任何之诚意，无诚意则失去谈判基础，只好停止以待他日。"[2] 很显然，中共中央仍旧希望能够促成与南京的谈判。为此，它必须找到办法真正痛击中央军，才有可能。[3]

此时红军军事上之被动已极其明显。三个方面军，四方面军 1.2 万人，二方面军 1 万人，一方面军 1.8 万人，共计约 4 万人全部被国民党军压在定边、盐池以北，豫旺堡以东，曲子镇以南的狭小地段，毫无周旋余地。而国民党方面，不仅胡宗南部节节进逼，王以哲部也被迫随胡部前进。只是国民党方面的每一行动均在中共中央的掌握之中，并且张学良也叮嘱部下不要过于冒进，红军暂时尚无严重危险。要想痛击中央军，更是非张学良和东北军密切配合不可。

张学良这时是想帮助红军的。他努力配合红军的一个很典型的事例就是对骑十六团团长的处置。

10 月底，红军在毫无防备下突然受到国民党军队的攻击，彭德怀迅速指挥反击，一举围歼了将近两团骑兵，事后方知为东北军何柱国骑兵军骑六师第十六、十七两个团，除十六团团长及少数人等走脱，该两团人马几乎全部被俘。彭德怀事后电告王以哲、刘多荃："何军长不谅，逼人过甚，

[1] 《洛甫致共产国际执委会书记处电》（1936 年 11 月 20 日），中心档案 495/74/282。

[2] 参见《毛泽东年谱》（上），第 612 页。

[3] 中共中央军委这时明示前方各负责人："目前中心是打破敌之进攻，然后才能开展局面，才有利统一战线。"参见《中央军委给朱、张、彭、贺、任的指示》（1936 年 11 月 15 日）。

上月卅日敝军与骑六师冲突，事出意外，其人马来敝军者，拟令其归回骑六师，原队枪弹因敝部甚为缺乏，拟暂时借用，特此奉告。”张学良得知此事后，一面派车去接回俘虏，一面表示“全不介意”，正好以为对外宣传之用。11 月 8 日，彭通知王以哲：已令十六、十七两团人马伪装逃脱，归还建制。然而等 12 日十六团团长等将部队如数接回后，张学良却以渎职罪将该团长执行枪决，其中固然还有其他原因，但惩戒之意也很明显。

张学良这时无法公开与中共和红军的关系，因此在军事配合方面已经相当困难。而特别重要的是，由于张已表明希望停战和共的态度，南京行营方面事实上已经常越过代总司令的张学良，直接以西北“剿匪”总部的名义向西北各路军队下达行动命令，张很大程度上难以确实掌握东北军的作战行动，虽再三叮嘱负责协同胡宗南部北进的王以哲部注意与红军切实保持你退我进的协商关系，却又不能不叮嘱王行动上务必小心听命，避免胡宗南及南京方面抓住破绽。在这种情况下，张学良自然深感为难。故刘鼎屡有报告说：王以哲率六个师北上，意欲与我军接近，张学良对此现特忧虑，恐我前进困难，并一面要求中共谅解，一面再三询问中共中央当“如何布置”。好在王以哲此时每日向彭德怀通报国民党甘北各部行动部署及其前进路线，其虽难以主动配合红军制造战机，但至少也为红军寻找战机、打击胡宗南部提供了较好的情报来源。

自 10 月下旬以来，红军在甘北节节后撤，千方百计捕捉战机。但将近一个月下来，只有两次较大的作战行动取得了胜利，一次击溃了马鸿宾、白凤翔冒进之一部，“俘获人枪马匹各千余”，一次就是打了东北军的骑六师两个团，而这两次最后为了统战关系都将人马放了回去。当然，此举确实发生了积极作用，据王以哲告诉彭德怀：此举已使马鸿宾受到教训，“马鸿宾已倾向我方”，不再与红军为难。可是，对于威胁最大的胡宗南，红军一直还没有找到有利的作战机会。且彭德怀认为：“目前战役已成一种正式决战形势，在地形、敌情与物质条件均无绝对胜利的把握”，必须“抓紧敌人一切矛盾，为持久的战略方针，疲惫敌人，寻求有利的战役坚决消灭敌人”，因此他早就决定“调胡、毛、关、王均北进中宁、中卫及金积南境，王以哲到预望堡以北时，我主力绕出突出之”。[1] 故一路上，虽胡敌跟进较紧，但考虑到胡敌行动谨慎，部队齐头并进，很少孤立前突，加上王以哲几乎与胡并驾齐驱，对红军也有威胁，彭德怀始终没下攻击胡的决心。他特别强调，要想打击胡敌，首先必须做好王以哲的工作，使其主动缓进乃至不进。因王以哲毕竟只是过于担心暴露关系，适当劝说总会见效，加上王部始终与之协同前进，并通报胡敌情况，彭事实上并不担心没有作战机会。

11 月 10 日，王以哲通知彭德怀：他奉令率五个师协同胡宗南部向豫旺堡前进，东北军在右翼，胡宗南部在左翼。彭德怀及周恩来 11 日复电表示欢迎，但说明豫旺堡一带战场适合作战，红军准备在此扼阻胡敌，希望王部暂停前进，以免误会。[2] 王当日复电强调有军令在上，实在不能不进。其电报称：总部原令敝部于 15 日前进至灵武附近地区，且有违误即以军法论罪之语，但弟深知兄方困难，故一再托词延宕。但为不使他人猜疑计，又不得不稍行前进。相知在心，弟当尽可能范围内极力延宕并停止。[3]

13 日，王以哲通报，胡宗南本日已至同心城，经石峡口、石岗子分途前进。为避人耳目计，东北军将不得不相随同进，准备左路 10 日进至虎家山，16 日进至豫旺堡，右路至 15 日进陈家堡。此举颇让彭德怀为难，考虑到胡部进速较快，战役准备不及，彭德怀次日复电表示同意，并很快部署了部队撤离豫旺堡的行动，于 14 日通知王以哲“速即进占”。不过，为便于下一步抓住时机狠打紧随其后的中央军，彭德怀也特别去电告诫王：红军此次并非不打，而是因毛泽东电令“勿使将军左右为难”，才被迫停止。唯对胡敌作战在所难免，请兄部务必顾全大局，全力协助，尽量拖延前进。[4]

11 月 15 日，彭德怀已着手具体部署对中央军胡宗南部丁德隆师的伏击

[1] 《彭德怀致各首长并朱、张、毛、周电》（1936 年 11 月 7 日）。
[2] 《彭德怀致王军长电》（1936 年 11 月 10 日）。
[3] 《王以哲致彭德怀司令电》（1936 年月 11 月 11 日）。
[4] 《彭德怀致王军长电》（1936 年 11 月 14 日）。

战。他在给各部首长的指示中明确提出:“敌胡（宗南)、王（均)、王（以哲）有分三路向东追击的可能”，“豫旺县豫旺堡以东山城堡、环县、毛居井地域人烟稀少，土塞亦多，地图与实地区多不符，极有利于我军作战。我们应在上述区域威胁该敌二三个师”。据此，彭命令少量部队担任诱敌任务，其他各部分别按照指定路线向该地区集中。对此,中共中央亦明确表示赞同,因而指示地方党及其武装给予配合。毛亦特别提醒彭：应设法首先派一部钳制由萌城推进的敌人，并“速以二方面军有力一部或大部拒止王以哲东进”，如此则可集中一军团、十五军团及三十一军首先消灭由西田家原向山城堡推进的胡宗南部丁德隆师。[1]

拒止王以哲部推进，是整个作战的关键之一。故彭德怀除调派一部兵力向王以哲部示威外，特别去电强调:倘使红军受蒋军压迫至甚大不利之时，东北军处于孤立前途将受同样不利，故凡能赞助弟方者，务请委曲求设法。胡军本来轻视他军，兄部缓缓前进，彼亦未必见怪，务祈明察。[2]

由于这时蒋介石督战甚急且严，王以哲这时确实非常担心被胡宗南识破自己与红军的秘密关系，因此，他之所以紧随红军其后，完全是为了掩人耳目。王以哲也深知此举难免惹得红军不满，因此不得不再三说明自己的苦衷，以求彭德怀谅解。到 17 日，王以哲因再得命令，要其务必于 20 日进至山城堡、环县一带，并扬言违误即军法拿办。王以哲深感进退两难，不得不再电彭德怀告以不能不进的理由，称：为保存抗日力量，军职均不足惜，但兄我关系未明朗化前，耳目不能不避。即弟部只能缓进，不能不进，是不可能也。弟部于 16 日全部到豫旺堡，本拟即时前进，兹以兄嘱，特电令缓至 19 日由该处出发，勉副尊意。[3]

不过，王同时告诉彭德怀，胡部惯不按指定路线行进，其必紧跟红军

[1] 《彭德怀致各首长并朱、张、毛、周电》（1936 年 11 月 15 日）；《毛泽东致彭德怀电》（1936 年 11 月 17 日），《毛泽东军事文集》第 1 卷，第 663 页。

[2] 《彭德怀致王以哲军长电》（1936 年 11 月 15 日）。

[3] 《王以哲致彭德怀电》（1936 年 11 月 16 日）。

身后急进，不会因东北军滞后而停止推进。王担心红军与胡军作战很难有获胜可能，因此明确电告："为保存抗日力量，亦似不必做无谓牺牲。"但此战红军等待已久，王部一下子缓进三天，使胡敌孤军暴露在红军的面前，是非打不可的。况且红军一方面军对国民党中央军也向无张国焘或王以哲那样的畏惧之感。

战机迅速被彭德怀、毛泽东捕捉到了。中央军委当即下令在山城堡一线进行战役准备，对胡敌三路首先集中打击右路由西田家原进向山城堡的丁德隆师，然后再打中路之詹忠言旅。毛并告彭："王以哲十九日开始从预望堡东进，计程三天可达。但我们必须阻滞之至七天以上"，以便红军主力能从容作战。[1]

20日，蒋介石下令胡宗南迅速向定边、盐边推进，以丁德隆、周祥初两师侧后掩护，更为红军提供了作战条件。毛泽东于是再电彭德怀称：蒋介石令胡军向定、盐急进，丁师不得不走山城堡、青岗峡之线到定边，如此最便于集中全力放手作战。消灭了丁德隆，则对全局大为有利。彭德怀也注意到这千载一时之机，当即通知王以哲，要其务必率部在李家悬岩、马家大山一线及其以西地区盘桓数日，以利红军作战。结果，不出所料，丁德隆师当日即突向山城堡，立即遭到红军将近两个军的打击，突前的廖旅首先中伏被歼，增援之第二旅亦被红军阻击部队击溃，丁师迅速全线败退萌城一带。此战开创了红军首次痛歼胡宗南一个旅的战绩，无疑极大地振奋了红军各部的士气，也挫了胡宗南的锐气。中共中央顿时感到压力骤减，相信再打一大仗应该可以基本稳定战局，暂时停止对胡敌的进攻了。

对于红军的胜利，张学良也相当满意，当即发来贺电。不过，在张看来，对胡宗南也不宜一味硬打，而应施以政治攻势。故他电报中强调："对胡军勿结仇敌，应尽力争取一切政治工作，曾施之于何柱国及东北军之被俘者，合应施之于胡军。"如果胡宗南能够接受中共统战影响，中共何乐而不为。

[1] 《毛泽东致彭德怀电》（1936年11月17日），《毛泽东军事文集》第1卷，第663页。

问题是要做胡宗南等国民党中央军将领的工作，在军事优劣如此巨大的情况下，几乎难以想象。周恩来、徐向前等已多次去信联络感情并说明主张，毫无作用。[1] 红军派代表前往胡军，更是屡屡被拒。因此，毛泽东非常清楚，对中央军的策略只能是先打后和，非消灭其一两个师不能使其重视红军。当然，毛并非不同意张的看法，他复电称："对胡宗南正用一切方法争取之，彼不再进决不打他，仅在彼向盐池进攻时准备消灭其一二个师，但打后仍进行统一战线政策。"

坦率地说，红军这时虽然仅仅打掉了胡宗南的一个旅，不能根本改变当前的困难局面，不过，这一仗对其军事上和政治上的危机，仍旧起了意想不到的重大缓解作用。胡宗南吃惊地电告王以哲跟在红军后面要"小心"行事，据报，蒋介石也"万分焦虑"。刚一得到中央军受挫的消息，蒋就急电胡宗南，要其将"丁师损伤实情速直接实报，但对其他各处不必详报或报并未损失亦可"，生恐会动摇进剿军之军心。[2] 他严令胡宗南马上"鼓励士气，集中实力，勿使因此颓丧。丁师当留驻适当地点整理补充，其余部队前进时应集结一气，行进时对于左右两翼之搜索正面愈广愈安"。与此同时，蒋要求胡注意："下午三时以后不准行军，必须于三时前集中宿营地内，一面构筑抵抗线工事严防夜袭"；"各部队就地深夜筑工（事），严防匪来夜袭反攻。以后无论宿营追击，凡到达一地，非先筑成防御阵地不得休息"。"各师旅团指挥部必须在部队阵地中间，且要严密搜索，恐民房内住民通匪，切不可在后方被匪袭击"；"前进行军时对近匪侧之侧卫兵力应特加强，时时准备临时应战，阵地免被匪意外之侧袭"；"应令各部就地构筑阵地时时加强，

---

[1] 徐向前信实为毛泽东拟稿，见《毛泽东文集》第 1 卷，第 451—452 页。

[2] 据报，丁德隆师此战损失如下："（1）四六三团官十五，兵四八六，步枪二一五，刺刀二五四，轻机关枪廿一，重机关枪五。（2）四六四团官十八，兵三九零，步枪一六八，刺刀二三九，轻机关枪十四，重机关枪二。（3）四六八团官四六，兵二六六，步枪一三九，刺刀一九七，轻机关枪十一，重机关枪三。（4）四六七团无损失。"《胡宗南致蒋委员长电》（1936 年 11 月 27 日），台北"国史馆"藏蒋中正档案，特交档案 251293。

无论如何勿得撤退，否则杀其主管”。[1]

终于，山城堡一战的效果开始在国共谈判问题上显现出来了。12月初，陈立夫再次紧急电召在上海的潘汉年去南京谈判。在9日的谈判中，陈立夫明确告潘，蒋先生已做出重要让步，不再坚持一定要收编和师长以上干部出洋半年，回国按才录用等，同意接受红军改编，只是人数要限制在三万以内。但中共中央此时已向潘通报了山城堡战役胜利的消息，并明令“我只在保全红军全部组织力量，划定抗日防线的基础上与之谈判”[2]，故对蒋介石刻意削减红军一半以上人数的做法潘汉年当然不能接受。不仅如此，由于军事上的胜利，中共中央10日得知谈判情况后，也明确地表示支持潘汉年的态度。毛泽东、周恩来并且进一步宣言：为达保存全部红军之目的，“我们愿以战争求和平，绝对不做无原则让步”[3]。

很显然，由于国共双方的战争局势出现了某些重要的变化，红军重新有了挫败国民党中央军进攻的可能，事情的发展较前又有了不同程度的微妙变化。

[1] 《蒋介石致胡宗南电》（1936年11月22—23日），台北“国史馆”藏蒋中正档案，特交档案251221。

[2] 《毛泽东、张闻天致潘汉年电》（1936年11月22日）。

[3] 《毛、周致李毅电》（1936年12月10日），参见《毛泽东年谱》（上），第619—620页。

第四章

“一二·一二革命”

一、山雨欲来

红军打通国际路线、接取苏联援助的失败，不仅使红军陷入严重困境，而且也使张学良进退维谷，左右为难。

不管当时南京方面对于东北军内部官兵关系有多少流言，张学良对部下始终是倍加爱护的，特别是对大批背井离乡追随他入关，并且忠心耿耿、抛头洒血的干部，张自然更是特别倚重。他后来回忆，在“剿共”战争中他的一个营长负了重伤，得不到抚恤，回不了家乡，就曾使他深受刺激。[1]可是在这时，他竟不得不亲自下令枪毙了骑六师十六团的团长。同样，由于南京行营催逼甚严，与红军关系最为密切的王以哲部竟也不得不节节推进，从而使本来就极端困难的红军更形被动，以致中共领导人曾明确批评“王（以哲）刘（多荃）不识大体”，还曾被迫决定于不得已时以武力拒阻之。双方部队自 11 月下旬以后屡次发生接触，并有所伤亡。对于此种严重情况，虽经中共中央屡次向张学良说明，但张却明确表示“毫不介意”，相信如此更便于掩护双方关系。对自己的部下怀有深厚感情的张学良竟让部下白白

[1] 《张学良忆谈东北军二三事》（1991 年 5 月 4 日），见《张学良文集》第 2 册，第 1185 页。

做出牺牲，若非自身处境极端困难，实难想象。

要知道张学良为什么这么做，看看张学良在下令枪毙骑十六团团长之后向刘鼎所做的解释，或可猜得一二。那是在 11 月 17 日，即在张学良下令枪毙十六团团长的第三天，刘鼎向中共中央报告了张学良对此事的解释，据称：十六团团长被枪决，很多人非常惊奇，但据张学良私下告之，此一决定实因该团长暴露秘密颇著，无可掩饰，不得已而杀之。

前已述及，何柱国部在张学良各军中与红军的关系最不融洽，双方不仅没有直接联系，而且何部完全遵命而行，毫无商量余地。特别是由于何部长期驻扎甘北地区，张学良也未曾向其透露过双方的秘密关系，故何几乎不了解东北军与红军关系的实际状况，仍把红军当敌军对待。因此，当王以哲、刘多荃等部从陕北调来之后，骑兵军各部才渐知王、刘等部与红军暗通关节。尤其是十六团曾受命前去接引被围困在李旺堡的马鸿逵部，后又受命主动退出李旺堡给红军驻扎，其团长对此更渐知其详。此次十六团出击兵败致全团被俘，最终虽因红军宽大而人马尽归，该团长内心却颇不平衡，回来后四处张扬王以哲部与红军的关系，以致“暴露秘密颇著”，令张学良“无可掩饰”，遂招来杀身之祸。但封一人口易，封众人口难。被释放回去的十六、十七团中许多人事实上已经对此有所了解，不免议论纷纷。而且，胡宗南这时也通过缴获的中共文件，发现红军熟悉东北军内部情况“太快太深”，怀疑东北军内部上层有人暗通红军，为此也专门告诫张学良严加注意，这同样让张学良倍感紧张与担心。故刘鼎进而报告说，此次回来的许多俘虏都亲眼见到某团副在与红军进行接洽，并公开传说，这件事让张学良及其知情将领颇难应付，而胡宗南缴获的文件更让他们感到不安。因此他们明确提议，今后不仅双方联络要特别小心，各种文件要格外谨慎，而且俘虏一般也不要再放回来，一切总以注意不暴露双方关系为原则。

为了不暴露双方关系，双方这时在军事方面的配合显然也大不如前。11 月中旬以前，红军在甘北的回旋余地还略大一些，因此中共虽对王以哲部跟进过近常常抱以怨言，仍尽量配合。到了 11 月下旬，红军已退至环县、曲子镇、洪德城、盐池、定边一线，被挤入甘北死角，西有胡宗南，东有汤恩伯，盐池、定边一失即再不能在甘北立足，必须开始实施南进计划，向国民党军队身后插进，重演一年前之长征。但这时红军本身尚未做好进行新的长征的准备，特别是刚刚经过长征来到甘北的红军二、四方面军尚未从极度疲劳中恢复过来。考虑到这种情况，中共中央明确决定要保持定、盐在红军手中一两个月的时间，以便长途跋涉的二、四方面军能够得到休整与恢复。意想不到的是，胡宗南部受到打击已向后退却，王以哲部却仍旧得到“剿总”命令要继续推进。11 月下旬两军出现某些军事接触和伤亡事件，其原因也在于此。

11 月 22 日，王以哲再度通知彭德怀，称现奉令必须于 24 日中午以前推进至环县及山城堡一线，上峰严催谴责备至，实在无借口可推延，务请通知二、四方面军所部火速撤退，以免误会。23 日，王以哲连得“剿总”电令和飞机空投指令，故再电彭德怀：

（甲）弟部无日不奉飞机投令并电令严催，今日更甚。

（乙）弟部由预旺堡至环县、山城堡、洪德城做三日行程，兹意延六七日，实在无法再缓。

（丙）张先生意如过于延缓，于各方也似不便，总以于协同之中间能不露痕迹为当。

（丁）基上数点，弟部定于有日午进至洪德城、环县。

（戊）弟进兄让，兄已言之，务请兄克践诺言，并向朱、张、萧、贺诸同志解说，勿生误会，是为至盼。[1]

这时，曲子镇、木钵、环县之线驻有红军大学近 4000 人，一时“无地可移，无粮可就”，而红军主力为保定边、盐池不失，尽量休整部队，推延实施南

[1] 《王以哲致彭德怀司令电》（1936 年 11 月 23 日）。

进计划，也必须确保此线在自己的控制之下。因此，彭德怀、周恩来乃至毛泽东再三电告王以哲、张学良，恳求他们“本友军之谊，成全弟方之战略方针”。对此，张学良虽答应尽量拖延，但亦明告时间长则不可能。作为下属的王以哲更是表示困难，反复解释说：环县、洪德城乃上峰命令指定到达地，无论如何也必须到达。并以事实关系，此线红军也无法长期坚持，故弟谅兄也不致始终不让，所差者不过时间问题。与其迟让数日，让弟过于为难，不如早让弟部到达此地。现张先生仍坚持认为弟部以到达指定地点为宜，此中实不无意义也。良以胡部既退，而弟部一切补给又均充足，机关备齐，弟如仍不前进，实难掩人耳目。一句话，这件事其实并非王以哲所使然，背后指挥者乃张学良。

张学良这时既要暗中配合中共，又要在蒋严令下不露痕迹，做起来也确实困难多多。仅以此次蒋要求张学良督令王以哲务必于25日前占领山城堡一事为例。蒋23日向张下令，张25日复令遵办。[1] 然后便不得不照样每日向王部发令，督其推进。至于能否在蒋限令之日达成目的，则尽可能避而不提，只要能逐日将真真假假的战况进展报告上去即告了事。

如26日张报称：“王军刘吴两师养日占领郭家大湾南北之线，与匪约两千激战中。檀师养（22）辰占领杨家岔，正向山城堡攻击前进。郭张两师马未进占苏家台王家原之线，正向毛居井东北地区推进中。”[2]

27日报称：“有（26）日我王以哲军已推进张家中沟（鹿德城西）余家湾胡家湾（环县西南）之线，匪大部由洪德城向河莲湾西南运动，似有与我抗战之企图。”[3]

---

[1] 蒋介石这时严令张学良严督王以哲军“廿五日以前占领山城堡，止残匪嚣张之气”。《蒋介石致长安张代总司令电》（1936年11月23日），《张学良致洛阳蒋委员长电》（1936年11月25日），台北“国史馆”藏蒋中正档案，特交档案251243。

[2] 《张学良致洛阳蒋委员长并分送南京何部长电》（1936年11月26日），台北“国史馆”藏蒋中正档案，特交档案25032688。

[3] 《张学良致洛阳蒋委员长并分送南京何部长电》（1936年11月27日），台北“国史馆”藏蒋中正档案，特交档案25032685。

28日报称：“曲子镇附近为伪二十九军萧劲光部及伪独立师千余人，感（28）日被沈师击溃，我已占领曲子镇春公庄一带，匪向东窜。王军已迫近环县二十里铺……据报环县匪万人有（25）日分两股，一股由河莲湾经黑城岔东窜，一股由木钵东窜。”“感（28）午飞机报告，山城堡青岗峡甚家畔石专沟之线烟火冲天，似有大股藏匿山城堡。”[1]

这样一直拖到30日，曲子镇、环县、山城堡一线仍未占领，算是帮了红军的大忙，也实在是难为了被反复督令推进的王以哲等人。

不难了解，毛泽东等这时批评“王刘不识大体”，其实是冤枉了王以哲、刘多荃。在他们背后起作用的实际上还是张学良。所谓“剿总”的命令，不管来自何方，说来说去还不是张学良领导下“剿总”的命令？而张学良也并无良法可寻，只能照转蒋令并假意严督。一切的一切，说到底都是为了“掩人耳目”“不露迹象”。此中用心之苦，颇可想见。张这时有电给毛泽东、周恩来诉其苦称：“延缓前进，弟费九牛二虎之力。在现局势下永不进展，实难办到，谅诸同志可谅我也”，故要“请内中早决大计”才行。

为了达到某种重要的政治军事目的，比如像当初准备发动西北大联合计划，刻意“掩人耳目”“不露迹象”而做出某种牺牲，无论从任何角度出发，均无可厚非。问题是，张学良这时想干什么？他是在为了他那个“要干就彻底干”的西安事变做最后的准备吗？张学良后来一再解释说，他这个人是想起就做，“要干就干”，做事从不加考虑[2]，事实上这话多少说得过头了些。

说张学良是那种不干就不干、要干就彻底干的人，多半是对的。张学良4月上旬尚未下决心实行反蒋，半个月之后即决定准备着与蒋介石撕破脸打一架，拉上东北军与红军一同联俄抗日反蒋，组织独立的西北国防政府，扬言“要干就彻底干”，可见其性情之直率鲁莽。但这并不等于说，张学良

---

[1] 《张学良致洛阳蒋委员长并分送南京何部长电》（1936年11月28日），台北“国史馆”藏蒋中正档案，特交档案25032683。

[2] 转见《张学良文集》第2册，第1176、1179页。

是自己所说的那样毫无城府、做事完全不加考虑、兴致所起想干就干的人。张之所以从一开始就提出“目下还要装得老实些”，“捧大老板登峰造极”，“牵延到十一月就起变化”，[1] 无疑是一种“考虑”，而且还多少有点儿像是那种“深思熟虑”。此后，张学良一面公开表示拥护蒋介石，一面秘密联络中共与苏联，准备在西北发动反蒋，自然也并不是毫无心计的表现。如今在西北发动计划基本取消，打通国际路线失利，红军面临严重危机之际，为隐蔽自己与红军的关系，千方百计制造假象，也不能说完全不是其“三思而后行”的结果。而最重要的是，我们已经清楚地看到，尽管张学良早已下了反蒋的决心，开始了反蒋的准备，但他在实际进行反蒋发动的问题上，始终表现得犹豫不决。用刘鼎的话来形容，就是“半推半就”，“又恋新又舍不得旧”。[2] 因此，在中共突然单方面改行联蒋策略之后，张不仅毫无怨言，而且反而有一种如释重负的感觉，还自告奋勇地要承担起劝蒋和共的使命。当然，真到要劝蒋和共时，张学良又会犹豫不决，以致舌头还是有点打短儿，先要反复表示自己对蒋拥护服从之诚意，说到关键处也不敢过于直截了当，至于联合共产党的要求更是一句没敢提。这一方面是惧于蒋的权力与势力，另一方面也是受传统的正统思想的影响。很显然，既然在张学良下决心参加反蒋运动的时候其内心都有相当顾虑，到了这个时候他更不可能变得毫无顾忌了。至少在 11 月间，他所以极力“掩人耳目”、“不露迹象”，充其量只是为了不使蒋对自己与共产党的关系起疑心而已，其中恐怕丝毫不包含有准备在西安发动事变的意思。

从目前所有的资料看，发动西安事变的最初提议无疑是张学良自己在 1936 年 4 月底对刘鼎谈话中提出来的。但张学良当时所考虑的事变是一种什么形式，并无明确的说明。其具体提到反蒋的方式，仅仅表述为“预备着硬干，预备着和大老板打一架”，“我要干就彻底干”。这里的“硬干”、“彻

---

[1] 《刘鼎致李克农信》（1936 年 4 月 27 日）。
[2] 《刘鼎致李克农信》（1936 年 5 月 2 日）。

底干”、“打一架”，多半是政变的意思，就是要公开结盟红军，与蒋分裂和准备着与南京进行公开的军事对抗。具体怎么实现这个分裂与对抗，张似乎没有提到过。或者可以认为，在那个时候，张学良还没有后来在西安扣蒋的想法。[1]

具体提到用后来西安事变的方式来发动事变，即采取扣押蒋介石的方式来发动事变的问题，最早是在1936年10月底，即张学良等在西安和洛阳劝蒋和共失败之后。关于这一情况，张后来在其《西安事变忏悔录》中曾有过这样的记述：

> 关于停止“剿匪”，团结抗日，杨（虎城）深表同情。力促以向蒋公进言，以期早日实现，节省双方消耗。迨至良从洛阳返来，心情十分懊丧，对杨谈及蒋公难以容纳余等之意见，该时良对蒋公发有怨言，并问计于杨，彼有何高策，可以停止内战，敦促蒋公领导实行抗日之目的。杨反问良，是否真有抗日决心？良誓志以对，杨遂言待蒋公来西安，余等可行挟天子以令诸侯之故事。良闻之愕然，沉默未语，彼露有惧色，良即抚慰之曰：“余非卖友求荣之辈，请勿担心！不过汝之策，在余有不能之者。”[2]

按照张学良的这个说法，最早提出在西安通过扣蒋来发动事变的主意的，并不是张学良自己，而是杨虎城。这看起来可能是属实的。因为有关

[1] 栗又文1982年7月13日致史永信（存全国政协）中曾提到是张学良首先想到“捉蒋”的政变方式的。据栗又文说：在8月间，栗又文去新疆之前，曾问张学良：“蒋介石不赞成抗日怎么办？”张说：“我可以劝。”栗说：“你劝他不听呢？”张说：“可以再劝。”栗说：“他还不听呢？”张一拍大腿说：“除非他不到我部队中来！”照栗又文的这一说法，即是说张学良早在8月间已经想到再三劝蒋抗日不听的话，他就要乘蒋来西安之际把蒋捉起来。但这种回忆颇难准确。并且此说有一点明显的错误，即8月间张学良尚处于积极准备实施“抗日反蒋”的西北大联合计划过程中，说他当时已转而主张劝蒋抗日，颇不可能。因此，这段回忆的真实性值得怀疑。转见张魁堂：《张学良传》，第194页。

[2] 张学良：《西安事变忏悔录》，《张学良文集》第2册，第1200—1201页。

这一点，目前也可以通过当时留下的文献得到某种程度的证实。只不过，时间要比张学良回忆中所说的还要早几天，即是在蒋来西安之际，而不是在张学良从洛阳回来以后。

蒋介石来西安的时间是10月22日，走的时间是29日。其间由张学良等陪同在华山住了几天。在蒋介石离开西安的当天，正在西安的叶剑英和刘鼎曾有电报报告张学良劝蒋和共结果及西安各方对蒋此行的看法。电报称：

> 蒋张会谈结果亟恶。蒋表示匪不剿完，决不抗日，谁以红军打（劝）他，他不准谁剿匪。此路已绝，张将无能作为……此间人士对蒋之张主（主张）大为不满，正酝酿反对言论……杨于也毅（也于谒）蒋时为提停止剿匪事碰钉子，及（至）今沉闷，有主驻蒋说。[1]

在这封电报里，错发错译之字较多，但主要内容还是比较清楚的。其中最为引人注目的，就是说明杨虎城见蒋后有所不满，“有主驻蒋说”一句。“驻”是停、留的意思，本身虽无主动成分，但用在役使结构上，很容易看出他有某种强迫的意味。故有的学者干脆直接把这里的所谓“驻蒋”理解为“捉蒋”,大致应该也是说得通的。[2] 从这里或者可证实张学良上面的说法，即是说，确是杨虎城在劝蒋停止“剿共”受挫后提出，干脆把蒋捉起来算了。

杨虎城与红军的关系，至少在中共中央看来，始终有些若即若离的味道。由于在长近一年的时间里双方几经接触，秘密协定也成就了几个，具

---

[1] 这里“杨于也毅蒋时为提停止剿匪事碰钉子”一句中的错字,可以有两种理解。一种可将“杨于”理解为两个人,结果此句可整理为“杨（虎城）、于（学忠）也因谒蒋时为提停止剿匪事碰钉子”；一种则将“于”字理解为是发报人当时误将其后面的“也”字错误颠倒所致，并非指人，如此可照笔者注明者，整理为“杨也于谒蒋时为提停止剿匪事碰钉子”。笔者如此判断，是因为考虑到以下两点：其一，杨、于虽均见蒋，但于学忠为东北军将领，其对张学良之意图也不甚明了，很难想象于会与杨一同劝蒋停止“剿共”，更不要说提出“驻蒋说”;其二，就电文本身来看，此句中并无漏字情况,但如将“于”理解为人,则句中明显地还缺一个“于”字或“因”字。《叶、刘致中央电》（1936年10月29日）。

[2] 见张学良问题研究专家毕万闻先生1994年2月25日给笔者信所附叶、刘电复印件上之旁注。

体落实的其实只有停战与交通两项，而交通还不能运货，只能过人。再加上杨虎城坚持不与中共发生直接关系，其态度又闪倏不定，时好时差，因此，无论是就当初的西北发动而言，还是就红军的主要统战对象而言，中共中央几乎从来没有把杨虎城及其十七路军放在突出的地位。即使在杨虎城9月上旬与中共正式达成秘密协定之后，这种情况也没有改变。因为此协定的范围仅限于交通、联络、通商、情报等几个具体问题，且在实际操作方面双方关系与前并无明显变化。虽然，在9月上旬的谈判过程中，杨虎城自己曾主动提出在西北发动反蒋的军事行动，召集红军、东北军、十七路军三方会议，共同组织抗日政治核心组织。但中共中央的代表张文彬当时就怀疑杨的勇气，中共中央此后也因反蒋策略的放弃而未就杨的建议做出任何具体答复。因此，杨此时的这种态度，显然颇让中共方面感到意外。叶剑英、刘鼎随后特别就杨虎城态度的突然激进向中央报告说：西安空气大有变动，因为张之态度逐渐改变，前此所谓落后分子已大有变动。[1]

这里所说的“前此所谓落后分子”，指的自然是杨虎城。所谓“大有变动”，无疑与前面提到的杨虎城的“驻蒋说”有关。值得注意的是，杨虎城9月上旬与中共代表谈判时，一方面提议红军、东北军、十七路军联合反蒋，一方面又曾对中共过分倚重张学良及其东北军表示某种担心，怀疑其革命的可靠程度。而这时，他却不是首先与中共代表就此进行秘密接触，妥商对策，反倒是一反其向来的谨小慎微的作风，在张学良及其东北军少数高层军官的圈子里，不止一次地表示对蒋严重不满的情绪，鼓动张学良等发动事变。这反映出，杨虎城此时对蒋的政策已经到了忍无可忍的地步。

要具体说明杨虎城此时急于对蒋采取行动的内在原因，不是一件很容易的事情。除了此时他同样强烈反感蒋介石的“安内攘外”政策以外，杨

---

[1] 实际上叶、刘二人关于西安空气大变的情况曾两度有过报告，一次是在11月1日，一次是3日。前一次电文关于张所主张的内容似乎说得更明确些，可惜这次的电文几乎完全译不出来，有关张的前半句只剩下了“西北空气大有武，因为张主图……”等12个字。张主张或张意图做什么，均未译出。

虎城极度担心蒋介石中央军进占西安，并对他不利，是肯定无疑的。还在9月上旬，广西问题尚未完全解决之际，杨虎城就已经“甚觉形势急迫”，担心蒋介石会在两广事变解决后，转而对西北采取行动，不仅对自己而且对张学良不利。及至两广事变彻底平息，杨干脆一度以治病为名远离陕西静观形势发展，因蒋介石来西安才不得不急忙赶回拜谒，结果进一步证明“蒋对他亟冷淡”，这更加加重他对蒋介石意图之怀疑与对十七路军前途的焦虑。杨虎城问题的关键与张学良一样，也是不想与红军作战，但杨与张不同之处则在于，张学良东北军原本就是外省人，究竟是在陕西还是在其他的地方，对他们并不十分要紧。何况东北军势力庞大，要一下子拆散它远不那么容易。与此相反，作为陕西地方的中心势力，保持自己在陕西的中心地位和对西安及其周围主要地区的实际控制，对杨虎城意义重大。而杨的部队又屡被蒋介石破坏，所剩无几，更是最后的一点本钱了。因此，杨虎城不能不对蒋介石在解决两广事变之后，把手进一步伸到陕西来高度敏感。当蒋介石借“剿共”之机，先后把势力伸入云贵川康之后，杨虎城深知陕西之不保也已经是迫在眉睫了。蒋介石恰恰又进一步分化其部队，且陆续调集大军前来西北，这再明显不过地反映出，蒋不仅要控制包括西安在内的陇海铁路和西兰大道及其沿线各战略要点，而且还要夺取整个陕西的实际控制权。如此一来，不仅杨部赖以生存发展的地盘会失去，杨虎城一手创建起来的最后一部分十七路军也将落入蒋介石的手中。这在很大程度上可以解释杨虎城为什么在这个时候表现得如此不同寻常，态度又如此激烈。

那么，张学良这时对杨虎城的提议作何反应呢？

没有人了解张、杨当时具体谈了些什么，问题是，事情绝不会像张学良后来所说的那样简单。即所谓杨虎城冒冒失失地提出了要把蒋介石扣起来的建议，而张学良对此全不以为然，“闻之愕然，沉默未语”，好像是压根儿不赞成。试想，如果张学良此时对蒋没有较为激烈的表示，依着久于世故的杨虎城那一向极端小心谨慎的个性和对张学良可靠性的颇多顾虑，他如何会毫无顾忌地提出这般激烈的建议。其实，叶剑英、刘鼎上述电报说得清楚，这时无论是西安的空气也好，还是杨虎城的态度变化也好，一切的一切，都是“因为张之态度逐渐改变”而引起，并非空穴来风。也就是说，正是因为张学良此时对蒋之态度已全然不像此前之犹豫不决，并常有较为激烈的表示，杨虎城才敢于当其面提出所谓“驻蒋”之议。从张学良将杨虎城之提议告诉叶剑英与刘鼎而未加任何评论来看，说张当场“闻之愕然，沉默未语”，进而明确拒绝，声称“在余有不能之者”云云，恐怕未必完全属实。[1]

据刘鼎报称：10月下旬当面劝蒋和共不成后，张的态度一直就很激昂。11月12日夜，他更召集同志会大会，宣布政见，声言他的主张是：一、抗日；二、联合各党派。虽然，他同时在会上规诫下属目前切勿公开与中央挑战，但从他敢于在东北军抗日同志会的大会上宣布其政治主张的情况看，可以肯定他这时确已态度大变，且渐趋激进，这不可避免地会使本来就较为激烈的东北军少壮军官们言词更为冲动。由此不难看出，进入11月以后张学良及其周围亲信军官正在向哪个方向发展。

抗日同志会是张学良自己为建立东北军内部领导核心、实现其深刻改造东北军的目标而组织起来的一个秘密的政治组织，人数不多，主席即张学良。以下应德田、孙铭九、苗剑秋等基本上都是思想激进，并深受张学良信赖的少壮派军官。这些军官年轻气盛，血气方刚，一心想回东北，早就不满蒋介石用“安内攘外”的办法分化、兼并，甚至消灭地方势力，因此，他们对张学良过去逆来顺受的妥协态度常常直言批评，毫不客气。蒋介石在西安王曲军官训练团训话时充满威胁的言论，更是极大地刺激了这些少壮军官，其情绪及其主张变得更加激烈。[2]这种激烈态度中，毫无疑问地包含有要对蒋采取激烈行动的意见。张学良专门召集同志会大会，宣布自己的政治主张，也是要向亲信表明自己的决心，求得同志谅解的一种表示。

---

[1] 张学良：《西安事变忏悔录》。

[2] 蒋日记中亦约略提到他在王曲军官训练团训话时感受到东北军军官反感情绪和桀骜不驯的情形。见《蒋介石日记手稿》(1936年10月31日)，“本周反省录”。

当然，他同时也是想要以此来劝告同志，切勿公开显示与南京对抗的情绪，以免落人把柄，影响大局。但所谓“勿公开与南京挑战”，自然只具有策略意义，它不否认其联共抗日目的达不到时有秘密准备反抗南京之必要，否则他也就断难安抚这些他所信赖和依靠的少壮派了。

11月5日，叶剑英离开西安返回陕北保安，张学良曾有亲笔函件转致中共中央，其中不仅询问中共下一步行动计划，而且特别对中共接取苏联援助的情况以及苏联对援助西北抗日军队的态度表示关切。此中含意如何也许不难了解，看起来张学良鉴于劝蒋无效，杨虎城乃至同志会中人又一致主张激烈，他已经不能不考虑向蒋介石做最后之抗争了。问题是，万一自己与蒋翻脸，苏联能否给予他所需要的援助？

对于张学良的来信，毛泽东等直到11月中旬才看到。16日，毛泽东、周恩来答复张学良称，他们对张的想法极为理解，但此时红军西路军要跨越甘肃河西走廊，接取苏联从新疆给予的援助，存在相当困难，故如前所述，毛泽东等人的意见是，如果可能，最好是张学良派驻守兰州、靠近甘西的于学忠部就近协助红军西路军前往新疆“办货”，并且愈快愈好。

应当注意的是，在此之前，即在红军实行宁夏战役前后，中共中央曾不止一次地提议让于学忠部就近向新疆方向接取苏联援助，均为张学良婉拒。这一次的情况就完全不同了，张学良没有再表示异议，相反，他告诉中共中央，他只是认为目前苏联方面提供的援助还不能令人满意。同时，他更关心苏联对他的态度究竟怎样。

苏联这时准备的货单具体内容怎样，严格地说，不仅张学良不知道，就是中共中央也不清楚。在确定从定远营方向援助红军的时候，即10月中旬，苏联方面准备的军事装备和弹药等，只有550吨至600吨左右。而后因改由新疆哈密方向进行援助，即11月初的时候，这些物资的总重量增加到了1000吨左右。不过，1000吨武器弹药对于当时还有大约七八万人的红军来说，也许是一个很有吸引力的数字，但对于拥有十几万军队，而且还需要考虑西北其他军事武装需求的张学良来说，这个数字就差得多了。何况，共产国际来电明确说，里面并没有中共中央所希望的飞机大炮。[1] 张学良对此当然不能满意。他希望的是更大规模的援助，特别是大炮和飞机。张学良原来有炮兵部队，其大部已被蒋介石弄了去，要想同南京对抗，特别是抗日，非有新的较强大的炮兵，甚至空军不可。看起来，张学良确实将希望寄托于苏联。换言之，如果来自苏联的武器援助的数量和质量能够满足张学良的需要的话，很难说张学良不打算为此而冒险。

张学良对苏联援助数量不够满意这件事本身，毫无疑问妨碍他下决心向蒋挑战。至少，在整个11月里，张学良还没有考虑好究竟应当走哪一步。11月中旬，当毛泽东询问张学良有无对策对付蒋介石的进攻时，张学良提出的方法仍旧是纯粹防御性的，丝毫不包含进攻的成分。他这时对红军下一步的行动方向问题确实进行过反复思考，据他告诉刘鼎说：对蒋介石破坏红军宁夏战役计划，他尚无好的办法。他考虑到的出路有三：第一为出神木，第二为直趋绥远，第三为经徐海东老路线再兜圈子回陕北。三策中，直趋抗日前线为上策，暂保实力为中策，步步退让为下策。但他又叮嘱刘鼎不要以此正式电告中共中央，因为他还不认为这些办法是成熟的，他要再思索云云。[2]

张学良的答复表明，他这时还没有与蒋翻脸的计划。他也清楚红军处境困难，并且不满意红军目前节节抵抗、边战边退的战法，认为这是下策，但他也并没有想出积极的根本解决问题的办法。

张学良这时所能提出的红军解除目前困境的最好方法，是出兵绥远，直趋抗日前线，打出抗日旗帜，使蒋打无借口，以此来造成抗日局面。可是，张学良自己明白，这样做同样也有问题，因为事实上这时绥远的傅作义部不可能欢迎红军到那里去，特别是那里正处在与伪蒙武装尖锐对抗的形势之下。红军如冒险入绥，反而有可能被认为是威胁抗日军队，从而破坏绥

[1] 《共产国际执委会书记处致泽东、洛甫、恩来、博古同志电》（1936年10月18日），《共产国际执委会书记处致中央书记处电》（1936年11月3日），中心档案495/74/282。

[2] 《刘鼎致中央电》（1936年11月29日）。

远抗战局面，将内战引入绥远。

更何况，即使红军如数开上绥远去抗战，依其目前的军事装备及兵力情况，挑战背靠日本关东军的伪蒙武装，结果如何也不难想象。基于1933年冯玉祥在察绥组织抗日同盟军揭旗抗日，最后受到南京政府和日本关东军两面夹击的情况亦可知，南京政府并不会因为红军真的开上了绥远前线就会谅解与合作，到时候不仅全国抗战局面不能出现，红军反而会更容易被消灭掉。对此，张学良未必看不出来，这也是为什么他会叮嘱刘鼎不要将他的话当成是他的正式意见告诉中共中央的原因吧。

没有办法不等于麻烦就没有了。因此，反过来，张学良更希望中共中央能够想出解决问题的办法来。因为，如前所述，红军和东北军这时的关系状况已经处在极其尴尬和困难的境地，电报协商终不免会弄出大问题来，因此，他明白要求中共中央要“早决大计”，以根本解决问题。[1]

张学良这时的处境无疑极端困难。一方面必须尽可能满足红军的需要，避免红军被中央军所败，使自己借助苏联援助保住东北军甚至重回东北的愿望付诸东流；一方面还必须在蒋介石南京政府的指挥下，按照蒋的部署，命令部队节节推进，不使蒋看出破绽来。这场戏已经越来越演不下去了。

就在此逼不得已时，蒋介石突然指挥晋绥军打响了绥远抗战，不仅全国舆论为之振奋，张学良亦找到了为自己和红军解围的办法。他乘机直接上书蒋介石，再度提出调东北军前往绥远参加抗战的要求。

利用绥远抗战把东北军调去抗战前线，是一个一石多鸟的好办法。一方面，如果能够派东北军北上抗战，就很可能使西北内战因东北军13万人大举北移而暂时停顿下来；另一方面，东北军全力投入抗日战争又可以满足东北军内部强烈的抗日情绪。同时。东北军转入绥远，既不会与红军隔绝，又可以便利接通苏联及外蒙，使红军未能成就之打通国际路线的战略目标更容易实现。据此，张学良在11月27日第一次正式上书蒋介石，强烈地“请

[1] 《刘鼎致中央电》(1936年11月25日)。

缨抗敌”。书称：

今绥东事既起，正良执殳前驱，为国效死之时矣。日夕磨砺，唯望大命朝临，三军即可夕发。盖深钧座对于抗日事件，必有整个计划与统一步骤，故唯有静以待命，无烦喋陈，乃彼大军调赴前方者，或已成行，或已达到；而宠命迄未下逮于良，绕室彷徨，至深焦悚！每念家仇国难，丛集一身，已早拼此一腔热血，洒向疆场，为个人尽一分之前愆，为国家尽一分之天职……今者前锋既接，大战将临，就战略言，自应厚集兵力，一鼓而挫敌气，则调遣良部北上，似已其时。[1]

为了让蒋介石真正重视他的请求，张学良甚至明确警告蒋介石，除非允许他的抗日请求，否则东北军将再难统率驭使了。书称：

就驭下言，若非及时调动，则良昔日之以时机未至慰抑众情者，今亦疑为曲解，万一因不谅于良，进而有不明钧意之处，则此后之统率驭使，必增困难。盖用众贵有诚信，应战在不失时机。[2]

如前所述，张学良在这里所言确是事实。还在蒋介石10月末在西安王曲军官训练团训话次日，同志会成员、少壮派军官苗剑秋就言词激烈地也在王曲军官训练团公开发表反蒋演说，声称：

昨天有人在这里说日寇是外敌，共产党是内患，内患之害甚于外敌，要我们不去抗日，不去收复东北，要我们做亡国奴，为他们打内战，打共产党，这简直是放屁！现在，我们东北被占领了，我们东北人变

[1] 《张学良文集》第2册，第1050页。
[2] 同上。

> 成了无省无家之人，可是我们所有的东北军军官们竟然如此怯懦，难道我们连一个比得上日本二·二六事件中的英雄的人也没有吗？[1]

苗剑秋的言论当然不只是他一个人的，它代表了东北军相当一部分年轻军官的想法。张学良得知此事后，当即将其看管，并很快责令苗剑秋远去北平，以避人耳目，并设法稳定军官们的情绪。但这并不等于说其他的少壮派军官或其他的东北军军人不想当苗剑秋所说的那种“英雄”。为了实现东北人回到东北去的理想，当时不少东北军的热血军人确实无所顾忌。

可是，正如张学良回忆所称，他请缨抗战的愿望再次落了空。此时反而又因此等事再种“恶缘”，如因各方对东北军军纪及战斗力有颇多非议，结果“援绥之军，未派有东北军”，“对日方案，序列中有冯玉祥、唐生智而无良，把良置于后方，为预备队队长”等。张回忆称：“此事痛伤良之心，愤怒不已。”[2]

正在这时，张学良又得知蒋介石下令逮捕上海救国会领袖沈钧儒、邹韬奋、章乃器、李公朴、王造时、沙千里和史良等七人，宣布查封各种反对“剿共”和主张抗日统一战线的救亡报刊。此举更进一步让张学良怀疑蒋介石对抗日的态度，为弄清蒋介石的想法并再做抗战请缨，他情绪冲动之下驾机飞往洛阳，再谒蒋介石，欲力陈爱国无罪的道理，并恳求蒋介石允许调东北军离开“剿共”前线，开去绥远。

12 月 2 日下午，张学良得以见到蒋介石，但他的请求均被蒋严词拒绝。张因此不能不忿忿然而情绪激昂。他几乎是头一次当面向蒋争辩称：“蒋委员长这样专制，这样摧残爱国人士，和袁世凯、张宗昌有什么区别？”蒋

[1] 二·二六事件，指以村中孝次为首的日本少壮派军人 1935 年 2 月 26 日在东京发动的军事政变，其目的在于清除元老、重臣、军阀、官僚等“破坏国体之元凶”。见信夫清三郎：《日本政治史》第 4 册，上海：上海译文出版社 1988 年版，第 322—335 页。见李金洲：《西安事变亲历记》，第 23 页；应德田：《张学良与西安事变》，北京：中华书局 1980 年版，第 83 页。

[2] 《张学良文集》第 2 册，第 1199 页。

介石却毫不理会，强硬地表示说：“全国只有你这样看，我是革命政府，我这样做，就是革命！”[1]

有了这样一番激烈争执，张学良显然变得有些忍无可忍了。他张学良再不考虑根本解决的办法，军心不可收拾，与红军关系终将暴露不说，自己也说不服自己了。而在此之前，即在飞洛阳面蒋之前，张学良都没有确定事变的方式和最后行动的时间表，还是想要抓住绥远抗战的局面，坚持推动，争取一两个月内能有大变化，以根本解决两军关系问题。

据刘鼎 11 月 30 日电称：对于中共方面强烈要求王以哲所率部队停止继续推进的问题，张学良同意尽量使军队停止下来，只是又强调不能长期停顿，还请红军尽速设法。但张学良又表示，从各方面看，一二月内定有变动，红军只要能设法牵延一二月，则西北之联军可成矣。[2]

这里所说的“西北之联军”指的是什么，应当是再清楚也没有的了。问题是，此电之前面半段话的意思仍是如此前一样地告诉中共，因命令所关，变动困难，处于被动地位的东北军长时间不进兵是不可能的。因此，它所强调的重心是只要绥远抗战出现大的进展，整个形势就将有较大改变，从而便利于西北联军之成立。

中共中央就是做了这般理解，但它对于张电中不久将会出现组织“西北之联军”的形势的提示并没有太多地给予重视。在次日毛泽东等人给彭德怀等人的电报中，他们对张学良电报内容的解释是：

---

[1] 参见张学良：《对总部全体职员的训词》（1936 年 12 月 13 日），《在西安市民大会上的讲演词》（1936 年 12 月 16 日），《张学良文集》第 2 册，第 1065—1066、1079—1080 页。关于张此次一人驾机赴洛的时间，一般均认为是 12 月 2 日，如张德良、周毅主编：《东北军史》，沈阳：辽宁大学出版社 1987 年版，第 390 页等。但李云汉先生在《西安事变始末之研究》一书中称“张于十二月三日飞往洛阳晋谒蒋委员长时，曾当面要求释放沈钧儒等‘救国领袖’”，此说恐系笔误。因著者在同书另外两处提到张学良此行时，均又说“张于十二月二日前往洛阳晋谒蒋委员长”。很难想象张曾在两天里两度飞往洛阳。故李云汉先生这里所说的“三日”或应为“二日”之误。且蒋介石 12 月 2 日下午与张学良谈话，亦可见之于《蒋介石日记手稿》（1936 年 12 月 2 日）。

[2] 《毛、周、朱、张致彭、任电》（1936 年 11 月 30 日）。

（甲）李毅承认尽力使全线停止，但又谓无法长停，似蒋尚不愿取长期守势，我军仍须一面整理，一面准备作战，再打一仗则大局定了。

（乙）一二月后绥远、西北、全国有起较大变化可能，李毅建议我军熬过一二个月。[1]

中共中央并不知道张学良与蒋介石这时的争吵。他们对一两个月内定有变动一句自然理解为是因绥远抗战爆发，西北乃至全国形势有可能在一两个月内发生较大变动。因此，在中共中央看来，目前稳定西北大局的方法，根本上还是要靠红军“再打一仗”。由此可知，那种认为中共中央事先已经通过叶剑英了解到张学良有政变企图，甚至知道张要“捉蒋”，进而明确电告张学良对此“要慎重”的说法，怕不那么可信。[2]

也正因为如此，毛泽东等并没有特别地重视张学良的这封电报。在12月1日的复电中，他完全没有提到慎重与否的问题，只是强调：如“进剿军”取守势，我军决休息训练一段时期，以待时局开展，同时“准备新步骤”。这里的所谓“新步骤”，毛泽东在电报中没有说明，但提到为商量“新步骤”，拟令叶剑英再去西安一行，约一星期后成行。[3]

可以进一步印证毛电中“新步骤”与张学良后来的政变无关的证据，是毛并不急于让叶赴西安，而是告张，拟令叶剑英一星期后成行。事实上，几天之后，毛泽东又给张学良电报，进一步告诉张，叶剑英只能在12月9

[1] 《毛、周、朱、张致彭、任电》（1936年12月1日），《毛泽东年谱》（上），第617页。

[2] 根据张魁堂所著《张学良传》引述的《叶剑英传》（未刊稿）的内容，可知在《叶剑英传》里有这样的叙述：在叶尚未离开西安之际，张学良曾对叶谈到他准备发动事变的想法。据张学良说，蒋介石逼他执行命令“剿共”，形势很严重。张说：“许多天我都没有睡觉，内战我是绝对不打。只有一个办法，就是苦跌打（按：法文 Coup d'Etat 即政变的音译）。”当时叶的答复是：“这关系到国家命运，一定要慎重。蒋介石不抗日，有些人不认识，抓他起来，会出现全国大分裂。人民一时不了解我们，会使我们孤立。更大规模的内战给日本进一步侵略的机会。”叶随后立即电告中央请示，中共中央复电，令叶转告张学良，对此事要慎重。张学良表示同意。见张魁堂：《张学良传》，第191—192页。

[3] 《毛泽东、周恩来致张学良电》（1936年11月30日）。

日离开保安，最早也要到12月15日才能抵达西安。[1] 很明显，毛泽东所说的“新步骤”不仅与张学良后来的政变计划无关，并且在时间上也并不十分迫切。

张学良究竟打算如何“变动”时局，打算何时“变动”时局，这在今天仍然是一个颇难判断的问题。张学良是不是从一开始就打算采取“捉蒋”的政变形式呢？从上述所说的情况来看，并不能得出这样的结论。因为要想“捉蒋”，最主要的条件必须是蒋介石要再度亲临西安。而在当时的情况下，蒋介石刚来西安不久，除非蒋本人认为有此必要，否则没有人能够让其一个月之后再到西安来，即使张学良也未必有此把握。

有人相信，“张、杨早蓄劫持的阴谋”，蒋介石因此是被张有意骗来西安的。台北李云汉先生即明确肯定：“张学良于十二月二日前往洛阳晋谒蒋委员长，声称西安将有变乱，情势已迫不及待，请求蒋公亲临抚慰”，蒋对此深信不疑，因而再赴西安。大陆张魁堂先生也持如此观点。他曾绘声绘色地描写道：当时谈话中蒋介石听了张学良的批评，勃然色变，厉声说：“你的责任就是剿共，不许到绥远抗战，若要不然，就把你换掉。”张学良回答说：“东北军的士气，打日本可以，打内战难；除非蒋委员长去训训话，安慰和鼓励他们。”蒋介石听后即对张学良说：“我可以去临潼每天请一桌客，借此机会轮流和东北军将领谈话”，他自信，“如剀切诰谕，亦必能统一军心”。[2]

姑且不论张学良如此做是否确有把握，仅以11月30日张尚无立即发动事变的计划，还打算再等一段时间寻找适当机会的想法而论，说张学良两天之后就立改初衷，迫不及待地要立即诱蒋而擒之，也不大合情理。事实上，根据刘鼎这时的报告，张之再赴洛阳面蒋，固然包含着有向蒋介石摊牌和要挟，以迫使蒋接受其将东北军调去绥远的意图，但其目的仍是为了当面陈述其11月27日请求援绥的理由和劝蒋释放救国会“七君子”，并无请蒋

[1] 《毛泽东、周恩来致张学良电》(1936年12月10日)。

[2] 见李云汉：《西安事变始末之研究》，台北：近代中国出版社1982年版，第26页；张魁堂：《张学良传》，第94页。

来陕之意。而且，李云汉及张魁堂先生这里也均没有举出任何有说服力的史料，来证明他们的说法是可靠的。从李云汉所举出的两则史料来看，还恰恰都只能证明：再赴西安的决定是蒋介石根据自己对情势的估计作出的，并非张学良的“请求”。李云汉先生的举证如下：

其一，为蒋介石12月2日见张学良后当日的日记，内称：

东北军之兵心，为察绥战事而动摇，则剿赤之举，或将功亏一篑，此实为国家安危最后之关键，故余不可不进驻西安，以资镇慑，而挽危局，盖余个人之生死，早置诸度外矣。[1]

其二，为蒋介石在事变后所写之《西安半月记》中一段话，其中说：

中正于二次入陕之先，即已察知东北军剿匪部队思想庞杂，言动歧异，且有勾结匪部、自由退却等种种复杂离奇之报告，甚至谓将有非常之密谋与变乱者。中正以国家统一，始基已具，念东北军痛心国难，处境特殊，悲愤所激，容不免有越轨之言论，如剀切诰谕，亦必能统一军心，使知国家利害之所在。同是黄炎胄裔，患在不明国策，岂甘倒行逆施？中正身为统帅，教导有责，此身属于党国，安危更不容计。爰于十二月四日由洛入关，约集秦、陇剿匪诸将领，按日接见，咨询情况，指授机宜，告以剿匪已达最后五分钟成功之阶段，勖以坚定勇往迅赴事机之必要；又会集研究追剿方略，亲加阐示，虚心体察，实觉诸将领皆公忠体国，深明大义，绝不虑有其他。[2]

上述文字一出自秦孝仪编《总统蒋公大事长编初稿》，一出自蒋事变后

[1] 秦孝仪主编：《总统蒋公大事长编初稿》，转见李云汉：《西安事变始末之研究》，第42页。
[2] 蒋介石：《西安半月记》（引言），转见李云汉：《西安事变始末之研究》，第41页。

出于宣传目的指示陈布雷编撰的文字，两段文字均可轻易用为蒋介石当时言行及思考之证据。[1]

但即使从上述两段文字出发，我们也读不出李云汉先生解释的意义来。细读两段文字，可以看出来的只是，蒋张二人于11月2日的谈话仍不出张学良11月27日电报的内容，张本意仍在用东北军将士已愤懑不已，必欲援绥，否则难以驾驭，易生变乱为由，劝说蒋同意调东北军离开“剿共”前线，前往绥远参加抗战。前一则文字中并无请蒋赴陕之意，只有蒋介石自己坚持不允张学良所请，并因担心“剿赤之举，或将功亏一篑”，相信“不可不进驻西安，以资镇慑”之意。后一则文字至多也只能反映出蒋不仅相信“剀切诰谕,亦必能统一军心”,而且要借机召集“会剿”将领会议,“亲加阐示”“追剿”方略，力争实现“最后五分钟成功”，雄心勃勃地准备只用“二星期（至多一月内）”时间成就其八年“剿共”之全功，也证明不了张学良有过请蒋赴陕之意。何况，上述文字，或写于事变之前夕，或写于事变之将过，如果张学良确是事先有意劝诱蒋介石赴陕，致使蒋介石上当受骗，蒋事过之后又如何会不将其据实写出，说明张确早有阴谋，为何反要为张学良隐瞒开脱？

张学良12月2日赴洛阳并无诱蒋来西安意图的情况，也可以从其他的一些史实中看出来。

12月1日，张学良得到毛泽东11月30日电，得知叶剑英将再来西安商量两军行动“新步骤”。尽管他明知叶计划在一周之后才从保安动身，到达西安很可能要到12月中旬之后，但他显然并不介意，仅复电表示“雨苍（即叶剑英——引者）兄来甚欢迎”而已。从后来临近发动事变前夕张学良

[1] 以李云汉所引文字为例，查台北“国史馆”藏蒋中正档案之《困勉记》12月2日条，文字上就有极大出处。其文为：“此月内察北匪伪未退，倭寇交涉将裂，陕甘边区残匪将渡河西窜，而东北军军心又为察绥战事而动摇，剿匪之功，其将亏于一篑乎？此为国家安危之最后关头，余不能不进驻西安，镇慑严督，或以为危，余于生死早置度外矣。”再查蒋日记手稿，文字又有不同，其文为：“此月内察北匪伪未退，倭寇交涉将裂，陕甘边区残赤将渡河西窜而未窜之时，东北军又为察绥战事动摇，我将功亏一篑。此实为国家安危最后之关键，故不可不进驻西安镇慑，生死早置度外矣。”

急电要叶剑英火速前来商量政变行动的情况来看，可知，如果他这时已有诱蒋来陕发动事变的具体打算，他决不会对叶的行期毫不介意。

12月2日，即张临回西安前，曾电嘱刘鼎电告中共中央自己赴洛意图，同时详告刘鼎蒋介石关于“围剿”部队行动之新的部署情况，说明胡宗南部将沿左翼向定边、盐池推进，曾万钟军接替豫旺堡、甜水堡防务，王以哲军进豫旺堡、甜水井、白台子一线，关麟征师集结靖远、打拉池，中卫以下河防交十五路军负责，新一军驻防兰州至靖远一线，五十一军守兰州并协助新一军河防，青海马家军向西压迫红军过河部队，12月10日各部应部署完毕。张学良提请中共方面“立即准备作战，并马上部署定、盐城防及大水坑、萌城至定、盐之地形侦察”[1]。此电亦说明，张学良这时仍估计12月中旬以后包括东北军在内的国民党军队对红军的围攻还不会停止下来。换言之，张此时尚不存在立即对蒋采取行动，使进攻迅速停止下来的明确打算。

由此，不难判断，蒋介石12月4日亲赴西安、镇慑督战的决定，是出乎张学良的意料之外的。张早就曾怀疑蒋介石“对他开始了恶意的布置”，始终在“提防大老板下他的毒手”。如今，在他公开表明了只想抗日、不愿“剿共”的政治歧见之后，蒋突然决定亲赴西安督战，这又岂能不使他对蒋介石的真实意图感到严重担心？换言之，多半正是蒋介石的赴陕决定把张学良一下子逼到了悬崖边上。

---

[1] 《刘鼎致毛泽东电》（1936年12月2日）。

二、破釜沉舟

1936年12月4日晚，蒋介石一行乘火车由洛阳抵达临潼。次日上午，在张学良等人陪同下入住华清池。紧接着，被蒋介石电召到西安来的还有军政部次长陈诚、豫鄂皖边区主任卫立煌、福州绥靖公署主任蒋鼎文、兰州绥靖公署主任朱绍良、豫皖边区绥靖公署主任陈继承、军事参议院议长陈调元、二十五军军长万耀煌等重要军事将领。而陇海路上更是战车滚滚，蒋鼎文、樊崧甫、万耀煌、裴会昌等各部十几个师这时均受命西进。

可以肯定，蒋介石此次来陕，确实包含着可能对张不利的一面。本来，蒋早就听说"张汉卿与共妥协"之消息，南京军委会也早就做过准备，"拟调该军（东北军）到潼关以东，俾与共隔，得便 ××× （解决之）"，但因蒋颇为自信，只把东北军暗通中共看成是某些下属的问题，并不十分相信张有背叛嫌疑，此一计划并未得其正式批准。而此次蒋之敢于冒险前往西安，仍旧是基于对张学良之信任，相信"东北军通共已为不可掩事实，在张汉卿指挥下尚不至为国家害"。甚至直至西安事变爆发之前两天，蒋还是认为，张的问题仅仅在于，其为人"小事精明，而心志不定"，并无其他。[1] 尽管为

[1] 《徐永昌日记》第3册，第478页；《蒋介石日记手稿》（1936年12月10日）。

防万一，在来西安之际，蒋介石做好了万不得已时替换东北军和十七路军的必要准备，但临阵换将仍为兵家大忌，故直至事变爆发为止，蒋介石始终没有下定决心。其在12月5日即曾与朱绍良商量："派蒋鼎文为西北前敌总司令，卫立煌为东路总司令。"[1] 因蒋判断"赤匪在陕北穷蹙，决不能再踞一月"，故很快即拟定好"进剿"步骤，且"自觉甚稳妥，不患残匪之不灭"。[2]

唯独对东北军是留在甘北，还是移防陕北，抑或调去河南，蒋仍在犹豫中。8日，蒋介石又暗中计划"调卫立煌为晋陕绥宁四省边区剿匪总司令，俾剿赤工作得负专责"，"命蒋铭三（鼎文）为西北剿匪前敌总司令，暂驻平凉"。[3] 但他还是没有做最后决定。9日，他亲笔写信给邵力子，意在密嘱他将下述"消息"交《大公报》驻陕记者发表，即：

> 蒋鼎文、卫立煌先生皆到西安。闻蒋委员长已派蒋鼎文为西北剿匪军前敌总司令，卫立煌为晋陕绥宁四省边区总指挥。陈诚亦来谒蒋，闻蒋令以军政部次长名义指挥绥东中央各部队。[4]

蒋介石刻意外泄而不发布这一西北人事变动的"消息"，其目的无非有二：一是想非正式地给张学良以警告，逼其就范；二是在张学良仍不能痛下决心全力"剿共"的情况下，将不得不取消张"剿共"的指挥权，并将东北军调开。而其基本意图，还是想尽可能迫使张学良和东北军服从命令。因为，在东北军人心躁动不安的情况下，断然调其离开甘肃，不仅危险，而且势必造成"剿共"军事的停顿，使西北"剿共"计划的完成受到严重

[1] 《蒋介石日记手稿》（1936年12月5日）。

[2] 《蒋介石日记手稿》（1936年12月4、6日）。

[3] 《蒋介石致太原阎副委员长电》（1936年12月8日），台北"国史馆"藏蒋中正档案，特交档案251410。

[4] 西安华清池五间厅展出之蒋介石给邵力子的亲笔函手迹。另据蒋介石日记，当日也有类似内容，文称：与朱绍良商"进剿"方案，"派蒋鼎文为西北前敌总司令，卫立煌为东路总司令"。《蒋介石日记手稿》（1936年12月5日）。

影响。这也就是为什么，蒋在信中明确要求此信只送非官方的《大公报》，不送中央社及《中央日报》。而且，直到西安事变爆发，即此一“手谕”写好三天，蒋仍犹豫未决，还未送出。

不过，无论蒋介石准备如何处置，有一点可以肯定，蒋及南京方面已经在考虑要将东北军调离西北的消息早已不是什么秘密了。张学良等对此或者早有风闻，或者还有更严重的估计。[1]

从好的方面估计，假定蒋只是把东北军调走了事，那么，西北“剿共”计划有可能顺利进行，红军或严重受损，或照原计划转入内地，东北军至少不会马上与红军拼个你死我活，遭到惨重损失。可是，如果南京的军队真的重挫了红军，东北军和其他地方军队的日子更不好过，蒋介石势必会把重心转向地方势力，以成就其“安内统一”之目的。那时，东北军纵使忍无可忍，再想联俄联共，就毫无条件了。如果红军没有被歼，而是顺利转移，内战就会牵延不决，蒋仍会以共产党为头号敌人，其“安内攘外”的政策照样会延续下去。红军的日子不好过，张学良的日子也好过不了。很明显，陕甘到底离绥远、察哈尔抗日前线还近些，如果被调至远离抗日前线的地方，部下及同乡的批评与反弹必定会更加激烈，稳定军心、统驭部队势将更加困难。

从坏的方面估计，假定蒋不把东北军调走，而是亲自指挥督阵，逼迫东北军参加“会剿”，情况将很快激出事变来。一来，张学良及诸多已经同红军有着秘密妥协、保持着友好关系的东北军各部将领因无法对红军作战，不得不继续“通共”，肯定会被蒋识破，届时难免要遭其“毒手”。二来，纵使秘密保护得好，一时不被识破，为确保东北军不受蒋之“毒手”，在军事上就要尽力敷衍，结果注定会因红军退无可退而使双方兵戎相见，东北

[1] 据李金洲回忆，当时东北军中已盛传蒋要将东北军“调往安徽及苏北整理训练”。李金洲：《西安事变亲历记》，第 25 页。另据王化一回忆，12 月 1 日何成浚 11 月初去洛阳为蒋祝寿时，即得知蒋有调东北军出陕意图，他转而告诉了王化一，王 12 月初将此事通知了张学良。参见王化一：《我在西安事变前的一些经历》，全国政协文史资料研委会编：《西安事变资料选编》第 2 集，内部发行，第 53 页。

军势必会成为红军首要的打击对象，届时他张学良和东北军会失去中共信任，进而完全丧失争取苏联信任和支持的可能性不说，蒋介石和南京军队还会坐收渔翁之利，顺利实现消灭红军和取消东北军的目的。

显而易见，请神容易送神难。若蒋介石不来，张学良的日子反倒还好过一些，总还可以照他原来所想的再等上一两个月，看准时机再说。现在，蒋介石来了，而且并无很快离开西安的样子，不仅集中军政要员部署大举“剿共”方案，还要亲自指挥督阵，必欲一举竟其“剿共”全功之势。因蒋之到来，南京方面军、警、特、情各系统也蜂拥而至，这尤其让张学良高度紧张。因为他最担心东北军、十七路军与中共红军的秘密关系会因此迅速曝光。张学良一连几天对蒋“出必相随”，几乎寸步不离，与其说是为蒋的安全担心，“实恐他人生变”，不如说是越来越害怕秘密外泄，或被宵小之辈乘机告密。张学良后来忆及他当时被迫发动事变的原因时也曾提到这一点，他说：所以非发动事变不可，一个重要原因就是因为蒋来西安后几度单独召见东北军和十七路军的高级将领，“皆无良同杨虎城列席，致良同杨虎城发生疑惧”。[1]

走也走不得，打也打不得，张学良已再无他法可想了。他这时只有两条路可走，一是使尽浑身解数劝蒋和共，一是破釜沉舟，发动政变。但第一条路显然走不通。

据张学良回忆，事变之前，张学良曾两次与蒋在华清池正式谈话，甚至不惜对蒋哭谏，劝其务必和共抗日，双方情绪都十分激动。

关于这两次诤谏的经过，即张学良在蒋赴西安后至西安事变爆发前一周内向蒋劝谏的次数与时间，目前有各种不同的说法。比较常见的为两次，如由西安事变史领导小组组织编写的《西安事变简史》一书即提到两次，并肯定一次是12月7日，一次是12月9日。周毅等主编的《东北军史》也提到了两次，但说明第二次是12月10日，认为9日当天张并未去临潼谏蒋。傅虹霖著《张学良的政治生涯》一书则提到了四次，即：7日，双方谈

[1] 张学良：《西安事变忏悔录》。

长达三小时；9 日，试图再谏，因蒋脾气太坏，未深入；10 日，再次劝蒋，被臭骂一顿；11 日晚，再劝，甚至声泪俱下，被拒绝。米暂沉著《杨虎城将军传》只提到一次，但肯定张学良最后一次劝蒋是 12 月 10 日。另外，王菊人回忆也只是一次，时间在 8 日。不过，据张学良自己一再强调：自 12 月以来，他曾几次用书信或当面“诤谏”，而自蒋至西安后，正式与蒋谈话仅两次，可知张并非时时“诤谏”，特别是因为张始终感觉“蒋委员长气太盛，我的嘴太笨”，因此他们的这种正式谈话不可能很频繁。且张事变后不久即肯定地说明，他同蒋介石在临潼华清池两次谈话中“尤以十二月九日夜为甚”。自此次谈话后，他和杨虎城及其西北诸将领均不再对劝蒋抱以幻想，是以知道 9 日之后张已再无谏蒋之心，而是一心准备发动事变了。故此后虽不免仍有相关谈话，但张已不认为是正式的“诤谏”了。故尽管蒋介石日记主要只记述了与张学良 12 月 10 日下午的谈话，并提到此次谈话后“心甚悲愤”，但考虑到蒋之日记多有补记，且 10 日补记内容中首条就是“对汉卿说话不可太重”，似是针对前一日与张学良谈话后的反省之语，故不能仅凭蒋日记记述 10 日下午与张谈话，就断定张学良所说之引发激烈争执的谈话不是在 9 日夜，而是在 10 日下午。[1]

所以说双方第二次争执不是发生在 10 日下午，而是发生在 9 日夜里，还因为当天的争吵是有具体的缘由的。

这一天，正是 1935 年“一二 · 九”学生救亡运动发生一周年。西安学生借纪念北平学生“一二 · 九”运动一周年，举行示威游行，向省政府和住在临潼的蒋介石请愿，要求实行抗日，竟遭警察开枪阻拦，伤学生一名。张学良得知后，急赴西安至临潼路上拦截劝阻。面对群情激昂的学生，想到远远近近的种种苦恼和愤懑，他可谓百感交集，当场主动发表演讲，明确表示：“他决不做走狗或汉奸，誓死收复东北。”结果，“张与学生等声泪俱下，轰动一时”，学生大受感动，退回西安，没有引起更大的流血事件。

---

[1] 《蒋介石日记手稿》（1936 年 12 月 10 日）。

借着当时的气氛，张学良当晚再赴临潼面蒋，痛切陈词。不想蒋介石却把他骂了一顿，说应该用机关枪打，使张感情上异常冲动，与蒋发生少有的言语冲撞。几天后，张学良曾三次公开陈述当时的情况和他强烈的感受。他说：

> 学生走向临潼后，我不顾一切挺身而出，幸而把学生劝回来，而蒋委员长却怪我没有武力弹压，而且竟公开明说是他叫警察开枪，假如学生再向前进，他便下令用机关枪打！我们的机关枪是打中国人的吗？我们的机关枪是打学生的吗？蒋委员长有了以上……表示，杨主任，其他西北将领和我本人，就都断定了他的主张是绝不能轻易改变了。[1]

很明显，如果仅仅从张学良自己的上述说明看，或者可以认为他是在12月9日夜以后才下最后的决心要发动事变的。但确切地说，事情恐怕并非如此。

张学良最初是在什么时候开始决定要发动事变“捉蒋”的呢？关于这个问题，目前有各种不同的说法。如前所述，张学良事实上始终没有确定事变的形式和时间。张最终不得不选择劫持蒋介石，即用“捉蒋”方式，是在12月4日蒋介石到了西安之后的几天时间里。问题是在哪一天？有人认为12月7日下午张学良第一次劝蒋失败后，一回西安就决心“捉蒋”，8

[1] 张学良：《对总部全体职员的训词》（1936年12月13日）。又一次见张学良《在西安广播电台的广播词》（1936年12月14日），内称：“十二月九日，西安学生游行，完全出于自动、爱国的精神，并无扰乱秩序的地方，蒋委员长竟主以武力弹压，并申斥必须以机关枪扫射，才能停止这些青年爱国。”另一次见张学良《在西安市民大会上的讲演词》（1936年12月16日），称：“因为‘一二·九’西安学生运动，我同蒋委员长在言语上发生了很大的冲突。我认为学生请愿的动机，绝对是纯洁的，处置的办法，只有和平劝导，和使学生也可以说使一般民众满意的事实来答复。而他却说：‘对于那些青年，除了用枪打，是没有办法的。’”

日即与杨虎城“初步确定兵谏计划”。[1]有人认为12月10日下午张、杨“研究了捉蒋方案，做出了最后的决定”[2]。有人认为12月11日晚张、杨才秘密会谈，决定对蒋实行兵谏的。[3]但从7日下午张学良急电邀请叶剑英火速前来西安相商大计的一封电报可以看出，在7日张学良劝蒋前后，他就已经开始考虑对蒋有所行动了。电报称：

> 蒋来仍督剿匪，有要事待商，盼兄即日来此。[4]

自毛泽东11月30日电说明叶剑英一周后可来西安后，已知张学良当时对叶之到来在时间上并不着急。这说明，至少在12月1日当天，张学良复电中共中央时，他还没准备立即发动兵变的计划。

12月5日，叶剑英又有电报给张学良，说明他将陪同前去西安转往新疆赴苏联就医的王稼祥于8日从保安动身，13日左右到达西安。张这一天，甚至后一天，都没有马上复电要叶来商量大计，这反映出他至少在5日和6日这两天还没有下如此重大的行动决心。而张学良7日的这封电报表明，他这一天突然变得迫不及待了，急于要叶剑英立即赶来西安，以便相商“要事”。此“要事”者何，今天的人应一望便知。可惜的是，中共中央当时没有意识到其中奥妙，以致叶剑英出发的日期反又因为一些并不十分要紧的事情后延了两天，直到10日才离开保安。故毛泽东10日才复电张学良说，叶剑英一行要15日才能到西安。

但无论如何，上述情况足以说明，第一，张学良最初开始考虑想在几

---

[1] 见《西安事变简史》，北京：中国文史出版社1986年版，第36页；张魁堂：《张学良传》，第197页。另米暂沉的《杨虎城将军传》也认为“他们初定发动兵谏当在八日左右”。见米暂沉：《杨虎城将军传》，北京：中国文史出版社1986年版，第118页。

[2] 周毅等主编：《东北军史》，第394页；李云汉：《西安事变始末之研究》，第45—46页。李云汉书认为：“就史料显示的事实判断，张学良可能系在十二月九日夜晚或十日上午，与杨虎城密商后，始做‘决行强谏劫持之谋’的最后决定。”

[3] 见傅虹霖：《张学良的政治生涯》，沈阳：辽宁大学出版社1988年版，第187—188页。

[4] 《张学良致叶剑英电》(1936年12月7日)。

天之内发动事变，即采取劫持蒋介石的这种“捉蒋”方式来行动，应该是在12月7日。第二，张学良刚一动此念头，就迅速秘密通知了中共方面，要求中共中央速派代表前来相商。[1]只是因为张决心下得较晚，保安至西安一般需时近五天，加上中共中央没有从电文中判断出张学良急于要叶前去的原因，张学良预先与中共代表相商行动计划的想法才未能实现。

那么，为什么张学良不在电报中说得更明白一些，甚至将大致的行动计划通知中共中央，以便直接与中共方面具体相商呢？这显然是因为，这一行动过于重大，稍有不慎就会造成严重后果，何况张当时还只是有初步想法，故必须非常谨慎。且中共中央此时与张学良的电报联络，固然十分安全，密码被破译的可能性极小，但因张之电台才建不久，使用的波长、呼号均与前王以哲在六十七军军部与中共中央联络的电台一致，很容易为王台截收，故张也绝不能用他的电台向中共中央通报此一重大行动设想，即使是上述语意含混的短电，虽然精心措辞，也还是有相当风险的。

那么，为什么张学良不将此一行动的设想通知刘鼎，与之相商，而非要舍近求远地等叶剑英来讨论呢？这是因为，王明等人此前已两度致电中共中央，表示对刘鼎出狱原因及被捕后的表现提出怀疑，坚持不应让刘鼎在张学良身边工作。中共中央虽然通过与刘鼎的交谈特别是对刘鼎在张学良处工作的长时间考察，不是很相信王明等所说的情况，但终究不能不有所顾忌。中共中央派叶剑英来张学良处做中共中央的正式代表，很大程度上也正是出于这种考虑。因此，随着叶剑英就任中共中央代表，并确定刘鼎此后只负联络之责，张学良一切重大问题自然只能同叶剑英进行商讨，而不再与刘鼎相商。因此，尽管张学良7日有发动事变之想，并急于要与中共代表取得联络，他却并没有告知就在身边的刘鼎。不仅如此，就是在事变方案已经确定，东北军和十七路军已经暗中部署准备之时，张学良也一

[1] 一般史书均认为，张学良发动事变之初并未通知中共方面，张自己也回忆说此一发动“对于共党方面并未征询商议”。《西安事变简史》一书也只是认为，张学良直到采取行动的12日凌晨才通知了刘鼎，要其转知中共中央。《西安事变简史》，第41页；张魁堂：《张学良传》，第102页。

次都没有找过刘鼎。刘这几天里有四五封电报给中共中央，全都是间接得到的一般情报。对于西安城里紧锣密鼓地秘密酝酿着的军事政变活动，刘鼎也毫无察觉。[1]

中共中央固然没有得到张学良的有关通报，但是否可以认为中共方面曾或多或少地对张学良最后的决定起过某些作用呢？显然，张魁堂先生是倾向于认为中共中央的电报曾经对张学良决定12月12日发动事变起过某些促进作用的。他明确讲，张、杨决定在12月12日采取行动主要是基于两个原因：一个是张、杨已得知蒋介石将要在12日颁布全面“剿共”命令，一个是中共中央于10日电告张学良国共谈判“有了波折”，难以继续。[2] 换言之，如果此时中共中央通知张学良两党谈判已经找到重要的突破口，正在取得积极进展，“剿共”战争有希望迅速停止，张学良有可能放弃至少是推迟发动事变的计划。此说或不无道理。

张魁堂先生提到的这封电报的内容是人们所熟知的。其关键在于以下这段话：

> 陈立夫第三次找汉年，谈红军留三万，服从南京，要我方让步，我们复称根本不同意蒋氏对外妥协对内苛求之政策，更根本拒绝其侮辱红军之态度。红军仅可在抗日救亡之前提下，承认改换抗日番号，

[1] 已知在12月4日蒋到西安后至12月12日一周时间里刘鼎发给中共中央的电报有四封。两封是8日的，一为蒋介石召集各军师长谈话的简要内容，说明东北军各军师长一致要求先抗日，回老家，有人主张联俄联红共同抗日，蒋坚持不消灭红军绝不可联俄联共云云；一为蒋调动部队来陕的情况。另两封是11日的，一为西安学生“一二·九”游行，被张学良拦阻的情况；一为有关联络人员进出苏区的问题，以及蒋加调部队来陕，张学良之西北“剿总”颇感紧张的情况。只是在这封电报中，即11日中午，刘鼎才第一次感到西安东北军上层的气氛有些不正常，照他在电报中的说法，是有些“恐怖”的味道。

[2] 张书原文表述不确。其原文称：10日，“中共中央向张学良通报国共谈判的情况，即蒋介石已将双方停战抗日的谈判改为收编红军的谈判，谈判有了波折”。作者显然不了解两党此前谈判的一般过程与变化情况。中共中央10日通报的只是陈立夫第三次找潘汉年谈判的情况，前两次陈立夫与潘汉年谈判时，确可说蒋已将两党合作谈判改为收编红军的谈判，但第三次谈判则恰恰相反，蒋事实上已经再度同意了过去早期两党接触与谈判中的红军改编方案，所谈已不是收编红军的问题，双方的分歧只是红军的人数问题。张魁堂：《张学良传》，第199页。

划定抗日防地，服从抗日指挥，不能减少一兵一卒，并须扩充之。彼方如有诚意，须立即停战并退出苏区以外，静待谈判结果。[1]

中共中央对与南京谈判的态度之强硬，显而易见。事实上，蒋介石在中央军意外遭遇山城堡作战失利后，已经从原来坚持要收编红军的态度，转变成同意红军照广西军队那样进行改编，在条件上做了相当的让步。但由于他仍然坚持要削减红军的人数，中共中央对此难以接受，坚持红军可以改编，唯反对蒋利用红军目前困难处境，压迫红军削减人数。特别是转告张学良的这封电报，更是态度强硬，明确表示："我们愿以战争求和平，绝对不作无原则让步。"可以想见，张学良从这样一封电报中当能看出战争一时半会儿停不下来。它确实可能会坚定张学良发动事变的决心。

鉴于绝大多数著作和回忆录都肯定，张学良是在12月10日之后（有些著作说是11日）正式决定于12日发动事变的，故不管这是否属实，我们仍可把中共中央10日来电看成是坚定其发动决心的一种因素。问题在于，张学良为什么要选择12月12日这一天来发动事变？

有那么一种说法声称，这是因为"蒋介石准备十二日离开西安"，他为此已经在11日晚举行了一个"告别宴会"，故当宴会之后，张学良便急急忙忙地赶到杨虎城将军的司令部去，于午夜时分召集了所有军级将领，决定了发动事变的时间和具体步骤，然后迅速调集部队开始行动。[2]

很难使人相信这种说法是准确的。因为就连蒋介石自己也否认其11日晚的宴会是一次"告别宴会"。他明确说：当晚的宴会是他为"商议进剿计划"而安排的一次"行辕会餐"。况且，说蒋介石第二天要走也不可信。蒋

[1] 《毛、周致李宜电》（1936年12月10日），见中央档案馆编：《中国共产党关于西安事变档案史料选编》，北京：中国档案出版社1997年版，第174页。

[2] 傅虹霖：《张学良的政治生涯》，第187—188页。郭增恺也在其回忆录中有过因为蒋介石的专列12月11日午间升火，以致张、杨"以为蒋准备翌日便离开西安，因此便急不暇择的干起来"的说法。见《西安事变三忆》，第40页。

介石来陕前已明确认为，这次“剿共”行动一旦部署就绪，“预计将于二星期（至多一月内）可竟全功”。此时，新的“围剿”计划尚未安排，张、杨两部的问题亦未解决，加上张学良态度未稍转变，蒋必不能将指挥此次“剿共”军事之责托付于张，或者须另择他人指挥，或者干脆自己亲自指挥督战，这一切均未最后部署停当，蒋介石又如何会突然间一走了之呢？[1]

还有一种说法虽然否认蒋介石第二天要走，但认为张学良决定12日凌晨发动事变的时间是在11日午夜前后。原因是蒋介石11日晚宴时与张学良等商定，第二天发布第六次“围剿”红军的命令。故张、杨当晚急急忙忙在再度出席西安宴会后决定了次日凌晨采取军事行动的计划，并分头部署。[2]

同上面的说法一样，此说也仍有让人生疑之处。试想，11日晚张学良等赴临潼参加蒋之会餐，除了吃饭以外，还要“商议进剿计划”，当时西安至临潼乘车即要半小时以上，再加上商议的时间和吃饭的时间，即使蒋介石的晚宴于傍晚6时以前开始，张学良等回到城里至少也要到晚上八九点钟了（孙铭九回忆张回到城里的时间是“晚八时许”，多少接近）。而这时城里，以张学良和杨虎城两人的名义也举行了一个较大规模的宴会，宴请来陕各军政大员。因此张学良等参加蒋会餐的将领，赶回城后还要参加城里的那个宴会。如此下来，等到张学良要与杨虎城商量兵变事，亦必至午夜时分（邵力子回忆他参加张学良的宴会，“十二时许才回省政府后楼就寝”，当属可信）。此后距事变之发动至多不过三四个小时，又要与杨商量，又要召集重要将领开会说明，又要向下级军官布置行动步骤，又要调动军队由城里前往临潼……一个环节出现问题就将使当晚的行动落空。因此，说张

[1] 何况蒋9日写好给邵力子关于散布调张、杨离陕，委陈诚、蒋鼎文以西北“剿匪”重任的密函此时还尚未发出，待发出后也还要假以时日看张学良之反应如何才能最后决定对张之态度，蒋如何会第二天就离开呢？参见蒋介石：《西安半月记》，远方编：《张学良在一九三六》（附录一），北京：光明日报出版社1991年版。

[2] 邵力子：《西安事变追忆》，远方编：《张学良在一九三六》，第90页；张魁堂：《张学良传》，第199页。另外《西安事变简史》也支持这种说法，称“十一日，蒋介石召集中央军将领和张学良、杨虎城、于学忠等商议军事计划……并定在十二日发布第六次‘围剿’红军的命令”。11日晚宴后，张、杨决定12日凌晨动手。《西安事变简史》，第40页。

学良事到临头才匆忙间决定发动的时间，毫无疑问是难以让人接受的。

事实上，比较合乎逻辑的说法是10日晚说或11日白天说。据张、杨两部当时比较了解内情的孙铭九、刘多荃、王菊人、宋文梅等人回忆，均可为此提供一些佐证。如张学良当时的卫队营营长孙铭九回忆称：11日上午张学良告诉他说，已与杨虎城商妥次日行动。张之一〇五师师长刘多荃也明确讲，张学良是在10日晚召集东北军高级将领和主要行动负责人，具体部署行动计划的。杨虎城机要秘书王菊人的回忆更具体一些，他说："十二月十日晚，张、杨对于扣蒋的意见，已完全一致，并已决定于十二日拂晓立即行动。"到11日上午，张、杨二人又在张学良官邸商量两次，至下午确定了共同行动的具体部署。[1] 由于此一行动十分重大，且须东北军和十七路军两部密切配合，不能稍有差池，故绝非一时兴起、几小时内可以完成一切商量、筹划、部署、动员及行动过程的。因此，说张、杨10日确定了行动日期，之后至11日白天曾几度秘密具体商议完成行动部署，似较合理。

关于这一点，其实还可以证之于11日晚发生的两件事。一件即是11日晚张学良、杨虎城邀请来陕中央各军政要员赴宴之举。考虑到第二天凌晨即将发动事变，如果以为头天晚上张、杨举行这样的宴会纯粹只是一种巧合，怕是难以想象的。兵不厌诈，这是兵家常用之计。在临发动事变几个小时之前通过这种方式麻痹对方，同多数兵家刻意把突然袭击的日期选在节假日里，其实多半都是出于相同的考虑。另一件是张学良当晚在应蒋意外之召赴临潼面蒋时态度之尴尬与紧张。张、杨有意在西安城内安排了11日晚的宴会之后，突然得到蒋介石之邀请，这不免使张、杨感到格外紧张。杨虎城、于学忠两人之所以都借口西安的宴会不去临潼参加具有"商议进剿计划"这样重要内容的"行辕会餐"，多半也是以防万一的一种准备。尽管如此，张学良还是有些不安，其紧张之态甚至连蒋介石都有所觉察，感觉

[1] 见孙铭九：《临潼扣蒋》；刘多荃：《扣蒋前夕》；王菊人：《记西安事变前后的几件事》，远方编：《张学良在一九三六》，第193、166、81、71页。

张“形色匆忙，精神慌[恍]惚”，“今日形态奇异可虑”。[1] 不难判断，如果照11日夜蒋之宴会后张才赶回西安与杨商定次日晨发动事变的说法，张此时当如此前一样神情自若，不致给人以紧张之感。比较合理的解释是，由于张学良十余小时之后就要发动事变，蒋介石这时竟意外召见，其言行举止难免有些不自然，故给人以“形色匆忙，精神恍惚”的印象。

无论如何，在12月9日晚为学生游行问题发生争论之后，张学良已经开始了发动事变的紧张布置。11日晚虽因蒋介石突然召见令人有些神经过敏，毕竟是有惊无险，一切进展顺利。[2] 11日午夜过后，张学良、杨虎城已分别做了动员，并指挥东北军和十七路军有关各部，开始依照预定计划分别开赴指定位置，准备对临潼和西安市内各处规定目标发动袭击。根据目前已经被普遍接受的说法，张学良与杨虎城事先规定的统一行动时间是12月12日凌晨6点，而部队实际的行动时间远比计划时间提前了两三个小时之多，大约“凌晨三时左右，东北军外线部队在灞桥以东和骊山附近进入阵地，包围了华清池。四时许，内线部队卫队第一营一连迅速解除了驻在华清池外院禹王庙一排宪兵的武装，继之与白凤翔、刘桂五和卫队第二营先头部队一同冲入二道门，与守卫内院的蒋介石的卫队约三十多人展开枪战”。战斗很快结束，但蒋介石已越墙逃出约半公里路程，经过一段时间的搜索，才将蒋从骊山半山腰的一块大石头后面找到带回西安。整个事变5点以前顺利结束。[3]

按照这种说法，东北军从进攻华清池到最后从骊山半山腰找到逃出半公里之遥的蒋介石，前后只花了不到一个小时的时间。显然，这一点和过去一般著作所说的情况有了很大的不同。过去人们几乎一致肯定，部队实

[1] 《蒋介石日记手稿》(1936年12月11日)。

[2] 王菊人的回忆记述了当天晚上杨虎城等待张学良回城时的紧张状况，可为参考。见王菊人：《记西安事变前后的几件事》。

[3] 《西安事变简史》，第42页；张魁堂：《张学良传》，第202页。张书明确说：“攻击华清池的时间比预定的要早，找到蒋介石是在五时前。”

际行动的时间在凌晨5点左右，蒋介石被找到时天已大亮。[1] 之所以如今人们几乎一致肯定部队实际行动时间大大提前，而蒋介石在凌晨5点以前已被找到，其原因就在于当天凌晨张学良致中共中央电报的公开发表。这一电报的主要内容如下：

> 吾等为中华民族及抗日前途利益计，不顾一切，今已将蒋及其重要将领陈诚、朱绍良、蒋鼎文、卫立煌等扣留，迫其释放爱国分子，改组联合政府。兄等有何高见，速复。[2]

此电之落款时间写的是“文寅”两个字，文为12日的代字，寅为凌晨3至5时的代字，给人的印象似乎是，此电发电时间在12日凌晨3至5点之间。加上电报中有“今已将蒋及其重要将领陈诚、朱绍良、蒋鼎文、卫立煌等扣留”的字样，于是，似乎可以由此得出结论：蒋介石于张学良发电时已经被俘。由于有了这样一封电报，加上几乎所有当事人都记得事变之初确被蒋逃脱而四处寻找，因此人们遂相信，部队行动时间至迟不超过凌晨4点，俘蒋时间则应在寅时结束之前。

但仅凭张学良电报中“今已将蒋……扣留”一语，是否就足以断定张学良发电时蒋已被俘呢？难道就不存在这样一种可能性，即张学良当时自觉夜半偷袭，强兵围堵，稳操胜算，加上急于告之中共其行动计划与目的，故攻击行动刚一准备停当即致电中共中央，并已认定自己的行动必然成功？很明显，这种可能性不仅存在，而且恐怕在逻辑上、情理上，都远较5点以前找到蒋介石的说法更接近于历史事实。

根据之一，人们目前依据张学良发报时间来推论蒋被俘时间，这本身就存在着一种误解。要知道，第一，张学良之“文寅”电的那个“寅”字，

---

[1] 参见申伯纯：《西安事变纪实》，北京：人民出版社1979年版，第37页；李云峰：《西安事变史实》，西安：陕西人民出版社1981年版，第266页。

[2] 《李宜致东、来兄电》（1936年12月12日），《张学良文集》第2册，第1053—1054页。

确切地说并不是 3 至 5 时的意思，而是 5 时的意思；第二，张学良选择凌晨 5 时发电，也并非是因为当时行动已经结束，而是因为凌晨 5 时是张学良和刘鼎与中共中央规定的守听和发报时间。凡多少了解一些电台联络工作的人都应当懂得，电台联络一般是不可能每小时、每分钟都在进行的，这种联络必须事先规定好双方的守听时间，双方也只是在规定的时间内进行发报和收报。而最初张学良与中共中央的通电，甚至是隔日守听的，以后才改为每日守听。但每天的守听时间这时也只有三次。根据事变前的约定，双方这时的守听时间分别是凌晨 5 时、下午 1 时和晚上 9 时。因此，凌晨 5 时发电只是按照约定的时间发报而已，并不能因此就推论张选择这一时间发报是因为事变已经开始并且取得了成功。

根据之二，蒋介石于事变当时摸黑逃上骊山约半公里之遥，又栖身于石穴草丛之中，东北军攻击部队进攻华清池已花去相当时间，又如何能够在黑灯瞎火的情况下，只花去很少的时间就在无路可寻的骊山东侧找到蒋介石？[1]

根据之三，当时亲身参加捉蒋行动的东北军军官也都清楚地记得，攻击行动结束后，天已渐明，蒋介石仍未找到。如当时最主要的两个参加者，张学良卫队一营营长王玉瓒和卫队二营营长孙铭九均回忆：“天色微明，骊山上下尽是搜山战士”；直到“天色即将全明了，可以看清地形地物了”，部队才大举搜山。更为重要的是，事后不久，蒋介石和蒋贴身侍卫蒋孝镇对此的说明。蒋孝镇事后不久即说明，当他和蒋介石逃出华清池登上骊山半山腰时，“天正黎明，晨光微熹”，而后张学良卫队搜山几次经过二人藏身之地，均未发现。蒋介石自己也有同样的说法，称他从华清池越墙出来，行约半小时，藏身骊山东隅半山腰一岩穴中，直到天已渐明尚未见有搜山

[1] 几乎所有参加攻击华清池的军官都回忆说当时遭到了激烈的抵抗，不少回忆还肯定结束战斗时已至清晨 6 时或 7 时许。参见王玉瓒《扣蒋回忆》，孙铭九《临潼扣蒋》，蒋介石《西安半月记》，远方编：《张学良在一九三六》，第 190、198、272 页。

行动，至天大亮约9时许才见东北军“四出搜索”，很快被发现押解西安。[1]

根据之四，刘鼎12日同样于凌晨5时根据张学良的要求通报中共中央，说明“西北全部武装暴动，意图俘虏卖国头子，举起抗日义旗”，但内中并无张电中关于已将蒋介石扣留的字样，且明确肯定当时只是“意图俘虏”蒋介石而已，尚未成为现实。故而在当天早晨找到蒋介石后，张学良又令在西安的王以哲以他的电台于下午1时按约定时间再度发报给中共中央，进一步转告中共中央：“蒋先生已扣留在西安，蒋鼎文、朱绍良等十余高级将领均扣留”。而后，当毛泽东等于事变当天晚上9时再度来电询问事变详情时，张学良等又有电报称：“十二日六时已将蒋介石、陈诚、朱绍良、卫立煌、蒋鼎文、邵力子、晏道刚及其他中央人员全部俘虏。”[2] 显而易见，如果张学良发报时确实已将蒋介石捉到，自不必叫王以哲再打一个内容相同的电报通知中共，也不会在当晚告诉中共说早晨6点俘虏蒋介石等。

由上可以肯定，当日凌晨5时前后张学良和刘鼎先后发报给中共中央，只是按照约定发报时间紧急向中共中央通报事变之计划与目的，此时部队行动不过刚刚开始，并未捉到蒋介石。

那么，12日东北军和十七路军分别在西安和临潼开始采取军事行动的时间究竟是几时呢？能否说，这一行动原定6时，实际提前了两三个小时，发生于当日凌晨三四点钟呢？

在这里，首先必须说明的是，第一，关于张、杨预定清晨6点为统一行动时间，而部队却毫无根据地提前行动近两三个小时，这是说不通的。对于如此重大的军事行动，张学良等曾反复叮咛并严格督促，加上此一行动数路并进，时间上要求十分严格，不论东北军或十七路军军纪松弛到何种

[1] 参见王禹廷：《细说西安事变》，台北：传记文学出版社1989年版，第296—297页；蒋介石：《西安半月记》。

[2] 根据12月13日中共中央军委发出的有关西安事变详情的通报的记述，应该是“十二日六时已将蒋介石、陈诚、朱绍良、卫立煌、蒋鼎文、邵力子、晏道刚及其他中央人员全部俘虏”。《军委主席团电》（1936年12月13日），《文献和研究》1986年第6期（关于西安事变的三十四份文电）。（《文献和研究》公布此电时记为12月12日，似不确。）

程度，没有特别重大的突发性事件，参战部队及其现场指挥人员绝不可能擅自提前行动达数小时之多。而遍查所有事变参加者的回忆，也都没有提到因突发事件致使实际行动时间较计划行动时间严重提前的情况，故完全可以推断，事实上并没有所谓预定 12 日 6 时共同行动而实际行动时间意外提前的情况存在。

那么，关于当日凌晨三四点钟部队开始行动的说法又是从哪里来的呢？查关于这一行动时间的说法，大都出自于几十年后东北军和十七路军当时事变之经历者。他们几乎都肯定，实际行动时间在 12 日凌晨四五点钟。

如事变发动时与张、杨等同在西北绥靖公署等候各路消息的西北“剿总”第四处处长卢广绩，回忆听到枪声的时间为凌晨 4 时左右。同为十七路军、当时担任西安市内行动任务的特务营营长宋文梅，回忆部队行动时间为 4 时 30 分左右。当时负责指挥西安市内十七路军行动的第十七师第五十一旅旅长赵寿山，回忆行动时间为凌晨 5 时许。当时为东北军骑六师师长白凤翔副官，随同白凤翔一同前往临潼执行捉蒋任务的常国宾，回忆向华清池进攻时为凌晨四五点。当时负责华清池外围警卫的张学良卫队一营营长王玉瓒回忆，他在凌晨 4 时许命令部下发动进攻。另外，东北军夏时回忆，现场指挥卫队二营参加扣蒋行动的一〇五师第二旅旅长唐君尧率部进攻时间为 5 时左右。[1]

其他重要当事人，如孙铭九虽回忆他是在凌晨 2 时 30 分到达攻击部队宿营地部署行动并进行动员的，但并未说明部队向华清池进攻的具体时间。时任东北军骑六师十七团团长的汪瑢虽回忆参加扣蒋行动的刘桂五对他说，部队进攻华清池的时间是凌晨约 3 时许，但因汪瑢当时不在现场，听说和记忆均不足为凭。因此，事实上，在目前可以看到的几乎所有的当事人回

[1] 王菊人：《记西安事变前后的几件事》；卢广绩：《西安事变亲历记》；赵寿山：《西安事变前后的回忆》；常国宾：《白凤翔临潼扣蒋》；王玉瓒：《扣蒋回忆》；宋文梅：《西安事变》；夏时：《唐君尧参加扣蒋的经过》，汪瑢：《刘桂五扣蒋纪实》；孙铭九：《临潼扣蒋》，等等。参见远方编：《张学良在一九三六》，第 73、100、169、176、180、189、208、170、184、195 页。

忆当中，多数人确实记忆事变发生于凌晨四五点钟左右。[1]

能不能因此就认定上述说法一定成立呢？在这里最值得注意的一点是，上述说法全部出自事变发生几十年之后，而多数研究者并没有特别重视事变发生当时的文献和事变刚刚发生后一些当事人的记述。应当肯定，这样的史料固然有限，但远比人们几十年后的回忆更具价值，也更应当加以重视。

比如，上述 12 日当晚张学良向中共中央通报的事变详情曾肯定事变发生的时间应为早 6 时。中共中央曾将这一电报的内容一字不落地转报给共产国际，并于第二天以军委主席团名义向全军通报。其内容如下：

> 十二日六时已将蒋介石、陈诚、朱绍良、卫立煌、蒋鼎文、邵力子、晏道刚及其他中央人员全部俘虏，蒋孝先、邵元冲及宪兵一团长阵亡，钱大钧受伤，马志超及城防之宪兵警察和一部分中央军全部缴枪，除蒋死卫士二十多人外，西安城内冲突小小，可谓完全胜利。已宣布政治主张及十大政纲。[2]

细读此电，可知内中固然没有具体提到行动时间问题，但从第一句中关于 6 时已将蒋介石等全部俘虏的表述中，可以得出两种解释。

一种解释是以早 6 时为结束全部战斗行动的时间，即是说，事变统一发动时间早于 6 点，至 6 点钟不仅解决了城里的所有宪兵警察，俘虏了全部中央大员，而且粉碎了华清池所有的抵抗行动，还抓住了蒋介石。但此种说法有很大疑点，至少关于早 6 时以前找到蒋介石的说法即难以令人相信。因为西安地处中国西北，12 月的早 6 时仍是漆黑一片，这与找到蒋介石时天已大亮或微明的说法明显不一致。

[1] 只有晏道刚回忆他听到枪声时是凌晨 2 时许。晏道刚：《西安事变亲历记》，远方编：《张学良在一九三六》，第 129、184、195 页。

[2] 《军委主席团电》（1936 年 12 月 13 日），《文献和研究》1986 第 6 期。

另一种解释则是早6时为事变统一行动的时间。尽管这里没有说明蒋介石一度逃走的情况，但这并不难于理解，因为完全没有必要在如此短的电报中具体解释和说明这种唯一例外的情况。电报中所要强调的其实只是一点，即事变发动一切顺利。而这是以除蒋介石外，所有行动都在部队采取统一行动的一瞬间取得成功为根据的。蒋介石虽属例外，但也只是一时漏网，并未影响整个行动的成功。故这句话也可以理解为，除蒋介石外，全部中央人员都是在早6时开始的统一行动中被俘的。

可以进一步印证这一情况的是同为当事人的蒋介石和蒋之卫士蒋尧祥事变后不久的记述。事变后蒋介石的日记被东北军抄去，后来才返还。返还后，蒋介石逐日做了补记。按照补记所述，他是在凌晨5时半听到行辕大门前有枪声的。他写道：“上午五时半，余床上运动已毕，正在起床批[披]衣，忽闻大门前枪声一发，余即命侍卫速即往查。少顷，闻第二发枪声继起，此后枪声连发不止。余乃知为东北军叛变，即带竺培基与蒋孝镇上后山。经飞虹桥到东侧后门，以门锁紧闭，未得开钥，不得出，乃即越墙而出。”[1]

根据蒋介石侍从官们的介绍和读蒋日记，可知蒋向有早起的习惯，并且一向比较守时，按部就班，通常均在凌晨6时前后开始起床并做床上运动。[2]因此，蒋12日日记虽为补记，可以相信所言听到枪响的时间不会相差很多。当然，蒋于匆忙中未必一定看过表，所记“五时半”听到枪响未必十分准确，但就其较为固定的生活习惯而言，他断不致突然间在3点多起床，床上运动后于4点钟听到枪声。其在5点半前起床，很快听到枪声，或6点左右听到东北军进攻华清池的枪声，应当都是比较可信的。

而蒋尧祥回南京后给上峰的书面报告则有这样的说明：“窃士（蒋尧祥自称）与翁自勉为十二月十二日上午六时至八时委座寝室外之卫兵。士守西

[1] 《蒋介石日记手稿》（1936年12月12日）。

[2] 据蒋介石贴身侍从副官翁元的回忆，蒋介石一向早上5点起床，且从来严格守时，按部就班做床上运动和其他盥洗动作。转见翁元：《我在蒋介石父子身边的日子》，《参考消息》（1994年2月3—4日）。

门，翁自勉守东门，官长值班者竺侍卫官（培基）。当事变发生时，系六时二十五分左右。初闻汽车开动之声，未几拍拍之枪声破空而起，士即出枪警戒，并即报告竺侍卫官及翁自勉。当奉竺侍卫官命令迅驰下面查看，急行抵贵妃池后面（即华清池柜门外），即发现张部之卫队七八名……”[1] 蒋尧祥这里所说的时间与蒋介石有所不同，前后相差近一小时，相同者均在 6 点前后。由于蒋介石黑暗中起床，加上枪声骤起，当时未必注意过时间，因此，蒋尧祥的记述理应更准确些。因蒋尧祥早 6 时上岗，绝不可能提前半小时之多。至于说蒋上岗后是否一定是过了 25 分钟才听到枪声，则未必十分准确，重要的是他早 6 时上岗后不久即听到枪声，并亲眼见到东北军士兵冲入华清池院内。

另外，我们还可以进一步从蒋介石及其贴身卫士蒋孝镇事后的说明中证实事变多半发生于当日早 6 时左右，而不是凌晨 4 点钟。因为如前所述，无论是蒋介石还是蒋孝镇均已清楚地告诉我们，他和蒋介石爬到骊山半山腰时，“天正黎明，晨光微熹”。从华清池后墙出来至蒋藏身的半山腰有多远？仅 500 米左右。12 月的西安早晨何时开始“晨光微熹”？大约在 7 时半。即使是从骊山上远望，相信也不能早于 7 时。这么短的距离，又是逃命，试想，蒋与他的卫士有可能花了两三个小时以上的时间才爬到那里吗？唯一可能的解释就是，事变发生时是早上 6 点多，蒋与其卫士翻出后墙，花了大约一个小时爬到骊山半山腰，这时“天正黎明，晨光微熹”。

关于东北军攻入华清池院的经过情形，蒋介石之侍从人员在事变后有过集体回忆。反复核对各个人的回忆后，执笔者记述华清池遭袭至蒋介石被俘之经过有如下之说明：

> 十二月十二日凌晨六时许，华清池行辕外有汽车开动声，继闻枪声两响。值班侍卫官竺培基遂命内厅西侧门之便衣卫士蒋尧祥驰往侦察。下行抵贵妃池后侧，突遇张（学良）部卫队七八名全副武装，以“预

[1] 转见中国国民党党史委员会编：《革命文献》第 94 辑，第 84—85 页。

备放”姿势喝令“站住”、“枪放下”。是时第二步哨之值班卫士张华已中弹身殉，蒋知有变，即出枪射击，正拟归报，被叛兵还击弹中左胸倒卧池旁，疾呼“兵变”。至是内厅东侧门之便衣卫士翁自勉潜趋栏外，察悉敌情，驰报竺侍卫官。是时特务人员施文彪及翁自勉等即凭栏射击。叛兵知我有备，未敢遽进。竺乃率同特务副官蒋孝镇等乘间扶掖委座出东侧门，经飞虹桥至围墙后门，越高墙深沟，行未数步，遏宪兵连长邹壁率领宪兵数人协同护卫于昏黑中登山东涉。山岭陡绝，荆棘丛生，攀近山岭，天色微明。伏兵四起，以机关枪猛烈扫射，竺培基弹贯左肘，施文彪炸穿右胸，翁自勉护驾下山，枪伤右踝，皆中弹伤亡。至是委座始知为东北军有计划之叛变，亦不再做避免之计，乃只身下驰，冀返行辕。不意失足落堕深谷（**后经人改岩穴——引者**）中。斯时叛兵会合，往返搜寻，迄不得委座行止。至九时许，委座由深谷抗声传谕，叛众闻声趋集，旋由逆部（加旅长唐君尧）营长孙鸣九跽前泣请下山登车。当即随护入城。竺蒋施翁诸人亦皆先后被俘，受叛部之监视。[1]

根据以上分析和当事人当时之记述，似不难断定，西安事变的突然爆发，完全是在张学良、杨虎城预定的计划和指挥之下实施的。只不过，因当时中国由东向西被划为五个时区，中央政府和中共中央使用的是中原时区，张学良、杨虎城等使用的是陇蜀时区，两者相差一小时左右。故张学良用自己的“双台”[2]向刘鼎的“坤台”[3]发出文寅电的时间，也即中共中央向共产国际发报的时间，以及蒋介石侍从人员事后集体报告所提的时间，实际上都是中原时区

[1] 《侍卫人员临潼抗逆记》（1936 年 12 月），台北“国史馆”藏蒋中正档案，特交档案 51679。

[2] 张学良所用与中共中央通报之“双台”最初启用时间是 9 月 25 日，但至 10 月底“尚不通”，11 月才真正开始收发电报。

[3] 刘鼎所用“坤台”9 月 20 日左右开始启用，11 月 13 日起才正式开始通报。

时间的“凌晨 6 时”。这自然也刘鼎向中共中央发报的时间。[1]之后，各部队先后到达指定位置，并在清晨 6 点左右开始了突然的军事行动。整个行动比较顺利，除蒋介石一时走脱，其余各处均很快按预定计划完成任务。而至天明时分，蒋介石也被发现藏匿于骊山半山腰之草丛中，很快被带回西安。整个事变发动的军事行动因此而大功告成。除蒋介石、陈诚、朱绍良、蒋鼎文等国民党中央军政高级官员被扣押以外，仅蒋孝先、邵元冲及宪兵一团长阵亡，钱大钧受伤，西安警察局局长马志超潜逃，蒋之卫士死亡 20 多人，其余城防之宪兵警察和一部分中央军全部被缴械，西安城内没有更大的冲突。

20 世纪一场左右中国命运的重大事变就这样拉开了它的帷幕。

---

[1] 可以看到的刘鼎谈论这一情况的资料分别有两件，一件是刘鼎《谈西安事变》，一件是张魁堂根据刘鼎 1970 年代末自己记述的西安事变追记笔记所整理的《刘鼎在张学良那里工作的时候》。在这两次谈话和记述中，刘鼎自己关于这一情况的说法就大有出入。在谈话中，刘鼎肯定地说，张学良是在 12 月 12 日 0 时告诉他要发动事变的消息的，他当时即赶回去给中共中央发报，“但此时停电了，我就从金家巷走到南院门电料行买电池，电池买回时，蒋已被抓到了，我即把这个消息发报出去”。在笔记中，刘却说，张学良告诉他事变决定时已过 12 点，他并没有回去发报，而是在张学良处发的报，“清晨两点多，彭绍坤接通了保安中共中央电台。搜山寻获蒋介石后，张学良又让刘鼎给中共中央发出文寅电”。略去这里的 12 点（0 点）和 12 点已过这个细节不论，上述两种说法中仍有相当的矛盾。其一，谈话中刘鼎提到的发报机是自己的，故有回去发报和发现没有电池一说，而笔记中所提到的发报机则是在张学良处，因而不存在也不可能存在因停电和没有电池而要自己去买电池一说。但同时，笔记中的说法又自相矛盾，因其所说“彭绍坤接通了中共中央的电台”指的又是自己的发报机和报务员，并不是在张学良处。后面更明确讲：“张学良又让刘鼎给中共中央发出文寅电”，似乎张学良自己并无电台与中共中央联络，张学良的电报都是通过刘鼎发的。显然，这完全不合事实。其二，谈话中讲得很肯定，即强调张学良告诉他之后，因没有电池，他专门由金家巷走到南院门去买电池，回来时蒋介石已经抓到了。这一来一回花了多少时间呢？也就是说，当他将张学良告诉他的消息发出去的时候是凌晨几点钟呢？据他在谈话中讲，蒋抓到时是“天已大亮，八点多钟”。即是说，他 0 点得到消息，因没有电池，从金家巷跑到南院门去买电池，来回用了将近 8 个小时之久，回来时蒋已抓到，天已大亮。而在笔记中，他却告诉人们说，他并没有去买电池，因此 0 点以后得到消息，即开始发报，接通中共中央电台时是深夜 2 点多（《西安事变简史》则进一步肯定其为“两点三十分”），此时自然尚未抓到蒋介石。此两说相距何止十万八千里。可以想见，根据这样一些完全不确定并且是自相矛盾的回忆来推断刘鼎向中共中央发报的时间，无论如何是不足为信的。事实其实很清楚，张学良和刘鼎当时各有电台与中共中央通报，张学良用不着通过刘鼎的电台来向中共中央通报事变的决定。张之所以通知刘鼎此一消息，只是因为刘鼎这时还是中共中央派驻西安的联络员，有必要在正式行动之时将此消息通知刘鼎，这并非是张自己不能通报而需要通过刘鼎来通报的缘故。同样，既然张学良自己有电台与中共中央联络，他也绝不会于正式行动 5 个小时以前即通知刘鼎，让刘鼎先发报，而自己反而要等到凌晨四五点再发报。更为重要的是，张学良与刘鼎均与中共中央有约定的通报时间，刘鼎回忆所称的种种时间，都不是约定的通报时间，在他所回忆的 0 点、半夜 2 点多或其他时间，事实上是不可能通报的。

三、战耶和耶？

张学良和刘鼎12日晨给中共中央的电报，中共中央方面究竟何时收到，如今还颇难具体判断。但有一点可以肯定，中共中央直到这一天晚上，仍旧在问张学良："是否已将蒋介石扣留？"这也就是说，因张学良扣蒋，整个西安城里的军民已经像开了锅似的喧腾了一个白天之后，中共中央似乎还未能搞清楚：是不是真的发生了这回事？

当然，中共中央至少还在中午以前就已经收到张学良和刘鼎的通报了。并且他们立即就做出了反应，一面于当天中午12点将张学良的来电照转共产国际执委会书记处，一面迅速提出，应当把蒋介石与南京政府的其他重要领导人区别对待，争取与那些具有抗日诚意的国民党领导人达成政治军事协议，并准备应付因此而出现的危险局面。中共中央为此还给它在上海的谈判代表潘汉年发出指示，明确要求："不可将陈立夫、张冲、邓文仪诸君之具有合作抗日诚意与蒋介石之无诚意混为一谈"，"须诚恳公开的建议于陈等，不可以民族国家之利益迁就蒋氏一人，应以一个大政党的代表勇敢坚决地出而与另一个大政党站在救国图存共同反日反汉奸的立场，谈判与签订政治军事的协定"。特别是要"极力注意并准备抵抗中国汉奸勾结日本侵略沪、宁、青、济及华北、西北”。[1]这两封电报表明，中共中央当天白天并非不了解在西安已经发生了什么。

问题仅仅在于这一切太让人吃惊了，因此正在保安的毛泽东等中共领导人竟很长时间难以相信，事情真的会如此顺利。他们一边迅速就此做出反应，一边却不能不再三想办法核实这一消息的准确性。而根据此前约定的联络方式，中共中央此前规定守听西安电台的时间一日仅三次，西安方面守听时间主要又只是在晨 5 时与晚 9 时。所以，直到当晚 9 时，中共中央才有机会再次与张学良通报，提出他们的疑问。他们同时提议：(一) 立即将东北军主力调集西安、平凉一线，将十七路军主力调集西安、潼关一线，由红军担任钳制胡宗南、曾万钟、毛炳文、关麟征、李仙洲各部的任务；(二) 必须将蒋介石押在自己的卫队营内，且须严防其收买属员，紧急时应做断然处置；(三) 拟派周恩来赴西安协商大计。

当晚，中共中央收到了张学良关于事变情况的更确切的通报。张学良同时特别询问了叶剑英为何还没有到西安，并同意周恩来尽快到西安来。据此，中共中央于当晚 24 时正式通知共产国际执委会书记处称：

> A. 张学良确已将蒋介石扣留在西安。
>
> B. 叶剑英、王稼祥已去西安，周恩来亦立即前去。
>
> C. 我们的计划：(一) 周恩来、张学良、杨虎城组织三人委员会，以叶剑英为参谋长主持工作。(二) 在西安召集抗日救国代表大会，准备半个月内召开会议。(三) 组织抗日联军，以红军、东北军、十七路军、晋绥军四支军队为主，争取陈诚领导的蒋系军队加入其中，抵抗日本之可能的进攻。(四) 以林森、孙科、冯玉祥、宋子文、于右任、孔祥熙、陈立夫等暂时主持南京政府，防止和抵抗亲日派勾结日本进攻上海与南京，准备成立革命的国防政府。(五) 争取蒋介石全部军队。

[1] 《中央关于谈判问题给潘汉年的指示电》(1936 年 12 月 12 日)。

D. 请你们支持我们的上述行动，特别是（一）在世界舆论方面援助我们；（二）争取英、法、美三国赞助中国革命政府与革命的军队；（三）苏联积极援助中国。[1]

与此同时，中共中央亦进一步向北方局通报了这一情况，并紧急提出更具体的工作方针，明确主张争取南京及各地方实力派支持事变，揭发蒋介石的罪状，以及争取罢免蒋介石的宣传任务。这包括：

（一）揭发蒋介石对外投降，对内镇压民众与强迫其部下坚持内战之罪状，拥护张、杨等之革命行动。

（二）号召人民起来，要求张、杨、南京及各实力派，立即召集抗日救亡代表大会，在西安开会讨论抗日救亡大计。

（三）号召人民及全国军队，积极注意日本与汉奸之行动，防止并准备抵抗他们乘机侵犯上海、南京、青岛、华北与晋绥。

（四）推动南京及各地政权中之抗日派，响应西安起义，并严重对付亲日派。

（五）稳定西西派、黄埔派，推动欧美派、元老派及各实力派，积极站在抗日救亡方面。

（六）号召人民及救亡领袖，要求南京明令罢免蒋介石，并交人民审判。

（七）推动宋子文、孙科、孔祥熙、蔡元培、李石曾等，争取英、美、法三国谅解与赞助。[2]

13 日上午，中共中央在保安的领导人召开政治局扩大会议，第一次正式

[1] 《中共中央致共产国际执委会书记处电》（1936 年 12 月 12 日），中心档案 495/74/280。

[2] 《中央书记处致胡服电》（1936 年 12 月 12 日），《中共中央抗日民族统一战线文件选编》（中），第 315—316 页。

讨论对于此一事变的估计与对策。毛泽东首先做报告，肯定“这次事变是有革命意义的，是抗日反卖国贼的，它的行动、它的纲领都有积极意义，就是在它自卫的出发点上也是革命的”。说“这一事件的影响是很大的”，“他同我们的友好是公开的，（事变）把我们从牢狱的情况下解放了出来，因此西安事变是革命的，是历史事业，是应该拥护的”。毛泽东评价说：其实，蒋介石最近的立场严格说来还是中间性的，并非投降的或亲日的，可惜的是，他“在剿共一点上还是站在日本方面的。这一立场对他的部下是有很多矛盾的，所以他是被这样的矛盾葬送了”。既然事变已经发生，“在我们的观点，把蒋除掉，无论在哪方面都有好处”。他提议，目前“我们应以西安为中心来领导全国，控制南京”。为此，第一，应在人民面前揭破蒋介石的罪恶，拥护西安事变；第二，应公开要求罢免蒋介石，交人民公审；第三，应稳定黄埔系、CC 派，积极争取元老派、欧美派及其他抗日派。对于是否要在西安成立全国政府，他主张可再考虑，但应设法使东北军、十七路军不仅在政治上与我们一致，而且使他们在组织上与我们一致，应下大力去做这一工作。

对于要不要以西北为中心，甚至在西安成立政府的问题，在会议上出现了不同的意见。周恩来主张：“在政治上不采取与南京对立”的形式，可以考虑在西安召开抗日救亡代表大会和成立抗日援绥委员会之类的组织，将来西安“或以陪都形式出现，更为有利”。张闻天更明确提出：“我们不采取与南京对立方针，不组织与南京对立方式（实际是政权形式）”的组织，还是应当“尽量争取南京政府正统”，但必须“改组南京政府”。张国焘则赞同毛泽东的意见，他提出：“我们说到要以西安为中心，就包含了以西安为政权中心的意义。”说西安事变的意义，“第一是抗日，第二是反蒋。在反蒋问题上对南京方面就应考虑一下，张学良提出改组南京政府，各党各派共同负责，我们的态度亦须表示。再在反对独裁上，亦要联系到南京政府存在问题”。他指出：“内乱问题是不是可免？这是不可免的，只是大小的问题。”“因此，打倒南京政府，建立抗日政府，应该讨论怎样来实现。”

讨论的结果，会议没有就此形成完全一致的意见。显然，正如博古所说，共产国际指示全国抗日一定要争取蒋介石部队的大部甚至全部，中共中央现在不能变更这一策略。故对西安事变，只应看成是抗日的旗帜，不好看成是反蒋的旗帜。但西安事变是不是完全不包含反蒋的意义呢？与会者对此认识不一。很明显，张学良文寅电第一句就是“蒋之反革命面目已毕现”，他是为了民族和抗日的前途及利益考虑对蒋采取行动的。这本身就包含着某种反对蒋介石个人的意味。而不论中共此前政策如何，既然蒋介石已经成为“阶下囚”，难道他还能重新成为国家的领袖与军队的统帅不成？既然蒋介石是停止“剿共”内战和改组统一战线政府的关键障碍，难道除了除掉蒋介石以外还有其他的解决办法？而如果除掉蒋介石，那么取消了蒋介石的南京正统和南京中心是否还能存在呢？

对此，毛泽东总结说：这一事变的处理，最后恐怕只能是“又要反蒋又不反蒋”，结果在政府问题上也是“又要（南京）政府又不要（南京）政府”，话都不好说得太绝对了。无论如何，在坚持争取南京及各派赞助西安事变的前提下，“要求罢免蒋介石，交人民公审”，这一方针是确定了。[1]

13日中午12时，中央军委主席团正式向全军发出关于西安事变情况的通告。同时，中共中央机关报《红色中华》亦开始大力宣传将蒋介石交付人民审判的主张，保安亦召开军民干部大会声援西安义举，声讨蒋介石的罪恶。[2] 毛泽东与周恩来更联名致电张学良，表示祝贺。电称：

> 元凶被逮，薄海同快。目前任务，在全国者已见致汉年电，昨已奉达并祈转沪。在西北者，略陈如次，敬祈酌夺。
>
> （甲）重兵置于潼关、凤翔、平凉，潼关尤要。严拒樊崧甫。
>
> （乙）号召西安及西北民众起来拥护义举，对全国亦然。弟等认为只有将全部行动基础置于民众之上，西安起义才能确定最后其胜利。

[1] 《（中共中央）政治局会议记录》（1936年12月13日），转见张培森等：《张闻天与西安事变》，《党的文献》1988年第3期；并见《中共党史研究》1988年第4期。

[2] 《红色中华》（1936年12月13日），第1版。

（丙）宜即逮捕或驱逐部队中法西分子，对全军举行广大深入的政治动员，向全体官兵宣布蒋氏卖国残民罪状，政治上团结全军。此着是最紧急任务之一。

（丁）胡、曾、关等军向南压迫时，红军决从其侧后配合兄部坚持消灭之。如何部署请随时电知。[1]

毛泽东随后告诉张学良，周恩来一行20人拟于16日赶到延安城外，请派飞机去延安接运，并告延安杨虎城部下负责保护。他再次提醒张学良："监视蒋介石等之人员地点武装宜有绝对保证，此当关系全局。吾兄精明过人，必有周密布置。但恐执行者有偶然之疏，则将遗无穷之祸。如何使万无一失，祈高明时察及之是祷。"

事变发生的12日当晚，南京方面即对西安事变做出了强烈反应，中共中央寄希望的南京分化的局面已再难出现。南京国民党中央常务委员会和政治委员会在当晚紧急召集的临时联席会议上，通过了两项强硬的决议，一是决定"褫夺张学良本兼各职，交军事委员会严办"，一是"指挥调动军队由军事委员会常务委员兼军政部部长何应钦负责"。[2]

与此同时，张学良秘密指示设法夺取洛阳的东北军炮兵旅旅长黄永安早早就向洛阳警备司令祝绍周告了密，奉命向潼关运动抵抗中央军推进的十七路军之冯钦哉部也秘密与中央军接洽，事实上倒向了南京方面。冯部倒戈使中央军樊崧甫部抢先进驻了陇海线的战略要地潼关，樊部之董钊师更进占了陕西之华阴，国民党中央军进入陕西之大门因此而洞开。加上何应钦强烈主战，甘肃之胡宗南等各部中央军又随时可以从背后发动进攻，西安方面事变开始后就明显地处于背腹受敌的不利态势。

张学良14日专门向中共中央通报了此一情况，说明孙蔚如部、冯钦哉

[1] 《毛泽东、周恩来致张学良电》（1936年12月13日），《文献和研究》1986年第6期。

[2] 李云汉：《西安事变始末之研究》，第76—77页。

部、董英斌部、刘多荃部等，目前已集中西安一带，王以哲部留平凉、固原，于学忠部集中兰州，请红军主力监视胡宗南、毛炳文外，抽一部速往延安、甘泉接防，他并准备派飞机前往延安专程迎接周恩来共商大计。

鉴于军事情况颇为紧急，中共中央14日决定急变原先之提议，公开成立红军、东北军和十七路军的统一军事组织，以稳定西安方面之军心，并切实做好迎战之准备。为此，中共中央再电张学良、杨虎城，开始明确提出组织抗日联军的问题，要求后者务必“将全部精力注意于集中与团结东北军及十七路军上面来”，并且要警惕冯钦哉部之叛变。电报同时主张：

> （一）立即宣布西北抗日援绥联军之组成，以张学良为西北抗日援绥联军总司令；东北军编为西北抗日援绥联军第一集团军，张学良兼第一集团军总司令；十七路军编为第二集团军，杨虎城为总司令；红军编为第三集团军，朱德为总司令。设立西北抗日援绥军事政治委员会，以三个集团军高级将领为委员，每集团军三人至五人，以张学良、杨虎城、朱德三人为主席团，张为主席，杨、朱为副，统一军事政治领导。以上组织如荷同意，立即以三方抗日救亡联席会议名义向全军全国宣布。此外，极力争取阎锡山先生及全国其他爱国将领加入，推阎锡山先生为全国抗日援绥联军总司令。
>
> （二）目前军事步骤：抗日援绥联军三部主力应集中于以西安、平凉为中心之地区，发扬士气，巩固团结，与敌决战，各个击破之。在目前三星期内，由杨兄所部固守西安城，张兄所部及弟部担任野战。如荷同意，弟部主力可于一星期内到达西峰镇，尔后或增援西安，或增援固原，依情况决定；弟军一部则在定、盐、环钳制胡敌，另一部则在肤、甘钳制汤敌。王以哲兄部仍在固原防御胡敌，于学忠部仍守兰州。只要打得几个胜仗，即可大大开展战局，即有若干失利，亦于大局无碍。[1]

[1] 《毛泽东等致张学良、杨虎城电》（1936年12月14日），《文献和研究》1986年第6期。

当天，毛泽东致电彭德怀等，提议野战军应速开西峰镇，因为“南京已发动大规模内战，全力对付张、杨，主力由潼关进”。而“张、杨内部有许多不稳定成分，南京政策又拉杨打张，红军与之靠拢，（可）壮其胆而振其气”，同时也靠近王以哲部，一方面便于对付胡宗南的进攻，一方面也便于就近应付西安方面的各种事变。

但鉴于此时国内各方面对西安事变的不良反应开始接踵而来，苏联方面也有不利于张学良之公开广播，中共中央 15 日又迅速改变了前一日的提议，决定一方面继续在公开场合保持第三者姿态，呼吁并力争和平解决事变，一方面严格隐蔽红军主力的作战意图，以达到攻其不备的目的。为此，毛泽东 15 日中午再度致电张学良，说明“昨电组织抗日联军，对外请暂勿发表，唯对内似宜宣布，以一军心”。因国内多数不良反应目前均把事变归结为中共的作用，非如此不便于张学良解释其发动事变的真实原因，也不便于中共站在第三者地位主张和平。为了向外界表明共产党之立场，中共中央一改 13 日政治局会议关于不轻易发言的决定，公开以红军将领的名义于 15 日发表通电，坚主停止内战，要求南京方面“自别于蒋氏”，接受张、杨主张，联合各党各派组织统一战线政府，“罢免蒋氏，交付国人裁判”[1]，既是为张学良、杨虎城撑腰，也是要借此表明自己与西安事变之发动原本并无瓜葛。毛泽东等同时还致电陈立夫，要其从中斡旋，并向张学良提议，可利用其前顾问端纳来西安的机会，与南京方面接洽停战。

如果以为中共中央要求张学良“暂勿发表”关于红军、东北军和十七路军三位一体的西北抗日联军组织系统，是为了自己的利益考虑而刻意站在第三者地位，那就大错特错了。中共 15 日通电中的要求很明显比张学良、杨虎城的要求要激烈得多。

张学良并不希望战争，共产党也不希望战争，他们的目的说到底其实

[1] 《红军将领关于西安事变致国民党国民政府电》（1936 年 12 月 15 日），《中共中央抗日民族统一战线文件选编》（中），第 319—320 页。

都是一个，即要“改组南京政府，容纳各党各派，共同负责救国”。能通过和平手段达到这样的目的，何乐而不为？但是毛泽东早就十分清楚，扣押蒋介石，并且逼迫改组南京政府这一行动本身，无异于根本上否定了南京政府，它绝对不是当前在南京当权的那些人所能轻易接受的。如今事态的发展更进一步证明，不论张学良对蒋介石如何处置，在南京方面与张、杨之间没有妥协的任何可能性，中央军的大举进攻不可避免，大规模的战争已经成为一种必然。

16 日，就职“讨逆军”总司令的何应钦开始指挥大军由潼关向西安迅速推进，中央军的大批飞机开始轮番轰炸潼关至西安线上的渭南县城和赤水车站，毁房上千，炸死军民数以百计。至此，和与战的前途已经明摆在那里，不击退中央军的进攻，停战与和平完全无望。因此，毛泽东这时考虑的其实并不是设法保持第三者地位的问题，而是如何通过红军、东北军和十七路军共同进行大规模战争的方法来停止战争的问题。也正是因为如此，毛泽东越想越觉得像张学良部署的那样单纯摆出一副被动挨打的架势不是办法。根据红军的作战经验，不赶快打几个胜仗，不设法使自己尽快转入主动地位，本来就不稳定的东北军和十七路军内部势必要被南京方面所分化，结果事变必然归于失败。考虑到这种情况，毛泽东一边提醒张学良加强和平攻势，一边又很明确地对张学良指出，只要蒋仍在人世，各方犹豫观望不可避免，张对此应有足够估计，不应因此而动摇，应“坚持到底，集结部队，提高士气，发动民众，防止反动”，要“干到底胆大些”，“要赶快消灭敌人”。故毛提议东北军和十七路军取守势，而“红军应以进攻防御的姿势打击敌人”，强调只有蒋系军队被严重打击后，国内各派才更好胁迫南京抗日。他主张：红军主力迂回敌后直取郑州甚至威迫南京。因此，就在红军将领发表所谓第三者通电的同一天，中共中央军委主席团却根据毛泽东的建议直电彭德怀等，明确提出：决将西峰镇集中计划废止，改至延安、甘泉集中，以便取直径迂回至敌主力后之郑州等地，并发展至直迫南京。在此总方针下，或渡两道黄河直取郑州一带，或渡渭水下流，截击潼关一带。在某种必要时，也可渡泾水下游至邠、乾一带，有几个战略战役之机动。因此改向延安集中。[1]

对于这种极其大胆的战略设想，不仅张学良颇感犹豫，即使是彭德怀等中共军事领导人也不十分赞成。彭德怀与任弼时很快复电中央军委，提出：我们目前战略方针应“迅速停止内战，发动抗日战争，找机会争取宁夏，巩固兰州，一部东出绥远，与傅作义联合抗日”。若野战军立即“出河南取进攻姿势，这样可能延长内战，失去固原、兰州及陕甘公路，且我主力在时间上来不及增援西安”。一旦胡宗南等对我实行南北夹击，很可能隔断我与苏联以及同西路军之间的联系，使我无法取得外援。刘伯承这时也致电军委，认为目前不宜出河南，而应尽力掌握全甘肃，并以相当兵力乘黄河结冰期夺取相关之战略要点，攻取宁夏，以援绥远，接通外蒙。[2] 对此，毛泽东明确解释说：“无论军事政治方面，目前均须击破敌之要害。敌之要害，不是宁夏或甘肃，而是河南与南京。敌已奉行大规模内战，我们对战争是后发，不是先发。然在敌主力向西安进时，我军应奉行大的战略，迂回并击破敌头脑之南京政府”，如此才能使战争停止下来。[3]

毛泽东的这个以主力打出外线的大胆的战争设想，其实是他惯用的战法和最重要的军事思想之一。只是，这样的设想这时在张学良看来无论如何都太冒险了。张学良首先担心的就是西安和兰州的巩固问题，东北军和十七路军这时均已出现部队倒戈的情况，部队兵力已有不足，作战能力也颇让人担心，红军主力一旦转入外线，陕北必定出现真空地带，甘北王以哲部一部已抽调南下，剩下的三个师绝不可能独力对付胡宗南和汤恩伯两个中央军主力，万一东北军和十七路军内部进一步发生倒戈或分化，西安

---

[1] 转见宋毅军：《中共在西安事变前后的军事战略防御》，《军事历史研究》1992 年第 2 期。但宋文这里把军委主席团 12 月 15 日关于取消西峰镇集中计划的电报指示时间搞错了，误以为该指示的日期为 13 日，因此对有关这一战略设想的形成及取消过程的情况做了不正确的说明。

[2] 宋毅军：《中共在西安事变前后的军事战略防御》，《军事历史研究》1992 年第 2 期。

[3] 《毛致彭、任电》（1936 年 12 月 15 日），《毛泽东军事文集》第 1 卷，第 685 页。

的局面必定转瞬间即变得不可收拾。那时外线的红军远水救不得近火，必然成为可望而不可即的力量。因此，张学良始终不认为这是一个好办法，仍旧坚持：“贵军主力在环县、预旺以北地区，一部在肤施、甘泉附近，对胡、毛、曾、汤等，不使其联络，并极力向北压迫，以掩护本军后方之安全。”此点虽经毛再三解释，说明：“弟认胡宗南、汤恩伯均不过一支队，各以一部钳制之可也，敌之要害在南京与京汉、陇海线，若以二三万人之战略迂回部队突击京汉、陇海，取得决定胜利，则大局立起变化”，却始终未能得到张学良的赞同。[1] 直至周恩来到西安时，因南线军事情况严峻，张之计划才又有某些改变。

17 日下午，张学良派刘鼎乘坐他的飞机前往延安将周恩来等接到西安。双方很快举行了秘密会谈。张学良首先向周恩来通报了当前的军事形势，指出：“刘峙已以五个师入潼关，围华县，逼渭南，如急进，应战无把握。张拟以杨部控制西安，东北军主力集渭水北备战，决战必须红军参加。”在东北军方面，“刘多荃、董应斌及何柱国两个师需一周内方能集中，沈克师已开动，王以哲三个师留固原、平凉，拟压迫沈久成师离会静。十三师离咸阳经华阳趋汉中，十七路（军）向西安潼关线集中”。张学良仍坚持，红军主力参加对胡宗南部作战，一部接防延安、甘泉。但相信在胡宗南北退后，红军主力必须迅速南下出渭水下游北岸，侧击由潼关向西安推进之国民党中央军，参加决战。两人据此商定，红军主力仍先开庆阳、环县一带，一旦胡宗南部北退即南进，同时以至少一个军的兵力接防延安、甘泉之线，并准备南下策应。[2]

根据张学良通报的近几天与南京方面接洽的情况，周恩来得知蒋介石的顾问，过去也做过张学良顾问的英国人端纳已于 14 日飞来西安，其带来

[1] 《毛泽东致张学良电》（1936 年 12 月 17 日），《文献和研究》1986 年第 6 期。
[2] 《周恩来致毛泽东并中央电》（1936 年 12 月 17 日），《文献和研究》1986 年第 6 期。

宋美龄亲笔信，内中有“宁抗日勿死敌手”的话。[1] 据端纳告诉张学良，他亦明确劝蒋不要过于坚持过去的主张，不妨与张、杨具体商谈，求得一个比较有利于国家前途的解决方法。[2] 多半因为这些因素，蒋介石已同意下令让南京方面暂时停止进攻和轰炸，以便双方进行必要的接触与商谈。据张学良介绍：“蒋态度开始表示强硬，现亦转取调和，企图求得恢复自由，对张有以西北问题对红军非降非合，完全交张处理之表示。”[3] 据此，蒋鼎文受命于当天上午飞洛阳转赴南京传达蒋之手令，宋子文及于右任已答应第二天来西安进行具体谈判。双方因此讨论了与宋子文谈判的条件问题，一致同意在下列条件的基础上可以与南京达成协议。这些条件是：

（一）立停内战，中央军全部开出潼关。

（二）下令全国援绥抗敌。

（三）宋子文负责成立南京过渡政府，肃清一切亲日派。

（四）成立抗日联军。

（五）释放政治犯，实现民主，武装群众，开救国会议，先在西安开筹备会。[4]

对于蒋介石的处置问题，无疑是一个相当敏感和棘手的问题。张学良自事变之日起，就反复强调此次行动只是“暂请介公留在西安，促其反省，决不妄加危害”，“我们这种举动对蒋委员长是绝对无损的——如蒋委员长能放弃过去主张，毅然主持抗日工作，我们马上绝对拥护他，服从他！那

[1] 另据事变后博古关于事变解决经过的报告，宋美龄捎给蒋的话具体内容是：“变中有变，戏中有戏，宁可抗日而死，不可让人暗伤。”

[2] 据张学良讲，端纳见蒋后，蒋当即问端纳：“你是否是来同生死的？”端纳回答说：“不是。我是英国人，不懂得中国这种事情，英国人与皇帝是没有这种关系的。他们主要是忘不了敌人。中国现在已经亡了东三省几年了，大家都要抗日，只等蒋先生的命令，为什么中国人自己干自己，而不用力对付敌人呢？”

[3] 《周恩来致毛泽东并中央电》（1936 年 12 月 18 日）。

[4] 《文献和研究》1986 年第 6 期。

时甚至他对我们这次行动，认为是叛变而惩处我们，我们绝对坦然接受”。[1]显而易见，张学良在处置蒋介石的问题上，与中共方面的“罢免”和“公审”的主张，是有不小的差距的。但同样可以肯定的是，张学良并非不了解，依蒋介石此时之地位、声望与性格，要想依靠武力的强迫与威逼来达到劝说的目的，是未必有效的。因此，他也知道，答应保蒋安全，说到底也只是一种策略。所以，当周恩来进一步转达中共方面的意见之后，张学良并没有提出不同的意见。双方并就此达成一致认识，即 :“为缓和蒋系进兵，使我集中分化南京内部，推广全国运动，在策略上答应保蒋安全是可以的，但声明如南京进兵挑起内战，则蒋安全无望。”周恩来并且明确电告中共中央 : 他一再强调，一旦证明南京政府内亲日派阴谋得逞，战争不可避免，就应当准备对蒋采取最后手段并下作战决心。讨论后，“张同意，在内战阶段不可避免围攻西安前，（对蒋）行最后手段”。[2]

18 日，尽管蒋鼎文携蒋令已经洛阳到达南京，中央军刘峙部仍开始围攻华县，但东北军士气甚高，三个连守军顶住了一个团的进攻，而东调的两个师更是一昼夜赶百余里驰援渭南，准备抵抗中央军之进攻。加上蒋介石这时态度事实上也已远非此前之强硬，在张反复向蒋保证将设法送蒋回宁之后，蒋已多少改变态度，表示他可以将西北及红军问题日后交张学良处理，并且同意派蒋鼎文持他的停战手令前往南京，让何应钦把进攻暂时停

[1] 参见《张学良致孔祥熙电》（1936 年 12 月 12 日），《张学良致宋美龄电》（1936 年 12 月 12 日），张学良《对总部全体职员的训词》（1936 年 12 月 13 日），《张学良文集》第 2 册，第 1056—1057、1067 页。

[2] 《周恩来致毛泽东并中央电》（1936 年 12 月 17 日）。对于中共中央这时对处置蒋介石的主张，一般史书都回避了或否定了中共中央在态度上有一个转变过程的历史情况，甚至说，周恩来刚一到西安，就批评张学良发动兵变扣押蒋介石是“军事阴谋”（如张魁堂 :《张学良传》，第 210—211 页），主张说服蒋介石抗日，拥护蒋做全国抗日的领袖（如《西安事变简史》，第 81 页）。只是在极个别的论文中，才有关于这一态度转变过程的具体介绍，提到毛泽东最初有紧急时“诛之为上”的电报，这时周恩来也明确提到在内战不可避免时必须除掉蒋介石的意见，肯定中共开始阶段的策略实际上是要罢免蒋介石，交付人民公审的“除蒋”策略（参见张培森等 :《张闻天与西安事变》等 ; 张魁堂著《张学良传》一面断言周恩来批评张学良兵变，主张拥蒋抗日，一面也不能不注意到周恩来 17 日给毛泽东电文中所提到的劝张“行最后手段”的文字，因而也提到周恩来 17 日与张学良谈话中提出过必要时应除掉蒋介石的建议）。

止下来，因此张学良对于事态之发展似乎并不特别担心。他甚至致电毛泽东，宣称“此间诸事顺利”，他对坚持到底已有相当信心。同样，杨虎城这时也对事变的进展情况表示满意。他虽因部分部队不稳而焦虑，并不像张学良那样对坚持下去充满信心，但他对作战反应积极，强调“开火可团结内部，失利可放弃西安，以甘（肃）为后方”，仍可巩固部队。只不过，他这时已一反过去的犹疑态度，注意到借助中共根本改造其部队的必要，要求中共派军政干部前来协助他做部队的改造工作了。

然而，毛泽东远不像张、杨那样乐观。17 日，中共中央已得到情报，杨虎城之冯钦哉部密派其副师长到华阴见中央军二十八师师长董钊，表明效忠南京，待命“讨逆”之意。毛泽东当即通报了张学良。十七路军的不稳，使毛泽东对东线的防务要远比西线担心得多。故在 18 日晚，毛泽东再度提出红军第一步至西峰镇，第二步出泾川、长武，以便于保持战略机动，而后或出河南或出西安，或进行抵御胡宗南的作战的建议，可张学良、杨虎城与周恩来连夜讨论后决定：第一步骤，仍以张、杨两军主力迅速集中于渭河下游，东击刘敌，以一小部协同红军伺机打击胡宗南，以一小部监视天水、汉中之敌；第二步骤，如打胡宗南得胜，或胡敌退宁夏，则迅速集中张、杨与红军主力于渭水下游与刘敌决战。为防不测，西安方面目前即须开始武装民众，部署守城事宜。同时还应做好西安不守时的后撤工作，张学良主张让开陇海路以西北为后方，杨虎城主张西撤甘肃，坚守西兰大道。周恩来提议，张、杨两部以兰州、平凉、西峰、洛川一带为后方，红军守庆阳、合水、肤施、甘泉、鄜县、宜川、延长，张、杨表示可以考虑。依据 18 日晚的讨论结果，张学良于 19 日正式向东北军、十七路军和红军下达命令如下：

一、据报胡、关、曾、毛等军有进出天水、宝鸡一带威胁西安企图。

二、联军为巩固后方予敌以大打击之目的，部署如下：甲、除令十七路军一旅附骑团警备凤县、宝鸡、陇县固守外，着五十一军抽二师驻定西连系王（以哲）军相机击破胡敌；乙、六十七军以主力守固原、平凉，与于（学忠）军联系，协击胡敌；丙、红军仍竭力抑留敌人，如敌南侵跟踪追击，则相机歼灭之。[1]

张学良同时提议，黄河西岸的红军应暂时停止西去新疆，而以一部东出靖远威胁胡敌，并协同河东各军侧击胡敌，并可接近兰州与东北军打通，张可以从于学忠处拨弹药以援助西路军，同时派一骑兵团向靖远游击与之配合。

显然，毛泽东这时仍旧相信红军首先东出更为机动有利。19日，毛泽东一面以军委主席团名义命令红军主力分数路纵队取直径南下，限10天内赶到泾川、长武，20天内赶到西安，首先参加东线对刘峙作战，取得胜利后再西打胡宗南，一面接连数电给周恩来，要周进一步向张学良说明红军首先东进之必要。毛电称：“目前时局正在发展，一方面（日本军阀、中国汉奸、南京右派）极力制造内战局面，另一方面（西安抗日军、红军、中国人民、中国反蒋实力派、南京左派、国际和平国家）正在结合，反对内战，拥护抗日。”苏维埃共产党目前的方针是迅速召集和平会议，为反对内战、团结抗日而斗争，西安友军亦应本此共同之方针而努力。“坚决消灭进攻之敌为执行此总方针之重要手段”，故“红军决向西安集中配合张、杨首先消灭东来之敌”。只要东北军、十七路军坚守渭南、临潼、西安线20天，红军必可赶到，参加决战，击破东线之敌，如此则西敌不成问题矣。因西线胡、毛、曾、关各部准备集中天水，此举将空出甘北，对联军方面并无不利。且胡宗南从海原转至天水须时一月，到后必疲劳而不能马上投入大规模作战，有王以哲三个师和红军一部扭打不难暂时阻敌前进。而特别重要的是，红军尽快东进不仅是要配合东北军和十七路军消灭进攻之敌，而且是要迅速稳定十七路军，因冯钦哉倒戈后指望十七路军顽强抵抗东来之敌确有严

[1] 《西北临时军事委员会令》（1936年12月19日），弹笙：《毛泽东对西安事变中军事斗争的指导》，《党的文献》1992年第6期。

重问题，故目前“争取十七路全部稳定于抗日反内战立场是当前重要一着”。但当周恩来同一天将张学良的命令电告中共中央后，毛泽东还是决定尊重张学良的意见，不再坚持自己的看法，于20日复电表示同意，称“红军主力第一步集结庆阳，如胡宗南南下则决消灭之，王以哲军应固守固原、西峰”。随后，毛泽东复以军委主席团名义，再度下令红军主力遵照张学良命令行动。

21日，中共中央进驻延安，同时在甘北的红军主力也据此开始集中庆阳、环县一带，准备协同王以哲军打击胡宗南。可是，20日，华县失守，三个连的东北军“尽遭枪杀”，南京方面并没有切实按照蒋介石的停战令实行停战，此举使张学良颇受震动，并且开始意识到东线防务确较西线更为危险，故应接受毛泽东19日提议的先东后西的作战计划。22日，张学良明确向周恩来提出改变此前计划，诱敌深入，首先进行东线决战的建议。经讨论后，双方共同决定：除红军以一部尾随胡敌牵制其行动外，红军主力全部由庆阳、西峰经正宁、邠县在咸阳过河转到蓝田、商县以南地域，在此期间，东北军和十七路军尽力迟阻刘敌于临潼、渭南，等东北军主力集中，红军到达指定位置后，即与东来之敌进行决战。张明确提出：此役之“决定关键在红军”，红军务必尽快于十天内集中长武、邠县，再十天赶到咸阳、兴平补充被服、子弹。周恩来据此电告毛泽东：“此间力求坚守渭南、临潼线，待红军来会战。”[1] 毛泽东得电后，于22日迅速复电周恩来，说明：“红军正向南急进，二十天内准可集中咸阳”，“罗炳辉、萧劲光、谢嵩三部钳制胡宗南，必要时宋时轮亦加入”。[2]

至此，红军、东北军和十七路军三位一体，联合对国民党中央军作战的局面迅速形成。因西安事变而引起的大规模军事冲突似乎不可避免了。

---

[1] 《周恩来致毛泽东电》(1936年12月21日)，《文献和研究》1936年第6期。

[2] 宋毅军：《中共在西安事变前后的军事战略防御》，《军事历史研究》1992年第2期。

四、孰进孰退？

关于张学良扣蒋初衷及其在谋求和平解决西安事变过程中的矛盾心理，在事后曾有各种不同的说法。最引人注意的，莫过于蒋介石于事变后发表的《西安半月记》中的记述了。它突出地表现了张学良钦佩蒋之人格与懊悔自身行为的情况。其文写道，当日，张学良三次谒见，连泣三次，并悔恨自责道：

> 委员长之日记及重要文件我等均已阅读，今日始知委员长人格如此伟大，委员长对革命之忠诚与负责，救国之苦心，实有非吾人想象所能及者。委员长不是在日记中骂我无人格乎？余今日自思，实觉无人格。然委员长以前对部下亦太简默，如余以身获知日记中所言十分之一二，则此次决不有如此轻率卤莽之行动。现在深觉自己观察错误，既认识领袖人格之伟大，即觉非全力调护委员长，无以对国家。

按照蒋介石的这一说法，张学良自事变之次日，即13日就已经读过蒋介石的日记和重要文件，发现蒋早在秘密准备抗日，因而开始悔悟，决心全力保护蒋介石并千方百计要将蒋安全送回南京。由此，又衍生出这样一些说法，比如：张学良一再向蒋介石、宋子文等表白自己与杨虎城不同；张学良当时主和，杨虎城主战；张学良竭力保蒋安全，杨虎城坚持扣蒋甚至试图对蒋不利。[1]

蒋介石事变前所记关于秘密准备抗日的日记内容如何，迄今未见其详；而上文提到之“重要文件”，亦仅见于个别人之回忆，且不明究竟。[2]此等说法虽有张学良1950年代发表之《西安事变忏悔录》等可为参照，但因蒋、张两文均系事后在特殊背景下所作，且曾由专人协助整理，不免有某些人为加工修饰之可能，未必可以全然以为第一手的史实根据。

《西安半月记》中所谓日记，已知系蒋之“文胆”陈布雷按照蒋意加工改写所撰。多少接近于当时日记的文字，或应看一下保存在台湾“国史馆”的蒋介石《困勉记》中同一天日记的片断即可。该片断记曰：

> 端纳、黄仁霖入见，端纳谓张学良已悔悟，恐公居新城为杨虎城操纵，急求公迁居。张学良亦来，谓“迁居后一切事皆服从委员长意旨，并早送委员长回京”。公乃许之。甫迁于张学良宅中，公既至，张学良提八条件，并明言之有共产党参加并言“委员长思想太旧太右”。公乃痛斥之，曰：“尔何无耻无信一至于此！”晚端纳告公谓：“南京已决

---

[1] 关于张学良与杨虎城在西安事变期间在和战以及对蒋处置问题上立场矛盾的说法比比皆是。除蒋介石《西安半月记》中屡有关于张私下向蒋介石、宋子文等述说事变皆因杨催促再三而起，杨一度反对停战、反对释蒋的文字外，张学良自己以后也在《西安事变忏悔录》中有类似的说法。其余如蒋鼎文的回忆，李云汉著《西安事变始末之研究》、王禹廷著《细说西安事变》等也都认为张“于了解蒋公抗日计划后，内心实有愧悔，因而有心保护蒋公脱险”，杨虎城“不愿和谈，意欲决裂”，并且“态度恶劣，不愿释蒋公回京”。

[2] 迄今所见公布之蒋介石决心抗日的文字，仅见于1931年九一八事变后手书“期于十年内湔雪国耻”等极少数文件，日期均远在西安事变数年以前。相信这数件早期文件，蒋当不会于1936年12月仍带在身边。另这里所说的“重要文件”亦仅见于唐君尧的回忆中。唐君尧在回忆中称他在搜查蒋于华清池的房间时，发现蒋亲笔所拟“对日抗战计划”一件，但“计划书”内容如何则只字未提，只记得其中有新编部队序列表一件，内定蒋为“最高统帅”兼第一方面军总司令，张学良为第二方面军总司令，冯玉祥为第三方面军总司令……转见王禹廷：《细说西安事变》，第299页。

议讨伐张学良。”公乃曰：“余心乃安。”端纳又言：“余与黄仁霖乃蒋夫人嘱来营救公者，而张学良昨日亦自知此事不易了，有电告余及蒋夫人，请来陕调处。”公乃嘱黄仁霖曰：“明日携余手书回京，致吾夫人。”是日张学良入见三次，每谒见辄泣，其一次以端纳电文视公，公见电首有“蒋夫人转电已悉”句，遂泪下，泣不成声。张学良亦泣。曰：“但不可使外人知吾二人在此对泣。”公恶之，不与语。张学良出，公曰：“彼亦明知余为见蒋夫人三字而泣，而乃投机取巧，谓为见彼泣而对泣，其无耻竟至于此！”

《困勉记》是蒋身边亲信为了表现蒋介石艰难困苦中意志坚强的一面，刻意从蒋日记中摘出文句加工而成的一种蒋日记类编，故不仅会有断章取义之嫌，文字上且每每精心加工，内容自然不能真实反映当年日记的原貌。今蒋日记手稿影印本已得见于美国斯坦福大学胡佛研究中心，现抄录该日日记内容如下：

端纳来见，邀住张宅。学良表示悔悟之间，似甚诚。彼实恐余住新城与杨接近，为杨操纵，故急求余离新城。及至其宅，彼乃提出八条件，并明言此时有共党参加其间。余痛斥而深恨其无耻无信一至于此。

晚间，端纳为余言，南京对陕变已决议讨伐，余心乃安。端纳乃余妻托其来营救。而张于昨日自知此事不易了，亦电彼与余妻来陕设法调处也。

张上下午来见共三次，向余连泣三次，然余知其伪泣也。

张持端纳电文示余，首见蒋夫人转电已悉句，余泪下如雨，泣不成声，而张亦假泣。□□□□□□□（原文字迹不清——引者）知余二人在此对泣。其人之投机与无耻至此。其实彼亦明知余为见蒋夫人三字而泣，而非为彼泣，而余亦与之对泣也。[1]

由上述三则记述对照可知，《西安半月记》中所记实为假造，故所谓蒋介石已有准备抗日之日记及相关文件，张学良读后思想感动无已云云，全不可信。《困勉记》内容与蒋日记手稿内容有诸多相近处，唯经过大量文字加工，并增加若干对话。无论日记手稿，还是《困勉记》，亦都没有提及张读过蒋日记，注意到蒋抗日准备与相关文件而有所感动的内容。事实上，平添出这一段内容来，以显示张因误解蒋而发动事变，实属多余。

这是因为，其一，还在1935年10月中旬，南京政府军事委员会参谋部即派熊斌分别向西北国民党高层军政要员“宣述参部对日计划”[2]，张学良不会不知道。1936年4月张学良初次见周恩来时，也说明蒋是想要抗日的。7月中旬，国民党五届二中全会上蒋介石又有关于“最后关头”的报告，张学良回西安后曾因此动摇过反蒋决心。[3] 这说明蒋介石准备抗日的情况张学良早就有所了解，不可能因读了蒋有准备抗日的日记及文件就突然感动得泪流满面并懊悔不迭。

其二，如前所述，蒋介石关于实行抗日行动的“最后关头”，和他自信所能达到的抗日目标，都是以现实国力所能允许的范围为基础的，因此，张学良虽然知道蒋介石有抗日要求与决心，但他更清楚依靠蒋介石所准备的抗日行动，并不能满足东北军和东北人重返东北的强烈愿望。在这方面两个人之间观念上、理想上存在的差距，远不是蒋介石决心抗日与否所能弥补的，也不可能因张读过蒋日记或文件就有所改变。

其三，即使搜查中得到蒋介石准备抗日的日记与文件，不可忽略的是，搜查中同样也得到了蒋介石写给邵力子的那封密谋驱使张学良部南调的亲笔信。该信表明，不论蒋是否有过一个准备抗日的军事计划，张学良的东

[1] 见《蒋介石日记手稿》（1936年12月14日）。

[2] 《徐永昌日记》第3册，第477页。

[3] 《潘汉年致毛泽东、张闻天信》（1936年8月）。

北军事实上也不受信任，不仅一时不会被派上用场，而且很可能越调离抗日前线越远。[1]

可知，说张学良自事变第二天就因为看到蒋介石的日记等转而深感悔悟，相信自己在抗日问题上错怪了蒋，以致与杨在和战及对蒋问题上态度冲突，与我们今天看到的各种第一手的文献史料所记述的情况是矛盾的。

另有说法认为，张学良在 12 月 14 日至 18 日之间还“心理惶惑”，犹豫动摇，只因 17 日周恩来等来到西安，态度“又突趋强硬”起来。[2] 这种说法似乎也不大能够成立。

根据前述各种文献及史实，可以肯定的是，张学良固有率性而为的一面，却也绝不是那种对自己的所作所为鲁莽到完全不计后果的人。相反，从他 4 月下旬对刘鼎暴露内心想法以来，可知他时时处处都小心翼翼地处理着同蒋的关系，不仅生怕被蒋识破其私通共产党的情况，而且还每每会对自己的意图犹豫动摇。同样，从张学良允许端纳来访，并私下主张宋美龄来西安劝蒋的情况，或可判断蒋日记所记张 14 日见蒋三次，三次掉泪，当属事实。但将张此一表现简单推断为张已对自己的所作所为“惶惑”、自责，甚或以为张事变开始即感后悔，亦未必合乎情理。因为，一个再简单不过的事实是，周恩来到西安至少还有三四天之久，张学良如果要反悔，乃至停止事变，有充实的时间和可能。但他并没有这样做。恰恰相反，张学良一直在坚持着事变的方针。

下面列举的文献资料证明，张学良更多地表现出来的，并不是蒋介石日记中所记述的那种替蒋难过的很感性的态度，而是很理性地、坚定地坚

---

[1] 关于蒋介石不信任东北军的情况，还可以证之于徐永昌的日记。徐日记称，10 月 9 日，阎锡山建议徐向蒋介石建议“拉东北军入绥”抗日，徐谓：“东北军作战力薄弱，而军纪太坏，若久戍而敌不至，失尽民心，是用之则所得不偿失”。阎坚持不可，仍要徐请示于蒋。10 月 17 日，徐到杭州见蒋，询以阎先生拟请东北军守绥事，蒋当场否定，称“东北军通共已为不可掩事实，然在张汉卿指挥下，尚不至为害国家，否则不堪想”。至于请其守绥，显不妥。《徐永昌日记》第 3 册，第 475—476、480—481 页。

[2] 李云汉：《西安事变始末之研究》，第 98、104—105 页。

持着事变的方针和目标。

12 日晨，在张学良第一次向中共中央通报事变消息的电报中，他就明确宣称，因蒋“反革命面目已毕现”，他才决心与蒋破裂，要求红军准备与他“共同行动”，首先打击胡宗南。[1]

同日，张学良分别致电孔祥熙、宋美龄及冯玉祥、程潜等，指责蒋介石“违反众论，一意孤行，举整个国家之人力财力，消耗于内战”，“对于抗日，只字不提，而对于青年救国运动，则摧残备至”。“伏思中华民国，非一人之国家，万不忍因一人而断送整个国家于万劫不复之地”。故“为国家计，为民族计，不得不请介公暂留西安，以得觉悟”。[2]

13 日下午 5 时，张学良对原“西北剿匪总部”全体职员训话，严厉批评蒋介石对内镇压爱国运动，强调“这次举动，对于国家民族将要发生什么影响，我们真是再三再三地考虑，假如无便于国家民族，我们无论如何也不干，反过来说，我们一定要干”！“如蒋委员长能放弃过去主张，毅然主持抗日工作，我们马上绝对拥护他，服从他！那时甚至他对我们这次行动，认为是叛变而惩处我们，我们绝对坦然接受，因为我们所争的是主张，只要主张能行通，目的能达到，其他均非所计！”[3]

14 日晚 8 时，张学良与杨虎城在西安广播电台发表公开谈话，张学良一面严厉批评蒋介石“自误误国”，要求蒋介石“能有最大的反省”，一面强硬地宣称：“我们这次举动，完全是为民请命，决非造成内乱。一切办法，决诸公论，只要合乎抗日救亡的主张，个人生命，在所不计。若有不顾舆情，不纳忠言，一味肆行强力压迫者，即是全国之公敌。我们为保有国家民族一线生机打算，不能不誓死周旋，绝不屈服于暴力之下，即不幸而剩一兵一卒，亦必用在抗日疆场上。”[4]

---

[1] 《张学良文集》第 2 册，第 1053—1054 页。
[2] 同上，第 1056—1057 页。
[3] 同上，第 1066—1067 页。
[4] 同上，第 1070 页。

15日，张学良分别致电宋美龄、孔祥熙、阎锡山等，强调：“良等此举，纯为抗日，绝无造成内乱之意，并尽其所能，避免内战。如中央不顾民意，肆行压迫，则是中央自造内乱。”同样，“精诚团结，固为必要，但必须中央政策，悉合民意，始足以言团结”。相反，若“政府拂乎民意，压迫群情，必难存在”。因此，此一事变“是否演成国内残杀，须视大众之觉悟如何。如大众彻底觉悟，则必共趋对外，而残杀可免，否则即无国内残杀，亦岂有不亡国之理”。[1]

16日，张学良进一步在西安市民大会上讲演，说明自己与蒋介石“所争的就是政治主张”。自己之所以下决心捉蒋，就是因为蒋介石如今已经与袁世凯、张宗昌没有区别，“用口头或书面的劝谏，是决不能改变的”。同时张电告冯玉祥：“良等此举，对事而非对人，介公果能积极实行抗日，则良等束身归罪，亦为（所）乐为。”但抗日主张及行动未能实现以前，要送蒋回京，“势难遵办”。[2]

17日，张学良与杨虎城联名复电程潜等，仍坚持认为他们只是“不忍见国家之地致覆灭，万不得已，始有文日之举”，强调“只求主张贯彻，决不稍为身谋”。至于放蒋，除非蒋承认西安方面政治主张，否则，“在抗日主张及行动未实现以前，尚难办到”。不仅如此，张学良第一次公开表示赞同“容共之论”，并且开始同意中共代表周恩来的提议，当内战爆发，西安被围时，对蒋“行最后手段”。[3]

18日，张学良复电孔祥熙、何应钦等，强调“救亡无方，空言商洽，非弟本意”，除非中央确有改变政策，积极领导抗日，否则“委座南归，尚待商榷”。张甚至直接警告何应钦：“在此期间，最好避免军事行动……否则彼此军人，谁有不明此中关键也哉？”[4]

---

[1] 《张学良文集》第2册，第1073、1085—1077页。

[2] 同上，第1080—1081页。

[3] 同上，第1088页。

[4] 同上，第1089—1090页。

19日，张学良致电蒋鼎文及孔祥熙等，对中央军继续进攻反应更加强烈，再度警告说："弟等发动此种惊天大事，岂能视同儿戏！一条生命，早已置诸度外。为自卫计，为保存抗日力量计，绝不惮起与周旋。"南京既然早已敌视此间，不惜国家与民命，"弟等虽惜，亦复何用"！"如中央必欲造成内战，弟等亦唯有起而自卫"。[1]

20日，张、杨联合发表告东北军和十七路军将士书，更是下定破釜沉舟之决心，准备与南京开战，故一面揭露蒋介石南京政府以抗日为名行欺骗之实，一面号召两军将士准备决一死战。书称，绥远抗战，中央只派出两个师，阎锡山要求调20万大军援绥，中央答复无法抽调。"然而到西北打红军的内战却源源而来了几十万大军。"在绥远的抗战中，中国飞机半架也没有，据中央说是天气太冷，而西安事变发生后，中央飞机数十架一齐发动到西安来侦察、轰炸，再不管天气冷不冷了。"这是抗日吗？这是真心抗日吗？如果这样就算抗日，试问我们的东北四省，我们的察北六县，我们的冀东二十二县，什么时候才能收复回来？这是敷衍欺骗的抗日，绝对不是我们要求的彻底抗日。"张、杨更批评蒋介石的准备抗日论，称这是自欺欺人，我们准备到五分，日本已准备到十分了，况且他们也不允许我们准备，必用经济、政治、军事、外交各种各样的枷锁把我们束缚得死死的，教我们动弹不得，我们如何能够在日本人眼皮底下来准备？张、杨明确认为，西安事变的行动正是因为他们不信任那些"变相汉奸"，或者是"犯了恐日病"的领导人，"看破了南京抗日是欺骗，至少也是敷衍民众的一种手段，所以才以极大的热诚劝蒋委员长变更他的错误政策"，以至于不得不武力制止之。我们这样做，"目的在对外，绝对不造成内战，并且极力避免内战，但是如果有违反民意的汉奸，用武力压迫我们，使我们不得贯彻主张，那我们为扫除误国误民的分子，争取民族的最后生存，当然我们要起而自卫，并且

[1] 《张学良文集》第2册，第1096—1097页。

要粉碎这种恶势力。这不是我们造成内战,而是实行抗日救国的清道工作”。[1]

以上所列文字，并非都是对外宣示用的公开的政治宣传，13日、20日均是内部讲话。且即使是公开宣示的声明或电报之类，也是要给各方面，包括要给自己人看的。在当时东北军、十七路军、红军，以及南京、各地方派系，乃至苏联，都高度关注着其真实意图的时候，张学良根本做不到公开强硬，暗地软弱。即使是按蒋日记所记，我们也不难看出张对蒋只是基于私人情感，动了恻隐之心而已。他并不想被蒋，特别是被外人误会他的掉泪是一种示弱或后悔，因此才会叮嘱蒋不要让外人知道两人曾面对面哭泣的情况。尤可注意的是，当晚张学良的公开讲演中对蒋介石个人安全问题的表态。他甚至于表示说，无论是对整个事变之解决，或是最关键的处置蒋的问题，他都主张“一切办法，决诸公论”。假若南京方面“不纳忠言，一味肆行强力压迫”，他将不惜视之为“全国之公敌”而与其“誓死周旋”。这种宣示清楚地说明，发动兵变的张学良是做了破釜沉舟的思想准备的，他不仅否认了蒋介石的最高领袖地位，而且已经把南京视为谈判对手，必欲要他们接受自己的政治主张。再对照张、杨20日告东北军和十七路军将士书，其为达到事变目的，不惜以战争为抗日“清道”的态度，与其14日之态度事实上不也是如出一辙吗？故有什么理由说，张学良曾经因读蒋介石的日记或文件而改变过自己的主张？又有什么根据说，张学良曾经在事变过程中有过明显的动摇和悔悟呢？可以肯定，发动兵变后，张学良自始至终都很清楚，此举可能会导致什么样的结果。因此，他从一开始就做了最坏的打算,这既包括积极准备为自卫而战,也包括准备不得已时对蒋“行最后手段”，直至“自杀”，或“入山为匪”。[2]

张学良后来回忆说，他发动兵变，是“再三再三地考虑”过的。之所以要“再三再三地考虑”，根本原因就在于，在当年抗日救亡呼声高涨的情况

---

[1] 《张学良文集》第2册，第1102—1103页。

[2] 蒋介石：《西安半月记》。

下，任何重大的政治举措都必须要能够在相当程度上赢得人心，适合国家民族利益的现实需要，亦即绝不能背离社会舆论主流。他所以敢冒此大不韪，甚至敢立下捐七尺之躯在所不惜的雄心，准备战败“自杀”或“入山为匪”，恰恰是因为他相信，经过“再三再三地考虑”，其所作所为是具有合法性基础的。

张学良所认定的兵变政治合法性的基础是什么呢？那就是他在兵变开始前夕向中共中央通报中所使用的那些政治判断：“蒋之反革命面目已毕现，吾等为中华民族及抗日前途利益计，不顾一切，今已将蒋及其重要将领……等扣留，迫其释放爱国分子，改组联合政府。”[1]读此通报，我们可以注意到几个要点：一是其兵变是“为中华民族及抗日前途利益”，不是纯为自己、为东北军；二是他相信蒋介石已不可救药，因为他拒绝基于中华民族及抗日前途利益考虑问题，坚持反对革命的立场；三是他发动兵变的目标不在除蒋或另立政府，而是希望借此强力手段能够“迫其释放爱国分子，改组联合政府”。很显然，他相信，其兵变之举虽属犯上，并有伤与蒋之间的私人情感，但却是出于解救民族危机和有利于抗日前途的一种政治作为。

有关张学良想要实现的政治主张和政治目标的最具体的表示，当不难在张、杨事变当日向各方的公开通电中一窥究竟。该公告除了强烈批评蒋介石的误国政策以外，特别提出了如下八项政治主张：

（一）改组南京政府，容纳各党各派，共同负责救国。

（二）停止一切内战。

（三）立即释放上海被捕之爱国领袖。

（四）释放全国一切政治犯。

（五）开放民众爱国运动。

（六）保障人民集会结社一切政治自由。

[1] 《李宜致东、来兄电》（1936年12月12日），《张学良文集》第2册，第1053—1054页。

（七）确实遵行总理遗嘱。

（八）立即召开救国会议。[1]

用不着具体解释上述主张的政治含义。这些主张事实上正是近一年来共产党人一直在积极争取和要求的。这样的主张着眼点并不在笼统要求抗日，而是着眼于国家政策和内政的改革。核心之点，也就是要求废止蒋介石“先安内后攘外”的既定国策。为此，要求停止内战，释放政治犯，开救国会议，保障人民自由权利，及联俄联共等。

提出这样的政治主张来，我们也就不难了解为什么张学良会把蒋介石看成为“反革命”，并且在内部不是把西安事变称为“兵谏”，而是称之为“革命”了。

半年多前，即张学良在与周恩来首次见面时，他就提到过一个看法，即：“国民党完了，中国只有两条路，一条共产党，一条法西斯蒂。”[2] 张学良之所以愿意了解并加入共产党，会把共产党的主张几乎当成自己的主张，看来既非心血来潮，一时兴起，也并非只是为了争取苏联同情，延续西北大联合计划，以谋得东北军一时之安。张学良相信，蒋介石国民党的那些办法已经行不通了，法西斯主义的办法在中国也不易实行。在中国，只有依靠苏联的共产党有办法。无论是从解救处于危险中的东北军的角度，还是从东北军未来发展前途的角度，都只有照共产党的办法来做，才能站得稳脚跟。因为，在中国，目前固然不能马上揭旗抗日，但却必须要准备一切，至少必须要以此为号召，以求实行共产党所主张的肯定会得到多数人民和舆论同情的根本性的政治变革。有了这些根本性的变革，人人都能看明白，不论蒋介石是不是把东北地区看成“域外之地”，至少抗日与否以及抗日目标

[1] 《张学良文集》第2册，第1055页。

[2] 前引周恩来1936年4月11日给中央的报告（《周恩来关于与张学良商谈各项问题致张闻天、毛泽东、彭德怀电》），其中周转述张学良的话说：“国民党完了，中国只有两条路，一条共产党，一条法西斯蒂。”

如何，不必再受蒋个人态度，特别是不必再受充斥着亲日派或妥协势力的南京政府的掣肘了。因为，那时的中央政府将置于全国各抗日党派团体的革命监督之下，必将依全国各抗日党派团体之意志为转移。除蒋介石国民党少数人外，很少人会公开反对这样的主张和前途吧？

这也就是为什么张学良在事变中始终坚持改组政府等政治主张，并且不达目的不止。但也正因为这些具有重大革新意义的政治主张是对蒋介石和南京政府过去统治方式的相当程度的否定，因此张学良也不能不有充分的思想准备，准备着蒋介石拒不接受胁迫，准备着南京政府顽固坚持既定方针，不得不以武力与其拼个鱼死网破。在这种情况下，可想而知张学良的兵变成功，必须建立在一种怎样的实力基础之上。而为了求得这种实力基础，他与中共中央的关系会变得怎样，他对苏联同情和援助的期望会变得怎样了。

张学良兵变成功，事实上至少需要三个条件：第一，红军和东北军，包括十七路军，必须结为军事同盟，统一指挥作战；第二，苏联的同情与援助；第三，蒋介石及其南京政府接受其主张，或者众多地方实力派同情并赞助其主张。

没有中共和红军的参与合作，事变虽可发动，却无论如何不能支持下去。这不仅因为张学良是一名缺少政治斗争经验的军人，他自知“良部及杨部之无能”，面对如此复杂的局面，难免“彷徨束手，问策无人”。[1] 且东北军和十七路军大都是各种力量混合而成，极易分化瓦解，故其内部巩固也需要有红军作为核心骨干加以支撑。若没有红军的积极参与，一旦南京中央军军事政治双管齐下，不要说东北军和十七路军在军事上将难以抵抗，内部组织上恐怕也很难不重蹈两广事变失败的覆辙。

在中共与红军同情与支持的背后，更重要的还关系着苏联的同情与援助问题。没有中共与红军的同情与参与，自然也就谈不上苏联的同情与援助。

[1] 张学良：《西安事变忏悔录》。

而没有苏联的同情与援助，国内各实力派势必会鉴于两广事变的教训，置身事外。东北军及十七路军内部将领甚至也会因此分化，部分站到南京正统一边去，如此兵变不仅难以成功，还可能导致长期战争的局面。即使是退一万步，蒋介石屈服于武力压迫，南京方面也迅速妥协，若兵变没能取得苏联信任，中国日后的统一与抗日，也仍将是可望而不可即的事情。

至于蒋介石与南京政府的屈服与众多地方实力派的同情，却是两者居一即可的事。若蒋与南京屈服，自然大功告成，一切顺利。纵使蒋不屈服，南京公然斥诸武力，若有众多地方实力派取中立甚至同情立场，有红军、东北军、十七路军三位一体和苏联的暗中援助，西安等重要战略城市和交通要道虽然开始时可能不守，但在除掉蒋介石以后，政治上、军事上群龙无首的南京方面未必能够在军事上占到什么便宜。这也是可以预料的。

问题是，在上述三个制胜条件上，张学良最初占了几个呢?

中共与红军的支持是确定无疑的。苏联方面的态度，张最初不甚了了，却抱有极大幻想。南京政府公开反应强烈，各地方实力派也颇不赞成扣蒋行动，这多少也在张意料之中。重要的是，据张学良告诉赶到西安的周恩来说："蒋态度开始表示强硬，现亦转取调和，企图求得恢复自由，对张有以西北问题对红军非降非合，完全交张处理之表示。"南京除"亲日派"外，宋美龄、宋子文、孔祥熙等均主张调和，其内部之分化已显而易见。[1]

如此算来，在上述三个条件中，张学良最初至少占了一半，苏联且为未知数，地方实力派之表示也各有区别，特别是多数并非都支持南京"亲日派"之强硬立场。因此，当周恩来到达西安之际，张学良的估计相当乐观，相信"此间诸事顺利"，唯一希望的就是尽快得到苏联的消息了。一旦苏联暗中同情并支持，实际上即可算是大功告成了。

的确，苏联的态度对张学良和西安事变的前途有着最为关键性的影响作用。因此，张学良这时自然格外关心苏联方面对他的"革命"义举反应

[1] 《周恩来致毛泽东并中央电》(1936年12月18日)，《文献和研究》1986年第6期。

如何。他不仅亲自打电报询问毛泽东："国际对西安一二一二革命有何批评，乞告。"并且在周恩来至西安后，更反复说明，他极愿听中共中央的意见，"尤愿知国际意见"。[1]

苏联对西安事变的态度如何，这在今天已经不再是一个秘密。苏联《真理报》12 月 14 日指责张学良利用抗日名目制造分裂的社论，早已尽人皆知。[2]共产国际总书记季米特洛夫 12 月 16 日给中共中央电报指示的内容也已经公之于众。问题在于，中共中央究竟什么时候得到来自苏联的指示，而张学良对于苏联的态度又有什么样的反应？时至今日，这两个问题仍旧没有真正得到解决。

中共中央究竟什么时候得到来自苏联的指示的呢？关于这个问题，人们的疑问其实主要只是集中在中共中央是否较早地收到过一封斯大林的电报指示的问题上。

有关这封电报指示的情况，最具说服力的说法有两个。一个来自美国记者埃德加 · 斯诺的一本 1957 年出版的《红色中华散记》。其中介绍了他在 1937 年 11 月与宋庆龄的一次谈话，在这次谈话中他得知，宋庆龄在西安事变时"曾转送过斯大林给毛泽东的那份电报，电报声称，中共必须运用他们的影响释放蒋，否则莫斯科将把他们谴责为'土匪'，向全世界公开批判"，并与他们断绝关系。

斯诺的这段回忆或记述严格说来价值并不高。因为，宋庆龄是共产国际秘密发展的党员，她在上海家中设有电台，与莫斯科有电报往来及秘密联络，今天已不是什么秘密。[3]同样的情况，在西安事变期间，共产国际曾经给中共中央通过电报做出指示，也早经苏联公开披露，今已众所周知。因共产

[1] 《周恩来致毛泽东并中央电》（1936 年 12 月 18 日），《文献和研究》1986 年第 6 期。
[2] 《文献和研究》1986 年第 6 期，第 46—47 页。
[3] 有关宋庆龄 1930 年代初经共产国际代表秘密吸收加入国际共产党的相关情况，笔者多年前就曾发表《宋庆龄何时加入共产党？》一文做过介绍。可参见近代中国研究网站（http://jds.cass.cn/Item/355.aspx），2005 年 9 月 12 日。

国际与中共电报联络有时会出现问题，它同时电知宋庆龄，通过宋再转一份给中共中央，也很正常。斯诺回忆说，宋庆龄曾转电陕北中共，却没有说具体时间，故他的这种转述实无多大价值。

一个比较容易引起争议的说法，来自当时还是中共中央政治局委员的张国焘的回忆。张的回忆提到了具体时间，而这个时间大大早于今天已知的共产国际总书记季米特洛夫来电时间。张回忆说："幸好莫斯科的回电于十三日的晚间到达了。这是一张半打字纸的长电，内容分为三段：第一段，肯定西安事变是日本阴谋所制造的，并说明张学良左右和他的部队里，暗藏着一些日本间谍，利用张的野心，甚至利用抗日的口号，制造中国的混乱，我们若听任其发展下去，中国将出现长期内战，抗日力量，因之完全丧失，日本便可坐享其利。苏联决不会为这种阴谋所利用，更不会给予任何支援，相反的，现已明白表示反对态度。第二段指出中国目前所急需的，是一个全国性的抗日民族统一战线，因此，最重要的是团结与合作，而不是分裂与内战，并说明张学良不能领导抗日，蒋介石如能回心转意，倒是能领导抗日的唯一人物。第三段指示中共应争取和平解决西安事变，利用这一时机与蒋介石做友善的商谈，促使其赞成抗日，并在有利的和平解决的基础上，自动将蒋释放。"[1]

相信多数读者和著作正是依据张国焘的说法确信，宋庆龄在事变爆发第二天就利用她的电台向陕北的中共中央"转发"过斯大林的电报。[2]

关于张国焘的回忆有许多不实、不确之处，我们前面在谈到1935年长征途中一、四两个方面军关系问题，包括两河口等会议内容时，已依据档

[1] 张国焘：《我的回忆》第2册，第333页。深信张国焘这一说法的有关西安事变问题的著作有吴天威的《中国革命的转折点》和李云汉的《西安事变始末之研究》。

[2] 埃德加·斯诺著，奚博全译：《红色中华散记》，南京：江苏人民出版社1992年版，第2—3页。傅虹霖的《张学良的政治生涯》不仅以斯诺此说为依据，而且明确肯定这一过程是："斯大林的电报发给了上海的孙中山夫人，然后由她转发给毛泽东。"傅虹霖：《张学良的政治生涯》，第237页。另可见芦笛：《宋庆龄是否在西安事变中为斯大林转过密电——与杨奎松教授商榷》，转见燕谈（http://www.yantan.cc/bbs/viewthread.php?tid=93794）。

案史料做过说明。今天一些人坚持认为张回忆中提到的13日这个时间可信，举出的唯一证据却还是回忆，而且还是事隔四五十年后更加间接的胡子婴的回忆。说是胡子婴回忆称，12月13日白天，宋庆龄叫胡到她家去，把西安事变的情况告诉了胡，并焦急地询问胡能否陪同她一起到西安去劝说张学良放蒋。晚上8时她突然又打电话告诉胡说她不去了，说是搞不到飞机。[1]这意味着宋庆龄当天确实受到过外界的影响，这个影响和张国焘的回忆联系起来，似乎就可以推导出宋当天是因为收到了斯大林的电报才有此让胡子婴感到十分意外和吃惊的变化的。

我们姑且不论胡子婴的回忆是否可靠，单就胡子婴的说法与张国焘的说法之间的联系看，就存在一个明显的问题。因为，胡子婴回忆宋庆龄当天曾表现出两种让她吃惊的情况。一是听到"作恶多端的独夫民贼"蒋介石被捉后，不是高兴，而是焦急地要去救蒋；一是说了要动身，晚上又突然表示不去了。如果按张国焘所说斯大林电报的内容，最合乎情理的推理是，宋庆龄13日白天急着要去救蒋的表现是收到斯大林电报后的反应，而不会是她自己先要去救蒋，晚上收到斯大林来电，又决定不去了。[2]如果这一推理是合理的，那么，鉴于胡回忆她去宋庆龄家时，还不知道事变消息，是宋告诉她事变消息的情况，可知胡到宋处的时间当在13日早上。而且，宋庆龄和胡谈完后，又在胡的陪同下，步行去了住在辣斐德路辣斐坊的何香凝处，与何商量。几人商量后，胡又去见了胡愈之，并且又在银行开门期

[1] 胡子婴：《光耀日月气贯长虹——回忆宋庆龄名誉主席在救国会时期二、三事》，《宋庆龄纪念文集》，北京：人民出版社1982年版，第112页。

[2] 芦笛文中有所谓："从胡子婴的证词可以判断，那电报宋庆龄当天就转给中共中央了，那就是她何以先急着要去西安，很可能是想将信息亲自传递给中共代表，但晚上就说不去了。这很可能就是张国焘说的莫斯科来的那个电报，只是张不知道是由宋经手转来的。"这里的逻辑很奇怪。"那电报"不知指哪份电报，"想将信息亲自传递给中共代表"中的"信息"亦不知是何信息，"中共代表"亦不知是何代表，在上海的代表，还是在西安的代表？如指上海的代表，宋何必去西安？如指西安的代表，当时周恩来等均未到西安，宋找哪个代表？说宋13日晚决定不去了，是因为收到了张国焘所说的批评张学良发动兵变的斯大林来电，就更不通了。斯大林批评事变，主张救蒋，宋应马上动身去西安才对，怎么会收到这样的电报，反倒决定不去了？

间去提了现款。[1]这意味着什么呢？这意味着要么胡回忆的13日这个日子不准确，要么宋庆龄要去救蒋的反应与斯大林无关。因为，莫斯科和上海的时差有5个小时之多，以宋庆龄的身份和作息时间，她有电台与莫斯科通电，一天通常也只能定时收发一次，时间亦会定在夜里12时前后。如果宋庆龄13日一早把胡子婴叫到家里来，这等于说她夜里12时前后已得到斯大林的电报了。已知在12日当天，中共中央曾连发数封电报给莫斯科汇报情况，直到夜里24点，即13日凌晨0点，即莫斯科时间19点，它才获得确信并告共产国际称：“张学良确已将蒋介石扣留在西安。”由于中共中央电台功率较小，共产国际接收要经过其设在边界的转接台处理和转发，加上俄国人平时处理这类问题的复杂程序和历史速度，从莫斯科的共产国际和苏联外交部收到确信，综合报告到斯大林处，到斯大林做出决定，再到返回相关机构，再到发出电报指示，怎么都不可能是在短短两三个小时内完成的过程。已知莫斯科在外交上做出的最快表态，已经是到了14日白天，即反映在《真理报》发表的社论中。算上排版时间，至少也是到中国时间14日的凌晨了。

事实上，斯诺所以相信斯大林是通过宋庆龄转送电报给陕北中共中央的说法，多半是因为他不了解中共中央当时与共产国际和苏联之间存在着直接电报联系。否则的话，斯诺恐怕无论如何也不能解释，斯大林为什么要舍近求远，不通过他们与中共中央的直接电台来做出回复和发布命令，非要转经远在上海的宋庆龄来向中共中央送达这一指示。很显然，包括斯诺在内，凡相信此说者在这里都犯了两个错误：其一是不了解中共中央与苏联有着直接的通讯联络，除非迫不得已，莫斯科没有必要舍近求远，多此一举，增加一道泄密的危险；其二是误以为宋庆龄这时与中共中央保持着秘密的电讯联系，因而相信斯大林这时除了采取这种方式向中共中央传

---

[1] 胡子婴：《光耀日月气贯长虹——回忆宋庆龄名誉主席在救国会时期二、三事》，《宋庆龄纪念文集》，第112页。

送指示以外，没有再快的途径了。实际上，宋庆龄这时与中共中央并没有直接的电讯联络。

中共中央早期或许曾经试图与宋庆龄的电台建立通讯联系，但由于中共中央和宋庆龄的电台功率均不大，这样的联系始终未曾建立起来。据宋庆龄西安事变后发给共产国际王明的电报可知，直到西安事变发生前不久，宋庆龄与陕北中共中央之间还只是靠中间人传送信件来沟通，还不能用电台来联系。[1] 当时中共中央驻上海的代表李允生（即冯雪峰）自 5 月到上海开始工作以后，始终要靠写信向陕北中央报告工作情况。中共与国民党谈判的代表潘汉年自 10 月到上海开始与国民党接触并谈判以来，也始终在为不能及时与中共中央取得联络而苦恼和焦虑。当时潘在上海与中共中央进行联络只有两条途径，一是靠张学良设在上海公馆里的电台，一是靠国民党为便利其谈判而提供的一个专用电台。前者需要中经西安张学良的电台转发，遇张学良不在时，电台即不能使用，联络十分不便。后者虽因功率较大，可直发中共中央，却很容易泄露秘密，潘汉年急于汇报谈判策略及工作情况，每每愿意使用这一电台通报，以致 12 月上旬中共中央曾几度严令其停止用国民党电台报告“家事”。显然，如果当时存在着一个自己可用的电台，如宋庆龄的电台可以与陕北中共中央直接通报，自然不会出现这许多困难与麻烦。因为这时李允生和潘汉年都与宋庆龄有着十分密切的工作关系。也正是因为不存在这样的电讯联系，中共上海组织一直在千方百计地建立工作电台。可是，此电台虽经在上海的外国友人协助建立了起来，并从 9 月以后即开始调试，却因陕北电台电力太弱，根本叫不通，因此在

[1] 信称：“作为对毛泽东同志请求帮助提供资金的来信的答复，我在三个月前给他寄去了一笔款项，此事在这里只有一个人知道，他起了联络人作用，通过他，我收到了来信和转寄了钱款。”《宋庆龄给王明信》(1937 年 1 月 26 日)，中共中央党史研究室第一研究部编译：《共产国际、联共(布)与中国革命档案资料丛书》第 15 卷，北京：中共党史出版社，第 276 页。

西安事变之前未能发挥作用。[1]

在缺少实质性证据的情况下，要想印证张国焘所谓斯大林13日曾通过宋庆龄来电批评斥责的说法有其根据，最简单的办法，不是去找胡子婴这种间接得不能再间接的人的回忆录，而是应该去仔细考察中共中央在收到斯大林电报之前和之后在态度、方针上有无重大变化。十分可惜的是，没有哪一个武断肯定宋庆龄13日代转过斯大林批评电的人，进行过这样的考察，并找出过任何中共中央态度、方针发生突然转变的蛛丝马迹。既然如此，不难得出结论，所谓宋庆龄13日代斯大林转发致中共中央电，批评斥责张学良兵变之说，并不准确。

说宋庆龄13日没有代转莫斯科来电，是不是意味着斯诺的说法只是捕风捉影？也未必。事实上，根据已知的情况，12月16日晚，共产国际总书记季米特洛夫就西安事变发出了专门的电报指示，从电报第一句“作为对你们来电的答复”的表述中，不难判断这是共产国际对中共中央就西安事变问题接连几份电报的第一份电报指示。由于此电以及另外一封差不多同时发来的电报没有能够被译出来，中共中央18日凌晨曾给共产国际去电称：接连两电“勤务组弄错了，完全译不出，请即检查重发，至要”[2]。注意到双

[1] 参见《李允生给中央的报告》(1936年9月14日),《周恩来致刘鼎转汉年电》(1936年12月10日),《周恩来致小开电》(1936年12月12日)等。有关中共曾经在上海依靠外国友人帮助建立过一个电台的情况，还可以参看路易·艾黎所撰《西安事变前后中共地下党员刘鼎》一文，内称在他家的顶楼的小房间里，曾“设置了共产国际中国组的秘密电台，由甘普霖负责。有两个德共年轻的女党员维特·玛亚和菲莉·玛亚协助他工作。我们通过这部电台，与在国内一些地方进行长征的红军保持通讯联系”。路易·艾黎所说的这个甘普霖叫亚历克·甘普霖，是位英共党员，公开身份为上海电力公司职员。关于这一回忆的具体细节可能还有一些需要详加考证的问题，比如回忆中说这部电台是“共产国际中国组的秘密电台”，显然令人怀疑。因为路易·艾黎始终不曾参加过共产国际的任何工作，且艾黎与史沫特莱关系密切，刘鼎即是史沫特莱送到艾黎家藏起来的。可是共产国际这时对史沫特莱的政治背景深表怀疑，对刘鼎也不信任，再三告诫中共要对他（她）们保持警惕，因此很难想象共产国际中国组（事实上共产国际也没有这样的组织）会毫无顾忌地在与此二人关系密切的艾黎家里设置秘密电台。当然,从回忆的内容看，这部电台确实是存在过的，只不过，它多半并不是共产国际的电台，恐怕正是李允生在上海建立的那部电台。从回忆内容也可以看出，这部电台与陕北并没有直接的电讯联系。

[2] 《中央书记处致共产国际执委会书记处电》(1936年12月18日)。

方电报往来存在问题，共产国际转电宋庆龄，请其设法代转电示，应该也是可能的。

如何看待中共中央18日的电报，在一些研究者中间显然存在着不同的理解。有不少人怀疑，是否真的存在电报译不出来的情况？是不是毛泽东，因为自己此前对策与苏联不同，因而有意利用这一点搞了一个“时间差”？对此，如果不是先入为主地把毛妖魔化，多了解一些当时中共中央内部分工的情况和电讯方面的情况，应该能够看出这种怀疑未必能够成立。

就当时的中共中央内部分工来说，需要弄清楚的是，党的总负责人还是留苏学生出身的张闻天，而非毛泽东。与共产国际的电讯联络，也是由张闻天负责的。况且，这个时期也不存在毛泽东与共产国际发生意见分歧的情况，这一点与1940年代以后毛泽东因为与共产国际发生意见分歧，转而严格控制中共中央与共产国际和苏联联络电台的情况是完全不同的。在此之前，对共产国际来电再有不同意见，向来也都是在中共中央政治局内传达讨论的。在毛泽东未形成绝对权威地位之前，党内任何人事实上都没有可能封锁莫斯科的电报指示。1936年前后张闻天主持中央工作阶段，就更无此可能了。

那么，有没有可能张闻天受毛泽东挟持，和毛泽东一道隐瞒共产国际电报指示呢？更没有可能。因为，下文将会讲到，围绕着处置蒋介石和如何处理西安与南京关系问题上，张闻天和毛泽东这时本来就看法不一，会上就有争论，共产国际的意见明显地更符合张闻天的看法，张闻天有何理由会和毛一同扣押莫斯科的来电呢？

至于有人笼统举出张国焘指责毛泽东的说法，说毛当时严密控制通信机构，不仅控制中央与莫斯科来往的密电，还严密控制中共与西安方面，包括与国民党南京政府人员、张学良、杨虎城等部以及其他派系和人员的通信等，“凡一切命令指示、人员调动和军事情报等，概由毛泽东一人包办”[1]云云，就更不可信了。张国焘这个时候刚刚回到中共中央来，因其分裂行为，

[1] 张国焘：《我的回忆》第3册，第345—346页。

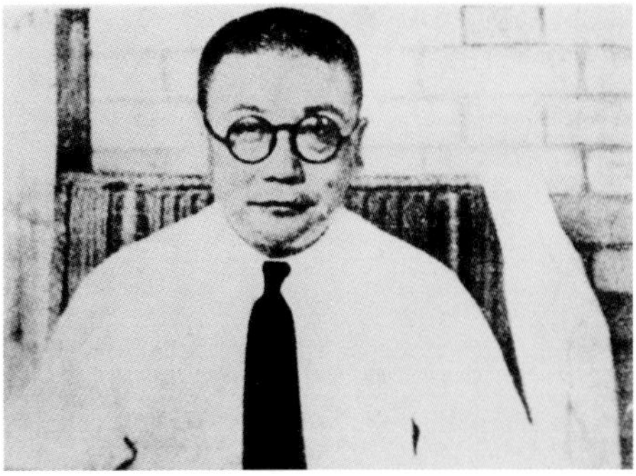

1936年1月最先受命与张学良、王以哲接触谈判的中共代表李克农

1936年夏从莫斯科回国先后受命与陈立夫及张学良谈判的中共代表潘汉年

曾任毛泽东秘书的张文彬，1936年9月曾受命前往西安与杨虎城谈判合作问题

1936年4月9日夜周恩来与张学良首次秘密会晤的地点延安天主堂，此图为1937年国共合作实现时拍摄

首位深入中共陕北苏区的美国人埃德加·斯诺 1936 年拍摄的毛泽东半身照

1936 年 10 月 5 日毛泽东起草的，以毛、周两人名义写给张学良的密函，恳请张帮助推动国共两党合作

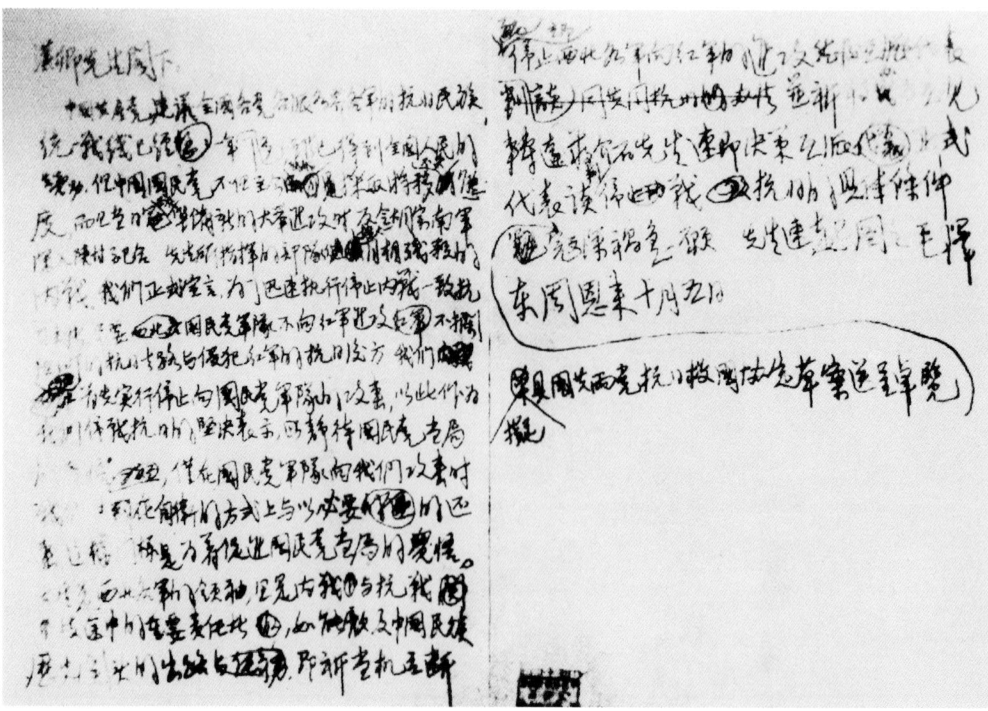

西安事变中，红军、东北军、十七路军“三位一体”的军事同盟初成。这是事变后红军二方面军干部在陕北与东北军干部联欢合影

1936 年西安事变发生地点，潼关华清池蒋介石休息处

事变当日蒋介石被东北军搜出的骊山上的藏身处，崖上书写有“蒋委员长蒙难处”字样

事变发生凌晨蒋介石在卫兵帮助下翻越的华清池行馆墙壁，墙外是深沟，蒋因此腰椎受伤

事变当天蒋介石的华清池行馆

西安事变谈判旧址

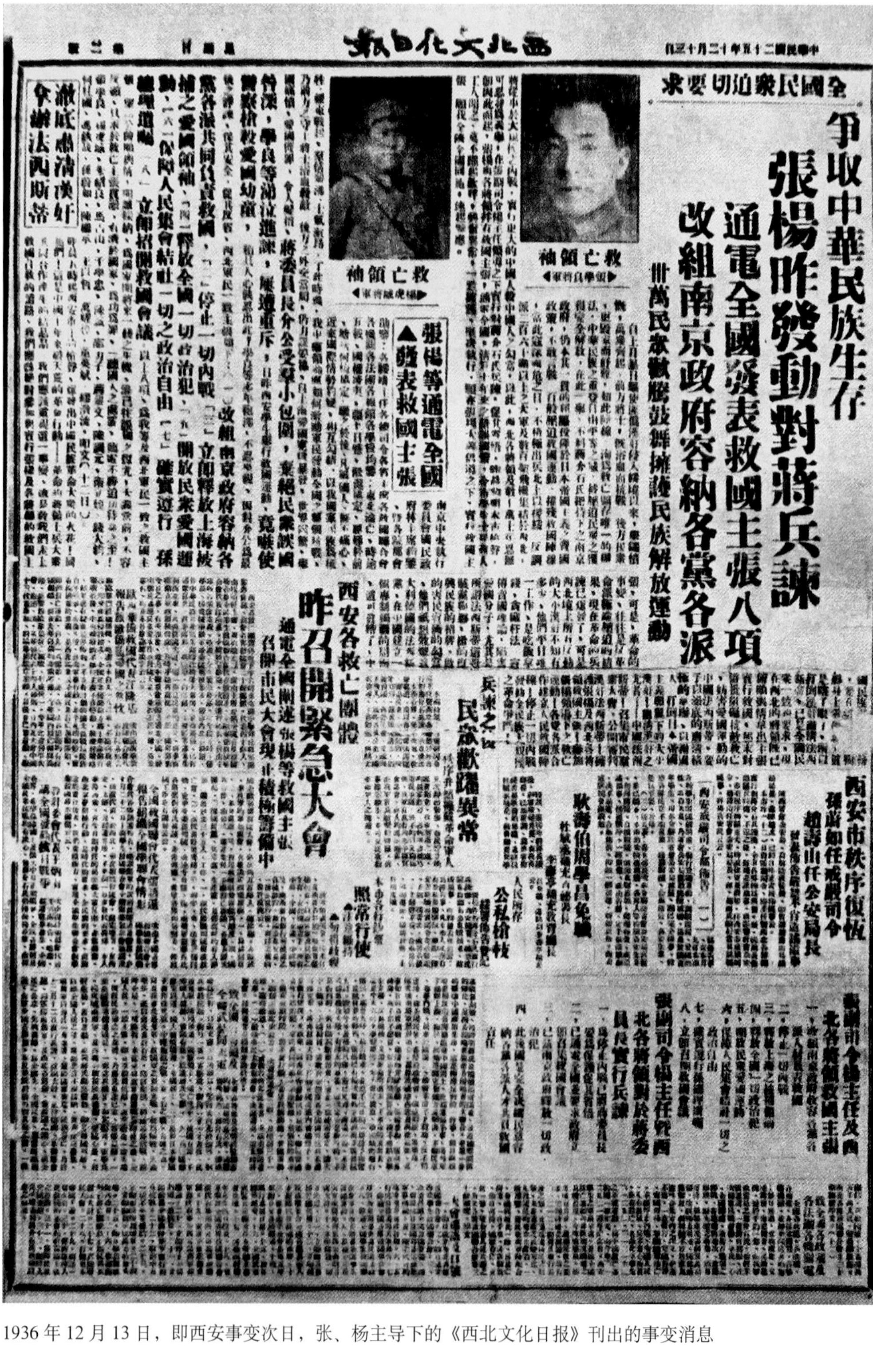

西北文化日報

中華民國二十五年十二月十三日

全國民衆迫切要求

爭取中華民族生存

張楊昨發動對蔣兵諫

通電全國發表救國主張八項

改組南京政府容納各黨各派

卅萬民衆歡騰鼓舞擁護民族解放運動

救亡領袖 張學良將軍

救亡領袖 楊虎城將軍

張楊等通電全國 發表救國主張

西安各救亡團體 昨召開緊急大會

民衆歡躍異常

西安市秩序恢復

徹底肅清漢奸

1936 年 12 月 13 日，即西安事变次日，张、杨主导下的《西北文化日报》刊出的事变消息

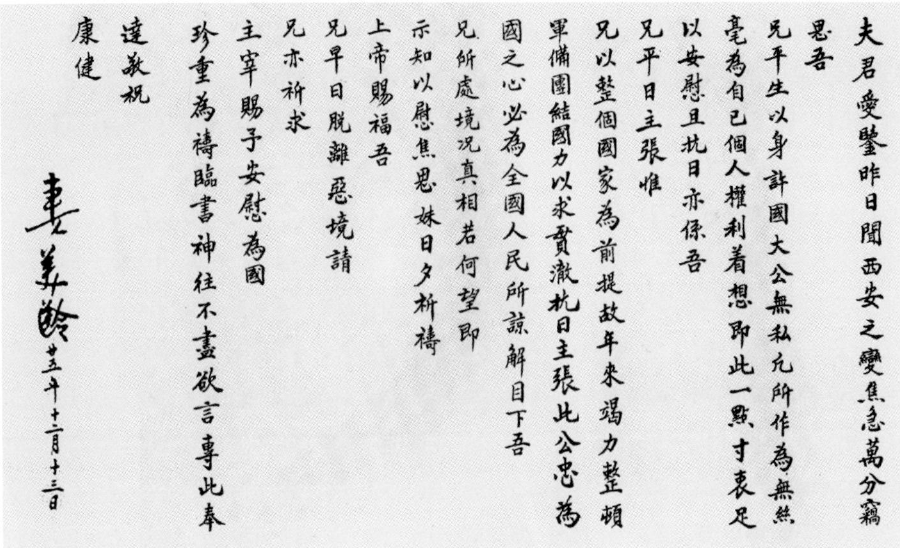

夫君愛鑒昨日聞西安之變焦急萬分竊
思吾
兄平生以身許國大公無私凡所作為無絲
毫為自己個人權利着想即此一點寸衷足
以安慰且抗日亦係吾
兄平日主張惟
兄以整個國家為前提故年來竭力整頓
軍備團結國力以求貫澈抗日主張此公忠為
國之心必為全國人民所諒解目下吾
兄所處境況真相若何望即
示知以慰焦思妹日夕祈禱
上帝賜福吾
兄早日脫離惡境請
兄亦祈求
主宰賜予安慰為國
珍重為禱臨書神往不盡欲言專此奉
達敬祝
康健

妻美齡 廿五年十二月十三日

西安事变后宋美龄写给蒋介石的信

西安事变后，蒋介石的外国顾问端纳最先受宋美龄、宋子文之托，飞到西安面见张学良

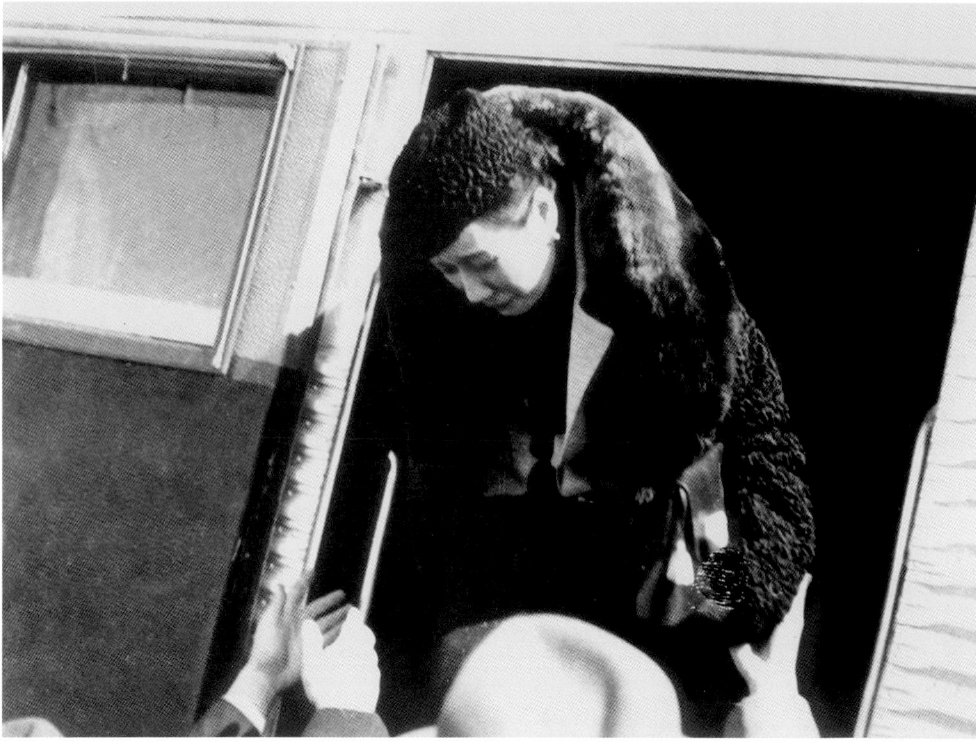

1936 年 12 月 22 日，宋美龄在宋子文的陪同下，冒险飞到西安营救蒋介石

没有被派予这些方面的工作，甚至不受信任，是可想而知的。但说张闻天、周恩来、彭德怀等也都不能了解、不能参与、不能介入这些统战、军事和与共产国际电信联络方面的工作，显然只是张国焘出于个人情感的一面之词。事实上，正如前已再三述及的，尽管毛这时分工负责统战和军事，但周恩来、彭德怀也都是最直接的参与者和具体方面的负责者，包括在西安事变及其各方关系的处置问题上，他们之间也并非毫无矛盾，并不存在“概由毛泽东一人包办”的情况。

有人怀疑这个时候的电信工作不可能出现与莫斯科联络不畅的情况，就更是缺少相关知识的表现了。在整个 1936 年，从已知的情况可以看出，中共这时的电信工作还存在着相当多的困难和问题。这是因为，电信联络，在这时是一项技术性较强的工作。无论是电台的选择、使用、维修、零配件的购置补配，还是发报、接收、译电，等等，没有一项不需要一定程度的专门知识与技能。但当时的中共和红军，电台多半都是从国民党军队中缴获来的，型号不一，大小不一，电池以及各种零配件补配困难，从而造成电台使用上经常出现问题。中共的电信人员，除极个别在苏联或在国民党统治区从事地下工作时受过专门培训之外，绝大多数都是半路出家，文化水平也较低，因此错发错译、搞乱电码之事时有发生。再加上当时使用的电台一般功率较小，其电台多半又都要靠柴油发电，故而一旦天阴下雪（雨）或油料告罄，电台联络往往即告中断。因此种种，在电信联络方面，出现这样或那样的问题，包括接收环节配合不当以及收电或译文混乱不清的情况，在这时的国内电报联络中可以说经常出现。

一般来说，这时的国际电信联络工作，因为中共中央较为重视，配备人员较强，因此错误率相对要少一些，但也并非不出问题。更何况中共中央与共产国际电台联络方面，除了存在与国内通信几乎同样的问题以外，还存在着密码种类过多（林育英、阎红彦、刘长胜、潘汉年均带回密码），使用上容易出错的情况。7 月间，中共中央与共产国际的联络即因电台缺油而一度中断。双方自 6 月直接通电之后，其间已知不止一次地出现过个别电文因不知用哪个密码翻译而一时译不出来，和个别电报译文中许多字译不清楚的情况。因此，共产国际 12 月 16 日来电偶然出现搞乱电码和译不出来的情况，单纯从技术的角度来看，也确是有可能的。[1]

另外可以印证中共中央 12 月 20 日以前没有完整收到共产国际或斯大林关于西安事变问题电报指示的情况还有一些。比如，张学良于 12 月 17 日曾专门致电毛泽东，询问国际对西安事变的意见，张学良在这一天以及第二天上午与周恩来的谈话中也再度提到希望尽快了解苏联的态度。毛泽东 17 日回电却明确告诉张学良，苏联方面尚无电报到来。电称：

> 我们对远方（即指苏联——引者）政府已做几个报告，尚无回报。兄令刘鼎将每日民众运动情形电告一次，若远方知此次事变及事变后之进展不是单纯的军事行动，而是与民众联系的，估计当寄以同情。惟远方政府目前为应付外交，或尚不能公开赞助我们。[2]

周恩来 18 日也就此致电中共中央，说明他已告诉张学良还不知苏联意见，并请中共中央得到苏联回电后立即电告。周电称：

> 宜极愿知我们意见，尤愿知国际意见，彼衷心甚虑因此内战绵延，有碍抗战。我已明告国际及苏联意见虽尚不知，但如日本及汉奸硬要挑起内战，我们只有在坚决防御坚持抗日动员，争取同情，分化南京，

[1] 可以相信中共中央 18 日电报所言不虚的理由还有一点，即这时分工负责与共产国际电报联络的，并不是毛泽东，而是张闻天。从半年来已知的大量与共产国际来往电报的署名看，由毛泽东署名或参加署名的致共产国际的电报只有 8 月 25 日一封，其余去电署名绝大多数为“洛甫”（即张闻天）或由张起草，署名“中央书记处”，另有少量署名“林武”（用林育英带去密码）。且这时中共中央与共产国际的电报联络，也不存在 1940 年代后由任弼时一人掌管，直接向毛泽东个人负责，非经毛泽东同意，不向政治局传达通报的情况。这时，共产国际凡有重要指示，中共中央还从来没有不集体讨论并加以贯彻的。

[2] 《毛泽东致张学良电》（1936 年 12 月 17 日），《文献和研究》1986 年第 6 期。

孤立汉奸，缩小内战，并连接到抗战上去……国际有电来请即告我。[1]

注意到三天以后，即 12 月 21 日中共中央在得到共产国际的电报指示后，立即就向张学良做了转达的情况，有理由相信，毛泽东这时的说法应该是确实的。即至少在 17 日当天，毛泽东还不能确认已经收到来自苏联和共产国际的准确的电报指示。

再比如，中共中央 19 日召开政治局扩大会议，再度讨论对于西安事变的方针问题，毛泽东在报告中明确讲："国际指示还未到"，因此新拟定的公开通电等暂时还不能发，要等两天再说。如果我们知道与共产国际的通信基本上是负总责的张闻天在负责，而张又最赞同共产国际来电的意见，当可知道毛此说应非虚言。

20 日，中共中央接到共产国际重新发来的电报指示，21 日即复电称："来电于二十日才收到，同意你们的意见，我们也已经基本采取了这种方针。"[2] 这里，"来电于二十日才收到"一句，也很清楚地反映了中共中央正式收到共产国际电报指示的时间。

当然，中共中央在 12 月收到共产国际的电报指示，并不意味着它对西安事变的方针在此之前完全没有变化，或者这种变化没有受到过苏联态度的影响。

中共在陕北能够接收到苏联政府的电台广播，因此它应当能够得知 12 月 14 日以后苏联《真理报》发表的对西安事变的严厉指责。但无论是听到了广播也好，还是按照张国焘所说收到了斯大林的电报也好，都没有影响到中共中央 13 日会议所决定的除蒋方针。已知中共中央除短波广播外所得到的最早的莫斯科的消息，是来自 17 日潘汉年利用国民党电台发来的电报，其中译介了莫斯科《真理报》和《消息报》14 日和 15 日的两篇指责西安事

[1] 《文献和研究》1986 年第 6 期。

[2] 《中共中央书记处致共产国际执委会书记处电》（1936 年 12 月 21 日）。

变和张学良行为的社论。另外，潘汉年在随后的一封电报中也明确提出：中共中央对事变的态度应保持慎重，切勿采取与张、杨同样之行动。由此我们可以确切地知道，中央至少 17 日已经得知苏联报刊的评论。不过，对于苏联在公开舆论上的这种表态，中共中央鉴于以往莫斯科在处理类似问题上的做法，并不就认为那是莫斯科的真实意图。因此，就在收到潘汉年电报当天，毛泽东在回复张学良询问“远方”态度的电报中，显然不是毫无目的地说：“唯远方政府目前为应付外交，或尚不能公开赞助我们。”[1]

我们强调不存在 12 月 13 日斯大林来电，16 日共产国际来电中共中央所得电报未能完全译出，一个最重要的依据，也是鉴于中共中央直到 19 日之前，其 13 日确定的除蒋方针都没有发生明显的改变。中共除蒋方针最直白的表露，可见 13 日中共中央紧急会议记录，15 日中共中央要求罢免蒋介石、交付人民公审的通电，以及 17 日毛泽东与周恩来关于西安城不守时“诛之为上”和“行最后手段”的电文。直到 18 日，在给国民党中央的通电，它仍旧没有按照所谓 13 日斯大林电或 16 日季米特洛夫电所要求的务必站在中间立场讲话的指示行事，依旧公开站在张学良、杨虎城的立场上说话。通电中虽然已接受周恩来当天建议，开始承认可以保蒋安全，恢复其自由，前提却仍旧是必须“召集全国各党各派各界各军的抗日救国代表大会，决定对日抗战，组织国防政府、抗日联军”，并且仍不愿承认蒋介石的全国领袖地位，强调“不愿以蒋氏一人而致中华民族以万劫不复的病患”。[2]

中共中央对蒋策略的转变，发生在 20 日。在这一天，中共中央再发通电，这回公开地站在第三者的立场上说话了。它不再从张、杨这边，而是向西安和南京“双方”同时建议，其建议也不再为保蒋安全问题设置前提条件了，甚至张、杨所提议的改组南京政府、召集救国会议、释放一切政治犯等项条件，中共中央也不再提了。中共中央建议的主旨，只是希望南京政府能

[1] 《毛泽东致张学良电》（1936 年 12 月 17 日），《文献和研究》1986 年第 6 期。

[2] 《中共中央关于西安事变致国民党中央电》（1936 年 12 月 18 日），《文献和研究》1986 年第 6 期。

够同意停止进攻，立即召集一次和平会议，来讨论抗日救亡及蒋先生的处置问题。[1] 中共中央18日通电和20日通电，在落款时间上只差一天，但其要求相差之大，是再明显不过的了。

为什么这两个通电的内容会有如此明显的差别？这里的原因不难判断，那是因为，18日晚和19日白天，南京政府已经在通过电台反复广播苏联《真理报》严厉指责张学良和西安事变的社论。这个广播，不仅陕北中共中央听到了，而且西安方面也听到了，就连地处甘北前线的彭德怀等红军将领也都听到了。周恩来当天即打电报给中共中央，特别提到了这件事，电报称：“闻《真理报》批评西安事变无形中帮助日本侵略之发展。”同样，在中共中央当天举行的政治局会议上，毛泽东也明确提到了这一消息，说：“苏联《真理报》两次的评论，对西安事变认为等于两广事变一样。”20日，彭德怀、任弼时也来电报询问：“南京新闻谓《真理报》载西安事件是挑拨内战之烟幕弹，将来利于日本进攻，张学良之举动乃投机行为云。中央对西安事件意义及前途估计请详告，张之扣蒋乃逼不得已之行动，应告国际。”[2] 由上述情况可以看出，中共中央众多领导人都是在18日之后陆续得知莫斯科的公开反应与态度的。

多半正是因为有了17日潘汉年电和南京政府新闻社的广播，中共中央于19日当天紧急召开了新的政治局扩大会议，进一步讨论了对于西安事变的方针问题。

毛泽东承认：“西安事变发生后，南京的一切注意力都集中在捉蒋似是而非不徐不疾喝下上，动员一切力量来对付西安，把张、杨一切抗日主张都置而不问，更动员所有部队讨伐张、杨，这是西安事变发生后所引起的黑暗方面的表现，这是对于抗日不利的”，它促进了内战的发生与延长，“客

[1] 《中华苏维埃中央政府及中共中央致对西安事变通电》(1936年12月19日，实际日期应在20日)；张培森等：《张闻天与西安事变》，《党的文献》1988年第3期；《彭、任致主席团电》(1936年12月20日)。

[2] 张培森等：《张闻天与西安事变》，《党的文献》1988年第3期。

观上是有利于日本帝国主义的”。

与会者一致同意，事变发生后没有估计到南京方面以及各地方实力派会“盲目的拥护蒋个人而不问抗日”，以致事变发生后中国形成了一个拥蒋潮流，使大规模内战的前途空前严重。鉴于此，张闻天明确提出 13 日会议所定方针有问题，强调：“对于要求把蒋介石交人民公审的口号是不妥的。”

毛泽东对苏联的态度显然有看法。他指出：“日本说苏联造成，苏联说日本造成，双方对于事变的实质都有抹煞。”但张闻天对毛的说法明显表示不赞成，并且以中共中央总负责人的资格表态称：“对苏联的舆论应该解释的，苏联因为日本的造谣，只能这样说，同时苏联如表示同情，便可以使与南京对立，这样的舆论自然对局部的利益是有些妨碍的。”尽管，我们自己不能采取这样的态度，但我们今后的做法在实质上还是要与苏联相一致。[1]

应当指出的是，19 日会议较之 13 日会议在两个重要问题上取得了进展：一个是否定了任何反蒋的可能性，承认对蒋生命安全的任何明显的威胁都只能造成严重的内战前途；另一个是明确否定了在西安成立政府的任何设想，承认任何否定南京正统的做法也必然地要使中国长期处于分裂状态。张闻天明确主张：“我们应尽量争取时间，进行和平调解”，但仍应与张、杨靠近，尽量与东北军配合，准备以防御战来反对内战。显然，具体如何结束内战危险，会议上并未能够找到行之有效的具体办法。毛泽东最后提出，变国内战争为抗日战争有两种方法，一是文章调停，一是武装调停，内中是很复杂的，要转很多弯子的。特别是在南京和西安两方面，我们固然应当争取南京，但更要争取西安。言外之意，就像张闻天所讲的那样，不论苏联态度如何，一旦在南京和西安两者之间出现无法调解的冲突时，共产党事实上仍旧要站在西安一边，甚至不惜用武装调停的办法支持西安来把

[1] 《(中共中央) 政治局扩大会议》(1936 年 12 月 19 日)。转见张培森等:《张闻天与西安事变》,《党的文献》1988 年第 3 期。

内战停止下来。[1] 对此，与会者也都不能不在事实上予以认可。换言之，在事实上要站在西安一边的这样一种立场，即使在中共中央 20 日接到共产国际指示电之后也没有改变。

在 20 日根据共产国际的指示发出的党内指示当中，中共中央在肯定事变的积极意义的同时，第一次批评张学良的兵变做法。称因为事变“采取了多少军事阴谋的方式，扣留了南京最高负责人蒋介石及其主要将领，以致把南京置于西安的敌对地位，而造成了对于中国民族极端危险的新的大规模内战的可能”，“妨害了全国反日力量的团结”。但指示依旧明确规定，中共与红军仍要“同情西安的发动，给张、杨以积极的实际的援助（军事上的与政治上的），使之彻底实现西安发动的抗日主张”，甚至要“切实准备‘讨伐军’进攻时的防御战，给‘讨伐军’以严重的打击，促其反省”。[2] 这一决定也说明，中共中央在支持张学良的问题上基本没有改变原先的立场。

了解了中共中央在什么问题上转变了自己的做法，自然也就比较容易了解张学良因为苏联的态度究竟会有什么样的反应。

不能否认，张学良发动西安事变，在相当程度上是寄希望于苏联的同情与援助的。因此，苏联舆论的公开的反对态度，不可避免地会使张学良感到不满。但简单地根据这一逻辑关系来判断张学良的反应，甚至说什么张学良因此对共产党也开始表示不满，却未免有些武断。[3]

---

[1] 《（中共中央）政治局扩大会议》（1936 年 12 月 19 日）。转见张培森等：《张闻天与西安事变》，《党的文献》1988 年第 3 期。

[2] 《中央关于西安事变及我们任务的指示》（1936 年 12 月 19 日，实际日期应为 20 日），《文献和研究》1986 年第 6 期。

[3] 根据当时曾经在张学良身边工作过的人的回忆，一些研究者向我们描述说：当时“最使张学良烦恼的是苏联的态度”。“张学良原以为发动兵谏是为了抗日，可以取得苏联谅解，尽释中东路事件前嫌，以遂多年联苏的愿望，结果却适得其反。他问刘鼎：‘苏联广播为什么骂我受日本人指使？’刘答：‘可能他们还不了解情况。’以后苏联连续抨击西安事变，16 日，苏联正在广播，张对刘说：‘听见了吗？’表情愤懑。张以为他背了比九一八事变时更大的黑锅。苏联的抨击使张学良对中共也有点怀疑。一次，张学良拿着内容载有苏联评论事变的新闻记录下楼，宋黎在楼梯下面给他让路，听见张学良似乎自言自语，说：‘我待他们那么好，他们却这样对待我。’”张魁堂：《张学良传》，第 208 页。

应当了解的是，张学良高度重视苏联方面的反应，并且与上海有直接的电台联系，因此，还在他 17 日打电报给毛泽东询问“国际对西安一二·一二革命有何批评”的时候，多半就已经或多或少地了解到莫斯科的公开反应了。之所以我们会有这样一种印象，当然不是依据几十年后某些当事人的不那么可靠的回忆，而是因为我们注意到张学良在询问国际反应时所用的“批评”二字。张学良本来在这里有许多字眼儿可以选用，像“意见”“指示”“看法”“反应”“态度”等，他却偏偏只选用了“批评”二字。这很有可能是他在听说了苏联舆论的公开批评之后，所做出的一种本能的选择。但一切细心的读者恐怕不应当因此就得出结论说，张学良由此对苏联“最感烦恼”“表情愤懑”。仔细读一读张学良的这封电报，我们就会看到，张学良或许会有情绪化的时候，却也不是那种全无城府、轻易就会被表象所迷惑的人。试想，如果张学良依其军人性格，已经对苏联感到极其“愤懑”，他还有必要急切地再去证实这种消息吗？而且，张在电报中还注意不要流露出丝毫“愤懑”和“烦恼”的表示，他以相当乐观的口吻宣称：“此间诸事顺利。”事实上，像张学良这样的地方军阀势力，玩弄明一面、暗一面的把戏多矣，他和中共中央一样，自然也不会把苏联的公开反应看成是决定一切的关键。可以肯定地说，张学良对苏联报刊的公开反应固然重视，但他更重视的其实还是莫斯科私下里的意见。也就是说，他和毛一样清楚，外交关系与党的关系是两回事，他自然能够理解“远方政府目前为应付外交，或尚不能公开赞助我们”的道理。这也就是为什么，张学良在这封电报里并没有问远方政府的意见如何，而是特别选用了“国际”一词，希望了解“国际……有何批评”。

张学良什么时候了解到来自共产国际的指示呢？确切的时间应当是 12 月 21 日晚 8 时。毛泽东在前一天曾经在这个时间通过住在张学良公馆内的周恩来向张学良通报了共产国际当天来电的内容，后者似未收到，第二天这一时间再发，周、张始有复电表示收到并赞成共产国际来电。但是，必须注意的是，季米特洛夫的来电与毛泽东通过周恩来向张学良通报的电报内容，有一点重要的不同。即毛泽东转述的电报删去了季米特洛夫原电中的第一段的内容，这段话是：“张学良的发动，无论其意图如何，客观上只会有害于中国人民的各种力量结成抗日统一战线，只会助长日本对中国的侵略。”这段话在实质上与苏联报刊上的观点是基本一致的，即根本否定西安事变具有任何积极意义。它区别于苏联报刊宣传的唯一之点，就是它固然仍旧不能相信张学良，但并不认为张学良的这次发动带有《真理报》社论所说的日本阴谋的背景。[1] 不难想象，如果张学良得知共产国际与苏联政府在对事变的评价问题上如出一辙，其感受必然会相当复杂。问题是，毛泽东删去了这段足以让张学良感到不舒服的话，只将下面这些内容告诉了张学良：

> 既然发动已成为事实，当然应当顾及实际的事实，中国共产党应在下列条件基础上坚决主张用和平方法解决这一冲突。
>
> （甲）用吸收几个反日运动的代表，即赞成中国统一和独立的分子参加政府的方法来改组政府；
>
> （乙）保障人民的民主权利；
>
> （丙）停止消灭红军的政策，并与红军联合抗日；
>
> （丁）与同情中国人民反抗日本进攻的国家建立合作关系，但不要提联合苏联的口号。[2]

我们从上面这段文字和建议中能够看到些什么呢？第一，共产国际未必完全赞成发动这样的事变，但它并没有否定这次事变，相反，它赞成通

[1] 苏联政府的真实态度应该说是同这里所说的内容相一致的。苏联外交人民委员李维诺夫在15日接见中国驻苏联大使蒋廷黻时就明确表示：“我不认为张学良是与日本人直接勾结采取行动的，我更倾向于这种推测：张是受了某些人心怀叵测的恶意唆使。”《文献和研究》1986年第6期，第48页。

[2] 《共产国际执委会书记处致中国共产党中央委员会电》（1936年12月16日），《中共党史研究》1988年第3期，第78页。

过这次事变来达到某些积极的政治目的。第二，共产国际赞成张、杨所提八项政治主张的基本内容，即改组南京政府，停止内战，保障人民权利，联红联俄（尽管不要公开提出联俄口号）共同抗日。让我们实事求是并且平心静气地考虑一下，这样一封共产国际的来电，对这时备受外界讨伐之声困扰的张学良，究竟是一种宽慰呢，还是一种沉重的打击呢？结论大概是不言而喻的。

事情的发展至此只有一点发生了明显的变化，即中国共产党人放弃了多少有些情绪化的关于公审或除掉蒋介石的要求，重新准备在承认南京正统的基础上解决事变了。除此之外，一切并未发生明显的改变。从周恩来的复电中，可以清楚地看出，他在西安的所作所为，也只是在处置蒋的问题上策略将有所改变，其余对策一概照旧。其22日复电称："来此四日，中心抓紧在反对和推延内战，要求改组宁府，巩固三方联合，加紧战争准备。对取断然手段，故（已）觉不利，今得国际电当更照此方针做去，留此人在手大有文章可做。"经与张、杨讨论，他们现在也"更懂得坚持有利"，准备加紧向各省活动，以推动改组政府，并且相信要"促进南京分化，与红军合作，仍宜先从西北做起"。而西北"欲停内战，除政治活动外，战争胜利亦可促其反省"。基于这一认识，"西北联合局面张、杨及其部下左派均望早日宣布"，以坚定内部，影响国内。

上述办法与中共中央此前之提议完全相同，唯因毛泽东顾及外交及延缓内战等，一度提出暂缓发表西北联合方案，但考虑到红军现在正在向西安附近集中，迟早必须宣布，因此，在征求张、杨意见后，周恩来仍旧明确提议：

> （甲）红军过邠县后，应即对外发表宣言。
>
> （乙）东北军、西北军、红军三方面亦应发表联合宣言，说明联合抗战保卫西北的意义，并坚决抗拒企图侵占西北、破坏统一战线的任何敌人，最后宣布成立抗日联军西北军政委员会，并推举张为总司令

统一指挥。……

（丙）抗日联军西北军政会我方推毛、朱、周、彭、贺、刘、宋、宋。

（丁）红军即为抗日联军第三集团军，总司令朱。

（戊）军政会参谋长拟推剑英（张要他）。

（己）军政会下各种组织，我方应准备伯渠、尚昆、瑞卿、季壮来参加。

（庚）红军加入抗日联军后，其给养薪饷补充应有初步改变，并由西北军政会统筹。

（辛）地方武装一概以抗日义勇军名义出现，其供给仍由地方筹给。

（壬）在全国民主政权未建立前，苏区政府仍旧只名义上冠以抗日字样。

（子）红军在抗日地区行动的政策请考虑我前电建议，速定出宣布。

（丑）在抗日联军宣布后，共产党应在群众中公开活动。[1]

显而易见，在得知共产国际的指示之后，张学良、杨虎城和中共中央的关系不是变得不信任了，而是更加密切、更加巩固了。周报告称：张、杨“闻红军东来均甚高兴”，并催红军快来，希望尽快公布西北三位一体的组织形式。张学良并且告诉周恩来，现仅西安城内，就存有现金和钞票 1800 余万，此地每月仅开支 250 多万，武器弹药也有大量储存，如果南京方面坚持不妥协，坚持几个月绝无问题。

[1] 《周恩来致中央书记处电》（1936 年 12 月 22 日），《文献和研究》1986 年第 6 期（公开发表此电文时误注为 23 日）。

第五章

从“革命”到“兵谏”

一、皆大欢喜

12 月 20 日前后是西安事变最微妙的阶段。此时，何应钦及“讨逆军”前线总指挥刘峙杀气腾腾，中央军步步进逼，西安已笼罩在一种恐怖的气氛之中。西安方面为抵抗南京方面的军事进攻，张学良、杨虎城信誓旦旦，公开宣言不惜一切牺牲，也要粉碎南京的“恶势力”，东北军，包括红军，都据此火速赶往西安附近，准备与中央军决一死战。南京与西安之间的大规模战争大有一触即发之势。22 日，张学良和周恩来接连致电毛泽东与中共中央，明确主张必须迅速宣告成立公开的东北军、十七路军和红军三位一体的西北军政委员会，以便统一行动并形成政治中心。[1]此举一旦成为事实，毫无疑问将使西安与南京之间本来就极其紧张的对抗形势更加具有爆炸性。

在得到共产国际关于必须努力争取和平解决西安事变的电报指示之后，

[1] 周恩来电称：“西北联军局面，张、杨及其部下左派均望早日宣布，以坚定内部（有惧为闽变之续者），影响国内（李白刘湘均以此事观望）。其办法完全同意我们提议。我因顾及外交及延缓内战，故主张暂缓发表，但红军现向西安附近集中，迟早必须宣布。”周恩来提议：红军过邠县后应即与东北军、西北军三方面共同发表宣言，说明联合保卫西北之意义，并坚决抗击企图侵略西北、破坏统一战线的任何敌人。最后宣布成立抗日联军西北军政委员会，并推张为总司令，统一指挥。见《周恩来致中央书记处电》（1936 年 12 月 22 日）。

张学良等人的这一要求使中共中央陷入一种十分为难的境地。不同意吧，张学良、杨虎城对中共和红军会产生怀疑，三方合作关系势必发生动摇；同意吧，中共等于公开站在事变发动者一方，它再不能把自己摆在第三方的地位上，不仅会加剧西安与南京之间的对抗形势，还直接违反了共产国际的指示和要求。

23 日，中共中央再度就此进行了紧张的讨论。毛泽东明确讲：张学良提出成立军政委员会，以巩固军心民心，我们本来主张对内宣布，对外不宣布，但我们去电后，他却急于要宣布。成立西北军政委员会，等于成立事实上的政府，如果对外宣布，我们第三者的地位就要取消了，可是现在中心问题是张、杨已处在相当紧张的情势之下，不参加这个政府又不行。他考虑再三，认为还是实际参加，暂时在内部宣布，并做公开宣布的准备。一旦打起来，还是公开宣布的好。

这个问题很自然地在中共中央领导人内部形成了不同意见。多数与会者相信，三位一体的同盟关系事实俱在，内部宣布就等于公开宣布，不如干脆公开宣布，没有必要回避与张学良、杨虎城结盟的事实。且这不仅是为张、杨撑腰的问题，也是争取和影响西南、四川等地态度暧昧的实力派同情西安事变的一种手段，故宣布利大于弊。另一些与会者则认为，现在最要紧的是要停止内战，公开宣布不仅不利于我们站在第三者地位对南京方面进行和平工作，而且容易给亲日顽固派以借口，加剧紧张局面。甚至有人认为，即使对内宣布也不应当，因为在陕甘军政内部宣布，实际上也就等于是对外宣布了，因此，还是实际参加而对内对外都暂时不宣布的好。经过反复讨论，会议最后还是听取了毛泽东的建议，决定采取实际参加，暂不公开宣布，在未与南京全面冲突之前，中共方面仍努力争取保持第三者地位以便在各方间进行转圜，促使事变能和平解决。[1]

会议结束的当天晚上，中共中央正式答复西安方面称：一方面为争取

[1] 张培森等：《张闻天与西安事变》，《党的文献》1988 年第 3 期。

全国同情，便利外交，另一方面为巩固军心民心，争取战争胜利，坚持已成局面，决定：“（甲）包括红军在内的抗日联军组织，对内立即发表，但对外暂时不发明码通电，不发广播，准备于红军实行参战时发表之。（乙）包括我们名单在内的西北抗日军事政治委员会立即组织，并实行工作，但对外均暂时不发表，何时发表有利，依情况定之。（丙）此时只发表张、杨联合宣言，张、杨及我们联名宣言，立即准备好，发表时机稍微等一下。（丁）我们与东北军、西北军联合干到底的基本方针是确定了的，实际的军事政治工作是立即共同一致地做的，仅为顾到争取南京、山西、四川、广西、河北、山东及蒋系军左派中派起见，把对全国宣布一事稍微迟缓一下。至张、杨对东北军、西北军及陕甘内部应尽量宣布联红联共之方针，以振军民之心，则是毫无疑义的。”

第二天，中共中央又具体去电说明，中共方面准备以朱德、彭德怀、贺龙、叶剑英和徐向前五人参加西北军政委员会，周恩来和林伯渠暂不参加以便于对国民党进行工作。电报要求周恩来等务必向张、杨说明：“共产党为争取全国各派应采此方针，对张、杨亦是有利的。”当然，中共中央在实际上还是做好了一切准备，一旦南京坚持不与西安妥协，全面战争打响，中共和红军还是要公开站到西安一边来的。到那时候，什么第三者地位，怕是统统都不需要了。毛泽东为此明确电告西安：中共的原则是“力争好的前途，同时也准备对付坏的局面”。但中共中央不能不感到担心：在张学良明确表示需要中共公开支持的时候，只在私下里做出这样的保证，“张、杨是否会因此不满意”？[1]

真是再凑巧也没有了。就在中共方面还在为如何在保持第三者地位与公开支持张学良两者之间进行选择深感不安的时候，和平的可能性已经在西安降临了。张学良很快就看到了另外一种，而且也是他一直希望看到并在努力中的最为稳妥的解决办法。

---

[1] 《洛、毛致周、博电》（1936年12月24日）。

由蒋日记可知，张学良一直没有放弃迫蒋接受其政治主张然后放蒋回京的想法。他从一开始就希望宋美龄来西安劝蒋，端纳来后次日就请其飞返洛阳去用电话向宋美龄说明一切，并请她放心。16 日，南京政府明令讨伐张、杨，并宣布何应钦为“讨逆军”总司令后，张当晚又托蒋百里见蒋，请蒋致函南京方面，“勿即攻陕，（蒋）不久当可出来”。蒋介石次日同意去函令何应钦缓攻三日，张学良马上让蒋鼎文带蒋函飞洛阳转去南京。19 日，张学良明确告蒋，政治主张八条，蒋只要答允后四条，即“一、建立联合政府；二、联俄；三、容共；四、实行总理遗嘱”，就可以放蒋回南京云云。[1]他的这一努力，逐渐发生了某种作用。

就在战争的乌云伴随着南京当权者的电闪雷鸣，一阵紧似一阵地压向西安城的关键时刻，在南京方面涌动着的逆向而行的和平暗流也迅速形成势力。此股暗流的源头，自然就是蒋介石妻子宋美龄和大舅子宋子文等人。宋美龄作为蒋介石的夫人，强烈担心武力威迫的结果，会将张学良等逼上梁山，最终害了蒋介石。因此，她不顾一切地力挽南京主战派掀动的战争狂澜，坚持要通过和平方法来解决争端。即使蒋介石为此颜面上要受些损失，也在所不惜。还在 14 日，她就派蒋介石的英籍顾问，同时也做过张学良顾问的澳大利亚人端纳飞去西安。几天后，宋子文也不顾何应钦等人阻拦，于 20 日携郭增恺及随从秘书等飞往西安，代表宋美龄去进行和平劝说的工作。

当然，宋子文这么做也还有更深一层的考虑。

宋子文曾经是南京政府地位显赫的财政部长和行政院副院长。但自 1931 年九一八事变以后，他因为主张政府应当在对日问题上采取强硬立场，反对蒋介石为“剿共”军事大举国债，与蒋介石和汪精卫发生了意见分歧，

[1] 《蒋介石日记手稿》（1936 年 12 月 15、16、17、18、19 日）。有关张提的四条内容以及蒋的态度，宋子文 20 日到西安后所记张学良转述与蒋日记所记有所不同。张转述之四条为：“一、改组政府，采纳抗日分子；二、废除塘沽、何梅、察北协定；三、发动抗日运动；四、释放被捕七人。”张并称蒋 17 日晚曾同意此四条件，但次日又反悔，“谓其不会在胁迫下接受任何条件”。转见《宋子文西安事变日记》，台北《近代中国》第 157 期，2004 年 6 月。

不得不于 1933 年 10 月辞职而去。[1] 之后，宋子文一直被蒋介石摒弃于国民党及南京政府决策圈之外，但他仍旧力图推动中国转向抗日。因此，他在改变安内攘外政策一点上，和张学良的主张可谓不谋而合。当南京方面开始与中共中央秘密接触时，宋子文就曾积极参与并提供过帮助。对于两广事变，宋子文也始终站在同情的立场。甚至对于共产党提出的建立国防政府的主张，宋子文在背地里也表示赞成。对于深受共产党政治影响的沈钧儒、章乃器等人主持的救国会，他更是大力支持并秘密捐款以协助其开展活动。以致共产党在上海的代表，包括中共中央都认为：“宋子文表现是非常好的”，在南京政府领导人当中，可以说是“最好的”。[2] 因此，西安事变发生，对于宋子文来说，未必不是一次重新推进自己政治主张的机会。他之所以不顾何应钦等人的阻拦和种种流言，冒险代表宋美龄于 20 日飞抵西安进行调处，其目的大抵也是为此。[3] 如果蒋介石能够顺应大势，就此改变政策，他宋子文自然可以重新发挥重要决策作用，实现其政治抱负。

宋子文到达西安当日，即与张学良、杨虎城见了面。毛泽东因得知宋子文同情事变，立即打电报给周恩来，要他设法见宋，以第三者身份提出和平解决事变、停止内战、共同抗日的意见。但据张学良事后告诉周恩来：宋子文确实对中共有好感，但不敢见，担心宁方知道会对他不利。张学良并且说：“宋子文来，南京多方阻拦，对其他抗日中委亦限制其自由，惧他们来西北创新局面。”张曾劝宋子文出面召集救国会议，协助改组南京政府，宋子文表示，因目前尚无响应事变者，现在出头不大可能，且以南京目前

---

[1] 参见吴景平：《宋子文评传》，福州：福建人民出版社 1990 年版，第 213—221 页。

[2] 《李允生给中央的报告》(1936 年 9 月 16 日)。

[3] 关于宋子文此时来陕冒有很大风险一节，据当时在西安张、杨身边的郭增恺回忆，张学良曾明确对宋称：“我们曾致电南京的许多要人，请他们来西安商量国事，就单独不敢欢迎你，怕令你受到更多的谣言。”而宋的答复也颇可以看出其此时的抱负。宋答称：“南京的情形，真正关怀蒋先生的也仅有我们几位亲戚。惟我个人则并非站在亲戚关系上对他有所关怀。蒋先生如今的地位正是几十万民族青年的鲜血所造成的，他的力量又是全国人民的膏血所支持的，所以当前的问题，应是如何才能最好的使用我们国家的力量？”郭增恺：《一个历史问题的交代》，《西安事变三忆》，第 60—61 页。

态度，亦不能表态，但他“对义举同情”，相信“坚持日久必有变化”。

虽然出于安全考虑，不能不谨言慎行，但暗中同情西安事变，希望借此重登政治舞台，实现政治抱负的宋子文，自然不会轻易放弃这一千载难逢的机会，来推进自己的政治理想。蒋介石在他事后整理的《西安半月记》中，关于宋子文第一次来西安的情况，只记录了其20日和21日三次见蒋的简短经过，和几句生死离别的谈话[1]，其余概隐去未记。蒋日记虽记述两日见宋经过较具体，但所记亦多为慷慨之语。[2]所幸宋子文的日记对此有所弥补，可与蒋日记两相印证。

宋子文在日记中写道：

> 我一个人面见委员长，他激动异常并失声痛哭。我安慰且告诉他，此事件并未让他蒙羞，全世界都关心而且同情他的遭遇……他说，他拒绝在胁迫下答应任何条件，而唯一解决之道是武力。我指出情势危急之处：军事上胜利并不能确保他的性命；即使西安被攻占，他们也可以撤退到邻近共产党地区；随着内战的蔓延，国家将会分裂。他的性命攸关国家存亡，不仅仅是个人问题……
>
> 下午，汉卿见委员长。他说，在我与委员长会面后，委员长已采取较为理性的态度。还告诉汉卿，如其军队愿意到绥远去，他会同意。
>
> 我见了委员长。他说，他已经（一）答应汉卿，允许他的军队到绥远去。（二）四项条件可以在大会上讨论。（三）陕西政府可重组，杨将军可以提名人选。他要我和张、杨讨论这些问题……

---

[1] 所记述宋子文三次谈话，加起来不过五句，即：“子文言，邵元冲同志在西京招待所被叛兵击中数枪，已伤重殒命”；“子文……谓：‘门外有人窃听不宜多谈，唯京中军事计划与兄正同也’”；“子文强慰余曰：‘后日当再来陕视兄’”；“子文言：‘余来无妨，彼等对余之意尚不恶也’。既出，忽复入，重言曰：‘余后日必再来视兄’”。

[2] 蒋介石20日日记除提到初见宋子文“不知泪自何来”及宋称如“子文三日内不回，则妹必来陕与兄共生死”外，主要记述了蒋对张的判断和强调任何营救“应为公，不可为私”的原则，同时详记所留遗嘱内容等。21日日记主要记述了交代宋劝阻宋美龄不要前来和中央军应完成对西安的围困，“不可为余生死有所顾忌”等语。《蒋介石日记手稿》（1936年12月20、21日）。

> 我整晚设想办法……汉卿坦白告诉我，一旦爆发大规模战争，委员会已经决定把委员长交由共产党保护。此非虚言恫吓。[1]

据张学良随后告诉周恩来，宋子文确曾从侧面劝说蒋介石不妨对张学良他们所提的要求稍做妥协，设法转圜，蒋也确实有所答复。只是蒋介石这时仍不承认张、杨的政治主张，只同意：“张、杨主张交蒋提三中全会，东北军可援绥，陕西交杨。”[2] 张学良、杨虎城对此并不满意，他们坚持蒋必须就他们所提出的八项政治主张做出明确的妥协与保证，否则问题仍旧不能解决。对此，宋子文相信，既然蒋介石已有所让步，下面的文章仍有希望继续做下去，他将很快返回南京，接宋美龄来西安，一方面继续劝蒋让步，一方面也可以和缓内战，促进南京及黄埔系内部的分化。

宋子文这时的态度和谈话，未必毫无策略手段在内。但以宋此前与蒋介石在内政外交政策上的严重矛盾而论，说宋子文这时会如蒋介石在《西安半月记》中所记述的一样，完全站在蒋介石一边，坚决抵制张学良等向其兜售政治主张[3]，这无论如何不合逻辑。要知道，如果蒋介石因此顺利获释，重登统治宝座，内外政策一无所变，他宋子文即使因此而备受青睐，再入政府决策圈，结果也还是要因其政策主张与蒋格格不入而重蹈覆辙，即进去了也还是要再出来。当然，在这样一种极为特殊的背景下出面劝诱蒋介石多少改变一些政策主张，联系到此前两人已经存在的严重矛盾，搞得不好很可能会给蒋一种落井下石的感觉。因此，宋子文做起来恐怕也很困难。没有人知道宋子文在私下里究竟是怎样劝说蒋介石的，后人能够了解的只是：不惜冒生命危险亲临西安与反叛者接洽谈判，最终成功地使蒋介石获释的宋子文，照理劳苦功高，事变之后应备受信赖，委以重任才是。可是，

---

[1] 《宋子文西安事变日记》。

[2] 《周致洛、毛、博、朱、张电》（1936 年 12 月 20 日），《文献和研究》1986 年第 6 期。

[3] 照《西安半月记》中所记，宋子文始终是对蒋服帖顺从的，从未有过任何个人见解，劝蒋让步之说更无从谈起。

回南京后的宋子文却仍旧备遭冷落和不信任，时间长达四年之久。[1] 由此可知，宋子文在解决事变的过程中的所作所为，并非让蒋介石那么满意，否则，蒋怎么说也不会这样对待这位冒死救驾的大舅子。

宋子文在西安救蒋过程中究竟做了些什么呢？通过宋子文在谈判过程中的言论主张可以看得很清楚。

由宋子文代表蒋介石与张学良、杨虎城和周恩来的谈判，正式开始于23日。毫无疑问，蒋介石同意进行这种谈判，宋美龄是起了作用的。宋美龄是在宋子文、蒋鼎文等陪同下，于22日飞来西安的。蒋介石在后来补记的日记中透露，宋美龄22日下午到后，曾告以“外界各方情况”，力劝蒋“先设法出去再说”。[2] 至于宋美龄所建议的方法是什么，其日记中无只言片语之吐露，但联系宋美龄此前即曾有过“宁抗日勿死敌手”的劝告，不难判断宋美龄这时会说些什么。不仅如此，还在张学良接宋美龄由机场回西安蒋介石住处的路上，宋美龄就曾经明确告诉张学良“她力主和平与抗日”[3]。因此，宋美龄到后，蒋介石的态度迅速有了大大出乎张、杨意料的重要转变。据周恩来谈判当日给中共中央的电报可以知道，宋子文告诉他们，蒋在经过端纳、宋子文以及宋美龄的劝说之后，这时已最终同意可以对张、杨的主张做某些让步了。这种让步表现为：“蒋暗示宋，改组政府，三个月后开救国会议，改组国民党，同意联俄联共。”[4]

“暗示”云云，在这里大有文章。所谓“暗示”，说白了就是蒋介石其实并没有直接答应什么或肯定什么。但实际上，从宋子文日记的记录看，蒋恐怕并非是“暗示”，而是明示。宋日记称：

---

[1] 宋子文只是到了1940年才因蒋急需能够打通美国政界和商界上层的人才，以获得美国政府的贷款，才被蒋授以私人代表的身份派驻到华盛顿去，算是获得了一份较重要的职位。但也仅仅是一个说客而已，并无参与决策之权。直至太平洋战争爆发，宋子文才再度被授以部长之职，成为多少可以参与些决策工作的外交部长。

[2] 蒋介石：《西安半月记》。

[3] 《周恩来关于与宋子文谈判情况的电报》（1936年12月23日），《周恩来选集》（上），北京：人民出版社1982年版，第72页。

[4] 《周恩来选集》（上），第70页。

（22 日，）我于晚间拜见委员长，且探其对周恩来求见之看法，然其却言，我应与蒋夫人同去见周。委员长说，我必须要求周同意：（1）取消中华苏维埃政府。（2）取消红军名义。（3）放弃阶级斗争。（4）愿意服从委员长作为总司令的指挥。要告诉周，他一刻亦没忘记改组国民党之必要。他保证将于三个月内召集国民大会。对此，如有必要，他可让蒋夫人签具一份保证。但是，在此之前，他须先召开国民党大会，以还政于民。重组国民党后，倘若共产党服从他如同他们之服从总理，他将同意：（1）国共联合。（2）抗日容共联俄。（3）他将给汉卿发布手令，收编红军，收编人数将视其拥有武器之精良度决定。[1]

比较周恩来的电报，可知周的汇报恰恰就是宋子文日记中所记述的内容。只不过，周并未说明蒋介石对共产党的要求，并将“国民大会”记成了“救国会议”而已。

据周报告说：谈判分两部分，首先是周恩来代表张、杨向宋子文介绍西安方面目前的六项条件，然后就是宋子文提出具体办法并进行讨论。最值得注意的是，宋子文对改组政府一事早已胸有成竹，一上来就提议：

先组织过渡政府，三个月后再改造成抗日政府。目前先将何应钦、张群、张嘉璈、蒋鼎文、吴鼎昌、陈绍宽赶走。推荐孔祥熙为院长，宋子文为副院长兼长财政，徐新六或颜惠庆长外交，赵戴文……长内政，严重或胡宗南长军政，陈季良或沈鸿烈长海军，孙科或曾养甫长铁路，朱家骅或俞飞鹏长交通，卢作孚长实业，张伯苓或王世杰长教育。[2]

宋子文想借蒋落难之机达到怎样的目的，由此可以一目了然。问题是

[1] 《宋子文西安事变日记》，张俊义译，《百年潮》2004 年第 7 期。
[2] 《周恩来选集》（上），第 71 页。

蒋介石对此将会作何感想，如此伤筋动骨地变动政府内部成员，纵使不考虑它对蒋介石今后在权力运用上的妨害，难道不会严重地损害蒋介石的政治威望和地位吗？时至今日，大概已经没有人能够了解宋子文的上述宏图大志究竟带有多少一厢情愿的色彩，但从事情以后的发展结果来看，至少可以肯定，宋子文在这一问题上的热心与期望看来是有些过高了。蒋介石多半并没有赋予他具体讨论改组政府人事的权力。

但宋子文这时所表现出来的这种过分的乐观情绪深深感染了他的谈判对手，因而或多或少地造成了某些假象。改组政府的问题已经谈到如此程度，难道其他问题还不容易解决吗？对于蒋突然表现出来的这种转变，张学良和杨虎城可以说是喜出望外。宋子文大谈改组政府的具体构想及人事安排，更是给人一种“革命”即将大功告成的强烈感觉。张、杨理所当然地要对此表现出极大的热忱，他们也开始积极就新政府人事问题提出建议，比如提议以邵力子长内政，并且同周恩来一道，力主让宋庆龄、杜重远、沈钧儒、章乃器等人行政院，并委杜、沈、章等人为次长。张学良更明确提议，现在即可考虑改编西北红军，照国民党军待遇，实现合作抗日的问题。讨论中，他们甚至对于是蒋下令撤兵之后即放蒋回京，还是撤走中央军、释放救国会领袖之后再放蒋的问题似乎也不那么特别在意了，尽管他们仍旧坚持蒋介石必须满足他们提出的六项条件，同意西北组织三位一体的军政委员会和抗日联军组织，但他们看起来似乎毫不担心，确信如今这些要求在蒋介石那里都不会成为问题。

至此，一切障碍都因蒋介石的“暗示”和宋子文的许诺一风吹了。周恩来急忙打电报询问中共中央：“在蒋同意上述办法下，我们（将）与蒋直接讨论各项问题（即西安方面所提六项条件——引者）”，“你们决心在何种条件下许蒋回京”？[1]这说明，即使是周恩来，这时也已经开始相信，蒋介石很可能会迅速承认六项条件，并承认西北三位一体的既成事实，释放蒋

[1] 《周恩来选集》（上），第71、72页。

介石的问题马上就要提上议事日程了。

23日，周恩来报告称：“今日我及张、杨与宋谈判……我提出中共及红军六项主张”：

> 子、停战，撤兵至潼关外。
>
> 丑、改组南京政府，排逐亲日派，加入抗日分子。
>
> 寅、释放政治犯，保障民主权利。
>
> 卯、停止剿共，联合红军抗日，共产党公开活动（红军保存独立组织领导。在召开民主国会前，苏区仍旧，名称可冠抗日或救国）。
>
> 辰、召开各党各派各界各军救国会议。
>
> 巳、与同情抗日国家合作。[1]

应当指出的是，上述六项条件除了在比较敏感的国民党领导地位问题上，即在改组南京政府的形式问题上较之原来的八项条件略有退让外，总的要求不是比八条减少了，而是大大增加了。这也就是说，在事变进行到最后阶段时，张、杨方面不是如蒋介石、宋美龄事后所记述的那样，几乎放弃了此前的条件，或者全面妥协，而是在相当程度上使其条件变得更激进了。

比较张、杨事变之初所提之八项条件，可知周恩来代表西安方面所提新六条，只放弃了“容纳各党各派，共同负责救国”的要求，原八条中第三（立即释放上海被捕之爱国领袖）、四（释放全国一切政治犯）、五（开放民众爱国运动）、六（保障人民集会结社一切政治自由）四条已合并为“释放政治犯，保障民主权利”一条。原八条中第二条（停止一切内战），则根据现实情况修改为“停战，撤兵至潼关外”。原八条中第八条关于召开救国会议者没有变化。而原八条中第七条（确实遵行总理遗嘱）则扩充为两条，

[1] 《周恩来选集》（上），第70—71页。

即“与同情抗日国家合作”，和“停止剿共，联合红军抗日，共产党公开活动”。特别是这后一条，不仅是对蒋介石既定国策的根本否定，而且它清楚地表明了张学良、杨虎城决心与中共同进退的坚定态度。

西安方面条件之修改，当然有共产国际指示的因素在里面，但这并不等于说张学良、杨虎城完全处于一种被动的地位。不论是张学良，还是杨虎城，都有着极强的个性，远不是那种容易受人摆布的人。所谓“周至此时，俨为西安之谋主”[1]，恐怕也只能解释为周更能言善辩，更具有判断力而已。但坚持事变不达目的不止，大概作为事变真正主谋的张学良，还要远胜过周恩来许多。除了前述张学良公开的各种表示以外，即使是在蒋介石事后透露的很少的几次谈话内容当中，我们也可以隐约地看到张学良为实现其政治主张态度之执拗。[2] 甚至，中共中央于 21 日根据共产国际的电报指示，正式提议修改张、杨前提之八项条件，主张只需要再增加几位抗日分子进入南京政府，中央军退出潼关，保障民主权利，停止“剿共”联红抗日，与同情中国抗日运动国家合作等五项条件基础上即可与蒋介石和平解决西安事变[3]，张、杨也并未轻易首肯。特别是为了尽可能快地与蒋介石和南京政府达成妥协，中共中央的条件中删去了张、杨原来八条中直接涉及关于在南京政府中“容纳各党各派,共同负责抗日救国”和“立即召开救国会议”的要求，甚至连其 19 日通电中所提出的和平会议的建议也取消了，对此张学良和杨虎城明确表示不能同意。他们只同意取消容纳各党各派共同负责

[1] 张学良：《西安事变忏悔录》。

[2] 不论张学良在事变期间与蒋交涉采取何种谈话策略，也不论蒋介石事后所记谈话内容有多少遗漏和修饰，从蒋日记手稿和《西安半月记》中仍可看出张坚持要蒋承认其政治要求并以此为释蒋之条件的初衷始终未变。如蒋记 12 日当天张之谈话，即明确提出：“此间事非余一人所能做主，乃多数人共同之主张，余今发动此举，当交人民公断，倘国民赞同余等之主张，则可证明余等乃代表全国之公意，委员长即可明余之主张为不谬，请委员长退休，由我来干。”张并明言，其此次行动并非叛变，而为革命。14 日张又谓：“此事殊不简单，既有多人参与，一切须取决于众议，且我等已发通电陈述主张八条，总需容纳数事，庶我等此举不致全无意义。”19 日张又言：“现在此事亟待速了，前所要求之条件，最好请委员长加以考虑，择其可行者先允实行几条，俾易于解决。”20 日，张又谓，乘子文在此之机会，商定实行一二事以便速了此局。

[3] 《中央书记处致周恩来电》（1936 年 12 月 21 日），《文献和研究》1986 年第 6 期。

的要求，仍旧坚持保留召开救国会议这一条。这种情况清楚地说明，张学良和杨虎城仍旧有着自己的政治目标。难怪这时张学良认为中共的态度太“软”，而某些中共领导人反过来认为张学良的要求有些“过左”呢！[1]

但实事求是地说，对于不惜牺牲个人一切来发动此一重大事变的张学良、杨虎城而言，这样考虑也确有其充分的理由。试想，仅仅同意保持蒋介石和国民党的领导地位，而没有建立起一种具有影响力的全国范围的统一战线的组织形式（比如救国会议之类），并以此来对南京政府进行必要的监督，有谁能够保证在蒋回到南京之后，在枪口威逼下形成的西安事变的成果真能得以贯彻呢？有谁能够保证张、杨自己及其那些积极参与事变的部属日后不因此而遭受报复呢？这也就是为什么，尽管张、杨对蒋介石的“暗示”十分满意，但在谈判中仍旧坚持蒋必须同意保持西北三位一体的军事政治组织在事实上的存在。这里的原因很清楚，要想使东北军、十七路军事过之后不受惩罚，非如此不足以对蒋形成约束。

不过，随着23日晚中共中央关于决心继续保持第三者立场，希望暂不公开西北三位一体的电报的到来，张、杨及中共中央三者之间显然开始出现了更明显的不同意见。一个突出的迹象是，张学良、杨虎城和周恩来得到中共中央上述电报不久，很快就通过周恩来致电中共中央，提出：“在宋子文、宋美龄担保下，蒋如下令停战撤兵，允许回南京后实行我们提出的六项条件(见23日12时电)，是否可放蒋回宁？”周同时告诉中共中央说“张、杨、宋都急望此事速成”。[2] 在这里，特别值得注意的是西安方面突然间放弃了白天谈判中所提出的三项重要条件：把“与蒋直接讨论各项问题（即六项条件)”，要蒋当面允诺，改成了只要两宋担保即可；把先撤兵、先放人（爱国七领袖），改成了只要蒋下令撤兵即可；把要蒋承认西北三位一体的军事政治组织一条根本取消，改成了只要两宋允诺实现六条即可。

---

[1] 《西安事变简史》，第91页；申伯纯：《西安事变纪实》，第161页。
[2] 《周恩来致中央书记处电》（1936年12月23日）。

没有任何直接的资料能够确切地肯定西安方面释蒋条件的这种突然的变化，一定与中共中央上述电报的到来有关。问题是在周恩来当天中午12时就上午的谈判结果发出电报之后，至当晚11点周再发出西安方面修改解决条件的电报之间，并没有出现任何其他重要变故，使张学良有必要改变刚刚取得的谈判成果和他们已经确定了的解决问题的具体条件，只有中共中央的这封电报能够对张学良等形成较大的冲击。因为，既然中共中央不同意公开宣布成立西北军政委员会的组织，继续坚持要蒋同意成立西北“三位一体”的军事政治组织，就是没有意义的。而且，既然中共坚持站在第三者地位，坚持事件的和平解决，不大愿意公开地建立西北三位一体的政治军事组织，而如今，和平契机又处于稍纵即逝的关键时刻[1]，有什么必要纠缠于一两条具体承诺而使自己背上战争的罪名，把和平的旗帜交给他人呢？[2]张学良即做如此考虑，事情遂由此而急转直下了。

24日，周恩来再报中共中央称：据张学良转告，蒋已就23日他代表西安方面所提之六项主张，具体“答复张”，保证：

（子）下令东路军退出潼关以东，中央军决离开西北。

（丑）委托孔、宋为行政院正副院长。责孔、宋与张商组府名单。蒋决令何应钦出洋，朱绍良及中央人员离开陕甘。

（寅）蒋先回京，后释放爱国七领袖。

---

[1] 蒋介石12月17日曾有手令由蒋鼎文转送南京，要求南京方面停止进攻和轰炸三天，即以17日至19日三天为限停止进攻和轰炸。后因宋子文20日赴西安调处，宋美龄坚持展期三日。至22日，宋美龄再赴西安，进攻自然再度展期，据宋美龄告诉张学良，12月25日圣诞节为停止进攻最后一天。因宋美龄、宋子文、蒋鼎文等这时均在西安，南京内部主和力量太弱，此时确实非常关键，因再无人能够阻止南京发动进攻了。参见蒋介石：《西安半月记》；宋美龄：《西安事变回忆录》。

[2] 张的这种个性此前已经在他对阎锡山的态度中有所显露。阎锡山前曾与张学良有过联俄联共，抗日援绥之种种秘密商洽，也曾与张于共同谏蒋失败后大发牢骚感慨，有要张考虑日后诉诸行动之议，事变发生后阎却态度大变，对张大加指责，同时打算出面调停。张为此曾颇为不满，明确表示：“我决不让老阎做这一票买卖。”参见李金洲：《西安事变亲历记》，第40页。

（卯）联红容共，蒋主张为对外，现在红军苏区仍不变，经过张暗中接济红军，俟抗战起再联合行动，改番号。

（辰）蒋意开国民大会。

（巳）他主张联俄联英美。[1]

对照 23、24 日周电所述前后两个六条可知，所谓蒋“答复张”者，实为周恩来 23 日谈判中所提“中共及红军六项主张”。也就是说，照周 24 日电，蒋已将周所主张者，当成西安方面所主张者，全盘采纳并承诺实行了。

但对照蒋介石 23、24 日日记所记内容，却与周恩来 24 日电所称有相当出入。蒋 23 日日记记述宋子文与张、杨及与周谈判情况仅寥寥一两句而已，称：今日子文与张、杨会议，并见周，“子文对其所谈结果，颇觉满意”。24 日日记中所记稍详，称：

上午，共党对余忽提出七项条件，并声明中央军未撤退潼关以东，仍留余在西安，此与昨夜子文所谈者完在［全］相反，余乃知其中另有其故。盖料此为张指使共党做黑面，而彼自可做红面，卖情讨好，以为将来谅解之地也。

余乃嘱子文即将其条件退还，并言此条件不能示蒋先生也。子文照此进行，并声言如此只有决裂，以后不再谈判。

未几，张果而出调解，并声称：“共党无信义，只弄手段，如其作怪，我（张）必对周反面（翻脸）云。”此张自言对周痛斥之言也，未知其后经过如何。

共党并不再言条件，只要见蒋夫人时顺见蒋先生一面已足。

余乃允之，但余必须张同其来见也。[2]

---

[1] 《周恩来、博古致中央书记处电》（1936 年 12 月 24 日），《文献和研究》1986 年第 6 期。

[2] 《蒋介石日记手稿》（1936 年 12 月 24 日）。

查宋子文23、24日日记可知，周23日电所称“今日我及张、杨与宋谈判……我提出中共及红军六项主张”一句，实易产生误导。实际情况是，宋子文上午并未与张、杨、周同时谈判，而是分别见面的。周参加谈判在当日下午。

宋子文日记23日称，上午，张、杨首先交给他一项在西安或太原召集朝野官员名流出席之会议的建议，称需要讨论落实张学良与杨虎城向蒋提出之四项条件，即“一、建立联合政府；二、联俄；三、容共；四、实行总理遗嘱”。在此期间，蒋暂时仍须留在西安。宋对此条件“甚感失望”，与戴笠、蒋鼎文商量后，决定提出反建议，同意改组政府，排除亲日派，释放在上海被捕七人，中日战争一旦爆发，即废除塘沽、何梅、察北协定等，不同意召开官员名流会议。

随后，宋子文按蒋22日要求，与张学良一道去见了周恩来，周详细说明了中共方面的让步条件与要求，包括同意放弃赤色宣传，取消苏维埃政府及在中央政府领导下作战，和红军应拥有三万人编制并保留军事系统等。

下午，宋首次与张、杨、周会面谈解决办法，双方着重讨论了改组政府及其人选问题。商谈后，宋子文与宋美龄就此次商谈的备忘录交换了意见，然后“与蒋夫人一起见委员长，他答复如下几点”：

一、他不会接任行政院长，会任命孔（祥熙）博士担任。当然新内阁将不再有亲日派。

二、在他返回南京前不会释放在上海逮捕的七人。

三、（1）在张之下设立西安行营主任；（2）同意陕、甘不再派驻中央政府军；（3）共军改番号，编入正规军；（4）中日战争发生时全力支持陆军。

四、（1）派蒋鼎文将军前往要求中央政府军停止前进；（2）将与张共商双方军队撤退事宜，并于委员长离开西安后发布命令。[1]

比较周恩来 23、24 日电所述各条件，可知周恩来 23 日代表中共所提六项条件，及 24 日所述张转述蒋“答复张”之六条，与宋日记所记各条大体相符。在这里，宋子文将蒋承诺之条件简括为四条，但三、四条又各分数点，主要内容都可以和张学良所述六条对应起来。如张学良之第一条可见于宋述之第三条第二点和第四条第一、二点；张之第二条，可见之于宋述之第一条；张之第三条可见之于宋述之第二条；张之第四条可见之于宋述之第三条第三点。只有张之第五、六条，即开国民大会和联俄联英美两条非实质性的条件，未见宋所称蒋承诺条件中提及。

值得注意的是，周 23 日电代表中共及红军所提六项条件之内容，是否准确，还可存疑。因为对照蒋、宋日记可知，23 日宋与周谈话后，曾要周将解决办法拟一备忘录交给他。宋记述称：“该备忘录他次日上午给了我。”蒋 24 日日记称，上午“共党对余忽提出七项条件，并声明中央军未撤退潼关以东，仍留余在西安”云，当非误记。也即是说，周当另有七条要求，故备忘录在 24 日上午交蒋被拒，此七条内容应当不是，至少不全是上述蒋答复可以承诺的六项或四条。

25 日上午，在前一日张所说的蒋介石的“答复”的基础上，周恩来、张学良、杨虎城最后与宋子文、宋美龄进行了商谈。据周恩来当日报告“谈判结果”如下：

（子）孔、宋组院，宋负绝对责任保证组织满人意政府，肃清亲日派。

（丑）撤兵及调胡宗南等中央军离西北，两宋负绝对责任。蒋鼎文已携蒋手令停战撤兵（现前队已退）。

（寅）蒋允许归后释放爱国领袖，我们可先发表，宋负责释放。

[1] 《宋子文西安事变日记》。

（卯）目前苏维埃、红军仍旧。两宋担保蒋确停止剿共，并可经张接济（宋担保我与张商定多少即给多少）。三个月后抗战发动，红军再改番号，统一指挥，联合行动。

（辰）宋表示不开国民代表大会，先开国民党会，开放政权，然后再召集各党各派救国会议。蒋表示三个月后改组国民党。

（巳）宋答应一切政治犯分批释放，与孙夫人商办法。

（午）抗战发动，共产党公开。

（未）外交政策：联俄，与英、美、法联络。[1]

这次谈判看样子进行得相当顺利，费时甚少。宋子文私下表示："蒋过去是在抗日、亲日以外走第三条路，西安事变是粉碎了蒋之第三条路，蒋不愿降日，只有抗日。"他要求中共和张、杨信任他，他愿负全责去进行上述各项，并希望三方能够"为他抗日反亲日派后盾，并派专人驻沪与他秘密接洽"。[2] 但张学良、杨虎城以及周恩来等人似乎忽略了一点，就是前一日蒋介石所承认的"西北军事归张、杨负责"的问题，在这次谈判中并没有得到两宋的明确保证。这在以后不可避免地要引起麻烦。

上午谈判后，蒋介石第二次接见了周恩来，因蒋卧病在床，谈话很简短。据周报告称，蒋表示：

（子）停止剿共，联红抗日，统一中国，受他指挥。

（丑）由宋、宋、张全权代表他与我解决一切。

（寅）他回南京后，我可直接去谈判。[3]

关于蒋介石在事变中曾与周恩来见面的问题，在蒋介石的《西安半月

[1] 《周恩来、博古致中央书记处电》（1936年12月25日），《文献和研究》1986年第6期。

[2] 《文献和研究》1986年第6期。

[3] 《文献和研究》1986年第6期。

记》、宋美龄的《西安事变回忆录》中同样一无所记。但此事在张学良恢复自由之后，已经两次亲口证实确有其事。尽管他的两次说法多少有些矛盾之处，如第一次讲到这件事时，称“是我领周恩来去见蒋先生的”，但谈话内容“对不起，我不能再往下讲，请体谅我的苦衷。这件事不应出自我的口，我也不愿意伤害他人”。而第二次他却干脆讲：“周恩来见蒋是我领他去的，那时蒋先生身上稍微有点伤，他们政治上并没有谈什么，实在外面很大的是谣传，政治上并没有谈什么。他问候蒋先生，蒋先生也见到他，他自承是蒋先生当年的部下，可说三个人并没有谈什么。”[1] 一次说谈话内容不能讲，一旦透露，就有可能伤害到他人，一次则强调三个人没有谈什么，特别强调政治上并没有谈什么，这种矛盾实在太明显了。看起来，正如张学良所说，他人虽然已经自由，但涉及这个问题，仍有不能讲的“苦衷”。此事出自他人之口自然无妨，若出自他的口，则必然要伤害到他所不愿意伤害的人。

不论张学良的回忆是否准确，今天关于蒋介石 25 日上午见周的经过情形均可见于蒋、宋两人的日记了。

蒋介石的日记中所记较具体，称：

> （上午）十时许，周又来见余妻，其事先为子文言曰：共党对蒋先生并无要求，但希望蒋先生对余面说一语“以后不剿共”是矣。余乃嘱妻找周来见余。余妻与子文求余强允之，否则甚难也。
>
> 妻与子文在邻室先见，余及见周，余谓周曰：“尔当知余平生之性情如何。”周答曰：“余自然知蒋先生之革命人格，故并不有所勉强。”余又曰：“尔既知余为人如此，则尔今日要求余说‘以后不剿共’一语，则此时余决不能说也。须知余平生所求者，为国家统一与全国军队之指挥，□□□□余革命之障碍而已。若尔等以后不再破坏统一，且听

[1] 《张学良接见日本广播协会电视台记者的谈话》（1990 年 6—8 月）；《张学良答美国之音记者问》（1991 年 5 月 19 日），《张学良文集》第 2 册，第 1166、1188 页。

> 命中央，完全受余统一指挥，则余不但不进剿，且与其他部队一视同仁。”周答曰：“红军必受蒋先生之指挥，而且拥护中央之统一，决不破坏。”言至此，余乃曰：“此时不便多言，余事望与汉卿详谈可也。”周乃作别而去。[1]

宋子文的日记所记也大致相同。宋日记记曰：

> （25日上午）周见了委员长，并解释说，共产党过去一年为保存国力，曾试图避免打仗。他们并没有利用西安事变，而且建议的措施也同数个月前提出来的一样。现在他们要求委员长保证：（一）停止剿共；（二）容共抗日；（三）允许派遣代表前往南京向委员长解释。
>
> 委员长回应说，共产党向北推进抵抗日本一直是他的希望，果如周所言，共产党愿意停止一切共产主义宣传活动，并服从他的领导，他将像对待自己子弟兵一样对待他们。虽然剿共之事常萦绕于心，但是大部分共产党领导人都是他以前的部下，如果他能以宽大胸怀对待广西，当然也能以宽容态度对待他们。他已经把纳编的共产党军队委托张学良。如果他们对他是忠诚的，他将像对待胡宗南的军队一样对待他们。委员长要周，休息够了，也针对相关问题详细讨论之后，亲自去南京。[2]

由蒋、宋日记不难看出，周恩来概括的蒋与他所谈三点，也大致是准确的。当然，这里还应当提到周在此前通过宋子文向蒋介石转达的“愿意停止一切共产主义宣传活动”的表态，因为这是蒋25日谈话痛快地表示愿意停止“剿共”和容共抗日的重要前提之一。

---

[1] 《蒋介石日记手稿》（1936年12月25日）。

[2] 《宋子文西安事变日记》。

周的这一表态是在23日。当时蒋介石要求宋子文和张学良了解周恩来对解决国共两党关系的基本条件。周恩来表示：

> 共产党已在给国民党的声明书中同意放弃宣扬共产主义，原则上同意废除苏维埃政府，在中央政府领导下一致抗日。如果委员长同意抗日，共产党将不会要求参与政府改组，将在共同目标下参与作战。但他们的人数将不应只限于3000或5000人。陈立夫已经同意拨给委员长三万人。共产党将保有自己的军事系统，应该没有任何困难，因为除委员长自身的系统外，仍有许多军事系统存在。当国民大会召开时，共产党将同意参加大会，追随民主的中央政府，放弃中国苏维埃政府。共产党了解委员长有抗日决心，但他现在使用的方法却无法激起军民同仇敌忾的抗日决议，不能有效对抗日本。共产党愿意支持委员长并非出于个人因素，而是为了民族因素。他感到委员长同意联俄却不愿意容共。他多次说及委员长身旁有太多的亲日派。周说，上述条件都是合理的，与数月前向国民党提议的一样，并未因西安事变而有所增加。[1]

显而易见，正是因为周恩来给予了蒋介石放弃共产主义宣传、取消苏维埃、服从其指挥的保证，才成功地换取了蒋介石12月25日关于停止“剿共”、联红抗日的口头承诺。

25日上午，因宋子文、宋美龄与西安方面面对面正式敲定一切，蒋介石又亲自接见了周恩来，向周做出重要承诺。无论张学良、杨虎城还是周恩来，均认为事变的目的已经达到。既然谈判双方均已就此达成共识，是否还有必要推延蒋回京的时间呢？鉴于23日晚周恩来报告“张、杨、宋都急望此事速成”，周恩来也曾两度表示他认为这样做“是可以的”，立即送蒋回京应当没有多少问题。但是，如何保证蒋介石回去后不会反悔呢？

---

[1] 《宋子文西安事变日记》。

蒋介石是精通权术之人，自然懂得能屈能伸的道理。注意到其来西安之初还在设想对共产党“我是否可将计就计，待其诈降以后较易消灭乎”[1]，足以知道蒋介石并非做不来反悔报复之事。恰恰在这个问题上，西安内部出现了明显的分歧。

还在24日，宋子文被要求参加了西安军事委员会会议，说明蒋介石妥协的条件。大多数与会者就坚持认为，蒋介石在离开西安前，即使不是全部，也应该履行部分条件。宋子文解释说：“以目前南京的政治气氛，在委员长未返回以前是不会有任何作为的。他们想要支持委员长，以他为国家领袖，带领他们保卫国家，他们必须绝对信任他，不能损害他的声望。”而且，以蒋的个性，不管在任何情况下，在返回南京以前，蒋也是宁死不愿先执行那些措施的。显然，宋子文无法说服激烈的反对者，致使张学良被迫出面召集反应最激烈的那些人，“大声训斥他们”。他告诉这些人，虽然他们动机单纯，但方式是错的。如果他们真的不想要委员长领导他们，他们就该在事变之时杀死蒋。的确，让委员长口头承诺后就离开，是一种冒险。但是，他早就告诉过他们，当他们参与发动这场政变时，他们就是拿自己的项上人头做赌注的，已经在冒险了。再冒一点险，没有什么不同。对张学良准备只要蒋有口头承诺就放蒋的想法，就连杨虎城也不赞同。24日晚张、杨两人发生过“激烈争辩”。杨虎城相信，以蒋的为人，“他一定会把我们砍头”。张学良毫不退让，强硬表示：“如果他们服从他的领导，他会扛起政变的全部责任；如果不服，大可开枪打死他。”否则，“所有做法皆须依照他的计划行事”。[2]

25日，在周恩来见过蒋介石之后，宋子文坚请西安三方面信任他，“要蒋（介石）、宋（美龄）今日即走，张亦同意并愿亲身送蒋走”。对此，周恩来和杨虎城“认为在走前还须有一政治文件表示，并不同意蒋今天走、

[1] 《困勉记》（1936年12月4日），台北“国史馆”藏蒋中正档案。

[2] 《宋子文西安事变日记》。

张去”。之所以出现这样的情况，多半也是同中共中央24日深夜对周恩来关于放蒋条件的指示有关。在这个指示中，中共中央明确提出，必须坚持在下述三个条件下放蒋。第一是全部中央军首先撤出潼关；第二是南京及蒋通过公开的政治文件宣布国内和平，与民更始，不咎既往，并召集救国会议；第三是开始部分地释放政治犯。中共中央强调，没有这些条件的保证而放蒋，对于西安的地位，张、杨及东北军、十七路军的安全，都将是相当危险的。相反，为了得到这些保证，挟蒋在手还有文章可作，即使打起来，只要打几个胜仗，就可奠定胜利的基础。[1]

中共中央的这一考虑自然也有其道理。但问题是，如果蒋想变卦的话，迫使他在西安发表了公开文件，是否就不会变卦？应当看到，以武力方式逼使蒋让步，对蒋本来就羞辱已极，蒋能在私下里平心静气地做出如此让步已属万分不易，再要蒋公开承认一切并要南京也随之做出保证，岂不使蒋颜面扫地，日后何以服人？事实上，在武力胁迫下的书面保证并不比口头保证更有效力。多半正是考虑到这种情况，张学良、杨虎城23日夜才明确提出可以由两宋出面担保的问题。而更重要的是，两宋如今既已出面担保，蒋又私下承诺，再事拖延并提出新的解决条件，特别是必欲强蒋所难发表政治文件，不可避免地会使刚刚化解的矛盾再度尖锐化起来，蒋介石今后是否会在强力下被迫签署这屈辱的政治文件尚且不论，关键是拖过25日，很可能会引发中央军的全面进攻，用宋子文的话，“战火一开，就很难压制”。何况张学良已经向两宋许诺只要他二人担保即可放蒋，如今仅仅为了这一纸书面保证就推翻自己的许诺，以后的交涉又如何能够继续？

因此，尽管杨虎城24日转而积极赞同中共中央的提议，却无法说服张

[1] 见《西安事变简史》，第93—94页；参见《毛泽东致彭、任电》(1936年12月25日)，《文献和研究》1986年第6期。

学良。至25日谈判结束后，三方意见仍未完全统一。[1] 结果，最后还是宋子文说服了周恩来，“周承诺尽最大努力，也是在最后关头他说服杨将军的”。[2]

当天下午，周恩来再度主持有关会议，就此进行劝说工作。只不过，事实上因为多数意见仍旧坚持赞同中共中央的观点，周恩来并未能取得成功。他直拖到傍晚时分，才不得不放弃努力，转而又去和张学良商议，“但通知未到张已亲送蒋、宋、宋飞往洛阳”[3]。

不管周恩来这时的真实想法是什么，多少让他可以告慰中共中央的是，蒋介石在临行前专门召见了张学良和杨虎城，讲了一些颇有诚意的话。据杨事后告诉周恩来，蒋曾当面对张、杨说：“今天以前发生内战，你们负责；今天以后发生内战，我负责。今后我绝不剿共。我有错，我承认；你们有错，你们亦须承认。”宋子文也在日记中记录了这次谈话的大意，即委员长告诉张、杨：“虽然他们是叛乱行为，但他会原谅。不管他承诺了什么，一定会去执行。”因此，周恩来得以报告中共中央说：“估计此事，蒋在此表示确有转机，委托子文确有诚意，子文确有抗日决心与改院布置。故蒋走张去虽有缺憾，但大体是转好的。”[4]

平心而论，西安事变得致如此结果，至少到这时为止，在各方面看来，多少都算得上是“皆大欢喜”。南京政府、社会舆论乃至一般民众，对此均表现出极大的热忱，许多城市民众张灯结彩，燃放鞭炮以示庆祝。毛泽东和中共中央则认为：“在五个条件下，恢复蒋之自由，以转变整个局势的方针，是我们提出的。谈判结果，蒋与南京左派代表完全承认。”尽管放蒋没

[1] 关于张学良为放蒋事与杨虎城发生争论的情况，在蒋介石《西安半月记》、宋美龄《西安事变回忆录》，以及张学良《西安事变忏悔录》中均有所描述。但从周恩来23日晚11时给中共中央的电报可知，杨虎城在23日夜里，甚至很可能在24日中共中央复电到来之前，都并不反对张学良所提出的只要两宋担保即可放蒋的提议。蒋介石及宋美龄均记述说：至24日夜间始闻杨虎城有不主张送蒋回京之议，当时西安方面内部激烈争论，杨“与张争执几决裂”。考虑到24日夜中共中央之来电，此说或属可信。

[2] 《宋子文西安事变日记》。

[3] 《周恩来致中央书记处电》（1936年12月26日）。

[4] 《文献和研究》1986年第6期。

能设置先决条件，但他们同意周恩来的看法，相信“依情势看，放蒋是有利的”。[1] 而在西安方面，虽然杨虎城因张学良送蒋离去，蒋无确实保证而多少有些担心，但据周恩来报告：“张陪蒋走后，东北军颇团结，更接近我们，十七路军杨、孙亦好”，“愿听我们意见”。[2] 至于张学良，此时更是颇多乐观，其虽有“负荆请罪”之想，不惜“以七尺之躯，换得主张之实现”，但确信蒋既然肯于承诺，自然是“言必行，行必果”，实现各项承诺不过时间问题。加上宋子文一再担保蒋决不会为难自己，必使他迅速回陕，因此他并不十分担心个人前途。相反，他自信自己已经成就一番大事业，为此他不无自豪地公开宣告：

> “双十二”事件是我们国家存亡绝续的分野，我们自相斫杀的内战，是要从此绝迹了；我们抗敌复土的光荣战争，是马上就要见之行动了，我们民族与国家已有了复兴的希望，这显然是我们中国划时代的一个事件。不独使我们可以期待着国策转变适合了民众的要求，且已投下了一块巨石于国际深潭，忽然飞沫四溅，警醒了世界苟且偷安的人士与夫野心帝国主义者的憧憬与迷梦……这次事件的动机是基于广大民众的要求，而这次事件的结束，是仰仗着领袖的人格的伟大。我与杨主任只是拿一点赤诚，做了民众与领袖中间的一个引线……一个划时代的事件发生之后，必须有一种划时代的精神和行动随着产生……抗日复土的光荣责任，已经加在我们的肩头了！……我亲爱的将士们！这当然是你们无可逃避的责任，我希望你们能够真干！就干！……这显然是我们民族解放斗争的开端，也正是我们民族复兴的起点。[3]

[1]　《毛泽东致彭、任电》（1936年12月25日），《文献和研究》1986年第6期。

[2]　《恩来、博古致毛并转中央书记处电》（1936年12月26日），《文献和研究》1986年第6期。

[3]　张学良：《1937年元旦告东北将士书》（1937年1月1日），《张学良文集》第2册，第1113—1114页。

二、风云突变

1936 年 12 月 25 日下午 4 时，蒋介石、宋美龄、宋子文等在张学良的陪同下，飞往洛阳。自此，历时近 14 天之久的震惊中外的西安事变宣告和平解决。

此时此刻，张学良的心情想必格外复杂。在成就了一番轰轰烈烈的“革命”事业之后，为实践自己关于“介公果能积极实行抗日，则良等束身归罪，亦所乐为”的公开承诺，张学良不能不出此下策，亲自护卫蒋介石出险并准备接受南京当局的任何处罚。

此举就张学良而言，实在也是不得已而为之。在事变之初，张学良并无此种主张，但事变发生后，国内各方面曲解误会之深有口难辩。事变刚一发生，北平大学校长蒋梦麟等就有函给张学良，要求张必须立即“卫护介公出险，束身待罪，或可自赎于国人”。16 日，为证明“弟等此举，任何方面皆为对事而非对人，尤确信其节极端纯洁，只求主张贯彻，决不稍为身谋”，他已不得不公开宣布：一旦蒋介石改弦更张，即“束身归罪，誓所不辞”。[1] 正因为如此，张学良不仅亲送蒋回京，而且一到南京就正式致函蒋介石，表示此次“随节来京，是以至诚，愿领受钧座之责罚，处以应得之罪，振纪纲，警将来，凡有利于吾国者，学良万死不辞”[2]。

需要强调的是，张学良之放蒋乃至负荆请罪，不等于说他对自己发动事变之行为有任何悔悟之表示。张学良之请罪，请的是“造成此次违犯纪律、不敬事件之大罪”，并非自认事变和主张有何等之不妥。[3] 31 日，张学良被交付南京政府军委会高等军法会审庭会审时，就曾再度明白宣称自己对发动西安事变并不后悔。他坚持认为,他发动事变是有充分理由的。他说：“我们痛切的难过国土年年失却，汉奸日日增加，而爱国之士所受之压迫反过于汉奸，事实如殷汝耕同沈钧儒相比如何乎？”我们不断地将我们的意见禀告给蒋委员长，一切都出于正当的爱国的目的，“完全为要求委员长准我们做抗日一切的准备及行动，开放一切抗日言论，团结抗日一切力量”，但我们无法劝说蒋委员长改变此种政策，“如果我们有别的方法达到我们希望，也就不做此事了”。所以会发生“双十二”事变，纯粹是“因为事情急迫，无法做出来的”。原因是“我们本想以全体人员去向委员长要求，不料‘一二 · 九’学生运动由警察开枪，以致如此”。正是因为蒋委员长命令警察向爱国学生开枪，所以不得不“用此手段以要求领袖容纳我的主张”。张学良特别强调指出，他至今不认为自己这样做有什么不对。他声称：除了对自己违反纪律、损害领袖尊严表示承认并愿意领罪，对于事变造成的伤害十分不安外，“我们的主张，我不觉得是错误的”。[4]

既然事变是必要的，政治主张是正确的，张学良当然不认为自己结束事变是出于一种对错误的忏悔。恰恰相反，张学良在期待着，他相信他已

---

[1] 张学良在 16 日之前尚无任何准备在蒋接受抗日主张后“束身归罪”的说法。自蒋梦麟等六校长来电之后，张第一次在 16 日下午给冯玉祥的电报中提出此说，以后几天里接连做此表示。可知此后张已有此准备与决心。《张学良文集》第 2 册，第 1081、1087—1088 页。

[2] 《张学良文集》第 2 册，第 1106 页。

[3] 同上。

[4] 同上，第 1110—1111 页。

经通过事变成功地改变了蒋介石的政策，现在盼只盼蒋介石能够实践允诺，具体施行新政策了。

张学良显然把事情考虑得过于简单了。因此，当他到洛阳及南京后，发现蒋介石所言所行与前并无不同，而南京政治空气依旧十分恶劣，内心明显地感到不快。尽管他能够理解蒋介石这样做的苦衷，蒋介石也在私下里向他保证不会食言，但他很快就不那么乐观了。

到南京的第二天，即 27 日晚，他在写给杨虎城的亲笔信中就表现出了一种颇为矛盾的心境。他指出："京中空气甚不良"，"委座在京之困难，恐有甚于陕地者"，因此，"委座为环境关系，总有许（多）官样文章，以转还 [圜] 京中无味之风"，好在"子文兄及蒋夫人十分努力"，并且对在西安"所允吾等者，委座再三郑重告弟，必使实现，以重信义"。[1]

31 日，南京政府虽判决张十年徒刑，因蒋介石向他担保很快会下特赦令予以特赦，宋子文也明确保证张学良只需要再等五天即可特赦返回，张学良仍旧对蒋力践其诺抱以多少期望，并自信很快能够再回西安。他在前一天给毛泽东的信函中特别说明："弟在此尽力奋斗，虽多困难，尚可 [属] 顺利，俟二三日把政府做完，几天即回。"[2] 其送回西安发表的《告东北将士书》，也表明了同样的期望与信心。[3]

不过，如今人身自由已经捏在人家的手中，南京又是这样一种空气和环境，蒋难道不会受其影响而重蹈覆辙吗？

还在张学良决心送蒋回京的前一天晚上，周恩来就已经预言："蒋目前在西安环境中有抗日愿望，但南京环境不改，他又将回到动摇中去。"[4] 因此，

---

[1] 《张学良致杨虎城函》（1936 年 12 月 27 日），《张学良文集》第 2 册，第 1107 页。

[2] 转见《周、博致彭、任电》（1936 年 12 月 31 日）；并见《宋子文致杨虎城电》（1936 年 12 月 31 日），转见米暂沉：《杨虎城将军传》，第 175 页。信称："今日汉卿兄恪守国府明令，经过军法会审审判手续，并即由委座具呈请示国府特赦。此项手续五日内可办竣。现移居庸之兄寓内，弟敢保证，汉兄绝无任何危险并请转达诸同志勿生误会，静待汉兄下月五日回陕。"

[3] 《张学良文集》第 2 册，第 1112—1114 页。

[4] 《周恩来、博古致中央书记处电》（1936 年 12 月 24 日），《文献和研究》1986 年第 6 期。

事变刚刚结束，西安方面的领导人就颇多怀疑与担心。为此，25日下午张送蒋走之后，杨虎城第二天就找周恩来商量应将蒋之承诺公之于众，周也表示赞同。由于此前与两宋的谈判并无任何由双方正式认可的文件与记录，24日蒋介石答应张、杨的六项条件在25日谈判中已有改动，25日两宋的担保内容也只是在一种讨论的形式中大致确定下来，因此如何将蒋之允诺归纳成文字，成了一件颇为复杂的事情。周恩来提议，可以具体归纳整理为五条公开发表。据周恩来当日中午的电报可知，周恩来提议的五条是：

（子）停战撤兵，西北军事归张、杨主持。

（丑）改组南京政府。

（寅）联合各党各派抗日，停止剿共。

（卯）释放爱国领袖，保障民主。

（辰）改变外交方针，联合同情中国民族解放的国家。[1]

但周恩来的上述归纳，不论是杨虎城周围的“幕僚”们，还是这时尚在保安的中共中央，都认为未能准确概括25日谈判的成果。结果，经过杨虎城、王菊人等修改后正式公开的文字，以及经过毛泽东重新整理概括的文字，都与周恩来概括的五条有着一定程度上的明显差别。

西安27日《解放日报》正式公布的条件已改成六条，将停战撤兵及西北军事归张、杨主持一条改为三条，将联合各党各派抗日、停止“剿共”、保障民主等内容取消，相关要求并入改组政府和停止内战的条款内。其具体文字如下：

（一）明令中央入关之部队于二十五日起调出潼关。

（二）停止内战，集中国力，一致对外。

---

[1] 《周恩来、博古致毛泽东电》（1936年12月26日），《文献和研究》1986年第6期。

（三）改组政府，集中各方人才，容纳抗日主张。

（四）改变外交政策，实行联合一切同情中国民族解放之国家。

（五）释放上海各被捕领袖，即下令办理。

（六）西北各省军政，统由张、杨两将军负其全责。[1]

而毛泽东于28日公开发表的文件，则将这些条件概括为：

（一）改组国民党与国民政府，驱逐亲日派，容纳抗日分子。

（二）释放上海爱国领袖，释放一切政治犯，保证人民的自由权利。

（三）停止剿共政策，联合红军抗日。

（四）召集各党各派各界各军的救国会议，决定抗日救亡方针。

（五）与同情中国抗日的国家建立合作关系。

（六）其他具体的救国办法。[2]

对照25日西安三方与两宋谈判结果，可以看出，上述两种概括都有其根据，但前者尽量回避可能引起麻烦的政治敏感问题，着重于停战、改府，特别是张学良和杨虎城对西北军政的实际控制；而后者则尽可能突出谈判结果的政治变革特点，强调改组政府、释放政治犯，特别是联合红军与召开可以决定大政方针的救国会议。相比较而言，由于两宋担保的条件中并没有涉及西北军政问题，相反却较多地肯定了政治变革的必要，因而后者的概括看起来更接近两宋答应担保的内容。

---

[1] 见《解放日报》（1936年12月27日）。另外12月29日杨又曾以十七路军总指挥部名义致函陕西各县长，内中也提到此六项内容，文字相同。见刘永端等编：《杨虎城将军言论选集》，西安：陕西人民出版社1991年版，第113页。

[2] 毛泽东：《关于蒋介石声明的声明》（1936年12月28日），《毛泽东选集》（合订本），第238页。毛泽东在前一天，即27日会议报告中发言曾将此概括为：（一）停止内战，撤后。（二）改组南京政府，行政院长宋庆龄，副院长孔祥熙，参加三个抗日领袖当部长，沈钧儒、章乃器等，使政学系、汪精卫塌台。（三）分批释放政治犯，保障民主权利。（四）三个月召集救国会议。（五）停止进攻红军，抗日时改番号，统一指挥。（六）联合一切同情我们的民族。

不过，在事变刚刚结束就把得到蒋介石私下承诺，由两宋秘密担保的让步条件捅出来，策略上是否妥当，却是值得考虑的。事情明摆着，蒋介石之所以不曾做文字上的和公开的政治承诺，一个极其重要的原因就是，这样做的结果将不可避免地从根本上严重损害其政治形象和统治的权威性。因此，尽管蒋介石事实上在西安做出了重要的承诺，他一离开西安，就迫不及待地把陈布雷叫来，搞了一个《蒋委员长离陕前对张杨的训词》，大谈此次事变中自己始终未曾妥协，“以人格事大，生死事小也”，签一个字也会使国家归于灭亡。[1] 其目的就是要避免人们会因为他的突然获释而怀疑他有所妥协。这固然纯粹只是张学良所说的“官样文章”，但对保持蒋的威信却是必不可少的。如果杨虎城，甚至中共方面准备承认和拥护蒋来领导中国的统一与抗日的发动，并寄希望于通过蒋介石来实现他在西安所做的承诺，自然也应当设法为蒋暂时保守这个秘密，而不是去张扬它，使蒋处于尴尬的境地。很明显，如果西安方面保持一种比较策略的灵活态度，使蒋得以保持其尊严，那么，蒋若有心实践其承诺，将比较容易借用各种借口来实行之。反之，如果西安方面不给蒋留面子，公开张扬其在西安所做的承诺，这只能使蒋在言论上和行动上都不得不极力否认，以致转而坚持强硬态度，以便证实自己从未屈服。

匆忙公布蒋介石所谓承诺的不利后果几乎立即就表现出来了。在上海的潘汉年很快来电，说明：陈立夫早就密告，希望中共对西安事变结束内容及宁方善后办法“盼暂宅静默，以免外交发生困难及不利”。宋子文得知西安公布条件后更是明白“责备我们宣布西安协定无信义”。宋子文和宋美龄甚至为此大发脾气，要宋庆龄转告中共代表：第一，西安不顾信义，宣布秘密承诺，已使他（她）们难以出面说项；第二，无论如何不得再宣布他们的谈话内容，否则他（她）们将退出调停工作；第三，如今改组等事

[1] 蒋介石：《对张杨的训词》（1936 年 12 月 26 日）。并见《陈布雷回忆录》，转见米暂沉：《杨虎城将军传》，第 172 页。

已相当难以进行，必须待以时日，须秘密策动英美舆论酝酿时局。正因为如此，共产国际也很快就来电批评中共中央，声称“不要老是叫喊蒋介石在西安做出了什么保证”，而中共中央自己也日渐意识到，过早地公开蒋介石的承诺，在政治上是幼稚的表现。[1]

不难想象，杨虎城急于公开蒋介石在西安所做出的承诺，多半是基于对蒋和南京的严重不信任，寄希望于用公开蒋的承诺的方法来加强舆论对蒋的压力，避免蒋及南京可能的报复。但就中共中央而言，公开蒋的承诺固然包含有对蒋的某种不信任，更重要的还在于他们最初对事变所取得的成就估计过高，相信西安事变使自己获得了足以逼迫蒋就范的强有力资本。

中共中央这时认为，西安事变取得了五个重大的胜利：一是结束了国民党的对日妥协的错误政策；二是结束了十年的内战，开始了抗战的阶段；三是迫使蒋介石国民党下决心联俄联共；四是极大地提高了共产党的地位，降低了蒋介石的威信；五是建立起以共产党为实际领导的三位一体的西北抗日中心。因此，中共中央确信，内战已经基本结束，抗战即将开始，蒋介石已经承认了西北的地位，承认了红军的地位，再也奈何自己不得。彻底实现抗日任务，结束蒋介石的动摇，固然还需要一个克服许多困难的斗争过程，但“继续督促与逼迫蒋介石实现他自己所许诺的条件，即停止内战，改组国民政府，改组国民党，释放政治犯，保障民主权利，停止剿共政策，联合共产党，召开救国会议，联合同情中国抗日的国家与实行对日抗战等条件”，是完全可能的。[2] 可以看出，由于对西安事变后的总体形势估计过于乐观，中共中央这时在很大程度上相信，公开蒋介石的承诺，将是督促与逼迫蒋介石就范的一种有效的形式。

---

[1] 《共产国际执委会书记处致中共中央电》（1937 年 1 月 19 日），转见《中共党史研究》1988 年第 3 期。这里的译文与当年电报的译文略有不同，这里的译文是：“不应就蒋介石在西安的许诺大发议论。”毛泽东在 1 月间的一次政治局会议上也承认，事变后即把蒋在西安承诺的条件加以宣布，在政治上是幼稚的。

[2] 《中央关于蒋介石释放后的指示》（1936 年 12 月 27 日），《中共中央文件选集》第 11 册，第 141—142 页。

中共对形势的这种乐观估计，在事变过后的一段时间里，表现得十分明显。如蒋介石 27 日发表《对张杨的训词》，尽管只是一篇“官样文章”，毛泽东仍于次日迅速发表尖锐批评文章，警告其不要食言。[1] 如 29 日周恩来与博古联名致电中共中央，提出宋子文改组政府，张学良回陕指日可待，应立即准备讨论新形势下全国及西北工作的各项问题，包括“准备政府改组后我方去南京谈判之纲领”，“宋登台后我方去沪人选及所要接洽各问题”，“救国会及救国会议促成会在全国活动问题”，关于西北三方政治军事合作的共同纲领，国防计划、防区划分、联合参谋团、联合军校及兵工被服粮秣交通器材各工厂之设置，储蓄与交通运输之计划，等等。他们还特别强调，即使是孔祥熙、宋子文照约定改组的政府，仍“应当以过渡政府看待”，“我们应与他每个摇摆斗争，而争取他过渡到抗日政府”。因此，目前的方针应该是：“打击亲日派，巩固以西北为中心之左派，影响与吸收中派”，而使局势开展的一个重要的中心环节就是巩固西北，“将西北抗日根据地和统一战线的模范地区的可能性变为现实性”。进而“以西北为中心，以抗日为目的和条件，为推动南京向左之力量”，使自己不仅在西北，而且在全国，成为“政治生活中的主导者”。[2] 至 31 日，虽得到张学良 27 日信，周恩来等仍旧认为，南京方面总的形势是好的，张学良形式上虽被审判，但很快会被特赦放回，改组政府的进行也不会因此而停顿。其电称：“蒋回南京后，黄埔、CC 均听命无动静，亲日派颇活跃并引日寇自重，宋氏兄妹在奋斗中，张须待特赦令下始回，蒋宋今回奉化，似有促进政变的可能。”[3]

但是，现实情况很快就证明上述判断之失策了。先是张学良被判刑的消息传来，接着是南京电台于 31 日公布了国民党中央坚持“剿匪、除奸、御侮”三项方针的声明，这使得在陕北的中共中央终于意识到，事情的发展趋势远不是像自己想象的那样顺利。

---

[1] 《文献和研究》1986 年第 6 期。
[2] 《周恩来、博古致中央书记处电》（1936 年 12 月 29 日），《周恩来选集》（上），第 74—75 页。
[3] 《周、博致中央书记处电》（1936 年 12 月 31 日）。

1937年1月1日晚，周恩来得知南京有以王树常取代张学良之讯，并了解到何应钦仍在部署军事，威胁东北军将领受命，已使东北军与十七路军各起分化。南京方面试图造成局部内战，以内乱为名解决西北的方针已清楚地显露出来了。据此，他不得不电告中共中央，并主张：应以团结西北、保持和平、完成统一为口号，要杨虎城及东北军将领通电蒋介石，请令张学良速回西北，主持一切，同时军事上要有必要的准备。

毛泽东这时也进一步得到破译的南京军队内部电报，得知12月31日何应钦已命令各军停止东撤，以演习为名保持原地不动。1月1日何应钦更电示李默庵部，称张、杨已与红军联合，形势紧急，李军应以演习为名，秘密向陕西雒南推进。鉴于情况有变，毛泽东当即电告在南京的潘汉年："闻亲日派极力阻碍蒋委员长新政策之实施，不执行撤兵命令，企图重新挑起内战，此仅于政学系及日本有利，将给民族国家及国民党以极大损害。共产党与红军坚决站在和平解决事变之立场上，赞助国民党一切有利于救亡图存之改革，愿与陈立夫、宋子文、孙哲生、冯焕章各方面商洽一致挽救危局之方法。"[1]他因此要求潘速与陈立夫接洽，告以"红军全部已集结训练，静待划定防地，准备抗日，绝无扰乱中央军及侵入国民党统治区域之企图"，请陈立夫等务必出面活动，商洽挽救危局之方法。

同时，他指示周恩来称："南京内部斗争甚烈，亲日派不甘下台，有最后挣扎、扣留李毅、进攻西安之危险"，"政局已起变化，请立做如下处置"：

甲、与杨、王筹商团结对敌。

乙、秘密通令东北、西北两军紧急动员，防御亲日派进攻。

丙、布置渭河北岸及渭南、雒南、商都、蓝田之阵地，为坚守计。

丁、红军准备进至兴平、扶风策应。

[1] 《毛泽东致潘汉年电》（1937年1月1日），张友坤、钱进主编：《张学良年谱》（下），第1245—1246页。

戊、加紧晋、绥、川、桂、直、鲁之活动，反对内战。[1]

中共中央并不想因此而重新卷入战争。他们一面进行部队动员，进行防御作战的准备工作，一面则为避免何应钦以红军挑衅为名找到进攻口实，再三电令前线部队不得与南京军队进行任何接触，并劝告王以哲对胡宗南之进攻亦采取同样态度，甚至不惜让出部分防地。毛泽东特别担心因张学良被扣于南京，东北军乃至十七路军内部意见分歧，以致动摇分裂，他们特别告诫周恩来等称，在争取左派，肃清右派，速谋张、杨、我三军之团结，力保西安胜利的前提下，亦应做好消极准备，为此应把工作中心放在争取将张、杨两部某些部队掌握在可靠者手中，以防不测。[2]

1月2日，西安方面证实：张学良原住宋子文处，31日被审后押入孔祥熙宅即失去自由。潼关以东中央军业已回师，借口是西安方面至今不允通车，阴谋赤化。周恩来据此估计，“南京亲日派在制造政治阴谋，军事威胁，以演成西北内乱，便于武力解决，使张无法回陕”，目前必须一面坚持呼吁和平，反对内战，一面加紧军事准备。因此，周恩来与杨虎城以及王以哲、于学忠、董英斌等商定，一面由杨虎城等领衔分别致电蒋介石、宋子文等，促张速回，一面巩固左派势力，推动上层将领，密切三方关系，东北军和十七路军加紧备战，同时并速调红军主力南下栒邑、淳化，做好参战准备。

1月3日，南京方面用电话通知西安杨虎城等，提出南京政府准备给杨以革职留任的处分，另以孙蔚如代理陕西省主席，王树常为甘肃绥靖主任，要求东北军及十七路军将领发通电表示拥护。

4日，南京方面再度用电话通知杨虎城，中央已决定派顾祝同任西安行营主任驻陕，并要求东北军立即恢复西安事变以前的位置，十七路军主力立即开回陕北。南京此举显然意在逐步控制西安及其东西大道，进而拆散

[1]　《毛泽东致周、博并告彭、任电》（1937年1月1日），《毛泽东军事文集》第1卷，第769页。
[2]　参见宋毅军：《中共在西安事变前后的军事战略防御》，《军事历史研究》1992年第2期。

西北三位一体，否定西北特殊地位。这自然与张学良转达的蒋24日关于“西北军事归张、杨主持”的承诺完全背道而驰，与25日两宋保证的“调胡宗南等中央军离西北”的条件也不相符合。

无须说，在做了这样一件令世人震惊的“犯上”“谋反”的大事之后，西安方面，特别是杨虎城和诸多东北军中高层军官，最为担心的就是蒋介石的报复。他们清楚地知道，保持三位一体，是他们免遭蒋报复的唯一有效的方法。一旦三位一体被拆散，东北军和十七路军很容易被分而治之，那时即使不施以武力，所有积极参与事变并负有直接责任的将领，都不免会受到严厉惩罚。杨虎城对此更是再清楚不过了。因此，对于南京的做法，他从一开始就采取了坚决的抵制态度，准备“为自卫计，为贯彻主张计，誓必与之周旋到底”。杨虎城在电话里明确告诉南京方面，张学良不回来，西北的一切政治军事问题都不能解决。杨并于南京政府准备对张学良颁布特赦的1月4日致电宋子文称：“我兄前电曾谓汉公可于五日离京返陕，现此间一切亟待主持，汉公一日不返，则军民一日不安。”[1]

4日是南京方面准备宣布对张学良予以特赦的日子。但就在这一天，西安方面却已经断定：“宁方今日如特赦，必留其在京，以促此间分化而便（于）用兵。”因此，周恩来、叶剑英、杨虎城、王以哲、何柱国、董英斌等当天不等南京的特赦消息，即开会详细讨论了作战问题，拟定了具体的作战计划。该计划包括以下内容：

（一）估计南京中央军正在调集二十五个师以上的兵力，组成十四个纵队，准备向西北抗日联军（东北军、十七路军和红军）发动进攻。

（二）西北抗日联军以万不得已时决以一部钳制胡宗南、关麟征、

[1] 《杨虎城致宋子文电》（1937年1月4日），刘永端等编：《杨虎城将军言论选集》，第133—134页；《杨虎城致严庄电》（1937年1月4日），中国第二档案馆等编：《西安事变档案史料选编》，北京：中国档案出版社1986年版，第91页。另据《杨虎城将军言论选集》编者分析，此电日期当为6日，而非4日。

> 毛炳文集团，集中主力首先消灭由潼关西进之敌，停止其进攻。具体计划:东线从渭南赤水至长安构筑七道防线，配置六个师的兵力巩固正面。同时集结步兵三个师以上及骑兵两个师于渭北，准备向南实施坚决突击，歼敌于渭河以北黄河以西。为此目的，渭河以南的蓝田、商县一带，以一部兵力依托秦岭，以运动战与游击战，迟阻北来之李默庵纵队。红军主力秘密集结于淳化、栒邑地区，准备能以三天行程，经三原赶到高陵的机动位置，依情况参加渭北决战，或经蓝田突击李纵队，然后以主力向潼关迂回。西线，主要以王以哲和于学忠两部对胡宗南东西两侧形成威胁，红军一部尾随胡敌钳制之。北线，则主要以孙蔚如部警戒洛川、三原一线，红军一部警戒瓦窑堡、清涧一线。会议并且决定，由张学良、杨虎城和周恩来组成秘密的三人团，以为领导核心（张学良未归时由何柱国或王以哲代），张学良为总指挥，目前则根据张去南京前的手令，由杨虎城统一指挥。[1]

中共中央这时的估计与西安方面没有什么两样。他们也同样认定 :“南京亲日派当权，改组政府暂时无望，李毅被扣，撤退之兵重新西进，陇海路又断，西安又处战时状态”，但“南京报复派现在没有政治口号，只能偷偷摸摸的干，希望吓一吓，把杨虎臣、于学忠、王以哲等吓得就范，然后慢慢宰割，孤立红军。目前，只要三方面团结，真正的硬一下，并把红军的声威传出去,使中央军不敢猛进（猛进时消灭其一部),有可能释放张学良，完成西北半独立局面”。因此，他们明确表示基本同意西安方面所商定的作战计划，主张一方面速发“拥蒋迎张通电”，一方面迅速部署作战行动。[2]

在 1 月 4 日以后，“迎张”之议已明显地成为不可能的事情了。南京政府在这一天根据蒋介石的旨意，一方面批准特赦张学良所处十年徒刑，一

---

[1] 《周、博致毛、洛电》（1937 年 1 月 4 日），宋毅军:《中共在西安事变前后的军事战略防御》，《军事历史研究》1992 年第 2 期。

[2] 《洛甫、毛泽东致周、博并告彭、任电》（1937 年 1 月 5 日），《文献和研究》1986 年第 6 期。

方面又下令将张“交军事委员会严加管束”。[1] 交军委会云云，实际上也就是由蒋介石处置罢了。蒋对张之难予谅解，并必欲借机控制西北，至此已昭然若揭。宋子文对此看来也毫无准备，其保证张学良回陕都不能做到，前此“保证组织满人意政府，肃清亲日派”云云，自然更是成为一厢情愿的白日梦。杨虎城和东北军将领恳求也好，威胁也好，结果如何，可想而知。更为重要的是，两天后，即6日，西安方面已经得到南京关于整理陕甘军事的具体办法如下：

一、顾祝同为西安行营主任。

二、王树常为甘肃绥靖主任。

三、杨虎城为西安绥靖主任。

四、冯钦哉为第二十七路军总指挥。

五、杨虎城、于学忠自请处分，从宽处理，撤职留任，戴罪图功。

六、中央军万耀煌、樊崧甫、毛炳文、曾万钟各部及李纵队分驻潼关、朝邑、渭南至西安、宝鸡至天水一带，中央军胡宗南、关麟征等部仍驻现地。

七、十七路军及直属各警卫旅等，移驻正宁、栒邑、淳化、耀县、永寿、灵台、宁县、长武、邠县等地。孙蔚如师移驻甘泉、鄜县、中部、宜君等县。冯钦哉部另编第二十七路军仍驻大荔、蒲城、白水、澄城、郃阳、韩城、宜川等县原防。

八、东北军一律恢复十二月十二日前之原位置，即全部驻防甘肃。[2]

南京方面的这一处置更进一步表明，蒋介石绝不打算将西北交给张学良和杨虎城，他不仅决心全面控制陕西及其贯穿陕甘两省之主要交通线，

[1] 《许静芝致孔祥熙电》（1937年1月4日），《西安事变档案史料选编》，第90页。

[2] 《何应钦致刘峙、顾祝同电》（1937年1月5日），参见刘东社编：《西安事变资料丛编》第一辑，香港银河出版社2000年版，第330—331页。

将东北军置于甘北与中央军杂处，将十七路军置于陕北，使其夹在中央军与红军之间，并且再不准备让张学良回东北军。

自从被押入孔祥熙寓所，失去行动自由以后，张学良已开始意识到蒋有食言之可能。其间，宋子文虽仍旧向他保证可以很快特赦回陕，张也只能是将信将疑。4日南京政府将其无限期“交军委会严加管束”后，张愤懑之情，溢于言表。[1]

张学良此前明显没有估计到蒋最终会有这一手。在成就了这番大事业之后，他始终对蒋在西安时的诚恳态度表示抱以信任，相信自己所作所为实为国家社稷着想，又勇于束身归罪，蒋对此已充分谅解并承诺在先，且有两宋担保，依蒋之领袖胸襟，当不会对自己怎么样。至洛阳、南京后，知蒋公开讲话毫无政治革新之意，张已经颇感意外，但宋子文频频担保，又考虑到蒋必须维护自身形象，故相信这多半只是一种必要的“官样文章”。至十年判决书下达，行动自由尽失，张更是颇多不满，但此时宋子文、孔祥熙均保证他将很快获得特赦，至迟1月5日即可回陕，张不免仍存有某些幻想。然而4日政府令下，张恍然明白自己实已陷入万劫不复之境地，蒋不仅不会允许自己再回东北军，重掌兵权，而且恐怕还要对其东北军有所不利。张内心之沮丧，可想而知。

但是，张学良毕竟还年轻，且刚刚陷入如此逆境中，难免会再生多少幻想。1月7日，蒋介石派戴笠送信给张学良，张学良被告知，他之交军委会管束，纯为国民政府开会时多数意见，“中此时正在休假，不便于明令甫颁之际，向中央频频陈述”，好在“主权已赦，此节将来不难补救”，“稍缓即为续请”。尽管蒋在信中软硬兼施，一面声称愿意约张前去奉化家乡“同游”，告其中央对陕甘善后问题的处置“全在于政治而不用军事”，一面威胁张务必劝告东北军集中甘肃，十七路军酌留若干部队在西安，余均驻防

[1] 戴笠1月7日携蒋信见张后曾有信给蒋介石，称张“奉读钧座书后，态度转好，语亦和平”。可知张此前情绪态度相当不满。见《西安事变档案史料选编》，第105页。

陕北，否则即为抗命，断言“国家对于抗命者之制裁，决不能比附于内战”。但张学良从蒋介石的解释与垂顾中仍旧感觉到自己尚有释放的可能，因而“态度转好，语亦平和，渠亦允派王化一、吴瀚涛持其手书飞陕，晤杨虎城、王以哲、刘多荃等”。[1] 在其给杨虎城以及东北军将领的信中，特别说明蒋并未直接与闻对自己的处理，他“对中央之处置，似亦不满意，但为中央威信计，谅亦有为难处”。但正因为如此，“此事仍有转圜办法”，待自己到奉化后定可设法。他甚至告诉杨虎城说：“委座另嘱，彼决不负我等，亦必使我等之目的可达，但时间问题耳，请兄稍忍一时，勿兴乱国之机也。”[2]

同一天，张学良更主动向蒋提出甲、乙两案，以为根本解决陕甘问题的参考。在张写给蒋介石的信中，他甚至明确建议说：“夫以汤止沸，沸愈不止，去其火，则止矣”，其建议即属于止火之策。甲、乙两案的内容如何呢？现照录全文如下：

甲、剿匪

一、调东北军全部驻开封、洛阳或平汉线上，整理训练，担任国防工程，由良负责调出及整理。

二、请虎城出洋考察养病半年，不开缺，以孙蔚如代理，由钧座给予充分之款项，对日发动，即召返国。

三、余陪同墨三等到洛阳，最好到潼关或临潼，由启予或庞炳勋派兵陪同前往，请虎城及各军长来会商。

乙、匪不剿

一、调虎城到甘，以何雪竹或刘经扶为西北行营主任，以庞（炳勋）、商（震）、萧之楚、万（耀煌）等军驻陕。

二、调东北军驻豫鄂一带整理训练，担任国防，由王树常负责，

[1] 《西安事变档案史料选编》，第105页。

[2] 参见《蒋介石致张学良函》（1937年1月7日）；《张学良致杨虎城函》（1937年1月7日）；《张学良致东北军各将领函》（1937年1月7日），《张学良文集》第2册，第1117—1119页。

> 由良帮助整理完毕，良愿去读书。关于虎城讲话问题，良以为力子、雪竹兄或于（右任）先生协同良到潼关或到冯钦哉防地，请虎城来谈。[1]

从上述两案中，我们不难发现张学良的态度较前有了很大的变化。其中最突出的是：第一，张已不再坚持反对南京进行“剿共”战争了；第二，张已不再主张保持西北三位一体，力求东北军能够远离中共与红军。要知道，仅仅在几天之前，张学良还给毛泽东去过信，对继续推行西安事变的政治主张和与红军合作，表现出十分积极的态度，而今张却来了个一百八十度的大转弯，这是为什么呢？

要具体解释张学良这种出人意料的态度变化，无疑是十分困难的。但分析张学良当初发动西北大联合、后来发动事变的初衷，以及考察他提出上述方案前后几封信里所表露的心情，还是可以推断出张学良如此提议的用心所在。第一，也是最主要的，他想以此来“保东北军仅有[之]实力”，这毕竟是他父亲乃至他个人事业的全部根基所在。第二，也是他个人最希望的，即想要以此取信于蒋，使蒋能够如其所允，“续请”政府恢复其自由。

为什么要保全东北军的实力，要让蒋介石同意恢复他的自由，必须要部分地改变他对中共和红军问题的态度呢？这里面的道理其实很明显。张学良深知，对他的扣押不可避免地会引起西安方面与南京军队的全面对抗，这种对抗若无中共与红军的支持，以东北军的作战能力，必然归于失败而被消灭；若得到红军的支持，战争固然可能长期化，结果东北军也必将红军化，同被消灭无异。这是因为，统帅多年，张很清楚东北军将领只会服从于他一人，离开他的指挥，其内部必然意见分歧以至四分五裂，变成他人俎上肉。他在提出上述方案的同一天就明白告诉戴笠称：“中央命令东北军回复去年十二月一日以前之防地，无异故意使与共匪接受，与匪打成一

[1] 《张学良致蒋介石函》（1937年1月7日）；《张学良意见书》（1937年1月7日），《张学良文集》第2册，第1117—1119页。

片，实属大错。”对东北军，只有他回西安“方能镇压”，否则一旦发生战事，东北军“将来必有二分之一的力量归附共党”。[1]

事实上，一旦战争爆发，不论胜负，他张学良在蒋介石和南京主战派的眼里将变得更加罪无可赦。故张无论如何不能赞同西安方面采取反抗态度。他之所以再三告诫杨虎城和东北军各将领千万不要发生内战，其原因也就在于此。他深信，如果西安方面能够表现出顺从的和平态度，蒋多少还会借用他的影响力来加速西北问题的解决，那时“良之出处……即不成问题”。而要想使蒋及南京方面能够切实对自己及其东北军取得谅解，一个关键性的条件就是要与中共及红军断绝关系，重回原来孤立的状态。只要西北的三位一体存在一天，甚至东北军与红军继续同驻陕甘一天，蒋介石就一天不会信任自己，不会放心东北军。因此，要想让蒋介石不再对自己和东北军高度戒备，主动建议将东北军调离西北，使之与红军脱离接触，应该是他这时想到有可能保存东北军实力和让自己尽快取得蒋信任，恢复自由的几乎唯一的策略了。

从张学良所提甲、乙两案的具体表述可以看出，张还是强烈地希望蒋介石能够允许自己在西北善后方面发挥作用的，其目的也是想要通过这种方法证实自己的诚意，求得日后自由之恢复。他当然最希望南京方面能够允许他恢复军职，继续负责东北军的指挥与整理（如甲案）；次而言之，他至少希望南京方面能够允许他协助部队整理，然后恢复其自由，可不再让他担负军职(如乙案)。他不了解的是，蒋介石是绝对不会给他任何发言权的。蒋修改后的无论甲案或乙案，均未考虑借助张学良来调动或整理东北军的问题，更谈不上恢复张的军职的问题了。就连张所请求的以后“愿去读书”一项，也不予批准。

蒋修订的甲、乙两案原文如下：

---

[1] 《戴笠致溪口委员长蒋电》(1937年1月7日)，台北“国史馆”藏蒋中正档案，特交文电26028941。

甲案

一、东北军全部调驻甘肃。

二、第十七路各部仍驻陕西原防，归绥靖主任杨虎城指挥，该路得酌留若干部队在西安，以便利行使绥靖主任之职权。附记：陕西绥靖公署或移设三原亦可。

三、自潼关至宝鸡沿铁路各县，归中央军驻扎（铁路线各县以外，得由十七路部队驻扎）。

乙案

一、东北军全部调驻豫皖两省，可先令由西荆公路集中南阳、襄樊、信阳一带。

二、以王树常（或汉卿另保一人）任安徽省政府主席。

三、调杨虎城为甘肃省政府主席，仍兼十七路总指挥，第十七路军全部调驻甘肃。[1]

从蒋介石修改的甲、乙两案可以看出，蒋仍旧寄希望于西安方面能够接受南京所提方案。对于张学良所提乙案，并不十分强调，并且也不同意让东北军驻在过于靠近京汉路的湖北，主张以驻安徽为好。蒋当天还专函告张称：“关于陕甘军事善后办法，中意：（一）东北军应集中甘肃，其统率人选可由兄推荐一人前往率领，免使分散，以备为国效命。（二）虎城可酌留若干部队在西安，使其能行使绥靖职权。可嘱其与墨三切商办法，余应照已发电办理，请由兄手谕告虎城及各将领，勉以切实服从中央命令，不可再错到底。如是，不但部队与地方得以保全，亦即所以救国自救也。尤须使虎城知全国公论，此次中央只令虎城撤职留任，而对部队又妥为处置，实已备极宽大。若再不遵中央处置，则即为抗命。国家对于抗命者之制裁，

[1] 《蒋介石修订的解决陕事之方案》（1937 年 1 月），《西安事变档案史料选编》，第 97 页。

决不能比附于内战。而且，中央此次处置全在于政治而不用军事，亦已表示于国人，故彼等必须立即决心接受，不可有丝毫犹豫，方为自救救国之道。”[1]

可以肯定，甲案既不改变西北三方前此驻军的大局，又不直接破坏现存的西北三位一体，对于西安方面无论如何要比乙案更容易接受。然而，西北三方最初显然不作如此之想。

周恩来等早就估计到并提醒过东北军将领和杨虎城等说，蒋介石不会放张，但政府判处张徒刑，后又宣布交军委会管束张学良的决定，仍旧让东北军将领以及杨虎城等十分震惊。1 月 7 日，宋子文致电杨虎城，表示对前所承担的斡旋事难有所为，不得不即告退出。此举更使西北方面对和平感到绝望。不容否认，西安事变之后，西北三方始终在设法保持西北半独立的局面。特别是中共中央，事变后一直强调要通过三位一体的政治军事联盟，将西北控制在三方手中，造成“西北半独立局面”。在得知南京不仅坚持不放张学良回来，而且还要在西安设立行营，不顾前诺坚持要派大批中央军进驻西北，根本上控制西北交通要道之后，他们自然要坚决表示反对。

中共中央明确认为：“顾来则张、杨两部全被宰割，红军将被迫登山。”他们专门致电潘汉年，要其告诉陈立夫等，“南京采取报复政策，不但于国民党及蒋氏的地位有损，且绝对无益于西北善后的解决”。“正当解决之先决办法是撤兵释张，现兵既复进，对张欲赦又拘，此适足激动西北之军心民心。”“如蒋氏及陈（立夫）、邓（文仪）、张（冲）等人仍维持西安商定之六个和平解决条件，便须立即撤兵，并立即释张。”他们同时相信：“目前中心在坚决备战，拒顾（祝同）迎张（学良）。”为此，他们明确指示周恩来等，应使“张、杨两军速筑坚固阵地，红军担任野战，坚决为保卫西北革命局面奋斗到底，不为南京和平空气所松懈。如此干法，才能求得和平，广西前事可证”。[2]

[1] 《蒋介石致张学良函》（1937 年 1 月 7 日），《西安事变档案史料选编》，第 103 页。
[2] 《洛甫、毛泽东致周、博电》（1937 年 1 月 6 日），《毛泽东军事文集》第 1 卷，第 773 页。

中共方面坚持这样一种态度，对西安其他两方自然有重要的影响。

对于张学良失去自由，这时在态度上反应最为激烈的自然是东北军的各级军官。在西安的原东北军同志会中那些最受张学良信任的激进的年轻军官不用说了，就是在前线的大批师团营以上的干部，也都是情绪激昂，求战心切。就连王以哲、何柱国等高级将领也积极主战。但据周恩来多次报告可知，“东北军师团级将领情绪甚高，急愿一战”，士气甚旺，作战却“只能胜不能败，只能进不能退”，而且“能守不能攻”，野战能力不强。十七路军更不用说，“士气不旺，战斗力弱”，“不能用于攻，尤怕飞机”，故“不能用之主要方面”。在这种情况下，无论是东北军还是十七路军，自然都对红军到来抱以极大期望，以致“两方都有依赖红军心理，对万一西安不守他们不愿设想”。在这种情况下，几万红军的责任变得异常重大。

红军的特长在于野战，即要靠灵活机动的运动战和游击战来克敌制胜。这就要求红军在作战时要有极大的行动自由，要尽可能少地进行纯粹防御性的内线作战，要随时准备为大踏步地转入外线作战而放弃已有的城镇与阵地。所有这些作战方法，对于在西安以及周围城市中拥有重要资财、大批家眷和各种重要利益的十七路军与东北军来说，都是难以接受的。因此，中共红军在作战方法及其战略设想方面，一开始就与杨虎城和西北抗日联军临时军委会的意见存在着重要的分歧。再加上三方军队又从未曾协同作战，东北军和十七路军的战斗力以及部队内部的巩固情况又颇难让人放心。因此，这种联合作战事实上面临很多困难，效果如何也颇难确定。

为此，从一开始中共中央就不能不要求周恩来与杨虎城及西北联军临时军委“约法三章”。即：一、不论东北军、十七路军与红军，彼此间统以抗日联军统率下的友军看待，唯东北军、十七路军仍用国民党旗帜，红军仍用红旗，但番号统称抗日联军，红军编为第三集团军；二、在开战后，原则上一律依照联军临时军委会命令协同作战，但红军一般的避免与友军在同一战场作战，红军担任单独的一方面，以免指挥不合拍，胜则见忌，败则见怪，泄露机密，相形见绌等不利情事；三、在不与联军的战略意图相违背的情况下，红军保持单独的指挥系统。[1]

基于这种情况，毛泽东这时为红军拟定的作战计划，与西安事变期间的战略设想一样，仍是坚持红军主力要实行外线作战。毛的计划是：一旦开战，要争取红军主力第一步出商洛，第二步出豫西，第三步出京汉路，以此来改变整个局势，分化南京，迫蒋就范。同时留二方面军在渭北策应友军的内线作战，以内线作战之友军与红军同外线作战之红军主力互相策应，实现战略上的配合。[2]

至1937年1月上旬末，东北军、十七路军已陆续在前线各战略要点与中央军发生接触，两军100余名军官更联名通电表示准备与中央军周旋到底，西安各界甚至举行10万人以上的群众集会，向南京示威。红军主力这时也已进至三原、耀县、淳化一带，红军十五军团更隐蔽地越过陇海线，开始向陕南商县一带前进，准备必要时更以红军主力南下商县，或配合东北军第五十七军等会歼进攻以蔺家镇、孝义镇、固市镇为主阵地的中央军于平信镇、官路镇、来化镇及定通镇地域，或出潼关、洛阳间袭扰东进之中央军，实行战略突击。西安事变和平解决后刚刚平息了的全面内战的烽火，转瞬间又重新在西北燃烧起来了。

[1] 参见宋毅军：《中共在西安事变前后的军事战略防御》，《军事历史研究》1992年第2期。
[2] 《毛泽东致彭、任电》（1937年1月8日），《毛泽东军事文集》第1卷，第777页。

三、福兮祸兮？

眼看战争已经不可避免，西安方面的情况却突然间开始出现了某些细微的变化。这种变化的原因多半在于，1 月 9 日这一天，西安方面，特别是中共中央了解到以下这些情况：

第一，蒋介石 9 日有电报给杨虎城，明确保证他将贯彻和平之宗旨，决不至有战争行动，且军事善后办法仍可与顾祝同详加商讨，要求杨虎城务必约束西北之部队，保持冷静态度，不做轻率表示。[1]

第二，前东北教育会会长王化一、同为东北人的国民党监察委员吴瀚涛受命携张学良 1 月 7 日给杨虎城及东北军各将领的信飞抵西安。张在信中已明确表明反对战争的态度，要求西安方面务必坚持和平，“稍忍一时，勿兴乱国之机”。[2]

第三，潘汉年与国民党谈判代表张冲同到潼关，潘一人进入西安，说明：“蒋召张冲至奉化，告以三事：一、汉卿留京参加工作；二、西北问题政治解决；

[1] 《蒋介石关于函复杨虎城阳电内容要点致顾祝同密电》（1937 年 1 月 9 日），《西安事变档案史料选编》，第 107 页。

[2] 《张学良致杨虎城函》（1937 年 1 月 7 日），见张友坤、钱进主编：《张学良年谱》（下），第 1256 页。

三、同我方谈判根据与周所谈基础续谈下去，并要周到奉化密谈。”[1]

第四，潘汉年曾与苏联在南京的代表密谈，据对方说：蒋离开南京去奉化养病前曾数次与苏联大使谈。苏联大使认为“蒋之所为与远方意合”，只不过蒋估计日本至少在一年内还不会向中国或苏联宣战，因此苏联代表认为“蒋对我方及西北问题意在拖延时日”。他们极力主张不要因此而形成对立，并“急望我们和平”解决与南京方面的关系问题。[2]

其实，关于西北善后问题的处理，还在蒋介石回到南京之后的第三天就委托张冲等告诉潘汉年，请中共务必“暂时静默，以免外交发生困难及不利”，影响双方的进一步谈判。1 月 4 日，当中共明显地对南京处理西北问题的方式表示不满之际，蒋介石又特别委托张冲要潘汉年转告中共中央：关于西北善后，南京决采政治方式解决，但主张汉卿先生暂留南京工作。至于国共两党关系，亦考虑根据周恩来与蒋先生在西安谈话基础继续商洽，以求协调。同时，蒋还派张冲前往西安，准备接周恩来南下会商一切。

鉴于此种情况，中共中央很快提出，周恩来等在西安应“只在幕后团结东北及十七路军”，不要太露头角，强调杨虎城及东北军将领的通电务必说明拥蒋真意，并要求西安的报刊宣传不要过于尖锐刺激。但问题是，中共中央最初确定的目标较高，不仅坚持要张学良回来，而且要争取“完成西北半独立局面”，坚决主张拒绝中央军入陕，强调一定要“真正的硬一下”。[3]而南京方面又复以大军西进，西安与南京已成剑拔弩张之势，要缓和下来两方面都十分困难。

周恩来这时就明确认为，面对这样一种严峻的形势，在三位一体军事政治联系如此紧密的条件下，中共和红军要想保持调和人的地位，几乎是不可能的。不得已，中共中央不得不一方面坚持继续与西安两方站在一起，积极备战，一方面要潘汉年告诉蒋介石的代表称：“同意南京用政治方式解

---

[1] 《周恩来致中央书记处电》（1937 年 1 月 9 日）。

[2] 参见《周恩来年谱》，第 344 页。

[3] 《洛甫、毛泽东致周、博并告彭、任电》（1937 年 1 月 5 日）。

决西北善后问题，但须在下列条件之下：(一) 立即撤兵；(二) 立即释放张学良回陕；(三) 保证西安协定之实行。”说“恩来此时绝对不应离开西安，张学良去宁已上了大当”，必须“在撤兵释张改组政府实行后，即证明南京尚愿顾全信义时，可去南京一行”。[1]

要坚持上述条件，很难避免与南京方面发生冲突，这种情况在 1 月上旬已经是再明白不过的事了。问题是，在西安事变已经和平解决之后，为此而大打内战，在策略上，以及在政治上是否有利？ 1 月 7 日张学良的信件，以及潘汉年带来的种种情报都显示，如果适当忍耐和降低条件，并非完全没有消弭战争的可能。因此，在反复衡量后，周恩来建议，蒋介石虽对控制西北不会放手，何应钦也仍会试探军事解决的可能性，但目前仍有和平可能，我们应拉拢蒋、宋，“非至万不得已，红军决不轻易参战”。

就在得到周恩来上述电报的当天，中共中央也发来复电指示周恩来，赞成采取力主和平的态度，强调宣传和平，拉拢蒋、宋，保持西北目前局面，非不得已不开火，“乃目前基本方针”。“此方针应使杨、何、孙、王、缪、刘、杜、黄及宣传委员会主要人了解，改正其‘左’的宣传”。不过，中共中央这时仍旧主张，前此的条件一般不应有太多的改变，只是可以考虑立即写信给蒋介石，进一步请蒋撤兵、释张和改组政府，保证“共产党在对内和平对外抗战基础上用全力赞助蒋”。[2]

据此，周恩来于 11 日专门致函蒋介石，请蒋“力排众议，坚持前令，尽撤入陕之兵，立释汉卿先生回西北主持”，声明如此“则内战可弥，和平可坚，一切人事组织、政府主张、抗战筹备均将循先生预定之方针前进，统一御侮大业必可速就”。[3] 值得注意的是，在周信中，虽对撤兵、释张有明

---

[1] 《毛泽东关于与张冲谈判原则致周、博电》(1937 年 1 月 5 日)，在这里毛泽东提到的西安协定为以下六条：一、停战撤兵。二、初步改组南京政府，三个月后彻底改组。三、释放政治犯，保证民主权利。四、停止“剿共”，联红抗日，划定防地，供给军费，苏区照旧，共党公开。五、联俄并与英美合作。六、西北交张学良处理。

[2] 《毛泽东军事文集》第 1 卷，第 779 页。

[3] 《周恩来致蒋介石信》(1937 年 1 月 11 日)，《文献和研究》1986 年第 6 期。

确的主张，对于较为困难的改组政府问题没有做特别的要求。

12日，杨虎城派赴奉化见蒋陈述西安方面意见的李志刚飞回西安，带来蒋介石10日手书一封。内称：对于张学良，“稍假时日，必为之设法，使仍有效力革命之机会，以无负其爱国之苦心”。同时再度重申其和平解决西北问题之宗旨，强调“中央处置陕甘，亦必以政治建设为主，绝不至引起战事”。但蒋介石明确解释说：

> 目前所以在陇海路上酌置军队者，则以一般国人对陕甘情形具非常之惶惑。因人事明令兄等既未接受，而所有组织，如临时军事委员会等，至今仍未变更，省府亦未照中央法令恢复原有关系。所有宣传，其误谬幼稚，与事变当时一般无二，不但形式上有不奉政令割据独立之嫌，且亦可见分子异常复杂。故一般国民对陕甘今后之动向，咸抱绝大之忧疑。中央为安慰人心，维持全局，自不能不加以防范。然所望于兄等者，只在接受中央之命令，而军事善后等具体细目，非无商量余地……现在最急要者，在兄等务应廓清外间之疑虑，表示绝不割据独立，亦不破坏统一。为示此诚意，勿使外间误会，则：(一)唯有迅即表示接受中央命令，使一般人了然于兄等拥护国家，完成革命之诚意；(二)将十二月十二日以后之组织公布撤销，所有宣传均予改正，勿使再如变动当时之情形，以一新内外之观感，则国人疑虑得以冰释，而在陕军民亦可心安。……须知陕西，无论军民，不能离整个国家而存在，中央更不能无陕西以作国防之基础；中央离陕西无以建国，陕西离中央无以遂其生存与发展。故必须立下决心，向和平统一之方向做去，迅复事变以前之常态，确立此后努力之始基。[1]

[1] 《蒋介石致杨虎城书》(1937年1月10日)，《西安事变档案史料选编》，第110—111页。

据李志刚介绍说，蒋介石在与他谈话时曾十分激动，以至“痛哭”。[1]

当天，周恩来等即用电报将李志刚转来的信件内容与南京方面的态度向中共中央进行了汇报。周恩来估计：“蒋中心在分化与压迫，不成乃运用妥协控制西北，(再) 不成 (则) 改为共管。因此，顾 (祝同) 之行营主任及中央军一部驻西北，乃蒋所必争。”在这种情况下，完全拒绝蒋在西安设置行营和中央军控制陇海路，则和平绝无可能。目前方针，似应力争和平，并在此基础上设法达到与南京共管陕甘之目的，承认主要由中央军控制西安和陇海路交通线，但努力限制其兵力，使实际控制权仍在我手。据此，周恩来与杨虎城等再三商谈，终于促使杨虎城等同意了如下办法：

（一）杨虎城、于学忠、孙蔚如等接受中央命令。

（二）取消十二月十二日以后一切临时组织。

（三）张学良回陕，或主西安行营（张正，顾副、杨副）；或主陕甘绥靖公署（张正，杨副，行营主任改驻洛阳，主任仍为顾）。

（四）东北军驻兰州、咸阳、平凉、固原、凉州、天水一带地区；十七路军驻西安、泾阳、韩城、华县一带地区；红军驻延长、延川、肤施、鄜县、庆阳、淳化一带地区，一部驻洛南，一部驻凉州以西；中央军驻潼关、华阴一带，并可酌派三至四个团对陇海路进行保护。[2]

值得注意的是，杨虎城虽然被说服接受了周恩来提出的上述解决方案，但他仍旧对允许中央军进驻陕西及陇海路深感担心，因此他并没有迅速将此一方案送交蒋介石和南京方面考虑。其 14 日给蒋介石的信仍旧坚持接受中央命令及取消临时组织，必须以南京先释放张学良和首先撤退西进的中

[1] 转见《周恩来、博古致中央书记处电》(1937 年 1 月 12 日)，《文献和研究》1986 年第 6 期。该文件在《文献和研究》上公布时根据一有错误之抄件，将“痛哭”排成“痛器”，实不当也。

[2] 《文献和研究》1986 年第 6 期。并见杨虎城派员呈送解决陕事方案致蒋介石函件等，《西安事变档案史料选编》，第 98—99 页。

央军为条件，其中甚至有红军问题必须一并解决，因“红军亦执前言相诘”之语。[1] 直到电报发出后，周恩来才得知其内容。周对此自然认为不妥，坚持必须尽快派鲍文樾带上商定的方案赶到奉化去，向蒋详细解释西安方面新的让步条件。至此，杨虎城才正式同意将新方案送给蒋介石。

15 日，杨虎城派往南京的代表之一米春霖从奉化返回西安，进一步带来张学良 13 日的亲笔函和张学良提出并经过蒋介石修改认定的甲、乙两案。这时，张学良的心情显得颇为复杂。他内心虽仍不肯承认有错，“态度踞傲”，但为取得蒋之信任，毕竟也已经做了某些违心的表示。特别是他 13 日得到蒋介石的准许，迁至蒋正在养病的奉化溪口，更幻想着可以与蒋就近商量西北善后，乃至向即将召开的国民党五届三中全会提出改组政府及对日问题等重要事项。张并不知道，由于西安方面此前在策略上坚持强硬态度，蒋介石和南京方面已明显地归罪于张，断定正是因为“张态度踞傲，仍未真实悔悟，陕甘迄无接受命令之表示，一再倡言须张返陕，而一般民众是非功罪之观念亦极混沌”，故已开始秘密散发关于张学良各种“罪恶”之材料，组织社会各种团体发表文电进行声讨。[2] 放张回陕已再无可能。

张学良此时仍蒙在鼓里，他还在积极出面劝说西安方面，盼望西安方面速即讨论甲、乙两案，择一行之，“使委座及弟易收束陕甘之局”。而他在给东北军将领的信中，更明确主张选择将东北军调出西北的乙案，强调说：对东北军，蒋保证“始终爱护，决不歧视。但在西北环境，多所不便，如不遵从委座意旨，决难挽此劫运”。“弟满腹热泪，一眼望东北，一眼望西北，而流 [尤] 望兄等本我初衷，凡有利于国家者，任何牺牲早已不计。盼诸兄计及国家利害，勿专为我个人谋也。”[3]

---

[1] 《杨虎城致蒋介石函》（1937 年 1 月 14 日），刘永端等编：《杨虎城将军言论选集》，第 160—161 页。

[2] 《陈布雷关于蒋介石授意发动文教界声讨张学良罪状致叶楚伧密电》（1937 年 1 月 13 日），《西安事变档案史料选编》，第 115—116 页。

[3] 《张学良致虎城等函》（1937 年 1 月 13 日）；《张学良致王以哲、何柱国等函》（1937 年 1 月 13 日），《西安事变档案史料选编》，第 1120—1121 页。

不难判断，张学良尽管一再要其部下不要为他个人出路着想，但其极力劝说东北军将领选择脱离“多所不便”的西北地区的乙案，目的仍在设法解除蒋介石和南京方面的怀疑而获得自由。可是，西安方面，无论是杨虎城、周恩来还是东北军将领，多数看来并没有能够明了张学良的这种意图。米春霖来西安，带来蒋介石 14 日信，内中特别告诫，张学良此时“为国为友为私为公计，皆无回陕之理”，要西安方面“勿再以此为言”。[1] 对此，西安三方均明确表示不能接受。根据周恩来的提议，杨虎城、于学忠等同意于 16 日首先通电取消一切临时组织，接受南京革职留任的处分，同时坚决拒绝乙案，基本接受甲案，唯对甲案必须做部分修改。随后奉命派往奉化的鲍文樾、李志刚等带去的解决方案，仍与此前方案没有多少区别，对张学良的意见也未做任何考虑，只是在具体内容上和谈判目的上，进一步增加了关于要中央军退出甘肃，让东北军前伸至咸阳，并允许东北军和十七路军各一部留驻西安的要求。[2]

16 日，西安方面正式做出妥协。杨虎城等通电就职，并宣布取消一切西安事变期间成立的临时性组织，同意不再要求蒋介石兑现事变期间的承诺，将自己在西安事变中提出的各项政治主张提交国民党五届三中全会讨论，对西北善后也只集中于要求南京释放张学良与合理地安排防区分配问题。[3] 但问题是，蒋介石的来信已经十分清楚地表明，放张几乎是不可能的。二者能不能相提并论？在西安三方的讨论中，杨虎城，包括东北军的军官们都强硬地坚持二者必须同时进行，因而会议决定：除努力将一切救国主张提交三中全会外，必须坚持防区分配和释放张学良同时进行，张不回陕，军事上就仍取不妥协的姿态。[4]

对如此坚持的前途，中共代表已明显地感到怀疑，既然以和平解决为

[1] 《蒋介石致杨虎城函》(1937 年 1 月 14 日)，《西安事变档案史料选编》，第 120 页。
[2] 《周恩来、博古致洛甫、毛泽东电》(1937 年 1 月 15 日)，《文献和研究》1986 年第 6 期。
[3] 《杨虎城、于学忠通电》(1937 年 1 月 16 日)，《西安事变档案史料选编》，第 126 页。
[4] 《周恩来、博古致中央书记处电》(1937 年 1 月 16 日)，《文献和研究》1986 年第 6 期。

目的，坚持这样的条件，岂不等于还是要打仗？当晚，周恩来和博古联名致电中共中央，要求中共中央就下列问题做出决定：第一，如蒋对防区让步，但坚不放张，是否决心打？第二，如蒋对防区让步，允张在三中全会后任事，是否接受？

周恩来等对蒋可能在防区问题上让步的估计，是建立在蒋介石等一再表示陕甘军事善后方案可以具体商讨的基础上的。他们这时显然没有看出，蒋介石和南京方面在控制西安及其陇海路的问题上，是绝无让步可言的。因此，事实上，即使在防区问题上，要想达到西北三方这时希望的水平，也是不大可能的。可是，中共中央这时的估计要比周恩来等人还要乐观得多。他们明确认为："杨、于就职后，南京更加无名，条件略高无妨碍，并可为尔后留出再让一步之余地。"目前内战对蒋系不利，和平解决趋势已渐明显，因此，要求张回和要求陕甘防区保持现状不大变，此二者"目前不应让步，在力求和平的总方针下，争此二者之实现，这种可能是存在的"。[1]

其实，无论东北军，还是十七路军，这时对作战都没有胜利把握。杨虎城明确告诉周恩来，前线最多只能守三天。因此，此前东北军和十七路军都不愿意考虑必要时放弃西安，这时却已经在考虑这种可能性了。中共中央当然也很清楚这一情况，只是，如果连要求张学良回西安主持一切这一条也放弃了的话，西安事变所建立起来的三位一体的西北局面，势必不复存在，红军又将重新回到孤立的境地上去。毫无疑问，所有西安事变的积极参加者都不愿看到事情走到这一地步。特别是态度最为激进的原东北军同志会的年轻军官们，尤其不能接受张学良不能回西安这一条，他们不顾一切地坚持要与南京进行坚决的抗争。他们不知道，他们的这种态度却使张学良简直如坐针毡。

19 日，张学良直截了当地写信给杨虎城，告诫他："目下最要者，能本上次瑞峰（即米春霖）带去之甲项办法立即行之，以免夜长梦多"，"关于

[1] 《洛、毛致周、博电》(1937 年 1 月 18 日)，《毛泽东年谱》(上)，第 643 页。

弟个人出处问题，在陕甘未解决前是不便谈起，断不可以为解决当前问题之焦点”。[1]

这时，张学良之所以不再要求西安方面接受乙案，个中的原因多半在于，西安方面已经明确地选择了甲案。从西安代表的谈话中，张已了解到西安方面对于蒋接受修改后的甲案的可能性相当乐观，事情如果真能如此解决自然是件好事。但他当即就看出把实行甲案、确定防区和释放他二者相提并论，在策略上是非常危险的。因为，如果西安方面坚持以他的复职为条件，甚至不惜为此与南京冲突，那么，虽然主观上是爱他，其实反倒会害了他。因此，他坚决主张西安方面不要再以释放他为条件，他相信，如果能使蒋承认修改后的甲案，并照此解决，他就仍有回去的可能。

20 日，形势再度走到重要关头。当天，杨虎城接到蒋介石措辞严厉的来函。信中坚决拒绝西安方面所提方案，断言杨虎城等人的要求，就是“不许中央过问西北之一切，亦无异使陕甘不为国家军令政令所及之陕甘，直欲使西北沦亡为东北之续，而一方面则以要求汉卿回陕主持为解决一切之关键”。因此，他指斥西安方面“一方面以表示就职，掩盖国人之耳目，一方面则欲更进一步的割裂军政，破坏统一，以造成西北为特殊区域。表面虽宣称一切临时组织撤销，而企图割据与罔恤危害国本，乃有加于昔”。蒋介石明白告诉杨虎城等：不仅中央无论如何决不能放弃西北，要以西北尤其陕西为北方国防之根据地，而且陕甘问题一日不解决，汉卿因责任深重，也绝无回去之可能。[2] 蒋介石并且特别指出，这已是他“最后之忠告”了，25 日 12 时以前西安方面务必要接受中央的方案，否则战争将不可避免。

与此同时，蒋介石也要张冲通知中共代表潘汉年说，蒋同意西安方案所提红军驻延长、延川、肤施、鄜县、庆阳、淳化一带，和一部驻凉州以西的要求，唯一部驻洛南碍于国防关系暂时难以允许。对东北军和十七路

[1] 《张学良致杨虎城函》（1937 年 1 月 19 日），《张学良文集》第 2 册，第 1122 页。
[2] 《蒋介石致杨虎城函》（1937 年 1 月 19 日），《西安事变档案史料选编》，第 133—136 页。

军驻地问题，关键在于中央军非驻陇海路全线不可，这是因为，中央必须经过陇海路接通西南之成都和西北之天水、兰州，然后接通新疆，因一旦抗战发生，沿海受困，中国必须经过西北接取国际援助。因此西北国防计划之实现在整个中国国防事业中占有极大的比重。为此，不仅中央军要完全控制陇海路，而且行营也必须设在西安。东北军只能驻甘肃，十七路军只能驻外县（除少量部队驻西安行使绥靖职权外）。蒋介石声称："如红军不愿照上述两法向张、杨部队劝解，反而与张、杨部队联合作难，则不仅周与蒋所谈一切无从实现，且蒋亦不能制止南京讨伐行动矣。反之，如红军确能顾念国家艰难，为整个民族着想，力劝杨主任接受上项意见之一，中央当视同一体，红军给养与中央军一律待遇，驻在上述地点至参加政权，可由我方提出名单与宋（子文）讨论。"[1]

显而易见，形势至此已变得相当严峻。人们的观感也颇不统一。潘汉年明确提出："我意西北问题不可久持，盖西北问题一日不决，整个抗救计划无以实现，徒予日人以共同防共之借口。我方当本对内和平团结，对外一致抵抗之初衷，力劝杨、张部队负责者从整个御侮救亡着眼，勿持私见以阻碍整个之实现。"

但整个西安的情况却极其复杂。据周报告称："此间左派群情激愤，主战"，杨虎城"恐让步后西北被分化，亦有战意"，"东北军军长除缪澄流外均主作战"。面对这种情况，周恩来指出：假如接受蒋介石的条件，东北军和十七路军中之左派势将铤而走险，而右倾者必将倒向蒋介石一边，如此我们将失尽同情者，亦无法掌握其军队。如拒不接受，则只有打仗，打则只能胜不能败，可胜的把握很少，各方响应者更少，一旦失败，东北军和十七路军仍必分化，到头来我们也只能得到少量军队而已。因此，战亦不是，和亦不是，目前处境万分艰难，暂时也只有在原则上接受蒋之甲案，但力争西安驻十七路军及东北军能驻咸阳以西，同时拖延时日，准备战斗。

---

[1] 《失去的机会？》，第 30 页。

据此，根据周恩来的建议，西安三方决定立即派李志刚飞奉化，表示原则上接受甲案，并放弃张学良必须回陕的要求，但希望蒋同意：(一) 中央军暂退华阴，以便部队运动；(二) 潼关至宝鸡不驻多兵；(三) 东北军留一小部在西安，以保护三万多东北军人家属；(四) 张如难返陕，请给以名义；(五) 十七路军留一个师在西安；(六) 红军问题可照蒋意见办理。[1]

事情走到这种地步，无论和战都是相当困难的。况且，是不是让步就一定能够解决问题呢？中共中央明显对此表示担心。在反复考虑后，中共中央致周恩来称：

> (甲) 问题在于是否有保证让步而确能停止战争。让步而依然是战争，且得出比西安事变前更坏之局面，则不能让步。
>
> (乙) 无论和战，应使杨、孙、何、王、于、缪、刘及左派自己打定主意，我们处在建议与赞助地位，免致不利时招怨。
>
> (丙) 无论和战，红军主力应按前定计划出至陕南，处在川陕之间。除二方面军留渭北外，其余应准备在数日内向南出动。
>
> (丁) 西路军东进，徐、陈电士气尚旺，十天可达古浪处，如该军不再遭挫折，尔后当位于文、武、成、康地区，如此我主力在陕南、甘南，便可破坏南京把联军围困于渭水以北之计划。[2]

从中共中央的电报中可以看出，他们这时的对策基本上还是立足于一个“打”字。西安事变期间蒋介石许了那么多的诺，如今都一笔勾销了，他们又如何能够相信蒋介石和南京政府真的会对红军表示诚意呢？他们唯一能够依靠的只有目前西北的这个“三位一体”，一旦“三位一体”被破坏，等着他们的多半又是中央军的大举进攻，那时，东北军和十七路军或被调

---

[1] 《周恩来、博古致毛泽东、洛甫电》(1937年1月21日)，《文献和研究》1986年第6期。

[2] 《洛甫、毛泽东致周恩来、博古电》(1937年1月21日)，《文献和研究》1986年第6期。

走或遭分化，红军的处境自然远比西安事变前还要危险得多。若真是这样，他们又有什么理由照蒋介石所希望的那样去劝说和平呢？

当然，争取和平仍旧是中共中央的基本方针，打只是不得已而为之，如果南京方面能够切实提供有效的保证，他们当然不愿诉诸战争。基于这种考虑，中共中央指示潘汉年："为避免内战一致对外，我们原则上不反对蒋之方针，并应劝告西安服从南京统一方针"，但蒋必须同意：

（一）保证和平解决后不再有战争。

（二）不执行剿共政策，并保证红军最低限度之给养。

（三）暂时容许一部红军在陕南驻扎，可不驻商洛，因为合水、庆阳、正宁、淳化、鄜县、肤施等地粮食十分缺乏，以后可移驻别处。

（四）请令马步芳停止进攻河西红军。

（五）为使红军干部确信蒋之停止剿共、指定防地与发给经费，以便很好的准备抗日，要求蒋亲笔答复周恩来一信，我们可保证绝对守秘密，因为红军干部尚有许多怀疑者。[1]

从上述条件中可以看出，中共中央已不得不放弃西安事变后一度提出的争取完成"西北半独立局面"的斗争目标。不仅如此，事变后三位一体共同坚持的撤兵、释张、改组政府等项基本要求也被迫放弃了，就连西安方面此时所提中央军暂时退华阴，潼关至宝鸡不驻多兵，东北军留一小部在西安，请给张学良以名义，十七路军留一个师在西安等六项要求，中共中央这时也未置一词。中共方面事实上已经相信，承认蒋、张所提甲案将是不可避免的。而它最为关心的只是，实行甲案后，南京会不会再度发动"剿共"战争。"这种可能如果存在，则红军束缚于渭水黄河之间是危险的。

---

[1] 《毛泽东、周恩来致汉年同志电》（1937 年 1 月 21 日），《中共中央抗日民族统一战线文件选编》（中），第 370—371 页。

因为现有红军实数即照过去一样仅发很少的伙食钱，每月也需五十余万元，以后停止打土豪将决无办法，这是第一。庆阳、淳化、鄜县、延安等县粮食极少，多兵久驻，亦绝无办法，这是第二。”他们希望蒋介石能够以自己的名誉（通过写信的方式）做出明确的保证。当然，他们同时也希望蒋及南京“对张杨及东北军、十七路军确定爱护政策，其方式宜表现在防地分配及对张杨二人之待遇上”。中共中央明确指出：张、杨及其军队“现在所顾虑的，完全在事件解决后，抗日主张实现与部队之保存恐无保证，蒋应于此点施以宽大，以安其心，（他们）在共同对付日本与汉奸面前，是决不会也不能与蒋分歧的”。[1]

根据中共中央的上述意见，彭德怀和任弼时从三原赶到西安，于 22 日上午与杨虎城及东北军抗日同志会中左派军官分别进行了会谈，劝说后者能够接受蒋之甲案。会谈最终达成一致，承认“即使接受甲案也较破裂为好”。不过，与会者仍坚持，实行甲案必须以中央军退出甘肃作为交换，如有可能则仍应照昨日所提六项讨价还价。

三方还共同讨论了万一情况下的作战方案问题，从讨论中可以看出，三方这时对作战都缺少胜利把握。会议曾提出三种方案，第一案，红军主力仍照原定计划出南路作运动战，但如卫立煌集团已发现红军十五军团，坚守不进，且北路东北军不能阻扼陈诚集团之进攻，则凤县、天水两路中央军又迅速逼近西安，必使东北军被切成数段，把十七路军迫上南山。西安必失无疑。第二案，红军主力参加北路决战，合力保卫西安，地形及敌情都有利于敌空军和步兵之进攻，红军特长不易发挥，且被牵制不能运动，中央军部署无法打破，西安依然难保。第三案，主动放弃西安，转入甘肃境内与胡宗南集团作战，如此则东北军和十七路军粮食、军心均将面临极大困难，部队难免发生严重分化危险。总之，会议虽认定一旦战争发生，力争第一案之实现，但对战争前景均不乐观。

[1]　《毛泽东、周恩来致汉年同志电》(1937 年 1 月 22 日),《毛泽东军事文集》第 1 卷,第 786—787 页。

军事形势的进一步恶化还表现在红军西路军这时的严重失利上。本来，西路军已进至凉州以西地区，准备继续西进，力争早日进抵安西，接通新疆。但因西安事变后西安军事形势吃紧，中共中央于1月上旬即命令该部停止西进，就地在高台、临泽一带创建根据地，以便在甘北中央军背后构成威胁，使胡宗南集团不敢轻易进兵。然而，因西路军被服、粮草乃至武器弹药此时均困难已极，在甘西荒漠地区就地坚守更加难以支撑，以枪弹奇缺又难以找到足够掩蔽物的疲惫步兵来对付马步芳的大队骑兵，又无良法可寻，它终于在1月20日被敌攻破高台，致使全军大部损失，军长董振堂等均告牺牲。西路军虽被迫急速改向东进，准备回撤至黄河以东，事实上已很少可能。面对这种情况，中共中央颇为焦急，他们十分清楚：西路军在钳制甘肃中央军，使红军得以在西安作战时主力保持机动方面，具有重要的战略价值，“如该军受挫折，影响西安甚大”。但形势发展到这个地步，这时无论是求助于离甘西最近的于学忠，还是要求蒋介石直接下令让青海二马停止进攻，都已无济于事了。这种情况的出现，不能不促使中共中央更加看重和平解决西北问题的迫切性和必要性。

22日，西安方面从电话中得知，顾祝同表示，西安所提六项条件，原则上可以作为进一步商谈的基础，并要西安尽快派人去潼关讨论。这对西安方面至少在精神上不失为一种安慰。但杨虎城对此仍有所犹豫，“恐和平解决后队伍分化愈烈，统率愈难”。而东北军同志会左派军官也仍旧主张强硬态度，反对妥协。周恩来等不得不尽全力做说服工作，促使杨虎城同意派米春霖等迅速前往潼关与顾祝同进行谈判。

25日，米春霖等赴潼关得顾祝同、陈诚、卫立煌正式答复如下：

一、中央军暂留原阵地，西北联军先一天撤退后，中央军次日进驻西安至咸阳线。

二、张学良出处问题在行营进驻西安前由蒋给以名义，否则行营进西安后，由顾祝同负责呈请解决。

三、西兰公路咸阳至邠州道上东北军可驻三团，西安可驻十七路军一个旅。

四、陕南红军同时撤往陕北，接济问题暂由杨虎城负责。

五、善后费六百万，暂发一月薪饷，余待蒋核准。[1]

对此，西安方面具体电话指示进一步要求如下：

一、中央军先撤华县，联军先撤渭北。

二、潼关至宝鸡线中央军应限制驻军数量。

三、兰州至咸阳线驻东北军一个军，西安驻两个旅。

四、对张学良先给名义，以便安抚部下。

五、红军防地仍要求一部驻陕南。

六、接防时间以两星期为限，并由阎锡山作保。[2]

既然南京方面可能接受对甲案做某些修改，毛泽东自然也希望在军事善后方面的条件能够尽可能变得对西安三方面更有利些。

1 月 25 日夜，毛泽东致电周恩来等，明确提出："目前谈判要点在要求陕甘不驻多兵，与红军一部驻陕南，后者由汉年交涉，前者应由杨向顾祝同严重提出，要求不超过十个师，至低不超过事变前数目。蒋如有不继续

[1] 根据蒋介石 1 月 22 日的指示，顾祝同对西安方面的条件的复案与上述结果略有不同。原案为：一、中央军于本月 28 日以前暂驻原防地。二、东北军、十七路军须于本月 28 日以前撤至泾阳、咸阳、鄠县以西地区；徐海东、陈先瑞在陕南各部应同时一律撤至陕北。2 月 5 日以前，中央军进至咸阳至宝鸡一线，接防完毕。三、中央军定本月 29 日进驻西安与咸阳之线。四、东北军可酌留一师约三团兵力暂驻西兰公路咸阳至邠州一段。五、十七路军可酌留一团至两团兵力驻西安附近，但其驻地由行营指定，并于中央军到达西安时，十七路军驻西安部队暂时集结于王曲与新城二地，以免误会。六、张副司令之出处与名义，须等西北问题完全解决时另定之。《西安事变档案史料选编》，第 141—142 页。

[2] 关于双方谈判情况，可参见何应钦 1 月 25 日关于顾祝同与米春霖等会谈的两次电话报告，与蒋介石当天的指示要点。内容与米春霖向西安报告的情况略有出入。《西安事变档案史料选编》，第 145—147 页。

战争的诚意，无拒绝此点之理由。”当然，毛泽东也告诫周，应严重注意西安左派的过左情绪，务必使左派中明白分子自己说服左派，使之明白，接受甲案，做出妥协，退出西安将不可避免，“现在一切工作应放在退出西安后可能发生的新战争、新压迫的基点上去布置”。[1]

整个西安善后问题之解决，这时已经全部集中在一个问题上了。这就是对蒋介石承诺的信任问题。西安三方面，不论是杨虎城、东北军，还是中共中央，这时担心的都是同一个问题：现在答应了蒋介石，是否就能确保自身的安全，确保不再有战争，确保张学良真的能够获释？中共中央这时之所以一再表示要求蒋介石做出书面保证，纯粹也是为此。然而，蒋始终拒绝用书信的方式做出这种保证。迫不得已，中共中央只能根据观察和经验来判断这一切了。毛泽东这时再三要求潘汉年就此做出判断：“据你观察，蒋与南京是否确有不继续战争的诚意，此种诚意建立在什么基础上？”不过，为了有利于解决西北问题，蒋介石事变后对共产党的态度毕竟一直是比较客气的，除了坚持不给以书面保证以外，蒋介石对中共代表提出的所有要求，都尽量地给以解释或满足，力求使其感到放心。宋子文前后两度代表蒋介石与潘汉年见面，表示愿意代蒋担保。27 日，张冲更致电毛泽东和周恩来，再度确认：

> （甲）关于防地问题，照贵方与张、杨两部合并提案内所要求之地点，延川、延长、肤施、鄜县、庆阳、西峰一带及凉州以西，除陕南外，蒋先生一概承认。给养问题，蒋先生已答应与中央军同一待遇，以军队之多少决定军饷的数目。三中全会前一切接济由杨虎臣将军暂时负责，蒋先生亦已允许。
>
> （乙）关于保障和平，解决后不再攻打红军，已由宋子文先生向贵方代表直接声明，代表蒋负责保证。

[1] 参见张培森等：《张闻天与西安事变》，《党的文献》1988 年第 3 期。

> （丙）派人参政事，蒋先生亦已允诺。
>
> 以上几项均为中央苦心维系和平之诚意，予贵党以转圜之时机，取舍进退，望先生等明断。请当机立断，勿再犹豫，速予复知。[1]

事情至此已很难再有多少转圜余地了。相信也罢，不相信也罢，在西路军失利，张学良扣在对方手里，东北军和十七路军战斗力不强，负担沉重的情况下，战争的方法无论如何不是出路。中共中央终于在1月27日晚做出决定：对南京做出让步。毛泽东、朱德等在这天晚上专门致电这时在外的中共中央政治局各负责人称：

> （甲）无论从那一面说，主要的从政治方面说，均应对南京让步。
>
> （乙）全力说服左派实行撤兵。
>
> （丙）十五军团亦准备撤退。
>
> （丁）和平解决后三方面团结一致亦不怕可能发生的新的战争。[2]

[1] 《张冲致毛、周先生电》（1937年1月27日）。

[2] 《毛泽东、朱德、张国焘致洛甫、周恩来、博古、王稼祥、彭德怀、任弼时各同志电》（1937年1月27日），《文献和研究》1988年第6期。

四、柳暗花明

谈到中共中央转而坚决采取和平让步的态度，不能不提到共产国际 1 月 20 日的重要政治指示。该指示到达的日期多半是在 22 日或 23 日左右，已知中共中央是在 24 日召开专门会议进行讨论的。该指示主要包含两个方面的内容，一是批评此前中共中央对蒋介石及南京的政策，一是建议在争取同南京和解的基础上解决一切问题。

指示称：西安事变的和平解决可能受挫，这一方面是因为日本帝国主义及其亲日派在搞阴谋，另一方面也是因为中国党采取了错误的步骤。中共中央固然改变了以前力图通过排除蒋介石和推翻南京政府的方法建立统一战线的错误政策，但是还没有彻底摆脱这种错误方针。中共中央在蒋介石被释放后所确定的方针尤其证明了这一点。这种方针实际上意在分裂国民党而不是同它合作，这也就是为什么中共中央把在事变期间同蒋介石达成的妥协看成是蒋介石和南京的屈服，并且把同东北军和十七路军的合作视为反对南京的联盟。所有这一切，只能助长亲日派的气焰并为其制造内战提供借口。指示明确要求，立即把党的主要任务放到争取切实停止内战，争取南京政府共同抗日的方面来。同张学良、杨虎城及其军队的合作必须服从于这一主要任务的需要，并应在这方面向张、杨及其军队施加各种影响。只是在亲日派调动军队向自己进攻时，才可以进行自卫，但无论如何自己不要为这种进攻提供口实。[1]

共产国际的批评是否完全恰当，在中共中央方面并无多少争辩的余地。但这并不等于说，中共领导人因此相信自己此前的政策完全就是错的。很明显，中共中央必须承认，在蒋介石释放之后，认为蒋已经投降，把蒋承诺的条件公开宣布，这是很幼稚的。过高地估计西安事变的成果，相信可以因此实现西北半独立局面，也是不妥的。但如果说在 1936 年 8 月政治指示到达后，中共中央并没有真正改变自己的政策，这是没有人能够接受的。可以肯定，中共中央当时已经接受了共产国际指示，改变了对蒋介石和南京政府的政策，不再主张成立西北国防政府，也要求张学良去与蒋介石说和。问题是蒋介石不要和，一定要消灭红军，宣称中共是“汉奸”。当然，人人都了解，中共中央在策略上与共产国际有一点是不同的。这就是，中共中央实行的是“逼蒋抗日”。在这一点上，共产国际强调的只是用群众及其舆论来“逼”，“但我们还主张利用张、杨、阎、李、白、刘逼他”，即利用各种地方实力派或反蒋派的力量来逼蒋抗日。西安事变就是这种逼蒋政策的结果，同样事变后的对抗也是这种逼蒋政策的继续。

这样究竟对不对呢？多数中共领导人明确认为：“在中国封建社会环境下，这种方法也未尝不对。”这是因为，在当今中国，不论是想要使蒋介石和南京政府重视自己，使其改变错误政策，实现与南京的联合，还是为了保障革命的利益，坚持党的独立立场与红军的存在，“力量问题都是不能忽视的”。当然，他们也承认，这种策略实行起来确实也是相当困难和复杂的，它确实可能造成两种完全不同的结果。“如果这样逼，造成了内战，当然是不好的；如果逼和了，那就是好的。”重要的仅仅在于结果如何。因此，共产国际的这一指示的实际作用，多半也就在于，它使中共中央开始更加明

[1] 《中共党史研究》1988 年第 3 期。

确地把争取和平视为其一切行动和政策的依据了。这也就是为什么，从25日之后，中共中央更加强调和平的方针，而在得到张冲的来电之后，会更进一步下决心，不惜再做让步也要同南京和下来。

然而，在这个时候，不仅打不容易，和甚至比打还要困难。本来东北军年轻军官就反对让步，情绪激昂，如今见中共代表步步退让，更是心怀不满。本来杨虎城因西安事变就已经丢了整整一个军，如今更是担心让中央军控制西安及陇海路沿线，地盘没有了，余下的部队迟早也会被蒋介石逐步分化和吃掉。即使是东北军上层将领，此时的态度也颇犹豫，步步退让的结果，是不是连张学良的出路也不争了呢？唯一能够驾驭东北军这驾马车的张学良若回不来，东北军难道还会有自己独立的前途吗？因此，越是到妥协关头，西安的空气就越是紧张，人心就越是混乱。

26日白天，西安与潼关谈判的代表仍坚持：(一）首先给张以名义；(二）中央军离开甘肃，至少天水以西不驻兵；(三）红军一部驻陕南；(四）十七路军在西安驻两旅。顾祝同开始时同意：(一）给张名义问题撤退后即可照办；(二）中央军原驻陕甘十四个师，可调三十个团出甘，但必须驻天水，宝鸡至西安线至少驻十个团；(三）红军不能驻陕南；(四）十七路军只能在西安驻一个旅。但蒋介石得知后很快否定了关于张学良一条，强调恢复张学良公权，须国府委员会决定，西北问题未解决之前，事实上不能为之呈请。“彼方如相信我，即应完全相信，如不能相信，则不必再谈。”[1]

面对这种情况，西安方面决策层内部意见严重分歧。没有哪一个人能够出面承担放弃为张学良争取自由的责任，东北军中下级军官几乎一致强烈反对，非要南京对张学良回陕做出明确担保不可，即使是此前倾向于妥协的东北军将领，这时也变得犹豫畏缩起来，王以哲、鲍文樾称病不出，何柱国虽有意谈判，却无法做主，且部队根本不能掌握。

与此同时，杨虎城也担心继续妥协，内部将更加动摇，更便利蒋介石

[1] 《西安事变档案史料选编》，第149—150页。

分化政策，态度也颇含混。整个形势变得更加复杂。当天傍晚 7 时，蒋甚至下令次日正午东北军再不接受条件开始撤退，就宣告和平破裂，立即开始轰炸东北军前线各战略目标。[1] 顾祝同即据此通过电话正式通知西安方面：次日晨必须接受南京条件，否则即告破裂。

再也不能犹豫了。周恩来明确提议：(一) 接受蒋之甲案；(二) 妥协达成后要求允许张学良随顾祝同来陕一行；(三) 推王以哲为甘肃省主席。可是，杨虎城当晚在他家召开的高层会议上，明确认为南京方面“毫无诚意”，对蒋介石施加战争威胁相当反感。参加会议的东北军将领除王以哲、鲍文樾主和外，其余态度也相当含混。开始在另外一处开会的师旅团级军官 20 余人，当晚转来杨家开会后，更是激烈主张：“非张回陕不能撤兵，否则宁为玉碎不为瓦全。”结果，会议争论不休。经周恩来反复劝说，包括杨虎城在内，多数将领最后才同意：(一) 接受甲案，但部队撤退请宽限十天；(二) 部队移动应在张学良回陕训话之后；(三) 三中全会前即给张名义并允许其出席三中全会说明政治主张。不过，周恩来、杨虎城及东北军高级将领达成了一致意见，东北军同志会的年轻“左派仍坚拒，并向前线活动”，西安内部的情形益发复杂和紧张起来。[2]

然而，就是这样的条件，南京方面也拒不同意。27 日凌晨 5 点钟左右，何柱国代表西安方面打电话将这些意见通知顾祝同，为顾所拒。何不得已再与各方商量，各方仍旧坚持，谈判遂因此陷入僵局，眼看就要全面破裂了。恰在这天上午，张学良电报来到，情况才开始出现转机。

还在头一天夜里，张学良就已经得知这一严重情况，不禁焦灼万分。一旦战争爆发，不要说自己不能回去，没有外界的支持和自己的统驭，整个东北军多半都会因与南京交战而分崩离析，这与自己发动事变和和平解决事变的初衷实在是大相径庭。因此，27 日一早，张就借用南京方面的电

---

[1] 《西安事变档案史料选编》，第 150 页。

[2] 《周、博致毛、朱、张电》(1937 年 1 月 27 日)。

台紧急致电东北军各军长与师长，恳切要求部属“立命部队于今日正午以前开始移动，勿再固执误事为要”。时至于此，张学良确实对西安方面的做法颇多抱怨，电报中直言不讳地埋怨其下属“固执误事”。电报称：“此事如前次瑞风（米春霖）、志一（鲍文樾）两兄回陕时，兄等接受甲案并即实行，则良之出处此刻已不成问题。今因迁延，引起误会，委座实属为难万分。若今日再不接受，而仍以良之问题为先决条件，则爱我即以害我，不但害我，且害我团体，害我国家矣。”[1]

接到张学良电报后，西安方面谈判代表米春霖立即通报何柱国，力劝西安方面接受条件。经过几个小时的反复讨论，东北军高层将领和杨虎城终于决定接受南京条件，只是要求撤退时间以 7 天为限。[2]

27 日下午，西安方面完全妥协，与南京最后达成和解。但西安内部出现更大分歧与混乱。据周恩来当晚报告称，杨虎城“表示屈服后无前途，宁方不会抗日，释张甚悲观，对双方合作亦觉无把握”，态度更趋消极。而“东北军老派愿和，但董（英斌）尚动摇，鲍（文樾）、马（占山）亦有变化可能。少壮派师旅团长多数主战”，晚上东北军军官会议，虽有董英斌主持，与会者仍一致强硬表示：“非张回不撤兵”。周恩来已清楚地感觉到：目前西安各方“危机四伏”，如蒋再不能给以保证，势必会有人“铤而走险”，到那时可能一派混乱，统一战线将迅速破裂，共产党不仅大受埋怨，而且将更陷于不利地位。[3] 在这种情况下，周恩来虽竭尽全力劝说和平，其结果亦可想而知。而只要左派激烈情绪不得缓解，整个局面就随时具有爆炸性。

在中共中央这时看来，目前唯一可能缓解左派情绪的，就是请蒋允许张学良回陕训话一次。这不仅因为张学良力主和平，而且因为一旦蒋保证让张学良回陕训话，这些少壮军官一时也再不能采取激烈行动。对此，毛

---

[1] 《张学良致前方将领电》（1937 年 1 月 27 日），《西安事变档案史料选编》，第 150—151 页。

[2] 《西安事变档案史料选编》，第 152 页。

[3] 《周、博致毛、朱、张电》（1937 年 1 月 27 日），参见张培森等：《张闻天与西安事变》，《党的文献》1988 年第 3 期。

泽东也颇为赞同。故毛在这天晚上接周电后立即打电报给潘汉年，要求他向蒋介石及南京方面提出此一要求，以缓和西安内部的矛盾冲突。毛电称：

恩来用全力斡旋，结果杨、于、孙、何诸人已完全同意服从中央，但东北军大多数师团干部坚决要求张汉卿回西安一行，与东北军干部见一面，训话一次，即行撤兵，否则要打。我意为东北军面子起见，蒋先生不妨让张来陕一次，立即仍回南京，使撤兵不生波折，很和平的解决此问题。[1]

随后，周恩来也为此专电潘汉年，请其向蒋介石转达这一要求。电报称：

（甲）我们在西安已尽最大努力，杨虎城已决心服从蒋先生，唯东北军多数干部痛于张汉卿不能回陕见面一次，决不肯先撤兵，恩来及何柱国、王以哲等向之说服亦无效。

（乙）除我们继续努力向他们说服外，务请蒋先生抚念此流亡之师，以手书告东北军将领，保证撤兵后，即给张恢复公权，发表名义，许张出席三中全会，并许张回陕训话一次，以安东北军之心。

（丙）请蒋先生许张汉卿写亲笔信给杨、于、孙、何、王及东北军将领，坚其撤兵之决心。

（丁）请蒋先生许可西安及东北军派代表见张一面，然后撤兵。[2]

但毛、周接连去电后，除张学良29日有手书来，再嘱部属务必遵照蒋介石之部署及商定办法迅速实施，强烈要求“万勿斤斤于良个人问题，致误大局”[3]以外，蒋介石没有只字回复。而西安这边，左派军官主战空气愈

[1] 《毛泽东致汉年同志电》（1937年1月27日），《毛泽东年谱》（上），第648页。
[2] 《周恩来致潘汉年电》（1937年1月28日），《文献和研究》1986年第6期。
[3] 《张学良致东北军各将领函》（1937年1月29日），《西安事变档案史料选编》，第153页。

演愈烈，颇有一发不可收拾之势。一些少壮军官甚至赶至前线，将前线师团级军官数十人组织起来，一致抵制西安对南京的妥协决定，坚持非张学良回陕决不撤兵。

面对如此局面，周恩来极感为难。他电告中共中央：“现在情形下，我们若参战，则违背主和原则，如和，必失东北左派，前线便一时混乱。”况且，左派基本上是东北军队的骨干，直接掌握部队，失去这些左派军官，就意味着三位一体事实上的不存在。要不要对左派略做让步的问题迅速提上议事日程。

对此，刚刚赶到西安附近红军前线指挥部所在地云阳的中共中央总负责人张闻天，态度极为明确，他提出：“我们的方针应该毫不迟疑的坚决为和平奋斗”，不为左派威胁所动。同时，尽力争取左派，力争使事变消灭于无形。他于28日给毛泽东的电报称：

> 子、为贯彻这一方针，必须要动员一切力量，争取左派中之大多数分子相信我们政策之正确，对极少数不能听服的过激分子应与斗争。
>
> 丑、向左派公开表示我们坚决主张和平，反对内战态度，反对一切挑拨的行为。
>
> 寅、提高杨虎城及东北军高级将领对和平的积极性，并给以和平有利的前途。
>
> 卯、万一少数过激分子开始挑拨行为，我们及一切愿意和平的大多数坚持不参加内战的决心，以争取和平局面的实现。[1]

东北军的高级军官有些是归并的（如于学忠、何柱国、沈克等），有些虽为东北军旧军人，但久已形成个人的势力圈子，有各自的利益考量，他们中多数依靠张学良，也敬服张学良，却未必对张学良有浓厚的感情。东

[1] 《洛甫致毛并告彭、任电》（1937年1月28日），《党的文献》1988年第3期。

北军大多数中下级军官则不同，他们多数既是东北人，又是草根出身，都是东北讲武堂培养出来的，文化层次又较高，且正处于晋升过程中，上进心极强，加上他们与下级官兵接触多，想回东北老家的情绪最强烈。因此，他们不仅从一开始就是张学良走联俄联共道路最基本的推动者和拥护者，而且很多人视张学良如同再生父母一般，指着张带他们回东北。要这些年轻军官听任张学良被剥夺自由，不能回东北军，在感情上无论如何都是困难的。特别是面对南京方面的压迫，这些军官在情绪上屡受刺激，激愤之情已如干柴烈火，一点就着，在这个时候要想劝说他们接受失败的事实，又谈何容易。

27 日晚，张闻天到西安，坚决主张和平，提出用红军不参战的办法来劝告激进分子放弃战争的想法。但当晚少壮派军官 50 余人得到消息，前往中共代表住处集体请愿，提出八个问题，态度颇多挖苦。周恩来虽大发脾气，对方仍毫不示弱，有人竟扬言：如果红军不敢打，我们自己打，到时候别怪我们和你们翻脸。

第二天，即 28 日，杨虎城受此情绪影响，也决心要打，整个形势愈发变得不可收拾。周恩来不得不与主战的东北军少壮派代表开了一天的会，摊开地图详细地向他们解释打的不利。但这些东北军年轻军官的代表完全听不进去，只是断定打起来就会有办法。除非张回陕，否则决不撤兵，宁愿拼个鱼死网破。他们再次当场逼周恩来等表态，或者破裂，或者红军一同作战。周恩来随后报告中共中央说：“我们坚持让步主和，讨论一天未决。会后，何（柱国）、王（以哲）及高崇民力主撤兵，与少壮派开会，仍僵持不下。”周深知，在这时，“只有杨转变，及鲍（文樾）、董（英斌）努力，才能影响少壮派撤兵，否则严守中立，万一工作不好，必失东北军、十七路军与反蒋 [派] 大部同情”。

29 日，周恩来又进一步通过王以哲去做杨虎城的工作，并暗示杨，如不顾和平，致战争发生，红军将不会参战。在前线的中共领导人这时也一致决定：

（一）我们应为和平尽最大努力，尽调解的责任，特别争取杨及东北军稳健派，坚决站在和平方面，力争左派的一部或大部。

（二）在和平尚未到绝望时期，红军仍不采取单独行动，同东北军、十七路军完全处于一致地位，但明白表示自己的和平立场。

（三）如和平绝望，战争或部分接触发生，红军应公开表示为求得全国和平统一团结御侮主张的实现，不愿参加内战，宣布我们在西安事变中为和平而努力的经过，并且愿为和平继续努力奋斗。[1]

红军不愿参加作战的态度，根本上阻止了杨虎城的摇摆。29 日一早王以哲与杨虎城谈话后，杨即亲自找周恩来谈。杨虎城表示：既然中共方面已经决定放弃成立西北半独立局面的想法，不愿与南京作战，他考虑再三，决定做中共政策牺牲品，拥蒋抗日，“虽然他怀疑此种可能性，仍相信西北半独立局面有由战争中求得的可能，同时他估计我们拥蒋必将失去许多同情，但他仍愿做共党朋友到底”。对此，周恩来及毛泽东等均深受感动。周当场表示，中共决不会背弃朋友，如果蒋介石反过来阴谋对杨及十七路军不利，红军决不坐视不顾。毛泽东得知杨虎城的态度后，也接连致电周恩来等，要求后者告诉杨虎城：和平政策是三方共同的，希望他对整个政治前途具有信心，说明如杨虎城部队撤出西安等地后嫌驻地不足，包括鄜县、甘泉、延长等城，“彼需要时由彼驻兵，我们退城外，将来如有紧急，我们同他总在一起，决不分别彼此，对东北军亦然”。现在，“我们与他们始终愿在一起，为和平统一御侮救亡之总方针而奋斗。撤兵后蒋如食言进攻，彼时曲在蒋，我们则为最后自卫而战”。[2]

既要与南京求得团结统一，又要继续保持西北三位一体，这已经变成一个两难的问题。而中共代表关于红军不愿参加作战的表态，迅速在西安

[1] 《洛甫致毛泽东、周恩来、博古电》（1937 年 1 月 29 日），《文献和研究》1986 年第 6 期。

[2] 《毛泽东致周、博电》（1937 年 1 月 30 日），《毛泽东年谱》（上），第 649 页。

左派军官内部传开。一时间，不论是东北军还是十七路军的军官中间，都出现了关于“红军出卖朋友”的不满言论。30日中午时分，又有几批军官前往周恩来等中共代表驻地表示强烈抗议。这种情况不能不引起周恩来等人的严重担心。周恩来估计，东北军高层将领至今态度不够明朗，而无论东北军，还是十七路军，部队很大程度上都控制在这些中下级军官的手中，三位一体的统一战线最巩固的部分原来也是建立在与这些中下级军官的联系之上，失去他们的同情与支持，三位一体将很难保持与巩固。而没有这些军官的赞同，东北军和十七路军与南京商定的撤兵方案也难以实行。周恩来为此不能不再度致电毛泽东等，提出：“形势已到最后关头，南京正在进行分化，指明此间已不要张。东西两军认为打有出路，撤兵弃张只有死路。两友军决心打，而红军不打更刺激他们。一部将反动，造成南京分裂西北联合战线的基础。东西两军已有红军出卖朋友的空气。”

在这种情况下，是不是一定要冒丧失三位一体的危险呢？毕竟，失去朋友未必能够得到蒋介石的信任，且会有失去全国反蒋派同情的可能。相反，如果与友军坚持要求张学良回陕训话及恢复公权，证明三方面不可分离，虽可能因南京不让步而致战争，但“我胜蒋可让步，我败则友军必不怪我，我可扩大，蒋仍可与我们谈判”。因此，周恩来等驻陕代表又开始转变看法，不仅坚决反对中共中央内部正在议论的红军首先开始实行撤退的提议，坚请军委主席团授权由西安中共代表通知撤退时间，以避免进一步恶化三位一体的关系，而且还明确建议，改变原定红军不参加作战的决定，准备与东北军及十七路军同进退，以保持三位一体之团结。

当天傍晚，周恩来等为劝说中共中央接受自己的意见，与博古、叶剑英等专程赶到云阳，同张闻天、彭德怀、任弼时、王稼祥等政治局领导人一同开会讨论此一建议。经过反复讨论，与会者最后一致同意了周恩来的提议。

当晚，在云阳的中共领导人联名致电毛泽东等，提出：如果友军坚持在张学良回陕一次的问题上坚不让步，为不与友军处于对立地位，我们必须准备与友军一同作战。“打得好和平仍然有望，如打败则使友军从实际经验中相信我们主张和平，在更不利条件下接受和平。”我们力争迅速结束内战。

对此，毛泽东等几乎立即复电表示同意，称：

（甲）和平是我们的基本方针，也是张、杨的基本方针。

（乙）但我们与张、杨是三位一体，进则同进，退则同退。我们不能独异而失去张、杨。

（丙）向张、杨两部表示，我们始终同他们一道。在他们不同意撤兵以前，我们不单独行动，协助他们争取更有利条件。[1]

次日将近中午时分，周恩来、博古及叶剑英返回西安。但还在周恩来等回西安之前，于学忠也已从兰州飞到西安，并与杨虎城及东北军将领先后会面。[2] 于学忠本非东北军出身，事变后依据南京任命又负有指挥东北军和调处西北问题的全权，此前只因“眷属不离兰（州），终不免有所顾忌”，不能大胆行使职权。[3] 这时，其眷属已撤离兰州，于的主和意志自然更加明朗坚定。

此时，杨虎城思想已通，对作战主张再不提起，多数东北军高级军官也因于学忠态度坚定而纷纷附和，因此，当周恩来回西安后，发现整个上层的情况发生了根本性变化，30 日晚所准备的方针虽仍可用于表示诚意，实际上却已经派不上用场了。

另外，据密报，东北军有四个师级指挥官已经秘密与南京方面联络，

---

[1] 《周恩来等致毛泽东等电》（1937 年 1 月 30 日）；《毛泽东等致周恩来等电》（1937 年 1 月 30 日），《文献和研究》1986 年第 6 期。

[2] 何应钦在 1937 年 2 月 8 日关于陕西问题解决经过的报告中称，于学忠 31 日下午飞到西安，与事实似略有差异。因周恩来当日中午即有电报说明于学忠已经到西安，并与杨见面，后又有电称“于学忠今早到”。

[3] 关于于学忠秘密要求南京代其运送家眷离开兰州，以便大胆主和并行使职权的情况，可参见陈端致孔祥熙密电（1937 年 1 月 22 日等），《西安事变档案史料选编》，第 139—140 页。

准备脱离西安。这种情况使得西安整个上层更加软化，决定迅速与南京达成妥协条件。据杨虎城事后告诉周恩来，于学忠不仅主张妥协，而且对西安赤化颇多疑惧，如于学忠也转而投靠中央，那就连甘肃也没有了。因此，现在只有一事尚在坚持，就是要张学良回来训话一次，至于其他已无从提起了。

在当天夜里召开的三方会议上，周恩来说明了中共中央关于准备与友军同进退的决定，据周报告说："我方同进退的主张相当地影响了张、杨两部左派，[均]坚[决]主战。"然而这对于东北军高层将领却不是好消息，于学忠、董英斌等不必说，就连王以哲等人的态度也摇摆不定。讨论竟夜，时间长达六个小时之久，最终会议仍旧决定主和。这种情况不能不使东北军少壮派备受刺激。

2月1日，根据西安方面高层会议的决定，于、杨派李志刚前往潼关谈判妥协，中共方面亦派李克农前往接洽。几人尚未动身即被左派军官指挥的部队拦截在城门内，不让出城。东北军特务团一部甚至包围了于学忠的住地，要于学忠放弃成命，放弃头天晚上的决定。后因何柱国大怒，痛加训斥，以执行军纪相威胁，后者才被迫撤去。但这件事已经预示着不祥的苗头。

上午，李志刚等到潼关，进一步向顾祝同提出履行甲案的具体办法如下：

一、联军方面从二月一日起开始撤收前线警戒部队到本阵地，准备续回渭北地区集结。

二、俟张学良回来训话后续向甲案指定地点移防。

三、各军向渭北集结地域为：

东北军：富平、高陵驻五十七军，田市到监镇驻骑六师、骑十师，咸阳到乾县驻一〇五师，监军镇、关头镇、庙湾驻一一七师，麟游驻一〇六师，固原、平凉、西峰驻六十七军一〇八师及东三师，邠县、泾川驻总部。

十七路军：蒲城、白水驻警三旅，三原、泾阳驻三十八军，长安驻警一旅，兴平、耀县驻警二旅。

红军：灵台、崇信、高鉴镇、天堂镇驻罗、宋部，淳化、口头镇、叱干镇驻一、四方面军，同官、美原、高阳镇驻二方面军。

南京方面具体答复如下：

一、同意张复权授职并出席三中全会。

二、张可回陕训话，以便联军向甲案地区移防。

三、东北军在咸邠间暂驻三到四个团，移防毕可增加两团。

四、十七路军在西安附近驻一旅，如须增加时则加驻两团，东北军可驻一团。

五、西安城暂由绥署负责，以后共同负责。

六、中央军在西安不驻有威胁的兵力。

七、善后费二百万，续请核发。

八、东北军、十七路军各发足经费一个月，移防后再发一个月。

九、第三者（指红军）经费由杨虎城先发五十万元。

十、移防时组织视察团。[1]

鉴于南京方面在最关键的张学良问题上初步答应了西安方面的要求，杨虎城和于学忠遂于当天下午向前线指挥官正式发布命令，命令他们当即撤退西北联军的警戒部队，2 日将前线部队撤至渭北，3 日撤至渭南。命令同时说明，根据已经达成的协议，中央军 5 日将进驻渭南，6 日前后将进驻西安。

难道这场震惊中外的西安事变就这样耻辱地结束了吗？难道正在缔造

[1] 《西安事变档案史料选编》，第 161—162 页。

着新一代东北军人、勇敢地推动着中国政治变革的张学良将军，就这样成为政治妥协的牺牲品了吗？面对东北军上层将领的决定，激进的抗日同志会的主要成员苗剑秋、孙铭九、应德田等人终于按捺不住，决心公开反抗了。一次既出人意料，又完全在人意料之中的事变发生了。

2月2日，苗剑秋、孙铭九、应德田等假借抗日同志会名义召开会议，一致决定发动政变，除去东北军上层的妥协派，彻底改造东北军领导核心，改变一切妥协决定。

事变从上午开始发生，至中午尚未结束。周恩来中午1时致电毛泽东等，通报了这一情况。电报称：“东北军本日发生内变，将主和首领枪决（王已死，何在追索中）。”[1] 事实上，首先被杀的六十七军军长王以哲这时并不是最坚决的主和首领，甚至在周恩来传达中共中央30日晚关于红军将与友军同进退的决定的时候，王甚至还曾一度赞成过左派的主张。[2] 但同志会成员这时几乎把所有赞同妥协的东北军将领都视为他们夺权的障碍，孙铭九等人指挥的特务团等一度在西安城内四处搜寻追杀东北军的所谓妥协派，不仅王以哲军长首先遇害，就连对军政决策并不起重要作用的原西北“剿总”参谋处长徐方、交通处长蒋斌和副处长宋学礼等亦相继被杀。相反，由于有同情者暗通消息，何柱国等最主要的主和首领却躲入杨虎城的公寓，幸免于难。

“二·二”事件只持续了一天左右的时间。至3日凌晨，事变仍在继续中，但前线部队已经撤了下来，且西安的这些年轻军官根本上难以取得指挥之权，政变者除了得到十七路军部分旅团长和西安城内左倾力量的同情外，在整个东北军内部明显地处于孤立地位，因而迅速陷入进退两难的严重困境。

这时，杨虎城一方面反对政变行为，一方面“估计撤兵后必被解决，有背城借一意”，于学忠虽仍然坚持主和，但他在西安只是光杆司令，又无力

[1] 《周恩来、博古致毛泽东等电》（1937年2月2日），《文献和研究》1986年第6期。
[2] 周恩来2月1日电报介绍31日晚高层会议讨论情况时曾说明，在会议上“王以哲投机主战”。

扭转局面。面对这种情况，周恩来不得不再度出面，一方面找到左派军官，“批评杀王之错误”，一方面又打电话给杨虎城、于学忠，劝说杨、于两人共同出面主持局面。但即使是周恩来，这时也无法对下一步的行动提出明确的对策。周为此报告中共中央说：我意目前“主和主战仍由西安杨、于作主，因东西两军情况不明，尚无法下决心”。[1]

3日上午，苗、孙、应等人已经清楚地意识到他们达不到控制东北军的目的，并且，此一行动将不可避免地造成极其严重的后果。因此，他们不得不找到中共代表的驻地，表示“悔过认罪”，请求周恩来等协助平息此事。考虑到中共人员中刘鼎等人与应德田、孙铭九等长期以来关系密切，必会因此而受到牵连，周当即着刘鼎带苗剑秋等人乘车秘密出城远避三原红军驻地。周同时告诫云阳的彭德怀等红军领导人：刘鼎带来之人务要秘密，目前不可与任何外人见面，此事关系重大，千万注意。[2]

3日中午，政变主谋离开后，周恩来电告中共中央：“毙王事件东北军高级将领均欲惩办祸首，现少壮派已悔过认罪，离队远避”，“西变可结束”。与此同时，“东北军前线已撤退，和平前途谅可逐步实现”。[3]

但是，“二·二”事件毕竟具有极大的破坏性，它所造成的严重后果已远远超出了周恩来这时所能想象的程度。

2月3日，驻蒲城的东北军骑十师首先叛变，将杨虎城在蒲城的民团全部缴械。几乎与此同时，驻周至、鄠县的东北军一〇六师也宣布效命南京，脱离西安。紧接着，过去深为张学良所信任的东北军一〇五师刘多荃部也转而与潼关中央军接头，逮捕和枪杀曾经积极协助张学良联共的高福源等少壮军官，反过来向西安方面警戒。东北军由此迅速分化瓦解，西北三位一体已难以维持。

4日中午，周恩来不得不电告中共中央，称：“东北军因王以哲遇难愈

[1] 《周恩来年谱》，第349页。
[2] 《周恩来年谱》，第349页。
[3] 《周恩来、博古致彭德怀、任弼时电》（1937年2月3日），《文献和研究》1986年第6期。

分化，少壮派趋极端，而右派纷纷投降反攻。刘多荃甚至对西安警戒，对潼关接头，扣留少壮旅、团长，给蒋、顾以大好利用机会，张更难回来，东北军甚至有被调开的危险。”今后，“蒋对西北领导必着着进逼，最后有取甘肃的可能”。[1]

这种情况的发生，不能不让毛泽东等中共领导人深感意外。要知道，王以哲一年来与中共和红军合作融洽，对西北三位一体的建立贡献显著，毛泽东怎么也不能想象这些东北军少壮军官会对王以哲下此毒手。更何况这一事件对西北统一战线造成的破坏是如此严重，自西安事变以来，共产党苦心孤诣地竭力维持的三位一体局面竟要因此而土崩瓦解。毛泽东自然极其愤怒。

周恩来因与少壮派军官共事多时，关系较密，因而提议，还应继续赞助左派，同时设法缓和与右派关系，主张“少壮派须以取消组织减少右派攻击目标，实际则秘密团结，徐图发展。张如不回，宁让步开甘，以避免分裂，对右派宜反对分化，以团结真正爱东北军、拥护张分子，造成新的中心”。对此，毛泽东坚决反对。他几次致电周恩来等，坚决主张：杀王首犯必须枪决，无论是左派是党员均应如此，否则无从弥合东北军之分裂。即是从犯我们也不能收容。[2]

可是，交出杀王首犯是否就能弥合中共与整个东北军之间日趋破裂的关系呢？实际上情况已远不是从前那个样子了。周恩来很快告知毛泽东等说：“二·二”事件后，少壮派已经溃乱，枪杀王以哲的特务连连长于文俊被剖腹，高福源被枪决，四个团长被扣，一个营跑走，政训处跑散，张学良公馆机要人员也跑光，机要文件烧毁，在左派影响下的特务团及抗先队已被迫远避邠州，留在部队的抗日同志会员大起恐慌。同时老派投降出卖，米春霖、谢珂在潼关大骂，骑十师到处抢劫，沈克师引中央军到岐山、武功，鲍文樾、

[1] 《周恩来致洛甫、毛泽东等电》（1937 年 2 月 4 日），《文献和研究》1986 年第 6 期。

[2] 《周恩来致洛甫、毛泽东等电》（1937 年 2 月 4 日），《文献和研究》1986 年第 6 期。并见米暂沉：《杨虎城将军传》。

马占山亦分裂东去，一〇五师刘多荃部、五十七军缪澄流部联为一气向西安兴师问罪，扬言要消灭特务团，六十七军副军长吴克仁也扬言报复。而何柱国更公开说东北军坏话，准备卖张降蒋，于学忠又无统一东北军的能力。现在唯一可能扶植起来统一东北军的只有董英斌，可董“太老实”，能力不强，张学良也不满意，董领导下的“剿总”人员又处境孤立，与下级人员关系极差。因此，目前东北军已危若累卵，很可能被蒋调离西北，甚至分化瓦解。在这种情况下，再打击左派，只能长右派气焰，便利南京各个收买与分别指挥。东北军自身的分化已势不可免，要想保持我们在东北军中的影响，努力团结大部分东北军，求得上下老少目标一致，树立中心领导，反对分裂出卖，还得想办法从左派和真正拥护张学良的分子中造成基础、培植力量。

周恩来这时对东北军的情况无疑比毛泽东看得更清楚，毛权衡利弊，也无可如何，中共中央自然也只有接受周的建议。但问题在于，无论是实行这一策略的机会或者是时间，这时都已经没有了。既然“二·二”事件已经极大地分化了东北军，迅速利用这一时机将除了中央军以外中国这个最大的军事集团消融于无形，就成了南京方面的必然选择。

仅仅几天之后，蒋介石就做出决定，要尽可能利用这一机会将东北军分解开来，所有宣布忠于中央的东北军部队仍留原防不动，其余东北军则被要求改行乙案，东调豫皖，接受整编。而东北军中主要将领，除投靠南京者外，同样也因“二·二”事件而深受刺激，迅速失去对中共的信任。孙铭九等四人由刘鼎带往红军驻地避祸的情况，也很快为东北军高级将领所知，以致一些将领竟怀疑此四人所为曾受中共指使，更有谣传个别将领仍属刺杀目标。所有这些情况都弄得东北军上层人心惶惶，大都担心“在西北将不可免地与共党红军纠纷不了”，急于迅速离开此一贫瘠的是非之地。要求张学良回陕训话之类的要求，自然变得可有可无了。

“二·二”事件也不可避免地影响了杨虎城和他的十七路军。杨虎城及其十七路军的高级幕僚们自事变发生后同样也处于极度不安之中。因“二·二”事件前及“二·二”事件中杨虎城态度曾经有所摇摆，东北军将领这时对杨“甚误会”，并怀疑杨曾对东北军将领不利。周恩来对此颇为担心，指出：“东西两方彼此误会，同时不易解释，最易为宁方利用。”周恩来虽反复劝说，仍难释其嫌。不仅如此，杨虎城亦因中央军将到，确信十七路军必受压迫，自己的驻地又与东北军犬牙交错，双方已缺乏信任，难免不有冲突发生，因而态度变得更加消沉。他明确告诉周恩来：十七路军以后必难生存，一部分多半只有交给红军才有出路，自己则只好离开部队。当然，杨虎城明确表示，不论他今后行止如何，他必将与共产党做朋友。他宣称他已经了解到，这次西安事变之不成，完全在于当时日本与苏联都在拉南京，苏联已经比日本领先了一步，它力主中国应在蒋的领导下实现和平统一，因此当然不会援助西安之举，这是事变事实上不能成功的关键。但他通过整个事变过程已经完全改变了过去对中共的看法，相信中共确实够朋友，因而保证他今后不仅会从维护统一、团结御侮方针上找出路，而且一定要“保持与共党红军做朋友”。他唯一担心的只是，莫斯科已经为自身利益卖了西安一次，它“为争取南京，是否会接受取消共产党，改编红军”的条件，而将中共也送入蒋介石的怀抱呢？

杨虎城显然不了解莫斯科中国政策的本质特点。他不清楚，纯粹只是从民族利益和阶级观点看问题的那些莫斯科的决策者，之所以毫不在意张学良和杨虎城所做的牺牲，根本上是因为他们从来都把中国的“军阀”看成是不可信任的投机者。但这并不意味着他们有可能放弃对自己的“同志”——中国共产党和中国红军的暗中支持。即使是在他们从自身的外交利益出发，希望看到共产党尽可能快地与南京政府达成政治妥协的情况下，他们也仍旧在坚持这种妥协不能影响中共与红军的日后独立发展的可能性。也正是共产国际一直坚持为中共设定与国民党谈判的原则界限。像1936年11月共产国际就明确规定：中共对南京的妥协必须坚持如下条件：即必须保存我们的绝对领导、组织系统和军官成分，绝不允许国民党干涉红军内部任何事情，并且只是在对日武装作战的情况下，才可能同意成立以蒋介石为总司令的统一的总司令部，在一定的战线上为完成总的对日作战计划而服从统一指挥。1937 年 1 月 20 日，即西安事变之后不久，共产国际同意中共可以放弃苏维埃制度以及普遍的没收土地的土地革命的政策，但当中共中央据此起草了致国民党五届三中全会的公开信，提出愿意放弃苏维埃政策、改变红军番号、停止武装暴动政策和没收地主土地的做法之后，共产国际却又对此表示不解。他们在 2 月 5 日的电报中特别提出：党、红军和群众对于你们这种彻底转变政策的办法，是否已经有了足够的思想准备呢？他们甚至提出，关于改变苏维埃政策等问题，还需要仔细加以讨论。[1]

同样的情况，苏联和共产国际这时也仍旧在积极准备通过中国新疆对红军进行具体的军事援助，其渴望红军西路军接通新疆的程度远比中共中央还要急迫。在 1937 年 3 月的来电中，他们甚至许诺，一旦红军能够接通新疆，苏联方面可以将援助物资再增加一倍以上，总重量可达到 2000 吨左右，其中还包括了红军所急需的火炮，以及在西北地区作战中极为有用的轻型装甲车等，另外还可以送给红军 50 名左右在莫斯科已经熟练地掌握了炮兵、装甲车等项技术的中国同志。不仅如此，共产国际这时还根据中共中央的请求，陆续开始通过上海和天津的秘密接收地点，向中共提供财政援助，据共产国际电报称，苏联方面 2 月间已经确定的援款数额即将近 200 万美元之多。[2] 这说明，相信意识形态作用的苏联人是高度重视中共这个异国的“阶级兄弟”的。他们显然相信，让中国红军存在下来，并支持它在中国政治事务中发挥更大的作用，无论对苏联的国家利益，还是对国际共产党的事业，都是必须的。

当然，杨虎城有一点没有看错，即中共中央这时并非完全依照莫斯科

[1] 有关这些情况可以参见拙作：《关于共产国际与中国共产党“联蒋抗日”方针的关系问题》，《中共党史研究》1988 年第 4 期。

[2] 从 1936 年底西安事变发生，到 1937 年 2 月西北“三位一体”陷于军事政治危机这段时间里，中共中央对西路军究竟向西接通新疆，还是向东回援西北，始终比较犹豫，命令也多次改变。但总的倾向还是要西路军暂时以东援为主。苏联方面对此显然很不理解，曾几次来电询问西路军为何要向回走。1937 年 2 月 9 日及其以后的一段时间里，苏联军方并几次来电谈到希望西路军仍照原定方针尽快接通新疆，表示他们已决定扩大援助红军的军事物资规模。中心档案 495/74/281、285。

西安事变期间事变方谈判代表之一张学良

西安事变期间事变方谈判代表之一杨虎城

西安事变期间蒋介石方面代表之一宋美龄

西安事变期间蒋介石一方谈判代表之一宋子文

西安事变结束后，国民党代表张冲（中）受命与周恩来、叶剑英商谈国共合作事宜

事变期间准备援助西安方面的红十五军团军团长徐海东（前排左四）与前来慰问的西北救国会宣传部副部长、西安文化报社社长宋绮云（前排左三）以及杨虎城的秘书米暂沉（前排左五）在咸阳西乡总部合影

1936 年 12 月 26 日中午，蒋介石和宋美龄返回南京，国民政府主席林森（前排中）、孔祥熙（右二）等前往接机

回到南京后的蒋介石夫妇轻松留影

西安事变后，陈诚与事变中被劫持要员在陈调元南京私宅前合影。前排左起分别是朱绍良、晏道刚、卫立煌、万耀煌夫妇、陈继承夫妇等

西安事变后，蒋介石在南京与同被劫持的军政要员合影。前排左起分别是：陈诚、陈调元、蒋作宾、陈继承夫人、蒋介石、万耀煌夫人等；后排左起分别是：郭寄峤（左三）、萧赞育（左四）、万耀煌（左五）、朱绍良（左六）、蒋鼎文（左七）、陈继承（左十）、蒋百里（左十一）、钱大钧（左十二）等

西安事变和平解决后，民众抬着蒋介石的画像游行庆祝

西安事变和平解决后，周恩来从西安回到延安时受到毛泽东等人的欢迎。前排左起：秦邦宪（博古）、张闻天、毛泽东、周恩来、彭德怀、林伯渠、萧劲光

西安事变结束后，毛泽东与受命前往西安工作回苏区的周恩来、博古愉快合影

1937 年 5 月，国民党中央考察团在涂思宗的率领下抵达延安，受到欢迎。图为毛泽东（右二）、朱德（右四）、叶剑英（右六）同涂思宗（右三）及考察团成员萧致平（右一）、邵华（右五）合影

1937 年，西安红军联络处电台

中共中央革命军事委员会召开红军改编动员大会

西安事变后，杨虎城被迫携眷赴欧。抗战爆发后恳请回国抗日获准。图为杨虎城、夫人谢葆真、次子杨拯中摄于归国轮船上

西安事变后，张学良陪同蒋介石去南京，接受军法审判，自此被囚。图为1946年已被送去台湾新竹幽禁的张学良

本书图片承蒙Getty Image、CFP，以及秦风先生、冯克力先生、高初先生等大力支持和帮助，谨致谢意。部分图片未能查明拍摄者，请图片版权所有人看到本书后与我们联系，我们将按相关规定，及时奉上图片稿酬。

的指示来行事，他们有自己判断事务的标准。正是基于这一点，使他们在处理西安事变问题上始终是把张学良和杨虎城看成是自己的朋友和依靠，始终想要坚持“三位一体”。即使是在他们得到来自莫斯科的指示，严厉批评他们不应把同西安的关系放在决定的地位，必须把同南京的关系看成是一切其他关系的基础的情况下，他们也仍旧相信维系三方统战关系更甚于争取蒋介石南京政府的信任。正是基于这一点，在“二 · 二”事件发生后，东北军和十七路军里面一些激进的军官要把部队拉出来加入红军，他们也不曾像1934年福建事变期间对十九路军那样，想过借此机会来扩大自己的军队。为了对得起朋友，中共中央明确指示红军各部，决不得利用东北军和十七路军目前的困难趁火打劫，“坚持不收东北军（也包括十七路军）一人一枪一弹的原则”，拒绝收容那些主动要求编入或准备加入红军的友军部队。毫无疑问，杨虎城，也包括张学良，对此都深为感动。

2月8日，中央军开入西安。次日，顾祝同率西安行营人员正式进驻西安。随后，中共红军与东北军、十七路军三方分别开始与顾祝同谈判。“三位一体”事实上已趋于瓦解。至3月初，东北军正式开始东调。不久，十七路军总指挥部被撤销，杨虎城被迫出国。张学良虽经蒋于2月13日提议恢复公权，国民党三中全会亦加以批准，事实上却仍旧被严加管束，不得自由。西安事变两大主角，张学良和杨虎城所提出的政治主张，以及蒋介石当初的许诺，大多数并没有成为现实。甚至西北“三位一体”中的两大主力，张学良和杨虎城所力图保存的地方武装力量——东北军和十七路军，也随着他们的统帅被拘与放逐而成为中国现代史上一场重大历史悲剧的扮演者。可以想见，不论是就张学良他们最初所追求的保存自身力量的动机，还是就他们当初所期盼的革命或政治变革的目标而言，西安事变所留给历史的，都只能说是一次失败的记录。

但是，柳暗花明。西安事变在另外一层意义上却可以说是成功的。这就是“兵谏”。尽管从我们已经看到的历史事实，从张学良“革命”的动机与意愿来看，西安事变严格说来不应当简单地看成什么“兵谏”，但从事变所取得的结果而言，这一事变确实也可以说是一次成功的“兵谏”。

兵者武伶也，谏者劝说也。以武力劝说者何？改组政府、容纳各党各派共同负责？否。释放一切政治犯、开放民众爱国运动、保障人民一切政治自由？否。立即召开救国会议、确实遵行总理遗嘱？也是否。在西安事变时张、杨所提出的八项政治主张中，有哪些是张学良在过去向蒋“进言”、“哭谏”甚或“诤谏”时曾经一再提出过的主张呢？确切地说，也只有两条与此前的进言内容相近罢了，这就是停止一切内战，与释放被捕之上海爱国领袖。遍查张学良此前之各种言论，与事后之回忆，均未见张曾提出过诸如改组政府之类激进的政治主张。何以八项政治主张过去大多均未曾提出过？那是因为，这些主张多半早就是共产党人和左派团体的主张，提出这样的主张，必被视为共产党的同路人无疑。况且，这样的政治主张，多半也不是靠简单地劝说一个蒋介石就能够实现的。张学良过去主要“进言”、“哭谏”或“诤谏”的是什么？概括言之，其实也只是两条，第一是抗日，第二是容共。显而易见，如果仅仅是为了实现抗日与容共的目的，八项政治主张或均可束之高阁，因为八项政治主张中，没有一条是直接提及抗日与容共要求的。可见张学良等人发动西安事变的目的，还并不仅仅在于要求抗日与容共，他们明显地还有更高的政治理想，即试图根本变革国民党一党专政的政治架构与政治制度，来一次政治的“革命”和“解放”。[1] 毫无疑问，作为西安事变政治目标的这八项政治要求，大都未能实现。但从另一个方面，即如果我们把这次事变的最终结果同张学良过去“进言”和“诤谏”相联系的话，那么，西安事变又可以说是成功的。因为不论张学良、杨虎城最初发动事变时的主观愿望如何，事变毕竟通过一种“兵谏”的形式，促成了蒋介石安内攘外政策的放弃和大规模内战的停止，进而直接推动了蒋介石和国民党抗日与容共政策的形成。

由上可知，西安事变直接的受益者，正是中共与红军。正是因为这场

---

[1] 西安事变后，《西京日报》改《解放日报》也反映了这样一种革命的情绪。

事变的发生，蒋介石最终停止了对红军的大规模军事进攻，放弃了武力消灭红军的打算，改取了政治解决的做法，因而使得国共两党在内战十年之后，终于得以在不长的时间里达成了政治上的妥协。正因为如此，共产党人一直对张学良和杨虎城两将军怀有一种特殊的尊重与感激之情。毛泽东所谓，西安事变把我们从牢狱之灾中解放了出来，就包含着这层意思。

甚至，从长远的观点看问题，内战的终止，以及蒋介石安内攘外政策的根本取消，也促成了中国国内的团结与统一，加速了中国抗日战争的爆发，它对蒋介石也未必不是一件好事。只要日本军阀坚持其扩张侵略的政策，这场战争就在所难免，作为执政党的国民党及其领袖蒋介石，就必定要面对这场战争的考验与挑战。从九一八以来的历次冲突可知，日本人是不会管你是不是消灭了共产党才来进攻的。事实上，蒋介石全国领袖地位的确立，也最大程度上得益于对日抗战的爆发。正是因为几个月后对日抗战的全面启动，蒋介石终于从一党领袖变成了一国之“君”。历史学家唐德刚先生下面这段评语最能反映从西安事变到抗战这段经历为蒋介石所带来的声誉。唐先生讲：“抗战八年，实是我国家民族历史上最光荣的一页。兄弟阋于墙而外御其侮，这句古训，在抗战初期，真是表现得刻骨铭心，为后世子孙，永留典范。笔者和一些老辈读者们，都是有亲身体验的过来人。我们那时亲眼见到蒋公和国民党的声望，全民仰止，真如日中天。……如果没有西安事变，没有全国的大统一，没有惨烈的武装抗战，则人事全非，一个独裁专政的领袖，和一个忍辱含羞的政党，在历史舞台上将以何种脸谱出现，我们写历史的人就很难妄测了。”[1]

当然，西安事变姑且不论在其酝酿与处理的过程中存在着值得后人检讨的内容，但事变本身的发生与和平解决都可以说是中共统战政策的成功。在自我孤立了十年之后，共产党人第一次在自己的政治对手中找到了真正的同盟者。周恩来曾经说过：通过西安事变，交了两个朋友。这或者可以

[1]　转见郭冠英：《张学良在台湾》，北京：中国友谊出版公司1994年版，第40页。

说是对中共与张、杨关系发展变化的一种真实写照。反过来大概也是一样。杨虎城不用说了，西安事变的结果消除了存在于他和中共之间的几乎一切误解。即使是已经清楚地知道自己再难有自由可言的张学良，看来也有同样的感触。他尤为感动的是，即使在东北军几乎已经将近瓦解的情况下，中共仍旧能够像朋友那样帮助维持他魂系梦牵的东北军。在2月17日张学良通过何柱国带给周恩来的信中，可以清楚地看到这样一种充满着感激和希望继续得到中共帮助的感情。张学良明确说：

> 柱国兄来谈，悉兄一本初衷，以大无畏精神维此西北危局，犹对东北军同人十分维护，弟闻之甚感红军同人种种举措使人更为钦佩。弟目下山居读书，一切甚得，请勿远念。凡有利于国者，弟一本初衷，决不顾及个人利害。如有密便，盼有教我。并请代为向诸同人致敬意。

“西望云天，不胜依依”。这大概是张学良被软禁后给中共方面的最后一封信了。张既失自由，中共自然也无“密便”可寻，双方自此再无往来。但不管以后张学良曾经怎样认识他所做过的这一切，其在内心深处，始终还是把中共看成自己的一个朋友，如果不是同志的话。[1]

[1] 在西安事变过去若干年之后，可以看到的张学良表示悔过的文字只有一件，这就是《西安事变忏悔录》。只是在这里，我们才可以看到张学良对自己的所作所为后悔莫及，并且对共产党痛加指责。但是，这毕竟是在张学良失去自由期间的文字，而且又是经过外人整理后的文字。从张恢复自由之后屡次发表谈话，强调自己对发动西安事变“没什么后悔的”这一情况看，可知张学良当年的这次“忏悔”看来未必尽是由衷之言。同样，张学良对共产党人的观感也未必是《西安事变忏悔录》中所记述的那个样子。张自由后明确讲，他对周恩来“非常佩服”，与周“感情极好”。周恩来不过是中共中央的代表而已，同周的感情极好自然也就说明他对中共领导人的整体来说印象也不错。由此不难看出，在事变过去几十年之后，张学良对周恩来，甚至对于中共本身的印象，同当年并无太大的区别。参见《张学良在纽约忆谈东北军二三事》，1991年5月4日；《张学良答美国之音记者问》（1991年5月19日），《张学良文集》第2册，第1185—1188页。

附录一　张学良与中共领导人约定的通电通信代号表

	2月17日—	4月11日—	6月12日—	7月中旬—
张学良	A111	A777	日	李毅（李宜）
王以哲	A555	A333	荒	李仁
高福源	A666	A444		
于学忠				李忠
何柱国				李智
董英斌				李礼
刘多荃				李信
杨虎城				张虎
李宗仁				张桂
马步芳				张冀
马步青				张青
东北军				甲军
毛泽东	A333	A888		赵东
彭德怀	A222	A666		
李克农	A444	A999		
周恩来		A555	宙	赵来
刘鼎		A222	天	
张闻天				赵天
博古				赵古
潘汉天				赵年
红军				乙军
苏联				赵联

附录二　蒋永敬序

发动西安事变的主角张学良将军，发动事变的原因为何？或其事变前与中共之关系如何？为何终于演成“劫蒋”的一幕？过去的研究或著作，多以有关人士的回忆录及一些公开的文件为其重要资料的依据，特别是张氏本人的回忆录（一般通称《西安事变忏悔录》）。因此，对此事变有些问题的解释，往往受到一些回忆录的影响。

近年由于大陆方面档案资料的刊布和利用，以及在台私人遗留日记的公开，使吾人对此事变的原因及其过程的曲折变化渐有新的了解。一年以前，笔者应“中央研究院”近代史研究所所长陈三井先生之约，为该所集刊纪念郭廷以先生九十冥寿专号撰有《张学良、周恩来延安会谈与西安事变之前因》一文，利用了上述一些资料。认为张学良自延安会谈（1936 年 4 月 9 日）后，随着中共统战策略的演变，由“抗日反蒋”而至“逼蒋抗日”，终至演变成西安事变（即“劫蒋”）。此一观点的由来，起于 1997 年 7 月在《传记文学》发表的《有关西安事变的新资料》一文，介绍杨奎松新著《“中间地带”的革命——中国革命的策略在国际背景下的演变》（中共中央党校出版社 1992 年版），及《徐永昌日记》（中央研究院近代史研究所 1992 年版）中有关西安事变的新资料。

在笔者对西安事变的新资料继续追求中，深感上述有关张、周延安会谈一文仍多有缺失须补充和修正。适因去年（1994 年）国民党创党百周年学术讨论会提出《西安事变前张学良与中共之关系》一文，借以补正前文之缺失。本文撰写期间，复承杨奎松先生以其最近新著《西安事变新探》稿相示，并嘱为撰序。笔者有幸，得以先睹杨先生的原稿，认为此一新著不仅运用了大量的档案资料而有新的发现，同时对于西安事变若干史实做了新的探索。书名定为“西安事变新探”，可谓名副其实。

极为难得的是，杨先生允许笔者引用其新著稿中一些珍贵资料，对拙稿《西安事变前张学良与中共之关系》的补充，助益良多。笔者谨以此文的提要，权充杨先生新著的“代序”，用是“以文会友”，非敢掠美也。

拙稿《西安事变前张学良与中共之关系》的要旨在说明大陆方面近年有关西安事变档案资料的刊布和利用之概况，并举张学良、周恩来两当事人对其延安会谈内容的陈述做对比，以示回忆录与档案资料的差异。次就张与中共代表李克农洛川会谈的协议及其未能解决之歧见，因有延安会谈的举行，略有说明。在双方满意的情况下，使张由原来主张“拥蒋”而迈向中共的“抗日反蒋”之路，加以张之“抗日”情切，在中共的“俄援”与“西北大联合”的引诱下，使张决心追随中共“拼干”下去，甚至要求加入中共，但受到共产国际的批驳。盖莫斯科方面所需求的，显为中国全国性的“抗日”力量，因有“联蒋（介石）弃张（学良）”之指示。中共则以“务实”的做法，一面与南京方面进行谈判，一面继续联络“各派反蒋军阀”，以“双管齐下”之法，来“逼蒋抗日”。如此，张与杨虎城等不仅成为中共与南京谈判的筹码，也就成了“逼蒋抗日”的追随者。

蒋既不愿对共妥协，张亦走上“逼蒋”的不归路，两人之间势成骑虎。其最后结局，只是决裂的方式之选择而已。结果张却采取了兵变的方式，发动了西安事变。此为笔者读杨奎松先生新著稿之后，对西安事变原因的一点看法。

蒋永敬

1995 年 5 月于台湾政治大学

附录三　张学良入党之谜（大陆版代序）

十五年前，当我在《“中间地带”的革命——中国革命的策略在国际背景下的演变》（中共中央党校出版社 1992 年版）一书中，首次披露张学良曾要求加入中共的问题时，在大陆几乎没有引起过任何特别的关注。一半是因为发行上的原因，一半是因为那个时候气氛有些异样，因此，除了茅海建教授那样对传统的党史说法有颇多疑问的少数学者以外，很少有人注意到那样一本突出强调中国革命外部原因的书。这本书被人重视，反倒是因为蒋永敬教授，他专门写了一篇书评，发表在《传记文学》杂志上。不过，蒋教授是台湾国民党史研究的专家，他重视这本书，其实也不是因为他关心我对中共党史有着怎样新的说法，而是对书中谈到西安事变前张学良试图加入中共，并通过中共接通苏联，发动“西北大联合”的情况深感兴趣。因此，他尽管评的是我的《“中间地带”的革命》，用的标题却是《有关西安事变的新资料》。不仅如此，蒋教授还极力推动并鼓励我把张学良与中共关系的内幕具体地写出来。由此也就有了 1995 年我在台湾出版的《西安事变新探——张学良与中共关系之研究》一书。

相信凡是对西安事变史研究多少有些了解的读者都知道，在1995年之前，无论是大陆还是海外的西安事变研究，都很少具体讨论到张学良与中共的关系问题，特别是中共和苏联在西安事变发生的过程中所起的作用问题。这并不是大家对此不感兴趣，没有人不知道张学良与周恩来有过延安会谈，也没有人不知道西安事变一发生，中共代表周恩来就亲赴西安，直接参与了张学良、杨虎城与代表蒋介石的宋美龄、宋子文之间的谈判过程，以及莫斯科在西安事变和平解决的问题上可能发生过作用。很多年来，面对蒋介石的《西安半月记》与大陆公布的周恩来在事变期间打给中共中央的电报中的不同说法，人们也都在猜测：究竟在事变期间，在蒋介石和周恩来之间发生过什么，他们两人的说法谁的更真实一些？而读过张学良《西安事变忏悔录》的读者，也会或多或少地对事变前张学良与中共的关系问题产生强烈的兴趣。然而，因为缺乏足够的研究资料，这一谜团都无从解答。不仅如此，大陆的学者中间甚至还逐渐开始流行起一种说法，即认为中共不仅对张学良发动西安事变毫无作用，就是当时中共自身的政策，也还是受着张学良影响呢。

不用说，《西安事变新探》一书的出版，全面地回答了这一问题。人们从中可以清楚地了解到，在西安事变之前、在事变期间以及在事变善后的过程中，张学良和中共之间究竟发生了什么，中共对于整个事变起过怎样不可忽视的作用。而身为十几万东北军统帅，深得蒋介石器重的张学良，何以会冒险与自身尚处于极度危险中的连温饱问题都解决不了的几万红军暗通款曲，甚至于把宝押在中共身上？这里面究竟有着怎样复杂的内幕？自然，这本书也首次全面披露了中俄两国档案中仅存的有关张学良要求入党问题的几份珍贵的档案文献，并且结合相关史料，具体地介绍了张学良提出入党要求的经过和中共中央及共产国际所做出的不同反应。仅此，已足以否定那种关于中共对于西安事变几乎不起作用的说法。

但是，让笔者意料不到的是，随着张学良先生去世，大陆报纸杂志乃至于网络上却突然刮起一股旋风，将过去那种否定中共作用的说法刮得无影无踪。人们迅速开始走向另一个极端，转而热衷于谈论这样一个惊人的话题：原来“张学良是中共党员”！！由于从原中共中央统战部部长阎明复到张学良研究专家张友坤等，先后都出来撰文作证[1]，再加上个别纪实文学作家的渲染炒作，此种说法一时间似乎得到了广泛的认同。而海外一些华文报刊和网站也据此纷纷发表评论，宣称：“历史即将改写！”以往按照大陆史观对西安事变这一历史事件的一些基本看法和观点，“会发生根本的动摇和改变”。因为，张学良既然是中共党员，那么理所当然西安事变是中共在幕后主导。中共既然推动并主导了事变，自然也就应当与张同进退。然而，当张学良按照与中共的约定发动了事变之后，中共却迫于苏联和共产国际的压力改变了对张所做出的一系列承诺，把张晾了起来。如此才造成张一气之下不辞而别，只身陪蒋介石回南京以领罪，进而惨遭蒋介石软禁半个多世纪的可悲结果。[2]

问题是，能够确定地说，张学良是中共党员吗？

关于张学良是中共党员的最权威的说法来自阎明复，张友坤的证词实际上亦来自阎的说法。而阎明复的这一说法，又来自另外两人。一为前东北军将领，后来成为中共将领的吕正操。据阎回忆，他受命参加了张学良的葬礼之后去看望同样年事已高的吕正操，是吕说了一句：“张汉公是共产党员。”一为前东北籍大学生，后主持过东北军史整理编辑工作的宋黎。据阎明复回忆，宋黎说过，当年宋曾特别就此问题请教过西安事变前和西安事变期间曾经代表中共中央在张学良身边工作过的叶剑英，说“叶帅给予了肯定的答复”。宋说他已把叶帅谈话内容记录下来，装进保险箱，准备死后再拿出来交给中共中央。但是，阎的回忆文章也明显地存在着一些问题。比如，他说他在1995年夏天去过苏共档案馆，偶然发现了1936年12月初共产国际给中共中央的一份电报，电文内容就是关于中共应该从工人、农

[1] 阎明复：《忆宋叔》，转见张友坤：《张学良的党籍问题》，《北京日报》（2002年12月22日）。

[2] 《历史即将改写！张学良是中共党员》，《人民报》（2005年10月20日的消息）（http://www.renminbao.com/rmb/articles/2005/10/20/38018.html）。

民和知识分子中的先进分子里去扩大自己的队伍，而不应当靠吸收军阀入党来发展党。他紧接着强调："以后的事态表明，尽管共产国际明确表示反对张学良入党，中共中央仍决定发展他入党。"在这里，阎所"发现"的电文内容，与莫斯科1986年就已经公开的共产国际1936年8月15日政治指示电的内容几乎完全相同，共产国际是否在12月初又再度就此致电中共中央颇让人怀疑，会不会阎"发现"的就是8月15日政治指示电？而其后所谓"以后的事态表明"如何如何，逻辑上更不能成立。因为，共产国际8月15日政治指示电已经明确否定了中共中央关于希望吸收张学良入党的提议，如果中共中央真有"仍决定发展他入党"的措施，也应当是在8月政治指示电到达之后，而断不致拖到12月初共产国际再来电报反对之后再来采取。何况，此时距离西安事变的发生不过几天时间，叶剑英等有资格将此一决定告知张学良的中共代表也不在西安，如何实现此一"发展"？当然，阎文对于中共中央是否真的发展了张学良，也不能肯定。他的说法是："现在不清楚的是，中共中央吸收张学良入党的决定，有没有通知张学良本人？叶帅同宋黎的谈话记录将会揭开这个'谜'。"

寄希望于当事人之一的叶帅的回忆，固然有一定道理。但是，第一，现在还没有人看到过宋黎的这一记录；第二，我们也很难确保宋黎的转述不会与叶帅叙述的原意有所出入；第三，就证据而言，任何回忆，更不要说经过了几十年的回忆都必须要有相关的文献资料加以印证才比较可靠，而目前无论是在中国，还是在俄国，仅存的三件可以反映张学良入党问题的文献资料，都还不能支持上述说法。1936年6月30日刘鼎给中共中央的电报，只提到张学良要求加入中共；7月2日洛甫代表中共中央给共产国际的电报，也只提到我们"将来拟许其入党"；8月15日共产国际政治指示电，也只是说明：对"你们关于接收张学良入党的通知"，"我们感到特别不安"，强调"不能把张学良本人看成是可靠的盟友"等。

有学者说，在共产国际回电之前，张学良与中共中央领导人已有电报开始以"同志"相称，由此可以看出双方关系已进到组织关系的程度，这种说法更不能成立。不错，7 月 3 日张学良有信称周恩来为“同志”，强调此间必须有六个月准备工夫；8 月 9 日毛泽东等也有信称张学良为“同志”，并肯定“八个月来的政治关系，证明了你我之间的完全一致”。但以“同志”相称，即使在当时也并非就是共产党人之间的一种专利，它充其量只能表明双方之间进一步的信任。何况，双方之间的来往信件，直到西安事变，更多的也还是在使用“兄”的称呼。这和共产党人之间内部通信的习惯也不尽相合。

有位作家推测说，共产国际回电距离中共中央决定吸收张学良入党的 7 月 1 日，已过去一个半月。这一个半月中，张学良与中共中央联系密切，商量了许多大事。因此，以当时的境况，是不可能拖到一个半月后再根据共产国际的意见去答复张学良的，也不可能在做决定让张学良入党之后，又劝其退党。因此，他的结论是，张学良肯定已经被正式发展入党。[1] 此说显然不仅读丢了张闻天 7 月 2 日电中那个“拟”字，而且对 7—8 月间张学良与中共中央之间关系复杂微妙的情况毫无了解。而更重要的在于，他甚至不清楚当时中共中央是通过什么样的方式和张学良发生关系的。他不知道，吸收张学良入党问题高度机密，断难通过电报转达，非有专人前往西安向张学良传达中共中央的正式决定并履行适当的形式不可。此时，唯一得到中央指派准备前往西安且能够担此重任者，只有叶剑英，而叶却直到 10 月初才得以到达西安。至于说张 6 月 30 日提出要求入党，7 月 3 日就获知中共决定，然后即对中共领导人改称“同志”，在时间上也说不通。这更足以说明，“同志”之称不可以用来证明张与中共的组织关系。

有没有这样一种可能性呢？即中共中央于 7 月 2 日告诉共产国际，他们尚未正式决定吸收张学良入党，但“将来拟许其入党”，而事实上，他们已经基本上达成了一致，有意接受张学良入党，只是因为张的身份太过特殊，

---

[1] 陈益南：《评述“西安事变”中若干鲜为人知的细节》（见 http：//www. xtour. cn/2005—6/200561594940.htm）。

为稳妥起见，才对共产国际把话说得比较委婉，以试探后者的反应。毫无疑问，这种可能性是存在的。甚至，我们也可以猜测，因为叶剑英还不具有参加中共中央政治局会议的资格，共产国际来电前，他已受命前往西安，已经了解了中共中央对此事的态度，然而中共中央在接到共产国际政治指示电后，因为担心拒绝吸收张入党可能对红军与东北军的统战关系造成十分不利的后果，故未能就拒绝吸收张学良入党问题达成完全一致的意见，叶因此在由陕北动身前往西安时也并未得到确切的拒绝吸收张入党的指示。就我而言，我相信这种可能性未必一定是不存在的。但问题是，我们也不能否认还存在着另外一种可能性，即由于共产国际是中共中央的上级指导机关，且这时的中共中央和红军要想根本改变自身危险处境和取得苏联援助，也必须要指望共产国际的支持与援助。在这种情况下，当共产国际明确表态反对吸收张学良入党时，以留苏学生为主的中共中央领导层很难阳奉阴违，抗命不遵，擅自秘密接受张学良入党。可为有力佐证的如中共中央此后发展新疆统治者盛世才的例子。与张学良不同的是，盛世才因为治疆以来即奉行亲苏政策，一直颇得苏方好感。故当其向中共中央提出入党要求时，中共中央自然认为莫斯科同意的可能性较大，故准备接受盛世才的要求。不意，在征求共产国际意见时，共产国际同样表示反对。尽管中共中央领导人对此并不十分理解，他们还是派任弼时当面向盛世才婉转地表示了拒绝的态度。

当然，不论张学良入党问题之谜能否彻底揭开，我都不认为“历史即将改写”的说法可以成立。这是因为，即使中共中央具体实施了吸收张学良入党的行动，张学良也得知了这一决定，它也不能改变张学良与中共关系的实质。即张学良至多不过是一个所谓的“特殊党员”，而非一般意义的共产党员。换言之，两者无论就政治标准、思想意识、组织关系，还是就相互地位而言，其实与决定吸收张学良入党前，都没有也不可能有重要的改变。事实上，西安事变发生后，中共中央依旧采取的是毛泽东 2 月间“依据实力原则”提出的，一旦双方共同行动，“国防政府首席及抗日联军总司令可推张汉卿担任”的方针，公开奉行以张为首的政策。在整个西安事变策划和实行的过程中，张学良也依旧是我行我素，一切以自我的意志行事，并不受中共中央的指挥。这也正是为什么，当事变结束，张学良被囚之后，尽管身陷囹圄，命运未卜，他第一位考虑的仍旧是东北军的前途问题，生恐东北军继续与红军保持统战关系，会造成难以预测的严重后果。故他明确建议蒋介石把东北军尽快调离陕甘地区,脱离中共与红军。由上不难了解，不论是从中共中央的角度，还是从张学良的角度，张学良入党与否，都不可能改变这一时期双方关系的本质。

至于此说是否能够言之成理，相信读过本书之后，读者自会得出自己的答案来。

杨奎松

2006 年 4 月 29 日于日本京都大学国际交流会馆

参考文献暨征引书目

一、档案文献

莫斯科俄罗斯当代历史文献保管与研究中心档案

斯坦福大学胡佛研究中心蒋介石日记手稿

北京中共中央档案馆

南京中国第二历史档案馆

台北“国史馆”藏蒋中正档案

台北中国国民党党史馆

《中共中央文件选集》，北京：中共中央党校出版社 1991 年版

《中共中央抗日民族统一战线文件选编》，中央统战部、中央档案馆编，北京：档案出版社 1985 年版

《中共党史教学参考资料》，中国人民解放军政治学院中共党史教研室编，北京：1983 年版

《中国共产党关于西安事变档案史料选编》，北京：中国档案出版社 1997 年版

《毛泽东文集》，中共中央文献研究室编，北京：人民出版社 1993 年版

《文史资料存稿选编：西安事变》，赵杰，北京：中国文史出版社 2002 年版

《毛泽东军事文集》，中共中央文献研究室、中国人民解放军军事科学院编，北京：军事科学出版社、中央文献出版社 1993 年版

《毛泽东年谱》，中共中央文献研究室编，北京：中央文献出版社 1993 年版

《毛泽东书信选集》，中共中央文献研究室编，北京：人民出版社 1983 年版
《毛泽东选集》（合订本），北京：人民出版社 1964 年版
《西安事变史料》（革命文献第 94—95 辑），秦孝仪编，台北：中央文物供应社 1983 年版
《西安事变史料》，朱文原编，台北："国史馆" 1992 年版
《西安事变的处理与善后》，何应钦上将九五寿诞丛书编辑委员会，台北：1984 年版
《西安事变资料》，中国社会科学院现代史研究室编，北京：人民出版社 1980 年版
《西安事变资料选辑》，西北大学历史系中国现代史教研室编，西安，1979 年
《西安事变档案史料选编》，中国第二历史档案馆，南京，1986 年
《周恩来书信选集》，北京：中央文献出版社 1988 年版
《周恩来年谱》，北京：中央文献出版社 1989 年版
《周恩来传》，金冲及主编，北京：中央文献出版社 2000 年版
《周恩来统一战线文选》，中共中央统一战线工作部、中共中央文献研究室编，北京：人民出版社 1984 年版
《周恩来选集》，北京：人民出版社 1980 年版
《张学良文集》，毕万闻等编，北京：新华出版社 1991 年版
《张学良在一九三六》，远方编，北京：光明日报出版社 1991 年版
《张学良年谱》，张友坤、钱进主编，北京：社会科学文献出版社 1996 年版
《张学良的政治生涯》，傅虹霖，沈阳：辽宁大学出版社 1988 年版
《总统蒋公思想言论总集》，秦孝仪主编，台北：中国国民党中央委员会党史委员会 1984 年版
《徐永昌日记》第 3 册，台北："中研院" 近代史研究所 1991 年版
《蒋总统集》，蒋总统集编辑委员会编，台北："国防研究院" 1960 年版
《剿共与西安事变》，台北："国史馆" 编印 2002 年版
《遵义会议文献》，北京：人民出版社 1985 年版

二、回忆资料

《历史的回顾》，徐向前，北京：解放军出版社 1985 年版
《孔从周回忆录》，孔从周，北京：解放军出版社 1989 年版
《西安事变三忆》，澳门：大地出版社 1962 年版
《西安事变与周恩来》，罗瑞卿等，北京：人民出版社 1978 年版

《西安事变亲历记》，吴福章编，北京：中国文史出版社 1986 年版

《“西安事变”的真相：张学良将军卫队营长孙铭九自述》，孙铭九，南京：江苏文艺出版社 1993 年版

《西安事变亲历记》，李金洲，台北：传记文学出版社 1976 年版

《西安事变前一年国共两党关于联合抗日问题的一段接触》，谌小岑，北京：《文史资料选辑》第 71 辑

《访问严佐民同志记录》，李海文整理，1984 年 6 月 22 日

《我的回忆》，张国焘，北京：中国现代史料编刊社 1980 年版

《参加抗战准备工作之回忆》，陈立夫，台北：《传记文学》第 31 卷第 1 期

《张学良与西安事变》，应德田，北京：中华书局 1980 年版

《南京和谈始末》，吕振羽，《群众论丛》1980 年第 3 期

《冒险犯难记》，邓文仪，台北：学生书局 1973 年版

三、报刊资料

Chinese Law and Government, vol.30，no.1，January-February，1997

《文献和研究》，1985—1986 年

《中共党史研究》，1988 年

《中共党史资料》，第 33 辑

《近代史资料》，总第 79—80 号

《近代史研究》，1990 年

《党的文献》，1990 年

《救国时报》，1935、1936 年

《群众论丛》，1981 年

四、专著

《一个西方记者眼中的西安事变》，詹姆斯·门罗·贝特兰，上海：东方出版中心 2000 年版

《东北军史》，张德良、周毅主编，沈阳：辽宁大学出版社 1987 年版

《北上——党中央与张国焘斗争纪实》，刘统，南宁：广西人民出版社 2004 年版

《失去的机会？——战时国共谈判实录》，杨奎松，桂林：广西师范大学出版社 1992 年版
《西安事变史实》，李云峰，西安：陕西人民出版社 1981 年版
《西安事变纪实》，申伯纯，北京：人民出版社 1979 年版
《西安事变始末之研究》，李云汉，台北：近代中国出版社 1982 年版
《西安事变的前因后果》，右军，香港：春秋出版社 1971 年版
《西安事变简史》，全国政协文史委员会西安事变史领导小组，北京：中国文史出版社 1986 年版
《红色中华散记》，埃德加·斯诺著，奚博全译，南京：江苏人民出版社 1992 年版
《杨虎城将军传》，米暂沉，北京：中国文史出版社 1986 年版
《张国焘和〈我的回忆〉》，于吉楠，成都：四川人民出版社 1982 年版
《张学良与东北军》，陆军、赵云声，北京：新华出版社 1987 年版
《张学良在台湾》，郭冠英，北京：中国友谊出版公司 1994 年版
《张学良·共产党·西安事变》，苏墱基，台北：远流出版事业有限公司 1999 年版
《张学良评传》，司马桑敦，香港：星辉图书公司 1986 年版
《张学良传》，张魁堂，北京：东方出版社 1991 年版
《细说西安事变》，王禹廷，台北：传记文学出版社 1982 年版
《挽救危亡的史诗——西安事变》，张魁堂，南宁：广西人民出版社 1994 年版
《彭德怀传》，王焰等，北京：当代中国出版社 1993 年版
《震惊世界的一幕：张学良与西安事变》，李义彬，上海：上海人民出版社 1998 年版

五、论文

《也谈〈刘鼎在张学良那里工作的时候〉》，邱路，《党的文献》1990 年第 2 期
《中央红军北上方针的演变过程》，丁之，《文献和研究》1985 年第 5 期
《中共在西安事变前后的军事战略防御》，宋毅军，《军事历史研究》1992 年第 2 期
《叶剑英同志在西安事变前后》，陈力，《中共党史资料》第 9 辑
《红军东征战略方针的提出过程及其演变》，邱路，《党史研究》1986 年第 3 期
《刘鼎在张学良那里工作的时候》，张魁堂，《党的文献》1988 年第 2—3 期